J. von Staudingers
Kommentar zum Bürgerlichen Gesetzbuch
mit Einführungsgesetz und Nebengesetzen
Buch 4 · Familienrecht
§§ 1896–1921
(Rechtliche Betreuung und Pflegschaft)

Kommentatorinnen und Kommentatoren

Dr. Karl-Dieter Albrecht
Vorsitzender Richter am Bayerischen Verwaltungsgerichtshof, München

Dr. Hermann Amann
Notar in Berchtesgaden

Dr. Georg Annuß
Rechtsanwalt in München, Privatdozent an der Universität Regensburg

Dr. Christian Armbrüster
Professor an der Freien Universität Berlin

Dr. Martin Avenarius
Professor an der Universität zu Köln

Dr. Wolfgang Baumann
Notar in Wuppertal

Dr. Roland Michael Beckmann
Professor an der Universität des Saarlandes, Saarbrücken

Dr. Detlev W. Belling, M.C.L.
Professor an der Universität Potsdam

Dr. Andreas Bergmann
Wiss. Assistent an der Universität des Saarlandes, Saarbrücken

Dr. Werner Bienwald
Professor an der Evangelischen Fachhochschule Hannover, Rechtsanwalt in Oldenburg

Dr. Claudia Bittner, LL.M.
Privatdozentin an der Universität Freiburg i. Br.

Dr. Dieter Blumenwitz †
Professor an der Universität Würzburg

Dr. Reinhard Bork
Professor an der Universität Hamburg

Dr. Elmar Bund
Professor an der Universität Freiburg i. Br.

Dr. Jan Busche
Professor an der Universität Düsseldorf

Dr. Michael Coester, LL.M.
Professor an der Universität München

Dr. Dagmar Coester-Waltjen, LL.M.
Professorin an der Universität München

Dr. Heinrich Dörner
Professor an der Universität Münster

Dr. Christina Eberl-Borges
Professorin an der Universität Siegen

Dr. h. c. Werner F. Ebke, LL.M.
Professor an der Universität Heidelberg

Dr. Jörn Eckert †
Professor an der Universität zu Kiel, Richter am Schleswig-Holsteinischen Oberlandesgericht in Schleswig

Dr. Volker Emmerich
Professor an der Universität Bayreuth, Richter am Oberlandesgericht Nürnberg a. D.

Dipl.-Kfm. Dr. Norbert Engel
Ministerialdirigent im Thüringer Landtag, Erfurt

Dr. Helmut Engler
Professor an der Universität Freiburg i. Br., Minister in Baden-Württemberg a. D.

Dr. Karl-Heinz Fezer
Professor an der Universität Konstanz, Honorarprofessor an der Universität Leipzig, Richter am Oberlandesgericht Stuttgart

Dr. Johann Frank
Notar in Amberg

Dr. Rainer Frank
Professor an der Universität Freiburg i. Br.

Dr. Bernhard Großfeld, LL.M.
Professor an der Universität Münster

Dr. Beate Gsell
Professorin an der Universität Augsburg

Dr. Karl-Heinz Gursky
Professor an der Universität Osnabrück

Dr. Ulrich Haas
Professor an der Universität Mainz

Norbert Habermann
Weiterer aufsichtsführender Richter bei dem Amtsgericht Offenbach

Dr. Stefan Habermeier
Professor an der Universität Greifswald

Dr. Johannes Hager
Professor an der Universität München

Dr. Rainer Hausmann
Professor an der Universität Konstanz

Dr. Dr. h. c. mult. Dieter Henrich
Professor an der Universität Regensburg

Dr. Reinhard Hepting
Professor an der Universität Mainz

Dr. Elke Herrmann
Professorin an der Universität Siegen

Christian Hertel, LL.M.
Notar a. D., Geschäftsführer des Deutschen Notarinstituts, Würzburg

Joseph Hönle
Notar in Tittmoning

Dr. Bernd von Hoffmann
Professor an der Universität Trier

Dr. Heinrich Honsell
Professor an der Universität Zürich, Honorarprofessor an der Universität Salzburg

Dr. Dr. Dres. h. c. Klaus J. Hopt, M.C.J.
Professor, Direktor des Max-Planck-Instituts für Ausländisches und Internationales Privatrecht, Hamburg

Dr. Norbert Horn
Professor an der Universität zu Köln, Vorstand des Arbitration Documentation and Information Center e.V., Köln

Dr. Peter Huber, LL.M.
Professor an der Universität Mainz

Dr. Rainer Hüttemann
Professor an der Universität Bonn

Dr. Rainer Jagmann
Vorsitzender Richter am Landgericht Freiburg i. Br.

Dr. Ulrich von Jeinsen
Rechtsanwalt und Notar in Hannover

Dr. Joachim Jickeli
Professor an der Universität zu Kiel

Dr. Dagmar Kaiser
Professorin an der Universität Mainz

Dr. Rainer Kanzleiter
Notar in Neu-Ulm, Professor an der Universität Augsburg

Dr. Sibylle Kessal-Wulf
Richterin am Bundesgerichtshof, Karlsruhe

Dr. Hans-Georg Knothe
Professor an der Universität Greifswald

Dr. Jürgen Kohler
Professor an der Universität Greifswald

Dr. Stefan Koos
Professor an der Universität der Bundeswehr München

Dr. Heinrich Kreuzer
Notar in München

Dr. Jan Kropholler
Professor an der Universität Hamburg, Wiss. Referent am Max-Planck-Institut für Ausländisches und Internationales Privatrecht, Hamburg

Dr. Hans-Dieter Kutter
Notar in Schweinfurt

Dr. Gerd-Hinrich Langhein
Notar in Hamburg

Dr. Dr. h. c. Manfred Löwisch
Professor an der Universität Freiburg i. Br., Rechtsanwalt in Stuttgart, vorm. Richter am Oberlandesgericht Karlsruhe

Dr. Dirk Looschelders
Professor an der Universität Düsseldorf

Dr. Stephan Lorenz
Professor an der Universität München

Dr. Dr. h. c. Werner Lorenz
Professor an der Universität München

Dr. Peter Mader
Professor an der Universität Salzburg

Dr. Ulrich Magnus
Professor an der Universität Hamburg, Richter am Hanseatischen Oberlandesgericht zu Hamburg

Dr. Peter Mankowski
Professor an der Universität Hamburg

Dr. Heinz-Peter Mansel
Professor an der Universität zu Köln

Dr. Peter Marburger
Professor an der Universität Trier

Dr. Wolfgang Marotzke
Professor an der Universität Tübingen

Dr. Dr. Dr. h. c. Michael Martinek, M.C.J.
Professor an der Universität des Saarlandes, Saarbrücken, Honorarprofessor an der Universität Johannesburg, Südafrika

Dr. Annemarie Matusche-Beckmann
Professorin an der Universität des Saarlandes, Saarbrücken

Dr. Jörg Mayer
Notar in Simbach am Inn

Dr. Dr. Detlef Merten
Professor an der Deutschen Hochschule für Verwaltungswissenschaften Speyer

Dr. Rudolf Meyer-Pritzl
Professor an der Universität zu Kiel, Richter am Schleswig-Holsteinischen Oberlandesgericht in Schleswig

Dr. Peter O. Mülbert
Professor an der Universität Mainz

Dr. Dirk Neumann
Vizepräsident des Bundesarbeitsgerichts a. D., Kassel, Präsident des Landesarbeitsgerichts Chemnitz a. D.

Dr. Ulrich Noack
Professor an der Universität Düsseldorf

Dr. Hans-Heinrich Nöll
Rechtsanwalt in Hamburg

Dr. Jürgen Oechsler
Professor an der Universität Mainz

Dr. Hartmut Oetker
Professor an der Universität zu Kiel, Richter am Thüringer Oberlandesgericht Jena

Wolfgang Olshausen
Notar in Rain am Lech

Dr. Dirk Olzen
Professor an der Universität Düsseldorf

Dr. Gerhard Otte
Professor an der Universität Bielefeld

Dr. Hansjörg Otto
Professor an der Universität Göttingen

Dr. Lore Maria Peschel-Gutzeit
Rechtsanwältin in Berlin, Senatorin für Justiz a. D. in Hamburg und Berlin, Vorsitzende Richterin am Hanseatischen Oberlandesgericht zu Hamburg i. R.

Dr. Frank Peters
Professor an der Universität Hamburg, Richter am Hanseatischen Oberlandesgericht zu Hamburg

Dr. Axel Pfeifer
Notar in Hamburg

Dr. Jörg Pirrung
Richter am Gericht erster Instanz der Europäischen Gemeinschaften, Luxemburg, Professor an der Universität Trier

Dr. Ulrich Preis
Professor an der Universität zu Köln

Dr. Manfred Rapp
Notar in Landsberg a. L.

Dr. Thomas Rauscher
Professor an der Universität Leipzig, Dipl. Math.

Eckhard Rehme
Vorsitzender Richter am Oberlandesgericht Oldenburg

Dr. Wolfgang Reimann
Notar in Passau, Professor an der Universität Regensburg

Dr. Tilman Repgen
Professor an der Universität Hamburg

Dr. Dieter Reuter
Professor an der Universität zu Kiel, Richter am Schleswig-Holsteinischen Oberlandesgericht in Schleswig a. D.

Dr. Reinhard Richardi
Professor an der Universität Regensburg, Präsident des Kirchlichen Arbeitsgerichtshofs für die Bistümer im Bereich der DBK, Bonn

Dr. Volker Rieble
Professor an der Universität München, Direktor des Zentrums für Arbeitsbeziehungen und Arbeitsrecht

Dr. Anne Röthel
Professorin an der Bucerius Law School, Hamburg

Dr. Christian Rolfs
Professor an der Universität Bielefeld

Dr. Herbert Roth
Professor an der Universität Regensburg

Dr. Rolf Sack
Professor an der Universität Mannheim

Dr. Ludwig Salgo
Professor an der Fachhochschule Frankfurt a. M., Apl. Professor an der Universität Frankfurt a. M.

Dr. Gottfried Schiemann
Professor an der Universität Tübingen

Dr. Eberhard Schilken
Professor an der Universität Bonn

Dr. Peter Schlosser
Professor an der Universität München

Dr. Dres. h. c. Karsten Schmidt
Vizepräsident der Bucerius Law School, Hamburg

Dr. Martin Schmidt-Kessel
Professor an der Universität Osnabrück

Dr. Günther Schotten
Notar in Köln, Professor an der Universität Bielefeld

Dr. Hans Schulte-Nölke
Professor an der Universität Bielefeld

Dr. Hans Hermann Seiler
Professor an der Universität Hamburg

Dr. Reinhard Singer
Professor an der Humboldt-Universität Berlin, vorm. Richter am Oberlandesgericht Rostock

Dr. Ulrich Spellenberg
Professor an der Universität Bayreuth

Dr. Sebastian Spiegelberger
Notar in Rosenheim

Dr. Malte Stieper
Akademischer Rat an der Universität zu Kiel

Dr. Markus Stoffels
Professor an der Universität Passau

Dr. Hans-Wolfgang Strätz
Professor an der Universität Konstanz

Dr. Dr. h. c. Fritz Sturm
Professor an der Universität Lausanne

Dr. Gudrun Sturm
Assessorin, Wiss. Mitarbeiterin

Burkhard Thiele
Präsident des Landesarbeitsgerichts Mecklenburg-Vorpommern, Rostock

Dr. Gregor Thüsing, LL.M.
Professor an der Universität Bonn

Dr. Barbara Veit
Professorin an der Universität Göttingen

Dr. Bea Verschraegen, LL.M.
Professorin an der Universität Wien

Dr. Klaus Vieweg
Professor an der Universität Erlangen-Nürnberg

Dr. Reinhard Voppel
Rechtsanwalt in Köln

Dr. Günter Weick
Professor an der Universität Gießen

Gerd Weinreich
Vorsitzender Richter am Landgericht Oldenburg

Dr. Birgit Weitemeyer
Privatdozentin an der Technischen Universität Dresden

Dr. Olaf Werner
Professor an der Universität Jena, Richter am Thüringer Oberlandesgericht Jena a. D.

Dr. Wolfgang Wiegand
Professor an der Universität Bern

Dr. Susanne Wimmer-Leonhardt
Privatdozentin an der Universität des Saarlandes, Saarbrücken

Dr. Peter Winkler von Mohrenfels
Professor an der Universität Rostock, Richter am Oberlandesgericht Rostock

Dr. Hans Wolfsteiner
Notar in München

Dr. Eduard Wufka
Notar in Starnberg

Dr. Michael Wurm
Richter am Bundesgerichtshof, Karlsruhe

Redaktorinnen und Redaktoren

Dr. Dr. h. c. Christian von Bar, FBA

Dr. Michael Coester, LL.M.

Dr. Heinrich Dörner

Dr. Helmut Engler

Dr. Karl-Heinz Gursky

Norbert Habermann

Dr. Dr. h. c. mult. Dieter Henrich

Dr. Norbert Horn

Dr. Jan Kropholler

Dr. Dr. h. c. Manfred Löwisch

Dr. Ulrich Magnus

Dr. Dr. Dr. h. c. Michael Martinek, M.C.J.

Dr. Gerhard Otte

Dr. Lore Maria Peschel-Gutzeit

Dr. Peter Rawert, LL.M.

Dr. Dieter Reuter

Dr. Herbert Roth

Dr. Hans-Wolfgang Strätz

Dr. Wolfgang Wiegand

J. von Staudingers
Kommentar zum Bürgerlichen Gesetzbuch mit Einführungsgesetz und Nebengesetzen

Buch 4
Familienrecht
§§ 1896–1921
(Rechtliche Betreuung und Pflegschaft)

Neubearbeitung 2006
von
Werner Bienwald

Redaktor
Helmut Engler

Sellier – de Gruyter · Berlin

**Die Kommentatorinnen
und Kommentatoren**

Neubearbeitung 2006
§§ 1896–1921 WERNER BIENWALD

Dreizehnte Bearbeitung 1999
§§ 1896–1921 WERNER BIENWALD

12. Auflage
§§ 1896–1921 WERNER BIENWALD (1995)

10./11. Auflage
§§ 1896–1921 Professor Dr. HELMUT ENGLER
(1968)

Sachregister

Rechtsanwalt Dr. Dr. VOLKER KLUGE, Berlin

Zitierweise

STAUDINGER/BIENWALD (2006) Vorbem 1 zu
§§ 1896 ff
STAUDINGER/BIENWALD (2006) § 1896 Rn 1

Zitiert wird nur nach Paragraph bzw Artikel und
Randnummer.

Hinweise

Das Vorläufige Abkürzungsverzeichnis 1993 für
das „Gesamtwerk STAUDINGER" befindet sich in
einer Broschüre, die den Abonnenten zusammen mit dem Band §§ 985–1011 (1993) bzw seit
2000 gesondert mitgeliefert wird. Eine aktualisierte Neubearbeitung befindet sich in Vorbereitung und wird den Abonnenten wiederum
kostenlos geliefert werden.

Der Stand der Bearbeitung ist jeweils mit
Monat und Jahr auf den linken Seiten unten
angegeben.

Am Ende eines jeden Bandes befindet sich
eine Übersicht über den aktuellen Stand des
„Gesamtwerk STAUDINGER".

Die Deutsche Nationalbibliothek verzeichnet diese Publikation in der Deutschen Nationalbibliografie; detaillierte bibliografische Daten sind im Internet über http://dnb.d-nb.de abrufbar.

ISBN-13: 978-3-8059-1034-7
ISBN-10: 3-8059-1034-7

© Copyright 2006 by Dr. Arthur L. Sellier &
Co. – Walter de Gruyter GmbH & Co. KG,
Berlin. – Printed in Germany.

Dieses Werk einschließlich aller seiner Teile ist
urheberrechtlich geschützt. Jede Verwertung
außerhalb der engen Grenzen des Urheberrechtsgesetzes ist ohne Zustimmung des Verlages unzulässig und strafbar. Das gilt insbesondere für Vervielfältigungen, Übersetzungen,
Mikroverfilmungen und die Einspeicherung
und Verarbeitung in elektronischen Systemen.

Satz: fidus Publikations-Service, Augsburg.

Druck: H. Heenemann GmbH & Co., Berlin.

Bindearbeiten: Buchbinderei Bruno Helm,
Berlin.

Umschlaggestaltung: Bib Wies, München.

∞ Gedruckt auf säurefreiem Papier, das
die DIN ISO 9706 über Haltbarkeit
erfüllt.

Inhaltsübersicht

	Seite*
Ergänzendes Abkürzungsverzeichnis	IX
Buch 4 · Familienrecht	
Abschnitt 3 · Vormundschaft, Rechtliche Betreuung, Pflegschaft	
Titel 2 · Rechtliche Betreuung	1
Titel 3 · Pflegschaft	869
Sachregister	1013

---

* Zitiert wird nicht nach Seiten, sondern nach Paragraph bzw Artikel und Randnummer; siehe dazu auch S VI.

Ergänzendes Abkürzungsverzeichnis

ArchsozArb	Archiv für Wissenschaft und Praxis der sozialen Arbeit
BayObLGRp	Report des BayObLG
BDO	Bundesdisziplinarordnung
2. BtÄndG	Zweites Gesetz zur Änderung des Betreuungsrechts v 21.4.2005 (BGBl I 1073)
BtE	Betreuungsrechtliche Entscheidungen
BtPrax	Betreuungsrechtliche Praxis
BWG	Bundeswahlgesetz
BZRG	Bundeszentralregistergesetz
DIJuF	Deutsches Institut für Jugendhilfe und Familienrecht
DIV	Deutsches Institut für Vormundschaftswesen
DMW	Deutsche Medizinische Wochenschrift
DNotI-Rp (Report)	Informationsdienst des Deutschen Notarinstituts
EzFamR aktuell	Schnelldienst zur Entscheidungssammlung zum Familienrecht
FAMPRA.ch.	Die Praxis des Familienrechts (Schweiz)
FamRB	Der Familienrechtsberater
FamRefK	Familienrechtskommentar (1998)
FuR	Familie und Recht
FF	Forum Familien- und Erbrecht
FGPrax	Praxis der freiwilligen Gerichtsbarkeit
FPR	Familie, Partnerschaft und Recht (nunmehr vereinigt mit NJWE-FER)
JKMW	Jürgens/Kröger/Marschner/Winterstein, Betreuungsrecht kompakt (5. Aufl 2002)
JuMiG	Justizmitteilungsgesetz und Gesetz zur Änderung kostenrechtlicher Vorschriften und anderer Gesetze v 18.6.1997 (BGBl I 1430)
JVEG	Gesetz über die Vergütung von Sachverständigen, Dolmetscherinnen, Dolmetschern, Übersetzerinnen und Übersetzern sowie die Entschädigung von ehrenamtlichen Richterinnen, ehrenamtlichen Richtern, Zeuginnen, Zeugen und Dritten (Justizvergütungs- und -entschädigungsgesetz), Art 2 KostRMoG
Kerbe	Kerbe – Forum für Sozialpsychiatrie
KindPrax	Kindschaftsrechtliche Praxis – Zeitschrift für die praktische Anwendung und Umsetzung des Kindschaftsrechts
KindRVerbG	Gesetz zur weiteren Verbesserung von Kinderrechten
KostRMoG	Gesetz zur Modernisierung des Kostenrechts (Kostenrechtsmodernisierungsgesetz) v 5.5.2004 (BGBl I 718)

Ergänzendes Abkürzungsverzeichnis

LPartG	Gesetz über die eingetragene Lebenspartnerschaft (Lebenspartnerschaftsgesetz), Art 1 des Gesetzes zur Beendigung der Diskriminierung gleichgeschlechtlicher Gemeinschaften: Lebenspartnerschaften v 16.2.2001 (BGBl I 266)
LWV	Landeswohlfahrtsverband
MittRhNotK	Mitteilungen der Rheinischen Notarkammer
NDV	Nachrichtendienst des Deutschen Vereins für öffentliche und private Fürsorge
NDV-RD	Rechtsprechungsdienst als Beilage zum Nachrichtendienst des Deutschen Vereins
NJOZ	Neue Juristische Online-Zeitschrift
NJWE-FER	NJW-Entscheidungsdienst Familien- und Erbrecht (nunmehr vereinigt mit FPR)
NotBZ	Zeitschrift für die notarielle Beratungs- und Beurkundungspraxis
NStZ	Neue Zeitschrift für Strafrecht
PflegeRecht	Zeitschrift für Rechtsfragen in der stationären und ambulanten Pflege
RdLH	Rechtsdienst der Lebenshilfe
RNotZ	Rheinische Notar-Zeitschrift
Rp	Report (des BGH und der Obergerichte)
Rp-(OLG)	Report (nach OLG getrennt)
R&P	Recht und Psychiatrie
RpflStud	Rechtspfleger Studienhefte
RsDE	Beiträge zum Recht der sozialen Dienste und Einrichtungen
RVG	Gesetz über die Vergütung der Rechtsanwältinnen und Rechtsanwälte (Rechtsanwaltsvergütungsgesetz), Art 3 KostRMoG v 5.5.2004 (BGBl I 718)
SGB	Sozialgesetzbuch
TuP	Theorie und Praxis der sozialen Arbeit
VBVG	Gesetz über die Vergütung von Vormündern und Betreuern (Vormünder- und Betreuervergütungsgesetz) v 21.4.2005 (BGBl I 1073)
VGT	Vormundschaftsgerichtstag
WDO	Wehrdisziplinarordnung
ZAP	Zeitschrift für die Anwaltspraxis
ZErb	Zeitschrift für die Steuer- und Erbrechtspraxis
ZFE	Zeitschrift für Familien- und Erbrecht
ZfF	Zeitschrift für das Fürsorgewesen
ZfSH/SGB	Zeitschrift für Sozialhilfe und Sozialgesetzbuch
ZKJ	Zeitschrift für Kindschaftsrecht und Jugendhilfe
ZME	Zeitschrift für medizinische Ethik
ZSR	Zeitschrift für Sozialreform

Titel 2
Rechtliche Betreuung

Vorbemerkungen zu §§ 1896 ff

Materialien:

I. Zum Betreuungsgesetz
1. Diskussions-Teilentwurf Gesetz über die Betreuung Volljähriger (Betreuungsgesetz – BtG), hrsg v BMJ November 1987 (gebunden 1987)
2. Diskussions-Teilentwurf eines Gesetzes über die Betreuung Volljähriger (Betreuungsgesetz – BtG), Teil II April 1988 (nicht in Buchform)
3. RefEntw eines Gesetzes über die Betreuung Volljähriger (Betreuungsgesetz – BtG) Stand 2. November 1988
4. RegEntw eines Gesetzes zur Reform des Rechts der Vormundschaft und Pflegschaft für Volljährige (Betreuungsgesetz – BtG) v 11. 5. 1989 – BR-Drucks 59/89 (auch als BT-Drucks 11/4528)
5. Stellungnahme des Bundesrates zum RegEntw BR-Drucks 59/89; auch als Anl 2 in BT-Drucks 11/4528, 203 ff
6. Gegenäußerung der BReg z Stellungnahme des BRates, Anl 3 in BT-Drucks 11/4528, 225 ff
7. Erste Lesung im Bundestag 23. Juni 1989, Plenarprotokoll 11/153
8. Beschlußempfehlung und Bericht des Rechtsausschusses (6. Ausschuß) v 24. 4. 1990 – BT-Drucks 11/6949
9. Änderungsanträge der Fraktion Die Grünen BT-Drucks 11/6962 bis 6966; Änderungsanträge der Fraktion der SPD BT-Drucks 11/6973 und 11/6974
10. Beratung und Beschlußfassung im Bundestag 25. April 1990, Plenarprotokoll 11/206
11. Beschlußfassung über die Zustimmung des Bundesrates v 1. Juni 1990 BR-Drucks 316/90.

Von Bedeutung außerdem: BT-Drucks 10/4271 – Große Anfrage der SPD-Fraktion zur Grundkonzeption der Reform; Antwort der BReg BT-Drucks 10/5970. Ferner: BT-Drucks 11/669 betr Beistand und mehr Rechte für geistig Behinderte und psychisch kranke Menschen, wird durch die Reform als erledigt angesehen. Protokolle der Anhörung durch den Rechtsausschuß des Deutschen Bundestages m Anlagen. Auf die Änderung durch die Neufassung des BGB v 2. 1. 2002 (BGBl I 42) ist bei den einzelnen Paragraphen hingewiesen worden.

II. Zum (ersten) Betreuungsrechtsänderungsgesetz
1. Referenten-Entwurf Stand 7. 2. 1996
2. Regierungsvorlage: Entwurf eines Gesetzes zur Änderung des Betreuungsrechts sowie weiterer Vorschriften (Betreuungsrechtsänderungsgesetz – BtÄndG) – BR-Drucks 960/96
3. RegEntw v 20. 12. 1996 mit Stellungnahme des Bundesrates und Gegenäußerung der BReg BT-Drucks 13/7158
4. 1. Beratung im Bundestag 13. 3. 1997, Plenarprotokoll 13/163, 14683 A
5. Öffentliche Anhörung des Rechtsausschusses (6. Ausschuß) am 11. 6. 1997 – Protokoll 90. Sitzung
6. Beschlußempfehlung und Bericht des Rechtsausschusses v 1. 4. 1998, BT-Drucks 13/10331, zu dem Gesetzentwurf (13/7158) und zu dem Entschließungsantrag der Fraktion der SPD (13/7176)
7. Antrag der SPD-Fraktion betr Reform des Betreuungsrechts: Von der justizförmigen zur sozialen Betreuung vom 1. 4. 1998, BT-Drucks 13/10301
8. 2. und 3. Beratung im Bundestag 3. 4. 1998, Plenarprotokoll 13/228, 20957 C ff: Annahme des Entwurfs des BtÄndG sowie der vom Rechtsausschuß zur Annahme empfohlenen Entschließung betr Überarbeitung des Betreuungsrechts
9. Anrufung des Vermittlungsausschusses durch

den Bundesrat am 8.5.1998 (Protokoll der 725. Sitzung, 231 A und 231 B); BR-Drucks 339/98 (Beschluß); Empfehlungen der Ausschüsse BR-Drucks 339/1/98
10. Beschlußempfehlung des Vermittlungsausschusses vom 28.5.1998 (BT-Drucks 13/10874; BR-Drucks 517/98)
11. Annahme der Beschlußempfehlung des Vermittlungsausschusses durch den Bundestag und den Bundesrat am 29.5.1998 (239. Sitzung), BR-Drucks 517/98 und Beschluß
Von Bedeutung außerdem: Große Anfrage der Fraktion der SPD zum Betreuungsrecht v 6.2.1996 (BT-Drucks 13/3834); Antwort der BReg auf die Große Anfrage BT-Drucks 13/7133 und Entschließungsantrag der Fraktion der SPD (BT-Drucks 13/7176); zu diesem s oben Nrn 6 und 8. Auf Empfehlung des Rechtsausschusses wurde dieser Entschließungsantrag vom Bundestag für erledigt erklärt. Ein Entschließungsantrag der Gruppe der PDS auf Drucks 13/10336 wurde abgelehnt. Die Vorlage auf Drucks 13/10301 (s oben Nr 7) wurde an den Rechtsausschuß (federführend) und den Ausschuß für Familie, Senioren, Frauen und Jugend überwiesen (Plenarprotokoll 13/228, 20966).
S dazu auch: ZRP-Gesetzgebungs-Rp 1997, 84, 121 und 1998, 197, 245; ferner „recht" Mitteilungen des Ministeriums der Justiz 1998, 65.

III. Zum Zweiten Betreuungsrechtsänderungsgesetz sowie weiteren Änderungen des Betreuungsrechts

1. Entwurf eines Zweiten Gesetzes zur Änderung des Betreuungsrechts (2. Betreuungsrechtsänderungsgesetz – 2. BtÄndG), vorgelegt von der Bund-Länder-Arbeitsgruppe „Betreuungsrecht" der Justizministerkonferenz, Stand: 6.11.2003.
2. Beschluß der Justizministerkonferenz v 6.11.2003.
3. Gesetzesantrag der Länder Nordrhein-Westfalen, Bayern, Sachsen und Niedersachsen betr Entwurf eines ... Gesetzes zur Änderung des Betreuungsrechts (... Betreuungsrechtsänderungsgesetz ... BtÄndG) v 19.11.03 (BR-Drs 865/03 = BT-Drucks 15/2494).
4. Beschlußempfehlung und Bericht des Rechtsausschusses des Deutschen Bundestags v 16.2.2005 (BT-Drucks 15/4874); Beschluss des Bundestags v 18.2.2005; Zustimmung des Bundesrates v 18.3.2005 (BR-Drs 121/05)
5. Stellungnahme des Bundesrates betr Entwurf eines Gesetzes zur Änderung der Vorschriften über die Anfechtung der Vaterschaft und das Umgangsrecht von Bezugspersonen des Kindes (BR Drs 751/03 [Beschluss]) mit Vorschlägen zur Änderung der BNotO (Einfügen der §§ 78a bis 78c) und des § 69e FGG.

Schrifttum

1. Kommentare zum Betreuungsrecht

BAUER/BIRK/RINK, Heidelberger Kommentar zum Betreuungs- und Unterbringungsrecht (Loseblattwerk 1994 ff)
BIENWALD, Betreuungsrecht, Kommentar zum BtG/BtBG (1. Aufl 1992; 2. Aufl 1994; 3. Aufl 1999; 4. Aufl 2005 als BIENWALD/SONNENFELD/HOFFMANN)
DAMRAU/ZIMMERMANN, Betreuungsgesetz (1. Aufl 1991; 2. Aufl 1995; 3. Aufl 2001)
DODEGGE/ROTH, Betreuungsrecht, Systematischer Praxiskommentar (2. Aufl 2005)
HOLZHAUER/REINICKE, Betreuungsrecht (1993)
JÜRGENS (Hrsg), Kommentar zum materiellen Betreuungsrecht, zum Verfahrensrecht und zum Betreuungsbehördengesetz (3. Aufl 2005)

KNITTEL, Betreuungsgesetz (Loseblattwerk, 1992 ff)
SCHMIDT/BÖCKER/BAYERLEIN/MATTERN/SCHÜLER, Betreuungsrecht in der Praxis (1999).

2. Kommentare zum Betreuungsrecht innerhalb des BGB

DÖRNER/Bearbeiter BGB Handkommentar (4. Aufl 2005)
ERMAN/Bearbeiter (11. Aufl 2004)
MünchKomm/Bearbeiter (4. Aufl 2001)
PALANDT/Bearbeiter (64. Aufl 2005)
SOERGEL/ZIMMERMANN (13. Aufl 2000).

3. Kommentare zum Betreuungsverfahrensrecht und zum Unterbringungsverfahrensrecht innerhalb des FGG

BASSENGE/HERBST/ROTH, FGG/RPflG (9. Aufl 2002)
BUMILLER/WINKLER, Freiwillige Gerichtsbarkeit (8. Aufl 2006)
JANSEN, FGG Band 2 (3. Aufl 2005)
KEIDEL/KUNTZE/WINKLER, Freiwillige Gerichtsbarkeit, Teil A (15. Aufl 2003)
MARSCHNER/VOLCKART, Freiheitsentziehung und Unterbringung, (4. Aufl 2001)
SCHMIDT, Handbuch der Freiwilligen Gerichtsbarkeit (2. Aufl 1996).

4. Sonstiges Schrifttum zum Betreuungs-, Unterbringungs- und Verfahrenspflegschaftsrecht (seit 1999)

Akademie für Öffentliches Gesundheitswesen, Betreuungsrechtliche Praxis in Einrichtungen der stationären Altenhilfe (2002)
BARTELHEIMER, Die Entwicklung des Unterbringungsrechts bis zum Bundesgesetz über das gerichtliche Verfahren bei Freiheitsentziehungen vom 1. Juli 1956 und dessen Auswirkung auf die Gesetzgebung der Bundesländer (2003)
BARTENBACH ua, Formularbuch und Praxis der freiwilligen Gerichtsbarkeit (21. Aufl 2001)
BIENWALD, Was ist und was will Betreuungsrecht? – zur Arbeit diakonischer Betreuungsvereine, Kirche und Recht 2000, 23
ders, Verfahrenspflegschaftsrecht (2002)
ders, Die Rechtliche Betreuung – gestern, heute, morgen, RsDE 50/2002, 1
ders, Persönliches Budget und Rechtliche Betreuung, FamRZ 2005, 254
BÖHM/LERCH/RÖSLMEIER/WEISS, Handbuch für Betreuer (2. Aufl 2000)
BOHNERT, Unterbringungsrecht (2000)
BRUCKER (Hrsg), Aufgaben und Organisation der Betreuungsbehörden (1999)
ders (Hrsg), Betreuungsbehörden auf dem Weg ins 21. Jahrhundert (2001)
DEINERT, Der Betreuer im Ehe- und Lebenspartnerschaftsrecht, BtPrax 2005, 16
DIEDERICHSEN, Zivilrechtliche Haftungsverhältnisse im Betreuungsrecht, FS Deutsch (1999) 131

EICHLER, Qualitätsstandards in der gesetzlichen Betreuung (2000)
FIRSCHING/DODEGGE, Familienrecht 2. Halbband Vormundschafts- und Betreuungsrecht, Handbuch der Rechtspraxis (6. Aufl 1999)
FRANZEN, Rechtsgeschäfte erwachsener Geschäftsunfähiger nach § 105a BGB zwischen Rechtsgeschäftslehre und Betreuungsrecht, JR 2004, 221
HENN-BAIER, Die rechtliche Betreuung im Spannungsfeld zwischen Hilfe und Bevormundung (2003)
KARLICZEK, Wille, Wohl und Wunsch des Betreuten und des Einwilligungsunfähigen in der Gesundheitsfürsorge (2001)
KIERIG/KRETZ, Formularbuch Betreuungsrecht (2. Aufl 2004)
KNIEPER, Geschäfte von Geschäftsunfähigen (1999)
KUHRKE, Amt für Betreuung, BtPrax 2003, 51
LIPP, Freiheit und Fürsorge: Der Mensch als Rechtsperson (2000)
ders, Betreuung: Rechtsfürsorge im Sozialstaat ... aus betreuungsrechtlicher Perspektive, BtPrax 2005, 6
OHLY, „Volenti non fit iniuria". Die Einwilligung im Privatrecht (2002)
PARDEY, Reform des Betreuungsrechts durch Verfahrensreform? Erwiderung zu DIECKMANN, ZRP 2002, 425, in: ZRP 2003, 14
ders, Betreuungs- und Unterbringungsrecht in der Praxis (2. Aufl 2004)
RÖTTGEN, Das Betreuungsrecht. Grundlagen und Probleme (2001)
VON SACHSEN GESSAPHE, Der Betreuer als gesetzlicher Vertreter für eingeschränkt Selbstbestimmungsfähige (1999)
SALMAN/WÖHLER (Hrsg), Rechtliche Betreuung von Migranten (2001)
SCHULTE, Betreuung: Rechtsfürsorge im Sozialstaat ... aus sozialrechtlicher Perspektive, BtPrax 2005, 10
SCHULZ/MÜLLER/BRAUN/FIALA, Genehmigungen bei Betreuung und Vormundschaft (2004)
SONNENFELD, Betreuungs- und Pflegschaftsrecht (2. Aufl 2001)
SPANL, Vermögensverwaltung durch Vormund und Betreuer (2001)

STÜNKER, Schwerpunkte der rechtspolitischen Vorhaben in der 15. Legislaturperiode, ZRP 2003, 17

TÄNZER, Soziale oder rechtliche Betreuung, Maßstäbe für notwendige Strukturreformen im Betreuungswesen, Betreuungsmanagement 2005, 20

TIETZE, Ambulante Zwangsbehandlungen im Betreuungsrecht (2005)

WINKLER, Der Vorbescheid in der freiwilligen Gerichtsbarkeit (2002)

ZIMMERMANN, Betreuungsrecht von A–Z (2. Aufl 2001)

ders, Betreuungsrecht (6. Aufl 2004)

ders, Der Tod des Betreuten, ZEV 2004, 453

ZWEIFEL, Ablehnung der Betreuung, BWNotZ 2005, 8.

5. Schrifttum zum Entwurf eines (ersten) Gesetzes zur Änderung des Betreuungsrechts sowie weiterer Vorschriften (Betreuungsrechtsänderungsgesetz – BtÄndG)

BARTH/WAGENITZ, Zur Neuordnung der Vergütung in Betreuungssachen, BtPrax 1996, 118

BAUER/RINK, Kritik des Entwurfs eines Gesetzes zur Änderung des Betreuungsrechts sowie weiterer Vorschriften (Betreuungsrechtsänderungsgesetz – BtÄndG) Stand: 7. Februar 1996, 1. Teil: BtPrax 1996, 130; 2. Teil: BtPrax 1996, 158

BAUMHOER, Die Reform zur Reform: Scheitert das Betreuungsrecht an der „reformierten Mittellosigkeit"?, BtPrax 1996, 134

BLANK, Stellungnahme des Bundesrates zum BtÄndG (BtPrax 2/97), in: BtPrax 1997, 155

DEINERT, Zum Entwurf eines Betreuungsrechtsänderungsgesetzes, LWV Baden, Betreuung aktuell 3/1997, 14

ders, Zur Änderung des Betreuungs- und Vormundschaftsrechts, ZfJ 1998, 232

ders, Zur Neuregelung der Betreuervergütung und anderer betreuungsrechtlicher Bestimmungen, FuR 1998, 241

ders, Zur Neuregelung der Betreuervergütung und anderer betreuungsrechtlicher Bestimmungen, JurBüro 1998, 285 m Ergänzung (Aktueller Nachtrag zu den Beiträgen von DEINERT und KNIEPER in JurBüro 1998, 285 bzw 289) JurBüro 1998, 454

Deutscher Verein für öffentliche und private Fürsorge, Stellungnahme zum Entwurf eines Betreuungsrechtsänderungsgesetzes und zu der Stellungnahme des Bundesrates, NDV 1997, 123

DODEGGE, Das Betreuungsrechtsänderungsgesetz, NJW 1998, 3073

ENGELBRECHT, Zu den Stellungnahmen in der BtPrax, Heft 4, zum Entwurf eines Gesetzes zur Änderung des Betreuungsrechts, BtPrax 1996, 227

GENZ, Das Betreuungsrechtsänderungsgesetz, FamRZ 1996, 1324

GREINKE, Novellierung des Betreuungsrechts, Leserbrief dazu, in: BtPrax 1997, 156

Interessengemeinschaft der Betreuungsvereine in Schleswig-Holstein, Betreuungsrechtsänderungsdebatte – noch ein Beitrag, BtPrax 1997, 154

KNITTEL, Notwendige Änderungen des Betreuungsrechts aus der Sicht einer Landesjustizverwaltung, BtPrax 1996, 217

ders, Die Stellungnahme des Bundesrates zum BtÄndG, BtPrax 1997, 53

KRÖGER, Gemeinsame Stellungnahme zum Betreuungsrechtsänderungsgesetz, BtPrax 1996, 223

MEINHARDT, Vergütung des Berufsbetreuers im Wandel, Alte Regelungen im neuen Gewand?, Rpfleger 1996, 433

Rechtsdienst der Lebenshilfe, Wenig Hoffnung mit Nachbesserung des Betreuungsrechtsänderungsgesetzes, RdLH 3/1997, 114

„recht", Mitteilungen des Ministeriums der Justiz 1998, 65 zum Inkrafttreten des Betreuungsrechtsänderungsgesetzes

SNETHLAGE, Das gutgemeinte Betreuungsgesetz – Novellierungsvorschläge, BtPrax 1997, 59

STEIN, Überlegungen zur Neuordnung der Betreuervergütung, BtPrax 1996, 225

UHLENBRUCK, Entmündigung des Patienten durch den Gesetzgeber?, ZRP 1998, 46

Vormundschaftsgerichtstag eV, Positionen zur Weiterentwicklung des Betreuungsrechts, Stellungnahme des VGT eV zu den Vorschlägen der Bundesregierung und des Bundesrats zur Änderung des Betreuungsrechts, BtPrax 1997, 144

WALTHER, Das Betreuungsrechtsänderungsgesetz (BtÄndG) und seine Auswirkungen auf die Arbeit der Betreuungsbehörden, BtPrax 1998, 125

WESCHE, Das Betreuungsrechtsänderungsgesetz, Rpfleger 1998, 93
ZRP-Gesetzgebungs-Rp 1997, 84 betr Entwurf eines Gesetzes zur Änderung des Betreuungsrechts sowie weiterer Vorschriften (Betreuungsrechtsänderungsgesetz – BtÄndG).

6. Rechtsprechungs- und Rechtsentwicklungsberichte zum Betreuungsrecht

BINSCHUS, Hinweise zur Rechtsprechung: Betreuungsrecht, ZfF 1997, 182 ff, 253 ff
DODEGGE, Erste Entwicklungen des Betreuungsrechtes, NJW 1993, 2353
ders, Weitere Entwicklungen des Betreuungsrechts, NJW 1994, 2383
ders, Neuere Entwicklungen des Betreuungsrechts, NJW 1995, 2389
ders, Die Entwicklung des Betreuungsrechts bis Ende Mai 1996, NJW 1996, 2405
ders, Die Entwicklung des Betreuungsrechts bis Anfang Juni 1997, NJW 1997, 2425; bis Anfang Juni 1998, NJW 1998, 271; bis Anfang Juni 1999, NJW 1999, 2709; bis Anfang Juni 2000, NJW 2000, 2704; bis Anfang Juni 2001, NJW 2001, 2758; bis Anfang Juni 2002, NJW 2002, 2919; bis Anfang Juni 2003, NJW 2003, 2645; bis Anfang Juni 2004, NJW 2004, 2636; bis Anfang Juni 2005, NJW 2005, 2660
HELLMANN, Rechtsprechungsübersicht zu aktuellen Problemen des Betreuungsrechts – eine Auswahl von Gerichtsbeschlüssen von 1992 bis 1995, BtPrax 1995, 158
ders, Rechtsprechungsübersicht zu ausgewählten materiell- und verfahrensrechtlichen Fragen des Betreuungsrechts, BtPrax 1997, 126
HOLZHAUER, Veröffentlichungen zum BtG 1992 und 1993, BtPrax 1994, 26
ders, Neuerscheinungen und Aufsätze außerhalb der BtPrax zum Betreuungsrecht im Jahre 1995, BtPrax 1996, 19, m Ergänzung Bienwald, BtPrax 1996, 101
ders, Veröffentlichungen zum Betreuungsrecht aus dem Jahre 1996 außerhalb der BtPrax, BtPrax 1997, 63
ders, Veröffentlichungen zum Betreuungsrecht aus den Jahren 1997/98 außerhalb der BtPrax, BtPrax 1992, 23 m Korrektur BtPrax 1992, 62
JURGELEIT, Rechtsprechungsübersicht zum Betreuungs- und Unterbringungsrecht, FGPrax 2005, 1, 51
KAYSER, Rechtsprechungsübersicht zum Betreuungsrecht, FGPrax 1995, 173
KEMPER, Das Betreuungsrecht in der gerichtlichen Praxis – Übersicht über die von Juni 1992 bis Juni 1994 veröffentlichte Rechtsprechung, FuR 1994, 267
Rechtspfleger – Jahrbuch 1992 bis zum Einstellen des Erscheinens Ende 1997 mit Jahresübersichten über Rechtsprechung und Schrifttum aus dem Vormundschafts- und Betreuungsrecht
KLEINSORGE, Rechtsprechung zum Betreuungsrecht seit dem Jahre 2000, BtPrax 2002, 148
PAUL, Rechtsprechungsübersicht zum Vormundschafts- und Personenstandsrecht, FGPrax 2002, 1
SEITZ/vGAESSLER (Hrsg), Betreuungsrechtliche Entscheidungen, Bd 1 (Jahrgänge 1992/93 Köln 1996); Bd 2 (Jahrgänge 1994/95 Köln 1998)
SONNENFELD, RechtsprechungsBerichte in FamRZ 1997, 849; FamRZ 2002, 429; FamRZ 2004, 1685; FamRZ 2005, 762
WOLF, Die Entwicklung im Vormundschafts-, Betreuungs- und Pflegschaftsrecht seit 2001 (ohne Vergütungsrecht), Rpfleger 2003, 398
ZIMMERMANN, Die Rechtsprechung zur Betreuervergütung seit dem BtÄndG, FamRZ 2002, 1373.

7. Weiteres Schrifttum*
a) Rechtstatsächliches

MACHENBACH/KIRCHHARTZ, Zu Bedeutung und Validitätsvoraussetzungen von Patientenverfügungen. Umfragen unter deutschen Vormundschaftsrichtern, BtPrax 2005, 54
SELLIN/ENGELS, Qualität, Aufgabenverteilung und Verfahrensaufwand bei rechtlicher Betreuung (2003)

---

* Ferner wird auf die mehrmals in einem Jahr erscheinenden „Schrifttums-Hinweise" der FamRZ, die sowohl Dissertationen und Bücher als auch Beiträge in Zeitschriften und Sammelwerken enthalten und insbesondere bei letzten die einschlägigen Zeitschriften des In- und Auslandes auswerten, hingewiesen.

WEINBÖRNER, Zur Vergabe einer rechtstatsächlichen Untersuchung zum Betreuungsrecht, BtPrax 2002, 22
ders, Rechtstatsächliche Forschungsergebnisse zum Betreuungsrecht, RpflBl 2003, 49.

b) betreffend Vorsorgeverfügungen aller Art
BAUER/KLIE, Bad Homburger Charta zu Patientenverfügungen, Betreuungsmanagement 2005, 37
dies, Patientenverfügungen/Vorsorgevollmachten – richtig beraten? (2. Aufl 2005)
BAUMANN/HARTMANN, Die zivilrechtliche Absicherung der Patientenautonomie am Ende des Lebens aus der Sicht der notariellen Praxis, DNotZ 2000, 594
BECKER/MATTHEIS/HENNIES/SCHIROP, Behandlungsabbruch-Patientenverfügung (Patiententestament), Betreuungsverfügung und Vorsorgevollmacht – Empfehlungen der Ethikkommission der Ärztekammer Berlin, Intensivmedizin 36, 71
BECKER-SCHWARZE, Möglichkeiten der rechtlichen Regulierung einer selbstbestimmten Entscheidung am Lebensende, in: FS Eike Schmidt (2005) 73
BIENWALD, Die Vorsorgevollmacht – ein gleichwertiger Ersatz der Betreuerbestellung? BtPrax 1998, 164
ders, Weiteres zur Unvollkommenheit der Vorsorgevollmacht gegenüber der Betreuung, BtPrax 1999, 92
ders, Vorsorgeverfügungen und ihre Bedeutung für das Vormundschaftsgericht, BtPrax 2002, 227
ders, Die Notwendigkeit der Schaffung einer Zentrale für Vorsorgeverfügungen, BtPrax 2002, 244
BINSCHUS, Patientenautonomie am Lebensende; rechtliche Betreuung – Gutachten, Meinungen, Rechtsprechung –, ZfF 2000, 241
BLÖSS, Patientenwille, DtÄrztebl 2004, 3390
BRITZ, Rechtsgeschäftliche Abgabe von Patientenverfügung, Betreuungsverfügung und Vormundbenennung, RNotZ 2001, 271
BÜHLER, Zum Betreuungsrechtsänderungsgesetz und zur Vorsorgevollmacht, BWNotZ 1999, 26
ders, Vollmachterteilung zur Vermeidung einer Betreuerbestellung – Möglichkeiten und Grenzen der Vorsorgevollmacht, FamRZ 2001, 1585
BÜHLER/KREN/STOLZ, Sterbehilfe – Sterbebegleitung – Patientenverfügung. Ergebnisse einer bundesweiten Umfrage unter Ärzten, BtPrax 2002, 232
BUND, Die Notarkosten bei Vorsorgevollmachten mit Betreuungs- und Patientenverfügung, JurBüro 2004, 173, 580
Bundesministerium der Justiz, Eckpunkte zur Stärkung der Patientenautonomie, FamRZ 2004, 1941
BURCHARDI, Patientenverfügung und Vorsorgevollmacht bei Krankenhausaufnahme? in: FS Schreiber (2003) 615
DEINERT, Unterschriftsbeglaubigung durch die Betreuungsbehörde, Betreuungsmanagement 2005, 24
DIEDERICHSEN, Bemerkungen zu Tod und rechtlicher Betreuung, in: FS Schreiber (2003) 635
DODEGGE, Die Vorsorgevollmacht im Lichte des Betreuungsrechtsänderungsgesetzes, BtPrax 2000, 99
DUTTGE, Sterbehilfe aus rechtsphilosophischer Sicht, GoltdArch 2001, 158
EISENBART, Patiententestament und Stellvertretung in Gesundheitsangelegenheiten (2. Aufl 2000)
FISCHER, Die mutmaßliche Einwilligung bei ärztlichen Eingriffen, in: FS Deutsch (1999) 545
GÖRK, Das Zentrale Vorsorgeregister der Bundesnotarkammer – neue rechtliche Grundlagen und praktische Abläufe, DNotZ 2005, 87
GRÜN, Rechtsprobleme der trans- und postmortalen Vollmacht – insbesondere deren Mißbrauch wegen fehlender Rückfrage beim Erben (2000)
GRZIWOTZ, Aktueller Praxisüberblick zu Betreuungsverfügungen und Vorsorgevollmacht, JNF 2004, 352
HARTENBACH, Strukturreform des Betreuungsrechts, in: FS vRenesse (2005) 271
vHEYNITZ, Belehrungen bei Vollmachten – auch für Bevollmächtigte? MittBayNot 2003, 269
HÖFLING, Wachkoma – rechtliche, ethische und medizinische Aspekte (2005)
HÖFLING/SCHÄFER, Regelung der Patienten-

verfügungen aus Sicht der Rechtspraxis, ZRP 2005, 92
HOFFMANN/SCHUMACHER, Vorsorgevollmachten und Betreuungsverfügungen: Handhabung in der Praxis, BtPrax 2002, 191
JACHERTZ, Patientenverfügung – konkret, schriftlich, zeitnah, DtÄrztebl 2004, 3390
JACOBI/MAY/KIELSTEIN/BIENWALD, Ratgeber Patientenverfügung, Vorgedacht oder selbstverfaßt? (5. Aufl 2005)
KEILBACH, Vorsorgeregelungen zur Wahrung der Selbstbestimmung bei Krankheit im Alter und am Lebensende, FamRZ 2003, 969
KIRCHNER/EBERLE, Automatisierte elektronische Registrierung im Zentralen Register für Vorsorgeurkunden der Bundesnotarkammer, MittBayNot 2004, 242
KLIE/STUDENT, Die Patientenverfügung (2. Aufl 2002)
KNIEPER, Patiententestament (1999)
KNOPP/HOFFMANN, Rechtssicherheit am Lebensende?, MedR 2005, 83
LANGENFELD, Die Vorsorgevollmacht des Unternehmers, ZEV 2005, 52
LIMMER, Die Vorsorgevollmacht unter Berücksichtigung des Betreuungsrechtsänderungsgesetzes, ZNotP 1998, 322
LIPP, Patientenautonomie und Sterbehilfe, BtPrax 2002, 47
LIPP/NAGEL, Die Patientenverfügung – Bemerkungen zur aktuellen rechtspolitischen Debatte, FF 2005, 83
vLOOZ, Die Lebensdecke ist nicht kochfest – Plädoyer für eine Betreuungsverfügung, BtPrax 2002, 179
MARSCHNER, Verbindlichkeit und notwendiger Inhalt von Vorsorgevollmachten und Patientenverfügungen in der Psychiatrie, R&P 2000, 161
MAY, Autonomie und Fremdbestimmung bei medizinischen Entscheidungen für Nichteinwilligungsfähige (1. Aufl 2000, 2. Aufl 2002)
ders, Patientenautonomie am Lebensende, BtPrax 2004, 234
MEIER, Inhalt und Reichweite einer Vorsorgevollmacht, BtPrax 2002, 184
MEIER, zum Inhalt von und zum Umgang mit Patientenvollmachten in Gesundheitsangelegenheiten, BtPrax 2001, 181

MERAN/GEISSENDÖRFER/MAY/SIMON (Hrsg), Möglichkeiten einer standardisierten Patientenverfügung (2002)
MÜLLER, Auswirkungen des Betreuungsrechtsänderungsgesetzes (BtÄndG) auf die Vorsorgevollmacht in Angelegenheiten der Personensorge, DNotZ 1999, 107
RAKETE-DOMBEK, Vorsorgevollmacht – ein wichtiges und nützliches Rechtsinstrument? R&P 2002, 168
vRENESSE, Die Patientenverfügung in der Diskussion, BtPrax 2005, 47
RIEDEL, Patientenverfügungen, Ethik in der Medizin 2005, 28
dies, Der Zwischenbericht der Enquetekommission Ethik und Recht der modernen Medizin des Deutschen Bundestages zu Patientenverfügungen, BtPrax 2005, 45
RUDOLF/BITTLER, Vorsorgevollmacht, Betreuungsverfügung, Patientenverfügung (2000)
SCHÄFER, Patientenverfügungen: krank – aber entscheidungsfähig (2001)
SCHEFFEN, Zivilrechtliche Neuregelung der passiven Sterbehilfe und Sterbebegleitung, ZRP 2000, 313
SCHMIDL, Die Bindungswirkung der Patientenverfügung für Verfahrenspfleger und Verfahrensbevollmächtigte gemäß § 67 FGG, ZErb 2005, 82
SCHRÖDER/KONRAD, Vorsorgevollmacht und „Zwangspsychiatrie", R&P 2000, 159
SCHWAB, Stellvertretung bei der Einwilligung in die medizinische Behandlung – Ein Aufriss der Probleme –, in: FS Henrich (2000) 511
ders, Probleme der Vorsorgevollmacht in: BAUER (Hrsg), Versorgung und Vorsorge (2004) 27
STOLZ, Handreichung für (Gesundheits-)Bevollmächtigte, BtPrax 2002, 66
STRÄTLING/EISENBART/SCHARF, Stellvertreterentscheidungen in Gesundheitsfragen unter epidemiologisch-demographischen Gesichtspunkten: Wie realistisch sind die Vorgaben des deutschen Betreuungsrechts? MedR 2000, 251
STRÄTLING/SCHARF/BARTMANN, Patientenverfügungen und Stellvertreterentscheidungen in Gesundheitsfragen, BtPrax 2002, 237
STRÄTLING/SEDEMUND-ADIB/SCHARF/SCHMUK-

KER, Gesetzliche Normierung von Patientenverfügungen, BtPrax 2003, 154
TAUPITZ, Empfehlen sich zivilrechtliche Regelungen zur Absicherung der Patientenautonomie am Ende des Lebens, Gutachten A zum 63. Deutschen Juristentag Leipzig 2000 (2000)
ders (Hrsg), Zivilrechtliche Regelungen zur Absicherung der Patientenautonomie am Ende des Lebens – Eine internationale Dokumentation (2000)
UHLENBRUCK, Patientenverfügungen, ZAP 1999, 232
ULSENHEIMER, Der Arzt im Konflikt zwischen Heilauftrag und Selbstbestimmungsrecht des Patienten – in dubio pro vita?, in: FS Eser (2005)
VAN OORSCHOT/LIPP/TIETZE/NICKEL/SIMON, Einstellungen zur Sterbehilfe und zu Patientenverfügungen; Ergebnisse einer Befragung von 727 Ärzten, DMW 2005, 261
VOSSLER, Verwirklichung der Patientenautonomie am Ende des Lebens durch Patientenverfügungen, BtPrax 2002, 240
WAGENITZ, Finale Selbstbestimmung? Zu den Möglichkeiten und Grenzen der Patientenverfügung im geltenden und künftigen Recht, FamRZ 2005, 669
WALTER, Das Betreuungsrechtsänderungsgesetz und das Rechtsinstitut der Vorsorgevollmacht, FamRZ 1999, 685
WEBER, Die Patientenverfügung – eine Hilfe für Mediziner und Juristen?!, Arztrecht 2004, 300
WEGENER, Die Patientenautonomie versus ärztliches Therapiekonzept? Zur Diskussion um die Patientenverfügung in Deutschland, in: FS Volkmar Schneider z 60. Geburtstag (2000) 73
WINKLER, Vorsorgeverfügungen (Beck'sche Musterverträge), 2003
WURZEL, Erfahrungen bei der Beratung zur Vorsorgevollmacht bei älteren Menschen – ein Praxisbericht, BtPrax 2002, 230
ZIMMERMANN, Die Vertretung in höchstpersönlichen Angelegenheiten – neuere Entwicklungen im Betreuungsrecht, BWNotZ 1998, 101
ders, Vorsorgevollmacht und Rechtsberatungsgesetz, BtPrax 2001, 192
ZINKLER, Vorsorgevollmacht versus Behandlungsvereinbarung und Patientenverfügung, R&P 2000, 165.

8. Ausländische Rechte; internationales Recht; rechtsvergleichendes Schrifttum

BARTH, Medizinische Maßnahmen bei Personen unter Sachwalterschaft, ÖJZ 2000, 57
BEERMANN/MÜLLER/SITTER, Von der Entmündigung zum Sachwalterrechtsänderungsgesetz, VGT eV (Hrsg), Betrifft: Betreuung 1999, 66
BIENWALD, Zur Revision des Vormundschaftsrechts in der Schweiz aus der Sicht eines deutschen Betreuungsrechtlers, FAMPRA.ch 2000, 403
ders, Japan Adult Guardianship Law Association, FamRZ 2004, 81
BÖRNER, Gebrauch einer deutschen postmortalen Vollmacht in Spanien?, ZEV 2005, 146
DAENTZER, Das Recht der Stellvertretung in der Volksrepublik China (2000)
DRESSING/SALIZE, Zwangsunterbringung und Zwangsbehandlung psychisch Kranker in den Mitgliedsländern der Europäischen Union, PsychiatPrax 2004, 34
ETZENSBERGER, Die „Fürsorgliche Unterbringung" und „Behandlung einer psychischen Störung" aus der Sicht eines praktischen Psychiaters (Art 416–430 VE), ZSR 2003, 361
FEIL, Verfahren außer Streitsachen, Handkommentar für die Praxis (2. Aufl 2000)
FERRARI/PFEILER, Die österreichische Reform des Kindschaftsrechts (mit Auswirkungen auf das Sachwalterrecht), FamRZ 2002, 1079
GEISER, Die Fürsorgliche Freiheitsentziehung als Rechtsgrundlage für eine Zwangsbehandlung, in: FS Schnyder (1995) 289
GUGGENBERGER, Das Haager Übereinkommen über den internationalen Schutz von Erwachsenen (2004)
HÄFELI, Die Organe des neuen Erwachsenenschutzrechts und ihre Aufgaben im Rahmen der Beistandschaften (Art 386–409 und 443–447 VE), ZSR 2003, 337
HÄFELI/STETTLER, Vom Vormundschaftsrecht zum Erwachsenenschutz, FAMPRA.ch 2004, 919
HENNIG, Das schwedische Betreuungsrecht, BtPrax 2000, 194
HOFFMANN/KORTE, Rechtliche Betreuung in Dänemark; zwei neue Gesetze im Wirkungsfeld der Altenhilfe, BtPrax 2000, 3 (Teil 1), BtPrax 2000, 50 (Teil 2)

KLICKA/OBERHAMMER, Außerstreitverfahren (3. Aufl 1999)
LINDEMANN, Die Behandlung der Unbehandelbaren – Eine Skizze des niederländischen Longstay-Pilotprojektes Veldzicht, R&P 2001, 21
ODENDAHL/RUMPF, Auszugsweise Übersetzung des türkischen Zivilgesetzbuches, Gesetz Nr 4721 v 22.11.2001, RNotZ 2003, 371
REUSSER, Auf dem Weg zu einem neuen Erwachsenenschutzrecht – Überblick über die Totalrevision des Vormundschaftsrechts, ZSR 2003, 271
RÖTHEL, Erwachsenenschutz in Europa: Von paternalistischer Bevormundung zu gestaltbarer Fürsorge, FamRZ 2004, 999
SCHMID, Ende der Beistandschaft und Ende des Amts des Beistands (Art 385 und 410–415 VE), ZSR 2003, 331
ders, Einführung in die Beistandschaften (Art 377–384 VE), ZSR 2003, 311
SCHWANDER, Der internationale Vermögensschutz zugunsten Erwachsener – Überlegungen anlässlich der Reformbemühungen um eine Erweiterung des Anwendungsbereiches des Haager Minderjährigenschutzabkommens auf den Erwachsenenschutz, in: FS Schnyder (1995) 659
SOLD, Plädoyer für eine praktikable Alternative zum gegenwärtigen Betreuungsrecht am Beispiel der USA, Hessisches Ärzteblatt 2000, 365
STARK, Die Schadensersatzpflicht bei widerrechtlicher fürsorgerischer Freiheitsentziehung nach Art 429 a ZGB; ihre Stellung im Haftpflichtrecht, in: FS Schnyder (1995) 715
STERTKAMP, Eine rechtsvergleichende Untersuchung zur Stellvertretung ohne Vertretungsmacht im deutschen und französischen Zivilrecht (1999)
STURM, Vormundschaftliche Hilfsmaßnahmen für Betagte in der Schweiz, ZVW 2002, 170
STURM/STURM, Ein weiterer Schritt auf dem Weg zu einem neuen schweizerischen Erwachsenenschutz: VE ZGB 2003, in: FS Holzhauer (2005) 459
WEISSENFELS, Der „allgemeine Teil" des Verfahrens der freiwilligen Gerichtsbarkeit (des Außerstreitverfahrens) in Deutschland und Österreich (1997)
ZACCARIA, La tutela del promittente compratore in buona fede di una cosa altrui, in: FS Henrich (2000) 667.

Systematische Übersicht

I.	**Das bisherige Recht**	
1.	Bundesrepublik Deutschland (sog alte Bundesländer)	1
a)	Einleitung	1
b)	Vormundschaft über Volljährige	4
c)	Die Bestellung eines Pflegers nach § 1910 aF	12
d)	Pflegschaft neben bestehender Vormundschaft	24
e)	Unterbringungsrecht, Unterbringungsverfahren	25
2.	Das Recht in der ehemaligen DDR (sog Beitrittsgebiet)	31
II.	**Das Betreuungsrecht**	
1.	Zur Entstehungsgeschichte	34
2.	Gesetzliche Grundlagen und Geltungsbereich	35
3.	Grundzüge des neuen Betreuungsrechts	38
a)	Hauptanliegen des Gesetzgebers	38
b)	Überblick über die materiellrechtlichen Neuerungen nach dem BtG	45
c)	Das Verfahren in Betreuungssachen	46
d)	Unterbringungs- und Unterbringungsverfahrensrecht	56
4.	Zur Einsicht in Verfahrensakten	65
5.	Übergangsrecht	66
6.	Änderungen durch das (erste) Betreuungsrechtsänderungsgesetz (BtÄndG)	67
a)	Allgemeines	67
b)	Die Änderungen in Grundzügen	71
aa)	im materiellen Recht	71
bb)	im Verfahrensrecht	72
III.	**Reformbemühungen und Reformvorhaben**	73

Vorbem zu §§ 1896 ff

Buch 4
Abschnitt 3 · Vormundschaft, Rechtliche Betreuung, Pflegschaft

IV. Das Zweite Gesetz zur Änderung des Betreuungsrechts (Zweites Betreuungsrechtsänderungsgesetz – 2. BtÄndG) _____ 78

V. Betreuerbestellungen aufgrund von Vorschriften außerhalb des BGB _____ 79

Alphabetische Übersicht

Änderung des Betreuungsrechts	34
Ärztlicher Eingriff	14
Akteneinsicht	65
Anerkennung von Betreuungsvereinen	45
Anhörung, persönliche	48
Anhörungspflicht	16
Anordnung der Vormundschaft als eigenständiger Rechtsakt	9
Anregung zur Aufhebung der Pflegschaft	17
Antrag auf Aufhebung der Pflegschaft	17
Antragsrecht des Betreuers	51
Anwendungsprobleme der Praxis	19
Aufenthaltsbestimmungsrecht des Pflegers	25
Aufhebung der Entmündigung	4
Aufhebung der Geschäftsfähigkeit	8
Aufhebung der Pflegschaft	17
Aufhebung der Unterbringungsmaßnahme	62
Aufwandsentschädigung	45
Aufwendungsersatz	45
Ausgeschlossene Unterbringung des Pflegebefohlenen	26
Ausschlußgrund für Betreuerbestellung	45
Befristung der Unterbringung	61
Behörde als Betreuerin	45
Behörde, zuständige	50
Behördenbetreuer	45
Beitrittsgebiet	31
Begutachtung im Entmündigungsverfahren	9
Berichtspflicht des Betreuers	45
Berufsmäßige Führung, Feststellung der	78
Berufsvormündervergütungsgesetz	37
Beschwerdebefugnis des Pflegebefohlenen	17
Beschwerderecht des Betreuten	51
Besprechungspflicht des Betreuers	45
Beteiligungen des Betroffenen	51
Betreuerperson	45
Betreuungsbehördengesetz	37, 78
Betreuungsrechtsänderungsgesetz(e)	34 ff, 67 ff, 78
Betreuungsverfahren	46
Betreuungsverfügung	45
Bevollmächtigung des Pflegers	21
Bundesdisziplinarordnung (BDO)	77
Bundesrepublik Deutschland	1
Bundestagswahl	13
Bundeszentralregister	7, 53
DDR, ehemalige	31
Dienstunfähigkeit	79
Disziplinarverfahren	79
Ehefähigkeit	7, 32, 45
Ehemalige DDR	31
Eheverbot bei Entmündigung (DDR)	32
Einheitsentscheidung	46
Einheitliches Unterbringungsverfahren	56
Einschränkung der Geschäftsfähigkeit	8
Einschränkung der Personensorge des Vormunds	6
Einsicht in Verfahrensakten	65
Einwilligung des Betroffenen in die Pflegschaft	12
Einwilligungsvorbehalt	40, 45
Ende der Betreuung	45
Entlassung des Betreuers	45
Entmündigung	4
Entmündigungsgründe	4
Entmündigungsverfahren	9
Entmündigungswirkung	5
Entschließung des Bundestages	34, 70
Entstehungsgeschichte des Betreuungsrechts	34
Erforderlichkeitsgrundsatz	38, 45
Ersatzform, Pflegschaft als eine – der Entmündigung	19
Erweiterung des Wirkungskreises	30
Familiengesetzbuch DDR	1, 31
Fernmeldeverkehr	45
Freiheitsentziehende Maßnahmen	56
Führung der Betreuung	45
Führungszeugnis	7

Februar 2006

Titel 2
Rechtliche Betreuung

Fürsorgebedürftigkeit	6
Gebrechlichkeitspflegschaft als Ersatzform der Entmündigung	19
Gebrechlichkeitspflegschaft ohne Antragstellung	18
Geisteskrankheit, Abgrenzung zur Geistesschwäche	11
Geistesschwäche	11
Geltungsbereich des Betreuungsrechts	35
Genehmigung des Vormundschaftsgerichts	27
Genehmigungsvorbehalt, vormundschaftsgerichtlicher	43
Gesetzestechnik	44
Gesetzliche Grundlagen des Betreuungsrechts	35
Gesetzliche Vertretungsmacht des Pflegers (DDR)	32
Gesetzliche Vertretungsmacht des Betreuers	45
Grundzüge des Betreuungsrechts	38
Gutachten in Unterbringungsverfahren	59
Gutachten eines Sachverständigen	49
Hauptanliegen des Gesetzgebers	38
Heilbehandlung	14
Informationspflicht des Betreuers	45
Körperlich Gebrechliche	13
Konzentration der Betreuungssachen beim Vormundschaftsgericht	41
Kosten des Verfahrens	10
Landesrechtliche Unterbringungsgesetze	29
Maßnahmen, freiheitsentziehende	56
Maßstäbe der Vermögenssorge	2
Materiellrechtliche Neuerungen	45
Mitteilungen	
– in Betreuungssachen	53
– in Unterbringungssachen	63
Nachrang öffentlich-rechtlicher Unterbringung	29
Natürliche Geschäftsunfähigkeit	15
Öffentliche Bekanntmachung der Entmündigung	7

Offenbarung der Entmündigung gegenüber Vermieter	7
Persönliche Anhörung	48
– im Unterbringungsverfahren	58
Persönliche Betreuung	41 f
Persönliche Vernehmung des zu Entmündigenden	9
Personenkreis, betroffener	39
Personensorge	43
Pfleger (DDR)	32
Pfleger für das Verfahren	47, 57
Pflegerbestellung	12
Pflegschaft neben Vormundschaft	24
Pflicht zur Anhörung	16
Pflichten des Vormunds	6
PsychKG der Länder	29
Rauschgiftsucht und Pflegerbestellung	20
Rechte des Vormunds	6
Rechtsbehelfsbefugnis des Pflegebefohlenen	17
Rechtsgeschäftliche Angelegenheiten für den Pfleger	13
Rechtsgeschäftlicher Status des Entmündigten	5
Rechtsstellung des Pflegers	21
Reformvorhaben	73 ff
Sachverständiger zur Begutachtung des Geisteszustandes	9
Sachverständiger, Gutachten des	49
Sachverständiger im Unterbringungsverfahren	59
Sicherheits- und Ordnungsgesetze der Länder	29
Sterilisation	14, 45
Subsidiarität der Betreuung	45
Subsidiarität, Grundsatz der	38
Tatsächliche Angelegenheiten für den Pfleger	13
Teilnahme am Rechtsverkehr	40
Testierfähigkeit	7, 32, 45
Totalpflegschaft	12
Trunksucht und Pflegschaft	20
Übergangsrecht	66
Übernahmepflicht	3, 45

Unmöglichkeit der Verständigung	12	Vollzug der Unterbringung	60
Unterbringung (DDR)	33	Voraussetzungen der Betreuerbestellung	
Unterbringungsgenehmigung	6		39, 45
Unterbringungsrecht, altes	25	Vorführungen	60
Unterbringungsrecht, neues	56	Vorläufige Betreuung	55
Unterbringungsverfahrensrecht, altes	25, 28	Vorläufiger Einwilligungsvorbehalt	55
Unterbringungsverfahrensrecht, neues	56	Vorläufige Vormundschaft	7
Unterbringungsvollzug	60	Vormünder- und Betreuervergütungsgesetz	78
Untersuchung des Gesundheitszustandes	14	Vormundschaft (DDR)	31
		Vormundschaft über Volljährige	4
Verein als Betreuer	45	Vormundschaftsanordnung	9
Vereinsbetreuer	45	Vormundschaftsgerichtliche Genehmigungsvorbehalte	43
Verfahren in Betreuungssachen	46		
– in Unterbringungssachen	56 f	Vorrangstellung der Eltern	3
Verfahrensfähigkeit	46	Vorsorgevollmacht	78
Verfahrensfähigkeit im Unterbringungsverfahren	57	Wahlrecht	7, 32
Verfahrenskosten	10	Wehrdienstordnung	78
Verfahrenspflegervergütung	60	Weiterer Betreuer	45
Verfahrenspflegschaft, -pfleger	47	Wirkung der Entmündigung	5
Vergütung		Wohnungsaufgabe	14
– für Berufsbetreuer	45, 78	Wünsche des Betreuten	42
– für Verfahrenspfleger	60, 78		
Verhandlungsunfähigkeit	79	Zeitliche Beschränkung der Maßnahmen	52
Verlängerung von Unterbringungsmaßnahmen	64	Zielsetzung der Vermögenssorge	2
		Zivilrechtliche Unterbringung	27
Vermeidung von Entmündigung	19	Zuständige Behörde	50
Versicherungskosten als Aufwendungen	45	Zwangsgeldfestsetzung	3
Verwandtenprivileg	45	Zweigegliedertes Verfahren	3
Volljährigkeit des Pflegebefohlenen	13	Zweigleisigkeit des Verfahrens	18

I. Das bisherige Recht

1. Bundesrepublik Deutschland (sog alte Bundesländer)

a) Einleitung

1 Seit dem Inkrafttreten des Bürgerlichen Gesetzbuches am 1. 1. 1900 bis zum Inkrafttreten des Betreuungsgesetzes (BtG) am 1. 1. 1992 gab es **zwei Rechtsinstitute**, mit deren Hilfe die Angelegenheiten eines fürsorgebedürftigen Volljährigen geregelt werden konnten: Die „Vormundschaft über Volljährige" (so die Überschrift des Zweiten Titels vor den §§ 1896 ff aF) als relativ umfassendes und die „Gebrechlichkeitspflegschaft" (nichtamtliche Überschrift des § 1910 aF) als relativ partielles Instrument der Fürsorge für die Person und das Vermögen eines anderen. Beiden war gemeinsam, daß sie im BGB keine eigene Ausgestaltung erfahren hatten. § 1897 S 1 aF bestimmte, daß auf die Vormundschaft über einen Volljährigen die für die Vormundschaft über einen Minderjährigen geltenden Vorschriften Anwendung fanden, soweit sich nicht aus nachfolgenden Bestimmungen (§§ 1898–1908) ein anderes ergab. Nach § 1915 Abs 1, der noch in Kraft ist und für die erhalten gebliebenen

Pflegschaften (ua § 1909) Bedeutung hat, waren auf die Gebrechlichkeitspflegschaft die für die Vormundschaft geltenden Vorschriften anzuwenden, soweit sich nicht aus dem Gesetz ein anderes ergab. Diese Rechtslage überstand die Teilung Deutschlands bis 1965. Im Rahmen ihres Familiengesetzbuchs (FGB) ordnete die DDR das Recht der Vormundschaft für Volljährige und der Pflegschaft neu und zT abweichend vom bisherigen Recht (im einzelnen dazu unten Rn 31).

Die Bezugnahme des Erwachsenenrechts auf die Minderjährigenvormundschaft **2** (und damit letztlich auf das Recht der Eltern-Kind-Beziehungen) dürfte dafür mitursächlich gewesen sein, daß die Führung von Vormundschaften und Pflegschaften für Volljährige sich **nicht immer an den Bedürfnissen und Verhältnissen dieser Personengruppe orientiert** hat (beispielsweise was die Zielsetzung und die Maßstäbe der Vermögenssorge angeht; vgl dazu BayObLGZ 1990, 249 = FamRZ 1991, 481).

Das **Verfahren** war **zweigegliedert**. Zunächst ordnete das Vormundschaftsgericht die **3** Vormundschaft oder Pflegschaft an (je nach funktionaler Zuständigkeit Richter oder Rechtspfleger). Danach wurde entschieden, wer als Vormund oder Pfleger tätig zu sein hatte. Eltern des Betroffenen hatten eine Vorrangstellung; sie waren aber nicht berechtigt, einen Vormund oder Pfleger verbindlich zu benennen oder jemand von dem Amt auszuschließen (§ 1898 aF, § 1915 Abs 1).

Entsprechend den heute noch für die Minderjährigenvormundschaft geltenden Bestimmungen war jeder Deutsche verpflichtet, die Vormundschaft oder Pflegschaft, für die er vom Vormundschaftsgericht ausgewählt worden war, zu übernehmen, wenn er nicht einen Grund zur Ablehnung hatte (§ 1786 Abs 1) und diesen rechtzeitig geltend machte (§ 1786 Abs 2). Das Vormundschaftsgericht konnte den ausgewählten, aber nicht bereiten Vormund oder Pfleger durch Festsetzung von Zwangsgeld zur Übernahme der Vormundschaft/Pflegschaft anhalten (§ 1788 Abs 1, jeweils iVm § 1897 aF oder § 1915 Abs 1).

b) Vormundschaft über Volljährige
Voraussetzung für die Anordnung einer Vormundschaft über einen Volljährigen war **4** dessen vorangegangene Entmündigung (§ 1896 aF). Bereits vor dem Erlaß des Entmündigungsbeschlusses, jedoch nach Stellung des Antrags auf Entmündigung, konnte der Betroffene unter vorläufige Vormundschaft gestellt werden, wenn das Vormundschaftsgericht dies zur Abwendung einer erheblichen Gefährdung der Person oder des Vermögens des Volljährigen für erforderlich erachtete (§ 1906 aF). Entmündigt werden konnte (§ 6 aF), 1. wer infolge von Geisteskrankheit oder von Geistesschwäche seine Angelegenheiten nicht zu besorgen vermochte, 2. wer durch Verschwendung sich oder seine Familie der Gefahr des Notstandes aussetzte, 3. wer infolge von Trunksucht oder Rauschgiftsucht seine Angelegenheiten nicht zu besorgen vermochte oder sich oder seine Familie der Gefahr des Notstandes aussetzte oder die Sicherheit anderer gefährdete. Die Entmündigung war aufzuheben, wenn der Grund der Entmündigung entfiel (§ 6 Abs 2 aF).

Die Entmündigung bewirkte, daß die im Gesetz vorgesehene Folge der Geschäfts- **5** unfähigkeit oder beschränkten Geschäftsfähigkeit eintrat, je nachdem, aus welchem Grunde die Entmündigung ausgesprochen worden war. Wer wegen Geisteskrankheit entmündigt wurde, war geschäftsunfähig (§ 104 Nr 3 aF); in allen übrigen Fällen sowie bei Anordnung der vorläufigen Vormundschaft war der Betroffene beschränkt geschäftsfähig, dh er stand „in Ansehung der Geschäftsfähigkeit einem Minderjährigen gleich, der das siebente Lebensjahr vollendet hat" (§ 114 aF). Damit war **nicht**, wie mitunter behauptet wird, **der Erwachsene einem Minderjährigen gleichgestellt**. Das Gesetz nahm auf eine Rechtsfolge Bezug und regelte damit den **rechtsgeschäftlichen** Status (eingehend STAUDINGER/COING/HABERMANN[12] § 6 und STAUDINGER/DILCHER[12] § 104).

6 Mit der Entmündigung und der von selbst eintretenden Rechtsfolge der Beschränkung oder des Verlusts der Geschäftsfähigkeit war der Tatbestand der Fürsorgebedürftigkeit eingetreten, der es nötig machte, einen für die Besorgung der Angelegenheiten des Entmündigten (oder unter vorläufige Vormundschaft Gestellten) verantwortlichen Vormund zu bestellen. Durch die Bezugnahme auf die Vorschriften der Vormundschaft über Minderjährige orientierten sich die Aufgaben des Vormunds für einen Volljährigen an denen des Minderjährigenvormunds. Der hatte (und hat) das Recht und die Pflicht, für die Person und das Vermögen des Mündels zu sorgen, insbesondere den Mündel zu vertreten (§ 1793 S 1, neugefaßt durch d SorgeRG; s die Materialienangabe bei STAUDINGER/ENGLER [1999] § 1793). Die Sorge für die Person des volljährigen Mündels wurde jedoch durch § 1901 aF eingeschränkt („nur"). Danach hatte der Vormund für die Person des Mündels nur insoweit zu sorgen, als der Zweck der Vormundschaft es erforderte (§ 1901 Abs 1 aF). War der Mündel verheiratet, so galt die Beschränkung des § 1633 nicht (§ 1901 Abs 2 aF). Obwohl mit dieser Vorschrift die Möglichkeit gegeben war, die Personensorge je nach Verfassung und Situation des einzelnen Mündels flexibel zu handhaben und den Betroffenen nicht mehr als nötig zu „bevormunden", dürfte in der Praxis eher schematisch verfahren worden sein. Für die Unterbringung des Mündels, die mit Freiheitsentziehung verbunden war, benötigte der Vormund grundsätzlich die vorherige Genehmigung des Vormundschaftsgerichts (§§ 1897 S 1 aF iVm §§ 1800, 1631b).

7 Die Entmündigung war nicht ohne Auswirkungen auf die Ehefähigkeit, die Testierfähigkeit und das Wahlrecht des Betroffenen. Sie hatte auch Auswirkungen auf die elterliche Sorge (§ 1673 Abs 1 und Abs 2 aF). Wer wegen Geisteskrankheit entmündigt war, konnte eine Ehe nicht eingehen (§ 2 EheG iVm § 104 Nr 3, jeweils aF). Wer aus anderen Gründen entmündigt bzw beschränkt geschäftsfähig war, bedurfte zur Eingehung einer Ehe der Einwilligung des Vormunds. Unabhängig von dem Grund der Entmündigung war der Betreffende testierunfähig (§ 2229 Abs 3 S 1 aF). Der unter vorläufige Vormundschaft gestellte Volljährige war dagegen testierfähig und bedurfte zur Errichtung eines Testaments nicht der Zustimmung seines gesetzlichen Vertreters (§ 2229 Abs 2 aF). Einen Erbvertrag konnte er jedoch nicht schließen (§ 2275 Abs 1), weil dazu unbeschränkte Geschäftsfähigkeit notwendig war und ist. Wer entmündigt war, durfte bei Bundestagswahlen nicht wählen und war auch nicht wählbar (§ 13 Nr 2, § 15 Abs 2 Nr 1 BWahlG). Für andere Wahlen galt Vergleichbares. Die Entmündigung wurde im Bundeszentralregister eingetragen (§ 9 Abs 1 BZRG aF) und in das Führungszeugnis aufgenommen (§ 32 Abs 1 BZRG aF).

Die nach § 687 ZPO vorgesehen gewesene, im wesentlichen für den Schutz des Rechtsverkehrs gedachte öffentliche Bekanntmachung der Entmündigung wegen Verschwendung oder wegen Trunksucht hatte das BVerfG (BVerfGE 78, 77 = FamRZ

1988, 695 = JZ 1988, 555 = NJW 1988, 2031 = Rpfleger 1988, 271 = MDR 1988, 749) als mit dem allgemeinen Persönlichkeitsrecht unvereinbar angesehen und die Bestimmung für nichtig erklärt, jedoch mit der Einschränkung: es galt nicht für die Aufhebung einer bereits bekanntgemachten Entmündigung, wenn der Betroffene in die Bekanntmachung eingewilligt hatte oder einwilligte. Dem Schutz des Entmündigten diente eine weitere Entscheidung des BVerfG (FamRZ 1991, 1037 = NJW 1991, 2411 = MDR 1991, 865), mit der es eine Verletzung des Persönlichkeitsrechts des Entmündigten darin sah, daß ein Gericht ohne hinreichende Abwägung der betroffenen Belange davon ausgegangen war, der Entmündigte sei beim Abschluß eines Mietvertrages verpflichtet gewesen, seine Entmündigung zu offenbaren.

Die Entmündigung führte stets und für alle Bereiche zur Einschränkung oder zum Verlust der Geschäftsfähigkeit. Solange sie bestand, befand sich der Entmündigte zumindest in dem vom Gesetz vorbestimmten Rechtszustand (der nach § 114 beschränkt Geschäftsfähige konnte nach hM auch natürlich geschäftsunfähig sein; s STAUDINGER/DILCHER¹² § 114 Rn 3) ohne Rücksicht darauf, ob sich während des Zeitraums der anhaltenden Entmündigung sein Zustand gebessert hatte (keine Berücksichtigung sog lucida intervalla). Die gesetzlichen Auswirkungen der Entmündigung traten auch unabhängig davon ein, ob der Betroffene in natürlichem Sinne geschäftsunfähig war oder nicht (§ 104 Nr 2). War ein in natürlichem Sinne Geschäftsunfähiger „lediglich" wegen Geistesschwäche, Verschwendung, Trunk- oder Rauschgiftsucht entmündigt oder stand er unter vorläufiger Vormundschaft, so blieb diese natürliche Geschäftsunfähigkeit bestehen. Die durch die Entmündigung eingetretene „mildere" Rechtsfolge verbesserte also nicht die Rechtsposition des Betroffenen (BT-Drucks 11/4528, 39). In der Alltagssituation war dennoch die dokumentierte Entmündigungsfolge maßgebend, so daß der beschränkt Geschäftsfähige – bis zum Beweis des Gegenteils – mit Einwilligung oder Genehmigung seines Vormunds handlungsfähig war. **8**

Die **Vormundschaft** trat nicht kraft Gesetzes zugleich mit dem Entstehen der Entmündigungsfolge ein. Es bedurfte auch im Falle der durch die Entmündigung eingetretenen Rechtsbeschränkung des **eigenständigen Rechtsaktes des Vormundschaftsgerichts**, ohne den eine Vormundschaft und ein das Defizit ausgleichendes Hilfesystem nicht eingetreten wäre. **9**

Das Entmündigungsverfahren war schon durch die CPO vom Jahre 1877 der streitigen Gerichtsbarkeit zugewiesen worden (dazu näher HOLZHAUER, Gutachten DJT B 20). Je nach Entmündigungsgrund gab es zwar verschiedene Verfahren, die jedoch grundlegende Gemeinsamkeiten enthielten (§§ 645 ff ZPO aF zur Entmündigung wegen Geisteskrankheit oder wegen Geistesschwäche und §§ 680 ff ZPO aF zur Entmündigung wegen der übrigen Entmündigungsgründe). Zu unterscheiden waren ein Eingangsverfahren beim Amtsgericht, das mit der Entmündigung oder ihrer Ablehnung durch Beschluß endete, und ein Klageverfahren. Die Entmündigung wurde nur **auf Antrag** beschlossen (§ 645 Abs 2 und § 680 Abs 2 ZPO aF). Gegen den Beschluß, durch den die Entmündigung abgelehnt wurde, stand dem Antragsteller und in den Verfahren der Entmündigung wegen Geisteskrankheit und Geistesschwäche auch der Staatsanwaltschaft (§ 646 Abs 2 ZPO aF) die sofortige Beschwerde zu (§ 663 Abs 1, § 680 Abs 3 ZPO aF). Der die Entmündigung aussprechende Beschluß war im Wege der Klage anzufechten (§ 664 Abs 1, § 684 Abs 1 ZPO aF), zu der der Entmündigte selbst befugt war (§ 664 Abs 2, § 684 Abs 1 ZPO aF). Das Klageverfahren fand vor dem Landgericht statt (§§ 665, 684 Abs 4 ZPO aF). Ähnlich der Struktur des Entmündigungsverfahrens war das Wiederaufhebungsverfahren gestaltet (§§ 675, 679, 685, 686 ZPO aF).

Im Entmündigungsverfahren wegen Geisteskrankheit oder Geistesschwäche war zwingend vorgesehen, den „zu Entmündigenden" persönlich unter Zuziehung eines oder mehrerer Sachverständiger zu vernehmen (§ 654 Abs 1 S 1 ZPO aF; nicht notwendig durch den entscheidenden Richter, Abs 2) und ihn auf seinen „Geisteszustand" hin begutachten zu lassen (§ 655 ZPO). Gegebenenfalls konnte der „zu Entmündigende" auf die Dauer von höchstens sechs Wochen in eine Heilanstalt eingewiesen werden, um ihn dort beobachten und begutachten zu lassen (§ 656 Abs 1 ZPO aF).

10 Die Kosten des Verfahrens waren, wenn die Entmündigung erfolgte und der Antragsteller damit obsiegt hatte, von dem Entmündigten, andernfalls von der Staatskasse (oder bei Entmündigung wegen Verschwendung, Trunksucht oder Rauschgiftsucht von dem Antragsteller) zu tragen.

11 Zur Unterscheidung von Geisteskrankheit und Geistesschwäche s STAUDINGER/ COING/HABERMANN[12] § 6 Rn 7 ff und insbes RGZ 50, 203, 207.

c) Die Bestellung eines Pflegers nach § 1910 aF

12 Sie konnte vorgenommen werden, ohne daß zuvor die Fürsorgebedürftigkeit des Volljährigen der Art und dem Umfang nach mit konstitutiver Wirkung festgestellt werden mußte. Der in Frage kommende Personenkreis konnte nur in natürlichem Sinne geschäftsunfähig (§ 104 Nr 2) oder nicht geschäftsunfähig sein. Eine beschränkte Geschäftsfähigkeit eines Volljährigen konnte nur als Folge einer Entmündigung oder der Anordnung vorläufiger Vormundschaft (§ 114 aF) eingetreten sein. Grundsätzlich durfte die Pflegschaft nach § 1910 aF nur **mit Einwilligung des Gebrechlichen** angeordnet werden, es sei denn, daß eine Verständigung mit ihm nicht möglich war (§ 1910 Abs 3 aF). Die Vorschrift unterschied in bezug auf die Ursache und den Umfang der Fürsorgebedürftigkeit körperlich Gebrechliche und geistig Gebrechliche und erlaubte die Pflegerbestellung mit umfassendem Wirkungskreis lediglich für körperlich Gebrechliche (§ 1910 Abs 1 aF). Für geistig Gebrechliche dagegen war eine Pflegschaft nur zulässig, wenn diese einzelne ihrer Angelegenheiten oder einen bestimmten Kreis von Angelegenheiten, insbesondere die Vermögensangelegenheiten, nicht zu besorgen vermochten (§ 1910 Abs 2 aF). Obwohl höchstrichterliche Rechtsprechung eine **Totalpflegschaft** für geistig Gebrechliche ausschloß, wurden in der Praxis der Vormundschaftsgerichtsbarkeit immer wieder solche Pflegschaften angeordnet (vgl BVerfGE 19, 93, 97; BGHZ 48, 147, 158; BayObLG FamRZ 1965, 341, 342; Näheres BIENWALD, Untersuchungen 28 ff m Fn 8).

13 Gemeinsam war allen Arten von Gebrechlichkeitspflegschaften, daß die hilfebedürftige Person volljährig sein mußte und nicht unter Vormundschaft stehen durfte (§ 1910 Abs 1 und Abs 2 aF). Die Anordnung dieser Pflegschaft und die Bestellung eines Gebrechlichkeitspflegers hatten, gleichgültig welchen Aufgabenkreis der Pfleger auch übertragen bekommen hatte, keinen Einfluß auf die bestehende Geschäftsfähigkeit oder Geschäftsunfähigkeit. Beides bestand unabhängig von der Pflegschaft oder der Pflegerbestellung (§ 104 Nr 2 aF). Der Hilfebedarf konnte sich deshalb auf

die Besorgung rechtsgeschäftlicher Angelegenheiten beziehen; er konnte auch sog tatsächliche Angelegenheiten zum Gegenstand haben. Ein körperlich Gebrechlicher war nicht nach § 104 Nr 2 aF geschäftsunfähig. Er konnte nicht unter Vormundschaft oder vorläufiger Vormundschaft stehen; eine Entmündigung kam nicht in Betracht. Die Anordnung einer Gebrechlichkeitspflegschaft hatte auch keinen unmittelbaren Einfluß auf die Ehefähigkeit und die Testierfähigkeit des Betroffenen (s zum letzten BayObLG FamRZ 1988, 1099). Aus der Tatsache, daß eine Verständigung mit dem Betroffenen im Sinne des § 1910 Abs 3 nicht für möglich gehalten worden war, konnte jedoch auf eine Geschäftsunfähigkeit des Betroffenen zurückgeschlossen werden, die die Eingehung einer Ehe nicht zuließ (§ 2 EheG aF). Wer unter Pflegschaft stand (§ 1910 aF), war vom aktiven und passiven Wahlrecht zur Bundestagswahl ausgeschlossen, es sei denn, daß die Pflegschaft nur wegen körperlicher Gebrechlichkeit angeordnet worden war oder der Pflegebefohlene, der wegen geistiger Gebrechen unter Pflegschaft stand, durch eine Bescheinigung des Vormundschaftsgerichts nachwies, daß die Pflegschaft auf Grund seiner Einwilligung angeordnet worden war (§ 13 Nr 2, § 15 Abs 2 Nr 1 BWahlG).

14 Keine eigenen Regelungen haben solche wesentlichen Angelegenheiten wie etwa die Einwilligung des Pflegers in eine Untersuchung des Gesundheitszustandes des Pflegebefohlenen, eine Heilbehandlung, einen ärztlichen Eingriff, insbesondere die Sterilisation, oder die Aufgabe der Wohnung und die Weggabe des Hausrats usw erfahren.

15 Eine bestehende sog natürliche Geschäftsunfähigkeit (§ 104 Nr 2, § 105 Abs 1) eines Betroffenen hatte für die Anordnung der Gebrechlichkeitspflegschaft materiellrechtlich insofern eine Bedeutung, als die Rechtsprechung zu § 1910 Abs 3 von Anfang an ganz überwiegend eine **Verständigungsfähigkeit** des Betroffenen iSd § 1910 Abs 3 aF **verneinte**, wenn der Betroffene geschäftsunfähig war oder für geschäftsunfähig gehalten werden konnte (HOLZHAUER, Gutachten B 32 Fn 83). Aus der Annahme, daß mit einem Geschäftsunfähigen eine Verständigung iSd § 1910 Abs 3 aF nicht möglich sei, weil die Einwilligung in die Anordnung der Pflegschaft als eine rechtsgeschäftliche Erklärung angesehen wurde, wurde umgekehrt gefolgert, daß ein geschäftsunfähiger Gebrechlicher zur Frage seiner Einwilligung überhaupt nicht mehr gehört zu werden brauchte, um für ihn eine Gebrechlichkeitspflegschaft anzuordnen und ihm einen Pfleger zu bestellen. Diese Überlegung führte geradezu zwangsläufig dazu, den Betroffenen überhaupt nicht zu hören, weil es auf seine Meinung in bezug auf die Anordnung der Pflegschaft nicht ankommen konnte. Daß dies ein schwerer Verstoß gegen Art 103 GG sein konnte, wurde zwar von den Obergerichten immer wieder festgestellt, nicht selten jedoch ohne Erfolg (Nachweise bei HOLZHAUER, Gutachten B 33, 34).

16 Der Mangel eines eigenen Verfahrens für die Anordnung der Pflegschaft machte sich auch an anderer Stelle bemerkbar. Es fehlte eine dem § 655 ZPO aF entsprechende Vorschrift über die Einholung eines Sachverständigengutachtens. Das BVerfG stellte die Forderung auf, vor der Anordnung einer Zwangspflegschaft ein Sachverständigengutachten einzuholen (BVerfGE 19, 93, 99; später BayObLG Rpfleger 1982, 67). Ein Kurzgutachten sollte nicht genügen (BGHZ 70, 252, 261 = FamRZ 1978, 407 = NJW 1978, 992). Die Pflicht zur Anhörung, unterschiedlich begründet, war das

Ergebnis der Judikatur (BayObLG FamRZ 1986, 603; BayObLGZ 1986, 524 = Rpfleger 1987, 109).

17 Auch die Befugnis zur Einlegung von Rechtsmitteln wurde zunächst, mangels besonderer Vorschriften, nach allgemeinen Regeln beurteilt. Ein selbständiges Beschwerderecht gegen die Anordnung der Gebrechlichkeitspflegschaft wurde dem geschäftsunfähigen (und damit grundsätzlich auch verfahrensunfähigen) Pflegebefohlenen erst durch die Entscheidung des BGH in BGHZ 35, 1 (8, 11) – unter Aufgabe von BGHZ 15, 262 – und die des BVerfG in BVerfGE 10, 302, 306 zuerkannt. Infolge seiner Geschäftsunfähigkeit wurde ihm überwiegend das Recht abgesprochen, einen eigenen Antrag auf Aufhebung der Pflegschaft nach § 1920 zu stellen (Nachweise b HOLZHAUER, Gutachten B 34). Er wurde jedoch für berechtigt gehalten, die Ablehnung der Aufhebung, die auf seine „Anregung" erfolgt war, im Beschwerdewege überprüfen zu lassen. Bis zuletzt lehnte es die ganz überwiegende Rechtsprechung ab, dem geschäftsunfähigen Pflegebefohlenen die Möglichkeit einzuräumen, die Auswahl des Pflegers selbständig anzufechten (näher dazu BIENWALD FamRZ 1990, 232). Erst die in Aussicht stehende Reform des Vormundschafts- und Pflegschaftsrechts für Volljährige und die vorgesehene Einführung einer von der Geschäftsunfähigkeit unabhängigen Verfahrensfähigkeit in Verfahren, die die Betreuung betreffen, bewogen das BayObLG, die bisherige Auffassung aufzugeben und dem geschäftsunfähigen Gebrechlichen die Verfahrensfähigkeit auch für das Verfahren einzuräumen, in dem es um die Auswahl und die Entlassung des Pflegers geht (BayObLG FamRZ 1989, 1003 = Rpfleger 1989, 366).

18 Anders als die Entmündigung bedurfte die Anordnung einer Gebrechlichkeitspflegschaft **keines Antrags**. Das Vormundschaftsgericht entschied stets von Amts wegen. Nicht einmal der an einer Pflegschaft interessierte Betroffene hatte ein Antragsrecht (STAUDINGER/ENGLER[10/11] § 1910 Rn 23). Da die Pflegschaft ohne die in einem gesonderten Verfahren festgestellte Hilfebedürftigkeit angeordnet wurde, entfiel hier die Zweigleisigkeit des Verfahrens.

19 Anwendungsprobleme und die Rechtsprechung vor allem des RG und des BGH haben dazu beigetragen, daß die Pflegschaft des § 1910 aF im Laufe der Jahrzehnte immer mehr an Bedeutung gewann und weitaus häufiger angeordnet wurde als die Vormundschaft (ZENZ ua 13). Schon bald nach Inkrafttreten des BGB sorgten Entscheidungen des Kammergerichts (KGJ 19, 147 und OLGE 1, 317) und des RG (RGZ 52, 240) dafür, daß eine Pflegschaft auch in den Fällen angeordnet wurde, wenn der Betroffene sich zwar in einem die freie Willensbestimmung ausschließenden Zustand krankhafter Störung der Geistestätigkeit befand, abstrakt gesehen also umfassend fürsorgebedürftig im Rechtssinne war, konkret jedoch nur eine einzelne Angelegenheit oder ein Kreis von Angelegenheiten zu besorgen war.

Das RG hatte die maßgebende Interpretation des § 1910 Abs 2 aF dahingehend formuliert, daß auch Geisteskranken und Geistesschwachen, die im Sinne des § 6 aF ihre Angelegenheiten im allgemeinen nicht zu besorgen vermögen, gemäß § 1910 Abs 2 aF ein Pfleger für einzelne Angelegenheiten bestellt werden dürfe, falls das praktische Bedürfnis im konkreten Fall nur eine solche beschränkte Vertretung verlange (RGZ 52, 240, 244; näher BIENWALD, Untersuchungen 37). Eine Tendenz zur Vermeidung von Entmündigungen, weil stärker belastend und rechtsbeschränkend als die Pflegschaft des § 1910 aF, stellte bereits 1931 DIAMOND in seiner Schrift über „Vorläufige Vormundschaft und Gebrechlichkeitspflegschaft als Ersatzformen der Entmündigung" 3, 5 fest. 1982 griff HENDEL (FamRZ 1982, 1058) den Gedanken der Gebrechlichkeitspflegschaft als einer tauglichen Ersatzform für die Entmündigung wieder auf.

In einer Hinsicht versagte die Pflegschaft des § 1910 aF allerdings diesen Dienst, die **20** Entmündigung zu vermeiden und mit einer weniger einschneidenden Maßnahme zu helfen. Trunksucht und Rauschgiftsucht für sich allein reichten für die Anordnung einer Pflegschaft nach § 1910 aF wegen geistigen Gebrechens nicht aus. Erst wenn der Alkoholismus oder die Rauschmittelabhängigkeit in ursächlichem Zusammenhang mit einem geistigen Gebrechen stand oder ein darauf zurückzuführender Zustand im psychischen Bereich eingetreten war, der bereits die Annahme eines geistigen Gebrechens rechtfertigte, kam die Anordnung der Pflegschaft des § 1910 aF in Betracht (so zuletzt BayObLG FamRZ 1990, 209 = NJW 1990, 775 = R&P 1990, 89).

Soweit ersichtlich, bestand in Rspr und Schrifttum kein Dissens in der Beurteilung **21** der **Rechtsstellung des Pflegers** für einen geschäftsunfähigen oder partiell geschäftsunfähigen (s dazu STAUDINGER/DILCHER[12] § 104 Rn 24) Pflegebefohlenen. Unter Berufung auf die Entscheidung des RG in HRR 1929 Nr 1651 (LS) entschied der BGH (BGHZ 48, 147, 161 = FamRZ 1967, 620 = NJW 1967, 2404 = JR 1968, 100 m Anm JANSEN 103), der Pfleger des geschäftsunfähigen Pflegebefohlenen sei dessen gesetzlicher Vertreter. Dagegen gingen die Meinungen über die Rechtsstellung des Pflegers eines geschäftsfähigen Pflegebefohlenen auseinander. Während eine Minderheit keinen Unterschied zur Rechtsstellung des Pflegers eines Geschäftsunfähigen sah (OLG Celle FamRZ 1963, 465; GERNHUBER [3. Aufl] § 70 VI 4; MünchKomm/THIELE [2. Aufl] Vor § 164 Rn 5; FLUME § 45 I 1), teilte die überwiegende Meinung die Auffassung des BGH, die dieser in seiner Entscheidung in BGHZ 48, 147 (161) folgendermaßen gekennzeichnet hatte: der Pfleger eines geschäftsfähigen Pflegebefohlenen sei „nicht gesetzlicher Vertreter wie der Vormund, sondern lediglich ein Bevollmächtigter im Sinne der §§ 166 ff BGB, dessen Bevollmächtigung nicht auf der Erteilung der Vollmacht, sondern auf einem Hoheitsakt" beruhe (dazu ausführlich BIENWALD, Untersuchungen 183 ff). Was das Pflegschaftsrecht im übrigen anging, so verwies § 1915 Abs 1 für alle Pflegschaften auf die für die Vormundschaft geltenden Vorschriften, woraus der Schluß gezogen wurde, es könne sich bei einer Pflegschaft über Volljährige zunächst nur um die Vorschriften über die Vormundschaft für Volljährige handeln (§ 1897 ff aF), die wiederum auf das Recht der Minderjährigenvormundschaft Bezug nahmen.

Während sich die Aufgaben des Vormunds, seine Rechte und Pflichten, unmittel- **22** bar aus dem Gesetz ergaben (§ 1897 aF iVm §§ 1793 ff), hatte das Vormundschaftsgericht den **Wirkungskreis** des Gebrechlichkeitspflegers jeweils im Einzelfall zu bestimmen. War dem Pfleger das Aufenthaltsbestimmungsrecht übertragen, wurde daraus die Befugnis zur Unterbringung des Betroffenen in einer geschlossenen Einrichtung (oder Abteilung einer solchen) abgeleitet. Anfang der siebziger Jahre gingen dann manche Amtsgerichte dazu über, dem Gebrechlichkeitspfleger nur das „Aufenthaltsbestimmungsrecht mit Ausnahme der Unterbringung in einer geschlossenen Einrichtung" zu übertragen. Ursächlich dafür dürfte ua der „Bericht über die Lage der Psychiatrie in der Bundesrepublik Deutschland zur psychiatrischen und psychotherapeutischen/psychosozialen Versorgung der Bevölkerung" (BT-Drucks 7/4200 und 4201 – sog Psychiatrie-Enquête) gewesen sein.

23 Die Beendigung der Pflegschaft richtete sich nach den §§ 1918–1920 aF.

d) Pflegschaft neben bestehender Vormundschaft

24 Die Anordnung einer Gebrechlichkeitspflegschaft hatte zur Voraussetzung, daß der Hilfebedürftige nicht bereits unter Vormundschaft stand. War dies der Fall, erübrigte sich in der Regel die Anordnung einer Pflegschaft, weil der Betroffene durch die Vormundschaft und die eher umfassende Zuständigkeit des Vormunds (§ 1897 aF iVm § 1793) hinreichend „versorgt" war. Eine entsprechende Anwendung des § 1910 aF wurde jedoch zusätzlich dann für erforderlich gehalten, wenn zwar eine Vormundschaft für einen Volljährigen bestand, der Vormund für den Entmündigten aber nicht tätig werden konnte, weil dieser kraft Gesetzes, zB nach § 607 Abs 1 ZPO für die Ehescheidung oder nach § 1600k Abs 1 S 1 für die Anfechtung der Anerkennung des nichtehelichen Kindes, für einen bestimmten Kreis von Angelegenheiten als geschäfts- oder prozeßfähig galt, andererseits aber wegen eines körperlichen oder geistigen Gebrechens diesen Kreis von Angelegenheiten doch nicht selbst zu besorgen vermochte (SOERGEL/DAMRAU § 1910 Rn 2). Der BGH hatte die entspr Anwendung des § 1910 Abs 2 aF insofern akzeptiert, als bei bestehender Vormundschaft bestimmte Angelegenheiten nicht zum Aufgabenkreis des Vormundes gehören, weil der Gebrechliche insoweit als geschäfts- oder prozeßfähig gilt. Eine solche Person müsse, wenn es sich um die Fürsorge für ihre Angelegenheiten handele, einer volljährigen Person gleichstehen, für die keine Vormundschaft besteht (BGHZ 41, 303, 308).

e) Unterbringungsrecht, Unterbringungsverfahren

25 Die mit Freiheitsentziehung verbundene Unterbringung des Betroffenen wurde trotz des § 1901 Abs 1 aF als zum Aufgabenkreis des Vormunds gehörig angesehen (§§ 1897 S 1 aF, 1793, 1800, 1631b). Der Gebrechlichkeitspfleger war zu einer Unterbringungsentscheidung nur dann befugt, wenn ihm diese ausdrücklich zugewiesen war oder das Aufenthaltsbestimmungsrecht (einschl der Unterbringung iSv § 1915 Abs 1 iVm §§ 1897 S 1, 1793, 1800, 1631b) als umfassendere Befugnis zum Wirkungskreis gehörte. Aus Sorge vor zu schneller Unterbringung der Betroffenen gingen in den siebziger Jahren einige Vormundschaftsrichter dazu über, die Befugnis zur Unterbringung in einer geschlossenen Einrichtung ausdrücklich von dem Aufenthaltsbestimmungsrecht auszunehmen. Das hatte zur Folge, daß im Bedarfsfalle der Wirkungskreis des Pflegers erst erweitert werden mußte oder das Vormundschaftsgericht aufgrund seiner Notzuständigkeit nach § 1846 entschied (bedenklich), wenn nicht die Unterbringung nach den **landesrechtlichen Unterbringungsgesetzen (PsychKG)** in Betracht kam.

26 Die Unterbringung des Pflegebefohlenen durch den aufenthaltsbestimmungsberechtigten Gebrechlichkeitspfleger war jedoch ausgeschlossen, wenn der Betroffene nicht geschäftsunfähig war. Das war eine Konsequenz der vom BGH in BGHZ 48, 147 ff aufgestellten These, die Gebrechlichkeitspflegschaft über Geschäftsfähige stelle eine Beistandschaft dar, die mit der Vormundschaft nichts gemein habe. Demgemäß könne das Vormundschaftsgericht die Unterbringung des Pflegebefohlenen gegen dessen Willen durch den Gebrechlichkeitspfleger auch nur dann gestatten, wenn es davon ausgehe, daß der Pflegebefohlene geschäftsunfähig ist (BGHZ 48, 147, 157 = FamRZ 1967, 620, 623).

Während in früherer Zeit die zivilrechtliche Unterbringung des Mündels oder Pfle- 27
gebefohlenen vom Vormund oder Pfleger allein verantwortet wurde, so war seit der
Einführung des § 1800 Abs 2 durch das FamRÄndG die Genehmigung der Unterbringungsentscheidung durch das Vormundschaftsgericht nötig. Ohne die Genehmigung war die Unterbringung nur zulässig, wenn mit dem Aufschub Gefahr verbunden war; außerdem mußte die Genehmigung unverzüglich nachgeholt werden. Der
Genehmigungsvorbehalt des § 1800 Abs 2 aF bezog sich jedoch nur auf die Unterbringung des Mündels und des Pflegebefohlenen (§§ 1915 Abs 1, 1897 S 1 aF, 1793,
1800 Abs 2 aF).

Durch das SorgeRG wurde § 1800 Abs 2 wieder aufgehoben und die Regelung in
den neu eingeführten § 1631b für die Unterbringung Minderjähriger übernommen,
der für alle Inhaber der Personensorge oder des Aufenthaltsbestimmungsrechts
(einschl der Unterbringungsbefugnis) gilt. Bis zum Inkrafttreten des BtG am
1.1.1992 richtete sich das Erfordernis der Genehmigung einer freiheitsentziehenden
Unterbringung für den Vormund nach §§ 1631b iVm § 1800, 1897 S 1 aF und für den
Pfleger nach § 1631b iVm §§ 1800, 1897 S 1 aF, 1915 Abs 1. Zur Einfügung des § 1800
Abs 2 s STAUDINGER/ENGLER[10/11] § 1800 Rn 19 ff.

Im Zusammenhang mit dem SorgeRG wurden auch die Vorschriften über das 28
Unterbringungsverfahren im FGG ergänzt und neu geregelt. Die §§ 64a–64 h FGG
enthielten das Unterbringungsverfahrensrecht für die Unterbringung von Mündeln
und Pflegebefohlenen; § 64i FGG aF bestimmte, daß die Vorschriften der §§ 64a–
64 h auf ein Verfahren, das die Genehmigung der Unterbringung eines Kindes nach
§ 1631b zum Gegenstand hat, entsprechend anzuwenden sind.

Sowohl materiellrechtlich als auch verfahrensrechtlich war die freiheitsentziehende 29
Unterbringung nach den **landesrechtlichen Unterbringungsgesetzen** ein eigener
Rechtsbereich (die Gesetze sind zusammengestellt bei CREFELD/SCHULTE, Das Recht der Hilfen
und Zwangsmaßnahmen für psychisch Kranke [1987]; vgl außerdem SAAGE/GÖPPINGER, Freiheitsentziehung und Unterbringung [1975] z damaligen Rechtslage). Die Unterbringung von Personen, die infolge von Krankheit sich oder andere erheblich gefährdeten, war ursprünglich Gegenstand der polizeirechtlichen Sicherheits- und Ordnungsgesetze der
Länder. Nordrhein-Westfalen war das erste Land, das dem Fürsorgegedanken Rechnung trug und ein Gesetz über Hilfen und Schutzmaßnahmen bei psychischen
Krankheiten (PsychKG) verabschiedete (v 2.12.1969, GVBl NW 1969, 827), durch das
neben den Unterbringungsvoraussetzungen und dem Unterbringungsverfahren ua
vorsorgende Hilfe für psychisch Kranke (§§ 7 und 8), Maßnahmen des Gesundheits-
amtes (§ 9), Einzelheiten der Betreuung während der Unterbringung (§§ 25–29)
sowie nachgehende Hilfe (§§ 34–36) geregelt waren. Alle übrigen Länder folgten im
Laufe der Jahre, zuletzt Berlin mit dem Gesetz für psychisch Kranke (PsychKG) v
8.3.1985 (GVBl 1985, 586), das im Gegensatz zu den übrigen Ländern Regelungen
traf, die in die Kompetenz des Bundesgesetzgebers fallen (s dazu HELLE JR 1986, 180).

Der Nachrang der öffentlich-rechtlichen freiheitsentziehenden Unterbringung gegenüber der nach den Bestimmungen des BGB vorgenommenen Unterbringung
kam in einer Regelung zum Ausdruck, die sich gleich oder ähnlich lautend in den
meisten Unterbringungsgesetzen befand:

§ 10 Abs 2 NdsPsychKG

(2) Eine Unterbringung im Sinne dieses Gesetzes liegt auch dann vor, wenn jemand unter elterlicher Gewalt oder unter Vormundschaft steht oder ihm ein Pfleger bestellt ist, der das Recht auf Aufenthaltsbestimmung hat, und wenn die Einweisung nach Absatz 1 gegen den Willen des Inhabers der elterlichen Gewalt, des Vormunds oder des Pflegers erfolgt, oder der Inhaber der elterlichen Gewalt, der Vormund oder der Pfleger keine Erklärung abgibt.

Nunmehr gilt § 14 Abs 2 NPsychKG v 16. 6. 1997 (GVBl 272), dessen Text folgendermaßen lautet:

(2) Eine Unterbringung im Sinne dieses Gesetzes liegt auch dann vor, wenn die Einweisung oder der Verbleib ohne Zustimmung der Personensorgeberechtigten oder ohne Zustimmung derjenigen Person erfolgt, die zur Betreuung oder Pflege bestellt ist und deren Aufgabenkreis das Aufenthaltsbestimmungsrecht umfaßt.

Einige Unterbringungsgesetze machen die Unterbringung von der Geschäftsunfähigkeit des Betroffenen abhängig, wenn für ihn ein Betreuer bestellt ist (s § 1 Abs 3 S 2 Baden-Württemberg; § 11 Abs 2 S 2 Sachsen-Anhalt).

30 Während die landesrechtlichen Unterbringungsgesetze neben den Voraussetzungen der Unterbringung auch Bestimmungen über das Rechtsverhältnis des Untergebrachten vor, während und nach der Unterbringung enthielten und zB auch das Ausmaß ärztlicher Heilbehandlung und eine Duldungspflicht des Untergebrachten regeln, fehlte im BGB eine entsprechende Vorgabe für die Entscheidung des Vormunds oder Pflegers für die Unterbringung des Betroffenen. Mit dem Recht, den Aufenthalt des Betroffenen zu bestimmen, war zwar regelmäßig die Befugnis des Gebrechlichkeitspflegers zur Unterbringung des Pflegebefohlenen verbunden, in Fragen ärztlicher Versorgung oder in bezug auf die Durchsetzung einer solchen Behandlung hatte der Gebrechlichkeitspfleger damit aber noch keine Kompetenz. Hierfür mußte erst der Wirkungskreis entsprechend erweitert werden. Umstritten war, ob die freiheitsentziehende Unterbringung eines Betroffenen, der unter Vormundschaft oder unter Pflegschaft stand, besser privatrechtlich oder öffentlichrechtlich geregelt werden sollte (s einerseits MARSCHNER R&P 1986, 47, andererseits WIEBE, in: BERGENER [Hrsg], Psychiatrie und Rechtsstaat [1981] 116).

2. Das Recht in der ehemaligen DDR (sog Beitrittsgebiet)

31 Mit der Einführung des Familiengesetzbuches (FGB) vom 20. 12. 1965 (GBl I 1966, 1 ff) am 1. 4. 1966 behielt die damalige DDR die Vormundschaft und die Pflegschaft als Rechtsinstitute bei, gestaltete sie jedoch zum Teil neu.

Ein Volljähriger erhielt einen **Vormund**, wenn er entmündigt worden war (§ 98 Abs 2 FGB). Derjenige, dessen Entmündigung beantragt worden war, konnte für die Dauer des Entmündigungsverfahrens unter vorläufige Vormundschaft gestellt werden, wenn dies zur Abwendung einer erheblichen Gefährdung der Person oder des Vermögens des Volljährigen oder seiner Familie notwendig war (§ 99 FGB). Die Entmündigung bewirkte, anders als früher §§ 104 Nr 3 und 114 BGB, ohne Unterschied die rechtsgeschäftliche Handlungsunfähigkeit des Entmündigten (§ 52 Abs 2 ZGB). Die von einem Handlungsunfähigen vorgenommenen Rechtsgeschäfte waren nichtig (§ 52 Abs 2 ZGB). Verträge zur Befriedigung täglicher Lebensbedürfnisse über einen unbedeutenden Wert waren wirksam, wenn die Verpflichtungen daraus beiderseits sofort erfüllt wurden (§ 52 Abs 3 S 3 ZGB).

Die Vormundschaft über Volljährige diente dem Schutz und der umfassenden Sorge für Bürger, die nicht in der Lage waren, ihre Angelegenheiten selbst zu besorgen (§ 98 Abs 1 FGB). Zuständig für die Anordnung der Vormundschaft und die Bestellung eines Vormundes für den Volljährigen sowie für die Kontrolle der vormundlichen Tätigkeit war das Staatliche Notariat (§ 98 Abs 3 FGB).

Auf die Vormundschaft für einen Volljährigen und auf die vorläufige Vormundschaft waren die Bestimmungen über die Vormundschaft über einen Minderjährigen entsprechend anzuwenden (§ 100 FGB). Besonderheiten waren in den §§ 101–103 FGB geregelt und zwar für die Auswahl des Vormundes, seine Aufgaben sowie das Ende der Vormundschaft. § 102 FGB bestimmte als Aufgaben des Vormundes folgendes: Er hat das Vermögen des Mündels zu verwalten und sich um dessen persönliches Wohl zu kümmern, insbesondere für eine Heilbehandlung und gegebenenfalls für die Unterbringung des Mündels zu sorgen. Als Vormund kamen zunächst Angehörige in Betracht (§ 101 Abs 1 FGB); konnte kein Angehöriger als Vormund bestellt werden, so wurde eine geeignete andere Person ausgewählt (§ 101 Abs 2 FGB). War der Vormund an der Erfüllung seiner Pflichten verhindert oder ein Vormund nicht bestellt, wurden die erforderlichen Maßnahmen von anderer Seite getroffen (§ 100 iVm § 95 FGB). Eine Vereins- oder eine Behördenvormundschaft kannte das FGB nicht.

Ein **Pfleger** für einen volljährigen Bürger konnte durch das Staatliche Notariat bei Vorliegen eines persönlichen oder gesellschaftlichen Fürsorgebedürfnisses bestellt werden, wenn der Vormund des Bürgers an der Erledigung bestimmter Angelegenheiten tatsächlich oder rechtlich verhindert war (§ 105 Abs 1 Buchst a). Nach Abs 2 konnte einem Bürger, der infolge körperlicher Gebrechen nicht imstande war, seine Angelegenheiten zu besorgen, beim Vorliegen eines Fürsorgebedürfnisses ein Pfleger bestellt werden. Wenn ein Bürger infolge geistiger Gebrechen einzelne oder einen bestimmten Kreis seiner Angelegenheiten nicht zu besorgen vermochte, konnte ihm für diese ein Pfleger bestellt werden. War eine Verständigung mit dem Gebrechlichen möglich, konnte die Pflegschaft nur angeordnet werden, wenn er einwilligte.

Die von dem Pfleger wahrzunehmenden Angelegenheiten wurden in einem Wirkungskreis festgelegt. Im Rahmen dieses festgelegten Wirkungskreises des Pflegers stand der Pflegebedürftige einer nicht geschäftsfähigen Person gleich. Der Pfleger war insoweit sein gesetzlicher Vertreter (§ 105 Abs 3 FGB). Weitere Gründe für die Bestellung eines Pflegers waren in § 105 Abs 1 Buchstaben b und c vorgesehen. Außerhalb des festgelegten Wirkungskreises war der Pflegebedürftige voll handlungsfähig. Die Testierfähigkeit wurde durch die Anordnung der Pflegschaft nicht beschränkt. Auch wurde die Befugnis, eine Ehe einzugehen, durch die Pflegschaft nicht eingeschränkt. Demgegenüber beinhaltete die Entmündigung ein Eheverbot (§ 8 FGB). Die Anordnung der Pflegschaft wegen geistigen Gebrechens hatte den Verlust der Wahlberechtigung zur Folge, die Pflegschaftsanordnung bei körperlicher Gebrechlichkeit dagegen nicht (weitere Einzelheiten z Pflegschaft in der DDR s BIENWALD,

Untersuchungen 213). Der Pfleger wurde durch das Staatliche Notariat verpflichtet, zu bestimmten Rechtshandlungen die Einwilligung bzw Genehmigung einzuholen. Derartige Beschränkungen wurden in den Pflegerausweis eingetragen. Zum Schrifttum über die damalige Rechtslage in der DDR in diesem Bereich s STAUDINGER/ENGLER[10/11] Vorbem 46 zu §§ 1773 ff sowie BIENWALD, Untersuchungen 213 ff, 465 ff.

33 Zum Unterbringungsrecht in der DDR und zur Weitergeltung des Einweisungsgesetzes s BERGMANN NJ 1991, 211; BIENWALD und REICHEL, jeweils in: SCHWAB (Hrsg), Familienrecht und deutsche Einigung (1991); MARSCHNER R&P 1991, 85 (Text m Anm) und in SAAGE/GÖPPINGER/MARSCHNER ua (1994) Anhang 14. Zum Recht nach dem Beitritt BIENWALD, BtR[3] Einf Rn 42.

II. Das Betreuungsrecht

1. Zur Entstehungsgeschichte*

34 Eine vom Bundesminister der Justiz eingesetzte Arbeitsgruppe veröffentlichte im November 1987 einen ersten Diskussions-Teilentwurf (DiskE I). Er enthielt Vorschläge zum materiellen Recht und zum Verfahrensrecht. Ihm folgte im Mai 1988 Teil zwei des Diskussionsentwurfs (DiskE II), der Vorschläge zur Regelung des Wahlrechts sowie organisatorische und finanzielle Fragen betraf. Im November 1988 wurde der Referenten-Entwurf vorgelegt (RefE). Die Stellungnahme des Bundesrates enthält die BR-Drucks 59/89. Die Bundesregierung legte den Gesetzentwurf am 11. 5. 1989 vor. Die BT-Drucks 11/4528 enthält auch die Stellungnahme des Bundesrates (S 203) und die Gegenäußerung der Bundesregierung (S 225). Der Bericht des Rechtsausschusses und seine Beschlußempfehlung datieren vom 24. 4. 1990 (BT-Drucks 11/6949). Der Bundestag nahm das Gesetz in zweiter und dritter Lesung am 25. 4. 1990 an. Der Bundesrat stimmte dem Gesetz in seiner Sitzung am 1. 6. 1990 zu.

Der mit der Einhaltung der Verfahrensvorschriften des Betreuungsgesetzes verbundene Aufwand in zeitlicher, organisatorischer und finanzieller Hinsicht und der ungeahnte Anstieg der für Aufwendungsersatz und Vergütung aus der Staatskasse erforderlichen Geldmittel führten zur Vorbereitung von Änderungen des bestehenden Betreuungsrechts. Dem Referentenentwurf vom Frühjahr 1996 folgte im Dezember 1996 der Regierungsentwurf, der mit der Stellungnahme des Bundesrates und der Gegenäußerung der BReg als BT-Drucks 13/7158 veröffentlicht worden ist. Nachdem die erste Beratung im Bundestag am 15. 3. 1997 stattgefunden hatte, zogen sich die Beratungen bis zur Annahme des Gesetzes durch den Bundestag in zweiter und dritter Lesung am 3. 4. 1998 hin (BR-Drucks 339/98). Wegen einiger Differenzen rief der Bundesrat den Vermittlungsausschuß an, dessen Empfehlungen Bundestag und Bundesrat am 29. 5. 1998 folgten (BR-Drucks 517/98 und Beschluß). Das „Gesetz zur Änderung des Betreuungsrechts sowie weiterer Vorschriften (Betreuungsrechtsänderungsgesetz – BtÄndG) vom 25. 6. 1998 (BGBl I 1580) trat mit seinem betreuungsrechtlichen Teil (mit Ausnahme des Art 2 a § 2, der die Länder ermächtigt, Rege-

---

* S dazu WOLF, in: DiskE I; ferner BT-Drucks 11/4528, 38. Zur Reformgeschichte BIENWALD, BtR Einf Rn 12 ff, 48 ff.

lungen zur Nachqualifizierung von Betreuungspersonen zu treffen) am 1. 1. 1999, im übrigen bereits am 1. 6. 1998 in Kraft.

Mit einer gleichlautend verabschiedeten Entschließung (Text in: BR – zu Drucksache 339/98) stellten Bundestag und Bundesrat weitere Änderungen des Betreuungsrechts in Aussicht; es solle nach Wegen gesucht werden, „auf denen – nicht allein mit den Mitteln des bürgerlichen Betreuungsrechts, sondern unter Einbeziehung des sozialrechtlichen Instrumentariums – hilfsbedürftigen Menschen langfristig rechtliche Betreuung ebenso verbürgt werden kann wie tatsächliche Zuwendung und Fürsorge".

Die Annahme dieser Entschließung war vom Rechtsausschuß des Deutschen Bundestages zugleich mit der Erledigungserklärung der BT-Drucks 13/7176 empfohlen worden (BT-Drucks 13/10331). Diese Drucksache enthält einen Entschließungsantrag der SPD-Fraktion als Reaktion auf die Antwort der Bundesregierung (BT-Drucks 13/7133) auf die Große Anfrage (BT-Drucks 13/3834), die das Betreuungsverfahren, das Unterbringungsverfahren einschl ärztliche Maßnahmen und Sterilisation, Betreuungsvereine, Vergütung und Aufwendungsersatz, das FGG-Verfahren sowie die personelle Ausstattung (der Justizverwaltungen) betraf.

Ihre eigenen Vorstellungen von einer (weiteren) Reform des Betreuungsrechts unter dem Motto „Von der justizförmigen zur sozialen Betreuung" hat die SPD-Fraktion in einem Antrag an den Bundestag (BT-Drucks 13/10301) zusammengefaßt. Zum Fortgang der Reformbemühungen insbesondere mit dem Ziel, die Kostenbelastung der Länderjustizhaushalte einzudämmen, s unten Rn 73 ff.

2. Gesetzliche Grundlagen und Geltungsbereich

Gesetzliche Grundlage des Betreuungsrechts ist das Gesetz zur Reform des Rechts **35** der Vormundschaft und Pflegschaft für Volljährige (Betreuungsgesetz – BtG) vom 12. 9. 1990 (BGBl I 2002). Kernbereiche der Reform sind das materielle Betreuungsrecht, das Betreuungsverfahrensrecht und das Unterbringungsverfahrensrecht; daneben enthält das BtG zahlreiche Änderungen anderer Gesetze.

Das Gesetz ist in 11 Artikel gegliedert:

Artikel 1 Änderung des Bürgerlichen Gesetzbuchs
Artikel 2 Änderung des Gerichtsverfassungsgesetzes
Artikel 3 Änderung des Rechtspflegergesetzes
Artikel 4 Änderung der Zivilprozeßordnung
Artikel 5 Änderung des Gesetzes über die Angelegenheiten der freiwilligen Gerichtsbarkeit
Artikel 6 Änderung des Ehegesetzes
Artikel 7 Änderung sonstigen Bundesrechts
Artikel 8 Gesetz über die Wahrnehmung behördlicher Aufgaben bei der Betreuung Volljähriger (Betreuungsbehördengesetz – BtBG)
Artikel 9 Übergangsvorschriften
Artikel 10 Berlin-Klausel
Artikel 11 Inkrafttreten

Eine weitere Rechtsgrundlage ist das Gesetz zur Änderung des Betreuungsrechts sowie weiterer Vorschriften (Betreuungsrechtsänderungsgesetz – BtÄndG) vom 25. 6. 1998 (BGBl I 1580).

Es ist wie folgt gegliedert:

Artikel 1 Änderung des Bürgerlichen Gesetzbuchs
Artikel 1 b Änderung der Zivilprozeßordnung
Artikel 2 Änderung des Gesetzes über die Angelegenheiten der freiwilligen Gerichtsbarkeit
Artikel 2 a Gesetz über die Vergütung von Berufsvormündern (Berufsvormündervergütungsgesetz – BVormVG)
Artikel 3 Änderung sonstigen Bundesrechts
Artikel 4 Sonderregelungen für das in Artikel 3 des Einigungsvertrages genannte Gebiet
Artikel 5 Inkrafttreten

Die das Betreuungsrecht nicht betreffenden Änderungen durch die Artikel 1 a und 1 b, § 2 BVormVG, der eine Regelungsermächtigung der Länder für die Nachqualifizierung von Berufsbetreuern (-vormündern) enthält, sowie Art 3 sind bereits am 1. 7. 1998, die übrigen Vorschriften am 1. 1. 1999 in Kraft getreten. Näher zum BtÄndG und anderen für das Betreuungsrecht bedeutsamen Rechtsänderungen unten Rn 67.

36 Das Betreuungsrecht gilt für Deutsche. Seine Anwendung auf Angehörige fremder Staaten regelt der durch Artikel 7 § 29 Nr 3 BtG neu gefaßte Artikel 24 EGBGB, der folgenden Wortlaut hat:

> **Vormundschaft, Betreuung und Pflegschaft**
>
> **(1) Die Entstehung, die Änderung und das Ende der Vormundschaft, Betreuung und Pflegschaft sowie der Inhalt der gesetzlichen Vormundschaft und Pflegschaft unterliegen dem Recht des Staates, dem der Mündel, Betreute oder Pflegling angehört. Für einen Angehörigen eines fremden Staates, der seinen gewöhnlichen Aufenthalt oder, mangels eines solchen, seinen Aufenthalt im Inland hat, kann ein Betreuer nach deutschem Recht bestellt werden.**
>
> **(2) Ist eine Pflegschaft erforderlich, weil nicht feststeht, wer an einer Angelegenheit beteiligt ist, oder weil ein Beteiligter sich in einem anderen Staat befindet, so ist das Recht anzuwenden, das für die Angelegenheit maßgebend ist.**
>
> **(3) Vorläufige Maßregeln sowie der Inhalt der Betreuung und der angeordneten Vormundschaft und Pflegschaft unterliegen dem Recht des anordnenden Staates.**

37 Ein eigenes Gesetz regelt die Wahrnehmung behördlicher Aufgaben bei der Betreuung Volljähriger (Betreuungsbehördengesetz – BtBG). Es ist Bestandteil des BtG (Art 8), bildet aber eine selbständige Rechtsgrundlage für die Verpflichtung zur Bildung von Betreuungsbehörden auf örtlicher Ebene, für die Rechte und Pflichten der Behörde und dient als Basis für ergänzende Regelungen der Länder (Text s Anh zu § 1900).

Ein weiteres eigenes Gesetz enthält Art 2 a BtÄndG. Es regelt die ursprünglich an anderer Stelle vorgesehene Vergütung von Berufsvormündern, soweit diese aus der Staatskasse zu gewähren ist (§ 1 Abs 1 S 1 BVormVG). Durch die Verselbständigung dieses Regelungsgegenstandes werden, wie es in der Begründung des Rechtsausschusses heißt (BT-Drucks 13/10331, 27), bei künftig angezeigt erscheinenden Anpassungen der Vergütungssätze Änderungen im BGB vermieden.

3. Grundzüge des Betreuungsrechts

a) Hauptanliegen des Gesetzgebers

38 Mit dem BtG verfolgte der Gesetzgeber das Ziel, die grundlegenden Mängel des bisherigen Rechts zu beseitigen und die Rechte und die verfahrensrechtliche Position der betroffenen kranken und behinderten Menschen zu stärken. Rechtseingriffe sollten nur dort zugelassen sein, wo dies unausweichlich ist. Wünschen und Vorstellungen sowie Vorschlägen der Betroffenen sollte Rechnung getragen werden, soweit dies um des Wohls der Betroffenen willen verantwortet werden kann (BT-Drucks 11/4528, 52). Demgemäß hat das BtG die **Entmündigung abgeschafft** und an die Stelle der Vormundschaft für Volljährige und der Gebrechlichkeitspflegschaft das einheitliche, aber flexible Rechtsinstitut der **Betreuung** eingeführt. Dadurch soll den verschiedenen Arten und Schweregraden der Krankheiten oder Behinderungen besser als bisher Rechnung getragen werden. Die Bestellung eines Betreuers soll auf die Fälle und Bereiche beschränkt bleiben, in denen der Betroffene Hilfe braucht. Nur soweit er seine Angelegenheiten nicht selbst besorgen kann, Vorsorge nicht getroffen hat (zB keine Vorsorgevollmacht erteilt oder ein Vorsorge-Altersvorsorge-Testament errichtet) oder andere Hilfen nicht oder nicht ausreichend zur Verfügung stehen, soll eine Betreuerbestellung erlaubt sein (Grundsätze der Erforderlichkeit und der Subsidiarität staatlich angeordneter Betreuung). Ausdruck des **Erforderlichkeitsgrundsatzes** ist auch die zeitliche Begrenzung der Bestellung. Bei der Betreuerbestellung hat das Gericht den Zeitpunkt anzugeben, zu dem spätestens über die Fortdauer oder die Beendigung der Maßnahme entschieden werden muß (§ 69 Abs 1 Nr 5 FGG).

39 Der Kreis der Personen, für die ein Betreuer bestellt werden kann, wurde als weitgehend deckungsgleich mit dem Kreis der vom bisherigen Recht Betroffenen angesehen (BT-Drucks 11/4528, 52), wenn auch mit Begriffen umschrieben, die moderner Terminologie entsprechen.

Die Bestellung eines Betreuers setzt voraus, daß ein Volljähriger auf Grund einer psychischen Krankheit oder einer körperlichen, geistigen oder seelischen Behinderung seine Angelegenheiten ganz oder teilweise nicht besorgen kann. Das zuständige **Vormundschaftsgericht bestellt** den **Betreuer**, wenn der Betroffene dies beantragt, unter bestimmten Voraussetzungen auch von Amts wegen. Im Falle körperlicher Behinderung des Betroffenen kommt die Bestellung des Betreuers nur in Betracht, wenn der Betroffene einen Antrag stellt; kann er seinen Willen nicht kundtun, bestellt das Gericht erforderlichenfalls den Betreuer von Amts wegen (§ 1896 Abs 1 S 3).

40 Soweit es verantwortet werden kann, soll die Teilnahme des Betroffenen am Rechtsverkehr nicht eingeschränkt werden. Nur soweit dies zur Abwendung einer erheblichen Gefahr für die Person oder das Vermögen des Betroffenen erforderlich ist, ordnet das Gericht an, daß der Betroffene zu einer Willenserklärung, die den Aufgabenkreis des Betreuers betrifft, dessen Einwilligung bedarf (**Einwilligungsvorbehalt**, § 1903 Abs 1 S 1). Im übrigen hat die Bestellung des Betreuers keine Auswirkungen auf Geschäfts-, Ehe- und Testierfähigkeit.

41 Mit der Abschaffung der Entmündigung wurde die „gespaltene" Zuständigkeit von Prozeßgericht und Vormundschaftsgericht aufgegeben zugunsten einer **Konzentration aller Betreuungssachen beim Vormundschaftsgericht**. Aufgegeben wurde auch die Zweiteilung des Verfahrens (Anordnung der Maßnahme und Bestellung des Vormunds/Pflegers) zugunsten einer **Einheitsentscheidung**, durch die dem Betroffenen „lediglich" ein Betreuer bestellt wird. Damit wird zugleich die personale Bedeutung der Betreuung betont, die in der „persönlichen Betreuung" (vgl § 1897 Abs 1) ihren besonderen Ausdruck findet (näher dazu BT-Drucks 11/4528, 91 sowie OLG Düsseldorf FamRZ 1994, 451, 452).

42 Der Betreuer hat Wünschen des Betreuten zu entsprechen, soweit dies dessen Wohl nicht zuwiderläuft und dem Betreuer zuzumuten ist (§ 1901 Abs 3 S 1). Wünsche des Betreuten sollen rechtlich auch dann beachtlich sein, wenn der Betreute geschäftsunfähig ist (§ 104 Nr 2). Allerdings soll dem Betreuten hierdurch kein Schaden entstehen und dem Betreuer nichts Unzumutbares abverlangt werden (BT-Drucks 11/4528, 53). Das Wohl des Betroffenen ist Maßstab für das Verhalten des Betreuers und darüber hinaus Grundziel des Betreuungsrechts. Zum Wohl des Betreuten gehört auch die Möglichkeit, im Rahmen seiner Fähigkeiten sein Leben nach seinen eigenen Wünschen und Vorstellungen zu gestalten (§ 1901 Abs 2 S 2). Der Betreute soll **persönlich betreut** werden. Der Betreuer soll persönlich **Kontakt** zu dem Betreuten suchen und das persönliche **Gespräch** mit ihm pflegen. Eine anonyme Verwaltung von Betreuungen (eine „unpersönliche" Betreuung) soll es nicht mehr geben (BT-Drucks 11/4528, 53 und 68; Bienwald, BtR § 1901 Rn 17 ff).

43 Der Personensorge wird ein stärkeres Gewicht als bisher eingeräumt insofern, als besonders verantwortungsvolle und weitreichende Entscheidungen des Betreuers unter den Vorbehalt vormundschaftsgerichtlicher Genehmigung gestellt sind (riskante Untersuchungen, Heilbehandlungen, ärztliche Eingriffe; Sterilisation und unterbringungsähnliche Maßnahmen; §§ 1904–1906). Die Wohnung als räumlicher Mittelpunkt des Lebens des Betreuten darf ohne vormundschaftsgerichtliche Genehmigung vom Betreuer nicht mehr aufgegeben werden (§ 1907). Die Voraussetzungen der Unterbringung sind geregelt (§ 1906 Abs 1); danach darf eine Unterbringung des Betreuten, die mit Freiheitsentziehung verbunden ist, durch den Betreuer nur im Interesse des Betreuten, nicht wegen Fremdgefährdung, vorgenommen werden. Das **Verfahren in Unterbringungssachen** ist **vereinheitlicht** (§§ 70 ff FGG). Die Stellung des Betroffenen im Betreuungsverfahren und auch im Unterbringungsverfahren wurde gestärkt, die Verfahrensregelungen rechtsstaatlichen Anforderungen angepaßt.

Zur Verstärkung der persönlichen Betreuung ist die „Personalstruktur" der Betreuerarten verändert und eine Vergütungsregelung für diejenigen Betreuer eingeführt worden, die Betreuung als berufliche Aufgabe wahrnehmen.

Gesetzestechnisch ist der Gesetzgeber so vorgegangen, daß er an die Stelle des **44**
bisherigen Vormundschaftsrechts für Volljährige (§§ 1896–1908 aF) die materiellrechtlichen Bestimmungen über die Betreuung eingestellt hat (§§ 1896–1908i nF, dann auch § 1908k).

Bis auf § 1908i enthalten sämtliche Vorschriften eigene betreuungsrechtliche Normen. Im übrigen wird nach Maßgabe des § 1908i Abs 1 auf Bestimmungen des Vormundschaftsrechts sowie des Kindschaftsrechts Bezug genommen. § 1908i Abs 2 enthält Modifikationen von Vorschriften des Vormundschaftsrechts, die sinngemäß auf das Betreuungsrecht anzuwenden sind.

b) Überblick über die materiellrechtlichen Neuerungen nach dem BtG*
Im einzelnen sind folgende Neuerungen eingetreten: **45**

– Der psychisch Kranke oder geistig oder seelisch Behinderte erhält auf seinen Antrag oder von Amts wegen einen Betreuer oder mehrere, wenn dies erforderlich ist, damit seine Angelegenheiten besorgt werden, zu deren Besorgung er selbst nicht (mehr) in der Lage ist, sofern er nicht anderweit Vorsorge getroffen hat und andere Hilfen nicht vorhanden sind oder nicht ausreichen (§ 1896 Abs 1 S 1, Abs 2 S 2); die Antragsberechtigung ist unabhängig von der Geschäftsfähigkeit (§ 1896 Abs 1 S 2). Die Betreuung durch einen oder mehrere nach den Bestimmungen der §§ 1896 ff bestellte Betreuer ist anderen – privaten oder öffentlichen – Hilfen gegenüber subsidiär (§ 1896 Abs 2 S 2). Hat der Betroffene selbst durch (ausreichende) Vollmachterteilung Vorsorge getroffen, oder reichen andere – einer Betreuerbestellung gleichwertige und entsprechend wirksame – Hilfen aus, unterbleibt nach den Vorstellungen des Gesetzgebers die Bestellung eines Betreuers nach den §§ 1896 ff;

– der körperlich Behinderte erhält einen Betreuer auf seinen Antrag, es sei denn, daß er seinen Willen nicht kundtun kann (§ 1896 Abs 1 S 3);

– als Aufgabenkreis eines Betreuers kann auch (lediglich) die Geltendmachung von Rechten gegenüber dem Bevollmächtigten des Betreuten bestimmt werden (§ 1896 Abs 3);

– die Entscheidung über den Fernmeldeverkehr des Betreuten und über die Entgegennahme, das Öffnen und das Anhalten seiner Post werden vom Aufgabenkreis des Betreuers nur dann erfaßt, wenn das Gericht dies ausdrücklich angeordnet hat (§ 1896 Abs 4). Der Aufgabenkreis Personensorge und Vermögenssorge umfaßt damit, anders als nach altem Recht, nicht mehr sämtliche Angelegenheiten;

– die Entscheidung über die Einwilligung in die Sterilisation kann niemals die Angelegenheit eines bereits bestellten Betreuers sein. Hierfür ist stets ein besonderer Betreuer zu bestellen (§ 1905, § 1899 Abs 2);

---

* Unter Berücksichtigung der durch das BtÄndG eingetretenen redaktionellen Änderungen. Zur Rechtslage ohne sie s STAUDINGER/BIENWALD[12].

– in seinem Aufgabenkreis vertritt der Betreuer den Betreuten gerichtlich und außergerichtlich. Er hat damit die Stellung eines gesetzlichen Vertreters des Betreuten (§ 1902 iVm § 1896 Abs 2 S 2; hM);

– die Bestellung des Betreuers hat keine verändernden Auswirkungen auf die bestehende Geschäftsfähigkeit oder Geschäftsunfähigkeit des Betroffenen. Diese beurteilt sich ebenso wie für Personen, denen kein Betreuer bestellt ist, nach der in § 104 Nr 2 enthaltenen und durch das BtG nicht veränderten Regelung über die „natürliche" Geschäftsunfähigkeit (BT-Drucks 11/4528, 52). Unberührt bleibt auch die Ehefähigkeit und die Testierfähigkeit. Im Einzelfall kann das Vormundschaftsgericht die Teilnahmefähigkeit des Betreuten am Rechtsverkehr dadurch einschränken, daß es einen Einwilligungsvorbehalt anordnet (§ 1903). Ist ein solcher Einwilligungsvorbehalt angeordnet, so gelten, soweit der Einwilligungsvorbehalt reicht, die Vorschriften über die beschränkte Geschäftsfähigkeit teilweise entsprechend (§ 1903 Abs 1 S 2). Zur Bedeutung der Reform für das IPR siehe STAUDINGER/HAUSMANN (2000) Art 12 EGBGB Rn 20, 74 ff;

– der Aufgabenkreis des Betreuers richtet sich nach dem konkreten Bedarf (Erforderlichkeitsgrundsatz); je nachdem ist der Aufgabenkreis zu erweitern oder einzuschränken. Entsprechendes gilt für die Anordnung des Einwilligungsvorbehalts (§ 1908d Abs 1–3, Abs 4);

– während der Aufgabenkreis und die gesetzliche Vertretung (§ 1902) den äußeren Rahmen der Befugnisse des Betreuers kennzeichnen, beschreibt § 1901 die Pflichten des Betreuers in bezug auf die Führung der Betreuung. Der Betreuer hat die Angelegenheiten des Betreuten so zu besorgen, wie es dessen Wohl entspricht. Er hat Wünschen des Betreuten zu entsprechen, soweit dies dessen Wohl nicht zuwiderläuft und dem Betreuer zuzumuten ist. Dies gilt auch für Wünsche, die der Betreute vor der Bestellung des Betreuers geäußert hat, es sei denn, daß er an diesen Wünschen erkennbar nicht festhalten will (§ 1901 Abs 3 S 2);

– wichtige Angelegenheiten hat der Betreuer mit dem Betreuten vor ihrer Erledigung zu besprechen. Er hat innerhalb seines Aufgabenkreises dazu beizutragen, daß Möglichkeiten genutzt werden, die Krankheit oder Behinderung des Betreuten zu bessern, ihre Verschlimmerung zu verhüten oder ihre Folgen zu mildern (§ 1901 Abs 4);

– den Betreuer treffen neue Berichts- und Informationspflichten (§ 1840 Abs 1 und § 1901 Abs 5);

– die Anordnung eines Einwilligungsvorbehalts kommt dann in Betracht, wenn die Fähigkeit des Betreuten, im Rechtsverkehr zu handeln, zur Abwendung einer erheblichen Gefahr für die Person oder das Vermögen des Betreuten eingeschränkt werden muß (§ 1903 Abs 1 S 1). Soweit nicht von dem Einwilligungsvorbehalt durch Gesetz bestimmte Angelegenheiten ausgeschlossen sind, bedarf der Betreute dennoch nicht der Einwilligung seines Betreuers, wenn die Willenserklärung dem Betreuten lediglich einen rechtlichen Vorteil bringt. Soweit das Gericht nichts anderes anordnet, gilt dies auch, wenn die Willenserklärung eine geringfügige Angelegenheit des täglichen Lebens betrifft (§ 1903 Abs 3);

– zum Betreuer bestellt das Vormundschaftsgericht in erster Linie eine natürliche Person. Als solche kommen private Personen, aber auch Mitarbeiterinnen und Mitarbeiter eines nach § 1908f anerkannten Vereins oder einer in Betreuungsangelegenheiten zuständigen Behörde in Betracht. Diese werden nach Maßgabe des § 1897 Abs 2 persönlich zum Vereinsbetreuer bzw zum Behördenbetreuer bestellt, nehmen aber diese Aufgabe als Dienstaufgabe wahr. Wie bisher kann auch ein Verein oder die zuständige Behörde Betreuungen führen. Das Vormundschaftsgericht bestellt einen anerkannten Betreuungsverein aber erst dann zum Betreuer, wenn der Volljährige nicht hinreichend durch eine oder mehrere natürliche Personen betreut werden kann. Erst wenn auch kein Verein zur Verfügung steht, darf schließlich die zuständige Behörde zum Betreuer bestellt werden, die, wie auch der Verein, die Wahrnehmung der Betreuung einzelnen Personen überträgt (§ 1900 Abs 4). Vereinen und Behörden darf die Entscheidung über die Einwilligung in eine Sterilisation nicht übertragen werden (§ 1900 Abs 5). Zur Einflußnahme des Betroffenen auf die Betreuerbestellung s § 1897 Abs 4 und 5 sowie § 1900 Abs 2 S 2, Abs 4 S 2 iVm § 69c Abs 2 und 3 FGG;

– nach wie vor besteht eine allgemeine Verpflichtung zur Übernahme einer Betreuung, wenn das Gericht den Ausgewählten für geeignet hält und diesem die Übernahme der Betreuung unter Berücksichtigung seiner familiären, beruflichen und sonstigen Verhältnisse zugemutet werden kann (§ 1898 Abs 1). Die Übernahmepflicht ist allerdings nicht mehr (anders das geltende Vormundschaftsrecht, § 1785) auf Deutsche beschränkt. Eine zwangsweise Bestellung ist nicht zulässig (§ 1898 Abs 2). Lediglich die Haftungsbestimmung des § 1787 Abs 1 ist weiterhin, auch im Betreuungsrecht, gültig (§ 1908i Abs 1 S 1);

– einen absoluten Ausschlußgrund für die Bestellung zum Betreuer enthält § 1897 Abs 3: Wer zu einer Anstalt, einem Heim oder einer sonstigen Einrichtung, in welcher der Volljährige untergebracht ist oder wohnt, in einem Abhängigkeitsverhältnis oder in einer anderen engen Beziehung steht, darf nicht zum Betreuer bestellt werden;

– § 1908f enthält einheitliche Rahmenbestimmungen des Bundes im Sinne von Mindestvoraussetzungen für die Anerkennung von Vereinen als Betreuungsvereine;

– Vereins- und Behördenbetreuer können selbst keine Rechte aus den Bestimmungen über Vergütung und Auslagenersatz herleiten (§ 1908e Abs 2, § 1908h Abs 3). Die von ihnen „erwirtschafteten" Beträge sowie die erstattungsfähigen Auslagen werden von ihren Anstellungsträgern geltend gemacht. Zu dem Umfang der zu beanspruchenden Beträge s (für die Zeit bis 1. 7. 2005) § 1908e Abs 1 sowie § 1908h Abs 1 und 2;

– die Betreuung endet mit dem Tode des Betreuten oder mit der Aufhebung der Betreuung. Diese ist (ganz oder teilweise) aufzuheben, wenn ihre Voraussetzungen (ganz oder teilweise) wegfallen (§ 1908d). Zur Aufhebung im Falle einer beantragten Betreuerbestellung s § 1908d Abs 2;

– § 1908b enthält die verschiedenen Gründe und Konstellationen von Betreuerentlassungen. Für die im BGB geregelte Rangfolge der Betreuer und das Ziel des

BtG, eine persönliche Betreuung zu erreichen und zu gewährleisten, ist die Verpflichtung wichtig, den Verein oder die Behörde zu entlassen, sobald der Betreute durch eine oder mehrere natürliche Personen hinreichend betreut werden kann (§ 1908b Abs 5). Demgemäß hatte das Gericht die Aufgabe, in Abständen von höchstens zwei Jahren zu prüfen, ob anstelle des Vereins oder der Behörde eine oder mehrere natürliche Personen zum Betreuer bestellt werden können (§ 69c Abs 1 FGG); sie ist seit 1. 1. 1999 entfallen (Aufhebung des Abs 1 durch Art 2 BtÄndG);

– das bisher vorhanden gewesene fast schrankenlose Verwandtenprivileg bei der Bestellung zum Vormund oder Pfleger (so noch § 1779 Abs 2 S 3 für die Bestellung eines Vormunds im Minderjährigenrecht und die Bestellung eines Pflegers gem § 1915 Abs 1; beachte aber die seit 1.1.1999 geänderte Fassung durch Art 1 Nr 4 BtÄndG) ist für die Betreuerbestellung gelockert. Schlägt der Volljährige niemand vor, der zum Betreuer bestellt werden kann, so ist bei der Auswahl des Betreuers auf die verwandtschaftlichen (und sonstigen) persönlichen Bindungen des Volljährigen, insbesondere auf die Bindungen zu Eltern, Kindern und zum Ehegatten Rücksicht zu nehmen. Maßgebend sind danach bestehende **persönliche Bindungen**, nicht dagegen der bloße verwandtschaftliche Status (§ 1897 Abs 5);

– um die in einer Betreuungsverfügung enthaltenen Wünsche eines Betreuten bei Gericht und bei der Führung der Betreuung zur Geltung kommen zu lassen, bestimmt § 1901a, daß derjenige, der ein Schriftstück besitzt, in dem jemand für den Fall seiner Betreuung Vorschläge zur Auswahl des Betreuers oder Wünsche zur Wahrnehmung der Betreuung geäußert hat, es unverzüglich nach Kenntnis von der Einleitung eines Verfahrens an das Vormundschaftsgericht abzuliefern hat. Der Besitzer einer Betreuungsverfügung kann durch Festsetzung von Zwangsgeld zur Ablieferung der Betreuungsverfügung angehalten werden (§ 69e S 2). Besteht Grund zur Annahme, daß jemand eine Betreuungsverfügung in Besitz hat, die abzuliefern wäre, können die in § 83 Abs 2 FGG bestimmten Maßnahmen getroffen werden (§ 69e S 3 FGG);

– eingeführt wurde eine Vergütungsregelung für diejenigen Betreuer, Vormünder und Pfleger, die diese Aufgabe im Rahmen ihrer Berufsausübung wahrnehmen und aus dem Vermögen des Betreuten keine Vergütung erwarten können (§ 1836 Abs 2 iVm § 1908i Abs 1 S 1; beachte die durch das (erste) und das 2. BtÄndG eingetretenen Änderungen; dazu unten § 1908i Rn 236 ff);

– als erstattungsfähige Aufwendungen sind anerkannt die Kosten einer angemessenen Versicherung gegen Schäden, die dem Betreuten durch den Betreuer oder Gegenbetreuer zugefügt werden können oder die dem Betreuer oder Gegenbetreuer dadurch entstehen können, daß er einem Dritten zum Ersatz eines durch die Führung der Betreuung verursachten Schadens verpflichtet ist; dies gilt nicht für die Kosten der Haftpflichtversicherung des Halters eines Kraftfahrzeugs. S 1 ist nicht anzuwenden, wenn der Betreuer oder Gegenbetreuer eine Vergütung nach § 1836 Abs 2 erhält (§ 1835 Abs 2 iVm § 1908i Abs 1 S 1);

– eingeführt wurde schließlich ein pauschalierter Aufwendungsersatz (Aufwandsentschädigung, § 1836a, jetzt § 1835a, iVm § 1908i Abs 1 S 1). Dies diente bisher der Abgeltung geringfügiger Aufwendungen und damit zur Vermeidung von Abrechnungen;

– die Bestellung eines Betreuers und die Anordnung eines Einwilligungsvorbehalts können schon vor Vollendung des 18. Lebensjahres des Betroffenen vorgenommen werden. Allerdings wird die Maßnahme erst mit dem Eintritt der Volljährigkeit wirksam (§ 1908a).

– Ist der Betreuer an der Besorgung bestimmter Angelegenheiten gehindert, kann oder muß ein weiterer Betreuer bestellt werden (§ 1899); die Anwendung des § 1909 entfällt.

c) Das Verfahren in Betreuungssachen

Mit der Aufhebung der Entmündigung und des Entmündigungsverfahrensrechts **46** (Art 1 Nr 1–3 und Art 4 Nr 7 BtG) sowie der Einführung eines einheitlichen Rechtsinstituts der Betreuung konnte das bisherige Nebeneinander von ZPO- und FGG-Verfahren zugunsten eines einheitlichen Verfahrens der freiwilligen Gerichtsbarkeit aufgegeben werden. Dementsprechend ist in den zweiten Abschnitt des FGG ein neuer Unterabschnitt III „Betreuungssachen" (§§ 65–69m) aufgenommen worden.

Mit der Reform des Verfahrensrechts verfolgte der Gesetzgeber das Ziel, die Rechtsposition des Betroffenen auch im Verfahren zu stärken. Er soll in einem fairen Verfahren eigenständiger Beteiligter und nicht „Verfahrensobjekt" sein (BT-Drucks 11/4528, 89). Die wohl bemerkenswerteste Neuerung ist deshalb die vorbehaltlose **Verfahrensfähigkeit des Betroffenen** in Verfahren, die die Betreuung betreffen. Sie ist in Betreuungssachen unbegrenzt (§ 66 FGG); in Unterbringungssachen beginnt sie erst mit der Vollendung des 14. Lebensjahres des Betroffenen. Ein weiterer Kernpunkt der Neuregelung ist die **Einheitsentscheidung** (§ 1896, § 69 FGG). Anders als nach bisherigem Recht wird nicht mehr die Anordnung einer Betreuung von der Bestellung des Betreuers unterschieden und getrennt verhandelt. In einer Entscheidung wird nunmehr sowohl über die Notwendigkeit der Betreuung, ihren Umfang (durch die Bestimmung des Aufgabenkreises des Betreuers), gegebenenfalls ihre Dauer, aber auch die Bestellung eines bestimmten Betreuers entschieden (BT-Drucks 11/4528, 91). **Zuständig** für diese Einheitsentscheidung ist bis auf die Bestellung des sog Kontroll-, Überwachungs- oder auch Vollmachtbetreuers nach § 1896 Abs 3 der **Richter** (§ 3 Nr 2 Buchst a, § 14 Abs 1 Nr 4 RPflG).

Der Schutz des Betroffenen wurde dadurch verstärkt, daß das Gericht unter be- **47** stimmten Voraussetzungen verpflichtet ist, dem Betroffenen einen „Pfleger für das Verfahren" zu bestellen (§ 67 FGG). Dieser Pfleger soll den Betroffenen im Verfahren unterstützen und nicht „verdrängen" oder „ersetzen" (BT-Drucks 11/4528, 89). Die für das Verfahren in Unterbringungssachen entsprechend vorgesehene Bestellung eines Verfahrenspflegers (§ 70b FGG, s auch unten Rn 57) stieß in der Praxis insofern auf Kritik, als nach den meisten Landesgesetzen über die Unterbringung psychisch Kranker im Bereich der früheren Bundesrepublik die Bestellung eines Rechtsanwalts vorgesehen war, die Bestellungsvorschrift des § 70b FGG dagegen keine bestimmte Qualifikation des Verfahrenspflegers vorsieht (krit ROGALLA BtPrax 1993, 146, 147; POHL BtPrax 1992, 19, 23; SCHUMACHER FamRZ 1991, 280, 283; s auch GRELL

Rpfleger 1993, 321). § 67 FGG enthält ebenfalls keine gesetzgeberische Vorgabe in bezug auf die Qualifikation des Pflegers für das Verfahren. Die Frage wird insbesondere im Zusammenhang mit der Vergütungsbewilligung behandelt (s § 1908i Rn 142). § 67 FGG gehört zu den durch das BtÄndG erheblich geänderten Vorschriften; s deshalb auch unten § 1896 Rn 148.

48 Vor der Bestellung eines Betreuers oder der Anordnung eines Einwilligungsvorbehalts hat das Gericht den Betroffenen grundsätzlich **persönlich anzuhören** (§ 68 Abs 1 S 1 FGG; Ausnahme in Abs 2); in jedem Falle hat sich das Gericht einen unmittelbaren Eindruck von dem Betroffenen zu verschaffen und zwar regelmäßig in seiner üblichen Umgebung (Milieuanhörung), wenn dieser es verlangt oder wenn es der Sachaufklärung dient und der Betroffene nicht widerspricht (§ 68 FGG). Das Gericht hat den Betroffenen über den möglichen Verlauf des Verfahrens zu unterrichten (§ 68 Abs 1 S 3 FGG).

49 Ein Betreuer darf erst bestellt und ein Einwilligungsvorbehalt erst dann angeordnet werden, nachdem das **Gutachten** eines Sachverständigen über die Notwendigkeit der Betreuung eingeholt worden ist (§ 68b Abs 1 S 1 FGG; zu Ausnahmen s Abs 1 S 2 und 3). Kommt nach Auffassung des Sachverständigen die Bestellung eines Betreuers in Betracht, so hat sich das Gutachten auch auf den Umfang des Aufgabenkreises und die voraussichtliche Dauer der Betreuungsbedürftigkeit zu erstrecken. Der Sachverständige hat den Betroffenen vor der Erstattung des Gutachtens persönlich zu untersuchen oder zu befragen. Dadurch soll eine Begutachtung lediglich nach Aktenlage vermieden werden (s – auch zur Zahl und Qualifikation der Sachverständigen – BT-Drucks 11/4528, 174).

50 Vor der Bestellung eines Betreuers oder der Anordnung eines Einwilligungsvorbehalts gibt das Gericht der **zuständigen Behörde** Gelegenheit zur Äußerung, wenn es der Betroffene verlangt oder wenn es der Sachaufklärung dient (§ 68a S 1 FGG). In der Regel ist auch nahen Angehörigen Gelegenheit zur Äußerung zu geben, es sei denn, der Betroffene widerspricht mit erheblichen Gründen (§ 68a S 3 FGG). Auf Verlangen des Betroffenen hat das Gericht dies zu tun und auch einer dem Betroffenen nahestehenden (nicht unbedingt angehörigen) Person Gelegenheit zur Äußerung zu geben, wenn dies ohne erhebliche Verzögerung möglich ist (§ 68a S 4 FGG). Das Ergebnis der Anhörung, das Gutachten des Sachverständigen, der etwaige Umfang des Aufgabenkreises und die Frage, welche Person oder Stelle als Betreuer in Betracht kommt, sind mit dem Betroffenen mündlich zu erörtern, soweit dies zur Gewährung des rechtlichen Gehörs oder zur Sachaufklärung erforderlich ist (**Schlußgespräch**), § 68 Abs 5 S 2 FGG.

51 Dem Ziel, die Rechtsposition des Betroffenen im Verfahren zu stärken (BT-Drucks 11/4528, 89) und ihn nicht zum Objekt des Verfahrens werden zu lassen, dient die **Anhörung** oder „Beteiligung" **des Betroffenen** in den verschiedenen Verfahren und Verfahrensphasen:

– Vor Abgabe eines Verfahrens an ein anderes Gericht (§ 65a Abs 1 FGG) ist dem Betroffenen Gelegenheit zur Stellungnahme zu geben (§ 65a Abs 2 FGG);

– in dem Verfahren zur Bestellung eines Betreuers oder zur Anordnung eines Einwilligungsvorbehalts unterrichtet das Gericht den Betroffenen über den möglichen Verlauf des Verfahrens (§ 68 Abs 1 S 3 FGG);

– der Betroffene hat ein Vorschlagsrecht bezüglich der Person des Betreuers (§ 1897 Abs 4 S 1 und 2);

– der Betreute kann dem Gericht vorschlagen, den bisherigen Betreuer zu entlassen und die von ihm benannte, zur Übernahme der Betreuung bereite (gleich geeignete) Person zum neuen Betreuer zu bestellen (§ 1908b Abs 3);

– der Betroffene kann verlangen, daß im Betreuerbestellungsverfahren einer ihm nahestehenden Person und den in § 68a S 3 FGG genannten nahen Angehörigen Gelegenheit zur Äußerung gegeben wird (§ 68a S 4 FGG);

– das Gericht soll den Betroffenen vor bestimmten Entscheidungen über die vormundschaftsgerichtliche Genehmigung von Betreuerentscheidungen hören (§ 69d Abs 1 S 1 FGG);

– zu hören ist der Betreute, bevor das Vormundschaftsgericht gemäß § 56g Abs 1 FGG eine von ihm zu leistende Zahlung (idR Vergütung) festsetzt (so die ab 1. 1. 1999 geltende Regelung des § 56g Abs 4 FGG; zur bisherigen Regelung s STAUDINGER/BIENWALD[12] Vorbem 51 zu §§ 1896 ff an dieser Stelle);

– das Gericht hat den Betroffenen persönlich zu hören, bevor es eine Entscheidung nach den §§ 1904, 1907 Abs 1 und 3 trifft (§ 69d Abs 1 S 3 FGG); zur persönlichen Anhörung des Betroffenen in Unterbringungssachen s § 70c FGG;

– besondere Verfahrensbestimmungen gelten für das Verfahren betr die Genehmigung der Einwilligung eines Betreuers in die Sterilisation des Betreuten (§ 1905 Abs 2; § 69d Abs 3 S 1 FGG);

– die dem Betroffenen eingeräumte bedingungslose Verfahrensfähigkeit erlaubt es ihm, ohne Einschränkungen Rechtsbehelfe einzulegen und zurückzunehmen, Beweiserhebungen zu beantragen und sonstige Verfahrensanträge zu stellen.

Anders als die Vormundschaft und die Pflegschaft für Volljährige früheren Rechts **52** soll die Betreuung grundsätzlich **zeitlich beschränkt** sein. Deshalb ist in die Entscheidung, durch die ein Betreuer bestellt oder ein Einwilligungsvorbehalt angeordnet wird, immer der Zeitpunkt aufzunehmen, zu dem das Gericht spätestens über die Aufhebung oder Verlängerung der Maßnahme zu entscheiden hat; dieser Zeitpunkt durfte bisher höchstens fünf Jahre nach Erlaß der Entscheidung liegen (§ 69 Abs 1 Nr 5 FGG). Eine entsprechende Befristung sieht § 70f FGG für die Unterbringung des Betroffenen vor (so bereits bisher § 64d Abs 1 und 2 FGG aF und die landesrechtlichen PsychKG der alten Länder).

Die Eintragung in das Bundeszentralregister ist entfallen. Das Vormundschaftsge- **53** richt entscheidet über die **Mitteilung von Entscheidungen** an andere Gerichte, Behörden oder sonstige öffentliche Stellen (nicht private!), soweit dies unter Beachtung berechtigter Interessen des Betroffenen nach den Erkenntnissen im gerichtlichen Verfahren erforderlich ist, um eine erhebliche Gefahr für das Wohl des Betroffenen, für Dritte oder für die öffentliche Sicherheit abzuwenden (§ 69k Abs 1 FGG; s dort auch zur Unterrichtung des Betroffenen sowie anderer Personen von der erfolgten Mitteilung).

54 Hat das Gericht einen Verein oder die zuständige Behörde zum Betreuer bestellt, so hatte es bisher in Abständen von höchstens zwei Jahren zu prüfen, ob anstelle des Vereins oder der Behörde eine oder mehrere natürliche Personen bestellt werden können (§ 69c Abs 1 FGG). Diese Verpflichtung wurde als sachlich entbehrlich (BT-Drucks 13/7158, 38) durch Art 2 Nr 5 BtÄndG aufgehoben. Verein und Behörde wiederum sind verpflichtet, dem Gericht Umstände mitzuteilen, aus denen sich ergibt, daß der Volljährige (Betreute) durch eine oder mehrere natürliche Personen hinreichend betreut werden kann (§ 1900 Abs 3).

55 Möglich ist die Bestellung eines **vorläufigen Betreuers** oder/und die Anordnung eines **vorläufigen Einwilligungsvorbehalts**, wenn dringende Gründe für die Annahme bestehen, daß die Voraussetzungen einer Betreuerbestellung oder für die Anordnung eines Einwilligungsvorbehalts gegeben sind und mit dem Aufschub Gefahr verbunden wäre. Es gilt ein vereinfachtes Verfahren (§ 69f FGG). Die einstweilige Anordnung darf die Dauer von (zunächst) sechs Monaten nicht überschreiten; sie kann jedoch nach Anhörung eines Sachverständigen durch weitere einstweilige Anordnungen bis zu einer Gesamtdauer von einem Jahr verlängert werden (§ 69f Abs 2 FGG). Auch die Entlassung eines Betreuers im Wege einstweiliger Anordnung ist möglich (§ 69f Abs 3 FGG).

d) Unterbringungs- und Unterbringungsverfahrensrecht
56 Die wesentlichen Neuerungen sind:

– die Festlegung der Voraussetzungen einer Unterbringungsentscheidung des Betreuers (§ 1906 Abs 1);

– die Einführung der Genehmigungspflicht für freiheitsentziehende (unterbringungsähnliche) Maßnahmen, wenn der Betreute sich in einem Heim, einer Anstalt oder einer sonstigen Einrichtung aufhält, ohne untergebracht zu sein, und ihm durch mechanische Vorrichtungen, Medikamente oder auf andere Weise über einen längeren Zeitraum oder regelmäßig die Freiheit entzogen werden soll (§ 1906 Abs 4);

– die Einführung eines einheitlichen Unterbringungsverfahrens für die Unterbringung und die Maßnahmen nach § 1906 Abs 4 sowie die Unterbringung nach den Bestimmungen der PsychKG der Länder (näher MARSCHNER/VOLCKART, Freiheitsentziehung und Unterbringung [4. Aufl 2001] 263). Die §§ 70 ff FGG gelten deshalb für die folgenden Unterbringungsmaßnahmen: 1. die Genehmigung einer Unterbringung, die mit Freiheitsentzug verbunden ist, eines Kindes (§§ 1631b, 1800, 1915) und eines Betreuten (§ 1906 Abs 1–3), 2. die Genehmigung einer Maßnahme nach § 1906 Abs 4 und 3; die Anordnung einer freiheitsentziehenden Unterbringung nach den Landesgesetzen über die Unterbringung psychisch Kranker. Zur Anwendung der §§ 70 ff FGG auf eine nach § 1846 getroffene Unterbringungsentscheidung des Vormundschaftsgerichts s BIENWALD, BtR § 70 FGG Rn 5 und ZIMMERMANN FamRZ 1990, 1308, 1314.

Weitere Regelungen im Unterbringungsverfahrensrecht: 57

Der Betroffene ist ohne Rücksicht auf seine Geschäftsfähigkeit **verfahrensfähig**, wenn er das 14. Lebensjahr vollendet hat (§ 70a FGG). Soweit dies zur Wahrnehmung der Interessen des Betroffenen erforderlich ist, bestellt das Gericht dem Betreuten/Betroffenen einen **Pfleger für das Verfahren**. Die Person des Verfahrenspflegers kann, muß aber nicht, ein Anwalt sein. Bestellt das Gericht dem Betroffenen keinen Pfleger für das Verfahren, so ist dies in der Entscheidung, durch die eine Unterbringungsmaßnahme getroffen wird, zu begründen (§ 70b Abs 1 und 2 FGG). Wird keine Unterbringungsmaßnahme getroffen, erübrigt sich eine Begründung, warum ein Verfahrenspfleger nicht bestellt wurde.

Ebenso wie im Betreuungsverfahren besteht auch im Unterbringungsverfahren die 58 Verpflichtung zu **persönlicher Anhörung**. Außerdem hat sich das Gericht einen unmittelbaren Eindruck zu verschaffen und zwar, soweit dies erforderlich ist, in der üblichen Umgebung des Betroffenen (§ 70c, § 68 Abs 1 S 5, Abs 2–5 FGG). Wie im Betreuungsverfahren hat auch hier das Vormundschaftsgericht den Betroffenen über den möglichen Verlauf des Verfahrens zu unterrichten (§ 70c S 3 FGG). Nahen Angehörigen, einer von dem Betroffenen benannten Person, dem Betreuer des Betroffenen sowie dem Leiter der Einrichtung, in der der Betroffene lebt (bisher gelebt hat), sowie der zuständigen Behörde ist Gelegenheit zur Stellungnahme zu geben (§ 70d Abs 1 FGG). Während dies nach § 68a S 3 FGG im Betreuungsverfahren zu unterbleiben hat, wenn der Betroffene mit erheblichen Gründen widerspricht (Änderung durch Art 2 Nr 3 BtÄndG), ist ein solcher Widerspruch hier nicht vorgesehen. Ist der Betroffene minderjährig, sind die Elternteile, denen die Personensorge zusteht, der gesetzliche Vertreter in persönlichen Angelegenheiten und die Pflegeeltern persönlich anzuhören (§ 70d Abs 2 FGG).

Vor einer Unterbringungsmaßnahme nach § 70 Abs 1 S 2 Nr 1 und 3 hat das Gericht 59 das **Gutachten** eines Sachverständigen einzuholen, der den Betroffenen persönlich zu untersuchen oder zu befragen hat. Der Sachverständige soll in der Regel Arzt für Psychiatrie sein; in jedem Falle muß der Arzt Erfahrungen auf dem Gebiet der Psychiatrie haben. Für eine Unterbringungsmaßnahme nach § 70 Abs 1 S 2 Nr 2 (freiheitsentziehende Maßnahmen nach § 1906 Abs 4) genügt ein ärztliches Zeugnis (§ 70e Abs 1 S 1 und 2 FGG einerseits, Abs 1 S 3 andererseits). Zur Unterbringung zwecks Vorbereitung eines Gutachtens s § 70e Abs 2 iVm § 68b Abs 4 FGG.

Vorführungen sollen auch bei zivilrechtlichen Unterbringungen von Fachkräften der 60 zuständigen Behörde und damit möglichst schonend durchgeführt werden (§ 70g Abs 4 FGG). Für die zivilrechtliche Unterbringung soll weiterhin der gesetzliche Vertreter verantwortlich sein. Der Betreuer, die Eltern, der Vormund und der Pfleger (letzte bei Minderjährigen) sind auf ihren Wunsch bei der Zuführung zur Unterbringung nach § 70 Abs 1 S 2 Nr 1 FGG zu unterstützen (§ 70g Abs 5 S 1 FGG). Gewalt darf die zuständige Behörde nur auf Grund besonderer gerichtlicher Entscheidung anwenden. Die zuständige Behörde ist befugt, erforderlichenfalls die Unterstützung der polizeilichen Vollzugsorgane nachzusuchen (§ 70g Abs 5 S 2 und 3 FGG). Die Vollziehung einer Unterbringung nach § 70 Abs 1 S 2 Nr 3 (PsychKG-Unterbringung) kann ausgesetzt werden. Die Aussetzung kann mit Auflagen verbunden werden. Sie soll in der Regel sechs Monate nicht überschreiten, kann aber bis zu einem Jahr verlängert werden (§ 70k Abs 1 FGG). In Unterbringungsverfahren werden Kosten nicht erhoben. Aufwendungsersatz und eine etwaige Vergütung des Pflegers für das Verfahren werden auch bei vermögenden Betroffenen/Betreuten neuerdings (seit 1.1.1999) zunächst aus der Staatskasse gezahlt und danach von den Betroffenen/Betreuten im Rahmen ihrer Leistungsfähigkeit zurückgefordert, dh als Auslagen erhoben (§ 70b Abs 1 Satz 1, § 67 Abs 3 FGG; § 128b KostO).

61 Die Unterbringungsmaßnahmen sind **befristet**. Die Entscheidung des Gerichts, durch die eine Unterbringungsmaßnahme (§ 70 Abs 1 S 2 FGG) getroffen wird, muß den Zeitpunkt enthalten, zu dem die Unterbringungsmaßnahme endet, wenn sie nicht vorher verlängert wird; dieser Zeitpunkt darf höchstens ein Jahr, bei offensichtlich langer Unterbringungsbedürftigkeit höchstens zwei Jahre nach Erlaß der Entscheidung liegen (§ 70f Abs 1 Nr 3 FGG). Eine einstweilige Anordnung darf die Dauer von sechs Wochen nicht überschreiten (§ 70h Abs 2 S 1 FGG). Reicht dieser Zeitraum nicht aus, so kann sie nach Anhörung eines Sachverständigen durch eine weitere einstweilige Anordnung verlängert werden bis zu einer Gesamtdauer von drei Monaten (§ 70h Abs 2 S 2 FGG). Zur Dauer der Unterbringung im bisherigen Recht s § 64d Abs 1 und 2 FGG aF sowie die PsychKGe der Länder in der damals geltenden Fassung.

62 Die Unterbringungsmaßnahme ist aufzuheben, wenn ihre Voraussetzungen wegfallen. Wird eine Unterbringungsmaßnahme aufgehoben, ist dies stets der zuständigen Behörde bekanntzumachen. Die von ihm veranlaßte Unterbringung hat der Betreuer zu beenden, wenn ihre Voraussetzungen wegfallen. Er hat die Beendigung der Unterbringung dem Vormundschaftsgericht anzuzeigen (§ 1906 Abs 3).

63 Für die **Mitteilungen von Entscheidungen** in Unterbringungssachen verweist § 70n FGG auf die in Betreuungssachen getroffenen Regelungen.

64 Unterbringungsmaßnahmen können verlängert werden. Hierfür gelten die Vorschriften für die erstmalige Maßnahme entsprechend. Nicht nur diese, auch die folgende Regelung dient der Stärkung der Rechtsposition des Betroffenen (BT-Drucks 11/4528, 186). Danach soll das Gericht bei Unterbringungen mit einer Gesamtdauer von mehr als vier Jahren in der Regel keinen Sachverständigen bestellen, der den Betroffenen bisher behandelt oder begutachtet hat oder der Einrichtung angehört, in der Betroffene untergebracht ist (§ 70i Abs 2 FGG).

4. Zur Einsicht in Verfahrensakten

65 Nach § 34 Abs 1 FGG (Abs 2 bezieht sich auf die Geheimhaltungspflicht in Adoptionssachen) kann Einsicht der *Gerichtsakten* insoweit jedem gestattet werden, als er ein berechtigtes Interesse glaubhaft macht. Das gleiche gilt von der Erteilung von Abschriften. Nach den veröffentlichten Entscheidungen zu urteilen, haben Anträge auf Akteneinsicht in Betreuungs- (und Unterbringungs-)sachen die Gerichte erst in jüngster Zeit beschäftigt.

Bei der Entscheidung über die Akteneinsicht gegen den Willen des Betroffenen sei, so LG München (BtPrax 1997, 245), zwischen dem **Interesse** des formell am Verfahren **Beteiligten** (hier die Tochter aus 1. Ehe) und dem **Interesse** des **Betroffenen** an der

Geheimhaltung **abzuwägen**. Von der Akteneinsicht ist regelmäßig eine Aufstellung über das Vermögen des Betroffenen ausgenommen. Das BayObLG (BtPrax 1998, 78 = EZ FamR aktuell 5/1998) bestätigt im Ergebnis die Entscheidung des LG München I und stellt fest, die Tochter des Betreuten, die gegen die Bestellung eines Betreuers für ihren Vater Beschwerde eingelegt hatte, habe als Verfahrensbeteiligte (§ 69g Abs 1 FGG) grundsätzlich ein berechtigtes Interesse an Akteneinsicht, so daß es einer Glaubhaftmachung dieses Interesses nicht bedürfe. Die wegen des Verhältnismäßigkeitsgrundsatzes erforderliche Abwägung mit entgegengesetzten Schutzgütern kann zu dem Ergebnis führen, daß dem Sohn eines vorläufig Betreuten Akteneinsicht mit Ausnahme des Bestattungsvertrages zu bewilligen ist (BayObLG FamRZ 2005, 237). Lehnt die Betroffene die Akteneinsicht durch ihre Tochter vollständig ab, so ist das Recht auf informationelle Selbstbestimmung der Betroffenen mit dem Anspruch der beschwerdebefugten Tochter auf rechtliches Gehör abzuwägen und die Reichweite der Akteneinsichtsbefugnis unter Berücksichtigung des Beschwerdeziels zu bestimmen (BayObLG FamRZ 2005, 1278 [LS]).

Der nicht am Verfahren beteiligte Halbbruder des Betroffenen habe, sofern ihm das Ergebnis des psychiatrischen Gutachtens bekannt ist, kein berechtigtes Interesse an der Einsicht in die Betreuungsakten; das gelte auch dann, wenn der Betreuer sich in einer Erbauseinandersetzung mit dem Halbbruder auf die Geschäftsunfähigkeit des Betreuten beruft (LG München I BtPrax 1998, 156 [LS]).

Bei der Abwägung der verschiedenen Interessen kommt das OLG Köln (NJW-RR 1998, 438) zu dem Ergebnis, daß das eigene wirtschaftliche Interesse des mit dem Betreuten in Miterbengemeinschaft Stehenden an den den Nachlaß betreffenden Angaben in den Betreuerabrechnungen eine Akteneinsicht dieses Miterben rechtfertige. Demgegenüber müsse das **Interesse des Betreuers** an einem seine Arbeit betreffenden Datenschutz zurücktreten (bedenklich, ob dem Betreuer als dem gesetzlichen Vertreter des Betreuten insoweit eine eigene Rechtsposition zusteht). Auch die Position als künftiger Alleinerbe aufgrund Erbvertrages gibt keinen Rechtsanspruch auf Einsichtnahme in die Abrechnungen und Vermögensaufstellungen des Betreuers in den Betreuungsakten, wenn dies dem ausdrücklichen natürlichen, wenn auch nicht mehr rechtsgeschäftlich relevanten Willen des Betreuten widerspricht (OLG Köln FamRZ 2004, 1124)

Gegen die die Einsicht in die Betreuungsakten betreffenden Entscheidungen räumte das OLG dem Betreuer ein eigenes Beschwerderecht ein.

Nachdem das LG Köln (BtPrax 1998, 118) festgestellt hatte, daß einem Beschwerdeberechtigten im Betreuungsverfahren grundsätzlich ein Recht auf Akteneinsicht einschließlich der eingeholten Gutachten zustehe, entschied es, daß Einsicht auch vom Gesundheitsamt der Stadt verlangt werden könne, das nach dem Landesrecht die Aufgaben der Betreuungsbehörde wahrnimmt (LS).

Zum Anspruch des Betreuten auf Einsicht in **Betreuerakten** s § 1901 Rn 44.

5. Übergangsrecht

Art 9 BtG enthält die folgenden Übergangsvorschriften. Sie sind im Wortlaut wiedergegeben; aus Raumgründen wurde von einer Erläuterung Abstand genommen. Es wird auf die Kommentare v BIENWALD, BtR, 2. Aufl Teil 5, und DAMRAU/ZIMMERMANN (3. Aufl 844 ff), bzgl der DDR auf STAUDINGER/RAUSCHER (2003) Art 231 EGBGB § 1 Rn 11, verwiesen.

§ 1

(1) Mit Inkrafttreten dieses Gesetzes werden die bisherigen Vormundschaften über Volljährige und die Pflegschaften nach § 1910 des Bürgerlichen Gesetzbuchs zu Betreuungen nach diesem Gesetz. Vorläufige Vormundschaften werden zu Betreuungen, bei denen der Betreuer als durch einstweilige Anordnung bestellt gilt.

(2) Der bisherige Vormund oder Pfleger wird Betreuer; dies gilt auch dann, wenn er nach den Vorschriften dieses Gesetzes nicht zum Betreuer bestellt werden könnte.

(3) Besteht bei Inkrafttreten dieses Gesetzes eine Vormundschaft oder vorläufige Vormundschaft, so erfaßt der Aufgabenkreis des Betreuers alle Angelegenheiten des Betreuten mit Ausnahme der Entscheidung über die Einwilligung in eine Sterilisation. Außerdem gilt für den gesamten Aufgabenkreis ein Einwilligungsvorbehalt nach § 1903 des Bürgerlichen Gesetzbuchs als angeordnet.

(4) Besteht bei Inkrafttreten dieses Gesetzes eine Pflegschaft nach § 1910 des Bürgerlichen Gesetzbuchs, entspricht der Aufgabenkreis dem bisherigen Wirkungskreis mit Ausnahme der Entscheidung über eine Einwilligung in eine Sterilisation des Betreuten.

§ 2

Das Vormundschaftsgericht hat über die Aufhebung oder Verlängerung von Betreuungen und Einwilligungsvorbehalten nach § 1 zu entscheiden,

1. wenn die Vormundschaft oder Pflegschaft bei Inkrafttreten dieses Gesetzes schon seit mindestens zehn Jahren ununterbrochen bestanden hat, spätestens fünf Jahre nach diesem Zeitpunkt,

2. im übrigen spätestens zehn Jahre nach Inkrafttreten dieses Gesetzes.

§ 3

Ist ein Verein oder eine Behörde Betreuer nach § 1 Abs. 2, so hat die in § 1900 Abs. 2 Satz 3, Abs. 4 Satz 2 des Bürgerlichen Gesetzbuches vorgeschriebene Mitteilung innerhalb von sechs Monaten nach Inkrafttreten dieses Gesetzes zu erfolgen.

§ 4

Ist ein Verein vor Inkrafttreten dieses Gesetzes für geeignet erklärt worden, zum

Vormund oder Pfleger bestellt zu werden, so gilt er als anerkannter Betreuungsverein im Sinne des § 1908 f des Bürgerlichen Gesetzbuchs.

§ 5

(1) Eine anhängige Entmündigungssache ist bei Inkrafttreten dieses Gesetzes an das zuständige Vormundschaftsgericht abzugeben. Das Vormundschaftsgericht kann seine Entscheidung auf im Entmündigungsverfahren eingeholte Gutachten oder vorgelegte ärztliche Zeugnisse stützen. Ist der Betroffene im Entmündigungsverfahren bereits angehört worden, so genügt es, wenn das Vormundschaftsgericht ihn im Rahmen eines Schlußgesprächs nach § 68 Abs. 5 des Gesetzes über die Angelegenheiten der freiwilligen Gerichtsbarkeit erneut anhört. Für die Gerichtskosten und außergerichtlichen Auslagen ist das Verfahren vor dem abgebenden Gericht als Teil des Verfahrens vor dem übernehmenden Gericht zu behandeln.

(2) Ein Verfahren über die Anordnung oder Aufhebung der vorläufigen Vormundschaft oder der Pflegschaft nach § 1910 des Bürgerlichen Gesetzbuchs oder über die Bestellung oder Entlassung eines Vormunds für einen Volljährigen oder Pflegers nach § 1910 des Bürgerlichen Gesetzbuchs wird als Betreuungssache fortgeführt. Gleiches gilt für Verfahren, die auf andere Maßnahmen des Vormundschaftsgerichts gerichtet sind. Ist nach den Vorschriften dieses Gesetzes die Zuständigkeit eines anderen Gerichts begründet, so ist das Verfahren an dieses Gericht abzugeben. Ist die Sache bei einem Rechtsmittelgericht anhängig, so wird sie an das Vormundschaftsgericht zurückgegeben. Absatz 1 Satz 2 und 3 gilt entsprechend.

(3) Absatz 2 gilt entsprechend, wenn nach einer Entmündigung oder Anordnung einer vorläufigen Vormundschaft oder einer Pflegschaft nach § 1910 des Bürgerlichen Gesetzbuchs ein Vormund oder Pfleger noch nicht bestellt ist.

(4) Die Zulässigkeit eines bei Inkrafttreten dieses Gesetzes eingelegten Rechtsmittels beurteilt sich nach den bisherigen Vorschriften.

(5) Ist bei Inkrafttreten dieses Gesetzes in einem anhängigen Verfahren lediglich die Kostenentscheidung noch offen, so wird diese nach bisherigem Recht gefällt.

§ 6

Eintragungen über Entmündigungen werden aus dem Zentralregister entfernt.

§ 7

Mit dem Inkrafttreten dieses Gesetzes endet der Ausschluß vom Wahlrecht auf Grund der Anordnung einer Pflegschaft.

6. Änderungen durch das (erste) Betreuungsrechtsänderungsgesetz (BtÄndG)*

a) Allgemeines

67 Nicht lange nach Inkrafttreten des BtG gab es in den Ländern Bestrebungen, das Verfahrensrecht zu straffen und zu vereinfachen. Eine Kommission der Justizministerkonferenz arbeitete ein Konzept aus, deren Änderungsvorschläge im wesentlichen von der Bundesregierung in ihren Gesetzentwurf übernommen wurden. Das zweite Anliegen, die Zersplitterung der Rechtsprechung zum Vergütungsrecht zu vermeiden und zur Kostenersparnis beizutragen, wurde durch Änderung des Vergütungssystems und durch Präzisierung des Betreuerauftrags angestrebt. Die Möglichkeiten von Betroffenen, durch Erteilung von Vollmachten selbst Vorsorge zu treffen, wurden erweitert und die ehrenamtliche Betreuung durch verschiedene Maßnahmen gestärkt.

68 Das Gesetz zur Änderung des Betreuungsrechts sowie weiterer Vorschriften (Betreuungsrechtsänderungsgesetz – BtÄndG) ist mit seinem betreuungsrechtlichen Gehalt im wesentlichen erst am 1.1.1999 in Kraft getreten. Dazu gehören die geänderten oder neu eingefügten Vorschriften zum Aufwendungsersatz (§§ 1835, 1835a) und zur Vergütung (§§ 1836 bis 1836b), zur Mittellosigkeit des Mündels (§ 1836d), zum Einsatz eigenen Einkommens und Vermögens (§ 1836c) sowie zum Rückgriff (§ 1836e), verbunden mit der dazugehörenden Verfahrensvorschrift des § 56g FGG.

Obgleich die Vergütungsprobleme durch die berufliche Führung von Betreuungen entstanden sind, hat der Gesetzgeber die Rechtsmaterie im Vormundschaftsrecht belassen. Die Vorschriften finden auf die Betreuung sinngemäß durch die Verweisungsvorschrift des § 1908i Abs 1 S 1 Anwendung. Zu ihnen gehört auch das neue „Gesetz über die Vergütung von Berufsvormündern (Berufsvormündervergütungsgesetz – BVormVG)", dessen § 1 die nach Qualifikation gestaffelten Vergütungssätze sowie eine Bestandsklausel enthält und dessen § 2 die Länder ermächtigt, Bestimmungen über die Anerkennung vergleichbarer Berufsabschlüsse und die Nachqualifizierung durch Umschulung und Fortbildung von Berufsbetreuern (-vormündern) zu treffen. Durch Neufassung des § 1897 Abs 1 und angefügte Absätze 6 und 7 sowie einen neu eingefügten § 1908k wird der Vorrang der ehrenamtlich geführten vor der beruflich geführten (und damit vor allen Dingen der aus der Staatskasse finanzierten) Betreuung betont und dem Abrechnungsmißbrauch entgegengewirkt. §§ 1904 und 1906 ermöglichen die Einwilligung durch zuvor bevollmächtigte Personen, die aber für ihre Entscheidung die vormundschaftsgerichtliche Genehmigung benötigen.

Durch Ergänzung des § 1901 um einen neuen Abs 1 sowie die Neufassung der Überschriften sowohl des Dritten Abschnitts des Vierten Buchs als auch des Ersten Titels des Dritten Abschnitts soll die Aufgabe des Betreuers als Rechtsfürsorge präzisiert werden.

---

* **Schrifttum:** HÄUSLER, Das Betreuungsrechtsänderungsgesetz und die Wege einer Strukturreform des Betreuungsrechts (2002).

Im Verfahrensrecht wurde eine Möglichkeit eingeführt, von der Bestellung eines **69** Verfahrenspflegers abzusehen, wenn ein Interesse des Betroffenen an der Bestellung des Verfahrenspflegers offensichtlich nicht besteht. Neu geregelt wurde die Vergütung des Verfahrenspflegers in beiden Verfahrensarten und der aus der Staatskasse an Betreuer zu zahlenden Vergütung angepaßt. Außerdem werden Aufwendungsersatz und Vergütung in Zukunft aus der Staatskasse gezahlt mit der Möglichkeit, den Betroffenen im Rahmen seiner Leistungsfähigkeit sowie andere Verpflichtete später in Anspruch zu nehmen (§ 67 Abs 1, 3; § 70b Abs 1 S 3 FGG). Wirksamkeitsvoraussetzungen von Entscheidungen wurden gelockert (§ 69a Abs 3, § 70g Abs 3 FGG), Anhörungsbestimmungen geändert (§§ 68a, 69f FGG), die Verwertbarkeit nicht lange zurückliegender Verfahrenshandlungen vereinfacht (§ 69c FGG), außerdem dem Vertreter der Staatskasse ein Beschwerderecht gegen Beschlüsse eingeräumt, mit denen das Gericht empfohlene Wechsel vom Berufsbetreuer zum ehrenamtlichen Betreuer ablehnt (§ 69g Abs 1 S 2 FGG).

Das Gericht wurde verpflichtet, in geeigneten Fällen den Betroffenen auf die Möglichkeit der Vorsorgevollmacht und deren Inhalt hinzuweisen (§ 68 Abs 1 S 3 FGG); in die Anerkennungsvoraussetzungen für Vereine wurde die Verpflichtung aufgenommen, planmäßig über Vorsorgevollmachten und Betreuungsverfügungen zu informieren (§ 1908f Abs 1 Nr 2 a), und den Betreuungsbehörden wurde aufgegeben, die Aufklärung und Beratung über Vollmachten und Betreuungsverfügungen zu fördern (§ 6 S 2 BtBG).

Anders als seinerzeit das BtG fand das BtÄndG keine breite Mehrheit in den **70** gesetzgebenden Organen. Der Gesetzentwurf insgesamt in der vom Rechtsausschuß beschlossenen Fassung wurde (lediglich) mit den Stimmen der Fraktionen der CDU/CSU und FDP gegen die Stimmen der Fraktionen der SPD und BÜNDNIS 90/DIE GRÜNEN und der Gruppe der PDS angenommen. Ein Entschließungsantrag der SPD (BT-Drucks 13/7176) wurde für erledigt erklärt, dagegen dem Bundestag die folgende Entschließung (beides einstimmig; s dazu BT-Drucks 13/10331, 4, 23) zur Annahme empfohlen, die erwarten ließ, daß das Recht der Betreuung psychisch Kranker, geistig, seelisch oder körperlich Behinderter den Gesetzgeber in absehbarer Zeit erneut beschäftigen wird.

Der Deutsche Bundestag hatte die vorgeschlagene Entschließung in seiner Sitzung am 3. 4. 1998 angenommen (zu Drucks 339/98). Sie lautet: „Die Erwartungen, die der Gesetzgeber mit dem am 1. Januar 1992 in Kraft getretenen Betreuungsrecht verbunden hat, haben sich nicht in allen Punkten erfüllt; insbesondere gilt dies für die Hoffnung, es würden sich genügend ehrenamtliche Betreuer auch im außerfamiliären Bereich finden. Im Lichte veränderter demographischer und finanzpolitischer Rahmenbedingungen sind zudem strukturelle Nachteile des Betreuungsrechts erkennbar geworden, denen mittelfristig durch strukturelle Änderungen begegnet werden muß. Der Deutsche Bundestag bittet deshalb die Bundesregierung, gemeinsam mit dem Parlament vor dem Hintergrund der gemachten Erfahrungen nach Wegen zu suchen, auf denen – nicht allein mit den Mitteln des bürgerlichen Betreuungsrechts, sondern unter Einbeziehung des sozialrechtlichen Instrumentariums – hilfebedürftigen Menschen langfristig rechtliche Betreuung ebenso verbürgt werden kann wie tatsächliche Zuwendung und Fürsorge."

b) Die Änderungen in Grundzügen*
aa) im materiellen Recht

71 – § 1817 bietet die Möglichkeit, mehr als bisher den Vormund (Betreuer, § 1908i Abs 1 S 1) von ihm obliegenden Verpflichtungen zu befreien;

– § 1835 orientiert den Fahrtkostenersatz an den für Sachverständige vorgesehenen Beträgen des ZSEG; er begrenzt – so die Änderungen auch an anderen Stellen – die Geltendmachung von Ansprüchen zeitlich;

– § 1835a (bisher § 1836a) beseitigte die kumulative Geltendmachung der Pauschale für geringfügige Aufwendungen neben der Erstattung höherer nachgewiesener Aufwendungen und erhöhte die Pauschale auf (rechnerisch) 600 DM, seit 1.1.2002 312 Euro jährlich;

– die §§ 1836–1836b führen ein neues Vergütungssystem ein, das mehrere Elemente enthält: die Orientierung der Vergütung für beruflich tätige Betreuer an den für die Führung der Betreuung nutzbaren Kenntnissen und der Schwierigkeit der vormundschaftlichen Geschäfte; die Vergütung aus der Staatskasse auf der Basis eines Dreistufensystems, orientiert an den durch Berufsabschlüsse nachgewiesenen Qualifikationen (geregelt in einem eigenen Berufsvormündervergütungsgesetz – BVormVG – in Art 2 a BtÄndG); die Möglichkeit der Vergütungspauschalierung (ohne Nachschlag) und der zeitlichen Begrenzung des Betreuungsaufwands mit der Möglichkeit nachträglicher Korrektur.

Durch entsprechende Änderung der Vorschriften über den Verfahrenspfleger wurde erreicht, daß dessen Vergütung und Aufwendungsersatz den Betreuervorschriften entsprechend berechnet und bewilligt und außerdem zunächst ausnahmslos aus der Staatskasse gezahlt werden (§ 67 Abs 3, § 70b Abs 1 S 3 FGG). Die Kosten werden als Auslagen gem § 137 Nr 16 KostO von dem Betroffenen nach Maßgabe des § 1836c erhoben.

– Die Beschreibung der Mittellosigkeit des Mündels/Betreuten (§ 1836d), die Regelung des Einsatzes eigenen Einkommens und Vermögens (§ 1836c) und die Inanspruchnahme von Unterhaltspflichtigen und Erben (§ 1836e), soweit dies nicht ausgeschlossen ist (§ 1835a);

– Klarstellung des Betreuerauftrags als Wahrnehmung rechtlicher Angelegenheiten („Rechtliche Besorgung"); §§ 1897 Abs 1, 1901 Abs 1 (neu) und die ergänzten Überschriften vor §§ 1773 und 1896;

– Bestimmung des Nachrangs der beruflich geführten Betreuung gegenüber der ehrenamtlichen (und damit grundsätzlich unvergüteten) Betreuung (§ 1897 Abs 6), verbunden mit einer Informationspflicht (§ 1897 Abs 6 S 2), einer Konsultationspflicht des Gerichts bzgl der Betreuereignung und Berufsbetreuerbestellung (§ 1897 Abs 7) und einer kalenderjährlich gegenüber der Behörde vorzunehmenden Berichterstattung über die Zahl der geführten Betreuungen, abge-

---

* Für den Vergleich mit dem bis zum 31.12.1998 geltenden Recht wird die Benutzung der STAUDINGER/BGB-Synopse 1896–2005 empfohlen.

rechnete Zeiten und abgerechnete und erhaltene Vergütung; dem Vertreter der Staatskasse wurde ein Beschwerderecht für den Fall eingeräumt, daß er geltend macht, der Betreute könne anstelle des Berufsbetreuers durch andere geeignete Personen außerhalb der Berufsbetreuung betreut werden, das Gericht die Entlassung des Berufsbetreuers aber ablehnt (§ 69g Abs 1 S 2 FGG);

– Einführung der Möglichkeit, einen vom Betroffenen Bevollmächtigten in Maßnahmen nach § 1904 und § 1906 Abs 1 und 4 mit Genehmigung des Vormundschaftsgerichts einwilligen zu lassen.

bb) im Verfahrensrecht
Dem materiellen Recht folgend, die Regelungen über Aufwendungsersatz und Vergütung – trotz der im Bereich von Betreuung und nicht bei der Vormundschaft oder Pflegschaft aufgetretenen Probleme – im Vormundschaftsrecht zu belassen, wurde im FGG dem Recht der Vormundschafts- und Familiensachen (§§ 35b–64) die korrespondierende Verfahrensvorschrift als neuer § 56g FGG eingefügt und in Betreuungssachen auf sie Bezug genommen (§ 69e S 1, geändert durch Art 2 Nr 7 BtÄndG). Aus einem nach § 56g Abs 1 S 1 gegen den Mündel/Betreuten ergangenen Festsetzungsbeschluß kann die Zwangsvollstreckung nach den Vorschriften der ZPO betrieben werden. Außerdem: **72**

– Die Voraussetzungen für die Bestellung eines Verfahrenspflegers wurden gelokkert (§ 67 Abs 1 S 3 FGG; BT-Drucks 13/7158, 8, 36); für das Unterbringungsverfahren vgl § 70b Abs 1 S 2 FGG;

– das Gericht hat in geeigneten Fällen den Betroffenen während des Verfahrens auf die Möglichkeit der Vollmacht und deren Inhalt hinzuweisen (§ 68 Abs 1 S 3 FGG);

– in der Regel ist auch dem Ehegatten des Betroffenen, seinen Eltern, Pflegeeltern und Kindern Gelegenheit zur Äußerung zu geben, es sei denn, der Betroffene widerspricht mit erheblichen Gründen (§ 68a S 3 FGG);

– der Zeitpunkt der Wirksamkeit einer Entscheidung bei Anordnung der sofortigen Wirksamkeit wurde geändert (§ 69a Abs 3 S 3 FGG); für das Unterbringungsverfahren s § 70g Abs 3 S 3;

– wird ein vorläufiger Betreuer bestellt, entfällt das Erfordernis persönlicher Anhörung des Verfahrenspflegers (§ 69f Abs 1 S 1 Nr 4 FGG);

– in der Rechtsmittelinstanz wird die Anhörung durch den beauftragten Richter an bestimmte Voraussetzungen geknüpft (§ 69g Abs 5 S 2 FGG);

– im Falle alsbaldiger Erweiterung des Aufgabenkreises (innerhalb von sechs Monaten) darf das Gericht von einer Wiederholung bestimmter Verfahrenshandlungen – persönliche Anhörung, Sachverständigengutachten – absehen (§ 69i Abs 1 S 2 FGG);

– ist der Betreute mit dem Betreuerwechsel einverstanden, braucht er nicht persönlich angehört zu werden (§ 69i Abs 8 FGG).

III. Reformbemühungen und Reformvorhaben

73 Nachdem der Bundestag am 3. 4. 1998 mit den Stimmen der Regierungskoalition das BtÄndG und einstimmig die oben Rn 70 mitgeteilte Entschließung angenommen hatte, wurde in die Koalitionsvereinbarung zwischen der Sozialdemokratischen Partei Deutschlands und Bündnis 90/DIE GRÜNEN vom 20. 10. 1998 (ZRP 1998, 485, 496) unter Kapitel VII (Solidarische Politik für alle Generationen) Abschnitt 2 (Politik für ältere Menschen) aufgenommen:

„Wir werden das Heimgesetz novellieren, verbunden mit der Aktualisierung der Rechtsverordnungen und einer Anpassung von Qualitätsstandards. Das Betreuungsrecht soll novelliert werden, um dem sozialpflegerischen Schwerpunkt von Betreuungsverhältnissen besser gerecht zu werden."

Im Herbst 1999 wurde „zur Erarbeitung eines Reformkonzepts für das Betreuungsrecht" eine interfraktionelle Arbeitsgruppe eingerichtet. An deren Sitzungen nahmen laut inoffizieller Verlautbarung neben Abgeordneten des Deutschen Bundestages auch Sachverständige aus allen Bereichen der Betreuungspraxis teil. Das als „Entwurf eines Eckpunktepapiers zur Struktur des Betreuungsrechts", datiert: 23. 10. 2000, bekanntgewordene Papier aus dem Büro der Bundestagsabgeordneten vRENESSE behandelte die Bereiche und Fragen: Betreuungsvermeidung, Betreuungsverfahren, Verfahrenspflegschaften, Ehrenamtliche Betreuer, Berufsbetreuer, Betreuungsvereine, Vorsorgevollmacht, Medizinische Versorgung und Finanzen. Bereits vor Bekanntwerden dieses Entwurfs eines Eckpunktepapiers, aber auch nachher, wurde vielerorts über eine „Reform der Reform" debattiert und dazu Stellung genommen. Veröffentlichte Äußerungen sind unten zusammengestellt.

Die Bundesregierung antwortete am 2. 4. 2001 (BT-Drucks 14/5746) auf eine Kleine Anfrage von Abgeordneten und Fraktion der PDS vom 19. 3. 2001 (BT-Drucks 14/5616) betreffend „Reformierung des Betreuungsrechts und Freisetzung von Ressourcen für die Betreuungsarbeit". Daran ist bemerkenswert, daß die Bundesregierung einerseits auf verschiedene bereits durchgeführte oder geplante Untersuchungen zur Lage der Rechtlichen Betreuung hinweist, andererseits aber davon absieht, ein „bislang nur im Entwurf vorliegendes Eckpunktepapier aus dem Deutschen Bundestag" zu kommentieren.

74 Im Juni 2001 beauftragte die Konferenz der Justizministerinnen und -minister eine Arbeitsgruppe, „unter Auswertung der bisher in den Ländern gewonnenen Erfahrungen konkrete Lösungsvorschläge zu Änderungen des Betreuungsrechts zu erarbeiten, die dazu beitragen, die Zahl der Betreuungsfälle zu reduzieren, fehlgeleitete Ressourcen im Interesse der eigentlichen Betreuungsarbeit zu bündeln und die Eingriffe in das Selbstbestimmungsrecht der Betroffenen auf das Notwendige zu beschränken". Die Arbeitsgruppe sollte auch die Erfahrungen der Betreuungsbehörden mit der Umsetzung des Betreuungsrechts berücksichtigen. Nordrhein-Westfalen wurde gebeten, den Vorsitz dieser Arbeitsgruppe zu übernehmen; die Bundesministerin der Justiz, deren Tätigkeit zu begleiten. Die Konferenz der Arbeits- und Sozialministerinnen und -minister wurde gebeten, einen Ansprechpartner zu benennen, der zur Verdeutlichung der Interessen der Betreuungsbehörden in der Arbeitsgruppe bereit ist (NJW 2001, Heft 28, XIII).

Die Arbeitsgruppe „Betreuungsrecht" legte der Justizministerkonferenz zu ihrer **75**
73. Konferenz im Juni 2002 einen Zwischenbericht vor (abgedruckt ua in: BRILL [Hrsg],
Zehn Jahre Betreuungsrecht [2002] 69), der Empfehlungen oder Vorstellungen zu folgenden Bereichen enthält: Vorsorgevollmacht, Gesetzliche Vertretungsmacht Angehöriger, Erforderlichkeit und soziale Betreuung, Vergütung der Berufsbetreuerinnen und -betreuer, Verfahrensrecht und Betreuungsstrukturen. Mit der Befürwortung einer gesetzlichen Vertretungsmacht naher Angehöriger griff die Arbeitsgruppe Gedanken auf, die bereits im Schrifttum geäußert worden waren (PROBST/KNITTEL, Gesetzliche Vertretung durch Angehörige – Alternative zur Betreuung, ZRP 2001, 55).

Über die in der Antwort auf die Kleine Anfrage der PDS angekündigte und im Bundesanzeiger Nr 111 vom 20. 6. 2001 (S 12044) veröffentlichte Ausschreibung eines Forschungsvorhabens zum Thema „Rechtstatsächliche Untersuchung zur Qualität von Betreuungen, zur Aufgabenverteilung im Bereich der Betreuung und zum Verfahrensaufwand vom 8. Juni 2001" informierte WEINBÖRNER (BtPrax 2002, 22; abgedruckt auch in: BRILL [Hrsg], Zehn Jahre Betreuungsrecht [2002] 187). Die Ergebnisse dieser Untersuchung liegen als Veröffentlichung unter dem gleichen Titel von SELLIN/ENGELE (2003) vor (vgl auch den Bericht von WEINBÖRNER, Rechtstatsächliche Forschungsergebnisse zum Betreuungsrecht, RpflBl 2003, 49).

Über das im Auftrag des Bundesministeriums für Familie, Senioren, Frauen und Jugend durchgeführte Forschungs- und Praxisprojekt über „Die Lebenslage älterer Menschen mit rechtlicher Betreuung", das im Frühjahr 2002 abgeschlossen wurde, berichtete zwischenzeitlich der gleichnamige Beitrag von HOFFMANN/KORTE (BtPrax 2001, 154; abgedruckt auch in: BRILL [Hrsg], Zehn Jahre Betreuungsrecht [2002] 173; zu den Ergebnissen vgl HOFFMANN ua, Die rechtliche Betreuung älterer Menschen, BtPrax 2003, 249 m Fortsetzung in BtPrax 2004, 7).

Die Bund-Länder-Arbeitsgruppe „Betreuungsrecht" legte ihren Abschlußbericht **76**
zur 74. Konferenz der Justizministerkonferenz im Juni 2003 in Glücksburg vor (Einzelheiten dazu bei JURGELEIT, Zum Abschlussbericht der Bund-Länder-Arbeitsgruppe Betreuungsrecht, ZFE 2003, 365; zu den Beschlüssen der Konferenz NdsRpfl 2003, 203). Eine Verbände- und Expertenanhörung fand im September 2003 statt; ein Gesetzentwurf für ein weiteres Betreuungsrechtsänderungsgesetz wurde der nachfolgenden Herbstkonferenz der Justizministerkonferenz vorgelegt. Der Gesetzentwurf sollte über den Bundesrat mit möglichst breiter Ländermehrheit beim Deutschen Bundestag eingebracht werden (nunmehr BR-Drucks 865/2003; BT-Drucks 15/2494). Ein „Entwurf eines Gesetzes zur Registrierung von Vorsorgeverfügungen durch die Bundesnotarkammer und zur Einführung von Vordrucken für Anträge und Erklärungen auf Ersatz von Aufwendungen und Bewilligung von Vergütung" sollte in ein bereits laufendes Gesetzgebungsverfahren eingebunden werden (BR-Drucks 751/03); das geschah durch das Gesetz zur Änderung der Vorschriften über die Anfechtung der Vaterschaft und das Umgangsrecht von Bezugspersonen des Kindes, zur Registrierung von Vorsorgeverfügungen und zur Einführung von Vordrucken für die Vergütung von Betreuern v 23. 4. 2004 (BGBl I 598). Die Bestimmung betreffend die Einführung von Abrechnungsformularen (Art 2a) trat am 30. 4. 2004 in Kraft; die Regelungen betreffend die Errichtung eines Zentralen Vorsorgeregisters bei der Bundesnotarkammer (Art 2b–2d) am 31. 7. 2004. Gegenüber den früheren Berichten und Vorstellungen der Bund-Länder-Arbeitsgruppe enthielt der Entwurf eines weiteren BtÄndG im

wesentlichen nur noch Regelungen zu einer auf wenige Bereiche erstreckten (gesetzlichen) Vertretung naher Angehöriger, eine Neuregelung von Aufwendungsersatz und Vergütung für berufsmäßig tätige Betreuer und die Ermächtigung der Länder, die in § 14 Nr 4 RPflG bestimmten Richtervorbehalte aufzuheben, soweit sie nicht die Verrichtungen aufgrund der §§ 1903 bis 1906a BGBE und der §§ 68 Abs 3 und 68b Abs 3 FGG betreffen. Außerdem wurde die Genehmigung des Vormundschaftsgerichts für eine zwangsweise Zuführung des Betreuten zur ärztlichen (ambulanten) Heilbehandlung (Einfügung eines neuen § 1906a) in den Entwurf aufgenommen. Bemerkenswert ist die in der Beschreibung von Problem und Ziel des 2. BtÄndG-Entwurfs getroffene Feststellung, Betroffene und ihre Familien seien im hohen Maße dadurch beeinträchtigt, daß ein erhebliches Verfahren notwendig ist, um im Regelfall einen nahen Angehörigen zum Betreuer zu bestellen (BR-Drucks 865/03, 1; BT-Drucks 15/2494, 1). Zwar war das im BtG enthaltene Verfahrensrecht bereits vor seinem Inkrafttreten als zu aufwendig und schwerfällig kritisiert worden; in erster Linie sollte es jedoch – im Gegensatz zum bisherigen Verfahrensrecht der Gebrechlichkeitspflegschaft – rechtsstaatlichen, insbesondere verfassungsrechtlichen Erfordernissen genügen. Insofern ist die Bezeichnung „bürokratisches Verfahren" als ein verbaler Fehlgriff zu bedauern, der allerdings deutlich macht, daß offensichtlich der Kostendruck an vorderster Stelle im Blick der Reformer war und nicht der historische Zusammenhang. Abgesehen davon ist die Feststellung schon deshalb nicht richtig, weil das Verfahren zur Bestellung eines Betreuers grundsätzlich unabhängig davon durchzuführen ist, wer zum Betreuer des Betroffenen bestellt wird. Daß die praktische Handhabung der geregelten Verfahrensvorschriften (zB die Reihenfolge von Ermittlungen) zu Vereinfachungen führen und zu einer geringeren Beeinträchtigung von Beteiligten beitragen könnte, steht außer Frage. Zur Erreichung dieses Zieles wären jedoch andere Instrumente erforderlich.

77 Schrifttum (Auswahl):

ACKERMANN, Die Kommunalisierung der Betreuung, Standpunkte zu den Reformvorstellungen, BtPrax 2003, 207; Bericht über den Ersten Zwischenbericht der Bund-Länder-Arbeitsgruppe, DRiZ 2002, 444; BIEG, Reformansätze im Betreuungsrecht: Pauschalierungen, Aufgabenverlagerungen und Verfahrensänderungen, Diss iur Saarbrücken SS 2004; Bundesverband der Berufsbetreuer/-Innen eV, Stellungnahme zum Abschlußbericht der Bund-Länder-Arbeitsgruppe, BdB aspekte Heft 46/03, 12; Deutscher Verein für öffentliche und private Fürsorge, Stellungnahme zu den gesetzgeberisch umzusetzenden Vorschlägen der Bund-Länder-Arbeitsgruppe „Betreuungsrecht" im Abschlussbericht vom 11. 6. 2003, NDV 2003, 409; Deutscher Vormundschaftsgerichtstag, Stellungnahme zum Abschluss – Bericht der Bund-Länder-Arbeitsgruppe Betreuungsrecht, BtPrax 2003, 187; DIECKMANN, Strukturreform des Betreuungsrechts, ZRP 2002, 425; DIECKMANN/JURGELEIT, Die Reform des Betreuungsrechts, Zum Zwischenbericht der Bund-Länder-Arbeitsgruppe „Betreuungsrecht", BtPrax 2003, 135 ff, 197 ff; FÖRTER-VONDEY, Stellungnahme des BdB zum Abschlussbericht der Bund-Länder-Arbeitsgruppe Betreuungsrecht, BtPrax 2003, 191; FÖRTER-VONDEY/LÜTGENS/ROGER, Das neue Betreuungsrecht: Vorsorgevollmacht, Vergütung, Verfahren (2005); HARM, Überlegungen zu einer Reform des Betreuungsrechts, RpflBl 2003, 13; JURGELEIT, Zum Abschlussbericht der Bund-Länder-Arbeitsgruppe Betreuungsrecht, ZFE 2003, 365; Mitteilungen aus dem Justizministerium: Konferenz der Justizministerinnen und -minister in Glücksburg, NdsRpfl 2003, 203; SELLIN/ENGELS, Qualität, Aufgabenverteilung und Verfahrensaufwand bei rechtlicher Betreuung (2003); WEINBÖRNER, Zur Vergabe einer rechtstatsächlichen Untersuchung zum Betreuungsrecht, BtPrax 2002, 22; ders, Rechtstatsächliche Forschungsergebnisse zum Betreuungsrecht, RpflBl 2003, 49.

IV. Das Zweite Gesetz zur Änderung des Betreuungsrechts (Zweites Betreuungsrechtsänderungsgesetz – 2. BtÄndG)*

Das am 1.7.2005 in Kraft getretene Zweite Gesetz zur Änderung des Betreuungs- **78** rechts v 21.4.2005 (BGBl I 1073) enthält einige Regelungen, die zu einer stärkeren Nutzung der Vorsorgevollmacht (zwecks Vermeidung einer Betreuerbestellung) beitragen sollen (1), zwei Änderungen betreffend die Voraussetzungen und die Überprüfung der Betreuerbestellung (2), Bestimmungen für das Verfahren (3), Maßnahmen berufsmäßig tätige Betreuer betreffend (4), eine inhaltliche und strukturelle Neuregelung des Vergütungs- und Aufwendungsersatzrechts (5) sowie weitere Aufgaben für die Betreuungsbehörde (6).

(1) Das Gesetz verpflichtet Vereine und die Betreuungsbehörde zur „Betreuung" (Beratung und Unterstützung) Bevollmächtigter (§ 1908f BGB, § 4 BtBG). Es ermächtigt anerkannte Betreuungsvereine zur Beratung interessierter Personen bei der Errichtung einer Vorsorgevollmacht (§ 1908f Abs 4) und berechtigt die Betreuungsbehörde zur Beglaubigung von Unterschriften und Handzeichen auf Vorsorgevollmachten oder Betreuungsverfügungen (§ 6 Abs 2 bis 6 BtBG). Der Besitzer einer Vorsorgevollmacht wird verpflichtet, das Vormundschaftsgericht darüber in Kenntnis zu setzen und auf Verlangen eine Kopie der Vollmacht vorzulegen (§ 1901a S 2 und 3). Hat eine nicht prozeßfähige Partei, die eine volljährige natürliche Person

---

* **Schrifttum:** ADLER, Anspruch und Beitrag des zweiten BtÄndG zur Qualitätsverbesserung im Betreuungswesen, BtPrax Spezial S 22; BIENWALD, Das Zweite Gesetz zur Änderung des Betreuungsrechts (Zweites Betreuungsrechtsänderungsgesetz – 2. BtÄndG) – BGBl I 1073 ff –, FF 5/2005, 136; DEINERT, Gesetzesänderungen durch das 2. Betreuungsrechtsänderungsgesetz (2. BtÄndG), BtPrax Spezial S 7; ders, Zur Neuregelung der Berufsbetreuer-, Berufsvormünder- und Berufspflegervergütung, BtPrax Spezial S 13; ders, Neue Betreuervergütung und Übergangsrecht, Rpfleger 2005, 304; ders, Neue Pauschalvergütung für anwaltliche Berufsbetreuer, JurBüro 2005, 285; ders, Unterschriftsbeglaubigung durch die Betreuungsbehörde, Betreuungsmanagement 1/2005, 24; ders, Gewöhnlicher (Heim-)Aufenthalt und pauschale Betreuervergütung, FamRZ 2005, 954; DEINERT/LÜTGENS, Die Vergütung des Betreuers (4. Aufl 2005); Deutsches Notarinstitut, Grundbucherklärung aufgrund durch Urkundsperson der Betreuungsbehörde unterschriftbeglaubigter Vorsorgevollmacht, DNotI-Report 15/2005, 121 (Aus der Gutachtenpraxis des DNotI); DODEGGE, Das 2. Betreuungsrechtsänderungsgesetz, NJW 2005, 1896;

FRÖSCHLE, Betreuungsrecht 2005 (2005); LÜTGENS, Vergütung – Abrechnung nach der Reform, bdbaspekte 55/2005, 31; MAIER, Pauschalierung von Vergütung und Aufwendungsersatz – Chance für Berufsbetreuer, BtPrax Spezial S 17; MEIER, Zu den Aufgaben und der Haftung von Betreuungsbehörden, Betreuungsmanagement 2/2005, 64, BtPrax 2005, 82; NEUMANN/NEUMANN, Zur praktischen Umsetzung des ab 1.7.2005 geltenden Vergütungssystems, Betreuungsmanagement 2/2005, 90; RAMSTETTER, Das 2. BtÄndG – Eine Chance für anwaltliche Beufsbetreuer, BtPrax 2005, 88; ROSENOW, Chancen der Reform, Betreuungsmanagement 1/2005, 35; SONNENFELD, Das 2. BtÄndG – Überblick über die wesentlichen zum 1.7.2005 in Kraft tretenden Änderungen, FamRZ 2005, 941; TÄNZER, Das neue Betreuungsrecht (2005); UNRUH, Zur Verfassungsmäßigkeit der Vergütung von Berufsbetreuern nach dem 2. Betreuungsrechtsänderungsgesetz (BtÄndG), BtPrax 2005, 121; WALTHER, Brauchen wir einen Betreuungsplan?, Betreuungsmanagement 2/2005, 87; ZIMMERMANN, Die Betreuer- und Verfahrenspflegervergütung ab 1.7.2005, FamRZ 2005, 950.

ist, wirksam eine andere natürliche Person schriftlich mit ihrer gerichtlichen Vertretung bevollmächtigt, so steht diese Person einem gesetzlichen Vertreter gleich, wenn die Bevollmächtigung geeignet ist, gemäß § 1896 Abs 2 S 2 die Erforderlichkeit einer Betreuung entfallen zu lassen (§ 51 Abs 3 ZPO). Die Länder wurden ermächtigt, ihre Meldebestimmungen dahingehend zu ändern, daß sich bestimmte melde- und auskunftspflichtige Personen vertreten lassen können (§ 11 Abs 7 Melderechtsrahmengesetz).

(2) Ein Betreuer darf zukünftig infolge gesetzlicher Bestimmung (§ 1896 Abs 1a) nicht gegen den freien Willen des Volljährigen bestellt werden. Der Zeitpunkt, bis zu dem das Vormundschaftsgericht über die Aufhebung, Erweiterung oder Verlängerung der Betreuung zu entscheiden hat, wurde von fünf auf sieben Jahre heraufgesetzt (§ 69 Abs 1 Nr 5 FGG). Mehrere Betreuer dürfen, abgesehen von der Sterilisationsbetreuung, der Bestellung eines Gegenbetreuers und der Bestellung von Ersatz- und Ergänzungsbetreuern, nicht mehr bestellt werden, wenn außer dem einen auch andere die Betreuung berufsmäßig und damit entgeltlich führen (§ 1899 Abs 1 S 3). Auch wurde die Übertragungsbetreuung des § 1899 Abs 4 BGB ausgeschlossen.

(3) Richter bleiben weiterhin für die Grundentscheidung der Betreuerbestellung zuständig; die Länder werden jedoch ermächtigt, bestimmte andere Entscheidungen, insbesondere die Auswahl und Bestellung des Betreuers, dem Rechtspfleger zu übertragen (§ 19 Abs 1 Nr 1, Abs 3 RPflG). Richter auf Probe dürfen im ersten Jahr nach ihrer Ernennung nicht mehr in Betreuungssachen tätig sein (§ 65 Abs 6 FGG). Das Gericht kann und soll die Einholung des obligatorischen Gutachtens zur Betreuungsbedürftigkeit dadurch ganz oder teilweise vermeiden, dass es Gutachten des Medizinischen Dienstes der Krankenkasse aus den Pflegeversicherungsverfahren beizieht (§ 68b Abs 1a FGG). Abgaben werden vereinfacht (§§ 65a Abs 1 S 1, 70 Abs 2 S 2 und Abs 3 S 1 FGG). Der Nachrang vergüteter Amtsführung gegenüber unvergüteter (ehrenamtlicher) ist auch bei der Bestellung des Pflegers in Betreuungsverfahren zu beachten (§ 67 Abs 1 S 6 FGG).

(4) Abgesehen von den die berufsmäßig tätigen Personen betreffenden Neuregelungen von Vergütung und Aufwendungsersatz werden diesen Personen weitere Pflichten auferlegt. Sie haben sich über Zahl und Umfang der von ihnen berufsmäßig geführten Betreuungen zu erklären (§ 1897 Abs 8) und sollen der Betreuungsbehörde ein Führungszeugnis und eine Auskunft aus dem Schuldnerverzeichnis vorlegen, wenn sie in dem Gerichtsbezirk erstmals zum (berufsmäßig tätigen) Betreuer bestellt werden sollen. Berufsmäßig tätige Betreuer sind verpflichtet, auf Anordnung des Gerichts in geeigneten Fällen einen Betreuungsplan zu erstellen, in dem die Ziele der Betreuung und die zu deren Erreichung zu ergreifenden Maßnahmen darzustellen sind (§ 1901 Abs 4 S 2 und 3). Eine vorsätzlich falsch erteilte erforderliche Abrechnung führt zur Entlassung aus wichtigem Grund (§ 1908b Abs 1 S 2).

(5) Für die Ansprüche der Verfahrenspfleger wird ein neuer § 67a FGG eingefügt. Die Ansprüche berufsmäßig tätiger Betreuer und ihrer Anstellungsträger werden in einem neuen „Gesetz über die Vergütung von Vormündern und Betreuern (Vormünder- und Betreuervergütungsgesetz – VBVG)" – Art 8 des 2. BtÄndG – geregelt. Während die Vergütung und der Aufwendungsersatz der Vormünder und Pfleger grundsätzlich nach der bisher geltenden Regelung berechnet wird, wurde für

Betreuer eine Pauschalregelung in doppelter Hinsicht eingeführt. Die Stundensätze gelten auch Ansprüche auf Ersatz anläßlich der Betreuung entstandener Aufwendungen sowie anfallende Umsatzsteuer ab (die Regelung des § 1835 Abs 3 blieb jedoch erhalten). Der zu vergütende Zeitaufwand ist vorgegeben und zwar je nach Dauer der Betreuung und unterschiedlich hoch, je nachdem, ob die betreute Person ihren gewöhnlichen Aufenthalt in einem Heim oder nicht in einem Heim hat und ob sie mittellos ist (§§ 4 und 5 VBVG). Besondere Fälle der Betreuung werden in der Regel nach dem Einsatz abgerechnet (§ 6 VBVG). Unter Aufhebung der Bestimmungen des BGB (§§ 1908e und 1908h) sind Vergütung und Aufwendungsersatz für Betreuungsvereine und für Behördenbetreuer in den §§ 7 und 8 VBVG geregelt. Ebenfalls in dieses Gesetz übernommen wurde die bisher in § 1908k geregelte Mitteilungspflicht, jedoch auf zwei Angaben reduziert (§ 10 VBVG). In einem ersten Abschnitt des Gesetzes ist die Feststellung der Berufsmäßigkeit, der Anspruch auf Vergütung auch aus der Staatskasse und das Erlöschen der Ansprüche geregelt. Die Vergütungs- und Aufwendungsersatzansprüche von Vormündern, Betreuern und Pflegern, die vor dem 1.7.2005 entstanden sind, richten sich nach den bis zum Inkrafttreten des 2. BtÄndG geltenden Vorschriften. Das BVormVG ist am 1.7.2005 außer Kraft getreten (Art 7 und 12 des 2. BtÄndG).

(6) Die Aufgaben und Befugnisse der Betreuungsbehörde wurden erweitert. Die Behörde hat auch Bevollmächtigte auf deren Wunsch bei der Wahrnehmung ihrer Aufgaben zu beraten und zu unterstützen (§ 4 BtBG), dgl die Betreuer insbesondere bei der Erstellung des Betreuungsplans (§ 4 BtBG). Wird die Behörde vom Vormundschaftsgericht dazu aufgefordert, hat sie nicht nur eine zum Betreuer, sondern auch eine zum Verfahrenspfleger geeignete Person vorzuschlagen (§ 8 S 3 BtBG). Hört das Gericht die Behörde an, wenn eine berufsmäßig tätige Person erstmalig in dem Gerichtsbezirk bestellt werden soll, soll die Behörde die Person auffordern, ein Führungszeugnis und eine Auskunft aus dem Schuldnerverzeichnis vorzulegen (§ 1897 Abs 7).

V. Betreuerbestellungen aufgrund von Vorschriften außerhalb des BGB*

Soweit Vorschriften außerhalb des BGB die Bestellung eines Betreuers für den Fall vorsehen, daß der Betroffene infolge einer psychischen Krankheit oder körperlichen, geistigen oder seelischen Behinderung nicht in der Lage ist, in dem Verfahren **selbst tätig** zu werden (§ 16 Abs 1 Nr 4 VwVfG; in gleicher Weise in § 15 SGB X vorgesehen; s auch § 81 AO), oder als Beamter (§ 19 Abs 2 Nr 1 BDO) oder als Soldat (§ 78 Abs 2 Nr 1 WDO) **verhandlungsunfähig** ist, gelten für die Bestellung und für das Amt des Vertreters des Betroffenen in dem Verfahren die Vorschriften über die Betreuung. Für das Verwaltungsverfahren sieht dies § 16 Abs 4 VwVfG ausdrücklich vor. § 19 Abs 2 S 3 BDO und § 78 Abs 2 S 3 WDO verweisen lediglich auf § 16 Abs 2 VwVfG, der die örtliche Zuständigkeit des Gerichts regelt.

Mangels eigener Verfahrensvorschriften für die Betreuerbestellung muß auf die Regelungen des FGG zurückgegriffen werden. Die Voraussetzungen der Betreuer-

---

* Schrifttum: CLAUSSEN/CZAPSKI, Das förmliche Disziplinarverfahren (4. Aufl 1998); CLAUSSEN/JANZEN, Bundesdisziplinarordnung (8. Aufl 1996); DAU, Wehrdisziplinarordnung (3. Aufl 1998); KÖHLER/RATZ, BDO (2. Aufl 1994).

bestellung sind von Amts wegen durch Einholung von Sachverständigengutachten festzustellen. Der Betroffene ist persönlich anzuhören; ggf ist ihm ein Pfleger für das Verfahren (betreffend die Betreuerbestellung) zu bestellen. Der Aufgabenkreis ist den Vorgaben der jeweiligen Ordnung entsprechend zu bestimmen (zB Vertretung in dem Verfahren ...). Der Beschluß ist dem Betroffenen selbst bekanntzumachen (usw).

80 Das Vormundschaftsgericht prüft nicht die Voraussetzungen des gegen den Beamten bzw Soldaten gerichteten Verfahrens; seine Aufgabe ist es, die **Voraussetzungen der Betreuerbestellung** nach den besonderen Bestimmungen des Beamten- oder des Soldatenrechts festzustellen. Dabei ist es nicht an die Auffassung des Dienstvorgesetzten bezüglich der Dienstunfähigkeit des Betroffenen gebunden (im Ergebnis ebenso BayObLGZ 1957, 349, 353).

Entgegen SONNENFELD (Rn 561) ist der Begriff der Verhandlungsunfähigkeit nicht mit dem der Einsichtsunfähigkeit „vergleichbar" (gemeint ist, wie der weitere Text erkennen läßt, „gleichzusetzen"). Es kommt nicht darauf an, daß der Betroffene die Bedeutung und Tragweite des Disziplinarverfahrens erfaßt und in der Lage ist, danach zu handeln. Der Begriff der Verhandlungsunfähigkeit ist dem Verfahrensrecht nicht unbekannt (vgl § 231a StPO). Im Strafverfahren, das in wesentlichen Punkten dem Verfahren nach § 19 BDO und § 78 WDO ähnelt, ist von Verhandlungsunfähigkeit dann die Rede, wenn der Beschuldigte körperlich oder geistig nicht in der Lage ist, der Verhandlung zu folgen, die Bedeutung der einzelnen Verfahrensakte zu erkennen und zu würdigen, sich sachgerecht zu verteidigen und wirksame Prozeßhandlungen abzugeben bzw entgegenzunehmen (BGH NJW 1995, 1973; vgl auch WIDMAIER, Verhandlungs- und Verteidigungsfähigkeit – Verjährung und Strafmaß, NStW 1995, 361).

Der für eine Betreuerbestellung im Disziplinarverfahren maßgebende Zustand der Verhandlungsunfähigkeit muß nicht auf einer psychischen Erkrankung oder einer geistigen oder seelischen Behinderung beruhen; er kann ebenso auf körperliche Einwirkungen oder Behinderungen zurückzuführen sein. Es kommt auch nicht darauf an, daß sich der Betroffene dauerhaft oder für eine voraussichtlich längere Zeit in dem Zustand der Verfahrensunfähigkeit befindet; maßgebend für die Beurteilung ist die Dauer des Verfahrens. Die Argumente, auf die eine Zwangspensionierung gestützt wird, müssen nicht zwangsläufig auch eine Verfahrensunfähigkeit begründen.

81 Für die Auswahl des Betreuers gibt § 1897 Abs 1 als Generalklausel den Hinweis, daß zu bestellen ist, wer geeignet ist, die Angelegenheiten des Betreuten – das ist hier zB die Vertretung in dem gegen ihn gerichteten Verfahren nach BDO oder WDO – zu besorgen und ihn in dem hierfür erforderlichen Umfang (im Sinne von BT-Drucks 11/4528, 68) persönlich zu betreuen. Die vom Gericht für die Betreuerbestellung zu ermittelnden und festzustellenden Voraussetzungen sind nicht oder nicht notwendig identisch mit den den Gegenstand des (späteren) Verfahrens bildenden Angelegenheiten oder Vorwürfen. Für das Verwaltungsverfahren liegt das auf der Hand, kann aber ebenso gut für die Verfahren nach der BDO oder der WDO zutreffen. Während § 16 Abs 1 Nr 4 VwVfG mit Rücksicht auf die im Text genannte körperliche Behinderung darauf abhebt, daß der Beteiligte nicht in der Lage ist, in

Titel 2
Rechtliche Betreuung

Vorbem zu §§ 1896 ff, 82
§ 1896

dem Verwaltungsverfahren selbst tätig zu werden, muß im Falle eines Verfahrens nach der BDO oder der WDO Verhandlungsunfähigkeit des Beamten oder Soldaten vorliegen. Zweifel an der Verhandlungsfähigkeit reichen nicht aus. In dem erforderlichen Antrag der das Verfahren einleitenden Behörde bzw des Wehrdisziplinaranwalts sind deshalb Tatsachen anzugeben, die den Schluß zulassen und im Falle ihrer Bestätigung die Betreuerbestellung rechtfertigen, der Beamte bzw der Soldat sei verhandlungsunfähig.

Was den Betreuer betrifft, so muß dieser nach der BDO ein Beamter, nach der WDO ein Soldat sein. Bereits aus diesem Grunde kommen die Institutionen Behörde und Verein nicht in Betracht; ebensowenig ein Mitarbeiter eines Vereins; ein eingetragener Verein besitzt keine Dienstherrnfähigkeit. Ist der Mitarbeiter des Vereins zugleich (Teilzeit-)Beamter, kann er als solcher für ein Verfahren nach der BDO zum Betreuer bestellt werden, jedoch nur als Privatperson, nicht dagegen als Vereinsbetreuer. **82**

Während die BDO keine Beschränkung des Beamten auf einen bestimmten Dienstherrn vornimmt, so daß ein Kommunal-, ein Landes- oder auch ein Bundesbeamter zum Betreuer bestellt werden kann, hat der nach der WDO zu bestellende Soldat immer ein Angehöriger (oder ehemaliger Angehöriger) der Bundeswehr zu sein. Obgleich hier ähnliche Bedenken bestehen, wie sie Anlaß für das Bestellungsverbot des § 1897 Abs 3 waren, wurde eine andere Regelung nicht getroffen, allerdings wohl auch nicht in Erwägung gezogen; insofern bietet sich ein Versuch an, die sinngemäße Anwendung der Vorschrift auf dem Rechtswege zu erreichen. Das VwVfG trifft keine Bestimmung, wer (nur) als Verteter in dem Verwaltungsverfahren zu bestellen ist; es sieht lediglich vor, daß ein **geeigneter** Vertreter zu bestellen ist.

§ 1896
Voraussetzungen

(1) Kann ein Volljähriger auf Grund einer psychischen Krankheit oder einer körperlichen, geistigen oder seelischen Behinderung seine Angelegenheiten ganz oder teilweise nicht besorgen, so bestellt das Vormundschaftsgericht auf seinen Antrag oder von Amts wegen für ihn einen Betreuer. Den Antrag kann auch ein Geschäftsunfähiger stellen. Soweit der Volljährige auf Grund einer körperlichen Behinderung seine Angelegenheiten nicht besorgen kann, darf der Betreuer nur auf Antrag des Volljährigen bestellt werden, es sei denn, dass dieser seinen Willen nicht kundtun kann.

(1a) Gegen den freien Willen des Volljährigen darf ein Betreuer nicht bestellt werden.

(2) Ein Betreuer darf nur für Aufgabenkreise bestellt werden, in denen die Betreuung erforderlich ist. Die Betreuung ist nicht erforderlich, soweit die Angelegenheiten des Volljährigen durch einen Bevollmächtigten, der nicht zu den in § 1897 Abs. 3 bezeichneten Personen gehört, oder durch andere Hilfen, bei denen kein gesetz-

53

Werner Bienwald

licher Vertreter bestellt wird, ebenso gut wie durch einen Betreuer besorgt werden können.

(3) Als Aufgabenkreis kann auch die Geltendmachung von Rechten des Betreuten gegenüber seinem Bevollmächtigten bestimmt werden.

(4) Die Entscheidung über den Fernmeldeverkehr des Betreuten und über die Entgegennahme, das Öffnen und das Anhalten seiner Post werden vom Aufgabenkreis des Betreuers nur dann erfasst, wenn das Gericht dies ausdrücklich angeordnet hat.

Materialien: Art 1 Nr 6 DiskE I; Art 1 Nr 41 RegEntw; Art 1 Nr 47 BtG; DiskE I 102, 111 (§§ 1896, 1897); BT-Drucks 11/4528, 115 ff (BReg); 206 f (BRat); 226 (BReg); BT-Drucks 11/6949, 9, 72 Nr 13 (unverändert). Abs 2 S 2 geändert durch Art 1 Nr 11 BtÄndG mit Wirkung vom 1. 1. 1999 (BT-Drucks 13/7158, 33, 49, 56 BReg und Stellungn BRat); RA 13/10331, 14; BR-Drucks 339/98; 339/1/98 und 517/98 (Beschluß). BGBl I 1580, 1582. Änderung der Überschrift des Dritten Abschnitts des Vierten Buchs, der Überschrift des Ersten Titels des Dritten Abschnitts des Vierten Buchs und Neufassung der Überschrift vor § 1896 durch Art 1 Nr 1, 2 und 10 a BtÄndG (BGBl I 1998, 1580, 1582); STAUDINGER/BGB-Synopse 1896–2005.

§ 1896 Abs 1a eingefügt durch Art 1 Nr 6 Buchst a, Abs 2 S 2 neu gefaßt durch Art 1 Nr 7 2. BtÄndG (BGBl I 1073); BR-Drucks 865/03; BT-Drucks 15/2494, 6, 27, 29, 46 ff; BT-Drucks 15/4874; BR-Drucks 121/05.

Systematische Übersicht

I.	**Bedeutung der Vorschrift**			
1.	Begriff der Betreuung	1	bb)	Nichtkörperliche Krankheiten und Behinderungen ... 33
2.	Betreuung als Eingriff und Leistung	3	cc)	Psychisch Kranke ... 39
3.	Zur Bestimmtheit der Eingriffsnorm	6	dd)	Zeitliche Dimension ... 40
4.	Zur Entstehungsgeschichte der Norm	7	c)	Zur Dokumentation des Befundes (Gutachten und ärztliches Zeugnis) ... 41
			d)	Zum Zeitpunkt der Betreuungsbedürftigkeit ... 43
II.	**Normstruktur**	8	e)	Qualitätsanforderungen an Gutachten und ärztliches Zeugnis ... 44
III.	**Voraussetzungen einer Betreuerbestellung**		5.	Angelegenheiten des Betroffenen ... 47
1.	Geltungsumfang der Vorschrift	16	a)	Problematik der Begriffsbestimmung ... 47
2.	Positive und negative Tatbestandsmerkmale	17	b)	Interessenlage als Anknüpfungsmöglichkeit ... 49
3.	Verzicht auf die Feststellung der Geschäftsunfähigkeit	18	c)	Bei körperlich Behinderten ausgeschlossene Aufgabenkreise ... 50
4.	Medizinischer Befund	30	d)	Der Grundsatz der individuellen Bestimmung; Ausnahmen ... 51
a)	Stellenwert des Tatbestandsmerkmals	30	e)	Betreuung grundsätzlich Rechtsfürsorge ... 52
b)	Krankheiten und Behinderungen im einzelnen	31	f)	Konkreter oder abstrakter Handlungsbedarf ... 54
aa)	Körperliche Krankheiten und Behinderungen	31	g)	Zur Einbeziehung wahrscheinlichen Handlungsbedarfs ... 55

h)	Betreuung nur für eigene Angelegenheiten des Betroffenen	56	
6.	Die Bedeutung des Antrags	58	
7.	Betreuung und Drittinteresse	69	
8.	Bedeutung der Einsichtsfähigkeit bzw -unfähigkeit des Betroffenen (Abs 1a)	72	

IV. Aufgabenkreise
1. Rückblick — 74
2. Zur Terminologie — 75
3. Aufgabeninhalte — 76
4. Problematik der Aufgabenkreisgestaltung — 79
5. Speziell zur Frage der Aufenthaltsbetreuung — 82
6. Gesundheitsfürsorge/Gesundheitsbetreuung — 89
7. Gesonderte Entscheidungen — 102

V. Der Erforderlichkeitsgrundsatz
1. Der Erforderlichkeitsgrundsatz im BtG — 103
2. Erforderlichkeitsgrundsatz und Betreuerbestellung — 107
3. Praktische Konsequenzen — 112
4. Zweifel an der Erforderlichkeit — 113

VI. Die Bevollmächtigung als „andere Hilfe"
1. Stellenwert der Bevollmächtigung — 114
2. Bevollmächtigung und andere Vorsorgeregelungen — 119
   a) Bevollmächtigung und Betreuungsverfügung — 119
   b) Bevollmächtigung und Patientenverfügung — 119
   c) Hinterlegung und/oder zentrale Erfassung der Vorsorgeregelungen — 119
   d) Letztwillige Verfügungen — 119
3. Die Bevollmächtigung im einzelnen — 120
   a) Voraussetzungen für die Bevollmächtigung als „andere Hilfe" — 120
   b) Form der Bevollmächtigung — 122
   c) Folgen der Bevollmächtigung für die Betreuerbestellung — 123
   d) Wirksamwerden und Unwirksamwerden der Vorsorgevollmacht — 124

4. Zu Inhalt, Umfang und Grenzen der Bevollmächtigung — 125
   a) Notwendiger Qualitätsvergleich — 126
   b) Inhaltliche Grenzen der Bevollmächtigung — 127
5. Bestellung eines Betreuers nach Abs 3; Verfahren — 133
6. Folgen der Vollmachtbetreuerbestellung (Abs 3) — 137

VII. Weitere andere Hilfen — 141

VIII. Zum Verfahren
1. Einleitung des Verfahrens — 146
2. Zuständigkeiten — 147
3. Bestellung eines Verfahrenspflegers; Beteiligung des Betroffenen — 148
4. Persönliche Anhörung — 150
5. Gutachten; ärztliches Zeugnis; Verwendung von MDK-Gutachten — 151
6. Gelegenheit zur Äußerung Dritter und der zuständigen Behörde sowie weitere Ermittlungen — 153
7. Bekanntmachung der Entscheidung; Rechtsbehelfe — 154
8. Verpflichtung des Betreuers; Betreuerausweis — 157
9. Mitteilungen — 158
10. Einstweilige Anordnung — 159
11. Änderungen der Sachlage nach Einlegung der Beschwerde — 162
12. Kosten — 163

IX. Verlängerung — 165

X. Das Betreuungsrechtsverhältnis
1. Begriff; Betreuerpflichten — 166
2. Weiterer wesentlicher Inhalt — 168

XI. Bedeutung der Betreuerbestellung; unmittelbare Konsequenzen für den Betroffenen
1. Übersicht — 169
2. Folgenlosigkeit der Betreuerbestellung — 170
3. Zivilrechtliche Folgen der Betreuerbestellung ohne Einwilligungsvorbehalt — 179

4. Zivilrechtliche Folgen der Betreuerbestellung mit Anordnung eines Einwilligungsvorbehalts _____ 180
5. Öffentlich-rechtliche Folgen der Betreuerbestellung ohne Einwilligungsvorbehalt _____ 181
6. Öffentlich-rechtliche Folgen der Betreuerbestellung mit Einwilligungsvorbehalt _____ 182

Alphabetische Übersicht

Abänderung von Entscheidungen _____ 162
Abgabe der Betreuungssache _____ 147
Abhängigkeitskrankheiten _____ 34
Ableitungen aus dem Erforderlichkeitsgrundsatz _____ 110
Abstrakter Handlungsbedarf _____ 54
Abzusehende Versorgungsmängel _____ 43
Änderung der Sachlage _____ 162
Ärztliche Behandlung _____ 91
Ärztliches Zeugnis _____ 41, 151
Akuter Handlungsbedarf _____ 55
Alkoholabhängigkeit _____ 34
Alle Angelegenheiten, Betreuer für _____ 78, 111
Amtsermittlungspflicht _____ 42
Amtspflegschaft, gesetzliche _____ 170
Amtsverfahren _____ 11, 58
Andere Hilfen _____ 17, 114, 141
Anforderungen an die Qualität von Gutachten und ärztlichem Zeugnis _____ 44 ff
Angelegenheiten des Betroffenen _____ 47
Anregung zur Betreuerbestellung _____ 146
Anspruch auf Betreuerbestellung _____ 5
Anspruchsbejahende Tatbestandsmerkmale _____ 14
Anspruchsverneinende Tatbestandsmerkmale _____ 14
Antrag auf Aufhebung _____ 59
Antrag, Bedeutung des _____ 58
– als Sachentscheidungsvoraussetzung _____ 58
– als Verfahrenshandlung _____ 59
Antragserfordernis bei Vollmachtbetreuer für körperlich Behinderte _____ 135
Antragsrechte Dritter, keine _____ 70
Antragsverfahren _____ 11, 58
Arzt-Patient-Verhältnis _____ 96
Assistenzarzt _____ 42
Aufenthaltsbetreuer, -betreuung _____ 81 f
Aufenthaltswechsel _____ 86
Aufenthaltssicherung _____ 88
Aufgabeninhalte _____ 76

Aufgabenkreis des Vollmachtbetreuers _____ 138
Aufgabenkreise _____ 74 ff
Aufgabenkreisgestaltung _____ 79 ff
Aufgezwungene Betreuung _____ 6
Aufhebungsantrag _____ 59
Ausgeschlossene Aufgaben bei körperlich Behinderten _____ 32, 50
Auslegung des Antrags _____ 59
Ausmaß der Betreuungsbedürftigkeit _____ 41
Ausübung des Aufenthaltsbestimmungsrechts _____ 87
Beamtenrecht _____ 179
Bedeutung der Betreuerbestellung _____ 167
Beendigung lebenserhaltender Maßnahmen _____ 58
Begriff der Betreuung _____ 1
Begriff des Betreuungsrechtsverhältnisses _____ 164
Begutachtungsinstanz _____ 44
Beispiele von Aufgabenkreisen _____ 77
Behindertenbegriff _____ 33
Behindertsein _____ 33
Behinderungen _____ 31 ff
– körperliche _____ 31
– nicht körperliche _____ 33
Behörde als Betreuer _____ 156
Beistandschaftsgesetz _____ 170
Bekanntmachung der Entscheidungen _____ 154
Benennung eines Betreuers _____ 63
Beschwerde des Ehegatten im Antragsverfahren _____ 66
Beschwerdebefugnis _____ 62, 70, 155
– des Verfahrenspflegers _____ 155
– des Verfahrensbevollmächtigten _____ 155
Besonderer Vertreter _____ 68
Bestimmtheit der Eingriffsnorm _____ 6
Betreuungsbedarf _____ 51
Beteiligung des Betroffenen _____ 148
Betreuungsrechtsänderungsgesetz _____ 114
Betreiber von Alten- und Pflegeheimen _____ 131

Betreuerausweis	157	Einwilligungsvorbehalt	65, 102, 166, 178, 180
Betreuer-, Betreuungsverfügung	119	– und Einsichtsfähigkeit	72
Betreuung als Eingriff	3	– und Geschäftsunfähigkeit	15
Betreuung als Leistung	3	Elterliche Sorge, Folgen	
Betreuung als Rechtsfürsorge	52	der Betreuerbestellung für	170
Betreuung und Einsichtsunfähigkeit	72	Engagement, faktisches	10, 53
Betreuungsbegriff	1	Entrümpelung (der Wohnung)	77b
Betreuungsrechtsverhältnis	164	Entscheidung auf Antrag	11
– Begriff	164	– von Amts wegen	11
– Wesentlicher Inhalt	166	Entscheidungsinhalt	154
Bevollmächtigung	12, 114, 121	Entscheidungsinstanz	44
– als andere Hilfe	114	Entstehungsgeschichte	7
– und Betreuungsverfügung	119	Erforderlichkeit	105 ff
– von Heimbetreibern und Heim-		Erforderlichkeitsgrundsatz	9, 48, 80, 103, 107
mitarbeitern	131	– und Betreuerbestellung	107
Blindheit	31	– im materiellen Recht	101
Briefkontrolle	102	– im Verfahrensrecht	101
		Ergänzendes Gutachten	45
Datenschutz	153	Ergänzungsbetreuer	16
Dauer	154	Erlöschen der Vollmacht	121
Deliktsfähigkeit, keine Auswirkungen		Erstbestellung eines Betreuers	16
der Betreuerbestellung auf	176	Erwachsenenschutzabkommen, Haager	2
Diagnose des Sachverständigen	45	Erweiterung des Aufgabenkreises	72
Disability	33	Exmatrikulation	179
Doppelkompetenz	100		
Down Syndrom	35	Facharztausbildung	42
Dritte im Verfahren	153	Faktisches Engagement	10, 53
Drittinteresse	17, 69, 70	FamNamÄndG	180
Drogenabhängigkeit	34, 37, 44	Fernmeldeverkehr, Entscheidung über	102
		Folgen der Betreuerbestellung mit	
Ehefähigkeit	168	Einwilligungsvorbehalt	178
Eheschließungsrecht	168	Folgen der Bevollmächtigung	
Eheunfähigkeit	168	für die Betreuerbestellung	123
Ehrenamtliche Betreuung	156	Folgen der Vollmachtbetreuerbestellung	137
Eigene Angelegenheiten des Betreuten	56	Folgenlosigkeit der Betreuerbestellung	168
Eilige einstweilige Anordnung	161	Form der Bevollmächtigung	122
Eingriff, Betreuung als	3, 6	Freie Beweiswürdigung	46
Einheitliche Anfechtung	66	Freie Willensbestimmung	6, 27
Einheitsentscheidung	66	Freistellung des Bevollmächtigten von	
Einleitung des Verfahrens	146	Genehmigungserfordernissen	129
Einsichtnahme in Krankenunterlagen		Fristsetzung	154
und in psychiatrische Behandlungs-		Fürsorgeleistung	3
dokumente	101	Funktionsbeeinträchtigung	33
Einsichtsfähigkeit	72 ff		
Einsichtsunfähigkeit	72	Ganzheitliche Betrachtung	
Einstweilige Anordnung	159	bei Aufgabenkreisbestimmung	81
Einwilligungsfähigkeit	25, 99, 171	Gegenbetreuer	16
– in ärztliche Eingriffe usw	171	Geistige Behinderung	35, 54
– und Vertretungsrecht	171	Geschäftsfähigkeit	19, 168

– als Voraussetzung einer Vollmacht-
   erteilung _____ 116
Geschäftsunfähigkeit _____ 73, 168
– Verzicht auf Feststellung _____ 18
Gesetzliche Vertretung _____ 10, 13
Gesetzlicher Vertreter, Notwendigkeit
   eines _____ 47
Gesonderte Entscheidungen
   (Abs 4, § 1905) _____ 102
Gesundheitsbetreuer, -betreuung ___ 81, 89
Gesundheits(für)sorge _____ 55, 89, 93, 95
Grenzen der Bevollmächtigung _____ 125
Grundnorm der Betreuerbestellung _____ 2
Grundvoraussetzungen der Betreuer-
   bestellung _____ 13
Güterrechtliche Folgen _____ 177, 178
Gutachten eines Sachverständigen __ 41, 151

Haftungsbeschränkung, zur Frage von ___ 166
Handicap _____ 33
Handlungsbedarf _____ 54 f
– abstrakter _____ 54
– konkreter _____ 54
– wahrscheinlicher _____ 55
Heimgesetz _____ 131 f
Herabsetzung der Eingriffsschwelle ____ 27
Hilfen, andere (weitere) _____ 141
Hilfeempfänger, Wunsch- und Wahlrecht _ 179
Hilfskraftbeschäftigung _____ 165
Hochschulrecht _____ 179
Höchstpersönliche Angelegenheiten _____ 56
Hoheitlicher Eingriff _____ 6

Immatrikulation _____ 179
Impairment _____ 33
Individuelle Bestimmung des Aufgaben-
   kreises _____ 51
Infrastruktur, soziale _____ 88
Inhalt der Bevollmächtigung _____ 125
– der Entscheidung _____ 154
Inhaltliche Grenzen der Bevollmächtigung 127
Interesse Dritter _____ 17
Interessenlage _____ 49
Interpretation, strikte _____ 4

Klarstellungshinweise bei Aufgabenkreisen 78
Klassifizierung von psychischen
   Krankheiten _____ 39
Körperliche Behinderung, Krankheit _____ 31

Konkreter Handlungsbedarf _____ 54
Konsentierte Betreuerbestellung _____ 6
Konsequenzen für den Betreuten _____ 167
Kontrollbetreuer, Bestellung _____ 122, 133
Kosten _____ 163
Krankenunterlagen, Einsichtnahme in __ 101
Krankheit _____ 31 ff
– körperliche _____ 31
– nichtkörperliche _____ 33
Kriminelle Auffälligkeiten _____ 30
Kurzattest _____ 41

Länderwahlrecht _____ 174
Lebenserhaltende Maßnahmen,
   Beendigung von _____ 58
Leistung, Betreuung als _____ 3
Lernbehinderte _____ 36
Letztwillige Verfügung _____ 119

Medizinischer Befund _____ 30
Meldepflicht für (Berufs-)Betreuer _____ 156
Melderecht _____ 179
Milieuanhörung _____ 150
Minderer Rechtsstatus _____ 20
Mitteilungen _____ 158
Mitteilungen in Zivilsachen (MiZi) ____ 158

Nachrangklausel _____ 53
Negative Tatbestandsmerkmale _____ 13, 17
Nervenarzt _____ 41
Neurosen _____ 34
Nichtigkeit von Vollmachten, Bevoll-
   mächtigungen _____ 121
Nichtkörperliche Behinderungen und
   Krankheiten _____ 33
Non liquet _____ 113
Normstruktur _____ 8
Notarrecht _____ 179

Öffentlich-rechtliche Folgen
   der Betreuerbestellung _____ 179 f

Paßantrag _____ 83
Paßrecht _____ 179
Persönliche Anhörung _____ 150
Persönlichkeitsstörungen _____ 34
Personalausweis, Beantragung von _____ 83
Personalausweisrecht _____ 179
Pfleger für das Verfahren _____ 148

Pflichten des Betreuers	165	Selbstbestimmte Lösung	114
Positive Tatbestandsmerkmale	13, 17	Selbstbestimmungsrecht, Eingriff in	6
Postkontrolle	102	Sonstige Vollmachten	136
Psychiater	41	Sorgeerklärung	58
Psychisch Kranke	39	Sozialangepaßtes Verhalten	52
Psychische Krankheiten	34	Soziale Beeinträchtigung	33
Psychopathien	34	Soziale Betreuung	6
Psychosen	34	Soziale Infrastruktur	88
		Sozialhilfebeantragung, Aufgabenkreis für	79
Qualitätsanforderungen		Sozialmedizinische Aspekte	44
– an ärztliche Atteste	44	Spastizität	31
– an Sachverständigengutachten	44	Stellenwert	
Qualitätsvergleich von Betreuung und		– der Bevollmächtigung	114
Vollmacht	126	– des medizinischen Befunds als	
		Tatbestandsmerkmal	30
Rauschgiftsucht	37	Sterilisation	102
Recht des Vollmachtbetreuers	140	Sterilisationsentscheidung	128
Rechtsbehelfe	154	Straffreies Verhalten	52
Rechtsbeschränkung des geschäftsfähigen		Strafprozeß	179
Betroffenen	26	Strikte Interpretation	4
Rechtsgeschäftliche Angelegenheiten	49	Stummheit	31
Rechtsstatus, minderer	20		
Reform des Betreuungsrechts	47	Tatsächliche Angelegenheiten	28
Regelungsprinzip, Erforderlichkeits-		Tatsächliche Betreuungsbedürftigkeit	47
grundsatz als	109	Tatsächliche Versorgung	142
Rehabilitationserfolge	40	Taubheit	31
Rentenantrag gegen den Betreutenwillen	54	Teilbereiche	55
Ressourcen	112	Terminologie des Aufgabenkreises	75
Richterliche Beweiswürdigung	46	Testamentsvollstreckeramt, Erlöschen	177
Richterliche Prüfung der Gutachten	45	Testierfähigkeit, -unfähigkeit	168
Richterrecht	179	Trunksucht	37
Risikoeingriffe	98		
Rücknahme des Antrags	61	Überwachung eines Bevollmächtigten	31, 114
– durch den Verfahrenspfleger	62	Überwachungsbetreuer	118
Ruhen der elterlichen Sorge	170	Umfang der Bevollmächtigung	125
		Umfang der gerichtlichen Betreuung	9
Sachentscheidungsvoraussetzung,		Unangepaßtes Verhalten	29 f
Antrag als	58, 67	Unbestimmtheit der Eingriffsnorm,	
Sachverständigengutachten	151	angebliche	6
Schädigung	33	Unkontrollierte Betreuung	144
Schöffe	176	Untätigkeit des Bevollmächtigten	123
Schubförmig verlaufende Krankheit	40	Unterbringung und Einsichtsfähigkeit	72
Schuldfähigkeit, keine Auswirkungen		Unterbringung zum Zwecke	
der Betreuerbestellung auf	176	der Gutachtenerstellung	152
Schlußgehör	149	Unterbringungsähnliche Maßnahmen und	
Schwerhörigkeit	31	Einsichtsfähigkeit	72
Seelische Behinderung	30, 37	Unterbringungsbetreuer	97
Seelische Störungen	34	Unterbringungsgesetze der Länder	21, 106
Sehstörung	31		

Unterrichtung des Betroffenen über das Verfahren	149	Vorrangige Hilfen	10
Untersuchung des Betroffenen zur Vorbereitung eines Gutachtens	152	Vorratsbestellung	43, 55, 56
		Vorsorge	17
Untersuchungsbefund	45	Vorsorge des Betreuten	115
		Vorsorgeregister, Zentrales der Bundesnotarkammer	114
Verbreitung der Vorsorgevollmacht	114	Vorsorgevollmacht	43, 115
Verein als Betreuer	156		
Verfahren der Betreuerbestellung	146 ff	Wahlrecht zu den Selbstverwaltungsorganen der Versicherungsträger	175
Verfahrenserleichterung als Auswirkungen der Antragstellung	65	Wahlrechtsbestimmungen der Länder	174
Verfahrensfähigkeit des Betroffenen	148	Wahlrechtsfolgen	172
Verfahrensordnungen	180	Wahrscheinlicher Handlungsbedarf	55
Verfahrenspfleger	46, 148, 163	Weitere andere Hilfen	141
– Rücknahme des Antrags auf Betreuerbestellung durch ihn	62	Weltgesundheitsorganisation	33
		Wesentlicher Inhalt des Betreuungsrechtsverhältnisses	166
Verfahrensrechtliche Konsequenzen der Antragstellung	60, 64	Widerruf der Vollmacht/Bevollmächtigung	121, 139
Verfassungskonforme Auslegung	6	Willensbestimmung, freie	6
Vergütungsregelung	163	Wirksamwerden der Vorsorgevollmacht	124
Verhältnismäßigkeitsgrundsatz	154	Wohnungsentrümpelung	77b
Vermögensbetreuer, -betreuung	81	Würdigung, richterliche von Gutachten und ärztlichen Zeugnissen	46
Verpflichtung des Betreuers	157		
Versagung richterlicher Genehmigung in Angelegenheiten des § 1904	98	Wunsch- und Wahlrecht des Sozialhilfeempfängers	179
Verschuldung, Vermeidung von	78, 111		
Versorgungsdefizit eines Geschäftsfähigen	21	Zeitliche Dimension	40
Vertretbare Vorausschau	55	Zeitpunkt der Betreuungsbedürftigkeit	43
Vertreter ohne Vertretungsmacht	121, 133	Zeitpunkt der Überprüfung der Betreuerbestellung	154
Vertretung in gerichtlichen Verfahren	68		
Vertretungsrecht und Einwilligungsfähigkeit	171	Zentrales Vorsorgeregister der Bundesnotarkammer	114
Verzicht		Zivilprozessuale Folgen	177
– auf Feststellung von Geschäftsunfähigkeit oder Geschäftsfähigkeit	19	Zivilrechtliche Folgen der Betreuerbestellung	177
Vollmacht	43, 115	Zuordnungsdifferenzen	39
Vollmachtbetreuer	138	Zurruhesetzungsverfahren	38
Vollmachterteilung	17, 115 f	Zuständige Behörde, Gelegenheit zur Äußerung	153
Vollmachtloser Vertreter	133		
Vollmachtmißbrauch	133	Zuständigkeiten	147
Voraussetzungen einer Betreuerbestellung	16	Zuständigkeit für Vollmachtbetreuerbestellung	134
Voraussetzung für die Bevollmächtigung	120		
Voraussetzung des Wahlrechtsverlustes	172 ff	Zweifel an der Erforderlichkeit einer Betreuerbestellung	113
Vorläufige Betreuung	160		
Vormundschaftsgerichtliche Genehmigung in Aufenthaltsbestimmungssachen	94	Zweigleisiger Tatbestand	8
Vorrang der Bevollmächtigung	114		

I. Bedeutung der Vorschrift

1. Begriff der Betreuung

Betreuung ist die verantwortliche, aufgrund gerichtlicher Beauftragung und unter **1** staatlicher (gerichtlicher) Aufsicht vorgenommene **Besorgung fremder** (Rechts-) **Angelegenheiten für einen volljährigen Menschen**, der krankheits- oder behinderungsbedingt außerstande ist, die besorgungsbedürftigen Angelegenheiten selbst zu besorgen und durch von ihm selbst bestellte und beaufsichtigte (kontrollierte) Helfer besorgen zu lassen. Diese Art von Betreuung (zur Kritik am Begriff s BT-Drucks 11/4528, 114; die Bedeutung des Wortes ist sehr viel weiter reichend und vielseitig, wie zB §§ 20, 23 KJHG oder § 24 BNotO belegen) wird als **Ausdruck staatlicher Wohlfahrtspflege** gesehen, deren Anlaß und Grundlage das öffentliche Interesse an der Fürsorge für den schutzbedürftigen Einzelnen ist (BVerfGE 10, 302, 311; BVerfGE 54, 251 = FamRZ 1980, 765 [LS] = JZ 1980, 520 = NJW 1980, 2179). Der Charakter als „Rechtsbetreuung" wird durch Ergänzung der Überschriften vor den §§ 1773, 1896, durch die Neufassung des § 1897 Abs 1 und den eingefügten neuen § 1901 Abs 1 betont (Art 1 Nrn 1, 10a, 12 und 13 BtÄndG), um die dem Betreuer vom Gesetz zugewiesenen Amtsgeschäfte besser von dessen darüber hinausgehenden (und staatlich nicht mehr zu finanzierenden) faktischen Engagements für den Betreuten abzugrenzen (BT-Drucks 13/7158, 33). Seit der Bekanntmachung der Neufassung des BGB vom 2. 1. 2002 (BGBl I 42) ist klargestellt, daß das Rechtsinstitut Rechtliche Betreuung heißt (und so geschrieben wird).

§ 1896 enthält die Grundnorm des Betreuungsrechts. Sie bestimmt Zeitpunkt, Art **2** und Umfang der Betreuerbestellung. Die Vorschrift hat nicht nur für die erstmalige Bestellung des Betreuers, sondern auch für die Verlängerung der Betreuung (BayObLG FamRZ 1994, 320; FamRZ 1998, 921; Beschluß v 15. 6. 1999 – 3 Z BR 156/1999) und für die Erweiterung des Aufgabenkreises des Betreuers (BayObLG FamRZ 1995, 116) Bedeutung. Die Vorschrift wird ergänzt durch § 1902 sowie durch § 1903 Abs 3: beides Vorschriften, die den Inhalt und die Reichweite des Instituts der Betreuung näher bestimmen. Als weitere Ergänzung der Norm sind die durch das BtÄndG geschaffenen Möglichkeiten zu verstehen, die Erteilung von (Vorsorge-)Vollmachten auf riskante ärztliche Maßnahmen (§ 1904 Abs 2) und die freiheitsentziehende Unterbringung (§ 1906 Abs 1, 5) sowie freiheitsentziehende Maßnahmen nach § 1906 Abs 4 und damit auf personensorgerechtliche Angelegenheiten schlechthin auszudehnen. Zur Betreuerbestellung für Angehörige fremder Staaten s Art 24 EGBGB und die Kommentierungen von STAUDINGER/KROPHOLLER (2002) Vorbem zu Art 24 EGBGB (dort [Rn 5] auch zum Haager Erwachsenenschutzübereinkommen) sowie Art 24 EGBGB Rn 5, ferner von STAUDINGER/HAUSMANN (2003) Art 4 EGBGB Rn 241. Zum Erwachsenenschutz in Europa (Von paternalistischer Bevormundung zu gestaltender Fürsorge) näher RÖTHEL FamRZ 2004, 999.

2. Betreuung als Eingriff und Leistung

Nicht der Zuordnung im Rahmen der Gesamtrechtsordnung, sondern ihrer Funktion **3** nach ist Betreuung iS der §§ 1896 ff staatliche Fürsorgeleistung. Ausdruck der gemeinsamen Verantwortung der Bürgerschaft, Sorge für ihre hilfebedürftigen Mitbürger zu tragen, ist die erhalten gebliebene Verpflichtung aller geeigneten Personen, eine ihnen zuzumutende Betreuung zu übernehmen (§ 1898 Abs 1). Im Hinblick auf die häufig ohne Einverständnis des Betroffenen vorgenommene oder von ihm als Zwangsmaßnahme empfundene, infolge der gesetzlichen Vertretung des Betreuers mit einer Rechtseinbuße verbundene Maßnahme stellt sich die Betreuung in der Regel als ein Eingriff in die Freiheitssphäre und das Selbstbestimmungsrecht des Betroffenen dar. Mit Recht wird deshalb von der Janusköpfigkeit der Betreuung gesprochen (WIENAND FuR 1990, 36; auch VON SACHSEN GESSAPHE, Der Betreuer als gesetzlicher Vertreter 180 ff).

Diese Doppelgesichtigkeit der Betreuung wird nicht dadurch beseitigt, daß die Betreuerbestellung zutreffend als ein Instrument zur (Wieder-)Herstellung der Rechtsperson des Betroffenen und zur Eröffnung seines gleichberechtigten Zugangs zum Rechtsverkehr (LIPP, Freiheit und Fürsorge 75) verstanden wird. Dadurch, daß die Möglichkeit zu eigenem Handeln durch die Betreuerbestellung, abgesehen vom Einwilligungsvorbehalt (§ 1903) nicht eingeschränkt wird, das Handeln des Stellvertreters jedoch in seinen Auswirkungen den Betreuten beeinträchtigt, schließlich das subjektive Empfinden des Betreuten nicht mit seinem Wohl identisch sein muß, kommt es zu den Differenzen.

4 Die aus dem Charakter einer Eingriffsnorm geschlossene Notwendigkeit strikter (dh genauer) Interpretation (MünchKomm/SCHWAB Rn 1) darf nicht lediglich aus der Perspektive des Betroffenen gesehen und begründet werden. Solange die Bürgerschaft durch die Rechtsordnung verpflichtet wird, nicht nur im äußersten Notfall (bei Unglücksfällen, § 323c StGB), sondern bereits im Betreuungsfall zur Verfügung zu stehen und grundsätzlich unentgeltlich (zum alten Recht BVerfGE 54, 251; zum neuen Recht §§ 1836 Abs 1, 1908i Abs 1 S 1 sowie BT-Drucks 11/4528, 110 und BT-Drucks 13/7158, 11) Hilfe zu leisten, besteht auch im Interesse der Allgemeinheit Bedarf an strikter Interpretation. Wird ein Betreuer von Amts wegen bestellt, bedarf es genauer Feststellung der Eingriffsvoraussetzungen (s nunmehr auch Abs 1a); stellt ein Betroffener einen Antrag auf Betreuerbestellung, kommt es darauf an, festzustellen, ob ein die Gemeinschaft verpflichtender Sachverhalt gegeben ist. Insofern ist die Bestimmung, daß der zuständigen Behörde nur gegen die Bestellung eines Betreuers von Amts wegen die Beschwerde zusteht (§ 69g Abs 1 FGG; bestätigt durch BayObLG BtPrax 1998, 149; vgl auch OLG Hamm FamRZ 2002, 194 m Anm BIENWALD), nicht ganz zu verstehen.

5 Wer die Voraussetzungen einer Betreuerbestellung erfüllt, hat einen Anspruch auf eine entsprechende Entscheidung. Die Qualifizierung als öffentlich-rechtlichen Anspruch (MünchKomm/SCHWAB Rn 1) ist angesichts der bewußt zivilrechtlich gestalteten Maßnahme und des FGG-Verfahrens eher bedenklich. Außerdem ist der „Anspruch" nicht näher präzisiert. Andererseits geht er über einen bloßen Bescheidungsanspruch hinaus. Zur grundsätzlich privatrechtlich verstandenen Vormundschaft bisherigen Rechts und der Betreuung des derzeitigen Rechts HOLZHAUER ZRP 1989, 451, 453 im Anschluß an BT-Drucks 11/4528, 88 und 100.

3. Zur Bestimmtheit der Eingriffsnorm

6 Die bereits während des Gesetzgebungsverfahrens aufgeworfene Frage, ob der mit der Betreuerbestellung unbestritten verbundene hoheitliche Eingriff des Staates in die Rechtsstellung des Betroffenen durch die Fassung des § 1896 hinreichend bestimmt sei (BÜRGLE NJW 1988, 1801, 1803; PARDEY, Betreuung Volljähriger 3, 66, 86), ist nach dem Inkrafttreten des BtG zunächst nicht weiterverfolgt worden. Allerdings besteht die damals geäußerte Sorge, der betreffende Personenkreis könne gegenüber früherem Recht ausgeweitet werden, insofern nicht zu Unrecht, als eine Betreuerbestellung gegen den Willen des Betroffenen auch dann für zulässig gehalten wurde, wenn und obwohl der Betroffene geschäftsfähig ist (JÜRGENS BtPrax 1992, 47, 49; RAUSCH/RAUSCH NJW 1992, 274). Mit Recht hatte deshalb HOLZHAUER auf die Schwäche des § 1896 hingewiesen, nicht zwischen konsentierter und aufgezwungener Betreuerbestellung in allen Fällen zu unterscheiden (ZRP 1989, 451, 457). Sein Ergänzungsvorschlag („wer infolge einer psychischen Krankheit oder geistigen oder seelischen Behinderung nicht in der Lage ist, die Erforderlichkeit seiner Betreuung einzusehen, dem kann ein Betreuer auch ohne oder gegen seinen Willen bestellt werden") hatte zwar nicht Eingang ins Gesetz gefunden, fand aber Eingang in die Rechtsprechung. Das BayObLG hat in st Rspr festgestellt, eine solche Maßnahme des Betreuungsrechts (im einzelnen anschließend) setze voraus, daß der Betreute auf Grund einer psychischen Erkrankung seinen Willen nicht frei bestimmen kann. Dies sage, so die Begründung, das Gesetz zwar nicht ausdrücklich; es ergebe sich aber aus einer verfassungskonformen Auslegung des Gesetzes. Denn der Staat habe von Verfassung wegen nicht das Recht, seine erwachsenen und zu freier Willensbestimmung fähigen Bürger zu erziehen, zu „bessern" oder zu hindern, sich selbst zu schädigen. Diese zuerst in einer Entscheidung betreffend die Anordnung eines Einwilligungsvorhalts vertretene Auffassung (BayObLGZ 1993, 63 = FamRZ 1993, 851 = R&P 1993, 79 [80] = BtE 1992/93 Nr 4 zu § 1903 Abs 1 BGB mwN) hat das Gericht im Laufe der Zeit auf alle nach §§ 1896, 1903, 1906 in Betracht kommenden Maßnahmen ausgedehnt:

– Bestellung eines Betreuers: FamRZ 1994, 720 = BtPrax 1994, 59; BayObLGZ 1994, 209 = FamRZ 1994, 1551 = BtPrax 1994, 209; FamRZ 1995, 1085; BtPrax 1996, 75; BtE 1992/93 Nr 5 und 6 zu § 1896 Abs 1; FamRZ 1997, 902, 903;

– Bestellung eines Betreuers bei schubförmig verlaufenden Krankheiten: BayObLGZ 1994, 387 = FamRZ 1995, 510 = BtPrax 1995, 68; FamRZ 1996, 1370 (LS);

– Erweiterung des Aufgabenkreises des Betreuers: FamRZ 1995, 116; Beschluß v 23.1.2002 – 3 Z BR 396/01;

– Verlängerung der Betreuung: Beschluß v 15.6.1999 – 3 Z BR 156/1999;

– Anordnung eines Einwilligungsvorbehalts: BayObLGZ 1993, 63 = FamRZ 1994, 159 = BtE 1992/93 Nr 4 zu § 1903 Abs 1 mwN; BayOblGZ 1993, 346 = FamRZ 1994, 1135 = BtE 1992/93 Nr 5 zu § 1903 Abs 1; BtPrax 1996, 75;

– Unterbringung: BayObLGZ 1993, 18 = FamRZ 1993, 60 = BtE 1992/93 Nr 1 zu § 1906 Abs 1; FamRZ 1994, 1617 = BtPrax 1994, 211 = BtE 1992/93 Nr 2 zu § 1906 Abs 1; ebenso für eine Unterbringung nach Art 1 Abs 1 S 1 UnterbrG FGPrax 2002, 91, 92;

– Freiheitsentziehende Maßnahmen nach § 1906 Abs 4: BayObLGZ 1993, 208 = FamRZ 1994, 721 = BtPrax 1993, 139 = BtE 1992/93 Nr 4 zu § 1906 Abs 4 mwN.

Vgl dazu auch die Übersicht von SEITZ in seiner Anm zu OLG Hamm FamRZ 1995, 433 = BtPrax 1995, 70 = FGPrax 1995, 56, in: FGPrax 1995, 57, 58. Eingehend zur Betreuung ohne Einwilligung LIPP, Freiheit und Fürsorge 79 ff.

Einschränkend oder mit ähnlicher Formulierung sind dem Gericht bisher gefolgt: OLG Düsseldorf FamRZ 1995, 118 = BtPrax 1995, 29 (30) in einer Unterbringungssache (nur, wenn die Einsichts- und Steuerungsfähigkeit fehle und dieser Mangel auf der Erkrankung beruhe, könne die beabsichtigte Maßnahme getroffen werden); auch OLG Hamm, das den mit der Betreuerbestellung verbundenen Eingriff in das Selbstbestimmungsrecht nur für gerechtfertigt hielt, wenn der Betreute sein Selbstbestimmungsrecht infolge seiner Erkrankung selbst nicht ausüben kann. Nicht jede festgestellte psychische Erkrankung oder geistige oder seelische Behinderung könne, so das Gericht, deshalb eine Betreuerbestellung rechtfertigen (OLG Hamm FamRZ 1995, 433 [435] = BtPrax 1995, 70 [72] = FGPrax 1995, 56 [57] m Anm SEITZ). Offengeblieben ist, ob es sich um eine selbständige, ungeschriebene Tatbestandsvoraussetzung handelt, oder ob sich das Erfordernis des Ausschlusses der Fähigkeit des Betroffenen zur Ausübung des Selbstbestimmungsrechts bereits aus einer sachgerechten Auslegung des § 1896 Abs 1 herleiten läßt. Das OLG Frankfurt ist dem BayObLG gefolgt (BtPrax 1997, 123 [LS]). Für die Feststellung mangelnder freier Willensbildung im Rahmen der Bestellung eines Betreuers kann es nach BayObLG FamRZ 2001, 1558 ausreichen, wenn der Tatrichter die hierfür maßgebenden Symptome der psychischen Krankheit und ihre Auswirkungen auf die Willensbestimmung der Betroffenen darstellt.

Im Schrifttum hat sich HOLZHAUER gegen die Rspr des BayObLG gewandt und auf das Fehlen der Einsichts- und Steuerungsfähigkeit des Betroffenen zur Besorgung einzelner oder aller seiner Angelegenheiten abgehoben (ZRP 1989, 451, 456; FamRZ 1995, 1463, 1467 ff). Demgegenüber hat SEITZ auf die bindende Rechtsprechung des BGH hingewiesen, der noch 1995 (NJW 1996, 918 = WM 1996, 104) erkannt hat, ein Ausschluß der freien Willensbestimmung (iSd § 104 Nr 2) liege vor, wenn jemand nicht imstande ist, seinen Willen frei und unbeeinflußt von der vorliegenden Geistesstörung zu bilden und nach zutreffend gewonnenen Einsichten zu handeln (vgl im übrigen PAWLOWSKI, in: FS Fenge, 479, 562 sowie MÜLLER, Betreuung und Geschäftsfähigkeit [1998]).

Mit der Einfügung des Abs 1a (durch Art 1 Nr 7 2. BtÄndG), wonach gegen den freien Willen des Volljährigen ein Betreuer nicht bestellt werden darf, wollte der Gesetzgeber den Vorrang des freien Willens eines Menschen als Ausdruck seiner Würde und seines Selbstbestimmungsrechts verankern (BT-Drucks 15/2494, 17, 27f).

Wie der Begründung des Entwurfs des 2. BtÄndG auch zu entnehmen ist, geht es in diesem Zusammenhang aber in erster Linie um das Prinzip der Erforderlichkeit der Betreuung und der Betreuerbestellung (BT-Drucks 15/2494, 17). Da das Anliegen des Entwurfs im wesentlichen auf der Absicht beruht, die Kosten der Betreuung einzudämmen, stellt sich die Frage, ob der übergroßen Zahl von Betreuerbestellungen angesichts einer Bestellungspraxis, die offensichtlich Hilfen auch dann gewährt, wenn der Betroffene bei gehöriger Anspannung seiner Willenskräfte und Durchsetzungsfähigkeit, ggf mit Hilfe sozialer Begleitung, in der Lage wäre, den in seinem

Leben auftretenden Alltagsproblemen selbst zu begegnen, Einhalt geboten werden kann.

Die vom BMJ in Auftrag gegebene „Rechtstatsächliche Untersuchung zur Qualität von Betreuungen, zur Aufgabenverteilung im Bereich der Betreuung und zum Verfahrensaufwand" hat speziell zu dieser Frage keine Feststellungen getroffen, jedoch ermittelt, daß von denjenigen Betreuten, für deren Angelegenheiten ein berufsmäßig tätiger Betreuer bestellt worden ist, der auslösende Grund für die Betreuerbestellung in 42% der Fälle psychische Erkrankungen waren. Dies läßt zwar einerseits den Schluß zu, daß die Gerichte für diese Betroffenen nur eine berufsmäßig tätige Person für einen geeigneten Betreuer gehalten haben; es deutet andererseits aber darauf hin, daß von diesen Betreuern der „Auftrag" umfassender als vom Aufgabenkreis und durch gesetzliche Bestimmungen gedeckt wahrgenommen wurde bzw wird. Ursächlich dafür ist offensichtlich der als Teil des Aufgabenkreises verstandene „Rehabilitationsauftrag" (Stellungnahme des BdB eV zum Abschlußbericht der Bund-Länder-Arbeitsgruppe „Betreuungsrecht", bdbaspekte Heft 46/2003 12, 14) abgeleitet aus § 1901 Abs 4. Wird zB vom Betreuer für den Betreuten ein Arbeitsplatz besorgt oder der Betreute bei der Arbeitsplatzsuche intensiv begleitet, handelt es sich um eine Leistung, die über die Nebenpflicht des § 1901 Abs 4 hinausgeht und von anderen Institutionen/Personen wahrzunehmen wäre, solange das Betreuungsrecht nicht geändert ist.

4. Zur Entstehungsgeschichte der Norm

Zur Entstehungsgeschichte der Norm BIENWALD, BtR² Rn 10 ff, ERMAN/HOLZHAUER Rn 1. Durch das 2. BtÄndG v 21. 4. 2005 (BGBl I 1073) wurde Abs 1a eingefügt (Art 1 Nr 7). Die im Entwurf eines 2. BtÄndG vorgesehen gewesene Einführung einer (begrenzten) gesetzlichen Vertretung des Betroffenen durch nahe Angehörige als eine weitere Möglichkeit, die Bestellung eines Betreuers zu vermeiden, wurde vom Rechtsausschuß des Deutschen Bundestags abgelehnt (BT-Drucks 15/4874).

II. Normstruktur

Abs 1 S 1 enthält den Grundsatz und die Grundvoraussetzungen einer gerichtlichen Betreuerbestellung. Sie werden als ein zweigliedriges Modell verstanden (BT-Drucks 11/4528, 115; BIENWALD, BtR Rn 3; ERMAN/HOLZHAUER Rn 2; MünchKomm/SCHWAB Rn 20). HOLZHAUER bezeichnet es als ein „zweigliedriges Merkmal, das einen medizinischen Befund mit einer sozio-juridischen Folge verbindet". Weder das Nichtbesorgen eigener Angelegenheiten noch die Krankheit oder Behinderung allein rechtfertigen die Bestellung eines Betreuers (BT-Drucks 11/4528, 117; OLG Köln FamRZ 2001, 311 [LS]). Wird der erste Satz richtig gelesen, kommt es zunächst auf die Feststellung an, daß jemand seine Angelegenheiten nicht besorgt; erst dann ist nach der Ursache zu fragen. Deshalb entspricht ein in der folgenden Formel zum Ausdruck kommendes Verständnis der Norm nicht deren Wortlaut und den Absichten von Gesetz und Gesetzgeber: Die/der Betroffene sei krank (iSd § 1896 Abs 1) und müsse deshalb betreut werden (BIENWALD, Anm zu OLG Zweibrücken, FamRZ 2005, 748, 749). Gegenstand des Nichtbesorgens der eigenen Angelegenheiten kann die Krankheit oder Behinderung insofern sein, als der Betreffende das zur Behandlung der Krankheit Erforderliche nicht tut. Anlaß zu einer Intervention (Betreuerbestellung von Amts wegen) besteht jedoch nur dann, wenn der Betreffende auf Grund einer psychischen Erkrankung „seinen Willen nicht frei bestimmen" kann (BayObLGZ 1993, 63 = FamRZ 1993, 851 = R&P 1993, 79, 80) und weitere Voraussetzungen gegeben sind. Die Erblindung eines Betroffenen allein rechtfertigt noch nicht die Bestellung eines Betreuers, auch wenn diese vom Betroffenen gewünscht wird (OLG Köln FamRZ 2002, 143).

9 Abs 2 regelt den Umfang gerichtlicher Betreuung. Dem Merkmal der Erforderlichkeit kommt dabei eine selbständige Bedeutung nicht zu (VON SACHSEN GESSAPHE 237). Bereits für das gesamte Betreuungsrecht gilt der mit Verfassungsrang ausgestattete Erforderlichkeitsgrundsatz (BT-Drucks 11/4528, 120), so daß Abs 2 S 1 eine Selbstverständlichkeit wiederholt. Insofern trifft die Begründung des RegEntw (BT-Drucks 11/4528, 120) nicht zu, Abs 2 S 1 betreffe nicht nur die Frage, für welche Aufgabenkreise ein Betreuer bestellt werden solle, sondern auch die Frage, ob überhaupt eine Betreuung zulässig sei. Da Gegenstand eines Aufgabenkreises nur Angelegenheiten sein können und dürfen, die besorgungsbedürftig iSd Abs 1 S 1 sind, kann bei Nichtvorhandensein solcher Angelegenheiten bereits nach Abs 1 S 1 ein Betreuer nicht bestellt werden. Auch Abs 2 S 2 enthält lediglich ein Beispiel dafür, wann Betreuung nach Abs 1 S 1 nicht erforderlich ist. In diesem Falle liegen die Voraussetzungen des Abs 1 S 1 nicht vor. Abs 2 enthält demnach anspruchsverneinende bzw eingriffsverneinende Tatbestände.

10 Abs 2 S 2 dient der Präzisierung dahingehend, daß er die vorrangigen Hilfen als solche benennt und beschreibt, bei denen kein gesetzlicher Vertreter bestellt wird (BT-Drucks 11/4528, 122). Die amtliche Begründung stellte einerseits fest, die Notwendigkeit eines gesetzlichen Vertreters sei entscheidendes Abgrenzungskriterium, meinte aber andererseits, die Bestellung eines Betreuers setze nicht voraus, daß der Betreute für jede einzelne Besorgung eines gesetzlichen Vertreters bedarf (BT-Drucks 11/4528, 122). Diese Unterscheidung verursacht nicht nur im Falle der Bestellung eines Betreuers, sondern vor allem bei der Führung der Betreuung erhebliche Probleme. Dem Betreuten verbliebene Befugnisse außerhalb des Bereichs rechtsgeschäftlicher Betätigung werden leicht übersehen, und der von der gesetzlichen Vertretung erfaßte Verantwortungsbereich des Betreuers wird nur ungenau bestimmt. Daß das Problem der Abgrenzung „zwischen den dem Betreuer vom Gesetz zugewiesenen Amtsgeschäften und dessen darüber hinausgehendem faktischen Engagement für den Betreuten", das mit dem BtÄndG zu lösen versucht wurde (s § 1897 Abs 1, § 1901 Abs 1), zT strukturbedingt ist, wurde auch vom Gesetzgeber des BtÄndG nicht erkannt (vgl zB BT-Drucks 13/7158, 33).

11 Abs 1 S 1 aE sowie S 3 (nicht S 2, wie ERMAN/HOLZHAUER Rn 2 meint) regeln, wann die Entscheidung über die Betreuerbestellung von Amts wegen oder auf Antrag getroffen wird. Im Falle von S 3 geht die Bedeutung des Antrags über eine bloße Initiative (so aber ERMAN/HOLZHAUER Rn 2) hinaus (Sachentscheidungsvoraussetzung mit der zuletzt geregelten Ausnahme: BIENWALD, BtR Rn 172; 178; MünchKomm/SCHWAB Rn 115).

Nach MünchKomm/SCHWAB Rn 115 (ebenso KNITTEL Rn 8 und ERMAN/HOLZHAUER Rn 15) enthält dieser Antrag zugleich eine Einwilligung, die in diesem Falle materiellrechtliche Voraussetzung ist. Die Annahme einer Doppelnatur wird vom Gesetz nicht erfordert; andernfalls wäre jeder Antrag auf Aufhebung der Betreuung daraufhin zu prüfen, ob er gleichzeitig den Widerruf der Einwilligung enthält. Unklar ist vor allen Dingen, wozu der Betroffene einwilligen soll. Die Bestellung eines Betreuers ist weder Vertrag noch mitwirkungsbedürftiger Verwaltungs- oder Rechtsakt.

Abs 3 enthält ein Beispiel für die Gestaltung eines Aufgabenkreises bezogen auf den Fall von Bevollmächtigung. Abs 4 dient der Klarstellung, daß bestimmte Eingriffe in verfassungsmäßig geschützte Rechte ausdrücklicher Anordnung bedürfen, wenn sie von der Betreuung erfaßt werden sollen (sinngemäß BT-Drucks 11/4528, 123). **12**

Die von SCHWAB (FamRZ 1992, 493, 495) festgestellten schwierigen Fragen und Probleme sind zT dadurch begründet, daß Teile der Norm verselbständigt werden und nicht die Gesamtheit der Tatbestandsvoraussetzungen einer Betreuerbestellung gesehen wird. Gesetzgebungstechnisch unbefriedigend ist allerdings das Inbeziehungsetzen von § 1896 Abs 2 S 2 und § 1902, wodurch die gesetzliche Vertretung einerseits zur Folge, die Notwendigkeit solcher Vertretung zugleich auch zur Voraussetzung einer Betreuerbestellung gemacht wurde, beides aber nicht kongruent ist. Die Kritik an § 1896 Abs 2 S 2 läßt außer Betracht, daß für die Betreuerbestellung nicht das Erfordernis gesetzlicher Vertretung schlechthin gegeben sein muß, sondern die Betreuerbestellung nur dann unterbleiben darf, wenn andere Hilfen, bei denen kein gesetzlicher Vertreter bestellt wird, zur Verfügung stehen und dadurch die Angelegenheiten „ebenso gut wie durch einen Betreuer besorgt werden können". Es muß also noch ein Qualitätsmerkmal erfüllt sein. **13**

Die Gesamtheit der Voraussetzungen einer Betreuerbestellung ergibt sich aus den §§ 1896 Abs 1 und 2, 1902 sowie § 1903 Abs 3. Durch sie wird die Grundvoraussetzung „Betreuung durch einen nach §§ 1896 ff bestellten Betreuer nur, soweit sie erforderlich ist", in einzelne Bestandteile gegliedert. Ob diese Untergliederung, beispielsweise in positive und negative Tatbestandsmerkmale (anspruchs- bzw eingriffsbegründende und -verneinende Merkmale), auch dem Zweck diente, die „Darlegungs- und Beweislast" zu regeln, läßt sich der amtl Begr nicht entnehmen. Auch die vorher veröffentlichten Entwürfe lassen darüber nichts erkennen.

„Anspruchs-" bzw eingriffsbejahende Tatbestandsmerkmale sind **14**

a) das Unvermögen, die eigenen Angelegenheiten ganz oder teilweise selbst zu besorgen oder besorgen zu lassen;

b) das Bestehen einer psychischen Krankheit oder einer körperlichen, geistigen oder seelischen Behinderung, die für das zu a) genannte Unvermögen ursächlich ist;

c) der krankheitsbedingte Mangel des freien Willens, wenn der Betroffene die Bestellung eines Betreuers nicht wünscht (Abs 1a; BT-Drucks 15/2494, 28).

„Anspruchs-" bzw eingriffsverneinende Tatbestandsmerkmale sind:

a) der insoweit zu freier Willensbestimmung fähige Betroffene lehnt die Bestellung eines Betreuers ganz oder teilweise ab;

b) die Angelegenheiten des Betroffenen können ganz oder teilweise durch einen Bevollmächtigten besorgt werden;

c) die Angelegenheiten des Betroffenen können ganz oder teilweise durch andere Hilfen, bei denen kein gesetzlicher Vertreter bestellt wird, dh Hilfen ohne den Status eines nach §§ 1896 ff bestellten Betreuers, ebenso gut wie durch einen nach § 1896 bestellten Betreuer besorgt werden;

d) ein Unvermögen zur Besorgung der eigenen Angelegenheiten liegt – rechtlich gesehen – insoweit nicht vor, als der Betroffene tatsächlich in der Lage ist, geringfügige Angelegenheiten des täglichen Lebens selbst zu besorgen (§ 1903 Abs 3 S 2).

15 Die durch die Anordnung eines Einwilligungsvorbehalts auch für einen Geschäftsunfähigen vermittelte Möglichkeit, daß der Betreute geringfügige Angelegenheiten des täglichen Lebens wirksam selbst besorgt bzw besorgen darf, führt rechtstatsächlich bei einem Kranken oder Behinderten, der (noch) keinen Betreuer hat, zu dem gleichen Ergebnis, wenn der Rechtsverkehr dessen Handeln akzeptiert. In diesem Falle wäre eine Bestellung eines Betreuers nach §§ 1896 ff bzw eine entsprechende Aufgabenstellung entbehrlich. Die hier vertretene Auffassung, der unter Einwilligungsvorbehalt gestellte geschäftsunfähige Betreute handele im Rahmen des § 1903 Abs 3 S 2 aus eigenem Recht (und nicht wie früher zulässig und auch heute noch möglich, aus abgeleitetem Recht, vgl BT-Drucks 11/4528, 137 sowie § 1903 Rn 33 ff), ist umstr; sie ergibt sich aus der generell der Reform zugrunde liegenden Absicht, die Rechte und die Selbständigkeit des Betroffenen zu stärken. Nach Auffassung von DIECKMANN (NJW 1993, 462) hätte der Gesetzgeber eine solche Absicht positiv ausdrücken müssen (vgl demgegenüber PAWLOWSKI, Willenserklärungen und Einwilligungen in personenbezogene Eingriffe, JZ 2003, 66 [69 Fn 32]).

III. Voraussetzungen einer Betreuerbestellung

1. Geltungsumfang der Vorschrift

16 Die Grundnorm des Betreuungsrechts regelt nicht nur die Voraussetzungen für den Regelfall der Erstbestellung eines Betreuers. Sie gilt grundsätzlich für **alle Betreuerbestellungen**, sei es, daß eine quantitative oder eine qualitative Erweiterung des Aufgabenkreises und/oder eine damit verbundene Neubestellung in Betracht kommt, sei es, daß die Person des Betreuers oder die Zahl der Betreuer wechselt. Für die **Verlängerung** der Betreuung gelten die gleichen materiell-rechtlichen Vorschriften wie für die erstmalige Bestellung eines Betreuers (BayObLG BtE 1994/95, 86, 87 m Anm SCHREIEDER). Demgemäß sind für die Auswahl des Betreuers die Vorschriften über die Neubestellung und nicht diejenigen über die Entlassung des Betreuers anzuwenden (BayObLG FamRZ 2001, 1100 [LS]; OLG Zweibrücken Rpfleger 2002, 312; für die **Erweiterung** des Aufgabenkreises vgl BayObLG FamRZ 1998, 453, 454). In allen diesen Fällen kommt es gleichermaßen auf die konkrete Betreuungsbedürftigkeit an (MünchKomm/ SCHWAB Rn 41 mwN). Der Tatrichter muß deshalb für jeden einzelnen, dem Betreuer übertragenen Aufgabenkreis die Erforderlichkeit der Betreuung darlegen (BayObLG FamRZ 1999, 1612). **Ausnahmen** davon machen die Bestellung eines **Ergänzungsbetreuers** und die des **Gegenbetreuers**. Da der Anlaß für die Bestellung eines Ergänzungs-

Titel 2 § 1896
Rechtliche Betreuung 17

betreuers in der Person des Betreuers, der amtiert, zu suchen ist, kommt es auf die (nochmalige) Feststellung der Betreuungsbedürftigkeit des Betreuten und damit auf die unmittelbare Anwendung von § 1896 nicht an. Die Bestellung eines Gegenbetreuers richtet sich ausschließlich nach § 1792 iVm § 1908i Abs 1 S 1. Der Gegenbetreuer hat die Aufgabe, den Betreuer zu überwachen. Seine Bestellung ist nicht mit einer Erweiterung des Aufgabenkreises des Betreuers verbunden. Deshalb ist für das Verfahren der Bestellung eines Gegenbetreuers § 69i Abs 1 FGG nicht unmittelbar anzuwenden. Zum Gegenbetreuer eingehend unten § 1908i Rn 20 ff.

2. Positive und negative Tatbestandsmerkmale

Der zweigliedrige Grundtatbestand erfordert, daß eine volljährige Person (zur Betreuerbestellung für einen Minderjährigen, der das siebzehnte Lebensjahr vollendet hat, s § 1908a) 17

– ganz oder teilweise außerstande ist, ihre besorgungsbedürftigen Angelegenheiten zu besorgen, und

– dieses Unvermögen auf einer psychischen Krankheit oder einer körperlichen, geistigen oder seelischen Behinderung beruht. Entgegen einer in der Praxis (zZ noch gelegentlich) in entsprechenden Entscheidungen zum Ausdruck kommenden Auffassung spielt es keine Rolle, ob der Betroffene seine Betreuungsbedürftigkeit verschuldet hat oder nicht. Deshalb ist zB einem alkoholkranken Betroffenen, der infolge Korsakow-Syndroms seine Angelegenheiten ganz oder teilweise nicht mehr selbst besorgen kann, unabhängig davon ein Betreuer zu bestellen, ob er die Betreuungsbedürftigkeit zu vertreten hat.

Ein Betreuungsbedürfnis besteht nicht schon dort, wo auch ein gesunder Volljähriger sich der Hilfe eines anderen (Rechtsanwalt, Steuerberater usw) bedienen würde. Nur wenn der Betroffene psychisch außer Stande ist, solche Hilfe von sich aus in Anspruch zu nehmen oder die Notwendigkeit der Inanspruchnahme zu erkennen, kommt die Bestellung eines Betreuers in Betracht (BayObLG FamRZ 2001, 1249 [LS]). Ein Betreuungsbedürfnis besteht ferner dann nicht, wenn der Betroffene zwar psychisch krank ist, seine Angelegenheiten aber gleichwohl selbst oder mit Hilfe eines Bevollmächtigten besorgen kann. In einem solchen Fall darf eine rechtliche Betreuung auch nicht auf ausdrücklichen Antrag des Betroffenen hin angeordnet werden (OLG Zweibrücken FamRZ 2004, 1815).

Die Bestellung eines Betreuers entfällt, wenn und soweit der Betroffene durch Erteilung von Vollmacht(en) oder in anderer Weise selbst **Vorsorge** getroffen hat (Abs 2 S 2, 1. Alt) und dadurch der Besorgungsbedarf gedeckt werden kann (Abs 2 S 2 aE). Ist der Betroffene imstande, eine Vollmacht zu erteilen, zB nachdem er pflichtgemäß vom Vormundschaftsgericht während des Betreuungsverfahrens darauf hingewiesen worden ist (§ 68 Abs 1 S 3), liegen bereits die Voraussetzungen des Abs 1 ganz oder teilweise (wenn ein unversorgter Rest bleibt) nicht vor. Sie entfällt ferner dann, wenn und soweit Angelegenheiten des Betroffenen durch andere Hilfen, bei denen kein gesetzlicher Vertreter bestellt wird, ebenso gut wie durch einen Betreuer besorgt werden können (Abs 2 S 2, 2. Alt).

Die Reihenfolge der Tatbestandsvoraussetzungen zu a) und b), wie sie hier wiedergegeben ist, entspricht nicht der Reihenfolge der Wörter, in der sie im Gesetzestext aufgeführt sind. Sie spiegelt nicht nur die überwiegende Zahl von Anlässen für eine Betreuerbestellung wider, weil – mit Ausnahme der Menschen, die von Kindheit an mit geistiger Behinderung leben – **zunächst die soziale Auffälligkeit** beobachtet und danach erst die Ursache (Krankheit, Behinderung) festgestellt wird. Analysiert man den ersten Satz der Vorschrift, so besteht seine Hauptaussage darin, daß derjenige einen Betreuer erhält, der seine Angelegenheiten ganz oder teilweise nicht besorgen kann. Erst **danach** kommt es auf die Prüfung und Feststellung an, daß die **Ursache für dieses Unvermögen** auf einer bestimmten Krankheit oder Behinderung beruht. Denn nicht jeder, der seine Angelegenheiten nicht (mehr) besorgt, soll auf Kosten der Allgemeinheit einen Helfer haben (Bienwald Anm zu BayObLG FamRZ 2003, 1968 [1969]). Die verbreitete Auffassung oder Vorstellung, jemand, der iSd § 1896 Abs 1 krank oder behindert ist, benötige aus diesem Grunde einen Betreuer, entspricht nicht den Vorschriften.

Da im Falle körperlicher Behinderung stets ein Antrag erforderlich ist, soweit der Betreffende seinen Willen kundtun kann, kommt es auf die Reihenfolge der Tatbestandsmerkmale nicht an. Kann der körperlich Behinderte jedoch seinen Willen nicht kundtun, besteht Handlungsbedarf nur dann, wenn auf andere Weise die Angelegenheiten des Betroffenen nicht besorgt werden.

Nicht erforderlich für die Betreuerbestellung ist die Feststellung, daß sie **ausschließlich im Interesse** des Betroffenen liegt. In Ausnahmefällen darf sogar ein Betreuer im ausschließlichen Interesse eines Dritten bestellt werden (BayObLGZ 1995, 52 = FamRZ 1996, 1369 = FGPrax 1996, 105; BayObLG FamRZ 1998, 922; im Ergebnis auch Lipp, Freiheit und Fürsorge 54). Ebenfalls nicht Tatbestandsvoraussetzung ist die Feststellung einer (natürlichen) Geschäftsunfähigkeit, § 104 Nr 2.

3. Verzicht auf die Feststellung der Geschäftsunfähigkeit

18 Nach früherem Recht konnte eine Vormundschaft für einen Volljährigen nur angeordnet werden, wenn er infolge von Entmündigung einen Rechtsstatus erhalten hatte, der ein Alleinhandeln grundsätzlich ausschloß, so daß ein Vormund allein für ihn oder zusammen mit ihm handeln mußte, damit ein rechtsgeschäftlicher Erfolg eintrat. Die Anordnung einer Gebrechlichkeitspflegschaft setzte nach § 1910 Abs 3 aF nach überwiegender Meinung voraus, daß der Betreffende entweder einwilligte oder geschäftsunfähig war, so daß deshalb eine Verständigung iS des § 1910 Abs 3 aF mit ihm nicht möglich war. Geschäftsunfähigkeit des Betroffenen war für die Anordnung einer Gebrechlichkeitspflegschaft nicht allgemein konstitutiv; durch die Anknüpfung des Merkmals der Einwilligungsunfähigkeit an die Geschäftsunfähigkeit (§ 104 Nr 2) war jedoch zumindest im Stadium der Errichtung der Pflegschaft festgestellt worden, daß der Betroffene sich in dem in § 104 Nr 2 beschriebenen Zustand befand.

19 § 1896 nF verzichtet auf die Feststellung von Geschäftsunfähigkeit des Betroffenen, aber auch auf die seiner Geschäftsfähigkeit. Die Bestellung eines Betreuers ist nicht davon abhängig, daß der Betroffene in natürlichem Sinne geschäftsunfähig (§ 104 Nr 2) und deshalb außerstande ist, seine Angelegenheiten zu besorgen. Die während des Gesetzgebungsverfahrens geäußerte Kritik daran ist ohne Einfluß auf die Reform geblieben (s dazu oben Rn 6).

Der Gesetzgeber wollte verbliebene Fähigkeiten des Betroffenen berücksichtigen und in seine Rechte nur eingreifen, soweit dies erforderlich ist (BT-Drucks 11/4528, 59 unter Bezugnahme auf S 1 der Antwort der BReg auf die Große Anfrage der SPD BT-Drucks 10/5970). Für die Betreuten gelten allerdings die allgemeinen Regelungen, die auch für Nichtbetreute maßgebend sind. Danach ist jemand, der sich in einem die freie Willensbestimmung ausschließenden Zustand krankhafter Störung der Geistestätigkeit befindet, nach § 104 Nr 2 geschäftsunfähig, sofern nicht der Zustand seiner Natur nach ein vorübergehender ist. Die „natürliche" Geschäftsunfähigkeit nach § 104 Nr 2 muß sich allerdings nicht auf alle Angelegenheiten erstrecken (STAUDINGER/DILCHER[12] § 104 Rn 24). Soweit der Betroffene in natürlichem Sinne geschäftsunfähig ist, benötigt er, sofern er nicht andere ausreichende Hilfen zur Verfügung hat, einen Betreuer (§ 104 Nr 2 iVm § 105 Abs 1), wenn er am Rechtsverkehr teilnehmen soll. § 1896 schließt demgegenüber nicht aus, daß einem nicht geschäftsunfähigen Betroffenen ein Betreuer bestellt wird. § 1903 Abs 1 bestätigt dies. Fraglich kann deshalb nicht sein, daß für einen nicht geschäftsunfähigen Betroffenen ein Betreuer bestellt werden kann (so aber wohl BayObLG BtPrax 1993, 171, 172 = FamRZ 1994, 319, 320); es kommt vielmehr darauf an, unter welchen (weiteren) Voraussetzungen diese Betreuerbestellung erfolgt.

Der nicht geschäftsunfähige Betroffene benötigt nicht aufgrund eines (minderen) **20** Rechtsstatus einen Betreuer; er kann selbst gerichtlich und außergerichtlich aktiv und passiv im Rechtsverkehr tätig sein. Er benötigt dann und deshalb einen Betreuer, wenn und weil er aus tatsächlichen Gründen krankheits- oder behinderungsbedingt außerstande ist, seine Angelegenheiten zu besorgen. Ist er partiell geschäftsunfähig, besteht in bezug auf die deshalb notwendige Betreuerbestellung die Rechtslage wie bei angenommener vollständiger Geschäftsunfähigkeit. Das BayObLG (BtPrax 1993, 171, 172 = FamRZ 1994, 319, 320) konnte deshalb die Frage, ob für einen geschäftsfähigen Betroffenen (zu ergänzen wäre: gegen seinen Willen) ein Betreuer bestellt werden darf, unbeantwortet lassen, weil die Betroffene für Willenserklärungen im Hinblick auf ihre psychische Erkrankung als (partiell) geschäftsunfähig anzusehen war.

Da nicht jede psychische Erkrankung, geistige oder seelische Behinderung eine **21** Geschäftsunfähigkeit in natürlichem Sinne und in vollem Umfange nach sich zieht, andererseits aber infolge dieser Erkrankung oder Behinderung ein Defizit in der Besorgung der eigenen Angelegenheiten bestehen kann, wurde im Schrifttum (JÜRGENS BtPrax 1992, 47, 48; RAUSCH/RAUSCH NJW 1992, 274, 275; **aA** BÜRGLE NJW 1988, 1881, 1883; DIECKMANN JZ 1988, 797; BIENWALD, BtR Rn 182 ff) die Auffassung vertreten, daß das Versorgungsdefizit auch bei einem geschäftsfähigen Betroffenen zur Bestellung eines Betreuers ausreiche und es auf das Einverständnis dieses Betroffenen nicht ankomme. S dazu nunmehr Abs 1a und für die bisherige Rechtslage BayObLG in st Rspr (FamRZ 1994, 720 = BtPrax 1994, 59; BayObLGZ 1994, 387 = BtPrax 1995, 68; BtPrax 1996, 75; BtE 1992/93 Nr 5 und 6 zu § 1896 Abs 1; FamRZ 2001, 1244 = NJWE – FER 2001, 206), wonach ein Betreuer gegen den Willen des Betroffenen nur bestellt werden durfte, wenn und solange der damit nicht einverstandene Betroffene seinen Willen aufgrund einer geistigen oder seelischen Behinderung nicht frei bestimmen kann. Vgl auch OLG

Hamm (FamRZ 1995, 433 = BtPrax 1995, 70 = FGPrax 1995, 56 m Anm Seitz); OLG Frankfurt (BtPrax 1997, 123 [LS]); OLG Düsseldorf ([zu § 1906] FamRZ 1995, 118 = BtPrax 1995, 29 [30] = R&P 1995, 93). Bemerkenswert auch die Unterbringungsgesetze von Baden-Württemberg (§ 1 Abs 3) und Sachsen-Anhalt (§ 11 Abs 2), die dem Betreuer den Entscheidungsvorrang vor der öffentlichen Unterbringung nur dann einräumen, „wenn der psychisch Kranke geschäftsunfähig ist oder für ihn ein Einwilligungsvorbehalt hinsichtlich der Aufenthaltsbestimmung angeordnet ist". S dazu und zu der zuletzt von Jürgens (BtPrax 1992, 47) vorgetragenen Auffassung und ihren Argumenten Staudinger/Bienwald (1999) Rn 22; zu den für die Geschäftsfähigkeit als Schranke staatlichen Eingriffs weiterhin sprechenden Gründe unten Rn 23 ff.

22 Trotz der Kritik, daß wohl keine andere Norm des Betreuungsrechts in der alltäglichen Praxis so weitgehend Fehlinterpretationen ausgesetzt ist wie § 1896 und der Hinweise auf die korrigierenden Entscheidungen der Obergerichte (BT-Drucks 15/2494, 17) sah der Entwurf eines 2. BtÄndG keine Notwendigkeit, die von der Rechtsprechung aus dem Wortlaut der Vorschrift und dem GG entwickelten Eckpfeiler der Auslegung des § 1896 klarstellend zu normieren. Er beschränkte sich auf die Einfügung des neuen Abs 1a, wonach **gegen den freien Willen des Volljährigen ein Betreuer nicht bestellt** werden darf (BT-Drucks 15/2494, 6, 17). In der Einzelbegründung zu dieser durch Art 1 Nr 7 2. BtÄndG eingefügten Vorschrift wird zunächst auf die Rechtsprechung des BGH zu § 104 Nr 2 Bezug genommen und anschließend ausgeführt:

„Im systematischen Kontext kann eine freie Willensbestimmung im Sinne des § 104 Nr. 2 BGB nicht einen gänzlich anderen Sinngehalt haben, als eine freie Willensbestimmung im Sinne des § 1896 Abs. 1 S. 1 BGB. § 104 Nr. 2 BGB und § 1896 Abs. 1 S. 1 umschreiben im Kern das gleiche Phänomen. Da die Geschäftsfähigkeit für die rechtsgeschäftlich ausgestalteten Teilaufgabenbereiche der Betreuung einen tauglichen Maßstab dafür liefert, wann die Rechtsordnung eine Entscheidung des Betroffenen als vollwirksam akzeptiert, müssen grundsätzlich die gleichen Erwägungen, die der Bestimmung der Geschäftsfähigkeit zu Grunde liegen, auch für die anderen Aufgabenbereiche gelten. Die beiden entscheidenden Faktoren sind daher die Einsichtsfähigkeit des Betroffenen und dessen Fähigkeit, nach dieser Einsicht zu handeln. Fehlt es an einem dieser beiden Elemente, liegt kein freier, sondern ein natürlicher Wille vor." Zu den Kriterien teilt die Begründung mit: Auch der an einem Gebrechen iSd § 1896 Abs 1 leidende Betroffene könne in der Lage sein, einen freien Willen zu bilden und zu äußern. Einsichtsfähigkeit setze die Fähigkeit des Betroffenen voraus, im Grundsatz die für und wider eine Betreuerbestellung sprechenden Gesichtspunkte zu erkennen und gegeneinander abzuwägen. Überspannte Anforderungen dürften dabei an die Auffassungsgabe des Betroffenen nicht gestellt werden. Abzustellen sei jeweils auf das Krankheitsbild des Betroffenen. Wichtig sei das Verständnis, daß ein gesetzlicher Vertreter bestellt werde, der eigenständige Entscheidungen in den ihm übertragenen Aufgabenbereichen treffen kann. Der Betroffene müsse Grund, Bedeutung und Tragweite einer Betreuung intellektuell erfassen können. Eine eigenständige Abwägung könne der Betroffene jedoch nur vornehmen, wenn ihm die tatsächlich und rechtlich relevanten Umstände bekannt sind, er mithin den Sachverhalt erfaßt hat (BT-Drucks 15/2494, 28).

In der Begründung wird zutreffend festgestellt, daß eine die Bestellung eines Betreuers ablehnende Entscheidung eines Betroffenen zu respektieren sei, wenn dieser einsichtsfähig und in der Lage ist, eine dieser Einsicht entsprechende Entscheidung zu fällen (aaO).

Die mit der Verankerung des Vorrangs des freien Willens eines Menschen als Ausdruck seiner Würde und seines Selbstbestimmungsrechts begründete Aufnahme des Abs 1a geht davon aus, daß bisher Betreuer gegen ihren freien Willen bestellt wurden. Sie übersieht, daß in zahlreichen Fällen einsichtsfähige Betroffene die Bestellung eines Betreuers wünschen und mit dessen Tätigkeit auch als gesetzlicher Vertreter einverstanden sind, solange dieser im wesentlichen ihren Wünschen nachkommt, zur Besorgung eigener Angelegenheiten aber durchaus noch in der Lage wären, wenn ihnen dies nachdrücklich vermittelt werden würde und nicht beteiligte Institutionen (Heime, Behörden ua) zur Vermeidung schwieriger Auseinandersetzungen mit einem Betroffenen und den Angehörigen die Bestellung eines Betreuers anregen würden. Den bisher von den Obergerichten entschiedenen Fällen mangelnder Erforderlichkeit einer Betreuerbestellung (s BT-Drucks 15/2494, 17) ließen sich deshalb weitere (typische) Konstellationen anfügen, bei deren Vorliegen nicht mit der Bestellung eines Betreuers reagiert werden müßte.

Für die **Geschäftsfähigkeit als Schranke staatlichen Eingriffs** durch die Bestellung eines Betreuers gegen den ausdrücklichen Willen eines (voll) geschäftsfähigen Betroffenen sprechen nach wie vor folgende Gründe: 23

Formelle Gründe
– Der Gesetzgeber hat von dem Abgrenzungskriterium der Geschäftsunfähigkeit auch bei Volljährigen nicht Abstand genommen. § 104 Nr 2 (mit der Rechtsfolge des § 105 Abs 1) gilt weiterhin. Aus dem Gesamtzusammenhang der Normen über die Geschäftsfähigkeit (so auch die Titelüberschrift vor § 104) geht auch weiterhin hervor, daß jeder Volljährige bis zum Beweis des Gegenteils für geschäftsfähig angesehen wird, dh als jemand, der imstande ist, seine Angelegenheiten nach seinen eigenen Wünschen und Vorstellungen und im Rahmen der für alle geltenden Gesetze wahrzunehmen. Er ist, solange nicht das Gegenteil feststeht, vollwertiger Teilnehmer am Rechtsverkehr, was seine Rechtsposition angeht. Er kann gerichtlich und außergerichtlich für sich (und andere) tätig und von anderen in Anspruch genommen werden.

– Der Gesetzgeber hat das Kriterium der Geschäftsunfähigkeit eines Menschen vor allen Dingen im Bereich des Familienrechts (auch nach den Reformen zB durch das Beistandschafts- und das KindRG) belassen und die Vertretung des Betreuten durch den Betreuer dort ausgeschlossen, wo der Betreute geschäftsfähig ist. Im Zwangsversteigerungsverfahren bedarf es einer Zustellung von Entscheidungen an den Betreuer, wenn die Zwangsversteigerung den Aufgabenkreis des Betreuers betrifft und der Betreute augenscheinlich geschäftsunfähig ist (LG Rostock NJW-RR 2003, 441). In einigen PsychKG (zB Sachsen-Anhalt § 11 Abs 2 S 2) ist bestimmt, daß die Unterbringung durch einen Betreuer nur dann Vorrang hat, wenn die betreute Person geschäftsunfähig ist.

Inhaltliche Gründe 24
– Eine das Handeln des Betreuers und des Vormundschaftsgerichts ausschließende

Wirkung hat der Betreuungsgesetzgeber dem sog natürlichen Willen des Betroffenen/Betreuten nur im Zusammenhang mit der Sterilisation eingeräumt (§ 1905). In allen anderen Fällen, wo von dem Willen des Betroffenen/Betreuten die Rede ist (§ 1897 Abs 4; § 1900 Abs 2, Abs 4 S 2), bindet dieser das Vormundschaftsgericht nicht oder nur insoweit, als die Beachtung des natürlichen Willens dem Wohl des Volljährigen nicht zuwiderläuft. Damit wird für die Begrenzung eines unbestimmten Rechtsbegriffs (natürlicher Wille) ein weiterer unbestimmter Rechtsbegriff (Wohl des Betreuten) verwendet. Darunter leidet die Rechtssicherheit. Im Betreuungsverfahrensrecht ist der natürliche Wille des Betroffenen/Betreuten immer beachtlich, weil für den Betreffenden eine unbegrenzte Verfahrensfähigkeit bestimmt ist und er selbständig jegliche – auch eine ihn schädigende – Rechtshandlung vornehmen kann (aussichtslose Rechtsmittel einlegen, auf Rechtsmittel verzichten). Bei der Frage, ob dem Betroffenen ein Betreuer bestellt wird, führt der natürliche Wille zur Verfahrenseinleitung. Die Bestellung eines Verfahrenspflegers kann ein entgegengesetzter natürlicher Wille des Betroffenen nicht hindern.

25 – Sind Angelegenheiten zu besorgen, die sich auf die gesundheitliche Versorgung oder die Unterbringung beziehen, die mit Freiheitsentziehung verbunden ist (oder auf eine Maßnahme nach § 1906 Abs 4), kommt es nicht auf den sog natürlichen Willen des Betroffenen, sondern auf seine Einwilligungsfähigkeit an. Wird die Einwilligungsunfähigkeit festgestellt, so daß Betreuung geboten ist, hindert der entgegenstehende natürliche Wille nicht die Bestellung eines Betreuers. Wäre der einwilligungsunfähige Betroffene/Betreute geschäftsfähig, könnte nach der hier abgelehnten Meinung der Betreuer zwar gegen den Willen des Betroffenen bestellt werden, der geschäftsfähige Betreute hätte aber die Möglichkeit, wenn schon nicht den Abschluß des Behandlungsvertrages durch den bestellten Betreuer zu verhindern, so doch die „Zwangs"-Untersuchung, Behandlung oder den ärztlichen Eingriff zumindest dadurch zu blockieren, daß er den vom Betreuer geschlossenen Behandlungsvertrag kündigt.

26 – Die Bestellung eines Betreuers mit der Folge des § 1902 stellt eine bedeutende Rechtsbeschränkung des geschäftsfähigen Betroffenen und einen Eingriff in seine Grundrechte dar. Die dem geschäftsfähigen Betreuten verbleibende Rechtsmacht, neben dem Betreuer selbst im Rechtsverkehr tätig zu sein, schwächt diesen Eingriff nicht ab, macht ihn dagegen höchst fragwürdig. Ebenso wie der Betreute konkurrierend zum Betreuerhandeln tätig sein kann, hat dazu auch der Betreuer die Möglichkeit. Da der Betreuerausweis über die beim Betreuten noch tatsächlich vorhandene Rechtsmacht nichts aussagt, wird der Rechtsverkehr in der Regel mit dem staatlich autorisierten, durch Betreuerausweis ausgewiesenen Betreuer verhandeln und nicht mit dem (noch) geschäftsfähigen Betreuten, dessen Handlungsbefugnis möglicherweise sogar zweifelhaft ist. Bereits diese Konsequenzen lassen erkennen, daß die formal bestehende Rechtsposition eines geschäftsfähigen Betreuten im Alltag durch eine tatsächliche Ohnmacht überlagert wird und den scheinbar geringen Rechtseingriff als härter und unumstößlicher erscheinen und erleben läßt, als dies nach der Rechtslage anzunehmen und zuzulassen ist.

27 – Die Vermeidung einer Herabsetzung der Eingriffsschwelle kann zZ durch andere Begrenzungen nicht besser als durch das Kriterium der Geschäftsfähigkeit erreicht

werden. Der Grundsatz der Erforderlichkeit der Betreuung kann die Begrenzung nicht bewirken, weil er keine neuen und präziseren Kriterien zur Verfügung stellt.

Allerdings kommt es nicht darauf an, den Begriff der Geschäftsfähigkeit oder der Geschäftsunfähigkeit zu benutzen. Mit ihm wird ohnehin nur ein Zustand beschrieben, der beim Vorhandensein der in § 104 Nr 2 bezeichneten Merkmale tatsächlich existiert. Ist der Betroffene in bezug auf die Besorgung einer einzelnen Angelegenheit, eines Kreises von Angelegenheiten oder sämtlicher Angelegenheiten in seiner Entscheidung, wie er die Angelegenheiten regeln möchte, beeinträchtigt (vgl BT-Drucks 11/4528, 116), und ist dies auf eine „krankhafte Störung der Geistestätigkeit" zurückzuführen (§ 104 Nr 2), so bestehen keine Bedenken, in dem jeweiligen Umfang der Betreuungsbedürftigkeit gegen den Willen des Betroffenen einen mit der Rechtsmacht des § 1902 ausgestatteten Betreuer zu bestellen.

– Es trifft zu, daß das Kriterium der Geschäfts-(un-)fähigkeit nur im rechtsgeschäft- 28 lichen Bereich zu verwenden ist und bei rein tatsächlichen Angelegenheiten versagt. Eine Trennung dieser Bereiche nimmt der Gesetzgeber selbst nicht vor, denn er bestimmt ausnahmslos, daß der Betreuer den Betreuten gerichtlich und außergerichtlich vertritt (§ 1902), obgleich zum Aufgabenkreis des Betreuers auch rein tatsächliche Angelegenheiten gehören können.

– Zugunsten geschäftsunfähiger Personen wurden durch das Gesetz zur Änderung 29 des Rechts der Vertretung durch Rechtsanwälte vor den Oberlandesgerichten v 23.7.2002 (BGBl I 2850) die folgenden Vorschriften erlassen:

1) Nach § 105 BGB wurde der folgende § 105a eingefügt (Art 25 Nr 2 OLGVertrÄndG):

§ 105a
Geschäfte des täglichen Lebens

Tätigt ein volljähriger Geschäftsunfähiger ein Geschäft des täglichen Lebens, das mit geringwertigen Mitteln bewirkt werden kann, so gilt der von ihm geschlossene Vertrag in Ansehung von Leistung und, soweit vereinbart, Gegenleistung als wirksam, sobald Leistung und Gegenleistung bewirkt sind. Satz 1 gilt nicht bei einer erheblichen Gefahr für die Person oder das Vermögen des Geschäftsunfähigen.

2) § 5 HeimG wurde ein Abs 12 angefügt (Art 31 Nr 1 OLGVertrÄndG), der lautet:

(12) War die Bewohnerin oder der Bewohner zu dem Zeitpunkt der Aufnahme in ein Heim geschäftsunfähig, so gilt der von ihr oder ihm geschlossene Heimvertrag in Ansehung einer bereits bewirkten Leistung und deren Gegenleistung, soweit diese in einem angemessenen Verhältnis zueinander stehen, als wirksam.

3) § 8 HeimG wurde der Abs 10 angefügt (Art 31 Nr 2 OLGVertrÄndG):

(10) War die Bewohnerin oder der Bewohner bei Abschluss des Heimvertrages

geschäftsunfähig, so kann der Träger eines Heimes das Heimverhältnis nur aus wichtigem Grund für gelöst erklären. Absatz 3 Satz 2, Absätze 4, 5, 6, 7, 8 Satz 1 und Absatz 9 Satz 1 bis 3 finden insoweit entsprechende Anwendung.

4. Medizinischer Befund

a) Stellenwert des Tatbestandsmerkmals

30 Der „medizinische Befund", daß ein Volljähriger psychisch krank oder körperlich, geistig oder seelisch behindert ist, rechtfertigt für sich allein noch nicht die Bestellung eines Betreuers. Eine solche kommt erst dann in Betracht, wenn diese Beeinträchtigungen Ursache dafür sind, daß der Volljährige seine Angelegenheiten ganz oder teilweise nicht besorgen kann (BT-Drucks 11/4528, 117). Auf eine Umschreibung der verschiedenen Formen von Behinderungen glaubte der Entwurf nicht verzichten zu können, um die Personen, für die ein Betreuer bestellt werden kann, von denjenigen zu unterscheiden, die als sozial Behinderte gekennzeichnet werden und sich durch unangepaßtes Verhalten, auch kriminelle Auffälligkeiten, bemerkbar machen. Ein solches Verhalten sollte keinen Anlaß für die Bestellung eines Betreuers bieten (BT-Drucks 11/4528, 117).

In seiner Stellungnahme zum RegEntw bat der BRat darum, im weiteren Gesetzgebungsverfahren zu prüfen, ob der in § 1896 Abs 1 und in einer Reihe weiterer Vorschriften des Entwurfs verwandte Begriff „seelische Behinderung" zu streichen oder durch einen medizinisch eindeutig umrissenen Begriff zu ersetzen ist (BT-Drucks 11/4528, 206). Bei der Absichtserklärung der BReg in ihrer Gegenäußerung, sie wolle die Ersetzung durch einen anderen Begriff im weiteren Gesetzgebungsverfahren prüfen (BT-Drucks 11/4528, 226), ist es geblieben. Während der Beratungen des Rechtsausschusses hat die BReg erklärt, es handle sich bei dem neuen Begriff der „seelischen Behinderung" lediglich um eine andere zeitgemäße Bezeichnung der Eingriffsschwelle. Materiellrechtlich würden dadurch die bisherigen Voraussetzungen für die Entmündigung oder die Gebrechlichkeitspflegschaft weder erweitert noch verengt (BT-Drucks 11/6949, 72); im einzelnen dazu BIENWALD, BtR[3] Rn 51 ff.

Unter verfahrensrechtlichen Aspekten hätte es ausgereicht, diejenige Behinderung, bei der eine Betreuerbestellung nur auf Antrag vorgenommen werden darf, zu benennen (s § 1896 Abs 1 S 3 1 Alt).

Die im DiskE I enthaltene und in die amtl Begründung, wenn auch in abgeschwächter Form, übernommene Auffassung, daß das **Gutachten** eines Sachverständigen zur Notwendigkeit einer Betreuung sich auf die medizinischen, psychologischen und sozialen Gesichtspunkte dieser Notwendigkeit der Betreuung erstrecken müsse (§ 68b Abs 1; DiskE I 173 einerseits und BT-Drucks 11/4528, 174 andererseits), macht deutlich, daß sich die zu dem mit „medizinischem Befund" beschriebenen Tatbestandsmerkmal getroffenen Feststellungen **nicht** auf die Benennung und Zuordnung zu einem Krankheitsbegriff (Diagnose) **beschränken** dürfen. Es komme, so DiskE I 173, in erster Linie auf den Ausprägungsgrad der psychischen Krankheit bzw Behinderung an und ihre Auswirkungen auf die Fähigkeit des Betroffenen, seine Angelegenheiten zu besorgen.

Das Gericht hat mit Hilfe des Sachverständigen auch den krankheitsbedingten

Mangel des freien Willens festzustellen, wenn es entgegen dem Betroffenen einen Betreuer bestellen will (Abs 1a). Der Sachverständige muß dementsprechend beauftragt werden; dieser muß in seinem Gutachten die Tatsachen darlegen, nach denen auf eine unfreie Willensbildung geschlossen werden kann (BT-Drucks 15/2494, 28).

b) Krankheiten und Behinderungen im einzelnen
Im Hinblick auf die verfahrensrechtlichen Konsequenzen und die materiellrechtlichen Besonderheiten sind die Betroffenen auch in bezug auf den „medizinischen Befund" zu unterscheiden.

aa) Körperliche Krankheiten und Behinderungen
Der RegEntw ging davon aus, daß nur selten für einen körperlich Behinderten die Bestellung eines Betreuers notwendig sein wird (BT-Drucks 11/4528, 116). Sehr selten werden die Fälle sein, in denen ein körperlich Behinderter schon deshalb einen Betreuer braucht, weil er seinen Willen nicht kundtun kann. Erwähnt wird der Fall, daß ein Betroffener vom dritten Halswirbel an gelähmt war und seinen Willen trotz vermutlich voller geistiger Orientierung nicht kundtun konnte. Nur in einem solchen Fall kommt auch die Betreuerbestellung von Amts wegen in Frage (§ 1896 Abs 1 S 3, 2. Alt). Andere körperliche Behinderungen – selbst schwerster Art – sollen nach Auffassung des RegEntw in der Regel (!) eine Betreuung nach Zivilrecht nicht notwendig machen, weil die Betroffenen in ihrer Entscheidung, wie sie ihre Angelegenheiten regeln wollen, nicht beeinträchtigt sind. Soweit sie für die Umsetzung ihrer Entscheidungen Hilfe brauchen, können die verschiedenen sozialen Dienste und andere Hilfen ausreichen (BT-Drucks 11/4528, 116). Auch bei den vielleicht wenigen Ausnahmefällen körperlicher Behinderung, in denen ein Betreuer zu bestellen ist, müssen die Voraussetzungen vorliegen. Entsprechend der früheren Gebrechlichkeitspflegschaft des § 1910 Abs 1 aF sind körperliche Behinderungen insbesondere Blindheit, Taubheit oder Stummheit (Erman/Holzhauer Rn 14). Dieser zählt auch erhebliche Schwerhörigkeit oder Sehstörung zu körperlichen Behinderungen, die eine Betreuung erforderlich machen können. Insbesondere schwere Erkrankungen, die die Bewegungsfähigkeit nahezu aufheben, oder schwere Spastizität, die eine Verständigung des Betroffenen mit Dritten äußerst erschwert, können die Bestellung eines Betreuers notwendig werden lassen, insbesondere dann, wenn Hilfen der oa Art nicht zur Verfügung stehen oder nicht ausreichen. Hier macht sich bemerkbar, daß die Feststellung der Behinderung und die dadurch bedingte Betreuungsbedürftigkeit in engem Zusammenhang mit den sozialen Gegebenheiten gesehen werden müssen und erst in ihrer Gesamtheit eine Entscheidung rechtfertigen. Zur Frage, wann im Falle von Erblindung oder fast vollständiger Erblindung die Bestellung eines Betreuers erforderlich ist, OLG Köln FamRZ 1996, 249 (auch OLG Rp 2002, 45 = FamRB 2002, 143).

Die Möglichkeit einer erheblichen Beeinträchtigung sieht der RegEntw in der Überwachung eines oder mehrerer Bevollmächtigter. Hier kann sich dann die Bestellung eines Betreuers nach Abs 3 als notwendig erweisen (BT-Drucks 11/4528, 116). Stehen andere Hilfen iSd Abs 2 S 2 nicht in ausreichendem Maße zur Verfügung, kann die Bestellung eines Betreuers im Falle körperlicher Behinderung nicht nachrangig erforderlich sein.

32 Ohne daß dies ausdrücklich geregelt wurde, folgt allein aus dem Gesichtspunkt mangelnder Erforderlichkeit heraus, daß sich der Aufgabenkreis eines Betreuers für einen nur körperlich Behinderten nach den §§ 1896 ff nicht erstrecken darf auf

- die Bestimmung des Aufenthalts und damit auch nicht auf eine mit Freiheitsentziehung verbundene Unterbringung (§ 1906);

- die Entscheidung über den Fernmeldeverkehr (§ 1896 Abs 4);

- die Entgegennahme, das Öffnen und das Anhalten der Post (§ 1896 Abs 4);

- die Einwilligung in eine Heilbehandlung, wodurch auch die Anwendung des § 1904 entfällt;

- die Entscheidung über eine Sterilisation (§ 1905);

- sämtliche Angelegenheiten (anders als bisher die Gebrechlichkeitspflegschaft in § 1910 Abs 1 aF), so daß er auch nicht vom Wahlrecht ausgeschlossen werden kann; außerdem darf ein Einwilligungsvorbehalt, gleich welcher Art (§ 1903), nicht angeordnet werden.

bb) Nichtkörperliche Krankheiten und Behinderungen

33 In dem „Zweiten Bericht der Bundesregierung über die Lage der Behinderten und die Entwicklung der Rehabilitation" (1989) werden als „behindert" alle diejenigen angesehen, „die aufgrund der Auswirkungen einer auf einem regelwidrigen, körperlichen, geistigen oder seelischen Zustand beruhenden, nicht nur vorübergehenden Funktionsbeeinträchtigung in ihrer Fähigkeit zur Eingliederung in die Gesellschaft eingeschränkt sind". Diese Beschreibung lehnt sich an den Behindertenbegriff der Weltgesundheitsorganisation (WHO) an, in dem zwischen Schädigung (impairment), Funktionsbeeinträchtigung (disability) und sozialer Beeinträchtigung (handicap) unterschieden wird (RONGE und SCHÄFER zum Stichwort Behinderte im Fachlexikon der sozialen Arbeit, hrsg v Deutschen Verein f öff und priv Fürsorge, 4. Aufl 1997). Nach BLEIDICK (KREBS Sozial 1992, 18, 19) gelten Personen als behindert, „die infolge einer Schädigung ihrer körperlichen, geistigen oder seelischen Funktionen soweit beeinträchtigt sind, daß ihre unmittelbaren Lebensverrichtungen oder ihre Teilhabe am Leben der Gesellschaft erschwert werden".

Krankheit wird in diesem Zusammenhang nicht als Zustand eines Menschen verstanden, der durch den Gegensatz zur Gesundheit (Abwesenheit von Gesundheit) definiert wird, sondern in Beziehung zum Behindertsein gesetzt. Dem Krankheitsbegriff liegt, so gesehen, die Erwartung zugrunde, es handle sich um eine funktionale Störung, die sich zwar auch zum Schlechteren hin verändern kann, aber doch die Chance einer Besserung oder Heilung in sich trägt. BRUDER hat in den einleitenden Bemerkungen seines Gutachtens für den 57. DJT von geistigen und psychischen „Zuständen" gesprochen, bei denen Betreuung im Sinne des vorliegenden Gesetzentwurfs erforderlich werden kann.

34 Die amtl Begr (BT-Drucks 11/4528, 116) ist im einzelnen von folgenden Beschreibungen ausgegangen:

Psychische Krankheiten sind

- körperlich nicht begründbare (endogene) Psychosen,

- seelische Störungen als Folge von Krankheiten oder Verletzungen des Gehirns, von Anfallsleiden oder von anderen Krankheiten oder körperlichen Beeinträchtigungen (körperlich begründbare – exogene – Psychosen),

- Abhängigkeitskrankheiten (Alkohol- und Drogenabhängigkeiten),

- Neurosen und Persönlichkeitsstörungen (Psychopathien).

Als geistige Behinderungen gelten angeborene oder frühzeitig erworbene Intelligenzdefekte verschiedener Schweregrade (BT-Drucks 11/4528, 116; BayObLG BtPrax 1994, 29). Diese Beschränkung auf angeborene oder frühzeitig erworbene Schädigungen ist jedoch zu eng. Nach BACH (Stichwort „Geistig Behinderte" im Fachlexikon der sozialen Arbeit) gelten Personen als Menschen mit geistiger Behinderung, insofern und solange ihre Denk- und Lernfähigkeit umfänglich und längerfristig extrem hinter der am Lebensalter orientierten Erwartung liegt, was in der Regel bei Intelligenzwerten im Bereich unterhalb der dritten negativen Standardabweichung (IQ unter 55) anzunehmen ist. Als häufige Entstehungsbedingungen kommen neben pränatalen (vorgeburtlichen) Schädigungen (Chromosomopathien), perinatalen (Geburts-) Schädigungen (Fehllagen, mechanische Einwirkungen, Sauerstoffmangel ua) auch postnatale (nachgeburtliche) Schädigungen (Blutgruppenunverträglichkeit, Meningitis, Encephalitis, schwere Ernährungsstörungen, Krampfleiden, Gehirnverletzungen ua) in Betracht. 35

Die Psychiatrie-Enquête (BT-Drucks 7/4201) beschreibt in ihren definitorischen Hinweisen den Personenkreis folgendermaßen: „Unter geistig Behinderten versteht man Kinder, Jugendliche und Erwachsene, deren geistige Entwicklung durch angeborene oder erworbene Störungen hinter der altersgemäßen Norm zurückgeblieben ist, so daß sie für ihre Lebensführung besonderer Hilfen bedürfen." Speziell zu Menschen mit Down-Syndrom (auch als Trisomie 21 bezeichnet): JANTZEN, Zur Neubewertung des Down-Syndroms, Geistige Behinderung 1998, 224.

Von ihnen sind Lernbehinderte zu unterscheiden, deren intellektuelle Beeinträchtigung durch ihren geringeren Grad und Umfang gekennzeichnet und durch einen IQ zwischen 55/60 und 80/85 zu beschreiben ist (BACH aaO). 36

Zur Frage, ob **Analphabetismus** die Bestellung eines Betreuers erfordert, BIENWALD Anm zu LG Frankfurt aM (FamRZ 2003, 185, 186). Zum Stichwort Analphabetismus STIMMER (Hrsg), Lexikon der Sozialpädagogik und der Sozialarbeit (4. Aufl 2000).

Als seelische Behinderungen werden bleibende psychische Beeinträchtigungen angesehen, die Folge von psychischen Krankheiten sind. Um Lücken zu vermeiden, die durch eine nicht einheitliche Fachsprache entstehen können, ist der Begriff der seelischen Behinderung in Abs 1 S 1 enthalten, weil Beeinträchtigungen, die auf Erscheinungen des Altersabbaus beruhen, zum Teil nicht als Krankheiten, sondern als seelische Behinderungen angesehen werden (BT-Drucks 11/4528, 116). Die im frü- 37 heren Recht (§ 6 Abs 1 Nr 3 aF) genannten Entmündigungsgründe „Trunksucht" und „Rauschgiftsucht" (der letzte erst eingeführt durch das G zur Neuregelung des Volljährigkeitsalters v 31.7.1974, BGBl I 1713) werden im RegEntw heutigem Verständnis entsprechend als Ausdruck einer psychischen Krankheit begriffen. Sie sind schon deshalb nicht in Abs 1 S 1 besonders genannt. Daß der Entmündigungsgrund der Trunksucht zuletzt im bisherigen Recht nur noch eine untergeordnete Rolle gespielt hat, von den für das Jahr 1987 ausgesprochenen Entmündigungen nur 0,3% auf Rauschgiftsucht (7,8% auf Trunksucht) entfielen, läßt sich nicht leugnen. Inwieweit – einverständliche – Gebrechlichkeitspflegschaften entgegen obergerichtlicher Rechtsprechung der Kompensation dienten, ist nicht ermittelt. ZB hatte das BayObLG (zuletzt vor dem BtG FamRZ 1990, 665 [LS] = NJW 1990, 774) die Auffassung vertreten: Trunksucht (Alkoholismus) und Rauschgiftsucht sind für sich allein keine geistigen Gebrechen und rechtfertigen daher eine Pflegerbestellung nicht. Etwas anderes gilt, wenn der Alkoholismus oder die Rauschgiftsucht entweder in ursächlichem Zusammenhang mit einem geistigen Gebrechen steht oder ein darauf zurückzuführender Zustand im psychischen Bereich eingetreten ist, der bereits die Annahme eines geistigen Gebrechens rechtfertigt.

Gesundheitspolitisch und volkswirtschaftlich gesehen mag dies unbefriedigend sein; verfassungsrechtlich ist es nicht zu beanstanden. Zutreffend hat auch deshalb das BayObLG für das geltende Betreuungsrecht entschieden (FamRZ 1993, 1489, 1490 = BtPrax 1993, 208, 209), daß Alkoholismus und Drogenabhängigkeit für sich allein grundsätzlich noch nicht die Bestellung eines Betreuers rechtfertigen. Sie sind für sich allein keine geistigen Gebrechen (BtPrax 1993, 208). Voraussetzung ist auch nach neuem Recht, daß die Alkohol- oder Rauschgiftsucht entweder im ursächlichen Zusammenhang mit einer geistigen Behinderung steht oder ein darauf zurückzuführender Zustand im psychischen Bereich eingetreten ist, der bereits die Annahme einer psychischen Krankheit rechtfertigt (nach ERMAN/HOLZHAUER [§ 1896 Rn 9] inzwischen hM).

Bei Drogenabhängigkeit wird (so BayObLG FamRZ 1993, 1489, 1490 = BtPrax 1993, 208, 209) von einer iSv § 1896 bedeutsamen psychischen Krankheit erst etwa bei drogeninduzierter Psychose gesprochen werden können, die zum Teil von Schizophrenie nicht zu unterscheiden ist. Voraussetzung wird dabei (nach WOJNAR BtPrax 1992, 16, 17) sein, daß geistige Funktionen bereits deutlich abgebaut sind.

38 Betrifft das Verfahren zur Betreuerbestellung die Wahrnehmung der Rechte des Betroffenen in einem Zurruhesetzungsverfahren, muß das Gericht zu der Überzeugung gelangt sein, daß der Betroffene aufgrund seiner Krankheit oder Behinderung (hier: psychische Krankheit) nicht in der Lage ist, in dem Zurruhesetzungsverfahren seine Rechte wahrzunehmen. Er muß in einem solchen Maße hinsichtlich seiner tatsächlichen und rechtlichen Situation einsichtslos sein, daß eine vernünftige und sachbezogene Stellungnahme nicht mehr zu erwarten ist (OLG Stuttgart FamRZ 1993, 1365). Das Gericht geht sogar soweit, die Feststellung zu fordern, daß der Betroffene für den Bereich des Zurruhesetzungsverfahrens als geschäftsunfähig zu beurteilen ist.

Zur Abgrenzung von seelischer, geistiger und körperlicher Behinderung und der Einordnung von Autismus als seelische Störung (hier aus Anlaß der Vorrangigkeit

Titel 2 § 1896
Rechtliche Betreuung 39, 40

von Maßnahmen der Eingliederungshilfe nach § 35a KJHG [SGB VIII] gegenüber der Eingliederungshilfe nach BSHG) OVG Münster R&P 2003, 160 m Anm MARSCHNER 162.

cc) Psychisch Kranke
Mit den im RegEntw enthaltenen Beschreibungen der verschiedenen Gruppen von 39 Kranken und Behinderten ist hinreichend erläutert, welche Personen, die ihre Angelegenheiten ganz oder teilweise nicht besorgen können, einen Betreuer (zT auf Antrag) erhalten. Soweit Klassifizierungen unterhalb der Gruppenbezeichnungen, etwa bei psychischen Krankheiten, auf größere Schwierigkeiten stoßen (ERMAN/ HOLZHAUER Rn 6; z internationalen Klassifikation psychischer Störungen s die v DILLING ua hrsg gleichnamige Ausgabe [1993]), braucht sich das Vormundschaftsgericht auf solche Zuordnungsdifferenzen grundsätzlich nicht einzulassen. Da auch die Grenzen von Krankheiten und Behinderungen nicht immer exakt verlaufen und bestimmt sind, muß nur darauf geachtet werden, daß um der unterschiedlichen Rechtsfolgen willen die Abgrenzung zur körperlichen Behinderung genau vorgenommen wird. Soweit im Schrifttum unterhalb der gesetzlichen Tatbestandsmerkmale und der Erläuterungen in der amtl Begr (BT-Drucks 11/4528, 116) die verschiedenen Krankheitsbilder mitgeteilt werden, bei denen eine Betreuerbestellung in Betracht kommt, dient dies in erster Linie dem Verständnis von Sachverständigenäußerungen. So dürfte sich ein Streit über die Einteilung und Zuordnung von Krankheitsbildern und Krankheitsbezeichnungen nicht dahin auswirken, daß deswegen die erforderliche Bestellung eines Betreuers verweigert wird. Der bisherige medizinische Erkenntnisstand kann nicht dahin verstanden werden, daß er einen geschlossenen Kanon von psychischen Krankheiten kennt und später entdeckte, beschriebene oder neu zugeordnete Krankheitsbilder aus diesem Grunde für eine Betreuerbestellung nicht in Frage kämen. Im übrigen s wegen der Beschreibung und Zuordnung von Krankheitsbildern ERMAN/HOLZHAUER Rn 6 ff (orientiert an TÖLLE, Psychiatrie); MünchKomm/ SCHWAB Rn 9 ff (orientiert an HUBER, Psychiatrie) sowie SCHMIDT/BÖCKER Rn 551. Zu betonen ist, daß nicht die Zuordnung zu einer Gruppe von Krankheitsbildern (Ausnahme: körperliche Behinderung) für die Betreuerbestellung maßgebend ist, sondern die durch die Krankheit oder Behinderung bewirkte Beeinträchtigung der Selbstbestimmung, die dazu führt, die eigenen Angelegenheiten ganz oder teilweise nicht selbst zu besorgen und besorgen lassen zu können. Zu den Voraussetzungen einer Betreuerbestellung bei Polytoxikomanie AG Bad Iburg BtPrax 2004, 206.

dd) Zeitliche Dimension
Der medizinische Befund als Ursache der Betreuungsbedürftigkeit iSd §§ 1896 ff 40 muß für die Dauer der Betreuung gegeben sein. Die Betreuung ist aufzuheben, wenn ihre Voraussetzungen wegfallen (§ 1908d Abs 1 S 1). Das kann bereits dann der Fall sein, wenn sich die Krankheit gebessert hat oder sich beim Behinderten Rehabilitationserfolge zeigen, so daß der Betreute bisher vom Betreuer besorgte Angelegenheiten selbst wahrnehmen kann. Fallen die Voraussetzungen nur für einen Teil der Aufgaben des Betreuers weg, so ist der Aufgabenkreis entsprechend zu reduzieren. Zur Betreuerbestellung bei **schubförmig** oder **in Phasen** verlaufenden Krankheiten (und daraus folgenden erhöhten Mitteilungspflichten nach § 1901 Abs 5) BayObLGZ 1994, 387 = FamRZ 1995, 510 = BtE 1994/95, 96 mw Quellenangaben (krit KAYSER FGPrax 1995, 173, 175). Zur Frage, unter welchen Umständen auch für die Zeit außerhalb eines akuten Schubs für eine solche Person ein Betreuer bestellt werden

kann/darf, BayObLG FamRZ 1996, 1370 (LS). Zu den für die Betreuungssituation zu erwartenden Faktoren in der Zukunft s WOJNAR BtPrax 1992, 16. So ist beispielsweise – nach WOJNAR – damit zu rechnen, daß die Zahl der geistig behinderten Menschen, die eine Betreuung benötigen, aufgrund veränderter Zahlen und Normalisierungsprogramme in der Zukunft stark abnehmen wird. Entsprechendes gilt für den Fall, daß über die Verlängerung der Maßnahme zu entscheiden ist (§§ 69 Abs 1 Nr 5 sowie 69i Abs 6 FGG), sei es, daß sie nach Inkrafttreten des BtG erstmalig beschlossen oder nach den Übergangsvorschriften übergeleitet worden ist (Art 9 § 2 BtG).

c) Zur Dokumentation des Befundes (Gutachten und ärztliches Zeugnis)

41 Der medizinische Befund ist zu dokumentieren. In Betracht kommt das Gutachten oder das ärztliche Attest (zur Unterscheidung näher BIENWALD, BtR § 68b FGG Rn 8 ff). Ein ärztliches Zeugnis (Attest) kann genügen, wenn der Betroffene, unabhängig von der Geschäftsfähigkeit (§ 1896 Abs 1 S 2), selbst die Bestellung eines Betreuers beantragt. Es genügt außerdem, wenn ein Betreuer nur zur Geltendmachung von Rechten des Betroffenen gegenüber seinem Bevollmächtigten bestellt wird. Sowohl das Gutachten als auch das Zeugnis haben, was die Bestellung eines Betreuers angeht, dieselben Fragen zu beantworten (BIENWALD, BtR Rn 8; HOLZHAUER/REINICKE Rn 34; KEIDEL/KAYSER Rn 10, alle zu § 68b FGG). Amtsärzte der Gesundheitsämter haben regelmäßig die erforderliche **Sachkunde** (BayObLGZ 1993, 346 = FamRZ 1994, 1135 = BtE 1992/93, 141); vgl auch LG Göttingen NdsRpfl 1994, 66. Nach BayObLGZ 1997, 206 = FamRZ 1997, 1565 m Anm CHRISTL = NJW-RR 1997, 1501 = R&P 1998, 108, muß die Sachkunde zur Erstellung von Gutachten über die Voraussetzungen einer Betreuung bei Ärzten des höheren öffentlichen Gesundheitsdienstes der staatlichen Gesundheitsämter vom Tatrichter dargelegt werden. In Bayern haben (auch) die Landgerichtsärzte die für die Begutachtung in Betreuungssachen erforderliche Sachkunde (BayObLG BtE 1992/93, 143 [LS]).

Sowohl das Sachverständigengutachten als auch das ärztliche Zeugnis können und dürfen sich nicht auf den rein medizinischen Befund beschränken (mißverständlich deshalb CREFELD BtPrax 1993, 3, 5). Erforderlich ist eine **fachliche Äußerung über die Notwendigkeit der Betreuung** und zwar, wenn diese Frage bejaht wird, außerdem über den Umfang des Aufgabenkreises und die voraussichtliche Dauer der Betreuungsbedürftigkeit (§ 68b Abs 1 S 5 FGG). Auch das Ausmaß der Betreuungsbedürftigkeit ist mithin Gegenstand der Begutachtung und der sachverständigen Äußerung. Für die Feststellung mangelnder freier Willensbildung im Rahmen der Bestellung eines Betreuers (Abs 1a) kann es ausreichen, wenn der Tatrichter die hierfür maßgebenden Symptome der psychischen Krankheit und ihre Auswirkungen auf die Willensbestimmung des Betroffenen unter Bezugnahme auf entsprechende Feststellungen des/der Sachverständigen darstellt (BayObLG FamRZ 2001, 1558).

Um zu vermeiden, daß in unverhältnismäßiger Weise in die Rechtsstellung der/des Betroffenen eingegriffen wird (hier: wegen „Altersstarrsinns"), erfordert die Feststellung einer psychische Krankheit oder einer seelischen Behinderung der/des Betroffenen deren fachpsychiatrische Konkretisierung und die Darlegung ihrer Auswirkungen auf die kognitiven und voluntativen Fähigkeiten des Betroffenen (BayObLG FamRZ 2002, 494 = BtPrax 2002, 37).

Eine formularmäßig dem Sachverständigen gestellte Frage nach der Geschäfts-(un-)fähigkeit des Betroffenen kann seit Inkrafttreten des Justizvergütungs- und -entschädigungsgesetzes – JVEG v 5.5.2004 (BGBl I 718) am 1.7.2004 zu einer erheblichen Verteuerung des nach § 68b FGG zu erstellenden Gutachtens über die Notwendigkeit der Betreuung führen, weil das Gesetz für die Gutachten zur Einrichtung einer Betreuung eine erheblich geringere (Stunden-)Vergütung vorsieht als für Gutachten zur Geschäfts-, Testier- oder Prozeßfähigkeit (näher BIENWALD FamRZ 2004, 1774; aA LG Berlin v 20.1.2005 – 83 T 21/05 [Nebenpunkt]). Angesichts der von Sachverständigen zu beantwortenden Frage hinsichtlich der Willensfreiheit des Betroffenen (Abs 1a) kann die Auffassung des LG Berlin nicht das letzte Wort zur Frage der Honorierung gewesen sein.

Ein durch Art 5 Nr 7 2. BtÄndG in § 68b FGG eingefügter Abs 1a bestimmt, daß das Gericht von der Einholung eines Gutachtens nach Abs 1 S 1 absehen kann (und aus Kostengründen soll), soweit durch die **Verwendung eines bestehenden ärztlichen Gutachtens** des Medizinischen Dienstes der Krankenversicherung (MDK) nach § 18 SGB XI festgestellt werden kann, inwieweit bei dem Betroffenen infolge einer psychischen Krankheit oder einer geistigen oder seelischen Behinderung die Voraussetzungen für die Bestellung eines Betreuers vorliegen. Das Gericht darf dieses Gutachten einschließlich dazu vorhandener Befunde zur Vermeidung weiterer Gutachten bei der Pflegekasse anfordern; es hat dabei anzugeben, für welchen Zweck das Gutachten und die Befunde verwendet werden sollen. Das weitere Verfahren regeln § 68b Abs 1 S 4 ff FGG sowie Art 10 und 11 2. BtÄndG. Ob durch diese Ermittlungsmöglichkeit die Verfahren entlastet werden, muß abgewartet werden. Zweifel bestehen deshalb, weil die Gutachtenzwecke nicht übereinstimmen, Abs 1a einen neuen Aspekt der Begutachtung erfordert und die Gutachten des MDK über Umfang und Dauer der Betreuung iSd §§ 1896 ff in aller Regel keine ausreichenden Feststellungen enthalten werden. Eher muß befürchtet werden, daß die Einholung der genannten Gutachten zu Mehrarbeit führt und dazu verleitet, sich mit den dort getroffenen Feststellungen zufrieden zu geben und damit den Ermittlungsauftrag des § 12 FGG zu verfehlen. Daran dürfte auch kaum die Bestimmung etwas ändern, daß Richter auf Probe im ersten Jahr nach ihrer Ernennung in Betreuungssachen nicht tätig sein dürfen (§ 65 Abs 6 FGG).

Im Rahmen seiner Amtsermittlungspflicht (§ 12 FGG) hat das Vormundschaftsgericht sowohl über die Qualifikation und Provenienz des/der Sachverständigen wie auch darüber zu entscheiden, ob es sich mit einem Gutachten zufriedengibt oder seine Entscheidung auf eine breitere Grundlage stützt. Es hat zu entscheiden, in welchem **Umfang** zu den einzelnen Punkten Gutachten oder andere Ermittlungen erforderlich sind. Reicht dem Gericht das vorgelegte ärztliche Zeugnis nicht, kann und muß es ggf ein Gutachten in Auftrag geben. Zur **Feststellung der Sachkunde** eines Sachverständigen, speziell eines Assistenzarztes, s BayObLG FamRZ 1989, 319 und BtPrax 1993, 30, 31 sowie im Falle eines Sachverständigen in Facharztausbildung BayObLG NJW 1988, 2384 (irrtümlich in BayObLG FamRZ 1993, 351 = BtPrax 1993, 30, 31 die Gleichsetzung von Nervenarzt und Psychiater).

Die Kritik an der früheren Praxis, sich in Pflegschaftssachen (§ 1910 aF) mit einem Kurztest zu begnügen, erfordert nunmehr eine **andere Gutachtenpraxis**. Nach BayObLG (FamRZ 2001, 1403 = BtPrax 2001, 166 = R&P 2002, 33) muß ein Gutachten iSv § 68b

Abs 1 FGG die Qualität eines medizinischen Sachverständigengutachtens aufweisen; eine bloße ärztliche Bescheinigung reicht dafür nicht aus. Notwendig ist der sorgfältige Nachweis der Betreuungsbedürftigkeit. Zutreffend wird darauf hingewiesen, daß die Begutachtung bei der Erstentscheidung einer Betreuung aufwendiger ist, als es die Begutachtung bei Pflegschaften früher war (PIETSCH GesundhWesen 1992, 615, 616). Ob ein ärztlicher Sachverständiger immer (auch) geeignet ist, über den Umfang der Betreuungsbedürftigkeit, insbesondere die zu besorgenden Angelegenheiten und die alternativen Hilfen, kompetent Feststellungen zu treffen und Auskunft zu geben, muß mit CREFELD BtPrax 1993, 3, 5 bezweifelt werden.

d) Zum Zeitpunkt der Betreuungsbedürftigkeit

43 Angesichts des ausdrücklich normierten Erforderlichkeitsgrundsatzes stellt sich insbesondere auch das Problem des Beurteilungszeitpunktes für die Bestimmung der Betreuungsbedürftigkeit durch den Sachverständigen. Soll und darf der Verfahrensaufwand beispielsweise einen „energischen Impuls" darstellen, die Betreuung nicht zu eng zu gestalten (PIETSCH GesundhWesen 1992, 615, 616)? Einzubeziehen sind – nach Abwägen aller Umstände – wohl nur die bereits abzusehenden und damit auch zu benennenden Veränderungen in der Persönlichkeitsentwicklung des Betroffenen und damit verbundene Versorgungsmängel. Andererseits sind die Verfahrenserleichterungen im Falle einer eiligen einstweiligen Anordnung und die Möglichkeit, die Dauer dieser Entscheidung auf ein Jahr auszudehnen (§ 69f FGG), weitreichend genug; sie geben genügend Spielraum, schnell und sachgerecht die im Einzelfall notwendige Erweiterung des Aufgabenkreises in einem den Betroffenen schonenden Verfahren vorzunehmen. Zu weit (wie weit?) vorausschauende Betreuerbestellungen und Aufgabenkreisgestaltungen (sog **Vorratsbetreuung**) sind deshalb zu **vermeiden** (sie wären rechtswidrig), auch wenn das Interesse nicht zu verkennen ist, den Umfang der Gutachtentätigkeit einzudämmen. Zu beachten ist, daß bereits mit dem Wirksamwerden einer solchen Betreuerbestellung die Entscheidungs- und Handlungsbefugnis des Betreuers eröffnet ist und nicht erst mit dem Eintritt der tatsächlichen Bedürftigkeit. Zum vorausschauenden Denken auch MünchKomm/SCHWAB Rn 42. Eingehender zur „Vorratsbetreuung" BIENWALD in der 3. Aufl des BtG-Kommentars Rn 76 ff; dort auch zur Frage einer Vorratsanhörung, die SEITZ in seiner Anm zu BayObLG BtE 1994/95, 99 aufgeworfen hat. Dem Problem einer Gutachtenhäufung (und dem Ausweichen durch Vorratsbetreuungen) ist der Gesetzgeber durch die Änderung des § 69i Abs 1 S 2 (durch Art 2 Nr 10 BtÄndG; zur Begründung BT-Drucks 13/7158, 39) entgegengetreten. Danach ist es möglich, von einer erneuten Begutachtung abzusehen, wenn der Aufgabenkreis des Betreuers nur unwesentlich erweitert wird (bedenklich, weil unklar, was unwesentliche Erweiterung ist) oder die Begutachtung nicht länger als sechs Monate zurückliegt.

Liegen Anhaltspunkte dafür vor, daß der Betroffene sich durch eigene Aktivitäten (trotz der zu erwartenden Betreuerbestellung) einen erheblichen Schaden in bezug auf seine Person oder sein Vermögen zufügen wird, oder ergeben sie sich aus den Feststellungen des Gutachters, so hat sich der Sachverständige, ggf nach vorheriger Verständigung mit dem Gericht, auch zu der Frage zu äußern, ob bereits mit der Betreuerbestellung zur Abwendung erheblicher Gefahr für die Person oder das Vermögen des Betroffenen ein **Einwilligungsvorbehalt** (§ 1903) angeordnet werden soll.

Ob eine Vollmacht wirksam erteilt werden konnte, braucht erst dann ggf mit Hilfe eines Sachverständigen geklärt zu werden, wenn eine Vollmacht vorliegt. Ob jemand, über dessen Betreuungsbedürftigkeit verhandelt wird, imstande ist, eine Vollmacht zur Besorgung seiner Angelegenheiten (und zwecks Vermeidung einer Betreuerbestellung für diesen Zweck) zu erteilen, kann zunächst nicht einer sachverständigen Äußerung bedürfen, weil – zB – der Notar über diese Frage selbst befindet (§ 11 BeurkG), und der Richter seiner Verpflichtung aus § 68 Abs 1 S 3 FGG, in geeigneten Fällen den Betroffenen auf die Möglichkeit der Vorsorgevollmacht hinzuweisen, nachkommen muß, ohne zuvor einen Sachverständigen zur Frage, ob der Betroffene dazu fähig wäre, gehört zu haben. Obwohl Notare sich über die Geschäfts(un)fähigkeit ein Bild machen müssen (§ 11 BeurkG), sprechen die jeweiligen Vermerke beurkundender Notare nicht dagegen, daß durch genauere Untersuchungen medizinischer Sachverständiger festgestellt wird, der Vollmachtgeber könne im Zeitpunkt notariell beurkundeter Vorsorgevollmachten nicht mehr voll geschäftsfähig gewesen sein, so daß die Vollmachten deshalb unwirksam sind und die Bestellung eines Betreuers in Betracht kommt.

e) Qualitätsanforderungen an Gutachten und ärztliches Zeugnis

Zum Inhalt des bzw der Sachverständigengutachten im einzelnen BIENWALD, BtR Rn 21 ff; DAMRAU/ZIMMERMANN Rn 4; HOLZHAUER/REINICKE Rn 15, jeweils zu § 68b FGG; CREFELD FuR 1990, 272, 281; WOJNAR GesundhWesen 1992, 473. Zu sozialmedizinischen Aspekten bei der Begutachtung nach dem BtG PIETSCH GesundhWesen 1992, 615. Ein Gutachten zur Betreuerbestellung für einen Drogenabhängigen muß darüber Feststellungen enthalten, aus denen zu entnehmen ist, daß die konkrete Drogenabhängigkeit als psychische Krankheit iSv § 1896 Abs 1 S 1 anzusehen ist. Das Gutachten muß auch ausreichend dazu Stellung nehmen, wie sich eine etwa gegebene Drogenabhängigkeit des Betroffenen auf seine Fähigkeit zur Bildung eines eigenen Willens und dessen Berücksichtigung (BayObLGZ 1993, 63) auswirkt (BayObLG FamRZ 1993, 1489, 1490 = R&P 1994, 27 = BtPrax 1993, 208, 209; auf Alkoholismus bezogen BayObLG FamRZ 1990, 209, 210 = NJW 1990, 774, 775).

Zum Verhältnis von Entscheidungsinstanz (Gericht) und Begutachtungsinstanz (Sachverständiger, Arzt) zutreffend HOLZHAUER/REINICKE § 68b FGG Rn 16; auch BRUDER ZfärztlFortbildung 1992, 820, 823 sowie ArbGruppen 2 und 3 auf dem 3. VGT. Die Ansprüche an die Qualität des Gutachtens haben sich gegenüber der Vergangenheit nicht geändert. Hinzuweisen ist deshalb zunächst auf die Entscheidungen KG FamRZ 1988, 891; BayObLG FamRZ 1990, 209, 210 = NJW 1990, 774. Im einzelnen BIENWALD, BtR § 68b FGG Rn 28 ff.

Der Sachverständige muß den Untersuchungsbefund, aus dem er seine Diagnose ableitet, im einzelnen mitteilen und die Folgerungen aus den einzelnen Befundstatsachen auf die Diagnose oder die ihm sonst gestellte Beweisfrage für den Richter nachvollziehbar darstellen. Die Ausführungen des Sachverständigen müssen so gehalten sein, daß sie eine verantwortliche richterliche Prüfung auf ihre wissenschaftliche Fundierung, Logik und Schlüssigkeit zulassen (OLG Zweibrücken FamRZ 2005, 1196 [LS]). Sie müssen erkennen lassen, daß der Sachverständige die sich ihm bietenden wissenschaftlichen Erkenntnisquellen ausgeschöpft und sich, soweit erforderlich, mit beachtlichen wissenschaftlichen Meinungen auseinandergesetzt hat. Ggf muß der Sachverständige ergänzend mündlich gehört werden. § 15 FGG ist anzuwenden;

wird nicht die Person, die das schriftliche Gutachten erstattet hat, sondern eine andere Person angehört, stellt dies eine völlig neue Begutachtung dar (OLG Naumburg FamRZ 2002, 986). Vorhandene Aufklärungsmöglichkeiten zur Beseitigung von Zweifeln und Unklarheiten des Gutachtens sollen nicht ungenutzt bleiben dürfen. Ggf hat das Gericht ein ergänzendes Gutachten einzuholen, wenn nachträgliche Feststellungen ergeben, daß der Sachverständige möglicherweise von unzutreffenden Tatsachen ausgegangen ist (BayObLG FamRZ 1994, 318, 319); näher BIENWALD BtR § 68b Rn 29. Will das Beschwerdegericht aufgrund eigener Feststellungen das Gutachten des Sachverständigen in der Frage der Möglichkeit freier Willensbildung und -betätigung ergänzen oder korrigieren, setzt dies einen persönlichen Eindruck der Richter von dem Betroffenen voraus; die Anhörung des Betroffenen kann in diesem Fall nicht dem beauftragten Richter übertragen werden (BayObLG-Rp 2004, 432). Das Gutachten muß hinreichend nachvollziehbare Aussagen zu allen in Betracht kommenden Aufgabenkreisen des Betreuers und zur voraussichtlichen Dauer der Betreuungsbedürftigkeit enthalten; regelmäßig sind auch eine Behandlungsbedürftigkeit und ein möglicher Behandlungserfolg zu erläutern (KG FamRZ 1995, 1379 = BtE 1994/95, 182 m Anm FLORENTZ ebd 185). Das Gutachten soll auch Vorschläge enthalten, wie die Hilfebedürftigkeit des Betroffenen gemildert oder gebessert werden kann (OLG Düsseldorf FamRZ 1993, 1224, 1225). Kommt nach Auffassung des Sachverständigen die Bestellung eines Betreuers in Betracht, so hat sich das Gutachten auch auf den Umfang des Aufgabenkreises und die voraussichtliche Dauer der Betreuungsbedürftigkeit zu erstrecken (§ 68b Abs 1 S 5 FGG). Ein Gutachten, das als Ergebnis nur den Verdacht einer altersentsprechenden organischen Psychose mitteilt, der weiterer Aufklärung bedürfe, rechtfertigt nicht die Bestellung eines Betreuers (BayObLG FamRZ 1995, 1082, 1083 = BtPrax 1995, 105, 106). Die Feststellung eines freien Willens oder dessen Fehlen, bezogen auf das Unvermögen zur Besorgung bestimmter Angelegenheiten, muß Gegenstand des Sachverständigengutachtens sein (Abs 1a).

46 Die Würdigung von Gutachten und ärztlichem Zeugnis ist Sache der freien tatrichterlichen Beweiswürdigung. Das Gericht darf das Ergebnis eines Sachverständigengutachtens nicht kritiklos übernehmen. Der Richter ist zu kritischer Würdigung verpflichtet (BayObLG FamRZ 1993, 1489, 1490 = BtPrax 1993, 208, 209; FamRZ 1993, 600; FamRZ 2001, 1403 = BtPrax 2001, 166 = R&P 2002, 33). Einer Nachprüfung durch das Rechtsbeschwerdegericht ist die Würdigung des Gutachtens durch die Tatsacheninstanz grundsätzlich entzogen (BayObLG FamRZ 1993, 1489, 1490 = BtPrax 1993, 208, 209 mN). Zum Umfang der Nachprüfung OLG Zweibrücken FamRZ 2004, 1897 m Anm BIENWALD.

Zur Form der Bekanntgabe eines Sachverständigengutachtens an den Betroffenen, wenn ein Verfahrenspfleger bestellt ist, BayObLG FamRZ 1993, 998.

5. Angelegenheiten des Betroffenen

a) Problematik der Begriffsbestimmung

47 Entscheidendes Merkmal des zweigliedrigen Tatbestandes ist die Unfähigkeit des Betroffenen, die eigenen Angelegenheiten ganz oder teilweise zu besorgen. Den Begriff der Angelegenheiten definiert das BtG nicht. Der RegEntw behandelt die Frage im Zusammenhang mit der Erläuterung zu § 1896 Abs 2 (BT-Drucks 11/4528, 120) und der Bestimmung dessen, was unter Aufgabenkreis verstanden werden soll.

Unterschieden wird die tatsächliche Betreuungsbedürftigkeit (BT-Drucks 11/4528, 121) von derjenigen, für deren Bewältigung die Bestellung eines gesetzlichen Vertreters erforderlich ist. „Die Notwendigkeit eines gesetzlichen Vertreters ist entscheidendes Abgrenzungskriterium" (BT-Drucks 11/4528, 122). Wo keine gesetzliche Vertretung erforderlich ist, sind andere Hilfen vorrangig (aaO). Damit wird die „soziale Betreuung" als Grundlage einer Betreuerbestellung abgelehnt (erneut festgestellt in BT-Drucks 15/2494, 17). Anders, wenn auch im einzelnen nicht deutlich, der Antrag von Abgeordneten und Fraktion der SPD vom 1. 4. 1998 (BT-Drucks 13/10301) betr „Reform des Betreuungsrechts: Von der justizförmigen zur sozialen Betreuung", der den am BtÄndG beteiligt gewesenen Ausschüssen überwiesen worden ist (Plenarbeschluß Deutscher Bundestag 13/228 v 3. 4. 1998).

Zu unterscheiden sind die Angelegenheiten, zu deren Besorgung der Betroffene krankheits- oder behinderungsbedingt nicht in der Lage ist, von denen, zu deren Besorgung der Betroffene einen Betreuer erhält. Art und Umfang der zuletzt genannten Angelegenheiten können geringer, aber nicht größer als die der zuerst genannten Angelegenheiten sein, weil der Auftrag an den Betreuer (Aufgabenkreis) nicht mehr beinhalten darf als der Betroffene zu besorgen hat.

Anhaltspunkte, was der Art nach zu den Angelegenheiten eines Volljährigen gehören kann, die dieser nicht selbst besorgen oder besorgen lassen kann, bieten verschiedene Bestimmungen des BtG, zB § 1896 Abs 4, § 1903 Abs 2 (abgesehen von der Eingehung einer Ehe oder einer eingetragenen Lebenspartnerschaft und der Verfügung von Todes wegen), die §§ 1904–1907, sowie die nach § 1908i sinngemäß anzuwendenden Vorschriften des Vermögenssorgerechts der Vormundschaft. In einigen Fällen sind es Angelegenheiten des öffentlichen Rechts, die der Betroffene allein nicht wahrnehmen kann, die der Betreuer für ihn besorgen muß (vgl die Änderungen sonstigen Bundesrechts durch Art 7 BtG, im einzelnen die §§ 2 VwZG, 3 VwVfG, 7 PaßG, 9 BSeuchG, 10 GeschlKG, 12 BSHG, 13 AsylVfG, 22 SGG, 23 VwGO, 24 FGO, 30 FamNamÄndG, 35 KastrationsG, 40 AO 1977, 45 SGB X).

Der Begriff der Angelegenheiten geht mithin **über den der rechtsgeschäftlichen** **48** **Angelegenheiten hinaus**, auch wenn der Kernbereich der Angelegenheiten, die zu besorgen sind, rechtsgeschäftlicher, jedenfalls aber rechtlicher Natur ist, weil andernfalls eine rechtliche Betreuung nicht erforderlich werden kann. Maßgebend für die Feststellung der zu besorgenden Angelegenheiten ist der Bedarf gesetzlicher Vertretung, mithin das Instrument, das zu ihrer Bewältigung eingesetzt werden muß (Erforderlichkeitsgrundsatz). Ist der wesentliche Gehalt der Vertretung das verbindliche Handeln für einen anderen, bietet die Notwendigkeit gesetzlicher Vertretung kein ausreichendes Kriterium für die Bestimmung dessen, was besorgungsbedürftige Angelegenheiten des Betroffenen sind. Kernfrage ist die nach der Grenze zwischen besorgungsbedürftigen Angelegenheiten, für deren Besorgung sich der Betroffene die gerichtliche Bestellung eines Betreuers und dessen Tätigkeit gefallen lassen muß, und der Führung eines selbstbestimmten und von staatlicher Intervention unbehelligten Lebens, mit der sich der Betroffene objektiv unvernünftig und/oder sozial auffällig verhält oder ins soziale Abseits begibt.

b) Interessenlage als Anknüpfungsmöglichkeit

49 Anknüpfungspunkt für die Feststellung, ob der Betroffene seine Angelegenheiten ganz oder teilweise nicht mehr selbst besorgen kann, kann die Interessenlage sein. Der Betroffene hat insofern ein Interesse an einer Betreuerbestellung, als er daraus Vorteile für sich gewinnt. Die Gemeinschaft oder auch ein einzelner Dritter (zur Betreuerbestellung im Drittinteresse s näher unten Rn 69) müssen immer dann ein Interesse an einer Betreuerbestellung haben, wenn der Betroffene im Rechtsverkehr nicht mehr handlungsfähig ist und/oder seinen gesetzlichen oder vertraglichen Verpflichtungen im Rechtsleben nicht mehr nachkommt und ohne Betreuer auf die Erfüllung der Verpflichtungen nicht in Anspruch genommen werden kann. Besorgungsbedürftige Angelegenheiten, die eine Betreuerbestellung auslösen können, sind danach nur solche Angelegenheiten, die im Interesse des Betroffenen selbst oder der Rechtsgemeinschaft besorgt werden müssen, weil andernfalls das rechtlich geordnete Zusammenleben der Menschen erheblich gestört werden würde. Maßstab für die Angelegenheiten, die besorgungsbedürftig sind, ist letzten Endes Art 2 GG, so daß beispielsweise eine Betreuung mit dem Aufgabenkreis Gesundheitsbetreuung (oä) nur dann in Betracht kommt, wenn der Betroffene in dieser Beziehung nicht urteilsfähig ist und sich infolgedessen einen erheblichen Schaden zufügt oder gegen Gesetze verstößt. Bei der Aufgabenkreisbestimmung hat das Gericht darauf zu achten, daß die zu besorgenden Angelegenheiten erfaßt werden. Dem Betreuer können keine Aufgaben zugewiesen werden, die nicht zu erfüllen sind, zB weil die Rechtsordnung sie nicht gestattet. Zur Frage, ob für die Ausschlagung einer Erbschaft der Betreuer einen speziellen Aufgabenkreis benötigt oder ob die Vermögenssorge ausreicht, (dies bejahend) Gutachten des Deutschen Notarinstituts DNotI-Report 2004, 1.

c) Bei körperlich Behinderten ausgeschlossene Aufgabenkreise

50 Ohne daß dies ausdrücklich geregelt wäre, kommen mangels Erforderlichkeit eine Reihe von Angelegenheiten als auf den Betreuer zu übertragende Aufgaben nicht in Betracht. S dazu oben Rn 32.

d) Der Grundsatz der individuellen Bestimmung; Ausnahmen

51 Eine generelle Bestimmung von zu besorgenden Angelegenheiten war mit dem auf die Betreuungsbedürftigkeit des einzelnen zugeschnittenen Betreuungsgesetz nicht mehr vereinbar. Davon abweichend allerdings das Übergangsrecht, das im Falle bisheriger Vormundschaft und vorläufiger Vormundschaft als Aufgabenkreis des Betreuers alle Angelegenheiten einschließlich eines den gesamten Aufgabenbereich erfassenden Einwilligungsvorbehalts umfaßte und lediglich die Entscheidung über die Einwilligung in eine Sterilisation ausnahm (Art 9 § 1 Abs 4 BtG).

Art und Umfang des Aufgabenkreises, mit dem die zu besorgenden Angelegenheiten erfaßt und gekennzeichnet werden, hängen von dem konkreten Betreuungsbedarf des Betroffenen in seiner gegenwärtigen Lebenssituation ab (OLG Hamm FamRZ 1995, 433, 435 = BtPrax 1995, 70, 72 = FGPrax 1995, 56, 57 m Anm SEITZ). Es kommt darauf an, inwieweit der Betroffene imstande ist, den seiner bisherigen Biografie und Lebensführung entsprechenden Alltag zu beherrschen und zu gestalten. Ein ständiger Betreuungsbedarf ist nicht erforderlich; eine Betreuerbestellung wird nicht schon dadurch hinfällig, daß vorübergehend kein „aktueller Handlungsbedarf" besteht (BayObLG FamRZ 1995, 117). Erforderlich ist eine Betreuung jedenfalls nur dann, wenn weder der Betroffene selbst noch andere Personen die Aufgabenbereiche, für die Handlungsbedarf besteht, wahrnehmen können. Auch ein psychisch kranker Betroffener kann durchaus zur Erledigung einzelner Aufgabenbereiche in der Lage sein (BayObLG FamRZ 2003, 1044, 1045). Die Erforderlichkeit der Betreuung muß für jeden Aufgabenbereich konkretisiert werden (BayObLGZ 1994, 209, 212 = FamRZ 1994, 1551; FamRZ 2003, 1044, 1045).

e) Betreuung grundsätzlich Rechtsfürsorge

Betreuung iSd §§ 1896 ff ist Rechtsfürsorge; vgl die der Klarstellung dienenden Ergänzungen der Überschriften vor §§ 1773 ff und §§ 1896 ff sowie die Neufassung des § 1897 Abs 1 und den eingefügten § 1901 Abs 1 (Art 1 Nrn 1, 10 a, 12, 13 BtÄndG). Die besorgungsbedürftigen Angelegenheiten müssen deshalb grundsätzlich Rechtsangelegenheiten sein. Dazu gehören in erster Linie Rechtsgeschäfte und sonstige Rechtshandlungen in zivil- und öffentlich-rechtlichen Rechtsverhältnissen (ERMAN/HOLZHAUER Rn 19). In Betracht kommen die Ausübung und die Geltendmachung zivil- oder öffentlich-rechtlicher Rechte und Ansprüche, personenrechtliche Gestattungen, die Wahrnehmung von privatrechtlich oder öffentlich-rechtlich begründeten Pflichten (Vertragserfüllung, Steuerpflicht). Die Betreuerbestellung dient nicht (jedenfalls nicht unmittelbar) dem Ziel, sozial angepaßtes oder straffreies Verhalten zu erreichen, ganz abgesehen davon, daß dies nicht Gegenstand gesetzlicher Vertretung sein kann und eine Erziehungsleistung gegenüber einem Volljährigen nicht zur Aufgabe eines Betreuers nach §§ 1896 ff gemacht werden kann (so schon nach bisherigem Recht, s die Kommentierungen zu § 1901 aF). Mit der Ansicht, auch bei Anordnung der Unterbringung eines Angeklagten in einem psychiatrischen Krankenhaus sei im Blick auf den Grundsatz der Verhältnismäßigkeit zu prüfen, ob die Vollstreckung der Maßregel (§ 63 StGB) ausgesetzt werden kann, wenn beispielsweise durch Begründung eines Betreuungsverhältnisses die Chance besteht, seine Gefährlichkeit in vertretbarer Weise abzumildern (BGH R&P 1997, 183; BGH FamRZ 2002, 1556 m Anm BIENWALD), wird deshalb die **Zielsetzung** des Betreuungsrechts und die Funktion des Betreuers **verkannt**, abgesehen davon, daß auch sonst eine Betreuungsbedürftigkeit iSd §§ 1896 ff nicht erkennbar ist. 52

Die Nachrangklausel des Abs 2 S 2 schließt jedoch nicht aus, auch andere Angelegenheiten zum Gegenstand von Betreuung zu machen (zu eng ERMAN/HOLZHAUER Rn 19) und zwar dann, wenn andere Hilfen nicht vorhanden sind oder durch sie die besorgungsbedürftigen Angelegenheiten nicht ebensogut wie durch einen Betreuer besorgt werden können. Damit wird jedoch nicht gefordert, daß der Betreuer diese tatsächlichen Leistungen immer selbst erbringen müßte. Die amtl Begr geht davon aus, daß eine tatsächliche Betreuungsbedürftigkeit des Betroffenen vielfach keine Betreuung nach bürgerlichem Recht erfordert, weil seine Angelegenheiten durch andere Hilfen ebenso gut besorgt werden können. Die Bestellung eines Betreuers setzt wiederum nicht voraus, daß der Betroffene für jede einzelne Besorgung des Aufgabenkreises eines gesetzlichen Vertreters bedarf (BT-Drucks 11/4528, 122). Trotz der Bemühungen, die dem Betreuer vom Gesetz zugewiesenen Amtsgeschäfte von dem darüber hinausgehenden faktischen Engagement für den Betreuten (für das staatliche Mittel als Vergütung nicht mehr aufzuwenden wären!) abzugrenzen, macht die gefundene Lösung (s die Einzelbegründung z Änderung des § 1901 in BT-Drucks 13/7158, 33) die Schwierigkeit eines solchen Unterfangens deutlich, zumal das Gesetz durch weitere vom Aufgabenkreis unabhängige Pflichten (§ 1901 Abs 5) dazu bei- 53 trägt, Abgrenzungen zu erschweren. Die erwähnte Begründung ist auch abgedruckt bei BIENWALD BtR³ § 1901 Rn 3.

f) Konkreter oder abstrakter Handlungsbedarf

54 Die Vorschrift setzt nicht voraus, daß eine konkret bevorstehende Angelegenheit zu besorgen ist. Andererseits reicht die abstrakte Möglichkeit, der Betroffene könne eines Tages seine dann regelungsbedürftige Angelegenheit nicht selbst besorgen, für eine Betreuerbestellung nicht aus. Auch die Tatsache, daß jemand für geschäftsunfähig angesehen wird und deshalb – abstrakt – außerstande ist, rechtsgeschäftliche Erklärungen abzugeben und entgegenzunehmen, begründet nicht allein die Betreuerbestellung, soweit nicht konkret Entscheidungsbedarf besteht, dem andere nicht abhelfen können.

Anlaß für die Bestellung eines Betreuers bzw für ein dahin zielendes Verfahren wird in vielen Fällen eine bevorstehende rechtsgeschäftliche Angelegenheit (zB die Besorgung eines Heimplatzes und der Abschluß des Heimvertrages, sowie die Kündigung des bestehenden Mietverhältnisses mit Genehmigung des Vormundschaftsgerichts) oder/und eine sonstige Rechtsangelegenheit (Räumung der Wohnung) sein. In Betracht kommen vorwiegend auch die Nichterfüllung eingegangener Verpflichtungen und das Ausbleiben von Reaktionen auf Mahnungen sowie die Unsicherheit von Behörden und Geldinstituten in bezug auf die Fähigkeit des Betroffenen, Geldleistungen mit befreiender Wirkung entgegenzunehmen. Bei geistiger Behinderung sind es in erster Linie Angelegenheiten im Zusammenhang mit einem Werkstattbesuch und Wohnen im Wohnheim, Kostenübernahme durch einen Sozialleistungsträger oder durch einen Unterhaltspflichtigen, Verwaltung des Taschengeldes oder Arbeitsentgelts oder Hilfestellung dabei, die bei einem durch Eltern nicht mehr vertretenen volljährigen Behinderten dessen Betreuungsbedürftigkeit begründen. Zu den Voraussetzungen einer Betreuerbestellung zwecks Stellung eines Rentenantrags gegen den Willen des Betroffenen BayObLGZ 1994, 209 = FamRZ 1994, 1551 = BtE 1994/95, 96 mwN. In Fällen, in denen das Vormundschaftsgericht nach §§ 1846, 1908i Abs 1 S 1 eine Unterbringung des Betroffenen angeordnet hat, ohne zugleich einen Betreuer zu bestellen, ist es verpflichtet, durch geeignete Maßnahmen sicherzustellen, daß dem Betroffenen innerhalb weniger Tage ein (vorläufiger) Betreuer zur Seite gestellt wird (BGHZ 150, 45 = FamRZ 2002, 744; BayObLG FGPrax 2002, 191; BayObLGZ 2003, 97 = FamRZ 2003, 1322 = Rpfleger 2003, 426).

g) Zur Einbeziehung wahrscheinlichen Handlungsbedarfs

55 Da wegen des Erforderlichkeitsgrundsatzes der Aufgabenkreis des Betreuers mit dem Betreuungsbedarf korrespondieren muß, stellte sich – angesichts der aufwendigen Verfahren in Betreuungssachen (§ 69i Abs 1 FGG; bisher war nur bei unwesentlichen Erweiterungen des Aufgabenkreises ein Abweichen vom Regelverfahren zugelassen) – die Frage nach dem Zeitpunkt für die Feststellung des Umfangs der Betreuungsbedürftigkeit und insbesondere der prophylaktischen Einbeziehung von Angelegenheiten, die der Betroffene voraussichtlich in absehbarer Zeit nicht selbst wird besorgen können. Die Gerichtspraxis verfährt zT verfahrensökonomisch und neigt zu einer weiträumigen Sicht (wohl ähnlich der Praxis in Österreich nach dem Inkrafttreten des Sachwalterrechts; dazu BT-Drucks 11/4528, 121). SCHWAB (FamRZ 1992, 493, 495) empfiehlt, den Erforderlichkeitsgrundsatz vorausschauend zu handhaben.

Die Zulässigkeit vertretbarer Vorausschau bei der Bestimmung des Aufgabenkreises ergibt sich unmittelbar aus dem BtG, das bei der Entscheidung über eine Maßnahme im Betreuungsverfahren eine zeitliche Begrenzung zwecks Überprüfung der Maßnahme vorschreibt (§ 69 Abs 1 Nr 5 FGG). Das Gesetz räumt damit dem Gericht die Möglichkeit ein, nicht ständig, sondern nur bei begründetem Anlaß die Maßnahme in bezug auf Grund, Dauer und Ausmaß zu überprüfen. Das Gericht kann sich dabei auf das Gutachten des Sachverständigen stützen (§ 68b Abs 1 S 5 FGG), der sich, wenn er eine Betreuerbestellung befürwortet, sowohl zum Umfang als auch zu der voraussichtlichen Dauer der Betreuungsbedürftigkeit äußern soll. Im Rahmen einer solchen prognostischen Feststellung lassen sich graduelle Veränderungen der Betreuungsbedürftigkeit bei der Beschreibung des Aufgabenkreises berücksichtigen, ohne daß dadurch gegen den Grundsatz der Erforderlichkeit verstoßen wird. Eine Praxis, die darüber hinausgeht und sich nicht auf die Berücksichtigung von absehbaren und bevorstehenden graduellen Änderungen in der Betreuungsbedürftigkeit beschränkt, wäre dagegen nicht zulässig.

Insofern nicht ganz unbedenklich ist die Entscheidung des BayObLG in BtPrax 1993, 171, nach der ein Betreuer auch bestellt werden kann, wenn ein akuter Handlungsbedarf nicht besteht, auf Grund einer Psychose aber im Falle eines akuten Schubes sofort gehandelt werden müsse (ebenso BayObLG FamRZ 2003, 1043 [LS]). Ziel dieser Bestellung ist es, die im akuten Schub für erforderlich gehaltene Unterbringung zum Zwecke der Behandlung durch den Betreuer entscheiden und vollziehen zu lassen. Daß im akuten Stadium die Gefahr einer erheblichen gesundheitlichen Selbstschädigung besteht, unterliegt keinem Zweifel. Es besteht jedoch auch die Sorge, daß eine derartige Betreuung zu einer Dauerbetreuung und damit zu einer dauernden, über den Aufgabenkreis in seinem ständig notwendigen Bereich hinausgehenden Kontrolle und Beobachtung der Betroffenen und ihrer Lebensgestaltung führt, was dem Erforderlichkeitsgrundsatz widerspräche. Zutreffend hat SEITZ in seiner Anm zu BayObLG BtPrax 1995, 218 = FamRZ 1996, 250 (LS) in BtE 1994/95, 98, 99 auf weitere Entscheidungen des BayObLG hingewiesen, die einen „wesentlich engeren" Standpunkt eingenommen haben. So wurde in der kommentierten Entscheidung moniert, der Aufgabenkreis Sorge für die Gesundheit sei als Gesundheitsfürsorge in allen Bereichen der Medizin zu weitgehend, wenn eine Betreuung nur im nervenärztlichen Bereich erforderlich ist. BayObLG BtE 1992/93, 55 (Nr 6) billigte eine Betreuerbestellung, wenn zwar kein akuter Handlungsbedarf besteht, aufgrund einer psychischen Erkrankung aber regelmäßige nervenärztliche Behandlung erforderlich ist und durch diese der Eintritt von Schüben verhindert oder gemildert werden kann. Unter dem Stichwort Vorratsbetreuung ist dort (Nr 7) auch eingeordnet eine (sonst) unveröffentlichte Entscheidung mit folgendem LS: Voraussetzungen für die Bestellung eines Betreuers (Konkrete Gefahr, daß die Betroffene ihre Medikamente nicht mehr nimmt und ihre Krankheit dann wieder in eine akute Form hinübergleitet und anderes). BayObLG FamRZ 1998, 452 lehnte die Erweiterung des Aufgabenkreises des Betreuers auf die Besorgung aller Angelegenheiten des Betroffenen ab, wenn dieser in der Lage ist, einen Teilbereich seines Lebens zu bewältigen. Insbesondere unter dem Gesichtspunkt, wie lange eine Betreuung mit einem bestimmten Betreuerauftrag aufrechterhalten bleiben darf (etwa: während der Zeit zwischen zwei Schüben; Vermögenssorge trotz kostenmäßig geregelten Heimaufenthalts eines Sozialhilfeempfängers), scheint es angebracht, **nicht allein** auf einen **akuten Handlungsbedarf** abzustellen, sondern (auch) darauf, ob es erforderlich ist, daß für einen bestimmten Bereich (zB Gesundheit oder Vermögen) ein anderer für den Betroffenen die Entscheidungsverantwortung übertragen erhält oder behält, sofern die Annahme begründet ist, von dieser Entscheidungsverantwortung werde in einem überschaubaren Zeitraum mehr oder weniger – ohne vorhersehbare Termine und Umstände – Gebrauch gemacht werden müssen. Während eines solchen Zeitraums muß nicht die vorzunehmende Handlung das Entscheidende sein, sondern die verantwortliche Beobachtung, ob für den Betroffenen (und mit ihm) gehandelt werden muß. Zu unterscheiden sind außerdem die Fälle danach, ob es sich um eine erstmalige Betreuerbestellung mit einem uU zu weitgehenden Aufgabenkreis handelt (s BayObLG BtPrax 1995, 218 = BtE 1994/95, 98 m Anm SEITZ; ich würde sie als unechte Vorratsbetreuungsfälle bezeichnen! S dazu auch oben Rn 43) oder um bereits bestehende Betreuungen, wo es um die vollständige oder zeitweilige Beschränkung der Betreuung in einem bestimmten Aufgabenkreis geht, ohne daß damit die Betreuung im übrigen entfallen müßte, obgleich auch dies uU in Betracht käme. Nicht in allen Fällen würde es sich später um eine unwesentliche (und damit verfahrensmäßig einfachere) Erweiterung des Aufgabenkreises handeln; im Falle einer Aufhebung sogar um eine Neubestellung. Der Begriff der Intervallbetreuung scheint nicht mehr verwendet zu werden (ausweislich des alphabetischen Registers von BtE 1994/95).

h) Betreuung nur für eigene Angelegenheiten des Betroffenen

56 Die zu besorgenden Angelegenheiten müssen eigene des Betroffenen sein; sie müssen außerdem durch einen Vertreter besorgt werden können. Höchstpersönliche Angelegenheiten kommen deshalb als vom Betreuer zu besorgende Angelegenheiten, weil nicht betreuungs„fähig", nicht in Betracht, sofern nicht im Gesetz ein anderes bestimmt ist (zB § 1596 Abs 1 S 3: Anerkennung der Vaterschaft für einen Geschäftsunfähigen). Nicht der Umgang selbst, aber die Regelung des persönlichen Umgangs mit Familienangehörigen kann dem Betreuer zur Aufgabe gemacht werden (BayObLG FamRZ 2004, 1670).

Um eigene Angelegenheiten des Betroffenen handelt es sich dann nicht, wenn der Betroffene Leistungen aufgrund Auftrags oder eines Dienst- oder Arbeitsverhältnisses zu erbringen hat (BIENWALD, BtR Rn 80; ERMAN/HOLZHAUER Rn 20). Erwerbstätigkeit ist grundsätzlich nicht Gegenstand einer Betreuung (ERMAN/HOLZHAUER Rn 20). Dagegen sind Zahlungsverpflichtungen und Mitgliedschaftsrechte, soweit sie durch einen Vertreter ausgeübt werden können, eigene Angelegenheiten des Betroffenen.

57 Die **Eingehung einer Ehe** oder einer **eingetragenen Lebenspartnerschaft** und die Errichtung eines Testaments sind als höchstpersönliche Angelegenheiten von der Betreuung ausgenommen (vgl § 1903 Abs 2). Ebenso ausgeschlossen ist die **Erfüllung familialer Pflichten** durch einen Betreuer (BIENWALD, BtR[2] Rn 224; ERMAN/HOLZHAUER Rn 20, ders § 1902 Rn 5; MünchKomm/SCHWAB Rn 100 betr elterliche Sorge). Zur Frage einer **Sorgeerklärung** nach § 1626a eines geschäftsunfähigen Elternteils DICKERHOF-BORELLO FuR 1998, 70, 157. Nach ihrer Auffassung werden die allgemeinen Normen der §§ 104 Nr 2, 105 Abs 1 durch die Bestimmung des § 1626e ausgeschlossen, wonach Sorgeerklärungen und Zustimmungen nur unwirksam sind, „wenn sie den Erfordernissen der vorstehenden Vorschriften nicht genügen" (bedenklich, weil im Ergebnis nicht die Beteiligung an der Ausübung der elterlichen Sorge erreicht werden (§ 1673 Abs 1), mithin die Sorgeerklärung eines Geschäftsunfähigen nicht den Inhalt des § 1626a Abs 1 S 1 haben kann; hinzukommt das ungeklärte Verhältnis zu § 11 BeurkG). Zur Unwirksamkeit der Sorgeerklärung eines nach § 104 Nr 2 geschäftsunfähigen Vaters ROGNER FamRefK § 1626e Rn 2 und LIPP FamRZ 1998, 65, 71.

Gegenstand von Betreuung und eines Betreuerauftrags kann nicht die Entscheidung über die **Beendigung lebenserhaltender Maßnahmen** eines (Koma-)Patienten mit dem in absehbarer Zeit zu erwartenden Eintritt des Todes sein (**aA** BGHSt 40, 257; ihm folgend OLG Frankfurt FamRZ 1998, 1137 m abl Anm BIENWALD und Anm WAGENITZ/ENGERS FamRZ 1998, 1256; abgedr ferner in BtPrax 1998, 186 m abl Anm JÜRGENS BtPrax 1998, 159 und VGT BtPrax 1998, 161; zustimmend KNIEPER NJW 1998, 2720 sowie BtPrax 1998, 160; in jüngerer Zeit OLG Düsseldorf FamRZ 2001, 1557 = Rpfleger 2001, 347 = BtPrax 2001, 170; OLG Frankfurt FamRZ 2002, 575 m Anm BIENWALD 577 und KARLICZEK 578 = BtPrax 2002, 84 = NJW 2002, 689; OLG Karlsruhe FamRZ 2002, 488 m Anm BIENWALD = BtPrax 2002, 79 = NJW 2002, 685; FamRZ 2004, 1319; OLG Schleswig FamRZ 2003, 554 [Vorlagebeschluß]; BVerfG FamRZ 2002, 312 m Anm BIENWALD = R&P 2002, 114 m Anm MARSCHNER; LG Heilbronn NJW 2003, 3783; OLG München FamRZ 2003, 557 [kein Anspruch gegenüber Heim auf Unterlassen künstlicher Ernährung]; OLG Zweibrücken FamRZ 2003, 1127; LG Ellwangen FamRZ 2004, 732).

Grundlegend nunmehr der BGH in seiner Entscheidung v 17. 3. 2003 – XII ZB 2/03 (BGHZ 154, 205 = FamRZ 2003, 748 m Anm LIPP 756 = BtPrax 2003, 123 = FGPrax 2003, 161 = JuS 2003, 818 [Bearbeiter HOHLOCH] = JZ 2003, 732 m Anm SPICKHOFF 739 = MDR 2003, 691 m Anm BIENWALD 694 = MedR 2003, 512 = NJW 2003, 1588 = NotBZ 2003, 271 = MittBayNot 2003, 387 = RhNotZ 2003, 255 m Anm PERAU 263 = NStZ 2003, 477 = RdLH 2003, 78 = R&P 2003, 153 m Anm MARSCHNER 159). In ihr (vgl LS 2) setzt der BGH voraus, daß für einen Patienten ein Betreuer bestellt werden kann, dessen Aufgabe darin besteht, „dem Patientenwillen gegenüber Arzt und Pflegepersonal in eigener rechtlicher Verantwortung und nach Maßgabe des § 1901 Ausdruck und Geltung zu verschaffen. Seine Einwilligung in eine ärztlicherseits angebotene lebenserhaltende oder – verlängernde Behandlung kann der Betreuer jedoch nur mit Zustimmung des Vormundschaftsgerichts wirksam verweigern". Für eine Einwilligung des Betreuers und eine Zustimmung des Vormundschaftsgerichts sei, so der BGH, jedoch kein Raum, wenn ärztlicherseits eine solche Behandlung oder Weiterbehandlung nicht angeboten wird – sei es, daß sie von vornherein medizinisch nicht indiziert, nicht mehr sinnvoll oder aus sonstigen Gründen nicht möglich ist.

Besprechungen und andere Beiträge zur Entscheidung des BGH:

ALBERTS, Sterben mit Genehmigungsvorbehalt?, BtPrax 2003, 139; ALBRECHT/ALBRECHT, Änderungen im Recht der Patientenverfügung -zugleich Besprechung der Entscheidung des BGH vom 17. 3. 2003; XII ZB 2/03, MittBayNot 2003, 348; BÜHLER/STOLZ, Wann hat ein „Grundleiden" einen „irreversiblen tödlichen Verlauf" angenommen? – zur Entscheidung des BGH v 17. 3. 2003, FamRZ 2003, 1622; DEUTSCH, Verfassungszivilrecht bei der Sterbehilfe, NJW 2003, 1567; GERHARDT, Klarheit „Im Namen des Volkes"? (Sprach-)Kritische Anmerkung zum neuen Sterbehilfe-Urteil des BGH (NJW 2003, 1588 ff), DRiZ 2003, 256; HAHNE, Zwischen Fürsorge und Selbstbestimmung, FamRZ 2003, 1619 (s auch das Gespräch mit HAHNE in FAZ v 18. 7. 2003 Nr 164 S 4); HOLZHAUER, Justizverwaltung in Schicksalsdingen – Anmerkungen zum Beschluss des BGH v 17. 3. 2003 – XII ZB 2/03 –, FamRZ 2003, 991; KUTZER, Die Auseinandersetzung mit der aktiven Sterbehilfe, ZRP 2003, 209; KUTZER/GERHARDT, Der Vormundschaftsrichter als „Schicksalsbeamter" (ZRP – Rechtsgespräch), ZRP 2003, 213; Langenfeld, Vorsorgevollmacht und Patientenverfügung: Weniger Freiheit, mehr Rechtssicherheit, ZEV 2003, 449; Renner, Zur Beachtlichkeit von Patientenverfügungen – gleichzeitig Anmerkung zur BGH-Entscheidung vom 17. 3. 2003 – XII ZB, 2/03 –, NotBZ 2003, 245; Saliger, Sterbehilfe und Betreuungsrecht, MedR 2004, 237; Stackmann, Keine richterliche Anordnung von Sterbehilfe (Besprechung von BGH NJW 2003, 1588), NJW 2003, 1568; ders, Rechtliche Probleme der Behandlung Schwerkranker und Sterbender, MedR 2003, 490; Strätling ua, Passive und indirekte Sterbehilfe – Eine praxisorientierte Analyse des Regelungsbedarfs gesetzlicher Rahmenbedingungen in Deutschland. Empfehlungen einer interdisziplinären Arbeitsgruppe in der Akademie für Ethik in der Medizin eV, MedR 2003, 48 (s auch: May/Geissendörfer/Simon/Strätling [Hrsg], Passive Sterbehilfe: besteht gesetzlicher Regelungsbedarf? 2002 m Beiträgen ua von Kutzer und Lipp); Verrel, Mehr Fragen als Antworten – Besprechung der Entscheidung des XII. Zivilsenats des BGH vom 17. 3. 2003 über die Einstellung lebenserhaltender Maßnahmen bei einwilligungsunfähigen Patienten –, NStZ 2003, 449.

Liegt aus früherer Zeit eine **eindeutige Willenserklärung des Betroffenen** (mit dem Inhalt, bestimmte Behandlungen zu unterlassen oder einzustellen) vor, besteht für eine entsprechende Vertreterbestellung (und Betreuerbestellung mit diesem Aufgabenkreis) **kein Bedarf**. Wird die vorweggenommene (antizipierte) Weigerung, sich behandeln oder eine begonnene Behandlung fortsetzen zu lassen, von dem behandelnden Arzt nicht respektiert, besteht die Aufgabe des mit dem Aufgabenkreis Gesundheitssorge beauftragten Betreuers darin, zu entscheiden, ob und wie die Arzt-Patient-Beziehung beendet wird. Der Aufgabenkreis eines zu diesem Zweck bestellten Betreuers kann sich darin erschöpfen und als „Durchsetzung des Patientenwillens aus der Patientenverfügung vom …" formuliert werden. Ein bereits bestellter Betreuer mit dem allgemein formulierten Aufgabenkreis Gesundheitssorge ist nicht aus diesem Grunde berechtigt, die hinsichtlich ärztlicher Behandlung oder Behandlungsvermeidung vom Betroffenen selbst (wenn auch nicht aktuell, so doch in früherer Zeit verbindlich) getroffene Entscheidung zu revidieren (§ 1901 Abs 3). Sein Aufgabenbereich reduziert sich insoweit auf die Umsetzung und Durchsetzung der in der Willensbekundung des Betroffenen zum Ausdruck gekommenen Entscheidung. Da eine einmal vom (späteren) Betroffenen geäußerte Willensentscheidung hinsichtlich seiner ärztlichen/medizinischen Behandlung und Versorgung nicht an eine bestimmte Form gebunden ist, um als eigene Entscheidung zu gelten, kann sowohl die in schriftlicher Form erhaltene (Patientenverfügung) als auch die mündlich **überlieferte Willensäußerung als eigene Entscheidung** für den behandelnden Arzt oder für einen Betreuer (oder auch den Bevollmächtigten) **maßgebend** sein. Fehlte eine ausdrückliche, wenngleich nicht notwendig schriftlich niedergelegte auf den konkreten Sachverhalt bezogene eigene Entscheidung des Betroffenen und wird aus den Lebensentscheidungen, Wertvorstellungen und Überzeugungen des Betroffenen sein Wille „gemutmaßt", kann Gegenstand ärztlicher und/oder betreuerischer Handlung nur das Ergebnis der **Mutmaßung**, nämlich der (angenommene)Wille des Patienten/Betroffenen sein. Deshalb handelt auch insoweit der **Betreuer nicht als Stellvertreter** hinsichtlich der Entscheidung über die Einstellung medizinischer Maßnahmen, sondern setzt den Willen des Betroffenen um, indem er das Arzt-Patient-Verhältnis beendet, wenn der Arzt dem ihm bekannten gemutmaßten Willen des Patienten nicht folgen will. **Die Entscheidung über die Behandlung selbst oder deren Unterlassen mit dem Ziel des Todes kann zZ nicht Gegenstand stellvertretender Entscheidung sein.** Deshalb ist es auch fraglich, worauf sich die vom BGH (aaO) geforderte Zustimmung des Vormundschaftsgerichts beziehen soll. Die vertragliche

Seite riskanter medizinischer Maßnahmen war bisher nicht Gegenstand vormundschaftsgerichtlicher Kontrolle über § 1904. Auch für den Fall sog mutmaßlichen Willens (zu ihm mit Recht krit MünchKomm/SCHWAB § 1904 Rn 38), besteht für eine entsprechende Vertreterentscheidung (und vorherige Betreuerbestellung mit einem geeigneten Aufgabenkreis) solange kein Bedarf, als es keine Probleme hinsichtlich der Beachtung und Durchsetzung des Patientenwillens gibt. Würde eine Betreuerbestellung mit diesem Auftrag dennoch für notwendig erachtet werden, bestünde auch in anderen Fällen, in denen sich Patienten in einem vergleichbaren Zustand, ohne bisher einen Betreuer zu haben, befinden, Betreuungsbedarf, weil nicht auszuschließen ist, daß nicht auch andere Betroffene irgendwann einen entsprechenden Wunsch geäußert haben, der nun als mutmaßlicher Wille festgestellt werden muß und Anspruch auf Respektierung erheben kann. Folge davon wäre, daß aufgrund der allgemeinen Bürgerpflicht zur Übernahme einer Betreuung (§ 1898 Abs 1) grundsätzlich jeder bestellbar wäre, es sei denn, unter Berücksichtigung seiner familiären, beruflichen und sonstigen Verhältnisse könne ihm die Übernahme nicht zugemutet werden. Daß der Ausgewählte ohne sein Einverständnis nicht bestellt werden darf (§ 1898 Abs 2), ändert an der grundsätzlichen Bürgerpflicht nichts. Eine weitere Konsequenz für den bestellten Betreuer ergäbe sich daraus, daß er, würde er die Entscheidung nicht treffen, uU Weisungen des Vormundschaftsgerichts unterworfen wäre (§ 1837 Abs 2), würde man ihm nicht den Schutz seines Gewissens zubilligen. Das Institut der Rechtlichen Betreuung erhielte auf diese Weise eine Spezialzuständigkeit in Angelegenheiten des Todes. Ob es nicht ratsam wäre, im Falle einer bereits bestehenden Betreuung nicht diesen (zuständigen) Betreuer in dieser Frage tätig sein zu lassen, sondern einen weiteren Betreuer (ähnlich dem Fall des § 1899 Abs 2) zu bestellen, sei es aus menschlichen Gründen, sei es zur Vermeidung von Interessenkollisionen (etwa im Falle von erbberechtigten oder sonst interessierten Personen), wurde bisher soweit ersichtlich nicht erörtert.

Es fällt auf, daß sich bisher Rechtsprechung und Schrifttum auf die Fragen konzentrieren, ob und unter welchen Voraussetzungen ein Betreuer oder ein Bevollmächtigter berechtigt oder verpflichtet ist oder sein könnte, dem (ggf vermuteten) Wunsch/Willen des Patienten zu folgen und dafür zu sorgen, daß ärztliche Maßnahmen zur Lebenserhaltung unterlassen oder beendet werden, so daß der Tod eintritt. Auch in der Entscheidung des BGH, der von dem vorhandenen Betreuer (mit dem dazu gehörenden Aufgabenkreis) verlangt, daß er den Willen des Betreuten gegenüber dem Arzt „durchsetzt", wird nicht die **rechtsgeschäftliche/behandlungsvertragsrechtliche Seite der Arzt-Patient-Beziehung erörtert**. Wenn und soweit von Verbindlichkeit von Patientenverfügungen die Rede ist, so kann das nur bedeuten, daß ein behandlungsbereiter Arzt sich nach der (wirksamen) Patientenverfügung zu richten und eine Behandlung zu unterlassen oder zu beenden hat, wenn und weil er nicht die (grundsätzlich erforderliche) Einwilligung des Patienten oder des entscheidungszuständigen Stellvertreters dazu hat. Welche Handlungen ein Betreuer oder ein Bevollmächtigter vorzunehmen hat, um dem Willen des Betreuten oder Bevollmächtigten Geltung zu verschaffen, wird nicht beschrieben. Soweit die BGH-Entscheidung davon ausgeht, daß ein Betreuer dazu verpflichtet ist, sind die sich daraus für das Betreuungsrecht ergebenden Konsequenzen bisher nicht oder nur unvollständig oder beiläufig gesehen, so zB die aus § 1901 Abs 5 abzuleitende Verpflichtung, für den Fall einer in Betracht kommenden Einstellung sogenannter lebensverlängernder Maßnahmen auf die Notwendigkeit einer Aufgabenkreiserweiterung oder Bestellung eines weiteren Betreuers hinzuweisen, und die sich aus § 1846 iVm § 1908i Abs 1 ergebende Ersatzzuständigkeit des Vormundschaftsgerichts, die uU in Betracht kommt, sowie die Bestimmung des 1837 (iVm § 1908i Abs 1), wonach das Vormundschaftsgericht im Rahmen seiner Aufsichts- und Kontrollbefugnisse den Betreuer anweisen kann, die fraglichen Handlungen vorzunehmen, um das Leben des Patienten zu beenden. Nahezu unbestritten und nicht in Frage gestellt ist es, daß die Aufgabe der Gesundheitsbetreuung, ggf eine Spezialisierung in der Formulierung, den Betreuer befugt, die zur Lebensbeendigung des Patienten führenden Entscheidungen zu treffen (vgl ERMAN/HOLZHAUER § 1901 Rn 22). Seit der Entscheidung des BGH haben die Stimmen deutlich zugenommen, die eine ausdrückliche Regelung des Gesetzgebers fordern (vgl KUTZER/GERHARDT aaO sowie STRÄTLING ua aaO).

Eine im September 2003 von der Bundesministerin der Justiz eingesetzte interdisziplinär besetzte **Arbeitsgruppe**, die sich unter dem Namen „Patientenautonomie am Lebensende" mit Fragen der Verbindlichkeit und der Reichweite von Patientenverfügungen befassen sollte, legte am 10. 6. 2004 ihren **Abschlußbericht** vor, der neben Thesen und Empfehlungen an den Gesetzgeber zu Regelungen im Betreuungs- und im Strafrecht auch Formulierungshilfen enthält, die das Abfassen von individuellen schriftlichen Patientenverfügungen erleichtern sollen. Presseverlautbarungen zufolge sollte bis zum Jahre 2006 ein Gesetzentwurf vorgelegt werden. Von ihrem Vorhaben hat die Ministerin jedoch inzwischen mit Rücksicht auf Wünsche aus dem Parlament Abstand genommen, das seinerseits eine Initiative beabsichtigen soll. Ein bekanntgewordener Referenten-Entwurf wurde deshalb zurückgezogen.

Das Problem, daß der Arzt zZ nicht ohne strafrechtliches Risiko dem Wunsch eines Patienten nach Beendigung des Lebens nachkommen kann, ist nicht in erster Linie betreuungsrechtlich, sondern strafrechtlich zu lösen. Geht es darum, den festgestellten Patientenwillen durchzusetzen, konzentriert sich die Aufgabe des vorhandenen, ggf des zu bestellenden Betreuers mit dem Aufgabenkreis Gesundheitssorge oder einem enger formulierten Aufgabenkreis auf die Beendigung oder Modifizierung des Behandlungsvertrages und den tatsächlichen Vollzug des Patientenwillens. Weigert sich etwa der behandelnde Arzt oder das Pflegepersonal des Heimes, in dem die betroffene Person lebt, dem Wunsch des Patienten entsprechend zu handeln, führen etwaige Schadensersatzansprüche (§§ 823 Abs 1 oder Abs 2 iVm Normen des StGB) nicht zu dem gewünschten Ergebnis. Die Verurteilung der betreffenden Personen müßte vollstreckt werden können; dies scheitert ggf daran, daß es sich um eine unvertretbare Handlung handelt. Selbst wenn sie vertretbar wäre, stellt sich die Frage, ob etwa eine klinik- oder heimfremde Person eine künstliche Ernährung abbrechen dürfte oder würde. Letzten Endes könnte womöglich nur der Betreuer selbst die sogenannte lebensverlängernde Maßnahme beenden. Ob ihm das zugemutet werden kann, hätte er selbst zu entscheiden. Diese Fragen und Überlegungen waren bislang nicht Gegenstand des bekanntgewordenen Entwurfs des Ministeriums der Justiz. S auch WAGENITZ, Finale Selbstbestimmung? Zu den Möglichkeiten und Grenzen der Patientenverfügung im geltenden und künftigen Recht, FamRZ 2005, 669.

Zur Frage einer Betreuerzuständigkeit in Angelegenheiten von **Forschungsvorhaben** im medizinischen Bereich, **Transfusion** und **Transplantation** s § 1904 Rn 37 ff.

Für die Entscheidung über die Einwilligung in eine **Sterilisation** des Betreuten ist stets ein besonderer Betreuer zu bestellen (§ 1899 Abs 2).

Als Aufgabenkreis kann auch die **Geltendmachung von Rechten des Betreuten gegenüber seinem Bevollmächtigten** bestimmt werden (§ 1896 Abs 3).

6. Die Bedeutung des Antrags

Im Bedarfsfalle bestellt das Vormundschaftsgericht dem Betroffenen auf seinen Antrag einen Betreuer. Dies gilt für alle Arten von Betroffenen unabhängig von dem medizinischen Befund (Abs 1 S 1). Ist der Betroffene allerdings nur körperlich behindert, darf ein Betreuer nur auf seinen Antrag bestellt werden, es sei denn, der Betroffene ist nicht in der Lage, seinen Willen kundzutun (Abs 1 S 3). Ohne die erforderliche Hilfe darf er nicht gelassen werden. Abgesehen aber von diesem besonderen Fall ist bei körperlicher Behinderung der Antrag auf Betreuerbestellung zwingende Entscheidungsvoraussetzung (nach Auffassung von ERMAN/HOLZHAUER Rn 15 und MünchKomm/SCHWAB Rn 115 hat der Antrag eine Doppelnatur). Kommt zu der körperlichen Behinderung eine Krankheit oder Behinderung hinzu, wie sie in Abs 1 S 1 beschrieben sind, kann eine Betreuerbestellung auch von Amts wegen erfolgen (ebenso MünchKomm/SCHWAB Rn 111). **58**

Soweit es sich nicht lediglich um körperliche Behinderung handelt, bestellt das Vormundschaftsgericht einen Betreuer erforderlichenfalls auch von Amts wegen. Der Antrag des Betroffenen hat deshalb hier nicht die Bedeutung einer Sachentscheidungsvoraussetzung. Er hat die Qualität einer Anregung, wie die anderer Personen oder Institutionen (Nichtbetroffener). Der Gesetzgeber hat dem „Antragsrecht" des nicht lediglich körperlich Behinderten auch eher eine psychologische als eine rechtliche Bedeutung beigemessen (BT-Drucks 11/4528, 118). Ein Einverständnis des Betroffenen mit der Bestellung eines Betreuers ist nicht vorgesehen, kann aber als Antrag gewertet werden (BayObLG-Rp 2004, 112 [LS]). Das „Antragsrecht" steht demzufolge auch nur dem Betroffenen, nicht dagegen einem Dritten zu, auch wenn dieser ein eigenes Interesse an der Bestellung eines Betreuers für den Betroffenen hat. Ebenso haben nahe Angehörige kein „Antragsrecht". Auch der Behörde steht kein Antragsrecht zu.

Der Antrag des nicht lediglich körperlich Behinderten ist **Verfahrenshandlung**. Zu seiner Vornahme ist der Betroffene auch verfahrensrechtlich imstande, denn er ist unabhängig von einer etwaigen Geschäftsunfähigkeit uneingeschränkt verfahrensfähig (§ 66 FGG). Obwohl keine Willenserklärung iSd §§ 116 ff, ist eine entsprechende Willensäußerung auslegungsfähig (KEIDEL/ZIMMERMANN § 11 Rn 35) und ggf auslegungsbedürftig. Ist das Verfahren zur Prüfung, ob dem Betroffenen ein Betreuer zu bestellen ist (Betreuungssache), lediglich auf Anregung anderer zustande gekommen, und äußert der Betroffene im Laufe des Verfahrens, daß er mit der Bestellung eines Betreuers einverstanden ist, handelt es sich nicht um einen „Antrag", dh eine Erklärung, die das Tätigwerden des Gerichts auslösen soll (ähnlich, aber nicht so weitgehend MünchKomm/SCHWAB Rn 112; **aA** LIPP, Freiheit und Fürsorge 78). Ein anderes Verständnis von „Antrag" würde das vom Gesetzgeber vermiedene Merkmal der „Einwilligung" bei der Gebrechlichkeitspflegschaft bisherigen Rechts (§ 1910 Abs 3 aF) wieder einführen. Dem „Antragsrecht" auf Bestellung eines Betreuers entspricht der **59**

„Antrag" des Betreuten auf Aufhebung der Betreuung oder auf Einschränkung oder Erweiterung des Aufgabenkreises des Betreuers gem § 1908d Abs 2 und 3 (BT-Drucks 11/4528, 120). Hat der Betroffene in der Beschwerdeinstanz sein Einverständnis mit der Betreuung erklärt, legt er aber gleichwohl weitere Beschwerde ein, so ist der darin enthaltene Wegfall des Einverständnisses durch das Rechtsbeschwerdegericht zu berücksichtigen (BayObLG FamRZ 2001, 1245 m Anm BIENWALD).

60 Die Stellung des „Antrags" hat verfahrensrechtliche Konsequenzen. Im Verfahren zur Bestellung eines Betreuers genügt nach § 68b Abs 1 S 2 FGG anstelle des Sachverständigengutachtens ein ärztliches Zeugnis, wenn der Betroffene, der den Antrag gestellt hat, auf die Begutachtung verzichtet hat und die Einholung des Gutachtens insbesondere im Hinblick auf den Umfang des Aufgabenkreises des Betreuers unverhältnismäßig wäre. Kritisch äußert sich zu dieser Regelung insbesondere im Hinblick auf die Verfahrensfähigkeit von geschäftsunfähigen Betroffenen Münch-Komm/SCHWAB Rn 120, der im Ergebnis wie hier die Auffassung vertritt, daß die Verfahrensalternative keinesfalls dazu benutzt werden darf, durch Überredung des Betroffenen zur Antragstellung und zum Verzicht auf Begutachtung das Verfahren zu erleichtern und die Betreuerbestellung auf einen unzureichenden fachärztlichen Erkenntnisstand zu gründen. Die Begutachtung wäre in einem solchen Falle nachzuholen, wenn der Antrag des Betreuten auf Aufhebung der Betreuung oder auf Einschränkung des Aufgabenkreises erstmals abgelehnt werden soll (§ 69i Abs 4 FGG). Zu einer (ergänzenden) Begutachtung kommt es allerdings dann nicht, wenn der Betreute, auf dessen „Antrag" die erstmalige Betreuerbestellung erfolgte, keinen Antrag auf Aufhebung stellt, sondern das Gericht von Amts wegen über die Verlängerung entscheidet und der Betreute nicht widerspricht (§ 69i Abs 6 FGG). Gegen die Bestellung eines Betreuers auf Antrag des Betroffenen steht der zuständigen Behörde kein Beschwerderecht zu (§ 69g Abs 1 S 1 FGG; OLG Hamm FamRZ 2002, 194 m Anm BIENWALD).

Die dem Gericht durch § 68b Abs 1a eingeräumte Befugnis, bestehende ärztliche Gutachten des Medizinischen Dienstes der Krankenversicherung nach § 18 SGB XI anzufordern und im Einverständnis des Betroffenen oder seines Verfahrenspflegers zu verwenden, kommt bei einer Antragsbetreuung nur dann zum Tragen, wenn das Gericht aufgrund des ärztlichen Zeugnisses keine hinreichende Gewißheit über die Voraussetzungen einer Betreuerbestellung erlangt und zusätzlich eine Begutachtung anordnen würde.

61 Die **Rücknahme** des „Antrags" auf Betreuerbestellung ist bis zum Abschluß des Verfahrens zulässig. Der Betroffene ist rechtlich dazu imstande (§ 66 FGG). War bislang auf die Begutachtung verzichtet worden, muß sie jetzt vorgenommen oder/ und nach § 68b Abs 1a verfahren werden, bevor das Vormundschaftsgericht von Amts wegen den Betreuer bestellt. Nimmt der lediglich körperlich Behinderte vor Abschluß des Verfahrens seinen Antrag zurück, ist das Verfahren beendet. Wer die Bestellung eines Betreuers angeregt hatte, kann mit der Zurücknahme seiner Anregung („Antrags") weder den Fortgang der von Amts wegen vorzunehmenden Ermittlungen noch die von Amts wegen zu treffende Entscheidung über die Betreuerbestellung verhindern.

62 Zur Stellung des „Antrags" auf Bestellung eines (ggf weiteren) Betreuers und zur

Erklärung der Rücknahme dieses Antrags für den nicht lediglich körperlich Behinderten ist auch der Pfleger für das Verfahren berechtigt, sofern er rechtzeitig bestellt wurde (aA MünchKomm/Schwab Rn 116; Damrau/Zimmermann § 68b FGG Rn 12: Verfahrenspfleger ist nicht gesetzlicher Vertreter). Sowohl seiner formalen Rechtsstellung (gesetzlicher Vertreter, Bienwald BtR § 67 FGG Rn 13; Keidel/Kayser § 67 FGG Rn 15; aA Rausch RpflStud 1991, 129, 130; Damrau/Zimmermann § 67 FGG Rn 19) als auch seinem Auftrag nach (Interessenwahrer des Betroffenen eigener Art, allgM; s Bienwald BtR § 67 FGG Rn 13) ist der Pfleger für das Verfahren berechtigt, sämtliche Verfahrenserklärungen – konkurrierend zum verfahrensfähigen Betroffenen – abzugeben. Da der Antrag keine Sachentscheidungsvoraussetzung darstellt, bindet er das Gericht auch nicht. Der gestellte Antrag hindert das Gericht nicht, von Amts wegen die Betreuerbestellung zu beschließen. Stellt der Verfahrenspfleger rechtzeitig den „Antrag", entsteht die in § 68b Abs 1 S 2 FGG beschriebene Verfahrenslage, die ein Absehen von der Begutachtung unter bestimmten Voraussetzungen ermöglicht. Die Rechte des Betroffenen werden durch einen derartigen Antrag nicht beschnitten, weil der Betroffene in der Lage ist, den „Antrag" zu widerrufen, und das Gericht durch den Amtsermittlungsgrundsatz des § 12 FGG gebunden ist. Beeinträchtigt wird – s unten Rn 154 ff – die Beschwerdeberechtigung bestimmter Personen. Dies geschieht aber nicht nur durch die Antragstellung des Verfahrenspflegers, sondern auch durch die des Betroffenen und beruht letztlich auf dem Willen des Gesetzgebers.

Für die Qualität des „Antrags" kommt es weder auf die Wortwahl noch darauf an, **63** daß der Betroffene den Aufgabenkreis des zu bestellenden Betreuers benennt (aA wohl MünchKomm/Schwab Rn 116). Es ist auch nicht erforderlich, daß der Betroffene einen Betreuer benennt; § 1897 Abs 4 S 1 nötigt nicht zu dieser Annahme (ebenso MünchKomm/Schwab Rn 118). Die Willensäußerung des Betroffenen ist dann als „Antrag" zu werten, wenn aus ihr der Wunsch erkennbar wird, das Gericht solle eine Person zur Besorgung seiner Angelegenheiten bestimmen, und die Angelegenheiten ggf auf Nachfrage beschrieben werden, die nach seiner Auffassung zu besorgen sind. Nach OLG Hamm (FamRZ 2002, 194 m Anm Bienwald = BtPrax 2001, 213) wurde ein Betreuer auch dann auf Antrag des Betroffenen bestellt, wenn die Bestellung durch die psychiatrische Klinik, in der sich der Betroffene befindet, angeregt wurde und der Betroffene bei seiner persönlichen Anhörung durch das Vormundschaftsgericht der Einrichtung der Betreuung zustimmte (mit der Folge, daß der zuständigen Behörde ein Beschwerderecht nicht zustand).

Der „Antrag" begrenzt nicht die Ermittlungstätigkeit und die Ermittlungspflicht **64** (§ 12 FGG) des Gerichts; er reicht auch für die Bestellung eines Betreuers allein nicht aus, wie schon § 68b Abs 1 S 2 FGG erkennen läßt. Das Vormundschaftsgericht hat über den Antrag hinaus zu prüfen, ob über die Selbsteinschätzung seiner Hilfebedürftigkeit hinaus der Betroffene einen Betreuer (als gesetzlichen Vertreter) benötigt. Dabei sind an das Gericht keine überzogenen Forderungen zu stellen; ausreichend, aber auch erforderlich ist eine fachlich begründete Aufmerksamkeit, was die Äußerungen des Betroffenen und die übrigen verfügbaren Informationen angeht. Nicht selten zeigen sich Betreute später enttäuscht, weil sie mit dem Wort „Betreuung" einen anderen Inhalt verbunden haben. Wichtig ist deshalb, daß die Gerichte im Falle einer Antragsbetreuung eingehend darüber informieren und beraten, was die Antragsteller erwartet und daß sie grundsätzlich für eine berufsmäßig geführte Betreuung eine Vergütung schulden.

65 Da der „Antrag" des Betroffenen nicht die Anordnung eines Einwilligungsvorbehalts einschließen kann – seine Anordnung ist nur von Amts wegen zugelassen, s unten § 1903 Rn 12 –, ist auch von Amts wegen zu prüfen, ob Anlaß für eine solche Entscheidung besteht. Die bei „Antragstellung" mögliche Verfahrenserleichterung (s oben Rn 60) wirkt sich dann nicht aus, wenn mit der Bestellung des Betreuers ein Einwilligungsvorbehalt angeordnet werden soll, jedenfalls seine Anordnung in Erwägung zu ziehen ist (§ 12 FGG). Vor der Anordnung eines Einwilligungsvorbehalts (gleich welchen Umfangs) muß das Gutachten eines Sachverständigen eingeholt sein (so auch HOLZHAUER/REINICKE Rn 77). Ebenfalls ohne verfahrenserleichternde Auswirkungen ist ein „Antrag", der nach Auffassung des Gerichts (uU werden im Sozialbericht der Behörde oder von anderer Seite entsprechende Hinweise gegeben) nicht die Betreuungsbedürftigkeit des Betroffenen erfaßt, vorausgesetzt, daß ein Hinweis des Gerichts, den „Antrag" entsprechend zu „erweitern", erfolglos bleibt, so daß das Gericht von Amts wegen einen Betreuer mit weiterreichendem Aufgabenkreis bestellt. Wendet sich der Betroffene gegen eine über seinen Antrag hinausgehende Betreuung, läßt sich der Verzicht auf das Gutachten eines Sachverständigen auch nicht rechtfertigen.

66 Das auf „Antrag" des Betroffenen zustande gekommene Verfahren betreffend die Betreuerbestellung hat eine weitere **Besonderheit**. Anders als bei einer Bestellung eines Betreuers von Amts wegen räumt das Gesetz dem Ehegatten des Betroffenen, den Angehörigen sowie der zuständigen Behörde ein gesondert geregeltes Beschwerderecht (vgl § 69g Abs 1 FGG) nicht ein (gleicher Ansicht BayObLG BtPrax 1998, 149). Hier ist eine Beschwerdebefugnis der Genannten nur unter den allgemeinen Voraussetzungen des § 20 FGG zugelassen. Diese Regelung ist weniger im Hinblick auf die „Antragstellung eines Geschäftsunfähigen" (so aber MünchKomm/SCHWAB Rn 122) als wegen der Inkonsequenzen innerhalb des BtG (man vergleiche das den Angehörigen entgegengebrachte Vertrauen, was die Befreiung gem § 1908i Abs 2 angeht, sowie § 1897 Abs 4 und 5) und der geringen Praktikabilität wegen zu kritisieren. Legt einer der hier Genannten eine Beschwerde gemäß § 69g Abs 1 FGG ein, gehört zur Begründung zwangsläufig auch die Tatsache, daß die Bestellung des Betreuers nicht auf Antrag des Betroffenen erfolgt ist. Wird ein Betreuer teils „auf Antrag", teils von Amts wegen bestellt, kann die als Einheitsentscheidung vorgenommene Betreuerbestellung nur als Einheit angefochten werden, es sei denn, daß das Gericht mehrere (Mit-)Betreuer bestellt und dem einen die „beantragten", dem anderen aber die „nicht beantragten" Angelegenheiten übertragen hat. Ein naher Angehöriger ist deshalb zur Beschwerde gegen die Bestellung eines Betreuers befugt, wenn das Betreuungsverfahren zwar auf Antrag des Betroffenen eingeleitet wurde, das Vormundschaftsgericht den Betreuer aber von Amts wegen bestellt hat (BayObLG FamRZ 2003, 1871).

Ist ein Betreuer „auf Antrag" bestellt und damit ein Einwilligungsvorbehalt verbunden, bleibt den Genannten das Beschwerderecht gegen die Anordnung des Einwilligungsvorbehalts erhalten (§ 69g Abs 1 FGG). Hat das Gericht die Bestellung eines Betreuers ganz oder teilweise abgelehnt, besteht das Beschwerderecht nach § 69 Abs 1 FGG. Wird das Gericht „auf Antrag" des Betroffenen tätig und bestellt es einen Betreuer nur für einen Teil der Angelegenheiten, die der Antragsteller als zu übertragende Angelegenheiten vorgebracht hat, muß das Gericht um der Beschwerdebefugnis willen die Bestellung eines Betreuers im übrigen (soweit sie beantragt war) ablehnen.

Die besondere Beschwerderegelung gilt auch für die Erweiterung des Aufgabenkreises (§ 69i Abs 1 FGG) und für die Verlängerung der Betreuerbestellung (§ 69i Abs 6 FGG) sowie für die Aufhebung der Betreuung und die Einschränkung des Aufgabenkreises des Betreuers. Zur weiteren Beschwerde s § 29 FGG. Inhaltlich kann diese Sonderregelung in den verschiedenen Fallkonstellationen nur dort zum Tragen kommen, wo der Betroffene/Betreute einen „Antrag" gestellt und das Gericht „antragsgemäß" entschieden hat. Ob jemand, der in der Lage ist, derart differenziert und ausgewogen Anträge zu stellen, noch betreuungsbedürftig ist, erscheint jedoch fraglich. Eine **rechtstatsächliche Untersuchung** in bezug auf die Häufigkeit und die Art von Anwendungsfällen wäre aufschlußreich.

Sowohl Sachentscheidungsvoraussetzung als auch verfahrenseinleitende Voraussetzung ist der Antrag auf Bestellung eines (Spezial-)Betreuers nach Bestimmungen des **öffentlichen Rechts** (zum früheren Rechtszustand STAUDINGER/ENGLER[10/11] Vorbem 20 ff zu §§ 1909 ff; ERMAN/HOLZHAUER[8] Vor § 1909 Rn 8). Soweit dort Verfahrensbesonderheiten bestimmt sind, haben sie Vorrang vor dem allgemeinen Recht (DAMRAU/ZIMMERMANN Rn 64). Es handelt sich um Betreuerbestellungen für den Fall der Verhandlungsunfähigkeit von Personen des öffentlichen Dienstes, bei denen dienst- oder disziplinarrechtliche Schritte erwogen werden. Der Einleitung oder Fortsetzung eines solchen Verfahrens soll nicht entgegenstehen, daß der Betroffene verhandlungsunfähig ist. Ist er (nur) wegen Abwesenheit außerstande, seine Rechte wahrzunehmen, ist die Bestellung eines Pflegers vorgesehen. Geregelt ist dies in § 19 Abs 2 Nr 1 BDO für einen Beamten und in § 78 Abs 2 Nr 1 WDO für einen Soldaten, jeweils in der Fassung des BtG (Art 7 § 6 und § 38). S auch Vorbem 78 ff zu §§ 1896 ff. **67**

Bestellt der Vorsitzende eines Gerichts für einen nicht prozeßfähigen Beteiligten ohne gesetzlichen Vertreter bis zum Eintritt eines Betreuers einen besonderen Vertreter, handelt es sich nicht um eine Betreuerbestellung iSd §§ 1896 ff. Zur Notwendigkeit einer Betreuerbestellung zwecks Vertretung in gerichtlichen Verfahren, wenn der Betroffene geschäftsunfähig ist und die Bevollmächtigung nicht ausreicht, weil der Bevollmächtigte nicht gesetzlicher Vertreter ist, BayObLG FamRZ 1998, 920 = NJWE-FER 1997, 227 sowie SEITZ BtPrax 1996, 93. Beachte nunmehr den durch das 2. BtÄndG angefügten § 51 Abs 3 ZPO, der den Bevollmächtigten unter bestimmten Voraussetzungen einem gesetzlichen Vertreter gleichstellt. Vorgesehen ist die Vertreterbestellung in § 72 SGG, § 62 VwGO und § 58 FGO. In den Vorschriften wird Bezug genommen auf die Regelung der ZPO in den §§ 53–58. **68**

7. Betreuung und Drittinteresse

Bereits nach bisherigem Recht verlangten Rechtsprechung und überwiegende Meinung im Schrifttum das Vorliegen eines Schutz- und Fürsorgebedürfnisses für die Anordnung einer Gebrechlichkeitspflegschaft (die Vormundschaft war anzuordnen, wenn der Volljährige entmündigt war, § 1896 aF); die Pflegschaft dürfe nicht im alleinigen Interesse eines Dritten angeordnet werden, sie müsse zumindest auch im Interesse des Pflegebefohlenen selbst liegen (im einzelnen BIENWALD, Untersuchungen 99). **69**

Offensichtlich von einigen mit Erleichterung aufgenommen wurde die schon während der Vorbereitungen des Betreuungsgesetzentwurfs ergangene Entscheidung des Bundesgerichtshofs, eine Gebrechlichkeitspflegschaft dürfe in Ausnahmefällen auch im ausschließlichen Interesse eines Dritten angeordnet werden, allerdings nur dann, wenn die Geltendmachung von Rechten gegen den Gebrechlichen in Frage stehe und der Dritte daran ohne die Einrichtung einer Pflegschaft wegen (partieller) Geschäftsunfähigkeit des Gebrechlichen gehindert wäre.

Der RegEntw des BtG hatte sich in der Frage eines Drittinteresses an der Bestellung eines Betreuers an dieser Rechtsprechung orientiert und an Beispielen deutlich gemacht, daß die Notwendigkeit bestehen kann, einen Betreuer im Drittinteresse zu bestellen. Ein dementsprechendes Tatbestandsmerkmal sieht der Text des Gesetzes aber nicht vor. Erörtert wurde die Frage des Drittinteresses im RegEntw (BT-Drucks 11/4528, 117) im Zusammenhang mit einem etwaigen Antragsrecht Dritter. Das Gesetz hat dieses nicht vorgesehen; es bleibt aber jedem unbenommen, die Bestellung eines Betreuers für eine bestimmte Person anzuregen. Eine förmliche Beteiligtenstellung im Verfahren ist Dritten nicht eingeräumt worden, was für den Fall eines Antragsrechts für unvermeidbar angesehen wurde (BT-Drucks 11/4528, 117).

70 Aus der für zulässig erachteten Betreuerbestellung im Drittinteresse ziehen DAMRAU/ZIMMERMANN § 1896 Rn 107 und ERMAN/HOLZHAUER § 1896 Rn 79 den Schluß, folgerichtig müsse dem Dritten auch ein Antragsrecht zuerkannt werden, damit er im Falle einer Ablehnung seines Antrages beschwerdebefugt sei. Die Forderung nach einem Antragsrecht Dritter gekoppelt mit einer Beschwerdebefugnis kann aus dem geltenden Betreuungsrecht nicht abgeleitet werden. Unzutreffend ist auch die Vorstellung, jemand könne seine Interessen einem anderen gegenüber nur wahrnehmen, wenn dieser einen Betreuer habe.

Im Verfahrensrecht sind Möglichkeiten eröffnet, daß entfernter stehende Dritte Rechte durchsetzen oder die Rechtsposition zur Geltung bringen. Die Frage nach Bestellung eines Betreuers im Drittinteresse wurde und wird deshalb falsch gestellt. Wer nach dem Interesse fragt, fragt nach der Zielrichtung. Diese kann bei einer Betreuerbestellung immer nur die Fürsorge für den Betroffenen sein. Bei der Besorgung seiner Angelegenheiten kommt es dann darauf an, daß in seinem Interesse gehandelt wird. Die Frage muß vielmehr lauten: Ist die Angelegenheit, für deren Erledigung ein Dritter die Bestellung eines Betreuers anregt (vorschlägt, „beantragt"), eine Angelegenheit des Betroffenen, die besorgt werden muß? Hierzu hat der BGH (BGHZ 93, 1 = JZ 1985, 289, 291 m Anm BEITZKE) zutreffend ausgeführt, der damaligen Gebrechlichkeitspflegschaft über (partiell) Geschäftsunfähige sei die Zielvorstellung immanent, daß ein Rechtssubjekt nicht auf Dauer vom Rechtsverkehr ausgeschlossen sein dürfe, sich diesem aber auch nicht entziehen könne (s auch LIPP, Freiheit und Fürsorge 54). Andernfalls wäre die Geschäftsunfähigkeit mit ihren Folgen einem bürgerlichen Tod gleichzusetzen. Die Möglichkeit der Prozeßpflegerbestellung gemäß § 57 ZPO kann nur die Zeit bis zur Bestellung eines Betreuers überbrücken; für die Führung eines Rechtsstreits, auch gegen den Betroffenen, ist einem prozeßunfähigen Volljährigen vorrangig ein Betreuer zu bestellen (LG Mönchengladbach FamRZ 2002, 1431).

Ohne daß die Geschäftsunfähigkeit zum Tatbestandsmerkmal der Betreuerbestellung gemacht worden ist, trifft dies auch für die Betreuung zu. Die Tatsache, daß jemand selbst nicht imstande ist, seine Angelegenheiten zu besorgen, kann nicht dazu führen, daß sie schlechthin nicht besorgt werden. Zur Zulässigkeit einer Betreuerbestellung im ausschließlichen Interesse eines Dritten (zwecks Kündigung des Mietverhältnisses durch den Vermieter bei Geschäftsunfähigkeit des Mieters) BayObLGZ 1996, 52 = FamRZ 1996, 1369 = BtPrax 1996, 106 mwN (bestätigt durch BayObLG FamRZ 1998, 922 = NJW-RR 1998, 1459 [mangels Voraussetzungen Betreuerbestellung aber abgelehnt]).

Eine Angelegenheit des Betroffenen kann deshalb immer dann vorliegen, wenn es **71** um eine Rechtshandlung geht, deren Wurzeln zumindest in einer früheren Beteiligung des Betroffenen liegen. Ein sog Dritter kann zB an der Abwicklung einer unerlaubten Handlung interessiert sein, an der der Betroffene teilhatte.

Stellt das Vormundschaftsgericht deshalb fest, daß Angelegenheiten des Betroffenen zu besorgen sind, auch wenn durch deren Besorgung der Betroffene nicht unmittelbar Vorteile hat, und liegen die übrigen Voraussetzungen für die Bestellung eines (Regel-)Betreuers vor, ist der Betreuer zu bestellen, ohne daß es auf eine darüber hinausgehende Feststellung eines Eigeninteresses oder auf die Frage der Berücksichtigung von Drittinteressen ankommt.

8. Bedeutung der Einsichtsfähigkeit bzw -unfähigkeit des Betroffenen

Während nur körperlich Behinderte in ihrer Einsichtsfähigkeit und in der Freiheit **72** ihrer Willensbildung nicht beeinträchtigt sind, wovon der RegEntw ausgeht (BT-Drucks 11/4528, 117), so daß für sie nicht in allen Bereichen dieselben Vorschriften gelten wie für einen psychisch Kranken oder geistig oder seelisch Behinderten, kommt es bei diesen Volljährigen darauf an, festzustellen, daß und in welchem Maße sie in ihrer Einsichtsfähigkeit und in der Freiheit ihrer Willensbildung beeinträchtigt sind. Erst diese Beeinträchtigung, die sich auf die Besorgung ihrer Angelegenheiten ganz oder teilweise auswirkt, ist Grundlage für die Betreuerbestellung.

Soweit ersichtlich, hatte sich zunächst zu diesen Grundfragen nur das BayObLG in einigen Entscheidungen zum neuen Betreuungsrecht geäußert. Sowohl die Unterbringung zur Verhinderung einer Selbstschädigung des Betreuten (BayObLGZ 1993, 18 = FamRZ 1993, 600 sowie FamRZ 1993, 998, 999) als auch die Anordnung eines Einwilligungsvorbehalts (BayObLGZ 1993, 63 = FamRZ 1993, 851) hat das Gericht nur dann für zulässig angesehen, wenn feststand, daß der Betreute aufgrund einer psychischen Erkrankung „seinen Willen nicht frei bestimmen" kann. Dies sage das Gesetz zwar nicht ausdrücklich; es ergebe sich aber (so das BayObLG FamRZ 1993, 851 = MDR 1993, 545) aus einer verfassungskonformen Auslegung des Gesetzes. Denn der Staat habe von Verfassung wegen nicht das Recht, seine erwachsenen und zu freier Willensbestimmung fähigen Bürger zu erziehen, zu „bessern" oder zu hindern, sich selbst zu schädigen.

In einer in FamRZ 1994, 320 veröffentlichten Entscheidung hatte das Gericht dann zunächst offengelassen, ob es im Falle einer von Amts wegen erforderlichen Betreuung zu den Voraussetzungen der Bestellung eines Betreuers und der Aufrechterhaltung oder der Verlängerung der Bestellung gehöre, daß der Volljährige aufgrund seiner geistigen oder seelischen Behinderung seinen Willen nicht frei bestimmen kann. Kurz darauf, in seiner Entscheidung v 25. 11. 1993 (FamRZ 1994, 720 = BtPrax 1994, 59), stellte das BayObLG nun auch für die Betreuerbestellung fest, diese setze voraus, daß der damit nicht einverstandene Betroffene aufgrund seiner Krankheit oder seiner geistigen oder seelischen Behinderung seinen Willen nicht frei bestimmen kann (nunmehr st Rspr; s BayObLGZ 1995, 26 und BayObLGZ 1995, 146 = FamRZ 1995, 1296 = BtPrax 1995, 144). Entsprechendes gilt für den Fall, daß der Aufgabenkreis des Betreuers erweitert wird (BayObLG FamRZ 1995, 116). Ähnlich (in der Formulierung anders) OLG Düsseldorf (FamRZ 1995, 118 = BtPrax 1995, 29, 30 = R&P 1995, 938 [zu § 1906]); wie BayObLG auch OLG Frankfurt (BtPrax 1997, 123 [LS]) und KG (R&P 1996, 86, 87). Auf das (nicht mehr auszuübende) Selbstbestimmungsrecht abgestellt OLG Hamm FamRZ 1995, 433, 435 = BtPrax 1995, 70, 72 = FGPrax 1995, 56, 57 m Anm SEITZ. S auch oben Rn 6.

73 Damit wird die Geschäftsunfähigkeit des § 104 Nr 2 zwar nicht dem Begriff, aber ihrem wesentlichen Inhalt nach zum Eingriffskriterium für eine nicht vom Betreuten gewollte, aber dennoch erforderliche Betreuerbestellung; ein Ergebnis, das der Rechtsprechung des BVerfG, soweit Gelegenheit bestand, zu dem bisher geltenden Recht Stellung zu nehmen, entspricht. Die Feststellung des BayObLG darf allerdings nicht zu dem Umkehrschluß verleiten, daß in Fällen einverständlicher (nicht unbedingt „beantragter", vgl Abs 1 S 2) Betreuung die Feststellung eines krankheits- oder behinderungsbedingten Defizits nicht erforderlich sei.

Mit der **Einführung des neuen Abs 1a** durch Art 1 Nr 6 Buchst a 2. BtÄndG hat der Gesetzgeber die von der Rspr bisher als ungeschriebenes Tatbestandsmerkmal bezeichnete Voraussetzung zum gesetzlichen Tatbestandsmerkmal werden lassen. Ohne daß die Vorschrift über die Notwendigkeit des Sachverständigengutachtens vor der Bestellung eines Betreuers (§ 68b Abs 1 S 1 FGG) geändert wurde, ist davon auszugehen, daß der Richter die notwendigen Feststellungen zu Abs 1a mit Unterstützung des/der Sachverständigen zu treffen hat. Praktisch kann sich eine Inanspruchnahme des Sachverständigen (zunächst) auf die Feststellung eines krankheitsbedingten Mangels des freien Willens und die Darlegung der Tatsachen, nach denen auf eine unfreie Willensbildung geschlossen werden kann (vgl BT-Drucks 15/2494, 28) beschränken, sofern sich der Betroffene gegen die Bestellung eines Betreuers ausspricht. Lehnt der Betroffene die Bestellung eines Betreuers nur hinsichtlich bestimmter Aufgabenbereiche ab, kommt es auch insoweit darauf an festzustellen, ob diese Teilablehnung das Ergebnis freier Willensbildung ist.

Die beiden entscheidenden Kriterien dafür sind die Einsichtsfähigkeit des Betroffenen und dessen Fähigkeit, nach dieser Einsicht zu handeln. Fehlt es an einem dieser beiden Elemente, liegt kein freier, sondern ein sog natürlicher Wille vor. Es kommt auf die Fähigkeit des Betroffenen an, im Grundsatz die für und wider eine Betreuerbestellung sprechenden Gesichtspunkte zu erkennen und gegeneinander abzuwägen; der Betroffene muß Grund, Bedeutung und Tragweite einer Betreuung intellektuell erfassen können (BT-Drucks 15/2494, 28). Zutreffend wird in der amtl Begr darauf hingewiesen, daß der Betroffene eine eigenständige Abwägung nur vornehmen könne, wenn ihm die tatsächlich und rechtlich relevanten Umstände bekannt sind, er mithin den Sachverhalt erfaßt hat; spätestens im Rahmen des Schlußgesprächs müsse er durch den erkennenden Richter über Sinn und Zweck der Betreuung aufgeklärt werden, wobei auf die Erkrankung und auf die intellektuellen Fähigkeiten des Betroffenen Rücksicht zu nehmen sei (aaO).

Das Gericht wird mithin in den Fällen, in denen eine gewisse Unsicherheit besteht, ob der Betroffene zu freier Willensbestimmung in der Lage ist und an einem zu Beginn des Verfahrens geäußerten „ja" oder „nein" zur Betreuerbestellung festhält, bis zum Schluß des Verfahrens sorgfältig zu prüfen haben, ob die Voraussetzungen einer Betreuerbestellung gegen den Willen des Betroffenen vorliegen.

IV. Aufgabenkreise

1. Rückblick

Das bis Ende 1991 geltende Vormundschaftsrecht für Volljährige orientierte sich, **74** was die Aufgaben des Vormunds anging, an der Vormundschaft für Minderjährige und diese wiederum an den Regelungen für die Eltern-Kind-Beziehung (§ 1897 S 1 aF, §§ 1793, 1800, 1631 bis 1633). Für die Sorge für die Person des Mündels bestimmte § 1901 Abs 1 aF, daß der Vormund (des volljährigen Mündels) für sie „nur insoweit zu sorgen" habe, „als der Zweck der Vormundschaft es erfordert". Daraus wurde im wesentlichen lediglich der Schluß gezogen, der Vormund habe gegenüber dem Volljährigen keine Erziehungsbefugnisse. Was die Personensorge für einen Volljährigen im übrigen ausmachte und nach welchen Kriterien sie auszuüben sei, wurde, soweit ersichtlich, nie ausreichend diskutiert und dokumentiert. Daß sie jedenfalls nicht durch die Begriffe der Beaufsichtigung und der Aufenthaltsbestimmung (mit welcher Zielrichtung?) ausreichend erfaßt war, scheint heute nicht mehr bezweifelt zu werden. Eine Merkwürdigkeit ist noch anzufügen, die auch nie ausreichend problematisiert worden ist: Während ein Gebrechlichkeitspfleger nur seinen geschäftsunfähigen Pflegebefohlenen kraft Aufenthaltsbestimmungsrecht unterbringen durfte (BGHZ 48, 147), erlaubte die zur Personensorge des Vormunds eines beschränkt geschäftsfähigen Mündels (§ 114 aF) gehörende Aufenthaltsbestimmung seine Unterbringung in einer geschlossenen Einrichtung oder einem Teil davon.

Die dem Gebrechlichkeitspfleger obliegenden Angelegenheiten des Pflegebefohlenen mußten dagegen im einzelnen nach Maßgabe des § 1910 Abs 1 und 2 aF bestimmt und in dem Wirkungskreis beschrieben werden. Bestand die zu besorgende Angelegenheit in einer eng begrenzten und dementsprechend auch formulierbaren Sache, wurden eher Globalbezeichnungen gewählt, deren eine – die Vermögenssorge – bereits im Gesetz enthalten war (§ 1910 Abs 2 aF). Vielfach kam die Aufenthaltsbestimmung (mit oder ohne Unterbringungsbefugnis) und/oder die Fürsorge für die Gesundheit hinzu. Die Orientierung am Recht der Vormundschaft für Volljährige erlaubte die Verweisungsvorschrift des § 1915 Abs 1.

Aus veröffentlichten Entscheidungen der damaligen Zeit geht hervor, daß nicht selten die Vermögenssorge und die Personensorge dem Pfleger eines nicht körperlich Behinderten übertragen waren, was sowohl dem Wortlaut des Gesetzes als auch den Erkenntnissen der höchstrichterlichen Rechtsprechung widersprach (vgl statt aller BGHZ 48, 147 = FamRZ 1967, 620 = NJW 1967, 2404).

Die Absicht des Betreuungsgesetzgebers ging unter Hinweis auf die Verfassungslage dahin, möglichst eng an den konkreten Betreuungsbedarfslagen orientierte Aufgabenbeschreibungen zu erreichen. Gleichwohl hat er Musterkataloge vermieden und im Gesetzestext und in der amtl Begr durch Verwendung von Globalbezeichnungen deutlich werden lassen, daß es anscheinend ohne sie nicht geht.

2. Zur Terminologie

75 Die Bezeichnung „Aufgabenkreis" wird unterschiedlich verwendet. Einerseits soll sie die dem Betreuer übertragene Aufgabe erfassen, andererseits wird die Bezeichnung auch als Synonym für die einzelne Angelegenheit oder die Betreuung benutzt. Wird im Verfahren von der Erweiterung oder Einschränkung des Aufgabenkreises des Betreuers gesprochen (§ 1901 Abs 5, § 69i FGG), kann Aufgabenkreis nur bedeuten die Gesamtheit der einem Betreuer übertragenen, für den Betreuten zu besorgenden Angelegenheiten. S dazu auch BIENWALD, BtR Rn 189. Der Begriff „Aufgabenkreise" (§ 1896 Abs 2) schließt es nicht aus, dem Betreuer nur eine einzige oder wenige Angelegenheiten zuzuweisen (BayObLG Rpfleger 2001, 234 = NJWE-FER 2001, 151). Damit gab das Gericht den Hinweis, einen Betreuer nicht für die gesamte Vermögenssorge zu bestellen, sondern den Aufgabenkreis ggf auf die gewichtigeren Geschäfte zu beschränken, damit der Betroffene – seinem Wunsch entsprechend – eine gewisse wirtschaftliche Bewegungsfreiheit wieder erhält.

3. Aufgabeninhalte

76 Da der Gesetzgeber im Betreuungsrecht die Begriffe des Minderjährigenrechts – Personen- und Vermögenssorge – (vgl § 1903 Abs 1) beibehalten hat, können diese Formulierungen auch zur (fast) umfassenden Kennzeichnung beibehalten werden. Freilich sollten die kraft ausdrücklicher Regelung nicht erfaßten Angelegenheiten in den Betreuerausweis als solche aufgenommen werden (§ 1896 Abs 4; § 1905). Insbesondere wird nach wie vor der Begriff der Vermögenssorge benutzt, wenn nicht nur einzelne Bestandteile als Aufgaben formuliert werden. Definitorisch läßt sich zur Kennzeichnung dessen, was Vermögenssorge zum Inhalt hat, nicht ohne weiteres auf die bisherige Rechtsprechung zurückgreifen, die Vermögenssorge (auch über einen Volljährigen) verstanden hat als „alle tatsächlichen und rechtlichen Maßnahmen, die darauf gerichtet sind, das Vermögen des ... (Betreuten) zu erhalten, zu verwalten und zu vermehren" (LG Berlin Rpfleger 1976, 60). Diese Beschreibung darf sich nicht gegen den Betreuten selbst richten, der nach § 1901 nF Wünsche auch über die Verwendung seiner Mittel äußern kann. Der Betreuer hat, wie das BayObLG betont hat, nicht die Aufgabe, den Betroffenen vom Genuß seines Vermögens und seiner Einkünfte weitgehend auszuschließen und ihn auf ein Existenzminimum zu verweisen, um sein Vermögen für seine späteren Erben zu erhalten (so noch für das Recht der Gebrechlichkeitspflegschaft in FamRZ 1991, 481, 482 = Rpfleger 1991, 19 f = R&P 1991, 74; für die Betreuung bestätigt in FamRZ 1992, 106 [LS] und BayObLGZ 1993, 63 = FamRZ 1993, 851 = R&P 1993, 79).

Bei der häufiger verwendeten Aufgabenbezeichnung „Vertretung gegenüber Ämtern und Behörden" (oä) handelt es sich um eine inhaltsleere floskelhafte Benennung, weil sich die Berechtigung zur Vertretung (gerichtlich und außergerichtlich) bereits aus § 1902 ergibt und die Aufgabenbezeichnung nichts darüber aussagt, in welchen Angelegenheiten materiell-rechtlicher Art der Betreuer den Betreuten zu vertreten hat. Wegen ihrer Offenheit und Unbestimmtheit widerspricht eine so formulierte Aufgabe dem Erforderlichkeitsgrundsatz (näher BIENWALD, Zur Vertretung des Betreuten gegenüber Behörden, BtPrax 2003, 71; auch MünchKomm/SCHWAB Rn 106).

Bisher in der Rspr zur Gebrechlichkeitspflegschaft akzeptierte Wirkungskreise können auch bei der Bestimmung des Aufgabenkreises eines Betreuers in Betracht kommen: **77a**

– Vertretung des Betroffenen im Zwangsversteigerungsverfahren (OLG Hamm FamRZ 1968, 612 = MDR 1968, 1011);

– Vertretung des Betroffenen als Bekl im Ehescheidungsverfahren (OLG Hamm JMBlNRW 1965, 88). Datum und Erfolgsaussicht des erhobenen Scheidungsantrags können erbrechtliche Konsequenzen haben (s OLG Frankfurt FamRZ 2002, 1511);

– Erledigung der Steuerangelegenheiten als Inhaber eines Einzelhandelsgeschäfts (BayObLG FamRZ 1965, 341);

– Vertretung im Enteignungsverfahren (BGH NJW 1974, 1374 = Rpfleger 1974, 352);

– Betreiben eines Erbscheinsverfahrens (Vermögensangelegenheit), LG Berlin Rpfleger 1976, 60 (einschl Abgabe der eidesstattlichen Versicherung gemäß § 2356 Abs 2);

– Vertretung in allen gerichtlichen Verfahren (OLG Stuttgart FamRZ 1975, 355 und FamRZ 1976, 549).

Beispiele für Aufgabenzuweisungen an Betreuer (zur sachlichen Reichweite der Betreuung s auch von SACHSEN GESSAPHE 239 ff): **77b**

Eine Betreuerbestellung für **alle Angelegenheiten** kommt nur dann in Betracht, wenn die betroffene Person keine ihrer Angelegenheiten (mehr) selbst besorgen kann, wobei auf die konkrete Lebensgestaltung abzustellen ist. Bezüglich sämtlicher Bereiche muß auch Handlungsbedarf bestehen (BayObLG-Rp 2003, 34 = FamRZ 2002, 1225, 1226). Hieran fehlt es, wenn der Betroffene für einzelne Bereiche einen Bevollmächtigten bestellt hat, der die in diesen Bereichen anfallenden Angelegenheiten ebenso gut wie ein Betreuer besorgen kann, insbesondere zur Wahrnehmung der dort anstehenden Aufgaben geeignet, bereit und in der Lage ist (LG Zweibrücken BtPrax 1999, 244).

Die zur Aufhebung der eingetragenen Lebenspartnerschaft erforderliche Erklärung, die Partnerschaft nicht fortsetzen zu wollen, kann für einen der beiden Partner, auch wenn er geschäftsunfähig ist und deshalb unter Betreuung steht, nicht von seinem Betreuer abgegeben werden, weil diese materiell-rechtliche Erklärung der Lebenspartner gemäß § 15 Abs 4 LPartG nur persönlich abgeben kann (OLG Köln FamRZ 2004, 1724).

Der Aufgabenkreis der **Aufenthaltsbestimmung** umfaßt nicht nur die Befugnis des Betreuers, den Aufenthalt des Betreuten rechtsverbindlich festzulegen und ihn nötigenfalls auch in einem Heim oder sogar freiheitsentziehend unterzubringen; dazu gehört auch die Vertretung bei Abschluß oder Kündigung von Verträgen, die im Zusammenhang mit der Begründung des Wohnsitzes oder mit dem Wechsel des ständigen Aufenthalts stehen, wie Heim- oder Mietverträge (BayObLG FamRZ 1999, 1300, 1301). Aufenthaltsbestimmung als Aufgabe des Betreuers ist dann erforderlich, wenn der Betroffene die Notwendigkeit einer stationären Behandlung nicht einzusehen vermag (BayObLG FamRZ 1999, 1299); sie umfaßt aber nicht ohne weiteres die Vertretung des Betroffenen bei der Beantragung eines neuen Passes oder Personalausweises (BayObLG FamRZ 1999, 1300 = Rpfleger 1998, 515), enthält jedoch die Befugnis des Betreuers, die **Herausgabe** des Betreuten von Dritten zu verlangen, die ihm den Betreuten widerrechtlich vorenthalten (OLG Frankfurt FamRZ 2003, 964 = FGPrax 2003, 81).

Zur Erforderlichkeit einer Betreuung zum Zwecke der Aufenthaltsbestimmung, wenn noch nicht feststeht, ob eine Unterbringung geboten sein wird, BayObLG FamRZ 2001, 1247 (in diesem Falle bestand über die Notwendigkeit der Unterbringung zur Sicherstellung der Medikamenteneinnahme unter zwei Sachverständigen keine Übereinstimmung und der Betreuer hatte selbst noch keine Entscheidung getroffen).

Zum Aufgabenbereich **Regelung des Umgangs** mit Familienangehörigen s BayObLG FamRZ 2003, 402 (im Falle der Erweiterung ist diese nicht unwesentlich).

Entwaffnung eines Waffen„narren" kann Aufgabe eines Betreuers sein. Die **Entrümpelung** einer Wohnung kann grundsätzlich als Aufgabenkreis eines Betreuers bestimmt werden. Die Aufgabenkreise Aufenthaltsbestimmung, Entscheidung über eine Unterbringung oder unterbringungsähnliche Maßnahmen und das Betreten der Wohnung des Betroffenen auch gegen dessen Willen können nicht zwecks Durchführung der Entrümpelung einer Wohnung bestimmt werden, wenn nicht eine erhebliche Gefahr für die Gesundheit des Betroffenen durch die Vermüllung verursacht ist (BayObLG FamRZ 2002, 348 = Rpfleger 2001, 545 = BtPrax 2001, 251; vgl LG Freiburg FamRZ 2000, 1316 m Anm BIENWALD 1322; ferner FRATZKY BtPrax 2000, 239).

Zu **erbrechtlichen Angelegenheiten** (einschl Vertretung im Zivilrechtsstreit BayObLG FamRZ 2000, 189) gehören die Annahme der Erbschaft, die keiner vormundschaftsgerichtlichen Genehmigung bedarf (STAUDINGER/OTTE [2000] § 1943 Rn 11) und die Ausschlagung der Erbschaft, für die der Betreuer die Genehmigung des Vormundschaftsgerichts benötigt (§§ 1822 Nr 2, 1908i Abs 1 S 1). Dazu gehört ferner die außergerichtliche und die gerichtliche Geltendmachung aller Rechte und Ansprüche, die sich aus der Rechtsstellung des Betreuten als Erbe, Pflichtteilsberechtigter oder testamentarisch Bedachter ergeben. Vormundschaftsgerichte ordnen die Erbschaftsangelegenheiten mitunter zusätzlich zur Vermögenssorge (s dort) an, auch wenn ein klarstellender Hinweis genügt hätte, daß die Vermögenssorge die Wahrnehmung der Erbschaftsangelegenheiten beinhaltet. Zur Erbschaftsausschlagung eines Sozialhilfeempfängers s Ivo FamRZ 2003, 6.

Die allgemeine Aufgabe „**Gesundheitsfürsorge**" ohne Beschränkung auf den nervenärztlichen/psychiatrischen Bereich ist dann fehlerhaft, wenn nicht die tatsächlichen Feststellungen die weite Fassung des Aufgabenkreises rechtfertigen (BayObLG FamRZ 1994, 1059; FamRZ 2001, 935 = BtPrax 2001, 37; FamRZ 2002, 703 = OLGRp 2002, 6 = BtPrax 2002,

38; OLG Oldenburg NdsRpfl 2003, 387). Zur Frage, ob dieser Aufgabenbereich zur Entscheidung über eine Bluttransfusion befugt, BVerfG FamRZ 2002, 312 (auch die Vorentscheidung BayObLGZ 1993, 82 = FamRZ 1993, 720). Im Falle einer Vorsorge- (Patienten-)verfügung obliegt es dem Betreuer mit diesem Aufgabenkreis, den in der Verfügung zum Ausdruck kommenden Willen des nicht mehr entscheidungsfähigen Betreuten durchzusetzen (BGHZ 154, 205 = FamRZ 2003, 748, 751; LG Heilbronn NJW 2003, 3783, 3784). Die Sorge für die Gesundheit umfaßt grundsätzlich die Abgabe der für die (Weiter-)Versicherung des Betreuten erforderlichen Erklärungen (BSG FamRZ 2002, 1471 m Anm Bienwald).

Die Ausübung des **Sorgerechts** kann nicht Gegenstand einer Betreuerbestellung für einen allein sorgeberechtigten Elternteil sein (hier: Erweiterung des Aufgabenkreises auf diese Angelegenheit durch ein Vormundschaftsgericht; DIJuF – Rechtsgutachten v 11.6.2002 JAmt 2002, 301; BayObLG FamRZ 2005, 236 [LS]). **Interessenwahrnehmung** gegenüber Herrn X (Aufrechterhaltung von **Kontakt**; Ermöglichung von **Umgang**). Dieser Aufgabenkreis einer Betreuerin, die zur weiteren Betreuerin bestellt worden war, sollte sicherstellen, daß der Kontakt zwischen der Betroffenen und einem Freund aufrechterhalten bzw ermöglicht wird (OLG Hamm FamRZ 2003, 253). Das OLG sah in dem Aufgabenkreis (lediglich) eine Regelung für den persönlichen Umgang der Betroffenen mit Herrn X; ob eine Notwendigkeit bestand, dies zu regeln, hat das OLG als Rechtsbeschwerdeinstanz nicht prüfen können.

Die Entscheidung über das Entgegennehmen, das Öffnen und das Anhalten der **Post** bzw die Entscheidung über den **Fernmeldeverkehr** des Betreuten als Aufgabe des Betreuers setzt voraus, daß der Betreuer die ihm sonst noch übertragenen Aufgaben nicht in der gebotenen Weise erfüllen könnte und hierdurch wesentliche Rechtsgüter des Betreuten erheblich gefährdet oder beeinträchtigt würden. **Zusätzlich** hat der Betreuer seinerseits in jedem Einzelfall in eigener Verantwortung zu prüfen und nach pflichtgemäßen Ermessen zu entscheiden, inwieweit es erforderlich ist, von der ihm übertragenen Kontrollbefugnis Gebrauch zu machen (BayObLG FamRZ 2001, 1558, 1559 mwN). Die Betreuerbestellung ist auch für den Aufgabenkreis des Post- und Fernmeldeverkehrs zu begründen (BayObLG BtPrax 2002, 271 [LS]).

Für die Führung eines **Rechtsstreits** ist ein Betreuer zu bestellen (auch wenn der Betroffene in dem Rechtsstreit Beklagter ist und die Einrichtung der Betreuung insoweit nicht seinem Interesse, sondern dem des Klägers dient); die Bestellung eines Prozeßpflegers ist demgegenüber nachrangig (LG Mönchengladbach FamRZ 2002, 1431 [LSe]).

Zur **Teilnahme** des Betreuers **an** einem gegen den Betreuten gerichteten **Strafverfahren** s Elzer BtPrax 2000, 139; irreführend der Titel des in der Verbandszeitung des BdB eV (Bundesverband der Berufsbetreuer), Heft 33/Juni 2001, 25 veröffentlichten Beitrags von Kropp: „Die Tätigkeit des Betreuers in Jugendstrafverfahren". Kropp behandelt darin die in § 10 Abs 1 S 1 Nr 5 JGG vorgesehene Weisung, „sich der Betreuung und Aufsicht einer bestimmten Person (Betreuungshelfer) zu unterstellen", bringt aber das Institut der Betreuungsweisung in keinen Zusammenhang mit der Rechtlichen Betreuung der §§ 1896 ff, auch nicht über § 105 JGG. Offenbar kommt aber ein Betreuer nach § 1896 seiner Auffassung nach für eine Inanspruchnahme als Betreuungshelfer nach JGG in Frage.

In der vom BayObLG FamRZ 2002, 419 entschiedenen Sache hatte das AG eine Rechtsanwältin zur vorläufigen Betreuerin ua für die **Interessenvertretung in Strafverfahren und Zivilverfahren** bestellt. Eine derartige Aufgabenbestimmung entspricht nicht dem Erforderlichkeitsgrundsatz. Die Aufgabe ist auch unter Berücksichtigung der der Betreuerin bekannten Situation des Betroffenen nicht bestimmbar. Selbst wenn sie sich nur auf die gegen den Betroffenen gerichteten Verfahren beziehen würde (zivilrechtlich wären auch Aktivprozesse erfaßt), wäre nach der Aufgabenbeschreibung **nicht eindeutig**, ob es sich nur um die bereits anhängigen oder die noch zu erwartenden (welche?) Verfahren handelt. Daß das Gericht im Falle einer etwaigen Verlängerung der vorläufigen Bestellung oder einer „endgültigen" Betreuung diese Aufgabenbeschreibung prüft und ggf einschränkt und präzisiert, erscheint fraglich.

Wurde der beruflich tätige Betreuer als gesetzlicher Vertreter des Angeklagten zur **Hauptverhandlung** im Berufungsverfahren geladen, richtet sich die Festsetzung von Betreuervergütung und- Aufwendungsersatz nach den allgemeinen Zuständigkeitsregelungen (OLG Dresden OLG-NL 2002, 95 = NStZ 2002, 164 = FamRZ 2002, 1145 [LS]).

Der **Umgang mit der Presse** zum Schutz des Betroffenen vor sachlich unangebrachter und die Menschenwürde des Betroffenen herabsetzender Berichterstattung kann dem Betreuer zur Aufgabe gemacht werden (OLG Köln FamRZ 2001, 872; ähnlich die Überlegungen des LG Frankfurt/Oder im Falle Harald Juhnke, dem Betroffenen einen Betreuer zur Wahrnehmung seiner **Persönlichkeitsrechte** zu bestellen).

Regelung des Umgangs der Verwandten (hier: Schwester) mit dem Betreuten als Aufgabe des Betreuers, wenn die Besuche für den Betreuten mit psychischen Belastungen und damit einer Gefährdung seiner Gesundheit verbunden sind (BayObLG v 10.3.1999 – 3 Z BR 70/1999; zur Regelung von Besuchen der Ehefrau des in einem Heim lebenden Betreuten als Aufgabe des Betreuers BayObLG FamRZ 2002, 907 m Anm BIENWALD). Erstreckt sich der Aufgabenkreis auf die Regelung des Umgangs des Betreuten mit seinen Eltern, ist Art 6 Abs 1 GG zu beachten (BayObLGZ 2003, 33 = FamRZ 2003, 962 = Rpfleger 2003, 362).

Kommt die betroffene Person nicht spezifischen mietvertraglich übernommenen Pflichten nach (das Putzen des Treppenhauses unterbleibt), umschreibt der gebräuchliche Aufgabenkreis **Gestaltung der häuslichen Umgebung** nicht präzise genug die zu besorgenden Angelegenheiten. Es wäre genauer, dem Betreuer die Sorge für die Erfüllung der Mieterpflichten, ergänzt um Beispiele, zu übertragen. Mit der Gestaltung der häuslichen Umgebung könnte auch die Pflege eines zum Hause gehörenden Gartens oder Rasens gemeint sein, wie überhaupt die häusliche Umgebung sich außerhalb des Hauses befindet.

Der Begriff Aufgabenkreise in § 1896 Abs 2 S 1 schließt es nicht aus, dem Betreuer nur eine einzige oder wenige einzelne Angelegenheiten (hier: **eingeschränkte Vermögenssorge**) zuzuweisen (BayObLG Rpfleger 2001, 234 = FamRZ 2001, 1249 [LS]). Die Bestellung eines Betreuers mit dem Aufgabenkreis (hier) der Vermögensangelegenheiten soll erforderlich (und zulässig) sein, wenn der Betroffene aufgrund seiner konkreten Lebenssituation einen nachvollziehbaren Grund hat, von einer Bevollmächtigung abzusehen, und statt dessen für diesen Aufgabenbereich einen Betreuer beantragt. Dafür genügt, daß der Betroffene nicht mehr in der Lage ist, die Tätigkeit eines Bevollmächtigten hinreichend zu überwachen (OLG Hamm FamRZ 2001, 870 = NJWE-FER 2001, 151; inwiefern dafür ein aktueller Grund besteht, wurde nicht festgestellt. Krit dazu [wegen geringen Unterschieds von Überwachungsbetreuer und nach § 1908i Abs 2 S 2 befreitem Angehörigen als Betreuer] BIENWALD in der Anm zu der Entscheidung). Bereits erteilte Verfügungsbefugnis über das einzige Konto der Betroffenen und geringe Umsätze rechtfertigen das Absehen von einer Betreuung für die Vermögenssorge (BayObLG FamRZ 2004, 1229 = Rp 2004, 334).

Wahrnehmung der **Vermögensangelegenheiten** (Vermögenssorge) beinhaltet **Rückführung von Schulden** eines vermögenslosen Betreuten (BayObLG FamRZ 2001, 935 = BtPrax 2001, 37; FamRZ 2001, 1558, 1559), **Schuldenregulierung** (BayObLG FamRZ 2001, 1245 m Anm BIENWALD; zur Schuldenregulierung als Betreueraufgabe auch BIENWALD BtPrax 2000, 187). Zur Vermögenssorge gehört die Geltendmachung von Rentenansprüchen, die sich gegen einen Rentenversicherungsträger (hier: wegen Erwerbsunfähigkeitsrente) richten (LG Berlin FamRZ 2002, 345). Auch gehört dazu die Abgabe der eidesstattlichen Versicherung. Ist die betreute Schuldnerin imstande, die **eidesstattliche Versicherung** abzugeben, entfällt diese Verpflichtung nicht dadurch, daß der Betreuer (ua mit dem Aufgabenkreis Vermögenssorge) ein Vermögensverzeichnis erstellt und gegenüber dem Vormundschaftsgericht Rechnung gelegt hat (LG Braunschweig FamRZ 2000, 613). Wegen des zwischen dem Betreuten und dem Sozialhilfeträger bereits bestehenden Sozialhilferechtsverhältnisses berechtigt der Aufgabenkreis der Vertretung in Vermögensangelegenheiten zur Erhebung einer gegen belastende sozialhilferechtliche Bescheide gerichteten Klage (OVG Münster FamRZ 2001, 312). Zur Frage, ob ein ua mit der Besorgung aller **Vermögensangelegenheiten** beauftragter Betreuer befugt ist, den nach § 247 StGB erforderlichen **Strafantrag** zu stellen, LG Ravensburg FamRZ 2001, 937. Das LG stellte fest, daß der Betreuer, der (wie hier) für zahlreiche Aufgabenkreise bestellt worden ist, die nicht nur Vermögensangelegenheiten, sondern auch wichtige personelle Belange umfassen, als gesetzlicher Vertreter bzw Personensorgeberechtigter iS des § 77 Abs 3 StGB anzusehen ist, zumal der Aufgabenkreis „Personensorge" im BGB auch nicht vorgesehen ist (**aA** LG Hamburg NStZ 2002, 39, wonach die Vermögenssorge nicht zur Stellung eines Strafantrags ermächtigt, auch nicht hinsichtlich Eigentums- und Vermögensdelikten).

Wurde dem Betreuer eines ausländischen Betroffenen die Aufgabe „Vertretung gegenüber Behörden" übertragen, kann zu seinen Obliegenheiten auch die Unterstützung bei der notwendigen **Beschaffung eines gültigen Passes** gehören (BayObLGZ 2002, 353 = FamRZ 2003, 405 = Rpfleger 2003, 246). Der Aufgabenkreis **Vertretung gegenüber Körperschaften, Behörden und Gerichten** befugt nicht zur Teilnahme an Erziehungskonferenzen im Jugendamt, bei Verhandlungen und Absprachen über die Bewilligung von Familienhilfe sowie gegenüber dem Vater der Kinder der Betreuten zwecks Umgangsregelung, soweit es sich dabei um **Angelegenheiten der elterlichen Sorge** handelt (LG Rostock FamRZ 2003, 1691 m Anm BIENWALD). Aufenthaltsbestimmung einschließlich der Entscheidung über **Unterbringung** und **unterbringungsähnliche Maßnahmen**, Gesundheitssorge, Vermögenssorge sowie die Entscheidung über den Fernmeldeverkehr und das Anhalten und Öffnen der Post stellten den Betroffenen unter vollständige Betreuung mit der Folge des Ausschlusses vom aktiven **Wahlrecht** für die Kommunalwahlen und die (damals bevorstehende) Europawahl (VerwG Neustadt adW FamRZ 2000, 1049).

78 Im Einzelfall kann es erforderlich sein, bei der Bestimmung des Aufgabenkreises des Betreuers zur Klarstellung eine einzelne Angelegenheit, deren Erfassung durch eine Globalbezeichnung zweifelhaft sein kann, namentlich herauszuheben und gesondert aufzuführen (Beispiel: Vermögenssorge einschl Verwertung des Pferdes). Bei der Bezeichnung der Aufgabenbereiche ist auch im Hinblick auf unterschiedliche Auffassungen in der Rspr darauf zu achten, daß die zu besorgenden Angelegenheiten zweifelsfrei zugeordnet und erfaßt werden (können). Denn jede andernfalls notwendig werdende Erweiterung des Aufgabenkreises erfordert ein neues Verfahren (§ 69i Abs 1 FGG), stellt eine zusätzliche Belastung für Beteiligte dar und vermehrt die Kosten. Zur Reichweite einzelner Aufgabenbereiche s auch unten § 1902.

Zur Abwägung der Betreuerbestellung mit den erforderlichen Kompetenzen des Betreuers, den notwendigen Entscheidungen und den möglichen psychischen und sozialen Folgen (zB Entwurzelung) für den Betroffenen BayObLG FamRZ 2001, 1244. Zum Problem zu enger Umschreibung des Aufgabenkreises MünchKomm/Schwab Rn 43, 106.

Zur Anregung von Schwab (MünchKomm/Schwab § 1896 Rn 76 ff), den über die Aufenthaltsbestimmung hinausgehenden Begriff der Aufenthaltsbetreuung zu verwenden, s unten Rn 82. Zahlreiche Beispiele für einzelne Angelegenheiten und Kreise davon sowie Inhalts- und Zuordnungsprobleme s Bienwald BtR Rn 214 ff. Eine deklaratorische Feststellung, daß „eine Betreuung für alle Angelegenheiten angeordnet" sei, ist nach BayObLGZ 1996, 262 = FamRZ 1997, 388 = Rpfleger 1997, 162 (weitere Nachw b Bienwald BtR Rn 133 Stichwort „Alle Angelegenheiten") nicht zulässig. In dieser Entscheidung auch zu den Voraussetzungen, unter denen ein Betreuer für **alle** Angelegenheiten bestellt werden darf.

In der Regel ist **auch** ein entsprechender **Einwilligungsvorbehalt** anzuordnen, wenn die Bestellung eines Betreuers mit dem Aufgabenkreis Vermögenssorge trotz Vermögenslosigkeit erforderlich ist, um eine (weitere) Verschuldung zu verhindern (BayObLG FamRZ 1997, 902 = Rpfleger 1997, 307 = BtPrax 1997, 160).

Legt allein der Betroffene gegen die Bestellung eines Betreuers Beschwerde ein, so ist das LG als Beschwerdeinstanz nicht befugt, den Aufgabenkreis des Betreuers zu erweitern. Denn an die Stelle des Erstgerichts tritt das Beschwerdegericht nur in bezug auf die Angelegenheit, die Gegenstand der angefochtenen Entscheidung ist (BayObLGZ 1996, 81, 83 = FamRZ 1996, 1035, 1036 mwN).

4. Problematik der Aufgabenkreisgestaltung

79 Die Gestaltung des Aufgabenkreises und ihre Handhabung erweist sich in der Praxis als sehr viel schwieriger gegenüber der Annahme des Gesetzgebers. Dieser wollte zwar mit der Bestimmung des Abs 2 S 1 insbesondere verhindern, daß dem Betreuer formularmäßig und ohne eingehende Prüfung verhältnismäßig umfangreiche Aufgaben zugewiesen werden, zB die gesamte Vermögenssorge und die Aufenthaltsbestimmung (BT-Drucks 11/4528, 58). Er hat jedoch selbst dazu beigetragen, daß diesem Grundsatz nur sehr unvollkommen Rechnung getragen werden kann. So knüpft das Gesetz beispielsweise an den Aufgabenkreis „alle Angelegenheiten" (vgl dazu § 69l Abs 1 S 1 FGG), an die „Aufenthaltsbestimmung mit Einwilligungsvorbehalt" (dazu

§ 69l Abs 2 S 1 FGG) oder an die „Aufenthaltsbestimmung" (s § 69m FGG) bestimmte Rechtsfolgen und bezieht sich bei der Beschreibung der einen Betroffenen ausmachenden Angelegenheiten auf das dem Minderjährigenrecht zugrundeliegende System „die Person und das Vermögen betreffend" (§ 1903).

Die bekannten Zuordnungs- und Abgrenzungsprobleme (s dazu allein GERNHUBER FamRZ 1976, 189) sind damit erhalten geblieben. Neue sind entstanden (§ 1907; zum Meinungsstand s unten § 1907 Rn 8). Bei Heimbewohnern, deren Aufenthalt von der Sozialhilfe bezahlt wird, ist es unbefriedigend, die Verwaltung gesparten Schonvermögens (bis 31.12.2004: § 1 der DVO zu § 88 Abs 2 Nr 8 BSHG, seit 1.1.2005 zu § 90 Abs 2 Nr 9 SGB XII) der Vermögenssorge, den Empfang und die Zuteilung des Barbetrages zur persönlichen Verfügung (§ 21 Abs 3 BSHG, seit 1.1.2005: § 35 Abs 2 S 1 SGB XII) – sog Taschengeld – dagegen der Personensorge (weil dem laufenden Unterhalt zugehörig) zuordnen zu müssen. Bedenklich die vom LG Köln FamRZ 1998, 919 in einem Schadensersatzprozeß gegen den Betreuer vertretene Auffassung, die (wegen Verbrauchs der Eigenmittel notwendige rechtzeitige) Beantragung von Sozialhilfe für den im Heim lebenden Betreuten falle nicht in den Bereich der Vermögenssorge (aA BIENWALD FamRZ 1998, 1567, 1568 und die Vorinstanz. S auch SozG Heilbronn DAVorm 1990, 373, 375 unter Hinweis auf BSozG, wonach die Beantragung der Rente aus der Arbeiterrentenversicherung zu den vermögensrechtlichen Angelegenheiten gehört).

Verschiedene Strukturprinzipien konkurrieren miteinander. Die vom Gesetzgeber **80** beabsichtigte und durch die Hervorhebung des Erforderlichkeitsgrundsatzes betonte enge Aufgabenkreisgestaltung führt zu einer Zerlegung von Bedürfnissen eines Betroffenen in getrennte rechtlich geregelte Einheiten, von denen eine oder mehrere den Aufgabenkreis eines Betreuers bilden. Die Methode der **„Atomisierung"** wird durch den Erforderlichkeitsgrundsatz in doppelter Hinsicht begünstigt: a) die Betreuung darf in der Sache nicht weitergehen als die Betreuungsbedürftigkeit nach § 1896 Abs 1 und Abs 2 S 1; b) eine besorgungsbedürftige Angelegenheit ist dann nicht Sache des Betreuers, wenn sie auch durch andere Hilfen (Personen), die nicht zum Betreuer bestellt werden, wahrgenommen werden kann. Ein komplexer Lebenssachverhalt kann deshalb allein aus dem Grunde in einzelne Angelegenheiten aufgelöst werden müssen, weil nicht für sämtliche dazugehörenden Einzelbestandteile ein Betreuer erforderlich ist, sondern andere Hilfen ausreichen, zB eine Vollmacht erteilt wurde, die teilweise ausreichend „funktioniert".

Die komplizierte Zuordnung zu bestimmten Rechtsbereichen kann eine Erweiterung des Aufgabenkreises des vorhandenen Betreuers erforderlich machen, die dann entfiele, wenn die Komplexität des Sachverhalts bei der Formulierung des Aufgabenkreises bedacht worden wäre und eine entsprechende Aufgabenkreisbestimmung ausgereicht hätte. Gleichwohl verdienen die Entscheidungen Zustimmung, die um des Erforderlichkeitsgrundsatzes willen auf einer klaren und möglichst konkreten Aufgabenkreisbestimmung bestehen (zB BayObLG FamRZ 1994, 1059 = R&P 1994, 195; FamRZ 1995, 116; FamRZ 1995, 674). Dies umso mehr, als sich bei einem beruflich tätigen Betreuer Unklarheiten finanziell auswirken können, und bei Unfällen die Frage des Versicherungsschutzes entsteht.

Eine **ganzheitliche Betrachtungsweise** liegt den Vorschlägen zugrunde, komplexe **81**

Bereiche zu Aufgabenkreisen zusammenzufassen. Die nach rechtlichen wie nach tatsächlichen Gesichtspunkten zusammengefaßten Angelegenheiten (MünchKomm/ SCHWAB Rn 67 ff, 76 ff, 101 ff: Vermögensbetreuung, Aufenthaltsbetreuung, Gesundheitsbetreuung oder Betreuung in Eheangelegenheiten) haben den Nachteil, daß ein komplexer Lebenssachverhalt von diesen, eher nach rechtlichen Kriterien zusammengestellten, Aufgabenkreisen **auch nicht vollständig** erfaßt wird. Eine gewisse Hilfe für die Bestimmung des Aufgabenkreises im Einzelfall bietet diese Vorgehensweise insofern, als sie die Aufmerksamkeit schärfen kann, regelungsbedürftige Angelegenheiten nicht zu übersehen, um nicht unnötig ergänzende Verfahren durchführen zu müssen. Dabei sollte nicht außer acht gelassen werden, daß die Komplexe je nach Krankheitsbild oder Behinderungsart typisch unterschiedlich sein können. BRUDER hat in seinem Gutachten für den 57. DJT (Medizinisches Teilgutachten C 12) bei der Erörterung der senilen Demenz auf die starken Schwankungen der Defizite und die durch sie auch bei Spezialisten hervorgerufenen Irritationen hingewiesen. Gleichwohl dürfte es möglich sein, aus der Beobachtung von Patientenverhalten und der Unterscheidung der verschiedenen Gruppen von Betroffenen gewisse typische Problembereiche bzgl der Nichtbesorgung von Angelegenheiten zu erfassen, um mit der Formulierung des Aufgabenkreises darauf entsprechend zu reagieren. Die noch nicht überall erforderten Sozialberichte der Betreuungsbehörden könnten dabei einen wichtigen Beitrag leisten. Verschiedene Komponenten haben bisher dazu beigetragen, daß weder eine systematische Auswertung von Betreuungsvorgängen in nennenswertem Umfang begonnen noch eine zentrale Stelle (vergleichbar mit dem Deutschen Institut für Vormundschaftswesen, Heidelberg) ins Leben gerufen wurde, um einer unnötigen Problemlösungsvielfalt mit Hilfen, Beratung oder Modellen entgegenzuwirken.

5. Speziell zur Frage der Aufenthaltsbetreuung

82 Einer der typischen Wirkungskreise, welche die Praxis des bisherigen Pflegschaftsrechts herausgebildet hatte, war die „Aufenthaltspflegschaft" (HOLZHAUER, Gutachten DJT B 71), beinhaltend das Aufenthaltsbestimmungsrecht und die während eines vom Pfleger bestimmten Aufenthalts anfallenden Entscheidungen. Erst spät entdeckten Gerichte und Autoren, daß mit dem Aufenthaltsbestimmungsrecht zB nicht die Befugnis des Pflegers verbunden war, Angelegenheiten der ärztlichen Versorgung uä für den Pflegebefohlenen (der untergebracht sein konnte) zu entscheiden. Übereinstimmend mit dem DiskE I sprach sich HOLZHAUER dagegen aus, solche Wirkungskreise wie diesen auch nur beispielhaft im Gesetz vorzugeben. Der RegEntw hat sich daran gehalten. Durch den in den Gesetzeswortlaut aufgenommenen Erforderlichkeitsgrundsatz sollte insbesondere verhindert werden, daß dem Betreuer formularmäßig umfangreiche Aufgaben zugewiesen werden.

Demgegenüber hält SCHWAB (MünchKomm/SCHWAB Rn 76 ff) den Begriff der „Aufenthaltsbestimmung" für zu eng gewählt. Es gehe nicht allein um die verbindliche Festlegung, wo sich der Betreute aufhalten soll, sondern um die Gesamtheit der rechtlichen und tatsächlichen Angelegenheiten, die mit der Wahl von Wohnort und „Wohnstelle" verbunden sind (Abschluß und Kündigung von Mietverträgen unter Beachtung von § 1907, Abschluß und Kündigung von Heimverträgen, Unterbringung nach § 1906). Er schlägt deshalb den Begriff der „Aufenthaltsbetreuung" vor, der die Aufenthaltsbestimmung als Einzelbefugnis in sich schließt, und will sie in solchen Fällen vorsehen, in denen der bisherige Aufenthalt des Betroffenen für ihn nicht mehr zuträglich erscheint, er aber außerstande ist, aus eigenem Entschluß die Verhältnisse zu ändern oder einen solchen Entschluß durchzuführen.

Für eine solche Betrachtung spricht die Komplexität des Lebenszusammenhangs, in dem der Aufenthaltsort des Betroffenen eine wesentliche Rolle spielt. Mit der Änderung des Aufenthaltsortes des Betreuten ändern sich meist nicht nur die örtlichen Lebensbedingungen, sondern ist die Veränderung des Lebensmittelpunktes des Betreuten und seiner gesamten sozialen Beziehungen verbunden. Die Gesamtheit der mit einer Aufenthaltsänderung zusammenhängenden tatsächlichen und rechtlichen Konsequenzen wird durch den Begriff der Aufenthaltsbestimmung und seinen Inhalt auch nicht annähernd erfaßt. Wie schwierig es allerdings ist, mit einem Begriff der Aufenthaltsbetreuung den verschiedenen komplexen Sachverhalten gerecht zu werden, wird deutlich, wenn man sich die Situation eines nicht untergebrachten, eines untergebrachten und eines nach den Bestimmungen des Maßregelrechts untergebrachten Betreuten vor Augen führt.

Um so problematischer kann es sein, durch die Verwendung einer Aufgabenkreisbezeichnung, die einen komplexen Lebenssachverhalt erfassen soll und erfaßt, dem Betreuer eine umfassendere Rechtsmacht einzuräumen, als er gegenüber dem Betreuten benötigt. Die vom Recht getroffene und auch im Betreuungsrecht aufrechterhaltene Trennung von rechtsgeschäftlichen Handlungen und Willenserklärungen einerseits und sonstigen Rechtshandlungen andererseits läßt die Erfassung eines komplexen Betreuungssachverhalts durch eine Aufgabenkreisbestimmung immer nur dann zweifelsfrei zu, wenn der Betroffene auch nicht mehr in der Lage ist, die sonstigen zu dem komplexen Lebenssachverhalt gehörenden Rechtshandlungen vorzunehmen bzw über sie zu entscheiden. Da auch die Aufenthaltsfrage bzw der Aufenthaltswechsel sowohl die Grundentscheidung über den neuen Aufenthalt zum Inhalt hat und auch die Entscheidungen bzw Handlungen zum Vollzug der getroffenen Grundentscheidung voraussetzt, muß nach wie vor unterschieden werden, ob der Betroffene nur außerstande ist, die rechtsgeschäftlichen Anteile der Aufenthaltsveränderung vorzunehmen, oder auch die Grundentscheidung von einem Betreuer getroffen werden muß (zur Unterscheidung von Grundentscheidung und Folgehandlungen und -entscheidungen s BIENWALD, Untersuchungen 429). **83**

Je umfassender die Angelegenheiten eines Betroffenen besorgt werden müssen, desto eher könnte es vertreten werden, die den Aufenthaltswechsel und/oder die gesundheitlichen Angelegenheiten in der Aufgabenbestimmung mit Globalbezeichnungen wie Aufenthaltsbetreuung oder Gesundheitsbetreuung zu bezeichnen. De lege lata empfehlen sich solche Globalbezeichnungen bereits deshalb nicht, weil, soweit erkennbar, über das in ihnen enthaltene Quantum an Rechtsmacht keine einheitliche Auffassung existiert (zu semantischen Problemen bei der Frage der Aufgabenkreise neuerdings HOLZHAUER, Rechtsgutachten in: SELLIN/ENGELS, Qualität, Aufgabenverteilung und Verfahrensaufwand bei rechtlicher Betreuung, 197, 205). Je weniger umfassend der Betreuer zuständig sein muß, desto größer sind die Bedenken gegen Globalzuweisungen, die mit dem Grundsatz der Erforderlichkeit kollidieren könnten und einen realen Verlust an Selbstbestimmung für den Betreuten bedeuten würden. Auch das Moment der Dauer der Betreuung spricht gegen Globalbeschreibungen und Zuweisungen, weil die Gefahr besteht, daß der Betreute zu häufig Opfer wechselnder Entscheidungen des Betreuers werden könnte. **84**

85 Wer die Bestellung eines Betreuers für einen Geschäftsfähigen gegen dessen Willen für zulässig hielt (zB JÜRGENS BtPrax 1992, 47, 49 mN), kann die Aufenthaltsbetreuung nicht davon abhängig machen, daß der Betroffene geschäftsunfähig ist. Im Ergebnis widerspricht dies der Entscheidung des BGH zum bisherigen Recht (BGHZ 48, 147 ff), in der festgestellt worden war, daß eine mit Freiheitsentziehung verbundene Unterbringung geschäftsfähiger Gebrechlicher durch deren Pfleger ohne ihre Zustimmung ausgeschlossen ist. In bezug auf diese Problematik hatte sich durch das Betreuungsgesetz im Grundsatz nichts geändert, nur insofern, als für die Betreuerbestellung und durch sie keine Aussage über die Geschäftsfähigkeit des Betroffenen gemacht wird. Im Gegenteil: Die in früherer Zeit dem Vormund bereits durch das Gesetz unmittelbar eingeräumte Rechtsmacht (§ 1800 Abs 2, § 1901 aF) kann dem Betreuer nach den geänderten Bestimmungen im BGB erst und nur dann zustehen, wenn – wie bisher im Falle der Gebrechlichkeitspflegschaft – ihm die Aufenthaltsbestimmung ausdrücklich als Aufgabe zugewiesen ist. Solange der Betroffene/Betreute nicht geschäftsunfähig ist und auch die natürliche Einsichts- und Steuerungsfähigkeit nicht verloren hat, über die Veränderung seines Aufenthaltsortes im Tatsächlichen zu entscheiden, steht dem Betreuer in der Aufenthaltsfrage eine umfassende Entscheidungsbefugnis nicht zu! Bezüglich der Vorrangigkeit einer Betreuerentscheidung in Unterbringungssachen sehen einige Unterbringungsgesetze der Länder (Bad-Württ § 1 Abs 2 S 2; Sachsen-Anhalt § 11 Abs 2 S 2) vor, daß dies nur gelte, „wenn der psychisch Kranke geschäftsunfähig ist oder für ihn ein Einwilligungsvorbehalt hinsichtlich der Aufenthaltsbestimmung angeordnet ist".

86 Der Gesetzgeber hätte widersprüchlich gehandelt, wenn er einerseits vorgab, durch die „Abschaffung der Entmündigung" und der Vormundschaft die umfassende Bevormundung aufheben zu wollen, aber andererseits – nicht im Gesetz selbst, sondern nur in der Begründung – an der Rechtsmacht des Betreuers wie früher jedenfalls bei denen festgehalten hätte, für die früher eine Entmündigung oder zumindest die Einleitung des Verfahrens vonnöten war, um die beschränkte Geschäftsfähigkeit nach § 114 und damit die Anwendung des Vormundschaftsrechts (§§ 1631b, 1800, §§ 1897 S 1 und 1901 aF) zu bewirken.

Die Voraussetzungen dafür, daß ein Betreuer – anstelle des Betroffenen – über das **Verbleiben** an dem jetzigen Aufenthaltsort oder einen **Aufenthaltswechsel** entscheidet, sind:

– Der Betreute kann selbst über die erforderliche Aufenthaltsveränderung nicht entscheiden; insofern ist davon auszugehen, daß der Betroffene einen eigenen Willen nicht bilden und infolgedessen auch nicht widersprechen kann;

– das Unvermögen, diese Entscheidung selbst zu treffen, beruht auf einer der in § 1896 Abs 1 S 1 aufgeführten Behinderungen oder Krankheiten;

– der Aufenthaltswechsel ist deshalb erforderlich, weil der Betreute am jetzigen Aufenthaltsort selbst die Angelegenheiten des täglichen Lebens nicht mehr ausreichend zu bewältigen imstande ist und Hilfen in ausreichendem Maße zur Verpflegung und Versorgung (zB auch zum Verhindern des Weglaufens) nicht zur Verfügung stehen und nicht in der zur Verfügung stehenden Zeit organisiert werden können.

Sofern nicht der in einem Heim oder in einer sonstigen Einrichtung lebende Betreute, der eine eigene Entscheidung über seinen Aufenthalt (auch den gegenwärtigen) nicht mehr treffen kann, außerstande ist, sich noch körperlich zu bewegen (also nicht ständig bettlägerig ist), benötigt der Betreuer das Aufenthaltsbestimmungsrecht, auch wenn aktuell über einen Aufenthaltswechsel nicht zu entscheiden ist. Andernfalls wäre im Falle des Weglaufens des Betreuten niemand berechtigt, stellvertretend für den nicht entscheidungsfähigen Betreuten über dessen Aufenthalt (zB auch die Rückführung) zu bestimmen. Insofern handelt es sich um eine **auf Dauer erforderliche Befugnis** des Betreuers. Auf sie kann aus den genannten Gründen auch dann nicht verzichtet werden, wenn das Gericht einen vom Betreuer angedeuteten Heimwechsel nicht billigt. Abgesehen davon, daß das Gericht nur im Falle von Pflichtwidrigkeiten berechtigt wäre einzuschreiten (§§ 1837 Abs 2, 1908i Abs 1 S 1), müßte es mit anderen Mitteln versuchen, den Betreuer von der Entscheidung abzuhalten. **Eine objektiv erforderliche Aufgabenzuweisung darf das Gericht nicht vernachlässigen** (BIENWALD, Aufenthaltsbestimmung auch ohne Ortswechsel, BtPrax 2004, 182).

Über die Ausübung des Aufenthaltsbestimmungsrechts enthält das Betreuungsrecht **87** keine Kriterien (COEPPICUS FamRZ 1992, 741, 747 spricht in diesem Zusammenhang von fatalen Konsequenzen). Es besteht der Verdacht, daß Aufenthaltsbestimmungsentscheidungen, die mit der Unterbringung in einem Heim gegen den Willen des Betreuten verbunden sind, weniger unter Beachtung des grundsätzlichen Willensvorrangs der Betreuten als mit dem Argument der Unzumutbarkeit der bisherigen Sachlage für den Betreuer gerechtfertigt werden.

Soweit der BGH in Entscheidungen verschiedener Strafsenate die Bestellung eines Betreuers als Möglichkeit oder als Realität für eine vorrangige Alternative gegenüber der Anordnung (§ 63 StGB) oder Vollstreckung (§ 67b StGB) der Unterbringung in einem psychiatrischen Krankenhaus hält (vgl R&P 1999, 140; 2001, 41; 2002, 192; NStZ 2002, 367 = FamRZ 2002, 1556 m Anm BIENWALD), beruht dies offensichtlich auf der irrtümlichen Annahme, die Rechtliche Betreuung diene dem Schutz der Allgemeinheit vor möglichen Straftaten des Betroffenen, und der Vorstellung, der gerichtlich bestellte Betreuer könne sein ihm übertragenes Aufenthaltsbestimmungsrecht zu diesem Zweck auszuüben.

Problematisch ist in der Gegenwart, daß Entscheidungen über den Aufenthalt des **88** Betreuten nicht nur unter Gesichtspunkten der Sicherheit für den Betreuten und der Sorge vor Haftung bei Angehörigen und Betreuern getroffen werden, sondern daß zusätzlich ein Mangel an sozialer Infrastruktur (zB fehlende ambulante Hilfen und Tagespflegestellen für ältere Menschen) und geeignetem Wohnraum seine Wirkung hat. Der Wohnungsmarkt und der Mangel an geeigneten Heimplätzen oder anderen Wohnformen lassen es nicht oder nur äußerst schwer zu, adäquate und für den Betreuten annehmbare Lösungen in entsprechend langen Zeiträumen zu planen und vorzubereiten. Trotz der Möglichkeit, eine Wohnung schnell zu vermieten und einen unliebsamen und unbequemen Mieter bald loszuwerden, hat die Aufenthaltssicherung immer noch Vorrang vor der Aufenthaltsveränderung, die, mindestens bei zunehmender Verwirrtheit, die Problematik nicht löst. Zum Unterlaufen des mit § 1907 beabsichtigten Schutzes durch die behördliche Einstellung der an den Vermieter direkt gezahlten Mietbeträge s unten § 1907 Rn 2.

6. Gesundheitsfürsorge/Gesundheitsbetreuung*

89 Wird einem Betreuer ein (Teil-)Aufgabenkreis dieser Bezeichnung zugewiesen, muß davon ausgegangen werden, daß der Betreute selbst zur Wahrnehmung dieser Angelegenheit außerstande ist. Das Unvermögen dazu muß krankheits- oder behinderungs bedingt sein; dh ein willentliches, wenn auch unvernünftiges, Ernährungs- und Gesundheitsverhalten rechtfertigt nicht, einem Betreuer die Verantwortung für eine Veränderung zu übertragen. Der Betreute muß durch die Krankheit in seiner Entscheidungsfähigkeit beeinträchtigt sein, so daß eine eigene Bestimmung über die gesundheitliche Versorgung nicht möglich ist. Außerdem muß die Voraussetzung des Abs 1a erfüllt sein.

90 Durch den (Teil-)Aufgabenkreis der Gesundheitsfürsorge werden mehrere zu unterscheidende Bereiche erfaßt:

– die Inanspruchnahme von Leistungen der Gesundheitsfürsorge, sei es ärztliche oder andere Beratung, sei es die Versorgung mit Medikamenten;

– die Einwilligung in eine ärztliche Behandlungsmaßnahme, in eine Untersuchung, einen ärztlichen Eingriff usw, dh die Gestattung der Vornahme einer medizinischen Maßnahme am oder mit dem Körper;

– das Einverständnis mit dem Aufenthalt in einer Klinik zwecks Durchführung einer medizinischen Maßnahme;

– der Abschluß eines Behandlungs- oder eines Krankenhaus- und Behandlungsvertrages.

91 Zu jedem dieser Teilbereiche gehören Leistungen und Gegenleistungen, Pflichten und Rechte beider oder mehrerer Seiten. So beispielsweise die ärztliche Aufklärung des Patienten vor der Durchführung einer ärztlichen Behandlung oder sonst einer Maßnahme, zu der die Einwilligung des Patienten erforderlich ist. Ist der Betreute zur Entgegennahme der erforderlichen Aufklärung außerstande, hat der Betreuer die entsprechenden Informationen entgegenzunehmen. Über den Erfolg oder Mißerfolg einer ärztlichen Maßnahme hat der Arzt auf Verlangen des Betreuers diesem Auskunft zu geben, soweit der Patient selbst zum Empfang und der Verarbeitung der Informationen nicht imstande ist und der Aufgabenkreis des Betreuers reicht.

92 Die Entscheidung des Betreuers in Angelegenheiten der Gesundheitsfürsorge kann, abgesehen von rechtsgeschäftlichen Angelegenheiten, nicht neben einer Entscheidung des Betreuten Bestand haben. Konkurrenzen sind ausgeschlossen (KLÜSENER/ RAUSCH NJW 1993, 617, 619). Sollte der Betreute trotz der Zuständigkeit des Betreuers zu einer Entscheidung imstande sein, tritt die Zuständigkeit des Betreuers hinter die des Betreuten zurück. Im Ergebnis ist dies in den Fällen ebenso, in denen der Betreuer seine Entscheidung (zulässigerweise) von den Wünschen des Betreuten abhängig macht (§ 1901 nF). Zur Frage einer Doppelkompetenz s unten Rn 100.

---

* **Schrifttum:** MARTIN, Die Betreuung mit dem Aufgabenkreis Gesundheitssorge (2002).

Titel 2 § 1896
Rechtliche Betreuung 93–96

Zu unterscheiden sind im Bereich gesundheitlicher Fürsorge folgende Konstellationen: **93**

– Der Betreuer ist nicht zuständig, stellt aber einen Versorgungsmangel fest; es besteht eine Informationspflicht nach § 1901 Abs 5;

– der Betreuer ist zuständig, weil der Aufgabenkreis besteht und der Betreute selbst nicht entscheidungsfähig ist. Hier entscheidet der Betreuer allein. Fraglich ist in solchen Fällen dann mitunter, ob im Falle rein tatsächlicher Abwehr durch den Betreuten die Maßnahme dennoch mit Gewalt vorgenommen werden darf.

Gegebenenfalls ist zusätzlich die Genehmigung des Vormundschaftsgerichts erforderlich, ohne die der Eingriff in die körperliche Integrität des Betreuten rechtswidrig wäre. Die nach § 1904 erforderliche Genehmigung des Vormundschaftsgerichts betrifft aber lediglich die den Eingriff tragende tatsächliche Entscheidung des Betreuers; sie betrifft nicht die rechtsgeschäftliche Seite des Eingriffs. Das Gericht genehmigt mithin nicht den Behandlungs-(Krankenhaus- oder Arzt-)Vertrag; dieser ist ohne gerichtliche Zustimmung wirksam. Ebenfalls nicht der Genehmigung des Vormundschaftsgerichts bedürfen die zur Abwicklung dieses Vertrages einschließlich der zur Geltendmachung von Schadensersatzansprüchen und anderen Leistungen erforderlichen Erklärungen und Handlungen. **94**

Angelegenheiten der Gesundheitsfürsorge lassen sich erfassen **95**

– innerhalb eines umfassenden Personensorgeaufgabenkreises, der jedoch die Ausnahme bilden sollte (Klüsener/Rausch NJW 1993, 617, 619);

– durch Zuweisung eines entsprechenden Aufgabenkreises. Die Beschreibung dieses Aufgabenbereichs mit „Gesundheitsfürsorge" hat den Nachteil relativer Unbestimmtheit. Die Abgrenzung zwischen gesundheitlichen Angelegenheiten, die der Betreffende allein, ohne die Hilfe des Betreuers, entscheidet, und solchen, die der Betreute nicht mehr allein wahrnehmen kann, kann Probleme aufwerfen. Wegen des zu beachtenden Erforderlichkeitsgrundsatzes ist die allgemeine Angabe „Gesundheitsfürsorge" ohne Beschränkung auf den nervenärztlichen Bereich fehlerhaft, wenn nicht die tatsächlichen Feststellungen des Gerichts die weite Fassung des Aufgabenkreises, die die Gesundheitsfürsorge in allen Bereichen der Medizin umfaßt, rechtfertigen (BayObLG FamRZ 1994, 1059 = R&P 1994, 195; BtPrax 1995, 218 = FamRZ 1996, 250 [LS] = BtE 1994/95 m Anm Seitz [st Rspr]);

– durch gesonderte Zuweisung von einzelnen Angelegenheiten der Gesundheitsfürsorge.

Ist oder wird der Betreute aufgrund einer Entscheidung des Betreuers freiheitsentziehend untergebracht (§ 1906 Abs 1), gilt für das Arzt-Patient-Verhältnis nichts anderes. Aufgrund der Unterbringung durch den Betreuer ist der Arzt nicht befugt, den Patienten gegen seinen Willen zu behandeln. Ist der Patient einwilligungsunfähig und steht dem Betreuer die Entscheidung über die gesundheitlichen Belange des Patienten nicht zu, ist aber insoweit Betreuung erforderlich, ist der Aufgaben- **96** kreis zu erweitern und/oder ein weiterer Betreuer zu bestellen. Der Betreuer hat das Gericht gemäß § 1901 Abs 5 zu informieren.

97 Steht dem Unterbringungsbetreuer auch die Gesundheitsfürsorge zu, ist er vom Arzt (Psychiater) in allen Fragen der gesundheitlichen Versorgung zu beteiligen; in Notfällen ist er vom Veranlaßten zu informieren. Nur wenn im Einzelfall der Patient einwilligungsfähig erscheint, tritt die Zuständigkeit des Betreuers hinter die des Patienten zurück. Bestehen, insbesondere bei globaler Zuständigkeit des Betreuers, in der einzelnen Behandlungssituation Zweifel, ob der Betreute (Patient) einwilligungsfähig ist, ist der Betreuer zu beteiligen, der im Zweifel zu entscheiden hat. Nur wenn der Patient einwilligungsfähig ist, entscheidet er allein (auch über riskante Eingriffe im Sinne der Beschreibung des § 1904).

98 Risikoeingriffe (§ 1904) bedürfen nur dann der Einwilligung des Betreuers, wenn sie in seinen Aufgabenkreis fallen und der Betreute selbst nicht imstande ist, die erforderliche Einwilligung zu erteilen, oder Zweifel an seiner Einwilligungsfähigkeit bestehen. Ist er einwilligungsfähig, kommt es weder auf eine Erklärung des Betreuers noch auf die des Vormundschaftsgerichts an. Ist der Betreute nicht einwilligungsfähig oder bestehen Zweifel an seiner Einwilligungsfähigkeit, entscheidet der Betreuer, wenn diese Angelegenheit durch seinen Aufgabenkreis erfaßt wird. Ist er für den Eingriff (die Maßnahme), bedarf es noch der vormundschaftsgerichtlichen Genehmigung. Ist der Betreuer gegen die ärztliche Maßnahme, sieht das Gesetz eine Beteiligung des Vormundschaftsgericht nicht vor.

In einem solchen Falle – Differenz zwischen ärztlicher Auffassung und Betreuermeinung – behandelt der Arzt in einem Notfall allein ohne jede vorher eingeholte Einwilligung oder Genehmigung, oder er teilt den Sachverhalt dem Gericht mit, das dann im Wege der Aufsicht den Betreuer anweisen kann, eine bestimmte Entscheidung zu treffen (§ 1837 Abs 2). UU entläßt es den Betreuer aus dem Amt nach Maßgabe von § 1908b. Auch der Selbsteintritt des Vormundschaftsgerichts (nach § 1846 iVm § 1908i Abs 1 S 1) kommt in Betracht (KLÜSENER/RAUSCH NJW 1993, 617, 619).

99 Die Feststellung, daß der Patient einwilligungsfähig und mit der vorgesehenen Maßnahme einverstanden ist, trifft der Arzt. Sein Handeln ist rechtswidrig, wenn der Patient die erforderliche Einwilligung nicht erteilt hat oder erteilen konnte. Dementsprechend muß der behandelnde Arzt ein eigenes Interesse daran haben, festzustellen, ob der Patient – nach entsprechender Information und Aufklärung – mit der beabsichtigten Maßnahme einverstanden ist und in der Lage war, sein Einverständnis zu geben. Ob er, wenn er Zweifel an der Einwilligungsfähigkeit des Patienten hat, das Gesundheitsamt (das seinerseits beim Vormundschaftsgericht die Bestellung eines Betreuers anregt oder im Rahmen seiner Zuständigkeit nach dem PsychKG tätig wird) darüber informiert oder unmittelbar beim Vormundschaftsgericht die Bestellung eines Betreuers für diese Angelegenheit anregt, entscheidet er nach ärztlichem Ermessen.

100 **Abzulehnen** ist die Auffassung von einer **Doppelkompetenz** (HOLZHAUER NJW 1992, 2325, 2329; nunmehr aufgegeben in ERMAN/ROTH § 1904 Rn 2), allein schon deshalb, weil der Arzt sich ohnehin in jedem Behandlungsfall mit einem Betreuten einen Eindruck vom Zustand des Patienten verschaffen muß und es ihm freisteht, sicherheitshalber den Betreuer zu konsultieren. Doppelkompetenz hilft aber vor allen Dingen nicht weiter in Streitfällen zwischen Betreuer und Betreutem.

Zur **Einsichtnahme** der psychiatrischen Patienten in die **Behandlungsdokumentation** s **101** den Nichtannahmebeschluß des BVerfG MedR 1993, 232. Erstrebt der Patient über die Kenntnis objektiver Befunde hinaus Einsicht in die **Krankenunterlagen** über seine psychiatrische Behandlung, so sind nach BGHZ 106, 146 **entgegenstehende** therapeutische **Gründe** vom Arzt nach Art und Richtung näher zu kennzeichnen, allerdings ohne Verpflichtung, dabei ins Detail zu gehen. Das BVerwG (E 82, 45) hielt es mit dem Grundrecht auf freie Entfaltung der Persönlichkeit gem Art 2 Abs 1 GG iVm Art 1 Abs 1 GG für unvereinbar, einem ehemaligen Untergebrachten die Einsicht in die ihn betreffenden Akten eines psychiatrischen Landeskrankenhauses ausschließlich mit der Begründung zu verweigern, es bestehe die Gefahr, daß sich der Antragsteller durch die Einsichtnahme gesundheitlich schädige. Nach LG Saarbrücken (MedR 1996, 323) steht einem Patienten, der sich in psychiatrischer Behandlung befindet oder befand, kein Recht auf Einsicht in seine Krankenunterlagen zu, wenn er kein sachlich anerkennenswertes Interesse an der begehrten Einsicht geltend macht. Krit dazu KERN MedR 1996, 324.

Zur Beweiserleichterung für einen Patienten, der behauptet, dem Arzt sei ein Behandlungsfehler unterlaufen, wenn der Krankenhausträger seine Pflicht verletzt, dafür Sorge zu tragen, daß über den Verbleib von Behandlungsunterlagen jederzeit Klarheit besteht (BGH NJW 1996, 779). Soweit Krankenunterlagen zu Verfahren beigezogen werden und damit grundsätzlich zur Kenntnis des (ehemaligen) Patienten gelangen können, sind Gründe nicht ersichtlich, die Akten außerhalb eines Verfahrens ganz oder teilweise vorzuenthalten. Müßte jemand erst einen Prozeß anstrengen, um auf diese Weise Kenntnis der Behandlungsakten zu erhalten, käme es zu ungleichen Verhältnissen, weil der von PKH-Bewilligung abhängige Kläger nur bei entsprechender Erfolgsaussicht Akteneinsichtschancen hätte (s zur ärztlichen Dokumentationspflicht und zum Recht auf Einsicht in die Krankenunterlagen auch NÜSSGENS, in: FS Boujong [1996] 831; SCHEIWE, Informationsrechte von Patienten hinsichtlich der medizinischen und psychiatrischen Dokumentation, KritV 1998, 313).

7. Gesonderte Entscheidungen

Mit der Bestellung eines Betreuers kann das Vormundschaftsgericht einen Einwilli- **102** gungsvorbehalt (§ 1903) anordnen. Einer gesonderten Entscheidung bedarf es, wenn § 1857a auf den Vater, die Mutter, den Ehegatten, einen Abkömmling des Betreuten oder auf den Vereinsbetreuer oder den Behördenbetreuer nicht angewendet werden soll (§ 1908i Abs 2 S 2). Die Entscheidung über den Fernmeldeverkehr des Betreuten, über die Entgegennahme, das Öffnen und das Anhalten seiner Post muß im Bedarfsfall dem Betreuer gesondert zugewiesen werden; diese Angelegenheiten werden von keiner anderen Aufgabenkreisbestimmung erfaßt (§ 1896 Abs 4). Die Befugnis zur Postkontrolle wie auch die Entscheidung über den Fernmeldeverkehr dürfen dem Betreuer nur eingeräumt werden, wenn dieser ihm übertragene Aufgaben ohne diese Befugnis nicht in der gebotenen Weise erfüllen könnte und hierdurch wesentliche Rechtsgüter des Betreuten erheblich gefährdet oder beeinträchtigt würden (BayObLG FamRZ 2001, 871 = NJWE-FER 2001, 179; bereits BayObLGZ 1996, 253 = FamRZ 1997, 244, jedoch weniger differenziert); die Entscheidung läßt erkennen, daß bei der Einschränkung der Grundrechte des Betroffenen gem Abs 4 zu differenzieren ist und die Aufzählung der möglichen Maßnahmen keinen Aufgaben „block" darstellen. Nach OLG Oldenburg (FamRZ 1996, 757, 758 = ZfF 1997, 15) ist die Postkontrolle vielfach schon bei der Bestellung des Betreuers sinnvoll (bedenklich, weil der Betreuer Post an sich adressieren lassen kann, die dann nicht Post des Betreuten ist).

Ist ein Betreuer, gleich mit welchem Aufgabenkreis, bereits bestellt, ist für die Entscheidung über die Einwilligung in eine Sterilisation des Betreuten stets ein besonderer Betreuer zu bestellen (§ 1899 Abs 2); die Erweiterung des Aufgabenkreises des vorhandenen Betreuers reicht nicht aus und kommt dafür nicht in Betracht.

V. Der Erforderlichkeitsgrundsatz

1. Der Erforderlichkeitsgrundsatz im BtG

103 Das gesamte Betreuungsrecht wird von dem Grundsatz der Erforderlichkeit durchzogen. Das Betreuungsgesetz erwähnt ihn ausdrücklich an mehreren Stellen des materiellen und des formellen Betreuungsrechts:

– bei der Bestellung des Betreuers und der Bestimmung des Aufgabenkreises (§ 1896 Abs 2);

– bei der Anordnung eines Einwilligungsvorbehalts (§ 1903 Abs 1 S 1);

– bei der Genehmigung der Unterbringung (§ 1906 Abs 1, Abs 4);

– bei der vorsorglichen Bestellung eines Betreuers für einen noch nicht Volljährigen (§ 1908a);

– bei der Erweiterung des Aufgabenkreises des Betreuers (§ 1908d Abs 3 und 4; § 1901 Abs 5 S 2);

– in den Vorschriften über die Verfahrenspflegerbestellung (§§ 67 und 70b Abs 1 FGG);

– bei den entgegengesetzten Entscheidungen der Aufhebung und Einschränkung (§ 1908d Abs 1, 2 und 4; § 1901 Abs 5);

– in der Bestimmung über das Schlußgespräch (§ 68 Abs 5 S 1 FGG);

– bei der Unterbringung zwecks Begutachtung (§ 68b Abs 4 S 1 FGG);

– für die Entscheidung über die Nichtbekanntgabe der Entscheidungsgründe (§ 69a Abs 1 S 2 und § 70g Abs 1 FGG);

– bei der Entscheidung über die Weitergabe von Informationen zur Betreuerbestellung oder zu einer anderen Maßnahme nach dem Betreuungsrecht durch die zuständige Behörde oder durch andere Behörden (§ 7 BtBG);

– für die Mitteilung vormundschaftsgerichtlicher Entscheidungen an andere Gerichte, Behörden oder sonstige öffentliche Stellen in Betreuungs- und in Unterbringungssachen (§ 69k und § 70n FGG).

Auch für andere Fragen ergibt sich aus Wortlaut oder Zweck der Regelung, daß der Erforderlichkeitsgrundsatz zu beachten ist: **104**

– bei der Durchbrechung des Willensvorrangs des Betreuten;

– bei der Sterilisation;

– bei der Wohnungsauflösung;

– bei der Notwendigkeit, die Maßnahmen zu befristen (BT-Drucks 11/4528, 120);

– bei der Entscheidung, ob bei Übernahmebereitschaft eines ehrenamtlich tätigen Betreuers immer ein berufsmäßig tätiger Betreuer gemäß § 1908b Abs 1 S 2 (ohne weitere Entlassungsgründe) zu entlassen ist.

Für die Bestellung eines Vereins oder einer Behörde zum Betreuer (§ 1900 Abs 1 und 4) wird nicht ausdrücklich auf den Erforderlichkeitsgrundsatz abgestellt (**aA** MünchKomm/SCHWAB Rn 127). Er gilt jedoch auch hier und zwar insofern, als diese Betreuerbestellungen dann erforderlich sind, wenn der Betroffene durch eine oder mehrere natürliche Personen nicht hinreichend betreut werden kann. Dadurch wird die Subsidiarität der Vereins- und schließlich die der Behördenbestellung und die Ersatzfunktion beider Institutionen gegenüber den natürlichen Personen zum Ausdruck gebracht. Ebenso muß die Bestellung eines berufsmäßig tätigen Betreuers vor der Bestellung eines ehrenamtlich tätigen Betreuers aus bestimmten Gründen erforderlich sein (§§ 1897 Abs 6, 1908b Abs 1 S 2). **105**

Der Erforderlichkeitsgrundsatz bestimmt mithin das materielle wie das Verfahrensrecht der Betreuerbestellung, ist aber auch für die **Ermittlungstätigkeit** des Vormundschaftsgerichts von Bedeutung (§ 12 FGG). Zu beachten ist er insbesondere auch in Unterbringungssachen zivilrechtlicher (§ 1906) oder öffentlich-rechtlicher Art (PsychKG). In den Unterbringungsgesetzen der Länder kommt er ua dadurch zum Ausdruck, daß eine Unterbringung nur dann zulässig ist, „wenn die Gefährdung oder Gefahr nicht auf andere Weise abgewendet werden kann" (so zB § 1 Abs 4 Bad-Württ Unterbringungsgesetz). Unterschiedlich ist die Zielsetzung in den einzelnen Normen, in denen der Grundsatz aufgeführt ist. Was die Bestellung eines Betreuers angeht, bewirkt er einerseits, daß der mit der Bestellung eines Betreuers verbundene Eingriff in die Rechte des Betroffenen begrenzt wird, andererseits begrenzt er die Inanspruchnahme der Gemeinschaft für die Belange eines Einzelnen. **106**

2. Erforderlichkeitsgrundsatz und Betreuerbestellung

Nach § 1896 Abs 2 S 1 darf ein Betreuer nur für Aufgabenbereiche bestellt werden, in denen Betreuung (nach den Bestimmungen der §§ 1896 ff) erforderlich ist. Dies besagt zweierlei: Eine Betreuerbestellung ohne die Zuweisung eines bestimmten Aufgabenkreises ist ausgeschlossen. Der Betreuer als Lebensbegleiter schlechthin **107** wird nicht zur Verfügung gestellt. Zweitens: Jemand kann betreuungsbedürftig im allgemeinen Sprachverständnis sein; eine Betreuerbestellung nach den §§ 1896 ff kommt dennoch nur in Betracht, wenn die Besorgung der Angelegenheiten des Betroffenen diese Betreuungsform der staatlich organisierten und überwachten mit Vertretungsrecht versehenen Rechtlichen Betreuung (Betreuer nach § 1896 iVm § 1902) erfordert. Die Betreuung darf Angelegenheiten nicht erfassen, die der Betroffene noch selbst besorgen kann (OLG Zweibrücken FamRZ 2004, 1815). Ein Betreuungsbedürfnis besteht nicht schon dort, wo auch ein gesunder Volljähriger sich der Hilfe eines anderen (zB Rechtsanwalt, Steuerberater) bedienen würde. Nur wenn der Betroffene psychisch außerstande ist, solche Hilfe von sich aus in Anspruch zu nehmen oder die Notwendigkeit der Inanspruchnahme zu erkennen, kommt die Bestellung eines Betreuers in Betracht (BayObLG FamRZ 2001, 1249). Ein Betreuer kann jedoch bestellt werden, wenn zwar kein akuter Handlungsbedarf besteht, ein erneutes Auftreten von Verwirrtheitszuständen mit halluzinatorischen Symptomen aber konkret zu erwarten ist, das ein sofortiges Betreuerhandeln erforderlich macht (BayObLG FamRZ 2003, 1043 [LS] = BtPrax 2003, 177).

108 Obwohl erst in Abs 2 S 1 der Vorschrift genannt, betrifft der Erforderlichkeitsgrundsatz nicht erst die Bestimmung des Aufgabenkreises. Lediglich vor dem Hintergrund bisheriger Praxis, bei Anordnung einer Gebrechlichkeitspflegschaft dem Pfleger zum Teil formularmäßig und ohne eingehende Prüfung umfangreiche Aufgaben zuzuweisen (Vermögenssorge, Aufenthaltsbestimmung, Gesundheitsfürsorge, vgl BT-Drucks 11/4528, 120), läßt sich die Einschätzung des RegEntw nachvollziehen, der Erforderlichkeitsgrundsatz sei von besonderer Bedeutung für die Bestimmung der Aufgabenkreise. Hier allerdings hat der Tatrichter für jeden einzelnen dem Betreuer zu übertragenden Aufgabenkreis die Erforderlichkeit der Betreuung darzulegen (BayObLG FamRZ 1999, 1612).

109 Der RegEntw des BtG faßte den Erforderlichkeitsgrundsatz als ein mit Verfassungsrang ausgestattetes Regelungsprinzip für das gesamte Betreuungsrecht auf (BT-Drucks 11/4528, 58). Die Erwähnungen in den verschiedenen Vorschriften des BtG werden als Ausgestaltungen bzw Konsequenzen dieses dem Bürgerlichen Gesetzbuch gegenüber höherrangigen verfassungsrechtlichen Grundsatzes verstanden. Der Erforderlichkeitsgrundsatz ist danach Ausdruck und Voraussetzung einer Betreuerbestellung schlechthin (BT-Drucks 11/4528, 120). Die Absätze 1 und 2 sind lediglich Ausgestaltungen des allgemeinen Prinzips: Eine Betreuerbestellung ist nur zulässig, soweit sie erforderlich ist. Demgegenüber will SCHWAB (MünchKomm/SCHWAB Rn 38) den Erforderlichkeitsgrundsatz durch die Regelung des § 1896 Abs 2 als ein eigenständiges Normelement verstanden und gehandhabt wissen (Rn 40 ff). Dies hätte jedoch zur Folge, daß nach dem Feststellen der positiven Tatbestandsmerkmale des Abs 1 und der negativen Tatbestandsmerkmale des Abs 2 in einem weiteren Gang die Erforderlichkeit der Betreuerbestellung zu prüfen wäre, die sich bereits aus der Bejahung der Voraussetzungen des Abs 1 und der Bestätigung der Voraussetzungen des Abs 2 (keine anderen Hilfen sind vorhanden oder reichen aus; weder eine Bevollmächtigung noch sonstige Hilfen) ergeben hat. Der Begriff der Erforderlichkeit hätte an dieser Stelle keine eigene Bedeutung mehr. Ähnlich läge es in den übrigen Fällen, in denen die Bejahung der Tatbestandsvoraussetzungen die Erforderlichkeitsprüfung beinhalten würde.

Titel 2
Rechtliche Betreuung

§ 1896
110, 111

Der RegEntw des BtG leitete aus dem Erforderlichkeitsgrundsatz her: **110**

- einen Maßstab für die Entscheidung, ob und für welche Angelegenheiten dem Betroffenen ein Betreuer bestellt werden solle (BT-Drucks 11/4528, 58);

- die Subsidiarität staatlicher, die Rechtsposition beeinträchtigender Hilfe durch Betreuerbestellung gegenüber anderen (nichtstaatlichen) Hilfen (BT-Drucks 11/4528, 59) und das Erfordernis gesetzlicher Vertretung;

- die geringstmögliche bzw -notwendige Einschränkung oder Ausschließung des Betroffenen von der Teilnahme am Rechtsverkehr, die dadurch zum Ausdruck kommt, daß lediglich § 104 Nr 2 (sog natürliche Geschäftsunfähigkeit) und die Anordnung eines Einwilligungsvorbehalts mit der Anwendung der §§ 108 ff (§ 1903 Abs 1 S 2) der Teilnahme des Betreuten am Rechtsverkehr im Bereich des bürgerlichen Rechts entgegenstehen;

- die zeitliche Begrenzung der Betreuung zumindest insoweit, als eine Höchstdauer festgelegt wurde, bis zu der das Gericht geprüft haben sollte, ob die Maßnahme zu verlängern ist (ursprünglich war ein Verfallszeitpunkt vorgesehen; s dazu § 69 Abs 1 Nr 5 FGG. Während der Beratungen wurde die jetzige Formulierung gewählt, so daß die Maßnahme nicht bereits in dem angegebenen Zeitpunkt endet. Andernfalls hätte der Betreute bei Versäumen einer Beschlußfassung über die Verlängerung schutzlos dagestanden).

Der Grundsatz der Erforderlichkeit **111**

- begrenzt den Eingriff in die Rechtsposition des Einzelnen, der dadurch bewirkt wird, daß er einen Betreuer erhält, der für ihn verbindlich handeln kann und muß (§ 1902); die Begrenzung erstreckt sich auf den Umfang und die Dauer der Betreuung (vgl § 68b Abs 1 S 5 FGG). Deshalb darf die Betreuung Angelegenheiten nicht erfassen, die der Betroffene/Betreute noch selbst besorgen kann (BayObLG Rpfleger 2001, 234 = FamRZ 2001, 1249 [LS]) und nur für den Zeitraum angeordnet werden, für den sie nach den zum Zeitpunkt der Anordnung vorliegenden Erkenntnissen unbedingt erforderlich ist (OLG Köln NJWE-FER 1998, 226). Zur Ungenauigkeit und einer zu großen Reichweite der Aufgabe „Vertretung gegenüber Ämtern und Behörden" s oben Rn 77b;

- beschreibt und begrenzt den Betreuungsbedarf in dem Sinne, daß der Staat nur im Rahmen der Erforderlichkeit Betreuung zur Verfügung zu stellen hat, indem er Personen oder Institutionen für diese Aufgabe verpflichtet. Zur Bestellung eines Betreuers für alle Angelegenheiten einschließlich der Entgegennahme und des Öffnens der Post s BayObLG FamRZ 2002, 1225 sowie oben Rn 77b;

- zwingt den Staat, dasjenige Maß an Betreuung zur Verfügung zu stellen, das der einzelne Betroffene benötigt. Er benötigt dies – in den meisten Fällen – nicht ausschließlich für sich. Denn die Rechtsordnung versetzt ihn mit ihren Bestimmungen (§ 104 Nr 2) in einen Zustand der „Teilnahmslosigkeit". Mit Hilfe der Betreuerbestellung wird er wieder zum vollwertigen Teilnehmer am Rechtsverkehr;

– enthält eine dem Aufgabenkreis oder seinen einzelnen Teilbereichen innewohnende **Begrenzung der Befugnisse des Betreuers** auf das Erforderliche. Dies hat vor allem dann Bedeutung, wenn der Aufgabenkreis relativ global gefaßt ist, der reale Betreuungsbedarf aber, zumindest phasenweise, geringer ist. Diese immanente Begrenzung hat jedoch nur Bedeutung für die **Innenbeziehung**. Eine Beschränkung des Vertretungsrechts (§ 1902) ist damit nicht verbunden (dazu näher unten § 1902 Rn 25);

– verlangt, daß die Bestellung eines Betreuers – auch unter Beachtung der Verhältnismäßigkeit – notwendig ist, weil der Betroffene auf entsprechende Hilfen angewiesen ist und weniger einschneidende Maßnahmen nicht in Betracht kommen. Diese Notwendigkeit entfällt, wenn sich der angestrebte Zweck durch die vorgesehene Maßnahme nicht erreichen läßt (BayObLGZ 1994, 209 = FamRZ 1994, 1551 = BtE 1994/95, 93 mwN); für die Regelung von Sozialhilfeangelegenheiten ist die Bestellung eines Betreuers (grundsätzlich) nicht erforderlich (AG Duisburg-Hamborn BtPrax 2004, 79);

– verbietet die Erweiterung des Aufgabenkreises des Betreuers auf die Besorgung aller Angelegenheiten des Betroffenen, wenn dieser in der Lage ist, einen Teilbereich seines Lebens zu bewältigen (BayObLG NJW-RR 1997, 967); sie kommt auch zur Verhinderung von Wahlmanipulationen nicht in Betracht;

– kann (mit dem Aufgabenkreis Vermögenssorge) erforderlich sein, um eine (weitere) Verschuldung zu verhindern, auch wenn der Betroffene vermögenslos ist. In einem solchen Falle ist in der Regel auch die Anordnung eines Einwilligungsvorbehalts erforderlich (BayObLG FamRZ 1997, 902 = Rpfleger 1997, 307 = BtPrax 1997, 160). Eine Spielsperre (zB) reicht allein nicht aus, um einen Spieler vor Verlusten seines Vermögens zu bewahren (s dazu BGH NJW 1996, 248).

3. Praktische Konsequenzen

112 Abs 2 und 3 setzen voraus, daß der Betroffene einen Betreuungsbedarf iwS hat, der nicht (nur) von einem gerichtlich bestellten Betreuer zu erfüllen ist. Dieser Betreuungsbedarf wird entweder dadurch befriedigt, daß ein Bevollmächtigter bestellt ist oder andere Hilfen vorhanden sind und ausreichen. Wird der bestehende Betreuungsbedarf nicht oder nicht ausreichend von den Kräften abgedeckt, die der Betroffene selbst organisiert hat oder die für ihn vorhanden sind, besteht Bedarf an gerichtlich bestelltem Personal, das entweder die Betreuungsaufgabe vollständig übernimmt oder nur die bestehende Hilfe „kontrolliert".

Ist der Betroffene infolge körperlicher Behinderung weitestgehend immobil und sein körperlicher Zustand dauerhaft geschwächt und benötigt er ständig pflegerische Hilfe, reicht aber für die Umsetzung seiner Entscheidungen – auch für die Geltendmachung vermögensrechtlicher Interessen gegenüber seinen Kindern – die Hilfe durch Dritte, ggf solche sozialer Dienste, ist die Bestellung eines Betreuers nicht erforderlich, insbesondere deshalb nicht, weil er geschäftsfähig und in der Lage ist, mittels Erteilung von Vollmachten Dritte mit der Wahrnehmung seiner Interessen zu betrauen (LG Osnabrück v 9. 2. 2004 – 3 T 131/04). Kann ein Betreuer mit dem Aufgabenkreis „Wahrnehmung der Interessen bei der Entmüllung der Wohnung" eine erneute

Vermüllung nicht dauerhaft verhindern, ist eine Erweiterung der Betreuung um die Aufgabe Gesundheitsfürsorge und Wohnungsangelegenheiten kein taugliches Mittel; insoweit kommen vorrangig vielmehr tatsächliche Hilfen nach dem BSHG, ggf auch eine öffentlich-rechtliche Unterbringung in Betracht, um das Problem zu bewältigen (OLG Oldenburg FamRZ 2004, 1320 = NdsRpfl 2004, 43).

Ermittlungstechnisch ist bei den **vorhandenen Ressourcen** anzusetzen, um dann festzustellen, ob sie ausreichen. Eine abstrakte Bedürfnisprüfung, nach der dann deren Befriedigungsformen (Bevollmächtigung, andere Hilfen) festgestellt werden würden, widerspräche dem Erforderlichkeitsgrundsatz. Ebenso fehlerhaft ist der Schluß, aus der Tatsache einer Erkrankung oder Behinderung iSd § 1896 Abs 1 ergebe sich zwangsläufig die Notwendigkeit einer Betreuerbestellung (dazu Bienwald Anm zu BayObLG FamRZ 2003, 1968, 1969).

Die Tatsachen, auf die eine Betreuerbestellung oder die Anordnung eines Einwilligungsvorbehalts gestützt wird, müssen im **Zeitpunkt der Entscheidung** der letzten Tatsacheninstanz feststehen. Andernfalls lehnt das Gericht, wenn weitere Ermittlungen keine der Sachentscheidung dienlichen Erkenntnisse zutage fördern werden, die Bestellung eines Betreuers und/oder die Anordnung eines Einwilligungsvorbehalts ab.

4. Zweifel an der Erforderlichkeit

Auf dem 3. Vormundschaftsgerichtstag Bonn 1992 war die Frage aufgeworfen worden, wie der Richter zu entscheiden habe, wenn nicht zu beseitigende Zweifel an der Erforderlichkeit der Betreuung bestehen (Prot der Arbeitsgruppe V, Materialien und Ergebnisse 81, 84). Bei genauer Betrachtung kann die Situation des „non liquet" deshalb nicht auftreten, weil eine Unklarheit in der Feststellung von beobachtbaren Tatsachen nicht bestehen kann, sondern nur in deren Bewertung und Zuordnung. Da dies aber eine Angelegenheit gerichtlicher Entscheidung ist, kommt ein Ergebnis „im Zweifel für" oder „im Zweifel gegen" eine Betreuerbestellung nicht in Betracht (BayObLG FamRZ 1994, 720, 721 = BtPrax 1994, 59; **aA** Baumgärtel/Laumen, Hdb der Beweislast Bd 2 [2. Aufl 1999] 963). Die Bewertung und damit die Entscheidungsfindung darf nicht auf die Tatsachenebene verschoben werden. Sowohl die Nichtbesorgung und die Besorgungsbedürftigkeit von Angelegenheiten als auch die Zuordnung der Krankheit oder Behinderung des Betroffenen zu einer der in Abs 1 S 1 genannten Gruppen kann keinem Zweifel unterliegen. Bestehen Unklarheiten darüber, ob der Betroffene irgendwann eine Vollmacht wirksam erteilt hat, und konnte dies bis zum Zeitpunkt der Entscheidung nicht geklärt werden, hat bei Vorliegen der Voraussetzungen des Abs 1 das Gericht eine Betreuerbestellung vorzunehmen. Steht nicht fest, daß andere Hilfen vorhanden sind oder ausreichen, ist ein Betreuer im Bedarfsfall zu bestellen. Besteht Betreuungsbedarf, kann nicht „ausprobiert" werden, ob Alternativen ausreichen. Dies kann dann Gegenstand der Betreuung selbst sein.

VI. Die Bevollmächtigung als „andere Hilfe"

1. Stellenwert der Bevollmächtigung

Vorrang vor der gerichtlichen Bestellung eines Betreuers hat die eigene, kraft Selbstbestimmungsrecht gewählte Lösung des Betreuungsproblems. Eine Betreuerbestellung ist deshalb immer dann nicht erforderlich und damit nicht zulässig, soweit die Angelegenheiten des Volljährigen durch einen Bevollmächtigten ebenso gut wie durch einen Betreuer besorgt werden können (Abs 2 S 2). Erfaßt die Bevollmächtigung alle betreuungsbedürftigen und betreuungsfähigen Angelegenheiten, kann eine Betreuerbestellung nur noch insoweit in Betracht kommen, als der Betroffene als Vollmachtgeber infolge Krankheit oder Behinderung iSd Abs 1 S 1 außerstande ist, den oder die Bevollmächtigten hinreichend zu überwachen (Abs 3). Nur wenn im Einzelfall eine solche Überwachung erforderlich ist, darf ein Betreuer bestellt werden; anders als der Bevollmächtigte unterliegt der bestellte Betreuer dann der Aufsicht des Vormundschaftsgerichts gem §§ 1837 ff, 1908i Abs 1 S 1 (BT-Drucks 11/4528, 122).

Der DiskE I hatte Fälle dieser Art nur in der Begründung erwähnt. Der RegEntw enthielt dann bereits die später Gesetz gewordene Regelung. Die **Bevollmächtigung** war bereits **vor dem BtG zulässig**, wenn auch nicht ausdrücklich geregelt, und in allen Teilen der Bundesrepublik Deutschland verbreitet (Näheres BÜHLER BWNotZ 1990, 1; CYPIONKA NJW 1992, 207 f; MÜLLER-FREIENFELS, in: FS Coing [1982] 395; ders, in: FS Keller [1989] 35). Freilich konnte seinerzeit mit einer solchen Vollmacht nur die Anordnung einer Gebrechlichkeitspflegschaft, nicht dagegen die Entmündigung mit nachfolgender Vormundschaft vermieden werden. Durch das **BtÄndG** v 25. 6. 1998 (BGBl I 1580) wurden verschiedene die Bevollmächtigung betreffende **Neuerungen** eingeführt. So ist es aufgrund der Ergänzung der §§ 1904 und 1906 zulässig, daß der Bevollmächtigte in die in § 1904 bezeichneten medizinischen Maßnahmen einwilligt und über eine Unterbringung (§ 1906 Abs 1) sowie freiheitsentziehende Maßnahmen gem § 1906 Abs 4 entscheidet, wenn auch grundsätzlich nur nach vorheriger Genehmigung des Vormundschaftsgerichts (Näheres jeweils dort). Das Gericht hat während des Verfahrens in Betreuungssachen in geeigneten Fällen **auf die Möglichkeit der Vorsorgevollmacht und deren Inhalt hinzuweisen** (§ 68 Abs 1 S 3 FGG; ergänzt durch Art 2 Nr 2 Buchst a BtÄndG). Schließlich werden die Betreuungsvereine durch die neue Nummer 2a in § 1908f Abs 1 verpflichtet, planmäßig über Vorsorgevollmachten und Betreuungsverfügungen zu informieren. Die Betreuungsbehörden haben die zusätzliche Aufgabe erhalten, die Aufklärung und Beratung über Vollmachten und Betreuungsverfügungen zu fördern (§ 6 S 2 BtBG, angefügt durch Art 3 § 4 BtÄndG).

Die **Stärkung der Vorsorgevollmacht** war auch ein wesentliches **Anliegen der Bund-Länder-Arbeitsgruppe „Betreuungsrecht"** der Konferenz der Justizministerinnen und -minister (näher dazu BT-Drucks 15/2494, 12). Ihr wurde das 1. Kapitel des Abschlußberichts der Arbeitsgruppe gewidmet, in dem der Inhalt einer Informationsbroschüre mit Mustervollmacht vorgestellt und der bereits in dem Zwischenbericht der Arbeitsgruppe enthaltene Vorschlag eines bundesweiten Registrierungssystems erneuert wurde. Außerdem wurde vorgeschlagen, eine Beglaubigungskompetenz der Betreuungsbehörden für Vorsorgevollmachten einzuführen und die Kompetenz von Betreuungsvereinen und Betreuungsbehörden in Hinsicht auf eine Beratung bei der Erstellung von Vorsorgevollmachten und die Begleitung von Bevollmächtigten nach Eintritt des Vertretungsfalles zu erweitern (inwieweit die Vorschläge in den Entwurf eines weiteren BtÄndG übernommen und schließlich Gesetz wurden, s oben Vorbem 78 zu §§ 1896 ff sowie § 1908f).

Nachdem bereits vor einigen Jahren bei einigen Wohlfahrtsverbänden oder ihren

Untergliederungen sowie sonstigen Stellen die **Aufbewahrung und Registrierung** von Vorsorgeverfügungen eingeführt worden war, wurde in Dresden eine zentrale Erfassungsstelle gegründet. Später errichtete die Bundesnotarkammer ein Zentrales Register, das nunmehr seit der Ergänzung der BNotO am 31. 7. 2004 als Zentrales Vorsorgeregister in Kraft getreten ist (Einzelheiten dazu in der VO über das Zentrale Vorsorgeregister [VRegV] v 21. 2. 2005 BGBl I 318 und der Gebührensatzung vom selben Tag, veröffentlicht in DNotZ 2005, 81; zur Notwendigkeit der Schaffung einer Zentrale für Vorsorgeverfügungen und zur Bedeutung von Vorsorgeverfügungen für das Vormundschaftsgericht die Beiträge von BIENWALD in BtPrax 2002, 244 und in BtPrax 2002, 227. Zur Handhabung von Vorsorgevollmachten und Betreuungsverfügungen in der Praxis HOFFMANN/SCHUMACHER BtPrax 2002, 191 und speziell in Nordrhein-Westfalen BtPrax 2003, 74 [Antwort der Landesregierung auf die Kleine Anfrage 1038 der Abgeordneten Christian Lindner und Karl Peter Brendel FDP, Drucksache 13/3160]). Rechtsgrundlage für die Errichtung des Zentralen Registers sind die der BNotO eingefügten §§ 78a-78c (durch Art 2b durch G v 23. 4. 2004 BGBl I 598).

Vergleicht man die Einführung dieses Zentralen Vorsorgeregisters mit der Absicht, durch eine verstärkte Eigenvorsorge etwaiger Betroffener die Bestellung eines Betreuers und damit eine Kostenbelastung der Länderjustizhaushalte zu vermeiden, muß diese Lösung als halbherzig bezeichnet werden. Weder besteht eine Pflicht zur Registrierung von Vorsorgevollmachten (zB nicht die während des Verfahrens der Betreuerbestellung zu Protokoll genommene Vollmacht) noch erfaßt das Register alle für den Fall einer in Erwägung gezogenen Betreuerbestellung für das Verfahren und sein Ergebnis bedeutsamen Informationen. Insbesondere fehlt eine Orientierung auf eine notwendige europaweite Erfassung.

Mit der Bezeichnung **Vorsorgeverfügungen** werden die nicht nur für das Betreuungsrecht bedeutsamen **drei Arten**: Vorsorgevollmacht, Patientenverfügung und Betreuungsverfügung erfaßt. Die Vorsorgemaßnahme, die gemäß § 1896 Abs 2 S 2 eine Betreuerbestellung vermeiden läßt, ist nur die **Vorsorgevollmacht**.

Zur Ergänzung des § 1896 in Abs 2 S 2 durch Einfügung der Wörter „der nicht zu den in § 1897 Abs 3 bezeichneten Personen gehört" (Art 1 Nr 11 BtÄndG) s unten Rn 131.

Abs 2 S 2 hebt nicht nur auf die bereits erteilte Vorsorgevollmacht ab, sondern erfaßt **115** auch den Fall, daß der Betroffene noch während des Verfahrens betreffend die Bestellung eines Betreuers imstande ist, eine Vollmacht zu erteilen. Die bisher vertretene Auffassung, das Vormundschaftsgericht sei dadurch nicht gezwungen, jeden noch Geschäftsfähigen auf die Möglichkeit zu verweisen, sich durch Erteilung einer Vollmacht selbst zu helfen (HOLZHAUER/REINICKE Rn 37), ist durch die Änderung des § 68 Abs 1 S 3 FGG, wonach das Gericht während des Verfahrens in Betreuungssachen in geeigneten Fällen den Betroffenen auf die Möglichkeit der Vorsorgevollmacht und deren Inhalt hinweist, überholt. Soweit sich die Fälle für eine solche Information eignen, besteht eine **Informationspflicht**. Von einer Eignung kann dann ausgegangen werden, wenn der Betroffene in der Lage ist, die Information aufzunehmen, und ggf auch gewillt ist, eine Vollmacht oder mehrere (auch Gegenvollmachten zur Vermeidung einer Kontrollbetreuerbestellung) zu erteilen. Allerdings kann (und soll, BT-Drucks 13/7158, 49) während des Verfahrens auch die Gelegenheit genutzt werden, die vorher formlos oder nur schriftlich erteilten Vollmachten durch eine gerichtliche Protokollierung in ihrer Außenwirkung (aber nicht nur dort) aufzuwerten. Erteilt der Betroffene vor der Entscheidung über die Betreuerbestellung eine Vollmacht, so wird dadurch ein von ihm gestellter Antrag auf Betreuerbestellung nicht mutwillig. Die Erklärung einer Bevollmächtigung kommt auch noch nach oder erst recht nach der Begutachtung in Betracht (vgl § 96 KostO). Nicht die abstrakte, aber doch die konkrete Möglichkeit, daß der Betroffene sich durch Vollmacht zur Erledigung der besorgungsbedürftigen Angelegenheiten selbst helfen kann, begründet grundsätzlich den Nachrang der Betreuerbestellung (aA HOLZHAUER/REINICKE Rn 37; SCHWAB FamRZ 1992, 493, 495; wie hier ERMAN/HOLZHAUER Rn 37). Die bereits in der 12. Aufl vertretene Auffassung, von dem Betroffenen – meist wird er in einem solchen Fall Antragsteller sein – könne erwartet werden, daß er vor der Inanspruchnahme staatlicher Dienstleistung selbst in geeigneter Weise Vorsorge trifft, wenn ihm das möglich ist (BIENWALD, BtR Rn 102; ebenso HOLZHAUER/REINICKE Rn 38), ist durch das BtÄndG bestätigt worden. Abzulehnen ist deshalb die Auffassung, dem Betreuungsbedürftigen müsse es anheimgegeben bleiben, ob er trotz möglicher Vollmachterteilung den gerichtlichen Schutz des Betreuungsrechts vorzieht (so aber SCHWAB FamRZ 1992, 493, 495; wie hier BIENWALD, BtR Rn 102; HOLZHAUER/REINICKE Rn 38; s aber auch MünchKomm/SCHWAB Rn 58: Keine Obliegenheit zur Vollmachterteilung). Der Betroffene hat jedenfalls kein Wahlrecht, ob er Vollmacht erteilt oder einen Betreuer vom Gericht gestellt bekommt. Lehnt er eine Betreuerbestellung ab und stellt das Gericht einen Mangel an freier Selbstbestimmung fest (Abs 1a), entfällt damit auch die Möglichkeit, noch wirksam eine Vollmacht zu erteilen (BayObLG FamRZ 2005, 63).

116 Voraussetzung einer möglichen Vollmachterteilung ist allerdings, daß der Betroffene in der Lage ist, die Bevollmächtigung in ihrer Bedeutung und Tragweite zutreffend einzuschätzen und inhaltlich die besorgungsbedürftigen Angelegenheiten zu benennen. Zur Vollmachterteilung gehört – neben der allgemeinen Voraussetzung der Geschäftsfähigkeit (STAUDINGER/SCHILKEN [2004] § 167 Rn 75), daß der Betroffene eine Person seines Vertrauens findet, die bereit und imstande ist, sich bevollmächtigen zu lassen. Eine aus Rechtsgründen mögliche Vollmachterteilung könnte tatsächlich daran scheitern, daß sich keine geeignete zu bevollmächtigende Person findet, sei es daß der Betreffende die Kommunikation oder die Verantwortung scheut (zB bei bestimmten familiären Konstellationen), sei es daß ihm nicht genügend Honorar angeboten wird. So kann bereits aus diesen Gründen eine Vollmachterteilung auf unüberwindliche Schwierigkeiten stoßen und damit als Betreuungsalternative ausscheiden. Auch wenn eine umfassend erteilte Vorsorgevollmacht besteht, kann ein Betreuer bestellt werden (müssen), wenn aufgrund heftiger innerfamiliärer Streitigkeiten die Vollmacht im familiären Umfeld des Betroffenen nicht anerkannt wird und der Bevollmächtigte es deshalb ablehnt, von der Vollmacht Gebrauch zu machen (BayObLG-Rp 2004, 306 = FamRZ 2004, 1403).

Ist eine Vorsorgevollmacht wirksam erteilt, kann die Bestellung eines Betreuers erforderlich sein, wenn konkrete Anhaltspunkte dafür bestehen, daß der Vorsorgebevollmächtigte die Vorsorgevollmacht mißbraucht (BayObLG FGPrax 2003, 171). Zum Verhältnis einer durch Dritte angeregten Betreuung gegen den Willen des Betroffenen und der Möglichkeit einer Vollmachterteilung als anderer Hilfe (Wechselwirkung nicht gewünschter Betreuung und rechtlich möglicher Bevollmächtigung) BayObLG FamRZ 2005, 63. Zur Anordnung eines vorläufigen Einwilligungsvorbehalts (bei vorläufigem Betreuer) zum Schutz des Betroffenen trotz Vorliegens einer General- oder Vorsorgevollmacht bei unklarer Wirksamkeit der Vollmacht wegen Zweifeln an der Geschäftsfähigkeit des Betroffenen und der Gefahr, daß ohne Einwilligungsvorbehalt vermögensrechtliche Transaktionen zum Nachteil des Betroffenen vorgenommen werden, BayObLG FamRZ 2004, 1814.

Nicht zu Unrecht äußert SCHWAB (MünchKomm/SCHWAB³ Rn 31; 4. Aufl Rn 49) Bedenken **117** gegen die Erteilung von Vollmachten durch einen Personenkreis, der nach bisherigem Recht durch § 114 aF (beschränkte Geschäftsfähigkeit) einerseits in seinen rechtsgeschäftlichen Aktivitäten eingeschränkt, aber andererseits auch geschützt war. Steht heute einerseits die Geschäftsunfähigkeit des Behinderten oder Kranken nicht fest, so daß er (zunächst) Vollmachten erteilen kann, kann andererseits eine Fürsorge durch Vollmachten nicht geeignet erscheinen, weil die Vollmachten und sonstige damit verbundene Rechtsgeschäfte, nach Auffassung von SCHWAB (aaO), nicht als Ausdruck voller Selbstbestimmung zu werten sind. In dem „Zwischenbereich" zwischen dem Tatbestand der „natürlichen Geschäftsunfähigkeit" (§ 104 Nr 2) und der gedachten Normalität bestehender Selbstbestimmung, in dem die „freie Selbstbestimmung" zwar nicht ausgeschlossen, aber doch gemindert sei, bestehe Anlaß (so SCHWAB aaO), erteilte Vollmachten sorgfältig zu prüfen. Der Konstruktion des Betreuungsgesetzes entsprechend kann das für die Zukunft wirksame Instrument des Einwilligungsvorbehalts (was zu einer Zustimmung zu Vollmachterteilungen führen würde) erst einsetzen, wenn ein Betreuer bestellt ist. Neben dem bloßen Vollmachtbetreuer ist ein Einwilligungsvorbehalt nicht denkbar. Bietet die Vollmachterteilung keinen ausreichenden Schutz vor konkurrierendem Handeln des Vollmachtgebers, so kann ebenfalls nicht ausgeschlossen werden, daß eine Mehrzahl konkurrierender oder sich widersprechender Bevollmächtigungen vorgenommen wird oder vorgenommen worden ist. Es besteht zudem weder eine Sicherheit noch eine Rechtsverpflichtung, daß der Rechtsverkehr mit Bevollmächtigten verhandelt. Von Bedeutung ist außerdem, daß der Bevollmächtigte durch die Vollmacht nicht die (in anderen Zusammenhängen bedeutsame und notwendige) Stellung eines gesetzlichen Vertreters erlangt (s dazu aber die Ergänzung des § 51 ZPO durch seinen Abs 3). Näher zur Frage, ob die Vorsorgevollmacht ein gleichwertiger Ersatz einer Betreuerbestellung ist, BIENWALD BtPrax 1998, 164 sowie BtR³ Rn 104.

Ist der Betroffene noch in der Lage, Vollmacht zu erteilen, oder liegen bereits **118** ausreichende und wirksame Vollmachten vor, liegt die Prüfung nahe, ob ein Überwachungs-, Kontroll- oder Vollmachtbetreuer (das BtG hat keine Benennung vorgenommen; alle drei Bezeichnungen sind gebräuchlich) bestellt werden muß. Diese Prüfung obliegt dem Rechtspfleger (§ 3 Nr 2a, § 14 Abs 1 Nr 4 RPflG), der an möglicherweise vorangegangene Ermittlungen und Bewertungen des Richters nicht gebunden ist. Eine Verpflichtung, zum Zwecke der Feststellung, daß zZ ein Überwachungsbetreuer nicht in Betracht kommt, dem Rechtspfleger die Akten zuzuleiten, besteht für den Richter nicht.

Es erscheint zwar widersprüchlich, den Betroffenen für (noch) fähig zu halten, eine Vollmacht zu erteilen, wenn er nicht mehr in der Lage ist, seine Rechte gegenüber dem Bevollmächtigten geltend zu machen (HOLZHAUER/REINICKE Rn 42); das Gericht kann jedoch dem Betroffenen nicht verwehren, eine Vollmacht anstelle des ursprünglich vorgesehenen Betreuers zu erteilen. Es kann dann nur darauf reagieren

(Abs 3), wenn es nicht möglich war oder gelungen ist, durch entsprechende Vollmachtgestaltung eine (wechselseitige) Kontrolle von Bevollmächtigten herbeizuführen (näher zu solchen Vollmachtgestaltungen BÜHLER BWNotZ 1990, 1, 3).

Zweifel an der Wirksamkeit erteilter Vorsorgevollmachten ergeben sich bei unterschiedlicher Beurteilung der Frage, ob der Vollmachtgeber im fraglichen Zeitpunkt (noch) geschäftsfähig war, insbesondere die Tragweite seiner Entscheidung (zB hinsichtlich des Umfangs der Vollmacht etwa im Falle einer Generalvollmacht mit Befreiung vom Verbot des § 181), erkennen und ermessen konnte. Vermerke beurkundender Notare, in denen den Betroffenen bei der Beurkundung volle Geschäftsfähigkeit attestiert wird, beruhen in der Regel auf punktueller Wahrnehmung, während ein Arzt – in der Regel der Hausarzt – den Vollmachtgeber längere Zeit kennt und beobachtet hat und auch ein Sachverständiger sich einen längeren und eingehenderen Eindruck von dem Betroffenen verschafft (hierzu BayObLG FamRZ 2004, 1814). Soziale, wenn auch im Ergebnis nicht immer zutreffende, Kontrolle hinsichtlich der Rechtmäßigkeit des Zustandekommens von Vorsorgevollmachten bilden Angehörige des Vollmachtgebers, denen eine Vorsorgevollmacht nicht erteilt worden ist. Wird das Handeln des als Bevollmächtigten bestellten Sohnes des Betroffenen im familiären Umfeld immer wieder infrage gestellt, weil der Betroffene dazu neigt, auch im Zustand gutachtlich festgestellter Geschäftsunfähigkeit Schriftstücke mit rechtsgeschäftlichem Erklärungswert, die ihm von anderen Familienmitgliedern unterbreitet werden, zu unterzeichnen, kann dem Wohl des Betroffenen nur durch Bestellung eines Betreuers (wohl mit Einwilligungsvorbehalt) hinreichend Rechnung getragen werden (BayObLG FamRZ 2004, 1403). Zur Auslegung einer notariellen Urkunde als Betreuungsverfügung oder Vorsorgevollmacht und einer vom Notar angenommenen Gleichheit von Betreuung und Vorsorgevollmacht OLG Frankfurt FamRZ 2004, 1322, das außerdem feststellte, daß zur Auslegung einer notariellen Urkunde als Betreuungsverfügung oder Vorsorgevollmacht nur solche Umstände herangezogen werden können, die allgemein oder zumindest für den potentiell betroffenen Personenkreis bekannt oder erkennbar sind.

2. Bevollmächtigung und andere Vorsorgeregelungen

a) Bevollmächtigung und Betreuungsverfügung

119 Der kraft Selbstbestimmung ausgeübte Einfluß auf die Bestellung eines Betreuers kann auf zweierlei Weise gestaltet werden:

aa) durch Erteilung einer **Vollmacht**, die das Ziel hat, eine uU erforderlich werdende Betreuerbestellung zu vermeiden und damit für den Fall der Betreuungsbedürftigkeit Vorsorge zu treffen, soweit das möglich ist;

bb) durch Äußerung von **Wünschen** für den Fall, daß es zu einer Betreuerbestellung kommt (Betreuer- oder Betreuungsverfügung); s dazu § 1901 Abs 3 S 2 sowie § 1901a. Beides ist nebeneinander möglich, weil eine Betreuerbestellung nach Abs 3 erforderlich werden und der Vollmachtgeber für diesen Fall personelle Wünsche geäußert haben kann (Beispiel bei LANGENFELD 148, 170, 184).

Zur Verpflichtung des Besitzers einer Betreuungsverfügung, diese an das Vormundschaftsgericht abzuliefern, sowie der (durch Art 1 Nr 11 2. BtÄndG eingeführten)

Verpflichtung des Besitzers einer (Vorsorge-)Vollmacht zur Benachrichtigung des Gerichts und ggf Vorlage einer Abschrift § 1901a.

b) Bevollmächtigung und Patientenverfügung
Eine gesetzlich (noch) nicht geregelte Vorsorgeregelung ist die Patientenverfügung (früher Patiententestament genannt). In ihr formuliert jemand seinen Willen und seine Wünsche für den Fall seiner eigenen Entscheidungsunfähigkeit im Behandlungsfall. In der Verfügung wird – anders als im Falle einer Bevollmächtigung – die Entscheidungszuständigkeit nicht auf einen anderen übertragen; der Verfügende hat selbst seine Wünsche geäußert und Anweisungen erteilt.

Durch die Öffnung der Bevollmächtigung für Angelegenheiten der Gesundheitssorge und aufgrund entsprechender Empfehlungen (SASS/KIELSTEIN 66) ist damit zu rechnen, daß die strukturell voneinander zu trennenden Vorsorgeregelungen aus praktischen Gründen miteinander verbunden werden (vgl dazu auch § 1 Abs 1 Nr 5b und 5c der Vorsorgeregister-VO). Aber auch eine isolierte Patientenverfügung kann – zumindest ergänzend – für den Bevollmächtigten oder den gerichtlich bestellten Betreuer von Bedeutung sein. Zur Patientenverfügung näher unten § 1904 Rn 24.

c) Hinterlegung und/oder zentrale Erfassung der Vorsorgeregelungen
Siehe dazu § 1901a Rn 15.

d) Letztwillige Verfügungen
Letztwillige Verfügungen kommen als Willensäußerungen zur Vermeidung oder zur (Mit-)Gestaltung von Betreuung iSv §§ 1896 ff nicht in Frage, weil ihre Inhalte erst nach dem Tode des Verfügenden wirksam werden (sollen). Zur Verknüpfung testamentarischer Erbeinsetzung mit der Absicherung eines Pflegefallrisikos, die der Sicherung der tatsächlichen Pflege, anscheinend aber nicht der Vermeidung einer evtl erforderlichen Betreuerbestellung diente, s BayObLGZ 1993, 248 = FamRZ 1993, 1494 (auch BayObLG BtPrax 1998, 111). Zur Frage der Sittenwidrigkeit einer letztwilligen Verfügung, wenn der Erblasser eine Person, der er umfassende **Vorsorgevollmacht** erteilt hat, zum Alleinerben einsetzt, BayObLG FamRZ 2003, 713 = Rpfleger 2003, 130.

3. Die Bevollmächtigung im einzelnen

a) Voraussetzungen für die Bevollmächtigung als „andere Hilfe"
Eine Vollmacht, speziell die Vorsorgevollmacht, kann für die Betreuerbestellung nur dann von Bedeutung sein, wenn sie wirksam erteilt worden ist und noch fortbesteht (BayObLGZ 1993, 236 = FamRZ 1993, 1249 = MDR 1993, 872). Die Erteilung der Vollmacht erfordert die Geschäftsfähigkeit des Volljährigen. Aus der Zeit vor Inkrafttreten des BtG stammende Vollmachten können auch von einem beschränkt geschäftsfähigen Volljährigen erteilt sein, wenn dieser wegen der in § 114 aF genannten Gründe entmündigt oder unter vorläufige Vormundschaft (§ 1906 aF) gestellt worden war, aber mit Einwilligung seines Vormundes gehandelt hatte (§§ 111, 183). Zur Bevollmächtigung durch beschränkt Geschäftsfähige ohne Einwilligung des ges Vertreters s STAUDINGER/SCHILKEN (2004) § 167 Rn 75. Haben Eltern eines behinderten Kindes eine Vollmacht vor Eintritt der Volljährigkeit ihres Kindes erteilt, ist zu prüfen, ob diese – weil maßgeblich von Erziehungsverantwortung getragen – mit der Voll-

jährigkeit des Kindes ihr Ende gefunden hat oder ob sie im Rahmen zulässiger Nachwirkungen der elterlichen Sorge (BVerfG JZ 1986, 632, 633) von dem nunmehr volljährigen Behinderten zunächst hingenommen werden muß.

121 Hat der Betroffene im Zeitpunkt bestehender Geschäftsfähigkeit die Vollmacht wirksam erteilt, erlischt sie nicht durch den Wegfall der Geschäftsfähigkeit (§§ 168 S 1, 672 S 1). Sie kann jedoch aus anderen Gründen nichtig oder auch vom Vollmachtgeber widerrufen sein (§ 168 S 2 und 3). Dagegen führt der Eintritt der Geschäftsunfähigkeit auf Seiten des Bevollmächtigten zum Erlöschen der Vollmacht (§ 168 S 1, § 673 S 1; STAUDINGER/SCHILKEN [2004] § 168 Rn 21). Eine Altersvorsorgevollmacht erlischt mit dem Tode des Vollmachtgebers auch für den Bereich der Vermögensverwaltung, wenn deren zugrundeliegendes Auftragsverhältnis darauf zugeschnitten ist, dem Bevollmächtigten für den Fall der Betreuungsbedürftigkeit des Vollmachtgebers eine rechtsgeschäftliche Vertretungsmacht einzuräumen, die uneingeschränkt der gesetzlichen Vertretung eines für alle Angelegenheiten des Betreuten bestellten Betreuers entspricht (OLG Hamm FamRZ 2003, 324 = DNotZ 2003, 120 = MittBayNot 2003, 125 = ZEV 2003, 470). In Betracht kommt ein Mangel an Bestimmtheit (s dazu LG Krefeld MittRhNotK 1998, 17, das eine Altersvorsorgevollmacht für unwirksam [und deshalb eine Betreuerbestellung für erforderlich] hielt, die nicht erkennen ließ, für welche einzelnen Maßnahmen sie im vermögensrechtlichen Bereich und im Bereich der gesundheitlichen Fürsorge und des Selbstbestimmungsrechts gelten sollte). Ist die Bevollmächtigung nichtig, so kann dennoch auf der Grundlage der §§ 170 ff Vertretungsmacht bestehen, so daß Bedarf für die Geltendmachung von Rechten des Betroffenen iSv Abs 3 besteht. Sollen Rechte gegenüber einem Vertreter ohne Vertretungsmacht geltend gemacht werden, muß ein Betreuer nach Abs 1 und 2 bestellt werden; die Voraussetzungen einer Betreuerbestellung nach Abs 3 liegen dann nicht vor (BayObLGZ 1993, 236 = FamRZ 1993, 1249 = MDR 1993, 872).

b) Form der Bevollmächtigung

122 Eine Bevollmächtigung ist nach den Vorschriften des BGB grundsätzlich formfrei möglich (§ 167 Abs 2). Für die der Betreuung vorrangigen Vollmachten sieht das BtG keine Form vor. Soweit rechtsgeschäftliche Bestimmungen dies vorsehen oder gesetzlich geregelte Ausnahmen (zB § 311b) bestehen, ist Schriftform, öffentliche Beglaubigung oder notarielle Beurkundung einzuhalten. Aus Gründen der Auffindbarkeit und des Nachweises sollte die Vollmacht zumindest schriftlich erteilt werden, wenn nicht (zB für das Grundbuchamt oder Kreditinstitute, vgl HOLZHAUER/REINICKE Rn 36) eine andere Form gewählt wird. HOLZHAUER empfiehlt die notarielle Beurkundung, weil sich in diesem Falle der Notar gem § 11 BeurkG von der Geschäftsfähigkeit des Vollmachtgebers überzeugen muß, so daß eine gewisse Sicherheit gegen die Anzweiflung der Geschäftsfähigkeit gegeben wäre (so auch BÜHLER BWNotZ 1990, 1; s aber oben Rn 117). Soll der Bevollmächtigte eine Einwilligung in Maßnahmen des § 1904 Abs 1 erteilen, über die Unterbringung des Vollmachtgebers oder über freiheitsentziehende Maßnahmen (§ 1906 Abs 1, 4) entscheiden, ist die schriftliche Erteilung der Vollmacht in qualifizierter Form notwendig; für beide Vorschriften wird verlangt, daß die jeweils genannten Maßnahmen von der Vollmacht umfaßt werden (§ 1904 Abs 2, § 1906 Abs 5). Soll aufgrund der Bevollmächtigung die Wirkung des § 51 Abs 3 ZPO (Gleichstellung mit einem gesetzlichen Vertreter) eintreten, muß die Vollmacht schriftlich erteilt sein. Fraglich ist, ob für die Vollmachten betreffend Befugnisse nach §§ 1904, 1906 auch Geschäftsfähigkeit zu ihrer Wirksamkeit voraus-

zusetzen ist, wo es doch im Falle von Nichtbetreuung darauf ankommt, ob der Betreffende die erforderliche Einwilligungsfähigkeit besitzt. Problematisch ist dies jedoch immer nur und erst dann, wenn eine Vollmacht isoliert auf Angelegenheiten bezogen erteilt wird, in denen es ausschließlich auf die Einwilligung und die Einwilligungsfähigkeit ankommt. Zur Frage einer Kontrollbetreuerbestellung in solchem Fall unten Rn 138. Die widerruflich erteilte Vollmacht zum Abschluß eines Ehevertrages bedarf grundsätzlich keiner notariellen Beurkundung (BGH FamRZ 1998, 902).

Eine Vollmacht, die zum Abschluß eines Verbraucherkreditvertrages erteilt wird, muß grundsätzlich nicht die Mindestangaben über die Kreditbedingungen (§ 4 Abs 1 S 4 Nr 1 VerbrKrG) enthalten (BGH NJW 2001, 2963 = DNotI-Rp 2001, 175; vgl nunmehr §§ 488 ff). Bei einer Vollmachtsurkunde genügt die Vorlage einer beglaubigten Abschrift allein nicht, wenn der Besitz der Vollmachtsurkunde nach materiellem Recht (zB § 172) zum Nachweis der Vertretungsmacht erforderlich ist. Die beglaubigte Abschrift kann in diesem Falle durch eine notarielle Bescheinigung des Inhalts, daß dem Notar die Vollmachtsurkunde im Original oder in Ausfertigung zu einem bestimmten Zeitpunkt vom Bevollmächtigten vorgelegt wurde, **ergänzt** werden (BayObLG MittBayNot 2002, 112 = Rpfleger 2002, 194 = DNotI-Rp 2002, 38).

c) Folgen der Bevollmächtigung für die Betreuerbestellung

Die Bevollmächtigung kann die Bestellung eines Betreuers vorläufig oder auf Dauer nur entbehrlich machen, wenn sie zeitlich und inhaltlich ausreicht, um den bestehenden Betreuungsbedarf zu decken. Trotz vorhandener Bevollmächtigung kann für nicht erfaßte oder nicht zu erfassende Angelegenheiten ein Betreuer bestellt werden müssen. Eine umfassende Vorsorge durch Bevollmächtigung schließt nicht aus, daß ein Betreuer nach Abs 3 bestellt werden muß. Ob eine „Generalvollmacht" ihrem Umfang nach alle aktuell besorgungsbedürftigen Angelegenheiten erfaßt, muß ggf durch Auslegung ermittelt werden. Durch eine als Vorsorgevollmacht auszulegende Generalvollmacht wird das Vormundschaftsgericht nicht gehindert, einen vorläufigen Betreuer im Wege einstweiliger Anordnung zu bestellen, wenn die Vollmacht nicht ausdrücklich klarstellt, daß sie sich auch auf medizinische oder freiheitsentziehende Maßnahmen wie Unterbringungsfälle erstrecken soll, deshalb auch nicht zur Einwilligung in solche Maßnahmen ermächtigt und demzufolge die auf entsprechende Aufgabenkreise (Gesundheitssorge, Aufenthaltsbestimmung) begrenzt vorläufige Betreuung nicht entbehrlich machen kann. Für die Wirksamkeit einer bereits vor dem Inkrafttreten des BtÄndG erteilten Vollmacht und deren Vorrang vor einer Betreuerbestellung kommt es darauf an, daß erforderlichenfalls die vom Bevollmächtigten zu entscheidenden Angelegenheiten der §§ 1904, 1906 (ärztliche Eingriffe, freiheitsentziehende Unterbringungsmaßnahmen) von der schriftlich abzufassenden Vollmacht ausdrücklich umfaßt sind (OLG Zweibrücken FamRZ 2003, 113). Bevollmächtigung anstelle der Bestellung eines Betreuers reicht dann nicht aus, wenn sich herausstellt, daß der Bevollmächtigte nicht handelt, sei es, daß er die ihm übertragenen Entscheidungen nicht treffen will, sei es, daß er dazu – womöglich krankheits- oder behinderungsbedingt – nicht in der Lage ist. Ob es in solchen Fällen ausreicht, einen Betreuer nach Abs 3 zu bestellen, oder ob davon auszugehen ist, daß eine wirksame Bevollmächtigung nicht (mehr) vorliegt, ist im Einzelfall zu klären.

Ein Grund zur Betreuerbestellung trotz Bevollmächtigung kann darin liegen, daß der Betroffene bereits im Zeitpunkt der Erteilung der Vollmacht jemand bevollmächtigt hat, der zu den in § 1897 Abs 3 bezeichneten Personen gehört, oder daß diese Sachlage im Zeitpunkt der Prüfung der Betreuerbestellung gegeben ist. Näher dazu unten Rn 131 f. Liegen mehrere, verschiedenen Personen erteilte Vorsorgevollmachten vor, ist aber zweifelhaft, welche von ihnen wirksam ist, muß diese Frage im Verfahren über die Bestellung eines Betreuers aufgeklärt werden. Kann die Frage nicht geklärt werden, ist ein Betreuer zu bestellen (BayObLG FamRZ 2004, 402). Zur Notwendigkeit einer Betreuerbestellung, wenn aufgrund heftiger innerfamiliärer Streitigkeiten die Vollmacht im familiären Umfeld nicht anerkannt wird und der Bevollmächtigte es deshalb ablehnt, von der Vollmacht Gebrauch zu machen, BayObLG FamRZ 2004, 1403. Die Bestellung eines Betreuers kann auch erforderlich sein, wenn die Vorsorgevollmacht im Rechtsverkehr auf Akzeptanzprobleme (hier: in Ansehung des RBeratG) stößt, so daß die Angelegenheiten des Betroffenen nicht ebenso gut wie durch einen Betreuer besorgt werden (OLG Schleswig FamRZ 2006, 645 [LS]).

d) Wirksamwerden und Unwirksamwerden der Vorsorgevollmacht
aa) Wirksamwerden

124 Maßgebend dafür ist das vom Vollmachtgeber Gewollte. Die Vollmacht kann ab dem Zeitpunkt gelten, von dem an Geschäftsunfähigkeit eingetreten ist oder doch erhebliche Zweifel an der Geschäftsfähigkeit entstanden sind. Allerdings gibt es kein gerichtlich geregeltes Verfahren zur ausschließlichen Feststellung des Bestehens oder Nichtbestehens von Geschäftsfähigkeit. Ein Notar könnte aber gegenüber dem Vormundschaftsgericht eine Erklärung dieses Inhalts für den Vollmachtgeber abgeben. Es kann auch bestimmt sein, daß von der Vollmacht nur mit Zustimmung des Vollmachtgebers Gebrauch gemacht wird. Zur praktischen Handhabung und der Beachtung von Sicherheitsmomenten BÜHLER BWNotZ 1990, 1, 4; weitere Einzelheiten zur Gestaltung des Inkrafttretens bei MÜLLER DNotZ 1997, 100.

bb) Unwirksamwerden

Auch hierfür ist das vom Vollmachtgeber Gewollte maßgebend. Im übrigen richtet sich das Unwirksamwerden nach gesetzlichen Vorgaben (§§ 168 ff, 672, 675). Eine von einem Betroffenen im Zustand der Geschäftsfähigkeit erteilte Vorsorgevollmacht wird weder durch einen im Zustand der Geschäftsunfähigkeit ausgesprochenen Widerruf noch dadurch unwirksam, daß der Betroffene im Zustand der Geschäftsunfähigkeit erklärt, er wolle den Bevollmächtigten nicht als Betreuer haben; diese Vollmacht ist deshalb bei der Prüfung, ob die Bestellung eines Betreuers erforderlich ist, zu beachten (BayObLG FamRZ 2002, 1220). Zu einer Generalvollmacht, die auch die Einwilligung gemäß § 22 S 1 KUG zur Verbreitung des Bildnisses abdeckte und nach ihrem Wortlaut über den Tod des Vollmachtgebers hinaus galt, OLG München ZEV 2002, 73 m Anm KLINGELHÖFFER. Zum Erlöschen einer Vorsorgevollmacht auch für die Vermögensverwaltung mit dem Tode des Vollmachtgebers bei Orientierung der Vollmacht an einer vergleichsweisen Betreuung s oben Rn 121.

Weist ein Beteiligter im Verfahren zur Bestellung eines Betreuers auf die Existenz einer Vorsorgevollmacht hin, ohne diese vorzulegen, muß der Tatrichter dem nachgehen (§ 12 FGG). Eine kritische Einstellung des Bevollmächtigten gegenüber einer gebotenen psychiatrischen Behandlung des Betroffenen rechtfertigt nicht ohne weiteres die Annahme, der Bevollmächtigte sei ungeeignet, die Interessen des Betroffenen wahrzunehmen, so daß schon deshalb und wegen des grundsätzlichen Vorrangs der Fürsorge durch einen Bevollmächtigten die Bestellung eines Betreuers nicht in Betracht kommt (OLG Oldenburg R&P 2003, 102 m Anm MARSCHNER). Ein Vorsorgebevollmächtigter kann gegen die Bestellung und Auswahl des Betreuers nur im Namen des Betroffenen Rechtsmittel einlegen; ein eigenständiges Beschwerderecht gegen die Bestellung eines Betreuers für seinen Vollmachtgeber hat er nicht (BayObLGZ 2003, 106 = FamRZ 2003, 1219 = Rpfleger 2003, 424 = FGPrax 2003, 17); auch nicht der Inhaber einer Generalvollmacht (BayObLG-Rp 2004, 112 [LS]; **aA** OLG Zweibrücken FamRZ 2003, 703 = FGPrax 2002, 260; auch wenn der [General-] Bevollmächtigte nicht zum Personenkreis des § 69g Abs 1 FGG gehört). Ein Betreuer, dem der Aufgabenkreis Vermögenssorge nicht übertragen ist, der jedoch Bankvollmacht hat, kann weder im eigenen Namen noch namens des Betroffenen gegen die Bestellung eines weiteren Betreuers für einen Teilbereich der Vermögenssorge Beschwerde einlegen (BayObLG FamRZ 2002, 1590). Das Rechtsmittel eines geschäftsunfähigen Bevollmächtigen ist unwirksam und als unzulässig zu verwerfen (BayObLG FamRZ 2001, 1246).

4. Zu Inhalt, Umfang und Grenzen der Bevollmächtigung

Durch Erteilung von Vollmachten kann der Bestellung eines Betreuers nur insoweit **125** vorgebeugt werden, als durch die Vollmacht die betreuungsbedürftigen Angelegenheiten inhaltlich erfaßt werden und erfaßbar sind. Inhaltliche Grenzen markieren den Punkt, von dem an trotz des Nachrangs der Betreuerbestellung eine solche unvermeidlich sein kann. Demjenigen, der durch eine Bevollmächtigung Vorsorge treffen will, sind auch in personeller Hinsicht Grenzen gesetzt. So erteilte der zuständige OLG-Präsident einem selbständig tätigen Berufsbetreuer nicht die beantragte Erlaubnis, rechtliche Angelegenheiten Dritter aufgrund von Vorsorgevollmachten zu besorgen (Präsident des OLG Saarbrücken, Widerspruchsbescheid v 7.2.2003, FamRZ 2003, 1044). Eine unzulässige Rechtsberatung hat das LG Traunstein (FamRZ 2002, 39) in dem Falle verneint, daß ein Berufsbetreuer in einem Notfall Rechtsangelegenheiten einer Person besorgt, zu deren Betreuer er noch nicht bestellt war.

a) Notwendiger Qualitätsvergleich
Hat der Betroffene Vollmacht(en) erteilt, würde die Wahrnehmung seiner Angele- **126** genheiten aber insgesamt gesehen durch einen gerichtlich bestellten Betreuer besser erfolgen, so ergibt sich die Frage, ob das Gericht hier tätig zu werden hat. Trotz bestehender Vollmacht könnte sich ein Betreuungsbedarf dadurch ergeben, daß der Bevollmächtigte zu weit entfernt vom Betroffenen wohnt und deshalb nicht rechtzeitig handeln kann oder erreichbar ist. Bevollmächtigung kann deshalb vor der Bestellung eines Betreuers nur in dem Maße Vorrang haben, wie die Angelegenheiten des Volljährigen durch den Bevollmächtigten ebenso gut wie durch einen Betreuer besorgt werden können. Zu Bedenken in bezug auf die Person des Bevollmächtigten s oben Rn 123 aE.

b) Inhaltliche Grenzen der Bevollmächtigung
Durch die Erteilung von Vollmacht(en) können nicht alle Angelegenheiten erfaßt **127** werden, die Gegenstand von Betreuung sein können oder müssen. Der Kreis der Angelegenheiten, für die eine Vollmacht erteilt werden kann, ist nicht größer als der, der einem Betreuer übertragen werden kann, allerdings auch nicht erheblich geringer. Angelegenheiten, die einer Betreuung nicht zugänglich sind, können auch nicht einem Bevollmächtigten übertragen werden (so auch HOLZHAUER/REINICKE Rn 19). Wil-

lenserklärungen, die niemals, auch nicht bei Geschäftsunfähigkeit des Betroffenen, zum Aufgabenkreis des Betreuers gehören und auch nicht Gegenstand eines Einwilligungsvorbehalts sein können, sind nicht auf einen Bevollmächtigten übertragbar (ERMAN/HOLZHAUER Rn 43). So zB Eheschließung, Begründung einer eingetragenen Lebensgemeinschaft oder eine Testamentserrichtung. Die Einwilligung in eine medizinische Maßnahme ist übertragbar, wenn die Zuständigkeit des Bevollmächtigten davon abhängig gemacht wird, daß der Betroffene einwilligungsunfähig ist. Erst dann ist auch ein dafür zuständiger Betreuer einwilligungsberechtigt. In einem solchen Falle wird durch eine rechtsgeschäftliche Übertragung der Entscheidungskompetenz nichts anderes bewirkt, als das Betreuungsrecht mit Hilfe des Vormundschaftsgerichts erreicht. Da aufgrund der Ergänzung des § 1904 einem Bevollmächtigten eingeräumt werden kann, in riskante medizinische Maßnahmen einzuwilligen, bestehen keine Bedenken, daß der Betroffene auch weniger gefährliche andere Angelegenheiten, die seine Gesundheit und sein körperliches Befinden angehen, einem Bevollmächtigten zur Entscheidung im Falle seiner eigenen Einwilligungs- oder Entscheidungsunfähigkeit überläßt. Selbst die freiheitsentziehende Unterbringung (§ 1906 Abs 1) und die Entscheidung über freiheitsentziehende Maßnahmen (§ 1906 Abs 4) kann nun einem Bevollmächtigten übertragen werden. Zur Frage der Wirksamkeit älterer Vollmachten, die den Anforderungen der §§ 1904 Abs 2 S 2 und 1906 Abs 5 S 1 idF durch BtÄndG (noch) nicht entsprechen, siehe unten § 1904 Rn 73.

Nach der durch das BtÄndG dem Vollmachtgeber eingeräumten Möglichkeit, die Bevollmächtigung auf die freiheitsentziehende Unterbringung und die freiheitsentziehenden Maßnahmen des § 1906 Abs 4 zu erstrecken, könnte zwar in Erwägung gezogen werden, die Unterbringung durch einen Bevollmächtigten auch auf den Schutz und die Sicherheit Dritter (entsprechend den Unterbringungsvoraussetzungen der PsychKG der Länder) auszudehnen bzw zu beziehen. Dem dürfte jedoch die Formulierung des § 1906 Abs 5 („die" Unterbringung) entgegenstehen, so daß auch der Bevollmächtigte aufgrund der ihm eingeräumten Befugnis den Vollmachtgeber nur aus den in § 1906 Abs 1 vorgesehenen Gründen freiheitsentziehend unterbringen kann. Zur Bestimmungsbefugnis über die persönliche Freiheit der Person außerhalb der gesetzlich geregelten Fälle MünchKomm/SCHWAB Rn 54 und VON SACHSEN GESSAPHE 265 ff.

128 Ausgeschlossen ist die rechtsgeschäftliche Übertragung der Sterilisationsentscheidung; dafür spricht die Ergänzung der §§ 1904, 1906 durch das BtÄndG, die § 1905 nicht einbezogen hat. Die Sterilisationsentscheidung kann zwar Gegenstand von Betreuung sein, darf aber niemals dem bereits bestellten Betreuer überlassen werden (§ 1899 Abs 2). Werden dem Bevollmächtigten Willenserklärungen überlassen, die ein Betreuer nur abgeben oder entgegennehmen kann, wenn der Betreute geschäftsunfähig ist, oder solche, auf die sich bei Geschäftsfähigkeit des Betreuten der Aufgabenkreis des Betreuers nur erstrecken kann, wenn ein Einwilligungsvorbehalt angeordnet ist, kann der Bevollmächtigte unter denselben Voraussetzungen wie der Betreuer handeln. Der Bevollmächtigte ist kein gesetzlicher Vertreter; ihm kann auch nicht durch Rechtsgeschäft die Stellung eines gesetzlichen Vertreters eingeräumt werden. Deshalb kommen für eine Bevollmächtigung alle diejenigen Angelegenheiten nicht in Betracht, bei denen im Falle von Geschäftsunfähigkeit des Betreffenden sein gesetzlicher Vertreter zuständig ist. Das betrifft zB die Vaterschaftsanerkennung (§ 1596 Abs 1 S 3) oder die Beantragung des Beistands für eine geschäftsunfähige werdende Mutter gem § 1713 Abs 2 S 3. Aus diesem Grund muß auch einem geschäftsunfähigen Betroffenen zum Zwecke der Vertretung in gerichtlichen Verfahren ein Betreuer als gesetzlicher Vertreter bestellt werden, soweit dies mit einer erteilten Vollmacht nicht erreicht werden kann/konnte (BayObLG FamRZ 1998, 920; SEITZ BtPrax 1996, 93). Beachte aber nunmehr die Ergänzung des § 51 ZPO um den neuen Abs 3 durch Art 4 2. BtÄndG. Die durch einen Betreuer vertretene Partei kann nur durch den Betreuer, nicht aber selbst (und deshalb bisher auch nicht durch einen Bevollmächtigten) wirksam Berufung einlegen (LG Hannover FamRZ 1998, 380). Dies beruht dann allerdings auf der Regelung des § 53 ZPO, wonach im Rechtsstreit die durch einen Betreuer vertretene prozeßfähige Person einer nicht prozeßfähigen nicht betreuten gleichsteht. Zur Zulässigkeit einer befristeten Beschwerde gem §§ 621e Abs 1, 3, 621 Nr 7 ZPO, die zunächst von einem unter Betreuung Stehenden eingelegt und später vom Betreuer genehmigt worden ist (OLG Hamm FamRZ 1997, 301). Soweit die Unterbringungsgesetze der Länder eine Beteiligung des Betreuers oder des gesetzlichen Vertreters der untergebrachten Person (auch die vorrangige Entscheidungszuständigkeit) vorsehen, reicht eine Bevollmächtigung/Ermächtigung nicht aus.

129 Die Bestellung des Betreuers hindert den Betreuten rechtlich nicht, die Besorgung auch solcher Angelegenheiten, die zum Aufgabenkreis des Betreuers gehören, einer von ihm bevollmächtigten Person zu übertragen. Was der Betreute selbst kann (vgl § 1903), kann er grundsätzlich auch von einer von ihm beauftragten Person vornehmen lassen. Ob eine derartige Bevollmächtigung wirksam ist, bestimmt sich nach allgemeinem Recht (§§ 104 Nr 2, 105 Abs 1); über die Akzeptanz im Rechtsverkehr entscheidet dieser. Zu prüfen wäre in einem solchen Fall, ob der Betreute insoweit noch einen Betreuer benötigt. Erteilt der Betreute seinem Betreuer Vollmacht zur Besorgung von Angelegenheiten, die zu dessen Aufgabenkreis gehören, wird die Betreuung als staatlich erteilter Auftrag nicht eingeschränkt.

Sind Gegenstand der Bevollmächtigung vermögensrechtliche Angelegenheiten, so kann der Betreute seinen Vertreter von den vormundschaftsgerichtlichen Genehmigungen, deren der Betreuer bedarf, freistellen (hinsichtlich der Beauftragung des Betreuers aA ERMANN/HOLZHAUER § 1902 Rn 16 unter Berufung auf BT-Drucks 11/4528, 135, wonach „eine derartige Freistellung von zwingenden gesetzlichen Vorschriften" mit der Rechtsstellung eines Betreuers schlechthin unvereinbar sei). Während HOLZHAUER (aaO) den Schrankenvorschriften des Betreuungsrechtes eine die Möglichkeit dieser Bevollmächtigung verdrängende Wirkung beimißt, ist es nach Ansicht von MünchKomm/SCHWAB (§ 1902 Rn 10) nicht einsichtig, wenn der Betreute jedermann mit einer über die gesetzliche Vertretungsmacht hinausgehenden Wirkung bevollmächtigen könnte, nur seinen Betreuer nicht.

130 In der Praxis weitaus häufiger und problematischer als die bisher beschriebenen Situationen sind diejenigen Fälle, in denen ein Betroffener eine weitreichende Vollmacht einer ihm vertrauenswürdigen Person erteilt hat, nach Beobachtung von Pflegekräften aber die Sorge besteht, die erteilte Vollmacht werde nicht (mehr) im Interesse und im Sinne des Vollmachtgebers verwendet. Problematisch sind ferner die Fälle, in denen Verträge über lebenslange Pflege abgeschlossen werden gegen die Überlassung von Grundbesitz, Barvermögen oder gegen Erbeinsetzung oder Aussetzung eines Vermächtnisses. Das Problem liegt nicht darin, daß es keine rechtliche

Handhabe gäbe, dem entgegenzuwirken (zB durch Betreuerbestellung nach Abs 3); es liegt in der Schwierigkeit, dem Gericht (ggf der Behörde) in geeigneter Weise die erforderlichen Informationen zukommen zu lassen, damit ggf dagegen eingeschritten werden kann. Häufiger kommen auch solche Vollmachten vor, die das Heim, in dem der Betroffene lebt, bevollmächtigen.

131 Der Bundesrat hatte in seiner Stellungnahme zum Entwurf der BReg darum gebeten, im weiteren Gesetzgebungsverfahren zu prüfen, wie verhindert werden könne, daß sich die Betreiber oder Angestellten von **Alten- und Pflegeheimen** von den Heimbewohnern routinemäßig Altersvorsorgevollmachten erteilen lassen (BT-Drucks 11/4528, 207). Mit solchen Altersvorsorgevollmachten sei, so der BRat, aufgrund von § 1896 Abs 2 S 2 verstärkt zu rechnen. Die Bedenken, die zu dem Ausschluß dieser Personen als Betreuer (§ 1897 Abs 3) geführt haben, bestünden gegen die Bevollmächtigung in gleicher Weise. Zu denken wäre an eine Regelung im **Heimgesetz**. Die BReg bestätigte in ihrer Gegenäußerung (BT-Drucks 11/4528, 226) die Annahme, daß mit der Erteilung von Altersvorsorgevollmachten auf Grund des § 1896 Abs 2 S 2 verstärkt zu rechnen sei, verwies aber wegen eines Schutzes der Betroffenen vor Mißbrauch auf die in Abs 3 ermöglichte Vollmachtbetreuerbestellung und teilte im übrigen mit, ihr seien bisher keine Mißbräuche bei der Erteilung von Vollmachten an Betreiber oder Personal von Heimen bekannt geworden, die eine gesetzliche Regelung erfordern würden. Für die von PALANDT/DIEDERICHSEN bisher (Einf vor § 1896 Rn 7) vertretene Auffassung, solche Vollmachten seien als Umgehungsgeschäfte nichtig (§ 134), ließ sich eine Bestätigung aus den Materialien nicht herleiten. Zu der vom Bundesrat angeregten Ergänzung des Heimgesetzes ist es bisher nicht gekommen, jedoch zu der Ergänzung des Abs 2 S 2 durch die Einfügung der Wörter „der nicht zu den in § 1897 Abs 3 bezeichneten Personen gehört". Mit dieser durch Art 1 Nr 11 BtÄndG eingeführten Regelung will der Gesetzgeber einer Praxis von Vormundschaftsgerichten begegnen, die offenbar nicht selten die rechtsgeschäftliche Bevollmächtigung zum Anlaß genommen hat, von einer Betreuerbestellung abzusehen, wenn der Bevollmächtigte zu dem in § 1897 Abs 3 beschriebenen Personenkreis gehörte (BT-Drucks 13/7158, 33). Mit dem gleichlautenden Gesetzesvorschlag der BReg sollte allerdings nicht ein vollständiges Verbot solcher Bevollmächtigungen ausgesprochen, sondern nur der im bisher geltenden Recht normierte grundsätzliche Vorrang der (Vorsorge-)Vollmacht vor einer Betreuung ausdrücklich auf Fälle beschränkt werden, in denen der Bevollmächtigte nicht zu den in § 1897 Abs 3 genannten Personen gehört. Gehöre der Bevollmächtigte dazu, müsse das Vormundschaftsgericht bei Vorliegen der allgemeinen Voraussetzungen nicht einen Betreuer bestellen; vielmehr erhalte das Vormundschaftsgericht Gelegenheit, die Erforderlichkeit der Betreuerbestellung anhand der besonderen Umstände des Einzelfalles individuell und unabhängig von gesetzlichen Regelvorgaben zu prüfen (BT-Drucks 13/7158, 33). Einem vom BRat in seiner Stellungnahme enthaltenen Formulierungsvorschlag, der das Anliegen klarer zum Ausdruck bringe (BT-Drucks 13/7158, 49), stimmte die BReg nicht zu (ebd 56). In der Beschlußempfehlung des Rechtsausschusses blieb es bei dem Regierungsvorschlag, ohne dies zu begründen (BT-Drucks 13/10331, 10, 27). Ob von der Betreuerbestellung Abstand genommen werden kann, läßt sich erst im Bedarfsfalle feststellen. Bestehen gegen die Bevollmächtigung Bedenken, steht es nicht im Ermessen des Gerichts, einen Betreuer zu bestellen.

Solange kein ausdrückliches gesetzliches Verbot besteht (würde es ins HeimG auf- **132** genommen, wäre die Kontrolle eine Aufgabe der Heimaufsicht, § 15 HeimG), lassen sich derartige Bevollmächtigungen kaum entdecken, geschweige denn verhindern. Dies wiederum wäre nötig, um im Einzelfall zu prüfen, ob der Inhalt der Vollmacht den Interessen des Betroffenen entspricht oder nicht. Wenn der Rechtsverkehr an dem Auftreten von Heimträger, Heimleiter oder Mitarbeitern für den Bewohner keinen Anstoß nimmt und keine Zweifel in bezug auf deren Vertretungsmacht äußert, bleibt es dem Zufall überlassen, ob eine – uU anstößige – Bevollmächtigung dem Vormundschaftsgericht bekannt wird. UU berichten Angehörige darüber. Erst aus Anlaß einer nicht durch Vollmacht gedeckten Angelegenheit, in der ein Betreuer zu bestellen ist (zB erforderliche ärztliche Maßnahme, die der Genehmigung bedarf), wird in der Regel das Gericht über bestehende Bevollmächtigungen etwas erfahren. Ggf kommt, wenn gegen die Bevollmächtigung Bedenken bestehen, eine originäre Betreuerbestellung nach Abs 1 und 2 in Betracht. Dem Betreuer müßte aufgegeben werden, Ansprüche geltend zu machen, die sich aus der (fehlgeschlagenen) Bevollmächtigung ergeben haben können. Ebensogut können aber auch Ansprüche der Gegenseite bestehen, deren Berechtigung zu prüfen und ggf deren Befriedigung Sache des Betreuers sein wird. Lagen keine Nichtigkeitsgründe vor, handelt es sich bei der Bevollmächtigung und dem ihr zugrundeliegenden Rechtsverhältnis um ein beide Seiten berechtigendes und verpflichtendes Rechtsgeschäft, sofern man nicht von einer reinen Gefälligkeit ausgehen kann. Solange ein Bewohner eines Heimes im Vollbesitz seiner geistigen Kräfte eine Vollmacht erteilt, verstößt dies nicht schon deshalb gegen § 1897 Abs 3, weil es sich nicht um eine „betreuerähnliche" Sachlage handelt.

5. Bestellung eines Betreuers nach Abs 3; Verfahren

Ein Betreuer mit dem in Abs 3 formulierten Aufgabenkreis kann nur dann bestellt **133** werden, wenn die Geltendmachung von Rechten des Betroffenen gegenüber seinem Bevollmächtigten in Frage kommt (Erforderlichkeitsgrundsatz). Das setzt nicht nur das Bestehen einer wirksam erteilten Vollmacht (BayObLGZ 1993, 236 = FamRZ 1993, 1249 = MDR 1993, 872; BayObLG FamRZ 1996, 1370, 1371; OLG Schleswig Rpfleger 2003, 245 = OLG Rp 2003, 159 = R&P 2003, 103 m Anm Marschner) voraus, sondern auch eine gewisse Wahrscheinlichkeit von Ansprüchen und Rechten gegenüber dem Bevollmächtigten, die der Vollmachtgeber selbst aus einem der in Abs 1 genannten Gründe nicht mehr geltend machen kann (LG München I FamRZ 1998, 923); auch ist davon die Rede, daß der Betroffene nicht in der Lage ist, den Bevollmächtigten hinreichend selbst zu überwachen (BayObLG FamRZ 1994, 1550). Ist die Vollmacht bereits widerrufen, ist ein Betreuer zur Geltendmachung von Rechten aus dem der inzwischen erloschenen Vollmacht zugrundeliegenden Rechtsverhältnis nach Abs 3 zu bestellen, weil der dort formulierte Aufgabenkreis dies umfaßt. Insoweit liegt es hier anders als in den Fällen, in denen Rechte aus einem vollmachtlosen Vertreterhandeln geltend gemacht werden sollen. Die Prüfung des Gerichts erstreckt sich dementsprechend auf das Bestehen oder Nichtbestehen der Vollmacht. Insoweit bezieht sich die Gültigkeitskontrolle nicht nur auf die Einhaltung von Vorschriften über die Form der Vollmacht, sondern auch auf die inhaltliche Gestaltung und den Bestand der Vollmacht. Eine darüber hinausgehende Prüfung, zB hinsichtlich der Abdeckung des Fürsorgebedürfnisses durch Bevollmächtigung, kann zwar geboten sein (Bienwald, BtR Rn 117; weitergehend MünchKomm/Schwab Rn 231), obliegt aber nicht mehr dem für die Betreuerbestellung nach Abs 3 zuständigen Gericht (aA offenbar MünchKomm/ SCHWAB aaO). Für die Bestellung eines Betreuers nach Abs 3 kommt es nicht darauf an, daß ein Mißbrauch der Vollmacht oder ein dahingehender Verdacht besteht. Auch steht dem Gericht eine inhaltliche Kontrolle (im Sinne einer Kritik an den vom Vollmachtgeber getroffenen Bestimmungen) der Vollmacht nicht zu. Erweckt ein Bevollmächtigter erhebliche Zweifel an seiner Redlichkeit und kann die dadurch bedingte Vermögensgefährdung durch eine Vollmachtüberwachungsbetreuung nicht ausreichend abgewendet werden, so kann ein Vollbetreuer bestellt werden (BayObLG FamRZ 2001, 1402 = BtPrax 2001, 163 = OLGRp 2001, 87; BayObLGZ 2003, 106 = FamRZ 2003, 1219 = FGPrax 2003, 171 = Rpfleger 2003, 424). Bei Vorliegen einer Generalvollmacht hat das LG München I (FamRZ 1998, 700 = BtPrax 1998, 117) die Bestellung eines Vollmachtbetreuers dann für erforderlich gehalten, als ein konkreter Überwachungsbedarf bestand und der Betroffene seinen Anspruch auf Auskunft und Rechnungslegung gem § 666 BGB gegenüber dem Bevollmächtigten auf Grund seiner psychischen Erkrankung nicht mehr selbst wahrnehmen konnte (es handelte sich um sehr weitreichende Vollmachten). Unter Hinweis darauf, daß das Sozialamt Ansprüche eines Sozialhilfeempfängers selbst durch Überleitung gem §§ 90 ff BSHG (ab 1.1.2005: §§ 93 ff SGB XII) verfolgen könne, die deshalb ihm nicht unmittelbar zugutekommen würden, hat die Kammer in einer anderen Sache (FamRZ 1998, 923) die Bestellung eines Betreuers nach Abs 3 allein zur Geltendmachung dieser gegenüber der bevollmächtigten Ehefrau uU bestehenden Ansprüche abgelehnt. Zum Betreuer mit dem Aufgabenkreis des Abs 3 im einzelnen BIENWALD Rpfleger 1998, 231.

134 Zuständig für die Entscheidung ist der **Rechtspfleger** (§ 3 Nr 2a, § 14 Abs 1 Nr 4 RPflG), soweit sich der Aufgabenkreis des Betreuers im Rahmen des Abs 3 bewegt. Er ist auch zuständig für die Folgeentscheidungen, dh für die Aufhebung oder Verlängerung der Betreuung, soweit dadurch nicht der Rahmen des Abs 3 überschritten wird (offenbar für Nachfolgeentscheidungen unbegrenzt MünchKomm/SCHWAB Rn 244). Ist der Betreute über den Aufgabenkreis des Abs 3 hinaus betreuungsbedürftig, entscheidet der Richter, weil es sich dann um eine Betreuerbestellung nach den allgemeinen Bestimmungen der Abs 1 und 2 handelt. Für das einzuhaltende Verfahren gibt es keine Sonderregelungen mit Ausnahme des Nachweises des Betreuungsbedarfs. Hierfür reicht in den Fällen des Abs 3 ein ärztliches Zeugnis. Während für die Erstattung eines Gutachtens nach § 68 Abs 1 S 1 FGG auch eine andere Profession als die eines Arztes in Betracht kommt, muß das ärztliche Attest von einem approbierten Arzt erteilt sein. Es hat darüber Auskunft zu geben, daß der Betroffene krankheits- oder behinderungsbedingt außerstande ist, die ihm zustehenden Rechte gegenüber seinem Bevollmächtigten geltend zu machen. Es hat sich auch über die voraussichtliche Dauer der Betreuerbestellung zu äußern. Die Bestellung eines Sachverständigen ist nach § 12 FGG geboten, wenn das ärztliche Zeugnis nicht ausreicht. Auch die Unterstützung der zuständigen Behörde (§ 8 BtBG) kommt in Betracht. Für die Beurteilung der Wirksamkeit der Vollmachterteilung kann es geboten sein, ein Sachverständigengutachten zur Frage der Geschäftsfähigkeit des Vollmachtgebers zum damaligen Zeitpunkt einzuholen (BayObLG FamRZ 1994, 1550, 1551; FamRZ 1993, 1249); uU auch zu Fragen eines (wirksamen) Widerrufs der Vollmacht.

135 Will ein **körperlich Behinderter** einen Vollmachtbetreuer (Abs 3) haben, ist ein entsprechender **Antrag** erforderlich. Ohne Antrag wäre die Betreuerbestellung unzulässig, es sei denn, daß der Betroffene außerstande ist, seinen Willen kundzutun (Abs 1 S 3). Ein Betreuer nach Abs 3 kann auch als **vorläufiger Betreuer** durch einstweilige Anordnung bestellt werden, wenn die Voraussetzungen des § 69f FGG vorliegen. Mitteilungen an andere öffentliche Stellen wird das Gericht idR nicht zu geben haben, weil diese Betreuerbestellung in die Rechte des Betroffenen nur insoweit eingreift, als der Betreuer den Betreuten in der Geltendmachung seiner Rechte vertritt, der Betreute aber im übrigen seine Angelegenheiten (ggf durch einen Bevollmächtigten) selbst besorgt. Wäre eine erhebliche Gefahr für das Wohl des Betroffenen, für Dritte oder für die öffentliche Sicherheit abzuwenden (§ 69k Abs 1 FGG), dürfte sich das vormundschaftsgerichtliche Handeln nicht auf die Bestellung eines Betreuers nach Abs 3 beschränken.

Im Falle des (Weiter-)Bestehens **anderer Vollmachten**, – nicht (Vorsorge-)Vollmachten, die vom Betroffenen herrühren – kommt die Bestellung eines Vollmacht-(Kontroll- oder Überwachungs-, auch Auftrags-)Betreuers gemäß Abs 3 nicht in Betracht. Ob solche Vollmachten von dem Betreuer beachtet werden müssen, ob sie wirksam oder erloschen sind und ob der Betreuer zum Widerruf berechtigt ist, bestimmt sich nach allgemeinen Vorschriften. Hat zB der überlebende Elternteil eines Behinderten, dem später ein Betreuer bestellt wird, vor seinem Tode Vollmachten erteilt, sind diese von dem Betreuer grundsätzlich als für ihn bindend hinzunehmen. **136**

6. Folgen der Vollmachtbetreuerbestellung (Abs 3)

Die Bestellung eines Betreuers nach Abs 3 markiert die Nahtstelle der im BtG zugelassenen und bestätigten Prinzipien der Wahrnehmung der Angelegenheiten des Betreuten: Selbstbestimmung und Fremdbestimmung. Die Erörterung dieser Form von Betreuung hat deshalb sowohl bei der Vollmacht als auch bei der Betreuung ihren Platz. Der Betreuer des Abs 3 ist keine mindere Form des nach Abs 1 und 2 bestellten Betreuers, wenngleich sein Aufgabenkreis eng begrenzt ist (angesichts der im Gesetz vorgegebenen Formulierung kann sich eine Erweiterung oder Beschränkung des Aufgabenkreises [s dazu MünchKomm/Schwab 244] nur auf die Quantität, nicht auf die Qualität dieses Aufgabenkreises erstrecken). Erhält der Betreuer des Abs 3 weitere, über den Inhalt des Aufgabenkreises des Abs 3 hinausgehende Aufgaben zugewiesen (Beispiel bei Jürgens [Hrsg], Betreuungsrecht [2. Aufl 2001] § 1896 Rn 37 aE), handelt es sich nicht um eine Erweiterung des Aufgabenkreises, sondern um eine Neubestellung derselben Person, jedoch in einer anderen Rolle. **137**

Die Bestellung des Vollmachtbetreuers setzt andererseits selbstbestimmtes Handeln, nämlich die Bevollmächtigung, voraus. Sie sichert und schützt die Selbstbestimmung, indem sie den Betreuten nicht zum Opfer unkontrollierter Ausübung der dem Bevollmächtigten verliehenen Macht werden läßt. Der nach Abs 3 bestellte Betreuer ist **echter Betreuer**. Lautet der Aufgabenkreis „Geltendmachung der Rechte des Vollmachtgebers", stehen ihm sämtliche Rechte des Betreuten aus der Bevollmächtigung und dem zugrundeliegenden Rechtsverhältnis zur Betreuung zu. Seine Rechtsstellung ist die eines (gesetzlichen) Vertreters und umfaßt die gerichtliche und die außergerichtliche Vertretung (§ 1902).

Zu seinem Aufgabenkreis gehört damit die Geltendmachung des Rechts auf Auskunft und Rechenschaft (§ 666), die Erteilung von Weisungen (§ 665), das Heraus- **138** verlangen von Sachen, die zur Ausführung des Auftrages weggegeben worden sind (§ 667) bzw entsprechende Ansprüche, wenn das zugrundeliegende Rechtsverhältnis nicht ein Auftrag ist. In Betracht kommt ferner die Entgegennahme von Informationen (BÜHLER BWNotZ 1990, 1, 2), die Geltendmachung von Erfüllungs- (Erstellung einer Bilanz oä) und von Ersatzansprüchen (Schadensersatz bei Vertragsverletzungen), auch der Widerruf der Vollmacht und die Kündigung des der Bevollmächtigung zugrundeliegenden Rechtsverhältnisses, sofern dies vertraglich zugelassen oder aus anderen Gründen möglich ist (BayObLG FamRZ 1994, 1550: regelmäßig). Dazu gehört auch die Verteidigung des Betreuten (Vollmachtgebers) gegenüber Rechten und Ansprüchen, die der Bevollmächtigte ihm gegenüber geltend macht. Konnte die tatsächliche Führung der Kontrollbetreuung je nach Umfang der Vollmacht und Ausführung des Auftrags mehr oder minder umfangreich sein, gewinnt das Amt des Vollmachtbetreuers (Abs 3) durch die Ausweitung möglicher Vollmachtinhalte (vgl §§ 1904, 1906) eine neue Dimension. Wird der Vollmachtbetreuer auch nicht unmittelbar zur Kontrolle der Einholung etwa notwendiger vormundschaftsgerichtlicher Genehmigungen verpflichtet, so kann diese Aufgabe sich aber aus dem der Bevollmächtigung zugrunde liegenden Rechtsverhältnis ergeben. Man wird hier unterstellen dürfen, daß die Bevollmächtigung die stillschweigende Vereinbarung enthält, die erforderlichen Genehmigungen einzuholen (ähnlich den für andere Rechtsgeschäfte notwendigen behördlichen Erlaubnissen usw), so daß dem Betroffenen ein schuldrechtlicher Anspruch darauf zusteht, an dessen Erfüllung und Einhaltung der Vollmachtbetreuer „erinnern" darf. Es läßt sich im übrigen auch vorstellen, daß der Vollmachtgeber hinsichtlich der Auftragserfüllung im Bereich von Geld- und Vermögensverwaltung überwachungsfähig ist, nicht dagegen, was die Wahrnehmung des Auftrags in Personensorgeangelegenheiten anbetrifft.

Erstreckt sich die Vollmacht auf Angelegenheiten des § 1904 und/oder § 1906, wird sogar die **Bestellung eines Vollmachtbetreuers die Regel** sein müssen, weil andernfalls die Risikolage bei Angelegenheiten des § 1904 als auch die Ausnahmesituation des § 1906 Abs 1 und erst recht die physische und psychische Verfassung des Betroffenen im Falle von § 1906 Abs 4 dafür sprechen, daß der Betroffene zur Kontrolle seines Bevollmächtigten in der Wahrnehmung dieser Angelegenheiten nicht in der Lage ist (krit ERMAN/HOLZHAUER § 1896 Rn 46).

Das Gericht, das über die Bestellung eines Vollmachtbetreuers in einem solchen Falle (Entscheidungszuständigkeit in Personensorgerechtsangelegenheiten) zu befinden hat, wird dabei zu berücksichtigen haben, daß eine soziale Kontrolle des Bevollmächtigten (zB durch Angehörige des Vollmachtgebers) im finanziell-wirtschaftlichen Bereich intensiver und anders motiviert vorausgesetzt werden darf als in Angelegenheiten der Personensorge, so daß hier, parallel zur Genehmigungsbedürftigkeit der Entscheidungen nach §§ 1904, 1906, dem Gericht eine stärkere Überwachungsrolle zukommt.

139 Wird die Vollmacht widerrufen und das Grundverhältnis aufgegeben, kann die Bestellung des Betreuers erforderlich sein, der die bisher dem Bevollmächtigten übertragenen Angelegenheiten besorgt. In Betracht kommt die „Erweiterung" des Aufgabenkreises des nach Abs 3 bestellten Betreuers. Genau genommen wäre mit Beendigung der Aufgaben dieses Betreuers die Betreuung aufzuheben. Aus der Abwicklung der bisherigen Rechtsbeziehung können sich jedoch noch Ansprüche für den Vollmachtgeber ergeben, so daß eine Aufhebung verfrüht wäre. Zur Vermeidung von Unvereinbarkeiten zweier Ämter sollte ggf der Vollmachtbetreuer als solcher entlassen (wichtiger Grund, § 1908b Abs 1, 2. Alt) und als Regelbetreuer nach Abs 1 und 2 bestellt werden. Entsprechende Informationspflichten ergeben sich für den Betreuer nach Abs 3 aus § 1901 Abs 5 (Bühler BWNotZ 1990, 1, 2). Soweit nicht bereits ein Ersatzbevollmächtigter bestellt ist, wenn der bisherige stirbt oder geschäftsunfähig wird, ist ebenfalls das Vormundschaftsgericht zu benachrichtigen.

140 Dem Betreuer nach Abs 3 stehen die für jeden anderen Betreuer vorgesehenen Rechte zu. Je nachdem, ob eine Privatperson, ein Mitarbeiter eines Vereins oder der zuständigen Behörde oder eine Institution bestellt wurde, ob der Betreuer ehrenamtlich tätig wird oder die Betreuung berufsmäßig führt, bestehen Ansprüche aus §§ 1835 ff iVm § 1908i Abs 1 S 1. Der Betreuer nach Abs 3 unterliegt, soweit sein Aufgabenkreis reicht, der Aufsicht und Kontrolle des Vormundschaftsgerichts (§§ 1837 ff iVm § 1908i Abs 1 S 1). Hier besteht die Situation des früheren Rechts weiter, daß das bestellende auch das kontrollierende Gericht ist (Rechtspflegerzuständigkeit). Ob eine Rechnungslegungspflicht besteht, ist im Einzelfall zu prüfen. Eine generelle Verneinung einer solchen Pflicht (MünchKomm/Schwab Rn 241 mwN) läßt außer Betracht, daß der Betreuer nach Abs 3 uU über Beträge abrechnen muß, die er zur Ausführung seines Amtes oder durch sie erhalten hat, und daß außerdem seiner Betreuung auch vermögenswerte Rechte und Ansprüche unterliegen können. Zweifellos hat er auf Verlangen Auskunft zu geben (§ 1839 iVm § 1908i Abs 1 S 1). Selbst eine dem Betreuungsauftrag angepaßte Berichterstattung über die persönlichen Verhältnisse des Betreuten (§ 1840 Abs 1 iVm § 1908i Abs 1 S 1) ist geboten. Ein Vermögensverzeichnis (§ 1802 iVm § 1908i Abs 1 S 1) hat der nach Abs 3 bestellte Betreuer dagegen grundsätzlich nicht zu erstellen, weil sein Auftrag nicht darauf hinzielt. Aus Gründen der Gebührenfestsetzung (§ 92 KostO) kann es erforderlich sein, daß der Vollmacht- oder Kontrollbetreuer über das Vermögen des Vollmachtgebers Auskunft zu geben hat, soweit er dazu imstande ist.

VII. Weitere andere Hilfen

141 Die Bestellung eines Betreuers ist ferner dann nicht erforderlich, wenn und soweit die Angelegenheiten des Betroffenen durch andere Hilfen, bei denen kein gesetzlicher Vertreter bestellt wird, ebenso gut wie durch einen Betreuer besorgt werden können. Betreuung ist in einem solchen Fall zwar erforderlich, sie muß aber in dem erforderlichen Maß nicht von einem Betreuer oder mehreren geleistet werden, weil andere Hilfen zur Verfügung stehen. Abs 2 S 2 enthält mithin den Grundsatz der Subsidiarität der staatlich organisierten und kontrollierten Hilfe gegenüber privater oder anderer Hilfe, die von privaten Trägern geleistet wird. In erster Linie kommen Angehörige, Lebensgefährten, Nachbarn, Freunde oder Bekannte in Betracht, dann aber auch soziale Dienste, behördliche und freie soziale Arbeit uä. Solange auch Rechtsangelegenheiten auf diese Weise besorgt werden, bedarf es nicht der Betreuerbestellung nach § 1896 (vgl OLG Köln NJWE-FER 1998, 250; im Falle einer fast vollständig erblindeten Betroffenen OLG Köln OLGRp 2002, 45 = FamRB 2002, 143). Ob die nicht gerichtlich bestellten Primärhelfer gegenüber dem gerichtlich bestellten Sekundärhelfer (Betreuer) vorteilhaft sind, weil dem Betreuten kein gesetzlicher Vertreter bestellt wird, kann nur aus einer juristisch-formalen Sicht bejaht werden. Die anderen Hilfen können gegenüber dem Betroffenen eine weitaus größere reale Macht haben als der Betreuer, dessen Vertretungsmacht nur ein Instrument ist, mit dessen Hilfe er als für den Betreuten Tätiger akzeptiert wird. Solange die anderen Hilfen vom Rechtsverkehr akzeptiert werden, bedarf es – trotz fehlender Vollmachten – keiner förmlichen Legitimation als gerichtlich bestellter Betreuer.

142 Für diese Art von „Betreuung" sind grundsätzlich nur solche Angelegenheiten geeignet, für die ein gesetzlicher Vertreter nicht bestellt werden muß. Deshalb stellte der RegEntw zutreffend fest, daß eine tatsächliche Betreuungsbedürftigkeit des Betroffenen vielfach keine Betreuung nach bürgerlichem Recht erfordert (BT-Drucks 11/4528, 122). Sofern tatsächliche Handlungen durch einen anderen stellvertretend nur mit entsprechender Rechtsmacht versehen ausgeübt werden können, reichen die anderen Hilfen nicht, so daß ein Betreuer bestellt werden muß. Verbindliche Rechtshandlungen erfordern in aller Regel einen Betreuer nach §§ 1896 ff. Eine rein tatsächliche pflegerische Versorgung durch Angehörige, Bekannte usw stößt an ihre **Grenzen**, wenn der Betroffene außerstande ist, sich zur Frage ärztlicher Behandlung und ihrer Finanzierung uä zu äußern. Besteht in dieser Hinsicht der Eindruck, der Betroffene sei nicht einwilligungsfähig, brauchen uU auch Angehörige und andere Helfer – nicht allein aus Rechtsgründen (Mangel an Vollmacht), sondern um des Nachweises willen – eine gerichtliche Legitimation zur Abgabe entsprechender Erklärungen. Auf jeden Fall müßten sie sie haben, um eine erforderliche Einwilligung zu verweigern. Daß sich solche „anderen" Hilfen bewährt haben, wie der RegEntw feststellt (BT-Drucks 11/4528, 121), kann gar nicht bezweifelt werden, sieht man von Problemen, die nicht zu leugnen sind, ab. Nur ein Teil erforderlicher Betreuung wird über den Weg gerichtlich bestellter Funktionsträgerschaft geleistet. Der Nachrang der Bestellung von Betreuern nach § 1896 ff endet dort, wo die Angelegenheiten eines Betroffenen durch solche Hilfen nicht ebenso gut wie durch einen Betreuer besorgt werden können (BT-Drucks 11/4528, 122). Es kommt auch auf einen Qualitätsvergleich an. Hinzu kommt der unterschiedliche Organisationsgrad verwandtschaftlicher oder nachbarschaftlicher Hilfe und eine ihr mangelnde Dichte in der Versorgung mit sozialen Diensten.

143 Nicht zu folgen ist der Auffassung des RegEntw (BT-Drucks 11/4528, 122), trotz vorhandener anderer Hilfen könne die Betreuerbestellung deshalb erforderlich werden, weil andere Hilfen im Einzelfall uU deswegen nicht wirksam sind, weil der Betroffene zu einer erforderlichen Mitwirkung oder Zusammenarbeit nicht bereit oder in der Lage ist. Ist das der Fall, muß ein Betreuer schon deshalb bestellt werden, weil der Betroffene außerstande ist, rechtlich erforderliche Erklärungen abzugeben, und ein anderer (ohne bevollmächtigt zu sein) dazu nicht befugt ist. Ein gerichtlich bestellter Betreuer hat keine bessere Handhabe, eine tatsächliche Mitarbeit des Betreuten zu erwirken, als den Ausweis der amtlichen Bestellung und der damit verbundenen Entscheidungsmacht.

Die Bestellung setzt nicht voraus, daß für jede einzelne Besorgung der Betreuer als gesetzlicher Vertreter benötigt wird. Letztlich dort, wo die Besorgung der Angelegenheiten des Betroffenen generell keine gesetzliche Vertretung erfordert, sind weiterhin andere Hilfen vorrangig (BT-Drucks 11/4528, 122). Vielfach sind andere Hilfen, auch wenn sie ausreichen würden, nicht verfügbar oder noch nicht für den Betreuten wirksam. Vielmehr kann es eine wichtige Arbeit des Betreuers sein, derartige „andere Hilfen" zu organisieren, zu finanzieren, zu kontrollieren und zu koordinieren. Auch ein körperlich Behinderter kommt uU ohne einen gerichtlich bestellten Betreuer nicht aus, wenn es darum geht, solche Dienste für ihn zu mobilisieren. Es kommt auf den Grad der Behinderung an, ob der Betroffene allein in der Lage ist, Hilfe zu organisieren. „Gesetzliche" Betreuung, wie sie auch genannt wird, hat dann vielfach den Charakter einer „Zwischenlösung" mit dem Ziel, sie nach einer gewissen Zeit wenn nicht ganz aufzuheben, so doch erheblich **einzuschränken**.

Rechtlich, aber insbesondere tatsächlich problematisch sind diejenigen Fälle, bei denen Angehörige jahrelang eine mehr oder minder umfassende Versorgung geleistet haben und Rechtshandlungen vornehmen konnten, weil der Behinderte es hingenommen und das soziale Umfeld es toleriert hat, in denen letztlich aber über den Betroffenen „verfügt" worden ist. Vielfach kommt es zu Betreuungen iSd §§ 1896 ff dann, wenn ein Helfer ausfällt oder andere Ereignisse (Erbschaft) eintreten, für die das bisherige Versorgungssystem nicht mehr hinreicht. Die Problematik liegt vor allem darin, daß die Bestellung eines außerfamiliären Helfers auf große Schwierigkeiten stößt (Akzeptanz), weil nunmehr „Kontrolle" durch Fremde ins Haus steht. Um des Betroffenen willen lassen sich solche Konflikte nicht vermeiden, obwohl es andererseits oft kaum gelingt, solche **„Versorgungskartelle"** aufzubrechen, insbesondere dann nicht, wenn der Betroffene selbst nicht in der Lage ist, sich zu artikulieren und Wünsche zu äußern. Zu Einstellungen von Angehörigen und Betreuern zum Leben eines erwachsenen Menschen mit geistiger Behinderung in der Familie und im Heim vgl die Darstellung einer Untersuchung (aus Österreich) von KLÌCPERA/GASTEIGER-KLÌCPERA, Geistige Behinderung 1998, 108. **144**

Sowohl die Bevollmächtigung als auch sonstige andere Hilfen schließen eine Betreuerbestellung nach §§ 1896 ff aus. Beides ist in Form eines negativen Tatbestandsmerkmals formuliert, so daß ein **Betreuer zu bestellen** ist, **wenn nicht** zur Gewißheit des Gerichts festgestellt wird, daß **andere ausreichende Hilfen** vorhanden sind. Das trifft jedenfalls für die von Amts wegen eingeleiteten Verfahren zu und entspricht der Fassung der Norm in Abs 1 und 2. Diese Regelung verstößt nicht gegen Art 1 und 2 GG, denn der Ausschluß einer Betreuerbestellung kommt erst dann in Betracht, wenn der Betreuungsbedarf nach Abs 1 festgestellt worden ist, dem auf andere Weise nicht begegnet werden kann. Stellt der Betroffene einen Antrag auf Betreuerbestellung und ist ein Betreuer nicht von Amts wegen zu bestellen, ist der Antrag zurückzuweisen, wenn die Voraussetzungen nach Abs 1 nicht vorliegen. Trägt der Antragsteller Betreuungsbedarf vor, hat er im Rahmen seiner Fähigkeiten schlüssig darzulegen, daß der Bedarf auf andere Weise als durch Betreuerbestellung nicht gedeckt werden kann. **145**

VIII. Zum Verfahren

1. Einleitung des Verfahrens

Das Verfahren zur Bestellung eines Betreuers kommt entweder auf Antrag des Betroffenen oder von Amts wegen zustande. Den Antrag kann auch ein geschäftsunfähiger Betroffener stellen (Abs 1 S 2). Soweit der Betroffene lediglich auf Grund körperlicher Behinderung die eigenen Angelegenheiten nicht besorgen kann, darf das Gericht einen Betreuer nur auf Antrag des Betroffenen bestellen, es sei denn, **146** daß dieser seinen Willen nicht kundtun kann (Abs 1 S 3). Die Anregung zu einer Betreuerbestellung bzw zur Einleitung des Verfahrens mit dem Ziel der Betreuerbestellung kann von jedermann ausgehen. Sie kann mündlich oder schriftlich erfolgen. Anregungen werden oft von Angehörigen, Krankenhäusern, sozialen und sozialpsychiatrischen Diensten, Altenheimen, Einrichtungen der Altenhilfe sowie Behörden (Sozialamt, Versicherungsanstalt), aber auch von Vermietern und Wohnungsverwaltungen gegeben (vgl SELLIN/ENGELS, Qualität, Aufgabenverteilung und Verfahrensaufwand bei rechtlicher Betreuung 57). Über die Aufnahme eines „Antrags" auf Bestellung eines Betreuers s WENKER BtPrax 1993, 161. Die Einleitung des Betreuungsverfahrens durch das AmtsG ist keine Verfügung und deshalb nicht nach § 19 Abs 1 FGG anfechtbar (BayObLG FamRZ 2001, 707 = FGPrax 2001, 78 mwN).

2. Zuständigkeiten

147 Für Verrichtungen, die die Betreuung betreffen, ist regelmäßig das Gericht zuständig, in dessen Bezirk der Betroffene zu der Zeit, zu der das Gericht mit der Angelegenheit befaßt wird, seinen gewöhnlichen Aufenthalt hat (§ 65 Abs 1 FGG). Zu weiteren Gerichtsständen und zur Abgabe des Verfahrens aus wichtigem Grund s §§ 65 Abs 2–5 und 65a FGG (beachte die Änderung des § 65a FGG durch Art 5 Nr 4 2. BtÄndG). Die Anknüpfung an den gewöhnlichen Aufenthalt des Betroffenen hat in der Praxis in den ersten Monaten nach Inkrafttreten des BtG dazu geführt, daß zahlreiche Zuständigkeits- und Abgabestreitigkeiten entstanden sind. Infolge des gegenüber einem Wohnsitzwechsel (§§ 7 und 8) leichteren Aufenthaltswechsels kann schneller ein Zuständigkeitswechsel des Gerichts in Frage kommen (zB bei Heimverlegung, Entlassung aus dem Krankenhaus). Näher dazu DODEGGE NJW 1993, 2353, 2354 f sowie BIENWALD, BtR § 65a FGG Rn 5 ff mwN. Zu obergerichtlichen Abgabeentscheidungen kommt es bei unterschiedlicher Bewertung längerdauernder, aber nicht genau bestimmbarer Aufenthaltswechsel zB in einer Rehabilitationseinrichtung (OLG Stuttgart BWNotZ 1998, 23) oder einer Klinik (BayObLG FamRZ 1997, 1363 = BtPrax 1996, 195 [LS]; BtE 1994/95, 175; OLG Karlsruhe FamRZ 1996, 1341 = BtE 1994/95, 175 m Anm SEITZ und wN). In erster Linie (nach BayObLG Rpfleger 1998, 200 = FGPrax 1998, 56: allein; anders noch BayObLGZ 1996, 274 = FamRZ 1997, 438 = BtPrax 1997, 123) sind für die Abgabe **Zweckmäßigkeitserwägungen** maßgebend (zB Kontakt Betreuer/Gericht; OLG Köln FamRZ 1998, 840; BayObLGZ 1998, 1 = FamRZ 1998, 1181). Nach BayObLG aaO kann das Verfahren deshalb auch an ein Gericht abgegeben werden, das nach den Verhältnissen zum Zeitpunkt des Übernahmeverlangens nach § 65 FGG für Verrichtungen, die die Betreuung betreffen, örtlich nicht zuständig wäre.

Eine Abgabe dient nicht dazu, Unerledigtes andere bearbeiten zu lassen. Auch für die Frage, ob und gegebenenfalls welche anstehenden **Verfügungen** das Gericht vor einer Abgabe des Verfahrens noch zu treffen hat, sind **Zweckmäßigkeitserwägungen** maßgebend (BayObLG FamRZ 1997, 439). Zum Unterbleibenlassen vorheriger Anhörung des Betroffenen und der Bestellung eines Verfahrenspflegers BayObLGZ 1998, 38 = FamRZ 1998, 1181 = Rpfleger 1998, 285 = BtPrax 1998, 155 (LS). Das Vormundschaftsgericht ist grundsätzlich **nicht** gehalten, dem Gegenbetreuer Gelegenheit zu geben, sich zu der beabsichtigten Abgabe des Betreuungsverfahrens zu äußern (BayObLGZ 1996, 274 = FamRZ 1997, 438 = BtPrax 1997, 123 [LS]).

Ist die Abgabe eines Betreuungsverfahrens vollzogen, ist gegen die Abgabe- oder

Übernahmeverfügung der beteiligten Gerichte nur die Beschwerde eröffnet; für die Anrufung des gemeinschaftlichen oberen Gerichts ist kein Raum (BayObLGZ 1998, 109 = FamRZ 1998, 1182 = FGPrax 1998, 145). Hat sich das um Übernahme eines Betreuungsverfahrens gebetene Amtsgericht eine Übernahme (zur Prüfung) **vorbehalten**, wird der Vorbehalt gegenstandslos, wenn das Gericht in der Sache selbst tätig wird und dadurch das Verfahren übernimmt (BayObLG BtPrax 1998, 237). Wechselt nach Abschluß des Beschwerdeverfahrens die Zuständigkeit des Gerichts für ein Betreuungsverfahren, ist das Rechtsbeschwerdegericht zur Entscheidung über die eingelegte Beschwerde berufen, das dem jetzt verfahrensführenden Vormundschaftsgericht übergeordnet ist (BayObLG FamRZ 2004, 1899 [LS]).

Funktional zuständig für die Bestellung des Betreuers ist der Richter bis auf die in Abs 3 geregelte Ausnahme; hier entscheidet der Rechtspfleger (§ 14 Abs 1 Nr 4 RPflG).

3. Bestellung eines Verfahrenspflegers*; Beteiligung des Betroffenen

Im Regelfall hat das Gericht dem Betroffenen einen **Pfleger für das Verfahren** zu bestellen (§ 67 FGG). Die Voraussetzungen wurden durch das BtÄndG (Art 2 Nr 2) nicht unerheblich geändert.

Die bisher obligatorische Bestellung in den folgenden Fällen ist zu einer Regelbestellung geworden (§ 67 Abs 1 S 2 FGG):

a) Nach § 68 Abs 2 FGG soll von der persönlichen Anhörung des Betroffenen abgesehen werden;

b) Gegenstand des Verfahrens ist die Bestellung eines Betreuers zur Besorgung aller Angelegenheiten des Betroffenen oder die Erweiterung des Aufgabenkreises hierauf; dies gilt auch, wenn der Gegenstand des Verfahrens die in § 1896 Abs 4 und § 1905 bezeichneten Angelegenheiten nicht erfaßt.

Obligatorisch ist die Bestellung weiterhin, wenn

c) Gegenstand des Verfahrens die Genehmigung einer Einwilligung des Betreuers in die Sterilisation (§ 1905 Abs 2) ist.

Geblieben ist die allgemeine Bestimmung des Abs 1 S 1, wonach das Gericht dem Betroffenen einen Pfleger für das Verfahren bestellt, soweit dies zur Wahrnehmung der Interessen der Betroffenen erforderlich ist (BayObLG FamRZ 2003, 1044). Das ist zB dann der Fall, wenn dem Betroffenen andernfalls der Anspruch auf rechtliches Gehör verweigert werden würde (ähnlich BayObLG FamRZ 1997, 1358 = BtPrax 1997, 37).

Auch einem Betroffenen, der aufgrund seiner psychischen Erkrankung nur vordergründig in der Lage ist, seine Rechte im Verfahren wahrzunehmen, seine Einwen-

---

* **Schrifttum:** BIENWALD, Verfahrenspflegschaftsrecht (2002); BORK, Sind §§ 50, 67 FGG verfassungskonform?, FamRZ 2002, 65.

dungen aber nicht artikulieren und mit einer differenzierten Begründung dem Gericht nahe bringen kann, ist ein Verfahrenspfleger zu bestellen (BayObLG FamRZ 2003, 1044 mwN). Dort auch zur Erforderlichkeit der Bestellung eines Verfahrenspflegers im Verfahren der Beschwerde gegen eine Betreuerbestellung. Die Vertretung des Betroffenen durch einen Verfahrensbevollmächtigten erst im Verfahren der weiteren Beschwerde kann den Verfahrensmangel fehlender Verfahrenspflegerbestellung im Beschwerdeverfahren nicht heilen (BayObLG aaO).

Ein Verfahrenspfleger ist neben dem Betroffenen Beteiligter am Verfahren. Rechtliches Gehör wird ihm nur dann ausreichend gewährt, wenn ihm ein Sachverständigengutachten unverzüglich nach seiner Bestellung und vor der Anhörung des Betroffenen, spätestens aber rechtzeitig vor Erlaß der Entscheidung übermittelt wird (LG München I FamRZ 1998, 1183 [LS]). Er ist zu einer Abgabe des Betreuungsverfahrens, in dem ein Betreuer noch nicht bestellt worden ist, zu hören. Seine Zustimmung zur Abgabe ist aber nicht erforderlich (BayObLG FamRZ 1998, 1182).

Die Bestellung eines Verfahrenspflegers soll unterbleiben oder aufgehoben werden, wenn der Betroffene von einem Rechtsanwalt oder von einem anderen geeigneten Verfahrensbevollmächtigten vertreten wird. Die Erteilung einer Vollmacht für das Betreuungsverfahren setzt unbeschadet der Verfahrensfähigkeit des Betroffenen eine dem Vollmachtgeber zuzurechnende Willenserklärung voraus (BayObLG FamRZ 2004, 1323). In Ausnahmefällen kommt die Bestellung eines Verfahrenspflegers auch neben dem anwaltlichen Verfahrensbevollmächtigten in Betracht, zB dann, wenn ein Rechtsanwalt zugleich die Interessen eines anderen Verfahrensbeteiligten wahrnimmt und deshalb ein Interessenkonflikt nicht auszuschließen ist (KG FGPrax 2004, 117 = FamRZ 2004, 1593 [LS]). Aufgrund einer Änderung des § 67 FGG kann in den Fällen des Abs 1 S 2 von einer Bestellung abgesehen werden, „wenn ein Interesse des Betroffenen an der Bestellung des Verfahrenspflegers offensichtlich nicht besteht" (krit BIENWALD FamRefK § 67 FGG Rn 10; zur Rechtsstellung des Verfahrenspflegers s BIENWALD, Verfahrenspflegschaftsrecht 402). Aufwendungsersatz und ggf Vergütung des Verfahrenspflegers sind seit der Neuregelung durch das BtÄndG unabhängig von der Einkommens- und Vermögenslage des Betreuten zunächst aus der Staatskasse zu zahlen (§ 67 Abs 3 FGG; seit 1. 7. 2005: § 67a FGG), die den vermögenden Betroffenen dann in Anspruch nimmt. Näher dazu § 1908i Rn 242.

Das Vormundschaftsgericht entscheidet nach pflichtgemäßem Ermessen, wen es als Verfahrenspfleger bestellt (KEIDEL/KAYSER § 67 FGG Rn 14). Durch Art 6 Nr 2 2. BtÄndG wurde § 67 FGG nach Abs 1 S 5 ein neuer Satz eingefügt, wonach jemand, der Verfahrenspflegschaften im Rahmen seiner Berufsausübung führt, nur dann zum Verfahrenspfleger bestellt werden soll, wenn keine andere geeignete Person zur Verfügung steht, die zur ehrenamtlichen Führung der Verfahrenspflegschaft bereit ist (§ 1897 Abs 6 S 1 entspr). Durch Ergänzung des § 8 BtBG wurde der in Betreuungssachen zuständigen Behörde aufgegeben, dem Vormundschaftsgericht eine Person vorzuschlagen, die sich im Einzelfall zum Verfahrenspfleger eignet, wenn sie vom Gericht dazu aufgefordert wurde (Art 9 Nr 3 Buchst a 2. BtÄndG).

Unabhängig von der Bestellung eines Verfahrenspflegers ist der Betroffene berechtigt, Anträge zu stellen, Erklärungen abzugeben und Rechtsmittel einzulegen. Er ist in allen Verfahren, die die Betreuung betreffen, ohne Rücksicht auf seine Geschäftsfähigkeit **verfahrensfähig** (§ 66 FGG). Die Verfahrensfähigkeit bezieht sich auch auf Kostenverfahren im Zusammenhang mit der Betreuung, so daß der Betroffene für diese Verfahren selbst einen Bevollmächtigten bestellen kann (BayObLG BtPrax 2002, 129 [LS]). Die Bestellung eines Verfahrenspflegers durch den Richter nach § 67 FGG kann von dem Betroffenen **nicht angefochten** werden (nunmehr BGH FamRZ 2003, 1275 m Anm BIENWALD; dort auch zu den unterschiedlichen Auffassungen in Schrifttum und Rspr). Gegen die Entscheidung des Rechtspflegers, einen Verfahrenspfleger zu bestellen, findet die befristete Erinnerung gemäß § 11 Abs 2 S 1 RPflG statt (BayObLG FamRZ 2003, 189).

Das Gericht unterrichtet den Betroffenen über den möglichen Verlauf des Verfahrens, weist ihn in geeigneten Fällen auf die Möglichkeit der Vorsorgevollmacht und deren Inhalt hin (§ 68 Abs 1 S 3 FGG) und erörtert mit ihm mündlich das Ergebnis der Anhörung, das Gutachten des Sachverständigen oder das ärztliche Zeugnis, den etwaigen Umfang des Aufgabenkreises des Betreuers und die Frage, welche Person oder Stelle als Betreuer in Betracht kommt (**Schlußgehör**, § 68 Abs 5 FGG), soweit dies zur Gewährung des rechtlichen Gehörs oder zur Sachaufklärung erforderlich ist (§ 68 Abs 5 S 1 FGG). Hierbei hat das Gericht auf Verlangen des Betroffenen einer Person seines Vertrauens die Anwesenheit zu gestatten, anderen Personen nur, wenn der Betroffene damit einverstanden ist (§ 68 Abs 5 S 3 iVm Abs 4 S 2 und 3 FGG). Das Gutachten über seinen Geisteszustand ist dem Betroffenen grundsätzlich vollständig in schriftlicher Form rechtzeitig vor dem Termin zu übersenden, wenn nicht die Voraussetzungen des § 68 Abs 2 FGG vorliegen (OLG Düsseldorf FamRZ 1997, 1361; dort auch zur Frage der Akteneinsicht und der Erteilung von Abschriften). Das Verfahren bietet die Möglichkeit, den Betroffenen nach Vorschlägen für die Person des Betreuers zu fragen (§ 1897 Abs 4). **149**

Will das Gericht gemäß § 68b Abs 1a FGG (eingefügt durch Art 5 Nr 7 2. BtÄndG) ein Gutachten des Medizinischen Dienstes der Krankenversicherung verwenden, hat es nach Durchsicht des Gutachtens vor einer weiteren Verwendung die Einwilligung des Betroffenen oder des Verfahrenspflegers einzuholen.

4. Persönliche Anhörung

Abgesehen von gesetzlich bestimmten Ausnahmefällen (§ 68 Abs 2 FGG) sowie im Falle einstweiliger Anordnung nach § 69f Abs 1 FGG hat das Gericht den Betroffenen vor der Bestellung eines Betreuers, auch zur Klärung der Frage, welche Person zum Betreuer bestellt werden soll, stets **persönlich anzuhören**, nicht dagegen vor der Einleitung des Verfahrens (BayObLG FamRZ 2001, 707 = FGPrax 2001, 78). Die Anhörung in einem sog Folgeverfahren ersetzt nicht diese notwendige Anhörung (OLG Naumburg FamRZ 2002, 986). Das Gericht hat sich in allen Fällen, auch wenn es den Betroffenen nicht zu hören braucht, einen **unmittelbaren Eindruck** von ihm zu verschaffen. Diesen unmittelbaren Eindruck soll sich das Gericht in der üblichen Umgebung des Betroffenen verschaffen, wenn dieser es verlangt oder wenn es der Sachaufklärung dient und der Betroffene nicht widerspricht („Milieuanhörung"). Befindet sich der Betroffene nicht für längere Zeit im Krankenhaus, reicht es nicht aus, den Betroffenen im Krankenhaus aufzusuchen. Da der Zweck dieses Teils der Ermittlungen ua dazu dient, zu erfahren, ob und ggf in welchem Maße jemand in der Lage ist, in seiner üblichen Umgebung – wenn auch mit Hilfen – zu leben, kommt es **150** auch darauf an, sich ein Bild von der üblichen Umgebung des Betroffenen zu machen. Der Besuch im Krankenhaus kann dennoch geeignet und sinnvoll sein. Die persönliche Anhörung des Betroffenen allein durch den beauftragten Richter der Kammer ist (jedenfalls dann) unzulässig, wenn sie auch dazu dienen soll, den übrigen Kammermitgliedern den persönlichen Eindruck vom Betroffenen zu vermitteln (BayObLG FamRZ 1997, 900 = NJW-RR 1997, 69 = BtPrax 1996, 229). Will das Beschwerdegericht aufgrund eigener Feststellungen das Gutachten des Sachverständigen in der Frage der Möglichkeit freier Willensbildung und -betätigung ergänzen oder korrigieren, setzt dies einen persönlichen Eindruck der Richter von dem Betroffenen voraus. In diesem Fall kann die Anhörung des Betroffenen nicht dem beauftragten Richter überlassen werden (BayObLG-Rp 2004, 432). Bei der Entscheidung über die Verlängerung der Betreuerbestellung ist in der Regel auch im Beschwerdeverfahren die persönliche Anhörung des Betreuten geboten, insbesondere dann, wenn ihm das LG trotz ganz oder teilweise fehlender Fähigkeit zu freier Selbstbestimmung auch keinen Verfahrenspfleger bestellt hat (BayObLG-Rp 1998, 86). Persönliche Anhörung des Betroffenen ist auch in der Beschwerdeinstanz notwendig (BayObLG FamRZ 2001, 1646 = NJWE-FER 2001, 324), jedenfalls dann, wenn sich Tatsachen, die für die Entscheidung über die Notwendigkeit einer Betreuung wesentlich sind, zwischen der erstinstanzlichen Entscheidung und der Beschwerdeentscheidung geändert haben oder hierfür konkrete Anhaltspunkte vorhanden sind (BayObLG-Rp 2004, 317 = BtPrax 2004, 197 = FamRZ 2003, 1043 [LS]).

5. Gutachten; ärztliches Zeugnis

151 Ein Betreuer darf erst bestellt werden, nachdem das Gutachten eines Sachverständigen über die Notwendigkeit einer Betreuung eingeholt worden ist. Die Anordnung des Beschwerdegerichts über die Erholung eines entsprechenden psychiatrischen Sachverständigengutachtens ist grundsätzlich unanfechtbar (BayObLG FamRZ 2000, 249 m Anm BIENWALD). Kommt nach Auffassung des Sachverständigen die Bestellung eines Betreuers in Betracht, so hat sich das Gutachten auch auf den Umfang des Aufgabenkreises und die voraussichtliche Dauer der Betreuungsbedürftigkeit zu erstrecken (§ 68b Abs 1 S 1 und S 5 FGG). Zur Einholung der Gutachten, der Gutachtenqualität und der Notwendigkeit krit Auseinandersetzung näher BIENWALD, BtR § 68b FGG und oben Rn 44 ff (vgl statt aller KG FamRZ 1995, 1379 = BtE 1994/95, 182 m Anm FLORENTZ). Zu eigenmächtiger Abweichung vom Gutachtenauftrag und den Folgen SchlHOLG SchlHA 1997, 43. Der Sachverständige hat den Betroffenen vor der Erstattung des Gutachtens zu untersuchen oder zu befragen. Trotz mangelnder Kooperationsbereitschaft des Betroffenen darf sich der Sachverständige nicht mit einer kurzen Exploration am Fenster begnügen (OLG Köln FamRZ 2001, 310). Hat der Betroffene einen Antrag auf Bestellung eines Betreuers gestellt, so genügt ein ärztliches Zeugnis, wenn der Betroffene auf die Begutachtung verzichtet hat und das Einholen des Gutachtens insbesondere im Hinblick auf den Umfang des Aufgabenkreises des Betreuers unverhältnismäßig wäre. Ein ärztliches Zeugnis reicht auch im Falle der Betreuerbestellung nach Abs 3. Im Falle beantragter Betreuung genügt es nur, wenn beide Voraussetzungen dafür gegeben sind. Deshalb sind die Bedenken gegen diese Regelung (MünchKomm/SCHWAB Rn 180) nicht zu hoch zu bewerten. Zuzustimmen ist SCHWAB (in MünchKomm³ Rn 64a), daß § 68b Abs 1 S 2 keinesfalls zu dem Zwecke gebraucht werden dürfe, durch Überreden des Betroffenen zu Antragstellung und Verzicht die Betreuerbestellung auf einen unzureichenden Erkenntnisstand zu gründen und auf diese Weise zu erleichtern. Im Verfahren über einen Antrag auf **Aufhebung** der Betreuung ist erneut ein Gutachten einzuholen, wenn die Erstellung des letzten Gutachtens lange (hier: 1 Jahr und 5 Monate) zurückliegt oder eine erhebliche Veränderung seiner Tatsachengrundlage nahe liegt (BayObLG FamRZ 2003, 115 [LS]).

Das Gericht kann von der Einholung eines Gutachtens nach Abs 1 S 1 absehen, soweit durch die Verwendung eines bestehenden ärztlichen Gutachtens des Medizinischen Dienstes der Krankenversicherung nach § 18 SGB XI festgestellt werden kann, inwieweit bei dem Betroffenen infolge einer psychischen Krankheit oder einer geistigen oder seelischen Behinderung die Voraussetzungen für die Bestellung eines Betreuers vorliegen (§ 68b Abs 1a FGG, eingefügt durch Art 5 Nr 7 2. BtÄndG; zum weiteren Verfahren ebd).

Das Gericht kann anordnen, daß der Betroffene zur Vorbereitung eines Gutachtens **152** **untersucht** und durch die zuständige Behörde zu einer Untersuchung **vorgeführt** wird (§ 68b Abs 3 FGG). Diese Anordnung ist nicht anfechtbar (§ 68b Abs 3 S 2 FGG) und zwar auch dann nicht, wenn der Betroffene aufgrund der Anordnung mehrere Tage im Bezirkskrankenhaus untergebracht wird (BayObLG FamRZ 2002, 419 = NJWE-FER 2001, 323; FamRZ 2001, 707 = FGPrax 2001, 78; **aA** KG FamRZ 2001, 311 = FGPrax 2000, 237 und BtPrax 2002, 78 = FamRZ 2002, 970, 972 [dort auch zu den Gründen, die Sache dem BGH nicht vorlegen zu müssen]). Das Gericht kann außerdem (nach Anhörung eines Sachverständigen) anordnen, daß der Betroffene auf bestimmte Dauer (bis zu sechs Wochen, längstens jedoch bis zu drei Monaten) untergebracht und beobachtet wird (§ 68b Abs 4 S 1 und 3 FGG).

6. Gelegenheit zur Äußerung Dritter und der zuständigen Behörde sowie weitere Ermittlungen

Vor der Bestellung eines Betreuers (oder der Ablehnung der Betreuerbestellung) **153** gibt das Gericht der zuständigen Behörde (§ 68a S 1 FGG) Gelegenheit zur Äußerung, wenn es der Betroffene verlangt oder wenn es der Sachaufklärung dient. In der Regel ist auch dem Ehegatten des Betroffenen, seinem Lebenspartner (nach LPartG), seinen Eltern, Pflegeeltern und Kindern Gelegenheit zur Äußerung zu geben, es sei denn, der Betroffene widerspricht mit erheblichen Gründen (Neufassung durch Art 2 Nr 3 BtÄndG). Verlangt dies der Betroffene und ist dies ohne erhebliche Verzögerung des Verfahrens möglich, so hat das Gericht einer dem Betroffenen nahestehenden Person und dem Ehegatten, dem Lebenspartner, den Eltern, den Pflegeeltern und den Kindern des Betroffenen Gelegenheit zur Äußerung zu geben (§ 68a S 4 FGG).

Nach Auffassung des OLG Oldenburg verbieten Datenschutzgesichtspunkte nicht, in Betreuungsverfahren Daten anderer Behörden (hier: Schulbehörde) im Wege der Amtshilfe einzuholen; die auf diesem Wege in Anspruch genommenen Behörden seien durch den Datenschutz nicht prinzipiell gehindert, Daten weiterzugeben, deren das Vormundschaftsgericht im Interesse des Betroffenen dringend bedarf, um über die Erforderlichkeit der Betreuung entscheiden zu können (FamRZ 1996, 757, 758 = NdsRpfl 1996, 94). Im Anschluß an diese Feststellung wird allerdings in der Sache eine Güterabwägung vorgenommen (abl PARDEY, Schutz persönlicher Daten Betreuter, BtPrax 1998, 92, 95).

7. Bekanntmachung der Entscheidung; Rechtsbehelfe

154 Die Entscheidung, durch die ein Betreuer bestellt oder die Bestellung abgelehnt wird (Einheitsentscheidung), ist zu begründen und dem Betroffenen bekanntzumachen (§§ 69 Abs 2, 69a Abs 1 S 1 FGG). Von der Bekanntmachung der Entscheidungsgründe an den Betroffenen kann abgesehen werden, wenn dies nach ärztlichem Zeugnis wegen erheblicher Nachteile für seine Gesundheit erforderlich ist (§ 69a Abs 1 S 2 FGG). Gegen die Anordnung, dem Betroffenen die Gründe der Entscheidung nicht bekanntzumachen, ist die Beschwerde statthaft (BayObLGZ 1999, 191= FamRZ 2000, 250 = FGPrax 1999, 181 = NJW-RR 2001, 583; OLG Stuttgart FGPrax 2003, 72).

§ 69 FGG bestimmt den notwendigen Mindestinhalt der Entscheidung des Gerichts. Dazu gehört die Bestimmung des Zeitpunktes, zu dem spätestens über die Aufhebung oder die Verlängerung der Maßnahme zu entscheiden ist. Dieser Zeitpunkt darf höchstens sieben Jahre (bis 30. 6. 2005: fünf Jahre) nach Erlaß der Entscheidung liegen. Für die Bestimmung des Zeitpunktes bei der Anordnung der Betreuung ist der Verhältnismäßigkeitsgrundsatz zu beachten (OLG Köln NJWE-FER 1998, 226). Der Zeitpunkt des Bekanntwerdens der Betreuerbestellung ist dafür maßgebend, ob der Betroffene noch allein handeln darf oder ob der Betreuer (neben ihm oder an seiner Stelle) handelt und ob ggf die Einwilligung des Betreuers nach § 1903 Abs 1 (Einwilligungsvorbehalt) erforderlich ist. Zur Frage, ob der Betreuer im Namen des Betroffenen oder im eigenen Namen gegen die Bestimmung des Überprüfungszeitpunktes Beschwerde einlegen kann, LG München I BtPrax 1998, 243.

155 Der Betroffene kann gegen die Entscheidung des Gerichts, durch die ein Betreuer bestellt oder die Bestellung eines Betreuers abgelehnt wurde, Beschwerde einlegen (§ 20 FGG; nach § 69g Abs 3 FGG ggf beim Gericht des Unterbringungsortes; krit zur 12. Aufl SCHREIEDER FGPrax 1998, 41, 42). Der Pfleger für das Verfahren (§ 67 Abs 2 FGG) und der Verfahrensbevollmächtigte können ebenfalls Beschwerde einlegen, der letzte jedoch nicht ohne Vollmacht. Wurde der Betreuer von Amts wegen bestellt, steht die Beschwerde gegen die Entscheidung dem Ehegatten des Betroffenen, seinem Lebenspartner (LPartG), den näheren Verwandten und Verschwägerten sowie der zuständigen Behörde zu (§ 69g Abs 1 FGG). Gegen die Bestellung eines Betreuers auf Antrag des Betroffenen, der Einsicht in die Tragweite seines Handelns besitzt, steht der zuständigen Behörde auch dann kein Beschwerderecht zu, wenn der Betroffene geschäftsunfähig ist (BayObLGZ 1998, 82 = FamRZ 1998, 1057; vgl auch OLG Hamm FamRZ 2002, 194 m Anm BIENWALD). Dem Lebensgefährten des Betroffenen, der nicht Lebenspartner iSd LPartG ist, steht gegen die Bestellung eines Betreuers kein Beschwerderecht zu (BayObLGZ 1998, 10 = FamRZ 1998, 1185 = NJW 1998, 1567; OLG Schleswig FamRZ 2002, 987 = MDR 2002, 645). Der für die Vermögenssorge bestellte Betreuer kann gegen den Beschluß, durch den ein (Berufs-)Betreuer mit dem Aufgabenkreis Gesundheitssorge bestellt worden ist, Beschwerde nicht nach § 69g Abs 2 FGG; auch nicht wegen der wirtschaftlichen Auswirkungen der Betreuerbestellung einlegen (LG Freiburg v 11. 12. 2002 – 4 T 259/02). Die Einleitung eines Verfahrens stellt keine mit Rechtsmitteln anfechtbare Verfügung dar (BayObLG NJWE-FER 1998, 225 = FamRZ 1998, 1183 [LS]). Hat das Gericht den Betreuer auf Antrag bestellt, besteht ein Beschwerderecht der genannten Personen nach den allgemeinen Voraussetzungen des § 20 FGG (dazu kritisch MünchKomm/SCHWAB Rn 204). Zur Beschwerdebefugnis im einzelnen sowie zur Zulässigkeit, das Rechtsmittel auf die Frage der Auswahl des Betreuers zu beschränken, BIENWALD, BtR § 69g FGG sowie unten § 1897 Rn 46 ff. Legt der Betroffene gegen die Bestellung eines Betreuers Beschwerde ein, so ist nach BayObLG (FamRZ 1998, 1183, 1184) das Beschwerdegericht nicht befugt, den Aufgabenkreis des Betreuers zu erweitern, weil Gegenstand des Beschwerdeverfahrens grundsätzlich nur der Verfahrensgegenstand sein kann, über den im ersten Rechtszug entschieden worden ist. Die Beschwerdeberechtigung nach § 69g Abs 1 FGG gilt auch für die Verlängerung, so daß die Söhne eines Betreuten im Verfahren über die Verlängerung der Betreuerbestellung sowohl was die Betreuung als auch was die Person des Betreuers betrifft, beschwerdeberechtigt sind (OLG Schleswig FamRZ 1998, 963 = NJWE-FER 1998, 155).

Dem Bevollmächtigten ist im Betreuungsverfahrensrecht ein eigenes Beschwerderecht gegen die Bestellung eines Betreuers nach Abs 3 nicht eingeräumt. Aus § 20 FGG kann er ein eigenes Beschwerderecht nicht herleiten. Er erfährt durch die Betreuerbestellung in seiner Rechtsposition gegenüber dem Vollmachtgeber keine Veränderung, denn die Aufgabe des Vollmachtsbetreuers erschöpft sich in dem Geltendmachen der Rechte, die dem Vollmachtgeber gegenüber seinem Bevollmächtigten zustehen. Ein Vorsorgebevollmächtigter kann gegen die Bestellung und Auswahl des Betreuers nur im Namen des Betroffenen Rechtsmittel einlegen; ein eigenständiges Beschwerderecht gegen die Bestellung eines Betreuers für seinen Vollmachtgeber hat er nicht (BayObLZ 2003, 106 = FamRZ 2003, 1219 = Rpfleger 2003, 424; Rp 2004, 112; aA OLG Zweibrücken FamRZ 2003, 703 = FGPrax 2002, 260) – auch wenn der (General-)Bevollmächtigte nicht zum Personenkreis des § 69g Abs 1 FGG gehört. Ein Betreuer, dem der Aufgabenkreis Vermögenssorge nicht übertragen ist, der jedoch Bankvollmacht hat, kann weder im eigenen Namen noch im Namen des Betroffenen gegen die Bestellung eines – weiteren – Betreuers für einen Teilbereich der Vermögenssorge Beschwerde einlegen (BayObLG FamRZ 2002, 1590).

Hatte das Gericht gemäß § 1900 Abs 1, 4 einen Verein oder die zuständige Behörde **156** zum Betreuer bestellt, so haben sie dem Gericht Umstände mitzuteilen, aus denen sich ergibt, daß der Betreute durch eine oder mehrere natürliche Personen hinreichend betreut werden kann (§ 1900 Abs 3). Das BtÄndG hat einen strikten Nachrang beruflich geführter Betreuung gegenüber der ehrenamtlichen (grundsätzlich unvergüteten) Betreuung eingeführt (§ 1897 Abs 6, § 1908b Abs 1 S 2) verbunden mit einer Informationspflicht des bestellten Berufsbetreuers (§ 1897 Abs 6 S 2), einer Verpflichtung des Gerichts zur Konsultation der Betreuungsbehörde bei erstmaliger Bestellung eines Berufsbetreuers (§ 1897 Abs 7) und einer kalenderjährlich der Betreuungsbehörde zu meldenden Betreuungszahl und des für die Führung von Betreuungen im Kalenderjahr erhaltenen Geldbetrags (§ 1908k; seit 1.7.2005: § 10 VBVG). Außerdem wurde dem Vertreter der Staatskasse eingeräumt, Beschwerde gegen Entscheidungen des Gerichts einzulegen, durch die eine vorgeschlagene Entlassung des Berufsbetreuers und Bestellung eines ehrenamtlichen Betreuers abgelehnt wurde (§ 69g Abs 1 S 2 FGG).

8. Verpflichtung des Betreuers; Betreuerausweis

157 Der Privatbetreuer wird mündlich verpflichtet; er ist über seine Aufgabe zu unterrichten (§ 69b Abs 1 FGG). Der Betreuer erhält unabhängig davon, um wen es sich handelt, eine Urkunde über seine Bestellung (Betreuerausweis). Zur Rechtsqualität der Urkunde BIENWALD, BtR § 69b FGG Rn 10. Jeder Betreuer erhält den Betreuerausweis unabhängig von seinem Aufgabenkreis und seiner Funktion, also auch der Gegenbetreuer und der Sterilisationsbetreuer (BIENWALD, BtR § 69b FGG Rn 10). Die Urkunde ist keine Vollmachtsurkunde; die Anwendung von § 172 kommt nicht in Betracht (HOLZHAUER/REINICKE § 69b FGG Rn 6). Zur Urkunde des Ersatzbetreuers s MünchKomm/SCHWAB § 1899 Rn 25. In geeigneten Fällen führt das Gericht (der Rechtspfleger) mit dem Betreuer und dem Betroffenen ein Einführungsgespräch (§ 69b Abs 3 FGG).

9. Mitteilungen

158 Das Vormundschaftsgericht teilt die Entscheidung über die Bestellung eines Betreuers anderen Gerichten, Behörden oder sonstigen öffentlichen Stellen mit, soweit dies unter Beachtung berechtigter Interessen des Betroffenen nach den Erkenntnissen im gerichtlichen Verfahren erforderlich ist, um eine erhebliche Gefahr für das Wohl des Betroffenen, für Dritte oder für die öffentliche Sicherheit abzuwenden (§ 69k Abs 1 FGG). Ergeben sich bereits im Verlaufe des gerichtlichen Verfahrens Erkenntnisse, die eine Mitteilung nach § 69k Abs 1 vor Abschluß des Verfahrens erfordern, so hat das Gericht unverzüglich Mitteilung zu machen (§ 69k Abs 2 FGG). Mitteilungen ans Wählerverzeichnis und an die Meldebehörde erfolgen nach Maßgabe von § 69l FGG. Zu beachten sind hier die gegenüber der Vorauﬂ eingetretenen Änderungen aufgrund des am 1. 6. 1998 in Kraft getretenen JuMiG v 18. 6. 1997 (BGBl I 1430). Die zum gleichen Zeitpunkt (1. 6. 1998) in Kraft gesetzte Neufassung der **Anordnung über Mitteilungen in Zivilsachen** vom 29. 4. 1998 wurde als Allgemeine Verfügung des BMJ bekanntgemacht. Sie ist im Wortlaut als Beilage der NJW 1998 Heft 38 publiziert.

10. Einstweilige Anordnung

159 Das Gericht kann einen Betreuer (auch) durch einstweilige Anordnung bestellen (§ 69f FGG). Eine einstweilige Anordnung darf die Dauer von sechs Monaten nicht überschreiten; sie kann nach Anhörung eines Sachverständigen durch weitere einstweilige Anordnungen bis zu einer Gesamtdauer von einem Jahr verlängert werden (§ 69f Abs 2 FGG). Neben den materiell-rechtlichen Grundvoraussetzungen für die Bestellung eines Betreuers des § 1896 Abs 1–3 müssen die weiteren Voraussetzungen des § 69f Abs 1 S 1 FGG gegeben sein: es müssen dringende Gründe für die Annahme bestehen, daß die Voraussetzungen für die Bestellung eines Betreuers gegeben sind und mit dem Aufschub der Entscheidung Gefahr verbunden ist (BayObLGZ 1997, 142 = FamRZ 1997, 1288 = BtPrax 1997, 197; FamRZ 2001, 935 = BtPrax 2001, 37).

160 Anstelle einer Begutachtung muß ein ärztliches Zeugnis über den Zustand des Betroffenen vorliegen; außerdem muß im Falle des § 67 FGG ein Pfleger für das Verfahren bestellt werden. Der Betroffene (nicht mehr der Pfleger für das Verfahren; geändert durch Art 2 Nr 8 BtÄndG) muß persönlich angehört worden sein

(§ 69f Abs 1 S 1 Nr 2–4 FGG). Entgegen dem Wortlaut des § 69f Abs 1 S 1 Nr 2 FGG reicht es nicht aus, daß sich das ärztliche Attest über den Zustand des Betroffenen äußert. Auch im Falle der Bestellung eines vorläufigen Betreuers muß die materiellrechtliche Frage der Erforderlichkeit der Betreuerbestellung vom Sachverständigen (Arzt) behandelt werden (BIENWALD FamRZ 1988, 906; MünchKomm/SCHWAB Rn 194 mwN; DAMRAU/ZIMMERMANN § 69f FGG Rn 8). Auch wenn dies im Gesetz nicht ausdrücklich vorgeschrieben ist, erfordert die ordnungsgemäße Erstellung eines ärztlichen Attestes für die vorläufige Bestellung eines Betreuers, daß der Arzt den Betroffenen zuvor zeitnah persönlich befragt oder untersucht hat (OLG Frankfurt FamRZ 2005, 303 = FGPrax 2005, 23). Während die Anhörung des Betroffenen auch durch einen ersuchten Richter erfolgen kann, ist diese Form der Anhörung für den Verfahrenspfleger nicht vorgesehen. Eine vorläufige Betreuung endet mit dem in ihr angegebenen Zeitpunkt; ab diesem Zeitpunkt ist die Hauptsache eines Beschwerdeverfahrens erledigt (BayObLG v 29. 10. 1997 – 3 Z BR 196/97). Hat das Eilgericht dem Betroffenen durch einstweilige Anordnung einen vorläufigen Betreuer bestellt und den Vorgang anschließend an das Vormundschaftsgericht übersandt, in dessen Bezirk der Betroffene seinen gewöhnlichen Aufenthalt hat, ist dieses Gericht verpflichtet, das Verfahren fortzuführen (BayObLG FamRZ 2000, 1442).

Unter bestimmten Umständen kann das Gericht bereits vor der persönlichen Anhörung des Betroffenen sowie vor Bestellung und Anhörung des Pflegers für das Verfahren die einstweilige Anordnung erlassen (sog **eilige einstweilige Anordnung**, DAMRAU/ZIMMERMANN § 69f FGG Rn 12). Gefahr im Verzuge ist dann gegeben, wenn die Anordnung so dringend ist, daß eine vorherige Anhörung nicht mehr möglich ist (DAMRAU/ZIMMERMANN § 69f FGG Rn 13). **161**

Die Nachholbarkeit der Anhörung des Betroffenen erlaubt nicht, auf die unmittelbare Augenscheinseinnahme zu verzichten. Offensichtlich hat der Gesetzgeber in § 69f FGG unterlassen, neben der Verpflichtung zur persönlichen Anhörung des Betroffenen auch die sich aus § 12 FGG ergebende Notwendigkeit zu nennen, daß sich das Gericht einen unmittelbaren Eindruck von dem Betroffenen verschafft (dies wird im Schrifttum bisher übersehen, vgl DAMRAU/ZIMMERMANN § 69f FGG Rn 10 ff).

11. Änderungen der Sachlage nach Einlegung der Beschwerde

Die Tatsachen, auf die eine Betreuerbestellung gestützt wird, müssen im Zeitpunkt der Entscheidung feststehen. Andernfalls lehnt das Gericht die Bestellung ab, wenn nicht weitere der Sachentscheidung dienliche Ermittlungen in Betracht kommen. Veränderungen, die sich zwischen einer erstinstanzlichen Entscheidung und der Entscheidung in der Rechtsmittelinstanz ergeben, können berücksichtigt werden (für die Anordnung eines Einwilligungsvorbehalts entschieden von OLG Hamm FamRZ 1995, 1519 = BtPrax 1995, 221 = BtE 1994/95, 161 mwN). Änderungen in der Beschwerdeinstanz zum Nachteil des allein körperlich Behinderten sind nicht zulässig, soweit nicht der besondere Fall des Amtsverfahrens vorliegt (umstritten; s im einzelnen KEIDEL/KAHL § 19 FGG Rn 117). **162**

Entscheidet das Vormundschaftsgericht über die Bestellung eines Betreuers von Amts wegen, ist eine Veränderung der Entscheidung zum Wohl des Betroffenen zulässig; das sind solche Entscheidungen, die in seinem Interesse erforderlich waren oder sind. Hat der nicht allein körperlich Behinderte einen „Antrag" auf Betreuerbestellung gestellt, kann von Amts wegen über den „Antrag" hinaus entschieden und dementsprechend auch im Beschwerdeverfahren zu Ungunsten des Beschwerdeführers, wenn auch zu seinem Wohl, abgeändert werden. Legt allein der Betroffene gegen die Betreuerbestellung Beschwerde ein, so ist das LG als Beschwerdegericht nicht befugt, den Aufgabenkreis des Betreuers zu erweitern. Eine darüber hinausgehende Entscheidungsbefugnis hätte (so BayObLGZ 1996, 81 = FamRZ 1996, 1035 = NJWE-FER 1996, 9 = MDR 1996, 715) dem LG nur dann zugestanden, wenn das AG die Bestellung eines Betreuers für weitergehende Aufgabenkreise abgelehnt hätte und auch diese ablehnende Entscheidung angefochten worden und damit Gegenstand des Beschwerdeverfahrens geworden wäre (zweifelhaft).

Nimmt der nicht allein körperlich Behinderte den „Antrag" zurück, wird das Verfahren, sofern für eine Sachentscheidung von Amts wegen Bedarf besteht, weitergeführt. Eine Rücknahme des „Antrags" auch in der Rechtsmittelinstanz führt dann nicht zur Beendigung des Verfahrens.

12. Kosten

163 Die Bestellung eines **Betreuers** ist bis zu einem Vermögenswert v 25 000 Euro (früher 50 000 DM) kostenfrei (§ 92 Abs 1 S 1 KostO). Für jedes angefangene Kalenderjahr wird eine Gebühr in Höhe von 5 Euro (früher 10 DM) für jede angefangenen 5000 Euro (früher 10 000 DM) erhoben, um die das reine Vermögen des Betreuten den Betrag von 25 000 Euro (früher 50 000 DM) übersteigt (§ 92 Abs 1 S 2 KostO). Geht eine vorläufige Betreuung in eine endgültige über oder wird eine Betreuung von einem anderen Gericht übernommen, so bildet das Verfahren eine Einheit (§ 92 Abs 4 KostO). Wird ein Betreuer für einen bestimmten Aufgabenkreis (hier: Gesundheitsfürsorge und Aufenthaltsbestimmung) und nicht nur für ein einzelnes Geschäft bestellt, so handelt es sich kostenrechtlich um eine Dauerbetreuung (BayObLG FamRZ 1997, 833). Durch Art 3 BtÄndG wurde die KostO in bezug auf die Vergütungsregelung für **Verfahrenspfleger** geändert. Die an den Verfahrenspfleger gezahlten Beträge (Aufwendungsersatz und bei beruflich tätigen Verfahrenspflegern die Vergütung, §§ 67 Abs 3, 70b Abs 1 S 3 FGG; seit 1. 7. 2005: § 67a FGG) sind gem § 137 Nr 17 (bis 30. 6. 2004: Nr 16) KostO Auslagen und können von dem Betroffenen nach Maßgabe des § 1836c (Einsatz eigenen Einkommens und Vermögens) erhoben werden. Die Bestellung des Verfahrenspflegers und deren Aufhebung sind Teil des Verfahrens, für das der Pfleger bestellt worden ist. Bestellung und Aufhebung sind gebührenfrei (§ 93a Abs 1 und 2 KostO). Zur **steuerlichen** Berücksichtigung von Betreuungskosten als außergewöhnliche Belastung im Rahmen des § 33 EStG s Vfg der OFD München NJW 1998, 803.

164 Die Auslagen des Betroffenen, soweit sie zur zweckentsprechenden Rechtsverfolgung notwendig waren, kann das Gericht ganz oder teilweise der Staatskasse auferlegen, wenn eine Betreuungsmaßnahme nach § 1896 abgelehnt, als ungerechtfertigt aufgehoben, eingeschränkt oder das Verfahren ohne Entscheidung über eine Maßnahme beendet wird (§ 13a Abs 2 S 1 FGG). Danach ist eine verfahrensfehlerhaft zustande gekommene Bestellung eines vorläufigen Betreuers ungerechtfertigt (OLG Zweibrücken FamRZ 2003, 1126). Wird in den Fällen des § 13a Abs 2 S 1 FGG die Tätigkeit des Gerichts von einem am Verfahren nicht beteiligten Dritten veranlaßt und trifft diesen ein grobes Verschulden, so können ihm die Kosten des Verfahrens ganz oder teilweise auferlegt werden.

IX. Verlängerung

Während das materielle Betreuungsrecht in § 1908d Regelungen über die vollständige oder teilweise Aufhebung der Betreuung und/oder des Einwilligungsvorbehalts (§ 1908d Abs 3) sowie die Erweiterung des Aufgabenkreises des Betreuers und des Kreises der einwilligungsbedürftigen Willenserklärungen enthält, fehlt eine Bestimmung über die Verlängerung der Maßnahme. Hierfür beschränkte sich das BtG auf verfahrensrechtliche Regelungen in § 69i FGG. **165**

Hiernach gelten für die Verlängerung der Bestellung eines Betreuers oder der Anordnung eines Einwilligungsvorbehalts die Vorschriften für die erstmalige Entscheidung entsprechend. Von der erneuten Einholung eines Gutachtens kann abgesehen werden, wenn sich aus der persönlichen Anhörung des Betroffenen und einem ärztlichen Zeugnis ergibt, daß sich der Umfang der Betreuungsbedürftigkeit offensichtlich nicht verringert hat (§ 69i Abs 6 FGG). Für die Auswahl des Betreuers ist auch bei der Verlängerung der Betreuerbestellung die Vorschrift über die Erstbestellung (§ 1897) und nicht die über die Entlassung des Betreuers (§ 1908b) maßgebend (BayObLG FamRZ 2002, 1145 = BtPrax 2002, 165; FamRZ 2001, 1100 [LS] = BtPrax 2001, 218 [LS]; OLG Zweibrücken BtPrax 2002, 87). Bei einer Entscheidung über die Verlängerung der Betreuerbestellung ist in der Regel auch im Beschwerdeverfahren die persönliche Anhörung des Betreuten geboten. Dies gilt insbesondere dann, wenn ihm das LG trotz ganz oder teilweise fehlender Fähigkeit zu freier Willensbestimmung auch keinen Verfahrenspfleger bestellt hat (BayObLG FamRZ 1999, 873 [4. ZS]).

X. Das Betreuungsrechtsverhältnis

1. Begriff; Betreuerpflichten

Mit der Wirksamkeit des Beschlusses, durch den der Betreuer bestellt wird, besteht das gesetzliche Rechtsverhältnis der Betreuung. An ihm lassen sich die Wirkungen der Betreuerbestellung darstellen, und es läßt sich demonstrieren, in welcher Hinsicht Änderungen in der Rechtsstellung des Betroffenen durch die Betreuerbestellung nicht bewirkt werden sollten und werden. Die Einbeziehung der Rechte und Pflichten des Betreuers sowie des Verhältnisses von Betreutem und Umwelt führt zwangsläufig dazu, das Betreuungsrechtsverhältnis als eine Summe von Rechtsbeziehungen zu begreifen, die – jedenfalls – zwischen Betreuer und Betreutem, Betreuer und Gericht sowie Betreuer und Betreutem einerseits und der Außenwelt andererseits bestehen. **166**

Mit dem Entstehen des Betreuungsrechtsverhältnisses beginnt das Amt des Betreuers, wachsen dem Betreuer die Pflichten und Rechte seines Amtes zu (MünchKomm/Schwab Rn 130). Er hat die ihm im Rahmen seines Aufgabenkreises übertragenen Angelegenheiten nach Maßgabe des § 1901 Abs 2 – in der Regel selbst – zu besorgen. In einzelnen Verrichtungen kann er sich vertreten lassen; das Amt kann er jedoch nicht übertragen. Allerdings kann er, was im Zusammenhang mit der Abrechnung von Aufwendungen und Vergütung vielfach verkannt wird (Einzelheiten **167**

§ 1908i Rn 286 ff), Hilfskräfte einsetzen, ohne daß damit den Helfern eine Entscheidungsverantwortung quasi „als" Betreuer übertragen wird. Differenzierend OLG Köln Rpfleger 1996, 197, 198. Zum Einsatz von Hilfspersonen eingehend § 1902 Rn 65 ff. Im Rahmen seines Aufgabenkreises hat der Betreuer den Betreuten gerichtlich und außergerichtlich zu vertreten (§ 1902). Neben diesen Hauptpflichten entstehen Nebenpflichten, die sich entweder unmittelbar aus dem Gesetz ergeben (Mitteilungspflichten gem § 1901 Abs 5 und § 10 VBVG [bisher: § 1908k] sowie die durch das 2. BtÄndG eingeführte Verpflichtung zur Erstellung eines Betreuungsplans in geeigneten Fällen durch die berufsmäßig tätigen Betreuer gem § 1901 Abs 4 S 2 und 3) oder auf den auf gesetzlicher Grundlage ergangenen Geboten oder Verboten des Vormundschaftsgerichts beruhen (BIENWALD, Vormundschaftsrecht 184). Hierzu gehören, jeweils iVm § 1908i Abs 1 S 1, die Gehorsamspflicht (§ 1837 Abs 2), die Auskunftspflicht (§ 1839), die Berichtspflicht (§ 1840), die Rechenschafts- und Rechnungslegungspflicht (§§ 1840, 1841, 1843, 1890, soweit nicht davon befreit) und die Herausgabepflicht (§ 1893 Abs 2), nicht zu vergessen die Anzeigepflicht des § 1894 Abs 2 und die Pflicht zur Fortführung der Geschäfte nach § 1893 Abs 1, § 1698b.

2. Weiterer wesentlicher Inhalt

168 Mit der Bestellung eines Betreuers

– erhält der Betreute einen gesetzlichen Vertreter in allen Angelegenheiten, die zu dem Aufgabenkreis des Betreuers gehören (§ 1902);

– können durch die gleichzeitige Anordnung eines Einwilligungsvorbehalts Konsequenzen für die Rechtsmacht des Betreuers entstehen. Ist der Betreute geschäftsunfähig (§ 104 Nr 2), verhilft die Anordnung des Einwilligungsvorbehalts dazu, daß der Betreute dennoch nach Maßgabe des § 1903 Abs 3 S 2 handeln kann. Ist der Betreute nicht geschäftsunfähig, weil die Voraussetzungen des § 104 Nr 2 nicht vorliegen (oder zumindest erhebliche Zweifel daran bestehen), erfährt der Betreute durch die Anordnung des Einwilligungsvorbehalts eine Einschränkung seiner rechtsgeschäftlichen Handlungsfähigkeit nach Maßgabe des § 1903 Abs 1 S 2. In der ihm durch § 1903 Abs 3 S 2 eingeräumten Handlungsfreiheit kann er nur durch vormundschaftsgerichtliche Entscheidung beschränkt werden;

– entstehen Rechtswirkungen ipso iure (MünchKomm/SCHWAB Rn 135); dazu anschließend Rn 169 ff;

– wird der Betreuer durch die Bestellung zum Betreuer nicht unterhaltspflichtig. Auch wird kein irgendwie geartetes Angehörigenverhältnis begründet. Der Betreuer kann, wenn sein Aufgabenkreis dies zuläßt, anstelle des verletzten Betreuten einen erforderlichen Strafantrag stellen, wenn der Betreute geschäftsunfähig ist (§ 77 Abs 3 S 1 StGB). Wird gegen den Betreuer von dem Betreuten ein Diebstahl oder eine Unterschlagung begangen, so handelt es sich nur um ein Antragsdelikt (§ 247 StGB), wenn beide in häuslicher Gemeinschaft leben, es sei denn, daß verwandtschaftliche Beziehungen bereits vor der Betreuerbestellung bestanden haben. Die für den Vormund im Falle der Aufnahme des Mündels in seinen Haushalt eingeführte und aufgrund der Verweisung des § 1915 Abs 1 ggf auch für den Pfleger eines Minderjährigen in Betracht kommende **Haftungsbeschränkung** (§ 1664) sowie die Beistandsverpflichtung (§ 1618a) und die Dienstleistungsverpflichtung (§ 1619) – § 1793 Abs 1 S 3, angefügt durch Art 1 Nr 5 BtÄndG – wurde für den **Betreuer nicht** übernommen (vgl § 1908i Abs 1 S 1).

XI. Bedeutung der Betreuerbestellung; unmittelbare Konsequenzen für den Betroffenen

1. Übersicht

Wird für einen Betroffenen ein Betreuer bestellt, so hat das, gleichgültig in welchem Umfang Betreuung besteht, für einige Bereiche keine den Status des Betroffenen unmittelbar verändernde Wirkungen. In bezug auf die Konsequenzen sind drei Arten von Betreuungen zu unterscheiden: **169**

a) Der Aufgabenkreis des Betreuers umfaßt sämtliche Angelegenheiten (ggf ohne die des § 1896 Abs 4 und des § 1905);

b) der Aufgabenkreis des Betreuers umfaßt eine Teilmenge von Angelegenheiten;

c) es ist ein Einwilligungsvorbehalt angeordnet worden.

Soweit sich für einen Betroffenen aufgrund einer bestimmten Situation oder einer spezifischen Aufgabe Besonderheiten ergeben (zB § 1436), sind diese hier nicht erfaßt.

2. Folgenlosigkeit der Betreuerbestellung

Im Gegensatz zum bisherigen Vormundschafts- und Pflegschaftsrecht für Volljährige hat die Bestellung eines Betreuers – unabhängig von dem dafür durchgeführten Verfahren (Regelverfahren oder einstweilige Anordnungsverfahren) – keine unmittelbar verändernden Auswirkungen auf die bestehende Geschäftsfähigkeit oder Geschäftsunfähigkeit (§ 104 Nr 2). Je nach der konkreten Situation kann der Betreute neben dem Betreuer oder anstelle des Betreuers wirksam rechtsgeschäftlich tätig sein. Ferner hat die Bestellung eines Betreuers keine Auswirkungen auf die **Ehefähigkeit** des Betreuten. Diese bestimmt sich in jedem Falle nach § 1304, der vorsieht, daß eine Ehe nicht eingehen kann, wer geschäftsunfähig ist (s dazu BÖHMER StAZ 1990, 213 und StAZ 1992, 65; ferner SCHWAB, in: FS Rebmann 685). Zum Gesetz zur Neuregelung des Eheschließungsrechts s FamRefK/WAX Vorb v § 1300 BGB und die Erläuterungen zu den einzelnen Vorschriften sowie das dort angegebene Schrifttum. Zur **Eheschließung behinderter oder unter Betreuung stehender Menschen** aus der Judikatur: BVerfG FamRZ 2003, 359, partielle Geschäftsfähigkeit für Eheschließung trotz erheblicher Zweifel an Geschäftsfähigkeit im übrigen; BGH NJW 1970, 1680; AG Rottweil FamRZ 1990, 626; AG Bremen StAZ 1992, 272; AG München StAZ 1993, 194 mit aufhebender Entsch LG München StAZ 1994, 258; AG Kaiserslautern RdLH 1995, 28; BayObLG FGPrax 1996, 143 = BtPrax 1997, 111; LG Saarbrücken FamRZ 2000, 819 (LS); LG Osnabrück RdLH 2/2002, 86 (hier bestand noch ein Einwilligungsvorbehalt in vermögensrechtlichen Angelegenheiten); BayObLG FamRZ 2003, 373 = BtPrax 2003, 78 = StAZ 2003, 109 (insbesondere zu Beweisan- **170** forderungen und persönlicher Anhörung). Zur Frage des Scheiterns der Ehe bei Geisteskrankheit eines Ehegatten (und der Erfolgsaussicht eines Scheidungsantrags des Betreuers für diesen Ehegatten) BGHZ 149, 140 = FamRZ 2002, 316 = NJW 2002, 671 = JuS 2002, 613 (HOHLOCH) = JZ 2002, 710 m Anm MUSCHELER; ferner RAUSCHER, Geisteskrankheit als Scheidungsgrund? JR 2002, 455. Zwecks Prüfung der Ehefähigkeit soll der Standesbeamte Einsicht in die Akten des Vormundschaftsgerichts nehmen dürfen (BT-Drucks 11/4528, 65); zur Mitteilung des Vormundschaftsgerichts an das Standesamt § 69l FGG sowie MünchKomm/SCHWAB Rn 132 mwN.

Mangels besonderer Lebenspartnerschaftsfähigkeit setzt die Erklärung zur Begründung einer eingetragenen Partnerschaft nach LPartG Geschäftsfähigkeit voraus (MünchKomm/SCHWAB § 1902 Rn 28). Auf sie wirkt sich die Betreuerbestellung allein nicht aus (s oben). Für den unter Betreuung stehenden geschäftsunfähigen Lebenspartner (LPartG) kann der Betreuer die zur Aufhebung der Partnerschaft erforderliche Erklärung, die Partnerschaft nicht fortsetzen zu wollen, nicht wirksam abgeben (OLG Köln FamRZ 2004, 1724).

171 Die Betreuerbestellung hat außerdem keine Folgen für die **Testierfähigkeit** des Betreuten. § 2229 Abs 3 wurde durch das BtG aufgehoben. Für betreute wie für nicht betreute Menschen gilt, daß ein Testament nicht errichten kann, wer wegen krankhafter Störung der Geistestätigkeit, wegen Geistesschwäche oder wegen Bewußtseinsstörung nicht in der Lage ist, die Bedeutung einer von ihm abgegebenen Willenserklärung einzusehen und nach dieser Einsicht zu handeln (§ 2229 Abs 4). S dazu im einzelnen STAUDINGER/BAUMANN (2003) § 2229 Rn 39 ff und § 2253 Rn 13 ff sowie HAHN FamRZ 1991, 27 ff und RAUSCH RpflStud 1992, 65.

Die Änderung bisherigen Rechts hat keine Auswirkungen auf die vor dem 1.1.1992 errichteten **Testamente**. Deren Wirksamkeit ist nach dem Recht des Errichtungszeitpunktes zu beurteilen. Der Betreute kann, wenn er nicht testierunfähig ist, sein Testament jederzeit widerrufen. Andere Einschränkungen sind entfallen (näher BIENWALD, BtR² Teil 6 Nr 53).

172 Während nach früherem Recht der durch Entmündigung oder Anordnung der vorläufigen Vormundschaft beschränkt geschäftsfähig gewordene Elternteil (vgl § 114 aF) nach Maßgabe des bisherigen § 1673 Abs 2 in seiner Rechtsposition eingeschränkt war (Ruhen elterlicher Sorge; Nebensorgerecht), hat die Betreuerbestellung allein keine Auswirkungen auf die **elterliche Sorge**. Ist der Betreute geschäftsunfähig, ruht sie nach § 1673 Abs 1 aufgrund seiner (natürlichen) Geschäftsunfähigkeit (§ 104 Nr 2). Ob der „unter Betreuung stehende" Elternteil seiner elterlichen Verantwortung gerecht werden kann und ob gegebenenfalls nach den tatsächlichen Verhältnissen ein behördliches Hilfeangebot (nach den Bestimmungen des KJHG) oder eine gerichtliche Intervention (§§ 1666, 1666a) erforderlich ist, muß im Einzelfall geprüft und entschieden werden. Seinem Rechtsstatus nach ist der nicht geschäftsunfähige Betreute in der Lage, seine Pflichten und Rechte aus der Elternrolle (elterliche Sorge, §§ 1626 ff) wahrzunehmen; seine Betreuungsbedürftigkeit kann ein Indiz dafür sein, daß diese Rechtsposition tatsächlich nicht ausgefüllt und wahrgenommen werden kann. S im einzelnen zu den sich für den betreuten Elternteil und die Eltern untereinander ergebenden Unsicherheiten und Rechtsproblemen BIENWALD, BtR² Teil 6 Nr 20 und FamRZ 1994, 484 sowie STAUDINGER/COESTER

(2004) zu §§ 1673 und 1674; außerdem WALTER FamRZ 1991, 765. Zur Abschaffung der Amtspflegschaft der §§ 1706 ff und zur Einführung der Beistandschaft auf Antrag (§§ 1712 ff) FamRefK/SONNENFELD sowie das Spezialschrifttum.

Mit der Bestellung des Betreuers nicht zwangsläufig verbunden ist eine Einschränkung der **Einwilligungsfähigkeit** des Betroffenen in bezug auf tatsächliche Einwirkungen auf seine Person, zB ärztliche Untersuchungen und Behandlungen, ärztliche Eingriffe, sonstige ärztliche Maßnahmen von besonderer Bedeutung wie Schwangerschaftsabbruch bei einer Betreuten, Sterilisation, aber auch in bezug auf die Duldung freiheitsentziehender Maßnahmen der in § 1906 Abs 4 genannten Art oder die Unterbringung iSd § 1906 Abs 1. Ob die Entscheidungsfähigkeit des Betreuten vorhanden ist oder fehlt, kann erst im Einzelfall festgestellt werden. Umfaßt der Aufgabenkreis des Betreuers solche Angelegenheiten, hat der Betreuer das Recht und die Pflicht zur Vertretung des Betreuten (§ 1902); dies schließt jedoch nicht aus, daß der Betreute im fraglichen Zeitpunkt zur Erklärung oder auch zur Verweigerung der erforderlichen Einwilligung selbst fähig ist. Aus diesem Grunde, weil es nicht lediglich um eine Einwilligung, sondern auch um eine Nichteinwilligung geht, sollte der Begriff der Einwilligungsfähigkeit aufgegeben werden. Vgl auch LG Frankfurt aM FamRZ 1993, 478 = R&P 1993, 83, wo die Betreuung mit dem Aufgabenkreis „Zustimmung und Zuführung zur Heilbehandlung" bei ablehnender Haltung des Betroffenen gegenüber jedweder Heilmaßnahme und bei Unzulässigkeit einer zwangsweisen Unterbringung nicht für sinnvoll angesehen worden ist. **173**

Die Bestellung des Betreuers hat grundsätzlich keine Auswirkungen auf das **Wahlrecht** nach den Wahlrechtsbestimmungen des Bundes, vorausgesetzt der Aufgabenkreis des Betreuers umfaßt nicht alle Angelegenheiten des Betroffenen, auch wenn die in § 1896 Abs 4 und § 1905 bezeichneten Angelegenheiten dem Betreuer nicht übertragen sind (§ 13 Nr 2 BWG). Wurde die Bestellung mit einer so umfassenden Zuständigkeit des Betreuers lediglich durch einstweilige Anordnung vorgenommen, tritt ebenfalls keine Wahlrechtsbeschränkung durch die Betreuerbestellung ein. Alle Angelegenheiten des Betreuten sind nur dann erfaßt, wenn der Aufgabenkreis mit dieser Formulierung beschrieben ist. Eine Formulierung entspr § 1793 für die Aufgaben des Vormunds eines Minderjährigen reicht zur Kennzeichnung der Angelegenheiten des Betreuten dann nicht aus, wenn weitere davon nicht eindeutig erfaßte Rechte (zB Urheberrechte) bestehen. Eine Beschreibung des Aufgabenkreises, die zwar im wesentlichen die einen Volljährigen betreffenden Angelegenheiten erfaßt (Vermögenssorge, Aufenthaltsbestimmung, Gesundheitsfürsorge oä), reicht dafür nicht aus, weil davon nicht erfaßte Angelegenheiten vorhanden sein können. In der vom VerwG Neustadt (FamRZ 2000, 1049) entschiedenen Sache umfaßte der Aufgabenkreis des Betreuers die Sorge für die Gesundheit, die Aufenthaltsbestimmung (einschließlich der Entscheidung über die Unterbringung und unterbringungsähnliche Maßnahmen), die Vermögenssorge und die Entscheidung über den Fernmeldeverkehr sowie das Anhalten und Öffnen der Post; auf Nachfrage des VerwG bestätigte der die Betreuerbestellung beschließende Richter, es sei sein erklärter Wille gewesen, den Betroffenen unter vollständige Betreuung zu stellen. Dementsprechend stellte das Verwaltungsgericht fest, daß dem Betreuten das aktive Wahlrecht für die Kommunalwahlen und die Europawahl (bezogen auf das seinerzeit geltende Wahlrecht) nicht zustehe. Nach BayVerfGH (BtPrax 2003, 34) ist die typisierende Entscheidung des Gesetzgebers, eine Person, für die eine Betreuung zur **174**

Besorgung aller Angelegenheiten eingerichtet worden ist, vom Wahlrecht auszuschließen, verfassungsgemäß.

175 Auf Grund der Übergangsvorschriften (Art 9 § 1 BtG) waren danach bisher alle diejenigen Betreuten nicht wahlberechtigt, die früher unter Vormundschaft oder unter vorläufiger Vormundschaft standen, weil der Aufgabenkreis des Betreuers hier alle Angelegenheiten des Betreuten erfaßte mit Ausnahme der Entscheidung über die Einwilligung in die Sterilisation (Art 9 § 1 Abs 3 BtG). Im Falle von Gebrechlichkeitspflegschaft konnte eine Auswirkung dadurch gegeben sein, daß der Wirkungskreis des Gebrechlichkeitspflegers die Personen- und Vermögenssorge (entgegen den Bestimmungen des § 1910 Abs 2 aF) – dh alle Angelegenheiten des Betroffenen – erfaßt hatte. Da eine solche Totalpflegschaft außer im Falle körperlicher Behinderung (§ 1910 Abs 1 aF) unzulässig war, dürfte auch die an die Stelle der bisherigen Gebrechlichkeitspflegschaft getretene Betreuung nicht zwangsläufig sämtliche Angelegenheiten umfassen (Art 9 § 1 Abs 4 BtG).

176 Die Ländergesetzgebung zur Anpassung an das BtG hat nicht in allen Fällen unmittelbar Änderungen des Wahlrechts vorgenommen. Änderungen sind ergangen in Bayern (Änderung des Art 2 Nr 2 Gemeindewahlgesetz und der Art 10, 16 und 32 des G über kommunale Wahlbeamte – KWBG), Bremen (Änderung des Bremischen Wahlgesetzes in § 2 Nr 2), Hamburg (Änderung des § 7 des G über die Wahl zur hamburgischen Bürgerschaft und Änderung des § 7 des G über die Wahl zu den Bezirksversammlungen), Hessen (Änderung von § 3 des Landtagswahlgesetzes, von § 4 des G über Volksabstimmung, von § 31 der Hess GO, des § 22 der Hess LKO, von § 2 der Wahlordnung für die Wahl zur Vertreterversammlung der Architektenkammer Hessen sowie von § 12 des G über die Auflösung der Land- und Forstwirtschaftskammern Hessen-Nassau und Kurhessen und die Mitwirkung des Berufsstandes bei der Förderung der Landwirtschaft), Mecklenburg-Vorpommern (Änderung des Landeswahlgesetzes), Niedersachsen (Änderung des Nds Landeswahlgesetzes in § 3 Nr 2), Rheinland-Pfalz (Änderung von § 3 des Landeswahlgesetzes und Änderung des § 2 KommunalwahlG), Saarland (Änderung des § 9 des Landtagswahlgesetzes und Änderung des § 14 des KommunalwahlG), Sachsen-Anhalt (Änderung des § 3 des G über die Wahlen zu Kreistagen, Stadtverordnetenversammlungen, Stadtbezirksversammlungen und Gemeindevertretungen), Schleswig-Holstein (Neufassung des § 4 des Gemeinde- und Kreiswahlgesetzes).

177 Art 7 § 44 BtG änderte das Vierte Buch SGB in § 50 Abs 2 und bestimmte, daß wahlberechtigt zu den Selbstverwaltungsorganen der Versicherungsträger nicht ist, wer „nach § 13 des Bundeswahlgesetzes vom Wahlrecht ausgeschlossen ist".

178 Die Betreuerbestellung hat keine unmittelbar verändernden Auswirkungen auf die **Deliktsfähigkeit** (§ 827 wurde durch das BtG nicht geändert) und die **strafrechtliche Schuldfähigkeit** (keine Änderungen der §§ 20 und 21 StGB durch das BtG). Unverändert geblieben ist § 33 Nr 4 GVG, wonach zum Amt eines Schöffen nicht berufen werden sollen (Nr 4) Personen, die wegen geistiger oder körperlicher Gebrechen zu dem Amt nicht geeignet sind. § 32 Nr 3 GVG, der vorsah, daß zum Amt eines Schöffen diejenigen Personen unfähig sind, die infolge gerichtlicher Anordnung in der Verfügung über ihr Vermögen beschränkt sind, wozu Betreute zählten, die unter einem entsprechenden Einwilligungsvorbehalt (§ 1903) stehen, der sich auf das gesamte Vermögen erstreckt, ist durch Art 12 Nr 2 EGInsO v 5. 10. 1994 (BGBl I 2911) mit dessen Inkrafttreten am 1. 1. 1999 entfallen.

Weder die Bestellung eines Betreuers mit dem Aufgabenkreis, die Prozeß- und Behördenangelegenheiten des Betroffenen wahrzunehmen, noch die Anordnung eines Einwilligungsvorbehalts in diesem Bereich zwingen zu der Annahme, daß einem 80jährigen Angeklagten, der seit sieben Jahren in dieser Weise unter Betreuung steht, ein Pflichtverteidiger beizuordnen ist, weil der Betroffene sich nicht selbst (gegen den Vorwurf unerlaubten Entfernens vom Unfallort) **verteidigen** könne (**aA** OLG Hamm NJW 2003, 3286).

3. Zivilrechtliche Folgen der Betreuerbestellung ohne Einwilligungsvorbehalt

§ 1447 Nr 4 (Änderung durch Art 1 Nr 6 BtG): Ein Ehegatte, der das Gesamtgut **179** nicht verwaltet, kann auf Aufhebung der Gütergemeinschaft klagen, wenn die Verwaltung des Gesamtguts in den Aufgabenkreis des Betreuers des anderen Ehegatten fällt (dazu ausführlich STAUDINGER/THIELE [2000] § 1447 Rn 26 ff sowie § 1495 Rn 20); **§ 1469 Nr 5** (Änderung durch Art 1 Nr 7 BtG): Jeder Ehegatte kann auf Aufhebung der Gütergemeinschaft klagen, wenn die Wahrnehmung eines Rechtes des anderen Ehegatten, das sich aus der Gütergemeinschaft ergibt, vom Aufgabenkreis eines Betreuers erfaßt wird (näher STAUDINGER/THIELE [2000] § 1469 Rn 24); **§ 1781 Nr 2** (geändert durch Art 1 Nr 28 BtG): zum Vormund (und zum Pfleger, § 1915 Abs 1) soll nicht bestellt werden, wem ein Betreuer bestellt worden ist; **§ 2201** (Änderung durch Art 1 Nr 50 BtG): Die Ernennung des Testamentsvollstreckers ist unwirksam, wenn er zu der Zeit, zu welcher er das Amt anzutreten hat, geschäftsunfähig oder in der Geschäftsfähigkeit beschränkt ist oder nach § 1896 zur Besorgung seiner Vermögensangelegenheiten einen Betreuer erhalten hat. Das Amt eines Testamentsvollstreckers erlischt, wenn für ihn ein vorläufiger Betreuer für alle Vermögensangelegenheiten bestellt wird (BayObLG FamRZ 1995, 962). Das einmal erloschene Amt lebt (bei Aufhebung der Betreuung) nicht wieder auf (STAUDINGER/REIMANN [2003] § 2225 Rn 14).

§ 53 ZPO sieht vor, daß eine prozeßfähige Partei, die durch einen Betreuer vertreten wird, für den Rechtsstreit einer nicht prozeßfähigen Person gleichsteht; **§ 455 ZPO** bestimmt, daß eine Person, die in einem Rechtsstreit durch einen Betreuer vertreten wird, über Tatsachen, die in ihren eigenen Handlungen bestehen oder Gegenstand ihrer Wahrnehmung gewesen sind, vernommen werden und auch beeidigt werden kann, wenn das Gericht dies nach den Umständen des Falles für angemessen erachtet; in einem Rechtsstreit, der die Anfechtung der Vaterschaft zum Gegenstand hat, wird für eine geschäftsunfähige Partei der gesetzliche Vertreter tätig (§ 640b ZPO nach Änderung durch Art 6 Nr 32 KindRG); die Genehmigung des Vormundschaftsgerichts ist nicht vorgesehen; §§ 159 Abs 2 VVG und 179 VVG enthalten Vertretungsbeschränkungen.

4. Zivilrechtliche Folgen der Betreuerbestellung mit Anordnung eines Einwilligungsvorbehalts

§ 1411: Der geschäftsfähige Betreute kann einen Ehevertrag nicht ohne Einwilligung **180** seines Betreuers schließen, soweit für diese Angelegenheit ein Einwilligungsvorbehalt besteht (Art 1 Nr 4 BtG; näher STAUDINGER/THIELE [2000] § 1411 Rn 18, 21); entsprechendes gilt gemäß § 7 Abs 1 LPartG für die vertragliche Regelung der vermögensrechtlichen Verhältnisse von Lebenspartnern (Lebenspartnerschaftsvertrag).

§ 1596 Abs 3: Ein geschäftsfähiger Betreuter kann nur selbst die Vaterschaft anerkennen oder ihr zustimmen; § 1903 bleibt unberührt (Art 1 Nr 13 BtG; Art 1 Nr 1 KindRG).

Nach den Änderungen des AktG (Art 7 § 32 BtG) kann ein Betreuer, der bei der Besorgung seiner Vermögensangelegenheiten ganz oder teilweise einem Einwilligungsvorbehalt unterliegt, nicht Mitglied des Vorstandes sein (§ 76 Abs 3 AktG). Nach § **100 Abs 1 S 2 AktG** kann ein Betreuer, der bei der Besorgung seiner Vermögensangelegenheiten ganz oder teilweise einem Einwilligungsvorbehalt unterliegt, nicht Mitglied des Aufsichtsrates sein. Nach § **6 Abs 2 S 2 GmbHG**, geändert durch Art 7 § 33 BtG, kann ein Betreuer, der bei der Besorgung seiner Vermögensangelegenheiten ganz oder teilweise einem Einwilligungsvorbehalt unterliegt, nicht Geschäftsführer sein.

5. Öffentlich-rechtliche Folgen der Betreuerbestellung ohne Einwilligungsvorbehalt

181 Durch das BtG sind in den folgenden Bereichen Änderungen eingetreten:

a) **VwZG** – Nach § 7 (geändert durch Art 7 § 2 BtG) sind Zustellungen bei Personen, für die ein Betreuer bestellt ist, an den Betreuer zu bewirken, soweit dessen Aufgabenkreis reicht.

b) **Paß- und Meldewesen** (Änderungen durch Art 7 § 7 BtG). Ist der Betreute geschäftsunfähig, kann nur derjenige den Antrag auf Ausstellung eines Passes stellen, der als Sorgeberechtigter seinen Aufenthalt zu bestimmen hat. Auf Grund des BtG haben mehrere Länder ihre Melderechtsbestimmungen und Gesetze über das Ausweis- und Paßwesen geändert. Im Wortlaut nahezu übereinstimmend heißt es: Für Personen, für die ein Pfleger oder Betreuer bestellt ist, dessen Aufgabenbereich die Aufenthaltsbestimmung umfaßt, obliegt die Meldepflicht dem Pfleger oder Betreuer (§ 15 Abs 3 S 3 BaWü MeldeG) entspr Art 13 Abs 3 S 3 Bay MeldeG; § 11 Abs 3 S 3 Berlin MeldeG; § 12 Abs 3 S 3 Bbg MeldeG (Neufassung vom 17. 1. 2006 – GVBl I 6); § 13 Abs 3 S 2 Brem MeldeG; § 12 Abs 3 S 3 Hamb MeldeG; § 13 Abs 3 S 2 Hess MeldeG; § 13 Abs 3 S 3 LMG MecklVorp; § 9 Abs 3 S 2 Nds MeldeG; § 13 Abs 3 S 3 MG NRW; § 13 Abs 3 S 2 Rh-Pf MG; § 13 Abs 3 S 3 Saarl MeldeG; § 10 Abs 3 S 3 Sächs MeldeG; § 9 Abs 3 S 2 SaAnh MeldeG; § 11 Abs 3 S 2 LMG SchlH (Neufassung des Landesmeldegesetzes [LMG] vom 30. 9. 1999 – GVOBlSchlH Nr 13/271); § 13 Abs 3 S 3 ThürMeldeG.

Die Ausführungsgesetze der Länder zum Personalausweis- und Paßrecht sehen eine Befreiung bestimmter Personen von der Ausweispflicht vor. Erforderlich ist ein entsprechender Antrag. ZB zählt die bayerische Regelung auf:

„1. Personen, für die zur Besorgung aller ihrer Angelegenheiten ein Betreuer nicht nur durch einstweilige Anordnung bestellt ist; dies gilt auch, wenn der Aufgabenkreis des Betreuers die in § 1896 Abs 4 und § 1905 des Bürgerlichen Gesetzbuchs bezeichneten Angelegenheiten nicht erfaßt;

2. Personen, die voraussichtlich auf Dauer in Krankenhäusern, Pflegeheimen oder ähnlichen Einrichtungen untergebracht sind."

Ähnliche Regelungen enthalten die einschlägigen Gesetze v Bremen, Hamburg (hier sind auch erfaßt Personen, die sich voraussichtlich auf Dauer wegen einer körperlichen Behinderung nicht allein in der Öffentlichkeit zu bewegen vermögen), Niedersachsen, Schleswig-Holstein.

Zur Ermächtigung der Länder zu bestimmen, daß sich die nach § 11 Abs 1 und 3 MeldeRRG melde- und auskunftspflichtigen Personen durch eine hierzu bevollmächtigte und entsprechend ausgewiesene Person vertreten lassen können, s die Änderung durch § 11 MeldeRRG durch Art 2 2. BtÄndG.

c) GeschlKG, BSHG

Die durch Art 7 § 10 BtG eingetretene Änderung des GeschlKG bewirkt, daß der Arzt den Betreuer zu unterrichten und zu belehren hat, wenn die Sorge für die Person des Betreuten zu seinem Aufgabenkreis gehört. Eine Differenzierung nach dem Grad der Aufnahmefähigkeit (entspr der Einwilligungsfähigkeit) ist nicht vorgesehen.

§ 124 Abs 3 BSHG (geändert durch Art 7 § 12 BtG) verpflichtete Medizinalpersonen, volljährigen Personen, denen ein Betreuer bestellt ist, und dem Betreuer anzuraten, das Gesundheitsamt ... aufzusuchen. Die Sonderbestimmungen des BSHG zur Sicherung und Eingliederung behinderter Menschen, zu denen die Vorschrift gehörte, wurden weitgehend in das am 1.7.2001 in Kraft getretene SGB IX – Rehabilitation und Teilhabe behinderter Menschen – (BGBl I 1046) übernommen (§§ 60 und 61 SGB IX).

Die Bestellung eines Betreuers **beschränkt nicht das Wunsch- und Wahlrecht des Hilfeempfängers** (§ 3 Abs 2 BSHG; ab 1.1.2005: § 9 Abs 2 und 3 SGB XII). Neben ihm, oder sofern dieser sich nicht äußern kann, nimmt der Betreuer das Recht wahr (SCHELLHORN/SCHELLHORN BSHG [16] § 3 Rn 34). Die Beteiligtenstellung (§§ 12, 15 SGB X) wird durch die Betreuerbestellung nicht unmittelbar eingeschränkt. Ist ein für diese Angelegenheiten zuständiger Betreuer bestellt, kommt die Bestellung eines geeigneten Vertreters für den Beteiligten, der infolge einer psychischen Krankheit oder einer körperlichen, geistigen oder seelischen Behinderung nicht in der Lage ist, in dem Verwaltungsverfahren selbst tätig zu werden, nicht in Betracht.

d) Strafrecht/Strafprozeß

Durch Art 7 § 34 Nr 1 BtG wurde § 77 Abs 3 S 2 StGB aufgehoben. Nach Abs 3 S 1 sind strafantragsberechtigt der gesetzliche Vertreter in den persönlichen Angelegenheiten und derjenige, dem die Sorge für die Person des Antragsberechtigten zusteht, wenn dieser geschäftsunfähig ist. Der in dieser Vorschrift auch geregelte Fall des beschränkt geschäftsfähigen Antragsberechtigten kann im Betreuungsrecht nicht eintreten. Durch die mit Art 7 § 34 Nr 2 BtG getroffene Ergänzung des § 247 StGB um den Betreuer wird ein Diebstahl oder eine Unterschlagung zum Nachteil des

Betreuers nur auf Antrag verfolgt, wenn der Verletzte mit dem Täter in häuslicher Gemeinschaft lebt. Entsprechendes gilt für den Fall des Betruges (§ 263 Abs 4 StGB) und den der Untreue (§ 266 Abs 2 StGB). Zur Strafantragsbefugnis eines Betreuers im übrigen s einerseits LG Hamburg NStZ 2002, 39, andererseits LG Ravensburg FamRZ 2001, 937.

Art 7 § 19 BtG paßte die Bestimmungen der StPO über die Zeugnisverweigerung und die Weigerung zur Untersuchung (§ 52 und § 81c) an das BtG an.

Der Betreuer als gesetzlicher Vertreter des Angeklagten ist in der Hauptverhandlung als Beistand des Betreuten gemäß § 149 Abs 1, 2 StPO zuzulassen und auf sein Verlangen zu hören. Zeit und Ort der Hauptverhandlung sollen ihm rechtzeitig mitgeteilt werden. Da der Betreuer nur im Rahmen der ihm übertragenen Aufgabenbereiche den Betreuten gerichtlich (und außergerichtlich) vertreten kann (§ 1902), muß ihm ein entsprechender Aufgabenkreis zugewiesen sein (ähnlich Münch-Komm/SCHWAB Rn 93 mwN).

e) Beamten-, Richter- und Notarrecht

Auf Grund der Änderungen des BRRG und des BBG durch Art 7 §§ 4 und 5 BtG ist die Ernennung eines Beamten, dem ein Betreuer bestellt ist, nicht nichtig; war der Beamte im Zeitpunkt der Ernennung iSv § 104 Nr 2 geschäftsunfähig, ist die Ernennung ebenfalls nicht nichtig. Eine entsprechende Regelung ist im DRiG getroffen (Art 7 Nr 14 BtG). § 39 BNotO ist durch Art 7 Nr 15 BtG dahingehend geändert, daß der Betreuer für den Notar einen Antrag auf Vertreterbestellung stellt.

f) Hochschulrecht

Hochschulgesetze der meisten Länder enthalten Regelungen (von im einzelnen unterschiedlicher Reichweite), nach denen eine Immatrikulation versagt werden kann, wenn dem Studienbewerber ein Betreuer bestellt ist (zB Annahme von Studierunfähigkeit bei umfassender, nicht lediglich durch einstweilige Anordnung beschlossener Betreuerbestellung). Auch ist die Möglichkeit der Exmatrikulation vorgesehen, wenn nach der Immatrikulation Tatsachen bekannt werden, die zu ihrer Versagung hätten führen können.

6. Öffentlich-rechtliche Folgen der Betreuerbestellung mit Einwilligungsvorbehalt

182 Das VwVfG, die VwGO, die FGO, die AO (1977) und das SGB X sind dahingehend geändert, daß ein geschäftsfähiger Betreuter, wenn ein Einwilligungsvorbehalt nach § 1903 den Gegenstand des Verfahrens betrifft, nur insoweit zur Vornahme von Verfahrenshandlungen fähig ist, als er nach den Vorschriften des bürgerlichen Rechts ohne Einwilligung des Betreuers handeln kann oder durch Vorschriften des öffentlichen Rechts als handlungsfähig anerkannt ist (§ 12 VwVfG, § 62 Abs 2 VwGO, § 58 Abs 3 FGO, § 79 Abs 2 AO [1977], § 11 Abs 2 SGB X).

§ 12 Abs 1 AsylVfG bestimmt, daß zur Vornahme von Verfahrenshandlungen nach diesem Gesetz auch ein Ausländer fähig ist, der das 16. Lebensjahr vollendet hat, sofern er nicht nach Maßgabe des BGB geschäftsunfähig ist oder im Falle seiner

Titel 2
Rechtliche Betreuung

Vorbem zu §§ 1897–1900

Volljährigkeit in dieser Angelegenheit zu betreuen und einem Einwilligungsvorbehalt zu unterstellen wäre.

§ 2 Abs 1 S 2 FamNamÄndG sieht vor, daß für eine geschäftsfähige Person, für die in dieser Angelegenheit ein Betreuer bestellt und ein Einwilligungsvorbehalt nach § 1903 angeordnet ist, der Betreuer den Antrag auf Änderung des Familiennamens stellt.

Vorbemerkungen zu §§ 1897–1900

Systematische Übersicht

I.	Überblick über das „alte" und das „neue" System der Betreuer	1	4.	Marktregulierende Macht der Vormundschaftsgerichtsbarkeit	16
II.	Einzelheiten zum neuen System	3	5.	Die mit nur einer Person besetzte Betreuungsbehörde, Reformüberlegungen	17
III.	Anforderungsprofil	5	6.	Übersehene Problematik der Angehörigenberatung	18
IV.	Zum Begriff der Ehrenamtlichkeit	11	VI.	**Wesentliche Grundsätze für die Bestellung von Betreuern**	
V.	**Strukturelle Probleme des neuen Systems**		1.	Übernahmepflicht für jedermann	19
1.	Probleme der Durchsetzbarkeit der Rangfolge	13	2.	Mitwirkungsverpflichtung ohne Zwangsgeldregelung	20
2.	Relativierung der Bestellungsvoraussetzungen	14	3.	Bestellungsverbote/-hindernisse	21
			4.	Vorschlagsrecht der/des Betroffenen	22
3.	Ausschluß von Heimmitarbeitern	15	5.	Bedarfsorientierte Betreuerzahl	23

Alphabetische Übersicht

Ablösungsprozesse	20	Ehrenamtlich Tätige	12
Anforderungsprofil	9	Ehrenamtlichkeit	14
Angehörigenproblematik	20	Eignung	16
		Einführung der Betreuer	12, 14
Bedarfsorientierte Betreuerzahl	25		
Behörde	4	Fortbildung der Betreuer	12, 14
Behördenbetreuer	8		
Beratung von Betreuern	12, 14	Gesetzgeberische Intentionen	5
Besetzung der Betreuungsbehörde	19	Gewinnung von Betreuern	12, 14
Bestellungsverbote	23		
Bestellungsvoraussetzungen	16	Heimmitarbeiter, Bestellungsverbot	17
Betreuungsbehörde	19		
Bisheriges Betreuersystem	1	Kein Anspruch auf Anerkennung	9
		Kritik am alten Recht	5

Mitwirkungsprinzip	22
Natürliche Personen	6, 7
Neues Betreuersystem	5, 8
Persönliche Betreuung	6, 16
Querschnittsaufgaben	9
Rangfolge der Betreuer	8, 15
Sterilisationsbetreuer	23
Strukturelle Probleme	15
Übernahmepflicht	3, 21
Unterstützung von Betreuern	12
Verein	4
Vereinsbetreuer	8
Verselbständigung der Betreuten	20
Vorschlagsrecht des Betroffenen	7, 24
Zahl der Betreuer	25
Zielsetzung	6
Zwangsgeldregelung, keine	22

I. Überblick über das „alte" und das „neue" System der Betreuer

1 Das bis zum 31.12.1991 geltende Recht der Vormundschaft für Volljährige und der Gebrechlichkeitspflegschaft kannte ein dreigliedriges System derjenigen, denen die Aufgabe des Vormunds oder des Gebrechlichkeitspflegers übertragen werden konnte. In Betracht kamen dafür: a) Natürliche Personen, b) anerkannte (Vormundschafts-)Vereine und c) die Behörde, die entweder beim Jugendamt, beim Sozialamt oder beim Gesundheitsamt ressortierte. War ein Verein oder die Behörde mit der Aufgabe betraut worden, übertrug die Institution die Ausübung der Aufgabe einzelnen Mitarbeiterinnen oder Mitarbeitern (beim Verein auch Mitgliedern; vgl die unverändert gebliebene Bestimmung der § 1791a Abs 3 S 1, die gemäß § 1897 aF sowie § 1915 Abs 1 auf das Erwachsenenrecht entsprechend angewendet werden konnte).

2 Die natürliche Person konnte jemand sein, der (zumeist ein Angehöriger, seltener Nachbarn, Bekannte oder Freunde) ohne Anspruch auf Vergütung (Entgelt für aufgewendete Zeit) – ehrenamtlich – tätig wurde. Wer die Vormundschaft oder die Gebrechlichkeitspflegschaft berufsmäßig führte (fast ausschließlich Rechtsanwälte), hatte spätestens seit der Entscheidung des BVerfG vom 1.7.1980 (BVerfGE 54, 251 = FamRZ 1980, 765 [LS]) einen Anspruch auf Vergütung. Das Betreuungsrecht hat diese Dreigliedrigkeit als Grundstruktur beibehalten. Im Hinblick darauf, daß die Bestellung der Institutionen (speziell der Behörde) nicht in ausreichendem Maße die gewünschte persönliche Betreuung (s dazu BT-Drucks 11/4528, 68) gewährleistete, führte das BtG zwei weitere Gruppen natürlicher Personen ein, den Vereinsbetreuer und den Behördenbetreuer. Bei beiden handelt es sich um Mitarbeiterinnen oder Mitarbeiter des Vereins bzw der Behörde, die vom Vormundschaftsgericht unmittelbar zum Betreuer bestellt werden, die Führung der Betreuung aber als Dienstaufgabe im Rahmen ihrer Arbeitnehmerstellung wahrnehmen. Das bestehende Anstellungsverhältnis verpflichtet sie in der Regel zur Führung von Betreuungen als Dienstaufgabe, und räumt ihnen gleichzeitig einen Anspruch auf Gegenleistung (Gehalt, Honorar) ein. Näher zu dem früheren Betreuersystem und zu den Gründen, die zu dem neuen System geführt haben, s STAUDINGER/BIENWALD (1999) Rn 1–4.

II. Einzelheiten zum neuen System

Das neue System kennt demnach drei Arten von natürlichen Personen: die Privatpersonen (die berufsmäßig und solche, die nicht berufsmäßig tätig werden) und die Vereins- sowie die Behördenbetreuer, die jeweils – in dieser Form der Betreuerbestellung – Betreuungen berufsmäßig führen. Die letztgenannten zwei Arten von Betreuern unterscheiden sich in ihrer Rechtsstellung nur geringfügig (vgl § 1908g). Privatpersonen können ehrenamtlich Betreuungen führen, sie können aber auch als beruflich tätige Betreuer bestellt sein. Der durch Art 1 Nr 12 BtÄndG in § 1897 angefügte Abs 6 bestimmt eine Rangfolge innerhalb der natürlichen Personen, indem Berufsbetreuer nur dann bestellt werden dürfen, wenn keine andere geeignete Person zur Verfügung steht, die zur ehrenamtlichen Führung der Betreuung bereit ist. Angehörige unter den Privatpersonen sind gegenüber anderen Privatpersonen nach Maßgabe von § 1908i Abs 2 S 2 privilegiert.

Mehrere Regelungen, die das BtÄndG einführte, zielen darauf ab, die berufliche, dh in erster Linie bezahlte freiberufliche, Betreuung zurückzudrängen und der ehrenamtlichen Betreuung vor der beruflichen den Vorrang einzuräumen. So setzt die Bewilligung einer Vergütung als Berufsbetreuer eine entsprechende Feststellung des Gerichts bei der Betreuerbestellung voraus (§ 1836 Abs 1 S 2 iVm § 1908i Abs 1 S 1; seit 1.7.2005: iVm § 1 Abs 2 und § 4 Abs 1 VBVG). Bei erstmaliger Bestellung eines Berufsbetreuers im Gerichtsbezirk soll das Vormundschaftsgericht eine Stellungnahme der Betreuungsbehörde zu dessen Eignung einholen (§ 1897 Abs 7 idF des Art 1 Nr 8 2. BtÄndG). Die zuständige Behörde soll die Person auffordern, ein Führungszeugnis und eine Auskunft aus dem Schuldnerverzeichnis vorzulegen (ebd). Die berufsmäßig tätige Person hat sich über Zahl und Umfang der von ihr berufsmäßig geführten Betreuungen zu erklären (§ 1897 Abs 8). Das Gericht soll den Berufsbetreuer entlassen, wenn ein Betreuer oder mehrere außerhalb der beruflichen Betreuung zur Verfügung stehen (§ 1908b Abs 1 Satz 2). Der Vertreter der Staatskasse kann darauf drängen und Beschwerde gegen Entscheidungen des Vormundschaftsgerichts einlegen, durch die die Umbestellung abgelehnt wird (§ 69g Abs 1 S 2 FGG). Schließlich hat der Berufsbetreuer selbst Umstände dem Gericht mitzuteilen, die eine Umbestellung ermöglichen (§ 1897 Abs 6 S 2). Der zuständigen Behörde haben die entgeltlich tätigen Betreuer jährlich bis zum 31. März des folgenden Jahres die Zahl der im vergangenen Jahr geführten Betreuungen sowie den dafür erhaltenen Geldbetrag mitzuteilen (§ 1908k Abs 1; ab 1.7.2005: § 10 VBVG). Diese Regelungen beeinträchtigen nicht unerheblich das Wunschrecht des Betroffenen nach § 1897 Abs 4.

III. Anforderungsprofil

Obwohl der Gesetzgeber der Bestellung von ehrenamtlich tätigen Privatpersonen, ihrer Gewinnung, Beratung und Fortbildung, neuerdings auch der Aufklärung über Vorsorgevollmachten im Hinblick auf die dadurch zu vermeidende Betreuung (BT-Drucks 13/7158, 51), Priorität einräumt, rechnet er zugleich mit der Mitwirkung beruflich tätiger Personen und zwar sowohl bei der Führung von Betreuungen als auch bei der Wahrnehmung der Aufgaben, die der Betreuung von Betreuern gewidmet sind. Der in der Praxis dafür gebräuchliche Begriff „Querschnittsaufgaben" trifft dafür jedoch nicht zu (s unten § 1908f Rn 34). Eine einzelne Person, die an der Führung von

Betreuungen interessiert ist und sich darum bewirbt, hat **keinen Anspruch**, durch die Betreuungsbehörde als Betreuer „anerkannt" und dem Vormundschaftsgericht vorgeschlagen zu werden (VG Frankfurt aM BtPrax 1997, 83).

6 In den anerkannten (oder nach den Bestimmungen des Übergangsrechts als anerkannt geltenden) Vereinen und bei den zuständigen Behörden werden für die Ausübung der diesen obliegenden Tätigkeiten geeignete Mitarbeiterinnen und Mitarbeiter benötigt, deren berufliche (Grund-)Qualifikation der Gesetzgeber allerdings bewußt nicht vorgegeben hat. Für die professionellen Vereinsmitarbeiter hält der RegEntw als Grundlage für ihre Arbeit in der Regel eine erfolgreich abgeschlossene fachliche Ausbildung für erforderlich. Den Verzicht darauf, einen bestimmten Ausbildungsabschluß vorzuschreiben, hat der RegEntw einerseits mit der Vielseitigkeit der Anforderungen an die Betreuer, andererseits aber damit begründet, daß es auch qualifizierte Betreuer geben könne, die zwar nicht über einen derartigen Ausbildungsabschluß, jedoch über einen großen Erfahrungsschatz verfügen (BT-Drucks 11/4528, 158). Die Einführung eines an beruflichen Abschlüssen orientierten Vergütungssystems durch das BtÄndG hat diesem Argument (Erfahrung/Berufserfahrung) weitgehend die Grundlage entzogen.

7 Die Bestellung einer natürlichen Person zum Betreuer hat der Gesetzgeber lediglich davon abhängig gemacht, daß die betreffende Person imstande ist, in dem gerichtlich bestimmten Aufgabenkreis die Angelegenheiten des Betreuten zu besorgen und ihn in dem hierfür erforderlichen Umfang **persönlich zu betreuen** (§ 1897 Abs 1). Ob eine natürliche Person, die nicht ehrenamtlich tätig sein will, zur Bestellung zum Betreuer unabhängig von den im jeweiligen Einzelfall zu besorgenden Angelegenheiten weitere Eignungskriterien erfüllen muß, erscheint zumindest fraglich und läßt sich aus den Bestimmungen des BtG nicht unmittelbar entnehmen. Handelt es sich bei den von dieser Person geführten Betreuungen nicht um solche, bei denen aus Gründen der Person des Betreuten oder einer Besonderheit bestimmter Aufgaben spezielle Kenntnisse und Fähigkeiten erforderlich sind, besteht das Merkmal des nichtehrenamtlichen gegenüber dem ehrenamtlich tätigen Betreuer in der Entgeltlichkeit der Betreuertätigkeit.

8 Die Bemühungen um ein Anforderungs- bzw ein Ausbildungsprofil von Betreuern, die diese Aufgabe hauptberuflich wahrnehmen wollen, sind deshalb in erster Linie unter dem Aspekt von Personalentscheidungen und Berufspolitik zu sehen. Dabei soll nicht in Abrede gestellt werden, daß es Berufe, Ausbildungen oder sonstige Befähigungen gibt, die eher auf eine Eignung als Betreuer schließen lassen, als das bei anderen der Fall ist. Der Gesetzgeber verlangt aber keineswegs nach „dem Betreuer", sondern läßt unterschiedliche Personen geeignet sein. Auch die Tatsache, daß der hauptamtlich tätige Betreuer in der Regel eine Reihe unterschiedlicher Fälle nebeneinander zu bewältigen hat, rechtfertigt allein nicht ein besonderes „Anforderungsprofil" (vgl dazu aber OBERLOSKAMP ua 111), zumal auch ein ehrenamtlicher Betreuer nicht immer nur „lediglich einmal in seinem Leben eine Betreuung übernimmt" (so aber OBERLOSKAMP ua 111; s zu diesem Thema Bundesverband der Berufsbetreuer/-innen e.V., Berufsethik und Leitlinien, Beiträge zur Entwicklung von beruflichen Standards im Betreuungswesen [2005]).

9 Eine andere Frage ist es, ob diejenigen Mitarbeiterinnen und Mitarbeiter eines anerkannten Betreuungsvereins oder der Betreuungsbehörde, die nicht lediglich Betreuungen führen, sondern darüber hinaus zB Aufgaben der Gewinnung, Einführung, Fortbildung, Beratung und Unterstützung ehrenamtlich Tätiger wahrzunehmen haben, eine spezifische Befähigung nachweisen müssen oder sollten. Überdies hat die zuständige Behörde weitere Aufgaben zu erfüllen (Beteiligung an den verschiedenen Verfahren in Betreuungs- und Unterbringungssachen, Unterstützung bei Vorführungen und Unterbringungen, Unterstützung des Vormundschaftsgerichts, Initiierung von Aktivitäten, die der Betreuung von Betreuern dienen). Hier sind Befähigungen gefragt, die über die Eignung zum Betreuer hinausgehen und auch anderer Art als diese sind. An die Qualität sog Sozialberichte der zuständigen Behörde, wenn sie vom Gericht erbeten werden (vgl § 8 S 2 BtBG), müssen Anforderungen gestellt werden, die denen ähneln, die im Laufe der Zeit von der Rspr an Sachverständigengutachten gestellt wurden.

Soweit im Zusammenhang mit Fragen der Eignung und Qualifikation von Profession **10** und Professionalisierung die Rede ist, wird mitunter sowohl die Tatsache der beruflichen Ausübung als auch eine bestimmte Fachlichkeit gemeint. Dies ist irreführend und sollte vermieden werden. Der professionell tätige Betreuer führte bisher beruflich Betreuungen (§ 1836 Abs 1 nF, § 1908i Abs 1 S 1), ohne daß er dazu in einer dafür existierenden Berufsausbildung befähigt worden ist oder sonst eine vergleichbare Prüfung als Betreuer abgelegt hatte. Die in einzelnen Ländern aufgrund der Ermächtigung des § 2 Abs 1 und Abs 2 BVormVG eingeführten Nachqualifizierungsverfahren dienen dem Erreichen einer höheren Vergütungsstufe und setzen bereits eine mehrjährige berufsmäßige Führung von Vormundschaften und Betreuungen voraus, stellen also keine Berufsausbildung im engeren Sinne dar (krit zu den Sachgebietskatalogen in den Prüfungsbestimmungen BIENWALD BtPrax 2000, 155, 157). Ob es berufspolitisch und psychologisch gesehen ratsam ist, einen Beruf des Betreuers zu schaffen, muß auch unter dem Gesichtspunkt betrachtet werden, daß letztlich für ein und dieselbe Tätigkeit sowohl Ausgebildete als auch Unausgebildete geeignet sein können; eine für das Selbstwertgefühl nicht unbedingt förderliche Tatsache. Das erste und auch das 2. BtÄndG geben in dieser Hinsicht keinen Anlaß zu einer anderen Beurteilung. Weiterhin kommt es generell auf die **Eignung des Betreuers im konkreten Fall** an. Für die Feststellung der (entgeltlichen) Berufsbetreuertätigkeit war bis 1. 7. 2005 nach § 1836 Abs 1 S 3 und 4 und ist seitdem nach § 1 Abs 1 VBVG der Umfang der übertragenen Betreuungen maßgebend. Nutzbare Fachkenntnisse haben erst Bedeutung bei der Frage der Vergütungshöhe. Hier wird zwischen den nutzbaren und den besonderen Fachkenntnissen unterschieden, innerhalb der letzten Gruppe jedoch nicht nach inhaltlichen, sondern nach äußeren Merkmalen (Ausbildungsabschluß) die Zuordnung zur jeweiligen Vergütungshöhe vorgenommen (§ 1 Abs 1 BVormVG; § 4 VBVG). Danach werden auch für die Einordnung in die niedrigste Vergütungsgruppe von Berufsbetreuern nutzbare Fachkenntnisse verlangt. Sämtliche Arten von Fachkenntnissen können aber auch im Rahmen ehrenamtlicher Betreuung – je nach Betreuungsfall – für die Eignungsfrage entscheidend sein. Die Bemühungen des ersten BtÄndG, einerseits die Vergütungspflicht für Berufsbetreuer von der Höhe der Vergütung zu trennen (BT-Drucks 13/7158, 25), andererseits die Bestellung eines Betreuers mit besonderen Fachkenntnissen von der Notwendigkeit im Einzelfall abhängig zu machen (BT-Drucks 13/7158, 26), um die Betreuung aus der Staatskasse nicht unnötig teuer werden zu lassen, hätten nur dort

Erfolg haben können, wo die Gerichte auf eine entsprechende Vielfalt von Betreuern zurückgreifen können.

IV. Zum Begriff der Ehrenamtlichkeit

11 In den Bestimmungen über die Bestellung des Betreuers bzw einer Mehrzahl von Betreuern (§§ 1899, 1900) werden, entsprechend der Zielsetzung des BtG, die persönliche Betreuung sicherzustellen, natürliche Personen und Institutionen (Verein, Behörde) unterschieden. Von Ehrenamtlichen ist erst seit Einführung des § 1897 Abs 6 die Rede. In Verbindung mit § 1908b Abs 4 S 2 und 3 lassen sich die natürlichen Personen in Privatpersonen und solche, die als Mitarbeiter des Vereins oder der Behörde ausschließlich oder teilweise Betreuungen führen, gruppieren.

Ehrenamtliche Betreuer gerieten in den Blick erst im Zusammenhang mit der Aufgabenbeschreibung für den Betreuungsverein (§ 1908f). Bei der Bestimmung der Aufgaben der zuständigen Behörde haben sie keine besondere Erwähnung gefunden. Das BtG nimmt als Ehrenamtliche diejenigen, die durch verwandtschaftliche Beziehungen oder durch ein Amt zur Führung einer Betreuung gekommen sind, nicht aus. Anders die sozialwissenschaftliche Literatur (vgl nur BOCK, Artikel Ehrenamtliche/freiwillige Tätigkeit im sozialen Bereich, Fachlexikon der sozialen Arbeit [4. Aufl 1997], in der 5. Aufl 2002 RAUSCHENBACH). Der ehrenamtlich tätige Betreuer hat im Grundsatz die gleiche Rechtsstellung wie derjenige, der die Betreuung berufsmäßig führt. Auch der ehrenamtliche Betreuer hat die Angelegenheiten des Betreuten rechtlich zu besorgen, den Betreuten gerichtlich und außergerichtlich zu vertreten, Rechnung zu legen (sofern nicht befreit), ggf Schadensersatz zu leisten und untersteht der Aufsicht des Vormundschaftsgerichts usw. Keinesfalls ist der ehrenamtliche Betreuer, was seine Pflichten angeht, ein minderer Betreuer. Wer in ihm einen qualifizierten Besuchsdienst sehen will, verkennt, daß auch ein ehrenamtlich Tätiger zum Betreuer (auch als Folgebetreuer; vgl § 1908b Abs 1 S 2) nur bestellt werden darf für Aufgabenkreise, in denen (rechtliche) Betreuung erforderlich ist (§ 1896 Abs 2 S 1) und auch nur dann, wenn er iSd § 1897 Abs 1 geeignet ist. Als Unterscheidungsmerkmal zwischen ehrenamtlich und nicht ehrenamtlich tätigen Betreuern bleibt nach BtG also lediglich die Entgeltlichkeit erhalten, wobei ein durch die Regelung des § 1835a erreichbares geringes Entgelt (Aufwendungsersatz auch ohne entsprechend hohe Aufwendungen) nicht ins Gewicht fällt. Die durch den BGH zugunsten des Betreuers entschiedene Frage, ob Eltern oder nahen Verwandten des Betreuten die Aufwandsentschädigung nach § 1835a (damals § 1836a) zusteht (BGHZ 133, 337 = FamRZ 1996, 1545 = NJW 1997, 58), sollte durch § 1835a Abs 3 HS 2 erledigt sein (BT-Drucks 13/7158, 24, aber auch 44, 55).

Ein Verein erfüllt deshalb die ihm nach § 1908f Abs 1 Nr 2 zugewiesenen Aufgaben der Gewinnung, Einführung, Fortbildung und Beratung von Betreuern auch dann, wenn er sich nicht lediglich Fremden zuwendet, sondern es sich bei den genannten Personen um Angehörige von Betroffenen/Betreuten handelt. Dies ist insbesondere dann von Bedeutung, wenn ein anerkannter Verein nach den Richtlinien seines Landes Zuwendungen in Anspruch nimmt und über ihre Verwendung Rechenschaft abzulegen hat.

V. Strukturelle Probleme des neuen Systems

Die das Betreuersystem und die Auswahl und Bestellung des einzelnen Betreuers 12 (oder mehrerer Betreuer) regelnden Bestimmungen stoßen auf Bedenken und werfen etliche Anwendungsprobleme auf.

1. Problem der Durchsetzbarkeit der Rangfolge

Die Einhaltung der Stufenfolge der Betreuerbestellung, insbesondere die subsidiäre 13 Bestellung der Behörde, läßt sich nur dann durchsetzen, wenn der Betroffene oder sonst Beschwerdeberechtigte ein grundloses Abweichen von der Norm zur Sprache bringt. Sind zB Vormundschaftsgericht und Behörde darüber einig, daß es im Zeitpunkt der Entscheidung über eine Betreuerbestellung keine geeigneten vorrangig zu bestellenden Personen oder Vereine „gibt" oder eine etwaige Eignung nicht hinreichend geprüft oder festgestellt werden konnte, wird eine Rechtspraxis etabliert, die dem gesetzgeberischen Anliegen zuwiderläuft. Lediglich in bezug auf den Vorrang ehrenamtlicher Betreuung vor einer berufsmäßig geführten Betreuung hat das BtÄndG ein Beschwerderecht des Vertreters der Staatskasse eingeführt (s § 69g Abs 1 FGG).

2. Relativierung der Bestellungsvoraussetzungen

Mit der globalen Annahme, daß ehrenamtliche Betreuer in ihre Aufgaben einge- 14 führt, fortgebildet und beraten werden müßten, wird die persönliche Eignung zum Betreuer als Bestellungskriterium inhaltlich relativiert (BIENWALD BtPrax 1993, 79, 82). Wenn jemand in seine Aufgaben als Betreuer erst eingeführt werden muß, wenn Beratungs- und Fortbildungsbedarf besteht, können an die Eignung zum Betreuer keine hohen Anforderungen gestellt werden. Läßt sich dies noch für die Eignung zu persönlicher Betreuung (zu ihr BT-Drucks 11/4528, 68) erklären, ist zu bezweifeln, daß das auch für die Eignung gelten kann, die Angelegenheiten des Betroffenen zu besorgen, zumal vielfach irrtümlich angenommen wird, Betreuungsfälle, bei denen kein größeres Vermögen zu verwalten ist, seien „einfach". Bei dieser Einschätzung wird nicht berücksichtigt, daß ein Betreuer oftmals selbst mit solcherart Angelegenheiten und Behörden in eigener Sache noch nichts zu tun hatte, auf Erfahrungen im Umgang mit sozialrechtlichen Angelegenheiten und Verfahren demnach nicht zurückgreifen kann. Fraglich ist, ob durch die Betreuung der Betreuer nicht die Gefahr besteht, daß sich eine eigene „Zunft" herausbildet, die ein Interesse daran hat, ehrenamtliche Betreuer „betreuungsbedürftig" zu halten.

3. Ausschluß von Heimmitarbeitern

Durch das institutionalisierte Mißtrauen gegenüber Heimmitarbeitern uä gemäß 15 § 1897 Abs 3 hat der Gesetzgeber ein Potential an fähigen und bereiten Betreuern zur Untätigkeit verurteilt und außerdem den Willen von Betreuten nicht respektiert, die mit den genannten Betreuern keine schlechten Erfahrungen gemacht haben. Eine Einzelprüfung und -kontrolle in bezug auf Abhängigkeiten (zB bezogen auf die Verausgabung von sog Taschengeld oder die Nichtinanspruchnahme bestimmter Leistungen) hätte ausgereicht. Durch die Ergänzung des § 1896 Abs 2 S 2 gewinnt die Vorschrift Bedeutung auch in Fällen erteilter Vorsorgevollmacht.

4. Marktregulierende Macht des Vormundschaftsgerichts

16 Mit der Feststellung von Betreuungsbedürftigkeit und der Bestellung eines Betreuers (unter Mitarbeit der Behörde) entscheidet das Vormundschaftsgericht nicht nur über das Schicksal des Betroffenen und ggf seiner Angehörigen, sondern auch über Arbeits- und Verdienstchancen von Betreuern und solchen Personen (einschl Vereinen), die im Begriff sind, Betreuungen zu übernehmen. Das BtG enthält keine Kontrollen in bezug auf solche marktregulierenden Betätigungen (BIENWALD BtPrax 1993, 78, 83). Das auf Fälle von Amts wegen bestellter Betreuer beschränkte Beschwerderecht der zuständigen Behörde (§ 69g Abs 1 S 1 FGG) verhindert eine Korrektur von „Mitleids-" oder „Gefälligkeits-"Bestellungen und von solchen, bei denen das Gericht das Verhalten der Betroffenen bei seiner persönlichen Anhörung als Zustimmung und weitergehend als Antrag gewertet hat (vgl OLG Hamm FamRZ 2002, 194).

5. Die mit nur einer Person besetzte Betreuungsbehörde, Reformüberlegungen

17 Nicht in erster Linie rechtliche, sondern eher methodische und psychologische Probleme wirft die Besetzung der zuständigen Behörde mit einer einzigen (nicht immer fachlich einschlägig ausgewiesenen) Person auf. Fremd- und Eigenkontrolle muß bei einer solchen Besetzung zu kurz kommen, von Problemen der Vertretung während Abwesenheitszeiten und der Realisierung des Anspruchs persönlicher Betreuung als Reformprogramm einmal abgesehen. Sowohl die Mitarbeit bei der Erforschung des Sachverhalts als auch die Suche nach einem geeigneten Betreuer, die Bestellung der Behörde zum Betreuer und die Wahrnehmung der Aufgabe, die Entscheidung über die Unterbringung und die Hilfe beim Vollzug, um nur einige Bereiche zu nennen, liegen alle in einer Hand. Datenschutzprobleme sind dabei noch ausgeklammert. Sollten sich entsprechende Reformüberlegungen durchsetzen, Kontroll- und Abrechnungsaufgaben des Vormundschaftsgerichts auf die zuständige Behörde zu verlagern, könnten durch weiteren Personalbedarf diese Probleme zT der Vergangenheit angehören.

6. Übersehene Problematik der Angehörigenberatung

18 Als Aufgabe nicht berücksichtigt hat der Gesetzgeber die Information und Beratung Angehöriger eines Betroffenen über die Voraussetzungen und Folgen einer Betreuerbestellung und die mit der Verselbständigung von aus der Betreuung entlassenen Personen verbundenen Ablösungsprozesse, die ihrerseits Beratung und Begleitung erfordern (s BIENWALD FamRZ 1992, 1125, 1127). Da anerkannte Betreuungsvereine, die dafür in Frage kommen, nur die Kosten abrechnen können, die ihnen nach den Bestimmungen über Aufwendungsersatz und Vergütung des BGB und den landesrechtlichen Förderrichtlinien zugebilligt werden, ist es letztlich eine Frage der Finanzierung unbenannter Dienstleistungen. Das Problem wird durch die mit dem ersten BtÄndG eingeführte Aufgabe, planmäßig über Vorsorgevollmachten und Betreuungsverfügungen zu informieren (Einfügung der Nr 2a in § 1908f Abs 1) nicht gemildert. Denn die hier formulierte Aufgabe erstreckt sich auf die Information einer unbekannten Zahl von Adressaten; die Einzelberatung wird dadurch nicht unmittelbar erfaßt. Hinzukommt, daß die Behörde zwar zur Unterstützung auch in finanzieller Hinsicht aufgefordert ist (§ 6 S 2 BtBG), die öffentlichen Mittel jedoch schon heute nicht ausreichen oder erst gar nicht ausreichend bewilligt werden. Der Kreis der möglichen an Beratung interessierten Personen wurde durch die Berücksichtigung der Lebenspartner des LPartG im Betreuungsrecht (§§ 1836c, 1897, 1903, 1908i BGB, §§ 68a, 69g, 70d FGG) erweitert. Die Beratung und Unterstützung der Bevollmächtigten auf deren Wunsch hat dagegen der durch Art 9 Nr 1 2. BtÄndG neu gefaßte § 4 BtBG der Behörde zur Plicht gemacht.

VI. Wesentliche Grundsätze für die Bestellung von Betreuern

1. Übernahmepflicht für jedermann

Anders als im früheren Recht und noch im geltenden Vormundschaftsrecht ist die Übernahmepflicht, die das BtG im übrigen beibehalten hat, nicht auf Deutsche begrenzt (§ 1898). **19**

2. Mitwirkungsverpflichtung ohne Zwangsgeldregelung

Wie bisher darf der Ausgewählte erst dann zum Betreuer bestellt werden, wenn er sein Einverständnis erklärt hat (§ 1898 Abs 2). Sein Wille darf jedoch nicht mehr durch Androhung und Festsetzung von Zwangsgeld gebeugt werden (anders § 1788 für die Vormundschaft). **20**

3. Bestellungsverbote/-hindernisse

Wer zu einer Anstalt, einem Heim oder einer sonstigen Einrichtung, in welcher der Volljährige untergebracht ist oder wohnt, in einem Abhängigkeitsverhältnis oder in einer anderen engen Beziehung steht, darf nicht zum Betreuer bestellt werden (§ 1897 Abs 3). **21**

Wer Betreuer ist, darf nicht auch über die Einwilligung in eine Sterilisation entscheiden. Es ist stets ein besonderer Betreuer zu bestellen (§ 1899 Abs 2).

4. Vorschlagsrecht des Betroffenen

Der Betroffene hat die Möglichkeit, auf die Personalentscheidung Einfluß zu nehmen (vgl § 1897 Abs 4; 1900 Abs 2 S 2; § 69c Abs 1 S 1 FGG). Dem Verfahrenspfleger (§ 67 FGG) steht ein Vorschlagsrecht nicht zu (OLG Hamm FamRZ 1996, 1372 = BtPrax 1996, 189 unter Aufgabe der in FamRZ 1993, 988, 990 vertretenen Auffassung). **22**

5. Bedarfsorientierte Betreuerzahl

Die Zahl der zu bestellenden Betreuer richtet sich nicht mehr nach dem Regel-Ausnahme-Prinzip (s § 1775), sondern ist am Bedarf orientiert (§ 1899 Abs 1) und neuerdings auch an der Kostenfrage (§ 1899 Abs 1 S 2, angefügt durch Art 1 Nr 9a 2. BtÄndG); Grenzen setzt die zur Verfügung stehende Zahl von Personen bzw Institutionen und der Vergütungsanspruch etwaiger weiterer Betreuer. **23**

§ 1897
Bestellung einer natürlichen Person

(1) Zum Betreuer bestellt das Vormundschaftsgericht eine natürliche Person, die geeignet ist, in dem gerichtlich bestimmten Aufgabenkreis die Angelegenheiten des Betreuten rechtlich zu besorgen und ihn in dem hierfür erforderlichen Umfang persönlich zu betreuen.

(2) Der Mitarbeiter eines nach § 1908f anerkannten Betreuungsvereins, der dort ausschließlich oder teilweise als Betreuer tätig ist (Vereinsbetreuer), darf nur mit Einwilligung des Vereins bestellt werden. Entsprechendes gilt für den Mitarbeiter einer in Betreuungsangelegenheiten zuständigen Behörde, der dort ausschließlich oder teilweise als Betreuer tätig ist (Behördenbetreuer).

(3) Wer zu einer Anstalt, einem Heim oder einer sonstigen Einrichtung, in welcher der Volljährige untergebracht ist oder wohnt, in einem Abhängigkeitsverhältnis oder in einer anderen engen Beziehung steht, darf nicht zum Betreuer bestellt werden.

(4) Schlägt der Volljährige eine Person vor, die zum Betreuer bestellt werden kann, so ist diesem Vorschlag zu entsprechen, wenn es dem Wohl des Volljährigen nicht zuwiderläuft. Schlägt er vor, eine bestimmte Person nicht zu bestellen, so soll hierauf Rücksicht genommen werden. Die Sätze 1 und 2 gelten auch für Vorschläge, die der Volljährige vor dem Betreuungsverfahren gemacht hat, es sei denn, dass er an diesen Vorschlägen erkennbar nicht festhalten will.

(5) Schlägt der Volljährige niemanden vor, der zum Betreuer bestellt werden kann, so ist bei der Auswahl des Betreuers auf die verwandtschaftlichen und sonstigen persönlichen Bindungen des Volljährigen, insbesondere auf die Bindungen zu Eltern, zu Kindern, zum Ehegatten und zum Lebenspartner, sowie auf die Gefahr von Interessenkonflikten Rücksicht zu nehmen.

(6) Wer Betreuungen im Rahmen seiner Berufsausübung führt, soll nur dann zum Betreuer bestellt werden, wenn keine andere geeignete Person zur Verfügung steht, die zur ehrenamtlichen Führung der Betreuung bereit ist. Werden dem Betreuer Umstände bekannt, aus denen sich ergibt, dass der Volljährige durch eine oder mehrere andere geeignete Personen außerhalb einer Berufsausübung betreut werden kann, so hat er dies dem Gericht mitzuteilen.

(7) Wird eine Person unter den Voraussetzungen des Absatzes 6 Satz 1 erstmals in dem Bezirk des Vormundschaftsgerichts zum Betreuer bestellt, soll das Gericht zuvor die zuständige Behörde zur Eignung des ausgewählten Betreuers und zu den nach § 1 Abs. 1 Satz 1 zweite Alternative des Vormünder- und Betreuervergütungsgesetzes zu treffenden Feststellungen anhören. Die zuständige Behörde soll die Person auffordern, ein Führungszeugnis und eine Auskunft aus dem Schuldnerverzeichnis vorzulegen.

(8) Wird eine Person unter den Voraussetzungen des Absatzes 6 Satz 1 bestellt, hat sie sich über Zahl und Umfang der von ihr berufsmäßig geführten Betreuungen zu erklären.

Materialien: Art 1 Nr 6 DiskE I; Art 1 Nr 41 RegEntw; Art 1 Nr 47 BtG; DiskE I (§ 1898) 113; BT-Drucks 11/4528, 124 ff (BReg); BT-Drucks 11/4528, 207 (BRat); BT-Drucks 11/4528, 226 (BReg); BT-Drucks 11/6949, 9 und 72 f Nr 14 (zT unverändert). Art 1 Nr 12 RegEntw BtÄndG (BR-Drucks 960/96 = BT-Drucks 13/7158, 7, 33); Stellungnahme BRat und Zustimmung BReg BT-Drucks 13/7158, 49, 57; BT-Drucks 13/10331, 15 (RA); BR-Drucks 339/98. BGBl I 1580 Art 1 Nr 12 (unverändert); STAUDINGER/BGB-Synopse 1896–2005 § 1897. Abs 5 ergänzt durch Art 2 Nr 19 LPartG); BT-Drucks 14/3751, 7, 46. Art 1 Nr 7 2. BtÄndG (BT-Drucks 15/2494, 6, 29) = Art 1 Nr 8 2. BtÄndG (BT-Drucks 15/4874 [Beschlußempf]), BR-Drucks 121/05 (Beschluß); BGBl I 1073.

Schrifttum

vBERGEN/PUFHAN, Wenig Ehre und viel Arbeit – Zum Vorrang der Ehrenamtlichkeit, Vormundschaftsgerichtstag eV, betrifft: Betreuung 1/1999, 39 (AG 9)

BRUCKER, Die persönliche Betreuung und ihre Realisierung in einem regionalen Betreuungsverein, BtPrax 2003, 105

DERBEN, Anmerkung zum Berufsbild der Verbände, BtPrax 2003, 66 (zum gemeinsamen Entwurf eines Berufsbildes von BdB und VfB für Berufsbetreuer v 17. 1. 2003; s BtPrax 2003, 73)

MAASSEN, Wenn Angehörige betreuen und pflegen, BtPrax 2003, 111

SCHAUB, Die Bedeutung der SA-/SP-Qualifikationen bei der Auswahl von Betreuern durch die Justiz, in: Recht sozial, Rechtsfragen der sozialen Arbeit (2. Aufl 2002) 348

SIEKMANN, Der Lebensgefährte als Betreuer, Besprechung von OLG Köln EzFamR 1999, 274; Kerbe 2000, 19

WÖHLER, Ehrenamtliche Betreuerinnen gewinnen und sie angemessen unterstützen: Wie kann der Vorrang der Ehrenamtlichkeit optimal realisiert werden?, in: VÖGELE (Hrsg), Einer trage des andern Last? Die Reform des Betreuungsrechts, Loccumer Protokolle 13/1999, 120.

Systematische Übersicht

I.	Normzweck	1
II.	**Geltungsbereich**	
1.	Bestellung natürlicher Personen	4
2.	Alle Arten von Betreuern	5
3.	Keine Anwendung auf die Bestellung eines Gegenbetreuers	6
4.	Erstmalige und weitere Personalentscheidungen	7
5.	Keine unmittelbare Anwendung auf Verfahrenspfleger	8
6.	Übergangsrecht	9
III.	**Grundsätze der Auswahl und Bestellung des Betreuers**	10
IV.	**Auswahlkriterien**	
1.	Orientierung an Generalklausel	11
2.	Eignung als unbestimmter Rechtsbegriff	12
a)	Allgemeines	12
b)	Konkrete Eignungsgesichtspunkte	13
c)	Geeignetheit zu persönlicher Betreuung	15
d)	Sonstige Kriterien	18
3.	Ungeeignetheit zum Betreuer	19
a)	aus rechtlichen Gründen	19
b)	aus tatsächlichen Gründen	27
V.	**Die Bedeutung des Vorschlagsrechts**	28
VI.	**Keine Sonderregelung für nichtdeutsche Betroffene**	30

VII. Besonderheiten bei einzelnen Betreuerarten
1. Angehörige _____ 31
2. Freiberuflich tätige Berufsbetreuer _____ 32
3. Vereinsbetreuer _____ 34
4. Behördenbetreuer _____ 40

VIII. Verfahrensrechtliches
1. Bedeutung der Personalentscheidung _____ 44
2. Überprüfbarkeit der Personalentscheidung _____ 45
3. Beschwerde und Beschwerdebefugnis _____ 46

4. Beschwerdebefugnis Angehöriger gegen Bestellung Dritter _____ 47
5. Weitere Fälle von Beschwerdebefugnis _____ 48
6. Bestellung eines Verfahrenspflegers _____ 50

IX. Zum institutionalisierten Vorrang ehrenamtlicher vor beruflich geführter Betreuung (Abs 6 und 7) _____ 51

X. Die Erklärungspflicht berufsmäßig tätiger Betreuer nach Abs 8 _____ 58

Alphabetische Übersicht

Angehörige, Beschwerdebefugnis _____ 47
– als Betreuer _____ 31
– fremder Staaten _____ 30
Anonyme Verwaltung _____ 4
Arzt, behandelnder als Betreuer _____ 25
Ausbildungsprofil _____ 38
Ausländer _____ 30
Auswahlermessen _____ 10, 28
Auswahlgrundsätze _____ 10
Auswahlkriterien _____ 11

Beachtlichkeit der Betroffenenwünsche _____ 3
Befreiung
– der Angehörigen _____ 31
– der Behördenbetreuer _____ 42
– der Vereinsbetreuer _____ 34
Behandelnder Arzt als Betreuer _____ 25
Behördenbetreuer _____ 40
Berufsbetreuer _____ 32
Beschwerde, Beschwerdebefugnis _____ 46
Besonderer Betreuer _____ 5, 9
Bestellung Dritter _____ 47
Bestellungsgrundsätze _____ 10
Bestellungsverbot _____ 2, 10
Betreuerarten _____ 5
Betreuermehrheit _____ 3
Betreuerwechsel _____ 7
Betreuungsverfügung _____ 28
Bindungen _____ 10, 28

Dienstaufgabe _____ 37

Effektivität der Betreuung _____ 17
Eheleute _____ 31
Ehrenamtliche Helfer _____ 36, 40
Eignung als unbestimmter Rechtsbegriff _____ 12
Eignungsgesichtspunkte _____ 13
Eignungsmängel _____ 14
Einrichtungen, Bestellungsverbot für Mitarbeiter _____ 2, 23
Einstweilige Anordnung _____ 29
Einwilligung in die Sterilisation _____ 5
Einzelbetreuer _____ 5
Entlassung _____ 39
– des Behördenbetreuers _____ 43
– des Betreuers _____ 7
Ergänzungsbetreuer _____ 5
Erklärungspflicht gem Abs 8 _____ 58
Erlaubnis _____ 26
Ermessen des Tatrichters _____ 10
Ersatzbetreuer _____ 5
Erstmalige Personalentscheidung _____ 7

Fachkenntnisse, besondere _____ 33
Feststellung berufsmäßiger Betreuung _____ 32
Freiberuflich tätige Berufsbetreuer _____ 32
Freistellung Angehöriger _____ 31
Führungszeugnis _____ 57

Gegenbetreuer _____ 6
Generalklausel _____ 11, 19
Gesetzlicher Ausschluß _____ 22
Gesetzliche Vertretung _____ 20
Grundsätze der Auswahl und Bestellung _____ 10

Titel 2 § 1897
Rechtliche Betreuung

Hauptbetreuer	5	Sohn als Betreuer	28
Heim	23	Sonstige Kriterien	18
Hilfskräfte	18	Sonstige Umstände	18
		Sozialberater für Ausländer	30
Insolvenz	21	Sterilisation	9, 23
Interessenkonflikte	31 ff	Sterilisationsbetreuer	9
Keine Befreiung freiberuflicher Betreuer	33	Teileignung	12
Kind als Betreuer	31	Tochter als Betreuerin	28
Kontrollbetreuer	5		
		Übergangsrecht	9
Lebensgefährte	28, 31	Übernahmebereitschaft	10, 40
Lebenspartner/-schaft	1, 10, 46	Übernahmepflicht	10
		Überprüfbarkeit von Personalentscheidungen	45
Mitarbeiter von Einrichtungen, Bestellungsverbot	2	Überwachungsbetreuer	5
Mitbetreuer	5	Unbestimmter Rechtsbegriff, Eignung als	12
Mitteilungspflichten von Berufsbetreuern	32	Ungeeignetheit zum Betreuer	19
		Unpersönliche Betreuung	4
Nachrang der Berufsbetreuer	10	Untauglichkeit	21
Natürliche Personen	4	US-amerikanische Entscheidung	18
– Rangfolge	10		
Natürlicher Wille	28	Vereinsbetreuer	34
Nebenpflichten, Eignung für	12	Verfahrenspfleger	8, 24, 28, 50
Negative Auswahl	14	Verfahrenspflegerbestellung	50
Neuer Betreuer	7	Verfahrensrecht	44
Nichtdeutsche Betroffene	30	Verlängerung einer Betreuerbestellung	7
Normzweck	1	Vermögenslage	18
		Vertretung	18
Persönliche Betreuung	4 f, 15	Verwandte	31
Persönliche Betreuung als Eignungskriterium	15	Verwandtschaftliche Beziehungen	10
Persönliche Verhältnisse	18	Vollmachtbetreuer	5
Pflegedienstleiter als Betreuer	25	Vorschlagsrecht	28
Pflegekraft als Betreuer	25	Vorsorgevollmacht	23
Pfleger für das Verfahren	8, 24, 50	Weitere Personalentscheidungen	7
		Weiterer Betreuer	5, 7, 15
Rangfolge	10	Wille des Betroffenen	10
– natürlicher Personen	10	Wünsche des Betroffenen	3
Rechtskenntnisse, mangelhafte	14		
Religiöses Bekenntnis	18	Zeugen Jehovas	18
		Zumutbarkeit der Betreuung	10
Schuldner	21	Zwangsgeld	42
Schuldnerverzeichnis	57		

I. Normzweck

1 Entsprechend der Zielsetzung des Gesetzgebers, eine persönliche Betreuung der Betreuten zu erreichen, die er am ehesten durch die persönliche Bestellung des Betreuers gewährleistet sieht, bestimmt diese Vorschrift, wer in erster Linie als Betreuer in Betracht kommt und welche Voraussetzungen dafür gegeben sein müssen (Abs 1 und 2). Der Betreuer wird nicht nur durch gesetzliche Handlungsanweisungen auf die persönliche Betreuung verpflichtet (§ 1901 Abs 2 und 3); er kommt als Betreuer nur in Betracht, wenn er den Betreuten bei der Besorgung von dessen Angelegenheiten in dem erforderlichen Umfang persönlich betreuen kann. Die persönliche Betreuung wird damit zum Eignungskriterium der Betreuerbestellung und ergänzt damit die wichtige personale Komponente der Betreuung, die bereits dadurch zum Ausdruck kommt, daß nicht Betreuung angeordnet, sondern nur noch ein Betreuer bestellt wird (§ 1896 Abs 1). Entgegen der inhaltlichen Füllung des Begriffs der persönlichen Betreuung durch den Gesetzgeber des Betreuungsgesetzes (BT-Drucks 11/4528, 68) haben den Begriff einige Gerichte neuerdings bei ihren Einstufungsentscheidungen (bisher nach § 1 BVormVG; nunmehr § 1 Abs 1 VBVG) im Sinne einer selbständigen Aufgabe des Betreuers interpretiert (s Rn 12).

Die durch Art 1 Nr 12 BtÄndG getroffene Änderung des Abs 1 (Einfügung des Wortes „rechtlich" und Neufassung „ihn in dem hierfür") soll die Betreuung als Rechtsfürsorge verdeutlichen. Der RegEntw des BtÄndG begründete die Änderung in engem Zusammenhang mit der Einfügung des Abs 1 in § 1901. Es solle, so heißt es, die rechtliche Besorgung der Angelegenheiten des Betreuten von sonstigen faktischen mit der rechtlichen Besorgung nicht verbundenen Tätigkeiten des Betreuers klarer abgegrenzt werden und die Klarstellung bereits bei der Bestellung des Betreuers Beachtung finden (BT-Drucks 13/7158, 33).

Die Ergänzung der Vorschrift um Abs 6 dient dazu, den Vorrang der ehrenamtlichen Betreuung vor der beruflich geführten zum Ausdruck zu bringen und die Bestellung überqualifizierter Betreuer zu vermeiden (BT-Drucks 13/7158, 50). Die Bestimmung wird ergänzt durch die neue Entlassungsvorschrift des § 1908b Abs 1 S 2 und das dem Vertreter der Staatskasse durch § 69g Abs 1 S 2 FGG eingeräumte Beschwerderecht gegen Entscheidungen, durch die die Entlassung eines Berufsbetreuers und seine Ersetzung durch einen ehrenamtlichen Betreuer abgelehnt wird. Mit der Anfügung des Abs 7 sowie dessen Neufassung wird die Vorschrift über die Feststellung der Berufsmäßigkeit der Betreuungsführung in bezug auf deren Voraussetzungen ergänzt (näher dazu § 1908i Rn 297). Letzten Endes geht es darum, einerseits die Staatskasse bei Mittellosigkeit von Betreuten zu schonen, andererseits Betreuer mit besonderen Qualifikationen denjenigen Betreuungen vorzubehalten, bei denen die entsprechenden Kenntnisse und Fähigkeiten wirklich benötigt werden (BT-Drucks 13/7158, 50).

Gemäß der Zielsetzung des Gesetzes zur Beendigung der Diskriminierung gleichgeschlechtlicher Gemeinschaften: Lebenspartnerschaften (v 16.2.2001, BGBl I 266) wurde in Abs 5 dem Kreis derjenigen, zu denen die betroffene Person persönliche Bindungen haben kann, auf die Rücksicht genommen werden soll, der Lebenspartner hinzugefügt (vgl die weiteren Hinzufügungen in §§ 1903 Abs 2, 1908i Abs 2 S 2, 1836c BGB, §§ 68a S 3, 69g Abs 1 S 1, 70d Abs 1 Nr 1a FGG). Damit erhält der (gleichgeschlechtliche) Lebenspartner die gleiche Rechtsstellung wie die übrigen in den genannten Vorschriften aufgeführten Personen. Abs 7 wurde neu gefaßt durch Art 1 Nr 8a; Abs 8 angefügt durch Art 1 Nr 8b 2. BtÄndG.

Mit Abs 3 der Vorschrift wird einem weiteren wichtigen Anliegen, die Qualität der Betreuung zu verbessern, Geltung verschafft. In Zukunft (zu „Altfällen" s unten Rn 9) soll es nicht mehr möglich sein, daß ein Mitarbeiter der Einrichtung, in der der Betreute lebt, dessen Betreuung übernimmt. Dieses Verbot gilt absolut und wird auch nicht durch den sonst im BtG beachteten Grundsatz der vorrangigen Selbstbestimmung des Betreuten durchbrochen (BayObLG FamRZ 2002, 703 mwN; vgl auch OLG Schleswig FamRZ 2002, 984 m Anm BIENWALD). 2

Der Grundsatz, daß Wünschen des Betreuten weitgehend Rechnung getragen werden soll, findet seinen Niederschlag in Abs 4 und in Abs 5 insofern, als persönliche Bindungen berücksichtigt werden sollen, auch wenn ein entsprechendes Interesse nicht artikuliert wird. Abs 4 nimmt gewissermaßen die Zielsetzung der Betreuung, den noch vorhandenen eigenen Entscheidungs- und Gestaltungsmöglichkeiten Raum zu lassen (§ 1901 Abs 3 S 1), für die Personalentscheidung vorweg. Das Wunschrecht des Betroffenen hat durch den angefügten Abs 6 und die weiteren damit in engem Zusammenhang stehenden Ergänzungen des bisherigen Rechts (s Vorbem 8 zu §§ 1897 ff) Einschränkungen erfahren. Der Grundsatz des Vorrangs der ehrenamtlich geführten Betreuung vor der beruflich geführten Betreuung steht nicht zur Disposition des Betroffenen. 3

Die Grundregel des § 1897 Abs 1 und 2 wird ergänzt durch § 1900, der Alternativen anbietet, die jedoch erst nachrangig wirksam werden. Sie wird auch ergänzt durch § 1899, der die eng interpretierte Regel der Einmannbetreuung des § 1775 einerseits aufgelockert, durch den Abs 1 angefügten S 2 aber wieder eingeschränkt hat.

Abs 7 S 1 formuliert zwar eine Verpflichtung des Gerichts („soll"), stellt aber das Verfahren und die Betreuerbestellung nicht in Frage, wenn das Gericht lediglich dieser Verpflichtung nicht nachgekommen ist. S 2 ergänzt § 8 BtBG um eine weitere Aufgabe. Abs 8 verpflichtet die berufsmäßig tätigen Betreuer, muß aber aktualisiert werden durch eine entsprechende Aufforderung durch den Richter oder Rechtspfleger.

II. Geltungsbereich

1. Bestellung natürlicher Personen

§ 1897 regelt die Bestellung natürlicher Personen zu Betreuern. Für die Bestellung von Vereinen und der zuständigen Behörde gilt § 1900. Sie fällt nicht unter die Regelung des § 1897 Abs 1. Die persönliche Betreuung der Betreuten im Sinne des Gegenteils von anonymer Verwaltung von Fällen (sprachlich ist der Gegensatz „unpersönliche" Betreuung; er drückt noch schärfer aus, was der Gesetzgeber [nicht] wollte) hat zwar den Charakter eines allgemeinen Arbeitsprinzips der Betreuungsarbeit, bedeutet jedoch in § 1897 Abs 1 nur ein Auswahlkriterium, das für die Bestellung einer Institution (Verein, Behörde) nicht ausschlaggebend sein kann. Der Verein und die Behörde haben bei der Übertragung der Betreuung auf einzelne 4

Personen (§ 1900 Abs 2 S 1 und Abs 4 S 2) dem Wohl des Betreuten zu entsprechen (vgl auch § 69c Abs 1 S 2, 2. Alt FGG). Dadurch wird die Notwendigkeit persönlicher Betreuung nicht zum Kriterium der Bestellung von Verein oder Behörde.

2. Alle Arten von Betreuern

5 Die Vorschrift betrifft die Auswahl aller natürlichen Personen zu Betreuern, unabhängig von der Art der Betreuung. Sowohl der Einzelbetreuer als auch der Mitbetreuer (§ 1899 Abs 1, 3 und 4) sind nach § 1897 auszuwählen, als auch der Hauptbetreuer und der Ergänzungsbetreuer (zur Auswahl eines weiteren Betreuers nach § 1899 Abs 4 OLG Zweibrücken Rpfleger 1999, 535 = FGPrax 1999, 182 = NJWE-FER 1999, 272); ebenso der endgültig bestellte bisher zum vorläufigen Betreuer bestellt gewesene Betreuer (OLG Köln FamRZ 2005, 237 [LS]). Zur Frage einer (Dauer-)Ersatzbetreuerbestellung s LG Frankfurt/Oder FamRZ 1999, 1221, 1223, sowie ALPERSTEDT, Dauerergänzungsbetreuung bei tatsächlicher Verhinderung, BtPrax 2001, 106. Grundsätzlich ist auch bei einer Betreuerbestellung durch vorläufige Anordnung § 1897 zu beachten; bei Gefahr im Verzug kann von dem Grundsatz abgewichen werden (LG Regensburg FamRZ 1993, 597). Der nach § 1899 Abs 2 für die Entscheidung über die Einwilligung in eine Sterilisation zu bestellende besondere Betreuer kann nur als Einzelperson nach den Kriterien des § 1897 ausgewählt werden (§ 1900 Abs 5). Ob die Auswahl des Betreuers nach § 1897 auch im Falle des Kontroll-, Überwachungs- oder Vollmachtbetreuers uneingeschränkt vorgenommen werden kann, ist zumindest fraglich. Allerdings muß auch er für die ihm übertragene Aufgabe, der Geltendmachung von Rechten des Betreuten gegenüber seinem Bevollmächtigten, geeignet sein. In gewisser Weise hat auch er bei der Wahrnehmung dieser Aufgabe den Betreuten „im erforderlichen Umfang persönlich zu betreuen". Der Inhalt dieser persönlichen Betreuung weicht jedoch in der Regel von der durch den nach § 1896 Abs 1 und 2 bestellten Betreuer ab. In der Geltendmachung der Rechte gegenüber dem Bevollmächtigten des Betreuten ist der Betreuer in erster Linie an den Inhalt der Vollmacht und des der Bevollmächtigung zugrundeliegenden Rechtsverhältnisses gebunden und kann nur in eingeschränktem Maße den Wünschen und Vorstellungen des Betreuten in dem von § 1901 für den Regelfall vorgegebenen Maße entsprechen. UU würde die Beachtung und Berücksichtigung solcher Wünsche sogar dem vom Gericht erhaltenen Auftrag widersprechen und dementsprechende Reaktionen hervorrufen (§§ 1837, 1908i Abs 1 S 1).

3. Keine Anwendung auf die Bestellung eines Gegenbetreuers

6 In ähnlicher Weise untypisch ist die Aufgabe des Gegenbetreuers (§ 1792 iVm § 1908i Abs 1 S 1), für dessen Auswahl die Kriterien des § 1897 erst recht nicht maßgebend sein können (aA BayObLG-Rp 2001, 60 = FamRZ 2001, 1555; MünchKomm/SCHWAB § 1908i Rn 10). Dem Gegenvormund sind Aufgaben der Kontrolle zugewiesen (STAUDINGER/ENGLER [2004] § 1792 Rn 1). Dadurch wird auch eine Entlastung des Vormundschaftsgerichts erreicht. Auf eine persönliche Betreuung des Betreuten (s dazu BT-Drucks 11/4528, 68) und eine dementsprechende Eignung kommt es beim Gegenbetreuer nicht an. Gleichwohl schadet die persönliche Kontaktnahme zu dem Betreuten nicht. Der Gegenbetreuer hat nicht unmittelbar die Angelegenheiten des Betreuten zu besorgen. Seine Aufgaben ergeben sich unmittelbar aus dem Gesetz. Bei der Wahrnehmung dieser Aufgaben kann er nicht in gleicher Weise wie der

Betreuer den Wünschen und Vorstellungen des Betreuten Rechnung tragen und verpflichtet sein.

4. Erstmalige und weitere Personalentscheidungen

Die Vorschrift betrifft die erstmalige Bestellung eines Betreuers. Sie ist für den Betreuerwechsel (§ 1908b Abs 3) zu beachten (ebenso BayObLG FamRZ 1994, 322 = Rpfleger 1994, 64 = BtPrax 1993, 171 sowie FamRZ 1994, 1353) und kommt für die Erweiterung des Aufgabenkreises des Betreuers und die Bestellung eines weiteren Betreuers ebenfalls zur Anwendung, weil auch insoweit eine Eignung iSv Abs 1 gegeben sein muß. Bei der Entscheidung über die Verlängerung der Betreuerbestellung richtet sich die Auswahl der Person des Betreuers nach § 1897 und nicht nach § 1908b (BayObLG FamRZ 2001, 1100 [LS] = BtPrax 2001, 218 [LS] = NJWE-FER 2001, 234; OLG Hamm FamRZ 2001, 255 = FGPrax 2000, 196; OLG Zweibrücken Rpfleger 2002, 312 = BtPrax 2002, 87; vgl auch BayObLG 2002, 1145 [LS]). Ist der nach § 1908b zu bestellende neue Betreuer zunächst durch einstweilige Anordnung bestellt worden, kann er in der Hauptsacheentscheidung nicht allein deshalb in seinem Amt bestätigt werden, weil er die Voraussetzungen für eine Entlassung nach § 1908b Abs 1 S 1 nicht erfüllt; vielmehr bedarf es einer Auswahlentscheidung nach den Kriterien des § 1897 (BayObLG FamRZ 2001, 252). Ob die Eignung des Betreuers, die Angelegenheiten des Betreuten rechtlich zu besorgen, nicht mehr gewährleistet ist und das Vormundschaftsgericht den Betreuer aus diesem wichtigen Grunde zu entlassen hat (§ 1908b Abs 1), bestimmt sich nach den Kriterien des § 1897. Wer im Falle einer Mehrbetreuerbestellung (§ 1899) als geeignet in Frage kommt, bestimmt sich, sofern nicht Ausschlußgründe zu beachten sind, nach den Kriterien des § 1897.

5. Keine unmittelbare Anwendung auf Verfahrenspfleger

Die Vorschrift gilt für die Auswahl des (Einzel-)Betreuers. Sie ist abgesehen von Abs 6 S 1 nicht unmittelbar anwendbar auf die Bestellung eines Pflegers für das Verfahren nach den §§ 67 und 70b FGG. Das Gericht hat hierbei auch auf die Eignung des Betreffenden zu achten und kann Vorschläge des Betroffenen berücksichtigen. Die Rücksichtnahme auf verwandtschaftliche und sonstige persönliche Bindungen kann jedoch dem Zweck der Pflegerbestellung und der dem Pfleger zugedachten Funktion zuwiderlaufen. Das in Abs 3 enthaltene gesetzliche Bestellungsverbot gilt dann ebenfalls nicht für die Bestellung des Verfahrenspflegers. Es drückt aber einen Grundsatz aus, der wiederum auch bei der Verfahrenspflegerbestellung nicht außer acht gelassen werden darf. Ähnlich wie bei Angehörigen, die die Unterbringung ihres angehörigen Betreuten erreichen wollen, deren Bestellung zum Verfahrenspfleger sich von selbst verbietet, kann allgemein eine Bestellung zum Verfahrenspfleger dann nicht ratsam sein, wenn die Interessenlage eine objektive Vertretung der Interessen des Betroffenen als zweifelhaft erscheinen läßt. Näher dazu BIENWALD, Verfahrenspflegschaftsrecht Rn 160 ff.

Nach § 67 Abs 1 S 6 FGG (angefügt durch Art 5 Nr 5a 2. BtÄndG) gilt für die Bestellung des Verfahrenspflegers in Betreuungssachen § 1897 Abs 6 S 1 entsprechend. Für die Bestellung des Verfahrenspflegers in Unterbringungssachen ist dies nicht vorgesehen.

6. Übergangsrecht

9 Mit Inkrafttreten des Betreuungsgesetzes waren die bis dahin bestellt gewesenen Vormünder und Pfleger für Volljährige (§ 1910 aF) Betreuer geworden (Art 9 § 1 Abs 2 BtG). Zu personellen Konsequenzen wegen der betreuungsrechtlichen Vorgaben (vgl § 1899 Abs 2) s ausführlich STAUDINGER/BIENWALD (1999).

III. Grundsätze der Auswahl und Bestellung des Betreuers

10 Für die Auswahl des Betreuers, die, soweit nicht gesetzlich gebunden, im Ermessen des Tatsachengerichts liegt (BayObLGZ 1995, 220 = FamRZ 1996, 419; FamRZ 1995, 1596 = BtPrax 1995, 181; OLG Düsseldorf FamRZ 1998, 700; BayObLG FamRZ 2004, 976; weitere Nachweise in BtE 1994/95, 103) und im Gegensatz zum bisherigen Recht keine besondere Entscheidung des Gerichts erfordert (BT-Drucks 11/4528, 124), sind verschiedene Kriterien maßgebend:

– Die **Einzelbetreuung**, dh die Betreuung durch eine natürliche Person, hat **Vorrang** vor der Betreuung durch einen Verein oder die zuständige Behörde (§ 1900);

– die Bestellung eines Berufsbetreuers kommt nur dann in Betracht, wenn keine andere geeignete Person zur Verfügung steht, die zur **ehrenamtlichen Führung** der Betreuung bereit ist (Abs 6 Satz 1), dies ist in den Gründen der Entscheidung darzulegen (BayObLG FamRZ 1999, 1612). Wird eine Person unter den Voraussetzungen des Abs 6 Satz 1 erstmals in dem Bezirk des Vormundschaftsgerichts zum Betreuer bestellt, so soll das Gericht zuvor die zuständige Behörde zur Eignung des ausgewählten Betreuers und zu den nach § 1 Abs 1 S 1 2. Alt VBVG zu treffenden Feststellungen anhören (Abs 7; § 8 BtBG);

– maßgebend für die Betreuerauswahl ist das **Wohl des Betreuten** (§ 1897 Abs 4 S 1, § 69c Abs 1 S 2 2. Alt, Abs 2 FGG; BayObLG FamRZ 2004, 1600);

– gehört eine **kontinuierliche**, also möglichst störungsfreie, **Betreuung** durch denselben Betreuer zum Wohl des Betroffenen, so kann es nach dem angefügten Abs 6 schwerlich dem Wohl des Betroffenen entsprechen, einen Berufsbetreuer zu bestellen, dessen Bestellung unter dem ständigen Vorbehalt steht, daß nicht ein bereiter ehrenamtlicher Betreuer zur Verfügung steht;

– im Rahmen des Betreutenwohls und der weiteren gesetzlichen Vorgaben kommt dem **Willen** und den **Wünschen** des Betroffenen eine entscheidende Bedeutung zu (§ 1897 Abs 4; BayObLG FamRZ 2004, 1600: herausragende) unabhängig davon, wann der Betreute/Betroffene sich zur Person des Betreuers geäußert hat (§ 1897 Abs 4 S 3; „Betreuungsverfügung"). Personalvorschläge des Betroffenen sind keine rechtsgeschäftlichen Willenserklärungen; sie setzen deshalb nicht die Geschäftsfähigkeit des Betroffenen voraus (BayObLG FamRZ 1993, 1110; FamRZ 1994, 530; BayObLGZ 1996, 136 mN; BayObLG BtPrax 2002, 36 [Wunschbekundung mit natürlichem Willen]; OLG Düsseldorf FamRZ 1996, 1373 = FGPrax 1996, 184 = BtPrax 1996, 195 [LS]; OLG Hamm BtPrax 1996, 189; OLG Zweibrücken BtPrax 1997, 164, 165). Solche Vorschläge bewirken keine Selbstbindung des Betroffenen in der Weise, daß er nicht trotz späteren Eintritts von Geschäftsunfähigkeit wieder davon abrücken könnte (BayObLG

FamRZ 1993, 1110 mN). Ein eigener Vorschlag des Betreuten zur Person des Betreuers darf nur dann übergangen werden, wenn die zu befürchtenden Konflikte so stark sind, daß der Vorgeschlagene als ungeeignet erscheint, weil eine konkrete Gefährdung des Wohls des Betreuten zu besorgen ist (OLG Brandenburg FamRZ 2001, 936 = FGPrax 2001, 111 = BtPrax 2001, 219 [LS]). Im Falle der Auswahl des Betreuers hat der Wille des Betroffenen Vorrang, soweit sein Wohl nicht entgegensteht (BayObLG FamRZ 1994, 530; FamRZ 2004, 1600; OLG Köln FamRZ 1999, 811; FamRZ 2000, 513). Die Frage, ob die Bindung an den Vorschlag entfällt, weil die Bestellung des Vorgeschlagenen dem Wohl des Betroffenen zuwiderläuft, erfordert eine umfassende Abwägung aller Umstände, zB die Art der vom Betreuer zu besorgenden Angelegenheiten, insbesondere aber auch, ob der Vorschlag dem ureigenen Willen des Betroffenen entspricht oder auf den Einfluß eines Dritten zurückgeht (BayObLGZ 1996, 136, 138 = FamRZ 1996, 1374, 1375 m weiteren Beispielen). Schlägt der Betroffene eine bestimmte Person als Betreuer vor, so ist nicht die zur Betreuung am besten geeignete Person auszuwählen, sondern dem Vorschlag des Betroffenen zu entsprechen, wenn dies seinem Wohl nicht zuwiderläuft (BayObLG-Rp 2001, 85 [LS]; OLG Köln FamRZ 1999, 81). Um den Willen des Betroffenen möglichst zu verwirklichen, muß auch erwogen werden, ob nicht wenigstens für einen Teil der Aufgaben der gewünschte Betreuer ohne große Nachteile für den Betroffenen bestellt werden kann (BayObLG FamRZ 1994, 323; OLG Düsseldorf FamRZ 2000, 1536). Nur wenn das Ergebnis der Abwägung deutlich gegen die Bestellung der vorgeschlagenen Person zum Betreuer spricht, darf eine andere Person zum Betreuer bestellt werden (BayObLGZ 1996, 136, 138 = FamRZ 1996, 1374, 1375 = FGPrax 1996, 185). Etwaigen Gefahren für das Wohl des Betroffenen kann mit Mitteln der Aufsicht, zB durch die Aufhebung der Befreiung von der Rechnungslegung bei Personen, die zu den in § 1908i Abs 2 S 2 genannten gehören, begegnet werden (BayObLG v 3. 12. 1997 – 3 Z BR 364/97); entgegen dieser Entscheidung jedoch nicht durch Ausübung des Weisungsrechts, weil dies eine Pflichtwidrigkeit voraussetzt, von der aber vor einer Betreuerbestellung noch keine Rede sein kann. Zur Verbindlichkeit von Vorschlägen des Betroffenen betreffend die Person des Gegenbetreuers (entgegen der hier Rn 6 vertretenen Auffassung) gemäß Abs 4 MünchKomm/SCHWAB § 1908i Rn 10 sowie BayObLG FamRZ 2001, 1555, 1556 (ebd auch zur Frage der Notwendigkeit erstmaliger oder wiederholender persönlicher Anhörung des Betroffenen);

– dem Wohl des Betreuten entspricht es nicht, jemand zum Betreuer zu bestellen, der zu einer **Anstalt**, einem **Heim** oder einer **sonstigen Einrichtung**, in welcher der Betroffene untergebracht ist oder wohnt, in einem Abhängigkeitsverhältnis oder in einer anderen engen Beziehung steht. Aus diesem Grunde **verbietet** § 1897 Abs 3 eine solche Betreuerbestellung. Die noch im RegEntw enthaltene Ordnungsvorschrift des Abs 4, wonach der Pfleger für das Verfahren idR nicht zum Betreuer bestellt werden sollte, ist nicht Gesetz geworden. Zu gesetzlichen Einschränkungen der Bestellbarkeit s unten Rn 19 ff;

– verwandtschaftliche und sonstige **persönliche Bindungen** zu Eltern, Kindern, zum Ehegatten oder zum Lebenspartner sind zu berücksichtigen; ebenfalls die Gefahr von Interessenkonflikten (§ 1897 Abs 5); eine abstrakt befürchtete Gefahr von Interessenkonflikten reicht jedoch nicht, um einem entsprechenden Vorschlag oder Gedanken nicht zu folgen. Erforderlich ist eine konkret dargelegte Gefahr, sind konkrete Verdachtsgründe in der Person oder in dem Verhalten der Verwandten, die die Annahme rechtfertigen, ihre Bestellung könnte dem Wohl des Betreuten zuwiderlaufen (OLG Karlsruhe FamRZ 1995, 431; OLG Düsseldorf BtPrax 1995, 110 = FamRZ 1995, 894). Ist die Betreuerentscheidung zwischen einem entfernten Verwandten des Betroffenen einerseits und einem Verwandten des verstorbenen Ehepartners des Betroffenen andererseits zu treffen, so ist vorrangig maßgeblich, inwieweit sich die verwandtschaftliche Bindung in einer besonderen **persönlichen Beziehung** des Verwandten zu dem Betreuten niedergeschlagen hat. Dem Umstand der entfernten Verwandtschaft kommt aus sich heraus keine besondere Bedeutung zu. Der künftige Erbkonflikt zwischen den um die Betreuung konkurrierenden Bewerbern, von denen sich der eine als Testamentserbe, der andere in gesetzlicher Erbfolge zum Erben des Betreuten berufen fühlt, ist jedenfalls zur Entscheidung zwischen diesen Betreuern kein taugliches Kriterium (OLG Brandenburg v 18. 4. 2002 – 11 Wx 43/01);

– eine gedeihliche Zusammenarbeit von Betreuer und Betreutem erfordert auch eine Rücksichtnahme auf Belange des Betreuers. Zur Übernahme einer für ihn vorgesehenen Betreuung ist der Ausgewählte deshalb nur verpflichtet, wenn ihm die Übernahme unter Berücksichtigung seiner familiären, beruflichen und sonstigen Verhältnisse **zugemutet** werden kann (§ 1898 Abs 1). Im Rahmen der Prüfung, wer als geeigneter Betreuer in Betracht kommt, und ob einem Vorschlag des Betroffenen zu folgen ist, muß vor der Bestellungsentscheidung (Einheitsentscheidung § 1896, § 69 FGG) die Übernahmebereitschaft geklärt sein;

– obwohl das Gesetz bisher eine – etwa dem § 1900 Abs 4 entsprechende – Rangfolge zwischen den verschiedenen Gruppen von natürlichen Personen an dieser Stelle nicht ausdrücklich regelte (so auch MünchKomm/Schwab § 1897 Rn 4; Erman/ Holzhauer Vor §§ 1897–1899 Rn 5), wurde der privaten Einzelbetreuung bei entsprechender Eignung Vorrang vor der Bestellung von Vereins- und Behördenbetreuern zugestanden (Damrau/Zimmermann Rn 1; Erman/Holzhauer Rn 5; MünchKomm/ Schwab Rn 4; offengelassen in BayObLG FamRZ 1994, 1061 = BtPrax 1994, 135). Die dafür vorgebrachten Argumente reichen von verfeinertem Subsidiaritätsprinzip (Erman/ Holzhauer Rn 5), finanzieller Staatsnähe von Vereinen (Erman/Holzhauer Rn 5), Vorrang mitmenschlichen Engagements vor professioneller Motivation (Erman/Holzhauer Rn 5) bis zu verfassungsrechtlicher Subsidiarität und grundsätzlich privatrechtlichem Charakter der Betreuung (MünchKomm/Schwab § 1897 Rn 4 und FamRZ 1992, 493, 501; Damrau/Zimmermann § 1897 Rn 1). Die Argumentation war zu ergänzen durch die Motive des Gesetzgebers, der Gewinnung ehrenamtlicher Betreuer, ihrer Einführung, Fortbildung, Beratung und Unterstützung mehr Aufmerksamkeit zu widmen (s § 1908f Abs 1 Nr 2; §§ 4 und 5 BtBG) und die Rechtsstellung der Betreuer zu stärken durch eine Reihe von Maßnahmen, die in erster Linie auf ehrenamtliche Betreuer zugeschnitten sind bzw nur für sie in Betracht kommen (§ 1835 Abs 2 – Erstattung v Versicherungskosten; § 1836a aF – Aufwandsentschädigung). Durch den neuen Abs 6 sowie weitere Bestimmungen (s Vorbem 8 zu §§ 1897 ff) hat das BtÄndG eine eindeutige Rangfolge zwischen der ehrenamtlichen und der beruflich geführten Betreuung zu Ungunsten der freiberuflich tätigen Betreuer bestimmt. Das Vormundschaftsgericht hat grundsätzlich diesen Vorrang auch gegenüber einem durch den Betreuten eingebrachten Vorschlag zu beachten; ausnahmsweise erlaubt Abs 6 S 1, einem Berufsbetreuer den Vorrang zu geben (OLG Thüringen FamRZ 2001, 714 = NJW-RR 2001,796). Die Bedeutung der

Rangfolge wird durch die tatsächliche Situation relativiert, wenn – zB – in einer Region (AG-Bezirk oder Landkreis) ein anerkannter Verein nicht existiert, ein bestehender Verein seine Tätigkeit wieder eingestellt hat, die Mitarbeiter überlastet sind durch eine übergroße Zahl von Betreuungen oder aus sonstigen Gründen für die Bestellung zum Vereinsbetreuer keine Kapazitäten frei haben und die Zahl der zu ehrenamtlicher Betreuung bereiten Personen nicht ausreicht;

– Abs 5 räumt dem Tatsachengericht ein **Auswahlermessen** ein; Angemessenheit und Zweckmäßigkeit der Ermessensentscheidung sind einer Nachprüfung durch das Rechtsbeschwerdegericht entzogen (BayObLG FamRZ 1994, 530, 531; BayObLGZ 1995, 220 = FamRZ 1996, 419; BayObLG FamRZ 2001, 1249; OLG Brandenburg v 18. 4. 2002 – 11 Wx 43/11; OLG Karlsruhe FamRZ 1995, 431 = BtPrax 1994, 214; dort auch zur Frage der Gefahr von Interessenkonflikten).

– Die Gewichtung der einzelnen bei der Auswahl und Bestellung des Betreuers zu beachtenden Kriterien zueinander ist in den verschiedenen Regelungen der Absätze 4 bis 6 nur teilweise geregelt. Der Zusammenhang zwischen den Kriterien und der Umstand, daß keines der Kriterien absolut gesetzt werden kann, setzt voraus, daß der Richter anhand der Kriterien die jeweils für den Einzelfall einschlägigen Gesichtspunkte ermittelt, sie dann unter Berücksichtigung ihres Ranges, insbesondere der hohen Bedeutung von Wille und Wohl des Betroffenen, und der gesetzlich vorgesehenen Regeln gewichtet und auf dieser Grundlage eine Entscheidung fällt. Erforderlich ist letztlich eine Gesamtabwägung der für und gegen die Bestellung einer bestimmten Person sprechenden Gesichtspunkte (BayObLG FamRZ 2004, 1600; FamRZ 2002, 768 [769]).

IV. Auswahlkriterien

1. Orientierung an der Generalklausel

Die für die Auswahl des Betreuers maßgebenden Grundsätze orientieren sich sämtlich an der Generalklausel des Abs 1, wonach zum Betreuer nur eine geeignete Person bestellt werden darf. Nur dies entspricht dem Wohl des Betreuten, das Maßstab für die Betreuungsarbeit ist (BT-Drucks 11/4528, 52). Deshalb ist dem Personalvorschlag des Betroffenen nur dann und insoweit zu entsprechen, als der Vorgeschlagene bestellt werden kann. Das ist der Fall, wenn er geeignet ist und nicht gesetzliche Gründe seiner Bestellung entgegenstehen (zB § 1897 Abs 3). Vgl auch für den Fall des Betreuerwechsels die Notwendigkeit für den Betreuten, eine gleichgeeignete zur Übernahme bereite Person vorzuschlagen (§ 1908b Abs 3).

2. Eignung als unbestimmter Rechtsbegriff

a) Allgemeines

Die Eignung der als Betreuer in Erwägung gezogenen Person(en) ist ein unbestimmter Rechtsbegriff. Er unterliegt der vollen Nachprüfung in der Rechtsbeschwerde (BayObLG FamRZ 1994, 530; FamRZ 1996, 509: vgl auch BayObLG FamRZ 2001, 1249; FamRZ 2002, 768, 769). Für seine Ausfüllung enthält das Gesetz zwei Merkmale: Die Eignung muß sich auf die rechtliche Besorgung der Angelegenheiten des Betreuten in dem gerichtlich bestimmten Aufgabenkreis erstrecken; außerdem muß der Betreffende geeignet sein, den Betreuten bei der Besorgung der Angelegenheiten in dem hierfür erforderlichen Umfang persönlich zu betreuen. In dem ersten Punkt kann es auch einen Rückschluß von der Person auf die ihr zugewiesenen Aufgaben geben. Ist ein Betreuer nur teilgeeignet und steht ein weiterer zur Verfügung, kann das Gericht jeden als für seinen Teil geeignet bestellen. Die Feststellung einer Teileignung und die daraus abgeleitete Betreuerbestellung (insbesondere Angehöriger) zu einem Teil der zu besorgenden Angelegenheiten kann sich grundsätzlich nur auf die Sachkompetenz und nicht auf die personale/soziale Kompetenz erstrecken.

Die Eignung des Abs 1 als Bestellungsvoraussetzung und deren Prüfung erstreckt sich nicht auf die Einhaltung und Erfüllung der gesetzlich bestimmten (Neben-) Pflichten (BIENWALD Rpfleger 2003, 229, 231). Dazu dienen die Vorschriften über die Aufsicht und Kontrolle der §§ 1837, 1908i Abs 1 S 1.

Die Einfügung des Wortes „rechtlich" in Abs 1 und die Neuformulierung „ihn in dem hierfür erforderlichen Umfang" stellen **keine inhaltlichen Neuerungen** dar. Sie dienen der deutlicheren Abgrenzung der dem Betreuer obliegenden Amtstätigkeiten von solchen nur faktischen Tätigkeiten des Betreuers, die zwar wünschenswert sind, zu der dem Betreuer obliegenden Rechtsfürsorge für den Betreuten aber in keinem erkennbaren Sachzusammenhang stehen (BT-Drucks 13/7158, 33, 49, 50, 57). Daß auch Angelegenheiten, zu deren Besorgung die Bestellung eines gesetzlichen Vertreters nicht erforderlich ist, Gegenstand eines Aufgabenkreises des Betreuers sein können, ergibt sich aus § 1896 Abs 2 aE (s dazu auch § 1908i Rn 290).

Bedenklich ist die von Oberlandesgerichten vertretene Auffassung, daß auch eine Hochschulausbildung, die in ihrem Kernbereich (auch) soziale Kompetenzen und zwischenmenschliche Kommunikationsfähigkeit vermittelt, die bei der Erfüllung von Betreuungsaufgaben von allgemeinem Vorteil sein können, geeignet sei, den höchsten Stundensatz des § 1 Abs 1 BVormVG (seit 1.7.2005: § 4 VBVG) zu begründen (vgl dazu OLG Zweibrücken FGPrax 2001, 21; OLG Dresden, FamRZ 2000, 1310; OLG Thüringen v 14.11.2001 – 6 W 488/01; v 11.3.2002 – 6 W 54/02, FamRZ 2002, 1431 m Anm BIENWALD). Damit wird die für die Erfüllung einer Nebenpflicht nutzbringende Ausbildung zum Maßstab der Vergütung für die Erfüllung der Hauptpflicht.

b) Konkrete Eignungsgesichtspunkte

13 Der Betreuer ist dann geeignet, in dem gerichtlich bestimmten Aufgabenkreis die Angelegenheiten des Betreuten rechtlich zu besorgen, wenn er die dazu notwendigen intellektuellen und emotionalen Kenntnisse und Fähigkeiten besitzt und einsetzen kann und/oder bereit ist, sich in dem erforderlichen Umfang fortbilden und beraten zu lassen, um der übertragenen Aufgabe gewachsen zu sein. Handelt es sich um die Besorgung der üblicherweise mit der Alltagsbewältigung eines Durchschnittshaushalts verbundenen Angelegenheiten (Erhaltung von Wohnraum, Zahlung der Miete und Nebenkosten, Konfliktbewältigung bei Auseinandersetzungen von Mieter und Vermieter, Organisieren von Handwerkerleistungen, Bank- und sonstige Geldgeschäfte, Begleichen von Rechnungen, Organisieren von Haushaltsuä Hilfen, Stellen von einfachen Anträgen auf Sozialleistungen), erfordert die Besorgung dieser Angelegenheiten keine besonderen Kenntnisse und Fähigkeiten, zweifellos allerdings eine gewisse Einarbeitung und auch Anleitung, etwa was die Reihenfolge der Erledigungen und die Dringlichkeit einzelner Angelegenheiten

angeht. Soweit dem Betreuer aufgegeben ist, sich um eine Heimunterbringung oder um die Unterbringung in einer geschlossenen Einrichtung zu bemühen, im Zusammenhang damit kompliziertere Anträge auf Sozialleistungen zu begründen, kann von dem Betreuer nicht erwartet werden, daß er bereits entsprechende Kenntnisse und Erfahrungen besitzt und einbringen kann. Für solche Angelegenheiten besteht die Möglichkeit, Beratung und Unterstützung durch Gericht (§ 1837 Abs 1), Verein (§ 1908f Abs 1 Nr 2) oder Behörde (§ 4 BtBG) in Anspruch zu nehmen. Zum Aufgabenkreis eines Betreuers „Umgang mit der Presse" und seinen Anforderungen s OLG Köln FamRZ 2001, 872 = NJWE-FER 2001, 73.

Die dem berufsmäßig tätigen Betreuer gem § 1901 Abs 4 obliegende Verpflichtung, im Falle gerichtlicher Anordnung einen Betreuungsplan zu erstellen (angefügt durch Art 1 Nr 10 2. BtÄndG), stellt zwar eine Nebenpflicht dar, dient jedoch der besseren Führung der Betreuung. Insofern muß der berufsmäßig tätige Betreuer auch für die Erstellung eines Betreuungsplanes grundsätzlich geeignet sein

Das Verfahren, ähnlich wie bei der Kindeswohlprüfung eine negative Selektion vor **14** zunehmen (MünchKomm/WAGENITZ § 1779 Rn 5; BayObLG FamRZ 1994, 530; FamRZ 1994, 1284), kann nicht darauf verzichten, gewisse Kriterien negativer Auslese zu entwickeln, wenn es nicht willkürlich erscheinen will. Es reicht jedenfalls nicht aus, geringe Lebenserfahrung, zu hohes Alter oder Mängel des Gesundheitszustandes als Eignungsmängel zu benennen, wenn nicht Maßstäbe gefunden werden, die ein bestimmtes Ergebnis erwarten lassen. Geht man mit BayObLG FamRZ 1994, 530 (ebenso FamRZ 1994, 1284 = Rpfleger 1994, 252 = MDR 1994, 277) davon aus, daß im allgemeinen jede natürliche Person im Sinne einer allgemeinen Tauglichkeit geeignet ist, stellt sich die Eignungsprüfung als ein zweiaktiges Verfahren dar, in dem zunächst von der einfachen Eignung jeder natürlichen Person ausgegangen und dann, je nach Betreuungsbedarf, eine etwa erforderliche qualifizierte Eignung nachgefragt wird. Zur Bestellung eines beruflich tätigen Betreuers, dessen rechtliche Kenntnisse im Zeitpunkt der Betreuungsübernahme eher als mangelhaft bezeichnet werden, LG Arnsberg FamRZ 2000, 1313, m Anm BIENWALD.

c) Geeignetheit zu persönlicher Betreuung
Ähnlich dem Pflegerbegriff des früheren § 1910 wird mit „persönlicher" Betreuung **15** vielfach irrtümlich die Verpflichtung zu persönlicher Versorgung des Betreuten, insbesondere persönlicher Pflegeleistung, uä verbunden. Irreführend deshalb auch BayObLG FamRZ 1994, 1061, 1062 = BtPrax 1994, 135, 136, wo festgestellt wird, die Betreuung durch einen Vereinsbetreuer sei „persönliche Betreuung". Der RegEntw hat sein Verständnis von persönlicher Betreuung formuliert (BT-Drucks 11/4528, 68, Textabdruck bei BIENWALD, BtR § 1897 Rn 26). Ob jemand geeignet ist, den Betreuten persönlich zu betreuen, hängt ua auch davon ab, ob er genügend Zeit und Geduld für Besuch, Gespräch und Kontakte hat. Von Bedeutung ist hier die räumliche Nähe zwischen Betreuer und Betreutem. Der Umstand, daß der Wohnort des in Betracht kommenden Betreuers sich in großer räumlicher Entfernung von dem des Betroffenen befindet, steht der Eignung nicht grundsätzlich entgegen; es kommt auf den Einzelfall (ist häufigerer Kontakt erforderlich?) an (OLG Köln FamRZ 1996, 506 = MDR 1996, 498 = Rpfleger 1996, 197). UU muß die Betreuung abgegeben werden (§§ 1908b Abs 1 S 1, 65 ff FGG). Jedenfalls kann die Entfernung des Wohnsitzes des Betreuers von dem des Betreuten die Bestellung eines weiteren Betreuers rechtfertigen (Bay-

ObLG FamRZ 2000, 1183 = NJWE-FER 2000, 259). Für die erforderliche Kommunikation kann es unumgänglich sein, Kenntnisse und Fähigkeiten im Umgang mit bestimmten krankheits- oder behinderungsbedingten Verhaltensweisen zu besitzen, um adäquat agieren oder reagieren zu können. Eine Privatperson kann zB in der Lage sein, sich einem altersgebrechlichen Menschen eher zuzuwenden als einem alkoholkranken Betreuten. Im Einzelfall kann es erforderlich sein, einen Betreuer zu finden, der in Gesprächsführung geschult oder sprachtherapeutisch vorgebildet ist.

16 Die Anforderungen an die Geeignetheit zu persönlicher Betreuung dürfen aber nicht überspannt werden. Niemand hat einen Anspruch an die Gesellschaft auf die bestmögliche und völlig problemfreie Besorgung seiner Angelegenheiten mit einer reibungslos funktionierenden persönlichen Betreuung. Gleichwohl hat sich das Vormundschaftsgericht maßgeblich von der Frage leiten zu lassen, durch wen die bestmögliche Kombination von aufgabenbezogener persönlicher Betreuung und Besorgung der Angelegenheiten des Betreuten gewährleistet wird. So wird durch Abs 6 S 1 nicht ausgeschlossen, einen berufsmäßig tätigen Betreuer dann zu bestellen, wenn er die wesentlich besser geeignete Person ist (BayObLG FamRZ 2002, 768, 769). Kostengesichtspunkte dürfen die Entscheidung über die Geeignetheit nicht unmittelbar beeinflussen. Mittelbar können sie von Bedeutung und auch nicht zu verhindern sein. Ob der Betreuer innerhalb einer bestimmten Zeit eine Angelegenheit des Betreuten erledigt, ist in erster Linie eine Frage der durch § 1901 beschriebenen Innenbeziehung von Betreutem und Betreuer. Erfordert es Zeit, die Wünsche des Betreuten zu erfahren und ihnen auch zu entsprechen, ist dies – auch bei staatlicher Finanzierung der Betreuung – im Rahmen angemessener Grenzen zu akzeptieren. Grundsätzlich hat auch der Bezirksrevisor, der über die Verausgabung der Mittel aus der Justizkasse wacht, keine Kompetenz, im Rahmen von Vergütungsverfahren einzelne Leistungen zu „streichen" (zu Umfang und Grenzen der Kontrolle von Berufsbetreuer-Abrechnungen eindrücklich LG Oldenburg FamRZ 1997, 947 = JurBüro 1997, 543). Dessen ungeachtet kann eine übermäßig zeit- und kostenaufwendige Besorgung außer Verhältnis zum Bedarf stehen und eine Pflichtwidrigkeit darstellen, die Konsequenzen aus §§ 1837 Abs 2, 1833, 1908i Abs 1 S 1 nach sich ziehen kann.

17 Ob eine Betreuung effektiv geführt wird, ist unterschiedlich zu beantworten, je nachdem, unter welchen Prämissen diese Frage geprüft wird. Bestehen Chancen, daß der Betreute später wieder seine Angelegenheiten selbst erledigen können wird, wenn er zZ angemessen betreut wird, kann auch eine zeit- und kostenaufwendige auf Rehabilitation ausgerichtete Betreuung effektiv sein im Verhältnis zu einer zunächst geringe Kosten verursachenden, aber lebenslang anhaltenden Betreuungsbedürftigkeit. Andererseits ist die Sorge, die Kosten einer Betreuung könnten bei einem nicht effektiv arbeitenden Berufsbetreuer außer Verhältnis zu dem durch die Betreuung bewirkten Nutzen stehen (LG Berlin BtPrax 1992, 40, 42), nicht von der Hand zu weisen. Ist der vorgesehene Betreuer nach bisherigen Erkenntnissen nicht in der Lage, in dem gerichtlich bestimmten oder zu bestimmenden Aufgabenkreis die Angelegenheiten des Betreuten in angemessener Zeit und zu solchen dem Gegenstand angemessenen Bedingungen rechtlich zu besorgen, reicht es für die Eignung nicht aus, daß er sonst für die Betreuung geeignet zu sein scheint.

d) Sonstige Kriterien
18 Als Kriterien für die Auswahl eines Betreuers für einen Volljährigen kommen auch

die für das Vormundschaftsrecht noch bestehenden Auswahlgesichtspunkte des § 1779 Abs 2 S 1 und 2 (persönliche Verhältnisse, Vermögenslage, sonstige Umstände, religiöses Bekenntnis) in Betracht (so auch ERMAN/HOLZHAUER Rn 14; BIENWALD, BtR Rn 20). Die Zugehörigkeit zur Religionsgemeinschaft der „Zeugen Jehovas" ist im Falle der Betreuerbestellung für die Gesundheitssorge unbedenklich, wenn die Betreute selbst (hier: die Mutter der Betreuerin) in einer Patientenverfügung bestimmte medizinische Behandlungen untersagt hat (AG Dülmen FamRZ 1999, 1300). Zur Übertragung der notwendigen ärztlichen Behandlung und Gesundheitsfürsorge auf einen anderen Betreuer reicht bei Angehörigen der Zeugen Jehovas die abstrakte Gefahr von Interessenkollisionen wegen deren Ablehnung einer Bluttransfusion nicht aus (LG Schweinfurt FamRZ 2001, 313).

Zur Frage der Vertretung des Betreuers und zur Übertragbarkeit der persönlichen Betreuung s JÜRGENS BtPrax 1994, 10 und BIENWALD, BtR Rn 33. Die Frage, ob der bestellte Betreuer in jedem Fall die übernommene Aufgabe selbst wahrnehmen muß, ob und ggf wofür er Hilfskräfte oder für den Fall seiner Verhinderung oder Abwesenheit (zB bei Urlaub) Vertreter bestellen/beschäftigen darf, wird in der Rechtsprechung höchst unterschiedlich beantwortet. Erörtert werden diese Fragen jeweils im Zusammenhang mit der Abrechnung von Vergütung und Aufwendungsersatz. Ob ein Berufsbetreuer, der Bürotätigkeiten auf Hilfskräfte delegiert, nach dem Inkrafttreten des BtÄndG die dadurch entstehenden Kosten als Aufwendungen gemäß §§ 1908i Abs 1 S 1, 1835 Abs 1, Abs 4 BGB geltend machen kann, wurde im Gegensatz zu OLG Bremen (FamRZ 2000, 555) vom BayObLG verneint, und die Sache zur Entscheidung dem BGH vorgelegt (BayObLGZ 2001, 22 = FamRZ 2001, 653 m Anm BIENWALD). Auf die Vorlage entschied der BGH, daß ein anwaltlicher Berufsbetreuer nach dem für das Verfahren maßgeblichen Recht (Rechtslage bis zum 30. 6. 2005) Aufwendungsersatz für Hilfsarbeiten, die von angestellten Bürokräften im Rahmen der rechtlichen Betreuung erledigt wurden, verlangen könne; alllderdings sei der Erstattungsanspruch, der die mit der Beschäftigung der Bürokräfte verbundenen Kosten ausgleichen soll, schon dem Grunde nach an enge Voraussetzungen gebunden, auf die der BGH im weiteren Verlauf der Gründe näher eingeht (FamRZ 2006, 111, 112 m Anm BIENWALD). Unabhängig davon, in welcher Weise entgeltlich verrichtete Hilfs- und/oder Vertretungstätigkeiten abgerechnet werden können, sollte unterschieden werden: Der gerichtlich bestellte Betreuer kann das Amt nicht übertragen; er kann jemand als „Stellvertreter" nur mit einer eingegrenzten Entscheidungsbefugnis bestellen; „delegieren" kann er nur Arbeiten, die in seinen Aufgabenbereich gehören (vgl dazu LG Koblenz FamRZ 2002, 845 m Anm BIENWALD; außerdem BIENWALD, Delegation von Betreueraufgaben und Einsatz von Hilfskräften, BtPrax 2003, 158). Deshalb ist auch die Übertragung sämtlicher Betreuungsaufgaben durch den Berufsbetreuer auf einen von ihm bevollmächtigten Dritten als Urlaubsvertreter unzulässig (OLG Frankfurt FamRZ 2002, 1362 [LS] m Anm BIENWALD = Rpfleger 2002, 359).

Die Auswahl der Person eines nach deutschem Recht zu bestellenden Betreuers ist nicht gebunden an die Vorstellungen eines US-amerikanischen Gerichts über eine solche Auswahlentscheidung, von der dieses eine Rückführung der deutschen Staatsangehörigen nach Deutschland abhängig macht (OLG Hamm FamRZ 2003, 253 = Rpfleger 2003, 87 = BtPrax 2003, 39 = FGPrax 2003, 27).

3. Ungeeignetheit zum Betreuer

a) aus rechtlichen Gründen

19 Das BtG hat die bisher für die Erwachsenenvormundschaft und -pflegschaft gleichfalls geltenden und für das Minderjährigenvormundschaftsrecht jetzt noch maßgebenden Bestimmungen über die Unfähigkeit und Untauglichkeit zur Vormundschaft oder Pflegschaft (§§ 1780, 1781, 1987 S 1 aF, § 1915 Abs 1) für die Auswahl des Betreuers nicht übernommen (zu den Gründen BT-Drucks 11/4528, 125). Die vom Gesetzgeber gewählte Form der Generalklausel für die Eignung zum Betreuer (§ 1897 Abs 1 S 1) muß deshalb im Einzelfall durch Kriterien ergänzt werden, die Aussagen zur Ungeeignetheit machen.

20 Daß in Anbetracht der gesetzlichen Vertretung des Betreuers (§ 1902) ein Geschäftsunfähiger oder ein beschränkt Geschäftsfähiger zu dem Betreueramt nicht geeignet ist, hielt der RegEntw (BT-Drucks 11/4528, 125) für offensichtlich (ebenso ERMAN/HOLZHAUER Rn 14). Für einen Geschäftsunfähigen leuchtet das angesichts der §§ 104 Nr 2, 105 Abs 1 unmittelbar ein; es läßt sich für den beschränkt Geschäftsfähigen, der als rechtsgeschäftlicher Vertreter fungieren kann (§ 165), aber nur daraus ableiten, daß die Rechtsordnung an anderer Stelle gesetzliche Vertretung durch einen beschränkt Geschäftsfähigen nicht zuläßt (vgl § 1673 Abs 2 S 2 HS 2).

21 Die nach § 1781 Nr 3 vorhandene Untauglichkeit desjenigen, der in Konkurs geraten ist, galt nicht für die Betreuerbestellung und wurde durch Art 33 Nr 30 EGInsO mit Wirkung vom 1. 1. 1999 gestrichen. Obwohl die persönlichen Verhältnisse des Schuldners ihn eher weniger geeignet erscheinen lassen, werden Ausnahmen für denkbar gehalten, so zB, wenn Eltern eines geistig Behinderten einen Aufgabenkreis im Bereich der Personensorge (zB die Einwilligung in eine Heilbehandlung) übernehmen sollen (BT-Drucks 11/4528, 125; weitergehend – bei Vorliegen eines Vorschlages oder des Vorzugs persönlicher Bindungen – ERMAN/HOLZHAUER Rn 14). In dieser Frage dürften im konkreten Fall jedoch weniger rechtliche (**anders beim Verein**, der grundsätzlich durch die Eröffnung des Insolvenzverfahrens aufgelöst wird, § 42 Abs 1 BGB idF des Art 33 Nr 1 EGInsO) als tatsächliche Bedenken bestehen, weil es bei der Einbindung in das Insolvenzgeschehen an der notwendigen Zeit und Aufmerksamkeit für die insbesondere auch persönliche Betreuung fehlen wird.

22 Während zum Vormund für einen Minderjährigen und zum Pfleger (§ 1915 Abs 1) jemand nicht bestellt werden soll, für den ein Betreuer bestellt ist (§ 1781 Nr 2), besteht ein solcher gesetzlicher Ausschluß nicht im Betreuungsrecht. Sollte ein Betroffener jemand zum Betreuer vorschlagen (§ 1897 Abs 4), der selbst einen Betreuer hat, muß deshalb konkret geprüft werden, ob der Betreffende im Sinne des Abs 1 geeignet ist und seine Bestellung dem Wohl des Betroffenen nicht zuwiderläuft.

23 Ungeeignet zum Betreuer ist der in Abs 3 dieser Vorschrift beschriebene Personenkreis, solange die Bedingungen auf beiden Seiten bestehen. Zieht der Betreute aus der Einrichtung aus oder verändert der Mitarbeiter seinen Arbeitsplatz, entfällt das Hindernis des Abs 3. Deshalb ist es für die Gültigkeit einer Vorsorgevollmacht unschädlich, daß der Vollmachtgeber die Vollmacht auf eine Person ausstellt, die zu dem Personenkreis des Abs 3 gehört. Ob im Bedarfsfall dann eine Betreuung im

Hinblick auf die bestehende Vorsorgevollmacht entbehrlich ist, richtet sich nach den dann vorherrschenden Umständen. Nach dem Eintritt in den Ruhestand kann der Heimleiter eines DRK-Kreisverbandes zum Betreuer eines Heimbewohners des bisher von ihm verwalteten Heimes bestellt werden (OLG Schleswig FamRZ 2002, 986 m Anm BIENWALD = BtPrax 2002, 271 [LS]).

Der Geschäftsführer der Komplementär-GmbH der Betreiber-KG einer Einrichtung, in der der Betroffene wohnt oder untergebracht ist, steht in einer engen Beziehung zu dieser Einrichtung, kann deshalb nicht zum Betreuer eines Bewohners bestellt werden (BayObLG FamRZ 2002, 702 = NJW-RR 2001, 1514 = BtPrax 2001, 253). Dagegen steht der Bestellung einer bei einem Betreuungsverein angestellten natürlichen Person die Tatsache, daß der Verein auch Träger einer Einrichtung ist, in der der Betroffene wohnt, dann einer Bestellung zu dessen Betreuer nicht entgegen, wenn Heimleitung und Betreuung organisatorisch getrennt sind und die Weisungsunabhängigkeit des Betreuers arbeitsrechtlich sichergestellt ist (OLG Stuttgart FamRZ 1999, 811 = FGPrax 1999, 109 = PflegeRecht 1999, 224).

Abs 3 enthält einen **absoluten Ausschlußgrund**. Deshalb entfällt die Bindung an einen Vorschlag des Betroffenen (BayObLGZ 1996, 250 = FamRZ 1997, 245 = BtPrax 1997, 36; BayObLG FamRZ 1999, 50). Der Begriff der Einrichtung ist nach dem Willen des Gesetzgebers weit zu sehen; die verschiedenen Heim- und Wohnformen der jüngeren Zeit sollen erfaßt sein. Eine „andere enge Beziehung" liegt dann vor, wenn jemand Inhaber einer entsprechenden Einrichtung ist (BT-Drucks 11/4528, 126, 127). Im einzelnen dazu BIENWALD BtR Rn 72.

Weitere Entscheidungen dazu: BayObLG Rpfleger 1998, 159 = BtPrax 1998, 76 = NJWE-FER 1998, 177, wonach ein Mitarbeiter des Betreuungsvereins, der Alleingesellschafter einer ein Heim betreibenden GmbH ist, dann nicht zum Betreuer für Bewohner dieses Heims bestellt werden kann, wenn er dem Geschäftsführer der GmbH disziplinarisch unterstellt ist. Ein Abhängigkeitsverhältnis iSv Abs 3 besteht auch, wenn die zum Betreuer vorgeschlagene Person in einem Heim als Angestellter tätig ist, das der gleichen Leitung unterliegt wie das Heim, in dem der Betreute wohnt (BayObLGZ 1996, 250 = NJWE-FER 1997, 83 = MDR 1997, 268). Ausgeschlossen ist dagegen nicht die Bestellung, wenn das Abhängigkeitsverhältnis zu deren Träger gegeben ist (BayObLGZ 1996, 250, 252 = NJWE-FER 1997, 83; LG Berlin BtPrax 1997, 39 = NJWE-FER 1997, 31; **aA** LG Stuttgart BtPrax 1996, 75 = BWNotZ 1996, 14, wo allerdings LS 1 [„steht nicht entgegen"] auf das Gegenteil schließen läßt). Der als Betreuer in Erwägung gezogene Ehegatte der Leiterin des Heimes, in dem der Betroffene lebt, steht in einer engen Beziehung zu der Einrichtung; eine Bestellung zum Betreuer entfällt daher (OLG Düsseldorf FamRZ 1994, 1416 = Rpfleger 1994, 416).

Verwandtschaft oder die Ehe mit einer nach § 1897 Abs 3 ausgeschlossenen Person begründen nicht ohne weiteres ein enges Verhältnis zur Einrichtung im Sinne dieser Vorschrift. Es muß in derartigen Fällen konkret geprüft werden, ob zwischen dem vorgeschlagenen Betreuer und dem ausgeschlossenen Angehörigen eine so enge Beziehung besteht, daß hierdurch eine andere enge Beziehung des Betreuers zu der Einrichtung, in der der Betroffene untergebracht ist oder wohnt, entsteht (BayObLG FamRZ 1999, 50 = FGPrax 1998, 180, 181).

Ein Rechtsanwalt darf nicht tätig werden, wenn er gegen den Träger des von ihm verwalteten Vermögens vorgehen soll in Angelegenheiten, mit denen er als Betreuer oder in ähnlicher Funktion bereits befaßt war (§ 45 Abs 1 Nr 3 BRAO); ihm ist es untersagt, in Angelegenheiten, mit denen er bereits als Rechtsanwalt gegen den Träger des zu verwaltenden Vermögens befaßt war, als Betreuer oder in ähnlicher Funktion tätig zu werden (§ 45 Abs 2 Nr 1 BRAO). Die Verbote gelten auch für die mit dem Rechtsanwalt in Sozietät oder in sonstiger Weise zu gemeinschaftlicher Berufsausübung verbundenen oder verbunden gewesenen Rechtsanwälte und Angehörigen anderer Berufe und auch insoweit einer von diesen im Sinne der Absätze 1 und 2 befaßt war (§ 45 Abs 3 BRAO; insoweit ist am 1.1.2000 bzw am 1.1.2005 keine Änderung durch das Gesetz zur Neuordnung des Berufsrechts der Rechtsanwälte und der Patentanwälte v 2.9.1994 [BGBl I 2278] eingetreten).

Ist bereits ein Betreuer bestellt, kann diesem nicht (im Wege der Aufgabenkreiserweiterung) die Entscheidung über die Einwilligung in die Sterilisation übertragen werden (§ 1899 Abs 2).

Die Entlassung eines Elternteils als Betreuer gemäß § 1897 Abs 3 verstößt nicht gegen Art 6 Abs 1 und 2 GG (die Mutter des Betreuten als dessen Betreuerin ist Geschäftsführerin der Komplementär-GmbH der KG, die die Einrichtung betreibt, in der der Betreute lebt). Art 6 garantiert den Eltern eines Volljährigen nicht, daß sie dessen gesetzliche Vertreter werden (BayObLG FamRZ 2002, 702 mN).

24 Nicht ausgeschlossen (weil ungeeignet) ist die Bestellung des **Pflegers für das Verfahren** zum Betreuer. Nach Auffassung des RegEntw sollte er in der Regel nicht bestellt werden, weil es zu Konflikten führen könne, wenn er zunächst der Bestellung eines Betreuers entgegengetreten sei und dann sich bestellen lasse (BT-Drucks 11/4528, 127). Der BRat hielt die sich daraus ergebenden Konflikte für weniger häufig als die Fälle, in denen der Betroffene die Betreuung zwar ablehnt, aber für den Fall der Betreuungsanordnung auch als Betreuer die Person wünscht, die schon für ihn als Verfahrenspfleger tätig geworden ist (BT-Drucks 11/4528, 207); die Bundesregierung schloß sich dieser Argumentation an (BT-Drucks 11/4528, 226). Es sind demnach weniger Rechtsgründe als die tatsächlichen Umstände, die für oder gegen die Bestellung des Verfahrenspflegers zum Betreuer sprechen, beispielsweise dann, wenn für die Auswahl und Bestellung des Verfahrenspflegers solche Kriterien für maßgebend gehalten werden, die für die Bestellung zum Betreuer von geringerer Bedeutung sind. Mit dem Schutz und der Interessenwahrung des Betroffenen unvereinbar ist es, einen Angehörigen, dem an der (alsbaldigen) Unterbringung des Betroffenen gelegen ist, zunächst zum Verfahrenspfleger im Betreuerbestellungsverfahren und dann zum Betreuer mit dem für die Unterbringungsentscheidung erforderlichen Aufgabenkreis zu bestellen (**aA** OLG Naumburg FamRZ 2002, 988).

25 Nicht ausgeschlossen, aber mit großer Vorsicht zu behandeln ist die Bestellung des **behandelnden Arztes** oder des bisher als Sachverständiger tätigen Arztes, Psychologen oder Sozialarbeiters zum Betreuer des Patienten bzw Probanden. Der behandelnde Arzt kann bei einigen Entscheidungen durch § 181 unmittelbar (§ 1795 Abs 2 iVm § 1908i Abs 1 S 1) oder in Anwendung des dieser Vorschrift zugrundeliegenden Gedankens ausgeschlossen sein, so daß die Bestellung eines Ergänzungsbetreuers erforderlich ist. Es empfiehlt sich eher, in der Praxis eine Mitbetreuerbestellung zu erwägen, wenn die Bestellung des behandelnden Arztes nicht ganz vermieden werden kann (aA BayObLG BtPrax 1993, 171 und die Vorinstanz, die festgestellt hatte, die Betroffene habe den Wunsch geäußert, ihren Hausarzt zum Betreuer zu bestellen; das Gericht der weiteren Beschwerde hat die Eignungsfeststellungen gebilligt; s auch Bienwald, BtR Rn 14). Die Bestellung des behandelnden (Nerven-)Arztes, dem nur Aufgabenkreise übertragen waren, um eine Notfallbehandlung des Betroffenen in einer Klinik – und gerade nicht beim Betreuer – zu ermöglichen, ist nicht ausgeschlossen (BayObLG FamRZ 2003, 1043 = BtPrax 2003, 177). Gegen die Bestellung einer angestellten Pflegekraft einer Sozialstation, die die tatsächliche Pflege und Betreuung vornimmt, bestehen dagegen eher geringe Bedenken (offen gelassen in DIV-Gutachten DAVorm 1992, 844). Problematisch ist wiederum die Bestellung eines Leiters eines privat betriebenen Pflegedienstes, weil hier Dienstleister und Auftraggeber eine Person wären.

Soweit nach Bundes- oder Landesrecht der ausgewählte Betreuer einer besonderen **26** **Erlaubnis** zur Übernahme der Betreuung bedarf, handelt es sich nicht um eine Frage der Eignung, sondern um eine sonstige Bestellungsvoraussetzung. Wird der Ausgewählte entgegen den Sollvorschriften bestellt (§ 1784 iVm § 1908i Abs 1 S 1; s ferner § 21 SoldatenG, § 65 BBG, § 46 DRiG, § 11 BAT; Einzelheiten dazu bei Bienwald, BtR Rn 15 sowie Staudinger/Engler [2004] § 1784 Rn 10), so ist die Bestellung **nicht unwirksam**, der Betreuer aus diesem Grunde nicht ungeeignet.

b) aus tatsächlichen Gründen
– Ist nach den Feststellungen der Tatsacheninstanz der Betreuer zu einer den ge- **27** setzlichen Vorschriften entsprechenden Rechnungslegung nicht in der Lage oder will er eine solche Rechnung nicht erstellen, ist der Betreffende als Betreuer nicht geeignet (BayObLG FamRZ 1994, 1282 = Rpfleger 1994, 252 = MDR 1994, 277).

– Eine Person, die sich laut Auskunft des Zentralregisters bereits vierfach strafbar gemacht hat, davon in drei Fällen wegen Vergehens gegen fremdes Vermögen, ist als Betreuerin für den Bereich der Vermögenssorge ungeeignet, weil sie keine Gewähr dafür bietet, daß sie das Amt in dem genannten Aufgabenbereich bedenkenfrei (dh über jeden Verdacht erhaben, die Vermögenssorge zu eigenem Vorteil zu führen) führt (LG Koblenz BtPrax 1998, 38 = JurBüro 1998, 166).

– Ein Rechtsanwalt ist für das Betreueramt ungeeignet, wenn er eine Partei, die mit dem Betreuten einen Rechtsstreit führt, einmal vertreten hat, auch wenn er dieses Mandat niedergelegt hat. Daran ändert auch nichts, daß der Betreute ihn vorgeschlagen hat (OLG Köln NJWE-FER 1998, 227 = FamRZ 1999, 54).

– Auf Grund des um einen S 2 ergänzten § 1908b Abs 1 liegt ein wichtiger Entlassungsgrund vor, wenn der Betreuer eine erforderliche Abrechnung vorsätzlich falsch erteilt hat. Obwohl das Gesetz dies nicht ausdrücklich regelt, kann eine einmal (oder mehrmals) bewußt unrichtig erteilte Abrechnung einen Eignungsmangel darstellen, wenn es für die Führung der Betreuung auf die Verläßlichkeit in Angelegenheiten, bei denen Abrechnungsgenauigkeit vorausgesetzt werden muß, ankommt.

V. Die Bedeutung des Vorschlagsrechts

28 Einem wesentlichen Anliegen der Reform folgend (BT-Drucks 11/4528, 52, 53), Wünschen (zu deren Beachtlichkeit s Rn 10) der Betroffenen mehr Beachtung zu schenken, regelt die Vorschrift drei verschiedene Äußerungsmöglichkeiten des Betroffenen, die seinem Verfahrenspfleger nicht zustehen (OLG Hamm FamRZ 1996, 1372 = BtPrax 1996, 189 = NJW-RR 1997, 70):

a) Er macht einen **positiven Vorschlag** (Abs 4 S 1). An diesen Vorschlag ist das Gericht grundsätzlich gebunden, auch wenn der Betroffene nicht geschäftsfähig ist, aber seinen Wunsch mit natürlichem Willen kundtun kann (BayObLG FamRZ 2002, 1145 [LS] = Rpfleger 2002, 312 [LS] = BtPrax 2002, 36). Insofern hat das Gericht kein Auswahlermessen (BayObLG FamRZ 1996, 1374 = Rpfleger 1997, 19). Durch den Vorrang der ehrenamtlichen vor der berufsmäßig geführten Betreuung iSd Abs 6 S 1 wird die Bindung an den Vorschlag des Betroffenen begrenzt (OLG Thüringen FamRZ 2001, 714 mwN; aA MünchKomm/SCHWAB § 1897 Rn 22). Die Tatsache eines Vorschlags ist, unabhängig davon, ob dieser aktuell geäußert wurde oder einige Zeit zurückliegt (Betreuungsverfügung), beachtlich (BayObLG aaO). Zweifelhaft kann es sein, an einen zu einem früheren Zeitpunkt geäußerten Wunsch des Betroffenen anzuknüpfen, von seinem Sohn betreut zu werden, wenn zwischenzeitlich ein Prozeß des Betroffenen gegen seinen Sohn auf Zahlung einer Nutzungsentschädigung in nicht unbeträchtlicher Höhe anhängig gemacht worden ist (BayObLG FamRZ 2004, 1750). Schlägt der Betroffene eine bestimmte Person als Betreuer vor, so ist nicht die zur Betreuung am besten geeignete Person auszuwählen, sondern dem Vorschlag des Betroffenen zu folgen, sofern dies dem Wohl des Betroffenen nicht zuwiderläuft (BayObLG-Rp 2001, 55 [LS]).

Einem Vorschlag des Betroffenen, eine bestimmte Person zum Betreuer zu bestellen, braucht dann nicht entsprochen zu werden, wenn der Vorschlag nicht auf einer eigenständigen und dauerhaften Willensbildung des Betroffenen beruht (BayObLG FamRZ 2003, 1871 [LS] = ZFE 2004, 92; FamRZ 2004, 978; FamRZ 2005, 548). Der ernsthafte und durch seinen natürlichen Willen getragene Wunsch auch eines willensschwachen Betroffenen nach einem bestimmten Betreuer ist nur dann nicht zu beachten, wenn die Bestellung des gewünschten Betreuers dem Wohl des Betroffenen widerspricht (hier: Bestellung des Bruders trotz innerfamiliärer Spannungen, unter denen der Betroffene aber nicht leidet, BayObLG FamRZ 2002, 1145 [LS]). Erklärt ein geschäftsunfähiger Betroffener, mit dem eine sinnvolle Verständigung nicht mehr möglich ist, sein Einverständnis mit einem vom Gericht vorgeschlagenen Betreuer, ohne daß zweifelsfrei klar ist, daß er die Ausführungen des Richters überhaupt verstanden hat, liegt hierin kein eigener Vorschlag des Betroffenen (BayObLG-Rp 2004, 251). Die Gründe, die gegen eine Bindung an den Vorschlag sprechen, brauchen sich nicht auf die gesamte Betreuung zu erstrecken, so daß die vorgeschlagene Person mit einem Teil des erforderlichen Aufgabenkreises bestellt werden kann (s dazu BayObLG BtPrax 2000, 260). Der Vorschlag ist jederzeit widerruflich und veränderbar, unabhängig von der Geschäftsfähigkeit des Betroffenen (MünchKomm/SCHWAB § 1897 Rn 19). Hält der Betroffene erkennbar an dem alten Vorschlag nicht mehr fest, besteht keine Bindung.

Der Vorschlag begründet (unabhängig von der Geschäftsfähigkeit des Betroffenen) einen Vorrang dieser Person vor allen anderen in Betracht kommenden (BayObLGZ

1996, 136 = FamRZ 1996, 1374 = FGPrax 1996, 185; BayObLG BtPrax 2001, 218 [LS] = Rp 2001, 55 [LS]; OLG Zweibrücken FamRZ 2003, 187). Der Vorrang der vom Betroffenen als Betreuer vorgeschlagenen Person besteht grundsätzlich auch gegenüber dem zur Betreuung geeignet erscheinenden Vater des Betroffenen (BayObLG v 28. 10. 1999 – 3 Z BR 250/99). Zur Bindung an einen Vorschlag, die nächste Verwandte zur Betreuerin zu bestellen, BayObLG FamRZ 1995, 894 = BtPrax 1995, 110. Die Annahme, ein Vorschlag des Betroffenen laufe seinem Wohl zuwider, bedarf konkreter tatsächlicher Feststellungen (BayObLG FamRZ 1994, 323, 324; OLG Düsseldorf BtPrax 1995, 110) und einer umfassenden Abwägung aller Umstände (BayObLGZ 1996, 136 = FamRZ 1996, 1374 = Rpfleger 1997, 19 = FGPrax 1996, 185). Die abstrakte Gefahr einer Kollision der Interessen des Betroffenen mit denen der als Betreuer in Betracht kommenden Person schließt deren Bestellung zum Betreuer nicht aus (BayObLG FamRZ 2000, 1183 = NJWE-FER 2000, 259). Der Umstand, daß eine vom Betroffenen vorgeschlagene Person erbberechtigt ist, steht ihrer Bestellung zum Betreuer zunächst nicht entgegen. Erst konkrete Gefahren rechtfertigen es, einen Vorschlag zu übergehen (OLG Düsseldorf FamRZ 1996, 1373 = FGPrax 1996, 184 = BtPrax 1996, 195 [LS]). Die Bestellung eines vom Betroffenen vorgeschlagenen volljährigen Kindes zum Betreuer kann dem Wohl des Betroffenen zuwiderlaufen, wenn durch nachhaltige Spannungen zwischen diesem und einem weiteren Kind, bei dem sich der Betroffene wegen der dort geleisteten Versorgung gewöhnlich aufhält, die Wahrnehmung der Aufgaben des Betreuers – insbesondere soweit sie den notwendigen persönlichen Kontakt voraussetzen – erheblich erschwert wird (BayObLG FamRZ 2004, 976).

Zum Übergehen des vorgeschlagenen Sohnes bei Gefahr erheblicher Interessenkonflikte aufgrund festgestellter Tatsachen (Aufgabenkreis: Vermögenssorge) BayObLG BtPrax 1998, 74; in bezug auf die vorgeschlagene Tochter BayObLG FamRZ 1997, 246 (LS). Zum Abweichen von dem Vorschlag die Ehefrau zu bestellen (keine Übertragung der Vermögenssorge), weil eine Wohnung im Mehrfamilienhaus des Betroffenen an die Eltern der Ehefrau vermietet ist, BayObLG BtPrax 2000, 260.

b) Der Betroffene schlägt vor, **eine bestimmte Person nicht zu bestellen**. Dieser „negative" (Erman/Holzhauer Rn 4) Vorschlag hat nicht die gleiche Kraft wie der zu a) genannte. Hierauf soll das Vormundschaftsgericht lediglich Rücksicht nehmen. Ein höherer Bindungsgrad könnte die Betreuerbestellung gefährden. Lehnt der Betroffene ohne triftigen Grund den bisher für ihn bestellten und über Jahre ohne Beanstandungen für ihn tätig gewordenen Betreuer aus Anlaß der Verlängerung der Betreuung ab, ist dies für das Gericht nicht bindend (BayObLG FamRZ 2002, 1362 [LS]).

c) Schlägt der Betroffene niemand vor (und äußert er sich auch nicht negativ zu einer Person), ist das Gericht an Abs 5 gebunden. Diese Vorschrift räumt dem Gericht ein **Auswahlermessen** ein, das im Rahmen der Rechtsbeschwerde nur in eingeschränktem Umfang überprüft werden kann (BayObLG FamRZ 1995, 1232 = BtPrax 1995, 65 = BtE 1994/95 zu § 1897 Abs 5; OLG Köln FamRZ 2000, 116 = NJWE-FER 1999, 271). Im Rahmen des pflichtgemäßen Ermessens hat das Gericht auch den hypothetischen Willen des Betroffenen zu berücksichtigen (OLG Köln FamRZ 2000, 116 = NJWE-FER 1999, 271) sowie auf die Gefahr einer Interessenkollision Rücksicht zu nehmen (BayObLG FamRZ 2000, 1183 = NJWE-FER 2000, 259). Wichtig ist hier, daß auf bestehende Bindungen, nicht dagegen auf einen Status (der Verwandtschaft) abgehoben wird (Bienwald, BtR Rn 62). Es können verwandtschaftliche Bindungen fehlen (zB bei älteren Betroffenen), aber solche zu einem Bekannten, Nachbarn oder Lebensgefährten noch bestehen. Langjährige Lebensgefährten stehen bei der Auswahl des Betreuers im Rahmen des § 1897 Abs 5 gleichrangig neben den Kindern und Eltern des zu Betreuenden (OLG Köln FamRZ 2000, 116 = NJWE-FER 1999, 271). Schlägt der Betroffene jemand vor, der – gleichgültig aus welchen Gründen – nicht bestellt werden kann/darf, kommt der nach Abs 4 S 1 geäußerte Vorschlag nicht zum Tragen. Selbst wenn durch § 1897 Abs 5 bevorzugte Personen als Betreuer in Betracht kommen, ist bei der Auswahl des (geeigneten) Betreuers letztlich das Wohl des Betroffenen ausschlaggebend (BayObLG MDR 1996, 286; FamRZ 2002, 768 m Anm BIENWALD; FamRZ 2004, 1991 = Rp 2004, 328). Läßt der Betroffene durch seinen Verfahrensbevollmächtigten erklären, daß er mit diversen Betreuern einverstanden sei, ist diese Äußerung nicht als Vorschlag iSv Abs 4, jedenfalls nicht in dem Sinne aufzufassen, daß der Betroffene ausschließlich die zuständige Behörde wolle (BayObLG FamRZ 1994, 1203, 1204 = BtPrax 1994, 171, 172).

29 Der Betroffene ist, etwa wenn das Gericht ihn über den möglichen Verlauf des Verfahrens informiert (§ 68 Abs 1 S 3 FGG), oder in anderer Weise rechtzeitig darauf **hinzuweisen**, daß er **Vorschläge machen** kann. Andernfalls ist zu befürchten, daß der Betroffene mangels Kenntnis von seinem Recht keinen Gebrauch macht. Ist ein Pfleger für das Verfahren bestellt (§ 67 FGG), hat dieser die Möglichkeit, den Betroffenen auf sein Recht aufmerksam zu machen, ggf dahingehende Äußerungen des Betroffenen zu vermitteln.

Das Gericht hat die Bestimmungen in § 1897 Abs 4 und 5 grundsätzlich auch dann zu beachten, wenn es über die Betreuerbestellung durch **einstweilige Anordnung** entscheidet. Lediglich bei Gefahr im Verzuge darf von diesem Grundsatz abgewichen werden (LG Regensburg FamRZ 1993, 597; LG Flensburg BtPrax 1993, 180). Äußerungen des Betroffenen zur Person des Betreuers sind keine Willenserklärungen iSd §§ 104 ff, 116 ff (OLG Hamm FamRZ 1996, 1372 = BtPrax 1996, 189 = FGPrax 1996, 183); sie sind deshalb zu berücksichtigen, auch wenn der Betroffene nicht geschäftsfähig ist (BT-Drucks 11/4528, 127; BayObLGZ 1997, 136 = FamRZ 1996, 1374 = Rpfleger 1997, 19; OLG Düsseldorf FamRZ 1996, 1373 = FGPrax 1996, 184 = BtPrax 1996, 195 [LS]; OLG Frankfurt BtPrax 1997, 123 [LS]; OLG Hamm NJW-RR 1997, 70, 71; näher BIENWALD, BtR Rn 50 ff). Im übrigen sind die Äußerungen schon deshalb beachtlich, weil der Betroffene rechtlich uneingeschränkt verfahrensfähig ist (§ 66 FGG). Auch ein Abgehen von dem früher geäußerten Vorschlag zur Person eines Betreuers setzt Geschäftsfähigkeit nicht voraus (BayObLG FamRZ 1993, 1110).

Zum Wohle des Betroffenen, der nicht mehr dazu in der Lage ist, einen eigenen Wunsch zur Betreuerbestellung zu äußern, kann ein berufsmäßig tätiger Betreuer auch dann bestellt werden, wenn zwar eine andere natürliche Person zur Übernahme der Betreuung bereit, der Berufsbetreuer aber wesentlich besser geeignet ist (BayObLG FamRZ 2002, 768 m Anm BIENWALD = BtPrax 2002, 130). Gegenüber dem ernsthaft geäußerten Vorschlag des Betroffenen, eine hierzu geeignete Person zum Betreuer zu bestellen, begründet die Tatsache, daß noch geeignetere Personen in Betracht kommen, grundsätzlich nicht die Annahme, die Bestellung der vorgeschlagenen Person laufe dem Wohl des Betroffenen zuwider (BayObLG FamRZ 1999, 53).

VI. Keine Sonderregelungen für nichtdeutsche Betroffene

Art 24 EGBGB läßt es zu, für einen Angehörigen eines fremden Staates, der seinen 30 gewöhnlichen Aufenthalt oder, mangels eines solchen, seinen Aufenthalt im Inland hat, einen Betreuer nach deutschem Recht zu bestellen. Der Inhalt der Betreuung unterliegt dem Recht des anordnenden Staates, also in diesem Falle dem Recht der Bundesrepublik Deutschland. Dementsprechend hat das BtG die Übernahmepflicht für eine Betreuung nicht auf Deutsche beschränkt (§ 1898). Nach Auffassung des Gesetzgebers des BtG sollte es möglich sein, bei Betreuungsbedürftigkeit von Ausländern, die in der Bundesrepublik Deutschland wohnen, eine Person gleicher Staatsangehörigkeit zum Betreuer zu bestellen (BT-Drucks 11/4528, 129).

Eigene Vorschriften über die Auswahl und Bestellung eines Betreuers für diesen Kreis von Betroffenen enthält das BtG nicht. Demzufolge ist hierfür § 1897 maßgebend. Es ist also zu prüfen, welche natürliche Person für die Betreuung eines bestimmten Angehörigen eines ausländischen Staates nach Maßgabe dieser Vorschrift geeignet ist (Abs 1). Entgegen der Annahme des RegEntw kommt es hierfür nicht in erster Linie auf die (gleiche) Staatsangehörigkeit, sondern auf die Zugehörigkeit zu einer Volksgruppe oder einer landsmannschaftlichen Gruppierung an, aus der ein Angehöriger für die Betreuung gewonnen werden kann. Für die Frage der Geeignetheit des Betreuers können sprachliche, familiäre, kulturelle und andere Eigenheiten, Traditionen und Bedingungen von Bedeutung sein, die die Führung der Betreuung beeinflussen (§ 1901); Ausnahmegenehmigungen in vermögensrechtlicher Hinsicht können in Betracht kommen.

Die Zahl der Personen, für die nach Art 24 EGBGB ein Betreuer zu bestellen ist, nimmt immer mehr zu. In solchen Fällen sollte das Gericht über die örtliche Sozialarbeit (Allgemeiner Sozialdienst; kommunaler Sozialdienst) oder unmittelbar über den jeweils zuständigen Träger freier Wohlfahrtspflege den für die Betreuung der Gruppe verantwortlichen Sozialberater (zu ihnen s den Art „Sozialberater für Ausländer" im Fachlexikon der sozialen Arbeit, 1997) um Informationen, eine gutachtliche Stellungnahme und/oder einen Personalvorschlag bitten.

Zur rechtlichen Betreuung von **Migranten** s die gleichnamige Veröffentlichung von SALMAN/WÖHLER (2001); weitere Informationen beim Institut für transkulturelle Betreuung eV, Königstraße 6, 30175 Hannover.

VII. Besonderheiten bei einzelnen Betreuerarten

1. Angehörige

Auf einen oder mehrere Angehörige kann sich der Vorschlag des Betroffenen be- 31 ziehen (Abs 4). Ihm ist zu folgen, wenn es dem Wohl des Volljährigen nicht zuwiderläuft. Die Frage, ob die Bindung an den Vorschlag aus diesem Grunde entfällt, erfordert eine umfassende Abwägung aller Umstände. Nur wenn das Ergebnis der Abwägung deutlich gegen die Bestellung des Vorgeschlagenen spricht, darf eine andere Person bestellt werden (BayObLGZ 1996, 136, 138). Häufiger hindern Spannungen unter den Angehörigen des Betroffenen, unter seinen Kindern oder seinen Geschwistern, die Bestellung eines Familienangehörigen, selbst wenn der Betroffene dies wünscht (vgl BayObLG FamRZ 2004, 976, 977). Zur Vermeidung von innerfamiliären Konflikten kann deshalb zum Wohl des Betroffenen für einen abgegrenzten Bereich neben einem ehrenamtlichen Betreuer ein weiterer (Berufs-)Betreuer bestellt werden (BayObLG-Rp 2004, 251). Die Gefahr von Interessenkonflikten, die in Abs 5 aufgeführt ist, muß auch im Rahmen von Abs 4 berücksichtigt werden, weil die in Abs 5 genannten Personen von dem Betroffenen selbst vorgeschlagen werden können (im Ergebnis ebenso BayObLGZ 1993, 226 = Rpfleger 1994, 110 = FamRZ 1993, 1225, 1226). Die Gefahr geringerer Interessenkonflikte soll es nach Auffassung des RegEntw nicht rechtfertigen, von dem Vorschlag des Betroffenen abzuweichen (BT-Drucks 11/4528, 127; aus der Judikatur: BayObLGZ 1996, 136, 138 = FamRZ 1996, 1374, 1375 mN; OLG Hamm NJW-RR 1997, 70, 71; KG BtPrax 1995, 106, 107; OLG Zweibrücken BtPrax 1997, 164 = FGPrax 1997, 104 = NJWE-FER 1997, 155). Sind Interessenkonflikte zu befürchten, so daß der Vorgeschlagene als iSd Abs 1 ungeeignet erscheint, kann dem Vorschlag nicht gefolgt und der Betreffende nicht bestellt werden. Es fragt sich beispielsweise, ob es zweckmäßig ist, einen potentiellen Erben mit der Vermögenssorge zu betrauen, „weil dieser dazu neigen könnte, den Kostenerstattungsansprüchen des mit der persönlichen Sorge für den Betroffenen vergleichsweise viel stärker belasteten Betreuers (Mitbetreuers) in kleinlicher Weise entgegenzutreten" (OLG Düsseldorf BtPrax 1993, 103, 104). Zum Übergehen des vorgeschlagenen Sohnes, wenn aufgrund festgestellter Tatsachen die konkrete Gefahr erheblicher Interessenkonflikte gegeben ist, BayObLG v 22. 10. 1997 – 3 Z BR 112/97. Ist eine der Wohnungen des Mehrfamilienhauses des Betroffenen, das dessen wesentliches Vermögen darstellt, an die Eltern der Ehefrau des Betroffenen vermietet, so rechtfertigt es dieser Umstand, der Ehefrau – entgegen dem Vorschlag des Betroffenen – als Betreuerin nicht auch die Vermögenssorge zu übertragen (BayObLG BtPrax 2000, 260 = NJWE-FER 2001, 44).

Zurückhaltung bei der Bestellung Angehöriger ist jedenfalls insoweit geboten, als der Gesetzgeber diesen Personenkreis von bestimmten Kontrollen und Aufgaben freigestellt hat (§ 1908i Abs 2 S 2). Soweit das Vormundschaftsgericht nichts anderes anordnet, besteht in sinngemäßer Anwendung des § 1857a für den Vater, die Mutter, den Ehegatten, den Lebenspartner oder einen Abkömmling des Betreuten (nicht jedoch für dessen Geschwister!) keine Pflicht zur Rechnungslegung während der Dauer des Amtes. Der Betreuer hat lediglich jeweils nach zwei Jahren eine Übersicht über den Bestand des seiner Verwaltung unterliegenden Vermögens einzureichen (§ 1854 Abs 2). Zu den weiteren Befreiungen sowie den zugelassenen Einschränkungen durch das Vormundschaftsgericht s § 1857a iVm § 1908i Abs 2 S 2.

Aus der Sicht des BayObLG (BayObLGZ 1993, 226 = FamRZ 1993, 1225, 1226 = Rpfleger 1994, 110) besteht die **Gefahr von Interessenkonflikten** insbesondere bei nahen Verwandten, Eheleuten oder Lebensgefährten, wenn sie im selben Haushalt leben. Andererseits ist die Bestellung des Ehepartners, mit dem der Betroffene bis zum Eintritt des Betreuungsfalles in häuslicher Gemeinschaft gelebt hat, zu dessen Betreuer grundsätzlich nicht zu beanstanden (BayObLG BtE 1994/95 § 1897 Abs 1 [LS]). Wegen der vom Gesetz geforderten Rücksichtnahme auf die Bindungen des Volljährigen sei hier eine sorgfältige Abwägung zwischen der Gefahr von Interessenkonflikten und der Rücksicht auf den Wunsch des Betroffenen und seine persönlichen Bindungen durchzuführen. Dabei stehe das Wohl des Betroffenen im Vordergrund. Es muß sich jedoch um konkrete Interessenkonflikte handeln; die abstrakte Möglichkeit für solche Konflikte reicht nicht aus. Wurde eines der Kinder der

Betroffenen zum Betreuer bestellt, so ist dies nicht schon allein deshalb rechtsfehlerhaft, weil die Kinder untereinander zerstritten sind (BayObLG v 11. 9. 1996 – 3 Z BR 128/96). Etwaigen Gefahren für das Wohl des Betroffenen könnte durch Mittel der Aufsicht, insbesondere durch die Aufhebung des Befreiung von der Rechnungslegungspflicht bei den in § 1908i Abs 2 S 2 genannten Angehörigen, begegnet werden (zu entsprechender Prüfungspflicht BayObLG v 3. 12. 1997 – 3 Z BR 364/97). Der Umstand allein, daß die Betroffene die Kosten ihrer Pflege und Versorgung nicht aus eigenen Mitteln aufbringen kann und die zum Unterhalt verpflichtete (an einer Betreuerbestellung interessierte) Tochter diese Kosten möglicherweise mittragen muß, begründet noch nicht die konkrete Gefahr, daß finanzielle Interessen des Betreffenden den Bedürfnissen und dem Wohl der Betroffenen vorgehen können (OLG Köln FamRZ 1996, 1024). Der künftige Erbkonflikt zwischen den um die Betreuung eines Angehörigen konkurrierenden Bewerbern, von denen sich der eine als Testamentserbe, der andere in gesetzlicher Erbfolge zum Erben des Betreuten berufen fühlt, ist jedenfalls zur Entscheidung zwischen diesen Betreuern kein taugliches Entscheidungskriterium (OLG Brandenburg v 18. 4. 2002 – 11 Wx 43/01).

Stellt der Tatrichter ermessensfehlerfrei fest, daß der nur denkbare Interessenkonflikt, dem der Testamentserbe ausgesetzt sein könnte, für die Führung der Betreuung und für das Wohl des Betreuten ohne Auswirkung ist, so ist diese Entscheidung in der weiteren Beschwerde nur eingeschränkt nachprüfbar. Sind die Ansprüche eines Betroffenen aus einem Übergabevertrag nicht oder nur unzureichend erfüllt worden, so kann dies der Bestellung des Übernehmers als Betreuer bezüglich des Aufgabenkreises Vermögenssorge entgegenstehen (BayObLG FamRZ 2002, 1589 = Rp 2002, 453).

In einem Verfahren, das mit der Entscheidung des BayObLG (FamRZ 2003, 1775 m Anm BIENWALD = Rp 2004, 89) endete, war der Sohn der Betroffenen deshalb nicht für die Rechtliche Betreuung seiner Mutter vorgesehen und stattdessen eine berufsmäßig tätige Betreuerin bestellt worden, weil offensichtlich der Bereitschaftserklärung des Beschwerdeführers, für die Mutter zumindest versuchsweise eine Tagesbetreuung in der Wohnung zu organisieren (anstatt der Teilnahme in einer Tagespflegeeinrichtung außerhalb der Wohnung), nicht getraut wurde und er sich geweigert hatte, einer aus diesem Grunde beabsichtigten Aufteilung der Betreuung zuzustimmen. Das BayObLG korrigierte die Entscheidung der Vorinstanz ua deshalb, weil die Möglichkeit des Vormundschaftsgerichts, auf die Führung der Betreuung einzuwirken, nicht diskutiert worden war. In der Anmerkung wird auf die generelle Problematik einer Zusammenarbeit von ehrenamtlich und berufsmäßig tätigen Personen hingewiesen und an die „Betreuung" der (ehrenamtlichen) Betreuer durch Betreuungsvereine und die zuständige (Betreuungs-)Behörde erinnert.

Ein zur Übernahme der Betreuung bereites Kind seiner zu betreuenden Eltern ist nicht deshalb für Vermögensangelegenheiten ungeeignet, weil zwischen ihm und seinen Geschwistern erheblicher Streit über die Verwaltung des elterlichen Vermögens herrscht, solange es die elterlichen Vermögensangelegenheiten objektiv und sachgerecht wahrnimmt und keine Positionen vertritt, die dem Wohl der Betroffenen deutlich zuwiderlaufen. Dagegen kann ein Interesse an geschwisterlicher Regelung von Dienst- und Pflegeleistungen und deren Vergütung für die betreute Mutter dazu führen, anstelle eines Geschwisters eine außenstehende Person zum Betreuer der Mutter mit einem entsprechenden Aufgabenkreis zu bestellen (OLG Köln FamRZ 2000,

512; vgl auch OLG Köln FamRZ 2000, 116 [LS], das Spannungen unter Geschwistern als alleiniges Eignungsproblem dann nicht durchschlagen läßt, wenn der Betreute nicht diese Spannungen wahrnehmen und unter ihnen leiden kann). Ein zum Betreuer bestellter Sohn, der an sich selbst und an andere Verwandte Geldgeschenke in erheblicher Höhe (hier: 80 000 DM) getätigt hat und womöglich weiterhin tätigen wird, kann insoweit als Betreuer ungeeignet sein (BayObLG FamRZ 2004, 734 m Anm BIENWALD). Bedenklich die Bestellung der Tochter einer/eines Betroffenen als Vermögensbetreuerin, wenn diese aus einem notariellen Grundstücksübertragungsvertrag zur Wartung und Pflege der/des Betroffenen verpflichtet ist, den Lohn für die hierfür eingestellte Pflegekraft dem Vermögen der/des Betroffenen entnimmt und darüber hinaus die Überweisung größerer Geldbeträge von dem Konto der/des Betroffenen an sich und ihre Schwester veranlaßt hat (OLG Zweibrücken FamRZ 2005, 832 = FGPrax 2004, 286 = BtPrax 2004, 246). Hat die verstorbene Mutter des Betreuten in einem sogenannten Behindertentestament den Betreuten zum Vorerben und eine nahe Angehörige der Vermögensbetreuerin zur Nacherbin und Testamentsvollstreckerin bestimmt, rechtfertigt dieser Umstand, bei der Betreuerin einen erheblichen Interessengegensatz iSd § 1796 Abs 2 anzunehmen (OLG Zweibrücken FGPrax 2004, 30 = FamRZ 2004, 834 [LS] = ZEV 2004, 161).

2. Freiberuflich tätige Berufsbetreuer

32 Es handelt sich um natürliche Personen, die als Privatpersonen Betreuungen führen, jedoch mit dem Anspruch auf Vergütung gem § 1836 Abs 2 iVm § 1908i Abs 1 S 1. Danach sind jemandem Betreuungen zu vergüten, wenn das Gericht bei der Bestellung des Betreuers feststellt, daß der Betreuer die Betreuung berufsmäßig führt. Diese Feststellung hat das Gericht zu treffen, wenn dem Betreffenden Betreuungen in einem solchen Umfang übertragen sind, daß er sie nur im Rahmen seiner Berufsausübung führen kann, oder wenn zu erwarten ist, daß dem Betreffenden in absehbarer Zeit Betreuungen in diesem Umfang übertragen sein werden (§ 1836 Abs 1 S 2, 3 iVm § 1908i Abs 1 S 1; seit 1. 7. 2005: § 1 VBVG). Die Vergütung steht dem Berufsbetreuer auch dann zu, wenn er sonst keine Vergütung erhalten würde, weil entweder das Vermögen des Betreuten oder der Umfang und die Schwierigkeit der Betreuungsgeschäfte dies nicht rechtfertigen. Die Vergütung wird dann aus der Staatskasse gezahlt.

Für die Bestellung freiberuflich tätiger Berufsbetreuer sind **keine besonderen Eignungsprüfungen** vorgesehen. Im Schrifttum werden sie von JAEGER (NDV 1992, 245, 248) unter Berufung auf OBERLOSKAMP (FamRZ 1988, 22) sowie von den Berufsverbänden (vgl dazu deren Äußerungen in ihren Verbandsveröffentlichungen) befürwortet. Einzelne Betreuungsbehörden haben zwecks Ausübung ihrer Verpflichtung aus § 8 BtBG eigene Prüfungsmaßstäbe (mit-)entwickelt (zB die Landesbetreuungsstelle in Hamburg und die Landesarbeitsgemeinschaft für Betreuungsangelegenheiten in Sachsen). Ein Betreuungsbewerber hat gegenüber der Betreuungsbehörde keinen Anspruch darauf, daß diese ihn dem Vormundschaftsgericht vorschlägt und das ihr zustehende Beschwerderecht zu seinen Gunsten ausübt (OVG Lüneburg NdsRpfl 2001, 67).

Der RegEntw hatte sich positiv dazu geäußert, daß „künftig neben den Rechtsanwälten sich auch **Angehörige anderer Berufsgruppen**, insbesondere Sozialarbeiter, verstärkt dieser Aufgabe widmen" (BT-Drucks 11/4528, 111). Angesichts der in der Vergangenheit in bezug auf Zahl und Qualität der geführten Vormundschaften und Pflegschaften geübten Kritik war in der Voraufl die Bestellung von selbständig tätigen Berufsbetreuern als nicht unbedenklich bezeichnet worden angesichts fehlender Kontrolle. Ein zentrales Register gibt es in der Bundesrepublik Deutschland nicht. Eine Höchstzahlbegrenzung erübrigte sich demzufolge (s dazu BT-Drucks 11/4528, 125). Durch § 10 VBVG (bisher § 1908k) werden diese Betreuer verpflichtet, der Betreuungsbehörde, in deren Bezirk sie ihren Sitz oder Wohnsitz haben, kalenderjährlich die Zahl der geführten Betreuungen und den für die Führung von Betreuungen erhaltenen Geldbetrag bis spätestens 31. März des folgenden Jahres mitzuteilen.

Als ein Kriterium für die Geeignetheit zu beruflicher Führung von Betreuungen werden organisatorische Voraussetzungen angesehen. Dazu werden das Vorhalten eines Büros oder einer büroähnlichen Organisation sowie die Erreichbarkeit (auch verkehrstechnisch) für den Betreuten und die mit dem Betreuer zusammenarbeitenden Stellen gerechnet (vgl Empfehlungen zur Geeignetheit als Berufsbetreuer der überörtlichen Arbeitsgemeinschaft usw für den Regierungsbezirk Oberpfalz vom 22.11.1994 sowie ein entsprechendes Papier der Landesbetreuungsstelle Hamburg vom 5.4.1995).

Soweit die büromäßige oder büroähnliche Ausstattung als ein Zeichen für eine kontinuierliche und **auf Dauer angelegte Arbeit** angesehen wird, ist dagegen nichts einzuwenden. Geht es um die Gestaltung der eigenen Arbeit, steht es der Behörde nicht zu, den Vorschlag einer Bestellung zum Betreuer von der Errichtung oder dem Vorhandensein eines Büros abhängig zu machen, weil der Betreuer insoweit keinen Vorschriften unterliegt. Freilich muß der Betreuer sich den Mangel technischer Hilfen (zB Kopierer, Computer) vorhalten lassen, wenn er einen höheren Zeitaufwand als mit dem Einsatz von Technik erforderlich abrechnen und geltend machen würde, sofern das nach der grundsätzlichen Pauschalierung der Vergütung noch möglich ist.

Ob der berufsmäßig tätige Betreuer verkehrstechnisch erreichbar sein muß oder sein sollte, dürfte seiner eigenen Entscheidung vorzubehalten sein, denn die reale Gestaltung der **Betreuungsführung ist eine eigene Angelegenheit** und nicht die der Behörde oder des (aufsichtsführenden) Gerichts. Aus dem Betreuungsrecht, speziell den in Bezug genommenen Vorschriften über Aufsicht und Kontrolle der Führung der Betreuung, lassen sich dahingehende Pflichten oder Obliegenheiten nicht entnehmen. Andernfalls müßte zB jeder freiberuflich Tätige (etwa auch ein Anwalt oder ein Steuerberater) gehalten sein, für einen behindertengerechten Zugang zu seinem Büro Sorge zu tragen, was er als Grundstückseigentümer aber nicht als sonstiger Nutzer von Grundstück und Räumlichkeiten durchsetzen könnte.

Im Einzelfall kann es allerdings geboten sein, daß der **Betreuer für den Betreuten** unmittelbar **erreichbar** ist, wenn es (zB) dem Betreuten nicht möglich ist, den Besuch seines Betreuers in seiner üblichen Umgebung zu empfangen und dort ungestört über die Besorgung seiner Angelegenheiten zu sprechen. Vgl aber BayObLG, das dem Betreuer den Zeitaufwand für Besprechungen mit dem Betreuten außerhalb seines Heimes im Rahmen von Kurzausflügen zubilligte (FamRZ 2000, 1048 = BtPrax 2000, 124).

Daß der Betreuer außer über das Telefon (zB mobil) auch unmittelbar in seinem Büro erreichbar und durch ein am Hause (oder sonst geeigneter Stelle) angebrachtes Hinweisschild erkennbar sowie die Sprechzeiten (ggf Sprechstunden nach Vereinbarung) ersichtlich sein müßte, ist gesetzlich nicht vorgesehen und vorgegeben. Es kommt nicht darauf an, daß der Betreuer als solcher sich einem unbestimmten Adressatenkreis erkennbar zeigt, sondern daß in jeder einzelnen Betreuungssache die betreute Person erfährt oder weiß, auf welchem Wege sie den Betreuer erreicht, wenn sie das außerhalb der ohnehin vereinbarten Begegnungszeiten und Treffpunkte will. Ein Betreuer ist nicht deshalb ungeeignet (und infolgedessen zu entlassen), weil er seine Büroanschrift aufgegeben hat, aber (für die bettlägerige, pflegebedürftige und an seniler Demenz leidende Betreute) über seine Postfachanschrift, über Mobilfunkanschluß und Anrufbeantworter bzw Mobilbox ständig erreichbar ist (LG Hamburg FamRZ 2003, 1323). Dort auch zur Frage, ob einem Betreuer ein schützenswertes Interesse an der Geheimhaltung seiner Privatanschrift zuzubilligen ist.

33 Den freiberuflich tätigen Berufsbetreuern stehen irgendwelche Befreiungen nicht zu. In bezug auf ihre Eignung sind für die Höhe der Vergütung für die Führung der Betreuung nutzbare Fachkenntnisse mitbestimmend (§ 1836 Abs 2 S 2; seit 1.7.2005: § 4 VBVG). Vergütungserhöhend wirken sich besondere Kenntnisse, die für die Führung der Betreuung nutzbar sind, aus, je nachdem, über welche beruflichen Abschlüsse der Betreuer verfügt. Die Einzelheiten der zuletzt genannten Vergütungsmerkmale sind in dem bis zum 30.6.2005 geltenden Gesetz über die Vergütung von Berufsvormündern (Berufsvormündervergütungsgesetz – BVormVG) und für die Zeit nach dem 1.7.2005 in dem Vormünder- und Betreuervergütungsgesetz (VBVG) geregelt. Die in dem BVormVG ausgewiesenen Vergütungssätze für den Fall der Betreuung mittelloser Personen sind auch für die beruflich geführte Betreuung eines nicht mittellosen Betreuten eine wesentliche Orientierungshilfe und im Regelfall angemessen; sie dürfen nur überschritten werden, wenn dies die Schwierigkeit der Betreuungsgeschäfte ausnahmsweise gebietet (BGHZ 145, 104, 105 = FamRZ 2000, 1569 [weitere Nachweise s unten § 1908i Rn 282]). Das VBVG weist dagegen unterschiedliche Stundenansätze für die Betreuung mitteloser und nicht mittelloser Personen aus (§ 5 VBVG). Rechnet ein berufsmäßig tätiger Betreuer vorsätzlich falsch ab, kann er nicht nur aus wichtigem Grund entlassen (§ 1908b Abs 1 S 2) werden, sondern auch von der Bestellung als Betreuer in bestimmten Fällen wegen Eignungsmangels ausgeschlossen sein (s oben Rn 27).

3. Vereinsbetreuer

34 a) Auch Vereinsbetreuer nehmen ihre Aufgabe im Rahmen ihrer Berufsausübung wahr, sind also auch „Berufsbetreuer". Einer entsprechenden Feststellung für die Zwecke der Vergütungsbewilligung (s dazu § 1836 Abs 1 S 2, 3) bedarf es bei ihnen jedoch nicht (§ 1908e Abs 1 S 1 HS 2; seit 1.7.2005: § 7 VBVG). Sie sind nicht selbständig tätig. Vereinsbetreuer kann nur sein, wer in einem Arbeitsverhältnis zum Betreuungsverein steht. Diese Voraussetzung ist bei einem freien Mitarbeiter nicht gegeben (OLG Hamm FamRZ 2001, 253 = BtPrax 2000, 218; LG München I FamRZ 2000, 321). Ihr Status als Mitarbeiter ist auch Voraussetzung für die Anerkennung ihres Anstellungsträgers (eingetragener Verein) als Betreuungsverein (§ 1908f). Der **aA** von JASCHINSKI (NJW 1996, 1521), ein Vereinsbetreuer müsse nicht Arbeitnehmer des Vereins, sondern könne auch freier Mitarbeiter sein, folgend, wurden offenbar zahlreiche „freie Mitarbeiter" beschäftigt und bestellt, was sich jedoch im Hinblick auf die Anerkennung als Berufsbetreuer (§ 1836 Abs 1 S 2 iVm § 1908i Abs 1 S 1) im Einzelfall als problematisch erweist. Als Mitarbeiter des Vereins können sie zu Vereinsbetreuern bestellt werden (Abs 2). Von den selbständig tätigen Betreuern unterscheiden sie sich insbesondere dadurch, daß

– sie selbst nicht nach den §§ 1835 bis 1836b abrechnen dürfen (§ 7 Abs 3 VBVG; bisher § 1908e Abs 2);

– das Gericht bei ihrer Bestellung die für den Vergütungsanspruch wichtige Feststellung, daß sie die Betreuung entgeltlich führen, nicht zu treffen hat. § 1836 Abs 1 S 2 und 3 findet auf sie keine Anwendung (§ 7 VBVG; bisher § 1908e Abs 1 S 1 HS 2). Der Meldepflicht des § 1908k unterlagen sie jedoch aufgrund von § 1908e Abs 1 S 1 HS 1. Seit 1.7.2005 ist dafür § 10 VBVG maßgebend;

– ihnen die Befreiungen des § 1857a (iVm § 1908i Abs 2 S 2) zustehen, wenn das Vormundschaftsgericht nichts anderes anordnet;

– ihre Bestellung zum Betreuer von der Einwilligung des Vereins, bei dem sie angestellt sind, abhängt;

– ihre Entlassung aus dem Amt (auch gegen ihren Willen) allein aufgrund eines entsprechenden Antrags ihres Vereins vorzunehmen ist (§ 1908b Abs 4 S 1).

b) Voraussetzung einer Bestellung eines Mitarbeiters zum Vereinsbetreuer nach Abs 2 S 1 ist **35**

– die Anerkennung seines Anstellungsträgers als Betreuungsverein nach § 1908f. Dem steht gleich, daß der Verein vor Inkrafttreten des BtG für geeignet erklärt worden ist, zum Vormund oder Pfleger bestellt zu werden. Er gilt dann als anerkannter Betreuungsverein im Sinne des § 1908f BGB (Art 9 § 4 BtG);

– die im Zeitpunkt der Bestellung vorliegende Einwilligung des Vereins (§ 1897 Abs 2 S 1);

– die im Zeitpunkt der Bestellung erklärte Bereitschaft des Mitarbeiters, sich zum Vereinsbetreuer bestellen zu lassen (§ 1898 Abs 2). Dieses Erfordernis ergibt sich aus der Tatsache, daß das BtG den Vereinsbetreuer (und den Behördenbetreuer, dazu unten Rn 41) als Individualbetreuer konzipiert hat, die dann zum Betreuer bestellt werden dürfen, wenn sie sich zur Übernahme der Betreuung bereit erklärt haben (BIENWALD, BtR Rn 44).

c) **Ehrenamtliche Helfer und Mitglieder** eines Vereins können **nicht** zu Vereinsbetreuern bestellt werden (LG München I FamRZ 2000, 321). Das ergibt der eindeutige Wortlaut der Bestimmung. Der RegEntw begründete dies damit, daß die für Vereins- und Behördenbetreuer geltenden Sonderregelungen nicht auf ehrenamtliche Helfer zugeschnitten seien, versicherte aber andererseits, daß die Tätigkeit der ehrenamtlichen Helfer dadurch nicht abgewertet werden sollte (BT-Drucks 11/4528, 126). **36**

37 d) Obwohl der Vereinsbetreuer natürliche Person und Individualbetreuer ist, besteht die Besonderheit, daß er in den Betrieb integriert ist und seine Aufgabe der Betreuungsführung als **Dienstaufgabe** wahrnimmt. Gleichwohl untersteht er in der Führung der Betreuung nicht den Weisungen seines „Dienstherrn", sondern untersteht, was die Führung der Betreuungen angeht, wie alle Betreuer der unmittelbaren Kontrolle und Aufsicht des Vormundschaftsgerichts (BIENWALD, BtR Rn 45; KLÜSENER Rpfleger 1991, 225, 228; vgl auch das Gutachten des Deutschen Vereins für öffentliche und private Fürsorge NDV 1992, 335, dessen Aussagen zwar für den persönlich zum Betreuer bestellten Behördenbetreuer gelten, sinngemäß aber auch für das Verhältnis Vereinsbetreuer/Verein zum Tragen kommen).

38 Zur Organisation innerhalb des Betreuungsvereins, zu Anforderungen an Vereinsbetreuer und ihr Ausbildungsprofil s im einzelnen die vom Deutschen Verein herausgegebene Arbeitshilfe für Betreuungsvereine, 103 ff sowie OBERLOSKAMP ua, Hauptamtliche Betreuer und Sachverständige 111 ff, auf die sich die erstgenannte Veröffentlichung im wesentlichen stützt.

39 e) Beantragt der Verein die Entlassung des Vereinsbetreuers, hat das Vormundschaftsgericht die **Entlassung** auszusprechen. Das Gericht kann aber auch, wenn die Entlassung des Vereinsbetreuers nicht zum Wohl des Betreuten erforderlich ist, aussprechen, daß der bisherige Vereinsbetreuer die Betreuung künftig **als Privatperson weiterführt** (§ 1908b Abs 4), wenn er dazu bereit ist. Die Bestellung auch des Vereinsbetreuers steht unter dem Vorbehalt des Abs 6 Satz 1, wonach ein Berufsbetreuer nur dann zum Betreuer bestellt werden soll, wenn keine andere geeignete Person zur Verfügung steht, die zur ehrenamtlichen Führung der Betreuung bereit ist. War ein Vereinsmitarbeiter als Vereinsbetreuer bestellt worden, ist er gemäß § 1908b Abs 1 S 3 zu entlassen, wenn der Betreute durch eine oder mehrere andere Personen außerhalb einer Berufsausübung betreut werden kann. Der durch Art 1 Nr 12 2. BtÄndG geschaffene weitere Entlassungsgrund vorsätzlich falscher Abrechnung (§ 1908b Abs 1 S 2) kommt nicht zum Tragen, weil der Verein und nicht der Vereinsbetreuer abrechnet (§ 7 Abs 3 VBVG).

f) Berufsmäßige Führung von Betreuungen schließt nicht aus, daß die betreffende Person einzelne Betreuungen ehrenamtlich führt. Im Falle des LG Chemnitz (FamRZ 2001, 313) hatte dies zur Folge, daß ein beruflich tätiger (Vereins-)Betreuer, der eine Betreuung ehrenamtlich weiterführte, nicht nach § 1908b Abs 1 S 3 (damals Abs 2) entlassen und neu bestellt zu werden brauchte. Allerdings war in diesem Falle eine Änderung des Betreuerausweises vorzunehmen.

4. Behördenbetreuer

40 Die Mitarbeiter einer in Betreuungsangelegenheiten zuständigen Behörde, die dort ausschließlich oder teilweise als Betreuer tätig sind, können mit Einwilligung der dafür zuständigen Stelle zu Behördenbetreuern bestellt werden (Abs 2 S 2). Wer zuständige Behörde auf örtlicher Ebene ist, bestimmt sich nach Landesrecht (§ 1 S 1 BtBG). Für die Führung von Betreuungen, eine Aufgabe, die der Behörde nach anderen Vorschriften (BGB) obliegt, ist die örtliche Behörde zuständige Behörde (§ 9 BtBG). Dies ist auch für die nicht unmittelbar im Gesetz geregelte, aber aus dem Gesamtzusammenhang des BtG ersichtliche Aufgabe anzunehmen, die Mitarbeiter für die Führung von Betreuungen als Behördenbetreuer zur Verfügung zu stellen. Denn die Behörde als Institution darf nach § 1900 Abs 4 nur dann zum Betreuer bestellt werden, wenn keine natürliche Person (also auch kein Mitarbeiter der Behörde!) und auch kein Betreuungsverein gefunden werden konnte oder kann (BayObLG FamRZ 1993, 1248 = Rpfleger 1993, 447 = BtPrax 1993, 140, 141; FamRZ 1994, 1203; FamRZ 1994, 1203). Der Nachrang der Behörde gilt auch dann, wenn ein vorläufiger Betreuer zu bestellen ist (BayObLG FamRZ 2001, 316). Steht eine geeignete natürliche Person zur Verfügung, so ist diese als vorläufiger Betreuer zu bestellen, auch wenn die Rangverhältnisse (§ 1897) noch nicht ermittelt sind (BayObLG FamRZ 2001, 316, 317). Für die Bestellung des Mitarbeiters der Behörde zum Behördenbetreuer ist, wie bei der Bestellung eines Vereinsbetreuers, die Übernahmebereitschaft des Mitarbeiters erforderlich. Ehrenamtliche Helfer der Behörde können nicht zu Behördenbetreuern bestellt werden. Dies entspricht der Situation bei den anerkannten Betreuungsvereinen.

Der Behördenbetreuer wird als **Einzelbetreuer** bestellt. Er nimmt seine Aufgabe innerhalb des Behördenorganismus als Individualbetreuer wahr. **41**

Durch die Integration der Betreuungsarbeit in den Behördenorganismus wird die privatrechtlich organisierte Betreuung nicht zu einer öffentlich-rechtlichen Leistung. Zum Verhältnis von Behörde und Behördenbetreuer hat der Deutsche Verein für öffentliche und private Fürsorge in einem Gutachten (NDV 1992, 335) folgendermaßen Stellung genommen (wörtliche Wiedergabe der Leitsätze):

1. In Ausübung der ihr vom Gesetzgeber zugewiesenen „Kontrolle" über die Tätigkeit eines persönlich zum Betreuer bestellten Behördenbetreuers darf sich die Betreuungsbehörde oder die sie tragende Körperschaft nicht an die Stelle des Vormundschaftsgerichts setzen, soweit die Ausübung der vormundschaftsgerichtlichen Aufsichtsbefugnisse durch die dem Behördenbetreuer vom Gesetz zugestandenen Befreiungen nicht tangiert ist.

2. Soweit danach noch eine „Kontrolle" durch die Betreuungsbehörde oder die sie tragende Körperschaft zulässig ist, beschränkt sie sich auf die Rechtmäßigkeit der Ausübung der Betreuung und erstreckt sich nicht auf Zweckmäßigkeitserwägungen. Die Rechtmäßigkeit einer Betreuung bemißt sich ausschließlich nach den Vorschriften des Bürgerlichen Rechts.

3. Auch im Rahmen der der Betreuungsbehörde oder der sie tragenden Körperschaft zugewiesenen „Kontrolle" über die Rechtmäßigkeit der Ausübung einer Betreuung durch einen Behördenbetreuer darf diese „Kontrolle" nicht in Form von Aufsicht und Weisung, sondern nur in Gestalt von Beratung und Unterstützung erfolgen.

4. Ein Behördenbetreuer, der entgegen der Beratung oder Unterstützung durch die Betreuungsbehörde oder die sie tragende Körperschaft unrechtmäßig handelt und dadurch dem Betreuten schuldhaft einen Schaden zufügt, für den die Betreuungsbehörde oder die sie tragende Körperschaft einzustehen hat, setzt sich der Gefahr eines Haftungsregresses aus.

Dem Behördenbetreuer stehen, sofern das Vormundschaftsgericht nichts anderes **42** bestimmt, die in § 1908i Abs 2 S 2 iVm § 1857a enthaltenen **Befreiungen** zu. Insofern stehen sich Behördenbetreuer und Vereinsbetreuer gleich. An den nach Landesrecht den Behörden uU eingeräumten Befreiungen hat der Behördenbetreuer keinen Anteil. Vom Vereinsbetreuer unterscheidet ihn der Vorteil des § 1908g Abs 1: Gegen den Behördenbetreuer darf kein Zwangsgeld nach § 1837 Abs 3 S 1 festgesetzt werden (krit BIENWALD, BtR § 1908g Rn 2).

43 Ist ein Behördenbetreuer bestellt worden, soll dieser nur dann **entlassen** und ein neuer Betreuer bestellt werden, wenn dies dem Wohl des Betreuten nicht zuwiderläuft und ein sachlich gebotener Anlaß hierfür gegeben ist (LG Mainz Rpfleger 1993, 283 = BtPrax 1993, 176, 177). Der in § 1897 bekundete Vorrang der persönlichen Betreuung rechtfertige, so das Gericht, für sich allein nicht die Entlassung des Behördenbetreuers und die Bestellung eines Rechtsanwalts als neuen Betreuer. Da der Behördenbetreuer Berufsbetreuer ist, trifft für ihn Abs 6 zu, so daß auch er – wie der Vereinsbetreuer (s oben Rn 39) – zu entlassen ist, wenn der Betreute durch eine oder mehrere andere Personen außerhalb einer Berufsausübung betreut werden kann (§ 1908b Abs 1 S 3).

VIII. Verfahrensrechtliches

1. Bedeutung der Personalentscheidung

44 Der Standort der Vorschrift entspricht nicht ganz der zentralen Bedeutung, die der Personalentscheidung im Rahmen der Betreuungsrechtsreform zukommt. Schon § 1896 Abs 1 S 1 macht deutlich, daß das Ergebnis des Entscheidungsprozesses die Ablehnung einer Betreuerbestellung oder die Bestellung eines Betreuers – also die Personalentscheidung des Gerichts – ist. Die Bedeutung dieser Entscheidung wird außerdem sichtbar in der Einheitsentscheidung, die § 69 FGG vorschreibt und deren wesentlicher Inhalt im Falle der Bestellung des Betreuers dessen Bezeichnung (Nr 2a) und die Festlegung seines Aufgabenkreises (Nr 2b) ist. Dennoch besteht der Entscheidungsinhalt nicht allein in der Personalentscheidung, so daß eine isolierte Anfechtung der Betreuerbestellung, die sich auf die Bestimmung der Person oder Institution reduziert, grundsätzlich nicht statthaft ist.

2. Überprüfbarkeit der Personalentscheidung

45 Will der Betroffene/Betreute die Bestimmung der Betreuerperson angreifen, muß er die Bestellungsentscheidung insgesamt anfechten. Die Begründung kann sich freilich darauf konzentrieren, die Bestimmung der Betreuerperson überprüfen zu lassen. Hierbei handelt es sich jedoch nicht um die verfahrensrechtlich sonst mögliche Beschränkung eines Rechtsmittels auf einen Teilbereich einer Entscheidung (so aber DAMRAU/ZIMMERMANN § 1897 Rn 53). In der Rspr wird es überwiegend für zulässig gehalten, das Rechtsmittel gegen die Bestellung eines Betreuers auf die Frage der Betreuerauswahl zu beschränken mit der Folge, daß das Gericht der weiteren Beschwerde die Voraussetzungen für die Betreuerbestellung selbst nicht mehr zu prüfen habe (BayObLG FamRZ 1996, 419, 420 = MDR 1995, 1146; OLG Hamm FamRZ 1996, 1372 = FGPrax 1996, 183 = BtPrax 1996, 189; für eine Beschränkung der Erstbeschwerde auf die Betreuerauswahl außerdem: OLG Celle FamRZ 1997, 845, 846 = NdsRpfl 1997, 45; OLG Düsseldorf FamRZ 1994, 451; KG FamRZ 1995, 1442 = Rpfleger 1995, 411 = BtPrax 1995, 106;

OLG Karlsruhe BtPrax 1994, 214; OLG Schleswig FamRZ 1995, 432 = BtPrax 1994, 175 = MDR 1994, 805; OLG Zweibrücken FGPrax 1997, 104 = BtPrax 1997, 164 = NJWE-FER 1997, 155; LG Oldenburg FamRZ 1994, 178 = BtPrax 1993, 180 [LS] = JurBüro 1993, 694; LG Krefeld BtPrax 1993, 106; OLG Oldenburg FamRZ 1996, 1343 = NdsRpfl 1996, 126, 234 nach Aufgabe der Gegenmeinung [FamRZ 1995, 432 = NdsRpfl 1994, 366]; weitere Nachw b BIENWALD, BtR § 69g Rn 7 und KAYSER FGPrax 1995, 173, 174).

Die Beschränkung der Erstbeschwerde auf die Betreuerauswahl hindert das Gericht der zweiten Tatsacheninstanz nicht, eine von Amts wegen vorzunehmende Bestellung eines Betreuers auf ihre Richtigkeit zu überprüfen, soweit Anlaß dazu besteht. Hält das Beschwerdegericht nur die Auswahl für fehlerhaft, muß es nach Anfechtung der Betreuerbestellung regelmäßig selbst einen anderen Betreuer bestellen (so bereits BayObLGZ 1993, 14 = FamRZ 1993, 602 = Rpfleger 1993, 283).

Zur entsprechenden Anwendung des § 69g Abs 1 FGG im Verfahren auf Bestellung eines Gegenbetreuers s BayObLG FamRZ 1994, 325; zur Beschwerde gegen die Auswahl eines Ergänzungsbetreuers OLG Zweibrücken Rpfleger 1999, 534, 535 = FGPrax 1999, 182 = NJWE-FER 1999, 272.

3. Beschwerde und Beschwerdebefugnis

Gegen die Betreuerbestellung steht dem Betroffenen die (unbefristete) Beschwerde zu (§ 69g Abs 1 S 1 FGG). Beschwerdeberechtigt sind außerdem der Ehegatte des Betroffenen, solange nicht die Ehe rechtskräftig geschieden oder aufgehoben ist (BIENWALD, BtR § 69g Rn 5). Auch der getrennt lebende Ehegatte ist beschwerdebefugt (DAMRAU/ZIMMERMANN § 69g Rn 24). Beschwerdeberechtigt ist der Lebenspartner ebenfalls, solange die Lebenspartnerschaft besteht; ferner sind beschwerdeberechtigt diejenigen, die mit dem Betroffenen in gerader Linie verwandt oder verschwägert, in der Seitenlinie bis zum dritten Grad verwandt sind, unabhängig davon, ob die Voraussetzungen des § 20 FGG vorliegen. Einzelheiten über die zu diesen Personen zu rechnenden Beschwerdeberechtigten bei BIENWALD, BtR § 69g FGG Rn 6. Ein Elternteil kann gegen die erstmalige Bestellung des anderen Elternteils als Betreuer für das gemeinsame Kind Beschwerde auch mit dem Ziel einlegen, die gemeinschaftliche Betreuung durch beide Elternteile zu erreichen (OLG Zweibrücken Rpfleger 2002, 146 = BtPrax 2002, 132 = NJW-RR 2002, 292). Beschwerdeberechtigt sind außerdem der Verfahrenspfleger (vgl § 67 Abs 2 FGG) sowie die zuständige Behörde (§ 69g Abs 1 S 1 FGG). Den genannten Personen und der zuständigen Behörde steht die Beschwerde gegen die Betreuerbestellung gemäß § 69g Abs 1 S 1 nur zu, wenn der Betreuer von Amts wegen bestellt wurde. Gegen eine Antragsbetreuung hat die zuständige Behörde kein eigenes Beschwerderecht (OLG Hamm FamRZ 2002, 194 m Anm BIENWALD). Ein naher Angehöriger ist dann beschwerdebefugt, wenn das Betreuungsverfahren zwar auf Antrag des Betroffenen eingeleitet wurde, das Vormundschaftsgericht den Betreuer aber von Amts wegen bestellt hat (BayObLG FamRZ 2003, 1871). Ob ein Beschwerderecht naher Angehöriger gemäß § 69g Abs 1 S 1 FGG besteht, richtet sich in einem solchen Fall (so das BayObLG aaO mit Hinweis auf den Wortlaut der Vorschrift sowie auf OLG Hamm FamRZ 2002, 194; vgl auch BayObLG FamRZ 2004, 978 [LS]) nicht danach, ob das Betreuungsverfahren auf Antrag des Betroffenen eingeleitet wurde, sondern nach dem Inhalt der getroffenen Entscheidung. Bei dieser Sachlage dürfte dann auch der Behörde die Beschwerde zustehen. Ehegatten und

Angehörige können ihr Beschwerderecht nur im Interesse des Betroffenen ausüben (DAMRAU/ZIMMERMANN § 69g FGG Rn 26). Mit der Beschwerde können sie geltend machen, der vom Gericht bestimmte Betreuer sei nicht geeignet. Mit der Beschwerde nach § 69g Abs 1 kann zwar die Bestellung eines Betreuers angegriffen und das Rechtsmittel auf die Auswahl der Person des Betreuers beschränkt werden (s dazu oben Rn 45); dagegen nicht die Ablehnung der beantragten Entlassung des bestellten Betreuers (BayObLGZ 1995, 305; BGHZ 132, 157 = LM § 20 FGG Nr 51 m Anm HOHLOCH = FamRZ 1996, 607 = NJW 1996, 1825).

4. Beschwerdebefugnis Angehöriger gegen Bestellung Dritter

47 Umstritten ist die Zulässigkeit der Beschwerde, wenn sich Verwandte (oder Verschwägerte) gegen die Bestellung eines Dritten zum Betreuer wehren. Das LG Zweibrücken (BtPrax 1992, 75) hielt die Beschwerde einer Schwester des Betreuten gegen die Bestellung eines Mitarbeiters der Kreisverwaltung für unzulässig, weil sich aus § 69g Abs 1 FGG zwar ihr Recht zur Beschwerde gegen die Anordnung der Betreuung ergebe, nicht aber gegen die angegriffene Auswahl des Betreuers. Ein solches Beschwerderecht ergebe sich auch nicht aus dem neben § 69g FGG anwendbaren § 20 Abs 1 FGG. Die Angehörigen könnten in eigenen Rechten nicht beeinträchtigt sein; § 1897 Abs 5 eröffne kein subjektives Recht des übergangenen Verwandten auf Bestellung seiner eigenen oder einer sonst von ihm gewünschten Person. Schließlich habe der Angehörige auch kein Recht auf Beschwerde aus § 57 FGG; dies ergebe sich aus dem Umkehrschluß aus § 69e S 1 FGG. Demgegenüber räumte das LG Krefeld (BtPrax 1993, 106) zumindest dem Ehegatten, den Eltern und den Kindern bei ihrer Nichtberücksichtigung als Betreuer ein Beschwerderecht ein und berief sich dafür auf Art 6 Abs 1 GG als Auslegungsmaßstab für § 1897 Abs 5 iVm § 20 Abs 1 FGG. Die Berücksichtigung von Eltern, Kindern und Ehegatten als mögliche Betreuer entspreche sowohl dem durch Art 6 GG gewährleisteten Schutz der Ehe und Familie als auch dem Eignungskriterium der persönlichen Betreuung, die bei diesem Personenkreis idR aufgrund der guten Kenntnisse von den Bedürfnissen und Verhaltensweisen des Betreuten am ehesten sichergestellt sein dürfte. Die Feststellung, ein übergangener Ehegatte habe auch ein subjektives Recht auf Bestellung seiner eigenen oder einer sonst von ihm gewünschten Person, stützte das Gericht auf Art 6 GG (aA BayObLG FamRZ 2002, 702 mN). Zum gleichen Ergebnis kam das LG Oldenburg (FamRZ 1994, 178, 179), jedoch mit der Begründung, daß häufig die Angehörigen mit der Betreuung selbst einverstanden seien und deshalb auch ein berechtigtes Interesse hätten, an der Auswahl des Betreuers beteiligt zu sein, so daß auch ein isoliertes Beschwerderecht eingeräumt werden müsse. Das LG Oldenburg räumte ein Beschwerderecht gemäß § 69g FGG auch der Partnerin einer nichtehelichen Lebensgemeinschaft ein, mit dem diese die Bestellung der Tochter des Betroffenen angriff (FamRZ 1996, 1343).

Der RegEntw (BT-Drucks 11/4528, 128) hatte einerseits die Prognose gewagt, daß auch künftig „diese Personen vielfach die geeignetsten Betreuer und daher gegenüber anderen Personen bevorzugt zu bestellen sein" werden. Darüber hinaus bezwecke der Vorrang von Eltern, Kindern und Ehegatten, den Schutz von Ehe und Familie auch in Fällen der Betreuungsbedürftigkeit eines Ehegatten, Kindes oder Elternteils zu stärken. Er hatte andererseits festgestellt, der Vorrang von Eltern, Kindern und Ehegatten sei kein absoluter. Die Mehrzahl der Betroffenen seien ältere Menschen, deren familiäre Bindungen mitunter gestört sind, die aber gute und tragfähige Bindungen zu anderen Personen aufgebaut haben. Dem Gericht solle es deshalb nicht verwehrt sein, in solchen Fällen unter Abwägung aller Umstände ausnahmsweise nicht Eltern, Kinder oder Ehegatten, sondern Geschwister, andere Verwandte oder außerhalb der Familie stehende Personen zum Betreuer zu bestellen. Verfahrensrechtlich kann dieser Streitfrage immer dann Bedeutung zukommen, wenn der Beschwerdeführer in der Begründung seines Rechtsbehelfs auf die Bestimmung der Person abhebt und diese kritisiert. Greift er die Entscheidung in vollem Umfang an und begründet er seine Beschwerde ua auch in dem Punkt der Betreuerbestimmung, wird – das liegt in der Eigenart der Einheitsentscheidung – aus der Frage der Zulässigkeit der Beschwerde eine der Begründetheit (BIENWALD, BtR² § 1897 Rn 73). Die Streitfrage wird weiter dadurch entschärft, daß die Beschwerde auch im Falle ihrer Unzulässigkeit mangels Beschwerdebefugnis auf ihren sachlichen Gehalt zu prüfen ist. Das Vormundschaftsgericht hat, wenn es einen Betreuer bestellt hat, nicht nur von Amts wegen zu prüfen, ob die Betreuung überhaupt und ihrem Umfang nach aufrechtzuerhalten ist; diese Prüfung – aus gegebenem Anlaß – hat sich auch auf die Eignung des Betreuers zu erstrecken.

Dessenungeachtet stellt sich dennoch die Frage nach der Beschwerdebefugnis der übergangenen nahen Angehörigen. Eine Berufung auf Art 6 muß schon deshalb auf Widerspruch stoßen, weil dieser Artikel, wie die Absätze 2–5 belegen, in erster Linie eine bestimmte Familienkonstellation vor Augen hat. Aus diesem Grunde hat auch das BtG in § 1897 Abs 5 **nicht** auf den **Status** des Angehörigen, **sondern** auf bestehende **Bindungen** abgehoben. Zudem hat die Rspr den Schutz des Art 6 auch auf familiäre Gebilde ausgedehnt, die durch sozialen Kontakt und nicht durch Geburt entstanden sind (BVerfGE 68, 176 = FamRZ 1985, 39). Schließlich steht Art 6, wenn man sich schon in diesem Zusammenhang auf ihn beruft, in Konkurrenz zu Art 1 und 2 GG, die dem Betroffenen ein Recht auf Freiheit von der Familie einräumen. Auf ein Einverständnis von Angehörigen und ein daraus abgeleitetes Interesse der Angehörigen an der Personalentscheidung (so LG Oldenburg FamRZ 1994, 178, 179) kann im Hinblick auf die in Abs 5 dokumentierte Vorsicht nicht abgehoben werden. Kann der Betroffene im Verfahren betreffend die Bestellung eines Betreuers einen Vorschlag formulieren, sei es, daß eine konkrete Person der Verwandtschaft gewollt oder nicht gewollt wird (Abs 4), braucht das Vormundschaftsgericht der Frage des „Vorrangs" von Angehörigen (vgl BT-Drucks 11/4528, 128) nicht nachzugehen. Das Gericht kann in diesem Falle auch erwarten, daß der Betroffene, wenn er es denn will, von sich aus Wünsche äußert. Ist der Betroffene jedoch dazu außerstande, sollte das Gericht die Rechtsposition des Betroffenen (Art 1 und 2 GG) einnehmen dürfen. Um diese Position des Gerichts nicht durch einen Vorrang von Angehörigen zu belasten, kann es für diesen Personenkreis kein subjektives Recht auf Bestellung zum Betreuer und damit auch kein Beschwerderecht in dem erörterten Sinne geben. Gegen die Annahme eines Beschwerderechts naher Angehöriger aus Art 6 Abs 1 GG jedenfalls in Fällen abgelehnter Entlassung eines bestellten Betreuers auch der BGH (BGHZ 132, 157 = LM § 20 FGG Nr 51 m Anm HOHLOCH = FamRZ 1996, 607 = NJW 1996, 1825 = FGPrax 1996, 221 [auf Vorlage des OLG Köln FamRZ 1996, 1024]; s auch BayObLG FamRZ 2002, 702 mN). Wird nach Entlassung des bisherigen Betreuers im Rahmen der Verlängerung der Betreuung ein neuer Betreuer bestellt, steht der Tochter der/des Betroffenen auch gegen die Auswahlentscheidung ein Beschwerderecht zu (BayObLG FamRZ 2001, 252).

5. Weitere Fälle von Beschwerdebefugnis

48 Beschwerdeberechtigt sind alle diejenigen, die zum Betreuer bestellt worden sind. Da sie, mit Ausnahme der Behörde, nur mit ihrem Einverständnis zum Betreuer bestellt worden sein dürfen, dient die Beschwerde dazu, ein insoweit fehlerhaftes Verfahren anzugreifen (zB im Falle irrtümlicher Annahme eines Einverständnisses oder wenn das Gericht übersehen hat, daß der Betreffende noch gar nicht gefragt worden ist).

49 Da die zuständige Behörde ohne die Erklärung der Übernahmebereitschaft bestellt wird bzw werden kann, macht sie mit der Beschwerde geltend, daß nicht andere, vorrangig zu bestellende Personen oder Institutionen ausgewählt worden oder entsprechende Ermittlungen unterlassen oder die Ergebnislosigkeit solcher Bemühungen nicht offengelegt worden sind. Wird die zuständige Behörde bestellt, dann müssen die Gründe der Entscheidung ergeben, weshalb nicht ein anerkannter Betreuungsverein oder einer von dessen Mitarbeitern oder ein Mitarbeiter der Betreuungsbehörde zum Betreuer bestellt werden konnte (BayObLG FamRZ 1993, 1248 = Rpfleger 1993, 447 = BtPrax 1993, 141). Hat die zuständige Behörde ihr Einverständnis mit der Bestellung des in Betracht kommenden Mitarbeiters nicht erteilt, ist ihr der Grund für die Nichtbestellung bekannt, so daß in einem solchen Fall auf diesen Teil der Begründung verzichtet werden kann. Der zuständigen Behörde steht außerdem, unabhängig davon, ob sie selbst beschwert ist, ein Beschwerderecht gemäß § 69g Abs 1 FGG zu (BayObLG FamRZ 1995, 1596 = BtPrax 1995, 181), wenn die Betreuerbestellung von Amts wegen erfolgte.

Macht der Vertreter der Staatskasse geltend, der Betreute könne anstelle eines nach § 1897 Abs 6 S 1 bestellten Betreuers durch eine oder mehrere andere geeignete Personen außerhalb einer Berufsausübung betreut werden, so steht ihm gegen einen die Entlassung des Betreuers ablehnenden Beschluß die Beschwerde zu (§ 69g Abs 1 S 2 FGG). Das Beschwerderecht muß jedoch auf diejenigen Fälle ausgedehnt werden, in denen das Gericht die in § 69g Abs 1 S 2 vorgesehene Anregung des Vertreters der Staatskasse als unzulässig erachtet und den sich daraus ergebenden Antrag, einen Betreuer zu entlassen, deshalb zurückweist (LG Koblenz FamRZ 2002, 1509).

6. Bestellung eines Verfahrenspflegers

50 Wird im Rahmen eines (Beschwerde-)Verfahrens über die Entlassung des Betreuers und eine Neubestellung gem § 1897 Abs 5 entschieden, ist nach § 67 FGG ein Pfleger für das Verfahren zu bestellen, wenn dies erforderlich ist, um zu gewährleisten, daß das Ziel einer verständigen, sowohl die vermögensrechtlichen Belange als auch familiäre Rücksichten wahrenden Betreuung erreicht und dem Betreuten insoweit rechtliches Gehör gewährt wird (OLG Hamm Rpfleger 1993, 338, 339 = BtPrax 1993, 135, 137).

Kann in dem Verfahren vor dem Beschwerdegericht, in dem nur noch die Auswahl des Betreuers geprüft wird, die Betroffene noch einen rechtlich erheblichen (natürlichen) Willen äußern, ist es nicht rechtsfehlerhaft, wenn das Beschwerdegericht keinen Verfahrenspfleger bestellt (BayObLG BtE 1994/95, 104 mN).

IX. Zum institutionalisierten Vorrang ehrenamtlicher vor beruflich geführter Betreuung (Abs 6 und 7)

Das erste BtÄndG führte die beiden Absätze 6 und 7 ein. Abs 6 hatte der Bundesrat **51** vorgeschlagen; dem Vorschlag hatte die Bundesregierung zugestimmt (BT-Drucks 13/ 7158, 49, 57). Abs 7 wurde während der Beratungen des Rechtsausschusses vorgeschlagen. Die jetzige Fassung des Abs 7 beruht auf der Änderung durch Art 1 Nr 8a 2. BtÄndG.

Abs 6 S 1 wendet sich in erster Linie an das für die Bestellung eines Betreuers **52** zuständige Gericht. Je nach funktionaler Zuständigkeit ist das (in den meisten Fällen) der Richter; soweit er für die Betreuerbestellung zuständig ist (§ 1896 Abs 3; § 14 Abs 1 Nr 4 RPflG), auch der Rechtspfleger.

Versteht man die Tatsache der ehrenamtlichen und der berufsmäßigen Führung der Betreuung als ein über den Eignungsbegriff des Abs 1 hinausgehendes Eignungskriterium, ist die Betreuungsbehörde, die vom Vormundschaftsgericht dazu aufgefordert wird, eine im Einzelfall geeignete Person vorzuschlagen (§ 8 S 3 BtBG), gehalten, in erster Linie eine geeignete ehrenamtlich tätige Person (oder mehrere) zu benennen.

Diese Vorschrift erstreckt sich nicht lediglich auf die vollständige Betreuung, sondern läßt eine Aufteilung des Aufgabenkreises in einen ehrenamtlich und einen berufsmäßig wahrzunehmenden Teil zu (Beispiel: BayObLG-Rp 2004, 251 [252]).

Abs 6 S 2 verpflichtet den einzelnen bestellten berufsmäßig tätigen Betreuer, dem **53** Gericht davon Mitteilung zu machen, daß ihm Umstände bekannt geworden sind, aus denen sich ergibt, daß der Volljährige durch eine oder mehrere andere außerhalb einer Berufsausübung tätige geeignete Personen betreut werden könne. Der bestellte Betreuer muß mithin nicht bestimmte Personen mit Namen wissen, um sie dem Gericht mitzuteilen.

Der Bundesrat hatte in der Begründung seines Vorschlags bemängelt, daß die einem **54** berufsmäßig tätigen Betreuer übertragene Aufgabe vielfach unverändert fortgeführt werde, obwohl eine Übertragung auf einen ehrenamtlichen Betreuer möglich und sinnvoll wäre, weil wesentliche Angelegenheiten des Betreuten, die die Fachkenntnisse eines Berufsbetreuers erforderten, geregelt sind. Daß die Erreichung dieses Zieles durch die Bestimmung des S 2 sichergestellt werde oder werden könne, entspricht zwar einer gewissen Begründungstechnik, erweist sich jedoch als die Vermittlung einer Illusion. Offenkundig wurde und wird übersehen, daß Betreuungsarbeit sich schwerlich mechanisieren und typisieren läßt, daß es Erwerbsinteressen gibt und daß Gerichte anscheinend (mitunter ausdrücklich eingeräumt) weniger gern mit ehrenamtlich tätigen Betreuern zusammenarbeiten als mit berufsmäßig tätigen.

Die Vorschrift ist nicht sanktionsbewehrt. Je nach „Betriebsklima" könnte sich ein **55** einmaliger oder mehrfacher Verstoß gegen die Informationspflicht in der Weise bemerkbar machen, daß die örtliche Betreuungsbehörde den Betreffenden nicht wieder zur Bestellung vorschlägt oder nur in solchen Betreuungsfällen, die sonst niemand haben will.

56 Die Regelung des Abs 6 wird durch § 1908b Abs 1 S 3 und § 69g Abs 1 S 2 FGG ergänzt. Den nach § 1897 Abs 6 (zunächst) bestellten Betreuer soll das Gericht entlassen, wenn der Betreute durch eine oder mehrere andere Personen außerhalb einer Berufsausübung betreut werden kann (§ 1908b Abs 1 S 3). Macht der Vertreter der Staatskasse geltend, der Betreute könne anstelle eines nach § 1897 Abs 6 S 1 bestellten Betreuers durch eine oder mehrere andere geeignete Personen außerhalb einer Berufsausübung betreut werden, so steht ihm gegen einen die Entlassung des Betreuers ablehnenden Beschluß die Beschwerde zu. Diese hat nur dann Aussicht auf Erfolg, wenn der Vertreter der Staatskasse konkrete Angaben macht, die einen Betreuerwechsel als erforderlich erscheinen lassen. Die später erklärte Bereitschaft eines nahen Angehörigen, der bei der Einrichtung der Betreuung als Betreuer nicht zur Verfügung stand, nunmehr dieses Amt zu übernehmen, ist allein noch kein wichtiger Grund iSd § 1908b Abs 1, den bisherigen, mit dem Betreuten nicht verwandten Berufsbetreuer gegen den nunmehr bereiten Angehörigen auszuwechseln (OLG Köln FamRZ 2003, 188).

57 **Abs 7** wendet sich wiederum in erster Linie an das Gericht, enthält aber gleichzeitig eine weitere Aufgabe für die örtliche Betreuungsbehörde (§§ 3, 9 BtBG), der sie gem § 8 BtBG nachzukommen hat. Die Gegenstände der Anhörung betreffen die Bestellung des Betreuers und damit auch die Feststellung des dazu notwendigen Sachverhalts.

Wird eine Person erstmals in dem Bezirk des in dem konkreten Verfahren tätigen Vormundschaftsgerichts bestellt, heißt das nicht zwangsläufig, daß die betreffende Person nicht bereits tätig war bzw ist und die in beiden Fällen zuständige örtliche Betreuungsbehörde davon Kenntnis hat. Die Behörde kann dann bei der Inanspruchnahme durch das Gericht auf bereits vorhandene Recherchen zurückgreifen; ggf die über § 10 VBVG (bisher § 1908k) erlangten Informationen verwenden. Würde das Gericht eine Beteiligung der Behörde iSd Abs 7 grundlos unterlassen und infolgedessen eine ungeeignete oder den Voraussetzungen berufsmäßiger Führung von Betreuung nicht gewachsene Person bestellen, könnte dies sowohl einen Ermittlungsmangel (§ 12 FGG) als auch einen zu Schadensersatz verpflichtenden Umstand darstellen.

Abs 7 S 2 richtet sich nicht unmittelbar an das Gericht. Das Gericht könnte jedoch, falls die Behörde die in Aussicht genommene Person nicht aufgefordert hat, ein Führungszeugnis und eine Auskunft aus dem Schuldnerverzeichnis vorzulegen, oder die betreffende Person dieser Aufforderung nicht nachgekommen ist, die Behörde bitten, die Aufforderung nachzuholen und für deren Vollzug Sorge zu tragen. Auch hier ist keine unmittelbare Sanktion gegen die betreffende Person vorgesehen. Konsequenzen kann das Gericht ziehen, indem es von der Bestellung der betreffenden Person Abstand nimmt.

Eine Aufforderung durch die Behörde wird dann ohne Erfolg bleiben, wenn die in Aussicht genommene Person erst kurze Zeit in Deutschland lebt, aber von der betroffenen Person zur Bestellung als Betreuer vorgeschlagen worden ist und eine andere Person nicht in Betracht kommt.

Der Begriff „auffordern" ist § 31 BZRG entnommen. Wenn eine solche Aufforderung nicht sachgemäß ist oder erfolglos bleibt, erhalten Behörden das Führungszeugnis über eine bestimmte Person, soweit sie es zur Erledigung ihrer hoheitlichen Aufgaben benötigen; für das Schuldnerverzeichnis nach § 915 Abs 3 S 1 HS 2 ZPO gilt entsprechendes (BT-Drucks 15/2494, 29).

Das Gericht „soll" nach Abs 7 verfahren. Es hat zwar die Verpflichtung dazu; das Verfahren und die Entscheidung über die Bestellung des Betreuers wird aber nicht dadurch in Frage gestellt, daß das Gericht lediglich dieser Verpflichtung nicht nachgekommen ist. Eine Anhörung der Behörde nach dieser Vorschrift kann sich dadurch erübrigen, daß das Gericht aus anderen Quellen über hinreichende Informationen verfügt oder selbst geeignete Ermittlungen anstellt.

X. Die Erklärungspflicht berufsmäßig tätiger Betreuer nach Abs 8

Die Einfügung des Abs 8 durch Art 1 Nr 8b 2. BtÄndG soll der Klarstellung der **58** Kompetenzen des Vormundschaftsgerichts im Rahmen seiner Prüfung der Eignung des Betreuers dienen. Der in Aussicht genommene Betreuer soll den Umfang der von ihm berufsmäßig geführten Betreuungen erläutern, indem er Zahl und Aufwand mitteilt (BT-Drucks 15/2494, 29). Die Vorschrift ist nicht dadurch überflüssig, daß das Gericht von der Behörde die bei ihr gemäß § 10 VBVG (bisher § 1908k) gemeldeten Betreuungen erfahren kann. Denn der Umfang der Betreuungen wird mit diesen Meldungen nicht erfaßt, und die gemeldeten Betreuungen betreffen das zurückliegende Jahr, so daß der aktuelle Stand nicht von der Behörde aufgrund der getätigten Meldungen in Erfahrung gebracht werden kann.

§ 1898
Übernahmepflicht

(1) Der vom Vormundschaftsgericht Ausgewählte ist verpflichtet, die Betreuung zu übernehmen, wenn er zur Betreuung geeignet ist und ihm die Übernahme unter Berücksichtigung seiner familiären, beruflichen und sonstigen Verhältnisse zugemutet werden kann.

(2) Der Ausgewählte darf erst dann zum Betreuer bestellt werden, wenn er sich zur Übernahme der Betreuung bereit erklärt hat.

Materialien: Art 1 Nr 6 DiskE I; Art 1 Nr 41 RegEntw; Art 1 Nr 47 BtG; DiskE I § 1899, 118; BT-Drucks 11/4528, 129 (BReg); BT-Drucks 11/4528, 207 (BRat); BT-Drucks 11/4528, 227 (BReg); RA in BT-Drucks 11/6949, 73 Nr 15; STAUDINGER/BGB-Synopse 1896–2005 § 1898.

Systematische Übersicht

I.	**Allgemeines**		4.	Ergänzende Vorschriften;
1.	Beibehaltung der Übernahmepflicht	1		Ausnahmen ___ 5
2.	Geltungsbereich ___	2	5.	Zum Schadensersatzanspruch nach
3.	Motive des Gesetzgebers; Kritik ___	4		§ 1787 Abs 1 iVm § 1908i Abs 1 S 1 7

II. Grundlagen der Übernahmepflicht und Bereiterklärung

1. Rechtsnatur der Übernahmepflicht ... 8
2. Zur Rechtsnatur der Übernahmeerklärung ... 9
3. Bedingungsfeindlichkeit der Erklärung ... 10
4. Zeitliche Begrenzung der Bereitschaft ... 11
5. Höchstpersönlicher Charakter der Erklärung; die eigene Einschätzung ... 12
6. Übernahmepflicht unabhängig von einzelnen Betreuerfunktionen ... 14

III. Voraussetzungen der Übernahmepflicht

1. Anknüpfungspunkte der Übernahmepflicht ... 15
2. Keine Beschränkung auf Deutsche ... 16
3. Geeignetheit als unbestimmter Rechtsbegriff ... 17
4. Die Zumutbarkeit
   a) Zumutbarkeit als Voraussetzung der Betreuerbestellung ... 19
   b) Zumutbarkeit als unbestimmter Rechtsbegriff ... 20
5. Unzumutbarkeitskriterien ... 21

IV. Die Erklärung der Übernahmebereitschaft

1. Die Notwendigkeit der Erklärung ... 27
2. Frühzeitige Klärung der Übernahmebereitschaft ... 28
3. Die auf den Einzelfall bezogene Übernahmebereitschaft ... 29
4. Spätester Zeitpunkt der Erklärung der Übernahmebereitschaft ... 30
5. Ablehnung der Übernahme und Widerruf der Einwilligung ... 31

V. Der Zeitpunkt der Übernahmeverpflichtung ... 33

VI. Folgen fehlerhafter Bestellungsentscheidung

1. Keine Nichtigkeit ... 35
2. Beschwerdefähigkeit; Verfahren ... 36

VII. Rechtsmittel

1. Anfechtbarkeit der Betreuerbestellung ... 37
2. Verfahren nach § 69g Abs 4 S 1 Nr 2 FGG (sofortige Beschwerde) ... 38
3. Unbefristete Beschwerde ... 39
4. Keine isolierte Anfechtung der Personalentscheidung ... 40
5. Zum Ergebnis des Beschwerdeverfahrens ... 41

VIII. Vollzug der Bestellungsentscheidung (Amtseinführung) ... 42

IX. Zum Umfang einer Haftung nach § 1787 Abs 1 iVm § 1908i Abs 1 S 1 ... 43

Alphabetische Übersicht

Ablehnung der Übernahme ... 31
Anfechtbarkeit der Betreuerbestellung ... 37
Anfechtung der Personalentscheidung, keine selbständige ... 40
Anknüpfungspunkte der Übernahmepflicht ... 15
Ausnahmen ... 5
Außergewöhnliche Belastungen ... 24
Bedingungsfeindlichkeit der Übernahmeerklärung ... 10
Behördenbetreuer ... 6
Beibehaltung der Übernahmepflicht ... 1
Berufliche Belastungen ... 23
Beschwerdefähigkeit fehlerhafter Bestellungsentscheidungen ... 36
Bestellungsentscheidung, Vollzug der ... 42
Eigene Einschätzung des Betreuers ... 12
Einzelfallbezogene Übernahmebereitschaft ... 29
Ergebnis des Beschwerdeverfahrens ... 41
Ergänzende Vorschriften ... 5
Ergänzungsbetreuer ... 2
Erklärung der Übernahmebereitschaft ... 27
Ersatzbetreuer ... 2

Titel 2
Rechtliche Betreuung

§ 1898

Familiäre Verhältnisse	22
Folgen fehlerhafter Bestellungsentscheidung	35
Frühzeitige Klärung der Übernahmebereitschaft	28
Geeignetheit als unbestimmter Gesetzesbegriff	17
Gegenbetreuer	2
Haftungsumfang	43
Hauptbetreuer	2
Höchstpersönlicher Charakter der Übernahmeerklärung	12
Institut für transkulturelle Betreuung	16
Isolierte Anfechtung, keine der Personalentscheidung	40
Klärung, frühzeitige, der Übernahmebereitschaft	28
Kontrollbetreuer	2
Kriterien der Unzumutbarkeit	21
Kritik	4
Motive des Gesetzgebers	4
Nichtdeutsche	16
Nichtigkeit, keine bei fehlerhafter Bestellungsentscheidung	35
Personalentscheidung, keine isolierte Anfechtung	40
Rechtsmittel	37 ff
Rechtsnatur der Übernahmeerklärung	9
Rechtsnatur der Übernahmepflicht	8
Schadensersatzanspruch; Voraussetzungen	7
Sofortige Beschwerde gegen Zurückweisung der Weigerung	38
Sonstige Umstände	24
Übernahme, Ablehnung der	31
Übernahmebereitschaft, einzelfallbezogene	29
– Ablehnung der	31
– Erklärung der	27
– Klärung, frühzeitige	28
– Zeitpunkt, spätester	30
– Widerruf der	31
– zeitliche Begrenzung und höchstpersönlicher Charakter	11
Übernahme der Betreuung trotz Unzumutbarkeit	26
Übernahmeerklärung, Rechtsnatur/Bedingungsfeindlichkeit	9
Übernahmepflichten von Vereins- und Behördenbetreuern	6
Übernahmeverpflichtung	15
Übernahmeverpflichtung, Zeitpunkt der	30
Überwachungsbetreuer	2
Umfang der Haftung bei Nichtübernahme	43
Unbefristete Beschwerde	39
Unzumutbarkeitskriterien	21
Vereinsbetreuer	6
Vollmachtbetreuer	2
Vollzug der Bestellungsentscheidung	42
Voraussetzungen des Schadensersatzanspruchs	7
Voraussetzungen der Übernahmepflicht	15
Vorauswahl von Betreuern	34
Widerruf der Einwilligung	31
Widerruf nach Betreuerbestellung	32
Zeitliche Begrenzung der Übernahmebereitschaft	11
Zeitpunkt der Übernahmebereitschaft, spätester	30
Zeitpunkt der Übernahmeverpflichtung	33
Zumutbarkeit als unbestimmter Rechtsbegriff	20
Zumutbarkeit als Voraussetzung der Betreuerbestellung	19
Zwischenentscheidung, keine über Auswahl	34

I. Allgemeines

1. Beibehaltung der Übernahmepflicht

1 Bis zum Inkrafttreten des Betreuungsgesetzes galt auch im Bereich des Vormundschaftsrechts für Volljährige und der Gebrechlichkeitspflegschaft die für die Minderjährigenvormundschaft getroffene Regelung (§§ 1780 bis 1788). Davon sind im Betreuungsrecht die allgemeine Rechtspflicht zur Übernahme einer Betreuung und das Konsensprinzip übrig geblieben; beides mit gewissen Abwandlungen (zur Gesetzgebungsgeschichte STAUDINGER/BIENWALD [1999] Rn 8). §§ 1784 und 1787 Abs 1 wurden durch § 1908i Abs 1 S 1 für das Betreuungsrecht in Bezug genommen. Die Übernahmepflicht wurde nicht auf Deutsche beschränkt wie im Vormundschaftsrecht (§ 1785) und wurde an bestimmte Kriterien gebunden. Der Katalog von Ablehnungsgründen (§ 1786) wurde nicht übernommen, ebenfalls nicht die Sanktionierung grundloser Ablehnung (§ 1788). Einzige Konsequenz abgelehnter, obwohl zumutbarer Übernahme als Ausgewählter ist die Verpflichtung zum Ersatz des durch verzögerte Bestellung entstandenen und verschuldeten Schadens (§§ 1908i Abs 1 S 1, 1787 Abs 1). Zu den Motiven des Gesetzgebers, auf die Willensbeeinflussung durch Zwangsgeld zu verzichten, STAUDINGER/BIENWALD Rn 4. Dafür, daß der Mangel an Druck oder Zwang zu einer deutlichen Verringerung der Übernahmebereitschaft geführt habe, gibt es keine verläßlichen Daten. Die im Zusammenhang mit der Kostenexplosion im Betreuungswesen geführten Klagen, es gebe zu wenig (ehrenamtliche) Betreuer, übersehen, daß der innerhalb von 12 Jahren eingetretenen Verdreifachung der Betreuungen nicht eine vergleichbare Zunahme der Bevölkerung entspricht.

2. Geltungsbereich

2 Betroffen sind von der Vorschrift alle Arten von Betreuerbestellungen, zB die weiteren Betreuer des § 1899 und auch die Bestellung zum Gegenbetreuer sowie die zum Kontrollbetreuer. Die Regelung erfaßt die Erstbestellung, die wiederholte Bestellung sowie die Erweiterung der Betreuung (§ 1908d Abs 3). Wird die bestehende Betreuerbestellung um einen Einwilligungsvorbehalt erweitert (dieser Fall wird durch § 1908d Abs 3 nicht unmittelbar erfaßt), tritt dadurch eine Veränderung der Ausgangslage ein, die Gegenstand des Konsenses war. Auch in diesem Falle bedarf es der Erklärung der Bereitschaft des Betreuers, die veränderte Betreuung weiterzuführen.

Die Regelung betrifft alle Einzelpersonen (natürlichen Personen). Sie betrifft nicht die Bestellungen nach § 1900. Dort sind spezielle Regelungen getroffen, die denen des § 1898 vorgehen. Zur Geltung der Vorschrift für Vereins- und Behördenbetreuer s unten Rn 6.

3 Auf Verfahrenspfleger der §§ 50, 56f Abs 2, 67 und 70b FGG läßt sich die Vorschrift nicht anwenden (aA BVerfG FamRZ 2000, 1280, 1282 m Anm BIENWALD). Eine Anleihe am materiellen Pflegschaftsrecht (ua wegen der beschränkten auf eine Aufgabe oder einen begrenzten Teil bezogenen Verantwortlichkeit) würde zu den Bestimmungen des Vormundschaftsrechts hinführen (§§ 1915 Abs 1, 1785, 1786, 1788; näher dazu BIENWALD, Verfahrenspflegschaftsrecht Rn 305 ff).

Titel 2 § 1898
Rechtliche Betreuung 4

3. Motive des Gesetzgebers; Kritik

Der Vorschrift liegt der Gedanke zugrunde, daß es nicht sinnvoll sei, jemand zum **4** Betreuer zu bestellen, der sich weigert, das Amt zu übernehmen, weil dann nicht erwartet werden kann, daß der Betreffende seine Pflichten erfüllen werde (BT-Drucks 11/4528, 129; skeptisch dazu SCHWAB, Dt Juristentag K 25). Abgesehen davon, daß das Vormundschaftsgericht gegen Pflichtwidrigkeiten einzuschreiten hätte (§ 1837) und Schadensersatzansprüche bestehen könnten (§ 1833), dürfte eine Verallgemeinerung nicht der Realität entsprechen. Bei Gerichten und Behörden hatte sich ohnehin bereits eine veränderte Bestellpraxis eingestellt. Aber auch unter dem Druck der Übernahmeverpflichtung und der Zwangsgeldandrohung „bereite" Vormünder und Pfleger haben ihre Aufgabe ordnungsgemäß wahrgenommen und nicht selten eine Befriedigung in der Arbeit erfahren. Abgeschreckt haben in erster Linie die eigenartigen und nicht durchschaubaren Methoden der Gewinnung ehrenamtlicher Personen. Vermißt wurde die Einführung in die Aufgaben und eine qualifizierte Beratung und Unterstützung (BIENWALD ZBlJugR 1980, 497). Diesen Mißständen wollte der Gesetzgeber durch entsprechende gesetzliche Verpflichtungen von Gericht (§ 1837 Abs 1), Verein (§ 1908f) und Behörde (§ 4 BtBG) begegnen. Es wurde befürchtet, daß der Verzicht auf eine zwangsweise Durchsetzung der Übernahmepflicht dazu beiträgt, daß noch weniger Menschen als bisher zum Einzelbetreuer bestellt werden könnten. Allerdings dürfte der immer wieder beklagte Mangel an ehrenamtlichen Betreuern (s dazu die Entschließung des Deutschen Bundestages im Zusammenhang mit der Beschlußfassung über das BtÄndG zu Drucks 339/98) in erster Linie auf die außergewöhnliche und unerwartete Zunahme von für betreuungsbedürftig gehaltenen Tatbeständen zurückzuführen sein. Die im Auftrag des Bundesministeriums für Gesundheit durchgeführten Modellmaßnahmen zur Förderung der ehrenamtlichen Tätigkeit im Betreuungswesen basierten auf der Annahme, daß bisher 60–80% der Betreuungen ehrenamtlich geführt worden sind, davon 75% von Familienangehörigen des Betroffenen (Abschlußbericht 1991–1995 S 27). Allein die Reform des bisherigen Vormundschafts- und Pflegschaftsrechts für Volljährige und das dadurch geschärfte Bewußtsein, man könne nicht einfach ohne förmliche Legitimation für einen anderen handeln, dürfte nicht unerheblich für die Zunahme von Betreuungen gesorgt haben. Ob das personelle Defizit durch eine verstärkte Werbung der Betreuungsvereine aufgefangen wurde und werden kann, hängt auch von den dafür zur Verfügung stehenden Mitteln ab. Psychologisch kann der Verzicht auf Zwangsmaßnahmen dazu führen, daß zur Übernahme bereiten Personen eilfertig ein Helfersyndrom angedichtet wird. Zweckmäßig und mit dem Grundgesetz vereinbar dürfte es sein, die Ablehnung einer zumutbaren Betreuung mit der Zahlung einer Ausgleichsabgabe ähnlich der Regelung im Schwerbehindertengesetz zu verbinden.

Da die Übernahmepflicht von zwei Voraussetzungen abhängig gemacht ist, die weder konstante Größen sind noch objektiv feststehen, sondern das Ergebnis gerichtlicher Wertung vorangegangener Ermittlungen sind, muß der bürgerlich-rechtlichen Regelung eine höherrangige Verpflichtungsnorm zugrunde liegen, über deren Annahme und Hintergründe die Motive sich jedoch ausschweigen. Offenbar wurden weitergehende Überlegungen aus pragmatischen Gründen unterlassen. Das GG enthält keine Bestimmung über eine Pflicht zur Übernahme einer Betreuung oder eines entsprechenden Ehrenamtes. Dagegen verpflichtet Art 131 BayVerf alle Bewohner Bayerns, ehrenamtlich, dh neben ihrem Hauptberuf und ohne Entgelt, als „Vormund, Waisenrat, Jugendpfleger, Schöffe oder Geschworener" tätig zu sein.

4. Ergänzende Vorschriften; Ausnahmen

5 Sinngemäß anzuwenden sind § 1784 (Beamte und Religionsdiener als Betreuer; zu § 1784 ausführlich ERMAN/HOLZHAUER Rn 1–3) und § 1787 Abs 1 (Haftung bei unbegründeter Ablehnung der Betreuung bzw verweigerter Bereitschaft und verzögerter Betreuerbestellung); dies ergibt sich aus § 1908i Abs 1 S 1. Ergänzend sind heranzuziehen die §§ 1897 Abs 2 (Einwilligungserfordernis der Anstellungsträger bei Vereins- und Behördenbetreuer) und § 1900 Abs 1 (Bestellung des Vereins nur mit dessen Einwilligung).

Die Einwilligung des Vereins beruht nicht auf einer auch dem Betreuungsverein abverlangten Individualverpflichtung zur Übernahme, sondern auf der Akzeptanz von Autonomie und Organisationshoheit des Vereins (s auch § 1791a). Die Behörde wird dagegen zum Betreuer bestellt, ohne daß es auf ihre Einwilligung ankommt (Auffangzuständigkeit).

6 Eine Übernahmeverpflichtung von Vereins- und Behördenbetreuern besteht nur, wenn und soweit Mitarbeiter und Institution einverstanden sind (aA MünchKomm/SCHWAB Rn 2; wie hier ERMAN/HOLZHAUER Rn 8). Obwohl Vereins- und Behördenbetreuer Individualbetreuer sind (BT-Drucks 11/4528, 126; für den Vereinsbetreuer BayObLG FamRZ 1994, 1061 auch zu Vorangegangenem) und insofern eine Gleichstellung mit allen anderen Individualbetreuern hätte erwartet werden können, ist Abs 1 auf sie nicht uneingeschränkt anzuwenden. Wären Vereins- und Behördenbetreuer zur Übernahme einer Betreuung schon dadurch verpflichtet, daß ihr Anstellungsträger sein Einverständnis gegeben hat, obwohl sie selbst nicht bereit sind, entstünde in ihrer Person der Haftungstatbestand des § 1833 iVm § 1908i Abs 1 S 1, und die Organisationshoheit würde durch die Haftungsregelung unterlaufen. Aus diesem Grunde entfällt auch eine Anwendung des § 1787 Abs 1 iVm § 1908i Abs 1 S 1 auf Vereins- und Behördenbetreuer für die genannte Konstellation. Durch das Konsensprinzip des Abs 2 wird der grundsätzliche Vorrang des Wunsches des Betroffenen nicht berührt (BayObLG FamRZ 1994, 1061 = BtPrax 1994, 135); er kann auch sonst nur mit einem Betreuer seiner Wahl rechnen, wenn dieser zur Übernahme bereit ist (§ 1908b Abs 3).

5. Zum Schadensersatzanspruch nach § 1787 Abs 1 iVm § 1908i Abs 1 S 1

7 Mangels konkreter und im einzelnen geregelter Ablehnungsgründe im Betreuungsrecht kann die sinngemäße Anwendung des § 1787 Abs 1 nur bedeuten, daß die bloße Verweigerung der Einverständniserklärung – ohne weitere Begründung – ausreicht, um die wesentliche Ursache für die Schadensersatzpflicht dem Grunde nach zu setzen. Der Anspruch des Betreuten richtet sich auf Ersatz des durch die verzögerte oder abgelehnte Betreuerbestellung entstehenden Schadens einschließlich der durch die Weigerung entstehenden Kosten (BIENWALD, BtR² § 1908i Rn 31). § 1787 Abs 1 ist ein Fall von Verschuldenshaftung; gehaftet wird deshalb für Vorsatz und Fahrlässigkeit (§ 276). Der Anspruch verjährt in 3 Jahren (STAUDINGER/ENGLER [2004] § 1787 Rn 7). Für die Geltendmachung im Zivilklagewege ist das Prozeßgericht zuständig. Dieses hat ohne Bindung an vormundschaftsgerichtliche Feststellungen

und Wertungen zu entscheiden, ob eine Übernahmepflicht nach § 1898 Abs 1 bestanden hat (str, näher dazu PETERS 171 ff). Dagegen ist das Prozeßgericht an die Feststellung der Eignung des Betreffenden durch das Vormundschaftsgericht gebunden (STAUDINGER/ENGLER [2004] § 1787 Rn 9).

II. Grundlagen der Übernahmepflicht und Bereiterklärung

1. Rechtsnatur der Übernahmepflicht

Nach wie vor handelt es sich bei der Übernahmepflicht um eine öffentlich-rechtliche Verpflichtung (zur bisherigen Rechtslage KG KGJ 45, A 38, 39). Die Verpflichtung zur Übernahme besteht nicht gegenüber einzelnen Betroffenen. Gleichwohl kann sich aus der grundlosen Weigerung zur Übernahme ein privatrechtlicher Schadensersatzanspruch des Betroffenen gegenüber dem die Betreuung ablehnenden Ausgewählten ergeben (§ 1908i Abs 1 S 1, § 1787 Abs 1). Eine privatrechtliche Übernahmeverpflichtung kann sich aus Vereinbarungen ergeben, die Angehörige eines Betroffenen untereinander oder mit einem als Betreuer in Betracht kommenden Dritten geschlossen haben. Sie bewirken jedoch weder eine öffentlich-rechtliche Verpflichtung der in Betracht Kommenden noch eine Bindung des Vormundschaftsgerichts, bei der Betreuerbestellung absprachegemäß zu verfahren. Übertragung und Übernahme einer Betreuung beruhen auf dem Konsensprinzip. Gleichwohl handelt es sich nicht um einen öffentlich-rechtlichen Vertrag oder einen Verwaltungsakt auf Unterwerfung, sondern um eine Voraussetzung eines Rechtspflegeaktes. 8

Die Regelung des Abs 1 betrifft nur die Verpflichtung zur Übernahme einer Betreuung; die Vorschrift läßt sich nicht auf die Fälle ausdehnen, in denen (Vorsorge-)Vollmachten erteilt werden sollen. Diese (Rechts-)Beziehung bewegt sich zZ noch im privaten/privatrechtlichen Raum und wird von dem Grundsatz der Vertragsfreiheit getragen. Eine andere Sichtweise hätte sich möglicherweise ergeben, wenn die Vorstellung des Bundesrates Gesetz geworden wäre, die er im Zusammenhang mit der Einführung der Aufklärungspflicht betr Vorsorgevollmachten geäußert hatte, daß zugleich für die Betreuungsbehörden eine „Förderungs- und Sicherstellungspflicht für ein Angebot an Bevollmächtigten als behördliche Aufgabe normiert" werde, „um wirksam für Umsetzungsmaßnahmen sorgen zu können" (BT-Drucks 13/7158, 53).

2. Zur Rechtsnatur der Übernahmeerklärung

Die Erklärung der Übernahmebereitschaft wird dadurch, daß das BGB eine öffentlich-rechtliche Verpflichtung zur Übernahme von Betreuungen für den Fall der Eignung der ausgewählten Person festlegt, nicht zu einer (Willens-)Erklärung im öffentlichen Recht. Sie ist auch kein Rechtsgeschäft, sondern eine den Prozeßhandlungen zuzurechnende Willensäußerung (nach HOLZHAUER/REINICKE Rn 7 ein mitwirkungsbedürftiger Justizhoheitsakt). Eine materiellrechtliche Wirkung kommt der Einverständniserklärung insofern zu, als mit Abgabe der Erklärung der nach § 1787 Abs 1 iVm § 1908i Abs 1 S 1 mögliche Anspruch nicht entstehen kann. Abgesehen von den Auslegungsregeln des bürgerlichen Rechts, die als allgemeine Rechtsgrundsätze Anwendung finden (STAUDINGER/DILCHER[12] Vorbem 87 zu §§ 116 ff), gelten die Regeln über Rechtsgeschäfte für sie nicht. Insbesondere finden die bürgerlich-rechtlichen 9

Vorschriften über die Anfechtung keine Anwendung (BGH NJW 1963, 957; ROSENBERG/ SCHWAB/GOTTWALD § 65 V; ZEISS, Zivilprozeßrecht § 35 VII).

3. Bedingungsfeindlichkeit der Erklärung

10 Die Erklärung der Übernahmebereitschaft kann nicht vom Eintritt einer Bedingung abhängig gemacht werden, weil andernfalls die Betreuerbestellung nicht in dem erforderlichen Zeitpunkt vorgenommen werden könnte. Dies hat zur Folge, daß eine unter einer Bedingung abgegebene Bereitschaftserklärung als nicht abgegeben gelten muß, sofern das Gericht nicht festgestellt hat, daß sie auch ohne Bedingung gelten sollte (aA DAMRAU/ZIMMERMANN Rn 8).

4. Zeitliche Begrenzung der Bereitschaft

11 Dagegen kann die Übernahmebereitschaft für eine begrenzte Zeit erklärt werden (BIENWALD, BtR Rn 6). Es erscheint zulässig und aus Gründen der Gewinnung geeigneter und bereiter (ehrenamtlich tätiger) Betreuerpersonen geboten, eine zeitlich begrenzte Bereitschaft zur Führung einer Betreuung zuzulassen und auch zu praktizieren, weil und wenn der Betreffende nur bereit ist, eine gewisse Zeit für diese Aufgabe zur Verfügung zu stehen. Ohne eine solche zeitliche Begrenzung der Amtsführung würde der bestellte Betreuer nur entlassen werden müssen, wenn bestimmte Voraussetzungen vorliegen (§ 1908b) oder er als ungeeignet befunden wird (§ 1908b Abs 1 S 1). Dem bereitwilligen Betreuer sollte nicht „zugemutet" werden, auf seine Ungeeignetheit zum Zwecke seiner Entlassung hinzuarbeiten.

5. Höchstpersönlicher Charakter der Erklärung; die eigene Einschätzung

12 Die Erklärung des Einzelbetreuers, daß er mit der Übernahme der Betreuung einverstanden ist, ist höchstpersönlicher Natur. Eine Vertretung im Willen ist nicht zulässig (BIENWALD, BtR § 1898 Rn 2). Gleichwohl stellt Abs 2 die Übernahme der Betreuung nicht in das Belieben des Ausgewählten. Er kann die Übernahme nicht allein mit der Begründung ablehnen, er sei seiner Meinung nach für die Aufgabe nicht geeignet. Insofern hat sich die Rechtslage durch das BtG nicht geändert (aA HOLZHAUER/REINICKE Rn 6; SCHMIDT/BÖCKER Rn 67). Die amtliche Begründung gibt zu einer anderen Annahme keinen Anlaß. Auch wenn der Ausgewählte ein eigenes Interesse daran haben sollte, nicht mit einer Aufgabe belastet zu werden, zu deren Erledigung er nicht fähig ist, kommt es für die Übernahme**pflicht** darauf an, daß er vom Vormundschaftsgericht für geeignet gehalten wird (BT-Drucks 11/4528, 129). Im übrigen hatte das KG (Beschluß v 19.12.1913, KGJ 45, A 38) lediglich entschieden, der vom Vormundschaftsgericht zum Vormund Ausgewählte dürfe die Wahl nicht wegen Verletzung des § 1779 Abs 2 S 1 mit der Behauptung anfechten, daß er seiner persönlichen Verhältnisse wegen zur Führung der Vormundschaft ungeeignet sei; er könne die Weigerung, die Vormundschaft zu übernehmen, nur darauf stützen, daß einer der gesetzlichen Ablehnungsgründe, insbesondere einer der Gründe des § 1786 vorliege. Der Unterschied zum BtG besteht mithin in einer eigenständigen Prüfung und Feststellung der Geeignetheit zum Amt des Betreuers.

13 Eine Auseinandersetzung über die Frage, ob der Betreffende, der vom Gericht in Aussicht genommen war, für die Betreuung geeignet war, wird sich im Einzelfall auf den – wohl seltenen – Fall einer Schadensersatzforderung gemäß § 1787 Abs 1 iVm § 1908i Abs 1 S 1 verlagern.

6. Übernahmepflicht unabhängig von einzelnen Betreuerfunktionen

Die Pflicht zur Übernahme des Betreueramtes trifft grundsätzlich alle vom Vormundschaftsgericht ausgewählten Betreuer, unabhängig davon, welche Funktion sie ausüben sollen (Hauptbetreuer, Mitbetreuer, Ersatzbetreuer, Gegenbetreuer, Ergänzungsbetreuer usw). Auch für den nach § 1896 Abs 3 zu bestellenden Kontroll-, Überwachungs- oder Vollmachtbetreuer gilt § 1898 Abs 1 (MünchKomm/Schwab Rn 2). Von den verschiedenen Betreuertypen trifft die Übernahmeverpflichtung alle privaten Einzelbetreuer, unabhängig davon, ob sie ehrenamtlich tätig sind oder als Berufsbetreuer bestellt werden sollen. Berufsmäßig tätige Personen trifft keine gesteigerte Übernahmepflicht (so aber BT-Drucks 13/7158, 15: grundsätzlich zur Übernahme verpflichtet); überzeugende Gründe dafür sind nicht ersichtlich. Sich nicht mehr, als man zu leisten imstande ist, aufbürden lassen, sondern begründet ablehnen, ist bei einer berufsmäßig tätigen Person nicht nur ein Gebot eigenen Interesses. Wegen der fehlenden Kasuistik von Ablehnungsgründen im Betreuungsrecht fehlt hier eine dem § 1786 Abs 1 Nr 7 entsprechende Vorschrift (Ablehnungsrecht bei Mitbetreuung).

III. Voraussetzungen der Übernahmepflicht

1. Anknüpfungspunkte der Übernahmepflicht

Anknüpfungspunkt für die Übernahmepflicht sind die Eignung des Ausgewählten und die Zumutbarkeit der Übernahme der Betreuung. Feststellungen dazu sowie der daraus gezogene Schluß beziehen sich immer nur auf den konkreten Einzelfall. Mithin kommt es auf die Person des Betroffenen, auf die in Aussicht genommene Betreuerperson und auf die Umstände des einzelnen Falles an. Eine fehlerhaft getroffene Auswahl begründet keine Übernahmeverpflichtung (gleicher Ansicht Erman/Holzhauer Rn 2), so wenn zwingende Auswahlbestimmungen nicht beachtet wurden (zB § 1897 Abs 3).

2. Keine Beschränkung auf Deutsche

Voraussetzung für die Bestellung zum Betreuer ist nicht mehr, wie nach bisherigem Recht und auch noch in dem unverändert gebliebenen § 1785 für die Vormünder und Pfleger (§ 1915 Abs 1), die deutsche Staatsangehörigkeit. Der Gesetzgeber hat sich dabei von dem Gedanken leiten lassen, daß es bei einer Betreuungsbedürftigkeit eines Ausländers, der in der Bundesrepublik lebt, oft sinnvoll sein kann und wird, eine Person gleicher Staatsangehörigkeit zum Betreuer zu bestellen (BT-Drucks 11/4528, 129), wobei letztlich die Staatsangehörigkeit allein nicht das ausschlaggebende Kriterium sein wird, sondern die Zugehörigkeit zu einer Gemeinschaft oder Gruppierung innerhalb des Heimatstaates. Die Bestellung nichtdeutscher Personen zu Betreuern gewinnt zunehmend an Bedeutung, weil immer mehr Migranten in das Alter kommen, in dem die Betreuungsbedürftigkeit zunimmt. Gleichwohl dürfte die Bestellung von Angehörigen anderer Staaten nicht als problemlos eingeschätzt werden, weil es darum geht, deutsche Rechtsnormen und die ihnen zugrundeliegenden Vorstellungen durchzusetzen. Vgl SALMAN und WÖHLER, Rechtliche Betreuung von Migranten, Dokumentationsband zur Fachtagung, die am 18. Juni 2001 in Hannover stattfand (Institut für transkulturelle Betreuung eV Hannover Königstr. 6).

3. Geeignetheit als unbestimmter Rechtsbegriff

17 Die Geeignetheit des Ausgewählten als Voraussetzung der Übernahmeverpflichtung ist ein unbestimmter Rechtsbegriff und seine Ausfüllung deshalb im Rechtsmittelzug nachprüfbar (BayObLG FamRZ 1994, 1353). Der Begriff der Eignung entspricht dem des § 1897 Abs 1 (PETERS 157) und erstreckt sich a) auf die Besorgung der in dem gerichtlich bestimmten Aufgabenkreis erfaßten und beschriebenen Angelegenheiten des Betreuten und b) auf die im Zusammenhang mit der Besorgung dieser Angelegenheiten erforderliche persönliche Betreuung (BT-Drucks 11/4528, 129). Ob der Betreffende geeignet ist, muß aus der Sicht des Betroffenen und der des zukünftigen Betreuers beurteilt werden (DAMRAU/ZIMMERMANN Rn 2). Der Ausgewählte muß beispielsweise in der Lage sein, mit dem Betroffenen eine Arbeitsbeziehung einzugehen, um ihn in dem erforderlichen Umfang persönlich betreuen zu können (zum Inhalt dieses Begriffs s BT-Drucks 11/4528, 68 und oben § 1897 Rn 15). Bestehen bei ihm Aversionen gegen bestimmte Krankheiten oder Behinderungen, gegen Eigenheiten oder Verhaltensweisen, die ihn daran hindern, eine persönliche, für die Betreuungsarbeit tragfähige Beziehung aufzubauen, fehlt es an der notwendigen Eignung.

18 Da die Aussage über die Geeignetheit oder die Nichteignung des Ausgewählten zu einem Teil auf einer Vorausschau zukünftig entstehender bzw sich entwickelnder Betreuungsbeziehung beruht, lassen sich Bemühungen rechtfertigen, für die Eignung eines Betreuers allgemeingültige Kriterien zu finden (s dazu H OBERLOSKAMP [Hrsg], Hauptamtliche Betreuer und Sachverständige 111 ff). Dennoch bleibt die Eignung zum Betreuer, gleichgültig ob es sich um einen ehrenamtlich tätigen oder einen Betreuer handelt, der die Führung von Betreuungen im Rahmen seiner Berufsausübung leistet oder als Beruf betreibt, im Rahmen von § 1898 Abs 1 und § 1897 Abs 1 eine Frage des Einzelfalles, zumal nach den bisherigen Erfahrungen sich die Vormundschafts-, Pflegschafts- und Betreuungsarbeit Typisierungen nur schwer zugänglich gezeigt hat. Die anhand genereller Aussagen über Eignungsprofile, berufliche Standards, Ausbildungsvoraussetzungen usw mögliche abstrakte Feststellung der Geeignetheit kann deshalb zwar als Grundlage für die konkrete Feststellung von Eignung im Einzelfall dienen, sie kann und darf jedoch die konkrete Eignungsfeststellung in dem jeweiligen Betreuungsfall nicht ersetzen.

Zur Eignungsfrage im übrigen s oben § 1897 Rn 12 ff. Nur wenn der Betreffende für geeignet gehalten wird, kommt es darauf an, ob die Betreuung ihm auch zugemutet werden kann. Ist der Ausgewählte geeignet, kann er zur Übernahme bereit sein, obwohl ihm die Übernahme nicht zugemutet werden dürfte.

4. Die Zumutbarkeit

a) Zumutbarkeit als Voraussetzung der Betreuerbestellung

19 Nach der Textfassung gehört die Zumutbarkeit der Betreuung zu den Voraussetzungen der Übernahmepflicht; mithin sind deren Voraussetzungen im Rahmen der Amtsermittlung (§ 12 FGG) vom Vormundschaftsgericht festzustellen. Bereits zu den Ablehnungsrechten des § 1786 war gefordert worden, sie nicht als ein einredeähnliches Recht zu charakterisieren (GERNHUBER/COESTER-WALTJEN, FamR § 70 IV 9). Gleichwohl muß von dem in Aussicht Genommenen erwartet werden, daß er von sich aus Gründe der Unzumutbarkeit, die gegen seine Bestellung sprechen, benennt, wenn sie nicht für das Gericht offenkundig sind. Hat das Vormundschaftsgericht am Ende seiner Ermittlungen nach Abwägen aller für und gegen die Zumutbarkeit sprechenden Umstände die Überzeugung gewonnen, daß der Betreffende zu bestellen ist, kann dieser zwar im Wege der Selbsteinschätzung das Gegenteil behaupten; ihm bleibt aber nur die Möglichkeit, auf eine Entscheidung nach § 69g Abs 4 Nr 2 FGG zu drängen oder gegen die Bestellung Beschwerde einzulegen (s unten Rn 37).

b) Zumutbarkeit als unbestimmter Rechtsbegriff

Auch die Zumutbarkeit ist ein ausfüllungsbedürftiger Rechtsbegriff (im Ergebnis auch SOERGEL/DAMRAU Rn 7). Von einer kasuistischen Aufzählung von Ablehnungsgründen, wie sie in § 1786 enthalten sind, hat das BtG Abstand genommen. Sie wurde als nicht flexibel genug angesehen. Sie könnte der Tatsache nicht genügend Rechnung tragen, daß die Aufgabenkreise der Betreuer und damit die mit der Betreuung verbundene Belastung sehr unterschiedlich sein können (BT-Drucks 11/4528, 129). Als Gesichtspunkte für die Unzumutbarkeit können Ablehnungsgründe aus dem Katalog des § 1786 dennoch herangezogen werden (ERMAN/HOLZHAUER Rn 6; MünchKomm/SCHWAB Rn 5). Ausgeschlossen ist es, als Gründe der Unzumutbarkeit Argumente zu benutzen, die bei der Prüfung der Geeignetheit berücksichtigt worden sind. Zumindest zweifelhaft ist es deshalb, hohes Alter, schlechten Gesundheitszustand oder das Vorliegen eines persönlichen Zerwürfnisses zwischen dem Ausgewählten und dem Betreuungsbedürftigen als die Zumutbarkeit ausschließende Umstände gelten zu lassen (so aber DAMRAU/ZIMMERMANN sowie SOERGEL/DAMRAU, jeweils § 1898 Rn 3). Solche Umstände müssen bei der Eignungsprüfung erörtert werden mit dem Ergebnis, daß der Betreffende gegebenenfalls für ungeeignet gehalten wird. Nach KÜHLING (in seinem abweichenden Votum zu BVerfG NJW 1995, 1373 = NdsRpfl 1995, 323) umschreibt der Begriff der Zumutbarkeit eine Beziehung zwischen einer Belastung und den sie legitimierenden Zwecken; zumutbar ist danach, was angesichts des Gewichts hingenommen werden muß. Unzumutbar demnach, was nicht mehr hingenommen werden muß.

5. Unzumutbarkeitskriterien

Für die Beurteilung der Zumutbarkeit der Betreuungsarbeit sind maßgebend die familiären, beruflichen und sonstigen Verhältnisse des Ausgewählten. Gründe, die bei der Prüfung der Geeignetheit berücksichtigt worden sind, können nicht noch einmal als Argument gegen die Zumutbarkeit (also doppelt) benutzt werden. Als Orientierung (nicht aber als Richtschnur, wie SCHMIDT/BÖCKER Rn 67 meinen) kann der Katalog der Ablehnungsgründe des § 1786 dienen.

Unzumutbar ist für den Einzelnen die Übernahme einer (weiteren) Betreuung dann, wenn dem Betreffenden unter Berücksichtigung der oa Verhältnisse mehr als allen anderen abverlangt wird.

Wegen familiärer Verhältnisse ist die Übernahme einer Betreuung dann nicht zuzumuten, wenn der Betreffende als Elternteil zwei oder mehr noch nicht schulpflichtige Kinder überwiegend zu betreuen hat, wenn die dem Betreffenden obliegende Fürsorge für die Familie die Ausübung des Betreueramtes dauernd besonders erschweren würde oder dem betreffenden Ausgewählten die Sorge für die Person oder das Vermögen von mehr als drei minderjährigen Kindern zusteht. Bei einer Belastung mit der Sorge für minderjährige Kinder wird die Zumutbarkeitsgrenze schon bei weniger als vier Kindern überschritten, wenn diese noch sehr jung, krank oder behindert sind (MünchKomm/SCHWAB Rn 5), wobei ein nicht nur leicht behindertes Kind eine solche Belastung für die Eltern bedeuten kann, daß bereits deshalb die Übernahme einer Betreuung für einen von ihnen, uU auch für beide, unzumutbar sein kann. Für die Beurteilung der Zumutbarkeit aus den oa familiären Gründen ist zu beachten, daß die gesellschaftlichen Anforderungen an die Erziehungsleistung von Eltern erheblich gestiegen sind und auch der Gesetzgeber unmittelbar oder mittelbar zu einer höheren Belastung der Eltern als in der Vergangenheit beigetragen hat (Geltendmachung finanzieller Ansprüche, Beteiligung der Kinder am Erziehungsgeschehen, Inanspruchnahme von Kinderbetreuung, Vorschule, Elternmitwirkung in der Schule uam).

23 Berufliche Belastungen, die die Übernahme der Betreuung unzumutbar sein lassen, können insbesondere dadurch gegeben sein, daß die mit der Berufsausübung verbundenen Anstrengungen ein überdurchschnittliches Maß an Erholung erfordern, so daß die regelmäßig zur Verfügung stehende Freizeit für eine Betreuungsarbeit nicht zur Verfügung steht (eine Mehrarbeitszeit, die persönliche Betreuung nicht zuläßt, würde zum Eignungsmangel führen).

24 Als sonstige die Zumutbarkeit ausschließende Umstände werden hohes Alter, schlechter Gesundheitszustand, schon übernommene pflegerische oder sonstige soziale Aufgaben (MünchKomm/SCHWAB Rn 7), das Vorliegen eines persönlichen Zerwürfnisses zwischen dem Ausgewählten und dem Betroffenen (DAMRAU/ZIMMERMANN Rn 3) genannt. Überwiegend dürfte es sich jedoch hier um Kriterien handeln, die bereits die Eignung des Betreffenden in Frage stellen, so daß für die Frage der Zumutbarkeit kein Raum ist.

25 In Betracht kommt dagegen eine außergewöhnliche (in erster Linie psychische) Belastung durch die Führung von Prozessen, zB ein Scheidungsverfahren mit komplizierten Folgeregelungen. Von Bedeutung ist die räumliche Entfernung zum Sitz des zuständigen Vormundschaftsgerichts (§ 1786 Abs 1 Nr 5), was bei häufig notwendigen Besuchen zu einer überdurchschnittlichen oder sogar außergewöhnlichen Belastung führen kann. Die Zahl der bereits geführten Betreuungen (einschl Vormundschaften, Pflegschaften oder Beistandschaften, wenn zugelassen) kann die Unzumutbarkeit begründen, jedoch bereits die Eignung in Frage stellen. Bei einem beruflich tätigen Betreuer dürfte die (hohe) Zahl von Betreuungen usw allerdings eine Eignungs- und nicht eine Zumutbarkeitsfrage sein. Unzumutbar ist dagegen eine Betreuerbestellung, bei der eine gesamtschuldnerische Haftung gemäß § 1908i Abs 1 S 1, § 1833 Abs 2 S 1 droht (MünchKomm/SCHWAB Rn 7 unter Berufung auf DAMRAU/ZIMMERMANN Rn 3). Eine möglicherweise zu Unrecht erfolgte Vergütungskürzung in einem Einzelfall ist kein Umstand, der die Betreuung unzumutbar macht (OLG Schleswig SchlHA 1998, 53 = NJWE-FER 1998, 153 [LS]; hier entschieden auf einen Entlassungsantrag nach § 1908b Abs 2; vorstellbar auch als Argument für die Nichtübernahme).

Übernimmt der Ausgewählte, für den die Führung der Betreuung unzumutbar wäre, **26** dennoch die ihm angetragene Betreuung, setzt der Ausgewählte seine Zumutbarkeitsgrenze selbst neu. Geschieht dies in mehreren Fällen, kann die Grenze der Ungeeignetheit erreicht sein. Aus diesem Grunde kann die Geeignetheit des Betreuers nicht lediglich aus der Sicht des Betreuten und die Zumutbarkeit aus der Sicht des Betreuers beurteilt werden (so aber DAMRAU/ZIMMERMANN Rn 2).

IV. Die Erklärung der Übernahmebereitschaft

1. Die Notwendigkeit der Erklärung

Das Betreuungsrecht hat das bisherige und im Vormundschaftsrecht noch immer **27** geltende **Konsenssystem**, wonach die Bestellung zum Vormund oder Pfleger der Einwilligung des Ausgewählten bedarf (§ 1789), für die Betreuung beibehalten. Wer sich weigert, das Amt zu übernehmen, darf nicht als Einzelperson bestellt werden. Das Erfordernis der Einwilligung im Falle der Vereinsbestellung enthält erst § 1900 Abs 1 S 2. Die Auffassung des RegEntw (BT-Drucks 11/4528, 129), dies sei sinnvoll, da bei einer solchen Weigerung nicht zu erwarten sei, daß der Betreffende seine Pflichten erfüllen werde, dürfte auf einer Fehleinschätzung des Bürgerverhaltens beruhen. Genaue Untersuchungen darüber, daß ein im Grunde unwilliger Betreuer sein Amt mangelhaft und/oder zum Schaden des Betreuten geführt habe, gibt es nicht. Eine „unpersönliche" Betreuung wurde auch und vor allem von den Behörden geleistet, deren Mitarbeiter eine übergroße Zahl von Vormundschaften und Pflegschaften zu führen hatten. Das Regelungssystem wurde in der Praxis anders verstanden. Der Ausgewählte unterwarf sich der gerichtlichen Anordnung, selten wissend, daß er mit Zwangsgeldfestsetzung hätte rechnen müssen, wenn er sich geweigert hätte. In der Regel wurde der Wille des Ausgewählten bereits zu einem früheren Zeitpunkt als dem der Zwangsgeldfestsetzung gebeugt.

2. Frühzeitige Klärung der Übernahmebereitschaft

Schlägt die zuständige Behörde (§ 8 BtBG) eine Person vor, die sich in dem Fall zum **28** Betreuer eignet, sollte die Frage der Übernahmebereitschaft zur Sprache gebracht und soweit möglich geklärt sein. Eine gegenüber der zuständigen Behörde, einem Mitarbeiter von ihr oder der Leitung gegenüber abgegebene Erklärung bindet den Betreffenden nicht. Widerruf ist zulässig. Das Gericht hat außerdem eine eigene Feststellung darüber zu treffen, ob der Betreffende (noch) einverstanden ist. Eine zu einem früheren Zeitpunkt dem Betroffenen gegenüber gemachte Zusage, eines Tages die Betreuung für ihn zu übernehmen, genügt nicht als Erklärung im Sinne von § 1898 Abs 2, wenn sie nicht dem Gericht gegenüber erneuert wird.

3. Die auf den Einzelfall bezogene Übernahmebereitschaft

Die Einverständniserklärung kann immer nur für die konkrete Betreuerbestellung **29** abgegeben werden. Ein generelles Einverständnis kann als Zusage, als Absichtserklärung, sich gegebenenfalls zum Betreuer bestellen zu lassen, verstanden werden; diese ersetzt aber nicht das Einverständnis mit dem konkreten Betreuungsfall. Die Erklärung muß sich deshalb auch auf die jeweils konkrete Betreuerbestellung, die dann Gegenstand der gerichtlichen Entscheidung wird (§ 69 Abs 1 FGG), beziehen.

Der Ausgewählte muß wissen, wozu er seine Einwilligung gibt. Er ist dementsprechend vom Gericht zu informieren. Bedingungen der Übernahme müssen geklärt sein, so etwa die der berufsmäßigen Führung gemäß §§ 1836 Abs 1 S 2, 1908i Abs 1 S 1.

4. Spätester Zeitpunkt der Erklärung der Übernahmebereitschaft

30 Die Erklärung der Übernahmebereitschaft muß spätestens vor der Bestellung des Ausgewählten zum Betreuer eingeholt sein. Sie ist Voraussetzung der Bestellung zum Betreuer (MünchKomm/SCHWAB Rn 9). Die Frage des Gerichts nach dem Einverständnis des Ausgewählten, sich zum Betreuer bestellen zu lassen, erübrigt sich, wenn das Gericht im Laufe des Verfahrens zu der Überzeugung kommt, daß es eine Betreuerbestellung ablehnen wird. Ändert sich im Laufe des Verfahrens die voraussichtliche Betreuungsbedürftigkeit des Betroffenen, hat das Gericht den Ausgewählten vor der Abgabe der Einverständniserklärung entsprechend zu informieren.

5. Ablehnung der Übernahme und Widerruf der Einwilligung

31 Wird die erforderliche Einwilligung verweigert, kann die Bestellung der vom Gericht vorgesehenen Person nicht vorgenommen werden. Wer sich weigert, das Amt des Betreuers, für das er ausgewählt worden ist, zu übernehmen, kann nicht als Einzelperson zum Betreuer bestellt werden (Abs 2). Die Einzelperson kann nicht mit Zwang zur Übernahme angehalten werden. Auch eine auf § 33 Abs 1 FGG gestützte Zwangsgeldfestsetzung (nach vorangegangener Androhung) wäre unzulässig (JKMW Rn 128). Dies gilt auch für den als Einzelbetreuer konzipierten Vereinsbetreuer und den Behördenbetreuer. Eine bereits grundsätzlich oder für den Einzelfall erklärte Übernahmebereitschaft des Anstellungsträgers ändert daran nichts. Ist der Vereinsbetreuer mit dieser Art von Bestellung nicht einverstanden, kann der Ausgewählte dennoch zur Übernahme der Betreuung als Privatperson bereit sein. Zur Feststellung der Übernahmebereitschaft gehört deshalb auch immer die Art der Betreuerbestellung.

32 Eine Bindung an die bereits abgegebene Einverständniserklärung besteht nicht. Die Widerruflichkeit ist nicht ausgeschlossen. Eine so weitgehende Wirkung kann dem Konsensprinzip nicht eingeräumt werden. Da die Einverständniserklärung spätestens vor der Beschlußfassung über die Betreuerbestellung eingeholt sein muß, kann eine spät widerrufene Einverständniserklärung die Betreuerbestellung verzögern. Eine Inanspruchnahme des Widerrufenden auf Schadensersatz aus § 1787 Abs 1 iVm § 1908i Abs 1 S 1 ist nicht auszuschließen. Ist der Betreuer mit seinem Einverständnis bestellt worden, so handelt es sich bei einem danach gestellten Entlassungsantrag nicht um einen Widerruf der Bereiterklärung (so zwar LG Duisburg FamRZ 1993, 851, aber m abl Anm LUTHIN aaO). Dem Entlassungsantrag ist dann zu entsprechen, wenn die Voraussetzungen des § 1908b Abs 1, 2 vorliegen.

V. Der Zeitpunkt der Übernahmeverpflichtung

33 Nach dem Wortlaut des Gesetzes sind die Auswahl des Betreuers und die Bestellung des Betreuers zu unterscheiden. Während die Bestellung des Betreuers sich zeitlich genau bestimmen läßt, trifft das für die Auswahl des Betreuers nicht zu.

Während das frühere Recht für die Auswahl der Person des Vormunds oder Pflegers ein eigenes Verfahren nach der Anordnung der Maßnahme zuließ, bestehen gegen die Ansicht, das VormG könne und müsse die Auswahl des Betreuers in einer besonderen Verfügung zum Ausdruck bringen und dem Ausgewählten nach § 16 Abs 1 FGG bekannt machen (so ERMAN/HOLZHAUER und HOLZHAUER/REINICKE jeweils Rn 5), Bedenken. Sie beruhen insbesondere darauf, daß das Gericht erst mit seiner Entscheidung gemäß § 69 FGG, durch die es den Betreuer bestellt, das Verfahren beendet, bis zu dessen Ende Ermittlungen und Informationen auch zur Person des möglichen Betreuers zulässig sind. So kann beispielsweise bis zum Zeitpunkt der Entscheidung über die Betreuerbestellung jede der anzuhörenden Personen oder Stellen Argumente für und wider die als Betreuer in Aussicht genommene Person (Institution) vorbringen. Das Recht des Betroffenen, die Nichtbestellung einer bestimmten Person vorzuschlagen (§ 1897 Abs 4 S 2), ist an die Einhaltung einer bestimmten Frist nicht gebunden und bis zum Ende des Verfahrensabschnitts, der mit der Bestellungsentscheidung endet, möglich. Dem Betroffenen darf auch nicht die Möglichkeit abgeschnitten werden, den während des Bestellungsverfahrens vorgestellten „Betreuer" abzulehnen. Die von HOLZHAUER als für die Übernahmeverpflichtung entscheidend angesehene Auswahlverfügung kann nur als eine die Bestellung vorbereitende Absichtserklärung verstanden werden, die noch keine Rechtsfolgen nach sich zieht. Abgesehen davon würde das Verfahren erheblich belastet, wenn das Gericht in jedem Bestellungsverfahren eine Zwischenentscheidung über seine(!) Auswahl treffen müßte, die der in Aussicht genommene Betreuer mit der Beschwerde angreifen müßte, um seine Argumente gegen diese Verfügung vorzubringen. Vorgesehen ist lediglich die Zurückweisung einer Weigerung des Ausgewählten, sich zum Betreuer bestellen zu lassen (§ 69g Abs 4 S 1 Nr 2 FGG); eine Regelung, die deshalb nicht mehr in das System paßt, weil das Gericht die erklärte Einwilligung für die Bestellung benötigt, es deshalb auf eine erklärte Weigerung und deren Zurückweisung nicht ankommen kann (vgl zur Entstehung DAMRAU/ZIMMERMANN Rn 13 Fn 19).

Sowohl das relativ bindende Vorschlagsrecht des Betroffenen selbst (§ 1897 Abs 4) **34** als auch die Tätigkeit der zuständigen Behörde, schließlich die Richtlinie des § 1897 Abs 5 führen bereits zu einer gewissen Vorauswahl, auf die das Gericht zurückgreift, um sich ein Bild von der Eignung der in Frage kommenden Person zu machen. Suche und Benennung einer als Betreuer in Betracht kommenden Person (eine „Auswahl" unter mehreren zur Verfügung stehenden Personen findet schon seit langem in aller Regel nicht mehr statt!), die Prüfung ihrer Geeignetheit und die Erörterung der (Un-)Zumutbarkeit der Aufgabe stellen einen Prozeß dar, der erst mit der Bestellungsentscheidung des Vormundschaftsgerichts abgeschlossen ist und in dessen Verlauf eine (Zwischen-)Entscheidung der Auswahl keinen Platz hat. Der für das Entstehen der Übernahmeverpflichtung maßgebende Zeitpunkt kann deshalb nur der der Bestellungsentscheidung (§ 69 FGG) sein (so im Ergebnis bereits BIENWALD, BtR Rn 14 sowie ZIMMERMANN FamRZ 1991, 270, 279).

VI. Folgen fehlerhafter Bestellungsentscheidung

1. Keine Nichtigkeit

Ein Verstoß des Vormundschaftsgerichts gegen die Bestimmung des Abs 2, den **35**

Ausgewählten erst nach seiner Bereitschaftserklärung zu bestellen, führt nicht zur Nichtigkeit der nach § 69 FGG getroffenen Entscheidung. Mit dem Erlaß der Entscheidung hat das Gericht zwar einen Betreuer bestellt, wie es das Gesetz vorsieht (§ 1896 Abs 1, § 69 FGG), aber nicht lediglich eine Personalentscheidung getroffen, sondern auch das Vorliegen der Voraussetzungen einer Betreuerbestellung (Betreuungsbedürftigkeit iwS) bejaht. Eine Teilnichtigkeit kommt im Hinblick auf das Prinzip der Einheitsentscheidung nicht in Frage. Mit ihr würde das Prinzip aufgegeben werden.

2. Beschwerdefähigkeit; Verfahren

36 Wird die Personalentscheidung mit der Beschwerde gerügt (oder mit einer entsprechenden Äußerung), kann sie vom Gericht geändert werden (§ 18 FGG). Eine Korrektur findet uU aber auch erst im Beschwerdeverfahren statt. Obwohl der Verstoß gegen Abs 2 der Wirksamkeit der Entscheidung nicht entgegensteht (so auch DAMRAU/ZIMMERMANN § 1899 Rn 1; § 1898 Rn 8), handelt es sich bei der anschließenden Korrektur nicht um eine Entlassungsverfügung auf Grund von § 1908b Abs 1 (so aber DAMRAU/ZIMMERMANN 1898 Rn 7), sondern um die Rückgängigmachung einer fehlerhaften (Teil-)Entscheidung.

Allerdings wird damit nicht die der Betreuerbestellung zugrundeliegende Betreuung aufgehoben (§§ 1896, 1908d), weil deren Voraussetzungen etwa nicht vorlagen, und in der Regel die fehlerhafte Personalentscheidung auch keinen Anlaß für die Überprüfung der Gesamtentscheidung bieten wird (vgl BayObLGZ 1993, 14 = FamRZ 1993, 602 = Rpfleger 1993, 283).

Auf einen „anderen wichtigen Grund", der hier für eine Entlassungsentscheidung allenfalls herangezogen werden könnte (§ 1908b Abs 1), läßt sich die von DAMRAU/ZIMMERMANN (in der 2., nicht mehr in der 3. Aufl) befürwortete Entlassung des fehlerhaft bestellten Betreuers nicht stützen, weil es sich bei diesen Gründen um solche handeln muß, die in den Verhältnissen, die für die Betreuerbestellung inhaltlich maßgebend waren, zu suchen sind (s dazu BT-Drucks 11/4528, 153; ausführlich BIENWALD, BtR § 1908b Rn 5); die Korrektur eines Verfahrensfehlers liegt dagegen auf einem anderen Gebiet.

VII. Rechtsmittel

1. Anfechtbarkeit der Betreuerbestellung

37 Anfechtbar ist die Betreuerbestellung, nicht dagegen eine vorab zum Ausdruck gekommene Absicht des Gerichts, eine bestimmte Personalentscheidung zu treffen (so auch MünchKomm/SCHWAB Rn 12; aA HOLZHAUER/REINICKE Rn 5). Von ihr betroffen sind in erster Linie der Betreute und der Betreuer. Da lediglich die zuständige Behörde keine Möglichkeit hat, sich gegen die Bestellung zum Betreuer zu wehren – auf ihre Bereitschaft kommt es nicht an (§ 1900 Abs 4) –, können in bezug auf die Personalentscheidung sowohl die bestellten Einzelpersonen als auch der mit der Bestellung eines Mitarbeiters nicht einverstandene Verein und auch die im Falle einer Behördenbetreuerbestellung nicht einverstandene Behörde beschwert sein. Da eine Auswahlentscheidung im Betreuerbestellungsverfahren nicht vorgesehen ist, kann der

Ausgewählte, der die Betreuerbestellung mit dem Hinweis auf den subjektiv empfundenen Eignungsmangel ablehnt, die Eignungsfeststellung des Gerichts nur dadurch überprüfen lassen, daß er einen Antrag auf Feststellung mangelnder Geeignetheit stellt und gegen die ablehnende Entscheidung Beschwerde einlegt (vgl auch §§ 19, 20, 69g Abs 1 FGG).

2. Verfahren nach § 69g Abs 4 S 1 Nr 2 FGG (sofortige Beschwerde)

§ 69g Abs 4 S 1 Nr 2 FGG sieht vor, daß das Gericht die Weigerung einer Person (oder Institution), sich zum Betreuer bestellen zu lassen, zurückweist und diese Entscheidung mit der sof Beschwerde des § 22 FGG angefochten werden kann (krit zu dieser Bestimmung BIENWALD, BtR² Rn 22; DAMRAU/ZIMMERMANN Rn 35, jeweils zu § 69g FGG; ZIMMERMANN FamRZ 1991, 270, 279). In diesem Falle muß das Gericht seine Entscheidung gemäß § 16 Abs 2 FGG förmlich zustellen, um den Lauf der Beschwerdefrist in Gang zu setzen. **38**

3. Unbefristete Beschwerde

In allen übrigen Fällen ist die Personalentscheidung mit Hilfe der unbefristeten Beschwerde des § 19 FGG angreifbar. Hat das Vormundschaftsgericht den Privatbetreuer, ohne ihn zu fragen, oder entgegen seiner Ablehnung zum Betreuer bestellt, kann der Betreuer unbefristete Beschwerde einlegen. Das gleiche gilt, wenn der Vereins- oder der Behördenbetreuer nicht eingewilligt hat oder wenn der Verein oder die Behörde ihr Einverständnis mit der Bestellung ihres Mitarbeiters nicht gegeben haben oder nicht danach gefragt worden sind. **39**

4. Keine isolierte Anfechtung der Personalentscheidung

Aus Gründen der Einheitsentscheidung kann die Personalentscheidung nicht isoliert angefochten werden (unentschieden BayObLGZ 1993, 14 = FamRZ 1993, 602 = Rpfleger 1993, 283). Die Begründung der Beschwerde gegen die Betreuerbestellung (s § 69g Abs 1 S 1 FGG) kann aber auf die Personalentscheidung – hier den Verstoß gegen Abs 2 – beschränkt werden (dazu näher oben § 1897 Rn 45 sowie DAMRAU/ZIMMERMANN § 69g Rn 14). Nahe Angehörige iSd § 69g Abs 1 FGG können gegen die erstmalige Betreuerbestellung Beschwerde auch mit dem Ziel einlegen, einen Dritten (hier medizinisch sachverständigen Betreuer) an die Stelle des ausgewählten Betreuers zu setzen (OLG Zweibrücken FamRZ 2000, 302 = NJWE-FER 1999, 240). **40**

5. Zum Ergebnis des Beschwerdeverfahrens

Zur Befugnis des Beschwerdegerichts, selbst einen (neuen) Betreuer zu bestellen (anstatt die Sache an das Amtsgericht zurückzuverweisen), s BayObLG aaO. Kosten: Gerichtskosten im Falle des Obsiegens keine (§ 131 Abs 1 S 2, Abs 5 KostO; die Entscheidung über außergerichtliche Kosten richtet sich nach § 13a FGG). Die Erstattung außergerichtlicher Kosten in diesem Verfahren ist nicht vorgesehen. Für die Bewilligung von Prozeßkostenhilfe gelten keine Besonderheiten. Im Falle der Korrektur der Personalentscheidung hat das Vormundschaftsgericht gegebenenfalls bereits vorgenommene Mitteilungen nach den §§ 69k und 69l FGG zu ergänzen bzw zu korrigieren. **41**

VIII. Vollzug der Bestellungsentscheidung (Amtseinführung)

42 Die Entscheidung, durch die das Vormundschaftsgericht den (die) Betreuer bestellt, ist Grundlage für die (vom Rechtspfleger vorzunehmende, §§ 3 Nr 2 Buchst a, 14 Nr 4 RPflG) Verpflichtung des Betreuers (§ 69b FGG), die jedoch für Vereinsbetreuer, Behördenbetreuer, Vereine und die zuständige Behörde entfällt (§ 69b Abs 1 S 2 FGG). Es handelt sich bei der Verpflichtung des Betreuers, der Aushändigung der Bestellungsurkunde sowie dem in geeigneten Fällen durchzuführenden Einführungsgespräch mit dem Betreuer und dem Betreuten um Folgehandlungen der Betreuerbestellungsentscheidung, nicht dagegen um Einzelheiten der Bestellung (so aber HOLZHAUER/REINICKE und ERMAN/HOLZHAUER, jeweils Rn 9). .

Die Bestellung des Betreuers wird bereits mit der Bekanntmachung der Entscheidung an ihn wirksam (§ 69a Abs 3 S 1 FGG; s auch den durch Art 2 Nr 4 BtÄndG geänderten S 3). Die Verpflichtung ist deshalb für den Beginn der Betreuung nicht konstitutiv. Das Betreueramt beginnt bereits mit der **Wirksamkeit** der Bestellungsentscheidung. In diesem Zeitpunkt ist die Handlungsmacht des Betreuers eingetreten (WESCHE Rpfleger 1989, 225). Außerdem entstehen bereits in diesem Zeitpunkt Betreuerrechte wie zB das der Auslagenerstattung (KEIDEL/KAYSER § 69b FGG Rn 4). Zur Amtseinführung des Betreuers s auch oben § 1896 Rn 157.

IX. Zum Umfang einer Haftung nach § 1787 Abs 1 iVm § 1908i Abs 1 S 1

43 Der Anspruch ist gerichtet auf Ersatz des durch die Verzögerung entstehenden Schadens einschließlich der durch die Weigerung entstehenden Kosten (ERMAN/HOLZHAUER § 1787 Rn 2). Eine etwaige Kostentragungspflicht für die Verfahrenskosten ergibt sich jedoch nicht aus dieser Vorschrift. Sie kommt nur als Ersatz gegenüber dem Betroffenen in Frage. Der Anspruch richtet sich auf Geldersatz. Ersatz entgangener „persönlicher Betreuung" ist nicht zu leisten. Entgegen ERMAN/HOLZHAUER (§ 1787 Rn 2) wird die Schadensersatzpflicht dadurch gemindert, daß das Gericht eine vorläufige Maßnahme (unter Umständen auch nach § 1846) hätte treffen können. Das Gericht hat eine Schadensminderungspflicht zwar nicht gegenüber dem potentiellen, aber nicht bestellbaren Betreuer, jedoch gegenüber dem als hilfebedürftig erkannten Betroffenen aufgrund der allgemeinen Fürsorgepflicht des Staates gegenüber diesen Personen.

§ 1899
Mehrere Betreuer

(1) Das Vormundschaftsgericht kann mehrere Betreuer bestellen, wenn die Angelegenheiten des Betreuten hierdurch besser besorgt werden können. In diesem Falle bestimmt es, welcher Betreuer mit welchem Aufgabenkreis betraut wird. Mehrere Betreuer, die eine Vergütung erhalten, werden außer in den in den Absätzen 2 und 4 sowie § 1908i Abs. 1 Satz 1 in Verbindung mit § 1792 geregelten Fällen nicht bestellt.

(2) Für die Entscheidung über die Einwilligung in eine Sterilisation des Betreuten ist stets ein besonderer Betreuer zu bestellen.

(3) Soweit mehrere Betreuer mit demselben Aufgabenkreis betraut werden, können sie die Angelegenheiten des Betreuten nur gemeinsam besorgen, es sei denn, dass das Gericht etwas anderes bestimmt hat oder mit dem Aufschub Gefahr verbunden ist.

(4) Das Gericht kann mehrere Betreuer auch in der Weise bestellen, dass der eine die Angelegenheiten des Betreuten nur zu besorgen hat, soweit der andere verhindert ist.

Materialien: Art 1 Nr 6 DiskE I; Art 1 Nr 41 RegE; Art 1 Nr 47 BtG; DiskE I 120 (§ 1900); BT-Drucks 11/4528, 129 (BReg); STAUDINGER/BGB-Synopse 1896–2005 § 1899. Abs 1 S 3 angefügt und Abs 4 2. Alt gestrichen durch Art 1 Nr 9a und 9b 2. BtÄndG (BT-Drucks 15/2494, 6, 29; BT-Drucks 15/4874, 14 [Beschlußempfehlung]); BR-Drucks 121/05 (Beschluß).

Schrifttum

ALPERSTEDT, Dauerergänzungsbetreuung bei tatsächlicher Verhinderung?, BtPrax 2001, 106
BERNHARD, Über die Notwendigkeit von Betreuungsvereinen im sozialen Netz der Kommunen, BtPrax 2002, 102
BIENWALD, Die Verpflichtung des Betreuers aus § 1901 Abs. 4, Rpfleger 2003, 229
DEINERT, Argumente für die Bestellung eines Vertretungsbetreuers gem § 1899 Abs 4 BGB, LWV Baden, Betreuung aktuell 1/2000, 24 = BdB-Verbandszeitschrift März 2000, 28
KUHRKE, Amt für Betreuung, BtPrax 2003, 51
SCHÜTTE, Sozial- und Gesundheitsdienste: Neuere Trends im deutschen Sozialrecht, BtPrax 2003, 61
SCHWARZBACH, Betreuungsverein mußte schließen, BtPrax 2003, 67
ZIMMERMANN, Vorsorgevollmacht und Beratungsgesetz, BtPrax 2001, 192.

Systematische Übersicht

I.	**Allgemeines**	
1.	Normzweck	1
2.	Zur Geschichte der Vorschrift	2
3.	Bedarfsbezogene Regelentscheidung	3
II.	**Voraussetzungen für mehrere Betreuer nach Abs 1 S 1**	
1.	Besserbetreuung	4
2.	Keine Abhängigkeit von Wünschen des Betreuten	5
III.	**Die Personalentscheidung**	6
IV.	**Die Praxis der Mehrbetreuerbestellung**	
1.	Gemeinschaftliche Betreuung (Abs 3)	9
2.	Getrennte Betreuung (Abs 1 S 2)	10
3.	Ersatzbetreuung (Abs 4)	11
V.	**Folgen eines Verstoßes gegen das Bestellungsverbot des Abs 1**	13
VI.	**Zum Verfahren**	14

Alphabetische Übersicht

Abgrenzungsprobleme bei getrennter Mitbetreuung	10
Ablösungsbetreuung	1
Alternativen	6
Amtsverfahren	16
Antragsverfahren	16

Aufgabenkreiserweiterung	14 f	Normzweck	1
Ausübung des Betreueramtes	12		
		Persönliche Betreuung	3
Bedarfsbezogene Regelung	3	Personalentscheidung	6
Beschwerdebefugnis	14		
Besserbetreuung	4	Regelentscheidung, bedarfsbezogene	3
Betreutenwünsche	5		
		Sterilisationsbetreuer	4
Dauerergänzungsbetreuer	11		
		Tatsächliche Verhinderung	11
Einpersonenbetreuung	3		
Ergänzungsbetreuer	1 f, 15	Übertragung von Angelegenheiten	12
Ergänzungspfleger	11		
Ersatzbetreuung	11, 15	Verfahren	14 ff
Erweiterung des Aufgabenkreises	14 f	Verhinderung des Betreuers	11
		Verhinderung, tatsächliche	11
Gegenbetreuer	2	Verstoß gegen Bestellungsverbot des Abs 1	13
Gemeinschaftliche Betreuung	9	Vertretungsausschluß	11
Gesamtschuldnerische Haftung	9	Vertretungsbetreuer	4
Geschichte der Vorschrift	2	Vollmachtbetreuer	15
Getrennte Betreuung	10	Vorrang vor Verein/Behörde	8
Haftung, gesamtschuldnerische	9	Weiterer Betreuer	6
Konfliktregelung	7	Zusätzlicher Betreuer	11
		Zuständigkeitsprobleme bei getrennter Betreuung	10
Mitbetreuer	2, 9		

I. Allgemeines

1. Normzweck

1 § 1899 erlaubt dem Vormundschaftsgericht, mehrere Betreuer für einen Betroffenen zu bestellen und das Verhältnis zwischen ihnen zu bestimmen. Nach Abs 2 ist auf jeden Fall ein weiterer Betreuer (für die Sterilisationsentscheidung „besonderer" Betreuer) zu bestellen, dessen Aufgabenkreis gesetzlich vorgegeben ist. Eine Mehrbetreuerbestellung iSd Vorschrift liegt nicht vor, wenn vom Rechtsmittelgericht eine Entlassungsentscheidung aufgehoben und der anstelle des zunächst entlassenen Betreuers bestellte Betreuer wieder entlassen wird (Fall des OLG Köln FamRZ 1995, 1086 = FGPrax 1995, 106). Es handelt sich um eine verfahrensrechtlich verursachte, nicht jedoch um eine der Zielsetzung des § 1899 gemäße Folge. Näher dazu BIENWALD, BtR Rn 5.

Die Vorschrift erfaßt nicht nur alle Erstbetreuerbestellungen; sie bietet auch die Grundlage dafür, in den Fällen gesetzlichen Ausschlusses der Vertretungsmacht (§ 1795 iVm § 1908i Abs 1 S 1) und gerichtlicher Entziehung von Vertretungsmacht (§ 1796 iVm § 1908i Abs 1 S 1) einen Ergänzungsbetreuer (nicht: Ergänzungspfleger) zu bestellen, wobei dieser „als Betreuer" den Bindungen des Betreuungsrechts, insbesondere dem grundsätzlichen Willensvorrang des Betreuten (§ 1901 Abs 3 S 1) unterworfen ist (BT-Drucks 11/4528, 130). Die Bestellung eines „weiteren Betreuers" kam nach der amtlichen Begründung auch dann in Betracht, wenn die Betreuung einem Vereins- oder Behördenbetreuer (§ 1897 Abs 2) übertragen war, der aus seiner Tätigkeit in absehbarer Zeit ausscheiden würde. Hier sollte ein reibungsloser Übergang auf den neuen Betreuer gewährleistet sein. Deshalb hielt der RegEntw eine rechtzeitige Bestellung eines weiteren Betreuers für sinnvoll (BT-Drucks 11/4528, 130). In diesem Falle handelte es sich jedoch weniger um eine fortdauernde Tätigkeit mehrerer Betreuer, als um eine vorgezogene Ablösungsbetreuung, bei der zumindest fraglich war, ob sie im Interesse des Betreuten erforderlich ist; denn nur dann, wenn die Angelegenheiten des Betreuten hierdurch besser besorgt werden konnten, hätte nach dem Grundsatz des Abs 1 S 1 ein weiterer Betreuer bestellt werden dürfen. Die sog Tandembetreuung wurde als überflüssig und mißglückt (BT-Drucks 15/2494, 29) mit Wirkung vom 1.7.2005 abgeschafft (Streichung der Worte „oder ihm die Besorgung überträgt").

Die Bestellung von mehreren Betreuern ist nicht in das freie Ermessen des Gerichts gestellt. Bei ihr handelt es sich um eine Ausnahme von dem nach § 1897 Abs 1 BGB geltenden Grundsatz der Einzelbetreuung. Sie setzt voraus, daß der Betreuer aus tatsächlichen oder rechtlichen Gründen verhindert ist (vgl Abs 3) oder daß die Angelegenheiten des Betroffenen durch die Bestellung eines weiteren Betreuers besser besorgt werden können (BayObLG v 12.10.2001 – 3 Z BR 292/01; vgl auch Rn 3).

Mit der Begründung, daß die Vorschrift des Abs 1 für den Bereich der Berufsbetreuer keine praktische Bedeutung habe, hat der Gesetzgeber des 2. BtÄndG die Bestellung von mehreren Vergütung beanspruchenden Betreuern nach Abs 1 ausgeschlossen, ausgenommen den Sterilisationsbetreuer, den Verhinderungsbetreuer und den Gegenbetreuer (BT-Drucks 15/2494, 29). Diese Änderung, die seit dem 1.7.2005 in Kraft ist, hat **für die bereits bestehenden Mehrbetreuerbestellungen** berufsmäßig tätiger Betreuer insofern **Bedeutung**, als nach § 1908b Abs 1 S 3 bei Vorliegen von dessen Voraussetzungen auch im Falle einer Mehrbetreuerbestellung der berufsmäßig tätige Betreuer durch einen ehrenamtlichen Betreuer zu ersetzen ist.

Mangels Übergangsregelung hat das Gericht bei nächster Gelegenheit unter Beachtung des eingeführten Bestellungsverbotes die Mehrbetreuerbestellung zu korrigieren, wobei sich auch andere Lösungen als lediglich der Austausch eines berufsmäßig tätigen Betreuers gegen einen ehrenamtlich tätigen anbieten. Das Gericht wird in erster Linie zu prüfen haben, ob weiterhin mehr als ein Betreuer erforderlich ist. Eine in der Praxis gehandhabte Bestellung eines Rechtsanwalts neben dem „Haupt"betreuer für schwierigere Angelegenheiten (fälschlich als Ergänzungsbetreuer bezeichnet) ist aufzuheben und der Aufgabenbereich dem des „Haupt"betreuers zuzuschlagen, sofern dieser geeignet ist, auch diese Angelegenheiten zu besorgen. Anwaltliche Beratung und Unterstützung kann der Betreuer im Rahmen des ihm übertragenen Aufgabenkreises in Anspruch nehmen. Die Bestellung eines Rechtsanwaltes als weiterer Betreuer ist grundsätzlich nicht erforderlich, unabhängig davon, ob der „Haupt"betreuer berufsmäßig oder ehrenamtlich tätig ist.

Solange der weitere vergütet tätige Betreuer nicht entlassen ist, hat er entsprechend seiner Tätigkeit im Rahmen seines Aufgabenkreises Anspruch auf Aufwendungsersatz und Vergütung auch nach dem 1.7.2005 gemäß dem VBVG.

2. Zur Geschichte der Vorschrift

2 Daß die Aufnahme dieser Vorschrift von der Absicht des Gesetzgebers getragen war, die Bestellung eines Gegenbetreuers im Betreuungsrecht **nicht** vorzusehen, ergibt sich unmittelbar aus der Begründung zu § 1899 (BT-Drucks 11/4528, 128). Unklar ist allerdings, in welcher Hinsicht dieses Motiv für die Regelungen des § 1899 im einzelnen maßgebend war. Die Möglichkeit, einen Gegenbetreuer zu bestellen, ist im Laufe des Gesetzgebungsverfahrens eingeführt worden (Näheres dazu unten § 1908i Rn 20). Die seinerzeit unterbliebene Inbezugnahme aller Vorschriften der Gegenvormundschaft wurde durch die Neufassung des § 1908i Abs 1 S 1 (Art 1 Nr 16 2. BtÄndG) korrigiert.

Der Ausdruck Mitbetreuer entstammt nicht der Gesetzessprache des BtG. Er entspricht dem im Vormundschaftsrecht verwendeten Begriff „Mitvormund" (s § 1775 Rn 5 ff; § 1797 Rn 6 ff; MünchKomm/WAGENITZ § 1775 Rn 1) und wird von dort in das Betreuungsrecht übernommen. § 1908i Abs 1 S 1 bietet durch die Verweisung auch auf § 1797 Abs 1 zwar einen Anknüpfungspunkt. Gegen die Verwendung des Begriffs Mitbetreuer bestehen jedoch Bedenken. Der Ausdruck kann einmal den Eindruck einer Rangfolge unter mehreren Betreuern hervorrufen. Gerade dies haben aber weder die Regelungen des Vormundschaftsrechts noch die des Betreuungsrechts für die Volljährigen im Sinn (vgl §§ 1775, 1797, 1798, 1899 iVm § 1908i Abs 1 S 1). Zum andern ist der Ergänzungsbetreuer (s oben Rn 1) ein Fall der „Mit"betreuung, obgleich er für einen Teil der Aufgaben an die Stelle des Betreuers tritt, demnach eine Lücken füllende „Ersatz"betreuer-Rolle hat.

3. Bedarfsbezogene Regelentscheidung

3 Die Norm muß, was auch andeutungsweise ihrer amtlichen Begründung zu entnehmen ist (BT-Drucks 11/4528, 130) vor dem Hintergrund zweier Entscheidungen gesehen werden, die die Bestellung des Ehegatten bzw Elternteils zum „Mit"-Vormund des Mündels bestimmt hatten (LG Heidelberg FamRZ 1981, 96 und LG Berlin FamRZ 1986, 103; zu beiden mit Inhaltsangaben BIENWALD, Vormundschafts-, Pflegschafts- und Betreuungsrecht 17 ff; ferner STAUDINGER/ENGLER [2004] § 1775 Rn 5 ff; REINHART FamRZ 1981, 8 und HASEL BWNotZ 1986, 82). Während im damaligen Vormundschaftsrecht die Ausnahmevorschrift des § 1775 – entgegen der natürlichen Ausgangssituation, daß ein Kind zwei Elternteile hat – bis zur Änderung durch das BtÄndG unangefochten bestehen geblieben war, erweckt die Formulierung des § 1899 auf den ersten Blick den Eindruck, daß im Interesse des Betreuten eher ein weiterer Betreuer bestellt werden sollte, zumal bei totaler oder annähernd totaler Betreuungsbedürftigkeit im Falle ehrenamtlicher Betreuung durchaus eine Aufgabenteilung gewünscht sein könnte. Die amtliche Begründung spricht auch nicht dagegen (BT-Drucks 11/4528, 129 f). Hier ist zwar die Rede davon, § 1899 gehe davon aus, daß in der Regel nur eine Person zum Betreuer des Betroffenen bestellt wird; dies erleichtere eine persönliche Betreuung und ein darauf gegründetes Vertrauensverhältnis zwischen Betreutem und Betreuer. Letzteres steht jedoch in engem Zusammenhang mit der Annahme, daß „der knappe Bestand an Personen, die zur Betreuung geeignet sind, auf diese Weise nicht unnötig mit Gegenbetreuungen belastet werde".

Die Fassung der Vorschrift, die für die Bestellung eines oder mehrerer weiterer

Betreuer bestimmte (wenn auch ungenaue) Voraussetzungen verlangt, läßt den Schluß zu, daß **in der Regel ein Betreuer** bestellt wird (wie MünchKomm/SCHWAB Rn 1). Auch die Bestellung der Eltern eines Betroffenen steht unter dem Erforderlichkeitsgebot des Abs 1 und ist nicht etwa nur im Falle des Widerspruchs des Betroffenen zu unterlassen (entgegen ERMAN/HOLZHAUER Rn 3). Eine uU lebenslange Abhängigkeit eines Menschen von seinen Eltern, wenn auch in der Rolle des Betreuers, entspricht nicht der Regel. Zutreffend deshalb OLG Zweibrücken (Rpfleger 2002, 146 = FGPrax 2002, 22 = BtPrax 2002, 132), wonach jeweils im Einzelfall unter Berücksichtigung der Interessen und entsprechend dem Wohl des Betroffenen zu entscheiden ist, ob im Falle der Betreuungsbedürftigkeit eines behinderten volljährigen Kindes eine gemeinschaftliche Betreuung durch beide Elternteile in Betracht kommt (hier: verneint wegen Trennung der Eltern und ganz erheblicher Spannungen während des laufenden Scheidungsverfahrens). Zur Beschwerdebefugnis des einen Elternteils gegen die erstmalige Bestellung des anderen Elternteils zum Betreuer des gemeinsamen Kindes (auch) mit dem Ziel, die gemeinschaftliche Betreuung durch beide Elternteile zu erreichen, ebd.

II. Voraussetzungen für mehrere Betreuer nach Abs 1 S 1

1. Besserbetreuung

Voraussetzung ist immer, daß die Angelegenheiten des Betreuten bei der Bestellung **4** mehrerer Betreuer **besser besorgt** werden können als mit nur einem Betreuer. Ob hiervon auszugehen ist, hat das Gericht unter Berücksichtigung der gesamten Umstände des Einzelfalles zu beurteilen. So kann wegen der für einen Teil von Angelegenheiten notwendigen Kenntnisse oder Fähigkeiten, die der bisherige Betreuer nicht hat, ein weiterer Betreuer erforderlich sein (im konkreten Fall verneint von BayObLG FamRZ 1997, 1502 = BtPrax 1997, 114). In einer vom OLG Düsseldorf verhandelten Sache waren beide Söhne Betreuer des Vaters, der eine, in dessen Haushalt der Vater lebte, für die Aufenthaltsbestimmung zuständig, dem anderen oblag die Vermögenssorge (BtPrax 1993, 103). Die Entfernung des Wohnsitzes des Betreuers von dem des Betreuten kann die Bestellung eines weiteren Betreuers rechtfertigen (BayObLG FamRZ 2000, 1183 [LS]). Eine Besserbetreuung muß bereits dadurch gegeben sein, daß nur ein Betreuer die Betreuung berufsmäßig führt und der weitere Betreuer ohne Anspruch auf Vergütung tätig wird (Abs 1 S 2). Die Neuregelung des Abs 1 S 2 kollidiert mit den in §§ 1897 Abs 1 und 1900 enthaltenen Grundsätzen, wenn objektive Umstände eine Mehrbetreuerbestellung erfordern, der weitere Betreuer aber nicht mit Vergütungsanspruch tätig werden darf. In diesem Falle bleibt dann nur die Bestellung eines Vereins oder der Behörde zum weiteren Betreuer, weil diese keine Vergütung erhalten können. Vereinsbetreuer oder Behördenbetreuer kommen als berufsmäßig tätige weitere Betreuer iSd Abs 1 S 2 nicht in Betracht. Sie können zwar selbst einen Anspruch auf Vergütung nicht geltend machen; durch ihre Bestellung entsteht aber ggf ihrem Anstellungsträger ein von diesem geltend zu machender Anspruch, so daß der Zweck der Neuregelung verfehlt werden würde, wenn das Gericht als weiteren Betreuer einen Vereins- oder Behördenbetreuer bestellen würde.

Gesetzlicher Fall einer Besserbetreuung ist kraft Unterstellung des Gesetzgebers die Entscheidung über die Einwilligung in eine Sterilisation (Abs 2). Weitere Fälle sind zwangsläufig die des Fehlens der Vertretungsmacht (§§ 1795, 1796) des vorhandenen Betreuers. Ohne die Bestellung eines (weiteren, anderen) Betreuers bestünde weiterhin keine Vertretungsbefugnis des Betreuers und damit eine Schadensquelle. Ist der Betreuer verhindert, braucht wegen der speziellen Regelung in § 1899 Abs 4 nicht auf die allgemeine Regelung des § 1899 Abs 1 zurückgegriffen zu werden (für den Fall der rechtlichen Verhinderung BayObLGZ 1997, 288 = FamRZ 1998, 512, 513; vgl auch BayObLG FamRZ 1999, 1303). Als einen Verhinderungsfall gemäß §§ 181, 1908i Abs 1 S 1 mit der Folge der Bestellung eines Ergänzungsbetreuers nach Abs 4 hat es das BayObLG angesehen, wenn der Bruder und Betreuer des Betroffenen zu prüfen hat, ob dem Betroffenen gegen ihn Ansprüche im Zusammenhang mit einem Erbfall zustehen (FamRZ 2002, 61 = BtPrax 2001, 252). Besteht eine Vollmachts- (Kontroll- oder Überwachungs-)Betreuung und soll dieser Betreuer nicht ersetzt werden, besteht aber darüber hinaus Betreuungsbedarf, kommt es zur Bestellung eines weiteren Betreuers; sie liegt im Interesse des Betreuten und dient der besseren Besorgung seiner Angelegenheiten. Insbesondere bei abgrenzbaren wirtschaftlichen Einheiten (Firmenbeteiligungen, Geschäftsbetrieb) oder im Falle einer Erbschaft oder Schenkung, die nach bestimmten Anweisungen verwaltet werden soll (§ 1908i Abs 1 S 1 iVm § 1803), ist die Bestellung eines weiteren Betreuers empfehlenswert oder sogar geboten, weil nur so diese Angelegenheiten angemessen besorgt werden können. Ist der bestellte Betreuer nicht gesetzlich ausgeschlossen, können aber aufgrund eines konkreten Interessenkonflikts die Angelegenheiten des Betreuten durch die Bestellung eines weiteren Betreuers insoweit besser besorgt werden, kommt eine Bestellung nach Abs 1 in Betracht (BayObLG aaO). In einer weiteren Entscheidung hat das BayObLG die Bestellung eines weiteren selbständigen Betreuers für zulässig erachtet, soweit der Betreuer von der Vertretung ausgeschlossen ist, und auch dann, wenn sich der Betreuer in einem Interessenkonflikt befindet (BayObLGZ 1997, 288 = FamRZ 1998, 512 = BtPrax 1998, 32 = Rpfleger 1998, 111 = NJW-RR 1998, 869). In diesem Falle hatte die weitere Betreuerin selbständig zu prüfen, ob ein gegen den Betreuer in Betracht kommender Anspruch aus einer Leibgedingsvereinbarung zu erheben ist.

Das Gericht bestätigte bei der Gelegenheit, daß die Bestellung von mehreren Betreuern für den Betroffenen nicht in das freie Ermessen des Gerichts gestellt sei, es sich vielmehr um eine Ausnahme von dem nach § 1897 Abs 1 geltenden Grundsatz der Einzelbetreuung handele (FamRZ 1998, 512, 513); kurz darauf heißt es in einer weiteren Entscheidung, die Tatsacheninstanz habe durch das Rechtsbeschwerdegericht nachprüfbare tatsächliche Feststellungen zu treffen, aus denen folgt, daß die Angelegenheiten eines Betreuten mit einem weiteren Betreuer (für denselben Aufgabenkreis) besser wahrgenommen werden können (BayObLG NJWE-FER 1998, 33 = EzFamR aktuell 1998, 80). Werden dem Betreuer Umstände bekannt, welche die Bestellung eines weiteren Betreuers erfordern (zB Fälle gesetzlicher Verhinderung, konkrete Interessenkonflikte, angeregte Sterilisation, tatsächliche Verhinderung; die Informationspflicht erstreckt sich nicht nur auf den Fall gesetzlicher Verhinderung und Betreuerbestellung nach Abs 4 1. Alt), so hat er dies dem Vormundschaftsgericht mitzuteilen (§ 1901 Abs 5).

Wird für den Betroffenen ein weiterer Betreuer unter Aufteilung des bisherigen, einem anderen Betreuer zugewiesenen Aufgabenkreises bestellt, so liegt in dieser Maßnahme eine Teilentlassung des bisherigen Betreuers, verbunden mit der Bestellung eines weiteren Betreuers (BayObLG FamRZ 2002, 1656 [LS]).

Soweit die Bestellung eines Ergänzungsbetreuers für erforderlich gehalten wird für den Fall, daß zwischen Betreuer und Betreutem eine Vergütungsvereinbarung getroffen wird oder werden soll und der Betreute unter Einwilligungsvorbehalt steht (HK-BUR/Deinert § 1836 BGB Rn 36; s auch Damrau/Zimmermann § 1836 BGB Rn 60), wird übersehen, daß es nicht zu den dem Betreuer aufgegebenen Angelegenheiten des Betreuten gehört, die eigene Vergütung „zu besorgen" (näher Bienwald Rpfleger 2002, 423).

2. Keine Abhängigkeit von Wünschen des Betreuten

5 Dem bloßen Wunsch des Betreuten, einen weiteren Betreuer zu bestellen, braucht das Gericht nicht zu entsprechen. Der Betroffene/Betreute hat zwar die Möglichkeit, auf die Bestellung der Person oder Stelle hinzuwirken (vgl § 1897 Abs 4 und 5; § 1900 Abs 2 S 2 und Abs 4 S 2; § 69c Abs 1 FGG). Diese erstreckt sich jedoch nicht auf die Zahl der Betreuer und auf die Bestimmung der Aufgabenkreise. Insoweit besteht **keine Bindung** des Gerichts **an Wünsche** und Vorstellungen des Betroffenen. Das Wunschrecht des Betroffenen wird durch das Bestellungsverbot des Abs 1 S 2 weiter eingeschränkt.

III. Die Personalentscheidung

6 Die Entscheidung, wer als weiterer Betreuer in Betracht kommt, richtet sich nach den allgemeinen Bestimmungen. Deshalb sind auch hier die gesetzlichen Ausschlußvorschriften des § 1897 Abs 3 und § 1900 Abs 5 zu beachten. Bei der Auswahl eines weiteren Betreuers gemäß § 1899 Abs 4 gilt § 1897. Zu berücksichtigen sind zunächst Vorschläge des Betroffenen. Fehlen diese und schlägt statt dessen der Betreuer eine Person vor, so ist nach § 1897 Abs 5 neben der Gefahr von Interessenkollisionen auf etwaige persönliche Bindungen Rücksicht zu nehmen. Dabei ist der Vorrang geeigneter ehrenamtlicher Betreuer vor Betreuern, die eine Betreuung berufsmäßig führen, gemäß § 1897 Abs 6 S 1 zu berücksichtigen (OLG Zweibrücken Rpfleger 1999, 534, 535). Im Falle der Bestellung eines weiteren Betreuers ist immer auch zu bestimmen, wer mit welchen Aufgaben betraut wird (§ 1899 Abs 1 S 2). Im übrigen entspricht der Inhalt der Entscheidung der Erstentscheidung über eine Betreuerbestellung (§ 69 FGG). Zu § 69i Abs 5 FGG, der das Verfahren regelt, s unten Rn 14.

7 Sinngemäß anzuwenden ist die Konfliktregelungsbestimmung des § 1797 Abs 1 S 2. Führen mehrere Betreuer die Betreuung gemeinschaftlich, entsteht das Problem der Entscheidung bei Meinungsverschiedenheiten. Das Gericht kann dazu bei Bestellung der Betreuer oder im Zusammenhang mit einer späteren Bestellung eines weiteren Betreuers eine Regelung treffen; andernfalls hat es bei Meinungsverschiedenheiten nach dieser Vorschrift zu entscheiden. In diesem Falle trifft es, um nicht an die Stelle des einen oder anderen Betreuers zu treten, eine Kompetenzentscheidung oder es tritt einer der beiden Meinungen bei (Staudinger/Engler [2004] § 1797 Rn 35). Steht die Sorge für die Person und die Sorge für das Vermögen des Betreuten verschiedenen Betreuern zu, so entscheidet bei einer Meinungsverschiedenheit über die Vornahme einer sowohl die Person als auch das Vermögen des Betreuten betreffenden Handlung das Vormundschaftsgericht (§ 1798 iVm § 1908i Abs 1 S 1). Die Entscheidung trifft der Richter (§ 14 Abs 1 Nr 5 RPflG).

8 Ebenso wie die Einzelbetreuerbestellung ist auch die Bestellung mehrerer Betreuer gegenüber der alleinigen Bestellung eines Vereins oder der Behörde vorrangig (§ 1900 Abs 1 S 1); zutreffend ERMAN/HOLZHAUER Rn 2. Dies trifft jedoch dann nicht (mehr) zu, wenn als ein weiterer Betreuer ein Verein bestellt wird oder (zB) im Falle der Bestellung eines Sterilisationsbetreuers neben dem zum Betreuer bestellten Verein ein Arzt oder anderer Spezialist zum Sterilisationsbetreuer bestellt wird.

IV. Die Praxis der Mehrbetreuerbestellung

1. Gemeinschaftliche Betreuung (Abs 3)

9 Sind zwei oder mehrere Betreuer mit demselben Aufgabenkreis betraut, können sie grundsätzlich die Angelegenheiten des Betreuten, die dazu gehören, nur gemeinsam besorgen (Gesamt- oder Kollektivbetreuung, MünchKomm/SCHWAB Rn 16). Das System entspricht der Zuständigkeitsregelung für beide Elternteile bei gemeinsamer Sorge (§ 1627; Ausgangslage) und sollte deshalb nur in ähnlich gearteten Betreuungskonstellationen gewählt werden (s die oben Rn 3 angeführten Entscheidungen des LG Heidelberg und des LG Berlin).

Jeder der beiden (oder mehreren) Betreuer ist zum Alleinhandeln befugt, wenn der Aufschub der Entscheidung oder Handlung mit Gefahr verbunden ist. Es muß sich um eine Gefahr für wichtige persönliche oder wirtschaftliche Interessen des Betreuten handeln (MünchKomm/SCHWAB Rn 17), und es muß eine Kontaktaufnahme nicht rechtzeitig möglich oder im Rahmen des Zumutbaren zu erreichen sein. Im Falle des Erklärungszugangs soll es nach MünchKomm/SCHWAB Rn 17 aE ausreichen, wenn die Erklärung dem einen der gemeinschaftlichen Betreuer zugeht (sinngemäß § 1629 Abs 1 S 2). Das muß dann auch für den Zugang vormundschaftsgerichtlicher Genehmigungen gelten.

Die gemeinschaftlich verantwortlichen Betreuer haften gesamtschuldnerisch. Fällt ein Betreuer oder fallen mehrere weg, entscheiden die übrigen allein (STAUDINGER/ENGLER [2004] § 1797 Rn 13 f; MünchKomm/SCHWAB Rn 19), bis das Vormundschaftsgericht die Nachfolge regelt. Dabei kann es einen neuen weiteren Betreuer bestellen oder die übriggebliebenen allein bestellen. In jedem Falle hat das Gericht ein Bestellungsverfahren nach den §§ 65 ff FGG durchzuführen, bei dem es zunächst zu prüfen hat, ob die gemeinschaftliche (Mit-)Betreuung aufrechterhalten oder durch eine Einzelbetreuerbestellung fortzusetzen ist; außerdem hat es sowohl den Betreuten (§ 1897 Abs 4; § 68 FGG – Personalvorschlag, Anhörung) als auch den/die bisherigen Betreuer zu beteiligen. Sowohl für die bisherigen Betreuer als auch für den neuen (weiteren) Betreuer kann die gemeinschaftliche Führung der Betreuung mit dem/den anderen aus dem Anlaß des Wegfalls ein Grund sein, die Übernahme (oder Fortführung) der Betreuung zu verweigern (§ 1898 Abs 1; s für die Vormundschaft § 1786 Abs 1 Nr 7).

Zur Kontroverse in bezug auf die Unterscheidung von Fällen, in denen zwei, und solchen, in denen mehr als zwei Mitvormünder (hier: Betreuer) bestellt sind, s STAUDINGER/ENGLER (2004) § 1797 Rn 14 mN.

2. Getrennte Betreuung (Abs 1 S 2)

Jeder Betreuer hat einen eigenen von dem des anderen getrennten Aufgabenkreis, **10** den er selbständig und in eigener Verantwortung (der in der 13. Bearb benutzte Ausdruck „unabhängig" könnte einem Gegeneinander das Wort reden; er wird deshalb aufgegeben) von dem/den anderen wahrnimmt. Beide (oder mehr als zwei) brauchen nicht die Zustimmung des (oder der) anderen zur Besorgung einer der ihnen aufgegebenen Angelegenheiten. Jeder von ihnen unterliegt der Verpflichtung des § 1901. Aus Gründen der Verständigung und der unter Umständen notwendigen Abstimmung von Entscheidungen, die benachbarte Bereiche betreffen, kann eine Absprache geboten und um des Wohls des Betreuten willen auch verpflichtend sein (§ 1901 Abs 2). Bestehen Abgrenzungsprobleme und damit zugleich – zB – Zuständigkeitsprobleme, ist nach § 1798 zu verfahren. Jeder Betreuer haftet als Einzelbetreuer nach § 1833 iVm § 1908i Abs 1 S 1. Eine gesamtschuldnerische Haftung entsteht nicht allein dadurch, daß eine Angelegenheit in den Aufgabenbereich mehrerer Betreuer fällt (so aber MünchKomm/Schwab Rn 13). Es kommt darauf an, wer entscheidungszuständig war und eine Entscheidung, die schadensursächlich geworden ist, getroffen oder unterlassen hat. Das schadensstiftende Verhalten könnte auch darin gesehen werden, daß nicht rechtzeitig eine Konfliktregelung des Vormundschaftsgerichts angestrebt oder die Bestellung eines weiteren (Ersatz-)Betreuers angeregt worden ist (§ 1901 Abs 5).

Hat das Vormundschaftsgericht einer Betreuten, für deren Vermögenssorge zwei Betreuer mit der Bestimmung zuständig sind, daß jeder der beiden Betreuer die Aufgaben der Betroffenen selbständig besorgen könne, einen Ergänzungsbetreuer mit dem Aufgabenkreis Überprüfung der Wirksamkeit von Überlassungsverträgen einschließlich etwaiger Rückgängigmachung bzw Heilung im Falle einer Unwirksamkeit bestellt, werden dadurch die den bestellten Betreuern übertragenen Befugnisse zur gerichtlichen und außergerichtlichen Vertretung der Betroffenen (§ 1902) nicht eingeschränkt. Die Betreuer können deshalb die Verweigerung der vormundschaftsgerichtlichen Genehmigung eines Rechtsgeschäfts anfechten, solange sie nicht durch Gesetz oder gerichtliche Verfügung von der Vertretung der Betreuten ausgeschlossen sind (§§ 1795, 1796 iVm § 1908i Abs 1 S 1); BayObLG BtPrax 1998, 72, 73.

3. Ersatzbetreuung (Abs 4)

Abs 4 ermöglicht die Bestellung mehrerer Betreuer in der Weise, daß der eine die **11** Angelegenheiten des Betreuten nur zu besorgen hat, soweit der andere verhindert ist. Aus Rechtsgründen kommt es dazu, wenn der Betreuer gesetzlich oder gerichtlich von der **Vertretungsmacht ausgeschlossen** ist (§ 1795, § 1796 iVm § 1908i Abs 1 S 1). In diesen Fällen tritt der nach Abs 4 bestellte weitere Betreuer an die Stelle des verhinderten Betreuers, wie bisher (und noch im Vormundschaftsrecht) der Ergänzungspfleger. Nach Abs 4 ist auch zu verfahren, wenn der Betreuer für einige Zeit oder regelmäßig aus **tatsächlichen Gründen verhindert** ist, ohne daß er wegen Eignungsmangels zu entlassen wäre (**aA** MünchKomm/Schwab Rn 23). Im Amt befindet sich dann jeweils nur ein Betreuer. Der Beginn und das Ende der Befugnis des Ersatzbetreuers richten sich nach dem Ausmaß und den Daten des Verhinderungsfalles, müssen aber Gegenstand des Beschlusses sein. Abs 4 unterscheidet ebensowenig wie § 1909 Abs 1 S 1 (s dazu bereits Staudinger/Engelmann [1. Aufl 1899 Reprint 1997] Bem 2) tatsächliche von der rechtlichen Verhinderung, sondern umfaßt beide Fälle. Deshalb läßt sich die Zulässigkeit einer Dauerergänzungsbetreuung (dazu näher anschließend) nicht unterschiedlich beantworten je nachdem, ob sie wegen rechtlicher Verhinderung oder wegen tatsächlicher Verhinderung angeordnet werden soll (aA HK-BUR/ BAUER § 1899 Rn 77, 80). Soweit die Bestellung eines Ergänzungsbetreuers für den Fall einer Vergütungsvereinbarung zwischen dem Betreuer und dem Betreuten für erforderlich gehalten wird (so HK-BUR/BAUER/DEINERT § 1836 Rn 36; s auch DAMRAU/ZIMMERMANN, Betreuungsrecht³ § 1836 Rn 60), wird übersehen, daß die Vereinbarung der eigenen Vergütung nicht zum Aufgabenkreis des Betreuers des Betreuten gehören kann, der Betreuer demzufolge auch nicht rechtlich in der Vertretung des Betreuten verhindert sein und die Bestellung eines Ergänzungsbetreuers erforderlich machen kann (BIENWALD Rpfleger 2002, 423, 424).

Die Bestellung eines sog Dauerergänzungs-/Dauervertretungsbetreuers (etwa vergleichbar einem „Ständigen Vertreter" in einer Verwaltungsbehörde) läßt sich nicht auf Abs 4 stützen. Sind die Zeiten der Verhinderung des Hauptbetreuers häufiger und auf längere Sicht vorhersehbar, stellt sich die Frage, ob er dann nicht ganz oder teilweise ungeeignet ist und ggf zu entlassen wäre. Sind die Vertretungszeiten nicht von vornherein bestimmt, womöglich die Vertretungsgründe nicht festgestellt, handelt es sich um eine Vorsorgemaßnahme, die ebenso wie eine Vorratsbetreuung im Falle der Bestellung des (Haupt-)Betreuers unzulässig wäre. Sie widerspräche dem auch im Falle einer Ersatzbetreuerbestellung zu beachtenden (BayObLG FamRZ 2004, 1993, 1994) Erforderlichkeitsgrundsatz. Eine Dauerergänzungs-/Vertretungsbetreuung wegen tatsächlicher Verhinderung würde auch nur den amtlichen Rahmen dafür abgeben, daß im konkreten Vertretungsfall mit einer Vollmacht (nicht Untervollmacht, wie LG Hamburg [FamRZ 1999, 797] für den „Normalfall" formuliert) gearbeitet werden müßte, weil weder Beschluß noch Ausweis den konkreten Betreuungsvertretungsfall ausweisen. Der Rechtsverkehr weiß nicht, mit welchem vertretungsberechtigten Betreuer es zu tun hat. Diese Unsicherheit läßt sich weder durch die Beschränkung auf die Ausstellung eines Betreuerausweises noch durch die Ausstellung von zwei Betreuerausweisen in einer mit den gesetzlichen Regelungen übereinstimmenden Weise (§§ 69, 69b Abs 2 FGG) vermeiden. Eine weder zeitlich noch inhaltlich konkretisierte Möglichkeit, daß der Betreuer wegen Krankheit zeitweise an der Wahrnehmung seiner Aufgaben verhindert sein könnte, genügt für die Bestellung eines Ersatzbetreuers nicht (BayObLG FamRZ 2004, 1993).

Das von den Befürwortern benutzte Argument mangelnder Praktikabilität der Einzelvertretungsentscheidung schlägt deshalb nicht durch, weil der Gesetzgeber einerseits nicht gehindert war und ist, praktikablere Lösungen zu regeln, man andererseits den Gesetzgeber nicht benötigt, wenn „die Praxis" im Betreuungswesen auffallend oft nach ihren eigenen Vorstellungen verfährt und im übrigen der Gesetzgeber eine Regelung für den Fall tatsächlicher Verhinderung des Betreuers getroffen hat (§§ 1846, 1908i Abs 1 S 1; wie hier LG Frankfurt/Oder FamRZ 1999, 1221, 1222; MünchKomm/SCHWAB § 1899 Rn 23; aA LG Stuttgart BtPrax 1999, 200; OLG Frankfurt Rpfleger 2002, 359, 360; ALPERSTADT BtPrax 2001, 106, 107; DAMRAU/ZIMMERMANN § 1899 Rn 21; HK-BUR/ BAUER BtG § 1899, BGB Rn 80).

Eine „Dauervertretungslösung" ließe Abs 1 zu. Hierfür müßte das Gericht feststellen, daß diese Form der Betreuerbestellung zwecks besserer Besorgung der Angelegenheiten erforderlich ist. Das Gericht käme aber grundsätzlich nicht daran vorbei festzulegen, welcher Betreuer für welche Zeit mit welchem Aufgabenkreis betraut wird (Abs 1 S 2).

Wurde ein Ergänzungsbetreuer bestellt und wurde dadurch die dem Betreuer übertragene Befugnis zur gerichtlichen und außergerichtlichen Vertretung des Betreuten (§ 1902) nicht eingeschränkt, kann dieser die Verweigerung der Genehmigung eines Rechtsgeschäfts durch das Vormundschaftsgericht mit einem Rechtsmittel im Namen des Betreuten anfechten (BayObLG BtPrax 1998, 72 = NJWE – FER 1998, 81). Bestellt das Vormundschaftsgericht bei Vorliegen eines erheblichen Interessenkonflikts zwischen Betroffenem und seinem Betreuer dem Betroffenen einen Ergänzungsbetreuer, entzieht es dem Betreuer insoweit konkludent die Vertretungsmacht (BayObLG FamRZ 2004, 906 = FGPrax 2003, 268 = NJW-RR 2004, 1157). **12**

Bestellt das Vormundschaftsgericht einen **neuen** Ergänzungsbetreuer, so kann der bisherige Ergänzungsbetreuer nicht die Feststellung der Rechtswidrigkeit seiner Ernennung verlangen (BayObLG v. 17.11.1999 – 3 Z BR 347/99).

V. Folgen eines Verstoßes gegen das Bestellungsverbot des Abs 1

Die Formulierung in Abs 1 S 2 „werden nicht bestellt" deutet auf ein Bestellungsverbot. Weder objektive Umstände noch der Wille oder der Wunsch des Betroffenen dürfen vom Gericht bei der Entscheidung, ob ein weiterer Betreuer oder mehrere bestellt werden, zugunsten von Betreuern mit Vergütungsanspruch berücksichtigt werden. Die Folge, wenn das Gericht gegen das Bestellungsverbot verstößt und bewußt oder in Verkennung der Rechtslage mehrere Betreuer mit Vergütungsanspruch bestellt, kann nur die Nichtigkeit der Personalentscheidung sein, weil andernfalls (bei Annahme einer Ordnungsvorschrift) Vergütungsansprüche entstehen würden, die verhindert werden sollen. Der Zweck der Regelung kann nur dadurch erreicht werden, daß die fehlerhafte Bestellung auf Beschwerde hin (zur Beschwerdebefugnis des Vertreters der Staatskasse der unverändert gebliebene § 69g Abs 1 S 2 FGG) oder von Amts wegen korrigiert wird oder hinsichtlich eines Vergütungsanspruchs des weiteren Betreuers ohne Folgen bleibt, der betreffende Betreuer also in diesem Falle keinen Anspruch auf Vergütung erwirbt. **13**

VI. Zum Verfahren

§ 69i Abs 5 FGG bestimmt, daß für die Bestellung eines weiteren Betreuers nach § 1899 der Abs 1 des § 69i FGG gilt, soweit damit eine Erweiterung des Aufgabenkreises verbunden ist; im übrigen gelten die §§ 68a FGG und 69g Abs 1 FGG entsprechend. Danach würde im letzten Falle nur den in § 68a FGG genannten Personen und der zuständigen Behörde Gelegenheit zur Äußerung gegeben werden mit der Maßgabe, daß den in S 3 Genannten dann keine Gelegenheit zur Äußerung zu geben ist, wenn der Betroffene mit erheblichen Gründen widersprochen hat. § 69g Abs 1 FGG regelt die Beschwerdebefugnis. Danach besteht für eine Betreuerin, deren Antrag auf Bestellung eines Vertretungsbetreuers abgelehnt wurde, nicht nach § 69g Abs 1 FGG, wohl aber (entgegen LG Hamburg FamRZ 1999, 797) nach § 20 FGG dann ein Beschwerderecht, wenn es um eine echte Ersatzbetreuerbestellung geht, die Hauptbetreuerin also während dieser Zeit keine Verpflichtungen aus dem **14** übertragenen Aufgabenkreis zu erfüllen hat. Je nach beabsichtigter Vertretungsregelung kann die betreute Person nach § 20 FGG beschwerdebefugt sein, so daß der Betreuer in deren Namen Rechtsmittel einlegt. Dem Betreuten wäre nach allgemeinen Bestimmungen rechtliches Gehör zu gewähren. Diese Verfahrenserleichterungen können sich nur auf die nachträgliche Bestellung eines weiteren Betreuers und auch nur auf das Verfahren bis zur Betreuerbestellung, nicht jedoch auf die dann noch nötigen Verfahrenshandlungen beziehen. Die nachfolgenden Handlungen, zB die Bestellung des Betreuers, die Aushändigung der Urkunde, seine Einführung usw richten sich nach den allgemeinen Vorschriften.

Aus der Tatsache, daß für die gleichzeitige Bestellung mehrerer Betreuer (gleichgültig ob für denselben Aufgabenkreis oder mehrere getrennte Aufgabenkreise) eine eigene Regelung nicht getroffen worden ist, dürfte zu entnehmen sein, daß in diesem Falle nach den allgemeinen Verfahrensbestimmungen und zwar ohne jede Erleichterung vorzugehen ist.

15 Die Frage, ob es sich – bei späterer Bestellung eines weiteren Betreuers – um eine Erweiterung des Aufgabenkreises handelt oder nicht, kann nur aus der Perspektive des Betreuten und den damit verbundenen Rechtsbeschränkungen beurteilt werden. Werden seine Rechte durch die Bestellung eines weiteren Betreuers nicht unmittelbar geschmälert, kann das vereinfachte Verfahren durchgeführt werden, wobei der Betreute Vorschläge für die Person des weiteren Betreuers nach den allgemeinen Bestimmungen machen kann (§ 1897 Abs 4, § 1900 Abs 2 S 2). Das trifft vor allen Dingen zu bei der Bestellung eines Ergänzungsbetreuers oder eines Ersatzbetreuers. Eine Erweiterung liegt zB vor, wenn zunächst ein Betreuer nach § 1896 Abs 3 (Vollmachtbetreuer) und später zusätzlich ein (weiterer) Betreuer nach § 1896 Abs 1 und 2 bestellt wird. Hat das Verfahren zur Bestellung eines weiteren Betreuers keine Erweiterung des Aufgabenkreises zum Inhalt, ist die persönliche Anhörung des Betreuten in der Regel nicht erforderlich (BayObLGZ 1997, 288 = FamRZ 1998, 512; krit dazu BIENWALD BtR Rn 22). In jedem Falle ist der Betreute gem Art 103 Abs 1 GG zu beteiligen; ggf auch die Hilfe der Behörde in Anspruch zu nehmen (§ 12 FGG; § 8 BtBG). Zu weiteren Einzelheiten des Verfahrens BIENWALD, BtR Rn 25 ff. Zu den (unvollständigen und unverständlichen) Verfahrensregelungen mit Recht krit MünchKomm/SCHWAB Rn 10.

16 Das Verfahren findet analog § 1896 Abs 1 auf Antrag oder von Amts wegen statt; im Falle der Betreuerbestellung für einen körperlich behinderten Menschen nur auf dessen Antrag. Die Entscheidung des Gerichts bestimmt sich nach dem Erforderlichkeitsgrundsatz, der das gesamte Betreuungsrecht beherrscht; entsprechende Wünsche des Betroffenen/Betreuten auf Bestellung eines weiteren Betreuers oder mehrerer sind deshalb nicht bindend (so auch MünchKomm/SCHWAB § 1899 Rn 8).

Kostenrechtlich ist bei der Bestellung weiterer Betreuer zu unterscheiden, ob es sich nur um eine einzelne Rechtshandlung handelt, für die ein weiterer Betreuer bestellt werden muß, oder nicht (§§ 92 und 93 KostO; vgl § 1896 Rn 163). Ein Betreuer, dem der Aufgabenkreis Vermögenssorge nicht übertragen ist, der jedoch Bankvollmacht des Betroffenen hat, kann weder im eigenen Namen noch namens des Betroffenen gegen die Bestellung eines weiteren Betreuers für einen Teilbereich der Vermögenssorge Beschwerde einlegen (BayObLG FamRZ 2002, 1590 = Rp 2002, 454 [LS]).

Titel 2 § 1900
Rechtliche Betreuung

§ 1900
Betreuung durch Verein oder Behörde

(1) Kann der Volljährige durch eine oder mehrere natürliche Personen nicht hinreichend betreut werden, so bestellt das Vormundschaftsgericht einen anerkannten Betreuungsverein zum Betreuer. Die Bestellung bedarf der Einwilligung des Vereins.

(2) Der Verein überträgt die Wahrnehmung der Betreuung einzelnen Personen. Vorschlägen des Volljährigen hat er hierbei zu entsprechen, soweit nicht wichtige Gründe entgegenstehen. Der Verein teilt dem Gericht alsbald mit, wem er die Wahrnehmung der Betreuung übertragen hat.

(3) Werden dem Verein Umstände bekannt, aus denen sich ergibt, dass der Volljährige durch eine oder mehrere natürliche Personen hinreichend betreut werden kann, so hat er dies dem Gericht mitzuteilen.

(4) Kann der Volljährige durch eine oder mehrere natürliche Personen oder durch einen Verein nicht hinreichend betreut werden, so bestellt das Gericht die zuständige Behörde zum Betreuer. Die Absätze 2 und 3 gelten entsprechend.

(5) Vereinen oder Behörden darf die Entscheidung über die Einwilligung in eine Sterilisation des Betreuten nicht übertragen werden.

Materialien: Im DiskE I nicht vorgesehen; Art 1 Nr 41 RegEntw; Art 1 Nr 47 BtG; BT-Drucks 11/4528, 131 ff (BReg); BT-Drucks 11/6949, 74 Nr 16 (RA); STAUDINGER/BGB-Synopse 1896–2005 § 1900.

Systematische Übersicht

I.	**Normzweck, Überblick**		5.	Übertragung der Betreuungsarbeit und ihre Grenzen ... 13
1.	Grundsatz ... 1		a)	Grundsatz ... 13
2.	Zielsetzung; Ausnahmecharakter der Regelung ... 2		b)	Ausgeschlossene Personen ... 14
3.	Rechtsbehelf des Betreuten gegen die Auswahlentscheidung ... 5		c)	Anhörung des Betreuten/Vorschläge ... 15
			d)	In Betracht kommende Personen ... 16
4.	Befreiungen für Vereine und Behörden ... 6		6.	Gründe für eine Vereinsbetreuung ... 18
5.	Verfahrensrechtliches ... 7		7.	Beendigung der Vereinsbetreuung ... 20
			a)	Gründe betreuungsrechtlicher Art ... 20
II.	**Vereinsbetreuung (Abs 1 bis 3)**		b)	Gründe vereinsrechtlicher Art ... 23
1.	Voraussetzungen einer Vereinsbestellung ... 8		**III.**	**Amtsbetreuung (Abs 4)**
2.	Eignung zur Bestellung ... 9		1.	Die Auffangzuständigkeit ... 26
3.	Notwendiges Einverständnis ... 10		2.	Bestellungsgründe ... 28
4.	Rechtsstellung des Vereins ... 12		3.	Zuständigkeit der Behörde ... 30

4.	Die Übertragung der Betreuungsarbeit	31	**V.**	**Zur Rechtsstellung der Realbetreuer**
5.	Rechtsstellung der Behörde	32	1.	Rechtsgrundlagen der Übertragung 36
6.	Organisatorische Probleme	33	2.	Rechtsstellung von bestelltem Betreuer und beauftragtem Realbetreuer 37
IV.	**Bestellungsverbot für Verein und Behörde (Abs 5)**	34	3.	Besonderheiten behördlicher Amtsbetreuung 39

Alphabetische Übersicht

Abweichen von Vorschlägen des Betreuten	15	Gegenbetreuer, Bestellung bei Vereinsbetreuung	12
Amtsbetreuung	26 f, 39	– keine Bestellung bei Behördenbetreuung	31
Anhörung des Betreuten	15	Gestellungspflicht, keine des Vereins	10
Anspruch auf Aufwendungsersatz	12	Grenzen der Übertragung der Ausübung	13
Ansprüche der Behörde	32	Gründe für Behördenbestellung	7, 28
Antrag auf gerichtliche Entscheidung	15	Gründe für Vereinsbetreuung	18 f
Auffangzuständigkeit der Behörde	26	Grundsatz der Regelung des § 1900	1
Auflösung des Vereins	24		
Aufwendungsersatzregelung als Anreiz	4	Inhalt der Entscheidung	7
Ausgeschlossene Person, als Realbetreuer	14		
Ausnahmecharakter der Regelung	2	Landesausführungsgesetze, Besonderheiten durch	40
Beendigung der Amts- und der Vereinsbetreuung	3		
Beendigung der Vereinsbetreuung	20	Mitteilung der Personalentscheidung ans Gericht	15
Beendigungsgründe betreuungsrechtlicher Art	20	Normgeschichte	2 f
Beendigungsgründe vereinsrechtlicher Art	23	Normzweck	1
Befreiungen für Behörden und Vereine	6		
Beschwerde gegen Behördenbestellung	27	Organisatorische Probleme, Datenschutz	33
Besonderheiten behördlicher Amtsbetreuung	39	Personen, die zur Übertragung in Betracht kommen	16
Bestellung des Vereins ohne Einwilligung	10		
Bestellungsgründe für Behördenbestellung	27 f	Rechtsbehelf gegen die Auswahlentscheidung	5
Bestellungsgründe für Vereinsbetreuung	18 f	Rechtsgrundlage der Übertragung durch den Verein	36
Bestellungsverbot für Verein und Behörde	34 ff	Rechtsstellung der Behörde	32
Ehrenamtliche Betreuer, Besorgung von Teilaufgaben	17	Rechtsstellung der Realbetreuer	36 f
Eignung des Vereins	9	Rechtsstellung des Vereins	12
Einführungsgespräch, Teilnahme am	7	Sterilisationsbetreuer	34 f
Einverständnis, Einwilligung des Vereins	10		
Entlassung des Vereins auf Antrag	11, 21	Überblick über die Regelung	1
Entscheidungsinhalt	7	Übernahmezusagen des Vereins	10
Fusionierung von Vereinen	25	Übertragung der Betreuungsarbeit durch die Behörde	31

Übertragung auf mehrere Personen	38	Vorhalten von Personal in Behörde	29
Übertragung, Grenzen der	13	Vorschlagsrecht des Betreuten	15
Verein als Gegenbetreuer	12	Widerruf der Anerkennung des Vereins	22
Vereinsbetreuung	8 ff	Widerruf der Einwilligung in die Bestellung	11
Verfahrensrechtliches	7		
Vergütungsregelung als Anreiz (gegen Amts- und Vereinsbetreuung)	4	Zielsetzung des Gesetzgebers	2
Verlust der Rechtsfähigkeit	25	Zurückweisung der Weigerung des Vereins	10
Voraussetzungen einer Vereinsbestellung	8	Zuständigkeit der Behörde	30

I. Normzweck, Überblick

1. Grundsatz

Die Vorschrift ermöglicht die Bestellung eines Vereins oder der zuständigen Behörde (Betreuungsstelle) zum Betreuer und übernimmt damit eine dem bisherigen Recht bekannt gewesene (§§ 1897 aF, 1915 iVm §§ 1791a, 1791b, § 54a JWG) und im Vormundschaftsrecht noch bestehende Konstruktion (§§ 1791a, 1791b, § 55 KJHG [SGB VIII]): Der Verein oder die zuständige Behörde wird als Institution zum Betreuer bestellt, überträgt aber die Ausübung der Aufgaben der Betreuung einzelnen Personen, wobei je nach Betreuerart unterschiedliche Personen für diese Übertragung in Betracht kommen. **1**

Ist die Behörde Betreuer, so kann kein Gegenbetreuer bestellt werden (§ 1792 Abs 1 S 2 iVm § 1908i Abs 1 S 1); im Falle der Vereinsbestellung ist das nicht ausgeschlossen.

Die Bestellung des Vereins oder der Behörde ist nicht für alle Betreuungsaufgaben vorgesehen. Abs 5 schließt es aus, daß Vereinen oder Behörden die Entscheidung über die Einwilligung in eine Sterilisation des Betreuten übertragen wird.

2. Zielsetzung; Ausnahmecharakter der Regelung

Die Möglichkeit, den Verein oder die zuständige Behörde zum Betreuer zu bestellen, soll nach dem Willen des Gesetzgebers auf besondere Fälle beschränkt bleiben (BT-Drucks 11/4528, 131). Ursprünglich war sie für das Betreuungsrecht nicht vorgesehen gewesen. Im Gegensatz zum damals geltenden Recht sollten nach dem DiskE I (§ 1898; s dort S 2 und 113) nur natürliche Personen als Betreuer in Betracht kommen. Dadurch sollte aber lediglich vermieden werden, daß im Rahmen einer Vereins- oder Amtsbetreuung die Person des (Real-)Betreuers laufend wechselt und damit eine persönliche Betreuung unmöglich gemacht wird. Man wollte künftig nicht Vereine und Ämter als solche, sondern die von einem Verein vorgeschlagene Person oder den Bediensteten der Behörde zum Betreuer bestellen. **2**

Auf Grund der mitgeteilten Erfahrungen der Verbände und ihrer Gliederungen sah sich die Bundesregierung außerstande, auf dem ursprünglichen Konzept eines völlig uneingeschränkten Verbotes der Betreuung durch Vereine oder Behörden zu be- **3** stehen (BT-Drucks 11/4528, 131), und sah nun die Vereins- und Behördenbetreuung – in dieser Reihenfolge – als letzte Möglichkeit der Betreuerbestellung nach allen anderen Formen der Einzelbetreuung vor. Die Bestellung des Vereins oder der Behörde ist nur für eine Übergangszeit gedacht (BT-Drucks 11/4528, 131). Sobald der Betreute durch eine oder mehrere natürliche Personen hinreichend betreut werden kann, soll die Vereins- oder die Amtsbetreuung beendet werden. Der Verein und die zuständige Behörde haben durch entsprechende Mitteilungen an das Gericht dazu beizutragen (Abs 3). Dagegen ist die bisher dem Gericht aufgegebene Prüfpflicht des § 69c Abs 1 FGG durch Art 2 Nr 5 BtÄndG aufgehoben worden (z Begr s BT-Drucks 13/7158, 38). Kann der Betreute durch eine oder mehrere natürliche Personen hinreichend betreut werden, sind der Verein oder die Behörde zu entlassen (§ 1908b Abs 5). In einem solchen Falle der Übernahme der Betreuung durch einen Vereins- oder einen Behördenbetreuer handelt es sich um eine echte Entlassung und eine Neubestellung nach § 1908c, § 69i Abs 8 FGG. Wird die Bestellung eines weiteren Betreuers gemäß § 1899 Abs 1 S 1 erforderlich und steht eine natürliche Person ohne Vergütungsanspruch nicht zur Verfügung, kommt als weiterer Betreuer ein Verein oder die Behörde in Betracht, denen eine Vergütung nicht bewilligt werden kann (§§ 1836 Abs 3, 1908i Abs 1 S 1).

4 Die Regelungen über Aufwendungsersatz und Vergütung (§§ 1835 Abs 5, 1835a Abs 5 sowie 1836 Abs 3, §§ 7 und 8 VBVG; bisher 1836 Abs 4, 1908e Abs 1, 1908h Abs 1 und Abs 2) bieten einen Anreiz, die Mitarbeiterinnen und Mitarbeiter vorrangig zum Vereins- oder Behördenbetreuer bestellen zu lassen, anstatt die Betreuung dem Verein oder der Behörde zu übertragen. Dadurch wird auf Vereine und Behörden ein gewisser Druck ausgeübt, die Bestellung als Institution zu vermeiden. Diese Wirkung wird jedoch dort nicht erzielt, wo zB eine Behörde zur Vermeidung der mit dem Betreuerwechsel verbundenen Unruhe und aus anderen Motiven mit dem Vormundschaftsgericht übereingekommen ist, die Behörde ausschließlich als Institution zu bestellen und ihre Weigerung, Mitarbeiter zu Behördenbetreuern bestellen zu lassen, zu akzeptieren. Eine solche Praxis verfehlt die Absichten des Gesetzgebers; sie sollte aber zum Nachdenken über die Praktikabilität einiger Regelungen des BtG anregen.

In der bei HK-BUR/DEINERT (§ 1897 Rn 91 ff) mitgeteilten Statistik für 1999 und 2000 werden für die Vereine und die Behörden die Bestellungen nach § 1897 Abs 2 und § 1900 nicht getrennt ausgewiesen, so daß nur vermutet werden kann, daß der Anteil der Bestellungen nach § 1900 gering ist. Für 2000 sind 1,9% aller neuen Betreuungen für die Behörden und 7,3% für die Vereine genannt; für 2003 werden in BtPrax 2004, 229 0,91% Behördenbestellungen und 6,01% Vereinsbestellungen gemeldet (ohne diesbezügliche Differenzierung die von DEINERT [BtPrax 2006, 65] für 2004 mitgeteilten Betreuungszahlen).

3. Rechtsbehelf des Betreuten gegen die Auswahlentscheidung

5 Der Betreute, der keine gesetzlich garantierte Einflußmöglichkeit auf die Bestellung des Vereins oder der Behörde zum Betreuer hat (anders bei der Bestellung einer natürlichen Person nach § 1897), kann gegen die Auswahl der Person, der ein Verein oder die zuständige Behörde die Wahrnehmung der Betreuung übertragen hat, gerichtliche Entscheidung beantragen (§ 69c Abs 1 FGG). Zuständig ist in der Regel der Vormundschaftsrichter (§ 14 Abs 1 Nr 4 RPflG), der Rechtspfleger, wenn es sich um eine Betreuung nach § 1896 Abs 3 handelt. Das Gericht kann dann dem Verein oder der Behörde aufgeben, eine andere Person auszuwählen, wenn einem Vorschlag des Betreuten, dem keine wichtigen Gründe entgegenstanden, nicht entsprochen wurde oder die bisherige Auswahl dem Wohl des Betroffenen zuwiderläuft. Diese gerichtliche Verfügung kann aber – wie gerichtliche Verfügungen gegenüber Vereinen und Behörden auch sonst (§ 1837 Abs 3 iVm § 1908i Abs 1 S 1) – nicht mit Zwangsmitteln durchgesetzt werden; § 33 FGG ist nicht anwendbar.

4. Befreiungen für Vereine und Behörden

Dem Verein als Betreuer und der zuständigen Behörde, die zum Betreuer bestellt worden ist, stehen zahlreiche Befreiungen, insbesondere im Rahmen der Vermögenssorge sowie der Rechenschaftspflicht (Rechnungslegung) zu (§ 1908i Abs 1 S 1, § 1857a). Landesrecht kann außerdem bestimmen, daß Vorschriften, welche die Aufsicht des Vormundschaftsgerichts in vermögensrechtlicher Hinsicht sowie beim Abschluß von Lehr- und Arbeitsverträgen betreffen, gegenüber der zuständigen Behörde außer Anwendung bleiben (§ 1908i Abs 1 S 2). Dazu im einzelnen unten § 1908i Rn 236 ff.

5. Verfahrensrechtliches

In der Entscheidung, durch die ein Betreuer bestellt oder ein Einwilligungsvorbehalt angeordnet wird, erscheint bei Bestellung eines Betreuers der Verein oder die zuständige Behörde (Betreuungsstelle) als Betreuer (§ 69 Abs 1 Nr 2 FGG). Entsprechend enthält die Urkunde, die dem Betreuer auszuhändigen ist, den Verein oder die zuständige Behörde (Betreuungsstelle) als Betreuerbezeichnung (§ 69b Abs 2 Nr 1 FGG). Der Verein und die Behörde bzw der für die Wahrnehmung der Aufgabe Ausgewählte werden nicht mündlich verpflichtet; sie brauchen auch nicht über ihre Aufgaben unterrichtet zu werden (§ 69b Abs 1 S 2 FGG). Die Teilnahme an dem Einführungsgespräch, das das Vormundschaftsgericht in geeigneten Fällen mit dem Betreuer und dem Betroffenen führt, wird dadurch nicht berührt (§ 69b Abs 3 FGG). Entsprechend wird für die Entscheidung, durch die das Gericht einen Betreuungsverein zum Betreuer bestellt, verlangt, daß der Tatrichter nachvollziehbar darlegt, weshalb der Betroffene nicht durch eine natürliche Person hinreichend betreut werden kann (BayObLG v 30. 1. 1997 – 3 Z BR 2/97).

In der Entscheidung, durch welche die Behörde zur Betreuerin bestellt wird, sind die Gründe dafür (Entscheidungsvoraussetzungen materiellen Rechts) anzugeben. Das BayObLG (FamRZ 1993, 1248 = Rpfleger 1993, 447 = BtPrax 1993, 140, 141) rügte, daß die Gründe der landgerichtlichen Entscheidung nichts darüber enthielten, weshalb nicht wenigstens ein anerkannter Betreuungsverein zum Betreuer bestellt werden konnte (vgl auch DODEGGE FamRZ 1992, 1936, 1937).

Der als Betreuer eingesetzte Betreuungsverein ist hinsichtlich seiner Bestellung als Betreuer beschwerdeberechtigt; seine Bestellung ist gesetzeswidrig, wenn sie ohne seine Zustimmung vorgenommen wurde (LG Cottbus BtPrax 2001, 172).

II. Vereinsbetreuung (Abs 1 bis 3)

1. Voraussetzungen einer Vereinsbestellung

8 Die Bestellung des Vereins zum Betreuer ist gegenüber allen natürlichen Personen (Privatperson, Vereinsbetreuer, Behördenbetreuer) nachrangig, der Bestellung der Behörde gegenüber dagegen vorrangig. Deshalb ist die Bestellung eines Vereins nur zulässig, wenn der Betroffene durch natürliche Personen (als Betreuer) nicht hinreichend betreut werden kann. Auch die Bestellung des Vereins als Vertretungsbetreuer setzt voraus, daß geeignete natürliche Personen die als Betreuer in Frage kommen, nicht zur Verfügung stehen (LG Cottbus BtPrax 2001, 172). Der Vorrang der Betreuung durch eine natürliche Person wird nicht durch den Vorschlag des Betroffenen, ihm einen Verein zum Betreuer zu bestellen, beseitigt (BayObLG Rpfleger 1998, 199 = NJWE-FER 1998, 105 m Anm BIENWALD BtPrax 1998, 135 wegen der Reaktionen auf diese Entscheidung).

Bestellt werden kann nur ein anerkannter Betreuungsverein. Er muß die Voraussetzungen des § 1908f und gegebenenfalls weitere landesrechtliche Anerkennungsvoraussetzungen (§ 1908f Abs 3 S 2) erfüllen. Die Anerkennung muß im Zeitpunkt der Bestellung noch bestehen. Sie darf nicht widerrufen sein. Die Bestellbarkeit darf auch nicht durch unerfüllte Auflagen in Frage gestellt sein.

2. Eignung zur Bestellung

9 Die in § 1908f Abs 1 formulierten Anerkennungsvoraussetzungen nennen nicht ausdrücklich die Bereitschaft zur Führung von Betreuungen und die Eignung dafür. Sie setzen dies voraus, indem sie von dem Verein erwarten, daß er zur Bewältigung der Vereinsaufgaben geeignete Mitarbeiter beschäftigt und diese beaufsichtigt und weiterbildet. Eine besondere Eignungsprüfung vor der Bestellung des Vereins zum Betreuer, die nicht ausdrücklich vorgesehen ist, kann danach entbehrt werden. Durch Spezialisierungen in der Betreuungsarbeit (Arbeit mit Menschen mit geistiger Behinderung oder speziell mit psychisch Kranken) kann sich jedoch ein Verein für bestimmte Betreuungen als weniger geeignet erweisen als ein anderer. Dies stellt aber keinen Verstoß gegen § 1908f dar und gibt keine Grundlage für den Widerruf der Anerkennung als Betreuungsverein ab.

Als besonderer Sterilisationsbetreuer kann der Verein nicht bestellt werden (§ 1900 Abs 5).

3. Notwendiges Einverständnis

10 Der Verein darf nur zum Betreuer oder Gegenbetreuer bestellt werden, wenn er mit der Bestellung einverstanden ist (Abs 1 S 2; LG Cottbus BtPrax 2001, 172 = RdLH 3/2001, 131 m Anm HELLMANN; auch für die Bestellung zum „Vertretungsbetreuer").

Die Einwilligung ist jeweils für den konkreten Bestellungsfall erforderlich. Es muß sich bei der dem Gericht gegenüber geäußerten Einwilligung um eine für den Verein abgegebene Erklärung handeln. Gibt ein Vereinsbetreuer oder ein anderer Mitarbeiter des Vereins die Erklärung ab, kommt es für die Verbindlichkeit darauf an, daß er entsprechend bevollmächtigt war. Im übrigen richtet sich die Vertretungsbefugnis des Vereins nach Vereinsrecht.

Ohne die im Zeitpunkt der Entscheidung des Gerichts notwendige Einwilligung darf der Verein nicht zum Betreuer bestellt werden. Wird er dennoch bestellt, ist die Entscheidung nicht deswegen nichtig. Sie kann mit der unbefristeten Beschwerde (§ 19 FGG) angefochten werden. Weist das Gericht die Weigerung des Vereins, sich bestellen zu lassen, zurück, so ist in entsprechender Anwendung von § 69g Abs 4 Nr 2 FGG die befristete Beschwerde gegeben. Nach dem BtG ist der Verein weder verpflichtet, Mitarbeiter als Einzelbetreuer (Vereinsbetreuer) zu stellen (§ 1897 Abs 2 S 2), noch kann er selbst zur Übernahme des Amtes gezwungen werden (MünchKomm/Schwab Rn 3). Generelle Zusagen des Vereins dem Gericht gegenüber, Betreuungen zu übernehmen, sind nicht verbindlich, sie ersetzen nicht die Einwilligung im Einzelfall. Die gegenüber der Betreuungsbehörde eingegangene Verpflichtung, mitunter schriftlich abgefaßt, ist in aller Regel Bezuschussungsvoraussetzung nach den Förderrichtlinien der Länder (oder Kommunen), nicht dagegen eine gegenüber dem Vormundschaftsgericht bindende Erklärung. Auf den Verein als Betreuer ist § 1787 Abs 1 iVm § 1908i Abs 1 S 1 (Schadensersatz bei grundloser Ablehnung) nicht anwendbar (Erman/Holzhauer § 1785 Rn 1 aE; § 1787 Rn 3).

Eine dem § 1908b Abs 4 entsprechende für den Vereinsbetreuer getroffene Regelung, wonach dieser jederzeit auf Antrag seines Vereins zu entlassen wäre, besteht für den zum Betreuer bestellten Verein nicht. Daraus wird geschlossen, daß der Verein nicht beliebig die seiner Bestellung zugrundeliegende Einwilligung widerrufen dürfe (MünchKomm/Schwab Rn 4). Diese Einschränkung läßt sich schon im Hinblick darauf, daß beide Institutionen nicht genannt sind (die Behörde deshalb nicht, weil es auf ihre Einwilligung nicht ankommt), aber auch deshalb nicht halten, weil der Verein allein aus Gründen unvorhergesehenen Mitarbeiterausfalls Betreuungen zurückgeben können muß. Fraglich kann deshalb nicht die Zulässigkeit, sondern nur die Begründetheit eines solchen Widerrufs sein. Lehnt das Vormundschaftsgericht die beantragte Entlassung ab, wird das Beschwerdegericht dies prüfen (§ 19 FGG; zur Beschwerdefähigkeit s § 20 Abs 1 FGG). **11**

4. Rechtsstellung des Vereins

Wurde der Verein zum Betreuer oder Gegenbetreuer bestellt, genießt er die in § 1908i Abs 1 S 1 iVm § 1857a eingeräumten Befreiungen im Bereich von Vermögenssorge und Rechnungslegung. **12**

Anders als im Falle der Amtsbetreuung kann dem Verein ein Gegenbetreuer bestellt werden (§ 1908i Abs 1 S 1 iVm § 1792 Abs 1 S 2). Er unterliegt nicht der Aufsicht und Kontrolle der Betreuungsbehörde. Ist der Verein zum Betreuer oder Gegenbetreuer bestellt worden, hat er gegen den Betreuten einen Anspruch auf Ersatz der zum Zwecke der Führung der Betreuung gemachten Aufwendungen gemäß § 1908i Abs 1 S 1 iVm § 1835 Abs 1 und Abs 5 S 1. Vorschuß auf die für die Führung der Betreuung (Gegenbetreuung) erforderlichen Aufwendungen kann der Verein nicht verlangen. Allgemeine Verwaltungskosten sowie die Kosten einer angemessenen Versicherung (§ 1835 Abs 2) werden nicht ersetzt (§ 1908i Abs 1 S 1 iVm § 1835 Abs 5 S 2). Der Anspruch gegen den Betreuten besteht nur, soweit das Vermögen des Betreuten ausreicht (§ 1908i Abs 1 S 1 iVm § 1835 Abs 5 S 1). Dem Verein als Betreuer steht die Aufwandspauschale des § 1835a nicht zu; eine Vergütung kann ihm nicht bewilligt werden (§§ 1836 Abs 3, 1908i Abs 1 S 1; bis 1.7.2005: § 1908i Abs 1 S 1 iVm § 1835a Abs 5 und § 1836 Abs 4 [jeweils idF des ersten BtÄndG]; MünchKomm/Schwab § 1836a Rn 9). Da der Verein als Betreuer weder vom Betreuten noch aus der Staatskasse Vergütung verlangen kann (§§ 1836 Abs 3, 1908i Abs 1 S 1), entfällt die bei der Bestellung zum Betreuer zu treffende Feststellung des Gerichts, ob die Betreuung unentgeltlich oder entgeltlich geführt wird (§§ 1836 Abs 1 S 2, 1908i Abs 1 S 1). Aus diesem Grunde kommt für den Verein als Betreuer auch nicht die Berichtspflicht des § 10 VBVG (bis 1.7.2005: § 1908k) in Betracht.

5. Übertragung der Betreuungsarbeit und ihre Grenzen

a) Grundsatz

13 Der Verein überträgt die Wahrnehmung der Betreuung einzelnen natürlichen Personen. Er behält die Rechtsstellung eines Betreuers. Die amtliche Begründung (BT-Drucks 11/4528, 132) sieht darin die Entsprechung zu der für die Vormundschaft und die Pflegschaft geltenden Rechtslage (§ 1791a Abs 3 S 1, § 1897 S 1 aF, § 1915 Abs 1).

Die Auswahl der einzelnen Personen liegt im Ermessen der satzungsgemäß zuständigen Organe des Vereins (MünchKomm/Schwab Rn 6). Im Rahmen seiner Organisationsgewalt kann der Verein die Wahrnehmung der Betreuung auch auf mehrere Personen übertragen, so daß jede einen Teil des Aufgabenkreises zu erledigen hat (s BT-Drucks 11/4528, 132). Die persönliche Betreuung iSd § 1901 (dazu BT-Drucks 11/4528, 68) muß jedoch gewährleistet sein.

b) Ausgeschlossene Personen

14 Einer Person, die den Betreuten in einem Heim des Vereins betreut, darf der Verein die Aufgabe der Betreuung nicht übertragen (§ 1908i Abs 1 S 1 iVm § 1791a Abs 3 S 1 HS 2). Heim im Sinne dieses Ausschlusses ist nicht nur die Einrichtung, die formal den Vorschriften über Heime entspricht, sondern auch jede andere Wohnform, in der der Betreute umfassend versorgt wird (zum Begriff des Betreuens nach dem HeimG Kunz/Ruf/Wiedemann, HeimG § 1 Rn 2). Der Ausschluß einer solchen Person dient dem gleichen Zweck wie die Regelung des § 1897 Abs 3. Es sollen Konflikte vermieden werden, die sich daraus ergeben können, daß der Mitarbeiter einerseits der Leitung oder dem Träger der Einrichtung gegenüber weisungsgebunden ist, als Betreuer des Bewohners jedoch dessen Interessen wahrzunehmen und auch gegenüber seinem Dienstherrn durchzusetzen hätte, zB in Fragen der Art und Weise der Unterbringung, der Finanzierung, der Kündigung des Heimplatzes usw (BT-Drucks 11/4528, 126). In erster Linie geht es dabei um die Vermeidung von Nachteilen für den Betreuten, die sich daraus ergeben, daß der Betreuer aufgrund seiner beruflichen Abhängigkeit außerstande ist, die Interessen des Betreuten angemessen zu vertreten. Zu Hindernissen, die sich aus den Landesausführungsgesetzen zum BtG bzgl der Verbindung von Betreuung und Heimträger- oder Mitarbeiterschaft ergeben, Bienwald, BtR Rn 14.

c) Anhörung des Betreuten; Vorschläge

15 Der Betreute ist vor der Übertragung der Wahrnehmung der Betreuungsaufgabe zu hören. Das ist zwar nicht ausdrücklich so bestimmt, ergibt sich aber aus dem Recht des Betreuten, Vorschläge für die Personalentscheidung des Vereins zu machen (Abs 2 S 2). Das kann er nur, wenn er auf diese Möglichkeit hingewiesen wurde oder sonst Gelegenheit hatte, von seinem Recht Gebrauch zu machen (weiterführend BIENWALD, BtR Rn 12).

Den Vorschlägen des Betreuten hat der Verein zu entsprechen, soweit nicht wichtige Gründe entgegenstehen (Abs 2 S 2). Wichtige Gründe können organisatorische Schwierigkeiten sein (BT-Drucks 11/4528, 132). Fachliche Gründe können dafür sprechen, eine bestimmte Art von Betreuungen nur bestimmten Mitarbeitern zu übertragen. Auch eine gleichmäßige Auslastung der für den Verein tätigen Einzelpersonen soll für den Verein ein Argument sein, dem Vorschlag des Betreuten nicht zu entsprechen (BT-Drucks 11/4528, 132). Gerade dies wird, insbesondere dann, wenn ein Mitarbeiter neben der Führung von Betreuungen (jedweder Art) auch noch Aufgaben nach § 1908f Abs 1 zu erfüllen hat, kaum nachprüfbar sein. Wird sein Vorschlag nicht berücksichtigt, bleibt dem Betreuten die Möglichkeit, gegen die getroffene Auswahlentscheidung des Vereins gerichtliche Entscheidung zu beantragen (§ 69c Abs 1 S 1 FGG); s oben Rn 5. Wird während der Dauer der Vereinsbetreuung die Aufgabe einem anderen übertragen, findet Abs 2 S 2 ebenfalls Anwendung.

Der Verein hat jede nach Abs 2 getroffene Personalentscheidung alsbald dem Gericht mitzuteilen (Abs 2 S 3).

d) In Betracht kommende Personen

Anders als in § 1791a Abs 3 wird der für die Übertragung der Betreuungsaufgabe in Betracht kommende Personenkreis nicht näher umschrieben. Überwiegend geht das Schrifttum (zT mit Hinweis auf die Neufassung des § 1791a Abs 3 S 2) davon aus, daß sowohl Vereinsmitglieder (die nicht zwangsläufig Mitarbeiter des Vereins sind) als auch Mitarbeiter des Vereins (die nicht unbedingt Mitglied des Vereins sein müssen) mit der Aufgabe betraut werden dürfen (BIENWALD, BtR Rn 13; ERMAN/HOLZHAUER Rn 6; MünchKomm/SCHWAB Rn 6; WIENAND FuR 1990, 281, 283; aA PALANDT/DIEDERICHSEN Rn 5 [nur Mitarbeiter], KNITTEL Rn 7 sowie DAMRAU/ZIMMERMANN Rn 10, der deshalb nur Bedienstete des Vereins einbeziehen will, weil nur ihnen gegenüber der Verein die erforderliche Personalhoheit habe). Die Betreuungsarbeit dritten Personen zu übertragen (sog ehrenamtlichen Helfern; zu ihnen BT-Drucks 11/4528, 126), wird ausdrücklich abgelehnt von ERMAN/HOLZHAUER Rn 6, wohl auch von MünchKomm/SCHWAB aaO, der von Vereinsfremden spricht, sowie PALANDT/DIEDERICHSEN Rn 5 (bei geeigneten Außenstehenden gelte Abs 3). Für zulässig gehalten wird dies von BIENWALD, BtR Rn 13, OBERLOSKAMP, 2. VGT 33, und – im Anschluß daran – DEINERT, Arbeitshilfe für Betreuungsvereine 77 (Hrsg Deutscher Verein für öffentliche und private Fürsorge). Daß es sich dabei nicht um vereinsfremde Personen handelt (MünchKomm/SCHWAB Rn 6), macht die Bezeichnung „ehrenamtlicher Helfer" (nämlich des Vereins) deutlich, die in vielen Fällen schon wegen der Inanspruchnahme von Beratung, Unterstützung und Fortbildung eine mehr oder weniger enge Beziehung zum Verein haben.

Oftmals kommen solche ehrenamtlichen Betreuer für die Besorgung von Teilaufgaben in Betracht, so daß eine vollständige Übertragung der Betreuung oder eine eigenständige Bestellung zum Betreuer (iSv PALANDT/DIEDERICHSEN Rn 5) Überforderung bedeuten würde. Hinzu kommt, daß die Vereinsmitgliedschaft und die Betreuungsarbeit nicht zwingend parallel verlaufen müssen. Andernfalls müßte beispielsweise mit der Aufgabe der Mitgliedschaft im Verein auch die Beauftragung zurückgegeben werden. Da die Aufgabe der Vereinsmitgliedschaft für den Verein aber weder zwingend vorhersehbar noch vermeidbar ist, wäre er vor erhebliche Probleme gestellt, wenn er jede übertragene Betreuung zurückrufen und allein weiterführen müßte. Man stelle sich auch den Fall einer unwirksamen Vereinsmitgliedschaft (fehlerhafter Aufnahmebeschluß des Vorstandes uam) vor. Die Wirksamkeit und Zulässigkeit der Betreuungsübertragung kann nicht von vereinsrechtlichen Eigenheiten abhängig gemacht werden. Die schuldrechtlichen Haftungsnormen im Falle des Einsatzes ehrenamtlicher Helfer dürften im „Ernstfall" ausreichen. Auf eine Personalhoheit kommt es nicht an, wie § 1791a Abs 3 S 2 zeigt.

6. Gründe für eine Vereinsbetreuung

18 Ein Verein darf nur zum Betreuer bestellt werden, wenn der Betroffene durch eine oder mehrere natürliche Personen nicht hinreichend betreut werden kann (§ 1900 Abs 1 S 1). Dies gilt grundsätzlich auch für den Fall einer einstweiligen Anordnung mit Bestellung eines vorläufigen Betreuers im Rahmen der für entsprechende Ermittlungen zur Verfügung stehenden Zeit (für die Betreuungsstelle entschieden von BayObLG FamRZ 2001, 316 = NJWE-FER 2000, 179). Zur Bestellung eines Vereins als Vertretungsbetreuer vgl LG Cottbus BtPrax 2001, 172. Da der Verein im Falle seiner Bestellung die Wahrnehmung der Betreuung einzelnen Personen übertragen muß (§ 1900 Abs 2), vorrangig aber seine Mitarbeiterinnen und Mitarbeiter als Vereinsbetreuer zu bestellen wären (§§ 1897 Abs 2, 1900 Abs 1), kommen als Gründe für die Bestellung des Vereins nur solche in Betracht, die gegen eine Bestellung seiner Mitarbeiter sprechen. Solange deren Bestellung in Frage kommt und Hinderungsgründe nicht entgegenstehen, besteht kein Grund für die Bestellung des Anstellungsträgers.

19 Nach Auffassung des RegEntw (BT-Drucks 11/4528, 131 f) kann die Bestellung des Vereins (oder der Behörde) anstelle eines Einzelbetreuers – in der Regel nur für eine Übergangszeit – dann sinnvoll (und zulässig) sein, wenn die Besonderheit der Art der Erkrankung oder Behinderung eines Betroffenen dazu führt (oder führen kann), daß die Zuordnung konkreter Einzelpersonen eine Betreuung eher erschwert als erleichtert. So gibt es Fälle, in denen sich – etwa bei Alkoholikern oder Personen, die an einer Manie erkrankt sind – Aggressionen gegen einen konkreten Betreuer aufbauen, die in Ausnahmefällen in Tätlichkeiten münden und das Verhältnis zwischen Betreutem und Betreuer stark belasten können. Hier stehen dem Verein (und der Behörde) flexiblere Möglichkeiten zur Verfügung (was im konkreten Fall allerdings zu prüfen wäre), durch einen raschen und an eine vorhergehende gerichtliche Entscheidung nicht gebundenen Wechsel der konkreten Betreuungsperson auf solche Vorfälle zu reagieren.

Bei argwöhnischen und mißtrauischen Betreuten ist es – wie die Begründung des RegEntw weiter ausführt – oft nicht leicht, eine Vertrauensbeziehung zwischen ihnen und dem Betreuer herzustellen. Hier kann es sich empfehlen, die Wahrnehmung der Betreuung verschiedenen Personen zu übertragen und dabei abzuwarten, zu welcher dieser Personen eine Vertrauensbeziehung entsteht. Der in dieser „Erprobungsphase" erforderliche Wechsel der konkreten Betreuungspersonen läßt sich (jedenfalls vereinsintern) flexibler handhaben, wenn zunächst nur ein Verein (oder die Behörde) zum Betreuer bestellt wird.

Da die zuletzt beschriebene Konstellation nicht so selten anzutreffen ist, wie offenbar im RegEntw vorausgesetzt, könnten damit sehr viel mehr Vereins- und Behördenbetreuungen gerechtfertigt werden, als dies beabsichtigt war. Hinweise darüber, daß sich die Vorstellung des Gesetzgebers, die Bestellung eines Vereins bei besonders schwierig zu betreuenden Personen für eine Übergangszeit vorzusehen, durchgesetzt und bewährt habe, liegen nicht vor.

Über diese beiden Konstellationen hinaus kann es weitere Gründe für eine Vereinsbetreuung geben. Sie können darin liegen, daß die Kapazitäten für die Bestellung der Mitarbeiter zu Vereinsbetreuern erschöpft sind oder die Mitarbeiter ihre Einwilligung versagen, dagegen Vereinsmitglieder bereit sind, in der Regie des Vereins Betreuungen zu führen, die Bestellung als voll verantwortliche Einzelbetreuer jedoch ablehnen. Regional unterschiedliche Verhältnisse können außerdem eine Rolle spielen.

7. Beendigung der Vereinsbetreuung

a) Gründe betreuungsrechtlicher Art

Als ausdrückliche Entlassungsbestimmung für einen Verein enthält § 1908b Abs 5 **20** die Regelung, daß der Verein oder die Behörde zu entlassen sind, sobald der Betreute durch eine natürliche Person oder mehrere hinreichend betreut werden kann. Den Verein trifft eine entsprechende Informationspflicht (Abs 3).

Wegen fehlender Eignung (§ 1908b Abs 1) kann der Verein als Betreuer nicht entlassen werden, solange er als Betreuungsverein anerkannt ist (dazu oben Rn 8). Da die Körperschaft selbst die Betreuungen nicht führt, kann die mangelhafte Führung von Betreuungen durch Mitarbeiterinnen und Mitarbeiter oder andere beauftragte Personen nur dadurch beendet werden, daß der Verein entlassen wird, wenn andere Mittel (§ 1837) nicht ausreichen, um Abhilfe zu schaffen (Grundsatz der Verhältnismäßigkeit). Entlassungsgrund ist in diesem Falle nicht die mangelnde Eignung „des Betreuers" (§ 1908b Abs 1 HS 1), sondern ein „anderer wichtiger Grund" (§ 1908b Abs 1 HS 2).

Der Verein ist auf seinen Antrag zu entlassen, wenn nach seinem Einverständnis mit **21** der Bestellung als Betreuer Umstände eintreten oder eingetreten sind, die ein Festhalten an der gegebenen Zusage als unzumutbar erscheinen lassen. Solche Umstände können zB dadurch eintreten, daß Mitarbeiterinnen und Mitarbeiter oder andere Personen als beauftragte Realbetreuer durch Krankheit oder wegen Ausscheidens aus dem Dienstverhältnis ihre Arbeit nicht mehr fortsetzen können oder aus anderen Gründen (zB erhebliche Störung der Arbeitsbeziehung zu dem Betreuten) nicht bereit sind, die Betreuung fortzuführen, und der Verein nicht in der Lage ist, in absehbarer Zeit für Ersatz zu sorgen.

Wird die Anerkennung als Betreuungsverein widerrufen (§ 1908f Abs 2 S 2), endet **22** damit nicht die Betreuung. Auch die Stellung des Vereins als Betreuer wird davon unmittelbar nicht berührt. Der Widerruf der Anerkennung als Betreuungsverein und damit der Wegfall einer Bestellungsvoraussetzung ist jedoch ein wichtiger Grund, den Verein als Betreuer zu entlassen (§ 1908b Abs 1 aE).

b) Gründe vereinsrechtlicher Art

23 Verliert der Verein seine Rechtsfähigkeit (§§ 43, 73), endet die Betreuerbestellung, ohne daß es einer Entlassungsverfügung des Vormundschaftsgerichts bedarf, sofern nicht bereits vorher eine Entlassung aus dem Amt verfügt worden ist, weil die Entwicklung des Vereins (wichtiger Grund) dazu Anlaß gegeben hat. Die Betreuerbestellung endet insbesondere auch dann, wenn über das Vermögen des Vereins das Insolvenzverfahren eröffnet ist. Der Verein wird dadurch aufgelöst (§ 42). § 42 idF des Zweiten Teils Art 33 Nr 1 EGInsO sieht allerdings vor, daß nach Verfahrenseinstellung auf Antrag des Schuldners oder nach der Bestätigung eines Insolvenzplans, der den Fortbestand des Vereins vorsieht, und Verfahrensaufhebung die Mitgliederversammlung des Vereins dessen Fortsetzung beschließen kann (§ 42 Abs 1 S 2).

Diese unter dem Gesichtspunkt wirtschaftlicher und das Vermögen betreffender Erwägungen vorgesehene Lösung ist auf die Situation eines Betreuungsvereins nicht übertragbar, weil hier die Führung von Betreuungen (und die Wahrnehmung der Aufgaben des § 1908f) im Vordergrund steht und die einmal eingetretene Beendigung der Betreuerrolle nicht ohne Mitwirkung des Gerichts ungeschehen gemacht werden kann. Soweit seine Rechtsfähigkeit für die Zwecke der Abwicklung als vorhanden angenommen wird (STAUDINGER/WEICK [2005] § 42 Rn 8 f), trägt diese auf Grund ihrer veränderten Zweckrichtung nicht eine Weiterführung oder Führung der Betreuungstätigkeit.

24 Wird der Verein aufgelöst, sei es aus eigenem Entschluß, sei es aus anderen Gründen (s dazu im einzelnen STAUDINGER/WEICK [2005] § 41 Rn 6 ff), kann er als Körperschaft Betreuungen nicht mehr führen. Er ist aus seiner Betreuerstellung aus wichtigem Grund zu entlassen (§ 1908b Abs 1 aE).

25 Im Falle des Verlustes der Rechtsfähigkeit entspricht dies dem Tod einer natürlichen Person, die zum Betreuer bestellt worden war; es ist ein neuer Betreuer zu bestellen (§ 1908c). Wird der Verein entlassen, ist gleichfalls – unverzüglich – ein neuer Betreuer zu bestellen (§ 1908c). In beiden Fällen wird die Betreuung als Rechtsstatus des Betreuten weder beendet noch unterbrochen.

Fusionieren zwei (oder mehrere) Vereine und soll der neue Verein (auch) Betreuungen führen, ist die Auflösung der fusionierenden Vereine unerläßlich (so für fusionierende Vereine allgemein STAUDINGER/WEICK [2005] § 41 Rn 9). In diesem „besonderen Fall" der Auflösung sollte die (unvermeidliche) Beendigung der bisherigen und die Begründung der neuen Betreuungsverhältnisse so organisiert werden, daß eine nahtlose Folge eintritt.

III. Amtsbetreuung (Abs 4)

1. Die Auffangzuständigkeit

26 Kann der Volljährige weder durch eine oder mehrere natürliche Personen noch

durch einen Verein hinreichend betreut werden, bestellt das Gericht die zuständige Behörde (Betreuungsstelle) zum Betreuer. Die Behördenbestellung rangiert eindeutig nach der Vereinsbestellung (BayObLG FamRZ 1993, 1248 = Rpfleger 1993, 447 = BtPrax 1993, 140; BayObLG FamRZ 1994, 1203 = BtPrax 1994, 171 = MDR 1994, 922; OLG Hamburg BtPrax 1994, 138 = BtE 1994/95, 107 m Anm vGaessler) und zwar auch im Falle einstweiliger Anordnung, entsprechend der für Ermittlungen zur Verfügung stehenden Zeit (BayObLG FamRZ 2001, 316 = NJWE-FER 2000, 179). War die Betreuungsbehörde zum Betreuer bestellt worden, ist auch bei der Verlängerung der Betreuerbestellung zu prüfen, ob der Betroffene durch eine natürliche Person oder einen Verein hinreichend betreut werden kann (BayObLG v 22.3.2000 – 3 Z BR 36/2000).

Die Bestellung kann nicht abgelehnt werden; auf die Einwilligung der Behörde in die Bestellung kommt es nicht an (MünchKomm/Schwab Rn 10; Soergel/Damrau Rn 15), und das Gesetz beschreibt auch keine Merkmale, aus denen sich die Eignung der Behörde ergibt. Auf die Stellenbesetzung der Behörde (Betreuungsstelle) hat das Vormundschaftsgericht keinen Einfluß. Probleme könnten allenfalls in den Betreuungsbeiräten oder Arbeitsgemeinschaften verhandelt werden, die nach den Bestimmungen der meisten Landesrechte auf örtlicher Ebene, mitunter auch oder nur auf überörtlicher Ebene, zu bilden sind. Der absolute Auffangtatbestand des § 1900 Abs 4 S 1 gilt auch für den Fall eines quantitativen Mangels an (anderen) Betreuern (BayObLG FamRZ 1993, 1248 = Rpfleger 1993, 447 = BtPrax 1993, 140).

Der Behörde steht es frei, Beschwerde gegen die Betreuerbestellung einzulegen und geltend zu machen, daß die Voraussetzungen für die Bestellung einer oder mehrerer natürlicher Personen oder eines Vereins gegeben sind (Damrau/Zimmermann Rn 15). Findet sich tatsächlich eine bereite natürliche Person (einschl Vereins- oder Behördenbetreuer, s dazu aber die Voraussetzung der Einwilligung, § 1897 Abs 2 S 1 und 2) oder ein anerkannter Betreuungsverein, ist die Amtsbetreuung aufzuheben, dh die Behörde als Betreuer zu entlassen (§ 1908b Abs 5; die entsprechende Informationspflicht ergibt sich aus Abs 4 S 2 iVm Abs 3). Die Letztzuständigkeit der Behörde, der sowohl die Behörde als auch der Betreute nicht entgehen können, kollidiert mit dem Verbot des Abs 5, Vereinen oder Behörden die Entscheidung über die Einwilligung in eine Sterilisation des Betreuten zu übertragen. Wenn niemand außer der Behörde mit der Entscheidung über die Einwilligung in eine Sterilisation betraut werden kann und die Entscheidung notwendig und unaufschiebbar ist, muß die Behörde auch hier als letzte Instanz bestellt werden dürfen. Eine gerichtliche Zuständigkeit nach § 1846 kommt aus sachlichen Gründen (fehlende Eilbedürftigkeit) nicht in Betracht.

Die letztrangige Bestellung der Behörde ist nicht nur zulässig, sie ist auch erforderlich, wenn weder eine natürliche Person noch ein Verein zur Verfügung steht oder bereit ist, die Betreuung zu übernehmen.

2. Bestellungsgründe

Besteht in einem bestimmten Gebiet kein Verein, lehnen seine Mitarbeiter die Bestellung zum Vereinsbetreuer ab, weil sie überlastet sind oder sich nicht für fachlich geeignet halten, und verweigert der Verein aus ähnlichen Gründen seine Einwilligung für die Bestellung als Verein, ist die Behördenbestellung unvermeidlich. Die amtl Begr (BT-Drucks 11/4528, 131) sieht die Bestellung der Behörde auch dann für sinnvoll an, wenn die Besonderheit der Art der Erkrankung oder Behinderung eines Betroffenen dazu führt, daß die Zuordnung konkreter Einzelpersonen eine Betreuung eher erschwert als erleichtert (zB bei Alkoholismus oder manieerkrankten Betreuten die Entwicklung von Aggressionen gegen bestimmte Personen). Bei argwöhnischen oder mißtrauischen Betreuten will die amtl Begr (s auch oben Rn 19) es gelten lassen, die Führung der Betreuung verschiedenen Personen zu übertragen und dabei abzuwarten, zu welcher dieser Personen eine Vertrauensbeziehung entsteht. Der in dieser „Erprobungsphase" erforderliche Wechsel der konkreten Betreuerpersonen (Realbetreuer, BIENWALD, BtR Rn 4) läßt sich bei der Behördenbestellung flexibler gestalten als bei einer Einzelbestellung. Diese Argumente kommen zwar auch für die Bestellung eines Vereins zum Tragen, können aber insbesondere zusammen mit den genannten Gründen für die Bestellung der Behörde zum Betreuer sprechen.

29 Die Auffangzuständigkeit der Behörde zwingt die Träger dieser Betreuungsbehörden (Betreuungsstellen) dazu, auch nur für eventuelle behördliche Betreuerbestellungen Personal vorzuhalten. Zwischen Kommunen und gegründeten Vereinen getroffene Vereinbarungen, in denen sich die Vereine zur Führung von Betreuungen (in der Form der Vereinsbetreuerbestellung) verpflichten (ein Mustervertrag ist bei DEINERT, Handbuch der Betreuungsbehörde [2. Aufl] 169, veröffentlicht), können die Behörden deshalb nicht vollständig entlasten, weil die Behörde sich nicht von ihrer Auffangzuständigkeit befreien kann (krit zu den Verträgen BIENWALD in der Bespr des Handbuchs von DEINERT FamRZ 1994, 289).

3. Zuständigkeit der Behörde

30 Für die Betreuung ist die örtliche Behörde zuständig (§ 3 Abs 1 und Abs 2 BtBG). Das ist diejenige Behörde, in deren Bezirk der Betroffene zum Zeitpunkt der zu treffenden Maßnahme seinen gewöhnlichen Aufenthalt hat (OLG Hamburg BtPrax 1994, 138 = BtE 1994/95, 107 m Anm vGAESSLER). Entgegen der Zuständigkeitsregelung fällt eine uU langjährige Betreuungsbeziehung, so bedauerlich das für die unmittelbar Betroffenen sein mag, nicht ins Gewicht. Welche Behörde auf örtlicher Ebene in Betreuungsangelegenheiten zuständig ist, bestimmt das Landesrecht. Es bestimmt auch, ob es eine überörtliche Betreuungsbehörde gibt. Zu den weiteren Aufgaben der zuständigen Behörde §§ 4 bis 9 BtBG im Anhang zu dieser Vorschrift.

Die Texte der Landesausführungsgesetze sind abgedruckt bei BIENWALD, BtR[3] 1467 ff.

4. Die Übertragung der Betreuungsarbeit

31 Die Behörde überträgt die Wahrnehmung der Betreuung einzelnen Personen (Abs 4 S 2 iVm Abs 2 S 1). Die „einzelne Person" muß ein Mitarbeiter (Angestellter, Beamter) sein. Bei der Entscheidung, wem die Wahrnehmung der Betreuung übertragen wird, ist der Betroffene zu beteiligen. Er kann Vorschläge zur Personalentscheidung machen, denen nur dann nicht entsprochen werden muß, wenn wichtige Gründe ihrer Verwirklichung entgegenstehen (Abs 2 S 2 iVm Abs 4 S 2). Im Rahmen ihrer Organisationsgewalt kann die Behörde die Betreuung auch auf mehrere

Mitarbeiter übertragen, so daß jeder einen Teil des Aufgabenkreises zu erledigen hat (BT-Drucks 11/4528, 132). Die persönliche Betreuung iS des § 1901 muß jedoch gewährleistet sein (vgl BT-Drucks 11/4528, 68).

Die Behörde hat alsbald dem Gericht mitzuteilen, wem sie die Wahrnehmung der Betreuung übertragen hat (Abs 4 S 2 iVm Abs 2 S 3). Sie hat Umstände, die eine Einzelbetreuung möglich erscheinen lassen, dem Gericht mitzuteilen (Abs 3 iVm Abs 4 S 3). Das käme zB in Betracht, wenn ein Mitarbeiter durch den Tod eines Betreuten oder die Aufhebung der Betreuung entlastet ist und die Amtsbetreuung als Behördenbetreuer übernehmen kann.

Ist die Behörde zum Betreuer bestellt worden, kommt die Bestellung eines Gegenbetreuers nicht in Betracht (§ 1908i Abs 1 S 1 iVm § 1792 Abs 1 S 2). Zum Gegenbetreuer kann die Behörde jedoch bestellt werden.

5. Rechtsstellung der Behörde

Die Behörde hat, wenn sie zum Betreuer oder zum Gegenbetreuer bestellt worden **32** ist, einen Anspruch gegen den Betreuten auf Ersatz der zum Zwecke der Führung der Betreuung gemachten Aufwendungen gemäß § 1908i Abs 1 S 1 iVm § 1835 Abs 1 und Abs 5 S 1. Vorschuß auf die für die Führung der Betreuung erforderlichen Aufwendungen kann die Behörde nicht verlangen. Auch werden ihr allgemeine Verwaltungskosten sowie die Kosten nach § 1835 Abs 2 (Versicherungskosten) nicht ersetzt (§§ 1835 Abs 5 S 2, 1908i Abs 1 S 1). Der Anspruch gegen den Betreuten besteht nur, soweit das Vermögen des Betreuten ausreicht (§§ 1835 Abs 5 S 1, 1908i Abs 1 S 1). Der Behörde steht als Betreuerin nicht die Aufwandspauschale nach § 1835a zu; eine Vergütung kann nicht bewilligt werden (§§ 1836 Abs 3, 1908i Abs 1 S 1; bis 1. 7. 2005: § 1836 Abs 4).

6. Organisatorische Probleme

Die Aufgabenfülle und die Vielfalt der Aufgaben lassen, insbesondere bei kleinen **33** Betreuungsbehörden (Betreuungsstellen), Zweifel daran aufkommen, daß die Besorgung der Angelegenheiten des Betreuten, insbesondere auch seine persönliche Betreuung, im Sinne des Betreuungsrechts und der mit seiner Inkraftsetzung verbundenen Intentionen geleistet werden kann. Der für die persönliche Betreuung notwendige und charakteristische Aufbau eines Vertrauensverhältnisses muß zwangsläufig darunter leiden, daß derselbe Mitarbeiter nicht nur die Betreuungsarbeit leistet (ob als beauftragter Mitarbeiter oder als Behördenbetreuer, ist zu unterscheiden, spielt in diesem Zusammenhang jedoch nicht die Hauptrolle), sondern in derselben Sache die Unterstützungsarbeit für das Gericht zu leisten sowie die Entscheidung über die Unterbringung des Betreuten zu treffen und deren Vollzug (ggf Vorführungen innerhalb des Verfahrens) zu organisieren und zu verantworten hat.

Aus diesem Grunde muß die Entlastung der Behörde durch Vereine insoweit in Frage gestellt werden, als sie zwar zu einer Einsparung von Personal in der Behörde, aber auch dazu führt, daß die verschiedenen Aufgaben in einer Person konzentriert werden, was der Sache selbst schadet und zu einer unvertretbaren psychischen Belastung des Mitarbeiters beiträgt.

IV. Bestellungsverbot für Verein und Behörde (Abs 5)

34 Einem Verein und der zuständigen Behörde darf die Entscheidung über die Einwilligung in eine Sterilisation des Betreuten nicht übertragen werden. Das Verbot der Sterilisationsbetreuung auch für die Behörde widerspricht der Auffangzuständigkeit der Behörde und könnte in der Praxis gegebenenfalls zu einer Durchbrechung führen.

Der RegEntw sieht demgegenüber die Situation, die eine Bestellung von Verein oder Behörde rechtfertigen könnte, im Falle der Sterilisationsbetreuung als nicht gegeben an (BT-Drucks 11/4528, 132). Wäre dies tatsächlich so, hätte sich Abs 5 erübrigt. Nicht wünschenswert sind nach dem RegEntw außerdem Erleichterungen im Wechsel der konkreten Betreuungsperson, wie sie die Bestellung eines Vereins oder der Behörde als Betreuer ermöglicht. Da das Bestellungs- und das anschließende Genehmigungsverfahren in einer Sterilisationsbetreuungsangelegenheit eine überschaubare Sach- und Zeiteinheit sein dürften, wäre wohl nur eine unvorhergesehene Verhinderung ein Anlaß für einen Wechsel in der zuständigen Person. Dies kann auch bei einer individuellen Bestellung eintreten. Insofern sind die Motive für die Regelung des Abs 5 nicht sehr überzeugend.

35 Das Bestellungsverbot betrifft ausschließlich die Einwilligung in die Sterilisation, die durch den Betreuer erklärt werden muß oder soll, weil der Betroffene selbst nicht einwilligungsfähig ist. Als Betreuer für sonstige Angelegenheiten dieses Betroffenen (zB für die Gesundheitsfürsorge im übrigen) sind der Verein und die Behörde nicht ausgeschlossen (BIENWALD, BtR Rn 25; MünchKomm/SCHWAB Rn 13). Zu beachten ist in diesem Zusammenhang, daß der Sterilisationsbetreuer immer ein besonderer Betreuer ist (§ 1899 Abs 2), der gegebenenfalls neben einem anderen Betreuer bestellt werden muß. Möglich ist es und vom Gesetz nicht ausgeschlossen, daß der Verein oder die Behörde zum Betreuer bestellt sind und der Mitarbeiter, dem die Wahrnehmung dieser Betreuung übertragen wurde, als Vereinsbetreuer oder Behördenbetreuer für die Entscheidung über die Einwilligung in die Sterilisation desselben Betreuten bestellt wird (BIENWALD aaO).

V. Zur Rechtsstellung der Realbetreuer

1. Rechtsgrundlagen der Übertragung

36 Nach § 1900 Abs 2 S 1 überträgt der zum Betreuer bestellte Verein die Wahrnehmung der Betreuung einzelnen Personen. Das trifft in gleicher Weise für die zuständige Behörde zu, wenn sie zum Betreuer bestellt worden ist (§ 1900 Abs 4 S 2). Dies entspricht der bisher für die Vormundschaft und die Pflegschaft für Volljährige geltenden Rechtslage (§ 1791a Abs 3 S 1; § 54a JWG; § 1897 S 1 aF; § 1915 Abs 1). Zur Rechtslage im Vormundschaftsrecht STAUDINGER/ENGLER (2004) zu §§ 1791a und 1791b.

2. Rechtsstellung von bestelltem Betreuer und beauftragtem Realbetreuer

Die Rechtsstellung des Betreuers behält nach den Bestimmungen des BtG die Körperschaft, dh der Verein oder die Behörde. Übertragen wird die Ausübung dessen, wozu die Rechtsstellung des Betreuers berechtigt und verpflichtet. Gleichwohl leistet der Mitarbeiter einen Teil der Betreuung unmittelbar, weil die Institution selbst dazu nicht imstande ist. So zB kann die als persönliche Betreuung bezeichnete Betreuungsleistung nicht stellvertretend für den eigentlichen Betreuer, sondern nur persönlich durch den Realbetreuer erbracht werden. Die Übertragung der gesetzlichen Vertretung als der Rechtsposition des Betreuers (§ 1902), wie sie für Mitarbeiter des Jugendamtes in § 55 Abs 2 KJHG (SGB VIII) kraft Gesetzes bestimmt ist, hat das Betreuungsrecht nicht vorgesehen.

Mit der Beibehaltung der Rechtsstellung des Betreuers unterliegt der Verein oder die Behörde der Fürsorge und Aufsicht des Vormundschaftsgerichts, soweit sie nach den Befreiungen durch die §§ 1908i Abs 1 S 1 iVm § 1857a sowie etwaige landesrechtliche Befreiungen (auf Grund der Ermächtigung des § 1908i Abs 1 S 2; s unten § 1908i Rn 289 ff) noch besteht. Richtet das Vormundschaftsgericht gerichtliche Verfügungen an den Betreuer (vgl § 1837 iVm § 1908i Abs 1 S 1), ist Adressat und Empfänger dieser Verfügungen der Verein oder die Behörde als Betreuer.

Die mit der Betreuerrechtsstellung verbundenen Pflichten und Rechte üben die natürlichen Personen aus, denen die Wahrnehmung der Betreuung übertragen ist und zwar jeweils im Umfang der vorgenommenen Übertragung.

Im Rahmen der Organisationsgewalt des Vereins oder der Behörde liegt es in deren Ermessen, „die Wahrnehmung der Betreuung" – zB nach bestimmten Angelegenheiten getrennt – verschiedenen natürlichen Personen zu übertragen. Der Wortlaut der Bestimmung (Abs 2 S 1), die einerseits von Betreuung und andererseits von Personen spricht, scheint dies sogar für den Regelfall nahezulegen. Da auch der zum Betreuer bestellte Verein an die Pflichtenregelung des § 1901 gebunden ist, hat er bei der Übertragung der Wahrnehmung darauf zu achten, daß die Erfüllung dieser Pflichten, insbesondere die „persönliche Betreuung" (BT-Drucks 11/4528, 68) gewährleistet ist.

Hat der Verein als Betreuer im Rahmen seines Aufgabenkreises Erklärungen mit Außenwirkung abzugeben, wie zB nach § 1903 Abs 1 S 2 iVm § 108, handelt der Realbetreuer entsprechend den ihm vereinsintern eingeräumten Vollmachten für den Betreuer. Ebenso nimmt er solche Erklärungen entgegen, die dem Verein als Betreuer gegenüber abzugeben sind. Entsprechend der Übertragung der Betreuung entscheidet der Realbetreuer über die Angelegenheiten, in denen vormundschaftsgerichtliche Genehmigungsvorbehalte bestehen. Die gerichtlichen Genehmigungen werden von dem Betreuer eingeholt und vom Gericht diesem gegenüber erklärt. Der Realbetreuer handelt hierbei nicht „als Betreuer", sondern nur als dessen Beauftragter.

3. Besonderheiten behördlicher Amtsbetreuung

Soweit Mitarbeiterinnen und Mitarbeiter der zuständigen Behörde mit der Wahrnehmung der Betreuung beauftragt sind, nehmen sie innerhalb der Behörde eine Sonderstellung ein. Wesen und Inhalt der „Amtsbetreuung" werden durch die im Bürgerlichen Gesetzbuch geregelte, dem Zivilrecht zugeordnete „Rechtsfürsorge" bestimmt. Daran ändert die Feststellung des BVerfG (BVerfGE 10, 311), das Vormundschaftsrecht habe von jeher einen starken öffentlich-rechtlichen Einschlag gehabt, im Kern nichts. Die behördlich geleistete Betreuung wird dadurch, daß sie von öffentlicher Verwaltung wahrgenommen wird, weder ein Gegenstand leistender noch der einer eingreifenden oder sonst hoheitlich tätigen Verwaltung in funktionaler Hinsicht. So hat zB die vom Realbetreuer für seine zum Betreuer bestellte Behörde entschiedene Unterbringung des Betreuten nach § 1906 Abs 1–3 oder das Einverständnis mit einer Maßnahme nach § 1906 Abs 4 keinen anderen Rechtscharakter als die von einer als Betreuer tätigen Privatperson vorgenommene gleiche Maßnahme; sie bleibt eine Angelegenheit der zivilrechtlichen Betreuung, für deren Vollzug der Mitarbeiter der Behörde als Realbetreuer sich seiner eigenen Behörde zwecks Unterstützung (§ 70g Abs 5 FGG) bedienen kann und bedient. Letztlich kann es dazu kommen, daß der Mitarbeiter als ausführender Betreuer sich selbst um Unterstützung bei Maßnahmen des Vollzuges bittet, wenn er etwa der einzige Mitarbeiter in der Betreuungsstelle ist und ein und dieselbe Betreuungsbehörde sowohl Betreuerin als auch Fachbehörde für die Unterstützung des Gerichts und der Betreuer ist (vgl §§ 8 und 9 sowie § 4 BtBG).

40 Soweit nach den landesrechtlichen Ausführungsgesetzen zum BtG die Gebietskörperschaften als örtliche Betreuungsbehörden bestimmt worden sind (so die meisten Landesausführungsgesetze; in Bremen ist das Amt für soziale Dienste, in Bremerhaven der Magistrat zuständig; in Berlin sind es die Bezirksämter), wird die Aufgabenerfüllung als „weisungsfreie Pflichtaufgabe", als „Angelegenheit des eigenen Wirkungskreises", als „Pflichtaufgabe der Selbstverwaltung", als „Selbstverwaltungsangelegenheit" oder als „in eigener Verantwortung wahrzunehmen" beschrieben (Winterstein BtPrax 1995, 194). In Hamburg wurden diese nicht als Betreuer tätig bzw bestellt. Die Gebietskörperschaft ist Aufgabenträger, bestellt wird die mit der Wahrnehmung der Aufgabe betraute Behörde. Dies entspricht im Ergebnis bisherigem Recht (näher Bienwald DAVorm 1995, 287, 289). Deshalb können behördenintern dieselben Probleme auftreten wie in dem Bereich von Amtspflegschaft und Amtsvormundschaft, uU sogar schärfer, weil im Betreuungsrecht das zur gesetzlichen Vertretung berufene Organ Betreuungszuständigkeiten besitzt.

Problematisch kann es sein, die dem Vormundschaftsgericht vorbehaltene Fachaufsicht, die durch konkrete Weisungen behördenintern nicht unterlaufen werden kann, und die innerbehördlich vom zuständigen Vorgesetzten auszuübende Dienstaufsicht voneinander abzugrenzen. Zu lösen sind Probleme, die sich in Bereichen wie Datenschutz, Einsichtnahme in Akten, Aktenführung, -aufbewahrung und -vernichtung, Beiziehung und Beschlagnahme von Akten durch andere Stellen, Geschäftsverteilungsplan, Vertretungsbefugnisse, Kontrollen, Prüfungsberechtigung von Rechnungsprüfungsämtern in bezug auf die Einhaltung von kassentechnischen Bestimmungen oder bezüglich der Bewirtschaftung von Vermögen Betreuter usw ergeben können (s dazu im einzelnen, wenn auch für das Vormundschaftsrecht, Brüggemann/Kunkel, in: Oberloskamp [Hrsg], Vormundschaft, Pflegschaft und Beistandschaft für Minderjährige [2. Aufl 1998] 409 ff).

Anhang zu § 1900

Gesetz über die Wahrnehmung behördlicher Aufgaben bei der Betreuung Volljähriger (Betreuungsbehördengesetz – BtBG)

Materialien: Geändert durch Art 34 Nr 2 JuMiG (Aufhebung des § 7 Abs 3; BT-Drucks 13/4709; BR-Drucks 287/97; BGBl I 1430) und durch Art 3 § 4 BtÄndG (Ergänzung des § 6 durch einen weiteren Satz; BT-Drucks 13/7158, 53; BT-Drucks 13/10331, 21; BR-Drucks 339/98 und 517/98).

§§ 4, 6 und 8 geändert sowie neu gefaßt durch Art 9 2. BtÄndG (BT-Drucks 15/2494, 10, 15, 44, 49); Änderungen durch §§ 4, 6 und 8 durch Art 9 2. BtÄndG (BGBl I 1073, 1079); BT-Drucks 15, 2494, 10, 44, 49 [BT-Drucks 15/4874]; BR-Drucks 121/05 (Beschluß).

Schrifttum (Auswahl aus der Zeit nach 1999)

ALBER, Landesausführungsgesetze zum Betreuungsgesetz – ein Überblick, in: WIENAND-REIS, Betreuungsgesetz auf dem Prüfstand (1992) 11
BIENWALD, Zur Rechtsstellung der Betreuungsstelle und der mit der Wahrnehmung von Betreuungen beauftragten Mitarbeiterinnen und Mitarbeiter unter besonderer Berücksichtigung des Niedersächsischen Ausführungsgesetzes zum Betreuungsgesetz (Nds AGBtG), DAVorm 1995, 287
ders, Zur Reichweite behördlicher Unterstützungspflicht (§ 8 Satz 1 BtBG) – Eine Skizze, BtPrax 1997, 226
ders, Zu den Aufgaben der örtlichen Betreuungsbehörden/-stellen, Recht sozial (2002) 25
ders, Die Rechtliche Betreuung – gestern, heute, morgen. Beiträge zum Recht der sozialen Dienste und Einrichtungen (RsDE) Heft 50/2002, 1, 17 ff
BRUCKER, Aufgaben der örtlichen Betreuungsbehörde und deren Organisation, NDV 1996, 330
ders (Hrsg), Aufgaben und Organisation der Betreuungsbehörde (1999)
ders (Hrsg), Betreuungsbehörden auf dem Weg ins 21. Jahrhundert, Dokumentation der Jahrestagung 2000 der Leiterinnen und Leiter von Betreuungsbehörden (2001)
ders (Hrsg), Aufgaben und Organisation der Betreuungsbehörde (1999)
Bundesarbeitsgemeinschaft der überörtlichen Träger der Sozialhilfe, Orientierungshilfen der Arbeitsgruppe der überörtlichen Betreuungsbehörde zum Anforderungsprofil der örtlichen Betreuungsbehörden, Landeswohlfahrtsverband Baden, Betreuung aktuell 1/2002, 3 ff
DEINERT, Handbuch der Betreuungsbehörde, Leitfaden für behördliche Aufgaben im neuen Betreuungsrecht (2. Aufl 1994)
EISENBERG, Zur Konzeption der örtlichen und überörtlichen Betreuungsbehörde, in: WIENAND-REIS, Betreuungsgesetz auf dem Prüfstand (1992) 41
FISCHER, Ausübung von Zwang durch die Betreuungsbehörde, LWV Baden, Betreuung aktuell 4/1996, 5
FUGE-NEITZERT, Stellungnahme zum Artikel „Vorführungen und Zuführungen – eine neue Aufgabe örtlicher Betreuungsbehörden", erschienen in BtPrax 2/97, in: BtPrax 1997, 155
KLIE, Datenschutz in der Arbeit der Betreuungsbehörde, BtPrax 1998, 3
KNITTEL, Die Betreuungsbehörde nach dem neuen Betreuungsrecht, Bay Kommunalpraxis 1992, 83
MÜLLER, Zur Organisation der Betreuungsbehörden, BtPrax 1996, 90
PITSCHAS, Die Infrastruktur sozialer Dienste als Wirkungsbedingung der Sozialrechtsentwicklung. Eine Darstellung am Beispiel des Betreuungsbehördengesetzes, ArchsozArb 1990, 186
ders, Die Betreuung in der „schlanken" Sozial-

verwaltung – Betreuungsbehörden zwischen Bürokratie und Management, BtPrax 1997, 212 Vormundschaftsgerichtstag eV, Betrifft: Betreuung Nr 1-1999 Beiträge und Ergebnisse des 6. VormundschaftsGerichtsTag (mit Beiträgen von Pitschas, Schulte ua) Walther, Vorführungen und Zuführungen – eine neue Aufgabe örtlicher Betreuungsbehörden. Ein Praxisbericht, BtPrax 1997, 42 ders, Das Betreuungsrechtsänderungsgesetz (BtÄndG) und seine Auswirkungen auf die Arbeit der Betreuungsbehörden, BtPrax 1998, 125.

I. Überblick über das Recht der Betreuungsbehörde

In der Folge behördlicher Beteiligung in den Vormundschafts- und Pflegschaftssachen für Volljährige sah das Betreuungsgesetz die Mitwirkung einer Behörde, einer „Stelle" innerhalb der öffentlichen Verwaltung vor, die – wie bisher, wenn auch nur im äußersten Fall – selbst Betreuungen führt, im übrigen aber das Gericht in seiner Tätigkeit unterstützt und in der Region für eine funktionierende Betreuungsarbeit Sorge zu tragen hat, sei es, daß sie für die Gewinnung von (ehrenamtlichen) Betreuern und deren Einführung und Fortbildung sorgt, ihre Beratung und Unterstützung bei der Wahrnehmung ihrer Aufgaben organisiert oder die Gründung und die Tätigkeit von bereits vorhandenen Vereinen initiiert, fördert oder unterstützt, und schließlich Hilfe bei der Vollziehung von Unterbringungen leistet (differenzierter und systematisch geordnet in Bienwald, BtR Teil 4 A Vorbem v § 1 BtBG Rn 9 ff).

Während § 1900 die Bestellung der Behörde zum Betreuer regelt, enthalten die Vorschriften des FGG in Betreuungs- und in Unterbringungssachen zahlreiche Bestimmungen über die unterstützende Tätigkeit der Behörde im Verhältnis zum Vormundschaftsgericht und zu den Betreuern sowie ein eigenes Beschwerderecht. Landesrecht, das die Förderung der Vereine regelt, räumt der Behörde jedenfalls eine Mitwirkung dabei ein. Sowohl in bezug auf die regionale Betreuungsarbeit als auch auf die Fürsorge für den betreuungsbedürftigen Einzelnen steht ihr ein weitreichendes Initiativrecht zu.

Das erste BtÄndG teilte der zuständigen Behörde (Betreuungsstelle) weitere Aufgaben zu und verpflichtete das Gericht zur Inanspruchnahme behördlicher Unterstützung nicht nur allgemein im Rahmen von § 12 FGG, sondern darüber hinaus ausdrücklich, indem es vorschrieb, daß bei erstmaliger Bestellung einer Person zum Berufsbetreuer in dem Bezirk des entscheidenden Vormundschaftsgerichts die zuständige Behörde zur Eignung des ausgewählten Betreuers und zur Frage der zu erwartenden Betreueraktivitäten zu hören ist (§ 1897 Abs 7). Ein Betreuungsbewerber hat jedoch gegenüber der Betreuungsbehörde keinen Anspruch darauf, daß diese ihn gegenüber dem Vormundschaftsgericht vorschlägt und das ihr zustehende Beschwerderecht zu seinen Gunsten ausübt (OVG Lüneburg NdsRpfl 2001, 67). § 6 Abs 1 S 2 BtBG enthält die Verpflichtung, die Aufklärung und Beratung über Vollmachten und Betreuungsverfügungen, die den Vereinen nach § 1908f Abs 1 Nr 2a (dort ist von Information die Rede) aufgetragen ist, zu fördern, womit die Erwartung (des Bundesgesetzgebers) verbunden ist, in den Förderungen der Betreuungsvereine entsprechende anteilige Mittel vorzusehen (BT-Drucks 13/7158, 50 – Vorschlag des BRats zur Ergänzung des § 1908f). Aus dieser Förderpflicht haben etliche Betreuungsbehörden den Schluß gezogen, sie müßten Broschüren zur Information verfassen. Abgesehen von in ihnen enthaltenen Ungenauigkeiten und einer bürgerfremden Fachsprache wurde durch Formulierungsvorschläge und sogenannte Textbausteine für das Verfassen von Vorsorgevollmachten, Betreuungs- und Patientenverfügungen die Zahl der auf dem Markt befindlichen Informationsschriften (weiter) erhöht und eher zu einer Irritation („Ausfüllen von entsprechenden Formularen mit persönlicher Unterschrift reicht") beigetragen.

Eine völlig neue Art von Aufgabe wurde der zuständigen Behörde (Betreuungsstelle) durch den § 1908k zugewiesen. Die Behörde hat die Meldungen, zu denen bestimmte Betreuer nach dieser Vorschrift verpflichtet sind, entgegenzunehmen, für die rechtzeitige Meldung zu sorgen, die Mitteilungen auf ihre Vollständigkeit zu prüfen und ggf die Bestätigung der Richtigkeit der Angaben durch eidesstattliche Versicherung einzuholen. Sie hat die mitgeteilten Daten zu sammeln, zu verwalten, ggf auszuwerten und dem Vormundschaftsgericht unaufgefordert oder auf Verlangen zu übermitteln. Damit wurde der Betreuungsbehörde erstmals durch Bundesrecht eine unmittelbare und originäre Überwachungstätigkeit über Betreuer übertragen.

Ob sich bei der vom Bundestag beschlossenen (BR – zu Drucks 339/98) Weiterarbeit am Betreuungsrecht Vorstellungen der SPD (BT-Drucks 13/10301) durchsetzen würden, die Aufgaben der Betreuungsbehörde noch zu erweitern (Bewilligung der Vergütungen, Prüfung der Rechnungslegungen, Einschreiten gegen Mißbräuche der Betreuungsmacht), war abzuwarten. Die von der Justizministerkonferenz eingesetzte Bund-Länder-Arbeitsgruppe „Betreuungsrecht" war bereits in ihrem der 73. Konferenz vorgelegten Zwischenbericht zu dem Ergebnis gekommen, daß aus verfassungsrechtlicher Sicht in einem breiten Umfang der Frage nachgegangen werden könne, ob und inwieweit es für die betroffenen Menschen sinnvoll ist, Aufgaben der Vormundschaftsgerichte auf die Betreuungsbehörden zu verlagern. Die dafür gegebene Begründung mit einer Reihe von Einzelpunkten vermeidet nahezu zwanghaft die hauptsächliche Konsequenz einer solchen Aufgabenverlagerung: die Kostenbelastung der Kommunen. Argumente, die gegen eine Aufgabenverlagerung sprechen oder zumindest die dafür vorgebrachten entkräften, sind nicht festgehalten. Die Zuweisung von Aufgaben durch den Gesetzgeber garantiert allein nicht deren Wahrnehmung, sofern sich darin nicht einklagbare Ansprüche befinden. Der Gesetzentwurf eines (weiteren) BtÄndG v 12.2.2004 (BT-Drucks 15/2494) enthält keine Vorschläge in dieser Hinsicht. Dagegen enthält der Entwurf Vorschläge, die Beratung und Unterstützung auf Wunsch der Adressaten auf Bevollmächtigte und gesetzliche Vertreter auszudehnen (§ 4), der Behörde eine Beglaubigungsbefugnis für Vorsorgevollmachten und Betreuungsverfügungen einzuräumen (§ 6), in die das Vormundschaftsgericht unterstützende Tätigkeit den Vorschlag geeigneter Verfahrenspfleger (§ 8 S 3) einzubeziehen sowie die Mitteilungspflicht zu erweitern, indem die Behörde dem Vormundschaftsgericht den Umfang der berufsmäßig geführten Betreuungen mitteilt (§ 8). Diese Vorschläge sind dann (mit Ausnahme der Beratung naher Angehöriger als gesetzlicher Vertreter) Gesetz geworden. Die Vorschrift über die jährlichen Mitteilungen an die Betreuungsbehörde wurde reduziert und als § 10 in das VBVG aufgenommen. Die Unterstützungspflicht gegenüber Betreuern wurde erweitert um die bei der Erstellung des Betreuungsplans (§ 4).

Sollte die Bevölkerung, der schon aus Anlaß des BtÄndG geäußerten Erwartung des

Gesetzgebers entsprechend, verstärkt dazu übergehen, Vorsorgevollmachten zu erteilen, könnte es erforderlich werden, daß die Behörde insofern von ihrem Initiativrecht Gebrauch macht, als sie aus gegebenem Anlaß die Bestellung von Vollmachtbetreuern (§ 1896 Abs 3) anregt (§ 7 Abs 1 BtBG). Anlaß zu entsprechender Aufmerksamkeit könnte dann geboten sein, wenn sich ein „Markt" an Bevollmächtigten bzw solchen Personen bildet, die bereit sind, sich für entsprechende Gegenleistung bevollmächtigen zu lassen. Mindestens im Einzelfall könnte eine Tätigkeit als Bevollmächtigter (als eine erlaubnispflichtige Rechtsbesorgung; anders als die gesetzliche Vertretung des Betreuers) mit dem Rechtsberatungsgesetz oder dem in Arbeit befindlichen Nachfolgegesetz (Rechtsdienstleistungsgesetz) kollidieren.

II. Text des BtBG (Stand: 1. 7. 2005)

I. Behörden

§ 1

Welche Behörde auf örtlicher Ebene in Betreuungsangelegenheiten zuständig ist, bestimmt sich nach Landesrecht. Diese Behörde ist auch in Unterbringungsangelegenheiten im Sinne des § 70 Abs. 1 Satz 2 Nr. 1 Buchstabe b und Nr. 2 des Gesetzes über die Angelegenheiten der freiwilligen Gerichtsbarkeit zuständig.

§ 2

Zur Durchführung überörtlicher Aufgaben oder zur Erfüllung einzelner Aufgaben der örtlichen Behörde können nach Landesrecht weitere Behörden vorgesehen werden.

II. Örtliche Zuständigkeit

§ 3

(1) Örtlich zuständig ist diejenige Behörde, in deren Bezirk der Betroffene seinen gewöhnlichen Aufenthalt hat. Hat der Betroffene im Geltungsbereich dieses Gesetzes keinen gewöhnlichen Aufenthalt, ist ein solcher nicht feststellbar oder betrifft die Maßnahme keine Einzelperson, so ist die Behörde zuständig, in deren Bezirk das Bedürfnis für die Maßnahme hervortritt. Gleiches gilt, wenn mit dem Aufschub einer Maßnahme Gefahr verbunden ist.

(2) Ändern sich die für die örtliche Zuständigkeit nach Absatz 1 maßgebenden Umstände im Laufe eines gerichtlichen Betreuungs- oder Unterbringungsverfahrens, so bleibt für dieses Verfahren die zuletzt angehörte Behörde allein zuständig, bis die nunmehr zuständige Behörde dem Gericht den Wechsel schriftlich anzeigt.

Titel 2
Rechtliche Betreuung

III. Aufgaben der örtlichen Behörde

§ 4

Die Behörde berät und unterstützt Betreuer und Bevollmächtigte auf ihren Wunsch bei der Wahrnehmung ihrer Aufgaben, die Betreuer insbesondere auch bei der Erstellung des Betreuungsplans.

§ 5

Die Behörde sorgt dafür, daß in ihrem Bezirk ein ausreichendes Angebot zur Einführung der Betreuer in ihre Aufgaben und zu ihrer Fortbildung vorhanden ist.

§ 6

(1) Zu den Aufgaben der Behörde gehört es auch, die Tätigkeit einzelner Personen sowie von gemeinnützigen und freien Organisationen zugunsten Betreuungsbedürftiger anzuregen und zu fördern. Weiterhin fördert sie die Aufklärung und Beratung über Vollmachten und Betreuungsverfügungen.

(2) Die Urkundsperson bei der Betreuungsbehörde ist befugt, Unterschriften oder Handzeichen auf Vorsorgevollmachten oder Betreuungsverfügungen zu beglaubigen. Dies gilt nicht für Unterschriften oder Handzeichen ohne dazugehörigen Text. Die Zuständigkeit der Notare, anderer Personen oder sonstiger Stellen für öffentliche Beurkundungen und Beglaubigungen bleibt unberührt.

(3) Die Urkundsperson soll eine Beglaubigung nicht vornehmen, wenn ihr in der betreffenden Angelegenheit die Vertretung eines Beteiligten obliegt.

(4) Die Betreuungsbehörde hat geeignete Beamte und Angestellte zur Wahrnehmung der Aufgaben nach Absatz 2 zu ermächtigen. Die Länder können Näheres hinsichtlich der fachlichen Anforderungen an diese Personen regeln.

(5) Für jede Beglaubigung nach Absatz 2 wird eine Gebühr von 10 Euro erhoben; Auslagen werden gesondert nicht erhoben. Aus Gründen der Billigkeit kann von der Erhebung der Gebühr im Einzelfall abgesehen werden.

(6) Die Landesregierungen werden ermächtigt, durch Rechtsverordnung die Gebühren und Auslagen für die Beratung und Beglaubigung abweichend von Absatz 5 zu regeln. Die Landesregierungen können die Ermächtigung nach Satz 1 durch Rechtsverordnung auf die Landesjustizverwaltungen übertragen.

§ 7

(1) Die Behörde kann dem Vormundschaftsgericht Umstände mitteilen, die die Bestellung eines Betreuers oder eine andere Maßnahme in Betreuungssachen erforderlich machen, soweit dies unter Beachtung berechtigter Interessen des Betroffenen nach den Erkenntnissen der Behörde erforderlich ist, um eine erhebliche Gefahr für das Wohl des Betroffenen abzuwenden.

(2) Der Inhalt der Mitteilung, die Art und Weise ihrer Übermittlung und der Empfänger sind aktenkundig zu machen.

(3) (Aufgehoben durch Art 34 Nr 2 JuMiG)

§ 8

Die Behörde unterstützt das Vormundschaftsgericht. Dies gilt insbesondere für die Feststellung des Sachverhalts, den das Gericht für aufklärungsbedürftig hält, und für die Gewinnung geeigneter Betreuer. Wenn die Behörde vom Vormundschaftsgericht dazu aufgefordert wird, schlägt sie eine Person vor, die sich im Einzelfall zum Betreuer oder Verfahrenspfleger eignet. Die Behörde teilt dem Vormundschaftsgericht den Umfang der berufsmäßig geführten Betreuungen mit.

§ 9

Die Aufgaben, die der Behörde nach anderen Vorschriften obliegen, bleiben unberührt. Zuständige Behörde im Sinne dieser Vorschriften ist die örtliche Behörde.

IV. Berlin-Klausel

§ 10

Dieses Gesetz gilt nach Maßgabe des § 13 Abs. 1 des Dritten Überleitungsgesetzes auch im Land Berlin.

§ 1901
Umfang der Betreuung, Pflichten des Betreuers

(1) Die Betreuung umfasst alle Tätigkeiten, die erforderlich sind, um die Angelegenheiten des Betreuten nach Maßgabe der folgenden Vorschriften rechtlich zu besorgen.

(2) Der Betreuer hat die Angelegenheiten des Betreuten so zu besorgen, wie es dessen Wohl entspricht. Zum Wohl des Betreuten gehört auch die Möglichkeit, im Rahmen seiner Fähigkeiten sein Leben nach seinen eigenen Wünschen und Vorstellungen zu gestalten.

(3) Der Betreuer hat Wünschen des Betreuten zu entsprechen, soweit dies dessen Wohl nicht zuwiderläuft und dem Betreuer zuzumuten ist. Dies gilt auch für Wünsche, die der Betreute vor der Bestellung des Betreuers geäußert hat, es sei denn, dass er an diesen Wünschen erkennbar nicht festhalten will. Ehe der Betreuer wichtige Angelegenheiten erledigt, bespricht er sie mit dem Betreuten, sofern dies dessen Wohl nicht zuwiderläuft.

(4) Innerhalb seines Aufgabenkreises hat der Betreuer dazu beizutragen, dass Möglichkeiten genutzt werden, die Krankheit oder Behinderung des Betreuten zu beseitigen, zu bessern, ihre Verschlimmerung zu verhüten oder ihre Folgen zu mildern.

Wird die Betreuung berufsmäßig geführt, hat der Betreuer in geeigneten Fällen auf Anordnung des Gerichts zu Beginn der Betreuung einen Betreuungsplan zu erstellen. In dem Betreuungsplan sind die Ziele der Betreuung und die zu ihrer Erreichung zu ergreifenden Maßnahmen darzustellen.

(5) Werden dem Betreuer Umstände bekannt, die eine Aufhebung der Betreuung ermöglichen, so hat er dies dem Vormundschaftsgericht mitzuteilen. Gleiches gilt für Umstände, die eine Einschränkung des Aufgabenkreises ermöglichen oder dessen Erweiterung, die Bestellung eines weiteren Betreuers oder die Anordnung eines Einwilligungsvorbehalts (§ 1903) erfordern.

Materialien: Art 1 Nr 6 DiskE I; Art 1 Nr 41 RegEntw; Art 1 Nr 47 BtG; DiskE I, 123; BT-Drucks 11/4528, 133 ff (RegEntw); BT-Drucks 11/6949, 11 (RA, unverändert); Abs 1 eingefügt und d bisherigen Abs neu gezählt d Art 1 Nr 13 BtÄndG; BT-Drucks 13/7158, 7, 33 (RegEntw); BT-Drucks 13/10331, 11 (RA, unverändert); Beschlüsse BR-Drucks 339/98 und 517/98; BGBl 1998 I 1580, 1582; STAUDINGER/BGB-Synopse 1896–2005 § 1901; Abs 4 S 2 und 3 angefügt durch Art 1 Nr 10 d 2. BtÄndG (BT-Drucks 15/2494, 6, 20, 29); BT-Drucks 15/4874; BR-Drucks 121/05 (Beschluß).

Schrifttum

BIENWALD, Die Verpflichtung des Betreuers aus § 1901 Abs 4 BGB, Rpfleger 2003, 229
BORUTTA, Pflege zwischen Schutz und Freiheit: das Selbstbestimmungsrecht verwirrter alter Menschen (2000)
DIERCKS, Die persönliche Betreuung (1997)
FRATZKY, Kann der Betreuer die Wohnung des Betreuten gegen dessen Willen betreten?, BtPrax 2000, 239
FORMELLA, Aufsicht über die persönliche Betreuung, Rpfleger 1994, 238
FRÖSCHLE, Der Betreuungsplan nach § 1901 Absatz 4 Satz 2 und 3 Bürgerliches Gesetzbuch, BtPrax 2006, 43
GREGERSEN, Rechtliche Betreuung – was ist das?, BtPrax 1999, 211
HOLLER, Berufliche Rehabilitation und Beschäftigung für psychisch Kranke und seelisch Behinderte: eine Bilanz des Erreichten und Möglichen (1999) – Schriftenreihe des Bundesministeriums für Gesundheit (119)
JÜRGENS, Der Betreuer zwischen rechtlicher Vertretung und persönlicher Betreuung, BtPrax 1998, 129
ders, Weitere Einzelfragen zur Tätigkeit des Betreuers, BtPrax 1998, 212

KAMPS, Aut idem aut exitus der Therapiefreiheit, MedR 2002/193
KOLLMER, Selbstbestimmung im Betreuungsrecht (1992)
ders, Die Durchführung der Betreuung, § 1901 BGB, FuR 1993, 325
ders, Personensorge im Betreuungsrecht. Probleme im Spannungsfeld zwischen Eigen- und Fremdbestimmung, Rpfleger 1995, 45
MEES-JACOBI/STOLZ, Rechtliche und psychologische Aspekte einer Betreuung entsprechend den Wünschen und Vorstellungen des Betreuten, BtPrax 1994, 83
STEFFEN, Mehr Schutz für die Patientenrechte durch ein Patienten-Schutzgesetz oder eine Patienten-Charta?, MedR 2002, 190
STROH, Wer entscheidet über das Wohl der Betreuten? BdB-Verbandszeitung Heft 40 (6/2002) 20
WAGENITZ/ENGERS, Betreuung – Rechtliche Betreuung – Sozial(rechtlich)e Betreuung, FamRZ 1998, 1273.
WELTI, Das neue SGB IX-Recht der Rehabilitation und Teilhabe behinderter Menschen, NJW 2001, 2210.

Systematische Übersicht

I.	**Vorbemerkung**	1	4.	Nutzung von Heilungs- und Rehabilitationschancen (Abs 4)	31
II.	**Allgemeines**		a)	Keine Erweiterung des Aufgabenkreises	31
1.	Normzweck	2	b)	Reichweite der Bestimmung	32
2.	Anwendungsbereich	5	c)	Inhalt der Verpflichtung	33
3.	Das Binnenverhältnis in der Betreuungsarbeit	7	5.	Mitteilungspflichten gegenüber dem Gericht (Abs 5)	35
4.	Normverstöße und ihre Folgen	9	6.	Zur Anwendung von Zwang zur Durchsetzung des Betreuerauftrags	41
5.	Zum scheinbaren Widerspruch von rechtlicher und persönlicher Betreuung	13	a)	Allgemeines	41
			b)	Befugtes Eindringen in die Räumlichkeiten des Betreuten?	42
III.	**Maximen und Grenzen des Betreuerhandelns**		7.	Zur Einsicht des Betreuten in Betreuerakten; Auskünfte	44
1.	Die Verpflichtung zu rechtlicher Betreuung (Abs 1)	17	**IV.**	**Problemfälle der Praxis zum Verhältnis von rechtlicher und persönlicher Betreuung**	45
2.	Wohl des Betreuten (Abs 2)	21			
a)	Begrenzter Vorrang des Willens des Betreuten	21			
b)	Das Wohl des Betreuten	22	**V.**	**Die Verpflichtung zur Aufstellung eines Betreuungsplans**	53
c)	Aufrechterhaltung des früher selbstbestimmten Lebens	24			
3.	Beachtlichkeit von Wünschen und ihre Grenzen (Abs 3 S 1 und 2)	25			

Alphabetische Übersicht

Abwendung gesundheitlicher Schädigung	23	Binnenbeziehung/-verhältnis	7, 44
Akten des Betreuers, Einsicht in	44	Dienstleistungen, tatsächliche	52
Amtshaftungsanspruch	9	Duldungspflicht des Betreuten	42
Anwendungsbereich der Norm	5	Durchsetzung des Betreuerauftrags	41
Arztbegleitung	49		
Auftrag des Betreuers, Durchsetzung des	41	Eigenvorsorge	7
		Eindringen in Räumlichkeiten des Betreuten	42
Begleitung zum Arzt	49		
Begleitung zum Einkauf	50	Einkaufsbegleitung	50
Berufsspezifische Dienste	52	Einsicht in Akten des Betreuers	44
Besichtigung eines Heimes mit dem Betreuten	51	Entlassung des Betreuers	10
Besprechungspflicht	10, 46	Faktische Tätigkeiten	2
Besuchstätigkeit	15, 46	Feiern, Feste, Teilnahme an	48
Betreuerakten, Einsicht in	44	Folgen von Normverstößen	9
Betreuerauftrag, Durchsetzung des	41	Freiheit zur Krankheit	22
Betreuungsinhalt	11	Freiheitseinschränkung	23
Betreuungsplan	20, 53	Führung der Betreuung	44
Betreuungsrechtsänderungsgesetz	45		
Bevollmächtigter/Bevollmächtigung	6, 7		

Titel 2 § 1901
Rechtliche Betreuung 1

Gegenbetreuer	5	Rechtsfürsorge	2, 17
Gespräche	46	Rehabilitationschancen, Nutzung von	31 ff, 34
Gewaltanwendung	41 ff		
Grenzen des Betreuerhandelns	17	Säubern der Wohnung	43
Grenzen der Wunschbeachtung	25 ff	Schadensabwendung, gesundheitliche	23
Grundzielbestimmung	3	Schadensersatz (anspruch)	9
		Selbstbestimmtes Leben	24
Häufigkeit von Gesprächskontakten	47	Soziale Betreuung	14
Handlungsanweisungen	8, 10		
Heilungschancen, Nutzung von	31 ff	Teilnahme an Feiern, Festen usw	48
Heimbesichtigung	51		
		Verfahrenspfleger	5
Inhalt der Betreuung	11	Verstöße gegen die Norm	9
		Vertrauensverhältnis	8
Maximen des Betreuerhandelns	17	Verwahrloste Wohnung	43
Mitteilungspflichten	35	Vorrang des Willens des Betreuten	21
Mutmaßlicher Wille	24	Vorsorgevollmacht/-geber	6
Nachrang der Betreuung	7	Willensvorrang	21
Normverstöße	9	Wohl des Betreuten	22
Normzweck	2	Wünsche des Betreuten	25
Persönliche Betreuung	11, 13, 14 ff	Ziel der Betreuerbestellung	4
Pfleger für das Verfahren	5	Zumutbarkeit	21
Problemfälle	45 ff	Zwang gegen den Betreuten	41 ff
Rechtliche Betreuung	2, 13, 17, 34		

I. Vorbemerkung

Im Hinblick auf die ausführliche Kommentierung der Vorschrift und die Erörterung **1** grundsätzlicher Fragen in der 12. Auflage konzentriert sich die folgende Darstellung auf diejenigen Fragen, die in erster Linie durch die Voranstellung des neuen Abs 1 (durch Art 1 Nr 13 BtÄndG) und die auch sonst durch Gesetzesänderungen vorgenommene Betonung der rechtlichen Betreuung (Art 1 Nrn 1, 10a und 12a) entstanden sind. In der vergüteten Betreuungsarbeit hat sich durch die Änderungen eine erhebliche Unruhe breitgemacht, an deren Zustandekommen veröffentlichte wie auch zahlreiche (leider) nicht veröffentlichte Entscheidungen zu Fragen des Aufwendungsersatzes und der Vergütungsbewilligung und auch ein sonst undifferenzierter Umgang mit dem Erfordernis der „persönlichen Betreuung" einen nicht unerheblichen Anteil haben. Die Anwendung der Vorschrift bereitet der Betreuerpraxis neue Probleme durch die seit 1.7.2005 in Kraft getretene Vergütung nach Zeitpauschalen. Wurde die Besuchstätigkeit in einigen Gerichtsbezirken auf ein bis zwei im Monat festgelegt, legten Behörden und Gerichte in anderen Regionen, in denen nach einer eigenen Vergütungspauschalierung verfahren wurde, auf regelmäßige häusliche Besuche Wert. Betreuer fragen sich nun, wie sie in Zukunft dieser Forderung gerecht werden sollen. Offenbar wird unter Praktikern die Auffassung vertreten, die vergütete Zeit begrenze grundsätzlich auch die Betreuerverantwortung.

II. Allgemeines

1. Normzweck

2 Die Vorschrift betrifft die Pflichten des Betreuers. Sie regelt insbesondere, welche Bedeutung das Wohl des Betreuten und seine Wünsche für das Verhalten des Betreuers haben sollen (BT-Drucks 11/4528, 133). Sie bestimmt nicht den Umfang der Betreuung im Sinne einer Verantwortungszuständigkeit, der durch den Aufgabenkreis festgelegt ist, sondern kennzeichnet die Art und Weise, wie zu betreuen ist (KOLLMER 121). Der durch das BtÄndG mit Wirkung vom 1. 1. 1999 den bisherigen Absätzen vorangestellte Abs 1 hat den Zweck, die auf die **rechtliche** Besorgung der Angelegenheiten des Betreuten bezogene Amtsführung des Betreuers von nur **faktischen** Tätigkeiten klarer abzugrenzen, die nicht zur Ausführung des Betreuerauftrages gehören und infolgedessen auch nicht (in erster Linie aus der Staatskasse) vergütet werden sollen (BT-Drucks 13/7158, 33). Eine scharfe Trennlinie ist damit nicht gezogen. Das Bemühen um Abgrenzung erstreckt sich, wie der Standort des Abs 1 zeigt, auf das Innenverhältnis der Betreuung; Maßnahmen des Betreuers, die jeglichen Bezug zu der dem Betreuer übertragenen Rechtsfürsorge vermissen lassen, gehören schon deshalb nicht zum Auftrag des Betreuers und können deshalb auch nicht Gegenstand des Abs 1 sein. Um eine „Neudefinition" der Aufgabe des Betreuers (so aber HK-BUR/BAUER, Eröffnungsvortrag 8. VGT-Aktuelles) handelt es sich nicht.

Das Problem unmittelbarer finanzieller Auswirkungen auf beruflich tätige Betreuer und die bereits mit der Verabschiedung des BtÄndG zum Ausdruck gebrachte Absicht, „hilfsbedürftigen Menschen langfristig rechtliche Betreuung ebenso ... wie tatsächliche Zuwendung und Fürsorge" zu verbürgen (BR zu Drucks 339/98), was auch aus ihr eines Tages wird, erschweren Abgrenzungsbemühungen.

Durch Art 1 Nr 10 des 2. BtÄndG wurden dem Abs 4 die Sätze 2 und 3 angefügt. Durch sie werden alle Betreuer, die Betreuungen berufsmäßig, dh mit Anspruch auf Vergütung, führen, verpflichtet, zu Beginn der Betreuung einen Betreuungsplan zu erstellen, der die Ziele der Betreuung und die zu ihrer Erreichung zu ergreifenden Maßnahmen darstellen soll. Diese Verpflichtung beschränkt sich jedoch auf dafür geeignete Fälle (näher dazu unten Rn 34). Sie setzt eine Anordnung des Gerichts voraus (Ergänzung durch Beschluß des Rechtsausschusses).

3 Abs 2 S 1 der Vorschrift macht das Wohl des Betreuten zum Maßstab für das Verhalten des Betreuers. Darüber hinaus ist das Wohl des Betreuten das Grundziel des Betreuungsrechts (BT-Drucks 11/4528, 53). Damit kommt der Vorschrift jedoch nicht die Funktion einer Grundzielbestimmung zu (so aber wohl ERMAN/HOLZHAUER Rn 3). Dieses Grundziel der Betreuung wird bereits durch die Grundnorm des Betreuungsrechts (§ 1896) und die dort enthaltene Begrenzung der Betreuerbestellung auf die Fälle erforderlicher Betreuung bestimmt (§ 1896 Abs 2 S 1). Eine Betreuerbestellung, die nicht auch dem Wohl des Betreuten dient, indem seine Angelegenheiten besorgt werden und er in dem hierfür erforderlichen Umfang persönlich betreut wird (§ 1897 Abs 1), entbehrt ihrer Rechtfertigung. Zur Berücksichtigung der Interessen der Betroffenen im BtG s BIENWALD Protokolldienst Bad Boll 23/93 (Rechtspflegertagung 9.–11. 11. 1992), 32.

§ 1901 enthält wichtige aus dem allgemeinen Ziel der Betreuerbestellung abgeleitete **4** Handlungsanweisungen für den Betreuer. Nur so läßt sich erklären, daß die als Richtschnur des Betreuerhandelns verstandene Orientierung am Wohl des Betreuten als eine Selbstverständlichkeit begriffen wird (ERMAN/HOLZHAUER Rn 3; Münch-Komm/SCHWAB Rn 1 jeweils Voraufl). § 1901 Abs 3 ist Ausdruck eines allgemeinen Prinzips des Betreuungsrechts, den Wünschen des Betroffenen soweit vertretbar und möglich Geltung zu verschaffen, vgl etwa § 1896 Abs 1 und 2, § 1897 Abs 4 S 1 und 2, § 1900 Abs 2 S 2, §§ 66 und 70a FGG. Die Vorschrift wird ergänzt durch § 1903 Abs 3 und § 1804 iVm § 1908i Abs 2 S 1. Sie verpflichtet nicht unmittelbar den rechtsgeschäftlich bestellten Bevollmächtigten (§ 1896 Abs 2). Er kann jedoch vertraglich verpflichtet werden. Hierfür empfiehlt es sich, die Inhalte der Norm, soweit gewollt, in die Vereinbarung dem Wortlaut nach zu übernehmen. In Anbetracht der Änderbarkeit der Norm (s BtÄndG) sollte um der Bestimmtheit des Auftrages willen von der bloßen Verweisung auf die Vorschrift (davon wird Gebrauch gemacht) Abstand genommen werden.

2. Anwendungsbereich

Die Vorschrift hat mit Ausnahme der neu eingeführten Verpflichtung, einen Betreu- **5** ungsplan zu erstellen (Abs 4 S 2 und 3) für die Amtsführung aller Betreuer, wenn auch in unterschiedlichem Umfang, Bedeutung. Am wenigsten gilt sie für den Gegenbetreuer, der nicht unmittelbar Angelegenheiten des Betreuten zu besorgen, gleichwohl aber sein Handeln am Wohl des Betreuten auszurichten hat. Für den Pfleger für das Verfahren, der nach § 67 oder nach § 70b FGG bestellt wird/ist, kommt die Vorschrift weder dem Wortlaut noch ihrem Zweck nach zur Anwendung. Der Stellung des Verfahrenspflegers entspricht es nicht, den (begrenzten) Willensvorrang des Betroffenen zu beachten oder an Weisungen des Betroffenen gebunden zu sein; er soll (nur) die objektiven Interessen des Betroffenen wahrnehmen (BT-Drucks 11/4528, 171). Im übrigen s STAUDINGER/BIENWALD[12] Rn 4.

Mit der Vorschrift wird auf die privatrechtlich gestaltete Rechtsbeziehung zwischen **6** Vollmachtgeber und Bevollmächtigtem jedenfalls nicht unmittelbar Einfluß genommen. Der **Bevollmächtigte** unterliegt auch nicht der Aufsicht und Kontrolle des Vormundschaftsgerichts. Ist der (Vorsorge-)Vollmachtgeber außerstande, die gegenüber dem Bevollmächtigten bestehenden Rechte wahrzunehmen, kann das Gericht dem Vollmachtgeber einen Betreuer nach § 1896 Abs 3 bestellen. Aufgrund der Genehmigungsbedürftigkeit von Erklärungen Bevollmächtigter nach §§ 1904, 1906 und der Notwendigkeit, die gerichtlichen Entscheidungen nach bestimmten Kriterien (Wohl des Betroffenen) zu treffen, kann es nicht ausbleiben, daß auf Wünsche des Vollmachtgebers, sofern bekannt, zurückgegriffen wird. Dies um so mehr, als mit der (Vorsorge-)Vollmacht die Tatsache der Betreuungsbedürftigkeit nicht geleugnet, sondern lediglich das Instrument staatlicher Fürsorge nicht in Anspruch genommen wird, insofern also Parallelitäten bestehen (zur Beachtlichkeit von Wünschen des Betreuten im Gesundheitsbereich unten Rn 22 aE).

3. Das Binnenverhältnis in der Betreuungsarbeit

7 Die Schaffung eines neuen Rechtsinstituts Betreuung, die jedenfalls teilweise Loslösung von dem Modell der Vormundschaft und zuletzt die durch das BtÄndG vorgenommene Öffnung der (Vorsorge-)Bevollmächtigung für personensorgebezogene Angelegenheiten und Entscheidungen (s dazu § 1896 Rn 114) lassen auch das Rechtsverhältnis zwischen Betreutem und Betreuer in einem neuen Licht erscheinen. Zumindest der Absicht und der gesetzlichen Regelung nach (§ 1896 Abs 2; statistisch überwiegt die Zahl der Betreuerbestellungen) ist die gerichtliche Bestellung eines Betreuers gegenüber der Eigenvorsorge **nachrangig**. Dieser Nachrang erstreckt sich damit nicht lediglich auf im wesentlichen vermögensrechtliche Angelegenheiten des Betroffenen, sondern kann die Gesamtheit der zu besorgenden Angelegenheiten erfassen, sofern sie überhaupt nach der Rechtsordnung durch einen Vertreter besorgt und entschieden werden können. Hat aber, soweit sie dem Betroffenen möglich ist, die Eigenvorsorge Vorrang, gewinnt die Betreuung den (rechtlichen) Charakter einer Ersatzlösung. Erteilt im Falle der Eigenvorsorge der Betroffene den Auftrag, so handelt im Falle fehlender oder nicht ausreichender Eigenvorsorge **an dessen Stelle** das Gericht. Aus der Zweierbeziehung wird eine Dreierbeziehung, jedoch lediglich insoweit, als das Gericht an die Stelle des nicht tätig gewordenen und nun dazu nicht mehr fähigen Betroffenen tritt.

8 Speziell die in den Abs 2 und 3 enthaltenen Handlungsanweisungen an den Betreuer geben deshalb grundsätzlich nichts anderes wieder, was nicht auch Gegenstand eines vom Betroffenen unmittelbar vereinbarten Auftragsverhältnisses sein könnte. Weil der Betroffene aufgrund der aktuellen Krankheits- oder Behinderungslage zu eigener Beauftragung und Überwachung eines solchen Auftrages außerstande ist (und sich womöglich auch niemand von ihm beauftragen läßt), nimmt das Gericht während des Bestehens der Betreuung auch die Kontroll- und Überwachungsfunktion wahr und gibt sie lediglich für den Fall der Beendigung des gerichtlich initiierten Auftragsverhältnisses an den Betroffenen (den bisherigen Betreuten) oder seinen Rechtsnachfolger wieder zurück. Bei dem Grundverhältnis zwischen Betreutem und Betreuer handelt es sich also der Struktur nach um eine Auftragsbeziehung, die lediglich vom Gericht in Wahrnehmung einer staatlichen Fürsorge und in Verantwortung für das Funktionieren der Rechtsordnung vermittelt wird. Auch aus diesem Grunde **kommt der persönlichen Betreuung nicht die Bedeutung einer eigenständigen Aufgabe neben den sonst formulierten Aufgaben(kreisen) zu**; vielmehr ist sie Ausdruck der durch ein persönliches Vertrauensverhältnis geprägten Auftragsbeziehung (s STAUDINGER/WITTMANN [1995] § 664 Rn 1). Bei den in den Absätzen 2 und 3 enthaltenen Anweisungen handelt es sich deshalb nicht um für das Betreuungsverhältnis charakteristische Besonderheiten, sondern um die Formulierung von sich aus dem Grundverhältnis ergebenden Selbstverständlichkeiten.

4. Normverstöße und ihre Folgen

9 Richtet sich der Betreuer in seiner Amtsführung nicht nach den in dieser Vorschrift enthaltenen Handlungsanweisungen, kann er dafür nach Maßgabe des § 1837 Abs 2, ggf iVm § 33 FGG, vom Vormundschaftsgericht zur Verantwortung gezogen werden. Gegenüber Verein und Behörde sowie gegenüber dem Behördenbetreuer besteht nur eine eingeschränkte Reaktionsmöglichkeit (§ 1837 Abs 3 S 2, § 1908g Abs 1).

UU erwächst dem Betreuten aus dem pflichtwidrigen Verhalten ein Schadensersatzanspruch (§ 1833 iVm § 1908i Abs 1 S 1), zu dessen Prüfung und Geltendmachung ein weiterer Betreuer (§ 1899) zu bestellen wäre. Äußerstenfalls käme die Entlassung des pflichtwidrig tätig gewesenen Betreuers in Betracht (§ 1908b Abs 1), wenn weiterhin, trotz Belehrungen, mit einem entsprechenden Verhalten zu rechnen wäre. Vorstellbar ist auch ein Amtshaftungsanspruch, wenn das Vormundschaftsgericht seiner Aufsichtspflicht nicht ausreichend nachgekommen und infolgedessen dem Betreuten ein Schaden entstanden ist.

Dem Charakter der Vorschrift entsprechend, dem Betreuer zumeist allgemein, von dem Aufgabenkreis unabhängig, formulierte Handlungsanweisungen für die Führung der Betreuung zu geben, werden Verstöße gegen diese Anweisungen im allgemeinen erst im Zusammenhang von konkreten Handlungen oder Unterlassungen sichtbar. Unabhängig von weiteren Handlungen oder Unterlassungen sind Verletzungen der Besprechungspflicht des Abs 3 S 3 und der Informationspflicht des Abs 5. Hält der Betreuer die Besprechungspflicht nicht ein oder hält er entgegen dem Gebot persönlicher Betreuung keinen (ausreichenden) Kontakt zu dem Betreuten, entspricht dies nicht dem gerichtlichen und gesetzlichen Auftrag, bewirkt jedoch nicht schon deshalb, daß die von dem Betreuer besorgten Angelegenheiten mit einem Rechtsmangel behaftet sind. Insofern dürfte auch die Geltendmachung eines Schadensersatzanspruchs kaum in Betracht kommen. Allerdings würde das Unterlassen jeglichen Kontaktes oder die unzureichende Beteiligung des Betreuten den Betreuer grundsätzlich als **ungeeignet** erscheinen lassen, so daß er zu **entlassen** wäre (§ 1908b Abs 1). Zum Verstoß gegen die Informationspflicht des Abs 5 s unten Rn 40. 10

Abs 1 enthält eine Beschreibung und Bestätigung des Inhalts der Betreuung. Aus dieser Vorschrift lassen sich konkrete Verstöße in der Amtsführung nicht unmittelbar ableiten. In der realen Betreuungsarbeit wirkte sich die Bestimmung auf die Vergütungspraxis der Gerichte aus, was der Absicht des Gesetzgebers entspricht, mit der er die Bestimmung eingefügt hatte. Zum Nachteil des Betreuten und der persönlichen Betreuung iS ihrer eigentlichen Bedeutung (s BT-Drucks 11/4528, 68) darf sich die durch Abs 1 beabsichtigte Klarstellung des Betreuerauftrags nicht auswirken; lediglich dort, wo der Betreuer über das zur Besorgung der ihm aufgetragenen Angelegenheiten und gesetzlich vorgegebenen Verpflichtungen notwendige Maß persönlicher Betreuung hinausgegangen ist, wird die Bestimmung und werden ihre Auswirkungen als Einengung seiner Betreuungsarbeit empfunden. Seit dem ersten BtÄndG kam es stärker darauf an, bei Vergütungsanträgen – jedenfalls in Zweifelsfällen – eine eingehende Begründung dafür zu liefern, daß die in Rechnung gestellte Zeit und die Art der in Rechnung gestellten Tätigkeit einschließlich der Beteiligung des Betreuten zur auftragsgemäßen Erledigung gerechtfertigt war. 11

Abs 2 S 1 und 2 verpflichten den Betreuer zwar unmittelbar, aber allgemein. Setzt sich der Betreuer über die Anweisungen hinweg, kann sich der Betreute dagegen zur Wehr setzen und sich bei Gericht beschweren. Das können aber auch Außenstehende (sog Dritte) tun. Das Gericht hat ggf dann den Sachverhalt von Amts wegen aufzuklären und die erforderlichen Maßnahmen zu treffen. 12

Für sein persönliches Verhalten gegenüber dem Betreuten steht dem Betreuer ein Spielraum zu (BayObLG FamRZ 1994, 1353).

5. Zum scheinbaren Widerspruch von rechtlicher und persönlicher Betreuung

13 Der vom Deutschen Bundestag an den Rechtsausschuß und an den Ausschuß für Familie, Senioren, Frauen und Jugend überwiesene Antrag von Abgeordneten und Fraktion der SPD „Reform des Betreuungsrechts: Von der justizförmigen zur sozialen Betreuung" (BT-Drucks 13/10301; Plenarprotokoll 228, 20957, 20966) geht davon aus, daß das geltende Betreuungsrecht bestimmten rechtspolitischen Zielsetzungen nicht gerecht wurde, und führt das darauf zurück, „daß der Gesetzgeber seine Vorstellungen weitgehend mit den Mitteln des Zivilrechts und des justiziellen Instrumentariums hat durchsetzen wollen"; beides sei aber nur in Grenzen dafür tauglich. Die Betreuung könne „nicht nur als ein zivilrechtliches Rechtsverhältnis begriffen und beschrieben werden, in dem eine Person für eine andere Geschäfte zu besorgen hat. Zur Betreuung gehören vielmehr der Aufbau eines Vertrauensverhältnisses, die Stützung und Unterstützung des Betreuten, die Vermittlung von Konfliktlösung im Verhältnis zu Dritten, die Anleitung und Führung des Betreuten in persönlichsten Angelegenheiten." Das erfordere auf seiten des Betreuers Aktivitäten, die den Rahmen des im Zivilrecht Regelbaren sprengen.

14 Abgesehen davon, daß die späteren Ausführungen und Vorstellungen in dem Papier nicht auf eine soziale, sondern sozial(rechtlich)e – so WAGENITZ/ENGERS FamRZ 1998, 1273 – oder noch genauer: sozialbehördlich gesteuerte Betreuung hinauslaufen, weist der Eingangstext zwei Irrtümer auf, die Fehleinschätzungen zur Folge haben müssen.

Anliegen des Betreuungsgesetzgebers war es nicht, ein – je nach Bedarf – umfassendes Betreuungsverhältnis zu regeln. Dafür hätte angesichts der zahlreichen realen Betreuungsverhältnisse – abgesehen von Regelungen finanzieller Förderung – kein Bedarf bestanden. Der Gesetzgeber hatte, wollte er die Entmündigung abschaffen und die Vormundschaft für Volljährige sowie die Gebrechlichkeitspflegschaft ersetzen, eine **Entscheidungszuständigkeit** zu begründen, weil insoweit in Fällen, die in § 1896 Abs 1 beschrieben sind, Bedarf bestand. Aus verfassungsrechtlichen Gründen wurde eine eher totale durch eine partielle Betreuung (Erforderlichkeitsgrundsatz) ersetzt. Der Gesetzgeber hat ferner vor dem Hintergrund festgestellter Mängel – wohl überwiegend aufgrund der hohen Fallzahlen bei behördlich geführten Vormundschaften und Pflegschaften (BT-Drucks 11/4528, 50, 68) – die Bestellung in erster Linie natürlicher Personen zu Betreuern vorgesehen und außerdem die Betreuer zu persönlicher Betreuung (im Gegensatz zu unpersönlicher, lediglich vom Schreibtisch aus geführter, Betreuung) verpflichtet (§ 1897 Abs 1).

15 Da der Aufgabenkreis des Betreuers bedarfsgerecht und bedarfsbezogen festzustellen und festzusetzen ist (§ 1896 Abs 1, 2), kommen als Auftrag eines Betreuers zB auch Bereiche in Betracht, die angeblich vom geltenden Recht nicht erfaßt werden: die Klärung von nachbarschaftlichen Konflikten im Rahmen der Regulierung von Wohnungs- oder Mieterangelegenheiten. Die Anleitung und Führung des Betreuten in persönlichsten Angelegenheiten kommt als Gegenstand der in Abs 4 verankerten Verpflichtung in Betracht. Je nach Auftrag des Betreuers erschöpft sich die Besor-

gung der Angelegenheiten des Betreuten auch nicht in der Wahrnehmung von rechtsgeschäftlichen Angelegenheiten, nicht einmal in Angelegenheiten, für die ein gesetzlicher Vertreter bestellt wird, wie sich aus § 1896 Abs 2 unmittelbar ergibt. So stellt beispielsweise die Einteilung von Arbeitsverdienst, von Werkstattentgelt oder des dem Betreuten gezahlten Betrages zu persönlicher Verwendung keine rechtsgeschäftliche Angelegenheit dar, ebensowenig wie es die Einwilligung in eine ärztliche Maßnahme oder die Nachforschung regelmäßiger Medikamentengabe ist. Geschieht dies unter Beteiligung des Betreuten und nicht über seinen Kopf hinweg, entspricht diese Praxis den Bestimmungen des Betreuungsgesetzes und den Erwartungen des damaligen Gesetzgebers.

Auch der persönliche Kontakt und die **Besuchstätigkeit** des Betreuers unterliegen dem Erforderlichkeitsgrundsatz. Weder verlangt der Grundsatz der persönlichen Betreuung ausschließlich einen Hausbesuch oder sonst persönlichen Kontakt, wenn zB der Betroffene telefonischen oder schriftlichen Kontakt bevorzugt oder wenn dieser ausreicht, um den für die Besorgung der Angelegenheiten des Betreuten nötigen Kontakt herzustellen. Der betreute Mensch hat ein Recht darauf, in seinem Wohnbereich nicht mehr als für die Führung der Betreuung erforderlich gestört zu werden. Außerdem handelt es sich bei der Betreuung um eine vom Einzelfall bestimmte und auf ihn zugeschnittene fürsorgliche Maßnahme, die nicht mehr als unbedingt nötig eine Verallgemeinerung duldet.

Die übergroße Zahl von Verfahren in Vergütungs- und Aufwendungsersatzangelegenheiten spricht zwar nicht für die gesetzgeberische Lösung, zumal unter dem vorher geltenden Vormundschafts- und Pflegschaftsrecht solche Verfahren kaum Erwähnung fanden. Sie spricht aber ebensowenig gegen sie, solange nicht genau festgestellt ist, weshalb es einer Praxis nicht gelungen ist, mit einem in seiner Konstruktion einfachen Rechtsinstitut – Besorgung von im wesentlichen Rechtsangelegenheiten in einer den Betroffenen einbeziehenden (ihn als „Auftraggeber" akzeptierenden) Art und Weise – adäquat umzugehen. Nicht selten wird der begrenzte Willensvorrang des Betreuten (dazu unten Rn 21 ff) dahin mißverstanden, die Entscheidung in einer Sachfrage dem Betreuten zu überlassen, diese dann zu vollziehen und dann darauf hinzuweisen, der Betreute habe das (uU schädliche) Ergebnis selbst gewollt. Hier wird verkannt, daß dem Betreuer deshalb Entscheidungskompetenz zugewiesen wurde, weil sie in dem erforderlichen Maße bei der betreuten Person vermißt wurde (vgl dazu BIENWALD RsDE 50/2002, 1, 34 sowie als Beispielsfall LG Berlin FamRZ 2000, 1526 [monatelanges Warten des sachlich zuständigen Betreuers, daß der Betreute sich für die Aufgabe der Wohnung seiner verstorbenen Mutter entscheidet]. Die den Betreuer verurteilende Entscheidung hatte jedoch vor dem KG keinen Bestand). 16

III. Maximen und Grenzen des Betreuerhandelns

1. Die Verpflichtung zu rechtlicher Betreuung (Abs 1)

Der neu eingefügte Abs 1 soll die Abgrenzung zwischen den dem Betreuer vom Gesetz zugewiesenen Amtsgeschäften und dessen darüber hinausgehendem faktischem Engagement für den Betreuten verdeutlichen. Maßnahmen des Betreuers, die zur Willenserforschung und damit zu einer persönlichen Interessenwahrnehmung durch den Betreuer nicht mehr erforderlich sind oder sogar jeglichen Bezug zu der 17 dem Betreuer übertragenen Rechtsfürsorge vermissen lassen, werden als Ausdruck menschlicher Zuwendung für wünschenswert gehalten, gehören aber nach Auffassung des Gesetzgebers nicht mehr zu den dem Betreuer vom Gesetz/Gericht zugewiesenen Aufgaben rechtlicher Interessenwahrnehmung. Da es in erster Linie um die Frage, wofür der Berufsbetreuer zu vergüten ist, ging (hierzu und zu dem Vorangegangenen BT-Drucks 13/7158, 33), hat die Abgrenzungsproblematik hauptsächlich im Bereich der entgeltlich/berufsmäßig geführten Betreuung ihre betreuungsrechtliche Bedeutung; im Bereich ehrenamtlicher Betreuung handelt es sich bei der Frage nach den Grenzen der Betreuung, der Gefahr einer Überbetreuung, um ein Problem der eigenen Kräfte und Grenzen und der Würde des Betreuten. Durch die Einführung von Zeitpauschalen für die berufsmäßige Führung der Betreuung verlagert sich das Problem von der Abrechnung auf die Person des Betreuers, der die Grenzziehung für sich vornehmen muß.

18 Dem gesetzgeberischen Anliegen zufolge berührt die Vorschrift sowohl § 1901 als auch § 1902. Einerseits geht es um die Frage, ob der Betreuer sich mit seinem Handeln außerhalb seines Auftrags bewegt, zum andern um das Maß persönlicher Betreuung im Rahmen der ihm aufgetragenen Geschäfte. Bewegt sich der Betreuer **außerhalb seines Aufgabenkreises**, kann es gar keine Frage sein, daß er dafür grundsätzlich Vergütung nicht beanspruchen kann, abgesehen einmal davon, daß es sich um einen Fall von GoA handeln konnte. Soweit es um die **Art und Weise der Besorgung** der Angelegenheiten des Betreuten geht, steht der Betreuer unter der generellen Verpflichtung persönlicher Betreuung, als deren Konkretisierung einzelne Bestimmungen des § 1901 verstanden werden müssen. Persönliche Betreuung heißt, auf eine kurze Formel gebracht (vgl BT-Drucks 11/4528, 68): Die Besorgung der Angelegenheiten unter Einbeziehung des Betreuten – keine Betreuung lediglich vom Schreibtisch aus.

19 Der gesetzliche Auftrag zur Einbeziehung des Betreuten in die Besorgung seiner Angelegenheiten läßt eine rein objektive Bewertung des Maßes notwendiger Beteiligung nicht zu. In einem erheblichen Umfang kommt es auf die Person des Betreuten an.

Dem neuen Abs 1 kann deshalb nicht mehr abverlangt werden, als Betreuer dahin zu beeinflussen, sowohl mit der eigenen Zeit als auch mit dem Geld anderer bewußt(er) umzugehen, und bei Gericht mehr Verständnis und Offenheit für die Abgrenzungsproblematik zu erreichen. Auf beiden Seiten sollte es zu mehr Bereitschaft für eine argumentative Auseinandersetzung geben, als sie dem Vernehmen und den veröffentlichten Entscheidungen nach zu urteilen stattfindet. Sowohl dem abrechnenden Betreuer als auch dem Gericht muß die Erklärungsbedürftigkeit und -fähigkeit besonders gelagerter Fälle bewußt sein.

20 Das „Programm" der Betreuungsführung – auch **Betreuungsplan** genannt (HK-BUR/BAUER § 1901 Rn 33) – gehört grundsätzlich nicht zu den Angelegenheiten des Betreuten. Der für die Aufstellung und ggf seine Fortschreibung und Kontrolle benötigte zeitliche und sächliche Aufwand ist deshalb nicht nach §§ 1835 ff aufwendungsersatzfähig. Es handelt sich auch nicht um eine nach § 1835 Abs 3 abzurechnende berufsspezifische Angelegenheit. Macht sich der Betreuer eine geordnete Zusammenstellung der in einem bestimmten Zeitraum zu besorgenden Angelegenheiten und der einzuhaltenden Termine usw, handelt es sich um ein Hilfsmittel zu möglichst reibungsloser und fehlerfreier Führung der Betreuung. Es handelt sich also grundsätzlich um ein Gebot des eigenen Interesses. Anders kann es zu beurteilen sein, wenn das Gericht auf der Basis der §§ 1839, 1840 Abs 1 dem Betreuer aufgibt, bereits nach Ablauf einer relativ kurzen Zeit zu berichten und die Vorhaben, insbesondere im Bereich von Angelegenheiten der Personensorge, zu erläutern. Dem Vorschlag von HOLZHAUER (Gutachten 57. DJT B 114) ist der Gesetzgeber seinerzeit nicht gefolgt. In der Praxis zu beobachtende Anlehnungen an den Hilfeplan des § 36 KJHG (SGB VIII) gehen fehl, wie auch sonst aus der Sozialarbeit unreflektiert übernommene Theorie- und Methodikanteile (dazu näher BIENWALD Rpfleger 1998, 462 und RsDE 50/2002, 1, 33 ff). Die durch das 2. BtÄndG eingeführte Verpflichtung zur Aufstellung eines Betreuungsplans, der die Ziele der Betreuung und die zu ihrer Erreichung zu ergreifenden Maßnahmen darstellen soll, steht dazu nicht im Gegensatz, bestätigt vielmehr die hier vertretene Auffassung. Denn die Verpflichtung besteht nur insoweit, als es sich um einen geeigneten Fall handelt, und der Betreuer die Betreuung berufsmäßig führt, sie trifft also nicht alle Betreuer und gilt auch nicht für alle berufsmäßig geführten Betreuungen.

2. Wohl des Betreuten (Abs 2)

a) Begrenzter Vorrang des Willens des Betreuten

Entscheidender Maßstab für das Verhalten des Betreuers soll das Wohl des Betreuten sein (BT-Drucks 11/4528, 133). Ausdruck dessen ist Abs 2 S 1, der von dem Betreuer erwartet, daß er seine Tätigkeit am Wohl des Betreuten ausrichtet. Diese Orientierung am Wohl des Betreuten bildet auch den Maßstab und die Grenze der Beachtlichkeit von Wünschen, die der Betreute in der Vergangenheit (Abs 3 S 2) oder in der Gegenwart (Abs 3 S 1) geäußert hat (sog begrenzter Willensvorrang des Betreuten, KOLLMER 325, 326; zum Begriff des Betreutenwohls einerseits ERMAN/Holzhauer Rn 3 und 6 und andererseits MünchKomm/SCHWAB Rn 9 und 10). Zur Zumutbarkeit als Grenze der Belastbarkeit des Betreuers s STAUDINGER/BIENWALD (1999) Rn 31 ff.

21

b) Das Wohl des Betreuten

Das Wohl des Betreuten läßt sich nicht mit dem „Kindeswohl" gleichsetzen. Das Kindeswohl (vgl § 1627 S 1; § 1626 Abs 3; § 1666 Abs 1 S 1) ist zu orientieren an dem durch § 1626 Abs 2 S 1 anerkannten Erziehungsziel einer Heranführung des Kindes zu einem selbständigen verantwortungsbewußten (und selbstverantworteten) Handeln iS einer Entwicklung zur eigenverantwortlichen Persönlichkeit (MünchKomm/ HINZ § 1626 Rn 32). Demgegenüber ist Maßstab des Betreuerhandelns der Volljährige, der – in der Regel – selbst über seine persönlichen, gesellschaftlichen, beruflichen usw Angelegenheiten und Wünsche selbst entscheiden und im Rahmen der durch das GG gesetzten Grenzen seine Persönlichkeit entfalten kann oder doch konnte. Dementsprechend kann als ein wesentlicher Grundsatz für die Arbeit des Betreuers die Respektierung der Vorstellungen des Betreuten über die Gestaltung seines Lebens, seines Alltags, seiner Wohn-, Arbeits- und Freizeitgewohnheiten und -bedürfnisse gelten. Zum Wohl des Betreuten gehört die Selbstbestimmung, dh die Möglichkeit, im Rahmen seiner Fähigkeiten sein Leben nach seinen eigenen Wünschen und Vorstellungen zu gestalten. Begrenzt wird das Recht der Selbstbestimmung durch die Rechte anderer, durch die verfassungsmäßige Ordnung und das Sittengesetz (Art 2 Abs 1 GG). In gewissen Grenzen muß auch einem psychisch

22

Kranken die „Freiheit zur Krankheit" belassen bleiben (BVerfG FamRZ 1998, 895, 896 = BtPrax 1998, 144, 145 m Bezug auf BVerfGE 58, 208, 224 ff).

23 Dem Wohl des Betreuten dient es nicht, wenn er die Begrenzung überschreitet oder wenn er die Grenzen überschreiten darf und sich damit der Gefahr aussetzt, zur Rechenschaft gezogen zu werden. Die Möglichkeiten des Betreuers, tatsächliches Verhalten des Betreuten in dieser Hinsicht zu „steuern", sind jedoch gering. Das BtG ist an dem Modell gelingender Kommunikation, nicht an dem der Machtausübung und Gewaltanwendung orientiert, wenngleich auf letzte nicht ganz verzichtet wird (s § 68b Abs 3, § 70g Abs 5 FGG). Insoweit obliegt es, je nach Aufgabenkreis, dem Betreuer, darauf zu achten und mit Mitteln der Überzeugung darauf hinzuwirken, daß der Betreute sein Leben nicht nur nach seinen eigenen (unkontrollierten) Wünschen und Vorstellungen, sondern auch im Bewußtsein gestaltet, als „soziales Wesen" in gleicher Weise berechtigten anderen Menschen gegenüberzustehen, sich entsprechend zu verhalten. In diesem Zusammenhang kommt der Aufgabe des Abs 4 eine über diese Regelung hinausgehende Bedeutung zu. Mitunter bleibt nur die Alternative einer Einschränkung der Freiheit, wenn diese ausschließlich den Zweck verfolgt, (zB) einen psychisch Kranken vor sich selbst in Schutz zu nehmen, vorausgesetzt, daß sich die Unterbringung als unumgänglich erweist, um eine drohende gewichtige gesundheitliche Schädigung von dem Kranken abzuwenden (BVerfG FamRZ 1998, 895, 896 = BtPrax 1998, 144, 145).

c)   Aufrechterhaltung des früher selbstbestimmten Lebens

24 Haben die Fähigkeiten des Betreuten, sein Leben nach seinen eigenen Wünschen und Vorstellungen zu gestalten, infolge von Krankheit oder Behinderung nachgelassen oder waren sie nie oder nur in geringem Maße vorhanden, bleiben als objektives Kriterium für die Bestimmung des Betreutenwohls auch in diesen Fällen die verfassungsmäßige Ordnung und das Sittengesetz erhalten. Im übrigen bedarf es der Differenzierung. Hatte der Betreute in früherer Zeit die Möglichkeiten und Fähigkeiten selbstbestimmter Lebensgestaltung, ist die Betreuung und damit auch die Verpflichtung des Betreuers nach Abs 3 S 1 an der bisherigen Lebensgestaltung des Betreuten zu orientieren. Der Betreuer hat seine Entscheidungen danach auszurichten, wie der Betreute sein gegenwärtiges Leben selbst gestalten würde, wenn er die dazu notwendigen Fähigkeiten noch hätte. So für die Vermögenssorge des Gebrechlichkeitspflegers, aber für die Betreuung in gleicher Weise gültig, das BayObLG im Beschluß v 20. 9. 1990 (BayObLGZ 1990, 249 = FamRZ 1991, 481), wonach eine Pflegschaft (Betreuung) nicht dazu führen dürfe, den Pflegling (Betreuten) entgegen seinen Wünschen vom Genuß seines Vermögens oder seiner Einkünfte weitgehend auszuschließen; vielmehr solle er den gewohnten Lebenszuschnitt beibehalten dürfen (bestätigt durch BayObLGZ 1993, 63 = FamRZ 1993, 851 = FuR 1993, 228 = MDR 1993, 545 = R&P 1993, 79).

Gibt es aus der Vergangenheit des Betreuten keine Anhaltspunkte für ein selbstbestimmtes Leben, läßt sich die Wohlbestimmung nach den Grundsätzen der Geschäftsführung ohne Auftrag vornehmen. Es kommt dann auf den mutmaßlichen Willen des Betreuten, seine mutmaßlichen Wünsche und Vorstellungen an.

24a Nicht zu folgen ist für das geltende Betreuungsrecht der Auffassung, daß sich die Pflichten des Betreuers in erster Linie aus seiner Verpflichtung auf das Wohl des

Betreuten ergeben (ERMAN/HOLZHAUER Rn 6). Insbesondere führen die Vergleiche mit dem früheren Recht (sowohl dem schriftlich fixierten als auch dem angewendeten) sowie dem Kindschaftsrecht der heutigen Minderjährigenvormundschaft zu keiner schlüssigen Aussage. Während beim Eltern-Kind-Verhältnis zunächst eine umfassende Sorge besteht, die im Laufe der Zeit geringer wird, innerfamiliär sich zum Teil über die Volljährigkeitsgrenze fortsetzt, handelt es sich seit dem Betreuungsgesetz um eine grundsätzlich nicht mehr umfassende Fürsorge, sondern um eine an dem individuellen und aktuellen Hilfebedarf orientierte Maßnahme, die in ihrem Umfang gleichbleibend, schwankend oder auf Erweiterung angelegt sein kann (je nach Art der Behinderung oder Krankheit).

Die Pflichten bestimmen sich nach dem Aufgabenkreis und unmittelbar nach dem Gesetz. Der Betreute hat deshalb auch ein Recht, von Betreuung verschont zu bleiben und nicht, wie vielfach bedingt durch die „persönliche Betreuung" mißverstanden, tendenziell umfassend betreut zu werden. Ein Ergebnis dieses Mißverständnisses ist die übergroße Zahl von Betreuungen und ein Abbau allgemeiner sozialer Dienste zu Lasten der diese Leistungen „offensichtlich miterbringenden" Rechtlichen Betreuung.

Für eine Notzuständigkeit des Betreuers, gewissermaßen eine gegenüber jedermann gesteigerte (nachbarrechtliche) Fürsorgepflicht für faktische Hilfeleistungen (MünchKomm/SCHWAB Rn 8), besteht weder eine Rechtsgrundlage noch ein Bedürfnis. Entweder ergibt sich die Notwendigkeit zu faktischem Tun unmittelbar im Zusammenhang mit der Wahrnehmung einer Angelegenheit oder als Handlungspflicht, die jedermann in der fraglichen Situation trifft. Damit wird die Betreuerfunktion nicht auf den Einsatz der mit ihr verbundenen rechtstechnischen Mittel reduziert, sondern auf den Gesetzestext bezogen. Daß die Sachaufgabe und die Art und Weise ihrer Wahrnehmung sich in einem dauernden Spannungsverhältnis befinden, ist in dem Betreuungsrecht angelegt und hätte auch nach früherem Recht bereits bestehen und wahrgenommen werden können (vgl § 1901 BGB aF).

3. Beachtlichkeit von Wünschen und ihre Grenzen (Abs 3 S 1 und 2)

Wünschen des Betroffenen Geltung zu verschaffen, war ein Hauptanliegen des BtG 25 (BT-Drucks 11/4528, 1, 53) und zwar außerhalb des unmittelbaren Betreuungsverhältnisses (§ 1897 Abs 4) wie im Rahmen der Führung der Betreuung. Die Beachtlichkeit der Wünsche des Betreuten ist unabhängig von seiner Geschäftsfähigkeit. Wünsche sind nicht als Willenserklärung iS der §§ 104 ff zu verstehen (MünchKomm/ SCHWAB Rn 6). Es kommt auch nicht darauf an, daß sie aktuell geäußert werden. Bereits in früheren Zeiten geäußerte Wünsche behalten ihre Bedeutung, wenn der Betreute nicht von ihnen erkennbar Abstand genommen hat. Auf die Form der Überlieferung kommt es für die Beachtlichkeit der Wünsche nicht an. Zu schriftlich niedergelegten Wünschen zur Wahrnehmung der Betreuung s § 1901a. Die bisherige Lebensgestaltung des Betreuten kann dem Betreuer als Orientierung dafür dienen, was den Wünschen des Betreuten entspricht (BayObLGZ 1993, 63 = FamRZ 1993, 851 = R&P 1993, 79).

Kasuistik: Dem (aktuellen) Wunsch des Betreuten, an einem bestimmten Ort wohnen zu wollen, hat der Betreuer mit dem Aufgabenkreis „Bestimmung des Wohn- 26 sitzes des Betroffenen" zu entsprechen, soweit dies dessen Wohl nicht zuwiderläuft (OLG Köln NJW-RR 1997, 451 = NJWE-FER 1997, 130 [LS]). Bei seiner Entscheidung über die Genehmigung eines vom Betreuer abgeschlossenen Vertrages über den Verkauf eines Grundstücks des Betreuten hat sich das Gericht vorrangig an dem Wunsch des Betreuten auszurichten, soweit dies dem Wohl des Betreuten nicht zuwiderläuft und es dem Betreuer zuzumuten ist (BayObLG FGPrax 1997, 227). Der Betreute darf regelmäßig nicht entgegen seinen Wünschen vom Genuß seines Vermögens oder seiner Einkünfte weitgehend ausgeschlossen werden, sondern soll seinen gewohnten Lebenszuschnitt beibehalten können (BayObLGZ 1993, 63 = FamRZ 1993, 851; BayObLGZ 1990, 249). Zum Vorrang des Wunsches einer Betreuten, das ihr gehörende Einfamilienhaus nicht zu vermieten, OLG Schleswig BtPrax 2001, 211 = SchlHA 2001, 238.

27 Wenn der Betreute im Rahmen seiner Fähigkeit sein Leben nach seinen eigenen Wünschen und Vorstellungen gestalten darf, ohne seinem Wohl entgegenzuhandeln, dann enthält die selbstbestimmte Lebensgestaltung im Rahmen der eigenen (körperlichen und intellektuellen) Fähigkeiten Maß und Ziel der Betreuungsarbeit (BIENWALD FamRZ 1992, 1125, 1128). Maßstab für das Wohl des Betreuten sind danach nicht in erster Linie objektive Kriterien, sondern die Fähigkeiten und Möglichkeiten des Betreuten selbst.

28 Objektive Grenzen bestehen nur in dem für alle geltenden Maße. Der Betreute, der im Rahmen seiner Fähigkeiten sein Leben (ganz oder teilweise) nach seinen eigenen Wünschen und Vorstellungen gestalten darf, unterliegt dabei keinen anderen Begrenzungen und Einschränkungen als jeder Nichtbetreute. Er hat die Rechte anderer zu respektieren und nicht gegen die verfassungsmäßige Ordnung und das Sittengesetz zu verstoßen (Art 2 GG). Darf der Betreute im Rahmen der verfassungsmäßigen Ordnung und des Sittengesetzes Entscheidungen zum Zwecke selbstbestimmter Lebensgestaltung treffen, die nicht unbedingt vernünftig erscheinen oder den Maßstäben des Betreuers oder anderer Personen entsprechen, kann er die Erfüllung entsprechender Wünsche durch den Betreuer erwarten, vorausgesetzt daß der Betreuer dies nicht als unzumutbar ablehnt.

Die Kündigung eines vom Betreuten zu seinen Gunsten abgeschlossenen Dauergrabpflegevertrages zum Zwecke der Ermöglichung anderweitiger Schuldentilgung (hier: Bezahlung der Kosten des Pflegeheimes) entspricht regelmäßig nicht dem Willen des zu einer eigenen Meinungsäußerung nicht mehr fähigen Betreuten (OLG Köln FamRZ 2003, 188 [LS]).

29 Abzulehnen sind alle Versuche, den Betreuer „kaum den subjektiven Wünschen des Betreuten, sondern vielmehr einer allenfalls empirisch bestimmbaren Normalität Nichtbetreuter" für verpflichtet zu halten (FROMMANN NDV 1992, 2, 4; weitergehend DAMRAU/ZIMMERMANN sowie SOERGEL/DAMRAU jeweils Rn 4) und damit die Liberalisierung, die das BtG mit sich brachte, auf eine überholte Praxis zurückzuführen (ähnlich wie hier ERMAN/HOLZHAUER Rn 9, der feststellt, daß das BtG den Schwerpunkt „deutlich in Richtung auf das subjektive Wohl verschoben" habe).

Die von KOLLMER (142) angebotene Lösung, eine Selbstschädigung drohe dann, wenn aus der Sicht des Betreuers das objektive Interesse des Betroffenen an der Nichterfüllung des Wunsches dessen subjektiven Wunsch auf Erfüllung seines Begehrens wesentlich überwiegt, stellt sich, wie die dort angegebenen Beispiele zeigen, als kaum geeignet heraus. Warum der Betreuer den Wunsch des Betreuten nach einer größeren Menge Alkohol nicht erfüllen soll, ist allein deshalb unerklärlich, weil der nicht unter Betreuung stehende Bürger unbegrenzt Alkohol kaufen und zu sich nehmen kann und das BtG den Betreuer in erster Linie als Rechtsbesorger und nicht als Therapeut und Berater in Fragen der Lebensgestaltung konstruiert hat. Das BtG und der im Einzelfall bestellte Betreuer sind keine geeigneten Instrumentarien, den vorhandenen Mißbrauch von Alkohol und anderen Rauschmitteln zu bekämpfen, noch dazu wenn Therapien nur eine sehr begrenzte Wirkung haben. Eine Grenze für die Wunscherfüllung in solchen Fällen setzen der Mangel an Geldmitteln und die Unzumutbarkeit für den Betreuer.

Will man, wie SCHWAB (FamRZ 1992, 493, 503) es vorschlägt, für die Beachtlichkeit der **30** Betreutenwünsche auf die Gefährdung von Rechtsgütern des Betreuten abheben, müßte entsprechend den §§ 1903 Abs 1 und 1906 Abs 1 Nr 1 eine qualifizierte Gefährdung (erhebliche Gefahr für Leben und Gesundheit) zum Maßstab der Nichtbeachtung der Wünsche genommen werden (vgl aber auch MünchKomm/SCHWAB Rn 14). Die im Schrifttum vereinzelt vorzufindende Trennung zwischen dem Grundsatz des beschränkten Willensvorrangs und der Rechtsfigur des Wunsches (Nachw und Auseinandersetzung damit b KOLLMER FuR 1993, 325, 328: KOLLMER vertritt die „Einheitslösung") kann sich praktisch nicht auswirken. Inhalt und Verhältnis der beiden Begriffe sind nicht geklärt. Die Qualität eines rechtsgeschäftlichen Willens kommt hier offensichtlich nicht in Frage. Anscheinend soll nach dem „Grad der Verbindlichkeit" des Durchsetzungsinteresses unterschieden werden. Die Verwendung des Wortes Wille im BtG ist schillernd.

Auch für die Untersuchung des Gesundheitszustandes, eine Heilbehandlung oder einen ärztlichen Eingriff des Betreuten gilt, daß der Betreuer Wünschen des Betreuten zu entsprechen hat, soweit dies dessen Wohl nicht zuwiderläuft und dem Betreuer zuzumuten ist (BT-Drucks 11/4528, 71).

Wünschen nach sozialem Kontakt und persönlichen Gesprächen kommt der Betreuer im Rahmen der Besorgung der Angelegenheiten des Betreuten nach. Ob ein Betreuer/eine Betreuerin außerhalb der Betreueraufgabe als Privatperson auf derlei Wünsche eingeht, hat nicht nur mit Mitmenschlichkeit, sondern auch mit Arbeitsprinzipien zu tun. Auftrag eines Betreuers kann es sehr wohl sein (wird aber kaum formuliert), für die notwendigen sozialen Kontakte Sorge zu tragen. Würden in diesem Bereich alle Beteiligten mehr auf eine genaue und den Bedürfnissen entsprechende Aufgabenbeschreibung achten und Grenzüberschreitungen vermeiden, gäbe es damit weniger Probleme und Streit.

4. Nutzung von Heilungs- und Rehabilitationschancen (Abs 4)

a) Keine Erweiterung des Aufgabenkreises
Der Betreuer hat **innerhalb seines Aufgabenkreises** dazu beizutragen, daß Möglich- **31** keiten genutzt werden, die Krankheit oder Behinderung des Betreuten zu beseitigen, zu bessern, ihre Verschlimmerung zu verhüten oder ihre Folgen zu mildern. Durch diese Bestimmung wird die Gesundheitsfürsorge allerdings nicht zur allgemeinen Aufgabe jedes Betreuers (im Ergebnis ebenso ERMAN/HOLZHAUER Rn 28). Um dies zu

erreichen, müßte sie in den Aufgabenkreis des Betreuers aufgenommen werden (§ 69i Abs 1 FGG). Auch könnte ein weiterer Betreuer bestellt werden (müssen). Auf den Betreuer nach § 1896 Abs 3 findet die Vorschrift keine Anwendung (z Begr s STAUDINGER/BIENWALD[12] Rn 54).

b) Reichweite der Bestimmung

32 Die Vorschrift weist dem Betreuer eine wichtige Rolle bei der Rehabilitation des Betreuten zu (BT-Drucks 11/4528, 134). Sie verpflichtet ihn, unabhängig davon, welche Art und welcher Umfang von Angelegenheiten zu seinem Aufgabenkreis gehören. Auch ein Betreuer, dem lediglich der Aufgabenkreis der Vermögenssorge übertragen wurde, muß sich um die Nutzung der Möglichkeiten der Rehabilitation kümmern. Es handelt sich mithin um eine unmittelbar gesetzlich bestimmte Nebenpflicht des Betreuers.

Die Vorschrift schließt keine Gruppe von Kranken oder Behinderten iSd § 1896 Abs 1 aus. Auch dem körperlich Gebrechlichen gilt die Aufmerksamkeit des Betreuers nach Abs 4.

Da die in Abs 4 geregelte Verpflichtung nicht ohne entsprechende gerichtliche Entscheidung zum Aufgabenkreis des jeweiligen Betreuers gehört, steht diesem insoweit keine Vertretungsmacht zu. § 1902 findet auf die Verpflichtung des Abs 4 keine Anwendung.

c) Inhalt der Verpflichtung

33 Der Betreuer soll „dazu beitragen", daß die genannten Möglichkeiten genutzt werden. Er soll keinesfalls an die Stelle des Arztes oder anderer Fachleute treten, sondern sich deren Hilfe bedienen (BT-Drucks 11/4528, 134). Dies kann allerdings nur in der Weise geschehen, daß der Betreuer sich über Möglichkeiten der Behandlung und Rehabilitation (Kuren, Spezialbehandlung, Training, Hilfsmittel) informiert und entsprechende Angebote dem Betreuten unterbreitet. Weder hat der Betreuer im Rahmen des Abs 4 die Möglichkeit, für den Betreuten verbindlich zu handeln und bereits Vereinbarungen über die Teilnahme an Maßnahmen sowie über deren Finanzierung zu treffen, noch ist er befugt, den Betreuten zu zwingen, entsprechende Angebote wahrzunehmen, ganz abgesehen davon, daß – ohne einen dementsprechenden Aufgabenkreis – der Betreuer nicht berechtigt ist, persönliche Daten über den Betreuten, dessen Krankheit und/oder Behinderung sowie sein Krankheitsverhalten uä preiszugeben. Soll der Betreuer Aufgaben als gesetzlicher Vertreter wahrnehmen, ist sein Aufgabenkreis entsprechend zu erweitern, ggf auf seine Anregung hin (Abs 5).

34 Ihrem Charakter nach handelt es sich nicht um „rechtliche Betreuung" iSd Abs 1; die Verpflichtung steht mithin im Widerspruch zu dem später hinzugefügten Abs 1, ohne jedoch dadurch entfallen oder reduziert zu sein. Da die konkrete Anwendbarkeit des Abs 4 sich auf die dafür in Betracht kommenden Betreuungssachverhalte beschränkt, muß die Abgrenzungsproblematik, der das BtÄndG begegnen wollte, nicht sehr häufig auftreten. Einer Erstreckung der Verpflichtung auf sozialpsychiatrische und sozialintegrative Aspekte (HK-BUR/BAUER § 1901, 62) wird im Hinblick auf die damalige Begründung in BT-Drucks 11/4528, 134 (der Entwurf verkenne nicht, daß bei einem Teil der Betreuten keine Rehabilitationschancen bestehen) nicht gefolgt. Dem Vormundschaftsgericht steht nichts im Wege, die bei BAUER aufgeführten Aspekte in den Aufgabenkreis des Betreuers einzubeziehen, wenn dies nach § 1896 Abs 1, 2 geboten ist. Wie weit derartige Nebenpflichten gehen können, muß auch danach beurteilt werden, wer den Pflichten nachkommen soll. Der Gesetzgeber geht davon aus, daß Betreuungen in erster Linie von ehrenamtlichen Betreuerinnen und Betreuern geführt werden sollen. Zu fragen ist (insbesondere im Hinblick darauf, daß in der Hinsicht das alte Recht als defizitär erkannt worden war), was von einem „normalen" Betreuer erwartet werden kann. Würde die Nebenpflicht durch Einbeziehung in den Aufgabenkreis zur Hauptpflicht, wäre ein (auch) dafür geeigneter Betreuer zu bestellen, der die nötige Vorbildung mitbringt, um die erforderlichen Hilfen zu organisieren (näher dazu BIENWALD Rpfleger 2003, 229; dort auch zur Erfüllung der Verpflichtung aus Abs 4 im Falle mehrerer Betreuer).

Entgegen dem Wortlaut und dem Sinn und Zweck der Vorschrift des Abs 4 knüpft die amtliche Begründung des 2. BtÄndG an diese Vorschrift mit der Einführung der Verpflichtung eines Betreuungsplans an (BT-Drucks 15/2494, 29), wogegen die BReg in ihrer Stellungnahme nichts einzuwenden hatte (BT-Drucks 15/2494, 46 ff). In der Einzelbegründung zu § 1901 Abs 4 S 2 wird unmittelbar auf die Verpflichtung des Betreuers gem Abs 4 Bezug genommen, innerhalb seines Aufgabenkreises dazu beizutragen, Möglichkeiten zu nutzen, die Krankheit oder Behinderung des Betreuten zu beseitigen, zu bessern, ihre Verschlimmerung zu verhüten oder ihre Folgen zu mindern. In welcher Form dies zu geschehen habe, bleibe ungeregelt, stellt die amtl Begr fest und zieht daraus den Schluß: „Mithin ist auch eine effektive Kontrolle, ob der Betreuer etwa erforderliche Rehabilitationsmaßnahmen veranlasst oder durchführt, nur eingeschränkt möglich. Zudem besteht nach geltendem Recht die nicht unerhebliche Gefahr, dass der Betreuer sich zu Beginn der Betreuung keine hinreichenden Gedanken über die Ziele und Möglichkeiten der Betreuungsführung macht und es keine klaren Zielvorstellungen gibt."

Abgesehen davon, daß ein Betreuer nur Maßnahmen der Rehabilitation durchführen oder veranlassen kann, wenn er den dafür erforderlichen Aufgabenkreis zugewiesen erhalten hat, bestätigt die in der amtl Begr zum Ausdruck kommende Vorstellung diejenige Praxis, die ungeachtet des § 1901 Abs 1 ihre Aufgabe (auch) darin sieht, die Lebensqualität des Betreuten über die Besorgung der angegebenen Angelegenheiten hinaus zu fördern und damit die Grenzen zwischen rechtlicher und sozialer Betreuung zu überschreiten. Außerdem stellt die amtl Begr an dieser Stelle den Erforderlichkeitsgrundsatz infrage, den der Gesetzgeber an anderer Stelle gestärkt hat und stärker beachtet wissen wollte (BT-Drucks 15/2494, 17).

Ist der Betroffene zu eigener Entscheidung betreffend die Inanspruchnahme einer Reha-Maßnahme (gesundheitlicher oder beruflicher Art) fähig, entfällt eine stellvertretende Entscheidung durch den Betreuer; dessen Zuständigkeit würde sich auf Bemühungen zur Finanzierung oder einer Kostenübernahme beschränken. In diesem Falle dürfte sich die Betreuung auch nicht auf vom Betreuten selbst (noch) wahrzunehmende Angelegenheiten erstrecken (Erforderlichkeitsgrundsatz). Ist der Betroffene dagegen zu eigener Entscheidung nicht in der Lage, muß der Betreuer für stellvertretende Entscheidungen zuständig sein, sofern eine Reha-Maßnahme unter diesen Umständen überhaupt in Betracht kommt und in Erwägung zu ziehen ist. Für eine Entscheidungsbefugnis zur Wahrnehmung einer Reha-Maßnahme (Einwilligung) muß das Gericht dem Betreuer den geeigneten Aufgabenkreis übertragen haben. Dafür besteht aber erst ein Bedürfnis, wenn die Erforderlichkeit einer Betreuerbestellung festgestellt worden ist. Ob und ggf für welche Reha-Maßnahme der Betreuer entscheidungszuständig ist, kann grundsätzlich nicht erst nach der Bestellung des Betreuers und durch diesen festgestellt werden, sondern bedarf entsprechender Ermittlungen und Feststellungen vor der Bestellung des Betreuers. Dies übersieht die amtl Begr zu dem neuen Abs 4 S 2. Offensichtlich wird auch unter Rehabilitation iSd Abs 4 in der Betreuungspraxis Unterschiedliches verstanden. Eine Wiederherstellung von Eigenverantwortlichkeit in der Wahrnehmung der eigenen Angelegenheiten ist noch keine Rehabilitation ieS.

Gleichwohl kann es im Einzelfall sinnvoll und geboten sein, daß der Betreuer zusammen mit dem Betreuten und den an der Durchführung und Finanzierung der Maßnahme beteiligten Stellen und Personen ein Konzept erstellt und dem Vormundschaftsgericht zur Kenntnis gibt. Das wäre jedoch nicht ein Betreuungsplan ieS, sondern ein durch die Eigenart der Maßnahme und ihre Erfolgskontrolle begründetes Vorhaben, und auch nicht eine unmittelbar der Kontrolle und Disziplinierung des Betreuers dienende Maßnahme. Die Beschreibung des Planinhalts durch Abs 4 S 3 geht über die Absichten der Vorschrift weit hinaus, so daß der Verdacht hier angebracht ist, die Maßnahme diene weitgehend der Kontrolle und Disziplinierung der berufsmäßig tätigen Betreuer, wiewohl durch die Zeitpauschalen für die Führung der Betreuung die Gründe dafür entfallen sein dürften.

5. Mitteilungspflichten gegenüber dem Gericht (Abs 5)

35 Umstände, die eine Änderung oder Aufhebung der Betreuung, die Anordnung eines Einwilligungsvorbehalts, seine Änderung oder Aufhebung zur Folge haben können oder sollten, hat der Betreuer dem Vormundschaftsgericht mitzuteilen. Es handelt sich um eine gesetzlich bestimmte Rechtspflicht, die jedem Betreuer unabhängig von Art und Umfang seines Aufgabenkreises auferlegt ist. Von dem Betreuer wird nicht erwartet, daß er die Umstände zutreffend einschätzt und eine zutreffende Prognose der zu erwartenden gerichtlichen Entscheidung abgibt. Erwartet wird seine **Aufmerksamkeit** insbesondere im Hinblick auf die Umstände, die zu einer Einschränkung oder Aufhebung der Betreuung führen (können), denn die Umstände, die eine Erweiterung des Aufgabenkreises oder die Anordnung oder Erweiterung eines Einwilligungsvorbehalts nach sich ziehen sollen oder müssen, erfährt der Betreuer regelmäßig unmittelbar im Zusammenhang mit der Führung der Betreuung, etwa durch Berichte des Pflegepersonals im Heim oder durch die Nachbarschaft im Wohnbereich des Betreuten oder durch vom Rechtsverkehr gesetzte Grenzen (Verweigerung von Kontoauszügen, wenn zum Auftrag des Betreuers lediglich die Verwaltung von Arbeitsverdienst oder Taschengeld, nicht jedoch die Vermögenssorge gehört).

Umstände, welche die Bestellung eines weiteren Betreuers erfordern, liegen insbesondere dann vor, wenn der Betreuer verhindert ist, die Angelegenheit(en) des Betreuten zu besorgen. Das sind in erster Linie die Fälle, in denen der Betreuer den Betreuten entweder aufgrund gesetzlicher Regelung (§§ 1908i Abs 1 S 1, 1795) oder gerichtlicher Bestimmung (§§ 1908i Abs 1 S 1, 1796) nicht vertreten kann (darf).

36 Ein höherer Grad von Aufmerksamkeit wird von einem Betreuer im Falle eines Betreuten erwartet, dessen psychische Krankheit schubförmig verläuft und bei dessen Betreuerbestellung auch die Überprüfungsfrist unter Berücksichtigung des bisherigen Verlaufs der Krankheit festzulegen ist (BayObLGZ 1994, 387 = FamRZ 1995, 510 = BtE 1994/95, 110 mw Fundstellen; in der Entscheidung ist von „erhöhten Mitteilungspflichten" die Rede).

37 Umstände, die eine Aufhebung der Betreuung zur Folge haben, sind auch solche, die bei der Betreuerbestellung bereits vorgelegen haben, damals aber anders bewertet worden sind. Stellt sich nachträglich heraus, daß die Bestellung des Betreuers unbegründet war, gehört die Information über die Aufhebungsmöglichkeit zu den Pflichten aus Abs 5. Ebenso liegt es, wenn sich bei der Führung der Betreuung herausstellt, daß sich der Betreute in wesentlichen Angelegenheiten oder in jeglicher Hinsicht der Betreuungsarbeit verweigert.

Umstände, die eine Verringerung oder eine Aufhebung der Betreuung ermöglichen können (§ 1908a Abs 1 S 1), liegen zB dann vor, wenn sich die Krankheit oder Behinderung des Betreuten dermaßen gebessert hat, daß er seine Angelegenheiten (wieder) ganz oder teilweise allein oder mit Hilfe anderer, die nicht zum Betreuer bestellt werden müssen (ges Vertretung), besorgen oder eine Vollmacht erteilen kann. Ein Umstand, der zur Aufhebung oder Einschränkung der Betreuung führen kann, ist das spätere Auffinden einer (Vorsorge-)Vollmacht.

38 Die Mitteilungspflichten des Abs 5 sind nicht zu verwechseln mit denjenigen, die nicht die Änderung der Betreuung zum Ziel haben, sondern die Entlassung des bisherigen und die Bestellung eines neuen Betreuers (§§ 1897 Abs 6, § 1900 Abs 3 und 4).

39 Ein Einwilligungsvorbehalt ist dann aufzuheben, ggf einzuschränken, wenn – zB konkurrierende Aktivitäten des Betreuten nachgelassen haben oder infolge veränderter äußerer Verhältnisse (Änderung des Wohn- oder Arbeitsverhältnisses, Aufgabe von Einkaufsgelegenheiten) nicht mehr zu befürchten sind. Zu weiteren in Betracht kommenden Gründen STAUDINGER/BIENWALD[12].

40 Eine Zeitangabe für die (späteste) Mitteilung ist nicht vorgesehen. Anlaß zu der Frage besteht am ehesten in den Fällen, in denen es um Änderungen zu Gunsten des Betreuten, um die Verringerung der Rechtsbeeinträchtigung geht. In den Fällen, die zu einer weiteren Rechtsbeschränkung des Betreuten führen, liegt es im Interesse der Handlungsfähigkeit des Betreuten und der Schadensvermeidung für ihn, alsbald dem Gericht Mitteilung zu machen. Sachgemäß ist es, von dem Betreuer zu verlangen, daß er fragliche Umstände **unverzüglich**, dh ohne schuldhaftes Zögern (§ 121 Abs 1 S 1), mitteilt.

Die Verpflichtung aus Abs 5 ist nicht unmittelbar sanktionsbewehrt. Sobald das Gericht, wenn auch verspätet, Informationen/Anregungen erhält, kommt eine Reaktion nach § 1837 Abs 2, 3 iVm § 1908i Abs 1 S 1 nicht mehr in Betracht; allenfalls für die Zukunft. Die Geltendmachung eines Schadens ist nicht ausgeschlossen (§ 1833), wenn auch wenig wahrscheinlich. Liegt nicht eine unerlaubte Handlung vor, für die der Betreuer einzustehen hätte, entfällt auch ein Schmerzensgeldanspruch nach § 253.

6. Zur Anwendung von Zwang zur Durchsetzung des Betreuerauftrags

a) Allgemeines

41 Eine Bestimmung, die dem Betreuer erlaubt, in dieser Funktion gewaltsam gegen den Betreuten vorzugehen, hat das BtG nicht eingeführt. Das Gericht ist befugt, den Betroffenen in Betreuungssachen zur Anhörung (§ 68 Abs 3 FGG) oder zwecks Vorbereitung eines Gutachtens (§ 68b Abs 3 FGG) vorführen zu lassen; für das Verfahren in Unterbringungssachen gilt Entsprechendes (§§ 70c S 5, 70e Abs 2 FGG). Die zuständige Behörde ist auf Wunsch derjenigen, die die Unterbringungsentscheidung getroffen haben, verpflichtet, bei der Zuführung Unterstützung zu leisten, und aufgrund gerichtlicher Entscheidung berechtigt, Gewalt anzuwenden (§ 70f Abs 5 FGG).

Die Frage etwaiger Gewaltanwendung oder zwangsweisen Vorgehens durch den Betreuten stellt sich in verschiedener Weise:

– Darf der Betreuer gegen den Willen des Betreuten dessen Räumlichkeiten betreten und dort verweilen; darf er die Wohnung öffnen lassen, wenn der Betreute sie nicht öffnet, sei es, daß er den Betreuer nicht hereinlassen will, sei es, daß er den Zutritt dem Vermieter, seinem Beauftragten oder Handwerkern verwehrt;

– darf der Betreuer gegen den Willen des Betreuten Gegenstände, die unmittelbar oder mittelbar seiner Verwaltung unterliegen, an sich nehmen, nach ihnen suchen (zB Sparbücher, Personalpapiere, Bargeld, Schriftwechsel, Kontoauszüge, Schmuck oder andere Wertgegenstände usw)? Wie hier ablehnend DAMRAU/ZIMMERMANN Rn 8. Zur Frage zwangsweiser Inventarisierung s unten § 1908i Rn 111.

Keine Frage ist es, daß dem Betreuer zu seinem Schutz und zum Schutz anderer alle diejenigen Rechte zustehen, wie sie jedermann zur Seite stehen.

b) Befugtes Eindringen in die Räumlichkeiten des Betreuten?

42 Auszugehen ist von dem Auftrag des Betreuers, Angelegenheiten des Betreuten zu besorgen. Von der Ausnahmesituation abgesehen, mangels Schlüssels selbst nicht in die Wohnung hineinzukommen oder zur Abwendung einer Gefahr sie auf dem nicht regelrechten Weg zu betreten, gehört es **nicht** zu den **Angelegenheiten** des Betreuten, mittels des Betreuers die eigene Wohnung sozusagen unter **Zwang gegen sich selbst** zu betreten. Die Logik der Betreuung schließt daher auch aus, dem Betreuer einen entsprechenden gerichtlichen Auftrag zu erteilen (Rechtsgrund?) oder an seiner Stelle (!) gem § 1846, § 1908i Abs 1 S 1 zu handeln. Ebensowenig kann sich die Aufgabe, das Hausrecht für den Betreuten wahrzunehmen, gegen diesen richten (aA LG Freiburg FamRZ 2000, 1316 m Anm BIENWALD, wonach der Aufgabenkreis des Betreuers „Wohnungsangelegenheiten" den Teilaufgabenbereich des „Zutritts zur Wohnung" durch ihn beinhalte, der zugleich die Grundlage für eine gerichtliche Ermächtigung gem Art 13 Abs 2 GG zum zwangsweisen Eindringen in die Wohnung des Betreuten zu Kontrollzwecken bzw zum Zwecke der Entmüllung durch den Betreuer bilde; zustimmend FRATZKY BtPrax 2000, 239, 241). Vgl dagegen

BayObLG FamRZ 2002, 348 (= Rpfleger 2001, 545 = BtPrax 2001, 251 = NJW-RR 2001, 1513), wonach zwar die Entrümpelung einer Wohnung grundsätzlich als Aufgabenkreis eines Betreuers bestimmt werden kann; die Aufgabenkreise Aufenthaltsbestimmung, Entscheidung über eine Unterbringung oder unterbringungsähnliche Maßnahmen und Betreten der Wohnung des Betroffenen auch gegen dessen Willen aber nicht zur Ermöglichung der Durchführung der Entrümpelung bestimmt werden können, wenn nicht eine erhebliche Gefahr für die Gesundheit des Betroffenen durch die Vermüllung verursacht ist. Sieht der Betreuer, daß der Betroffene zu Verwahrlosungstendenzen neigt und die Gefahr besteht, daß eine Vermüllung der Wohnung eintritt, soll er zum Einschreiten (Überprüfung der Wohnverhältnisse des Betroffenen) verpflichtet sein, um gesundheitliche Gefahren für den Betroffenen bereits im Ansatz zu verhindern (BayObLG FamRZ 2004, 977 m krit Anm BIENWALD betr die Begründung mit einer Verpflichtung aus Abs 4).

Spielt insoweit Art 13 GG eine Rolle, entschied das BayObLG (BayObLGZ 1999, 117 = FamRZ 1999, 1460 = Rpfleger 1999, 445 = FGPrax 1999, 147 = NJW 1999, 3205), daß leerstehende Räumlichkeiten, die der Betreute weder als Wohnraum noch als Geschäfts- oder Arbeitsstätte nutzt, nicht in den Schutzbereich des Art 13 Abs 1 GG fallen, der Betreuer deshalb ohne die von ihm beantragte vormundschaftsgerichtliche Genehmigung in dem Anwesen des Betreuten zwei leerstehende Wohnungen mit etwaigen Kauf- oder Mietinteressen auch gegen den Willen des Betreuten besichtigen dürfe. Das Gericht ließ offen, ob sich der Betreute gegenüber dem Betreuer auf Art 13 GG berufen könne.

Eine Pflicht des Betreuten zur **Duldung der tatsächlichen Betreuung** (gegen rechtsgeschäftliche Aktivitäten kann er sich nicht unmittelbar wehren) und daran anknüpfend eine entsprechende Anordnung des Gerichts mit der Möglichkeit der Vollstreckung nach § 33 FGG hat das BtG ebensowenig eingeführt wie eine Verpflichtung zur Kooperation mit dem Betreuer.

43 Eine rechtliche Handhabe hat der Betreuer (einschl Gericht) auch nicht deshalb, weil er die **verwahrloste Wohnung säubern** lassen möchte (im Ergebnis wie OLG Frankfurt BtPrax 1996, 71 = BtE 1994/95, 108 mw Fundstellen und Anm SEITZ). Diese Entscheidung befriedigt allerdings insofern nicht, als sie die Möglichkeit für gegeben hält, dem Betreuer den Auftrag zu erteilen, die Wohnung zu entrümpeln (so auch im Ergebnis BayObLG FamRZ 2002, 348 = BtPrax 2001, 251). Auch diesen Auftrag dürfte aber der Betreuer nicht unter Anwendung von Zwang ausführen. Aus anderen Gründen, als den von SEITZ (aaO) angeführten, ist zu bezweifeln, daß eine gesetzliche Regelung zulässig wäre. Sie würde nicht in das Konzept einer **Betreuung** als einer Art **Beistand** passen. Der Betreuer steht dem Betreuten nicht gewissermaßen als Partei gegenüber, sondern neben ihm. Dagegen hat jeder, der kraft Gesetzes oder Rechtsgeschäfts dem Betreuten gegenübersteht, die Möglichkeit, seine Rechte und Ansprüche mit den ihm von der Rechtsordnung zur Verfügung gestellten (Zwangs-)Mitteln durchzusetzen oder zu verteidigen. So hätte im Falle des OLG Frankfurt (aaO) die Vermieterseite den Anspruch auf Wohnungsbesichtigung oder auf Vornahme von Schönheits- oder anderen Reparaturen einklagen und vollstrecken können. Das mag im Ergebnis umständlich erscheinen; der mögliche Weg stellt sich jedoch auch in Fällen Nichtbetreuter nicht anders dar. Zum Betreten einer Wohnung aufgrund zivilrechtlicher Berechtigung BVerfGE 75, 318 (s dazu im übrigen BAUER FamRZ 1994,

1562; BtPrax 1996, 55; BIENWALD BtR § 1901 Rn 61 ff; KOLLMER FuR 1993, 325, 331; PETERS, Die Betreuung Volljähriger [1992], 304 ff. Ferner: LG Berlin FamRZ 1996, 821 = BtPrax 1996, 111 = NJWE-FER 1997, 55; LG Frankfurt aM FamRZ 1994, 1617 = R&P 1995, 97; OLG Frankfurt BtPrax 1996, 71; LG Görlitz NJWE-FER 1998, 153; LG Offenburg NJWE-FER 1997, 275).

7. Einsicht des Betreuten in Betreuerakten; Auskünfte

44 Innerhalb der Binnenbeziehung zwischen Betreuer und Betreutem ist die Frage zu erörtern, ob der Betreute gegenüber seinem Betreuer einen Anspruch auf Einsicht in die Betreuerakten hat und dementsprechend der Betreuer verpflichtet ist, dem Betreuten, wenn dieser es verlangt, Einsicht in die von ihm geführten Betreuungsakten zu gewähren. Anders als für die Einsicht in Gerichtsakten (§ 34 FGG) gibt es dazu keine gesetzliche Regelung. Ehe im außerbetreuungsrechtlichen Bereich Anleihen genommen werden (zB § 68 Abs 3 SGB VIII [KJHG]; s dazu BIENWALD BtR § 1901 Rn 66 ff), sollte eine Lösung mit Mitteln des Betreuungsrechts gefunden werden. Hier spricht die Gesamtheit der Bestimmungen, die Ausdruck einer offenen und einsichtigen („durchsichtigen") Führung der Betreuung sind, **für eine Einsichtnahme** in die Akten des Betreuers durch den Betreuten, soweit diese nicht (zB persönliche) Notizen enthalten, die nicht unmittelbar zur Führung der Betreuung gehören. Vor allen Dingen die in Anlehnung an das Auftragsrecht bestehende Verpflichtung, bei Beendigung der Betreuung dem dann Berechtigten – dies kann der ehemalige Betreute sein – das verwaltete Vermögen herauszugeben und Rechenschaft zu geben, sowie seine Funktion als gesetzlicher Vertreter, in der er auch die Akten stellvertretend für den Betreuten führt, sprechen für eine Verpflichtung des Betreuers zur Gewährung von Akteneinsicht (näher zur Führung der Akten und zur Vorbereitung einer Akteneinsicht BIENWALD BtR § 1901 Rn 66 ff; zur Einsichtnahme in die Betreuungsakten des Betreuers s auch BIENWALD BtPrax 2003, 16).

Der Betreuer ist nur gegenüber dem Gericht und nicht unmittelbar gegenüber der Verfahrenspflegerin auskunftspflichtig; er muß dieser auch nicht Einsicht in seine „Betreuerakten" gewähren (LG Saarbrücken FamRZ 2003, 60). Eine Pflicht des Betreuers zur Auskunftserteilung und zur jährlichen Rechnungslegung (sofern nicht davon befreit) besteht zwar nur gegenüber dem Vormundschaftsgericht; jedoch obliegt dem Betreuer die Verpflichtung, alle wichtigen Angelegenheiten mit dem Betreuten zu besprechen (OLG Düsseldorf FamRZ 2000, 1536).

IV. Problemfälle der Praxis zum Verhältnis von rechtlicher und persönlicher Betreuung

45 Im Zusammenhang mit der Begründung des Regelungsbedarfs hat die BReg in ihrem Entwurf eines BtÄndG (BT-Drucks 13/7158) über den Umfang der Betreuung, insbesondere den Kreis der vergütungspflichtigen Geschäfte, ua ausgeführt (15 ff):

Der Betreuer habe den Betreuten nicht nur gerichtlich und außergerichtlich zu vertreten (§ 1902). Er habe auch die Angelegenheiten des Betreuten zu besorgen (§ 1897 Abs 1, § 1901 Abs 1; vgl auch § 1896 Abs 1). Diese dem Auftragsrecht entlehnte weite Formulierung bedeute einerseits **nicht**, daß der Betreuer alle in seinen Aufgabenkreis fallenden Angelegenheiten des Betreuten **selbst erledigen** soll; er solle vielmehr deren sachgerechte Erledigung **veranlassen**. So sei der Betreuer weder

Haushälter des hilfsbedürftigen noch Pfleger des kranken oder Anwalt des verklagten Betreuten; er habe lediglich die organisatorischen Vorkehrungen dafür zu treffen, daß der Hilflose versorgt, der Kranke gepflegt und der Streitende rechtlich beraten wird. Andererseits solle sich die (von § 1897 Abs 1, § 1901 BGB geforderte) persönliche Betreuung nicht auf bloß rechtsgeschäftliches Handeln für den Betreuten beschränken; vielmehr sollen dem Betreuer im Rahmen seines – durch den rechtsgeschäftlichen Vertretungsbedarf zu bestimmenden – Aufgabenkreises auch Maßnahmen faktischer Sorge für den Betreuten obliegen (vgl statt aller etwa Münch-Komm/SCHWAB [3. Aufl] Rn 27 zu § 1896 BGB):

„Der Entwurf möchte die Abgrenzung zwischen den zu vergütenden Amtsgeschäften eines Betreuers und seinem darüber hinausgehenden vergütungsfreien Engagement für den Betreuten verdeutlichen. Er sieht die Grenze in der rechtlichen Besorgung der in den Aufgabenkreis des Betreuers fallenden Angelegenheiten. Damit bleiben einerseits alle – also nicht etwa nur vermögensrechtliche – Angelegenheiten des Betreuten umfaßt. Andererseits werden solche Tätigkeiten ausgeschieden, die sich in der tatsächlichen Hilfeleistung für den Betreuten erschöpfen, ohne mit dessen rechtlicher Vertretung in einem erkennbaren Sachzusammenhang zu stehen. Mit dieser Grenzziehung wird der Anspruch auf persönliche Betreuung nicht eingeschränkt: Die rechtliche Vertretung des Betreuten hat, wie bisher, nach den Wünschen und Vorstellungen des Betreuten zu erfolgen. Zur rechtlichen Besorgung seiner Angelegenheiten gehören deshalb nicht nur das eigentliche rechtsgeschäftliche Handeln für den Betreuten, sondern auch alle dieses Handeln vorbereitenden Tätigkeiten. Hierzu zählen insbesondere vertrauensbildende Maßnahmen, die erforderlich sind, um Wohl und Willen des Betreuten zu erkunden und die rechtliche Vertretung des Betreuten entsprechend dem Auftrag persönlicher Betreuung verantwortlich wahrzunehmen."

Für die bisher ausweislich der veröffentlichten Entscheidungen umstrittenen Tätigkeiten von (zumeist vergüteten) Betreuern ergibt sich daraus folgendes:

Während die **Besprechungspflicht** (eingehend dazu STAUDINGER/BIENWALD [1999] Rn 38 ff) des Betreuers (Abs 3 S 3) sich lediglich auf wichtige Angelegenheiten erstreckt, erfaßt die Wunschbeachtung und -erkundung den gesamten Aufgabenkreis eines Betreuers, soweit die Besorgung der dazu gehörenden Angelegenheiten die Beachtung von Wünschen zuläßt. Soweit **Gespräche** dafür in Betracht kommen, muß für deren Zeitdauer und Häufigkeit berücksichtigt werden, daß ein Betreuer selbst bei angemeldetem Besuch nicht alsbald seine Wünsche mitgeteilt („rezitiert") hat, sondern daß zu einem Gespräch eine Atmosphäre gehört, die es erlaubt und möglich macht, Angelegenheiten der Betreuung zu besprechen. Zu berücksichtigen sind Eigenheiten und Gewohnheiten sowie krankheits- oder behinderungsbedingte Verhaltensweisen des Betreuten, die für die Gestaltung und den Ablauf eines Gesprächs von Bedeutung sind und vom Betreuer bedacht werden müssen, soll die Zusammenkunft nicht ihren Zweck verfehlen. Ihren Charakter als (vergütungspflichtige) Besprechungen iSd Vorschrift verlieren die Gespräche nicht schon dadurch, daß sie nicht im Heim des Betreuten, sondern etwa in Gaststätten in der Umgebung abgewickelt werden; zB im Rahmen v Kurzausflügen (BayObLG FamRZ 2000, 1048). ZB kann für die Bemessung der erforderlichen **Zeit** eines Gesprächs eine Rolle spielen, ob der Betreute das Gespräch lieber in Räumlichkeiten oder bei einem Spaziergang führen möchte. Zu beachten ist auch, daß solche Gespräche und Zusammenkünfte nicht immer einen konkreten Anlaß (vgl BayObLG FamRZ 2000, 1048) und nicht lediglich den Zweck haben müssen, Wünsche zu erkunden. Sie sollen vielmehr dem Betreuer die Möglichkeit einräumen, sich von der Befindlichkeit (ggf dem Versorgtsein) des Betreuten ein Bild zu machen, um – zB – weitere Betreuung anregen zu können. Ob eine Angelegenheit, die mit dem Betreuten zu besprechen ist, wichtig ist, bestimmt sich danach, ob sie in dem Lebenszusammenhang des Betreuten und für seine Lebensgestaltung eine aus dem Alltag herausragende Bedeutung hat (OLG Düsseldorf FamRZ 2000, 1536). Zur Frage der Erreichbarkeit des Betreuers (Telefon, Fax, Büro uä) s § 1897 Rn 32.

47 Für die **Häufigkeit** von Gesprächskontakten und Besuchen kann es von Bedeutung sein, wie lange Zeit vergeht, bis der Betreute seinen Betreuer wiedererkennt. Im übrigen hängt die Entscheidung, ob der Zeitaufwand für eine bestimmte Tätigkeit des Betreuers bei der Vergütungsbemessung zu berücksichtigen ist (betrifft Abrechnungen für die Zeit vor dem 1. 7. 2005), grundsätzlich davon ab, ob der Betreuer aus seiner Sicht die Tätigkeit zur Erfüllung seiner Aufgaben für erforderlich halten durfte (BayObLGZ 1996, 47 = FamRZ 1996, 1169 [1170]: Beurteilungsermessen d Tatrichters; bestätigt ua in FamRZ 2000, 1048 mN).

Befindet sich der Betreute im Heim oder bewohnt er eigene Räumlichkeiten ohne hinreichenden sozialen Kontakt, ist es grundsätzlich nicht Angelegenheit des Betreuers, selbst durch lange Anwesenheitszeiten für Zeitvertreib und Freizeitgestaltung zur Verfügung zu stehen; vielmehr gehört dies bei einem Heimaufenthalt grundsätzlich in die Zuständigkeit des Heimes, andernfalls in die Verantwortung des Betreuers nur bei einem entsprechenden Aufgabenkreis. In diesem Fall hat er – schon aus Gründen des geringeren finanziellen Aufwandes – die Freizeitgestaltung nicht selbst zu leisten, sondern ggf unter Einsatz vorhandene oder zu beschaffender Mittel zu organisieren.

48 Was die **Teilnahme an Festen**, Weihnachtsfeiern und sonstigen geselligen Veranstaltungen anbetrifft, so ist es allein aus Gründen des Versichertseins notwendig, im Einzelfall einen Bezug zur Aufgabenerfüllung herzustellen, um so eine Betreuerverpflichtung entstehen zu lassen. Die zur Rechtfertigung der Vergütungsbewilligung gegebene allgemein gehaltene Begründung „soweit dies zum Wohl des Betreuten sinnvoll und erforderlich ist" (vgl LG Koblenz BtPrax 1998, 195) reicht dafür nicht aus. Denn das Wohl des Betreuten ist zwar Maßstab für die Besorgung der Angelegenheiten des Betreuten, nicht jedoch Ursache für die Bestellung eines Betreuers. Um den Maßstab zu erhalten, ist es erforderlich, daß Angelegenheiten des Betroffenen zu besorgen sind (krit BIENWALD BtPrax 1999, 25). Zur Verweigerung des Versicherungsschutzes, weil ein der Freizeitgestaltung dienender Sonntagsspaziergang eines ehrenamtlichen Betreuers mit dem Betreuten nicht in einem inneren Zusammenhang mit den Aufgabenkreisen Vermögenssorge, Aufenthaltsbestimmung und Gesundheitsfürsorge stand, LSG Rheinland-Pfalz BtPrax 1998, 187. Die dagegen eingelegte Revision hatte allerdings Erfolg (BSG BtPrax 2000, 30 = RdLH 2/2000, 84 m Anm HELLMANN).

49 Bei der Ablehnung der Vergütungsbewilligung für die **Begleitung zum Arzt** scheint sowohl auf seiten der Antragsteller als auch auf seiten der Gerichte nicht ausreichend bedacht zu werden, daß die Begleitung zum Arzt (Klinik, Krankenhaus uä) bei entsprechendem Aufgabenkreis (Gesundheitssorge oä) allein deswegen erforderlich sein kann, weil andernfalls unsicher bleibt, ob die erforderliche Einwilligung in ärztliches Handeln gegeben worden ist und gegeben werden konnte. Fraglich kann sein, ob der Betreute in der Lage ist, ärztliche Informationen (Aufklärung) hinreichend aufzunehmen und darauf adäquat zu reagieren. Ggf ist es erforderlich, ärztliche Äußerungen oder Handlungen kritisch aufzunehmen, wozu uU der Betreute nicht in der Lage ist. Im Falle einer Begleitung zum Arzt ist regelmäßig das Organisieren anderer Hilfen keine hinreichende Lösung, weil der Betreuer in seiner Entscheidungs- (Einwilligungs-)Verantwortung grundsätzlich nicht „vertreten" werden kann.

Die **Begleitung bei Einkäufen** (meist Garderobe) läßt sich, sofern Menschen sich **50** dafür bereit finden (entgeltlich oder unentgeltlich), organisieren und in andere Hände geben. Insofern aber das gemeinsame Unternehmen von Betreuer und Betreutem eine wirksame Möglichkeit ist, miteinander „ins Gespräch" (Wünsche erfahren, Befindlichkeit erkunden!) zu kommen – vielleicht sogar die einzige Möglichkeit –, wird die Begleitung zur (vergütungsfähigen) Verpflichtung des Betreuers (zur Einkaufsbegleitung und zum Arztbesuch BayObLG BtPrax 1998, 237; zu Lampenkauf und Frisörbegleitung, beides ablehnend, AG Koblenz FamRZ 2003, 708).

Soweit Vergütung für eine **gemeinsame Heimbesichtigung** verweigert wurde (LG **51** Potsdam BtPrax 1998, 242), ist übersehen worden, daß der Betreuer bei entsprechendem Aufgabenkreis für seine Entscheidung einzustehen hat. Für die Entscheidung, in welchem Heim der Betreute in Zukunft leben soll, kommt es darauf an, daß das Heim in der Lage ist, den spezifischen Bedürfnissen des Betreuten gerecht zu werden, und Gewähr dafür bietet, daß es die im Heimvertrag eingegangenen Verpflichtungen erfüllt. Außerdem muß sich der Betreuer ein Bild dazu machen, welche Gegenstände der Betreute in das Heim mitnehmen kann (näher dazu BIENWALD BtPrax 1999, 22).

Gelingt es dem Betreuer nicht, geeignete Kräfte zu finden, die bereit sind, not- **52** wendige tatsächliche Dienstleistungen zu erbringen, ist dagegen nichts einzuwenden, daß der **Betreuer** solche **Dienstleistungen** übernimmt, wenn er beachtet, daß er für den Abschluß eines entsprechenden Vertrages für eine Vertretung seines Betreuten sorgen muß (§§ 1795, 181; bei kurzzeitigen oder einmaligen Tätigkeiten dürfte das Einverständnis des Gerichts ausreichen) und für diese Dienstleistung nicht als Betreuer bezahlt, sondern nur zu dem für die jeweilige Dienstleistung gewöhnlich zu zahlenden Entgelt tätig werden kann (ggf zu verausgaben oder bei Gericht geltend zu machen als Aufwendungsersatz). Im Einzelfall kommt eine Bezahlung nach § 1835 iVm § 1908i Abs 1 S 1 in Betracht. Leistet der Betreuer nämlich im Rahmen des ihm übertragenen Aufgabenkreises für den Betreuten **berufsspezifische Dienste** (hier: psychosoziale Therapie), sind diese als Aufwendungen (!) zu vergüten, wenn ein anderer Betreuer, der die hierfür erforderliche Qualifikation nicht besitzt, berechtigterweise einen entsprechend qualifizierten Dritten hinzugezogen hätte (BayObLG BtPrax 1998, 146).

Einen Überblick über die im Rahmen der Abgrenzung von rechtlicher Betreuung und caritativer Tätigkeit wesentlichen Entscheidung geben die Rn 288 ff zu § 1908i.

V. Die Verpflichtung zur Aufstellung eines Betreuungsplans

53 Die Verpflichtung zur Aufstellung eines Betreuungsplans, in dem die Ziele der Betreuung und die zu ihrer Erreichung zu ergreifenden Maßnahmen dargestellt werden sollen (Abs 4 S 2 und 3) steht unter einem dreifachen Vorbehalt:

Der Betreuer hat den Betreuungsplan zu Beginn der Betreuung **in geeigneten Fällen** zu erstellen; es handelt sich demnach nicht um eine Regelverpflichtung, sondern um eine auf Einzelfälle beschränkte Pflicht. Sie trifft nur **denjenigen, der die Betreuung berufsmäßig führt**. Das ist der, bei dem das Vormundschaftsgericht festgestellt hat oder feststellt, daß er die Betreuung berufsmäßig führt (§§ 1836 Abs 1 S 2 und 3, 1908i Abs 1 S 1), und es sind die geborenen Berufsbetreuer (§§ 1897 Abs 2, 1900). Schließlich muß das **Gericht die Erstellung** des Betreuungsplans **angeordnet**, die grundsätzlich bestehende allgemeine Pflicht mithin konkretisiert haben. Zu den Motiven dieser Regelung s oben Rn 2 und 20.

Für ehrenamtliche Betreuer besteht eine Verpflichtung zur Betreuungsplanung iSd genannten Bestimmungen auch dann nicht, wenn der einzelne Betreuungsfall dafür geeignet wäre und den berufsmäßig tätigen Betreuer zur Betreuungsplanung verpflichten könnte. Ein daraus gezogener Schluß, den ehrenamtlich tätigen Betreuern würden nur solche Betreuungen übertragen werden oder werden dürfen, die sich für eine Betreuungsplanung nicht eignen, wäre mit den bisher geltenden Regelungen und den durch das 2. BtÄndG eingeführten Bestimmungen betreffend die Rangfolge von ehrenamtlich und von berufsmäßig geführter Betreuung (§§ 1897 Abs 6 und 7, 1899 Abs 1 S 2 nF) nicht vereinbar. Denn daß ehrenamtlich tätige Betreuer nur für die Führung sogenannter einfacher Fälle geeignet sind, wird zwar oft behauptet, trifft jedoch nicht allgemein zu.

54 Der vom Gesetz vorgesehene Inhalt des Betreuungsplans widerspricht der für die Einführung der Verpflichtung gegebenen Begründung. Es mag auf den ersten Blick plausibel erscheinen, für die Planung und Durchführung einer bestimmten Rehabilitationsmaßnahme eine Konzeption zu erarbeiten und deren Einhaltung sowie begründete Abweichungen zu kontrollieren; für die Feststellung des Ziels der Betreuung und der zu ihrer Erreichung zu ergreifenden Maßnahmen bedarf es keines besonderen Betreuungsplans.

Maßgebend für die Zielsetzung der jeweiligen Betreuung sind die gesetzlichen Bestimmungen und ist die am Erforderlichkeitsgrundsatz ausgerichtete gerichtliche Bestimmung des Aufgabenkreises. Für dessen Konkretisierung sind die vor der Bestellung des Betreuers getroffenen Feststellungen über den Betreuungsbedarf heranzuziehen. Eine Praxis, die die Notwendigkeit einer Betreuerbestellung bereits aus dem Krankheitsbild ableitet, ohne im einzelnen zu prüfen, in welcher Hinsicht Angelegenheiten des Betroffenen zu besorgen sind, weil dieser dazu krankheitsbedingt nicht in der Lage ist, führt dazu, daß bestellte Betreuer erst im Laufe der Arbeit einen gewissen Überblick darüber erhalten, welche Angelegenheiten besorgungsbedürftig sind.

Die Verpflichtung zu einer bestellungsnahen Betreuungsplanung könnte diese Praxis noch verstärken, die dem Gericht mit Hilfe der Betreuungsbehörde obliegende

Ermittlung von Art, Umfang und Dauer der Betreuungsbedürftigkeit in die Zeit nach der Betreuerbestellung zu verlegen. Daß eine derartige Praxis weder mit den geltenden Verfahrensregelungen noch mit rechtsstaatlichen Garantien vereinbar ist, bedarf hier keiner weiteren Erklärung.

Soweit mit dem Plan eine effektive Kontrolle der berufsmäßig tätigen Betreuer erreicht werden soll, „ob der Betreuer etwa erforderliche Rehabilitationsmaßnahmen veranlasst oder durchführt", überzeugt die Begründung der Planungsverpflichtung nicht. In der Praxis wird, soweit bekannt, schon seit längerem von den gesetzlich möglichen Kontrollen nicht der nötige Gebrauch gemacht. Das Gericht (hier: mangels Richtervorbehalts der Rechtspfleger) hat die Möglichkeit, sich über die persönlichen Verhältnisse des Betroffenen ein Bild zu machen, indem es den Betreuer um Auskunft bittet (§§ 1839, 1908i Abs 1 S 1) und den Bericht des Betreuers auswertet (§§ 1840 Abs 1, 1908i Abs 1 S 1). Soweit die Berichterstattung nicht die gewünschten Informationen liefert, besteht die Möglichkeit, sie über die Auskunftspflicht des Betreuers einzuholen, gegebenenfalls bei der Gelegenheit dem Betreuer Anregungen für die Führung der Betreuung zu geben. Beschränkt sich die Berichterstattung des Betreuers über die persönlichen Verhältnisse darauf, die in einem Formular (Muster bei HK-BUR/WALTHER Nr 5434) vorgegebenen Fragen durch Ankreuzen der vorgegebenen Antworten zu beantworten (Multiple choice-Verfahren), und die Tätigkeit des Gerichts darauf, einen solchen wenig aussagekräftigen Bericht kommentarlos zu den Akten zu nehmen, werden die rechtlich gebotenen Kontroll-, Aufsichts- und Leitungsinstrumente der §§ 1837 ff (iVm § 1908i Abs 1 S 1) nicht ausgeschöpft. Daß die Praxis durch die bloße Einführung einer Planungsverpflichtung in geeigneten Fällen eine wesentliche Änderung erfahren werde, lassen die bestehenden Verhältnisse nicht erwarten.

Sowohl hinsichtlich des vom Gericht zu fordernden und vom Betreuer zu liefernden Inhalts des Betreuungsplans als auch der Beurteilung, wann ein Betreuungsfall für eine Betreuungsplanung (iSe Rechtspflicht!) geeignet erscheint, sowie der Beurteilungs- und Bewertungskriterien bestehen erhebliche Bedenken gegen die in Abs 4 S 2 und 3 getroffenen Regelungen. In der amtl Begr wird darauf hingewiesen, daß hinsichtlich der inhaltlichen Ausgestaltung eines Betreuungsplans die Vielgestaltigkeit der Lebenssachverhalte berücksichtigt werden müsse; die jeweiligen inhaltlichen Anforderungen an den Betreuungsplan müßten daher flexibel gehandhabt werden, abhängig insbesondere von den zugewiesenen Aufgabenkreisen, der Komplexität der Betreuung, den Wünschen und Widerständen des Betroffenen, den tatsächlichen Besserungsmöglichkeiten und dem Krankheitstyp (BT-Drucks 15/2494, 20). Anforderungen an den zu erstellenden Betreuungsplan enthalten diese Hinweise nicht. Damit wird die in der vom Bundesministerium der Justiz in Auftrag gegebenen „Rechtstatsächlichen Untersuchung zur Qualität von Betreuungen, zur Aufgabenverteilung im Bereich der Betreuung und zum Verfahrensaufwand" getroffene Feststellung bestätigt, bisher gebe es weder einheitliche Handlungskonzepte für die Berufsbetreuung noch ein einheitliches Instrumentarium zur individuellen Fallsteuerung (SELLIN/ENGELS [2003] 114). Insoweit fehlt es bisher auch an nachvollziehbaren Voraussetzungen zur Bewertung der vom Betreuer vorgelegten, nicht oder nicht rechtzeitig vorgelegten Betreuungsplanung im Hinblick auf etwaige Maßnahmen nach §§ 1837 Abs 2 und 3, 1908i Abs 1 S 1 und/oder die in Betracht zu ziehende Entlassung des Betreuers, der sich, weil zu einer adäquaten Betreuungsplanung nicht imstande, als für die konkrete (berufsmäßig geführte) Betreuung ungeeignet erwiesen hat (§ 1908b Abs 1 S 1).

Das Vormundschaftsgericht ist verpflichtet, den Betreuungsplan zu prüfen und zu bewerten (BT-Drucks 15/2494, 30).

Abgesehen davon, daß sich generell die Frage aufdrängt, ob die mit dieser Materie befaßten Richterinnen und Richter sowie die Rechtspflegerinnen und Rechtspfleger darauf hinreichend vorbereitet sind und werden, wird durch die fehlenden Grundlagen die Arbeit der befaßten Gerichte untereinander erschwert. Mindestens dann, wenn der Richter bei der Bestellung des Betreuers anordnet, daß der Betreuer in dem vom Gericht für geeignet gehaltenen Fall einen Betreuungsplan zu erstellen hat, entsteht das Problem, daß der die Aufsicht führende Rechtspfleger die Geeignetheit des Falles in Frage stellt und an die Führung der Betreuung andere Anforderungen stellt als der Richter. Ebenso gut kann der umgekehrte Fall eintreten, daß der die Aufsicht über den Betreuer führende Rechtspfleger im Laufe der Zeit feststellt, daß der Fall für eine Betreuungsplanung geeignet gewesen wäre, eine Anordnung aber unterblieben ist.

56 Über das zu beobachtende Verfahren enthält die Bestimmung keine Einzelheiten; auch an anderer Stelle fehlen Angaben dazu.

Ohne den Zusatz der gerichtlichen Anordnung hätte der Betreuer selbst beurteilen müssen, ob sein Fall für die Erstellung eines Betreuungsplans geeignet ist. Es hätte weder eines Hinweises noch eines „Auftrags" des Gerichts bedurft, um die Verpflichtung entstehen zu lassen. Nunmehr beurteilt das Gericht die Eignung des Falles und ordnet ggf die Erstellung des Planes an. Als Fälligkeitszeitpunkt nennt das Gesetz „zu Beginn der Betreuung", meint aber damit offensichtlich nicht die Wirksamkeit der Betreuerbestellung, sondern die Anfangsphase der Betreuung, in der der Betreuer auf der Basis des ihm vorgegebenen Aufgabenkreises Art und Umfang der von ihm zu besorgenden Angelegenheiten im einzelnen ermittelt und feststellt.

Auch am Ende dieser Anfangsphase, die erfahrungsgemäß drei bis vier Monate dauert, wird ein Betreuungsplan eher selten aufgestellt werden können, weil zunächst beobachtet und abgeklärt werden muß, ob im Hinblick auf die Lebensverhältnisse und die Mitwirkungsbereitschaft des Betroffenen sowie die objektiven Bedingungen eine längerfristig angelegte Veränderung der Lebenssituation des Betroffenen in Betracht kommt, dh auch eine hinreichende Erfolgsaussicht bietet. Dies führt dazu, den Zeitpunkt für die Vorlegung eines Betreuungsplanes in die Zeit zwischen dem dritten und dem sechsten Monat nach Übernahme der Betreuung durch den Betreuer zu legen.

Jedenfalls unter diesen Umständen fragt es sich, ob die Erstellung eines Betreuungsplans in die **Aufsichtszuständigkeit** des Rechtspflegers fällt, weil der Führung der Betreuung zuzurechnen, oder als eine besondere Ausgestaltung des Aufgabenkreises in die Zuständigkeit desjenigen fällt, der den Betreuer bestellt (regelmäßig der Richter, §§ 3 Nr 2 Buchst a, 14 Abs 1 Nr 4 RPflG) und von diesem zugleich mit der Bestellung des Betreuers anzuordnen ist. Insbesondere praktische Gründe sprechen dafür, eine Verpflichtung des Betreuers zur Erstellung eines Betreuungsplans von einer ausdrücklichen Beauftragung bei oder in engem zeitlichen Zusammenhang mit seiner Bestellung (durch den Richter) abhängig zu machen. Der Betreuer kann dann die Anfangsphase seiner Arbeit bereits dazu nutzen, sein Augenmerk auf die Erstellung des Betreuungsplans zu richten. Sache des aufsichtführenden Rechtspflegers wäre es danach, die Einhaltung der dem Betreuer übertragenen Aufgabe zu überwachen. Erhält der Betreuer den „Auftrag" zur Erstellung eines Betreuungsplans nicht, steht es ihm zwar frei, seine Arbeit nach einem Betreuungsplan auszurichten und auch Ziele anzustreben, die er in einem aufgegebenen Betreuungsplan festgelegt hätte. Eine förmliche Verpflichtung, deren Nichteinhaltung zu Konsequenzen führte, liegt dann aber nicht vor.

Um dem Betreuer die Erstellung eines Betreuungsplans aufgeben zu können, wird bereits im Vorfeld der Betreuerbestellung die **Ermittlungstätigkeit**, insbesondere die Mitwirkung **der Betreuungsbehörde** und die Beauftragung des Sachverständigen mit der Erstellung eines Gutachtens über die Notwendigkeit der Betreuung (gegebenenfalls deren Umfang und Dauer; § 68b Abs 1 FGG) darauf abgestellt werden müssen, ob sich dieser „Fall" für eine Betreuungsplanung eignet. In dieser Hinsicht enthält die amtl Begr des 2. BtÄndG die folgenden Hinweise: „Anknüpfend an § 1901 Abs. 4 BGB ist ein Betreuungsplan vor allem in solchen Aufgabenbereichen wichtig, die in stärkstem Maße mit der Person des Betroffenen verknüpft sind, etwa der Gesundheitssorge oder Aufenthaltsbestimmung. Gerade in derart wichtigen Bereichen ist eine Zielreflexion besonders bedeutsam, soll doch der Betroffene wieder in die Lage versetzt werden, seine Angelegenheiten in stärkerem Maße selbst zu regeln. Hinsichtlich dieser Aufgabenbereiche wird sich eine intensivere Betreuungsplanung aufdrängen. Daher knüpft die Betreuungsplanung konsequent an die Pflicht des Berufsbetreuers zur Förderung der Rehabilitation und Verhinderung der Verschlimmerung des Gesundheitszustandes des Betroffenen gemäß § 1901 Abs. 4 BGB an" (BT-Drucks 15/2494, 30). **57**

Diese Hinweise sind insofern wenig hilfreich, als einerseits auf den Rechtseingriff, andererseits auf Chancen einer Rehabilitation abgestellt wird. Denn es handelt sich weder um identische oder kongruente, noch um parallele Bereiche. Bereits der Wortlaut, insbesondere aber die amtl Begr lassen erkennen, daß die gesetzliche (Neben-)Pflicht des Betreuers aus Abs 4 für jeden Betreuer unabhängig von der Art seines Aufgabenkreises gilt (BT-Drucks 11/4528, 134). Die Bestimmung des Aufgabenkreises und die Intensität des Rechtseingriffs ergeben sich in erster Linie aus der Entscheidungsunfähigkeit des Betroffenen und den zu besorgenden Angelegenheiten. Ist der Betroffene an einer Rehabilitation interessiert und beabsichtigt er, sich an ihr zu beteiligen, kann sich die Betreuerzuständigkeit gegebenenfalls darauf beschränken, die Maßnahmen zu organisieren und ihre Finanzierung sicherzustellen. Ist der Betroffene nicht in der Lage, seinen Aufenthalt zu bestimmen, benötigt er aus diesem Grunde einen Betreuer ohne daß damit Chancen für eine Rehabilitation verbunden wären, kommt es darauf an, dem (potentiellen) Rehabilitanden zu gesicherten Wohnverhältnissen zu verhelfen, die Aufenthaltsbestimmung durch den Betreuer ist dann nicht erforderlich und dieser Aufgabenkreis unzulässig. Ebenso verhält es sich mit einem Aufgabenkreis Gesundheit, der weder die Hilfe bei der beruflichen Rehabilitation umfaßt noch für deren Organisation erforderlich wäre. Zum Begriff der Rehabilitation allgemein sowie zur umfassenden Ermittlung des individuellen Rehabilitationspotentials (Reha-Assessment) vgl die Stichwörter im

Fachlexikon der sozialen Arbeit, hrsg v Deutschen Verein f öffentliche und private Fürsorge (5. Aufl 2002).

58 Das Gericht hat zu prüfen, ob es sich um einen für die Erstellung eines Betreuungsplans geeigneten Fall handelt. Kommt es zu dem Ergebnis, daß der Fall geeignet ist, hat es die Erstellung anzuordnen; andernfalls unterbleibt diese Entscheidung. Aus Gründen der Erkennbarkeit, daß das Gericht sich mit der Frage beschäftigt hat, empfiehlt es sich, die Nichtanordnung aktenkundig zu machen. Ein Ermessen in dieser Angelegenheit kann dem Gericht nur insofern eingeräumt werden, als Gründe außerhalb der Führung der Betreuung einen Entscheidungsspielraum gewähren. Denkbar wäre, daß andere außerhalb des Falles und seiner Eignung liegende Gründe ein Absehen von einer Betreuungsplanung rechtfertigen. Diese Gründe müßten ebenfalls aktenkundig gemacht werden.

Die Anordnung wird durch Beschluß getroffen. Der Beschluß ist für den Betreuer anfechtbar. Bereits bei der Prüfung der **Betreuereignung** muß berücksichtigt werden, daß die Erstellung eines Betreuungsplans in Betracht kommen kann und die Betreuereignung sich deshalb auch auf die Erstellung eines solchen Planes zu erstrecken hat. Gleichwohl steht es dem Betreuer zu, aber auch frei, bei der Erstellung des Betreuungsplans die Unterstützung der Betreuungsbehörde in Anspruch zu nehmen, die zu dieser Unterstützung nach § 4 BtBG (idF des Art 9 Nr 1 2. BtÄndG) verpflichtet worden ist.

§ 1901a
Schriftliche Betreuungswünsche

Wer ein Schriftstück besitzt, in dem jemand für den Fall seiner Betreuung Vorschläge zur Auswahl des Betreuers oder Wünsche zur Wahrnehmung der Betreuung geäußert hat, hat es unverzüglich an das Vormundschaftsgericht abzuliefern, nachdem er von der Einleitung eines Verfahrens über die Bestellung eines Betreuers Kenntnis erlangt hat. Ebenso hat der Besitzer das Vormundschaftsgericht über Schriftstücke, in denen der Betroffene eine andere Person mit der Wahrnehmung seiner Angelegenheiten bevollmächtigt hat, zu unterrichten. Das Vormundschaftsgericht kann die Vorlage einer Abschrift verlangen.

Materialien: Im RegEntw noch nicht vorhanden; Art 1 Nr 47 BtG; BT-Drucks 11/4528, 208 (BRat); BT-Drucks 11/4528, 227 (BReg); BT-Drucks 11/6949, 12, 74 Nr 17 (RA).

Art 1 Nr 10a und 10b 2. BtÄndG (BGBl I 1073); BT-Drucks 15/2494, 6, 30, 47 (Stellungn d BReg); BT-Drucks 15/4874 (RA); BR-Drucks 121/05 (Beschluß).

Schrifttum (Auswahl):

BIENWALD, Vorsorgeverfügungen und ihre Bedeutung für das Vormundschaftsgericht, BtPrax 2002, 227
ders, Die Notwendigkeit der Schaffung einer

Zentrale für Vorsorgeverfügungen, BtPrax 2002, 244
ders, Erneut: Die Beurkundungsgebühren der General- und Vorsorgevollmacht mit Betreuungs- und Patientenverfügung, JurBüro 2005,

Titel 2 § 1901a
Rechtliche Betreuung

622 (Teil I), JurBüro 2006, 6 (Teil II); hier: Weitere Gebühren für Ablieferung und Registrierung von Vorsorgevollmachten und Betreuungsverfügungen
BUND, Die General- und Vorsorgevollmacht mit Betreuungs- und Patientenverfügung als Vorsorgemaßnahmen und ihre Kosten, BtPrax 2005, 174
EPPLE, Die Betreuungsverfügung, BWNotZ 1992, 27
ders, Der Einfluß der Betreuungsverfügung auf das Verfahren, die Führung und Überwachung der Betreuung, BtPrax 1993, 156
HOFFMANN/SCHUMACHER, Vorsorgevollmachten und Betreuungsverfügungen: Handhabung in der Praxis, BtPrax 2002, 191
JACOBI/MAY/KIELSTEIN/BIENWALD (Hrsg), Ratgeber Patientenverfügung (5. Aufl 2005)
KLIE/STUDENT, Die Patientenverfügung (2. Aufl 2002)

LANGENFELD, Vorsorgevollmacht, Betreuungsverfügung und Patiententestament (1994)
MAY/GAWRICH/STIEGEL, Empirische Erfahrungen mit wertanamnestischen Betreuungsverfügungen (1997)
PERAU, Betreuungsverfügung und Vorsorgevollmacht, MittRhNotK 1996, 285;
RUDOLF/BITTLER, Vorsorgevollmacht, Betreuungsverfügung, Patiententestament (1999)
SASS/KIELSTEIN, Patientenverfügung und Betreuungsvollmacht (2001)
dies, Die medizinische Betreuungsverfügung in der Praxis (1998)
TAUPITZ, Zivilrechtliche Regelungen zur Absicherung der Patientenautonomie am Ende des Lebens – Eine internationale Dokumentation (2000)
WALTER, Die Vorsorgevollmacht (1997)
dies, Das BtÄndG und das Rechtsinstitut der Vorsorgevollmacht, FamRZ 1999, 685.

Systematische Übersicht

I.	Normbedeutung	1
II.	Textgeschichte	4
III.	**Sachlicher Anwendungsbereich des Satzes 1**	
1.	Ablieferungspflicht des Besitzers	5
2.	Kreis der Ablieferungspflichtigen	6
3.	Abzuliefernde Schriftstücke nach ihrem Inhalt	7
4.	Abzuliefernde Schriftstücke nach ihrem Material	8
5.	Zeitpunkt der Ablieferungspflicht	10
6.	Dauer der Ablieferungspflicht	12
7.	Adressat der Ablieferung	13
8.	Hinterlegung und zentrale Erfassung von Vorsorgeverfügungen	15
IV.	**Folgen unterlassener Ablieferung**	
1.	Allgemeines	17
2.	Festsetzung von Zwangsgeld	18
3.	Eidesstattliche Versicherung und Haft	19
4.	Rechtsbehelfe	21
V.	**Sachlicher Anwendungsbereich der Sätze 2 und 3**	
1.	Keine Ablieferung	22
2.	Kreis der verpflichteten Personen	23
3.	Die in Betracht kommenden Schriftstücke	25
4.	Zeitpunkt und Dauer der Verpflichtung	29
5.	Verpflichtung zur Vorlage einer Abschrift (S 3)	30
VI.	**Folgen unterlassener Mitteilung**	32
VII.	**Folgen nicht befolgter Vorlageanordnung**	33

Alphabetische Übersicht

Ablieferungspflicht des Besitzers	5	Kreis der ablieferungspflichtigen Personen	6
Ablieferungswunsch	11	Kreis der mitteilungsverpflichteten Personen	23
Abschrift, Ablieferung einer	30		
Abzuliefernde Schriftstücke nach ihrem Inhalt	7	Letztwillige Verfügung	7
Abzuliefernde Schriftstücke nach ihrem Material	8	Möglichkeit der Kenntnis	10
Adressat der Ablieferung	13		
Androhung des Zwangsgeldes	18	Nichtamtliche Registrierungsstellen	16
		Normbedeutung	1
Beglaubigungszuständigkeit der Betreuungsbehörde	3, 4	Örtlich zuständiges Gericht	13
Beschwerde			
– gegen Zwangsgeldandrohung	21, 33	Patiententestament	7
– gegen Zwangsgeldfestsetzung	21, 33	Protokoll mit Vorsorgevollmacht	25
Besitzer, Ablieferungspflicht	5		
Beurkundungsgesetz	34	Rechtsbehelfe	21, 33
Bevollmächtigung	23	Registrierung von Vorsorgeregelungen	3, 16
Bildträger	9	Registrierung von Vorsorgeverfügungen bei der Bundesnotarkammer	3
Bundesnotarordnung	34		
Dauer der Ablieferungspflicht	12	Sachlicher Anwendungsbereich des Satzes 1	5
Durchschrift einer Betreuungsverfügung	8	Textgeschichte	4
		Textträger	9
Eidesstattliche Versicherung	19	Tonträger	9
Festsetzung von Zwangsgeld	18	Unterrichtung des Gerichts	22 ff, 26
Finder ablieferungspflichtiger Betreuungsverfügung	5	Unterrichtungsverpflichtung	26
Folgen unterlassener Ablieferung	25	Urkundenunterdrückung	17
Folgen unterlassener Unterrichtung	32	Verfahrenskosten	18
Folgen nicht befolgter Vorlageanordnung	33	Verschuldete Unkenntnis	10
		Vollmacht	22 ff
Gericht der Ablieferung	13	Vorlage einer Abschrift	30
Gericht der Unterrichtung	22	Vorlagepflicht	30
		Vorlageverlangen	31
Haft	19	Vorsorgevollmacht	25
Hinterlegung von Vorsorgeregelungen	15, 16		
Hinterlegungsmöglichkeiten, nichtamtliche	16	Zeitpunkt der Ablieferungspflicht	10 f
Höhe des Zwangsgeldes	26	Zeitpunkt der Unterrichtungspflicht	29
		Zentrale Erfassung von Vorsorgeregelungen	15
Information des Gerichts	22 ff		
Kopie einer Betreuungsverfügung	8	Zentrales Vorsorgeregister	3
Kosten des Verfahrens	18	Zuständiges Gericht	14
Kosten der Vorlage	30	Zwangsgeldandrohung	18
Kostenordnung	34	Zwangsgeldfestsetzung	18

I. Normbedeutung

Ein wesentliches Ziel des Betreuungsgesetzes besteht darin, dem Willensvorrang des Betreuten/Betroffenen Geltung zu verschaffen, soweit dies seinem Wohl nicht zuwiderläuft (BT-Drucks 11/4528, 53). Deshalb sind auch Wünsche und Vorschläge zu beachten, gegebenenfalls zu befolgen (§ 1897 Abs 4 S 1; § 1901 Abs 3 S 1), die der Betroffene vor der Bestellung des Betreuers gemacht hat, und zwar unabhängig davon, ob sie schriftlich oder mündlich geäußert worden sind (§ 1897 Abs 4 S 3; § 1901 Abs 3 S 2). Eine Betreuungsverfügung ist demnach eine Willensäußerung, in der jemand für den Fall seiner Betreuungsbedürftigkeit und der Bestellung eines Betreuers Vorschläge zur Person des Betreuers und/oder Wünsche zur Wahrnehmung der Aufgaben des Betreuers oder durch den Betreuer geäußert hat.

Die Vorschrift hat eine Ablieferungspflicht für solche Betreuungsverfügungen eingeführt, vorausgesetzt daß sie in einem Schriftstück festgehalten worden sind. Mit der Ablieferungspflicht des § 1901a wollte der Gesetzgeber nicht, auch nicht mittelbar, einen Formzwang für Betreuungsverfügungen einführen. Obwohl eine schriftlich abgefaßte Betreuungsverfügung eine größere Gewähr dafür bietet, gefunden und beachtet zu werden, hat das BtG keine Vorschrift erhalten, aus der sich unmittelbar oder mittelbar ein Formzwang ergäbe (BT-Drucks 11/4528, 208). Es sollte dem Willen des Betroffenen auch Geltung verschafft werden, wenn er diesen nicht schriftlich festgehalten hat.

Die Ablieferungspflicht setzt nicht voraus, daß das Gericht zuvor zur Ablieferung aufgefordert hat, daß Ermittlungen nach einer Vorsorgeverfügung angestellt worden sind oder eine Abfrage bei (allen) in Betracht kommenden Hinterlegungsstellen vorgenommen worden ist.

Ursprünglich galt die Vorschrift, die aus dem jetzigen S 1 bestand, nicht für Vollmachten, die für den Fall der Betreuungsbedürftigkeit erteilt worden sind und die dazu dienen, geeignet oder bestimmt sind, eine Betreuerbestellung ganz oder teilweise zu vermeiden. Näher dazu § 1896 Rn 115. Für eine **Ausdehnung** der Vorschrift auf Schriftstücke, die eine Vorsorgebevollmächtigung oder die Benennung einer Vertrauensperson zur vertretungsweisen Wahrnehmung von Zuständigkeiten auf dem Gebiet der Gesundheitssorge zum Inhalt haben (so ERMAN/HOLZHAUER Rn 2), schien **keine Notwendigkeit** zu bestehen; rechtspolitisch schien es verfehlt, den Kreis der potentiellen „Täter" zu vergrößern und zu kriminalisieren. Es hieß, wer daran interessiert ist, daß jemand auf Grund der von ihm erteilten Vollmacht tätig wird, könne und müsse selbst dafür sorgen, daß die Bevollmächtigung den Betreffenden auch erreicht (näher STAUDINGER/BIENWALD [1999] Rn 2). Die durch Anfügen der S 2 und 3 (durch Art 1 Nr 11 Buchst a und b 2. BtÄndG) zum Ausdruck kommende Abweichung von der bisherigen Auffassung steht in engem Zusammenhang mit dem Bemühen, die Zahl der gerichtlich begründeten Betreuungen und damit auch oder in erster Linie die Kostenbelastung der Justizhaushalte der Länder in Grenzen zu halten. Zwar wird das Bemühen um eine „Stärkung" der Vorsorgevollmacht damit begründet, die Empfehlung (der Bund-Länder-Arbeitsgruppe „Betreuungsrecht"), das Rechtsinstitut der Vorsorgevollmacht zu stärken, diene der Verwirklichung des Selbstbestimmungsrechts (Zwischenbericht 5). Ein ebensolches Kennzeichen des Selbstbestimmungsrechts ist es aber, sich einer Vorsorgeregelung zu enthalten und darauf zu vertrauen, die Notwendigkeit stellvertretenden Handelns werde nicht eintreten oder das Gericht werde die dann notwendigen und geeigneten Maßnahmen ergreifen.

Der Entwurf eines 2. BtÄndG beschränkte sich darauf, S 1 auf (Vorsorge-)Vollmachten anzuwenden. Dabei wurde offensichtlich nicht bedacht, daß ein Bevollmächtigter die in seinen Händen befindliche Vollmachtsurkunde nicht aus der Hand geben kann, ohne im Rechtsverkehr handlungsunfähig zu werden. Bei notariellen Vollmachten wäre eine Ablieferungsverpflichtung systemwidrig gewesen, weil das Original in der Urkundensammlung des Notars zu verbleiben hat. Der Rechtsausschuß hat deshalb die Regelung vorgeschlagen, die Gesetz geworden ist und es dem Bevollmächtigten ermöglicht, sich im Rechtsverkehr zu legitimieren.

3 Bereits am 31. 7. 2004 traten Bestimmungen in Kraft, die eine **Registrierung von Vorsorgeverfügungen** bei der Bundesnotarkammer ermöglichen. Durch Art 2b des Gesetzes zur Änderung der Vorschriften über die Anfechtung der Vaterschaft und das Umgangsrecht von Bezugspersonen des Kindes, zur Registrierung von Vorsorgeverfügungen und zur Einführung von Vordrucken für die Vergütung von Berufsbetreuern v 23. 4. 2004 (BGBl I 598) wurden in die BNotO die §§ 78a bis 78c eingefügt, die vorsehen, daß die Bundesnotarkammer ein automatisiertes Register über Vorsorgevollmachten (Zentrales Vorsorgeregister) führt, in das Angaben über Vollmachtgeber, Bevollmächtigte, die Vollmacht und deren Inhalt aufgenommen werden dürfen. Auf sein Ersuchen wird dem Vormundschaftsgericht Auskunft aus dem Register erteilt. Inzwischen hat das Bundesministerium der Justiz entsprechend der ihm erteilten Ermächtigung die Verordnung über das Zentrale Vorsorgeregister (Vorsorgeregister-Verordnung-VRegV) v 21. 2. 2005 (BGBl I 318) erlassen und dort die näheren Bestimmungen über den Inhalt und die Führung des Registers, die Auskunft aus dem Register und über die Änderung, Eintragung und Löschung von Eintragungen sowie die Aufbewahrung und Vernichtung von Dokumenten (§ 9d VO) getroffen. Beurkundet ein Notar eine Vorsorgevollmacht, so soll er auf die Möglichkeit der Registrierung bei dem Zentralen Vorsorgeregister nach § 78a Abs 1 BNotO hinweisen (§ 20a BeurkG). Der Wortlaut der Bestimmungen ist im **Anhang** zu dieser Vorschrift abgedruckt. Zur Kritik des Bundesbeauftragten für den Datenschutz s BT-Drucks 15/5252, 103. Eine Vorsorgeregister-Gebührensatzung wurde am 2. 2. 2005 erlassen (DNotZ 2005, 81); zu ihrer Änderung GÖRK DNotZ 2006, 6.

§ 4 BtBG in der durch Art 9 Nr 1 2. BtÄndG geänderten Fassung verpflichtet die Betreuungsbehörde, die Bevollmächtigten zu beraten und unterstützen; der durch Art 9 Nr 2 2. BtÄndG geänderte § 6 BtBG befugt die Behörde, Unterschriften oder Handzeichen auf Vorsorgevollmachten oder Betreuungsverfügungen zu beglaubigen und zu diesem Zweck geeignete Beamte und Angestellte zur Wahrnehmung dieser Aufgabe zu ermächtigen. Näheres im Anhang zu dieser Vorschrift. Schließlich sieht eine Ergänzung des § 1908f vor, daß die anerkannten Betreuungsvereine im Einzelfall Personen bei Errichtung einer Vorsorgevollmacht beraten können (Art 1 Nr 14 Buchst c 2. BtÄndG). Dadurch wird den anerkannten Betreuungsvereinen lediglich die Möglichkeit eröffnet, individuell rechtsberatend tätig zu werden. Diese Befugnis geht über die den Betreuungsvereinen als Pflichtaufgabe obliegende planmäßige Information hinaus und stellt ihrerseits nicht eine Pflichtaufgabe dar. Ob Betreuungsvereine in dieser Hinsicht tätig werden wollen und werden können, wurde ihnen überlassen (BT-Drucks 15/2494, 31).

Entgegen der in § 78a Abs 1 BNotO und in § 20a BeurkG gewählten Bezeichnung „Zentrales Vorsorgeregister" handelt es sich nicht, wie vermutet werden könnte, um „das" Zentrale Vorsorgeregister, dem – wie etwa der zentralen Testamentskartei bei dem AG Berlin-Schöneberg (dazu STAUDINGER/BAUMANN [2003] § 2258a Rn 12) – bestimmte Daten verbindlich mitzuteilen sind. Außerdem haben sich zT seit Jahren Registrierungs- und/oder Hinterlegungsstellen, von einzelnen Gerichten abgesehen, organisiert (zuletzt beim Bundesanzeiger-Verlag Köln; s BtPrax 2004, 61).

II. Textgeschichte

Die Vorschrift ist auf Anregung des Bundesrates in das BtG aufgenommen worden. **4**
Zielsetzung war, dem Betroffenen die Gewißheit zu verschaffen, daß das Vormundschaftsgericht auf die Existenz einer Betreuungsverfügung (und nunmehr einer Vorsorgevollmacht) aufmerksam gemacht wird und rechtzeitig von den Wünschen des Betroffenen Kenntnis erlangt (BT-Drucks 11/4528, 208). Durch Einfügung der Nr 2a in § 1908f Abs 1 verpflichtete das BtÄndG die Betreuungsvereine, planmäßig über Vorsorgevollmachten und Betreuungsverfügungen zu informieren, und durch Ergänzung des § 1 BtBG erhielten die Betreuungsbehörden die Aufgabe, die Aufklärung und Beratung über (Vollmachten und) Betreuungsverfügungen zu fördern.

Die Ergänzung der Vorschrift geht zurück auf die Initiative des Bundesrates, genauer den Gesetzesantrag der Länder Nordrhein-Westfalen, Bayern, Sachsen und Niedersachsen (BR-Drucks 865/03; BT-Drucks 15/2494) v 19.11.2003. Zunächst war nur die Anwendung der bisherigen Regelung auf Vollmachten vorgesehen. Auf den Vorschlag des RA ist die Gesetzesfassung der Sätze 2 und 3 zurückzuführen (s auch oben Rn 2). Während die BReg zu der Ergänzung des § 1901a keine Stellungnahme abgab, schloß sie sich den von der Bundesnotarkammer vorgebrachten Bedenken gegen die Schaffung einer weiteren (behördlichen) Urkundsperson für die Beglaubigung von Handzeichen und Unterschriften auf Vorsorgevollmachten und Betreuungsverfügungen an (BT-Drucks 15/2494, 49).

III. Sachlicher Anwendungsbereich des Satzes 1

1. Ablieferungspflicht des Besitzers

Die Ablieferungspflicht besteht für alle, die ein Schriftstück des beschriebenen **5**
Inhalts in Besitz haben. Auf die Eigentumsverhältnisse kommt es dabei nicht an (PALANDT/DIEDERICHSEN Rn 3). Besitz ist die tatsächliche Herrschaft über eine Sache (PALANDT/BASSENGE, Überbl vor § 854 Rn 1). Ablieferungspflichtig ist deshalb zB derjenige, der einen Brief in Händen hat, dessen Inhalt ganz oder teilweise als eine Betreuungsverfügung verstanden werden kann. Mit dem Ansichnehmen wird der Finder Besitzer. Besitzer iSd Vorschrift kann auch derjenige sein, der in Abwesenheit des Wohnungsinhabers (bei dessen Aufenthalt im Krankenhaus oder nach dessen Einweisung in ein psychiatrisches Krankenhaus) dessen Angelegenheiten besorgt und bei der Gelegenheit eine Betreuungsverfügung findet.

2. Kreis der Ablieferungspflichtigen

6 Ablieferungspflichtig ist jeder, der ein derartiges Schriftstück in Besitz hat. In Betracht kommen Angehörige des Betroffenen, Nachbarn, sonstige Dritte, aber auch der Betroffene selbst (Bienwald, BtR Rn 9; aA MünchKomm/Schwab Rn 4). Gibt dieser die von ihm herrührende Betreuungsverfügung nicht heraus oder ihren Inhalt nicht bekannt, kann darin ein Zeichen dafür gesehen werden, daß er erkennbar an den früher geäußerten Wünschen und personellen Vorstellungen nicht mehr festhalten will (vgl § 1901 Abs 3 S 2). Eine Selbstbindung des Betroffenen durch früher geäußerte Wünsche tritt nicht ein (Erman/Holzhauer Rn 3).

Hat jemand eine Betreuungsverfügung dem zuständigen **Amtsgericht** (Vormundschaftsgericht) zur Aufbewahrung überlassen, befindet sich das Schriftstück dort, wo es zunächst daraufhin zu prüfen ist, ob sich in ihm Vorschläge zur Auswahl der Betreuungsperson und/oder Wünsche zur Wahrnehmung der Betreuung befinden, die bereits bei der Entscheidung über die Bestellung eines Betreuers zu berücksichtigen sind. Die beim Amtsgericht aufbewahrten Betreuungsverfügungen unterliegen deshalb nicht mehr einer Herausgabepflicht gegenüber dem Vormundschaftsgericht. Sie werden zu den Verfahrensakten des betreffenden Verfahrens in Betreuungssachen genommen.

Dem Betroffenem steht/stand es frei, bis zum Beginn des Verfahrens betreffend die Betreuerbestellung die Betreuungsverfügung herauszuverlangen. Nach Einleitung des Verfahrens kann der Betroffene sowohl Bezug auf den Personalvorschlag als auch hinsichtlich der Besorgung seiner Angelegenheiten erklären, daß er an den bisher geäußerten Vorschlägen und den Wünschen nicht festhalten will (§§ 1897 Abs 4 S 3, 1901 Abs 3 S 2).

Hat der Betroffene **einer anderen Stelle** als dem Vormundschaftsgericht die Betreuungsverfügung zur Aufbewahrung überlassen, kann er ebenfalls jederzeit die Verfügung aus der Verwahrung zurückfordern. Hat er bis zur Einleitung des Verfahrens betreffend die Bestellung eines Betreuers die Betreuungsverfügung nicht zurückgefordert, ist davon auszugehen, daß die Verwahrung dem Zweck diente, das Schriftstück zu gegebener Zeit an die befugte Adresse (Vormundschaftsgericht) gelangen zu lassen. Es entspricht dem Willen des Betroffenen, daß die Betreuungsverfügung an das Vormundschaftsgericht herausgegeben wird, so bald die Voraussetzungen dafür vorliegen. Die verwahrende Stelle ist unmittelbarer Besitzer (§ 868); sie trifft deshalb die Verpflichtung zur Herausgabe des Schriftstücks (MünchKomm/Schwab, § 1901a Rn 4). Zum Besitz juristischer Personen Staudinger/Bund (2000) § 854 Rn 58.

Bewahrt ein Notar eine Betreuungsverfügung, die nicht in einer Niederschrift aufgenommen worden ist (§§ 39, 40 BeurkG), auf, so befindet sich diese nicht (anders als bei Testamenten, § 2259 Abs 2) in amtlicher Verwahrung des Notars, so daß die dafür bestehenden besonderen Vorschriften nicht zur Anwendung kommen.

3. Abzuliefernde Schriftstücke nach ihrem Inhalt

7 Abzuliefern sind alle schriftlichen Äußerungen des Betroffenen, die ganz oder teilweise der Beschreibung des § 1901a entsprechen. Ihrem Inhalt nach können sich die Äußerungen beispielsweise auf die Zahl und die Art der zu bestellenden Betreuer, auf den Umfang des Aufgabenkreises oder die Art und Weise, in der ein Betreuer die Angelegenheiten des Betroffenen zu besorgen hat, beziehen. Die Betreuungsverfügung kann Regelungen oder Wünsche hinsichtlich der Lebensgestaltung des Betroffenen (PALANDT/DIEDERICHSEN Einf vor § 1896 Rn 9) oder in bezug auf den Aufenthalt, den Wechsel in ein Heim und/oder für die Wohnungsauflösung und die Verteilung der Habe enthalten. Hierher gehören auch die sog Patiententestamente, (der Begriff ist als Fachbegriff nicht mehr gebräuchlich; vgl Schrifttumsangaben) soweit sie Wünsche an den Betreuer in bezug auf bestimmte Behandlungen oder das Unterlassen ärztlicher Behandlungen, auch das Konsultieren eines bestimmten Arztes, die Entbindung von der Schweigepflicht usw enthalten. Näher dazu BIENWALD, BtR Rn 38 ff zu § 1904.

Die als Betreuungsverfügungen anzusehenden Äußerungen können Teil einer letztwilligen Verfügung oder mit anderen Vorsorge-„verfügungen" verbunden sein. Weniger in dem Fall, daß jemand eine derartige Vorsorgeverfügungsgesamtheit in den Händen hat, als vielmehr bei Verwahrungen stellt sich die Frage, wem welcher Teil ausgehändigt und/oder zur Kenntnis gegeben werden darf. Hat ein Mensch eine im Ergebnis nicht wirksame und akzeptierte Vorsorgevollmacht erstellt und in ihr Wünsche an den behandelnden Arzt geäußert, kann der gerichtlich bestellte Betreuer seinem Auftrag der Gesundheitssorge mit Einbeziehung der Äußerungen der/des Betroffenen nur nachkommen, wenn ihm die Gesamtheit der äußerlich nicht trennbaren und auch eindeutig kenntlich gemachten getroffenen Bestimmungen zur Verfügung steht. Derartige Fragen und Probleme sind neuerdings im Zusammenhang mit der Schaffung von Aufbewahrungszentren und der Regelung des Abrufs und der Berechtigung dazu entdeckt und, soweit ich sehe, bisher nicht diskutiert worden. Soweit eine Verbindung mit einer letztwilligen Verfügung besteht, läßt sich dem Vormundschaftsgericht das vollständige Schriftstück abliefern, das den die Betreuung betreffenden Teil zur Kenntnis nimmt und das Testament zurückgibt.

4. Abzuliefernde Schriftstücke nach ihrem Material

Abzuliefern ist jedes Schriftstück, das den Inhalt einer Betreuungsverfügung hat. **8** Abzuliefern ist das Original; da die Schriftform für die Existenz einer Betreuungsverfügung nicht konstitutiv ist, ist auch die Durchschrift oder die Kopie einer Betreuungsverfügung ein abzulieferndes Schriftstück. Es kommt nicht darauf an, daß es eine offene oder eine geschlossene Schrift ist. Maßgebend ist nicht das Material, auf dem die Willensäußerung angebracht ist, sondern die Schriftform. Gleichgültig ist, in welcher Sprache der Text verfaßt wurde, wenn nur sichergestellt ist, daß der Text inhaltlich vom Betroffenen stammt. Die Ablieferungspflicht besteht ohne Rücksicht auf die „Gültigkeit" der Betreuungsverfügung (DAMRAU/ZIMMERMANN Rn 1). Der Besitzer braucht also weder die sachliche noch die formelle Gültigkeit der Betreuungsverfügung zu prüfen; es ist auch nicht seine Sache, dies zu prüfen und zu entscheiden. Auch die Feststellung der Urheberschaft gehört nicht in seinen Kompetenzbereich. Aus diesem Grunde, zwecks Prüfung der Verbindlichkeit der Betreuungsverfügung, muß auch ein etwaiger Widerruf einer früheren Betreuungsverfügung abgeliefert werden. Für die Ablieferungspflicht kommt es nicht darauf an, daß das Schriftstück eigenhändig hergestellt und verfaßt worden ist. Auch das maschinenschriftlich oder auf einem anderen mechanischen oder elektronischen Schreibgerät hergestellte Exemplar fällt unter die Ablieferungspflicht.

9 **Ton-, Bild- und Textträger** sind keine Schriftstücke (so nach MünchKomm/Schwab Rn 3). Eine entsprechende Anwendung des § 1901a auf Tonband oder Videokassetten, die von Damrau/Zimmermann Rn 1 befürwortet wird, verbietet sich aus folgendem Grund: Tonband oder Kassette sind mündliche Überlieferungen. Sie sind als solche zu behandeln, dh es bedarf weiterer Beweismittel (Zeugen), um festzustellen, daß es sich um Betreuungsverfügungen handelt (für eine Analogie MünchKomm/Schwab Rn 3). Eine Verpflichtung zur Bekanntgabe mündlicher Betreuungsverfügungen hat das BtG nicht eingeführt.

5. Zeitpunkt der Ablieferungspflicht

10 Die Ablieferungspflicht entsteht in dem Moment, in dem der Besitzer des Schriftstücks von der Einleitung eines Verfahrens über die Bestellung eines Betreuers für den Verfügenden Kenntnis erlangt. Ein Verfahren, in dem es um die Bestellung eines Betreuers geht, wird in dem Moment eingeleitet, in dem das Vormundschaftsgericht Verfügungen zur Aufklärung des Sachverhalts trifft. Das ist bereits dann der Fall, wenn das Vormundschaftsgericht die Anregung zu einer Betreuerbestellung dem Betroffenen mit der Bitte um Stellungnahme schickt.

Die Möglichkeit der Kenntnis reicht nicht aus; auch nicht eine verschuldete Unkenntnis. Auf das Ergebnis des Verfahrens, die Tatsache der Betreuungsbedürftigkeit oder die Bedeutung der Betreuungsverfügung für die Entscheidung des Gerichts oder die Führung der Betreuung kommt es nicht an. Entscheidend ist auch nicht, daß der Betroffene/Verfügende betreuungsbedürftig wird (aA Palandt/Diederichsen Rn 4). Von Bedeutung für die Ablieferungspflicht und den Zeitpunkt der Ablieferung ist lediglich die Einleitung, nicht dagegen der Inhalt und der Ausgang des Verfahrens.

11 Der Besitzer des Schriftstücks muß die Einleitung des Verfahrens und die Kenntnis davon nicht abwarten, um sich von dem Schriftstück trennen zu können. Das Vormundschaftsgericht ist nicht berechtigt, aufgrund der für einen späteren Zeitpunkt vorgesehenen Ablieferungspflicht eine zu einem früheren Zeitpunkt beabsichtigte Ablieferung zurückzuweisen (Bienwald, BtR Rn 11; s aber unten Rn 14). Da das FGG hierfür keine Regelungen bereithält, lassen sich folgende Hilfsverfahren denken: a) Das im Zeitpunkt des geäußerten Ablieferungswunsches für ein Betreuungsverfahren zuständige Vormundschaftsgericht legt eine Betreuungsverfahrensakte an, zu der lediglich die Betreuungsverfügung genommen wird; b) das gleiche Gericht nimmt die Ablieferung der Betreuungsverfügung zum Anlaß, ein Verfahren zwecks Prüfung der Voraussetzungen einer Betreuerbestellung einzuleiten, und läßt das Verfahren, gegebenenfalls nach Einholen eines Sozialberichts der zuständigen Betreuungsbehörde, „ruhen", wenn nicht weitere Ermittlungen und andere Verfahrenshandlungen sowie eine abschließende Sachentscheidung angezeigt sind. Die Betreuungsverfügung wird dann Teil dieses Vorgangs.

Das Schriftstück ist von dem zur Ablieferung Verpflichteten nach Kenntnis von der

Einleitung des Verfahrens **unverzüglich**, dh ohne schuldhaftes Zögern (§ 121 Abs 1 S 1), abzuliefern.

6. Dauer der Ablieferungspflicht

Dem Wortlaut nach besteht die Ablieferungspflicht nur für den Fall der erstmaligen **12** Einleitung eines Verfahrens zur Bestellung eines Betreuers. Das ist, berücksichtigt man die Zielsetzung der Regelung und des gesamten BtG, zu eng. Soll den Wünschen und Vorstellungen des (späteren) Betroffenen ein hohes Maß an Berücksichtigung zukommen, hindert eine bereits entschiedene oder vollzogene Betreuerbestellung nicht, einen früher geäußerten Wunsch jetzt noch zur Kenntnis zu nehmen und gegebenenfalls zu berücksichtigen. Wünsche, die sich nicht auf die Person des Betreuers beschränken, sondern die Art und Weise der Betreuung betreffen, können während der gesamten Dauer der Betreuung von Bedeutung sein.

Die Ablieferungspflicht setzt demnach frühestens mit Kenntnis von der Einleitung eines Verfahrens auf Betreuerbestellung ein, endet aber grundsätzlich erst mit der Beendigung der Betreuung. Stellt sich im Laufe der Zeit allerdings heraus, daß ein in einer Betreuungsverfügung geäußerter Wunsch nicht mehr berücksichtigt werden kann, weil die davon betroffene Angelegenheit bereits erledigt ist, kann die Ablieferungspflicht im Einzelfall entfallen. Das Vormundschaftsgericht wird insbesondere bei der Frage einer Zwangsgeldfestsetzung zu prüfen haben, ob die Ablieferungspflicht noch eindeutig genug bestimmt war. War dies nicht der Fall, kann das Zwangsgeldverfahren an einem wesentlichen Mangel leiden und scheitern. Im Falle einer Novellierung des BtG sollte die Vorschrift des § 1901a in der hier entwickelten Richtung neu formuliert werden.

7. Adressat der Ablieferung

Die Ablieferungspflicht besteht gegenüber dem **Vormundschaftsgericht**. Die Aus- **13** händigung einer Betreuungsverfügung an einen bestellten oder zur Bestellung vorgeschlagenen Betreuer, an Angehörige oder an die Betreuungsbehörde ersetzt nicht die Ablieferung an das Gericht. Erst wenn das Gericht auf einem solchen Umweg die Betreuungsverfügung erhalten hat, ist die Ablieferungspflicht erloschen.

Das für die Entgegennahme örtlich zuständige Gericht ist das in Betreuungssachen zuständige Gericht (§ 65 Abs 1 FGG). Mit der Ablieferung einer Betreuungsverfügung erhält das Vormundschaftsgericht Informationen, die für die Feststellung des Sachverhalts in einer Betreuungssache von Bedeutung sind. Die Entgegennahme einer Betreuungsverfügung gehört deshalb zu Verrichtungen des Gerichts, die die Betreuung betreffen. Für sie ist örtlich zuständig das Gericht, in dessen Bezirk der Betroffene zu der Zeit, zu der das Gericht mit der Angelegenheit befaßt wird, seinen gewöhnlichen Aufenthalt hat (§ 65 Abs 1 FGG). Zur örtlichen Zuständigkeit des Vormundschaftsgerichts in besonderen Fällen s § 65 Abs 2 bis 4 FGG.

Soll die Betreuungsverfügung nach Einleitung eines Verfahrens zur Bestellung eines **14** Betreuers oder zu einem Zeitpunkt abgeliefert werden, zu dem das Vormundschaftsgericht mit einer Betreuungssache bereits befaßt ist (das kann auch später die Anordnung eines Einwilligungsvorbehalts oder die Erweiterung des Aufgabenkreises des Betreuers sein), steht das Ablieferungsgericht fest. Will der Besitzer vor Einleitung eines Verfahrens die Betreuungsverfügung abliefern, ist dasjenige Vormundschaftsgericht zuständig, bei dem zu diesem Zeitpunkt ein Verfahren betreffend die Bestellung eines Betreuers einzuleiten wäre (im einzelnen BIENWALD, BtR Rn 16; **aA** KG FamRZ 1995, 153 = Rpfleger 1995, 458 = BtE 1994/95 mw Fundstelle und krit Anm SCHREIEDER). Soll eine Betreuungsverfügung zu einem späteren Zeitpunkt abgeliefert werden, zu dem die Betreuerbestellung bereits vorgenommen worden ist, richtet sich die Zuständigkeit nach den allgemeinen Bestimmungen.

8. Hinterlegung und zentrale Erfassung von Vorsorgeverfügungen

15 Obwohl das Bestehen einer Vorsorgeregelung des Betroffenen – entweder in Form einer Bevollmächtigung oder als Betreuungsverfügung – für das Bestellungsverfahren und/oder die Führung der Betreuung von Bedeutung sein konnte, hatten weder das BtG noch das BtÄndG eine Regelung über die Erfassung derartiger Vorsorgeregelungen getroffen. § 1901a beschränkte sich als bundesrechtliche Vorschrift zunächst auf die Bestimmung der Ablieferungspflicht und die Regelung der Folgen ihrer Verletzung. Zu der Schaffung eines Zentralen Vorsorgeregisters durch die Bundesnotarkammer s oben Rn 3. Zuständigkeitsregelungen im einzelnen können landesrechtlich getroffen werden. Eine Zusammenstellung der Länderregelungen zu den Hinterlegungsmöglichkeiten bei den Amtsgerichten nach dem Stand: April 2002 findet sich bei HOFFMANN/SCHUMACHER, Vorsorgevollmachten und Betreuungsverfügungen, Handhabung in der Praxis, BtPrax 2002, 191 (193); dort ist bei einigen Regelungen auf die Wiedergabe bei HK-BUR Bezug genommen. Die Regelungen sind auch bei KNITTEL, Betreuungsgesetz, Abschnitt Landesrecht, abgedruckt.

Sowohl in den amtlichen Regelungen als auch in den Mitteilungen an die Gerichte wird Wert darauf gelegt, die Betroffenen darauf hinzuweisen, daß – insbesondere im Falle eines späteren Umzugs – die Information des dann zuständigen Gerichts **nicht sichergestellt** ist.

16 Nachdem der Ortsverein des Deutschen Roten Kreuzes in Mainz die „Erste Zentralstelle für Betreuungsverfügungen" eingerichtet hatte, haben im Laufe der Jahre mehrere Träger und Verbände bzw Gruppierungen allgemein oder für Mitglieder zugängliche Hinterlegungsmöglichkeiten geschaffen. Nicht die Hinterlegung, sondern eine zentrale Erfassung mit Nachweis des Aufbewahrungsortes und der Zugriffsmöglichkeit ist das Ziel der im Mai 2002 in Dresden gegründeten www deutsche verfuegungszentrale de. In ihr können sämtliche Vorsorgeregelungen (Betreuungsverfügungen, Vorsorgevollmachten, Patientenverfügungen, Organverfügungen) verzeichnet werden, um von Vormundschaftsgerichten im Rahmen ihrer Amtsermittlungen (§ 12 FGG) festgestellt und bei den Aufbewahrungsorten abgefordert werden zu können. Unter der Domain www.mego.org, so heißt es in einer Mitteilung, veröffentlicht in bdbaspekte 41, könne in Zukunft über das Internet abgefragt werden, ob die betreffende Person eine Verfügung verfaßt hat. Informationen über errichtete und (wo auch immer) deponierte Vorsorgeverfügungen werden gesammelt. Ziel ist, daß Vormundschaftsrichter/innen, Rechtspfleger/innen oder klinische Einrichtungen nicht mehr bei mindestens vier bis fünf verschiedenen Stellen Nachfrage halten müssen, sondern der Ermittlungspflicht nachkommen, wenn sie bei der Deutschen Verfügungszentrale unter www.verfuegungszentrale.org nachfragen.

Im März 2003 gab die Bundesnotarkammer bekannt, daß sie ein zentrales Register für Vorsorgeverfügungen errichtet. „Ab sofort", so hieß es in einem Flugblatt, „kann jede vor einem Notar erklärte Vorsorgevollmacht oder Betreuungsverfügung diesem zentralen Register mitgeteilt werden. Einzige Voraussetzung ist die Zustimmung gegenüber dem Notar."

Die Möglichkeit, Vorsorgeverfügungen zu hinterlegen, gibt es bereits sehr viel länger. Die folgenden Hinterlegungsstellen bieten diese Möglichkeit nicht in gleicher Weise für alle Arten von Vorsorgefügungen. Über die Voraussetzungen der Entgegennahme oder Registrierung von Vorsorgeverfügungen informieren die verschiedenen Stellen auch auf Einzelanfrage.

1. Humanistischer Verband Deutschlands, Hobrechtstraße 8, 12043 Berlin (für Vorsorgevollmachten, Betreuungsverfügungen)

2. Deutsches Rotes Kreuz Zentralarchiv, Altenauergasse 1, 55116 Mainz (für Vorsorgevollmachten, Betreuungsverfügungen)

3. Bundeszentralregister Willenserklärung, Hohle Eiche 29, 44229 Dortmund (für Patientenverfügungen) – Serviceangebot der Deutschen Hospizstiftung –

4. Deutsche Gesellschaft für humanes Sterben (für Patientenverfügungen)

5. Zentrales Vorsorgeregister beim Bundesanzeiger Verlag, Amsterdamer Straße 192, 50735 Köln

HOFFMANN/SCHUMACHER (BtPrax 2002, 192) teilen mit, daß auch „Betreuungsvereine, Berufsbetreuer, Praxen" oder Betreuungsstellen (zB Gladbeck) bereit seien, Vorsorgeregelungen zur Aufbewahrung entgegenzunehmen. Hinweise auf das Zentrale Vorsorgeregister bei der Bundesnotarkammer enthalten BtPrax 2004, 67; ZNotP 2003, 182; ZNotP 2004, 104; ZFE 2004, 98. Auf das beim Bundesanzeiger Verlag geführte Register wird in BtPrax 2004, 61 hingewiesen.

Hinterlegung und zentrale Erfassung konkurrieren nicht miteinander, sondern können einander ergänzen. Sowohl aus Sicht der Verfügenden als auch aus der Sicht von Gericht und Ärzten/Kliniken kommt es zunächst darauf an festzustellen, ob ein Betroffener/Patient eine Vorsorgeregelung getroffen hat, die für die nächsten Schritte von Gericht oder Arzt/Klinik von Bedeutung sein kann. Durch eine entsprechende Kommunikation kann dann dafür gesorgt werden, daß die befugten Stellen/Personen Kenntnis von dem Inhalt der getroffenen Bestimmungen erhalten. Den Betroffenen ist nicht damit gedient, daß die Verfügungen lediglich aufbewahrt werden; sie müssen auch im richtigen Moment und so schnell wie möglich auch mit ihrem Inhalt zur Kenntnis derjenigen gelangen können, für die die Vorsorgeverfügungen bestimmt und/oder maßgebend sind bzw sein können.

IV. Folgen unterlassener Ablieferung

1. Allgemeines

17 Die Vorschrift begründet keinen durch den Verfügenden und späteren Betroffenen durchsetzbaren Anspruch auf Herausgabe. Für die Rechtsbeziehungen zwischen dem Verfügenden und dem Besitzer in bezug auf diese Betreuungsverfügung ist das Recht des BGB (Schuldrecht und Sachenrecht) maßgebend. In Betracht kommt als Straftat die Urkundenunterdrückung (§ 274 Abs 1 Nr 1 StGB; ERMAN/HOLZHAUER Rn 5).

2. Festsetzung von Zwangsgeld

18 § 69e S 2 FGG räumt dem Vormundschaftsgericht die Möglichkeit ein, den nach § 1901a S 1 zur Herausgabe verpflichteten Besitzer einer Betreuungsverfügung (das sind auch die privaten Stellen, denen Betroffene eine Betreuungsverfügung zur Aufbewahrung übergeben haben; s oben Rn 6) durch Festsetzung von Zwangsgeld zur Ablieferung der Betreuungsverfügung anzuhalten. Das Gericht entscheidet ohne Antrag von Amts wegen.

Zunächst ist der Besitzer (gegebenenfalls unter Hinweis auf die gesetzliche Ablieferungspflicht) aufzufordern, die Betreuungsverfügung abzuliefern. Zur unmittelbaren Erzwingung der Ablieferung kann das Gericht entweder gemäß § 33 Abs 2 FGG vorgehen und unmittelbaren Zwang ausüben (zB wenn der Ablieferungspflichtige nicht bekannt ist oder sich die Betreuungsverfügung in einem Bankfach befindet; Beispiele bei KEIDEL/WINKLER § 83 FGG Rn 5) oder durch Verhängung von Zwangsgeld (§§ 69e S 2, 33 Abs 1 FGG) den Ablieferungspflichtigen zur Ablieferung anhalten.

Das Zwangsgeld muß, bevor es festgesetzt wird, angedroht werden. Bei der Festsetzung des Zwangsgeldes sind dem Herausgabepflichtigen auch die Kosten des Verfahrens aufzuerlegen (§ 33 Abs 1 S 3 FGG). Die Festsetzung des Zwangsgeldes kann wiederholt werden, jedenfalls solange bis das Schriftstück abgeliefert ist (KEIDEL/ZIMMERMANN § 33 FGG Rn 21). Das einzelne Zwangsgeld (ohne Verfahrenskosten) darf den Betrag von 25 000 Euro nicht überschreiten (§ 33 Abs 3 S 2 FGG; KEIDEL/ZIMMERMANN § 33 FGG Rn 20).

Die Zwangsgeldfestsetzung setzt eine schuldhafte (vorsätzliche oder fahrlässige) Zuwiderhandlung oder Unterlassung voraus. Da es sich aber nicht um eine Kriminalstrafe, sondern um ein Beugemittel handelt, kommt es nicht darauf an, daß der Herausgabepflichtige strafmündig ist.

3. Eidesstattliche Versicherung und Haft

19 Besteht Grund zu der Annahme, daß jemand eine Betreuungsverfügung in Besitz hat, zu deren Ablieferung er nach § 1901a S 1 verpflichtet ist, so kann er von dem Vormundschaftsgericht zur Abgabe einer eidesstattlichen Versicherung über den Verbleib der Betreuungsverfügung angehalten werden (§§ 883 Abs 2 bis 4, 900 Abs 1, 901, 902, 904 bis 910, 913 ZPO in entsprechender Anwendung). Bestreitet der Betreffende, in dessen Besitz eine Betreuungsverfügung vermutet wird, diesen Besitz, so kann das Vormundschaftsgericht von dem Betreffenden die Abgabe einer eidesstattlichen Versicherung dahingehend verlangen, daß er die Betreuungsverfügung nicht besitze und auch nicht wisse, wo sie sich befinde (§ 83 Abs 2 FGG, § 883 Abs 2 ZPO). Für die Abgabe der eidesstattlichen Versicherung gelten die §§ 478 bis 480, 483 ZPO entsprechend.

Erscheint der Betreffende in dem zur Abgabe der eidesstattlichen Versicherung **20** bestimmten Termin nicht oder verweigert er die Abgabe der eidesstattlichen Versicherung ohne Grund, hat das Gericht zur Erzwingung der Abgabe Haft anzuordnen (§ 83 Abs 2 FGG, § 901 ZPO). Auch dieses Verfahren findet ohne Antrag und ohne die vorherige Zahlung eines Haftkostenvorschusses statt. Die Kosten der Verhaftung und die Folgekosten gehören zu den Kosten der Zwangsvollstreckung; für sie hat der Ablieferungspflichtige aufzukommen (§ 3 Nr 4 KostO).

4. Rechtsbehelfe

Gegen die Androhung des Zwangsgeldes ist die Beschwerde zulässig (§ 20 FGG). **21** Gegen die Festsetzung des Zwangsgeldes findet ebenfalls die Beschwerde statt (KEIDEL/ZIMMERMANN § 33 FGG Rn 26). S im übrigen KEIDEL/WINKLER § 83 FGG Rn 12.

V. Sachlicher Anwendungsbereich der Sätze 2 und 3

1. Keine Ablieferung

Anders als ursprünglich vorgesehen (entspr Anwendung d S 1) hat der Besitzer einer **22** Vollmacht diese nicht abzuliefern, sondern das Vormundschaftsgericht zu unterrichten (S 2). Das Gericht kann dann verlangen, daß eine Abschrift des Schriftstücks vorgelegt wird (S 3). Wurde die Vollmacht in eine Niederschrift des Notars aufgenommen, richtet sich das Recht auf Ausfertigungen, Abschriften und Einsicht nach § 51 BeurkG. Daraus ergibt sich noch keine Informationspflicht gegenüber dem Vormundschaftsgericht (näher vSCHUCKMANN/PREUSS, in: HUHN/vSCHUCKMANN BeurkG [4. Aufl 2003] § 51 Rn 8 ff).

2. Kreis der verpflichteten Personen

Während die Tatsache einer vorhandenen schriftlichen Betreuungsverfügung für die **23** Entscheidung des Gerichts über die Bestellung eines Betreuers unmittelbar von Interesse sein kann, weil in ihr ein Personalvorschlag des Betroffenen enthalten ist, den das Gericht zu beachten hat, und die Tatsache, daß der Betroffene seine Angelegenheiten nicht (mehr) besorgt oder besorgen kann, Anlaß zu dem Verfahren gegeben haben muß, kann eine Bevollmächtigung bereits geraume Zeit wirksam (geworden) sein, bevor ein Verfahren über die Bestellung eines Betreuers eingeleitet wird. Ebenso gut kann die Einleitung seines solchen Verfahrens der Anlaß sein, die Bevollmächtigung wirksam werden zu lassen, weil erst jetzt die Bedingungen für das Tätigwerden des Bevollmächtigten eingetreten sind. Es gibt danach verschiedene Gründe für das Gericht, über das Bestehen einer Bevollmächtigung und den Inhalt der Vollmacht sowie des ihr zugrundeliegenden Rechtsgeschäfts informiert zu sein.

Es kann darum gehen festzustellen, ob überhaupt ein Betreuer und ggf für welche Angelegenheiten er bestellt werden muß, ob trotz der bisher funktionierenden Bevollmächtigung eine Betreuerbestellung für solche Angelegenheiten erforderlich ist, die besorgungsbedürftig geworden sind, aber von der Vollmacht nicht erfaßt werden und ob ein Kontroll- oder Überwachungsbetreuer gemäß § 1896 Abs 3 bestellt werden muß, weil der Betroffene und Vollmachtgeber nicht seine Rechte gegenüber seinem Bevollmächtigten geltend machen kann, dafür jedoch hinreichender Grund besteht.

24 Besitzer eines Schriftstücks, in dem der Betroffene eine andere Person mit der Wahrnehmung seiner Angelegenheiten bevollmächtigt hat, kann demnach im fraglichen Zeitpunkt oder Zeitraum der Bevollmächtigte, aber auch eine Person sein, die die Vollmacht zunächst in Besitz hat, um sie zu einem späteren Zeitpunkt dem Bevollmächtigten auszuhändigen

3. Die in Betracht kommenden Schriftstücke

25 Da eine Vorsorgevollmacht, jedenfalls hinsichtlich des von ihr erfaßten rechtsgeschäftlichen Handelns, nur von einer nicht geschäftsunfähigen Person wirksam erteilt worden sein kann, und sowohl ihrem Inhalt als auch der äußeren Form und Gestaltung nach im Rechtsverkehr präsentiert zu werden geeignet sein muß, kommen nahezu ausnahmslos nur Schriftstücke und Erklärungen in Betracht, die den Formvorschriften des BGB genügen (§§ 126, 126a, 128, 129). Die Erklärung der (Vorsorge-)Vollmacht kann in ein nach den Vorschriften der ZPO errichtetes Protokoll aufgenommen worden sein, so daß den Besitzer des Protokolls die Pflicht zur Unterrichtung des Vormundschaftsgerichts trifft.

Hat das Vormundschaftsgericht in einem bereits eingeleiteten Betreuungsverfahren den Betroffenen aus Anlaß seiner persönlichen Anhörung darauf hingewiesen, daß er die Möglichkeit habe, eine Vorsorgevollmacht zu erteilen (§ 68 Abs 1 S 3 HS 2 FGG), ist es Sache des Gerichts, in dem laufenden Verfahren die erforderlichen Erkundigungen einzuholen, ob der Betroffene und in welcher Weise er von der Möglichkeit der Bevollmächtigung Gebrauch gemacht hat.

26 Von der Formulierung des S 2 werden nicht nur Vorsorgevollmachten erfaßt. Nach der amtl Begründung (BT-Drucks 15/2494, 30) sollte ursprünglich die für Betreuungsverfügungen geltende Ablieferungspflicht nur auf Vorsorgevollmachten erstreckt werden. Auch die Überschrift des § 1901a nennt die Vorsorgevollmacht. Für die Frage, ob jemand einen Betreuer nach §§ 1896 ff benötigt, kommt es jedoch nicht darauf an, daß die Vollmacht lediglich für den Fall der eigenen Entscheidungsunfähigkeit oder bereits früher erteilt und wirksam geworden ist. Denn auch im Falle einer allgemeinen Vollmacht, die nicht zwischenzeitlich widerrufen worden ist, steht der betroffenen Person eine andere Hilfe zur Verfügung, die grundsätzlich eine Betreuerbestellung erübrigen kann. Ohne Bedeutung für die Unterrichtungsverpflichtung ist es, ob durch die Vollmacht die besorgungsbedürftigen Angelegenheiten vollständig erfaßt werden, ob es sich um eine General- oder um eine Spezialvollmacht handelt, ob sie zeitlich begrenzt oder unbegrenzt und wirksam erteilt wurde oder ob Bedenken hinsichtlich eines einwandfreien Zustandekommens angebracht sind oder geäußert werden. Maßgebend ist lediglich, daß in dem Schrift-

stück ein Betroffener eine andere Person (ggf Institution) mit der Wahrnehmung seiner Angelegenheiten bevollmächtigt hat. Dabei braucht das Wort Vollmacht im Text nicht benutzt zu sein, wenn durch die Wortwahl eine Bevollmächtigung zum Ausdruck kommt. Auch wird der Charakter einer (Vorsorge-)Vollmacht nicht dadurch geändert, daß in dem Schriftstück über die Vollmacht hinausgehende weitere Verfügungen oder Erklärungen enthalten sind.

In Betracht kommt ein in deutscher Sprache abgefaßtes Schriftstück. Aber auch ein in einer anderen Sprache abgefaßter Text, der eine Bevollmächtigung zum Inhalt hat und geeignet ist, im Rechtsverkehr verwendet zu werden, kann unter die Regelung des S 2 fallen. **27**

Von der Bestimmung werden nur diejenigen Schriftstücke erfaßt, die eine Bevollmächtigung zum Inhalt haben; Texte, die eine Einschränkung der Bevollmächtigung oder deren Widerruf enthalten, gehören weder dem Wortlaut noch dem Zweck und Ziel der Bestimmung nach hierher. Während für die Bestellung eines Betreuers und die Führung der Betreuung die bisher geäußerten und noch gültigen Wünsche des Betroffenen Bedeutung haben, kann es zunächst dahingestellt bleiben, ob eine bekanntgewordene Vollmacht noch wirksam sein kann und soll. Der Bevollmächtigte oder der Rechtsverkehr werden sich von sich aus dazu verhalten und äußern. Gibt es Anhaltspunkte dafür, daß die bekannt gewordene Vollmacht nicht wirksam ist oder widerrufen wurde, kann das Vormundschaftsgericht im Rahmen seiner Ermittlungspflicht (§ 12 FGG) den Anzeichen nachgehen und die erforderlichen Tatsachen feststellen, ohne daß es einer unaufgeforderten Bekanntgabe bedarf. **28**

4. Zeitpunkt und Dauer der Verpflichtung

In dieser Hinsicht bestehen keine Unterschiede zur Betreuungsverfügung. Vgl deshalb oben Rn 10 bis 12. **29**

5. Verpflichtung zur Vorlage einer Abschrift (S 3)

Für die Einführung einer Verpflichtung zur Vorlage einer Abschrift auf Verlangen des Gerichts enthält die Beschlußempfehlung des RA keine Begründung, so daß zwar das Motiv für die Regelung erklärbar, ihr Zweck aber nicht recht erkennbar ist. Eine Vorlage des Originals würde den Zweck in gleicher Weise erfüllen, ohne daß der Verpflichtete eine Abschrift (Kopie) herstellen (lassen) muß. Handelt es sich um ein umfangreiches Schriftstück, kann die Kostenfrage nicht unberücksichtigt bleiben. Schließlich verfügt auch nicht jede Ortschaft über ein Copycenter, und die Fahrkosten zum Gericht, um das Original (oder dessen Ausfertigung) zu präsentieren, können sogar recht hoch sein. Ersichtlich benötigt das Vormundschaftsgericht den Text der Vollmacht, um prüfen zu können, inwieweit ggf noch ein Betreuer bestellt werden muß. Dafür reicht die einfache Vorlegung des Schriftstücks nicht aus: Das Gericht muß sich dann eine Abschrift für die eigenen Zwecke selbst herstellen. **30**

Die Vorlage einer Abschrift muß zuvor vom Vormundschaftsgericht verlangt worden sein. Eine Vorlagepflicht ohne entsprechendes Verlangen besteht nicht. **31**

VI. Folgen unterlassener Mitteilung

32 § 69e Abs 1 S 2 FGG wurde nicht um den Fall unterlassener Mitteilung erweitert. Der Wortlaut erstreckt sich nur auf den bisherigen Inhalt des § 1901a und die Ablieferung der Betreuungsverfügung. Wegen der andersartigen Verpflichtung des Besitzers einer (Vorsorge-)Vollmacht kommt eine Anwendung, auch eine entsprechende Anwendung der Sanktionsnorm nicht in Betracht.

VII. Folgen nicht befolgter Vorlageanordnung

33 Während die Information des Gerichts eine gesetzlich bestimmte Verpflichtung ist, für deren Durchsetzung eine gesetzliche Regelung hätte getroffen werden können, wird die Vorlage einer Abschrift des Schriftstücks durch dessen Besitzer durch eine gerichtliche Verfügung verlangt. Für deren Befolgung sieht § 33 FGG die Androhung (Abs 3) und Festsetzung (Abs 1) von Zwangsgeld vor. Das Verfahren kann wiederholt werden; das einzelne Zwangsgeld darf den Betrag von 25 000 Euro nicht übersteigen (Abs 3 S 2).

Anhang zu § 1901a

Änderung der Bundesnotarordnung, des Beurkundungsgesetzes und der Kostenordnung

1. Änderung der Bundesnotarordnung

§ 78a BNotO

(1) Die Bundesnotarkammer führt ein automatisiertes Register über Vorsorgevollmachten (Zentrales Vorsorgeregister). In dieses Register dürfen Angaben über Vollmachtgeber, Bevollmächtigte, die Vollmacht und deren Inhalt aufgenommen werden. Das Bundesministerium der Justiz führt die Rechtsaufsicht über die Registerbehörde.

(2) Dem Vormundschaftsgericht wird auf Ersuchen Auskunft aus dem Register erteilt. Die Auskunft kann im Wege der Datenfernübertragung erteilt werden. Dabei sind dem jeweiligen Stand der Technik entsprechende Maßnahmen zur Sicherstellung von Datenschutz und Datensicherheit zu treffen, die insbesondere die Vertraulichkeit, Unversehrtheit und Zurechenbarkeit der Daten gewährleisten; im Falle der Nutzung allgemein zugänglicher Netze sind dem jeweiligen Stand der Technik entsprechende Verschlüsselungsverfahren anzuwenden.

(3) Das Bundesministerium der Justiz hat durch Rechtsverordnung mit Zustimmung des Bundesrates die näheren Bestimmungen über die Einrichtung und Führung des

Registers, die Auskunft aus dem Register und über Anmeldung, Änderung, Eintragung, Widerruf und Lösung von Eintragungen zu treffen.

§ 78b BNotO

(1) Die Bundesnotarkammer kann für die Aufnahme von Erklärungen in das Register nach § 78a Gebühren erheben. Die Höhe der Gebühren richtet sich nach den mit der Einrichtung und dauerhaften Führung des Registers sowie den mit der Nutzung des Registers durchschnittlich verbundenen Personal- und Sachkosten. Hierbei kann insbesondere der für die Anmeldung einer Eintragung gewählte Kommunikationsweg angemessen berücksichtigt werden.

(2) Die Bundesnotarkammer bestimmt die Gebühren durch Satzung. Die Satzung bedarf der Genehmigung durch das Bundesministerium der Justiz.

§ 78c BNotO

(1) Gegen Entscheidungen der Bundesnotarkammer nach den §§ 78a und 78b findet die Beschwerde nach den Vorschriften des Gesetzes über die Angelegenheiten der freiwilligen Gerichtsbarkeit statt, soweit sich nicht aus den nachfolgenden Absätzen etwas anderes ergibt.

(2) Die Beschwerde ist bei der Bundesnotarkammer einzulegen. Diese kann der Beschwerde abhelfen. Beschwerden, denen sie nicht abhilft, legt sie dem Landgericht am Sitz der Bundesnotarkammer vor.

(3) Die weitere Beschwerde ist nicht zulässig.

2. Änderung des Beurkundungsgesetzes

§ 20a BeurkG
Vorsorgevollmacht

Beurkundet der Notar eine Vorsorgevollmacht, so soll er auf die Möglichkeit der Registrierung bei dem Zentralen Vorsorgeregister nach § 78a Abs. 1 der Bundesnotarordnung hinweisen.

3. Änderung der Kostenordnung

§ 147 Abs 4 Nr 6 KostO

(4) Keine Gebühr erhält der Notar für

(...)

6. die Übermittlung von Anträgen an das Zentrale Vorsorgeregister nach § 78a Abs. 1 der Bundesnotarordnung, wenn der Antrag mit einer anderen gebührenpflichtigen Tätigkeit im Zusammenhang steht; Gleiches gilt für die Stellung von Anträgen bei dem Zentralen Vorsorgeregister im Namen der Beteiligten.

§ 1902
Vertretung des Betreuten

In seinem Aufgabenkreis vertritt der Betreuer den Betreuten gerichtlich und außergerichtlich.

Materialien: Art 1 Nr 6 DiskE I; RegEntw Art 1 Nr 41; Art 1 Nr 47 BtG; DiskE I 126; BT-Drucks 11/4528, 135 f (BReg); BT-Drucks 11/4528, 208 (BRat); BT-Drucks 11/4528, 227 (BReg); BT-Drucks 11/6949, 12, 74 Nr 18 (RA); STAUDINGER/BGB-Synopse 1896–2005 § 1902.

Schrifttum (Auswahl)

BIENWALD, Zur Stellung des Betreuers nach dem Betreuungsgesetz, RsDE 7/1989, 1

ders, Zur Vertretung des Betreuten vor Gericht, BtPrax 2001, 150

ders, Zum Verhältnis von § 1902 BGB und § 53 ZPO – Eine Stellungnahme zu Deinerts Nachtrag, BtPrax 2001, 198.

ders, Zur Frage der Vertretung des Betreuers bei Urlaub des Betreuten, BtPrax 2002, 101

ders, Zur Vertretung des Betreuten gegenüber Behörden, BtPrax 2003, 71

ders, Delegation von Betreuungsaufgaben und Einsatz von Hilfskräften, BtPrax 2003, 158

BÖHMER, Das Betreuungsgesetz und seine Bedeutung für die Tätigkeit des Standesbeamten, StAZ 1992, 65

BORK, Die Prozeßfähigkeit nach neuem Recht, MDR 1991, 97

CASPAR, Geschäfte des täglichen Lebens – kritische Anmerkungen zum neuen § 105a BGB, NJW 2002, 3425

CYPIONKA, Fortfall der Entmündigung Volljähriger – Auswirkungen auf den Rechtsverkehr, NJW 1992, 207

DEINERT, Die gerichtliche Vertretung von Betreuten, BtPrax 2001, 66

ders, Eintritt des Betreuers in Gerichtsverfahren nötig? BtPrax 2001, 146

vEINEM, Auswirkungen des Betreuungsgesetzes auf das Sozialrecht, Verwaltungsrundschau 1992, 341 (auch SGb 1991, 477)

ELZER, Die Teilnahme von Betreuern an Strafverfahren, BtPrax 2000, 139

FORMELLA, Der Vertreter des Vertreters, BtPrax 1996, 208

GRÜNER, Das Betreuungsgesetz und seine Ausstrahlung in das Sozialrecht, ZfSH/SGB 1993, 338

HARNECKE, Zwangsvollstreckung gegen Personen, die unter Betreuung stehen, DGVZ 2000, 161

HEIM, Gesetzgeberische Modifizierung der Auswirkungen der Geschäftsunfähigkeit Volljähriger beim Vertragsschluss, JuS 2003, 141

JÜRGENS, Vertretung des Betreuers?, BtPrax 1994, 10

ders, Der Betreuer zwischen rechtlicher Vertretung und persönlicher Betreuung, BtPrax 1998, 129

KRETSCHMER, Deutsche Post AG und Zustellungen an den Betroffenen bei Briefpostangelegenheiten. Ein Bericht, BtPrax 1998, 99

LABUHN/LABUHN/VELDTRUP, Familiengericht und Vormundschaftsgericht, Genehmigung und Verfahren in der Praxis (1999)

LAUBINGER/REPKEWITZ, Der Betreute im Verwaltungsverfahren und Verwaltungsprozeß, VerwArch 1994, 86

LIPP, Freiheit und Fürsorge, Der Mensch als Rechtsperson (2000)
ders, Die neue Geschäftsfähigkeit Erwachsener, FamRZ 2003, 721
MÜLLER, Betreuung und Geschäftsfähigkeit (1998)
MÜLLER-FREIENFELS, Die Vertretung beim Rechtsgeschäft (1955)
VON SACHSEN GESSAPHE, Der Betreuer als gesetzlicher Vertreter für eingeschränkt Selbstbestimmungsfähige (1999)
ders, Privatautonome Vorsorge für den Zivilprozeß, ZZP 2000, 25
SPANL, Vermögensverwaltung durch Vormund und Betreuer, Mündel- und Betreutengeld verzinslich und mündelsicher anlegen (2001)
STAHL/CARLE, Die steuerliche Rechtsstellung des Betreuers eines steuerunehrlichen Betreuten und strafrechtliche Folgen, DStR 2000, 1245
STEFFEN, Betreuungsgesetz und landwirtschaftliches Sondererbrecht, AgrarR 1993, 129
STRAILE, Sind geschäftsunfähige Volljährige seit 1. August 2002 teilweise geschäftsfähig?, FuR 2003, 207
VEIT, Das Betreuungsrechtsverhältnis zwischen gesetzlicher und rechtsgeschäftlicher Vertretung, FamRZ 1996, 1309
ZIMMERMANN, Neue teilgeschäftsfähige Betreute, BtPrax 2003, 26.

Systematische Übersicht

I.	**Normbedeutung**	
1.	Grundsätzliches	1
2.	Gesetzliche Vertretung als Strukturmerkmal der Betreuung	2
3.	Begründung der gesetzlichen Vertretung	7
4.	Gesetzliche Vertretung für alle Arten von Betreuungen	8
5.	„Fremdbestimmung" – ein ungeeignetes Abgrenzungskriterium	10
6.	Keine verdrängende Stellvertretung; mögliche Doppelkompetenzen	11
7.	Keine Erstreckung der gesetzlichen Vertretung auf die „persönliche" Betreuung	12
II.	**Normgeschichte**	
1.	Überblick	13
2.	Keine Betreuung ohne Vertretungsmacht	14
3.	Freistellung des Betreuers gegenüber dem Vormundschaftsgericht	15
III.	**Kritik**	16
IV.	**Sachlicher Anwendungsbereich**	
1.	Allgemeines	19
2.	Inhalt und Umfang gesetzlicher Vertretung	23
a)	Begrenzung durch den Aufgabenkreis	23
b)	Ohne Aufgabenkreis keine gesetzliche Vertretung	24
c)	Handeln außerhalb des Aufgabenkreises	25
d)	Altfälle	26
e)	Keine gesetzliche Vertretung durch den Betreuer in Betreuungs- und Unterbringungsverfahren	27
f)	Öffentlich-rechtliche Verpflichtungen des gesetzlichen Vertreters	28
g)	Ausschluß oder Einschränkung gesetzlicher Vertretung durch gesetzliche Bestimmungen	30
3.	Beginn und Ende der gesetzlichen Vertretung	44
a)	Beginn	44
b)	Ende	49
c)	Nachwirkungen (Vertretungsbefugnis nach Ende der Betreuung)	50
V.	**Formen stellvertretenden Handelns**	55
1.	Handeln anstelle des Betreuten	56
2.	Handeln in Ergänzung von Betreutenhandeln	57
3.	Handeln mit Blick auf den Betreuten	58
VI.	**Rechtsfolgen der Vertretung und Haftung des Betreuten**	
1.	Handeln ohne Vertretungsmacht	59

2. Haftung des Betreuten für Verhalten seines Betreuers ... 60

VII. Besonderheiten bei Bestellung eines Kontroll-/Überwachungsbetreuers nach § 1896 Abs 3 ... 61

VIII. Handeln des Betreuten im Rechtsverkehr und die Folgen für Dritte
1. Der geschäftsunfähige Betreute ... 62
2. Der geschäftsfähige Betreute ... 63
3. Der geschäftsfähige unter Einwilligungsvorbehalt gestellte Betreute ... 64

IX. Zur Übertragbarkeit der Betreuung und zum Einsatz von Hilfspersonen
1. Grundsätzliches ... 65
2. Beispiele für die Beauftragung Dritter ... 66
3. Zur Frage höchstpersönlicher Betreuung ... 70
4. Grenzen der Beschäftigung Dritter ... 71

X. Zur Haftung des Betreuers für die Verursachung von Drittschäden durch den Betreuten ... 73

XI. Zur Reichweite von Aufgabenkreisen (weitere Einzelfälle) ... 78

Alphabetische Übersicht

Adoptionseinwilligung ... 33
Adressat für Informationen ... 28
Alleinhandeln des geschäftsfähigen Betreuten ... 41
Altfälle ... 26
Amtsähnliche Handlungen ... 57
Anerkennung der Vaterschaft ... 41
Anfechtung der Vaterschaft ... 41
Angehörige ... 6
Anhörung Angehöriger ... 7
Anknüpfung an gesetzliche Vertretung ... 5
Anwendungsbereich ... 19 ff
Arten von Betreuern ... 9
Arzneimittelerprobung ... 58
Aufgabenkreis, Reichweite ... 78
Aufgabenkreis, Voraussetzung gesetzlicher Vertretung ... 24
Aufgabenkreiserweiterung ... 26, 46
Aufhebung
– der Adoption ... 33
– der Betreuung ... 51
Aufsichtspflichtverletzung ... 73 ff
Ausschluß gesetzlicher Vertretung ... 20
– durch gesetzliche Bestimmungen ... 30
Außenverhältnis ... 19
Außerdeutsche Regelung ... 14
Ausübung prozessualer Weigerungsrechte ... 56
Beginn der gesetzlichen Vertretung ... 44
Begrenzung der gesetzlichen Vertretung ... 23
Begründung der gesetzlichen Vertretung ... 7

Behördenbetreuer, Entlassung ... 53
Beschränkung
– der Handlungsfreiheit ... 10
– der Vertretungsmacht ... 25
Bestattung ... 29a
Bestellung eines Betreuers durch einstweilige Anordnung ... 45
Betreuer ohne Betreuerbestellung ... 59
Betreuerarten ... 9
Betreuerwechsel ... 24
Betreuung ohne Vertretungsmacht, keine ... 14
Betreuungsrechtsänderungsgesetz ... 1
Betreuungsrechtsverhältnis ... 20, 35
Betreuungsverfahren ... 27
Bundessozialhilfegesetz ... 29a
Delegation ... 65 ff
Direkte Stellvertretung ... 55 f
Doppelkompetenzen ... 11
Doppelvertretung ... 52
Dritte, Beauftragung von ... 65 ff
Drittschadensverursachung durch den Betreuten ... 73
Ehelicherklärung ... 33
Ehelichkeitsanfechtung ... 33
Eheschließung ... 33
Ehevertrag ... 41
Eidesstattliche Offenbarungsversicherung ... 56
Einbenennung ... 41
Einschränkung der Aufgabenkreise ... 51

Titel 2 §1902
Rechtliche Betreuung

Einschränkung der Handlungsfähigkeit	11
Einstweilige Anordnung, Betreuerbestellung	45
Einwilligungen im Falle von Einwilligungsvorbehalten	58
Einwilligungsvorbehalt	43
Elterliche Sorge	34
– Ausübung der	35
Empfangsberechtigung in Strafprozeßsachen, keine	43
Ende der gesetzlichen Vertretung	49
Entlassung des Berufsbetreuers	52
Entlassung des Betreuers	52
Entziehung der gesetzlichen Vertretung	30
Erbvertrag, Aufhebung	33
Erbvertrag, Rücktritt vom	33
Ergänzende Tätigkeit des Betreuers	57
Ergänzungsbetreuer	30
Erweiterung des Aufgabenkreises	26, 46
Erzieherische Hilfen	39
Familiengericht	38
Feststellung des Ruhenstatbestandes, kein Anspruch auf	38
Formen stellvertretenden Handelns	55
Fortführung des Betreueramtes durch Erben?	54
Freistellung des Betreuers durch den Betreuten	15
Fremdbestimmung	10
Fürsorge, öffentliche	1
Funktionslosigkeit gesetzlicher Vertretung	17
Gemeinschaftsaufhebung	43
Genehmigungsvorbehalte, gerichtliche	43
Geschlechtskrankheitengesetz	29
Gesetzlicher Vertreter	3
Gesetzliche Vertretung	
– Beginn	44
– Begrenzung	23
– Begründung	7
– für alle Arten von Betreuungen	8
– als Strukturmodell der Betreuung	2
– als Wesensmerkmal der Betreuung	2
Gestattung	
– tatsächlicher Eingriffe	56
– von Freiheitsentziehung	56
Gewaltanwendung	20
Gewillkürte Stellvertretung	10

Haftung des Betreuers	73
Haftung des Betreuten	59 f
Handeln anstelle des Betreuten	56
Handeln außerhalb des Aufgabenkreises	25
Handeln des Betreuten	62
Handeln in Ergänzung des Betreutenhandelns	57
Handeln mit Blick auf den Betreuten	58
Handeln ohne Vertretungsmacht	59
Handlungsfähigkeit des Betreuten	11
Herausgabeanspruch	56
Hilfspersonen, Einsatz von	65 ff
Höchstpersönliche Angelegenheiten	30, 33
Informationsadressat, Gesetzlicher Vertreter als	29
Informationsentgegennahme	56
Informationsweitergabe	56
Inhalt gesetzlicher Vertretung	23
Innenverhältnis	20
Insichgeschäft	30
KJHG	35
Konkurrenz von Bevollmächtigung und gesetzlicher Vertretung	22
Konkurrierendes Handeln im Verfahren	27
Kontrollbetreuer	61
Krebsregister	29
Kritik am BtG	16
Lebensversicherung	32
Medizinprodukte, Prüfung	58
Meldepflichten	28
– für Berufsbetreuer	21
Mitbetreuer	30, 48
Nachwirkungen gesetzlicher Vertretung	50
Namensänderungserklärung	41
Namensänderungsgesetz	43
Normbedeutung	1
Normgeschichte	13
Notzuständigkeit des Betreuers	50
Öffentliche Fürsorge	1
Öffentlich-rechtliche Verpflichtungen	28
Organspende	58

Persönliche Betreuung	12	Unterbringungsverfahren, keine gesetzliche Vertretung des Betreuers	27
Pflegschaftsführung	11		
Rechtliche Betreuung	2	Vaterschaftsanerkennung	56
Rechtsanwalt	9	Verdeckte Stellvertretung	58
Rechtsfolgen der Vertretung	59	Verdrängung, keine des Betreuten durch den Betreuer	11
Rechtsstellung des Gebrechlichkeitspflegers	14	Verdrängende Stellvertretung, keine	11
Rechtsverkehr	62	Vereinsbetreuer, Entlassung	53
Rehabilitationsbeitrag	58	Verfahrensbevollmächtigter	9
Reichweite von Aufgabenkreisen	78	Verfahrenspfleger	9
Reichweite der Vertretungsmacht	3, 43	– in Betreuungssachen	27
Ruhen elterlicher Sorge	34 ff	– in Unterbringungssachen	27
		Vermögensübertragungen, unentgeltliche	31
Schenkungen, Schenkungsverbot	31	Verpflichtung des Betreuers	21
Schenkungsversprechen	31	Versicherungsvertrag (VVG)	32
Schranken der Vertretungsmacht	3	Vertragsabschluß durch den Betreuten	63
Schutz des Rechtsverkehrs	62 ff	Vertretung ohne Vertretungsmacht	25
Sektion	58	Vertretung vor Gericht	56
Sorgeerklärung	40	Vertretungsmacht des Betreuers	1
Sorge, umfassende	4	Verwandtschaftliche Beziehungen	7
Standesbeamter	42	Verwandtschaftsverhältnis bleibt unberührt	6
Sterbehilfe	58	Vollmachtbetreuer	61
Sterilisationseinwilligung	23	Vollmachterteilung	1
Strafantrag	6	Vormundsbestellung für Kind des Betreuten	37
Strafanzeige	56	Vorsorgevollmacht	1
Strafrecht	6		
Strukturmodell der Betreuung	2		
Testamentserrichtung	33	Weiterer Betreuer	30, 47
Tod des Betreuers	54	Wesensmerkmal der Betreuung	2
Totensorgerecht	58	Wohnsitzbestimmung	56
Übergangsregelungen	26	Zeugnisverweigerungsrecht	56
Überschreitung der Vertretungsmacht	59	Zutritt zur Wohnung, gewaltsamer	20
Überwachungsbetreuer	61	Zwangspflegschaft	11, 16
Umfang gesetzlicher Vertretung	23	Zwangsweise Durchsetzung der Inventarisierung, keine	20
Umfassende Sorge	4		
Umgangsregelung	56	Zweistufiges Modell	14

I. Normbedeutung

1. Grundsätzliches

1 Die Vorschrift räumt dem Betreuer die Rechtsmacht ein, die er benötigt, um im Rechtsverkehr für einen anderen, den Betreuten, auftreten und verbindlich handeln zu können. Die durch § 1902 verliehene Vertretungsmacht des Betreuers in dem ihm übertragenen Aufgabenkreis bildet ein wichtiges Mittel zur Erfüllung seiner Aufgaben (MünchKomm/Schwab Rn 1). Andere Regeln der Rechtsordnung, durch die ebenfalls erreicht werden könnte, jemandem ein Drittverhalten zuzurechnen (s dazu Staudinger/Schilken [2004] Vorbem 2 zu § 164), hat der Gesetzgeber für die Betreuung nicht gewählt. Gesetzlicher Vertreter kann nur der wirksam bestellte Betreuer sein. Das Vormundschaftsgericht hat über die Bestellung (und die Entlassung) des Betreuers **förmlich** zu befinden. Interne Absprachen mit dem Vormundschaftsgericht und dessen stillschweigende Duldung der Betreuertätigkeit durch eine nicht bestellte Person können den gesetzlich zwingend erforderlichen Bestellungsakt nicht ersetzen (LG Frankenthal Rpfleger 1997, 380). Auch der vom Betroffenen Bevollmächtigte erlangt auf diese Weise nicht die Rechtsstellung eines gesetzlichen Vertreters. Allein deshalb kann eine Vorsorgevollmacht kein vollwertiger Ersatz gerichtlich bestimmter Betreuung sein, solange innerhalb der Rechtsordnung (zB in Unterbringungsgesetzen der Länder) an die gesetzliche Vertretung eines Menschen oder die Bestellung eines Betreuers Rechtsfolgen geknüpft werden.

Weil der Betreute, der vor der Bestellung eines Betreuers Betroffene, zu anderer Zeit selbst nicht Vorsorge getroffen hat und nunmehr aus tatsächlichen oder rechtlichen (§ 104 Nr 2) Gründen nicht in der Lage ist, einen anderen mit der dafür notwendigen Vollmacht auszustatten und für sich handeln zu lassen, tritt der Staat in Gestalt des Vormundschaftsgerichts an seine Stelle, erteilt dem Betreuer die „Vollmacht" und nimmt damit zugleich eine bedeutende Aufgabe öffentlicher Fürsorge wahr (das BVerfG in BVerfGE 10, 302, 328 bezeichnet den Vormund, den Vorgänger des Betreuers, als „Vertrauensperson des fürsorgenden Staates"). Die Ergänzungen der §§ 1908f, 6 S 2 BtBG und 68 Abs 1 S 3 FGG durch das BtÄndG (BGBl I 1998, 1580) sollten zu einer stärkeren Eigenvorsorge der Bevölkerung und damit einer Vermeidung von Betreuerbestellung sowie zu einer Kostenminderung (in erster Linie Entlastung von Justiz und Justizkasse) beitragen. Der Verpflichtung des Gerichts, während des Betreuerbestellungsverfahrens auf die Möglichkeit der Vorsorgevollmacht und deren Inhalt in geeigneten Fällen hinzuweisen, kann die Erwartung entnommen werden, daß auch während (und sogar nach Abschluß) des Verfahrens Vollmachten erteilt und damit Betreuerbestellungen – mit der Konsequenz gesetzlicher Vertretung – ganz oder teilweise vermieden oder Voraussetzungen für ihre (teilweise) Aufhebung geschaffen werden. Da offenbar auch diese Instrumente einschließlich der in den Medien und durch diese vorgenommenen Werbe-„kampagnen" nicht schnell genug die erwünschte Entlastung der öffentlichen Kassen (Justizhaushalte) mit sich brachten, war die Einführung eines gesetzlichen Vertretungsrechts von Eheleuten/Lebenspartnern und nahen Angehörigen erwogen worden. Entsprechende Gesetzesvorschläge (BT-Drucks 15/2494) fanden jedoch nicht die nötige Zustimmung. Dagegen wurde durch Art 4 2. BtÄndG dem § 51 ZPO der folgende Abs 3 angefügt, durch den ein Gleichlauf mit der materiell-rechtlichen Rechtslage im Falle der Bevollmächtigung erreicht werden sollte:

§ 51 ZPO

(3) Hat eine nicht prozessfähige Partei, die eine volljährige natürliche Person ist, wirksam eine andere natürliche Person schriftlich mit ihrer gerichtlichen Vertretung bevollmächtigt, so steht diese Person einem gesetzlichen Vertreter gleich, wenn die Bevollmächtigung geeignet ist, gemäß Abs. 2 Satz 2 des Bürgerlichen Gesetzbuchs die Erforderlichkeit einer Betreuung entfallen zu lassen.

Zur Begrenzung der Vertretungsbefugnis des Betreuers durch die gesetzlichen Genehmigungsvorbehalte des Vormundschaftsgerichts s unten Rn 43.

2. Gesetzliche Vertretung als Strukturmerkmal der Betreuung

2 Der Begrifflichkeit nach handelt es sich um gesetzliche Vertretung. Dies ergibt sich nicht unmittelbar aus dem Wortlaut der Vorschrift (BT-Drucks 11/4528, 135; das bisherige Recht regelte dies durch Verweisung auf die Eltern-Kind-Beziehungen), mittelbar jedoch aus der Bestellungsvorschrift des § 1896 Abs 2 S 2. Die gesetzliche Vertretungsmacht des Betreuers ist Strukturelement der Betreuung (BT-Drucks 11/4528, 135 bezeichnet sie als Wesensmerkmal der Betreuung). Besteht kein aktueller Bedarf, den Betroffenen gerichtlich oder außergerichtlich zu vertreten, kann Betreuung in anderer Weise geboten sein. Die Betreuerbestellung wäre nicht zulässig, wenn sich andere gleichwertige Hilfen finden ließen (§ 1896 Abs 2 S 2; BT-Drucks 11/4528, 135); sie ist aufzuheben (§ 1908d Abs 1), wenn nach der Betreuerbestellung eine gesetzliche Vertretung des Betreuten nicht mehr geboten ist und andere Betreuung durch geeignete Hilfen geleistet werden kann oder geleistet wird. So gesehen ist die gesetzliche Vertretung grundsätzlich mit jeder Betreuung zwingend verbunden (ERMAN/HOLZHAUER Rn 3; MünchKomm/SCHWAB Rn 2), obgleich der Aufgabenkreis des Betreuers Angelegenheiten zur Besorgung enthalten kann, die nicht immer ein stellvertretendes Handeln iSd §§ 164 ff erfordern (BT-Drucks 11/4528, 122). Die Betreuerbestellung (Betreuung) erschöpft sich nicht in der rechtlichen Vertretung; beides ist nicht identisch, auch wenn dieser Eindruck durch die Hervorhebung der „rechtlichen" Betreuung durch die Ergänzungen der §§ 1897 Abs 1, 1901 (vgl die durch das BtÄndG eingeführten Kapitel- und Titelüberschriften, nunmehr Abschnitts- und Titelüberschriften) noch verstärkt wird. Die Bestellung eines Betreuers begründet eine (grundsätzlich begrenzte) Verantwortung für den Betroffenen, verbunden mit einer Handlungs- und Vertretungsbefugnis und einer darüber hinausgehenden Aufmerksamkeit, was die Änderung der Betreuung nach Umfang und Notwendigkeit angeht (vgl § 1901 Abs 5).

3 Nach hM wird durch die Vorschrift des § 1902 dem Betreuer, ohne daß dies ausdrücklich so ausgesprochen ist, die Rechtsstellung eines gesetzlichen Vertreters verliehen (BT-Drucks 11/4528, 135; MünchKomm/SCHWAB Rn 1; PALANDT/DIEDERICHSEN Rn 2; DAMRAU/ZIMMERMANN Rn 1; ERMAN/HOLZHAUER Rn 3; krit BIENWALD, Rechtsstellung 295 ff; RsDE 7, 1, 13). Der Umfang und die Reichweite der Vertretungsmacht fallen mit dem Aufgabenkreis des Betreuers zusammen. Beides liegt im Begründungsstadium der Betreuung (zur späteren Rechtslage s § 1796 iVm § 1908i Abs 1 S 1) nicht in der Entscheidungsmacht des Vormundschaftsgerichts, sondern ist unmittelbare Folge der Aufgabenkreisbestimmung. Innerhalb der durch den Aufgabenkreis begrenzten Vertretungsmacht existieren betreuungsrechtsimmanente Schranken, die sich unmittelbar aus dem Gesetz oder der verfassungsmäßigen Ordnung ergeben.

4 Die nach bisherigem Verständnis in der Bezeichnung „Personen- und Vermögenssorge" (§ 1626 Abs 1 S 2; §§ 1897 S 1 aF iVm § 1793) zum Ausdruck kommende umfassende Sorge für einen Menschen erfaßt im Betreuungsrecht nicht automatisch die in § 1896 Abs 4 aufgeführten Angelegenheiten und nie die Entscheidung nach § 1905 (immer Sache des nach § 1899 Abs 2 zu bestellenden besonderen Betreuers). Zu den von der Vertretung ausgenommenen Angelegenheiten s unten Rn 30 ff.

Die in § 1902 vorgenommene Zuweisung gesetzlicher Vertretungsmacht und die 5
daraus abgeleitete Rechtsstellung des Betreuers als eines gesetzlichen Vertreters
vereinfacht die Rechtsanwendung in allen Fällen, wo das Gesetz an die gesetzliche
Vertretung bzw die Position des gesetzlichen Vertreters anknüpft. Das war nach
bisherigem Recht (der Gebrechlichkeitspflegschaft) nur mittelbar möglich, weil die
Position des Pflegers von der inneren Einstellung des Betroffenen zu der beschlossenen Pflegschaft abhängig gemacht worden war (§ 1910 Abs 3 aF sowie die zur
Rechtsnatur der Einwilligung in die Gebrechlichkeitspflegschaft ergangene Rechtsprechung).

Durch die Betreuerbestellung werden bestehende Verwandtschaftsverhältnisse nicht 6
verändert, neue nicht begründet. Werden Angehörige zu Betreuern bestellt, tritt die
Betreuungsrechtsbeziehung neben die verwandtschaftliche. Bestehende unterhalts-
rechtliche Verpflichtungen bleiben bestehen. Strafrechtliche Privilegien gehen durch
die Betreuerbestellung nicht verloren (vgl § 247 StGB). Anstelle des geschäftsunfähigen Betreuten stellt sein gesetzlicher Vertreter den Strafantrag, wenn er personensorgeberechtigt ist (§ 77 Abs 3 StGB).

3. Begründung der gesetzlichen Vertretung

Die Berechtigung des Betreuers, den Betroffenen gerichtlich und außergerichtlich zu 7
vertreten, ist gesetzlich/staatlich verliehene Vertretungsmacht, die sich anders als die
von Eltern nicht auf eine verfassungsrechtlich geschützte Grundlage zurückführen
läßt. Auch die Position von Eltern als Betreuer ihrer kranken oder behinderten
Kinder beruht nicht mehr auf ihrer durch Art 6 GG gesicherten Elternrolle, sondern
auf der staatlichen Verleihung der Rechtsmacht des Betreuers. Familienbeziehungen
sind im Betreuungsrecht berücksichtigt. Für die Bestellung eines Angehörigen zum
Betreuer reicht dessen Status als Familienangehöriger allein aber nicht aus (§ 1897
Abs 5 „persönliche Bindungen"). Zumindest für die Betreuerbestellung kommt es
auf bestehende verwandtschaftliche (und sonstige persönliche) Bindungen(!) des
Volljährigen, insbesondere auf die Bindungen zu Eltern, Kindern, zum Ehegatten
und zum Lebenspartner an. Im Verfahren, wenn es um die Anhörung von Ange-
hörigen (einschließlich Lebenspartner) geht, ist ein mit erheblichen Gründen vor-
gebrachter Widerspruch des Betroffenen zu respektieren (§ 68a S 3 FGG idF des
Art 3 § 19 LPartG). Eine aus Art 6 Abs 1 GG abgeleitete Beschwerdebefugnis naher
Angehöriger des Betreuten hat der BGH abgelehnt (BGHZ 132, 157, 162 = FamRZ 1996,
607, 608 = LM Nr 51 zu § 20 FGG m Anm Hohloch). Bezüglich der Befreiung von Vater,
Mutter, Ehegatte, Lebenspartner oder Abkömmlingen als Betreuer von diversen
Bestimmungen, die Vermögenssorge betreffend, stellt das Gesetz allerdings auf die
bloße Tatsache des Angehörigenstatus und nicht auf bestehende oder im Entstehen
begriffene Beziehungen ab (§ 1908i Abs 2 S 3).

4. Gesetzliche Vertretung für alle Arten von Betreuungen

Die Bestimmung des § 1902 gilt uneingeschränkt für alle Arten und Grade von 8
Krankheiten und Behinderungen der Betroffenen, denen ein Betreuer (oder mehrere) bestellt worden ist (MünchKomm/Schwab Rn 2). Auch der Betreuer eines lediglich
körperlich Behinderten handelt aufgrund der gesetzlichen Vertretungsmacht für den
Betroffenen, obgleich dieser aus Rechtsgründen nicht gehindert ist, dem Betreuer

Vollmacht zu erteilen, sofern er nicht selbst handeln will oder aus tatsächlichen Gründen kann. Solange § 104 Nr 2 Bestand hat, kann ein „lediglich" körperlich Behinderter nach dieser Vorschrift nicht geschäftsunfähig sein.

9 Die Bestimmung des § 1902 trifft keine Unterscheidungen in bezug auf die verschiedenen Arten von Betreuern. Auch der sog Kontroll- oder Überwachungsbetreuer und der Sterilisationsbetreuer vertreten den Betroffenen. In welcher Beziehung und mit welchem Umfang diese Betreuer vertretungsberechtigt sind, ergibt sich jeweils aus den konkreten Aufgabenkreisen oder aus dem unmittelbar im Gesetz formulierten Auftrag (§ 1899 Abs 2, § 1905). Ebenso wie dem Gegenvormund des Vormundschaftsrechts (STAUDINGER/ENGLER [2004] § 1799 Rn 9; ERMAN/HOLZHAUER § 1799 Rn 1; MünchKomm/WAGENITZ § 1799 Rn 5) steht auch dem **Gegenbetreuer** ein Vertretungsrecht und damit eine gesetzliche Vertretung des Betreuten **nicht** zu.

Die Vorschrift des § 1902 bestimmt ausschließlich die Rechtsstellung und die Rechtsmacht des Betreuers; sie regelt weder die Position des Vorsorgebevollmächtigten noch die des Pflegers für das Verfahren oder die des den Betroffenen/Betreuten vertretenden Rechtsanwalts oder anderen Verfahrensbevollmächtigten (vgl § 67 Abs 3 FGG).

5. „Fremdbestimmung" – ein ungeeignetes Abgrenzungskriterium

10 Das Verständnis der gesetzlichen Vertretung als einer Befugnis zur Fremdbestimmung (so bereits MÜLLER-FREIENFELS, Vertretung beim Rechtsgeschäft 335; auch MünchKomm/ SCHWAB Rn 1) leistet keinen Beitrag zur Erklärung und zur Abgrenzung zwischen gesetzlicher Vertretung und gewillkürter Vertretung. Fremdbestimmung ist keine juristische Kategorie. Die Begrenzung und die Abgrenzung der eigenen Entfaltung durch andere und die Befugnis zu beschränkenden Maßnahmen für den Fall, daß Selbstbeschränkung nicht stattfindet (oder stattfinden kann), sind Elemente sozialen Lebens und der dieses regelnden Verfassung. Rechtlich trifft die Feststellung zu, vom Betreuten aus gesehen werde dieser nur dann fremdbestimmt, wenn der Betreuer nicht gemäß den Wünschen des Betreuten handelt (HOLZHAUER, Rechtsgutachten, in: SELLIN/ENGELS, Qualität, Aufgabenverteilung und Verfahrensaufwand bei rechtlicher Betreuung [2003] 197, 204). In der Entscheidung, mit der es die Vereinbarkeit der Zwangspflegschaft für Gebrechliche mit dem Grundgesetz feststellte, wies das BVerfG darauf hin, daß die mit der Anordnung der Pflegschaft verbundene Beschränkung der allgemeinen Handlungsfreiheit des Betroffenen und damit die Beschränkung der freien Entfaltung der Persönlichkeit ein Bestandteil der verfassungsmäßigen Ordnung ist (BVerfGE 19, 93, 96 = FamRZ 1965, 547 = NJW 1965, 2051 = MDR 1965, 972). Der Einzelne müsse sich, so das BVerfG (FamRZ 1965, 547, 548), diejenigen Schranken seiner Handlungsfreiheit gefallen lassen, die der Gesetzgeber zur Pflege des sozialen Zusammenlebens in den Grenzen des bei dem gegebenen Sachverhalt allgemein Zumutbaren zieht, vorausgesetzt, daß dabei die Eigenständigkeit der Person gewahrt bleibt (BVerfGE 8, 274, 329). Bei der staatlichen Verleihung von Vertretungsmacht handelt es sich deshalb in erster Linie um die Schaffung einer Ersatzzuständigkeit, weil der zu eigenem Handeln Berechtigte und Verpflichtete insoweit ausfällt (ähnlich der Geschäftsführung ohne Auftrag oder der Ersatzvornahme im Polizeirecht). Von Interesse ist deshalb nicht in erster Linie die Tatsache, daß es sich bei der Ausübung gesetzlicher Vertretung um „Fremdbestimmung" handelt, sondern viel-

mehr die Notwendigkeit, diese „Fremdbestimmung" iSd BVerfG (FamRZ 1965, 547, 548) zu begrenzen. Der Betroffene fällt infolge seines Unvermögens, seine Angelegenheiten ganz oder teilweise selbst zu besorgen oder besorgen zu lassen, zwar als Handelnder, nicht aber als Teilnehmer am Rechtsleben, als Berechtigter und/oder Verpflichteter, aus. Zur „Besonderheit der gesetzlichen Vertretung" s auch STAUDINGER/SCHILKEN (2004) Vorbem 23 zu §§ 164 ff.

6. Keine verdrängende Stellvertretung; mögliche Doppelkompetenzen

Die Bestellung eines Betreuers hat keine die bestehende Geschäftsfähigkeit oder Geschäftsunfähigkeit (§ 104 Nr 2) des Betroffenen unmittelbar verändernde Wirkung. § 1902 mit seiner einheitlichen gesetzlichen Vertretung erfaßt auch diejenigen Betreuungsfälle, in denen der Betreute nicht geschäftsunfähig, rechtlich also durchaus handlungsfähig ist. Der Betreute bleibt selbständig handlungsfähig, soweit er nicht im Augenblick der Vornahme des Rechtsgeschäfts ganz oder auf dem bestimmten Gebiet (partiell) geschäftsunfähig war oder ist (§ 104 Nr 2). Hat das Gericht einen Einwilligungsvorbehalt nach § 1903 Abs 1 angeordnet, wird die Handlungsfähigkeit des Betreuten dadurch eingeschränkt. Zu den Konsequenzen einer Anordnung nach § 1903 Abs 1 für einen geschäftsunfähigen Betreuten § 1903 Rn 33 ff. **11**

Der Gesetzgeber hat mit diesen Regelungen bewußt in Kauf genommen, daß auch der rechtlich voll handlungsfähige Betreute von einem Betreuer gesetzlich vertreten wird (BT-Drucks 11/4528, 59, 135). Mit der ihm eingeräumten Rechtsmacht verdrängt der Betreuer den Betreuten nicht. Das Nebeneinanderbestehen zweier Kompetenzen entspricht dem bisherigen Recht der Gebrechlichkeitspflegschaft. Eine Doppelkompetenz (ERMAN/HOLZHAUER Rn 18) wurde im Vormundschaftsrecht dadurch vermieden, daß die Entmündigung je nach Entmündigungsgrund Geschäftsunfähigkeit oder beschränkte Geschäftsfähigkeit zur Folge hatte (§ 104 Nr 3 aF; § 114 aF); die Anordnung der vorläufigen Vormundschaft zog ebenfalls die beschränkte Geschäftsfähigkeit des Betroffenen nach sich (§ 1906 aF, § 114 aF).

Wenn in der Vergangenheit Problemfälle in bezug auf die Doppelkompetenz von Pfleger und Pflegebefohlenem nicht bekannt geworden sind, liegt das sehr wahrscheinlich an der Art der Pflegschaftsführung und der Unterordnung des Pflegebefohlenen unter den Willen des Pflegers (ebenso ERMAN/HOLZHAUER Rn 20). Das Bewußtsein, für den Pflegebefohlenen und an seiner Stelle handeln zu müssen und Widerspruch um seinetwillen nicht entstehen zu lassen, fand Unterstützung in dem Verständnis des § 1910 Abs 3 aF, der eine Zwangspflegschaft immer dann vorsah, wenn der Betroffene für geschäftsunfähig gehalten worden war, und bei dem umgekehrt auf Geschäftsunfähigkeit geschlossen wurde, wenn eine Verständigung (Einverständnis) über die Anordnung einer Gebrechlichkeitspflegschaft nicht erzielt werden konnte.

7. Keine Erstreckung der gesetzlichen Vertretung auf die „persönliche" Betreuung

Die Rechtsmacht des Betreuers aus § 1902 erstreckt sich auf den gerichtlich bestimmten Aufgabenkreis, nicht dagegen auf die Ausübung des Amtes, was die „per- **12** sönliche Betreuung" (BT-Drucks 11/4528, 68) angeht (BIENWALD, Untersuchungen 281 Fn 436). Auch die dem Betreuer aus dem Gesetz oder gerichtlicher Weisung erwachsenden Verpflichtungen (Nebenpflichten) betreffen nicht seine Stellung als gesetzlicher Vertreter (die Vollziehung gerichtlicher Weisung als Handeln für und gegen den Betreuer allerdings), sondern die des vom Staat bestellten und infolgedessen ihm gegenüber verpflichteten „Amtsträgers". Persönliche Betreuung und rechtliche Betreuung (nunmehr in § 1901 Abs 1 ausdrücklich benannt) waren und sind weder Alternativen noch Gegensätze, jedenfalls nicht, was die gesetzgeberische Absicht anbetrifft (BT-Drucks 11/4528, 68 und BT-Drucks 13/7158, 33).

II. Normgeschichte

1. Überblick

13 Die Vorschrift entspricht der bereits im ersten Diskussions-Teilentwurf an gleicher Stelle eingestellten Norm (DiskE I 3). Obwohl die Entscheidung, ausnahmslos in allen Betreuungsfällen dem Betreuer den Status eines gesetzlichen Vertreters einzuräumen, sowohl im Schrifttum (BIENWALD FamRZ 1988, 902, 1014; RsDE 7, 1, 13; BÜRGLE NJW 1988, 1881; DIECKMANN JZ 1988, 789, 797; KLÜSENER Rpfleger 1989, 217, 220; SCHWAB, in: FS Mikat 881, 891; ders, Referat 57. DJT K 14) als auch im Anhörungsverfahren zahlreicher Kritik ausgesetzt war, blieb die Bundesregierung bei ihrem Regelungsvorschlag. Ihn hat der Bundesrat fast kritiklos passieren lassen (BT-Drucks 11/4528, 208). Im Bundesrat war die Bitte geäußert worden, im weiteren Gesetzgebungsverfahren zu prüfen, ob in § 1902 eine Klarstellung dahingehend erforderlich sei, daß die Geschäftsfähigkeit des Betreuten durch die Bestellung eines Betreuers allein nicht berührt werde (BT-Drucks 11/4528, 208). Die BReg sah einen derartigen Klarstellungsbedarf nicht, sondern verwies auf die mehrfachen ausdrücklichen Regelungen für Betreute, wodurch unmißverständlich zum Ausdruck gebracht werde, daß die Bestellung des Betreuers keine Auswirkungen auf die Geschäftsfähigkeit (bzw Geschäftsunfähigkeit) des Betreuten habe. Auch die Regelung über den Einwilligungsvorbehalt verlöre ihren Sinn, wenn die Geschäftsfähigkeit des Betreuten bereits durch die Betreuerbestellung eingeschränkt wäre (BT-Drucks 11/4528, 227).

Ein Antrag der Fraktion DIE GRÜNEN im Rechtsausschuß, die gerichtliche und außergerichtliche Vertretung des Betreuten durch einen Betreuer inhaltlich zu beschränken (Fassung des Antrags in BT-Drucks 11/6949, 72), fand keine Mehrheit. Im übrigen hielt der Rechtsausschuß die von der BReg gegebene Zusage für ausreichend, die zukünftigen potentiellen Betreuer in einer entsprechend gestalteten Broschüre mit dem Gesetz vertraut zu machen (aaO).

Die Vorschrift erfaßt unmittelbar nur die gerichtliche und die außergerichtliche Vertretung des Betreuten, entsprechend einer rechtsgeschäftlich erteilten Vertretungsmacht gleichen Wortlauts. Die darüber hinausgehende Befugnis, als gesetzlicher Vertreter aufzutreten, ergibt sich nicht unmittelbar aus § 1902, sondern erst aus dem Zusammenhang mit § 1896 Abs 2 S 2 sowie den Bestimmungen des BtG, die die Befugnis des Betreuers, ggf als gesetzlicher Vertreter des Betreuten aufzutreten und tätig zu werden, voraussetzen (als Beispiel: § 1903 Abs 1 iVm §§ 108 ff). Dadurch, daß ein Volljähriger nicht mehr beschränkt geschäftsfähig sein kann, entfallen die dadurch erforderlich gewesenen Betätigungen eines „Betreuers" (Vormunds, Pflegers) als gesetzlicher Vertreter zB nach den §§ 108 ff oder § 1596 Abs 1 S 1, 2.

2. Keine Betreuung ohne Vertretungsmacht

Bereits für den Diskussions-Teilentwurf war entschieden worden, bezüglich der (gesetzlichen) Vertretungsmacht des Betreuers eine einheitliche Regelung vorzuschlagen. Weder sollte die bei den Gebrechlichkeitspflegschaften gemachte Unterscheidung übernommen noch eine Differenzierung bei den Erkrankungen und Behinderungen nach Schweregraden (Zweistufigkeit der Betreuung) eingeführt werden. **14**

Nach überwiegender Auffassung war der Gebrechlichkeitspfleger des bisherigen Rechts gesetzlicher Vertreter des Pflegebefohlenen, wenn dieser geschäftsunfähig war; lag Geschäftsunfähigkeit nicht vor, hatte der Pfleger die Rechtsstellung eines staatlich bestellten Bevollmächtigten (dazu BT-Drucks 11/4528, 135; DiskE I 126; zum Sach- und Streitstand ausführlich BIENWALD, Untersuchungen 183 ff; ferner ERMAN/HOLZHAUER [8. Aufl] Vor § 1909 Rn 4). Diese Unterscheidung, die materiellrechtlich keine Bedeutung hatte, weil die erzielten Ergebnisse auch ohne sie zu begründen waren (Einzelheiten BIENWALD, Untersuchungen 295 ff), hatte insbesondere seit der Entscheidung des BGH in BGHZ 48, 144 ff Platz gegriffen. Die bei den Vorarbeiten zum RegEntw erörterte Lösung eines sog „zweistufigen" Modells hätte zur Folge gehabt, daß der Betreuer für Menschen mit leichteren Behinderungen oder Krankheiten als Betreuer ohne Rechtsmacht tätig gewesen wäre, der Betreuer der 2. Stufe dagegen als ein Betreuer mit Vertretungsmacht (Einzelheiten in BT-Drucks 11/4528, 57). Aus einer Reihe von Gründen, die hier nicht im einzelnen dargestellt werden können, war von einem solchen Zweistufenmodell Abstand genommen worden (BT-Drucks 11/4528, 57; zu einigen außerdeutschen Regelungen s BIENWALD, Untersuchungen 211).

3. Freistellung des Betreuers gegenüber dem Vormundschaftsgericht

Mit der Schaffung eines einheitlichen Instituts der Betreuung mit einem Betreuer als gesetzlichem Vertreter des Betreuten und der Beseitigung der Rechtsfigur des „staatlich bestellten Bevollmächtigten" erhoffte sich der Gesetzgeber, eine Maßnahme zum Schutz des Betreuten getroffen zu haben, die es dem Betreuten nicht mehr erlaubt, den Betreuer von der Genehmigungspflicht zB nach den Vorschriften der §§ 1821, 1822 (durch Bevollmächtigung) freizustellen. Der RegEntw war der Auffassung, eine derartige Freistellung von zwingenden gesetzlichen Vorschriften sei mit der Rechtsstellung eines Betreuers, bei dem die vormundschaftsgerichtliche Aufsicht das Wohl des Betreuten sichern solle, schlechthin unvereinbar. Daß ein geschäftsfähiger Betreuter andere Personen als den Betreuer oder diesen außerhalb seines Aufgabenkreises bevollmächtigen könne, ändere daran nichts. Die Schranken, die dem Betreuer als gesetzlichem Vertreter innerhalb seines Aufgabenbereiches gesetzt seien, dürften jedenfalls nicht unterlaufen werden (BT-Drucks 11/4528, 135 ff). Dieser Vorstellung entsprechen nicht die getroffenen Regelungen. Weder aus den übrigen Normen des Betreuungsgesetzes noch aus denen des BGB läßt sich eine derartige Rechtsbeschränkung des geschäftsfähigen Betreuten ableiten (BIENWALD, BtR Rn 10 sowie Anhang zu § 1908i Rn 54; CYPIONKA DNotZ 1991, 571, 577; DAMRAU/ZIMMERMANN Rn 2; DIECKMANN JZ 1988, 789/797; MünchKomm/SCHWAB Rn 10; SCHWAB FamRZ 1992, **15**

493, 504; ders FamRZ 1990, 681, 683; ders, in: FS MIKAT 881, 892; **aA** ERMAN/HOLZHAUER Rn 16). MünchKomm/SCHWAB (aaO) zufolge wäre es absurd, wenn der (geschäftsfähige) Betreute jedermann bevollmächtigen könnte, nur seinen Betreuer nicht.

III. Kritik

16 Die Absichten des Reformgesetzgebers, dem Betreuer die Stellung eines gesetzlichen Vertreters unabhängig von der jeweiligen Krankheit und Behinderung des Betroffenen und seinem rechtsgeschäftlichen Status einzuräumen, blieb nicht ohne kritische Kommentare. Abgesehen davon, daß während der Reformarbeiten eine Diskussion um die Verfassungsmäßigkeit von § 105 Abs 1 geführt wurde (CANARIS JZ 1987, 993 mit Stellungnahmen von RAMM JZ 1988, 489 und WIESER JZ 1988, 493; dazu auch SCHWAB, Referat auf dem 57. DJT K 17), wurde die Einbeziehung der Vorschriften über die Geschäftsunfähigkeit und ihre Folgen in die Reformüberlegungen gefordert, ohne die eine Neugestaltung des Betreuungsrechts nicht sinnvoll erfolgen könne (SCHWAB, Ref K 44; ebenso DIECKMANN JZ 1988, 789, 793; krit auch BÜRGLE NJW 1988, 1881). DIECKMANN forderte, die Grundsatzfrage nach Art und Ausmaß der Geschäftsfähigkeit eines Menschen klar zu beantworten. Für ihn war insbesondere das Verhältnis von Geschäftsunfähigkeit und den Regeln des Einwilligungsvorbehalts undeutlich im Hinblick auf die Zielsetzung, die Teilnahme geistig Behinderter am allgemeinen Rechtsleben zu fördern.

Mit der Einführung des Einwilligungsvorbehaltes und seiner Anordnung auch bei geschäftsunfähigen Betreuten wurde einerseits nicht deren Rechtsstatus verändert, andererseits aber der Abschluß von Rechtsgeschäften über – zumindest geringfügige, wenn auch nicht rechtlich lediglich vorteilhafte – Angelegenheiten des täglichen Lebens erlaubt, ohne die damit verbundene Wirksamkeitsproblematik zu lösen (JKMW [JÜRGENS] Rn 185: „Verdrängung" des § 105 Abs 1 durch § 1903; hiergegen SCHREIEDER BtPrax 1996, 96; JÜRGENS hat inzwischen seine Ansicht aufgegeben, vgl Rn 185 der 5. Aufl).

17 Kritisiert wurde weiterhin die entgegen der generellen Absicht des Gesetzgebers eintretende Schlechterstellung derjenigen Betreuten, die – wiewohl nicht geschäftsunfähig – einen „gesetzlichen Vertreter" nicht nötig haben und nach dem Verständnis des bisherigen Pflegschaftsrechts auch nicht bekamen (BGHZ 48, 147, 161; **aA** GERNHUBER [3. Aufl] § 70 VI 4). Da die Rechtsfigur des gesetzlichen Vertreters immer nur dort eine Funktion hat, wo der Betreffende nicht voll geschäftsfähig oder unbeschränkt handlungsfähig ist (zB § 1411 Abs 1), ist der Betreuer eines geschäftsfähigen Betreuten (speziell der eines ausschließlich körperlich Behinderten) als „gesetzlicher Vertreter" funktionslos, wiewohl er die ihm verliehene Vertretungsmacht für den Betreuten besitzt und auch einsetzen kann (eingehend dazu BIENWALD, Untersuchungen zur Rechtsstellung des Gebrechlichkeitspflegers usw 347 ff; zur Unvereinbarkeit von gesetzlicher Vertretung und Geschäftsfähigkeit auch BÜRGLE NJW 1988, 1881).

18 Die mit der Einführung des Betreuers als gesetzlichen Vertreters in allen Betreuungsfällen verbundene Vorstellung, der Betreute könne den Betreuer nun nicht mehr von gesetzlichen Kontrollbestimmungen freistellen, wenn er rechtsgeschäftlich dazu in der Lage ist, eine entsprechende Bevollmächtigung vorzunehmen (BT-Drucks 11/4528, 135), wird überwiegend abgelehnt (**aA** lediglich ERMAN/HOLZHAUER Rn 16 und PETERS 197, jedoch ohne überzeugende Begründung). Das eigentliche Problem und Dilem-

ma (BIENWALD, Untersuchungen 376), das bei der Gebrechlichkeitspflegschaft bestand – einerseits als Voraussetzung einer Gebrechlichkeitspflegschaft eine geistige und/oder körperliche Gebrechlichkeit und eine dadurch bedingte Hilfebedürftigkeit, andererseits aber trotz dieser realen Hilfebedürftigkeit weder eine rechtsgeschäftliche Handlungsunfähigkeit (Geschäftsunfähigkeit) noch eine mit der Pflegschaft verbundene partielle Handlungsbeschränkung (Verfügungs- und Verpflichtungsbeschränkung) –, hat der Gesetzgeber für das Betreuungsrecht (auch mit der Einführung des Einwilligungsvorbehalts, s DIECKMANN JZ 1988, 789, 793) bisher nicht gelöst.

IV. Sachlicher Anwendungsbereich

1. Allgemeines

Die Vorschrift enthält die für die Befugnisse des Betreuers im Außenverhältnis **19** wesentliche Regelung. Sie legitimiert den Betreuer, im Rechtsverkehr für den Betreuten zu handeln, ihn verpflichtende und berechtigende Willensäußerungen abzugeben und entgegenzunehmen. Willenserklärungen, die der Betreuer für den Betreuten abgibt, wirken unmittelbar für und gegen den Betreuten (§ 164 Abs 1 S 1). Tritt der Betreuer nicht als solcher im Rechtsverkehr auf und bestehen Zweifel, daß er für den Betreuten handelt, wird der Betreuer unmittelbar verpflichtet und berechtigt (§ 164 Abs 2). Die mit dem Betreuten in noch ungeteilter Erbengemeinschaft nach ihrer Mutter stehende Antragstellerin hat ein berechtigtes Interesse an der Einsichtnahme in die Betreuungsakte, um den Nachlaß betreffende Angaben des Betreuers festzustellen. Das Interesse des Betreuers an einem seine Arbeit betreffenden Datenschutz muß demgegenüber zurücktreten. Dem Betreuer steht aber gegen die die Einsicht in die Betreuungsakten betreffenden Entscheidungen ein eigenes Beschwerderecht zu (OLG Köln OLGRep 1997, 175 = NJW-RR 1998, 439).

Das Innenverhältnis, die Beziehung zwischen dem Betreuten und seinem Betreuer, **20** wird rechtlich bestimmt durch die Bestellungsentscheidung des Vormundschaftsgerichts, den in der Beschlußfassung festgelegten Aufgabenkreis des Betreuers (§ 69 Abs 1 Nr 2 Buchst b FGG), die vom Gericht erlassenen Anordnungen (§ 1837 Abs 3) und die der Führung der Betreuung dienenden Vorschriften des Betreuungsrechts (insbesondere § 1901). Es handelt sich mithin um ein Rechtsverhältnis eigener Art, das als **Betreuungsrechtsverhältnis** bezeichnet werden kann (so auch MünchKomm/SCHWAB § 1896 Rn 130) und seinem Hauptinhalt nach eine **Geschäftsbesorgung** zum Gegenstand hat. Der Betreuer schuldet im Regelfall nicht einen bestimmten Erfolg (zB die Beschaffung eines Passes), sondern die für die Wahrnehmung der Belange des Betreuten erforderlichen Tätigkeiten (BayObLGZ 2002, 353 = FamRZ 2003, 405). Zur Frage, ob der Betreuer berechtigt ist, sich gegen den Willen, notfalls mit Gewalt, Zutritt zur Wohnung des Betreuten zu verschaffen, s § 1901 Rn 42 und § 1908i Rn 111; zur Frage zwangsweiser Durchsetzung der Inventarisierung (§ 1802) § 1908i Rn 111.

Von der Vorschrift wird nicht erfaßt die Beziehung des Betreuers zum Vormund- **21** schaftsgericht und zu der zuständigen Behörde. Die Aufsichts- und Kontrollmöglichkeit des Vormundschaftsgericht gilt der Amtsführung des Betreuers, auch wenn sie letztlich dem Betreuten zugutekommt. Die dem Gericht gegenüber bestehenden Verpflichtungen (zB Auskunfts-, Berichts- und Rechnungslegungspflicht, §§ 1839 und 1840 iVm § 1908i Abs 1 S 1) erfüllt der Betreuer als eigene Verpflichtungen, nicht dagegen als solche des Betreuten. Ähnlich liegt es im Verhältnis zur zuständigen Behörde (Betreuungsstelle). Ihr stehen nach dem BtG (einschl BtBG) keine Aufsichts- und Kontrollbefugnisse über den Betreuer mehr zu. Rechtlich hat sich daran durch die Einführung einer Meldepflicht für bestimmte Berufsbetreuer (§ 1908k; seit 1. 7. 2005: § 10 VBVG) nichts geändert; diese dient zwar der Kontrolle und Steuerung des Betreuungs„marktes" und insgesamt einer „Qualitätssicherung", gestattet aber nicht Eingriffe in die Führung der einzelnen Betreuung. Nimmt der Betreuer Beratung und Unterstützung durch die Behörde in Anspruch, wird er dabei nicht als Vertreter des Betreuten, sondern im eigenen Namen für sich tätig. Auch die Hilfeleistung der zuständigen Behörde zum Zwecke des Vollzuges der Unterbringung des Betroffenen (§ 1906 Abs 1, § 70g Abs 5 FGG) dient der Unterstützung des Betreuers in der Wahrnehmung seines Amtes, nicht dagegen der Erbringung einer dem Betreuten gegenüber geschuldeten Leistung.

22 Die Rechtsstellung des Betreuers als gesetzlicher Vertreter eines Betreuten ist unabhängig davon, welchen Inhalt sein Aufgabenkreis hat; zB auch der des Ergänzungsbetreuers. Auch wenn die Betreuung in Teilbereichen lediglich tatsächliche Besorgung erfordert, handelt der Betreuer in dieser Funktion als gesetzlicher Vertreter (zur Inkongruenz von Voraussetzungen und Folgen einer Betreuerbestellung BIENWALD, Untersuchungen 282 Fn 441). Die gesetzliche Vertretung des Betreuers kann rechtsgeschäftlich weder zusammen mit dem Betreuten noch mit Dritten verändert oder aufgehoben werden; der Betreuer kann auf sie auch nicht verzichten. Der Betreute kann sie auch durch Erteilung von Vollmachten gegenüber Dritten nicht beschränken oder beseitigen. Zum Umgang mit Konkurrenzen oder Abgrenzungen s unten § 1908i Rn 75.

2. Inhalt und Umfang gesetzlicher Vertretung

a) Begrenzung durch den Aufgabenkreis

23 Die gesetzliche Vertretung und die Rechtsstellung des Betreuers als gesetzlicher Vertreter eines Betreuten umfaßt danach

– die Abgabe und die Entgegennahme von Willenserklärungen einschließlich geschäftsähnlicher Handlungen im Namen des Betreuten;

– die Vertretung des Betreuten in gerichtlichen Verfahren incl Vorverfahren;

– die Zustimmung (bzw deren Verweigerung) zu einwilligungsbedürftigen Rechtsgeschäften/Willenserklärungen des Betreuten, wenn und soweit dieser unter Einwilligungsvorbehalt steht (so auch MünchKomm/SCHWAB Rn 4);

– die Gestattung der Vornahme von Handlungen, die den Körper oder die Freiheit des Betreuten betreffen;

– sonstige vom Gesetz vorgesehene Erklärungen oder Zustimmungsakte (zB § 52 Abs 2 S 1 StPO; MünchKomm/SCHWAB Rn 4).

Die Vertretungsmacht des Betreuers wird konkret begrenzt durch den gerichtlich bestimmten Aufgabenkreis sowie die eine Vertretung ausschließenden gesetzlichen Bestimmungen. Ein bereits bestellter Betreuer (auch ein aus altem Recht übergeleiteter, vgl Art 9 § 1 Abs 2–4 BtG) ist nie gesetzlicher Vertreter, soweit es sich um die Frage der Einwilligung in die Sterilisation handelt, weil dafür immer ein besonderer Betreuer zu bestellen ist (§ 1899 Abs 2). Wurde als Aufgabenkreis des Betreuten die Personensorge und die Vermögenssorge bestimmt, sind die in § 1896 Abs 4 aufgeführten Angelegenheiten dennoch nicht erfaßt. Hierfür bedarf es einer ausdrücklichen Aufnahme in den Aufgabenkreis. Die Vertretungsmacht geht nicht über den Aufgabenkreis hinaus, sie muß sich aber nicht auf alle zur Aufgabenerfüllung gehörenden Tätigkeiten erstrecken. Denkbar ist, daß als Annex zu Aufgaben mit Vertretungscharakter auch solche übertragen werden, bei denen eine Vertretung nicht erforderlich ist, nicht in Betracht kommt oder ausdrücklich ausgeschlossen ist (BIENWALD, BtR Rn 17). Mit diesen Einschränkungen kann MünchKomm/SCHWAB Rn 2 zugestimmt werden, daß Aufgabenkreis und Umfang der Vertretungsmacht strikt identisch sind.

b) Ohne Aufgabenkreis keine gesetzliche Vertretung

Fehlt es an einer ausdrücklichen Zuweisung eines Aufgabenkreises, besteht keine Vertretungsmacht (CYPIONKA DNotZ 1991, 578; PALANDT/DIEDERICHSEN Rn 1; BIENWALD, BtR Rn 19). Davon zu unterscheiden sind allerdings diejenigen Fälle, in denen das Gericht bei einem Betreuerwechsel und der Entscheidung über die Bestellung des neuen Betreuers in einem Beschluß nicht den (weiterbestehenden) Aufgabenkreis wiederholt, so daß, solange der Betreuer in Ermangelung des Betreuerausweises mit dem Bestellungsbeschluß arbeitet, dieser seinen Aufgabenkreis nicht erkennen läßt. Auch wenn sich der Aufgabenkreis des neuen Betreuers mühelos unter Zuhilfenahme früherer Entscheidungen des zuständigen Vormundschaftsgerichts (Betreuerbestellung, Erweiterung und/oder Einengung des Aufgabenkreises usw) erkennen lassen würde, sollte jeder Bestellungsbeschluß den **Aufgabenkreis** des jetzt bestellten Betreuers enthalten, auch wenn es sich im allgemeinen nur um eine deklaratorische Wiedergabe handelt.

c) Handeln außerhalb des Aufgabenkreises

Handelt der Betreuer außerhalb des ihm übertragenen Aufgabenkreises, sind seine Erklärungen nicht durch § 1902 legitimiert. Er kann dennoch stellvertretend für den Betreuten tätig sein, wenn dieser ihm wirksam Vollmacht erteilt hat (§ 167).

Soweit sich der Betreuer bei der Besorgung der Angelegenheiten des Betreuten im Rahmen seines Aufgabenkreises bewegt, handelt er nie ohne Vertretungsmacht.

Die Vertretungsmacht des Betreuers kann sich im Einzelfall auf eine Angelegenheit beschränken (zB auf die außergerichtliche und gerichtliche Durchsetzung eines bestimmten Anspruchs); sie kann sich auf sämtliche Angelegenheiten des Betroffenen beziehen, auch wenn die in § 1896 Abs 4 genannten Angelegenheiten einbezogen worden sind, mit Ausnahme der Sterilisationsangelegenheit (§ 1905, § 1899 Abs 2). Zum Handeln eines gesetzlichen Vertreters ohne Vertretungsmacht und der Genehmigungsfähigkeit von Verträgen STAUDINGER/SCHILKEN (2004) § 177 Rn 4. Im übrigen s dazu unten Rn 59.

d) Altfälle

26 In den sog Altfällen, dh den vor dem 1.1.1992 angeordneten Pflegschaften (§ 1910 aF) und Vormundschaften für Volljährige (§§ 1896 ff aF), richtete sich der Aufgabenkreis des Betreuers und damit der Umfang der gesetzlichen Vertretung nach den Übergangsvorschriften des BtG (Art 9). Bei den bisherigen Vormundschaften über Volljährige und den vorläufigen Vormundschaften (§ 1906 aF) – die vorläufigen Vormundschaften müßten inzwischen nach Art 9 § 1 Abs 1 S 2 BtG überprüft und verlängert sowie dann oder unmittelbar als ordentliche Betreuungen fortgeführt, aufgehoben oder eingeschränkt worden sein – erfaßte der Aufgabenkreis des Betreuers alle Angelegenheiten des Betreuten mit Ausnahme der Entscheidung über die Einwilligung in eine Sterilisation. Außerdem galt für den gesamten Aufgabenkreis ein Einwilligungsvorbehalt nach § 1903 als angeordnet. Bei den bisherigen Gebrechlichkeitspflegschaften (§ 1910 aF) entsprach der Aufgabenkreis des Betreuers dem bisherigen Wirkungskreis des Pflegers, wiederum mit Ausnahme der Entscheidung über die Einwilligung in eine Sterilisation des Betreuten (Art 9 § 1 Abs 4 BtG). Hier wurde nicht die Anordnung eines Einwilligungsvorbehalts fingiert (DAMRAU/ZIMMERMANN [2. Aufl] Art 9 § 1 Rn 5). Gegebenenfalls war ein Einwilligungsvorbehalt besonders anzuordnen. Bei den übergeleiteten Vormundschaften erfaßte die Betreuung – wie bisher – die Kontrolle des Fernmeldeverkehrs des Betreuten sowie die Entgegennahme, das Öffnen und das Anhalten der Post (ebenso DAMRAU/ZIMMERMANN [2. Aufl] Art 9 § 1 Rn 4; ZIMMERMANN FamRZ 1991, 270, 279). Gehörten diese Angelegenheiten bisher nicht zum Wirkungskreis des Gebrechlichkeitspflegers, bedurfte es nach Überleitung ggf der Erweiterung des Aufgabenkreises (BIENWALD, BtR[2] Art 9 § 1 Rn 10).

e) Keine gesetzliche Vertretung durch den Betreuer in Betreuungs- und Unterbringungsverfahren

27 Die gesetzliche Vertretung des Betreuers erstreckt sich nicht auf das Verfahren in Betreuungssachen und auch nicht auf das Verfahren in Unterbringungssachen. Dieser Ausschluß beruht allerdings nicht darauf, daß der Betreute sowohl für das eine als auch für das andere Verfahren für verfahrensfähig gehalten wird (einerseits § 66 FGG, andererseits § 70a FGG, hier ab Vollendung des 14. Lebensjahres). Ebenso wie das Betreuungsgesetz konkurrierendes Handeln von Verfahrenspfleger und Betroffenem im Verfahren zuläßt (BIENWALD, BtR § 67 FGG Rn 13; POHL BtPrax 1992, 26), könnte es konkurrierendes Handeln von Betreuer und Betreutem in Verfahren betr Betreuungssachen zulassen, wenn nicht andere Gründe dagegen sprächen. Als Beistand während eines Verfahrens in Betreuungs- und/oder Unterbringungssachen hat das BtG nicht den Betreuer, sondern den **Verfahrenspfleger** als verfahrensrechtliches Gegenstück vorgesehen, der im Bedarfsfalle zu bestellen ist (§ 67 und § 70a FGG). Für eine Vertretung des Betreuten durch seinen Betreuer in den genannten Verfahren besteht deshalb kein Bedarf.

Die Verfahren sind zwar heute nicht mehr als kontradiktorische Verfahren konzipiert; der Betreuer wird vom Betreuten jedoch oftmals als der Initiator von Verfahren, die letztlich als gegen ihn gerichtet verstanden werden, gesehen werden, so daß auch deshalb eine Vertretung des Betreuten durch seinen Betreuer in Unterbringungs- und Betreuungsverfahren nicht als zulässig anerkannt werden kann. Die Beteiligung des Betreuers an solchen Verfahren, zumindest im Rahmen von § 12 FGG (wenn nicht als Zustellungsadressat), bleibt davon unberührt.

f) Öffentlich-rechtliche Verpflichtungen des gesetzlichen Vertreters

Gehört zum Aufgabenbereich des Betreuers die Sorge für die Person des Betreuten, **28** treffen ihn die im **BSeuchG** vorgesehenen öffentlich-rechtlichen Melde- und sonstigen Pflichten nach den §§ 6 Abs 3 S 2, 10 Abs 5 S 2 und 45 Abs 4 S 2, ohne daß dies in den Aufgabenkreis ausdrücklich aufgenommen sein müßte. In erster Linie geht es um die unverzügliche Anzeige jeden Wechsels der Wohnung und der Arbeitsstelle des Betreuten (Ausscheiders; näheres dazu BIENWALD, BtR[1] 1031).

Der Betreuer ist, wenn ihm die Sorge für die Person des Betreuten zusteht (oder die **29** Angelegenheit im einzelnen in dem Aufgabenkreis aufgeführt ist), Adressat für die Unterrichtung, Belehrung, Beratung und Information, die in verschiedenen Bestimmungen des öffentlichen Rechts ausdrücklich vorgesehen ist:

– Nach § 11 Abs 2 des **GeschlG** soll der behandelnde Arzt den Betreuer von dem Krankheitsfall unterrichten und ihn über dessen Ausheilung belehren, wenn dies zur Inanspruchnahme oder Fortsetzung der ärztlichen Behandlung notwendig erscheint und dieser Unterrichtung keine anderen schwerwiegenden Gründe nach ärztlichem pflichtgemäßem Ermessen entgegenstehen.

– Solange § 124 Abs 3 **BSHG** galt, waren Medizinalpersonen verpflichtet, wenn sie bei Ausübung ihres Berufes eine Behinderung bei volljährigen Personen wahrnahmen, diesen Personen oder den für sie bestellten Betreuern anzuraten, das Gesundheitsamt oder einen Arzt zur Beratung über die geeigneten Eingliederungsmaßnahmen aufzusuchen. Entsprechende Regelungen sind in das SGB IX aufgenommen worden.

– Die für Meldungen an das ehemalige „Nationale Krebsregister" – später **gemeinsames Krebsregister** – notwendige Einwilligung des Patienten durch dessen Betreuer war nicht vorgesehen. Nach den allgemeinen Grundsätzen der Beachtung von Persönlichkeitsrechten war jedoch die Einwilligung durch den Betreuer erforderlich, wenn der Betreute nicht einwilligungsfähig war. Das sächsische Krebsregistergesetz vom 19.7.1993 (Sächs GVBl 1993, 690 = Sammelblatt 2578) sieht eine Einwilligung des Patienten (auch des Nichtbetreuten) nicht vor (§ 3 Abs 3), sondern bestimmt nur, daß der Patient grundsätzlich zu unterrichten ist. Das am 1.1.1995 in Kraft getretene Gesetz über Krebsregister (Krebsregistergesetz – KRG) vom 4.11.1994 – BGBl I 3351 – hat sich für eine Berechtigung zur Meldung der Ärzte usw entschieden (§ 3 Abs 1). Der Patient ist von der beabsichtigten oder erfolgten Meldung zu unterrichten und kann der Meldung widersprechen (§ 3 Abs 2). Bei der Unterrichtung ist der Patient auf sein Widerspruchsrecht hinzuweisen. Vorgesehen ist allerdings auch, daß die Unterrichtung unterbleiben darf, solange zu erwarten ist, daß dem Patienten dadurch gesundheitliche Nachteile entstehen können. Das Widerspruchsrecht besteht jedoch unabhängig davon, ob der Patient unterrichtet und dabei auf sein Widerspruchsrecht hingewiesen worden ist.

Steht dem Betreuer die Personensorge zu oder gehört zu seinem Aufgabenkreis die Sorge um die Gesundheit des Betreuten oder – noch enger – die Wahrnehmung der Rechte aus dem Krebsregistergesetz, handelt der Betreuer für den Betreuten, soweit dieser außerstande ist, diese Rechte selbst wahrzunehmen. Anstelle des Patienten ist dann ggf sein Betreuer zu unterrichten. Zum Krebsregistergesetz einführend s HOLLMANN NJW 1995, 762 (s auch RICHTER, Krebsregistrierung in Deutschland. Jedes Bundesland hat sein eigenes Gesetz, DtÄrzteBl 2000, 986 sowie WESTHEUSER, Schutz von Patientendaten bei der bevölkerungsbezogenen Krebsregistrierung zu epidemiologischen Forschungszwecken [1999]).

Im **Sicherungsverfahren** und vor einer Unterbringung des Angeklagten im **Strafverfahren** wird es regelmäßig naheliegen, den Betreuer des Unterzubringenden als Zeugen zu hören, sofern nicht bereits der nach §§ 246a, 415 Abs 5 StPO zu vernehmende Sachverständige diese Beweisquelle ausgeschöpft hat. Ausdrücklich ist eine Beteiligung oder sonstige Anhörung des Betreuers in den Vorschriften der StPO, insbesondere den Vorschriften über das Sicherungsverfahren, nicht vorgesehen. Ob eine Beteiligung des Betreuers entsprechend § 149 StPO in Betracht kommt, hat der Senat nicht entschieden (BGH FamRZ 1997, 175).

29a Während die bisher aufgeführten Informations- und Melderegelungen den lebenden Betreuten voraussetzen, den Betreuer jedenfalls nur dann betrafen bzw betreffen, solange die betreute Person noch lebt, verpflichten einige Länder in ihren das Friedhofs-, Leichen-und/oder Bestattungswesen regelnden Gesetzen den bisherigen Betreuer zu Veranlassung von **Leichenschau** und/oder **Bestattung** ihres verstorbenen Betreuten. Zur Zeit sehen dies vor:

a) Bayern, das in Art 15 Abs 2 S 1 Nr 3 des Bestattungsgesetzes (angefügt durch Art 7 Nr 14 AGBtG) die Ermächtigung an den zuständigen Staatsminister enthält, durch Rechtsverordnung zu bestimmen, daß auch der Betreuer (nach anderen vorrangig zuständigen Personen) zu Veranlassung von Leichenschau und Bestattung verpflichtet ist, „soweit die Sorge für die Person des Verstorbenen zu dessen Lebzeiten zu seinem Aufgabenkreis gehört hat". §§ 1 Abs 1 S 2 Nr 2 und 3 der VO z Durchführung des Bestattungsgesetzes (Bestattungsverordnung – BestV) v 1. 3. 2001 (BayGVBl 92) sehen vor, daß zur Leichenschau die Personensorgeberechtigten und (nachfolgend) der Betreuer verpflichtet sind, soweit zu dessen Aufgabenkreis die Sorge für die Person des Verstorbenen zu dessen Lebzeiten gehört hat (vorausgesetzt, daß die Verpflichteten geschäftsfähig sind).

b) Rheinland-Pfalz, in dessen Bestattungsgesetz vom 4. 3. 1983 (GVBl 69), geändert durch Gesetz vom 6. 2. 1996 (GVBl 65), als für Bestattung, Leichenschau und Totenschein verantwortlich ua auch der „sonstige Sorgeberechtigte" (§ 9; § 8 und § 11) aufgeführt wird.

c) Sachsen, dessen Gesetz über das Friedhofs-, Leichen- und Bestattungswesen vom 8. 7. 1994 (GVBl 1321) in § 10 nach dem Ehegatten, den Kindern, den Eltern und Geschwistern unter Nr 5 die sonstige sorgeberechtigte Person verantwortlich sein läßt.

In der Verwaltungsvorschrift des Sächsischen Staatsministeriums für Soziales, Gesundheit und Familie zur Durchführung bestimmter Regelungen des Sächsischen Bestattungsgesetzes vom 30. 6. 1995 (Sächs Abl 916) wird der „sonstige Sorgeberechtigte" beschrieben und klargestellt, daß darunter auch der Betreuer zu verstehen ist (näher dazu und zur Frage der Verfassungsmäßigkeit dieser „Betreuer"pflichten BIENWALD BtPrax 2000, 107, 109. Aus dem Schrifttum im übrigen s WIDMANN, Der Bestattungsvertrag [2000]; ders,

Testamentserklärungen und Bestattungsanordnungen in Bestattungsvorsorgeverträgen, FamRZ 2001, 74; SACHSE, Die Aufbringung von Beerdigungskosten in der Sozialhilfe, ZfF 1989, 128; SPRANGER, Zur Anordnung der Feuerbestattung und anonymen Beisetzung durch den Sozialhilfeträger, ZFSH/SGB 2000, 323; FORMELLA, Wenn der Betreute stirbt, BtPrax 1999, 176; WIDMANN, Die Sozialbestattung nach den Sozialgesetzbüchern II und XII, ZFSH/SGB 2005, 264; allgemein zu „Bestattungspflicht und Bestattungskostenpflicht" ohne betreuungsrechtliche Erörterungen der gleichnamige Beitrag von STELKENS/COHRS, NVwZ 2002, 917; DEINERT/JEGUST, Todesfall- und Bestattungsrecht [2. Aufl 2005] mit Sammlung bundes- und landesrechtlicher Bestimmungen).

g) Ausschluß oder Einschränkung gesetzlicher Vertretung durch gesetzliche Bestimmungen

Der Betreuer kann den Betreuten dann nicht gesetzlich vertreten, wenn **30**

- wegen der höchstpersönlichen Natur des Rechtsgeschäfts oder der Sache selbst eine Vertretung durch einen anderen ausgeschlossen ist

- gesetzliche Bestimmungen unmittelbar eine Vertretung des Betreuten durch den Betreuer nicht zulassen oder das Gericht zur Entziehung der Vertretungsmacht ermächtigen und das Gericht von dieser Ermächtigung Gebrauch gemacht hat.

Die zuletzt genannten Fälle liegen vor, wenn das Gesetz das Alleinhandeln des geschäftsfähigen Betreuten vorgesehen hat (s dazu unten Rn 41) oder in bestimmten Fällen die Vertretung des Betreuten durch seinen Betreuer generell ausgeschlossen ist (§ 1795 Abs 1, § 1795 Abs 2, jeweils iVm § 1908i Abs 1 S 1, § 181) oder das Gericht dem Betreuer die Vertretung für einzelne Angelegenheiten oder für einen bestimmten Kreis von Angelegenheiten entzieht (§§ 1796, 1908i Abs 1 S 1).

Im Falle der Verhinderung des Betreuers nach diesen Vorschriften muß ggf ein weiterer Betreuer (Ergänzungsbetreuer) bestellt werden (§ 1899 Abs 4). Im Verhältnis zu dem uU geringen Ausmaß an Verhinderung des Hauptbetreuers erscheint das für die Bestellung des (Ergänzungs-)Betreuers notwendige Verfahren recht aufwendig. Vereinfachungen sind dafür in den §§ 65 ff FGG, abgesehen vom Verfahren einstweiliger Anordnung (§ 69f FGG), nicht vorgesehen.

Eine vormundschaftsgerichtliche Gestattung des In-sich-Geschäfts im Rahmen von § 1795 wird von der hM abgelehnt (Näheres bei ERMAN/HOLZHAUER § 1795 Rn 7, der die Gestattung auch im Betreuungsrecht befürwortet; s § 1902 Rn 8).

Die nach §§ 1796, 1908i Abs 1 S 1 in Betracht kommende **Entziehung der Vertretungsmacht** soll nur dann erfolgen, wenn das Interesse des Betreuten zu dem Interesse des Betreuers oder eines von diesem vertretenen Dritten oder zu einer der in § 1795 Nr 1 bezeichneten Personen in erheblichem Gegensatz steht (§§ 1796 Abs 2, 1908i Abs 1 S 1). Näheres dazu unten § 1908i Rn 39. Das Vormundschaftsgericht kann durch die Bestellung eines Ergänzungsbetreuers für die Prüfung und Geltendmachung von Pflichtteils- und Pflichtteilsergänzungsansprüchen des Betroffenen **konkludent** die Vertretungsmacht des Betreuers für den betreffenden Aufgabenkreis entziehen, wenn ein erheblicher Interessenkonflikt zwischen Betreuer und Betroffenem vorliegt (BayObLGZ 2003, 248 = FamRZ 2004, 906 = BtPrax 2004, 32)

31 Der Betreuer kann in Vertretung des Betreuten nur in bestimmten Fällen **Schenkungen** vornehmen. Gegenüber dem bisherigen Recht hat das BtG die Möglichkeiten jedoch erweitert. Das strenge Schenkungsverbot des § 1804 S 1 (iVm § 1908i Abs 2 S 1), von dem § 1804 S 2 diejenigen Schenkungen ausnimmt, durch die einer sittlichen Pflicht oder einer auf den Anstand zu nehmenden Rücksicht entsprochen wird, erfährt durch § 1908i Abs 2 S 1 eine weitere Lockerung dahingehend, daß der Betreuer in Vertretung des Betreuten Gelegenheitsgeschenke auch dann vornehmen kann, wenn dies dem **Wunsch des Betreuten** entspricht und **nach seinen Lebensverhältnissen üblich ist.**

Maßstab für den Betreuer kann danach nicht sein, ob die unentgeltliche Übertragung von Vermögen auf Angehörige, um es nicht der Sozialhilfe anheimfallen zu lassen, ihm „als Träger eines Amtes" objektiv zumutbar ist (so aber Erman/Holzhauer Rn 11 unter Berufung auf § 1901 Abs 3 S 1; ebenso MünchKomm/Schwab Rn 45). Hat der Betreute den Wunsch, sein Vermögen auf Angehörige zu übertragen, um Sozialhilfe zu erhalten oder den Rückgriff des Sozialhilfeträgers zu vermeiden, liegen bereits die Voraussetzungen der § 1908i Abs 2 S 1 nicht vor, weil der geschilderte Vorgang etwas Einmaliges darstellt und nicht den Lebensverhältnissen des Betreuten entspricht. Überträgt der Betreuer Grundbesitz des Betreuten unentgeltlich auf dessen künftige Erben (vorweggenommene Erbfolge), so ist dieser Vertrag grundsätzlich nichtig und kann deshalb auch nicht gerichtlich genehmigt werden. Eine solche Übertragung ist durch eine sittliche Pflicht nicht geboten, auch wenn mit ihr für die künftigen Erben eine Steuerersparnis erreicht werden könnte (BayObLGZ 1996, 118 = FamRZ 1996, 1359 = Rpfleger 1996, 508 = BtPrax 1996, 183). Der Auffassung von Canaris (JZ 1987, 993, 998 f), das Schenkungsverbot des § 1804 S 1 sei verfassungswidrig, wird nicht gefolgt.

Der Betreuer kann als Vertreter des Betreuten **sich selbst keine Schenkung** machen oder versprechen (§ 1908i Abs 1 S 1 iVm § 1795 Abs 2, § 181), wenn ihm dies nicht ausdrücklich gestattet ist. Ein nicht geschäftsfähiger Betreuer ist rechtlich dazu nicht in der Lage (§ 104 Nr 2, § 105 Abs 1).

Ein vom Betreuten wirksam gemachtes Schenkungsversprechen darf der Betreuer später erfüllen. Ein Verstoß gegen § 181 liegt dann nicht vor (§ 1795 Abs 1 trifft auf diese Fälle ohnehin nicht zu), weil die Tätigkeit des Betreuers ausschließlich in der Erfüllung dieses (gültigen) Schenkungsversprechens liegt.

Ist der Betreute geschäftsfähig, kann er Schenkungen vornehmen, auch wenn dem Betreuer die Vermögenssorge obliegt. Grenzen der Erfüllung von Schenkungsversprechen des Betreuten ziehen § 1901 und die zur Verfügung stehenden Mittel, sofern nicht bereits das Schenkungsversprechen nach den allgemeinen Bestimmungen wegen Unerfüllbarkeit nichtig ist.

Steht der (geschäftsfähige) Betreute unter **Einwilligungsvorbehalt** und erfaßt dieser Schenkungen, sind entsprechende Willenserklärungen an die Einwilligung des Betreuers gebunden. Unter dem Gesichtspunkt des § 181 kann der Betreuer nicht in eine vom Betreuten selbst abgegebene Schenkungserklärung einwilligen (Erman/Holzhauer Rn 12).

Beschränkungen sieht das Gesetz über den **Versicherungsvertrag** (VVG) für die 32
Lebensversicherung (§§ 159 ff VVG) und die Unfallversicherung (§§ 179 ff VVG)
vor. Wird eine Lebensversicherung von jemandem auf den Tod eines anderen genommen, ist zur Gültigkeit des Versicherungsvertrages die schriftliche Einwilligung
des anderen erforderlich, wenn die vereinbarte Leistung den Betrag der gewöhnlichen Beerdigungskosten übersteigt. Für diesen anderen kann der Betreuer nicht
handeln, wenn er selbst Versicherungsnehmer ist (§ 159 Abs 2 S 2 VVG).

Wird eine Versicherung gegen Unfälle, die einem anderen zustoßen, von dem Versicherungsnehmer für eigene Rechnung genommen, so ist zur Gültigkeit des Vertrages die schriftliche Einwilligung des anderen erforderlich. Hat dieser einen Betreuer, kann dieser die Einwilligung nicht erteilen, wenn er zugleich Versicherungsnehmer ist (§ 179 Abs 3 S 2 VVG). In beiden Fällen muß ggf ein weiterer
(Ergänzungs-)Betreuer nach § 1899 Abs 4 mitwirken.

Ausgeschlossen ist die gesetzliche Vertretung eines Betreuers schlechthin (nicht nur 33
eingeschränkt, vgl MünchKomm/SCHWAB Rn 24 ff; s auch ERMAN/HOLZHAUER Rn 5) bei bestimmten **Geschäften höchstpersönlicher Natur**. Das liegt allerdings nicht an dem
Charakter der Angelegenheit (über die Sterilisation entscheidet auch ein Vertreter),
sondern an dem gesetzlichen Ausschluß.

Der Betreuer kann deshalb nicht im Namen des Betreuten

– für diesen die **Ehe** schließen (§ 1311 S 1); eine Aufgabenkreisbestimmung, die
  diese Angelegenheit zum Inhalt hätte, wäre insoweit unzulässig. Ebensowenig
  kann sich ein Einwilligungsvorbehalt auf Erklärungen erstrecken, die auf die
  Eingehung einer Ehe gerichtet sind (§ 1903 Abs 2);

– für diesen eine **Lebenspartnerschaft** eingehen (§ 1 Abs 1 S 1 LPartG). Ebensowenig kann sich ein Einwilligungsvorbehalt auf Willenserklärungen erstrecken,
  die auf die Begründung einer Lebenspartnerschaft gerichtet sind (§ 1903 Abs 2 idF
  des LPartG). Auch kann der Betreuer für den (geschäftsunfähigen) Partner einer
  eingetragenen Lebenspartnerschaft nicht die Erklärung abgeben, daß er die Lebenspartnerschaft nicht fortsetzen wolle (§§ 15 Abs 2 Nr 2, Abs 4 LPartG; OLG
  Köln FamRZ 2004, 1724);

– für Eltern oder einen Elternteil eine/die **Sorgeerklärung** abgeben (§§ 1626a Abs 1,
  1626c Abs 1); s auch unten Rn 40;

– für den Betreuten ein **Testament** oder sonst eine letztwillige Verfügung errichten
  (§§ 2064, 2274). Auch ein Einwilligungsvorbehalt kann sich nicht auf Verfügungen
  von Todes wegen erstrecken (§ 1903 Abs 2);

– die **Zustimmung zu einer letztwilligen Verfügung** des Ehegatten geben, mit der
  dieser die Fortsetzung der Gütergemeinschaft mit einem gemeinschaftlichen Abkömmling ausschließt oder dessen Stellung in der ehevertraglich vorgesehenen
  fortgesetzten Gütergemeinschaft verschlechtert (§ 1516 Abs 2);

- die **Einwilligung in die Adoption** des Kindes durch die Eltern sowie den Ehegatten (§§ 1747, 1749, 1750 Abs 3) erklären;

- den Antrag eines Elternteils auf **Aufhebung des Annahmeverhältnisses** wegen Unwirksamkeit seiner Einwilligung stellen (§ 1762 Abs 1 S 3 und S 4);

- die **Aufhebung eines Erbvertrages** durch den Erblasser (§ 2290 Abs 2) bewirken; steht dagegen der andere Teil unter Betreuung und wird die Aufhebung vom Aufgabenkreis des Betreuers erfaßt, so ist die Genehmigung des Vormundschaftsgerichtes erforderlich (§ 2290 Abs 3 S 1);

- den **Rücktritt vom Erbvertrag** erklären (§ 2296 Abs 1).

Diese Rechtsgeschäfte kommen für einen Geschäftsunfähigen nicht in Betracht.

Ist im Falle des Zustimmungsbedürfnisses zu dem Rechtsgeschäft eines Dritten der Betreute zur Abgabe der Willenserklärung dauernd außerstande (oder ist sein Aufenthalt dauernd unbekannt), entfällt das Zustimmungserfordernis (s § 1747 Abs 4; § 1749 Abs 3).

34 Eine Vertretung des Betreuten durch den Betreuer in der **Wahrnehmung elterlicher Sorge** ist ausgeschlossen. Ruht die elterliche Sorge der/des Betreuten, weil sie/er geschäftsunfähig ist (§ 1673 Abs 1, § 1675), übt der andere Elternteil die elterliche Sorge allein aus (§ 1678 Abs 1 S 1). Dies gilt nicht, wenn die elterliche Sorge dem Elternteil nach § 1626a Abs 2, § 1671 oder § 1672 Abs 1 allein zustand (§ 1678 Abs 1 HS 2). Ruht die elterliche Sorge des Elternteils, dem sie nach § 1626a Abs 2 allein zustand, und besteht keine Aussicht, daß der Grund des Ruhens wegfallen werde, so hat das Familiengericht die elterliche Sorge dem anderen Teil zu übertragen, wenn dies dem Wohl des Kindes dient (§ 1678 Abs 2). Kommt es nicht zu dieser Entscheidung, muß Vormundschaft angeordnet und ein Vormund bestellt werden (§ 1773), sofern nicht im Einzelfall ein Pfleger (§ 1909) ausreicht.

Die Bestellung eines Betreuers für einen Elternteil, gleich welchen Umfangs der Aufgabenkreis auch ist, hat keinen Einfluß auf die Sorgerechtslage. Ebensowenig verändert sie die Anordnung eines Einwilligungsvorbehalts (Staudinger/Coester [2004] § 1673 Rn 8).

35 Besteht ein Betreuungsrechtsverhältnis, ohne daß der Betreute eindeutig (voll oder partiell) geschäftsunfähig ist, kann sich nach der Abschaffung der beschränkten Geschäftsfähigkeit bei Volljährigen (Aufhebung von § 114 durch Art 1 Nr 3 BtG) ein Hilfebedarf (zB nach den Vorschriften des KJHG [SGB VIII]) oder die Notwendigkeit gerichtlicher Intervention (§§ 1666, 1666a, 1667) nur auf den Mangel in der tatsächlichen Wahrnehmung des Sorgerechts beziehen, nicht dagegen auf ein Defizit in der Rechtsmacht. Ist der Betreute nicht geschäftsunfähig und wurde das Sorgerecht nicht entzogen oder eingeschränkt, steht ihm das Vertretungsrecht für sein Kind zu. Hat das Vormundschaftsgericht einen Einwilligungsvorbehalt angeordnet, kann sich dieser nicht auf Willenserklärungen erstrecken, die sich unmittelbar auf die Ausübung elterlicher Sorge beziehen (Staudinger/Coester [2004] § 1673 Rn 9).

Nimmt der betreute Elternteil seine Sorgerechtspflichten nicht ausreichend wahr, **36** wäre der Einwilligungsvorbehalt kein geeignetes Instrument zur Aktivierung des Betreuten, weil der Betreuer nur in die von dem Betreuten gewollten Erklärungen einwilligen kann, aufgrund des Einwilligungsvorbehalts aber keine Erweiterung der nach dem Aufgabenkreis bereits vorhandenen Kompetenzen erreicht. Wird der betreute Elternteil tätig, wäre der Betreuer nur insoweit zur Intervention berechtigt, als der Betreute sich selbst schädigt. Schadet er durch sein Handeln im Rahmen der Sorgerechtsausübung seinem Kind, kommt nur ein Eingreifen nach den §§ 1666, 1666a, 1667 in Betracht.

Betätigt sich der Betreute rechtsgeschäftlich, um seiner Sorgepflicht zu genügen, im **37** Bereich der Vermögenssorge, und besteht insoweit ein Einwilligungsvorbehalt, würde die Verweigerung der erforderlichen Einwilligung des Betreuers zwar die Ausübung des Sorgerechts mittelbar berühren. Ist der unter Totalbetreuung und umfassendem Einwilligungsvorbehalt stehende Elternteil (noch) nicht geschäftsunfähig iSd § 104 Nr 2, ruht seine elterliche Sorge nicht nach § 1673 Abs 1.

Ob eine Vertretung des Kindes aufgrund des umfassenden Einwilligungsvorbehalts völlig ausgeschlossen ist, erscheint angesichts von Restzuständigkeiten des Betreuten (§ 1896 Abs 4, § 1899 Abs 2, § 1905) oder eines anderen Betreuers (§ 1899 Abs 2) zumindest fraglich. Insofern kann auch hier nicht von einem vollständigen rechtlichen Defizit ausgegangen werden. Dies und der in BT-Drucks 11/4528, 108 enthaltene generelle Verweis auf §§ 1666 ff sprechen dafür, nach diesen Vorschriften zu verfahren und entweder a) einem vorhandenen anderen Elternteil die alleinige Sorge für das gemeinsame Kind zuzusprechen bzw zu belassen oder b) im Falle von „Alleinerziehung" einen Vormund zu bestellen (im Ergebnis ebenso STAUDINGER/COESTER [2004] § 1673 Rn 10).

Das Verhältnis von Betreuung und elterlicher Sorge ist nicht befriedigend geregelt. **38** Insbesondere fällt auf, daß das Betreuungsrecht einerseits für die Bestellung des Betreuers und die Anordnung eines Einwilligungsvorbehalts bewußt auf die Anknüpfung an die Geschäftsfähigkeit verzichtet, an anderer Stelle dieses Kriterium als Voraussetzung einer bestimmten Rechtsfolge aber beibehält.

Sind beide Elternteile sorgeberechtigt, verändert sich diese Rechtsposition durch die Bestellung eines Betreuers für einen der beiden Elternteile nicht, vorausgesetzt, der Betroffene ist nicht geschäftsunfähig (§ 1673 Abs 1). Der Anteil des jeweiligen Elternteils an der gemeinsamen Elternverantwortung bleibt im Dunkeln.

Die Ausübung der elterlichen Sorge obliegt beiden Eltern, es sei denn, die elterliche Sorge des betreuten Elternteils ruht (§ 1673 Abs 1) oder wird ihm entzogen (§ 1666, § 1680 Abs 1 S 1).

Weder in solchen Fällen noch in denen des § 1628 (Übertragung des Entscheidungsrechts auf einen Elternteil) gibt es einen Anspruch auf Feststellung des Ruhenstatbestandes. Durch die Neuregelung der Zuständigkeit des Familiengerichts in Angelegenheiten elterlicher Sorge durch das KindRG sind im Falle betreuter (§§ 1896 ff) Eltern zwei verschiedene Zuständigkeiten gegeben: für die Betreuten als Eltern ist das Familiengericht zuständig, für die Eltern als Betreute das Vormundschaftsgericht.

39 Lediglich im Falle defizitärer Sorgerechtsausübung wird § 1673 Abs 1 durch die §§ 1666 ff verdrängt, weil die Notwendigkeit erzieherischer Hilfen und die Unterstützung eines psychisch Kranken oder eines geistig oder seelisch Behinderten, der einen Betreuer hat, nach dem tatsächlichen Defizit erzieherischer Leistung und nicht nach der abstrakt definierten Mängellage (Geschäftsunfähigkeit und infolgedessen Erziehungsunfähigkeit, § 1673 Abs 1) bestimmt wird (BIENWALD FamRZ 1994, 484).

Hat eine Mutter eines nichtehelichen Kindes, die vor dem Inkrafttreten des BtG wegen Geisteskrankheit entmündigt war, jetzt einen Betreuer erhalten, der nur einen Teil ihrer Angelegenheiten zu besorgen hat, ist unklar, auf welche Norm sie ein Umgangsregelungsgesuch stützen kann, um ihr Kind, das unmittelbar nach seiner Geburt in (anonyme) Familienpflege gegeben worden war, in bestimmten Abständen zu sehen (Näheres BIENWALD FamRZ 1994, 484, 486).

Die Beweislastregel der §§ 104 ff, auf die mitunter zurückgegriffen wird, bietet keine geeignete Grundlage für die Feststellung der Rechtslage. Bestehen tatsächlich Zweifel, wird zugunsten des Betreuten angenommen, daß er nicht geschäftsunfähig ist und infolgedessen seine elterliche Sorge nicht ruht. Die im Innenverhältnis unsichere Situation, in welchem Maße der betreute Elternteil rechtlich und tatsächlich an der Elternverantwortung zu beteiligen ist, dauert an.

40 Nicht miteinander verheiratete Eltern können Sorgeerklärungen, nach deren Abgabe ihnen die elterliche Sorge für ihr Kind gemeinsam zusteht (§ 1626a Abs 1 Nr 1), nur selbst abgeben (§ 1626c Abs 1). Die Mitwirkung des gesetzlichen Vertreters ist nur für den Fall vorgesehen, daß ein Elternteil (oder beide) beschränkt geschäftsfähig (also noch minderjährig) ist (§ 1626c Abs 2). Die Frage, ob eine geschäftsunfähige Person die Sorgeerklärung abgeben kann (MünchKomm/SCHWAB Rn 34), ist betreuungsrechtlich ohne Bedeutung, weil im Falle der Wirksamkeit der Erklärung eine Betreuerbeteiligung nicht erforderlich ist, und sie im Falle der Unwirksamkeit an diesem Ergebnis nichts ändert (s auch unten Rn 56).

Die Anordnung eines Einwilligungsvorbehalts für den Bereich der Sorgeerklärung zum Schutz eines betreuten Elternteils (MünchKomm/SCHWAB Rn 34, der insbesondere den Schutz der Mutter vor Augen hat; ebenso schutzbedürftig kann der betreute Vater sein) könnte nur dann in Betracht kommen, wenn dem Betreuer ein Aufgabenkreis zugewiesen werden könnte und würde, in den die Sorgeerklärung gehört. Als persönliche Erklärung kann die Sorgeerklärung aber nicht Aufgabe des Betreuers sein.

Da die Bestellung eines Betreuers – unabhängig von dessen Aufgabenkreis – keine unmittelbaren Auswirkungen auf die Geschäftsfähigkeit der betreuten Person hat, kann diese einen Antrag gemäß §§ 1712, 1713 auf Eintreten der Beistandschaft für ihr Kind/ihre Kinder stellen, sofern ihr die Sorge für das Kind/die Kinder zusteht oder nach der Geburt zustünde. Das KindRVerbG führte die Möglichkeit ein, daß der Antrag von dem Elternteil gestellt werden kann, in dessen Obhut sich das Kind befindet im Falle, daß beiden Eltern die elterliche Sorge gemeinsam zusteht. Ist die antragsberechtigte Person geschäftsunfähig, sind die Voraussetzungen des § 1673

Abs 1 gegeben, wenn das Kind bereits geboren ist. Für eine werdende Mutter, die geschäftsunfähig ist, kann nur ihr gesetzlicher Vertreter den Antrag stellen (§ 1713 Abs 2 S 2); im Falle ihrer Volljährigkeit also nur ein Betreuer mit dem erforderlichen Aufgabenbereich, sofern er bereits bestellt worden ist.

Im Hinblick darauf, daß weder das FGG noch das SGB VIII (KJHG) ein abstraktes Verfahren der Feststellung der Geschäfts-(un-)fähigkeit kennen, könnten praktische Gründe dafür sprechen, daß der Betreuer bei entsprechenden Aufgabenkreis gewissermaßen vorsorglich den Antrag stellt, auch wenn die werdende Mutter selbst die Beistandschaft beantragt. Dies wäre aber jedenfalls dann keine Lösung, wenn die Beendigung der Beistandschaft beantragt wird (§ 1715) und das Jugendamt wissen muß, ob es seine Tätigkeit einzustellen hat. Entgegen STAUDINGER/RAUSCHER (2000) § 1713 Rn 27 geht es bei der Problematisierung der unbefriedigenden Regelung nicht um die Alternative Schutz des Kindes/Schutz des möglicherweise geschäftsunfähigen Betreuten, sondern in erster Linie um Konsequenzen aus dem der Einführung der Beistandschaft zugrundeliegenden Grundsatzes der Freiwilligkeit.

Ausgeschlossen ist die gesetzliche Vertretung des Betreuten durch den Betreuer **41** durch Regelungen, die das **Alleinhandeln des geschäftsfähigen Betreuten** vorsehen:

a)   § 1411 Abs 1 S 4 – Der gesetzliche Vertreter (Betreuer) kann für den geschäftsfähigen Betreuten keinen Ehevertrag schließen. Entsprechendes gilt für den Lebenspartnerschaftsvertrag gemäß § 7 Abs 1 S 3 LPartG.

b)   § 1596 Abs 3 – Ein geschäftsfähiger Betreuter kann eine Vaterschaft nur selbst anerkennen; er kann auch nur selbst einer Vaterschaftsanerkennung zustimmen. Die Anordnung eines Einwilligungsvorbehalts ist möglich (§ 1596 Abs 3 HS 2 iVm § 1903 Abs 2). In einem solchen Fall muß dem Betreuer die Angelegenheit übertragen werden, damit ein Einwilligungsvorbehalt angeordnet werden darf (Akzessorietät des Einwilligungsvorbehalts, s § 1903 Rn 29); in der Sache selbst darf trotz des Aufgabenkreises der Betreuer für einen geschäftsfähigen Betreuten nur insoweit tätig werden, als ihm dies durch die Anordnung des Einwilligungsvorbehalts möglich ist.

c)   Der Widerruf der Vaterschaftsanerkennung, wenn sie ein Jahr nach der Beurkundung noch nicht wirksam geworden ist, kann durch den geschäftsfähigen Betreuten nur selbst erklärt werden; § 1903 bleibt jedoch unberührt (§ 1597 Abs 3 iVm § 1596 Abs 3).

d)   § 1600a Abs 5 – Ein Betreuer eines Geschäftsfähigen kann die Anerkennung der Vaterschaft nicht anfechten. Ein Einwilligungsvorbehalt kann sich auf diese Angelegenheit nicht erstrecken (§ 1600a Abs 2 S 2 HS 2 iVm § 1903 Abs 2).

e)   Die Bestimmungen über die Namensgebung und Einbenennung in der durch das KindRG erhaltenen Fassung (§§ 1617 ff) sehen, anders als das bisherige Recht (s dazu STAUDINGER/BIENWALD[12]), eine Beteiligung des Betreuers nicht vor und treffen auch keine Regelung für den Fall eines betreuten Beteiligten. Namensführung und Namensgebung richtet sich nach der Sorgerechtsinhaberschaft; ggf werden erforderliche Einwilligungen gerichtlich ersetzt (§ 1618 S 4 nunmehr idF des KindRVerbG).

42 Das heißt:

– Das Vormundschaftsgericht kann bei der enumerativen Aufgabenkreisbestimmung diese Angelegenheiten nicht in den Aufgabenkreis des Betreuers einbeziehen (sofern es feststellt, daß der Betroffene geschäftsfähig ist).

– Für den Fall, daß eine globale Aufgabenkreisbestimmung (Personensorge) diese Angelegenheiten enthalten sollte, besteht in diesen Fällen kein Vertretungsrecht des Betreuers. Das Vormundschaftsgericht hätte in solchen Fällen auch nicht die Möglichkeiten der eigenen Entscheidung oder der vormundschaftsgerichtlichen Genehmigung des „vollmacht"losen Handelns des Betreuers.

Das für die Regelung dieser Angelegenheiten zuständige Gericht muß demnach jeweils prüfen, ob der handelnde Betreuer, der einen Antrag stellt oder eine Erklärung abgibt, den Betreuten vertreten kann, dh, es muß die Geschäftsfähigkeit des Betreuten selbst feststellen.

43 Die gesetzliche Vertretung wird durch die zahlreichen **Genehmigungsvorbehalte** des Vormundschaftsgerichts oder Gegenbetreuers zwar nicht in ihrer Substanz (der Betreuer bleibt zuständig), aber doch in der Reichweite (Wirksamkeit der Willenserklärung nur bei Genehmigung oder doch wenigstens rechtmäßigem Handeln mit gerichtlicher Genehmigung) begrenzt. Durch das BtG wurden die Genehmigungsvorbehalte im Bereich der Personensorge (§§ 1904–1906) und im Falle des § 1907 eingeführt. Im Bereich der Vermögenssorge ist es außerdem das **Ausstattungsversprechen** (§ 1908). Die Genehmigungsvorbehalte gelten für alle Arten von Betreuern, soweit nicht landesrechtliche Ausnahmen bestehen (bzgl § 1907 vgl dazu § 1908i Rn 313). Die aus dem Vormundschaftsrecht in Angelegenheiten der Vermögenssorge ins Betreuungsrecht übernommenen Vorbehalte (§ 1908i Abs 1 S 1) sind für die Betreuer unterschiedlich verbindlich je nachdem, in welchem Umfang und mit welcher Dauer sie ggf befreit sind oder werden können (im einzelnen dazu § 1908i Rn 294 ff)

Nach § 2 Abs 1 **FamNamÄndG** (Fassung nach Art 7 § 30 BtG) stellt für eine geschäftsunfähige Person der gesetzliche Vertreter (Betreuer) den Antrag; er bedarf hierzu jedoch der Genehmigung des Vormundschaftsgerichts. Für eine geschäftsfähige Person, für die in dieser Angelegenheit ein Betreuer bestellt und ein Einwilligungsvorbehalt nach § 1903 angeordnet ist, stellt der Betreuer den Antrag; er benötigt hierzu aber die Genehmigung des Vormundschaftsgerichts.

Eine **echte Begrenzung der Vertretungsmacht**, die allerdings durch Gerichtsbeschluß beseitigt werden kann, enthält § 1903 Abs 3 S 2. Hat das Vormundschaftsgericht einen Einwilligungsvorbehalt angeordnet, und benötigt der Betreute zu den davon erfaßten Willenserklärungen die Einwilligung des Betreuers (§ 1903 Abs 1 S 1 und 2), handelt er völlig frei, wenn die Willenserklärung eine geringfügige Angelegenheit des täglichen Lebens betrifft. Soweit noch die Auffassung besteht, der Betreute, der nicht geschäftsfähig ist, könne hier nicht aus eigenem Recht handeln, es wäre eine gesetzlich angeordnete Botenstellung des Betreuten anzunehmen, die stellvertretendes Handeln des Betreuers ausschließt, scheint sie im Schwinden begriffen zu sein (vgl Pawlowski JZ 2003, 66 [69 Fn 32]).

Für die **Aufhebung einer Gemeinschaft** durch Zwangsversteigerung (Einzelheiten dazu in § 181 Abs 2 ZVG) benötigt der Betreuer eines Miteigentümers für seinen Antrag die Genehmigung des Vormundschaftsgerichts (§ 181 Abs 2 S 2 ZVG).

Der Betreuer ist **kein Empfangsberechtigter** iSv § 37 Abs 3 StPO. Als gesetzlicher Vertreter eines Untergebrachten kann dieser Betreuer (iSd §§ 1896 ff) von einem Rechtsmittel gegen eine den Untergebrachten betreffende gerichtliche Entscheidung nur binnen der für den Vertretenen laufenden Frist Gebrauch machen (OLG Düsseldorf JurBüro 1996, 163 = R&P 1996, 31). Schätzungsbescheide des Finanzamts betreffend Einkommens- und Umsatzsteuer werden nur wirksam, wenn sie dem für die Vermögenssorge zuständigen Betreuer und nicht lediglich dem Betreuten zugegangen sind (FG Niedersachsen FamRZ 2003, 1511 = BtPrax 2003, 230).

3. Beginn und Ende der gesetzlichen Vertretung

a) Beginn

Die gesetzliche Vertretung des Betreuers entsteht mit der Wirksamkeit seiner Bestellung, dh wenn dem Betreuer die Entscheidung bekanntgemacht wird (§ 69a Abs 3 S 1 FGG). Durch die Bekanntmachung an den Betreuten selbst, die zwar unerläßlich ist (§ 69a Abs 1 FGG), wird die Bekanntgabe an den Betreuer als Wirksamkeitsvoraussetzung nicht ersetzt (BT-Drucks 11/4528, 175; MünchKomm/SCHWAB § 1896 Rn 189). Die Wirksamkeit der Betreuerbestellung äußert sich darin, daß der Betreuer nun die ihm kraft des Amtes zukommenden Rechte erhält (ähnlich KEIDEL/KAYSER § 69a FGG Rn 9). Ist die Bekanntmachung an den Betreuer nicht möglich oder ist Gefahr im Verzug, und hat das Gericht aus einem dieser Gründe die sofortige Wirksamkeit angeordnet (§ 69a Abs 3 S 2 FGG), wird die Entscheidung der Betreuerbestellung in dem Zeitpunkt wirksam, in dem sie und die Anordnung der sofortigen Wirksamkeit dem Betroffenen oder dem Pfleger für das Verfahren bekanntgemacht oder der Geschäftsstelle des Gerichts zur Bekanntmachung übergeben werden bzw wurden (§ 69a Abs 3 S 3 FGG). Das Gericht hat den Zeitpunkt auf der Entscheidung zu vermerken (§ 69a Abs 3 S 3 HS 2 FGG).

Hat das Gericht durch einstweilige Anordnung einen **vorläufigen Betreuer** bestellt (§ 69f Abs 1 FGG), so wird die Betreuerbestellung auch schon – neben der Regelwirksamkeit der Bekanntmachung an den Betreuer – mit der Übergabe der Entscheidung an die Geschäftsstelle zum Zwecke der Bekanntmachung wirksam. Das Gericht hat den Zeitpunkt der Übergabe auf der Entscheidung zu vermerken (§ 69f Abs 4 S 2 FGG). Im Falle der Bestellung eines vorläufigen Betreuers durch einstweilige Anordnung endet die Betreuerbestellung und damit die gesetzliche Vertretung des Betreuers mit Ablauf von sechs Monaten, gerechnet von der Wirksamkeit der Entscheidung. Wurde die einstweilige Anordnung vor Ablauf der Frist durch eine weitere einstweilige Anordnung bis zur Gesamtdauer von einem Jahr verlängert, endet sie spätestens nach Ablauf dieses Zeitraums, andernfalls mit dem Ende des Zeitraums, für den die Maßnahme angeordnet worden ist.

Wird der **Aufgabenkreis** des Betreuers **erweitert**, tritt zugleich damit eine Änderung des Umfangs und des Inhalts gesetzlicher Vertretung ein (§ 1902), ohne daß materiell-rechtlich zwischen wesentlicher und unwesentlicher Erweiterung unterschieden werden könnte (zum Unterschied in bezug auf das Verfahren s § 69i Abs 1 S 2 und 3 FGG).

47 Die Bekanntmachung der Entscheidung an den Betreuer als Wirksamkeitsvoraussetzung und Zeitpunkt für den Beginn der Vertretungsmacht ist auch für die **Bestellung eines weiteren Betreuers** nach § 1899 maßgebend. Ist mit der Bestellung eines weiteren Betreuers eine Erweiterung des Aufgabenkreises nicht verbunden, handelt es sich um eine Mitbetreuung durch beide Betreuer gemeinsam (§ 1899 Abs 3 S 1), wenn das Gericht nicht etwas anderes bestimmt hat. Das Vertretungsrecht des einen Betreuers setzt dann ein, wenn ihm die Entscheidung über seine Bestellung bekanntgegeben ist (§ 69i Abs 5, Abs 1, § 69a Abs 3 FGG). Hat das Vormundschaftsgericht einen Mitbetreuer mit einem eigenen Aufgabenkreis bestellt, beginnt die gesetzliche Vertretung dieses Betreuers ebenfalls mit der Bekanntgabe der Entscheidung an ihn.

48 Hat das Vormundschaftsgericht nachträglich einen **Mitbetreuer** bestellt, und erhält dieser Mitbetreuer einen eigenen Aufgabenkreis, ohne daß dadurch der Aufgabenkreis des anderen Mitbetreuers eingeschränkt wurde, bedarf es der Bekanntgabe der Entscheidung an den bisherigen Alleinbetreuer nicht. Hat das Gericht in diesem Falle den Aufgabenkreis des bisherigen Alleinbetreuers eingeschränkt, handelt es sich nicht nur um eine Bestellungsentscheidung, sondern außerdem um die Entscheidung, durch die der Aufgabenkreis des bisherigen Betreuers eingeschränkt wurde. Diese Entscheidung muß zu ihrer Wirksamkeit dem Betreuer bekanntgegeben werden (§ 69a Abs 3 FGG). Damit die Reduzierung des einen Aufgabenkreises und die entsprechende Beendigung der gesetzlichen Vertretung nicht zu einem späteren Zeitpunkt erfolgt als die Bestellung des weiteren (Mit-)Betreuers und die dadurch bedingte gesetzliche Vertretung einsetzt, muß das Gericht ggf die sofortige Wirksamkeit der den Aufgabenkreis einschränkenden Entscheidung anordnen (§ 69a Abs 3 S 2 und 3 FGG).

b) Ende
49 Die gesetzliche Vertretung eines Betreuers endet mit dem Ende der Betreuung, mit der Wirksamkeit der Entscheidung, durch die eine Betreuung ganz oder teilweise aufgehoben, der Aufgabenkreis des Betreuers eingeschränkt oder der Betreuer entlassen wird. Sie endet auch mit dem Tod des Betreuers, obgleich dadurch an der Betreuungsbedürftigkeit des Betreuten und seinem Rechtsstatus als Betreuter nichts geändert wird (BT-Drucks 11/4528, 155).

Die Betreuung endet grundsätzlich mit dem Tod des Betreuten. Dies hat der Gesetzgeber nicht ausdrücklich geregelt, weil sich die Folgen aus dem Wesen der Betreuung als einer Hilfe für einen konkreten Betreuten ergeben (BT-Drucks 11/4528, 155). Mit dem Ende der Betreuung durch den Tod des Betreuten verliert der Betreuer die gesetzliche Vertretungsmacht (§ 1698a, § 1893, § 1908i Abs 1 S 1). Zur Abwicklung der Betreuung, Fragen der Bestattung sowie der Übernahme von Bestattungskosten durch die Sozialhilfe BIENWALD, BtR § 1908d.

Zur entsprechenden Anwendung von § 1884 (Verschollenheit und Todeserklärung des Mündels) iVm § 1908i Abs 1 S 1 s DAMRAU/ZIMMERMANN § 1908d Rn 2 sowie MünchKomm/SCHWAB § 1908d Rn 2.

c) **Nachwirkungen (Vertretungsbefugnis nach Ende der Betreuung)**
Nach § 1893 iVm § 1698a und § 1698b, die auf die Betreuung sinngemäß anzuwenden sind (§ 1908i Abs 1 S 1), darf und muß ggf der Betreuer nach Beendigung der Betreuung diejenigen Geschäfte besorgen, die nicht ohne Gefahr aufgeschoben werden können, bis der Erbe anderweit Fürsorge treffen kann. Näheres zu dieser „Notzuständigkeit" des Betreuers unten § 1908i Rn 65 ff.

Für die Erteilung oder Verweigerung einer erforderlichen Genehmigung **nach dem Tode des Betreuten** ist jedoch kein Raum mehr. Die Fortdauer der Befugnisse des Betreuers behält aber ihre Bedeutung für solche Rechtsgeschäfte des Betreuers, die keiner Genehmigung des Vormundschaftsgerichts bedürfen (BayObLGZ 1964, 350, 352 = FamRZ 1965, 101, 102 = NJW 1965, 397). Insoweit hat sich die Rechtslage durch das Inkrafttreten des BtG nicht geändert.

Fallen die Voraussetzungen für die Bestellung eines Betreuers nachträglich ganz oder teilweise weg, hat das Gericht (von Amts wegen) die Betreuung aufzuheben oder den Aufgabenkreis des Betreuers entsprechend einzuschränken (§ 1908d Abs 1). Für die **Wirksamkeit der Aufhebungs- und der Änderungsentscheidung** (§ 69i Abs 1, Abs 4 FGG) gelten die gleichen Bestimmungen wie für die Wirksamkeit einer Bestellungsentscheidung (§ 69a Abs 3 FGG). Die Aufhebungsentscheidung und die den Aufgabenkreis einschränkende Entscheidung werden in der Regel mit der Bekanntgabe an den Betreuer wirksam. Ist die Bekanntgabe an den Betreuer nicht möglich oder ist Gefahr im Verzug, so kann das Gericht die sofortige Wirksamkeit anordnen. In diesem Falle wird die Entscheidung in dem Zeitpunkt wirksam, in dem sie und die Anordnung der sofortigen Wirksamkeit der Geschäftsstelle des Gerichts zur Bekanntmachung übergeben werden (§ 69a Abs 3 S 2 und 3 FGG).

Die **Entlassung** des Betreuers kann unterschiedlich begründet sein.

– Das Vormundschaftsgericht hat den Betreuer zu entlassen, wenn seine Eignung, die Angelegenheiten des Betreuten zu besorgen, nicht mehr gewährleistet ist oder ein anderer wichtiger Grund für die Entlassung vorliegt (§ 1908b Abs 1); aufgrund der Ergänzung des Abs 1 durch Einfügen eines neuen Satzes (Art 1 Nr 12 2. BtÄndG) liegt ein wichtiger Grund (auch) vor, wenn der Betreuer eine erforderliche Abrechnung vorsätzlich falsch erteilt hat;

– ist ein Beamter oder ein Religionsdiener zum Betreuer bestellt, so hat ihn das Vormundschaftsgericht zu entlassen, wenn die landesrechtlich erforderliche Erlaubnis versagt oder zurückgenommen wird (sinngemäße Anwendung von § 1888 nach § 1908i Abs 1 S 1). Der Sache nach handelt es sich um einen eigenständig geregelten Fall einer Entlassung aus wichtigem Grund;

– das Gericht kann den Betreuer entlassen, wenn nach seiner Bestellung Umstände eintreten, aufgrund deren ihm die Betreuung nicht mehr zugemutet werden kann (§ 1908b Abs 2);

– das Gericht kann ferner den bisherigen Betreuer entlassen, wenn der Betreute eine gleich geeignete Person, die zur Übernahme bereit ist, als neuen Betreuer vorschlägt (§ 1908b Abs 3);

– der Vereinsbetreuer und der Behördenbetreuer, die bereits aus einem der bisher genannten Gründe entlassen werden können, sind auch zu entlassen, wenn der Verein oder die Behörde dies beantragen (§ 1908b Abs 4 S 1);

– der Verein oder die Behörde ist zu entlassen, sobald der Betreute durch eine oder mehrere natürliche Personen hinreichend betreut werden kann (§ 1908b Abs 5). Mit einer Ausnahme, die anschließend erörtert wird, muß das Gericht eine Entlassungsentscheidung treffen. Für die Wirksamkeit der Entlassungsentscheidung gilt wiederum § 69a Abs 3 FGG. Um bei gleichzeitiger Betreuerbestellung eine Doppelzuständigkeit mehrerer Betreuer zu vermeiden, empfiehlt es sich, durch Anordnung der sofortigen Wirksamkeit (§ 69a Abs 3 S 2, 3 FGG) den Wegfall der gesetzlichen Vertretung vor dem Entstehen der gesetzlichen Vertretung des Nachfolgebetreuers eintreten zu lassen;

– das Gericht soll den nach § 1897 Abs 6 bestellten Betreuer entlassen, wenn der Betreute durch eine oder mehrere andere Personen außerhalb einer Berufsausübung betreut werden kann (§ 1908b Abs 1 S 2). Auch hier sind **Lücken in der Vertretung** zu vermeiden; andererseits kann es auch zu **Doppelvertretungen** kommen, sollte die Entlassungsentscheidung im Beschwerdeverfahren aufgehoben oder geändert werden. Zur Informationspflicht des Berufsbetreuers s § 1897 Abs 6 S 2; zur Beschwerdebefugnis des Vertreters der Staatskasse § 69g Abs 1 S 2 FGG, wenn das Gericht es ablehnt, den Berufsbetreuer zu entlassen und einen nicht berufsmäßig tätigen Betreuer zu bestellen.

53 Hat das Vormundschaftsgericht den Vereins- oder den Behördenbetreuer zu entlassen, wenn der Verein oder die Behörde dies beantragt, kann das Gericht statt einer Entlassung aussprechen, daß der bisherige Vereins- oder der Behördenbetreuer die Betreuung künftig **als Privatperson** weiterführt (§ 1908b Abs 4 S 2, 3). Diese Entscheidung, die nur mit Einverständnis des jeweiligen Betreuers getroffen werden kann, erspart die Entlassungs- und Neubestellungsentscheidung und die Wegfalls- und Entstehungsprobleme für die gesetzliche Vertretung. Die Regelung war auch zur Vermeidung anderer Nachteile vorgeschlagen worden (BT-Drucks 11/4528, 154), etwa weil vormundschaftsgerichtliche Genehmigungen, die für Handlungen des Vereinsbetreuers bereits erteilt, aber noch nicht vollzogen waren, ihre Wirksamkeit einbüßen würden und nochmals erteilt werden müßten.

54 Stirbt der Betreuer, ändert dies an der Betreuungsbedürftigkeit des Betreuten nichts. Der **Tod des Betreuers** führt daher rechtlich nicht zum Ende der Betreuung, sondern nur zur Bestellung eines neuen Betreuers (§ 1908c). Die gesetzliche Vertretung des verstorbenen Betreuers endet mit seinem Tode; eine Fortführung des Amtes durch die Erben findet nicht statt. Sie sind dazu nicht verpflichtet, mangels Bestellung aber auch nicht berechtigt.

V. Formen stellvertretenden Handelns

55 Die im Recht der Eltern-Kind-Beziehung getroffene Unterscheidung der Möglichkeiten rechtlichen Handelns für das Kind in

Titel 2 §1902
Rechtliche Betreuung

– Handeln im Interesse, aber nicht in Vertretung des Kindes durch den Abschluß von Rechtsgeschäften und die Vornahme amtsähnlicher Handlungen

sowie

– Handeln in gesetzlicher Vertretung als direkter Stellvertreter (näher hierzu STAUDINGER/PESCHEL-GUTZEIT [2002] § 1629 Rn 21 ff)

findet im Betreuungsrecht keine genaue Entsprechung.

Hier lassen sich folgende Gruppen von Handlungen unterscheiden:

1. Handeln anstelle des Betreuten

Hierzu gehören   56

a) die **direkte Stellvertretung** (§ 164) im Bereich von Personen- oder/und Vermögenssorge, je nach Aufgabenkreis, zum Zwecke des Abschlusses oder der Aufhebung/Beendigung von Rechtsgeschäften; Abgabe und/oder Entgegennahme von Willenserklärungen (ua Dereliktion); zu einer Auskunftserteilung durch den Betreuer BGH FamRZ 1998, 365;

b) die **Gestattung von tatsächlichen Eingriffen** in grundgesetzlich geschützte Rechtsgüter im Falle der Einwilligungsunfähigkeit des Betreuten (einschl Schwangerschaftsabbruch der Betreuten), gegebenenfalls mit Genehmigung des Vormundschaftsgerichts;

c) die **Gestattung oder Vornahme tatsächlicher Freiheitsentziehung** oder unterbringungsähnlicher Maßnahmen im Falle erheblicher Eigengefährdung oder zum Zwecke der Durchführung von Untersuchungen, Heilbehandlung oder ärztlichen Eingriffen (§ 1906); hier ist die nachträgliche Genehmigung des Vormundschaftsgerichts unerläßlich (§ 1906 Abs 2);

d) Vertretung vor Gericht, insbesondere in Prozessen familienrechtlicher Art wie Familiensachen (§ 607 Abs 2 ZPO), Kindschaftssachen (§ 640b S 2 ZPO) und bei dem Geltendmachen familienrechtlich begründeter Unterhaltsansprüche (verwandtschaftlich, ehelich, nachehelich, Trennung), in entsprechenden Verfahren im Falle eingetragener Lebenspartnerschaft (§ 661 ZPO; näher dazu MünchKomm/SCHWAB Rn 33) sowie die Abgabe der eidesstattlichen Offenbarungsversicherung nach § 807 ZPO (§§ 899 ff ZPO), wenn dem Betreuer die Vermögenssorge oder eine entsprechende Aufgabe übertragen wurde. Nachdem der BGH (BGHZ 93, 1 = JZ 1985, 289 mit Anm BEITZKE = FamRZ 1985, 276) entschieden hatte, daß eine Gebrechlichkeitspflegschaft unter bestimmten Voraussetzungen im Drittinteresse angeordnet werden dürfe, und sich der Gesetzgeber des BtG dieser Auffassung angeschlossen hatte (BT-Drucks 11/4528, 117 f), war auch das BayObLG (BayObLGZ 1990, 322) der Meinung gefolgt, daß zum Zwecke der Zwangsvollstreckung gegen einen prozeßunfähigen Schuldner Pflegschaft angeordnet werden könne mit dem Wirkungskreis (ua) der Abgabe der eidesstattlichen Offenbarungsversicherung; zur Beachtung und Prüfung der Prozeßfähigkeit des Schuldners von Amts wegen durch den Gerichtsvollzieher AG Varel

(DGVZ 2001, 31) sowie durch das Gericht in jeder Lage des Vollstreckungsverfahrens LG Braunschweig (NdsRpfl 2001, 131; vgl zur Zwangsvollstreckung außerdem HARNACKE DGVZ 2000, 161 sowie CHRISTMANN DGVZ 1995, 66 und DAMRAU/ZIMMERMANN § 1902 Rn 36. Zur teilweisen Geschäftsunfähigkeit eines Ehegatten sowie dessen Prozeßunfähigkeit bereits BGH FamRZ 1971, 243).

Zur gerichtlichen Vertretung von Betreuten und den Eintritt des Betreuers in Gerichtsverfahren einerseits DEINERT BtPrax 2001, 66 und 146, anderseits BIENWALD BtPrax 2001, 150 und 198;

e) Anerkennung der Vaterschaft für den geschäftsunfähigen Betreuten (§ 1596 Abs 1 S 3) sowie deren Anfechtung (§ 1600a Abs 2 S 3); Angelegenheit des Betreuers kann es bei entsprechendem Aufgabenkreis sein, den Antrag auf **Beistandschaft** des Jugendamtes für die Feststellung der Vaterschaft und/oder die Geltendmachung von Unterhaltsansprüchen gem § 1712 zu stellen. Eine solche Antragstellung kommt jedoch nur dann in Betracht, wenn das Kind noch nicht geboren und die werdende Mutter geschäftsunfähig ist (§ 1713 Abs 2); zur **Sorgeerklärung** durch einen geschäftsunfähigen Elternteil einerseits LIPP FamRZ 1998, 66, 71 und DIKKERHOF/BORELLO FuR 1998, 70 ff, andererseits BRAMBRING DNotI-Rp 1998, 89, 90;

f) Bestimmung des **Wohnsitzes** (§ 8); s dazu STAUDINGER/HABERMANN/WEICK (2004) § 8 Rn 3. Außerdem Entscheidung über den **Aufenthalt** des Betreuten. Die Entscheidung eines Betreuers über den Aufenthalt einer betreuten Ehefrau gegen den Willen des Ehemannes ist vom Vormundschaftsgericht nur auf Pflichtwidrigkeiten oder Mißbrauch seines Ermessens nachprüfbar (OLG Schleswig FamRZ 1996, 1368). Den zur Aufenthaltsbestimmung berechtigten Betreuer und Vater eines geistig Behinderten trifft keine generelle Einstandspflicht für Handlungen des Betreuten unter dem Gesichtspunkt einer **Aufsichtspflichtverletzung** iSv § 832 Abs 1 (LG Bielefeld NJW 1998, 2682);

g) Weitergabe von Informationen zur Erfüllung einer öffentlich-rechtlichen **Meldepflicht** (BSeuchG); s dazu oben Rn 28;

h) Entgegennahme von Erklärungen, Hinweisen, Informationen, Beratungen aufgrund **öffentlich-rechtlicher Bestimmungen** (GeschlG; BSHG). Nach § 3 Abs 4 des Sächsischen Krebsregistergesetzes (SächsKRG) vom 19. 7. 1993 (Sächs GVBl 590) unterrichten die meldepflichtigen Ärzte ihre Patienten über die Meldung und deren Inhalt, sofern nicht nach ihrem fachlichen Urteil dadurch physische, psychische oder soziale Schäden zu befürchten sind. Einer Einwilligung des Patienten oder des Angehörigen eines Verstorbenen in die Meldungen bedarf es nicht. Ist nach dem fachlichen Urteil der Ärzte einer der oben beschriebenen Schäden nicht zu befürchten, wird der Patient über die Meldung unterrichtet. Ähnlich Art 5 Abs 2 BayKRG (v 25. 7. 2000, GVBl 474) Hat der Patient einen Betreuer, der für seine **gesundheitlichen Belange** verantwortlich ist, ist der Betreuer zu benachrichtigen, wenn anzunehmen ist, daß der Betreute den Inhalt und die Bedeutung der Mitteilung nicht erfassen wird; s auch § 3 des Krebsregistergesetzes des Bundes (v 4. 11. 1994 – BGBl I 3351) und das dort eingeräumte Widerspruchsrecht; nimmt der Betreuer anstelle des Betreuten die diesem geschuldete Auskunft und Beratung über **Sozial(hilferechtliche)leistungen** in Anspruch, so kommt bei fehlerhafter Information ein Amtshaftungsanspruch für den Betreuten in Betracht. Zur Berechtigung des Betreuers, die **Mitgliedschaft** des Betreuten **bei einer gesetzlichen Krankenkasse** rückwirkend zu beantragen s SG Speyer RdLH 1999; zur versäumten Weiterversicherung SozG Hamburg FamRZ 2004, 136;

i) die tatsächliche Regelung des **Umgangs des Betreuten** und die Geltendmachung des Herausgabeanspruchs gegen denjenigen, der die betreute Person dem Betreuer widerrechtlich vorenthält (§ 1632 Abs 1–3). Anders als im Recht der Eltern-Kind-Beziehungen bestehen keine Bedenken, diese Angelegenheit zur Personensorge zu rechnen. Ein Grund, dies nicht zu tun (das Umgangsrecht hängt nicht von der Inhaberschaft der elterlichen Sorge ab, sondern steht dem betreffenden Elternteil auch und gerade dann zu, wenn ihm die elterliche Sorge entzogen ist; STAUDINGER/PESCHEL-GUTZEIT [2002] § 1626 Rn 58 aE und § 1634 [12. Aufl] Rn 5 ff, 124), besteht im Betreuungsrecht nicht. Gehört die Umgangsbestimmung zur Aufgabe des Betreuers (vgl § 1908i Abs 1 S 1), kann er **Besuche eines Rechtsanwalts** ohne Rücksicht auf die Geschäftsfähigkeit des Betreuten **nicht verhindern**, wenn der Rechtsanwalt versichert, vom Betreuten beauftragt zu sein, die Aufhebung der Betreuung zu betreiben (für das bisherige Recht BayObLG FamRZ 1990, 1273 = Rpfleger 1990, 361). Hat das Vormundschaftsgericht den Antrag von Verwandten oder nicht verwandten Dritten auf Genehmigung eines vom Betreuer **unerwünschten Umgangs** mit dem Betroffenen abgewiesen, steht diesen Antragstellern ein Beschwerderecht nicht zu (BayObLGZ 1993 Nr 55 = FamRZ 1993, 1222). Verwandte des Betreuten haben kein gegenüber einer Umgangsbestimmung des Betreuers höherrangiges Umgangsrecht (BayObLG FamRZ 2002, 907 m Anm BIENWALD). Das Umgangsrecht des Betreuten kann von dessen Betreuer nicht stellvertretend wahrgenommen werden. Der Betreuer kann aber den Betreuten bei dem Geltendmachen des Anspruchs auf Umgang unterstützen und vertreten. Der Betreuer könnte auch dazu verpflichtet werden, den Betreuten dazu anzuhalten, seinen Verpflichtungen zum **Umgang als Elternteil** (§ 1684 Abs 1) nachzukommen, wobei dem Betreuer keinerlei Durchsetzungsrechte zur Verfügung stünden;

k) die Erstattung von **Strafanzeigen** sowie die **Ausübung prozessualer Weigerungsrechte** des Betreuten im Strafprozeß (§§ 52 Abs 2 S 1, 60 Nr 1, 81c Abs 3 S 2 StPO); über die Ausübung des Zeugnisverweigerungsrechts im Falle einer bestehenden Betreuung des Zeugen enthält die ZPO, anders als die StPO, keine Regelung. In Anlehnung an die für das Minderjährigenrecht entwickelten Grundsätze (STAUDINGER/PESCHEL-GUTZEIT [2002] § 1629 Rn 98 ff; BAUMBACH/LAUTERBACH/HARTMANN Einf §§ 383 bis 389 ZPO Bem 3) ist zu unterscheiden zwischen dem Betreuten, der von der Zeugenaussage und dem Zeugnisverweigerungsrecht eine genügende Vorstellung hat, und demjenigen, dem diese Fähigkeit wegen einer psychischen Krankheit oder einer geistigen oder seelischen Behinderung fehlt. Ob diese Einsichtsfähigkeit vorliegt, entscheidet das vernehmende Gericht oder die vernehmende Behörde (STAUDINGER/PESCHEL-GUTZEIT [2002] § 1629 Rn 100). Anders als im Minderjährigenrecht ist bei einem erwachsenen Betreuten nicht im Zweifel mangelnde Verstandesreife anzunehmen. Hält das vernehmende Gericht oder die vernehmende Behörde den betreuten Zeugen für einsichtsfähig, entscheidet dieser allein darüber, ob er das Zeugnis verweigert, nachdem er entsprechend belehrt worden ist (§ 383 Abs 1 Nr 1–3, Abs 2 ZPO). Einer Zustimmung des Betreuers zur Ausübung des Zeugnisverweigerungsrechts bedarf es nicht. Verweigert der Betreute die Aussage, kommt es auf eine andere Meinung des Betreuers nicht an. Durch sie entsteht nicht eine Zeugnispflicht des Betreuten. Will der einsichtsfähige Betreute aussagen, verzichtet er damit auf das prozessuale Weigerungsrecht. Anders als im Minderjährigenrecht (STAUDINGER/PESCHEL-GUTZEIT [2002] § 1629 Rn 102) bedarf es hierzu im Betreuungsrecht nicht der Genehmigung des Betreuers. Diesem steht ein „Vetorecht" nicht zu, denn der Betreute ist volljährig und nur insoweit betreuungsbedürftig, als dies der jeweiligen Sach- und Rechtslage entspricht. Hat der Betreute trotz seiner psychischen Krankheit oder seiner geistigen oder seelischen Behinderung von der Bedeutung des Zeugnisverweigerungsrechts eine genügende Vorstellung, so kann er, trotz etwaiger anderer Auffassung des Betreuers, vernommen werden. Hält das Gericht oder die für die Vernehmung zuständige Behörde den Betreuten nicht für fähig, über das Zeugnisverweigerungsrecht selbst zu entscheiden, oder wird die Einsichtsfähigkeit nur hinsichtlich der Bedeutung der Aussage, nicht aber in bezug auf das Weigerungsrecht bejaht, so entscheidet über die Verweigerung des Zeugnisses der gesetzliche Vertreter zunächst allein. Verweigert der Betreuer die Vernehmung, unterbleibt sie. Verweigert sie nicht der Betreuer, aber der Betreute, kann auch hier eine Vernehmung nicht erzwungen werden. Ist der Betreuer selbst Partei, kann er über die Ausübung des Zeugnisverweigerungsrechts nicht entscheiden (entsprechend der Ausschlußregelung des § 52 Abs 2 S 2 StPO); es muß ein weiterer (Ergänzungs-) Betreuer bestellt werden.

Ein ua mit der Besorgung aller Vermögensangelegenheiten beauftragter Betreuer ist befugt, den nach § 247 StGB erforderlichen **Strafantrag** zu stellen (LG Ravensburg FamRZ 2001, 937).

Auf Grund der Bestellung zum Betreuer (ua mit dem Aufenthaltsbestimmungsrecht) haben Eltern keine rechtliche Möglichkeit, eine Zeugenaussage ihrer (betreuten) Tochter (der ein Zeugnis- oder Auskunftsverweigerungsrecht nicht zustand) zu verhindern. Eine Entfernung des Angeklagten gemäß § 247 S 1 StPO kann deshalb nicht darauf gestützt werden, daß ein gemäß § 1896 bestellter Betreuer der Vernehmung des Betreuten in Anwesenheit des Angeklagten widersprochen hat (BGH JZ 2001, 414 m Anm MEIER = FamRZ 2001, 687 [LS]).

2. Handeln in Ergänzung von Betreutenhandeln

57 Hierzu gehören die Abgabe oder Verweigerung von Einwilligungen oder (sofern zulässig) Genehmigungen im Falle der Abgabe oder Entgegennahme von Willenserklärungen des unter Einwilligungsvorbehalt stehenden Betreuten (§ 1903) und die Ermächtigungen, die eine Erweiterung der Rechtsmacht eines unter Einwilligungsvorbehalt stehenden Betreuten zur Folge haben (§ 1903 Abs 1 S 2, §§ 112, 113).

3. Handeln mit Blick auf den Betreuten

58 In diesem Bereich hat der Betreuer innerhalb seines Aufgabenkreises dazu beizutragen, daß Möglichkeiten genutzt werden, die Krankheit oder Behinderung des Betreuten zu beseitigen, zu bessern, ihre Verschlimmerung zu verhüten oder ihre Folgen zu mildern (§ 1901 Abs 4).

Die Zustimmung zur **Sektion** und zur **Organspende** des toten Betreuten ist keine

Angelegenheit des Personensorgerechts, sondern allenfalls Bestandteil des allgemeinen verwandtschaftlichen Totensorgerechts (STAUDINGER/PESCHEL-GUTZEIT [2002] § 1626 Rn 59 mit Begründung und Nachweisen). Zur Frage einer Zuständigkeit des Betreuers für Entscheidungen über

– Organtransplantation insbesondere bei lebendem Spender und

– Arzneimittelerprobung, Prüfung von Medizinprodukten

unten § 1904 Rn 40 ff.

Der Betreuer ist **nicht** ermächtigt, für den Betreuten in **verdeckter Stellvertretung** zu handeln, also in eigenem Namen, aber auf Rechnung oder zu Lasten des Betreuten. Alle Handlungen, die nicht unmittelbar für und gegen den Betreuten wirken, sind mit dem Betreueramt nicht vereinbar, weil nur dadurch sichergestellt wird, daß der Betreute durch die Betätigung eines Mittelsmannes keinen vermeidbaren Schaden erleidet. Insofern liegt es bei der Betreuung grundlegend anders als bei der Eltern-Kind-Beziehung, wo Grundlage der Elternverantwortung in erster Linie die verwandtschaftliche Bindung und nicht wie bei der Betreuung lediglich ein – zudem tendenziell zeitlich unbegrenzter – staatlicher Auftrag ist.

VI. Rechtsfolgen der Vertretung und Haftung des Betreuten

1. Handeln ohne Vertretungsmacht

Handelt der Betreuer erkennbar für den Betreuten im Rahmen seines Aufgabenkreises, wird der Betreute unmittelbar berechtigt oder verpflichtet, § 164 Abs 1. Handelt der Betreuer außerhalb des ihm übertragenen Aufgabenkreises, überschreitet er mithin seine Vertretungsmacht, und läßt sich aus den Umständen auch keine Bevollmächtigung durch den (nicht geschäftsunfähigen) Betreuten entnehmen, richten sich die Folgen nach den §§ 177 ff. Entsprechendes gilt, wenn der Betreuer von der Vertretung des Betreuten ausgeschlossen ist (§§ 1795, 1796, 1908i Abs 1 S 1, § 181).

Der ohne die erforderliche Vertretungsmacht für den Betreuten geschlossene Vertrag ist schwebend unwirksam, bis er genehmigt (oder die Genehmigung verweigert) wird. Bei einseitigen Rechtsgeschäften gelten die §§ 174, 180. Ebenso wie seinerzeit ein Gebrechlichkeitspfleger (dazu BGHZ 41, 104 und die weiteren Hinweise bei STAUDINGER/ENGLER[10/11] § 1910 Rn 29) kann auch ein Betreuer, der vor seiner Bestellung einen Prozeß in Vertretung seines späteren (geschäftsunfähigen) Betreuten geführt hatte, seine eigene Prozeßführung wirksam genehmigen; § 181 steht nicht dagegen.

Die nachträgliche Zustimmung kann der geschäftsfähige Betreute oder der Betreuer erteilen, nachdem die betreffende Angelegenheit zur Besorgung übertragen worden ist und das Rechtsgeschäft noch genehmigt werden kann. Zur Erteilung der Genehmigung und zum Erklärungsgegner s § 182. Wird die Genehmigung verweigert, so kann der andere Vertragsteil Ansprüche nach § 179 geltend machen.

Tritt der Betreffende als Betreuer auf, ohne zum Betreuer eines anderen bestellt worden zu sein, liegt ebenfalls Vertretung ohne Vertretungsmacht mit den aufgezeigten Konsequenzen vor. Führt eine Bank Überweisungsaufträge eines bereits entlassenen Betreuers zu Lasten eines Kontos des Betreuten noch aus, obwohl ihr die Bestellung eines neuen Betreuers bereits mitgeteilt worden war, ist sie zur Rückzahlung der überwiesenen Beträge jedenfalls dann verpflichtet, wenn den Betroffenen bzw dessen neuen Betreuer seinerseits kein Verschulden an den unrechtmäßigen Überweisungsaufträgen trifft (AG Frankfurt aM BtPrax 1998, 191).

2. Haftung des Betreuten für Verhalten seines Betreuers

60 Soweit der Betreuer den Betreuten innerhalb des ihm übertragenen Aufgabenkreises und kraft des gesetzlich geregelten Vertretungsrechts vertritt, muß der Betreute sich das fehlerhafte Verhalten seines Betreuers nach Maßgabe von § 278 zurechnen lassen (BGHZ 100, 313, 317; STAUDINGER/LÖWISCH [2004] § 278 Rn 110; BIENWALD, BtR § 1902 Rn 41).

VII. Besonderheiten bei Bestellung eines Kontroll-/Überwachungsbetreuers nach § 1896 Abs 3

61 Der Inhalt und die Reichweite der Vertretungsmacht des Betreuers sind an den Aufgabenkreis geknüpft (§ 1902). Die Art und der Umfang der von dem Aufgabenkreis erfaßten Angelegenheiten bestimmen die Vertretungsbefugnis des Betreuers. Davon macht § 1896 Abs 3 in gewisser Weise eine Ausnahme.

Der – im Gesetz bereits formulierte – Aufgabenkreis des Vollmachts-, Kontroll- oder Überwachungsbetreuers ist nur relativ bestimmt. Der genaue Inhalt des Aufgabenkreises und damit auch des Vertretungsrechts ergibt sich erst im Zusammenwirken von § 1896 Abs 3 und der Bevollmächtigung sowie dem ihr zugrundeliegenden Rechtsgeschäft, sofern nicht für die Bestimmung der Rechte des Betreuten gegenüber seinem Bevollmächtigten ergänzend gesetzliche Bestimmungen (zB §§ 675 Abs 1, 666, 667, 669, 670) heranzuziehen sind.

Zumindest zweifelhaft ist es, ob der nach § 1896 Abs 3 bestellte Betreuer wie alle übrigen Betreuer (mit Ausnahme des Sterilisationsbetreuers aufgrund dessen enger Aufgabenkreisbestimmung) verpflichtet sein kann, dazu beizutragen, daß Möglichkeiten genutzt werden, die Krankheit oder Behinderung des Betreuten zu beseitigen, zu bessern, ihre Verschlimmerung zu verhüten oder ihre Folgen zu mildern (§ 1901 Abs 4); zumal die Ausgestaltung der Vertragsbeziehung zwischen dem Vollmachtgeber und dem Bevollmächtigten deren Angelegenheit ist.

Die Art der Betreuungstätigkeit unterscheidet sich von der der übrigen Betreuer insbesondere dadurch, daß nur eine direkte Stellvertretung des Betreuten in Betracht kommt, Tathandlungen (Prüfung von Abrechnungen und Belegen, Kontrollgänge) demgegenüber aber nur die Bedeutung einer Annexmaßnahme haben.

VIII. Handeln des Betreuten im Rechtsverkehr und die Folgen für Dritte

1. Der geschäftsunfähige Betreute

Der geschäftsunfähige Betreute kann im Rahmen rechtsgeschäftlichen Handelns keine Erklärungen verbindlich abgeben oder entgegennehmen (§§ 104 Nr 2, 105 Abs 1). Ihm gegenüber ist der Rechtsverkehr ebensowenig geschützt wie gegenüber dem Auftreten eines Geschäftsunfähigen, dem kein Betreuer bestellt ist. Das gleiche gilt im Falle der Anordnung eines Einwilligungsvorbehalts für einen geschäftsunfähigen Betreuten, dessen Rechtsmacht dadurch nicht erheblich erweitert wird. Lediglich im Rahmen von § 1903 Abs 3 ist ein Handeln neben dem Betreuer, ihn verdrängend, zulässig und wirksam. In diesem Rahmen kann ein geschäftsunfähiger Betreuter in gleicher Weise wirksam handeln wie ein geschäftsfähiger Betreuter. **62**

2. Der geschäftsfähige Betreute

Handelt der nicht geschäftsunfähige Betreute rechtsgeschäftlich innerhalb des Aufgabenkreises seines Betreuers, ist sein Handeln wirksam. Er kann Eigentum übertragen, schuldrechtliche Verträge schließen, auch wenn sie für ihn rechtlich nachteilig sind, sowie einseitige Willenserklärungen – zB die Kündigung des Arbeitsverhältnisses oder des Mietverhältnisses – abgeben. Die Zustimmung des Betreuers zur Abgabe oder Entgegennahme derartiger Erklärungen ist nur dann erforderlich, wenn das Vormundschaftsgericht einen Einwilligungsvorbehalt angeordnet hat und die Willenserklärungen, um deren Wirksamkeit es geht, durch den Einwilligungsvorbehalt erfaßt sind. **63**

3. Der geschäftsfähige unter Einwilligungsvorbehalt gestellte Betreute

Ist der Betreute nicht geschäftsunfähig und hat das Vormundschaftsgericht einen Einwilligungsvorbehalt angeordnet, wird das Vertrauen des Rechtsverkehrs auf die uneingeschränkte Verfügungs- und Verpflichtungsbefugnis des Betreuten nicht geschützt. Die Funktion des Einwilligungsvorbehalts besteht ausschließlich darin, den Betreuten vor ihn treffenden Gefahren zu schützen. **64**

IX. Zur Übertragbarkeit der Betreuung und zum Einsatz von Hilfspersonen

1. Grundsätzliches

Das BtG erlaubt es dem Betreuer nicht, das Amt auf einen anderen zu übertragen oder es selbst niederzulegen. Ebenso wie der Betreuer durch Gerichtsbeschluß zum Betreuer bestellt worden ist, kann er auch nur durch Gerichtsbeschluß wieder aus dem Amt entlassen werden (§ 1908b Abs 2). Die Beendigung des Amtes durch den eigenen Tod ist keine freiwillige Amtsaufgabe. Die Erteilung einer Generalvollmacht (zum Begriff STAUDINGER/SCHILKEN [2004] § 167 Rn 83) entspricht einer Amtsübertragung und kann schon deshalb die Betreuung nicht ohne Aufhebungsbeschluß beseitigen. Zudem wäre sie nicht bestimmt und bestimmbar genug, um die durch den Betreuer übertragene Vertretungsbefugnis zu dokumentieren. **65**

Nur in dem seltenen Fall einer umfassenden Betreuung (Personen- und Vermögenssorge einschließlich der Befugnisse gemäß § 1896 Abs 4) entspräche eine Generalvollmacht inhaltlich der Vertretungsbefugnis des Betreuers. Insofern der Aufgabenkreis des Betreuers eingeschränkter ist und sich nur auf einzelne besorgungsbedürftige Bereiche erstreckt, ginge der Begriff der Generalvollmacht über die („übertragbare") Vertretungsmacht hinaus. Hinzukommt, daß die Verfassung der betreuten Person (zB hinsichtlich der Einwilligungsfähigkeit in ärztliche Maßnahmen) die Befugnis des Betreuers einschränkt, insoweit aber schon begrifflich in der Generalvollmacht nicht zum Ausdruck kommt. Fraglich ist allerdings ob nicht dann, wenn der Betreuer als Aussteller nicht erkennbar ist, der Rechtsverkehr den Rechtsschein einer korrekt erteilten (General-)Vollmacht in Anspruch nehmen können soll.

Die oa Bedenken hinsichtlich der Zulässigkeit bestehen auch im Falle von Vollmachten, die zur Vornahme aller Rechtsgeschäfte einer bestimmten Art (Gattungsvollmacht; STAUDINGER/SCHILKEN [2004] § 167 Rn 83) berechtigen, weil auch hier die Formulierung weiter gehen kann als der eingeschränkte Aufgabenkreis (und damit die Vertretungsbefugnis) des Betreuers (vgl auch MünchKomm/SCHWAB Rn 51).

Wird der Verein oder die Behörde als Institution bestellt, ist einer Einzelperson oder mehreren die Ausübung des Amtes, nicht dagegen das Amt selbst, zu übertragen (§ 1900 Abs 2).

2. Beispiele für die Beauftragung Dritter

66 Die Betreuerbestellung mit der Maßgabe, die Aufgabe als „persönliche Betreuung" wahrzunehmen (§ 1897 Abs 1), schließt nicht aus, für die Erfüllung der sich aus dem Amt ergebenden einzelnen Leistungen Hilfskräfte in Anspruch zu nehmen. Niemand hegt Zweifel an der Zulässigkeit einer Anwaltsbeauftragung, wenn es um das gerichtliche Geltendmachen von Ansprüchen und Rechten des Betreuten geht. Im Falle notwendiger anwaltlicher Vertretung im Prozeß ist es für den Betreuer sogar unvermeidlich, die Wahrnehmung der Rechte des Betreuten insoweit einem Dritten zu übertragen und den Rechtsanwalt entsprechend zu bevollmächtigen (zum Umfang der Prozeßvollmacht § 81 ZPO).

67 Auch sonst schließt das Betreuungsrecht nicht aus, Tätigkeiten, die der Besorgung der Angelegenheiten des Betreuten dienen, andere erledigen zu lassen. Fraglich sind Art und Umfang sowie die Grenzen einer solchen Beschäftigung Dritter („Hilfspersonen"). Nicht zu beanstanden, sondern zumindest aus Kostengesichtspunkten sogar gefordert (BayObLG FamRZ 1997, 578 = BtPrax 1997, 112 = NJWE-FER 1997, 82) ist die Beschäftigung von Personen unterhalb der Betreuerqualifikation mit Tätigkeiten, die üblicherweise Bürokräften überlassen werden. Soweit im bürgerlichen und Geschäftsleben Spezialisten in Anspruch genommen zu werden pflegen (Handwerker, Steuerberater, Rechtsanwalt, Buchhalter, Pflegekräfte, Umzugs- und sonstige Transportunternehmen), ist dagegen nichts einzuwenden, daß ein Betreuer ebenso verfährt. Im Gegenteil, hier würde der Betreuer sich dem Verdacht aussetzen, Aufgaben ohne die Inanspruchnahme von Spezialisten nicht sachgemäß erledigt zu haben.

68 Da der Betreuer das Amt nicht übertragen kann, Hauptmerkmal dieses Betreueramtes die übertragene **Entscheidungsverantwortung** ist, kann der Betreuer – von Ausnahmen abgesehen, in denen dem „Bevollmächtigten" ein eng begrenzter Entscheidungsspielraum überlassen wird – keine Verantwortung aus der Hand geben. Die Übertragung sämtlicher Betreueraufgaben oder kompletter Aufgabenkreise auf einen Dritten ist grundsätzlich unzulässig (LG Koblenz FamRZ 2004, 1752). Die Überlassung aller nach außen gerichteter Tätigkeiten einem in Kanzleigemeinschaft tätigen Rechtsanwalt stellt eine unzulässige Delegation der Betreueraufgaben dar (OLG Frankfurt FamRZ 2004, 736 [LS]). Eine „Untervollmacht" läßt sich am ehesten in Angelegenheiten der Vermögenssorge vertreten. In vielen Fällen verwechselt die Praxis allerdings den Boten mit dem Stellvertreter und meint (zB), auch das Abholen von Kontoauszügen sei nur dem Betreuer erlaubt. Daß der Betreuer ggf für den Einsatz von Hilfskräften nach Maßgabe der §§ 278, 831 haftet, bedarf keiner weiteren Begründung. Daß der Betreuer (damals Vormund) nicht verpflichtet sei, für den Betreuten (Mündel) und an seiner Statt persönlich diejenigen wirtschaftlichen Verrichtungen auf sich zu nehmen, an deren Leistung der Betreute (Mündel) zB infolge eingetretener geistiger Erkrankung verhindert ist, hat bereits das RG (RGZ 76, 185, 186) 1911 entschieden.

Obwohl die Zulässigkeit der Beschäftigung von Hilfspersonen zunächst unabhängig **69** von finanziellen Konsequenzen zu beurteilen ist, spielen diese eine nicht unerhebliche Rolle. Da eine Betreuervergütung, jedenfalls wenn sie aus der Staatskasse bewilligt wird, nur der gerichtlich bestellte Betreuer (auch der Ersatzbetreuer des § 1899 Abs 4) verlangen kann, kann der Einsatz Dritter immer nur im Rahmen von Aufwendungsersatz abgerechnet werden (zutreffend LG Hildesheim NdsRpfl 1997, 261). Daß für den Einsatz Dritter weder Vergütung noch Aufwendungsersatz verlangt werden könne (LG Memmingen Rpfleger 1998, 341), erscheint nicht zutreffend, wenn es sich um Hilfstätigkeiten für den Betreuer handelt. Bedenklich auch LG Frankfurt/Oder (BtPrax 1997, 78), wonach nicht durch Aufklärung zu beseitigende Zweifel, ob der Betreuer höchstpersönlich bzw ein Dritter im Rahmen einer zulässigen Vertretung gehandelt hat, zu Lasten des Betreuers gehen. Hier werden die verschiedenen gerichtlichen Zuständigkeiten verwechselt, indem sich die zahlende Stelle zur aufsichtführenden macht. Auch für einen etwaigen nicht zu billigenden Einsatz Dritter ist, wenn es zum ersten Mal geschehen ist, Aufwendungsersatz zu zahlen, ggf dem Betreuer ein entsprechender Hinweis für die Zukunft nach § 1837 zu geben. Weitere Einzelfälle unten § 1908i Rn 287 sowie bei STAUDINGER/BIENWALD (2004) § 1836 Rn 74 f.

3. Zur Frage höchstpersönlicher Betreuung

Die Formulierung, der Betreuer habe höchstpersönlich tätig zu sein, beruht offen- **70** sichtlich auf einer Gleichsetzung von „persönlicher" Betreuung und eigenhändiger Betreuung. Unter persönlicher Betreuung ist, wie sich aus BT-Drucks 11/4528, 68 ergibt, der Gegensatz zu unpersönlicher, nämlich der anonymen, lediglich vom Schreibtisch aus vorgenommenen Betreuung, zu verstehen. Keinesfalls handelt es sich um eine eigenständige unabhängig von den Bereichen des Aufgabenkreises bestehende Aufgabe, wie Gerichte, speziell im Zusammenhang mit Entscheidungen zu § 1 BVormVG, zunehmend angenommen haben (vgl BayObLGZ 2002, 353 = FamRZ 2003, 407; BIENWALD BtPrax 2003, 158). Damit ist nicht zwangsläufig verbunden, daß dies auch immer nur in der Person des bestellten Betreuers, also eigenhändig, geschehen dürfe. Erkrankt zB der Betreuer plötzlich oder wird er (etwa bei einem Geschäftsgang) unterwegs aufgehalten, so ist dagegen nichts einzuwenden, daß er seine Frau bittet, an seiner Stelle das wöchentliche Haushaltsgeld der Betreuten zu bringen. Der neuerdings vom BtÄndG eingeführte notwendige Wechsel von Berufsbetreuung zu ehrenamtlicher Betreuung (§ 1908b Abs 1 S 2; § 1897 Abs 6) spricht ebenfalls dagegen, daß Betreuung eine in ihrer Ausübung höchstpersönliche, dh eigenhändig vorzunehmende Angelegenheit ist.

Unvertretbar ist der Betreuer in der Abgabe einer eidesstattlichen Versicherung gemäß §§ 807, 899 ZPO.

4. Grenzen der Beschäftigung Dritter

71 Die dem Verein und der Behörde mögliche Übertragung der Ausübung der Betreuung ist einem bestellten Einzelbetreuer nicht erlaubt. Überläßt eine zur Berufsbetreuerin bestellte Rechtsanwältin ihrem mit ihr in Kanzleigemeinschaft als Rechtsanwalt tätigen Ehemann alle nach außen gerichteten Tätigkeiten durch die eigenverantwortliche Unterzeichnung sämtlicher Schriftsätze und die Wahrnehmung aller Besprechungstermine, so handelt es sich um eine unzulässige Delegation der Betreuungsaufgaben (OLG Frankfurt FamRZ 2004, 736 [LS]). Die Beschäftigung von Dritten kann sich immer nur auf **einzelne Besorgungen** innerhalb der Gesamtaufgabe Betreuung bewegen. Wird ein Dritter mit der Besorgung eines ganzen Komplexes innerhalb der Betreuung betraut, ist zu prüfen, ob mangelnde Eignung des Betreuers dafür ursächlich ist. Ggf ist der Betreuer aus der Teilaufgabe zu entlassen und der Dritte unmittelbar zum Betreuer zu bestellen. Bedenklich zB, daß ein zum Betreuer bestellter Rechtsanwalt die gesamte Vermögenssorge durch Vertrag auf einen Vermögensverwalter überträgt, der die Arbeit weitgehend selbständig erledigt.

72 Fraglich ist auch, in welchem Maße die „Auslagerung" bestimmter Angelegenheiten zu Lasten des Vermögens des Betreuten oder der Staatskasse gehen kann, so etwa, wenn die Beschäftigung Dritter einen höheren Aufwendungsersatz erfordern würde, als dem Betreuer Vergütung zusteht. Abgesehen von besonders gelagerten und dementsprechend begründeten Fällen ist im Rahmen der vormundschaftsgerichtlichen Aufsicht dafür zu sorgen, daß sich die Bestellung zum Betreuer nicht zu einer eigenen **Arbeitsbeschaffungsstelle** entwickelt.

X. Zur Haftung des Betreuers für die Verursachung von Drittschäden durch den Betreuten*

73 Eine Haftung des Betreuers für einen von seinem Betreuten verursachten Drittschaden kommt nur nach § 832 in Betracht. Voraussetzung dafür ist eine gesetzliche oder vertraglich übernommene Aufsicht über den Betreuten. Die Rechtslage vor

---

* **Schrifttum** (Auswahl): BAUER/KNIEPER, Haftung des Betreuers wegen Verletzung der Aufsichtspflicht über einen drittschädigenden Betreuten?, BtPrax 1998, 123 ff, 168 ff; BIENWALD, BtR³ § 1896 Rn 215 Stichwort: Beaufsichtigung; DEINERT/SCHREIBAUER, Haftung und Haftungsübernahme im Betreuungsverhältnis, BtPrax 1993, 185; mit Nachtrag DEINERT BtPrax 1994, 9; DEINERT/LÜTGENS/MEIER, Die Haftung des Betreuers (2004) 115 ff; JÜRGENS, Kommentar zum Betreuungsrecht (3. Aufl 2005), § 832 Rn 2; ders, in: JÜRGENS ua, Betreuungsrecht kompakt (5. Aufl 2002) Rn 257; STAUDINGER/BELLING/EBERL-BORGES (2002) § 832 Rn 25 f.

Inkrafttreten des Betreuungsgesetzes war insoweit eindeutig. Die Pflichten und Rechte des Vormunds eines Volljährigen ergaben sich aus der Inbezugnahme der Vorschriften über den Minderjährigenvormund und weiter der das Eltern-Kind-Verhältnis regelnden Normen, die in § 1631 die Beaufsichtigung des Kindes zur Elternpflicht machen (vgl insoweit § 1897, § 1793 und § 1800 jeweils aF). Für die Gebrechlichkeitspflegschaft ergab sich durch die Verweisung des § 1915 Abs 1 die gleiche Rechtslage, jedenfalls soweit sich die Aufgabe des Pflegers nicht lediglich auf Angelegenheiten der Vermögenssorge erstreckte. Für die Volljährigenvormundschaft und ebenso für die Gebrechlichkeitspflegschaft enthielt allerdings § 1901 aF eine wesentliche Einschränkung in bezug auf die Personensorge. Sie gehörte zur Aufgabe des Betreffenden nur insoweit, als der Zweck der Vormundschaft (Pflegschaft) es erforderte.

Für das Betreuungsrecht wurde bewußt davon Abstand genommen, auf Normen des **74** Vormundschaftsrechts generell zu verweisen (vgl § 1908i Abs 1 S 1). Auf zweierlei Weise kann jedoch dem Betreuer die Aufsicht über den Betreuten übertragen sein: entweder durch ausdrückliche Benennung dieser Verpflichtung, uU ergänzt um bestimmte Verpflichtungen in gefahrenträchtigen Situationen, oder durch Zuweisung der gesamten Personensorge (mit Ausnahme der Entscheidung nach § 1905). In diesem Falle kann aufgrund der Verwendung der Terminologie der §§ 1626, 1631 Abs 1 und der in § 1631 Abs 1 enthaltenen Inhaltsbeschreibung davon ausgegangen werden, daß – wie die anderen für Volljährige relevanten Bestandteile der Personensorge – die Aufsicht über den Betreuten von der Personensorge umfaßt wird. Einschränkend muß jedoch, der Intention des Betreuungsrechts folgend, der schon in dem alten § 1901 zum Ausdruck gekommene und nunmehr im geltenden § 1901 Abs 2 S 2 enthaltene Gedanke zum Tragen kommen, daß – im Falle umfassender Personensorge – eine **Aufsichtspflicht** des Betreuers **nur dann und insoweit** in Betracht kommt, als der Betreute einer Beaufsichtigung bedarf. Eine generelle Einstandspflicht iSv § 832 für Handlungen seines geistig behinderten Sohnes, dessen Betreuer der Vater war, lehnte das LG Bielefeld NJW 1998, 2682 ab.

Bisher nicht bedacht wird, daß im Falle einer Heimaufnahme der Betreuer dem **75** Heim nur dann die Aufsicht über den Betreuten in dem hier verstandenen Sinn (mit der Folge des § 832) übertragen kann, wenn sie zu seinem Aufgabenkreis gehört. Bestehen wegen der Regelung des § 823 hinsichtlich des Schutzes des Betreuten im Heim weniger Bedenken, daß es an einer vertraglichen Übernahme uU mangelt, besteht jedenfalls für das Heim eine Haftung gegenüber Dritten wegen Aufsichtspflichtverletzung aus § 832 nur dann, wenn es durch Vertrag die Aufsicht über den Betreuten zwecks Vermeidung von Drittschäden durch ihn übertragen erhalten und übernommen hat.

Soweit BAUER/KNIEPER die Haftung wegen Verletzung der Verkehrssicherungs- **76** pflicht erörtern und ua auf die Entscheidung des BGH LM Nr 8 zu § 832 = MDR 1961, 222 Bezug nehmen, in der ein Ehemann als Vormund seiner geisteskranken Ehefrau dafür verantwortlich gemacht worden war, daß er die den nachbarschaftlichen Frieden störenden ehrverletzenden Äußerungen seines Mündels nicht verhindert hatte, ist zumindest fraglich, ob die Entscheidung angesichts gewandelter Verhältnisse (Psychiatrie–Enquete) und Sichtweisen (Verhältnismäßigkeitsgrundsatz) vor dem BVerfG Bestand haben würde (s dazu auch STAUDINGER/BELLING/EBERL-

BORGES [2002] § 832 Rn 155 ff). Soweit die genannten Autoren eine Übertragung der Aufsicht begrifflich für ausgeschlossen halten, gehen sie von der – unzutreffenden – Annahme aus, Angelegenheit des Betroffenen, die der Betreuer dann wahrzunehmen habe, aber nicht könne, sei das deliktische Verhalten des Betreuten (BtPrax 1998, 123, 125). Geht man von dem Grundgedanken aus, daß dem Schadensersatzrecht der §§ 823 ff die Annahme einer (quasi-)nachbarschaftlichen Wohlverhaltenspflicht vorausgeht, kann die Verhinderung ihrer Verletzung durch jemand, der außerstande ist, sich entsprechend zu kontrollieren, eine Angelegenheit sein, die dem Betreuer übertragen werden kann. Aus der Entscheidung des BGH BtPrax 1995, 103 läßt sich Gegenteiliges nicht entnehmen; in diesem Falle ging es um vertragliche oder vorvertragliche Pflichten, nicht um deliktische Haftung; die Entscheidung des BGH in BGHZ 100, 313 betraf eine Klage wegen Amtspflichtverletzung (Art 34 GG, § 839 BGB). Auch hier stellte der BGH fest, der Vertretene hafte für schuldhaftes Handeln seines gesetzlichen Vertreters; das schließe eine persönliche Haftung des gesetzlichen Vertreters für eigenes unerlaubtes Handeln nicht aus. Bei den Hinweisen auf den Schutz Dritter durch die Unterbringungsgesetze der Länder wird verkannt, daß durch sie zwar ein Schutz der Person oder des Eigentums erreicht werden kann, nicht jedoch ein Ersatz bereits entstandenen Schadens.

77 Problematisch ist hiernach nicht die Begründung, ob die Aufsicht über den Betreuten dem Betreuer übertragen werden kann; vielmehr kommt es darauf an festzustellen, ob Bedarf für eine Übertragung besteht (§ 1896 Abs 1, 2). Denn dem Betreuer dürfen nur solche Angelegenheiten übertragen werden, zu deren Besorgung der Betroffene selbst außerstande ist. Des weiteren dürfen dem Betreuer aber nur Angelegenheiten übertragen werden, zu deren Besorgung er auch objektiv imstande ist. Ist zB nicht bekannt und vorhersehbar, wann und in welchen Situationen sich der Betroffene schadenstiftend verhalten wird, kann dem Betreuer eine Aufsicht zur Verhinderung solchen Verhaltens nicht auferlegt werden, weil eine konkrete Gefahr nicht besteht und der Betreuer den Betroffenen nicht auf Schritt und Tritt begleiten oder verfolgen kann.

XI. Zur Reichweite von Aufgabenkreisen (weitere Einzelfälle)

78 – Der Widerruf einer **Altersvorsorgevollmacht** erfordert die Bestellung zum Vollmachtbetreuer (§ 1896 Abs 3) oder gesondert (im Rahmen des Aufgabenkreises) übertragene Befugnis zum Widerruf der Vollmacht (OLG Köln RNotZ 2001, 345; s auch BayObLG FamRZ 2002, 1220 = BtPrax 2002, 214);

– Die Sorge des berufsmäßig tätigen (Fremd-)Betreuers für die **Gesundheit** des Betreuten umfaßt grundsätzlich die Abgabe der für die (Weiter-)Versicherung des Betreuten in der **Krankenversicherung** erforderlichen Erklärungen, wenn die Familien-(Kranken-)Versicherung des Betreuten (Ehemannes) mit Rechtskraft der Scheidung von der versicherten Ehefrau endet (BSG FamRZ 2002, 1471 m Anm BIENWALD = BtPrax 2003, 172 m Anm MEIER 173);

– Zum Aufgabenkreis der **Aufenthaltsbestimmung** gehört es auch, einen **Heimplatz** zu suchen und den Umzug des Betreuten zu organisieren. Dazu gehört die Vertretung des Betreuten bei Abschluß oder Kündigung von Verträgen, die im Zusammenhang mit der Begründung des Wohnsitzes oder dem Wechsel des ständigen Aufenthaltsortes stehen;

– Der Aufgabenkreis der **Vermögenssorge/Vertretung in Vermögensangelegenheiten** berechtigt zur Geltendmachung von **Rentenansprüchen** (LG Berlin FamRZ 2002, 345 = BtPrax 2001, 215), auch zur Erhebung einer gegen belastende **sozialhilferechtliche Bescheide** gerichteten Klage (OVG Münster FamRZ 2001, 312 = NDV-RD 2000, 111); ermächtigt **nicht** zur Stellung eines **Strafantrags**, auch nicht hinsichtlich Eigentums- und Vermögensdelikten (LG Hamburg NStZ 2002, 39; s aber LG Ravensburg FamRZ 2001, 937, wonach der Aufgabenkreis, der Vermögensangelegenheiten und wichtige personelle Belange umfaßt, zur Stellung eines nach § 247 StGB erforderlichen Strafantrags berechtigt);

– Unterhaltsansprüche werden auch bei einem Volljährigen nicht von der Vermögenssorge erfaßt, so daß die von einem Betreuer mit diesem Aufgabenkreis als Vertreter des Betreuten erhobene Unterhaltsklage unzulässig ist (OLG Zweibrücken FamRZ 2000, 1324 m abl Anm BIENWALD = NJW-RR 2001, 151);

– Verpflichtung eines Betreuers mit dem Aufgabenkreis der Vermögenssorge, den Versicherer über das eine Gefahrenerhöhung und damit ein höheres Versicherungsrisiko darstellendes Verhalten des wegen fortgeschrittener seniler Demenz betreuten Versicherungsnehmers gemäß § 6 Abs 2 der Allgemeinen Brandversicherungsbedingungen (ABB) des Versicherers unverzüglich zu informieren (OLG Nürnberg VersR 2002, 1232);

– Ist ein Beteiligter des **Zwangsversteigerungsverfahrens** eine betreute Person, so ist zur Wirksamkeit von Entscheidungen eine **Zustellung** an den Betreuer nur dann erforderlich, wenn die Zwangsversteigerung den Aufgabenkreis des Betreuers betrifft und dieser sich im Verfahren für den Betreuten legitimiert hat **oder** der Betreute augenscheinlich geschäftsunfähig ist (LG Rostock Rpfleger 2003, 142);

– Ist ein Betreuer aus einem von mehreren Aufgabenbereichen entlassen worden, kann er (sofortige) Beschwerde dagegen einlegen (§ 69g Abs 4 S 1 Nr 3 FGG), wenn und weil er auch nach Wirksamwerden der angefochtenen Entscheidung ua im Geschäftsbereich Vertretung bei Ämtern und Behörden im Amt verblieben und insofern befugt ist, **weiterhin für den Betroffenen zu handeln** (BayObLG FamRZ 2004, 734 m Anm BIENWALD);

– **Erbschaftsausschlagung** eines Sozialhilfeempfängers durch den Betreuer (Ivo FamRZ 2003, 1).

– Gehört zum Aufgabenkreis des Betreuers die Vermögenssorge, kann auch der Widerruf eines gemeinschaftlichen Testamentes gegenüber dem Betreuer erklärt werden (LG Hamburg v 17.2.2000 – 301 T 264/99; referiert in DNotI-Rp 2000, 86).

§ 1903
Einwilligungsvorbehalt

(1) Soweit dies zur Abwendung einer erheblichen Gefahr für die Person oder das Vermögen des Betreuten erforderlich ist, ordnet das Vormundschaftsgericht an, dass der Betreute zu einer Willenserklärung, die den Aufgabenkreis des Betreuers betrifft, dessen Einwilligung bedarf (Einwilligungsvorbehalt). Die §§ 108 bis 113, 131 Abs. 2 und § 210 gelten entsprechend.

(2) Ein Einwilligungsvorbehalt kann sich nicht erstrecken auf Willenserklärungen, die auf Eingehung einer Ehe oder Begründung einer Lebenspartnerschaft gerichtet sind, auf Verfügungen von Todes wegen und auf Willenserklärungen, zu denen ein beschränkt Geschäftsfähiger nach den Vorschriften des Buches vier und fünf nicht der Zustimmung seines gesetzlichen Vertreters bedarf.

(3) Ist ein Einwilligungsvorbehalt angeordnet, so bedarf der Betreute dennoch nicht der Einwilligung seines Betreuers, wenn die Willenserklärung dem Betreuten lediglich einen rechtlichen Vorteil bringt. Soweit das Gericht nichts anderes anordnet, gilt dies auch, wenn die Willenserklärung eine geringfügige Angelegenheit des täglichen Lebens betrifft.

(4) § 1901 Abs. 5 gilt entsprechend.

Materialien: Art 1 Nr 6 DiskE I; Art 1 Nr 41 RegEntw; Art 1 Nr 47 BtG; DiskE I 127; BT-Drucks 11/4528, 136 ff 2 (BReg); STAUDINGER/BGB-Synopse 1896–2005 § 1903. Abs 2 ergänzt durch Art 2 Nr 20 LPartG v 16.2.2001 (BGBl I 266, 271); BT-Drucks 14/3751, 7, 46. Die Verweisung in Abs 1 S 2 geändert d Art 1 d G zur Modernisierung des Schuldrechts v 26.11.2001 (BGBl I 3138). Abs 4 geändert und neu gefaßt d Art 2 d G v 11.12.2001 (BGBl I 3513).

Schrifttum

BOBENHAUSEN, Konkurrenz zwischen dem Willen des Betreuten und des Betreuers: gesetzliche Vertretung – Kontosperre – Schenkung, BtPrax 1994, 158

CASPAR, Geschäfte des täglichen Lebens – kritische Anmerkungen zum neuen § 105a BGB, NJW 2002, 3425

CYPIONKA, Die Auswirkungen des Betreuungsgesetzes auf die Praxis des Notars, DNotZ 1991, 571

ders, Fortfall der Entmündigung Volljähriger – Auswirkungen auf den Rechtsverkehr, NJW 1992, 207

vEINEM, Auswirkungen des Betreuungsgesetzes auf das Sozialrecht, SGb 1991, 477

ENDERLEIN, Geschäftsunfähigkeit und Einwilligungsvorbehalt, JR 1998, 485

GROSS, Darf das Familiengericht gemäß § 1630 III BGB sorgerechtliche Befugnisse ohne Zustimmung des Betreuers (§ 1903 I BGB) übertragen?, KindPrax 2001, 50

GRÜNER, Das Betreuungsgesetz und seine Ausstrahlung in das Sozialrecht, ZfSH/SGB 1993, 338

HOLZHAUER, Betreuungsrecht in der Bewährung, FamRZ 1995, 1463

JURGELEIT, Der geschäftsunfähige Betreute unter Einwilligungsvorbehalt, Rpfleger 1995, 282

LIPP, Die neue Geschäftsfähigkeit Erwachsener, FamRZ 2003, 721

MITKO, Der Einwilligungsvorbehalt (Diss Regensburg 1993)
OELKERS, Internationales Betreuungsrecht (Diss Osnabrück 1996)
PAWLOWSKI, Willenserklärungen und Einwilligungen in personenbezogene Eingriffe, JZ 2003, 66
ders, Rechtsfähigkeit im Alter?, JZ 2004, 13
POESCHL, Die Anordnungsvoraussetzungen der Betreuung und des Einwilligungsvorbehalts in ihrem Verhältnis zu den Regelungen der Geschäftsfähigkeit (1999)
SCHREIEDER, Ist § 1903 BGB eine Spezialvorschrift zu § 105 BGB?, BtPrax 1996, 96.
STRAILE, Sind geschäftsunfähige Volljährige seit 1. August 2002 teilweise geschäftsfähig?, FuR 2003, 207
ZIMMERMANN, Neue Teilgeschäftsfähigkeit für geschäftsunfähige Betreute, BtPrax 2003, 26.

Systematische Übersicht

I. **Allgemeines**
1. Normzweck — 1
2. Die Arten von Einwilligungsvorbehalten — 2
3. Wirkungskonzept — 3
4. Keine Übernahme der österreichischen Lösung — 4
5. Geltung für Willenserklärungen — 5
6. Praktische Konsequenzen des Abs 3 S 2 — 7
7. Keine Ausnahme geschäftsunfähiger Betreuter — 8

II. **Reichweite und Grenzen des Einwilligungsvorbehalts**
1. Allgemeines — 11
2. Kein Antragsverfahren — 12
3. Übergangsrecht — 13
4. Keine Anwendung auf körperlich Behinderte — 14
5. Anordnung im Falle von § 1908a — 15
6. Keine Anwendung auf Tathandlungen — 16
7. Grundsätzliche Ungeeignetheit zur Steuerung von Patientenverhalten — 17
8. Kein Einwilligungsvorbehalt für das Wahlrecht — 18
9. Keine Anwendung im Falle von Sterilisation — 19
10. Keine Anwendung auf Unterbringung und Maßnahmen nach § 1906 Abs 4 — 20
11. Zum Verhältnis von Einwilligungsvorbehalt und Aufenthaltsbestimmung — 21

III. **Voraussetzungen des Einwilligungsvorbehalts (Abs 1 S 1)**
1. Die Bestellung eines Betreuers bzw das Bestehen einer Betreuung — 22
2. Verhinderung der Abgabe oder Entgegennahme schädigender Willenserklärungen — 24
   a) Willenserklärungen — 24
   b) Einwilligungsvorbehalt in Angelegenheiten elterlicher Sorge? — 25
3. Abwendung erheblicher Gefahren für die Person oder das Vermögen des Betreuten — 26
4. Anwendung in Personensorgeangelegenheiten — 30
5. Kein Schutz von Drittinteressen — 31
6. Einwilligungsvorbehalt auch bei Geschäftsunfähigkeit — 33
7. Einwilligungsvorbehalt und Prozeßfähigkeit des Betreuten — 38
8. Einwilligungsvorbehalt bei Bestehen einer Betreuerbestellung nach § 1896 Abs 3 — 39

IV. **Zur Frage der Erforderlichkeit des Einwilligungsvorbehalts** — 40

V. **Von einem Einwilligungsvorbehalt ausgeschlossene Willenserklärungen** — 43

VI. **Die Wirkungsweise des Einwilligungsvorbehalts und die entsprechende Anwendung der §§ 108–113, 131 Abs 2, 210 und anderer Vorschriften**
1. Die Regelung des § 1903 Abs 1 S 1 — 65

2.	Zur entsprechenden Anwendung der §§ 108–113, 131 Abs 2, 210	66	VIII.	**Erweiterung des Kreises der einwilligungsbedürftigen**
a)	§§ 108, 109, 111	66		**Willenserklärungen** 92
b)	Erfordernis vormundschaftsgerichtlicher Genehmigung	71	IX.	**Beendigung des Einwilligungs-**
c)	§ 110	72		**vorbehalts**
d)	§ 112	73	1.	Allgemeines 93
e)	§ 113	74	2.	Aufhebung des Einwilligungs-
f)	Kritik zur entsprechenden Anwendung der §§ 112, 113	75		vorbehalts 94
g)	§ 131 und zur erforderlichen Verhaltensweise des Betreuers	76	X.	**Verfahren, Entscheidungsinhalt, Bekanntmachung, Mitteilungen**
h)	§ 210	77	1.	Allgemeines 95
i)	Zur Prozeßfähigkeit im Falle von §§ 112, 113	78	2.	Zuständigkeit 99
3.	Einwilligungsvorbehalt und Zuständigkeit des Betreuers in Ehesachen	79	3.	Verfahren 100
			a)	Verfahrensfähigkeit; Verfahrenspflegerbestellung 100
			b)	Amtsermittlungsgrundsatz 101
4.	Mehrere Betreuer und Anordnung eines Einwilligungsvorbehalts	80	c)	Anhörung des Betroffenen/Betreuten 102
5.	Einwilligungsvorbehalt und Geschäftsführung einer GmbH oder AG	81	d)	Persönlicher Eindruck vom Betroffenen/Betreuten 103
			e)	Anhörungen Dritter 104
a)	Das Problem	81	f)	Sachverständigengutachten (§ 68b Abs 2 FGG) 105
b)	Folgen der Anordnung eines Einwilligungsvorbehalts	82	g)	Besondere Verfahren 107
c)	Die vertretungsrechtlichen Konsequenzen im einzelnen	83	4.	Inhalt, Bekanntmachung und Wirksamwerden der Entscheidung 110
			5.	Rechtsbehelfe 113
VII.	**Geringfügige Angelegenheiten des täglichen Lebens (Abs 3 S 2)**		6.	Inhalt und Änderungen der Bestallungsurkunde (Betreuerausweis) 116
1.	Zum Begriff der Geringfügigkeit	87		
2.	Maßstäbe	89	7.	Mitteilungsinhalte 117
3.	Bedeutung der Bewertungsfrage in der Praxis	90	XI.	**Zum Verhältnis von Abs 3 S 1 und 2 und § 105a**
4.	Grund und Voraussetzungen abweichender gerichtlicher Entscheidung	91	1.	Die Regelung des § 105a 119
			2.	Mögliche Konkurrenzen 121
			3.	Lösung der Konkurrenzen 122

Alphabetische Übersicht

Abs 3 S 2	70	Akzessorietät des Einwilligungsvorbehalts	23
Abwendung erheblicher Gefahr für die Person oder das Vermögen	26	Altfälle	21, 23
		Amtsermittlungsgrundsatz	101
Abzahlungsgeschäfte	11	Anfechtung der Ehelichkeit	50
Ärztliches Attest bei einstweiliger Anordnung	106	Anfechtung des Erbvertrags	61
Aktiengesellschaft, Vorstand einer	81	Anfechtung des Vaterschaftsanerkenntnisses	49

Titel 2 §1903
Rechtliche Betreuung

Angebot der Heilmaßnahme	17	De-facto-Auswirkungen des Einwilligungsvorbehalts	9
Angelegenheiten des täglichen Lebens	11	Drittinteresse, kein Schutz von	31
Anhörung des Betroffenen/Betreuten	102		
Anhörungen Dritter	104	Eheaufhebung	48
Annahme als Kind	54	Ehe, Eingehung der	43
Anordnung von Amts wegen	12	Ehelichkeitsanfechtung	50
Anordnung eines Einwilligungsvorbehalts bei Minderjährigen (§ 1908a)	15	Ehesachen	79
Arbeitsstelle, Verlust der	28	Eheschließung	43
Arten von Einwilligungsvorbehalten	2	Eheversprechen	44
Aufgabenkreisdifferenzierung	21	Eigenkompetenz	7
Aufhebung der Ehe	48	Eigenvornahme	33, 36
Aufhebung des Einwilligungsvorbehalts	12, 36, 68, 94, 107	Einengung des Einwilligungsvorbehalts	36
		Einfacher Einwilligungsvorbehalt	11
Aufhebung des Kindesannahmeverhältnisses	56	Eingeschränkter Generalkonsens	67
Aufwendungen, geringfügige	87 f	Einseitige Rechtsgeschäfte	70
Ausgeschlossene Willenserklärungen	43	Einstweilige Anordnung eines Einwilligungsvorbehalts	22, 109
Ausschluß der Adoptionsaufhebung	57	Einverständnis mit dem Einwilligungsvorbehalt	10
Auswirkungen des Einwilligungsvorbehalts	9	Einwilligung in medizinische Maßnahmen	16
Barbetrag zur freien Verfügung	8	Einwilligungsvorbehalt	
Beendigung des Einwilligungsvorbehalts	93 f	– in Angelegenheiten elterlicher Sorge	25
Befristete Beschwerde	115	– Anordnung bei 17 Jahre alten Minderjährigen	15
Behandlungsvertrag und Einwilligungsvorbehalt	20	– und Aufenthaltsbestimmungsrecht	21
Beispiele für Einwilligungsvorbehalte	28	– Akzessorietät	23
Beistandschaft	52	– einfacher	2
Bekanntmachung der Entscheidung	95, 111	– erweiterter	2, 11
Beklagtenrolle des Betreuten	28	– Erweiterung des	12, 107
Beschränkte Geschäftsfähigkeit	3	– nicht für körperlich Behinderte	14
Beschränkung auf bestimmte Rechtsgeschäfte	42	– normaler	2
Beschwerdeberechtigung	114	– Schutzwzeck des	23
Besondere Verfahren	107	– nicht für Wahlrecht	18
Bestallungsurkunde	116	Elterliche Sorge und Einwilligungsvorbehalt	25
Betreuer nach § 1896 Abs 3	39	Entgegennahme von Willenserklärungen	24
Betreuerausweis	23, 116	Entlassung des Betreuers	22
Betreuermehrheit	80	Entscheidung des Vormundschaftsgerichts nach § 1846	22
Betreuungsbehörde, Informationen durch die	96	Entscheidungsinhalt	95
Beweislastregel	9, 37	Entschließungsfreiheit, Gefährdung der	30
Beweispflichtigkeit	37	Entsprechende Anwendung der §§ 108 ff	66
Beweisschwierigkeiten, Vermeidung von	23, 36	Erbvertrag	46
Beweissituation	41	– Aufhebung des	62
Bote, Betreuer als	33, 35	Erforderlichkeitsgrundsatz	26, 40
Botenkonstruktion	34	Erhebliche Gefahren (für Person und Vermögen)	26, 29
Botenstellung	37		

Erleichterung der Führung der Betreuung 1, 31	Gesetzliche(r) Vertreter/Vertretung 3
Ermächtigung, in Dienst und Arbeit zu treten 74	Gestattung einer ärztlichen Maßnahme 17
– zum selbständigen Betrieb eines Gewerbes 73	Gesundheitsgefährdung 30
	Gesundheitsmaßnahme 17
Erweiterung	Gläubigerinteresse 31
– des Einwilligungsvorbehalts 12, 23, 36	Globale Beschreibung des Einwilligungsvorbehalts 24
– des Kreises der einwilligungsbedürftigen Erklärungen 92, 107	Grenzen des Einwilligungsvorbehalts 11
	Gutachten eines Sachverständigen 105
Erziehungshandeln und Einwilligungsvorbehalt 25	Handlungsalternativen 42
	Heilmaßnahme 17
	Hemmung der Verjährung 77
Folgeentscheidungen 12	Hochstapler 27
Folgen der Anordnung eines Einwilligungsvorbehalts 82	Inaugenscheinnahme des Betroffenen/Betreuten 103
Formfreiheit der Genehmigung oder ihrer Verweigerung 69	Inhalt
Fortbestehen des Einwilligungsvorbehalts 22	– der Bestallungsurkunde 116
Freie Willensbestimmung 10	– des Betreuerausweises 116
Freiheitsentziehende Maßnahmen, kein Einwilligungsvorbehalt 20	– der Entscheidung 110
	Isolierte Anfechtung einer Betreuerbestellung 22
Gefahr, erhebliche 29	
Gefahren, erhebliche für Person und Vermögen 26, 28	Körperliche Behinderung 14
	Konkurrenzen zu § 105a BGB 121
Gegenbetreuer 23	Kontosperrung 3
Gegenständliche Beschränkung des Einwilligungsvorbehalts 11, 42	Kontrollbetreuer, -betreuung 39
	Konversion 34 ff
Geldinstitutspraktiken 9	Kreditwürdigkeit des Betreuten 27
Gemeinschaftliches Testament 46	Kritik an der Bezugnahme auf die §§ 112, 113 75
Geringfügige Angelegenheiten des täglichen Lebens 8, 87 f	Kündigung von Mietverträgen 5
Geringfügige Angelegenheiten, abweichende Entscheidung des Gerichts 91	Lebenspartnerschaft, eingetragene 45
– praktische Bedeutung 90	Letztwillige Verfügung 46 f
Geringfügigkeit, Begriff 87	
Geschäfte des täglichen Lebens 11, 26, 35, 87 ff	Maßstäbe für Geringfügigkeit 89
	Medizinische Maßnahmen, Einwilligung in 16
Geschäftsfähigkeit, relative 35	Mehrere Betreuer 80
Geschäftsfähigkeit, -unfähigkeit 8	Mitteilungen 95, 117
Geschäftsführung	Mitteilungsinhalte 117
– einer Aktiengesellschaft 81	Mitteilungspflicht des Betreuers 92
– einer GmbH 81	Mitwirkung des gesetzlichen Vertreters 3
Geschäftsunfähige Betreute und Einwilligungsvorbehalt 8, 33	Natürliche Geschäftsunfähigkeit 33
Geschäftsunfähigkeit, relative 35	Nichtberechtigter, Verfügung 31
Gesellschaft mit beschränkter Haftung und Einwilligungsvorbehalt 81	Nichtvaterschaft, Feststellung der 50
	Normzweck 1

Österreichische Lösung, keine Übernahme der	4
Partielle Geschäftsunfähigkeit	8, 33
Paß	21
Patientenverhalten, Steuerung von	17
Personensorgeangelegenheiten	30
Pflegeperson, Antrag auf Übertragung der elterlichen Sorge	51
Praktikabilität	27
Praktische Konsequenzen des Abs 3 S 2	7
Prozeßfähigkeit	38, 78
Prozeßunfähigkeit	38
Realakte	16
Realisierung des Einwilligungsvorbehalts	27
Rechtsbehelfe	113
Rechtsstatus	3
Rechtstatsachen	1
Regelvorbehalt	11
Reichweite des Einwilligungsvorbehalts	11
Relative Geschäfts(un-)fähigkeit	35
Rentenempfänger	9
Rücktritt	
– vom Erbvertrag	63
– vom Verlöbnis	44
Sachverständigengutachten	105
Sachwalterschaftsrecht, österreichisches, keine Übernahme des	4
Schuldenregulierung	5, 32
Schuldnerverzeichnis	28
Schutz Dritter, kein	31
Schutz vor eigener Passivität	5
Schutzzweck des Einwilligungsvorbehalts	23
Schwangerschaftsabbruch, Einwilligung in	16
Selbstschädigung, erhebliche	23
Sozialer Status des Betroffenen	28
Sozialhilfebedürftigkeit	31
Sperrvermerk im Sparbuch	3
Sterilisation, Einwilligung in	16, 19
Stillschweigende Genehmigung	76
Subsidiaritätsgrundsatz	42
Sucht(krankheiten)	30
Süchtiges Verhalten	5
Taschengeldparagraph	72
Tathandlungen	16
Teilnahme am Rechtsverkehr	7, 35

Testament	46
Testierfähigkeit	60
Tod des Betreuers	22
Übergangsrecht	13
Übergangsregelung	33
Überschuldung des Betreuten	29
Umdeutung	8, 33, 34
Ungeeignetheit des Einwilligungsvorbehalts	17
Ungerechtfertigte Anordnung eines Einwilligungsvorbehalts	68
Untaugliches Mittel	27
Unterbringung, kein Einwilligungsvorbehalt für	20
Unterbringungsähnliche Maßnahmen	20
Unwesentliche Erweiterung	107
Vaterschaftsanerkennung	11, 30
– Anfechtung der	50
Verfahren	95 ff, 100 ff
Verfahrensfähigkeit	100
Verfahrenspflegerbestellung	100
Verfügung Nichtberechtigter	31
Verfügung von Todes wegen	43, 46
Verhinderung schädigender Willenserklärungen	24
Verjährungshemmung	77
Verlängerung der Anordnung eines Einwilligungsvorbehalts	22, 96, 108
Verlöbnis	44
Verlust der Arbeitsstelle	28
Vermögensgefährdung	27
Verpflichtung des Betreuers zur Reaktion	76
Verringerung des Einwilligungsvorbehalts	12
Verschuldung des Betreuten	28
– Vermeidung von	27
Verschwendung	5, 32, 42
Vertrauenswürdigkeit der Person des Betreuten	27
Vertreter ohne Vertretungsmacht	85
Vertretungsrechtliche Konsequenzen	83
Verzicht auf Einwilligungsvorbehalt	1
Verzichtsvertrag des Erblassers	64
Volljährigenadoption	59
Vollmachtsbetreuer	39
Vollstreckungsaussichten	27
Vollstreckungsschuldner, Betreuer als	28

Voraussetzungen eines Einwilligungsvorbehalts	22	Willenserklärungen, die dem Betreuten gegenüber abgegeben werden	24
Vorbehaltsarten	2	Wirksamkeit des Einwilligungsvorbehalts	22
Vorläufiger Einwilligungsvorbehalt	98	Wirksamwerden der Entscheidung	112
Vormundschaftsgerichtliche Genehmigungen	71	Wirkungskonzept	3
		Wirkungsweise des Einwilligungsvorbehalts	11, 65
Wahlrecht	18	Wohnsitz	21
Wesentliche Erweiterung des Kreises der einwilligungsbedürftigen Willenserklärungen	107	Zeitliche Beschränkung des Einwilligungsvorbehalts	11, 42
Widerruf von Betreuererklärungen durch den Betreuten	6	Zugang von Willenserklärungen	24, 76
		Zuständigkeit des Betreuers in Ehesachen	79
Willensbestimmung, nicht freie	10	Zuständigkeit des Gerichts	99
Willenserklärung(en) im Rechtssinne	5, 16, 24		

I. Allgemeines

1. Normzweck

1 Die Bestellung eines Betreuers hat keine unmittelbar konstitutiven Auswirkungen auf die rechtsgeschäftliche Handlungsfähigkeit (Geschäftsfähigkeit) des Betroffenen. Das Gesetz verzichtet auch auf eine konstitutive Feststellung der Geschäftsfähigkeit vor Betreuerbestellung (BT-Drucks 11/4528, 61). Ob der Betreute geschäftsfähig oder geschäftsunfähig ist, beurteilt sich – ebenso wie für Nicht-Betreute – nach der Regelung des § 104 Nr 2. Entsprechend der Absicht des Gesetzgebers, Rechtseingriffe bei hilfebedürftigen Betroffenen nur dort zuzulassen, wo dies unausweichlich ist (BT-Drucks 11/4528, 52), soll die Teilnahme des Betreuten am Rechtsverkehr nicht mehr generell wie bisher bei Entmündigungen (§ 104 Nr 3 und § 114 jeweils aF), sondern nur im Einzelfall eingeschränkt werden können und zwar auch nur, wenn dies erforderlich ist (BT-Drucks 11/4528, 52, 63, 136). Ein Einwilligungsvorbehalt ist deshalb nur unter engen Voraussetzungen und nur zur Abwehr erheblicher Gefahren in Betracht zu ziehen; allein die Möglichkeit einer gefahrenträchtigen rechtsgeschäftlichen Betätigung des Betroffenen reicht hierzu nicht aus (LG Köln BtPrax 1992, 109; LG Regensburg FamRZ 1993, 476, 477: kein Einwilligungsvorbehalt, weil Reparaturrechnung nicht bezahlt). In den Materialien wird die Erwartung geäußert, daß in etwa 96% aller Fälle auf die Anordnung eines Einwilligungsvorbehalts verzichtet werden könne (BT-Drucks 11/4528, 64 unter Zugrundelegung der damals bekannten süddeutschen Praxis, die weitgehend auf Entmündigungen verzichtet hatte). Dieser Erwartung scheint die gerichtliche Praxis bisher gefolgt zu sein (näher HK-BUR/BAUER § 1903 Rn 83 ff [Rechtstatsachen]; danach waren im Jahr 2001 im Bundesgebiet [Zahlenangaben ohne Hamburg] bei 205 266 neuen Betreuungen nur in 8 572 Fällen [= 4,18%] Einwilligungsvorbehalte angeordnet worden). Soweit Betreuer, meist solche, die Betreuungen berufsmäßig führen, die Zurückhaltung der Gerichte bei der Anordnung von Einwilligungsvorbehalten kritisieren, ist deren Interesse meist auf die Erleichterung ihrer Betreuungsarbeit ausgerichtet. Die erwünschte/erhoffte Erleichterung der Führung der Betreuung (etwa durch Verringerung der Bemühungen um die Stornierung der von den Betroffenen eingegangenen Verpflichtungen) kann und darf jedoch nicht der alleinige Grund für die Anordnung eines Einwilligungsvorbehalts sein. Tritt diese Erleichterung als (Neben-)Folge der Anordnung ein, ist dagegen nichts einzuwenden.

2. Die Arten von Einwilligungsvorbehalten

Als Instrument der Einschränkung der Teilnahme am Rechtsverkehr dient das Rechtsinstitut des Einwilligungsvorbehalts in zweifacher Form. Der einfache („normale", BIENWALD, BtR Rn 15) oder auch **Regel-Einwilligungsvorbehalt** beläßt dem Betreuten die Teilnahme am Rechtsverkehr ohne Einschränkungen in bezug auf die sog geringfügigen Angelegenheiten des täglichen Lebens (Abs 3 S 2; BIENWALD, BtR Rn 63 f). Das Vormundschaftsgericht kann den Vorbehalt jedoch erweitern und auf diese Angelegenheiten ausdehnen (**erweiterter** Einwilligungsvorbehalt).

3. Wirkungskonzept

In der Wirkungsweise entspricht der Einwilligungsvorbehalt der Mitwirkung des gesetzlichen Vertreters bei nicht voller Geschäftsfähigkeit eines Minderjährigen über sieben Jahren (§§ 106 ff). Die Teilnahme des Betreuten am Rechtsverkehr ist durch den Einwilligungsvorbehalt, soweit dieser reicht, in der Weise eingeschränkt, daß der Betreute zu Willenserklärungen, die den Aufgabenkreis des Betreuers betreffen, dessen Einwilligung (dh der vorherigen Zustimmung, § 183 S 1) bedarf (bei Verträgen reicht auch die nachträgliche Zustimmung = Genehmigung, § 184 Abs 1); § 108 Abs 1 iVm § 1903 Abs 1 S 1. Ausgenommen sind Willenserklärungen, die dem Betreuten lediglich einen rechtlichen Vorteil bringen (Abs 3 S 1). Mit diesem Regelungsmodell sowie der entsprechenden Anwendung von Vorschriften, die bei Minderjährigen über 7 Jahren in Betracht kommen (s Abs 1 S 2), erreicht das BtG, daß sich der Betreute in einer **ähnlichen Rechtslage** wie ein beschränkt Geschäftsfähiger befindet, allerdings **nur** in den vom Einwilligungsvorbehalt **erfaßten Bereichen**. Außerhalb des Einwilligungsvorbehalts unterliegt der Betreute lediglich den Beschränkungen, die sich aus dem allgemeinen Recht ergeben (zB § 104 Nr 2). Insofern die rechtsgeschäftliche Handlungsfähigkeit des Betreuten für die Dauer der Wirksamkeit des Einwilligungsvorbehalts eingeschränkt ist, bestimmt der Vorbehalt den Rechtsstatus des Betreuten, ohne diesem den Status eines beschränkt Geschäftsfähigen zu vermitteln (MünchKomm/SCHWAB Rn 3; DAMRAU/ZIMMERMANN Rn 1). Irrtümlich wird § 1903 mit der Anbringung eines Sperrvermerks im Sparbuch zu Lasten des Betreuten in Verbindung gebracht (näher dazu BIENWALD BtPrax 1998, 15 in der Anm zu LG Mönchengladbach [BtPrax 1997, 203] sowie BLANK BtPrax 1998, 21).

4. Keine Übernahme der österreichischen Lösung

Der Gesetzgeber des Betreuungsgesetzes hat sich mit der Einführung des Einwilligungsvorbehalts nicht der Regelung des österreichischen Sachverwalterschaftsrechts angeschlossen, nach der die Bestellung eines Sachwalters stets zu einer Einschränkung der Teilnahme des Betroffenen am Rechtsverkehr führt, wenn auch dies in Ausnahmefällen (§ 273a ABGB) abgemildert werden kann (BT-Drucks 11/4528, 136). Zum österr Sachwalterrecht BIENWALD ZfJ 1984, 271 und DAMRAU FamRZ 1984, 236 ff.

5. Geltung für Willenserklärungen

5 Die Einschränkung der Teilnahme am Rechtsverkehr bezieht sich auf die Abgabe wie auf die Entgegennahme von Willenserklärungen (§ 131 Abs 2 iVm § 1903 Abs 1 S 2). Die Anordnung eines Einwilligungsvorbehalts schützt deshalb den Betreuten nicht nur davor, sich durch eigene Aktivitäten (zB den Kauf unnötiger oder überteuerter Gegenstände, Widerruf von Erklärungen des Betreuers) erheblichen Schaden zuzufügen; sie schützt den Betreuten auch vor rechtsgeschäftlichen Aktivitäten anderer, zB der Kündigung des Mietvertrages über die vom Betreuten innegehaltene Wohnung. Rein tatsächlich gesehen kommt es bei der Betreuung darauf an, nicht nur schädigende Aktivitäten des Betreuten zu verhindern, sondern auch dafür zu sorgen, daß der Betreute, weil außerstande, sich gegenüber Anbietern und Werbern zur Wehr zu setzen, nicht durch „Passivität" Schaden erleidet. Schutz bietet die Anordnung eines Einwilligungsvorbehalts nur bei **erheblichen** Gefahren. Geringfügige, wenn auch ständige, Beeinträchtigungen der Vermögenslage des Betroffenen müssen zunächst in Kauf genommen werden. Schutz bietet dann erst die Erweiterung des Einwilligungsvorbehalts gem Abs 3 S 2. Allerdings fragt es sich, ob es nach dem Willen des Gesetzgebers zwischen den erheblichen Gefahren für die Person oder das Vermögen des Betreuten einerseits und den geringfügigen Gegenständen des täglichen Lebens einen durch einen Einwilligungsvorbehalt nicht zu schützenden Bereich geben soll oder darf.

Soweit im Schrifttum darauf hingewiesen wird, daß entsprechend der nach altem Recht möglichen Entmündigung wegen Verschwendung ein Einwilligungsvorbehalt in Betracht komme (Damrau/Zimmermann Rn 1; Schmidt/Böcker ua Rn 38), greift dieser Hinweis zu kurz. Denn ein verschwenderisches Verhalten eines iSd § 1896 Betreuten kann nicht losgelöst von dem Grund der Betreuerbestellung und dem Aufgabenkreis des Betreuers gesehen werden. Ein Einwilligungsvorbehalt kommt wegen verschwenderischen Verhaltens nur dann in Betracht, wenn aus diesem Grunde ein Betreuer mit entsprechendem Aufgabenkreis bestellt worden ist und der erheblichen Selbstschädigung des Betreuten innerhalb des Aufgabenkreises des Betreuers nicht anders als durch einen Einwilligungsvorbehalt begegnet werden kann. Ob eine erhebliche Selbstschädigung des Betreuten dann praktisch noch möglich ist, muß festgestellt werden und hängt auch von der Führung der Betreuung ab.

Heute kann ein Einwilligungsvorbehalt dagegen eingesetzt werden, daß durch süchtiges Verhalten ua erhebliche eigene Vermögensschäden verursacht werden (Spielsucht, Kaufrausch) oder daß im Falle einer in Aussicht stehenden **Schuldenregulierung** der Betreute durch Eingehen neuer Verbindlichkeiten das Regulierungskonzept **gefährdet**.

6 Besteht die Gefahr, daß der Betreute sich durch Abgabe von Willenserklärungen selbst erheblich schädigt, insbesondere dadurch, daß er ordnungsgemäße Willenserklärungen des Betreuers durch Widerruf oder in anderer Weise zunichte macht und hierdurch sein Wohl gefährdet, soll die Anordnung eines Einwilligungsvorbehalts auch für einen nach § 104 Nr 2 geschäftsunfähigen Betreuten allein deshalb notwendig sein, weil dadurch etwaigen Beweisschwierigkeiten aus dem Wege gegangen werden kann (BT-Drucks 11/4528, 137; Erman/Holzhauer Rn 3 spricht davon, daß ein aus diesem Grunde angeordneter Einwilligungsvorbehalt der Rechtsklarheit diene; **aA** Jurgeleit Rpfleger 1995, 282, 283: kein EV bei Geschäftsunfähigkeit erforderlich).

6. Praktische Konsequenzen des Abs 3 S 2

Mit der Regelung des Abs 3 S 2 eröffnet der Gesetzgeber die Möglichkeit der Teilnahme am Rechtsverkehr in einem Umfang, der ein Training zur Alltagsbewältigung möglich macht. Mit der Freiheit, geringfügige Angelegenheiten des täglichen Lebens ohne eine im einzelnen erforderliche Mitwirkung des Betreuers zu besorgen, erhält oder behält der Betreute – unabhängig von der dogmatischen Begründung und Einordnung – ein gewisses Maß an Eigenkompetenz, in das nur in besonders begründeten Fällen beschränkend eingegriffen werden darf. Bereits nach dem bisher geltenden Vormundschafts- und Pflegschaftsrecht konnte der Vormund oder Pfleger dem Betreuten gestatten, mit ihm überlassenem Geld Kaufgeschäfte zu tätigen und damit in geringem (maßvollem) Umfang am rechtlichen Alltagsleben teilzuhaben. Die jetzt durch das BtG eingeführte Regelung räumt dem Betreuten die Betätigung unabhängig von dem Willen des Betreuers ein. Es ist nicht zu verkennen, daß die Vorschrift über den Weg der Geldzuteilung unterlaufen werden kann.

7. Keine Ausnahme geschäftsunfähiger Betreuter

Ebensowenig wie die Betreuerbestellung ist auch die Anordnung des Einwilligungsvorbehalts abhängig von einer Prüfung oder Voraussetzung der Geschäftsfähigkeit oder Geschäftsunfähigkeit des Betroffenen (sinngemäß ebenso BayObLG FamRZ 1998, 454, 455; BayObLG NJWE-FER 2000, 152 = FamRZ 2000, 567 [LS]; auch OLG Düsseldorf FamRZ 1993, 1224 = BtPrax 1993, 175). Ob ein Einwilligungsvorbehalt in einem solchen Fall erforderlich ist, obliegt der Beurteilung des Tatrichters (BayObLG NJWE-FER 2000, 152 = FamRZ 2000, 567 [LS]). Infolgedessen wird es in Zukunft (Neufälle), aber insbesondere wegen der Übergangsregelung auch in Altfällen geschäftsunfähige Betreute geben, die unter Einwilligungsvorbehalt stehen (s Art 9 § 1 Abs 3 BtG). Für sie ist keine Ausnahme von dem gesetzgeberisch gewollten Ziel einer Teilnahme am Rechtsverkehr iSv Abs 3 S 2 erkennbar. Zur Begründung dieser Regelung vgl BT-Drucks 11/4528, 60, 63 f, 136 ff. Eine partielle Geschäftsunfähigkeit des Betroffenen steht der Anordnung eines Einwilligungsvorbehalts ebensowenig entgegen (BayObLG FamRZ 1994, 1135 [LS] = BtPrax 1994, 136; BayObLG FamRZ 1995, 1518 = BtE 1994/95, 111). Die amtl Begründung, die das Verhältnis von § 104 Nr 2, § 105 Abs 1 einerseits und der Einwilligung des Betreuers im Falle der Anordnung eines Einwilligungsvorbehalts andererseits erläutert und (wie das bisher geltende Recht) die Lösung der Umdeutung vorschlägt, erstreckt sich nicht auf Abs 3 S 2. Hier kommt eine Umdeutung nicht in Betracht, weil der Betreuer nur dann beteiligt ist, wenn der Einwilligungsvorbehalt auch auf die zunächst von Gesetzes wegen ausgeschlossenen geringfügigen Angelegenheiten des täglichen Lebens ausgedehnt wird. Damit ist freilich nicht der Weg eröffnet, in allen Angelegenheiten, in denen ein Lernen durch Tun möglich erscheint, über die Anwendung eines Einwilligungsvorbehalts dem Betreuten den Umgang mit dem Geld (wieder) zu ermöglichen, ohne daß die allgemeinen Voraussetzungen der Anordnung vorzuliegen brauchen. Der Ausschluß der in Abs 3 S 2 genannten Angelegenheiten bzw ihre Einbeziehung in den Einwilligungsvorbehalt kommt erst dann in Betracht, wenn der Einwilligungsvorbehalt nach § 1903 Abs 1 angeordnet worden ist.

Rechtstatsächlich gesehen handelt der unter Einwilligungsvorbehalt stehende geschäftsunfähige Betreute solange unangefochten im Bereich geringfügiger Angelegenheiten des täglichen Lebens, als die ihm dafür zur Verfügung stehenden Mittel („Taschengeld" aus eigenem Vermögen oder der Barbetrag zur freien Verfügung nach § 21 Abs 3 BSHG [seit 1.1.2005: § 35 Abs 2 SGB XII]) ausreichen und die Umwelt sein Handeln toleriert, unabhängig davon, ob er am Rechtsverkehr aus eigenem oder aus abgeleitetem Recht teilnimmt. Insofern trifft die Kritik von SCHWAB zu, der Gesetzgeber habe Vorgänge, die sich bisher in der Praxis von selbst zu erledigen pflegten, zum Gegenstand juristischen Fleißes erhoben (MünchKomm/ SCHWAB Rn 45).

9 Ob sich die Anordnung eines Einwilligungsvorbehalts de facto wie die bisherige Entmündigung auswirken werde (KLÜSENER Rpfleger 1989, 221; BÖHMER StAZ 1990, 214; PALANDT/DIEDERICHSEN Rn 1; SCHMIDT/BÖCKER ua Rn 38), läßt sich mangels entsprechender Untersuchungen allenfalls vermuten. Die Zurückhaltung der Gerichte in der Anordnungspraxis wird allerdings damit begründet, die Anordnung des Einwilligungsvorbehalts käme einer Entmündigung gleich. Die Bewertung des Betreuungsrechts und die Einschätzung der Reform durch die Rechtswelt leidet vielfach darunter, daß **tatsächliche Machtverhältnisse und Abhängigkeiten** sowohl im Verhältnis von Betreuer und Betreutem als auch im Verhältnis beider zu Dritten bzw zur Umwelt nicht genügend berücksichtigt werden. Ihnen ist allerdings auch kaum mit Mitteln des Gesetzgebers beizukommen.

Ebenso wie die Kenntnis von einem Einwilligungsvorbehalt wird bereits das Wissen um das Bestehen eines Betreuungsverhältnisses einen Geschäftspartner – unabhängig von dem Aufgabenkreis und dem Grad der Betreuungsbedürftigkeit – zurückhaltend sein und sich unmittelbar an den Betreuer wenden lassen (PALANDT/DIEDERICHSEN Rn 1), obgleich das Risiko, mit einem Geschäftsunfähigen zu verhandeln, angesichts der Beweislastregelung des BGB nicht so hoch ist, wie allgemein, aber irrtümlich, angenommen wird. Die Beweislastregelung muß sich nicht immer zuungunsten des Betreuten auswirken; es kommt auf die jeweilige Interessenlage und die prozessuale Situation an. Ist Geldinstituten bekannt, daß der Kunde einen Betreuer hat, werden in der Regel (Auszahlungs-)Aufträge nur noch von dem zuständigen Betreuer entgegengenommen ohne Rücksicht darauf, daß die Betreuerbestellung keine unmittelbare Wirkung auf die rechtsgeschäftliche Handlungsfähigkeit des Betreuten hat und nach dem Willen des Gesetzgebers auch nicht haben sollte. Ebenso wurde einem alkoholabhängigen Rentenempfänger nach Bewilligung der Erwerbsunfähigkeitsrente deren Auszahlung solange verweigert, bis das Vormundschaftsgericht über die Anregung einer Betreuerbestellung entschieden hat. Dank richterlicher Aufklärung des betreffenden Rentenversicherungsträgers wurde das mir bekannt gewordene Problem beseitigt.

10 In st Rspr hat das BayObLG entschieden, daß ein Einwilligungsvorbehalt nur angeordnet werden darf, wenn festgestellt ist, daß der Betreute auf Grund einer psychischen Erkrankung seinen Willen nicht frei bestimmen kann (BayObLGZ 1993, 63 = FamRZ 1993, 851; BayObLGZ 1995, 146 = FamRZ 1995, 1296; FamRZ 1995, 1518; BtE 1994/95, 111, 112; FamRZ 1998, 454; OLG Zweibrücken FamRZ 2004, 1897 m Anm BIENWALD; ähnlich OLG Hamm FGPrax 1995, 56 m Anm SEITZ = FamRZ 1995, 433; FamRZ 1999, 681 [4. ZS]; weitere Nachweise BtE 1994/95, 112). In Anbetracht der Akzessorietät des Einwilligungsvorbehalts (dazu unten Rn 23) erscheint es zumindest überdenkenswert, ob im Anschluß an die Betreuerbestellung, wo bereits die genannte Feststellung gefordert wird (s oben § 1896 Rn 72), dieselbe Voraussetzung noch einmal gefordert werden kann. Eine dem § 1896 Abs 1a entsprechende Ergänzung, wonach ein Betreuer gegen den freien Willen des Volljährigen nicht bestellt werden darf, hat das 2. BtÄndG für § 1903 nicht vorgesehen. Hinzukommt, daß diese Forderung schwerlich mit dem Zweck der Vorschrift vereinbart werden kann, konkurrierende Aktivitäten des Betreuten, mit denen er sich erheblichen Schaden zufügen kann, zu verhindern oder doch zumindest zu steuern. Mit gezielten schadenstiftenden Aktivitäten ist jedoch regelmäßig dann zu rechnen, wenn der Betreute insoweit in der Lage ist, „seinen Willen zu bestimmen". Schließlich kommt es auch auf ein Einverständnis des Betroffenen/Betreuten mit der Maßnahme nicht an, so daß es fraglich ist, welche Bedeutung einer solchen subjektiven Komponente zukommt (ausführlicher BIENWALD, BtR Rn 38 auch im Hinblick auf die Kritik von HOLZHAUER an der Auffassung des BayObLG).

II. Reichweite und Grenzen des Einwilligungsvorbehalts

1. Allgemeines

Die Vorschrift bestimmt, unter welchen Voraussetzungen ein Einwilligungsvorbehalt **11** angeordnet werden darf und muß; sie regelt die Wirkungsweise dieses Rechtsinstituts und benennt die vom Einwilligungsvorbehalt nicht erfaßten oder nicht betroffenen Willenserklärungen (Abs 2). Das BtG kennt den einfachen oder Regelvorbehalt (Abs 1) und den erweiterten Einwilligungsvorbehalt des Abs 3 S 2. Der Regelvorbehalt beläßt dem Betreuten die Möglichkeit, ohne Mitwirkung des Betreuers geringfügige Angelegenheiten des täglichen Lebens selbst zu besorgen. Erforderlichenfalls kann das Vormundschaftsgericht den Einwilligungsvorbehalt ganz oder teilweise auf diese Angelegenheiten ausdehnen, dh die gesetzliche Befreiung davon zurücknehmen. Solche Angelegenheiten des täglichen Lebens lassen sich nicht bei jeder Art von Einwilligungsvorbehalt denken; sie entfallen zB, wenn der Einwilligungsvorbehalt Vaterschaftsanerkennungen erfassen würde oder sich nur auf Bereiche erstreckte (Abzahlungsgeschäfte über 250 Euro), von denen geringfügige Angelegenheiten des täglichen Lebens nicht berührt werden. Steht dem Betreuer die Vermögenssorge zu und unterliegt der Betreute in diesem Rahmen einem Einwilligungsvorbehalt, wird die Regelung des Abs 3 S 2 praktisch. Die Anordnung eines Einwilligungsvorbehalts kann und muß eine **zeitliche Beschränkung** vorsehen, wenn der Schutz des Betroffenen eine weiterreichende Anordnung nicht erfordert. Auch kann der Einwilligungsvorbehalt **gegenständlich beschränkt** werden, zB in der Weise, daß für Rechtsgeschäfte mit Verpflichtungen über einen bestimmten Betrag hinaus die Einwilligung des Betreuers benötigt wird (BayObLGZ 1993, 346 = FamRZ 1994, 1135), oder daß er auf die Verwaltung und insbesondere die Sanierung des Hauses der Betreuten beschränkt wird, um die ungestörte Durchführung notwendiger Instandsetzungsmaßnahmen zu gewährleisten (BayObLG FamRZ 1995, 1517 = BtPrax 1995, 143).

2. Kein Antragsverfahren

Der Einwilligungsvorbehalt bedarf der gerichtlichen Anordnung. In keinem der seit **12** dem 1.1.1992 begründeten Betreuungsverhältnisse tritt der Einwilligungsvorbehalt unmittelbar von Gesetzes wegen ein. Eine inhaltlich gleichlautende Anordnung oder Verabredung des Betreuers bewirkt keinen Einwilligungsvorbehalt iSd § 1903. Ein

Antragsverfahren ist nicht vorgesehen; das Gericht entscheidet in allen Fällen der Anordnung eines Einwilligungsvorbehalts und der Folgeentscheidungen (zB Erweiterung oder Verringerung, auch der Aufhebung) von Amts wegen (ERMAN/HOLZHAUER Rn 34; MünchKomm/SCHWAB Rn 28). „Anträge", sowohl solche auf Anordnung als auch solche auf Aufhebung oder Veränderung des Einwilligungsvorbehalts, sind als Anregungen zu werten. Für den Betreuer besteht eine entsprechende Informationspflicht nach § 1901 Abs 5 S 2 (§ 1903 Abs 4).

3. Übergangsrecht

13 Den gesetzlichen Eintritt eines umfassenden (mit Ausnahme der Entscheidung über die Sterilisation) Einwilligungsvorbehalts hat das Übergangsrecht für die „Altfälle" unter den Betreuungen, die vor dem 1.1.1992 Vormundschaften oder vorläufige Vormundschaften waren (vgl §§ 1896 und 1906 aF), vorgesehen. Für sie enthält Art 9 § 1 Abs 3 BtG die Regelung, daß ein Einwilligungsvorbehalt nach § 1903 für den gesamten Aufgabenkreis des Betreuers (ausgenommen die Entscheidung über die Einwilligung in eine Sterilisation) als angeordnet gilt.

4. Keine Anwendung auf körperlich Behinderte

14 Die Norm bestimmt den Personenkreis, für den ein Einwilligungsvorbehalt angeordnet werden kann, nicht ausdrücklich. Ist der Betreute lediglich körperlich behindert, soll ein Einwilligungsvorbehalt nicht angeordnet werden dürfen (BT-Drucks 11/4528, 64, 117, 137; ERMAN/HOLZHAUER Rn 6; MünchKomm/SCHWAB Rn 8). Dies folgt – entgegen der amtlichen Begründung (BT-Drucks 11/4528, 64) – nicht erst aus dem Grundsatz der Erforderlichkeit (auch körperlich Behinderte können zu ihrem eigenen Schutz eine solche Kontrolle nötig haben), sondern ergibt sich bereits aus der Annahme, daß sich ein lediglich körperlich Behinderter nicht aufgrund psychischer Krankheit oder geistiger oder seelischer Behinderung selbst Schaden zufügt. Eine Selbstschädigung eines Betreuten, der ausschließlich körperlich behindert ist, nimmt die Rechtsordnung in Kauf. Ob die Selbstschädigung auf mangelnder Einsicht beruht, wie DAMRAU/ZIMMERMANN Rn 1 anzunehmen scheinen, kann dahinstehen, solange sie nicht im Sinne der Voraussetzungen des § 1896 Abs 1 krankheits- oder behinderungsbedingt ist (Ausnahme natürlich die körperliche Behinderung). Auch der Hinweis auf das Antragserfordernis bei körperlicher Behinderung (§ 1896 Abs 1 S 3) und die Möglichkeit, durch einen Entlassungsantrag dem Einwilligungsvorbehalt die Grundlage zu entziehen (ERMAN/HOLZHAUER Rn 6), trägt nicht, weil dieses Ergebnis auch durch andere nicht geschäftsunfähige Personen erreicht werden kann.

5. Anordnung im Falle von § 1908a

15 Der Einwilligungsvorbehalt kann bereits für einen Minderjährigen, der das siebzehnte Lebensjahr vollendet hat, angeordnet werden, wenn die in § 1903 bestimmten Voraussetzungen gegeben sind und außerdem anzunehmen ist, daß der Einwilligungsvorbehalt auch bei Eintritt der Volljährigkeit, mit der der Einwilligungsvorbehalt erst wirksam wird, noch erforderlich ist (§ 1908a).

6. Keine Anwendung auf Tathandlungen

Der Vorbehalt, daß zur Wirksamkeit von Willenserklärungen des Betreuten die **16** Einwilligung seines Betreuers erforderlich ist, setzt, wie auch durch die entspr Anwendung der §§ 108 ff bestätigt wird, Willenserklärungen im Rechtssinne voraus. Sie werden verstanden als ein, wenn auch das wichtigste, Tatbestandselement des Rechtsgeschäfts (STAUDINGER/DILCHER[12] Vorbem 1 zu §§ 116 ff). Willensbekundungen des Betreuten, die auf die Erlangung eines Gegenstandes, die Erreichung eines bestimmten Zieles, die Erfüllung von Wünschen schlechthin ausgerichtet sind, reichen für die Annahme einer Willenserklärung iSd §§ 108 ff, 116 ff nicht aus (im einzelnen dazu STAUDINGER/SINGERR [2004] Vorbem 4 ff zu §§ 116–144). Der Einwilligungsvorbehalt kommt danach nicht in Betracht zur Verhinderung oder Steuerung von Tathandlungen. Als solche werden Vorgänge bezeichnet, bei denen das menschliche Handeln nur den Anknüpfungspunkt für die rechtliche Regelung bildet, ohne daß sie inhaltlich vom Willen des Handelnden abhängig sind (STAUDINGER/DILCHER[12] Einl 17 zu §§ 104 ff). Geschäftsähnliche Handlungen unterscheiden sich von Rechtsgeschäften dadurch, daß die abgegebene Willenserklärung nicht primär auf Selbstgestaltung ausgerichtet ist, so daß sie nur gesetzlich normierte Folgen auslösen (STAUDINGER/SINGER [2004] Vorbem 2 zu §§ 116–144). Gegenstand eines Einwilligungsvorbehalts kann deshalb nicht die Einwilligung in eine Rechtsgutsverletzung sein, die als Realakt aufgefaßt wird (STAUDINGER/SINGER aaO). Die Anordnung eines Einwilligungsvorbehalts kommt deshalb auch nicht in Betracht zur Steuerung von Verhaltensweisen von Betreuten, die als reine unerlaubte Handlungen oder als Straftaten bewertet werden können. Ausgenommen können solche strafbaren Handlungen sein, bei denen rechtsgeschäftliches Handeln zur Tatbegehung gehört. In solchen Fällen muß das Gericht sorgfältig prüfen, inwieweit der Einwilligungsvorbehalt erforderlich und geeignet ist, von dem Betroffenen/Betreuten erhebliche Gefahren für die Person oder das Vermögen abzuwenden. Keine rechtsgeschäftlichen Willenserklärungen sind Einwilligungen in medizinische Maßnahmen (BIENWALD, BtR Rn 17; ERMAN/HOLZHAUER Rn 38; MünchKomm/ SCHWAB Rn 13 und § 1904 Rn 4–7; für die Statthaftigkeit eines Einwilligungsvorbehalts COESTER ZfJ 1989, 350, 351; SCHMIDT/BÖCKER Rn 38). Dazu gehören die Einwilligung in eine Sterilisation (s Rn 19) oder die Einwilligung in einen Schwangerschaftsabbruch (ausführlich ERMAN/HOLZHAUER Rn 40). Begibt sich jemand ständig in ärztliche Behandlung und sucht zu diesem Zweck Krankenhäuser auf, aus denen er nach einiger Zeit ohne Befund wieder entlassen wird, so kann ein angeordneter Einwilligungsvorbehalt zwar die Wirksamkeit des Abschlusses verpflichtender Behandlungsverträge verhindern, nicht dagegen die Inanspruchnahme ärztlicher und pflegerischer Leistungen und Zuwendungen, die der Betroffene wünscht und mit denen er einverstanden ist.

7. Grundsätzliche Ungeeignetheit zur Steuerung von Patientenverhalten

Der Einwilligungsvorbehalt ist grundsätzlich ungeeignet, steuernd auf Patientenver- **17** halten eines Betreuten einzuwirken. In der Praxis der Betreuungsarbeit besteht verschiedentlich das Mißverständnis, einem Behinderten oder Kranken iSd § 1896 Abs 1, der sich weigert, sich einer für ihn objektiv für notwendig gehaltenen Heilmaßnahme zu unterziehen, könne man mit der Anordnung eines Einwilligungsvorbehalts bezogen auf Gesundheitsmaßnahmen beikommen. Diese Annahme kann auf einem Mißverständnis des Begriffes sowie einer Verkennung von Inhalt und Funktion und den Anordnungsvoraussetzungen des Einwilligungsvorbehalts beruhen.

Andererseits stellt die Anordnung eines Einwilligungsvorbehalts auch keine geeignete Maßnahme dar, einem etwaigen (krankhaften) Bedürfnis nach ärztlicher Behandlung entgegenzuwirken. Denn die Frage der Zulässigkeit ärztlicher Behandlung als eines Eingriffs in die Persönlichkeit des Betreuten hängt ausschließlich von der Einwilligung (Gestattung) des einwilligungsfähigen Patienten ab, ggf von der Einwilligung des an seiner Stelle zuständigen Betreuers. Diese ist aber keine rechtsgeschäftliche Willenserklärung und demzufolge auch nicht Gegenstand eines Einwilligungsvorbehalts. Eine mittelbare Steuerung ist über den Behandlungsvertrag möglich, wenn dessen Abschluß von einem Einwilligungsvorbehalt erfaßt wird.

8. Kein Einwilligungsvorbehalt für das Wahlrecht

18 Beim Wahlrecht ist Stellvertretung durch die Wahlgesetze ausgeschlossen. Schon aus diesem Grunde ist die Anordnung eines Einwilligungsvorbehalts nicht möglich (ebenso ERMAN/HOLZHAUER Rn 42).

9. Keine Anwendung im Falle von Sterilisation

19 Die Einwilligung in die Sterilisation als einen ärztlichen Eingriff ist keine rechtsgeschäftliche Willenserklärung, sondern eine von der Einwilligungsfähigkeit der/des Betreuten abhängige Gestattung einer medizinischen Maßnahme. Sie ist deshalb einem Einwilligungsvorbehalt nicht zugänglich (MünchKomm/SCHWAB Rn 23). Nach ERMAN/HOLZHAUER Rn 39 schließt bereits die Regelung des § 1905 die Anordnung eines Einwilligungsvorbehalts aus, weil der/die Betreute auf jeden Fall dauernd unfähig sein muß, selbst einzuwilligen. Der auf die Vornahme einer Sterilisation ausgerichtete Vertragsschluß kann dagegen nach § 1903 vom Betreuer zu genehmigen sein. Ebenso ist die Einwilligung in einen Schwangerschaftsabbruch keine Willenserklärung und damit nicht Gegenstand eines Einwilligungsvorbehalts (MünchKomm/SCHWAB Rn 23; eingehend ERMAN/HOLZHAUER Rn 40).

10. Keine Anwendung auf Unterbringungen und Maßnahmen nach § 1906 Abs 4

20 Die mit Freiheitsentziehung verbundene Unterbringung des Betreuten und die in § 1906 Abs 4 genannten freiheitsentziehenden oder „unterbringungsähnlichen" Maßnahmen kommen schon begrifflich für einen Einwilligungsvorbehalt nicht in Betracht (MünchKomm/SCHWAB Rn 23), ganz abgesehen davon, daß es sich nicht um Willenserklärungen handelt. Im Falle einer wirksamen Einwilligung liegt eine Unterbringung iSd 1906 Abs 1 und/oder eine unterbringungsähnliche Maßnahme nicht vor (ERMAN/HOLZHAUER Rn 29). Ist der Betreute einwilligungsfähig, und wünscht er ärztliche Behandlung und Versorgung in einem Maße, das seine wirtschaftlichen Verhältnisse übersteigt, ohne daß die Kostentragung durch die Krankenkasse, andere Sozialleistungsträger oder die Sozialhilfe sichergestellt oder zu erwarten ist (therapeutische Maßnahmen usw), könnte in einem solchen Falle ein Einwilligungsvorbehalt bezogen auf die vom Betreuten beabsichtigten Behandlungsverträge (zu ihrer rechtlichen Einordnung s STAUDINGER/RICHARDI [2005] Vorbem 1267, 1268 zu §§ 611 ff; PALANDT/PUTZO Einf v § 611 Rn 18) erforderlich und geeignet sein, die Schuldenlast nicht ansteigen zu lassen und Folgewirkungen (Prozesse; Zwangsvollstreckungsmaßnahmen) zu vermeiden.

11. Zum Verhältnis von Einwilligungsvorbehalt und Aufenthaltsbestimmung

Die Aufenthaltsbestimmung ist keine Willenserklärung. Die Bestimmung des eigenen Aufenthalts ist Realakt (eingehend ERMAN/HOLZHAUER Rn 37; BayObLG Rpfleger 1985, 300, 301 mN; OLG Hamm FamRZ 1995, 433 = FGPrax 1995, 56 m Anm SEITZ) und nicht mit der Wohnsitznahme (§§ 7 ff) zu verwechseln. § 69l Abs 2 S 1 FGG sieht vor, daß sich ein Einwilligungsvorbehalt auch auf die Aufenthaltsbestimmung des Betreuten erstreckt. Ein solcher Einwilligungsvorbehalt kann nur so verstanden werden, daß die mit der Aufenthaltsbestimmung ggf verbundenen rechtsgeschäftlichen Angelegenheiten dem Einwilligungsvorbehalt unterliegen wie zB die polizeiliche An- und Abmeldung (BIENWALD, BtR § 69l FGG Rn 9; zust ZIMMERMANN FamRZ 1993, 32; vgl auch MünchKomm/SCHWAB Rn 19), aber auch die Ausstellung eines Passes gem § 6 Abs 1 PaßG. Die Wohnsitzbegründung und -bestimmung ist nicht automatisch mit dem Aufgabenkreis der Aufenthaltsbestimmung verbunden (BayObLG Rpfleger 1985, 300; aA nunmehr BayObLGZ 1992, 123 = FamRZ 1993, 852; wie hier LG Köln FamRZ 1992, 857 = NJW 1993, 207). Muß sie ausdrücklich in den Aufgabenkreis aufgenommen werden, handelt es sich nicht um eine Auslegungsfrage nach dem Beispiel v HOLZHAUER (aaO). Infolge der Übergangsvorschriften des Art 9 BtG umfaßt der Aufgabenkreis des Betreuers bei ehemaliger Vormundschaft und vorläufiger Vormundschaft alle Angelegenheiten mit Ausnahme der Entscheidung über die Einwilligung in eine Sterilisation, aber mit einem als angeordnet angenommenen Einwilligungsvorbehalt für den gesamten Aufgabenkreis (§ 1 Abs 3). In diesen sog Altfällen kann die hier angesprochene Problematik deshalb besonders häufig auftreten. Währenddessen kann in Neufällen durch eine differenzierte Aufgabenkreisbestimmung und eine dementsprechende Formulierung eines Einwilligungsvorbehalts sichergestellt werden, daß der Einwilligungsvorbehalt sich nur auf Willenserklärungen erstreckt und dies aus der Entscheidung des Gerichts und auch aus der Bestallungsurkunde erkennbar ist. Widerspricht der Betreute (lediglich) der Aufenthaltsbestimmung, so ist dies **nicht** ein Fall des § 1903 (LG Hildesheim BtPrax 1996, 230).

Benutzt eine Norm das Aufenthaltsbestimmungsrecht als Anknüpfung für eine Antragsbefugnis im öffentlichen Recht wie (zB) § 6 PaßG, bestehen gegen die Anwendung des § 1903 keine Bedenken, weil insoweit die bürgerlich-rechtlichen Regeln über Willenserklärungen entsprechend angewendet werden. Zur Wohnsitzbestimmung durch den Betreuer s STAUDINGER/WEICK (2004) § 8 Rn 3.

III. Voraussetzungen des Einwilligungsvorbehalts (Abs 1 S 1)

1. Die Bestellung eines Betreuers bzw das Bestehen einer Betreuung

Aus dem Text der Vorschrift (Betreuer/Betreuter) ergibt sich, daß die Anordnung eines Einwilligungsvorbehalts die Bestellung eines Betreuers voraussetzt (BT-Drucks 11/4528, 138; wohl allgM; vgl MünchKomm/SCHWAB Rn 5; DAMRAU/ZIMMERMANN Rn 8; BIENWALD, BtR Rn 7; ERMAN/HOLZHAUER Rn 6). Neben der Anordnung eines Einwilligungsvorbehalts nach Betreuerbestellung in einem **isolierten Verfahren** (materiell begründet durch die erst später gewonnene Erkenntnis, daß der Betreute sich erheblich schädigt oder zu schädigen droht), wird die **Anordnung zusammen mit der Betreuerbestellung** befürwortet (MünchKomm/SCHWAB Rn 5; DAMRAU/ZIMMERMANN Rn 8; BIENWALD, BtR Rn 8; ERMAN/HOLZHAUER Rn 6; PALANDT/DIEDERICHSEN Rn 3). Dies entspricht auch der amtl Begr (BT-Drucks 11/4528, 138), die genügen läßt, daß die Bestellung des Betreuers in dem Augenblick wirksam ist oder wird, in dem die Wirksamkeit des Einwilligungsvorbehalts eintritt.

Eine Anordnung eines Einwilligungsvorbehalts im Wege einstweiliger Anordnung (§ 69f FGG) **vor einer Betreuerbestellung** ist **nicht möglich** und nicht zulässig, schon deswegen nicht, weil der Aufgabenkreis des Betreuers in dem Moment noch nicht feststeht, in dessen Rahmen der Einwilligungsvorbehalt nur Platz haben kann (ERMAN/HOLZHAUER Rn 13). Lediglich beim Tod oder im Falle der Entlassung des Betreuers kann ein isolierter Einwilligungsvorbehalt bestehen (ERMAN/HOLZHAUER Rn 13 und § 1908c Rn 2; MünchKomm/SCHWAB Rn 5 und § 1908c Rn 17). Die Betreuung und der angeordnete Einwilligungsvorbehalt dauern an, ohne daß ein neuer Betreuer bestellt ist. Bis dahin muß gegebenenfalls nach § 1908i Abs 1 S 1 iVm § 1846 verfahren werden. Zumindest dann, wenn durch das Fehlen des Entscheidungsträgers dem Betreuten ein erheblicher Nachteil entstehen könnte, erscheint es vertretbar, daß anstelle des noch nicht vorhandenen Betreuers das Vormundschaftsgericht eine Entscheidung über eine erforderliche, aber noch nicht erteilte Genehmigung trifft (§ 1846).

Eine isolierte Anfechtung einer Betreuerbestellung führt nicht zu einer Verselbständigung des gleichzeitig angeordneten Einwilligungsvorbehalts. Auch hier ist der Bestand des Einwilligungsvorbehalts davon abhängig, daß ein Betreuer bestellt ist und dessen Aufgabenkreis feststeht.

Ebenso wie der Aufgabenkreis des Betreuers später erweitert oder eingeschränkt werden kann (§ 1908d Abs 1 und Abs 3; zum Verfahren § 69i Abs 1 FGG), ist auch die spätere Aufhebung, Einschränkung oder Erweiterung des Einwilligungsvorbehalts möglich (§ 1908d Abs 4; § 69i FGG).Die **Verlängerung** eines Einwilligungsvorbehalts setzt nach Auffassung des BayObLG voraus, daß der Betroffene in dessen Bereich zu einer freien Willensbestimmung weiterhin nicht imstande ist (s dazu oben Rn 10), daß die konkrete Gefahr für die Person oder das Vermögen des Betroffenen, die zur Anordnung des Einwilligungsvorbehalts geführt hat, nach wie vor besteht und daß zur Abwendung dieser Gefahr die Aufrechterhaltung des Einwilligungsvorbehalts erforderlich ist (BayObLG NJWE-FER 2000, 9 = FamRZ 2000, 1327 [LS]). Hinsichtlich des Fortbestehens des Einwilligungsvorbehalts in Angelegenheiten der Vermögenssorge s OLG Zweibrücken (FamRZ 1999, 1171 = FGPrax 1999, 107), wo festgestellt wird, daß bloße Befürchtungen zukünftiger rechtsgeschäftlicher Aktivitäten nicht ausreichen, den Vorbehalt aufrechtzuerhalten, wenn die betreute Person über Jahre hinweg nicht selbständig am Rechtsverkehr teilgenommen hat und auch das Krankheitsbild eine Änderung des Verhaltens der betreuten Person nicht erwarten läßt.

23 Der Einwilligungsvorbehalt und seine späteren Erweiterungen sind **in doppelter Hinsicht akzessorisch**. Der Betreute muß einen Betreuer haben, und die vom Einwilligungsvorbehalt erfaßten Willenserklärungen müssen in den Aufgabenkreis des Betreuers fallen. Der vom Einwilligungsvorbehalt erfaßte Bereich kann mit dem Aufgabenkreis des Betreuers identisch sein. In den sog Altfällen besteht diese Identität infolge gesetzlicher Übergangsregelungen für alle ehemaligen Vormundschaften und vorläufigen Vormundschaften (Art 9 § 1 Abs 3 BtG), solange das

Vormundschaftsgericht keine abändernde Regelung getroffen hat. Die vom Einwilligungsvorbehalt erfaßten Willenserklärungen können einen Teilbereich dessen umfassen, was zum Aufgabenkreis gehört. Bei mehreren Betreuern mit geteilten Kompetenzen kann sich ein Einwilligungsvorbehalt ausschließlich auf den Aufgabenkreis des einen Betreuers erstrecken. Ordnet der Tatrichter für sämtliche dem Betreuer übertragenen Aufgabenkreise einen Einwilligungsvorbehalt an, hat er dessen Erforderlichkeit für jeden einzelnen Aufgabenkreis darzulegen (BayObLG NJW-RR 2003, 871).

Da der Gegenbetreuer keinen eigenen vormundschaftsgerichtlich angeordneten Aufgabenkreis hat, wird er von der Anordnung eines Einwilligungsvorbehalts nicht unmittelbar berührt.

Geht der Einwilligungsvorbehalt über die durch den Aufgabenkreis des Betreuers bestimmten Grenzen hinaus, ist er unbeachtlich (DAMRAU/ZIMMERMANN Rn 8; nach MünchKomm/SCHWAB Rn 5 „unwirksam"). Der Betreuerausweis sollte dementsprechend geändert werden, sofern nicht die gerichtliche Anordnung abgeändert werden muß.

Entgegen der amtl Begr (BT-Drucks 11/4528, 138; ihr folgend MünchKomm/SCHWAB Rn 6) hat die Akzessorietät des Einwilligungsvorbehalts nicht zur Folge, daß die Voraussetzungen der Betreuerbestellung als eigene Voraussetzungen der Anordnung eines Einwilligungsvorbehalts zu prüfen wären. Einer gesonderten Prüfung, ob der Betroffene/Betreute auf Grund einer psychischen Krankheit oder einer geistigen oder seelischen Behinderung die dem Einwilligungsvorbehalt unterfallenden Angelegenheiten nicht besorgen kann, bedarf es nicht. Der Schutzzweck des Einwilligungsvorbehalts verlöre geradezu seine Bedeutung, wenn das Gericht als Voraussetzung des Einwilligungsvorbehalts, der einer Gefahr erheblicher Selbstschädigung begegnen soll, feststellen müßte, daß der Betreute infolge seines Unvermögens sich nicht selbst schädigen kann. Auch wenn die Anordnung eines Einwilligungsvorbehalts lediglich zur Vermeidung von Beweisschwierigkeiten erforderlich sein sollte, weil der an sich geschäftsunfähige Betreute sich für ihn ungünstig auswirkende Aktivitäten entfaltet, kommt es zwecks Anordnung des Einwilligungsvorbehalts nicht auf die nochmalige Feststellung des Unvermögens zur Besorgung der eigenen Angelegenheiten an. Ohne Zweifel stehen die Voraussetzungen des Einwilligungsvorbehalts mit denen der Betreuerbestellung in einem Zusammenhang. Die erhebliche Gefahr für Person oder Vermögen des Betreuten muß aus der psychischen Krankheit oder der seelischen oder geistigen Behinderung resultieren (MünchKomm/SCHWAB Rn 19; ERMAN/HOLZHAUER Rn 7). Die psychische Krankheit, die geistige oder seelische Behinderung muß für die bereits vorgenommenen oder zu befürchtenden schädigenden Handlungen (Abgabe oder Entgegennahme von Willenserklärungen im Bereich von Personen- oder Vermögenssorge) ursächlich sein.

2. Verhinderung der Abgabe oder Entgegennahme schädigender Willenserklärungen

a) Willenserklärungen

Vom Einwilligungsvorbehalt werden Willenserklärungen betroffen, die dem Betreuten gegenüber abgegeben werden (sollen), und solche, die der Betreute selbst abgibt oder abgeben will (entspr Anwendung der §§ 108–113, 131 Abs 2). Sämtliche vom

Einwilligungsvorbehalt erfaßten Willenserklärungen, die dem Betreuten gegenüber abgegeben werden oder die dieser sich gegenüber abgeben läßt (!), werden deshalb erst wirksam, sofern nicht die Voraussetzungen des § 131 Abs 2 S 2 vorliegen, wenn sie dem gesetzlichen Vertreter, dem Betreuer, zugehen. Mit DIECKMANN (JZ 1988, 789, 794) und anderen (DAMRAU/ZIMMERMANN Rn 6) kann die Möglichkeit, durch Entgegennahme von Willenserklärungen geschädigt zu werden, nur dahin verstanden werden, daß nicht der Zugang der fremden Willenserklärung von der Einwilligung des Betreuers abhängen soll, sondern daß die sich aus der Willenserklärung ergebenden Rechtsfolgen erst mit Zugang an den Betreuer eintreten sollen, entspr der Regelung des § 131.

Die Beschränkung des Einwilligungsvorbehalts auf Willenserklärungen ist bei der Formulierung des Einwilligungsvorbehalts zu beachten, wenn der Kreis der von ihm zu erfassenden Willenserklärungen bezeichnet werden muß. Mit der vom Gesetzgeber für die Altfälle der ehemaligen Vormundschaft und der vorläufigen Vormundschaft gebrauchten Formulierung (Einwilligungsvorbehalt für den gesamten Aufgabenkreis, Art 9 § 1 Abs 3 BtG) wird die globale Beschreibung des Einwilligungsvorbehalts zugelassen; erfaßt werden von dem so bezeichneten Einwilligungsvorbehalt jedoch nur die innerhalb dieses Vorbehalts anfallenden Willenserklärungen und geschäftsähnlichen Handlungen, wobei der Ausschluß des Abs 2 auch für diese Fälle zu beachten ist. Es kann Schwierigkeiten bereiten, den Kreis der Rechtsgeschäfte und Willenserklärungen präzise zu beschreiben, für deren Wirksamkeit die Mitwirkung des Betreuers erforderlich ist (DIECKMANN JZ 1988, 789, 794). Der Erforderlichkeitsgrundsatz läßt es aber auch bei der Anordnung eines Einwilligungsvorbehalts nicht zu, den Kreis der einwilligungsbedürftigen Willenserklärungen weiter zu ziehen als unbedingt erforderlich. Er zwingt dazu, den Kreis einzuschränken, wenn der Vorbehalt insoweit nicht mehr erforderlich erscheint (BT-Drucks 11/4528, 136 ff).

b) Einwilligungsvorbehalt in Angelegenheiten elterlicher Sorge?

25 Fraglich ist die Zulässigkeit eines Einwilligungsvorbehalts in Angelegenheiten elterlicher Sorge. Folgende Konstellationen sind zu unterscheiden: Kann das Vormundschaftsgericht einen Einwilligungsvorbehalt anordnen, der Angelegenheiten der elterlichen Sorge erfaßt? Kann ein, insbesondere nach den Übergangsbestimmungen, bestehender umfassender Einwilligungsvorbehalt Willenserklärungen im Rahmen der Ausübung elterlicher Sorge erfassen? Löst ein umfassender Einwilligungsvorbehalt das (beschränkte) Ruhen der elterlichen Sorge gem § 1673 Abs 2 aus? Die erste und die dritte Frage werden von STAUDINGER/COESTER (2004) § 1673 Rn 9 und 10 verneint; die zweite Frage wird dadurch mittelbar beantwortet. Das Problem stellt sich nur in bezug auf Willenserklärungen, die im Rahmen elterlicher Sorgerechtsausübung abgegeben oder entgegengenommen werden. Erziehungshandlungen, die nicht unter den Begriff der Willenserklärung unterzuordnen sind (reine Versorgungshandlungen, Strafaktionen uä), entfallen als Gegenstand eines Einwilligungsvorbehalts von selbst. Einwilligungen und Genehmigungen, die Eltern (Vormund) zu Willenserklärungen ihrer Kinder abgeben, können von einem Einwilligungsvorbehalt zu Lasten eines Elternteils nicht erfaßt werden, weil sie lediglich die Erklärung der Kinder wirksam werden, aber nicht unmittelbar in der Person des Betreuten Rechte und Pflichten entstehen lassen. S auch oben § 1902 Rn 34.

3. Abwendung erheblicher Gefahren für die Person oder das Vermögen des Betreuten

Wegen des erheblichen Eingriffs, der in der Anordnung eines Einwilligungsvorbehalts liegt, darf nur eine erhebliche Gefahr berücksichtigt werden (BT-Drucks 11/4528, 136). Die Gefahr geringfügiger Vermögensschäden rechtfertigt einen Einwilligungsvorbehalt nicht (BT-Drucks 11/4528, 136). Nach Auffassung des RegEntw soll ein Bedürfnis für einen Einwilligungsvorbehalt aber auch in (wirtschaftlich) geringfügigen Angelegenheiten des täglichen Lebens bestehen (s § 1903 Abs 3 S 2). Als Beispiel nennt die amtl Begr den Alkoholiker, der durch die Anordnung des Einwilligungsvorbehalts daran gehindert werden soll, sich – rechtswirksam – kleinere Mengen alkoholischer Getränke zu verschaffen (BT-Drucks 11/4528, 136). Dieses Beispiel ist jedoch in mehrfacher Hinsicht unbrauchbar. Das kann hier nicht in allen Einzelheiten diskutiert werden; Andeutungen müssen genügen. Ist der Alkoholiker in der Lage, sich Alkohol selbst zu beschaffen, ist schon fraglich, ob und insbesondere für welche Aufgabenkreise eine Betreuerbestellung notwendig und sinnvoll ist (näher dazu BIENWALD, BtR § 1896 Rn 78 ff); hinzu kommt die zweifelhafte Praktikabilität einer solchen Maßnahme, schließlich die Frage, ob der Einwilligungsvorbehalt iSd Erforderlichkeitsgrundsatzes geeignetes Mittel ist, ob nicht durch eine Aushändigung entsprechend kleiner Mengen Bargeld ein gleicher Effekt erzielt werden könnte.

Der Einwilligungsvorbehalt muß einerseits dem Grunde nach notwendig, andererseits von seiner Praktikabilität her geeignet sein, die drohende Gefahr abzuwenden. Wäre der Einwilligungsvorbehalt als Mittel der Gefahrenabwehr untauglich, weil der Betreute sich trotzdem den Schaden zufügt oder zufügen kann, den die Anordnung des Einwilligungsvorbehalts verhindern sollte, dürfte er als untaugliches Mittel nicht angeordnet werden. Dies muß auch mit Rücksicht auf den Betreuer beachtet werden, der in der Lage sein muß, den Einwilligungsvorbehalt zu realisieren. Damit wird ein etwaiges Drittinteresse zur Begründungsvoraussetzung nicht für den Einwilligungsvorbehalt, wohl aber für seine Vermeidung, gemacht.

Für die Berechtigung des Einwilligungsvorbehalts sind die wirtschaftlichen Verhältnisse des Betreuten sowie die Vollstreckungsaussichten eines Prozeß- oder Verfahrensgegners grundsätzlich ohne Interesse. Deshalb kann ein Einwilligungsvorbehalt auch bei einem umfangreichen Vermögen des Betreuten nur dann angeordnet werden, wenn konkrete Anhaltspunkte für eine Vermögensgefährdung (erheblicher Art) vorliegen (LG München I v 27.11.2000 – 13 T 16848). Entgegen einer bei Praktikern gelegentlich vorzufindenden Auffassung muß sich die Betreuung nicht auf die gesamte Vermögenssorge erstrecken, damit dann hinsichtlich eines Teils davon (zB „Abschluß von verpflichtenden Verträgen über Leistungen des Betreuten von mehr als Y-Euro") ein Einwilligungsvorbehalt angeordnet werden kann. Es geht darum, mit Hilfe des Einwilligungsvorbehalts Selbstschädigungen in bezug auf die Vermögenslage zu verhindern. Deshalb hat die Anordnung eines Einwilligungsvorbehalts auch dann ihren Sinn, wenn ein vermögensloser Betreuter wie ein Hochstapler Schulden macht (so das Beispiel für die aA von DAMRAU/ZIMMERMANN Rn 4 zu § 1903). Der Betreute kann erheblichen Schaden allein dadurch erleiden, daß der Gläubiger trotz geringer Vollstreckungsaussichten den Schuldner (Betreuten) in ein Verfahren zur Erlangung eines Vollstreckungstitels zieht. Nach BayObLG (FamRZ 2000, 1327 = BtPrax

2000, 123) kann die Anordnung eines Einwilligungsvorbehalts dann erforderlich sein, wenn der Betroffene eine erhebliche schuldrechtliche Verpflichtung ohne Gegenleistung eingeht und der beurkundende Notar die Geschäftsunfähigkeit des Betroffenen nicht erkennt. Auch wenn bei einem Mangel an Vermögen der Vermögensschaden nicht erheblich sein mag, bleibt doch die Gefahr einer erheblichen Beeinträchtigung der Person, indem der Kredit bzw die Vertrauenswürdigkeit des Betreuten in Zweifel gezogen wird. **Schützenswert ist die Person als soziales Wesen.** Der Einwilligungsvorbehalt kann deshalb auch dann erforderlich sein, wenn er geeignet ist, den Betreuten vor dem Absinken ins soziale Abseits zu bewahren. Die Anordnung eines Einwilligungsvorbehalts kann erforderlich und berechtigt sein für den Aufgabenkreis Vermögenssorge, um eine (weitere) Verschuldung des Betroffenen zu verhindern, auch wenn dieser vermögenslos ist (BayObLG FamRZ 1997, 902 = Rpfleger 1997, 307 = BtPrax 1997, 160). Die Anordnung eines Einwilligungsvorbehalts ist auch dann gerechtfertigt, wenn der Betreute wegen seiner durch eine psychische Erkrankung bedingten Wahnvorstellungen (die insoweit seine Einsichtsfähigkeit ausschließen) tatsächlich nicht bestehende Ansprüche verfolgt und hierdurch Geld und andere Vermögenswerte aufs Spiel setzt (BayObLG v 9. 10. 1996 – 3 Z BR 203/96). Soll ein Einwilligungsvorbehalt im Zusammenhang mit der Verursachung sinnloser Gerichtskosten durch den Betroffenen angeordnet werden, hat das Gericht konkret zu prüfen, ob diese Maßnahme geeignet ist, eine erhebliche Vermögensgefahr von dem Betroffenen abzuwenden (OLG Schleswig Rp 2005, 350 = FamRZ 2005, 1196 [LSe]) Ein Einwilligungsvorbehalt kann nicht angeordnet werden, wenn der Betroffene einem Sparzwang unterliegt und der Betreuer nur bei persönlicher Übergabe der laufenden Bezüge zum Lebensunterhalt die Möglichkeit erhält, sich über den Gesundheits- und Ernährungszustand des Betreuten sowie den Zustand der Wohnung zu informieren (LG München I FamRZ 1999, 1303). Hat die betreute Person über Jahre hinweg nicht selbständig am Rechtsverkehr teilgenommen und läßt auch das Krankheitsbild eine Änderung dieses Verhaltens nicht erwarten, reichen bloße Befürchtungen zukünftiger rechtsgeschäftlicher Aktivitäten nicht aus, einen angeordneten Einwilligungsvorbehalt aufrechtzuerhalten (OLG Zweibrücken FamRZ 1999, 1171). Ist der Betreute dagegen, daß der Betreuer eine EU-Rente beantragt, müßte ein Einwilligungsvorbehalt (nur) angeordnet werden, wenn der Betreute die Absicht hätte und dies auch konkret zu befürchten wäre, daß er eine Verzichtserklärung abgibt.

28 **Gefahren** für die Person oder das Vermögen können alle unmittelbaren oder mittelbaren Nachteile sein, die sich für den Betroffenen daraus ergeben würden, daß er durch Willenserklärungen rechtlich nicht vorteilhafte Geschäfte zustande kommen läßt oder Interventionen in bezug auf Betreuerhandeln vollzieht, die sich rechtlich negativ auswirken. Dazu gehören Statusänderungen, Verlust oder drohender Verlust der Kreditwürdigkeit, drohender Verlust der Wohnung iwS, Verlust des sozialen Status, Verschuldung, die Rolle als Beklagter im Prozeß und als Vollstreckungsschuldner in der Zwangsvollstreckung mit den kostenrechtlichen Folgen, die Gefahr der Eintragung ins Schuldnerverzeichnis des Amtsgerichts oder in ähnliche Verzeichnisse von Banken und Kreditinstituten, etwa mit dem Erfolg, daß kein Institut zur Führung eines Girokontos bereit ist und damit die Arbeitsaufnahme erschwert wird, Verlust der Arbeitsstelle, Ausgeschlossenwerden von Fördermaßnahmen verschiedener Art, drohendes Strafverfahren aufgrund von Willenserklärungen mit strafrechtlich relevantem Gehalt, wirtschaftliche Nachteile durch Veräußerungen unter Wert. Zum Aufgabenkreis der Vertretung des Betreuten gegenüber Behörden

und Gerichten und des darauf bezogenen Einwilligungsvorbehalts BayObLG FamRZ 1998, 454 sowie Bienwald BtPrax 2003, 71.

Ob die Gefahren **erheblich** sind, wie es das Gesetz als Voraussetzung für die Anordnung eines Einwilligungsvorbehalts verlangt, hängt in erster Linie von den persönlichen und den das Vermögen betreffenden Umständen des konkreten Einzelfalles ab. Verallgemeinerungen sind im allgemeinen untauglich. Dagegen ist es zulässig, typische Verhaltensweisen bestimmter Gruppen von Kranken oder Behinderten zu berücksichtigen und daraus Schlüsse zu ziehen, in welchem Umfang mit Schäden zu rechnen ist. Begrifflich muß die Gefahr von Bedeutung sein; es muß sich um Nachteile von Gewicht handeln; sie müssen nennenswert, der Rede wert sein. Sie kommen – abgesehen von der Ausnahme des Abs 3 S 2 – dann nicht für die Anordnung eines Einwilligungsvorbehalts in Betracht, wenn man sie als unerheblich, unbedeutend, nicht der Rede wert charakterisiert; wenn sie – auf die Person oder das Vermögen bezogen – keine nachhaltigen Wirkungen zeigen oder eher belanglos sind. Es handelt sich um einen unbestimmten Rechtsbegriff, der in vollem Umfang der Prüfung durch die Rechtsmittelgerichte unterliegt. **29**

Im Bereich der Geldwirtschaft (um den Begriff der Vermögenssorge wegen der Zuordnungsprobleme zu vermeiden) ist die Anordnung eines Einwilligungsvorbehalts dann geboten, wenn der Betreute infolge seiner Krankheit oder Behinderung (völlig) unkontrolliert Ausgaben tätigt oder Verpflichtungen eingeht, mit denen er sich unmittelbar Schaden zufügt, indem er in erheblichem Umfang (auf das Verhältnis von Ausgabenhöhe und Zeit bezogen) sein Vermögen, das er für seinen weiteren Lebensunterhalt und die Erfüllung seiner Verpflichtungen in absehbarer Zeit benötigt, reduziert. Droht der Betreute sich zu überschulden iSd neueren Theorie der Schuldnerberatung, dh Verpflichtungen einzugehen, die er in absehbarer Zeit aus eigenen Mitteln nicht mehr begleichen kann, ist die Anordnung eines Einwilligungsvorbehalts geboten.

Die Erheblichkeit der Gefahr betrifft sowohl den Umfang des drohenden Schadens als auch die Wahrscheinlichkeit seines Eintritts (Erman/Holzhauer Rn 9).

4. Anwendung in Personensorgeangelegenheiten

Der Einwilligungsvorbehalt kann auch in Angelegenheiten der Personensorge angeordnet werden, wenn auch nur in besonders gelagerten Ausnahmefällen (BT-Drucks 11/4528, 136). Das im RegEntw gewählte Beispiel des Vaterschaftsanerkenntnisses ist nicht unrealistisch, kommen doch immer wieder Fälle vor, in denen Männer eine Vaterschaft für Kinder anstreben, deren genetische Väter sie nicht sind. Als Beispiel für eine Gefährdung in Angelegenheiten der Person nur in bezug auf den Status als Vater und dessen Rechte interessant hat die Anerkennung einer Vaterschaft in erster Linie Auswirkungen auf das Vermögen des Betreuten (etwa den Unterhaltsanspruch des Kindes sowie erbrechtliche Konsequenzen). **30**

Die Gefährdung des Betreuten kann im Bereich seines Lebens, seiner Gesundheit oder anderer wichtiger Persönlichkeitsgüter liegen (MünchKomm/Schwab Rn 9). In Betracht kommt eine Gefährdung der rechtsgeschäftlichen Entschließungsfreiheit, wenn ein geistig Behinderter oder psychisch Kranker durch versierte Geschäftspartner (häufig) übervorteilt oder die Abhängigkeit (Sucht) des Betroffenen ausgenutzt wird. Der Einwilligungsvorbehalt in bezug auf das Aufenthaltsbestimmungsrecht (krit dazu oben Rn 21) gehört ebenfalls zum Bereich der Angelegenheiten der Personensorge.

5. Kein Schutz von Drittinteressen

31 Die Anordnung eines Einwilligungsvorbehalts muß zur Abwendung erheblicher Gefahr für den Betreuten erforderlich sein. Zum Schutz Dritter ist der Einwilligungsvorbehalt nicht vorgesehen (OELKERS 79; MünchKomm/SCHWAB Rn 13; aA das BayObLG in der aber wohl vereinzelt gebliebenen Entscheidung BayObLGZ 1993, 346 = BtPrax 1994, 136, 137 = FamRZ 1994, 1135 [LS] = BtE 1994/95, 112). Der Gesetzgeber hielt den Schutz Dritter durch diese Maßnahme nicht für geboten (BT-Drucks 11/4528, 136). So ist zB die Vermeidung einer eines Tages eintretenden Sozialhilfebedürftigkeit des Betreuten allein kein Grund für die Anordnung eines Einwilligungsvorbehalts zur Beschränkung seiner Ausgaben.

Ebensowenig reicht als alleiniger Zweck die Erleichterung der Führung der Betreuung aus (so auch ERMAN/HOLZHAUER Rn 11; s außerdem oben Rn 1 sowie MünchKomm/SCHWAB Rn 10). Ist die Anordnung eines Einwilligungsvorbehalts zum Schutze des Betreuten und zur Abwehr erheblicher Gefahren für den Betreuten erforderlich, schadet es nichts, daß die Maßnahme auch für Dritte oder den Betreuer von (und sei es auch nur ein ideeller) Vorteil ist (ebenso ERMAN/HOLZHAUER Rn 11).

Die Anordnung eines Einwilligungsvorbehalts kann nicht mit dem Anliegen der Familienangehörigen begründet werden, das „Familienvermögen" zu erhalten (MünchKomm/SCHWAB Rn 13). Im Einzelfall kann es aber geboten sein, mittelbar Dritte davor zu schützen, daß der Betreute als Nichtberechtigter verfügt und dadurch, sofern nicht Bösgläubigkeit vorliegt (§ 932 Abs 1 und 2), den Verlust des Eigentums Dritter bewirkt. Da in einem solchen Falle Ansprüche gegen den nichtberechtigt Verfügenden erhoben werden können, würde der Einwilligungsvorbehalt auch zur Gefahrenabwehr im Interesse des Betreuten liegen.

32 Das Interesse von Gläubigern daran, daß das vollstreckungsfähige Vermögen nicht durch willkürliche Maßnahmen vermindert wird, liegt nicht im Zweckbereich des Einwilligungsvorbehalts (MünchKomm/SCHWAB Rn 13). Der Schutz des Betreuten vor sich selbst durch Anordnung eines Einwilligungsvorbehalts könnte jedoch zugleich den Interessen von Gläubigern dienen. „Verschwendung" allein kann schon deshalb die Anordnung eines Einwilligungsvorbehalts nicht rechtfertigen, weil der Begriff nicht präzise genug ist, um als Voraussetzung zu dienen. Abs 1 S 1 verlangt eine erhebliche Gefahr für das Vermögen des Betreuten, die schon dann gegeben sein kann, wenn der Betreute „über seine Verhältnisse" lebt, also Verpflichtungen eingeht, die er nicht erfüllen kann, ohne daß dies unnötige oder zu seinem Vermögen in keinem Verhältnis stehende unnütze Ausgaben sein müssen (STAUDINGER/COING/HABERMANN[12] § 6 Rn 24 zum bisherigen Recht). Entgegen MünchKomm/SCHWAB (Rn 13) kann jedoch „Verschwendung" von Vermögenswerten nicht nur unter dem Aspekt der Selbstgefährdung gesehen werden. Maßgebend ist die Gesamtsituation, in der sich der Betreute befindet, dh auch seine Schuldenlage. Erstreckt sich die Betreuung zB auf die Besorgung von Vermögensangelegenheiten, zu denen auch die Erfüllung von

Unterhaltsansprüchen oder die Einhaltung von Verpflichtungen im Rahmen eines Schuldenregulierungsverfahrens gehört, kann ein Einwilligungsvorbehalt darauf bezogen erforderlich sein, um den Betreuten daran zu hindern, durch verschwenderische Vermögensdispositionen die Gläubigerposition und mittelbar die Schuldnerposition deutlich zu verschlechtern. Allerdings ist in solchen Fällen auch die Prüfung angezeigt, ob der Betreute „sich helfen lassen will", ob die Betreuerbestellung noch aufrechterhalten werden soll und darf.

6. Einwilligungsvorbehalt auch bei Geschäftsunfähigkeit

Die Anordnung eines Einwilligungsvorbehalts ist unabhängig von der Feststellung 33 der Geschäftsfähigkeit oder Geschäftsunfähigkeit des Betreuten. Ebensowenig wie für die Bestellung eines Betreuers hat das Betreuungsrecht das Vorliegen der Geschäftsfähigkeit oder Geschäftsunfähigkeit zur Voraussetzung eines Einwilligungsvorbehalts erhoben (bei JÜRGENS ua Rn 184 ist wohl irrtümlich von Geschäftsfähigkeit die Rede; zu den Motiven für die Regelung s BT-Drucks 11/4528, 136 ff). Die Tatsache, daß für einen geschäftsunfähigen Betreuten ein Einwilligungsvorbehalt angeordnet wird, ist deshalb nicht eine Frage der Statthaftigkeit dieses Rechtsinstituts. Hierfür spricht insbesondere die Übergangsregelung des BtG, die einen Einwilligungsvorbehalt für alle früher unter Vormundschaft gestellten Personen vorsieht (Art 9 § 1 Abs 3 BtG), mithin auch für solche Betreute, die jedenfalls nach altem Recht infolge von Entmündigung wegen Geisteskrankheit geschäftsunfähig waren (§ 6 Abs 1 Nr 1 aF, § 104 Nr 3 aF). Auch unter denjenigen, die unter vorläufige Vormundschaft gestellt waren (§ 114, 1906 aF), konnten sich Personen befinden, die in natürlichem Sinne geschäftsunfähig waren (§ 104 Nr 2). Es ist deshalb eine Frage der Erforderlichkeit und nicht der Statthaftigkeit, ob für einen Betreuten, der in natürlichem Sinne geschäftsunfähig ist und dessen Willenserklärungen ohnehin nichtig sind (§ 104 Nr 2, § 105 Abs 1), ein Einwilligungsvorbehalt angeordnet werden kann oder darf (s dazu BayObLG FamRZ 2000, 567 [LS]). Die Willenserklärung eines Betreuten kann nichtig sein, wenn und obwohl ein Einwilligungsvorbehalt angeordnet ist und der Betreuer zu der Willenserklärung seine „Einwilligung" gegeben hat. Es ist die Frage, ob dieser Einwilligung zu einer nichtigen Willenserklärung des Betreuten mehr als nur die Bedeutung eines natürlichen Einverständnisses zukommen kann. Eine **partielle Geschäftsunfähigkeit** des Betreuten steht der Anordnung eines Einwilligungsvorbehalts nicht entgegen (BayObLG FamRZ 1994, 1135 [LS] = BtPrax 1994, 136; FamRZ 1995, 1518; s auch oben Rn 8).

Zu Recht wurde während der Vorarbeiten zum Betreuungsgesetz kritisiert, daß der Gesetzgeber sich zu einer eindeutigen Abgrenzung nicht entschließen konnte (BÜRGLE NJW 1988, 1881, 1883; DIECKMANN JZ 1988, 789, 794). Bei den Arbeiten am Entwurf war erwogen worden, § 1903 E dahingehend zu ergänzen, daß in Fällen natürlicher Geschäftsunfähigkeit die Willenserklärung dieses geschäftsunfähigen Betreuten, die mit Einwilligung seines Betreuers erfolgte, wirksam ist. Dies hätte, so der RegEntw (BT-Drucks 11/4528, 137), dem Betreuten auch bei einer schweren psychischen Krankheit oder geistigen oder seelischen Behinderung eine Teilnahme am Rechtsverkehr – wenn auch unter Mitwirkung des Betreuers – ermöglicht. Für den Rechtsverkehr hätte eine solche Regelung nach Auffassung des RegEntw (aaO) den Vorteil gehabt, daß er sich bei Zustimmung des Betreuers auf die Wirksamkeit der Erklärung des Betreuten verlassen könnte, ohne daß es auf die vielfach schwierig zu beurteilende

Frage ankäme, ob der Betreute geschäftsunfähig ist bzw war. Auf eine solche Regelung wurde jedoch im Hinblick darauf verzichtet, daß die Einwilligung des Betreuers in eine Willenserklärung des Betreuten oder seine Genehmigung eines Vertrages idR als Eigenvornahme durch den Betreuer umgedeutet werden könnte (BT-Drucks 11/4528, 137; krit dazu im einzelnen ERMAN/HOLZHAUER Rn 20; MünchKomm/SCHWAB Rn 17 f sowie SCHWAB FamRZ 1992, 493, 505). Mit dem Hinweis, die Einwilligung oder Genehmigung des Betreuers werde idR als Eigenvornahme durch den Betreuer umgedeutet werden können, es werde auch möglich sein, den Betreuer als Erklärenden und den Betreuten als Boten anzusehen (BT-Drucks 11/4528, 137 re Sp), bewegt sich die amtl Begr auf der Linie des bisherigen Rechts, das an anderer Stelle des RegEntw heftig kritisiert wurde (BT-Drucks 11/4528, 50 li Sp). Schon bisher konnte eine reale Teilnahme eines geschäftsunfähigen Mündels oder unter „Zwangspflegschaft" stehenden Pflegebefohlenen dadurch ermöglicht und mit dem geltenden Recht vereinbar begründet werden, daß man das Rechtsgeschäft als eigenes des Vormunds/Pflegers umdeutete oder/und den Mündel/Pflegebefohlenen als Boten deklarierte, der zwar tätig wird, aber eine fremde Willenserklärung transportiert.

34 Die Entscheidung des Gesetzgebers ist, abgesehen davon, daß der Begründung nicht zu folgen ist, aus mehreren Gründen zu kritisieren. Der Rückgriff auf alte Lösungsmuster (Konversion, § 140, und die an anderer Stelle des RegEntw genannte Botenkonstruktion; vgl zu dieser STAUDINGER/SCHILKEN [2004] Vorbem 73 ff zu § 164) widerspricht dem Reformziel, den Betroffenen am Rechtsleben stärker als bisher teilhaben zu lassen und ihn aus der rechtlichen Abhängigkeit vom Betreuer zu lösen (BT-Drucks 11/4528, 59 ff); sie steht aber auch mit dem Gesetzeswortlaut nicht in Einklang. Ein wirklicher, auch von der Verfassung getragener Fortschritt wird nur dadurch erreicht, daß die Regelung des § 1903 dem Betreuten ein reales Handeln aus eigenem Recht ermöglicht. Wenn der Gesetzgeber gewollt oder in Kauf genommen hat, daß Einwilligungsvorbehalte auch bei Geschäftsunfähigkeit von Betreuten bestehen können, hätte er, weil die Fälle auf die Gesamtzahl von Betreuungen bezogen keine Seltenheit sind (man denke an die vielen Zwangspflegschaften der Vergangenheit), eine eigene Folgeregelung treffen müssen. Mit der Formulierung der Funktionsweise des Einwilligungsvorbehalts des Abs 1 S 1 werden nur diejenigen Fälle erfaßt, bei denen Geschäftsunfähigkeit nicht vorliegt. Für alle diejenigen Fälle, bei denen der unter Einwilligungsvorbehalt stehende Betreute geschäftsunfähig ist, enthält das Gesetz nicht etwa nur eine Fiktion, sondern eine Fehlinformation. Im übrigen erklärt die Begründung des RegEntw nicht, wie mit denjenigen Fällen umzugehen ist, die mangels möglicher Umdeutung unwirksam bleiben müssen. Der Betreute, ginge er der Sache nach, würde erfahren, daß ihm aufgrund des Einwilligungsvorbehalts eine Handlungsmöglichkeit eröffnet wird, die dann aber ins Leere geht.

35 Dürfte Abs 3 S 1 auf den – objektiv gesehen – geschäftsunfähigen Betreuten, für den ein Einwilligungsvorbehalt wegen der zu besorgenden Selbstschädigung angeordnet wurde, nicht angewendet werden, könnten Willenserklärungen, die dem Betreuten lediglich einen rechtlichen Vorteil bringen und die dementsprechenden Angebote nur dann wirksam sein, wenn der Betreute als Bote gehandelt hätte und die Erklärungen dem Betreuer zugegangen wären oder deren Nichtigkeit über die Konversion zu heilen wäre. Das Ziel einer verstärkten Teilnahme am Rechtsverkehr durch die Bestimmung des Abs 3 S 2 kann für einen natürlich geschäftsunfähigen Betreuten aber nur dann erreicht werden, wenn akzeptiert wird, daß diese Vorschrift dem

Betreuten eine auf diese Angelegenheit bezogene relative Geschäftsfähigkeit einräumt. Würde auch in Fällen des Abs 3 S 2 mit der Botenstellung gearbeitet werden, läge eine die Führung der Betreuung betreffende Zwangsregelung für den Betreuer vor. Mit der Anordnung des Einwilligungsvorbehalts wäre dieser Bereich der Einwilligungsentscheidung des Betreuers entzogen und statt dessen fingiert, er habe – generell unbestimmt, denn ob der Betreute handelt, wird sich erst herausstellen – den Betreuten als Boten für den Abschluß solcher Rechtsgeschäfte bestellt. Hätte der Betreute, der unter Einwilligungsvorbehalt steht, aus fremdem/abgeleitetem Recht die Möglichkeit, die geringfügigen Angelegenheiten des täglichen Lebens zu besorgen, dürfte der Betreuer auch von sich aus die Befugnis widerrufen. Das sieht die Vorschrift aber nicht vor, sondern es bedarf der gerichtlichen Entscheidung für eine Rechtsbeschränkung. Dieses Verfahren sieht das Gesetz ebenso für geschäftsunfähige wie für geschäftsfähige Betreute vor. Angesichts der unvollständigen, die Konsequenzen eines Einwilligungsvorbehalts nicht voll enthaltenden Gesetzesbestimmung kann der Auffassung, inhaltlich liege – zumindest im Falle des Abs 3 S 2 – relative Geschäftsfähigkeit vor, nicht entgegengehalten werden, der Gesetzgeber hätte dies deutlich regeln müssen (so aber DIECKMANN in der Besprechung v BIENWALD, BtR[1] NJW 1993, 642; s auch MünchKomm/SCHWAB Rn 17 m Fn 38; wie hier BÖHMER StAZ 1992, 65, 67). Der Gesetzgeber hat eine deutliche Regelung getroffen, daß der Betreute zu bestimmten Handlungen der Einwilligung des gesetzlichen Vertreters nicht bedarf, unabhängig davon, ob er geschäftsfähig oder nicht geschäftsfähig ist. Zur „relativen Geschäftsfähigkeit" der Betreuten auch (befürwortend) PAWLOWSKI JZ 2003, 66 (72).

Auch wenn die Anordnung eines Einwilligungsvorbehalts bei Geschäftsunfähigen in **36** Betracht kommt, tatsächlich stattfindet (Ermittlungen in dieser Hinsicht sind nur begrenzt erforderlich) und damit dem Zweck dient, den Betroffenen davor zu bewahren, wegen Beweisschwierigkeiten an einer für ihn nachteiligen Willenserklärung festgehalten zu werden (BT-Drucks 11/4528, 61), kann die materiell-rechtliche Lösung nicht vernachlässigt und etwa darin gesehen werden, die Willenserklärung des geschäftsunfähigen Betreuten weiterhin nach § 105 Abs 1 auch dann als nichtig zu betrachten, wenn der Betreuer eingewilligt hat (BT-Drucks 11/4528, 137). Konversion und Eigenvornahme als Instrumente zur Aufrechterhaltung oder Heilung des allein durch die Einwilligung oder Genehmigung des Betreuers nicht wirksam werdenden Rechtsgeschäfts reichen nicht aus. Die Absicht, den Betreuten gemäß seinen ihm verbliebenen Fähigkeiten – uU in ganz geringem Maße – am Rechtsleben teilhaben zu lassen, wird so nicht erreicht. Bedenklich ist die Vorstellung des Gesetzgebers insbesondere im Hinblick auf die uneingeschränkte entsprechende Anwendung der §§ 112, 113. Muß es schon als ein Widerspruch angesehen werden, einem Betroffenen zur Besorgung seiner Angelegenheiten einen Betreuer bestellen zu müssen, ihn aber dennoch für fähig zu halten, selbständig ein Erwerbsgeschäft – wenn auch mittels Einwilligungsvorbehalts kontrolliert – zu führen (§ 112 Abs 2; skeptisch auch MünchKomm/SCHWAB Rn 55 und VON SACHSEN-GESSAPHE, Der Betreuer als gesetzlicher Vertreter für eingeschränkt Selbstbestimmungsfähige, 440), fragt es sich, wie sich diese Norm im Falle der Geschäftsunfähigkeit des Betroffenen auswirken soll (krit BIENWALD RsDE 1989 Heft 7, 1, 21). Auch die entsprechende Anwendung des § 113 läßt sich nur denken in Fällen, bei denen davon ausgegangen werden kann, daß der Betreute nicht geschäftsunfähig ist. Nicht unproblematisch ist ferner die unterschiedliche Zuständigkeit von Richter und Rechtspfleger. Während der Richter über die Anordnung des Einwilligungsvorbehalts, seine Erweiterung, Einengung oder Aufhebung befindet, entscheidet der Rechtspfleger über die Genehmigung der Ermächtigung und damit über die Lockerung des Einwilligungsvorbehalts (§ 3 Nr 2 a, § 14 Abs 1 RPflG; kein Richtervorbehalt).

37 Sind trotz der Verwendung der Lösungsmuster von Konversion und Botenstellung nicht alle Fälle lösbar, kann sich der Rechtsverkehr nicht darauf verlassen, daß die Einwilligung oder Genehmigung des Betreuers im Falle eines bestehenden Einwilligungsvorbehalts die Willenserklärungen des Betreuten wirksam werden läßt.

Die Begründung des RegEntw, der Betreute sei beweispflichtig, daß er im Zeitpunkt der Abgabe der Willenserklärung geschäftsunfähig war, dieser Beweis sei mit fortschreitender Zeitdauer immer schwieriger zu führen (BT-Drucks 11/4528, 137 re Sp), berücksichtigt nicht genügend die unterschiedlichen Interessen- und Verfahrenslagen. Ob der Betreute beweispflichtig ist, läßt sich nicht abstrakt beantworten. Die Annahme, der Geschäftsunfähige müsse beweisen, daß seine Willenserklärungen nichtig sind (SCHMIDT/BÖCKER Rn 39), verkennt die Funktionsweise der Beweislastregel, daß derjenige, der sich auf die für ihn günstige Norm beruft, notfalls die Tatsachen dafür beweisen muß und den Nachteil zu tragen hat, wenn der Sachverhalt nicht in seinem Sinne geklärt wird. Die jeweilige Interessenlage und das prozessuale Vorgehen eines der Kontrahenten bestimmt in der Regel, ob es für die eine oder die andere Seite von Bedeutung ist, daß das Rechtsgeschäft aufgrund von § 104 Nr 2, § 105 Abs 1 nichtig ist.

7. Einwilligungsvorbehalt und Prozeßfähigkeit des Betreuten

38 Wird in einem Rechtsstreit eine prozeßfähige Person durch einen Betreuer vertreten, so steht sie für den Rechtsstreit einer nicht prozeßfähigen Person gleich (§ 53 ZPO). Für das Betreuungsverfahren ist der Betroffene/Betreute jedoch ohne Rücksicht auf seine Geschäftsfähigkeit verfahrensfähig. Dies gilt für die Bestellung eines Betreuers, dessen Abbestellung, die Aufhebung der Betreuung und die den Aufgabenkreis des Betreuers verändernden Entscheidungen.

Die durch Art 4 Nr 1 BtG neugefaßte Vorschrift des § 53 ZPO (zu den anderen Verfahrensordnungen s § 1896 Rn 180) schließt (erkennbar) konkurrierendes Handeln von Betreuer und Betreutem im Prozeß aus, soweit diese Regelung reicht. Wer geschäftsunfähig ist und einen Betreuer hat, kann ohnehin mangels Prozeßfähigkeit Prozeßhandlungen nicht wirksam vornehmen (§ 52 ZPO). Wurde ein Einwilligungsvorbehalt angeordnet, der die Befugnis des Betreuers zur Ermächtigung des Betreuten nach § 112 oder § 113 enthält, hat der Vollzug einer solchen Ermächtigung eine gegenständlich beschränkte volle Prozeßfähigkeit für Verfahren, die mit den Bereichen der Ermächtigung zusammenhängen, zur Folge (BORK MDR 1991, 97, 98). Während materiellrechtlich die Anordnung eines Einwilligungsvorbehalts unabhängig von einer vorher festgestellten Geschäftsfähigkeit oder Geschäftsunfähigkeit verfügt werden kann, hat das Betreuungsrecht eine entsprechende Regelung für das Prozeßrecht nicht vorgesehen. Da die Anordnung eines Einwilligungsvorbehalts das Nebeneinanderhandeln von Betreuer und Betreutem nicht ausschließt, dies aber für den Zivilprozeß in jedem Falle ausgeschlossen sein soll, kommt die Anordnung eines Einwilligungsvorbehalts für Betreute innerhalb der Zuständigkeit des Betreuers für das Verfahren nicht in Betracht. Der Einwilligungsvorbehalt ist mithin ein Institut des materiellen Rechts, nicht des Prozeßrechts. Für materiell-rechtliche Erklärungen im Rahmen eines Prozesses und Erklärungen außerhalb des Verfahrens verbleibt es bei der Regelung des § 1903. Der Betreute ist nicht prozeßunfähig, soweit er geringfügige Angelegenheiten des täglichen Lebens nach § 1903 Abs 3 S 2 besorgt (hat), (MünchKomm/Schwab Rn 91 mN); die Wahrscheinlichkeit, daß es hier zu Rechtsstreitigkeiten kommt, dürfte nicht groß sein (von Sachsen Gessaphe 444).

8. Einwilligungsvorbehalt bei Bestehen einer Betreuerbestellung nach § 1896 Abs 3

Nach § 1896 Abs 3 kann als Aufgabenkreis des Betreuers auch die Geltendmachung von Rechten des Betreuten gegenüber seinem Bevollmächtigten bestimmt werden. Die Betreuerbestellung kann den Betreuten davor schützen, daß der Bevollmächtigte unkontrolliert für den Betreuten handelt und ihm gegebenenfalls Schaden zufügt, indem er sich abredewidrig verhält. Die Betreuerbestellung reicht dagegen nicht aus, um den Betreuten vor sich selbst zu schützen. Zur Begrenzung der Handlungsbefugnis des Betreuten, der zwar zu einer sinnvollen Wahrnehmung seiner Rechte außerstande, aber zu störenden Aktivitäten durchaus imstande sein kann, kann deshalb auch bei einer Betreuerbestellung nach § 1896 Abs 3 die Anordnung eines Einwilligungsvorbehalts erforderlich sein. Besondere Schwierigkeiten können sich bei der Begrenzung der Rechtsstellung des Betreuten und ihrer Formulierung ergeben. UU ist es unerläßlich, diesen Einwilligungsvorbehalt auf den gesamten Aufgabenkreis des nach § 1896 Abs 3 bestellten Betreuers zu erstrecken.

IV. Zur Frage der Erforderlichkeit des Einwilligungsvorbehalts

Obwohl nach dem Gesetzeswortlaut ein Einwilligungsvorbehalt nur angeordnet werden darf, soweit dies zur Abwendung einer erheblichen Gefahr für die Person oder das Vermögen des Betreuten erforderlich ist, reicht die Beschreibung der Voraussetzungen in Abs 1 S 1 nicht aus, um alle Fälle, in denen die Anordnung eines Einwilligungsvorbehalts nach dem Willen des Gesetzgebers in Betracht kommt, zu erfassen. Ist der Betreute nicht geschäftsunfähig, kann er im Rechtsverkehr wirksam handeln und sich dadurch Schaden zufügen, indem er etwa für ihn völlig nutzlose Gegenstände kauft, Bestellungen im Versandhandel aufgibt, von denen er kurze Zeit danach nichts mehr wissen will, oder Versicherungsverträge schließt und sich damit „überversichert". Durch die Wirkungsweise des Einwilligungsvorbehalts ist sichergestellt, daß die dem Betreuten rechtlich nachteiligen Rechtsgeschäfte und Willenserklärungen, die in den Aufgabenkreis des Betreuers fallen, nur dann wirksam sind, wenn der Betreuer seine Einwilligung gegeben hat oder (soweit zulässig) nachträglich zustimmt. Der Betreuer hat es demnach in der Hand, in welchem Umfange er die Aktivitäten seines Betreuten – auch unter wirtschaftlichen Gesichtspunkten – billigt.

Ist der Betreute geschäftsunfähig (§ 104 Nr 2), kann er sich materiell-rechtlich gesehen durch Abgabe oder Entgegennahme ihm nachteiliger Willenserklärungen keinen Schaden zufügen, weil seine Willenserklärungen nach § 105 Abs 1 nichtig sind und die ihn erreichenden Willenserklärungen allein dadurch keine Wirksamkeit erlangen (§ 131 Abs 2). Es bedarf deshalb weiterer Kriterien, um einen Einwilligungsvorbehalt dann zu rechtfertigen, wenn der Betreute, ohne daß dies ausdrücklich festgestellt worden sein müßte, tatsächlich in natürlichem Sinne geschäftsunfähig ist (§ 104 Nr 2).

41 Die Anordnung eines Einwilligungsvorbehalts soll – zB – dann nicht erforderlich sein, wenn der Betreute offensichtlich geschäftsunfähig (bei JÜRGENS ua Rn 185 wohl irrtümlich „geschäftsfähig") und keine erhebliche Gefährdung erkennbar ist. Ein Einwilligungsvorbehalt soll auch dann nicht erforderlich sein, wenn der Betreute ohnehin handlungsunfähig ist, keine Willenserklärungen abgeben kann oder vom Rechtsverkehr als geschäftsunfähig erkannt wird (JÜRGENS ua Rn 185; BT-Drucks 11/4528, 137). Nach Auffassung des RegEntw (BT-Drucks 11/4528, 137) besteht die Notwendigkeit für einen Einwilligungsvorbehalt nicht in besonders schweren Fällen, etwa dann, wenn ein geschäftsunfähiger Betreuter seinen Willen zwar kundtun kann, seine psychische Krankheit oder geistige oder seelische Behinderung in schweren Fällen aber so offenkundig ist, daß der Rechtsverkehr seine „Willenserklärungen" ohnehin nicht akzeptiert. Dieser von der Absicht, die Anordnung eines Einwilligungsvorbehalts künftig die Ausnahme sein zu lassen, getragenen Auffassung muß nachdrücklich widersprochen werden, weil sie einen redlichen Geschäftsverkehr voraussetzt, den es nicht ausnahmslos gibt, und außerdem typische Fallkonstellationen außer Betracht läßt, die beweisen, wie in einer konsumorientierten Welt vor den Toren von Wohnungen und Heimen behinderter Menschen nicht haltgemacht wird.

Die Erklärung der Notwendigkeit eines Einwilligungsvorbehalts mit der zunehmend schwierigen Beweissituation (BT-Drucks 11/4528, 137) in Fällen geschäftsunfähiger Betreuter (s dazu oben Rn 33) führt bei genauer Betrachtung ein neues Tatbestandsmerkmal in die Norm ein. Zweck des Einwilligungsvorbehalts ist dann nicht die Kontrolle über das rechtsgeschäftliche Verhalten des Betreuten, sondern die Verhinderung des Unterliegens im Prozeß aufgrund von Beweisnot. Ob diese Gefahr besteht, hängt nicht lediglich vom Betreuten und seinem Verhalten ab; es kommt vielmehr auf die konkrete Interessenlage der Parteien an, die sich dann im Rechtsstreit befinden.

42 Unabhängig von dieser Frage führt die Beachtung des Erforderlichkeitsgrundsatzes und/oder des Subsidiaritätsgrundsatzes dazu, vor Anordnung des Einwilligungsvorbehalts genau zu prüfen, ob **Handlungsalternativen** erkennbar und durchführbar sind. Ggf reicht es im Einzelfall aus, zB einen Ortswechsel zu veranlassen, Gespräche mit umliegenden Geschäften (Ladeninhabern) zu führen, um dem Kaufdrang zu begegnen, Begleitung bei Einkaufsgängen zu stellen, Hausverbote für Vertreter zu erteilen. Grenze für den Betreuer wie für andere ist die Zumutbarkeit, soweit sie an solchen Alternativmaßnahmen beteiligt sind oder beteiligt werden sollen (s auch oben Rn 5 zur Frage, ob ein Einwilligungsvorbehalt bei Verschwendung und bei bestimmten Fällen süchtigen Verhaltens angeordnet werden darf oder muß, etwa auch in Fällen geplanter Schuldenregulierung). Soll für sämtliche dem Betreuer übertragenen Aufgabenbereiche ein Einwilligungsvorbehalt angeordnet werden, hat das Gericht dessen Erforderlichkeit für jeden Aufgabenbereich darzulegen (BayObLG FamRZ 2003, 476 [LS]).

Eine **Beschränkung eines Einwilligungsvorbehalts** auf Rechtsgeschäfte, die Verpflichtungen von mehr als (seinerzeit) 500 DM zum Gegenstand haben, ist, wenn dies zur Abwendung einer erheblichen Gefahr für die Person oder das Vermögen des Betroffenen erforderlich ist und ausreicht, zulässig (BayObLGZ 1993, 346 = FamRZ 1994,

1135 = MDR 1994, 173 mN). Zur Zulässigkeit zeitlich oder gegenständlich beschränkter Einwilligungsvorbehalte allgemein s oben Rn 11.

Die Anordnung eines Einwilligungsvorbehalts kann dann erforderlich sein, wenn der Betroffene eine erhebliche schuldrechtliche Verpflichtung ohne Gegenleistung eingeht und der beurkundende Notar die Geschäftsunfähigkeit des Betroffenen nicht erkennt (BayObLG FamRZ 2000, 1327 = BtPrax 2000, 123). Die Verlängerung eines Einwilligungsvorbehalts ist erforderlich, wenn die konkrete Gefahr für die Person oder das Vermögen des Betroffenen, die zur Anordnung des Einwilligungsvorbehalts geführt hat, nach wie vor besteht und zur Abwendung dieser Gefahr der Einwilligungsvorbehalt aufrechterhalten werden muß (BayObLG NJWE-FER 2000, 9 = FamRZ 2000, 1327 [LS]; OLG Zweibrücken [bezogen auf Angelegenheiten der Vermögenssorge] FamRZ 1999, 1171 = FGPrax 1999, 107).

V. Von einem Einwilligungsvorbehalt ausgeschlossene Willenserklärungen

1. Ein Einwilligungsvorbehalt kann sich nicht auf Willenserklärungen erstrecken, die auf Eingehen einer **Ehe** oder **Begründung einer Lebenspartnerschaft** gerichtet sind; er kann sich auch nicht auf **Verfügungen von Todes wegen** und auf Willenserklärungen erstrecken, zu denen ein beschränkt geschäftsfähiger Betroffener nach den Vorschriften des Vierten und Fünften Buches BGB nicht der Zustimmung seines gesetzlichen Vertreters bedarf (Abs 2). Die Ausschlußgründe gelten für einige Einwilligungsvorbehalte, gleichgültig ob sie von Gesetzes wegen eingetreten oder durch das Vormundschaftsgericht von Amts wegen angeordnet worden sind. Sie erstrecken sich deshalb auch auf die kraft Gesetzes eingetretenen Vorbehalte nach der Übergangsvorschrift des Art 9 § 1 Abs 3 BtG (Rspr zur Frage der Eheschließung § 1896 Rn 168). Ordnet das Vormundschaftsgericht für den gesamten Aufgabenkreis des Betreuers einen Einwilligungsvorbehalt nach § 1903 an und erstreckt sich der Aufgabenkreis des Betreuers auf alle Angelegenheiten des Betroffenen, so erfaßt der Einwilligungsvorbehalt nicht die in Abs 2 genannten Willenserklärungen, auch wenn dies im Anordnungsbeschluß nicht ausdrücklich gesagt ist.

Der Gesetzgeber hielt es nicht für hinnehmbar, daß der Betreuer die Wahl des Ehegatten oder die Einsetzung eines Erben durch rechtsverbindliche Erklärungen beeinflußt (BT-Drucks 11/4528, 139). Dies ist nun auch für den Gesetzgeber des LPartG anzunehmen (vgl auch BT-Drucks 14/3751, 46). Auch bei den übrigen in Abs 2 aufgezählten Willenserklärungen sollte die Wirksamkeit nicht von einer Zustimmung des gesetzlichen Vertreters abhängig sein (BT-Drucks 11/4528, 139). Obwohl als Motiv dieser Entscheidung der höchstpersönliche Charakter der bezeichneten Willenserklärungen angegeben worden ist (BT-Drucks 11/4528, 139; auch BT-Drucks 14/3751, 46), sind nicht sämtliche als höchstpersönliche Angelegenheiten zu bezeichnenden Willenserklärungen von der Möglichkeit, einen Einwilligungsvorbehalt anzuordnen, ausgenommen worden.

2. Auf die **Eingehung einer Ehe** gerichtete Willenserklärungen sind das Eheversprechen (§ 1297) und die Erklärung eines Verlobten, die Ehe mit dem anderen eingehen zu wollen (§ 1310). Ist der Betreute geschäftsunfähig, kann er eine Ehe nicht eingehen (§ 1304). Stellvertretung bei der Eheschließung ist durch § 1311 ausgeschlossen. Die Eheschließung seines Betreuten kann deshalb nie Sache des Betreuers sein.

Eine trotz § 1304 geschlossene **Ehe** kann nur durch gerichtliches Urteil auf Antrag **aufgehoben** werden; mit Rechtskraft des Urteils ist die Ehe aufgelöst (§§ 1313, 1314 Abs 1). Die Aufhebung der Ehe wegen Verstoßes gegen § 1304 ist dann ausgeschlossen, wenn der Ehegatte nach Wegfall der Geschäftsunfähigkeit zu erkennen gegeben hat, daß er die Ehe fortsetzen will (Bestätigung); § 1315 Abs 1 S 1 Nr 2. Die Bestätigung eines Geschäftsunfähigen ist jedoch unwirksam (§ 1315 Abs 1 S 2). Antragsberechtigt sind bei Verstoß gegen § 1304 (Geschäftsunfähigkeit) jeder Ehegatte und die zuständige Verwaltungsbehörde (§ 1316 Abs 1 Nr 1). Für einen geschäftsunfähigen Ehegatten kann der Antrag nur von seinem **gesetzlichen Vertreter** gestellt werden (§ 1316 Abs 2 S 1). Bei Verstoß gegen § 1304 soll die zuständige Verwaltungsbehörde den Antrag stellen, wenn nicht die Aufhebung der Ehe für einen Ehegatten oder für die aus der Ehe hervorgegangenen Kinder eine so schwere Härte darstellen würde, daß die Aufrechterhaltung der Ehe ausnahmsweise geboten erscheint (Änderung der eherechtlichen Bestimmungen durch das Gesetz zur Neuordnung des Eheschließungsrechts [Eheschließungsrechtsgesetz – EheschlRG] von 4. 5. 1998, das das EheG aufgehoben und die eherechtlichen Bestimmungen in das BGB zurückgeführt hat).

45 3. Ein Einwilligungsvorbehalt kann sich **nicht** erstrecken auf Willenserklärungen, die auf **Begründung einer Lebenspartnerschaft** gerichtet sind. Nach der amtl Begr zu § 1903 (BT-Drucks 14/3751, 46) soll durch die Einfügung der Worte „oder Begründung einer Lebenspartnerschaft" in Abs 2 die Begründung einer Lebenspartnerschaft wie andere höchstpersönliche Willenserklärungen von der Möglichkeit ausgenommen sein, einen Einwilligungsvorbehalt anzuordnen.

Eine Lebenspartnerschaft begründen zwei Personen gleichen Geschlechts, wenn sie gegenseitig persönlich und bei gleichzeitiger Anwesenheit erklären, miteinander eine Partnerschaft auf Lebenszeit führen zu wollen (§ 1 Abs 1 Satz 1 LPartG). Weitere Voraussetzung für die Begründung der Lebenspartnerschaft ist die Abgabe einer Erklärung über „ihren" Vermögensstand (§ 6 Abs 1 LPartG) durch jeden Lebenspartner. Dabei müssen die Lebenspartner entweder erklären, dass sie den Vermögensstand der Ausgleichsgemeinschaft vereinbart haben, oder sie müssen einen Lebenspartnerschaftsvertrag (§ 7 LPartG) abgeschlossen haben.

Während die Erklärung der Partner, miteinander eine Partnerschaft auf Lebenszeit führen zu wollen, sowie die über ihren Vermögensstand, unmittelbare Begründungsvoraussetzungen sind (§ 1 Abs 1 LPartG), so daß sich darauf ein Einwilligungsvorbehalt nicht erstrecken kann, gilt dies **nicht für die güterrechtlichen Vereinbarungen** im Zusammenhang mit der Begründung einer Lebenspartnerschaft. Für den Lebenspartnerschaftsvertrag (§ 7 LPartG) ergibt sich das unmittelbar aus der Verweisung auf § 1411 BGB (§ 7 Abs 1 S 3 LPartG; RIEGER FamRZ 2001, 1497 [Abschnitt BI]). Neben der aufgrund eines Einwilligungsvorbehalts erforderlichen **Zustimmung des Betreuers** wird die Genehmigung des Vormundschaftsgerichts benötigt (§ 1411 Abs 1 S 3). Für die Vereinbarung des Vermögensstandes der Ausgleichsgemeinschaft (Zugewinngemeinschaft) ergibt sich dies aus § 7 Abs 2 LPartG, der Abs 1 S 2 (Vertragsschluß zur Niederschrift des Notars), nicht aber Abs 1 S 3 ausnimmt. In der amtl Begründung wird der Verzicht auf das Formerfordernis begründet. Eine Abweichung der Bezugnahme hinsichtlich der Beteiligung eines Betreuten ist nicht erkennbar. Unzutreffend RING/OLSEN-RING (Erläuterung zum Gesetz über die eingetragene Lebenspartnerschaft [Lebenspartnerschaftsgesetz – LPartG], in: Das Deutsche Bundesrecht, 875. Lieferung – August 2001 [II C/13 S 9 ff] zu § 7 LPartG) insoweit, als danach der in § 1411 enthaltene Verweis, daß Eheverträge beschränkt Geschäftsfähiger und Geschäftsunfähiger der Zustimmung des für diesen Aufgabenkreis bestellten Betreuers bedürfen, „verwundere". Denn die Regelung des § 1411 unterscheidet den Vertragsschluß durch einen beschränkt Geschäftsfähigen mit Zustimmung seines gesetzlichen Vertreters (Abs 1 S 1) und den Vertragsschluß durch den gesetzlichen Vertreter (ggf mit Genehmigung des Vormundschaftsgerichts) für den geschäftunfähigen Ehegatten (Abs 2). Auch hebt § 1 Abs 2 LPartG nicht auf die beschränkte Geschäftsfähigkeit der beteiligten Personen ab. Die Verweisung auf § 1411 enthält auch den Verweis auf § 1411 Abs 1 S 2 und S 3.

Eine Lebenspartnerschaft kann nicht wirksam begründet werden

1. mit einer Person, die minderjährig oder verheiratet ist oder bereits mit einer anderen Person eine Lebenspartnerschaft führt;

2 zwischen Personen, die in gerader Linie miteinander verwandt sind;

3. zwischen vollbürtigen und halbbürtigen Geschwistern;

4. wenn die Lebenspartner bei der Begründung der Lebenspartnerschaft darüber einig sind, keine Verpflichtungen gemäß § 2 begründen zu wollen (§ 1 Abs 2 LPartG).

4. Verfügungen von Todes wegen sind Rechtsgeschäfte, in denen der Erblasser **46** über das Schicksal seines Vermögens nach seinem Tode Anordnungen trifft (STAUDINGER/OTTE [2000] Vorbem 2 zu §§ 1937–1941). Es sind dies einseitige Verfügungen (Testamente oder letztwillige Verfügungen, § 1937) und Erbverträge (§ 1941). Hierzu zählt auch das gemeinschaftliche Testament (§ 2265). Wer wegen krankhafter Störung der Geistestätigkeit, wegen Geistesschwäche oder wegen Bewußtseinsstörung nicht in der Lage ist, die Bedeutung einer von ihm abgegebenen Willenserklärung einzusehen und nach dieser Einsicht zu handeln, kann ein Testament nicht errichten (§ 2229 Abs 4). Aus § 2064 folgt, daß der Betreute ein Testament nur persönlich errichten kann, der Betreuer dies also nicht stellvertretend für seinen (ggf geschäftsunfähigen) Betreuten tun kann. Der Abschluß eines Erbvertrages erfordert Geschäftsfähigkeit (§ 2275 Abs 1). Stellvertretung ist auch hier ausgeschlossen (§ 2274).

5. Für die Abgabe von **Willenserklärungen, zu denen ein beschränkt Geschäfts- 47 fähiger nach den Vorschriften des Vierten und Fünften Buches des Bürgerlichen Gesetzbuchs nicht der Zustimmung seines gesetzlichen Vertreters bedarf**, ist ein Betreuer nicht zuständig (Abs 2). Diese Willenserklärungen kann ein Betreuer, auch wenn er in dem höchstzulässigen Umfang unter Einwilligungsvorbehalt steht, nur allein abgeben. Ihre Wirksamkeit hängt davon ab, ob die Voraussetzungen des § 104 Nr 2 gegeben sind und/oder jemand vorhanden ist, der die Wirksamkeit der abgegebenen Erklärung(en) mit Erfolg in Zweifel zieht. Abs 2 zählt die in Frage kommenden

Vorschriften nicht im einzelnen auf, sondern beschreibt sie ihrer Art nach. In den Vorschriften selbst kommt die Entbehrlichkeit der Zustimmung des gesetzlichen Vertreters entweder dadurch zum Ausdruck, daß die Erklärung nicht durch einen Vertreter (auch nicht den gesetzlichen, so ERMAN/HOLZHAUER Rn 24) abgegeben werden kann, oder dadurch, daß nur der beschränkt Geschäftsfähige selbst die Willenserklärungen abgeben kann (ERMAN/HOLZHAUER Rn 24 mit Beispielen). Im einzelnen handelt es sich um die nachfolgend aufgeführten Vorschriften nach dem gegenwärtigen Rechtszustand. Die Formulierung des Abs 2 läßt es offen, ob infolge von Änderungen des Vierten und des Fünften Buches Vorschriften wegfallen oder hinzukommen (dürfen), die vom Einwilligungsvorbehalt nicht erfaßt werden können.

48 – **§ 1316** Abs 2 iVm § 1314: Antrag auf Aufhebung der Ehe. Ein minderjähriger Ehegatte kann den Antrag nur selbst stellen und bedarf dazu nicht der Zustimmung seines gesetzlichen Vertreters (Abs 2 S 2).

49 – **§ 1516** betrifft die Zustimmung des anderen Ehegatten zu letztwilligen Verfügungen eines Ehegatten im Rahmen fortgesetzter Gütergemeinschaft (Näheres bei STAUDINGER/THIELE [2000] zu § 1516). Abs 2 S 1 schließt Stellvertretung, auch für einen Geschäftsunfähigen, aus. Der geschäftsfähige Betreute kann die Zustimmungserklärung nur selbst abgeben. Die Zustimmung des Betreuers ist nach Abs 2 S 2 nicht erforderlich (ERMAN/HOLZHAUER Rn 28). Die letztwillige Verfügung des Ehegatten des Betreuten ist ausgeschlossen (PALANDT/BRUDERMÜLLER § 1516 Rn 2).

50 Die Anfechtung der Ehelichkeit bisherigen Rechts, die nicht durch einen Vertreter erfolgen konnte (s STAUDINGER/BIENWALD[12]) und die **Anerkennungsanfechtung** wurden zu einer einheitlichen Feststellung der Nichtvaterschaft (§§ 1599 bis 1600c, § 1600e nF). Anfechtungsberechtigt sind der Mann, dessen Vaterschaft nach § 1592 Nr 1 und 2, § 1593 besteht, die Mutter und das Kind (§ 1600). Im Falle ihrer beschränkten Geschäftsfähigkeit benötigen der Mann und die Mutter nicht die Zustimmung ihres gesetzlichen Vertreters. Sind sie geschäftsunfähig, so kann nur ihr gesetzlicher Vertreter anfechten. Seine Anfechtung ist nur zulässig, wenn sie dem Wohl des Vertretenen dient. Für ein geschäftsunfähiges oder in der Geschäftsfähigkeit beschränktes Kind kann nur der **gesetzliche Vertreter** anfechten (§ 1600a).

51 – **§ 1630 Abs 3**: Antrag der Eltern/eines Elternteils, Angelegenheiten der elterlichen Sorge auf die Pflegeperson zu übertragen sowie Erteilung der Zustimmung, wenn der Antrag von der Pflegeperson gestellt wird (GROSS KindPrax 2001, 50, 51).

52* – **§ 1713 Abs 2 S 2 iVm § 1712**: Antrag auf Beistandschaft durch die werdende Mutter. Im Falle beschränkter Geschäftsfähigkeit kann nur die Mutter selbst den Antrag stellen und benötigt dazu nicht die Zustimmung ihres gesetzlichen Vertreters.

54* – **§ 1750** betrifft die für eine Annahme als Kind erforderlichen Einwilligungserklä-

---

* Um Ergänzungen in den künftigen Bearbeitungen zuzulassen, ohne das bestehende Randnummerngefüge zu durchbrechen, und um Fehler bei den Querverweisungen ausschließen zu können, wird die Randnummern-Zählung hier unterbrochen und anschließend mit einer höheren Nummer fortgesetzt.

rungen: § 1746 – Einwilligung des Kindes; § 1747 – Einwilligung der Eltern des Kindes; § 1749 – Einwilligung des Ehegatten des Annehmenden. Stellvertretung ist in allen Fällen nach § 1750 Abs 3 S 1 ausgeschlossen. Ist der Einwilligende in der Geschäftsfähigkeit beschränkt, so bedarf seine Einwilligung nicht der Zustimmung seines gesetzlichen Vertreters (Abs 3 S 2). Der geschäftsfähige Betreute kann nur selbst einwilligen. Die Anordnung eines Einwilligungsvorbehalts wäre unzulässig. § 1746 Abs 1 S 2, der für ein geschäftsunfähiges minderjähriges Kind gilt, bleibt außer Betracht, weil der Minderjährige noch nicht unter Betreuung stehen kann (§ 1908a S 2).

Für die Annahme eines Volljährigen ist nach § 1768 Abs 1 S 1 dessen Antrag erforderlich, der für einen geschäftsunfähigen Betreuten von einem gesetzlichen Vertreter (Betreuer) gestellt wird (§ 1768 Abs 2). Ist im Falle einer Betreuung der Ehegatte geschäftsunfähig, ist der Betreffende zur Abgabe einer Erklärung außerstande, entfällt das Erfordernis der Einwilligung (§ 1749 Abs 3). Auch hier kann die Betreuung nicht die Einwilligung erfassen.

– **§ 1760 Abs 3 S 2.** Die Aufhebung des Kindesannahmeverhältnisses wegen fehlender Erklärung schließt § 1760 Abs 3 aus, wenn der Erklärende nach Wegfall der Geschäftsunfähigkeit, der Bewußtlosigkeit, der Störung der Geistestätigkeit, der durch die Drohung bestimmten Zwangslage, nach der Entdeckung des Irrtums oder nach Ablauf der in § 1747 Abs 2 S 1 bestimmten Frist den Antrag oder die Einwilligung nachgeholt oder sonst zu erkennen gegeben hat, daß das Annahmeverhältnis aufrechterhalten werden soll (§ 1760 Abs 3 S 1). § 1750 Abs 3 S 2 ist entsprechend anzuwenden. Stellvertretung ist danach ausgeschlossen. Der geschäftsfähige Betreute kann die Erklärung (Antrag/Einwilligung) nur selbst abgeben, Handeln für einen geschäftsunfähigen Betreuten kommt hier nicht in Betracht (s Abs 3 S 1 – Wegfall der Geschäftsunfähigkeit –). 56

– **§ 1760 Abs 5 S 2** (Textänderung von „sind" in „ist"). Auch in dieser Bestimmung geht es um den Ausschluß der Adoptionsaufhebung, jedoch in dem Fall, daß beim Ausspruch der Annahme zu Unrecht angenommen worden ist, ein Elternteil sei zur Abgabe der Erklärung dauernd außerstande. Die Aufhebung ist ausgeschlossen (Abs 5 S 1), wenn der Elternteil die Einwilligung nachgeholt oder sonst zu erkennen gegeben hat, daß das Annahmeverhältnis aufrechterhalten werden soll. Diese Einwilligung kann nicht durch einen Vertreter abgegeben werden. Ist der Betreffende beschränkt geschäftsfähig, so bedarf seine Einwilligung nicht der Zustimmung seines gesetzlichen Vertreters. Ein Einwilligungsvorbehalt ist danach unzulässig. Der geschäftsfähige Betreute kann (nur) selbst einwilligen. Die Abgabe der Erklärung durch einen geschäftsunfähigen Betreuten kommt hier nicht in Betracht. 57

– **§ 1762 Abs 1 S 4.** Die Bestimmung regelt Antragsrecht und Antragsfrist für die Aufhebung einer Annahme als Kind wegen fehlender Erklärungen. Der geschäftsfähige Betreute kann den Antrag nur selbst stellen; Stellvertretung ist ausgeschlossen. Ein Einwilligungsvorbehalt ist unzulässig (vgl § 1762 Abs 1 S 4). Hat das inzwischen volljährige Kind einen Betreuer und ist das Kind geschäftsunfähig, so kann der Betreuer den Antrag stellen (vgl Abs 1 S 3 „im übrigen kann ..."). Gleiches gilt für den Annehmenden (§ 1762 Abs 1 S 2). Ein geschäftsunfähiger 58

Elternteil ist von dem Aufhebungsantrag ausgeschlossen, § 1762 Abs 1 S 3 (ERMAN/
HOLZHAUER § 1762 Rn 3; STAUDINGER/FRANK [2001] § 1762 Rn 7; aA BIENWALD, BtR² Rn 104).
Auch der Betreuer kann für ihn nicht handeln.

59 – § 1768 regelt die Antragsbefugnis eines Anzunehmenden im Falle der Volljährigenadoption. § 1768 Abs 2 S 2 wurde durch das BtG gestrichen (Art 1 Nr 26 BtG). Er sah vor, daß der in seiner Geschäftsfähigkeit beschränkte Volljährige den Antrag nur selbst stellen konnte. Volljährige mit diesem Status gibt es seit dem 1.1.1992 nicht mehr (Wegfall von § 114). Aus dieser Regelung ergibt sich, daß sich ein Einwilligungsvorbehalt auf den Antrag betr die eigene Adoption nicht erstrecken kann. Der geschäftsfähige Betreute stellt den Antrag selbst (ohne Einschränkungen); der geschäftsunfähige Betreute kann den Antrag nicht selbst stellen. Für ihn handelt der Betreuer, wenn die Angelegenheit zu seinem Aufgabenkreis gehört (§ 1768 Abs 2).

60 – **§ 2229 Abs 2**. Der Hinweis auf diese Vorschrift in der amtl Begr (BT-Drucks 11/4528, 139) verstärkt die in § 1903 Abs 2 enthaltene Aussage, daß ein Einwilligungsvorbehalt sich nicht auf Verfügungen von Todes wegen erstrecken kann. Befindet sich der Betreute in einem Zustand, wie ihn § 2229 Abs 4 beschreibt, kann der Betreffende ein Testament nicht errichten. Stellvertretung ist ausgeschlossen (§ 2064; STAUDINGER/OTTE [2003] § 2064 Rn 3). Der Aufgabenkreis des Betreuers kann sich folglich nicht darauf erstrecken.

61 – **§ 2282 Abs 1 S 2** betrifft die Anfechtung eines Erbvertrages. Zu der Erwägung, die Vorschrift nicht zu ändern, s BT-Drucks 11/4528, 161 sowie BIENWALD, BtR¹ Teil 6 Art 1 Nr 51. Der geschäftsfähige Betreute muß selbst anfechten; der Betreuer kann für ihn nicht handeln. Ein Einwilligungsvorbehalt kann sich auf die Anfechtung nicht erstrecken. Ein geschäftsunfähiger Betreuer kann nicht anfechten. Für ihn kann nur der Betreuer handeln und zwar mit Genehmigung des Vormundschaftsgerichts, wenn diese Angelegenheit zu seinem Aufgabenkreis gehört.

62 – **§ 2290 Abs 2 S 2** betrifft die vertragliche Aufhebung eines Erbvertrages. Der geschäftsfähige Betreute kann als Erblasser den Aufhebungsvertrag nur selbst schließen. Das Tätigwerden seines Betreuers ist nicht vorgesehen; ein Einwilligungsvorbehalt kann sich darauf nicht erstrecken. Die Aufhebung durch einen geschäftsunfähigen Betreuten ist nicht möglich. Für ihn handelt der Betreuer, wenn die Aufhebung des Erbvertrages von seinem Aufgabenkreis erfaßt wird und der Betreute den Erbvertrag nicht als Erblasser geschlossen hat. In diesem Falle ist die Genehmigung des Vormundschaftsgerichts erforderlich (§ 2290 Abs 3 S 1).

63 – **§ 2296 Abs 1 S 2** betrifft den Rücktritt des Erblassers vom Erbvertrag. Der geschäftsfähige Betreute kann nur selbst den Rücktritt erklären. Durch einen Betreuer kann der Rücktritt nicht vorgenommen werden; auf ihn kann sich ein Einwilligungsvorbehalt nicht erstrecken. Bei Geschäftsunfähigkeit des Betreuten ist ein Rücktritt nicht möglich. Auf ihn kann sich der Aufgabenkreis eines Betreuers daher nicht erstrecken.

64 – **§ 2347 Abs 2 S 1**. Nach seiner Änderung durch Art 1 Nr 55 BtG (amtl Begründung

noch zu Art 1 Nr 49 BtG-E) sieht Abs 1 S 2 der Vorschrift nunmehr vor, daß die Genehmigung des Vormundschaftsgerichts auch für den Erbverzicht durch den Betreuer erforderlich ist. Die Verzichtserklärung des Betreuers ist nur dann wirksam, wenn sie in seinen Aufgabenkreis fällt (BT-Drucks 11/4528, 162). Ist der Betreute geschäftsfähig, kann er als Erblasser den Verzichtsvertrag nur persönlich schließen. Da im Falle beschränkter Geschäftsfähigkeit des Verzichtenden die Mitwirkung des gesetzlichen Vertreters ausgeschlossen ist, kommt ein Einwilligungsvorbehalt nicht in Betracht. Ist der Betreute geschäftsunfähig, kann der Vertrag nur durch den Betreuer geschlossen werden. Die Genehmigung des Vormundschaftsgerichts ist in gleichem Maße wie nach Abs 1 erforderlich (§ 2247 Abs 2 S 2 HS 2).

6. Sonstige Erklärungen, bei denen ein Einwilligungsvorbehalt nicht statthaft ist:

– Eingehung eines Verlöbnisses/Abgabe eines Eheversprechens (s oben Rn 44/45)

– Antrag auf Adoption durch den Annehmenden (§ 1752)

– Einwilligung in eine Sterilisation

– Einwilligung in einen Schwangerschaftsabbruch

– Einwilligung in eine ärztliche Untersuchung oder Behandlung

– Einwilligung in eine freiheitsentziehende Maßnahme

– Willenserklärungen, die der Betreute als gesetzlicher Vertreter seiner Kinder abgibt oder empfängt

– Willenserklärungen in Angelegenheiten des religiösen Bekenntnisses

VI. Die Wirkungsweise des Einwilligungsvorbehalts und die entsprechende Anwendung der §§ 108–113, 131 Abs 2, 210 und anderer Vorschriften

1. Die Regelung des § 1903 Abs 1 S 1

Die Anordnung eines Einwilligungsvorbehalts schränkt die Geschäftsfähigkeit des Betreuten grundsätzlich nicht ein; sie begrenzt seinen Handlungsspielraum, ohne ihn jedoch in den Zustand einer die Gesamtperson erfassenden beschränkten Geschäftsfähigkeit zu versetzen. Im Gegensatz zu der beschränkten Geschäftsfähigkeit betrifft der Einwilligungsvorbehalt in der Regel nur einen begrenzten Kreis von Willenserklärungen. Niemals erfaßt er sämtliche Angelegenheiten des Betreuten, auch wenn der Betreuer mit dem Aufgabenkreis der Personen- und Vermögenssorge, also grundsätzlich nahezu umfassender Zuständigkeit ausgestattet worden ist. Der Einwilligungsvorbehalt erstreckt sich auf keinen Fall auf die Ehefähigkeit des Betreuten und seine Testierfähigkeit (Abs 2). Auch nach den Übergangsvorschriften (Art 9 § 1 Abs 3 BtG) erstreckt sich der gesetzlich als angeordnet geltende Einwilligungsvorbehalt nicht so weit, daß die Rechtsbeschränkung eines beschränkt Geschäftsfähigen erreicht würde. Die Struktur und Wirkungsweise des Einwilligungsvorbehalts ähnelt jedoch der der beschränkten Geschäftsfähigkeit: Der Betreute kann/darf rechtsgeschäftlich handeln. Soweit sein Handeln nicht ohnehin mitwirkungsfrei ist, ist die Wirksamkeit des rechtsgeschäftlichen Handelns des Betreuten an die zustimmende Mitwirkung des Betreuers als des gesetzlichen Vertreters des Betreuten gebunden (MünchKomm/Schwab Rn 42). Die Wirkungsweise des Einwilligungsvorbehalts und der Mitwirkungsbestimmungen entspricht, soweit der Einwilligungsvorbehalt reicht, den Regelungen der beschränkten Geschäftsfähigkeit. § 1903 Abs 1 S 2 verweist auf die Vorschriften des Minderjährigenrechts, die entsprechend anzuwenden sind. Hiernach tritt der Betreute, soweit der Einwilligungsvorbehalt reicht, an die Stelle des Minderjährigen (MünchKomm/Schwab Rn 42). Im übrigen sind die Regelungen so anzuwenden, wie sie auch für beschränkt geschäftsfähige Personen gelten (BT-Drucks 11/4528, 138; MünchKomm/Schwab Rn 42). Kamen die Vorschriften zur Anwendung, bevor der spätere Betreute volljährig wurde, hat der Betreuer zu prüfen, ob die Folgen für die Führung der Betreuung noch von Bedeutung sind. Haben Eltern des späteren Betreuten von den Ermächtigungen der §§ 112, 113 Gebrauch gemacht, enden diese mit Erreichen der Volljährigkeit des späteren Betreuten. Sie finden keine automatische Fortsetzung im Falle der Betreuung und binden den Betreuer nicht.

2. Zur entsprechenden Anwendung der §§ 108–113, 131 Abs 2, 210

a) §§ 108, 109, 111

66 Schließt der Betreute ohne die nach dem Einwilligungsvorbehalt iVm Abs 1 S 2 erforderliche Einwilligung des Betreuers einen Vertrag, so hängt die Wirksamkeit des Vertrages von der Genehmigung des Betreuers ab (§ 108 Abs 1). Sowohl die Einwilligung als auch die Genehmigung kann dem Betreuten oder dem Geschäftspartner gegenüber erklärt werden (§ 182; MünchKomm/Schwab Rn 50, der auf § 108 Abs 2 hinweist und beide Möglichkeiten nur „in der Regel" gelten lassen will). Die Zustimmung des Betreuers bedarf nicht der für das Rechtsgeschäft bestimmten Form (§ 182 Abs 2).

67 Die für das Minderjährigenrecht anerkannte Möglichkeit, für bestimmte vorhersehbare Geschäfte in abgegrenzten Geschäftsbereichen einen eingeschränkten Generalkonsens zuzulassen (Näheres bei Staudinger/Knothe [2004] § 107 Rn 3 und 4), kommt für den Einwilligungsvorbehalt auch theoretisch (so aber MünchKomm/Schwab Rn 50; auch Damrau/Zimmermann Rn 15) nicht in Betracht (Bienwald FamRZ 1988, 1012, 1015). Der eingeschränkte Generalkonsens ist eine zu § 107 entwickelte Möglichkeit, innerhalb eines überschaubaren Rahmens auf die Wiederholung erforderlicher Einwilligungen gleicher Art zu verzichten. Im übrigen verbleibt es bei der Grundregel des § 107. § 1903 nF enthält dagegen eine dem § 107 gegenüber besondere Regelung, indem sie nur bestimmte Willenserklärungen unter Einwilligungsvorbehalt stellt, aber im übrigen die Rechtsmacht des Betreuten zum Alleinhandeln unangetastet läßt. Die Notwendigkeit der Anordnung eines Einwilligungsvorbehalts ergibt sich gerade deshalb, weil der Betreute außerstande ist, mit einer generell bestehenden Rechtsmacht sachgerecht umzugehen.

§ 108 Abs 3, entsprechend angewendet, kann nur bedeuten, daß der Betreute nach Beseitigung des für die betreffenden Willenserklärungen geltenden Einwilligungsvorbehalts selbst genehmigen kann (MünchKomm/Schwab Rn 53); eine in der Betreuungspraxis wohl kaum in Frage kommende Situation. Eher wird das Rechtsgeschäft, weil die Genehmigung nicht mehr rechtzeitig erteilt wurde, nichtig sein und ggf als Neuvornahme in Betracht kommen.

Wird ein Einwilligungsvorbehalt als ungerechtfertigt angeordnet wieder aufgehoben, **68** kann die Wirksamkeit der von oder gegenüber dem Betroffenen vorgenommenen Rechtsgeschäfte nicht aufgrund dieses Einwilligungsvorbehalts in Frage gestellt werden (§ 69h FGG). Der (aufgehobene) Einwilligungsvorbehalt berührt die Wirksamkeit der vom Betreuten seit der Anordnung abgeschlossenen Rechtsgeschäfte nicht (MünchKomm/Schwab Rn 53). Lediglich andere Gründe können dafür in Betracht kommen. Aus der sachlich unrichtigen Entscheidung der ersten Instanz sollen dem Betreuten keine Nachteile erwachsen (Keidel/Kayser § 69h FGG Rn 1). Die Vorschrift bezieht sich auf die Anordnung des endgültigen und die Anordnung eines vorläufigen Einwilligungsvorbehalts gem § 69f FGG (BT-Drucks 11/4528, 179; Keidel/Kayser § 69h FGG Rn 4). § 69h FGG bezieht sich nicht auf eine Aufhebung nach §§ 1903 Abs 4, 1901 Abs 5 (Keidel/Kayser § 69h FGG Rn 3). Hebt das Vormundschaftsgericht den Einwilligungsvorbehalt nach § 1908d Abs 4 iVm Abs 1 wegen Wegfalls der Voraussetzungen auf, wirkt diese Entscheidung nur für die Zukunft (Keidel/Kayser § 69h FGG Rn 3).

In § 109 Abs 2 kommt es nicht auf die Kenntnis des Einwilligungsvorbehalts (als Voraussetzung der Zustimmungsbedürftigkeit) an.

Die Genehmigung und ihre Verweigerung sind nicht an eine Form gebunden; sie **69** können außerdem durch schlüssiges Verhalten erfolgen. Genehmigung durch schlüssiges Verhalten wurde zB (im Fall des Kfz-Erwerbs eines Minderjährigen) angenommen, als der gesetzliche Vertreter nach Kenntnis von dem ohne seine Einwilligung geschehenen Erwerbsgeschäft nichts zur Rückgängigmachung der Leistungsverschiebung unternommen hatte (OLG Karlsruhe RdJ 1966, 105; eingehender Staudinger/Dilcher[12] § 108 Rn 8; Palandt/Heinrichs § 108 Rn 2 f).

Ein einseitiges Rechtsgeschäft, das der Betreute ohne die erforderliche Einwilligung **70** des Betreuers vornimmt, ist unwirksam; nachträgliche Heilung ist ausgeschlossen (§ 111). Neuvornahme ist nach vorheriger Einwilligung des Betreuers (ggf des Vormundschaftsgerichts, s § 1831) möglich. Anwendbar ist auch § 111 S 2 und S 3.

Benötigt der Betreuer für die von ihm im Namen des Betreuten als dessen gesetzlichem Vertreter vorgenommenen Rechtsgeschäfte die Genehmigung des Vormundschaftsgerichts, gilt Entsprechendes, wenn der Betreuer zu Rechtsgeschäften des Betreuten die nach Anordnung eines Einwilligungsvorbehalts erforderlichen Zustimmungen geben will (MünchKomm/Schwab Rn 40; MünchKomm/Wagenitz § 1821 Rn 6; Staudinger/Engler [2004] § 1821 Rn 10).

b) Erfordernis vormundschaftsgerichtlicher Genehmigung

Entscheidungen, die unter dem Vorbehalt der vormundschaftsgerichtlichen Genehmigung **71** stehen, bedürfen grundsätzlich der vorherigen Genehmigung des Vormundschaftsgerichts. Bei Verträgen kann die Genehmigung nachträglich erteilt werden (§ 1829); einseitige Rechtsgeschäfte können nur vorher genehmigt werden (§ 1831). Im übrigen s zu den genehmigungsbedürftigen Rechtsgeschäften die §§ 1812, 1821, 1822, 1825–1831, die (mit Ausnahme von § 1822 Nr 5) sinngemäß auf die Betreuungssituation anzuwenden sind (§ 1908i Abs 1 S 1). Speziell zu § 1822 s Klüsener Rpfleger 1993, 133. Die §§ 1821 bis 1825, 1828 bis 1831 sind im Wortlaut unten § 1908i Rn 148 und Rn 154 ff wiedergegeben.

c) § 110

72 In entsprechender Anwendung des § 110 bedarf der Betreute nicht der Einwilligung/Genehmigung des Betreuers, weil ein von ihm geschlossener Vertrag als von Anfang an wirksam gilt, wenn der Betreute die vertragsmäßige Leistung mit Mitteln bewirkt hat, die ihm zu diesem Zweck oder zu freier Verfügung von dem Betreuer oder mit dessen Zustimmung von (einem) Dritten überlassen worden sind. Ein Vertrag wird nach dieser Bestimmung also nicht wirksam, wenn der Betreute die Mittel ohne Kenntnis des Betreuers von anderen (zB von einem anderen Betreuten) erhalten hat (MünchKomm/Schwab Rn 52; Staudinger/Dilcher[12] § 110 Rn 11). Die Anwendung von § 110 ist ausgeschlossen, wenn der Betreute die vertragsmäßige Leistung nicht bewirkt, also tatsächlich nicht leistet oder geleistet hat; Teilzahlungen, ausgenommen bei Verträgen selbständige Teilleistungen, reichen nicht aus (Staudinger/Dilcher[12] § 110 Rn 5). Die im Minderjährigenrecht durch die Annahme eines eingeschränkten Generalkonsenses eher geringe Bedeutung der Vorschrift kann im Betreuungsrecht größer sein, weil hier ein Generalkonsens abzulehnen ist. Anderseits muß bedacht werden, daß durch die Regelung des § 1903 Abs 3 S 2 viele Geschäfte wirksam sind, zB auch solche, bei denen die geschuldete Leistung nicht immer sofort erbracht wird (Bienwald, BtR Rn 73), so daß die Anwendung des § 110, der ein einwilligungsbedürftiges Rechtsgeschäft voraussetzt, nur dann zu diskutieren wäre, wenn Abs 3 S 2 durch richterliche Entscheidung eingeschränkt worden ist (s dazu auch MünchKomm/Schwab Rn 52). Zur Einführung des § 105a und den Konsequenzen für den Einwilligungsvorbehalt s unten Rn 119 ff.

d) § 112

73 Durch die entsprechende Anwendung des § 112 ist dem Betreuer eines unter Einwilligungsvorbehalt stehenden Betreuten die Befugnis eingeräumt, mit Genehmigung des Vormundschaftsgerichts den Betreuten zum selbständigen Betrieb eines Erwerbsgeschäfts zu ermächtigen. Im Falle wirksamer Ermächtigung darf der Betreute dann solche Rechtsgeschäfte ohne Einwilligung des Betreuers vornehmen, die der Geschäftsbetrieb mit sich bringt. Ausgenommen sind nur solche Rechtsgeschäfte, zu denen der Betreuer der Genehmigung des Vormundschaftsgerichts bedarf. Die Ermächtigung kann von dem Betreuer nur mit Genehmigung des Vormundschaftsgerichts zurückgenommen werden (§ 112 Abs 2).

e) § 113

74 § 113 Abs 1 räumt dem Betreuer des unter Einwilligungsvorbehalt stehenden Betreuten die Möglichkeit ein, diesen zu ermächtigen, in Dienst oder in Arbeit zu treten. Hat der Betreuer davon Gebrauch gemacht, so kann der Betreute solche Rechtsgeschäfte unbeschränkt vornehmen, welche die Eingehung oder Aufhebung eines Dienst- oder Arbeitsverhältnisses der gestatteten Art oder die Erfüllung der sich aus einem solchen Verhältnis ergebenden Verpflichtungen betreffen. Ausgenommen sind Verträge, zu denen der Betreuer der Genehmigung des Vormundschaftsgerichts bedarf. Die Ermächtigung kann von dem Betreuer zurückgenommen oder eingeschränkt werden (§ 113 Abs 2). Abs 3 sieht vor, daß die vom Betreuer ohne triftigen Grund verweigerte Ermächtigung auf Antrag des Betreffenden vom Vormundschaftsgericht ersetzt werden kann. Ein dementsprechender Antrag kann auch von einem nicht geschäftsfähigen Betreuten gestellt werden (§ 66 FGG); als Folgeverfahren zum Einwilligungsvorbehalt handelt es sich um ein die Betreuung betreffendes Verfahren, so daß einem Verfahren zur Klärung, ob im Rahmen des

Einwilligungsvorbehalts eine Ermächtigung nach § 113 im Interesse des Betreuten liegt, nichts im Wege steht.

f) Kritik zur entsprechenden Anwendung der §§ 112, 113
Die praktische Bedeutung dieser Vorschriften für die Führung von Betreuungen 75 wird eher gering sein. Bestehen gegen eine Ermächtigung nach § 112 oder § 113 keine Bedenken, verliert schon der Einwilligungsvorbehalt seine Grundlage. Man kann nicht einerseits den Betreuten für die Bereiche des Erwerbs- oder Arbeitslebens, weil erforderlich, unter Einwilligungsvorbehalt stellen, ihn aber zugleich durch Ermächtigung für dieselben Bereiche vom Einwilligungsvorbehalt und der dadurch für nötig befundenen Kontrolle freistellen (BIENWALD RsDE 7/1989, 1, 21, 23; MünchKomm/SCHWAB Rn 55; skeptisch auch VON SACHSEN GESSAPHE, Der Betreuer als gesetzlicher Vertreter für eingeschränkt Selbstbestimmungsfähige, 440). Kann der Betreffende selbständig einen Erwerbsbetrieb führen, ist der diesen Bereich erfassende Einwilligungsvorbehalt insoweit aufzuheben oder einzuschränken (§ 1908d Abs 4 S 1; MünchKomm/SCHWAB Rn 55). Die Benutzung des Einwilligungsvorbehalts als ein Disziplinierungsinstrument und die Ermächtigung als Trainingsmöglichkeit entfallen deshalb, weil die Ermächtigung grundsätzlich einen zu weiten – unkontrollierbaren – Spielraum zuläßt. Die Aufnahme beider Vorschriften in den Katalog der anzuwendenden Bestimmungen läßt sich deshalb überzeugend nur damit begründen, daß das Betreuungsrecht Rechtseingriffe von Verfassung wegen auf ein Mindestmaß reduzieren wollte. Demgemäß mußten alle Vorschriften für anwendbar erklärt werden, die zur Stärkung der Rechtsstellung der Betroffenen und zur Verminderung von Rechtseinbußen beitragen. Zu verfahrensrechtlichen Konsequenzen s unten Rn 78.

g) § 131 und zur erforderlichen Verhaltensweise des Betreuers
§ 131 Abs 1 regelt den Zugang von Willenserklärungen, die einem Geschäftsunfä- 76 higen gegenüber abgegeben werden. Die Wirksamkeit tritt erst mit Zugang bei dem gesetzlichen Vertreter ein. Die entsprechende Anwendung dieser Vorschrift auf das Betreuungsrecht brauchte nicht bestimmt zu werden, weil die Vorschriften des Allgemeinen Teils des BGB grundsätzlich auch für Betreuungen nach den §§ 1896 ff gelten. Die entsprechende Anwendung des § 131 Abs 2 bewirkt, daß auch die einem unter Einwilligungsvorbehalt stehenden Betreuten gegenüber abgegebenen Willenserklärungen, soweit sie unter den Einwilligungsvorbehalt fallen, nicht wirksam werden, bevor sie dem Betreuer zugehen. Bringt die Erklärung jedoch dem unter Einwilligungsvorbehalt stehenden Betreuten lediglich einen rechtlichen Vorteil oder hat der Betreuer seine Einwilligung erteilt, so wird die Erklärung in dem Zeitpunkt wirksam, in welchem sie dem Betreuten zugeht (§ 131 Abs 2 S 2).

Ist der Betreute, der unter Einwilligungsvorbehalt steht, geschäftsunfähig oder in den vom Einwilligungsvorbehalt betroffenen Bereichen partiell geschäftsunfähig, treten die Rechtswirkungen der §§ 108–113 nicht ein (§§ 104 Nr 2, § 105 Abs 1, § 131 Abs 1). Rechtsdogmatisch läßt sich nicht begründen, daß ein geschäftsunfähiger Betreuter, der aus eigenem Recht nicht rechtswirksam handeln kann (§ 105 Abs 1), dazu mit Hilfe des Betreuers und dessen Zustimmung in der Lage sein sollte. Die Nichtigkeit der Willenserklärungen des Betreuten läßt sich durch die Zustimmungserklärungen des Betreuers nicht heilen (im Ergebnis ebenso DAMRAU/ZIMMERMANN Rn 8; ERMAN/HOLZHAUER Rn 20; PALANDT/DIEDERICHSEN Rn 19; SOERGEL/DAMRAU Rn 8). Der Vergleich mit dem früheren Recht und der Situation, daß ein gemäß § 114 aF beschränkt geschäftsfähiger Entmündigter tatsächlich geschäftsunfähig war oder sein konnte (MünchKomm/Schwab Rn 54), erklärt zwar abstrakt die Rechtslage, scheitert jedoch daran, daß nach der damaligen Rechtslage auf Grund der Entmündigung und der im Gesetz geregelten Rechtsfolge zunächst davon ausgegangen werden konnte, daß der Mündel beschränkt geschäftsfähig ist. Die durch das Betreuungsrecht und den bestehengebliebenen § 104 Nr 2 geschaffene Rechtslage ist dagegen nicht ohne weiteres für den Rechtsverkehr und den Betreuer erkennbar und, was den Betreuer angeht, auch nicht belegbar. Solange der Betreute nicht eindeutig als geschäftsunfähig erkannt wird, kann der Betreuer bei angeordnetem Einwilligungsvorbehalt nicht davon ausgehen, daß rechtsgeschäftliches Handeln seines Betreuten ohne Konsequenzen bleiben müßte (§ 104 Nr 2, § 105 Abs 1). Zwar können rechtlich nachteilige Willenserklärungen, wenn überhaupt, nur mit Zustimmung des Betreuers wirksam werden. Der Betreuer wird aber auf entsprechende Nachfrage zu reagieren haben, um nicht den Eindruck zu erwecken, als billige er das Verhalten des Betreuten. Einerseits enthält § 108 keine Verpflichtung zum Reagieren, andererseits kann aber im Dulden des Schwebezustandes eine „stillschweigende" Genehmigung gesehen werden oder eine treuwidrig hinausgezögerte Entscheidung über die Beendigung des Schwebezustandes als Verstoß gegen Treu und Glauben die spätere Verweigerung unzulässig werden lassen (Staudinger/Dilcher[12] § 108 Rn 17).

h) § 210

77 § 210 (bisher § 206) hemmt die Verjährung bei nicht voll Geschäftsfähigen. Die entsprechende Anwendung der Vorschrift im Falle der Anordnung eines Einwilligungsvorbehalts soll bewirken, daß – ähnlich dem beschränkt Geschäftsfähigen – die gegen einen unter Einwilligungsvorbehalt gestellten Betreuten, der keinen gesetzlichen Vertreter hat, laufende Verjährungsfrist nicht vor dem Ablaufe von sechs Monaten nach dem Zeitpunkt vollendet wird, in welchem der Betreute den Einwilligungsvorbehalt verliert oder der Betreuer wieder bestellt ist. Ein Anwendungsfall dieser Norm wird der sein, daß der Betreuer verstorben und noch kein Nachfolger bestellt worden ist (s dazu auch DIV-Gutachten DAVorm 1994, 704 sowie Brieske JurBüro 1994, [a]33).

i) Zur Prozeßfähigkeit im Falle von §§ 112, 113

78 Hat das Gericht einen Einwilligungsvorbehalt angeordnet und der Betreuer im Rahmen seiner Befugnisse von der Möglichkeit der Ermächtigung nach § 112 (mit Genehmigung des Vormundschaftsgerichts) oder nach § 113 Gebrauch gemacht, bewirkt dies, daß die Wirkung des Einwilligungsvorbehalts aufgehoben wird. Während im Minderjährigenrecht der Sorgerechtsinhaber infolge einer Ermächtigung nach den §§ 112, 113 für die von der Ermächtigung erfaßten Angelegenheiten materiell-rechtlich und verfahrensrechtlich nicht mehr zuständig ist, hat die Ermächtigung innerhalb eines bestehenden Einwilligungsvorbehalts lediglich zur Folge, daß die Einwilligungsvorbehaltswirkungen entfallen, der Betreute also neben dem Betreuer handeln kann. Der Betreute wird so gestellt, wie er stünde, wenn kein Einwilligungsvorbehalt angeordnet wäre. Demzufolge gilt aber auch für die Fälle einer Ermächtigung nach den §§ 112, 113 die Vorschrift des § 53 ZPO. Dh der Betreute, der unter Einwilligungsvorbehalt steht, aber gem §§ 112, 113 ermächtigt wurde, kann zwar materiell-rechtlich handeln, seine Freiheit endet aber an den Grenzen zum Prozeßrecht. Hier wird er trotz des § 112 (oder § 113) wie ein Betreuter ohne Einschränkungen behandelt.

Eine andere Lösung könnte darin bestehen, den geschäftsfähigen Betreuten in diesem Falle (Einwilligungsvorbehalt mit Ermächtigung) wie einen Minderjährigen anzusehen, der im Rahmen der erteilten Ermächtigung, weil teilgeschäftsfähig, allein handelt; diese scheitert aber daran, daß das BtG keine Basis für eine Klärung des rechtsgeschäftlichen Status des Betreuten bietet und auch vor Anordnung eines Einwilligungsvorbehalts dafür kein Raum ist, so daß auch Geschäftsunfähige unter Einwilligungsvorbehalt stehen können. Für die Annahme einer relativen Prozeßfähigkeit (ähnlich der hier zu Abs 3 S 2 vertretenen Auffassung, s oben Rn 35 ff), besteht kein Bedürfnis.

3. Einwilligungsvorbehalt und die Zuständigkeit des Betreuers in Ehesachen

Ein in der Geschäftsfähigkeit beschränkter Ehegatte ist in Ehesachen prozeßfähig **79** (§ 607 Abs 1 ZPO). Ehesachen sind Verfahren auf Scheidung oder Aufhebung einer Ehe, auf Feststellung des Bestehens oder Nichtbestehens einer Ehe zwischen den Parteien oder auf Herstellung des ehelichen Lebens (§ 606 Abs 1 S 1 ZPO). Ehesachen sind dagegen nicht die mit einer Scheidungssache verbundenen Folgesachen (Baumbach/Lauterbach/Albers § 607 1 C).

In Ehesachen handelt der beschränkt Geschäftsfähige ohne Mitwirkung seines gesetzlichen Vertreters. In entsprechender Anwendung des § 1903 Abs 2 kann es deshalb in bezug auf einen Scheidungsantrag (und die übrigen Ehesachen, soweit keine Sonderregelungen zutreffen) keinen Einwilligungsvorbehalt geben (Erman/Holzhauer Rn 36).

Der Betreuer eines geschäftsfähigen (besser: nicht geschäftsunfähigen) Betreuten kann diesen weder vertreten (höchstpersönliche Entscheidung) noch einwilligend tätig werden. Ist der Betreute geschäftsunfähig, führt der Betreuer das Verfahren in Ehesachen (§ 607 Abs 2 S 1 ZPO). Bittet das Vormundschaftsgericht zum Zwecke der entsprechenden Erweiterung des Aufgabenkreises des Betreuers um ein „Gutachten zur Prozeßfähigkeit bezüglich des Scheidungsverfahrens sowie der Folgesache Sorgerecht", reicht die Äußerung des Sachverständigen, die/der Betreute sei „aus ärztlicher Sicht auch nicht in der Lage, Prozeßhandlungen selber wirksam vorzunehmen oder vornehmen zu lassen. Aus psychiatrischer Sicht ist Prozeßfähigkeit somit nicht gegeben", nicht aus, um darauf die Erweiterung des Aufgabenkreises zu stützen. Weder kann die Rechtsfrage dem Sachverständigen zur Entscheidung überlassen werden, noch hat der Sachverständige die vom Gericht gestellte Frage beantwortet (unveröffentlichte Betreuungssache). Für den Scheidungsantrag und die Aufhebungsklage braucht der Betreuer die Genehmigung des Vormundschaftsgerichts (§ 607 Abs 2 S 2 ZPO).

4. Mehrere Betreuer und die Anordnung eines Einwilligungsvorbehalts

Hat das Vormundschaftsgericht mehrere Betreuer bestellt oder beabsichtigt es, **80** mehrere Betreuer zu bestellen, kann die Anordnung eines Einwilligungsvorbehalts einen oder mehrere Betreuer angehen. Hat das Gericht mehrere Betreuer mit demselben Aufgabenkreis betraut und werden von dem Einwilligungsvorbehalt Willenserklärungen des Betreuten betroffen, die den Aufgabenkreis mehrerer Betreuer betreffen, so hat das Vormundschaftsgericht dies entsprechend zu beschließen (§ 69

FGG), sowie die Betreuerausweise entsprechend zu formulieren oder zu ergänzen (§ 69b Abs 2 S 2 Nr 4 FGG). Dies ist sowohl im Falle des § 1899 Abs 3 (mehrere Betreuer besorgen die Angelegenheiten des Betreuten gemeinsam), als auch im Falle des § 1899 Abs 4, daß der zweite Betreuer den ersten im Verhinderungsfalle vertritt, erforderlich.

Hat das Gericht über die Besorgung der Angelegenheiten durch mehrere Betreuer nach § 1899 Abs 3 nichts anderes bestimmt, und können aus diesem Grunde die Betreuer die Angelegenheit des Betreuten nur gemeinsam besorgen, so können sie, wenn sich der Einwilligungsvorbehalt auf diese Angelegenheit ganz oder teilweise erstreckt, auch nur gemeinsam einwilligen (§ 1903 Abs 1 S 1) oder die Einwilligung (ggf die nachträgliche Zustimmung) verweigern. Bei einer Meinungsverschiedenheit entscheidet das Vormundschaftsgericht, sofern nicht bei der Bestellung zum Betreuer oder bei der Anordnung des Einwilligungsvorbehalts ein anderes bestimmt wurde (§ 1797 Abs 1 S 2 iVm § 1908i Abs 1 S 1).

5. Einwilligungsvorbehalt und Geschäftsführung einer GmbH oder AG

a) Das Problem

81 Geschäftsführer einer GmbH oder Mitglied des Vorstandes einer AG kann nur eine natürliche, unbeschränkt geschäftsfähige Person sein (§ 6 Abs 2 S 1 GmbHG, § 76 Abs 3 S 1 AktG). Ein Betreuer, der bei der Besorgung seiner Vermögensangelegenheiten ganz oder teilweise einem Einwilligungsvorbehalt unterliegt (§ 1903), kann nicht Geschäftsführer oder Vorstandsmitglied sein (§ 6 Abs 2 S 2 GmbHG, § 76 Abs 3 S 2 AktG). Das Amt endet, sobald der Geschäftsführer in der angegebenen Weise in seiner Handlungsfähigkeit eingeschränkt ist. Mit der Anordnung eines Einwilligungsvorbehalts für die Besorgung aller oder eines Teils seiner Vermögensangelegenheiten nach § 1903 wird der Betreute zwar in seiner Geschäftsfähigkeit nicht beschränkt, sofern er nicht wegen Geschäftsunfähigkeit ohnehin rechtsgeschäftliche Willenserklärungen nicht wirksam abgeben oder entgegennehmen kann (§§ 104 Nr 2, 105 Abs 1), er benötigt aber zu allen diesbezüglichen Willenserklärungen die Einwilligung bzw Genehmigung seines Betreuers, soweit dies nicht vom Gesetz ausdrücklich ausgeschlossen worden ist. Zur Frage, welche Erklärungen bei der Anmeldung von Geschäftsführern einer GmbH in das Handelsregister infolge der BtG-Regelung abzugeben sind, s DEUTLER, „Betreute" als Geschäftsführer – Versicherungen bei der Anmeldung, GmbH-Rdsch 1992, 252 f. Nach § 100 Abs 1 S 2 AktG kann der unter Einwilligungsvorbehalt betr die Besorgung seiner Vermögensangelegenheiten stehende Betreute nicht Mitglied des Aufsichtsrates einer AktG sein.

b) Folgen der Anordnung eines Einwilligungsvorbehalts

82 Die Anordnung eines Einwilligungsvorbehalts führt dazu, daß der Betreute die persönlichen Voraussetzungen verliert, die zu der Organstellung erforderlich sind, oder anders ausgedrückt: die Anordnung des Einwilligungsvorbehalts des genannten Inhalts setzt die Bedingung für das Ende der Organstellung des betreuten Geschäftsführers oder Vorstandsmitglieds. Das damit einhergehende Ende der Vertretungsbefugnis ist zur Eintragung ins Handelsregister anzumelden (§ 39 Abs 1 GmbHG, § 81 Abs 1 AktG). Solange der Mangel der Vertretungsbefugnis eines unter Einwilligungsvorbehalt für die gesamten oder einen Teil der Vermögensangelegenheiten

stehenden Geschäftsführers oder Vorstandsmitglieds nicht eingetragen und bekanntgemacht ist, kann Dritten der Mangel der Vertretungsmacht nicht entgegengehalten werden (§ 15 Abs 1 HGB).

c) Die vertretungsrechtlichen Konsequenzen im einzelnen

Während nach bisherigem Recht für die organschaftliche Vertretung § 165 Anwendung fand, die beschränkte Geschäftsfähigkeit des (volljährigen) Vertreters (§ 114 aF) deshalb ohne Einfluß auf die von dem Vertreter abgegebenen Willenserklärungen blieb (SOERGEL/LEPTIEN § 165 Rn 3; PALANDT/HEINRICHS § 165 Rn 1), so daß die von einem wegen Geistesschwäche entmündigten (u deshalb beschränkt geschäftsfähigen, § 114 aF) Geschäftsführer einer GmbH für diese abgegebenen Erklärungen voll wirksam waren und die Gesellschaft banden, enthält § 1903 keine Bezugnahme auf § 165. Die Annahme, der unter Einwilligungsvorbehalt stehende Betreute könne rechtsneutrale Willenserklärungen nicht ohne Einwilligung des Betreuers wirksam abgeben, führt nicht zu einem anderen Ergebnis. Insbesondere spricht die Absicht des Gesetzgebers, die Rechtsstellung geistig und seelisch Behinderter zu verbessern, nicht dafür, den Rechtsgedanken des § 165 auch auf Willenserklärungen des Betreuten unter Einwilligungsvorbehalt anzuwenden (so aber DIECKMANN NJW 1993, 642 re Sp in der Bespr v BIENWALD, BtR[1]; ebenso LUTTER/GEHLING JZ 1992, 154 in der Urteilsanmerkung zu BGH JZ 1992, 152; ERMAN/HOLZHAUER Rn 16 mit dem Hinweis, daß der Einwilligungsvorbehalt den Betreuten schützen solle, dem durch § 165 keine Gefahr drohe, wenn § 179 Abs 2 auch entsprechend angewendet werde; ebenso auch MünchKomm/SCHWAB § 1903 Rn 3). Die Verbesserung der Rechtsstellung der geistig und seelisch Behinderten sowie der psychisch Kranken sollte um der Betroffenen selbst willen erreicht werden. Im Mittelpunkt der Zielsetzung des Betreuungsgesetzes stand das Wohl der Betroffenen, ihre persönliche Betreuung sowie die Stärkung der Personensorge; ihre Anträge, Wünsche und Vorschläge sollten verbindlich sein, soweit dies verantwortet werden kann (BT-Drucks 11/4528, 52).

Die Betätigung als Vertreter für einen anderen geschieht idR, jedenfalls wenn hilfebedürftige Personen „als Vertreter" tätig werden, nicht in erster Linie um ihrer selbst willen, sondern zur Erreichung von Zielen, die anderen zugute kommen. Eine entsprechende Anwendung von § 165 schadet zwar dem Betreuten (und unter Einwilligungsvorbehalt Stehenden) nicht, sie kommt ihm aber auch nicht zugute, sondern lediglich seiner Gesellschaft, für die er tätig war. Der Gesetzgeber hat bewußt nicht alle Vorschriften über die beschränkte Geschäftsfähigkeit gelten lassen für den Fall, daß ein Einwilligungsvorbehalt – welchen Umfangs auch immer – angeordnet worden ist (BT-Drucks 11/4528, 52 re Sp). Er hat den unter Einwilligungsvorbehalt gestellten Betreuten **nicht dem früheren beschränkt Geschäftsfähigen (§ 114 aF) gleichstellen** wollen, sondern bewußt davon abgesehen (BT-Drucks 11/4528, 136). Für eine entsprechende Anwendung von §§ 165, 179 Abs 2 besteht deshalb kein Raum mit der Folge, daß im Falle der Geschäftsführung einer GmbH oder Leitung einer AG der Ausschluß von der Geschäftsführung oder Leitung auch den Ausschluß von der Vertretungsmacht zur Folge hat.

Die Einwände von LUTTER/GEHLING (JZ 1992, 154), nicht der Geschäftsgegner/Vertragspartner des Vertretenen, sondern der Vertretene müsse das Risiko aus dem Geschäftsfähigkeitsmangel seines Vertreters tragen, zumindest wenn der Vertretene um die mangelnde Geschäftsfähigkeit seines Vertreters weiß, können nicht in gleicher Weise für die Situation im Betreuungsrecht herangezogen werden. Richtig ist es, daß der Vertretene den Vertreter als seine Hilfsperson in das Rechtsgeschäft einschaltet. Nur er hat die Möglichkeit, auf die Auswahl seines Vertreters Einfluß zu nehmen. In der Frage eines Interessenausgleichs zwischen Vertretenem und Vertragspartner sind solche Überlegungen am Platze. In Bezug auf die (entsprechende) Anwendung der §§ 165, 179 Abs 2 im Falle eines Einwilligungsvorbehalts können sie keine Berücksichtigung finden. Sinn und Zweck der Anordnung des Einwilligungsvorbehalts ist es, den Betreuten davor zu schützen, daß er durch eigene rechtsgeschäftliche Aktivitäten sich selbst schadet oder infolge Leichtgläubigkeit, Mangel an Hemmungen oder Durchsetzungsvermögen uä zur Abgabe oder Entgegennahme von Willenserklärungen veranlaßt wird, die seiner Person oder seinem Vermögen erheblichen Schaden zufügen, den der Betreuer nicht auf andere Weise verhindern kann.

Hinzu kommt noch folgendes: Fraglich ist, ob das Eingehen auf die Erteilung rechtsgeschäftlicher Vertretungsmacht Gegenstand eines Einwilligungsvorbehalts sein kann. Dieser ist nur zulässig, wenn dies zur Abwendung einer erheblichen Gefahr für die Person oder das Vermögen des Betreuten erforderlich ist (Abs 1 S 1). Wenn durch Erteilung und das Akzeptieren der rechtsgeschäftlichen Vertretungsmacht dem Betreuten unmittelbar ein Schaden nicht entstehen kann, weil durch sein Vertreterhandeln lediglich der Vertretene berechtigt oder verpflichtet wird (§ 164 Abs 1), kann mithin die Vollmachterteilung nicht von einem Einwilligungsvorbehalt erfaßt werden. Sie kann es auch deshalb nicht, weil die Befugnis, für einen anderen verbindlich zu handeln, nicht auf die eigene Person oder das eigene Vermögen ausgerichtet ist.

85 Handelt der Betreute dagegen ohne rechtsgeschäftliche Vertretungsmacht und bestünde die Gefahr einer Selbstschädigung darin, daß er selbst nach § 179 haftet, kann dieser Gefahr nur dadurch begegnet werden, daß auch das Handeln für einen anderen ohne dessen Vollmacht in den Einwilligungsvorbehalt aufgenommen wird. Im Innenverhältnis wäre der Betreuer freilich gehalten, die Einwilligung/Genehmigung zu verweigern, weil er sonst die Haftung des Betreuten auslösen würde, er aber kraft Gesetzes zur Beachtung des Wohls des Betroffenen/Betreuten verpflichtet ist (§ 1901 Abs 2).

Die im Außenverhältnis wirksame Einwilligung/Genehmigung des Handelns ohne Vertretungsmacht würde die gesetzliche Garantenhaftung des Betreuten auslösen, allerdings nicht in entsprechender Anwendung des § 179 Abs 3, sondern in unmittelbarer Anwendung von § 179 Abs 1 iVm § 1903 Abs 1 S 1.

Die zum Nachteil des Betreuten gereichende Einwilligung/Genehmigung könnte als dem Wohl des Betreuten nicht gemäße Maßnahme des Betreuers dessen Haftung nach § 1833 dem Betreuten gegenüber auslösen, so daß zur Vermeidung der gesamten Folgeproblematik das Gericht zwar bezüglich des Handelns für einen anderen ohne Vertretungsmacht den Betreuten zu seinem Schutz unter einen entsprechenden Einwilligungsvorbehalt stellen, dem Betreuer aber gleichzeitig mitteilen müßte, daß er zur Vermeidung von Schaden und Schadensersatzansprüchen von einer Einwilligung/Genehmigung Abstand nehmen solle.

Schließlich bestehen gegen eine entsprechende Anwendung von §§ 165, 179 Abs 2   **86**
insofern Bedenken, als – entgegen bisherigem Recht – die Rechtsstellung und die
Rechtsmacht des Betreuten im Unklaren bleiben. Während nach früherem Recht
der nur wegen Geistesschwäche, Alkoholismus, Drogenabhängigkeit usw Entmündigte gemäß § 114 aF beschränkt geschäftsfähig war, konnte auf den Pflegebefohlenen, der nach § 1910 Abs 2, 3 aF einen Gebrechlichkeitspfleger erhalten hatte, § 165
nicht angewendet werden. Der Betreffende war entweder geschäftsfähig, oder er galt
infolge der Regelung des § 1910 Abs 3 und der dazu bestehenden hM als geschäftsunfähig. Der Personenkreis, für den die Bestellung eines Betreuers in Betracht
kommt oder vorgenommen wurde, ist jedoch weitgehend unverändert. Das bedeutet, daß der weitaus größte Teil der unter Einwilligungsvorbehalt stehenden (vgl die
Übergangsregelung des Art 9 Abs 3 BtG) oder gestellten Betreuten nicht geschäftsfähig sein dürfte. Insofern würde § 165 auf einen Personenkreis entsprechend angewendet, der dem damaligen nicht (mehr) entspricht, denn der Rechtsstatus der
Betroffenen/Betreuten bleibt, wenn nicht im Einzelfall Feststellungen darüber getroffen werden (§ 104 Nr 2, § 105 Abs 1), ungeklärt. Überdies kann der Einwilligungsvorbehalt einen sehr unterschiedlichen Inhalt haben, so daß – gegenüber dem
eindeutigen Status eines beschränkt Geschäftsfähigen des bisherigen Rechts – auch
deshalb eine auch nur annähernd gleiche Basis und verläßliche Größe für eine
entsprechende Anwendung von § 165 nicht besteht. § 6 Abs 2 S 2 GmbHG und
§ 76 Abs 3 S 2 AktG sehen lediglich eine Mindesteinschränkung der Rechtsmacht
des Betroffenen vor.

VII. Geringfügige Angelegenheiten des täglichen Lebens (Abs 3 S 2)

Nach Abs 3 S 2 bedarf der Betreute dann nicht der Einwilligung seines Betreuers,   **87**
wenn die Willenserklärung lediglich eine geringfügige Angelegenheit des täglichen
Lebens betrifft. Durch diese Regelung werden nicht nur Verpflichtungs-, sondern
auch Erfüllungsgeschäfte erfaßt (MünchKomm/SCHWAB Rn 47).

1. Zum Begriff der Geringfügigkeit

Die geringfügigen Angelegenheiten des täglichen Lebens (§ 1903 Abs 3 S 2) stehen   **88**
in einem Gegensatz einmal zu den übrigen Angelegenheiten des täglichen Lebens,
die nicht mehr als geringfügig anzusehen sind, zum anderen zu den Angelegenheiten, die nicht zu denen des täglichen Lebens gehören, gleichgültig ob sie als geringfügig einzustufen sind oder nicht.

Die amtl Begr (BT-Drucks 11/4528, 139) ging davon aus, generell werde sich nicht
bestimmen lassen, was eine geringfügige Angelegenheit des täglichen Lebens ist;
die Praxis werde in angemessener Zeit Abgrenzungskriterien entwickeln. Soweit
festzustellen bestand für derartige Bemühungen bisher weder Bedarf noch Gelegenheit. In erster Linie, so die amtl Begr (BT-Drucks 11/4528, 139), werden für die Ausnahmeregelung alltägliche Bargeschäfte über geringwertige Gegenstände in Betracht kommen, zB der Kauf von zum alsbaldigen Verbrauch bestimmten Lebensmitteln, wenn diese nach Menge und Wert das übliche Maß nicht übersteigen. Aus
der Formulierung „des täglichen Lebens" kann nicht geschlossen werden, daß solche
Rechtsgeschäfte üblicherweise jeden Tag vorgenommen werden. Entscheidend ist,
ob die Verkehrsauffassung das Rechtsgeschäft zu den Alltagsgeschäften zählt. Ge-

nannt wird in diesem Zusammenhang der Kauf einer Tube Zahnpasta (BT-Drucks 11/ 4528, 139), Hygieneartikel in kleineren Mengen (keine Vorratshaltung!); der Erwerb einer Eintrittskarte zu einer Sportveranstaltung oder für eine Kinovorstellung, auch die Anschaffung von Gebrauchstextilien von geringem Wert (alle Beispiele bei Münch-Komm/Schwab Rn 46) können unter die Ausnahmeregelung fallen. Dem widerspricht allerdings die Feststellung, ob die Angelegenheit geringfügig sei, bestimme die Höhe des Preises, nicht dagegen die subjektive Wertschätzung (MünchKomm/Schwab Rn 46). Diese Sichtweise wird der Zielsetzung dieser Vorschrift sowie den Möglichkeiten und Grenzen von Betreuten nicht gerecht. Der Gesetzgeber des BtG hat ua mit Rücksicht auf die tatsächliche (und wünschenswerte) Teilnahme Betreuter am Rechtsverkehr und die hierbei getätigten, vielfach geringfügigen Geschäfte von einer konstitutiven Feststellung der Geschäftsunfähigkeit der Betroffenen Abstand genommen (BT-Drucks 11/4528, 61). Die flexible Betreuung, die nur im Rahmen der Erforderlichkeit zugelassen ist, darf den Betroffenen nicht in Bereichen einschränken, die er selbst bewältigen kann, seien es nur die geringfügigen Angelegenheiten des täglichen Lebens (BT-Drucks 11/4528, 120), wobei in diesem Zusammenhang die Tragfähigkeit der rechtlichen Konstruktion des Betreutenhandelns von untergeordneter Bedeutung ist. Auch Abzahlungsgeschäfte können geringfügige Angelegenheiten des täglichen Lebens betreffen (aA MünchKomm/Schwab § 1903 Rn 47 mwN; wie hier: Soergel/Zimmermann Rn 30 und Erman/Holzhauer Rn 17). Nimmt ein geschäftsfähiger Betreuer, für den in vermögensrechtlichen Angelegenheiten ein Einwilligungsvorbehalt angeordnet wurde, für Ausflugsfahrten zu Gaststätten einen Krankentransportwagen eines Rettungsdienstes in Anspruch, stellen die damit verbundenen Fahrtkosten keine einwilligungsfreie, geringfügige Angelegenheit des täglichen Lebens dar (LG Gießen FamRZ 2003, 476 [LS] = BtPrax 2003, 88 = MDR 2003, 459). Ebenso nicht der Abschluß eines Mobilfunkvertrages mit einer Laufzeit von 24 Monaten und einer Grundgebühr von insgesamt 306,48 Euro (LG Trier BtPrax 2004, 78).

Bei einer vom Betreuten veranlaßten Türöffnung, für das ein Entgelt von 505,96 DM gefordert worden war, handelte es sich nicht um eine geringfügige Angelegenheit des täglichen Lebens (AG Dortmund Beschluß v 11.12.2000–107 c 10910/00).

2. Maßstäbe

89 Sowohl § 1903 Abs 3 als auch die Feststellung der Betreuungsbedürftigkeit durch Sachverständige nach § 68b FGG sind darauf ausgerichtet, vorhandene Potentiale des Betroffenen/Betreuten zu entdecken und zu fördern. Aufgabe des Betreuers ist es danach, im Rahmen des Abs 3 S 2 möglichst alles zuzulassen, was der Betreute tatsächlich leisten kann und wodurch er sich keinen (erheblichen) Schaden zufügt. Deshalb kann der objektive Wert/Preis eines Gegenstandes oder einer Dienstleistung nicht allein für die Zuordnung zum Bereich der geringfügigen Angelegenheiten maßgebend sein. Andernfalls könnte zB der Besuch des Friseurs zum Preise von bisher 15 DM noch als geringfügig angesehen werden, der zum Preise von bisher 38 DM oder 60 DM (bei einem vermögenden Betreuten) dagegen nicht mehr. Auch kann der Preis für eine Eintrittskarte zu einer Sportveranstaltung nicht schlechthin als geringfügig angesehen werden im Verhältnis – zB – zu einer Tasse Kaffee und einem Stück Kuchen (BT-Drucks 11/4528, 61). Richtig ist dagegen, daß für die Bewertung der Angelegenheit gem Abs 3 S 2 die finanziellen Verhältnisse des Betreuten nicht völlig gleichgültig sein dürfen (MünchKomm/SCHWAB Rn 46). Erforderlich ist deshalb eine Bewertung unter Einbeziehung objektiver und subjektiver Maßstäbe und die Berücksichtigung der betreuungsrechtlichen Zielsetzung größtmöglichen Alleinhandelns des Betreuten.

3. Bedeutung der Bewertungsfrage in der Praxis

Die Ausnahme des Abs 3 S 2 (kein Erfordernis der Zustimmung des Betreuers bei geringfügigen Angelegenheiten des täglichen Lebens) trifft nur zu, wenn feststeht, daß es sich bei der Willenserklärung (die nicht lediglich einen rechtlichen Vorteil bringt) um eine geringfügige Angelegenheit des täglichen Lebens handelt. Bestehen Zweifel, ist unklar, daß das beabsichtigte Rechtsgeschäft zu solchen Angelegenheiten zu rechnen ist, liegen die Voraussetzungen des Abs 3 S 2 nicht positiv vor, so daß die beabsichtigte Rechtshandlung als Regelfall des § 1903 Abs 1 S 1 zu behandeln ist und der Genehmigungspflicht unterfällt. Die Willenserklärungen, die geringfügige Angelegenheiten betreffen, fallen auch dann in den Kreis der genehmigungsbedürftigen Willenserklärungen, wenn das Vormundschaftsgericht gemäß Abs 3 S 2 HS 1 etwas anderes angeordnet hat (BIENWALD, BtR Rn 62).

Einer von der Betreuermeinung abweichenden Bewertung durch den nicht geschäftsfähigen Betreuten kommt dann keine Bedeutung zu, wenn mit der hM davon ausgegangen wird, daß der geschäftsunfähige Betreute nur Erklärungen seines Betreuers weitergibt und der Betreuer das Rechtsgeschäft als eigenes vornimmt oder gelten läßt. Der Betreute hat hier nur die ihm durch den Betreuer vermittelte „Rechtsmacht". Wird der Betreute im Falle des Abs 3 S 2 nach diesseitiger Auffassung aus eigenem Recht tätig (insofern besteht kein Unterschied zu einem unter Einwilligungsvorbehalt stehenden geschäftsfähigen Betreuten), ist das Rechtsgeschäft nur wirksam, wenn die Voraussetzungen des Abs 3 S 2 vorliegen. Je nach dem Stand der Abwicklung des Rechtsgeschäfts wird der Betreuer vom Geschäftsgegner Rückabwicklung oder dieser Erfüllung verlangen, sofern auch er der Auffassung ist, daß der Gegenstand eine geringfügige Angelegenheit des täglichen Lebens betraf. Gehört bei objektiver Betrachtung der Gegenstand nicht zu den nach Abs 3 S 2 genehmigungsfreien Geschäften, bleibt es dem Betreuer dennoch überlassen, mit dem Rechtsgeschäft einverstanden zu sein und so die Wirksamkeit nach Abs 1 iVm § 108 eintreten zu lassen.

4. Grund und Voraussetzungen abweichender gerichtlicher Entscheidung

Die Ausnahmeregelung, daß der Betreute zu einer Willenserklärung, die eine geringfügige Angelegenheit des täglichen Lebens betrifft, eine Einwilligung seines Betreuers nicht benötigt (Abs 3 S 2), gilt nur, solange und soweit nicht das Vormundschaftsgericht ein anderes bestimmt. Die Ermächtigung zur vollständigen oder teilweisen Rücknahme der Ausnahme ist an den Grundsatz der Erforderlichkeit und den der Subsidiarität geknüpft, entspr den allgemeinen Grundsätzen und Zielen des Betreuungsrechts. Soweit der Betreute unter Einwilligungsvorbehalt steht, sind auch die geringfügigen Angelegenheiten des täglichen Lebens ganz oder teilweise zustimmungsbedürftig, wenn dies zum Wohl des Betreuten erforderlich ist und geringere Mittel als die der Rechtsbeschränkung für die Abwendung der Gefahr nicht zur Verfügung stehen. Ein Grund dafür, auch in geringfügigen Angelegenheiten des täglichen Lebens eine Einwilligung des Betreuers zu verlangen, soll dann vorliegen, wenn auf andere Weise nicht verhütet werden kann, daß sich ein Alkoholiker (rechtswirksam) kleinere Mengen alkoholischer Getränke verschafft (BT-Drucks 11/4528, 139).

VIII. Erweiterung des Kreises der einwilligungsbedürftigen Willenserklärungen

92 Der Kreis der einwilligungsbedürftigen Willenserklärungen ist zu erweitern, wenn dies erforderlich ist (§ 1908d Abs 3, 4). Die Vorschriften über die Anordnung des Einwilligungsvorbehalts (§ 1903) gelten hierfür entsprechend (auch die Verfahrensbestimmungen). Die Erweiterung ist deshalb nur zulässig, wenn dies zur Abwendung einer erheblichen Gefahr für die Person oder das Vermögen des Betreuten erforderlich ist. Auch die Erweiterung des Aufgabenkreises des Betreuers setzt voraus, daß der Betroffene aufgrund seiner Krankheit oder Behinderung seinen Willen nicht frei bestimmen kann (BayObLG EzFamR aktuell 3/1998, 43). Wie die Erstanordnung eines Einwilligungsvorbehalts findet deshalb die Erweiterung des Kreises der einwilligungsbedürftigen Willenserklärungen von Amts wegen und entsprechend den Verfahrensregelungen statt, die für die erstmalige Anordnung des Einwilligungsvorbehalts gelten (§ 69i Abs 2 FGG). Wird der Kreis der einwilligungsbedürftigen Willenserklärungen nur unwesentlich erweitert oder liegen Verfahrenshandlungen nach § 68 Abs 1 und § 68b nicht länger als sechs Monate zurück, kann das Gericht davon absehen, sich einen unmittelbaren Eindruck des Betreuten in dessen üblicher Umgebung zu verschaffen und ihn über das Verfahren zu unterrichten; außerdem kann auf das Sachverständigengutachten verzichtet werden (§ 69i Abs 1 S 2 FGG). Der Betreute muß jedoch angehört werden (§ 69i Abs 1 S 3 FGG). Fraglich ist allerdings, ob und wann angesichts der materiell-rechtlichen Voraussetzungen der Anordnung eines Einwilligungsvorbehalts (Abwendung erheblicher Gefahr) eine unwesentliche Erweiterung erforderlich sein kann.

Der Betreuer hat in entspr Anwendung des § 1901 Abs 5 nF (§ 1903 Abs 4) dem Vormundschaftsgericht Mitteilung zu machen, wenn ihm Umstände bekannt werden, die eine Erweiterung des Kreises der einwilligungsbedürftigen Willenserklärungen erfordern.

IX. Beendigung des Einwilligungsvorbehalts

1. Allgemeines

93 Die Akzessorietät des Einwilligungsvorbehalts hat zur Folge, daß mit dem Ende der Betreuung auch das Ende des Einwilligungsvorbehalts eintritt. Endet die Betreuung nicht zu einem bestimmten Zeitpunkt von selbst, tritt ihr Ende mit der Wirksamkeit der Aufhebungsentscheidung ein. Entsprechendes gilt für die teilweise Beendigung, dh die Einschränkung des Aufgabenkreises. Wird der Aufgabenkreis insoweit reduziert, daß der Teil, für den ein Einwilligungsvorbehalt bestand, entfällt, besteht die Betreuerbestellung im übrigen fort und zwar ohne Einwilligungsvorbehalt.

2. Aufhebung des Einwilligungsvorbehalts

94 Der Einwilligungsvorbehalt ist aufzuheben (ohne gleichzeitige Aufhebung der Be-

treuung oder der Reduzierung des Aufgabenkreises), wenn seine Voraussetzungen wegfallen (§ 1908d Abs 1 Abs 4). Fallen diese Voraussetzungen nur für einen Teil der Willenserklärungen des Betreuten weg, so ist der Einwilligungsvorbehalt entsprechend einzuschränken. Die Anwendung des § 1908d Abs 2 auf den Einwilligungsvorbehalt, wie sie in Abs 4 vorgesehen ist, gibt keinen rechten Sinn. Denn auf Antrag des Betreuten oder eines Dritten wird der Einwilligungsvorbehalt weder angeordnet noch aufgehoben. In entspr Anwendung des § 1901 Abs 5 (§ 1903 Abs 4) hat der Betreuer dem Vormundschaftsgericht Mitteilung zu machen, wenn ihm Umstände bekanntwerden, die eine Aufhebung des Einwilligungsvorbehalts oder eine Einschränkung des Kreises der einwilligungsbedürftigen Willenserklärungen ermöglichen.

X. Verfahren, Entscheidungsinhalt, Bekanntmachung, Mitteilungen

1. Allgemeines

Die Anordnung eines Einwilligungsvorbehalts kann zusammen mit der Entscheidung über die Bestellung eines Betreuers erforderlich sein und beschlossen werden; die überwiegende Zahl von Einwilligungsvorbehalten wird jedoch erst nachträglich angeordnet. Der Einwilligungsvorbehalt kann nur von Amts wegen angeordnet werden (MünchKomm/Schwab Rn 28; Erman/Holzhauer Rn 46). Ein Antragsrecht einer Person oder einer Institution oder auch nur die Notwendigkeit einer Antragstellung sind nicht vorgesehen; zu den Gründen für das Fehlen eines Antragsrechts s BT-Drucks 11/4528, 137. Mit dem Hinweis, daß der Einwilligungsvorbehalt die Beachtlichkeit des Willens des Betreuten gerade einschränke und sich ein Kranker oder Behinderter auch nicht glaubhaft um seine eigene Entmachtung bemühen könne (Erman/Holzhauer Rn 46 m Bezug auf BT-Drucks 11/4528, 137), wurde auch kein Antragsrecht des Betreuten vorgesehen. Dies widerspricht der Antragsbefugnis des Betroffenen (nicht nur des körperlich Behinderten) nach § 1896 Abs 1 S 2. Die zur Begründung eines solchen „Antrags"rechts auf Bestellung eines Betreuers angeführten Gründe (BT-Drucks 11/4528, 118) hätten auch die Beachtung des Betreutenwillens auf Anordnung eines Einwilligungsvorbehalts gerechtfertigt, der sich in Form eines Antrags ausdrücken ließe. Holzhauer hält es deshalb für erforderlich, den „Antrag" eines Betroffenen, der sich um Anordnung eines Einwilligungsvorbehalts in einem relativ gesunden Zustand bemüht, der ihn schützen soll, besonders sorgfältig zu prüfen (Erman/Holzhauer Rn 46). Da es „Anträge" auf Anordnung eines Einwilligungsvorbehalts nicht gibt, sind gleichlautende Ansinnen sowie die inhaltlich darauf ausgerichteten Anliegen als Anregungen zur Prüfung und Entscheidung von Amts wegen zu behandeln (so auch MünchKomm/Schwab Rn 28). Zur Informationspflicht des bereits bestellten Betreuers über entscheidungserhebliche Umstände s § 1901 Abs 5, § 1903 Abs 4.

Die Betreuungsbehörde und andere Behörden können das Gericht entsprechend informieren; sie entscheiden in eigener Kompetenz über Inhalt und Form der Mitteilung. Die zuständige Behörde teilt dem Gericht solche Umstände mit, soweit dies unter Beachtung berechtigter Interessen des Betroffenen/Betreuten nach den Erkenntnissen der Behörde erforderlich ist, um eine erhebliche Gefahr für das Wohl des Betroffenen/Betreuten abzuwenden (§ 7 Abs 1 BtG). Im übrigen dürfen Gerichte und Behörden dem Vormundschaftsgericht personenbezogene Daten übermitteln, wenn deren Kenntnis aus ihrer Sicht für vormundschaftsgerichtliche Maßnahmen erforderlich ist, soweit nicht für die übermittelnde Stelle erkennbar ist, daß schutzwürdige Interessen des Betroffenen an dem Ausschluß der Übermittlung das Schutzbedürfnis eines Betreuten oder das öffentliche Interesse an der Übermittlung überwiegen. Die Übermittlung unterbleibt, wenn ihr eine besondere bundes- oder entsprechende landesgesetzliche Verwendungsregelung entgegensteht (§ 35a S 2, 3 FGG, angefügt durch Art 13 JuMiG). Die Behörde unterstützt das Vormundschaftsgericht gegebenenfalls bei der Feststellung des Sachverhalts, wenn es dies für erforderlich hält (§ 8 BtBG).

Ebensowenig wie über die Anordnung eines Einwilligungsvorbehalts auf Antrag entschieden wird, ist das bei einer Einschränkung, Erweiterung, Verlängerung oder Aufhebung des Einwilligungsvorbehalts der Fall. Eine Amtsprüfungspflicht besteht in jeder Lage des Verfahrens. Hat ein Betroffener „lediglich" die Bestellung eines Betreuers beantragt, hat das Gericht ggf von Amts wegen zu prüfen, ob darüber hinaus – soweit zulässig – die Anordnung eines Einwilligungsvorbehalts in Betracht kommt (ebenso ERMAN/HOLZHAUER Rn 46). Stellt sich im Rechtsmittelverfahren vor dem LG heraus, daß die Tatsachen, auf die das AG seine Entscheidung gestützt hat, nicht oder nicht mehr bestehen, ist der Einwilligungsvorbehalt als unbegründet aufzuheben, selbst wenn der Betreute die Aufhebung des Einwilligungsvorbehalts nicht selbständig beantragt oder auf sie hingewiesen hat. Hat das Vormundschaftsgericht die Betreuerbestellung verlängert, ohne über den bestehenden Einwilligungsvorbehalt eine (ggf Verlängerungs-)Entscheidung zu treffen, besteht der Einwilligungsvorbehalt weiter (BayObLG BtPrax 1998, 110, 111).

97 Das Verfahren entspricht im wesentlichen dem für die Entscheidung über eine Betreuerbestellung. Daß die Anordnung eines Einwilligungsvorbehalts stärker noch als die Bestellung eines Betreuers ein schwerwiegender Eingriff in die Rechtsstellung des Betroffenen sei (MünchKomm/SCHWAB Rn 25), läßt sich aus dem materiellen Recht nicht ableiten und führt auch nicht zu einem strengeren Verfahren. Die Anordnung eines Einwilligungsvorbehalts schränkt zwar die Handlungsfreiheit eines nicht geschäftsunfähigen Betreuten ein, weil dieser ihm nachteilige Rechtsgeschäfte nicht mehr ohne Zustimmung des Betreuers vornehmen kann. Im Vergleich dazu hat die Betreuerbestellung die umfassende Vertretungsbefugnis des Betreuers, soweit dessen Aufgabenkreis reicht, zur Folge. Hiergegen ist zwar ein eigenes Handeln des Betreuten möglich, in den wenigsten Fällen jedoch zu erwarten. Im übrigen kann ein Betreuer auch im Drittinteresse bestellt werden, wohingegen die Anordnung eines Einwilligungsvorbehalts ausschließlich zum Schutz des Betroffenen/Betreuten zugelassen ist (BT-Drucks 12/4528, 136).

98 Die Anordnung eines **vorläufigen** Einwilligungsvorbehalts ist zulässig (§ 69f Abs 1 FGG) und zwar sowohl im Verfahren der einstweiligen Anordnung als auch im sog eiligen Verfahren der einstweiligen Anordnung vor Anhörung des Betroffenen und vor Bestellung und Anhörung eines Pflegers für das Verfahren (§ 69f Abs 1 S 4 FGG), wenn dringende Gründe für die Annahme bestehen, daß die Voraussetzungen für die Anordnung eines Einwilligungsvorbehalts gegeben sind und mit dem Aufschub Gefahr verbunden wäre. Regelvoraussetzung ist das Vorliegen eines ärztlichen Zeugnisses sowie die Anhörung des Betroffenen und, soweit dessen Bestellung nach § 67 FGG erforderlich ist, die Anhörung des Pflegers für das Verfahren.

Bei Gefahr im Verzug kann das Gericht die einstweilige Anordnung bereits vor der persönlichen Anhörung des Pflegers für das Verfahren erlassen; die Verfahrenshandlungen sind unverzüglich nachzuholen (§ 69f Abs 1 S 4 FGG nF). Die einstweilige Anordnung darf die Dauer von sechs Monaten nicht überschreiten; sie kann aber nach Anhörung eines Sachverständigen durch weitere einstweilige Anordnungen bis zu einer Gesamtdauer von einem Jahr verlängert werden. Ein vorläufiger Einwilligungsvorbehalt kann **trotz** Vorliegens einer General- oder **Vorsorgevollmacht** angeordnet werden, wenn die Wirksamkeit der Vollmacht wegen Zweifeln an der Geschäftsfähigkeit des Betroffenen unklar ist und die konkrete Gefahr besteht, daß ohne Einwilligungsvorbehalt vermögensrechtliche Transaktionen zum Nachteil des Betroffenen vorgenommen werden (BayObLG FamRZ 2004, 1814).

Kann eine dem Vermögen drohende Gefahr nicht ausgeschlossen werden, fehlen aber konkrete Anhaltspunkte für eine Realisierung der potentiellen Gefahr, ist ein vorläufiger Einwilligungsvorbehalt betreffend die Vermögenssorge wieder aufzuheben (LG Marburg FamRZ 2005, 549 m Anm BIENWALD).

2. Zuständigkeit

Die Entscheidung ist dem Richter vorbehalten (§ 3 Nr 2 Buchst a, § 14 Abs 1 Nr 4 **99** RPflG). Ist ein Betreuer nach § 1896 Abs 3 bestellt worden, entscheidet über die Anordnung eines Einwilligungsvorbehalts ebenfalls der Richter (MünchKomm/SCHWAB Rn 26). Zur materiell-rechtlichen Frage, ob im Falle einer Betreuerbestellung nach § 1896 Abs 3 die Anordnung eines Einwilligungsvorbehalts in Betracht kommt, s oben Rn 39.

Die örtliche und sachliche Zuständigkeit des Gerichts richtet sich nach den §§ 35, 65 FGG, die internationale Zuständigkeit nach § 69e S 1 iVm § 35b FGG (MünchKomm/ SCHWAB § 1896 Rn 26).

3. Verfahren

a) Verfahrensfähigkeit; Verfahrenspflegerbestellung

Der Betroffene/Betreute ist ohne Rücksicht auf seine Geschäftsfähigkeit verfahrensfähig (§ 66 FGG). Für die Bestellung eines Verfahrenspflegers gelten die gleichen Regeln wie bei der Betreuerbestellung (§ 67 FGG). Ob für das Einwilligungsvorbehaltsverfahren ein Verfahrenspfleger zu bestellen ist, hat das Gericht wie in allen anderen Betreuungssachen, die nicht namentlich in § 67 FGG aufgeführt sind, auf Grund aller Umstände des Einzelfalles zu entscheiden. Ua kommt es auf den Grad der Behinderung oder Erkrankung und die Bedeutung des jeweiligen Verfahrensgegenstandes an (BT-Drucks 11/4528, 171). Die Tatsache, daß es sich um die Anordnung eines Einwilligungsvorbehaltes und damit um einen Eingriff in die Rechtsstellung des Betroffenen handelt, reicht für die Bestellung eines Verfahrenspflegers allein nicht aus (**aA** MünchKomm/SCHWAB Rn 19). Da durch die Bestellung eines Verfahrenspflegers nicht die Verfahrensfähigkeit des Betreuten berührt wird und der Pfleger nicht der Vormund des Betroffenen, sondern ein weisungsfreier Helfer sein soll, ist für die Entscheidung des Gerichts bestimmend, ob der Betreffende eines Beistandes oder Helfers im Verfahren bedarf. Die Notwendigkeit, einen Einwilli-**100** gungsvorbehalt anzuordnen, spricht eher dafür, daß der Betreute sich auch insoweit selbst helfen kann.

b) Amtsermittlungsgrundsatz

101 Ebenso wie für das Verfahren zur Betreuerbestellung gilt für das Verfahren zur Anordnung eines Einwilligungsvorbehalts der Amtsermittlungsgrundsatz (§ 12 FGG). Ein Einwilligungsvorbehalt, gleich welchen Umfangs, darf nur angeordnet werden, wenn der Betroffene/Betreute aufgrund einer psychischen Krankheit oder einer geistigen oder seelischen Behinderung eine erhebliche Gefahr für Person oder Vermögen besorgen läßt und das Gericht diese Voraussetzungen konkret feststellt (BayObLG FamRZ 1993, 442 = BtPrax 1993, 64). Ordnet der Tatrichter für sämtliche dem Betreuer übertragenen Aufgabenkreise einen Einwilligungsvorbehalt an, hat er dessen Erforderlichkeit für jeden Aufgabenkreis darzulegen (BayObLG FamRZ 2003, 476 [LS]). Diese Feststellungen müssen der schriftlichen Begründung der gerichtlichen Entscheidung zu entnehmen sein (KEIDEL/KAYSER § 69 FGG Rn 1, 5). Für die Annahme, daß die Anordnung eines Einwilligungsvorbehalts in Vermögensangelegenheiten erforderlich sei, reicht es nicht aus, daß lediglich die Gefahr einer eigennützigen Beeinflussung des Betroffenen durch Dritte behauptet wird, ohne daß Tatsachen festgestellt werden, die diesen Verdacht begründet erscheinen lassen (ähnlich BayObLG FamRZ 1993, 442, 443 = BtPrax 1993, 64, 65; LG Köln BtPrax 1992, 109, 110). Die für die Entscheidung über eine Anordnung eines Einwilligungsvorbehalts erforderlichen Feststellungen, die dem Tatrichter (Vormundschaftsgericht, Landgericht als Gericht der ersten Beschwerde) obliegen, können im Verfahren der (sofortigen) weiteren Beschwerde nur daraufhin geprüft werden, ob sie verfahrensfehlerfrei getroffen worden sind (OLG Hamm OLGZ 1993, 261 = FamRZ 1993, 722, 723). Das ist dann nicht der Fall, wenn das (Beschwerde-)Gericht seine Feststellung, die Voraussetzungen für die Anordnung eines Einwilligungsvorbehalts lägen vor, auf den Inhalt eines Telefonats mit dem Betreuer stützt, ohne diesen Gesprächsinhalt vor seiner Entscheidung dem Betroffenen zur Kenntnis zu geben (OLG Schleswig Rp 2005, 350 = FamRZ 2005, 1196 [LSe]).

c) Anhörung des Betroffenen/Betreuten

102 Für die Anhörung des Betroffenen/Betreuten gilt § 68 FGG. Der Richter hat den Betreffenden persönlich zu hören und sich einen unmittelbaren Eindruck von ihm zu verschaffen. Er hat ihn über den möglichen Verlauf des Verfahrens zu unterrichten und gemäß § 68 Abs 5 FGG ein Schlußgespräch zu führen. Wird bereits in dem Verfahren, das der Bestellung eines Betreuers dient, die Anordnung eines Einwilligungsvorbehalts erwogen, ist darauf zu achten, daß uU einzelne Verfahrensschritte wegen der erst später bedachten Vorbehaltsentscheidung nachzuholen sind. Andernfalls lägen Verstöße gegen Art 103 Abs 1 GG und jedenfalls auch gegen § 12 FGG vor.

§ 68 Abs 2 FGG (Unterbleiben persönlicher Anhörung) ist ebenfalls anwendbar. Angesichts des Zwecks des Einwilligungsvorbehalts dürften Fälle selten sein, in denen nach § 68 Abs 2 FGG auf die Anhörung verzichtet werden durfte (dagegen nicht die Fälle des § 69f Abs 1 FGG!). Zur Anhörung des Betroffenen/Betreuten in einem einstweiligen Anordnungsverfahren s § 69f FGG.

d) Persönlicher Eindruck vom Betroffenen/Betreuten

§ 68 Abs 1 FGG sieht neben der persönlichen Anhörung des Betroffenen/Betreuten **103** vor, daß sich das Gericht einen persönlichen Eindruck von dem Betroffenen/Betreuten verschafft. Während nach Abs 2 die persönliche Anhörung unter bestimmten Voraussetzungen unterbleiben darf, gilt dies nicht für das Verschaffen des persönlichen Eindrucks. Auch zu diesem Zweck darf das Gericht den Betroffenen durch die zuständige Behörde vorführen lassen, wenn er sich weigert, an Verfahrenshandlungen nach Abs 1 S 1 mitzuwirken. Ob dieses Verfahren sachdienlich ist, muß im Einzelfall anhand vorhandener Erkenntnisse über die Krankheit bzw Behinderung des Betroffenen/Betreuten und sein dadurch bedingtes Verhalten entschieden werden.

e) Anhörungen Dritter

Anhörungen Dritter sind für das Verfahren zwecks Anordnung eines Einwilligungs- **104** vorbehalts ebenso vorgesehen wie für das Verfahren betr die Bestellung eines Betreuers (§ 68a FGG). Der zuständigen Behörde ist nach Maßgabe dieser Vorschrift Gelegenheit zur Äußerung zu geben und ggf die getroffene Entscheidung (Anordnung des Einwilligungsvorbehalts) bekanntzumachen (§ 69a Abs 2 S 1 FGG). Die Nichtanordnung braucht der Behörde nicht bekanntgemacht zu werden (§ 69a Abs 2 S 1 FGG), es sei denn, das Gericht hat ihr im Verfahren Gelegenheit zur Äußerung gegeben (§ 69a Abs 2 S 2 FGG).

f) Sachverständigengutachten (§ 68b Abs 2 FGG)

Das Gericht hat vor der Anordnung eines Einwilligungsvorbehalts das Gutachten **105** eines Sachverständigen über die Notwendigkeit der Anordnung des Einwilligungsvorbehalts einzuholen (s BayObLG FamRZ 1995, 1517 = BtPrax 1995, 143). Die Beibringung eines ärztlichen Zeugnisses reicht für das Regelverfahren nicht aus. § 68b Abs 1 S 2 FGG, wonach bei Antragstellung ein ärztliches Zeugnis genügen könnte, kommt wegen des Amtsverfahrens nicht in Betracht, abgesehen davon, daß Abs 3 nicht auf diesen Satz Bezug nimmt.

Der Sachverständige hat den Betroffenen/Betreuten vor Erstattung des Gutachtens persönlich zu untersuchen oder zu befragen. Kommt nach seiner Auffassung die Anordnung eines Einwilligungsvorbehalts in Betracht, so hat sich das Gutachten auch auf den Umfang des Einwilligungsvorbehalts und die voraussichtliche Dauer der Anordnung des Einwilligungsvorbehalts zu erstrecken (§ 68b Abs 1 S 4 und 5 iVm Abs 3 FGG). Die durch den neu eingefügten § 68b Abs 1a FGG (Art 5 Nr 7 2. BtÄndG) mögliche Verwendung von ärztlichen Gutachten des Medizinischen Dienstes der Krankenversicherungen nach § 18 SGB XI bezweckt die Feststellung von Voraussetzungen für die Bestellung eines Betreuers. § 68b Abs 2 FGG nimmt auf diese Vorschrift keinen Bezug, so daß diese Gutachten für die Ermittlung der Voraussetzungen eines Einwilligungsvorbehaltes nicht in Betracht kommen.

Im Verfahren der **einstweiligen Anordnung** reicht ein **ärztliches Attest** aus. Würde es **106** sich dem Text des § 69f Abs 1 S 1 Nr 2 FGG entsprechend darauf beschränken, den Zustand des Betroffenen/Betreuten mitzuteilen, ohne auf die Voraussetzungen der Anordnung eines Einwilligungsvorbehalts einzugehen, müßte das Gericht weitere Ermittlungen anstellen, gegebenenfalls die Ergänzung des Attests oder ein Sachverständigengutachten erfordern.

Zwecks Begutachtung kann das Gericht die Untersuchung und die Vorführung des Betroffenen/Betreuten anordnen (§ 68b Abs 3 FGG). Nach Anhörung eines Sachverständigen und persönlicher Anhörung des Betroffenen/Betreuten kann das Gericht auch anordnen, daß der Betroffene/Betreute zeitlich begrenzt untergebracht und beobachtet wird, soweit dies zur Vorbereitung des Gutachtens erforderlich ist.

g) Besondere Verfahren

107 Im Falle der **Erweiterung des Kreises der einwilligungsbedürftigen Willenserklärungen** ist das in § 69i Abs 1 FGG bestimmte Verfahren zu beachten; Erleichterungen sind vorgesehen, wenn unwesentliche Erweiterungen des Kreises der einwilligungsbedürftigen Willenserklärungen vorgenommen werden sollen; außerdem wenn Verfahrenshandlungen nach § 68 Abs 1 und § 68b FGG nicht länger als sechs Monate zurückliegen (§ 69i Abs 1 S 2 FGG).

Für die **Aufhebung** des Einwilligungsvorbehalts gelten die §§ 68a, 69a Abs 2 S 1 und § 69g Abs 1 und 4 FGG entsprechend. Besondere Vorschriften für das Verfahren über die Aufhebung eines Einwilligungsvorbehalts bestehen nicht (BayObLG v 2. 7. 1997 – 3 Z BR 264/97).

Erledigt sich die Anordnung eines vorläufigen Einwilligungsvorbehalts, kann dessen Rechtmäßigkeit bei der wegen § 69h FGG weiterhin erforderlichen Prüfung (Aufhebung des Einwilligungsvorbehalts) nur bejaht werden, wenn auch die Bestellung eines vorläufigen Betreuers rechtmäßig war (BayObLG FamRZ 2004, 1814).

108 Für die **Verlängerung der Anordnung des Einwilligungsvorbehalts** sind die Vorschriften für die erstmalige Entscheidung entsprechend anzuwenden (§ 69i Abs 6 FGG). Hat das Gericht den Einwilligungsvorbehalt zeitlich nach der Bestellung des Betreuers angeordnet und ist abzusehen, daß der Einwilligungsvorbehalt für längere Zeit erforderlich sein wird, empfiehlt es sich, ihn zeitlich so zu begrenzen, daß zur gleichen Zeit sowohl über die Verlängerung der Betreuerbestellung als auch über die Verlängerung des Einwilligungsvorbehalts ermittelt und entschieden werden kann. Hinsichtlich des Verfahrens und in bezug auf die Aktenführung handelt es sich um ein und dieselbe Betreuungssache, nicht um eine Verbindung mehrerer Verfahren.

109 Über **einstweilige Anordnungen** s oben § 1896 Rn 159, Rn 98, im übrigen § 69f FGG und die Kommentare dazu.

4. Inhalt, Bekanntmachung und Wirksamwerden der Entscheidung

110 Der Inhalt der Entscheidung richtet sich nach § 69 FGG; bei Anordnung eines Einwilligungsvorbehalts ist neben den übrigen Inhalten der Entscheidung die Bezeichnung des Kreises der einwilligungsbedürftigen Willenserklärungen aufzunehmen (§ 69 Abs 1 S 1 Nr 4 FGG). Der Zeitpunkt, zu dem das Gericht spätestens über die Aufhebung oder die Verlängerung der Maßnahme zu entscheiden hat, ist – wie bei der Betreuerbestellung – in der Entscheidung anzugeben. Dieser Zeitpunkt darf höchstens sieben (bis 1. 7 2005: fünf) Jahre nach Erlaß der Entscheidung liegen. Eine kurzzeitige Begrenzung ist wie auch bei einer Betreuerbestellung zulässig (BIENWALD, BtR § 69 FGG Rn 17 ff). Zum Zeitpunkt des Erlasses der Verfügung s KEIDEL/AMELUNG § 18 FGG Rn 3. Die Versäumung der Überprüfungsfrist bewirkt nicht einen automatischen Wegfall des Einwilligungsvorbehalts. Lehnt das Gericht eine angeregte Anordnung eines Einwilligungsvorbehalts ab, hat es lediglich die Bezeichnung des Betroffenen/Betreuten, den Tenor der Ablehnung und eine Rechtsmittelbelehrung in die Entscheidung aufzunehmen. In jedem Falle ist die Entscheidung zu begründen (§ 69 Abs 2 FGG).

Weicht das Gericht mit seiner anordnenden Entscheidung von einer Anregung ab, bedarf es keiner Ablehnung im übrigen, weil das Gericht in jedem Falle von Amts wegen entschieden hat. Die Teil-Ablehnung ist deshalb auch nicht im Tenor der Entscheidung zum Ausdruck zu bringen. Eine Auseinandersetzung mit der Anregung findet lediglich in den Gründen statt. Eine einen Einwilligungsvorbehalt ablehnende Entscheidung des Gerichts liegt dann nicht vor, wenn das Gericht von sich aus die Frage eines Einwilligungsvorbehalts aufgeworfen und ohne weitere Ermittlungen beantwortet hat oder wenn es auf eine anonyme Anregung hin keine Ermittlungen angestellt, sondern die Sache zu den Akten genommen hat.

Legt allein der Betroffene gegen die Bestellung eines Betreuers Beschwerde ein, ist die – **erstmalige** – Anordnung eines Einwilligungsvorbehalts dem LG als Gericht der Erstbeschwerde aus Rechtsgründen verwehrt (OLG Zweibrücken FamRZ 2005, 748, 749 m Anm Bienwald). Eine Klarstellung hinsichtlich der vom AG getroffenen Anordnung des Einwilligungsvorbehalts ist dagegen zulässig (BayObLG FamRZ 1998, 1183, 1184).

Für die Bekanntmachung der Entscheidung ist § 69a Abs 1 bis 3 FGG maßgebend. **111** Die Entscheidung ist dem Betroffenen/Betreuten stets selbst bekanntzumachen. Von der Bekanntmachung der Entscheidungsgründe an den Betroffenen kann abgesehen werden, wenn dies nach ärztlichem Zeugnis wegen erheblicher Nachteile für seine Gesundheit erforderlich ist. Diese Situation dürfte im Falle der Anordnung eines Einwilligungsvorbehalts äußerst selten sein.

Nur die Anordnung eines Einwilligungsvorbehalts ist der zuständigen Behörde bekanntzumachen (§ 69a Abs 2 S 1 FGG), auch wenn sie am Verfahren nicht beteiligt war. Hat das Gericht der zuständigen Behörde während des Verfahrens Gelegenheit zur Äußerung gegeben, ist auch die eine Anordnung ablehnende Entscheidung der Behörde bekanntzumachen.

Die Wirksamkeit der Entscheidung über die Anordnung eines Einwilligungsvorbe- **112** halts tritt mit der Bekanntgabe an den Betreuer ein (§ 69a Abs 3 S 1 FGG). Dies trifft auch bei gleichzeitiger Betreuerbestellung und Anordnung eines Einwilligungsvorbehalts zu (Erman/Holzhauer Rn 49). Ist die Bekanntmachung der Entscheidung(en) an den Betreuer nicht möglich oder ist Gefahr im Verzug, so kann das Gericht die sofortige Wirksamkeit anordnen. In diesem Falle wird die Entscheidung in dem Zeitpunkt wirksam, in dem sie und die Anordnung der sofortigen Wirksamkeit (diese ist also eine selbständige Entscheidung) dem Betroffenen oder dem Pfleger für das Verfahren bekanntgemacht oder der Geschäftsstelle des Gerichts zur Bekanntmachung übergeben werden (§ 69a Abs 3 S 3 FGG nF). Das Gericht hat dann den Zeitpunkt auf der Entscheidung zu vermerken (§ 69a Abs 3 S 3 FGG). Je größer und irreparabler der zu befürchtende Schaden erscheint, desto eher ist die Anordnung der sofortigen Wirksamkeit der Entscheidung geboten. Hat das Gericht einen

Einwilligungsvorbehalt im Wege einstweiliger Anordnung beschlossen, wird diese einstweilige Anordnung nach Maßgabe des § 69f Abs 4 S 1 FGG wirksam.

5. Rechtsbehelfe

113 Gegen Entscheidungen, durch die ein Einwilligungsvorbehalt angeordnet oder abgelehnt wird, findet die **sofortige Beschwerde** statt (§ 69g Abs 4 S 1 Nr 1 FGG). Die Beschwerdefrist beträgt zwei Wochen und beginnt mit dem Zeitpunkt, in dem die Entscheidung dem Betreuer bekannt gemacht worden ist (§ 22 Abs 1, § 69g Abs 4 S 2 FGG). Für den Betroffenen beginnt die Beschwerdefrist nicht vor der Bekanntmachung der Entscheidung an ihn selbst, spätestens jedoch mit Ablauf von fünf Monaten nach Bekanntmachung an den Betreuer (§ 69g Abs 4 S 3 FGG). Nach BayObLGZ 2001, 60 = FamRZ 2001, 1100; bestätigt durch BayObLG v 13. 2. 2002 – 3 Z BR 29/02 – beginnt die Frist zur Einlegung der (sofortigen) weiteren Beschwerde gegen die Anordnung eines Einwilligungsvorbehalts auch für den Betroffenen frühestens mit der Zustellung der Entscheidung an den Betreuer. Zu einer ablehnenden Entscheidung im Amtsverfahren kommt es im allgemeinen nur, wenn jemand die Anordnung eines Einwilligungsvorbehalts angeregt hat. Die Einstellung eines Amtsverfahrens schlechthin ist dann eine anfechtbare Verfügung, wenn sie nach außen hin verlautbart wurde (näher dazu Keidel/Kahl § 19 FGG Rn 4). Gegen die Zurückweisung eines „Antrags", einen Einwilligungsvorbehalt abzulehnen, ist die unbefristete, nicht die sofortige Beschwerde, gegeben (BayObLG v 2. 7. 1997 – 3 Z BR 264/97).

Ebenfalls mit der sofortigen Beschwerde angreifbar sind die Entscheidungen, durch die ein vorläufiger Einwilligungsvorbehalt angeordnet (§ 69f FGG), durch die ein Einwilligungsvorbehalt aufgehoben oder der Kreis der einwilligungsbedürftigen Willenserklärungen eingeschränkt wird, außerdem eine Erweiterung des Kreises der einwilligungsbedürftigen Willenserklärungen (§ 69i Abs 1 und 3 FGG; Keidel/Kuntze § 69g FGG Rn 3). Wird mit der Bestellung eines Betreuers der Einwilligungsvorbehalt angeordnet, so ist die erste Entscheidung mit der unbefristeten Beschwerde, die andere Entscheidung mit der befristeten Beschwerde anzufechten (Keidel/Kayser § 69g FGG Rn 5; dort auch zum Verfahren, wenn gegen beide Entscheidungen ein Rechtsmittel eingelegt wird).

Die Verlängerung der Anordnung eines Einwilligungsvorbehalts bewirkt nicht die Hauptsachenerledigung bezüglich des ursprünglich angeordneten Einwilligungsvorbehalts (BayObLG BtPrax 1997, 198; FamRZ 1999, 1692). Das Verfahren auf Erlaß einer einstweiligen Anordnung eines vorläufigen Einwilligungsvorbehalts erledigt sich nicht dadurch, daß endgültig ein Einwilligungsvorbehalt angeordnet wird. Die einstweilige Anordnung kann auch danach noch angefochten werden (OLG Hamm OLGZ 1993, 261 = FamRZ 1993, 722 [723]). Gegen die Kostenentscheidung des Beschwerdegerichts bei der Aufhebung eines Einwilligungsvorbehalts ist die Rechtsbeschwerde zulässig (BayObLG FamRZ 2000, 1523).

114 Beschwerdeberechtigt sind:

a) Der Betroffene/Betreute selbst – er ist gemäß § 66 FGG verfahrensfähig ohne Rücksicht auf seine Geschäftsfähigkeit – und zwar auch dann, wenn das Gericht die Anordnung eines Einwilligungsvorbehalts abgelehnt hat. Der Betreute kann, obwohl kein Antragsrecht besteht, ein schutzwürdiges Interesse an einer ihn schützenden Maßnahme haben. Er ist auch zur Anfechtung der Aufhebung eines Einwilligungsvorbehalts berechtigt (BayObLG NJWE-FER 2000, 152 = FamRZ 2000, 567 [LS]).

b) Gegen die Anordnung und die Ablehnung eines Einwilligungsvorbehalts hat jeder, dessen Rechte durch die Entscheidung des Vormundschaftsgerichts beeinträchtigt sind, das Rechtsmittel der Beschwerde (§ 20 Abs 1 FGG).

c) Unbeschadet des § 20 FGG steht die Beschwerde gegen die Anordnung eines Einwilligungsvorbehalts und eine Entscheidung, durch welche die Anordnung eines Einwilligungsvorbehalts abgelehnt wird, dem Ehegatten des Betroffenen/Betreuten, denjenigen, die mit dem Betreffenden in gerader Linie verwandt oder verschwägert oder in der Seitenlinie bis zum dritten Grad verwandt sind, sowie der zuständigen Behörde zu (§ 69g Abs 1 FGG). Die Vorschrift gilt entsprechend im Falle der Aufhebung eines Einwilligungsvorbehalts oder der Einschränkung des Kreises der einwilligungsbedürftigen Willenserklärungen (§ 69i Abs 3 FGG).

d) Der Betreuer hat ein eigenes Beschwerderecht (§ 20 Abs 1 FGG). Die Anordnung eines Einwilligungsvorbehalts ändert die ihm obliegenden Pflichten zu seinen Ungunsten (im einzelnen dazu s oben § 1896 Rn 166 ff); die Ablehnung eines Einwilligungsvorbehalts beläßt ihn in der Unsicherheit, der Betreute werde durch sein Verhalten Umstände herbeiführen, die für den Betreuer weitere Belastungen mit sich bringen (Klärung von Rechtsbeziehungen, vertragliche Verpflichtungen, drohende Zwangsvollstreckungen). Der Betreuer hat nach § 69g Abs 2 S 1 FGG das Recht, auch im Namen des Betreuten Beschwerde einzulegen.

Um möglichst schnell klare Verhältnisse im Rechtsverkehr zu schaffen, hat der Gesetzgeber das Rechtsmittel der befristeten Beschwerde vorgesehen. Es sollen die allgemeinen Grundsätze des materiellen und formellen Rechts gelten; die formelle Rechtskraft soll entsprechenden Maßnahmen nicht entgegenstehen (BT-Drucks 11/4528, 179). Die formelle Rechtskraft hindert das Erstgericht, der sofortigen Beschwerde abzuhelfen. Hat das Beschwerdegericht die (sofortige) Beschwerde gegen die Anordnung eines Einwilligungsvorbehalts zu Unrecht als unzulässig verworfen, kann das Rechtsbeschwerdegericht in der Sache selbst entscheiden, wenn es keiner weiteren Ermittlungen mehr bedarf (BayObLG FamRZ 1999, 1692).

Der Tod des Betreuten bewirkt nicht die Hauptsacheerledigung bezüglich eines mit sofortiger Beschwerde angegriffenen Einwilligungsvorbehalts (BayObLG FamRZ 2000, 1328 = NJWE-FER 2000, 266). Wird gegen die Anordnung des Einwilligungsvorbehalts nicht oder verspätet sofortige Beschwerde eingelegt, aber zugleich die Bestellung des Betreuers angefochten, so hat das Gericht von Amts wegen den Einwilligungsvorbehalt aufzuheben, wenn sich bei der Prüfung der Betreuerbestellung herausstellt, daß die Gründe für die Anordnung des Einwilligungsvorbehalts entfallen sind. Die Erforderlichkeit nicht nur der Betreuerbestellung, sondern anderer gerichtlicher Maßnahmen in Betreuungssachen, die nicht lediglich auf Antrag beschlossen werden, ist in jeder Lage des Verfahrens von Amts wegen zu prüfen, sofern auch nur ein Anlaß zur Prüfung besteht.

Wird im Wege einstweiliger Anordnung nach § 69f FGG ein vorläufiger Einwilligungsvorbehalt angeordnet oder lehnt das Gericht diese Maßnahme in dem Verfahren ab, so richtet sich das Beschwerderecht ausschließlich nach § 20 FGG. Die genannten Entscheidungen sind in § 69g Abs 1 FGG nicht aufgeführt (aA KEIDEL/ KAYSER § 69g FGG Rn 14 mwN).

6. Inhalt und Änderungen der Bestallungsurkunde (Betreuerausweis)

116 Die Urkunde, die der Betreuer erhält oder erhalten hat, soll bei einer Anordnung eines Einwilligungsvorbehalts auch die Bezeichnung des Kreises der einwilligungsbedürftigen Willenserklärungen enthalten (§ 69b Abs 2 S 2 Nr 4 FGG).

Wird der Einwilligungsvorbehalt nachträglich angeordnet, hat der Betreuer den Betreuerausweis zur Ergänzung oder (bei Erweiterungen oder Reduzierungen des Kreises der einwilligungsbedürftigen Willenserklärungen sowie bei der Aufhebung des Einwilligungsvorbehalts) Änderung dem Gericht zur Verfügung zu stellen (vgl die Herausgabepflicht nach Beendigung des Amtes, die in § 1893 Abs 2 S 1 ausdrücklich geregelt ist und für das Betreuungsrecht sinngemäß gilt, § 1908i Abs 1 S 1). Die Ergänzung bzw Änderung des Betreuerausweises liegt nicht nur im Interesse des Betreuers, um den Einwilligungsvorbehalt im Rechtsverkehr nachweisen zu können; die Herausgabepflicht beruht darauf, daß für den Betreuer die bisherige Aufgabe gewissermaßen zugunsten einer anderen ihr Ende gefunden hat.

7. Mitteilungsinhalte

117 Eine etwaige Mitteilung des Gerichts von der Anordnung eines Einwilligungsvorbehalts erfolgt nach den für Betreuungssachen maßgebenden Vorschriften: §§ 69k bis 69o FGG. Außer § 69l Abs 2 FGG für den Einwilligungsvorbehalt, der sich auf die Aufenthaltsbestimmung des Betroffenen/Betreuten erstreckt und der Meldebehörde mitzuteilen ist (zum Inhalt dieses Einwilligungsvorbehalts s oben Rn 21), enthält das Gesetz keine inhaltlichen Vorgaben, wonach Einwilligungsvorbehalte zu bestimmten Kreisen von einwilligungsbedürftigen Willenserklärungen gezielt bestimmten Stellen mitzuteilen wären. Das Gericht hat dies im Einzelfall zu klären und zu entscheiden. Beachte aber auch § 69n FGG.

Da der Einwilligungsvorbehalt ausschließlich zur Abwendung einer erheblichen Gefahr für die Person oder das Vermögen des Betreuten angeordnet werden darf, können auch Mitteilungen nach § 69k Abs 1 FGG grundsätzlich nur zur Abwendung einer erheblichen Gefahr für das Wohl des Betreuten/Betroffenen erfolgen. Der Inhalt der Information, daß der Betreute/Betroffene zu bestimmten Willenserklärungen der Einwilligung seines Betreuers bedarf, muß geeignet sein, eine erhebliche Gefahr für das Wohl des Betreuten/Betroffenen zu verhüten. In Betracht kommt dies etwa zum Zwecke der Verhinderung einer Anklage oder einer Verurteilung in Strafsachen oder von Zwangsvollstreckungsmaßnahmen gegen den Betreuten. Die in der amtlichen Begründung (BT-Drucks 11/4528, 182) im übrigen mitgeteilten Beispiele (Gewalttätigkeit des Betroffenen als Gefahr für Dritte, Besitz eines Führerscheins, Waffen- oder Jagdscheins als Gefahr für die öffentliche Sicherheit) haben keinen Bezug zu der Anordnung eines Einwilligungsvorbehalts.

118 Inwieweit der Betreuer bisherige oder zukünftige Geschäftspartner des Betroffenen/

Betreuten über den angeordneten Einwilligungsvorbehalt informiert, entscheidet er im Rahmen seiner Kompetenz und der Berechtigung und der Verpflichtungen, die Teilnehmer am Rechtsverkehr haben (zB § 242).

XI. Zum Verhältnis von Abs 3 S 1 und S 2 und § 105a

1. Die Regelung des § 105a*

Im Rahmen des G zur Änderung des Rechts der Vertretung durch Rechtsanwälte **119** vor den Oberlandesgerichten (OLGVertrÄndG) vom 23.7.2002 (BGBl I 2850), das am 1.8.2002 (bis auf seinen Art 25 Abs 2) in Kraft getreten ist, wurde ein neuer § 105a in das BGB eingefügt. Er lautet:

> **§ 105a**
> **Geschäfte des täglichen Lebens**
>
> **Tätigt ein volljähriger Geschäftsunfähiger ein Geschäft des täglichen Lebens, das mit geringwertigen Mitteln bewirkt werden kann, so gilt der von ihm geschlossene Vertrag in Ansehung von Leistung und, soweit vereinbart, Gegenleistung als wirksam, sobald Leistung und Gegenleistung bewirkt sind. Satz 1 gilt nicht bei einer erheblichen Gefahr für die Person oder das Vermögen des Geschäftsunfähigen.**

Die Vorschrift soll die Rechtsstellung geistig behinderter Menschen verbessern, also eines Personenkreises, der in vielen Fällen einen Betreuer wenigstens für einen Teil der zu besorgenden Angelegenheiten benötigt. Um die Eigenverantwortlichkeit der mit der Vorschrift erfaßten Personen zu stärken und ihre soziale Emanzipation zu fördern, sollen die von ihnen getätigten Rechtsgeschäfte des täglichen Lebens unter den Voraussetzungen des § 105a wirksam werden. Die Vorschrift soll nach ihrer Entstehungsgeschichte zu urteilen einen Beitrag zum Abbau von Diskriminierung leisten (Palandt/Heinrichs[62] Bem 1 zu § 105a; Casper NJW 2002, 3425, 3429; zu Casper krit Lipp Fn 5). Nach Pawlowski (JZ 2003, 66 [67]) gehört § 105a in den Zusammenhang des Betreuungsrechts. Zu den Regelungen betreffend Heim- und Werkstattverträge volljähriger geschäftsunfähiger Personen (§§ 5 Abs 12, 8 Abs 10 HeimG, § 138 Abs 5, 6 SGB IX) s Lipp FamRZ 2003, 721.

Entscheidungen zu § 105a, insbesondere zum Verhältnis dieser Vorschrift zu § 1903 **120** Abs 3 S 1 und S 2 liegen noch nicht vor oder sind nicht bekannt.

---

* **Schrifttum:** Braun, JuS 2002, 424; Casper, Geschäfte des täglichen Lebens – kritische Anmerkungen zum neuen § 105a BGB, NJW 2002, 3425; Dietrich, Oberlandesgerichtsvertretungsänderungsgesetz übernimmt „Restbestände" des gescheiterten ZAG, Recht der Lebenshilfe 3/2002, 96; Franzen, Rechtsgeschäfte erwachsener Geschäftsunfähiger nach § 105a BGB zwischen Rechtsgeschäftslehre und Betreuungsrecht, JR 2004, 221; Heim, Gesetzgeberische Modifizierung der Auswirkungen der Geschäftsunfähigkeit Volljähriger bei Vertragsschluss, JuS 2003, 141; Lipp, Die Geschäftsfähigkeit Erwachsener, FamRZ 2003, 721; Löhnig/Schärtl, Zur Dogmatik des § 105a BGB, AcP 2004, 25; Pawlowski, Willenserklärungen und Einwilligungen in personenbezogene Eingriffe, JZ 2003, 66; Wiedemann/Thüsing, DB 2002, 463; Zimmermann, Neue Teilgeschäftsfähigkeit für geschäftsunfähige Betreute, BtPrax 2003, 26.

2. Mögliche Konkurrenzen

121 Eine Konkurrenz zwischen § 105a einerseits und § 1903 Abs 3 S 1, 2 andererseits kommt insofern in Betracht, als ein Einwilligungsvorbehalt auch für eine geschäftsunfähige Person angeordnet werden kann (s oben Rn 8, 33). Denn § 105a gilt für Personen, die volljährig **und** geschäftsunfähig sind. Für betreute Personen, die nicht geschäftsunfähig sind (oder waren), kann ein Einwilligungsvorbehalt mit sich daraus ergebenden Folgen angeordnet werden; die Anwendung des § 105a entfällt aber. Stellt § 1903 auf Willenserklärungen ab, erstreckt sich § 105a auf Geschäfte und zwar auf Verträge, die entweder gegenseitige oder einseitige Leistungsverpflichtungen enthalten (s dazu CASPER NJW 2002, 3425, 3429 unter IV 3).

3. Lösung der Konkurrenzen

122 Nach § 105a gilt der geschlossene Vertrag in Ansehung von Leistung und ggf Gegenleistung als wirksam, während § 1903 die Rechtsfolge insoweit offen läßt, lediglich ausspricht, daß der Betreute in den Fällen des Abs 3 S 2 nicht der Einwilligung seines Betreuers bedarf.

123 Soweit Rechtsgeschäfte unter § 105a und unter § 1903 Abs 3 S 2 zu subsumieren sind, wenn die vertragsmäßigen Leistungen bewirkt wurden, wird das Rechtsgeschäft nach der Vorschrift des Allgemeinen Teils als wirksam angesehen. Die Betreuereinwilligung entfällt nach Abs 3 S 2. Da der Gesetzgeber zum Schutz des Geschäftsunfähigen am Grundsatz der Nichtigkeit des Vertrages festhalten wollte bzw will (CASPER NJW 2002, 3425, 3429), dürfte § 1903 Abs 3 S 2 der **Vorrang** einzuräumen sein, wenn davon ausgegangen wird, daß hier das Rechtsgeschäft wirksam ist (!). Zur Forderung, den Vertrag auch im Falle des durch § 105a erfaßten Sachverhalts wirksam sein zu lassen, s CASPER NJW 2002, 3425, 3429 m Fn 30 und 31. Während das Gericht bei den § 1903 unterfallenden Personen anordnen kann, daß die nach § 1903 Abs 3 S 2 grundsätzlich genehmigungsfreien Rechtsgeschäfte nur mit Einwilligung des Betreuers wirksam sind, besteht bei § 105a BGB diese Möglichkeit nicht (PAWLOWSKI aaO).

124 Wurden die Leistungen (noch) nicht bewirkt, kommt zwar § 105a nicht in Betracht, wohl aber § 1903 Abs 3 S 2, weil hier das Bewirken der Gegenleistung durch den Betreuten nicht gefordert wird (PALANDT/DIEDERICHSEN Rn 18). Während Verträge, die in einer Haustürsituation (§ 312) oder im Fernabsatz (§ 312b) geschlossen werden, wegen der besonderen den behinderten Menschen überfordernden Betriebsmodalitäten nicht unter § 105a fallen sollen, eine andere Beurteilung dagegen für Geschäfte des Versandhandels in Frage kommen soll (PALANDT/HEINRICHS § 105a Rn 3), ergeben sich solche Einschränkungen für § 1903 nicht. Führt die Anwendung des § 105a nicht zu Prozeßfähigkeit, wird die Prozeßfähigkeit des unter Einwilligungsvorbehalt stehenden Betreuten nicht eingeschränkt, soweit er geringfügige Angelegenheiten des täglichen Lebens gemäß § 1903 Abs 3 S 2 selbst besorgt (hat); die Wahrscheinlichkeit, daß es zu Rechtsstreitigkeiten kommt, wird als gering eingeschätzt (VON SACHSEN GESSAPHE, Der Betreuer als gesetzlicher Vertreter für eingeschränkt Selbstbestimmungsfähige, 444; im übrigen wie hier MünchKomm/SCHWAB Rn 91 mN). Zur Genehmigungsfähigkeit nichtiger Prozeßhandlungen geschäfts- und damit prozeßunfähiger (§§ 51 Abs 1, 52 ZPO) Personen LIPP FamRZ 2003, 721, 724.

§ 1904
Genehmigung des Vormundschaftsgerichts bei ärztlichen Maßnahmen

(1) Die Einwilligung des Betreuers in eine Untersuchung des Gesundheitszustands, eine Heilbehandlung oder einen ärztlichen Eingriff bedarf der Genehmigung des Vormundschaftsgerichts, wenn die begründete Gefahr besteht, dass der Betreute auf Grund der Maßnahme stirbt oder einen schweren und länger dauernden gesundheitlichen Schaden erleidet. Ohne die Genehmigung darf die Maßnahme nur durchgeführt werden, wenn mit dem Aufschub Gefahr verbunden ist.

(2) Absatz 1 gilt auch für die Einwilligung eines Bevollmächtigten. Sie ist nur wirksam, wenn die Vollmacht schriftlich erteilt ist und die in Absatz 1 Satz 1 genannten Maßnahmen ausdrücklich umfasst.

Materialien: Art 1 Nr 6 DiskE I; RegEntw Art 1 Nr 41; Art 1 Nr 47 BtG; DiskE I 133; BT-Drucks 11/4528, 140 ff (BReg); BT-Drucks 11/4528, 208 (BRat); BT-Drucks 11/4528, 227 (BReg); BT-Drucks 11/6949, 13, 74 Nr 19 (RA); Abs 2 angefügt d Art 1 Nr 14 BtÄndG; BT-Drucks 13/7158, 34 (RegEntw); unverändert durch RA (BT-Drucks 13/10331, 11); BR-Drucks 339/98 und 517/98 m Beschl; STAUDINGER/BGB-Synopse 1896–2005 § 1904. BT-Drucks 15/2494, 6, 9, 27, 39, 42, 47, 48.

Schrifttum*

a) Allgemeines

AMELUNG, Die Einwilligung zwischen medizinischer Erfahrung, amerikanischer Ethik und kulturellem Gedächtnisverlust, Bemerkungen zu Vollmann, Aufklärung und Einwilligung in der Psychiatrie (2000), MedR 2000, 520

ders, Einwilligungsfähigkeit und Rationalität, JR 1999, 45

BENDER, Zeugen Jehovas und Bluttransfusionen, MedR 1999, 260

BERGMANN, Die Patientenaufklärung im Spiegel der Rechtsprechung des Jahres 2000, AuK (Arzt und Krankenhaus) 2002, 3

BIENWALD, Fehlplazierung der Bevollmächtigtenkontrolle gemäß §§ 1904, 1906 BGB, FamRZ 2003, 425

BRILL (Hrsg), „Zum Wohl des Betreuten", Zehn Jahre nach einer Jahrhundertreform (2003)

BRITZ, Rechtsgeschäftliche Abgabe von Patientenverfügung, Betreuungsverfügung und Vormundbenennung, RNotZ (MittRhNotK) 2001, 271

BROSEY, Grenzgang: Betreuung zwischen Recht und Medizin, bdb-aspekte Heft 52/2004, 39

Bundesärztekammer (Hrsg), Handreichungen für Ärzte zum Umgang mit Patientenverfügungen, BtPrax 2000, 10

CARSTENSEN, Der einwilligungsunfähige Patient und seine Betreuung, AuK (Arzt und Krankenhaus) 2001, 342

COEPPICUS, Freiheit zur Krankheit? (Zu BVerfG von 23. 3. 1998 – BtPrax 1998, 144), BtPrax 1999, 130

DAMM, Prädiktive Medizin und Patientenautonomie, MedR 1999, 437

DEUTSCH, Medizinrecht (4. Auflage 1999)

Deutscher Juristentag, Beschlüsse des 63.Dt. Juristentages Leipzig 2000, BtPrax 2000, 247

DOLDER/FAUPEL, Der Schutzbereich von Patienten: Rechtsprechung zu Patientenverletzun-

---
* Wegen des bis einschließlich 1998 erschienenen Schrifttums wird auf die Verzeichnisse in der 13. Bearb (1999) verwiesen.

gen in Deutschland, Österreich und der Schweiz (2. Aufl 2004)
EIBACH, Künstliche Ernährung um jeden Preis? Ethische Überlegungen zur Ernährung durch „percutane enterale Gastrostomie" (PEG Sonden), MedR 2002, 123
EIBACH/SCHAEFER, Patientenautonomie und Patientenwünsche, Ergebnisse und ethische Reflexion von Patientenbefragungen zur selbstbestimmten Behandlung in Krisensituationen, MedR 2001, 21
ESCH, Der Patientenanwalt, Zur Vertretung einwilligungsunfähiger Patienten bei medizinischen Entscheidungen durch gewillkürte und gesetzliche Stellvertreter (2000)
FISCHER, Zur Wahrung der Würde der Person im ärztlichen Handeln, ZME 1998, 263
FOLKERTS, Elektrokrampftherapie, Untersuchung zum Monitoring, zur Effektivität und zum pathischen Aspekt (1999)
FRANCKE/HART, Charta der Patientenrechte (1999)
FRANZKI, Verhalten des Arztes im Konfliktfall, MedR 2000, 464
FREYE, Wenn der Patient nicht selbst entscheiden kann, DÄBl 1999, 178
GIESE, Die Patientenautonomie zwischen Paternalismus und Wirtschaftlichkeit: das Modell des „informed consent" in der Diskussion (2001)
GITTER, Rechtsgüter des Menschen: Leben, Gesundheit, Autonomie. Der Arzt zwischen Selbstverantwortung und Fremdbestimmung aus rechtlicher Sicht, BayÄBl 1999, 23
GÖTZE, Medikamente in der Psychiatrie, BdB 1999, 57
GRZIWOTZ, Rechtsprechung zur nichtehelichen Lebensgemeinschaft, FamRZ 2003, 1417 (zu Krankheit, Betreuung und Organspende S 1421)
GSTÖTTNER, Der Schutz von Patientenrechten durch verfahrensmäßige und institutionelle Vorkehrungen sowie den Erlass einer Charta der Patientenrechte (2005)
HART, Ärztliche Leitlinien, Empirie und Recht professioneller Normsetzung (2000)
HARTMANN, Patientenverfügung und Psychiatrische Verfügung – Verbindlichkeit für den Arzt?, NZStr 2000, 113
HARTMANN, Der Abgabetatbestand bei der Patientenverfügung – Zugleich Stellungnahme

zu BRITZ, Rechtsgeschäftliche Abgabe von Patientenverfügung, Betreuungsverfügung und Vormundbenennung (RNotZ 2001, 27 1), RNotZ (MittRhNotK) 2001, 273
HAJAK/MÜLLER, Die Willensbestimmung zwischen Recht und Psychiatrie: Krankheit, Behinderung, Berentung, Betreuung (2005)
HEIDE, Medizinische Zwangsbehandlung. Rechtsgrundlagen und verfassungsrechtliche Grenzen der Heilbehandlung gegen den Willen des Betroffenen (2001)
HENNIES, Risikoreiche ärztliche Maßnahmen – betreuungsrechtliche Eingriffe, MedR 1999, 341
HESSLER, Das Ende des Selbstbestimmungsrechts? MedR 2003, 13
HIRSCHBERG, Versuch einer Bestimmung des wissenschaftlichen Status der Elektrokrampftherapie, Sozialpsychiatrische Informationen 2000, 28
HOFFMANN, Information einwilligungsunfähiger Erwachsener vor ärztlichen Maßnahmen, R&P 2005, 52
JACOBI/MAY/KIELSTEIN/BIENWALD (Hrsg), Ratgeber Patientenverfügung, Vorgedacht oder selbstverfasst? (5. Aufl 2005)
KARLICZEK, Wille, Wohl und Wunsch des Betreuten und des Einwilligungsunfähigen in der Gesundheitsfürsorge (2002)
KATZENMEIER, Patientenrechte in Deutschland heute, MedR 2000, 24
ders, Arzthaftung (2002)
ders, Individuelle Patientenrechte – Selbstbindung ohne Gesetz, JR 2002, 444
KAYSER, Menschenwürde und Zwangsbehandlung im psychiatrischen Alltag, Kerbe 1998, 23
KEILBACH, Vorsorgeregelungen zur Wahrung der Selbstbestimmung bei Krankheit, im Alter und am Lebensende, FamRZ 2003, 969
KIELSTEIN/SASS, Die persönliche Patientenverfügung (2001)
KINDT, Einwilligungsfähigkeit in der Partnerschaft zwischen Arzt und Patient, ZME (Zeitschrift für medizinische Ethik) 2001, 363
KRIETER, Grenzfälle der Patienteneinwilligung in ärztliche Eingriffe (2000)
KOCZY, Effektivität einer multifaktoriellen Intervention zur Reduktion von körpernaher Fixierung bei demenzkranken Heimbewohnern, ZGerontolGeriat 2005, 33

LAUFS/UHLENBRUCK, Handbuch des Arztrechts (3. Aufl 2002)
LEMKE, PEG-Anlage beim einwilligungsunfähigen Patienten, DMW 2003, 160
LIPP/NAGEL, Die Patientenverfügung-Bemerkungen zur aktuellen rechtspolitischen Debatte, FF 2005, 83
MARSCHNER, Zwangsbehandlung in der ambulanten und stationären Psychiatrie, R&P 2005, 47
MAY, Autonomie und Fremdbestimmung bei medizinischen Entscheidungen für Nichteinwilligungsfähige (2000)
MEIER, Zum Inhalt von und zum Umgang mit Patientenvollmachten in Gesundheitsangelegenheiten, BtPrax 2001, 181
OHLER/WEISS, Glaubensfreiheit versus Schutz von Ehe und Familie, NJW 2002, 194
OHLY, „Volenti non fit iniuria" – die Einwilligung im Privatrecht (2002)
PAWLOWSKI, Probleme der Einwilligung zu Eingriffen in personenbezogene Rechte, FS Hagen (1999), 5
POPP, Zwangsbehandlung von psychisch Kranken im Betreuungsrecht (2003)
REINHARDT-GILMOUR, Rechtsfragen der Elektrokrampftherapie (2001)
REITER-THEIL/LENZ, Probleme der Behandlungsbegrenzung im Kontext einer internistischen Intensivstation, ZME (Zeitschrift für medizinische Ethik) 1999, 205
RICHARDI, Verabreichung eines Arzneimittels an Einwilligungsunfähige, FS Medicus (1999) 449
RICHTER, Patientenrechte. Der informierte Patient – ein gemeinsames Ziel, DÄBl 2000, 753
RIEGER (Hrsg), Lexikon des Arztrechts (2001)
RIXEN/REINECKE, Casebook Patientenverfügung (2004)
RÖTTGERS/SCHIDE, Kritik am Transfusionsverbot nimmt zu. Die Zeugen Jehovas lehnten Bluttransfusionen bisher auch bei vitaler Indikation ab. Dagegen hat sich in den eigenen Reihen Widerstand formiert, DÄBl 2002, 102
SACHS, Betreuerbestellung für Blutübertragung (Anm zu BVerfG FamRZ 2002, 312), JuS 2002, 494
SASS/KIELSTEIN, Patientenverfügung und Betreuungsvollmacht (2001)

SCHULTE-SASSE/DEBONG, Haftung beim Tod sedierter Patienten, ArztRecht 2005, 116
SCHWAB, Stellvertretung bei der Einwilligung in die medizinische Behandlung –
Ein Aufriß der Probleme –, in: FS Henrich (2000) 511
STALINSKI, Die einvernehmliche Zwangsbehandlung, BtPrax 2000, 59
ders, Anmerkung zum Beschluß des OLG Hamm von 18. 8. 1999 – 15 W 233/99 (BtPrax 2000, 34), BtPrax 2000, 106 (betr Zwangsbehandlung)
STEFFEN, Mehr Schutz für die Patientenrechte durch ein Patienten – Schutzgesetz oder eine Patienten – Charta?, MedR 2002, 190
STELLPFLUG, Aufklärung und Einwilligung. Wenn der Patient gar nicht einwilligen kann. Arzt & Wirtschaft 2000, 29
STOLZ, Handreichungen für (Gesundheits-) Bevollmächtigte, BtPrax 2002, 66
STRÄTLING/EISENBART/SCHARF, Stellvertretungsentscheidungen in Gesundheitsfragen unter epidemiologisch – demographischen Gesichtspunkten: Wie realistisch sind die Vorgaben des deutschen Betreuungsrechts? MedR 2000, 251
STRÄTLING/SCHARF/WULF/EISENBART/SIMON, Stellvertreterentscheidungen in Gesundheitsfragen und Vorausverfügungen von Patienten, Der Anaesthesist 2000, 657
STRÄTLING/SCHARF/BARTMANN, Patientenverfügungen und Stellvertreterentscheidungen in Gesundheitsfragen, BtPrax 2002, 237
STRÄTLING/STRÄTLING-TÖLLE, SCHARF, SCHMUCKER, „Automatische" gesetzliche Stellvertretung nicht entscheidungsfähiger Patienten durch „nahe Angehörige"? MedR 2003, 372
STRÄTLING/SEDEMUND-ADIB/SCHARF/SCHMUKKER, Gesetzliche Wirksamkeitsvoraussetzungen von Patientenverfügungen (Erwiderung zu VOSSLER, ZRP 2002, 295), ZRP 2003, 289
TAUPITZ, Die Vertretung kollektiver Patienteninteressen, MedR 2003, 7
THOMMEN, Medizinische Eingriffe an Urteilsunfähigen und die Einwilligung der Vertreter: Eine strafrechtliche Analyse der stellvertretenden Einwilligung (2004)
UHLENBRUCK, Die Stellvertretung in Gesundheitsangelegenheiten – Zu einem wichtigen,

aber verkannten Rechtsinstitut in Deutschland, in: FS Deutsch (1999) 849
VERREL, Zivilrechtliche Vorsorge ist besser als strafrechtliche Kontrolle. Zum Stellenwert von Patientenverfügung, Betreuungsverfügung, Vorsorgevollmacht und vormundschaftsgerichtlicher Genehmigung, MedR 1999, 547
VOSSLER, Bindungswirkung von Patientenverfügungen?, ZRP 2002, 295
WALTHER, Ambulante Zwangsbehandlung und Fürsorglicher Zwang, BtPrax 2001, 96
WEISSAUER, Die Behandlung nicht willensfähiger Patienten – rechtliche Anforderungen und Organisationspflichten leitender Krankenhausärzte, AuK (Arzt und Krankenhaus) 2001, 330
WIENKE/LIPPERT, Der Wille des Menschen zwischen Leben und Sterben – Patientenverfügung und Vorsorgevollmacht – Ausgewählte medizinrechtliche Aspekte – (2001)
WINKLER, Vorsorgeverfügungen (2003)
YOSHIDA, Zur materiellen Legitimation der mutmaßlichen Einwilligung, FS Roxin (2001) 401
ZENZ, Autonomie und Familie im Alter – (K)ein Thema für die Familienwissenschaft?, in: FS Simitis (2000) 483 aus der Perspektive der Betreuung, in: BRILL: „Zum Wohl des Betreuten" (2003) 1
ZINKLER/SCHNEEWEISS, Zur vormundschaftsgerichtlichen Genehmigungspflicht der Elektrokrampftherapie nach § 1904 BGB, R&P 2000, 12.

b) Medizinische Forschung
DEUTSCH/SCHREIBER/TAUPITZ (Hrsg), Die klinische Prüfung in der Medizin: Europäische Regelungswerke auf dem Prüfstand (2004)
EMMRICH, Forschung an nichteinwilligungsfähigen Menschen, aus Politik und Zeitgeschichte B 6/99, 12
FRÖHLICH, Forschung wider Willen? (1999)
HABERMANN/LASCH/GÖDICKE, Therapeutische Prüfungen an Nicht-Einwilligungsfähigen im Eilfall – ethisch geboten und rechtlich zulässig?, NJW 2000, 3389
HELLE/FRÖLICH/HAINDL, Der Heilversuch in der klinischen Prüfung von Arzneimitteln und Medizinprodukten, NJW 2002, 857

HÖFLING/DEMEL, Zur Forschung an Nichteinwilligungsfähigen, MedR 1999, 540
HOFFMANN, Forschung an und mit einwilligungs(un)fähigen Menschen, in: BRILL (Hrsg), Zum Wohl des Betreuten, Betrifft: Betreuung H 5 (2003) 122
dies, Forschung mit und an betreuten Menschen, BtPrax 2004, 216
KAMP, Die Europäische Bioethik – Konvention. Medizinische Versuche an einwilligungsunfähigen Menschen unter besonderer Berücksichtigung der Vorgaben im nationalen und internationalen Recht (2000)
KLINKHAMMER, Medizinische Ethikkommissionen. Keine Forschung ohne Einwilligung, DÄBl 2001, 51
KÖHLER, Medizinische Forschung in der Behandlung des Notfallpatienten, NJW 2002, 853
LACHWITZ, Bioethik und wissenschaftliche Forschung als neue Herausforderungen für den Schutz der Menschenrechte von Personen mit geistiger Behinderung, RdLH 2000, 194
LAMMERSMANN, Medizinische Eingriffe an einwilligungsunfähigen Personen: Die Position der Biomedizin – Konvention des Europarates im Spannungsfeld zwischen Forschungsbedarf der Medizin und Selbstbestimmungsrecht des Patienten, R&P 1999, 157
NEUER-MIEBACH/KANOWSKI/JÜRGENS, Forschung an Einwilligungsunfähigen, Vormundschaftsgerichtstag eV (Hrsg), Betrifft Betreuung H 1 1999, 49
PETER, Forschung am Menschen, Eine Untersuchung der rechtlichen Rahmenbedingungen unter besonderer Berücksichtigung einwilligungsunfähiger Patienten (2000)
SPRANGER, Fremdnützige Forschung an Einwilligungsunfähigen, Bioethik und klinische Arzneimittelprüfung, MedR 2001, 238
ders, Die Rechte des Patienten bei der Entnahme und Nutzung von Körpersubstanzen, NJW 2005, 1084
WACHENHAUSEN, Medizinische Versuche und klinische Prüfung an Einwilligungsunfähigen (2001)
WÖLK, Medizinische Forschung an einwilligungsunfähigen Personen, ZME (Zeitschrift für medizinische Ethik) 2001, 387
WOOPEN, Ethische Aspekte der Forschung an

nicht oder teilweise Einwilligungsfähigen, ZME (Zeitschrift für medizinische Ethik) 1999, 51
WUNDER, Betreuung und Menschenwürde – Das Statut der gesetzlichen Betreuung an den Schnittstellen der biomedizinischen Entwicklung, NDV 2000, 367.

c) Sterbehilfe*
BECKER/MOMM/BAUMGARTNER, Palliativmedizin: Bedarf und Umsetzung, DMW 2003, 2209
HAHNE, Fürsorge und Selbstbestimmung, FamRZ 2003, 1619
HEYER, Passive Sterbehilfe bei entscheidungsunfähigen Patienten und das Betreuungsrecht (2001)
TAUPITZ (Hrsg), Zivilrechtliche Regelungen zur Absicherung der Patientenautonomie am Ende des Lebens – Eine internationale Dokumentation (2000).

d) Transplantation
BAVASTRO, Das Hirnversagen und das Transplantationsgesetz, ZRP 1999, 114
DEUTSCH ua, Transfusionsrecht. Ein Handbuch für Ärzte und Juristen (2001)
HOLZNAGEL, Aktuelle verfassungsrechtliche Fragen der Transplantationsmedizin, DVBl 2001, 1629

REICH, Organspendeverträge (2000).

e) Ausländische Rechte
AIGNER, Zur Situation der Patientenrechte in Österreich, RdM 2000, 77
BARTH, Medizinische Maßnahmen bei Personen unter Sachwalterschaft, ÖJZ 2000, 57
CONTI, Die Pflichten des Patienten im Behandlungsvertrag (Bern 1999)
HANIKA, Patientencharta. Stärkung der Rechte der Patienten bei der Reform der Gesundheitssysteme in Europa – Herausforderungen für Deutschland?, MedR 1999, 149
KERN, Limitierte Einwilligung. Zum Ausschluß von Behandlungsmethoden (Wien 1999)
KERSCHNER, Arzthaftung bei Patientenverfügungen, RdM 1998, 131
KOPETZKI (Hrsg), Antizipierte Patientenverfügungen. „Patiententestament" und Stellvertretung in Gesundheitsangelegenheiten (Wien 2000)
Parlamentarische Österreichische Juristenkommission, Patientenrechte in Österreich (2001)
SPRINGORUM, Das Selbstbestimmungsrecht des geistig Behinderten in der medizinischen Behandlung. Eine vergleichende Studie zu den Rechtsordnungen Deutschlands, Englands und Kanadas (1999).

Systematische Übersicht

I.	**Entstehung und Reichweite der Vorschrift**			
1.	Häufigkeit der Anwendung	1		
2.	Regelungsinhalt	3		
3.	Erweiterung durch Abs 2	4		
4.	Vorgesehen gewesene entsprechende Anwendung der Vorschrift auf die Vertretung durch Ehegatten, Lebenspartner und andere Angehörige	5		
5.	Anwendung der Vorschrift auf Maßnahmen, die eine Beendigung des Lebens zur Folge haben	6		
6.	Pflicht von Heimträgern, das Vormundschaftsgericht über Sturzgefahren von Heimbewohnern und Gegenmaßnahmen zu informieren	8		
II.	**Voraussetzungen für eine Einwilligung des Betreuers**			
1.	Entscheidungszuständigkeit für die jeweilige Maßnahme	9		
	a) Allgemeines	9		
	b) Aufgabenkreis des Betreuers	14		
2.	Fehlende Einwilligung und fehlende Einwilligungsfähigkeit des Betreuten	17		
	a) Maßgeblicher Zeitpunkt	18		
	b) Keine Doppelzuständigkeit	19		

---
* S dazu auch die Angaben bei § 1896.

c) Bindung an Wünsche des Betreuten; Maßgeblichkeit seiner Vorsorgeverfügungen ... 23
3. Unklarheit in bezug auf die Einwilligungsfähigkeit des Betreuten ... 25
4. Umgang mit natürlichem Widerstand des Betreuten ... 26
5. Einwilligung in die Maßnahme und Behandlungsvertrag ... 27
6. Verhältnis von § 1904 und Unterbringungen sowie § 1906 Abs 4 ... 28

III. **Voraussetzungen der vormundschaftsgerichtlichen Genehmigung**
1. Einwilligungsabsicht des Betreuers ... 29
2. Medizinische Maßnahmen ... 30
a) Untersuchung des Gesundheitszustandes ... 30
b) Heilbehandlung ... 31
c) Ärztlicher Eingriff ... 35
d) Organspende ... 37
e) Wissenschaftliche Arzneimittelerprobung und klinische Prüfung von Medizinprodukten ... 38
f) Kastration ... 42
3. Schwerwiegende Folgen ... 43

IV. **Die vormundschaftsgerichtliche Genehmigung**
1. Rechtsnatur der Genehmigung ... 46

2. Entscheidungsmaßstäbe ... 49
3. Verfahren ... 51

V. **Die Entbehrlichkeit der vormundschaftsgerichtlichen Genehmigung (Abs 1 S 2)**
1. Grundsätzliches ... 55
2. Voraussetzungen der Entbehrlichkeit ... 57

VI. **Die Anwendung der Vorschrift in Fällen der Bevollmächtigung (Abs 2)**
1. Entstehung des Abs 2 ... 59
2. Bedeutung und Reichweite des Abs 2 ... 60
3. Voraussetzungen seiner Anwendung ... 67
a) Wirksame Vollmachterteilung im allgemeinen ... 67
b) Die Einhaltung der spezifischen Voraussetzungen des Abs 2 ... 69
c) Folgen der Nichteinhaltung ... 71
d) Geltung früher erteilter Vollmachten ... 73
4. Konsequenzen in bezug auf § 1896 Abs 3 ... 74
a) Erweiterung der Aufgaben eines bereits bestellten Kontroll- oder Vollmachtbetreuers ... 74
b) Notwendigkeit der Bestellung eines Betreuers nach § 1896 Abs 3 ... 75

Alphabetische Übersicht

Ärztliche Aufklärung ... 12
Ärztlicher Eingriff ... 35
Alternativentscheidungen ... 29
Angehörige ... 5
Anhörungen ... 52
Arzneimittelerprobung ... 38, 64
Aufgabenkreiserweiterung ... 15
Aufklärung, ärztliche ... 12
Aufklärungsadressat ... 10, 12
Aufklärungsmangel ... 22
Aufklärungspflicht ... 12
Auskunft ... 10

Bedeutung der Vorschrift ... 2
Beendigung lebenserhaltender Maßnahmen ... 6

Behandlungsvertrag ... 27
Beteiligung des Betreuten ... 23
Betreuerbestellung, ergänzende ... 16
Bevollmächtigung ... 4, 59
BtÄndG, Zweites ... 5

Doppelzuständigkeit, keine ... 19

Einwilligung des Betreuers ... 9, 29
Einwilligungs-(un-)fähigkeit
– des Betreuten ... 17, 24
– Feststellung der ... 20
– Mangel ... 17, 19
– Unklarheit ... 21, 25
Elektrokrampftherapie ... 33, 45

Titel 2 §1904
Rechtliche Betreuung 1

Entbehrlichkeit der gerichtlichen Genehmigung	55	Patientenverfügungen	24
Entscheidungsmaßstäbe	49	Persönlichkeitsverändernde Maßnahmen	3
Entscheidungszuständigkeit des Betreuers	9	Rechtsnatur der Genehmigung	45
Entstehung der Vorschrift	1	Sachverständigengutachten	51
Ernährungsabbruch	60	Schwangerschaftsabbruch	36, 61
Erweiterung des Aufgabenkreises	15	Schweigepflicht, Entbindung von	12 f
Gefahr	30, 58	Sedativa	3
Geschäftsfähigkeit und Einwilligungsfähigkeit	26	Sterilisation	61
Heilbehandlung	31	Tod des Betreuers/Bevollmächtigten	46
Heilversuch	39	Transplantation	37
		Unklarheit der Einwilligungsfähigkeit	25
Informationspflicht von Heimträgern	8	Untersuchung des Gesundheitszustandes	30
Informationszuständigkeit des Betreuers	10, 12	Verfahren	51
		Vergleich zur Unterbringung	28
Kastration	42	Vollmachterteilung	11
Klinische Prüfung		Voraussetzungen für Abs 2	67
– von Arzneimitteln	38	Voraussetzungen für Einwilligung	9
– von Medizinprodukten	40	Vormundschaftsgerichtliche Genehmigung	29, 46
Kontrollbetreuer	74, 75	Vorsorgeverfügungen	23
Landesrechtliche PsychKG	28	Vorsorgevollmacht	4, 23, 59 ff
Lebenserhaltende Maßnahmen, Beendigung von	6	– keine im Bereich von Arzneimittelerprobung	41
		Voruntersuchung	30
Medizinische Maßnahme	30		
Medizinprodukteerprobung	40, 64	Widerstand, natürlicher	26
		Wünsche des Betroffenen/Betreuten	23
Natürlicher Widerstand des Betreuten	26		
		Zeugnisverweigerungsrecht des Arztes	13
Organtransplantation	37	Zuständigkeitsbereich des Betreuers	9, 14, 24
Organspende	37, 64	Zwangsmaßnahmen, Zulässigkeit von	26

I. Entstehung und Reichweite der Norm

1. Zur Häufigkeit der Anwendung

Die Vorschrift ist Ausdruck des Bemühens, der Personensorge des Betreuers ein **1** stärkeres Gewicht als bisher zu verleihen und die Position des Betreuten zu stärken (BT-Drucks 11/4528, 53). Sie entstand vor dem Hintergrund der am früheren Recht geübten Kritik, der damalige Gesetzgeber habe zwar die Vermögenssorge eingehend geregelt und damit in den Vordergrund der gesetzlichen Bestimmungen gestellt, die Personensorge aber vernachlässigt (BT-Drucks 11/4528, 50; krit dazu BIENWALD FamRZ 1987, 533, 541); er habe selbst schwerste Eingriffe in die körperliche Integrität des

Betroffenen in der Alleinzuständigkeit des Vormundes/Pflegers belassen (vgl BT-Drucks 11/4528, 50, 70).

2 Die Regelung war nicht nur während ihrer Entstehung umstritten (dazu näher STAU-DINGER/BIENWALD [1999] Rn 10); sie hat auch eine relativ geringe Bedeutung erlangt (nach den bei HK-BUR [RINK/DEINERT/KLIE] Rn 33 auf der Basis der in BT-Drucks 13/7133 enthaltenen Angaben, der Justizstatistik 1996–2001 und der Sondererhebung des BMJ „Verfahren nach dem Betreuungsgesetz 1996–2001" [Angaben für 2000 und 2001 ohne Hamburg] mitgeteilten Zahlen wurden im Jahre 2001 3481 Anträge auf Genehmigung gestellt und 3070 Genehmigungen erteilt. Die für 1992 mitgeteilten Zahlen lauten: 2222 Antragstellungen, 2003 Genehmigungen. Eine Aufschlüsselung der 2001 genehmigten Heilbehandlungen nach den einzelnen Ländern wird bei HK-BUR [RINK/DEINERT/KLIE] Rn 35 mitgeteilt).

2. Regelungsinhalt

3 Die Vorschrift sieht vor, daß der Betreuer anstelle seines Betreuten und in dessen Namen in eine Untersuchung seines Gesundheitszustandes, eine Heilbehandlung oder einen ärztlichen Eingriff nur mit vorher erteilter Genehmigung des Vormundschaftsgerichts einwilligen kann, sofern diese Maßnahmen bestimmte Folgen haben können und die Genehmigung des Gerichts ohne Gefahr für den Betreuten rechtzeitig eingeholt werden kann. Ist mit dem Aufschub der Maßnahme (zwecks Erholung der Genehmigung) Gefahr verbunden, darf die erforderliche Maßnahme ohne die Genehmigung des Gerichts durchgeführt werden (Abs 1 S 2).

3. Erweiterung durch Abs 2

4 Nach Abs 2 S 1 gilt das Genehmigungserfordernis auch für die Einwilligung des Bevollmächtigten. Mit dieser durch das BtÄndG eingeführten Erweiterung des Anwendungsbereichs der Vorschrift hat der Gesetzgeber klargestellt, daß Entscheidungen in Angelegenheiten der Gesundheitssorge und hier speziell einer riskanten ärztlichen Maßnahme Gegenstand einer (Vorsorge-)Vollmacht, also gewillkürter Stellvertretung, sein können (zum damaligen Meinungsstand OLG Zweibrücken FamRZ 2003, 113 = FGPrax 2002, 179). Mit der in Abs 2 S 2 getroffenen Bestimmung nimmt der Gesetzgeber auf die Gestaltung von (Vorsorge-)Vollmachten Einfluß, indem er für die diesen Inhalt betreffende Vollmacht Schriftform und einen Inhalt vorschreibt, der die Maßnahmen des Abs 1 S 1 ausdrücklich umfaßt.

4. Vorgesehen gewesene entsprechende Anwendung der Vorschrift auf die Vertretung durch Ehegatten, Lebenspartner und andere Angehörige

5 Die beabsichtigte Änderung des Betreuungsrechts durch ein 2. BtÄndG, die insoweit unmittelbar nach der Verkündung des Gesetzes in Kraft treten sollte, sah vor, daß ein Ehegatte für den verhinderten, dh den entscheidungsunfähigen, Ehegatten Erklärungen abgeben darf, die auf die Vornahme einer Untersuchung des Gesundheitszustandes, einer Heilbehandlung oder eines ärztlichen Eingriffs gerichtet sind (§ 1358a BGB-E). Entsprechendes war für die eingetragene Lebenspartnerschaft vorgesehen (Neufassung des § 8 Abs 2 LPartG). § 1904 Abs 1 sollte entsprechend gelten. Ein nach § 1618a eingefügter § 1618b sah vor, daß § 1358a Abs 1 im Verhältnis von Eltern und ihren volljährigen Kindern entsprechend gilt, es sei denn, daß

ein erklärungsbefugter Ehegatte oder Lebenspartner vorhanden ist. Kinder sollten vor Eltern erklärungsbefugt sein. Bei mehreren gleichrangigen Angehörigen sollte die Erklärung eines von ihnen genügen; der Widerspruch eines jeden von ihnen beachtlich sein. Falls ein vorrangiger Angehöriger innerhalb angemessener Zeit nicht erreichbar ist, sollte die Erklärung des nächst erreichbaren nachrangigen Angehörigen genügen (Art 1 Nr 3 BtÄndG-E). Diese Pläne sind während des Gesetzgebungsverfahrens fallen gelassen worden.

5. Anwendung der Vorschrift auf Maßnahmen, die eine Beendigung des Lebens zur Folge haben

Nachdem erstmals in einem Zivilverfahren das OLG Frankfurt entschieden hatte, daß bei einem irreversibel hirngeschädigten Betreuten der Abbruch der Ernährung durch eine PEG-Magensonde durch Entscheidung des Betreuers in entsprechender Anwendung des § 1904 vormundschaftsgerichtlich zu genehmigen sei (FamRZ 1998, 1137 m Anm BIENWALD = NJW 1998, 2747 m Bespr KNIEPER NJW 1998, 2720), folgten einige in Rechtsprechung und Schrifttum dieser Auffassung, andere lehnten das Erfordernis einer vormundschaftsgerichtlichen Genehmigung und insbesondere die analoge Anwendung des § 1904 auf Fälle des tödlichen Ernährungsabbruchs ab (Nachweise in BGH FamRZ 2003, 748, 752 m Anm LIPP 756 sowie OLG Schleswig FamRZ 2003, 554). Auf Vorlage des OLG Schleswig (FamRZ 2003, 554 = OLGRp 2003, 142) entschied der BGH, daß der für einen Patienten bestellte Betreuer für seine Verweigerung einer ärztlicherseits angebotenen lebenserhaltenden oder -verlängernden Behandlung die Genehmigung des Vormundschaftsgerichts benötige. Die Entscheidungszuständigkeit des Vormundschaftsgerichts ergebe sich jedoch nicht aus einer analogen Anwendung des § 1904, auch nicht aus einer Rechtsanalogie zu den §§ 1904 bis 1907, sondern aus einer Gesamtschau des Betreuungsrechts und dem unabweisbaren Bedürfnis, mit den Instrumenten dieses Rechts auch auf Fragen im Grenzbereich menschlichen Lebens und Sterbens für alle Beteiligten rechtlich verantwortbare Antworten zu finden (BGH FamRZ 2003, 748, 753 m Anm LIPP; weitere Nachweise sowie zur Frage einer Betreuerzuständigkeit s § 1896 Rn 57). 6

Der BGH hat sich in dieser Entscheidung nicht dazu geäußert, ob seine Auffassung zur Genehmigungszuständigkeit des Vormundschaftsgerichts auch für den Fall gilt, daß der Betroffene (Patient) nicht einen Betreuer erhalten, sondern eine (Vorsorge-)Vollmacht erteilt hat und der Bevollmächtigte die ärztlicherseits angebotenen Maßnahmen ablehnt. Da eine Bevollmächtigung (auch) dazu dient, eine staatliche Fürsorgemaßnahme in Form einer Betreuerbestellung zu vermeiden, fragt es sich, ob eine Gesamtschau des Betreuungsrechts eine gleiche Genehmigungszuständigkeit des Vormundschaftsgerichts rechtfertigen kann. Die in § 1904 Abs 2 (sowie in § 1906 Abs 5) eingeführte Genehmigungsbedürftigkeit von Entscheidungen des Bevollmächtigten erscheint als **systemfremd**, insbesondere deshalb, weil sie die Privatautonomie des Vollmachtgebers einschränkt. Denn nach bisherigem Verständnis dient die vormundschaftsgerichtliche Genehmigung der Herstellung der Entscheidungsbefugnis des Betreuers. Ein privatrechtlich bestellter Vertreter benötigt diese nicht. Die Grundsätze der BGH-Entscheidung von 17. 3. 2003 sollen jedenfalls auf den Fall einer notariellen Vorsorgevollmacht mit Patientenverfügung angewendet werden können (LG Ellwangen FamRZ 2004, 732 = RNotZ 2004, 468). 7

Verlangt der Betreuer in Übereinstimmung mit dem behandelnden Arzt, daß die künstliche Ernährung des betreuten einwilligungsunfähigen Patienten eingestellt werde, kann das Pflegeheim diesem Verlangen jedenfalls nicht den Heimvertrag entgegenhalten. Auch die Gewissensfreiheit des Pflegepersonals rechtfertige für sich genommen die Fortsetzung der künstlichen Ernährung in einem solchen Fall nicht (BGH FamRZ 2005, 1474 m Anm BIENWALD im Anschluß an BGHZ 154, 205 = FamRZ 2003, 748).

6. Pflicht von Heimträgern, das Vormundschaftsgericht über Sturzgefahren von Heimbewohnern und Gegenmaßnahmen zu informieren

8 In Rechtsstreitigkeiten um die Erstattung verauslagter Behandlungskosten nach Stürzen von Heimbewohnern, in denen Träger von (Pflege-)Heimen in Anspruch genommen wurden, spielte und spielt die Frage eine Rolle, ob das Heim verpflichtet war/ist, das Vormundschaftsgericht zu informieren und die Bestellung eines Betreuers anzuregen und/oder auf die Entscheidung über eine Fixierung und deren Genehmigung durch das Vormundschaftsgericht hinzuwirken. Nach OLG Schleswig (SchlHA 2004, 123) braucht eine Heimbetreiberin jedenfalls dann nicht auf die Fixierung einer sturzgefährdeten Heimbewohnerin hinzuwirken, wenn im Rahmen einer vorangegangenen Begutachtung des medizinischen Dienstes zwar die Sturzneigung festgestellt, aber eine Fixierung nicht angeregt worden ist und auch der für den Aufgabenkreis Gesundheitssorge bestellte Betreuer in Kenntnis aller Umstände eine Fixierung ablehnt. Liegen die Voraussetzungen für eine Betreuerbestellung nicht vor, kann von dem Heim auch nicht eine dahingehende Informationspflicht verlangt werden (näher BGH FamRZ 2005, 1560 = NJW 2005, 2613; vgl auch BGH FamRZ 2005, 1074 m Anm BIENWALD = NJW 2005, 68).

II. Voraussetzungen für eine Einwilligung des Betreuers

1. Entscheidungszuständigkeit für die jeweilige Maßnahme

a) Allgemeines

9 § 1904 regelt besondere Fälle der Arzt-Patient-Beziehung für den Fall, daß der Patient selbst nicht einwilligungsfähig ist und der Betreuer an seine Stelle tritt. Diese Zuständigkeit ist auch in allen übrigen Fällen von Untersuchungen, Heilbehandlungen, ärztlichen Eingriffen ua gegeben, wenn diese Angelegenheiten zum Aufgabenkreis des Betreuers gehören und der Patient und Betreute selbst nicht einwilligungsfähig ist. Jede dieser Maßnahmen bedarf der Einwilligung des Betreuers, es sei denn, daß es sich um einen Notfall handelt. Im Falle der Verhinderung des Betreuers kann auch ausnahmsweise das Vormundschaftsgericht in eine Maßnahme einwilligen oder einen Ersatzbetreuer bestellen (§ 1846). Diese Entscheidungszuständigkeit des Betreuers wird im Alltag vielfach nicht bedacht, wenn – etwa in einem Heim – Bewohnern Medikamente verabreicht oder ärztliche Behandlungen angeboten werden.

10 Solange der Betreuer für den nicht einwilligungsfähigen Betreuten im Rahmen seines Aufgabenkreises für die Entscheidung über das „Ja" oder „Nein" einer medizinischen Maßnahme an dem Betreuten zuständig ist, ist er auch zuständig für die aus Anlaß der Maßnahme erforderlichen Informationen und Beratungen, die an sich dem Patienten/Betreuten geschuldet werden. Es ist schlechthin ausgeschlossen, daß

der (kraft Aufgabenkreis zuständige) Betreuer um seine Einwilligung in eine medizinische Maßnahme gebeten, ihm aber nachher auf seine Frage nach dem Befinden des Patienten/Betreuten unter Berufung auf die ärztliche Schweigepflicht mitgeteilt wird, darüber könne man ihm keine **Auskunft** geben. Hierbei würde übersehen, daß der Betreuer im Rahmen seines Betreuerauftrages an die Stelle des Patienten/Betreuten tritt. An diesem wird zwar die Behandlung vorgenommen. Die Wahrnehmung der damit verbundenen Rechte und Pflichten ist aber Sache des zuständigen Betreuers, soweit der Betreute dazu nicht in der Lage ist.

Dem Betreuer dürfen nach einer erfolgten Maßnahme auch nicht Auskünfte über das Befinden des Patienten/Betreuten und etwaige Verhaltenshinweise mit der Begründung verweigert werden, nunmehr sei der Betreute selbst in der Lage, diese Informationen entgegenzunehmen. Selbst wenn dies in Ausnahmefällen tatsächlich einmal vorkommen sollte, ist doch der Betreuer als Veranlasser der Maßnahme über deren Ergebnis zu informieren.

Erstreckt sich die Befugnis des Betreuers lediglich auf eine bestimmte ärztliche **11** Maßnahme, ist er auch nur in diesem Rahmen berechtigt und verpflichtet, sich zur Frage ärztlicher/medizinischer Maßnahmen zu äußern und gegebenenfalls (nach entsprechender Aufklärung) Einwilligung zu erteilen sowie Auskünfte über den Gesundheitszustand des Patienten und seine weitere Versorgung einzuholen. Erfaßt der Aufgabenkreis des Betreuers alle die Gesundheit seines Betreuten betreffenden Angelegenheiten (Gesundheitsfürsorge oder noch umfassender die Personensorge), so ist er umfassend zuständig, sofern nicht für eine einzelne Angelegenheit der Betreute als einwilligungsfähig anzusehen ist.

Die Verpflichtung des Arztes zur **Aufklärung** und **Information** des Betreuers (und **12** damit auch uU die Preisgabe von Informationen über den Betreuten) erstreckt sich nicht auf ein der Vergangenheit angehörendes Arzt-Patient-Verhältnis, wenn dieses für die aktuelle Behandlung/Maßnahme keine Bedeutung hat. Insofern unterliegt der Arzt gegenüber seinem früheren Patienten der uneingeschränkten **Schweigepflicht**, von der ihn der Betreuer auch nicht befreien kann. Dessen Aufgabenkreis umfaßt regelmäßig die Fürsorge für die Gesundheit in der Gegenwart und der Zukunft, nicht jedoch die Erforschung der Vergangenheit seines Betreuten als Patient.

Soweit das im Rahmen seines Betreuerauftrages liegt und erforderlich ist, entbindet **13** der Betreuer auch den behandelnden Arzt des Betreuten von der Schweigepflicht gegenüber Dritten und entscheidet über die Einsichtnahme in Patientenakten. Zum Zeugnisverweigerungsrecht eines Arztes im Strafverfahren und zur Unzulässigkeit der Verwertung der Aussage eines zeugnisverweigerungsberechtigten Arztes nach Widerruf der Entbindung von der Schweigepflicht BGH NJW 1996, 2435 = MedR 1997, 270 (keine Betreuungssache).

b) Aufgabenkreis des Betreuers
Der Betreuer kann und darf in eine medizinische Maßnahme an der betreuten **14** Person nur dann einwilligen oder eine angebotene Maßnahme ablehnen, wenn dies von dem ihm übertragenen Aufgabenkreis erfaßt wird. Das ist dann der Fall, wenn dem Betreuer die Sorge für die Gesundheit des Betreuten allgemein oder eine

Entscheidungszuständigkeit für eine bestimmte medizinische Maßnahme oder deren Unterlassung zugewiesen worden ist. Herkömmlich erfaßt der Aufgabenkreis der Personensorge jede Entscheidung in Angelegenheiten der Gesundheitssorge.

15 Obliegt einem bereits bestellten Betreuer nicht der erforderliche Aufgabenbereich, besteht aber in dieser Hinsicht Entscheidungsbedarf, hat der Betreuer die Verpflichtung (§ 1901 Abs 5), dies dem Vormundschaftsgericht mitzuteilen, damit das Gericht ggf den Aufgabenkreis des Betreuers erweitern oder einen weiteren Betreuer zur Besorgung dieser Angelegenheit bestellen kann.

16 Hat ein Betroffener eine (Vorsorge-)Vollmacht erteilt, erfaßt diese aber nicht oder nicht eindeutig die erforderliche Entscheidung in den in Betracht kommenden gesundheitlichen Angelegenheiten, bestehen Zweifel, daß die Maßnahmen des § 1904 Abs 1 erfaßt sein sollten, oder ist die einmal erteilte Vollmacht insoweit aus anderen Gründen ungültig oder widerrufen und ist der Betroffene in dem fraglichen Zeitpunkt zu einer eigenen Entscheidung nicht (mehr) in der Lage, hat das Gericht einen Betreuer mit dem notwendigen Aufgabenkreis zu bestellen (AG Frankfurt aM FamRZ 2002, 1508; OLG Zweibrücken FamRZ 2003, 113 = FGPrax 2002, 179 = RNotZ 2004, 505. Für die Frage der Wirksamkeit einer vor Inkrafttreten des [ersten] BtÄndG erteilten Vorsorgevollmacht hinsichtlich Maßnahmen nach § 1904 kommt es nach OLG Zweibrücken [aaO] auf die Gesetzeslage zum Zeitpunkt der gerichtlichen Entscheidung über die Betreuungsanordnung an).

2. Fehlende Einwilligung und fehlende Einwilligungsfähigkeit des Betreuten

17 Der Betreuer ist für die Entscheidung in der konkreten gesundheitlichen Angelegenheit nur dann zu einer Entscheidung berufen und befugt, wenn der Betreute in dem Zeitpunkt der Maßnahme selbst nicht entscheidungsfähig (einwilligungsfähig) ist und nicht bereits zu einem früheren Zeitpunkt eine noch wirksame eigene Entscheidung getroffen hat.

a) Maßgeblicher Zeitpunkt

18 Auch wenn dem Betreuer die Personensorge oder die Sorge für die Gesundheit des Betreuten übertragen wurde, kommt es für den aktuell in Frage stehenden Eingriff in die körperliche Integrität oder die Untersuchung des Betreuten darauf an, ob zu diesem Zeitpunkt der Betreute entscheidungsfähig ist. Kann der Arzt davon ausgehen, dann kommt es auf die Entscheidung des Betreuten und nicht die des Betreuers an, auch wenn diesem die Gesundheitssorge zugewiesen worden ist. Diese Rangfolge ergibt sich aus dem Grundsatz der Erforderlichkeit der Betreuung, die insoweit nicht in Betracht kommt, als der Betreute entscheidungsfähig ist oder selbst Vorsorge getroffen hat (§ 1896 Abs 2).

Diese Differenzierung zwischen allgemeiner Entscheidungszuständigkeit des Betreuers (zB aufgrund der Gesundheitssorge) und aktueller Entscheidungszuständigkeit ist deshalb von Bedeutung, weil nicht davon ausgegangen werden kann, daß bereits bei der Betreuerbestellung darauf geachtet worden ist, die Betreuung hinsichtlich der Gesundheitssorge auf den (zB nervenärztlichen) Bereich zu beschränken, in dem der Betroffene zu einer eigenen Entscheidung nicht fähig ist (vgl dazu BayObLG FamRZ 1994, 1059; FamRZ 1996, 250).

b) Keine Doppelzuständigkeit

Für die Einwilligung in einen ärztlichen Heileingriff, eine Untersuchung des Ge- 19
sundheitszustandes oder eine Heilbehandlung kommt es – so die amtl Begr, die sich
auf die hM beruft (BT-Drucks 11/4528, 71) – auf die natürliche Einsichts- und Steuerungsfähigkeit an. Einwilligungsfähig ist danach, wer Art, Bedeutung und Tragweite
– auch die Risiken – der Maßnahmen zu erfassen und seinen Willen hiernach zu
bestimmen vermag. Verfügt der Patient über die Einwilligungsfähigkeit, dh über die
„Reife und Fähigkeit, die Tragweite des ärztlichen Eingriffs für Körper, Beruf und
Lebensglück zu ermessen und danach selbstverantwortlich Entschlüsse zu fassen"
(Laufs, Arztrecht Rn 143), kommt es allein auf seine Willensäußerung an, die inhaltliche Zustimmung zur oder Ablehnung der Maßnahme sein kann und so auch
hingenommen werden muß. Eine Doppelzuständigkeit für die Erteilung der Einwilligung oder auch die Verweigerung der Maßnahme ist nicht vorgesehen (allgM, die
bisher von Holzhauer vertretene **aA** ist in der Neubearbeitung des Kommentars aufgegeben
worden; vgl Erman/Roth Rn 2).

Nach Amelung, der die übliche Definition der Einwilligungsunfähigkeit nicht für
ausreichend hält (R&P 1995, 20, 26) ist **einwilligungsunfähig**, wer wegen Minderjährigkeit, geistiger Behinderung oder psychischer Erkrankung nicht erfassen kann,

– welchen Wert oder Rang die von der Einwilligungsentscheidung berührten Güter
  und Interessen für ihn haben;

– um welche Tatsachen es bei der Entscheidung geht;

– welche Folgen oder Risiken sich aus der Einwilligungsentscheidung ergeben;

– welche Mittel es zur Erreichung der mit der Einwilligung erstrebten Ziele gibt, die
  möglicherweise weniger belasten.

Das gleiche gilt, wenn der geistig Behinderte oder psychisch Erkrankte zwar die
erforderliche Einsicht hat, aber nicht in der Lage ist, sich nach ihr zu richten.

Nimmt der Betreuer an Gesprächen zwischen Arzt und Betreutem teil, so kann dies
der Klärung der Situation und der Positionen und auch der Frage dienen, inwieweit
der Betreute die ärztliche Aufklärung aufgenommen und verarbeitet hat. Die Anwesenheit des Betreuers kann dazu beitragen, daß sich der Betreute sicher und
geborgen fühlt. Eine Mit-Entscheidungszuständigkeit erwächst dem Betreuer rechtlich daraus nicht. Lediglich aus praktischen Gründen läßt es sich verantworten, daß
der Arzt neben der Einwilligung des Betreuten auch noch die des Betreuers einholt,
um sicherzugehen, daß er nicht ohne wirksame Einwilligung handelt (Kern MedR
1993, 245, 248; Soergel/Damrau Rn 2).

Der Gesetzgeber hat die Schwierigkeiten, im Einzelfall zu beurteilen, ob der Be- 20
treute einwilligungsfähig ist, nicht verkannt (BT-Drucks 11/4528, 71). Er hat die Frage,
ob es sinnvoll und möglich ist, die Probleme der Einwilligungsfähigkeit und der
ärztlichen oder sonstigen Aufklärung, die der Einwilligung vorausgegangen sein
muß, näher zu regeln, zwar aufgeworfen, zur damaligen Zeit jedoch keine Möglichkeit gesehen, gesetzesreife Vorschläge zu erarbeiten, die über die bisherigen Ergeb-

nisse der Rechtsprechung hinausgehen (zum Verhältnis von Einwilligungsfähigkeit und Geschäftsfähigkeit s STAUDINGER/BIENWALD [1999] Rn 25 ff).

21 Ist unklar, ob der Betreute einwilligungsfähig ist, besteht auch darüber keine Gewißheit, daß er eine Behandlungseinwilligung wirksam erteilen kann. Da der Arzt aber nur behandeln darf, wenn die Einwilligung wirksam erklärt ist (von der Notfallsituation abgesehen), ist bereits in diesem Stadium der Betreuer entscheidungszuständig. Ist der Betreuer nur für eine konkret genannte Behandlung bestellt worden, kann aus diesem Umstand allein noch nicht geschlossen werden, der Betreute sei demzufolge auch nicht einwilligungsfähig (KERN MedR 1993, 245, 248; **aA** SOERGEL/ DAMRAU Rn 4). Ist der Betreuer für die Gesundheitssorge oder näher bezeichnete Einzelbereiche davon zuständig und steht nicht fest, daß der Betreute für Maßnahmen in diesen Bereichen einwilligungsfähig ist, erfordert dies die Anwesenheit des Betreuers beim Arzt, um ggf die Einwilligung geben zu können. In solchem Fall ist dem beruflich tätigen Betreuer die Begleitung zum Arzt, weil erforderlich, zu vergüten. Der notwendige Aufwand ist zu entschädigen.

22 Auch bei Einwilligungsfähigkeit des Betreuten ist dessen Einwilligung in eine Behandlung nicht wirksam, wenn er über die Maßnahme und insbesondere über die mit ihr verbundenen Risiken nicht hinreichend aufgeklärt worden ist (BT-Drucks 11/4528, 71). Zu Art und Ausmaß ärztlicher Aufklärungspflicht s LAUFS, in: LAUFS/UHLENBRUCK, Handbuch §§ 61 ff; zur sog Risikoaufklärung ebd § 64.

c) Bindung an Wünsche des Betreuten; Maßgeblichkeit seiner Vorsorgeverfügungen

23 Im Innenverhältnis gilt auch für eine Untersuchung des Gesundheitszustandes, eine Heilbehandlung oder einen ärztlichen Eingriff, daß der Betreuer Wünschen des Betreuten zu entsprechen hat, soweit dies dessen Wohl nicht zuwiderläuft und dem Betreuer zuzumuten ist (§ 1901 Abs 3 S 1; BT-Drucks 11/4528, 71). Der RegEntw zitiert in diesem Zusammenhang § 1901 Abs 1 S 2 (idF d BtG), wonach zum Wohl des Betreuten auch die Möglichkeit gehört, im Rahmen seiner Fähigkeiten sein Leben nach seinen eigenen Wünschen und Vorstellungen zu gestalten. Die Regelung des § 1904 setzt diese allgemeinen Bestimmungen über die Beziehung von Betreuer und Betreutem und die den Betreuer bindenden Vorschriften über die Führung der Betreuung nicht außer Kraft. Trotz des Mangels an Fähigkeit, selbst eine Entscheidung über die Einwilligung oder Nichteinwilligung in seine Untersuchung, Behandlung oder einen ärztlichen Eingriff zu treffen, bleibt der Betreute Gesprächspartner des Betreuers und sind seine Wünsche im Rahmen der genannten Bestimmungen zu berücksichtigen. Das kann im Einzelfall dazu führen, daß sich der Betreuer den eine ärztliche Maßnahme ablehnenden Wunsch des Betreuten zu eigen macht und seinerseits die Einwilligung in die Maßnahme nicht erteilt. Daß eine Entscheidung über eine Untersuchung des Gesundheitszustandes, eine Heilbehandlung oder einen ärztlichen Eingriff iSd § 1904 eine der Besprechungspflicht des § 1901 Abs 3 S 3 unterliegende Angelegenheit ist, ergibt sich von selbst. Insofern die Maßnahme an und mit dem Betreuten vorgenommen wird, sind auch kaum Fälle denkbar, in denen im Hinblick auf das Wohl des Betreuten von einer Besprechung Abstand genommen werden könnte.

Da der Betreuer innerhalb seines Aufgabenkreises dazu beizutragen hat, daß Möglichkeiten genutzt werden, die Krankheit oder Behinderung des Betreuten zu beseitigen, zu bessern, ihre Verschlimmerung zu verhüten oder die Folgen zu mildern (§ 1901 Abs 4 S 1), kann eine der in § 1904 aufgeführten Maßnahmen (oder mehrere) diesem generellen Auftrag, der jedoch ohne einen entsprechenden Aufgabenkreis eine Nebenpflicht darstellt und infolgedessen eine Entscheidungsbefugnis über Maßnahmen nicht beinhaltet, entsprechen.

Hat der Betreute zu einem früheren Zeitpunkt eine Bestimmung über seine spätere ärztliche oder pflegerische Behandlung getroffen und erfaßt diese als vorweggenommene Einwilligung oder Verweigerung einer Einwilligung in eine bestimmte Behandlung die gegenwärtige Sachlage, ist die von dem Betreuten getroffene Verfügung für den behandelnden Arzt und den in Angelegenheiten der Gesundheitssorge zuständigen Betreuer maßgebend (§ 1901 Abs 3 S 2). Sogenannte **Patientenverfügungen**, entweder isoliert oder im Zusammenhang mit einer (Vorsorge-)Vollmacht erlassen oder erteilt, haben nicht nur in Fällen des Unterlassens oder der Beendigung lebensverlängernder oder sterbeverzögernder Maßnahmen eine Bedeutung; sie können für jede Art von medizinischen Maßnahmen oder ärztlichen Behandlungen (oder Unterlassungen) erteilt und demzufolge für Arzt und Betreuer maßgebend sein. Zur Frage, ob zwecks Durchsetzung eines in dieser Weise geäußerten Patientenwillens die Bestellung eines Betreuers vorgenommen werden kann/darf, s § 1896 Rn 123. **24**

3. Unklarheit in bezug auf die Einwilligungsfähigkeit des Betreuten

Bestehen Zweifel, ob der Betreute einwilligungsfähig ist, und lassen sich diese Zweifel nicht in der zur Verfügung stehenden Zeit und mit den verfügbaren Mitteln beseitigen, kommt es auf die Entscheidung des mit der Aufgabe der Gesundheitsfürsorge betrauten Betreuers an. Dies beruht auf folgenden Erwägungen: **25**

– Die Rechtswidrigkeit des ärztlichen Eingriffs ist nur ausgeschlossen durch die Einwilligung eines einwilligungsfähigen Patienten. Die Einwilligung des nicht zweifelsfrei einwilligungsfähigen Patienten reicht nicht aus.

– Hat das Gericht einen Betreuer bestellt und mit der Aufgabe der ärztlichen Versorgung oder gesundheitlichen Betreuung/Versorgung betraut, muß es davon ausgegangen sein, daß der Betreute diese Angelegenheit nicht selbst besorgen kann. Die Situation, daß der Betreute dennoch in einer konkreten Behandlungssituation für einwilligungsfähig gehalten werden kann, dürfte eher ein Ausnahmefall sein. Liegt dieser Ausnahmefall jedoch nicht eindeutig vor, bleibt es bei der Regelzuständigkeit des Betreuers.

– Eine Regelung, wie sie das BGB für die Unklarheit im Falle von Geschäftsfähigkeit von Erwachsenen enthält, kennt das geltende Recht für die Einwilligungsfähigkeit nicht. Zu einer außerbetreuungsrechtlichen Lösung FROST 94.

4. Umgang mit natürlichem Widerstand des Betreuten

Ist der Betreute nicht einwilligungsfähig, mithin der Betreuer zur Entscheidung über die medizinische Maßnahme befugt, findet der natürliche Wille des Betreuten recht- **26** lich keine Beachtung, sofern nicht die Voraussetzungen des § 1901 Abs 3 S 1 vorliegen. Wünschen des Betreuten hat der Betreuer zu entsprechen, soweit dies dem Wohl des Betreuten nicht zuwiderläuft. Dies gilt auch, wenn die besorgungsbedürftige Angelegenheit in der Einwilligung in eine medizinische Maßnahme besteht.

Läßt der Betreute die vom Betreuer getroffene Behandlungsentscheidung für sich gelten, ergeben sich keine Probleme. Ist der Betreute dagegen nicht bereit, die Entscheidung des Betreuers hinzunehmen, obwohl er zu einer eigenen Entscheidung nicht fähig ist, sondern lediglich mit dem sog natürlichen Willen Widerstand leistet, fragt es sich, in welcher Weise der Betreuer seine Entscheidung durchsetzt. Der RegEntw weist zwar darauf hin, daß Zwangsbehandlungen nicht generell verboten sind. Wer aufgrund seiner psychischen Krankheit oder seiner geistigen oder seelischen Behinderung seine Behandlungsbedürftigkeit nicht erkennen kann und eine Behandlung deshalb ablehnt, dem soll nicht schon deshalb die Behandlung versagt werden (BT-Drucks 11/4528, 72). Im Innenverhältnis zwischen Betreuer und Betreutem handelt es sich aus der Sicht des Betreuten immer um eine Zwangsmaßnahme, wenn sich der Betreuer (zum Wohl des Betroffenen) über dessen Wünsche oder Willen hinwegsetzt.

Über die Zulässigkeit **unmittelbarer Zwangsmaßnahmen** zwecks Durchführung einer erforderlichen Behandlung hat das BtG jedoch **keine Bestimmung** getroffen. Der Betreuer ist dazu aufgrund seiner Funktion, gleichgültig welchen Aufgabenkreis er zugewiesen bekommen hat, nicht befugt. Er darf lediglich im Verteidigungsfalle Gewalt anwenden. Der Angriff mit Gewalt zur Durchsetzung seiner Entscheidungen ist ihm – mangels entsprechender Erlaubnis – verwehrt. Im Falle einer auf andere Weise nicht abwendbaren Gefahr für Leib oder Leben handelt der Arzt, ohne daß es einer Entscheidung des Betreuers bedarf (aA BGH FamRZ 2006, 615).

5. Einwilligung in die Maßnahme und Behandlungsvertrag

27 Die Einwilligung des Betreuers richtet sich nur auf die medizinische Maßnahme. Davon zu unterscheiden ist der Abschluß des Behandlungsvertrages und seine Erfüllung im übrigen. Das Zustandekommen des Vertrages und das Einverstandensein des Patienten/Betreuten oder seines Betreuers mit der Maßnahme sind rechtlich zu trennen (Bienwald, BtR Rn 5 ff). Zur Einordnung des hier konkret in Betracht kommenden Vertrages (Arztvertrag, Krankenhausvertrag) s Staudinger/Richardi (2005) Vorbem 1249 ff, 1254 ff zu §§ 611 ff.

6. Verhältnis von § 1904 und Unterbringungen sowie § 1906 Abs 4

28 Für die Anwendung des § 1904 ist nicht entscheidend, ob sich der Betreute in Freiheit befindet oder untergebracht ist (§ 1906). Im Falle einer nach § 1906 Abs 1 Nr 1 erfolgten Unterbringung leuchtet dies unmittelbar ein. Aber auch im Falle einer Unterbringung nach § 1906 Abs 1 Nr 2 können zugleich die Voraussetzungen des § 1904 gegeben sein, wenn bei der mit Hilfe der Freiheitsentziehung beabsichtigten Behandlung die begründete Gefahr besteht, daß der Betreute auf Grund der Maßnahme stirbt oder einen schweren und länger dauernden gesundheitlichen Schaden erleidet. In diesem Falle erfaßt die Genehmigung der Unterbringung nicht die nach § 1904 erforderliche (MünchKomm/Schwab § 1906 Rn 32; Erman/Holzhauer § 1906

Rn 31 ff). Dementsprechend hat der Betreuer sowohl die Genehmigung zur Unterbringung als auch die Genehmigung zur Durchführung einer Maßnahme nach § 1904 einzuholen. Das Vormundschaftsgericht hat dies in seinem Verfahren entsprechend zu berücksichtigen (vgl dazu § 69d Abs 1 S 2, §§ 70 ff FGG).

Ist der Betreute zunächst ohne vormundschaftsgerichtliche Genehmigung untergebracht und die Maßnahme, deren Genehmigung nach § 1904 erforderlich gewesen wäre, vollzogen worden, entsteht das eigenartige Ergebnis, daß der Betreuer die Unterbringungsgenehmigung nach § 1906 Abs 2 S 2 nachholen muß, eine nachträgliche Genehmigung der Maßnahme nach § 1904 dagegen nicht erforderlich ist bzw nicht in Betracht kommt.

Befindet sich der Betroffene auf Grund richterlicher Entscheidung nach den landesrechtlichen PsychKG in einer geschlossenen Einrichtung, ist zu prüfen, ob eine spätere Betreuerbestellung sich auf Maßnahmen nach § 1904 erstreckt und über im Landesrecht geregelte Behandlungspflichten hinaus eine zivilrechtliche Genehmigungsnotwendigkeit besteht. § 21 NPsychKG, der die ärztliche Behandlung der untergebrachten Person regelt, enthält – zB – in Abs 2 den Satz: „§ 1904 des Bürgerlichen Gesetzbuches bleibt unberührt."

III. Voraussetzungen der vormundschaftsgerichtlichen Genehmigung

1. Einwilligungsabsicht des Betreuers

Genehmigungsbedürftig nach Abs 1 S 1 ist die beabsichtigte Einwilligung des Betreuers in eine der genannten Maßnahmen; nicht dagegen deren Ablehnung. Der Betreuer muß dem Gericht die von ihm beabsichtigte Erklärung der Einwilligung mitteilen, damit daraufhin das entsprechende Verfahren eingeleitet und die beantragte Genehmigung erteilt werden kann (§ 69d Abs 1 und 2 FGG). Hat der Betreuer bisher keinen Entschluß gefaßt, ob er in eine bestimmte Maßnahme einwilligen will, kann er die vormundschaftsgerichtliche Genehmigung nicht beantragen. Nicht ausgeschlossen ist die Beantragung der vormundschaftsgerichtlichen Genehmigung für **Alternativentscheidungen**, die in ihrer Reihenfolge ihrer Erklärung vorher festgelegt werden. Dadurch kann vermieden werden, daß mehrere Genehmigungsverfahren nacheinander durchgeführt werden müssen, wenn die zunächst beabsichtigte Maßnahme aus begründetem Anlaß nicht durchgeführt werden kann oder soll.

2. Medizinische Maßnahmen

a) Untersuchung des Gesundheitszustandes

Eine Untersuchung des Gesundheitszustandes ist eine diagnostische Maßnahme. Nach UHLENBRUCK/LAUFS ([Hrsg], Handbuch des Arztrechts § 49 Rn 1) sind unmittelbare und mittelbare Untersuchungen zu unterscheiden. Zu den erstgenannten zählen einfache, nicht an aufwendige Apparaturen oder Hilfspersonal gebundene Funktionsprüfungen wie zB der Atmung oder des Kreislaufs sowie die Messung des Blutdrucks. Zur mittelbaren Untersuchung rechnen dagegen sämtliche naturwissenschaftlichen Untersuchungsmethoden, wie zB morphologische Untersuchungen, physikalische, chemische, bakteriologische, virologische und immunologische Analysen. SCHREIBER (FamRZ 1991, 1014) zählt eine Reihe von Untersuchungsmethoden mit ihren jeweils spezifischen Zielen auf, von denen er einige (zB Katheterisierung der Harnblase und Magen-Darm-Spiegelung) nur „im Einzelfall", andere (zB Arthroskopie, Liquorentnahme und Katheterisierung des Herzens) allgemein für gefährlich und deshalb genehmigungspflichtig hält (s dazu die Kritik von NEDOPIL FamRZ 1993, 24 mit Erwiderung von SCHREIBER FamRZ 1993, 26).

Es liegt auf der Hand, daß bei der Prüfung, ob die begründete Gefahr einer schweren Schädigung vorliegt, die im Einzelfall gegebene labile Gesundheit des unter Betreuung stehenden alten, gebrechlichen Patienten berücksichtigt werden muß; das trifft (worauf SCHREIBER FamRZ 1991, 1014, 1015 hinweist) insbesondere bei einer Narkose zu (der RegEntw hatte es als „nicht sinnvoll" bezeichnet, „jede Narkose" als genehmigungspflichtig zu betrachten, BT-Drucks 11/4528, 140).

Bei der Beurteilung der Gefahren kann nur davon ausgegangen werden, daß die Untersuchungen sachgemäß durchgeführt werden. Die im Einzelfall bei fehlerhafter Handhabung drohenden Schäden können für die Beurteilung einer Gefahr iSd § 1904 nicht herangezogen werden. Verlieren solche Mängel den Charakter von Einzelfällen, kann eine Gefahr iSv § 1904 zu besorgen sein.

Die zum Zwecke der Feststellung einer Untersuchungsbedürftigkeit vorzunehmende „Vor"-Untersuchung unterliegt zwar nicht der Genehmigungsbedürftigkeit, sie ist aber **einwilligungsbedürftig**, wobei anstelle des nicht einwilligungsfähigen Betreuten der Betreuer entscheidet, wenn die Angelegenheit zu seinem Aufgabenkreis gehört. Gegebenenfalls ist die Bestellung eines Betreuers, die Erweiterung des Aufgabenkreises des bestellten Betreuers oder die Bestellung eines weiteren Betreuers (§ 1901 Abs 5) anzuregen.

b) Heilbehandlung

31 Als Heilbehandlung ist jede ärztliche Maßnahme zu verstehen, die den Gesundheitszustand eines Betreuten wieder oder soweit wie möglich herstellt, also sowohl internistische als auch chirurgische, psychiatrische oder zahnärztliche Tätigkeiten (SCHREIBER FamRZ 1991, 1014, 1016; vgl auch LAUFS, Handbuch des Arztrechts [UHLENBRUCK/LAUFS] § 39 Rn 16 m Fn 58). Der RegEntw zählt dazu auch Maßnahmen, die nicht mit Eingriffen in die körperliche Integrität verbunden sind, zB ein therapeutisches Gespräch (BT-Drucks 11/4528, 71). Weshalb physiotherapeutische Maßnahmen wie Wandern, Schwimmen, Wannenbäder und Gymnastik nicht darunter fallen (so aber ERMAN/ROTH Rn 14), ist nicht erklärt. Im Hinblick auf den Schutz des Betreuten dürfte sich für die Erfassung dessen, was als Heilbehandlung uU gefährlich ist, eine Orientierung an Leistungskatalogen von Krankenversicherungen wenig eignen. Einer umfassenden Beschreibung ist deshalb der Vorzug zu geben. Danach sind Heilbehandlungen Maßnahmen jeglicher Art, die auf Herstellung der Gesundheit, Linderung der Krankheit, Beseitigung oder Linderung von Krankheitsfolgen sowie Verhütung von Krankheiten und ihrer Verschlimmerung gerichtet sind, wozu auch „alternative" Behandlungsmethoden jeglicher Art gezählt werden (MünchKomm/SCHWAB Rn 25). SCHREIBER (FamRZ 1991, 1014, 1016) stellt auf ärztliches Tun ab, so daß vom Grundsatz her jedes ärztliche Agieren, jedes Gespräch, jede Beratung des Arztes mit dem Patienten einen therapeutischen Sinn haben und eine Heilbehandlung darstellen kann. Der Begriff der Heilbehandlung darf aber nicht nur den Arzt

und das ärztliche Tun erfassen, sondern auch das anderer zugelassener Heilberufe. Soweit ärztliche Eingriffe (dazu anschließend Rn 35 f) einen kurativen Zweck verfolgen, werden sie vom Begriff der Heilbehandlung erfaßt (SCHREIBER 1016).

Zur Heilbehandlung rechnen chirurgische Eingriffe aller Art inclusive der Anästhesie (SCHREIBER 1016). Dazu rechnen grundsätzlich auch die Verordnung und Verabreichung von Medikamenten. Die Arzneimittel, die der Betreute nehmen soll, unterliegen deshalb ebenfalls der vormundschaftsgerichtlichen Genehmigung, wenn damit eine der in § 1904 beschriebenen Gefahren zu befürchten ist (s dazu ERMAN/ROTH Rn 16; SCHREIBER 1018 ff). Das Vormundschaftsgericht hat seine Entscheidung, ob es dem Betreuer die Genehmigung zu der Behandlung erteilt, am Wohl des Betreuten unter dem Gesichtspunkt der Verhältnismäßigkeit zu orientieren (OLG Hamm NJWE-FER 1997, 178 = FamRZ 1998, 190 [LS] bezogen auf die Anwendung des Cyatil – Z Depot; dort auch zur Abgrenzung gegenüber § 1906 Abs 4).

Soweit die Verabreichung von Medikamenten als eine freiheitsentziehende Maßnahme zu qualifizieren ist, weil sie lediglich auf die Sedierung (Müdigkeit) oder Muskelrelaxation (Muskelschwäche) zum Zweck der Beweglichkeitseinschränkung hinzielt und die Wirkungen nicht als eine unvermeidliche Nebenwirkung einer notwendigen Therapie erzeugt werden (s 1.1.3. der Fixierungsrichtlinien des Landesbetriebs Pflegen & Wohnen Hamburg BtPrax 1992, 30, 31), dient sie nicht der Heilung, so daß ihre Verabreichung auch nicht als Heilmaßnahme einer gerichtlichen Genehmigung unterliegen kann. Diese läßt sich nur damit begründen, daß die Verabreichung mit dem genannten Ziel als ein ärztlicher Eingriff verstanden wird, der als solcher im Falle von § 1904 vormundschaftsgerichtlicher Genehmigung bedarf. Dies hat das LG Berlin in seinem Beschluß vom 5.11.1992, mit dem es die Genehmigung der Verabreichung von Glianimon, Atosil und Neurocil ablehnte, übersehen. Es hat zwar zutreffend festgestellt, daß die Vergabe lediglich sedierender und affektiv dämpfender Wirkung dienender Medikamente keine Heilbehandlung darstellt, hätte aber die Genehmigungsfähigkeit auch unter dem Gesichtspunkt ärztlichen Eingriffs prüfen müssen (LG Berlin FamRZ 1993, 597 = BtPrax 1993, 66 = R&P 1993, 39). Wegen der bisher bekanntgewordenen „Risiko"fälle dürfte – jedenfalls zZ – die Verabreichung von **Viagra** im Einzelfall genehmigungsbedürftig sein, sofern es hier auf eine Entscheidung des Betreuers ankommt. 32

Ob im Falle des Einsatzes der **Elektrokrampftherapie** die Entscheidung des Betreuers genehmigungsbedürftig ist, wird unterschiedlich beantwortet. Nachdem das LG Hamburg zunächst jede Form der Elektrokrampftherapie als eine nach § 1904 genehmigungsbedürftige Heilbehandlung eingestuft hatte (FamRZ 1994, 1204 m zust Anm RICHTER = R&P 1995, 49 = BtE 1994/95, 113 m abl Anm SCHREIEDER bzgl der „längeren Dauer"), differenzierte es in der in NJWE-FER 1998, 203 veröffentlichten zweiten Entscheidung zu der Frage und hält nun generell nur die bilateral durchgeführte Elektrokrampftherapie für genehmigungsbedürftig, dagegen die unilateral durchgeführte nicht ohne weiteres. Die Sachverhaltsschilderung läßt allerdings Zweifel aufkommen, ob eine Betreuerentscheidung als Voraussetzung vormundschaftsgerichtlicher Genehmigung geboten war, weil der Betreute sich „zustimmend zur Durchführung der Elektrokrampftherapie" geäußert hatte. In dieser Beziehung ebenfalls zurückhaltend, die erste Entscheidung des LG Hamburg ablehnend, im übrigen eingehend zu der Frage DODEGGE FamRZ 1996, 74 (77, 79) mwN; für eine vormundschaftsge- 33

richtliche Genehmigung nur in Ausnahmefällen (zB bei Risikopatienten) WIEBACH/
KREYSSIG/PETERS/WÄCHTER/WINTERSTEIN BtPrax 1997, 48, 52).

Zum Einsatz, der Einwilligungsbedürftigkeit und zur Frage vormundschaftsgerichtlicher Genehmigung der Betreuerentscheidung HUBERT-FEHLER/HOLLMANN BtPrax 1996, 210 und DtÄrzteBl 1998, A 805; dazu krit DODEGGE DtÄrzteBl 1998, A 1754.

34 Ein Verbot für den Betreuer, in persönlichkeitsverändernde Maßnahmen einzuwilligen, enthält das BtG nicht. Zur Begründung s BT-Drucks 11/4528, 142.

c) Ärztlicher Eingriff

35 Als ärztliche Eingriffe lassen sich solche Maßnahmen des Arztes qualifizieren, die nicht schon unter die Rubrik der Heilbehandlung fallen. Es sind solche Maßnahmen, die nicht einen kurativen Zweck (SCHREIBER FamRZ 1991, 1014, 1016; ERMAN/ROTH Rn 18) verfolgen, andererseits aber eine Beeinträchtigung der körperlichen Integrität darstellen (MünchKomm/SCHWAB Rn 25). Als Beispiele werden genannt der Schwangerschaftsabbruch, der nicht medizinisch indiziert ist (SCHREIBER 1016; MünchKomm/SCHWAB Rn 25; ERMAN/ROTH Rn 19), die Sterilisation (SCHREIBER 1016; s hierzu die Sonderregelung in § 1905) oder Schönheitsoperationen (BT-Drucks 11/4528, 71; MünchKomm/SCHWAB Rn 25) sowie nach diesseitiger Auffassung die Vergabe von Sedativa uä, deren Hauptzweck nicht die Beeinflussung der Heilung ist (s oben Rn 32).

36 Der **Schwangerschaftsabbruch** ist nicht dadurch ausgeschlossen, daß die Schwangere nicht einwilligungsfähig ist (BT-Drucks 11/4528, 141; eingehender ERMAN/ROTH Rn 19 sowie MünchKomm/SCHWAB Rn 33; **aA** REIS ZRP 1988, 318, 320). Das Betreuungsrecht hat die Einwilligung des Betreuers in einen Schwangerschaftsabbruch bei der Betreuten, wenn die Befugnis zur Erklärung der Einwilligung zu seinem Aufgabenkreis gehört, nicht generell von einer vormundschaftsgerichtlichen Genehmigung abhängig gemacht (BT-Drucks 11/4528, 141; BIENWALD, BtR Rn 25). Ist der Schwangerschaftsabbruch medizinisch indiziert und damit auch als Heileingriff zu qualifizieren, können die Voraussetzungen für die Einholung der vormundschaftsgerichtlichen Genehmigung nach § 1904 gegeben sein (ERMAN/ROTH Rn 19). Daß im Hinblick auf die strafrechtliche Regelung (§ 218a StGB) § 1904 praktisch kaum zur Anwendung kommt, nimmt der Regelung nicht ihre Rechtfertigung. Aufgrund ihrer unterschiedlichen Stellung und Zielsetzung kann es keine Rangfolge von § 218a StGB und § 1904 geben. Die Begründung im RegEntw (BT-Drucks 11/4528, 141), daß ein zusätzliches Erfordernis vormundschaftsgerichtlicher Genehmigung sich zum Nachteil der Schwangeren auswirken könne, bezieht sich auf die bei den Vorarbeiten zum BtG angestellte Überlegung, die Einwilligung des Betreuers in einen Schwangerschaftsabbruch bei der Betreuten *generell* von einer vormundschaftsgerichtlichen Genehmigung abhängig zu machen.

d) Organspende

37 Das Betreuungsgesetz, auch in seiner geänderten Form ([erstes] BtÄndG), enthält keine Regelungen für die Organspende. Der RegEntw des BtG sah seinerzeit dafür kein Bedürfnis. Im einzelnen dazu STAUDINGER/BIENWALD[12]. Inzwischen ist das Gesetz über die Spende, Entnahme und Übertragung von Organen (Transplantationsgesetz – TPG) veröffentlicht worden (BGBl 1997 I 2631) und in Kraft getreten (1. 12. 1997). Danach stellt sich die Rechtslage wie folgt dar:

Zu unterscheiden sind die Organentnahme bei toten und die bei lebenden Organspendern. Für die Entscheidung über die Organentnahme zum Zwecke der Transplantation (Organspende) bei einem **toten Betreuten** ist der Betreuer nicht zuständig. Entweder hat der Organspender selbst in die Organentnahme eingewilligt (§ 3 TPG) oder ein anderer hat zugestimmt (§ 4 TPG). Das kann ein naher Angehöriger oder eine ihm gleichstehende Person sowie ein Beauftragter (§ 4 Abs 3 TPG) sein. Die nächsten Angehörigen sind in § 4 Abs 2 S 1 genannt; dort ist auch die Reihenfolge ihrer Entscheidungszuständigkeit bestimmt. Während anstelle von Eltern eines minderjährigen Organspenders der personensorgeberechtigte Vormund oder Pfleger entscheidungszuständig sein kann, wurde dem Betreuer keine entsprechende Funktion eingeräumt. Allerdings steht dem nächsten Angehörigen eine volljährige Person gleich, die dem möglichen Organspender bis zu seinem Tode in besonderer persönlicher Verbundenheit offenkundig nahegestanden hat; sie tritt neben den nächsten Angehörigen (§ 4 Abs 2 S 6 TPG). Hierunter ist in erster Linie der in der bisherigen Aufzählung nicht genannte Lebensgefährte zu verstehen. Der Betreuer kommt als solcher dafür nicht in Betracht, mag er auch in Ausübung seines Amtes nahegestanden haben. Erforderlich ist, daß die betreffende zustimmungsberechtigte Person dem möglichen Organspender „in besonderer persönlicher Verbundenheit offenkundig" nahegestanden hat. Daß eine derartige Verbundenheit zwischen dem (ehemaligen) Betreuer und dem Spender bestanden haben kann, ist in Ausnahmefällen denkbar. Diese Beziehung muß aber über die Betreuungstätigkeit hinaus und die dadurch bedingte Nähe zustande gekommen sein; das Amt keine Rolle mehr gespielt haben (**aA** wohl DEINERT BtPrax 1998, 60, 63; zweifelnd ERMAN/ROTH Rn 20).

Organentnahme bei **lebenden Spendern** verlangt nach § 8 Abs 1 S 1 Nr 1 a) und b) TPG die Einwilligung einer in bestimmter Hinsicht aufgeklärten Person, die volljährig und einwilligungsfähig ist. Aus der Einzelbegründung des RegEntw des TPG zu dem damaligen § 7 (nunmehr § 8) geht hervor, daß die zum Zeitpunkt der Einwilligung einwilligungsfähige Person „insbesondere weder geistig noch seelisch behindert noch psychisch krank" sein darf (BT-Drucks 13/4355, 20). Eine **Stellvertretung** ist **nicht** vorgesehen. Andeutungen im RegEntw des BtG, die auf eine Zuständigkeit des Betreuers, wenn auch in seltenen Ausnahmefällen, deuten könnten (BT-Drucks 11/4528, 142), sind, was DEINERT (BtPrax 1998, 60, 62) übersieht, durch das TPG überholt, ganz abgesehen davon, daß sich die Frage nach einer Genehmigungsbedürftigkeit einer Betreuerentscheidung immer erst dann stellt, wenn sie in seinen Aufgabenkreis fällt. Langfristig gesehen kann einem Betreuer die Sache nicht als eine besorgungsbedürftige Angelegenheit übertragen werden (Erforderlichkeitsgrundsatz); eine kurzfristige Übertragung kommt wegen der Voraussetzungen des § 8 TPG nicht in Betracht (dies ist auch bei WALTER FamRZ 1998, 201, 203/204 übersehen; im Ergebnis aber gl Ansicht). Abl bereits nach bisherigem Recht AG Mölln FamRZ 1995, 188, 1232 = Recht der Lebenshilfe 1995, 27 (bestätigt durch LG Lübeck aaO).

e) **Wissenschaftliche Arzneimittelerprobung und klinische Prüfung von Medizinprodukten**

Eine spezielle betreuungsrechtliche Regelung haben diese Bereiche nicht erfahren. Der RegEntw des BtG hatte seinerzeit keine eigenen Bestimmungen zur wissenschaftlichen Erprobung von **Arzneimitteln** getroffen, sondern auf bestehende Sonderregelungen hingewiesen. Zu damaliger Zeit existierte bereits das Arzneimittelgesetz (AMG). In der Einzelbegründung zu § 1904 BGB-E verwies der RegEntw darauf und stellte fest, danach (§ 40 Abs 2 Nr 2 AMG) könne der Betreuer nicht für den Betreuten in die klinische Prüfung eines Arzneimittels einwilligen.

Nach der Bekanntmachung der Neufassung des Arzneimittelgesetzes vom 11. Dezember 1998 (BGBl I 3586) stellt sich die Rechtslage folgendermaßen dar: Nach § 40 AMG darf eine **klinische Prüfung** eines Arzneimittels bei volljährigen Menschen nur durchgeführt werden, wenn und solange die Person, bei der sie durchgeführt werden soll, ihre Einwilligung hierzu erteilt hat, nachdem sie durch einen Arzt über Wesen, Bedeutung und Tragweite der klinischen Prüfung aufgeklärt worden ist (§ 40 Abs 1 Nr 2 AMG). Diese Einwilligung ist nur wirksam, wenn die Person, die sie abgibt, geschäftsfähig und in der Lage ist, Wesen, Bedeutung und Tragweite der klinischen Prüfung einzusehen und ihren Willen hiernach zu bestimmen, und wenn sie die Einwilligung selbst und schriftlich erteilt hat. Die Einwilligung kann auch jederzeit widerrufen werden. Eine Ersetzung der Einwilligung eines Volljährigen ist nicht vorgesehen.

39 Davon zu unterscheiden ist der **Heilversuch** (§ 41 AMG), der auch bei einer Person durchgeführt werden darf, die geschäftsunfähig ist. Ist der Kranke (unabhängig von der Frage der Geschäftsfähigkeit) nicht fähig, Wesen, Bedeutung und Tragweite der klinischen Prüfung einzusehen und seinen Willen hiernach zu bestimmen, so genügt die Einwilligung seines gesetzlichen Vertreters (Nr 4). Diese ist allerdings nur wirksam, wenn der gesetzliche Vertreter hinreichend (näher Nr 5) aufgeklärt worden ist. Lebensrettende Maßnahmen können ggf auch ohne seine Einwilligung getroffen werden. Ist eine geschäftsunfähige Person in der Lage, Wesen, Bedeutung und Tragweite der klinischen Prüfung einzusehen und ihren Willen hiernach zu bestimmen, so bedarf die klinische Prüfung neben einer erforderlichen Einwilligung dieser Person der Einwilligung ihres gesetzlichen Vertreters (Nr 3). Die klinische Prüfung darf nur durchgeführt werden, wenn die Anwendung des zu prüfenden Arzneimittels nach den Erkenntnissen der medizinischen Wissenschaft angezeigt ist, um das Leben des Kranken zu retten, seine Gesundheit wiederherzustellen oder sein Leiden zu erleichtern (§ 41 Nr 1 AMG). Weitere Einzelheiten s § 41 AMG sowie den Beitrag von SOBOTA, in: FS Kriele, 367, 378 ff. Entgegen SOBOTA kann eine Beauftragung des Betreuers mit der Entscheidung über die Einwilligung in die klinische Prüfung nicht mit dem Argument abgelehnt werden, der Versuch käme auch der Allgemeinheit zugute. Die Betreuerbestellung findet nicht im ausschließlichen Interesse des Betroffenen statt. Widersprüchlich FREUND/HEUBEL, die einerseits feststellen, ein Einverständnis einer Betreuerperson übersteige deren Kompetenz (Fürsorge für den Betreuten), andererseits auf die klarstellende Funktion der Marburger Richtlinien (§ 2 Abs 4 weist auf die Genehmigungsbedürftigkeit nach § 1904 hin) aufmerksam machen (MedR 1997, 347, 350). Fehlt dem Betreuer die Befugnis zur Entscheidung, liegt eine genehmigungsfähige Entscheidung nicht vor.

40 Das Gesetz über **Medizinprodukte** (Medizinproduktegesetz – MPG) vom 2. 8. 1994 – BGBl I 1963 – (idF von 7. 8. 2002 [BGBl I 3146]), dessen Anwendungsbereich in § 2 näher beschrieben ist, sieht vor, daß die klinische Prüfung eines Medizinproduktes nur bei Menschen durchgeführt werden darf, wenn und solange die Person ihre Einwilligung erklärt hat, nachdem sie hinreichend aufgeklärt worden ist (näher dazu § 17 Abs 1 Nr 2 MPG). Während bei Minderjährigen die zusätzliche Einwilligung des gesetzlichen Vertreters erforderlich ist, kann die mangels Einwilligungsfähigkeit nicht erreichbare Einwilligung des Betroffenen nicht ersetzt werden. § 17 Abs 2 Nr 1 bestimmt ausdrücklich, daß eine Einwilligung nach Absatz 1 Nr 2 nur wirksam ist, wenn die Person, die sie abgibt, geschäftsfähig und in der Lage ist, Wesen, Bedeutung und Tragweite der klinischen Prüfung einzusehen und ihren Willen hiernach zu bestimmen. Auch das MPG sieht in besonderen Fällen (um das Leben des Kranken zu retten, seine Gesundheit wiederherzustellen oder sein Leiden zu erleichtern, § 18 Nr 1 MPG) die klinische Prüfung bei Personen vor, die geschäftsunfähig sind. Hier ist die Einwilligung des **gesetzlichen Vertreters** erforderlich. Daneben bedarf es auch der Einwilligung des Vertretenen, wenn er in der Lage ist, Wesen, Bedeutung und Tragweite der klinischen Prüfung einzusehen und seinen Willen hiernach zu bestimmen. Medizinprodukte sind Instrumente, Apparate, Vorrichtungen, Stoffe und Zubereitungen aus Stoffen oder anderen Gegenständen, die der Behandlung dienen sollen (JÜRGENS KritV 1998, 34).

Der Betreuer ist auf Grund seiner betreuungsrechtlichen Einbindung in der Abgabe der Einwilligung nicht völlig frei, ganz abgesehen davon, daß sein Aufgabenkreis eine Einwilligungserklärung erlauben muß. Im allgemeinen dürfte der Aufgabenkreis Gesundheitsfürsorge (oder spezifisch: Entscheidungen zwecks Behandlung der XY-Krankheit) ausreichen, um die Entscheidung zu treffen und das Produkt zur Behebung der betreffenden Krankheit usw einzusetzen. Der Betreuer hat sich nach dem Gebot des § 1901 Abs 2 mit seinen Entscheidungen am **Wohl des Betreuten** zu orientieren und etwaige Wünsche und Vorstellungen seines Betreuten zu berücksichtigen (TAUPITZ/FRÖHLICH VersR 1997, 911, 917). Liegen die Voraussetzungen des § 1904 Abs 1 vor, benötigt der Betreuer für seine Einwilligung grundsätzlich (Ausnahme: Abs 1 S 2) die Genehmigung des Vormundschaftsgerichts.

Zur Stellungnahme der Zentralen Ethikkommission „Zum Schutz nichteinwilligungsfähiger Personen in der medizinischen Forschung" TAUPITZ/FRÖHLICH VersR 1997, 911; im übrigen neben dem Spezialschrifttum HOLZHAUER NJW 1992, 2325; JÜRGENS KritV 1998, 34; HOFFMANN BtPrax 2004, 216. S auch die kleine Anfrage (BT-Drucks 13/9520) und die Antwort der Bundesregierung (BT-Drucks 13/9577) zum „Schutz einwilligungsunfähiger Menschen bei Forschungsvorhaben", bezogen auf das vom Europarat beschlossene „Menschenrechtsübereinkommen zur Biomedizin".

Die Erteilung einer (Vorsorge-)**Vollmacht** zwecks Vermeidung einer Betreuerbestellung ist in diesen Fällen **ungeeignet**. Als gesetzlicher Vertreter kann der Bevollmächtigte nicht auftreten; diesen Status kann der Vollmachtgeber ihm nicht verleihen. Eine durch das 2. BtÄndG eingefügte Änderung des § 51 ZPO (näher dazu unten Rn 64) beseitigt dieses Problem nicht. Soweit die Einwilligung des Betroffenen erforderlich ist, ist durch die Forderung des Gesetzes (§ 40 Abs 2 S 1 Nr 2 AMG, § 17 Abs 2 S 1 Nr 2 MPG), die Einwilligung müsse von der betreffenden Person selbst und schriftlich erteilt sein, gewillkürte Stellvertretung als ausgeschlossen anzusehen. **41**

f) Kastration
Unter Kastration ist die völlige Entfernung der Keimdrüsen oder die auf Dauer **42** angelegte Aufhebung ihrer Funktionsfähigkeit ohne ihre Entfernung zu verstehen. Maßgebend ist das Gesetz über die freiwillige Kastration und andere Behandlungsmethoden von 15. 8. 1969 (BGBl I 1143), geändert durch G von 23. 11. 1973 (BGBl I

1725). Ist die betreute Person nicht fähig, Grund und Bedeutung der Kastration einzusehen und ihren Willen hiernach zu bestimmen, kommt eine Einwilligung durch einen dafür entscheidungsbefugten Betreuer in Betracht. Der Betreuer benötigt für seine Einwilligung die Genehmigung des Vormundschaftsgerichts (§ 6 KastrG). Zu weiteren Voraussetzungen sowohl der Entscheidung des Betreuers als auch der Genehmigung des Vormundschaftsgerichts s d KastrG sowie LAUFS/UHLENBRUCK, Handbuch des Arztrechts (3. Aufl 2002, 1072 ff).

3. Schwerwiegende Folgen

43 Die vormundschaftsgerichtliche Genehmigung der Einwilligung des Betreuers in die beabsichtigte Maßnahme ist nur erforderlich, wenn die begründete Gefahr besteht, daß der Betreute auf Grund der Maßnahme stirbt oder einen schweren und länger dauernden gesundheitlichen Schaden erleidet.

Bei einer nachträglichen Prüfung und Würdigung der Umstände des Falles spräche gegen das Erfordernis der Genehmigung eine abstrakt nicht auszuschließende Gefahr des Eintritts schwerwiegender Folgen oder auch die fehlende Kausalität der Maßnahme für einen konkret eingetretenen Schaden. Die Feststellung der begründeten Gefahr hat sowohl allgemeine (objektive) Gefährlichkeit einer Maßnahme als auch das Maß der Folgen für den jeweiligen Betreuten zu berücksichtigen. Geht es um die Durchführung einer Maßnahme, die an und für sich ein hohes Risiko für den Patienten bedeutet, benötigt der Betreuer die vormundschaftsgerichtliche Genehmigung schon deshalb, weil die begründete Gefahr allgemein besteht, wenngleich es ärztlicherseits verantwortet werden kann, bei Abwägung aller für und wider die Maßnahme sprechender Umstände ein so hohes Risiko einzugehen. Zum Grad und zu der Nähe der Gefahr WIEBACH/KREYSSIG/PETERS/WÄCHTER/WINTERSTEIN BtPrax 1997, 48, 49.

44 Ist die beabsichtigte Maßnahme im allgemeinen nicht gefährlich, kann sie bei dem einzelnen Betreuten jedoch zu schwerwiegenden Folgen iSd § 1904 Abs 1 S 1 führen, so braucht der Betreuer die Genehmigung des Vormundschaftsgerichts. Zu den Maßnahmen, bei denen eine ernste Lebensgefahr für den Betreuten zu befürchten ist, zählen nach der amtl Begr (BT-Drucks 11/4528, 140) vor allem Risikooperationen, die an herzkranken oder aus sonstigen Gründen durch die Operation besonders gefährdeten Patienten vorgenommen werden. Das Genehmigungsbedürfnis besteht auch, wenn zu befürchten ist, daß der Betreute einen schweren und länger dauernden gesundheitlichen Schaden erleidet. Beides muß zusammenkommen (BT-Drucks 11/4528, 140). Ist der gesundheitliche Schaden lediglich schwer, aber nicht länger dauernd, oder wird er länger andauern, aber nicht schwer sein, benötigt der Betreuer für seine Einwilligung in die Maßnahme nicht die gerichtliche Genehmigung.

Die in der Aufzählung des § 224 StGB enthaltenen Wertungen sollen bei der Auslegung des § 1904 herangezogen werden können (BT-Drucks 11/4528, 140). Danach liegen schwere gesundheitliche Beeinträchtigungen vor, wenn jemand ein wichtiges Glied des Körpers, das Sehvermögen auf einem oder beiden Augen, das Gehör, die Sprache oder die Zeugungsfähigkeit verliert oder in erheblicher Weise dauernd entstellt wird oder in Siechtum, Lähmung oder Geisteskrankheit verfällt. Diese Aufzählung an Beispielen enthält allerdings schwerwiegende Beeinträchtigungen bzw Schäden, die zugleich auch dauerhaft sind. Als konkrete Folgen bestimmter Untersuchungen werden bei SCHREIBER (FamRZ 1991, 1014, 1015) Nierenbeckenentzündung, die zum Tode führen kann, völlige Gelenksteife, Herzarrhythmien, bleibende Schäden bei Liquorentnahme genannt. Als schwere gesundheitliche Schäden können auch schwere nachteilige Nebenwirkungen von Medikamenten angesehen werden (BT-Drucks 11/4528, 140).

Ob der Betreute durch die Maßnahme einen länger dauernden gesundheitlichen **45** Schaden erleidet, soll sich nicht ohne den Blick auf die Art des Schadens beantworten lassen (BT-Drucks 11/4528, 141). Im Regelfall soll nach der amtl Begr (BT-Drucks 11/4528, 141) bei einer Dauer von einem Jahr oder mehr ein länger dauernder Schaden vorliegen. In solchen Fällen, die unterhalb dieser Grenze liegen, ist die Genehmigung des Vormundschaftsgerichts nicht erforderlich; es entscheidet der Betreuer allein. Das LG Hamburg, das zunächst eine Elektrokrampfbehandlung (elektrokonvulsive Therapie) im Hinblick auf den Eintritt von Erinnerungsstörungen, die die Persönlichkeit uU auf das schwerste beeinflussen und sich erst nach dem Ablauf von sechs Monaten zurückgebildet haben können, für eine derart einschneidende Beeinträchtigung angesehen hatte, daß es bereits bei einer Dauer von mehr als sechs Monaten die Einschaltung des Vormundschaftsgerichts für angezeigt hielt (FamRZ 1994, 1204 m Anm RICHTER; abl SCHREIEDER BtE 1994/95, 113, 114), hat seine Auffassung dahingehend modifiziert, daß generell nur die bilateral durchgeführte Maßnahme genehmigungsbedürftig ist, die unilateral durchgeführte nicht ohne weiteres (NJW-FER 1998, 203; s auch oben Rn 32 aE).

IV. Die vormundschaftsgerichtliche Genehmigung

1. Rechtsnatur der Genehmigung

Ebenso wie die Einwilligung des Patienten Rechtmäßigkeitsvoraussetzung einer **46** Untersuchung, einer Heilbehandlung oder eines ärztlichen Eingriffs ist, nimmt die Einwilligung des Betreuers, der anstelle des einwilligungsunfähigen Betreuten handelt, der medizinischen Maßnahme den Charakter eines rechtswidrigen Eingriffs. Das BtG hat bewußt stellvertretendes Handeln des gesetzlichen Vertreters für einen einwilligungsunfähigen Betreuten eingeführt, um diesen Personenkreis von solchen Maßnahmen, wie sie in § 1904 genannt sind, nicht auszuschließen (BT-Drucks 11/4528, 72). **Stirbt der Betreuer** (oder der Bevollmächtigte, s dazu Rn 59 ff), nachdem er seine Absicht zu entscheiden dem Gericht zwecks Genehmigung mitgeteilt hat, liegt es hier wie im Falle der Unterbringung (s § 1906 Rn 51).

Der Charakter der vormundschaftsgerichtlichen Genehmigung der Einwilligungser- **47** klärung ist umstritten. Während DAMRAU/ZIMMERMANN Rn 2 sowie MünchKomm/ SCHWAB Rn 41 (gl Ans FROST 149; ebenfalls RINK, in: HK-BUR § 1904 Rn 29; wohl auch KERN MedR 1993, 245, 248) die Rechtmäßigkeit ärztlichen Handelns von dem Vorliegen auch der vormundschaftsgerichtlichen Genehmigung der Einwilligungserklärung abhängig machen wollen, qualifizieren BIENWALD, BtR Rn 27, sowie KEIDEL/ENGELHARDT § 55 FGG Rn 5 die vormundschaftsgerichtliche Genehmigung als reine „Innengenehmigung", deren Fehlen keine Auswirkung auf die Rechtmäßigkeit der durchgeführten Maßnahme hat, wenn sonst keine Mängel vorliegen (differenzierend und zum Meinungsstand ERMAN/ROTH Rn 25). Fehlt die vormundschaftsgerichtliche Genehmigung, betrifft dies allein den Betreuer, der dann pflichtwidrig gehandelt hat, sofern es sich nicht um die in Abs 1 S 2 beschriebene Ausnahmesituation handelt. Für sie ist zwar die Genehmigung des Vormundschaftsgerichts, nicht aber die Einwilligung des Betreuers entbehrlich, es sei denn, daß es sich um einen Notfall handelt, in dem der tätige Arzt als „Geschäftsführer ohne Auftrag" handeln würde, wenn auch der Betreuer nicht erreichbar ist.

48 Ob eine Untersuchung des Gesundheitszustandes, eine Heilbehandlung oder ein ärztlicher Eingriff genehmigungsbedürftig ist, kann im Einzelfall für den Betreuer schwierig zu beurteilen sein. Der Betreuer wird dann zwar die Beratung des Gerichts (§ 1837 Abs 1 S 1 iVm § 1908i Abs 1 S 1) in Anspruch nehmen können, worauf der RegEntw hinweist (BT-Drucks 11/4528, 141). Fraglich ist jedoch, ob dies den Betreuer im Haftungsfalle entlasten kann. Würde der Richter die Genehmigungsbedürftigkeit irrtümlich verneinen (uU würde ein Sachverständiger in dem Rechtsmittelverfahren die Folgenschwere des Eingriffs bestätigen), müßte der Betreuer jegliche Zweifel an der Auskunft unterdrücken, um nicht in einem späteren Schadensersatzprozeß dem Vorwurf der Fahrlässigkeit ausgesetzt zu sein. Der Hinweis des Richters auf die Genehmigungsbedürftigkeit könnte dazu beitragen, die Gefahrensituation zu verkennen, so daß ein Handeln nach Abs 1 S 2 zum Schaden des Betreuten unterbleibt. Durch eine Genehmigung des Vormundschaftsgerichts wird der Betreuer einer selbständigen Prüfungspflicht nicht enthoben (für eine vertragsrechtliche Angelegenheit entschieden von BGH FamRZ 2003, 1924, 1925 mwN).

2. Entscheidungsmaßstäbe

49 Mit der Genehmigungsbedürftigkeit von Betreuerentscheidungen im Bereich riskanter ärztlich-therapeutischer Maßnahmen reagierte das BtG auf das kritisierte Regelungsdefizit im bisherigen Recht (BT-Drucks 11/4528, 50). Die Beteiligung des Vormundschaftsgerichts soll dem Schutz des Betreuten dienen und die Entscheidungsmacht des Betreuers kontrollieren. Infolgedessen hat das Vormundschaftsgericht in der Sache keine weitergehende Entscheidungsbefugnis als der Betreuer (so auch KERN NJW 1994, 753, 759 Fn 73). Dessen betreuungsrechtliche Handlungsmaxime bildet die Grenze auch für die vormundschaftsgerichtliche Genehmigung. Dementsprechend hat das Gericht seine Genehmigung der beabsichtigten Maßnahme am Wohl des Betreuten (§ 1901 Abs 2 S 1) auszurichten und in gleichem Maße wie der Betreuer die Wünsche des Betreuten zu beachten (§ 1901 Abs 3 S 1 und 2).

50 Obgleich es naheliegt, Vergleiche mit dem Entscheidungsverhalten einer angenommenen verständigen Person in entsprechender Situation anzustellen, darf nicht übersehen werden, daß es sich insbesondere infolge der Einwilligungsunfähigkeit des Betreuten (uU auch nicht vorhandener Verständigungsmöglichkeit im natürlichen, alltäglichen Sinne) um eine besondere Situation handelt. Da das Ziel ärztlichen Handelns die Besserung, zumindest aber die Verhinderung einer Verschlechterung des Befindens des Patienten ist und auch das Interesse des Patienten ganz überwiegend darauf ausgerichtet sein wird, hat das Gericht zu prüfen, ob bei der vom Betreuer beabsichtigten Maßnahme nach Abwägen aller für und gegen die Durchführung der Maßnahme sprechenden Umstände erwartet werden kann, daß sich das Befinden des Betreuten deutlich bessert, die Verschlechterung seines Zustands zum Stillstand gebracht oder doch in einem für den Patienten spürbaren und erträglichen

Maße verlangsamt werden kann. Dabei ist zu berücksichtigen, daß dem Betreuer für seine Entscheidung im Rahmen unterschiedlicher ärztlicher Prognosen und Bewertungen ein gewisses Ermessen eingeräumt werden muß, das vom Gericht bis an die Grenze des Ermessensfehlgebrauchs (oder Nichtgebrauchs) zu repektieren ist.

3. Verfahren

Die Erteilung oder Ablehnung der nach § 1904 erforderlichen vormundschaftsgerichtlichen Genehmigung ist eine Verrichtung, die die Betreuung betrifft (§ 65 Abs 1 FGG). Besonderheiten für das Verfahren enthält § 69d Abs 1 S 3, 4 und Abs 2 FGG: Vor einer Entscheidung nach § 1904 hat das Gericht den Betreuten persönlich anzuhören. Die persönliche Anhörung kann unterbleiben, wenn hiervon erhebliche Nachteile für die Gesundheit des Betreuten zu besorgen sind oder der Betreute offensichtlich nicht in der Lage ist, seinen Willen kundzutun. Die persönliche Anhörung des Betreuten ist danach unabhängig von dem voraussichtlichen Ergebnis nach § 1904. Vor der Entscheidung über die Genehmigung der Einwilligung eines Betreuers in eine Untersuchung des Gesundheitszustandes, eine Heilbehandlung oder einen ärztlichen Eingriff oder deren Verweigerung hat das Gericht das Gutachten eines Sachverständigen einzuholen. Sachverständiger und ausführender Arzt sollen in der Regel nicht personengleich sein (§ 69d Abs 2 S 1 und S 2 FGG). Dies betrifft alle drei in § 1904 genannten Verrichtungen und kommt nicht nur bei Ärzten zum Tragen, wenn die Heilbehandlung auch durch eine nichtärztliche Person durchgeführt werden darf und soll. **51**

Die Qualifikation des Sachverständigen richtet sich nach der Art der vorzunehmenden Maßnahme. Hinzu kommt, daß sich das Gutachten nicht nur auf die Erforderlichkeit der beabsichtigten Maßnahme und deren Konsequenzen beschränken darf, sondern auch auf die Einwilligungsfähigkeit des Betreuten erstrecken muß. Ist es fraglich, ob sich der zu der Maßnahme gehörte Sachverständige zur Frage der Einwilligungsfähigkeit äußern kann, muß das Gericht im Rahmen seiner Ermittlungspflicht (§ 12 FGG) ein weiteres Gutachten einholen (BT-Drucks 11/4528, 176; KEIDEL/KAYSER § 69d FGG Rn 6).

In der Regel hat das Gericht dem Ehegatten des Betreuten, seinem Lebenspartner, seinen Eltern, Pflegeeltern und Kindern Gelegenheit zur Äußerung zu geben, es sei denn, der Betreute widerspricht mit erheblichen Gründen (§ 68a S 3 iVm § 69d Abs 2 S 3 FGG). Auf Verlangen des Betreuten ist einer ihm nahestehenden Person und den in § 68a S 3 FGG genannten Personen Gelegenheit zur Äußerung zu geben, wenn dies ohne erhebliche Verzögerung möglich ist (§ 68a S 4 iVm § 69d Abs 2 S 3 FGG). **52**

Das Verfahren richtet sich im übrigen nach den allgemeinen Verfahrensbestimmungen, soweit diese nicht auf bestimmte Verfahrensgegenstände beschränkt sind (ebenso MünchKomm/SCHWAB Rn 44). Der Betreute ist/gilt als verfahrensfähig (§ 66 FGG; MünchKomm/SCHWAB Rn 44; SOERGEL/ZIMMERMANN Rn 55). Unter den Voraussetzungen des § 67 FGG ist ihm ein Verfahrenspfleger zu bestellen. Die Entscheidung ist dem Betreuten selbst bekanntzumachen (§ 69a Abs 1 FGG); sie wird mit der Bekanntgabe an den Betreuer wirksam (§ 69a Abs 3 S 1 FGG). Ist Gefahr im Verzug, so kann das VormG die sofortige Wirksamkeit anordnen (§ 69a Abs 3 S 2 FGG). Zur Wirksamkeit der Entscheidung in diesem Falle s § 69a Abs 3 S 3 FGG. Hatte das Gericht der zuständigen Behörde Gelegenheit zur Äußerung gegeben, ist die Entscheidung auch ihr bekanntzugeben. Funktional zuständig ist der Richter (§ 14 Abs 1 Nr 4 RPflG). Für die örtliche Zuständigkeit kommt es darauf an, ob für den Betroffenen bereits ein Betreuer bestellt worden ist. Ist das der Fall, was die Regel sein wird, ist das Gericht zuständig, bei dem die Betreuungssache geführt wird (§ 65 Abs 4 FGG). Sollte das Vormundschaftsgericht bereits mit der Betreuerbestellung die zu erwartende Einwilligung des Betreuers in eine der in § 1904 genannten Maßnahmen vormundschaftsgerichtlich genehmigen wollen, entscheidet das in der Betreuungssache zuständige Gericht (§ 65 Abs 1 FGG). Zur Anwendung des § 1846 s § 1908i Rn 206 ff.

53 Die Entscheidung, durch die das Gericht die Einwilligung des Betreuers vormundschaftsgerichtlich genehmigt, und die Ablehnung der beantragten Genehmigung unterliegen der (einfachen) Beschwerde. Beschwerdebefugt sind der Betreute (§ 20 FGG) und der Betreuer. Dieser kann die Beschwerde in eigenem Namen und im Namen des Betreuten einlegen (§ 69g Abs 2 FGG). Ist der Betreute untergebracht, kann er die Beschwerde auch bei dem Amtsgericht einlegen, in dessen Bezirk er untergebracht ist (§ 69g Abs 3 FGG). Dritte (zB der behandelnde Arzt oder der Sachverständige) haben kein Beschwerderecht; § 57 Abs 1 Nr 9 FGG ist auf Betreuungssachen nicht anwendbar (ebenso MünchKomm/SCHWAB Rn 44).

54 Muß der Aufgabenkreis des bereits bestellten Betreuers um die Angelegenheiten erweitert werden, die durch § 1904 erfaßt werden, handelt es sich nicht um unwesentliche Erweiterungen (vgl für das Verfahren § 69i Abs 1 S 3 FGG). Es gilt deshalb die allgemeine Regelung (§ 69i Abs 1 S 1 FGG), daß für die Erweiterung des Aufgabenkreises des Betreuers die Vorschriften über die (Erst-)Bestellung eines Betreuers maßgebend sind. Liegen Verfahrenshandlungen nach § 68 Abs 1 und § 68b FGG nicht länger als sechs Monate zurück, kann auch in diesem Verfahren von ihrer erneuten Vornahme nach Maßgabe des Abs 1 S 2 abgesehen werden (§ 69i Abs 1 S 2 FGG).

V. Die Entbehrlichkeit der vormundschaftsgerichtlichen Genehmigung (Abs 1 S 2)

1. Grundsätzliches

55 Ohne die vormundschaftsgerichtliche Genehmigung, dh auch nach deren Beantragung, aber vor ihrer Erteilung, darf die Maßnahme nur durchgeführt werden, wenn mit dem Aufschub Gefahr verbunden ist. Satz 2 macht damit die vormundschaftsgerichtliche Genehmigung der Betreuerentscheidung entbehrlich, nicht aber die Entscheidung des Betreuers. Handelt es sich um einen ärztlichen Notfall, dann – allerdings unabhängig von eventuellen Risiken der in § 1904 beschriebenen Art – bedarf es auch nicht der Einwilligung des einwilligungszuständigen Betreuers (so auch ERMAN/ROTH Rn 30). Ärztliche Notfallsituationen sind nicht mit denen des S 2 identisch (so aber KERN MedR 1993, 245, 249). Angesichts der voraussichtlichen Dauer des Genehmigungsverfahrens kann auf die Genehmigung des Vormundschaftsgerichts nicht erst dann verzichtet werden, wenn es „auf jede Minute ankommt" (KERN MedR 1993, 245, 249).

Anders als in § 1906 Abs 2 oder in § 1631b S 2 ist die **nachträgliche Genehmigung** des 56
Vormundschaftsgerichts **nicht vorgesehen**. Im Hinblick auf die andauernde Freiheitsentziehung ist die nach dem Beginn dieser Maßnahme eingeholte gerichtliche Genehmigung sinnvoll. Sind Maßnahmen nach § 1904 abgeschlossen, kann eine nachträgliche Genehmigung des Vormundschaftsgerichts daran nichts ändern (BT-Drucks 11/4528, 141).

Ob die Voraussetzungen des Abs 1 S 2 vorgelegen haben, ob andernfalls die vormundschaftsgerichtliche Genehmigung einzuholen gewesen wäre, muß erforderlichenfalls in einem Folgeverfahren geklärt werden, das Aufsichtsmaßnahmen (vorsorgliche Gebote oder Verbote, § 1837 Abs 2; nachträgliche Bemerkungen aus Anlaß des Berichts nach § 1840 oder der Rechnungslegung, jeweils iVm § 1908i Abs 1 S 1), die Entlassung des Betreuers (§ 1908b Abs 1) oder einen Schadensersatzanspruch zum Gegenstand hat (Beispiele zT aus BT-Drucks 11/4528, 141).

Da die nachträgliche Genehmigung nicht etwa nur entbehrlich, sondern nicht vorgesehen ist, kann ein entsprechender Antrag verfahrensmäßig nur als unzulässig (und nicht als unbegründet) behandelt werden (so auch MünchKomm/Schwab Rn 47). Es entfällt auch die Möglichkeit, dem Betreuer ein Negativattest auszustellen.

2. Voraussetzungen der Entbehrlichkeit

Ohne die Genehmigung des Vormundschaftsgerichts darf die Maßnahme nur durch- 57
geführt werden, wenn mit dem Aufschub Gefahr verbunden ist (Abs 1 S 2). Die hier gemeinte Gefahr entspricht nicht der des Abs 1 S 1. Obwohl dem Wortlaut des § 69f FGG (einstw Anordnungen) entsprechend, ist sie in § 1904 Abs 1 S 2 auf einen anderen Gegenstand gerichtet. Handelt es sich dort darum, daß mit dem Aufschub einer Betreuerbestellung oder der Anordnung eines Einwilligungsvorbehalts Gefahr verbunden sein muß, geht es hier um den Aufschub medizinischer Maßnahmen. Eine Gefahr, der durch den Heileingriff begegnet werden soll, reicht nicht hin. Damit würde jede ärztlicherseits für erforderlich gehaltene Maßnahme ohne vormundschaftsgerichtliche Genehmigung möglich sein, die sich gegen die Erkrankung richtet. Heileingriff und Gefahrenabwehr wären identisch. Hinzu kommt, daß nach dem Wortlaut der Vorschrift auch eine ärztliche Untersuchung keinen Aufschub dulden und ohne Abwarten der vormundschaftsgerichtlichen Genehmigung erforderlich sein muß.

„Gefahr" kann deshalb in diesem Zusammenhang nur bedeuten, daß eine erhebliche 58
gesundheitliche Beeinträchtigung, die über den Anlaß ärztlicher Bemühungen hinausgeht, ein Handeln ohne Aufschub – allerdings mit Einwilligung des Betreuers, denn auf dessen Einwilligung wird hier nicht verzichtet – erfordert. Wäre das Erfolgsrisiko eines Heileingriffs bei Aufschub der Maßnahme erheblich geringer, käme bei einer aufgeschobenen Diagnose ein Eingriff oder eine sonstige therapeutische Maßnahme zu spät oder werden Heilungschancen erheblich verschlechtert, so ist ein Handeln ohne vormundschaftsgerichtliche Genehmigung geboten. In diesem Sinne handelt es sich (mit Schwab FamRZ 1990, 681, 686) um eine Gefahr für Leib und Leben, der durch ein rechtzeitiges Handeln begegnet werden kann (Bienwald, BtR Rn 26 unter Berufung auf Schwab FamRZ 1990, 681, 686; Kern MedR 1993, 245, 249; MünchKomm/Schwab Rn 46 mwN; Soergel/Zimmermann Rn 48).

VI. Die Anwendung der Vorschrift in Fällen der Bevollmächtigung (Abs 2)

1. Entstehung des Abs 2

59 Abs 2 wurde durch Art 1 Nr 14 BtÄndG angefügt. In der Zielsetzung des RegEntw des BtÄndG heißt es dazu, im materiellen Betreuungsrecht solle der Schutz des Betroffenen bei Erteilung einer Vorsorgevollmacht verbessert und damit dieses Rechtsinstitut als Alternative zur Betreuung gestärkt werden (BT-Drucks 13/7158, 1). Erst die Einzelbegründung der Ergänzungen der §§ 1904 und 1906, dessen neuer Abs 5 dem § 1904 Abs 2 entspricht, räumt ein, daß zunächst der Weg geebnet werden mußte, die Bevollmächtigung auch im Bereich von ärztlicher Heilbehandlung und Unterbringung einzusetzen. Bisher wurde überwiegend abgelehnt, daß der Bevollmächtigte aufgrund entsprechender rechtsgeschäftlich erteilter Vollmacht in eine ärztliche Heilbehandlung des Vollmachtgebers einwilligen oder auch dessen Unterbringung verfügen darf (BT-Drucks 13/7158, 34 m Diskussion der jüngeren Entscheidungen).

2. Bedeutung und Reichweite des Abs 2

60 Die Regelungen des § 1904 Abs 2 und des § 1906 Abs 5 betreffen zwar nur eng begrenzte Sachverhalte; die Absicht des Gesetzgebers und die Tatsache, daß sogar lebensgefährliche gesundheitliche Angelegenheiten und die Entscheidung über die freiheitsentziehende Unterbringung einem anderen anvertraut werden dürfen, lassen darauf schließen, daß damit grundsätzlich die Bevollmächtigung für Angelegenheiten der Personensorge geöffnet wurde. Mit der Regelung sollte die praktische Bedeutung der Vorsorgevollmacht und damit zugleich die Fähigkeit des Betroffenen, in voller geistiger Klarheit über sein künftiges Wohl und Wehe zu entscheiden, gestärkt werden; außerdem sollte sichergestellt werden, daß Vorsorgevollmachten in höchstpersönlichen Angelegenheiten nicht voreilig erteilt und daß einschneidende Maßnahmen des Bevollmächtigten vom Vormundschaftsgericht kontrolliert werden (BT-Drucks 13/7158, 34). Zur Frage, ob die Erteilung von Untervollmacht zulässig ist, unten § 1906 Rn 54.

Kommt, wie der BGH (FamRZ 2003, 748, 752) feststellte, als Rechtsgrundlage der vormundschaftsgerichtlichen Genehmigung eines zum Tode führenden **Ernährungsabbruchs** § 1904 Abs 1 nicht in Betracht, kann jedenfalls insoweit nichts anderes gelten, wenn der Vollmachtgeber eine **Bevollmächtigung** entsprechenden Inhalts vorgenommen hat. Aus diesem Grunde können auch die in § 1904 Abs 2 an die Vollmacht gestellten Anforderungen nicht gelten; vielmehr ist nach allgemeinen Kriterien zu bestimmen, ob Art und Umfang der Vertretungsmacht des Bevollmächtigten und seiner Entscheidungsbefugnis hinreichend bestimmt sind.

61 Obgleich seinerzeit als ein Unterfall des § 1904 verstanden, wird die Sterilisationsbestimmung des § 1905 von der Öffnung der **Vorsorgevollmacht nicht** erfaßt. Über eine **Sterilisation** kann also auch weiterhin nur die/der Volljährige selbst oder, wenn die Voraussetzungen des § 1905 vorliegen, ein dafür bestellter besonderer Betreuer (§ 1899 Abs 2) entscheiden. Dagegen ist mangels spezieller Regelung oder eines Ausschlusses dieser Möglichkeit ein Schwangerschaftsabbruch aufgrund vom Bevollmächtigten erteilter Einwilligung zulässig, sofern die Betroffene dazu selbst nicht in der Lage ist (Einwilligungsunfähigkeit).

Für die eine Betreuerbestellung ersetzende Bevollmächtigung gilt der durch Art 1 **62**
Nr 11 BtÄndG ergänzte § 1896 Abs 2 S 2. Die beabsichtigte Wirkung tritt danach
nur ein, wenn die Vollmacht nicht einer Person erteilt worden ist, die – in dem
Zeitpunkt, in dem es auf die Bevollmächtigung ankommt – zu den in § 1897 Abs 3
bezeichneten Personen gehört. Nach der Vorstellung des BtÄndG soll zwar damit
die Bevollmächtigung nicht unwirksam sein, sondern das Vormundschaftsgericht zu
prüfen haben, inwieweit dennoch eine Betreuerbestellung entbehrlich ist. Zumindest
erhält durch die Ungewißheit, ob der Bevollmächtigte eines Tages entscheidungs-
befugt sein werde, die Vorsorgevollmacht ein nicht unerhebliches Element der Unsicherheit.

Sind § 1904 Abs 2 und § 1906 Abs 5 als besonders ausgestaltete Fälle des allgemei- **63**
nen Grundsatzes zu verstehen, daß nunmehr auch Angelegenheiten der Personensorge Gegenstand einer Bevollmächtigung sein können, unterstehen diese Angelegenheiten solange nicht der vormundschaftsgerichtlichen Kontrolle, als sie nicht den
Vorschriften der §§ 1904 Abs 2 und 1906 Abs 5 unterliegen. Damit genügt eine
Vollmacht – ohne Einhaltung einer bestimmten Form –, um über die Behandlung
des Vollmachtgebers zu entscheiden. Während allerdings § 1906 Abs 1 gleichartige
Maßnahmen milderer Qualität als die freiheitsentziehende Unterbringung nicht
kennt, sind einer Bevollmächtigung im Bereich von Gesundheitsfürsorge alle denkbaren Maßnahmen (Untersuchungen, Behandlungen, Eingriffe) zugänglich, soweit
nicht die begründete Gefahr besteht, daß der Vollmachtgeber aufgrund der Maßnahmen stirbt oder einen schweren und länger dauernden gesundheitlichen Schaden
erleidet (Abs 1). Erst dann hat der Bevollmächtigte die Genehmigung des Vormundschaftsgerichts einzuholen, vorausgesetzt, daß die Vollmacht inhaltlich und förmlich
ausreicht.

Soweit die Einwilligung des Vollmachtgebers in spezialgesetzlich geregelte Maß- **64**
nahmen (Organspende, Arzneimittelerprobung, Medizinprodukte-Erprobung) einbezogen werden soll und im Falle eigener Einwilligungsunfähigkeit die Einwilligung
des gesetzlichen Vertreters erforderlich wird, kommt hierfür der Bevollmächtigte
nicht in Betracht. Mit Hilfe einer noch so umfassend gestalteten Vollmacht (uneingeschränkte Generalvollmacht) kann dem Bevollmächtigten **nicht** der Status eines
gesetzlichen Vertreters vermittelt werden. Ggf ist in solchen Fällen die Bestellung
eines Betreuers, der innerhalb des ihm zugewiesenen Aufgabenkreises den Betreuten gesetzlich vertritt (§ 1902), unerläßlich. Die Ergänzung des § 51 ZPO um den
Abs 3 durch Art 4 2. BtÄndG führt weder allgemein noch für den Zivilprozeß (und
die darauf bezogenen Prozeßordnungen) dazu, daß der Bevollmächtigte die Stellung
eines gesetzlichen Vertreters erhält (zur anderslautenden Regelungsabsicht des Entwurfs vgl
BT-Drucks 15/2494, 9, 39, 48 sowie SONNENFELD FamRZ 2005, 941, 945).

Ebenso wie der Betreuer ist der Bevollmächtigte erst dann für die Entscheidung **65**
über eine der von § 1904 Abs 1 erfaßten Maßnahmen zuständig, wenn der Vollmachtgeber selbst nicht (mehr) imstande ist, seine Einwilligung zu erteilen, weil er
entweder zu jeglicher Meinungsbildung oder Meinungsäußerung außerstande ist
oder als nicht einwilligungsfähig gelten kann. Eine Bevollmächtigung mit der Maßgabe, daß der Bevollmächtigte auch dann stellvertretend für den Vollmachtgeber
entscheiden darf/soll, wenn dieser selbst entscheidungsfähig ist, dürfte als sitten-
widrig zu qualifizieren sein. Bestehen Zweifel an der Einwilligungsfähigkeit des

Patienten (Vollmachtgebers), kommt es, weil nur die Einwilligung einer einwilligungsfähigen Person den Arzt entlasten kann und entlastet, auf die Entscheidung des Bevollmächtigten an.

66 § 1904 regelt nicht den Fall des Unterlassens bestimmter notwendiger, aber auch riskanter und folgenschwerer Maßnahmen, als dessen Folge Tod oder schwerer oder länger dauernder gesundheitlicher Schaden eintritt oder eintreten könnte. Allerdings würde das Unterlassen einer nicht medizinischen Maßnahme (Versorgung mit Nahrung) ebenso diese Folgen haben können. Bei genauer Betrachtung könnten die Normen des Strafrechts für den Betreuten einen ausreichenden Schutz darstellen und den Betreuer veranlassen, sich ausreichend beraten zu lassen. Ebensowenig kann sich der neue Abs 2 auf das Unterlassen solcher Maßnahmen durch den Bevollmächtigten erstrecken.

3. Voraussetzungen seiner Anwendung

a) Wirksame Vollmachterteilung im allgemeinen

67 Wie bisher erfordert die Bevollmächtigung die **Geschäftsfähigkeit** des Vollmachtgebers im Zeitpunkt der Erteilung der Vollmacht (MünchKomm/SCHWAB Rn 57). Werden jeweils Teilbereiche zur Entscheidung einem Vertreter übertragen, kommt es für die Frage der Wirksamkeit auf die jeweiligen Zeitpunkte an, in denen Vollmacht für bestimmte Angelegenheiten erteilt worden ist. Die Vollmacht kann als General- oder als Spezialvollmacht ausgestaltet sein, je nachdem, welche Angelegenheiten von ihr erfaßt sein sollen.

68 Da die Vollmacht Angelegenheiten der Gesundheitssorge enthält und für die Entscheidung über eine Maßnahme der Gesundheitssorge, etwa einen ärztlichen Eingriff, die **Einwilligungsfähigkeit** des Patienten maßgebend ist, muß der Vollmachtgeber im Zeitpunkt der Vollmachterteilung auch hinsichtlich der Übertragung der Entscheidungsbefugnis in den betreffenden Angelegenheiten der Gesundheitssorge zur Entscheidung fähig gewesen sein (MünchKomm/SCHWAB Rn 58). Ebensowenig, wie Geschäftsfähigkeit und Einwilligungsfähigkeit im Falle der Betreuerbestellung identisch sind und eins das andere umschließt, kann der Gesichtspunkt der Einwilligungsfähigkeit für die Frage wirksamer Vollmachterteilung im Bereich von Gesundheitssorge außer acht gelassen werden. Die Auffassung von WALTER (Die Vorsorgevollmacht 231), daß beim Abstellen auf die Einwilligungsfähigkeit des Vollmachtgebers die Wirksamkeitsvoraussetzungen für die Vollmacht (Geschäftsfähigkeit des Vollmachtgebers) „heruntergefahren" werden, übersieht, daß *sowohl* die Geschäftsfähigkeit *als auch* im Bereich der einwilligungsbedürftigen Eingriffe und sonstigen Maßnahmen die Einwilligungsfähigkeit Voraussetzung für die Übertragung entsprechender Befugnisse auf den Vertreter ist (so bereits FamRefK/BIENWALD § 1904 Rn 10).

b) Die Einhaltung der spezifischen Voraussetzungen des Abs 2

69 Abs 1 gilt für die Einwilligung eines Bevollmächtigten nur, wenn die Vollmacht schriftlich erteilt ist und die in Abs 1 S 1 genannten Maßnahmen ausdrücklich umfaßt. Obwohl einfache Schriftform genügen würde (§ 126), wird in aller Regel die notarielle Vollmacht die in jeder Hinsicht geeignete Art der Bevollmächtigung sein, weil diese Form auch anderen Vorschriften genügt und sowohl eine Belehrung des Vollmachtgebers (§ 17 BeurkG) vorgesehen ist als auch eine Prüfung seiner Geschäftsfähigkeit zu erfolgen hat (§ 11 BeurkG). Auch kann mit ihr eine größere Akzeptanz insbesondere gegenüber Banken und Behörden erreicht werden (Limmer ZNotP 1998, 322, 323).

Die Maßnahmen werden ausdrücklich umfaßt, wenn sie im Text der Vollmacht dem Wortlaut der Vorschrift entsprechend erfaßt sind. Die Wiedergabe der Nummer und des Absatzes des Paragraphen reicht nicht, weil dadurch die Maßnahme nicht ausdrücklich genannt wird. Zumindest läßt sich nicht ausschließen, daß nicht alle der mehreren Arten von Maßnahmen von der Vollmacht erfaßt sein sollen. Eine über den Text des Abs 1 S 1 hinausgehende Differenzierung der Maßnahmearten ist nicht verlangt und wohl auch kaum möglich, weil die im konkreten Fall notwendige und mögliche Maßnahme nicht genau bestimmbar sein dürfte. Die Aufführung der von der Vollmacht erfaßten Maßnahmen dem Wortlaut des Abs 1 S 1 entsprechend ist auch deshalb zu empfehlen, weil dadurch den Beteiligten die Bedeutung der Vollmacht vor Augen geführt wird (vgl das Textbeispiel bei MünchKomm/Schwab Rn 61). Zu bedenken ist immer, daß Unklarheiten oder Ungenauigkeiten von Textfassungen zu Lasten des Vollmachtgebers gehen, weil der Rechtsverkehr sich auf eine wirksame Bevollmächtigung verlassen können muß,

Für die Einwilligung des Bevollmächtigten ist es erforderlich, daß beiden Voraussetzungen genügt ist. Weder die Schriftform allein noch die Benennung der Maßnahmen in mündlicher Form reichen als Grundlage der Einwilligungsbefugnis aus. **70**

c) Folgen der Nichteinhaltung
Fehlt eine der beiden Voraussetzungen, an die Abs 2 die Einwilligungsbefugnis des Bevollmächtigten knüpft, kann der Bevollmächtigte nicht wirksam in eine der in Abs 1 S 1 aufgeführten Maßnahmen einwilligen und das Gericht die beabsichtigte Einwilligung nicht genehmigen. Die Befugnis zur Erklärung der Einwilligung und die Genehmigungsfähigkeit der Erklärung stehen in einem engen Zusammenhang. Würde die insoweit unvollständige Vollmacht lediglich die vormundschaftsgerichtliche Genehmigung nicht zulassen, könnte der Bevollmächtigte die Einwilligung in eine der Maßnahmen nach Abs 1 S 1 erklären, obwohl er nach dem Wortlaut der Vollmacht dazu nicht berechtigt wäre. In diesem Falle ist die Bestellung eines Betreuers erforderlich. In Notfällen bedarf es auch nicht eines Betreuers, um ggf lebensrettende Sofortmaßnahmen zu ergreifen. Der Mangel der Vollmacht führt also zu einem **Vertretungsmangel**, nicht nur zu einem Genehmigungsmangel. **71**

Die Gültigkeit der Vollmacht im übrigen wird dadurch nicht berührt. Weder die Nichterwähnung der Maßnahmen noch der Mangel der Schriftform begründen eine Unzuständigkeit des Bevollmächtigten im Bereich der Gesundheitssorge schlechthin, sondern erlauben lediglich nicht, daß der Bevollmächtigte in die in Abs 1 S 1 aufgeführten Maßnahmen einwilligt (im Ergebnis ebenso MünchKomm/Schwab Rn 61). Ob Maßnahmen der genannten Art lebensgefährlich sind oder der Patient einen schweren und länger dauernden gesundheitlichen Schaden erleidet, läßt sich nur begrenzt generell beantworten und stellt nicht die Bevollmächtigung für gesundheitliche Belange des Vollmachtgebers in Frage. Der Bevollmächtigte kann zwar nicht in die in Abs 1 S 1 aufgeführten Maßnahmen einwilligen, aber im übrigen in alle sonst von der Vollmacht erfaßten Maßnahmen. Die von Baumann (MittRhNotK 1998, 1, 7) geäußerten Bedenken werden nicht geteilt. **72**

d) Geltung früher erteilter Vollmachten

73 Die von der Rechtsprechung gegenüber Bevollmächtigungen im gesundheitlichen Bereich erhobenen Bedenken entbehren aufgrund der Neuregelung in § 1904 und § 1906 der Grundlage. Vor Inkrafttreten des BtÄndG (1.1.1999; Art 5 Abs 2 BtÄndG) erteilte Vollmachten, die (meist als Generalvollmachten) gesundheitliche Belange betreffen, sind deshalb zu beachten. Soweit sie nicht den Vorschriften des Abs 2 entsprechen, kann der Bevollmächtigte auch in dieser Hinsicht nicht tätig werden, das Gericht Einwilligungserklärungen nicht genehmigen (vgl OLG Zweibrücken FamRZ 2003, 113 = FGPrax 2002, 179).

4. Konsequenzen in bezug auf § 1896 Abs 3

a) Erweiterung der Aufgaben eines bereits bestellten Kontroll- oder Vollmachtbetreuers

74 Die Bevollmächtigung kann bei entsprechendem Bedarf dazu führen, einen Betreuer zwecks Geltendmachung von Rechten des Betroffenen gegenüber seinem Bevollmächtigten zu bestellen (§ 1896 Abs 3). Je nach bestehendem aktuellem Überwachungs- oder Kontroll-Bedarf kann der Kreis der geltend zu machenden Rechte (einschl des Widerrufs der Vollmacht) mehr oder weniger umfangreich oder umfassend sein. Bestand bisher überwiegend die Auffassung, eine (Vorsorge-)Vollmacht könne sich auf Angelegenheiten der Gesundheitssorge nicht erstrecken (näher WALTER, Die Vorsorgevollmacht 201 ff), so daß die Geltendmachung von Rechten aus einer solchen Vollmacht nicht in Betracht kommen konnte, hat sich nunmehr durch die Ergänzung der Vorschrift um den Abs 2 (und die entsprechende Ergänzung des § 1906) die Situation geändert. Während bei der Neubestellung eines Betreuers nach § 1896 Abs 3 die Geltendmachung von Rechten sich auf solche aus der Bevollmächtigung in gesundheitlichen Angelegenheiten entstehenden Ansprüche (Entsprechendes gilt für Freiheitsentzug und freiheitsentziehende Maßnahmen) erstrecken kann und bei offener Formulierung – ohne Einschränkungen – auch erstrecken wird, kann dies bei bereits bestellten Kontrollbetreuern nur dann angenommen werden, wenn ihr Aufgabenkreis die Geltendmachung sämtlicher Rechte des Betreuten gegenüber dem Bevollmächtigten erfaßt. Eine Aufgabenkreiserweiterung wegen der nunmehr – bei entsprechender Gestaltung der Vollmacht – gegebenen Vertretungsmöglichkeit in Angelegenheiten der Gesundheitssorge ist nicht erforderlich; empfehlenswert jedoch eine entsprechende Information über den gewachsenen Umfang der Überwachungsaufgabe.

b) Notwendigkeit der Bestellung eines Betreuers nach § 1896 Abs 3

75 Mit der Zulassung der Bevollmächtigung in Angelegenheiten der Personensorge, insbesondere den in §§ 1904 und 1906 genannten, tritt eine Erweiterung des Anwendungsbereichs von § 1896 Abs 3 ein. Denn die Geltendmachung von Rechten anstelle des dazu nicht mehr fähigen Vollmachtgebers durch einen dafür bestellten (Vollmacht-, Kontroll-, Überwachungs-)Betreuer kann auch in diesen Fällen erforderlich werden. Weniger als im Bereich der Vermögenssorge wird es hier auf die Geltendmachung von Auskunfts-, Rechenschafts- und Herausgabeansprüchen als auf die Überwachung der Erfüllung ankommen. Der Betreuer wird in erster Linie darauf zu achten haben, daß der Bevollmächtigte zum richtigen Zeitpunkt die ihm übertragenen Entscheidungen in Angelegenheiten der Gesundheit, des Freiheitsentzugs sowie der Maßnahmen des § 1906 Abs 4 trifft oder unterläßt. Gegebenenfalls sind Schadensersatzansprüche geltend zu machen. In besonderen Fällen wird auch die Erstattung von Strafanzeigen unvermeidlich sein, allerdings grundsätzlich nicht im Sinne der Geltendmachung von Rechten des Vollmachtgebers gegenüber dem Bevollmächtigten, sondern in der Wahrnehmung von Interessen des Betreuten.

§ 1905
Sterilisation

(1) Besteht der ärztliche Eingriff in einer Sterilisation des Betreuten, in die dieser nicht einwilligen kann, so kann der Betreuer nur einwilligen, wenn

1. die Sterilisation dem Willen des Betreuten nicht widerspricht,

2. der Betreute auf Dauer einwilligungsunfähig bleiben wird,

3. anzunehmen ist, dass es ohne die Sterilisation zu einer Schwangerschaft kommen würde,

4. infolge dieser Schwangerschaft eine Gefahr für das Leben oder die Gefahr einer schwerwiegenden Beeinträchtigung des körperlichen oder seelischen Gesundheitszustandes der Schwangeren zu erwarten wäre, die nicht auf zumutbare Weise abgewendet werden könnte, und

5. die Schwangerschaft nicht durch andere zumutbare Mittel verhindert werden kann.

Als schwerwiegende Gefahr für den seelischen Gesundheitszustand der Schwangeren gilt auch die Gefahr eines schweren und nachhaltigen Leides, das ihr drohen würde, weil vormundschaftsgerichtliche Maßnahmen, die mit ihrer Trennung vom Kind verbunden wären (§§ 1666, 1666a), gegen sie ergriffen werden müssten.

(2) Die Einwilligung bedarf der Genehmigung des Vormundschaftsgerichts. Die Sterilisation darf erst zwei Wochen nach Wirksamkeit der Genehmigung durchgeführt werden. Bei der Sterilisation ist stets der Methode der Vorzug zu geben, die eine Refertilisierung zulässt.

Materialien: Art 1 Nr 6 DiskE I; Art 1 Nr 41 RegE; Art 1 Nr 47 BtG; DiskE I 138; BT-Drucks 11/4528, 209 f (BRat); BT-Drucks 11/4528, 228 (BReg); BT-Drucks 11/6949, 13, 76 Nr 20 (RA); BT-Drucks 11/6983; BT-Drucks 13/3822: Bericht der BReg über die prakt Auswirkungen der im BtG enthaltenen Regelungen z Sterilisation. BT-Drucks 13/11033: Beschlußempfehlung und Bericht des RA zur Änderung der Berichtspraxis (BT-Drucks 13/11033); STAUDINGER/BGB-Synopse 1896–2005 § 1905.

Schrifttum (Auswahl)

AMELUNG, Vetorechte beschränkt Einwilligungsfähiger in Grenzbereichen medizinischer Intervention (1995)

Bericht der Bundesregierung über die praktischen Auswirkungen der im Betreuungsgesetz enthaltenen Regelungen zur Sterilisation,

BtPrax 1996, 176 (ohne Erhebungsbogen) = BT-Drucks 13/3822
BLUME, Sterilisation (2) 1991
BRAUN/MIESS/SIBINGER/ENGELMANN, Zur Rechtslage bei der Sterilisation geistig behinderter Menschen, DMW 2003, 1412
COESTER, Die sorgerechtliche Indikation bei der Sterilisation behinderter Volljähriger (§ 1905 I 2 BetrG-E), ZfJ 1989, 350
DEUTSCH, Das Kind oder sein Unterhalt als Schaden – Eine methodische Grundfrage des geltenden Rechts –, VersR 1995, 609
ders, Berufshaftung und Menschenwürde: Akt III, NJW 1998, 510
FINGER, Zulässigkeit einer Sterilisation geistig Behinderter aus eugenischer oder sozialer Indikation, R&P 1988, 14
ders, Zur Einwilligung des Betreuers in die Sterilisation eines geistig Behinderten nach § 1905 BGB (in der Fassung des Betreuungsgesetzes 11/1987 und 4/1988), NDV 1989, 87 mit Nachtrag NDV 1989, 201
ders, Die Sterilisation geistig Behinderter und § 1905 BGB idF des BtG, DAVorm 1989, 11; Nachtrag DAVorm 1989, 440
GAIDZIK/HIERSCHE, Historische, rechtstatsächliche und rechtspolitische Aspekte der Sterilisation Einwilligungsunfähiger, MedR 1999, 58
GIESEN, Schadenbegriff und Menschenwürde, Zur schadenrechtlichen Qualifikation der Unterhaltspflicht für ein ungewolltes Kind, JZ 1994, 286
GONSBACH, Sterilisation ohne Kontrolle, ZVS 1989, 12
HEIDENREICH/OTTO (Hrsg), Sterilisation bei geistiger Behinderung (1991)
HIERSCHE/HIRSCH/GRAF/BAUMANN (Hrsg), Die Sterilisation geistig Behinderter, II. Einbecker Workshop der Deutschen Gesellschaft für Medizinrecht 20.–21. Juni 1987 (Berlin usw 1988)
HOFFMANN, Sterilisation geistig behinderter Erwachsener (1996)
dies, Anmerkungen zum Beschluß des OLG Hamm vom 28.2.2000 (BtPrax 2000, 168), BtPrax 2000, 235
KERN, Fremdbestimmung bei der Einwilligung in ärztliche Eingriffe, NJW 1994, 753
KERN/HIERSCHE, Zur Sterilisation geistig Behinderter, MedR 1995, 463

KUPER, Vormundschaftsrechtsreform und Sterilisation Behinderter – Diskussionsstand des Deutschen Caritasverbandes, TuP 1989, 97
LACHWITZ, 40 Jahre Grundgesetz, Die Reform des Vormundschaftsrechts und die Grundrechte geistig behinderter Menschen, 2. Teil, DAVorm 1989, 453
LEISTER, Nach Bevensen oder die Nichteinwilligungsfähigen und die Sterilisation, Betrifft JUSTIZ 1989, 58
MAYER, Medizinische Maßnahmen an Betreuten – §§ 1904, 1905 BGB –, Eine Untersuchung aus zivilrechtlicher Sicht (1995)
NEUER-MIEBACH, Sterilisation geistig behinderter Menschen – Hilfe oder Zwangseingriff?, TuP 1989, 90
NEUER-MIEBACH/KREBS (Hrsg), Schwangerschaftsverhütung bei Menschen mit geistiger Behinderung – notwendig, möglich, erlaubt? (1987)
PICKER, Schadensersatz für das unerwünschte Kind („Wrongful birth") – Medizinischer Fortschritt als zivilisatorischer Rückschritt?, AcP 195 (1995) 483
PIEROTH, Die Verfassungsmäßigkeit der Sterilisation Einwilligungsunfähiger gemäß dem Entwurf für ein Betreuungsgesetz, FamRZ 1990, 117
PIXA-KETTNER/BARGFREDE/BLANKEN, „Dann waren sie sauer auf mich, daß ich das Kind haben wollte ..."; Eine Untersuchung zur Lebenssituation geistig behinderter Menschen mit Kindern in der BRD (1996)
PÖLD-KRÄMER, Sterilisation gegen den Willen der Betroffenen – das falsche Signal!, BtPrax 2000, 237 (Anm z Beschluß d OLG Hamm BtPrax 2000, 168)
POHLMANN, Sexuelle Aufklärung geistig behinderter Menschen, BtPrax 1995, 171
REIS, Sterilisation bei mangelnder Einwilligungsfähigkeit, ZRP 1988, 318
STÜRNER, Das Bundesverfassungsgericht und das frühe menschliche Leben – Schadensdogmatik als Ausformung humaner Rechtskultur?, JZ 1998, 317
WALTER (Hrsg), Sexualität und geistige Behinderung (2. Aufl Heidelberg 1983)
ders, Überlegungen zur Sterilisation geistig behinderter Menschen, pro familia magazin 1990, Heft 1, 6

Titel 2 § 1905
Rechtliche Betreuung

ders, Sterilisation geistig behinderter Menschen aus sexualpädagogischer Sicht, Geistige Behinderung 1987, 87
WOLF, Personenbezogene Entscheidungen im Diskussionsentwurf eines Betreuungsgesetzes, ZRP 1988, 313

WUNDER, Zwangssterilisation von Behinderten, KritJustiz 1988, 309
ders, Betreuungsgesetz verabschiedet – Sterilisation ohne Einwilligung legalisiert, R&P 1990, 197.

Systematische Übersicht

I. Allgemeines	
1. Gesetzgeberisches Anliegen	1
2. Nichtverwerflichkeit der Sterilisation	2
3. Regelung nur für betreute Personen	3
4. Keine Sterilisation im Interesse Dritter	5
5. Regelung nur für dauernd einwilligungsunfähige Personen	7
6. Abgrenzung zu anderen Maßnahmen	11
7. Weitere Regelungen im BGB	14
8. Verfassung und Sterilisationsregelung	17
9. Berichtsverpflichtung der Bundesregierung	18
II. Überblick über die Sterilisationsregelung	
1. Verhältnis zu § 1904	19
2. Notwendigkeit der Betreuerentscheidung; keine Ersatzzuständigkeit	20
3. Gesetzlicher Ausschluß von Verein und Behörde als Betreuer	21
4. Keine vormundschaftsgerichtliche Genehmigung ohne Antrag	22
5. Ziel der Sterilisation	23
6. Zur Frage der Anordnung eines Einwilligungsvorbehalts	24
III. Voraussetzungen der Einwilligung in die Sterilisation	
1. Verfahren	26
a) Allgemeines	26
b) Die zwei Verfahren der Betreuerbestellung und der vormundschaftsgerichtlichen Genehmigung	29
c) Besonderheiten des Genehmigungsverfahrens	30
d) Qualifikation der Sachverständigen	35
2. Materiellrechtliche Voraussetzungen der Einwilligung des Betreuers und der vormundschaftsgerichtlichen Genehmigung dieser Einwilligung	36
a) Struktur des § 1905	36
b) Sterilisationsvoraussetzungen	38
c) Sterilisation von Männern	39
d) Die Einwilligungs- und Genehmigungsvoraussetzungen im einzelnen	40
aa) Fehlen eines Widerspruchs (Abs 1 S 1 Nr 1)	40
bb) Das Fehlen anderer zumutbarer Mittel, die Schwangerschaft zu verhindern (Abs 1 S 1 Nr 5)	44
cc) Indikationen (Abs 1 S 1 Nr 3 und 4, Abs 1 S 2)	46
dd) Keine Möglichkeit zur Abwendung der in Nr 4 genannten Gefahren	57
IV. Kosten der Sterilisation	59
V. Folgen fehlerhafter Sterilisationsbehandlung und -beratung	60
VI. Prozessuale Folgen ungenehmigt durchgeführter Sterilisation	62

Alphabetische Übersicht

Abgrenzung zu anderen Maßnahmen	11
Abgrenzung der zulässigen fremdbestimmten von der unzulässigen Zwangssterilisation	8
Abwendungsmöglichkeiten, keine	57
Adressat der Einwilligung des Betreuers	27
Antragserfordernis	22

Ausschluß, gesetzlicher von Verein und Behörde als Betreuer	21	Gerichtliche Genehmigung, Verfahren zur	29
		Gesetzgeberisches Anliegen	1
Behörde, als Sterilisationsbetreuer nicht bestellbar	21	Hormonelle Empfängnisverhütungsmittel	13
Bericht der Bundesregierung	18	Indikationen	46
Berichtsverpflichtung der Bundesregierung	18	Inhalt der Entscheidung des Gerichts	34
Besonderheiten des Genehmigungsverfahrens	30	Kastration	11
Betreuerbestellung, Verfahren zur	29	Kindesherausnahme	55
		Konfliktregelung	49
Dauernd einwilligungsunfähige Personen	7	Kosten der Sterilisation	57, 59
Definition der Sterilisation	11		
Delegierung, keine der Sterilisationsentscheidung	20	Lebensgefahr	54
Drittinteresse, keine Sterilisation im	5	Mann, Männer, Sterilisation von	39
Einstweilige Anordnung, keine Genehmigung in diesem Verfahren	20, 34	Nachbetreuung, persönliche	29
		Nichtidentität von Arzt und Sachverständigem	32
Einwilligung in einen konkreten Eingriff	10		
Einwilligungsunfähigkeit	3, 37	Nichtverwerflichkeit der Empfängnisverhütung	2
Einwilligungsvoraussetzungen für Betreuer	40		
		Nichtverwerflichkeit der Sterilisation	2
Einwilligungsvorbehalt	24	Notlagenindikation	50
Empfängnisverhütende Mittel	44	Notwendigkeit der Betreuerentscheidung	20
Entscheidung auf Antrag	22		
Entscheidungsfreiheit des Betreuers	28	Pädagogisches Problem, Sterilisation als	9
Entscheidungsinhalt	34	Persönliche Anhörung	30
Entscheidungsinstanz, Sterilisationsbetreuer als	20	Pflichtwidrigkeit des Betreuers	28
		Prozessuale Folgen ungenehmigter Sterilisation	62
Entscheidungszuständigkeit des Sterilisationsbetreuers	26		
Entwurf DiskE I	53	Qualifikation der/des Sachverständigen	35
Ersatzzuständigkeit, keine für den Sterilisationsbetreuer	20	Regelung für betreute Personen	3
		Risiko, ärztliches eines rechtswidrigen Eingriffs	7
Fehlen anderer zumutbarer Mittel	44		
Fehlender Widerspruch	40	Sachverständigengutachten	32 f
Fehlerhafte Sterilisation	60	Schadensersatz	60, 61
Folgen der Sterilisation	5	Schlußgespräch	30 f
Freiheitsentziehung, kein Mittel der Schwangerschaftsverhütung	45	Schwangerschaft der Partnerin	48
		Schwangerschaftsverhütung	44
Fristablauf vor Ausführung der Sterilisation	27	Statistik	18
		Sterilisation und Einwilligungsvorbehalt	24
Gefahr für Leben der Schwangeren	51	– kein Heileingriff	13
Genehmigungsbedürfnis der Einwilligung	4	– von Männern	39
Genehmigungsvoraussetzungen im einzelnen	40	– von Minderjährigen, Verbot der	14
		– als pädagogisches Problem	9

Sterilisationsentscheidung durch Vertreter	3	Verhinderung unerwünschten Geschlechtsverkehrs, kein Mittel zur	6
Sterilisationsvoraussetzungen	38	Verlust der Fortpflanzungsfähigkeit als unerwünschte Nebenfolge	12
Struktur des § 1905	36		
Unfruchtbarmachung als Nebenwirkung	15 f	Volljährigkeit, keine Verfahrenshandlungen vor	16
Ungenehmigte Sterilisation	62	Voraussetzungen der Einwilligung	10
Unzumutbarkeit des Schwangerschaftsabbruchs	58	Voraussetzungen der Sterilisationseinwilligung	26
Verbot der Sterilisation Minderjähriger	14 ff	Vorläufiger Sterilisationsbetreuer	20
Verein, als Sterilisationsbetreuer nicht bestellbar	21	Vorsorgliche Sterilisierung, keine	47
		Vorzeitige Sterilisation	27
Verfahren	26 ff		
– zur Betreuerbestellung	29	Wirksamkeitsbescheinigung des Gerichts	27
– zur gerichtlichen Genehmigung	29	Widerspruch	43
Verfahrenshandlungen, keine vor Volljährigkeit	16	Widerspruch, Fehlen des	40
Verfassung und Sterilisationsregelung	17	Ziel der Sterilisation	23
Verhältnis von Sterilisationsregelung und § 1904	19	Zuständigkeit des Sterilisationsbetreuers	25
		Zwang, Verbot von	40
		Zwangssterilisation, Verbot von	41

I. Allgemeines

1. Gesetzgeberisches Anliegen

Auf der Grundlage der Entscheidung des Bundesgerichtshofs aus dem Jahre 1964 **1** (BGHSt 20, 81 ff = JZ 1965, 220 mit abl Anm von HANACK), nach der die freiwillige Sterilisation eines einwilligungsfähigen Menschen keinen Straftatbestand erfüllt, und infolge der Untätigkeit des Gesetzgebers, der in den darauffolgenden Jahren keine Bestimmungen über die Sterilisation schuf, sah sich der Gesetzgeber des Betreuungsrechts lediglich aufgerufen, die Sterilisation einwilligungsunfähiger Betreuter zu regeln. Probleme, die eine generelle gesetzgeberische Aktivität zur Regelung von Sterilisation schlechthin hätten angezeigt erscheinen lassen, hat der Gesetzgeber nicht gesehen (BT-Drucks 11/4528, 75). Auch für die Sterilisation einwilligungsfähiger Betreuer hielt die Bundesregierung eine Regelung nicht für erforderlich. Sie wäre, so die Argumentation der Bundesregierung (BT-Drucks 11/4528, 75), mit dem System des Betreuungsrechts nicht vereinbar. Ein Betreuer sei nur für eine Angelegenheit zu bestellen, die ein Betroffener nicht selbst erledigen kann. Wer für die Sterilisation einwilligungsfähig ist, ist insoweit nicht betreuungsbedürftig; ihm kann schon nach dem Erforderlichkeitsgrundsatz kein Betreuer zugewiesen werden, in dessen Aufgabenkreis die Einwilligung in die Sterilisation fällt (BT-Drucks 11/4528, 75).

Während das BtÄndG mit der Ergänzung des § 1904 und des § 1906 (Art 1 Nr 14, 15) eine Erweiterung des Anwendungsbereichs der (Vorsorge-)Vollmacht bewirkte, hat es diese Möglichkeit für § 1905 nicht eingeführt.

2. Nichtverwerflichkeit der Sterilisation

2 Die Frage, ob die freiwillige Sterilisation die Grundvorstellungen von dem verletzt, was nach den herrschenden Anschauungen unseres Rechts- und Kulturkreises innerhalb der sozialen Gemeinschaft vom Einzelnen als sittliches Verhalten verlangt wird, verneint BGHZ 67, 48 ff. Nach herrschender Moralvorstellung, so der BGH (BGHZ 67, 48, 51), sei weder die Empfängnisverhütung als solche noch ärztliche Mithilfe dazu verwerflich. Im Gegenteil werde die freie Entscheidung für oder gegen eine Elternschaft als Möglichkeit zu einer humaneren Lebensführung verstanden.

3. Regelung nur für betreute Personen

3 § 1905 erfaßt diejenigen einwilligungsfähigen Personen, für die bereits ein Betreuer zur Besorgung ihrer Angelegenheiten bestellt worden ist. Die Bestimmung trifft aber auch für diejenigen Personen zu, denen bisher kein Betreuer bestellt wurde, über deren Sterilisation aber durch einen Betreuer entschieden werden soll (BIENWALD, BtR Rn 11).

Mit der Regelung, daß ein Betreuer über die Sterilisation eines Menschen entscheiden kann, hat sich der Gesetzgeber der Auffassung angeschlossen, daß die Entscheidung über die Sterilisation eines Menschen nicht ausschließlich von ihm selbst, sondern auch, wenn auch nur in eng begrenzten Fällen, von einem Vertreter entschieden werden kann (zur verfassungsrechtlichen Problematik s Rn 17).

4 Mit der durch § 1905 getroffenen Regelung hat der Gesetzgeber auch zu der bisher unterschiedlich beantworteten Frage Stellung genommen, ob die Einwilligung eines (gesetzlichen) Vertreters in die Sterilisation eines Betreuten vormundschaftsgerichtlicher Genehmigung bedarf (BT-Drucks 11/4528, 75).

4. Keine Sterilisation im Interesse Dritter

5 Indem die Vorschrift die Zulässigkeit der Sterilisation einwilligungsunfähiger Betreuter an sehr enge Voraussetzungen knüpft, bietet sie keine Grundlage für eine Sterilisation „im Interesse der Allgemeinheit" oder „im Interesse von Verwandten" (näher dazu BT-Drucks 11/4528, 75). Im RegEntw wird ausdrücklich darauf hingewiesen, man habe nicht verkannt, welche erheblichen Belastungen entstehen können, wenn Eltern, die selbst ihr behindertes Kind großgezogen haben, sich nunmehr um ein – und sei es auch ein nicht behindertes – Enkelkind kümmern sollen (BT-Drucks 11/4528, 75, 76). Die allgemeine Zielsetzung des Betreuungsrechts, das dem Wohl des Betroffenen dienen will, sowie die Schwere der mit einer Sterilisation verbundenen Folgen habe eine andere Entscheidung nicht zugelassen (BT-Drucks 11/4528, 75). Daß offensichtlich die Sterilisation weniger dem psychosozialen Wohl des behinderten Menschen als der Beruhigung der Betreuerängste (gemeint sind pädagogische Betreuer) und der Erfüllung ihres Wunsches nach risikoloser totaler Sicherheit diene, wurde bereits vor der RegVorlage angenommen (WALTER 38). WALTER wies darauf hin, daß hinter dem Sterilisationsbegehren von Eltern oder Betreuern der unbewußte Wunsch und die insgeheime Hoffnung verborgen sei, durch die Sterilisation würde man alle realen und phantasierten Probleme mit der Sexualität des geistig behinderten Angehörigen für immer behoben haben, und stellte fest, eine Sterilisa-

tion werde nie sexuelle Probleme lösen oder die pädagogische Verpflichtung zur Sexualerziehung ersetzen können.

Die Sterilisation kann nicht als ein geeignetes Mittel zur Verhinderung von unerwünschtem Geschlechtsverkehr Behinderter untereinander oder unerwünschter sexueller Belästigung oder sexueller Gewalt durch Nichtbehinderte oder Behinderte verstanden und eingesetzt werden. **6**

5. Regelung nur für dauernd einwilligungsunfähige Personen

Die Vorschrift läßt nur die Sterilisation dauernd einwilligungsunfähiger Personen zu (Abs 1 Nr 2). Damit erreicht die Vorschrift allerdings solche Personen nicht, die weder dauernd einwilligungsunfähig noch ständig in der Lage sind, selbst über ihre Sterilisation zu bestimmen. Kann sich der zur Sterilisation bereite Arzt nicht darauf verlassen, daß die sterilisationswillige Person bei der Erklärung ihres Sterilisationswunsches eindeutig einwilligungsfähig war oder ist, trägt er das Risiko eines rechtswidrigen Eingriffs. Dem Wunsch dieser „Patientin" kann aber auch nicht mit Hilfe einer Betreuerbestellung nachgekommen werden, weil die vom Stellvertreter abzugebende Einwilligung an die strengen Voraussetzungen des § 1905 gebunden ist. **7**

Durch das Abhängigmachen der Sterilisation von der dauernden Einwilligungsunfähigkeit als einem Rechtsbegriff und dem sog natürlichen Einverständnis der/des Betroffenen wird die zulässige „fremdbestimmte" Sterilisation von der unzulässigen Zwangssterilisation abgegrenzt. Zulässig ist danach nur die sowohl von der/dem Betreuten als auch von dem Sterilisationsbetreuer (mit Genehmigung des Vormundschaftsgerichts) gewollte Sterilisation. **8**

Durch die Verwendung des Tatbestandsmerkmals der dauernden Einwilligungsunfähigkeit erreicht der Gesetzgeber, daß nicht von vornherein nur ein bestimmter Personenkreis erfaßt und genannt wird (vgl demgegenüber die Begriffsbestimmung des sog Erbkranken in § 1 Abs 2 des Gesetzes zur Verhütung erbkranken Nachwuchses vom 14. 7. 1933 [RGBl I 529], abgedruckt bei HIERSCHE 12). Gleichwohl dürfte das Problem der Sterilisation nicht einwilligungsfähiger Personen überwiegend bei Menschen mit geistiger Behinderung eine Rolle spielen.

Wohl nicht zu Unrecht weist jedoch WALTER darauf hin, daß die Sterilisation geistig behinderter Menschen weniger ein juristisches oder medizinisches, als zunächst und in erster Linie ein pädagogisches, insbesondere sexualpädagogisches Problem ist, wobei er feststellt, daß es nicht **die** Sexualität und auch nicht **den** Geistigbehinderten (als Kategorie) gibt (Sexualität und geistige Behinderung usw 30). Die verschiedenen Ursachen, Erscheinungsbilder und Schweregrade geistiger Behinderung sprechen dagegen, dem geistig behinderten Menschen als solchem pauschal die Fähigkeit abzusprechen, eine wirksame Einwilligung zu erteilen (HIRSCH 94). Aus diesem Grunde lastet auf allen Beteiligten die Verantwortung, eine sorgfältige und sachgerechte Beurteilung des Einzelfalles zu suchen und die dementsprechende Entscheidung zu treffen. **9**

Wenn im Zusammenhang mit der Sterilisation als einem speziellen Fall eines ärztlichen Eingriffs sowie bei ärztlichen Heilmaßnahmen, Untersuchungen uä von der **10**

Einwilligungsfähigkeit der/des Betreuten die Rede ist, so handelt es sich immer um die Einwilligungsfähigkeit im konkreten Einzelfall, bezogen auf die jeweilige konkrete Maßnahme. Anders als bei der Geschäftsfähigkeit eines Menschen geht es nicht um eine von der Rechtsordnung verliehene oder jedenfalls zugebilligte Rechtsmacht, sondern um eine Fähigkeit, einen Eingriff in die körperliche Integrität zu gestatten. Ob die/der Betreffende dazu in der Lage ist, hängt ua davon ab, daß sie/er auch die Konsequenzen der Einwilligung abschätzen und die Risiken des Eingriffs erkennen und wollen kann. Im Ergebnis bedeutet dies, daß die Fähigkeit einer/eines behinderten Menschen, in eine Vielzahl von ärztlichen Maßnahmen einzuwilligen und mit ihnen einverstanden zu sein, keineswegs die Fähigkeit indiziert, in eine Sterilisation einzuwilligen.

6. Abgrenzung zu anderen Maßnahmen

11 Unter Sterilisation oder Sterilisierung im Sinne des § 1905 ist die auf die Aufhebung der Fortpflanzungsfähigkeit eines Mannes oder einer Frau gerichtete operative Unterbrechung oder Unbrauchbarmachung der Samen- bzw Eileiter zu verstehen, ohne – im Prinzip – sonstige Körperfunktionen, insbesondere die Fähigkeit zum Geschlechtsverkehr, zu beeinträchtigen (ERMAN/ROTH Rn 9; HANACK JZ 1964, 393). Nicht erfaßt ist die Ausschaltung männlicher oder weiblicher Keimdrüsen (Kastration), obgleich ein derartiger Eingriff ebenfalls zur Fortpflanzungsunfähigkeit führt. Kastration im Sinne des Gesetzes über die freiwillige Kastration und andere Behandlungsmethoden in der Fassung vom 12. 9. 1990 (BGBl I 2023) ist dagegen eine gegen die Auswirkungen eines abnormen Geschlechtstriebes gerichtete Behandlung, durch welche die Keimdrüsen eines Mannes absichtlich entfernt oder dauernd funktionsunfähig gemacht werden (§ 1 KastrG).

12 Ist der Verlust der Fortpflanzungsfähigkeit lediglich (unerwünschte, aber in Kauf genommene) Nebenfolge eines ärztlichen Eingriffs, wie zB bei vollständiger Entfernung der Gebärmutter im Rahmen einer Krebsoperation, kommt § 1905 nicht zur Anwendung. Ob ein derartiger Fall von der Regelung des § 1904 erfaßt wird, hängt von der Entscheidung ab, den Verlust der Fortpflanzungsfähigkeit als einen schweren und länger dauernden gesundheitlichen Schaden einzustufen (so ERMAN/ROTH Rn 9: ohne Zweifel).

13 Sterilisation ist nicht die Verabreichung hormoneller Empfängnisverhütungsmittel (ERMAN/ROTH Rn 10). Dies schließt nicht aus, daß im Einzelfall die Voraussetzungen des § 1904 gegeben sein können.

Über die verschiedenen Methoden der Sterilisation, deren Zuverlässigkeit, Komplikationen und Gefahren, berichtet HIERSCHE, in: HIERSCHE/HIRSCH/GRAF/BAUMANN (Hrsg), Die Sterilisation geistig Behinderter, 1 ff, 5 ff. Trotz verbesserter operativer Refertilisierungsmethoden muß damit gerechnet werden, daß der Sterilisationseingriff zu irreparabler Infertilität führt (BOENIGK/SCHERNUS/WOLF, in: HIERSCHE ua 43).

Eine medizinische Indikation im strengen Sinne gibt es nicht, da es sich **nicht** um einen **Heileingriff** handelt (BOENIGK/SCHERNUS/WOLF 43).

7. Weitere Regelungen im BGB

a) Neben § 1905, der nur für Volljährige gilt, enthält das BGB zwei weitere **14** Regelungen, die für die Sterilisation zu beachten sind.

§ 1631c schließt eine rechtmäßige Sterilisation eines Minderjährigen, auch wenn er selbst oder statt seiner die Eltern, der Vormund oder ein Pfleger eingewilligt hat, aus. § 1631c schränkt damit das Recht und die Pflicht der Eltern sowie eines Vormunds (§§ 1773, 1793, 1800) ein, für die Person des Kindes/Mündels zu sorgen und es zu vertreten. Auch darf wegen dieser gesetzlichen Verhinderung, eine Entscheidung für die/den Minderjährige(n) zu treffen, eine Ergänzungspflegschaft nicht angeordnet werden. § 1909 findet keine Anwendung (§ 1631c S 2). Wegen der Einschränkung der elterlichen und der vormundlichen Sorge um die Entscheidung über die Sterilisation des Kindes/Mündels kann dieser Teilbereich der Sorge auch nicht selbständiger oder unselbständiger Gegenstand einer Pflegschaft nach den §§ 1909 iVm 1671, 1672, 1666 sein.

Durch § 1631c nicht ausgeschlossen sind – entgegen der Auffassung des RegEnt- **15** wurfs, die Regelung des § 1631c bewirke insgesamt, daß Minderjährige nicht sterilisiert werden dürften (BT-Drucks 11/4528, 107) – ärztliche Eingriffe, die a) zur Unfruchtbarkeit führen, ohne daß eine Sterilisation ieS vorliegt, b) die Unfruchtbarmachung als Nebenwirkung eines anderen notwendigen Eingriffs, der zwangsläufig diese Folge hatte, c) als Notfallentscheidung und -eingriff des Arztes, die zur Rettung des Lebens der/des Minderjährigen oder der Gesundheit unerläßlich war (krit BIENWALD, BtR Rn 8).

Als Begründung für die Regelung des § 1631c führt der RegEntw an, während der Minderjährigkeit eines Menschen ließen sich Erforderlichkeit und Auswirkungen der Sterilisation besonders schwer beurteilen. Auch bestehe bei behinderten Kindern die Gefahr, daß die Sterilisation vorsorglich schon während der Minderjährigkeit durchgeführt werde, wenn das Gesetz wie vorgesehen die Sterilisation volljähriger Betreuter, die nicht einwilligungsfähig sind, nur in engen Ausnahmefällen zuläßt (BT-Drucks 11/4528, 76 und 107).

b) Unter das Verbot der Minderjährigensterilisation fallen auch diejenigen, die **16** zwar noch nicht volljährig sind, für die aber eine vorsorgliche Betreuerbestellung zulässig ist (§ 1908a). Die Bestellung eines Betreuers zum Zwecke der Entscheidung über die Einwilligung in eine Sterilisation würde nach dieser Vorschrift erst mit Eintritt der Volljährigkeit der/des Betroffenen wirksam. Vor dem Wirksamwerden seiner Bestellung dürfte der Betreuer keine Erklärung über die Einwilligung in die Sterilisation abgeben (§ 1908a S 2). Da eine Betreuerbestellung zwecks Entscheidung über die Einwilligung in eine Sterilisation außerdem erst in Betracht kommt, wenn die/der Betroffene einwilligungsunfähig ist, die Entscheidung dieser Frage während der Minderjährigkeit der/des Betroffenen aber nicht getroffen werden darf, um nicht das Verbot der Minderjährigensterilisation zu umgehen, ist auch die Bestellung eines Sterilisationsbetreuers nicht vor Vollendung des 18. Lebensjahres der/ des Betroffenen zulässig. Regt jemand vor diesem Zeitpunkt das Verfahren zur Bestellung eines Sterilisationsbetreuers an, können lediglich Vorermittlungen verfügt werden, die nicht die Frage der Einwilligungsfähigkeit der/des Betroffenen berühren. Auch die Untersuchung und Begutachtung zum Zwecke der Bestellung eines Sterilisationsbetreuers kann vor Eintritt der Volljährigkeit nicht erfolgen.

8. Verfassung und Sterilisationsregelung

17 Zur Frage, ob die Sterilisationsregelung des BtG mit dem Grundgesetz vereinbar ist, s einerseits REIS, in: NEUER-MIEBACH/KREBS (Hrsg) 150 ff, andererseits SCHWAB ebd 136 ff; PIEROTH FamRZ 1990, 117 und ERMAN/ROTH Rn 6. Da der Gesetzgeber die Genehmigungsfähigkeit der Betreuerentscheidung an noch strengere Voraussetzungen als bei anderen medizinischen Maßnahmen geknüpft hat, müßten diese ebenfalls als verfassungswidrig angesehen werden, was aber nicht der Fall ist.

9. Berichtsverpflichtung der Bundesregierung

18 Die Bundesregierung ist aufgrund eines Beschlusses des Deutschen Bundestages vom 25. 4. 1990 (BT-Drucks 11/6983) verpflichtet, alle vier Jahre, erstmals bis zum 1. 1. 1996, über die praktischen Auswirkungen der im Betreuungsgesetz enthaltenen Regelungen zur Sterilisation zu berichten (Antwort des BM der Justiz auf eine Kleine Anfrage der Abgeordneten Dr Ursula Fischer und der Gruppe der PDS/Linke Liste, mitgeteilt in recht 1/93, 23). In dieser Antwort wurde auch zur Frage der Zahl von Sterilisationen mitgeteilt, daß der Bundesregierung aus dem Jahr 1992 bislang lediglich die Erteilung von zwei Genehmigungen nach § 1905 bekannt geworden sei (zu früheren Zahlenangaben vgl BT-Drucks 11/4528, 74). Die Antwort der Bundesregierung ist auch in BtPrax 1993, 60 veröffentlicht. Ihren regulären Bericht über die praktischen Auswirkungen der im Betreuungsgesetz enthaltenen Regelungen zur Sterilisation legte die BReg am 9. 2. 1996 vor (BR-Drucks 139/96 vom 12. 2. 1996 = BT-Drucks 13/3822 vom 22. 2. 1996 = BtPrax 1996, 176; hier ohne Erhebungsbogen). Der Bericht enthält Ausführungen über wesentliche Merkmale der gesetzlichen Regelungen und über Ergebnisse von Justizstatistik und Praktikerbefragung. Nach Aussage der justizstatistischen Erhebungen für die Jahre 1992 bis 1994 genehmigten die Gerichte im Jahre 1992 65 und in den Folgejahren jeweils 78 Sterilisationen. Ihnen standen 8 bzw 22 und 11 Fälle gegenüber, in denen die Sterilisation durch das Gericht versagt worden ist. 14 bzw 25 und 23 Verfahren erledigten sich auf sonstige Weise. Mithin wurden in dem Erhebungszeitraum für das gesamte Bundesgebiet 239 Sterilisationsgenehmigungen erteilt, 41 Ablehnungen ausgesprochen und 62 Verfahren auf sonstige Weise erledigt.

Der Bericht kommt zu dem Schluß, daß, nach den Zahlen zu urteilen, das Ziel des Gesetzgebers, die Sterilisation einwilligungsunfähiger Erwachsener nur noch in Ausnahmefällen zuzulassen und die Zahl der Sterilisationen damit zu verringern, erreicht worden ist. Die angegebenen Zahlen werden bestätigt und für 1995 mit 78 Genehmigungen und 19 Ablehnungen ergänzt in der Antwort der Bundesregierung auf die Große Anfrage von Abgeordneten und Fraktion der SPD zum Betreuungsrecht (BT-Drucks 13/3834), BT-Drucks 13/7133, 14, 46, 47. Durch Beschluß vom 18. 6. 1998 hat der Bundestag den Berichtsauftrag dahingehend geändert, daß die BReg in einer ihr geeignet erscheinenden Form über etwaige neuere Entwicklungen auf dem Gebiet der Sterilisation einwilligungsunfähiger Volljähriger unterrichtet. Einzelheiten enthält die BT-Drucks 13/11033 (RdLH 1998, 178). Weitere Einzelheiten bei ERMAN/ROTH Rn 30 (auch krit) sowie in HK-BUR/HOFFMANN Rn 104 ff (einschl Verfahrenspflegerbestellungen 2000 im regionalen Vergleich) und bei

GAIDZIK/HIERSCHE 60. Zu rechtstatsächlichen Angaben betr die Sterilisation von Männern MünchKomm/SCHWAB Rn 20 Fn 37.

II. Überblick über die Sterilisationsregelung

1. Verhältnis zu § 1904

Die Übernahme des Begriffs „ärztlicher Eingriff" in § 1905 läßt die Sterilisationsregelung als einen Sonderfall des § 1904 erscheinen (BT-Drucks 11/4528, 141; ERMAN/ROTH Rn 7 zu § 1905; BIENWALD, BtR Rn 1 zu § 1905). Dem ist insoweit zuzustimmen, als es sich bei der Sterilisation ebenso wie bei den von § 1905 erfaßten ärztlichen Eingriffen um Eingriffe in die körperliche Unversehrtheit der/des Betroffenen handelt, die grundsätzlich nur mit Einwilligung der/des Betroffenen vorgenommen werden dürfen. Systematisch sollte die Vorschrift jedoch als eine völlig eigenständige Regelung verstanden werden, die sämtliche Merkmale der gerichtlichen Entscheidung ohne Rückgriff auf andere Normen des BGB regelt. Außerdem fragt es sich angesichts der Tatsache, daß die Sterilisation zwar als ärztlicher Eingriff, nicht jedoch als Heilmaßnahme zu qualifizieren ist, ob die Sterilisation unter solche Eingriffe zu subsumieren ist, die zu einem länger dauernden gesundheitlichen Schaden führen können. 19

2. Notwendigkeit der Betreuerentscheidung; keine Ersatzzuständigkeit

§ 1905 setzt die Entscheidung des Sterilisationsbetreuers, er wolle in diesen ärztlichen Eingriff anstelle der/des Betreuten einwilligen, voraus. Die Bestellung eines besonderen Betreuers für die Sterilisationsentscheidung schließt es grundsätzlich aus, daß anstelle des Sterilisationsbetreuers eine andere Person oder Institution entscheidet. Weder darf der Betreuer seine Entscheidungsbefugnis delegieren noch kann das Vormundschaftsgericht anstelle des besonderen Betreuers die Einwilligung erteilen oder verweigern. Ist der Betreuer verhindert, hat das Gericht einen neuen Sterilisationsbetreuer zu bestellen, wenn die Verhinderung nicht nur vorübergehend ist. Angesichts der rechtsstaatlichen Ausgestaltung des Verfahrens ist nicht erkennbar, daß der Gesetzgeber eine besondere Eilbedürftigkeit anerkannt hätte. Die Entscheidung über die Genehmigung der Einwilligung in die Sterilisation im Wege einstweiliger Anordnung ist nicht vorgesehen (vgl § 69f FGG). Nur der Sterilisationsbetreuer könnte als vorläufiger Betreuer im Wege einstweiliger Anordnung bestellt werden; dieses Verfahren ist im Gesetz nicht ausdrücklich ausgeschlossen. Schließlich spricht auch die Bestellung eines besonderen Betreuers dafür, daß auch das Gericht nicht zwei Entscheidungen, nämlich die über die Sterilisation und die über die Genehmigung der Einwilligung, treffen darf. 20

3. Gesetzlicher Ausschluß von Verein und Behörde als Betreuer

Als Sterilisationsbetreuer kommen weder der Verein noch die Behörde in Betracht (§ 1900 Abs 5). Für beide gilt ein gesetzlicher Ausschluß. Dagegen sind der Vereinsbetreuer und der Behördenbetreuer bestellbar unter der Voraussetzung, daß der Verein oder die Behörde eingewilligt haben bzw einwilligen (§ 1897 Abs 2). Da auch das Einverständnis des Mitarbeiters mit seiner Bestellung zum Vereins- oder Behördenbetreuer vorausgesetzt ist (BIENWALD RsDE 8/1989, 36 f), hat er die Möglichkeit, aus Gründen anderer Überzeugung die Betreuerbestellung abzulehnen. 21

4. Keine vormundschaftsgerichtliche Genehmigung ohne Antrag

22 Die Entscheidung des Vormundschaftsgerichts, mit der es die Einwilligung des Betreuers in die Sterilisation der/des Betreuten genehmigt oder die Genehmigung ablehnt, ergeht außerdem **nur auf Antrag** des Betreuers. Der Betreuer darf die Einwilligung in den ärztlichen Eingriff erst dann erklären, wenn das Vormundschaftsgericht seine Entscheidung gebilligt hat. Es ist demnach Sache des Betreuers, dem ihm zugewiesenen Aufgabenkreis entsprechend eine Entscheidung zu treffen und für den Fall der Einwilligung die erforderliche Genehmigung des Gerichts einzuholen. Eine Betätigung des Gerichts von Amts wegen ist nicht vorgesehen; allerdings auch nicht ausdrücklich ausgeschlossen. Das Antragserfordernis ergibt sich aus der Besonderheit des speziell zuständigen Betreuers und einem Vergleich mit den Regelungen der §§ 1904, 1906. Allenfalls kann das Gericht den Betreuer zur Auskunft über die beabsichtigte Entscheidung bzw die Erledigung der ihm übertragenen Aufgabe auffordern (§ 1839 iVm § 1908i Abs 1 S 1).

Die Notwendigkeit eines Antrags des Betreuers bedeutet nicht, daß dieser dadurch zum Kostenschuldner würde. Zur Kostenfrage s Rn 59.

Für die Bestellung eines Sterilisationsbetreuers gilt § 1896 Abs 1 S 1 und 2, wonach die Bestellung sowohl auf Antrag, auch eines geschäftsunfähigen Betroffenen, als auch von Amts wegen erfolgen kann.

5. Ziel der Sterilisation

23 Hauptziel der Sterilisation kann nur die dauernde (gegebenenfalls reversible) Verhütung von Schwangerschaften der Betroffenen oder – mittelbar – durch den Betroffenen sein (zur Sterilisation von Männern s Rn 39). Die Sterilisation stellt kein geeignetes Mittel zur Verhinderung unerwünschten Geschlechtsverkehrs Behinderter untereinander oder unerwünschter sexueller Belästigung oder sexueller Gewalt durch Behinderte oder Nichtbehinderte dar.

6. Zur Frage der Anordnung eines Einwilligungsvorbehalts

24 Ebensowenig wie bei verweigerter ärztlicher Behandlung durch den Betreuten kann für den Fall einer Sterilisation einwilligungsunfähiger Betreuter die Anordnung eines Einwilligungsvorbehalts ein zur Problemlösung geeignetes Instrument sein; dies wird jedoch vielfach in der Praxis angenommen, weil der Begriff der Einwilligung und des Einwilligungsvorbehalts und/oder der Regelungszweck mißverstanden wird.

Die Anordnung eines Einwilligungsvorbehalts bewirkt, daß bestimmte Willenserklärungen der/des Betreuten erst mit Zustimmung des Betreuers wirksam werden (§ 1903 Abs 1 S 1). Ist die/der Betreute einwilligungsfähig, bedarf es für die Zulässigkeit des Eingriffs keiner zusätzlichen Erklärung des Betreuers. Lediglich wegen des Abschlusses des Behandlungsvertrages könnte zur Verhinderung mehrfacher Vertragsabschlüsse zum Schaden der/des Betreuten die Anordnung eines Einwilligungsvorbehalts in Erwägung zu ziehen sein.

Die Fähigkeit der/des Betreuten zur Einwilligung in den ärztlichen Eingriff der 25
Sterilisierung schließt nicht aus, daß die/der Betreute für den Abschluß des Arzt-
oder/und Krankenhausvertrages sowie für die Geltendmachung etwaiger Ansprüche
auf Kostenübernahme uä nicht die erforderliche Geschäftsfähigkeit besitzt. Deshalb
besteht durchaus bei vorhandener Einwilligungsfähigkeit in den ärztlichen Eingriff
darüber hinaus ein **Betreuungsbedarf**, zu dessen Besorgung jedoch kein besonderer
Sterilisationsbetreuer nach § 1899 Abs 2, sondern nur ein „einfacher" Betreuer nach
§ 1896 Abs 1 S 1 zu bestellen ist. Erforderlichenfalls ist die Betreuerbestellung in die
Aufgabenbereiche 1) Entscheidung über die Einwilligung in die Sterilisation und
2) sonstige mit der Sterilisationsentscheidung in Zusammenhang stehende Entscheidungen, die den Eingriff nicht unmittelbar betreffen, aufzuspalten.

Soweit im Schrifttum davon die Rede ist, der Sterilisationsbetreuer habe sich um die
betreute Person vor, während und im Anschluß an den Eingriff auch persönlich zu
kümmern (HK-BUR/HOFFMANN Rn 27), die Betreuung schließe die Nachbehandlung
ein (MünchKomm/SCHWAB Rn 16), die Sterilisationsbetreuung sei aufzuheben, sobald
die Zeit der Nachsorge verstrichen ist (DAMRAU/ZIMMERMANN³ Rn 46), fehlen Erläuterungen, was mit dieser Betreuungsaufgabe gemeint ist, was von ihr erfaßt sein bzw
geleistet werden soll. Zu persönlichem Kontakt gemäß §§ 1897, 1901 ist auch der
Sterilisationsbetreuer im Rahmen seines Auftrages verpflichtet; dabei handelt es sich
jedoch nicht um eine eigene Sachaufgabe, sondern um Anforderungen an die Art
und Weise der Aufgabenerfüllung. Geht es um psychologische Betreuung, stellt sich
die Frage nach der fachlichen Kompetenz und dem Vorrang anderer Hilfe gemäß
§ 1896 Abs 2. Soll mit der Nachbehandlung oder Nachsorge eine Vertretungstätig-
keit verbunden sein, kann sie schon begrifflich nicht von der Aufgabenformulierung:
Entscheidung über die Sterilisation oder enger: Einwilligung in die Sterilisation
erfaßt sein. Ein etwas umfassender formulierter Aufgabenkreis kraft Sachzusammenhangs müßte nicht gegen §§ 1905, 1899 Abs 2 und deren Sinn und Zweck verstoßen (vgl aber Rn 29).

III. Voraussetzungen der Einwilligung in die Sterilisation

1. Verfahren

a) Allgemeines

Hat die/der Betroffene bereits einen Betreuer mit einem mehr oder weniger um- 26
fassenden Aufgabenkreis (angesichts des Personenkreises, auf den § 1905 zugeschnitten ist, dürften Betreuungsfälle mit geringen Aufgabenkreisen eine Seltenheit
sein), und soll eine Sterilisation vorgenommen werden, muß für die Entscheidung
über die Einwilligung in eine Sterilisation der/des Betreuten ein besonderer Betreuer bestellt werden (§ 1899 Abs 2), sofern die/der Betreute nicht selbst die Einwilligung erteilen kann. Ist die/der Betreute einwilligungsfähig, entscheidet sie/er selbst
über die Vornahme oder Nichtvornahme eines solchen Eingriffs.

Besteht keine Betreuung oder wurde eine frühere Betreuung aufgehoben, bedarf es
der Bestellung eines Betreuers für die Entscheidung über die Einwilligung in die
Sterilisation.

In beiden Fällen besteht der Aufgabenkreis des Betreuers zumindest darin, eine

Entscheidung über die Einwilligung in eine Sterilisation der/des Betreuten zu treffen. Die Entscheidungszuständigkeit dieses Sterilisationsbetreuers enthält, wenn das Vormundschaftsgericht nichts anderes bestimmt, nicht nur die Befugnis, über die nicht rechtsgeschäftliche Seite des ärztlichen Eingriffs zu befinden, sondern auch die Rechtsmacht, im Namen der/des Betreuten als deren/dessen gesetzlicher Vertreter (§ 1902) den erforderlichen zivilrechtlichen Behandlungs- und Krankenhausvertrag (zu beidem s STAUDINGER/RICHARDI [2005] Vorbem 1255 ff und 1267 ff zu §§ 611 ff) zu schließen sowie alle diejenigen Angelegenheiten zu besorgen, die zur Durchführung der genehmigten Sterilisationseinwilligung erforderlich sind, zB die Verhandlungen mit den Stellen zu führen, die den Eingriff zu finanzieren haben (Krankenkasse, Sozialamt). Dem Vollzug der genehmigten Sterilisationseinwilligung dient die Geltendmachung von vertraglichen Erfüllungsansprüchen oder auch die Ausübung eines vertraglich vereinbarten oder eines außerordentlichen Kündigungsrechts. Wegen des Sachzusammenhangs umfaßt die Aufgabe der Sterilisationsbetreuung auch die Geltendmachung von Schadensersatzansprüchen, die der/dem Betreuten wegen Schlechterfüllung und unerlaubter Handlung zustehen können. Beschränkt das Gericht den Aufgabenkreis des besonderen Betreuers dem Wortlaut des § 1899 Abs 2 entsprechend auf die Entscheidung über die Einwilligung in die Sterilisation der Betroffenen, wären die weiteren mit der Sterilisation in Zusammenhang stehenden Angelegenheiten einschließlich einer Nachsorge im Zweifel nicht Aufgabe dieses, sondern des bereits bestellten oder eines noch zu bestellenden Betreuers.

Die Verbindung der Entscheidungszuständigkeiten ergibt sich nicht unmittelbar aus § 1902, der dem Betreuer die Vertretungsbefugnis einräumt. Das Vertretungsrecht des Betreuers ist an den Aufgabenkreis gebunden. Würde die Aufgabenbestimmung eine rechtsgeschäftliche Vertretung nicht zulassen, käme sie auch nach § 1902 nicht in Frage; sie wäre wirkungslos.

27 Wurde der Betreuer vom Vormundschaftsgericht bestellt, entscheidet er über die Abgabe der Einwilligungserklärung. Er darf nur einwilligen, wenn das Vormundschaftsgericht die Einwilligung genehmigt hat. Die Genehmigung muß vorliegen, bevor der Betreuer seine Einwilligung erteilt. Eine nachträgliche vormundschaftsgerichtliche Genehmigung einer bereits erteilten Einwilligung kommt nicht in Betracht (Abs 2). Adressat der Erklärung ist der für die Operation verantwortliche Arzt. Dieser darf mit dem (medizinischen) Sachverständigen, der zur Frage der Einwilligung Stellung genommen hat, nicht identisch sein (§ 69d Abs 3 S 1 FGG). Die Sterilisation darf erst zwei Wochen nach Wirksamkeit der Genehmigung des Gerichts durchgeführt werden (§ 1905 Abs 2 S 2). Dementsprechend hat das Gericht dem Betreuer eine **Bescheinigung** auszustellen, aus der ersichtlich ist, wann die Genehmigung wirksam wurde.

Hat der Arzt eine Sterilisation vorgenommen, bevor die Frist abgelaufen war, kommt es für die rechtliche Bewertung des Vorgangs darauf an, ob die Sterilisation aus medizinischen Gründen vor dem Ablauf der Wartefrist erforderlich war.

28 Hat das Vormundschaftsgericht die Einwilligung in die Sterilisation vormundschaftsgerichtlich genehmigt, steht es dem Betreuer dennoch frei, ob er den Eingriff durchführen läßt und seine Einwilligung dazu erteilt (MünchKomm/SCHWAB Rn 28). Die erteilte vormundschaftsgerichtliche Genehmigung verpflichtet den Betreuer nicht, an dem gefaßten Entschluß festzuhalten. Der Sterilisationsbetreuer kann auch nicht mit der Begründung entlassen werden, er habe nach Überprüfung der Voraussetzungen einen Antrag auf Genehmigung der Sterilisation nicht gestellt (LG Hildesheim BtPrax 1997, 121). Der Betreuer handelt jedoch pflichtwidrig, wenn er trotz bestehender Notlage nicht für die Durchführung der Maßnahme sorgt (MünchKomm/Schwab Rn 28). Er hat darauf zu achten, daß bis zuletzt die materiell-rechtlichen Voraussetzungen der Einwilligung vorliegen. Gibt die/der Betreute nach Erteilung der vormundschaftsgerichtlichen Genehmigung, aber vor dem Eingriff zu erkennen, daß sie/er den Eingriff nicht will, darf von der vormundschaftsgerichtlichen Genehmigung kein Gebrauch gemacht werden (MünchKomm/Schwab Rn 28).

b) Die zwei Verfahren der Betreuerbestellung und der vormundschaftsgerichtlichen Genehmigung

Wegen der Notwendigkeit, einen (besonderen) Sterilisationsbetreuer zu bestellen (§ 1899 Abs 2), sind zwei verschiedene Verfahren durchzuführen. Für das Verfahren zur Bestellung eines Betreuers nach § 1899 Abs 2 gelten die allgemeinen Verfahrensbestimmungen mit wenigen speziellen Regelungen; für das Verfahren zur Genehmigung der Einwilligung des Betreuers sind zahlreiche Sonderbestimmungen zu beachten. Sie haben den Zweck, in diesem Falle besonders strenge rechtsstaatliche Garantien zu sichern (BT-Drucks 11/4528, 145). Wurden für die Entscheidung über die Bestellung des besonderen Betreuers gemäß § 1899 Abs 2 bereits Verfahrenshandlungen vorgenommen, die erst für ein etwaiges Genehmigungsverfahren vorgesehen sind (§ 69 Abs 3 FGG), so kann deren Wiederholung entbehrlich sein, wenn die Verfahren in einem engen zeitlichen Zusammenhang durchgeführt werden und durch ihre erneute Vornahme weitere entscheidungserhebliche Erkenntnisse nicht zu erwarten sind (OLG Hamm OLGRp 2000, 176 = FamRZ 2001, 314 = Rpfleger 2000, 328 = BtPrax 2000, 168 m Anm Hoffmann BtPrax 2000, 235 und Pöld-Krämer BtPrax 2000, 237). Die Aufgabe des besonderen Betreuers ist beschränkt auf die Entscheidung über die Einwilligung in die Sterilisation. Die (persönliche) Nachbetreuung hat § 1899 Abs 2 ihm nicht zur Aufgabe gemacht (aA HK-BUR/Hoffmann Rn 27). Praktisch war dies allerdings lediglich ein Problem des (bezahlten) Berufsbetreuers, dessen Vergütung sich bis zum 1. 7. 2005 nach seinem Auftrag richtete.

Für beide Verfahren ist die/der Betroffene bzw Betreute verfahrensfähig (§ 66 FGG); in beiden Verfahren entscheidet der Richter (§ 14 Nr 4 RPflG). Für das Verfahren zur Bestellung eines besonderen Sterilisationsbetreuers muß ein Verfahrenspfleger nur dann bestellt werden, wenn andere Gründe (nicht die des Verfahrenszieles) dies erfordern. Die Regelung des § 67 Abs 1 S 5 FGG bezieht sich ausdrücklich nur auf das Verfahren, dessen Gegenstand die Genehmigung der Einwilligung des Betreuers in die Sterilisation ist (§ 1905 Abs 2).

c) Besonderheiten des Genehmigungsverfahrens

Vor der Genehmigungsentscheidung hat das Gericht die/den Betroffene(n) **persönlich anzuhören** und sich einen unmittelbaren Eindruck von ihr/ihm zu verschaffen (§ 68 Abs 1 S 1 iVm § 69d Abs 3 S 1 FGG). Die persönliche Anhörung muß in jedem Falle, unabhängig von dem Zustand der/des Betroffenen und zu besorgenden Folgen, durchgeführt werden (MünchKomm/Schwab Rn 24; Keidel/Kuntze Rn 10 zu § 69d FGG). Nicht verwiesen ist auf § 68 Abs 1 S 2 FGG, so daß die Anhörung an die übliche (häusliche) Umgebung der/des Betroffenen nicht gebunden ist. Auch auf § 68 Abs 4

FGG ist nicht verwiesen worden, wonach der Richter zur Anhörung einen Sachverständigen hinzuziehen kann. Im Rahmen seiner Ermittlungspflicht (§ 12 FGG) sowie im Hinblick auf Art 103 Abs 1 GG darf und muß der Richter ggf so verfahren.

Die Gestattung der **Anwesenheit einer Person des Vertrauens** hat § 69d Abs 3 FGG nicht für den ersten Teil des Verfahrens, jedoch für das Schlußgespräch vorgesehen. Im Rahmen von § 12 FGG kann das Gericht nach pflichtgemäßem Ermessen die Vertrauensperson der/des Betroffenen bereits während der Ermittlungen zulassen (MünchKomm/SCHWAB Rn 31).

31 Das Gericht hat den Betroffenen über den möglichen Verlauf des Verfahrens zu unterrichten (§ 68 Abs 1 S 3 FGG). Das Ergebnis der Anhörung, die Gutachten der Sachverständigen sowie der Gegenstand der Genehmigung sind mit der/dem Betroffenen mündlich zu erörtern, soweit dies zur Gewährung des rechtlichen Gehörs oder zur Sachaufklärung erforderlich ist **(Schlußgespräch)**. Die persönliche Anhörung (Abs 1 S 1) sowie die Inaugenscheinnahme der/des Betreuten und das Schlußgespräch können in einem Termin stattfinden. Auf Verlangen der/des Betreuten ist einer Vertrauensperson die Anwesenheit zu gestatten. Anderen Personen kann das Gericht die Anwesenheit gestatten, jedoch nicht gegen den Willen der/des Betreuten (§ 68 Abs 5 iVm § 69d Abs 3 S 1 FGG).

Das Gericht gibt vor der Genehmigung der Einwilligung der zuständigen Behörde und den in § 68a FGG genannten Personen gemäß dieser durch das BtÄndG und durch das LPartG in S 3 geänderten Verfahrensbestimmung Gelegenheit zur Äußerung (§ 69d Abs 3 S 1 FGG); nicht notwendig mündlich.

32 Die Genehmigung darf erst erteilt werden, nachdem **Gutachten** von Sachverständigen eingeholt worden sind, die sich auf die **medizinischen, psychologischen, sozialen, sonderpädagogischen und sexualpädagogischen Gesichtspunkte** erstrecken. Eine Zuordnung bestimmter Kompetenzen zu einzelnen Tatbestandsvoraussetzungen ist damit nicht vorgegeben. § 69d Abs 3 S 5 FGG nF schreibt vor, daß **Sachverständiger und ausführender Arzt nicht personengleich** sein dürfen. Obgleich die Begründung des RegEntw für diese Regelung, mit ihr sollten mögliche Interessenkonflikte von vornherein ausgeschlossen werden (BT-Drucks 11/4528, 177), auch für andere Sachverständige und deren bereits vor der Begutachtung bestehende Beziehungen zur Betreuten – zB als Therapeut oder Sozialarbeiter/Sozialpädagoge – gelten kann, hat das BtG (auch nicht die Neufassung durch das BtÄndG) einen weitergehenden Ausschluß von Sachverständigen nicht vorgesehen. Dem Sinn der Bestimmung entspricht es, daß ein Arzt an der Ausführung der Sterilisation auch dann gehindert ist, wenn er als Sachverständiger in seinem Gutachten vorwiegend oder ausschließlich nicht im engeren Sinne medizinische Fragen untersucht hat oder wenn er Praxiskollege des medizinischen Sachverständigen ist. Obwohl Verfahrensbestimmung, kann gegen diese Verbotsnorm in erster Linie der Sterilisationsbetreuer verstoßen, wenn er die Ausführung der Sterilisation organisiert. Die Mißachtung der Verbotsnorm hat jedoch nicht die Rechtswidrigkeit des ärztlichen Eingriffs zur Folge; insofern handelt es sich lediglich – wie in § 1904, § 69d Abs 2 S 2 FGG nF – um eine Ordnungsvorschrift.

33 Jeder Sachverständige hat die/den Betreute(n) vor Erstattung der Gutachten persönlich zu untersuchen oder zu befragen (§ 69d Abs 3 S 4 FGG). Während der medizinische Sachverständige ohne eine Untersuchung der/des Betreuten nicht auskommen wird, werden die übrigen Sachverständigen in der Regel die/den Betroffenen nicht untersuchen müssen. Im übrigen sind Verfahrenshandlungen durch einen ersuchten Richter ausgeschlossen (§ 69d Abs 3 S 2 FGG); das betrifft insbesondere die persönliche Anhörung und die Inaugenscheinnahme.

Die Zahl der einzuholenden Gutachten hat der Gesetzgeber nicht beziffert. Der RegEntw versteht die Gesetzesformulierung aber so, daß für die Entscheidung des Gerichts mindestens zwei Gutachten eingeholt werden müssen, weil die zu untersuchenden unterschiedlichen Aspekte von einem einzigen Sachverständigen nicht abgedeckt werden können (BT-Drucks 11/4528, 177). Im Hinblick auf die zahlreichen zu begutachtenden Aspekte der Sterilisation (vgl § 69d Abs 3 S 3 FGG) dürften aber auch zwei Gutachten in der Regel nicht ausreichen.

Für den Inhalt der Entscheidung gilt § 69 FGG. Aufgabe des Gerichts ist es nicht, in **34** dem Genehmigungsbeschluß die vom Arzt zu wählende Sterilisationsmethode vorzugeben (aA HK-BUR/Hoffmann Rn 51; vgl auch MünchKomm/Schwab Rn 34 und Erman/Roth Rn 23). Träger der Sterilisationsentscheidung ist weiterhin der Betreuer; er hat die unmittelbar im Gesetz ausgesprochene Verpflichtung an die Ärztin/den Arzt weiterzugeben. Praktisch wäre die Aufnahme des Gesetzestextes (Abs 2 S 3) in den Beschlußtext.

Die Genehmigungsentscheidung ist der/dem **Betreuten stets selbst bekanntzumachen**, unabhängig von der psychischen oder physischen Verfassung der/des Betreuten. Von der Bekanntmachung der Gründe kann in diesem Verfahren nicht abgesehen werden; § 69a Abs 1 S 2 FGG gilt nicht entsprechend (vgl § 69d Abs 3 S 1 FGG).

Die Genehmigungsentscheidung und auch die Entscheidung, mit der das Gericht die Genehmigung verweigert hat (zB bei Widerstand der/des Betreuten), sind der zuständigen Behörde bekanntzumachen, wenn ihr das Gericht im Verfahren Gelegenheit zur Äußerung gegeben hatte (§ 69a Abs 2 S 2 iVm § 69d Abs 3 S 1 FGG).

Im Wege einer einstweiligen Anordnung kann die Genehmigung des Gerichts zur Einwilligung in die Sterilisation nicht erteilt werden (§ 69f FGG). Gegen die Bestellung des Sterilisationsbetreuers in diesem Verfahren bestehen dagegen weder gesetzliche Hemmnisse noch grundsätzliche Bedenken. Unbedingte Voraussetzung und Grundlage der Genehmigungsentscheidung bzw der Ablehnung der Genehmigung sind die nach § 69d Abs 3 S 3 FGG erforderlichen Gutachten, so daß sich aus diesem Grunde ein schnelles Verfahren verbieten dürfte.

d) Qualifikation der Sachverständigen

Die Qualifikation des oder der Sachverständigen läßt das Gesetz offen, um dem **35** Gericht die Entscheidung zu überlassen, je nach Fallgestaltung und den zu untersuchenden Gesichtspunkten diejenigen Sachverständigen auszuwählen, welche die entsprechende Qualifikation für die Schwerpunkte der untersuchungsbedürftigen Gesichtspunkte haben (BT-Drucks 11/4528, 177).

Indem das Gesetz lediglich die verschiedenen Aspekte der zu treffenden Entscheidung nennt, ohne eine fachwissenschaftliche Zuordnung vorzunehmen, läßt es offen, welche Fachwissenschaft auf welchem Teilaspekt eine Antwort zu geben hat. Auch den einzelnen Tatbestandselementen der Genehmigung des Gerichts sind nicht etwa bestimmte Aspekte oder Wissenschaften zugewiesen. Die amtliche Begründung geht allerdings davon aus, daß zur Beurteilung der Gesamtsituation die Erforschung der sozialen Gesichtspunkte erforderlich ist, daß zur Feststellung der Einwilligungsunfähigkeit insbesondere medizinische, psychologische und sonderpädagogische Gesichtspunkte als Entscheidungsgrundlage notwendig sind, daß für eine gesicherte Prognose über die Entwicklungsmöglichkeiten und die Lebensperspektive der/des Betreuten spezielle sonderpädagogische Erkenntnisse nicht entbehrt werden können. Auch für die Beurteilung der Notlagensituation hält die amtliche Begründung medizinische, psychologische und sonderpädagogische Erkenntnisse für erforderlich. Im Hinblick darauf, daß die Sterilisation nur als letztes Mittel in Betracht zu ziehen ist, soll das Gericht auch sexualpädagogische Gesichtspunkte prüfen, so etwa die Frage, ob und auf welche Weise nach therapeutischen Maßnahmen Verhütungsmittel eingesetzt werden können (BT-Drucks 11/4528, 177).

Im Hinblick darauf, daß in den genannten Fachwissenschaften die Sterilisation eines Menschen eine ganz unterschiedliche Aufmerksamkeit und Beurteilung erfährt und unter sehr verschiedenen Aspekten gesehen wird, empfiehlt es sich nicht, den jeweiligen Sachverständigen lediglich den Text des § 1905 mitzuteilen und ihnen die Entscheidung darüber zu überlassen, auf welche der möglichen Fragen, die für die Entscheidung des Gerichts wichtig sind, sie im einzelnen eingehen wollen.

2. Materiellrechtliche Voraussetzungen der Einwilligung des Betreuers und der vormundschaftsgerichtlichen Genehmigung dieser Einwilligung

a) Struktur des § 1905

36 Ähnlich wie § 1906 regelt § 1905 nicht lediglich die Voraussetzungen für die vormundschaftsgerichtliche Genehmigung der Einwilligung des Betreuers, sondern auch die Voraussetzungen dieser Einwilligung. Damit sind zugleich die Kriterien der gerichtlichen Genehmigung einer Sterilisation gesetzlich bestimmt. Einen Ermessensspielraum in der Hinsicht, daß es geringere Anforderungen an seine Genehmigung selbst stellen könnte, hat das Vormundschaftsgericht nicht (MünchKomm/ SCHWAB Rn 27 mwN; ERMAN/ROTH Rn 27).

Die Einwilligung in die Sterilisation und die Genehmigung der Betreuerentscheidung sind nur zulässig, wenn die fünf verschiedenen **Voraussetzungen in ihrer Gesamtheit** gegeben sind. Dies muß auch noch **im Zeitpunkt des ärztlichen Eingriffs** so sein. Fehlt im Zeitpunkt des Eingriffs des Arztes auch nur ein Merkmal des gesetzlichen Tatbestandes, ist die Sterilisation rechtswidrig. Nicht nur wegen der Möglichkeit, wegen des rechtswidrigen Eingriffs zivilrechtlich oder strafrechtlich (dazu näher HK-BUR/HOFFMANN Rn 87 ff) zur Rechenschaft gezogen zu werden, muß der Arzt darauf achten, daß die Voraussetzungen eines zulässigen Eingriffs vorliegen. Auch die Übernahme der Kosten durch die Krankenkassen oder den Träger der Sozialhilfe hängt davon ab, daß es sich um eine rechtmäßige Sterilisation handelt. Zur Frage der Kosten der Sterilisation s unten Rn 59.

37 Die Anwendung der Vorschrift setzt voraus, daß die/der Betroffene nicht einwilli-

gungsfähig, also außerstande ist, Art, Bedeutung und Tragweite – auch die Risiken – der Maßnahme zu erfassen und ihren/seinen Willen hiernach zu bestimmen (BT-Drucks 11/4528, 71). Die/der Betroffene müßte, wäre sie/er einwilligungsfähig, auch imstande sein, die erforderliche ärztliche Aufklärung über die Maßnahme, ihre Folgen und die mit ihr verbundenen Risiken zu erfassen. Andernfalls wäre selbst bei Einwilligungsfähigkeit die Einwilligung der/des Betroffenen nicht wirksam (BT-Drucks 11/4528, 71).

b) Sterilisationsvoraussetzungen
Neben der Grundvoraussetzung für eine Fremdbestimmung in der Angelegenheit **38** einer Sterilisierung, der dauerhaften Einwilligungsunfähigkeit, müssen die weiteren Voraussetzungen erfüllt sein:

– das Fehlen eines Widerspruchs (Abs 1 S 1 Nr 1),

– das Fehlen anderer zumutbarer Mittel, eine Schwangerschaft zu verhindern (Abs 1 S 1 Nr 5),

– die Annahme, daß es ohne die Sterilisation zu einer Schwangerschaft kommen würde und infolge dieser Schwangerschaft eine Gefahr für das Leben oder die Gefahr einer schwerwiegenden Beeinträchtigung des körperlichen oder seelischen Gesundheitszustandes der Schwangeren zu erwarten wäre, die nicht auf andere zumutbare Weise abgewendet werden könnte (Abs 1 S 1 Nr 3 und 4).

c) Sterilisation von Männern
Nach dem Willen des Gesetzgebers (BT-Drucks 11/4528, 79) soll nach dieser Vorschrift **39** die Sterilisierung eines einwilligungsunfähigen Mannes mit Hilfe einer entsprechenden Einwilligung seines Sterilisationsbetreuers zulässig sein. Da die Vorschrift in bezug auf die in Abs 1 S 1 Nr 3 und 4 genannten Voraussetzungen keine männerspezifische Indikation vorsieht, kann die Absicht des Gesetzgebers nur so verstanden werden, daß diese Voraussetzungen bei der (uU auch betreuten) Partnerin des betreuten Mannes gegeben sind. Unter diesen Umständen kann jedoch nur angenommen werden, daß es ohne die Sterilisierung (des Mannes) zu einer Schwangerschaft (der Partnerin) kommen würde, wenn zuvor der Mann untersucht und seine Zeugungsfähigkeit festgestellt worden ist. Der Mangel der Zeugungsfähigkeit fällt dagegen nicht unter das Merkmal des Abs 1 S 1 Nr 5, das Verhütungsmittel bzw -möglichkeiten meint, also davon ausgeht, daß Verhütung von Schwangerschaft überhaupt erforderlich und möglich sein kann. Bei der Abwägung der für und gegen eine Sterilisation des Mannes sprechenden Umstände kann von Bedeutung sein, daß der Eingriff bei einem Mann wesentlich einfacher und risikoärmer vorzunehmen ist als bei einer Frau (BLUME Sterilisation Vorwort 9). Näher dazu und die Sterilisation von Männern nach § 1905 ablehnend ERMAN/ROTH Rn 24 f.

d) Die Einwilligungs- und Genehmigungsvoraussetzungen im einzelnen
aa) Fehlen eines Widerspruchs (Abs 1 S 1 Nr 1)
Die Einwilligung des Betreuers in die Sterilisation einer/eines einwilligungsunfähi- **40** gen Betreuten darf nur zum Wohl der/des Betreuten erfolgen (BT-Drucks 11/4528, 76). Die Vorschrift erlaubt deshalb keine Anwendung von Zwang zur Durchsetzung der Betreuereinwilligung. Zwangssterilisationen werden nicht als ein Mittel zur Verwirk-

lichung des Wohls des Betroffenen angesehen; sie könnten auch zu schweren seelischen Schäden bei den Betroffenen führen (BT-Drucks 11/4528, 76).

Zwang zur Durchsetzung der Sterilisation ist selbst dann ausgeschlossen, wenn eine Schwangerschaft zu einer Lebensgefahr oder schweren Gesundheitsgefahr für die betroffene Frau führen würde (BT-Drucks 11/4528, 76); die schwere Gesundheitsgefahr, die auch bei einem Mann zu befürchten sein kann, erlaubt auch bei ihm keinen zwangsweisen Eingriff. Der RegEntw sieht als Alternative zu einer lediglich mit Gewalt durchzusetzenden Sterilisierung die Unterbringung an, die jederzeit rückgängig gemacht werden kann (aaO; dazu im einzelnen unten Rn 45).

41 Das Verbot der Zwangssterilisation erlaubt die Einwilligung des Betreuers in den Eingriff nur dann, wenn die Sterilisation dem Willen der/des Betreuten nicht widerspricht (BT-Drucks 11/4528, 143). Unter „Wille" versteht der RegEntw (aaO) den „natürlichen" Willen eines Menschen, auch wenn dieser Wille nicht von Einsichts- oder Steuerungsfähigkeit getragen wird. HOLZHAUER (Gutachten DJT B 87) sieht darin einen gewissen Widerspruch, daß einerseits ein natürlicher, gegen die Sterilisation gerichteter Wille der/des einwilligungsunfähigen Betreuten maßgebend sein soll, bei der Einwilligung in eine diagnostische oder therapeutische Behandlung diesem natürlichen Willen aber die Maßgeblichkeit abgesprochen wird (kritisch auch DIECKMANN JZ 1988, 789, 799; FINGER DAVorm 1989, 11, 24 sowie LEISTER Betrifft JUSTIZ 1989, 58, 59).

42 Problematisch für den Juristen wie für den Mediziner und den Psychologen ist die Abgrenzung zwischen Einwilligungsfähigkeit bzw -unfähigkeit und der Beachtlichkeit eines ablehnenden Willens. Einerseits darf die/der Betreute nicht in der Lage sein, einen qualifizierten Willen zur Frage des Sterilisierungseingriffs zu bilden, und zwar auf Dauer; sie/er darf aber andererseits imstande sein, eine Ablehnung des Eingriffs zu wollen und diesen „Willen" zu äußern. Für die Unterscheidung ist das Zeitmoment maßgebend. Während die Einwilligungsunfähigkeit von Dauer sein muß, dh mehr oder weniger starke Schwankungen aufgrund von Beeinflussungen auf eine Unfähigkeit zur verantwortlichen Alleinentscheidung schließen lassen, kommt es für die Beachtlichkeit des Widerstandes (Widerwillens) der/des Betreuten gegen die Sterilisation nicht auf dessen Dauerhaftigkeit an.

Das Verbot der Zwangssterilisation (der Ausdruck ist mehrdeutig und deshalb mißverständlich; dazu GAIDZIK/HIERSCHE 62) erlaubt deshalb nicht die Anwendung physischer Gewalt. Die Einwirkung auf die Psyche der/des Betreuten bedeutet dann Zwang, wenn sie die Äußerung des „natürlichen" Gegenwillens der/des Betreuten nicht mehr zuläßt. Dagegen ist eine argumentative Auseinandersetzung zulässig, die dazu führt, daß die/der Betreffende in ihrer/seiner Meinung umgestimmt wird.

43 Hat sich die/der Betreute mit dem Eingriff einverstanden erklärt, schließt dies nicht aus, daß spätestens vor dem Eingriff die Sterilisation im Sinne der Nr 1 abgelehnt wird. Ein vorheriges Einverständnis mit dem Eingriff bindet die/den Betreute(n) nicht, schließt deshalb auch einen Widerstand gegen die Sterilisation nicht aus (BT-Drucks 11/4528, 143; MünchKomm/SCHWAB § 1905 Rn 17). Fraglich ist, ob nur ein gegen die Sterilisation gerichteter Widerstand oder jegliche Abwehr beachtlich ist. Während DAMRAU/ZIMMERMANN (§ 1905 Rn 18; ebenso OLG Hamm FamRZ 2001, 314 = BtPrax 2000, 168; weitere Fundstellen s Rn 29) den erstgenannten Standpunkt einnehmen, allerdings dann davon ausgehen, daß ein anders motivierter Widerstand nach Gesprächen aufgegeben wird, lehnen ERMAN/ROTH § 1905 Rn 10 eine Differenzierung ab, weil sonst die Gefahr bestehe, daß das Verbot der Zwangssterilisation unterlaufen wird. Der Wortlaut des Gesetzes deutet darauf hin, daß nur ein Widerspruch gegen die Sterilisation den Eingriff (und sogar bereits die Einwilligung des Betreuers, vgl BT-Drucks 11/4528, 143; MünchKomm/SCHWAB Rn 17 sind gegen jede „Motivforschung" bei klarer Ablehnung) verbietet. Läßt sich die Zielrichtung des Widerspruchs eindeutig klären als ein gegen andere Beeinträchtigungen gerichteter („natürlicher") Wille – zB Spritze, Arztkleidung, Gesichtsmaske, Raumverhältnisse –, kann darauf eingegangen und können die den Widerstand hervorrufenden Verhältnisse geändert werden. Bestehen Zweifel hinsichtlich der Motivation und Zielrichtung des Widerstandes, muß die Sterilisation unterbleiben, weil nicht ausgeschlossen werden kann, daß sich der Widerspruch auch gegen sie richtet.

Es kommt nicht darauf an, daß der Widerspruch sprachlich geäußert wird; jegliche Äußerungsform, die einen Widerspruch ausdrückt, verbietet den Eingriff (Gestik, Mimik, jegliche Gefühlsäußerung, s ERMAN/ROTH § 1905 Rn 10).

bb) Das Fehlen anderer zumutbarer Mittel, die Schwangerschaft zu verhindern (Abs 1 S 1 Nr 5)

Mit dieser (weiteren) Voraussetzung bestimmt das Gesetz den Nachrang der Sterilisierung gegenüber anderen zumutbaren Mitteln der Empfängnisverhütung (BT-Drucks 11/4528, 144). Die Sterilisation ist gemäß Abs 1 S 1 Nr 5 unzulässig, und sowohl die Einwilligung des Betreuers als auch die Genehmigung dieser Einwilligung durch das Vormundschaftsgericht ohne Rechtsgrundlage, wenn die Schwangerschaft durch andere zumutbare Mittel verhindert werden kann. Das setzt voraus, daß andere Mittel vorhanden, geeignet und – unabhängig von der Frage der Zumutbarkeit – auch anwendbar sind. Erst wenn dies alles zu bejahen ist, kommt es darauf an, daß das alternative Mittel der Verhütung auch zumutbar ist. **44**

In Betracht kommen mechanische oder chemische Mittel. Nicht ausgeschlossen erscheint auch eine Kontrolle empfängnisfreier Zeiten. Zum Vorhandensein anderer Mittel und Möglichkeiten der Schwangerschaftsverhütung gehört, daß sie zuverlässig angewendet werden können. Das heißt nicht nur, daß ihre (regelmäßige) Verwendung von der/dem Betreffenden erwartet, daß dies notfalls mit Hilfe von Betreuungskräften sichergestellt werden kann; erforderlich ist auch, daß die Einnahme oder Benutzung nicht von der/dem Betreuten verweigert wird. Die amtl Begr betont die besondere Bedeutung hier anwendbarer sexualpädagogischer Maßnahmen (BT-Drucks 11/4528, 144). Die hier bestehenden (und erfolgversprechenden) Möglichkeiten sind auszuschöpfen, ehe eine Sterilisation in Betracht gezogen werden kann. Auf solche sexualpädagogischen Gesichtspunkte hat sich demzufolge das einzuholende Sachverständigengutachten zu erstrecken (§ 69d Abs 3 S 3 FGG).

Ob mechanische oder chemische Empfängnisverhütungsmittel und -verfahren zumutbar sind, entscheiden die Umstände des Einzelfalles (BT-Drucks 11/4528, 144), zB die im Einzelfall zu erwartenden Nebenwirkungen oder andere Unverträglichkeiten, die nicht nur bei chemischen Mitteln auftreten können. Umstritten ist es, ob einer auf Dauer nicht einwilligungsfähigen betreuten Person zugemutet werden kann, zur Vermeidung einer Sterilisation einen Freiheitsentzug oder schwere freiheitsentzie- **45** hende Maßnahmen hinzunehmen (BT-Drucks 11/4528, 144; MünchKomm/Schwab Rn 18 in der Tendenz ablehnend; Damrau/Zimmermann Rn 36 – anders aber offenbar in Rn 10; Erman/ Roth Rn 18). Richtiger Ansicht nach ist dies nicht eine Frage der Zumutbarkeit. Eine Isolierung der/des Betreuten kommt als Alternative zur Sterilisation schon begrifflich nicht in Betracht, weil sie nicht lediglich Schwangerschaften vermeidet, sondern den Sexualverkehr schlechthin verhindert bzw verhindern soll. Demgegenüber ist die Sterilisation ein Mittel lediglich der Schwangerschaftsverhütung, das als äußerstes Mittel nur deshalb erforderlich ist, weil und damit es den Sexualverkehr ermöglicht. Bereits die Zielsetzung der freiheitsentziehenden Maßnahme geht in eine andere Richtung als die einer Sterilisation.

cc) Indikationen (Abs 1 S 1 Nr 3 und 4, Abs 1 S 2)
46 Der Betreuer darf seine Einwilligung in die Sterilisation nur dann geben und das Vormundschaftsgericht seine Genehmigung der Einwilligung nur dann erteilen, wenn neben den übrigen Voraussetzungen

– anzunehmen ist, daß es ohne die Sterilisation zu einer Schwangerschaft kommen würde,

– infolge dieser Schwangerschaft eine Gefahr für das Leben oder die Gefahr einer schwerwiegenden Beeinträchtigung des körperlichen oder seelischen Gesundheitszustandes der Schwangeren zu erwarten wäre, die nicht auf zumutbare Weise abgewendet werden könnte,

– wobei als schwerwiegende Gefahr für den seelischen Gesundheitszustand der Schwangeren auch die Gefahr eines schweren und nachhaltigen Leides gilt, das ihr drohen würde, weil vormundschaftsgerichtliche Maßnahmen, die mit der Trennung von dem Kind verbunden wären (§§ 1666, 1666a), gegen sie ergriffen werden müßten.

47 Das Gesetz verbietet eine „vorsorgliche" Sterilisierung, zB von Personen, die sexuell nicht aktiv oder jedenfalls nicht in einer Weise aktiv sind, die eine Schwangerschaft erwarten ließe (BT-Drucks 11/4528, 143). Erforderlich ist mithin die konkrete und ernstliche Annahme, daß ohne Sterilisation eine Schwangerschaft zu erwarten wäre (BayObLGZ 1997, 49 = FamRZ 1997, 702 = FGPrax 1997, 65 m Anm Seitz FGPrax 1997, 101 = BtPrax 1997, 158 m eingehender Begründung; die Entscheidung ist in zahlreichen weiteren Fachzeitschriften abgedruckt, teils vollständig, teils in Auszügen oder mit LS; genauer Nachweis in BtE 1996/97; bestätigt d BayObLG FamRZ 2001, 1560 = NJW 2002, 149 = MDR 2001, 1170 mwN; s außerdem OLG Hamm FamRZ 2001, 314, 315 = BtPrax 2000, 168 [169] m Anm Hoffmann und Pöld-Krämer BtPrax 2000, 235 und 237). Dies setzt nicht nur entsprechende sexuelle Betätigungen beider Partner, sondern auch eine konkrete Empfängnisbereitschaft bzw -fähigkeit voraus. Insoweit muß eine medizinische Klärung erfolgen. Die bloß abstrakte Möglichkeit einer Schwangerschaft genügt nicht; auch wäre es nicht gerechtfertigt, sexuell (zZ) nicht aktive Personen etwa für den Fall einer möglichen Vergewaltigung vorsorglich zu sterilisieren (MünchKomm/Schwab Rn 20; sinngemäß auch BT-Drucks 11/4528, 77). Dagegen genügt es, wenn die/der Betreute sexuelle Kontakte hat und der Eintritt einer Schwangerschaft nicht aus anderen Gründen unwahrscheinlich ist (MünchKomm/Schwab Rn 20).

Es ist nicht erforderlich, daß die betreute Person selbst schwanger wird. Es genügt **48** auch die Annahme, daß die Partnerin eines betreuten Mannes schwanger wird. Der RegEntw hat die Partnerschaft eines behinderten Mannes mit einer behinderten Frau zwar vor Augen und rechtfertigt damit die Sterilisation des Mannes mit dem Hinweis, es wäre nicht einzusehen, weshalb der Gesetzgeber die Sterilisation der Frau erlauben, die des Mannes jedoch verbieten sollte. Kriterien für die Entscheidung, ob in einem solchen Falle der Mann oder die Frau sterilisiert werden sollte, werden nicht vorgegeben (vgl BT-Drucks 11/4528, 143). Ist nur der eine Teil einwilligungsunfähig und hat er aus diesem Grunde einen Sterilisationsbetreuer, dürfte davon auszugehen sein, daß gegen eine Ablehnung der Sterilisierung durch den einwilligungsfähigen Partner letztlich nichts unternommen werden kann.

Nicht auszuschließen ist der Fall, daß **jeder der beiden Partner** einen Betreuer für die **49** Entscheidung über die Einwilligung in die Sterilisation erhält und zwischen den Betreuern eine Einigung, bei wem von beiden der Eingriff vorgenommen werden soll, nicht erreicht wird. Ein Konfliktregelungsmuster für diesen Fall enthält das BtG nicht; § 1899 betrifft die Fälle, daß mehrere Betreuer für die Angelegenheiten eines Betreuten bestellt worden sind. Das Vormundschaftsgericht könnte lediglich im Rahmen seiner Beratungs-, Aufsichts- und Kontrollbefugnis auf die Meinungsbildung der beiden Sterilisationsbetreuer Einfluß zu nehmen versuchen.

Nr 4 läßt eine Einwilligung des Betreuers in die Sterilisation seiner/seines Betreuten **50** nur zu, wenn infolge der zu erwartenden Schwangerschaft eine Gefahr für das Leben oder die Gefahr einer schwerwiegenden Beeinträchtigung des körperlichen oder seelischen Gesundheitszustandes der Schwangeren zu erwarten wäre, die nicht auf zumutbare Weise abgewendet werden könnte (BT-Drucks 11/4528, 143).

Diese Notlagenumschreibung konkretisiert das Hauptanliegen des Gesetzgebers, die „fremdbestimmte" Sterilisierung einer/eines einwilligungsunfähigen Betreuten ausschließlich im Interesse der/des Betreuten zuzulassen (ERMAN/ROTH Rn 15). Die Einwilligung des Betreuers darf weder im Interesse der Allgemeinheit oder von Verwandten noch im Interesse des ungezeugten Kindes (vgl zu allem BT-Drucks 11/4528, 75, 76) erteilt werden. Allerdings kann nicht ausgeschlossen werden, daß eine durch die Nr 4 gedeckte vollzogene Sterilisation von Verwandten oder Dritten als auch für sie vorteilhaft angesehen wird.

Vorausgesetzt wird auch hier, daß eine Schwangerschaft zu erwarten ist. Die lediglich abstrakte Möglichkeit reicht nicht aus (ERMAN/ROTH Rn 14).

Eine Gefahr für das Leben der Schwangeren kann körperliche oder seelische Ur- **51** sachen haben. Als Beispiele führt die amtl Begr an (BT-Drucks 11/4528, 143): Gebärmutterkrebs, chronisch entzündete Restniere, Selbsttötungsgefahr aufgrund schwerer Depressionen; Fälle dieser Art sollen bei dem betroffenen Personenkreis außerordentlich selten, aber dennoch nicht auszuschließen sein (BT-Drucks 11/4528, 143). Es kommen ferner Fälle in Betracht, bei denen infolge der Schwangerschaft die Gefahr einer schwerwiegenden Beeinträchtigung des körperlichen oder seelischen Gesundheitszustandes der Schwangeren zu erwarten wäre, beispielsweise schwere Herz- und Kreislauferkrankungen oder schwere depressive Fehlentwicklungen (BT-Drucks 11/ 4528, 143). Als eine schwerwiegende Gefahr für den seelischen Gesundheitszustand der Schwangeren gilt dabei auch die Gefahr eines schweren und nachhaltigen seelischen Leides, das ihr drohen würde, weil gerichtliche Maßnahmen, die mit ihrer Trennung vom Kind verbunden wären (§§ 1666, 1666a), gegen sie ergriffen werden müßten (dazu unten Rn 55).

52 Als schwerwiegende Beeinträchtigung des seelischen Gesundheitszustandes kann nicht schon jede fühlbare Störung des subjektiven Wohlbefindens verstanden werden (so zutreffend MünchKomm/SCHWAB Rn 22). Wenn SCHWAB genügen läßt, daß eine Schwangerschaft und ihre Folgen für die Frau mit schwerem und nachhaltigem psychischem Leid verbunden wären, wird allerdings neben Abs 1 S 2 eine weitere (mildere) Voraussetzung eingeführt. Als Gefahr eines schweren und nachhaltigen Leides im Sinne einer schwerwiegenden Gefahr für den seelischen Gesundheitszustand der Schwangeren (Abs 1 S 1 Nr 4 zufolge müßte es genauer heißen: der Gefahr einer schwerwiegenden Beeinträchtigung, weil Abs 1 S 2 eine Definitionsnorm enthält) werden gerichtliche Maßnahmen gemäß §§ 1666, 1666a (seit 1. 7. 1998 entscheidet das Familiengericht; eine Trennung kommt auch infolge von §§ 1673 Abs 1, 1674 Abs 1 oder 1748 Abs 3 in Betracht) angesehen, die mit der Trennung des Kindes von seiner Mutter verbunden wären (Abs 1 S 2). Offenkundig wollte der Gesetzgeber Abs 1 S 2 nicht als ein (Regel-)Beispiel verstanden wissen, wenn davon die Rede ist (BT-Drucks 11/4528, 143, 144), diese Bestimmung enthalte eine abschließende Sonderregelung. Daß dadurch die Anwendung des § 1748 Abs 3 in Zweifel gezogen werden könnte, lag fern. Zutreffend warnt SCHWAB aaO davor, die Erwartung einer Trennung des Kindes von seiner Mutter aufgrund und infolge von §§ 1666, 1666a vorschnell zu bejahen. Vgl in diesem Zusammenhang BVerfGE 60, 79 = JZ 1982, 416 = FamRZ 1982, 567, wo die Maßnahme der Trennung des Kindes von seiner Familie (in diesem Falle seinen durch die Behindertenfürsorge betreuten Eltern) als stärkster Eingriff in das Elternrecht nur bei strikter Wahrung der Verhältnismäßigkeit für mit dem Grundgesetz vereinbar erklärt worden ist. Im Ergebnis bedeutet dies freilich, daß bei einer nicht von vornherein völlig aussichtslosen Alternative zur Kindeswegnahme diese Fallgestaltung des Abs 1 S 1 Nr 4 nicht vorläge.

53 Der DiskE I enthielt an dieser Stelle der Nr 4 anstelle einer eigenständigen Notlagenumschreibung die Verweisung auf § 218a Abs 1, Abs 2 Nr 1, 3 StGB. Der dort formulierte Tatbestand greift weiter als der Text des § 1905.

Die eigenständige Umschreibung der Notlagen durch den RegEntw diente der Präzisierung derjenigen seltenen Ausnahmefälle, in denen die Einwilligung des Betreuers in die Sterilisation einer/eines einwilligungsunfähigen Betreuten zulässig sein soll. Wertungswidersprüche sollten jedoch vermieden werden (BT-Drucks 11/4528, 77). Ein Wertungswiderspruch zu § 218a StGB wird nicht darin gesehen, daß in § 1905 Abs 1 S 2 Maßnahmen nach §§ 1666, 1666a BGB als Ursachen schweren und nachhaltigen Leides formuliert sind (BT-Drucks 11/4528, 79). Nach Auffassung des RegEntw ist ein Wertungswiderspruch auch deshalb ausgeschlossen, weil das Vormundschaftsgericht die Genehmigung der Einwilligung in die Sterilisation nicht mit der Begründung versagen kann, der Betreuer solle den Eintritt der Schwangerschaft abwarten und dann in einen Abbruch der Schwangerschaft einwilligen. Der Abbruch der Schwangerschaft ist schon nach Auffassung des RegEntw kein geeignetes Mittel, durch das die Gefahr für das Leben oder die Gefahr einer schwerwiegenden Beeinträchtigung des körperlichen oder seelischen Gesundheitszustandes der Betroffenen auf zumutbare Weise im Sinne des § 1905 Abs 1 S 1 Nr 4 abgewendet werden könnte.

Lebensgefahr kann aus körperlichen Gründen vorliegen, aber auch dann, wenn im Zusammenhang mit einer Schwangerschaft die Gefahr der Selbsttötung besteht (BT-Drucks 11/4528, 78). Eine infolge der zu erwartenden Schwangerschaft zu befürchtende Beeinträchtigung des körperlichen Gesundheitszustandes muß schwerwiegend sein; sie muß deutlich über die bei einer Schwangerschaft üblichen Beschwerden hinausgehen, wobei solche dann anzunehmen sind, wenn eine nicht ganz geringe Zahl von Frauen davon betroffen sind. **54**

Zu den Voraussetzungen der Herausnahme von Kindern aus der Familie behinderter Eltern s BVerfGE 60, 79 = FamRZ 1982, 567 = JZ 1982, 416 = NJW 1982, 1379, zu den eher geringen realen Eltern-Chancen Behinderter s COESTER ZfJ 1989, 350, 353; dort auch die zutreffende Skepsis, inwieweit von den „öffentlichen Hilfen" realistischerweise Hilfe für behinderte Eltern erwartet werden kann. Zum Umgang einer Einrichtung für Behinderte mit Kinderwunsch und Elternschaft vgl die Betheler Arbeitstexte 6, Kinderwunsch und Elternschaft von Menschen mit einer geistigen Behinderung (oJ, hrsg von den von Bodelschwinghschen Anstalten in Bethel bei Bielefeld). Zum Unterstützungsbedarf geistig behinderter Eltern und ihrer Kinder sowie derjenigen Personen, die mit ihnen zu tun haben, und dem unzulänglichen Unterstützungsangebot PIXA-KETTNER/BARGFREDE/BLANKEN 237. **55**

Nicht ausreichend ist die (juristisch formulierte) Feststellung, daß behinderte Eltern (nicht) gewillt und in der Lage seien, die tatsächliche Personensorge für ein Kind auszuüben. Selbst wenn es gelingen könnte, das intellektuelle Defizit an Erziehungsleistung behinderter Eltern durch Dritthilfe auszugleichen (BVerfGE 60, 79, 93), könnten die Eltern auch emotional der Betreuung und Erziehung ihrer Kinder uU nicht gewachsen sein (COESTER ZfJ 1989, 350, 354, mit Fn 45 mit Beispielen zum Versagen von Eltern im emotionalen Bereich, sowie STAUDINGER/COESTER [2004] § 1666 Rn 43 und Rn 126, § 1674 Rn 6 und 16 mwN). Zu Problemen des Sorgerechts bei psychisch kranken und geistig behinderten Eltern s auch die gleichnamige vom BMJ herausgegebene Schrift von MÜNDER (Rechtstatsächliche Untersuchungen).

Zu Recht wurde die in Abs 1 S 2 enthaltene Anbindung an das „seelische Leid" der Mutter kritisiert (COESTER ZfJ 1989, 350, 352/354). Außerhalb des Blickfeldes des Gesetzgebers ist die Möglichkeit geblieben, daß die Wegnahme des Kindes entsprechendes Leid beim (behinderten) Vater, vielleicht sogar nur bei ihm, hervorruft. Der von COESTER vertretenen Auffassung, wenn man es bei dieser gesetzlich dekretierten Verkümmerung des männlichen Persönlichkeitsbereichs nicht belassen wolle, müsse auch die Sterilisation der Frau bei einer seelischen Notlage nur ihres Ehemannes wie auch die Sterilisation des Mannes nur bei eigener Notlage gesetzlich zugelassen werden (352), ist bisher niemand gefolgt. Fehlerhaft und durch entsprechende Auslegung zu korrigieren ist die Vorschrift insoweit, als eine Entscheidung nach §§ 1666, 1666a sich nicht nur gegen die Mutter, sondern auch gegen den Vater richten würde oder könnte. Eine Herausnahme wäre nur dann zulässig, wenn auch der Vater außerstande wäre, das Kind in dem erforderlichen Maße zu erziehen, sei es, daß er tatsächlich dazu außerstande ist, sei es, daß ihm die elterliche Sorge nicht (mehr) zusteht oder übertragen werden kann (§ 1678 Abs 2 nF). Der Anknüpfung an **56** die Schwangere in Abs 1 S 2 scheint zumindest unbewußt das Modell der schwangeren ledigen Mutter und des Eingriffs in deren (alleiniges) Sorgerecht zugrunde gelegen zu haben.

Aus diesem Grunde ist auch die Prüfung, ob mit Hilfe von Entscheidungen nach §§ 1666, 1666a, § 1748 Abs 3 das Kind bzw die Kinder, die geboren werden würden, von der Mutter getrennt werden müßten, auf die gesamte familiäre Situation zu erstrecken und eine Trennungsentscheidung nicht isoliert zu sehen. Zu berücksichtigen ist insbesondere, daß die Entscheidungen nach den §§ 1666, 1666a, § 1748 Abs 3 allein unter dem Aspekt des Kindeswohls zu treffen sind, für die Indikationsproblematik aber die etwaigen Folgen solcher Entscheidungen von Bedeutung sein sollen (vgl zu §§ 1666, 1666a im Zusammenhang mit § 1905 insbesondere COESTER ZfJ 1989, 350, 352 noch zu dem bisherigen Recht; zu beachten ist die Rechtslage aufgrund der Kindschaftsrechtsreform, insbes die Änderung gerichtlicher Zuständigkeiten).

dd) Keine Möglichkeit zur Abwendung der in Nr 4 genannten Gefahren

57 Möglichkeiten der Gefahrenabwendung müßten für den Fall einer Gefahr für das Leben der Schwangeren oder der Gefahr einer schwerwiegenden Beeinträchtigung des körperlichen oder seelischen Gesundheitszustandes dieser Schwangeren gegeben sein. Soweit als schwerwiegende Gefahr für den seelischen Gesundheitszustand der Schwangeren auch die Gefahr eines schweren und nachhaltigen Leides infolge von zu ergreifenden gerichtlichen Maßnahmen nach den §§ 1666, 1666a, § 1748 Abs 3 gilt, kommen Abwendungsmöglichkeiten begrifflich nicht in Betracht, weil bereits im Rahmen der Ermittlungen zwecks Entscheidung nach §§ 1666, 1666a, § 1748 Abs 3 geprüft werden muß und geprüft worden sein muß, ob eine weniger schwere Alternative möglich und durchführbar ist, um die Trennung des Kindes von den Eltern zu vermeiden. Einwilligungsersetzung als „letztes Mittel" kommt in § 1748 Abs 3 in der Formulierung seiner Voraussetzungen zum Ausdruck. Nach dem Verhältnismäßigkeitsgrundsatz darf die Einwilligung des Elternteils nur ersetzt werden, wenn die Adoption erforderlich ist, um eine bereits eingetretene oder drohende Gefahr für eine gesunde Kindesentwicklung abzuwenden, und mildere Mittel zu diesem Zweck nicht ausreichen (BVerfGE 24, 119, 146 = NJW 1968, 2233, 2236 = FamRZ 1968, 578, 584; Näheres im übrigen bei STAUDINGER/FRANK [2001] § 1748 Rn 57). Kann die Ersetzung der Einwilligung nur dadurch vermieden werden, daß das Kind auf Dauer beim anderen Elternteil (getrenntlebend), bei Verwandten, Stief- oder Pflegeeltern („in einer Familie") aufwachsen kann (Näheres s STAUDINGER/FRANK [2001] aaO), dürften die Voraussetzungen der §§ 1666, 1666a gegeben sein.

Unter Nr 4 kommen deshalb nur solche alternativen Gefahrenabwendungsmöglichkeiten in Betracht, die sich nicht auf Abs 1 S 2 beziehen. Der RegEntw sah solche Möglichkeiten dann, wenn die Notlage durch eine medizinische Behandlung etwa der zu erwartenden Depression oder der Herz- oder Kreislauferkrankung zu beheben wäre (BT-Drucks 11/4528, 144). Medizinische Maßnahmen können sein die Vergabe kreislaufstärkender Mittel oder die Behandlung der Depression mit den dort zur Verfügung stehenden Mitteln oder Verfahren (MünchKomm/SCHWAB Rn 23), soweit sie zumutbar sind.

Diese Alternativen zur Sterilisierung müssen zumutbar sein. Für die Frage der Zumutbarkeit kann es auf die Art der Behandlungsmethode, deren Wirkungen und deren Nebenwirkungen ankommen. Eine die Persönlichkeit auf Dauer verändernde Behandlung wäre danach keine Alternative (Art 1 und 2 GG). Es versteht sich von selbst, daß die alternativen Maßnahmen, wenn sie überhaupt zur Anwendung kommen, körperlich oder seelisch verträglich bzw verkraftbar sein müssen (MünchKomm/ Schwab Rn 23).

Als Alternative nicht zumutbar ist der Schwangerschaftsabbruch (BT-Drucks 11/4528, 144; MünchKomm/Schwab Rn 23). Mehr als die Sterilisation ist der Schwangerschaftsabbruch mit gesundheitlichen Risiken behaftet; auch besteht die Gefahr psychischer Störungen als Folge des Schwangerschaftsabbruchs. Auch sie dürfen nicht unterschätzt werden (BT-Drucks 11/4528, 144). Außerdem spricht die durch § 1905 Abs 1 S 2 getroffene Regelung gegen diese Alternative; wäre der Schwangerschaftsabbruch ein zumutbares Mittel, könnte das durch Wegnahme des geborenen Kindes entstehende Leid nicht aufkommen, die dort getroffene Regelung wäre überflüssig (BT-Drucks 11/4528, 144). Hinzu kommen wegen der unterschiedlichen Tragweite der Eingriffe verfassungsrechtliche Bedenken: der Schwangerschaftsabbruch ist immer mit der Tötung menschlichen Lebens verbunden und greift damit nicht nur in die Persönlichkeitsrechte der Schwangeren ein (Coester ZfJ 1989, 350, 355; ähnlich bereits Holzhauer, Gutachten B 88–90 sowie Schwab, Schwangerschaftsverhütung 141). **58**

IV. Kosten der Sterilisation

Die Übernahme der Kosten einer Sterilisation durch die gesetzliche Krankenkasse richtet sich nach § 24b SGB V. **59**

Empfänger von Sozialhilfe haben Anspruch auf Hilfe zur Gesundheit nach den §§ 24 ff SGB XII (bis 31.12.2004 §§ 27 ff BSHG). § 51 SGB XII sieht vor, daß „bei einer durch Krankheit erforderlichen Sterilisation … die ärztliche Untersuchung, Beratung und Begutachtung, die ärztliche Behandlung, die Versorgung mit Arznei-, Verbands- und Heilmitteln sowie die Krankenhauspflege geleistet" werden.

Ob Privatversicherte die Kosten der Sterilisation ganz oder teilweise von ihrer Versicherung erstattet bekommen, hängt von den Versicherungsbedingungen und den Leistungskatalogen der Versicherungsgesellschaften ab. Für Bedienstete des öffentlichen Dienstes kommen Beihilfezahlungen in Betracht, über die jedoch im Einzelfall Auskünfte eingeholt werden müssen. S dazu für NRW (§ 88 S 1 NWBG iVm der Beihilfeverordnung) OVG Münster NJW 1994, 3030.

Soweit der Sterilisationsbetreuer auch für die Besorgung der zivilrechtlichen und der sozialrechtlichen, mit dem Eingriff notwendig verbundenen, Angelegenheiten zuständig ist, obliegt es ihm, die Finanzierung des Eingriffs sicherzustellen und auch die Konditionen zu klären, zu denen der Arzt den Eingriff vornimmt (Honorarhöhe bei Privatpatienten uam).

Ob andere als die oben aufgeführten Leistungen in Betracht kommen (zB Haushaltshilfe), scheint bei dem für § 1905 in Frage kommenden Personenkreis eher zweifelhaft, muß aber im Einzelfall geklärt werden.

V. Folgen fehlerhafter Sterilisationsbehandlung und -beratung

60 Als Gegenstand gerichtlicher Auseinandersetzung kommen unzulängliche Beratung, fehlgeschlagener Eingriff sowie der unsachgemäß durchgeführte Eingriff mit dadurch bedingten Verletzungen in Betracht. Soweit es bisher um die Frage ging, ob Unterhalt für das ungeplant/ungewollt geborene Kind verlangt werden kann, hat der Erste Senat des BVerfG der Rechtsprechung der Zivilgerichte beigepflichtet: deren Verurteilungen zu Schadensersatz und Schmerzensgeld verstoße nicht gegen Art 1 Abs 1 GG (JZ 1998, 352 = FamRZ 1998, 149 = NJW 1998, 519 = VersR 1998, 190 = MedR 1998, 176), wohingegen der Zweite Senat in einer als Beschluß gefaßten Stellungnahme (JZ 1998, 356 = FamRZ 1998, 605 = NJW 1998, 523) feststellte, bei seiner Rechtsauffassung, mit der er die Rechtsprechung, die die Unterhaltspflicht für ein Kind als Schaden begreife, ablehnt, handele es sich um eine tragende Rechtsansicht, so daß bei abweichender Meinung des Ersten Senats das Verfahren nach § 16 BVerfGG hätte eingehalten werden müssen (NJW 1998, 523, 524). Der Zweite Senat stellt in seiner Reaktion auf die Entscheidung des Ersten Senats ausdrücklich fest, sein damaliges Urteil habe „ausdrücklich die Haftung für ärztliche Beratungsfehler und für fehlgeschlagene Sterilisationen neben den fehlgeschlagenen Schwangerschaftsabbrüchen" genannt (JZ 1998, 356, 358 = FamRZ 1998, 605, 606 = NJW 1998, 523, 524).

61 Der Bundesgerichtshof hatte mehrfach – auch – zur Schadensersatzpflicht im Falle mißlungener Sterilisation Stellung genommen (ua VersR 1992, 1229; zu früheren Entscheidungen s die Zusammenstellung in BGH JZ 1994, 305). Im Rahmen des Normenkontrollverfahrens zur verfassungsrechtlichen Prüfung der Vorschrift des § 218b StGB hatte sich das Bundesverfassungsgericht ua auch (beiläufig) zur Schadensersatzfrage geäußert und in einem Leitsatz (LS 14) festgestellt: „Eine rechtliche Qualifikation des Daseins eines Kindes als Schadensquelle kommt von Verfassungs wegen (Art 1 Abs 1 GG) nicht in Betracht. Deshalb verbietet es sich, die Unterhaltspflicht für ein Kind als Schaden zu begreifen." (FamRZ 1993, 899). In der sich darauf beziehenden Begründung der Entscheidung ist zwar generell von dem Dasein des Kindes als Schadensquelle, nicht jedoch von mißlungener Sterilisation, sondern nur von fehlgeschlagenem Schwangerschaftsabbruch die Rede. Allerdings werden Entscheidungen des BGH zur Sterilisation mit aufgeführt. Es heißt dort im Anschluß an den als erster Satz des LS formulierten Text folgendermaßen: „Die Verpflichtung aller staatlichen Gewalt, jeden Menschen in seinem Dasein um seiner selbst willen zu achten (...), verbietet es, die Unterhaltspflicht für ein Kind als Schaden zu begreifen." Die Rspr der Zivilgerichte zur Haftung für ärztliche Beratungsfehler oder für fehlgeschlagene Schwangerschaftsabbrüche (es folgen BGH-Entscheidungen „zum Schwangerschaftsabbruch" und „zur Sterilisation") ist im Blick darauf der Überprüfung bedürftig. Hiervon unberührt bleibt eine Schadensersatzpflicht des Arztes gegenüber dem Kind wegen Schädigungen, die diesem bei einem *nicht kunstgerecht ausgeführten*, mißlungenen Schwangerschaftsabbruch zugefügt worden sind (FamRZ 1993, 899, 918). Im juristischen Schrifttum war diese Ansicht deshalb fast allgemein als obiter dictum angesehen worden (DEUTSCH NJW 1998, 510). Zum Konflikt der beiden Senate des BVerfG und zur Gesamtproblematik STÜRNER JZ 1998, 317.

In einem als Ergänzung zu BGHZ 124, 128 = VersR 1994, 425 (gegen diese Entscheidung richtete sich die Verfassungsbeschwerde, auf die der Erste Senat des BVerfG mit der in NJW 1998, 519 veröffentlichten Entscheidung reagierte) bezeichneten Urteil stellte der BGH fest

(FamRZ 1995, 1124 = NJW 1995, 2407 = MedR 1996, 129 = VersR 1995, 1099), neben dem Unterhaltsbedarf für das Kind könne auch ein *Schmerzensgeld* für die Mutter verlangt werden, wenn der Arzt bei der Sterilisation des Mannes nicht ausreichend über die Notwendigkeit eines Spermiogramms aufgeklärt hat. Zeitlich vor den Äußerungen der beiden Senate des BVerfG bestätigte das OLG Zweibrücken das Urteil der Vorinstanz, durch das der beklagte Arzt zur Zahlung eines Schmerzensgeldes verurteilt worden war. Im Leitsatz stellte das OLG folgendes fest (VersR 1997, 1009 = NJW–RR 1997, 666 = FamRZ 1998, 231):

1. Mißlingt eine ausschließlich medizinisch indizierte Sterilisation, fallen Ansprüche, die nicht auf dem abzuwendenden Gesundheitsrisiko für die Frau beruhen, insbesondere solche aus einer ungewollten Schwangerschaft, nur dann unter den Schutzzweck des § 823 oder einer positiven Vertragsverletzung, wenn der Arzt im Behandlungsvertrag, wenigstens als Nebenpflicht, derartige Vermögensinteressen der Eltern eines ungewollten Kindes übernommen hat.

2. Ob eine familienplanerische Indikation vom Behandlungsvertrag neben der im Vordergrund stehenden medizinischen Indikation umfaßt war, ist nicht aufgrund einer generalisierenden, anhand allgemeiner Anschauungen oder Erwartungen gewonnenen Betrachtung festzustellen, sondern bedarf, ohne daß kleinliche Anforderungen gestellt werden dürfen, einer einzelfallorientierten Bewertung.

3. Der Anspruchsteller hat hierzu vorzutragen und zu beweisen, daß der Arzt erkennen konnte, daß im Falle des Mißlingens des Eingriffs auch das Vertrauen der Eltern eines unerwünschten Kindes in eine Familienplanung enttäuscht werde.

Zur Beratungspflicht bei Sterilisationseingriffen (Aufklärungsdefizite als Behandlungsfehler) s OLG Düsseldorf MedR 1994, 404. Zur Begrenzung des persönlichen Schutzbereichs eines Sterilisationsvertrages (hier im Falle der Sterilisation eines Mannes) SchlHOLG SchlHAnz 1996, 123 = DAVorm 1996, 628.

VI. Prozessuale Folgen ungenehmigt durchgeführter Sterilisation

Wurde die Sterilisation mit Einwilligung des besonderen Betreuers (§ 1899 Abs 2) vorgenommen, bevor die Genehmigung des Vormundschaftsgerichts wirksam war (§ 69a Abs 4 FGG), und hat nach ausgeführter Sterilisation der Verfahrenspfleger gegen den Genehmigungsbeschluß Beschwerde eingelegt, ist mit der Durchführung der Sterilisation das Verfahren auf Erteilung der vormundschaftsgerichtlichen Genehmigung in der Hauptsache erledigt. Gleichwohl hielt das OLG Düsseldorf (FamRZ 1996, 375 = FGPrax 1996, 22 m darauf bezogener krit Anm SEITZ FGPrax 1996, 23) eine von dem Betroffenen eingelegte Beschwerde für zulässig, weil die Genehmigung der Sterilisation dieser auf Dauer den Anschein der Rechtmäßigkeit verleihe.

Zu strafrechtlichen Konsequenzen eingehend HK-BUR/HOFFMANN Rn 87 ff.

§ 1906
Genehmigung des Vormundschaftsgerichts bei der Unterbringung

(1) Eine Unterbringung des Betreuten durch den Betreuer, die mit Freiheitsentziehung verbunden ist, ist nur zulässig, solange sie zum Wohl des Betreuten erforderlich ist, weil

1. auf Grund einer psychischen Krankheit oder geistigen oder seelischen Behinderung des Betreuten die Gefahr besteht, dass er sich selbst tötet oder erheblichen gesundheitlichen Schaden zufügt, oder

2. eine Untersuchung des Gesundheitszustands, eine Heilbehandlung oder ein ärztlicher Eingriff notwendig ist, ohne die Unterbringung des Betreuten nicht durchgeführt werden kann und der Betreute auf Grund einer psychischen Krankheit oder geistigen oder seelischen Behinderung die Notwendigkeit der Unterbringung nicht erkennen oder nicht nach dieser Einsicht handeln kann.

(2) Die Unterbringung ist nur mit Genehmigung des Vormundschaftsgerichts zulässig. Ohne die Genehmigung ist die Unterbringung nur zulässig, wenn mit dem Aufschub Gefahr verbunden ist; die Genehmigung ist unverzüglich nachzuholen.

(3) Der Betreuer hat die Unterbringung zu beenden, wenn ihre Voraussetzungen wegfallen. Er hat die Beendigung der Unterbringung dem Vormundschaftsgericht anzuzeigen.

(4) Die Absätze 1 bis 3 gelten entsprechend, wenn dem Betreuten, der sich in einer Anstalt, einem Heim oder einer sonstigen Einrichtung aufhält, ohne untergebracht zu sein, durch mechanische Vorrichtungen, Medikamente oder auf andere Weise über einen längeren Zeitraum oder regelmäßig die Freiheit entzogen werden soll.

(5) Die Unterbringung durch einen Bevollmächtigten und die Einwilligung eines Bevollmächtigten in Maßnahmen nach Absatz 4 setzt voraus, dass die Vollmacht schriftlich erteilt ist und die in den Absätzen 1 und 4 genannten Maßnahmen ausdrücklich umfasst. Im Übrigen gelten die Absätze 1 bis 4 entsprechend.

Materialien: Art 1 Nr 6 DiskE I; RegEntw Art 1 Nr 41; Art 1 Nr 47 BtG; DiskE I, 142; BT-Drucks 11/4528, 145 ff (BReg); BT-Drucks 11/4528, 209 f (BRat); BT-Drucks 11/4528, 229 (BReg); BT-Drucks 11/6949, 13 f; 79 Nr 21; Art 1 Nr 15 BtÄndG-E, BT-Drucks 13/7158, 7, 34; Änderung der §§ 70, 70b, 70g FGG durch Art 2 Nr 11–13 BtÄndG-E; BT-Drucks 13/7158, 9, 40; STAUDINGER/BGB-Synopse 1896–2005 § 1906.

Schrifttum*

1. Schrifttum zum Unterbringungsrecht des BtG einschl § 1906 Abs 4

ARNOLD/KLOSS, Offene Psychiatrie, ambulante Behandlung und Betreuungsgesetz – Betracht-

---

* Nach dem Erscheinen der 3. Aufl von SAAGE/GÖPPINGER (nunmehr als MARSCHNER/VOLCK- ART [4. Aufl 2002]) beschränkt sich das Schrifttumsverzeichnis auf solche Titel, die in dem

tungen aus juristischer und psychiatrischer Sicht –, FuR 1996, 264

BAUER, „Unterbringung und unterbringungsähnliche Maßnahmen" – Anspruch – Realität – Alternativen, bt-info 2/97, 21

BIENWALD, Die Vorsorgevollmacht – ein gleichwertiger Ersatz der Betreuerbestellung?, BtPrax 1998, 164

BLUM, Eine Analyse der Phänomene Aggression und Gewalt in Altenpflegeheimen, BtPrax 1998, 10

BOHNERT, Unterbringungsrecht (2000)

BRILL, Personenbezogene Sichtweise und rechtliche Gleichstellung; die Psychiatriereform im Spiegel des Vierten Behindertenberichts der Bundesregierung, Psychosoziale Umschau 1998, 15

ders, Betreuungs- und Unterbringungsrecht: Gerichte müssen künftig öffentliche Stellen auch über die Aufhebung von Betreuungen und Unterbringungen informieren, BtPrax 1998, 20

ders, Psychisch Kranke im Recht – Ein Wegweiser (1997)

COEPPICUS, Lagen im Fall D. am 9.10.1992 die Betreuungs- und Unterbringungsvoraussetzungen vor? – Anmerkungen zu einem Beschluß des Landgerichts Berlin vom 2.3.1993 und einem Urteil des Kammergerichts vom 28.11.1995 –, BtPrax 1997, 131

CREFELD, Denn sie wissen nicht, was sie tun, BtPrax 1998, 47

DEINERT, Das Recht der psychisch Kranken (2000)

DODEGGE, Die Gestaltung der Einweisungspraxis aus der Perspektive eines Unterbringungsrichters, BtPrax 1998, 43

ders, Gewalt gegen Ältere zu Hause – Stellung des Opfers nach dem Betreuungsrecht, BtPrax 1996, 173 mit Stellungnahme LANTZERATH BtPrax 1997, 21

ders, Freiheitsentziehende Maßnahmen nach § 1906 IV BGB, MDR 1992, 437

GÖRGEN/NÄGELE, Nahraumgewalt gegen alte Menschen, ZGerontolGeriat 2005, 4

HEHL, Koordinierung psychosozialer Dienste in München – Zur Notwendigkeit einer Gremienanalyse, Sozialpsychiatrische Informationen 1998, 2

HELMCHEN/LAUTER (Hrsg), Dürfen Ärzte mit Demenzkranken forschen? Analyse des Problemfeldes Forschungsbedarf und Einwilligungsproblematik (1995)

HIRSCH/NIKOLAUS, Aspekte zur Gewalt im häuslichen Bereich und in Institutionen, ZGerontolGeriat 2005, 1

HÖFER, Die Inszenierung von Unterbringungen nach dem Betreuungsgesetz aus der Sicht eines Sozialpsychiatrischen Dienstes, BtPrax 1998, 53

HOFFMANN/KLIE, Freiheitsentziehende Maßnahmen im Betreuungsrecht und in der Betreuungspraxis (2004)

HOPPE, Der Zeitpunkt der Aufklärung des Patienten – Konsequenzen der neuen Rechtsprechung, NJW 1998, 782

JENSEN/RÖHLIG, Freiheitsentziehende Maßnahmen nach dem BtG und Rechtsschutz – Ein Kommentar, BtPrax 1998, 17

KILIAN, Medizinische Forschung und Datenschutz, NJW 1998, 787

KLIE, Zur Verbreitung unterbringungsähnlicher Maßnahmen im Sinne des § 1906 Abs 4 BGB in bundesdeutschen Pflegeheimen, BtPrax 1998, 50

KLIE/LÖRCHER, „Unterbringung und unterbringungsähnliche Maßnahmen" – Anspruch – Realität – Alternativen, bt-info 2/97, 10

KUBAN, Das Recht der Verwahrung und Unterbringung am Beispiel der „Irrengesetzgebung" zwischen 1794 und 1945 (1997)

KUHLMANN, Einwilligung in die Heilbehandlung alter Menschen (1996)

LEICHTHAMMER, Zur Frage der Einwilligung eines Bevollmächtigten in eine unterbringungsähnliche Maßnahme nach der derzeitigen Rechtslage und Stellungnahme zu dem § 1906 Abs 5 BGB – BtÄndG, BtPrax 1997, 181

LICHTE, Fixierung in der Pflege, Standpunkt: Sozial 2001, 104

LIMMER, Die Vorsorgevollmacht unter Berücksichtigung des Betreuungsrechtsänderungsgesetzes, ZNotP 1998, 322

Literaturverzeichnis des genannten Werkes nicht aufgeführt sind. Verzeichnet ist im wesentlichen neueres Schrifttum; wegen des vor 1994 erschienenen wird auf die Angaben in der 12. Aufl verwiesen.

MARKUS, Generell unzulässig? Zur Verwendung von Personenortungsgeräten, Altenpflege 1998, 53
MARSCHNER, Rechtliche Aspekte der Behandlungsvereinbarung, R&P 1997, 171
MARSCHNER/VOLCKART, Freiheitsentziehung und Unterbringung (4. Aufl 2001)
MEYER, Zur zwangsweisen Heilbehandlung im Rahmen der Unterbringung nach § 1906 Abs 1 Nr 2 BGB, BtPrax 2002, 252
NEUMANN, Gilt § 1906 Abs 4 analog in der ambulanten Pflege?, PflegeRecht 2000, 286
PARDEY, Zur Zulässigkeit drittschützender freiheitsentziehender Maßnahmen nach § 1906 BGB, FamRZ 1995, 713
ders, Alltagsprobleme im Betreuungsrecht, insbes zu §§ 1904 und 1906 IV BGB, BtPrax 1995, 81
ders, Vollzugsdefizite oder Fortschreibungsbedarf im Betreuungsrecht, Rpfleger 1995, 393
RENNER, Die Vorsorgevollmacht – Gestaltungsempfehlungen für die notarielle Praxis mit kostenrechtlichen Anmerkungen, NotBZ 1998, 85
SAAGE/GÖPPINGER, Freiheitsentziehung und Unterbringung (3. Aufl 1994), Bearbeiter MARSCHNER, VOLCKART und WAGNER
SCHNEIDER, Heimverbringung Alter und Gebrechlicher (1997)
SCHUMACHER, Freiheitsentziehende Maßnahmen mit mechanischen Mitteln bei der Betreuung gebrechlicher Menschen (1997)
SCHWEITZER, Heilbehandlung und Selbstbestimmung – Zur Frage der Zulässigkeit ambulanter Zwangsbehandlung psychisch Kranker –, FamRZ 1996, 1317
STEINLE, Zwangsbehandlung in der Psychiatrie und mögliche Rechtsbehelfe am Beispiel Baden-Württemberg, BtPrax 1996, 139
TIETZE, Ambulante Zwangsbehandlungen im Betreuungsrecht (2005)
UHLENBRUCK, Entmündigung des Patienten durch den Gesetzgeber?, ZRP 1998, 46
VENNEMANN, Freiheitsentziehende Maßnahmen – ein Praxisbericht, BtPrax 1998, 59
VOLCKART, Neues PsychKG in Niedersachsen, R&P 1997, 177
5. Vormundschaftsgerichtstag, Arbeitsgruppe II: Ambulante (Zwangs-)Behandlung zur Vermeidung stationärer Zwangsbehandlung, Materialien und Ergebnisse, 1997, 56
WEBER, Der Einfluß des Betreuungsgesetzes auf die freiheitsentziehende Unterbringung (1995)
K WEISE, Die deutsche Psychiatrie und ihre Krankenhäuser, Sozialpsychiatrische Informationen 3/1998, 49
M WEISE, Selbstentlastung durch Absenkung des Niveaus, Anmerkung zu BVerfG BtPrax 1997, 196, in: BtPrax 1998, 63
WEISSAUER, Fixierung unruhiger Patienten, Anästhesiologie und Intensivmedizin 1995, 180
WESCHE, Das Betreuungsrechtsänderungsgesetz, Rpfleger 1998, 93
WEYERER/EL-BANAWY/KÖNIG/ZIMBER, Epidemiologie des Gebrauchs von Psychopharmaka in Altenheimen, Gesundheitswesen 1996, 201
WIDMAIER-BERTHOLD/LOCHMANN/STOLZ, Beschwerdekommission für Psychiatrie–Patienten, Sozialpsychiatrische Informationen 1998, 28
WIESNER, Freiheitsentziehung in pädagogischer Verantwortung?, JAmt 2003, 109
WIGGE, Arztrechtliche Fragen des Unterbringungsrechts, MedR 1996, 291
WILKENS, Erfahrungen mit den Behandlungsvereinbarungen (BV) in Hannover, PsychPflege 1998, 166
WOJNAR, „Unterbringung und unterbringungsähnliche Maßnahmen" – Anspruch – Realität – Alternativen", bt-info 2/97, 18
WOLTER-HENSELER, Das Betreuungswesen und seine Bedeutung für die gemeindepsychiatrische Versorgung, Bericht über eine Tagung v. 17./18. Mai 1995, Psychiat Prax 22 (1995) 262
ZIMMERMANN, Die Vertretung in höchstpersönlichen Angelegenheiten – neuere Entwicklungen im Betreuungsrecht –, BWNotZ 1998, 101.

2. Sonstiges unterbringungsrechtliches Schrifttum (ohne vollständiges Spezialschrifttum zu den landesgesetzlichen Unterbringungsgesetzen für psychisch Kranke)

BARTELHEIMER, Die Entwicklung des Unterbringungsrechts bis zum Bundesgesetz über das gerichtliche Verfahren bei Freiheitsentziehungen vom 1. Juli 1956 und dessen Auswirkung auf die Gesetzgebung der Bundesländer (2003)
BASTIAAN/DEBUS/HALTENHOF, Zwangsmaß-

nahmen in der Psychiatrie, Fixierungen auf den psychiatrischen Stationen der Medizinischen Hochschule Hannover, Psychiat Prax 25 (1998) 231
BENAYAT-GUGGENBÜHLER/HAUG ua, Zur Isolierungspraxis in einer psychiatrischen Klinik, Psychiat Prax 25 (1998) 248
BRIGNONE, Wie sich eine Abteilung für geistige Gesundheit mit einem schweren Fall herumschlägt, Sozialpsychiatrische Informationen 1998, 28
DODEGGE, Das neue Gesetz über Hilfen und Schutzmaßnahmen bei psychischen Krankheiten/Nordrhein-Westfalen, FamRZ 2000, 527
DODEGGE/ZIMMERMANN, PsychKG NRW (2. Aufl 2003)
DUNCKER, Behandlung und Rehabilitation psychisch kranker Delinquenten im Maßregelvollzug, R&P 1998, 134
FINZEN, Der Patientensuizid (1988)
FOERSTER, Psychiatrische Macht und rechtliche Kontrolle (1997)
GUTTENBERGER, Das Haager Übereinkommen über den internationalen Schutz von Erwachsenen (2004)
HARTMANN, Umfang und Grenzen ärztlicher Zwangsbehandlung im psychiatrischen Maßregelvollzug (1997)
HEINZE/NAEGELE/STRÜNCK, Soziale Dienste unter Modernisierungsdruck: Neue Berufe und Entwicklungstrends im Altenbereich, ZGerontolGeriat 1996, 46
HÖFT/PAULUS, Leitlinien für die integrative Betreuung dementer Bewohner in Altenpflegeeinrichtungen, ZGerontolGeriat 1996, 150
JUCHART/STOLZ/WARMBRUNN, Unterbringungsgesetz Baden-Württemberg (3. Aufl 2003)
KARGL, Die Freiheitsberaubung nach dem 6. Gesetz zur Reform des Strafrechts, JZ 1999, 72
KLIMITZ/UHLEMANN/FÄHNDRICH, Fixieren wir zu häufig? Indikation, Häufigkeit und Randbedingungen von Fixierungen in einer allgemein psychiatrischen Abteilung, Psychiat Prax 25 (1998) 235
KOCH, Der klinische Anhörungstermin im Unterbringungsverfahren (1995)
KONRAD, Leitfaden der forensisch-psychiatrischen Begutachtung, Definitionen, Beurteilungskriterien und Gutachtenbeispiele im Straf-, Zivil- und Sozialrecht (1997)
KRANZHOFF/HIRSCH, Problemfeld „Fixierung" in der Gerontopsychiatrie, ZGerontolGeriat 1997, 321
NEDOPIL, Forensische Psychiatrie. Klinik, Begutachtung und Behandlung zwischen Psychiatrie und Recht (1996)
PIEPER/ELGETI, Zwischen fürsorglicher Belagerung und Freiheit zur Verwahrlosung. Grenzbereiche therapeutischer Arbeit in der Sozialpsychiatrischen Poliklinik der Medizinischen Hochschule Hannover, Sozialpsychiatrische Informationen 1998, 42
PRIEBE/SCHMIEDEBACH, Soziale Psychiatrie und Sozialpsychiatrie – Zum historischen Gebrauch der Begriffe, Psychiat Prax 24 (1997) 3
RÖTHEL, Erwachsenenschutz in Europa: Von paternalistischer Bevormundung zu gestaltender Fürsorge, FamRZ 2004, 999
RÖTTGERS/SCHIDE, Praktische Alternativen zu freiheitsentziehenden Maßnahmen, BtPrax 2003, 116
SPIESSL/KRISCHKER/CORDING, Aggressive Handlungen im psychiatrischen Krankenhaus, Psychiat Prax 25 (1998) 227
STEINERT/GEBHARDT, Wer ist gefährlich? Probleme der Validität und Reliabilität bei der Erfassung und Dokumentation von fremdaggressivem Verhalten, Psychiat Prax 25 (1998) 221
WETZELS/GREVE, Alte Menschen als Opfer innerfamiliärer Gewalt – Ergebnisse einer kriminologischen Dunkelfeldstudie, ZGeontolGeriat 1996, 191
WIRTH, Lebenszufriedenheit und Lebensqualität nach Enthospitalisierung. Eine Untersuchung zu spezifischen Veränderungsdimensionen im Zufriedenheitserleben ehemaliger psychiatrischer Langzeitpatienten nach Umzug in Heime (1997)
ZIMMERMANN, Bayerisches Unterbringungsgesetz (2. Aufl 2005)
ders, Thüringisches Unterbringungsgesetz (1994)
ders, Unterbringungsgesetz Baden-Württemberg (UBG) (2003).

3. Schrifttum zur Situation in anderen Ländern

DELISLE, Die Unterbringung psychisch Kranker in Frankreich, R&P 1993, 183

DRESSING/SALIZE, Zwangsunterbringung und Zwangsbehandlung psychisch Kranker. Gesetzgebung und Praxis in den Mitgliedsländern der EU (2004)

ETZERSDORFER ua, Über die Entlaßbarkeit von Patienten in psychiatrischen Krankenhäusern, Psychiat Prax 25 (1998), 149 (betr Niederösterreich)

KOPETZKI, Grundriß des Unterbringungsrechts (2. Aufl 2004)

LEIDINGER, Polnisches Gesetz über den Schutz der psychischen Gesundheit (übersetzter Text m Vorbem d Übersetzers), R&P 1998, 53

LOPEZ/JAKOB/HOFFMANN-RICHTER/FINZEN, Fürsorgerische Freiheitsentziehung. Ordentliches Verfahren und Gefahr im Verzug (Schweiz), Psychiat Prax 25 (1998) 246

RAMHARTER, Freiheitsbeschränkungen in Pflegeheimen nach der derzeitigen Rechtslage; ist eine Gesetzesänderung erforderlich?, ÖJZ 2001, 592

SCHERWEY, Das Verfahren bei der vorsorglichen fürsorgerischen Freiheitsentziehung (2005).

Systematische Übersicht

A. Materielles Unterbringungsrecht

I. Allgemeines
1. Normzweck 1
2. Normstruktur 3
3. Kritik an einer „Unterbringungsbetreuung" 4

II. Begriff der Unterbringung
1. Abgrenzung zu § 1838 aF 5
2. Unterbringungsmaßnahmen 8

III. Das Nebeneinander von zivilrechtlicher und öffentlich-rechtlicher Unterbringung
1. Die bisherige Rechtslage 9
2. Zur Rechtslage in den Ländern nach dem Inkrafttreten des BtG 12
3. Zur Abgrenzung der zivilrechtlichen von der öffentlich-rechtlichen Unterbringung 13

IV. Die Unterbringungstatbestände des Abs 1
1. Übersicht 15
2. Unterbringung nur bei Einverständnismangel 16
3. Keine Unterbringung körperlich Behinderter 17
4. Unterbringungsorte 18
5. Unterbringungsvoraussetzungen als Handlungsmaßstab für den Betreuer ... 19

6. Der für die Unterbringungsentscheidung erforderliche Aufgabenkreis 20
7. Funktion und Umfang der gerichtlichen Genehmigung 22
8. Die Unterbringungstatbestände ... 23
   a) Regelunterbringung (Abs 1 Nr 1) ... 23
   b) „Medizinische Unterbringung" (Abs 1 Nr 2) 27
   c) Keine Genehmigung ambulanter medizinischer Zwangsbehandlung analog Abs 1 Nr 2 .... 32a

V. Zum Genehmigungsvorbehalt (Abs 2) im einzelnen
1. Grundsatz 33
2. Die Möglichkeit des Abs 2 S 2 ... 34
3. Maßstab für die gerichtliche Entscheidung 35
4. Verfahren 36

VI. Die Beendigung der Unterbringung
1. Beendigung durch den Betreuer ... 37
2. Beendigung durch das Gericht ... 38
3. Mitteilungen 39
4. Vollzug der Beendigung 40

VII. Freiheitsentziehende Maßnahmen (Abs 4)
1. Allgemeines 41
2. In Betracht kommende Maßnahmen ... 43
3. Entsprechende Anwendung der Abs 1–3 46

4.	Weitere Voraussetzungen der Genehmigungsbedürftigkeit	47	V.	**Bestellung eines Verfahrenspflegers**
5.	Zum Verhältnis von Abs 1 und Abs 4	48	1.	Voraussetzungen für die Bestellung ... 67
			2.	Begründungspflicht bei Nichtbestellung ... 68
VIII.	**Zum Rechtsverhältnis zwischen dem Betreuten und der Einrichtung, in der er geschlossen untergebracht ist oder sich aufgrund einer Maßnahme nach Abs 4 freiheitsentzogen aufhält**		3.	Verfahrenspfleger und Verfahrensbevollmächtigter ... 69
			4.	Die Beendigung der Verfahrenspflegschaft ... 70
1.	Heimvertrag als Rechtsgrundlage	49	VI.	**Anhörung des Betroffenen/ Betreuten; seine Unterrichtung über das Verfahren und das Schlußgespräch**
2.	Maßnahmen nach Abs 4 als geschuldete Leistung?	50		
IX.	**Zur Entscheidung über Unterbringung und freiheitsentziehende Maßnahmen durch einen vom Betroffenen Bevollmächtigten**		1.	Grundsatz der persönlichen Anhörung ... 71
			2.	Ersuchter Richter ... 72
			3.	Ort der Anhörung ... 75
1.	Änderung der Rechtsgrundlage	53	4.	Unterrichtung des Betroffenen/ Betreuten ... 76
2.	Anforderungen an die Bevollmächtigung	54	5.	Weitere Anhörungsberechtigte ... 77
3.	Die genehmigungsbedürftigen Entscheidungen	57	6.	Hinzuziehung eines Sachverständigen ... 79
4.	Praktische Konsequenzen; Probleme	58	7.	Vorführung des Betroffenen/ Betreuten ... 80
5.	Zur Frage einer Rückwirkung des Abs 5	60	8.	Schlußgespräch ... 81
			VII.	**Sachverständigengutachten**
B.	**Unterbringungsverfahren**		1.	Unterschiede zwischen Abs 1 und Abs 4 ... 82
I.	**Überblick**		2.	Voraussetzungen für das Gutachten/ ärztliche Zeugnis ... 83
1.	Einheitliches Verfahren in Unterbringungssachen	61	3.	Gutachterauswahl ... 85
2.	Zum Geltungsbereich der §§ 70 ff FGG	62	4.	Inhalt des Gutachtens ... 86
3.	Das Verfahren für Maßregeln nach § 1846	63	5.	Untersuchung und Vorführung des Betroffenen/Betreuten ... 88
			6.	Qualifikation des Arztes für das nach Abs 4 erforderliche Zeugnis ... 89
II.	**Gegenstand der Unterbringungsmaßnahmen**	64	VIII.	**Inhalt, Bekanntmachung sowie Wirksamkeit der erstmaligen Entscheidung in Unterbringungssachen**
III.	**Sachliche, örtliche, internationale und funktionale Zuständigkeit des Vormundschaftsgerichts**	65	1.	Mindestgehalt der Entscheidung ... 90
			2.	Angabe der Art der Einrichtung und Maßnahme ... 91
IV.	**Verfahrensfähigkeit des Betroffenen/ Betreuten**	66	3.	Angabe der Dauer ... 92
			4.	Fristbemessung keine Ermessensentscheidung ... 93
			5.	Kostenentscheidung ... 94

6.	Rechtsmittelbelehrung (§ 70f Abs 1 Nr 4 FGG) und Rechtsmittel	95	X. Mitteilungen des Gerichts	104
a)	Rechtsmittelbelehrung	95	XI. Vorläufige Maßnahmen	
b)	Rechtsmittel	96	1. Einstweilige Anordnungen nach FGG	107
7.	Bekanntmachung	98		
8.	Wirksamkeit der Entscheidungen	99	2. Einstweilige Maßregeln nach § 1846 iVm § 1908i Abs 1 S 1	108
IX.	**Vollzug der Unterbringungsmaßnahmen**		XII. Die Beendigung, insbesondere die Aufhebung einer Unterbringungsmaßnahme	110
1.	Vollzugszuständigkeit; behördliche Unterstützung	100		
2.	Voraussetzung für Gewaltanwendung	101	XIII. Die Verlängerung der Unterbringungsmaßnahme	113
3.	Verzicht auf Vollzug	102		
4.	Keine Aussetzung des Vollzugs zivilrechtlicher Unterbringungsmaßnahmen	103	XIV. Erledigung in der Hauptsache/ Prozessuale Überholung und effektiver Rechtsschutz	115

Alphabetische Übersicht

Abgrenzung zivilrechtlicher von öffentlich-rechtlicher Unterbringung	13	Baden-Württemberg, Unterbringungsgesetz	12
Abgrenzung zu § 1838 BGB aF	5	Bauchgurt	43
Ablehnung jedweder Heilmaßnahmen	29	Bayern, Unterbringungsgesetz	12
Abstrakte Gefahr	24	Beendigung – der Maßnahme	110
Ärzte als Gutachter	85	– der Verfahrenspflegschaft	70
Ärztliche Qualifikation (für ärztl Zeugnis)	89	Beendigung der Unterbringung	37
Ärztliches Zeugnis	82 f	– durch den Betreuer	37
Alkoholsucht	15	– durch das Gericht	38
Altersvorsorgevollmacht	53	Begleitkrankheit	28
Anbinden am/im Bett	43	Begriff der Unterbringung	5
Anbinden auf ärztliche Anordnung	91	Behandlungsvereinbarung	100
Anhörung des Betroffenen/Betreuten	71	Behördliche Unterstützung	100
Anhörung, Rechtsnatur der	78	Beibehaltung zivilrechtlicher Unterbringung	2
Anhörungsberechtigte, weitere	77		
Anhörungsort	75	Beitrittsgebiet	10
Anlaßkrankheit	28	Bekanntmachung	98
Antrag auf Genehmigung	64	– der Entscheidung	90, 98
Aufenthaltsbestimmung	20	Berlin, Unterbringungsgesetz	12
Aufgabenkreis für die Unterbringungsentscheidung	20	Beschleunigtes Verfahren	36
		Betreten der Wohnung/Räumlichkeiten, gewaltsames	49
Aufhebung der Genehmigung	38		
Aufhebung der Maßnahme	110	Betreuungsrechtsänderungsgesetze	3, 52
Aufhebungsverfahren	112	Bettgitter	43
Aussetzung des Vollzugs zivilrechtlicher Unterbringungsmaßnahmen, keine	103	Bevollmächtigter, Bevollmächtigung	3, 52, 53 ff, 64, 97
Ausstattung mit Sendern	43	Borderline-Persönlichkeitsstörung	15
Auswahl des Gutachters	85	Brandenburg, Unterbringungsgesetz	12

Bremen, Unterbringungsgesetz	12	Funktionale Zuständigkeit	65
Bundesseuchengesetz (BSeuchG)	8	Garantenstellung des Betreuers	24
Dauer der Unterbringung, Angabe der	92	Gefahr	24
Dienste, Freiheitsberaubung durch	45	Gegenstand der Unterbringungsmaßnahmen	64
Disziplinierung	44		
Dualismus der Unterbringungen	14	Geltungsbereich der Unterbringungsverfahrensvorschriften	62
Durchführung medizinischer Maßnahmen	21		
		Genehmigungsbedürftigkeit medizinischer Maßnahmen	32
Eingriffsgestattung	41		
Einheitliches Verfahren	61	Genehmigungsfreie Medikamente	46
Einrichtungsangabe	91	Genehmigungsvorbehalte	33
Einschließen	45	Generalvollmacht	21
Einstweilige Anordnung nach FGG	107	Geschlechtskrankheitengesetz	8
Einstweilige Maßregeln nach § 1846	108	Gestattung der freiheitsentziehenden Maßnahme	41
Einstweilige Unterbringung	8		
Einverständnismangel	16	Gesundheitsschaden, Zufügung erheblichen	23
Einweisungsgesetz	10		
Einwilligung in die Unterbringung	16	Gewährleistung eines Schutzes vor Selbstgefährdung	19
Einwilligungsunfähigkeit des Betreuten	41		
Entlassungsentscheidung des Gerichts	38	Gewaltanwendung bei Vollzug	101
Entscheidungsinhalt	90	Gewaltsames Betreten der Wohnung/Räumlichkeiten	49
Entscheidungsvorgaben	1		
Entsprechende Anwendung der Abs 1–3	46	Gewissensberuhigung	4
Entweichen des Untergebrachten	99	Grund zwangsweiser Unterbringung	28
Entziehungsanstalt	8	Gutachteninhalt	87
Erforderlichkeit der Unterbringung, Grundsatz der	25	Gutachtenübersendung	71
		Gutachterauswahl	85
Ergänzung des Tatbestandes	6		
Erheblicher gesundheitlicher Schaden, Zufügung eines	23, 26	Hamburg, Unterbringungsgesetz	12
		Handlungsmaßstab für den Betreuer	19
Erledigung in der Hauptsache	115 ff	Heimgesetz	49
Ersuchter Richter	72	Heimrecht	49
		Heimvertrag	49
Fehlen der Krankheitseinsicht	28	Hessen, Unterbringungsgesetz	12
Festbinden	43		
Festhalten	43	Informationspflicht des Betreuers	21
Fixation	44	Inhalt	
Formalisierter Unterbringungsbegriff	6	– der Entscheidung	90
Fortsetzungsbeschwerde	117	– des Gutachtens	87
Freiheitsentziehende Maßnahmen	41 ff	Internationale Zuständigkeit	65
– als unerlaubte Handlungen	50		
Freiheitsentziehung		Kein Vermögensschutz, Zweck der Unterbringung	23
– außerhalb von Räumlichkeiten	6		
– bei Freunden	45	Körperlich Behinderte, keine Unterbringung von	17
– bei Verwandten	45		
Fristbemessung	93	Konkrete Gefahr	24
Fürsorgliche Unterbringung	9	Korrektur für Abs 1 Nr 2	29
Funktion gerichtlicher Genehmigung	22	Kostenentscheidung	94

Krankheitseinsicht	28	Offene Krankenstation, „Unterbringung" in	28
Länder, eigenes Unterbringungsrecht	12	Ort der Anhörung	75
Länderunterbringungsgesetze, Übersicht	12		
Leibgurt	43	Persönliche Anhörung	71
Leiter der Einrichtung, Anhörung des	77	Personenortungsanlage	43
		Personensorge als Grundlage der Unterbringungsbefugnis	20
Maßnahmen nach Abs 4 als Gegenstand vertraglicher Verbindlichkeit	50	Prozessuale Überholung	115 ff
Maßregel nach § 1846	63	Psychiatrisches Krankenhaus, Unterbringung in	8
Maßstab gerichtlicher Entscheidung	35		
Mechanische Vorrichtungen	43	PsychKG der Länder	8, 12
Mecklenburg-Vorpommern, Unterbringungsgesetz	12	Qualifikation des Arztes für ärztliches Zeugnis	89
Medikamentenvergabe	43, 110		
Medizinische Maßnahme	28	Qualifizierte Gefahr	23
Medizinische Unterbringung	27		
Minderjährige, – keine Anwendung des Abs 4	41, 62	Rechtfertigender Notstand	4
		Rechtslage nach Inkrafttreten des BtG	12
Minderjährige Pflegebefohlene, Unterbringung	62	Rechtsmittel	96
		Rechtsmittelbelehrung	95
Mitteilungen des Gerichts	104 f	Rechtsnatur der Anhörung	78
Mitteilungen in Zivilsachen	106	Rechtsschutz, effektiver	114
Mitteilungen nach JuMiG	106	Rechtsverhältnis Psychiatrisches Krankenhaus und Patient	14
Mitteilungen über die Beendigung	39		
Mündelunterbringung	62	Rechtswidrigkeit der Unterbringung	33
		Regelmäßiges Hindern	47
Nachrang öffentlich-rechtlicher Unterbringung	9	Regelunterbringung	23
		Regelverfahren	36
Narzißtische Persönlichkeitsstörung	15	Rheinland-Pfalz, Unterbringungsgesetz	12
Nebeneinander von zivilrechtlicher und öffentlich-rechtlicher Unterbringung	9, 11	Rückwirkung der Bevollmächtigungsregelung	60
Nebenwirkung	46		
Neuroleptikabehandlung	43	Saarland, Unterbringungsgesetz	12
Nichtbestellen eines Verfahrenspflegers, Begründungspflicht	68	Sachliche Zuständigkeit	65
		Sachsen, Unterbringungsgesetz	12
Niedersachsen, Unterbringungsgesetz	12	Sachsen-Anhalt, Unterbringungsgesetz	12
Nordrhein-Westfalen, Unterbringungsgesetz	12	Sachverständigengutachten	82
		Sachverständigenzuziehung bei Anhörung	79
Normstruktur	3	Schadensersatzpflicht	44, 50, 86
Normzweck	1	Schadensverursachende Fixierung	50
Notstand, rechtfertigender	45	Schleswig-Holstein, Unterbringungsgesetz	12
		Schließmechanismen	43
Öffentlich-rechtliches Unterbringungsrecht	12	Schlußgespräch	71
Öffentlich-rechtliches Unterbringungsverhältnis	14	Schutz Dritter	13
		Selbstschädigung, Vermeidung von	23
Öffnen der Wohnung, Kosten	101	Selbsttötung	23
Örtliche Zuständigkeit	65	Sender, Ausstattung mit	43
Offene Einrichtung	6	Soziale Auffälligkeit	23

Subjektive Seite der Unterbringung nach Abs 1 Nr 2	30
Subsidiarität öffentlich-rechtlicher Unterbringung	9
Suchtbehandlung	44
Tatbestandsergänzung	6
Therapietisch	43
Thüringen, Unterbringungsgesetz	12
Tod des Betreuers/Bevollmächtigten	51
Überschreitung der Betreuerbefugnisse	42 a
Umfang gerichtlicher Genehmigung	22
Unmittelbarer Eindruck	74
Unterbringung gegen den Willen des Betroffenen/Betreuten	7
Unterbringung in einem Psychiatrischen Krankenhaus	8
Unterbringung in einer Entziehungsanstalt	8
Unterbringung nach BSeuchG und GeschlG	8
Unterbringung ohne vormundschaftsgerichtliche Genehmigung	34
Unterbringung zur Vorbereitung eines Gutachtens	8
Unterbringungsbegriff	5
Unterbringungsbetreuung	4
Unterbringungsentscheidung des Gerichts	36
Unterbringungsgesetze der Länder, Übersicht	12
Unterbringungsmaßnahmen	8
Unterbringungsorte	18
Unterbringungstatbestände	15, 23
Unterbringungsverfahren	61
Unterbringungsverfahren, bisheriges	11
Unterlassungen	24
Unterrichtung des Betroffenen	71, 76
Unterschiede Gutachten – ärztliches Zeugnis	84
Unterstützung der Behörde	100
Untersuchung des Betroffenen	88
Untervollmacht	54
Ununterbrochenes Hindern	47
Verfahren für die gerichtliche Entscheidung	36
Verfahrensbevollmächtigung	69
Verfahrensfähigkeit	66
Verfahrenspfleger	67, 69
Verfassungskonforme Auslegung des Abs 4	14
Verhältnismäßigkeit	31
Verhältnismäßigkeitsgrundsatz	30
– im öff-rechtl Unterbringungsrecht	13
Verlängerung der Maßnahme, Verfahrensgarantien	114
Verlängerung der Unterbringungsmaßnahme	113
Verschließen als Maßnahme nach Abs 4	43
Verwahrlosenlassen der Wohnung	23
Verzicht auf Vollzug	102
Vollmacht	53
Vollzug	
– der Beendigung	40
– der Unterbringungsmaßnahme	100
– Verzicht auf	102
Vollzugsunterstützung, behördliche	100
Vollzugszuständigkeit	100
Voraussetzungen für ärztliches Zeugnis	32
Voraussetzungen für Gewaltanwendung	101
Voraussetzungen für Gutachten	82
Vorführung	
– zwecks Anhörung	80
– zwecks Begutachtung	88
Vorgaben für den Betreuer	1
Vorsorgevollmacht	21, 53
Vorübergehende Natur der Unterbringung	3
Weitere Einschränkungen der Bewegungsfreiheit	22
Weitere Voraussetzungen der Genehmigungsbedürftigkeit	47
Willensbestimmung, freie	16
Wirksamkeit der Entscheidung	90, 99
Zaun	43
Zulässigkeit der medizinischen Maßnahme	32
Zuständige Behörde, Anhörung der	77
Zuständigkeit	65
Zwangsbehandlung	29

A. Materielles Unterbringungsrecht

I. Allgemeines

1. Normzweck

1 Die freiheitsentziehende Unterbringung eines kranken oder behinderten Menschen ist ein schwerwiegender Eingriff in seine Person und seine Rechte. Gegenüber dem bisherigen Recht, das die materiellen Voraussetzungen der zivilrechtlichen Unterbringung des Mündels oder Pflegebefohlenen durch seinen Vormund oder Gebrechlichkeitspfleger nicht hinreichend geregelt hatte (vgl §§ 1897 S 1 aF, 1915 Abs 1 iVm § 1800 Abs 2 aF sowie §§ 1800 und 1631b), sollte das BtG eine grundlegende Verbesserung herbeiführen (BT-Drucks 11/4528, 50, 79). Dementsprechend enthält § 1906 Abs 1 **Vorgaben für Unterbringungsentscheidungen des Betreuers**. Wie das bisherige Recht hält auch das neue Betreuungsrecht an dem Grundsatz fest, daß die Unterbringung des Betreuten auf Grund entsprechender Entscheidung seines Betreuers nur mit Genehmigung des Vormundschaftsgerichts zulässig ist (Abs 2 S 1). Die Regelung, daß die Unterbringung im Ausnahmefall zwar zunächst ohne gerichtliche Genehmigung erfolgen darf, jedoch nur zulässig ist, wenn das Gericht sie nachträglich billigt und die Genehmigung auch unverzüglich nachgeholt wird (Abs 2 S 2), erneuert die bisherige Rechtslage (BT-Drucks 11/4528, 82). Für die Unterbringung Minderjähriger durch die Personensorgeberechtigten s § 1631b und § 1800.

2 Der RegEntw sah in der Beibehaltung der zivilrechtlichen Unterbringung ua den Vorteil, daß der Betreuer die genehmigte Unterbringung (aber auch die noch nicht genehmigte) jederzeit ohne Einschaltung des Gerichts beenden darf, aber auch muß, sobald ihre Voraussetzungen wegfallen bzw weggefallen sind (Abs 3 S 1). Die Entlassung soll dem Gericht aber nicht verborgen bleiben. Deshalb hat der Betreuer die Beendigung der Unterbringung dem Vormundschaftsgericht anzuzeigen (Abs 3 S 2). Ob sich die zivilrechtliche Unterbringung durch den Betreuer gegenüber der öffentlich-rechtlichen Unterbringung durch das Gericht unmittelbar in diesem Punkt als vorteilhaft erweist (so BT-Drucks 11/4528, 82), muß bezweifelt, zumindest aber abgewartet werden. Sie führt zunächst nur dazu, die Verantwortung für die Wiedergewinnung der Freiheit und das damit uU verbundene Risiko dem Betreuer aufzubürden, der sich zwar der verschiedenen Ratgeber (Arzt, Gericht, Behörde, Verein) bedienen kann, letztlich aber selbst zu entscheiden und für diese Entscheidung auch einzustehen hat. Sichert der Betreuer nach allen Seiten hin seine Entscheidung ab und entschließt er sich im Zweifelsfalle zu Gunsten der Sicherheit ohne Inkaufnahme eines gewissen Risikos (zB entspr der Empfehlung von DAMRAU/ZIMMERMANN bzw SOERGEL/DAMRAU, jeweils § 1901 Rn 4), riskiert der Betreuer den Vorwurf der Freiheitsberaubung, und für den Betreuten ist nichts gewonnen. Eher wird ein anderer Effekt erzielt: Betreuer, insbesondere solche, die ehrenamtlich tätig sind, empfinden es als eine unerträgliche Belastung, schwerwiegende und weitreichende Entscheidungen, noch dazu, wenn sie mit einem nicht unerheblichen Haftungsrisiko belastet sind, treffen zu sollen, ohne fachlich fundierte und orientierende Maßstäbe als Entscheidungshilfe angeboten zu bekommen oder erwarten zu dürfen. Freilich kann das Vormundschaftsgericht neben oder anstelle des Betreuers auch selbst seine Unterbringungsmaßnahme aufheben; s dazu unten Rn 38.

Eine Ausweitung der Unterbringungsbefugnis auf Ehegatten und Lebenspartner durch Einführung eines entsprechenden Vertretungsrechts im Entwurf eines (2.) Betreuungsrechtsänderungsgesetzes (BT-Drucks 15/2494, 5 ff) ist nicht Gesetz geworden. Ebensowenig die Einführung einer zwangsweisen Zuführung des Betreuten zur ambulanten ärztlichen Heilbehandlung durch den Betreuer und die Genehmigungspflicht seiner Entscheidung durch Einfügen eines § 1906a (BT-Drucks 15/2494, 7).

2. Normstruktur

Während Abs 1–3 materielle Voraussetzungen von Unterbringungen und die Genehmigungspflicht von freiheitsentziehenden Unterbringungen regeln, die tendenziell vorübergehender Natur sind, im Regelfall nicht länger als ein Jahr dauern sollen (§ 70f Abs 1 Nr 3 FGG) und eine Verbesserung des Gesundheitszustandes des Betreuten (Abs 1 Nr 1) oder die tendenziell kurzzeitige Durchführung einer bestimmten Untersuchung, einer Heilbehandlung oder eines ärztlichen Eingriffs (Nr 2) zum Ziel haben, betrifft Abs 4 in erster Linie Personen, die sich für längere Zeit oder dauernd in cincr Anstalt, einem Heim oder einer sonstigen Einrichtung aufhalten, weil sie entsprechend hilfe- und/oder pflegebedürftig sind. Die uU dem Wohl dieser Betreuten dienenden Maßnahmen stellen zwar ebenfalls einen ganz erheblichen Rechtseingriff dar, lassen aber doch die Frage aufkommen, ob es nicht besser gewesen wäre, tatsachenbezogen Abs 4 als eine eigene Vorschrift zu gestalten und dadurch Probleme zu vermeiden, die durch das Verknüpfen nur äußerlich zusammenhängender Eingriffsnormen entstehen. Der durch das BtÄndG der Vorschrift angefügte Abs 5 erlaubt die Unterbringung einer Person durch den von ihr wirksam Bevollmächtigten; ebenfalls durch den Bevollmächtigten kann über eine der durch Abs 4 erfaßten freiheitsentziehenden Maßnahmen entschieden werden. Die entsprechende Anwendung der Abs 1–4 bewirkt, daß die Entscheidungen des Bevollmächtigten an dieselben Voraussetzungen geknüpft sind wie die des Betreuers mit dem entsprechenden Aufgabenkreis. Die Entscheidungen des Bevollmächtigten unterliegen in gleicher Weise wie die des Betreuers dem gerichtlichen Genehmigungsvorbehalt (Abs 2). Ausführlich unten Rn 53 ff.

3. Kritik an einer „Unterbringungsbetreuung"

Insbesondere wegen der unterschiedlichen Klientel von Abs 1–3 einerseits und Abs 4 andererseits (zB in bezug auf die Zielsetzung des Aufenthalts und die Verweildauer) scheint es nicht angebracht, von einer „Unterbringungsbetreuung" im Falle der Abs 1–3 zu sprechen (so ERMAN/HOLZHAUER Rn 61 ff).

Die Unterbringungsbetreuung, die nach Auffassung von ERMAN/HOLZHAUER Rn 61 aE auch „unterbringungsähnliche Maßnahmen" umfassen soll, suggeriert eine eher umfassende und auf Dauer angelegte Unterbringungszuständigkeit des Betreuers, die dieser nach dem Wortlaut und der Zielsetzung der Abs 1–3 nicht hat und nicht haben soll (Erforderlichkeitsgrundsatz). Wenn, wie HOLZHAUER im Anschluß an DAMRAU/ZIMMERMANN Rn 6 (mit Recht) feststellt, eine medizinische Unterbringung (Abs 1 Nr 2) außerdem voraussetzt, daß sich der Aufgabenkreis des Betreuers auf die Gesundheitsfürsorge erstreckt, wird durch den Begriff der Unterbringungsbetreuung ein bestimmter Lebenszusammenhang gerade nicht vollständig erfaßt. Der Begriff der Unterbringungsbetreuung steht außerdem einer durch § 1901 gebotenen flexiblen Handhabung der Betreuung im Wege. Kann der Betreute über die durch § 1906 Abs 1–3 erfaßten Angelegenheiten (weitgehend) selbst entscheiden, besteht die Gefahr, daß der „Unterbringungsbetreuer" auf Grund der durch den Begriff suggerierten Zuständigkeit eine Entscheidungszuständigkeit des Betreuten schwerlich zuläßt. In einem, von ERMAN/HOLZHAUER Rn 61 jedoch nicht diskutierten, Punkt gibt der Begriff eine Realität wieder, die zwar rechtlich vertretbar, praktisch aber kaum noch nachvollziehbar ist: die Bestellung eines Betreuers lediglich oder zu dem überwiegenden Zweck, über die Unterbringung des Betroffenen zu entscheiden, damit dem Vorrang der zivilrechtlichen vor der öffentlich-rechtlichen Unterbringung Genüge getan wird. Hier handelt es sich vielfach um Fälle, bei denen die Vernunft zwar dafür spricht, sich ärztlicher Behandlung anzuvertrauen, der Patient dies aber nicht tut und von den am Verfahren betr eine Betreuerbestellung Beteiligten irrig angenommen wird, diese „Uneinsichtigkeit" beruhe auf einer geistigen oder seelischen Behinderung. In solchen Fällen wird, wohl eher in Unkenntnis, die **Bestellung eines Betreuers als Disziplinierungsinstrument** benutzt, um das eigene Gewissen zu beruhigen. Tatsächlich kann der Betreuer vielfach aber nichts ausrichten, weil Überzeugungsarbeit nach bisheriger Erfahrung nicht zum Erfolg führt und die Voraussetzungen des § 1906 Abs 1–3 dennoch nicht für gegeben angesehen werden. Um die mit der Unterbringung und ihrem Vollzug verbundenen rechtsgeschäftlichen Angelegenheiten zu erfassen (ERMAN/HOLZHAUER Rn 63), ist der Begriff der Unterbringungsbetreuung nicht hinreichend deutlich.

II. Begriff der Unterbringung

1. Abgrenzung zu § 1838 aF

5 Während der Vorbereitungen des BtG und noch im Zeitpunkt seiner Verabschiedung enthielt das Familienrecht des BGB zwei verschiedene Arten von Unterbringungen. § 1838 erlaubte dem Vormundschaftsgericht, im Rahmen seiner Fürsorge und Aufsicht über die Tätigkeit des Vormunds anzuordnen, daß der Mündel zum Zwecke der Erziehung in einer geeigneten Familie oder in einer Erziehungsanstalt untergebracht wird (S 1). § 1631b dagegen bestimmt, daß eine von dem personensorgeberechtigten Elternteil (oder beiden) beabsichtigte Unterbringung des Minderjährigen, die mit Freiheitsentziehung verbunden ist, nur mit Genehmigung des Vormundschaftsgerichts zulässig ist. Ohne diese Genehmigung war und ist diese Unterbringung nur zulässig, wenn mit dem Aufschub Gefahr verbunden war bzw ist; die Genehmigung muß unverzüglich nachgeholt werden. Diese durch das SorgeRG mit Wirkung von 1.1.1980 in den Normkomplex der elterlichen Sorge für eheliche Kinder aufgenommene Vorschrift galt auch für die Unterbringungsentscheidung des Volljährigenvormundes (§ 1897 S 1 aF) und die des mit entsprechendem Wirkungskreis ausgestatteten Pflegers (§ 1915 Abs 1, § 1910 aF). Hauptanwendungsgebiet war § 1910 Abs 3 aF (näher BIENWALD, Untersuchungen 421 ff). Infolgedessen konnte der DiskE I (142) in seiner Begründung zum damaligen § 1906 BGB-E darauf hinweisen, daß die im Text aufgenommene, dem Wortlaut des § 1631b S 1 entsprechende Einschränkung auf die mit Freiheitsentziehung verbundene Unterbringung erforderlich sei, „weil es nach bürgerlichem Recht auch Unterbringungen gibt, die ohne Freiheitsbeschränkungen erfolgen können, so zB die Unterbringung in einer anderen Familie (§ 1838)". Inzwischen hat Art 5 KJHG die Vorschrift des § 1838 mit Wirkung vom 1.1.1991 aufgehoben, so daß nunmehr eine Abgrenzung zu dieser Vorschrift

entbehrlich ist. Gleichwohl ist in Abs 2 die Kennzeichnung der erlaubnisbedürftigen Unterbringung als einer mit Freiheitsentziehung verbundenen Unterbringung erhalten geblieben.

Dem Zweck des Abs 4, Rechtseingriffe bei Betreuten/Betroffenen, die in einer offenen Einrichtung leben (DiskE I 146), zu erfassen und Fixierungsmaßnahmen uä einem gerichtlichen Genehmigungsvorbehalt zu unterwerfen, entspricht es, den in diesem Absatz verwendeten Unterbringungsbegriff iSd Abs 1 zu verstehen. Der Teilsatz „ohne untergebracht zu sein" ist demnach wie folgt zu ergänzen: „ohne freiheitsentziehend untergebracht zu sein". Zur Frage, ob auch freiheitsentziehende Maßnahmen innerhalb einer freiheitsentziehenden Unterbringung genehmigungsbedürftig sind, s unten Rn 14.

Während eine Unterbringung eines Menschen als Veränderung seines Aufenthaltsortes immer mit der Verschaffung oder Gewährung von Obdach verbunden ist, kann ihm die Freiheit auch außerhalb von Räumlichkeiten entzogen werden. Das Festhalten eines nicht iSv Abs 1 untergebrachten Bewohners außerhalb des Heimgeländes und Maßnahmen, die ihn am Verlassen des Grundstücks hindern, werden damit ebenso von Abs 4 erfaßt wie das Einschließen im Zimmer, wenn die weiteren Voraussetzungen für die Genehmigungsbedürftigkeit dieser Maßnahmen gegeben sind.

Der im RegEntw (BT-Drucks 11/4528, 82) verwendete Ausdruck „formalisierter Unterbringungsbegriff" ist wenig hilfreich.

Während es für die Unterbringungsbefugnis des Vormundschaftsgerichts nach § 1838 nicht darauf ankam, daß die Entscheidung gegen den Willen des Minderjährigen vorgenommen wurde – § 1838 regelte insofern lediglich die Entscheidungszuständigkeit –, liegt im Falle des § 1906 Abs 1 immer eine Maßnahme vor, zu der der Betreute sein Einverständnis nicht gegeben hat und/oder nicht geben konnte. „Von Freiheitsentziehung kann nämlich sowohl begrifflich wie auch nach dem Gesetzeszweck dann keine Rede sein, wenn die Unterbringung mit Willen des Betroffenen erfolgt" (BT-Drucks 11/4528, 146). Wird der Betreute gegen seinen Willen in einem Heim untergebracht, das keine geschlossene Einrichtung ist und auch keine geschlossene Abteilung unterhält, in die der Betroffene verbracht wurde, handelt es sich zwar um eine gegen den Willen des Betroffenen (uU sogar unter Einsatz von Gewalt) vorgenommene Unterbringung als eine zielgerichtete Transportmaßnahme, nicht jedoch um eine solche, die mit Freiheitsentziehung auf Dauer oder längere Zeit verbunden ist. Willigt der Betroffene in die freiheitsentziehende Unterbringung ein, liegt keine freiheitsentziehende Unterbringung iSv § 1906 vor, es sei denn, daß die zustimmende Äußerung des Betroffenen nicht von einem natürlichen Willen getragen war (BT-Drucks 11/4528, 146).

Vgl zur Begriffsgeschichte HOLZHAUER/REINICKE Rn 15 sowie BtPrax 1992, 54.

2. **Unterbringungsmaßnahmen**

Unterbringungsmaßnahmen, für die das Verfahren in den §§ 70 ff FGG geregelt ist, sind die in § 70 Abs 1 S 2 FGG abschließend aufgezählten Maßnahmen. Unterbringungsmaßnahmen anderer Art, für welche die §§ 70 ff FGG nicht oder nicht unmittelbar gelten, sind

- die Unterbringung in einem psychiatrischen Krankenhaus gem § 63 StGB, wenn jemand eine rechtswidrige Tat im Zustand der Schuldunfähigkeit (§ 20 StGB) oder der verminderten Schuldfähigkeit (§ 21 StGB) begangen hat und die Gesamtwürdigung des Täters und seiner Tat ergibt, daß von ihm infolge seines Zustandes erhebliche rechtswidrige Taten zu erwarten sind und er deshalb für die Allgemeinheit gefährlich ist; der Auffassung des BGH (R&P 1999, 140, 141), auch bei Anordnung der Unterbringung eines Angeklagten in einem psychiatrischen Krankenhaus sei im Blick auf den Grundsatz der Verhältnismäßigkeit zu prüfen, ob die Vollstreckung der Maßregel ausgesetzt werden könne, wenn beispielsweise durch Begründung eines Betreuungsverhältnisses die Chance bestehe, seine Gefährlichkeit in vertretbarer Weise abzumildern, ist im Hinblick auf Zweck und Ziel des Betreuungsrechts, insbesondere auch der Hervorhebung als einer rechtlichen Betreuung (Art 1 Nrn 1, 10a, 12a BtÄndG), nicht zu folgen;

- die Unterbringung in einer Entziehungsanstalt (§ 64 StGB). Sie kann dann in Betracht kommen, wenn jemand den Hang hat, alkoholische Getränke oder andere berauschende Mittel im Übermaß zu sich zu nehmen, und wegen einer rechtswidrigen Tat, die er im Rausch begangen hat oder die auf seinen Hang zurückgeht, verurteilt oder deshalb nicht verurteilt wird, weil seine Schuldunfähigkeit erwiesen oder nicht auszuschließen ist, und die Gefahr besteht, daß er infolge seines Hanges erhebliche rechtswidrige Taten begehen wird;

- die einstweilige Unterbringung in einem psychiatrischen Krankenhaus oder einer Entziehungsanstalt, wenn es die öffentliche Sicherheit erfordert, weil dringende Gründe für die Annahme vorliegen, daß jemand eine rechtswidrige Tat im Zustand der Schuldunfähigkeit oder verminderten Schuldfähigkeit (§§ 20, 21 StGB) begangen hat und anzunehmen ist, daß seine Unterbringung in einem psychiatrischen Krankenhaus oder einer Entziehungsanstalt angeordnet werden wird (§ 126a Abs 1 StPO);

- die Unterbringung zur Vorbereitung eines Gutachtens über den psychischen Zustand eines Beschuldigten gem § 81 StPO;

- Unterbringungen, die auf Grund des BSeuchG oder des GeschlG zur Durchführung von Untersuchungen und Behandlungen durchgeführt werden, und für die das Gesetz über das gerichtliche Verfahren bei Freiheitsentziehungen (FEVG) maßgebend ist (Keidel/Kuntze § 70 Rn 9).

Die §§ 70 ff FGG gelten **nicht für solche Unterbringungsmaßnahmen**, die zwar nach dem BtG vorgenommen werden und objektiv auch Unterbringungsmaßnahmen sind, jedoch in den Katalog der in § 70 FGG beschriebenen Maßnahmen nicht aufgenommen wurden. Beispiel: Die Unterbringung eines Betroffenen zur Vorbereitung eines Sachverständigengutachtens nach § 68b Abs 4 FGG. Die in einigen Landesgesetzen geregelte einstweilige Unterbringung psychisch Kranker zur Vorbereitung eines Gutachtens wird von der Legaldefinition des § 70 Abs 1 S 2 Nr 3 erfaßt (Bienwald, BtR § 70 FGG Rn 3; Holzhauer/Reinicke Rn 7).

III. Das Nebeneinander von zivilrechtlicher und öffentlich-rechtlicher Unterbringung

1. Die bisherige Rechtslage

Vor Inkrafttreten des BtG konnte ein volljähriger Mündel oder Pflegebefohlener **9** durch Entscheidung seines Vormunds oder Pflegers (§ 1910 Abs 3 aF), wenn dessen Wirkungskreis diese Entscheidung umfaßte, mit Genehmigung des Vormundschaftsgerichts oder unmittelbar durch Entscheidung des Vormundschaftsgerichts gem § 1846 (iVm § 1897 S 1 aF bzw § 1915 Abs 1 iVm § 1897 S 1 aF) untergebracht werden. Neben diesen zivilrechtlichen sog fürsorglichen Unterbringungen erlaubten die landesgesetzlichen Unterbringungsgesetze die Unterbringung psychisch Kranker aufgrund eines entsprechenden Beschlusses des Amtsgerichts, im Falle einer bestehenden Vormundschaft oder Pflegschaft allerdings nur dann, wenn die Einweisung gegen den Willen des Vormunds oder Pflegers erfolgte oder Vormund oder Pfleger keine Erklärung abgaben (vgl zB NdsPsychKG § 10 Abs 2 aF). Die Unterbringungsgründe überschnitten sich zT, so daß ein Betroffener uU zwar nach beiden Rechtsgrundlagen hätte untergebracht werden dürfen, die Unterbringung nach Landesrecht jedoch im Hinblick auf die vorrangige Unterbringung nach BGB unterblieb.

In dem sog Beitrittsgebiet richtete sich die öffentlich-rechtliche Unterbringung nach **10** dem „Gesetz über die Einweisung in stationäre Einrichtungen für psychisch Kranke" von 11. 6. 1968 (GBl I 273), das seit dem 3. 10. 1990 als Landesrecht überall dort noch galt, wo die Länder noch kein neues Unterbringungsrecht verabschiedet hatten. S dazu die Zusammenstellung Rn 12. Das FGB der DDR von 20. 12. 1965 (GBl 1966 I 1) idF des EGZGB von 19. 6. 1975 enthielt in § 102 (Aufgaben des Vormundes) den Hinweis, daß der Vormund sich um das persönliche Wohl des Mündels zu kümmern, insbesondere für eine Heilbehandlung und gegebenenfalls für die Unterbringung des Mündels zu sorgen habe. Durch die Verweisungsnorm des § 107 FGB war diese Bestimmung auf die Pflegschaft entsprechend anzuwenden.

Während die meisten Unterbringungsgesetze der Länder eigene Verfahrensvor- **11** schriften enthielten (davon machte lediglich Berlin eine Ausnahme, indem es die Vorschriften des FGG für anwendbar erklärte), richtete sich das Unterbringungsverfahren für die zivilrechtliche sog fürsorgliche Unterbringung nach §§ 64a ff FGG, die durch das SorgeRG eingefügt worden waren.

Trotz der seit längerem bestehenden Kritik an dem „Nebeneinander" von zivilrechtlicher Unterbringung nach Bundesrecht und öffentlich-rechtlicher nach Landesrecht (statt vieler MARSCHNER R&P 1986, 47; BT-Drucks 11/4528, 80) behielt der Gesetzgeber des BtG diesen Dualismus (HOLZHAUER/REINICKE § 1906 Rn 2) bei, führte jedoch für beide Arten von Unterbringungen ein **einheitliches Verfahren** ein (§§ 70 ff FGG). Infolge der Anwendbarkeit des § 1846 (iVm § 1908i Abs 1 S 1) kann eine zivilrechtliche Unterbringung nach Abs 1 und Abs 4 sowohl durch den Betreuer mit Genehmigung des Vormundschaftsgerichts als auch durch das Gericht unmittelbar getroffen werden.

2. Zur Rechtslage in den Ländern nach dem Inkrafttreten des BtG

12 Durch die Vereinheitlichung des Verfahrensrechts als Bundesrecht haben Teile der bisherigen landesrechtlichen Unterbringungsgesetze ihre Bedeutung verloren. Die Länder haben folgende Gesetze zur Anpassung und Bereinigung erlassen:

Baden-Württemberg: Gesetz über die Unterbringung psychisch Kranker (Unterbringungsgesetz – UBG) idF von 2.12.1991 – (GBl 794);

Bayern: Gesetz über die Unterbringung psychisch Kranker und deren Betreuung (Unterbringungsgesetz – UnterbrG) idF der Bekanntmachung vom 5.4.1992 (GVBl 61, berichtigt 851);

Berlin: Gesetz für psychisch Kranke (PsychKG) vom 8.3.1985 (GVBl 585), geändert durch Artikel II d G z Ausführung des Betreuungsgesetzes und z Anpassung des Landesrechts vom 17.3.1994 (GVBl 86);

Brandenburg: Gesetz über Hilfen und Schutzmaßnahmen sowie über den Vollzug gerichtlich angeordneter Unterbringung für psychisch Kranke (Brandenburgisches Psychisch-Kranken-Gesetz-BbgPsychKG) vom 8.2.1996 (GVBl I 26); VO über die Unterbringungseinrichtungen für psychisch Kranke vom 25.8.1997 (GVBl II Nr 27);

Bremen: Gesetz über Hilfen und Schutzmaßnahmen bei psychischen Krankheiten und zur Änderung anderer Gesetze vom 19.12.2000 (BremGbl 471);

Hamburg: Gesetz zur Neuregelung des Hamburgischen Gesetzes über Hilfen und Schutzmaßnahmen bei psychischen Krankheiten und zur Änderung des Hamburgischen Rettungsdienstgesetzes vom 27.9.1995, GVBl 235. Artikel I dieses Gesetzes enthält das Hamburgische Gesetz über Hilfen und Schutzmaßnahmen bei psychischen Krankheiten (HmbPsychKG). Es trat am 1.1.1996 in Kraft. – (Sammelblatt Nr 49 vom 8.12.1995, 2208) –. Zu Fixierungsrichtlinien s BtPrax 1992, 30; BtPrax 1993, 56;

Hessen: HessG über die Entziehung d Freiheit geisteskranker, geistesschwacher, rauschgift- oder alkoholsüchtiger Personen von 19.5.1952 (GVBl 111), geändert d Art 2 d Hess G z Ausführung d Betreuungsgesetzes und z Anpassung d hess Landesrechts an das Betreuungsgesetz von 5.2.1992 (GVBl 66); Richtlinie für die Fixierung oder andere erhebliche Bewegungseinschränkungen von Patienten in den Krankenhäusern und Kliniken des Wohlfahrtsverbandes Hessen (s HK-BUR Nr 4073);

Mecklenburg-Vorpommern: Gesetz über Hilfen und Schutzmaßnahmen für psychisch Kranke (PsychKG) in der Fassung der Bekanntmachung vom 13.4.2000 (GVOBl 182);

Niedersachsen: Niedersächsisches Gesetz über Hilfen und Schutzmaßnahmen für psychisch Kranke (NPsychKG) vom 16.6.1997 (GVBl 272);

Nordrhein-Westfalen: Gesetz über Hilfen und Schutzmaßnahmen bei psychischen Krankheiten (PsychKG) vom 12.12.1999 (GV NRW 622);

Rheinland-Pfalz: Landesgesetz für psychisch kranke Personen (PsychKG) vom 17.11.1995 (GVBl 473);

Saarland: Gesetz Nr 1301 über die Unterbringung psychisch Kranker (UBG) von 11.11.1992 (ABl Saar 1271);

Sachsen: Sächsisches Gesetz über die Hilfen und die Unterbringung bei psychischen Krankheiten (SächsPsychKG) von 16.6.1994 (SächsGVBl 1097);

Sachsen-Anhalt: Gesetz über Hilfen für psychisch Kranke und Schutzmaßnahmen d Landes Sachsen-Anhalt (PsychKG LSA) von 30.1.1992 (GVBl 88);

Schleswig-Holstein: Gesetz über Hilfe und Unterbringung psychisch kranker Menschen (PsychKG) vom 14.1.2000 (GVOBl Schl-HS 106; ber 206);

Thüringen: Thüringer Gesetz zur Hilfe und Unterbringung psychisch Kranker (ThürPsychKG) von 2.2.1994 (ThürGVBl 81).

Die Gesetzestexte sind abgedruckt bei MARSCHNER/VOLCKART (2001) und bei DEINERT, Das Recht der Psychisch Kranken (2000).

3. Zur Abgrenzung der zivilrechtlichen von der öffentlich-rechtlichen Unterbringung

Die Unterbringungsvoraussetzungen der zivilrechtlichen und der öffentlich-rechtlichen Unterbringung wurden durch das BtG stärker voneinander abgegrenzt. Während die landesgesetzlich geregelte Unterbringung wie bisher eine mehr oder minder unmittelbar bevorstehende Gefahr für die eigene Person des Betroffenen oder Rechtsgüter anderer erfordert, darf die Unterbringung nach § 1906 nur vorgenommen werden, wenn sie zum Wohl des Betroffenen erforderlich ist. Ein alleiniger Schutz Dritter oder der Allgemeinheit reicht als Unterbringungsgrund nach § 1906 nicht aus (OLG Hamm R&P 2001, 109 = BtPrax 2001, 40). Dies gilt nicht nur für die originäre freiheitsentziehende Unterbringung nach Abs 1, sondern auch für die durch Abs 4 erfaßten freiheitsentziehenden oder unterbringungsähnlichen (s dazu HOLZHAUER/REINICKE Rn 36 ff) Maßnahmen, für die die Abs 1–3 entspr gelten. Auch bei der Anwendung der Unterbringungsbestimmungen des öffentlich-rechtlichen Unterbringungsrechts ist der **Grundsatz der Verhältnismäßigkeit** streng zu beachten (BayObLGZ 1999, 216 = NJW 2000, 881 = R&P 2000, 81 = MedR 1999, 531). Der Eingriff in die persönliche Freiheit darf nicht außer Verhältnis zur Schutzwürdigkeit der vom psychisch Kranken gefährdeten Rechtsgüter stehen (BayObLGZ 1998, 116 = FamRZ 1998, 1329). Die Unberechenbarkeit des Verhaltens eines psychisch Kranken reicht allein für eine öffentlich-rechtliche Unterbringung nicht aus. Hinzukommen müssen weitere Umstände, die den Eintritt der Gefahr mit sehr hoher Wahrscheinlichkeit und in allernächster Zeit erwarten lassen (LG München I BtPrax 1998, 152). Der Begriff der psychischen Krankheit erfordert einen die Freiheitsentziehung rechtfertigenden Schweregrad der Persönlichkeitsstörung. Ebenso muß die von dem psychisch Kranken ausgehende Gefährdung von Rechtsgütern der Schwere des Eingriffs in die persönliche Freiheit entsprechen (BayObLGZ 1999, 216 = NJW 2000, 881 = R&P 2000, 81 = MedR 1999, 531 zu Art 1 Abs 1 BayUnterbrG). Die vorläufige Unterbringung nach dem

UnterbrG kann dann gerechtfertigt sein, wenn der Betroffene durch das Ansammeln von Abfall eine Vermüllung des von ihm bewohnten Grundstücks herbeiführt, daraus erhebliche Gefahren insbesondere für Bewohner und Nachbarn drohen und eine Sanierung des Grundstücks ohne die Unterbringung nicht erfolgen kann (BayObLG FamRZ 2001, 365). Die Persönlichkeitsstörung des Betroffenen muß für die von ihm ausgehende Gefahr für die öffentliche Sicherheit und Ordnung kausal sein (BayObLGZ 2001, 352 = FamRZ 2002, 765). Es muß eine Situation vorliegen, die in überschaubarer Zukunft einen Schadenseintritt hinreichend wahrscheinlich macht (OLG Saarbrücken BtPrax 1997, 202 = R&P 1998, 45 bezogen auf § 4 SaarlUBG). Eine behandlungsbedürftige psychische Krankheit, fehlende Krankheitseinsicht und eine fortschreitende Verwahrlosung rechtfertigen noch keine sofortige vorläufige Unterbringung nach dem Bayerischen Unterbringungsgesetz (LG Traunstein R&P 1993, 84). Unter dem Gesichtspunkt der Krankenfürsorge allein ist auch nach der Anpassung des hessischen Landesrechts an das Betreuungsgesetz eine Unterbringung nicht zulässig (OLG Frankfurt OLGZ 1993, 172 = NJW-RR 1993, 579). Bei grundsätzlichem Vorrang der zivilrechtlichen Unterbringung vor der öffentlich-rechtlichen kommt eine solche neben einer bereits bestehenden zivilrechtlichen Unterbringung ausnahmsweise dann in Betracht, wenn eine medizinische Zwangsbehandlung zur Abwendung einer erheblichen Gefahr für die öffentliche Sicherheit auch gegen oder ohne den Willen des Betreuers erforderlich ist, nämlich insbesondere dann, wenn der Betreuer sich weigert, einer gemäß § 18 Abs 4 PsychKG-NRW erforderlichen Zwangsbehandlung zuzustimmen (LG Mönchengladbach FamRZ 2003, 115 [LS]). Das Sich-Entblößen und Onanieren vor dritten Personen stellt noch nicht ohne weiteres eine erhebliche Fremdgefährdung im Sinne des HFEG dar, die eine endgültige Zwangsunterbringung nach diesem Gesetz rechtfertigt (OLG Frankfurt BtPrax 1994, 32). Die öffentlich-rechtliche Unterbringung einer durch Alkoholmißbrauch psychisch gestörten Person ist verhältnismäßig, wenn mit einer an Sicherheit grenzenden Wahrscheinlichkeit die Gefahr besteht, daß sie im alkoholisierten Zustande schwerwiegende Straftaten begehen wird (BayObLG von 22.7.1997 – 3 Z BR 284/97). Zur Unterbringung in einem psychiatrischen Krankenhaus bei Alkoholsucht und Persönlichkeitsstörung BGH R&P 1998, 106 (im Zusammenhang mit § 63 StGB).

Die gesetzlichen Voraussetzungen für eine Unterbringung nach § 7 SchlHPsychKG sind nicht allein mit dem Wort „Bedrohung" zu begründen ohne eine nähere Beschreibung der Art und Weise, des Inhalts und der Tatsachen, aus denen auf die Wahrscheinlichkeit einer Verwirklichung geschlossen werden kann (OLG Schleswig FamRZ 2003, 477 [LS] = BtPrax 2003, 41 = R&P 2003, 29); auch reicht dafür nicht der bloße Hinweis auf die „Gefahr von Fehlhandlungen" (OLG Schleswig FamRZ 2003, 1499 [LS]). Solange der Betroffene zu einer freien Willensbestimmung noch in der Lage ist, kann er trotz Vorliegens einer psychischen Anomalie und der Gefahr krimineller Handlungen nicht nach Art 1 Abs 1 S 1 BayUnterbrG untergebracht werden (BayObLG FamRZ 2002, 909). Zur Unterbringung eines Sexualstraftäters auf der Grundlage des Art 1 Abs 1 S 2 BayUnterbrG BayObLG R&P 2002, 179 m Anm MARSCHNER.

14 Während sich die Unterbringungsvoraussetzungen der Landesgesetze und des Bundesrechts (§ 1906) wie bisher zT überschneiden (zum Vorrang zivilrechtlicher Unterbringung, wenn der für den Betroffenen bestellte Betreuer diesen mit dessen Zustimmung zivilrechtlich unterbringen will, OLG Hamm NJWE-FER 2000, 86 = BtPrax 2000, 35 = R&P 2000, 84; im einzelnen MARSCHNER/VOLCKART 60), kann von einem Nebeneinander oder einem Dualismus beider Arten von Rechtsgrundlagen in bezug auf **Abs 4** keine Rede sein. Dem Wortlaut nach kommt eine Anwendung des Abs 4 auf Fälle landesgesetzlicher Unterbringung nicht in Betracht. Befindet sich der Betreute aufgrund einer Entscheidung seines Betreuers oder einer Entscheidung des Vormundschaftsgerichts nach § 1846 in einer geschlossenen Einrichtung (oder einem geschlossenen Teil von ihr), steht nach ganz überwiegender Ansicht eine beabsichtigte Maßnahme nach Abs 4 in verfassungskonformer Anwendung der Vorschrift ebenfalls unter Genehmigungsvorbehalt (BayObLGZ 1993, 208 = BtPrax 1993, 139 = BtE 1992/93, 86 mwN und Anm SCHREIEDER; FamRZ 1994, 721; OLG Düsseldorf FamRZ 1995, 118 [119]). Dies betrifft jedoch nicht Unterbringungen nach Landesrecht. Bei ihnen bestimmt sich das Verhältnis des Untergebrachten zum Träger der Einrichtung nach den öffentlich-rechtlichen Normen des Landesunterbringungsrechts. Lediglich hilfsweise könnte im Einzelfall eine dem Zivilrecht entsprechende Lösung erwogen werden (DODEGGE MDR 1992, 437, 439). Zum Rechtsverhältnis zwischen psychiatrischen Landeskrankenhäusern und ihren Patienten FISCHER/MANN NJW 1992, 1539 ff, 1540 sowie SchlHOLG SchlHA 1994, 171 (bürgerlich-rechtlicher Natur). Inwieweit sich beabsichtigte oder bereits vollzogene Privatisierungen von psychiatrischen (Landes-)Krankenhäusern auf das Unterbringungsrecht auswirken (werden), kann hier nicht näher behandelt werden.

IV. Die Unterbringungstatbestände des Abs 1

1. Übersicht

Abs 1 erlaubt dem Betreuer aus zwei Gründen, den Betreuten zu seinem Wohl freiheitsentziehend unterzubringen:

- wenn sie erforderlich ist, weil auf Grund einer psychischen Krankheit oder geistigen oder seelischen Behinderung des Betreuten die Gefahr besteht, daß er sich selbst tötet oder erheblichen gesundheitlichen Schaden zufügt;

- wenn sie erforderlich ist, weil eine Untersuchung des Gesundheitszustandes, eine Heilbehandlung oder ein ärztlicher Eingriff notwendig ist, ohne die Unterbringung des Betreuten aber nicht durchgeführt werden kann und der Betreute auf Grund einer psychischen Krankheit oder geistigen oder seelischen Behinderung die Notwendigkeit der Unterbringung nicht erkennen oder nicht nach dieser Einsicht handeln kann.

Andere Unterbringungsgründe kommen als Entscheidungsgrundlage für den Betreuer nicht in Betracht. **Ausgeschlossen** ist damit eine freiheitsentziehende Unterbringung eines Betreuten **ausschließlich zum Schutz der Allgemeinheit** oder einzelner Dritter. Hierfür kommen lediglich die Unterbringungsgesetze der Länder in Frage. Ausgeschlossen ist ferner eine freiheitsentziehende Unterbringung, die ausschließlich der „Besserung" des Betroffenen/Betreuten dient (BVerfGE 22, 180 = FamRZ 1967, 449 und 606 = NJW 1967, 1795 = JZ 1967, 568). Die Voraussetzungen für eine Unterbringung nach Abs 1 Nr 1 und 2 sind nicht gegeben, wenn eine Alkoholsucht weder Symptom einer bereits vorhandenen psychischen Krankheit oder geistigen oder seelischen Behinderung noch Ursache eines bereits eingetretenen entsprechenden Persönlichkeitsabbaus ist und der Betroffene auch nicht zu einer Alkoholentwöhnungsbehandlung bereit ist (OLG Schleswig FamRZ 1998, 1328 = BtPrax 1998, 185). Zu den

Voraussetzungen der Unterbringungsgenehmigung bei Alkoholismus und narzißtischer Persönlichkeitsstörung BayObLG FamRZ 1994, 1617 = BtPrax 1994, 211 = R&P 1994, 193; zu hochgradigem Alkoholismus mit der Folge geistigen Gebrechens als Unterbringungsvoraussetzung BayObLG FamRZ 1998, 1327 = NJW-RR 1998, 1014 = NJWE-FER 1998, 201 (LS); FamRZ 1994, 1617 = BtPrax 1994, 211 = R&P 1994, 193. Zur „Borderline"-Persönlichkeitsstörung als Unterbringungsgrund (hier nach § 63 StGB) BGH R&P 1997, 180 = NJ 1997, 503 (LS). Ist der Betroffene aufgrund eines demenziellen Syndroms bei Alkoholabhängigkeit iVm einem Korsakow-Syndrom zu einem eigenständigen Leben nicht (mehr) in der Lage, schreitet die Krankheit bei weiterem Alkoholkonsum fort und bedroht sie sein Leben, ist gegen die Unterbringungsentscheidung des Betreuers nichts einzuwenden (BayObLG FamRZ 2002, 908).

Tritt zugleich als Begleiterfolg der freiheitsentziehenden Unterbringung eine „Besserung" des Betreuten ein oder wird neben der Zielsetzung des Abs 1 auch ein Schutz Dritter oder der Öffentlichkeit erreicht, stellt das die Unterbringungsberechtigung nicht in Frage.

2. Unterbringung nur bei Einverständnismangel

16 Abs 1 ist nur anwendbar, wenn die Unterbringung ohne oder gegen den Willen des Betreuten erfolgt (BT-Drucks 11/4528, 146). Begrifflich wie auch nach dem Gesetzeszweck kann von einer freiheitsentziehenden Unterbringung dann keine Rede sein, wenn der Betreute mit der Unterbringung einverstanden ist, wenn er sich freiwillig in die betreffende Einrichtung begibt und dort verbleibt oder, sofern er ohne oder gegen seinen Willen dorthin verbracht worden ist, sich freiwillig weiterhin dort aufhält. In solchen Fällen endet die freiheitsentziehende Unterbringung durch den Betreuer mit der Erklärung des Betreuten, sich **freiwillig** weiterhin in der Einrichtung **aufzuhalten**. Eine bereits gerichtlich erteilte Unterbringungsgenehmigung (§ 1906 Abs 2 S 1) verliert ihre Wirkung; eine noch zu erteilende gerichtliche Genehmigung (§ 1906 Abs 2 S 2) braucht nur für den vorangegangenen Zeitraum erteilt zu werden.

Willigt der Betreute in den Aufenthalt in einer entsprechenden Einrichtung ein, so liegt nur dann eine freiheitsentziehende Unterbringung nicht vor, wenn dieser Wille rechtlich wirksam ist (HOLZHAUER/REINICKE Rn 12). Dafür reicht ein natürlicher Wille aus (BT-Drucks 11/4528, 146), wenn eine Einsichtsfähigkeit des Betreuten in die Tragweite der Maßnahme vorliegt (hM, BT-Drucks 11/4528, 146; BayObLGZ 1996, 34 = FamRZ 1996, 1375; z Streitstand HOLZHAUER/REINICKE Rn 12). Ein bloßes Erdulden der Maßnahme ist kein Einverständnis. Gleichwohl bedarf es nicht einer verbalen Äußerung, wenn auf andere Weise zweifelsfrei das Einverständnis geäußert wird. Die Skepsis von SCHWAB (MünchKomm/SCHWAB Rn 27) in bezug auf eine eher großzügige Annahme von Einwilligungsfähigkeit und damit eine Zunahme von gerichtlich nicht kontrollierten und nicht zu kontrollierenden Unterbringungen freiheitsentziehender Art scheint nicht ganz unbegründet. Auf jeden Fall muß bei der Prüfung ein auf den Aufenthalt und die geschlossene Unterbringung bezogener natürlicher Wille, der die Konsequenzen und die Tragweite der Maßnahme zu erfassen hat, je nach Unterbringungsgrund von Abs 1 S 2 Nr 1 und Nr 2 getrennt festgestellt werden. Da nach hiesiger Auffassung eine freiheitsentziehende Unterbringung durch den Betreuer ohnehin nur bei geschäftsunfähigen Betreuten iSv § 104 Nr 2 zulässig ist, kommt dem Meinungsunterschied zu SCHWAB (MünchKomm/SCHWAB Rn 17 und 18) praktisch kaum Bedeutung zu.

Zumindest in die Nähe der hier vertretenen Auffassung kommt die Rspr des BayObLG (BayObLGZ 1993, 18, 19 = FamRZ 1993, 600 = MDR 1993, 545; NJWE-FER 2001, 150; außerdem EzFamR 1993, 280; ebenso OLG Stuttgart FamRZ 2004, 834 [LSe]), wonach die Unterbringung zur Verhinderung einer Selbstschädigung infolge psychischer Erkrankung voraussetzt, daß der Betreute auf Grund der Krankheit seinen Willen nicht frei bestimmen kann. Dies gehe, so das Gericht, aus dem Gesetz zwar nicht hervor, ergebe sich aber aus einer verfassungskonformen Auslegung des Gesetzes. Der Staat habe, so das Gericht, von Verfassungs wegen nicht das Recht, seine erwachsenen und zu freier Willensbestimmung fähigen Bürger zu erziehen, zu „bessern" oder zu hindern, sich selbst gesundheitlich zu schädigen (BVerfGE 22, 180, 219 f; BÜRGLE NJW 1988, 1881, 1885; MünchKomm/SCHWAB Rn 13; PALANDT/DIEDERICHSEN § 1896 Rn 4). Dabei reicht es aus, daß der Ausschluß der freien Willensbestimmung partiell die Umstände betrifft, aus denen sich die Unterbringungsnotwendigkeit ergibt (BayObLG NJWE-FER 2001, 150; hier Alkoholismus).

Die durch Art 1 Nr 7 2. BtÄndG dem § 1896 eingefügte Vorschrift (Abs 1a), wonach gegen den freien Willen des Volljährigen ein Betreuer nicht bestellt werden darf, kann nach Wortlaut und Standort für das Unterbringungsrecht des § 1906 nicht unmittelbar in Anspruch genommen werden. Sie enthält jedoch, wie den Materialien entnommen werden kann, einen allgemeinen Grundsatz (BT-Drucks 15/2494, 17, 27 f), der die bisherige Rechtsprechung zu § 1906 bestätigt und auch in Zukunft bei der Unterbringungsentscheidung sowie deren Genehmigung durch das Vormundschaftsgericht entsprechend zu beachten ist.

3. Keine Unterbringung körperlich Behinderter

Nach § 1906 können und dürfen körperlich Behinderte, die einen Betreuer haben, **17** nicht untergebracht werden. Ihnen kann zwar nach § 1896 Abs 1 ein Betreuer bestellt werden, wenn sie einen dementsprechenden Antrag stellen (BIENWALD, BtR Rn 46). Wird einem körperlich Behinderten ohne seinen Antrag ein Betreuer bestellt, weil er seinen Willen nicht kundtun konnte, aber auf Grund einer körperlichen Behinderung seine Angelegenheiten nicht besorgen kann, besteht dennoch von Gesetzes wegen keine Möglichkeit, ihn gegen oder ohne seinen Willen durch Entscheidung des Betreuers (mit Genehmigung des Vormundschaftsgerichts) freiheitsentziehend unterzubringen. Fraglich kann sein, ob in solchen Fällen immer davon ausgegangen werden kann, daß eine freiheitsentziehende Unterbringung nicht erforderlich ist. Eine Verbringung in ein Krankenhaus oder in eine nicht geschlossene andere Einrichtung ohne oder gegen den Willen des (nicht verständigungsfähigen) Betreuten allein auf Grund des Aufenthaltsbestimmungsrechts des Betreuers fällt dagegen nicht unter § 1906. Zur Anwendung von Gewalt ist der Betreuer nicht befugt.

4. Unterbringungsorte

Eine Unterbringung ist dann mit Freiheitsentziehung verbunden, wenn sich der **18**

Untergebrachte in einer geschlossenen Einrichtung oder in einer geschlossenen Abteilung einer Einrichtung befindet. Dazu genügt es, daß bauliche und/oder organisatorische Vorkehrungen getroffen sind, um die einzelnen Bewohner nicht nur im Einzelfall am Verlassen der Einrichtung oder der Räumlichkeiten zu hindern (ERMAN/ROTH Rn 10). Einweisungen, Einschließungen in psychiatrischen Kliniken oder sonst geschlossenen Anstalten sind deshalb genehmigungspflichtige Unterbringungen, nicht dagegen Unterbringungen in Alten- oder Pflegeheimen, wenn deren Bewohner wunschgemäß das Haus oder das Grundstück verlassen können. Die zwangsweise Verbringung eines Betreuten in eine offene Heimeinrichtung ist deshalb vormundschaftsgerichtlich nicht genehmigungsfähig (AG Mainz FamRZ 2001, 656). Für eine solche Maßnahme fehlt die notwendige gesetzliche Grundlage; eine analoge Anwendung des § 1906 Abs 1 kommt insoweit nicht in Betracht (OLG Hamm FamRZ 2003, 255 = BtPrax 2003, 42 = R&P 2003 m Anm MARSCHNER, insbesondere unter Berufung auf die auf Vorlage des Senats [FGPrax 2000, 113] ergangene Entscheidung des BGH BGHZ 145, 297 = FamRZ 2001, 149 = JZ 2001, 821 m Anm LIPP). Eine geschlossene Einrichtung und damit die Genehmigungsbedürftigkeit der „Einweisungen" hat das KreisG Schwedt/Oder in dem Falle verneint, daß den Heimbewohnern, die keinen Hausschlüssel haben, wunschgemäß vom Hauspersonal die Tür geöffnet wird (FamRZ 1993, 601). Das AG Marburg (BtPrax 1994, 106 [107]) hat die Unterbringung im ersten Obergeschoß eines Heimtrakts für genehmigungspflichtig angesehen, weil durch Änderung an der Haustür der offene Charakter nicht uneingeschränkt besteht und die Benutzung des Aufzugs mit den üblichen Bedienungsvorrichtungen für die Betroffene in ihrem Zustand ein unüberwindliches Hindernis darstellt.

Rechtsvergleichend: In R&P 1998, 107 wird eine Erkenntnis des ÖstOGH zur Frage der Unterbringung durch medikamentöse Ruhigstellung mitgeteilt, dessen LS lautet: „Eine Beschränkung der körperlichen Bewegungsfreiheit und somit eine Unterbringung iSd UbG liegt immer dann vor, wenn es einer Person unmöglich gemacht wird, ihren Aufenthalt nach ihrem freien Willen zu verändern. Es kommt darauf an, ob der Kranke nach den konkreten Verhältnissen den Bereich, in dem er sich aufhält, aufgrund seiner freien Entscheidung verlassen kann oder nicht; ob er sich dessen bewußt ist, ist nicht maßgebend. Nicht entscheidend ist, ob die Beschränkung durch die physischen Zwangsmaßnahmen oder durch pharmakologische Beeinflussung erfolgt, die eine massive Beschränkung der Bewegungsfreiheit bezweckte. Auch die gegen den Willen des Patienten erfolgte medikamentöse Ruhigstellung stellt daher eine Unterbringung dar."

5. Unterbringungsvoraussetzungen als Handlungsmaßstab für den Betreuer

19 Obwohl das Gesetz betont von der Zulässigkeit der freiheitsentziehenden Unterbringung spricht, ist davon auszugehen, daß die gesetzlich normierten Zulässigkeitsvoraussetzungen zugleich den Maßstab für den Zwang zum Handeln des Betreuers enthalten. Mit anderen Worten: Liegen die Eingriffsvoraussetzungen des § 1906 Abs 1 Nr 1 oder Nr 2 vor, besteht jedenfalls dann für den Betreuer **kein Ermessensspielraum** mehr, wenn Alternativen nicht erkennbar oder durchführbar sind. Ist dem Betreuer ein die Unterbringungsentscheidung beinhaltender Aufgabenkreis übertragen worden, hat der Betreuer das Wohl des Betreuten durch Abwendung einer erheblichen Selbstgefährdung zu gewährleisten (BIENWALD, BtR Rn 11). Dies gilt entsprechend für die Unterbringung zum Zwecke der Behandlung oder einer ärztlichen Maßnahme nach Abs 1 Nr 2. Da im Falle anderer Möglichkeiten der Abhilfe auch eine freiheitsentziehende Unterbringung nicht zulässig ist, reduziert sich ein – abstrakt anzuerkennendes – Ermessen des Betreuers auf Null, wenn die Zulässigkeitsvoraussetzungen für die Unterbringungen nach § 1906 Abs 1 gegeben sind.

6. Der für die Unterbringungsentscheidung erforderliche Aufgabenkreis

Maßgebend für die zivilrechtliche Unterbringung nach § 1906 Abs 1–3 ist der Wille **20** des Betreuers. Nur wenn ausnahmsweise die Voraussetzungen des § 1846 vorliegen, darf das Vormundschaftsgericht tätig werden (s unten Rn 53). Der Betreuer handelt im Rahmen der ihm eingeräumten Entscheidungsmacht, die in dem gerichtlich bestimmten Aufgabenkreis ihren Niederschlag findet. Unstreitig handelt es sich bei der Unterbringungsentscheidung des Abs 1 um einen Akt der **Aufenthaltsbestimmung**, wobei zu beachten ist, daß die Bestimmung des Aufenthalts Realakt ist und erst die sich daraus ergebenden oder die seiner Stabilisierung dienenden weiteren Handlungen und Entscheidungen rechtsgeschäftlicher Natur sind (BIENWALD, Untersuchungen 429 sowie BtR § 1903 Rn 38; HOLZHAUER/REINICKE Rn 13). Eine Befugnis zur Unterbringung hat der Betreuer mithin dann, wenn ihm das uneingeschränkte Aufenthaltsbestimmungsrecht zusteht (BayObLGZ 1993, 18, 19; BayObLG FamRZ 1994, 320; FamRZ 2002, 908), dh ohne Ausschluß der zwangsweisen Unterbringung, wie dies in den siebziger Jahren von manchem Vormundschaftsgericht gehandhabt worden ist. Entgegen MünchKomm/SCHWAB Rn 6 befugt auch die generelle Benennung der Personensorge als Aufgabenkreis oder innerhalb dessen zur Unterbringung nach § 1906 Abs 1 (zum Stand der Meinungen ERMAN/ROTH Rn 9). Nach dem familienrechtlichen System der für einen anderen Menschen bestehenden Verantwortlichkeiten, auf das das Betreuungsrecht Bezug nimmt (§ 1908i), ist die Aufenthaltsbestimmung ein Teil der Personensorge für einen Menschen. Ist dem Betreuer nur die Gesundheitssorge, nicht jedoch das Aufenthaltsbestimmungsrecht für den Betreuten übertragen, steht ihm die Unterbringung des Betreuten nach § 1896 Abs 1 und die Beantragung der vormundschaftsgerichtlichen Genehmigung der Unterbringungsentscheidung nicht zu (OLG Hamm FamRZ 2001, 861 m Anm BIENWALD).

Auch in den sonst bestehenden Aufgabenkreisen wirkt sich die Betreuerbestellung nicht rechtsmindernd auf die Position des Betreuten aus. Lediglich die Anordnung eines Einwilligungsvorbehalts bewirkt dies auf Grund ausdrücklicher gesetzlicher Bestimmung. Daß dem Aufenthaltsbestimmungsrecht des Betreuers eine ähnliche Wirkung zukäme (so MünchKomm/SCHWAB Rn 6), läßt sich dem Gesetz nicht entnehmen. Daß ein zeitlich vorrangiges Handeln des Betreuers Auswirkungen auf die Rechtsposition des Betreuten hat, ist ein Kennzeichen und ein Zweck (der Hauptzweck) der Betreuung (vgl § 1902). Gegen die Annahme von SCHWAB sprechen insbesondere auch die Übergangsvorschriften (Art 9 BtG), die einen Übergang der Vormundschaften und Pflegschaften nach § 1910 aF dem bisherigen Aufgabenumfang nach vorgesehen haben. Sind dem Betreuer alle Angelegenheiten des Betreuten, entweder mit oder ohne die in § 1896 Abs 4 aufgeführten, zugewiesen, beinhaltet dies ebenfalls die Befugnis zur Unterbringung nach Abs 1.

Steht dem Betreuer die Unterbringungsbefugnis nicht zu, kann er dennoch zum **21** Handeln verpflichtet sein, nämlich zur Information des Vormundschaftsgerichts nach § 1901 Abs 5, wenn ihm Umstände bekannt werden, die eine Erweiterung des Aufgabenkreises oder die Bestellung eines weiteren Betreuers erfordern.

Soll eine (General-)Vollmacht zur Entscheidung über eine Unterbringung nach Abs 1 oder eine Maßnahme nach Abs 4 berechtigen, muß sie den Anforderungen des Abs 5 genügen (AG Frankfurt aM PflegeRecht 2001, 409).

Für die Unterbringung zum Zwecke der Durchführung einer medizinischen Maßnahme (Abs 1 Nr 2) muß der Betreuer ggf einen entsprechenden Aufgabenkreis zugewiesen bekommen haben. Das Aufenthaltsbestimmungsrecht erfaßt die Entscheidungszuständigkeit in den Angelegenheiten einer Untersuchung, einer Heilbehandlung oder eines ärztlichen Eingriffs nicht. Ggf muß der Aufgabenkreis des Betreuers um die Angelegenheit, die konkret beabsichtigt ist, oder um die Sorge für die Gesundheit des Betreuten schlechthin ergänzt werden. Ob die „Gesundheitsbetreuung" und die Befugnis zur Unterbringung im Aufgabenkreis des Betreuers ausreichen (so MünchKomm/Schwab Rn 6), ist aus zwei Gründen fraglich: Ist ein melderechtlicher Aufenthaltswechsel erforderlich, erfaßt diesen die Unterbringungsbefugnis nicht; zweifelhaft ist auch, ob die Unterbringungsbefugnis die Aufhebung der Unterbringung und die mit der Beendigung der Unterbringung verbundenen Folgeentscheidungen umfaßt.

7. Funktion und Umfang der gerichtlichen Genehmigung

22 Träger der Unterbringungsentscheidung ist idR der Betreuer (Ausnahme § 1846). Die erforderliche vormundschaftsgerichtliche Genehmigung stellt ein Rechtmäßigkeitserfordernis dar. Die für eine Unterbringungsentscheidung des Betreuers nach Abs 1 erforderliche gerichtliche Genehmigung kann nur die damit verbundene Freiheitsentziehung erfassen. Einschränkungen der Bewegungsfreiheit, die über die vom Gericht genehmigten Freiheitsentziehung hinausgehen, bedürfen einer eigenen Entscheidung (MünchKomm/Schwab Rn 9 ff unter Hinweis auf These 10 d Arbeitsgruppe 4 des 2. VGT). Diese im Schrifttum überwiegend vertretene Auffassung (Bienwald, BtR Rn 68; Dodegge MDR 1992, 437; JKMW Rn 516; MünchKomm/Schwab 9; Palandt/Diederichsen Rn 18; Rink R&P 1991, 148, 160; Schumacher FamRZ 1991, 280, 281 f) haben sich inzwischen das AG Hannover (BtPrax 1992, 113) und das BayObLG (BayObLGZ 1993, 208 = BtPrax 1993, 139) zu eigen gemacht. Auf eine nicht vom Willen des Betreuers getragene Anregung der Betreuungsstelle darf die Genehmigung einer Unterbringung nicht erteilt werden (BayObLG FamRZ 2003, 325 [LSe] = R&P 2003, 99 m Anm Marschner). „Eine Genehmigung der Unterbringung in einer geschlossenen Einrichtung umfaßt ... alle damit regelmäßig verbundenen Beschränkungen der körperlichen Bewegungsfreiheit. Zu diesen gehört aber nicht ein Anbinden des Betreuten im Bett durch einen Beckengurt für einen längeren Zeitraum oder regelmäßig" (BayObLGZ 1993, 208 = FamRZ 1994, 721 = MDR 1993, 649 = R&P 1993, 147 = BtPrax 1993, 139; Erman/Roth Rn 26; aA Erman/Holzhauer Rn 51; Klüsener/Rausch NJW 1993, 617, 623; Soergel/Damrau Nachträge Rn 21). Mit Recht weist Klüsener (Klüsener/Rausch NJW 1993, 617, 623) darauf hin, daß ein zusätzlicher Rechtseingriff uU einer besonderen gesetzlichen Grundlage bedürfe (vgl auch BVerfGE 33, 1 = NJW 1972, 811). Dies befreit jedoch nicht von der Verpflichtung, den für nicht verfassungsgemäß erkannten Regelungsmangel gerichtlich zu beseitigen.

Titel 2 § 1906
Rechtliche Betreuung

8. Die Unterbringungstatbestände

a) Regelunterbringung (Abs 1 Nr 1)

Nr 1 nennt als Unterbringungsgrund die Abwendung der Gefahr, daß sich der Be- 23
treute selbst tötet oder einen erheblichen gesundheitlichen Schaden zufügt, vorausgesetzt, daß diese Selbstgefährdung ihre Ursachen in einer psychischen Krankheit oder einer geistigen oder seelischen Behinderung des Betreuten hat (BT-Drucks 11/4528, 146). Wer sich lediglich aus Freude an den Genüssen des Lebens oder aus Leichtsinn selbst gesundheitlich schädigt, kann nicht zur Abwendung der dadurch verursachten Gesundheitsgefahren nach Abs 1 Nr 1 untergebracht werden (BT-Drucks 11/4528, 146). Auch ist Trunksucht für sich allein betrachtet kein Unterbringungsgrund (BayObLG FamRZ 1999, 1306 = NJWE-FER 1999, 210 = R&P 1999, 179). Anders als nach einigen landesrechtlichen Unterbringungsbestimmungen (zB BadWürtt § 1 Abs 4; Brem § 11 Abs 1 S 1 und 2; Nds § 16 iVm § 2 Nr 1 Buchst b und c NGefAG) ist eine qualifizierte Gefahr (zB unmittelbar bevorstehende) nicht erforderlich. Da der Betreuer dem Wohl des Betreuten verpflichtet ist, braucht er nicht den äußersten Zeitpunkt abzuwarten, zu dem die Intervention spätestens zu erfolgen hat, um Chancen einer Gefahrenabwehr zu haben. Die vormundschaftsgerichtliche Genehmigung einer Unterbringung zur Vermeidung einer Selbstschädigung setzt voraus, daß ein Betreuter aufgrund seiner Krankheit seinen Willen nicht frei bestimmen kann (BayObLG in st Rspr, BayObLGZ 1993, 18 = FamRZ 1993, 600; FamRZ 1998, 1327; OLG Hamm DAVorm 1997, 55; im Ergebnis auch OLG Düsseldorf FamRZ 1995, 118, wonach es darauf ankommt, daß der Betroffene die Notwendigkeit der Unterbringung nicht erkennen oder nicht nach dieser Einsicht handeln kann; **aA** insofern „daß es nicht primär um die Einsicht in die Notwendigkeit der Unterbringung, sondern der durch die Unterbringung möglichen Heilbehandlung geht"). Das Gesetz versteht in Abs 1 Nr 1 andererseits unter Gefahr eine ernstliche und konkrete Gefahr (BT-Drucks 11/4528, 146), so daß ein zu frühes Eingreifen bei bloßen Verdachtsmomenten durch Abs 1 Nr 1 nicht gerechtfertigt wäre. Gefahren, die sich nur möglicherweise ergeben könnten, oder Umstände, die lediglich dem Pflegepersonal die Beaufsichtigung der Betroffenen erleichtern sollen, reichen nicht aus (AG Soltau BtPrax 1993, 212).

Es muß die **Gefahr der Selbsttötung oder eines erheblichen gesundheitlichen Schadens** gegeben sein. Die Gefahr anderer als gesundheitlicher Schäden kann eine Unterbringung durch den Betreuer nicht rechtfertigen (BT-Drucks 11/4528, 146). Der Schutz des Vermögens oder anderer Rechtsgüter wird durch diese Vorschrift nicht bezweckt. Eine zivilrechtliche Unterbringung für einen krankhaften Verschwender (HOLZHAUER/REINICKE Rn 20) kommt deshalb nach dieser Vorschrift nicht in Betracht. Schäden an anderen Rechtsgütern können nach Auffassung des RegEntw mittelbar auch zu einer Gefahr für das Leben oder die Gesundheit des Betreuten führen, so beispielsweise in der Art, daß ein psychisch Kranker, der nicht untergebracht ist, durch sein Verhalten seine familiären Beziehungen zerstört und dies – wenigstens ist das in manchen Fällen anzunehmen – zu einer nachhaltigen Verschlimmerung seines Leidens führt (BT-Drucks 11/4528, 146; hiergegen mit Recht skeptisch MünchKomm/SCHWAB Rn 16). Nicht zulässig ist nunmehr die Unterbringung des Betreuten nach § 1906 Abs 1 Nr 1 zur Vermeidung oder zur Verhinderung von Straftaten (BIENWALD, BtR Rn 37; HOLZHAUER/REINICKE Rn 20; KERN MedR 1991, 66, 71; BT-Drucks 11/4528, 81 f). Das Verwahrlosenlassen der Wohnung mit dem Risiko eines Wohnungsverlustes durch Kündigung und Räumung (Beispiel bei HOLZHAUER/REINICKE Rn 20) reicht allein für eine freiheitsentziehende Unterbringung nach Abs 1 Nr 1 nicht aus. Häufig geht mit diesem Zustand jedoch eine körperliche Verelendung und Unterversorgung (zusätzlich zu der bereits bestehenden Isolation) einher, so daß neben dem Verlust des Obdachs und des sozialen Umfeldes der Eintritt erheblicher gesundheitlicher Schädigung zu befürchten und aus diesem Grunde eine – vielleicht nur vorübergehend erforderliche – Unterbringung zu rechtfertigen ist. Ein zu befürchtender „sozialer Abstieg" allein – mitunter durch Nichtzahlung von Miete und Nichteinhalten anderer Mieterpflichten in Gang gebracht – rechtfertigt allein noch nicht eine freiheitsentziehende Unterbringung, insbesondere dann nicht, wenn er nicht eindeutig auf krankhaftem oder behinderungsbedingtem Verhalten des Betreuten beruht.

Stellt das Gericht fest, daß der Zweck des Aufgabenkreises Gesundheitssorge angesichts der familiären Situation des Betroffenen nur zu erreichen ist, wenn dieser gegen seinen und seiner Familie Willen untergebracht wird, hat es sich mit der Frage auseinanderzusetzen, ob eine derart erhebliche Gesundheitsgefährdung vorliegt, daß trotz des mit einer (Heim-)Unterbringung verbundenen Eingriffs in die Rechte des Betroffenen und der möglicherweise damit einhergehenden Entwurzelung eine solche Vorgehensweise zum Wohl des Betroffenen geboten ist (BayObLG FamRZ 2001, 1244). Lehnt der Betroffene die Einnahme der zur Behandlung erforderlichen Medikamente ab und beschwört er dadurch einen gesundheitlichen Rückfall herauf, reicht das für eine Unterbringung nach Abs 1 Nr 1 nicht aus (OLG Schleswig Rp 2003, 391; dort auch zur Unterbringung zwecks Untersuchung durch CCTS).

24 Die in Abs 1 Nr 1 aufgeführte Selbstgefährdung setzt **kein zielgerichtetes Tun des Betreuten** voraus. Wer als altersverwirrter Betreuter seine Gesundheit und sein Leben dadurch aufs Spiel setzt, daß er regelmäßig – auch nachts oder bei großer Kälte – planlos und ohne Beachtung des Straßenverkehrs (oder ohne ausreichende Bekleidung) umherirrt und sich hierdurch der Gefahr aussetzt, überfahren zu werden oder zu erfrieren, soll nach Abs 1 Nr 1 untergebracht werden dürfen (BT-Drucks 11/4528, 146). Diese Gefahr, von der hier im RegEntw die Rede ist, besteht allerdings in erster Linie dann, wenn die/der Betreute sich im Krankenhaus oder in einem Heim befindet, dort Orientierungsprobleme hat und sich mehr oder weniger selbst überlassen ist. In diesen Einrichtungen sollten jedoch ausreichende Möglichkeiten gegeben sein, Weglauftendenzen adäquat zu begegnen und die geschilderten Gefahrensituationen zu vermeiden. Die **Gefahr** muß **konkret** bestehen. Eine abstrakte, nur mögliche, Gefahr reicht nicht aus. Bei einer ernsthaften psychischen Erkrankung kann die (vorläufige) Unterbringungsmaßnahme auch zum Schutz des Betroffenen gerechtfertigt sein, wenn dieser in einem seit langem eskalierenden Nachbarschaftskonflikt in der konkreten Gefahr steht, nach einer Provokation in eine körperliche Auseinandersetzung mit möglichen Bedrohungen für Gesundheit oder Leben zu geraten (BayObLG FamRZ 2004, 1304 [LS]).

Gefährdungen sind auch durch **Unterlassen** möglich, so etwa, wenn der Betroffene sich nicht ausreichend ernährt oder Nahrungsaufnahme verweigert. Über eine etwaige Zwangsernährung entscheidet ggf der Arzt, ohne daß es auf eine Entscheidung des Betreuers ankommt. Eine Genehmigung des Gerichts ist nicht vorgesehen.

Was die Gefahr der **Selbsttötung** angeht, mutet der Gesetzgeber dem Betreuer die Rolle eines **Garanten** für das Leben des Betreuten im strafrechtlichen Sinne zu. Er gerät in die Gefahr strafrechtlicher Verfolgung wegen eines oder mehrerer Delikte, zB auch eines Unterlassungsdelikts, weil und wenn er nicht rechtzeitig die durch Unterbringung zu vermeidende Gefahr erkannt hat. Die Unterbringung nach Abs 1 Nr 1 ist ohne Rücksicht auf bestehende Therapiemöglichkeiten zu genehmigen, um die Selbstgefährdung des Betroffenen zu verhindern (BayObLG FamRZ 2004, 1135).

Die Unterbringung nach Abs 1 Nr 1 steht unter dem **Grundsatz der Erforderlichkeit**. 25
Kann die Gefahr durch andere Mittel als durch freiheitsentziehende Unterbringung ganz oder teilweise abgewendet werden, kommt eine Unterbringung dieser Art nicht in Betracht. Dies wird besonders sorgfältig in dem Fall der Verweigerung der Nahrungsaufnahme und in ähnlichen Fällen zu prüfen sein (BT-Drucks 11/4528, 147). Speziell hierzu sollten sich Sachverständige (ua auch die zuständige Behörde, soziale Dienste usw) äußern.

Eine Gefahr der **Schädigung Dritter oder der Allgemeinheit** genügt für die Rechtfertigung der zivilrechtlichen Unterbringung nicht (BT-Drucks 11/4528, 146). Der alleinige Schutz Dritter oder der Allgemeinheit ist bewußt aus dem Zweckbereich dieser Unterbringung durch Betreuer ausgenommen und der öffentlich-rechtlichen Unterbringung nach den Unterbringungsrechten der Länder (sofern nicht andere Spezialbestimmungen in Frage kommen) vorbehalten worden (BT-Drucks 11/4528, 146; MünchKomm/SCHWAB Rn 16). Wird bei Gelegenheit des Betreutenschutzes auch ein Schutz Dritter oder der Allgemeinheit erreicht (Beispiel: die Verhinderung eines Selbsttötungsversuchs durch Gasvergiftung verhütet auch eine Explosion, der andere zum Opfer gefallen wären; ein weiteres Beispiel bei MünchKomm/SCHWAB Rn 16), steht dies der Zulässigkeit der Unterbringung nach Abs 1 Nr 1 nicht im Wege.

Der zu befürchtende gesundheitliche **Schaden** muß **erheblich** sein. Nicht jede Be- 26
einträchtigung der Gesundheit berechtigt zur Unterbringung, schon gar nicht unvernünftiges Ernährungs- und Gesundheitsverhalten (das gesamtgesellschaftliche Anliegen muß auf andere Weise verfolgt werden). Es kommt vor allen Dingen auf den Zusammenhang zwischen dem Verhalten des Betreuten und der dieses Verhalten verursachenden Krankheit oder Behinderung an. Nicht erforderlich ist eine Gefahr schwerer Gesundheitsbeschädigung (Nachw b SAAGE/GÖPPINGER III 162). Ein erheblicher Schaden liegt dann vor bzw ist dann zu befürchten, wenn er nicht heilbar ist oder der Patient längere Zeit an den Folgen zu leiden hat (BIENWALD, BtR Rn 39; s dort auch zur Weigerung, sich behandeln zu lassen). Zu bedenken ist immer, daß eine geschlossene Einrichtung keine Besserungsanstalt zum Zwecke der Nachsozialisation ist.

b) „Medizinische Unterbringung" (Abs 1 Nr 2)
Dieser Begriff geht wohl auf HOLZHAUER/REINICKE Rn 31 zurück. Eine Unterbrin- 27
gung, die mit Freiheitsentziehung verbunden ist, ist nach Abs 1 Nr 2 auch dann zulässig, wenn bei dem Betroffenen eine medizinische Maßnahme erforderlich ist und ohne die Unterbringung nicht durchgeführt werden kann, und wenn außerdem der Betreute auf Grund seiner psychischen Krankheit, geistigen oder seelischen Behinderung nicht in der Lage ist, die Notwendigkeit der Unterbringung zu erkennen oder nach dieser Einsicht zu handeln. Es kommt nicht darauf an, daß die ärztliche Maßnahme mit einem solchen Risiko verbunden ist, daß eine Genehmigung des Vormundschaftsgerichts nach § 1904 erforderlich wäre oder werden würde.

28 Grund der zwangsweisen Unterbringung ist nicht die durchzuführende Maßnahme, sondern die **Weigerung des Betreuten**, die erforderliche **Maßnahme stationär vornehmen zu lassen**. Der Patient kann mit der Durchführung der medizinischen Maßnahme einverstanden sein, sich aber, bedingt durch eine psychische Krankheit oder eine geistige oder seelische Behinderung (BayObLG BtPrax 1996, 28 = FamRZ 1996, 511 [LS]; auch OLG Düsseldorf FamRZ 1995, 118 = BtPrax 1995, 29, 30 = R&P 1995, 93) gegen die stationäre Unterbringung wenden. Untersuchungen des Gesundheitszustandes, Heilbehandlungen oder ärztliche Eingriffe sind mitunter – wenn sie gegen den natürlichen Willen des Betreuten erfolgen – ohne Unterbringung bzw unterbringungsähnliche Maßnahme nicht oder nicht im erforderlichen Umfang möglich. „Mit der fehlenden Krankheitseinsicht der Betroffenen ist regelmäßig auch die fehlende Einsicht in die Unterbringungsbedürftigkeit verbunden. Auch dies darf nicht zum Anlaß genommen werden, die Betroffenen mit ihrer Krankheit oder Behinderung allein zu lassen" (BT-Drucks 11/4528, 147). Nach AG Wolfshagen (BtPrax 1998, 83 [84] unter Berufung auf ARNOLD/KLOSS FuR 1996, 264 ff) soll eine zur Heilbehandlung notwendige mit Freiheitsentziehung verbundene Unterbringung nach Abs 1 Nr 2 auch dann vorliegen, wenn die Betreute sich auf einer **offenen** psychiatrischen **Krankenstation** befindet, weil die Betreute sich schon durch psychische Beeinflussung außerstande sieht, eine Krankenstation zu verlassen.

Der Anlaß für die erforderliche medizinische Maßnahme kann in der Krankheit oder Behinderung liegen, die Grund für die Bestellung des Betreuers war (Anlaßkrankheit). Aber auch andere als diejenigen Krankheiten oder Behinderungen, die Grund zur Betreuerbestellung waren, können Anlaß für eine Unterbringung sein (Begleitkrankheiten, HK-BUR/RINK Rn 23); eine Unterscheidung beider nimmt das Gesetz nicht vor (BT-Drucks 11/4528, 147; HOLZHAUER/REINICKE Rn 24; MünchKomm/SCHWAB Rn 21).

29 Um nicht eine dem Wortlaut nach mögliche uferlose Ausweitung der Unterbringungsmöglichkeiten zur Zwangsbehandlung (RINK R&P 1991, 148, 158) eintreten zu lassen, bedarf es eines Korrektivs. Nach SCHWAB (MünchKomm Rn 21) wird es (wenn die Unterbringung zulässig sein soll) dabei bleiben müssen, daß – wie in Nr 1 formuliert – bei Unterlassung der medizinischen Maßnahme ein gewichtiger gesundheitlicher Schaden droht (so auch BVerfGE 58, 208, 225; OLG Schleswig NJW-RR 2002, 795 [796] = FamRZ 2002, 984; BIENWALD, BtR Rn 47; MünchKomm/SCHWAB Rn 21; PARDEY, Betreuung Volljähriger 136; SCHUMACHER FamRZ 1991, 280; LG Frankfurt aM FamRZ 1993, 478 = R&P 1993, 83; s auch LG Regensburg FamRZ 1994, 125 für den Fall, daß die vorgesehene Behandlung keinen hinreichenden Erfolg verspricht). Dürfte zB die psychische Krankheit eines Betreuten gegen seinen Willen bei nichterheblicher Gefahr zwangsbehandelt werden, würde dem Betreuten die Freiheit zur Krankheit genommen, die ihm das BVerfG ausdrücklich zugebilligt hat (BVerfGE 58, 208 ff). Zur Zulässigkeit stationärer Zwangsbehandlung zuletzt OLG Thüringen Rpfleger 2006, 124 (unter Aufgabe der bisherigen Rechtsprechung bejahend) und OLG Celle FamRZ 2006, 443 m Anm BRAKEBUSCH (Vorlagebeschluß) sowie BGH FamRZ 2006, 615. Voraussetzung für eine Freiheitsentziehung zur Heilbehandlung ist das Vorliegen einer gesundheitsgefährdenden Krankheit, die dringend behandlungsbedürftig ist. Darunter fällt grundsätzlich nicht die psychische Krankheit, die bereits der Betreuerbestellung zugrunde liegt. Die mit dieser Krankheit einhergehende Gesundheitsgefährdung wird schon von Abs 1 Nr 1 erfaßt (OLG Rostock FamRZ 2003, 704 = BtPrax 2003, 87). Auch eine **Unterbringung zur**

Erzwingung der Krankheits- und Behandlungseinsicht ist nicht zulässig (LG Frankfurt aM FamRZ 1993, 478 = R&P 1993, 83; OLG Schleswig SchlHA 2000, 117 = FamRZ 2000, 1122 m Anm Bienwald = R&P 2000, 39). Das LG Frankfurt aM hat es in seiner Entscheidung auch nicht für sinnvoll erachtet, eine Betreuung mit dem Aufgabenkreis „Zustimmung und Zuführung zur Heilbehandlung" einzurichten, wenn der Betroffene jedweder Heilmaßnahme ablehnend gegenübersteht und eine zwangsweise Unterbringung unzulässig ist.

Besonderes Augenmerk verdient deshalb die **subjektive** Seite. Beruht die Weigerung, **30** sich einer notwendigen medizinischen Maßnahme zu unterziehen und/oder sich zu dem Zwecke in eine entsprechende Einrichtung zu begeben, zwar auf unvernünftigen Gedanken, ist sie in sich aber schlüssig, entscheidet der Betreute selbst. Beruht die Weigerung auf einer krankheits- oder behinderungsbedingten Fehlannahme, können dagegen die Voraussetzungen für Abs 1 Nr 2 gegeben sein. Nach den von Rink gemachten und in R&P 1991, 148, 158 mitgeteilten Erfahrungen handelt es sich bei der **Freiheit zur Krankheit keineswegs um eine Fiktion**. Zahlreiche „therapieerfahrene" Patienten hätten auf die Frage, warum sie die Medikation absetzten oder die Behandlung verweigerten, geantwortet, ihnen sei es immer noch lieber, in den Augen der Umwelt als verrückt, lästig oder störend zu gelten, als weiterhin die Medikamente mit ihren Nebenwirkungen oder die Behandlung in der psychiatrischen Klinik über sich ergehen zu lassen. Rinks Auffassung nach stellt die Beurteilung der Notwendigkeit einer Heilbehandlung bei der Gefahr weniger schwerer Gesundheitsstörungen eine reine Opportunitätsentscheidung des Arztes dar, der sich notfalls immer auf die Gefahr der „Chronifizierung" berufen könne. Der seinerzeit vom BVerfG zur Begrenzung der zu Behandlungszwecken vorgenommenen Unterbringung ins Feld geführte Verhältnismäßigkeitsgrundsatz kann die Fälle zwangsweiser Unterbringung nach Abs 1 Nr 2 in Schranken halten. Die von Rink R&P 1991, 148, 158 prognostizierte geringe Bedeutung der Nr 1 gegenüber der Nr 2 läßt sich bisher anhand veröffentlichter Entscheidungen und mündlicher Informationen nicht bestätigen.

Sowohl die Unterbringung und deren Anlaß als auch die während der Unterbrin- **31** gung uU erforderliche gewaltsame Behandlung bzw Maßnahme sowie die Bedeutung der Erkrankung und die durch das Unterlassen der medizinischen Maßnahme bestehende Gefahr müssen in einem vertretbaren Verhältnis zueinander stehen, damit die Rechtsbeeinträchtigung noch gerechtfertigt ist. Überdies ist zu prüfen, ob die argumentative Vorgehensweise tatsächlich ausgeschöpft ist.

Die Unterbringung darf nur dann zur Durchführung einer medizinischen Maßnahme **32** erfolgen, wenn diese selbst rechtlich zulässig ist (Holzhauer/Reinicke Rn 32). Abgesehen davon, daß der Betreuer im Rahmen seines Aufgabenkreises für die Entscheidung zuständig sein muß (ggf ist der Aufgabenkreis zuvor zu erweitern), darf die Maßnahme gegen den Willen des Betreuten nur durchgeführt werden, wenn dieser im Zeitpunkt der Durchführung einwilligungsunfähig, dh selbst außerstande ist, die Maßnahme zu gestatten. Ob er, sofern der Betreuer über die Vornahme der Maßnahme entscheidet, sich dagegen zur Wehr setzt, ist damit nicht gesagt. Eine gewaltsame Vorgehensweise zur Durchführung der Maßnahme bedürfte, wenn sie ärztlicherseits unter diesen Umständen überhaupt für durchführbar gehalten wird, einer weiteren richterlichen Erlaubnis (so mit Recht für den hier vertretenen Standpunkt HOLZ-HAUER/REINICKE Rn 33, der selbst **aA** ist).

Aus der Tatsache, daß der Betreuer die Genehmigung einer Unterbringung nach Abs 1 Nr 2 beantragt und das Vormundschaftsgericht die Genehmigung erteilt, darf nicht der Schluß gezogen werden, beide seien infolgedessen auch damit einverstanden, daß die medizinische Maßnahme ggf unter Gewaltanwendung durchgeführt wird. Zu vergleichen ist § 70g Abs 5 FGG, wo der Gesetzgeber die Situationen deutlich unterscheidet, ob es sich um eine bloße Unterstützung bei der Zuführung (zB durch Zurverfügungstellen von Fachpersonal für Transport und Begleitung des Betreuten) oder darum handelt, daß dabei auch Gewaltanwendung erforderlich wird.

Verspricht eine während der Unterbringung vorgesehene Behandlung (hier: Alkoholentziehungskur gegen den Willen des Betreuten) keinen hinreichenden Erfolg, so kommt eine Unterbringung nach § 1906 Abs 1 Nr 2 nicht in Betracht (LG Regensburg FamRZ 1994, 125).

Rechtsvergleichend: St Gallen, Verwaltungsrekurskommission, zu Art 397a ZGB (SchwJZ 1996, 379): Eine fürsorgliche Freiheitsentziehung, welche nicht als Krisenintervention, sondern als langfristige Maßnahme ohne medikamentöse Behandlungsmöglichkeit angelegt ist, setzt voraus, daß die betroffene Person für eine solche Therapie motiviert werden kann. Andernfalls ist die Behandlung nicht erfolgversprechend und die fürsorgerische Freiheitsentziehung nicht verhältnismäßig.

Schweizerisches Bundesgericht, Urteil von 22. 3. 2001 (EuGRZ 2001, 235 = FamRZ 2002, 58 [LS] m Anm BIENWALD = R&P 2002, 115 m Anm MARSCHNER) zur Rechtfertigung medikamentöser Behandlung (größtenteils mit Neuroleptika) gegen den Widerstand einer nach kantonalem Psychiatriegesetz untergebrachten Person; insbesondere zur Frage einer dadurch bewirkten Verletzung der persönlichen Freiheit und der Menschenwürde.

c) Keine Genehmigung ambulanter medizinischer Zwangsbehandlung analog Abs 1 Nr 2

Die gegen den Willen eines Betreuten in regelmäßigen (im konkreten Fall: zweiwöchentlichen) Zeitabständen durchzuführende Dauermedikation mit Neuroleptika und die zwangsweise Zuführung des Betreuten zu dieser – jeweils kurzfristigen – Behandlung stellen nach Auffassung des BGH (BGHZ 145, 297 = FamRZ 2001, 149 = R&P 2001, 46 = NJW 2001, 888 = JZ 2001, 821 m Anm LIPP) keine mit Freiheitsentziehung verbundene Unterbringung oder unterbringungsähnliche Maßnahme dar. Sie sind deshalb **nicht nach § 1906 Abs 1 Nr 2 oder § 1906 Abs 4 genehmigungsfähig**. Entsprechendes muß dann auch für diese Maßnahmen gelten, wenn sie vom Bevollmächtigten beschlossen worden sind.

Der BGH hatte sich mit der Frage der Genehmigungsbedürftigkeit einer solchen Praxis aufgrund der Divergenzvorlage (§ 28 Abs 2 FGG) des OLG Hamm (FamRZ 2000, 1115 = R&P 2000, 143) zu beschäftigen. Zuvor hatte das OLG Zweibrücken entschieden, daß eine zur Vermeidung einer Unterbringung für erforderlich gehaltene regelmäßige ambulante Medikation des Betreuten mit Depot-Neuroleptika im

Falle von dessen Einwilligungsunfähigkeit der Einwilligung des mit der Gesundheitsfürsorge beauftragten Betreuers nicht bedurfte; weder komme eine vormundschaftsgerichtliche Genehmigung nach § 1906 Abs 1 Nr 2 noch eine nach § 1906 Abs 4 in Betracht. Ggf sei die vormundschaftsgerichtliche Genehmigung nach § 1904 Abs 1 erforderlich. Mangels geeigneter Rechtsgrundlage könne der Betreuer eine ambulante Dauertherapie mit Depotspritzen nicht zwangsweise gegen den natürlichen Willen des Betreuten durchsetzen (OLG Zweibrücken FamRZ 2000, 1114 = R&P 2000, 142 = BtPrax 2000, 88 = FGPrax 2000, 24).

In der Folgezeit stellte das OLG Schleswig (FamRZ 2002, 984 = R&P 2002, 118 m krit Anm MARSCHNER 119; bejahend auch TIETZE, Ambulante Zwangsbehandlungen im Betreuungsrecht, 189) fest, die Zwangsbehandlung einwilligungsunfähiger Betreuter sei nicht in jedem Fall unzulässig. Dagegen wiederum eindeutig das OLG Thüringen (NJ 2002, 317 = R&P 2003, 29 m Anm MARSCHNER) mit der Begründung, das Betreuungsrecht enthalte keine Regelung zum Einsatz physischer Gewalt zwecks Vollziehung einer ärztlichen Maßnahme.

32b Die nach dem Entwurf eines zweiten Betreuungsrechtsänderungsgesetzes vorgesehen gewesene Einfügung eines § 1906a mit den Voraussetzungen einer zwangsweisen Zuführung des Betreuten zur ambulanten ärztlichen Heilbehandlung durch den Betreuer und dem Genehmigungsvorbehalt des Vormundschaftsgerichts (Art 1 Nr 11 BGB-E) ist nicht Gesetz geworden.

V. Zum Genehmigungsvorbehalt (Abs 2) im einzelnen

1. Grundsatz

33 Beide Unterbringungsformen des Abs 1 bedürfen zu ihrer Zulässigkeit der Genehmigung des Vormundschaftsgerichts. Fehlt die Genehmigung oder verweigert das Gericht ihre Erteilung, war die Unterbringung rechtswidrig. Grundsätzlich ist die Genehmigung vorher einzuholen und die Unterbringung nach Abs 1 Nr 1 oder Nr 2 erst nach der Erteilung der Genehmigung durchzuführen. Ausnahmsweise (so jedenfalls dem Wortlaut in § 1906 nach; die Verfahrensbestimmungen lassen den Schluß zu, daß auch hier die Regel leicht zur Ausnahme werden kann) darf die Genehmigung nach Beginn der Unterbringung eingeholt und erteilt werden, wenn mit dem Aufschub Gefahr verbunden ist bzw war. Hier ist eine nachträgliche Bewertung vorzunehmen. Genehmigt das Gericht die Unterbringung nicht nachträglich, entweder weil der Betreute keinen entsprechenden „Antrag" (dieses Verfahren verlangt keinen förmlichen Antrag, BayObLG FamRZ 1994, 1416, 1417 = BtPrax 1994, 98) gestellt oder das Gericht die Genehmigung verweigert hat, war die Unterbringung rechtswidrig. Als Folge davon kann eine Schadensersatzpflicht nach § 823 Abs 1 und Abs 2 iVm § 239 StGB (Schutzgesetz) bestehen sowie ein Strafverfahren aufgrund von § 239 StGB angestrengt werden. Betreuungsrechtlich liegt objektiv eine Pflichtwidrigkeit des Betreuers vor, gegen die das Vormundschaftsgericht ggf einzuschreiten hätte (§ 1837 iVm § 1908i Abs 1 S 1). Die Genehmigung der Unterbringung wegen notwendiger Heilbehandlung hat **Art, Inhalt und Dauer** der Heilbehandlung genau festzulegen, weil der Zweck der Unterbringung entfällt, wenn die Heilbehandlung beendet oder undurchführbar geworden ist. Auch muß der Vormundschaftsrichter prüfen können, ob die Heilbehandlung vertretbar und verhältnismäßig ist (OLG Düsseldorf FamRZ 1995, 118).

2. Die Möglichkeit des Abs 2 S 2

34 In der Praxis kann der Betreuer von der Unterbringungsmöglichkeit des Abs 2 S 2 allein kaum Gebrauch machen, weil entweder die Behörde, wenn sie um Unterstützung (§ 70g Abs 5 FGG) gebeten wird, oder die Einrichtung, in der der Betreute freiheitsentziehend untergebracht werden soll, ein (fach-)ärztliches (Kurz-)Gutachten über die Notwendigkeit der Unterbringung und die Dringlichkeit ihrer Durchführung verlangen. Diese Anforderung kann sich für den Betreuer als für ihn praktisch nicht durchführbar erweisen, wenn und weil (zB) ein niedergelassener Arzt von dem Betreuer dazu nicht verpflichtet werden kann und der Amtsarzt (wie in der Praxis bereits erlebt) sich gehalten sieht, den niedergelassenen Ärzten den Vorrang einzuräumen. Hinzu kommt, daß der Amtsarzt vom Betreuer nicht zur Erstattung eines entsprechenden (Kurz-)Gutachtens verpflichtet werden kann, sondern allenfalls im Rahmen seiner amtlichen Verpflichtung tätig zu werden hat.

Die Vorschrift ist dennoch als Rechtfertigung genehmigungsloser Unterbringung unentbehrlich und praktisch immer dann von Bedeutung, wenn ein Arzt die Unterbringung für erforderlich hält und der Betreuer als dafür zuständig die Unterbringungsentscheidung trifft, die Zeit für die Einholung der vormundschaftsgerichtlichen Genehmigung aber nicht mehr zur Verfügung steht bzw gestanden hätte.

3. Maßstab für die gerichtliche Entscheidung

35 Maßstäbe für die Erteilung oder Ablehnung der Genehmigung durch das Vormundschaftsgericht enthält das Gesetz nicht ausdrücklich. Der Sache nach hat das Gericht zu prüfen, ob die Voraussetzungen für die Unterbringungsentscheidung des Betreuers gegeben waren oder noch sind und ob die Entscheidung des Betreuers dem Wohl des Betreuten entspricht.

4. Verfahren

36 Für die Prüfung, ob die Genehmigung erteilt wird, stellt das Verfahrensrecht das Regelverfahren (§§ 70 ff FGG) sowie ein beschleunigtes Verfahren (§ 70h FGG) zur Verfügung. Ordnet das Vormundschaftsgericht gem §§ 1908i Abs 1 S 1, 1846 BGB, § 70h Abs 3 FGG die Unterbringung an, bewendet es dabei. Das Gericht entscheidet und genehmigt seine Entscheidung nicht zugleich, wie es auch gegenüber seiner eigenen Entscheidung nicht in die Rolle einer aufsichtsführenden Instanz rückt (**aA** offenbar HOLZHAUER/REINICKE Rn 69).

VI. Die Beendigung der Unterbringung

1. Beendigung durch den Betreuer

37 Der Betreuer hat die Unterbringung zu beenden, wenn ihre Voraussetzungen wegfallen. Beendet er die Unterbringung, hat er dies dem Vormundschaftsgericht anzuzeigen. Da der Betreuer Entscheidungsträger der Unterbringung ist, ist es nur

folgerichtig, daß auch er über die Beendigung der Unterbringung entscheidet. Diese Entscheidung bedarf nicht der Genehmigung des Vormundschaftsgerichts. Dafür wurde vom Gesetzgeber keine Notwendigkeit gesehen. Es reicht aus, daß der Betreuer die Beendigung der Unterbringung dem Vormundschaftsgericht anzeigt, damit die Fortdauer des Unterbringungsverfahrens trotz bereits beendeter Unterbringung vermieden wird (BT-Drucks 11/4528, 148). Eine bestimmte Form der Beendigungsanzeige hat das BtG nicht vorgesehen. Die telefonische Benachrichtigung reicht der Form nach aus; es empfiehlt sich aber dann die schriftliche Bestätigung, um die Tatsache der Mitteilung aktenkundig gemacht zu haben.

Der Betreuer hat die Unterbringung auch in den Fällen zu beenden, die nicht auf seine eigene Entscheidung, sondern die des Gerichts nach § 1846 iVm § 1908i Abs 1 S 1 zurückgehen. Das Gericht hat hier „lediglich" in Ermangelung eines Betreuers entschieden, aber in der Sache eine Angelegenheit wahrgenommen, die, wenn sie in den Aufgabenkreis des Betreuers gehört, von diesem hätte entschieden werden können und müssen. Die Beendigungsbefugnis des Betreuers aus Abs 3 erstreckt sich auf die Unterbringung nach Abs 1 Nr 1 und Nr 2. Mit der Beendigung der nach Nr 2 vorgenommenen Unterbringung endet dann auch die Möglichkeit der medizinischen Maßnahme während der Unterbringung.

Die Verpflichtung des Betreuers zur Beendigung der Unterbringung ist der Aufhebungszuständigkeit des Vormundschaftsgerichts gegenüber nicht subsidiär, wie dies nach der amtl Begr den Anschein haben könnte („auch", BT-Drucks 11/4528, 148). Macht der Betreuer von einer Unterbringungsgenehmigung über einen nicht unerheblichen Zeitraum hinweg keinen Gebrauch (mehr), verliert die Genehmigung ihre Gültigkeit. Ein gegen die Unterbringungsgenehmigung gerichtetes Beschwerdeverfahren hat sich dann in der Hauptsache erledigt (BayObLG FamRZ 2004, 1323 [LS]).

2. Beendigung durch das Gericht

Für das Gericht ergibt sich eine eigenständige Verpflichtung zur Aufhebung der Unterbringungsmaßnahme (nämlich seiner Unterbringungsentscheidung, § 70 Abs 1 Nr 1 b FGG) aus § 70i Abs 1 S 1 FGG. Das Vormundschaftsgericht kann (dh es darf und muß ggf) somit von sich aus – notfalls sogar gegen den Willen des Betreuers – für die Beendigung einer nicht mehr notwendigen Unterbringung Sorge tragen. Eine weiter andauernde Unterbringung wäre rechtswidrig. Das Vormundschaftsgericht kann auch im Rahmen seiner allgemeinen Aufsicht nach § 1837 die Unterbringung unmittelbar beenden und muß sich nicht auf die Aufhebung seiner Genehmigung beschränken, wenn der Betreuer sich weigern würde, die Aufhebung zu veranlassen, sich seine Weigerung als Pflichtwidrigkeit herausstellen würde und das Gericht anstelle einer in gravierenden Fällen gebotenen Entlassung des Betreuers die eigene Entscheidung über die Entlassung des Betreuten als mildere und geeignete Maßnahme wählt.

38

3. Mitteilungen

Die in § 70n FGG normierte Mitteilungspflicht des Vormundschaftsgerichts sowie die zunächst nicht ausdrücklich festgelegte, weil für selbstverständlich gehaltene, Nachberichtspflicht beziehen sich primär nur auf Entscheidungen des Gerichts. Beendet der Betreuer die Unterbringung, trifft das Vormundschaftsgericht eine

39

Mitteilungspflicht in gleicher Weise wie bei eigener Entscheidung, wenn der Betreuer seiner Informationspflicht gegenüber dem Vormundschaftsgericht nachgekommen ist. Unmittelbare Informationen durch den Betreuer ersetzen die vom Gericht zu prüfenden und ggf zu leistenden Mitteilungen nicht.

4. Vollzug der Beendigung

40 Der Betreuer vollzieht die Beendigung der Unterbringung unmittelbar, indem er den Betreuten aus der geschlossenen Einrichtung herausführt oder aus der entsprechenden Abteilung in eine offene verlegen läßt. Er kann auch die Einrichtung bitten, die Entlassung an seiner Stelle vorzunehmen. Zugleich damit wird das zwischen dem Betreuten und der Einrichtung bestehende Unterbringungsverhältnis (auf vertraglicher Grundlage beruhend) aufgelöst oder inhaltlich verändert. Dies geschieht zulässig ohne Einhaltung einer Kündigungsfrist, weil der Gesetzgeber die jeweilige Entlassung des Untergebrachten bei Wegfall der Unterbringungsvoraussetzungen vorgesehen hat.

VII. Freiheitsentziehende Maßnahmen (Abs 4)

1. Allgemeines

41 Maßnahmen der in Abs 4 genannten Art unterliegen ebenso wie die Unterbringungsfälle des Abs 1 Nr 1 und Nr 2 der Entscheidungszuständigkeit des Betreuers, sofern dessen Aufgabenkreis diese Angelegenheiten erfaßt und der Betreute nicht selbst darüber entscheidet und entscheiden kann (BayObLG FamRZ 1994, 1418 [LS] = MDR 1994, 922). Auf die Unterbringung **Minderjähriger** ist **Abs 4 nicht anzuwenden** (LG Essen FamRZ 1993, 1347, 1348 m krit Anm DODEGGE; WEBER 113; BIENWALD, BtR Rn 17). Der Aufgabenkreis des Betreuers kann diese Angelegenheit mitumfassen, er kann sie auch namentlich aufführen. Für die rechtliche Qualifikation kommt es nicht darauf an, von wem die „unterbringungsähnliche Maßnahme" ausgeht (so aber HOLZHAUER/REINICKE Rn 36 aE und 58, der die Auffassung vertritt, die Maßnahmen des Abs 4 seien kein Akt des Betreuers; wiederum soll sich aber die Genehmigung auf die Bewilligung der Maßnahme durch den Betreuer richten, Rn 58). Als Rechtseingriff bedürfen die Maßnahmen der Gestattung des Betreuten und, sofern dieser dazu außerstande ist, der Gestattung des für ihn und für diese Angelegenheit zuständigen Betreuers. Mit Ausnahme der Situationen, die unter den Begriff der Geschäftsführung ohne Auftrag untergeordnet werden können, ist deshalb der zuständige nach den §§ 1896 ff bestellte Betreuer zu beteiligen. Die vormundschaftsgerichtliche Genehmigung erstreckt sich weder auf ein Handeln der Einrichtung, in der sich der Betreute befindet, noch auf ein Handeln von deren Personal, sondern auf das des Betreuers bzw auf die von ihm getroffene oder beabsichtigte Entscheidung.

Auf eine nicht vom Willen des Betreuers getragene Anregung der Betreuungsstelle darf die Genehmigung einer Unterbringungsmaßnahme nicht erteilt werden (BayObLG FamRZ 2003, 327 [LS] = BtPrax 2003, 37). Ohne konkreten Anhalt für eine Gefährdung ist ein Altenheim nicht verpflichtet, beim Vormundschaftsgericht die Fixierung eines geistig verwirrten und gehbehinderten Heimbewohners in seinem Rollstuhl zu beantragen (OLG Koblenz FamRZ 2002, 1359 m Anm BIENWALD = R&P 2003, 30 m Anm MARSCHNER – hier fälschlich als OLG Karlsruhe bezeichnet).

Grundsätzlich entscheidet über die ihn beeinträchtigende, seine Bewegungsfreiheit einschränkende Maßnahme der Betreute selbst, sofern er dazu (noch) in der Lage ist. Ist er einwilligungsunfähig, bedarf es statt seiner der Einwilligung der dafür zuständigen Person oder Institution. War der Betreute einverstanden, konnte er aber die Tragweite der (genehmigten) Maßnahme nicht erkennen, hindert dies nicht eine gerichtliche Genehmigung, ihn unter gewissen Voraussetzungen zeitweise am Bett anzubinden (BayObLG FamRZ 1994, 1418 [LS] = MDR 1994, 922). Kann nach dem Ergebnis der Ermittlungen (§ 12 FGG) nicht ausgeschlossen werden, daß der Betreute noch zu einer von einem natürlichen Willen getragenen Fortbewegung in der Lage ist, muß im Zweifel davon ausgegangen werden, daß mechanische Sicherungsmaßnahmen (hier: Bettgitter und Bauchgurt im Rollstuhl) freiheitsentziehende Wirkungen haben und das Einverständnis des Betreuers mit solchen Maßnahmen einer vormundschaftsgerichtlichen Genehmigung bedarf (OLG Hamm FamRZ 1993, 1490 = R&P 1993, 207 = BtPrax 1993, 172). Kann sich der Betreute aufgrund körperlicher Gebrechen ohnehin nicht mehr fortbewegen oder ist er aufgrund geistigen Gebrechens zur Bildung eines natürlichen Willens im Hinblick auf eine Fortbewegung nicht (mehr) in der Lage, können Maßnahmen, die der Sicherung des Betreuten vor Verletzungen dienen, begrifflich nicht zu einer Freiheitsentziehung führen (OLG Hamm FamRZ 1994, 1270 = BtPrax 1994, 32 = OLGZ 1994, 193).

Entsprechend der am früheren Recht geübten Kritik (BT-Drucks 11/4528, 50) sollte die **42** Rechtsstellung des Betreuten auch dadurch gestärkt werden, daß Maßnahmen des Betreuers, die eine Unterbringung in einer geschlossenen Einrichtung oder in einem abgeschlossenen Teil einer Einrichtung gleichkommen, unter vormundschaftsgerichtliche Kontrolle und Genehmigungspflicht gestellt werden. Als solche Maßnahmen kommen die anschließend aufgeführten in Betracht (s auch BT-Drucks 11/4528, 82 und 148; vEicken ua 44; Holzhauer/Reinicke Rn 39 ff). Nach AG Stuttgart-Bad Cannstatt (BtPrax 1996, 35 = BtE 1994/95, 133 [LS] m redakt Anm und Anm Schreieder 127) sind freiheitsbeschränkende Maßnahmen iSv § 1906 Abs 4 nur individuelle – also personenbezogene – Einzelmaßnahmen. Solche, die alle Bewohner eines Heimes gleichermaßen treffen, fallen nicht unter diese Vorschrift.

Überschreitet der Betreuer seine Befugnisse, indem er eine unterbringungsähnliche Maßnahme nach Abs 4 ohne gerichtliche Genehmigung anordnet, verliert er für diese, je nach Sachlage möglicherweise sogar für seine gesamte Tätigkeit, den Anspruch auf Vergütung (BayObLGZ 1994, 4 = FamRZ 1994, 779 = R&P 1994, 132 = BtPrax 1994, 108 [LS], in Fortführung von BayObLGZ 1991, 272 = FamRZ 1992, 106).

2. In Betracht kommende Maßnahmen

Unter **Medikamenten**, die der Freiheitsentziehung dienen (dazu OLG Hamm FGPrax **43** 1997, 142 = BtPrax 1997, 162 = NJWE-FER 1997, 178; zur Frage der Genehmigungspflicht einer Neuroleptikabehandlung bei freiwilligem Aufenthalt einerseits AG Bremen R&P 1997, 84, andererseits OLG Bremen R&P 1997, 87 m jeweils abl Anm Marschner 88), sind solche Arzneimittel zu verstehen, die allein oder im Zusammenwirken mit anderen Stoffen dazu führen, daß der Betreute die Einrichtung oder Räumlichkeiten in ihr nicht verlassen kann. Zu den **mechanischen Vorrichtungen** gehören das Festbinden in dem Bett oder an dem Stuhl durch einen Leibgurt oder mehrere, das Anbringen eines Bettgitters einseitig oder beidseitig, um den Betreuten am Verlassen des Bettes zu hindern (LG

Essen PflegeRecht 2001, 83), das Verwenden komplizierter Schließmechanismen, um dadurch den Betreuten am Verlassen des Gebäudes oder Raumes zu hindern, das zeitweilige (insbesondere während der Nachtzeit) **Verschließen der Tür**, ohne daß der Betreute einen Schlüssel erhält oder ein Portier oder das Pflegepersonal das jederzeitige Verlassen der Einrichtung ermöglichen, übermannsgroßer Zaun mit Pförtnerbewachung (AG Stuttgart-Bad Cannstatt BtPrax 1996, 35 = BtE 1994/95, 133 LS m redakt Anm und Anm Schreieder 127), das Anbringen eines Therapietisches am Rollstuhl (LG Frankfurt aM FamRZ 1993, 601; OLG Frankfurt FamRZ 1994, 992), auch in der eigenen Wohnung (AG Tempelhof-Kreuzberg BtPrax 1998, 194 = PflegeRecht 2000, 110), aber nicht beim Handeln durch Angehörige (MünchKomm/Schwab Rn 44; Erman/Roth Rn 35 mwN), Anbringen eines Bauchgurtes (OLG Hamm FamRZ 1993, 1490 = BtPrax 1993, 172 = OLGZ 1994, 188). Als **andere Verfahren** („auf andere Weise") kommen in Betracht zB das Festhalten des Betreuten durch den Pförtner oder anderes Personal, das Sichindenwegstellen, das Wegnehmen von Kleidungsstücken, die benötigt werden, ohne die der Betreute das Gebäude nicht verlassen will oder kann, die Wegnahme oder das Vorenthalten von Fortbewegungshilfen, die Ausstattung mit Sendeanlagen (Personenortungsanlagen; AG Bielefeld BtPrax 1996, 232 = RdLH 1997, 35; AG Stuttgart-Bad Cannstatt FamRZ 1997, 704 = NJWE-FER 1997, 274), um den Aufenthalt des Betreuten festzustellen und ihn dann am Weglaufen zu hindern (AG Hannover BtPrax 1992, 113; aA Holzhauer/Reinicke Rn 40 a). Nach BayObLG (MDR 1994, 922) ist Anbinden am Bett gegenüber medikamentöser Behandlung die weniger schwerwiegende Beeinträchtigung. Zum Schutz des Patienten muß ein Bettgitter erst bei Vorliegen besonderer Gründe angebracht werden; ein Sturz während eines früheren Krankenhausaufenthalts genügt dazu noch nicht (OLG Stuttgart MedR 2002, 153). Ein durchgehendes Bettgitter ist zum Schutz gegen Hinausfallen aus dem Bett nicht genehmigungsfähig, wenn der Schutz der betroffenen Person auch durch ein zweiteiliges Bettgitter, das in der Mitte einen Freiraum zum Verlassen des Bettes läßt, erreicht werden kann (AG Neuruppin BtPrax 2004, 80).

44 Befindet sich der Betreute nicht in einer geschlossenen Einrichtung, sollen die Maßnahmen vormundschaftsgerichtlicher Genehmigung unterliegen, wenn dadurch dem Betreuten entweder über einen längeren Zeitraum oder regelmäßig die Freiheit entzogen werden soll (Abs 4). Die Absätze 1–3 gelten hierfür entsprechend. Abs 4 ist jedoch auch dann anzuwenden, wenn sich der Betreute in einer geschlossenen Einrichtung aufgrund entsprechender Unterbringungsentscheidung seines Betreuers oder des Gerichts gem § 1846 befindet und Maßnahmen der in Abs 4 beschriebenen Art als gesonderte dem Freiheitsentzug dienende Maßnahmen ergriffen werden (sollen). S oben Rn 14. Freiheitsentziehende Maßnahmen, hier: strengste Fixation, zur Vermeidung von Unfällen während einer Suchtbehandlung, sind ohne eindeutige Anzeichen einer Selbstgefährdung bzw Suizidalität unzulässig und unvertretbar (OLG München MedR 1998, 366). Fixierung zum Zwecke der Disziplinierung eines geistig Behinderten mit einer Koffeinpsychose ist eine ungerechtfertigte Freiheitsentziehung; sie kann zur Schadensersatzpflicht führen (LG Freiburg i Br MedR 1995, 411 m redakt Anm; die Entsch wurde vom OLG Karlsruhe und vom BGH [hier durch Nichtannahme] bestätigt).

45 Abs 4 erstreckt die Genehmigungspflicht nur auf solche Maßnahmen, die einen **in einer Anstalt, einem Heim oder einer sonstigen Einrichtung lebenden Bewohner** betreffen. Von der Genehmigungspflicht sind diejenigen Freiheitsentziehungen nicht betroffen, die durch Angehörige, Freunde, Nachbarn, Lebensgefährten, Pflegedienste außerhalb solcher Einrichtungen, die nicht Anstalts-, Heim- oder Einrichtungscharakter haben, vorgenommen werden (ähnl DODEGGE MDR 1992, 437; RINK, in: WIENAND/REIS 37; zur Entstehungsgeschichte HOLZHAUER/REINICKE § 1906 Rn 52–54). Die Wohnung des Betreuten, der ausschließlich von seinen Familienangehörigen betreut wird, ist keine „sonstige Einrichtung" (BayObLG FamRZ 2003, 325 [LS] = BtPrax 2003, 37; **aA** AG Garmisch-Partenkirchen BtPrax 1999, 207). Wird der Betroffene in seiner eigenen Wohnung ausschließlich durch fremde ambulante Pflegekräfte versorgt, so bedarf das zeitweise Absperren der Wohnungstür der vormundschaftsgerichtlichen Genehmigung; die eigene Wohnung des Betroffenen kann eine „sonstige Einrichtung" iSd Abs 4 sein (LG München I FamRZ 2000, 1123 = NJW 1999, 3642 = BtPrax 1999, 242). Diese freiheitsentziehenden Handlungen bzw Maßnahmen (idR ist es das Abschließen der Wohnungstür während der Abwesenheit pflegender Angehöriger oder nach Beendigung der Dienstleistung wie Putzen, Zuführen von Essen auf Rädern oä) sind deswegen jedoch nicht ohne weiteres erlaubt und zulässig (DODEGGE MDR 1992, 437). Obwohl in fürsorglicher Absicht begangen, erfüllen sie vielfach zumindest objektiv den Tatbestand einer Freiheitsberaubung (§ 239 StGB). Zur Genehmigungsbedürftigkeit und Genehmigungsfähigkeit des zeitweisen Einschließens einer Betreuten in der eigenen Wohnung analog Abs 4 AG Tempelhof-Kreuzberg (BtPrax 1998, 194) sowie bereits früher LG Hamburg (FamRZ 1994, 1619 = BtPrax 1995, 31 = BtE 1994/95, 136 m redakt Anm). Ist der Betroffene außerstande, sein Einverständnis mit der Maßnahme zu erklären, oder willigt er nicht ein, kann eine zur Verhinderung des Weglaufens oder des Eintritts eines erheblichen Schadens für den Betroffenen begangene Freiheitsberaubung iSv § 34 StGB gerechtfertigt sein. Ein Betreuer kann in eine freiheitsentziehende Maßnahme (Bettgitter) gegenüber einer Person, die sich in einem Privathaushalt aufhält, strafbefreiend nur einwilligen, solange die betroffene Person „natürlich einsichts- und urteilsunfähig" ist (Gutachten d Deutschen Vereins NDV 1993, 478). Voraussetzung in einem solchen Fall ist, daß die Einwilligung durch seinen Aufgabenkreis gedeckt ist.

3. Entsprechende Anwendung der Abs 1–3

Die entspr Anwendung der Abs 1–3 erstreckt sich auf die Zulässigkeitsvoraussetzungen (Abs 1), die Genehmigungspflichtigkeit (Abs 2) sowie die Befugnis des Betreuers zur Beendigung der Maßnahme (Abs 3); HOLZHAUER/REINICKE Rn 59. Dagegen ist die Zielsetzung der Maßnahmen, die in Abs 4 genannt sind, bereits in dieser Vorschrift enthalten ebenso wie das Instrumentarium, das zur Erreichung des Zieles eingesetzt werden kann. Auf eine Abgrenzung der freiheitsentziehenden Maßnahme des Abs 4 zu einer nach Abs 1 vorgenommenen freiheitsentziehenden Unterbringung (so MünchKomm/SCHWAB Rn 35) kommt es nach diesseitiger Auffassung dann nicht an, wenn einem nach Abs 1 untergebrachten Betreuten durch eine selbständige Maßnahme nach Abs 4 für einen längeren Zeitraum oder regelmäßig die Freiheit entzogen werden soll. Auch in diesem Falle bedarf es einer (weiteren) gerichtlichen Genehmigung (BayObLGZ 1993, 208 = FamRZ 1994, 721 = MDR 1993, 649 = R&P 1993, 147 = BtPrax 1993, 139).

Gerechtfertigt ist eine freiheitsentziehende Maßnahme des Abs 4 (nur) dann, wenn ohne diese Maßnahme die Gefahr bestand, daß der psychisch Kranke oder der geistig oder seelisch Behinderte infolgedessen sich selbst tötet oder erheblichen gesundheitlichen Schaden zufügt (Abs 1 Nr 1; OLG Frankfurt FamRZ 1994, 992 = BtPrax 1993, 138 = R&P 1993, 206). Sie ist ferner dann gerechtfertigt, wenn eine Untersuchung des Gesundheitszustandes, eine Heilbehandlung oder ein ärztlicher Eingriff notwendig ist, ohne die Maßnahme des Abs 4 aber nicht durchgeführt werden kann und der Betreute aufgrund einer psychischen Krankheit oder einer geistigen oder seelischen Behinderung die Notwendigkeit der Maßnahme nicht erkennen oder nach dieser Einsicht handeln kann. Auch eine freiheitsentziehende Maßnahme ist im alleinigen Dritt- oder Allgemeininteresse nicht zulässig (HOLZHAUER/REINICKE Rn 39; LG Hildesheim BtPrax 1994, 106; aA DAMRAU/ZIMMERMANN Rn 23; vgl auch PARDEY FamRZ 1995, 713).

Genehmigungspflichtig sind nur solche Maßnahmen, durch die dem Betreuten die Freiheit entzogen werden soll, die darauf abzielen, den Betreuten an der selbstbestimmten Fortbewegung zu hindern (MünchKomm/SCHWAB Rn 37; OLG Hamm FGPrax 1997, 64). Medikamente, die zu Heilzwecken verabreicht werden, die aber als Nebenwirkung den Bewegungsdrang des Betreuten einschränken, fallen nicht unter die Genehmigungspflicht des Abs 2 (BT-Drucks 11/4528, 149; eingehend MünchKomm/SCHWAB Rn 40; dort auch z Forderung der Dokumentation über die Medikamentenvergabe). Maßgebend für die Abgrenzung ist die Zweckbestimmung. Dient das Medikament der Behandlung der Krankheit des Betreuten, soll es seine Behinderung lindern, soll es einen krankheits- oder behinderungsbedingt schlechten Zustand des Betreuten bessern, indem auf die Ursachen eingewirkt wird, entfällt das Erfordernis der gerichtlichen Genehmigung. Dient die Medikamentengabe dagegen lediglich der Behandlung von Symptomen und der Verhinderung eines bestimmten unerwünschten Verhaltens iSd Abs 4, bedarf diese Verabreichung, wenn sie über einen längeren Zeitraum andauern oder regelmäßig stattfinden soll, der vormundschaftsgerichtlichen Genehmigung. Fiskalische Erwägungen sind grundsätzlich nicht geeignet, eine freiheitsentziehende Maßnahme zu rechtfertigen (LG München I BtPrax 1995, 110, 111 mwN).

4. Weitere Voraussetzungen der Genehmigungsbedürftigkeit

47 Die Genehmigungspflicht betrifft nur solche Freiheitsentziehungen des Abs 4, die **regelmäßig oder über einen längeren Zeitraum** erfolgen sollen (oder erfolgt sind, s Abs 2 S 2). Die amtl Begr versteht unter einem „regelmäßigen" ein Hindern des Betreuten an der Fortbewegung, wenn es entweder stets zur selben Zeit erfolgt (Absperren der Tür jeweils zur Nachtzeit) oder aus wiederkehrendem Anlaß geschieht (wiederkehrendes Einsperren eines Betreuten jedesmal, wenn er die Nachtruhe stört; BT-Drucks 11/4528, 149). Über die beabsichtigte Wiederholung hinaus können auch ungeplante Wiederholungen die Genehmigungspflicht auslösen, wenn die Wiederkehr des Anlasses absehbar ist (MünchKomm/SCHWAB Rn 41 m Hinweis auf These 4 der AG 4 des 2. VGT). Fraglich ist dann allerdings, ab wann die Genehmigungspflicht einsetzt.

Ein „ununterbrochenes" Hindern setzt nicht voraus, daß die Maßnahme auf lange Dauer angelegt ist. Im Gegensatz zum regelmäßigen Hindern ist aber erforderlich, daß es nicht nur während bestimmter Zeiten oder aus bestimmten Anlässen erfolgt (BT-Drucks 11/4528, 149). Die amtl Begr hielt es zwar für möglich, letzten Endes als Lösung aber zu unflexibel, eine Begrenzung auf den dem Beginn der Maßnahme folgenden Tag festzulegen, wie dies bei freiheitsentziehenden Maßnahmen ohne richterliche Entscheidung teilweise vorgesehen ist (so bei der vorläufigen Festnahme, § 128 StPO). Nach MünchKomm/Schwab Rn 41 (in Anlehnung an These 4 der AG 4 des 2. VGT) könnte man sich äußerstenfalls an Art 104 Abs 2 S 3 GG orientieren. Holzhauer/Reinicke sehen (unter Ablehnung des in BT-Drucks 11/4528, 149 gebrauchten Beispiels für ein gelegentliches Überschreiten der 24-Stunden-Regelung) keinen Grund, den maßgebenden Zeitraum anders als nach § 128 StPO zu bestimmen. Erman/Roth (Rn 33) will danach differenzieren, ob eine Maßnahme von vornherein länger als 24 Stunden dauern wird (dann ist sie genehmigungspflichtig); bei (zunächst) kürzer geplanter Zeit soll spätestens am Ende des auf die Unterbringung folgenden Tages eine Genehmigung einzuholen sein. Damrau/Zimmermann Rn 75 wollen nach der Schwere des Eingriffs abstellen, ohne einen zeitlichen Maßstab anzugeben. Ohne Maßstab auch Palandt/Diederichsen Rn 16. Aus anderen als formal am Begriff der Freiheitsentziehung orientierten Überlegungen für einen kürzeren Zeitraum Bienwald, BtR Rn 74. Ein Beispiel für regelmäßige Fixierung unter Geltung des bisherigen Rechts bringt LG Berlin R&P 1990, 178.

5. Zum Verhältnis von Abs 1 und Abs 4

48 Dazu und zu den Gesichtspunkten, die für die Entscheidung des Betreuers maßgebend sein können, den Aufenthalt für seinen Betreuten in einem Heim, in dem – nur – freiheitsentziehende Maßnahmen erforderlich sind, dem Aufenthalt in einer geschlossenen gerontopsychiatrischen Klinik vorzuziehen, s LG Köln FamRZ 1993, 110 = NJW 1993, 206 = BtPrax 1992, 112.

VIII. Zum Rechtsverhältnis zwischen dem Betreuten und der Einrichtung, in der er untergebracht ist oder sich aufgrund einer Maßnahme nach Abs 4 aufhält

1. Heimvertrag als Rechtsgrundlage

49 Maßnahmen nach Abs 4 betreffen in erster Linie Betreute, die sich in einer Anstalt, einem Heim oder einer sonstigen Einrichtung aufhalten, ohne freiheitsentziehend untergebracht zu sein. Grundlage dafür ist idR ein (schriftlich oder mündlich geschlossener) Heimvertrag, der zwischen dem Träger der Einrichtung und dem (künftigen) Bewohner, dieser uU vertreten durch seinen Betreuer, abgeschlossen worden ist oder abgeschlossen sein sollte (§ 5 HeimG) und für dessen Inhalt und Zustandekommen das HeimG in § 5 Abs 3 ff Vorgaben enthält. War der Betroffene/Betreute außerstande, den Heimvertrag selbst zu schließen, war dies Sache des Betreuers, wenn es zu seinem Aufgabenkreis gehörte.

Das **HeimG** gilt für Heime, die alte Menschen sowie pflegebedürftige und behinderte Volljährige in der Regel nicht nur vorübergehend aufnehmen und dem Zweck dienen, ihnen Wohnraum zu überlassen sowie Betreuung und Verpflegung zur Verfügung zu stellen oder vorzuhalten und die in ihrem Bestand von Wechsel und Zahl der Bewohnerinnen und Bewohner unabhängig sind und entgeltlich betrieben werden (Kunz/Butz/Wiedemann, Heimgesetz [9. Aufl 2003] § 1 Rn 2 [118]).

Als Leistung des Bewohners nennt das HeimG in § 5 Abs 3 das Heimentgelt. Einzelvertraglich können „Wohlverhaltensklauseln" vereinbart worden sein, deren Nichteinhaltung zur Beendigung des Heimvertrages durch Kündigung oder Aufhebungsvertrag führen können. § 6 HeimG verpflichtet den Träger, seine **Leistungen**, soweit ihm das möglich ist, einem verbesserten oder verschlechterten Gesundheitszustand des Bewohners anzupassen und die hierzu erforderlichen Änderungen des Heimvertrages anzubieten. Im Heimvertrag kann vereinbart werden, daß der Träger das Entgelt durch einseitige Erklärung in angemessenem Umfang entspr den angepaßten Leistungen zu senken verpflichtet ist oder erhöhen darf.

Zur Frage **gewaltsamer Entfernung** des nicht umzugsbereiten Betreuten aus seinen bisherigen Räumlichkeiten und **gewaltsamen Betretens** seiner Wohnung sowie zu Einzelfragen des Heimrechts s unten § 1907. Zur strafrechtlichen Verantwortlichkeit des Geschäftsführers einer Altenheim-GmbH, wenn durch Fahrlässigkeit des Pflegepersonals ein Heimbewohner zu Tode kommt, OLG Stuttgart BtPrax 1998, 113.

2. Maßnahmen nach Abs 4 als geschuldete Leistung?

50 Die Maßnahmen des Abs 4 sind keine vertraglich geschuldeten Leistungen; sie gehören nicht zur Betreuungsleistung der Einrichtung, solange nicht der Betreute mit ihnen als vertraglicher Leistung einverstanden ist (Eingriffsgestattung). Indem der Gesetzgeber diese Maßnahmen unter Genehmigungsvorbehalt des VormG gestellt hat, hat er sie der freien Entscheidung des Betreuers entzogen, so daß dieser sie allein durch seine Absicht nicht zum Gegenstand vertraglicher Vereinbarung machen kann. Es liegt nahe, eine die Maßnahmen nach Abs 4 gestattende Vereinbarung im Heimvertrag ohne gerichtliche Genehmigung als nach § 134 nichtig anzusehen.

51 Werden diese Maßnahmen vom Betreuer mit Genehmigung des Gerichts gebilligt, nehmen sie die Gestalt **vertraglich geschuldeter Leistung** an. Es gelten dann die allgemeinen Grundsätze über Erfüllungsmängel sowie über die Haftung für eigenes und für fremdes Verschulden (§§ 276, 278), ähnlich den Verhältnissen, wie sie in der Beziehung Patient-Krankenhaus-Arzt-Pflegepersonal bestehen.

Für die fachgerechte und sachgemäße Durchführung einer vom Betreuer gebilligten und vom Vormundschaftsgericht genehmigten Maßnahme nach Abs 4 wird nach den Vorschriften über die unerlaubte Handlung (§§ 823 ff) gehaftet. Außerdem dürfte es sich im Falle von Verletzungen oder gesundheitlichen Schädigungen des Betreuten durch unsachgemäße Durchführung usw regelmäßig um einen Fall von Schlechterfüllung handeln.

52 Genehmigt das Vormundschaftsgericht die bereits begonnene genehmigungsbedürftige Maßnahme nicht, handelt es sich zivilrechtlich um eine unerlaubte Handlung nach § 823 Abs 1 und Abs 2 BGB iVm § 239 StGB (PALANDT/THOMAS § 823 Rn 149 m Hinweis auf Warn 17, 118) mit allen sich daraus ergebenden Konsequenzen. Treffen der Betreuer und/oder die Einrichtung eine Maßnahme nach Abs 4, **ohne die Genehmigung** des Vormundschaftsgerichts einzuholen, verhält es sich rechtlich ebenso. Zu einer schadensverursachenden Fixierung durch Pflegepersonal s OLG Köln R&P 1993, 81. Eine Maßnahme, die weder vom einwilligungsfähigen Betreuten noch von dem (anstelle des einwilligungsunfähigen Betreuten handelnden) Betreuer gebilligt worden ist, erfüllt allein deshalb den Tatbestand der unerlaubten Handlung, es sei denn, daß das Vormundschaftsgericht anstelle des verhinderten Betreuers die Einwilligung erteilt (§ 1846). Zum Instrumentarium des HeimG in der Frage freiheitsentziehender Maßnahmen nach Abs 4 s HOLZHAUER FuR 1992, 249, 259 ff. Zur

Schadensersatzpflicht des psychiatrischen Krankenhauses, wenn sich der Betroffene während einer medizinisch nicht gebotenen Fixierung verletzt, OLG Karlsruhe R&P 1995, 185. Zu den Sorgfaltspflichten gegenüber **suizidgefährdeten Patienten** in einem psychiatrischen Krankenhaus BGH NJW 1994, 794. Zur Haftung für einen Fenstersprung und dessen Folgen eines wegen Alkoholabhängigkeit im Krankenhaus aufgenommenen Patienten OLG Koblenz MedR 1998, 421.

IX. Zur Entscheidung über Unterbringung und freiheitsentziehende Maßnahmen durch einen vom Betroffenen Bevollmächtigten

1. Änderung der Rechtsgrundlage

Mit der Ergänzung des § 1906 um den neuen Abs 5 durch Art 1 Nr 15 BtÄndG hat sich der Gesetzgeber der Auffassung angeschlossen, durch eine persönliche (Altersvorsorge-)Vollmacht könne einem Bevollmächtigten die Befugnis übertragen werden, anstelle des (dazu nicht mehr fähigen) Betroffenen in freiheitsbeschränkende Maßnahmen einzuwilligen, die insbesondere vom OLG Stuttgart (BtPrax 1994, 99) vertreten worden war (krit zu der Regelung MünchKomm/SCHWAB Rn 117, 118). Vorrang vor den gesetzlichen Regelungen über die freiheitsbeschränkenden Maßnahmen sollte eine Vollmacht allerdings nur dann haben, wenn hinreichend sichergestellt ist, daß sich der Betroffene bei der Erteilung der Vollmacht über deren Inhalt und Tragweite im klaren gewesen ist. Dies sei nur dann der Fall, wenn die Vollmacht ausdrücklich, insbesondere in Anlehnung an den Gesetzeswortlaut des § 1906 Abs 4, den Entzug der Freiheit durch mechanische Einrichtungen, Medikamente oder auf andere Weise anspreche. Aus Gründen des Schutzes des Betroffenen wurde die Einwilligung des Bevollmächtigten unter den Vorbehalt gerichtlicher Genehmigung gestellt (diese Genehmigungspflicht nach Abs 5 ist von KUNZ/BUTZ/WIEDEMANN, Heimgesetz, § 15 Rn 14 übersehen worden). Mit dieser Regelung sollte einerseits die Bedeutung der Vorsorgevollmacht und die Fähigkeit des Betroffenen gestärkt werden, in voller geistiger Klarheit über sein künftiges Wohl und Wehe zu entscheiden; andererseits sollte sichergestellt werden, daß Vorsorgevollmachten nicht voreilig erteilt und einschneidende Maßnahmen des Bevollmächtigten vom Vormundschaftsgericht kontrolliert werden (BT-Drucks 13/7158, 34) Der Regelung des Abs 5 entspricht § 1904 Abs 2. Beide Vorschriften gehen auf den Vorschlag der BReg im Entwurf des BtÄndG zurück (BT-Drucks 13/7158, 1, 34) und haben das Gesetzgebungsverfahren unbeanstandet durchlaufen (zur Vorsorgevollmacht allgemein s § 1896 Rn 114 ff; speziell zur Unterbringungsfrage WALTER, Vorsorgevollmacht 257 ff, LEICHTHAMMER BtPrax 1997, 181, MÜLLER DNotZ 1999, 107; OLG Stuttgart FamRZ 1994, 1417 = MittRhNotK 1994, 116 = BtPrax 1994, 99 m krit Anm KIRCHHOF = BtE 1994/95, 133 m Anm ENDERS und weit Nachw; LG Frankfurt aM FamRZ 1994, 125). PALANDT/DIEDERICHSEN (§ 1906 Rn 5) weisen darauf hin, daß es sich im Falle des Abs 5 um eine Ermächtigung handelt (krit dazu MünchKomm/SCHWAB Rn 117), zutreffend insoweit, als bei Maßnahmen nach Abs 4 regelmäßig nicht auch rechtsgeschäftliche Angelegenheiten betroffen sind.

2. Anforderungen an die Bevollmächtigung

Soll die eigene Vorsorge des Betroffenen die staatliche Fürsorge in Form der Betreuerbestellung für die jeweilige Angelegenheit vermeiden (betreuungsersetzende Ermächtigung, PALANDT/DIEDERICHSEN Einf vor § 1896 Rn 8), muß sie ihrem Inhalt und der

Form nach diesen Zweck erfüllen können und zwar in dem Zeitpunkt, in dem der Bevollmächtigte tätig werden soll und will, sowie für die betreffende Angelegenheit. Die Formulierung der Bevollmächtigung darf keine Auslegung zulassen, die bei dem Vollmachtgeber auch nur den Eindruck erwecken könnte, der Bevollmächtigte sei zu einer milderen und nicht mit einer gegen seinen Willen veranlaßten Freiheitsentziehung verbundenen Maßnahme befugt (LG Düsseldorf FamRZ 2000, 1315 = NJW-RR 2001, 723). Wegen der äußeren Anforderungen an die Vollmacht (§§ 1904 Abs 2 S 2, 1906 Abs 5 S 1) ist für bereits vor dem Inkrafttreten der Regelungen erteilte Vollmachten auf die Gesetzeslage zum Zeitpunkt der gerichtlichen Entscheidung über die Betreuungsanordnung abzustellen (OLG Zweibrücken FamRZ 2002, 113 = BtPrax 2002, 171) Die Erteilung einer Untervollmacht – generell für zulässig gehalten (STAUDINGER/SCHILKEN [2004] § 167 Rn 61) – kommt hier nicht in Betracht. Das BtÄndG hat sie zwar nicht ausdrücklich ausgeschlossen. Die Zulassung der Vorsorgevollmacht, insbesondere in höchstpersönlichen Angelegenheiten, wurde jedoch – abgesehen von der durch § 1896 Abs 2 vorgegebenen begrenzten Vorrangigkeit – mit der Erwartung verbunden, sie werde nicht voreilig erteilt und ihre Ausübung durch das Vormundschaftsgericht kontrolliert werden (BT-Drucks 13/7158, 34). Einer solchen Erwartung stünde die Erteilung von Untervollmachten im Wege (im Ergebnis wie hier LIMMER ZNotP 1998, 322 [325]).

55 Allgemeine Voraussetzung einer wirksamen Bevollmächtigung ist die **Geschäftsfähigkeit** des Vollmachtgebers im Zeitpunkt der Erteilung der Vollmacht und für den dem Bevollmächtigten zugewiesenen Bereich. MünchKomm/SCHWAB (Rn 123) ist zuzugeben, daß es (nur) auf die Fähigkeit zur Selbstbestimmung in dem fraglichen Bereich (hier: Unterbringung und freiheitsentziehende Maßnahmen) ankommt, maßgebend deshalb hier in erster Linie die Einwilligungsfähigkeit des Vollmachtgebers ist. Eine für die Besorgung zahlreicher verschiedener Angelegenheiten einschl der Unterbringung und freiheitsentziehender Maßnahmen erteilte Vollmacht läßt sich in dieser Beziehung jedoch regelmäßig nicht in einzelne Bestandteile, insbesondere nicht die rechtsgeschäftlichen und die nicht rechtsgeschäftlichen Angelegenheiten zerlegen. Die Vollmacht darf außerdem im Bedarfsfall nicht wieder erloschen sein (BayObLG FamRZ 1993, 1249 = BtPrax 1993, 180 [LS]). Da es sich in Angelegenheiten des § 1906 nicht (allein) um rechtsgeschäftliche Willenserklärungen handelt und der Betroffene dem Bevollmächtigten nicht mehr Rechte einräumen kann als er selbst hat, kommt es außerdem darauf an, daß er im Zeitpunkt der auf die Angelegenheiten des § 1906 bezogenen Bevollmächtigung entscheidungsfähig iSd **Einwilligungsfähigkeit** war (s dazu § 1896 Rn 122). Zusätzlich zu den allgemeinen Wirksamkeitsvoraussetzungen der Bevollmächtigung verlangt Abs 5, daß die Vollmacht, soweit sie sich auf Angelegenheiten dieser Vorschrift erstreckt, schriftlich erteilt ist und die in den Absätzen 1 und 4 genannten Maßnahmen ausdrücklich umfaßt. Der Gesetzestext ist jedoch nicht so zu verstehen, daß nur die Nennung sowohl der in Abs 1 als auch der in Abs 4 bezeichneten Maßnahmen die Vollmacht wirksam sein läßt. Es kommt darauf an, daß diejenige Maßnahme, über die der Bevollmächtigte entscheiden können soll, ausdrücklich umfaßt wird. Im Einzelfall können das die Maßnahmen des Abs 1 und des Abs 4 sein; vorstellbar ist auch, daß die Vollmacht lediglich die Maßnahmen des Abs 4 (oder die des Abs 1) erfassen soll. Indem die Neuregelung des Abs 5 als Wirksamkeitsvoraussetzung der Bevollmächtigung verlangt, daß die in Abs 1 genannte(n) Maßnahme(n) ausdrücklich umfaßt werden, schließt sie aus, daß ein Betroffener einen anderen ermächtigt, ihn auch im

Falle einer Drittschädigung (oder -gefahr) unterzubringen. Mit einer Bevollmächtigung wird also **nicht eine öffentlich-rechtliche Unterbringung vermieden**! Aber auch im Falle zulässiger, die Maßnahme(n) des Abs 1 umfassender Bevollmächtigung ist das öffentlich-rechtliche Unterbringungsrecht (sofern überhaupt noch) **nicht nachrangig**, weil **der Bevollmächtigte nicht den Status eines gesetzlichen Vertreters** erlangt. Zur erforderlich werdenden Bestellung eines Betreuers nach § 1896 Abs 3 (Vollmachtbetreuer) vgl oben § 1904 Rn 84. Näher dazu BIENWALD BtPrax 1999, 92, 93.

Wegen der jedenfalls im Bereich von Abs 4 nicht im einzelnen voraussehbaren Möglichkeiten, die eines Tages noch für die Zwecke des Freiheitsentzugs zur Verfügung stehen, muß es für die Wirksamkeit der darauf bezogenen Vollmacht genügen, wenn die Vollmacht insoweit dem Wortlaut des Gesetzestextes entspricht (PALANDT/DIEDERICHSEN § 1904 Rn 7: ausdrücklich, nicht notwendig wörtlich).

Die durch Art 1 Nr 11 BtÄndG in § 1896 Abs 2 eingefügte Einschränkung des **56** Vorrangs der Vorsorgevollmacht vor der Betreuerbestellung („der nicht zu den in § 1897 Abs 3 bezeichneten Personen gehört") beeinträchtigt nicht ohne weiteres die Wirksamkeit der Vollmacht. Denn erst im Zeitpunkt der vom Bevollmächtigten zu treffenden Entscheidung/Maßnahme steht fest, ob er dann zu dem betreffenden Personenkreis gehört. Außerdem wollte der Gesetzgeber die getroffene Regelung nicht als ein absolutes Verbot der Bevollmächtigung verstanden wissen, sondern es dem Gericht nach Prüfung des Einzelfalles überlassen, ob es trotz der vorhandenen Vorsorgevollmacht einen Betreuer bestellt (BT-Drucks 13/7158, 33). Zu einer solchen Prüfung kommt es jedoch im Falle des Abs 5 erst dann, wenn der Bevollmächtigte die Genehmigung des Vormundschaftsgerichts einholt oder das Gericht auf anderem Wege den Sachverhalt erfährt. Bringt der Bevollmächtigte den Vollmachtgeber unter den Voraussetzungen des Abs 2 S 2 unter oder willigt er unter diesen Umständen in eine Maßnahme nach Abs 4 ein, erfährt das Gericht sogar erst nachher den Sachverhalt, der hätte Anlaß geben können, trotz der wirksam erteilten Vollmacht einen Betreuer – jedenfalls mit dem für die Maßnahmen des § 1906 Abs 1 und 4 erforderlichen Aufgabenkreis – zu bestellen. Verweigert in einem solchen Falle das Vormundschaftsgericht die nachträgliche Genehmigung, ist die Maßnahme jedenfalls nicht deshalb rechtswidrig, weil der Bevollmächtigte als zu dem Personenkreis des § 1897 Abs 3 gehörig die Entscheidung bzw Maßnahme getroffen hat. Freilich kann auf diese Weise der mit § 1897 Abs 3 beabsichtigte Schutz des Betroffenen/Betreuten infrage gestellt sein.

3. Die genehmigungsbedürftigen Entscheidungen

Abs 5 setzt die Bestimmung voraus, daß die Unterbringung eines Vollmachtgebers **57** und eine ihn betreffende Maßnahme durch seinen Bevollmächtigten rechtlich zugelassen ist. Die Vorschrift bestimmt allein noch, daß die in Abs 1 und Abs 4 genannten Maßnahmen gerichtlich zu genehmigen sind, sofern nicht der Ausnahmetatbestand des Abs 2 S 2 vorliegt, bevor die Maßnahme im Einverständnis mit dem Bevollmächtigten ergriffen wird (Abs 5 S 2 iVm Abs 2). Infolge der Verweisung des Abs 5 S 2 kommen die beiden in Abs 1 geregelten Unterbringungsarten sowie die Maßnahmen des Abs 4 ohne Einschränkung auch für den Bevollmächtigten in Betracht, wenn die Vollmacht entsprechend inhaltlich ausgestaltet ist.

4. Praktische Konsequenzen; Probleme

58 Praktische Bedeutung erlangen und damit auch zur Entlastung des Betreuungswesens beitragen kann die Bevollmächtigung im Falle von § 1906 in erster Linie im Bereich des Abs 4, dh dann, wenn der Vollmachtgeber sich in einer Anstalt, einem Heim oder einer sonstigen Einrichtung aufhält, in der Regel ohne dort untergebracht zu sein (z Anwendung des Abs 4 auch in Fällen freiheitsentziehender Unterbringung s oben Rn 14), und ihm dort durch eine oder mehrere der genannten Maßnahmen die Freiheit über einen längeren Zeitraum oder regelmäßig entzogen werden soll. Hier wird sich die Einrichtung an den Bevollmächtigten wenden, sofern die Bevollmächtigung bekannt ist, und seine Einwilligung zu der für erforderlich gehaltenen Maßnahme einholen. Angelegenheit des Bevollmächtigten ist es dann, die Genehmigung des Vormundschaftsgerichts zu erholen, bevor er seine Einwilligung erteilt. Wäre mit dem Aufschub der Maßnahme infolge der Anrufung des Gerichts Gefahr verbunden, müßte und dürfte der Bevollmächtigte ohne Genehmigung des Gerichts einwilligen; die Genehmigung des Gerichts wäre nachträglich einzuholen. Ob ein Heim sich darauf einläßt, ist fraglich.

59 Schwieriger gestaltet sich eine Unterbringung nach Abs 1 und zwar in erster Linie aus tatsächlichen Gründen. Gelang es bisher Betreuern nur in seltenen Fällen, von der ihnen nach Abs 2 S 2 eingeräumten Unterbringungsbefugnis in Eilfällen erfolgreich Gebrauch zu machen, wird noch weniger einem Bevollmächtigten dieser Weg der Unterbringung zur Verfügung stehen. Kommt es dann – anstelle einer Betreuerbestellung, die wegen des Vorrangs der Bevollmächtigung nicht in Betracht kommt – zur Unterbringung nach landesrechtlichem Unterbringungsrecht, genießt hier die Bevollmächtigung keinen Vorrang, jedenfalls solange nicht, bis die Länder den Bevollmächtigten (mit seiner Unterbringungsbefugnis) einem Betreuer gleichgestellt haben.

Auch während der Unterbringung nach öffentlichem Unterbringungsrecht kann der Bevollmächtigte ohne Änderung der landesrechtlichen Bestimmungen nicht die einem Betreuer entsprechende Rechtsstellung beanspruchen. Ist – zB – der Untergebrachte nicht fähig, Grund, Bedeutung oder Tragweite einer ärztlichen Untersuchung oder Behandlung einzusehen oder seinen Willen nach dieser Einsicht zu bestimmen, so ist die Einwilligung seines gesetzlichen Vertreters maßgeblich (§ 8 Abs 4 S 1 BW UnterbringungsG). Weder ist hier der Tatbestand gewillkürter Vollmacht vorgesehen noch hat der gewillkürte Stellvertreter die Rechtsstellung eines gesetzlichen Vertreters.

5. Zur Frage einer Rückwirkung des Abs 5

60 Die Bestimmung des Abs 5 ist am 1. 1. 1999 in Kraft getreten. Eine Übergangsregelung wurde nicht getroffen; angesichts der denkbaren Vielfalt bereits vorgenommener Bevollmächtigungen auch eine kaum zu lösende Aufgabe. Dennoch stellt sich im Einzelfall die Frage, ob eine (mindestens schriftlich erteilte) Vollmacht ihrem Inhalt nach Entscheidungen nach § 1906 zuläßt. Davon wird im Hinblick auf die seinerzeit getroffene Entscheidung des OLG Stuttgart (BtPrax 1994, 99) dann auszugehen sein, wenn die Vollmacht ausdrücklich, insbesondere in Anlehnung an den Gesetzeswortlaut des § 1906 Abs 4, den Entzug der Freiheit durch mechanische

Einrichtungen, Medikamente oder auf andere Weise anspricht (vgl auch BT-Drucks 13/ 7158, 34). Trotz des Wortlauts reicht eine als Generalvollmacht bezeichnete Vollmacht nicht aus. Eine so bezeichnete Vollmacht ohne ausdrückliche Inbezugnahme der in den Absätzen 1 und 4 genannten Maßnahmen erfüllt nicht die Voraussetzungen des Abs 5. Gerade im Hinblick auf die Unklarheit, ob mit einer solchen Vollmacht Entscheidungen nach § 1906 erfaßt werden bzw wurden (vgl OLG Zweibrücken FamRZ 2002, 113 = BtPrax 2002, 171), hat der Gesetzgeber die Neuregelung des Abs 5 getroffen, so daß in der Frage, wann **ältere Vollmachten** den Anforderungen des Abs 5 genügen, eher Zurückhaltung angebracht ist. Selbst einer nach Beschlußfassung über das BtÄndG, aber vor dessen Inkrafttreten ausgestellten „Betreuungsvollmacht" ohne ausdrückliche Nennung der freiheitsentziehenden Unterbringung gemäß § 1906 Abs 1, 5 hat das LG Frankfurt aM (FamRZ 2001, 1555) die Berechtigung zur Unterbringung in einer geschlossenen Einrichtung nach Inkrafttreten des BtÄndG abgesprochen und die Vollmacht insoweit für nichtig erklärt.

B. Unterbringungsverfahren

I. Überblick

1. Einheitliches Verfahren in Unterbringungssachen

Für die zivilrechtliche Unterbringung nach den Bestimmungen des vierten Buches **61** des BGB und für die Anordnung einer freiheitsentziehenden Unterbringung nach den Landesgesetzen über die Unterbringung psychisch Kranker hat das Betreuungsgesetz ein einheitliches Verfahrensrecht geschaffen, das am 1.1.1992, in dem sog Beitrittsgebiet (DDR ohne Ostberlin; zu Berlin s BIENWALD, in: SCHWAB [Hrsg] Familienrecht und deutsche Einigung 147, 148) bereits am 3.10.1990 in Kraft getreten ist. Näheres zur Rechtslage in dem Gebiet der DDR vor und nach dem Beitritt BIENWALD und REICHEL, in: SCHWAB 147 und 133. Das Verfahrensrecht in Unterbringungssachen der §§ 70 ff FGG wird ergänzt durch erhalten gebliebene oder neu aufgenommene Verfahrensbestimmungen in einzelnen Landesrechten. Deren Zulässigkeit ergibt sich aus Art 74 GG.

Das BtÄndG hat mit Wirkung vom 1.1.1999 einige Verfahrensvorschriften geändert. § 70 Abs 1 S 2 Nr 1 Buchst b FGG wird um die durch § 1906 Abs 5 geschaffene Möglichkeit der Unterbringung (Maßnahmen nach Abs 1 und Abs 4) durch einen Bevollmächtigten ergänzt. Nach § 70 Abs 5 S 2 FGG ist nunmehr das Gericht zuständig, in dessen Bezirk sich die Einrichtung befindet, in der der Betroffene bereits untergebracht ist. Mit Wirkung von 1.7.2005 wurde in Abs 2 S 2 die Vorschrift wie folgt gefaßt: „ist ein solches Verfahren nicht anhängig, so findet § 65 Abs 1 bis 3 entsprechende Anwendung" (Art 5 Nr 10 Buchst a 2. BtÄndG). Neu gefaßt wurde auch die Abgabevorschrift des Abs 3 S 1 (Art 5 Nr 10 Buchst b 2. BtÄndG). § 70b FGG enthält Änderungen, die sich aus der Neufassung des § 67 FGG (Bestellung eines Verfahrenspflegers) ergeben. Durch Art 5 Nr 11 2. BtÄndG wurde die Verweisung auf § 67a FGG aufgenommen, der den Ersatz der Aufwendungen und die Vergütung des Verfahrenspflegers neu geregelt hat. § 70g Abs 3 S 3 FGG vereinfacht mit seiner Neufassung das Wirksamwerden der Entscheidung, für die die sofortige Wirksamkeit angeordnet worden ist. Durch Art 8 KindRG von 16.12.1997 (BGBl I

2942) wurde mit Wirkung von 1.7.1998 § 70 Abs 1 FGG geändert. In S 2 Nr 1 Buchst a ist § 1705 gestrichen und die Unterbringungszuständigkeit des Vormundschaftsgerichts auf die durch Vormünder und Pfleger getroffenen Entscheidungen (§§ 1800, 1915) begrenzt worden. Nach § 1631b, geändert durch Art 1 Nr 46 KindRG, ist statt des Vormundschaftsgerichts das Familiengericht für die Unterbringung des Kindes zuständig (§ 23 Abs 1 S 2 Nr 1 GVG). Die Anhörungsbestimmung des § 49a FGG verpflichtet das Familiengericht, ohne das Vormundschaftsgericht für die von ihm durchzuführenden Verfahren gesondert aufzuführen. Ein Verzicht auf die Beteiligung des Jugendamts in diesen Verfahren dürfte nicht beabsichtigt gewesen sein. § 12 FGG (Amtsermittlung) rechtfertigt jedoch auch ohne besondere Nennung der vormundschaftsgerichtlichen Verfahren die Anhörung des Jugendamts.

Der **Tod des Betreuers** führt nicht zur Beendigung der Betreuung (vgl § 1908c; AG Stuttgart-Bad Cannstadt BtPrax 1996, 35 = BtE 1994/95, 126 m Anm SCHREIEDER). Beabsichtigte der Betreuer die Unterbringung des Betreuten oder hatte er vor, in eine Maßnahme nach Abs 4 einzuwilligen, und hatte er die Genehmigung des Vormundschaftsgerichts beantragt, **entfällt die Genehmigung**, wenn der Betreuer nach der Antragstellung stirbt, weil die zu genehmigende Entscheidung von ihm nicht mehr getroffen werden kann. Hat das Gericht die Genehmigung erteilt und stirbt der Betreuer, ehe er die vom Gericht genehmigte Entscheidung trifft (wobei es auf den Zugang und nicht die Abgabe der Erklärung ankommt), **verfällt die Genehmigung**. Da jeder Betreuer selbständig entscheidet und eine etwaige Absicht des Vorgängers den Nachfolger nicht bindet (auch nicht im Falle eines vom bisherigen Betreuer gemäß § 1901 Abs 4 S 2 und 3 aufgestellten Betreuungsplans), bedarf es ggf einer neuen Genehmigung des Vormundschaftsgerichts. Hält das Gericht die vom Betreuer beabsichtigt gewesene Maßnahme nach Abs 1 oder 4 für erforderlich, hat es im Falle des Todes des Betreuers die Möglichkeit, gemäß § 1846 selbst zu entscheiden. Entsprechendes gilt im Falle der Bevollmächtigung, sofern nicht der Vollmachtgeber für den Fall des Todes des Bevollmächtigten eine Ersatzregelung getroffen hat.

Hat der Betreuer oder der Bevollmächtigte die Unterbringung bereits bewirkt oder in die Maßnahme nach Abs 4 eingewilligt und stirbt er dann, ehe das Gericht seine Entscheidung genehmigt hat, kann das Vormundschaftsgericht nachträglich genehmigen oder mißbilligen und zwar gleichgültig, ob der Betreuer (noch) einen Antrag auf Genehmigung gestellt hat. Auf einen solchen „Antrag" iS einer Entscheidungsvoraussetzung kommt es nicht an (s Rn 54; SCHREIEDER aaO). Das Gericht hat in diesem Fall alsbald einen neuen Betreuer zu bestellen, der über die Beendigung oder Fortsetzung der Maßnahme entscheidet. Andernfalls hat auch darüber das Gericht gemäß § 1846 eine eigene Entscheidung zu treffen.

2. Zum Geltungsbereich der §§ 70 ff FGG

62 Von den Verfahrensregelungen der §§ 70 ff FGG werden folgende zivilrechtliche Unterbringungsmaßnahmen erfaßt:

a) die Genehmigung der freiheitsentziehenden Unterbringung eines Kindes durch seine Eltern gemäß § 1631b (§ 70 Abs 1 S 2 Nr 1 Buchst a FGG);

b) die Genehmigung der freiheitsentziehenden Unterbringung eines Mündels oder minderjährigen Pflegebefohlenen durch seinen Vormund oder Pfleger gemäß §§ 1800, 1915 Abs 1 iVm § 1631b (§ 70 Abs 1 S 2 Nr 1 Buchst a FGG);

c) die Genehmigung der freiheitsentziehenden Unterbringung eines betreuten Volljährigen durch den Betreuer gemäß § 1906 Abs 1 bis 3 (§ 70 Abs 1 S 2 Nr 1 Buchst b FGG);

d) die Genehmigung der freiheitsentziehenden Unterbringung einer Person, die einen Dritten zu ihrer Unterbringung, die mit Freiheitsentziehung verbunden ist, bevollmächtigt hat (§ 1906 Abs 5); § 70 Abs 1 S 2 Nr 1 Buchst b FGG;

e) die Genehmigung einer freiheitsentziehenden Maßnahme nach § 1906 Abs 4 gemäß § 70 Abs 1 S 2 Nr 2 FGG. Hierbei handelt es sich nur um die Genehmigung von Entscheidungen eines Betreuers oder eines von einer volljährigen Person nach Maßgabe des § 1906 Abs 5 Bevollmächtigten. Eine Anwendung des § 1906 Abs 4 auf Minderjährige kommt nach überwiegender Auffassung nicht in Betracht (LG Essen FamRZ 1993, 1347 m Anm DODEGGE; WEBER 113).

3. Das Verfahren für Maßregeln nach § 1846

Für die Unterbringung bzw die Anordnung oder Gestattung einer unterbringungsähnlichen (freiheitsentziehenden) Maßnahme nach § 1906 Abs 1 bis 3 oder § 1906 Abs 4, über die das Vormundschaftsgericht nach § 1846 unmittelbar entscheidet, trifft das FGG keine besondere Regelung; nach § 70h Abs 3 FGG gelten die Absätze 1 und 2 dieser Vorschrift (sie regelt das Verfahren einstweiliger Anordnungen) entsprechend. Zur Anwendung der §§ 70 ff FGG auch auf diese Unterbringungsmaßnahmen s KEIDEL/KAYSER § 70 Rn 4. Für die Anordnung nach § 1846 sind die gleichen Voraussetzungen und Verfahrensgarantien wie für eine einstweilige Anordnung nach § 70h Abs 1 und 2 FGG maßgebend (BayObLG FamRZ 2003, 783 [784]). Zu einstweiligen Maßregeln nach §§ 1846, 1908i Abs 1 S 1 im einzelnen s Rn 108 f.

II. Gegenstand der Unterbringungsmaßnahmen

Unterbringungsmaßnahme im Sinne des Verfahrensrechts sowohl nach Abs 1 bis 3 als auch nach Abs 4 ist die Entscheidung des Vormundschaftsgerichts, durch die es eine entsprechende Absicht oder bereits ins Werk gesetzte Entscheidung des Betreuers billigt, also die Genehmigung (MünchKomm/SCHWAB Rn 35). Die sachliche Entscheidung, der das Gericht seine Zustimmung gibt oder verweigert, trifft der Betreuer. Ihm steht es deshalb im Rahmen seines pflichtgemäßen Ermessens frei, von einer beabsichtigten und gerichtlich genehmigten Unterbringungsmaßnahme nach Abs 1 oder Abs 4 Abstand zu nehmen, bevor sie verwirklicht worden ist, sofern veränderte Umstände einen solchen Meinungswechsel rechtfertigen. Gegebenenfalls zwingen veränderte Umstände sogar, von einer solchen Maßnahme Abstand zu nehmen. Entsprechendes gilt für den Bevollmächtigten (Abs 5).

Ohne einen entsprechenden „Antrag" des Betreuers auf Genehmigung der beabsichtigten oder bereits vorgenommenen Unterbringung oder freiheitsentziehenden Maßnahme nach Abs 1 oder Abs 4 wird das Gericht von sich aus nur in Fällen des

§ 1846 tätig. Gleichwohl ist für die Genehmigungsentscheidung ein Antrag des Betreuers materiell-rechtlich nicht erforderlich (aA LG Hildesheim BtPrax 1993, 210; wie hier BayObLG FamRZ 1994, 1416 = BtPrax 1994, 98). Wird die **Genehmigung nur für einen bestimmten Zeitraum** beantragt, ist das Gericht (so BayObLG FamRZ 1994, 1416, 1417 = BtPrax 1994, 98, 99), hieran nicht gebunden und kann auch einen längeren Zeitraum bis zur gesetzlichen Höchstdauer genehmigen (bedenklich insofern, als nur eine entsprechende vom Betreuer/Bevollmächtigten beabsichtigte Entscheidung genehmigungsbedürftig und genehmigungsfähig ist und durch eine „Global"-Genehmigung der Betreuer/Bevollmächtigte unter Entscheidungsdruck gerät).

III. Sachliche, örtliche, internationale und funktionale Zuständigkeit des Vormundschaftsgerichts

65 Mit Ausnahme der freiheitsentziehenden Unterbringung des Kindes nach § 1631b, über die das Familiengericht (genehmigend) entscheidet (s oben Rn 62; FamRefK/MAURER/BIENWALD § 70 FGG Rn 3, 4; HansOLG Hamburg OLGRp 1998, 411) sind für die Unterbringung eines Mündels oder eines minderjährigen Pflegebefohlenen (§§ 1800, 1915 iVm § 1631b) – wie bisher – die Vormundschaftsgerichte zuständig. Dies gilt entsprechend auch für Maßnahmen des Vormundschaftsgerichts aufgrund von § 1846. Funktional zuständig ist in allen Fällen des § 1906 der Richter (§ 14 Abs 1 Nr 4 RPflG; vgl auch Art 104 Abs 2 GG). Beschließt das Vormundschaftsgericht eine Unterbringungsmaßnahme nach § 1846, ist der Richter zuständig in unmittelbarer Anwendung des Art 104 Abs 2 GG. Einen entsprechenden Richtervorbehalt enthält § 14 RPflG nicht.

Bei Unterbringungsverfahren nach dem NPsychKG ist eine Abgabe durch das Gericht, das den „einstweiligen Unterbringungsbeschluß" erlassen hat, an das Gericht, in dessen Bezirk der Betroffene anschließend untergebracht wird, nach der ab 1. 1. 1999 geltenden Fassung des § 70 Abs 5 FGG nicht mehr vorgesehen (LG Braunschweig NdsRpfl 2001, 132). Zur Abgabe des Verfahrens eingehend KEIDEL/KAYSER § 70 FGG Rn 15 ff.

Die örtliche Zuständigkeit des Vormundschaftsgerichts richtet sich nach § 70 Abs 2 FGG, und zwar danach, ob eine Betreuungssache bereits anhängig ist oder nicht (Einzelheiten dazu BIENWALD Rn 8 ff, HOLZHAUER/REINICKE Rn 9 ff und KEIDEL/KAYSER Rn 12 ff, alle zu § 70 FGG).

Von der Ermächtigung des § 70 Abs 6 FGG, zur sachdienlichen Förderung oder schnelleren Erledigung die Verfahren über Unterbringungsmaßnahmen nach Abs 1 S 2 Nr 3 (öffentlich-rechtliche Unterbringung) durch Rechtsverordnung einem Amtsgericht für die Bezirke mehrerer Amtsgerichte zuzuweisen, haben Hamburg (VO zur Änderung der VO über die Zuständigkeit des AG Hamburg in Zivil- und Handelssachen sowie für die Erledigung inländischer Rechtshilfeersuchen von 7. 1. 1992, Hamb GVBl 1) und Bremen (näher KEIDEL/KAYSER § 70 FGG Rn 27) Gebrauch gemacht.

IV. Verfahrensfähigkeit des Betroffenen/Betreuten

66 Der Betroffene/Betreute ist ohne Rücksicht auf seine Geschäftsfähigkeit verfahrensfähig, abweichend von § 66 FGG, der die Verfahrensfähigkeit des Betroffenen

für die Betreuungssachen regelt, jedoch erst, wenn er das vierzehnte Lebensjahr vollendet hat. Diese unter die Grenze des § 1908a (Vollendung des 17. Lebensjahres) reichende Begrenzung der Verfahrensfähigkeit hat Bedeutung für die Unterbringung Minderjähriger. Die auf betreuungsrechtlichem Unterbringungsrecht beruhende Unterbringung einschließlich der nach § 1846 und freiheitsentziehender Maßnahmen nach § 1906 Abs 4 sind nur für solche Betroffene zulässig, für die ein Betreuer bestellt ist oder bestellt werden könnte. Für die Person, die einen Dritten zu ihrer Unterbringung usw bevollmächtigt hat, hat das BtÄndG keine eigene Bezeichnung eingeführt. Als nicht betreute Person wird sie von dem Begriff „Betroffener" erfaßt.

V. Bestellung eines Verfahrenspflegers

1. Voraussetzungen für die Bestellung

Soweit dies zur Wahrnehmung der Interessen des Betroffenen/Betreuten erforderlich ist, bestellt das Gericht ihm einen Pfleger für das Verfahren. Mit Rücksicht auf die Ausnahmesituation, in der sich der Betroffene im Falle einer freiheitsentziehenden Unterbringung (oder freiheitsentziehenden Maßnahme) befindet, wird in der Regel ein Verfahrenspfleger zu bestellen sein. Auf jeden Fall ist die Bestellung eines Verfahrenspflegers geboten, wenn die geistigen Fähigkeiten des Betroffenen derart gemindert sind, daß er seine Interessen nicht mehr ausreichend wahrnehmen kann (ZIMMERMANN FamRZ 1990, 1308, 1309 mN). Besteht die Sorge, daß hinter dem Anliegen eines angehörigen Betreuers, den Betreuten freiheitsentziehend unterzubringen, wirtschaftliche Überlegungen stehen, ist die Schutzbedürftigkeit des Betreuten bezüglich der Verfahrenspflegerbestellung aufmerksam zu prüfen. Bestehen Zweifel, ob die Bestellung eines Verfahrenspflegers zur Wahrnehmung der Interessen des Betroffenen erforderlich ist, hätte das Gericht zwar dem **Wortlaut** der Vorschrift nach einen Pfleger nicht zu bestellen, der **Zielsetzung** des BtG nach aber doch.

Gesetzlich vorgesehen ist die Bestellung eines Verfahrenspflegers, wenn das Gericht von der persönlichen Anhörung des Betroffenen absehen will (§ 70b Abs 1 S 2 FGG; bisher § 70c iVm § 68 Abs 2 FGG). Die Bestellung eines Verfahrenspflegers ist regelmäßig auch dann erforderlich, wenn von der Bekanntgabe der Entscheidungsgründe an den Betroffenen gemäß § 70g Abs 1 S 2 FGG abgesehen werden soll. Dies steht nicht ausdrücklich im Gesetz, wird aber mit Recht von MünchKomm/SCHWAB (Rn 39) gefordert, weil sichergestellt werden muß, daß die Einlegung eines Rechtsmittels auf der Grundlage der Entscheidungsgründe ordnungsgemäß geprüft werden kann (s auch BT-Drucks 11/4528, 183).

2. Begründungspflicht bei Nichtbestellung

Bestellt das Gericht dem Betroffenen keinen Pfleger für das Verfahren, so ist dies in der Entscheidung, durch die eine Unterbringungsmaßnahme (§ 70 Abs 2 FGG) getroffen wird, zu begründen. Kommt das Gericht zu dem gegenteiligen Ergebnis, braucht es die Nichtbestellung des Verfahrenspflegers nicht zu begründen. Bestellt das Gericht mit Rücksicht auf die Vertretung des Betroffenen/Betreuten, der durch einen geeigneten Verfahrensbevollmächtigten vertreten wird, keinen Verfahrenspfleger, wird auch für diesen Fall die Begründung der Nichtbestellung gefordert

(MünchKomm/Schwab Rn 40). Dem kann nicht gefolgt werden. Es würde bei Vorhandensein eines geeigneten Verfahrensbevollmächtigten jeweils eine ausdrückliche Entscheidung des Gerichts erfordern, die dem Inhalt nach sich auf die Wiedergabe des Gesetzeswortlauts beschränken würde. Eine materiell-inhaltliche Entscheidung des Gerichts erscheint jedoch nur dann erforderlich, wenn sich das Gericht zB die durch die zuständige Behörde oder von anderer Seite geäußerten Zweifel an der Geeignetheit des Verfahrensbevollmächtigten nicht zu eigen macht und aus diesem Grunde die Bestellung eines Verfahrenspflegers ablehnt.

3. Verfahrenspfleger und Verfahrensbevollmächtigter

69 Die Bestellung eines Verfahrenspflegers kann und soll unterbleiben, wenn der Betroffene/Betreute von einem Rechtsanwalt oder von einem anderen geeigneten Verfahrensbevollmächtigten vertreten wird (§ 70b Abs 3 FGG). Zur Bestellung von Rechtsanwälten als Verfahrenspfleger und den Vergütungsproblemen nach damaligem Recht s Kirsch Rpfleger 1994, 240, 242. Bis zum 1.7.2005 galt § 67 Abs 3 entsprechend (§ 70b Abs 1 S 3 FGG), wurde aber mit Wirkung von 1.7.2005 durch § 67a FGG ersetzt (Art 5 Nr 11 2. BtÄndG).

Zur Frage der Beiordnung eines Rechtsanwalts als Verfahrenspfleger (ablehnend) s Zimmermann FamRZ 1990, 1308, 1310; Holzhauer/Reinicke § 70b Rn 13 fordern ausdrücklich die Bestellung rechtskundiger Personen.

Wird der Betroffene/Betreute von einem Rechtsanwalt oder von einem anderen geeigneten Verfahrensbevollmächtigten vertreten, soll die bereits erfolgte Bestellung eines Verfahrenspflegers aufgehoben werden (§ 70b Abs 3 FGG). Das Gericht hat in diesem Falle auch zu prüfen, ob der Betroffene/Betreute von einem geeigneten Verfahrensbevollmächtigten vertreten wird. Zur Frage, ob neben einem Anwalt als Verfahrensbevollmächtigtem noch ein Verfahrenspfleger zu bestellen ist, s Zimmermann FamRZ 1990, 1308, 1310. Nimmt der Bevollmächtigte die Interessen des Betroffenen nicht oder nicht ausreichend wahr, ist dem Betroffenen ein Verfahrenspfleger zu bestellen (LG Bremen FamRZ 2005, 222). Die Bestellung eines Verfahrenspflegers gemäß § 70b FGG ist unanfechtbar (hM, OLG Brandenburg FamRZ 2004, 817; OLG Schleswig FamRZ 2003, 1499).

Durch die Bestellung eines Verfahrenspflegers wird die Rechtsposition des Betreuten/Betroffenen nicht eingeschränkt. Der Verfahrenspfleger verdrängt durch seine Rechtsstellung als gesetzlicher Vertreter (Keidel/Kayser § 70b FGG Rn 9) nicht den Betreuten/Betroffenen, der seine Rechte wahrzunehmen berechtigt ist (§ 70a FGG). Das Gericht hat den in einer Unterbringungsgenehmigungssache bestellten Verfahrenspfleger an allen Verfahrenshandlungen zu beteiligen, insbesondere zur persönlichen Anhörung des Betroffenen zu laden. Einen Verlegungsantrag des Verfahrenspflegers darf der Tatrichter nur aus triftigen Gründen ablehnen (BayObLGZ 2001, 219; BayObLG FamRZ 2002, 629 sowie Rpfleger 2000, 24).

Zur Rechtsstellung des Verfahrenspflegers s außerdem Vorbem 5 zu §§ 1909 ff sowie Bienwald, Verfahrenspflegschaftsrecht Rn 441 ff.

4. Die Beendigung der Verfahrenspflegschaft

Die Verfahrenspflegschaft endet, wenn sie durch das Gericht aufgehoben wird, im 70 übrigen erst mit formeller Rechtskraft der das Verfahren abschließenden Entscheidung (§ 70b Abs 4 Nr 1 FGG). Für die Beschwerdeinstanz braucht deshalb, anders als in Betreuungssachen (s § 67 Abs 2 FGG; BayObLG FamRZ 1993, 990) ein Verfahrenspfleger nicht erneut bestellt zu werden. Die Verfahrenspflegerbestellung endet ferner mit dem sonstigen Abschluß des Verfahrens (§ 70b Abs 4 Nr 2 FGG), zB im Falle der Entlassung des Betroffenen aus der Unterbringung (freiheitsentziehenden Maßnahme), bei seinem Tod oder der Rücknahme des Antrages auf eine Unterbringungsmaßnahme (ZIMMERMANN FamRZ 1990, 1308, 1310).

VI. Anhörung des Betroffenen/Betreuten; seine Unterrichtung über das Verfahren und das Schlußgespräch

1. Grundsatz der persönlichen Anhörung

Vor einer Unterbringungsmaßnahme hat das Gericht den Betroffenen/Betreuten 71 persönlich anzuhören und sich einen unmittelbaren Eindruck von ihm zu verschaffen (§ 70c S 1 FGG). Es hat den Betroffenen/Betreuten über den möglichen Verlauf des Verfahrens zu unterrichten (§ 70c S 3 FGG). Die persönliche Anhörung des Betroffenen/Betreuten kann unterbleiben, wenn

a) nach dem ärztlichen Gutachten hiervon erhebliche Nachteile für die Gesundheit des Betroffenen zu besorgen sind (krit dazu DÖRNER in der Anhörung zum BtG vor dem Rechtsausschuß) oder

b) der Betroffene nach dem unmittelbaren Eindruck des Gerichts offensichtlich nicht in der Lage ist, seinen Willen kundzutun (§ 70c S 5 iVm § 68 Abs 2 FGG).

Ein Verzicht auf die persönliche Anhörung des Betroffenen kommt nur in Betracht, wenn ihm schwerwiegende, insbesondere irreversible oder lebensgefährliche gesundheitliche Schäden drohen, für deren Feststellung ein Sachverständiger zu hören sein kann (OLG Karlsruhe FamRZ 1999, 670); vorübergehende Beeinträchtigungen oder Nachteile, denen mit Medikamenten entgegengewirkt werden kann, reichen für einen Anhörungsverzicht nicht aus (OLG Karlsruhe aaO). Im Hinblick auf die Schwere des freiheitsentziehenden Eingriffs ist die persönliche Anhörung des Betroffenen im Beschwerdeverfahren in der Regel zu wiederholen (BayObLG FamRZ 2003, 1499; FamRZ 2003, 1854 [LS]); von ihr kann nur in besonderen Fällen abgesehen werden (BayObLG FamRZ 2001, 1646 = NJWE-FER 2001, 324).

Die Anwesenheit des Betreuers ist bei der Anhörung des Betroffenen nicht geboten, sofern der Betroffene sie nicht ausdrücklich verlangt (BayObLG FamRZ 2003, 963).

Die persönliche Anhörung, nicht dagegen die Verschaffung des unmittelbaren Eindrucks, kann auch dann unterbleiben, wenn die Unterbringungsmaßnahme nicht angeordnet werden wird, weil zB der Antrag bereits nach dem bisherigen Ermittlungsergebnis unbegründet ist (ZIMMERMANN FamRZ 1990, 1308, 1311).

2. Ersuchter Richter

72 Sowohl die persönliche Anhörung als auch die Verschaffung eines unmittelbaren Eindrucks sollen nicht durch einen ersuchten Richter erfolgen (§ 70c S 3 FGG). Diese Formulierung (anders als in § 68 Abs 1 S 4 FGG für das Verfahren in Betreuungssachen) beruht auf den Beschlüssen des Rechtsausschusses des Bundestages; s dazu BT-Drucks 11/6949, 84 sowie 219 (Stellungnahme des Bundesrats) und 234 (Gegenäußerung der BReg). Krit dazu MünchKomm/SCHWAB Rn 43 sowie ZIMMERMANN FamRZ 1990, 1308, 1310. Nach § 64a FGG aF durfte die Anhörung nicht durch einen ersuchten Richter erfolgen. ZIMMERMANN und ihm folgend SCHWAB (MünchKomm Rn 43) wollen für die Zulässigkeit ersuchter Anhörung auf die Schwere des Eingriffs abstellen. Bei Verlängerung von Unterbringungsmaßnahmen (§ 70i Abs 2 FGG) und üblichen freiheitsentziehenden Maßnahmen des Abs 4 wie nächtliche Bettgitter, nächtliches Versperren der Haustür uä genügt nach ZIMMERMANN aaO die Anhörung durch den ersuchten Richter. Bei erstmaliger Unterbringung soll es dagegen darauf ankommen, ob die Anhörung durch den ersuchten Richter ausreichend erscheint. Daß ein Betroffener verwirrt und völlig desorientiert ist, könne, so ZIMMERMANN aaO, auch der Rechtshilfe-Richter eindeutig feststellen.

Für die Anhörung zu bedenken ist jedenfalls, daß der Betroffene/Betreute bereits bisher Medikamente erhalten haben und **aus diesem Grunde** (und nicht krankheits- oder behinderungsbedingt) außerstande sein kann, seinen Willen adäquat kundzutun.

73 Zu Recht wird die Unausgewogenheit der Regelungen kritisiert (§ 64a Abs 1 S 3 FGG aF; § 68 Abs 1 S 4 FGG nF für die Anhörung in Betreuungssachen; § 70c S 4 FGG für die Anhörung in Unterbringungssachen; ZIMMERMANN FamRZ 1990, 1308, 1310). Seine Unterscheidung nach der Rechtsqualität der Eingriffe („eingesperrt") entspricht juristischer Sicht. Zu bedenken ist aber auch, daß der Betroffene/Betreute emotional uU sehr viel stärker betroffen ist davon, daß ihm jemand gegen seinen Willen als Betreuer „vor die Nase" gesetzt wird, der über seinen Alltag bestimmt, als in eine gerontopsychiatrische (geschlossene) Einrichtung „eingesperrt" zu werden, in der es Möglichkeiten der Kontaktaufnahme und der persönlichen Ansprache sowie eine Struktur des Tagesablaufs gibt. Die Frage, ob die persönliche Anhörung des Betroffenen/Betreuten durch einen ersuchten Richter sachdienlich ist, muß deshalb in erster Linie nach Sachaufklärungsgesichtspunkten (§ 12 FGG) und im Interesse der Wahrung der Rechte und der Person des Betroffenen/Betreuten entschieden werden. Sollen zB die von ZIMMERMANN genannten Fragen gestellt und eine Stellungnahme des Betroffenen/Betreuten eingeholt werden, fragt es sich, ob dies in vollem Umfang von dem ersuchten Richter erreicht werden kann. Zum Inhalt der Anhörung s insbesondere COEPPICUS FamRZ 1991, 892 und ZIMMERMANN FamRZ 1990, 1308, 1310. Das Rechtshilfeersuchen, den Betroffenen vor Anordnung einer vorläufigen Unterbringung persönlich anzuhören, darf jedenfalls grundsätzlich nicht abgelehnt werden (BayObLG FamRZ 2000, 1444; bestätigt d Beschluß von 26. 2. 2004 – 3 Z AR 10/04).

74 Während von der (persönlichen) Anhörung des Betroffenen/Betreuten in bestimmten Fällen abgesehen werden darf, ist die Verschaffung eines unmittelbaren Eindrucks von dem Betroffenen/Betreuten unerläßlich. Auch sie kann – ggf – durch einen ersuchten Richter erfolgen (§ 70c S 4 FGG), wenn dieser Eindruck dem entscheidenden Richter in einer Weise vermittelt wird, die der Amtsermittlungspflicht sowie den allgemeinen Grundsätzen des FGG-Verfahrens gerecht wird.

3. Ort der Anhörung

Über den Ort der Anhörung ist im Unterbringungsverfahrensrecht nichts bestimmt. **75** Die Verschaffung des unmittelbaren Eindrucks hat, soweit erforderlich, in der üblichen Umgebung des Betroffenen/Betreuten zu erfolgen. Im Falle von Maßnahmen nach Abs 4 lassen sich kaum Fälle vorstellen, in denen der unmittelbare Eindruck nicht vor Ort, dh in der Einrichtung, in der sich der Betreffende aufhält, gewonnen wird.

Im Gegensatz zum Verfahren in Betreuungssachen (§ 68 Abs 1 S 2 FGG) ist dem Betroffenen/Betreuten weder das Recht eingeräumt, die Anhörung in der üblichen Umgebung zu verlangen, noch die Möglichkeit gegeben, ihr zu widersprechen. Es läßt sich allerdings kaum vorstellen, daß sich das Gericht einen unmittelbaren Eindruck nicht in der üblichen Umgebung, in der sich der Betroffene/Betreute befindet, verschafft.

4. Unterrichtung des Betroffenen/Betreuten

Die Unterrichtung des Betroffenen/Betreuten über den möglichen Verlauf des Verfahrens hat nur der zuständige Richter vorzunehmen (§ 70c S 4 FGG nennt nur die **76** Verfahrenshandlungen des S 1). Der Ort der Unterrichtung ist nicht bestimmt. Unterbleibt die persönliche Anhörung des Betroffenen/Betreuten, weil er nach dem unmittelbaren Eindruck des Gerichts offensichtlich nicht in der Lage ist, seinen Willen kundzutun (§ 70c S 5 iVm § 68 Abs 2 Nr 2 FGG), dürfte in aller Regel auch eine Unterrichtung über den möglichen Verlauf des Verfahrens entbehrlich sein. Eine Verknüpfung von persönlicher Anhörung und Unterrichtung über den möglichen Verlauf des Verfahrens ist nicht vorgesehen und auch nicht erforderlich. Die Unterrichtung über den möglichen Verfahrensablauf kann bereits vor der persönlichen Anhörung stattgefunden haben (näher dazu, wenn auch auf das Betreuungsverfahren bezogen, RINK, in: WIENAND/REIS 28).

5. Weitere Anhörungsberechtigte

Vor einer Unterbringungsmaßnahme erhalten der Ehegatte des Betroffenen/Betreuten (wenn die Ehegatten nicht dauernd getrennt leben), der Lebenspartner des **77** Betroffenen/Betreuten, wenn die Lebenspartner nicht dauernd getrennt leben, jeder Elternteil, das Kind oder die Kinder, bei dem/denen der Betroffene lebt oder bei Einleitung des Verfahrens gelebt hat (unabhängig davon, ob es sich um eheliche oder nichteheliche Kinder handelt, so auch ZIMMERMANN FamRZ 1990, 1308, 1311), sein Betreuer, eine von ihm benannte Person seines Vertrauens, der Leiter der Einrichtung, in der der Betroffene/Betreute lebt, sowie die zuständige Behörde Gelegenheit zur Äußerung (§ 70d Abs 1 FGG).

Zuständige Behörde ist bei der Unterbringung von Betroffenen/Betreuten nach § 1906 die Betreuungsbehörde (§ 1 S 1 BtBG); bei öffentlich-rechtlicher Unterbringung (§ 70 Abs 1 S 2 Nr 3 FGG) ist es die jeweilige Behörde, die nach dem Landesrecht über die Unterbringung psychisch Kranker dazu bestimmt ist (BT-Drucks 11/4528, 184; ZIMMERMANN FamRZ 1990, 1308, 1311).

Der in § 70d Abs 1 S 1 Nr 5 genannte Leiter der Einrichtung muß nicht persönlich angehört werden. Er kann seine Befugnisse innerhalb der Einrichtung auf andere delegieren (BT-Drucks 11/4528, 184; BIENWALD, BtR § 70d Rn 9; MünchKomm/SCHWAB Rn 79). Die Behörde wird nach allgemeinem Kommunalrecht von ihrem Leiter vertreten. Kritisch zur ausnahmslosen Anhörung des Betreuers unabhängig von Art und Umfang des Aufgabenkreises und von weiteren Anhörungspersonen BIENWALD, BtR § 70d Rn 5 f.

Von dem Vorbehalt für die Ländergesetzgebung, Äußerungsmöglichkeiten für weitere Personen und Stellen vorzusehen (§ 70d Abs 2 FGG), hat bisher nur Bremen (§ 22) Gebrauch gemacht. In Hamburg gibt es eine Regelung schon im bisherigen Unterbringungsrecht (§ 16).

Die Anhörung weiterer Personen oder Stellen kann auch im Rahmen von § 12 FGG geboten sein (BIENWALD, BtR § 70d FGG Rn 6; MünchKomm/SCHWAB Rn 83).

78 Die Gelegenheit zur Äußerung nach § 70d FGG hat das Gericht **vor jeder Unterbringungsmaßnahme** zu geben, also auch vor einer nach Abs 4. § 70d FGG sieht für das reguläre Verfahren keine Ausnahmen von der Verpflichtung vor, die in § 70d Abs 1 S 1 FGG genannten Personen und Institutionen anzuhören. Lediglich im Falle einer vorläufigen Unterbringungsmaßnahme durch einstweilige Anordnung (§ 70h Abs 1 FGG) kann die Einräumung der Äußerungsmöglichkeit unterbleiben, wenn Gefahr im Verzuge ist (§ 70h Abs 1 S 3 FGG). Zur Rechtsnatur der „Anhörung" s BIENWALD, BtR § 70d FGG Rn 14.

Mündliche Anhörung ist nicht zwingend. Gelegenheit zur schriftlichen Anhörung genügt (MünchKomm/SCHWAB Rn 80; ZIMMERMANN FamRZ 1990, 1308, 1312); dies kann im Einzelfall jedoch § 12 FGG widersprechen.

6. Hinzuziehung eines Sachverständigen

79 Das Gericht kann, darf und muß gegebenenfalls, wenn dies erforderlich ist (§ 12 FGG), einen Sachverständigen hinzuziehen, wenn es den Betreuten/Betroffenen persönlich anhört und sich einen unmittelbaren Eindruck von ihm verschafft (§ 70c S 5 iVm § 68 Abs 4 S 1 FGG). Auf Verlangen des Betroffenen/Betreuten ist einer Person seines Vertrauens die Anwesenheit zu gestatten (§ 70c S 5 iVm § 68 Abs 4 S 2 FGG). Anderen Personen kann das Gericht die Anwesenheit gestatten, jedoch nicht gegen den Willen des Betroffenen (§ 70c S 5 iVm § 68 Abs 4 S 3 FGG).

7. Vorführung des Betroffenen/Betreuten

80 Das Gericht kann den Betroffenen/Betreuten vorführen lassen, wenn er sich weigert, „zur Anhörung zu erscheinen" (§ 70c S 5 iVm § 68 Abs 3; ZIMMERMANN FamRZ 1990, 1308, 1311). Das Gesetz spricht hier von der Weigerung, an Verfahrenshandlungen teilzunehmen. Darunter fallen auch das Schweigen und die Weigerung, dem Gericht die Möglichkeit zu geben, sich einen unmittelbaren Eindruck von ihm zu verschaffen (zB zieht der bettlägerige Betreute die Decke über den Kopf). Vorführung im engeren Sinne dagegen ist mit einer Ortsveränderung verbunden. Wird der Betroffene/Betreute, der zugedeckt im Bett liegt, gewaltsam aufgedeckt und in einen Gesprächsraum der Einrichtung geführt, ist das „Vorführen", wenn auch in anderer als der üblichen Vorführweise. Ohne Hausrechtsverletzung kommt eine Tätigkeit der zuständigen Behörde nur in Einrichtungen der Kommune in Betracht, wenn dort die Zuständigkeiten entsprechend geregelt sind.

8. Schlußgespräch

Nach § 70c S 5 FGG ist auch die Bestimmung über das Schlußgespräch (§ 68 Abs 5 FGG) entsprechend anzuwenden. In ihm hat das Gericht das Ergebnis der Anhörung, das Gutachten des Sachverständigen oder das ärztliche Zeugnis sowie die vorgesehenen Unterbringungsmaßnahmen (Art, Umfang, Ort, Dauer, Besonderheiten) mit dem Betroffenen/Betreuten mündlich zu erörtern, soweit dies zur Gewährung rechtlichen Gehörs oder zur Sachaufklärung erforderlich ist. Wiederum ist auf Verlangen des Betroffenen/Betreuten einer Person seines Vertrauens die Anwesenheit zu gestatten; anderen Personen kann die Anwesenheit gestattet werden, wenn der Betroffene/Betreute dagegen nichts einwendet. **81**

Rechtliches Gehör wird dem Betroffenen/Betreuten in der Regel nur dann ausreichend gewährt, wenn er das **Gutachten** rechtzeitig vollständig schriftlich **vor seiner persönlichen Anhörung**, ggf dem Schlußgespräch, **erhält** (BayObLG BtPrax 1993, 208; FamRZ 1995, 695; FamRZ 2003, 1499 [LS]).

VII. Sachverständigengutachten

1. Unterschiede zwischen Abs 1 und Abs 4

Vor einer Unterbringungsmaßnahme nach § 70 Abs 1 S 2 FGG muß die fachliche Äußerung eines Arztes vorliegen. Die Vorschrift des § 70e FGG trifft jedoch folgende Unterscheidung: **82**

Während vor einer Unterbringungsmaßnahme nach § 70 Abs 1 S 2 Nr 1 FGG und vor der Anordnung einer freiheitsentziehenden Unterbringung nach den Landesgesetzen über die Unterbringung psychisch Kranker jeweils das Gutachten eines Sachverständigen einzuholen ist, der in der Regel Arzt für Psychiatrie sein soll, in jedem Falle aber Arzt mit Erfahrungen auf dem Gebiet der Psychiatrie sein muß (§ 70e Abs 1 S 2 FGG), genügt für die Genehmigung einer Maßnahme nach § 1906 Abs 4 ein ärztliches Zeugnis; hierfür ist die Qualifikation als „Facharzt" nicht gesetzlich vorgeschrieben (kritisch dazu MünchKomm/Schwab 3 Rn 55); im einzelnen Bienwald BtR § 70e Rn 6. Hat der Gutachter des anhängigen Verfahrens die Voraussetzungen für die Unterbringung bejaht und war der Betroffene drei Monate vorher mit anderem Ergebnis begutachtet worden, zwingt dies nicht zu einer weiteren Begutachtung (BayObLG FamRZ 2004, 106e4 = BtPrax 2004, 114).

2. Voraussetzungen für das Gutachten/ärztliche Zeugnis

83 Der Sachverständige hat den Betroffenen/Betreuten persönlich zu untersuchen oder zu befragen (§ 70e Abs 1 S 1 FGG). Die Untersuchung erfordert einen persönlichen Kontakt mit dem Betroffenen/Betreuten (BayObLGZ 1981, 339, 342 = Rpfleger 1982, 67; KEIDEL/KAYSER Rn 3). Sie darf nur in einem zeitlich geringen Abstand von der Erstattung des Gutachtens liegen (KEIDEL/KAYSER Rn 3; ZIMMERMANN FamRZ 1990, 1308, 1312). Der Sachverständige darf Hilfskräfte hinzuziehen. Eine Begutachtung nach Aktenlage genügt nicht (ZIMMERMANN FamRZ 1990, 1308, 1312). Für das ärztliche Zeugnis ist dies nicht ausdrücklich vorgesehen; es ergibt sich aber daraus, daß § 70e FGG für die erstmalige Anordnung bzw Genehmigung der Maßnahme gilt und die fachliche Beurteilung von Art, Umfang und Dauer der Maßnahme lediglich aufgrund fernmündlicher Daten oder länger zurückliegender Notizen (Patientenkartei) den Anforderungen an ein ärztliches Zeugnis nicht genügen würde (wie hier im Ergebnis BIENWALD, BtR § 68b FGG Rn 10; RINK R&P 1991, 160; abl auch MünchKomm/SCHWAB Rn 78; aA ZIMMERMANN FamRZ 1990, 1308, 1313).

84 Ob im Falle einer Maßnahme nach § 1906 Abs 4 immer ein ärztliches Zeugnis ausreicht, ist nach Grundsätzen der Amtsermittlungspflicht zu beantworten (BT-Drucks 11/6949, 91; BIENWALD, BtR Rn 3; MünchKomm/SCHWAB Rn 74; LG Hildesheim BtPrax 1993, 210, 211). Da die Unterscheidung von Sachverständigengutachten und ärztlichem Zeugnis im wesentlichen verfahrensrechtlicher Natur ist (BIENWALD, BtR § 68b FGG Rn 12 ff; MünchKomm/SCHWAB Rn 53) und an die Qualität der wesentlichen Aussagen eines Zeugnisses der gleiche Maßstab anzulegen ist wie bei einem Gutachten, sollte der Unterscheidung und dadurch verursachten Kontroversen keine große Bedeutung beigemessen werden (vgl dazu HOLZHAUER/REINICKE Rn 1 zu § 70e FGG). Das ZSEG nannte bei der Entschädigung von Sachverständigen für ihre Leistungen als deren Ergebnis das Gutachten (§ 3). In der Anlage zu § 5 ZSEG war unter Nr 4 der Fall aufgeführt, daß ein Arzt „für das Zeugnis über einen ärztlichen Befund mit kurzer gutachtlicher Äußerung" eine dort bestimmte Entschädigung erhält; im übrigen kannte das ZSEG eine Entschädigung für ein gerichtlich in Auftrag gegebenes „Zeugnis" nicht. Das ZSEG wurde durch das am 1.7.2004 in Kraft getretene Justizvergütungs- und -entschädigungsgesetz – JVEG – (Art 2 KostRMoG, BGBl I 718, 776) abgelöst.

Das für die Zwecke der Genehmigung einer Maßnahme nach Abs 4 vorgelegte ärztliche Zeugnis hat zu der bestehenden Krankheit, den Auswirkungen und zur Erforderlichkeit und Dauer der beauftragten Maßnahme Stellung zu nehmen; es muß auf einer ärztlichen Untersuchung beruhen (LG Hildesheim BtPrax 1993, 210).

Die Beauftragung einer Klinik oder eines privatrechtlichen Instituts für die Erstattung eines Sachverständigengutachtens kommt nicht in Betracht (OLG Düsseldorf FamRZ 1989, 1101; ihm folgend BIENWALD, BtR Rn 6; ZIMMERMANN FamRZ 1990, 1308, 1312).

3. Gutachterauswahl

85 Die Auswahl des Sachverständigen steht im pflichtgemäßen Ermessen des Gerichts, das durch die gesetzlichen Vorgaben des § 70e Abs 1 S 2 FGG begrenzt wird (HOLZHAUER/REINICKE Rn 3; KEIDEL/KAYSER Rn 4; MünchKomm/SCHWAB Rn 75; ZIMMERMANN FamRZ

1990, 1308, 1312). Ein Arzt für Psychiatrie ist ein Arzt, der eine abgeschlossene Facharztausbildung im Fach Psychiatrie hat. Ein Neurologe ohne die Qualifikation im Fach Psychiatrie ist kein „Arzt für Psychiatrie" (HOLZHAUER/REINICKE Rn 3). Er kann aber als „Arzt mit Erfahrungen auf dem Gebiet der Psychiatrie" in Betracht kommen (HOLZHAUER/REINICKE Rn 3). Ein Arzt im Praktikum scheidet als Sachverständiger aus (MARSCHNER, in: JKMW Rn 548; HOLZHAUER/REINICKE Rn 3). Bei einem Sachverständigen, der sich noch in der Facharztausbildung befindet, muß die Sachkunde besonders festgestellt werden (KEIDEL/KAYSER Rn 4 mN; ZIMMERMANN FamRZ 1990, 1308, 1312). Auf einen Arzt mit Erfahrungen auf dem Gebiet der Psychiatrie darf das Gericht nur zurückgreifen, wenn ein „Arzt für Psychiatrie" als Gutachter nicht zu erhalten ist (BT-Drucks 11/6949, 84). Bei Vertragsärzten der Bezirkskrankenhäuser ist die Sachkunde zur Erstattung von Gutachten über die Voraussetzungen einer geschlossenen Unterbringung vom Tatrichter darzulegen (BayObLGZ FamRZ 1998, 1188). Zur Sachkunde der Landgerichtsärzte BayObLGZ 1993, 63, 65; zu der von Ärzten des höheren öffentlichen Gesundheitsdienstes der Staatlichen Gesundheitsämter in Bayern BayObLG FamRZ 1997, 1565 m w Hinweisen zu in Betracht kommenden Gutachtern und Anm CHRISTL 1566.

Neben dem psychiatrischen Sachverständigen können (und müssen nach § 12 FGG) weitere Sachverständige anderer Fachrichtungen hinzugezogen werden, etwa im Falle der Unterbringung Minderjähriger oder (speziell jüngerer) geistig Behinderter. Auch wenn die Voraussetzungen des § 70i Abs 2 S 2 FGG nicht vorliegen, kann es im Einzelfall geboten sein, mit der Gutachtenerstattung nicht einen Sachverständigen zu beauftragen, der der Einrichtung angehört, in der der Betreute derzeit untergebracht ist, wohnt oder in der Vergangenheit vielfach stationär behandelt wurde, wenn gutachterliche Erklärungen auf eine seit Jahren festgefügte Meinung hindeuten (OLG Düsseldorf FamRZ 1995, 118, 119). Die Anordnung einer (vorläufigen) Unterbringung kann nicht auf der Grundlage des ärztlichen Zeugnisses eines Orthopäden erfolgen, dessen Qualifikation auf psychiatrischem bzw neurologischem Gebiet weder ersichtlich noch dargetan ist (OLG Zweibrücken BtPrax 2003, 80).

Die durch § 68b Abs 1a FGG (eingefügt durch Art 5 Nr 7 2. BtÄndG) geschaffene Möglichkeit, daß das Gericht ärztliche Gutachten des medizinischen Dienstes der Krankenversicherung nach § 18 SGB XI beizieht, bezieht sich nicht auf Begutachtungen zum Zwecke der Entscheidung über Unterbringung oder freiheitsentziehende Maßnahmen.

4. Inhalt des Gutachtens

Der Sachverständige hat sich in seinem Gutachten darüber zu äußern, ob die materiellrechtlichen Voraussetzungen der jeweiligen Unterbringungsmaßnahmen vorliegen. Wichtig ist auch die Diskussion von Alternativen, Einzelheiten zur Prognose und zu Fragen des Ob und Wie von Rehabilitationsmöglichkeiten (KEIDEL/KAYSER Rn 5; ZIMMERMANN FamRZ 1990, 1308, 1312 f). Der Sachverständige wird sich uU zur Frage gesundheitlicher Nachteile bei einer persönlichen Anhörung des Betroffenen/ Betreuten zu äußern haben (§§ 70c S 5, 68 Abs 2 Nr 1 FGG); auch kann die Frage der Bekanntgabe der Entscheidungsgründe an den Betroffenen/Betreuten (§ 70g Abs 1 S 2 FGG) zu erörtern sein (BIENWALD, BtR Rn 4; ZIMMERMANN FamRZ 1990, 1308, 1312). Das Gericht hat dem Sachverständigen diese Fragen ausdrücklich vorzugeben.

Gegebenenfalls ist das Gutachten entsprechend zu ergänzen. Die Begutachtung im Unterbringungsverfahren beinhaltet die Pflicht, den Betroffenen nicht durch Fehldiagnosen zu schädlichen Vermögensdispositionen zu veranlassen. Verfügt der Betroffene aufgrund einer solchen Fehldiagnose über sein Vermögen, ist der Sachverständige für den daraus entstandenen Schaden ersatzpflichtig (BGH NJW 1995, 2412 = R&P 1995, 184). Zur Höhe eines Schmerzensgeldes bei rechtswidriger Unterbringung infolge fehlerhafter Begutachtung und fehlerhafter Behandlung LG Marburg R&P 1996, 137.

87 Der Sachverständige hat sein Gutachten so aufzubauen und abzufassen, daß seine Ausführungen eine verantwortliche richterliche Prüfung auf ihre wissenschaftliche Fundierung, Logik und Schlüssigkeit zulassen. Bei einem Gutachten ist hierfür erforderlich, daß der Sachverständige den Untersuchungsbefund, aus dem er seine Diagnose ableitet, im einzelnen mitteilt und die Folgerungen aus den einzelnen Befundtatsachen auf die Diagnose oder die ihm sonst gestellte Beweisfrage nachvollziehbar darstellt (KG OLGZ 1988, 270, 276 = NJW-RR 1988, 1031, 1032).

Das ärztliche Gutachten darf sich nicht darauf beschränken, dem Gericht nur Untersuchungsergebnisse mitzuteilen und damit pauschale Wertungen zu verbinden; es muß vielmehr ausreichende Tatsachen enthalten, die dem Gericht eine eigene Prüfung des Ergebnisses der Untersuchungen ermöglichen. Dazu gehört auch, daß die Feststellungen des das Gutachten erstattenden Arztes auf einer persönlichen Untersuchung des Betreuten/Betroffenen beruhen (nach § 70e Abs 1 S 1 FGG hat der Sachverständige den Betroffenen vor einer Untersuchungsmaßnahme und der Begutachtung persönlich zu untersuchen oder zu befragen). Ferner ist darzulegen, aufgrund welcher tatsächlichen Feststellungen der Gutachter seine Meinung gebildet hat; dabei muß grundsätzlich erkennbar werden, inwieweit es sich um eigene Wahrnehmungen des Gutachters handelt sowie wann und in welchem Zusammenhang sich für erheblich gehaltene, möglichst genau zu schildernde Vorgänge zugetragen haben (KG OLGZ 1988, 270, 277). Um dem Vormundschaftsrichter eine in den jeweiligen Einzelheiten nachvollziehbare und überprüfbare Entscheidungsgrundlage zu bieten, hat das Gutachten insbesondere Art und Ausmaß der Behinderung im einzelnen anhand der Vorgeschichte, der durchgeführten Untersuchungen und der sonstigen Erkenntnisse darzustellen und wissenschaftlich zu begründen, sich mit den gesetzlichen Voraussetzungen für die Freiheitsentziehung (§ 1906 Abs 1) detailliert auseinanderzusetzen und auch zu der Frage Stellung zu nehmen, ob und welche Alternativen anstelle der Freiheitsentziehung zur Verfügung stehen (OLG Düsseldorf FamRZ 1995, 118 = BtPrax 1995, 29 = R&P 1995, 93). Bezugnahmen auf frühere Gutachten werden nicht zugelassen (BayObLG FamRZ 1995, 695). Zu den entsprechenden Anforderungen an die Sachdarstellung in den Gründen der gerichtlichen Entscheidung BayObLG FamRZ 1998, 1327, 1328.

5. Untersuchung und Vorführung des Betroffenen/Betreuten

88 Was die Mitwirkung des Betroffenen/Betreuten angeht, so kann das Gericht durch unanfechtbaren Beschluß (§ 68 Abs 3 S 2; zur Begründung BT-Drucks 11/4528, 215, 232) anordnen, daß der Betroffene/Betreute zur Vorbereitung eines Gutachtens untersucht und durch die zuständige Behörde zu einer Untersuchung vorgeführt wird (§ 70e Abs 2 iVm § 68b Abs 3 FGG). Außerdem kann das Gericht durch anfechtbaren Beschluß (einfache Beschwerde, § 19 FGG; KEIDEL/KAYSER § 68b Rn 17) anordnen, daß der Betroffene/Betreute bis zu einer Dauer von sechs Wochen zur Vorbereitung eines Gutachtens untergebracht und beobachtet wird (§ 70e Abs 2 iVm § 68b Abs 4 FGG), soweit dies zur Vorbereitung des Gutachtens erforderlich ist. Vor dieser Entscheidung sind der Betroffene/Betreute persönlich und ein Sachverständiger zu hören. Reicht der Zeitraum von sechs Wochen Unterbringungsdauer nicht aus, um die erforderlichen Kenntnisse für das Gutachten zu erlangen, so kann die Unterbringung bis zu einer Gesamtdauer von drei Monaten verlängert werden. Für die Vorführung gilt Abs 3 entsprechend (§ 68b Abs 4 S 5 FGG). Zur Wirksamkeit der Anordnungen nach §§ 70e Abs 2, 68b Abs 4 FGG und zur ggf erforderlichen oder empfehlenswerten Anordnung der sofortigen Wirksamkeit nach § 70g Abs 3 S 2 FGG s KEIDEL/KAYSER Rn 9 sowie RINK FamRZ 1992, 1011. Ist der Betroffene/Betreute aufgrund eines solchen „Sechswochenbeschlusses" untergebracht und wird dieser Zeitraum für die Vorbereitung des Gutachtens nicht benötigt, ist er nach dem Abschluß der Vorbereitung unverzüglich zu entlassen.

6. Qualifikation des Arztes für das nach Abs 4 erforderliche Zeugnis

Auch bezüglich der Qualifikation des Arztes, der das Zeugnis für die freiheitsent- **89** ziehenden Maßnahmen des Abs 4 ausstellt, ist eine auf den Inhalt und den Zweck der Maßnahme bezogene Qualifikation zu fordern. Dem Wortlaut der Vorschrift und ihrer systematischen Stellung im § 70e FGG nach würde zwar das Zeugnis eines Allgemeinarztes genügen. Das kann für Ausnahmefälle (zB die Fesselung eines altersverwirrten Patienten nach einer Operation, damit er sich nicht den Verband abreißt; so in BT-Drucks 11/6949, 84) ausreichend sein, kann aber für die überwiegende Anzahl von Fällen, bei denen Maßnahmen nach Abs 4 getroffen werden bzw worden sind, nicht gelten. Zutreffend weist SCHWAB in MünchKomm Rn 74 darauf hin, daß der Arzt in der Lage sein muß, zu beurteilen, ob auch die Voraussetzungen des Abs 1, an die die Maßnahme des Abs 4 gebunden ist, gegeben sind. Die Vorlage eines ärztlichen Zeugnisses kann dann allenfalls dafür ausreichen, einen bestimmten Sachverhalt glaubhaft zu machen. Würde sich das Gericht mit einem ärztlichen Zeugnis schlechthin zufriedengeben, käme es seiner Amtsermittlungspflicht nicht ausreichend nach (im Ergebnis SCHUMACHER FamRZ 1991, 280, 284; BIENWALD, BtR Rn 10; KEIDEL/KAYSER Rn 7). Die von HOLZHAUER/REINICKE Rn 10, weil gesetzlich nicht ausgeschlossen, für möglich gehaltene Ausstellung eines Zeugnisses nach Aktenlage (**aA** RINK R&P 1990, 160) scheint eher theoretischer Art zu sein; es fragt sich, auf Grund welcher Akten (ohne Verletzung des Datenschutzes) der Arzt in der Lage sein sollte, sich über die Voraussetzungen einer Maßnahme nach Abs 4 iVm Abs 1 zu äußern. Da in Einrichtungen Fixierungen, das Anbringen von Bettgittern oder die Verabfolgung bestimmter „Medikamente" nur nach ärztlicher Anordnung bzw mit ärztlichem Wissen geschehen sollen und der Arzt in mehr oder minder regelmäßigen Abständen die Patienten bzw Bewohner sieht, dürfte die Ausstellung eines ärztlichen Zeugnisses lediglich aufgrund von Aktenkenntnis so gut wie ausgeschlossen sein. Allerdings wird sich aus einem ärztlichen Zeugnis, das nähere Angaben über die Herkunft der Daten nicht enthält, schwerlich erkennen lassen, daß oder ob es sich um ein Zeugnis nach Aktenlage handelt. Hier wäre von Gerichts wegen um die Vervollständigung des Zeugnisses zu bitten, gegebenenfalls ein Sachverständigengutachten einzuholen (§ 12 FGG). Auch als Ersatz eines ärztlichen Attestes kommt die Beiziehung von Gutachten des Medizinischen Dienstes nach § 18 SGB XII gemäß § 68b Abs 1a FGG (auch nicht analog) nicht in Frage.

Nach den §§ 12 und 15 FGG entscheidet sich, ob weitere Ermittlungen zur Feststellung der Tatsachen erforderlich sind. ZB könnte die Vernehmung von Zeugen oder die Einholung von Behördenauskünften notwendig sein (ZIMMERMANN FamRZ 1990, 1308, 1312).

VIII. Inhalt, Bekanntmachung sowie Wirksamkeit der erstmaligen Entscheidung in Unterbringungssachen

1. Mindestgehalt der Entscheidung

90 Die Entscheidung, durch die eine Unterbringungsmaßnahme getroffen wird, muß die Bezeichnung des Betroffenen/Betreuten, die nähere Bezeichnung der Unterbringungsmaßnahme, eine Rechtsmittelbelehrung und den Zeitpunkt enthalten, zu dem die Unterbringungsmaßnahme endet, wenn sie nicht vorher verlängert wird (§ 70f Abs 1 FGG). Der Endigungszeitpunkt darf höchstens ein Jahr nach Erlaß der Entscheidung liegen; bei offensichtlich langer Unterbringungsbedürftigkeit höchstens zwei Jahre nach Erlaß der Entscheidung.

Dieser Mindestgehalt der Entscheidung ist unerläßlich. Darüber hinaus enthält die Entscheidung auch gegebenenfalls die Angabe des Betreuers oder des Bevollmächtigten und bei Minderjährigen die des Personensorgeberechtigten (BIENWALD, BtR Rn 5).

Wichtig ist die genaue Beschreibung oder Umschreibung von Art, Ausmaß und Mittel der genehmigten Maßnahme, insbesondere in Fällen des Abs 4. Je nach Art der Unterbringungsmaßnahme können sehr verschiedene Beschreibungen nötig sein (KEIDEL/KAYSER § 70f FGG Rn 3; BayObLGZ 1993, 208 = FamRZ 1994, 721 = BtPrax 1993, 139). Was die Bezeichnung des Betroffenen/Betreuten angeht, ist angesichts der heutigen Vornamensgebungspraxis die Angabe des Geschlechts der/des Betroffenen/Betreuten unerläßlich.

In den Fällen der Unterbringung des Kindes (§§ 1631b, 1800, 1915) oder des Betreuten (§ 1906 Abs 1 bis 3) wird die Art der beabsichtigten oder der bereits ins Werk gesetzten (§ 1631b S 2; § 1906 Abs 2 S 2) Unterbringung genehmigt; in den Fällen des § 70 Abs 1 S 2 Nr 2 FGG bezieht sich die Genehmigung auf ganz bestimmte, genau zu bezeichnende Maßnahmen (Beispiele dazu bei MARSCHNER/VOLCKART § 1906 Rn 49). Es handelt sich nicht um einen geschlossenen Katalog von Maßnahmen, aus dem das Gericht eine „auswählt", sondern um verschiedene bisher gebräuchliche Mittel der Freiheitsentziehung, von denen der Einsatz eines oder mehrerer Mittel Gegenstand vormundschaftsgerichtlicher Genehmigung ist, wenn der Betreuer sich dafür ausgesprochen hat. Auch bisher nicht bekanntgewordene Maßnahmen fallen, wenn die Voraussetzungen des Abs 4 gegeben sind, unter die Genehmigungspflicht.

2. Angabe der Art der Einrichtung und Maßnahme

91 Die konkrete Anstalt oder Einrichtung, besonders bei der Unterbringung Minderjähriger die zur Unterbringung Berechtigten, im Falle der Unterbringung Volljähriger der Betreuer oder der Bevollmächtigte sind in die Entscheidung aufzunehmen. Zutreffend HOLZHAUER/REINICKE Rn 3, wonach aus der Entscheidung eindeutig erkennbar sein muß, ob das Gericht selbst eine Unterbringung oder eine Maßnahme anordnet (nach Landesrecht oder nach § 1846), oder ob es die Entscheidung des gesetzlichen Vertreters bzw des Bevollmächtigten (so in den Fällen des § 70 Abs 1 S 2 Nr 1 FGG) genehmigt. Die Unterscheidung ist vor allen Dingen von Bedeutung für die **Entlassungszuständigkeit** (vgl § 1906 Abs 3 S 1), die jedenfalls bei den nach Landesrecht angeordneten Unterbringungen nicht bei dem Betreuer (oder einem anderen gesetzlichen Vertreter) oder dem Bevollmächtigten liegt.

Die Angabe der Art der Einrichtung soll gewährleisten, daß der Betroffene/Betreute in eine für ihn geeignete Einrichtung aufgenommen wird (BIENWALD, BtR § 70f FGG Rn 6 ff; KEIDEL/KAYSER § 70f FGG Rn 3). Ein bestimmtes Krankenhaus oder eine bestimmte Anstalt ist nicht anzugeben, weil andernfalls die Entscheidungsfreiheit des zuständigen Betreuers oder Bevollmächtigten eingeschränkt werden würde (BayObLG FamRZ 1992, 105; BayObLGZ 1993, 18 = FamRZ 1993, 600; OLG Düsseldorf FamRZ 1995, 118). Fehlt eine hinreichende Bezeichnung, so kann dies durch das Rechtsbeschwerdegericht nachgeholt werden (BayObLG von 19.12.1996 – 3 Z BR 350/96). Bei der Genehmigung der Unterbringung wegen einer notwendigen Heilbehandlung nach Abs 1 Nr 2 hat das Gericht Art, Inhalt und Dauer der Heilbehandlung in der Unterbringungsgenehmigung genau festzulegen, weil der Zweck der Unterbringung dann entfällt, wenn die Heilbehandlung beendet oder undurchführbar geworden ist (OLG Düsseldorf FamRZ 1995, 118 = BtPrax 1995, 29, 30 = R&P 1995, 93, 94).

Als Maßnahmen nach Abs 4 kommen in Betracht: **Fixierungen** durch Bauchgurte mit verschiedenen Schloßarten, Hand- und Fußgelenkmanschetten usw oder durch Vorenthalten oder Wegnehmen des Rollstuhls oder anderer Bewegungshilfen; **Anbringung eines Bettgitters** (einseitig oder mehrseitig); **Zeiten des Verschließens; Verabreichung bestimmter Medikamente**, die eine Sedierung (Müdigkeit) oder Muskelrelaxation (Muskelschwäche) zum Zwecke der Beweglichkeitseinschränkung und nicht als unvermeidliche Nebenwirkung einer notwendigen Therapie erzeugen (s Fixierungsrichtlinien des Landesbetriebs Pflegen und Wohnen, Hamburg, veröffentlicht in BtPrax 1992, 30; dazu Stellungnahme von LINNHOFF ua BtPrax 1993, 56; weitere Beispiele bei MünchKomm/SCHWAB Rn 33). Mit dem Zusatz in der Entscheidung, daß der Betreute nur nach ausdrücklicher Anordnung des behandelnden Arztes angebunden werden darf, wird die Verantwortung des Betreuers nicht auf den Arzt übertragen, sondern die Maßnahme von einer weiteren Voraussetzung abhängig gemacht (BayObLGZ FamRZ 1993, 208 = FamRZ 1994, 721 = BtPrax 1993, 139 = R&P 1993, 147 = DAVorm 1994, 890). Gegen sehr detaillierte Angaben DAMRAU/ZIMMERMANN[2] § 1906 Rz 24.

Die Maßnahmen müssen auch hinsichtlich der Dauer und Häufigkeit (im Falle ihrer Wiederholung) bestimmt sein (s Abs 4). Dies gehört zur näheren Bezeichnung der Maßnahmen des Abs 4, nicht dagegen zu § 70f Abs 1 Nr 3 FGG, wonach lediglich der Endzeitpunkt der Unterbringung oder der freiheitsentziehenden Maßnahme anzugeben ist.

3. Angabe der Dauer

92 Die Entscheidung, durch die eine Unterbringungsmaßnahme getroffen wird, muß den Zeitpunkt enthalten, zu dem die Unterbringungsmaßnahme endet, wenn sie nicht vorher verlängert wird; dieser Zeitpunkt darf höchstens ein Jahr, bei offensichtlich langer Unterbringungsbedürftigkeit höchstens zwei Jahre nach Erlaß der Entscheidung liegen (§ 70f Abs 1 Nr 3 FGG).

Die Angabe der Dauer der angeordneten Maßnahme soll sicherstellen, daß die Unterbringungsmaßnahme auf den voraussichtlich notwendigen Zeitraum begrenzt wird (KEIDEL/KAYSER § 70 f FGG Rn 4). Anzugeben ist eine kalendermäßig bestimmte Frist oder ein kalendermäßig bestimmter Zeitpunkt. Die Frist beginnt mit dem Erlaß der Entscheidung, nicht erst mit dem Wirksamwerden der Entscheidung, der Bekanntmachung, der Rechtskraft oder dem Vollzug (BIENWALD, BtR Rn 10; DAMRAU/ZIMMERMANN Rn 4; HOLZHAUER/REINICKE Rn 5; KEIDEL/KAYSER § 70f FGG Rn 4; ZIMMERMANN FamRZ 1990, 1308, 1313).

Die Entscheidung ist dann erlassen, wenn sie mit dem Willen des Gerichts der Außenwelt übergeben worden ist (HOLZHAUER/REINICKE Rn 5; BASSENGE/HERBST § 16 FGG Anm 1 c; BIENWALD, BtR Rn 10).

Mit dem Ablauf der angegebenen Frist endet die Unterbringungsmaßnahme, dh hier die Genehmigung des Vormundschaftsgerichts. Zugleich damit endet die Zulässigkeit der durch den Betreuer entschiedenen Maßnahme, es sei denn, daß für deren Fortbestand ein rechtfertigender Umstand eingetreten ist. Der Hinweis auf die Verlängerung der Maßnahme wurde aus Gründen der Klarstellung aufgenommen, damit im Falle langdauernder Unterbringung bei den Betreuten keine falschen Hoffnungen geweckt werden (KEIDEL/KAYSER § 70f FGG Rn 4; HOLZHAUER/REINICKE Rn 5).

4. Fristbemessung keine Ermessensentscheidung

93 Die Bemessung der Frist unterliegt nicht gerichtlichem Ermessen (HOLZHAUER/REINICKE Rn 5). Das Gericht hat die Frist unter Berücksichtigung der voraussichtlichen Dauer der Maßnahme zu bestimmen, für die das Gutachten des Sachverständigen, gegebenenfalls das ärztliche Zeugnis (in Fällen des Abs 4) wesentliche Argumente und konkrete Anhaltspunkte zu liefern haben. Fehlt die Fristangabe in der Entscheidungsformel und läßt sie sich nicht aus der Begründung der Entscheidung herleiten, ist die Entscheidung unwirksam (aA die hM, wenn auch mit zT unterschiedlichem Ergebnis, s HOLZHAUER/REINICKE Rn 6; KEIDEL/KAYSER § 70f FGG Rn 6; auch SCHREIEDER FGPrax 1998, 41, 42 mwN). Eine andere Lösung (schlechthin ergänzbar) würde das Gericht in die Lage versetzen, eine Ermessensentscheidung zu treffen.

Fehlen andere Angaben, die notwendig sind, ist die Entscheidung zwar fehlerhaft und anfechtbar, aber nicht unwirksam (so auch KEIDEL/KAYSER § 70f FGG Rn 6).

5. Kostenentscheidung

94 In Unterbringungssachen nach den §§ 70 bis 70n FGG werden keine Gerichtskosten erhoben (§ 128b KostO). Außergerichtliche Kosten des Betroffenen/Betreuten werden im Falle einer vormundschaftsgerichtlichen Genehmigung nach § 70 Abs 1 S 2 Nr 1 Buchst b und Nr 2 FGG nicht erstattet. Bei Ablehnung einer zivilrechtlichen Unterbringungsmaßnahme können nach § 13a Abs 2 S 1 FGG die Auslagen des Betroffenen/Betreuten der Staatskasse auferlegt werden, die Kosten des Verfahrens einem veranlassenden Dritten, wenn diesen ein grobes Verschulden trifft (§ 13a Abs 2 S 2 FGG; Zimmermann FamRZ 1990, 1308, 1313; Keidel/Zimmermann § 13a FGG Rn 51 a ff). § 13a Abs 2 S 1 FGG ist Grundlage für eine Kostenentscheidung zu Lasten der Staatskasse nach Hauptsacheerledigung in einem zivilrechtlichen Unterbringungsverfahren (BayObLG FamRZ 2003, 783). Auslagen werden von dem Betroffenen nur nach § 137 Nr 17 KostO erhoben und wenn die Voraussetzungen des § 93a Abs 2 gegeben sind (§ 128b S 2 KostO).

6. Rechtsmittelbelehrung (§ 70f Abs 1 Nr 4 FGG) und Rechtsmittel

a) Rechtsmittelbelehrung

Die Bestimmung, daß die Entscheidung, durch die eine Unterbringungsmaßnahme getroffen wird, eine Rechtsmittelbelehrung zu enthalten habe, wurde aus rechtsstaatlichen Gründen aufgenommen (BT-Drucks 11/4528, 145 – zu § 69 FGG). Sie braucht nicht in die Entscheidungsformel aufgenommen zu werden. Ihr Fehlen führt nicht zur Unwirksamkeit der Entscheidung, setzt aber die Rechtsmittelfrist der §§ 70g Abs 3, 70m Abs 1, 22 Abs 1 FGG nicht in Lauf (Keidel/Kayser § 70f FGG Rn 7). Bei Ablehnung einer Unterbringungsmaßnahme ist eine Rechtsmittelbelehrung zwar nicht vorgeschrieben, aber zu empfehlen (Keidel/Kayser § 70f FGG Rn 7 mN). Sie muß für einen juristischen Laien **verständlich** sein (Keidel/Kayser § 70f FGG Rn 7).

b) Rechtsmittel

Nach der gesetzlichen Definition des § 70 FGG sind Unterbringungsmaßnahmen entweder die Genehmigungsentscheidung oder die eigenständige eine Unterbringung nach den Landesgesetzen über die Unterbringung psychisch Kranker anordnende Entscheidung des Gerichts sowie die Entscheidungen des Gerichts nach § 1846.

Da nach der gesetzlichen Definition des § 70 FGG Unterbringungsmaßnahme nur die Genehmigung der Entscheidung des Unterbringungsberechtigten (oder zu einer Entscheidung nach § 1906 Abs 4 Legitimierten) oder die eigenständige Entscheidung des Gerichts (Anordnung der Unterbringung oder auch einer Maßnahme nach § 1906 Abs 4 iVm § 1846) ist, unterliegt auch nur diese Entscheidung oder deren Ablehnung der Einlegung eines Rechtsmittels. Die Überprüfung der Unterbringungsmaßnahme oder ihrer Verweigerung durch das Rechtsmittelgericht erstreckt sich nur mittelbar auf eine bereits getroffene oder beabsichtigte Entscheidung des Betreuers. Soweit dieser im Rahmen von Ermessensentscheidungen zu handeln berechtigt war, unterliegt dies nicht der Überprüfung durch das Rechtsmittelgericht, sofern nicht Anhaltspunkte dafür vorliegen, daß Ermessensfehlgebrauch vorliegen kann.

Gegen Entscheidungen, durch die endgültige Unterbringungsmaßnahmen getroffen oder abgelehnt werden, gegen einstweilige Anordnungen, durch die vorläufige Unterbringungsmaßnahmen getroffen oder abgelehnt werden, und einstweilige Maßregeln gemäß § 1846 sowie Verlängerungsmaßnahmen findet die sofortige Beschwerde statt (§ 70m FGG). Diese muß innerhalb von zwei Wochen nach Bekanntmachung der Entscheidung eingelegt werden (§ 22 Abs 1 FGG). Unbeschadet des § 20 FGG steht die Beschwerde gegen Unterbringungsmaßnahmen, vorläufige Unterbringungsmaßnahmen oder die Ablehnung der Aufhebung solcher Maßnahmen

– dem Ehegatten des Betroffenen, wenn die Ehegatten nicht dauernd getrennt leben,

– dem Lebenspartner des Betroffenen, wenn die Lebenspartner nicht dauernd getrennt leben,

– jedem Elternteil und Kind, bei dem der Betroffene lebt oder bei Einleitung des Verfahrens gelebt hat,

– dem Betreuer des Betroffenen,

– einer von dem Betroffenen benannten Person seines Vertrauens,

– dem Leiter der Einrichtung, in der der Betroffene lebt,

– der zuständigen Behörde,

– landesrechtlich vorgesehenen Personen oder Stellen

zu (§ 70m Abs 2 iVm § 70d Abs 1 FGG; die Einfügung der Nr 1a in Abs 1 beruht auf Art 3a § 19 LPartG). Der **Bevollmächtigte** wurde nicht ausdrücklich aufgenommen (wohl redaktionelles Versehen); er kann als Vertrauensperson des Betroffenen eingeordnet werden. Als beschwerdeberechtigte Kinder, bei denen der Betroffene lebt oder gelebt hat, kommen nach Sinn und Zweck der Regelung auch Stiefkinder in Betracht (LG Oldenburg FamRZ 1996, 500 = BtPrax 1996, 31). Den erwachsenen Töchtern des Betreuten steht gegen die Genehmigung der Unterbringung und unterbringungsähnlicher Maßnahmen ohne Einschränkung ihrer Kontaktmöglichkeiten zum Betroffenen und ohne vorherige Beistandsgemeinschaft ein Beschwerderecht nicht zu (OLG Schleswig BtPrax 2002, 271 [LS]) Der nichteheliche Lebensgefährte gehört nicht zu den Beschwerdeprivilegierten. Zum Beschwerderecht des in § 70m nicht genannten Verfahrenspflegers (abl BayObLG FamRZ 2002, 1145 [LS] = BtPrax 2002, 165) sowie eingehender zum Beschwerderecht von Eltern BIENWALD BtR § 70m FGG Rn 8 ff. Als Beschwerter ist der Betroffene selbstverständlich beschwerdeberechtigt, wenn eine Unterbringungsmaßnahme getroffen oder genehmigt worden ist (§ 20 FGG; SCHREIEDER FGPrax 1998, 41, 42 mwN). Wurde sie abgelehnt, kann er beschwert sein, wenn er an der Maßnahme (zB nach Abs 4) ein Interesse hatte, aber Zweifel daran bestanden, daß seine dementsprechende Artikulation auf Einwilligungsfähigkeit schließen läßt. Der Betroffene ist ohne Rücksicht auf seinen Zustand verfahrensfähig, deswegen aber nicht schon (materiellrechtlich gesehen) einwilligungsfähig. Gegen die Aufhebung einer Unterbringungsmaßnahme nach § 1906 Abs 1 steht der Betreuungsbehörde eine Beschwerdeberechtigung nicht zu (OLG Frankfurt FGPrax 2002, 46).

Zur **beschleunigten Behandlung** von Beschwerdeverfahren in Unterbringungssachen BayObLG FamRZ 1995, 1208.

7. Bekanntmachung

Die Entscheidung über die Unterbringungsmaßnahme ist dem Betroffenen/Betreuten stets selbst, dh unabhängig von seiner persönlichen Verfassung und den Folgen der Mitteilung, bekanntzumachen (§ 70g Abs 1 S 1 FGG). Auch wenn der Betroffene/Betreute außerstande ist oder auch zu sein scheint, die Information des Gerichts aufzunehmen und/oder zu verarbeiten, darf die Bekanntgabe nicht unterbleiben (BIENWALD, BtR Rn 5). Die Zustellung im Unterbringungsverfahren an den Betroffenen selbst kann auch im Wege der Ersatzzustellung erfolgen (BayObLG FamRZ 2002, 848 mN entgegen MARSCHNER/VOLCKART § 70g FGG Rn 3). Dagegen kann (und muß bei Vorliegen der Voraussetzungen) von der Bekanntmachung der Entscheidungsgründe an den Betroffenen/Betreuten abgesehen werden, wenn dies nach ärztlichem Zeugnis wegen erheblicher Nachteile für seine Gesundheit erforderlich ist (§ 70g Abs 1 S 2 FGG). Dies gilt für Entscheidungen, durch die eine Unterbringungsmaßnahme getroffen, aber auch solche, durch die eine Unterbringungsmaßnahme abgelehnt wird (arg § 70g Abs 2 S 1 FGG).

Die Entscheidung, durch die eine Unterbringungsmaßnahme getroffen wird, ist auch dem nicht dauernd getrennt lebenden Ehegatten des Betroffenen/Betreuten, dem Lebenspartner unter den gleichen Voraussetzungen, jedem Elternteil und Kind, bei dem der Betroffene/Betreute lebt oder bei Einleitung des Verfahrens gelebt hat, dem Betreuer, einer von dem Betroffenen benannten Person seines Vertrauens, dem Leiter der Einrichtung, in der der Betroffene/Betreute lebt, und der zuständigen Behörde, etwaigen nach Landesrecht bestimmten weiteren Personen oder Institutionen und gegebenenfalls dem Leiter der Einrichtung, in der der Betroffene/Betreute untergebracht werden soll, bekanntzumachen (§ 70g Abs 2 iVm § 70d FGG). Durch die Bekanntmachung an diesen Adressatenkreis „soll gewährleistet werden, daß diese zum Schutz des Betroffenen eingeschalteten Personen und Stellen in vollem Umfang von den Entscheidungen Kenntnis erhalten und die im Interesse des Betroffenen erforderlichen Maßnahmen ergreifen können" (BT-Drucks 11/4528, 185; HOLZHAUER/REINICKE Rn 3).

Der zuständigen Behörde sind auch die Entscheidungen bekanntzumachen, durch die eine Unterbringungsmaßnahme abgelehnt worden ist, wenn ihr das Gericht im Verfahren Gelegenheit zur Äußerung gegeben hatte. Gegebenenfalls macht die Behörde von ihrem Antragsrecht nach den landesrechtlichen Unterbringungsbestimmungen Gebrauch. Den übrigen Bekanntmachungsadressaten des § 70d FGG werden die eine Unterbringungsmaßnahme ablehnenden Entscheidungen nicht mitgeteilt, um unnötige Publizität zu vermeiden (BT-Drucks 11/4528, 185; MünchKomm/ SCHWAB Rn 88). Dies ist jedoch bei denjenigen bedenklich, bei denen der Betroffene/Betreute bisher gelebt hat und die ein Interesse daran haben können (und werden), über das Ergebnis des Verfahrens und die Gründe der Ablehnung informiert zu werden. Weitere Bedenken in bezug auf Beschwerdeberechtigte und andere Verfahrensbeteiligte bei KEIDEL/KAYSER § 70g FGG Rn 5.

Der Verfahrenspfleger wurde als Bekanntmachungsadressat in § 70g Abs 2 FGG nicht aufgeführt, weil die Bekanntmachung an ihn für selbstverständlich gehalten worden war (näher BIENWALD, BtR § 70g FGG Rn 8). Wegen der Identität des Personenkreises der Bekanntmachungsadressaten und der Beschwerdeberechtigten (§ 70d FGG) s oben Rn 97. Zur Leitung der Einrichtung näher BIENWALD, BtR § 70g FGG Rn 9.

Wegen des befristeten Rechtsmittels (sofortige Beschwerde; §§ 70f, 22, 16 Abs 2 S 1 FGG) sind die Entscheidungen durch **Zustellung** bekanntzumachen, § 16 Abs 2 FGG (HOLZHAUER/REINICKE Rn 7; MünchKomm/SCHWAB Rn 88). Ein Zeitpunkt für die Bekanntmachung wurde in das Gesetz nicht aufgenommen. Daß die Bekanntmachung mit Blick auf Art 104 Abs 4 GG unverzüglich zu veranlassen sei, wurde für selbstverständlich gehalten (BT-Drucks 11/4528, 185).

8. Wirksamkeit der Entscheidungen

99 Sowohl die eine Unterbringungsmaßnahme enthaltende als auch die eine Unterbringungsmaßnahme ablehnende (End-)Entscheidung wird erst mit Rechtskraft wirksam (§ 70g Abs 3 S 1 FGG), wenn bis zum Ablauf der Beschwerdefrist kein Beschwerdeberechtigter ein Rechtsmittel eingelegt hat (HOLZHAUER/REINICKE Rn 9; MünchKomm/SCHWAB Rn 89; ZIMMERMANN FamRZ 1990, 1308, 1313). Voraussetzung für den Beginn des Fristablaufs ist die Bekanntmachung in der Form des § 16 Abs 2 FGG an alle Beschwerdeberechtigten. Erst mit der zeitlich letzten Bekanntgabe an einen Beschwerdeberechtigten beginnt die Frist zu laufen, so daß frühestens mit Ablauf der Frist von diesem Zeitpunkt an gerechnet das Wirksamwerden der Entscheidung eintritt (HOLZHAUER/REINICKE Rn 9).

Das Gericht kann die sofortige Wirksamkeit der Entscheidung, durch die eine Unterbringungsmaßnahme getroffen worden ist, anordnen. In diesem Falle wird die Entscheidung zu dem Zeitpunkt wirksam, in dem sie und die Anordnung der sofortigen Wirksamkeit dem Betroffenen, dem Pfleger für das Verfahren oder dem Betreuer bekanntgemacht, der Geschäftsstelle des Gerichts zur Bekanntmachung übergeben oder einem Dritten zum Zweck des Vollzugs der Entscheidung mitgeteilt werden. Die Bekanntmachung an die Beteiligten, die nach Abs 2 zu erfolgen hat, ist zum Eintritt der Wirksamkeit nicht erforderlich (KEIDEL/KAYSER § 70 FGG Rn 12; krit insbesondere zur unterschiedlichen Textfassung gegenüber § 69f Abs 4 FGG RINK FamRZ 1992, 1011, 1012). Die Anordnung der sofortigen Wirksamkeit einer vorläufigen Unterbringungsanordnung, die der Richter nicht in die schriftliche Fassung des Beschlusses aufgenommen hat, ist wirksam, wenn der Beschluß (in entspr Anwendung von § 319 Abs 1 ZPO) berichtigt worden ist (BayObLG BtPrax 2002, 39 [40]).

Die Anordnung der sofortigen Wirksamkeit sowie deren Ablehnung sind nicht isoliert anfechtbar (HOLZHAUER/REINICKE Rn 11; KEIDEL/KAYSER Rn 13 mN; MünchKomm/SCHWAB Rn 89). Die Voraussetzungen für die Anordnung sofortiger Wirksamkeit sind in dieser Vorschrift nicht geregelt. Sie kann von Beteiligten angeregt werden. Sie kann und muß ggf von Amts wegen angeordnet werden, wenn dies zum Wohl des Betroffenen/Betreuten erforderlich ist. Im Falle öffentlich-rechtlicher Unterbringung können auch andere Gründe maßgebend sein (ausführlich BIENWALD, BtR Rn 24 ff). Zur Anordnung sofortiger Wirksamkeit auch in der Beschwerdeinstanz s BIENWALD, BtR Rn 29 und KEIDEL/KAYSER § 70g FGG Rn 13. Zur Frage, inwieweit es zulässig ist, eine amtsgerichtliche Unterbringungsentscheidung für sofort wirksam zu erklären und gleichzeitig die Vollziehung auszusetzen (§ 70k FGG), OLG Frankfurt NJW-RR 1993, 579 = OLGZ 1993, 172.

Die Wirksamkeit der Entscheidung, durch die eine Unterbringungsmaßnahme getroffen wird, endet mit dem Ablauf der in ihr bestimmten Frist (§ 70f Abs 1 Nr 3 FGG), mit der Zurücknahme der Genehmigung oder mit der Entlassung des Betroffenen/Betreuten aufgrund entsprechender Entscheidung des dazu Befugten. Sie endet, wenn der Betreuer sein Unterbringungsvorhaben aufgibt. Entsprechendes gilt für eine Maßnahme nach Abs 4.

Während sich das **Rechtsverhältnis des Untergebrachten und des Krankenhauses** im Falle öffentlich-rechtlicher Unterbringung nach den Bestimmungen des PsychKG des jeweiligen Landes richtet (ärztliche Versorgung, Beurlaubung, Beendigung der Unterbringung/Entlassung), fallen diese Entscheidungen in die Zuständigkeit des Betreuers, wenn er die Unterbringung veranlaßt hat. Entscheidet im Falle öffentlich-rechtlicher Unterbringung der Richter über die Beendigung der Unterbringung, wird **durch unerlaubtes Entfernen** (Entweichen) des Untergebrachten die Unterbringungsentscheidung **nicht verbraucht**. Demgegenüber verfällt die gerichtliche Genehmigung der Unterbringung im Falle der Betreuerentscheidung, wenn es zu einer Unterbringung nicht kommt, wenn sie der Betreuer beendet oder wenn sich der Betreute aus der Anstalt ohne Einverständnis des Betreuers entfernt. Im letzten Falle tritt das jedoch erst ein, wenn der Betreute nicht alsbald in die Einrichtung zurückkehrt (ähnlich BayObLGZ 1970, 197, 202, 203; nach LG München I FamRZ 1969, 439, wenn der Zeitpunkt der Rückkehr ungewiß ist). Dafür sprechen (entgegen LG München I FamRZ 1969, 439) nicht in erster Linie verfassungsrechtliche Gründe, sondern die Tatsache, daß es sowohl dem Betreuer wie der Einrichtung infolge des Wegbleibens des Betreuten unmöglich ist, an dem **Unterbringungsvertrag** festzuhalten, weil er **unerfüllbar** geworden ist. Der Zeitraum, nach dessen Ablauf die Unterbringungsgenehmigung unwirksam wird, kann deshalb längstens dem einer Beurlaubung entsprechen, während der der Unterbringungsvertrag weiterläuft (aA Damrau/Zimmermann[2] Rn 16). Wird der Betreute von einer geschlossenen **auf eine offene Station** einer psychiatrischen Klinik **verlegt**, führt dies im allgemeinen dazu, daß die erteilte vormundschaftsgerichtliche Genehmigung der geschlossenen Unterbringung wirkungslos wird, so daß für eine **Rückverlegung** des Betreuten auf die geschlossene Station eine **erneute** vormundschaftsgerichtliche **Genehmigung** erforderlich ist (OLG Hamm FamRZ 2000, 1120 = BtPrax 2000, 34 = R&P 2000, 83 = Rpfleger 2000, 14). Das OLG Hamm ließ allerdings offen, für welchen Zeitraum eine **Erprobung** einer Behandlung des Betroffenen auf einer Station hingenommen werden kann, die die Wirksamkeit der vormundschaftsgerichtlichen Genehmigung der geschlossenen Unterbringung unberührt läßt. Jedenfalls würde, so das OLG Hamm (aaO), nach einer Verweildauer des Betreuten auf einer offenen Station von sechs Wochen ein Verbrauch der vormundschaftsgerichtlichen Genehmigung eintreten.

Die Verwahrung von mitgebrachten Wertgegenständen, die **Haftung** für deren Abhandenkommen, das Einstehen für die Sicherheit der eingeschlossenen Personen, die Haftung für die Verletzung einer Aufsichtspflicht, richten sich nach den allgemeinen Bestimmungen. Grundrechtseinschränkungen bedürfen entsprechender Rechtsgrundlagen.

IX. Vollzug der Unterbringungsmaßnahmen

1. Vollzugszuständigkeit; behördliche Unterstützung

100 Die zivilrechtlichen Unterbringungen (§ 70 Abs 1 S 2 Nr 1 FGG) werden von den entscheidungszuständigen Personen (Eltern, Vormund, Pfleger, Betreuer, Bevollmächtigter) durchgeführt (KEIDEL/KAYSER § 70g FGG Rn 17). Das Gericht erteilt lediglich seine Genehmigung, erläßt aber keinen Unterbringungsbefehl (BIENWALD, BtR Rn 33; KEIDEL/KAYSER § 70g FGG Rn 17). § 70g Abs 5 FGG räumt der zuständigen Behörde die Befugnis ein, die unterbringungsberechtigten Personen auf deren Wunsch bei der Zuführung zur Unterbringung nach § 70 Abs 1 S 2 Nr 1 FGG zu unterstützen. Zugleich wird damit ein **Anspruch** der betreffenden unterbringungsberechtigten Personen **auf Unterstützung** formuliert. Zur nicht geregelten Unterstützung des Bevollmächtigten BIENWALD § 70g Rn 35.

In der (sozial-)psychiatrischen Unterbringungspraxis hat sich seit einigen Jahren eine Übung entwickelt, als vertrauensbildende Maßnahme mit dem Patienten/Untergebrachten eine „**Behandlungsvereinbarung**" zu treffen, ein (schriftlich fixiertes) Behandlungsprogramm mit dem Patienten zusammen zu verabreden, in dem ua Wünsche und Hinweise für die Behandlung festgehalten werden. Psychiatrieerfahrene Personen vermitteln den Eindruck (sie haben an dem Zustandekommen von Vertragsmustern mitgearbeitet), daß sie sich mit einer „Behandlungsvereinbarung" als Patienten sicherer als ohne, der Einrichtung nicht mehr so ausgeliefert wie ohne sie fühlen. Von rechtlicher Seite hat, soweit ich sehe, MARSCHNER (R&P 1997, 171) Stellung genommen. WILKENS (PsychPflege 1998, 166) berichtet über Erfahrungen mit den Behandlungsvereinbarungen. Ohne hier näher auf „Vollzugs"-inhalte eingehen zu können, besteht mE insofern Grund zu Skepsis, als der Betreuer „außen vor" gelassen wird oder gelassen werden soll, obwohl ihm die Angelegenheit der Gesundheitssorge, Unterbringung usw zur Aufgabe gemacht wurde.

2. Voraussetzung für Gewaltanwendung

101 Gewaltanwendung durch die zuständige Behörde kommt nur aufgrund besonderer gerichtlicher Entscheidung, deren Voraussetzungen an dieser Stelle nicht ausdrücklich geregelt sind, in Betracht (§ 70g Abs 5 S 2 FGG). Ausgangspunkt ist die Erwartung, die zuständige Behörde werde das für eine möglichst schonende Unterbringung erforderliche Fachpersonal zur Verfügung stellen. Die bisherigen Vollzugsorgane (Gerichtsvollzieher) sollten durch die zuständige Behörde ersetzt werden (BT-Drucks 11/4528, 185).

Die zuständige Behörde ist befugt, erforderlichenfalls die Unterstützung der polizeilichen Vollzugsorgane nachzusuchen (§ 70g Abs 5 S 3 FGG). Diesbezügliche Verpflichtungen zur Unterstützung der Behörde bestimmen sich nach Landes- bzw Ortsrecht.

Die **Kosten eines Schlüsseldienstes**, der für das Öffnen der Wohnung des Betroffenen im Rahmen einer zwangsweisen Zuführung zur Unterbringung herangezogen wurde, sind von der Betreuungsbehörde zu tragen; sie gehören nicht zu den erstattungsfähigen Aufwendungen des Betreuers (LG Limburg BtPrax 1998, 116).

3. Verzicht auf Vollzug

Ob der Betreuer und die anderen unterbringungsberechtigten Personen von der gerichtlichen Genehmigung zur Unterbringung (oder der Maßnahme nach Abs 4) Gebrauch machen, haben sie nach pflichtgemäßem Ermessen zu prüfen und zu entscheiden. Die gerichtliche Genehmigung ihrer beabsichtigten Entscheidung stellt keinen Befehl zum Handeln dar. Andererseits kann das Unterlassen der beabsichtigten und nunmehr gerichtlich genehmigten Unterbringung (bzw Maßnahme nach Abs 4) eine Pflichtwidrigkeit darstellen (§§ 1908i Abs 1 S 1, 1837), die zum Einschreiten des Vormundschaftsgericht berechtigt. Eine Genehmigung, von der kein Gebrauch gemacht wird oder worden ist, kann zurückgenommen werden (KEIDEL/ KAYSER § 70g FGG Rn 17). **102**

Wurde die Unterbringung nach Abs 1 oder die Maßnahme nach Abs 4 bereits vor der Genehmigung des Vormundschaftsgericht vorgenommen, rechtfertigt die beschlossene Genehmigung die Maßnahmen. Sie werden dann nicht gesondert vollzogen. Hat das Gericht dagegen die beantragte Genehmigung verweigert, ist die Unterbringung bzw die Maßnahme nach Abs 4 erst mit Rechtskraft der Entscheidung unzulässig, sofern das Vormundschaftsgericht nicht die sofortige Wirksamkeit seiner ablehnenden Entscheidung anordnet, so daß der Betreuer unverzüglich die Unterbringung bzw die Maßnahme nach Abs 4 beenden muß, auch wenn sofortige Beschwerde eingelegt oder beabsichtigt ist.

Der Betreuer ist nicht gehindert, nach Ablehnung der beantragten Genehmigung im Rahmen seines pflichtgemäßen Ermessens die Unterbringung bzw Maßnahme nach Abs 4 durch eigene Entscheidung zu beenden; er würde damit allerdings seinem Antrag bzw einer etwaigen sofortigen Beschwerde den Boden entziehen.

Beabsichtigt der Betreuer bzw der sonst Entscheidungsberechtigte nicht, gegen die eine Unterbringungsmaßnahme ablehnende Entscheidung Rechtsmittel einzulegen, darf (und muß ggf) er im Rahmen pflichtgemäßer Ermessensentscheidung die Unterbringung oder die Maßnahme nach Abs 4 aufgrund seiner Entscheidungsbefugnis alsbald nach Erlaß der Entscheidung beenden.

4. Keine Aussetzung des Vollzugs zivilrechtlicher Unterbringungsmaßnahmen

Das Gericht kann die Vollziehung einer Unterbringung aussetzen. Dies ist jedoch nur für eine Unterbringung nach § 70 Abs 1 S 2 Nr 3 FGG, nach den Landesgesetzen über die Unterbringung psychisch Kranker, vorgesehen. Auf die übrigen Unterbringungen und die Maßnahmen nach Abs 4 ist diese Vorschrift nicht anwendbar. **103**

X. Mitteilungen des Gerichts

Entscheidungen in Unterbringungssachen werden vom Vormundschaftsgericht anderen Gerichten, Behörden oder sonstigen öffentlichen Stellen mitgeteilt, soweit dies unter Beachtung berechtigter Interessen des Betroffenen/Betreuten nach den Erkenntnissen im gerichtlichen Verfahren erforderlich ist, um eine erhebliche Gefahr für das Wohl des Betroffenen/Betreuten, für Dritte oder für die öffentliche Sicherheit abzuwenden (§ 70n iVm § 69k Abs 1 FGG). Zugleich mit der Mitteilung **104** an andere Gerichte, Behörden und sonstige öffentliche Stellen unterrichtet das Vormundschftsgericht den Betroffenen/Betreuten, seinen Pfleger für das Verfahren (oder den Verfahrensbevollmächtigten) sowie den Betreuer über den Inhalt der Mitteilungen und den/die Empfänger. Gegebenenfalls unterbleibt die Unterrichtung (§ 70n iVm § 69k Abs 3 S 1 und S 2 FGG). Weitere Einzelheiten dazu s § 69k FGG sowie oben § 1896 Rn 158. Bemerkenswert an der Regelung ist, daß private Personen oder Stellen Mitteilungen im Sinne dieser Vorschriften nicht erhalten.

105 Zu bedenken ist auch folgendes: § 70n FGG enthält keine eigene inhaltliche Aussage zur Berechtigung und Verpflichtung des Gerichts in bezug auf die Mitteilungen. Es wird lediglich uneingeschränkt auf § 69k FGG Bezug genommen. Es ist deshalb genau zu prüfen, in welchen Fällen von Unterbringungsmaßnahmen eine Mitteilungspflicht dem Grunde nach in Betracht kommt. Für Maßnahmen nach Abs 4 wird in aller Regel ein Mitteilungsbedürfnis auszuschließen sein. Eher umgekehrt wird ein Heim von sich aus die nächste Polizeistation darüber informieren, daß der eine oder andere Bewohner gelegentlich unbeobachtet das Grundstück verläßt, aber Hilfe braucht, um wieder zurückzukommen. Bezüglich der Mitteilungsbefugnis bei zivilrechtlichen Unterbringungen und deren Aufhebungen fällt zumindest auf, daß zwar die Maßnahmen selbst nicht im alleinigen Dritt- oder Allgemeininteresse getroffen werden dürfen, für Mitteilungen dagegen ein Informationsbedarf im Interesse Dritter oder der öffentlichen Sicherheit gesehen wurde oder wird. Dies erscheint zumindest bedenklich. Es wäre zu erwägen, für die gerichtlichen Mitteilungen die Maßnahmen nach öffentlichem Recht und nach Zivilrecht zu unterscheiden und getrennte Regelungen vorzusehen.

106 Die Aufhebung einer Unterbringungsmaßnahme nach § 70i Abs 1 S 1 (s dazu unten Rn 110) und die Aussetzung einer Unterbringung nach § 70k Abs 1 S 1 (s dazu oben Rn 103) ist dem Leiter der Einrichtung, in der der Betroffene lebt, mitzuteilen (§ 70n S 2 FGG). Im übrigen gelten für die Mitteilungen von Entscheidungen nach den §§ 70 ff FGG die §§ 69k, 69n und 69o FGG (§ 70n S 1 FGG). § 69o FGG nimmt auf durch das JuMiG eingeführte Bestimmungen des EGGVG Bezug (zum JuMiG s Vorbem 73 zu §§ 1896 ff). Aus dessen § 20 Abs 1 S 1 ergibt sich, daß im Anschluß an die erfolgte Unterbringungsmitteilung auch die Aufhebung der Unterbringung mitzuteilen ist (auf einen Einzelfall bezogen BRILL BtPrax 1998, 20). Zum Verfahren betr Mitteilungen s die Neufassung der Anordnung über Mitteilungen in Zivilsachen von 29. 4. 1998 (veröffentlicht als Beilage zu Heft 38 der NJW 1998), hier Teil 2 Abschnitt 1 Kap II: Mitteilungen in Unterbringungs- und Freiheitsentziehungssachen. Hier wird eine Mitteilung über die Aufhebung außer an den Leiter der Einrichtung, in der der Betroffene lebt, an die zuständige Behörde vorgesehen (Nr 3).

XI. Vorläufige Maßnahmen

1. Einstweilige Anordnungen nach FGG

107 Vorläufige Maßnahmen sind zulässig und werden durch einstweilige Anordnung nach § 70h Abs 1 FGG getroffen. Die einstweilige Anordnung, die nach dieser Vorschrift getroffen wird, darf die Dauer von (zunächst) sechs Wochen nicht überschreiten. Reicht dieser Zeitraum nicht aus, so kann die Maßnahme nach Anhörung eines Sachverständigen durch eine weitere einstweilige Anordnung bis zu einer

Gesamtdauer von drei Monaten verlängert werden. In diese Gesamtdauer ist eine Unterbringung zur Vorbereitung eines Gutachtens (§ 70e Abs 2 FGG) einzubeziehen (§ 70h Abs 2 S 3 FGG). Zum Maßstab der Sorgfalt, mit der die Voraussetzungen für eine vorläufige Unterbringung im Wege einstweiliger Anordnung festzustellen sind (hier: dringende Gründe für die Annahme, daß mit dem Aufschub der Unterbringung Gefahr verbunden ist), BVerfG FamRZ 1998, 895, 896 = BtPrax 1998, 144 = R&P 1998, 101 (krit z Verfahren SEITZ NJW 1998, 3694 f).

Als vorläufige Unterbringungsmaßnahmen sind die des § 70 Abs 1 S 2 Nr 1 und Nr 2 FGG zulässig, also die Genehmigung freiheitsentziehender Unterbringung eines Kindes (§§ 1631b, 1800, 1915) und eines Betreuten oder Vollmachtgebers (§ 1906 Abs 1–3) sowie die Genehmigung einer Maßnahme nach § 1906 Abs 4.

Ebenso wie bei der regulären Unterbringungsmaßnahme entscheidet über die Unterbringung des Betreuten oder über eine Maßnahme nach § 1906 Abs 4 der nach dem Aufgabenkreis dazu befugte Betreuer mit Genehmigung des Vormundschaftsgerichts, wobei grundsätzlich auch bei dieser vorläufigen Maßnahme die nachträgliche Entscheidung des Gerichts in Betracht kommt. Entsprechendes gilt im Falle der Bevollmächtigung.

Infolge der entsprechenden Anwendung von § 69f Abs 1 FGG kann auch in den genannten Fällen vorläufiger Maßnahmen das Vormundschaftsgericht die einstweilige Anordnung bereits vor der persönlichen Anhörung des Betroffenen/Betreuten sowie vor Bestellung und Anhörung des Pflegers für das Verfahren erlassen, wenn Gefahr im Verzuge gegeben ist (§ 69f Abs 1 S 4 nF FGG) – sog eilige einstweilige Anordnung. RINK hielt den Verzicht auf die vorherige Anhörung des Betroffenen in der bisherigen Fassung für verfassungswidrig unter Hinweis auf die Entscheidung des BVerfG zur fürsorglichen Unterbringung nach dem baden-württembergischen Unterbringungsgesetz (BVerfGE 58, 208, 226); R&P 1991, 148, 161 = WIENAND/REIS 27, 38.

Ein zumindest vorläufiger Betreuer mit dem Aufgabenkreis „Unterbringung" und dessen Antrag auf vormundschaftsgerichtliche Genehmigung seiner Entscheidung sind auch hier erforderlich, weil das Gericht nur die Entscheidung des Betreuers genehmigt, sich aber nicht an dessen Stelle setzt und – von Ausnahmen (§ 1846) abgesehen – selbst entscheidet. Dies findet statt aufgrund von § 70h Abs 3 FGG, weil die Absätze 1 und 2 von § 70h FGG entsprechend gelten, wenn gemäß § 1846 eine Unterbringungsmaßnahme getroffen werden soll. Die aufgrund von § 1908i Abs 1 S 1 auch im Betreuungsrecht für Volljährige anzuwendende Vorschrift sieht vor, daß das Vormundschaftsgericht die im Interesse des Betroffenen/Betreuten erforderlichen Maßregeln zu treffen hat, wenn ein Betreuer noch nicht bestellt ist oder der bestellte Betreuer an der Erfüllung seiner Pflichten verhindert ist. Ob dies auch im Falle einer Bevollmächtigung gelten soll und kann, ist offen, bisher aber auch nicht erörtert.

2. Einstweilige Maßregeln nach § 1846 iVm § 1908i Abs 1 S 1

Der noch im RegEntw nicht in § 1908i Abs 1 S 1 enthaltene § 1846 verdankt seine Aufnahme in die Verweisungsnorm der Intervention des Bundesrates. Mit der auf

Beschlußempfehlung des Rechtsausschusses des Bundestags (BT-Drucks 11/6949, 18, 85) zustande gekommenen Gesetzesfassung ist die zivilrechtliche Unterbringung eines Betreuten auch durch unmittelbare vormundschaftsgerichtliche Entscheidung – wie bisher – möglich. Näheres dazu s unten § 1908i Rn 206. Zur Normgeschichte s BIENWALD, BtR² Rn 1 zu § 70h FGG; ERMAN/HOLZHAUER Rn 31 zu § 1908i; krit insbesondere MARSCHNER R & P 1986, 47 sowie RINK in FuR 1990, 259; R & P 1991, 161 und in FamRZ 1993, 512.

Mit der Befugnis und gleichzeitigen Verpflichtung des Gerichts, ausnahmsweise unmittelbar fürsorglich tätig zu sein, wird der Grundsatz der bloßen Kontroll- und Aufsichtsfunktion des Vormundschaftsgerichts in laufenden Betreuungssachen durchbrochen. Das Gericht nimmt, wenn auch nur für kurze Zeit, Funktionen des Betreuers wahr (insoweit ungenau BGH, in: BGHZ 150, 45 = FamRZ 2002, 744 m Anm BIENWALD), was nach den Regelungen des Betreuungsrechts – zB – zur Folge hat, daß das Gericht mangels eines Betreuers selbst unmittelbar zur Durchführung der Unterbringung die Unterstützung der zuständigen Behörde in Anspruch nehmen muß, allerdings nicht nach § 8 BtBG, sondern in entspr Anwendung von § 70g Abs 5 FGG.

109 Im Gegensatz zu dem Fall der Verhinderung des Betreuers erscheint die sinngemäße Anwendung von § 1846 auf die Situation, daß ein Betreuer noch nicht bestellt ist, problematisch. Angesichts der Einheitsentscheidung des Betreuungsverfahrensrechts, die der Gesetzgeber als eine bedeutende Neuerung (Kernpunkt) verstanden hat (BT-Drucks 11/4528, 91), ist für eine Notzuständigkeit des Vormundschaftsgerichts nur noch in den Fällen Raum, in denen vor der Bestellung eines neuen Betreuers wegen Wegfalls des bisherigen (§ 1908c) eine nicht anders zu überbrückende Vakanz eintritt. Dennoch wurde es für zulässig gehalten, daß in besonderen Eilfällen eine zivilrechtliche Unterbringungsmaßnahme auch außerhalb eines anhängigen Betreuungsverfahrens ohne vorherige Betreuerbestellung durch das Vormundschaftsgerichts vorgenommen wird (OLG Schleswig NJW 1992, 2974; LG Berlin BtPrax 1992, 43; **aA** OLG Frankfurt OLGZ 1993, 137 = FamRZ 1993, 357, 358 = BtPrax 1993, 32; OLG Schleswig SchlHA 2002, 17 = BtPrax 2001, 211; außerdem RINK FamRZ 1993, 512). Auf Vorlage des BayObLG (BayObLGZ 2000, 295 = FamRZ 2001, 576 = NJW 2001, 1088 [LS]), das einen von OLG Frankfurt abweichenden Standpunkt vertrat, entschied der BGH (BGHZ 150, 45 = FamRZ 2002, 744 m Anm BIENWALD = BtPrax 2002, 162 = R&P 2002, 177 m Anm MARSCHNER), es sei grundsätzlich zulässig, in Eilfällen eine zivilrechtliche Unterbringung anzuordnen, ohne daß zugleich damit schon ein Betreuer bestellt werden müsse. Allerdings sei das Gericht in einem solchen Falle gehalten, gleichzeitig mit der Anordnung der Unterbringung durch geeignete Maßnahmen sicherzustellen, daß dem Untergebrachten unverzüglich – binnen weniger Tage – ein Betreuer oder jedenfalls ein vorläufiger Betreuer (§ 69f FGG) zur Seite gestellt wird. Die vom BGH (aaO) geforderte geeignete Maßnahme einer vorläufigen Betreuerbestellung soll je nach Sachlage auch in dem unverzüglichen Ersuchen an die Betreuungsstelle liegen können/dürfen, eine als Betreuer geeignete Person vorzuschlagen (BayObLGZ 2003, 97 = FamRZ 2003, 1322 = Rpfleger 2003, 426 = FGPrax 2003, 145). Nach BayObLG (FGPrax 2002, 191 = NJW-RR 2002, 1446 = R&P 2002, 249 m Anm MARSCHNER = Rpfleger 2003, 426), das sich der Auffassung des BGH anschloß, gilt Gleiches „für ergänzende Anordnungen des Gerichts betreffend die ärztliche Behandlung des Betroffenen und/oder Maßnahmen der Körperpflege, soweit diese Anordnungen nicht sofort zu vollziehen sind und damit noch Raum für die Bestellung eines Betreuers ist". Danach ist der untergebrachten Person der Betreuer unverzüglich auch für und wegen der während der Unterbringung notwendigen stellvertretenden Entscheidungen zu bestellen. Auch in diesen Fällen dürfe die Anordnung nach § 1846 nicht dazu führen, die an sich gebotene Bestellung eines Betreuers zu umgehen. Müsse in eine Heilbehandlung durch einstweilige Maßregel nach § 1846 eingewilligt werden, weil noch kein Betreuer bestellt ist, so sei auch insoweit ein Betreuer in der Regel unverzüglich zu bestellen und aufzufordern, alsbald zu entscheiden, ob der Heilbehandlung zugestimmt werde (BayObLG aaO; vgl auch BayObLG FamRZ 1990, 1154, 1156). Die Auffassung des BayObLG hat nicht lediglich für die Erstbestellung des Betreuers nach gerichtlich angeordneter Unterbringung Bedeutung, sondern ebenso für den Fall, daß der Aufgabenkreis des Betreuers für Entscheidungen während und im Rahmen der Unterbringung nicht ausreicht und erweitert (ggf ein weiterer Betreuer bestellt, § 1899 Abs 1) werden muß (Zur Problematik der Aufgabenkreisbestimmung BIENWALD FamRZ 2002, 747 in der Anm zu BGH FamRZ 2002, 744). Soweit das BayObLG festgestellt hat, die Anordnung der Unterbringung sei unzulässig, wenn das Gericht Maßnahmen unterläßt, die die Bestellung eines (vorläufigen) Betreuers sicherstellen (BayObLG FGPrax 2002, 191 = R&P 2002, 247), fragt es sich, ob die sich daraus ergebenden Folgen (diverse Ansprüche des unrechtmäßig untergebracht gewesenen Betroffenen) bereits bedacht worden sind.

Einem nach vorläufiger zivilrechtlicher Unterbringung unverzüglich bestellten vorläufigen Betreuer (BGH FamRZ 2002, 744 = NJW 2002, 1801, 1803) muß Gelegenheit gegeben werden, die Interessen des Betroffenen wahrzunehmen und die Entscheidung über die Fortdauer der Unterbringung in eigener Verantwortung zu treffen. Es muß gewährleistet sein, daß dem Betreuer diese Aufgabe bekannt ist (BayObLG FamRZ 2003, 783).

Da mangels anderer geeigneter Betreuer die Behörde zum Betreuer bestellt werden kann und darf, ohne daß es auf ihre Zustimmung ankommt, dürfte die Behördenbestellung auch an Wochenenden und in vergleichbaren Situationen einer vormundschaftsgerichtlichen Notentscheidung nach § 1846 generell vorzuziehen sein. Wurde bisher kein Betreuer mit Unterbringungsbefugnis bestellt, ist auch das Unterbringungsrecht des Landes nicht nachrangig; so im Falle einer Bevollmächtigung.

Im Verhältnis beider Möglichkeiten will SCHWAB (MünchKomm Rn 95) einen Vorrang des Verfahrens nach § 70h Abs 1 und Abs 2 FGG vor dem nach § 1846 annehmen, da das unmittelbare Handeln des Gerichts die Ausnahme von der Regel bilde (so bereits SCHWAB in FamRZ 1990, 688 und ZIMMERMANN FamRZ 1990, 1308, 1315 mit Hinweisen auf BayObLGZ 1990, 48 und BayObLG FamRZ 1986, 1043). Zu § 1846 s auch § 1908i Rn 206.

Die Frage der Anwendbarkeit des § 1846 stellt sich auch, wenn und obwohl der Betroffene einen **Bevollmächtigten** bestellt und dieser für eine freiheitsentziehende Unterbringung zuständig ist, in dieser Hinsicht jedoch nicht oder nicht rechtzeitig tätig wird. Da Bevollmächtigte nicht den Weisungen des Gerichts nach §§ 1837, 1908i Abs 1 S 1 unterliegen, bleibt nur die (ergänzende) Bestellung eines Betreuers oder die Entscheidung des Gerichts unmittelbar nach §§ 1846, 1908i Abs 1 S 1 nach Maßgabe der Entscheidung des BGH (BGHZ 150, 45).

XII. Die Beendigung, insbesondere die Aufhebung einer Unterbringungsmaßnahme

110 Eine Unterbringungsmaßnahme der § 70 Abs 1 S 2 Nr 1 und Nr 2 FGG endet mit Ablauf des Zeitpunktes, der in der Entscheidung als Endigungszeitpunkt angegeben ist. Sie endet ohne Angabe eines solchen Zeitpunktes spätestens zwei Jahre nach Erlaß der Entscheidung (§ 70f Abs 1 Nr 3 FGG), sofern nicht vorher der Tod des Betroffenen eingetreten ist. Sie endet nicht, wenn vor Ablauf dieses gerichtlichen oder gesetzlichen Endigungszeitpunktes die Maßnahme verlängert worden ist. Vor Ablauf dieses Endigungszeitraums ist die Unterbringungsmaßnahme aufzuheben, wenn ihre Voraussetzungen wegfallen (§ 70i Abs 1 S 1 FGG). In der Terminologie des § 70 Abs 1 S 2 Nr 1 und Nr 2 FGG heißt dies, daß das Gericht seine Genehmigung einer Unterbringung oder die einer Maßnahme nach Abs 4 zurücknimmt, so daß eine Fortdauer allein aufgrund der Entscheidung des Betreuers rechtswidrig wäre, wenn nicht andere Rechtfertigungsgründe bestehen. Mit dem **Ablauf** der genehmigten Dauer der Unterbringung wird wegen des inneren Zusammenhangs auch die Gestattung gegenstandslos, den Betroffenen in der Einrichtung medikamentös zu behandeln und erforderlichenfalls mechanisch zu fixieren (BayObLG 22.10.1996 – 3 Z BR 270/96). Der Fixierung stehen die anderen Maßnahmen des Abs 4 insoweit gleich. Hat das Vormundschaftsgericht nach §§ 1846, 1908i Abs 1 S 1 über die Unterbringung entschieden, hängt es vom Verständnis des § 1846 ab, ob der im Anschluß an die Unterbringungsentscheidung bestellte Betreuer mit dem entsprechenden Aufgabenkreis oder das Vormundschaftsgericht für die Beendigung der Unterbringung zuständig ist. Zu dem bisher offensichtlich übersehenen Problem s Anm BIENWALD zur BGH-Entscheidung (FamRZ 2002, 744 [746, 747]). Hat das Vormundschaftsgericht trotz Bevollmächtigung und an Stelle des (zuständigen) Bevollmächtigten entschieden, ist es dessen Aufgabe, über die Beendigung oder Verlängerung der Unterbringung zu befinden. Als Konsequenz der Entscheidung des BGH (BGHZ 150, 45 = FamRZ 2002, 744 m Anm BIENWALD = BtPrax 2002, 162 = R&P 2002, 177 m Anm MARSCHNER), daß die gemäß §§ 1846, 1908i Abs 1 S 1 angeordnete Unterbringung unzulässig ist, wenn das Gericht unverzügliche Maßnahmen zur Bestellung eines (vorläufigen) Betreuers unterläßt bzw unterlassen hat, hat das Gericht seine (unzulässig gewordene) Unterbringungsanordnung durch (deklaratorischen) Beschluß aufzuheben.

Das Gericht hat nach § 70i Abs 1 S 1 von Amts wegen die Unterbringungsmaßnahmen aufzuheben, wenn die Voraussetzungen wegfallen oder weggefallen sind. Damit wird § 1906 Abs 3 ergänzt, der dem Betreuer sowie dem Bevollmächtigten (Abs 5 S 2) die Verpflichtung auferlegt, seinerseits die Unterbringung (oder die Maßnahme nach Abs 4; vgl die entsprechende Anwendung von Abs 1–3) des Betreuten/Betroffenen zu beenden, wenn deren Voraussetzungen nicht mehr vorliegen. Das Gericht kann von sich aus, notfalls auch gegen den Willen des Betreuers, für die Beendigung einer nicht mehr gerechtfertigten Unterbringung Sorge tragen (BT-Drucks 11/4528, 148; KEIDEL/KAYSER § 70i FGG Rn 2). Die Aufhebung oder Zurücknahme der vormundschaftsgerichtlichen Genehmigung einer Unterbringung oder einer Maßnahme nach Abs 4 ist auch dann sinnvoll, wenn der Betreute/Betroffene bereits entlassen wurde oder die Maßnahme nach Abs 4 beendet worden ist, weil dadurch verhindert wird, daß der Betreuer/Bevollmächtigte von der Genehmigung erneut Gebrauch macht, ohne daß das Gericht eine Berechtigung dafür prüfen kann (BT-Drucks 11/4528, 148; KEIDEL/KAYSER § 70i FGG Rn 2).

Hat das Vormundschaftsgericht zu Unrecht eine vorläufige Unterbringung auf §§ 1846, 1908i Abs 1 S 1 gestützt, kommt die Feststellung ihrer Rechtswidrigkeit in Betracht (BayObLG FamRZ 2002, 419, 421).

Davon zu unterscheiden sind solche Unterbringungsmaßnahmen, für die das Vormundschaftsgericht von vornherein eine längere Laufzeit (1 Jahr) vorgesehen hat, innerhalb deren der Betreuer die Unterbringung erforderlichenfalls unterbricht, um sie bei Bedarf (mit der noch andauernden Genehmigung des Gerichts) fortzusetzen. Diese in der Praxis teilweise vorkommenden Verfahren lassen sich dann rechtfertigen, wenn damit zu rechnen ist, daß der Betroffene/Betreute in verhältnismäßig kurzen Abständen wiederholt freiheitsentziehend untergebracht werden muß und ein andernfalls jeweils neu durchzuführendes Verfahren eine nicht zu rechtfertigende Belastung für den Betroffenen/Betreuten darstellen würde, so daß ein Rechtsverlust für den Betroffenen/Betreuten nicht eintritt. **111**

Soll eine getroffene Maßnahme durch eine „mildere" ersetzt werden, handelt es sich nicht schlechthin um einen Fall der Aufhebung (so aber offensichtlich MünchKomm/ SCHWAB Rn 94), sondern um die Aufhebung der einen und die Entscheidung über eine andere Maßnahme. Auch die Erforderlichkeit der „milderen" Maßnahme muß im Einzelfall geprüft werden. In Betracht kommt eine derartige Konstellation offenkundig nur bei Maßnahmen nach Abs 4, wobei zu fragen ist, welche Art von Maßnahmen gegenüber anderen als ein „milderes" Mittel gelten kann. Genaugenommen handelt es sich um Alternativen, die das gleiche Ziel haben, jedoch im Einzelfall auf unterschiedlichen Voraussetzungen beruhen.

Der Tod des Betroffenen beendet die Unterbringung und das Unterbringungsverfahren. Gibt es außer dem Betroffenen keinen weiteren Verfahrensbeteiligten, tritt die schlichte Beendigung des Verfahrens ein. Hat der Betroffene nach Ablauf der Unterbringungszeit die Feststellung der Rechtswidrigkeit der zugrundeliegenden Anordnung begehrt, ist mit seinem Tod niemand vorhanden, der (weiter) beschwerdeberechtigt wäre. Den Erben des Verstorbenen kommt ein rechtliches Interesse an der Feststellung der Rechtswidrigkeit der Unterbringungsanordnung nicht zu (BayObLG FamRZ 2001, 1645, 1646).

Das Gesetz hat das Verfahren, das bei der Aufhebung von Unterbringungsmaßnahmen nach BGB einzuhalten ist, nicht im einzelnen geregelt. § 70i Abs 1 S 2 und 3 FGG betreffen die Aufhebung einer Unterbringungsmaßnahme nach § 70 Abs 1 S 2 Nr 3 FGG (öffentlich-rechtliche Unterbringung). Bei eindeutiger Sachlage ist das Vormundschaftsgericht (deshalb) berechtigt und gegebenenfalls verpflichtet, die Unterbringungsmaßnahme unverzüglich aufzuheben, ohne ein Gutachten einzuholen oder andere Verfahrenshandlungen, die zu einer Verzögerung führen könnten, vornehmen zu müssen, weil kein Betroffener/Betreuter länger als erforderlich untergebracht sein soll; eine Benachrichtigung der davon betroffenen Personen und Stellen kann gleichzeitig vom Gericht vorgenommen werden (BT-Drucks 11/4528, 186). Ob vor der Aufhebung der Maßnahme ein neues Gutachten einzuholen und der Betroffene/Betreute persönlich anzuhören ist, welche sonstigen Ermittlungen anzustellen sind, welchen Personen und Institutionen Gelegenheit zur Stellungnahme gegeben wird, ist unter Beachtung von § 12 FGG und Art 103 Abs 1 GG zu entscheiden (KEIDEL/KAYSER § 70i FGG Rn 3). **112**

Zur Zuständigkeit des Gerichts und weiteren das Verfahren betreffenden Einzelheiten KEIDEL/KAYSER § 70i FGG Rn 3 und 4; BIENWALD BtR § 70i Rn 4 ff. Gegen die **Aufhebung** der Unterbringungsmaßnahme ist **einfache Beschwerde** statthaft (keine Verweisung in § 70i Abs 1 FGG auf § 70g Abs 3 FGG; ebenso KEIDEL/KAYSER § 70m FGG Rn 5). Zur Erledigung der Hauptsache und den verfahrensrechtlichen Konsequenzen s Rn 115 ff.

XIII. Die Verlängerung der Unterbringungsmaßnahme

113 Sowohl die Unterbringung als auch die Maßnahme nach § 1906 Abs 4 kann über die zunächst vorgesehene Zeit hinaus verlängert werden. Dementsprechend kommt auch eine die Verlängerung genehmigende gerichtliche Entscheidung in Betracht. Eine vollzogene Verlängerung mit nachträglicher gerichtlicher Genehmigung nach Abs 3 S 2 dürfte auszuschließen sein. Da die vom Gericht getroffene Unterbringungsmaßnahme stets befristet ist (§ 70f Abs 1 Nr 3 FGG), muß sie im Falle der Fortdauer **vor Ablauf der Frist verlängert** werden. Auch für die Verlängerung gilt dann die Höchstdauer des § 70f Abs 1 Nr 3 FGG (MünchKomm/SCHWAB Rn 93). Die Zulässigkeit mehrfacher Verlängerungen ergibt sich aus § 70i Abs 2 S 2 FGG, der bestimmt, daß bei Unterbringungen mit einer Gesamtdauer von mehr als vier Jahren das Gericht in der Regel keinen Sachverständigen bestellen soll, der den Betroffenen/Betreuten bisher behandelt oder begutachtet hat oder der Einrichtung angehört, in der der Betroffene/Betreute untergebracht ist (war). Zur Feststellung der materiellrechtlichen Voraussetzungen vgl BVerfG NJWE-FER 1998, 33 = BtPrax 1997, 196, wonach die **Auslegung** des § 1906 Abs 1 Nr 1 dahingehend für möglich gehalten wird, daß zur Beurteilung der Frage der Selbstgefährdung auch auf die Situation abgestellt wird, die sich ergäbe, wenn die Unterbringung des Betroffenen beendet würde.

114 Um zu verhindern, daß die nachfolgenden erneuten Unterbringungsmaßnahmen zur gerichtlichen Routine werden, enthält § 70i Abs 2 S 1 FGG die Regelung, daß die erneuten Unterbringungsmaßnahmen nur unter Beachtung der Verfahrensgarantien für die erstmalige Maßnahme beschlossen werden dürfen (BT-Drucks 11/4528, 186). Demgemäß müssen persönliche Anhörung, unmittelbarer Eindruck vom Betroffenen/Betreuten, Sachverständigengutachten (ggf ärztliches Zeugnis), Anhörung der in § 70d FGG genannten Personen bzw Institutionen und die Bestellung eines Verfahrenspflegers wie bei erstmaliger Entscheidung stattfinden (HOLZHAUER/REINICKE Rn 10). Dies trifft auch für die Bekanntmachung, die Wirksamkeit und die Anfechtbarkeit der Entscheidung sowie die Mitteilungen durch das Gericht zu (KEIDEL/KAYSER § 70i FGG Rn 8). Eine Sonderregelung iS einer Verschärfung ist die Bestimmung über die Bestellung des Sachverständigen, auf die bereits oben hingewiesen wurde. Abweichungen dürfen nur in atypischen Situationen vorgenommen werden (HOLZHAUER/REINICKE Rn 11; MARSCHNER Rn 574). Gegen das dieser Bestimmung innewohnende Mißtrauen gegenüber dem Arzt WOJNAR/BRUDER BtPrax 1993, 50, 51. Für die entsprechende Anwendung dieser Bestimmung auf die Fälle, bei denen ein ärztliches Zeugnis ausgestellt wird, BIENWALD, BtR Rn 21; KEIDEL/KAYSER § 70i FGG Rn 9; **aA** HOLZHAUER/REINICKE Rn 13, der aber einräumt, daß ein Verstoß gegen § 12 FGG vorliegt, wenn das Gericht in einem Verlängerungsverfahren einen voreingenommenen Arzt mit der Erstellung eines Zeugnisses beauftragt.

XIV. Erledigung in der Hauptsache/Prozessuale Überholung und effektiver Rechtsschutz

Mit Beschluß vom 30. 4. 1997 hat das BVerfG seine frühere Rechtsprechung, wonach Art 19 Abs 4 GG bei erledigten Grundrechtseingriffen in der Regel eine nachträgliche gerichtliche Überprüfung durch die Fachgerichte nicht verlange (BVerfGE 49, 329 = NJW 1979, 154), aufgegeben und entschieden, Art 19 Abs 4 GG gewährleiste, wenn das Prozeßrecht eine weitere Instanz eröffne, in diesem Rahmen die Effektivität des Rechtsschutzes iS eines **Anspruchs auf eine wirksame gerichtliche Kontrolle** (NJW 1997, 2163, 2164). Die von Art 19 Abs 4 GG gewährleistete Effektivität des Rechtsschutzes verbiete es den Rechtsmittelgerichten, so das BVerfG in der Entscheidung vom 26. 6. 1997 (R&P 1998, 39), ein von der jeweiligen Rechtsordnung eröffnetes Rechtsmittel ineffektiv zu machen und für den Beschwerdeführer „leerlaufen" zu lassen.

Handelte es sich in der erstgenannten Angelegenheit um die nachträgliche Feststellung der Rechtswidrigkeit von Wohnungsdurchsuchungen, ging es in dem späteren Verfahren um die nachträgliche gerichtliche Überprüfung vorbeugenden Polizeigewahrsams. Unter Berufung auf die geänderte Rechtsprechung des BVerfG stellte das LG Köln (NJW 1998, 1323) fest, auch in zwischenzeitlich erledigten Unterbringungssachen (nach dem NWPsychKG) werde ein gegen die Unterbringungsanordnung eingelegtes Rechtsmittel nicht durch tatsächliche oder prozessuale Überholung unzulässig. Es habe vielmehr eine **nachträgliche Rechtmäßigkeitsprüfung** stattzufinden, die sich ausschließlich darauf erstreckt, ob die formellen und materiellen Voraussetzungen für die Unterbringungsanordnung rückblickend (ex tunc) im Zeitpunkt der angefochtenen Entscheidung gegeben waren.

Während die Entscheidung des OLG Köln (BtPrax 1998, 35), mit der es seine bisherige Rechtsprechung im Hinblick auf die neuen Entscheidungen des BVerfG aufgab (vgl auch JENSEN/RÖHLIG BtPrax 1998, 17), eine Abschiebehaftsache betraf, sah das BayObLG (NJW 1998, 1323) in der von ihm entschiedenen Angelegenheit die Voraussetzungen einer unzulässigen Erledigung der Hauptsache als nicht gegeben an, weil über die Beschwerde des Betroffenen noch während der Unterbringung sachlich entschieden worden war und nach dem typischen Verfahrensablauf auch eine Entscheidung durch das Rechtsbeschwerdegericht nicht von vornherein ausgeschlossen gewesen wäre. Allerdings hat sich das BayObLG in dieser Sache insoweit auch grundsätzlich geäußert, als es feststellte, im Gegensatz zu den vom BVerfG entschiedenen Fällen gehe es bei der Unterbringung nach dem Betreuungsrecht und den Unterbringungsgesetzen der Länder nicht um einen abgeschlossenen Sachverhalt. Die Rechtmäßigkeit der Unterbringung hänge vom jeweiligen Gesundheitszustand des Betroffenen ab. Die Bejahung oder Verneinung der Voraussetzungen der Unterbringung für einen bestimmten Zeitraum könne ohne aktualisierte Tatsachenfeststellung nicht für die Beurteilung der Unterbringung in einem anderen Zeitraum verbindlich sein (Die Entscheidung ist außerdem in BayObLGZ 1997, 276 und FGPrax 1998, 33 veröffentlicht; zur [Un-]Zulässigkeit der **Fortsetzungsbeschwerde** s außerdem SMID in der Anm zu BayObLG FamRZ 1996, 558, 559, sowie die Beiträge von BÜRGLE und PENTZ FamRZ 1996, 1453 und 1455). Das OLG Karlsruhe schloß sich der Auffassung des BayObLG an und entschied (FamRZ 1998, 439 = FGPrax 1998, 34 = BtPrax 1998, 34), daß in Unterbringungssachen das Rechtsmittel der sofortigen weiteren Beschwerde unzulässig wird, wenn eine Erledigung der Hauptsache eintritt.

118 Es folgt die Entscheidung des BVerfG vom 10. 5. 1998 (BtPrax 1998, 184 = R&P 1998, 201), wonach über die Beschwerde gegen die Genehmigung einer Unterbringung im Interesse eines effektiven Rechtsschutzes grundsätzlich **auch dann** in der Sache **entschieden** werden muß, wenn die Unterbringungsmaßnahme (hier nach § 10 HFEG, § 70h FGG) durch **Zeitablauf** erledigt ist. Mit Beschluß vom 14. 6. 1998 (3. Kammer des Zweiten Senats, NJW 1998, 2813) stellt das BVerfG fest, es sei unter dem Aspekt des effektiven Rechtsschutzes nicht zu beanstanden, wenn das Rechtsschutzinteresse für eine weitere Beschwerde mit Rücksicht darauf verneint wurde, daß sich die Betroffene der Untersuchung (§ 68b FGG) freiwillig unterzogen habe, die angefochtene Anordnung nach § 68b Abs 4 FGG nicht vollzogen worden und ein nachhaltiger Eingriff in die Grundrechte der Betroffenen daher nicht erfolgt sei. Das Saarländische OLG hat mit Beschluß von 23. 6. 1998 die Frage nachträglicher Feststellung der Rechtswidrigkeit einer Unterbringung im Hinblick auf die abweichenden Meinungen des BayObLG und des OLG Karlsruhe zum Gegenstand einer **Vorlage an den BGH** gemacht (FGPrax 1998, 197). Das SchlHOLG hat sich im Hinblick auf die kurze Unterbringungsdauer von längstens zwei Wochen der Auffassung des BVerfG vom 10. 5. 1998 angeschlossen und die sofortige weitere Beschwerde zur Feststellung der Rechtswidrigkeit der Unterbringung (trotz der Endigung der Maßnahme) für zulässig erachtet. Die Notwendigkeit einer Vorlage an den BGH hat es verneint (BtPrax 1998, 238, 239).

119 Zur Erledigung der Hauptsache und zu den verfahrensrechtlichen Konsequenzen BayObLG FamRZ 1994, 320; FamRZ 1994, 1190 = BtPrax 1994, 98; FamRZ 1994, 1270 (LS) = BtPrax 1994, 61; BayObLGZ 1995, 146 = FamRZ 1995, 1296 = BtPrax 1995, 144 = R&P 1995, 146 BayObLG FamRZ 1996, 558 m Anm Smid.

120 Seit der 13. Bearbeitung (1999) ergangene Entscheidungen zur Hauptsachenerledigung in Unterbringungssachen und zur Fortsetzungsfeststellung (ohne Abschiebehaft uä):

- Strafhaft führt nicht zur Erledigung der Hauptsache in einem Unterbringungsverfahren (BayObLG FamRZ 1999, 1306 = R&P 1999, 179 = NJWE-FER 1999, 210).

- Nach Ablauf der Dauer einer vormundschaftsgerichtlich genehmigten Unterbringung bleibt trotz der damit eingetretenen Erledigung der Hauptsache ein eingelegtes Rechtsmittel des Betroffenen jedenfalls dann zulässig, wenn die Dauer der Unterbringung auf lediglich bis zu sechs Wochen bemessen war (Einschränkung von BayObLGZ 1997, 276; BayOblGZ 1999, 24 = FamRZ 1999, 794 = R&P 1999, 179 = FGPrax 1999, 120).

- Nach Ablauf einer auf sechs Wochen befristeten vorläufigen Unterbringung ist trotz Erledigung der Hauptsache ein Rechtsmittel auch dann zulässig, wenn der Betroffene zwar die Aufhebung der – bereits erledigten – Unterbringungsmaßnahme beantragt, eine Auslegung seines Vorbringens aber eindeutig ergibt, daß er die Rechtswidrigkeit der Unterbringung festgestellt haben will (BayObLG FamRZ 2000, 1537 = NJWE-FER 2001, 18; entsprechend OLG Karlsruhe FamRZ 2003, 1777 [LS] =

FGPrax 2003, 145 für den Fall, daß der Betroffene den Antrag nicht umstellt, das Rechtsmittel aber auch nicht zurücknimmt).

– Das Beschwerdegericht verletzt den Anspruch des Betroffenen auf rechtliches Gehör, wenn es nach seiner Entlassung aus der freiheitsentziehenden Unterbringung das Beschwerdeverfahren so kurzfristig in der Hauptsache für erledigt erklärt und die Maßnahme aufhebt, daß der Betroffene keine Gelegenheit hatte, die Feststellung der Rechtswidrigkeit der Maßnahme zu beantragen (BayObLG FamRZ 2000, 248 = NJW-RR 2001, 724 = Rp 1999, 87 [LS]).

– Einem nach vorläufiger zivilrechtlicher Unterbringung unverzüglich bestellten vorläufigen Betreuer (BGH NJW 2002, 1801, 1803) muß Gelegenheit gegeben werden, die Interessen des Betroffenen wahrzunehmen und die Entscheidung über die Fortdauer der Unterbringung in eigener Verantwortung zu treffen. Es muß gewährleistet sein, daß dem Betreuer diese Aufgabe bekannt ist (BayObLG FamRZ 2003, 783; darin auch die Feststellung, daß Grundlage für eine Kostenentscheidung zu Lasten der Staatskasse nach Hauptsacheerledigung in einem zivilrechtlichen Unterbringungsverfahren § 13a Abs 2 S 1 FGG ist).

– Erledigt sich die Hauptsache des eine vorläufige Unterbringungsmaßnahme betreffenden Beschwerdeverfahrens und beschränkt der Beschwerdeführer sein Rechtsmittel auf die Kosten, kommt die Anordnung einer Auslagenerstattung nach pflichtgemäßem Ermessen nur dann in Betracht, wenn sich die getroffene Maßnahme nach dem Stand des Verfahrens im Zeitpunkt seiner Erledigung als nicht gerechtfertigt erweist (BayObLG FamRZ 2004, 1403; FamRZ 2003, 783).

– Ist der Betroffene im Laufe des Beschwerdeverfahrens aus der vorläufigen Unterbringung entlassen worden, hat ihm das Beschwerdegericht ausreichend Gelegenheit zu geben, zu der veränderten Verfahrenslage Stellung zu nehmen und Erklärungen abzugeben (BayObLG-Rp 2003, 40 [LS]).

– Hat das Vormundschaftsgericht die geschlossene Unterbringung des Betroffenen durch seinen Betreuer für längstens ein Jahr genehmigt, besteht bei vorzeitiger Beendigung der Unterbringung nach neun Wochen und dadurch eingetretener Hauptsacheerledigung grundsätzlich kein Rechtsschutzbedürfnis für eine Feststellung der Rechtswidrigkeit der Unterbringungsmaßnahme (BayObLG NJWE-FER 2001, 325 = R&P 2002, 35 m Anm MARSCHNER).

– Nach Beendigung einer vormundschaftsgerichtlich genehmigten Unterbringung ist bzw bleibt trotz der damit eingetretenen Erledigung der Hauptsache ein Rechtsmittel des Betroffenen mit dem Ziel der Feststellung der Rechtswidrigkeit der Maßnahme zulässig, wenn die Unterbringung nicht länger als sechs Wochen gedauert hat (Ergänzung zu BayObLGZ 1999, 24 = FamRZ 1999, 794; BayObLGZ 2000, 220 = FamRZ 2001, 578 = R&P 2001, 105).

– Eine sofortige weitere Beschwerde des Untergebrachten gegen die Unterbringung wird unzulässig, wenn die Unterbringungsdauer von 39 Tagen abgelaufen ist und eine Überprüfung der Unterbringung im Wege der Beschwerde erfolgt ist (OLG Karlsruhe FamRZ 2000, 1445).

– Auch unter Berücksichtigung der neueren Rechtsprechung des BVerfG zur nachträglichen Überprüfung erheblicher Grundrechtseingriffe nach Erledigung der unmittelbaren Beschwer des Betroffenen (NJW 1998, 2432; 1997, 2163) ist eine nachträgliche Beschwerde gegen eine vom Betreuer veranlaßte und vom Vormundschaftsgericht genehmigte, später auf Veranlassung des Betreuers wieder beendete Unterbringung des Betreuten unzulässig, wenn dieser während der Zeit seiner Unterbringung hinreichend Gelegenheit hatte, die Berechtigung der Unterbringung gerichtlich überprüfen zu lassen (OLG Köln NJWE-FER 2000, 151).

– Ist die vorläufige öffentlich-rechtliche Unterbringung des Betroffenen angeordnet, erledigt sich die Hauptsache nicht dadurch, daß der Betreuer den Betroffenen mit Genehmigung des Vormundschaftsgerichts seinerseits geschlossen unterbringt. Zur Zulässigkeit der sofortigen weiteren Beschwerde, wenn die vorläufige öffentlich-rechtliche Unterbringung des Betroffenen auf längstens sechs Wochen begrenzt und dieser Zeitraum vor Einlegung des Rechtsmittels bereits abgelaufen war (BayObLG FamRZ 2001, 657 = NJWE-FER 2001, 177). Erledigt sich ein Rechtsmittel, weil die Frist der angeordneten Unterbringung abgelaufen ist, bleibt es gleichwohl (mit dem Ziel der Feststellung der Rechtswidrigkeit) zulässig, wenn die Anordnung nur für die Dauer von sechs Wochen erfolgte. Das gilt auch in Fällen, in denen der Anordnung bereits eine einstweilige Unterbringung vorausgegangen ist.

– Gegenstand der Beschwerdeentscheidung des LG ist nicht nur die Rechtmäßigkeit der Unterbringung im Zeitpunkt des erledigenden Ereignisses, sondern auch die Anordnung der (öffentlich-rechtlichen) Unterbringung selbst. Der Betroffene hat im Beschwerdeverfahren durch sein Rechtsschutzbegehren festzulegen, ob er nur die Beendigung der Unterbringung oder auch die Feststellung der Rechtswidrigkeit der Anordnung und bisherigen Durchführung der Unterbringung erreichen will (BayObLGZ 2002, 304 = FamRZ 2003, 190 [LS] = R&P 2003, 25 m Anm Marschner = FGPrax 2002, 281).

– Feststellung der Rechtswidrigkeit einer vorläufigen Unterbringung, weil der Richter diese zu Unrecht auf § 1846 gestützt hat (BayObLG FamRZ 2002, 419 = NJWE-FER 2001, 323).

– Wird eine erstinstanzlich mit sofortiger Wirksamkeit angeordnete Unterbringung im Beschwerdeverfahren aufgehoben, wird die Beschwerdeentscheidung erst mit Rechtskraft wirksam, es sei denn, daß ihre sofortige Wirksamkeit angeordnet worden ist (BayObLG FamRZ 2002, 909).

– Legt ein Untergebrachter gegen die die Unterbringung bestätigende Entscheidung des LG ohne nähere Angaben zum Verfahrensziel sofortige weitere Beschwerde ein und erledigt sich danach das Verfahren in der Hauptsache, so muß er – falls er die Feststellung der Rechtswidrigkeit der angefochtenen Entscheidung anstrebt – sein Rechtsschutzbegehren konkret hierauf richten (BayObLG FamRZ 2003, 786 [LS]).

– Über die Beschwerde gegen eine Unterbringungsmaßnahme muß im Interesse eines effektiven Rechtsschutzes auch dann entschieden werden, wenn sich die

Unterbringungsmaßnahmen inzwischen erledigt (OLG Hamm BtPrax 2001, 212 = R&P 2002, 33 m Anm MARSCHNER).

– Die sofortige weitere Beschwerde gegen eine Beschwerdeentscheidung, mit der eine auf vier Wochen befristete Unterbringung bestätigt worden ist, bleibt nach Ablauf des Unterbringungszeitraums mit dem Ziel zulässig, die Rechtswidrigkeit der Unterbringung festzustellen (KG FamRZ 2001, 172).

– Die Fortsetzungsfeststellungsbeschwerde nach Beendigung einer Unterbringung (vgl BayObLGZ 2000, 220) setzt voraus, daß die Beschwerdefrist bezüglich der ergangenen Unterbringungsmaßnahme noch nicht abgelaufen ist. Der Instanzenzug wird durch die Erledigung der Hauptsache nicht neu eröffnet (BayObLG von 31.7.2002 – 3 Z BR 145/2002).

– Ist eine vom Betroffenen angefochtene Unterbringungsmaßnahme vom Beschwerdegericht wegen Wegfalls der Voraussetzungen aufgehoben worden, so fehlt es an dem für eine weitere Beschwerde mit dem Ziel der Feststellung der Rechtswidrigkeit der Unterbringung erforderlichen Rechtsschutzinteresse, wenn der Betroffene vor der Aufhebung der Unterbringung gegenüber dem Klinikleiter verantwortlich erklärt hat, er wolle nicht entlassen, sondern lediglich weiter beurlaubt werden, um den schützenden Rahmen der Klinik nicht zu verlieren (KG FamRZ 2002, 338 = FGPrax 2002, 45 = NJWE-FER 2001, 3255 = R&P 2002, 35).

– Hat das LG als Beschwerdegericht den Antrag des Betroffenen abgelehnt, ihn aus der Unterbringung zu entlassen und ist auch nach dieser Entscheidung die Erledigung der Hauptsache eingetreten, kann das Gericht der weiteren Beschwerde nur über die Rechtswidrigkeit dieser Entscheidung befinden. Ein erst im Verfahren der weiteren Beschwerde gestellter Antrag auf Feststellung der Rechtswidrigkeit der Unterbringung bereits ab dem Zeitpunkt der Anordnung des AG ist zurückzuweisen (BayObLG von 14.10.2002 – 3 Z BR 149/2002).

– In einer erledigten Unterbringungssache hat das Gericht zur beantragten Feststellung der Rechtswidrigkeit nach § 12 FGG die zur Feststellung der erheblichen Tatsachen erforderlichen Ermittlungen anzustellen. Die Anhörung des Betroffenen wird regelmäßig nicht erforderlich sein (OLG Schleswig FamRZ 2000, 247 = SchlHA 1999, 314 = R&P 1999, 181).

– Im Feststellungsverfahren nach einer beendeten Unterbringung müssen sich die Unterbringungsvoraussetzungen tatsächlich nachvollziehbar aus der Akte ergeben. Unklarheiten sind durch weitere Ermittlungen möglichst auszuräumen. Soweit es sich um den Ablauf des Geschehenen handelt (also nicht um den unmittelbaren Eindruck vom Betroffenen vor der Unterbringungsmaßnahme), kommt dafür in der Regel auch die persönliche Anhörung des Betroffenen in Betracht – Abgrenzung zu OLG Schleswig FamRZ 2000, 247 – (OLG Schleswig FamRZ 2001, 938 = SchlHA 2001, 125).

– Ist die Erledigung des Verfahrens in der Hauptsache durch Zeitablauf noch während der Anhängigkeit des Beschwerdeverfahrens eingetreten und ergeht trotzdem – gleich, ob die Erledigung dem Beschwerdegericht bekannt war oder nicht – eine Entscheidung des Beschwerdegerichts in der Hauptsache (Zurückweisung der sofortigen Beschwerde gegen einstweilige Unterbringungsanordnung), ist dies verfahrensrechtswidrig getroffen worden und wäre damit aufzuheben. Wegen der zwischenzeitlich zulässig gestellten Feststellungsantrags kommt die Verwerfung der sofortigen Beschwerde jedoch nicht in Betracht (BayObLG BtPrax 2003, 268 = FamRZ 2004, 486 [LSe]).

– Wird ein Unterbringungsverfahren beendet, nachdem das LG die sofortige Beschwerde gegen die Verlängerung der Unterbringungsgenehmigung zurückgewiesen hat, kann der Betroffene gegen die Beschwerdeentscheidung sofortige weitere Beschwerde mit dem Ziel einlegen, die Rechtswidrigkeit der Maßnahme feststellen zu lassen; Gegenstand der Überprüfung ist dann allein die landgerichtliche Entscheidung (BayObLG NJW-RR 2004, 8 = FamRZ 2004, 220 [LS]).

– Erledigt sich bei sofortiger weiterer Beschwerde die einstweilige Anordnung einer vorläufigen Unterbringung durch Zeitablauf, ohne daß der Betroffene zuvor aufgrund der Anordnung untergebracht gewesen wäre, so ist ein Antrag auf Feststellung der Rechtswidrigkeit der getroffenen Anordnung (Fortsetzungsfeststellungsantrag) mangels eines tiefgreifenden Grundrechtseingriffs nicht zulässig (BayObLG FamRZ 2004, 1403 [LS]).

– Ist der Betroffene zur Beobachtung und Erstellung eines Gutachten untergebracht und endet die Unterbringung nach Einlegung der weiteren Beschwerde hiergegen, so kann er das Verfahren der weiteren Beschwerde mit dem Ziel der Feststellung der Rechtswidrigkeit fortführen (BayObLG BtPrax 2002, 215 = Rp 2002, 478).

121 Zur Rechtslage in Österreich (nachträgliche Feststellung der Rechtswidrigkeit einer besonderen Heilmaßnahme während der Unterbringung) ÖstOGH R&P 1998, 40.

§ 1907
Genehmigung des Vormundschaftsgerichts bei der Aufgabe der Mietwohnung

(1) Zur Kündigung eines Mietverhältnisses über Wohnraum, den der Betreute gemietet hat, bedarf der Betreuer der Genehmigung des Vormundschaftsgerichts. Gleiches gilt für eine Willenserklärung, die auf die Aufhebung eines solchen Mietverhältnisses gerichtet ist.

(2) Treten andere Umstände ein, auf Grund derer die Beendigung des Mietverhältnisses in Betracht kommt, so hat der Betreuer dies dem Vormundschaftsgericht unverzüglich mitzuteilen, wenn sein Aufgabenkreis das Mietverhältnis oder die Aufenthaltsbestimmung umfasst. Will der Betreuer Wohnraum des Betreuten auf andere Weise als durch Kündigung oder Aufhebung eines Mietverhältnisses aufgeben, so hat er dies gleichfalls unverzüglich mitzuteilen.

(3) Zu einem Miet- oder Pachtvertrag oder zu einem anderen Vertrag, durch den der Betreute zu wiederkehrenden Leistungen verpflichtet wird, bedarf der Betreuer der Genehmigung des Vormundschaftsgerichts, wenn das Vertragsverhältnis länger als vier Jahre dauern oder vom Betreuer Wohnraum vermietet werden soll.

Titel 2 § 1907
Rechtliche Betreuung

Materialien: Art 1 Nr 6 DiskE I; Art 1 Nr 41 RegEntw; Art 1 Nr 47 BtG; DiskE I 148, 151; BT-Drucks 11/4528, 149 ff (BReg); BT-Drucks 11/4528, 210 (BRat); BT-Drucks 11/4528, 229 (BReg); BT-Drucks 11/6949, 14, 79 Nr 22 und 80 Nr 23 (RA); STAUDINGER/BGB-Synopse 1896–2005 § 1907.

Schrifttum

ADEN, Die neuen AGB-Sparkassen 1993, NJW 1993, 832
BAUER, Zwangsbefugnisse des Betreuers im Aufgabenkreis „Wohnungsangelegenheiten"? – Anmerkungen zur Entscheidung des LG Frankfurt/Main vom 9. 6. 1993 – 2/9 T 510/93 –, FamRZ 1994, 1562
ders, Anmerkung zum Beschluß des OLG Frankfurt vom 28. 11. 1995 zu Az 20 W 507/95 (betr den gewaltsamen Zutritt zur verwahrlosten Wohnung des Betreuten, BtPrax 1996, 71), BtPrax 1996, 55
BINDOKAT, Vollstreckungsschutz gegen wegen Krankheit und Alters sittenwidrige Zwangsräumung, NJW 1992, 2872
BOBENHAUSEN, Wohnungskündigung durch den Betreuer, Rpfleger 1994, 13
COEPPICUS, Das Betreuungsgesetz schützt Betroffene nicht, FamRZ 1993, 1017
ders, Zur ersten Reform des Betreuungsgesetzes, Rpfleger 1996, 425 (432 zur Genehmigung einer Wohnungsauflösung)
DORNHEIM/ROCHON, Die Testierfreiheit des Pflegebedürftigen, PflegeRecht 1999, 243
FRIESER, Rücktritt vom Übergabevertrag mit Pflegeverpflichtung, ZFE 2002, 178
HARM, Die „Wohnungsauflösung". Gerichtliche Aufsicht und Genehmigungsverfahren, Rpfleger 2002, 59
HEINEMANN, „Betreutes Wohnen" und notarieller Gestaltungsbedarf – zugleich eine kritische Betrachtung zur Neufassung des Heimgesetzes, MittBayNot 2002, 69
HEUMANN, Die Testierfreiheit von Heimbewohnern und der Regelungsgehalt des Art 14 Abs 1 Satz 1 GG, PflegeRecht 2000, 376
JOCHUM, Zur Frage von Mitteilungspflicht und vormundschaftsgerichtlicher Genehmigung bei drohendem Wohnungsverlust durch fristlose Kündigung bei Mietzahlungsverzug, § 1907 BGB, BtPrax 1994, 201
KLIE, „Plötzlich ist die Wohnung weg …", Zur Aufrechterhaltung der Wohnung bei Einzug in ein Heim nach Krankenhausaufenthalt sowie zur Problematik des § 85 Nr 3 S 2 BSHG, R & P 1990, 170
KLÜSENER, Der Rechtspfleger im Betreuungsrecht, Rpfleger 1991, 225
KRÜGER, Anmerkungen zum Abschluß von Heimverträgen durch den Betreuer, BtPrax 1995, 165
KUNZ/RUF/WIEDEMANN, Heimgesetz (9. Aufl 2003; 10. Aufl 2005)
MARKUS, Eigener Wunsch oder wider Willen: Das Selbstbestimmungsrecht bei alten Menschen, Altenpflege 1996, 363 ff, 420 ff
MÜLLER, Zur Wirksamkeit lebzeitiger und letztwilliger Zuwendungen des Betreuten an seinen Betreuer, ZEV 1998, 219
RENNER, Die Wohnungskündigung im Betreuungsverfahren, BtPrax 1999, 96
SCHNEIDER, Krankheit und Suicidgefahr als Vollstreckungshindernis, JurBüro 1994, 321
SCHUMACHER, Wohnraummiete und Betreuung, WuM 2003, 190
SUYTER, Neue Probleme bei der Testamentsgestaltung im Hinblick auf § 14 HeimG, ZEV 2003, 104
TSCHEPE, Aktuelle Probleme des Betreuungsrechts im Notariat, AnwBl 1993, 357
WALKER/GRUSS, Räumungsschutz bei Suizidgefahr und altersbedingter Gebrechlichkeit, NJW 1996, 352.

Systematische Übersicht

I. **Allgemeines**
1. Normzweck _____ 1
2. Stärkung auch der Betreuerposition 3
3. Instrumente der Schutzgewährung _ 4

4. Ergänzung der Regelung; landesrechtliche Besonderheiten ___ 5

II. **Gesetzgebungsgeschichte** ___ 7

III. **Grundsätzliches**
1. Die Zuordnung der Aufgabe ___ 8
a) Das Problem ___ 8
b) Diskussion ___ 9
c) Eigener Vorschlag ___ 10
2. Erweiterung des durch § 1821 gewährleisteten Schutzes ___ 11
3. Reichweite der Norm ___ 12
4. Einschränkende und ausdehnende Interpretation ___ 13
5. Entsprechende Anwendung hinsichtlich anderer Wohn-/Lebensverhältnisse ___ 14
6. Ausgeschlossene Anwendung ___ 15
7. Sonderfälle ___ 17
8. Auswirkungen bei bestehender Partnerschaft ___ 18
9. Räumungsschutz bei Suicidgefahr und ähnliche Fälle ___ 19

10. Kostenübernahme für einen Übergangszeitraum ___ 20

IV. **Beendigung des Wohnraum-Mietverhältnisses (Abs 1)**
1. Kündigung (Abs 1 S 1) ___ 21
2. Aufhebung (Abs 1 S 2) ___ 25
3. Maßstäbe für die Entscheidung des Gerichts nach Abs 1 ___ 26
4. Wirkung der Genehmigung und ihrer Verweigerung ___ 29
5. Verfahren ___ 30
6. Folgen ___ 31

V. **Die Mitteilungspflicht nach Abs 2**
1. Ziel und Inhalt der Mitteilungspflicht des S 1 ___ 34
2. Abs 2 S 2 ___ 35

VI. **Räumung der Wohnung** ___ 36

VII. **Das Genehmigungserfordernis in Fällen des Abs 3** ___ 37

Alphabetische Übersicht

Angehörige, Wohnen bei ___ 14
Aufenthaltsbestimmungsrecht ___ 10, 32
Aufgabe des Lebensmittelpunktes ___ 25
Aufgabenkreis, erforderlicher ___ 9 ff
Aufgabenzuordnung ___ 8
Aufhebung des Mietverhältnisses ___ 25
Aufhebungsvertrag ___ 25
Ausdehnende Interpretation ___ 13
Ausgeschlossene Anwendung ___ 15
Auswirkungen bei bestehender Partnerschaft ___ 18

Beendigung des Wohnverhältnisses ___ 17
Betreuerposition, Stärkung der ___ 3
Betreuungsrechtsänderungsgesetze ___ 2
Bevollmächtigter ___ 2, 16, 40

Ehegatte ___ 13, 21
Eigenhandeln des Betreuten ___ 15
Einschränkende Interpretation ___ 13
Einseitige Willenserklärung ___ 25, 29

Einstellung der Mietzahlung durch das Sozialamt ___ 2
Einstellung der Sozialamtsleistung ___ 2, 20
Einwilligungsvorbehalt ___ 40
Entfernung Betreuer – Betreuter ___ 28
Entscheidungsmaßstäbe ___ 26
Entsprechende Anwendung ___ 14
Erbe ___ 13
Erweiterung bereits bestehenden Schutzes ___ 11

Familienangehöriger ___ 13
Folgen ___ 31

Genehmigung, Wirkung der ___ 29
Genehmigungsvorbehalt ___ 4
Gesetzgebungsgeschichte ___ 7
Gewaltsamer Zugang ___ 31
Gewaltschutzgesetz ___ 18

Hamburg (AGBtG) ___ 6
HausratsVO ___ 22
Heimgesetz ___ 33

Titel 2 § 1907
Rechtliche Betreuung 1

Heimvertrag	14	Regelungsziel	2
Heimzuwendungen	33	Reichweite der Norm	12
Instrumente der Schutzgewährung	4	Schutz des räumlichen Lebensmittelpunktes	2
Interpretation	13	Schutzerweiterung	11
Kostenübernahme	20	Selbständiges Leben	27
Kündigung	17, 21	Sozialamt, Einstellung der Mietzahlungen	2
– Rechtsnatur der	23	Suicid	19
Landesrechtliche Besonderheiten	5	Tod des Betreuten	5
Lebenspartner	13		
		Übergangszeitraum	20
Maßstäbe der Entscheidung	26, 41	Untermietverhältnis	21
Mietkostenübernahme	20		
Mitteilung der Genehmigung	29	Verfahren	30
Mitteilungspflicht	4	Verweigerung der Genehmigung, Wirkungen	29
– Inhalt der	34	Vollmacht des Betreuten	16
– nach Abs 2 S 2	35	Vollstreckungsschutz	19
– Zielsetzung	34	Vorherige Genehmigung	29
Nachträgliche Genehmigung	29	Vormundschaftsgerichtliche Genehmigung	32
Normzweck	1	Wohnformen, verschiedene	14
Nutzungsverhältnis	14	Wohngemeinschaft	18
		Wohnungsauflösung	23 f
Partnerschaft, Auswirkungen auf	18		
Pflegeleistung	14	Ziel der Regelung	2
		Zuordnung der Aufgabe	8
Räumung	36	Zuständigkeit des Gerichts	30
Räumungsklage	34	Zuwendungen ans Heim	33
Räumungsschutz	19	Zwangsweise Entfernung aus der Wohnung	31
Rechtsgeschäftliche Aufgabe des Mietverhältnisses	22		

I. Allgemeines

1. Normzweck

Die Einführung dieser Vorschrift hängt eng zusammen mit der Kritik an dem **1** früheren Recht, es habe die vermögensrechtlichen Aufgaben des Vormunds und des Gebrechlichkeitspflegers stark betont und eingehend geregelt, die Personensorge demgegenüber aber in den Hintergrund treten lassen (BT-Drucks 11/4528, 70). Nach bisherigem Recht war nur der Eigentümer oder sonst an seiner Wohnung dinglich Berechtigte über § 1821 Abs 1 Nr 1 vor Wohnungsaufgabe durch den Vormund oder den dazu berechtigten Pfleger geschützt. Während sich die Bestimmungen der §§ 1904–1906 eindeutig auf Angelegenheiten der Personensorge beziehen, bezeichnet der RegEntw die Regelungen des § 1907 als Angelegenheiten der Vermögenssorge, „die sich besonders schwerwiegend auf die persönlichen Lebensverhältnisse des Betreuten auswirken" (BT-Drucks 11/4528, 70). Zu den Zuordnungsproblemen im einzelnen s unten Rn 8 ff.

2 Die Vorschrift soll mit ihren beiden ersten Absätzen die Wohnung als räumlichen Mittelpunkt der Lebensverhältnisse des Betreuten schützen (BT-Drucks 11/4528, 149). Diesen Schutz soll der Betreute insbesondere dadurch nicht verlieren, daß er untergebracht werden mußte oder die Wohnung wegen eines Krankenhausaufenthaltes nicht nutzen kann. Die Wohnung kann dann die Möglichkeit des Betreuten verkörpern, bei Beendigung der Unterbringung oder des Krankenhausaufenthaltes in seine frühere Umgebung zurückzukehren (BT-Drucks 11/4528, 83). Die Gefahr einer unzeitigen (dh zu frühen) Aufgabe der Wohnung sieht der RegEntw zutreffend in dem Zusammentreffen verschiedener Interessierter mit dem gleichen Ziel („Gleichklang"), den Betreuten in ein (Alten-)Heim oder in eine ähnliche Einrichtung zu verbringen und die Wohnung aufzulösen. Als Interessierte waren bisher allerdings nicht nur Betreuer, Vermieter und Nachbarn (so BT-Drucks 11/4528, 84) festzustellen, sondern auch Stellen, die eine Doppelfinanzierung von Wohnung und Krankenhaus- oder Heimaufenthalt möglichst schnell beenden wollten, sowie Angehörige, die den (begrenzten) Pflegeaufwand nicht mehr leisten konnten oder wollten und eine etwaige Erbschaft nicht durch ihrer Auffassung nach unnötige Mietkosten gemindert wissen wollten. Ob die getroffene Regelung den mit ihr verfolgten Absichten gerecht werden konnte und wird, ließe sich nur anhand rechtstatsächlicher Untersuchungen beantworten. Von ihnen ist jedoch nichts bekannt. Die Große Anfrage der SPD-Bundestagsfraktion zum Betreuungsrecht (BT-Drucks 13/3834 = BtPrax 1996, 21), auf die die BReg mit der BT-Drucks 13/7133 antwortete, interessierte sich nicht für die Anwendung und die Nichtanwendung des § 1907. Auch die vom BMJ in Auftrag gegebene „Rechtstatsächliche Untersuchung" hat ihr Augenmerk nicht darauf gelenkt (vgl SELLIN/ENGELS, Qualität, Aufgabenverteilung und Verfahrensaufwand bei rechtlicher Betreuung [2003]).

Die Vorstellung des Gesetzgebers und von Kritikern früherer Praxis, der Wechsel von der Wohnung in ein Heim, wenn denn nach einem Krankenhausaufenthalt erforderlich, werde mit Bedacht und Behutsamkeit vorgenommen werden, erweist sich zumindest in den Fällen als illusionär, in denen Sozialämter übernommene Mietkosten unmittelbar der Vermieterseite überweisen, die Überweisungen aber alsbald nach Bekanntwerden einer Aufenthaltsveränderung einstellen, auch ohne den Betreuer zu informieren, so daß dieser davon erst im Zusammenhang mit einer Kündigung erfährt. In dieser Beziehung hat sich letztlich durch den neuen § 1907 gegenüber der Vergangenheit (vor dem BtG) kaum etwas geändert, wo Sozialämter mit der Ankündigung, die Mietzahlungen nicht mehr zu übernehmen, die betreffenden Vormünder und Pfleger unter Druck setzten, eine baldige räumliche Veränderung für den Betroffenen vorzunehmen. Zu Mängeln bei der Anwendung der Vorschrift bereits COEPPICUS Rpfleger 1996, 425, 432; vgl im übrigen HARM Rpfleger 2002, 59, der von „Heimverschaffung" spricht.

Das Erfordernis vormundschaftsgerichtlicher **Genehmigung entfällt** jedoch für eine Kündigung des Mietverhältnisses (zB) **nicht dadurch**, daß der Betreuer infolge der Zahlungseinstellung oder eines sonstigen Drucks das Mietverhältnis beenden will, auch wenn er keine Möglichkeiten sieht, die Kosten für die Miete aufzubringen.

Durch das BtÄndG hat die Vorschrift keine Änderung erfahren. Während § 1904 und § 1906 **Entscheidungen eines Bevollmächtigten** grundsätzlich einer vormundschaftsgerichtlichen Kontrolle unterwerfen, wurde für § 1907 Vergleichbares nicht vorgesehen. Demgegenüber sah der Entwurf eines zweiten BtÄndG die Einführung eines Vertretungsrechts für nahe Angehörige und in diesem Zusammenhang auch die Anwendung des § 1907 Abs 1 und 3 vor (§ 1358 Abs 2 Nr 4 BGB-E; BT-Drucks 15/2494, 5). Die Einführung eines gesetzlichen Vertretungsrechts für nahe Angehörige hat sich jedoch im Gesetzgebungsverfahren nicht durchsetzen lassen.

Die mit der Neufassung des BGB vom 2.1.2002 (BGBl I 42) eingeführte amtliche Überschrift des § 1907 trifft nicht die Bedeutung und Reichweite der Vorschrift (HARM Rpfleger 2002, 59). Mit dem Begriff der „Heimverschaffung" (HARM aaO) wird allerdings ebenfalls der Regelungsgehalt verkürzt. Es mag sein, daß der Umzug in ein Heim oder einer ähnlichen Einrichtung der häufigste Anwendungsfall der Vorschrift ist oder doch sein müßte. Um eine Aufgabe des Lebensmittelpunktes handelt es sich aber auch dann, wenn Angehörige eine betreute Person aufnehmen und infolgedessen die bisher innegehabte Wohnung/Räumlichkeit aufgegeben werden soll.

2. Stärkung auch der Betreuerposition

In ihren Wirkungen soll die Vorschrift nicht nur den Betreuten vor seinem an der baldigen Auflösung des Wohnverhältnisses des Betreuten interessierten Betreuer, sondern auch den Betreuer selbst schützen, der das Bestreben hat, dem Betreuten möglichst lange die Chancen einer Rückkehr in den häuslichen Bereich offenzuhalten, sich aber dem Druck der Behörden oder sonstigen Institutionen, uU auch von Angehörigen des Betreuten, ausgesetzt sieht und sich dagegen kaum oder gar nicht zur Wehr setzen kann. **3**

3. Instrumente der Schutzgewährung

Zur Verhinderung vorzeitiger Wohnungsaufgabe und -auflösung sieht die Vorschrift einen **Genehmigungsvorbehalt** für die Kündigung von Wohnraum, den der Betreute gemietet hat (Abs 1 S 1), sowie für sonstige Willenserklärungen vor, die auf die Aufhebung eines solchen Mietverhältnisses gerichtet sind (Abs 1 S 2). Um das Vormundschaftsgericht in die Lage zu versetzen, wirksam für die Interessen des Betreuten einzutreten, verpflichtet Abs 2 S 1 den Betreuer zu **unverzüglicher Mitteilung** auf die Beendigung des Mietverhältnisses zielender Umstände. Der Betreuer ist außerdem zu unverzüglicher Mitteilung verpflichtet, wenn er Wohnraum des Betreuten auf andere Weise als durch Kündigung oder Aufhebung eines Mietverhältnisses aufgeben will (Abs 2 S 2). **4**

4. Ergänzung der Regelung; landesrechtliche Besonderheiten

Die Vorschrift wird ergänzt durch § 1901 Abs 5. Die Mitteilungspflichten des Abs 2 sind an bestimmte Zuständigkeiten gebunden. Treten iSv Abs 2 S 1 Umstände ein, ohne daß ein Betreuer für die Mitteilung zuständig ist, besteht Informationsbedarf nach § 1901 Abs 5, so daß das Gericht mit einer Erweiterung des Aufgabenkreises **5** oder der Bestellung eines weiteren Betreuers (uU auch durch eigenes Handeln nach § 1846) reagieren kann.

Auf die **Aufgabe der Wohnung nach dem Tode des Betreuten** und auf die dann erfolgende Kündigung des Heimvertrages ist § 1907 nicht mehr anzuwenden. Abgesehen davon, daß das Betreuungsrechtsverhältnis mit dem Tode des Betreuten endet, haben andere kein durch diese Norm zu schützendes Interesse.

6 Hamburg sieht als bisher einziges Bundesland in seinem Ausführungsgesetz vor, daß die Vorschriften des § 1907, soweit sie die Aufsicht des Vormundschaftsgerichts in vermögensrechtlicher Hinsicht betreffen, gegenüber der zum Betreuer bestellten Behörde nicht angewendet werden (§ 3 Abs 1 HmbAGBtG, HambGVBl 1993, 149).

II. Gesetzgebungsgeschichte

7 Die Vorschrift ist entstanden aus den zwei Vorgängerbestimmungen (§ 1907 und § 1908) des RegEntw (BT-Drucks 11/4528, 16), von denen § 1907 Abs 1 und Abs 2 S 1 bereits dem DiskE I entstammen. Abs 3 war ursprünglich § 1908 des RegEntw. Um auch die Aufgabe der Wohnung des Betreuten, die dieser als Eigentümer oder sonst dinglich Berechtigter besitzt, durch den Betreuer der Genehmigung des Vormundschaftsgerichts zu unterstellen, schlug der BRat in seiner Stellungnahme eine andere Fassung des Abs 1 S 1 vor (BT-Drucks 11/4528, 210). Die BReg stimmte in ihrer Gegenäußerung dem Anliegen grundsätzlich zu, sprach sich aber gegen die Aufnahme der „Wohnungsaufgabe" in den Gesetzestext aus und formulierte einen Gegenvorschlag, der in Form des Abs 2 S 2 Gesetz geworden ist (BT-Drucks 11/4528, 229). Im Rechtsausschuß wurde der Vorschlag der BReg einstimmig angenommen (BT-Drucks 11/6949, 79).

III. Grundsätzliches

1. Die Zuordnung der Aufgabe

a) Das Problem

8 Die Vorschrift dient der Stärkung der Personensorge. Ihre Zuordnung zur Personensorge wird jedoch überwiegend (zT unter Hinweis auf die Materialien: BT-Drucks 11/4528, 70) verneint (KLÜSENER Rpfleger 1991, 225, 228). Die dort enthaltene Formulierung des Regelungsgegenstandes „Angelegenheit der Vermögenssorge, die sich besonders schwerwiegend auf die persönlichen Lebensverhältnisse des Betreuten auswirkt" (BT-Drucks 11/4528, 70) läßt die soziale Situation außer Betracht und erfaßt allenfalls einen Teil der Norm. Insbesondere das Verständnis von Wohnung als dem räumlichen Mittelpunkt der Lebensverhältnisse des Betreuten steht einer Zuordnung zur Vermögenssorge entgegen (**aA** nunmehr auch BOBENHAUSEN Rpfleger 1994, 13; wie hier im Ergebnis JÜRGENS, in: JKMW Rn 197).

Die umstrittene Zuordnung der durch § 1907 erfaßten Angelegenheiten zu bestimmten Aufgabengruppen (vgl BOBENHAUSEN Rpfleger 1994, 13 mN) dient nicht in erster Linie einem Systematisierungsinteresse, sondern der im jeweiligen Genehmigungsfall notwendigen Feststellung der Handlungsbefugnis des Betreuers. Auch in den übrigen Fällen des § 1907 kommt es für die Pflichten des Betreuers auf die Zuordnung zu dessen Aufgabenkreis an. Praktisch ohne Bedeutung ist die Frage nur dort, wo das Gericht die beabsichtigte Entscheidung des Betreuers nicht billigt. Trifft der Betreuer eine für erforderlich gehaltene Entscheidung nicht, kann das Vormundschaftsgericht dem Betreuer dessen Untätigkeit nur vorhalten (§§ 1837, 1908i Abs 1 S 1), wenn er aufgrund seines Aufgabenkreises zum Handeln berechtigt und verpflichtet wäre.

Erstreckt sich der Aufgabenkreis des Betreuers nicht darauf, kann die beabsichtigte Rechtshandlung nicht genehmigt werden; wegen fehlender Rechtsmacht ist sie ohnehin wirkungslos (HOLZHAUER/REINICKE Rn 4). Auch mangelt es an der Zuständigkeit des Gerichts, eine Genehmigung zu einer Rechtshandlung zu erteilen, die der Betreuer nicht vornehmen kann. Eine gerichtliche Genehmigung könnte den Mangel an materiellrechtlicher Handlungsbefugnis des Betreuers nicht ersetzen. Dem Rechtspfleger, der die nach § 1907 erforderliche Genehmigung erteilt (§ 3 Nr 2 Buchst a, § 14 Abs 1 Nr 4 RPflG), obliegt es deshalb, für die Zwecke der Genehmigungsentscheidung die Kompetenz des Betreuers zu überprüfen. Aus Gründen seiner Aufsichtsführung wird er gleichzeitig darauf zu achten haben, daß der erforderliche Aufgabenkreis für notwendige Handlungen im Zusammenhang mit § 1907 dem Betreuer zugewiesen worden ist. Ggf müßten die oa Ergänzungen angeregt werden.

b) Diskussion

Die Verpflichtungen des Abs 2, die an bestimmte enumerativ aufgeführte Aufgabenkreise gebunden sind, schließen eine Zuordnung zur Vermögenssorge allein aus. Der umfassendste Aufgabenkreis „Alle Angelegenheiten" und auch der Aufgabenkreis „Personen- und Vermögenssorge" umfassen die in § 1907 enthaltenen Handlungsbefugnisse und -verpflichtungen des Betreuers. Ob auch die in § 1896 Abs 4 genannten Angelegenheiten dem Betreuer zugewiesen wurden, ist in diesem Zusammenhang ohne Belang. Wird als Folge einer Wohnungsaufgabe ein Telefonanschluß uä aufgegeben, handelt es sich um Folgewirkungen der Wohnungsaufgabe und stellt nicht eine Entscheidung (Kontrolle) über den Fernmeldeverkehr des Betroffenen dar. Bedenken bestehen, wenn nur Teilbereiche erfassende Aufgabenkreise formuliert werden.

Ob die Angelegenheiten des § 1907 (je nachdem alle oder nur ein Teil von ihnen) erfaßt werden, hängt von der Formulierung des Aufgabenkreises, seinem allgemeinen Verständnis und der Sorgfalt der Ermittlungen ab, weil etwa eine Bezeichnung „Mietverhältnis" nicht präzise genug sein dürfte, um die Aufgabe von nicht aufgrund eines regulären Mietverhältnisses genutzten Räumlichkeiten zu erfassen. Auch die Bezeichnung „Wohnungsangelegenheiten" kann zu Zweifeln Anlaß geben, wenn nicht näher angegeben wird, um welche Wohnung es sich handelt, und nicht zweifelsfrei festzustellen ist, daß der Betreute nur eine Wohnung hat (vgl einerseits KLÜSENER Rpfleger 1991, 225, 228, andererseits MünchKomm/SCHWAB Rn 3; SOERGEL/DAMRAU Rn 1). Alltagssprachlich erfaßt die Formulierung „Wohnungsangelegenheiten" eher die der Wohnungserhaltung und nicht ihrer Aufgabe dienenden Aktivitäten eines Mieters oder Benutzers, so daß ein Zusatz: einschl der Beendigung des Miet- oder Nutzungsverhältnisses (oä) geboten, zumindest empfehlenswert erscheint. Daß sich der Aufgabenkreis des Betreuers auf das Mietverhältnis erstrecken muß (ERMAN/ROTH Rn 4), löst nicht das Problem einer geeigneten Formulierung und Fassung des Aufgabenkreises.

Würde man ausschließlich eine dem § 1907 entspr Formulierung verlangen (so KLÜSENER Rpfleger 1991, 225, 228; **abl** MünchKomm/SCHWAB Rn 3), könnte die Zuständigkeit des Betreuers in Altfällen zu Zweifeln Anlaß geben, weil die Aufgabenkreise der Altfälle eine dem BtG entsprechende Differenziertheit der Aufgaben nicht kennen. Speziell die Wirkungskreise von Gebrechlichkeitspflegschaften und die in der DDR gebräuchlichen Beschreibungen könnten Anlaß zu Klarstellungen oder Erweiterungen bieten. Nach der von BOBENHAUSEN Rpfleger 1994, 13, 14 vorgenommenen Differenzierung der zum Lebenssachverhalt „Umzug in ein Heim" zu rechnenden Entscheidungen bzw Handlungen des Abs 1 unterliegt die Kündigung des Mietvertrages über die bisher genutzte Wohnung (bzw der Aufhebungsvertrag darüber oder die Entscheidung über die weitere Verwendung der eigenen Wohnung) sowie der Abschluß eines neuen Mietvertrages (Heimvertrages) – hier kommt es auf den Inhalt der Vereinbarung an – der vormundschaftsgerichtlichen Genehmigung. Die Willensbekundung zur Aufhebung des bisherigen Aufenthalts und die Begründung eines neuen sowie die Räumung der bisherigen Wohnung werden von dem Genehmigungsvorbehalt des § 1907 Abs 1 nicht erfaßt.

Die Zuordnung der Kündigung des Mietvertrages und der anderen der Aufgabe oder anderweitigen Nutzung der bisher innegehaltenen Wohnung (Räumlichkeiten) dienenden Erklärungen bzw Handlungen zur Vermögenssorge (BOBENHAUSEN Rpfleger 1994, 13, 14) verdeutlicht die Fragwürdigkeit, einen komplexen Lebenssachverhalt, in dem insgesamt der Betreute für schützenswert angesehen wurde, in Bestandteile aufzulösen, für die aufgrund bestimmter Zuordnungen der Betreuer uU (noch) gar nicht zuständig ist. Obwohl der Wechsel von Wohnung zu Heim der häufigste Anwendungsfall des § 1907 sein dürfte, sollten die übrigen, nicht typisch verlaufenden, dennoch aber von § 1907 erfaßten Fälle nicht außer Betracht gelassen werden.

c) Eigener Vorschlag

10 Nach bisherigem Verständnis reicht für die Erfassung der Angelegenheiten des § 1907 Abs 1 und 2 das Aufenthaltsbestimmungsrecht aus. Bei allen Bedenken wegen der Mißbrauchsgefahr (COEPPICUS FamRZ 1993, 1017, 1024 ff) hat dieser Aufgabenkreis die größte Nähe zu dem Vollzug einer realen Aufenthaltsbestimmung durch die Schaffung oder Veränderung räumlicher Bedingungen für den Aufenthalt eines Betreuten (anders für Abs 2 S 2 MünchKomm/SCHWAB Rn 9; SOERGEL/DAMRAU Rn 7 sieht dagegen keinen Unterschied zu Abs 2 S 1). Insbesondere für die Mitteilungspflicht des Abs 2 besteht kein Bedürfnis, dafür einen weitergehenden Aufgabenkreis zu verlangen, weil durch die Mitteilung des Betreuers an das Vormundschaftsgericht die Möglichkeit gegeben ist, je nach konkreter Bedarfslage den Anwendungsbereich des Betreuers für die gewünschten Zwecke zu erweitern oder einen weiteren Betreuer zu bestellen. Dies reicht aus, um dem Schutzbedürfnis des Betreuten gerecht zu werden. Da durch die Verpflichtung des Abs 2 nicht ein (weiterer) Eingriff in die Rechte des Betreuten bewirkt wird, bedarf es auch aus diesem Grunde keiner eigenen Aufgabenzuweisung. Gegen das Herausheben einzelner zur Aufenthaltsbestimmung zu rechnender Handlungen oder Entscheidungen (etwa mit dem Wort „insbesondere") ist nichts einzuwenden. Nach DAMRAU/ZIMMERMANN[2] Rn 1 reicht der Aufgabenkreis der Vermögenssorge für Verträge nach Abs 3, nicht dagegen für Fragen der Wohnungsauflösung der Absätze 1 und 2.

2. Erweiterung des durch § 1821 gewährleisteten Schutzes

Die Vorschrift erweitert den bisher in § 1821 Abs 1 Nr 1 und 4 enthaltenen Schutz, der unmittelbar für die Vormundschaft und durch die Bezugnahme in § 1908i Abs 1 S 1 auch für das Betreuungsrecht gilt. **11**

3. Reichweite der Norm

Die Regelung der Abs 1 und 2 betrifft nur Mietverhältnisse über Wohnraum. Die Kündigung eines Pachtverhältnisses ist in den Schutz der Vorschrift nicht einbezogen worden, auch nicht für diejenigen Fälle, bei denen das Pachtobjekt ausnahmsweise Wohnraum enthält. Der RegEntw ist davon ausgegangen, daß in solchen Fällen in aller Regel eine gewerbliche oder sonst dem Erwerb dienende Nutzung nicht nur rechtlich, sondern auch tatsächlich im Vordergrund stehen wird, so daß eine Anwendung der in § 1907 enthaltenen Regelung deshalb in erster Linie auf eine Überwachung der erwerbswirtschaftlichen Betätigung des Betreuten hinauslaufen und damit den Regelungsrahmen der Vorschrift überschreiten würde (BT-Drucks 11/4528, 151). Gleichwohl könnte im Einzelfall der Schutzzweck der Norm eine entsprechende Anwendung auch bei Vorliegen von Pacht(ähnlichen)-Verhältnissen erforderlich werden lassen (BIENWALD, BtR² Rn 16). **12**

4. Einschränkende und ausdehnende Interpretation

Abs 1 und 2 betreffen die Beendigung des Mietverhältnisses, also einer vertraglich geregelten Rechtsbeziehung zwischen Vermieter und Mieter, die eine entgeltliche Gebrauchsüberlassung von Räumlichkeiten mit oder ohne ein dazugehöriges Grundstück zum Gegenstand hat (BIENWALD, BtR² Rn 14). Der Zweck der Vorschrift, die unkontrollierte unzeitige Aufgabe des Lebensmittelpunktes des Betreuten zu verhindern, erfordert jedoch eine teils einschränkende, teils ausdehnende Interpretation (MünchKomm/SCHWAB Rn 8). **13**

Hat der Betreute Wohnraum gemietet, ohne darin selbst zu wohnen (zB für den studierenden Sohn oä, wobei es nicht darauf ankommt, daß dieser Zweck bereits bei Vertragsschluß beabsichtigt war), genießt die Aufgabe dieses Wohnraums (die aus Kostengründen notwendig werden könnte) nicht den Schutz des § 1907 (MünchKomm/SCHWAB Rn 8; ERMAN/ROTH Rn 3), sofern es sich um die Betreuung des Mieters dieses Wohnraums handelt. Wird dem Sohn (oder der Tochter), wegen dessen Ausbildung der Wohnraum gemietet worden war, ein Betreuer bestellt und will dieser den Wohnraum aufgeben, kommt eine unmittelbare Anwendung des Abs 1 und des Abs 2 S 1 nicht in Betracht; gleichwohl handelt es sich – regelmäßig – in einem solchen Fall um eine räumliche Veränderung des Lebensmittelpunktes dieses Betroffenen, so daß jedenfalls eine Mitteilungspflicht gemäß Abs 2 S 2 besteht.

Es kommt nicht darauf an, wer den Mietvertrag geschlossen hat. Entscheidend ist, daß der Betreute durch den Mietvertrag die Rechtsposition des (Mit-)Mieters erworben hat. § 1907 ist auch anzuwenden, wenn der Betreute in das bestehende Mietverhältnis als Ehegatte, Familienangehöriger (§§ 563, 563a), Lebenspartner, Erbe oder in ähnlicher Position eingetreten ist.

5. Entsprechende Anwendung hinsichtlich anderer Wohn-/Lebensverhältnisse

14 Da dem Wortlaut der Vorschrift nach in Abs 1 und 2 nur Mietverhältnisse von dem Schutz erfaßt werden, die realen Lebensverhältnisse von Betroffenen aber sehr **verschiedene Wohnformen** aufweisen, stellt sich die Frage einer entsprechenden Anwendung der Bestimmungen auf solche Wohnverhältnisse. Die Beantwortung dieser Frage steht in engem Zusammenhang mit dem Verständnis und der Reichweite des Abs 2 S 2. Die Materialien geben darüber keinen eindeutigen Aufschluß. Anliegen des BRates war es, „auch die Aufgabe der Wohnung des Betreuten, die dieser als Eigentümer oder sonst dinglich Berechtigter besitzt", der Genehmigung des Vormundschaftsgerichts zu unterstellen (BT-Drucks 11/4528, 210). Die BReg stimmte diesem Anliegen, „den Schutz des Betreuten gegen die faktische Aufgabe einer ihm gehörenden Wohnung bzw einer Wohnung, zu deren Gebrauch er auf Grund eines dinglichen Rechts berechtigt ist, zu verstärken", in ihrer Gegenäußerung grundsätzlich zu, schlug jedoch eine Formulierung vor, die über diese Absicht hinausgehen könnte, wenn man nicht den Begriff „Wohnraum des Betreuten" nur als Ausdruck der dinglichen Berechtigung erkennen will. Abs 1 bezieht sich seinem Wortlaut nach nur auf die Beendigung einer Wohnberechtigung durch Willenserklärung und sieht demgemäß nur die Genehmigung des Vormundschaftsgerichts zu einer Willenserklärung vor, nimmt also eine tatsächliche Aufgabe von Wohnraum aus. Würde man eine entsprechende Anwendung von Abs 1 auf die tatsächliche Aufgabe von Wohnraum in Fällen der genannten sonstigen Wohnformen ablehnen, bliebe ein Schutz nur über Abs 2 S 2 übrig. Hiergegen spricht der schwache Schutz, den die bloße Mitteilung einer beabsichtigten Veränderung der Wohnsituation bietet im Gegensatz zu einem Genehmigungsvorbehalt, der eine ähnliche Wirkung entfaltet wie in den §§ 1904 ff. Abs 1 sollte deshalb eine entsprechende Anwendung auf sämtliche **Nutzungsverhältnisse von Wohnraum** erfahren, die für den Betreuten eine Erlaubnis oder Duldung des Wohnens enthalten (ähnlich bereits BIENWALD, BtR² Rn 14 ff). Dazu sind aber auch **Heimverträge** zu rechnen, bei denen die Leistungen der Einrichtung nicht lediglich in der Pflege der Bewohnerinnen und Bewohner bestehen. Denn selbst wenn der Raum, in dem die betreffende hilfebedürftige Person lebt, nicht vermietet wird, so wird doch vielfach das Mitbringen eigener Gegenstände wie Mobiliar (soweit dafür Platz vorhanden) und Bilder usw gestattet oder vereinbart sein, um eine persönliche Wohnatmosphäre entstehen zu lassen, die es ausschließt, sich hinsichtlich der Aufgabe des Lebensmittelpunktes (und eines etwaigen Genehmigungsvorbehalts) an bestimmten Merkmalen des Heimvertrages oder des Mietrechts festzuhalten. **AA** LG Münster (FamRZ 2001, 1404 = Rpfleger 2001, 180 = BtPrax 2001, 81), das die Anwendung des § 1907 auf die Kündigung eines Vertragsverhältnisses über einen Pflegeheimplatz nicht (entsprechend) anwenden will. Im Ergebnis ebenso HARMS (Rpfleger 2002, 60, 61), der dem Heimplatz grundsätzlich die Eigenschaft des Wohnraums abspricht, den Heimwechsel, auch wenn es sich nicht um „Wohnraum" iSd § 1907 handelt, aber der Aufsicht des Vormundschaftsgerichts unterstellt. Formen des Betreuten Wohnens, für die das HeimG nicht gilt (§ 1 Abs 2 HeimG; näher KUNZ/BUTZ/WIEDEMANN HeimG [2003] § 1 Rn 14), fallen unter den Genehmigungsvorbehalt dieser Vorschrift ebenso wie Formen gemeinschaftlichen Wohnens, bei denen unterschiedliche Eigentums- und Besitzverhältnisse (Nutzungsverhältnisse; nicht unbedingt Mietverhältnisse) bestehen können (zB bei Seniorenwohngemeinschaften). Dazu sind Heimverträge zu rechnen, bei denen nicht die Pflegeleistung überwiegt, auch Wohnverhältnisse bei Angehörigen, gleichgültig ob hiermit eine Pflegeleistung verbunden ist oder nicht.

Es kann auch nicht auf die Wirksamkeit von Mietverhältnissen abgestellt werden, weil andernfalls der durch einen Nichtbetreuten, aber nicht Geschäftsfähigen, hergestellte Zustand eines Wohnverhältnisses nicht geschützt wäre.

Der von der Bund-Länder-Arbeitsgruppe „Betreuungsrecht" vorgeschlagene und von der Konferenz der Justizministerinnen und Justizminister am 6.11.2003 gebilligte Entwurf eines 2. BtÄndG sah die Vertretung eines Ehegatten oder Lebenspartners durch den anderen in einigen Lebensbereichen für den Fall vor, daß dieser Ehegatte oder Lebenspartner außerstande ist, selbst die erforderliche Entscheidung zu treffen. Unter anderem bestimmte ein neu eingefügter § 1358 BGB-E, daß der andere Ehegatte (oder Lebenspartner, § 8 Abs 2 LPartG) „ein Mietverhältnis, an dem der Ehegatte als Mieter beteiligt ist, kündigen oder aufheben, in dessen Namen einen Heimvertrag abschließen und Rechte und Pflichten aus einem Heimvertrag wahrnehmen" können sollte; § 1907 Abs 1 und 3 sollten in diesem Fall entsprechend gelten. Diese Regelung ist jedoch nicht Gesetz geworden.

6. Ausgeschlossene Anwendung

Die Vorschrift ist nicht anzuwenden, wenn und soweit der Betreute a) außerhalb der Zuständigkeit des Betreuers oder b) innerhalb des Aufgabenkreises des Betreuers konkurrierend zu diesem handelt und diese Handlungen mangels Geschäftsunfähigkeit und anderer Entstehungshindernisse wirksam sind. Der Betreute regelt außerhalb der Betreuung seine Angelegenheiten selbst, solange das Vormundschaftsgericht nicht eine Erweiterung des Aufgabenkreises vorgenommen oder einen weiteren Betreuer mit entsprechendem Aufgabenkreis bestellt hat. Zu der diesbezüglichen Informationspflicht des bestellten Betreuers s § 1901 Abs 5. Handelt der nicht geschäftsunfähige Betreute innerhalb des Aufgabenkreises des Betreuers in Angelegenheiten, die durch § 1907 erfaßt werden, benötigt der Betreute nicht die Genehmigung des Vormundschaftsgerichts (ebenso ERMAN/ROTH Rn 3; MünchKomm/SCHWAB Rn 4). Zu Mitteilungen an das Gericht ist er nicht verpflichtet. Ist zu befürchten, daß er sich dadurch erheblichen Schaden (weiterhin) zufügt, kann mit der Anordnung eines Einwilligungsvorbehalts reagiert werden. Auch in dieser Hinsicht besteht eine Mitteilungspflicht des Betreuers nach § 1901 Abs 5. **15**

Beauftragt der Betreute den Betreuer, das Mietverhältnis über Wohnraum des Betreuten aufzugeben, und handelt der Betreuer aufgrund und im Rahmen dieser (wirksamen) Vollmacht, entfällt die Anwendung von Abs 1 und 2. Es liegt in diesen Fällen nicht anders als in denen konkurrierender Zuständigkeit (ebenso MünchKomm/ SCHWAB Rn 4; ERMAN/ROTH Rn 3). Wer aufgrund einer (Vorsorge-)**Vollmacht** tätig wird, benötigt zu den Handlungen und Entscheidungen, die von § 1907 erfaßt werden bzw erfaßt werden würden, nicht die Genehmigung des Vormundschaftsgerichts. Ebensowenig unterliegt er wie der nach § 1896 Abs 3 bestellte Betreuer dem Genehmigungsvorbehalt, wenn dieser lediglich darüber wacht, daß der Bevollmächtigte bei der Wahrnehmung seiner Aufgaben, die Angelegenheiten des § 1907 darstellen, sich vereinbarungsgemäß und anweisungsgerecht verhält. Es ist Tatfrage, ob der Betreute den Betreuer lediglich von der Genehmigungspflicht befreien will, wenn er mit der **16**

Aufgabe der Mietwohnung einverstanden ist, was nicht zugelassen ist, oder als geschäftsfähiger Betreuter den Betreuer bevollmächtigt, was eine gerichtliche Genehmigung nicht erfordert.

7. Sonderfälle

17 War im Zeitpunkt des Wirksamwerdens der Betreuerbestellung bzw der Erweiterung des Aufgabenkreises für die in § 1907 Abs 1 geregelten Angelegenheiten die für die Beendigung der Wohnsituation maßgebende Handlung bereits bewirkt (Zugang der Kündigungserklärung, s dazu STAUDINGER/ROLFS [2003] § 542 Rn 28 ff, 57; Abschluß des Aufhebungsvertrages), kommt eine gerichtliche Genehmigung nicht mehr in Betracht, auch wenn der Wohnraum tatsächlich noch nicht aufgegeben, die Wohnung noch nicht geräumt ist. Der Betreuer übernimmt die Besorgung der Angelegenheiten in der Rechtslage, in der sie sich bei Wirksamwerden seiner Bestellung befinden. Waren in diesem Zeitraum Umstände, auf Grund derer die Beendigung des Mietverhältnisses in Betracht kommt, bereits eingetreten, ohne daß das Gericht bisher davon Kenntnis hatte, trifft den Betreuer die Verpflichtung aus Abs 2 S 1, solange nicht die Beendigung des Mietverhältnisses vollzogen ist.

8. Auswirkungen bei bestehender Partnerschaft

18 Zu beachten sind Besonderheiten, die sich dadurch ergeben, daß der Betreute verheiratet ist, in Lebensgemeinschaft mit einem Partner gelebt hat oder Mitbewohner in einer Wohngemeinschaft war. Ändert der Betreuer den Aufenthalt des Betreuten und bleibt ein Angehöriger allein in der gemeinsamen Wohnung zurück, wird dadurch das „Zurück" des Betreuten in die früheren Wohnverhältnisse nicht ausgeschlossen. Ist aber der zurückbleibende Ehegatte berechtigt, die Wohnung allein aufzugeben, ist der Betreuer daran nicht beteiligt. Die Informationspflicht des Betreuers nach Abs 2 S 1 wird dadurch nicht entbehrlich.

Entsprechendes gilt für die Personen, die eine Lebenspartnerschaft nach Maßgabe des LPartG eingegangen sind.

Nach § 1 des **Gesetzes zum zivilrechtlichen Schutz vor Gewalttaten und Nachstellungen** (GewSchG) von 11. 12. 2001 (BGBl I 3513) hat das Gericht auf Antrag der verletzten Person die zur Abwendung weiterer Verletzungen erforderlichen Maßnahmen zu treffen. Es kann insbesondere anordnen, daß der Täter es unterläßt, die Wohnung der verletzten Person zu betreten. Das Gericht kann dies auch dann anordnen, wenn eine Person die Tat in einem die freie Willensbestimmung ausschließenden Zustand krankhafter Störung der Geistestätigkeit begangen hat, in den sie sich durch geistige Getränke oder ähnliche Mittel vorübergehend versetzt hat. Obwohl das GewSchG nicht, jedenfalls nicht in erster Linie, im Hinblick auf Sachverhalte mit Beteiligung einer (nach den Bestimmungen der §§ 1896 ff) betreuten Person entwickelt worden ist, kann es zu den Aufgaben des Betreuers gehören, einen Antrag zu stellen, die zur Abwendung weiterer Verletzungen erforderlichen Maßnahmen zu treffen. Wurde dem Betreuer nicht der allgemeine und eher umfassende Aufgabenkreis der Personensorge zugewiesen, dürfte es erforderlich sein, als Aufgabe die Geltendmachung oder Wahrnehmung der Rechte aus dem GewSchG zu bestimmen. Ob das Gesetz auch gegen eine nach §§ 1896 ff betreute Person angewendet, ihr also zB das Betreten oder die Mitbenutzung der Räumlichkeiten einer anderen Person untersagt werden kann, ist bereits im Hinblick auf § 1 Abs 3 fraglich. Außerdem besteht für den Betreuer mit Personensorge oder dem Aufenthaltsbestimmungsrecht (einschl des Rechts der Unterbringung in einer geschlossenen Einrichtung) die Möglichkeit, entsprechende Entscheidungen zu treffen. Haben in einem Heim zwei Bewohner einen Raum oder eine Wohnung inne, kommt ebenfalls die Anwendung des GewSchG in Betracht.

9. Räumungsschutz bei Suicidgefahr und ähnliche Fälle

Zum Räumungsschutz bei Suicidgefahr s BVerfG NJW 1991, 3207 = R & P 1992, 34 **19** und die im Anschluß daran ergangenen Entscheidungen KG Rpfleger 1995, 469; LG Krefeld Rpfleger 1996, 363; OLG Düsseldorf Rpfleger 1998, 208. Das LG Hannover wendet die Grundsätze des BVerfG auch auf das Verfahren auf Erlaß einer Durchsuchungserlaubnis nach § 758 ZPO an. Besteht im Fall einer Zwangsräumung bei einem nahen Angehörigen des Schuldners eine Suizidgefahr, ist diese bei der Anwendung des § 765a ZPO in gleicher Weise wie eine beim Schuldner selbst bestehende Gefahr zu berücksichtigen (BHG FamRZ 2005, 1170 = NJW 2005, 1859). Schrifttum: BINDOKAT NJW 1992, 2872; SCHNEIDER JurBüro 1994, 321 (krit); WALKER/GRUSS NJW 1996, 352 (fordern in jedem Fall Interessenabwägung; dazu BGH FamRZ 2005, 1170 = NJW 2005, 1859). Zur Auslegung des § 18 WEG und der Verpflichtung eines Wohnungseigentümers, sein Wohnungseigentum zu veräußern, wenn die verpflichtete (ehemals unter Gebrechlichkeitspflegschaft stehende) Person nicht schuldhaft die Rechte anderer Wohnungseigentümer schwer verletzt hat, BVerfG (3. Kammer des Ersten Senats) NJW 1994, 241. Eine einstweilige Einstellung der Zwangsräumung bei Suizidgefahr kommt erst bei einem durch die Vollstreckung entstehenden Nachteil und nicht schon dann in Betracht, wenn der Nachteil in der Tatsache des Titels selbst besteht (BGH FamRZ 2003, 372). Das Gericht ist verpflichtet, dem Vorbringen des Schuldners, ihm drohten bei einer Zwangsräumung seines Hausgrundstücks schwerwiegende Gesundheitsbeeinträchtigungen (Suizidgefahr), besonders sorgfältig (ggf Einholen eines Gutachtens) nachzugehen (OLG Brandenburg Rpfleger 2000, 406; Rpfleger 2001, 91).

10. Kostenübernahme für einen Übergangszeitraum

Verzögert sich die vormundschaftsgerichtliche Genehmigung zur Wohnungskündi- **20** gung eines bereits in einem Pflegeheim lebenden Betreuten, so ist der Sozialhilfeträger für diesen Übergangszeitraum verpflichtet, neben der Übernahme der Pflegekosten auch noch die Mietkosten der nicht mehr benötigten Unterkunft zu zahlen. Dies ergibt sich aus dem besonderen Schutz des § 1907 für diesen Personenkreis. Es verletzt den Kläger (Betreuten) in seinen Rechten, wenn solche bestehenden Verbindlichkeiten nicht berücksichtigt werden (VG München BtPrax 1993, 213, 215). Zu Praktiken, die Überweisungen der Mietkosten an den Vermieter einzustellen, s oben Rn 2. Zur Übernahme von Unterkunftskosten gem § 12 BSHG grundsätzlich BVerwG DÖV 1997, 35, 36.

IV. Beendigung des Wohnraum-Mietverhältnisses (Abs 1)

1. Kündigung (Abs 1 S 1)

21 Der Betreuer bedarf der vormundschaftsgerichtlichen Genehmigung zur Kündigung eines **Mietverhältnisses**, an dem der Betreute als Mieter beteiligt ist. Der Betreute muß nicht Alleinmieter sein. Wird ein Mietverhältnis über Wohnraum aufgegeben, den Eheleute gemeinschaftlich gemietet hatten, bedarf der Betreuer zur Kündigung ebenfalls der Genehmigung des Vormundschaftsgerichts. Genügt im Außenverhältnis die Erklärung eines Ehegatten und kündigt die nicht betreute Person, kommt eine gerichtliche Genehmigung dieser Kündigung nicht in Betracht. Dem Betreuer obliegt hier gegebenenfalls die Mitteilung an das Vormundschaftsgericht gemäß Abs 2 S 1. Ebenso liegt es, wenn nur der nichtbetreute Ehegatte Mietvertragspartner ist und das Mietverhältnis kündigen will (zur Situation von Ehegatten im Mietrecht generell STAUDINGER/EMMERICH [2003] Vorbem 82 zu § 535). Unter den Genehmigungsvorbehalt fällt auch die Beendigung eines **Untermietverhältnisses**.

22 Genehmigungsbedürftig ist die **rechtsgeschäftliche** Aufgabe oder Veränderung des Mietverhältnisses. Eine Änderung des Mietverhältnisses durch den Richter nach der HausratsVO, die für den Betreuten zum gleichen Ergebnis wie die Kündigung des Mietverhältnisses führen kann, unterliegt nicht der vormundschaftsgerichtlichen Genehmigung (§ 16 Abs 2 HausratsVO).

23 Kündigung ist die einseitige empfangsbedürftige Willenserklärung, durch die das Mietverhältnis für die Zukunft beendet wird. Voraussetzung dieser Wirkung ist das Vorhandensein eines entsprechenden Kündigungsgrundes. Das Erfordernis der Genehmigung gilt für jede Kündigung, gleichgültig aus welchem Grunde sie ausgesprochen wird (gesetzliche, vertragliche, ordentliche, außerordentliche Kündigung). Für das Genehmigungserfordernis kommt es auch nicht darauf an, aus welchen Motiven die Kündigung erklärt werden soll, ob eine andere Wohnung bezogen, in ein Pflegeheim gewechselt, der Hausrat in die neue Wohnung mitgenommen oder veräußert werden soll. Die Wohnungsauflösung als ein eigenes Arbeitsprogramm des Betreuers steht nicht unter Genehmigungsvorbehalt (BT-Drucks 11/4528, 150). Gegebenenfalls sind einzelne Handlungen oder Entscheidungen genehmigungsbedürftig.

Durch den Hinweis auf den vom Betreuten gemieteten Wohnraum hat der Gesetzgeber sichergestellt, daß die Vorschrift auch dann anzuwenden ist, wenn der Betreute den Raum nicht mehr oder vorübergehend nicht bewohnt, etwa weil er untergebracht ist oder sich in einem Krankenhaus aufhält (BT-Drucks 11/4528, 150).

24 Der RegEntw hat es im Zusammenhang mit der Begründung, weshalb eine allgemeine Regelung über die Wohnungsauflösung nicht getroffen worden ist, abgelehnt, den möglicherweise auf zwingenden beruflichen Gründen beruhenden Umzug von Eltern, die ihr volljähriges Kind betreuen und ihm in ihrer Wohnung ein eigenes Zimmer überlassen haben, einer generellen Genehmigungspflicht zu unterwerfen (BT-Drucks 11/4528, 84). Die Gründe für die Nichtanwendung des § 1907 in diesem Falle sind darin zu sehen, daß sich zwar die räumliche Situation für den Betroffenen ändert und die sozialen Bezüge berührt werden, die rechtliche Situation bezüglich seiner Wohnverhältnisse, auf die Abs 1 S 1 und 2 abheben, aber dadurch nicht geändert wird, so daß eine Genehmigungspflicht in einem solchen Fall entfällt. Für einen Fremdbetreuer besteht hier auch keine Mitteilungspflicht aus Abs 2.

2. Aufhebung (Abs 1 S 2)

Abs 1 S 2 macht auch die Willenserklärung des Betreuers, die auf eine Aufhebung eines in S 1 bezeichneten Mietverhältnisses gerichtet ist, genehmigungsbedürftig. Das betrifft sowohl das eigene Angebot des Betreuers auf den Abschluß eines Aufhebungsvertrages als auch die Annahme des von Seiten des Vermieters gemachten Vertragsangebotes. Auf die Aufhebung iS einer Beseitigung des Mietverhältnisses gerichtete Erklärungen sind genehmigungspflichtig, so der Verzichtsvertrag, der (erlaubte) Rücktritt vom Vertrag sowie die Anfechtung wegen Willensmängeln (MünchKomm/SCHWAB Rn 14). Auch die Erklärung nach § 563 Abs 3 (bisher § 569a Abs 1, 2), das Mietverhältnis nicht fortzusetzen, muß vormundschaftsgerichtlich genehmigt sein (MünchKomm/SCHWAB Rn 14). Soweit es sich bei diesen Beendigungsmöglichkeiten um Verträge handelt, kann die erforderliche vormundschaftsgerichtliche Genehmigung auch nachträglich erteilt werden (sinngemäße Anwendung von § 1829; vgl § 1908i Abs 1 S 1). Einseitige Willenserklärungen sind dagegen nur mit vorher erteilter Genehmigung des Vormundschaftsgerichts wirksam (§ 1831 iVm § 1908i Abs 1 S 1). 25

3. Maßstäbe für die Entscheidung des Gerichts nach Abs 1

Maßgebend sind die auch für den Betreuer geltenden Handlungsanweisungen des § 1901 Abs 2 und 3. Die Beachtung von § 1901 Abs 4 kann ausnahmsweise dann für die Entscheidung des Gerichts von Bedeutung sein, wenn die Änderung des Aufenthaltsortes des Betreuten und die Aufgabe der Wohnung die Inanspruchnahme von gesundheitsfördernden und rehabilitativen Maßnahmen iSd § 1901 Abs 4 erheblich erleichtern würde. Zu beachten ist dabei jedoch, daß die in dieser Vorschrift aufgeführten Maßnahmen nur Angebotscharakter haben, solange dem Betreuer nicht der entsprechende Aufgabenkreis mit gesetzlicher Vertretung übertragen worden ist. 26

Ausschlaggebend für die Frage, ob und mit welcher Zielrichtung die Genehmigung erteilt wird, ist vor allem, ob der Betreute durch die beabsichtigte Aufgabe der bisherigen Wohnung (Wohnraum) seine selbständige Lebensweise ganz oder teilweise aufgeben muß oder verliert. In diesem Zusammenhang kommt es wesentlich darauf an, ob die bisher vorhanden gewesenen sozialen Bezüge erhalten bleiben oder so erhebliche Veränderungen erfahren, daß eine Eingewöhnung in die neue Umgebung nur schwer oder gar nicht gelingt. Wichtig ist, ob auch an dem neuen (Wohn-)Ort eine erforderliche Unterstützung ganz oder teilweise selbständiger Lebensführung durch diverse personelle und finanzielle Hilfen sichergestellt werden kann.

Hat der Wohnungswechsel den Umzug in ein Heim zum Ziel, kommt es zB auf die Feststellung an, ob der Betreute in der bisherigen Umgebung mit der zur Verfügung stehenden Unterstützung (ambulante Hilfen) weiterhin selbständig leben kann oder ob ein so hohes Maß an Gefahr für Leib oder Leben besteht, daß ein Alleinleben nicht mehr verantwortet werden kann (näher HARM Rpfleger 2002, 59, 60). Entschei- 27 dungserheblich kann es sein, in welchem Maße Verhaltensauffälligkeiten des Betreuten der Umgebung zuzumuten sind (der Betreute hat Mieterpflichten) und wann die Grenze des Unerträglichen (Unzumutbaren) und damit auch für den Betreuten Schädlichen (Isolierung) erreicht ist.

Finanzielle Überlegungen und Konsequenzen sind zu bedenken, haben aber je nach Situation einen unterschiedlichen Stellenwert. Wechselt der vermögende Betreute in ein Heim, nehmen die laufenden Kosten allgemein erheblich zu, so daß der Aspekt des Sparens durch baldige Aufgabe der bisherigen Wohnung eine untergeordnete Rolle spielt. Wegen des Schutzes der Wohnung für den Betreuten darf die Genehmigung zur Kündigung eines Mietverhältnisses sogar bei objektiv unsinnigen Mietausgaben nicht erteilt werden, solange nicht höherrangige Rechtsgüter gefährdet sind und die Gefahr droht, künftig ohne Hilfe einen angemessenen Unterhalt nicht mehr bestreiten zu können (OLG Oldenburg Rpfleger 2003, 65). Geht es nach einem mehr oder weniger langen Krankenhausaufenthalt um die Frage, ob der Betreute in die bisherige Umgebung zurückkehren kann oder in ein Heim ziehen muß, kann eine schnelle Entscheidung verfehlt sein, weil nicht genügend Zeit für die Prognose zur Verfügung steht. Nach einiger Zeit (ca 3–4 Monate) läßt sich verläßlicher entscheiden, welcher Aufenthalt dauerhaft in Frage kommt. Die während dieser Zeit (uU auch durch Inanspruchnahme von Probewohnmöglichkeiten) entstehenden doppelten Kosten fallen längerfristig kaum ins Gewicht. Allgemeinwirtschaftliche Überlegungen sowie eine Rücksichtnahme auf den Wohnungsmarkt („Zeiten der Wohnungsknappheit", ERMAN/HOLZHAUER Rn 10) oder auf den Sozialhilfeetat (PALANDT/DIEDERICHSEN Rn 5) sind regelmäßig fehl am Platze, weil dadurch eher eine sachlich fehlerhafte und damit eine uU sehr viel teurere Entscheidung bewirkt wird. Mißbrauchsfälle sind nicht auszuschließen, aber in diesem Feld eher selten. Abzuwägen sind das persönliche Wohl des Betreuten, seine Wünsche und Interessen, die in erster Linie auf die Aufrechterhaltung des bisherigen Lebensmittelpunktes ausgerichtet sein werden, und die für die Änderung des Aufenthalts und die damit verbundene Aufgabe des bisherigen Wohnraums sprechenden Umstände. Zur Verpflichtung des Sozialhilfeträgers, die Mietkosten für einen Übergangszeitraum zu übernehmen, s oben Rn 20. Nicht zum Vorteil der Betroffenen wird die Bereitschaft eines älter gewordenen Menschen, das Alleinleben in einer kaum noch selbst zu bewirtschaftenden Wohnung zu Gunsten einer Betreuung im Heim aufzugeben, durch reale Mißstände, aber ebenso durch einseitige Berichterstattung, Gerüchte und vielerlei Vorbehalte beeinträchtigt.

28 Eine mit der Änderung des bisherigen Lebensmittelpunktes verbundene Entfernung von Betreuer und Betreutem darf regelmäßig deshalb kein Gesichtspunkt sein, weil bei Unzumutbarkeit der Belastung der Betreuer aus seinem Amt entlassen werden darf (§ 1908b Abs 2) und außerdem ein wichtiger Grund für die Abgabe der Betreuungssache an ein anderes Gericht oder eine andere zuständige Behörde gegeben sein kann (§ 65a FGG, § 3 Abs 2 BtBG). Der mitunter entstehende Konflikt zwischen einer gewachsenen Vertrauensbeziehung zwischen Betreuer und Betreutem einerseits und den Notwendigkeiten räumlicher Veränderung läßt sich bedauerlicherweise nicht immer zu aller Zufriedenheit lösen.

4. Wirkung der Genehmigung und ihrer Verweigerung

§ 1907 enthält keine eigene Bezugnahme auf das System der §§ 1825 ff; die Verweisung in § 1908i Abs 1 S 1 erstreckt sich nur auf die Anwendung der dort genannten Genehmigungsbestimmungen. Wegen des inneren Zusammenhangs der die Genehmigung des Gerichts erfordernden Bestimmungen ist von einer entspr Anwendung der §§ 1825 ff auszugehen. Hat der Betreuer die nach Abs 1 erforderliche Genehmigung des Vormundschaftsgerichts nicht eingeholt oder hat das Vormundschaftsgericht die beantragte Genehmigung verweigert, ist eine ohne sie erklärte Kündigung und jede andere **einseitige** Willenserklärung, die auf die Beendigung des Mietverhältnisses abzielt, **nichtig** (§ 1831 iVm § 1908i Abs 1 S 1); die nachgeholte Genehmigung und die nach Einlegen der Beschwerde erteilte Genehmigung haben keine nachträglich heilende Kraft (SOERGEL/DAMRAU Rn 5; SOERGEL/ZIMMERMANN Rn 9).

Hat das Gericht die Genehmigung vor der Erklärung der Kündigung oder der Abgabe der entsprechenden Erklärungen erteilt, ist diese dennoch unwirksam, wenn der Betreuer die Genehmigung nicht in schriftlicher Form vorlegt und der Erklärungsgegner die Kündigung aus diesem Grunde unverzüglich zurückweist (§ 1831 S 2 iVm § 1908i Abs 1 S 1). Die vertragliche Beendigung kann ohne vorher erteilte gerichtliche Genehmigung vorgenommen werden; der Vertrag ist jedoch schwebend unwirksam. Er wird erst wirksam, wenn das Vormundschaftsgericht die erforderliche Genehmigung nachträglich erteilt hat und der Betreuer die Tatsache der Genehmigung dem Vertragspartner mitteilt (§ 1829 Abs 1 S 2 iVm § 1908i Abs 1 S 1). Lehnt das Gericht die Genehmigung des Vertrages ab, hat der Betreuer auch dies dem Vertragspartner mitzuteilen (§ 1829 Abs 1 S 2 iVm § 1908i Abs 1 S 1). Zu beachten ist auch die Regelung des § 1829 Abs 2, die nach § 1908i Abs 1 S 1 im Betreuungsrecht sinngemäß anzuwenden ist.

5. Verfahren

Die Entscheidungen nach § 1907 Abs 1 trifft der Rechtspfleger (§ 3 Nr 2 a RPflG). Ein Richtervorbehalt besteht nicht (§ 14 Nr 4 RPflG; KLÜSENER Rpfleger 1991, 225, 226; ERMAN/ROTH Rn 10; MünchKomm/SCHWAB Rn 11). Zur „sinnlosen Aufspaltung der Bearbeitung", wenn zunächst der Richter die überwiegend personenbezogene Aufgabenzuweisung vornimmt, der Rechtspfleger anschließend (erneute persönliche Anhörung erforderlich, § 69d Abs 1 S 3 FGG) die Entscheidung des Betreuers genehmigt, HK-BUR/RINK, § 1907 Rn 2. Örtlich zuständig ist das Betreuungsgericht gemäß § 65 Abs 4 FGG. Es handelt sich um eine Verrichtung, die die Betreuung betrifft, so daß die Vorschriften der §§ 65 ff FGG (Betreuungssachen) zur Anwendung kommen, soweit sich nicht aus Spezialbestimmungen ein anderes ergibt. Der Betreute ist uneingeschränkt verfahrensfähig (§ 66 FGG). Nach Maßgabe des § 67 FGG ist ihm ein Pfleger für das Verfahren zu bestellen (KIRSCH Rpfleger 1992, 379, 381; OLG Oldenburg Rpfleger 2003, 65; **aA**, auch für den Fall nicht möglicher persönlicher Anhörung, SOERGEL/ZIMMERMANN Rn 19; MünchKomm/SCHWAB Rn 10). Ist der Betreute untergebracht und wird aus diesem Grunde eine Genehmigung nach § 1907 eingeholt, ist dies eine Betreuungs- und keine Unterbringungssache. Wird zugleich mit einer Genehmigung nach § 1907 eine Genehmigung nach § 1906 verbunden, ist jedes Verfahren grundsätzlich nach den für sich geltenden Bestimmungen durchzuführen. Werden die Verfahren aus zeitlichen Gründen miteinander durchgeführt, sind die Vorschriften anzuwenden, die den weitestgehenden Rechtsschutz bieten.

Der Betreute ist vor einer Entscheidung nach § 1907 Abs 1 (u Abs 3) persönlich anzuhören (§ 69d Abs 1 S 3 FGG). Die persönliche Anhörung kann unterbleiben, wenn hiervon erhebliche Nachteile für die Gesundheit des Betroffenen zu besorgen sind und der Betreute offensichtlich nicht in der Lage ist, seinen Willen kundzutun (zu Anhörungsfragen ausführlich BIENWALD, BtR³ Rn 28).

Die Einholung eines Sachverständigengutachtens ist nicht ausdrücklich vorgesehen. Im Rahmen von § 12 FGG (Amtsermittlung) kann es geboten sein, insbesondere zur Frage der Auswirkungen der räumlichen Veränderung auf den Betreuen, zum Krankheits- oder Gesundungsverlauf und zur Prognose in bezug auf die Dauer selbständiger Lebensgestaltung Sachverständige zu hören (OLG Oldenburg Rpfleger 2003, 65, 66). Das Unterlassen solcher Ermittlungen kann mit der Rüge mangelnder Sachaufklärung angegriffen werden. Empfehlenswert ist die Einholung eines Sozialberichts der Betreuungsbehörde (§ 8 BtBG), der ua Aussagen über Quantität und Qualität ambulanter Hilfen enthalten sollte.

Die Anhörung der Behörde und angehöriger Personen nach § 68a FGG ist nicht zwingend. Ist ein Gegenbetreuer bestellt, ist er zu hören (§§ 1826, 1832, 1908i Abs 1 S 1).

Die Entscheidung ist dem Betreuten selbst bekanntzumachen (§ 69a Abs 1 S 1 FGG); zum Absehen von der Bekanntgabe der Gründe s § 69a Abs 1 S 2 FGG. Die Entscheidung ist ferner dem Betreuer bekanntzumachen. Hatte das Gericht der Behörde Gelegenheit zur Stellungnahme gegeben, ist auch ihr die Entscheidung bekanntzumachen (§ 69a Abs 2 S 2 FGG). Wegen ihrer Nachprüfbarkeit ist die Entscheidung mit Gründen zu versehen (BVerfGE 40, 276, 286). Sowohl die Genehmigung als auch deren Versagung sind mit ordentlichen Rechtsmitteln anfechtbar. Dem „Geschäftspartner" steht ein Beschwerderecht aus § 20 FGG nicht zu (Münch-Komm/SCHWAB Rn 13).

Das Verfahren auf vormundschaftsgerichtliche Genehmigung einer vom Betreuer ausgesprochenen Kündigung (so der LS) eines Mietverhältnisses ist in der Hauptsache erledigt, wenn der Vermieter seinerseits gekündigt hat und die Wohnung daraufhin geräumt worden ist (BayObLG von 13. 11. 1997 – 3 Z BR 397/97).

6. Folgen

31 Die Genehmigung zur Kündigung der Wohnung durch das Vormundschaftsgericht berechtigt den Betreuer **nicht**, den Betreuten **zwangsweise** aus der Wohnung zu setzen und (zB) in ein Alten-/Pflegeheim zu befördern. Das Vormundschaftsgericht kann auch nicht aufgrund von § 33 FGG Zwang anordnen (SOERGEL/ZIMMERMANN Rn 8). Im Falle einer Unterbringung, die vom Vormundschaftsgericht genehmigt wurde, besteht die Möglichkeit, der zur Unterstützung bei der Unterbringung in Anspruch genommenen oder zu nehmenden zuständigen Behörde Gewaltanwendung gerichtlich zu genehmigen (§ 70g Abs 5 FGG). Dabei geht es aber um die Unterbringung, die mit Freiheitsentziehung verbunden ist. Gewaltanwendung für das Verlassen der Räumlichkeiten und den „Umzug" ohne das Ziel der Unterbringung ist nicht vorgesehen (LG Offenburg FamRZ 1997, 899 = NJWE-FER 1997, 275: unzulässig; **aA** LG Bremen BtPrax 1994, 102: soweit z Wohl d Betreuten objektiv erforderlich). Zur Frage eines gewaltsamen Zugangs zu den Räumlichkeiten und entsprechender gerichtlicher Ermächtigung (verneinend) LG Görlitz NJWE-FER 1998, 153 mwN. S auch § 1901 Rn 41 ff.

Kündigt der Betreuer **ohne** die vorherige **Genehmigung** des Gerichts, ist die Kündigung unwirksam (§ 1831 S 1 iVm § 1908i Abs 1 S 1) Nimmt der Betreuer mit Genehmigung des Vormundschaftsgerichts die Kündigung vor ohne schriftlichen Nachweis, kann der Vermieter die Kündigung zurückweisen (im einzelnen § 1831 S 2 iVm § 1908i Abs 1 S 1). Im Falle vertraglicher Aufhebung des Mietverhältnisses ist nachträgliche Genehmigung durch das Vormundschaftsgericht möglich (§ 1829 Abs 1 S 1 iVm § 1908i Abs 1 S 1). Zur Fristsetzung durch den Vermieter und deren Folgen s § 1829 im übrigen.

Nicht in rechtlichem, sondern in tatsächlichem Zusammenhang mit der Aufgabe des bisherigen räumlichen Lebensmittelpunktes des Betreuten stehen Rechtsfragen, das Rechtsverhältnis zwischen **Bewohner und Heim** betreffend. Dazu sind in letzter Zeit einige Entscheidungen ergangen, auf die hier hinzuweisen ist.

Für Heime, die alte Menschen sowie pflegebedürftige oder behinderte Volljährige nicht nur vorübergehend aufnehmen, gilt das Heimgesetz (idF von 5.11.2001 – BGBl I 2970). Dessen § 14 Abs 1 untersagt es dem Träger eines Heimes, sich von oder zugunsten von Bewohnern Geld- oder geldwerte Leistungen **über das** nach § 5 **vereinbarte Entgelt hinaus** versprechen oder gewähren zu lassen. Das darin enthaltene Testierverbot dient nach Auffassung des BVerfG legitimen Gemeinwohlinteressen und verstößt nicht gegen den Verhältnismäßigkeitsgrundsatz; es ist deshalb nicht verfassungswidrig (BVerfG [1. Kammer des 1. Senats] FamRZ 1998, 1498 = NJW 1998, 2964 = Rpfleger 1998, 516 = ZEV 1998, 312, ergangen zu § 14 Abs 2 HeimG aF).

Nach KG FGPrax 1998, 185 = FamRZ 1998, 1542 = ZNotP 1998, 502 wird eine bereits vor dem Einzug in ein Heim zugunsten des Heimträgers errichtete **letztwillige Verfügung** nach dem Einzug wegen Verstoßes gegen § 14 Abs 1 HeimG nichtig, wenn über sie zwischen Heimträger und Heimbewohner Einvernehmen besteht und eine Ausnahmegenehmigung nicht eingeholt wird.

Für die Annahme einer Einrichtung iSd § 1 HeimG aF und der Voraussetzungen des Testierverbots des § 14 Abs 2 HeimG aF kommt es weder auf eine Mindestzahl von Bewohnern noch auf die Erteilung der verwaltungsbehördlichen Heimerlaubnis an. Die Verfassungsbeschwerde betraf § 14 HeimG aF von 7.8.1974 (BGBl I 1873) und das in ihm enthaltene Testierverbot (aaO). Zur analogen Anwendbarkeit von § 14 HeimG auf Betreuungsverhältnisse s BayObLG ZEV 1998, 232 = MittBayNot 1998, 263 und MÜLLER ZEV 1998, 219. Zur Nichtigkeit einer letztwilligen Verfügung wegen Verstoßes gegen § 14 Abs 5 HeimG, auch wenn nicht der Heimleiter, sondern seine Kinder zu Nacherben eingesetzt werden, OLG Düsseldorf ZEV 1998, 34 = MittBayNot 1998, 264 = RdL 1998, 39 = ZNotP 1998, 31. Zu beiden Entscheidungen auch ROSSAK, Neuere zivilrechtliche Probleme zu Vorschriften des Heimgesetzes und deren erweiterte Anwendung, MittBayNot 1998, 407. Zur Frage der Anwendung des HeimG bei Aufnahme familienfremder Personen zur Betreuung in den

Privathaushalt eines Heimbetreibers BayObLGZ 1998, 22 = FamRZ 1998, 1141. Zur Nichtigkeit von Testamenten, die gegen § 14 HeimG verstoßen, sowie Ausnahmen davon, eingehend STAUDINGER/OTTE (2003) Vorbem 144 ff zu §§ 2064 ff sowie zuletzt BayObLGZ 2004, 189 = FamRZ 2005, 142 = Rpfleger 2004, 699 und BayObLGZ 2003, 136 = FamRZ 2003, 1882 = Rp 2004, 10.

Die Pflege des Erblassers in der eigenen Wohnung fällt nicht unter das HeimG (OLG Düsseldorf FamRZ 2001, 1564 = NJW 2001, 2338 = FGPrax 2001, 122; LG Bonn FamRZ 2000, 918 [LS] = PflegeRecht 2001, 207; STAUDINGER/OTTE [2003] Vorbem 145 zu §§ 2064 ff mwN). Auf Verfügungen des Betreuten zugunsten seines Betreuers findet § 14 HeimG ebenfalls keine Anwendung (LG Hamburg DNotI-Rp 2000, 86; weitere Nachw bei STAUDINGER/OTTE [2003] Vorbem 144 ff zu §§ 2064 ff). Zur (abgelehnten) Anwendung von § 14 Abs 1 HeimG auf Heime außerhalb Deutschlands OLG Oldenburg (FamRZ 1999, 1312 m Anm MANKOWSKI = NdsRpfl 1999, 206 = NJW 1999, 2448).

Zur Frage der Zulässigkeit einer **Abwesenheitsvergütung** im Heimbereich entschied das OLG Nürnberg (BtPrax 1997, 241; s auch Rechtsdienst der Lebenshilfe 3/98, 138): „Die in einem Heimvertrag für Altenpflegeheime und Altenheime mit Pflegestation verwendete AGB-Klausel ‚Im Falle der vorübergehenden Abwesenheit des Bewohners von jeweils mehr als 2 Tagen wird ein Betrag von ... DM pro Tag an den Bewohner zurückerstattet, höchstens jedoch für 30 Kalendertage im Jahr (Abwesenheitsvergütung)‘, verstößt nicht deshalb gegen § 9 AGBG, weil sie die Erstattung einer Abwesenheitsvergütung für 2 Tage nicht vorsieht." Nunmehr entschied der BGH (BGHZ 148, 233 = FamRZ 2001, 1361 = BtPrax 2001, 249), daß die Klausel in einem Heimvertrag, nach der das volle Betreuungsentgelt bei vorübergehender Abwesenheit bis zu drei Tagen weiterzuzahlen ist, der Inhaltskontrolle nach § 9 AGBG nicht standhält.

Zur Frage, ob dem Betreuer für die Zeit Vergütung zu bewilligen ist, die er benötigte, um mit dem Betroffenen zusammen ein Heim zu besichtigen, in das dieser aufgenommen werden sollte, LG Potsdam BtPrax 1998, 242 (verneinend) mit abl Anm BIENWALD BtPrax 1999, 22.

Zur Außerachtlassung einer Pflegschafts-(Betreuer-)Vergütung bei der Bemessung des anzurechnenden Einkommens im Falle der Heimunterbringung OVG Bremen FEVS 48, 347 (auch ZfF 1998, 281).

V. Die Mitteilungspflicht nach Abs 2

1. Ziel und Inhalt der Mitteilungspflicht des S 1

34 S 1 soll den Betreuten davor schützen, daß er die Wohnung bzw den Wohnraum als seinen Lebensmittelpunkt dadurch verliert, daß der Betreuer gegen die Kündigung oder die Räumungsanliegen des Vermieters nicht die notwendigen Schritte unternimmt. Auf Grund der Mitteilung an das Gericht kann das Vormundschaftsgericht zum Wohl des Betreuten Anordnungen nach § 1837 iVm § 1908i Abs 1 S 1 treffen, soweit dafür Anlaß besteht und die Voraussetzungen vorliegen. Ein Einschreiten in sinngemäßer Anwendung des § 1837 kommt also nur gegen Pflichtwidrigkeiten des Betreuers in Betracht (§ 1837 Abs 2 iVm § 1908i Abs 1 S 1). In einem solchen Fall kann das Vormundschaftsgericht iS einer äußersten Maßnahme den Betreuer zB anweisen, einer Kündigung durch den Vermieter entgegenzutreten (BT-Drucks 11/4528, 50; ERMAN/ROTH Rn 5). Sache des Vormundschaftsgerichts ist es nicht, die Einzelheiten der Berechtigung der Kündigung oder der Räumungsklage oder deren Prozeßrisiko in vollem Umfang abzuschätzen (BT-Drucks 11/4528, 151). Zum (fehlenden) Kündigungsschutz zB BGH NJW 1996, 2862, wenn ein gemeinnütziger Verein die vom Eigentümer gemietete Wohnung an eine von ihm betreute Person (nicht iSd § 1896, gleichwohl kann sie auch in diesem Sinne betreut sein) weitervermietet hat und der Eigentümer von dieser die Räumung der Wohnung verlangt. Die Mitteilungspflicht und deren Erfüllung können aber immerhin zur Folge haben, daß das Vormundschaftsgericht Mißbräuchen rechtzeitig entgegentreten kann. UU sind Probleme, die auf eine Kündigung oder Räumung hinauslaufen, bereits im Rahmen jährlicher Berichterstattung (§ 1840 Abs 1 iVm § 1908i Abs 1 S 1) angekündigt oder berichtet worden.

Der Betreuer hat die Umstände unverzüglich, dh ohne schuldhaftes Zögern (§ 121 Abs 1 S 1), mitzuteilen. Die Mitteilung kann schriftlich oder mündlich, ggf auch telefonisch erfolgen.

Will der nicht geschäftsunfähige Betreute selbst den Wohnraum aufgeben, besteht zwar keine Mitteilungspflicht nach dieser Vorschrift, uU aber die Mitteilungspflicht aus § 1901 Abs 5, weil in bezug auf zu befürchtende Aktivitäten des Betreuten entweder eine Erweiterung des Aufgabenkreises des Betreuers, die Anordnung eines Einwilligungsvorbehalts oder die Erweiterung der einwilligungsbedürftigen Willenserklärungen angezeigt erscheint.

Ein Umstand, der zur Beendigung des Mietverhältnisses führt, ist die Kündigung des Mietverhältnisses durch den Vermieter oder einen von ihm Beauftragten, aber auch jede andere einseitige Erklärung der Vermieterseite, durch die das Mietverhältnis beendet wird, zB ein (zulässiger) Rücktritt vom Vertrag oder die Anfechtung wegen Irrtums (§§ 119, 121, 122).

Die Räumungsklage und bereits das Räumungsverlangen sind regelmäßig Folgen aus dem bereits beendeten Mietverhältnis. Eine entsprechende Anwendung aus Gründen des Betreutenschutzes ist auch für diese Fälle schon deshalb geboten, weil die erfolgte Erklärung der Kündigung zeitlich vor der Betreuerbestellung liegen kann, so daß der Betreuer auf die Beendigung des Mietverhältnisses noch keinen Einfluß nehmen konnte. War die Kündigung oder die sonst der Beendigung des Mietverhältnisses dienende Erklärung der Vermieterseite dem geschäftsfähigen Betreuten gegenüber erklärt worden, hat auch der Betreuer lediglich die Möglichkeit, sich gegen die Folgen der Beendigung des Mietverhältnisses zu wenden, sofern die Beendigung nicht aus einem anderen Grunde unwirksam ist.

Erforderlich ist die Mitteilung an das Vormundschaftsgericht auch dann, wenn der als Mieter des Mietvertrages alleinzuständige nichtbetreute Ehegatte das Mietverhältnis durch Kündigung oder in sonstiger Weise beendet (s dazu oben Rn 21).

2. Abs 2 S 2

35 Die Mitteilungspflicht dient dem Schutz des Betreuten gegen die faktische Aufgabe einer ihm gehörenden Wohnung, zu deren Gebrauch der Betreute auf Grund eines dinglichen Rechts berechtigt ist (BT-Drucks 11/4528, 229). Der Betreuer wird zur Mitteilung verpflichtet für den Fall, daß er selbst die tatsächliche Aufgabe der Wohnung betreibt. Allerdings unterliegen einzelne Geschäfte, die der Wohnungsauflösung dienen oder sie dokumentieren, zB Kündigung von Versorgungsverträgen (Stromlieferung), Veräußerung einzelner Möbel, nicht dem Genehmigungsvorbehalt (Damrau/Zimmermann[3] Rn 6); sie werden auch nicht mitgeteilt. Mitzuteilen ist die Absicht der Wohnungsaufgabe, das Vorhaben, ehe es zur Ausführung kommt. Die Aufgabe der dinglichen Berechtigung unterliegt der vormundschaftsgerichtlichen Genehmigung nach § 1821 iVm § 1908i Abs 1 S 1.

Verläßt der Betreute die Wohnung mit dem Ziel der Aufgabe seines Lebensmittelpunktes, liegt kein Fall des Abs 2 S 2 vor. Es handelt sich um eine Angelegenheit des Aufenthaltsbestimmungsrechts. Räumt der Betreute die Wohnung aus und zieht er um, ist die Aufgabe des Wohnraums bereits tatsächlich vollzogen, so daß auch in dieser Situation die Voraussetzungen der Mitteilungspflicht nach Abs 2 S 2 nicht vorliegen.

Die Befugnis und die Verpflichtung zur Mitteilung nach Abs 2 S 2 erfordern keinen umfassenderen Aufgabenkreis als das Aufenthaltsbestimmungsrecht, diesen aber mindestens (BT-Drucks 11/4528, 151; Erman/Roth Rn 5). Für den Inhalt der Mitteilung, die tatsächliche Aufgabe der Wohnung des dinglich Berechtigten, ist nicht die Befugnis zur Aufgabe des Eigentums oder der dinglichen Berechtigung nötig (**aA** MünchKomm/Schwab Rn 20).

VI. Räumung der Wohnung

36 Die faktische Räumung der Wohnung bzw der Räumlichkeiten, zu deren Aufgabe vormundschaftsgerichtliche Genehmigung erforderlich war, steht nicht unter Genehmigungsvorbehalt. Bei der Miete von Räumlichkeiten gehört die Entfernung der eingebrachten Sachen, soweit der Vermieter nicht ihre Zurücklassung aufgrund des Vermieterpfandrechts beansprucht, zur Mieterpflicht (Staudinger/Rolfs [2003] § 546 Rn 17). Ob die Veräußerung bzw Verwertung der Gegenstände genehmigungsfrei ist, bestimmt sich nach allgemeinem Recht (§ 1908i iVm §§ 1802 ff). Die Eigentums- und Besitzaufgabe an wertlosem Hausrat ist als genehmigungsfreie Annexhandlung zur genehmigten Wohnungsaufgabe zu werten.

Räumt der Betreuer die Räumlichkeit zwecks Aufgabe des Lebensmittelpunktes seines Betreuten, stellt dies ein Symbol dar und ist nach Maßgabe von § 1907 genehmigungspflichtig.

VII. Das Genehmigungserfordernis in Fällen des Abs 3

37 Abs 3 enthält einen Genehmigungsvorbehalt für

– Miet- und Pachtverträge jeder Art, wenn das Vertragsverhältnis länger als vier Jahre dauern soll (Abs 3 Alt 1);

– Mietverträge von beliebiger Dauer, wenn durch sie vom Betreuer Wohnraum vermietet werden soll (Abs 3 Alt 2);

– Verträge aller Art, durch die der Betreute zu wiederkehrenden Leistungen für länger als vier Jahre verpflichtet wird (Abs 3 Alt 3).

Nach Abs 3 Alt 1 sind die Verträge dann genehmigungsbedürftig, wenn sie sowohl den Betreuten zu wiederkehrenden Leistungen verpflichten, als auch auf die Dauer von mehr als vier Jahren geschlossen werden. Zunächst werden nur Miet- und Pachtverträge dieser Art genannt. Abs 3 Alt 3 dehnt das Genehmigungserfordernis auf andere Verträge jedweden Inhalts aus, vorausgesetzt, sie erfüllen die genannten zwei Voraussetzungen. Hierzu gehören zB Versicherungsverträge (Personen- und Sachversicherungen), Bauspar- und sonstige Sparverträge oder Abzahlungsgeschäfte über einen längeren Zeitraum (Beispiele bei STAUDINGER/ENGLER [2004] § 1822 Rn 83 mwN). Mit dem Ausdruck „wiederkehrende Leistungen" werden nicht nur Geldleistungen erfaßt, sondern Leistungen jeglicher Art, nicht allein Sachleistungen; zwischen beweglichen und unbeweglichen Sachen wird kein Unterschied gemacht (STAUDINGER/ ENGLER [2004] § 1822 Rn 79 mwN).

Der Genehmigungsvorbehalt erstreckt sich auch auf die Fälle, in denen der unter Einwilligungsvorbehalt stehende Betreute (mit Einwilligung des Betreuers) handelt oder handeln will (DAMRAU/ZIMMERMANN[3] Rn 6 mwN).

Die Regelung des Abs 3 Alt 2 soll verhindern, daß der Betreuer die in Abs 1 und 2 vorgesehene Regelung über die Wohnungsauflösung durch Weitervermietung der Wohnung des Betreuten unterläuft (BT-Drucks 11/4528, 151). Deshalb benötigt der Betreuer nach dieser Vorschrift die Genehmigung des Vormundschaftsgerichts zu einem Mietvertrag, durch den er Wohnraum vermieten will, auch dann, wenn das Vertragsverhältnis nicht länger als vier Jahre dauern soll (BT-Drucks 11/4528, 151). Im Verhältnis zu Alt 1 geht es in der Alt 2 um den vom Betreuten genutzten oder seiner Nutzung vorbehaltenen Wohnraum, nicht dagegen um Räumlichkeiten, die dem Betreuten zur Vermietung für Wohnzwecke zur Verfügung stehen (HK-BUR/RINK Rn 21; LG Münster FamRZ 1994, 531 = Rpfleger 1994, 251 = BtE 1992/93, 96 m Anm ENDERS; SOERGEL/ZIMMERMANN Rn 23; ERMAN/ROTH Rn 7; **aA** MünchKomm/SCHWAB Rn 23). Nach dem Wortlaut der Vorschrift kommt es auch nicht darauf an, daß der Wohnraum „als Wohnraum" vermietet wird, sondern daß durch die „Vermietung" dem Betreuten der Wohnraum entzogen wird (BIENWALD, BtR[3] Rn 32). Dem Zweck der Norm zufolge kann nicht allein auf den Abschluß eines Mietvertrages abgestellt werden; auch die Erlaubnis der Nutzung würde im Hinblick auf die Räumungsprobleme dem Betreuten die Räumlichkeiten entziehen (näher BIENWALD, BtR[3] Rn 33).

Vermietung oder Nutzungserlaubnis durch den nicht unter Einwilligungsvorbehalt stehenden Betreuten unterliegt nicht der Genehmigungspflicht; ebenso nicht das Handeln eines Bevollmächtigten, sei es auch der Betreuer, der sich hat bevollmächtigen lassen. Bei erheblicher Eigenschädigung durch Alleinhandeln des Betreuten kann die Anordnung eines auf diesen Aufgabenkreis bezogenen Einwilligungsvorbehalts geboten sein.

41 Die erforderliche vormundschaftsgerichtliche Genehmigung ist grundsätzlich vor Vertragsschluß einzuholen. Zum Verfahren s oben Rn 30. Da es sich in Abs 3 um Verträge handelt, ist nachträgliche Genehmigung möglich (§ 1829 iVm § 1908i Abs 1 S 1). Die Genehmigung kann nur dem Betreuer gegenüber erteilt werden (§ 1828 iVm § 1908i Abs 1 S 1). In Betracht kommt eine allgemeine Ermächtigung nach § 1825 nach Maßgabe von dessen Abs 2. Werden die §§ 1825 ff allgemein auf § 1907 angewendet, kommt die in § 1825 Abs 1 enthaltene Eingrenzung nicht zum Tragen. Ist ein Gegenbetreuer bestellt, soll er, sofern dies tunlich ist, vor der Entscheidung über die erforderliche gerichtliche Genehmigung gehört werden (§ 1826). **Maßstab** für die gerichtliche Entscheidung ist ausschließlich das Wohl des Betreuten (§ 1901 Abs 2), wobei dabei sowohl die Person und ihr Wohlergehen als auch wirtschaftlich/ rechtliche Interessen und Gesichtspunkte zu berücksichtigen sind. Dem psychischen Wohlbefinden des Betreuten kann es dienlich sein, seinen Wünschen zu folgen, die darauf ausgerichtet sind, daß er seinen Angehörigen etwas Gutes tut.

§ 1908
Genehmigung des Vormundschaftsgerichts bei der Ausstattung

Der Betreuer kann eine Ausstattung aus dem Vermögen des Betreuten nur mit Genehmigung des Vormundschaftsgerichts versprechen oder gewähren.

Materialien: Art 1 Nr 47 BtG; erstmals als § 1908k in BT-Drucks 11/4528, 211 (BRat); BT-Drucks 11/4528, 229 (BReg); BT-Drucks 11/ 6949, 14, 80 Nr 24 (RA); STAUDINGER/BGB-Synopse 1896–2005 § 1908.

I. Gesetzgebungsgeschichte

1 Der RegEntw sah eine dem § 1902 Abs 1 aF entsprechende Regelung nicht vor. Soweit die Ausstattung nach § 1624 Abs 1 als Schenkung anzusehen sei, bedürfe es keiner besonderen Regelung. Hier sei der Betreute durch das in § 1908i Abs 2 iVm § 1804 enthaltene Schenkungsverbot hinreichend geschützt. Soweit die Ausstattung das den Umständen, insbesondere den Vermögensverhältnissen des Betreuten, entsprechende Maß nicht übersteige, also nicht als Schenkung anzusehen sei, könne auf das Erfordernis der gerichtlichen Genehmigung ebenfalls verzichtet werden. Geschäftsunfähige Betreute empfänden es teilweise als demütigend, wenn sie etwa bei der Heirat eines Kindes eine Ausstattung nur unter Einschaltung des Gerichts gewähren könnten (BT-Drucks 11/4528, 151).

Mit dem Hinweis, die bisherige Vorschrift habe sich bewährt, sie habe bisher Bedeutung vor allem bei Hof- oder Geschäftsübergaben gehabt, schlug der BRat in seiner Stellungnahme zum RegEntw vor, nach § 1908i einen § 1908k einzufügen, dessen Wortlaut dem jetzigen § 1908 entsprach (BT-Drucks 11/4528, 211). Die BReg stimmte dem Vorschlag zu (BT-Drucks 11/4528, 229), erwog aber einen anderen Standort, den die Vorschrift dann entsprechend dem Beschluß des Rechtsausschusses erhielt (BT-Drucks 11/6949, 76).

II. Normzweck

Die Zustimmung zum Bundesratsvorschlag läßt den Schluß zu, daß die BReg ihre **2** Argumente gegen die Aufnahme der Vorschrift für nicht so schwerwiegend angesehen hat, um auf ihrem Gedanken zu bestehen. Danach wird in Kauf zu nehmen sein, daß die Kontrolle des Gerichts auch in den Fällen für sinnvoll gehalten wird, in denen geschäftsunfähige Betreute die Einschaltung des Gerichts als demütigend empfinden. Normzweck ist danach der Schutz des Betreuten und seines Vermögens vor der Vergabe von Ausstattungen, die über das den Verhältnissen des Betreuten entsprechende Maß hinausgehen, sowie (MünchKomm/Schwab Rn 1) eine entsprechende Kontrolle des Betreuers bei der Vergabe von Ausstattungen.

III. Anwendungsbereich

1. Abgrenzung zu genehmigungsfreier Ausstattung

Handelt der Betreute, der nicht geschäftsunfähig ist, selbst oder beauftragt er den **3** Betreuer, eine Ausstattung aus seinem Vermögen vorzunehmen, bedarf es nicht der Genehmigung des Vormundschaftsgerichts; der Betreuer handelt in diesem Falle außerhalb seines Betreueramtes (zu dem ersten Fall zustimmend Erman/Holzhauer Rn 4). Anders liegt es nur, wenn der nicht geschäftsfähige Betreute oder der geschäftsfähige Betreute unter einem diese Angelegenheit erfassenden Einwilligungsvorbehalt stehen. Ohne die Einwilligung des Betreuers ist dann ein Handeln des Betreuten nicht möglich (bei Verträgen reicht die nachträgliche Zustimmung, § 1903 Abs 1 S 2). Der Betreuer benötigt die Genehmigung des Vormundschaftsgerichts nach § 1908. Der Genehmigungsvorbehalt gilt auch in den Fällen, in denen der Betreuer lediglich seine Einwilligung in das Handeln des Betreuten gibt (ebenso Erman/Holzhauer Rn 4; MünchKomm/Schwab Rn 6).

2. Der Begriff der Ausstattung

Ausstattung ist nach der Legaldefinition des § 1624, „was einem Kinde mit Rücksicht **4** auf seine Verheiratung oder auf die Erlangung einer selbständigen Lebensstellung zur Begründung oder zur Erhaltung der Wirtschaft oder der Lebensstellung von dem Vater oder der Mutter zugewendet wird" (zum Gegenstand der Ausstattung s Staudinger/Coester [2000] § 1624 Rn 9 u 10; ausführlich auch MünchKomm/Schwab Rn 2). Will der Betreuer über Grundvermögen des Betroffenen zugunsten eines erwachsenen Kindes des Betroffenen verfügen, um der Familie des Betroffenen das Anwesen zu erhalten, liegt darin keine Ausstattung des Kindes iSv § 1624 (BayObLG FamRZ 2003, 1967 [LS]).

3. Umfang und Wirkung der Genehmigung

Genehmigungspflichtig ist das Versprechen (das Verpflichtungsgeschäft) oder das **5** Gewähren (das Verfügungsgeschäft). Ist das Ausstattungsversprechen genehmigt, so kann es genehmigungsfrei erfüllt werden (LABUHN/VELDTRUP/LABUHN, Familiengericht und Vormundschaftsgericht [1999] Rn 1215).

Das wirksame Ausstattungsversprechen begründet einen klagbaren Anspruch des Versprechensempfängers (STAUDINGER/COESTER [2000] § 1624 Rn 16). Zu evtl Rückforderungsansprüchen s STAUDINGER/COESTER (2000) § 1624 Rn 23 ff. Besonderheiten können sich daraus ergeben, daß nur einer der Eheleute/Eltern betreut wird.

4. Formfreiheit des Versprechens als Regel

6 Das Versprechen nach § 1908 bedarf nicht der Form des § 518 BGB; Schenkungsrecht ist nicht anzuwenden (MünchKomm/SCHWAB Rn 8; STAUDINGER/COESTER [2000] § 1624 Rn 26). Der Gegenstand des Ausstattungsversprechens kann jedoch eine bestimmte Form erfordern (STAUDINGER/COESTER aaO mit Beispielen).

5. Genehmigungskriterien

7 Das Gericht kann in dem Genehmigungsverfahren prüfen, ob die Ausstattung das den Vermögensverhältnissen des Betreuten entsprechende Maß nicht übersteigt. Maßgebend ist das Wohl des Betreuten. Seinem Wunsch ist nach Maßgabe von § 1901 Abs 3 zu entsprechen (MünchKomm/SCHWAB Rn 7). Ein gesetzlicher Anspruch auf eine Ausstattung, gleich aus welchem Anlaß, besteht nicht. Ein im übrigen vermögensloser pflegebedürftiger Betreuter ist sittlich nicht verpflichtet, seiner vermögenden Tochter einen Teil des von beiden gemeinsam bewohnten Hauses in Form einer Eigentumswohnung zu überlassen, um einen Ausbau der Wohnung herbeizuführen, der die beengte Wohnungssituation der Tochter zu verbessern geeignet ist (BayObLG FamRZ 2003, 1967 [LS]). Zur Frage einer etwaigen sittlichen oder anders zu begründenden Verpflichtung von Eltern s auch STAUDINGER/COESTER (2000) § 1624 Rn 4. Zur Angemessenheit einer Ausstattung OLG Stuttgart, BWNotZ 1997, 147 m krit Anm ZIEGER, der eine Ausstattung für genehmigungsfähig hält, die die Höhe des Pflichtteils nicht übersteigt.

IV. Verfahren

8 Zuständig für die Genehmigung oder deren Verweigerung ist der Rechtspfleger, § 3 Nr 2 Buchst a, § 14 Nr 4 RPflG. Die örtliche Zuständigkeit des Vormundschaftsgerichts ergibt sich aus § 65 Abs 4 FGG (Betreuungsgericht). Besondere Verfahrensvorschriften bestehen nicht, insbesondere ist die persönliche Anhörung des Betreuten nicht vorgesehen (vgl § 69d FGG). Der Betreute ist unbegrenzt verfahrensfähig (§ 66 FGG). Unter den Voraussetzungen des § 67 FGG ist ein Pfleger für das Verfahren zu bestellen. Im Rahmen von § 12 FGG kann die Einholung eines Wertgutachtens geboten sein. Ein bestellter Gegenbetreuer ist zu hören (s dazu oben § 1907 Rn 30). Die Genehmigung des Gegenbetreuers anstelle des Vormundschaftsgerichts ist nicht vorgesehen. Zum Verfahren im übrigen s oben § 1907 Rn 30. Schwierigkeiten bei der Beurteilung der Werte können sich in Fällen ergeben, in denen der Betreuer von der Rechnungslegung befreit ist (§ 1857a iVm § 1908i Abs 1 S 1; § 1908i Abs 2 S 3), weil dann die vermögensmäßige Bewertung einige Zeit in Anspruch nehmen kann.

Die materiellrechtlichen Konsequenzen der Erteilung oder Verweigerung der Genehmigung ergeben sich aus den §§ 1828 bis 1831 iVm § 1908i Abs 1 S 1. Äußerst umstritten ist, wer gegen welche Entscheidung (einfache) Beschwerde einlegen kann (MünchKomm/SCHWAB Rn 10). Zuzustimmen ist MünchKomm/SCHWAB (aaO), daß der Betreute selbst (§ 66 FGG) gegen die Genehmigung Beschwerde einlegen können muß (zB weil er nicht beteiligt wurde oder die Grenzen der Angemessenheit überschritten worden sind). Wird die von dem Betreuer beantragte vormundschaftsgerichtliche Genehmigung nicht erteilt, hat ein Ausstattungsempfänger kein Beschwerderecht und der Betreuer nur, wenn er die Beschwerde im Namen des Betreuten erhoben hat (OLG Stuttgart BWNotZ 1997, 147, 148; aA MünchKomm/SCHWAB Rn 10).

§ 1908a
Vorsorgliche Betreuerbestellung und Anordnung des Einwilligungsvorbehalts für Minderjährige

Maßnahmen nach den §§ 1896, 1903 können auch für einen Minderjährigen, der das 17. Lebensjahr vollendet hat, getroffen werden, wenn anzunehmen ist, dass sie bei Eintritt der Volljährigkeit erforderlich werden. Die Maßnahmen werden erst mit dem Eintritt der Volljährigkeit wirksam.

Materialien: Art 1 Nr 6 DiskE I; Art 1 Nr 41 RegE; Art 1 Nr 47 BtG; DiskE I 151; BT-Drucks 11/4528, 152 (BReg); BT-Drucks 11/6949, 15.

Systematische Übersicht

I.	Normzweck	1
II.	Normgeschichte	2
III.	Maßnahmen nach § 1896 (Betreuerbestellung)	
1.	Art der Maßnahme	3
2.	Aufgabenkreis des Betreuers	4
3.	Voraussetzungen der Betreuerbestellung	5
a)	Die allgemeinen Voraussetzungen	6
b)	Die besonderen Voraussetzungen des § 1908a	8
IV.	Wirkung der Betreuerbestellung	
1.	Rechtsstellung des Betreuers	9
2.	Auswirkungen auf elterliche und vormundliche Sorge	11
3.	Weitere Wirkungen der Betreuerbestellung	12
V.	Verfahren	
1.	Allgemeines	13
2.	Zuständigkeit des Gerichts	14
3.	Antragsbefugnis des Minderjährigen	15
4.	Untersuchung durch den Sachverständigen	16
5.	Die Rechtsstellung von Sorgeberechtigten und/oder Eltern sowie des gesetzlichen Vertreters	17
6.	Vorsorgliche Betreuerbestellung durch einstweilige Anordnung	18
7.	Entscheidungsinhalt und Bekanntmachung	19
8.	Dauer der Maßnahme, Überprüfungsfristen, Mitteilungen	20
9.	Rechtsbehelfe	21
10.	Zur Kostenentscheidung	22

**VI. Maßnahmen nach § 1903
(Einwilligungsvorbehalt)**
1. Voraussetzungen 23
2. Wirksamkeit 24
3. Verfahren 25

Alphabetische Übersicht

Allgemeine Voraussetzungen der Betreuerbestellung 6	Rechtsbehelfe 21
Antrag und von Amts wegen 7	Rechtsstellung des Betreuers 9
Antragsbefugnis des Minderjährigen 15	Rechtsstellung der Eltern 17
Art der Maßnahme 3	Rechtsstellung von Sorgeberechtigten 17
Aufgabenkreis des Betreuers 4	Sachverständiger 16
Auswahl des Betreuers 7	
Auswirkungen der Betreuerbestellung	Überprüfungsfristen 20
– auf elterliche Sorge 11	Unbedingtheit der Maßnahmen 1
– auf vormundliche Sorge 11	Untersuchung durch den Sachverständigen 16
Bekanntmachung der Entscheidung 19	Verfahren 13
Besondere Voraussetzungen des § 1908a 8	Verfahren zur Anordnung eines Einwilligungsvorbehalts 25
Dauer der Maßnahme 20	Verfahrensbeginn 8
	Voraussetzungen der Betreuerbestellung 5
Einstweilige Anordnung 18	Voraussetzungen des Einwilligungsvorbehalts 23
Einwilligungsvorbehalt, Voraussetzungen 23	Vorsorgliche Betreuerbestellung durch einstweilige Anordnung 18
Entscheidung auf Antrag und von Amts wegen 7	Vorwirkungen, keine 10
Entscheidungsinhalt 19	
Inhalt der Entscheidung 19	Weitere Wirkungen der Betreuerbestellung 12
	Wirksamkeit der Entscheidung 24
Kostenentscheidung 23	Wirkungen der Betreuerbestellung 9
	Wirkungen des Einwilligungsvorbehalts 24
Mitteilungen 20	
	Zeitpunkt der Entscheidung 8
Normgeschichte 2	Zuständigkeit des Gerichts 14
Normzweck 1	

I. Normzweck

1 Innerhalb des Betreuungsrechts für Volljährige stellt diese Vorschrift eine Ausnahme dar, indem sie es ermöglicht, einem Kranken oder Behinderten iS des § 1896 Abs 1 einen Betreuer zu bestellen und auch einen Einwilligungsvorbehalt anzuordnen, bevor der Betroffene das 18. Lebensjahr vollendet hat. Vielfach wird bei einer entsprechenden Erkrankung oder Behinderung eines Minderjährigen absehbar sein, daß er bei Eintritt der Volljährigkeit einen Betreuer braucht (BT-Drucks 11/4528, 152). Dies kann besonders bei geistiger Behinderung, aber auch bei einer Abhängigkeitskrankheit begründet sein (ERMAN/HOLZHAUER Rn 3). Zur Vermeidung einer zeitlichen Lücke zwischen der Volljährigkeit und dem späteren Wirksamwerden einer Betreuerbestellung und der Anordnung eines Einwilligungsvorbehalts sind diese vorsorglichen Maßnahmen zugelassen worden.

Die Maßnahmen werden **unbedingt beschlossen**; ihre Wirksamkeit tritt aber erst mit dem Erreichen der Volljährigkeit ein (S 2). Dieser Norminhalt wird durch die neu hinzugefügte amtliche Überschrift verwischt. Die Maßnahmen sind gerade nicht als Vorsorgemaßnahmen für Minderjährige konzipiert, sondern für den dann Volljährigen; sie sollen freilich so rechtzeitig in Gang gebracht werden, daß sie mit Eintritt der Volljährigkeit wirken können. Dadurch wird in das Elternrecht nicht unzulässig eingegriffen (SOERGEL/DAMRAU Rn 2; DAMRAU/ZIMMERMANN Rn 1). Diese Feststellung bezieht sich aber nur auf die Maßnahmen selbst; das Elternrecht wird insofern berührt, als das Verfahren, das von Amts wegen betrieben werden kann, nicht ihrer Verfügungsmacht unterliegt.

II. Normgeschichte

Bereits im DiskE I (5, 151) war eine Bestimmung vorgesehen, die es erlaubte, Maßnahmen nach den §§ 1896, 1897, 1903 auch für einen Minderjährigen zu treffen, der das siebzehnte Lebensjahr vollendet hat, vorausgesetzt daß sie bei Eintritt der Volljährigkeit erforderlich sein werden. Der Betreuer sollte allerdings bereits vor Eintritt der Maßnahmen mit dem Minderjährigen persönlichen Umgang pflegen (§ 1908a S 2 HS 2 DiskE I). Hierdurch sollte ermöglicht werden, daß schon zu Beginn der Betreuung ein Vertrauensverhältnis zwischen dem Betreuten und dem Betreuer besteht. Der DiskE I hielt diese Regelung im Interesse des Minderjährigen für dringend erforderlich und sah darin keinen unzulässigen Eingriff in die Rechte der Eltern, auf deren Beschwerdeberechtigung (§ 69f Abs 1 FGG-E) in diesem Zusammenhang hingewiesen wurde (DiskE I 151). Die Umgangsverpflichtung wurde in den RegEntw nicht übernommen. Man sah es als problematisch an, eine das Elternrecht berührende Umgangsregelung vorzusehen, wollte aber außerdem Unklarheiten in bezug auf Aufwendungsersatz und Vergütung vor der Wirksamkeit der Betreuerbestellung vermeiden. Wegen der Neufassung der §§ 1896 und 1897 ist die Bezugnahme auf § 1897 entfallen. Eine große praktische Bedeutung wurde der Umgangsregelung nicht eingeräumt. In der Regel, so hieß es, sei davon auszugehen, daß bei einer vorsorglichen Betreuerbestellung für einen Minderjährigen in erster Linie dessen Eltern zum Betreuer bestellt werden, da sie meist für eine persönliche Betreuung besonders geeignet sein dürften, ein etwaiger Vorschlag des Minderjährigen auch hierauf gerichtet sein werde und mangels eines solchen Vorschlags die Eltern ohnehin zu berücksichtigen seien (BT-Drucks 11/4528, 152). Zum Gesichtspunkt der persönlichen Bindungen und zu dem Problem der Ablösung der Kinder von ihren Eltern s § 1897.

III. Maßnahmen nach § 1896 (Betreuerbestellung)

1. Art der Maßnahme

Nach dem Wortlaut der Vorschrift können als vorsorgliche Maßnahmen für den noch Minderjährigen sämtliche Arten von Betreuerbestellungen in Frage kommen. In der Regel wird die Bestellung eines Betreuers (zunächst) ausreichen oder die Bestellung der Eltern zu Mitbetreuern naheliegen. In geeigneten Fällen kann auch ein Kontrollbetreuer (MünchKomm/Schwab Rn 4: Vollmachtsbetreuer) oder ein Gegenbetreuer bestellt werden (MünchKomm/Schwab Rn 4). Die Bestellung eines Gegenbetreuers kann bereits mit der Bestellung des (Haupt-)Betreuers erfolgen und zugleich mit dieser wirksam werden; sie kann auch in einem eigenen Verfahren nachgeholt werden.

2. Aufgabenkreis des Betreuers

4 Entsprechend den allgemeinen Bestimmungen sind alle zulässigen Aufgabenkreisbestimmungen möglich. Da die Betreuerbestellung erst mit dem Eintritt der Volljährigkeit wirksam wird, kann auch ein Sterilisationsbetreuer bestellt werden (aA MünchKomm/Schwab Rn 4). Eine Umgehung des § 1631c (Verbot der Sterilisation Minderjähriger) liegt darin nicht, weil mit der Maßnahme zunächst nur der Entscheidungsträger bestellt, nicht aber über die Sterilisation entschieden wird.

Entsprechend der Zielsetzung, mit der vorzeitigen Betreuerbestellung eine lückenlose Betreuung des Betroffenen auf der Schwelle zur Volljährigkeit zu erreichen, wird der zu beschließende Aufgabenkreis eher umfassend sein müssen; seltener werden nur Teilbereiche oder Einzelangelegenheiten zu besorgen sein. Die Betreuung darf aber auch hier nicht weiter gehen als unbedingt erforderlich. In Anbetracht dessen, daß der Betroffene bisher eher umfassend von seinen Eltern versorgt worden sein wird, dürfte eine Prognose, in welchem Umfang nach Vollendung des 18. Lebensjahres eine Betreuung erforderlich ist, nicht leicht fallen.

3. Voraussetzungen der Betreuerbestellung

5 Für die vorsorgliche Betreuerbestellung müssen neben den besonderen Voraussetzungen des § 1908a die für die Bestellung eines Betreuers und für die Anordnung eines Einwilligungsvorbehalts, sofern er in Betracht kommt, vorgesehenen allgemeinen Voraussetzungen (§§ 1896, 1897, 1903) gegeben sein. Hinzu kommt, was nicht ausdrücklich bestimmt ist und sich von selbst versteht, die besondere Situation des jungen Menschen, seine bisherigen Bindungen und Beziehungen, die erfahrene oder unterlassene Förderung, die zu erwartenden Entwicklungen uam.

a) Die allgemeinen Voraussetzungen

6 Entsprechend den für die Betreuerbestellung und die Auswahl des Betreuers getroffenen Regelungen erhält der Betroffene einen oder mehrere Betreuer, wenn er seine Angelegenheiten ganz oder teilweise nicht selbst besorgen kann wegen in § 1896 Abs 1 näher beschriebener Krankheiten oder Behinderungen, und andere Hilfen, bei denen kein gesetzlicher Vertreter bestellt wird, nicht vorhanden oder nicht ausreichend sind (§ 1896 Abs 1 und 2; BT-Drucks 11/4528, 152; MünchKomm/Schwab Rn 4). Eine Vorsorge durch eigene Vollmachterteilung ist im allgemeinen nicht anzunehmen (mangelnde Geschäftsfähigkeit, §§ 104 ff, insbesondere §§ 106 ff). Sie könnte im Rahmen der in den §§ 106 ff eingeräumten Teilgeschäftsfähigkeit des Minderjährigen gegeben sein. Die Bestellung eines Bevollmächtigten durch Eltern (mit Ausnahme ihrer Selbstbevollmächtigung; vgl dazu Erman/Holzhauer Rn 3 und MünchKomm/Schwab Rn 4) ist nicht unbedenklich. Denn Eltern (ebenso wie der Vormund) können die Vollmacht nur in Ausübung ihres Sorgerechts erteilen, das mit der Volljährigkeit ihres Kindes endet und diese (im deutschen Recht) nicht überdauert.

Sie könnten damit die Lebensführung des dann volljährigen (und uU zu einem Widerruf der Vollmacht nicht fähigen) Kindes in unzumutbarer Weise (Art 1 Abs 1 und Art 2 Abs 1 GG) einschränken. Bestünde eine über die Volljährigkeitsgrenze hinaus oder ab dem Zeitpunkt der Volljährigkeit erteilte Vollmacht, könnte es nahezu alleiniger Zweck einer vorzeitigen Betreuerbestellung gemäß § 1908a sein, alsbald nach Wirksamwerden der Bestellung die bestehende(n) Vollmacht(en) zu widerrufen.

Für die Feststellung von Art und Umfang der Betreuungsbedürftigkeit ist zu beachten, daß sich der Sachverständige (§ 68b Abs 1 FGG) nicht nur über die Notwendigkeit der Betreuung, sondern auch über den **Umfang** des Aufgabenkreises und die voraussichtliche **Dauer** der Betreuungsbedürftigkeit zu äußern hat. Danach ist eine **doppelte Prognose** zu stellen a) über die voraussichtliche Dauer der Betreuungsbedürftigkeit und b) über die Notwendigkeit der Betreuung in einem bestimmten Umfang bei Eintritt der Volljährigkeit des jetzt noch minderjährigen Betroffenen.

Nach § 1896 Abs 1a darf ein Betreuer gegen den freien Willen des Volljährigen nicht bestellt werden. Unabhängig davon, ob der Minderjährige iS dieser Vorschrift nach dem Willen des Gesetzgebers einen freien Willen haben kann, kommt eine entsprechende Anwendung (so aber Sonnenfeld FamRZ 2005, 941, 948) jedenfalls im Zeitpunkt einer vor Eintritt der Volljährigkeit beschlossenen Betreuerbestellung nicht in Betracht. Da die Bestellung erst mit der Volljährigkeit wirksam wird und eine auf diesen Zeitpunkt bezogene Prognose bestenfalls mit dem Ergebnis der Verneinung möglich ist, muß die Voraussetzung des § 1896 Abs 1a unmittelbar vor Wirksamwerden der Betreuerbestellung festgestellt oder ihr Vorliegen bestätigt werden. Andernfalls liegen die Voraussetzungen einer Betreuerbestellung nicht vollständig vor. Die vorsorglich getroffene Entscheidung ist (deklaratorisch) aufzuheben.

Die vorsorgliche Betreuerbestellung kann von Amts wegen oder auf Antrag vorgenommen werden; da Dritte kein Antragsrecht haben, ist ein entsprechendes Anliegen von Eltern als Anregung zu einer Bestellung von Amts wegen anzusehen (hM, BT-Drucks 11/4528, 152; MünchKomm/Schwab Rn 4; Damrau/Zimmermann Rn 3). Bei lediglich körperlich Behinderten ist die Betreuerbestellung grundsätzlich nur auf Antrag zulässig (§ 1896 Abs 1 S 3).

Für die Auswahl des Betreuers gelten die §§ 1897 und 1900. Auch kann nach § 1899 die Bestellung mehrerer Betreuer in Betracht gezogen werden, insbesondere dann, wenn beide Elternteile als Betreuer geeignet erscheinen und die bisher gemeinsam getragene Erziehungsverantwortung als Betreuerverantwortung weiter gemeinsam tragen wollen (vgl § 1775 nF und zum früheren Recht BT-Drucks 11/4528, 130 sowie LG Heidelberg FamRZ 1981, 96 und LG Berlin FamRZ 1986, 103). Zu beachten ist die durch Art 1 Nr 9 2. BtÄndG eingeführte Einschränkung der Mehrbetreuerbestellung. Problematisch angesichts des Entscheidungszeitpunktes ist die Berücksichtigung von § 1897 Abs 3, wenn nicht schon jetzt abzusehen ist, daß bestimmte Einrichtungen als Lebensmittelpunkte für den Betroffenen nicht in Frage kommen.

b) Die besonderen Voraussetzungen des § 1908a
Der Betroffene darf nicht schon volljährig sein, und er muß das siebzehnte Lebens-

jahr vollendet haben. Außerdem muß anzunehmen sein, daß die Bestellung eines Betreuers und ggf die Anordnung eines Einwilligungsvorbehalts (§ 1903) bei Eintritt der Volljährigkeit erforderlich sind. Das angegebene Mindestalter ist Sachentscheidungsvoraussetzung (BIENWALD, BtR Rn 22). Eine Anregung, die nach § 1908a zulässigen Maßnahmen zu beschließen, ist auch vor diesem Zeitpunkt möglich (ERMAN/ HOLZHAUER Rn 2).

Lediglich die Entscheidung in der Sache selbst darf nicht vor Vollendung des siebzehnten Lebensjahres getroffen werden. Auch wenn nach Auffassung des RegEntw (BT-Drucks 11/4528, 152) die vorgesehene Zeitschranke ausreicht, rechtzeitig die mit Eintritt der Volljährigkeit erforderlichen Maßnahmen zu treffen, ist dadurch nicht ausgeschlossen, das Verfahren bereits vor Vollendung des 17. Lebensjahres einzuleiten (so aber MünchKomm/SCHWAB Rn 2; ERMAN/HOLZHAUER Rn 2). Die elterliche Sorge wird durch die Einleitung des Verfahrens in Betreuungssachen bereits zu diesem Zeitpunkt grundsätzlich nicht stärker betroffen als durch einen Schadensersatzprozeß oder eine Strafsache gegen den Minderjährigen. Würden Eltern bereits vor Vollendung des 17. Lebensjahres ihres betroffenen Sohnes eine Betreuerbestellung anregen, wäre nichts dagegen einzuwenden, daß das Gericht seine Zuständigkeit prüft und andere geeignete Schritte zur Vorbereitung einer Entscheidung trifft. Eine Sachentscheidung vor dem in § 1908a vorgesehenen Zeitpunkt muß deshalb nicht nichtig sein. Soweit die sachlichen Voraussetzungen für die getroffene Entscheidung auch noch zu dem frühestmöglichen Zeitpunkt des Erlasses der Entscheidung vorliegen, ist sie als mit diesem Tag ergangen anzusehen.

Es muß anzunehmen sein, daß die Bestellung des Betreuers (und die Anordnung des Einwilligungsvorbehalts) bei Eintritt der Volljährigkeit erforderlich sein wird. Das Gericht muß feststellen, daß die Betreuungsbedürftigkeit im Zeitpunkt der Volljährigkeit noch besteht und nicht vorher behoben oder wesentlich verringert ist (ähnlich MünchKomm/SCHWAB Rn 3). Das betrifft auch Entscheidungen der Rechtsmittelgerichte, sofern sie vor Eintritt der Volljährigkeit getroffen werden.

IV. Wirkung der Betreuerbestellung

1. Rechtsstellung des Betreuers

9 Die Wirksamkeit der Betreuerbestellung tritt frühestens mit der Vollendung des 18. Lebensjahres des Betroffenen ein und zwar automatisch, ohne daß dieser Zeitpunkt in den Beschluß aufgenommen sein müßte. Zur Situation, wenn der Betroffene vor Erreichen der Volljährigkeit stirbt, BIENWALD, BtR Rn 39. Voraussetzung des Wirksamwerdens ist, daß in diesem Zeitpunkt auch noch die Voraussetzungen des § 69a Abs 3 FGG erfüllt sind (MünchKomm/SCHWAB Rn 9). Mit diesem Zeitpunkt, gegebenenfalls zu einem späteren Zeitpunkt, erhält der Betroffene einen Betreuer und setzen die Pflichten und Rechte des Betreuers ein. Der Betreuer vertritt den Betreuten gerichtlich und außergerichtlich im Rahmen seines Aufgabenkreises (§ 1902); er hat den ihm erteilten Auftrag (Aufgabenkreis) nach Maßgabe der für den Betreuer geltenden Bestimmungen (insbes §§ 1901, 1908i Abs 1) auszuführen.

Der Betreuer ist mündlich zu verpflichten. Er erhält, sofern das nicht ausgeschlossen ist, einen Betreuerausweis (§ 69b FGG). Mit dem Wirksamwerden der Betreuerbestellung kann auch ein Einführungsgespräch stattfinden, wenn sich der Fall dazu eignet (§ 69b Abs 3 FGG).

Mit Eintritt der Volljährigkeit des Betroffenen endet der bisherige Rechtszustand der beschränkten Geschäftsfähigkeit nach den §§ 106 ff.

Sofern der Minderjährige nicht in einzelnen Beziehungen teilgeschäftsfähig war, entsteht nunmehr die Ausgangslage für konkurrierendes Handeln. Die Betreuerbestellung läßt die Geschäftsfähigkeit oder Geschäftsunfähigkeit des Betroffenen unberührt. Erst mit der Wirksamkeit der Betreuerbestellung hat der Betreuer ein „Recht zum Umgang" mit dem Betreuten, abgeleitet aus der Verpflichtung zu persönlicher Betreuung. Er hat auch das Recht, die Herausgabe des Betreuten von jedem zu verlangen, der ihm den Betreuten vorenthält, wenn dies zum Aufgabenkreis des Betreuers gehört (§ 1632 Abs 1 iVm § 1908i Abs 1 S 1).

Vorwirkungen zeitigt die Entscheidung nach § 1908a **nicht**. Eine ursprünglich in DiskE I vorgesehene Verpflichtung des designierten Betreuers, bereits vor der Wirksamkeit seiner Bestellung persönlichen Umgang mit dem Minderjährigen zu pflegen, ist nicht Gesetz geworden (s oben Rn 2). Eine sinnvolle und wünschenswerte Kontaktpflege (BIENWALD, BtR Rn 28; MünchKomm/SCHWAB Rn 6) ist nur auf freiwilliger Basis möglich. Der Betreuer hat vor dem Eintritt der Wirksamkeit seiner Betreuerbestellung keinen Anspruch auf Auslagenerstattung gemäß §§ 1835, 1835a; eine Vergütung kann ihm für diese Zeit nicht bewilligt werden (BIENWALD, BtR Rn 32 ff; MünchKomm/SCHWAB Rn 14). Beides kann sich aus vertraglicher Verpflichtung der Sorgeberechtigten oder des Betroffenen (mit Zustimmung des gesetzlichen Vertreters) ergeben. Eine nachträgliche Bewilligung von Auslagenerstattung und Vergütung aus Billigkeitsgründen wird für zulässig erachtet (BIENWALD, BtR Rn 34; MünchKomm/SCHWAB Rn 14).

2. Auswirkungen auf elterliche und vormundliche Sorge

Die Entscheidung, einen Betreuer zu bestellen, gegebenenfalls einen Einwilligungsvorbehalt anzuordnen, berührt die elterliche oder vormundliche Sorge für den minderjährigen Betroffenen nicht. Die elterliche und die vormundliche Sorge enden mit dem Eintritt der Volljährigkeit, also in dem Moment, in dem die Betreuerbestellung wirksam wird. Auch wenn das Vormundschaftsgericht die Eltern zu Betreuern bestellt hat, setzt sich deren bisheriges Sorgerecht nicht fort. Die Betreuerbestellung bewirkt ein **eigenständiges Betreuungsrechtsverhältnis** zwischen dem Betreuten und seinem Betreuer. Tritt eine Betreuerbestellung erst nach dem Eintritt der Volljährigkeit in Kraft, wird die dadurch entstandene Lücke in der Vertretung des Betroffenen nachträglich nicht überbrückt oder geschlossen. Ein solcher Sachverhalt kann dadurch entstehen, daß das Gericht kurz vor der Vollendung des 18. Lebensjahres die Entscheidung über die Betreuerbestellung trifft, die Entscheidung aber erst nach dem Eintritt der Volljährigkeit gemäß § 69a Abs 3 S 1 FGG wirksam wird.

3. Weitere Wirkungen der Betreuerbestellung

In bezug auf die übrigen Wirkungen der Betreuerbestellung bestehen keine Besonderheiten gegenüber dem Regelfall. Die Betreuerbestellung und die Anordnung eines Einwilligungsvorbehalts ändern vor Eintritt der Volljährigkeit nichts an der Rechtsstellung des minderjährigen Betroffenen. Er ist zwar für das Verfahren in Betreuungssachen verfahrensfähig; soweit er in anderen Verfahren eine Parteirolle innehat, richtet sich seine Verfahrens- und Prozeßfähigkeit nach den allgemeinen Bestimmungen. Kostenschuldner im Falle der Betreuerbestellung ist der Minderjährige.

V. Verfahren

1. Allgemeines

13 Für das Verfahren zur Prüfung, ob dem Minderjährigen nach Maßgabe des § 1908a ein Betreuer zu bestellen ist, gelten grundsätzlich die allgemeinen Regelungen der §§ 65 ff FGG (so auch MünchKomm/Schwab Rn 5). Der Betroffene ist in allen Verfahren, welche die Betreuung betreffen, ohne Rücksicht darauf, daß er nicht geschäftsfähig ist, verfahrensfähig (§ 66 FGG). Eine Ausnahme für den unter die Bestimmung des § 1908a fallenden Personenkreis hat das BtG nicht getroffen.

Die uneingeschränkte Verfahrensfähigkeit befugt zur Bestellung eines Verfahrensbevollmächtigten, auch eines Rechtsanwalts (so für den volljährigen Betroffenen Keidel/Kayser § 66 FGG Rn 4). Auch wenn die Rechtsordnung dem 17jährigen Betroffenen materiellrechtlich nur die Rechtsstellung eines beschränkt Geschäftsfähigen einräumt, kann sie ihn verfahrensrechtlich im Betreuungsverfahren nicht schlechter (abhängiger) stellen als den natürlich geschäftsunfähigen volljährigen Betroffenen nach § 66 FGG.

Soweit dies erforderlich ist, bestellt das Gericht dem minderjährigen Betroffenen einen Pfleger für das Verfahren nach Maßgabe des § 67 FGG. Die Rechtsstellung des Minderjährigen im Verfahren in Betreuungssachen wird davon nicht berührt. Zur Rechtsstellung der Eltern und/oder des gesetzlichen Vertreters des Minderjährigen s unten Rn 17.

Uneingeschränkt gilt, daß das Gericht den Betroffenen vor der Bestellung eines Betreuers und der Anordnung eines Einwilligungsvorbehalts persönlich anzuhören und sich in jedem Falle einen unmittelbaren Eindruck zu verschaffen hat (§ 68 Abs 1 S 1 FGG), auch wenn es zulässig von der persönlichen Anhörung absieht. Die Entscheidung des Gerichts über die Bestellung eines Betreuers und die Anordnung eines Einwilligungsvorbehalts ist, auch für einen Minderjährigen, erst zulässig, nachdem das Gutachten eines Sachverständigen über die Notwendigkeit der Betreuung nach Maßgabe des § 68b FGG eingeholt worden ist.

Die Entscheidung ist stets dem Betroffenen selbst bekanntzumachen (§ 69a FGG); die Minderjährigkeit des Betroffenen ändert daran nichts (§ 66 FGG).

2. Zuständigkeit des Gerichts

14 Maßgebend für die örtliche Zuständigkeit des Vormundschaftsgerichts ist nicht der Wohnsitz des Minderjährigen (§ 8), sondern sein gewöhnlicher Aufenthalt. Ihn bestimmt der gesetzliche Vertreter des Minderjährigen im Rahmen seines Aufenthaltsbestimmungsrechts (§ 1631 Abs 1). Die Aufenthaltsnahme ist tatsächliche Handlung (so jetzt auch STAUDINGER/WEICK [2004] § 8 Rn 3), die auch ein Minderjähriger vornehmen kann, mit der die Eltern, der Vormund oder der sonst Aufenthaltsbestimmungsberechtigte einverstanden sein muß. Die Zuständigkeitsregelung für das Betreuungsverfahren (§ 65 FGG) kann dann zu Problemen führen, wenn die Eltern oder der sonst Aufenthaltsbestimmungsberechtigte den Aufenthalt des Minderjährigen (Behinderten oder Kranken!) ständig neu bestimmen, so daß sich die Gerichte in Abgabeentscheidungen verlieren.

3. Antragsbefugnis des Minderjährigen

Die Antragsbefugnis eines Minderjährigen wäre angesichts der ihm eingeräumten Verfahrensfähigkeit (§ 66 FGG) unbedenklich, wenn durch den Antrag lediglich das Verfahren in Betreuungssachen ausgelöst werden würde. Das Gericht hat jedoch im Betreuerbestellungsverfahren auf Antrag des Betroffenen die Möglichkeit, auf die Einholung eines Gutachtens zur Frage der Betreuungsbedürftigkeit zu verzichten (§ 68b Abs 1 S 2 FGG), wenn ein ärztliches Zeugnis vorgelegt wird, der Betroffene auf die Einholung eines Gutachtens verzichtet und die Einholung des Gutachtens – nach Auffassung des Gerichts – insbesondere im Hinblick auf den Umfang des Aufgabenkreises des Betreuers – unverhältnismäßig wäre. Da das Gericht für die Vollständigkeit des seiner Entscheidung zugrundegelegten Stoffes die Verantwortung trägt (HABSCHEID, FGG § 19 II 1), darf es von der **Verfahrenserleichterung** des § 68b Abs 1 S 2 FGG **nur dann** Gebrauch machen, wenn das Attest zB ausreichend auf die Frage nach den zu stellenden Prognosen (s oben Rn 6) Auskunft gibt und nicht der Eindruck besteht, es handle sich um ein Gefälligkeitsattest im Interesse bestimmter Angehöriger.

Ist es schon im Falle eines geschäftsunfähigen Volljährigen wegen des voraussichtlich nicht geringen Aufgabenkreises des zu bestellenden Betreuers eher geboten, trotz des gestellten Antrags ein Sachverständigengutachten einzuholen (BIENWALD, BtR § 68b FGG Rn 39 ff, 43), kann bei einem Minderjährigen im Falle seiner Antragstellung wegen der doppelten Prognose (s oben Rn 6) auf ein Sachverständigengutachten grundsätzlich nicht verzichtet werden (im Ergebnis ebenso MünchKomm/SCHWAB Rn 6).

4. Untersuchung durch den Sachverständigen

Die zur Vorbereitung des Gutachtens notwendige und vom Gesetz vorgeschriebene (§ 68b Abs 1 S 4 FGG) persönliche Untersuchung oder Befragung setzt voraus, daß der Betroffene damit einverstanden ist. Gegen den Willen des Betroffenen ist die Untersuchung nur zulässig, wenn das Gericht eine dementsprechende Anordnung getroffen hat (§ 68b Abs 3, 1. Alt FGG). Ist der Betroffene einwilligungsfähig, entscheidet er selbst, ob er sich untersuchen lassen will. Ist er nicht einwilligungsfähig, kommt es auf die Einwilligung des dazu Befugten, hier des Personensorgeberechtigten (§ 1631) an. Anordnungen des Gerichts nach § 68b Abs 3 und 4 FGG, die in das Elternrecht eingreifen, sind zulässig (so auch ERMAN/HOLZHAUER Rn 5; MünchKomm/SCHWAB Rn 7). Insoweit liegt es nicht anders als bei Eltern, deren minderjährige Kinder Angeklagte eines Strafverfahrens sind. Allerdings fragt es sich, ob die gerichtliche Befugnis nicht einer ausdrücklichen Regelung, und sei es auch nur im Wege der Verweisung, bedurft hätte.

Lehnt der Minderjährige die Untersuchung ab und ist er entscheidungsfähig, richtet sich die Maßnahme nach § 68b Abs 3 und 4 FGG gegen ihn. Ist er entscheidungsunfähig und lehnen seine Eltern bzw der Personensorgeberechtigte die Untersuchung ab, kann sich die Maßnahme nach § 68b Abs 3 und 4 FGG ebenfalls nur an den Minderjährigen richten. Da eine Rechtsgrundlage fehlt, kann nicht von den Eltern bzw dem Personensorgeberechtigten unmittelbar die Einwilligung in die Untersuchung des Minderjährigen verlangt oder eine Einwirkung auf den Willen des Minderjährigen erwartet werden. Das Vormundschaftsgericht könnte allenfalls erwägen, das Sorgerecht einzuschränken (§ 1666) und mit Hilfe eines Ergänzungspflegers (§ 1909) die Einwilligung in die Untersuchung zu erreichen.

5. Die Rechtsstellung von Sorgeberechtigten und/oder Eltern sowie des gesetzlichen Vertreters

17 Mit Ausnahme von § 68a S 2 FGG enthält das FGG (in der Fassung des BtG) keine besonderen Bestimmungen über die Rechtsstellung der Eltern bzw des gesetzlichen Vertreters im Verfahren zur vorsorglichen Bestellung eines Betreuers nach § 1908a.

§ 68a S 2 FGG sieht vor, daß das Gericht im Falle des § 1908a auch dem gesetzlichen Vertreter des Betroffenen Gelegenheit zur Äußerung gibt; nach S 3, der für alle Verfahren gilt, soll das Gericht in der Regel auch den Eltern des Betroffenen Gelegenheit zur Äußerung geben, es sei denn, der Betroffene widerspricht mit erheblichen Gründen (S 3). Die Anhörung des gesetzlichen Vertreters ist danach keine Ermessensfrage. Die Form der Anhörung ist jedoch nicht vorgeschrieben. Im Hinblick auf die Verpflichtung des Gerichts, den Sachverhalt von Amts wegen aufzuklären (§ 12 FGG), kann auch eine persönliche Anhörung geboten sein. Die Gelegenheit zur Äußerung dient sowohl der Aufklärung des Verfahrensstoffes als auch der Gewährung rechtlichen Gehörs (Art 103 Abs 1 GG). Nach Auffassung des RegEntw (BT-Drucks 11/4528, 173) sollte dem gesetzlichen Vertreter bei der Bewältigung der Zukunft des minderjährigen Betroffenen eine größere Mitsprachemöglichkeit eingeräumt werden.

Die Entscheidung des Gerichts ist dem minderjährigen Betroffenen stets selbst bekanntzumachen (§§ 66, 69a FGG); eine Bekanntmachung an den gesetzlichen Vertreter kann nur in entsprechender Anwendung von § 16 Abs 2 FGG, § 171 Abs 1 ZPO erfolgen, weil dort von nicht prozeßfähigen Personen die Rede ist (wie hier ERMAN/HOLZHAUER Rn 5; für unmittelbare Anwendung KEIDEL/SCHMIDT § 16 FGG Rn 35).

6. Vorsorgliche Betreuerbestellung durch einstweilige Anordnung

18 Im Hinblick auf die Wirksamkeit der Betreuerbestellung frühestens mit dem Eintritt der Volljährigkeit des Betroffenen kommt eine vorsorgliche Betreuerbestellung nach § 69f FGG mit ihren besonderen Voraussetzungen allenfalls dann in Betracht, wenn der Eintritt der Volljährigkeit unmittelbar bevorsteht (nunmehr wohl allg Meinung; statt vieler MünchKomm/SCHWAB Rn 12).

7. Entscheidungsinhalt und Bekanntmachung

19 Die Vorschrift läßt eine Entscheidung vor Eintritt der Volljährigkeit zu. Es kann aber auch der Fall eintreten, daß das Verfahren zur Zeit der Minderjährigkeit des Betroffenen eingeleitet und erst nach Eintritt der Volljährigkeit durch Bestellung eines Betreuers abgeschlossen wird.

Nicht nur der Bestellungsbeschluß sollte das Datum des Eintritts der Volljährigkeit als Anfangszeitpunkt für die Betreuertätigkeit nennen (MünchKomm/SCHWAB Rn 8), denn bei Angabe der Personalien mit Geburtsdatum läßt sich das Volljährigkeitsdatum errechnen. Von größerer Bedeutung ist die Angabe des Volljährigkeitsdatums als frühester Wirksamkeitszeitpunkt der Betreuerbestellung in dem Betreuerausweis.

Zutreffend weist MünchKomm/SCHWAB (Rn 9) darauf hin, daß durch die Wirksamkeitsregelung des § 1908a die allgemeinen verfahrensrechtlichen Voraussetzungen der Wirksamkeit einer Entscheidung in Betreuungssachen nicht verdrängt werden. Voraussetzung der Wirksamkeit der Betreuerbestellung ist aber zusätzlich die vor oder nach dem Eintritt der Volljährigkeit liegende Bekanntmachung an den Betreuer oder bei der Anordnung der sofortigen Wirksamkeit, die frühestens mit dem Eintritt der Volljährigkeit eintreten kann, mit der Bekanntmachung an den Betroffenen oder den Verfahrenspfleger, ggf der Übergabe an die Geschäftsstelle (§ 69a Abs 3 nF FGG).

Zur mündlichen Verpflichtung und Unterrichtung des Betreuers über seine Aufgaben hat das BtG für dieses besondere Verfahren keine eigenen Bestimmungen getroffen. Während die Bestellung unmittelbar nach der Beschlußfassung und Bekanntmachung der Entscheidung an den Betreuer erfolgen kann, sollte die Unterrichtung über die Aufgaben in nahem zeitlichem Zusammenhang mit dem Wirksamwerden der Betreuerbestellung liegen (BIENWALD, BtR Rn 23 f; MünchKomm/SCHWAB Rn 10).

Ist nach Abschluß der Ermittlungen die Bestellung eines Betreuers zum jetzigen Zeitpunkt nicht geboten, lehnt das Gericht durch Beschluß die Maßnahme ab. Auch diese Entscheidung ist zu begründen (§ 69 Abs 2 FGG). Die bloße Einstellung des Verfahrens mit Gründen ist nicht vorgesehen.

8. Dauer der Maßnahme, Überprüfungsfristen, Mitteilungen

Der Zeitpunkt, zu dem das Gericht spätestens über die Aufhebung der Verlängerung der Maßnahme zu entscheiden hat, ist vom Datum der Entscheidung (nicht dem Datum der Wirksamkeit der Maßnahme) an zu berechnen (BIENWALD, BtR[4] Rn 22; MünchKomm/SCHWAB Rn 11). Gleiches gilt für die Frist zur Prüfung, ob anstelle des Vereins oder der Behörde eine oder mehrere natürliche Personen zum Betreuer zu bestellen sind (§ 69c Abs 1 FGG). Mitteilungen über die getroffenen Entscheidungen kommen erst dann in Betracht, wenn die Entscheidungsinhalte mit dem Eintritt der Volljährigkeit wirksam geworden sind. Eine Ausnahme ist dann gerechtfertigt, wenn unmittelbar nach der nach § 1908a S 2 eintretenden Wirksamkeit Wahlen stattfinden, für die eine Mitteilung gemäß § 69l FGG von Bedeutung ist.

9. Rechtsbehelfe

21 Der Betroffene hat, obwohl uU noch minderjährig, ein eigenes Beschwerderecht (§§ 66, 69g FGG). Der gesetzliche Vertreter hat kein über § 20 FGG hinausgehendes Beschwerderecht. Den mit dem Betroffenen in gerader Linie Verwandten und anderen nahen Angehörigen, also auch den Eltern, hat das BtG unbeschadet des § 20 FGG ein eigenes Recht zur Beschwerde gegen die Bestellung eines Betreuers von Amts wegen eingeräumt, nicht dagegen dem gesetzlichen Vertreter des minderjährigen Betroffenen (zB seinem Vormund), § 69g Abs 1 FGG.

10. Zur Kostenentscheidung

22 Für die Kosten sind das Verfahren vor Vollendung des 18. Lebensjahres des Betroffenen und das Wirksamwerden der Betreuung mit Eintritt der Volljährigkeit zu unterscheiden (§ 92 Abs 1 und 2 KostO).

VI. Maßnahmen nach § 1903 (Einwilligungsvorbehalt)

1. Voraussetzungen

23 Das Vormundschaftsgericht kann für den minderjährigen Betroffenen vorsorglich einen Einwilligungsvorbehalt neben der Betreuerbestellung oder nachträglich anordnen. Die nachträgliche Anordnung wird aus zeitlichen Gründen jedoch kaum praktisch werden. Die Anordnung eines Einwilligungsvorbehalts, gleich welchen Inhalts/Umfangs, setzt eine mindestens gleichzeitige Betreuerbestellung voraus (zur Akzessorietät des Einwilligungsvorbehalts s oben § 1903 Rn 23). Maßgebend für den Zeitpunkt ist das Datum der gerichtlichen Entscheidung, nicht das Datum der Wirksamkeit. Materiellrechtlich muß in diesem Zeitpunkt feststehen, daß die Anordnung des Einwilligungsvorbehalts zur Abwendung einer erheblichen Gefahr für die Person und/oder das Vermögen des Betroffenen auch noch bei Eintritt der Volljährigkeit erforderlich ist. Verfahrensrechtlich ist dieser Zeitpunkt maßgebend, weil die Entscheidung bereits vor der Wirksamkeit der Maßnahmen angefochten und auf ihre Rechtmäßigkeit überprüft werden kann.

In gleicher Weise wie bei der Betreuerbestellung ist eine doppelte Prognose erforderlich, erstens für die Dauer der Maßnahme, zweitens für den Beginn der Wirksamkeit der Anordnung.

Das Gericht entscheidet ausschließlich von Amts wegen. Entsprechende Anträge sind als Anregungen zu behandeln. Sie werden von Angehörigen oder solchen Personen an das Gericht oder die Behörde herangetragen werden, die den Betroffenen unmittelbar erlebt haben und beobachten konnten, daß er selbst tätig wird und sich iS des § 1903 gefährden kann.

Wie auch im übrigen Betreuungsrecht kommt es darauf an, daß die Maßnahme erforderlich ist. Reichen andere Hilfen aus, wenn die Maßnahme wirksam werden müßte, hat die Anordnung zu unterbleiben.

Titel 2
Rechtliche Betreuung

§ 1908a, 24, 25
§ 1908b

2. Wirksamkeit

Die Entscheidung wird materiellrechtlich in dem Zeitpunkt wirksam, in dem der Betroffene volljährig wird, sofern in diesem Zeitpunkt auch die allgemeinen Wirksamkeitsvoraussetzungen (§ 69a Abs 3 FGG) erfüllt sind (MünchKomm/SCHWAB Rn 17). Wegen der Akzessorietät des Einwilligungsvorbehalts kann dieser nicht vor der vorsorglichen Betreuerbestellung wirksam werden. Tritt die Wirksamkeit des Einwilligungsvorbehalts mit der Volljährigkeit des Betroffenen ein, löst die durch den Einwilligungsvorbehalt entstehende rechtsgeschäftliche Beschränkung des Betreuten die bisherige aufgrund von §§ 106 ff bestehende beschränkte Geschäftsfähigkeit ab. Gesetzlicher Vertreter ist nunmehr der Betreuer. Zum Wirksamwerden schwebender Rechtsgeschäfte im Falle der Bestellung eines Betreuers für den volljährig gewordenen Betroffenen s MünchKomm/Schwab Rn 18. 24

3. Verfahren

Da der Einwilligungsvorbehalt ausschließlich von Amts wegen angeordnet werden darf, ist die für die Betreuerbestellung auf Antrag vorgesehene Verfahrenserleichterung (s § 68b Abs 1 S 2 FGG; vgl für die Betreuerbestellung noch § 1896 Abs 3, § 68b Abs 1 S 3 FGG) hier nicht anwendbar, so daß für die Anordnung eines Einwilligungsvorbehalts auch für einen Minderjährigen immer das Gutachten eines Sachverständigen einzuholen ist. 25

§ 1908b
Entlassung des Betreuers

(1) Das Vormundschaftsgericht hat den Betreuer zu entlassen, wenn seine Eignung, die Angelegenheiten des Betreuten zu besorgen, nicht mehr gewährleistet ist oder ein anderer wichtiger Grund für die Entlassung vorliegt. Ein wichtiger Grund liegt auch vor, wenn der Betreuer eine erforderliche Abrechnung vorsätzlich falsch erteilt hat. Das Gericht soll den nach § 1897 Abs. 6 bestellten Betreuer entlassen, wenn der Betreute durch eine oder mehrere andere Personen außerhalb einer Berufsausübung betreut werden kann.

(2) Der Betreuer kann seine Entlassung verlangen, wenn nach seiner Bestellung Umstände eintreten, auf Grund derer ihm die Betreuung nicht mehr zugemutet werden kann.

(3) Das Gericht kann den Betreuer entlassen, wenn der Betreute eine gleich geeignete Person, die zur Übernahme bereit ist, als neuen Betreuer vorschlägt.

(4) Der Vereinsbetreuer ist auch zu entlassen, wenn der Verein dies beantragt. Ist die Entlassung nicht zum Wohl des Betreuten erforderlich, so kann das Vormundschaftsgericht stattdessen mit Einverständnis des Betreuers aussprechen, dass dieser die Betreuung künftig als Privatperson weiterführt. Die Sätze 1 und 2 gelten für den Behördenbetreuer entsprechend.

(5) Der Verein oder die Behörde ist zu entlassen, sobald der Betreute durch eine oder mehrere natürliche Personen hinreichend betreut werden kann.

Materialien: Art 1 Nr 6 DiskE; Art 1 Nr 41 RegEntw; Art 1 Nr 47 BtG; DiskE I 152; BT-Drucks 11/4528, 152 ff (BReg); BT-Drucks 11/6949, 15, 80 Nr 25 (RA). Abs 1 S 2 durch Art 1 Nr 15 Buchst a BtÄndG eingefügt: BT-Drucks 13/7158, 49, 57; BT-Drucks 13/10331, 11 (RA); BR-Drucks 339 u 517/98 jeweils m Beschluß; BGBl I 1580, 1582. Abs 1 S 2 eingefügt d Art 1 Nr 12 2. BtÄndG (BT-Drucks 15/2494, 7, 30); Beschlußempfehlung u Bericht (RA) BT-Drucks 15/4874; BR-Drucks 121/05 (Beschluß).

Systematische Übersicht

I. Allgemeines	
1. Regelungsumfang	1
2. Betreuerwechsel immer nur bei wichtigem Grund	2
3. Keine Änderung des Betreutenstatus	3
4. Geltung für alle Betreuerarten	4
5. Keine Regelung einvernehmlichen Betreuerwechsels	5
6. Antragserfordernis; Entscheidung von Amts wegen; Zeitpunkt der Entscheidung	6
II. Die Entlassungsgründe des Abs 1	
1. Mangelnde Eignung des Betreuers (Abs 1 S 1, 1. Alt)	7
a) Entstehungszeitpunkt des Eignungsmangels	7
b) Zur Berücksichtigung mittelbarer Mängel	8
c) Absoluter Eignungsmangel	9
d) Mangelnde Sachkunde	10
e) Pflichtwidrigkeiten	11
f) Verfügbarkeit eines anderen Betreuers kein Eignungsmangel	14
g) In der Person des Betreuten begründete Eignungsmängel	15
h) Änderung der Bestellungsgrundlagen kein Grund für Betreuerwechsel	16
i) Insolvenz oder Eröffnung des Insolvenzverfahrens kein Eignungsmangel	17
2. Andere wichtige Gründe für die Entlassung des Betreuers (Abs 1 S 1, 2. Alt u S 2)	18
a) Grundsatz	18
b) Beispiele, Einzelfälle	19
3. Entlassung des Berufsbetreuers (Abs 1 S 3)	26
III. Unzumutbarkeit der Fortführung der Betreuung für den Betreuer (Abs 2)	
1. Zumutbarkeit als Voraussetzung der Übernahmepflicht	27
2. Entlassungsantrag des Betreuers	28
3. Gründe für Unzumutbarkeit	29
4. Beteiligung des Betreuten	30
IV. Vorschlag eines neuen Betreuers durch den Betreuten (Abs 3)	
1. Vorschlagsrecht und -pflicht	31
2. Inhaltliche Anforderungen an den Vorschlag	32
3. Prüfung des Vorschlags	33
4. Entscheidung	36
V. Entlassung des Vereins- oder des Behördenbetreuers auf Antrag des Vereins oder der Behörde (Abs 4)	
1. Voraussetzungen	37
2. Das Verhältnis zu Abs 1 bis 3	38
3. Jederzeitige Antragstellung; Bindung des Gerichts	39
4. Behördenpraxis	40
5. Verhältnis von Dienstrecht und Betreuungsrecht	41
6. Die Fortsetzungsentscheidung und ihre Folgen	42
7. Festlegung des Übernahmezeitpunktes	45

VI. Entlassung des Vereins oder der Behörde als Betreuer (Abs 5)	
1. Grundsatz und Folgen des Nachrangs von Verein und Behörde; Mitteilungspflicht	46
2. Die Entlassungsentscheidung	47
3. Keine Regelung des Wechsels von Amtsbetreuung zu Vereinsbetreuung und Privatbetreuung	48

VII. Verfahren	
1. Zuständigkeit; Mangel an Verfahrensbestimmungen	49
2. Verfahren bei Widerspruch des Betreuten; einstweilige Anordnung	50
3. Rechtsbehelfe	53
4. Mitteilungen	54
VIII. Folgen der Entlassungsentscheidung	55

Alphabetische Übersicht

Abrechnung, vorsätzlich falsche	18
Absoluter Eignungsmangel	9
Änderung der Bestellungsgrundlagen (kein Grund für Betreuerwechsel)	16
Änderung des Betreutenstatus, keine	3
Amtsbetreuung, Wechsel zu Vereinsbetreuung	48
Amtsverfahren	6
Anderer Betreuer, kein Grund für einen Wechsel	14
Andere wichtige Gründe	18 ff
Anforderungen, inhaltliche an den Vorschlag	32
Anhörung	52
Antragserfordernis	6
Auflösung des Vereins	24
Austauschentscheidung (Abs 3)	33
Beamter	2, 25
Behördenpraxis	40
Beispiele für andere wichtige Gründe	19 ff
Beispiele für Pflichtwidrigkeiten	13
Berufliche Verhältnisse	22
Berufsbetreuerentlassung	26
Beschwerde	53
– des Vertreters der Staatskasse	26
Bestrafung	7
Beteiligung des Betreuten	30
Betreuerarten, Geltungsumfang	4
Betreuerwechsel bei wichtigem Grund	2
Betreutenstatus, keine Änderung des	3
Betreuungsrecht und Dienstrecht, Verhältnis zueinander	41
Betreuungsübergabe	42
Bindung des Gerichts an Entlassungsantrag von Verein und Behörde	39

Dienstrecht und Betreuungsrecht, Verhältnis zueinander	41
Eignung als unbestimmter Rechtsbegriff	7
Eignungsmangel	7 ff
– absoluter	9
– betreutenbegründeter	15
– Entstehungszeitpunkt	7
– in der Person des Betreuten begründeter	15
– Insolvenz kein	17
– ist nicht die Verfügbarkeit eines anderen Betreuers	14
Eignungsunterschied, erheblicher	20
Einstweilige Anordnung	51
Einstweilige Maßregeln	3
Einvernehmlicher Betreuerwechsel, keine Regelung	5
Einzelfälle anderer wichtiger Gründe	19 ff
Entlassung	
– des Beamten	2
– der Behörde	37 ff, 46
– des Berufsbetreuers	26
– eines Religionsdieners	2
– des Vereins	37 ff, 46
– durch einstweilige Anordnung	51
Entlassungsantrag	
– der Behörde	39
– des Betreuers	28
– des Vereins	39
Entlassungsentscheidung	36, 47
Entlassungswunsch des Betreuers kein wichtiger Grund	21
Entscheidungen von Amts wegen	6
Entstehungszeitpunkt des Eignungsmangels	7
Ergänzung der Vorschrift	2
Erheblicher Eignungsunterschied	20

Ermessen/Ermessensentscheidung	26, 34	Sachkundemangel	10
Eröffnung des Insolvenzverfahrens kein Eignungsmangel	17	Sonstige Verhältnisse des Betreuers	22
		Teilentlassung	4, 23, 27
Familienverhältnisse	22	Teilweise Entlassung	4
Folgen der Entlassungsentscheidung	55		
Folgen der Fortsetzungsentscheidung	43	Übergabe der Betreuung	44
Fortsetzungsentscheidung	42	Übernahmezeitpunkt	45
		Umfang der Regelung	1
Geltendmachung von Ansprüchen durch den Anstellungsträger	44	Umwandlungsbeschluss	43
		Unzumutbarkeit	27
		Unzumutbarkeitsgründe	29
Insolvenz kein Eignungsmangel	17		
Interessenkonflikt als wichtiger Grund	23	Vereinsauflösung	24
		Verfahren	49
Krankheit des Betreuers	19	Verfügbarkeit eines anderen Betreuers kein Eignungsmangel	14
Mitteilungen	54	Verhältnis von Abs 4 zu Abs 1 bis 3	38
Mittelbare Mängel	8	Verhältnismäßigkeit, Grundsatz der	11
		Verlust der Rechtsfähigkeit des Vereins	24
Neubestellung eines Betreuers	36	Vermögensstraftat	7
Neuer Betreuer, Vorschlag durch Betreuten	31	Verschulden bei Pflichtwidrigkeiten	12
		Vertreter der Staatskasse	26
		Vorschlag eines neuen Betreuers	31
Persönliche Anhörung des Betreuten	50, 52		
Pflichtwidrigkeit und Verschulden	12	Wechsel von Amtsbetreuung zu Vereinsbetreuung	48
Pflichtwidrigkeiten	11	Wichtiger Grund	2, 18 ff, 21, 24
Prüfung des Vorschlags des Betreuten	33	Widerspruch des Betreuten	50
		Wunsch des Betreuten	34
Rechtsbehelfe	53		
Regelungsumfang der Norm	1	Zuständigkeit des Gerichts	49
Religionsdiener	2, 25		
Richtervorbehalt	49		

I. Allgemeines

1. Regelungsumfang

1 Das Amt des Betreuers endet, wenn er stirbt oder wenn er durch das Vormundschaftsgericht entlassen wird. In beiden Fällen muß ein neuer Betreuer bestellt werden (§ 1908c). Der Personalwechsel hat keine Bedeutung für das Bestehen oder Weiterbestehen des Betreuungsrechtsverhältnisses. Die Beziehungsebene wird selbstverständlich davon berührt. Das Betreuungsrechtsverhältnis endet – außer durch den Tod des Betreuten – erst mit der Aufhebung durch Beschluß des Vormundschaftsgerichts (§ 1908d, § 69i Abs 3 FGG). Im Gegensatz zu der Begründung des Betreuungsrechtsverhältnisses durch die Personalentscheidung (sog Einheitsentscheidung) kommt es im Falle des Personalwechsels zu einer Trennung von Personal- und Sachmaßnahme.

Trotz des Fortbestehens der Betreuung im Falle des Todes oder der Entlassung des Betreuers kann das Erfordernis einer neuen Personalentscheidung Anlaß zur Prüfung sein, ob die Betreuung überhaupt oder in dem bisherigen Umfang aufrechterhalten bleiben muß. Es kann Anlaß zu Erweiterungen oder Einschränkungen des Aufgabenkreises gegeben sein.

§ 1908b regelt lediglich die Voraussetzungen, unter denen der Betreuer von Amts wegen, auf eigenen Wunsch oder auf Antrag eines Vereins oder einer Behörde zu entlassen ist oder auf Vorschlag des Betreuten entlassen werden kann (BT-Drucks 11/ 4528, 152). Die Korrektur einer fehlerhaften Personalentscheidung ist nach § 1908b nicht vorgesehen. Erst wenn der amtierende Betreuer entlassen ist, kann bei der Neubestellung ein bei der vorangegangenen Bestellung begangener Fehler vermieden werden.

2. Betreuerwechsel immer nur bei wichtigem Grund

Entgegen dem bisherigen Recht (§§ 1885, 1886, 1781 iVm § 1897 S 1, § 1915 Abs 1 aF), das zwischen der Gefährdung der Interessen des Betroffenen infolge von pflichtwidrigem oder sonstigem, dem Wohl des Betroffenen abträglichem Handeln einerseits und in der Person des Vormunds/Pflegers liegenden Untauglichkeitsgründen andererseits unterschied, enthält § 1908b eine allgemeinere Fassung. Abgesehen von den verschiedenen Initiativen, den Betreuer zu entlassen und einen neuen zu bestellen, verlangt das Gesetz durchgängig das Bestehen eines wichtigen Grundes. In Abs 1 der Vorschrift kommt das in der Formulierung „anderer wichtiger Grund" unmittelbar zum Ausdruck. Der Begriff des wichtigen Grundes ist ein **Rechtsbegriff**, der weitestgehend der Nachprüfung durch das Rechtsbeschwerdegericht unterliegt (BayObLG FamRZ 1994, 323; FamRZ 1995, 1232, 1233 = BtPrax 1995, 65, 67; FamRZ 1995, 1235, 1236; OLG Köln NJWE-FER 1998, 129). Voraussetzung für seine Anwendung ist eine genaue durch Tatsachen gestützte vollständige Abwägung der beteiligten Interessen unter Berücksichtigung dessen, daß ein einfacher Grund nicht ausreicht (BayObLG FamRZ 1995, 1232, 1233 = BtPrax 1995, 65, 67). Die Beurteilung des Tatrichters, **ob** ein anderer wichtiger Grund für die Entlassung des Betreuers gegeben ist, kann vom Rechtsbeschwerdegericht nur auf Rechtsfehler überprüft werden (BayObLG FamRZ 1997, 1358, 1359; FamRZ 2001, 935, 936, jeweils mwN). Als ein wichtiger Grund für einen Betreuerwechsel ist die durch das BtÄndG eingeführte Möglichkeit anzusehen, eine bisher von einem Berufsbetreuer geführte Betreuung auf eine ehrenamtlich tätige Person zu übertragen. Ein wichtiger Grund liegt auch vor, wenn der Betreuer eine erforderliche Abrechnung vorsätzlich falsch erteilt hat (Abs 1 S 2); näher unten Rn 26. Nach Abs 2 müssen Umstände eintreten, auf Grund derer die Betreuung nicht mehr zugemutet werden kann. Dem Anliegen des Betreuten, einen Betreuerwechsel vorzunehmen, ist nur dann zu entsprechen, wenn bestimmte Voraussetzungen vorliegen (Abs 3). Ihm kommt stets besonderes Gewicht zu (BayObLG FamRZ 2005, 654). Es stellt keine Fehlausübung des Ermessens im Rahmen von Abs 3 dar, wenn das Tatsachengericht entscheidend berücksichtigt, daß ein begonnener schwieriger Zivilprozeß zweckmäßig durch den bisherigen Betreuer zu Ende geführt wird. Die gesetzlich vorgesehene Entlassung von Verein oder Behörde beruht auf dem Grundsatz vorrangiger Einzelbetreuung. Abs 4 räumt dem Verein die Möglichkeit des Widerrufs seiner Einwilligung ein, um personelle Dispositionen zuzulassen. Dadurch wird der Autonomie des Vereins und seiner grundsätzlichen Entscheidungs- und Organisationsfreiheit Rechnung getragen.

§ 1908b wird ergänzt durch § 1888 iVm § 1908i Abs 1 S 1. Ein zum Betreuer bestellter Beamter oder Religionsdiener ist dann zu entlassen, wenn die landesrechtlich erforderliche Erlaubnis versagt oder zurückgenommen wird oder wenn die nach den Landesgesetzen zulässige Untersagung der Fortführung der Betreuung erfolgt.

3. Keine Änderung des Betreutenstatus

3 Das Bestehenbleiben der Betreuung trotz Wegfalls des bisherigen Betreuers hat insbesondere zwei Konsequenzen: ein angeordneter Einwilligungsvorbehalt bleibt über die Entlassung oder den Tod des Betreuers hinaus wirksam (MünchKomm/Schwab § 1908c Rn 17; s im übrigen die Ausführungen zu § 1908c); der sonst eher seltene Fall einer Anwendung des § 1846 iVm § 1908i Abs 1 S 1 liegt hier vor, so daß Raum für einstweilige Maßregeln des Vormundschaftsgerichts gegeben ist.

4. Geltung für alle Betreuerarten

4 Bis auf Abs 4 und Abs 5 können die verschiedenen Entlassungstatbestände grundsätzlich auf alle Arten von Betreuern zutreffen. Die Entlassung der nach § 1900 Abs 4 bestellten Behörde aufgrund von Eignungsmangel kommt dann nicht in Betracht, wenn die Behörde bereits infolge ihrer Auffangzuständigkeit bestellt worden ist und die Verhältnisse sich nicht geändert haben.

Der Bestimmung unterliegen die Betreuer in ihren jeweiligen Funktionen. § 1908b ist demnach auch anwendbar auf sämtliche Mitbetreuer, den Gegenbetreuer, den Betreuer nach § 1896 Abs 3 sowie den nach § 1899 Abs 2 zu bestellenden besonderen Betreuer.

Möglich ist eine **teilweise Entlassung** des Betreuers, indem ihm ein bestimmter Aufgabenkreis entzogen und hierfür ein weiterer Betreuer bestellt wird (§ 1899 Abs 1; BT-Drucks 11/4528, 153; BayObLG FamRZ 1995, 1232, 1234 = BtPrax 1995, 65, 67; OLG Zweibrücken FGPrax 1998, 57 = BtPrax 1998, 156 [LS]). Eine Neubestimmung von Aufgabenkreisen mehrerer Betreuer ist rechtlich gesehen Entlassung, verbunden mit einer Neubestellung.

Entscheidet das Gericht über die Verlängerung der Betreuung (§ 69i Abs 6 FGG), sind hinhinsichtlich der Auswahl des Betreuers nicht die Vorschriften über die Entlassung (§ 1908b), sondern die über die Neubestellung (§ 1897) anzuwenden (BayObLG FamRZ 2001, 1100 [LS]; OLG Hamm FamRZ 2001, 254 = NJW-RR 2001, 797).

5. Keine Regelung einvernehmlichen Betreuerwechsels

5 Nicht geregelt ist ein vollständiger oder teilweiser Betreuerwechsel „in allseitigem Einvernehmen". Soweit dies mit dem Wohl des Betreuten vereinbar ist, betreuungsrechtlichen Bestimmungen (Bestellungsvorgaben, zB § 1897 Abs 3, § 1899 Abs 2) nicht zuwiderläuft und allgemeinen Verfahrensprinzipien nicht widerspricht, dürfte gegen ihn nichts einzuwenden sein. Im übrigen kennt § 1908b nur zwei Arten von

Entlassungen. Das ist einmal die Entlassung auf Antrag des Betreuten (Abs 3) und zweitens die Entlassung aus wichtigem Grund und zwar

- wegen Eignungsmangels, der nicht behebbar war und ist (Abs 1 S 1 1. Alt); wird ein Eignungsmangel als Entlassungsgrund festgestellt, sind Ausführungen über den (weiteren) „wichtigen Grund" regelmäßig überflüssig (aA zB BayObLG BtE 1994/95, 140, 141, jedoch ohne methodologische Erörterungen). Auch kommt eine Abwägung der für und gegen eine Entlassung sprechenden Umstände hier nicht mehr in Betracht (aA beiläufig BayObLG FamRZ 1994, 324, 325),

- wegen Verfügbarkeit einer oder mehrerer Personen, die die Betreuung nicht berufsmäßig führen (Abs 1 S 3),

- wegen Unzumutbarkeit für den Betreuer auf dessen Antrag (Abs 2),

- wegen vermuteter organisatorischer Gründe auf Antrag des Anstellungsträgers (Abs 4),

- wegen Verfügbarkeit einer oder mehrerer natürlicher Personen (Abs 5),

- wegen anderer wichtiger Gründe (Abs 1 S 1, 2. Alt). Ein (anderer) wichtiger Grund liegt auch vor, wenn der Betreuer eine erforderliche Abrechnung vorsätzlich falsch erteilt hat (Abs 1 S 2).

6. Antragserfordernis; Entscheidung von Amts wegen; Zeitpunkt der Entscheidung

Die Entlassung nach Abs 1 und Abs 5 erfordert keinen Antrag, sondern ist von Amts wegen zulässig und geboten. Im übrigen findet die Entlassung nur auf Antrag statt. Es versteht sich von selbst, daß Anregungen durch das Gericht oder andere Stellen und Personen, zB durch den Betreuten, gegeben werden können. Antragsteller ist im Fall des Abs 2 der Betreuer, bei Abs 4 der Verein oder die Behörde, in Abs 3 der Betreute. Der Wunsch des Betreuten ist unabhängig von seiner Geschäftsfähigkeit zu berücksichtigen (BayObLG FamRZ 1994, 322 = BtPrax 1993, 171); er ist allein nach den Voraussetzungen des Abs 3 zu beurteilen. Ist dem Betreuten eine persönliche Antragstellung nicht möglich, soll ihm für das Verfahren auf Auswechslung des Betreuers ein Rechtsanwalt beizuordnen sein (LG Aachen FamRZ 1998, 108 m krit Anm BIENWALD FamRZ 1998, 1197; ob ein Antrag erforderlich war, hat das Gericht nicht geprüft!).

Wann das Gericht über die Entlassung des Betreuers, ggf den Betreuerwechsel, zu entscheiden hat, ist nicht ausdrücklich bestimmt. Für die Beantwortung dieser Frage ist deshalb das allgemeine Recht maßgebend. Eine § 300 Abs 1 ZPO entsprechende Bestimmung, wonach das Gericht das Endurteil zu erlassen hat, sobald die Sache zur Entscheidung reif ist, ist dem Recht der freiwilligen Gerichtsbarkeit unbekannt. Hier werden den Streitsachen fürsorgerische Angelegenheiten gegenübergestellt, die eine Personenfürsorge (zB in Vormundschafts-, Pflegschafts-, Betreuungs- und Unterbringungssachen) und eine allgemeine Rechtsfürsorge (Führung von Registern – insbes Grundbuch-, Nachlaßsachen) enthalten (BAUR/WOLF, Grundbegriffe des Rechts der freiwilligen Gerichtsbarkeit [2. Aufl 1980] 23) und deren Grundgedanken der Fürsorge ua eine Verpflichtung zu schnellstmöglicher Entscheidung entnommen werden könnte. Ein kurz vor der anstehenden Entscheidung über die Verlängerung der Betreuung vom Betreuten gewünschter Betreuerwechsel kann unzweckmäßig und mit seinem Wohl nicht vereinbar sein (BayObLG FamRZ 2005, 654, 655).

Ohne die Anordnung der Vormundschaft im Falle der Elternlosigkeit ist der Minderjährige in einer rechtlich gesehen hilflosen Lage, weil er selber für sich im Rechtsverkehr regelmäßig nicht handeln und/oder Adressat der Rechtshandlung anderer sein kann. Obwohl die Bestellung eines Betreuers und eine spätere Erweiterung des Aufgabenkreises des Betreuers die rechtsgeschäftliche Handlungsfähigkeit des Betroffenen nicht unmittelbar einschränkt, kann der Betroffene tatsächlich und aufgrund dessen auch rechtlich hilflos sein, wenn ihm nicht ein Betreuer bestellt oder ggf rechtzeitig der Aufgabenkreis des bereits bestellten Betreuers in dem erforderlichen Umfang erweitert wird.

II. Die Entlassungsgründe des Abs 1

1. Mangelnde Eignung des Betreuers (Abs 1 S 1, 1. Alt)

a) Entstehungszeitpunkt des Eignungsmangels

7 Im Falle von Betreuungsbedürftigkeit (§ 1896) bestellt das Gericht einen Betreuer, der geeignet ist, in dem gerichtlich bestimmten Aufgabenkreis die Angelegenheiten des Betreuten zu besorgen (§ 1897). Die Eignung ist ein **unbestimmter Rechtsbegriff** (BayObLG FamRZ 1996, 509, 510; FamRZ 2001, 1249; FamRZ 2003, 1775, 1776). Näher zu ihm § 1897. Der Verantwortlichkeit des Vormundschaftsgerichts für eine „funktionierende", dem Wohl des Betreuten verpflichtete, jedenfalls an ihm orientierte Betreuung entspricht es, daß das Gericht einen ungeeigneten Betreuer zu entlassen und durch einen geeigneten zu ersetzen hat. Die Formulierung von Abs 1 S 1 („nicht mehr gewährleistet") stellt den Bezug zu § 1897 Abs 1 her. Mangels Eignung ist deshalb ein Betreuer immer dann zu entlassen, wenn er bei Kenntnis der gegenwärtigen Sachlage nicht bestellt worden wäre oder hätte bestellt werden dürfen. Für die Entlassung genügt jeder Grund, der den Betreuer als nicht mehr geeignet iSv § 1897 Abs 1 erscheinen läßt (BayObLG FamRZ 2005, 751). Ein Eignungsmangel, der zu einem Betreuerwechsel Anlaß geben könnte oder müßte, liegt dann nicht vor, wenn eine besser geeignete Person als der zunächst bestellte Betreuer zur Verfügung steht (so aber wohl ERMAN/HOLZHAUER Rn 6), was nicht ausschließt, daß um des Wohls des Betreuten willen der Wechsel aus einem sonstigen wichtigen Grund in Betracht gezogen werden könnte. Die Gründe für den Entscheidungsbedarf können bereits im Zeitpunkt der Betreuerbestellung vorhanden gewesen sein, wenn – zB – das Gericht die Geeignetheit einer Person/Institution falsch eingeschätzt hat, wie im Falle von LG Koblenz (NJWE-FER 1998, 82), wo nachträglich bekannt wurde, daß sich die mit der Vermögenssorge betraute Betreuerin in drei (von vier) Fällen wegen Vergehens gegen fremdes Vermögen strafbar gemacht hatte. Der Eignungsmangel kann im Laufe der Führung der Betreuung entstanden sein (BayObLG FamRZ 1999, 1168). Er kann seine Ursachen in der Person oder in den Verhältnissen des Betreuers haben (BT-Drucks 11/4528, 152); die Ursachen können aber auch in der Person des Betreuten liegen (BT-Drucks 11/4528, 153). Schließlich können die Gründe für den Eignungsmangel des Betreuers auf beiden Seiten zu suchen sein (ERMAN/HOLZHAUER Rn 4: die Eignung des Betreuers bedeutet eine Korrelation zum Betreuten).

Die Eignung zum Betreuer ist dann nicht mehr gewährleistet, wenn konkrete Umstände es nahelegen, daß der Betreuer nicht willens oder nicht in der Lage ist, den ihm übertragenen Aufgabenkreis zum Wohl des Betreuten wahrzunehmen (BayObLG FamRZ 2000, 1183; FamRZ 2000, 1456). Der Betreuer ist, weil ungeeignet, selbst dann zu entlassen, wenn der Betreute damit nicht einverstanden ist, der Betreuer Angehöriger ist oder sonst persönliche Bindungen zum Betreuer bestehen (BayObLG, aaO). Als wichtiger Grund kann auch anzusehen sein, daß das Vertrauensverhältnis zwischen dem Betreuten und dem Betreuer gestört ist (BayObLG FamRZ 2005, 751 m Anm BIENWALD).

b) Zur Berücksichtigung mittelbarer Mängel

Fraglich ist, inwieweit Umstände, die nur mittelbar den Betreuten betreffen, die Geeignetheit des Betreuers in Frage stellen können. Sind beispielsweise Angehörige eines Betreuten in dem Verfahren betreffend die Betreuung vom Gericht nicht ausreichend beteiligt worden (oder gegen die Betreuerbestellung eingestellt, jedenfalls gegen die Bestellung eines Fremden), und blockieren sie infolgedessen jegliche – objektiv notwendige – Zusammenarbeit mit dem Betreuer, indem sie Auskünfte verweigern oder Unterlagen zurückhalten usw, so daß der Betreuer die Angelegenheiten des Betreuten zunächst nur unzureichend besorgen und voraussichtlich nur mit Hilfe gerichtlicher Auseinandersetzungen erledigen kann, besteht weder auf seiten des Betreuers noch auf seiten des Betreuten ein Umstand, der den Betreuer als ungeeignet erscheinen läßt. **8**

c) Absoluter Eignungsmangel

Ein absoluter Eignungsmangel des Betreuers liegt vor, wenn er nicht behoben werden kann und die Führung der Betreuung scheitern muß. Das ist zB dann der Fall, wenn der Betreuer (entweder bereits bei Übernahme der Betreuung oder seit einem späteren Zeitpunkt) geschäftsunfähig ist (ERMAN/HOLZHAUER Rn 5). Als geschäftsunfähige Person kann ein Betreuer den Betreuten nicht gesetzlich vertreten (vgl § 1902). Ein ebenso absoluter Eignungsmangel ist das Eintreten von Umständen, die im Zeitpunkt der Bestellung des Betreuers diese Entscheidung ausgeschlossen hätten. Treten später die Voraussetzungen des § 1897 Abs 3 ein, sei es, daß der Betreute in die Einrichtung zieht, in der der Betreuer beschäftigt ist, sei es, daß der Betreuer seinen Arbeitsplatz dorthin verlegt, ist der Betreuer wegen der objektiven Unvereinbarkeitsregelung des § 1897 Abs 3 als absolut ungeeignet zu entlassen (BT-Drucks 11/4528, 153; MünchKomm/SCHWAB Rn 6; DAMRAU/ZIMMERMANN Rn 8). Die Entlassung eines Elternteils als Betreuer gemäß § 1897 Abs 3 verstößt nicht gegen Art 6 Abs 1 u 2 GG (BayObLG FamRZ 2002, 702 = BtPrax 2001, 253 = NJW-RR 2001, 1514). **9**

d) Mangelnde Sachkunde

Mangelnde Sachkunde und mangelnde Erfahrung für die Wahrnehmung bestimmter Aufgaben können sich dann als Eignungsmangel herausstellen, wenn der Betreffende nicht in der Lage ist, das Defizit durch den Erwerb von Kenntnissen und Fertigkeiten, gegebenenfalls mit Hilfe der Beratung, Unterstützung und Fortbildung durch Betreuungsverein und Behörde, auszugleichen. Nach Auffassung des nur vorübergehend in Betreuungssachen tätigen 4. Senats des BayObLG sind die Voraussetzungen für eine Entlassung des Betreuers nach Abs 1 dann gegeben, wenn die Entwicklung der Verhältnisse in dem vom Betreuer zu besorgenden Aufgabenkreis in objektiver und/oder subjektiver Hinsicht zeigt, daß sich die bei seiner Bestellung **10** noch positive Eignungsprognose nicht erfüllt hat und ferner Fehlleistungen des Betreuers auch nicht mit aufsichts-und weisungsrechtlichen Mitteln des Vormundschaftsgerichts beseitigt werden können (FamRZ 1999, 1168). Eine **Prognose**, der Bestellte werde geeignet sein, ist **keine Eignungsfeststellung**.

In der Frage mangelnder Eignung ist auch der Gedanke des § 1897 Abs 5 von Interesse. Besteht die ernsthafte Gefahr von Interessenkonflikten, kann insoweit dem Wunsch des Betreuten/Betroffenen, der nach § 1897 Abs 4 grundsätzlich Vorrang hat, nicht Folge geleistet werden (näher BayObLGZ 1993, 226 = FamRZ 1993, 1225 = Rpfleger 1994, 110). Die Eignung eines nach § 1897 Abs 5 vorrangig zu bestellenden Angehörigen für das Amt des Betreuers kann nicht allein deshalb verneint werden, weil das Vormundschaftsgericht der Bereitschaftserklärung des Angehörigen, Wünsche des Betroffenen zu berücksichtigen, mißtraut und der Angehörige die Kooperation mit einem weiteren Betreuer (in diesem Falle berufsmäßig tätigen) ablehnt (BayObLG FamRZ 2003, 1775, 1776).

Kann der Betreuer, ohne dafür verantwortlich zu sein, die Angelegenheiten des Betreuten infolge längerer Krankheit oder Abwesenheit nicht oder nicht ordnungsgemäß besorgen (BT-Drucks 11/4528, 153), ist seine Eignung als Betreuer nicht mehr gewährleistet. Zur Ungeeignetheit von (nicht deutschen) Betreuern mit erheblichen Sprachproblemen und geringen Fähigkeiten, mit Behörden zu kommunizieren, BayObLG FamRZ 2003, 405 m Anm BIENWALD = FGPrax 2003, 29.

e) Pflichtwidrigkeiten

11 Pflichtwidrigkeiten des Betreuers können zu seiner Entlassung führen (ERMAN/HOLZHAUER Rn 4; MünchKomm/SCHWAB Rn 5); sie stellen deswegen jedoch nicht ohne weiteres einen Eignungsmangel dar. Insofern hat sich die Rechtslage für das Betreuungsrecht geändert. § 1886, der im Vormundschaftsrecht noch gilt, verpflichtet das Vormundschaftsgericht, den Vormund zu entlassen, wenn die Fortführung des Amtes, insbesondere wegen pflichtwidrigen Verhaltens des Vormunds, das Interesse des Mündels gefährden würde. Während hier auf die Interessengefährdung bei Fortführung des Amtes abgehoben und als ein Beispiel von Interessengefährdung pflichtwidriges Verhalten hervorgehoben wird, muß nach § 1908b Abs 1 1. Alt ein Eignungsmangel vorliegen.

Daß **nicht jede Pflichtwidrigkeit** zugleich einen **Eignungsmangel** darstellt, ergibt sich bereits aus § 1837 Abs 2 (hier iVm § 1908i Abs 1 S 1), der das Vormundschaftsgericht zum Einschreiten gegen Pflichtwidrigkeiten ermächtigt und verpflichtet, eine Entlassung des Vormundes, Pflegers oder Betreuers als unmittelbare Reaktion jedoch nicht vorschreibt. Als Eignungsmangel kommen Pflichtwidrigkeiten deshalb grundsätzlich erst dann in Betracht, wenn ihr Ausmaß und ihre Dauer sowie vergebliche Reaktionen des Gerichts gemäß §§ 1908i Abs 1 S 1, 1837 Abs 2 darauf schließen lassen, daß der Betreuer nicht gewillt ist, seine Aufgabe als Betreuer pflichtgemäß wahrzunehmen.

Dessen ungeachtet können Pflichtwidrigkeiten **im Einzelfall** geeignet sein, einen anderen **wichtigen Grund für die Entlassung** des Betreuers abzugeben.

Ob der Betreuer wegen Pflichtwidrigkeiten in der Führung der Betreuung zu entlassen ist, ist deshalb keine Frage der Verhältnismäßigkeit (so aber MünchKomm/ SCHWAB Rn 4), sondern eine Frage der Begriffsbestimmung. Stellt sich eine Pflichtwidrigkeit als Eignungsmangel heraus, ist der Betreuer zu entlassen. Denn ebensowenig wie das Gericht einen ungeeigneten Betreuer bestellen darf, darf es den als ungeeignet festgestellten Betreuer im Amt belassen. Dies verlangt der Wortlaut der Vorschrift. Gegenstand einer Verhältnismäßigkeitsprüfung kann deshalb nicht erst die Reaktion auf die Ungeeignetheit sein; gefragt werden kann lediglich unter Beachtung des Verhältnismäßigkeitsgrundsatzes, in welchen Fällen von Pflichtwidrigkeit (Art, Häufigkeit, Ausmaß der Folgen, Korrekturmöglichkeiten) sich der Betreuer als ungeeignet erweist, wenn ihm vorher Gelegenheit gegeben worden ist, Pflichtwidrigkeiten zu vermeiden und sein Amt ohne gravierende Beanstandungen zu versehen (vgl BayObLG FamRZ 1996, 509 [LS] = BtE 1994/95, 142 [LS] mwN). Solange die Pflichtwidrigkeit nicht als Eignungsmangel zu kennzeichnen und auch als anderer wichtiger Grund nicht zu bestimmen ist, kann der Betreuer mit dieser Begründung gegen seinen Willen nicht entlassen werden.

Die **Entlassung** eines Betreuers **wegen mangelnder Eignung** setzt wiederum nicht voraus, daß sämtliche möglichen Aufsichtsmaßnahmen nach § 1837 bis hin zur Festsetzung von Zwangsgeld zuvor ausgeschöpft worden sind, wenn der Betreuer durch wiederholtes Zuwiderhandeln gegen seine Betreuerpflichten zeigt, daß er durch Aufsichtsmaßnahmen nicht zu beeindrucken ist (BayObLG-Rp 2004, 270 = FamRZ 2004, 1323 [LS] = BtPrax 2004, 153).

Wird es nämlich (so BayObLG FamRZ 2000, 1456) für möglich gehalten, daß ein weniger einschneidendes Mittel als die Entlassung geeignet ist, den Betreuer zur ordnungsgemäßen Ausübung seines Amtes zu veranlassen, und soll deshalb das Vormundschaftsgericht nach dem **Grundsatz der Verhältnismäßigkeit** zunächst hiervon Gebrauch machen (BayObLG FamRZ 1996, 1105, 1106), handelt es sich nicht um einen Eignungsmangel, sondern um eine bislang unzulängliche, möglicherweise pflichtwidrige, Ausübung des Amtes. **Fehlerhafte Amtsausübung** kann, muß aber nicht ein Zeichen für einen Eignungsmangel sein. Die Entlassung eines Betreuers wegen Eignungsmangels ist dann nicht gerechtfertigt, wenn der Betreuer zwar zwei Jahresberichte erst nach mehrfacher Monierung erheblich verspätet abgibt, er aber andererseits über zehn Jahre lang die Betreuung einwandfrei geführt hat und die verspätete Erstellung der Berichte für den Betreuten nicht nachteilig war (BayObLG FamRZ 2003, 60 [LS]; vgl aber auch BayObLG BtPrax 2002, 218, wo eine gravierende Pflichtverletzung bei mehrfacher verspäteter Einreichung von Jahresberichten angenommen worden ist). **Mangelnde Fürsorge** (hier: unterlassene Überprüfung der Wohnverhältnisse zur Vermeidung von Vermüllung) kann, zusammen mit anderen Pflichtwidrigkeiten, als Eignungsmangel die Entlassung des Betreuers begründen (BayObLG-Rp 2004, 112 [LS] = FamRZ 2004, 977 m krit Anm BIENWALD). Die Eignung des Betreuers ist auch dann nicht mehr gewährleistet, wenn er die jährliche Rechnungslegung auch nach Zwangsgeldandrohung nicht lückenlos erbringt und/oder zu hohe Barentnahmen vornimmt (AG Langen BtPrax 2005, 40).

Einen besonderen Fall von Pflichtwidrigkeit enthält der neu eingefügte Abs 1 S 2. Er benennt ausdrücklich einen bestimmten Sachverhalt als wichtigen Grund für die Entlassung des Betreuers.

12 Entgegen STAUDINGER/ENGLER (2004) § 1837 Rn 20 und den dort angegebenen Autoren wird daran festgehalten, daß schon begrifflich pflichtwidriges Verhalten ein Verschulden voraussetzt. Die Überlegungen, die seinerzeit dazu geführt haben, die Voraussetzungen für ein gerichtliches Eingreifen gegenüber Eltern nach den §§ 1666 ff (und gegenüber Vormund und Pfleger nach §§ 1837 Abs 4, 1915 Abs 1) zu ändern, haben andere Ursachen. Es besteht im übrigen auch angesichts von § 1886 für Vormund und § 1908b Abs 1 nF für Betreuer kein Anlaß, für die Bestimmung einer Verhaltensweise als Pflichtwidrigkeit von dem Verschuldensgrundsatz Abstand zu nehmen, weil beide Normen eine Entlassung des Betreffenden auch für lediglich objektive Gefährdungstatbestände vorsehen, ohne daß eine bestimmte subjektive Einstellung des Betreffenden vorzuliegen braucht.

13 Die Rechtsprechung hat außerdem in jüngerer Zeit einen Eignungsmangel

bejaht bei:

– andauerndem Verstoß gegen die Pflichten zur mündelsicheren Vermögensanlage (OLG Frankfurt Rpfleger 1983, 151);

– Nicht- oder nur verzögerlichem Erfüllen der Rechnungslegungspflicht (BayObLG FamRZ 1994, 1282 = Rpfleger 1994, 252; FamRZ 1996, 1105, 1106; s auch oben Rn 11);

– trotz mehrfacher Anmahnung, zT unter Androhung von Zwangsgeld, wird erst Monate nach Verhängung eines Zwangsgeldes das Vermögensverzeichnis aufgestellt; Belege zu Einnahmen und Ausgaben sind trotz Aufforderung vor einem Jahr nicht vorgelegt (OLG Zweibrücken FGPrax 1998, 57 = NJWE-FER 1998, 130 = BtPrax 1998, 156 [LS]);

– Verschweigen der Tatsachen, sowohl als Betreuerin als auch als Erwerberin an der Veräußerung einer Eigentumswohnung beteiligt zu sein (BayObLG FamRZ 1995, 1232, 1234 = BtPrax 1995, 65, 67);

– wiederholtem und über längere Zeit anhaltendem Verstoß gegen Berichtspflichten (BayObLG FamRZ 1996, 509, 510 = Rpfleger 1996, 244 = BtPrax 1996, 67);

– Hinnehmen des Verfalls mehrerer Hausgrundstücke als Vermögensbetreuer (OLG Hamm NJWE-FER 1998, 34);

– langjährigem (fast 25 Jahre langem) Unterlassen von Besuchen der behinderten Tochter im Heim (LG Hildesheim BtPrax 1997, 79);

– Störungen der Arbeit der Mitbetreuer (BayObLG BtE 1994/95, 137 m Anm FLORENTZ);

– tiefgreifender Feindschaft zwischen betreuender Ehefrau und betreutem Ehemann (BayObLG FamRZ 1995, 1235, 1236);

– Gefährdung des Wohls der im Heim lebenden und auf Heimbetreuung angewiesenen behinderten Tochter durch die Mutter als ihre Betreuerin mit ihrer zwar gutgemeinten, aber objektiv nicht gerechtfertigten mißtrauischen und negativen

Haltung gegenüber der Mitarbeiterschaft des Heimes (BayObLG BtE 1994/95, 140 m krit Anm vGAESSLER);

– Außerstandesein des zum Betreuer des Betroffenen bestellten Vaters, die Angelegenheiten des Betroffenen in den einzelnen Aufgabenbereichen ordnungsgemäß zu besorgen (Behandlungs- und Rehabilitationsmaßnahmen, Medikamentengabe; näher in den Gründen der Entscheidung); ein Verbleiben im Amt liefe dem Wohl des Betroffenen zuwider (BayOLG FamRZ 1997, 1360 = BtPrax 1997, 200 = NJWE-FER 1997, 204);

– Weigerung des kostenlos im Hause des bedürftigen, andernorts gegen Entgelt untergebrachten Betreuten lebenden Betreuers, eine auch nur annähernd marktgerechte Miete zu zahlen, wodurch der Betreuer zeigt, daß er seine eigenen Interessen über die Vermögensinteressen des Betreuten stellt; der betreffende Betreuer ist regelmäßig als Vermögensbetreuer ungeeignet (OLG Köln NJWE-FER 1998, 201);

– nachträglichem Bekanntwerden mehrerer Vermögensstraftaten von mit Vermögenssorge betrauter Betreuerin (LG Koblenz NJWE-FER 1998, 82 = BtPrax 1998, 38);

– tiefgreifenden Zerwürfnissen zwischen einem „Sonder"betreuer und dem „Haupt"betreuer (BayObLG FamRZ 1999, 1168);

– mangelnder Kooperationsbereitschaft mit notwendigen Hilfen für die Versorgung der/des Betreuten (infolgedessen Einstellung der Arbeit durch einen ambulanten Dienst wegen ständiger Auseinandersetzungen; BayObLG FamRZ 2000, 1456, 1457 = NJWE-FER 2000, 180 = BtPrax 2000, 123);

– Unfähigkeit sicherzustellen, daß es nicht zu (körperlichen) Übergriffen auf die Betroffene kommt (BayObLG FamRZ 2000, 1456, 1457 = BtPrax 2000, 123 = NJWE-FER 2000, 180);

– Störung des Vertrauensverhältnisses, was sich – zB – in dem mehrfach geäußerten Wunsch der betreuten Person äußert, den Betreuer zu wechseln (OLG Köln FamRZ 1999, 1169; BayObLG FamRZ 2005, 751), auch wenn es sich um den Wunsch und den Willen einer geschäftsunfähigen und in ihrer geistigen Leistungskraft eingeschränkten Person handelt;

– die Eignung zum Betreuer ist nicht mehr gewährleistet, wenn konkrete Umstände es nahelegen, daß er nicht willens oder nicht in der Lage ist, den ihm übertragenen Aufgabenkreis zum Wohl des Betreuten wahrzunehmen. In diesem Fall hindern ein entgegenstehender Wille des Betreuten oder verwandtschaftliche oder sonstige persönliche Bindungen die Entlassung des Betreuers nicht (BayObLG FamRZ 2000, 1183[LS]);

– ein Betreuer ist (gegen seinen Willen) zu entlassen, wenn er seinen Aufgaben nicht gewachsen ist, wenn er mit der rechtlichen Beurteilung von Verträgen überfordert ist, eindeutige gerichtliche Hinweise mißversteht und nicht in der Lage ist, ein aussagekräftiges Vermögensverzeichnis zu erstellen (BayObLG FamRZ 2000, 514 = NJWE-FER 2000, 11);

– während eines Kuraufenthaltes des für Vermögenssorge zuständigen Betreuers verursachte Abrechnungsfehler zulasten des Betreuten mit der Folge eines (zum Zeitpunkt der Entlassung noch nicht abgeschlossenen) Strafverfahrens (BayObLG FamRZ 2005, 931);

– Verstoß gegen die Pflicht zur Abrechnungsehrlichkeit (LG Leipzig FamRZ 1999, 1614; hier jedoch – Einzelfall – verneint; krit PALANDT/DIEDERICHSEN § 1908b Rn 3);

– berufsbedingter Abwesenheit (Fernfahrer); LG Koblenz BtPrax 1998, 38 (hier jedoch als Eignungsmangel im Hinblick auf seine Bestellung, nicht auf seine Entlassung);

– Verstößen gegen die Berichtspflicht (BayObLG BtPrax 2002, 218); Nichterstellen eines geeigneten Vermögensverzeichnisses (BayObLG FamRZ 2000, 514); mehrjähriger Nichterfüllung der Rechnungslegungspflicht (BayObLG-Rp 2004, 270 = FamRZ 2004, 1323 [LS] = BtPrax 2004, 153; s auch Rn 11);

– „Verfügen" einer geschlossenen Unterbringung durch Vereinsbetreuer entgegen fachärztlicher Stellungnahme unter Verwendung richterlicher Diktion (BayObLG FamRZ 2005, 750).

verneint in folgenden Fällen:

– Unterlassen des Räumens einer mit Schachteln und Plastiksäcken vollgestellten Wohnung (BayObLG FamRZ 1998, 1257 = BtPrax 1997, 239, 240 = NJWE-FER 1998, 34);

– Sterilisationsbetreuer stellt im Hinblick auf andere Verhütungsmöglichkeiten keinen Antrag auf Genehmigung (LG Hildesheim BtPrax 1997, 121);

– Spannungen zwischen Betreuer und Betroffenem im Bereich der Vermögenssorge (BayObLG FamRZ 1994, 1135 [LS] = BtPrax 1994, 136 = BtE 1994/95, 136 mw Fundstellen);

– fehlendes Einverständnis des Betreuten mit einer Maßnahme des Betreuers (Änderung der Bankverbindung); BayObLG FamRZ 1996, 509 (LS) = BtE 1994/95, 142;

– Versagung eines dem Wohl des Betreuten zuwiderlaufenden Wohnsitzwechsels (Entlassung weder vAw noch auf Wunsch des Betreuten; BayObLG FamRZ 1998, 1261 [LS]);

– wenn der Betreuer zwar zwei Jahresberichte erst nach mehrfacher Monierung erheblich verspätet abgegeben hat, er aber andererseits über zehn Jahre lang die Betreuung seiner Tochter einwandfrei geführt hat und die verspätete Erstellung der Berichte für die Tochter nicht nachteilig war (BayObLG FamRZ 2003, 60 [LS] = BtPrax 2002, 218 = Rp 2002, 454 [Teilabdruck]; wohl nicht in Fällen beruflich geführter Betreuung vertretbar);

– wenn der Betreuer die Unterzeichnung einer Vollmacht auf sich durch die geschäftsfähige Betreute veranlaßt hat und Umstände nicht ersichtlich sind, die darauf hindeuten, daß die Betreute durch den (ehemaligen) Betreuer arglistig bzw gegen ihren Willen zur Unterzeichnung der Vollmacht bestimmt wurde (LG Leipzig FamRZ 2000, 190, 191; skeptisch MünchKomm/SCHWAB § 1908b Rn 26).

f) Verfügbarkeit eines anderen Betreuers kein Eignungsmangel
Die Tatsache, daß ein anderer Betreuer verfügbar ist, der erheblich geeigneter als der bestellte Betreuer ist, bedeutet nicht einen Eignungsmangel; in Betracht kommt deshalb eine Entlassung des bisherigen Betreuers allenfalls wegen Vorliegens eines anderen wichtigen Grundes (ERMAN/HOLZHAUER Rn 6). Die Notwendigkeit, den Berufsbetreuer zu entlassen, sobald ein geeigneter nicht beruflich (entgeltlich) tätiger Betreuer zur Verfügung steht (Abs 1 S 2), beruht nicht auf dessen etwa besserer Geeignetheit (s Rn 26).

g) In der Person des Betreuten begründete Eignungsmängel
Die Ursachen für eine mangelnde Eignung des Betreuers können auch in der Person des Betreuten selbst liegen, etwa dann, wenn der Betreute eine unüberwindliche Abneigung gegen den Betreuer gefaßt hat, ohne daß der Betreuer dazu (bewußt) Anlaß gegeben hätte (so das Beispiel in BT-Drucks 11/4528, 153). Ist die Beziehung der beiden so schwerwiegend gestört, daß der Betreuer seine Aufgabe nicht mehr ordnungsgemäß besorgen, zB den Betreuten nicht mehr in seine Arbeit einbeziehen (§ 1901) kann, und ist eine Anleitung oder Hilfe für den Betreuer erfolglos geblieben oder nicht erreichbar gewesen, kann die Entlassung des Betreuers unvermeidlich sein. In solchen Fällen muß jedoch bedacht werden, daß für die Betreuung uU nur noch die Behörde zur Verfügung steht, auf deren personelle Entscheidung und Möglichkeit der Betreute kaum oder keinen Einfluß hat, so daß das eigentliche Problem nicht gelöst wird. Das Gericht sollte hier nicht jeder Laune des Betreuten nachgeben (so ausdrücklich BT-Drucks 11/4528, 153), sondern einen Betreuerwechsel nur dann vornehmen, wenn er das einzige Mittel ist, dem Wohl des Betreuten zu entsprechen. Spannungen zwischen dem Betreuer und dem Betreuten brauchen kein (anderer) wichtiger Grund für eine Entlassung zu sein (BayObLG FamRZ 1999, 1170 mwN). Wenn der Betreute den Betreuer zwar ablehnt, der Betreuer aber weiterhin in der Lage ist, durch regelmäßige und engmaschige Kontaktpflege auf den Betreuten positiv einzuwirken, liegt ein wichtiger Grund für die Entlassung des Betreuers nicht vor (BayObLG v 19.10.2001 – 3 Z BR 295/01). Der Wunsch des Betreuten nach Auswechslung seines Betreuers gegen einen anderen, gleich geeigneten Betreuer ist für das Gericht nicht bindend; auch insoweit ist entscheidend auf das Wohl des Betreuten abzustellen (BayObLG aaO). Für die Frage, ob das Vertrauensverhältnis zwischen Betreuer und Betreutem beeinträchtigt ist, ist auch der Wunsch und Wille einer geschäftsunfähigen und in ihrer geistigen Leistungskraft eingeschränkten Person zu berücksichtigen; über die Ernsthaftigkeit dieses Willens muß sich das Gericht einen persönlichen Eindruck verschaften (BayObLG FamRZ 1999, 1169). Zu eng OLG Köln (FamRZ 2003, 188 m Anm BIENWALD), wonach ein wichtiger Grund „iS dieser Vorschrift allein in der Person des Betreuten liegen" müsse.

h) Änderung der Bestellungsgrundlagen kein Grund für Betreuerwechsel
Ein Betreuerwechsel kommt dann nicht in Betracht, wenn sich lediglich die Rechtsgrundlage der Bestellung ändern würde, ohne daß damit ein Wechsel in der Person des Betreuers verbunden ist. Dies wäre zB der Fall, wenn der Behördenbetreuer entlassen werden würde, ein anderer Betreuer als die Behörde nicht zur Verfügung

stände und in der Behörde der bisher tätige Mitarbeiter die Betreuung tatsächlich (weiter-)führen müßte.

i) Insolvenz oder Eröffnung des Insolvenzverfahrens kein Eignungsmangel

17 Insolvenz oder die Eröffnung des Insolvenzverfahrens (§ 27 InsO) sind allein kein Eignungsmangel. Zur Gefahr von Interessenkollisionen bei eigener schwieriger Wirtschaftslage vgl OLG Zweibrücken FGPrax 1998, 57 = BtPrax 1998, 156 (LS). Eine bisher nicht bekannt gewesene strafrechtliche Verurteilung, die geeignet ist, an der ordnungsmäßigen Führung der Betreuung zu zweifeln, kann ein Grund für eine Entlassung nach Abs 1 1. Alt sein. In Betracht kommen solche Umstände oder Eigenschaften gegebenenfalls für eine Entlassung aus einem anderen wichtigen Grund.

2. Andere wichtige Gründe für die Entlassung des Betreuers (Abs 1 S 1, 2. Alt u S 2)

a) Grundsatz

18 Die Bezeichnung „anderer wichtiger Grund" macht deutlich, daß es zwischen dem wichtigen Grund des Eignungsmangels und anderen wichtigen Gründen **keine Rang- oder Qualitätsunterschiede** gibt. Deshalb sollte nicht von „sonstigen" Gründen gesprochen werden. Bei dem Begriff des wichtigen Grundes handelt es sich um einen Rechtsbegriff, der (weitestgehend) der **Nachprüfung** durch das Rechtsbeschwerdegericht unterliegt (OLG Köln NJWE-FER 1998, 129). Ein einfacher Grund genügt nicht (BayObLG FamRZ 1994, 323).

Bei dieser Vorschrift geht es um Gründe, die mit der Eignung des Betreuers nichts zu tun haben, aber dennoch so gewichtig sind, daß sie eine Entlassung des Betreuers rechtfertigen. Ziel der Neuregelung war es, eine Entlassung auch dort zu ermöglichen, wo der bisherige Betreuer zwar keine Eignungsmängel aufweist, ein Betreuerwechsel aber dennoch im Interesse des Betreuten liegt (BT-Drucks 11/4528, 153), weil es dessen Wohl mehr als unerheblich schaden würde, bliebe der Betreuer im Amt (BayObLG FamRZ 1994, 1353; FamRZ 1997, 1358, 1359; FamRZ 2005, 390 [LS] = BtPrax 2004, 240). In der Praxis muß allerdings um der bisherigen Betreuer und um der Gewinnung neuer Betreuer willen mehr als bisher darauf geachtet werden, dem bisherigen Betreuer bei seiner Entlassung zu verdeutlichen, daß mit dem Betreuerwechsel aus einem anderen wichtigen Grund (2. Alt) ein Vorwurf mangelnder Eignung oder Sorgfalt bei der Führung der Betreuung nicht verbunden ist. Ein wichtiger Grund für einen Betreuerwechsel kann vorliegen, wenn das **Vertrauensverhältnis** zwischen dem Betroffenen und dem Betreuer **gestört** ist und der Betroffene aus diesem Grunde eigenständig und ernsthaft einen anderen Betreuer wünscht (BayObLG FamRZ 2005, 751 m Anm BIENWALD = BtPrax 2005, 31). Ein wichtiger Grund für die Entlassung eines Betreuers liegt nicht vor, wenn der Betroffene den Betreuer zwar ablehnt, der Betreuer aber weiterhin in der Lage ist, durch regelmäßige und engmaschige Kontaktpflege auf den Betroffenen positiv einzuwirken (BayObLG v 19. 10. 2001 – 3 Z BR 295/01, OLGRp 2002, 79). Zur Notwendigkeit, den „anderen wichtigen Grund" von der Regelung des Abs 3 abzugrenzen, BayObLG FamRZ 1994, 1353 = BtE 1994/95, 142 mwN (auch MünchKomm/SCHWAB Rn 9). Für die Beurteilung, ob ein wichtiger Grund für die Entlassung vorliegt, kommt es auf die Feststellungen im

Zeitpunkt der letzten tatrichterlichen Entscheidung an (BayObLG FamRZ 1997, 1358, 1359).

In gewisser Abschwächung und Einengung des Wortlauts der Vorschrift heißt es in der Einzelbegründung zu der durch Art 1 Nr 12 2. BtÄndG eingetretenen Änderung des § 1908b Abs 1 (eingefügter neuer S 2), ein wichtiger Grund für die Entlassung des Berufsbetreuers gemäß § 1908b werde **in der Regel** auch dann vorliegen, wenn der Berufsbetreuer zu Lasten der Staatskasse vorsätzlich falsch abrechnet (BT-Drucks 15/2494, 30). Der eingefügte Satz enthält einen weiteren benannten wichtigen Entlassungsgrund. Dem Wortlaut nach ist das Gericht verpflichtet, den Betreuer zu entlassen, **ohne** daß ihm ein **Ermessen** eingeräumt ist. Das Vormundschaftsgericht muß nicht abwarten, ob wegen der vorsätzlich falschen Abrechnung ein strafrechtliches Ermittlungsverfahren eingeleitet oder eine rechtskräftige Verurteilung vorgenommen worden ist. Es hat in eigener Zuständigkeit den Sachverhalt festzustellen und danach eine Entscheidung zu treffen. Der von der Bestimmung erfaßte Personenkreis besteht aus den berufsmäßig tätigen Betreuern, die ihre Vergütung (und ihre Aufwendungen) abrechnen. Durch die eingeführte Neuregelung des Vergütungs- und Aufwendungsersatzrechts ist zu erwarten, daß die Zahl der Fälle unrichtiger (ggf vorsätzlicher) Fälle abnehmen wird.

Die Kompetenz des Bezirksrevisors wurde um die Berechtigung der Antragstellung gemäß § 1908b erweitert, indem § 69g Abs 1 S 2 FGG um die Wörter „der Betreuer habe eine Abrechnung vorsätzlich falsch erteilt" ergänzt wurde, um ihm eine wirksame Durchsetzung der Kontrolle zu ermöglichen (BT-Drucks 15/2494, 30). Warum nur eine vorsätzliche Falschabrechnung in der Regel ein Entlassungsgrund sein soll, wenn sie die Staatskasse schädigt oder zu schädigen geeignet ist, nicht dagegen, wenn sie der Vermögenslage eines nicht mittellosen Betreuten schadet, ist unerklärt. Das Gericht ist jedoch nicht gehindert, ein derartiges Verhalten als Entlassungsgrund nach Abs 1 S 1 zu würdigen. Die oa Interpretation (BT-Drucks 15/2494, 30) des neu eingeführten Entlassungsgrundes der vorsätzlichen Falschabrechnung erlaubt es, in minderschweren Fällen (zB bei tätiger Reue) dem Grundsatz der Verhältnismäßigkeit entsprechend von einer Entlassung abzusehen.

b) Beispiele, Einzelfälle
Nach dem RegEntw (BT-Drucks 11/4528, 153) liegt ein anderer wichtiger Grund zB 19 dann vor, wenn ein **Ehegatte** oder ein **naher Verwandter**, der zuvor wegen Krankheit oder aus anderen Gründen die Betreuung nicht übernehmen konnte, nunmehr **zur Verfügung** steht. Hier soll, so der RegEntw, ein Dritter, der zwischenzeitlich zum Betreuer bestellt worden war, entlassen werden können, weil im Interesse des Betreuten die persönliche Betreuung durch ein Familienmitglied einer Fremdbestimmung vorzuziehen sei. Gleichwohl dürfen die gegen eine derartige Betreuerbestellung sprechenden Gründe (s vor allem GERNHUBER FamRZ 1976, 189, aber auch BT-Drucks 11/4528, 153) nicht außer acht gelassen werden. S deshalb BayObLGZ 2000, 128 (= FamRZ 2000, 1457 = BtPrax 2000, 213), wonach die Existenz eines nahen Verwandten als ein anderer wichtiger Grund zur Entlassung des bisherigen Betreuers führt, wenn die Betreuung durch den nahen Verwandten bei Berücksichtigung aller Umstände dem Wohl des Betreuten erheblich besser entspricht, wobei auch insoweit die Wünsche des Betreuten im Vordergrund stehen.

20 Ist ein **anderer Betreuer** verfügbar, der **erheblich geeigneter** ist als der bisherige Betreuer, könnte ein wichtiger Grund für einen Betreuerwechsel gegeben sein (ERMAN/HOLZHAUER Rn 6). Allerdings müssen Umstände hinzutreten, die die Entlassung des bisherigen Betreuers als einzige dem Wohl und Interesse des Betreuten entsprechende Maßnahme erscheinen lassen. Ein anderer Grund kann gegeben sein, wenn nahe Angehörige des Betreuten, auf deren Mitarbeit es ankommt, die Mitwirkung aus Gründen verweigern, die nicht in der Person des bisherigen Betreuers liegen, zur Mitwirkung im Falle einer anderen Personalentscheidung aber bereit sind. In einem solchen Falle muß das Gericht sehr sorgfältig prüfen, ob der Betreuerwechsel längerfristig im Interesse des Betreuten liegt und ob nicht die Gefahr besteht, daß in erster Linie den Wünschen und Interessen der Angehörigen (zB an der Geheimhaltung von Informationen, Betriebs- oder Geschäftsgeheimnissen uä) Rechnung getragen wird. Der Umstand, daß ein anderer Betreuer den Betreuten besser versorgen, seine Integration in das soziale Leben besser fördern könnte, reicht als wichtiger Grund für die Ablösung des bisherigen Betreuers dann nicht aus, wenn der Betreute am bisherigen Betreuer festhalten möchte und mit dessen Leistungen zufrieden ist. Denn zum Wohl des Betreuten gehört die Möglichkeit, sein Leben nach seinen eigenen Wünschen und Vorstellungen zu gestalten, solange ihm hierdurch nicht ein ernsthafter Schaden erwächst (OLG Köln FamRZ 1998, 1258 [LS] = NJWE-FER 1998, 129). Die Bereitschaft eines nahen Verwandten, der bei der Einrichtung der Betreuung als Betreuer nicht zur Verfügung stand, nunmehr dieses Amt zu übernehmen, ist allein noch kein wichtiger Grund zur Auswechslung des bisherigen, mit dem Betreuten nicht verwandten Berufsbetreuers (OLG Köln FamRZ 2003, 188 m Anm BIENWALD zur Frage, warum das Gericht nicht einen Betreuerwechsel gemäß Abs 1 S 2 in Erwägung gezogen hat).

21 Der **Wunsch des Betreuten** nach Entlassung des bisherigen Betreuers stellt allein keinen anderen wichtigen Grund dar (MünchKomm/SCHWAB Rn 9). Seinem Anliegen ist, sofern nicht von Amts wegen zu berücksichtigende Gründe vorliegen, nur dann Folge zu leisten, wenn die Voraussetzungen des Abs 3 gegeben sind. Andernfalls bestünde die Gefahr, „jeder Laune des Betreuten" (BT-Drucks 11/4528, 153) nachzugeben.

22 Familiäre, berufliche und **sonstige Verhältnisse** in der Person des Betreuers, die zwar nicht seine Eignung in Frage stellen, die ihm aber die Fortführung seiner Aufgabe unzumutbar machen, zählen nicht zu den „anderen" wichtigen Gründen. Sie fallen unter die spezielle Regelung des Abs 2 (BT-Drucks 11/4528, 153; MünchKomm/SCHWAB Rn 10).

Das schließt nicht aus, daß das Gericht den genannten Umständen im Rahmen seiner Aufsichtspflicht von Amts wegen Beachtung schenkt und sie zum Anlaß eines Verfahrens nach Abs 1 1. Alt nimmt, wenn es von ihnen Kenntnis erlangt (BT-Drucks 11/4528, 153).

23 Ein anderer wichtiger Grund kann das Bestehen eines **Interessenkonflikts** (oder die Gefahr seines Entstehens) sein. Abstrakte Gefahren in bezug auf Vermögensbelange, zB die Erbberechtigung allein, rechtfertigen nicht die Entlassung. Zudem bedarf es sorgfältiger Prüfung, ob mit der Betreuung im Vermögenssorgebereich auch eigene Interessen des Betreuers verfolgt werden oder wurden (vgl BayObLG 1997,

1358, 1359). Eine konkrete Gefahr hat das OLG Köln nicht darin gesehen, daß die an der Übernahme der Betreuung interessierte Tochter die bisher im Heim untergebrachte Betreute bei sich im Hause aufnehmen, versorgen und pflegen wollte (FamRZ 1996, 1024, 1025). Eine Entlassung des Betreuers kommt aus diesem Grunde nur in Betracht, wenn dem Problem nicht auf andere Weise (durch teilweise Entziehung der Vertretungsmacht gemäß § 1908i Abs 1 S 1, § 1796 oder durch Bestellung eines weiteren [„Ergänzungs-"]Betreuers gemäß § 1899 Abs 1) begegnet werden kann (SOERGEL/ZIMMERMANN Rn 17).

Auch bei Vorliegen eines anderen wichtigen Entlassungsgrundes nach Abs 1 S 1 2. Alt ist eine **teilweise Entlassung** in Erwägung zu ziehen, zB dann, wenn Angehörige, die jetzt als Betreuer zur Verfügung stehen, nur für einen Teil der Aufgaben des Betreuers in Frage kommen (SOERGEL/ZIMMERMANN Rn 17). Wird für den Betroffenen ein weiterer Betreuer unter Aufteilung des bisherigen, einem anderen Betreuer zugewiesenen Aufgabenkreises bestellt, so liegt in dieser Maßnahme eine Teilentlassung des bisherigen Betreuers (BayObLG FamRZ 2002, 1656 [LS]; dort auch zur Frage der Notwendigkeit der persönlichen Anhörung des Betroffenen in diesem Fall).

Zur Entlassung aus wichtigem Grund im Falle der Erweiterung des Aufgabenkreises und der Notwendigkeit personeller Konsequenzen s § 1908d Rn 9.

Ein weiterer wichtiger Grund für die Entlassung als Betreuer liegt dann vor, wenn **24** **Voraussetzungen**, die für die Bestellung zum Betreuer gegeben waren, **entfallen** oder entgegen der Annahme oder Erwartung des Gerichts nicht eingetreten sind. Gibt ein Mitarbeiter eines Vereins oder der Behörde seine Stellung auf oder wird er versetzt, kann er nicht mehr als Vereinsbetreuer oder als Behördenbetreuer tätig sein (bzgl der Behördenbetreuerbestellung ist bei Versetzungen zu unterscheiden, wer Betreuungsbehörde ist). Stellt sich nach der Betreuerbestellung heraus, daß der Betreute eine andere personelle Entscheidung gewollt hat (späteres Auffinden einer Betreuungsverfügung), oder hat er, was zunächst nicht bekannt war, auch für die Kontrolle und Aufsicht (die Geltendmachung seiner Rechte) des Bevollmächtigten Vorsorge getroffen, besteht gegebenenfalls ein wichtiger Grund für die Entlassung des zunächst bestellten Betreuers. Eine Entlassung aus wichtigem Grund kam auch in Betracht, weil der Betreuer die (spätere) einseitige Pauschalierung der Vergütung gem § 1836b nicht akzeptieren wollte, das Gericht aber darauf beharrte.

Wird der **Verein**, der bestellt worden ist, **aufgelöst**, kann er als Körperschaft Betreuungen nicht mehr führen. Er ist aus wichtigem Grund zu entlassen (zur Situation bei Verlust der Rechtsfähigkeit s § 1900 Rn 23 ff). Wird die zuständige Behörde in der bestehenden Form aufgegeben, etwa durch Gebietsreform oder durch Zusammenlegung mit einer anderen Behörde, besteht ein wichtiger Grund für die Entlassung und entsprechende Neubestellung.

Im Falle der Vereinsauflösung sowie des Verlusts der Rechtsfähigkeit endet auch die Stellung der Mitarbeiterinnen und Mitarbeiter, so daß deren Betreuerstatus aufzuheben ist, sofern er nicht von selbst entfällt.

War ein Beamter oder ein Religionsdiener zum Betreuer bestellt worden, so hat ihn **25** das Vormundschaftsgericht zu entlassen, wenn die Erlaubnis, die nach den Landesgesetzen zur Übernahme der Vormundschaft oder zur Fortführung der vor dem Eintritt in das Amts- oder Dienstverhältnis übernommenen Betreuung erforderlich ist, versagt oder zurückgenommen wird oder wenn die nach den Landesgesetzen zulässige Untersagung der Fortführung der Betreuung erfolgt (§ 1888 iVm § 1908i Abs 1 S 1).

3. Entlassung des Berufsbetreuers (Abs 1 S 3)

26 Der Entlassungsgrund des Abs 1 S 3 (bisher S 2) wurde durch Art 1 Nr 15 Buchst a BtÄndG auf Vorschlag des BRates, dem die BReg zugestimmt hatte (BT-Drucks 13/7158, 49, 57) eingeführt. Er ergibt sich folgerichtig aus dem strikten Vorrang ehrenamtlich und damit grundsätzlich unvergütet geführter Betreuung vor der beruflich und damit entgeltlich (dh mit einem Anspruch auf Entgelt) geführten (§ 1897 Abs 6). Dem Berufsbetreuer ist aufgegeben, dem Gericht mitzuteilen, wenn ihm Umstände bekannt werden, aus denen sich ergibt, daß der Betreute durch eine oder mehrere andere geeignete Personen außerhalb einer Berufsbetreuung betreut werden kann (§ 1897 Abs 6 S 2). Um sicherzustellen, daß der Regelung des Abs 1 S 3 gefolgt wird, hat das BtÄndG (Art 2 Nr 9) dem Vertreter der Staatskasse ein Beschwerderecht gegen Entscheidungen des Vormundschaftsgerichts eingeräumt, durch die eine Entlassung nach Abs 1 S 3 abgelehnt wird, wenn der Vertreter der Staatskasse geltend gemacht hat, der Betreute könne anstelle eines nach § 1897 Abs 6 S 1 bestellten Betreuers durch eine oder mehrere andere geeignete Personen außerhalb einer Berufsausübung betreut werden (§ 69g Abs 1 S 2 FGG).

Unter Geltendmachen versteht die Begründung des Gesetzesvorschlags, daß der Vertreter der Staatskasse **einen konkreten Vorschlag** macht und sich nicht darauf beschränkt, die Voraussetzungen eines Betreuerwechsels lediglich zu behaupten (BT-Drucks 13/7158, 50). Dem Wortlaut der Vorschrift nach setzt die Beschwerde eine **Entscheidung des Gerichts** voraus. Dem Vertreter der Staatskasse wird weder eine Popularbeschwerde noch eine Untätigkeitsbeschwerde eingeräumt.

Sinn und Zweck der Neuregelung entspricht es, bei Vorliegen der Entlassungsvoraussetzungen dem Gericht **kein Ermessen** einzuräumen (aA SOERGEL/ZIMMERMANN sowie DAMRAU/ZIMMERMANN[3] jeweils Rn 19; auch JÜRGENS/KRÖGER/MARSCHNER/WINTERSTEIN[4] Rn 149a; nach MünchKomm/SCHWAB Rn 11 „nicht ebenso strikt zu haben" wie Eignungsmangel). Die Formulierung „soll" läßt es zu, alle wesentlichen Gründe, die gegen ein Auswechseln lediglich aus finanziellen Gründen sprechen (nicht lediglich fiskalischen, denn der prinzipielle Vorrang ehrenamtlicher Betreuung vor berufsmäßig geführter Betreuung ist nicht auf die staatlich [vor-]finanzierte Betreuung beschränkt) – zB Kontinuität ua –, zu berücksichtigen. Dies räumt dem Gericht gleichwohl kein Ermessen ein, sondern zwingt zu einem Abwägen der für und gegen den Personenwechsel sprechenden Umstände. Aus dem Vorrang ehrenamtlicher Betreuung gemäß Abs 1 S 3 folgt nicht zwingend, daß ein berufsmäßig tätiger Betreuer entlassen werden müßte, wenn eine ehrenamtlich tätige Person zur Führung der Betreuung bereit ist (OLG Jena NJ 2003, 268 [LS]; ebenso LG Chemnitz FamRZ 2001, 253 u BayObLG FamRZ 2005, 1777 [LS]). Ebensowenig kommt es auf einen anderslautenden Wunsch des Betreuten an. Es handelt sich um einen in erster Linie „formalen" Austausch von Betreuern. Die Eignung des Nachfolgers richtet sich nach § 1897 Abs 1; es dürfen keine (absoluten oder relativen) Gründe gegen seine Bestellung sprechen; § 1897

Abs 5 ist deshalb zu berücksichtigen. Es kommt nicht darauf an, daß der Nachfolgebetreuer in gleicher oder ähnlicher Weise wie der zu entlassende Betreuer fachlich qualifiziert ist; er muß nur iS des § 1897 Abs 1 geeignet sein, die Angelegenheiten des Betreuten rechtlich zu besorgen und ihn in dem hierfür erforderlichen Umfang persönlich zu betreuen. Liegen bei der allein als ehrenamtlicher Betreuer in Betracht kommenden Person erhebliche Interessenkonflikte vor, kommt die Entlassung des Berufsbetreuers nach Abs 1 S 2 (nunmehr S 3) nicht in Betracht (BayObLG v 26.1.2000 – 3 Z BR 13/2000). (Berufs-)Betreuer mit besonderen Qualifikationen sollen auf diese Weise denjenigen vorbehalten werden, die sie benötigen. Das Vormundschaftsgericht hat grundsätzlich den Vorrang auch gegenüber einem durch den Betreuten eingebrachten Vorschlag zu beachten (OLG Jena NJW-RR 2001, 796). Im Rahmen dieser Vorschrift ist außerdem für die zu treffende Entscheidung maßgebend, ob sie dem Wohl des Betroffenen entspricht (BayObLG aaO). Wechselseitiges Mißtrauen unter Angehörigen des Betroffenen kann gegen den Wechsel sprechen, obwohl eine ehrenamtlich tätige Person zur Übernahme der Betreuung bereit ist (BayObLG aaO). Ein Berufsbetreuer ist zu entlassen und durch einen ehrenamtlich tätigen Betreuer „zu ersetzen", wenn die wesentlichen Angelegenheiten, die sein professionelles Wissen und Können verlangen, geregelt sind und ein geeigneter ehrenamtlicher Betreuer zur Verfügung steht (LG Duisburg BtPrax 2000, 43). Eine Entlassung des bestellten beruflich tätigen Betreuers nach § 1908b Abs 1 S 2 ist dann nicht erforderlich, wenn er die bisher beruflich geführte Betreuung als ehrenamtlicher Betreuer weiterführt (LG Chemnitz FamRZ 2001, 313). Das Vormundschaftsgericht muß begründen, weshalb die Betreuung durch den ehrenamtlichen Betreuer ebenso gut geführt werden kann wie durch den zu entlassenden Berufsbetreuer (LG Saarbrücken BtPrax 2000, 266). Denkbar sind auch Teilentlassungen und entspr Neubestellungen mit einer begrenzten Aufgabe (FamRefK/Bienwald § 1908b Rn 5).

III. Unzumutbarkeit der Fortführung der Betreuung für den Betreuer (Abs 2)

1. Zumutbarkeit als Voraussetzung der Übernahmepflicht

Das Betreuungsrecht verpflichtet natürliche Personen zur Übernahme der Betreuung, für die das Gericht sie für geeignet hält, wenn die Übernahme dem Ausgewählten unter Berücksichtigung seiner familiären, beruflichen und sonstigen Verhältnisse zugemutet werden kann (§ 1898 Abs 1). Treten nach der Bestellung, dh nach dem Zeitpunkt, zu dem spätestens das Gericht sie für seine Entscheidung verwerten konnte, solche Umstände ein, ist der Betreuer zu entlassen, wenn er dies beantragt. Dem steht gleich, daß die Umstände zwar schon bei der Bestellung zum Betreuer gegeben, aber noch nicht bekannt waren (BT-Drucks 11/4528, 154; Bienwald, BtR[4] Rn 31; MünchKomm/Schwab Rn 15). In Betracht kommt auch eine Teilentlassung (BT-Drucks 11/4528, 154; MünchKomm/Schwab Rn 15), wenn sich die Unzumutbarkeit auf die Erledigung einzelner, dem Betreuer übertragener Angelegenheiten (die BT-Drucks formuliert „Aufgabenkreise", aaO), beschränkt. Eine ergänzende Betreuerbestellung wird dann erforderlich, sofern nicht eine vollständige Neubestellung vorgenommen wird (BT-Drucks 11/4528, 154). Zur Anwendung auf Vereins- und Behördenbetreuer sowie Vereine und Behörden s MünchKomm/Schwab Rn 17, 18 sowie unten Rn 38.

2. Entlassungsantrag des Betreuers

28 Erforderlich ist ein Antrag des bisherigen Betreuers, dh eine Äußerung, aus der sich ergibt, daß er die Betreuung nicht mehr fortsetzen, sondern von der Aufgabe entbunden werden möchte. Eine Entlassung **von Amts wegen** kommt nach Abs 2 **nicht** in Betracht. Hat das Gericht Anlaß, wegen solcher Umstände, die die Unzumutbarkeit begründen können, die Entlassung des Betreuers in Erwägung zu ziehen, hat es nach Abs 1 zu verfahren und ggf den Betreuer wegen anderer wichtiger Gründe zu entlassen (BIENWALD, BtR[4] Rn 19). Zur Ergänzung der Regelung durch § 69f Abs 3 – Entlassung durch einstweilige Verfügung – s BIENWALD, BtR[4] Rn 25.

3. Gründe für Unzumutbarkeit

29 Die Gründe für die Unzumutbarkeit können sowohl im familiären, als auch im beruflichen oder sonstigen Bereich gegeben sein. In Betracht kommt eine erforderlich werdende Pflege einer nahestehenden Person, eine Verschlechterung des Gesundheitszustandes, das fortgeschrittene Alter des Betreuers. Es können sein: besondere Anstrengungen in der Betreuung der eigenen Kinder, Verschlechterung von Verkehrsverbindungen, erforderliche Aufnahme zusätzlicher Verdienstmöglichkeiten, Veränderung des Wohnsitzes und dadurch größer werdende Entfernung zum Betreuten. In Betracht kommt auch eine tiefgreifende, vom Betreuten ausgehende Entfremdung, die das Vertrauensverhältnis so empfindlich stört, daß dem Betreuer die Fortsetzung seiner Aufgabe unzumutbar wird (BT-Drucks 11/4528, 153). Das AG Northeim sah es als einen die Entlassung eines Berufsbetreuers rechtfertigenden wichtigen Grund an, daß der zugebilligte Stundensatz zu gering war, um eine Berufsexistenz zu begründen (BtPrax 1994, 179).

Eine möglicherweise zu Unrecht erfolgte Vergütungskürzung in einem Einzelfall ist dagegen kein Umstand, der die Betreuung unzumutbar macht (OLG Schleswig SchlHA 1998, 53 = FamRZ 1998, 1259 m Anm d Red = NJW-RR 1998, 655). Eine neue Vergütungsregelung (hier aufgrund des ersten BtÄndG) vermag den Wunsch eines (anwaltlichen) Betreuers auf Entlassung zu rechtfertigen; will der Betreuer unter diesen Umständen seine Betreuertätigkeit reduzieren, kann ihm die Auswahl, welche Betreuungen er nicht mehr fortführen will, nicht verwehrt werden (BayObLGZ 2001, 149 = FamRZ 2002, 195 = BtPrax 2001, 206 = JurBüro 2001, 600). Für die Behörde ist die Führung einer Betreuung unzumutbar, für die sie nach § 3 Abs 1 BtBG nicht (mehr) zuständig ist, nachdem der Betreute seinen gewöhnlichen Aufenthalt gewechselt hat. Sie ist deshalb auf Antrag aus dem Amt zu entlassen (OLG Zweibrücken FamRZ 1992, 1325, 1326 = BtE 1992/93, 97 mwN; OLG Hamburg BtPrax 1994, 138).

Umstände, die ein gedeihliches Zusammenwirken von Betreuer und Betreutem unmöglich machen und die Unzumutbarkeit der Betreuung begründen können, sind Handgreiflichkeiten oder Körperverletzungen durch den Betreuten oder eine voraussichtlich länger andauernde Verweigerung von Kontakten zu dem Betreuer, so daß dessen ständige Bemühungen um eine Kontaktaufnahme außer Verhältnis zu dem zu erwartenden Erfolg stehen.

Im Falle der Neubestellung eines Mitbetreuers nach Abs 3 kann die Fortsetzung der

Betreuung durch den oder die anderen Mitbetreuer unzumutbar sein (§ 1908b Abs 2 iVm § 1898 Abs 1).

4. Beteiligung des Betreuten

Soweit die Gründe für die Unzumutbarkeit nicht in der Person des Betreuten liegen und dieser kein Interesse an einem Betreuerwechsel hat, ist mit dem Widerspruch des Betreuten zu rechnen. Widerspricht der Betreute der Entlassung des Betreuers (§ 1908b), so hat das Gericht den Betreuten (und den Betreuer) persönlich anzuhören (§ 69i Abs 7 S 1 FGG). Die persönliche Anhörung kann jedoch unterbleiben, wenn hiervon erhebliche Nachteile für die Gesundheit des Betreuten zu besorgen sind oder der Betreute offensichtlich nicht in der Lage ist, seinen Willen kundzutun (§ 69i Abs 7 S 2 iVm § 69d Abs 1 S 3 FGG). Zutreffend wird die Vorschrift kritisiert, weil jedenfalls die zweite Alternative zu unterlassender persönlicher Anhörung zu dem Widerspruch des Betreuten nicht recht passen will (Florentz id Anm zu BayObLG BtE 1994/95, 137, 138). Vor der Bestellung eines neuen Betreuers nach § 1908c ist nach Maßgabe des geänderten § 69i Abs 8 FGG (Art 2 Nr 10 BtÄndG) der Betroffene persönlich anzuhören, es sei denn, er hat sein Einverständnis mit dem Betreuerwechsel erklärt. Im übrigen gelten, wie bisher, die §§ 68a, 69d Abs 1 S 3 und § 69g Abs 1 FGG entsprechend. Zum Verfahren allgemein s unten Rn 49 ff. Geht es darum, einen Betreuer gegen den Willen des Betreuten zu entlassen, so gilt wie bei der Bestellung eines Betreuers, daß eine Bindung an die Vorschläge des Betroffenen/Betreuten dann entfällt, wenn die Bestellung des Vorgeschlagenen dem Wohl des Betroffenen zuwiderlaufen würde (BayObLG FamRZ 1997, 1360, 1361).

IV. Vorschlag eines neuen Betreuers durch den Betreuten (Abs 3)

1. Vorschlagsrecht und -pflicht

Die Regelung schließt sich an § 1897 Abs 4 an (im RegEntw § 1897 Abs 5; von LG Mainz in seiner Entscheidung Rpfleger 1993, 283 = BtPrax 1993, 176 übersehen). Der Wunsch des Betreuten hinsichtlich der Person des Betreuers soll nicht nur bei dessen erstmaliger Auswahl, sondern auch bei dessen Entlassung zu berücksichtigen sein (BT-Drucks 11/4528, 154). Ergänzt wird dieser Rechtsgedanke nach Auffassung des BayObLG (FamRZ 1994, 322 = Rpfleger 1994, 64 = BtPrax 1993, 171) durch § 1901: Die Möglichkeit, im Rahmen seiner Fähigkeiten sein Leben nach seinen eigenen Wünschen und Vorstellungen zu gestalten, dürfe auch bei der Auswahl des Betreuers nicht außer Betracht bleiben.

Die Vorschrift schränkt die Rechte des Betreuten insofern ein, als sie ihm die „Pflicht" auferlegt (so BT-Drucks 11/4528, 154), selbständig tätig zu werden und mit dem Antrag auf Entlassung des alten Betreuers zugleich dem Gericht einen neuen gleich geeigneten und übernahmebereiten Betreuer zu benennen (BT-Drucks 11/4528, 154). Nach den Vorstellungen des RegEntw soll der Betreute nicht schon bei bloßer persönlicher Unzufriedenheit mit einem an sich geeigneten Betreuer das Gericht veranlassen können, einen Betreuerwechsel vorzunehmen und zu diesem Zweck zunächst einen neuen Betreuer auszusuchen. Dem Betreuten soll vor Augen geführt werden, daß in diesem Falle die Suche nach einem neuen Betreuer seine eigene Sache ist (BT-Drucks 11/4528, 154). Vom Vorschlagsrecht des Abs 3 ist deshalb die

Anregung einer Entlassung ohne die Notwendigkeit eines eigenen Personalvorschlags, gestützt auf Entlassungsgründe des Abs 1 zu unterscheiden. Zur Abgrenzung zwischen einem Antrag des Betroffenen auf Betreuerwechsel und einer Beschwerde gegen die Betreuerbestellung BayObLG FamRZ 2003, 784.

Fordert der Betroffene nach Bestellung eines Betreuers oder nach Verlängerung einer Betreuung die Vornahme eines Betreuerwechsel, so kann dies als Beschwerde gegen die Ausgangsentscheidung, aber auch als Antrag auf Entlassung des bisherigen Betreuers und Bestellung eines neuen Betreuers zu werten sein. Welcher Antrag gewollt ist, muß im Wege der **Auslegung** ermittelt werden, wobei insbesondere im Falle anwaltlicher Vertretung des Betroffenen vom Wortlaut des gestellten Antrags auszugehen ist. Auch soll dem Zeitfaktor, dh der Frage, wie lange nach Bekanntgabe der Ausgangsentscheidung der Antrag gestellt wird, Bedeutung beizumessen sein (BayObLG FamRZ 2003, 784, 785).

Die offenkundige Intention des Gesetzgebers, die Gerichte nicht bereits auf momentane Unmutsgefühle oder launenhafte Entlassungsanträge des Betreuten reagieren zu lassen, kommt in dem Wortlaut der Bestimmung nur unzureichend zum Ausdruck, ist aber für die Interpretation nicht ohne Belang. Ausreichend, aber auch erforderlich, ist, daß der Betreuerwechsel dem **eigenen Willen des Betreuten** entspringt und **nicht auf fremde Einflüsse** zurückzuführen ist (OLG Köln Rp 2003, 47). Der Vorschlag des Betreuten ist nur dann ein maßgebliches Kriterium für einen Betreuerwechsel, wenn der Wunsch nach einem bestimmten Betreuer auf einer eigenständigen Willensbildung des Betreuten beruht sowie dauerhaft und unabhängig vom Einfluß Dritter zustande gekommen ist. Ist der Wunsch nur solange vorhanden, wie ein Dritter Einfluß auf den Betreuten ausüben kann, entspricht seine Berücksichtigung nicht dem Selbstbestimmungsrecht des Betreuten (BayObLG FamRZ 2005, 548 m Anm BIENWALD = BtPrax 2005, 35; FamRZ 2005, 390 [LS] = BtPrax 2004, 240).

Zutreffend wird dem Vorschlagsrecht des Betroffenen nach § 1897 Abs 4 eine größere Kraft beigemessen als dem nachträglich geäußerten Wunsch des Betreuten nach Personalveränderung, weil dieser zwingend mit einem Neuvorschlag verbunden ist (HOLZHAUER/REINICKE Rn 4). Das Gericht tritt demzufolge in eine Sachprüfung erst ein, wenn der Betreute (ob geschäftsfähig oder geschäftsunfähig, ist angesichts der generellen Verfahrensfähigkeit nach § 66 FGG ohne Bedeutung; so auch BayObLG FamRZ 1994, 322 = Rpfleger 1994, 64 = BtPrax 1993, 171 mN und der Begründung, es handle sich nicht um eine rechtsgeschäftliche Erklärung; BayObLG FamRZ 1994, 1353; OLG Köln OLG Rp Köln 1997, 256) einen Betreuerwechsel nach Abs 3 beantragt hat und mit dem Antrag auf Entlassung des bisherigen Betreuers eine **Namensnennung** verbindet. Der Betreute muß aber nicht noch einen wichtigen Grund benennen (OLG Köln v 26. 6. 2002, 16 Wx 104/02). Dagegen gehört die Versicherung, daß der Vorgeschlagene mit seiner Bestellung einverstanden ist, zur **Zulässigkeit des Antrags** (BayObLG FamRZ 1994, 1353). Gegebenenfalls hat das Gericht auf die erforderliche Ergänzung hinzuweisen.

Der Antrag dient nicht dazu, eine Neubestimmung der Betreuung herbeizuführen, obgleich es naheliegt, aus Anlaß eines solchen Antrags (von Amts wegen) zu prüfen, ob die Betreuung überhaupt noch oder in eingeschränktem Umfang erforderlich ist. Im Falle von **Mitbetreuung** kommt die Auswechslung nur eines Betreuers, aber auch bei entsprechendem Personalvorschlag die Auswechslung aller Betreuer in Betracht

(MünchKomm/Schwab Rn 20). Im Falle der Neubestellung eines Mitbetreuers kann sich daraus die Unzumutbarkeit der Fortführung der Betreuung für den oder die übrigen Mitbetreuer ergeben (§ 1908b Abs 2 iVm § 1898 Abs 1).

2. Inhaltliche Anforderungen an den Vorschlag

Dem Wortlaut der Vorschrift nach muß der Betreute eine **bestimmte Person** benennen; eine Personenmehrheit zur Auswahl des Gerichts entspricht dem nicht (ebenso MünchKomm/Schwab Rn 20; OLG Jena NJ 2003, 268). In Betracht kommt jede zum Betreuer bestellbare natürliche Person, auch ein Mitarbeiter eines Vereins (Vereinsbetreuer) oder der zuständigen Behörde (Behördenbetreuer). Schlägt der Betreuer einen Mitarbeiter eines Vereins oder der Behörde vor, so gehört zu seinem Antrag nicht nur das Einverständnis des Mitarbeiters, sondern auch das des Anstellungsträgers (vgl § 1897 Abs 2; Bienwald, BtR[4] Rn 37). Die betreute Person kann auch eine bereits als weiterer Betreuer bestellte, geeignete Person als nunmehrigen alleinigen Betreuer vorschlagen, wenn diese Person damit einverstanden ist (BayObLG-Rp 2004, 87 = FamRZ 2004, 738 [LS]).

Die Benennung eines Vereins oder der zuständigen Behörde kommt aus Gründen der Betreuerrangfolge des BtG (vgl § 1900) nicht in Betracht, denn solange ein Individualbetreuer vorhanden ist (hier: der bisherige Betreuer), darf ein Verein oder die Behörde nicht bestellt werden. Gleichwohl kann, noch dazu dort, wo die Behörde es ablehnt, ihre Mitarbeiter zu Behördenbetreuern bestellen zu lassen, im Ausnahmefall das Bedürfnis bestehen, über den Weg der Behördenbestellung einen Mitarbeiter mit der Betreuung zu beauftragen (§ 1900 Abs 2). In einem solchen Falle muß geprüft werden, ob andere Gründe für das Ausscheiden des bisherigen Betreuers und die Bestellung eines anderen gefunden werden. In solchen Fällen werden Grenzen des an sich als flexibel gewollten Betreuungsrechts sichtbar.

Das Vorschlagsrecht des Betreuten wird auch durch den durch das erste BtÄndG eingeführten Nachrang der beruflich (entgeltlich) geführten Betreuung gegenüber der ehrenamtlichen (§ 1897 Abs 6, § 1908b Abs 1) eingeschränkt, jedenfalls insoweit, als anstelle eines bisher ehrenamtlich tätigen Betreuers nicht ein entgeltlich tätiger Betreuer bestellt werden kann, ohne daß hierfür besondere Gründe vorliegen. Solche sah das OLG Thüringen darin, daß eine enge persönliche Bindung des Betroffenen an den von ihm vorgeschlagenen Berufsbetreuer besteht oder ein bemittelter Betroffener dies möchte (FamRZ 2001, 714 = NJW-RR 2001, 796).

3. Prüfung des Vorschlags

Enthält der Antrag des Betreuten die notwendigen Bestandteile, tritt das Gericht in die Sachprüfung ein, die sich darauf zu erstrecken hat, ob der Vorgeschlagene (oder bei Mehrbetreuerbestellung ggf mehrere) „gleich geeignet" ist, ob er zur Übernahme bereit ist, ob ggf die Einwilligung des Anstellungsträgers (noch im Zeitpunkt der Entscheidung) vorliegt, ob Hinderungsgründe gesetzlicher Art bestehen, ob Hinderungsgründe ähnlich denen des § 1897 Abs 5 (Gefahr von Interessenkonflikten) bestehen, die dem Wohl des Betreuten abträglich sein können (vgl OLG Jena NJ 2003, 268 [LS]). Zur Frage des notwendigen Umfangs der Sachaufklärung bei der Beurteilung der gleichen Geeignetheit des Wunschbetreuers BayObLG BtPrax

1998, 185; FamRZ 1999, 1170 = BtPrax 1998, 185. Zur Prüfung der Ernsthaftigkeit des Wunsches bei Bejahung der Betreuereignung OLG Köln OLGRp 1997, 256. Auch Kontinuität und das Aufgedrängtsein des Anliegens können die Entscheidung des Gerichts beeinflussen (MünchKomm/Schwab Rn 19; s dazu auch OLG Düsseldorf FamRZ 1995, 1234 = BtPrax 1995, 108 = FGPrax 1995, 109 u BayObLG FamRZ 1994, 1353 = BtE 1994/95, 142 mw Fundstellen; OLG Jena NJ 2003, 268 [LS], BayObLG FamRZ 2005, 548 m Anm Bienwald = BtPrax 2005, 35, die übereinstimmend entschieden haben, der Wunsch des Betreuten könne unberücksichtigt bleiben, wenn der Einfluß eines Dritten festgestellt ist und der den Einfluß ausübende Dritte ein erhebliches wirtschaftliches Interesse am Wechsel des Betreuers hat). Es können auch Bedenken des Gerichts bestehen, was Erfahrungen über die Zusammenarbeit des Vorgeschlagenen mit dem Gericht angeht, die aus früheren Betreuungen herrühren. Schlägt der Betreute den wegen Ungeeignetheit entlassenen Betreuer trotz unveränderter Sachlage erneut als Betreuer vor, ist dieser Vorschlag unbeachtlich (BayObLG v 2.8.1999 – 3 Z BR 199/1999). Zu prüfen ist auch, ob das Wohl des Betreuten bei fortbestehender Betreuerstellung nicht oder erheblich schlechter gewahrt ist als bei einer Betreuerauswechslung (BayObLG FamRZ 2005, 390; FamRZ 2005, 548). Wird nach der Entlassung des bisherigen Betreuers im Rahmen der Verlängerung der Betreuung ein neuer Betreuer bestellt, steht der Tochter der Betroffenen auch gegen die Auswahlentscheidung ein Beschwerderecht zu (BayObLG FamRZ 2001, 252).

34 Obwohl der Wunsch des Betreuten nach einem bestimmten Betreuer grundsätzlich zu berücksichtigen ist (für die Erstbetreuung vgl § 1897 Abs 4), soll die Vornahme eines Betreuerwechsels für das Gericht nicht zwingend sein, auch wenn die Voraussetzungen des Abs 3 vorliegen; entscheidend sei auch insoweit auf das Wohl des Betreuten abzustellen (BayObLG-Rp 2002, 79; hingegen soll es nach OLG Köln OLGRp 2003, 47 genügen, daß durch den Betreuerwechsel das Wohl des Betreuten nicht erheblich gefährdet wird; krit dazu Bienwald, BtR[4] § 1908b Rn 33). Die in BT-Drucks 11/4528, 154 gegebenen Erläuterungen zu § 1908b Abs 3 fördern eher das Verständnis einer für das Gericht nicht seinem Ermessen unterliegenden Vorschrift (Bienwald, BtR aaO; wie hier anscheinend Erman/Holzhauer Rn 8 ff, jedoch nicht ganz deutlich; aA MünchKomm/Schwab Rn 19; BayObLG FamRZ 1999, 1170; OLG Düsseldorf FamRZ 2000, 1536; OLG Hamm FamRZ 2001, 254, 255; s auch d Nachw in Staudinger/Bienwald [1999]; wenn das Gericht einem nicht qualifizierten Vorschlag nicht folgen muß oder darf, liegt darin noch kein Ermessen).

Sehr weit geht die vorinstanzliche Entscheidung zu BayObLG FamRZ 1994, 322 = Rpfleger 1994, 64 = BtPrax 1993, 171, in der die Bestellung des Hausarztes zum neuen Betreuer (anstelle des Bruders der Betreuten) auf ihren Wunsch für richtig und mit dem Wohl der Betreuten vereinbar erklärt wurde, obwohl zumindest in der Hinsicht Bedenken bestehen müßten, daß im ärztlichen Bereich keinerlei Kontrolle vorhanden ist, soweit nicht im Einzelfall ein Ergänzungsbetreuer bestellt werden muß (weitergehend Bienwald, BtR § 1897 Rn 14: grundsätzlich ungeeignet).

35 Fraglich ist die Vorstellung des RegEntw (BT-Drucks 11/4528, 154), der Betreute solle nicht „bei bloßer persönlicher Unzufriedenheit mit einem an sich geeigneten Betreuer das Gericht veranlassen können, einen Betreuerwechsel vorzunehmen", weil auf diese Weise bei der Prüfung und Entscheidung in der Eignungsfrage die Beurteilung ohne die Person des Betreuten vorgenommen wird. Das Gesetz hat in § 1897 Abs 1 selbst der Beziehungskomponente einen hohen Stellenwert eingeräumt (die persönliche Betreuung ist Eignungsmerkmal!), so daß dieser Aspekt in § 1908b

Abs 3 nicht unberücksichtigt bleiben kann. Die Eignungsprüfung muß sich deshalb sowohl auf die Fähigkeit zur Besorgung der Angelegenheiten als auch auf die persönliche Betreuung (iS des Gesetzgebers, vgl BT-Drucks 11/4528, 68) erstrecken. Die Aufgabe des Betreuers, in dem Aufgabenkreis die Angelegenheiten des Betreuten rechtlich zu besorgen (§ 1901 Abs 1), darf aber nicht durch ein Übermaß an Harmoniebedürfnis aus den Augen verloren werden.

4. Entscheidung

Das Gericht (zuständig ist der Rechtspfleger, s unten Rn 49) kann die Entlassung erst aussprechen, wenn die Übernahme feststeht. Die Entlassungsentscheidung und die Neubestellung sind deshalb so miteinander zu treffen, daß der Betreute nicht betreuerlos wird. Dem Betreuer, der mit seiner Entlassung nach § 1908b Abs 3 nicht einverstanden ist, steht das Rechtsmittel der sofortigen Beschwerde nach § 69g Abs 4 zu. Im einzelnen dazu unten Rn 52; im übrigen BIENWALD, BtR Rn 24. Wird gegen die Entlassungsentscheidung des AG Beschwerde eingelegt, ist hinsichtlich des Kriteriums, ob der Betreuervorschlag auf einer ernsthaften und auf Dauer angelegten eigenständigen Willensbildung beruht, auf den Zeitpunkt der Beschwerdeentscheidung abzustellen (BayObLG FamRZ 2005, 548).

Angesichts der Voraussetzungen, die auf Seiten des Betreuten für eine Sachentscheidung nach Abs 3 erforderlich sind, dürfte die Bestellung eines Verfahrenspflegers nach § 67 Abs 1 Satz 1 FGG mit Ausnahme der gesetzlich vorgeschriebenen Fälle eher selten in Betracht kommen.

Die Feststellung der Eignungsgleichheit bezieht sich auf die Eignungskriterien des Betreuungsrechts (§ 1897 Abs 1); BIENWALD, BtR Rn 25. Ausgeschlossen sind deshalb die in § 1897 Abs 3 aufgeführten Personen, zB der hauptamtl Mitarbeiter des Kreisverbandes, der Träger der Einrichtung ist (LG Stuttgart BWNotZ 1996, 14 = BtPrax 1996, 75). Zum Verhältnis von Abs 3 zu anderen Entlassungsgründen s MünchKomm/SCHWAB Rn 22.

Es stellt keine fehlerhafte Ausübung des Ermessens im Rahmen einer Entscheidung über einen Betreuerwechsel nach Abs 3 dar, wenn das Tatsachengericht berücksichtigt, daß in Kürze über die Person des Betreuers zu entscheiden ist (BayObLG FamRZ 2003, 1411 [LS]). Auch kann ein Betreuerwechsel kurz vor einer Entscheidung über die Verlängerung dem Wohl des Betreuten widersprechen (BayObLG FamRZ 2005, 654).

V. Entlassung des Vereins- oder des Behördenbetreuers auf Antrag des Vereins oder der Behörde (Abs 4)

1. Voraussetzungen

Abs 4 bietet die Möglichkeit, Vereinsbetreuer und Behördenbetreuer auch dann zu entlassen, wenn weder die Voraussetzungen des Abs 1 noch die des Abs 3 gegeben sind. Die Regelung soll die Personalhoheit des Vereins bzw der Behörde über deren Mitarbeiter sichern. Der Vereinsbetreuer und der Behördenbetreuer können allerdings auch nur dadurch von ihren Aufgaben entbunden werden, daß das Vormundschaftsgericht sie aus ihren Ämtern entläßt (BT-Drucks 11/4528, 154). Eine interne Entbindung von dem Amt, etwa im Rahmen von Umorganisation, ist nicht zulässig.

2. Das Verhältnis zu Abs 1 bis 3

38 Die in Abs 1 bis 3 geregelten Entlassungsgründe bleiben unberührt (BT-Drucks 11/4528, 154). Sind Mitarbeiterinnen und Mitarbeiter im Einzelfall für die Betreuung bestimmter Personen nicht ausreichend vorgebildet, kann die Entlassung wegen Eignungsmangels in Betracht kommen, wenn andere Möglichkeiten, das Defizit zu beseitigen, nicht bestehen, nicht wahrgenommen werden können oder sonst keine Aussicht auf Erfolg haben. Auch eine Entlassung aus anderen wichtigen Gründen kommt für Vereins- und Behördenbetreuer in Betracht. Praktisch bedeutsam kann Abs 2 werden (so das Beispiel in BT-Drucks 11/4528, 154), wenn ein Mitarbeiter, der zum Vereinsbetreuer bestellt ist, sein Arbeitsverhältnis mit dem Verein auflöst oder für andere Tätigkeiten eingesetzt werden soll. Richtigerweise liegt ein wichtiger Grund nach Abs 1 2. Alt vor.

Scheidet ein Mitarbeiter aus eigenem Antrieb aus dem Verein aus und stellt der Verein den Antrag nach Abs 4 S 1 nicht (entsprechendes gilt für die Behörde; Abs 4 S 3), kann der Mitarbeiter nicht nach Abs 4 S 2 umbestellt werden. Er ist als Vereinsbetreuer förmlich zu entlassen und gegebenfalls als Privatperson neu nach § 1897 zu bestellen. Eine für derartige Konstellationen eigene Verfahrensregelung (Verfahrensvereinfachungen) sieht das FGG nicht vor. Wird ein bisher ehrenamtlich tätiger oder ein berufsmäßig tätiger Betreuer als Mitarbeiter eines anerkannten Betreuungsvereins eingestellt, kann er ohne Änderung seiner Bestellung die Betreuung als Privatperson weiterführen. Je nach arbeitsvertraglicher Vereinbarung könnte er diese Betreuung im Rahmen seines Dienstverhältnisses führen, er könnte aber auch eine Nebentätigkeitsgenehmigung benötigen, wenn er neben seiner Tätigkeeit als Mitarbeiter die Betreuung (weiter-)führt. Er könnte in bezug auf die bisher geführte Betreuung auch zum Vereinsbetreuer umbestellt werden, wenn sich der Verein damit einverstanden erklärt und dies dem Vormundschaftsgericht mitteilt (§ 1897 Abs 2 S 1).

3. Jederzeitige Antragstellung; Bindung des Gerichts

39 Der Antrag auf Entlassung ist jederzeit möglich und bedarf keiner Begründung (BIENWALD, BtR[4] Rn 42 f; SOERGEL/ZIMMERMANN Rn 34; MünchKomm/SCHWAB Rn 23). Die Beispiele des Reg Entw (BT-Drucks 11/4528, 154) geben lediglich Motive eines Vereins wieder. Das Gericht hat dem Verlangen des Vereins bzw der Behörde stattzugeben; ein Ermessen steht ihm nicht zu (SOERGEL/ZIMMERMANN Rn 34). Das Gericht kann auch nicht anstelle des Vereinsbetreuers dessen Anstellungsträger (Verein) bestellen, weil dafür dessen Einwilligung (neben weiteren Voraussetzungen) erforderlich wäre (§ 1900 Abs 1 S 2). Der Antrag ist weder entbehrlich noch vormundschaftsgerichtlich zu ersetzen. Will beispielsweise ein Mitarbeiter eines Vereins oder der Behörde aus dem Dienst ausscheiden und die bisher von ihm als Vereins- oder als Behördenbetreuer geführten Betreuungen „mitnehmen", kann der Anstellungsträger nicht gezwungen werden, mit der – gegenüber einer Neubestellung vereinfachten – Lösung nach Abs 4 einverstanden zu sein. Aus Gründen von Qualitätsgesichtspunkten sollte eine „einfache Lösung" in solchen Fällen auch nicht angestrebt werden. Dadurch, daß sich Vereine gegenüber dem Vormundschaftsgericht oder der Betreuungsbehörde verpflichten, eine bestimmte Anzahl von Betreuungen durch ihre Mitarbeiter als Vereinsbetreuer führen zu lassen (vgl dazu das Vertragsmuster bei DEINERT, Behörde 120) und sich zum großen Teil nur über die Arbeit ihrer zu Vereinsbetreuern bestellten Mitarbeiter finanzieren bzw finanzieren können, wird ein solches Antragsrecht auf Entlassung des Vereinsbetreuers aus einer Betreuung nur in begründeten (Ausnahme-)Fällen wahrgenommen werden.

4. Behördenpraxis

Bei Behörden kommt die Vorschrift nur dort zum Tragen, wo die Bereitschaft vorhanden war bzw ist, Mitarbeiter als Behördenbetreuer bestellen zu lassen. Nicht alle zuständigen Behörden haben eine entsprechende Bereitschaft signalisiert, sondern lassen sich ausschließlich als Behörde zum Betreuer bestellen, um – wie nach bisheriger Rechtslage – eine größere organisatorische Freiheit zu haben (Urlaubsvertretung, Vertretung in Krankheitsfällen uä). **40**

5. Verhältnis von Dienstrecht und Betreuungsrecht

Dienstrechtlich ist das Einverständnis des Vereins- oder Behördenbetreuers mit seiner Entlassung aus dem Amt nicht erforderlich, wenn nicht vertraglich etwas anderes vereinbart worden ist. UU ist die Beteiligung der Personalvertretung vorgesehen. Die Einhaltung derartiger Vereinbarungen oder Bestimmungen ist betreuungsrechtlich für das Vormundschaftsgericht ohne Belang. Die Wirksamkeit seiner Entscheidung wird davon nicht berührt. Betreuungsrechtlich ist das Einverständnis des (bisherigen) Vereins- bzw Behördenbetreuers nur für den Fall der Fortsetzungsbestellung nach Abs 4 Satz 2 vorgesehen. **41**

6. Die Fortsetzungsentscheidung und ihre Folgen

Wird die Entlassung des Vereins- oder Behördenbetreuers von dem jeweiligen Anstellungsträger beantragt, ist sie jedoch von dem Betreuer nicht gewollt und zum Wohl des Betreuten nicht erforderlich, kann das Vormundschaftsgericht statt der Entlassung des Betreuers aussprechen, daß der Betreuer die Betreuung künftig als Privatperson weiterführt (Abs 4 S 2). **42**

Obwohl das Gesetz mit Hilfe der Personengleichheit eine Identität der Betreuerbestellung fingiert, handelt es sich, wie die folgenden Konsequenzen deutlich werden lassen, um eine rechtlich selbständige Betreuung (nach der Vorstellung des RegEntw, BT-Drucks 11/4528, 154, handelt es sich nicht um eine Entlassung mit gleichzeitiger Neubestellung; nach ERMAN/HOLZHAUER Rn 12 um eine nicht beschwerdefähige „Entscheidung eigener Art", wobei die Beschwerde durch Behörde oder Verein gemeint sind). Ändert das Gericht die Bestellung zum Vereinsbetreuer nach Maßgabe des Abs 4 S 2, weil er – entgegen der Auffassung des Anstellungsträgers – die Voraussetzungen der Bestellung zum Vereinsbetreuer nicht für gegeben erachtet, steht dem Verein gegen diese Fortsetzungsentscheidung die Befugnis der Beschwerde zu (OLG Hamm FamRZ 2001, 253 = NJW-RR 2001, 651 = BtPrax 2000, 218).

43 Vom Zeitpunkt der Wirksamkeit der Bestellungsentscheidung (Fortsetzungsentscheidung) an

– führt der bisherige Vereins- bzw Behördenbetreuer die Betreuung ausschließlich als Privatperson und untersteht deshalb auch ausschließlich der Aufsicht und Kontrolle des Vormundschaftsgerichts;

– steht dem neuen (Privat-)Betreuer Auslagenerstattung und Vergütung lediglich als Privatbetreuer zu. Eine Geltendmachung durch Verein oder Behörde entfällt. Eine Abrechnung nach § 1836 Abs 1, 2 kommt nur dann in Betracht, wenn ohne die Tätigkeiten als Vereins- bzw Behördenbetreuer die Voraussetzungen dafür vorliegen. Da für die Geltendmachung von Vergütung durch den Verein eine **Feststellung berufsmäßiger Führung** der Betreuungen nicht erforderlich war, ist darauf zu achten, daß bei der Fortsetzungsbestellung darüber eine Entscheidung getroffen wird (§ 1836 Abs 1 S 2, § 1908i Abs 1 S 1; ab 1. 7. 2005: § 1 Abs 1 VBVG); demzufolge enthält der „Umwandlungsbeschluß" im konkreten Fall der Fortführung durch die berufsmäßig tätige Privatperson zwei Entscheidungen, nämlich die Weiterführung als Privatperson und die Feststellung, daß der Betreuer die Betreuung berufsmäßig führt und damit einen Anspruch auf Vergütung hat (BayObLG FamRZ 2002, 767, 768); hiergegen kann der Betreute Beschwerde einlegen und zwar auch dann, wenn er mittellos ist (BayObLG aaO); während ihm gegen den mit dem Umwandlungsbeschluß verbundenen Statuswechsel des Betreuers kein Beschwerderecht zusteht.

– gilt für den freiberuflich tätigen Betreuer nunmehr uneingeschränkt die Mitteilungsbestimmung des bisherigen § 1908k – nunmehr § 10 VBVG –, ferner die Mitteilungspflicht des § 1897 Abs 6 S 2; er muß damit rechnen, entlassen zu werden, sobald die Voraussetzungen des Abs 1 S 2 (s oben Rn 26) gegeben sind;

– genießt der Betreuer nicht mehr die Privilegien als Vereins- bzw Behördenbetreuer (§ 1908i Abs 2 S 2 sowie § 1908g Abs 1);

– konnte dem späteren Privatbetreuer für die Bewilligung einer Übergangsvergütung gemäß § 1 Abs 3 BVormVG nicht die Zeit angerechnet werden, die er als Vereins-oder Behördenbetreuer tätig war (OLG Schleswig Rp 2002, 235 = FamRZ 2002, 1511 [LS]);

– versieht er die Betreuung nicht mehr als Dienstaufgabe, sofern nicht sein Anstellungsträger ihm dennoch einräumt, die Betreuung während der Dienstzeit oder doch unter Benutzung technischer Ausrüstung etc seiner Dienststelle zu führen. Ein Anspruch darauf, diese Betreuung als „Dienstaufgabe" (während der Dienstzeit) wahrzunehmen, hat der jetzige Privatbetreuer nicht. Die Tatsache der Privatbetreuung schließt jedoch eine Inanspruchnahme von Zeit und Material sowie Einrichtungen eines Vereins- bzw Behördenmitarbeiters nicht aus (aA MünchKomm/ SCHWAB Rn 26).

44 Der Anstellungsträger kann (und muß) die bisher von dem Vereins- bzw Behördenbetreuer erwirtschafteten Ansprüche geltend machen, soweit sie bis zum Wirksamwerden der Fortsetzungsentscheidung entstanden sind.

Es ist eine „Übergabe" der bisherigen Betreuung an den „neuen" Betreuer erforderlich, vor allen Dingen wegen etwaiger Haftung. Der Betreuerausweis ist zu ändern. Die materiellrechtlichen Betreuungsrechtsteile der bisherigen Entscheidung bleiben aber grundsätzlich erhalten, wenn nicht aus Anlaß der Fortsetzungsentscheidung zB der Aufgabenkreis verändert oder die Entscheidung über den Einwilligungsvorbehalt veränderten Verhältnissen angepaßt wird. So erfährt der Aufgabenkreis durch die Entscheidung über die Fortführung der Betreuung durch den bisherigen Vereins- bzw Behördenbetreuer als Privatbetreuer keine Änderung des bisherigen Aufgabenkreises und des etwa bisher angeordnet gewesenen Einwilligungsvorbehalts. Bereits erteilte vormundschaftsgerichtliche Genehmigungen bleiben (wegen der Personenidentität) erhalten. Der Überprüfungszeitpunkt für die Betreuung (§ 69 Abs 1 Nr 5 FGG) wird nicht geändert, auch nicht auf Grund der Änderung des § 69 Abs 1 Nr 5 FGG durch Art 5 Nr 8 2. BtÄndG, weil das Datum vom Gericht festgesetzt worden ist.

Erforderlich ist die Rechenschaftslegung, weil der Privatbetreuer dem Gericht gegenüber das seiner Verwaltung unterliegende Vermögen nachweisen können muß. Als Privatbetreuer muß der bisherige Vereins- bzw Behördenbetreuer die zur Fortführung des Amtes erforderlichen Unterlagen aus seiner Dienststelle mitnehmen (dürfen). Dies ist vor allen Dingen unter dem Aspekt der Aktenführung, -aufbewahrung, -vernichtung und der Verfügung über die Akten (Eigentum) sowie des Datenschutzes zu beachten. Abstrakt gesehen kann jede Vereins- und Behördenbetreuerbetreuung eine Privatbetreuung werden.

In der Praxis der Betreuungsarbeit hat die Einführung des Vereinsbetreuers (weniger die des Behördenbetreuers) und damit auch die Anwendung des Abs 4 S 2 zu einigen für die Träger kaum zu bewältigenden Problemen geführt. Demgegenüber hat das Anliegen des Gesetzgebers, mit dem er die gewählte Konstruktion des Abs 4 S 2 begründete, nämlich Fortbestand und Wirksamkeit der bereits erteilten vormundschaftsgerichtlichen Genehmigung (BT- Drucks 11/4528, 154), praktische Bedeutung nicht erlangt, soweit darüber Erkenntnisse vorliegen. Dagegen

– dauert im Falle der Beendigung des Arbeitsverhältnisses (gleichgültig, von welcher Seite es beendet wurde) die „Entlassung" oder Umbestellung des bisherigen Vereinsbetreuers zu lange;

– hat sich der Verein von der Mitarbeiterin/dem Mitarbeiter getrennt, weil diese(r) sich nicht in das Arbeitskonzept des Vereins einfügte, sich als kooperationsunwillig oder teamunfähig erwies, versuchen mitunter Vereine, die Mitnahme der Betreuungen und die Umbestellung des Mitarbeiters zum Privatbetreuer mit dem Argument mangelnder Eignung zu verhindern. Das gelingt dann nicht, wenn der Verein nicht in der Lage ist, Mängel in der Führung der Betreuungen aufzuzeigen. Diese dürften ihm eigentlich auch nicht bekannt sein, wenn der Verein sich auf die Dienstaufsicht beschränkt und die Fachaufsicht dem Vormundschaftsgericht überlassen hat. Legal dürften dem Verein Bearbeitungsmängel genau genommen nur im Zusamenhang mit Abrechnungsersatz und Vergütung bekannt geworden sein. Probleme der Zusammenarbeit im Verein können das Vormundschaftsgericht grundsätzlich nicht daran hindern, eine Fortsetzungsentscheidung zu treffen;

– nimmt die ausscheidende Betreuerperson „ihre Fälle" mit, wenn und weil das Gericht gemäß Abs 4 S 2 verfährt, muß zwar die Existenz des Vereins nicht gefährdet sein; die Finanzplanung wird jedoch erheblich gestört. Leisten Vereine speziell Berufsanfängern Hilfestellung und bieten ihnen eine gesicherte Lernphase und scheiden Mitarbeiterinnen und Mitarbeiter dann nach entsprechender Einarbeitungszeit aus dem Beschäftigungsverhältnis aus, kann dies die Existenz des Vereins empfindlich stören und erheblich gefährden. Während Aspekte des Mitarbeiterschutzes bei der Vorbereitung des BtG im Blick waren, ist an derartige Existenzfragen der Vereine nicht gedacht worden.

7. Festlegung des Übernahmezeitpunktes

45 Aus Gründen der Klarheit und Abgrenzbarkeit der bisherigen und der zukünftigen Betreuung ist der Zeitpunkt der Übernahme der Betreuung als Privatbetreuung zu kennzeichnen (zB aus Gründen der Versicherung, der Abrechnung, der Haftung uam). UU muß das Gericht nach Maßgabe des § 1837 Abs 2 S 1 dem jetzigen Privatbetreuer die Auflage erteilen, eine Versicherung einzugehen. Zum Fehlen verfahrensrechtlicher Bestimmungen für die Fortführungsentscheidung und zum Verfahren s unten Rn 49 sowie MünchKomm/SCHWAB Rn 27.

VI. Entlassung des Vereins oder der Behörde als Betreuer (Abs 5)

1. Grundsatz und Folgen des Nachrangs von Verein und Behörde; Mitteilungspflicht

46 Es entspricht einem wesentlichen Reformanliegen (persönliche Betreuung), zum Betreuer in der Regel nur natürliche Personen zu bestellen und nur ausnahmsweise die Bestellung eines Vereins oder schließlich auch der zuständigen Behörde zuzulassen. Ursprünglich sollten als Betreuer nur natürliche Personen zu bestellen sein (DiskE I 2; zur Begründung des damaligen § 1898 ebd 113). Erst auf Drängen von Trägern sozialer Arbeit wurde die Bestellung eines Vereins oder der Behörde zugelassen (BT-Drucks 11/4528, 131 sowie oben § 1900 Rn 3). Deshalb sind der Verein oder die Behörde als Betreuer von Amts wegen zu entlassen, sobald der Betreute durch eine oder mehrere natürliche Personen hinreichend betreut werden kann.

Der Verein und die Behörde haben dem Gericht Mitteilung zu machen, wenn ihnen Umstände bekannt werden, aus denen sich ergibt, daß der Volljährige durch eine oder mehrere natürliche Personen hinreichend betreut werden kann (§ 1900 Abs 3 und Abs 4). Durch Gewinnung ehrenamtlicher Betreuer und die Bereitstellung von Mitarbeitern zur Bestellung zum Vereins- oder Behördenbetreuer können sie selbst zum Eintreten solcher Umstände beitragen. Die Überwachungspflicht des Vormundschaftsgerichts (§ 69c Abs 1 FGG) ist entfallen (Art 2 Nr 5 BtÄndG).

2. Die Entlassungsentscheidung

47 Liegen die Voraussetzungen für die Entlassung des Vereins oder der Behörde vor, hat das Vormundschaftsgericht die Entlassung vorzunehmen; ein **Ermessensspielraum** steht ihm **nicht** zur Verfügung.

Die Berücksichtigung von Vorschlägen des Betreuten zur Personalentscheidung bezieht sich nur auf die Bestellung von natürlichen Personen (§ 1897 Abs 4), nicht auf die Bestellung von Institutionen (vgl § 1900; BayObLG Rpfleger 1998, 199 = NJWE-FER 1998, 105 m Anm BIENWALD BtPrax 1998, 135). Will der Betreute weiterhin von demjenigen betreut werden, dem der Verein oder die Behörde die Wahrnehmung der Betreuung übertragen hatte, besteht die Möglichkeit, die betreffende Person als Behördenbetreuer bzw Vereinsbetreuer oder als Privatperson zu bestellen. Soll der (vom Verein oder der Behörde beauftragte) Realbetreuer zum Vereins- oder Behördenbetreuer bestellt werden, handelt es sich um einen Fall von Entlassung und Neubestellung nach § 1908b, § 1908c sowie § 69i Abs 7 und 8 FGG (MünchKomm/ SCHWAB Rn 28).

Hat der Verein und hat die Behörde die Betreuung zunächst deshalb übernommen, weil eine natürliche Person wegen des Umfangs der Aufgabe und ihres Schwierigkeitsgrades zur Übernahme der Betreuung nicht bereit war, jedoch eine Einwilligung in Aussicht gestellt hatte, wenn diese Schwierigkeiten behoben sind, handelt es sich ebenfalls um einen Fall von § 1908b und § 1908c, wenn die Betreuung nach Besorgung der umfangreichen und komplizierten Angelegenheiten nunmehr von einem ehrenamtlichen Betreuer übernommen und fortgeführt wird.

3. Keine Regelung des Wechsels von Amtsbetreuung zu Vereinsbetreuung und Privatbetreuung

Stellt die Behörde fest, daß ein (uU neu gegründeter) Betreuungsverein bereit ist, **48** die Betreuung zu übernehmen, kann das Gericht die Behörde entlassen und den Verein zum Betreuer bestellen. Diese in § 1908b nicht geregelte Möglichkeit entspricht dem Subsidiaritätsprinzip sowie der Letzt- oder Auffangzuständigkeit der zuständigen Behörde. Eine (in der Praxis der Betreuungsarbeit gängige) Entlassung der Behörde aus dem Amt in rechtsähnlicher Anwendung der übrigen Bestimmungen des § 1908b ist vertretbar und wird insbesondere in der Praxis dort durchgeführt, wo neue Betreuungsvereine zur Entlastung der Behörde von der Führung von Betreuungen gegründet werden oder gegründet worden sind.

Die Ersetzung eines Behördenbetreuers durch einen geeigneten Privatbetreuer (zB einen jüngeren Angehörigen) ist zwar gesetzlich nicht geregelt (MünchKomm/SCHWAB Rn 29), jedoch nicht deshalb ausgeschlossen, und in dem Maße zu verwirklichen, wie alle Beteiligten damit einverstanden sind (Ranggleichheit).

VII. Verfahren

1. Zuständigkeit; Mangel an Verfahrensbestimmungen

Für die Entlassung des bisherigen Betreuers (oder mehrerer) ist gemäß dem Rich- **49** tervorbehalt des § 14 Abs 1 Nr 4 RPflG in den Fällen des § 1908b Abs 1, 2 und 5 der Richter zuständig, im übrigen nach § 3 Nr 2 Buchst a RPflG der Rechtspfleger (BayObLG BtE 1994/95, 209 mw Fundstellen).

Besondere Verfahrensbestimmungen mit Ausnahme von § 69i Abs 7 FGG (persönliche Anhörung des Betroffenen und des Betreuers; die Anhörung des Betroffenen kann in besonderen Fällen unterbleiben) sind nicht vorgesehen (krit dazu MünchKomm/ SCHWAB Rn 30).

Es handelt sich um eine die Betreuung betreffende Verrichtung (§ 65 Abs 1 FGG), so daß der Betreute ohne Rücksicht auf seine Geschäftsfähigkeit verfahrensfähig ist (§ 66 FGG). Der Antrag auf Aufhebung der Betreuung enthält auch den Antrag auf Entlassung des Betreuers. Deshalb umfaßt die Beschwerdeberechtigung eines Elternteils (§ 69g Abs 1 FGG) auch einen Hilfsantrag auf Entlassung des Betreuers (BayObLGZ 1993, 350 = FamRZ 1994, 324 = BtPrax 1994, 36 [LS]). Zur gerichtlichen Aufklärungs- und Begründungspflicht bei Entlassung eines Betreuers BezG Frankfurt/Oder FamRZ 1994, 992 = BtPrax 1993, 143; zum Absehen von persönlicher Anhörung des Betreuten, der offensichtlich nicht in der Lage ist, seinen Willen kundzutun, BayObLG BtPrax 1995, 65. Ist wegen Ungereimtheiten im Aufgabenbereich Vermögenssorge eine Entlassung des Betreuers unumgänglich, kann in dem Entlassungsverfahren von der Bestellung eines Verfahrenspflegers abgesehen werden, wenn/weil diese nicht im Interesse des geschäftsunfähigen Betreuten liegt (Einschränkung zu BayObLG FamRZ 1997, 1358, BayObLG FamRZ 2003, 786).

2. Verfahren bei Widerspruch des Betreuten; einstweilige Anordnung

50 Widerspricht der Betreute der Entlassung des Betreuers (§ 1908b), so hat das Gericht den Betroffenen und den Betreuer persönlich anzuhören. Ausnahmsweise darf die Anhörung einem beauftragten Richter übertragen werden, wenn für das Gericht der persönliche Eindruck nicht entscheidungserheblich ist. Das gilt auch für die Beschwerdeinstanz und auch im Falle des § 69i Abs 7 FGG (BayObLG FamRZ 1997, 1360; einschränkend gegenüber BayObLGZ 1993, 226 = FamRZ 1993, 1225). Die persönliche Anhörung kann unterbleiben, wenn hiervon erhebliche Nachteile für die Gesundheit des Betreuten zu besorgen sind oder der Betroffene offensichtlich nicht in der Lage ist, seinen Willen kundzutun (§ 69 Abs 1 S 3 iVm § 69i Abs 7 S 2 FGG). Ist der Betroffene nicht in der Lage, seinen Willen kundzutun, so ist ihm im Verfahren zur Entscheidung über die (hier von der Behörde angeregte) Entlassung des Betreuers ein Verfahrenspfleger zu bestellen (BayObLG FamRZ 1997, 1358 = BtPrax 1997, 37; OLG Zweibrücken FGPrax 1998, 67 = BtPrax 1998, 156 [LS]), damit die Interessen des Betroffenen im Verfahren objektiv vertreten sind (BayObLG Rpfleger 1993, 491). Dies ergibt sich allerdings weder aus § 67 FGG noch aus § 69i Abs 7 FGG mit seinen in Bezug genommenen Vorschriften, sondern aus Art 103 GG unmittelbar, sofern nicht § 67 Abs 1 S 2 Nr 1 FGG, auch in der geänderten Fassung, als Ausdruck eines allgemeinen Prinzips aufgefaßt wird. Hat die betreute Person bei ihrer persönlichen Anhörung in erster Instanz der Entlassung des Betreuers (hier: des Bruders der Betroffenen) nicht widersprochen, aber in der Beschwerdeinstanz eindeutig zum Ausdruck gebracht, daß sie mit der Entlassung nicht einverstanden ist, muß sie in der zweiten Instanz grundsätzlich persönlich angehört werden. Eine schriftliche Anhörung würde nicht genügen; dadurch könnte eine persönliche Anhörung grundsätzlich nicht ersetzt werden (BayObLG FamRZ 2001, 935, 936 = BtPrax 2001, 37); vgl §§ 69i Abs 7 S 2, 69d Abs 1 S 3 FGG.

Da der Betroffene nur dann widersprechen kann, wenn er von dem beabsichtigten Betreuerwechsel erfahren hat, ist er vorher zu benachrichtigen (BayObLG FamRZ 1995, 1232, 1234 = BtPrax 1995, 65, 67; BezG Frankfurt/Oder BtPrax 1993, 143, 144). Das gilt auch für den Fall des Abs 4 von § 1908b, wo eine förmliche Entlassung nicht vorgesehen ist, sondern nur eine Neubeauftragung (Weiterführungsentscheidung) vorgenommen wird (BIENWALD, BtR⁴ Rn 41). Diese Benachrichtigung ist nicht mit einem Vorbescheid gleichzusetzen oder zu verwechseln. Die Notwendigkeit, den Betreuer anzuhören, ergibt sich unmittelbar aus Art 103 Abs 1 GG. Im übrigen richtet sich das Verfahren weitgehend nach § 12 FGG. Das Gericht hat die Voraussetzungen für den Betreuerwechsel von Amts wegen zu ermitteln. Dazu gehört gegebenenfalls das Einholen einer behördlichen Stellungnahme zur Frage der Eignung des bisherigen und des in Aussicht genommenen Betreuers (zB im Falle des § 1897 Abs 7). Die Notwendigkeit, Dritte – insbesondere Angehörige oder Nachbarn – zu hören, ergibt sich vielfach bereits aus deren Anregung, den bisherigen Betreuer als ungeeignet zu entlassen oder jedenfalls in dem (von den Betreffenden gewünschten) Maße zu kontrollieren.

51 Für die Entlassung des Betreuers nach § 1908b steht nicht nur das Regelverfahren zur Verfügung. Das Gericht kann den bisherigen Betreuer auch durch **einstweilige Anordnung** entlassen, wenn dringende Gründe für die Annahme bestehen, daß die Voraussetzungen für die Entlassung vorliegen und mit dem Aufschub der Entscheidung Gefahr verbunden wäre (§ 69f Abs 3 FGG). Es muß sich um eine Gefahr für den Betreuten handeln. Eine vorläufige Entlassung (SOERGEL/ZIMMERMANN Rn 49) oder eine befristete Entlassung sind unzulässig.

52 Der mit dem Betreuerwechsel **nicht einverstandene Betreute** ist vor der Bestellung eines neuen Betreuers nach § 1908c **persönlich anzuhören**; im übrigen gelten die §§ 68a, 69d Abs 1 S 3 und § 69g Abs 1 FGG entsprechend (§ 69i Abs 8 FGG).

Die Entscheidung ist stets dem Betreuten selbst bekanntzumachen (§ 69a Abs 1 S 1 FGG). Zur Bekanntmachung im übrigen vgl § 69a Abs 1 S 2 und Abs 2 FGG. Die Entlassungsentscheidung wird mit der Bekanntgabe an den Betreuer wirksam (§ 69a Abs 3). Die sofortige Wirksamkeit kann angeordnet werden. Zum Zeitpunkt der Wirksamkeit in diesem Falle s § 69a Abs 3 S 3 FGG.

3. Rechtsbehelfe

53 Gegen die Entscheidung, durch die ein Betreuer gegen seinen Willen entlassen wird, ist die sofortige Beschwerde statthaft (§ 69g Abs 4 S 1 Nr 3 FGG); in den Fällen des § 1908b Abs 3 und 4 richtet sie sich gegen die Entscheidung des Rechtspflegers (§ 11 Abs 1 RPflG). Gegen eine Entscheidung, durch die ein Betreuer mit seinem Willen aus dem Amt entlassen worden ist, ist die einfache Beschwerde gegeben. Durch die Entscheidung des LG, die diese Entlassung ausspricht, ist der Betreuer materiell nicht beschwert. Seine weitere Beschwerde gegen die Entlassung ist daher unzulässig (BayObLG FamRZ 1998, 440 = BtPrax 1998, 155 [LS]). Teilt der Betreuer gem § 1897 Abs 6 mit, daß Umstände für die Bestellung eines nicht beruflich tätigen Betreuers vorliegen, so wird dadurch, daß er einer gesetzlichen Pflicht nachkommt, daraus noch keine freiwillige Amtsaufgabe. Er wird dadurch nicht „mit seinem Willen" entlassen. Zur Klarstellung empfiehlt es sich aber, bei der Mitteilung der Umstände an das Gericht einen entsprechenden Vorbehalt anzubringen.

Die Beschwerdebefugnis ergibt sich aus § 20 FGG (ERMAN/HOLZHAUER Rn 18; MünchKomm/SCHWAB Rn 32). § 69g Abs 1 FGG findet keine Anwendung (MünchKomm/SCHWAB

Rn 31; BayObLG FamRZ 1995, 1232 = BtPrax 1995, 65). Beschwerdeberechtigt sind der Betreute und der Betreuer (BayObLG FamRZ 1996, 1105, 1106; FamRZ 1998, 440; FamRZ 1999, 1168; OLG Köln FamRZ 1999, 1169); dieser kann die Beschwerde auch im Namen des Betreuten einlegen (§ 69 Abs 2 S 1 FGG; MünchKomm/Schwab Rn 31). War der Betreuer mit seiner Entlassung einverstanden oder ist die Entlassung abgelehnt worden, die er beantragt hatte (§ 1908b Abs 2 u 3), ist die einfache Beschwerde/ Erinnerung gegeben (Soergel/Zimmermann Rn 52; BayObLG FamRZ 1998, 440). Der Entlassung durch das Vormundschaftsgericht steht die Anordnung der Entlassung durch das Beschwerdegericht gleich (Soergel/Zimmermann Rn 51).

Gegen die Aufhebung einer Entlassung des Betreuers durch das LG steht dem durch das Vormundschaftsgericht bestellten neuen (Nachfolge-)Betreuer kein Beschwerderecht zu, auch wenn er zum Personenkreis des § 69g Abs 1 FGG gehört (OLG Zweibrücken FGPrax 2002, 25). Hat das AG auf Anregung eines Angehörigen den Betreuer entlassen und hebt das LG diese Entscheidung hinsichtlich einzelner Aufgabenkreise auf, bestätigt es sie aber im übrigen, so steht dem Angehörigen ein Recht zur weiteren Beschwerde mit dem Ziel zur vollständigen Entlassung des Betreuers nicht zu (BayObLG FamRZ 2001, 938). Gegen die Ablehnung seines Begehrens, den bestellten Betreuer zu entlassen (und ihn selbst zum Betreuer zu bestellen), steht dem Sohn der/des Betreuten gegen eine solche Entscheidung ein Beschwerderecht nicht zu (BayObLG-Rp 2004, 232 = FamRZ 2004, 979 [LS]; außerdem bereits BayObLG v 12. 7. 2000 – 3 Z BR 151/00).

Gegen die Entscheidung, durch die das Gericht gemäß Abs 4 S 2 einen Statuswechsel herbeiführt, steht dem Betreuten kein Beschwerderecht zu; wohl aber gegen den damit verbundenen Ausspruch der berufsmäßigen Führung der Betreuung und zwar auch dann, wenn er mittellos ist, denn durch diese Feststellung erwirbt der Betreuer einen Anspruch auf Betreuervergütung gegen den Betreuten auch dann, wenn der Betreute zunächst mittellos ist (BayObLG FamRZ 2002, 767, 768).

Die Beschwerdefrist beginnt mit dem Zeitpunkt, in dem die Entscheidung dem Betreuer bekanntgemacht worden ist (§ 69g Abs 4 S 2 FGG). Die Frist zur Einlegung der sofortigen Beschwerde beginnt mit der Zustellung des Beschlusses (BayObLG 1999, 232 = FamRZ 2000, 493 = NJW-RR 2000, 5 abweichend von BayObLG FamRZ 1994, 323). Zum Erfordernis einer Rechtsmittelbelehrung, um den Lauf der Frist in Gang zu setzen, s einerseits (bejahend) BayObLG FamRZ 1994, 323, andererseits (verneinend) OLG Stuttgart FamRZ 1996, 1342 = Rpfleger 1996, 408 (Zurückweisung der Vorlage des OLG Stuttgart durch BGH FamRZ 1997, 1205 = BtPrax 1997, 238 = NJW-RR 1997, 1162; wie OLG Stuttgart nunmehr auch BayObLGZ 1999, 232 = FamRZ 2000, 493 = NJW-RR 2000, 5). Für das Beschwerdeverfahren gelten die Vorschriften über den ersten Rechtszug entsprechend (§ 69g Abs 5 FGG). Die Beurteilung des Tatrichters zur Eignung des Betreuers oder zur Frage, ob ein anderer wichtiger Grund für dessen Entlassung vorliegt, darf vom Rechtsbeschwerdegericht nur auf Rechtsfehler überprüft werden (BayObLG FamRZ 1999, 1169 = NJWE-FER 1999, 184).

Der örtlich zuständigen Behörde, die nicht selbst Betreuer war und auch nicht selbst zum neuen Betreuer bestellt wurde, steht gegen die Entlassung des bisherigen Betreuers kein Beschwerderecht zu (BayObLG FamRZ 1994, 452). Die Tochter eines Betreuten hat kein Beschwerderecht, wenn das Gericht ihren Antrag ablehnt, den

Betreuer zu entlassen und einen anderen zu bestellen (BayObLG FamRZ 1996, 508; FamRZ 1998, 1186 = NJWE-FER 1998, 128 = Rpfleger 1998, 112; BGHZ 132, 157, 160 = FamRZ 1996, 607, 608; OLG Zweibrücken FamRZ 2003, 706 [LS] = FGPrax 2003, 31); ebensowenig der Bruder des Betreuten (BayObLG NJWE-FER 1998, 250). Lehnt das Gericht die Entlassung eines Vermögensbetreuers ab, begründet dies auch dann kein Beschwerderecht für einen Angehörigen, wenn dieser seine eigene Betreuerbestellung erstrebt. Zur Entlassung eines Betreuers ist ggf das Vormundschaftsgericht nur im Verhältnis zum Betreuten, nicht jedoch auch gegenüber dessen nahen Angehörigen verpflichtet (OLG Düsseldorf FamRZ 1996, 508, 509 = BtPrax 1995, 69, 70).

4. Mitteilungen

Je nach vorangegangener Mitteilung nach den §§ 69k und 69l FGG ist eine Personalveränderung mitzuteilen. Das Gericht hat die Veränderung mitzuteilen, wenn dies nach der Zielsetzung der Vorschrift erforderlich ist. Eine Verpflichtung zur Mitteilung besteht nach § 69l Abs 2 S 2 FGG. War ein Einwilligungsvorbehalt angeordnet worden, der sich auf die Aufenthaltsbestimmung des Betroffenen erstreckt, so hat das Vormundschaftsgericht nach § 69l Abs 2 S 1 dies der Meldebehörde unter Angabe des Betreuers mitzuteilen. Dementsprechend hat dann eine Mitteilung zu erfolgen, wenn ein Wechsel in der Person des Betreuers eintritt. Wird innerhalb des Vereins oder der Behörde bei deren Bestellung die Übertragung zur Wahrnehmung geändert, ändert sich nicht auch „die Person" des Betreuers, so daß eine Mitteilung nach § 69l Abs 2 S 2 FGG entfällt. Mitzuteilen sind dagegen die Wechsel der Person bei späterer Bestellung des Vereins oder der Behörde, etwa wenn die Sache sich für einen ehrenamtlichen Betreuer als zu schwierig erwiesen hat und sonst vorrangig vor der Behörde kein Betreuer zur Verfügung steht. Weitere Mitteilungen kommen ggf in Betracht nach § 69o FGG, wonach für Mitteilungen nach den §§ 69k bis 69n die §§ 19 und 20 EGGVG gelten. UU kommen auch Mitteilungen nach § 21 EGGVG in Betracht (eingeführt mit Wirkung vom 1.6.1998 durch das JuMiG v 18.6.1997 [BGBl I 1430]).

VIII. Folgen der Entlassungsentscheidung

Mit der Wirksamkeit der Entlassungsentscheidung endet das Amt des Betreuers, nicht dagegen die Maßnahme der Betreuung sowie ein etwaiger Einwilligungsvorbehalt. Der Betreuer kann den Betreuten nicht mehr im Rechtsverkehr vertreten. Sein Handeln fiele unter die Regelung der Vertretung ohne Vertretungsmacht. Für die Entgegennahme einer von ihm beantragten vormundschaftsgerichtlichen Genehmigung ist der bisherige Betreuer nicht mehr zuständig.

Der Betreuer hat nach der Beendigung seines Amtes das verwaltete Vermögen herauszugeben und über die Verwaltung Rechenschaft abzulegen (§ 1890 S 1 iVm § 1908i Abs 1 S 1). Er hat Rechnung zu legen und die Rechnung, nachdem er sie dem Gegenbetreuer, falls ein solcher vorhanden ist, vorgelegt hat, dem Vormundschaftsgericht einzureichen (§ 1892 Abs 1). Soweit Befreiungen vorgesehen sind, kommen sie hier noch in Betracht. Zur Entlassung des Betreuungsvereins unter gleichzeitiger Bestellung eines Vereinsbetreuers s Formella BtPrax 1995, 21; zur Frage von Pflichten des Betreuers nach dem Tod des Betreuten einerseits Deinert ZfF 1997, 76, andererseits Bienwald, BtR[4], § 1908d Rn 29. Der Betreuer hat insbesondere auch den Betreuerausweis zurückzugeben (§ 1893 Abs 2 S 1 iVm § 1908i Abs 1 S 1).

Vormundschaftsgerichtliche Genehmigungen, die dem Betreuer vor der Beendigung seines Amtes erteilt, aber von diesem noch nicht vollzogen worden sind, dh dem Partner noch nicht mitgeteilt wurden, bleiben wirksam (Soergel/Zimmermann Rn 44). Das gilt auch für die im Bereich von Personensorge vorgesehenen Genehmigungen. Dem Nachfolgebetreuer bleibt es unbenommen, von ihnen keinen Gebrauch zu machen, sofern er dies vertreten zu können meint. Solange und soweit die Betreuung besteht, ein neuer Betreuer aber noch nicht bestellt ist, kann das Vormundschaftsgericht nach § 1846 iVm § 1908i Abs 1 S 1 einstweilige Maßregeln treffen.

Die sofortige Beschwerde/Erinnerung gegen die Entlassungsverfügung des Vormundschaftsgerichts hat keine aufschiebende Wirkung (Soergel/Zimmermann Rn 43). Das Vormundschaftsgericht muß deshalb einen Nachfolger bestellen, auch wenn das Beschwerdeverfahren noch nicht abgeschlossen ist. Hat das Rechtsmittel Erfolg, entfällt rückwirkend die Entlassung (Bienwald, BtR[4] Rn 51; Soergel/Zimmermann Rn 46; OLG Köln FamRZ 1998, 841); der Nachfolgebetreuer ist durch gesonderte Verfügung zu entlassen, ohne daß die Voraussetzungen des § 1908b vorliegen (BayObLGZ 1995, 267 = FamRZ 1996, 58, 59 = FGPrax 1995, 197). Der bisherige Betreuer, der wieder im Amt ist, muß nicht neu bestellt werden (BayObLG FamRZ 1996, 58, 59 = FGPrax 1995, 197; OLG Köln FamRZ 1995, 1086, 1087). Der entlassene Nachfolgebetreuer kann gegen die eigene Entlassung Beschwerde einlegen (§ 20 Abs 1 FGG; BayObLG FamRZ 1996, 58, 59). Gegen die Aufhebung der Entlassung des ursprünglichen Betreuers steht ihm ein Rechtsmittel nicht zu, weil diese weder die Entlassung des Nachfolgebetreuers bewirkt noch dessen Bestellung rückwirkend beseitigt, seine Rechte also nicht unmittelbar beeinträchtigt (BayObLG FamRZ 1996, 58, 59; OLG Stuttgart FamRZ 1996, 420 = Rpfleger 1996, 67 = FGPrax 1995, 19; OLG Düsseldorf BtPrax 1995, 108 = FamRZ 1995, 1234). Nicht zu vermeiden ist die bis zur wirksamen Entlassung des Nachfolgebetreuers bestehende doppelte gesetzliche Vertretung des Betreuten (MünchKomm/Schwab Rn 34; Soergel/Zimmermann Rn 47; Erman/Holzhauer Rn 8). Aus dieser konkurrierenden Zuständigkeit haben sich Probleme in der Praxis, soweit bekannt, kaum ergeben. Entscheidungen sind nicht bekannt geworden. Hinsichtlich der Geltendmachung von Aufwendungsersatz oder Vergütung können Probleme insoweit nicht entstehen, als jeder der beiden Betreuer nur für die von ihm gemachten Aufwendungen und die aufgewendete Zeit Entschädigung verlangen kann bzw konnte. Anders kann es sein, wenn Betreuer pauschal entschädigt werden und ein Nachweis entstandener Aufwendungen oder aufgewendeter Zeit nicht geführt werden muß, um den Anspruch geltend zu machen. Beide (Parallel-)Betreuer sind rechenschafts- und berichtspflichtig (Bienwald, BtR[4] § 1908b Rn 59).

§ 1908c
Bestellung eines neuen Betreuers

Stirbt der Betreuer oder wird er entlassen, so ist ein neuer Betreuer zu bestellen.

Materialien: Art 1 Nr 6 DiskE I; Art 1 Nr 41 RegE; Art 1 Nr 47 BtG; DiskE I 155; BT-Drucks 11/4528, 155 (BReg); BT-Drucks 11/6949, 15.

Titel 2 § 1908c
Rechtliche Betreuung

Systematische Übersicht

I. **Grundlagen der Neubestellung**
1. Durchbrechung der Einheit von Betreuerbestellung und Betreuung ... 1
2. Auswahl des Betreuers ... 4
3. Dauer und Umfang der Betreuung ... 6

II. **Verfahren** ... 7
1. Anhörung ... 8
2. Entscheidungsinhalt ... 9
3. Bekanntmachung; Wirksamkeit der Entscheidung ... 10
4. Verpflichtung des Betreuers ... 11
5. Weitere Verfahrensbestimmungen ... 12
6. Rechtsbehelfe ... 13
7. Bestellung durch einstweilige Anordnung ... 14
8. Mitteilungen des Gerichts ... 15

III. **Konsequenzen des Betreuerwechsels für die Betreuung**
1. Bestehenbleiben der Betreuung ... 16
2. Bestehenbleiben des angeordneten Einwilligungsvorbehalts ... 17
3. Trennung der beiden Betreuerpositionen; Bestehenbleiben weiterer Betreuerbestellungen ... 18

IV. **Übergangs- und Abwicklungsprobleme**
1. Probleme ... 19
2. Pflichten des bisherigen und des neuen Betreuers ... 20
3. Kritik an der zeitlichen Begrenzung der Aufsichtstätigkeit des Gerichts; Lösungsvorschlag ... 21

Alphabetische Übersicht

Abwicklungsprobleme ... 19
Aktenherausgabe ... 20
Anhörung ... 8
Anzeigepflichten ... 1
Aufhebung der Entlassung ... 13
Auswahl des Betreuers ... 4

Bekanntmachung der Entscheidung ... 10
Beschwerderecht des Vertreters der Staatskasse ... 13
Bestehenbleiben
– der Betreuung ... 16
– des Einwilligungsvorbehalts ... 17
Bestellung durch einstweilige Anordnung ... 14
Betreuerpositionen, getrennte ... 18

Dauer der Betreuung ... 6
Durchbrechung der Einheit von Betreuerbestellung und Betreuung ... 1

Einstweilige Anordnung ... 14
Einverständnis des Betreuten ... 8
Einwilligungsvorbehalt, Bestehenbleiben ... 17
Entscheidungsinhalt ... 9

Genehmigungen, vormundschaftsgerichtliche ... 17

Grundlagen der Neubestellung ... 1

Inhalt der Entscheidung ... 9
Informationspflichten bei Betreuertod ... 1

Konsequenzen des Betreuerwechsels ... 16

Lösungsvorschlag bzgl Aufsichtstätigkeit ... 21

Mitteilungen des Gerichts ... 15

Persönliche Anhörung ... 8
Pflichten
– des bisherigen Betreuers ... 20
– des neuen Betreuers ... 20

Rechtsbehelfe ... 13

Trennung der Betreuerpositionen ... 18

Übergangsprobleme ... 19
Übernahmebereitschaft ... 5
Überprüfungspflicht des Vormundschaftsgerichts ... 6
Überprüfungszeitpunkt ... 6
Umfang der Betreuung ... 6

Verfahren zur Neubestellung	7	Vorrang ehrenamtlicher Betreuung	4
Verfall vormundschaftsgerichtlicher Genehmigungen, kein	17	Vorrang natürlicher Personen	4
Verpflichtung des Betreuers	11	Weiteres Verfahren	12
Verpflichtungen		Wünsche des Betreuten	4
– des bisherigen Betreuers	20		
– des neuen Betreuers	20	Zeitliche Begrenzung der Aufsicht des Gerichts	21
Vertreter der Staatskasse, Beschwerderecht	13		
Vormundschaftsgerichtliche Genehmigungen	17		

I. Grundlagen der Neubestellung

1. Durchbrechung der Einheit von Betreuerbestellung und Betreuung

1 Die für den Beginn der Maßnahme geschaffene Einheit von Betreuerbestellung und Betreuung aufgrund der sog Einheitsentscheidung wird nicht immer durchgehalten. Wird die Maßnahme aufgehoben (§ 1908d) oder endet sie durch den Tod des Betreuten, endet damit auch das Amt des Betreuers. Stirbt der Betreuer oder wird er entlassen (dazu s § 1908b), bleibt die Maßnahme (einschl evtl Einwilligungsvorbehalts) bestehen, und es wird lediglich ein neuer Betreuer bestellt. Dem Tod des Betreuers gleichbedeutend ist seine Todeserklärung (MünchKomm/SCHWAB Rn 2). Mit der Regelung, die für alle Arten von Betreuern gilt, wird die Kontinuität der Maßnahme(n) gewährleistet (zu den Konsequenzen daraus unten Rn 16).

Hat das Gericht den Betreuer entlassen, weiß es von der Notwendigkeit, einen neuen Betreuer zu bestellen. Stirbt der Betreuer, greift das Betreuungsrecht hinsichtlich von Informationspflichten auf die Regelungen des Vormundschaftsrechts zurück (§§ 1908i Abs 1 S 1; 1894, 1895, 1799 Abs 1 S 2). Den Tod des Betreuers haben dessen Erben unverzüglich anzuzeigen. Den Tod des Gegenbetreuers oder eines Mitbetreuers hat der Betreuer unverzüglich anzuzeigen. Im Sinne einer Anzeigepflicht gelten als Mitbetreuer nicht der nach § 1899 Abs 2 bestellte besondere Betreuer (Sterilisationsbetreuer) und ebenfalls nicht der nach § 1899 Abs 4 bestellte Verhinderungs- oder Ersatzbetreuer, dessen Amtsbeginn unter der Bedingung der Verhinderung des „Haupt" betreuers steht. Für den Todesfall eines Vereins- und eines Behördenbetreuers enthält das Betreuungsrecht keine spezielle Regelung. Hier werden die Anstellungsträger von den Angehörigen eher benachrichtigt werden als das Vormundschaftsgericht durch die Erben, so daß diese die Informationen an das Vormundschaftsgericht weiterleiten können. Zur Neubestellung eines Betreuers im Falle der Verschollenheit des bestellten Betreuers s BIENWALD, BtR⁴ § 1908b Rn 19.

2 Ist ein neuer Betreuer noch nicht bestellt, hat das Vormundschaftsgericht gegebenenfalls die im Interesse des Betroffenen erforderlichen Maßregeln zu treffen (§ 1846 iVm § 1908i Abs 1 S 1). In diesem Punkt ähnelt das Betreuungsrecht der Situation der Vormundschaft, die bisher die Einheitsentscheidung nicht kennt (s STAUDINGER/ENGLER [2004] § 1774 Rn 17). Die Situation der Notzuständigkeit des Vormundschaftsgerichts kann hauptsächlich dann eintreten, wenn infolge des plötzli-

chen Versterbens des Betreuers über seine Nachfolge nicht schnell genug entschieden werden kann und unaufschiebbare Angelegenheiten zu besorgen sind. In Fällen der Betreuerentlassung (§ 1908b) läßt sich im allgemeinen die Bestellung eines neuen Betreuers zeitlich mit der Entlassung des bisherigen so verbinden, daß eine personelle Lücke und damit auch die Notzuständigkeit des Vormundschaftsgerichts weitgehend vermieden wird (Damrau/Zimmermann Rn 10). Wenn die Bestellung eines neuen Betreuers nicht als die Bestellung eines weiteren Betreuers gehandhabt wird, kann es Überschneidungen nicht geben. Dh die Bestellung des neuen Betreuers kann erst wirksam werden frühestens in dem Zeitpunkt, in dem die Entlassung wirksam wird. Andererseits hat das Gericht dafür Sorge zu tragen, daß das Wirksamwerden der Entlassungsentscheidung nicht später als das Wirksamwerden der Bestellungsentscheidung eintritt, damit die Kontinuität der Betreuerbestellung gewahrt wird.

Für die weiteren Rechtsfolgen, die sich aus dem Tod oder der Entlassung des bisherigen Betreuers ergeben, sind die Vorschriften des Vormundschaftsrechts maßgebend, soweit auf sie in § 1908i Abs 1 S 1 verwiesen wird (§§ 1890, 1892–1894) oder ihre Anwendung sich aus anderen Gründen ergibt. Die bisher unvollständige Verweisung auf die Vorschriften betreffend den Gegenvormund hat das 2. BtÄndG korrigiert (s § 1908i Abs 1 S 1). 3

2. Auswahl des Betreuers

Für die Auswahl des neuen Betreuers sind die Bestimmungen für die Erstbestellung maßgebend (BT-Drucks 11/4528, 155; MünchKomm/Schwab Rn 4; Soergel/Damrau Rn 3; BayObLG FamRZ 2001, 252). Sonderregelungen bestehen nicht. Die mit der Erstbestellung eines Betreuers verbundene Prüfung von Art, Umfang und Dauer der Betreuungsbedürftigkeit (vgl § 1896 Abs 1 u 2 sowie § 68b Abs 1 FGG) entfällt, soweit sich bei Eintreten der in § 1908c genannten Ereignisse für das Gericht nicht ein Anlaß zur Überprüfung der gesamten Betreuung oder einzelner Elemente (Einwilligungsvorbehalt) bietet (MünchKomm/Schwab Rn 4). 4

Wie bei einer Neubestellung ist zunächst eine natürliche Person auszuwählen und zu bestellen, wobei die Privatperson vor dem Vereinsbetreuer und dieser wiederum vor dem Behördenbetreuer Vorrang in der Betreuerreihenfolge genießt (Erman/Holzhauer Vor §§ 1897–1899 Rn 4; offengelassen in BayObLG FamRZ 1994, 1203 = BtPrax 1994, 171 = MDR 1994, 922). Das bestätigt jetzt die Neufassung des § 1897 Abs 6, ohne jedoch an dieser Stelle eine Rangfolge unter den beruflich tätigen Betreuern zu bestimmen. Erst wenn feststeht, daß der Betreute nicht durch natürliche Personen hinreichend betreut werden kann, ist ein Betreuungsverein mit seinem Einverständnis (§ 1900 Abs 1 S 2) und, wenn auch dies nicht möglich ist, die zuständige Behörde zum Betreuer zu bestellen (§ 1900 Abs 4). Der Vorrang der Betreuung durch eine natürliche Person wird nicht durch den Vorschlag des Betroffenen, ihm einen Verein zum Betreuer zu bestellen, beseitigt (BayObLG Rpfleger 1998, 199 = NJWE-FER 1998, 105 m Anm Bienwald BtPrax 1998, 135). Ausgeschlossen sind die in § 1897 Abs 3 genannten Personen. Im Rahmen des § 1897 Abs 4 S 1 u 2 ist den Wünschen des Betreuten Rechnung zu tragen, auch wenn sie vor der Betreuung geäußert worden sind, es sei denn, daß der Betreute an diesen Vorschlägen erkennbar nicht festhalten will. Durch das Ende der Erstbestellung ist das **Vorschlagsrecht** des Betreuten, auch aus einer früheren Betreuungsverfügung, **nicht verbraucht**. Ebenfalls anzuwenden ist § 1897 Abs 5 und das dort bestimmte Ausmaß der Berücksichtigung verwandtschaftlicher und (anderer) persönlicher Bindungen. Wird ein Verein oder die zuständige Behörde bestellt, stehen dem Betreuten die Rechte aus § 1900 Abs 2 u 4 sowie § 69c Abs 1 u 2 FGG zu.

5 Wurde die Neubestellung erforderlich, weil der bisherige Betreuer entlassen worden ist bzw werden soll, hat das Gericht darauf zu achten, daß die Gründe, die zu der Entlassungsentscheidung geführt oder erheblich dazu beigetragen haben, bei der Bestellung des neuen Betreuers vermieden werden. Das trifft vor allem auf solche Gründe zu, die für die Eignung und die Zumutbarkeit (§ 1908b Abs 1 u 2) von Bedeutung sind. Der Ausgewählte darf erst dann zum Betreuer bestellt werden, wenn er sich zur Übernahme bereiterklärt hat (§ 1898 Abs 2). Ist der nach § 1908c zu bestellende neue Betreuer zunächst durch **einstweilige Anordnung** bestellt worden, kann er in der Hauptsacheentscheidung nicht allein deshalb in seinem Amt bestätigt werden, weil er die Voraussetzungen für eine Entlassung nach § 1908b Abs 1 S 1 nicht erfüllt; vielmehr bedarf es einer Auswahlentscheidung nach den Kriterien des § 1897 (BayObLG FamRZ 2001, 252). Soll eine Mitarbeiterin eines Vereins oder der zuständigen Behörde zum Nachfolgebetreuer bestellt werden, hat das Gericht das Einverständnis des jeweiligen Anstellungsträgers festzustellen (§ 1897 Abs 2). Hat das Gericht die Weigerung des Betreffenden, sich bestellen zu lassen, zurückgewiesen, ist die sofortige Beschwerde statthaft (§ 69g Abs 4 Nr 2 FGG).

3. Dauer und Umfang der Betreuung

6 Die Festlegung der Dauer der Betreuung bzw des Überprüfungszeitpunktes (zum Beschlußinhalt s § 69 Abs 1 Nr 5 FGG) bleibt erhalten. Es handelt sich lediglich um einen Personalwechsel, der auf Grund und Dauer der Betreuungsbedürftigkeit ohne Einfluß ist (MünchKomm/Schwab Rn 5). Will das Gericht aus Anlaß der Personalentscheidung des § 1908c daran etwas ändern, liegt ein Fall der Änderung der Betreuung vor. Wird der Prüfungszeitpunkt hinausgeschoben, hat das Gericht nach § 69i Abs 6 FGG (Verlängerung der Bestellung des Betreuers) zu verfahren (ebenso MünchKomm/Schwab Rn 6). Wird der Prüfungstermin vorgezogen, findet ein besonderes Verfahren nicht statt; es handelt sich dann um eine interne Maßnahme des Gerichts ohne nachteilige Konsequenzen für den Betreuten. Das Gericht kann jederzeit die Erforderlichkeit der bestehenden Betreuung prüfen. Im Falle der Bestellung des Vereins oder der Behörde ist die besondere Überprüfungspflicht des § 69c FGG jedoch durch Art 2 Nr 5 des ersten BtÄndG beseitigt worden.

II. Verfahren

7 Verfahrensbestimmungen enthält § 69i Abs 8 speziell für die Neubestellung, jedoch nur insoweit, als es um die Sicherung von Verfahrensgarantien geht (BT-Drucks 11/4528, 181). Keineswegs wird das gesamte Verfahren geregelt. Hierfür sind die allgemeinen Bestimmungen, soweit sie vom Verfahrensgegenstand her in Betracht kommen, entsprechend anzuwenden (s die Kritik von MünchKomm/Schwab Rn 6). Da das Einholen eines Sachverständigengutachtens sich auf die Notwendigkeit der Betreuung (einschließlich deren Umfang und Dauer) bezieht (§ 68b Abs 1 FGG), ist die nicht vorgesehene (erneute) Begutachtung dann erforderlich, wenn mit der

Entscheidung über den neuen Betreuer eine Entscheidung über die Betreuung (zB deren Verlängerung oder Erweiterung) verbunden wird (§ 69i FGG).

1. Anhörung

Vor der Bestellung eines neuen Betreuers nach § 1908c ist der Betroffene (er müßte **8** an dieser Stelle Betreuter heißen, weil er weiterhin „unter Betreuung" steht, s oben Rn 1) persönlich anzuhören, es sei denn, er hat sein Einverständnis mit dem Betreuerwechsel erklärt (Neufassung des § 69i Abs 8 FGG durch Art 2 Nr 10 BtÄndG). Die persönliche Anhörung kann unterbleiben, wenn hiervon erhebliche Nachteile für die Gesundheit des Betreuten zu besorgen sind oder er offensichtlich nicht in der Lage ist, seinen Willen kundzutun (§ 69d Abs 1 S 3 iVm § 69i Abs 8 FGG). Das Gericht gibt vor der Bestellung des neuen Betreuers der zuständigen Behörde Gelegenheit zur Äußerung, wenn der Betreute es verlangt oder wenn es der Sachaufklärung dient (§ 68a S 1 iVm § 69i Abs 8 FGG; zB für die Frage der Eignung des in Aussicht genommenen Betreuers; vgl § 1897 Abs 7). In der Regel ist auch dem Ehegatten des Betreuten, seinem Lebenspartner, seinen Eltern, Pflegeeltern und Kindern Gelegenheit zur Äußerung zu geben, es sei denn, der Betreute widerspricht mit erheblichen Gründen (Neufassung des § 68a S 3 FGG durch Art 2 Nr 3 BtÄndG sowie Ergänzung durch Art 3 § 19 LPartG). Auf Verlangen des Betreuten ist einer ihm nahestehenden Person und den in § 68a S 3 FGG genannten Personen Gelegenheit zur Äußerung zu geben, wenn dies ohne erhebliche Verzögerung möglich ist (§ 68a S 3 und 4 iVm § 69i Abs 8 FGG).

2. Entscheidungsinhalt

Für den Inhalt der Entscheidung ist § 69 FGG maßgebend, soweit es der Verfah- **9** rensgegenstand erlaubt. Der Beschluß, durch den ein neuer Betreuer bestellt wird, braucht nur die Bezeichnung des Betreuten und die des neuen Betreuers sowie bei Bestellung eines Vereins- oder eines Behördenbetreuers den entsprechenden Zusatz (§ 69 Abs 1 Nr 3 Buchst a und b FGG), die Rechtsmittelbelehrung und die Begründung (§ 69 Abs 2 FGG) zu enthalten. Aus praktischen Gründen empfiehlt es sich jedoch, eine dem § 69 FGG entsprechende **vollständige Fassung des Beschlusses** zu wählen und die aus der früheren Entscheidung (oder mehreren) erhalten gebliebenen Entscheidungsinhalte (Aufgabenkreis, Einwilligungsvorbehalt, Dauer) in die neue Entscheidung zu übernehmen und dadurch zu bestätigen. Mit Hilfe der Kopie eines solchen Beschlusses ist der neue Betreuer bereits (soweit der Rechtsverkehr dies gelten läßt) handlungsfähig, auch wenn er aus Gründen der Überlastung der Gerichtskanzlei den Betreuerausweis erst später nach seiner Bestellung erhält.

Fraglich ist, ob die Entlassungsentscheidung nach § 1908b und die Neubestellung eines Betreuers in einem einheitlichen Beschluß vorgenommen werden sollten. Aus Gründen des Datenschutzes und der unterschiedlichen Beschwerdebefugnis im Einzelfall sollte dies nur dann praktiziert werden, wenn der Personalwechsel in allseitigem Einverständnis geschieht (vgl dazu DAMRAU/ZIMMERMANN Rn 10).

3. Bekanntmachung; Wirksamkeit der Entscheidung

Die Entscheidung ist dem Betreuten selbst bekanntzumachen (§ 69a Abs 1 S 1 **10**

FGG). Von der Bekanntmachung der Entscheidungsgründe an den Betreuten kann abgesehen werden, wenn dies nach ärztlichem Zeugnis wegen erheblicher Nachteile für seine Gesundheit erforderlich ist (§ 69a Abs 1 S 2 FGG). Die Entscheidung nach § 1908c ist entsprechend § 69a Abs 2 S 1 FGG auch der zuständigen Behörde bekanntzumachen. Die Entscheidung ist ihr (auch) dann bekanntzumachen, wenn ihr das Gericht im Verfahren Gelegenheit zur Äußerung gegeben hatte (§ 69a Abs 2 S 2; § 68a S 1 FGG). Die Entscheidung wird mit der Bekanntmachung an den Betreuer wirksam (§ 69a Abs 3 S 1 FGG). Hat das Gericht nach Maßgabe des Abs 3 S 2 die sofortige Wirksamkeit angeordnet, richtet sich die Bekanntmachung nach Abs 3 S 3.

4. Verpflichtung des Betreuers

11 Ebenfalls anzuwenden ist § 69b FGG, wonach der neue Betreuer mündlich zu verpflichten und über seine Aufgaben zu unterrichten ist, es sei denn, daß das Gericht einen Vereins- oder einen Behördenbetreuer oder den Verein oder die Behörde bestellt hat (§ 69b Abs 1 S 2 FGG). Der neue Betreuer erhält eine Urkunde über seine Bestellung (Betreuerausweis). Obwohl es gute Gründe gäbe, die Kontinuität der Betreuung durch die bloße Änderung und Ergänzung der bisherigen Urkunde zu dokumentieren, entfällt diese Möglichkeit allein aus praktischen Gründen, weil das Gericht mit der Aushändigung des Betreuerausweises an den neuen Betreuer nicht warten kann, bis der alte Betreuerausweis zurückgegeben worden ist. Der Inhalt des Betreuerausweises im übrigen entspricht dem der Erstbestellung eines Betreuers, wenn nicht Abweichungen bezüglich Umfang und Dauer der Betreuung beschlossen wurden.

5. Weitere Verfahrensbestimmungen

12 Im übrigen sind ohne weiteres auch anwendbar die §§ 65, 65a FGG (Zuständigkeit, Abgabe der Sache) und die §§ 66, 67 FGG (Verfahrensfähigkeit, Bestellung eines Verfahrenspflegers). Diese Vorschriften sind für alle Verrichtungen in Betreuungssachen maßgebend (MünchKomm/Schwab Rn 7). Die funktionelle Zuständigkeit ist folgendermaßen geregelt: Für die Bestellung eines neuen Betreuers im Falle des Todes des Betreuten (§ 1908c) und die Entlassung des bisherigen Betreuers aus den Gründen des § 1908b Abs 1, 2 und 5 ist der Richter zuständig. Die Neubestellung im Falle des § 1908b Abs 3 und 4 (der Betreute schlägt einen neuen Betreuer vor; der Verein beantragt die Entlassung des Vereinsbetreuers) ist Sache des Rechtspflegers. Der Richtervorbehalt (§ 14 Abs 1 Nr 4 RPflG) erfaßt nur die abändernden Entscheidungen in den Fällen, in denen er vorher zuständigkeitshalber tätig war (BT-Drucks 11/4528, 163). Die Entlassung des bisherigen nach § 1896 Abs 3 bestellten Betreuers und die dafür notwendige Neubestellung im Falle des Todes des vorangegangenen und sämtlicher Entlassungsgründe des § 1908b ist Angelegenheit des Rechtspflegers (§ 14 Abs 1 Nr 4, § 3 Nr 2a RPflG; BT-Drucks 11/4528, 164). Wurde ein Verfahrenspfleger bestellt, erhält dieser Ersatz seiner Aufwendungen und ggf Vergütung nach Maßgabe des durch Art 5 Nr 6 des 2. BtÄndG eingefügten § 67a FGG.

6. Rechtsbehelfe

13 Hinsichtlich der Beschwerdebefugnis gilt § 69g Abs 1 FGG (§ 69i Abs 8 FGG). Die Beschwerde gegen die Bestellung eines neuen Betreuers von Amts wegen steht unbeschadet des § 20 FGG dem Ehegatten des Betreuten, dem Lebenspartner (s dazu oben Rn 10), denjenigen, die mit dem Betroffenen in gerader Linie verwandt oder verschwägert oder in der Seitenlinie bis zum dritten Grad verwandt sind, sowie der zuständigen Behörde zu. Einem nicht gleichgeschlechtlichen Partner einer nichtehelichen Lebensgemeinschaft ist ein Beschwerderecht in dieser Vorschrift nicht eingeräumt (BayObLGZ 1998, 10 = FamRZ 1998, 1185 = NJW 1998, 1567).

Zur Neubestellung eines Betreuers vor Eintritt der Volljährigkeit des Betroffenen s Bienwald, BtR⁴ Rn 11. Macht der Vertreter der Staatskasse geltend, der Betreute könne anstelle eines nach § 1897 Abs 6 S 1 bestellten Betreuers durch eine oder mehrere andere geeignete Personen außerhalb einer Berufsausübung betreut werden, so steht ihm gegen einen die Entlassung ablehnenden Beschluß die Beschwerde zu (§ 69g Abs 1 S 2 FGG). Zum (abgelehnten) Beschwerderecht des neuen Betreuers im Falle der Aufhebung der Entlassung des Vorgängers s § 1908b Rn 53. Zur Frage, unter welchen Umständen der ursprüngliche Betreuer nach Rücknahme seiner Beschwerde gegen die Bestellung eines neuen Betreuers die diesem im Beschwerdeverfahren entstandenen Kosten zu erstatten hat (§ 13a Abs 1 FGG), LG Koblenz BtPrax 1998, 190.

Zur Rechtslage, wenn nach Bestellung des Nachfolgebetreuers die Entlassung des bisherigen Betreuers (auf Beschwerde hin) aufgehoben wird, siehe § 1908b Rn 55.

7. Bestellung durch einstweilige Anordnung

Unter den Voraussetzungen des § 69f Abs 1 FGG kann der neue Betreuer auch durch einstweilige Anordnung als vorläufiger Betreuer bestellt werden (BayObLG FamRZ 2001, 252 = NJWE-FER 2001, 75). Nach der amtl Begründung soll sich dies unmittelbar aus § 69f Abs 1 FGG, ohne Verweisung auf diese Vorschrift, ergeben (krit dazu MünchKomm/Schwab Rn 14). Die Notwendigkeit der Bestellung eines vorläufigen Betreuers wird insbesondere für den Fall gesehen, daß ein Einwilligungsvorbehalt besteht und der Betreute nunmehr im entsprechenden Umfang keine wirksamen Willenserklärungen mehr abgeben kann, weil der Betreuer, dessen Einwilligungen erforderlich wären, fehlt (BT-Drucks 11/4528, 155). Je nachdem, wie das Verhältnis von § 1903 und Geschäftsunfähigkeit beurteilt wird, gewinnt dieses Argument an Bedeutung auch durch die Fälle, in denen ein geschäftsunfähiger Betreuter unter Einwilligungsvorbehalt steht (s auch Damrau/Zimmermann Rn 11).

Fraglich ist im Falle einer vorläufigen Betreuerbestellung das weitere Schicksal dieses Betreuers. Nach § 69f Abs 2 FGG darf die einstweilige Anordnung die Dauer von sechs Monaten nicht überschreiten; sie kann längstens bis zu einer Gesamtdauer von einem Jahr durch (mehrere) einstweilige Anordnungen verlängert werden, wenn dazu ein Sachverständiger gehört worden ist. Diese für die Erstbestellung eines vorläufigen Betreuers gedachte und deshalb auch materiellrechtliche Wirkungen entfaltende Regelung kann jedoch für den Fall der Neubestellung nur in bezug auf die Personalentscheidung gelten, so daß nach einem halben Jahr, spätestens nach einem Jahr eine neue Personalentscheidung getroffen werden muß, die Verlängerungsentscheidungen jedoch – abgesehen von Ausnahmefällen – der Anhörung eines Sachverständigen nicht bedürfen.

8. Mitteilungen des Gerichts

15 Grund und Grenzen der Mitteilungen des Gerichts über den Personalwechsel ergeben sich aus den §§ 69k ff FGG, die unmittelbar anzuwenden sind; in ihnen wird von Entscheidungen schlechthin geredet, ohne – etwa in dem Maße wie in § 69i FGG – zu differenzieren. Unter die Mitteilungen in besonderen Fällen (§ 69l FGG) fällt der Personalwechsel nur in bezug auf den Informationsbedarf nach Abs 2 (Mitteilung des Betreuers an die Meldestelle), vorausgesetzt die weiteren Voraussetzungen sind gegeben. In § 69m FGG (Unterrichtung des Einrichtungsleiters bei Unterbringung des Betreuten) ist der Wechsel in der Person des Betreuers als mitteilungsbedürftige Tatsache ausdrücklich genannt. Ggf kommen Mitteilungen nach den §§ 19 und 20 EGGVG in Betracht, auf die § 69o FGG in unterschiedlicher Weise Bezug nimmt.

Zuständig für die Mitteilungen ist der Rechtspfleger (näher hierzu BIENWALD[3], BtR § 69k FGG Rn 3 entspr bei den übrigen Vorschriften; aA BIENWALD/SONNENFELD § 69k FGG Rn 28; auch KEIDEL/KAYSER § 69k FGG Rn 2 [Richter und Rechtspfleger, jeder im Rahmen der ihm zugewiesenen Sachentscheidung]).

III. Konsequenzen des Betreuerwechsels für die Betreuung

1. Bestehenbleiben der Betreuung

16 Stirbt der Betreuer oder entläßt ihn das Vormundschaftsgericht, wird dadurch der Rechtszustand des Betreutseins des Betreuten nicht berührt. Nach MünchKomm/SCHWAB Rn 17 bleibt der Betreute „latent in der durch die Betreuerbestellung geschaffenen Rechtslage". Bei SOERGEL/ZIMMERMANN ist die Rede von der „als fortbestehend fingierten" Betreuung (Rn 1). ERMAN/HOLZHAUER (Rn 2) betont den verfahrensrechtlichen Charakter der Einheitsentscheidung, die materiellrechtlich keine Bedeutung habe und „die Betreuung" bestehen lasse. Daß das Auseinanderfallen von Betreutsein und Betreuerexistenz trotz der Absichten des Gesetzgebers, eine abstrakte Anordnung der Betreuung zu vermeiden (BT-Drucks 11/4528, 91), unvermeidlich sein muß, liegt daran, daß das Ausfallen des Betreuers durch Eintritt seines Todes unkalkulierbar ist. Angesichts der Bedeutung, die das Betreuungsrecht der personalen Beziehung (zu Recht) beimißt (BT-Drucks 11/4528, 91), hätte man aber erwarten können, daß der Gesetzgeber die Betreuerentlassung, zumindest ihren Zeitpunkt, stärker als das durch § 1908b Abs 3 zum Ausdruck kommt, vom Geklärtsein der Nachfolge abhängig macht, damit eine Lücke in bezug auf die „persönliche Betreuung" nicht eintritt.

2. Bestehenbleiben des angeordneten Einwilligungsvorbehalts

17 Mit dem Bestehenbleiben der Betreuung bleibt auch ein angeordneter Einwilligungsvorbehalt erhalten. Genehmigungsverfahren können nach der Bestellung des neuen Betreuers weitergeführt werden (MünchKomm/SCHWAB Rn 17). Eine dem bisherigen Betreuer erteilte vormundschaftsgerichtliche Genehmigung bleibt erhalten und kann von dem neuen Betreuer zum Wirksamwerden eines Vertrages eingesetzt werden, sofern dieser Rechtserfolg noch erreichbar ist. Eine von dem bisherigen Betreuer beantragte Genehmigung kann nach Entlassung des Betreuers nur noch

seinem Nachfolger gegenüber erteilt werden. Hat der entlassene oder verstorbene Betreuer eine notwendige vormundschaftsgerichtliche Genehmigung nicht eingeholt, muß sie von dem Nachfolger, wenn eine nachträgliche Genehmigung zugelassen und erforderlich ist, beantragt werden. Das betrifft Genehmigungsfälle der Vermögenssorge ebenso wie solche der Personensorge (zB § 1906). Ebensowenig wie der jeweilige Betreuer an die von ihm eingeholte vormundschaftsgerichtliche (Außen-)Genehmigung gebunden ist, bindet eine dem Vorbetreuer erteilte Genehmigung des Vormundschaftsgerichts den Nachfolger.

3. Trennung der beiden Betreuerpositionen; Bestehenbleiben weiterer Betreuerbestellungen

Die Rechtsstellungen der Betreuer bleiben voneinander getrennt. Einen vom Vorgänger nicht in Anspruch genommenen Auslagenersatz und nicht beantragte Vergütung kann der Amtsnachfolger nicht für sich in Anspruch nehmen. Eine dem bisherigen Betreuer bewilligte Vergütung hat der Nachfolger aus dem Vermögen des Betreuten zu begleichen, ebenso einen vom Vorgänger noch geltend gemachten Aufwendungsersatz. **18**

Unberührt bleiben durch die Neubestellung die Bestellung eines Gegenbetreuers (§§ 1792, 1799, 1908i Abs 1 S 1) und die eines weiteren Betreuers oder mehrerer (§ 1899), vorausgesetzt daß das Gericht die Neubestellung nicht zum Anlaß nimmt, das Verhältnis der mehreren Betreuer zueinander neu zu regeln.

IV. Übergangs- und Abwicklungsprobleme

1. Probleme

Mit dem Personalwechsel verbundene Probleme entstehen in der Praxis weniger durch die für den Betreuerwechsel maßgebenden Vorschriften als durch die praktische Abwicklung des Übergangs. Wurde der Betreuer wegen Eignungsmangels oder aus den Gründen des § 1908b Abs 2 entlassen, sind die Probleme im Grunde durch die Entlassungsgründe vorgezeichnet. Aber auch bei der Entlassung des Vereins oder der Behörde kann es Abwicklungsverzögerungen geben, die durch Personalmangel oder durch die Besonderheiten bei befreiter Betreuung (§ 1854a iVm § 1908i Abs 1 S 1) entstehen. Die Rechenschaftslegung, die Herausgabe des verwalteten Vermögens sowie die Herausgabe der für die Weiterführung der Betreuung notwendigen Unterlagen und Urkunden, die Rückgabe des Betreuerausweises (an das Gericht), alles kann lange auf sich warten lassen. UU werden die Unterlagen nur bruchstückhaft herausgegeben, und Rekonstruktionsversuche bleiben ohne Erfolg. **Regelungen**, die den Fall der „Übergabe" der Betreuung durch den bisherigen Betreuer an den Nachfolger unmittelbar geordnet haben, enthält das BGB **bisher nicht**. Der neue Betreuer ist zwar Nachfolger im Amt, aber **nicht Rechtsnachfolger seines Vorgängers**. Er hat deshalb keinen eigenen Anspruch auf Vermögensherausgabe, Rechnungslegung sowie Herausgabe von Betreuungsunterlagen usw. Der bisherige Betreuer schuldet die Vermögensherausgabe, die Herausgabe der Belege und Unterlagen sowie die Rechnungslegung dem Betreuten selbst (§ 1890 S 1 iVm § 1908i Abs 1 S 1). Dem neuen Betreuer obliegt es, diese Ansprüche seines Betreu- **19**

2. Pflichten des bisherigen und des neuen Betreuers

20 Der bisherige Betreuer hat die Rechnung, nachdem er sie dem Gegenbetreuer, sofern es diesen gibt, vorgelegt hat, dem Vormundschaftsgericht einzureichen (§ 1892 Abs 1 iVm § 1908i Abs 1 S 1). Die Vorlegungspflicht an den Gegenbetreuer ergibt sich aus § 1891 Abs 1, der in § 1908i Abs 1 S 1 bisher nicht aufgeführt war (zur analogen Anwendung ua MünchKomm/SCHWAB Rn 16: Redaktionsversehen). Das Gericht prüft die Rechnung sachlich und rechnungsmäßig (zuständig ist der Rechtspfleger, § 3 Nr 2 Buchst a, § 14 Abs 1 Nr 4 RPflG) und vermittelt deren Abnahme durch Verhandlung mit den Beteiligten. Soweit die Rechnung als richtig anerkannt wird, hat das Vormundschaftsgericht das Anerkenntnis zu beurkunden. Beteiligt ist hier der Amtsnachfolger.

Der neue Betreuer hat das Vermögen zwar nicht zu verzeichnen (nach § 1802 ist das bei der Anordnung der Betreuung, also im Falle der Erstbestellung eines Betreuers, vorhandene Vermögen zu verzeichnen!); die von ihm zu besorgenden Vermögensangelegenheiten setzen aber in der Regel voraus, daß der neue Betreuer die Angelegenheiten und die näheren Umstände kennt und dementsprechend informiert wird. Vom Vormundschaftsgericht kann der neue Betreuer nur in geringem Maße Hilfe erwarten. Soweit es sich um privatrechtliche Ansprüche handelt, die dem Betreuten gegenüber seinem bisherigen Betreuer zustehen, kommt ein Einschreiten des Vormundschaftsgerichts mit Zwangsmitteln nach § 1837 iVm § 1908i Abs 1 S 1 nicht in Betracht (STAUDINGER/ENGLER [2004] § 1890 Rn 2 mN). Falls außergerichtliche Schritte nicht ausreichen, muß der neue Betreuer gerichtlich gegen den bisherigen Betreuer vorgehen, wobei im Einzelfall problematisch sein kann, ob die Aufgabenkreisbestimmung diese Geltendmachung der Ansprüche des Betreuten deckt. Zu beachten ist, daß die Pflichten des Betreuers aus § 1840 öffentlich-rechtlichen Charakter haben und mit Hilfe von gerichtlichen Aufsichtsmaßnahmen nach § 1837 iVm § 1908i Abs 1 S 1 durchgesetzt werden können, jedenfalls solange der Betreffende im Amt ist (s dazu unten Rn 21). Gegebenenfalls ist die Entscheidung über den Personalwechsel zeitlich so vorzunehmen, daß die Rechnungslegung und die Berichterstattung nach § 1840 iVm § 1908i Abs 1 S 1 erst kurze Zeit zurückliegen, so daß der neue Betreuer eine einigermaßen zuverlässige Basis für seinen Arbeitsbeginn besitzt. Ist der Amtsvorgänger des neuen Betreuers verstorben, so treffen seine Erben die Verpflichtungen aus § 1890 (näher STAUDINGER/ENGLER [2004] § 1890 Rn 6 u BIENWALD, BtR[4] Rn 13). Zur Herausgabe der Handakte durch den früheren an den jetzigen Betreuer AG Berlin-Spandau NJWE-FER 1997, 156. Zur Aushändigung, Aufbewahrung und Vernichtung von Akten betr die Führung von Betreuungen BIENWALD, BtR[3] § 1896 Rn 252 ff.

3. Kritik an der zeitlichen Begrenzung der Aufsichtstätigkeit des Gerichts; Lösungsvorschlag

21 Daß das Gericht während der Amtstätigkeit des Betreuers zu Kontrolle und Aufsicht und zu Maßnahmen nach § 1837 Abs 2 und 3 verpflichtet ist, nach der durch seine Entlassungsentscheidung beendeten Amtstätigkeit dagegen nicht mehr berechtigt sein soll, mit Aufsichtsmaßnahmen zur ordnungsgemäßen Abwicklung der Betreuung beizutragen (lediglich Erzwingung einer formell ordnungsgemäßen Schlußrechnung [BayObLG BtPrax 2001, 39 = FamRZ 2001, 934 [LS]; Rpfleger 1997, 476 = FamRZ 1998, 1197 [LS]; OLG Thüringen FamRZ 2001, 579, 580: grundsätzlich kein Aufsichtsrecht nach Beendigung des Betreueramtes) ist angesichts der Auffassung von Betreuung als öffentlicher Aufgabe schwer verständlich.

Nicht die Rechtsnatur der Ansprüche des Betreuten sollte für die Frage, ob das Vormundschaftsgericht auch im Falle säumiger Abwicklung nach § 1890 iVm § 1908i Abs 1 S 1 mit Aufsichtsmaßnahmen reagieren dürfe, maßgebend sein, sondern die Zuordnung der Abwicklungsgeschäfte zu dem Hauptgeschäft der Betreuung, zumal dem Gericht eine gewisse kontrollierende Beteiligung daran verblieben ist. Ein solches Verständnis der Abwicklung als einer Nebenpflicht würde zwar an der Tatsache nichts ändern, daß der Anspruch auf Herausgabe des verwalteten Vermögens, der Urkunden und auch auf Rechnungslegung gegebenenfalls im Zivilrechtswege vom Betreuten oder seinem Betreuer durchgesetzt werden müßte, würde aber das Gericht aus seiner Verantwortung für die ordnungsgemäße Abwicklung der von ihm dem bisherigen Betreuer übertragenen Aufgabe nicht ohne weiteres entlassen.

§ 1908d
Aufhebung oder Änderung von Betreuung und Einwilligungsvorbehalt

(1) Die Betreuung ist aufzuheben, wenn ihre Voraussetzungen wegfallen. Fallen diese Voraussetzungen nur für einen Teil der Aufgaben des Betreuers weg, so ist dessen Aufgabenkreis einzuschränken.

(2) Ist der Betreuer auf Antrag des Betreuten bestellt, so ist die Betreuung auf dessen Antrag aufzuheben, es sei denn, dass eine Betreuung von Amts wegen erforderlich ist. Den Antrag kann auch ein Geschäftsunfähiger stellen. Die Sätze 1 und 2 gelten für die Einschränkung des Aufgabenkreises entsprechend.

(3) Der Aufgabenkreis des Betreuers ist zu erweitern, wenn dies erforderlich wird. Die Vorschriften über die Bestellung des Betreuers gelten hierfür entsprechend.

(4) Für den Einwilligungsvorbehalt gelten die Absätze 1 und 3 entsprechend.

Materialien: Art 1 Nr 6 DiskE I; Art 1 Nr 41 RegEntw; Art 1 Nr 47 BtG; DiskE I 155; BT-Drucks 11/4528, 155 ff (BReg); BT-Drucks 11/6949, 15, 80 Nr 26 (RA).

Schrifttum: ZIMMERMANN, Der Tod des Betreuten, ZEV 2004, 453.

Systematische Übersicht

I. Allgemeines
1. Geltungsbereich ... 1
2. Konstitutive und deklaratorische Aufhebungsentscheidungen ... 2
3. Die von Amts wegen zu treffenden Entscheidungen ... 3
4. Informationspflichten des Betreuers ... 4
5. Fortsetzung einer Antragsbetreuung von Amts wegen ... 5
6. Verhältnis von Erweiterungen zu Einschränkungen ... 6

II. Die Erweiterung des Aufgabenkreises des Betreuers (Abs 3)
1. Allgemeine Voraussetzungen ... 7
2. Erweiterungsbedarf im einzelnen ... 8
3. Die Personalentscheidung bei der Erweiterung des Aufgabenkreises ... 9
4. Konsequenzen der Erweiterung des Aufgabenkreises ... 11
5. Verfahren ... 12
  a) Orientierung am Betreuerbestellungsverfahren ... 12
  b) Wesentliche Erweiterungen ... 13
  c) Nicht unwesentliche Vermögensangelegenheiten ... 14
  d) Erweiterung durch einstweilige Anordnung ... 16
  e) Überprüfungsfristen ... 17

III. Erweiterung des Einwilligungsvorbehalts (Abs 4)
1. Materielle Voraussetzungen ... 18
2. Amtsverfahren ohne Einschränkungen ... 19
3. Zum Verfahren im übrigen ... 21

IV. Einschränkungen des Aufgabenkreises des Betreuers und Aufhebung der Betreuung (Abs 1)
1. Allgemeines ... 24
2. Besonderheiten im Falle von Antragsbetreuung ... 25
3. Verfahren ... 26
4. Entscheidungsfolgen ... 28
  a) bei Aufhebung der Betreuung ... 28
  b) bei Einschränkung des Aufgabenkreises ... 30

V. Die Aufhebung des Einwilligungsvorbehalts und die Einschränkung des Kreises der einwilligungsbedürftigen Willenserklärungen (Abs 4 iVm Abs 1)
1. Voraussetzungen ... 31
2. Folgen ... 32
3. Verfahren ... 33

Alphabetische Übersicht

Abgrenzungsfragen bei wesentlicher und unwesentlicher Erweiterung ... 15
Abwicklungsverhältnis
– bei Aufhebung der Betreuung ... 29
– bei Einschränkung der Betreuung ... 30
Anhörung des Betreuers bei Aufhebung oder Einschränkung des Einwilligungsvorbehalts ... 33
Antrag des körperlich Behinderten ... 7
Antragsbetreuung ... 5
Antragsbetreuung, Einschränkung des Aufgabenkreises ... 25
Aufgabenkreis, Einschränkung ... 24
Aufhebung des Einwilligungsvorbehalts ... 31

Aufhebungsentscheidungen
– deklaratorische ... 2
– konstitutive ... 2
Bekanntmachung der Entscheidung bei Aufgabenkreiseinschränkung ... 26
Berufliche Betreuung ... 9
Beschwerde
– gegen Aufhebung der Betreuung ... 27
– gegen Einschränkung des Aufgabenkreises ... 27
Betreuerausweis, Änderung des ... 17
Deklaratorische Aufhebungsentscheidungen ... 2

Titel 2
Rechtliche Betreuung

§ 1908d

Ehrenamtliche Betreuung	9
Einschränkung	
– des Aufgabenkreises	24
– des Einwilligungsvorbehalts	31
Einstweilige Anordnung	
– bei Erweiterung des Aufgabenkreises	16
– bei Erweiterung des Einwilligungsvorbehalts	23
Einwilligung in die Sterilisation	7
Entscheidungen von Amts wegen	3
Entscheidungsfolgen	
– bei Aufhebung der Betreuung	28
– bei Einschränkung der Betreuung	30
Erweiterung des Aufgabenkreises des Betreuers	7
Erweiterungen und Einschränkungen, Verhältnis zueinander	6
Erweiterung des Einwilligungsvorbehalts	
– Amtsverfahren	19
– Voraussetzungen	18
Erweiterung des Versicherungsschutzes	11
Erweiterungsbedarf	8
Folgen der Aufhebung des Einwilligungsvorbehalts	32
Folgen der Entscheidung	
– bei Aufhebung der Betreuung	28
– bei Einschränkung der Betreuung	30
Fortsetzung der Antragsbetreuung	5
Geltungsbereich	1
Informationspflicht des Betreuers	4
Inhalt der Entscheidung bei Erweiterung des Einwilligungsvorbehalts	22
Isolierte Entscheidung bei Erweiterung des Einwilligungsvorbehalts	20
Körperlich Behinderte	7
Konsequenzen der Erweiterung des Aufgabenkreises	11
Konstitutive Aufhebungsentscheidung	2
Materiellrechtliche Voraussetzungen der Erweiterung des Aufgabenkreises	7
Meldevorschriften bei Aufhebung oder Einschränkung des Einwilligungsvorbehalts	33
Mitteilungen von Entscheidungen über Aufhebung und Einschränkung der Betreuung	27
Nachrang beruflicher Betreuung	9
Nicht unwesentliche Vermögensangelegenheiten	14
Personalentscheidung bei der Erweiterung des Aufgabenkreises	9
Rechtsbehelfe gegen Einschränkung des Aufgabenkreises	27
Sterilisationseinwilligung	7
Tod des Betreuten	1
Übernahmevoraussetzungen	10
Überprüfungsfristen bei Erweiterung des Aufgabenkreises	17
Unwesentliche Erweiterung	12
Verfahren	
– bei Einschränkung des Aufgabenkreises	26
– der Einschränkung oder Aufhebung des Einwilligungsvorbehalts	33
– bei Erweiterung des Aufgabenkreises	12
– bei Erweiterung des Einwilligungsvorbehalts	21
Verhältnis von Erweiterungen und Einschränkungen	6
Vermögensangelegenheiten, nicht unwesentliche	14
Versicherungsschutz, Erweiterung	11
Voraussetzungen der Aufhebung des Einwilligungsvorbehalts	31
Wahlrechtsausschluß	11
Wesentliche Erweiterungen	13
Wohnungsaufgabe	13
Zumutbarkeit der Übernahme bei Erweiterung des Aufgabenkreises	10

I. Allgemeines

1. Geltungsbereich

1 Die Vorschrift regelt die Voraussetzungen für gerichtliche Entscheidungen, durch die die Betreuung aufgehoben, der Aufgabenkreis des Betreuers eingeschränkt oder erweitert, der Einwilligungsvorbehalt aufgehoben oder der Kreis der einwilligungsbedürftigen Willenserklärungen eingeschränkt oder erweitert wird. Eine Bestimmung über ein automatisches Ende der Betreuung oder eines Einwilligungsvorbehalts fehlt im Betreuungsgesetz (Erman/Holzhauer Rn 2; MünchKomm/Schwab Rn 2). Auch für die Beendigung der Betreuung durch den Tod des Betreuten enthält das BtG keine ausdrückliche Regelung. Der RegEntw (BT-Drucks 11/4528, 155) hielt sie nicht für erforderlich. Gleichwohl ist der Fall des Todes des Betreuten in Abs 1 der Vorschrift erfaßt, weil die Voraussetzung der Betreuung, die Betreuungsbedürftigkeit des Betroffenen, mit seinem Tode weggefallen ist (Erman/Holzhauer Rn 2 spricht von einer begrifflichen Verwerfung im Verhältnis zu § 1882). Verstirbt der Betreute, bedarf es nach allgM keiner aufhebenden oder feststellenden Entscheidung des Vormundschaftsgerichts. Zur Amtsbeendigung im Falle des Todes des Betreuten eingehend Bienwald, BtR^4 Rn 29 ff.

Für den Fall der Todeserklärung nehmen Erman/Holzhauer Rn 2 und MünchKomm/Schwab Rn 2 ebenfalls eine automatische Beendigung der Betreuung zum festgesetzten Todeszeitpunkt an. Lebt der für tot Erklärte, und besteht weiterhin Betreuungsbedarf, muß eine Neubestellung vorgenommen werden (MünchKomm/Schwab Rn 2).

2. Konstitutive und deklaratorische Aufhebungsentscheidungen

2 Mit dem Ablauf des nach § 69 Abs 1 Nr 5 FGG bestimmten Zeitpunktes endet die Betreuung nicht von selbst (anders aber die Wirkung des Zeitpunktes im Unterbringungsrecht; vgl § 70f Abs 1 Nr 3 FGG). Das Gericht hat vor Ablauf dieses Zeitpunktes über die Aufhebung oder Verlängerung der Maßnahme zu entscheiden. Eine befristete Betreuung, die das Gesetz nicht ausdrücklich ausschließt, endet automatisch mit Ablauf der Frist. Ebenso endet eine Betreuung durch die Besorgung einer bestimmten Angelegenheit (Zweckerreichung), wenn dies in dem Bestellungsbeschluß zur Bedingung der Beendigung gemacht worden ist (bezüglich der Beendigung ähnlich Erman/Holzhauer Rn 2). Eine Beschlußfassung über die Beendigung der Betreuung hat in einem solchen Falle, wenn sie vorgenommen wird, feststellenden (klarstellenden) Charakter. Anders dagegen im Falle der Besorgung einer einzelnen Angelegenheit. Hier hat der Gesetzgeber, anders als das bisherige Recht im Falle der Pflegschaft (§ 1918 Abs 3), eine Aufhebung der Betreuung für erforderlich gehalten (BT-Drucks 11/4528, 155; Erman/Holzhauer Rn 2).

Die Aufhebungsentscheidung des Vormundschaftsgerichts nach erfolgter Sterilisation hat ebenfalls keine konstitutive, sondern lediglich deklaratorische Bedeutung (s dazu auch Kern MedR 1991, 66, 69, der bei nur einer erledigten Aufgabe § 1918 Abs 3 entsprechend anwenden will mit der Begründung, daß dies der besseren Durchsetzung des Erforderlichkeitsgrundsatzes entspreche; aA Soergel/Damrau Rn 1; MünchKomm/Schwab Rn 3).

Februar 2006

Die Vorschrift trifft auf alle Arten von Betreuungen zu, so daß eine nicht mehr erforderliche Gegenbetreuung aufgehoben, ein für erforderlich gehaltener Gegenbetreuer nachträglich zu bestellen ist. Soweit nicht geteilte Mitbetreuung besteht, so daß über die Aufgabe und die Person getrennt entschieden werden kann, ist die Vorschrift sinngemäß anzuwenden, wenn ein weiterer Betreuer zu bestellen oder eine Mehrbetreuerbestellung zu verändern ist.

3. Die von Amts wegen zu treffenden Entscheidungen

Die Vorschrift des § 1908d ist als Komplementärnorm zu § 1896 konzipiert. Entsprechend dem Erforderlichkeitsgrundsatz hat das Vormundschaftsgericht von Amts wegen darauf zu achten, daß Dauer und Umfang der Betreuung nicht länger als unbedingt erforderlich aufrechterhalten bleiben (BT-Drucks 11/4528, 155). Die staatliche Fürsorgepflicht erfordert, daß das Gericht einem höheren Grad von Betreuungsbedürftigkeit durch Erweiterung der Maßnahme gerecht wird. In Betracht kommen deshalb (s aber Rn 2) gerichtliche Entscheidungen folgender Art:

– Erweiterung des Aufgabenkreises des Betreuers, wobei materiellrechtlich nicht zwischen wesentlichen und unwesentlichen Erweiterungen unterschieden wird (anders das Verfahrensrecht, § 69i Abs 1 FGG);

– Erweiterung des Kreises der einwilligungsbedürftigen Willenserklärungen;

– Einschränkung des Aufgabenkreises des Betreuers;

– Einschränkung des Kreises der einwilligungsbedürftigen Willenserklärungen;

– Aufhebung der Betreuung, gegebenenfalls die Mitaufhebung eines angeordneten Einwilligungsvorbehalts;

– Aufhebung allein des Einwilligungsvorbehalts, ohne daß dadurch die Betreuung aufgehoben wird.

Diese Zusammenstellung der möglichen Einzelentscheidungen zeigt deren Inhalte; Betreuung und Einwilligungsvorbehalt betreffende Entscheidungen können unabhängig voneinander getroffen werden; es bestehen aber auch Abhängigkeiten. Eine Aufgabenkreiserweiterung kann mit einem Einwilligungsvorbehalt verbunden werden; dagegen muß einer Erweiterung des Kreises der einwilligungsbedürftigen Willenserklärungen nicht die Erweiterung des Aufgabenkreises des Betreuers vorausgehen.

4. Informationspflichten des Betreuers

Das Gericht bedient sich des Betreuers, um zu den notwendigen Informationen zu gelangen. Das Gesetz verpflichtet den Betreuer, dem Vormundschaftsgericht ihm bekannte Umstände mitzuteilen, die eine ändernde Entscheidung des Gerichts erfordern können (§§ 1901 Abs 5, 1903 Abs 4). Das Gericht wird dadurch nicht der Aufgabe enthoben, bei entsprechendem Anlaß die Aufhebbarkeit oder Einschränkbarkeit (ggf die Erweiterung) von Betreuung oder Einwilligungsvorbehalt von Amts wegen zu prüfen (BayObLG FamRZ 1993, 448: ständige Überwachung durch den Richter).

5. Fortsetzung einer Antragsbetreuung von Amts wegen

5 Abs 2 enthält eine Sondervorschrift für den Fall, daß der Betreuer auf Antrag des Betreuten bestellt wurde. Sie hat vor allem für diejenigen Betreuten Bedeutung, die wegen körperlicher Behinderung einen Betreuer erhalten haben (§ 1896 Abs 1 S 3), weil in diesen Fällen der Antrag Entscheidungsvoraussetzung ist. Terminologisch ist Abs 2 S 1 mißglückt, weil eine Betreuung nie „von Amts wegen erforderlich" sein kann, sondern weil jemand iSv § 1896 betreuungsbedürftig ist. Dem Betroffenen, von dessen Einverständnis (Antrag) mit der Bestellung eines Betreuers das Vormundschaftsgericht ausging, steht die Beschwerde gegen die Betreuerbestellung zu; das in § 1908d Abs 2 vorgesehene erstinstanzliche Verfahren, in dem auf den Aufhebungsantrag des Betroffenen zu prüfen wäre, ob und inwieweit die Betreuung von Amts wegen aufrechtzuerhalten ist, steht dem nicht entgegen (OLG Hamm FamRZ 1995, 1519, 1520 = DAVorm 1996, 73).

6. Verhältnis von Erweiterungen zu Einschränkungen

6 Aus der Absicht des Gesetzgebers, die Zahl der Betreuungen zu reduzieren (vgl zB § 1896 Abs 3 u § 69 Abs 1 Nr 5 FGG sowie BT-Drucks 11/4528, 122: Entlastung der Gerichte!), war es sachgerecht, zuerst die Aufhebung und die Einschränkung der Betreuung aufzuführen. In der Praxis überwiegt die Zahl der Erweiterungen des Aufgabenkreises und der Anordnungen eines Einwilligungsvorbehalts. Deshalb wird im folgenden von der im Gesetz eingehaltenen Reihenfolge der Tatbestände abgewichen.

II. Die Erweiterung des Aufgabenkreises des Betreuers (Abs 3)

1. Allgemeine Voraussetzungen

7 Der Aufgabenkreis des Betreuers ist zu erweitern, wenn dies erforderlich ist. Die materiellrechtlichen Voraussetzungen im einzelnen sind den §§ 1896 ff zu entnehmen (MünchKomm/Schwab Rn 14). Für einen körperlich Behinderten darf eine Erweiterung des Aufgabenkreises seines Betreuers nur dann vorgenommen werden, wenn er einen entsprechenden Antrag stellt, es sei denn, daß er seinen Willen nicht kundtun kann (§ 1896 Abs 1 S 3); zu weitgehend dagegen (schlechterdings unstatthaft) MünchKomm/Schwab Rn 14. Im übrigen hat ein entsprechender Antrag des Betreuten nach § 1896 Abs 1 S 1 keine materiellrechtlichen Auswirkungen. Die Erweiterung des Aufgabenkreises von Amts wegen ist im Rahmen des allgemeinen Rechts sonst immer möglich. Soll eine Betreuung ohne Einwilligung des Betreuten auf zusätzliche Aufgabenbereiche erweitert werden, ist für die zusätzlichen Aufgabenbereiche festzustellen, daß der Betroffene krankheitsbedingt auch für den neu hinzugekommenen Aufgabenkreis nicht in der Lage ist, seine Angelegenheiten selbst zu besorgen und seinen Willen frei zu bestimmen (BayObLG v 23.1.2002 – 3 Z BR 396/01; nunmehr § 1896 Abs 1a). Hat allein der Betroffene gegen die Bestellung eines Betreuers Beschwerde eingelegt, kommt eine Erweiterung des Aufgabenkreises des Betreuers im Beschwerderechtszug nicht in Betracht (BayObLG FamRZ 1998,

922). Ist der Betroffene zwar geistig behindert, kann er gleichwohl seine Angelegenheiten in dem fraglichen Bereich (hier Arztbesuch, Teilnahme an ambulanten Heilbehandlungen) selbst besorgen, ist eine Erweiterung des Aufgabenkreises des Betreuers nicht erforderlich (KG FamRZ 2005, 1776 [LS]).

Um eine Erweiterung des Aufgabenkreises handelt es sich nie im Falle der Einwilligung in eine Sterilisation. Hier ist bei bereits bestehender Betreuung stets ein besonderer Betreuer mit dem speziellen Aufgabenkreis zu bestellen (§ 1899 Abs 2). Um eine Erweiterung des Aufgabenkreises handelt es sich ebenfalls nicht bei der Bestellung eines Gegenbetreuers und der Bestellung eines Betreuers mit dem Aufgabenkreis des § 1896 Abs 3. Letzte kommt zB dann in Betracht, wenn nach Bestellung eines Betreuers nach § 1896 Abs 1, 2 eine (ausreichende) Vollmacht bekannt wird, der Vollmachtgeber aber nicht in der Lage ist, die ihm zustehenden Rechte geltend zu machen (zu weiteren Voraussetzungen näher § 1896).

2. Erweiterungsbedarf im einzelnen

Die Notwendigkeit, den Aufgabenkreis des Betreuers zu erweitern, kann sich insbesondere daraus ergeben, daß

– die Krankheit oder die Behinderung und damit die Betreuungsbedürftigkeit zugenommen hat;

– sich für die betreute Person Umstände ändern, zB Belastungen entstehen, vor denen der Betreute geschützt werden muß (etwa belastende Besuche von Angehörigen oder sonstigen Personen; vgl BayObLG FamRZ 2003, 402 = BtPrax 2003, 38);

– der Kreis der Angelegenheiten, die zu besorgen sind, größer geworden ist, zB durch neue Angelegenheiten wie die bisher nicht erfaßte Regelung von Erbschaftsangelegenheiten; Stellung sozialrechtlicher Anträge, für die der bisherige Aufgabenkreis nicht ausreichte; eine Erweiterung des Aufgabenkreises auf die Besorgung aller Angelegenheiten des Betroffenen kommt nicht in Betracht, wenn dieser in der Lage ist, einen Teilbereich seines Lebens zu bewältigen (BayObLG FamRZ 1998, 452 = NJW-RR 1997, 967);

– sonstige Hilfen, die bisher in Anspruch genommen werden konnten und zur Besorgung ausreichten, entfallen sind;

– eine früher erteilte Vorsorgevollmacht dem Umfang nach nicht mehr ausreicht oder deren Einsatz der Bevollmächtigte nicht mehr gewillt oder in der Lage ist;

– das Vormundschaftsgericht einen Bereich besorgungsbedürftiger Angelegenheiten übersehen hat und die Entscheidung auf andere Weise nicht korrigieren konnte;

– Einschränkungen von Grundrechten erforderlich werden (§ 1896 Abs 4).

3. Die Personalentscheidung bei der Erweiterung des Aufgabenkreises

9 Die Erweiterung des Aufgabenkreises entspricht materiellrechtlich einer Neubestellung. Die Anwendung der Vorschriften über die Betreuerbestellung (Abs 3 S 2) erfordert, daß der Betreuer, sofern das Gericht nicht einen weiteren geeigneten Betreuer für die Erweiterung des Aufgabenkreises bestellt (§ 1899 Abs 1), für die Besorgung der weiteren Angelegenheiten geeignet sein muß (§ 1897 Abs 1). UU ist der bisherige Betreuer zu entlassen und für alle Angelegenheiten ein neuer Betreuer zu bestellen. Dafür kann maßgebend sein, ob sich zwischen dem Betreuten und dem bisherigen Betreuer ein Vertrauensverhältnis entwickelt hat, das es angezeigt sein läßt, den bisherigen Betreuer weiterhin im Amt zu belassen (BT-Drucks 11/4528, 156). Die Eignungsfrage kann sich auch im Zusammenhang mit der erforderlichen Übernahmebereitschaft stellen (dazu näher MünchKomm/Schwab Rn 15). Zu beachten ist auch der durch Art 1 Nr 12 des ersten BtÄndG eingeführte Nachrang der beruflichen gegenüber der ehrenamtlich geführten Betreuung (§ 1897 Abs 6).

10 Grundsätzlich ist es mit der Erweiterung des Aufgabenkreises des bisherigen Betreuers nicht anders als mit der Bestellung des Betreffenden als weiteren Betreuer: Die Verpflichtung zur Übernahme auch der Aufgabenkreiserweiterung bestimmt sich nach § 1898 Abs 1; es bedarf auch insoweit der Bereiterklärung des bisherigen Betreuers, § 1898 Abs 2 (MünchKomm/Schwab Rn 15; Soergel/Damrau Rn 16). Auf Art und Umfang der Erweiterung des Aufgabenkreises wird es ankommen, um entscheiden zu können, ob die Übernahme zumutbar war.

Ist ein Vereinsbetreuer oder ein Behördenbetreuer bestellt worden, erfordert die Erweiterung des Aufgabenkreises die Einwilligung des Vereins oder der Behörde (§ 1897 Abs 2 S 1 und S 2; MünchKomm/Schwab Rn 15).

4. Konsequenzen der Erweiterung des Aufgabenkreises

11 Mit ihr erhält der bisherige Betreuer eine entsprechend größere Vertretungsmacht (§ 1902). Je nachdem, um welche Angelegenheiten es sich bei der Erweiterung des Aufgabenkreises handelt, können in stärkerem Maße als bisher gerichtliche Genehmigungsvorbehalte zu beachten sein. Speziell bei der Erweiterung des Aufgabenkreises „Vermögenssorge" um die „Aufenthaltsbestimmung" und die „Gesundheitsfürsorge" (so vielfach noch immer entgegen der gesetzgeberischen Absicht stärkerer Differenzierung; vgl BT-Drucks 11/4528, 121) kommen die durch das BtG in Personensorgerechtsangelegenheiten eingeführten Genehmigungsvorbehalte (einschl des in § 1907 geregelten) zum Tragen.

Das Gericht kann die Erweiterung des Aufgabenkreises zum Anlaß nehmen, den Versicherungsschutz des Betreuers zu überprüfen, und gegebenenfalls darauf hinwirken, daß die Versicherung erweitert wird (§ 1837 Abs 2 S 2 iVm § 1908i Abs 1 S 1). Gericht, Behörde und Verein haben erweiterte Informations-, Beratungs- und Unterstützungspflichten. Der Betreuerausweis (§ 69b Abs 2 FGG) ist zu korrigieren. UU kommen Mitteilungen nach Maßgabe der §§ 69k ff FGG in Betracht.

Bei der Erweiterung des Aufgabenkreises auf alle Angelegenheiten des Betreuten tritt ein Ausschluß vom Wahlrecht ein (§ 13 Nr 2 BWG). Zur Mitteilungspflicht in diesem Falle s § 69l Abs 1 FGG. Wird in Erweiterung des Aufgabenkreises ein Einwilligungsvorbehalt angeordnet, der sich auf die Aufenthaltsbestimmung erstreckt, ist die Mitteilungspflicht nach § 69l Abs 2 FGG zu beachten. Wird die Besorgung aller Angelegenheiten des Betreuten nur durch einstweilige Anordnung beschlossen, hat dies keinen Ausschluß vom Wahlrecht zur Folge. Im übrigen beachte die wahl- und melderechtlichen Bestimmungen des Bundes und die der einzelnen Länder und das jeweilige Kommunalwahlrecht sowie das Recht der Sozialwahlen in SGB Buch IV (§ 50).

Insofern die Betreuerin oder der Betreuer die Betreuung bisher berufsmäßig führte, ist die Feststellung berufsmäßiger Führung der Betreuung auch für die erweiterte Zuständigkeit erforderlich (§§ 1836 Abs 1 S 2 ff, 1908i Abs 1 S 1) sowie der Vorrang ehrenamtlich vor beruflich geführter Betreuung zu beachten (§ 1897 Abs 6). Werden weitere Aufgaben übertragen und übernommen, für die die Betreuungsperson nicht die Voraussetzungen der bisherigen Einstufung in die Vergütungsgruppen des § 1 BVormVG (seit 1.7.2005: § 4 VBVG) erfüllt, kann die Abrechnung der geleisteten Arbeit je nach Aufgabe nach unterschiedlichen Vergütungstarifen erforderlich sein (vgl etwa die Einstufungsentscheidungen LG Leipzig FamRZ 2001, 304; LG Landau FamRZ 2001, 790 oder OLG Dresden FamRZ 2000, 1306). Wird für die Erweiterung der Betreuung die Bestellung eines weiteren Betreuers erforderlich, handelt es sich um einen Fall der Erstbestellung.

5. Verfahren

a) Orientierung am Betreuerbestellungsverfahren

Das Verfahren für die Erweiterung des Aufgabenkreises richtet sich nach den Vorschriften über die Bestellung eines Betreuers (§ 69i Abs 1 S 1 FGG). Für eine „unwesentliche" Erweiterung des Aufgabenkreises gelten Verfahrenserleichterungen (§ 69i Abs 1 S 2 FGG). Das Gericht kann davon absehen, den Betreuten persönlich anzuhören und sich von ihm einen unmittelbaren Eindruck (in seiner üblichen Umgebung) zu verschaffen. Es entfällt dann auch die Unterrichtung des Betreuten über den möglichen Verlauf des Verfahrens. Der Betreute muß aber angehört werden. Das kann durch einen ersuchten Richter geschehen. Auch würde eine schriftliche Anhörung ausreichen (DAMRAU/ZIMMERMANN Rn 20; ZIMMERMANN FamRZ 1991, 276). Zur Prüfung einer persönlichen Anhörung, wenn der Betroffene bei der Anhörung keine Angaben gemacht hat, BayObLG FamRZ 1998, 453 = BtPrax 1998, 30. Ebenfalls ist eine erneute Begutachtung entbehrlich, dgl ein ärztliches Zeugnis (Absehen von § 68b FGG; krit dazu MünchKomm/SCHWAB Rn 16; ausführlich BIENWALD/SONNENFELD, BtR § 69i FGG Rn 9 ff).

Auf Verfahrenshandlungen nach § 68 Abs 2–5 FGG kann nicht verzichtet werden. Deshalb kommt das Schlußgespräch (§ 68 Abs 5 FGG) in Betracht. Ferner ist die Behörde zu beteiligen und den übrigen in § 68a FGG genannten Personen in der Regel Gelegenheit zur Äußerung zu geben; jedoch nach Maßgabe der Neufassung durch Art 2 Nr 3 BtÄndG, wonach der Betroffene mit erheblichen Gründen (zwingend) widersprechen kann. Ein Absehen von der Bestellung eines Verfahrenspflegers nach Maßgabe des § 67 FGG ist nicht vorgesehen.

Die Staatskasse kann die Entscheidung des Vormundschaftsgerichts über die Erweiterung des Aufgabenkreises des berufsmäßig tätigen Betreuers nicht mit der Beschwerde anfechten (OLG Frankfurt FGPrax 2004, 75 = FamRZ 2004, 902 m Anm BIENWALD).

b) Wesentliche Erweiterungen

13 Wird erstmals ganz oder teilweise die Personensorge in den Aufgabenkreis einbezogen (also auch die Aufenthaltsbestimmung oder die Gesundheitsfürsorge), wird eine der in § 1896 Abs 4 genannten Aufgaben einbezogen oder wird der Aufgabenkreis um die Entscheidungsbefugnis nach den §§ 1904 oder 1906 erweitert, handelt es sich immer um eine „wesentliche" Erweiterung. Aus dem Umkehrschluß zu § 69i Abs 1 S 3 FGG kann gefolgert werden, daß alles, was dort nicht genannt ist, „unwesentlich" sein kann (DAMRAU/ZIMMERMANN § 69i FGG Rn 4), aber nicht sein muß. Zu beachten ist der Zusatz „insbesondere", der erwarten läßt, daß auch andere Bereiche eine wesentliche Erweiterung darstellen können („Regelbeispiele", DAMRAU/ZIMMERMANN § 69i FGG Rn 3; KEIDEL/KAYSER § 69i FGG Rn 5). Es kommt deshalb im Einzelfall auf den Inhalt und den Umfang des ursprünglichen Aufgabenkreises und des erweiterten Aufgabenkreises an, um aus dem Verhältnis zueinander auf das Ausmaß der Änderung (Erweiterung) zu schließen (näher BIENWALD, BtR § 69i FGG Rn 7 ff). Wegen des stark personensorgerechtlichen Bezuges (BT-Drucks 11/4528, 149) soll nach HK-BUR § 1908d Rn 15 auch die Ausdehnung des Aufgabenkreises auf die Wohnungsaufgabe als wesentliche Erweiterung behandelt werden. Eine dort vorgeschlagene generelle Orientierung an Grundrechtspositionen scheitert jedoch daran, daß Betreuung schlechthin auch mit noch so unwesentlichem Aufgabenkreis einen Grundrechtseingriff darstellt. Wird der Aufgabenkreis von bisher Aufenthaltsbestimmung und Gesundheitssorge um den Bereich der Regelung des Umgangs mit Familienangehörigen erweitert, handelt es sich nicht um eine unwesentliche Erweiterung (BayObLG FamRZ 2003, 402 = Rp 2003, 9 [LS]).

Liegen Verfahrenshandlungen nach § 68 Abs 1 und § 68b FGG nicht länger als sechs Monate zurück, so kann das Gericht von einer erneuten Vornahme dieser Verfahrenshandlungen absehen, auch wenn es sich um eine wesentliche Erweiterung des Aufgabenkreises handelt. In diesem Falle muß das Gericht den Betroffenen/Betreuten anhören (§ 69i Abs 1 S 2 FGG). Im übrigen s dazu oben Rn 12.

Zur Frage, wann Verfahrenshandlungen nicht länger als sechs Monate zurückliegen, BIENWALD, BtR[3] § 69i Rn 6.

c) Nicht unwesentliche Vermögensangelegenheiten

14 Keinesfalls darf aus der Nichtnennung in § 69i Abs 1 S 3 FGG geschlossen werden, vermögensrechtliche Angelegenheiten seien schlechthin unwesentlich (so aber wohl DAMRAU/ZIMMERMANN § 69i FGG Rn 4). Das BtG hat zwar die Personensorge in den Vordergrund gerückt, damit aber nicht die Vermögensangelegenheiten zu unwesentlichen Angelegenheiten erklärt, wie etwa aus den Verweisungen auf die Vermögensbestimmungen des Minderjährigenrechts in § 1908i geschlossen werden könnte. Eine andere Sicht würde die Realität verkennen und Betreute nicht ernst nehmen, für die ihre Vermögensangelegenheiten oft einen hohen Stellenwert besitzen.

15 Die Frage der Abgrenzung von wesentlichen und unwesentlichen Erweiterungen des Aufgabenkreises hat für das Verfahren und die Entscheidungen der Rechtsmittel-

gerichte Bedeutung. Davon kann abhängen, ob das Beschwerdegericht die Sache wegen Verstoßes gegen § 12 FGG (Ermittlungspflicht) oder wegen anderer Gesetzesverletzungen (Verkennung der oa Abgrenzung in § 69i Abs 1 FGG) zurückverweist. In Zweifelsfällen wird das Vormundschaftsgericht im Falle der Erweiterung des Aufgabenkreises auf die Verfahrenserleichterungen verzichten, um kein Risiko einzugehen, jedenfalls dann, wenn auf die Verfahrenshandlungen nicht schon wegen der kurze Zeit zurückliegenden Vornahme verzichtet werden kann (§ 69i Abs 1 S 2 FGG nF).

d) Erweiterung durch einstweilige Anordnung

16 Die Erweiterung des Aufgabenkreises ist auch durch einstweilige Anordnung möglich (§ 69i Abs 1 FGG). Als vorläufige Erweiterung ist sie jedoch zeitlich begrenzt (§§ 69f Abs 2 FGG). Die Erweiterung der einstweiligen Anordnung führt rechtlich ein Eigenleben und orientiert sich an den Verfahrensbestimmungen für die einstweilige Anordnung (§ 69f Abs 2 FGG). Für den Inhalt der Entscheidung gilt § 69 FGG entsprechend (§ 69i Abs 1 S 1 FGG). Dazu gehört die Angabe des Zeitpunktes, zu dem das Gericht spätestens über die Aufhebung oder Verlängerung der Maßnahme zu entscheiden hat. Diese Bestimmung des Zeitpunktes kann sich an der bisherigen Entscheidung orientieren. Möglich ist aber auch, daß für die Überprüfung der Erweiterungsentscheidung eine eigene Frist gesetzt wird.

e) Überprüfungsfristen

17 Die in § 69 Abs 1 Nr 5 FGG vorgegebene äußerste Grenze der Überprüfung bleibt als gesetzliche Vorgabe bestehen. Das Gericht ist unabhängig von der Fristsetzung gehalten, von Amts wegen die Notwendigkeit der Aufhebung oder Verlängerung der Betreuerbestellung zu prüfen, sobald ihm aus Anlaß des ersten Termins die Akten vorgelegt werden.

Die Urkunde (Betreuerausweis) ist gegebenenfalls zu ändern und der Betreuer zu verpflichten (§ 69b FGG). Die Erweiterungsentscheidung ist in gleicher Weise wie die Entscheidung über die Bestellung des Betreuers anfechtbar.

III. Erweiterung des Einwilligungsvorbehalts (Abs 4)

1. Materielle Voraussetzungen

18 Das Gericht hat den Kreis der einwilligungsbedürftigen Willenserklärungen eines angeordneten Einwilligungsvorbehalts zu erweitern, wenn dies erforderlich wird. Abs 3 zufolge gelten die Vorschriften über die Anordnung eines Einwilligungsvorbehalts (§ 1903) entsprechend. Deshalb muß die Erweiterung zur Abwendung einer erheblichen Gefahr für die Person oder das Vermögen des Betreuten erforderlich sein (§ 1903 Abs 1). Der Betreute muß sich durch die Abgabe oder Entgegennahme von Willenserklärungen, die innerhalb des Aufgabenkreises des Betreuers liegen, aber von dem bestehenden Einwilligungsvorbehalt noch nicht erfaßt sind, einen erheblichen Schaden zugefügt haben, so daß dies auch für die Zukunft zu besorgen ist, oder es müssen Anhaltspunkte für das Vorliegen einer erheblichen Gefahr im Sinne des § 1903 Abs 1 gegeben sein.

2. Amtsverfahren ohne Einschränkungen

19 Die Entscheidung kann nur von Amts wegen ergehen. Ein Antragsrecht ist weder für den Betreuten noch für den Betreuer vorgesehen (MünchKomm/Schwab Rn 18 u § 1903 Rn 13; Soergel/Damrau Rn 17). Aus diesem Grunde entfällt auch die entsprechende Anwendung des § 1908d Abs 2 (s Abs 4; BT-Drucks 11/4528, 156). Zu einer diesbezüglichen Informationspflicht des Betreuers s § 1901 Abs 5 S 2 und § 1903 Abs 4.

20 Die Erweiterung des Kreises der einwilligungsbedürftigen Willenserklärungen kann isoliert angeordnet werden; sie kann auch zusammentreffen mit einer Entscheidung des Gerichts über die Erweiterung des Aufgabenkreises des Betreuers, etwa dann, wenn dem Betreuer die Regelung einer Erbschaftsangelegenheit übertragen wird und vermieden werden soll, daß sich der Betreute in der gleichen Angelegenheit durch eigene Aktivitäten erheblich schadet.

3. Zum Verfahren im übrigen

21 Das Verfahren entspricht dem für die Erweiterung des Aufgabenkreises des Betreuers (§ 69i Abs 2 iVm Abs 1 FGG; s oben Rn 12). Auch im Falle der Erweiterung des Kreises der einwilligungsbedürftigen Willenserklärungen bleiben die in § 1903 Abs 2 genannten Angelegenheiten vom Einwilligungsvorbehalt ausgeschlossen. Ebenfalls bleibt § 1903 Abs 3 von der Erweiterungsentscheidung unberührt.

Nach der Verweisung auf § 69i Abs 1 FGG für das Verfahren betr die Erweiterung des Kreises der einwilligungsbedürftigen Willenserklärungen (§ 69i Abs 2 FGG) müßte unterschieden werden zwischen einer unwesentlichen und einer wesentlichen Erweiterung (auch) des Kreises der einwilligungsbedürftigen Willenserklärungen (Damrau/Zimmermann § 69i FGG Rn 9; MünchKomm/Schwab § 1908d Rn 20). Angesichts der unterschiedlichen materiellrechtlichen Voraussetzungen für die Erweiterung des Aufgabenkreises und die Erweiterung des Kreises der einwilligungsbedürftigen Willenserklärungen muß bezweifelt werden, daß es eine unwesentliche Erweiterung eines solchen Kreises nach § 1903 gibt. Bei der Betreuerbestellung sowie der Erweiterung des Aufgabenkreises kommt es letztlich darauf an, daß sie erforderlich ist, gleichgültig, ob der Betreuer damit rang- oder wertmäßig eine wesentliche Aufgabe zu erledigen hat (zB die Vertretung des Betreuten in einer Prozeßsache mit niedrigem Streitwert). Die Anordnung eines Einwilligungsvorbehalts und dementsprechend auch die Erweiterung des Kreises der einwilligungsbedürftigen Willenserklärungen verlangt materiellrechtlich mehr, nämlich daß dies zur Abwendung einer erheblichen Gefahr für die Person oder das Vermögen erforderlich sei. Daß aber eine unbedeutende Erweiterung zur Abwendung einer erheblichen Gefahr erforderlich sein oder ausreichen soll, ist nicht recht vorstellbar. Die Begründung des Reg-Entw (DT-Drucks 11/4528, 180) beschränkt sich an dieser Stelle auch auf den Hinweis, Abs 2 regele „die Erweiterung des Kreises der einwilligungsbedürftigen Willenserklärungen".

22 Zum Inhalt der Entscheidung s § 69 FGG. Soweit die Erweiterung des Aufgabenkreises reicht, ist eine Neubestimmung der Frist des § 69 Abs 1 Nr 5 FGG grundsätzlich zulässig. Zur Fristbestimmung im übrigen s Bienwald, BtR § 69 FGG

Rn 16 ff. Bezüglich der Mitteilungen an andere Gerichte, Behörden oder sonstige öffentliche Stellen nach den §§ 69k ff FGG ist § 69l Abs 2 FGG von Interesse, wenn sich die Erweiterung des Kreises der einwilligungsbedürftigen Willenserklärungen (ua) auf die Aufenthaltsbestimmung erstreckt.

Auch die Erweiterungsentscheidung kann im Wege einstweiliger Anordnung erge- **23** hen (§ 69f Abs 1 FGG; so auch HOLZHAUER/REINICKE § 69f FGG Rn 6). Als vorläufige Erweiterung ist sie zeitlich begrenzt (§ 69f Abs 2 FGG).

IV. Einschränkung des Aufgabenkreises des Betreuers und Aufhebung der Betreuung (Abs 1)

1. Allgemeines

In dem Maße, in dem Betreuung nicht mehr erforderlich ist, hat das Vormund- **24** schaftsgericht den Aufgabenkreis des Betreuers einzuschränken (Abs 1 S 2). Sind die Voraussetzungen der Betreuerbestellung in vollem Umfange entfallen, ist die Betreuung vollständig aufzuheben (Abs 1 S 1). Gründe für eine Einschränkung des Aufgabenkreises können dann gegeben sein, wenn der Betreute bestimmte Angelegenheiten wieder selbst erledigen kann oder Angelegenheiten, die der Betreute selbst nicht besorgen konnte, ihre endgültige Erledigung gefunden haben (ERMAN/ HOLZHAUER Rn 6; MünchKomm/SCHWAB Rn 3). Die Bestellung eines Betreuers ist auch aufzuheben, wenn der Betroffene trotz vorhandener Persönlichkeitsstörungen die bisher zum Aufgabenkreis des Betreuers gehörenden Angelegenheiten (wieder) selbst besorgen kann, ein Handlungsbedarf nicht besteht und der Betroffene außerdem die Betreuung und jeglichen Kontakt mit dem Betreuer ablehnt, so daß die Betreuung so gut wie wirkungslos geblieben ist (LG Rostock FamRZ 2004, 485 [LS]). Wird nachträglich eine Bevollmächtigung festgestellt und reicht diese zur Besorgung der Angelegenheiten der/des Betroffenen teilweise oder sogar vollständig aus oder konnten andere Hilfen mobilisiert werden, die ohne (gesetzliche) Vertretungsbefugnis ausreichen, kommt eine teilweise oder vollständige Aufhebung ebenfalls in Betracht. Die Voraussetzungen der Betreuerbestellung sind weggefallen, wenn der Betreute durch Heilung oder Rehabilitation seine Angelegenheiten im erforderlichen Umfang wieder selbst besorgen kann. Bestand die Betreuung und der Aufgabenkreis des Betreuers lediglich in der Besorgung einer einzigen Angelegenheit, ist die Betreuung nach der vollständigen Erledigung aufzuheben, wenn nicht automatische Beendigung der Betreuung angenommen wird (s dazu oben Rn 2). In dem die Betreuerbestellung betreffenden Verfahren **erledigt** sich die **Hauptsache** ua durch die Aufhebung der Betreuung gemäß Abs 1 S 1 (BayObLG FamRZ 2001, 255). Außerhalb eines Beschwerdeverfahrens in einem isolierten Verfahren kann der Betroffene nach Aufhebung der Betreuerbestellung und der Einstellung eines Betreuungsverfahrens nicht die **Feststellung** begehren, daß die Anordnung der Betreuerbestellung und die Durchführung der **Betreuung rechtswidrig** waren (BayObLG FamRZ 2004, 485 [LS]). Wurde einem Betroffenen unter Beachtung des (durch das 2. BtÄndG eingefügten) § 1896 Abs 1a ein Betreuer bestellt, entfällt die Voraussetzung einer Betreuerbestellung auch dann, sobald sich der Betreute mit freiem Willen gegen die Betreuung wendet. Obwohl damit nicht ein Fall des Abs 2 Satz 1 (Aufhebung der Antragsbetreuung) gegeben ist, ähneln die Fälle.

Ebenso wie die Bestellung eines Betreuers gegen den freien Willen des Volljährigen nicht (mehr) zulässig ist (§ 1896 Abs 1a), ist die Betreuung wegen Wegfalls der Voraussetzungen aufzuheben, wenn der Betroffene sein „Einverständnis" widerruft oder zurückzieht und dies das Ergebnis freier Willensbildung ist.

2. Besonderheiten im Falle von Antragsbetreuung

25 War die Betreuerbestellung von einem körperlich Behinderten beantragt worden, ist die Betreuung auf seinen Antrag auch wieder aufzuheben. Entsprechendes gilt für die Einschränkung des Aufgabenkreises des Betreuers (Abs 2 S 1 u S 3). Hatte ein psychisch Kranker oder ein geistig oder seelisch Behinderter den Antrag auf Bestellung eines Betreuers gestellt (§ 1896 Abs 1 S 1), so hat das Gericht auf seinen Antrag die Betreuung aufzuheben oder einzuschränken, wenn nicht die Betreuung in dem bisherigen Umfang weiterhin erforderlich ist. Der Antrag nach § 1896 Abs 1 S 1 hat keine materiellrechtliche Bedeutung (s oben § 1896 Rn 59 f), ebensowenig der Antrag auf Aufhebung oder Einschränkung der Betreuung. Es kommt darauf an, ob der Betreute seine Angelegenheiten ganz oder teilweise selbst oder durch von ihm bevollmächtigte und kontrollierte Personen besorgen kann. Andernfalls bleibt die Betreuerbestellung in dem bisherigen Umfang erhalten. Der Antrag auf Aufhebung oder Einschränkung des Aufgabenkreises des Betreuers ist dann zurückzuweisen. Nach BayObLG FuR 1998, 90 war es nicht zu beanstanden, daß der Tatrichter den Antrag eines seit vielen Jahren psychisch erkrankten Betreuten ohne weitere Ermittlungen ablehnt, wenn (falls) die letzte tatrichterliche Entscheidung erst knapp zwei Monate zurückliegt. Ein Antrag auf Aufhebung der Betreuung kann aber nur abgelehnt werden, wenn die Voraussetzungen für die Bestellung eines Betreuers noch vorliegen. Deshalb ist es bei der Ablehnung eines Antrags auf Aufhebung einer Betreuung erforderlich, festzustellen, daß der Betroffene nicht in der Lage ist, seinen Willen in den bestimmten Aufgabenkreisen frei zu bestimmen (BayObLG FamRZ 1995, 1519 [LS]). Verfahrensmäßige Voraussetzung einer solchen Zurückweisung ist die Einholung eines Sachverständigengutachtens, wenn das Gericht bei seiner Erstentscheidung nach § 68b Abs 1 S 2 FGG verfahren ist und von der Einholung eines Gutachtens (wegen des gestellten Antrages) abgesehen hatte. Entsprechend ist zu verfahren, wenn das Gericht auf Antrag des Betreuten, ohne Sachverständigengutachten einzuholen, den Aufgabenkreis des Betreuers erweitert hatte und der Betreute nunmehr beantragt, die Erweiterung rückgängig zu machen (§ 1908d Abs 2 S 3). Auf die bloße **Behauptung** des Betreuten hin, eine Betreuung sei nicht notwendig, kann diese **nicht aufgehoben** werden. In der Praxis stößt die mit der Einführung des Antragsrechts auch für nicht (lediglich) körperlich behinderte Betroffene auf Betreuerbestellung sowie Aufhebung der Betreuung verbundene Absicht der Gesetzgebers (BT-Drucks 11/4528, 118) oft nicht auf entsprechendes Verständnis. Es bedarf in der Regel eingehender Erklärung, daß das Gericht trotz anderslautenden Antrags von Amts wegen entscheiden darf und muß, wenn es nicht durch § 1896 Abs 1a gehindert ist.

3. Verfahren

26 Für die Aufhebung der Betreuung und die Einschränkung des Aufgabenkreises des Betreuers gelten die §§ 68a, 69a Abs 2 S 1 und § 69g Abs 1 und 4 FGG entsprechend (§ 69i Abs 3 FGG). Die „entsprechende" Anwendung dieser Vorschriften kann nur

bedeuten, daß nach den für die erstmalige Bestellung eines Betreuers vorgesehenen Regelungen zu verfahren ist.

Das Gericht hat demnach vor einer solchen Entscheidung der zuständigen Behörde sowie den in § 68a FGG genannten Personen in der Regel Gelegenheit zur Äußerung zu geben, es sei denn, der Betreute widerspricht mit erheblichen Gründen (§ 68a S 3 FGG). Der Betreute kann verlangen, daß einer ihm nahestehenden Person und den in § 68a S 3 FGG genannten Personen Gelegenheit zur Äußerung gegeben wird, wenn dies ohne Verzögerung möglich ist. Aus diesem Recht ergibt sich (entgegen ERMAN/HOLZHAUER Rn 5) nicht zwangsläufig, daß auch der Betreute zu hören ist (OLG Karlsruhe FamRZ 1994, 449). Grundlage dafür sind Art 103 Abs 1 GG und § 12 FGG. Nur die Aufforderung, sich zur Sache zu äußern, stellt die Anhörung sicher, sofern nicht weitergehende Schritte nötig sind. Sein Recht aus § 68a S 4 FGG kann der Betreute auch in einer Weise geltend machen, in der eine Anhörung nicht erkennbar wird (bloße schriftliche Mitteilung, nach § 68a S 4 FGG zu verfahren). Nach OLG Zweibrücken (BtPrax 1998, 150) hat sich im Verfahren über den Antrag auf Aufhebung der Betreuung auch das Beschwerdegericht grundsätzlich einen persönlichen Eindruck von dem Betroffenen zu verschaffen und ihn anzuhören, auch wenn dies gesetzlich nicht ausdrücklich vorgeschrieben ist (Beachtung von Art 103 GG und § 12 FGG im Aufhebungsverfahren).

Liegt ein zeitnahes Gutachten nicht vor, hat das Gericht im Rahmen der Amtsermittlungspflicht (§ 12 FGG) im Interesse des Betreuten ein Gutachten einzuholen (OLG Frankfurt FamRZ 1992, 859 = OLGZ 1992, 294 = NJW 1992, 1395 = R&P 1992, 96), wenn das letzte Gutachten lange (hier: 1 Jahr 5 Monate) zurückliegt oder eine erhebliche Veränderung seiner Tatsachengrundlage naheliegt (BayObLG-Rp 2002, 232 [LS]). Soll der Aufhebungsantrag des Betreuten erstmals abgelehnt werden und hatte sich das Gericht im Bestellungsverfahren mit der Vorlage eines ärztlichen Zeugnisses begnügt (§ 68 Abs 1 S 2 FGG), ist nunmehr die Einholung eines Sachverständigengutachtens erforderlich (§ 69i Abs 4 FGG), das sich auch zur Frage des freien Willens zu äußern hat.

Die Entscheidung ist dem Betreuten selbst bekanntzumachen (§ 69a Abs 1 FGG). Im Falle der Aufhebung, aber auch der Einschränkung der Betreuung dürfte der Fall, daß von der Bekanntmachung der Gründe aus gesundheitlicher Rücksichtnahme abgesehen werden kann (§ 69a Abs 1 S 2 FGG), selten sein. Für die Wirksamkeit der Entscheidung ist § 69a Abs 3 FGG maßgebend. Sie tritt mit der Bekanntmachung an den Betreuer ein (§ 69a Abs 3 S 1 FGG).

Gegen die Aufhebung der Betreuung oder die Einschränkung des Aufgabenkreises **27** des Betreuers sind Rechtsbehelfe nach Maßgabe von § 69i Abs 3 FGG statthaft. Die Beschwerde gegen die Aufhebung der Betreuung und gegen die Einschränkung des Aufgabenkreises des Betreuers steht unbeschadet des § 20 FGG dem Ehegatten des Betreuten, dem Lebenspartner des Betroffenen und denjenigen, die mit dem Betreuten in gerader Linie verwandt oder verschwägert oder in der Seitenlinie bis zum dritten Grad verwandt sind, sowie der zuständigen Behörde zu. Der Antrag auf Aufhebung der Betreuung enthält auch den Antrag auf Entlassung des Betreuers (BayObLGZ 1993, 350). Die Rechtsposition des Betreuten wird durch die Aufhebung der Betreuung negativ betroffen, weil er die ihm vom Staat in Form von Rechtsfürsorge gewährte Leistung verliert; er ist deshalb beschwerdeberechtigt (BayObLG MDR 2001, 94, 95). Seine Beschwerdebefugnis ergibt sich aus § 20 FGG, nicht dagegen aus §§ 69i Abs 3 iVm 69g Abs 4 FGG, der sich auf die Aufhebung oder Einschränkung des Einwilligungsvorbehalts bezieht, eine ebensogut für den Betreuten nachteilige (weil Schutz entziehende) Maßnahme.

Lehnt das Vormundschaftsgericht die Aufhebung der Betreuung ab und verlängert es gleichzeitig die Frist für deren Überprüfung, so ist die Beschwerde des Betroffenen gegen die ursprüngliche Bestellung des Betreuers mangels Rechtsschutzbedürfnisses unzulässig (BayObLG FamRZ 2005, 834).

Im Namen des Betreuten kann der Betreuer Beschwerde nicht einlegen (§ 69i Abs 3 FGG enthält keine Verweisung auf § 69g Abs 2 FGG). Der Betreuer hat kein Recht auf Fortbestand der Betreuung und daher grundsätzlich auch kein Beschwerderecht nach § 20 FGG, wenn die Betreuung aufgehoben wird (OLG Köln FamRZ 1997, 1293 = NJW-RR 1997, 708). Er kann jedoch in seinen Rechten beeinträchtigt sein, wenn die Betreuung ohne seine vorherige Anhörung und damit unter Verletzung des rechtlichen Gehörs aufgehoben worden ist (OLG Düsseldorf FamRZ 1998, 1244 = BtPrax 1998, 80). Bedenklich, daß der Betreuer für den Betroffenen die Entscheidung über die Entlassung aus einem Teil seiner Aufgaben anfechten können soll, weil ihm die „Vertretung bei Ämtern und Behörden" verblieben ist (BayObLG-Rp 2004, 54 = BtPrax 2004, 35 = FamRZ 2004, 734 m Anm BIENWALD) Wird die Betreuung aufgehoben und waren mehrere Betreuer gemäß § 1899 Abs 3 bestellt, sind die von der Aufhebung betroffenen Betreuer zu hören. Die Nichtanwendung von § 69g Abs 2 FGG hat zur Folge, daß im Falle gemeinschaftlicher Führung der Betreuung nach § 1899 Abs 3 nur alle Betreuer gemeinschaftlich Beschwerde einlegen können.

Die Aufhebung der Betreuung wie auch die Änderung des Aufgabenkreises des Betreuers ist anderen Gerichten, Behörden oder sonstigen öffentlichen Stellen nach Maßgabe der §§ 69k ff FGG mitzuteilen.

4. Entscheidungsfolgen

a) bei Aufhebung der Betreuung

28 Mit dem Wirksamwerden der Aufhebung der Betreuung (§ 69a Abs 3 FGG) endet das Betreuungsverhältnis. Das Amt des Betreuers ist beendet, ohne daß es einer besonderen Aufhebungsentscheidung bedarf (MünchKomm/SCHWAB Rn 7). War ein Einwilligungsvorbehalt angeordnet, erlischt dieser, ohne daß er ausdrücklich (mit)aufgehoben wird, allein aufgrund seiner Akzessorietät (s oben § 1903 Rn 23). War ein Gegenbetreuer bestellt, endet sein Amt mit der Aufhebung der Betreuung.

29 Im Falle der Aufhebung der Betreuung kommt es zu einem Abwicklungsverhältnis, dessen Inhalt sich im wesentlichen nach den Bestimmungen über die Beendigung der Vormundschaft richtet (§§ 1890, 1892, 1893 Abs 2 iVm § 1908i Abs 1 S 1). Für den ehrenamtlich tätigen Betreuer kommen in Betracht Ersatz von Aufwendungen nach Einzelabrechnung (§ 1835) oder in Form der Aufwandsentschädigung (§ 1835a); die Bewilligung einer Vergütung und der Aufwendungsersatz für berufsmäßig tätige Betreuer richten sich für die Zeit nach dem 1.7.2005 nach den Bestimmungen des Vormünder- und Betreuervergütungsgesetzes (BGBl I 1076). Vereinsbetreuer und Be-

Titel 2 § 1908d
Rechtliche Betreuung

hördenbetreuer können selbst keine Rechte aus den §§ 1835 bis 1836b (für die Zeit bis 1.7.2005; ab 1.7.2005: § 7 Abs 3 und § 8 Abs 3 VBVG) geltend machen (s auch noch §§ 1908e Abs 2 und 1908h Abs 3). Der Vergütungsanspruch eines Betreuers wird dadurch, daß die Betreuung entgegen Abs 1 S 1 zu lange aufrechterhalten wurde, nicht berührt (BayObLGZ 1997, 301 = NJW-RR 1998, 435).

Zur Erteilung von Auskünften kann das Vormundschaftsgericht den Betreuer nach Beendigung nicht mehr anhalten (BayObLG Rpfleger 1996, 246 = FamRZ 1996, 511 [LS] = BtPrax 1996, 76 [LS]).

Zur Rechtsposition und der Verpflichtung, dringende Geschäfte auch nach Ende der Betreuung (oder auch teilweiser Beendigung) zu besorgen, s §§ 1698a, 1698b, iVm §§ 1893 Abs 1, 1908i Abs 1 S 1.

Nach Aufhebung einer Betreuung während des Beschwerdeverfahrens kann die Feststellung der Rechtswidrigkeit der Betreuerbestellung nicht beantragt werden (BayObLGZ 2003, 358 = FamRZ 2004, 657).

b) bei Einschränkung des Aufgabenkreises
Die Entscheidung, durch die der Aufgabenkreis des Betreuers eingeschränkt wird, 30 berührt den erhalten gebliebenen Teil der Betreuung nicht. Der festgesetzte Zeitpunkt, zu dem das Gericht spätestens über die Aufhebung oder Verlängerung der (restlichen) Maßnahme zu entscheiden hat, bleibt erhalten (MünchKomm/SCHWAB Rn 8). Würde das Gericht zugleich mit der Einschränkung des Aufgabenkreises einen neuen hinausgeschobenen Überprüfungszeitpunkt festlegen, bedeutete dies eine Verlängerung der (restlichen) Betreuung. Das Gericht müßte dafür ein besonderes Verfahren wählen (s § 69i Abs 6 FGG; MünchKomm/SCHWAB Rn 8).

Die Einschränkung des Aufgabenkreises des Betreuers führt zu einer teilweisen Befreiung des Betreuten von der Betreuung. Ist davon eine Angelegenheit der Vermögensverwaltung betroffen, ist entsprechend § 1890 iVm § 1908i Abs 1 S 1 zu verfahren. Im übrigen hat der Betreuer dem Betreuten diejenigen Schriftstücke herauszugeben, die der Betreute benötigt, um seine Angelegenheiten wieder selbst wahrzunehmen.

Außerdem ist der Betreuerausweis (Urkunde, § 69b Abs 2 FGG) entsprechend zu korrigieren, obwohl dies nicht ausdrücklich vorgeschrieben ist (MünchKomm/SCHWAB Rn 8). Die Urkunde genießt zwar keinen öffentlichen Glauben und schützt Dritte darin nicht, auch geht der Inhalt der Entscheidung des Gerichts der Urkunde vor (im Minderjährigenrecht der Bestallung, statt aller STAUDINGER/ENGLER [2004] § 1791 Rn 6); die dem Betreuten vom Gericht geschuldete Sorgfalt verlangt jedoch, daß der Legitimationszwecken dienende Betreuerausweis nur die Berechtigung des Betreuers erkennen läßt, die diesem auch zusteht, um Mißbräuche und damit Schaden für den Betreuten zu vermeiden.

V. Die Aufhebung des Einwilligungsvorbehalts und die Einschränkung des Kreises der einwilligungsbedürftigen Willenserklärungen (Abs 4 iVm Abs 1)

1. Voraussetzungen

31 Die entsprechende Anwendung des Abs 2 auf die Änderung des Einwilligungsvorbehalts entfällt, weil die Anordnung wie die Abänderung oder Aufhebung des Einwilligungsvorbehalts ausschließlich von Amts wegen vorgenommen werden können (bzgl der Anordnung BT-Drucks 11/4528, 137; ERMAN/HOLZHAUER Rn 46; MünchKomm/SCHWAB Rn 13, jeweils zu § 1903; DAMRAU/ZIMMERMANN § 1908d Rn 17 zur Aufhebung usw).

Fallen die Voraussetzungen für die Anordnung des Einwilligungsvorbehalts weg, ist er aufzuheben. Fallen diese Voraussetzungen nur für einen Teil der einwilligungsbedürftigen Willenserklärungen weg, ist der Kreis der einwilligungsbedürftigen Willenserklärungen entsprechend einzuschränken. Beide Arten von Entscheidungen berühren das Bestehen der Betreuung nicht. Auch die Änderung des Kreises der einwilligungsbedürftigen Willenserklärungen schränkt die Betreuung bzw den Kreis der Aufgaben des Betreuers nicht automatisch ein. Ebensowenig wird eine bestehende Gegenbetreuung betroffen. Soll mit der Einschränkung des Einwilligungsvorbehalts auch eine Einschränkung der Betreuung verbunden werden, muß zwar die letztere beschlossen werden; eine besondere Einschränkung des Kreises der einwilligungsbedürftigen Willenserklärungen entfällt, soweit diese das Bestehen des betreffenden Aufgabenbereichs voraussetzen.

Der Einwilligungsvorbehalt kann und muß aufgehoben werden, wenn eine erhebliche Gefahr für die Person oder das Vermögen des Betreuten, die durch eigene rechtsgeschäftliche Betätigungen des Betreuten verursacht wurden, nicht mehr zu besorgen ist. Stellt sich im Laufe der Zeit heraus, daß sich der Betreute – im Rahmen der Zuständigkeit des Betreuers – durch eigenes Handeln erheblich schädigt, hat das Gericht erneut einen Einwilligungsvorbehalt nach § 1903 in dem dann erforderlichen Umfang anzuordnen.

2. Folgen

32 Wird der Einwilligungsvorbehalt aufgehoben, benötigt der Betreute nicht mehr zu den für ihn rechtlich nachteiligen Willenserklärungen die Einwilligung des Betreuers. Der Betreute handelt rechtswirksam anstelle des Betreuers oder neben ihm, wenn er nicht geschäftsunfähig ist (§ 104 Nr 2; § 105 Abs 1) oder die Voraussetzungen des § 105 Abs 2 vorliegen (zu § 105a oben § 1903 Rn 119 ff). Mit dem Wirksamwerden der Aufhebung des Einwilligungsvorbehalts oder der Einschränkung des Kreises der einwilligungsbedürftigen Willenserklärungen entfällt die Zuständigkeit des Betreuers ganz oder teilweise, zu solchen Willenserklärungen seine Zustimmung zu geben. Entsprechend § 108 Abs 3 iVm § 1903 Abs 1 S 2 tritt im Falle eines noch schwebend unwirksamen Vertrages die Genehmigung des Betreuten an die Stelle der des Betreuers.

Im Falle der Anordnung eines Einwilligungsvorbehalts für einen geschäftsunfähigen Betreuten entfällt die Möglichkeit nachträglicher eigener Zustimmung zwangsläufig. Mit der Aufhebung des Einwilligungsvorbehalts oder der Einschränkung des Kreises der einwilligungsbedürftigen Willenserklärungen kann der (geschäftsunfähige) Betreute nicht mehr ohne Mitwirkung des Betreuers geringfügige Angelegenheiten des täglichen Lebens nach Maßgabe des § 1903 Abs 3 selbst erledigen.

3. **Verfahren**

Das Verfahren richtet sich nach § 69i Abs 3 FGG, der für die Aufhebung des Einwilligungsvorbehalts oder die Einschränkung des Kreises der einwilligungsbedürftigen Willenserklärungen die entsprechende Anwendung der §§ 68a, 69a Abs 2 S 1 und § 69g Abs 1 und 4 FGG vorsieht. Im übrigen entspricht das Verfahren im wesentlichen den für die Aufhebung der Betreuung geltenden Vorschriften mit Ausnahme der Beschwerderegelung. Nach § 69g Abs 4 FGG entsprechend findet gegen die Entscheidung, durch die ein Einwilligungsvorbehalt aufgehoben oder der Kreis der einwilligungsbedürftigen Willenserklärungen eingeschränkt wird, die sofortige Beschwerde statt. Die Beschwerdefrist beginnt mit dem Zeitpunkt, in dem die Entscheidung dem Betreuer bekanntgemacht worden ist (§ 69g Abs 4 S 2 FGG).

Von den Meldevorschriften ist bei der Aufhebung von Einwilligungsvorbehalten oder ihrer Einschränkung besonders § 69l FGG zu beachten, wenn der Einwilligungsvorbehalt sich auf die Aufenthaltsbestimmung des Betroffenen erstreckte (§ 69 Abs 2 S 2 FGG). Weitere Mitteilungen kommen ggf in Betracht nach § 69o FGG, wonach für Mitteilungen nach den §§ 69k bis 69m die §§ 19 und 20 EGGVG gelten. UU kommen auch Mitteilungen nach § 21 EGGVG in Frage (eingefügt mit Wirkung v 1.6.1998 durch das JuMiG v 18.6.1997 – BGBl I 1430).

Die **Anhörung des Betreuers** dürfte, obgleich nicht ausdrücklich angeordnet, für die Frage der Aufhebung oder Einschränkung des Einwilligungsvorbehalts von besonderem Interesse und deshalb auch in der Regel unverzichtbar sein (§ 12 FGG). Kann doch kaum ein anderer besser als er über Art und Zahl der rechtsgeschäftlichen Aktivitäten des Betreuten und den Umfang seiner Zustimmungen oder Ablehnungen im Rahmen des § 1903 Auskunft geben. Ist erkennbar, daß es in bezug auf die Aufhebung oder Einschränkung des Einwilligungsvorbehalts zwischen dem Betreuer und dem Betreuten gegensätzliche Positionen gibt, kann es schon aus diesem Grunde geboten sein, dem Betreuten für das Verfahren einen Pfleger zu bestellen (§ 67 FGG), sofern der Betreute nicht selbst durch Anwaltsbestellung für seine Vertretung gesorgt hat.

§ 1908e (aufgehoben)

Die Vorschrift wurde durch Art 1 Nr 13 des 2. BtÄndG (BGBl I 1073) mit Wirkung v 1.7.2005 aufgehoben. Vergütung und Aufwendungsersatz für Betreuungsvereine, wenn ein Vereinsbetreuer bestellt wurde, regelt seit 1.7.2005 § 7 des Vormünder- und Betreuervergütungsgesetzes (Text s § 1908i Rn 271). § 1908e hatte folgenden Wortlaut:

§ 1908e
Vergütung und Aufwandsentschädigung für Vereine

(1) Ist ein Vereinsbetreuer bestellt, so kann der Verein Vorschuss und Ersatz für Aufwendungen nach § 1835 Abs. 1 und 4 und eine Vergütung nach § 1836 Abs. 2, §§ 1836a, 1836b verlangen; § 1836 Abs. 1 Satz 2 und 3 findet keine Anwendung. Allgemeine Verwaltungskosten werden nicht ersetzt.

(2) Der Vereinsbetreuer selbst kann keine Rechte nach den §§ 1835 bis 1836b geltend machen.

§ 1908f
Anerkennung als Betreuungsverein

(1) Ein rechtsfähiger Verein kann als Betreuungsverein anerkannt werden, wenn er gewährleistet, dass er

1. eine ausreichende Zahl geeigneter Mitarbeiter hat und diese beaufsichtigen, weiterbilden und gegen Schäden, die diese anderen im Rahmen ihrer Tätigkeit zufügen können, angemessen versichern wird,

2. sich planmäßig um die Gewinnung ehrenamtlicher Betreuer bemüht, diese in ihre Aufgaben einführt, fortbildet und sie sowie Bevollmächtigte berät,

2a. planmäßig über Vorsorgevollmachten und Betreuungsverfügungen informiert,

3. einen Erfahrungsaustausch zwischen den Mitarbeitern ermöglicht.

(2) Die Anerkennung gilt für das jeweilige Land; sie kann auf einzelne Landesteile beschränkt werden. Sie ist widerruflich und kann unter Auflagen erteilt werden.

(3) Das Nähere regelt das Landesrecht. Es kann auch weitere Voraussetzungen für die Anerkennung vorsehen.

(4) Die anerkannten Betreuungsvereine können im Einzelfall Personen bei der Errichtung einer Vorsorgevollmacht beraten.

Materialien: DiskE II (§ 1908 a); RefEntw (§ 1908 f); Art 1 Nr 41 RegEntw; Art 1 Nr 47 BtG; BT-Drucks 11/4528, 157 f (BReg); BT-Drucks 11/6949, 16, 80 f Nr 28 (RA). Abs 1 Nr 2 a eingef d Art 1 Nr 16 a BtÄndG (BT-Drucks 13/7158, 50, 57 BRat m Zust d BReg; BT-Drucks 13/10331, 12 [RA]; BR-Drucks 339 u 517/98 m Beschluß). Abs 1 Nr 2 ergänzt, Abs 2 geändert (Land) sowie Abs 4 angefügt d Art 1 Nr 14 2. BtÄndG (BT-Drucks 15/2494, 7, 31, 47; BT-Drucks 15/4874; BR-Drucks 121/05 [Beschluß]; BGBl I 1073).

Schrifttum

AUE, Vereinsvormundschaft und -pflegschaft für Volljährige im Freistaat Bayern (empirisch) (Diss Bamberg 1989)
BERNHARD, Über die Notwendigkeit von Betreuungsvereinen im sozialen Netz der Kommunen, BtPrax 2002, 102
BIENWALD/OETJEN, Betreuungsvereine in Deutschland (1994)

BRILL, Förderung des ehrenamtlichen Engagements, BtPrax 2002, 104
Bundesministerium für Gesundheit (Hrsg), Modellmaßnahmen zur Förderung der ehrenamtlichen Tätigkeit im Betreuungswesen: Abschlußbericht 1991–1995 (1996)
COEN, Die Aufsicht des Betreuungsvereins über Vereinsbetreuer nach § 1908f I Nr 1 BGB, NJW 1999, 535
GEISTERT, Der Vereinsbetreuer zwischen Anspruch und Wirklichkeit, DAVorm 1995, 1095
HELLMANN, Betreuungsvereine – Perspektiven und Probleme, BtPrax 1992, 4
HÜLSHOFF, Pädagogische Aspekte der Vormundschaftsarbeit mit Erwachsenen (1989)
KLEINZ, Probleme und Chancen der Umsetzung des Betreuungsgesetzes in der verbandlichen Praxis, FuR 1990, 287
dies, Organisierte Einzelbetreuung – ein Modell der Zukunft?, BtPrax 1993, 113
MEYER-HÖGER, Die finanzielle Förderung von Betreuungsvereinen in Rheinland-Pfalz, BtPrax 1993, 201.
OELHOFF, Gesetz und Wirklichkeit: Der Betreuungsverein gem § 1908f BGB, BtPrax 1996, 136
SCHWARZBACH, Betreuungsverein mußte schließen, BtPrax 2003, 67
WINTERSTEIN, Die Landesausführungsgesetze und die Förderung von Betreuungsvereinen – ein Länderüberblick, BtPrax 1995, 194
ZIMMERMANN, Vorsorgevollmacht und Rechtsberatungsgesetz, BtPrax 2001, 192.

Systematische Übersicht

I.	**Allgemeines**	
1.	Normzweck	1
2.	Motive	2
3.	Monopolisierungstendenzen in der Praxis	3
4.	Öffentlich-rechtliche Anerkennungsvorschriften, ergänzt durch Art 9 § 4 BtG	4
5.	Zu den Ergänzungen durch das 2. BtÄndG	5a
II.	**Das Zulassungssystem**	
1.	Rechtsgrundlagen	6
2.	Art des Systems	7
a)	Verbot mit Genehmigungsvorbehalt	7
b)	Begünstigender Verwaltungsakt	8
3.	Geltungsbereich der Anerkennung	9
4.	Modalitäten der Anerkennung	10
5.	Die Regelungen der Länder zur Anerkennung von Betreuungsvereinen	11
a)	Baden-Württemberg	12
b)	Bayern	13
c)	Berlin	14
d)	Brandenburg	15
e)	Bremen	16
f)	Hamburg	17
g)	Hessen	18
h)	Mecklenburg-Vorpommern	19
i)	Niedersachsen	20
k)	Nordrhein-Westfalen	21
l)	Rheinland-Pfalz	22
m)	Saarland	23
n)	Sachsen	24
o)	Sachsen-Anhalt	25
p)	Schleswig-Holstein	26
q)	Thüringen	27
III.	**Die Anerkennungsvoraussetzungen des § 1908f im einzelnen**	
1.	Allgemeines	28
2.	Eingetragener Verein als Grundvoraussetzung	29
3.	Gewährleisten bestimmter Sachverhalte (Abs 1 Nr 1)	31
a)	Der Begriff des Gewährleistens	31
b)	Ausreichende Zahl qualifizierter Mitarbeiter	32
c)	Zahl und Eignung der Mitarbeiter	33
d)	Beaufsichtigung, Weiterbildung, Versicherung von Mitarbeitern	36
IV.	**Weitere Voraussetzungen (Abs 1 Nr 2)**	
1.	Gelockertes System organisierter Einzelbetreuung	39
2.	Gewinnung, Einführung, Fortbildung und Beratung ehrenamtlich tätiger Betreuer	40

3. Beratung Bevollmächtigter — 44a

V. Planmäßige Informationen über Vorsorgevollmachten und Betreuungsverfügungen (Abs 1 Nr 2a)
1. Allgemeines — 45
2. Einzelheiten — 46

VI. Weitere Voraussetzungen (Abs 1 Nr 3 – Erfahrungsaustausch) — 48

VII. Förderung von Vereinen — 50

VIII. Beratungsbefugnis bei Vollmachterrichtung (Abs 4) — 51

Alphabetische Übersicht

Adressaten der Gewinnung	40
Anerkennung unter Auflagen	10
Anerkennungsbestimmungen der Länder	11
Anerkennungsverfahren	1
Anerkennungsvoraussetzungen	1, 28
Auflagen bei Anerkennung	10
Baden-Württemberg	12
Bayern	13
Beaufsichtigung	36
Begünstigender Verwaltungsakt	8
Beratung	40, 44
Beratung Bevollmächtigter	44a
Beratungsbefugnis bei Vollmachterrichtung	51
Beratungsvereine	1
Berlin	14
Bestandsgarantie für Vereine	5
Betreuung als öffentliche Aufgabe	3
Betreuungsrechtsänderungsgesetz, 2.	5a
Betreuungsvereine	1
Betreuungsverfügungen, Information über	45
Brandenburg	15
Bremen	16
Datenschutz	46
Eignung der Mitarbeiter	33
Einführung	42
Einführung von Ehrenamtlichen	40
Eingetragener Verein als Anerkennungsvoraussetzung	29
Erfahrungsaustausch	45
Förderung der Betreuungsvereine	50
Fortbildung	40, 43
Geltungsbereich der Anerkennung	9
Gewährleistung, Begriff der	31
Gewinnung ehrenamtlicher Mitarbeiter	40
Gewinnung, planmäßige	41
Hamburg	17
Hessen	18
Information über Vorsorgevollmachten und Betreuungsverfügungen	45
Mecklenburg-Vorpommern	19
Mitarbeiter, Qualifikation	32
– Zahl	32
Modalitäten der Anerkennung	10
Monopolisierungstendenzen in der Praxis	3
Motive	2
Nachsorge	40
Nebenbestimmungen	10
Niedersachsen	20
Nordrhein-Westfalen	21
Normzweck	1
Öffentliche Aufgabe, Betreuung als	3
Öffentlich-rechtliche Anerkennungsvorschrift	4
Organisierte Einzelbetreuung	39
Privatisierung der öffentlichen Aufgabe Betreuung	3
Qualifikation der Betreuer	33
Qualifikation der Mitarbeiter	32
Querschnittsaufgaben	34
Rechtsanspruch auf Anerkennung	8
Rechtsgrundlagen des Zulassungssystems	6
Rheinland-Pfalz	22
Saarland	23

Sachsen	24	Verschwiegenheit	46
Sachsen-Anhalt	25	Versicherung der Mitarbeiter des Vereins	38
Schleswig-Holstein	26	Versicherung des Vereins	38
Spannung zwischen gerichtlicher Beratung und Weisungsbefugnis	44	Verwaltungsakt, begünstigender	8
		Vollmachterrichtung, Beratung bei	51
Supervision	37	Vorsorgevollmacht als Betreuungsersatz	47
		Vorsorgevollmachten, Information über	45
Teilzeitbeschäftigte	35	Vorverein, nicht anerkennungsfähig	30
Thüringen	27		
		Wahlfreiheit des Betroffenen	3
Übergangsrecht	4 f	Wahlrecht zwischen Beratungsangeboten	44
Untätigkeitsklage	8	Weisungsrecht des Gerichts	44
		Weiterbildung	36 f
Verbot mit Genehmigungsvorbehalt	7	Widerruf der Anerkennung	5
Vereinsgründungsfreiheit	3		
Vereinsinterner Erfahrungsaustausch	35	Zahl der Mitarbeiter	33, 35
Verfassungsrechtliche Bedenken	3	Zulassungssystem	6
Verpflichtungsklage	8		

I. Allgemeines

1. Normzweck

Die in § 1897 Abs 2 vorgesehene Möglichkeit, einen Mitarbeiter eines Vereins zum **1** Betreuer (Vereinsbetreuer) zu bestellen, setzt die Anerkennung dieses Vereins als Betreuungsverein voraus. Die gleiche Voraussetzung muß erfüllt sein, wenn der Verein selbst zum Betreuer bestellt werden soll oder will. § 1908f enthält die materiellrechtlichen Anerkennungsvoraussetzungen als bundesrechtlich vorgegebene Mindestvoraussetzung einer Anerkennung als Betreuungsverein. Das BtG ermächtigt die Länder, weitere Anerkennungsvoraussetzungen vorzusehen (Abs 3). Das Anerkennungsverfahren, seine Regelung und seine Durchführung, ist Ländersache (MünchKomm/Schwab Rn 1; Marschner, in: JKMW Rn 612). Im Sinne des § 1908f Abs 1 Nr 2 können Vereine (eV) tätig sein, ohne die Anerkennung als Betreuungsverein zu besitzen. Solche Vereine – man kann sie im Gegensatz zu den Betreuungsvereinen „Beratungsvereine" nennen – hat es bereits vor dem Inkrafttreten des BtG gegeben. Vereinzelt gibt es sie noch; auch Selbsthilfegruppen ohne Vereinsstatus. Durch das 1. und das 2. BtÄndG wurden die Aufgaben erweitert, zunächst um eine Informationspflicht (Abs 1 Nr 2a), dann aber auch um eine Beratungspflicht (Abs 1 Nr 2). Beides zielt auf Aktivitäten, die dazu dienen (können), die Zahl der Betreuerbestellungen in Grenzen zu halten. Die mit dem neuen Abs 4 eingeführte Möglichkeit einer Beratung von Personen bei der Errichtung einer Vorsorgevollmacht geht über die den Betreuungsvereinen als Pflichtaufgabe obliegende planmäßige Information (Abs 1 Nr 2a) hinaus; sie berechtigt die Vereine, verpflichtet sie aber nicht zu einer individuellen Beratung (BT-Drucks 15/2494, 31).

2. Motive

Die Einbeziehung der auf dem Gebiet der Betreuung (Vormundschaft und Pfleg- **2** schaft für Volljährige) bereits tätigen Vereine sowie die Gründung von neuen Betreuungsvereinen gehört zu dem Reformkonzept des Gesetzgebers. Der RegEntw des BtG ging davon aus, daß die Vereinigungen neben ihren Erfahrungen in der Führung von Vormundschaften und Pflegschaften (alten Rechts) im Vergleich zu den Behörden in der Regel einen besseren Zugang zu den Menschen haben, die als Betreuer in Frage kommen und bereit sind, sich einer solchen Aufgabe zu stellen. Auch können im Rahmen einer Vereinigung hauptamtliche Kräfte in besonders wirksamer Weise dafür eingesetzt werden, ehrenamtliche Mitarbeiter zu gewinnen, sie in ihre Aufgaben einzuführen, sie zu beraten und fortzubilden (BT-Drucks 11/4528, 100).

3. Monopolisierungstendenzen in der Praxis

3 Die in einigen Regionen eingeführte Praxis, jeweils die Gründung eines Betreuungsvereins für einen Amtsgerichtsbezirk (oder einen Landkreis) ausschließlich zu betreiben oder zu fördern und uU auch durch Vereinbarung mit dem Verein die Übernahme von bisher behördlich geführten Betreuungen zu erreichen, dürfte verfassungsrechtlich nicht unbedenklich sein (Art 4, 9 und 12 GG). Selbst wenn im Falle des Einverständnisses diverser Träger sozialer Arbeit deren Freiheit zur Vereinsgründung und sozialen Betätigung nicht eingeschränkt ist, entbehrt der Betroffene selbst die Möglichkeit der Wahl. Der im Vormundschaftsrecht erhalten gebliebene Grundsatz, bei der Auswahl des Vormunds oder Pflegers auf das religiöse Bekenntnis des Mündels Rücksicht zu nehmen, hat nicht nur im materiellen Betreuungsrecht keinen Niederschlag gefunden; das Prinzip der freien Wahl des Angebots wird auch tatsächlich aufgegeben. Im Gesamtzusammenhang von Vereinsgründungspraxis und materieller Förderung nach Maßgabe von Förderrichtlinien der einzelnen Länder (mit Ausnahme von Bayern) stellt sich der Vorgang als ein Prozeß der **Privatisierung** der öffentlichen Aufgabe Betreuung (BVerfGE 10, 302) dar, bei der das Risiko des Scheiterns infolge von Geld- oder Personalmangel zunächst bei den Vereinen und ihren Trägern liegt. Diese Entwicklung stimmt nicht mit den Absichten des Gesetzgebers des BtG überein, der – zB – ein Ermessen der Behörde bei der Entscheidung über die Anerkennung von Vereinen als Betreuungsvereine mit dem Hinweis ablehnte, ein solches Ermessen könne dazu führen, daß bestimmte Vereinigungen bevorzugt und gegen Konkurrenz abgeschirmt würden, was schon wegen der Notwendigkeit, möglichst viele Betreuer zu gewinnen, nicht wünschenswert sei (BT-Drucks 11/4528, 157). Zu aktuellen Problemen der Vereinsarbeit s BIENWALD, BtR § 1908f und die Schrifttumshinweise. Zur Unvereinbarkeit der neuen niedersächsischen Förderrichtlinien für Betreuungsvereine mit § 4 NdsAGBtG s OVG Lüneburg (Urt v 28.2.2002 – 11 LB 3974/01 –) RdLH 2/2002, 83.

4. Öffentlich-rechtliche Anerkennungsvorschrift, ergänzt durch Art 9 § 4 BtG

4 § 1908f ist eine Norm des öffentlichen Rechts. Nicht so sehr der Sachzusammenhang (so aber MünchKomm/SCHWAB Rn 1), als vielmehr der Mangel anderer Regelungsalternativen dürfte für die Plazierung der Vorschrift im BGB ursächlich gewesen sein. Für das Betreuungsrecht gibt es insoweit keine Parallele zum KJHG im Minderjährigenrecht.

5 Die Vorschrift wird ergänzt durch Art 9 § 4 BtG. War ein Verein vor Inkrafttreten des BtG bereits für geeignet erklärt worden, zum Vormund oder Pfleger bestellt zu werden (damalige Voraussetzungen regelte das Landesrecht; vgl den bis 31. 12. 1990 in Kraft befindlichen § 54a JWG), so gilt er weiterhin als anerkannter Betreuungsverein iSv § 1908f. Diese Bestandsgarantie gilt jedoch nicht uneingeschränkt. Mit dem Inkrafttreten des BtG findet auch für „Alt"-Vereine das gesamte Betreuungsrecht, dh auch die Möglichkeit des Widerrufs der Zulassung nach Maßgabe des § 1908f Abs 2 S 2, Anwendung.

5. Zu den Ergänzungen durch das 2. BtÄndG

5a Abgesehen von der als redaktionelle Änderung (BT-Drucks 15/2494, 31) bezeichneten Korrektur in Abs 2 (statt Bundesland Land) hat das 2. BtÄndG den Vereinen eine weitere Aufgabe zugewiesen, indem es sie verpflichtet, nun auch Bevollmächtigte zu beraten (Abs 1 Nr 2). Der Verein hat die Verpflichtung, Beratung anzubieten, obwohl er nicht davon ausgehen kann, daß Betreuer oder Bevollmächtigte von dem Beratungsangebot Gebrauch machen. Bevollmächtigte stehen anders als Betreuer nicht unter staatlicher Kontrolle; sie sind schon aus diesem Grunde gehalten, Beratung in Anspruch zu nehmen.

Der Bevollmächtigte handelt aufgrund der mit dem Vollmachtgeber getroffenen Vereinbarung, für diesen die übernommenen Geschäfte zu tätigen. In welcher Weise er tätig wird, hängt von den eingegangenen Verpflichtungen und etwaigen ergänzend wirksamen gesetzlichen Regelungen ab.

Die den Vereinen eingeräumte Befugnis zu individueller Beratung von Personen, die an der Erstellung einer Vorsorgevollmacht Interesse zeigen (Abs 4), wurde von der BReg zwar unterstützt; diese hatte aber in ihrer Stellungnahme zu dem Entwurf des Bundesrates vorgeschlagen, eine Regelung über eine Befugnis zur individuellen Rechtsberatung bei der Erstellung von Vorsorgevollmachten erst im Rahmen der Reform des Rechtsberatungsgesetzes vorzunehmen (BT-Drucks 15/2494, 47). In dem von der BReg vorgelegten Entwurf waren dazu Vorstellungen noch nicht enthalten.

II. Das Zulassungssystem

1. Rechtsgrundlagen

6 Das Zulassungssystem gründet sich auf bundesrechtliche und landesrechtliche Regelungen. Die Mindestanerkennungsvoraussetzungen enthält § 1908f. In ihren Ausführungsgesetzen zum BtG haben die einzelnen Länder in unterschiedlicher Weise von der Möglichkeit, ergänzende Vorschriften zu erlassen, Gebrauch gemacht. S dazu im einzelnen unten Rn 11 ff sowie UHLENBRUCH BtPrax 1993, 150, 152. Die bundesrechtliche Regelung in § 1908f betrifft ausschließlich materielles Anerkennungsrecht. Das Anerkennungsverfahren blieb Angelegenheit der Länder.

Die in Abs 1 formulierten Anerkennungsvoraussetzungen beziehen sich auf die Struktur, die Organisation, die Arbeitsbedingungen und die Aufgaben des Vereins. Die Zielsetzung des Vereins wird in Nr 2 angesprochen. Als Anerkennungsvoraussetzung nicht speziell und ausdrücklich formuliert ist die Betätigung des Vereins als Betreuer und die Bereitstellung der Mitarbeiter für die Bestellung zum Vereinsbetreuer. Der Verein, der in dieser Weise tätig werden will, benötigt die Anerkennung als Betreuungsverein. Ein Zusammenschluß von Privatbetreuern zum Zwecke gegenseitiger Information und Unterstützung kann nicht zum Betreuer bestellt werden, sofern er nicht die Anerkennung nach § 1908f besitzt und deren Voraussetzungen erfüllt. Erstrebt er diese Bestellung nicht, benötigt er insoweit auch keine Erlaubnis. Eine Beratung von Personen bei der Errichtung von Vorsorgevollmachten setzt die Anerkennung des Vereins als Betreuungsverein voraus. Sie wäre anderen nicht als Betreuungsverein anerkannten Zusammenschlüssen nicht oder nur unter den Voraussetzungen des Rechtsberatungsgesetzes erlaubt.

2. Art des Systems

a) Verbot mit Genehmigungsvorbehalt

7 Mit diesen Einschränkungen handelt es sich bei der Anerkennung von Vereinen als Betreuungsvereine um ein Zulassungssystem (Verbot mit Genehmigungsvorbehalt). Als Betreuungsverein kann sich nur der als solcher anerkannte eingetragene Verein betätigen. Dementsprechend sieht § 1908f nicht nur die Erteilung der Erlaubnis, sondern auch deren Widerruf vor (Abs 2 S 2), wenn der Verein nicht mehr die Gewähr dafür bietet, daß er die übernommenen Aufgaben erfüllt.

b) Begünstigender Verwaltungsakt

8 Die Anerkennung ist ein (begünstigender) Verwaltungsakt (ebenso MARSCHNER, in: JKMW Rn 607; MünchKomm/SCHWAB Rn 11; BT-Drucks 11/4528, 157). Auf die Erteilung der Anerkennung hat der Verein einen Rechtsanspruch, wenn er die in § 1908f genannten und gegebenenfalls die weiteren landesrechtlich bestimmten Voraussetzungen erfüllt (MARSCHNER, in: JKMW Rn 607; MünchKomm/SCHWAB Rn 10; SOERGEL/DAMRAU Rn 3). Bei Ablehnung des Antrags auf Anerkennung kann der Verein Verpflichtungsklage vor dem Verwaltungsgericht erheben (BT-Drucks 11/4528, 157), gegebenenfalls auch Untätigkeitsklage, wenn die Behörde nicht in der angemessenen Frist sachlich entschieden hat (§ 75 VwGO). Unterschiede in der Terminologie sind – im Verhältnis zu § 54 KJHG (Erlaubnis zur Übernahme von Vereinsvormundschaften) – unverkennbar. Eine Formulierung wie in dieser Vorschrift „Die Erlaubnis ist zu erteilen, wenn ..." läßt § 1908f vermissen. Obgleich dadurch der Normcharakter nicht grundlegend geändert ist, könnte doch eine Tendenz zum Tragen kommen, Betreuungsvereine mit einer gewissen Zurückhaltung anzuerkennen, und zwar nicht nur aus Gründen, die mit der Finanzierung zusammenhängen.

3. Geltungsbereich der Anerkennung

9 Die dem Verein erteilte Anerkennung als Betreuungsverein gilt kraft gesetzlicher Bestimmung (Abs 2 S 1) nur für das jeweilige Land. Maßgebend ist der Sitz des Vereins. Betätigt sich der Verein ländergrenzenübergreifend, ist die Erlaubnis für das jeweilige Land erforderlich, in dem der Verein tätig sein will. Diese Begrenzung (gleichlautend in § 54 Abs 3 S 1 KJHG) wird für angebracht gehalten, weil bei länderübergreifenden Vereinen die Verhältnisse von Land zu Land sehr unterschiedlich sein können (SCHELLHORN/WIENAND § 54 KJHG Rn 16). Die Anerkennung entfaltet ihre Wirkung auch dann, wenn sie von einer Stelle erteilt wird, deren Zuständigkeit sich nicht auf das Land erstreckt (BT-Drucks 11/4528, 157). Die Reichweite der Anerkennung ist damit unabhängig von dem Zuständigkeitsbereich der anerkennenden Behörde bzw Stelle.

4. Modalitäten der Anerkennung

Abs 2 S 2 erlaubt es, die Anerkennung unter Auflagen zu erteilen. Das sind (Neben-) Bestimmungen eines Verwaltungsaktes, durch die einem Begünstigten ein Tun, Dulden oder Unterlassen vorgeschrieben wird (§ 36 Abs 2 Nr 4 VwVfG). Schwab (MünchKomm Rn 12) nennt als Beispiele die Einstellung weiteren Personals und die Durchführung bestimmter Ausbildungsmaßnahmen (s auch BT-Drucks 11/4528, 157).

Gegebenenfalls sind weitere Voraussetzungen für die Anerkennung erforderlich, die das Landesrecht bestimmt. Inzwischen haben alle 16 Länder Ausführungsgesetze erlassen. Die sich auf die Anerkennung als Betreuungsverein beziehenden Vorschriften sind anschließend Abschnitt 5 abgedruckt.

Die Widerruflichkeit der Anerkennung ist in Abs 2 S 2 vorgesehen. Im einzelnen dazu Bienwald, BtR Rn 75.

5. Die Regelungen der Länder zur Anerkennung von Betreuungsvereinen

a) Baden-Württemberg

§ 3
Anerkennung von Betreuungsvereinen

(1) Betreuungsvereine können unter den Voraussetzungen des § 1908f Abs. 1 BGB anerkannt werden, wenn sie

1. **ihren Sitz und ihren überwiegenden Tätigkeitsbereich in Baden-Württemberg haben und Personen mit gewöhnlichem Aufenthalt in Baden-Württemberg betreuen,**

2. **den Anforderungen der Gemeinnützigkeit im Sinne des Steuerrechts genügen,**

3. **den Nachweis erbringen, dass ihre Arbeit nach Inhalt, Umfang und Dauer eine Anerkennung rechtfertigt,**

4. **von einer nach Ausbildung oder Berufserfahrung geeigneten Persönlichkeit geleitet werden und über persönlich und fachlich geeignete Mitarbeiter verfügen.**

Die Betreuungsvereine sollen in keinem Abhängigkeitsverhältnis oder in einer anderen engen Beziehung zu Einrichtungen im Sinne von § 1897 Abs. 3 BGB stehen, in denen Betreute auf Dauer untergebracht sind oder wohnen.

(2) Die Anerkennung ist widerruflich und kann unter Auflagen erteilt werden.

13 b) Bayern

Art. 3
Anerkennung als Betreuungsverein

Ein rechtsfähiger Verein, der den Anforderungen des § 1908f Abs. 1 Bürgerliches Gesetzbuch entspricht, ist als Betreuungsverein anzuerkennen, wenn

1. die Leitung der Betreuungsarbeit einer oder mehreren nach Ausbildung oder Berufserfahrung geeigneten Fachkräften übertragen ist, die nicht in einem Abhängigkeitsverhältnis oder einer anderen engen Beziehung zu Einrichtungen stehen, in denen Personen, für die ein Mitarbeiter des Vereins als Betreuer bestellt ist, untergebracht sind oder wohnen,

2. er sich verpflichtet, der Anerkennungsbehörde jährlich einen Tätigkeitsbericht vorzulegen, der insbesondere Auskunft über Zahl und Art der übernommenen Betreuungen sowie die Zahl der vom Verein in ihre Aufgaben eingeführten, fortgebildeten und beratenen ehrenamtlichen Einzelbetreuer gibt und Kosten sowie Finanzierung der Verwaltungs- und Betreuungsarbeit darstellt.

14 c) Berlin

§ 3
Anerkennung von Betreuungsvereinen

(1) Die Anerkennung eines rechtsfähigen Vereins, der die Voraussetzungen des § 1908f Abs. 1 des Bürgerlichen Gesetzbuchs erfüllt, setzt weiter voraus, daß er

1. seinen Sitz und Tätigkeitsbereich im Land Berlin hat und Personen aus dem Land Berlin betreut,

2. mildtätige oder gemeinnützige Zwecke im Sinne der Abgabenordnung verfolgt,

3. gewährleistet, daß seine Arbeit nach Inhalt, Umfang und Qualität zugunsten der Betreuten erfolgen wird und er dafür über fachlich geeignete Mitarbeiter verfügt,

4. auf Grund seiner Leistungsfähigkeit die Gewähr für eine längere Dauer bietet und seine Betreuer in keinem Abhängigkeitsverhältnis oder einer anderen engen Beziehung zu Einrichtungen stehen, in denen Personen, die sie betreuen, untergebracht sind oder wohnen, und

5. seine Bereitschaft erklärt, mit Behörden, Institutionen und Einzelpersonen, vor allem auf regionaler Ebene, zusammenzuarbeiten.

(2) Liegen die Voraussetzungen nach § 1908f Abs. 1 des Bürgerlichen Gesetzbuchs und nach Absatz 1 vor, wird der Verein als Betreuungsverein anerkannt.

d) Brandenburg 15

§ 3
Anerkennung der Betreuungsvereine

(1) Rechtsfähige Vereine können unter den Voraussetzungen des § 1908f Abs. 1 des Bürgerlichen Gesetzbuches als Betreuungsvereine anerkannt werden, wenn sie

1. ihren Sitz und Tätigkeitsbereich im Land Brandenburg haben und Personen aus dem Land Brandenburg betreuen,

2. die Anerkennung der Gemeinnützigkeit im Sinne des Steuerrechts nachweisen,

3. die Gewähr bieten, daß ihre Arbeit nach Inhalt, Umfang und Qualität zugunsten der Betreuten erfolgen wird und sie über fachlich geeignete Mitarbeiter verfügen,

4. aufgrund ihrer Leistungsfähigkeit die Gewähr für eine sachgerechte Aufgabenerfüllung auf Dauer bieten und ihre Betreuer in keinem Abhängigkeitsverhältnis oder einer anderen engen Beziehung zu Einrichtungen stehen, in denen Personen, die sie betreuen, untergebracht sind oder wohnen,

5. ihre Bereitschaft erklären, mit Behörden, Institutionen und Einzelpersonen vor allem auf regionaler Ebene zusammenzuarbeiten.

(2) Die Anerkennung ist widerruflich und kann unter Auflagen erteilt werden.

(3) Das Verfahren der Anerkennung wird durch das Ministerium für Arbeit, Soziales, Gesundheit und Frauen geregelt.

e) Bremen 16

§ 5
Anerkennung von Betreuungsvereinen

(1) Betreuungsvereine können unter den Voraussetzungen des § 1908f Abs. 1 des Bürgerlichen Gesetzbuches anerkannt werden, wenn sie

1. ihren Sitz und ihren Tätigkeitsbereich im Lande Bremen haben und Personen betreuen, für die nach § 65 des Gesetzes über die Angelegenheiten der freiwilligen Gerichtsbarkeit die Zuständigkeit eines Gerichts im Land Bremen gegeben ist,

2. den Anforderungen der Gemeinnützigkeit im Sinne des Steuerrechtes genügen und

3. von nach Persönlichkeit, Ausbildung und Berufserfahrung geeigneten Personen geleitet werden.

(2) Die Betreuungsvereine haben Beteiligungen oder Mitgliedschaften ihrer Organe und Mitarbeiter an Vereinen, Einrichtungen und Diensten, in denen unter Betreuung des Vereines oder seiner Mitarbeiter Stehende untergebracht sind, wohnen oder ansonsten fachlich betreut werden, gegenüber dem zuständigen Vormundschaftsgericht und der überörtlichen Betreuungsbehörde offenzulegen.

(3) Das Nähere über das Anerkennungsverfahren wird durch Verwaltungsvorschriften der überörtlichen Betreuungsbehörde geregelt.

(4) Vor der Anerkennung wird den örtlichen Betreuungsbehörden Gelegenheit zur Stellungnahme gegeben.

17 f) Hamburg

§ 1
Anerkennung von Betreuungsvereinen

(1) Ein rechtsfähiger Verein kann von der zuständigen Behörde als Betreuungsverein anerkannt werden, wenn er

1. die in § 1908f Absatz 1 des Bürgerlichen Gesetzbuchs genannten Voraussetzungen erfüllt,

2. seinen Sitz und Tätigkeitsbereich in Hamburg hat und Personen mit gewöhnlichem Aufenthalt in Hamburg betreuen will,

3. den Anforderungen der Gemeinnützigkeit im Sinne des Steuerrechts genügt,

4. den Nachweis erbringt, daß seine Arbeit nach Inhalt, Umfang und Dauer eine Anerkennung rechtfertigt,

5. über fachlich und persönlich geeignete hauptamtliche Mitarbeiter verfügt,

6. sich verpflichtet, der zuständigen Behörde jährlich einen Tätigkeitsbericht vorzulegen, der insbesondere Auskunft über Zahl und Art der übernommenen Betreuungen und die Zahl der hauptamtlichen und ehrenamtlichen Mitarbeiter gibt und die Kosten sowie Finanzierung der Verwaltungs- und Betreuungsarbeit darstellt sowie

7. seine Bereitschaft erklärt, mit Behörden, Institutionen, den maßgeblichen Arbeitsgemeinschaften und Einzelpersonen zusammenzuarbeiten.

(2) Betreuungsvereine haben Beteiligungen oder Mitgliedschaften ihrer Organe und Mitarbeiter an Vereinen, Einrichtungen und Diensten, in denen Personen, für die der Verein oder einer seiner Mitarbeiter als Betreuer bestellt ist, untergebracht sind, wohnen oder ansonsten fachlich betreut werden, gegenüber dem

zuständigen Vormundschaftsgericht und der Betreuungsbehörde unverzüglich offenzulegen.

(3) Die Anerkennung ist widerruflich. Sie kann befristet und unter Auflagen erteilt werden.

g) Hessen

18

Das Hessische Ausführungsgesetz zum Betreuungsgesetz (Art 1 des Hessischen Gesetzes zur Ausführung des Betreuungsgesetzes und zur Anpassung des Hessischen Landesrechts an das Betreuungsgesetz vom 5. 2. 1992, GVBl I 66) enthält keine – ergänzenden – materiellrechtlichen Anerkennungsbestimmungen. Im folgenden sind die die Anerkennung betreffenden formalen Regelungen wiedergegeben:

§ 3

(1) Zuständig für die Anerkennung eines rechtsfähigen Vereins als Betreuungsverein im Sinne des § 1908f BGB ist das für den Sitz des Vereins zuständige Regierungspräsidium.

(2) Im Anerkennungsverfahren sind Stellungnahmen der für den Sitz des Vereins zuständigen örtlichen Betreuungsbehörde und des für den Sitz des Vereins zuständigen Vormundschaftsgerichts einzuholen.

(3) Über die Anerkennung ist ein schriftlicher Bescheid zu erteilen.

(4) Die Fachaufsicht für das Anerkennungsverfahren obliegt dem Ministerium für Frauen, Arbeit und Sozialordnung.

§ 4

(1) Die Anerkennung ist auf Antrag des Betreuungsvereins durch die nach § 3 Abs. 1 zuständige Behörde aufzuheben.

(2) Örtliche Betreuungsbehörden können bei Vorliegen eines wichtigen Grundes den Widerruf der Anerkennung beantragen.

h) Mecklenburg-Vorpommern

19

§ 3
Anerkennung von Betreuungsvereinen

Betreuungsvereine können unter den Voraussetzungen des § 1908f Abs. 1 des Bürgerlichen Gesetzbuches anerkannt werden, wenn

1. sie ihren Sitz und ihren überwiegenden Tätigkeitsbereich in Mecklenburg-Vorpommern haben und Personen mit gewöhnlichem Aufenthalt in Mecklenburg-Vorpommern betreuen,

2. sie den Anforderungen der Gemeinnützigkeit im Sinne des Steuerrechts genügen,

3. sie den Nachweis erbringen, daß ihre Arbeit nach Inhalt, Umfang und Dauer eine Anerkennung rechtfertigt,

4. die Leitung der Betreuungsarbeit einer oder mehreren nach Ausbildung oder Berufserfahrung geeigneten Fachkräften übertragen ist, die nicht in einem Abhängigkeitsverhältnis oder einer anderen engen Beziehung zu Einrichtungen stehen, in denen Personen, für die ein Mitarbeiter des Vereins als Betreuer bestellt ist, untergebracht sind oder wohnen.

i) Niedersachsen

§ 3
Anerkennung von Betreuungsvereinen

(1) Ein Betreuungsverein kann anerkannt werden,

1. wenn er rechtsfähig ist und die übrigen Voraussetzungen des § 1908f Abs. 1 des Bürgerlichen Gesetzbuchs erfüllt,

2. wenn er Personen betreut, die ihren gewöhnlichen Aufenthalt in Niedersachsen haben,

3. wenn er einen Nachweis erbringt, der erwarten läßt, daß der Betreuungsverein seine Tätigkeit nach Inhalt und Umfang auf Dauer ausüben wird,

4. wenn er sich verpflichtet, der zuständigen Betreuungsbehörde Einblick in seinen Gesamthaushalt und seine Kassenlage zu gewähren und

5. wenn die Betreuer von einer nach Ausbildung und Berufserfahrung geeigneten Fachkraft geleitet werden und der Betreuungsverein über fachlich und persönlich geeignete Mitarbeiterinnen oder Mitarbeiter verfügt, die in der Regel besondere Erfahrungen in Betreuungsangelegenheiten besitzen.

(2) Die Anerkennung ist zu widerrufen, wenn der Betreuungsverein die Voraussetzungen des Absatzes 1 nicht mehr erfüllt oder seine Geschäfte nicht ordnungsgemäß führt. § 1908f Abs. 2 Satz 2 des Bürgerlichen Gesetzbuchs bleibt unberührt.

k) Nordrhein-Westfalen

§ 2
Anerkennung von Betreuungsvereinen

Die Anerkennung als Betreuungsverein setzt zusätzlich zu den Voraussetzungen des § 1908f Abs. 1 des Bürgerlichen Gesetzbuches voraus,

1. daß der Verein gemeinnützige Zwecke im Sinne von § 52 der Abgabenordnung verfolgt,

2. daß der Verein mindestens eine hauptamtliche Mitarbeiterin/einen hauptamtlichen Mitarbeiter zu Betreuungszwecken beschäftigt, die/der eine abgeschlossene Berufsausbildung im Bereich Sozialarbeit, Sozialpädagogik oder eine vergleichbare Qualifikation hat oder aufgrund der Persönlichkeit oder Lebenserfahrung, zB durch langjährige Tätigkeit als Vormund oder Pfleger, geeignet ist, Betreuungen wahrzunehmen,

3. daß der Verein die Verpflichtung übernimmt, kalenderjährlich einen Tätigkeitsbericht vorzulegen.

l) **Rheinland-Pfalz**

§ 3
Anerkennung von Betreuungsvereinen

Ein rechtsfähiger Verein, der den Anforderungen des § 1908f Abs. 1 des Bürgerlichen Gesetzbuches entspricht, ist als Betreuungsverein anzuerkennen, wenn er

1. den Anforderungen der Gemeinnützigkeit im Sinne der Abgabenordnung genügt,

2. von Personen geleitet wird, die nach ihrer Persönlichkeit, Ausbildung oder Berufserfahrung hierzu geeignet sind, und diese Personen in keinem Abhängigkeitsverhältnis und in keiner anderen engen Beziehung zu Einrichtungen stehen, in denen Personen untergebracht sind oder wohnen, für die ein Betreuer oder eine Betreuerin des Vereins bestellt ist, und

3. die sachgerechte und wirtschaftliche Verwendung der ihm zur Verfügung stehenden finanziellen Mittel gewährleistet.

m) **Saarland**

§ 3
Anerkennung der Betreuungsvereine

Ein rechtsfähiger Verein kann als Betreuungsverein anerkannt werden, wenn er

1. die Voraussetzungen des § 1908f Abs. 1 BGB erfüllt,

2. im Saarland tätig ist,

3. den Anforderungen der Abgabenordnung an die Gemeinnützigkeit genügt,

4. die Leitung der Betreuungsarbeit einer oder mehreren nach Ausbildung oder Berufserfahrung geeigneten Fachkräften übertragen hat, die in keinem Ab-

hängigkeitsverhältnis zu Einrichtungen im Sinne von § 1897 Abs. 3 BGB stehen, in denen Betreute auf Dauer untergebracht sind oder wohnen und

5. sich verpflichtet, der Anerkennungsbehörde alle zwei Jahre einen Tätigkeitsbericht vorzulegen, der insbesondere Auskunft über Zahl und Art der übernommenen Betreuungen, die Zahl der ehrenamtlichen Mitarbeiter und Mitarbeiterinnen gibt sowie die Kosten und die Finanzierung der Verwaltungs- und Betreuungsarbeit darstellt.

n) Sachsen

§ 3
Anerkennung von Betreuungsvereinen

Betreuungsvereine können unter den Voraussetzungen des § 1908f Abs. 1 BGB anerkannt werden, wenn sie

1. ihren Sitz und ihren Tätigkeitsbereich im Freistaat Sachsen haben und Personen aus dem Freistaat Sachsen betreuen,

2. den Anforderungen der Gemeinnützigkeit im Sinne des Steuerrechts genügen,

3. den Nachweis erbringen, daß ihre Arbeit nach Inhalt, Umfang und Dauer eine Anerkennung rechtfertigt,

4. von einer nach ihrer Persönlichkeit sowie nach Ausbildung oder Berufserfahrung geeigneten Fachkraft geleitet werden und über persönlich und fachlich geeignete Mitarbeiter verfügen.

Die Betreuungsvereine sollen in keinem Abhängigkeitsverhältnis oder in einer anderen engen Beziehung zu Einrichtungen im Sinne von § 1897 Abs. 3 BGB stehen, in denen Betreute auf Dauer untergebracht sind oder wohnen.

o) Sachsen-Anhalt

§ 3
Betreuungsvereine

(1) Betreuungsvereine können anerkannt werden, wenn die Voraussetzungen des § 1908f Abs. 1 des Bürgerlichen Gesetzbuches vorliegen und

1. sie ihren Sitz und ihren Tätigkeitsbereich in Sachsen-Anhalt haben,

2. sie gemeinnützig im Sinne des Steuerrechts sind,

3. sie den Nachweis erbringen, daß ihre Arbeit nach Inhalt, Umfang und Dauer eine Anerkennung rechtfertigt,

4. ihre fachliche Arbeit von einer nach ihrer Persönlichkeit sowie der Ausbildung

oder Berufserfahrung geeigneten Fachkraft geleitet wird und der Verein über persönlich und fachlich geeignete Mitarbeiter verfügt.

(2) Die Betreuungsvereine sollen in keinem Abhängigkeitsverhältnis oder einer anderen engen Beziehung zu Einrichtungen im Sinne von § 1897 Abs. 3 des Bürgerlichen Gesetzbuches stehen, in denen von ihnen Betreute auf Dauer untergebracht sind oder wohnen.

(3) Vor der Anerkennung von Betreuungsvereinen sollen die Landkreise und kreisfreien Städte gehört werden, in denen die Betreuungsvereine tätig werden wollen.

p) Schleswig-Holstein

§ 2
Anerkennung von Betreuungsvereinen

(1) Betreuungsvereine können unter den Voraussetzungen des § 1908f Abs. 1 des Bürgerlichen Gesetzbuches anerkannt werden, wenn sie

1. ihren Sitz und ihren Tätigkeitsbereich in Schleswig-Holstein haben und Personen aus Schleswig-Holstein betreuen,

2. von Personen geleitet werden, die in keinem Abhängigkeitsverhältnis zu einer Einrichtung stehen, in der Betreute untergebracht sind oder wohnen.

(2) Zuständige Behörde für die Anerkennung von Betreuungsvereinen nach § 1908f des Bürgerlichen Gesetzbuchs sind die Landrätinnen und Landräte der Kreise und die Bürgermeisterinnen und Bürgermeister der kreisfreien Städte.

q) Thüringen

§ 3
Anerkennung von Betreuungsvereinen

(1) Ein rechtsfähiger Verein, der den Anforderungen des § 1908f Abs. 1 des Bürgerlichen Gesetzbuchs entspricht, ist als Betreuungsverein anzuerkennen, wenn er

1. den Anforderungen der Gemeinnützigkeit im Sinne der Abgabenordnung genügt,

2. von Personen geleitet wird, die nach ihrer Persönlichkeit sowie ihrer Ausbildung oder Berufserfahrung hierzu geeignet sind und die in keinem Abhängigkeitsverhältnis und in keiner anderen engen Beziehung zu einer Einrichtung stehen, in der durch den Verein oder Mitglieder des Vereins betreute Personen untergebracht sind oder wohnen,

3. die sachgerechte und wirtschaftliche Verwendung der ihm zur Verfügung stehenden Mittel gewährleistet.

(2) Der Minister für Soziales und Gesundheit wird ermächtigt, die Einzelheiten des Anerkennungsverfahrens, insbesondere die Beteiligung von Landkreisen und kreisfreien Städten im Anerkennungsverfahren, durch Rechtsverordnung zu regeln.

III. Die Anerkennungsvoraussetzungen des § 1908f im einzelnen

1. Allgemeines

28 Die Anerkennungsvoraussetzungen einschl der landesgesetzlich geregelten weiteren Voraussetzungen müssen in ihrer Gesamtheit gegeben sein; es handelt sich bei den Voraussetzungen der Nr 1 bis 3 nicht um Alternativen. Voraussetzung für die Anerkennung als Betreuungsverein ist nicht die erklärte Absicht, Betreuungen in der einen oder anderen Art zu führen. Zumindest ist diese Voraussetzung nicht ausdrücklich formuliert. Die Bereitschaft des Vereins, entweder selbst Betreuungen zu übernehmen oder seine Mitarbeiter zu Vereinsbetreuern bestellen zu lassen, ist in erster Linie ein Gebot des eigenen Interesses, kann er doch nur auf diesem Wege Einnahmen aus der Betreuungstätigkeit erzielen. Ob er sich in der durch Abs 4 vorgesehenen Weise betätigt und sich die Beratung entgelten läßt, entscheidet der Verein unabhängig davon. Außerdem setzt die Förderung von Betreuungsarbeit durch Landesmittel und kommunale Zuwendungen, sofern sie nicht wegen Mangel an Mitteln teilweise oder ganz eingestellt wurde, in der Regel voraus, daß der Verein neben den in § 1908f formulierten Aufgaben die Führung von Betreuungen, in erster Linie durch die Mitarbeiter als Vereinsbetreuer, wahrnimmt.

Entgegen der in einem „an die Vorstände sowie Mitarbeiter/innen der anerkannten Betreuungsvereine in Westfalen-Lippe" gerichteten Schreibens des Landschaftsverbandes Westfalen-Lippe Abt Gesundheitswesen – Landesbetreuungsamt – v 18. 7. 2002 (Az: 62 97 50/1) geäußerten Auffassung sind zur Wahrnehmung der sogenannten **Querschnittsaufgaben** (s dazu STAUDINGER/BIENWALD [1999] § 1908f Rn 34 m Fn) die anerkannten Betreuungsvereine, **nicht** dagegen auch sogenannte **Dependancen** von Betreuungsvereinen und deren Büros unmittelbar verpflichtet. Weder das Bundesrecht noch die einschlägigen landesrechtlichen Vorschriften enthalten eine Regelung, die den Standpunkt des Landschaftsverbandes rechtfertigen, „auch alle Dependancen eines Betreuungsvereines" seien „zur Wahrnehmung der Querschnittsaufgaben verpflichtet" und diese „Verpflichtung zur Realisierung dieses Aufgabenbereiches" erstrecke „sich somit auch auf die einzelnen Betreuungsbüros!". Das Bundesrecht – als Rahmenrecht – bindet die Anerkennung an die Voraussetzung eines eingetragenen Vereins, der dadurch Rechtsfähigkeit erlangt und deshalb Träger von Rechten und Pflichten sein kann. Dependancen fehlt regelmäßig diese Voraussetzung.

2. Eingetragener Verein als Grundvoraussetzung

29 Anerkennungsfähig ist nur ein eingetragener Verein im Sinne der §§ 21 ff, 55 ff. Begrifflich sind dadurch nicht nur solche Vereinigungen ausgeschlossen, die keine eigene Rechtspersönlichkeit haben, wie zB Arbeitsgemeinschaften oder sonstige lose Zusammenschlüsse von Betreuern, so auch unorganisierte Selbsthilfegruppen (MARSCHNER Rn 607 mit Beispielen), sondern auch solche Organisationsformen, die zwar eine eigene Rechtspersönlichkeit besitzen (zB gemeinnützige GmbH, mildtätige Stiftungen), aber nicht in der Struktur eines Vereins organisiert sind und dessen Qualität als rechtsfähiger Verein besitzen. Möglich ist aber, daß sich eine bestehende GmbH oder andere Organisationen, die Betreuungsarbeit leisten (wollen), im Rahmen eines rechtsfähigen Vereins betätigen. Die Eintragung in ein von einem Berufsverband angestrebtes oder bereits eingeführtes „Berufsregister" im Sinne eines Qualitätsnachweises (vgl bdbaspekte Heft 56/05 v Oktober 2005, 45) stellt keine Anerkennungsvoraussetzung im Sinne dieser Vorschrift dar.

Ein in Gründung befindlicher Verein ist kein eingetragener Verein. Der durch die **30** Beschlußfassung über die Satzung und durch die Wahl des ersten Vorstands körperschaftlich organisierte Personenverband (sog Vorverein) ist noch kein rechtsfähiger Verein (BayObLGZ 1972, 32).

Einen Antrag auf Anerkennung als Betreuungsverein kann ein solcher Personenverband (noch) nicht stellen, weil ihm die Beteiligtenfähigkeit des Verwaltungsverfahrensrechts fehlt (vgl §§ 11 und 13 VwVfG; die entsprechenden Gesetze der Länder lauten gleich oder ähnlich). Ein solcher „Antrag" wäre rechtlich nichts anderes als die Ankündigung einer beabsichtigten Antragstellung (zu einer Ausnahme s OVG Lüneburg NJW 1979, 735).

Die Rechtsfähigkeit erlangt ein solcher – nicht auf einen wirtschaftlichen Geschäftsbetrieb ausgerichteter – Verein durch Eintragung in das Vereinsregister des zuständigen Amtsgerichts (Einzelheiten s STAUDINGER/WEICK [2005] § 21 Rn 17 ff). Die Eintragung erfordert das Vorhandensein von mindestens sieben Mitgliedern (§ 56). Die Satzung muß den in § 57 vorgesehenen Mindestinhalt haben.

3. Gewährleisten bestimmter Sachverhalte

a) Der Begriff des Gewährleistens
Der Verein kann anerkannt werden, wenn er die in Abs 1 Nr 1–3 aufgeführten **31** Aktivitäten „gewährleistet". Dieser Begriff beinhaltet mehr als nur eine Zusage oder ein Inaussichtstellen, das Verlangte zu tun. Er ist aber nicht mit dem Gewährleistungsbegriff des bisherigen Schuldrechts (Abschnittsbezeichnung vor §§ 459 ff aF) gleichzusetzen. Während dort eine Haftung, das Einstehen für die Lieferung einer mangelfreien Ware gemeint war, wird zB in Abs 1 Nr 2 „lediglich" ein Bemühen, nicht jedoch ein Erfolg der Bemühungen „geschuldet". Ebensowenig kann ein Erfahrungsaustausch erzwungen, er kann nur ermöglicht werden. Der Verein hat die Bedingungen dafür zu schaffen, daß er zustande kommen kann und erforderlichenfalls auch in Anspruch genommen wird. Die anerkennende Stelle muß mithin davon ausgehen können, daß die im Gesetz vorgesehenen und zum Satzungszweck gehörenden Leistungen auch erbracht werden.

b) Ausreichende Zahl qualifizierter Mitarbeiter
Der Verein muß gewährleisten, daß er eine ausreichende Zahl geeigneter Mitar- **32** beiter hat. Sowohl der Wortlaut des § 1908f, der Mitarbeiter und ehrenamtliche Betreuer unterscheidet, als auch die amtliche Begründung (BT-Drucks 11/4528, 101:

hauptamtlich im Verein angestellte Fachkräfte) lassen erkennen, daß unter Mitarbeitern bezahlte Kräfte zu verstehen sind, die sich in einem Beschäftigungsverhältnis zu dem Anstellungsträger Verein befinden (MünchKomm/Schwab Rn 4; Soergel/Damrau Rn 4). Zur Abgrenzung ehrenamtlicher Betreuer (Helfer) von Arbeitnehmern eingehend Bienwald, BtR Rn 54 ff. Zur Qualifikation von Sozialarbeitern/Sozialpädagogen als Vereinsmitarbeiter s LG Trier Rpfleger 1993, 156, 157. Das Recht eines von dem Verein Betreuten (§ 1900 Abs 1), gegen die Auswahl der Person, der der Verein die Wahrnehmung der Betreuung übertragen hat, gerichtliche Entscheidung zu beantragen, eröffnet dem Gericht die Möglichkeit, einen gewissen Einblick in die personelle Situation des Vereins zu nehmen.

c) Zahl und Eignung der Mitarbeiter

33 Während für die Bestimmung dessen, was unter der Eignung von Mitarbeitern verstanden werden kann, einige Anhaltspunkte im Gesetz selbst zu finden sind, bleibt unbestimmt, wann die Zahl derartiger Mitarbeiter im Sinne der Anerkennungsvoraussetzungen ausreichend ist. Die Eignungsfrage kann nur im Zusammenhang mit den vom Verein zu erfüllenden Aufgaben beantwortet werden. Danach ist zu unterscheiden, ob der Mitarbeiter entweder als persönlich bestellter oder vom Verein beauftragter Mitarbeiter Betreuungen (oder/und Gegenbetreuungen) führt oder – im wesentlichen – die in Abs 1 Nr 2, 2a formulierten (sog) Querschnittsaufgaben zu erledigen hat. Kann, um ein Qualifikationsbeispiel aus der amtlichen Begründung zu benutzen (BT-Drucks 11/4528, 158), ein Jurist oder ein Bankkaufmann als für die Führung von Betreuungen geeignet befunden werden, fragt es sich, ob der Betreffende die für eine planmäßige Gewinnung, die Einführung und Fortbildung ehrenamtlicher Betreuer erforderlichen Grundqualifikationen besitzt. Die in der amtlichen Begründung enthaltenen Beispiele für in Betracht kommende Ausbildungsrichtungen (Sozialpädagogen, Psychologen, Rechtswissenschaftler) sind auf die Betreuertätigkeit ausgerichtet; sie berücksichtigen nicht die übrigen vom Verein wahrzunehmenden Aufgaben, von denen der RegEntw offensichtlich auch annimmt, daß sie nicht von ehrenamtlichen „Helfern" wahrgenommen werden.

Wird, wie beispielsweise in Rheinland-Pfalz (Verwaltungsvorschriften über die Förderung von anerkannten Betreuungsvereinen), davon ausgegangen, daß die Ergänzung der Vereinsarbeit „durch mindestens eine geeignete hauptamtliche Fachkraft (Vollzeit- oder Teilzeitkraft)" für eine Förderung durch Landesmittel ausreicht, andererseits erwartet, daß der Betreuungsverein über mindestens 25 namentlich benannte ehrenamtliche Mitarbeiter verfügt, die Betreuungen übernommen haben oder bereit sind, Betreuungen zu übernehmen, kann die Frage nach der erforderlichen Qualifikation kaum noch nach inhaltlichen Kriterien, vielmehr nur noch nach äußeren Merkmalen des Ausbildungsabschlusses entschieden werden (kritisch MünchKomm/Schwab Rn 4).

34 Daß für die Wahrnehmung der sog Querschnittsaufgaben eher der Abschluß als (Sozial-)Pädagoge mit besonderen Fähigkeiten im Bereich der Erwachsenenbildung, für die Führung der Betreuungen dagegen eher die Ausbildung als Sozialarbeiter einschlägig ist (möglichst in der Kombination Rechtswissenschaft und Sozialarbeit; Bankkaufmann und Sozialarbeit; Rechtspfleger), wurde bisher, soweit ersichtlich, kaum bedacht. Für die Betreuungsarbeit im eigentlichen Sinne kommen nach der amtl Begr auch noch Personen in Betracht, die zwar nicht über einen der angege-

benen Ausbildungsgänge und -abschlüsse, aber über langjährige Erfahrungen in der Betreuungsarbeit verfügen (BT-Drucks 11/4528, 158). S dazu aber § 4 VBVG (bisher § 1 BVormVG), der ein nach Ausbildungsabschlüssen gestaffeltes Vergütungssystem enthält, das langjährige Erfahrungen ohne einen qualifizierenden Abschluß grundsätzlich nicht honoriert.

Die Zahl der Mitarbeiter eines Vereins, die dieser gewährleisten muß, hängt ua **35** davon ab, in welchem Umfang der Verein Betreuungen übernehmen und außerdem Betreuungen durch seine Mitarbeiter als Vereinsbetreuer führen lassen wird.

Für den Nachweis gegenüber der anerkennenden Behörde ist es sinnvoll, wenn der Verein eine **Konzeption** vorlegen kann, aus der sich ergibt, in welchen Arbeitsfeldern der Verein tatsächlich tätig sein und in welchem Umfang er die Aufgaben erfüllen will, und die Zahl der dafür vorgesehenen Mitarbeiter angegeben ist. Als Mindestvoraussetzung sind zwei Mitarbeiter erforderlich, gleichgültig ob als Vollzeit- oder als Teilzeitbeschäftigte, weil andernfalls ein Erfahrungsaustausch unter Mitarbeitern (Abs 1 Nr 3) nicht zustandekommen kann. Die Formulierung des Gesetzes (zwischen den Mitarbeitern) bezieht sich auf die Voraussetzung in Abs 1 Nr 1, mithin auf die eigenen Mitarbeiter. Die amtl Begr spricht in diesem Zusammenhang eindeutig von einem vereinsinternen Erfahrungsaustausch (BT-Drucks 11/4528, 158). Vereinzelt wird für die Förderung von Vereinen lediglich die Beschäftigung einer Fachkraft verlangt (s Förderrichtlinien Rheinland-Pfalz).

d) Beaufsichtigung, Weiterbildung, Versicherung von Mitarbeitern

Die Beaufsichtigung der Mitarbeiter ist vom Verein zu gewährleisten; dh der Verein **36** muß in der Lage sein, nicht nur die Dienstaufsicht, sondern auch die Fachaufsicht über seine Mitarbeiter auszuüben, soweit eine solche überhaupt in Betracht kommt. Soweit Mitarbeiter des Vereins zu Vereinsbetreuern bestellt sind, unterstehen sie der fachlichen Aufsicht des Vormundschaftsgerichts. Eine **Fachaufsicht** über die Mitarbeiter, die für den Verein die diesem übertragenen Betreuungen führen, kommt nur **in engen Grenzen** in Betracht. Dagegen unterstehen diejenigen Mitarbeiter des Vereins der Dienst- und Fachaufsicht, die die übrigen Tätigkeiten des Vereins (Gewinnung, Einführung, Fortbildung und Beratung ehrenamtlicher Betreuer, Beratung Bevollmächtigter oder gesetzlicher Vertreter, Ausübung vereinsinterner Verwaltungsgeschäfte, Vertretung des Vereins im Rechtsverkehr), soweit diese nicht dem Vorstand obliegen (Geschäftsführung), wahrnehmen. Die Gewährleistung der erforderlichen Beaufsichtigung verlangt entsprechende personelle und organisatorische Voraussetzungen innerhalb des Vereins. Während der Verein die Prüfung seiner Rechnungsführung und die Weiterbildung seiner Mitarbeiter durch andere Personen oder Institutionen durchführen lassen kann, besteht keine Möglichkeit, sich der Beaufsichtigung der Mitarbeiterschaft durch Delegation der Aufgabe zu entziehen. Der Verein bleibt in der durch die Anerkennung nach § 1908f übernommenen Verantwortung.

Die fachliche **Weiterbildung** seiner Mitarbeiter muß der Verein nicht selbst leisten; **37** sie kann durch externe Einrichtungen und Anbieter geschehen (BT-Drucks 11/4528, 158). Da die Gewährleistung der Weiterbildung seiner Mitarbeiter zu den übernommenen Aufgaben des Vereins gehört, muß der Verein nicht nur mit entsprechender Dienstbefreiung seiner Mitarbeiter, sondern auch durch Finanzierung der Weiterbildungsmaßnahmen zur Erfüllung der Aufgabe beitragen. Weiterbildung ist **nicht** die **Supervision**. Sie ist eine Voraussetzung dafür, daß der Mitarbeiter weiterhin in der Lage ist, die von ihm übernommenen und erwarteten Aufgaben adäquat zu erfüllen. Eine Verpflichtung zur Freistellung der Mitarbeiter und zur Finanzierung von Supervision trifft deshalb den Verein grundsätzlich nicht. Eine Ausnahme besteht in dem Falle, daß für den Meinungs- und Erfahrungsaustausch der Mitarbeiter (Abs 1 Nr 3) eine fachliche Supervision nicht entbehrt werden kann, um den Austausch überhaupt sachgerecht stattfinden zu lassen. Auch über Aufwendungsersatz oder Vergütung kann ein Berufsbetreuer nicht seine Kosten und seinen Zeitaufwand einer von ihm in Anspruch genommenen Supervision erstattet bekommen (OLG Frankfurt FamRZ 2004, 1751 mwN).

38 Der Verein muß gewährleisten, daß er für seine Mitarbeiter eine angemessene **Versicherung** abschließt wegen derjenigen Schäden, die diese anderen im Rahmen ihrer Tätigkeit zufügen können. Diese Voraussetzung der Anerkennung wird damit begründet, daß der Verein zwar für schuldhafte Pflichtverletzungen von Mitarbeitern haftet, deren er sich zur Führung von Betreuungen bedient, nicht jedoch in dem Fall, daß der einzelne Mitarbeiter zum Vereinsbetreuer bestellt worden ist. Für die Betroffenen könnte es ein wirtschaftliches Risiko bedeuten, wenn ihnen nur der einzelne Vereinsbetreuer, nicht dagegen der Verein, haften würde (BT-Drucks 11/4528, 158). Die Richtigkeit dieser Auffassung wird zwar bezweifelt (MünchKomm/Schwab § 1908i Rn 25; aA Soergel/Damrau Rn 8); die Zweifel ändern jedoch nichts an der Tatsache, daß der Gesetzgeber positivrechtlich die Versicherung der Mitarbeiter zu einer Anerkennungsvoraussetzung gemacht hat. Dies hindert nicht, im Rahmen des Versicherungsvertragsabschlusses das rechtlich begründete Risiko zu berechnen und zum Gegenstand des Versicherungsvertrages zu machen. Für sich selbst muß der Verein keine Versicherung nachweisen (Soergel/Damrau Rn 8). Auch besteht keine Verpflichtung des Vereins, ehrenamtlich für den Verein tätige Personen, gleichgültig ob sie Mitglieder sind oder nicht, zu versichern (Soergel/Damrau Rn 8). Da sie sich auf Kosten des Betreuten bzw der Staatskasse, gegebenenfalls nach entsprechender Auflage des Vormundschaftsgerichts (§ 1837 Abs 2 S 2 iVm § 1908i Abs 1 S 1), versichern können oder müssen, soweit sie es nicht bereits sind, ist hierfür auch kein Grund ersichtlich.

Die Versicherung muß Schäden abdecken, welche die Mitarbeiter „anderen im Rahmen ihrer Tätigkeit zufügen können" (Abs 1 Nr 1). Das sind Schäden, die Betreute durch die Führung von Betreuungen und Gegenbetreuungen erleiden, sowie solche, die dem Betreuer dadurch entstehen, daß er einem Dritten zum Ersatz eines durch die Führung der Betreuung bzw Gegenbetreuung verursachten Schadens verpflichtet ist. Zu versichern sind die Mitarbeiter gegen Verpflichtungen, die ihnen dadurch entstehen, daß sie für Schäden einzustehen haben, die sie im Rahmen ihrer Tätigkeit, durch die Führung von Betreuungen und Gegenbetreuungen, dem Betreuten oder Dritten zufügen.

Auch soweit der Verein Aufwendungsersatz verlangen kann – entweder bei vorhandenem Vermögen, sofern er als Verein zum Betreuer bestellt worden ist (§ 1835 Abs 5 S 1), oder wenn er bei Bestellung seiner Mitarbeiter zu Vereinsbetreuern nach § 7 VBVG (bisher § 1908e Abs 1 S 1) abrechnet – kann er die Kosten der Versicherung als Aufwendungsersatz nicht geltend machen (§ 7 Abs 2 S 2 VBVG, § 1835 Abs 5 S 2; bisher § 1908e S 1).

IV. Weitere Voraussetzungen (Abs 1 Nr 2)

1. Gelockertes System organisierter Einzelbetreuung

Nach der amtlichen Begründung beschreiben die Nummern 2 und 3 den Grundgedanken der „organisierten Einzelvormundschaft" (BT-Drucks 11/4528, 158). Zu dieser Näheres bei HÜLSHOFF 60 ff u KLEINZ BtPrax 1993, 113. Nach der Vorstellung des RegEntw des BtG sollte das Modell der organisierten Einzelbetreuung „künftig allen Vereinen, die die Anerkennung für sich beantragen, verbindlich vorgeschrieben werden" (BT-Drucks 11/4528, 158). Abgesehen von der berechtigten Kritik an der Absolutheit dieser Vorstellung (MünchKomm/SCHWAB Rn 3) hat der Gesetzgeber durch die Einführung des Vereinsbetreuers und die problematische und nicht gesicherte Finanzierungskonzeption das Modell gelockert. Soweit ehrenamtliche Betreuer sich zwar gewinnen lassen, auf die Einführung in die Arbeit als Betreuer aber verzichten, Fortbildung nicht in Anspruch nehmen und die Beratung entweder woanders oder beim Verein nur im äußersten Notfall suchen, kann der Arbeit des Vereins das Modell zwar zugrunde liegen, seine Realisierungschancen sind jedoch gering. Es fragt sich insbesondere, ob dieses Modell nicht nur dann und dort vollständig zur Wirkung kommen kann, wo alle Mitglieder und ehrenamtlich Tätigen durch eine gleiche religiöse Grundeinstellung miteinander verbunden sind. Ein weiterer Schritt der Einschränkung der organisierten Einzelbetreuung war die Abschaffung der sog Delegationsbetreuung durch die Streichung der Wörter „oder ihm die Besorgung überträgt" in § 1899 Abs 4 (Art 1 Nr 9 Buchst b 2. BtÄndG).

39

2. Gewinnung, Einführung, Fortbildung und Beratung ehrenamtlich tätiger Betreuer

Der Verein hat zu gewährleisten, daß er sich planmäßig um die **Gewinnung** ehrenamtlicher Betreuer bemüht, diese in ihre Aufgaben einführt, fortbildet und berät. Ziel dieser Aufgabe ist es, auf diesem Wege private Kräfte für die Betreuungsarbeit zu mobilisieren, damit dadurch das Ziel des neuen Betreuungsrechts erreicht wird, die persönliche Betreuung der Betroffenen zu stärken (BT-Drucks 11/4528, 100). Den Vereinigungen kommt die Aufgabe zu, den Gerichten gut motivierte und informierte Betreuer in möglichst großer Zahl zur Verfügung zu stellen, damit persönliche und möglichst sachgerechte Betreuungen gewährleistet werden können.

40

Die Aufgabe darf nicht so verstanden werden, daß die gewonnenen ehrenamtlichen Betreuer mit denjenigen Betreuern personengleich sein müssen, die beraten und fortgebildet werden sollen. Für die Übernahme einer Betreuung wird auch derjenige gewonnen, der **erneut** bereit ist, sich zum Betreuer bestellen zu lassen. Auch derjenige kann als vom Verein gewonnen angesehen werden, der durch die Inanspruchnahme von Beratung und/oder Fortbildung dazu bewogen worden ist, die Betreuung nicht vorzeitig wieder abzugeben und die Entlassung aus dem Amt zu beantragen.

Die Aufgabenbeschreibung erfaßt nicht die Information der Menschen, die sich darüber schlüssig werden wollen, ob sie für einen Angehörigen oder eine ihnen sonst bekannte Person die Bestellung eines Betreuers anregen sollen. Das heißt nicht, daß der Verein solche Beratung nicht ausüben dürfte. Insoweit unterliegt eine solche Betätigung nicht einer Konzession. Fraglich ist lediglich, ob diese Tätigkeit bei der Bewilligung öffentlicher Fördermittel Berücksichtigung findet.

Ebenfalls nicht eine Frage des rechtlichen Dürfens, sondern der Finanzierung dieser Aufgabe ist die **Nachsorge** in Betreuungssachen, dh die Begleitung desjenigen, der bisher im Sinne der §§ 1896 ff betreut wurde, dessen Betreuung aber ganz oder teilweise entfallen ist. Die Ablösung von der Betreuung und das Hineinwachsen in die Eigenverantwortlichkeit und Selbständigkeit erfordern weiterhin Begleitung, die nicht sofort von „anderen Hilfen" (vgl § 1896 Abs 2 S 2) übernommen werden kann (Näheres BIENWALD FamRZ 1992, 1125, 1127).

41 Die **Gewinnung** ehrenamtlicher Betreuer hat **planmäßig**, dh nicht nur bei Gelegenheit oder beiläufig, zu erfolgen. Planmäßig wird sie dann vorgenommen, wenn sie regelmäßig und überlegt, programmgemäß, nach einem Konzept, geschieht. Ein Erfolg wird nicht geschuldet, sondern die auf den Erfolg ausgerichtete Aktivität.

42 Die Aufgabe der **Einführung** der gewonnenen ehrenamtlichen Betreuer oder anderer interessierter Personen darf nicht verwechselt werden mit dem Einführungsgespräch, das dem Gericht (Rechtspfleger) im Einzelfall obliegt (§ 69b Abs 2 FGG, § 14 Nr 4 RPflG). Erwartet wird von dem Verein, daß er die gewonnenen Personen auf die Übernahme einer Betreuung generell vorbereitet, sie über die Aufgaben eines Betreuers, seine Pflichten und Rechte sowie wichtige und wissenswerte Hilfen und Adressen (soziales Netz!) informiert.

43 Die **Fortbildung** ehrenamtlicher Betreuer dient dazu, Kenntnisse und Fertigkeiten genereller Art und für einzelne Aufgabengebiete zu vermitteln, zu vertiefen oder zu erneuern und grundlegende Fragen sowie Probleme zu erörtern und Lösungsmöglichkeiten anzubieten oder zu erarbeiten.

44 Beratung ehrenamtlich tätiger Betreuer bezieht sich auf die Führung einer bestimmten Betreuung. Beratung ist Entscheidungshilfe im konkreten Einzelfall. Sie besteht in dem Aufzeigen oder Aufnehmen eines Problems (oder mehrerer), dem Aufzeigen möglicher Lösungen und deren Konsequenzen. Dazu gehört die Information über die bestehende Rechtslage sowie über weitere Informations-, Beratungs- und Hilfeangebote (zB nach dem SGB). Die Beratungsaufgabe des Vereins steht in Konkurrenz zu der Verpflichtung des Gerichts und der Behörde, ebenfalls den Betreuer zu beraten. § 1837 Abs 1 verpflichtet das Vormundschaftsgericht nunmehr ausdrücklich, die Vormünder (Betreuer, § 1908i Abs 1 S 1) zu beraten und dabei mitzuwirken, sie in ihre Aufgaben einzuführen. Die örtlich zuständige Behörde (Betreuungsstelle) hat ebenfalls die Betreuer bei der Wahrnehmung ihrer Aufgaben zu beraten und zu unterstützen, dies jedoch nur, wenn diese es wünschen (§ 4 BtBG). Der Betreuer hat die **Wahl**, von wem er sich beraten lassen will (BT-Drucks 11/4528, 198).

Das Angebot der Beratung (und Unterstützung) ändert nichts an dem auch durch das BtG nicht geänderten **Grundsatz der selbständigen und eigenverantwortlichen Amtsausübung** des Betreuers, der lediglich durch das Weisungsrecht des Gerichts in Ausnahmefällen (§ 1837 iVm § 1908i Abs 1 S 1) durchbrochen wird (im einzelnen s dazu STAUDINGER/ENGLER [2004] § 1837 Rn 1). Beratung hat nicht zum Ziel, dem Betreuer die Entscheidung abzunehmen. Die Verpflichtung zur Beratung einerseits und Aufsicht und Kontrolle sowie das Recht zur Einzelweisung andererseits tragen jedoch zu einer gewissen Spannung bei, so daß die gerichtliche Beratung nur behutsam und eher in Ausnahmefällen in Anspruch genommen werden sollte. Dies wird in BT-Drucks 11/4528, 198 übersehen, wenn dort festgestellt wird, die Beratung durch das Vormundschaftsgericht stehe bei einer bereits anhängigen Betreuung im Vordergrund. Schließlich hat das Gericht in fast allen Fällen von Amts wegen tätig zu werden, wenn es einen zum Handeln Anlaß gebenden Sachverhalt erfährt! In der Praxis stellt sich die Anfrage bei Gericht meist auch nicht als Beratungswunsch, sondern als Vorabörterung der Chancen eines Genehmigungsantrages oä heraus, von den Fällen einmal abgesehen, in denen Betreuer vom (für die Beratung zuständigen) Rechtspfleger an andere (Behörde, Verein, Rechtsanwalt) verwiesen werden.

Wegen der zu beobachtenden Hemmungen von Betreuern (besonders Angehörigen), Beratung in Anspruch zu nehmen, leistet das **Gericht** im Rahmen von § 1837 Abs 1 einen wichtigen Beitrag, wenn es die Betreuer zur Inanspruchnahme der bestehenden Beratungs- und Unterstützungsangebote **ermutigt** und ihnen (zB bereits bei Einweisung ins Amt) entsprechende **Hinweise** gibt. Zum Verhältnis von Betreuerberatung und Rechtsberatung s BIENWALD, BtR Rn 63 ff; dort auch zu der Frage, ob der Verein zur Unterstützung ehrenamtlicher Betreuer, die nicht Mitglieder des Vereins sind, bei der Wahrnehmung ihrer Aufgaben verpflichtet ist.

3. Beratung Bevollmächtigter

Der Gesetzgeber des ersten BtÄndG hatte zwar den Vereinen die Verpflichtung auferlegt, planmäßig über Vorsorgevollmachten und Betreuungsverfügungen zu informieren (Abs 1 Nr 2a), um dazu beizutragen, daß in der Bevölkerung in größerem Umfang als bisher von der Bevollmächtigung in Form der Vorsorgevollmacht Gebrauch gemacht wird. Er hatte aber nicht bedacht, daß auch ein individueller Beratungsbedarf derjenigen Personen gegeben sein könnte, die sich auf eine derartige Bevollmächtigung eingelassen haben.

Die unter die Vorschrift des § 1908f fallenden Vereine sind verpflichtet, ein Beratungsangebot vorzuhalten, obgleich damit gerechnet werden muß, daß von dem Angebot selten oder gar nicht Gebrauch gemacht wird. Es ist auch damit zu rechnen, daß die Mitarbeiterinnen und Mitarbeiter von Vereinen den Beratungswünschen von Bevollmächtigten nicht nachkommen können, weil sie zur Beratung in komplizierteren Rechtsfragen nicht hinreichend kompetent sein dürften. Im Hinblick darauf werden die Vereine die neue Verpflichtung zum Anlaß nehmen müssen, ihre Versicherungen zu prüfen. Daß sie auch wegen der neuen Verpflichtung und der damit verbundenen weiteren Ausgaben eine höhere Förderung durch öffentliche Mittel erfahren, kann so gut wie ausgeschlossen werden.

Den Vereinen wurde die Beratung von Bevollmächtigten zur Aufgabe gemacht, nicht dagegen die Beratung von Vollmachtgebern. Entsprechende Anliegen können für einen Verein Anlaß sein, beim Vormundschaftsgericht anzuregen, die Bestellung eines Betreuers mit dem Aufgabenkreis des § 1896 Abs 3 zu prüfen. Die übrigen in

Nr 2 aufgeführten Betätigungen des Vereins beziehen sich nur auf ehrenamtliche Betreuer (Gewinnung, Einführung, Fortbildung), nicht auf Bevollmächtigte.

Die Vereine werden ihre Beratungstätigkeit in der Weise zu gestalten haben, daß sie zunächst von der Gültigkeit der Bevollmächtigung ausgehen. Besteht Anlaß zu der Annahme, daß der Vollmachtgeber zum Zeitpunkt der Bevollmächtigung nicht geschäftsfähig war oder zur Erteilung der Vorsorgevollmacht gedrängt oder in strafbarer Weise gebracht worden ist, kann es Angelegenheit des Vereins sein, dem Bevollmächtigten die Bedenken mitzuteilen und ihn auf die Folgen einer nichtigen Vollmacht sowie einer Vertretung ohne Vertretungsmacht und auf ein etwaiges Bedürfnis einer Betreuerbestellung hinzuweisen.

V. Planmäßige Informationen über Vorsorgevollmachten und Betreuungsverfügungen (Abs 1 Nr 2 a)

1. Allgemeines

45 Der auf Vorschlag des BRates mit Zustimmung der BReg zustandegekommenen Ergänzung entspricht die in § 6 BtBG neu aufgenommene Aufgabe der Behörde, „weiterhin" die Aufklärung und Beratung über Vollmachten und Betreuungsverfügungen zu fördern (Art 1 Nr 16a u Art 3 § 4 BtÄndG). Korrespondierend zu der Erweiterung der Aufgaben der Vereine sollte, so heißt es in der Begründung des Vorschlags (BT-Drucks 13/7158, 53), zur Stärkung der Betreuungsvermeidung eine ausdrückliche Pflicht der Betreuungsbehörde zur Information, Aufklärung und Beratung über Vollmachten und Betreuungsverfügungen eingeführt werden. Offenbar irrtümlich wurde angenommen, daß Betreuungsverfügungen der Vermeidung von Betreuungen dienen können (BT-Drucks 13/7158, 51). Das ist jedoch nicht der Fall (vgl dazu oben § 1901a Rn 1). Der BRat ging davon aus, daß die zusätzliche Aufgabe der Vereine förderungswürdig ist und in den Förderungen für Betreuungsvereine entsprechende anteilige Mittel vorzusehen seien (BT-Drucks 13/7158, 51). Daß dieser Erwartung entsprochen werden würde, war angesichts der knappen Mittel und der Förderungserfahrungen von Vereinen bereits damals kaum anzunehmen. Die Praxis ist dem auch nicht überzeugend gefolgt.

2. Einzelheiten

46 Die neue Aufgabe ist als Anerkennungsvoraussetzung ausgestaltet. Der anerkennungswillige Verein muß gewährleisten, daß er planmäßig über Vorsorgevollmachten und Betreuungsverfügungen informiert. Zum Begriff des Planmäßigen s oben Rn 41. Da die eingefügte Aufgabe als Anerkennungsvoraussetzung formuliert ist, kann sie mangels entsprechender Bestimmung für die bereits anerkannten oder die nach Art 9 § 4 BtG (Übergangsvorschriften) als anerkannt geltenden Vereine nicht unmittelbar Anwendung finden. Im Hinblick darauf, daß auch ohne diese Bestimmung Vereine in der Hinsicht schon tätig geworden sind und die landesrechtlichen Förderbestimmungen die Förderung der Vereine, soweit sie anerkannt sind, nach eigenen Kriterien vornehmen, ist mit Anwendungsproblemen nicht zu rechnen.

Die Bestimmung verpflichtet zu **planmäßiger** Information. Darunter sind Aktivitäten zu verstehen, die sich nicht lediglich an individuell bestimmte Interessenten richten, sondern an beliebige Personen wenden. Zu einer Beratung werden die Vereine nicht verpflichtet. Obgleich aus den Materialien zum BtÄndG nicht erkennbar ist, wer seitens der Behörde für Beratungstätigkeit Förderung erfahren soll, läßt sich aus der Erwähnung dieses Wortes in § 6 S 2 BtBG nicht ableiten, daß die Vereine auch zu einer Beratung in Sachen Vorsorgevollmacht und Betreuungsverfügung, soweit sie allgemeine Hinweise (Information) überschreitet, berechtigt oder gar verpflichtet sein sollten. Die Befugnis zur Einzelberatung hat erst der durch Art 1 Nr 14 Buchst c 2. BtÄndG angefügte Abs 4 eingeräumt.

Die Annahme einer solchen Verpflichtung brächte Vereine in Gefahr, wegen zu sehr in Einzelheiten gehender Beratung für **Beratungsmängel** einstehen zu müssen, denn daß die Vorsorgevollmacht die an sie gerichteten Erwartungen erfüllen kann, ist keineswegs so sicher, wie aus den Äußerungen darüber geschlossen werden muß.

Die Vorsorgevollmacht ist als Instrument zur Vermeidung einer Betreuerbestellung **47** nach § 1896 Abs 1, 2 nur mit Einschränkungen tauglich. Die wichtigsten sind folgende: In Anbetracht der Ergänzung des § 1896 Abs 2 S 2 durch Art 1 Nr 11 BtÄndG besteht Ungewißheit darüber, ob eines Tages die Voraussetzungen des § 1897 Abs 3 vorliegen und welche Schlüsse das Vormundschaftsgericht dann zieht. Hinsichtlich des Inhalts und des Umfangs der Bevollmächtigung können Unklarheiten bestehen, ob der gesamte Betreuungsbedarf erfaßt wird, zB auch in bezug auf die Befugnisse nach §§ 1904 u 1906 (Form und Beschreibung der Entscheidungsbefugnisse) und neuerdings § 51 Abs 3 ZPO und die Änderung des Melderechts (Art 2 2. BtÄndG). Letzten Endes besteht immer die Unsicherheit, ob der Rechtsverkehr (einschl Arzt und Pflegepersonal) die Vollmacht akzeptiert, zumal die Möglichkeit einer Bevollmächtigung mehrerer Personen mit gleichen oder teilweise gleichen Befugnissen nicht auszuschließen ist (ausführlicher BIENWALD BtPrax 1998, 164). Die Tatsache, daß der Bevollmächtigte nicht die Rechtsstellung eines gesetzlichen Vertreters erlangt, wirkt sich überall dort aus, wo eine Beteiligung nur des gesetzlichen (nicht des gewillkürten) Vertreters eines Betroffenen vorgesehen ist, so zB in den Unterbringungsgesetzen der Länder. Hinzu kommen die Erfahrungen der letzten Jahre, daß hinsichtlich der Geschäftsfähigkeit des Vollmachtgebers im Zeitpunkt der Bevollmächtigung Zweifel geäußert werden und durchschlagen, daß innerfamiliäre Rivalitäten dazu führen, von der Vollmacht keinen Gebrauch zu machen, daß insbesondere die Befreiung von dem Verbot des Insichgeschäfts (§ 181) zu mißbräuchlicher Benutzung der Rechtsmacht geführt hat, um nur diese Beispiele zu nennen.

VI. Weitere Voraussetzung (Abs 1 Nr 3 – Erfahrungsaustausch)

Der Verein hat die Verpflichtung, einen Erfahrungsaustausch zwischen den Mitar- **48** beitern zu ermöglichen. Da die amtliche Begründung auch die Nr 3 als Ausdruck des Grundgedankens der „organisierten Einzelvormundschaft" versteht (BT-Drucks 11/4528, 158), liegt die Annahme nahe, der hier verwendete Mitarbeiterbegriff erfasse auch die ehrenamtlichen Betreuer (so MünchKomm/SCHWAB Rn 9). Zutreffend weist SCHWAB allerdings darauf hin, daß ein selbständig tätiger (ehrenamtlicher) Betreuer zur Teilnahme an einem Erfahrungsaustausch nicht gezwungen werden könne. Gegen die Beteiligung ehrenamtlicher Betreuer an dem in Nr 3 genannten Erfahrungsaustausch von Mitarbeitern spricht die Verschwiegenheits- und Datenschutzproblematik. Ehrenamtliche „Mitarbeiter" unterliegen nicht der Verschwiegenheitspflicht von (hauptamtlichen oder nebenamtlichen) Mitarbeitern eines Vereins. Hinzu kommt folgendes: In der Formulierung „ermöglichen" kommt in erster Linie eine Forderung an den Arbeitgeber zum Ausdruck, einen Erfahrungsaustausch während der Dienstzeit oder auf Kosten der Dienstzeit zuzulassen. Das hat zur Folge, daß die von den Mitarbeitern zu leistenden Aufgaben ihrem Umfang nach so bemessen sein müssen, daß außerdem ein mitarbeiterinterner Erfahrungsaustausch im Rahmen des Dienstes stattfinden kann. Bilden die Betreuungen den Gegenstand des Erfahrungsaustausches (sie müssen es nicht, weil der Verein auch andere Aufgaben hat), kann für eine **effektive Gestaltung** des Erfahrungsaustausches die Inanspruchnahme fachbezogener **Supervision** auf Kosten des Arbeitgebers erforderlich sein. Nr 3 würde in seiner Reichweite eingeengt, wenn als Gegenstand des Erfahrungsaustausches nur die Führung von Betreuungen im engeren Sinne verstanden werden würde. Für die Gestaltung der Beratung und die Durchführung von Einführungs- und Fortbildungsveranstaltungen ist der Erfahrungsaustausch auch insoweit erforderlich.

49 Das durch die Verpflichtung zur Ermöglichung von Erfahrungsaustausch aufgeworfene Problem der **Verschwiegenheitspflicht** wird vom Gesetzgeber des BtG nicht gelöst. Weder ist die Befugnis der Teilnahme an dem Erfahrungsaustausch präzisiert noch eingegrenzt. Werden die zu erörternden Sachverhalte anonymisiert, bestehen gegen einen derartigen Erfahrungsaustausch (ähnlich Teamberatungen) keine Bedenken. Soll der Austausch von Informationen ohne vorherige Anonymisierung stattfinden, können außer den Betroffenen Angehörige und deren Beziehungen (untereinander) erörtert werden, ohne daß Grenzen erkennbar sind oder gesetzt werden; es wäre völlig ins Belieben der Mitarbeiter gestellt, welche Informationen in dem Teilnehmerkreis preisgegeben werden. Allein die Befugnis und Verpflichtung zu Erfahrungsaustausch legitimiert nicht die Preisgabe persönlicher Daten iwS.

VII. Förderung von Vereinen

50 Mit Ausnahme von Bayern haben die Länder Förderungsrichtlinien/-Bestimmungen erlassen. Eine Zusammenstellung der Richtlinien befindet sich bei BIENWALD, BtR Teil 4, B; Texte enthalten die Werke von DEINERT (Arbeitshilfe für Betreuungsvereine [2. Aufl]), 337 und von KNITTEL (Betreuungsgesetz) im Landesrechtsteil (s auch die Abt Länderrecht sowie die Rechtstatsachen zu § 1908f BGB [Rn 72 ff] des HK-BUR). Zum Anspruch eines Betreuungsvereins auf fehlerfreie Ermessensausübung bei der Entscheidung über die Förderung nach Landesrecht von Rheinland-Pfalz s VG Trier RsDE 30 (1995), 102 = Rechtsdienst der Lebenshilfe 1995, 29; zur Befugnis der Behörde, Betreuungsvereine im Zuständigkeitsbereich unterschiedlich zu fördern, s VG Karlsruhe FamRZ 1997, 904 (LS) = LWV Baden Betreuung aktuell 1997, 14 f. Zur Rechtswidrigkeit der (neuen) Förderrichtlinien von Niedersachsen, in denen die Förderung eines Vereins je Landkreis mit 300 000 Einwohnern und von zwei Vereinen je Landkreis mit mehr als 300 000 Einwohnern bei einer Fläche von mehr als 2500 qkm vorgesehen war, OVG Lüneburg, Urteil v 28. 2. 2002 – 11 LB 3974/01, Rechtsdienst der Lebenshilfe 2/2002, 83.

Erneut hat das VG Trier über die Zuweisung von Fördermitteln entschieden und festgestellt, daß die Beklagte (überörtliche Behörde) keinesfalls berechtigt sei, das gesamte Bewilligungskonzept generell an anderen als den im Gesetz genannten Zwecken auszurichten, so daß, wenn keine Gründe für ein Abweichen von dem gesetzlichen Regelfall vorliegen, das Ermessen auf die gesetzlichen Regelfolgen reduziert ist (BtPrax 1998, 240, 241).

VIII. Beratungsbefugnis bei Vollmachterrichtung (Abs 4)

Durch den neuen Abs 4 wurde den Betreuungsvereinen die Möglichkeit eröffnet, bei **51** der Erstellung von Vorsorgevollmachten auch individuell rechtsberatend tätig zu werden. Diese Befugnis wurde den Vereinen nicht zur Pflicht gemacht; sie geht über die den Betreuungsvereinen bereits als Pflichtaufgabe obliegende planmäßige Information hinaus (BT-Drucks 15/2494, 31). In der Einzelbegründung zu der Vorschrift wird den Betreuungsvereinen überlassen, ob sie individuell beratend tätig werden. Als weitere Pflichtaufgabe komme diese Beratung schon deshalb nicht in Betracht, heißt es dort, weil nicht sichergestellt ist, ob die Betreuungsvereine hierfür genügend qualifizierte Mitarbeiter haben (BT-Drucks 15/2494, 31). Anders als für die Bestellung zum Vereinsbetreuer kommt es für die Beratungstätigkeit des Betreuungsvereins nicht darauf an, daß sie durch fest angestellte Mitarbeiter durchgeführt wird. Das kann auch durch freie Mitarbeiter geschehen, die sich für diese Aufgabe des Vereins zur Verfügung stellen, die Beratung aber für den Verein und in dessen Namen leisten. Räumt ein Betreuungsverein in seinen Geschäftsräumen einem Anwalt oder Notar die Möglichkeit ein, beratend tätig zu sein, handelt es sich nicht um eine Leistung des Betreuungsvereins.

Weil es sich um eine freiwillige Aufgabe handelt, haben die Betreuungsvereine zu entscheiden, ob sie für die individuelle Beratung bei der Errichtung von Vorsorgevollmachten ein Entgelt verlangen (BT-Drucks 15/2494, 31). Für die Bemessung des Entgelts kann der Verein nicht auf die Vorschriften des Rechtsanwaltsvergütungsgesetzes (RVG) zurückgreifen. Andererseits handelt es sich bei der Beratung bei der Errichtung von Vorsorgevollmachten nicht um eine Gefälligkeitsleistung.

Nach allgemeinen Bestimmungen haften die Vereine als beratende Institution für die Richtigkeit ihrer Tätigkeit und werden sich entsprechend versichern müssen, wenn sie die Beratungsdienste anbieten wollen.

§ 1908g
Behördenbetreuer

(1) Gegen einen Behördenbetreuer wird kein Zwangsgeld nach § 1837 Abs. 3 Satz 1 festgesetzt.

(2) Der Behördenbetreuer kann Geld des Betreuten gemäß § 1807 auch bei der Körperschaft anlegen, bei der er tätig ist.

Materialien: Art 1 Nr 41 RegEntw; Art 1 Nr 47 BtG; BT-Drucks 11/4528, 158 f (BReg); BT-Drucks 11/6949, 16, 80 Nr 29 (RA).

I. Absatz 1

1 Die Vorschrift stellt, wie der RegEntw des BtG es formuliert (BT-Drucks 11/4528, 158), eine Sonderregelung für den Fall dar, daß der Mitarbeiter einer in Betreuungsangelegenheiten zuständigen Behörde, der dort ausschließlich oder neben anderen Tätigkeiten als Betreuer beschäftigt ist, als solcher bestellt wird (Behördenbetreuer, § 1897 Abs 2 S 2). Diese Sonderregelung wird damit begründet, daß die Festsetzung eines Zwangsgeldes mit der Stellung auch des Behördenbetreuers als Mitarbeiter der Behörde, gegen die Zwangsgeld nicht festgesetzt werden kann (§ 1837 Abs 3 S 2 iVm § 1908i Abs 1 S 1), nicht vereinbar sei (BT-Drucks 11/4528, 159; ihr folgend SOERGEL/DAMRAU Rn 2 und ERMAN/HOLZHAUER Rn 2; wie hier MünchKomm/SCHWAB Rn 2).

2 Die Begründung der Vorschrift trägt diese Regelung nicht. Die Rechtsstellung des Behördenmitarbeiters als Betreuer unterliegt wie die aller anderen Betreuer den zivilrechtlichen Bestimmungen der §§ 1896 ff; der öffentlich-rechtliche Einschlag des Betreuungsrechts (so für das alte Recht BVerfGE 10, 302, 311) wird dadurch nicht verstärkt, daß der Mitarbeiter der Behörde die Aufgabe als Dienstaufgabe ausführt. Die unbegründete Privilegierung (BIENWALD, BtR Rn 2) der öffentlichen Bediensteten offenbart vielmehr, daß das Gesetz selbst die „Fiktion der Einzelbetreuung durch Behördenmitarbeiter nicht durchhält" (MünchKomm/SCHWAB Rn 2). Sie enthält außerdem die Gefahr, daß man glaubt, die öffentlichen Bediensteten durch eine derartige „Schonung" auf der einen Seite größeren Belastungen mit höheren „Fallzahlen" auf der anderen Seite aussetzen zu können.

Der Charakter der Sonderregelung besteht auch im Verhältnis zu dem Vereinsbetreuer, der sich sonst in ähnlicher Position wie der Behördenbetreuer befindet.

Die Sonderregelung hat zur Folge, daß das Vormundschaftsgericht gegen Pflichtwidrigkeiten des Behördenbetreuers einschreiten darf und muß, ihm auch sonst die Mittel der Aufsicht zur Verfügung stehen (einschl der Entlassung, § 1908b Abs 1). Lediglich die – vielleicht allein wirksame – Festsetzung eines Zwangsgeldes (einschließlich ihrer Androhung) hat zu unterbleiben.

Eine zulässige behördeninterne Kontrolle und die Möglichkeit, den Mitarbeiter dienstrechtlich zur Befolgung einer gerichtlichen Anordnung anzuhalten (ERMAN/ HOLZHAUER Rn 2), bleiben uU schon deshalb wirkungslos, weil die Durchsetzung dienstrechtlicher Maßnahmen anderen Gesetzmäßigkeiten (ua Mitwirkung von Personalräten uä) unterliegt. Außerdem besteht die Gefahr, über das zulässige Maß von gerichtlicher Aufsicht behördenintern hinauszugehen.

Kommt, wie in Hamburg, die Befreiung von der Genehmigungspflicht nach § 1907 hinzu (näher dazu § 1907 Rn 6), ist in diesem Bereich das **Vormundschaftsgericht tatsächlich machtlos.**

3 Die Behörde und der Verein sind, wenn sie zum Betreuer bestellt wurden, auf Grund von § 1837 Abs 3 S 2 iVm § 1908i Abs 1 S 1 von der Androhung und Festsetzung von Zwangsgeld verschont.

II. Absatz 2

§ 1805 S 2 erlaubt dem Jugendamt als Vormund oder Gegenvormund, Mündelgeld 4
gemäß § 1807 auch bei der Körperschaft anzulegen, bei der das Amt errichtet ist.
Die Verweisung auf diese Vorschrift in § 1908i Abs 1 S 1 gibt der Behörde das
gleiche Recht für den Fall, daß sie als Behörde zum Betreuer bestellt worden ist.

Wenn § 1908g Abs 2 nunmehr dem Behördenbetreuer einräumt, wie sein Anstellungsträger Geld des Betreuten gemäß § 1807 auch bei der Trägerkörperschaft anzulegen, stellt diese Sonderregelung eine im Verhältnis zu Abs 1 weniger weitreichende Ausnahme dar, weil hierdurch – beispielsweise gegenüber dem Vereinsbetreuer – keine Privilegierung bewirkt wird. Der Verein hatte schon bisher nicht das der Behörde eingeräumte Recht.

Die Bestimmung dient eher der Klarstellung (MünchKomm/SCHWAB Rn 3). Denn bei 5
konsequentem Verständnis der Behördenbetreuerbestellung als einer Einzelbetreuerbestellung handelt es sich nicht um eine „Vermischung" eigener Gelder der Behörde mit Betreutengeldern, wenn der Behördenbetreuer das Geld bei dem Geldinstitut seiner Kommune anlegt. Ob diese und die entsprechende Vorschrift des Vormundschaftsrechts (§ 1805 S 2, gemäß § 1915 Abs 1 auf die Pflegschaft entsprechend anzuwenden) mit europarechtlichen Standards vereinbar ist, bleibt abzuwarten.

Durch die Neufassung des § 1817 (Art 1 Nr 6 BtÄndG), der iVm § 1908i Abs 1 S 1 dem Betreuer die Möglichkeit eröffnet, auf seinen Antrag hin durch das Vormundschaftsgericht von den ihm nach den §§ 1806 bis 1816 obliegenden Verpflichtungen unter bestimmten Voraussetzungen befreit zu werden, wird die Regelung des Abs 2 nicht betroffen.

§ 1908h (aufgehoben)

Die Vorschrift wurde durch Art 1 Nr 15 des 2. BtÄndG mit Wirkung vom 1.7.2005 aufgehoben. Sie ist noch anzuwenden auf die vor dem 1.7.2005 entstandenen Ansprüche (Art 229 § 14 EGBGB, angefügt durch Art 7 des 2. BtÄndG). Für die später entstandenen und entstehenden Ansprüche ist das Gesetz über die Vergütung von Vormündern und Betreuern vom 21.4.2005 (BGBl I 1073) maßgebend, das in seinem § 8 Vergütung und Aufwendungsersatz für Behördenbetreuer regelt. Die Bestimmungen des aufgehobenen § 1908h sind in der Vorbearbeitung (STAUDINGER/BIENWALD [1999]) erläutert. Sie hatten folgenden Wortlaut:

> *§ 1908h*
> *Aufwendungsersatz und Vergütung für Behördenbetreuer*
>
> *(1) Ist ein Behördenbetreuer bestellt, so kann die zuständige Behörde Ersatz für Aufwendungen nach § 1835 Abs 1 Satz 1 und 2 verlangen, soweit eine Inanspruchnahme des Betreuten nach § 1836c zulässig ist. § 1835 Abs 5 Satz 2 gilt entsprechend.*

(2) Der zuständigen Behörde kann eine Vergütung nach § 1836 Abs 3 bewilligt werden, soweit eine Inanspruchnahme des Betreuten nach § 1836c zulässig ist.

(3) Der Behördenbetreuer selbst kann keine Rechte nach den §§ 1835 bis 1836b geltend machen.

§ 1908i
Entsprechend anwendbare Vorschriften

(1) Im Übrigen sind auf die Betreuung § 1632 Abs. 1 bis 3, §§ 1784, 1787 Abs. 1, § 1791a Abs. 3 Satz 1 zweiter Halbsatz und Satz 2, §§ 1792, 1795 bis 1797 Abs. 1 Satz 2, §§ 1798, 1799, 1802, 1803, 1805 bis 1821, 1822 Nr. 1 bis 4, 6 bis 13, §§ 1823 bis 1826, 1828 bis 1836, 1836c bis 1836e, 1837 Abs. 1 bis 3, §§ 1839 bis 1843, 1845, 1846, 1857a, 1888, 1890 bis 1895 sinngemäß anzuwenden. Durch Landesrecht kann bestimmt werden, dass Vorschriften, welche die Aufsicht des Vormundschaftsgerichts in vermögensrechtlicher Hinsicht sowie beim Abschluss von Lehr- und Arbeitsverträgen betreffen, gegenüber der zuständigen Behörde außer Anwendung bleiben.

(2) § 1804 ist sinngemäß anzuwenden, jedoch kann der Betreuer in Vertretung des Betreuten Gelegenheitsgeschenke auch dann machen, wenn dies dem Wunsch des Betreuten entspricht und nach seinen Lebensverhältnissen üblich ist. § 1857a ist auf die Betreuung durch den Vater, die Mutter, den Ehegatten, den Lebenspartner oder einen Abkömmling des Betreuten sowie auf den Vereinsbetreuer und den Behördenbetreuer sinngemäß anzuwenden, soweit das Vormundschaftsgericht nichts anderes anordnet.

Materialien: Art 1 Nr 6 DiskE I; Art 1 Nr 41 RegEntw; Art 1 Nr 47 BtG; DiskE I 158; BT-Drucks 11/4528, 159 ff (BReg); BT-Drucks 11/4528, 210 ff (BRat); BT-Drucks 11/4528, 229 (BReg); BT-Drucks 11/6949, 17, 81 Nr 31 (RA). Folgeänderung in Abs 1 S 1 (statt § 1836a nunmehr § 1836 e) durch Art 1 Nr 18 BtÄndG (BT-Drucks 13/7158, 7, 34; 13/10331, 12 [RA unverändert]; BR-Drucks 339 u 517/98 m Beschluß). Die in Bezug genommenen §§ 1795 und 1836c sowie Abs 2 sind ergänzt d Art 1 Nr 17, 18 u 21 LPartG (BT-Drucks 14/3751, 7, 45, 46). Neufassung d Abs 1 S 1 durch Art 1 Nr 16 2. BtÄndG (BT-Drucks 15/2494, 7; BT-Drucks 15/4874; BR-Drucks 121/05 [Beschluß]). Korrekturen sprachlicher Art sowie Einführung amtlicher Überschriften d Bekanntm d Neufassung d BGB v 2. 1. 2002 (BGBl I 42 mit späteren Änderungen); dazu näher STAUDINGER/ENGLER (2004) Vorbem 33 f zu §§ 1773 ff.

Schrifttum

1. Allgemein zu den in Bezug genommenen Vorschriften
ALBER, Landesausführungsgesetze zum Betreuungsgesetz – ein Überblick, in: WIENAND-REIS, Betreuungsgesetz auf dem Prüfstand (1992) 11
BAUER/MAHR, Haftung der Vereinsbetreuer, Betreuungsmanagement 2/2005, 78

BIENWALD, Von der Schwierigkeit eines Betreuers, Geld seines Betreuten anzulegen, BtPrax 1995, 20
ders, Zur Rechtsstellung der Betreuungsstelle und der mit der Wahrnehmung von Betreuungen beauftragten Mitarbeiterinnen und Mitarbeiter unter besonderer Berücksichtigung des Niedersächsischen Ausführungsgesetzes zum

Betreuungsgesetz (NdsAGBtG), DAVorm 1995, 287

ders, Anmerkung zum Beschluß des LG Mönchengladbach vom 6. März 1997 – BtPrax 1997, 203 betr Sperrvermerk im Sparbuch des Betreuten, BtPrax 1998, 15

BLANK, Entscheidung des LG Mönchengladbach vom 6. März 1997 (BtPrax 5/97, 203 f), BtPrax 1998, 21

BOBENHAUSEN, Konkurrenzen zwischen dem Willen des Betreuten und des Betreuers: Gesetzliche Vertretung – Kontosperre – Schenkung, BtPrax 1994, 158

BURGHARDT, Verfügungen über Nachlaßkonten in der Bankpraxis, ZEV 1996, 136

DEINERT, Die Ausführung des Betreuungsgesetzes durch die Bundesländer, DAVorm 1992, 133

ders, Fundstellen für das Landesrecht zum Betreuungsrecht, BtPrax 1993, 130

ders, Betreuervergütung und Staatsregreß nach dem Tod des Betreuten, FamRZ 2002, 374

DODEGGE, Das Betreuungsbehördengesetz und die Landesausführungsgesetze, NJW 1992, 1936

ders, Erste Entwicklungen des Betreuungsrechts, NJW 1993, 2353

ders, Weitere Entwicklungen des Betreuungsrechts, NJW 1994, 2383

GERNHUBER, Oder-Konten von Ehegatten, WM 1997, 645

HEYDER, Die Haftung des Betreuers – Bewertung der Risiken und Grenzen, Betreuungsmanagement 2/2005, 60

HÖTZEL/VOERTZEN, Substanzerhaltende Geldanlage und Mündelsicherheit, DB 1994, 2303

HOLZHAUER, Abhebungen des Betreuers vom Konto des Betreuten unter 5000,– DM immer genehmigungsfrei?, BtPrax 1994, 42

JOCHUM, Keine Verfügung über Nachlaßkonten nach dem Tod des Betreuten (zugleich Anmerkung zu VOGT BtPrax 2/96, 52), BtPrax 1996, 88

JÜNGER, Geldanlage für Mündel und Betreute, FamRZ 1993, 147

KERKLOH, Das Wohl des Betreuten bei genehmigungspflichtigen Rechtsgeschäften auf dem Gebiet der Vermögenssorge (1995)

KERSTEN, Sachverhaltsermittlung bei Anregung einer Betreuerbestellung, BtPrax 1994, 53

KLIE, Risk-Management in der Altenpflege – Entlastung für die Betreuer?, Betreuungsmanagement 2/2005, 72

KLÜSENER, Vormundschaftsgerichtliche Genehmigungen nach § 1822 BGB, Rpfleger 1993, 133

KÖHLE, Zwangsvorführung durch die Betreuungsbehörde – eine weitere Aufgabe der Betreuungsbehörde, BtPrax 1995, 93

KRAUSS, Befreiung des Betreuers von der Aufsicht durch das Vormundschaftsgericht unter Berücksichtigung des Baden-Württembergischen Landesrechts, BWNotZ 1995, 20

KRÖGER, Der Beamte als Vormund und Pfleger, SchlHA 1992, 85

KURZ, Die Problematik des § 1822 BGB, NJW 1992, 1798

LABUHN, Vormundschaftsgerichtliche Genehmigung (2. Aufl 1994)

LAMPE, Das Geldwäschegesetz und seine Auswirkungen, BWNotZ 1996, 114

MEIER, Zu den Aufgaben und der Haftung von Betreuungsbehörden, Betreuungsmanagement 2/2005, 64

MÜLLER, Zur Organisation der Betreuungsbehörden, BtPrax 1996, 90

RICHTER/HAMMER, Baden-Württembergisches Landesgesetz über die freiwillige Gerichtsbarkeit (4. Aufl 1996)

ROSENOW, Schadensminderung und Haftung Dritter bei Missbrauch der Vertretungsmacht durch den Betreuer, Betreuungsmanagement 2/2005, 81

SPANL, Ergänzungsbetreuung und Gegenbetreuung, Rpfleger 1992, 142

SUSCHONK, Die faktische Girokonto-Sperre im Betreuungsrecht, JurBüro 1997, 508

TÄNZER, Zum Stand der Entwicklung des Betreuungswesens im Land Brandenburg, BtPrax 1993, 163

UHLENBRUCH, Die Ausführungsgesetze der Länder zum Betreuungsgesetz – Ein Überblick, BtPrax 1993, 150

WIENAND, Die Landesausführungsgesetze zum Betreuungsgesetz, FuR 1992, 266

WINTERSTEIN, Die Landesausführungsgesetze und die Förderung von Betreuungsvereinen – ein Länderüberblick (Stand 9/95), BtPrax 1995, 194.

2. Zu den durch das 2. BtÄndG eingetretenen Änderungen, insbesondere im Recht der Vergütung und des Aufwendungsersatzes

DEINERT, Zur Neuregelung der Berufsbetreuer-, Berufsvormünder- und Berufspflegervergütung, BtPrax Spezial S 13

ders, Neue Betreuervergütung und Übergangsrecht, Rpfleger 2005, 304

ders, Neue Pauschalvergütung für anwaltliche Berufsbetreuer, JurBüro 2005, 285 u FuR 2005, 309

ders, Gewöhnlicher (Heim-)Aufenthalt und pauschale Betreuervergütung, FamRZ 2005, 954

FRÖSCHLE, Betreuungsrecht 2005 (2005)

LÜTGENS, Vergütung – Abrechnung nach der Reform, bdbaspekte 55/2005, 31

MAIER, Pauschalierung von Vergütung und Aufwendungsersatz – Chance für Berufsbetreuer, BtPrax Spezial S 17

MEIER, Zu den Aufgaben und der Haftung von Betreuungsbehörden, Betreuungsmanagement 2/2005, 64; BtPrax 2005, 82

NEUMANN/NEUMANN, Zur praktischen Umsetzung des ab 1. 7. 2005 geltenden Vergütungssystems, Betreuungsmanagement 2/2005, 90

ZIMMERMANN, Die Betreuer- und Verfahrenspflegervergütung ab 1. 7. 2005, FamRZ 2005, 950.

Systematische Übersicht

A.	**Allgemeines**	
I.	Gesetzgebungsgeschichte	1
II.	Kritik	2
III.	Normstruktur	7
B.	**Vorschriften, die auf die Betreuung sinngemäß anzuwenden sind**	
I.	**Bestellung eines Betreuers**	
1.	§§ 1784, 1888	8
a)	Normtexte	8
b)	Sinngemäße Anwendung auf die Betreuung	9
2.	Folgen der unbegründeten Ablehnung	11
a)	Normtext	11
b)	Zur sinngemäßen Anwendung auf die Betreuung	12
3.	Vereinsvormundschaft (§ 1791a)	15
a)	Normtext	15
b)	Sinngemäße Anwendung von Abs 3 S 1 HS 2	16
c)	Sinngemäße Anwendung von Abs 3 S 2	19
II.	**Bestellung eines Gegenbetreuers und seine Funktion**	
1.	Gesetzgebungsgeschichte	20
2.	Normtexte	22
a)	Gegenvormund	22
b)	Pflichten und Rechte des Gegenvormunds	22
c)	Vermögensverzeichnis	22
d)	Anhörung des Gegenvormunds vor Erteilung der Genehmigung	22
e)	Genehmigung des Gegenvormunds	22
f)	Mitwirkung des Gegenvormunds	22
g)	Mitwirkung des Gegenvormunds	22
h)	Amtsende des Gegenvormunds	22
3.	Die Gegenbetreuung im einzelnen	23
a)	Die Voraussetzungen für die Bestellung eines Gegenbetreuers	23
b)	Aufgabenkreis	25
c)	Die Bestellung hindernde Normen	28
d)	Das Bestellungsverfahren	32
e)	Bestellung eines Verfahrenspflegers	42
f)	Rechtsmittel	43
4.	Die Rechtsstellung des Gegenbetreuers	44
a)	Allgemeines	44
b)	Beschränkungen durch das BtG	45
c)	Auslagenersatz und Vergütung	46
5.	Entlassung des Gegenbetreuers; Beendigung des Amtes	47
III.	**Einschränkungen der Vertretungsmacht des Betreuers (§§ 1795, 1796)**	
1.	Norminhalt	48
2.	Ausschluß der Vertretungsmacht (§ 1795)	49

a)	Wirkungen unerlaubter Rechtsgeschäfte	49	b)	Reichweite der Norm	82
b)	Bestellung eines weiteren Betreuers	50	c)	Weitere Auskunftspflicht	84
3.	Entziehung der Vertretungsmacht (§ 1796)	51	d)	Verhältnis von Auskunftspflicht (§ 1839) und Berichtspflicht (§ 1840 Abs 1)	85
a)	Normgeschichte	51	e)	Verhältnis von Auskunftspflicht (§ 1839) und Befreiungen	87
b)	Eingriffsvoraussetzung	52	f)	Mehrere Betreuer	88
c)	Bestellung eines weiteren Betreuers	53	g)	Durchsetzung des Anspruchs	89
d)	Aufhebung der Entziehung nach Wegfall der Voraussetzungen	54	2.	Periodische Berichterstattung über die persönlichen Verhältnisse des Betreuten (§ 1840 Abs 1)	90
4.	Verfahrensfragen	55			
a)	Anzuwendende Vorschriften	55	a)	Allgemeines	90
b)	Einschränkung des Aufgabenkreises vor Betreuerbestellung	56	b)	Normzweck	91
c)	Zuständigkeiten	57	c)	Der Bericht über die persönlichen Verhältnisse	92
d)	Anhörungen	59	aa)	Inhalt des Berichts	92
e)	Bestellung eines Verfahrenspflegers	60	bb)	Die Form des Berichts	94
f)	Bekanntmachung der Entscheidungen	61	cc)	Der Zeitpunkt des Berichts	95
g)	Rechtsmittel	62	dd)	Berichtspflicht auch bei Befreiung von der Rechnungslegung	96
h)	Verpflichtung des weiteren Betreuers; Betreuerausweis	64	ee)	Ergänzung des Berichts; Durchsetzung der Berichterstattung	97
IV.	**Fortführung der Geschäfte nach Beendigung der Betreuung (§ 1893 Abs 1)**		3.	Fortführung der Geschäfte nach Beendigung der Betreuung (§ 1893 Abs 1)	97a
1.	Normtexte	65			
2.	Geltungsbereich	66	VII.	**Die Personensorge betreffende Bestimmungen (§ 1632 Abs 1 bis 3)**	
3.	Normbedeutung	67	1.	Norminhalt	98
4.	Norminhalt	68	2.	Allgemeines	99
5.	Betreuerwechsel	71	3.	Maßstäbe zur Wahrnehmung der Aufgabe	101
6.	Ansprüche und Haftung des Betreuers	72	4.	Entscheidungszuständigkeit des Gerichts	102
V.	**Führung der Betreuung durch mehrere Betreuer**		VIII.	**Die Vermögenssorge betreffende Bestimmungen**	
1.	§ 1797 Abs 1 S 2	73	1.	Allgemeines	103
a)	Normtext	73	a)	Der Grundsatz der Einzelverweisung und seine Folgen im Bereich der Vermögenssorge	103
b)	Reichweite des Anwendungsbereichs	74			
c)	Entscheidungsinhalt	76	b)	Keine inhaltlichen Änderungen der vermögensrechtlichen Normen	105
d)	Zuständigkeit	78			
e)	Weitere Verfahrensfragen	79	c)	Die Zielsetzung der Vermögenssorge für einen Betreuten	106
2.	Meinungsverschiedenheiten (§ 1798)	80			
VI.	**Allgemeine Pflichten des Betreuers**		d)	Hinweis auf landesgesetzliche Regelungen	108
1.	Auskunftspflicht des Vormunds (§ 1839)	81	2.	Generell geltende Vorschriften	109
a)	Norminhalt	81			

a)	Vermögensverzeichnis	109	b)	Anwendbarkeit bzw deren Ausschließung im einzelnen	140
aa)	Normtext	109	aa)	Verfügungen über Forderungen und Wertpapiere (§ 1812)	140
bb)	Unabdingbarkeit der Regelung	110			
cc)	Keine zwangsweise Durchsetzung des Anliegens	111	bb)	Hinterlegung von Inhaberpapieren (§ 1814)	141
dd)	Die inventarisierungsverpflichteten Betreuer	112	cc)	Umschreibung und Umwandlung von Inhaberpapieren (§ 1815)	142
ee)	Durchsetzbarkeit der Verpflichtung	113	dd)	Sperrung von Buchforderungen (§ 1816)	143
ff)	Geltung des Abs 1 Satz 2	114			
gg)	Befreiungen nach Landesrecht	115	ee)	Anordnung der Hinterlegung (§ 1818)	144
hh)	Hinweis auf weitere Erläuterungen	116			
b)	Vermögensverwaltung bei Erbschaft oder Schenkung	117	ff)	Genehmigung bei Hinterlegung (§ 1819)	145
aa)	Normtext	117	gg)	Genehmigung nach Umschreibung und Umwandlung (§ 1820)	146
bb)	Anwendbarkeit auf die Betreuung	118			
c)	Schenkungen des Vormunds	120	c)	Genehmigungsfreie Geschäfte nach § 1813 Abs 1 Nr 2	147
aa)	Normtext	120			
bb)	Normbedeutung	121	5.	Rechtsgeschäfte, die der vormundschaftsgerichtlichen Genehmigung bedürfen (§§ 1821 bis 1825, 1828 bis 1831)	148
cc)	Schenkungen des Betreuten	122			
dd)	Ergänzende Regelungen des § 1908i Abs 2 S 1	123			
d)	Verwendung für den Vormund	127	a)	Vorschriften betreffend die Notwendigkeit der vormundschaftsgerichtlichen Genehmigung	148
aa)	Normtext	127			
bb)	Normzweck	128			
cc)	Interpretation der Vorschrift bezüglich der Kontenführung	129	aa)	Normtexte	148
			bb)	Sinngemäße Anwendung auf die Betreuung	149
dd)	Bindung an Betreutenwünsche	130			
3.	Die Anlegung von Geld betreffende Bestimmungen	131	cc)	Befreiungen	151
			dd)	Verfahren	152
a)	Sinngemäß anzuwendende Vorschriften	131	b)	Anhörung des Gegenvormundes gemäß § 1826	153
b)	Erläuterungen	132	c)	Vorschriften über den Umgang mit der vormundschaftsgerichtlichen Genehmigung sowie über die Folgen nicht beantragter oder nicht erteilter Genehmigung	154
aa)	Kein Vorrang anderslautender Wünsche des Betreuten	132			
bb)	Empfehlung eines Wirtschaftsplanes	133			
cc)	Wirkung der nach § 1809 veranlaßten Sperrung	135			
dd)	Befreiungen	136	d)	Anwendung von § 1832 (Genehmigung des Gegenvormunds)	157
ee)	Andere Anlegung	138			
4.	Die Bindung des Betreuers an die Genehmigung des Gegenbetreuers oder des Vormundschaftsgerichts bei bestimmten Rechtsgeschäften betreffend die Anlegung von Geld und andere vermögensrechtliche Angelegenheiten (§§ 1812 bis 1820)	139	6.	Vermögensherausgabe und Rechnungslegung nach Beendigung der Betreuung (§ 1890)	158
			IX.	**Fürsorge und Aufsicht des Vormundschaftsgerichts**	
			1.	Beratung und Aufsicht (Anwendung von § 1837 Abs 1 bis 3)	160
a)	Sinngemäß auf die Betreuung anzuwendende Vorschriften	139	a)	Normtext	160

b)	Entstehung und Bedeutung der Vorschriften	161	b)	Allgemeines — 207
c)	Beratung und Unterstützung der Betreuer	163	aa)	Bisheriges Recht, Grundprobleme — 207
			bb)	Gesetzgebungsgeschichte — 208
			cc)	Motive — 209
aa)	Anspruch auf Beratung	163	c)	Unproblematische Fälle — 210
bb)	Weitere Beratungsmöglichkeiten	166	aa)	Wegfall des Betreuers — 210
cc)	Zuständigkeiten	167	bb)	Verhinderung des Betreuers — 211
dd)	Ungeregelte Problembereiche	168	d)	Zur Anwendbarkeit der Vorschrift in Unterbringungssachen — 212
d)	Mitwirkung des Gerichts bei der Einführung der Betreuer	171	aa)	Unterbringungen nach § 1906 Abs 1 — 212
e)	Aufsicht und Kontrolle des Vormundschaftsgerichts	173	bb)	Freiheitsentziehende Maßnahmen nach § 1906 Abs 4 — 215
aa)	Allgemeines	173	e)	Die Rechtsprechung zur Anwendung der Vorschrift — 216
bb)	Reichweite der Aufsicht und Kontrolle	176	f)	Zum Verfahren — 218
cc)	Instrumente der Aufsicht und Kontrolle	177	g)	Hinweis auf weitere Erläuterungen — 218
dd)	Befreiungen	178	**X.**	**Beendigung der Betreuung**
f)	Versicherungsauflage	179	1.	Allgemeines — 219
g)	Festsetzung von Zwangsgeld	181	2.	Verpflichtungen des Amtsinhabers nach Beendigung des Betreueramtes (§§ 1890, 1892) — 220
h)	Verfahrensfragen	185		
2.	Rechnungslegung	189		
a)	Allgemeines	189	a)	Allgemeines — 220
b)	Bericht und Rechnungslegung	190	b)	Vermögensherausgabe und Rechnungslegung (§ 1890) — 221
aa)	Normtext	190		
bb)	Befreiungen	191	c)	Anwendbarkeit der Vorschrift auf die verschiedenen Betreuerarten — 223
cc)	Zuständigkeit für die Aufhebung der Befreiung	194	d)	Rechnungsprüfung und -anerkennung (§ 1892) — 224
dd)	Mehrere Betreuer	195		
ee)	Hinweis auf weitere Erläuterungen	195	3.	Rückgabe des Betreuerausweises (§ 1893 Abs 2) — 227
c)	Inhalt der Rechnungslegung	196		
aa)	Normtext	196	4.	Amtsende des Gegenvormunds (§ 1895) — 228
bb)	Praxisprobleme	197		
d)	Prüfung durch das Vormundschaftsgericht	199	5.	Anzeige bei Tod des Vormunds (§ 1894) — 229
aa)	Normtext	199		
bb)	Allgemeines	200	**XI.**	**Ansprüche des Betreuten gegen den Betreuer und den Gegenbetreuer (§§ 1833, 1834)**
cc)	Kein Anspruch auf Entlastung	201		
dd)	Berichtigungen und Ergänzungen	202	1.	Allgemeines — 230
ee)	Verpflichtung zur eidesstattlichen Versicherung	203	2.	Die Haftungsnorm des § 1833 und Besonderheiten bei der Betreuung — 231
ff)	Hinweis auf weitere Erläuterungen	203	a)	Die Bedeutung des Willensvorrangs des Betreuten; keine Haftungsbeschränkung — 231
3.	Die sinngemäße Anwendung des § 1845 (Eheschließung des zum Vormund bestellten Elternteils)	204		
a)	Allgemeines	204	b)	Das Zurverfügungstehen von Beratungsangeboten — 232
b)	Bedeutung für das Betreuungsrecht	205		
4.	Die Anwendung des § 1846	206	c)	Die Stellung des Vereins- und des Behördenbetreuers — 233
a)	Normtext	206		

d)	Kein Haftungsausschluß durch die vormundschaftsgerichtliche Genehmigung	233a	
e)	Weitere etwaige haftungsbegründende Pflichtwidrigkeiten	223b	
3.	Verzinsungspflicht (§ 1834)	234	

XII. Befreiungen

1. Sinngemäße Anwendung von § 1857a gemäß § 1908i Abs 1 S 1 und Abs 2 S 2 236
   a) Allgemeines 236
   aa) Die zweifache Anwendbarkeit der Vorschrift 236
   bb) Die von der Befreiungsvorschrift erfaßten Betreuer 237
   cc) Keine Geltung für Geschwister des Betreuten 238
   dd) Keine Befreiungen nach § 56 Abs 2 u 3 KJHG für die Behörde 239
   ee) Möglichkeiten der Einschränkung und Aufhebung der Befreiung nach Abs 2 S 2 240
   b) Kritik 241
   c) Der Umfang der Befreiungen 242
   aa) Die in Bezug genommenen Vorschriften 242
   bb) Die sinngemäße Anwendung auf die Betreuung 243
   d) Die Änderungsermächtigung des § 1908i Abs 2 S 2 244
2. Landesrechtliche Befreiungen aufgrund der Ermächtigung des § 1908i Abs 1 Satz 2 246
   a) In Betracht kommende Ausnahmen 246
   b) Die landesgesetzlichen Ausnahmeregelungen 248
   aa) Baden-Württemberg 248
   bb) Bayern 249
   cc) Berlin 250
   dd) Bremen 251
   ee) Hamburg 252
   ff) Hessen 253
   gg) Sachsen-Anhalt 254
   c) Zur Befreiungsregelung bezüglich § 1907 in Hamburg 255

XIII. Ansprüche des Betreuers und des Gegenbetreuers gegen den Betreuten oder die Staatskasse (einschließlich der Ansprüche des Verfahrenspflegers)

1. Die Entwicklung des Vergütungs- und Aufwendungsersatzrechts 258
2. Normtexte 269
   a) Vorbemerkung 269
   b) Die vor dem 1.7.2005 geltenden Vorschriften 270
   c) Die für Vergütung und Aufwendungsersatz (einschließlich Aufwandsentschädigung) für die Zeit vom 1.7.2005 an maßgebenden Regelungen des 2. BtÄndG 271
3. Das seit dem 1.7.2005 geltende Vergütungs- und Aufwendungsersatzrecht 272
   a) Überblick 272
   b) Allgemeine Voraussetzungen für die Beanspruchung oder Bewilligung von Aufwendungsersatz, Aufwandsentschädigung und Vergütung 280
   c) Leistungen bei ehrenamtlich geführter Betreuung 286
   aa) Aufwendungsersatz/Aufwandsentschädigung 286
   bb) Vergütung 289
   d) Leistungen bei ehrenamtlich geführter Gegenbetreuung 290
   aa) Aufwendungsersatz 290
   bb) Vergütung 291
   e) Aufwendungsersatz gemäß §§ 1835 Abs 3, 1908i Abs 1 S 1 292
   f) Leistungen bei institutioneller Führung der Betreuung, Gegenbetreuung oder Verfahrenspflegschaft 293
   g) Leistungen bei beruflich (mit Anspruch auf Vergütung) geführter (Einzel-)Betreuung und Gegenbetreuung sowie Verfahrenspflegschaft 295
   aa) Die anspruchsberechtigten Personen 295
   bb) Die Feststellung berufsmäßiger Führung der Betreuung/Gegenbetreuung sowie Verfahrenspflegschaft 297
   cc) Kein Wegfall des Vergütungsanspruchs durch den Einwand mangelhafter Amtsführung 306

Titel 2 § 1908i
Rechtliche Betreuung

dd)	Das Regelentgelt bei berufsmäßig geführter Betreuung	307
α)	Das Berechnungssystem	307
β)	Seine Verbindlichkeit	308
γ)	Zur Abgeltung von Aufwendungen	311
δ)	Die Einordnung in die Vergütungsstufen	314
	Anhang zur Einordnung in die Vergütungsstufen: Fachliche Qualifikation des Betreuers	315
ε)	Die Stundenansätze des § 5 VBVG	316
ee)	Sonderfälle der Betreuung	334
ff)	Übergangsregelung	338
gg)	Abrechnung – Zeitraum und Verfahren	339
4.	Zur Zulässigkeit privatrechtlicher Vergütungsvereinbarungen	345

Alphabetische Übersicht

Abkömmlinge, Befreiungen _____ 237
Abrechnung _____ 339
Abschlagszahlungen _____ 270 f, 338
Allgemeine Pflichten des Betreuers _____ 81 ff
Amtsbeendigung des Gegenvormundes _____ 228
Anerkennung von vergleichbaren Ausbildungen _____ 315
Angehörige, Befreiungen _____ 237
Anhörung des Gegenvormundes _____ 153
Anlegung von Geld _____ 131 ff
Anlegung von Geldmitteln bei der Trägerkörperschaft der Behörde _____ 127 ff
Ansprüche
– des Betreuers _____ 258
– des Gegenbetreuers _____ 258 ff
– des Verfahrenspflegers _____ 242
Anspruch auf Beratung _____ 163
Anspruch des Betreuers _____ 72
Anspruch auf Entlastung, kein _____ 201
Anspruchsgegner _____ 279, 288
Anspruchsvoraussetzungen für Vergütung und Aufwendungsersatz _____ 280
Anwaltsspezifische Tätigkeiten _____ 261
Anzeige beim Tod des Betreuers _____ 229
– beim Tod des Gegenbetreuers _____ 229
– beim Tod des Mitbetreuers _____ 229
Aufhebung von Befreiungen _____ 244
Auflagen _____ 177 ff
Aufsicht des Vormundschaftsgerichts _____ 160 ff, 174
Aufwandsentschädigung _____ 258, 270, 287
Aufwendungen _____ 284, 311 ff
Aufwendungsersatz _____ 270, 286 ff
– gemäß § 1835 Abs 3 _____ 292
– Grund und Höhe _____ 284
– pauschalierter _____ 258

– für Verfahrenspfleger _____ 271
Ausbildungsabschlüsse _____ 315
– DDR _____ 265
Auseinandersetzung des Vermögens bei Heirat des Betreuers _____ 204
Auskunft über Führung der Betreuung _____ 81 ff
Auskunft über Führung der Gegenbetreuung _____ 81 ff
Auskunftspflicht _____ 81
Auskunftspflicht bei mehreren Betreuern _____ 88
Ausländische Studienabschlüsse, Anerkennung _____ 315
Auslagenersatz bei Gegenbetreuung _____ 46

Baden-Württemberg, Befreiungsregelung _____ 248
Bayern, Befreiungsregelung _____ 249
– Befreiungsregelung bzgl § 1802 _____ 115
Beamter als Betreuer _____ 8
Beendigung der Betreuung _____ 219 ff, 242
–, Fortführung der Geschäfte durch den Betreuer _____ 65 ff
–, Herausgabe des Vermögens _____ 158
–, Rechnungslegung _____ 158
–, Rechnungslegung und Vermögensherausgabe _____ 158, 220 ff
Befreiung der Behörde _____ 237, 239
– des Behördenbetreuers _____ 237
– des Vereinsbetreuers _____ 237
Befreiungen _____ 236
Befreiungen von der Aufsicht und Kontrolle des VormG _____ 178
– von der Genehmigungsbedürftigkeit _____ 151
–, landesrechtliche von der Inventarisierungspflicht _____ 115
– von der Berichts- und Rechnungslegungspflicht _____ 96

- von der Rechnungslegung — 191
- von der Sperrungsverpflichtung — 136
Befristete Betreuung — 282
Beginn der Betreuung als Anspruchsvorausetzung — 280, 319
Behördenbetreuer
- und Haftung — 233
- Vergütung für — 271
Behördenbetreuung, Ansprüche — 293
Beitrittsgebiet, Vergütungsbesonderheit — 239
Bemessungskriterien für Vergütung — 266
Beratungsangebote für Betreuer — 232
Beratungsanspruch — 163
Beratungsmöglichkeiten, weitere — 166
Beratungspflicht des VormG — 163
Berechnungssystem bei berufsmäßiger Betreuung — 307
Bericht über die persönlichen Verhältnisse — 92
Berichterstattung, periodische — 90 ff
Berichtigung der Rechnungslegung — 202
Berichtspflicht — 85, 90
Berlin, Befreiungsregelung — 250
Berufsbetreuer, Feststellung als — 297
Berufsmäßig geführte Betreuung, Gegenbetreuung oder Verfahrenspflegschaft — 295 ff, 311
Berufsmäßige Führung, Feststellung der — 262, 271
Berufsvormündervergütungsgesetz (BVormVG) — 262, 270
- Text des — 270
Bestellung eines Betreuers — 8 ff
- eines Gegenbetreuers — 20 ff
- eines weiteren Betreuers — 50, 53
Bestellung eines Verfahrenspflegers bei Gegenbetreuerbestellung — 42
Bestellungsverbot für Heimmitarbeiter — 15
Betreuer, allgemeine Pflichten — 81 ff
- Ansprüche (Vergütung, Aufwendungsersatz) — 258 ff
Betreuerbestellung — 8 ff
Betreuermehrheit — 73 ff
- bei Rechnungslegung — 195
Betreuerwechsel — 71, 283
Betreuungsbeginn als Anspruchsvorausetzung — 280, 319
Betreuungsbehörde — 273 f
Betreuungsrechtsänderungsgesetze — 260
Betreuungsverein — 273 f

Bindung an Betreutenwünsche bei Geldanlage — 130
- bei Schenkungen — 123 ff
Bremen, Befreiung bzgl § 1802 — 115
- Befreiungsregelungen — 251
Bürokräfte — 284

DDR, Ausbildungsabschlüsse, Anerkennung — 265
Dienstleistungen des Betreuers — 284
Dritte, Entschädigung für deren Einsatz — 287
Durchsetzung der Inventarisierungspflicht — 113

Ehegatte, Befreiungen — 237
Ehrenamtliche Betreuung, Leistungen bei — 286 ff
- Aufwendungsersatz — 286
- Vergütung — 289
Eidesstattliche Versicherung bei Rechnungslegung — 203
Eigennützige Verwendung von Betreutenvermögen durch Betreuer — 127 ff
Einführung der Betreuer, Mitwirkung des VormG — 171
Einsatz des Vermögens des Betreuten — 270, 279
Einschränkung des Aufgabenkreises — 56
- von Befreiungen — 244
- der Vertretungsmacht des Betreuers — 48 ff
Einstweilige Maßregeln des Vormundschaftsgerichts nach § 1846 — 206
Einstweilige Maßregeln in Unterbringungssachen — 212
Einwand mangelnder Amtsführung — 306
Einzelbetreuung, Ansprüche — 295 ff
Entlastung des Betreuers, kein Anspruch auf — 201
Entwicklung des Vergütungs- und Aufwendungsersatzrechts — 258
Entziehung der Vertretungsmacht des Betreuers — 51 ff
Erben
- ~haftung — 260
- Inanspruchnahme des — 344
Erbschaft, Vermögensverwaltung bei — 117 ff
Ergänzung des Berichts — 97
- der Rechnungslegung — 202
Ergänzungsbetreuer — 282, 284
Erlaubnis zur Führung von Betreuungen — 8 f
Erlöschen

– der Ansprüche — 278, 340
Ermächtigungsnorm für Länderregelungen — 7
Ermessensvergütung — 289

Fachhochschulausbildung, abgeschlossene — 315
Fachkenntnisse, besondere — 315
Fälligkeit der Ansprüche — 338
Festsetzungsverfahren — 260, 339 ff
Feststellung
– berufsmäßiger Führung von Betreuung, Gegenbetreuung und Verfahrenspflegschaft — 297 f
– Zeitpunkt der — 302
Forderungsübergang, gesetzlicher — 270
Fortführung der Geschäfte nach Beendigung der Betreuung — 65 ff, 229
Form des Berichts über die persönlichen Verhältnisse — 94
Freiheitsentziehende Maßnahmen nach § 1906 Abs 4 — 215
Fristbestimmung, abweichende — 278
Führung der Betreuung durch mehrere Betreuer — 73 ff
Fürsorge des VormG — 160 ff

Gegenbetreuer, Amtsbeendigung — 47
–, Ansprüche — 46, 258 ff
–, Aufgabenkreis — 25 ff
–, Auslagenerstattung, Vergütung — 46, 271
–, Beschwerderecht — 186
–, Bestellung eines — 20 ff
–, Bestellungsverfahren — 32 ff
–, Entlassung — 47
–, Funktion — 20 ff
–, Rechtsstellung — 44 ff
Gegenbetreuerbestellung, Verfahrenspflegerbestellung bei — 42
Gegenbetreuung
– Ansprüche — 290 ff
– Berufsmäßige — 293
– Ehrenamtliche — 290
Gegenvormund, Anhörung des — 153
–, Beendigung des Amtes — 228
Genehmigung des Gegenbetreuers (§§ 1812–1820) — 139, 157
Genehmigungsbedürftige Rechtsgeschäfte — 148 ff
Geschäftsführung ohne Auftrag
– als Vergütungsgrundlage — 282

Geschwister des Betreuten, keine Befreiungen für — 238

Härtefälle bei Vermögenseinsatz — 279
Haftung bei Ablehnung der Übernahme — 11
– des Betreuers — 72, 231
– der Erben — 260
– des Vereins — 15 ff
Hamburg, Befreiungsregelungen — 252, 255
–, besondere Befreiungsregelung bzgl § 1907 — 255
Heimaufenthalt des Betreuten — 329 ff
Heirat des Betreuers — 204
Herausgabe des Betreuten — 98 ff
Herausgabe des Vermögens nach Beendigung der Betreuung — 158
Hessen, Regelung betr § 1802 — 115
–, Befreiungsregelungen — 253
Hilfsarbeiten, Entgelt für — 284
Hochschulausbildung, abgeschlossene — 315

Inhalt des Berichts über die persönlichen Verhältnisse — 92
Inklusivvergütung — 275
Institutionell geführte Betreuung, Gegenbetreuung oder Verfahrenspflegschaft — 293
Instrumente vormundschaftsgerichtlicher Aufsicht und Kontrolle — 177
Inventarisierungspflicht des Betreuers — 109, 112

Justizvergütungs- und -entschädigungsgesetz (JVEG) — 260

Keine Befreiungen nach § 56 Abs 2 und 3 KJHG (SGB VIII) — 239, 297
Kenntnisse, besondere — 315
Konfliktregelung bei mehreren Betreuern — 76 f, 80
Kontoführung — 129
Kontrolle des VormG — 173 ff
Kumulation — 260

Landesgesetzliche Regelungen — 108
Landesrechtliche Befreiungen — 115, 244 ff
Lehre, abgeschlossene — 315

Mangelnde Amtsführung, Einwand der — 306
Mehrbetreuerbestellungen — 344

Mehrere Betreuer, Führung der Betreuung
  durch _____ 73 ff
Mehrwertsteuer (Umsatzsteuer) _____ 275
Mittel des Betreuten, Einsatz von _____ 270
Mitteilungen an Behörde _____ 271
Mittellosigkeit des Betreuten _____ 270, 279
– Zeitpunkt der Feststellung _____ 279
Monatspauschale, Berechnung der Höhe 319 ff
Mutter des Betreuten, Befreiungen _____ 237

Nachqualifizierung der Betreuer _____ 270 f
Neubestellung des Betreuers nach Tod
  des Vorbetreuers _____ 324
Normstruktur _____ 7
Nutzbarkeit von (Fach)Kenntnissen _____ 315

Pauschalvergütung _____ 260
Periodische Berichterstattung _____ 90 ff
Personensorge betreffende
  Bestimmungen _____ 98 ff
Pflicht zur Auskunft _____ 81
Pflichten, allgemeine des Betreuers _____ 81 ff
Prüfung der Rechnung _____ 199

Rechnungslegung _____ 189
Rechnungslegung nach Beendigung der
  Betreuung _____ 158, 220
–, Berichtigungen und Ergänzungen der _____ 202
–, bei Betreuermehrheit _____ 195
Rechnungsprüfung _____ 199
Rechtsanwalt, Entschädigung _____ 261
Rechtsanwaltsvergütungsgesetz (RVG) _____ 261
Rechtsstellung des Gegenbetreuers _____ 44
Regelentgelt bei berufsmäßiger Betreuung 307
Regreß, -ansprüche _____ 344
Reichweite der Aufsicht und Kontrolle
  des VormG _____ 174
Religionsdiener als Betreuer _____ 8
Rückgabe des Betreuerausweises _____ 227
Rückzahlungsvorbehalt _____ 344

Sachsen-Anhalt, Befreiungsregelungen _____ 254
–, Regelung bzgl § 1802 _____ 115
Schenkung, Vermögensverwaltung bei _____ 117 ff
Schenkungen des Betreuers _____ 120 ff
– des Betreuten _____ 122
Sonderfälle der Betreuung _____ 276, 334
Soziale Kontrolle der Betreuungsführung _____ 318
Sperrung angelegten Geldes _____ 131, 135

Sperrwirkung bei angelegtem Geld _____ 135
Staatskasse, Vergütung aus _____ 270, 279
Studienabschlüsse _____ 315
Stundenansätze _____ 271, 275, 316 ff
Stundensätze _____ 271, 275

Tod des Betreuers _____ 229
– des Gegenbetreuers, Anzeigepflicht bei 229
– des Mitbetreuers, Anzeigepflicht bei _____ 229

Übergangsregelung _____ 338
Übernahme der Betreuung, Haftung bei
  Ablehnung der _____ 12 ff
Umfang von Befreiungen _____ 242
Umgangsbestimmung _____ 98 ff
Umsatzsteuer _____ 275, 309 f
Umschulung und Fortbildung _____ 270 f
Unentgeltlichkeit, Grundsatz der 262, 272, 289
Unerlaubte Rechtsgeschäfte _____ 49
Unerlaubte Vermögensverwendung für
  Betreuer _____ 127
Unterbringung nach § 1906 Abs 1 _____ 212
Unterbringungssachen, einstweilige
  Maßregeln in _____ 212
Unterstützung des Betreuers durch
  das VormG _____ 163 ff

Vakanz _____ 282, 322, 324
Vater des Betreuten, Befreiungen _____ 237
Verbindlichkeit des Vergütungssystems _____ 308
Vereinbarungen über Vergütung, privat-
  rechtliche _____ 345
Vereinsbetreuer, Vergütung für _____ 271, 274
Vereinsbetreuer und Haftung _____ 233 ff
Vereinsbetreuung, Ansprüche _____ 293
Vereinshaftung _____ 15
Verfahren der Festsetzung von Vergütung
  und Auslagenersatz _____ 260, 339 ff
Verfahrenspfleger, -pflegschaft _____ 60
– Ansprüche des _____ 263, 271
–, Bestellung bei Gegenbetreuerbestellung 42
Vergütung und Aufwendungsersatz _____ 258 ff
Vergütungsstufen
– Einordnung der Betreuer in _____ 314
– Kasuistik _____ 315
Verhinderung des Betreuers und einst-
  weilige Maßregeln des VormG _____ 211
Vermögende Betreute, Vergütungsbe-
  messung _____ 271, 289

Vermögenseinsatz	270	Vormünder- und Betreuervergütungsgesetz	
Vermögensherausgabe nach Beendigung		(VBVG)	271
der Betreuung	158, 220	Vorschuß	288
Vermögenssorge betreffende			
Bestimmungen	103	Wahlrecht des Rechtsanwalts	261
Vermögensverzeichnis	109	Wechsel des Betreuers	71, 283, 323 ff
Vermögensverzeichnis bei Heirat		Wegfall des Betreuers und einstweilige	
des Betreuers	204	Maßregeln nach § 1846	210
Verpflichtung des weiteren Betreuers	64	Weiterer Betreuer, Betreuerausweis	64
Versicherungsauflage	179	–, Verpflichtung des	64
Versperrte Anlegung von Geld	135	Willensvorrang des Betreuten	231
Vertretungsmacht des Betreuers,		Wirkungen der Sperre angelegten Geldes	135
Einschränkungen der	48 ff	Wirkungen unerlaubter Rechtsgeschäfte	49
Verzinsung von Aufwendungsersatz	285	Wirtschaftsplan	133
Verzinsungspflicht für eigenverwendetes			
Mündelgeld	234	Zeitpunkt der Abrechnung	340
Voraussetzungen, allgemeine für		Zeitpunkt des Berichts über die persönlichen Verhältnisse des Betreuten	95
Vergütung und Aufwendungsersatz	280 ff		
– Vordrucke für Abrechnungen	342	Zeitraum der Festsetzung	271, 339 ff
Vormundschaftsgerichtliche Genehmigung		Zielsetzung der Vermögenssorge	106
nach den §§ 1812–1820	139	Zinsen für Aufwendungsersatz	285
		Zwangsgeld	181

A. Allgemeines

I. Gesetzgebungsgeschichte

Ursprünglich (im DiskE I 6) § 1908e nF entsprach die Gesetzesfassung der im Rechts- **1** ausschuß beschlossenen Formulierung. Der RegEntw enthielt noch nicht den S 2 des Abs 1. Außerdem war noch nicht auf die §§ 1792, 1799 und § 1846 verwiesen worden. Die Aufnahme dieser Vorschriften geht auf die Vorschläge des BRates zurück (BT-Drucks 11/4528, 210 f), denen die BReg in ihrer Gegenäußerung zT ohne, zT mit Einschränkungen gefolgt war (BT-Drucks 11/4528, 229; BT-Drucks 11/6949, 81 – Beschlußvorlage des Rechtsausschusses). Der Text der Vorschrift wurde durch Art 1 Nr 18 BtÄndG dahingehend geändert, daß in Abs 1 S 1 an die Stelle des § 1836a der § 1836e getreten ist. Abgesehen von den §§ 1835 bis 1836e wurde von den in Bezug genommenen Vorschriften nur noch § 1817 durch das BtÄndG geändert. Diese Änderungen sind am 1. 1. 1999 in Kraft getreten (Art 5 BtÄndG). Näheres bei den einzelnen Vorschriften.

Die in Abs 1 S 1 in Bezug genommenen §§ 1795 und 1836c sowie § 1908i Abs 2 wurden ergänzt durch Art 2 Nr 17, 18 und 21 des Lebenspartnerschaftsgesetzes v 16. 2. 2001 (BGBl I 266). Abs 1 S 1 wurde neu gefaßt durch Art 1 Nr 16 des 2. BtÄndG v 21. 4. 2005 (BGBl I 1073). Durch die Neufassung sind die Verweisungen an die Änderungen des Vergütungsrechts angepaßt und die bisher fehlenden Normen betreffend die Gegenvormundschaft ergänzt worden.

II. Kritik

2 Die Vorschrift verdient in mehrfacher Hinsicht Kritik. Abs 1 S 1 ist nicht nur wegen seiner zahllosen Verweisungen und der dadurch erschwerten Benutzbarkeit ein Ärgernis. Die Erfahrungen mit der Verweisungstechnik im bisherigen Recht (zB die Orientierung der Vermögenssorge für Volljährige an Grundsätzen für die Minderjährigenvormundschaft; vgl dazu etwa BayObLGZ 1990, 249 = FamRZ 1991, 481, 482 = Rpfleger 1991, 19, 20 sowie BayObLG FamRZ 1992, 106 [LS] = Rpfleger 1992, 11) hätten den Gesetzgeber schon damals dazu veranlassen müssen, auch den Gehalt der Normen, auf die verwiesen wird, inhaltlich zu prüfen und dann erst in eigenständige betreuungsrechtliche Vorschriften zu überführen. Insoweit hat das BtÄndG keine Nachbesserungen gebracht. Bisher gehegte Erwartungen, daß mit einer Reform des (nur noch für Minderjährige geltenden) Vormundschaftsrechts notwendige Korrekturen vorgenommen werden könnten bzw würden, haben sich bisher nicht erfüllt (vgl auch MünchKomm/Wagenitz, Vor § 1773 Rn 16; Schwab/Wagenitz, Familienrechtliche Gesetze [4. Aufl 2002] 25). Ein in gewisser Weise eigenständiges Recht hat das Vergütungs- und Aufwendungsersatzrecht für Betreuer (VBVG) und für Verfahrenspfleger (§ 67a FGG) durch das 2. BtÄndG erhalten.

3 Indem der Gesetzgeber anders als das bisher geltende Recht die in Bezug genommenen Vorschriften einzeln aufführt und von einer globalen Verweisung Abstand genommen hat, ist – entgegen der Behauptung des RegEntw (BT-Drucks 11/4528, 159) – eine grundlegende Änderung nicht erreicht worden. So sind Inhalt und Umfang der die Person des Betroffenen berührenden Angelegenheiten (vgl etwa die Beaufsichtigung) nicht hinreichend bestimmt und von dem im Kindschaftsrecht verwendeten Begriff (§ 1626 Abs 1 S 2, § 1631 Abs 1) abgegrenzt. Problematisch ist der Rückgriff auf ein Aufenthaltsbestimmungsrecht, das inhaltlich für einen Betreuten nicht gleichbedeutend sein kann mit dem des Minderjährigenrechts, das aber andererseits im Betreuungsrecht seinen Rechtscharakter ändert und – entgegen hM – als Willenserklärung eingeordnet wird (vgl § 69l Abs 2 FGG iVm § 1903 BGB).

4 Der Rückgriff auf die Personen- und Vermögenssorgeangelegenheiten in § 1903 und anderen Vorschriften überträgt die bekannten Schwierigkeiten der Zuordnung zu einer der beiden Gruppen in das Betreuungsrecht (vgl LG Köln FamRZ 1998, 919, wonach die Beantragung von Sozialhilfe nicht in den Bereich der Vermögenssorge fällt; krit dazu Bienwald FamRZ 1998, 1567) und lädt dazu ein, bei der Bestimmung der Aufgabenkreise der Betreuer sich der bisher üblichen oder gesetzlich vorgesehenen globalen Bezeichnungen zu bedienen statt Differenzierungen vorzunehmen. Eine eigenständige allgemeine Zielsetzung für die Vermögenssorge des Betreuers fehlt.

5 Die zunächst fragmentarisch aufgenommenen Bestimmungen über die Gegenvormundschaft für die Zwecke einer Gegenbetreuung (dazu im einzelnen unten Rn 20 ff) wurden durch die Neufassung des Abs 1 S 1 ergänzt. Unklar ist weiterhin die Anwendung des die Anhörung von Verwandten und Verschwägerten in wichtigen Angelegenheiten regelnden § 1847 (s dazu unten Rn 104).

6 Obwohl überwiegend und in ständig steigender Zahl Betreuungen für demente alte Menschen eingerichtet werden müssen (für die Gebrechlichkeitspflegschaft bisherigen Rechts s dazu Zenz ua 13; zur Demographie und Epidemiologie Bruder, Gutachten DJT C 6) und dadurch der Tod des Betreuten geradezu zum Regelfall der Beendigung der Betreuung wird, hat der Gesetzgeber über die im Vormundschaftsrecht vorhandenen Abwicklungsbestimmungen hinaus spezifischen betreuungsrechtlichen Belangen nicht Rechnung getragen. Auch insoweit haben weder das erste noch das 2. BtÄndG Neuerungen gebracht. In der Praxis entsteht insbesondere bei geringfügigen Nachlässen das Problem, daß an ihnen kaum Interesse besteht und für deren Sicherung durch Bestellung eines Nachlaßpflegers kein Bedürfnis gesehen wird.

Zu Unklarheiten und Unsicherheiten hinsichtlich der Betreuervergütung und des Staatsregresses nach dem Tod des Betreuten DEINERT in dem gleichnamigen Beitrag in FamRZ 2002, 374. Verbreitete Irrtümer über die Herausgabe des durch die Führung der Betreuung angefallenen Schriftguts (meist fälschlich als Handakten des Betreuers verstanden und/oder bezeichnet) und eine pauschale Übernahme für andere Berufe geregelter Aufbewahrungsfristen (dazu LÜTGENS, Aufbewahrung von Unterlagen, bdbaspekte Heft 43/03, 20) könnten durch eine betreuungsrechtsspezifische Regelung vermieden werden, jedenfalls soweit der Bundesgesetzgeber dafür zuständig ist. Problematisch ist auch die in einzelnen Ländern praktizierte Bestattungspflicht des Betreuers als eines Sorgeberechtigten (Sachsen), obwohl die Betreuung mit dem Tode des Betreuten endet und für die Aufgabenkreisbestimmung das Bundesrecht eine abschließende Regelung getroffen hat (näher BIENWALD BtPrax 2000, 107).

III. Normstruktur

Die Vorschrift enthielt bisher in ihren zwei Absätzen vier Regelungskomplexe. 7
Zunächst wird auf eine Anzahl von Vorschriften aus dem Vormundschaftsrecht, überwiegend solche, die die Vermögenssorge betreffen, und auf kindschaftsrechtliche Regelungen (§ 1632 Abs 1 bis 3) Bezug genommen. Danach enthält Abs 1 Satz 2 eine Ermächtigungsnorm für die Länder zur Regelung weiterer Befreiungen. Abs 2 Satz 1 ergänzt eine Bestimmung, die in den Verweisungszusammenhang des Abs 1 Satz 1 gehört, aber Veränderungen im Hinblick auf die Betreuung erfährt. Schließlich wird für bestimmte Betreuer auf eine Befreiungsvorschrift der Vormundschaft Bezug genommen, von deren Anwendbarkeit das Vormundschaftsgericht durch Einzelentscheidung Abweichungen bestimmen kann.

B. Vorschriften, die auf die Betreuung sinngemäß anzuwenden sind

I. Bestellung eines Betreuers

1. §§ 1784, 1888

a) Normtexte 8

§ 1784
Beamter oder Religionsdiener als Vormund

(1) Ein Beamter oder Religionsdiener, der nach den Landesgesetzen einer besonderen Erlaubnis zur Übernahme einer Vormundschaft bedarf, soll nicht ohne die vorgeschriebene Erlaubnis zum Vormund bestellt werden.

(2) Diese Erlaubnis darf nur versagt werden, wenn ein wichtiger dienstlicher Grund vorliegt.

§ 1888
Entlassung von Beamten und Religionsdienern

Ist ein Beamter oder ein Religionsdiener zum Vormund bestellt, so hat ihn das Vormundschaftsgericht zu entlassen, wenn die Erlaubnis, die nach den Landesgesetzen zur Übernahme der Vormundschaft oder zur Fortführung der vor dem Eintritt in das Amts- oder Dienstverhältnis übernommenen Vormundschaft erforderlich ist, versagt oder zurückgenommen wird oder wenn die nach den Landesgesetzen zulässige Untersagung der Fortführung der Vormundschaft erfolgt.

b) Sinngemäße Anwendung auf die Betreuung

9 Die Vorschriften kommen im Betreuungsrecht erst zum Tragen, wenn das Vormundschaftsgericht eine Person als geeignet ausgewählt hat, der die Übernahme der Betreuung unter Berücksichtigung ihrer familiären, beruflichen und sonstigen Verhältnisse zugemutet werden kann. Aus der Verpflichtung zur Übernahme der Betreuung (§ 1898 Abs 1) soll sich die Verpflichtung ergeben, sich um die Erlaubnis der zuständigen Dienststelle zu bemühen (MünchKomm/Wagenitz § 1784 Rn 8). Dies ist insofern bedenklich, als nach § 1898 Abs 2 der Ausgewählte ohne sein Einverständnis nicht bestellt werden darf und es nicht einzusehen ist, daß der Betreffende um die Genehmigung bitten soll, wenn er nicht die Absicht hat, die Betreuung zu übernehmen. Im Hinblick auf die bestehengebliebene Haftung handelt er allerdings im eigenen Interesse, wenn er um die Genehmigung bittet, um Klarheit darüber zu haben, ob er sie auch erhält. Lehnt die zuständige Stelle die Genehmigung ab, kann er schon aus diesem Grunde nicht bestellt werden. Hat er die Genehmigung erhalten, bindet diese den Ausgewählten nicht; er entscheidet unabhängig davon, ob er die Betreuung übernimmt.

Wurde der Betreuer ohne Erlaubnis bestellt oder konnte die Erlaubnis entgegen ursprünglichen Absichten nicht nachgereicht werden, ist die Bestellung aufzuheben. Die Bestellung ist jedoch nicht nichtig. Begrifflich liegt Ungeeignetheit vor; den Begriff der Untauglichkeit kennt das Betreuungsrecht nicht. Etwaige mit der Einholung der Erlaubnis verbundene Kosten sind Kosten der Betreuung; sie müssen gegebenenfalls aus der Justizkasse ersetzt werden. Zum Begriff des „wichtigen dienstlichen Grundes" iSd § 1784 Abs 2 und zur Frage, ob der Beamte die Einhaltung der Nebentätigkeitsgenehmigungsvorschrift als eigenes Recht im Verwaltungsstreitverfahren geltend machen kann (dies verneinend) BVerwG NJW 1996, 139.

10 Die Vorschriften sind auf alle Arten von Betreuerbestellungen, auch die des Ergänzungs- und des Gegenbetreuers, anzuwenden (§§ 1908i, 1792 Abs 4).

Vgl im übrigen die Erläuterungen zu § 1784 und § 1888.

2. Folgen der unbegründeten Ablehnung

a) Normtext

§ 1787 Abs 1

Wer die Übernahme der Vormundschaft ohne Grund ablehnt, ist, wenn ihm ein Verschulden zur Last fällt, für den Schaden verantwortlich, der dem Mündel dadurch entsteht, dass sich die Bestellung des Vormunds verzögert.

b) Zur sinngemäßen Anwendung auf die Betreuung

Das Betreuungsrecht hat den Grundsatz beibehalten, daß jeder vom Vormundschaftsgericht als geeignet Ausgewählte verpflichtet ist, die Betreuung zu übernehmen (§ 1898 Abs 1). Die Bestellung zum Betreuer ist jedoch von dem Einverständnis des für geeignet gehaltenen Ausgewählten abhängig (§ 1898 Abs 2). Verzichtet wurde aber darauf, durch Androhung, Festsetzung und Vollstreckung von Zwangsgeld auf die Entschließung des Ausgewählten Einfluß zu nehmen. Dagegen ist die Haftungsnorm des § 1787 Abs 1 in das Betreuungsrecht übernommen worden.

Die Haftung gemäß dieser Bestimmung tritt jedoch erst mit dem Zeitpunkt ein, zu dem der Betreuer zur Übernahme der Betreuung verpflichtet war. Das Gericht muß ihn als geeignet ausgewählt haben. Das ist nicht schon dann der Fall, wenn der Betreffende gegenüber der Behörde oder auch dem Gericht vor Ablauf des Betreuerbestellungsverfahrens seine Bereitschaft bekundet hat, als Betreuer tätig zu sein, bevor der Betroffene (der spätere Betreute) zur Person des in Aussicht Genommenen gehört worden ist. Eine Haftung nach § 1787 Abs 1 kommt mithin frühestens ab dem Zeitpunkt in Betracht, zu dem das Gericht die Bestellungsentscheidung trifft, weil erst jetzt die Übernahmeverpflichtung konkretisiert und das Einverständnis mit der Bestellung fällig geworden ist.

Die Vorschrift erfaßt alle diejenigen, die die Übernahme der Betreuung ablehnen können, grundsätzlich aber zur Übernahme verpflichtet sind. Es sind dies alle natürlichen Personen, dh diejenigen Privatpersonen, die als geeignet anerkannt sind. Auf die Vereins- und die Behördenbetreuung, deren Anstellungsträger in die Betreuerbestellung eingewilligt haben, findet die Vorschrift keine Anwendung (s oben § 1898 Rn 6). Dem Verein steht es zu, die Übernahme der Betreuung abzulehnen (BIENWALD, BtR § 1900 Rn 7 ff; MünchKomm/SCHWAB § 1898 Rn 2). Die Behörde dagegen hat nicht die Möglichkeit, ihre Bestellung zum Betreuer durch Ablehnung der Übernahme abzuwenden. Weder bedarf es einer Einwilligung der Behörde als Bestellungsvoraussetzung (Umkehrschluß aus § 1900 Abs 4 iVm Abs 1 S 2), noch der Erklärung ihrer Bereitschaft nach § 1898 Abs 2. Da die Behörde keine Möglichkeit hat, die Übernahme der Betreuung abzulehnen, würde es lediglich einer Form genügen, wollte man von der Behörde die Übernahmeerklärung erfordern.

3. Vereinsvormundschaft (§ 1791a)

a) Normtext

§ 1791a Abs 3 S 1 HS 2 und S 2

(...); eine Person, die den Mündel in einem Heim des Vereins als Erzieher betreut, darf die Aufgaben des Vormunds nicht ausüben. Für ein Verschulden des Mitglieds oder des Mitarbeiters ist der Verein dem Mündel in gleicher Weise verantwortlich wie für ein Verschulden eines verfassungsmäßig berufenen Vertreters.

b) Sinngemäße Anwendung von Abs 3 S 1 HS 2

16 Für die Bestellung einer natürlichen Person zum Betreuer enthält § 1897 Abs 3 eine entsprechende Sperre. Danach kann nicht zum Betreuer bestellt werden, wer zu der Anstalt, dem Heim oder der sonstigen Einrichtung, in welcher der Volljährige untergebracht ist oder wohnt, in einem Abhängigkeitsverhältnis oder in einer anderen engen Beziehung steht. Dem Sinn dieser und der anzuwendenden Vorschrift des § 1791a Abs 3 S 1 HS 2 iVm § 1908i Abs 1 S 1 entspricht es, den Kreis der von der Betreuerbestellung ausgeschlossenen Personen weit zu ziehen und – anders als der Wortlaut des § 1791a Abs 3 es für das Vormundschaftsrecht vorsieht – nicht nur Personen von der Übertragung der Wahrnehmung der Betreuung auszuschließen, die den Betroffenen unmittelbar im Alltag zu betreuen haben (pädagogisches, heilpädagogisches, altenpflegerisches uä Fachpersonal). Auch Mitarbeiterinnen/Mitarbeiter im Küchen- oder Putzdienst befinden sich in einem Abhängigkeitsverhältnis und können demzufolge nicht die Wahrnehmung der Betreuung übertragen bekommen (weniger einschränkend MünchKomm/SCHWAB Rn 7, der nur „faktische Pflege" als Ausschlußgrund ansieht; HOLZHAUER/REINICKE Rn 9 nennt als Beispiel den Altenpfleger).

17 Die Regelung kann nicht abbedungen werden. Ein anderslautender Wille oder Wunsch des Betroffenen (§ 1901 Abs 3) kann nicht berücksichtigt werden. Die Mitteilung des Vereins gemäß § 1900 Abs 2 S 3 hat das Vormundschaftsgericht daraufhin zu prüfen, ob sich der Verein an die Bestimmung des § 1791a Abs 3 S 1 HS 2 gehalten hat.

18 Verstößt der Verein gegen diese Bestimmung, kann der Betreute gerichtliche Entscheidung gemäß § 69c Abs 1 FGG beantragen. Er kann dies allerdings auch sonst, wenn er Einwendungen gegen die vom Verein getroffene Auswahl hat. Das Vormundschaftsgericht kann dem Verein aufgeben, eine andere Person auszuwählen, wenn einem Vorschlag des Betroffenen, dem keine wichtigen Gründe entgegenstehen, nicht entsprochen wurde oder die bisherige Auswahl dem Wohle des Betroffenen zuwiderläuft. Der zuletzt genannte Grund trifft immer dann zu, wenn der Gesetzgeber selbst zum Wohl der Betroffenen ein Bestellungsverbot ausgesprochen und keine Ausnahmen zugelassen hat. Das geregelte Instrument der Konfliktlösung ist jedoch verhältnismäßig stumpf. § 33 FGG ist nicht anzuwenden (§ 69c Abs 1 S 3 FGG). Das Vormundschaftsgericht kann seine Weisung also nicht mit Hilfe von Zwangsgeld durchsetzen.

Das Gericht kann zur Einhaltung der gesetzlichen Bestimmung auch von sich aus tätig werden. Auch hier besteht keine Möglichkeit, dem Anliegen durch Zwangsgeldandrohung und -festsetzung Geltung zu verschaffen. Als letztes Mittel bleibt nur die Möglichkeit der Entlassung des Vereins als Betreuer.

c) Sinngemäße Anwendung von Abs 3 S 2

19 Diese Vorschrift bestimmt, daß der Verein, wenn er zum Betreuer bestellt ist, für ein

Verschulden eines Mitglieds oder eines Mitarbeiters dem Betroffenen in gleicher Weise verantwortlich ist wie für ein Verschulden eines verfassungsmäßig berufenen Vertreters. Dessen Haftung ergibt sich aus § 31 (MünchKomm/SCHWAB Rn 7).

Überträgt der Verein die Wahrnehmung der Betreuung einer anderen Person, die nicht Mitglied des Vereins oder Mitarbeiter ist, sondern als ehrenamtlicher Helfer bereit ist, die Betreuungsaufgabe allein oder mit einem anderen wahrzunehmen, haftet der Verein dem Betreuten oder Dritten gegenüber nach den Bestimmungen der §§ 278, 831 (BIENWALD, BtR² § 1900 Rn 34).

II. Bestellung eines Gegenbetreuers und seine Funktion

1. Gesetzgebungsgeschichte

Die Verweisung auf die einschlägigen Normen geht zurück auf eine Anregung des **20** Bundesrates in seiner Stellungnahme zum Gesetzentwurf der BReg (BT-Drucks 11/4528, 210). Diese stimmte dem Vorschlag zu (BT-Drucks 11/4528, 229). In der Anhörung vor dem Rechtsausschuß wurde die Einführung eines Gegenbetreuers befürwortet (Prot 52). Mit der damals in § 1908i aufgenommenen Verweisung war nur ein Teil der Vorschriften erfaßt worden, die im Vormundschaftsrecht die Gegenvormundschaft regeln.

Die unvollständige Inbezugnahme der Vorschriften über den Gegenvormund wurde **21** überwiegend als ein redaktionelles Versehen gewertet (näher STAUDINGER/BIENWALD [1999] § 1908i Rn 22 f). Obwohl ein Gegenbetreuer selten bestellt wird, überdauerte das Rechtsinstitut der Gegenbetreuung das erste und das 2. BtÄndG. Abs 1 S 1 wurde um die fehlenden Bestimmungen ergänzt (s oben). Der Wortlaut der sinngemäß anzuwendenden Vorschriften wird anschließend mitgeteilt.

2. Normtexte

Bezüglich einer Gegenbetreuung bestimmt nunmehr Abs 1 S 1 die sinngemäße **22** Anwendung der folgenden die Gegenvormundschaft regelnden Bestimmungen. Vom Abdruck des § 1892 Abs 1 und der in § 1895 aufgeführten Vorschriften wird abgesehen.

a) Gegenvormund

§ 1792
Gegenvormund

(1) Neben dem Vormund kann ein Gegenvormund bestellt werden. Ist das Jugendamt Vormund, so kann kein Gegenvormund bestellt werden; das Jugendamt kann Gegenvormund sein.

(2) Ein Gegenvormund soll bestellt werden, wenn mit der Vormundschaft eine Vermögensverwaltung verbunden ist, es sei denn, dass die Verwaltung nicht erheblich oder dass die Vormundschaft von mehreren Vormündern gemeinschaftlich zu führen ist.

(3) Ist die Vormundschaft von mehreren Vormündern nicht gemeinschaftlich zu führen, so kann der eine Vormund zum Gegenvormund des anderen bestellt werden.

(4) Auf die Berufung und Bestellung des Gegenvormunds sind die für die Begründung der Vormundschaft geltenden Vorschriften anzuwenden.

b) Pflichten und Rechte des Gegenvormunds

§ 1799
Pflichten und Rechte des Gegenvormunds

(1) Der Gegenvormund hat darauf zu achten, dass der Vormund die Vormundschaft pflichtmäßig führt. Er hat dem Vormundschaftsgericht Pflichtwidrigkeiten des Vormunds sowie jeden Fall unverzüglich anzuzeigen, in welchem das Vormundschaftsgericht zum Einschreiten berufen ist, insbesondere den Tod des Vormunds oder den Eintritt eines anderen Umstands, infolgedessen das Amt des Vormunds endigt oder die Entlassung des Vormunds erforderlich wird.

(2) Der Vormund hat dem Gegenvormund auf Verlangen über die Führung der Vormundschaft Auskunft zu erteilen und die Einsicht der sich auf die Vormundschaft beziehenden Papiere zu gestatten.

c) Vermögensverzeichnis

§ 1802 Abs 1 S 2

Ist ein Gegenvormund vorhanden, so hat ihn der Vormund bei der Aufnahme des Verzeichnisses zuzuziehen; das Verzeichnis ist auch von dem Gegenvormund mit der Versicherung der Richtigkeit und Vollständigkeit zu versehen.

d) Anhörung des Gegenvormunds vor Erteilung der Genehmigung

§ 1826
Anhörung des Gegenvormunds vor Erteilung der Genehmigung

Das Vormundschaftsgericht soll vor der Entscheidung über die zu einer Handlung des Vormunds erforderliche Genehmigung den Gegenvormund hören, sofern ein solcher vorhanden und die Anhörung tunlich ist.

e) Genehmigung des Gegenvormunds

§ 1832
Genehmigung des Gegenvormunds

Soweit der Vormund zu einem Rechtsgeschäft der Genehmigung des Gegenvormunds bedarf, finden die Vorschriften der §§ 1828 bis 1831 entsprechende Anwendung.

f) **Mitwirkung des Gegenvormunds**

§ 1842
Mitwirkung des Gegenvormunds

Ist ein Gegenvormund vorhanden oder zu bestellen, so hat ihm der Vormund die Rechnung unter Nachweisung des Vermögensbestands vorzulegen. Der Gegenvormund hat die Rechnung mit den Bemerkungen zu versehen, zu denen die Prüfung ihm Anlass gibt.

g) **Mitwirkung des Gegenvormunds**

§ 1891
Mitwirkung des Gegenvormunds

(1) Ist ein Gegenvormund vorhanden, so hat ihm der Vormund die Rechnung vorzulegen. Der Gegenvormund hat die Rechnung mit den Bemerkungen zu versehen, zu denen die Prüfung ihm Anlass gibt.

(2) Der Gegenvormund hat über die Führung der Gegenvormundschaft und, soweit er dazu imstande ist, über das von dem Vormund verwaltete Vermögen auf Verlangen Auskunft zu erteilen.

h) **Amtsende des Gegenvormunds**

§ 1895
Amtsende des Gegenvormunds

Die Vorschriften der §§ 1886 bis 1889, 1893, 1894 finden auf den Gegenvormund entsprechende Anwendung.

3. **Die Gegenbetreuung im einzelnen**

a) **Voraussetzungen für die Bestellung eines Gegenbetreuers**

Die Voraussetzungen für die Bestellung eines weiteren Betreuers als Gegenbetreuer (ERMAN/HOLZHAUER Rn 11) ergeben sich aus der sinngemäßen Anwendung des § 1792. Danach soll ein Gegenbetreuer bestellt werden, wenn mit der Betreuung eine Vermögensverwaltung verbunden ist, es sei denn, daß die Verwaltung nicht erheblich oder daß die Betreuung von mehreren Betreuern gemeinschaftlich zu führen ist. Die gemeinsame Mitbetreuung schließt danach die Gegenbetreuerbestellung aus (§ 1899 Abs 3). Ein Ausschluß der Gegenbetreuerbestellung, wie ihn im Vormundschaftsrecht die Eltern durch letztwillige Verfügung anordnen können (s §§ 1852 Abs 1, 1855, 1856 S 1, § 1777), kommt im Betreuungsrecht nicht in Betracht. Er entfällt auch im Falle vorsorglicher Maßnahmen für Minderjährige gemäß § 1908a, weil diese erst mit der Volljährigkeit wirksam werden und die Entscheidungsvoraussetzungen auf diesen Zeitpunkt bezogen zu prüfen sind.

Ist die Behörde zum Betreuer bestellt worden (§ 1900 Abs 4), kann ein Gegenbetreuer nicht bestellt werden (§§ 1792 Abs 1 S 2). Eine versehentliche Bestellung wäre für die Behörde unbeachtlich. Alle anderen Arten von Betreuern vertragen die Bestellung eines Gegenbetreuers. Zum Gegenbetreuer können alle diejenigen bestellt werden, die auch als Betreuer in Betracht kommen. § 1897 Abs 3 hindert die Bestellung zum Gegenbetreuer nicht (s näher unten Rn 28). Durch die Einschränkung der Mehrbetreuerbestellung (§ 1899 Abs 1 S 2) kann es zu einer Zunahme von Gegenbetreuerbestellungen kommen.

24 Zur Frage einer erheblichen Vermögensverwaltung als Voraussetzung einer Gegenbetreuerbestellung und eines etwaigen Entscheidungsspielraums des Vormundschaftsgerichts s ERMAN/HOLZHAUER § 1792 Rn 2; MünchKomm/WAGENITZ § 1792 Rn 5 ff; STAUDINGER/ENGLER (2004) § 1792 Rn 5. Die Verwaltung mehrerer Immobilien, kontinuierlich zu treffende Anlageentscheidungen für das Kapitalvermögen gegenüber drei verschiedenen Banken sowie schwierige Rechtsfragen aufwerfende Auseinandersetzung des im Ausland befindlichen Nachlasses rechtfertigen die Annahme einer erheblichen Vermögensbetreuung (BayObLG-Rp 2004, 286, 287 = FamRZ 2004, 1992, 1993). Der Bestellung eines Gegenbetreuers steht nicht entgegen, daß die Betreuung über nahezu zwei Jahrzehnte hinweg allein vom Vormundschaftsgericht überwacht wurde, weil der Zweck der Gegenbetreuerbestellung dadurch nicht entfallen ist (BayObLG FamRZ 2004, 1992, 1993).

b) Aufgabenkreis

25 Der Aufgabenkreis des Gegenbetreuers ergibt sich unmittelbar aus dem Gesetz (sinngemäße Anwendung von § 1799). Für das Vormundschaftsrecht bedarf dies keiner Erwähnung, weil dort die Aufgabe des Vormunds gesetzlich vorgegeben und nicht Gegenstand gerichtlicher Entscheidung ist. Der Gegenbetreuer ist nicht gesetzlicher Vertreter des Betreuten, sondern ein Überwachungsorgan (BayObLG aaO). Der Gegenbetreuer hat darauf zu achten, daß der Betreuer die Betreuung pflichtmäßig führt. Er hat dem Vormundschaftsgericht Pflichtwidrigkeiten des Betreuers sowie jeden Fall unverzüglich anzuzeigen, in welchem das Vormundschaftsgericht zum Einschreiten berufen ist, insbesondere den Tod des Betreuers oder den Eintritt eines anderen Umstandes, infolge dessen das Amt des Betreuers endigt oder die Entlassung des Betreuers erforderlich ist.

Der Betreuer hat dem Gegenbetreuer auf Verlangen über die Führung der Betreuung Auskunft zu erteilen und die Einsicht in die sich auf die Betreuung beziehenden Papiere zu gestatten.

26 Wie der Gegenvormund hat der Gegenbetreuer die Aufgabe, den Betreuer zu beaufsichtigen und an der Vermögensverwaltung in bestimmter Weise mitzuwirken. Zu einer Reihe von Rechtsgeschäften braucht der Betreuer die Genehmigung des Gegenbetreuers, wofür andernfalls das Vormundschaftsgericht zuständig wäre. Aus diesem Grunde fragt es sich, ob die Bestellung des Gegenbetreuers über die Voraussetzungen des § 1792 hinaus einer eigenen Erforderlichkeitsprüfung bedarf (entsprechende Anwendung von § 1896 Abs 2 S 1), wenn durch andere Kontrollen sichergestellt wäre, daß es eines Gegenbetreuers nicht bedarf (MünchKomm/SCHWAB Rn 9 Fn 3 will das Prinzip der Erforderlichkeit im Falle der Gegenbetreuerbestellung nicht gelten lassen). Angesichts der zahlreichen gesetzlich bestimmten Aufgaben des Gegenbetreuers im Bereich der Vermögenssorge, insbesondere die vorgeschaltete Prüfung der Rechnung des Betreuers (§ 1892 iVm § 1908i Abs 1 S 1), kann die Bestellung eines Gegenbetreuers nicht im Hinblick auf eine andere, durch Bevollmächtigung sichergestellte Kontrolle entbehrt werden.

Zur zusätzlichen Beauftragung des Gegenbetreuers mit den in § 1896 Abs 4 aufgeführten Angelegenheiten s BIENWALD, BtR[2] § 1896 Rn 221. Zur Frage, ob der Gegenbetreuer auch Aufsichtsorgan des für besondere Angelegenheiten eingesetzten Ergänzungsbetreuers ist, s BIENWALD, BtR § 1896 Rn 269. Zur Frage des Fortbestands früherer Gegenvormundschaften s STAUDINGER/BIENWALD[12] Rn 27.

c) Die Bestellung hindernde Normen
Für die Bestellung eines Gegenbetreuers ist § 1897 bis auf die Abs 3 bis 5 entsprechend anwendbar (**aA**, jedenfalls für § 1897 Abs 4, MünchKomm/SCHWAB Rn 10). Das absolute Verbot des Abs 3 muß für die Bestellung eines Gegenbetreuers dahingehend relativiert werden, daß zwar im Einzelfall die das Verbot begründenden Argumente die Bestellung eines Gegenbetreuers verbieten können, im allgemeinen jedoch aus der Tatsache der Mitarbeiterstellung des in Aussicht genommenen Gegenbetreuers allein keine die Bestellung hindernden Schlüsse gezogen werden können. Aufgabe des Gegenbetreuers ist nicht die Wahrnehmung der Angelegenheiten des Betreuten unmittelbar, sondern die Kontrolle und Aufsicht des Betreuers; diese geht nicht soweit, daß der Gegenbetreuer bei Pflichtwidrigkeiten des Betreuers unmittelbar in dessen Betreuungstätigkeit eingreifen darf (MünchKomm/WAGENITZ § 1799 Rn 1 für den Gegenvormund). Ist zu besorgen, daß ein als Gegenbetreuer in Aussicht genommener Mitarbeiter die Interessen seines Anstellungsträgers zum Nachteil des Betreuten wahrnimmt, hat seine Bestellung zu unterbleiben.

Da die Kontrolle des Betreuers nur Personen anvertraut werden kann, die eine erforderliche Unabhängigkeit und Distanz zu dem Betreuer haben, kann einem Personalvorschlag des Betroffenen nur dann gefolgt werden, wenn sorgfältig geprüft werden kann, ob dies dem Wohl des Volljährigen zuwiderlaufen würde.

Während als Einzelbetreuer nur eine natürliche Person geeignet ist, die den Betreuten in dem erforderlichen Umfang „persönlich betreuen" (dazu BT-Drucks 11/4528, 68) kann, kommt es bei der Gegenbetreuung auf diese Art der Aufgabenwahrnehmung nicht, jedenfalls nicht in gleichem Maße wie bei der Betreuung an. Zum Nachrang der Vereins- und Behördenbestellung gegenüber der Bestellung einer Einzelperson s auch STAUDINGER/ENGLER (2004) § 1792 Rn 18 ff (für den Gegenvormund). Die Aufsicht und Kontrolle über die Betreuungstätigkeit in den Angelegenheiten der Vermögensverwaltung nimmt der Gegenbetreuer in unmittelbarer Beziehung zu dem Betreuer, nicht dagegen zu dem Betreuten, wahr (zur Rechtsstellung des Gegenbetreuers s unten Rn 44 ff). Im Einzelfall kann es erforderlich sein, daß auch der Gegenbetreuer die Lebensumstände des Betreuten sowie dessen Wünsche und Vorstellungen kennenlernt, um so seiner Aufgabe besser gerecht werden zu können.

Auch den verwandtschaftlichen und sonstigen persönlichen Bindungen des Volljährigen (§ 1897 Abs 5) kann bei der Bestellung des Gegenbetreuers nicht die Bedeutung beigemessen werden, wie das bei der Bestellung eines Betreuers der Fall ist. Eine entsprechende Anwendung der Vorschrift auf die Gegenbetreuerbestellung entfällt deshalb. Der Gedanke des § 1897 Abs 5 hat seinen Platz im Rahmen von § 12 FGG (Amtsermittlung).

Gegen die entsprechende Anwendung von § 1898 bestehen dagegen keine Bedenken. Eine entsprechende Anwendung des § 1899 kommt zwar, bis auf Abs 2 (Sterilisationsbetreuer), grundsätzlich in Betracht. Mehrere Gegenbetreuer sind denkbar. Aus tatsächlichen Gründen läßt sich eine solche Konstellation selten vorstellen. Auch die Bestellung eines Gegenbetreuers für mehrere Betreuer ist nicht ausgeschlossen (s auch Erman/Holzhauer Rn 13). Der durch Art 1 Nr 9 a 2. BtÄndG angefügte § 1899 Abs 1 S 2 verbietet jedoch die Bestellung mehrerer vergütungsberechtigter Gegenbetreuer.

31 Eine entsprechende Anwendung des § 1900 Abs 2 S 1 und des Abs 1 S 2 steht unter ähnlichen Vorbehalten wie die von § 1897 Abs 4; S 2 insofern, als er zuläßt, daß das Wohl des Betroffenen Vorrang vor seinem Willen genießt. Maßgebend für die Entscheidung von Verein oder Behörde, wem die Aufgabe der Gegenbetreuung übertragen wird, ist die Aufgabe des Gegenbetreuers unter Beachtung des Wohls des Betroffenen. Aus diesem Grunde sind im Falle einer gerichtlichen Entscheidung nach § 69c Abs 1 FGG bei einer Gegenbetreuerbestellung andere Maßstäbe anzulegen als bei der Übertragung der Wahrnehmung der Betreuung.

d) Das Bestellungsverfahren

32 Über das Bestellungsverfahren für den Gegenbetreuer ist im Gesetz nichts ausgesagt. Da das materielle Betreuungsrecht das Institut der Gegenbetreuung vorsieht, muß ein Verfahren gefunden werden, die Gegenbetreuung einzurichten und auch wieder aufzuheben.

33 aa) Obwohl der Betreuerbestellung und der Bestellung eines Gegenbetreuers unterschiedliche Zielsetzungen zugrundeliegen, kann grundsätzlich der Auffassung gefolgt werden, daß auf die Bestellung eines Gegenbetreuers diejenigen Verfahrensvorschriften anzuwenden sind, die für die Bestellung eines Betreuers gelten (Keidel/Kayser § 69i FGG Rn 12; MünchKomm/Schwab Rn 11; Holzhauer/Reinicke § 69i FGG Rn 18; im Ergebnis auch JKMW Rn 317). Für eine andere Lösung gäbe es wohl keine Argumente. Fraglich kann nur sein, welche der Regelungen unangewendet bleiben dürfen oder müssen.

Der Mangel einer gesetzlichen Regelung dieses Verfahrens ist insbesondere für die Tatsacheninstanzen und die Beteiligten mißlich, weil ungewiß ist, ob von den Rechtsmittelgerichten die Entscheidung aus Gründen von Verfahrensmängeln aufgehoben werden wird. Die Situation ähnelt der des § 69i Abs 1 FGG, wo dem Gericht Verfahrenserleichterungen eingeräumt werden, nicht aber eindeutig geregelt wird, wann diese Situationen bestehen (s dazu zB Holzhauer/Reinicke § 69i FGG Rn 6). Um das Risiko eines Verfahrensfehlers erst gar nicht einzugehen, wird das Gericht in erster Instanz eher das „Normalverfahren" wählen als von Verfahrenshandlungen Abstand nehmen. Dadurch erspart sich das Gericht freilich nicht den Vorwurf, ein zu teueres Verfahren gewählt zu haben, wenn das Ziel auch einfacher zu erreichen gewesen wäre.

34 Die Anwendung der Vorschriften für die Bestellung eines weiteren Betreuers ohne Ausdehnung des Aufgabenkreises, die von MünchKomm/Schwab Rn 11, Damrau/Zimmermann Rn 3 und Holzhauer/Reinicke Rn 18 (von Schwab jedenfalls für die nachträgliche Bestellung) vorgeschlagen wird, stößt deshalb auf Bedenken, weil zB die nach § 69i Abs 5 HS 2 FGG hierfür anzuwendenden Vorschriften nicht ausdrücklich die Anhörung des Betreuten vorsehen, ein Mangel, der – trotz Art 103 Abs 1 GG – schon zu Zeiten der Gebrechlichkeitspflegschaft zu fehlerhaften Verfahren geführt hatte (dazu ZENZ ua 22; BIENWALD, Untersuchungen 52 ff). Maßstab für die Entscheidung darüber kann nicht der Vergleich mit dem Kontrollbetreuer des § 1896 Abs 3 sein. Entgegen JKMW Rn 317 hat auch dieser Betreuer echte Kompetenzen, indem er die Rechte des Betreuten geltend macht, zu deren Wahrnehmung dieser nicht imstande ist. Demgegenüber schmälert die Bestellung eines Gegenbetreuers nicht unmittelbar die Rechtsposition des Betreuten. In dessen Rechte greift unmittelbar nur die Betreuerbestellung ein. Der Gegenbetreuer nimmt dagegen nicht Rechte des Betreuten, sondern Aufsichts- und Kontrollfunktionen wahr, die das Vormundschaftsgericht ohne Gegenbetreuerbestellung selbst wahrnehmen müßte und würde. Unmittelbar betroffen wird der Betreute durch die wirtschaftlichen Konsequenzen der Gegenbetreuerbestellung, weil er die Kosten der Bestellung zu tragen hat und vor allen Dingen Auslagenersatz und Vergütung aus seinem Vermögen schuldet. Auf eine nochmalige für die Zwecke der Gegenbetreuerbestellung vorgenommene Feststellung der Betreuungsbedürftigkeit (nach § 68b FGG) kommt es nicht an (ähnlich DAMRAU/ZIMMERMANN[2] § 69i FGG Rn 14).

bb) Die sich aus der Verfassung unmittelbar ergebenden Rechte des Betroffenen 35 (Art 103 Abs 1 GG) stehen dem Betreuten in dem Verfahren zur Bestellung oder Abbestellung eines Gegenbetreuers zu. Eine persönliche Anhörung des Betroffenen (§ 68 FGG) ist dagegen nicht erforderlich (BayObLG-Rp 2001, 60 = FamRZ 2001, 1555: in der Regel nicht) Sie kann dann geboten sein, wenn das Gericht Zweifel hegt, daß der Vorschlag des Betroffenen seinem wirklichen Willen entspricht (BayObLG aaO). Ebensowenig bedarf es einer gutachtlichen Äußerung im Sinne des § 68b FGG (zweifelnd MünchKomm/SCHWAB Rn 11). Die zur Frage der Betreuungsbedürftigkeit (einschl Umfang und Zeit) gehörten Sachverständigen können sich in der Regel zur Frage der Gegenbetreuung nicht äußern. Deshalb kommt auch die Verfahrensvereinfachung des § 69i Abs 1 S 2 (eingeführt durch Art 2 Nr 10 d ersten BtÄndG) der Gegenbetreuerbestellung nicht zugute. Die in § 68b Abs 1 FGG formulierte Beweisfrage bezieht sich auf die Notwendigkeit der Betreuung und gegebenenfalls auf den Umfang und die voraussichtliche Dauer der Betreuungsbedürftigkeit. Das Gericht kann im Verfahren zur Bestellung eines Gegenbetreuers im Rahmen seiner Ermittlungsbefugnis (§ 12 FGG) allerdings ein Sachverständigengutachten einholen, jedoch nur zu der Frage, ob eine erhebliche Vermögensverwaltung vorliegt oder zu erwarten ist und dies eine Gegenbetreuerbestellung erforderlich macht (§ 1792 Abs 2).

Fraglich ist es, ob eine Erweiterung oder eine Einschränkung des Aufgabenkreises 36 des Gegenbetreuers in Frage kommt und damit § 69i FGG entsprechend anzuwenden ist. Grundsätzlich ist die Aufgabe des Gegenbetreuers gesetzlich vorgegeben, so daß eine gerichtliche Einschränkung oder Erweiterung unterbleibt. Denkbar ist jedoch, daß die in § 1896 Abs 4 aufgeführten Angelegenheiten ganz oder teilweise in einem selbständigen Verfahren dem Gegenbetreuer dahingehend übertragen werden, daß er Zugang zu den Schriftstücken und den von § 1896 Abs 4 erfaßten Medien erhält, um seine Prüf- und Kontrollfunktion ausüben zu können, oder ein diese Angelegenheiten enthaltender Aufgabenkreis eingeschränkt wird. Hier ist dann nach § 69i FGG zu verfahren.

37 cc) Auch über die Bestellung des Gegenbetreuers entscheidet das Vormundschaftsgericht in der Form der Einheitsentscheidung. Für deren Inhalt ist § 69 FGG maßgebend. Wegen der Akzessorietät der Gegenbetreuung kann der Zeitpunkt, zu dem das Gericht spätestens über die Aufhebung oder Verlängerung der Maßnahme zu entscheiden hat, nicht später als der für die Bestellung des Betreuers maßgebende liegen. Auf § 69 FGG wird in § 69i Abs 5 HS 2 FGG zwar nicht Bezug genommen. Die danach zu treffende Entscheidung muß jedoch einen bestimmten Inhalt haben.

38 dd) Nach ganz überwiegender Auffassung im Schrifttum soll für die Bestellung des Gegenbetreuers (mit Ausnahme eines dem Kontroll- oder Überwachungs- bzw Vollmachtbetreuer zu bestellenden Gegenbetreuers, vgl MünchKomm/SCHWAB Rn 11) der Richter funktional zuständig sein (ERMAN/HOLZHAUER Rn 13; JKMW Rn 317). Die Begründungen lauten unterschiedlich. Während SCHWAB die Richterzuständigkeit durch die Einordnung der Gegenbetreuerbestellung in die §§ 1896, 1899 (in § 14 Nr 4 RPflG) erreichen will, begründen JÜRGENS ua die Zuständigkeit des Richters mit den dem Gegenbetreuer zustehenden „echten Kompetenzen", die den Betreuten einschränken. ERMAN/HOLZHAUER Rn 13 bezieht sich auf § 14 RPflG und den engen Zusammenhang mit der Bestellung des Betreuers, „obwohl die Aufgabe des Gegenbetreuers derjenigen eines Betreuers nach § 1896 Abs 3 verglichen werden kann".

Anderer Ansicht sind BIENWALD, BtR § 1896 Rn 275 und SPANL Rpfleger 1992, 142, 144 sowie LG Bonn Rpfleger 1993, 233. Eine Zuständigkeit kraft Sachzusammenhangs könnte nur in den Fällen gleichzeitiger Bestellung von Betreuer und Gegenbetreuer überzeugen. Der Argumentation von JÜRGENS ua kann aus den bereits genannten Gründen (s oben Rn 34) nicht gefolgt werden (wie hier nunmehr MünchKomm/ SCHWAB Rn 11). Noch eher zutreffend erscheint die Argumentation von SCHWAB. Am meisten überzeugt der Gedanke eines Sachzusammenhangs, der nicht aus der Zuständigkeitsbestimmung des § 14 RPflG und dem mehr oder weniger zufälligen Verfahrensablauf gewonnen wird, sondern von der Aufgabe des Gegenbetreuers ausgeht. Der Funktion nach handelt es sich bei dem Gegenbetreuer nicht um einen Betreuer nach §§ 1896, 1899, sondern um ein dem Kontrollbetreuer nach § 1896 Abs 3 verwandtes Rechtsinstitut, dessen Amtsträger deshalb von demjenigen bestellt werden sollte, zu dessen Entlastung er tätig wird (SPANL aaO).

39 ee) Fraglich ist, ob das Gericht von der Gegenbetreuerbestellung anderen Gerichten, Behörden oder sonstigen öffentlichen Stellen Mitteilung zu machen hat (§ 69k FGG). Da die Bestellung eines Gegenbetreuers zum Schutz des Betreuten vor einer pflichtwidrigen Betreuung und zur Erleichterung der vormundschaftsgerichtlichen Aufsichts- und Kontrolltätigkeit (allerdings auch zur Arbeitserleichterung des Betreuers wegen der Entbehrlichkeit vormundschaftsgerichtlicher Genehmigungen; ähnl SCHMIDT, Handbuch Rn 915) vorgenommen wird, entfallen die eine Mitteilung nach § 69k FGG rechtfertigenden Zwecke.

40 ff) Die Entscheidung über die Bestellung eines Gegenbetreuers ist dem Betroffenen und dem Betreuer bekanntzumachen (§ 69a Abs 1 FGG regelt nur die Bekanntmachung an den Betroffenen!). Der Behörde ist diese Entscheidung nur nach Maßgabe des § 69a Abs 2 S 2 FGG bekanntzumachen. Eine Mitteilung nach Abs 2 S 1 ist nicht erforderlich; sie ist aber – auch unter datenschutzrechtlichen Aspekten –

unschädlich. Die Entscheidung über die Bestellung eines Gegenbetreuers wird mit der Bekanntgabe an ihn, wegen der Akzessorietät der Gegenbetreuung aber frühestens mit der Wirksamkeit der Betreuerbestellung wirksam.

gg) Auch der Gegenbetreuer ist mündlich zu verpflichten (§ 69b Abs 1 S 1 FGG) **41** und über seine Aufgabe zu unterrichten (§ 69b Abs 1 S 2 FGG), sofern nicht die Voraussetzungen des S 3 vorliegen. Der Gegenbetreuer erhält einen Ausweis nach Maßgabe des § 69b Abs 2 FGG (STAUDINGER/ENGLER [2004] § 1792 Rn 15). Der Bestellte ist als Gegenbetreuer zu bezeichnen. Da der Gegenbetreuer als Sachwalter im Verhältnis zu dem Betreuungsamt, nicht dagegen als Aufsichts- und Kontrollorgan gegenüber einem bestimmten Amtsinhaber bestellt wird, entfällt die Angabe des Betreuers. Obwohl die Fälle der Beteiligung des Gegenbetreuers dem Gesetz zu entnehmen sind und dem Rechtsverkehr bekannt sein können, ist es sinnvoll, die Gegenbetreuung auf dem Ausweis des Betreuers zu dokumentieren.

e) Bestellung eines Verfahrenspflegers

Ein weiteres Verfahrensproblem der Gegenbetreuerbestellung ist die Bestellung **42** eines Verfahrenspflegers; jedenfalls muß sich das Gericht darüber Klarheit verschaffen, wenn über die Bestellung eines Gegenbetreuers in einem separaten Verfahren entschieden werden soll. Wer die Bestellung des Gegenbetreuers in einem analog der Bestellung eines weiteren Betreuers ohne Erweiterung des Aufgabenkreises nach § 69i Abs 5 HS 2 FGG durchgeführten Verfahren uneingeschränkt befürwortet, kommt zwangsläufig zu dem Ergebnis, daß eine Anwendung von § 67 FGG (Pfleger für das Verfahren) entfällt. Werden je nach Sinn und Zweck der Verfahrensvorschriften die für die Bestellung eines Betreuers vorgegebenen Normen auf die Bestellung eines Gegenbetreuers angewendet, spricht für eine Anwendung des § 67 FGG die in § 56g Abs 4, § 69e S 1 FGG enthaltene Regelung, den Betreuten in den ihn betreffenden und belastenden Entscheidungen zur Festsetzung einer Vergütung zu hören. Auch der Anspruch auf rechtliches Gehör und die Geltendmachung materiellrechtlicher Vorschlagsrechte (zB § 1897 Abs 4, nach MünchKomm/ SCHWAB Rn 10 bindend) führt dazu, jedenfalls dann einen Verfahrenspfleger zu bestellen, wenn der Betreute andernfalls außerstande wäre, seine Rechte geltend zu machen. Tatsächlich wird, weil die Gegenbetreuerbestellung bei vorhandenem Vermögen in Frage kommt, die Bestellung eines Verfahrenspflegers oft deshalb unterbleiben, weil der Betreute von einem Rechtsanwalt oder von einem anderen geeigneten Verfahrensbevollmächtigten vertreten wird (§ 67 Abs 1 S 6 FGG).

f) Rechtsmittel

Gegen die Bestellung und die Ablehnung der Bestellung eines Gegenbetreuers ist **43** Beschwerde/Erinnerung statthaft (§ 19 FGG). Im Falle der Bestellung eines Gegenbetreuers ist jeder beschwerdeberechtigt, dessen Recht durch die Verfügung beeinträchtigt wird (§ 20 FGG). Das sind der Betreuer und der Betreute/Betroffene. Dieser ist auch insoweit verfahrensfähig (§ 66 FGG), als es um das Verfahren zur Bestellung eines Gegenbetreuers geht, unabhängig davon, daß die Entscheidung in einem separaten Verfahren getroffen wird. Das Beschwerderecht der Betreuungsbehörde richtet sich nach § 69g Abs 1 FGG.

Den in § 69g Abs 1 S 1 aE FGG aufgeführten Angehörigen des Betroffenen kann auf Grund dieser Vorschrift ein eigenes Beschwerderecht gegen die Bestellung nicht zugebilligt werden, sie sind von der Entscheidung allenfalls mittelbar in bezug auf die Auswahl der Person betroffen. Gegen die Ablehnung der Bestellung eines Gegenbetreuers haben sie kein Beschwerderecht, weil sie durch diese Entscheidung nicht in ihren Rechten betroffen werden. Ihre etwaigen wirtschaftlichen Interessen, die durch eine pflichtwidrige Amtstätigkeit berührt sein könnten, werden nicht geschützt.

Gegen die Ablehnung der Bestellung eines Gegenbetreuers kann der Betreuer und kann ebenso der Betreute Beschwerde/Erinnerung einlegen, weil eine Gegenbetreuerbestellung (auch) in ihrem Interesse liegen würde. Die Einlegung von Rechtsmitteln im Namen des Betreuten ist dem Gegenbetreuer auf Grund seiner andersartigen Rechtsstellung (kein Vertretungsrecht, s unten Rn 44) verwehrt (aA offenbar KEIDEL/KAHL, § 20 FGG Rn 21). Zu einem eigenen Beschwerderecht des Gegenbetreuers s KEIDEL/KAHL § 20 FGG Rn 59 sowie ERMAN/HOLZHAUER § 1799 Rn 5.

4. Die Rechtsstellung des Gegenbetreuers

a) Allgemeines

44 Der Gegenbetreuer ist zwar Kontrollorgan (BayObLG-Rp 2004, 286 = FamRZ 2004, 1992) gegenüber dem Betreuer, aber nicht berechtigt, selbst in die Betreuertätigkeit einzugreifen, wenn er sie für pflichtwidrig hält. Er hat lediglich die Möglichkeit, das Vormundschaftsgericht auf die Pflichtwidrigkeit aufmerksam zu machen (MünchKomm/WAGENITZ § 1799 Rn 1). Der Gegenbetreuer steht wie auch der Betreuer unter der Aufsicht des Vormundschaftsgerichts (§ 1837 Abs 2 iVm § 1908i Abs 1 S 1). Der Gegenbetreuer ist nicht gesetzlicher Vertreter des Betreuten (BayObLG aaO). § 1902 ist auf ihn nicht anwendbar (STAUDINGER/ENGLER [2004] § 1792 Rn 16 betr den Gegenvormund). Für die Wahrnehmung der Gegenbetreuung sind die für die Gegenvormundschaft geltenden Vorschriften maßgebend. Es sind dies: § 1802 Abs 1 S 2, §§ 1805, 1809 und 1810, 1812 Abs 1, 1824 bis 1826, 1832 iVm 1828 bis 1831, 1886 bis 1889, 1891 Abs 1 und 2, 1892 Abs 1 und Abs 2 S 1, 1893 bis 1895. Für die Haftung des Gegenbetreuers gilt § 1833 Abs 1 S 2 und Abs 2 S 2, jeweils iVm § 1908i Abs 1 S 1. Im Rahmen der Aufsichts- und Kontrollfunktion des Gegenbetreuers ieS kommen die §§ 1837 Abs 2 S 1 und S 2, 1839, 1842, 1857a (§ 1852 Abs 2 S 1 und S 2 sowie § 1854 Abs 3) zur Anwendung. Das Vormundschaftsgericht muß dem Gegenbetreuer grundsätzlich nicht Gelegenheit geben, sich zu der beabsichtigten Abgabe des Betreuungsverfahrens zu äußern (BayObLGZ 1996, 274 = FamRZ 1997, 438 = BtPrax 1997, 123).

b) Beschränkungen durch das BtG

45 Angesichts der gesetzlichen Handlungsanweisungen für den Betreuer ist die Kontrollbefugnis des Gegenbetreuers gegenüber dem Gegenvormund des bisherigen Rechts erheblich eingeschränkt. Durch § 1901 wird nicht nur der Handlungsspielraum des Betreuers, sondern auch der des Gegenbetreuers (Akzessorietät) begrenzt (BIENWALD, BtR § 1896 Rn 269).

Die Befugnisse und die Verpflichtungen des Gegenbetreuers werden auch dadurch eingeschränkt, daß § 1908i Abs 2 S 2 die sinngemäße Anwendung des § 1857a auf einen größeren Personenkreis als bisher ausdehnt.

c) Auslagenersatz und Vergütung

46 Der Anspruch des Gegenbetreuers auf Ersatz seiner Aufwendungen und die Bewilligung einer Vergütung richten sich für die bis zum 1.7.2005 entstandenen Ansprüche nach den für den Gegenvormund geltenden Bestimmungen der §§ 1835 ff (§ 1908i Abs 1 S 1). Im einzelnen sind dies § 1835 Abs 1 S 2, § 1835 Abs 2 S 2–4, § 1835 Abs 3 und 5, § 1836 bis § 1836b. Für die nach dem 1.7.2005 entstandenen und entstehenden Ansprüche sind die für Betreuer geltenden Allgemeinen Bestimmungen und die Sondervorschriften für Betreuer des Vormünder- und Betreuervergütungsgesetzes maßgebend, das durch das 2. BtÄndG eingeführt worden ist. Dazu näher unten (Rn 258 ff) Abschnitt XIII.

Auslagenersatz aus der Staatskasse nach Maßgabe des § 1835 Abs 4 kann auch der Gegenbetreuer verlangen. Auch die Anwendung von § 1835a kann im Einzelfall in Frage kommen, wenn dem Gegenbetreuer eine Vergütung nicht bewilligt wird. Sind Vereins- oder Behördenbetreuer zu Gegenbetreuern bestellt worden, richtet sich die Geltendmachung von Auslagenersatz und Vergütung nach den §§ 1908e und 1908h, sofern die Ansprüche vor dem 1.7.2005 entstanden sind. Wurde ein Betreuungsverein oder die zuständige Behörde zum Gegenbetreuer bestellt, sind für die bis zum 1.7.2005 entstandenen Ansprüche § 1835 Abs 5, § 1835a Abs 5 sowie § 1836 Abs 4 zu beachten. Im Sinne von § 10 VBVG (bisher § 1908k) sind meldepflichtige Betreuungen auch Gegenbetreuungen.

5. Entlassung des Gegenbetreuers; Beendigung des Amtes

47 Der Gegenbetreuer ist vom Vormundschaftsgericht grundsätzlich nach den gleichen Regeln zu entlassen, die für die Entlassung des Betreuers gelten (§ 1908b). Eine Bindung des Vormundschaftsgerichts, wie sie in § 1908b Abs 3 für die Betreuung vorgesehen ist, kann für die Gegenbetreuung aus den bereits oben Rn 29 ff erörterten Gründen nicht gelten.

Stirbt der Gegenbetreuer oder wird er entlassen, und ist weiterhin ein Gegenbetreuer erforderlich, so ist ein neuer Gegenbetreuer zu bestellen (§ 1908c). Ist der Gegenbetreuer nicht mehr erforderlich, weil der Grund der Bestellung entfallen ist (besteht zB keine erhebliche Vermögensverwaltung mehr), hebt das Vormundschaftsgericht die Gegenbetreuung auf. Eine Aufhebung auf Antrag des Betroffenen (§ 1908d Abs 2 S 1) entfällt. Anders als im Falle des § 1896 Abs 1 hat der Betroffene auf die Bestellung eines Gegenbetreuers keinen Anspruch. Da die Bestellung eines Gegenbetreuers nicht unmittelbar in diese Rechte des Betroffenen eingreift, bedarf es auch im Falle körperlicher Behinderung keines Antrages.

Endet die Betreuung oder wird die Bestellung eines Betreuers im Rechtsmittelzug aufgehoben, endet auch die Gegenbetreuung, ohne daß es einer Aufhebungsentscheidung bedarf (Akzessorietät der Gegenbetreuerbestellung).

III. Einschränkungen der Vertretungsmacht des Betreuers (§§ 1795, 1796)

48 **1. Norminhalt**

§ 1795
Ausschluss der Vertretungsmacht

(1) Der Vormund kann den Mündel nicht vertreten:

1. bei einem Rechtsgeschäft zwischen seinem Ehegatten, seinem Lebenspartner oder einem seiner Verwandten in gerader Linie einerseits und dem Mündel andererseits, es sei denn, dass das Rechtsgeschäft ausschließlich in der Erfüllung einer Verbindlichkeit besteht,

2. bei einem Rechtsgeschäft, das die Übertragung oder Belastung einer durch Pfandrecht, Hypothek, Schiffshypothek oder Bürgschaft gesicherten Forderung des Mündels gegen den Vormund oder die Aufhebung oder Minderung dieser Sicherheit zum Gegenstand hat oder die Verpflichtung des Mündels zu einer solchen Übertragung, Belastung, Aufhebung oder Minderung begründet,

3. bei einem Rechtsstreit zwischen den in Nummer 1 bezeichneten Personen sowie bei einem Rechtsstreit über eine Angelegenheit der in Nummer 2 bezeichneten Art.

(2) Die Vorschrift des § 181 bleibt unberührt.

§ 1796 bestimmt, daß das Vormundschaftsgericht dem Vormund die Vertretung für einzelne Angelegenheiten oder für einen bestimmten Kreis von Angelegenheiten entziehen kann. Nach Abs 2 dieser Vorschrift soll die Entziehung nur erfolgen, wenn das Interesse des Mündels zu dem Interesse des Vormunds oder eines von diesem vertretenen Dritten oder einer der in § 1795 Nr 1 bezeichneten Personen in erheblichem Gegensatz steht.

Nach § 181 kann ein Vertreter, soweit nicht ein anderes ihm gestattet ist, im Namen des Vertretenen mit sich im eigenen Namen oder als Vertreter eines Dritten ein Rechtsgeschäft nicht vornehmen, es sei denn, dass das Rechtsgeschäft ausschließlich in der Erfüllung einer Verbindlichkeit besteht.

2. Ausschluß der Vertretungsmacht (§ 1795)

a) Wirkungen unerlaubter Rechtsgeschäfte

49 Die entgegen den Verboten der §§ 181 und 1795 getätigten Rechtsgeschäfte und Prozeßhandlungen sind im allgemeinen nicht nichtig, sondern nur **schwebend unwirksam** (STAUDINGER/SCHILKEN [2004] § 181 Rn 45, 47). Sie sind, soweit nach allgemeinem Recht zulässig, genehmigungsfähig. Die Genehmigung kann dem Betreuer von einem gesondert zu bestellenden Ergänzungsbetreuer, von dem Betreuten selbst, wenn dieser nicht geschäftsunfähig ist (§ 104 Nr 2, § 105 Abs 1), oder von dem ehemaligen Betreuten, wenn dieser nicht geschäftsunfähig und das Rechtsgeschäft oder die Erklärung des einstigen Betreuers noch genehmigungsfähig ist, erteilt werden. Außerdem sind zur Wirksamkeit die gerichtlichen Genehmigungsvorbehalte zu beachten, wenn nicht der Betreute selbst genehmigt und damit das Gericht aus seiner Verantwortung entläßt (BIENWALD, BtR § 1902 Rn 32; zur Freistellung von den gerichtlichen Genehmigungsvorbehalten durch den Betreuten generell s § 1902 Rn 15). Der Betreuer selbst kann Rechtsgeschäfte bzw Willenserklärungen weder vor noch nach der Beendigung der Betreuung genehmigen, weil die Ausschließung von der Vertretungsmacht beim Rechtsgeschäft gleichzeitig die Verhinderung an der Erteilung der erforderlichen Genehmigung bedeutet (BayObLG NJW 1960, 577) und nach Beendigung der Betreuung dem Betreuer ein Recht zur Vertretung des Betreuten gesetzlich oder kraft vormundschaftsgerichtlicher Bestellung grundsätzlich nicht mehr zusteht (BIENWALD, BtR § 1902 Rn 32). S im übrigen die Erl v STAUDINGER/ENGLER (2004) zu § 1795.

Sind mehrere Betreuer bestellt (§ 1899 Abs 1 u 3) und trifft eine der in § 1795 genannten Konstellationen nur auf einen von ihnen zu, so kann der andere das Rechtsgeschäft tätigen, soweit er zum Alleinhandeln befugt ist (§ 1899 Abs 3).

b)   Bestellung eines weiteren Betreuers
Soweit der Betreuer ausgeschlossen ist, muß ein weiterer („Ergänzungs-")Betreuer **50** bestellt werden (s dazu auch KLÜSENER Rpfleger 1991, 225, 231; BayObLGZ 1997, 288 = Rpfleger 1998, 111 = BtPrax 1918, 32 zwecks Prüfung, ob ein gegen den Betreuer in Betracht kommender Anspruch aus einer Leibgedingsvereinbarung erhoben werden soll). Zum Bestellungsverfahren unten Rn 55 ff. Sind mehrere Betreuer bestellt, ist zu prüfen, ob bei Ausschluß eines Betreuers bereits ein weiterer Betreuer bestellt werden muß oder auf andere Weise Vorsorge getroffen wird oder worden ist. So kann der Betreute zwar nicht in bezug auf die Besorgung der Angelegenheiten, deretwegen er einen Betreuer erhalten hat, aber für den Fall, daß dieser nicht handeln darf, Vorsorge durch Bevollmächtigung getroffen haben. S auch Rn 49 aE.

3.   Entziehung der Vertretungsmacht (§ 1796)

a)   Normgeschichte
Die Vorschrift wurde erst auf Anregung des Bundesrates in § 1908i Abs 1 S 1 ein- **51** gefügt. Der Bundesrat sah es für sinnvoll an, anstelle der in § 1908d vorgesehenen vollständigen Entlassung in diesem Falle lediglich eine Einschränkung des Aufgabenkreises durch das Vormundschaftsgericht zu verfügen (BT-Drucks 11/4528, 210, 211).

b)   Eingriffsvoraussetzung
Nach der Rechtsprechung verschiedener Oberlandesgerichte (OLG Stuttgart OLGZ **52** 1983, 299 = FamRZ 1983, 831; KG OLGE 18, 305; OLG Frankfurt MDR 1964, 419) kommt es auf einen wirklichen, nicht lediglich einen möglichen, Interessenwiderstreit an. Es genügt aber eine reale **Gefährdung**, die dann anzunehmen ist, wenn konkrete Umstände darauf hinweisen, daß der Betreuer in seinem eigenen Interesse statt im Interesse des Betreuten handeln wird (BayObLG OLGZ 1982, 86 = Rpfleger 1982, 180, 181). Hat die (verstorbene) Mutter des Betreuten diesen zum Vorerben und eine nahe Angehörige der Vermögensbetreuerin zur Nacherbin und Testamentsvollstreckerin bestimmt, rechtfertigt dieser Umstand die Annahme eines bei der Betreuerin bestehenden erheblichen Interessengegensatzes iSv § 1796 Abs 2 (OLG Zweibrücken BtPrax 2004, 75 = Rpfleger 2004, 162 = FGPrax 2004, 30).

Zur praktischen Anwendbarkeit dieser Vorschrift im Betreuungsrecht s BIENWALD, BtR² § 1908i Rn 66 ff. Sind die Voraussetzungen des § 1796 Abs 2 gegeben, hat das Vormundschaftsgericht die erforderliche Entscheidung über die Entziehung der Vertretungsmacht zu treffen (STAUDINGER/ENGLER [2004] § 1796 Rn 22 mN; ERMAN/HOLZHAUER § 1796 Rn 1). Ein Entscheidungsermessen steht dem Gericht nicht zu. Das Vormundschaftsgericht kann bei Vorliegen eines Interessenkonflikts zwischen Betreuer und Betroffenem die Vertretungsmacht auch konkludent durch die Bestellung eines Ergänzungsbetreuers für den betreffenden Aufgabenkreis entziehen (BayObLGZ 2003, 248 = FamRZ 2004, 906 = BtPrax 2004, 32). Die Haftung des Vormundschaftsrichters für eine fehlerhafte Entscheidung oder Untätigkeit richtet sich nach allgemeinem Recht. Zur Zuständigkeit des Richters s unten Rn 57.

c) Bestellung eines weiteren Betreuers

53 Entzieht das Vormundschaftsgericht dem Betreuer für eine einzelne Angelegenheit oder für einen Kreis von Angelegenheiten die Vertretungsmacht, ist ein weiterer Betreuer zu bestellen, sofern in diesem Punkt aktueller Betreuungsbedarf noch besteht (uU stehen andere Hilfen zur Verfügung, oder sie können kurzfristig mobilisiert werden, § 1896 Abs 2). Dieser Betreuer wird unterschiedlich bezeichnet (DAMRAU/ZIMMERMANN Rn 3: weiterer Betreuer; MünchKomm/SCHWAB Rn 17: Ergänzungsbetreuer; ebenso OLG Schleswig FamRZ 2004, 835). Als Ergänzungsbetreuer könnte man den weiteren Betreuer verstehen, wenn es lediglich um die Entziehung der Vertretungsmacht in einer einzelnen Angelegenheit (analog § 1795 iVm § 1908i Abs 1 S 1) geht. Entzieht das Vormundschaftsgericht dem Betreuer die Vertretung für einen Kreis von Angelegenheiten, bedeutet dies eine erhebliche Reduzierung des Aufgabenkreises des Betreuers, so daß treffender von einem weiteren Betreuer gesprochen wird.

d) Aufhebung der Entziehung nach Wegfall der Voraussetzungen

54 Nach Wegfall der Voraussetzungen des § 1796 hat das Vormundschaftsgericht die Entziehung der Vertretungsmacht wieder aufzuheben. Diese für das Vormundschaftsrecht selbstverständliche Konsequenz, die sich schon allein daraus ergibt, daß der Minderjährige in der Regel einen Vormund hat, kommt indes auch im Betreuungsrecht zum Tragen, weil dem Betreuer aufgrund von § 1902 das uneingeschränkte Vertretungsrecht im Rahmen des ihm aufgetragenen Aufgabenkreises zusteht. Die Entziehung des Vertretungsrechts nach § 1796 stellt eine als vorübergehend gedachte Maßnahme zur Schadensverhütung dar, die aufzuheben ist, wenn der Eintritt eines Schadens nicht mehr zu besorgen ist. Im übrigen verlangt die Entscheidung nach § 1796 iVm § 1908i Abs 1 S 1 nicht, daß von der Entziehung der Vertretung der gesamte Bereich des Aufgabenkreises, also auch die „tatsächliche Sorge", betroffen wird. Im Einzelfall kann eine Abspaltung der tatsächlichen Sorge von der Vertretung in einem bestimmten Bereich stattfinden, die durch Aufhebung der Entziehungsentscheidung mit Wirkung ex nunc wieder beseitigt wird. Mit dem Wirksamwerden der Aufhebungsentscheidung (§ 16 FGG) erhält der Betreuer wieder die volle Vertretungsmacht. Verfahrensmäßig handelt es sich dabei um die Aufhebung der Bestellung des weiteren Betreuers, für die nach § 69i Abs 3 die §§ 68a, 69a Abs 2 S 1 und § 69g Abs 1, 4 FGG entsprechend gelten.

4. Verfahrensfragen

a) Anzuwendende Vorschriften

Das Verfahren zur Bestellung eines weiteren Betreuers richtet sich nach § 69i Abs 5 HS 2 FGG, wenn lediglich an die Stelle des einen insoweit nicht mehr zuständigen Betreuers ein anderer (weiterer) Betreuer tritt und – im Verhältnis zum Betreuten – eine Erweiterung des Aufgabenkreises nicht eintritt. In diesem Falle reichen nach Auffassung des Gesetzgebers geringere Verfahrensgarantien aus, so daß lediglich §§ 68a und 69g Abs 1 FGG entsprechend anzuwenden sind.

b) Einschränkung des Aufgabenkreises vor Betreuerbestellung

Im Falle der gesetzlich vorgesehenen Verhinderung des Betreuers gemäß § 1795 bedarf es keiner Vorabentscheidung des Gerichts. Hier ist lediglich der (weitere) Betreuer zu bestellen. Der nach § 1795 verhinderte Betreuer kann zwar den Betreuten nicht vertreten, dieser Mangel an Vertretungsmacht bedeutet jedoch nicht zugleich eine Verringerung seines Aufgabenkreises oder eines Bereiches davon. Bevor im Falle des § 1796 ein weiterer Betreuer bestellt werden kann, muß der Aufgabenkreis des bisherigen Betreuers eingeschränkt werden. Für dieses Verfahren sieht § 69i Abs 3 FGG die entsprechende Anwendung der §§ 68a, 69a Abs 2 S 1 und § 69g Abs 1, 4 FGG vor. Zur konkludenten Entziehung durch Bestellung eines Ergänzungsbetreuers s BayObLGZ 2003, 248 = FamRZ 2004, 906.

Auch für den Fall, daß der Betreute körperlich behindert ist, muß das Vormundschaftsgericht gegebenenfalls von Amts wegen die Vertretungsbefugnis des bisherigen Betreuers einschränken, weil andernfalls infolge der Regelung des § 1902 der Betreuer weiterhin für den – an sich rechtlich voll handlungsfähigen (vgl § 104 Nr 2) – Betreuten tätig werden könnte.

c) Zuständigkeiten

Örtlich zuständig für die Entziehung – wie für die Betreuerbestellung – ist das Vormundschaftsgericht, in dessen Bezirk der Betreute zu der Zeit, zu der das Gericht mit der Angelegenheit befaßt wird, seinen gewöhnlichen Aufenthalt hat (§ 65 Abs 1 FGG); in der Regel ist es das Vormundschaftsgericht, bei dem die Betreuungssache geführt wird.

Im Falle des § 1795 besteht die gerichtliche Entscheidung lediglich in der Bestellung eines (weiteren) Betreuers. Für diese ist grundsätzlich (Ausnahme: § 1896 Abs 3; vgl § 14 Abs 1 Nr 4 RPflG) der Richter funktional zuständig. Das trifft auch für die Bestellungsentscheidung im Falle des § 1796 zu. Mangels Richtervorbehalts wäre für die Entziehungsentscheidung – wie im Minderjährigenrecht (PALANDT/DIEDERICHSEN § 1796 Rn 4; STAUDINGER/ENGLER [2004] § 1796 Rn 23) – der Rechtspfleger zuständig (§ 3 Nr 2 Buchst a iVm § 14 RPflG). Da es sich um nachträgliche Einschränkung des Aufgabenkreises des Betreuers handelt (KLÜSENER Rpfleger 1991, 225, 231), und aus Gründen des Sachzusammenhangs entscheidet der Richter auch über die Entziehung des Vertretungsrechts.

Das Gericht entscheidet von Amts wegen, es sei denn, der Betreute ist körperlich behindert (§ 1896 Abs 1 S 3). Eine Hinweispflicht ergibt sich für den Betreuer aus § 1901 Abs 5.

d) Anhörungen

59 Für beide Verfahren gelten §§ 68a und 69g Abs 1 FGG entsprechend. Das Vormundschaftsgericht hat der zuständigen Behörde Gelegenheit zur Äußerung zu geben, wenn es der Betreute verlangt oder wenn es zur Sachaufklärung erforderlich ist. Das Gericht hat in der Regel auch dem Ehegatten des Betreuten, seinem Lebenspartner, seinen Eltern, Pflegeeltern und Kindern Gelegenheit zur Äußerung zu geben, es sei denn, der Betroffene widerspricht mit erheblichen Gründen (§ 68a S 3 nF). Verlangt der Betreute dies, hat das Gericht diesen Personen und einer dem Betreuten nahestehenden Person (die dieser dann zu benennen hat) Gelegenheit zur Äußerung zu geben, wenn dies ohne erhebliche Verzögerung möglich ist (§ 68a FGG).

e) Bestellung eines Verfahrenspflegers

60 Sie kommt nach Maßgabe des § 67 FGG in Betracht.

f) Bekanntmachung der Entscheidungen

61 Die Entscheidung, durch die das Vormundschaftsgericht dem bisherigen Betreuer die Vertretung nach Maßgabe von § 1796 entzieht, ist auch der zuständigen Behörde bekanntzumachen (entsprechende Anwendung von § 69a Abs 2 S 1 FGG nach Maßgabe von § 69i Abs 3 FGG).

g) Rechtsmittel

62 Die Entscheidung, durch die das Gericht dem Betreuer Vertretungsmacht entzieht, kann von dem Betreuer mit der sofortigen Beschwerde angefochten werden, wenn die Entziehung gegen seinen Willen vorgenommen worden ist (§ 69i Abs 3 iVm § 69g Abs 4 FGG entsprechend). Dem Betreuten ist in jedem Falle rechtliches Gehör zu gewähren (Art 103 Abs 1 GG).

Die Beschwerdefrist beginnt mit dem Zeitpunkt, in dem die Entscheidung über die Entziehung der Vertretung dem Betreuer bekannt gemacht worden ist (§ 69g Abs 4 S 2 FGG). Um zu vermeiden, daß zwischen der Entziehung der Vertretungsbefugnis, die erst mit Rechtskraft wirksam wird (arg § 69g Abs 4 FGG), und der Wirksamkeit der Betreuerbestellung eine zeitliche Lücke entsteht oder besser gesagt ein Zeitraum der Doppelvertretung entsteht, in der der bisherige Betreuer weiterhin im Außenverkehr tätig sein kann (und darf), empfiehlt es sich, die Entziehung der Vertretung und die Betreuerbestellung im Wege einstweiliger Anordnung durchzuführen.

63 Gegen die Entscheidung des Gerichts, mit der es die Vertretungsmacht des bisherigen Betreuers einschränkt oder die Entziehung der Vertretung ablehnt, sowie gegen die Bestellung des weiteren Betreuers oder deren Ablehnung steht, unbeschadet des § 20 FGG, die Beschwerde dem Betreuten selbst, seinem Ehegatten, denjenigen, die mit dem Betreuten in gerader Linie verwandt oder verschwägert sind, sowie der zuständigen Behörde zu (§ 69g Abs 1 FGG). Die Entscheidung des Vormundschaftsgerichts, dem bisherigen Betreuer die Vertretung für einzelne Angelegenheiten oder einen bestimmten Kreis von Angelegenheiten zu entziehen, ergeht von Amts wegen, aber auch auf Antrag des Betreuten (arg § 1908d Abs 2), ohne daß für den Antrag Geschäftsfähigkeit vorliegen müßte (§ 66 FGG). Dementsprechend bestellt das Vormundschaftsgericht anstelle des bisherigen Betreuers, soweit dies erforderlich ist, einen weiteren Betreuer zur Wahrnehmung der dem

bisherigen Betreuer entzogenen Vertretungsbefugnis von Amts wegen oder auf Antrag des Betreuten (§ 1896 Abs 1).

h) Verpflichtung des weiteren Betreuers; Betreuerausweis

Die Bestellung eines weiteren Betreuers nach Entziehung der Vertretungsmacht **64** erfordert die – im Gesetz nicht ausdrücklich geregelte (vgl § 69i Abs 5 FGG) – Verpflichtung des Betreuers und die Aushändigung des Betreuerausweises nach Maßgabe des § 69b FGG. Die Urkunde, die der weitere Betreuer über seine Bestellung erhält, muß den ihm übertragenen Aufgabenkreis (Vertretung in ...) enthalten. Die entsprechende Entziehung der Vertretungsmacht ist auf dem Betreuerausweis des bisherigen Betreuers zu vermerken. Da die Bestellung mehrerer Betreuer und die Bezeichnung und Verteilung der Aufgabenkreise Inhalt der gerichtlichen Entscheidung über die (erstmalige) Betreuerbestellung ist (§ 69 FGG iVm § 1899 Abs 1, 3 und 4), müssen auch die Betreuerausweise entsprechend gestaltet sein. Da die den Betreuern auszuhändigenden Urkunden im wesentlichen der gerichtlichen Entscheidung entsprechen (bei Vereins- oder Behördenbestellung gibt es keine Alternative zum Betreuerausweis, BIENWALD, BtR § 69b FGG Rn 11), ergibt sich bereits aus diesem Grunde die Notwendigkeit, bei mehreren Betreuern diese Tatsache, die Bezeichnung aller Betreuer, ihre Aufgabenkreise und deren Verhältnis zueinander in den Betreuerausweis aufzunehmen. Einer analogen Anwendung des § 1791 Abs 2 (befürwortend MünchKomm/SCHWAB § 1899 Rn 11) bedarf es nicht (so im Ergebnis auch DAMRAU/ZIMMERMANN § 69b FGG Rn 7).

IV. Fortführung der Geschäfte nach Beendigung der Betreuung (§ 1893 Abs 1)

1. Normtexte

In § 1893 Abs 1 ist bestimmt, daß im Falle der Beendigung der Vormundschaft oder **65** des vormundschaftlichen Amts die Vorschriften der §§ 1698a, 1698b entsprechende Anwendung finden. Die beiden Vorschriften regeln folgendes:

> **§ 1698a**
> **Fortführung der Geschäfte in Unkenntnis der Beendigung der elterlichen Sorge**
>
> **(1) Die Eltern dürfen die mit der Personensorge und mit der Vermögenssorge für das Kind verbundenen Geschäfte fortführen, bis sie von der Beendigung der elterlichen Sorge Kenntnis erlangen oder sie kennen müssen. Ein Dritter kann sich auf diese Befugnis nicht berufen, wenn er bei der Vornahme eines Rechtsgeschäfts die Beendigung kennt oder kennen muss.**
>
> **(2) Diese Vorschriften sind entsprechend anzuwenden, wenn die elterliche Sorge ruht.**
>
> **§ 1698b**
> **Fortführung dringender Geschäfte nach dem Tod des Kindes**
>
> **Endet die elterliche Sorge durch den Tod des Kindes, so haben die Eltern die Geschäfte, die nicht ohne Gefahr aufgeschoben werden können, zu besorgen, bis der Erbe anderweit Fürsorge treffen kann.**

2. Geltungsbereich

66 Die Vorschrift des § 1893 Abs 1 findet auf alle Arten von Betreuern einschließlich des Gegenbetreuers Anwendung, sofern dies der Aufgabenkreis zuläßt. Sie entfällt beispielsweise im Falle einer Betreuerbestellung für die Entscheidung über die Einwilligung in eine Sterilisation oder einer anderen speziellen Aufgabe. Die Fallgestaltung des § 1698a Abs 2 kommt im Bereich der Betreuung nicht in Betracht; ein Ruhen der Betreuung ist weder durch Gesetz unmittelbar noch durch gerichtliche Entscheidung vorgesehen.

3. Normbedeutung

67 Da die Befugnis des Betreuers, Angelegenheiten des Betreuten zu besorgen, mit der Beendigung der Betreuung, sei es durch Aufhebung der Maßnahme (§ 1908d Abs 1), sei es durch die Entlassung des Betreuers (§ 1908b), endet, bedarf der Betreuer für den Fall, daß er ohne Kenntnis der Beendigung handelt, der Legitimation. Voraussetzung ist, daß der Betreuer von der Beendigung der Betreuung oder seines Amtes weder Kenntnis hat noch fahrlässig in Unkenntnis geblieben ist.

Die Vorschrift enthält für den Betreuer keine selbständige Verpflichtung zum Handeln und zur Fortführung des Amtes. Sie gilt entsprechend, wenn nicht die Beendigung in vollem Umfang eintritt, sondern die Betreuung nur in Teilbereichen endet, zB dann, wenn der Aufgabenkreis des Betreuers eingeschränkt worden ist (MünchKomm/Wagenitz Rn 3; Palandt/Diederichsen Rn 1; Staudinger/Engler [2004] Rn 3, alle zu § 1893). Fälle dieser Art dürften jedoch angesichts der Verfahrensregelungen verhältnismäßig selten sein.

4. Norminhalt

68 Entsprechend § 1698b muß der Betreuer, unabhängig davon, ob er Kenntnis von der Beendigung seines Amtes oder der Betreuung überhaupt hat oder nicht, die unaufschiebbaren Angelegenheiten der Betreuung noch besorgen, bis der Rechtsnachfolger anderweit Fürsorge treffen kann. Nur in diesem Umfang legitimiert ihn diese Bestimmung. Es kommt nicht darauf an, daß der Rechtsnachfolger tatsächlich gehandelt hat.

Davon nicht betroffen sind die dem Betreuer obliegenden Angelegenheiten, die die Abwicklung der Betreuung bzw seines Amtes betreffen.

Zweifel, daß es sich um unaufschiebbare Angelegenheiten handelte, gehen – nach dem Wortlaut der Vorschrift – zu Lasten des handelnden Betreuers. Er wird deshalb im eigenen Interesse in der Beurteilung, ob mit dem Aufschub Gefahr verbunden ist, zurückhaltend sein, zumal er als Betreuer nur zur Fortführung seines bisherigen Amtes, dh im Rahmen seines bisherigen Aufgabenkreises, zum Handeln verpflichtet ist.

69 Nimmt der Betreuer nach dem Tod des Betreuten Geschäfte vor, mit deren Aufschub keine Gefahr verbunden war, finden die allgemeinen Grundsätze Anwendung. Im Außenverhältnis handelt es sich gegebenenfalls um die Vertretung ohne Vertre-

tungsmacht (§§ 177, 179), im Innenverhältnis um Geschäftsführung ohne Auftrag (§§ 677 ff). Zur Frage, ob der Betreuer verpflichtet oder berechtigt ist, die Bestattung des verstorbenen Betreuten zu veranlassen, eingehend BIENWALD, BtR § 1908d Rn 38 ff.

Da das Betreueramt als fortbestehend gilt, hat das Vormundschaftsgericht, sofern nicht der Gegenvormund zuständig ist oder seine Zustimmung nicht ausreicht, zu Willenserklärungen des Betreuers die erforderlichen vormundschaftsgerichtlichen Genehmigungen zu erteilen, es sei denn, daß ihm die Beendigung der Betreuung oder des Betreueramtes bekannt ist (STAUDINGER/ENGLER [2004] § 1893 Rn 6; MünchKomm/WAGENITZ § 1893 Rn 10 jeweils mN). **70**

5. Betreuerwechsel

Endet das Betreueramt des einen Betreuers und wurde ein neuer Betreuer bestellt, sind beide Betreuer zum Handeln befugt. Die Wirksamkeit ihrer Handlungen sowie die Folgen konkurrierenden Handelns richten sich nach den allgemeinen Regeln. **71**

6. Ansprüche und Haftung des Betreuers

Wird der Betreuer nach § 1698a oder nach § 1698b tätig, handelt es sich der Rechtsnatur nach um Betreuerhandeln. Deshalb hat der Betreuer Anspruch auf Ersatz seiner Auslagen (§ 1835, § 1835a), falls er solche getätigt hat. Die Zahlung einer Vergütung bestimmt sich nach §§ 1836 bis 1836b. Für die nach dem 1.7.2005 entstandenen und entstehenden Ansprüche sind die Bestimmungen des Vormünder- und Betreuervergütungsgesetzes (Art 8 2. BtÄndG) maßgebend. Die Haftung des Betreuers richtet sich nach § 1833 iVm § 1908i Abs 1 S 1. Der Betreuer haftet nach dieser Bestimmung, wenn er handelt oder es unterläßt zu handeln, sofern dies eine Pflichtwidrigkeit darstellt, durch die dem Betreuten ein Schaden entstanden ist. Je nach der konkreten Lage haftet er dem ehemals Betreuten, dem weiterhin (durch einen anderen Betreuer) Betreuten oder dem Rechtsnachfolger des bisherigen Betreuten. **72**

V. Führung der Betreuung durch mehrere Betreuer

1. § 1797 Abs 1 S 2

a) Normtext
Nach der Bestimmung des Satzes 1, daß mehrere Vormünder die Vormundschaft gemeinschaftlich führen, heißt es in S 2: **73**

> § 1797 Abs 1 S 2
>
> Bei einer Meinungsverschiedenheit entscheidet das Vormundschaftsgericht, sofern nicht bei der Bestellung ein anderes bestimmt wird.

b) Reichweite des Anwendungsbereichs
Die sinngemäß auf das Betreuungsrecht anzuwendende Vorschrift ergänzt die Bestimmungen über die Bestellung mehrerer Betreuer. Wenn § 1797 Abs 1 S 2 vorsieht, **74**

daß bei einer Meinungsverschiedenheit, für deren Regelung nicht bereits bei Bestellung der Betreuer ein anderes bestimmt worden ist, das Vormundschaftsgericht zu entscheiden hat, so setzt dies voraus, daß eine entscheidungsbedürftige Meinungsverschiedenheit unter mehreren Betreuern besteht. Das kommt grundsätzlich nur dort in Betracht, wo mehrere Betreuer mit demselben Aufgabenkreis bestellt sind (§ 1899 Abs 3; MünchKomm/Schwab Rn 18). Bei der Bestellung mehrerer Betreuer, deren Aufgabenkreise getrennt sind (§ 1899 Abs 1 S 2), entscheidet jeder Betreuer für sich allein.

Den einzelnen Betreuern bleibt es jedoch unbenommen, im Interesse des Betreuten sich in ihren Vorhaben aufeinander abzustimmen, wenn die Angelegenheiten dazu Anlaß bieten.

75 Überschneiden sich die Aufgabenkreise derart, daß dem einen Betreuer die Sorge für die Person oder von Teilen davon und dem anderen Betreuer die Sorge für das Vermögen oder von Teilen davon zusteht, und berühren die Angelegenheiten, die zu besorgen sind, beide Aufgabenkreise (zB Finanzierung des Heimplatzes und Entscheidung über das Heim, in dem der Betreffende wohnen soll; Renovierungskosten für die Wohnung aus Anlaß der Aufgabe der Wohnung, Zeitpunkt der Wohnungsaufgabe und erforderliche Mietzahlungen), entscheidet bei Meinungsverschiedenheiten das Vormundschaftsgericht nach Maßgabe des § 1798. Würde das Vormundschaftsgericht nicht nach dieser Vorschrift verfahren, käme grundsätzlich nur die erheblich mehr einschneidende Maßnahme der (teilweisen) Entlassung des einen oder des anderen Betreuers (oder Teilentlassung beider) in Frage.

Kollidieren unterschiedliche Auffassungen von Betreuern, deren Aufgabenbereiche tatsächlich nahe beieinanderliegen (zB der Aufgabenkreis des Sterilisationsbetreuers mit dem Aufgabenkreis Personensorge oder Gesundheitsfürsorge, ärztliche Behandlung oä des anderen Betreuers), ist entsprechend § 1797 Abs 1 S 2 iVm § 1908i Abs 1 S 1 zu verfahren (Bienwald, BtR § 1908i Rn 72; **aA** HK-BUR/Bauer Rn 8).

c) Entscheidungsinhalt

76 Hat das Vormundschaftsgericht nicht bereits bei der Bestellung der mehreren Betreuer ein Konfliktregelungsmodell vorgegeben (zu dieser Art Entscheidungen s oben § 1899 Rn 7), entscheidet das Vormundschaftsgericht im jeweils streitigen Einzelfall (§ 1797 Abs 1 S 2).

Die Entscheidung ergeht von Amts wegen. Regelmäßig wird die Anregung dazu von einem Mitbetreuer, dem Betreuten oder Dritten ausgehen. Voraussetzung für das Tätigwerden des Vormundschaftsgerichts ist nach § 1797 Abs 1 S 2 nicht, daß die beteiligten Betreuer den Versuch unternommen haben müssen, sich zu einigen (vgl etwa für die Eltern-Kind-Beziehung § 1627 S 2), oder daß es sich um eine Angelegenheit von erheblicher Bedeutung für den Betreuten handelt (vgl wiederum § 1628 S 1). Im Rahmen der Anhörungspflicht wird das Vormundschaftsgericht allerdings Gelegenheit haben, darauf hinzuwirken, daß die Betreuer sich auf eine dem Wohl des Betreuten dienende Entscheidung bzw Regelung einigen.

77 Das Vormundschaftsgericht entscheidet dadurch, daß es einer der vertretenen Meinungen beitritt (OLG Dresden OLGE 40, 95 nach früherem Recht) oder alle vorgebrachten

Ansichten verwirft (PALANDT/DIEDERICHSEN § 1797 Rn 6; STAUDINGER/ENGLER [2004] § 1797 Rn 35 f; zum bisherigen Meinungsstand zu § 1797 STAUDINGER/ENGLER[10/11] § 1797 Rn 16). Eine eigene Ansicht durchzusetzen ist das Vormundschaftsgericht grundsätzlich nicht befugt, weil es andernfalls gegen den Grundsatz der Selbständigkeit der Betreuer verstoßen würde (STAUDINGER/ENGLER [2004] § 1797 Rn 35; PALANDT/DIEDERICHSEN § 1797 Rn 6). Eine Ausnahmesituation liegt dann vor, wenn das Aufsichtsrecht des Vormundschaftsgerichts (§§ 1837, 1908i Abs 1 S 1) zu einer abweichenden Entscheidung Anlaß bietet (STAUDINGER/ENGLER [2004] § 1797 Rn 35) oder die Voraussetzungen des § 1846 vorliegen, weil nach Ablehnung aller Lösungsvorschläge eine Entscheidung unaufschiebbar geworden ist.

d) Zuständigkeit

Zuständig ist der Richter (§ 14 Abs 1 Nr 5 RPflG). Handelt es sich um eine Meinungsverschiedenheit mehrerer nach § 1896 Abs 3 bestellter Kontroll- oder Überwachungsbetreuer, entscheidet im Konfliktfall in sinngemäßer Anwendung des § 1797 Abs 1 S 2 der für die Bestellung dieser Betreuer zuständige Rechtspfleger. In diesem Falle handelt es sich nicht um eine Entscheidung von Meinungsverschiedenheiten zwischen sorgeberechtigten Betreuern ieS, so daß der Richtervorbehalt nicht eingreift. Handelt es sich um einen Streitfall zwischen Betreuern nach § 1896 Abs 1 und Abs 3, bleibt es bei der Richterzuständigkeit. **78**

e) Weitere Verfahrensfragen

Derjenige Betreuer, dessen Meinung sich nicht durchgesetzt hat, kann im eigenen Namen, aber auch im Namen des Betreuten Beschwerde einlegen. Der Betreute kann auch selbst Beschwerde einlegen (§§ 19, 20, 66 FGG). **79**

Das Gericht hat die beteiligten Betreuer und den Betreuten zu hören, soweit dies zur Feststellung des Sachverhalts (§ 12 FGG) oder zur Gewährung rechtlichen Gehörs (Art 103 Abs 1 GG) erforderlich ist. Die persönliche Anhörung des Betreuten ist nicht zwingend vorgesehen, sondern ist im Rahmen der genannten Bestimmungen eine Ermessensentscheidung des Gerichts. Da es sich um ein Verfahren handelt, das die Betreuung betrifft, also eine Betreuungssache ist, muß das Gericht gegebenenfalls dem Betreuten einen Pfleger für das Verfahren bestellen, weil andernfalls die Interessen des Betreuten nicht ausreichend gewahrt werden.

2. Meinungsverschiedenheiten (§ 1798)

a) Die Vorschrift, sinngemäß auf die Betreuung angewendet, sieht die Entscheidungszuständigkeit des Vormundschaftsgerichts vor, wenn mehrere Betreuer für einen Betreuten bestellt worden sind und dem einen die Sorge für die Person, dem anderen die Sorge für das Vermögen zusteht und eine Meinungsverschiedenheit in einer beide Bereiche betreffenden Angelegenheit besteht. Die Bestellung mehrerer Betreuer und die Bestimmung ihrer Aufgabenkreise richtet sich nach § 1899. **80**

b) Zuständig ist der Richter (§ 14 Nr 5 RPflG). Zum Verfahren und der Anhörung der Beteiligten s oben Rn 79.

c) Hat der Betreute für einen Teil seiner Angelegenheiten eine (Vorsorge-)**Vollmacht** erteilt (zB für Vermögensangelegenheiten) und das Vormundschaftsgericht für die von der Vollmacht nicht erfaßten besorgungsbedürftigen Angelegenheiten einen **Betreuer** bestellt, trifft weder § 1797 Abs 1 S 2 noch § 1798 unmittelbar oder sinngemäß zu, denn eine den Bevollmächtigten bindende Entscheidung kann das Vormundschaftsgericht nicht treffen. Dem Rechtsgedanken der beiden Vorschriften (und entsprechenden Regelungen im Familienrecht) folgend kann das Vormundschaftsgericht gleichwohl, gewissermaßen als Schlichtungsstelle (mit Vorschlagsbefugnis), in Anspruch genommen und tätig werden. Da der Vorrang eigener Vorsorge des Betroffenen vor einer Betreuerbestellung davon abhängt, daß die Angelegenheiten des Betroffenen durch den Bevollmächtigten ebenso gut wie durch einen Betreuer besorgt werden können, kann das Vormundschaftsgericht in einem extrem schwierigen Fall dem Betroffenen einen (weiteren) Betreuer bestellen, der ganz oder teilweise die Vollmacht widerruft und danach sich mit dem bereits bestellten Betreuer einigt, sofern ein weiterer Betreuer nicht entbehrlich war.

Selbst im Konfliktfall mehrerer Bevollmächtigter, der den in §§ 1797, 1798 geregelten entspricht, sollte das **Vormundschaftsgericht** um seine Mitwirkung iS einer **Schlichtungsstelle** gebeten werden können, zumal bei der Gelegenheit auch Bedarf für die Bestellung eines Betreuers offenbar werden kann.

VI. Allgemeine Pflichten des Betreuers

1. Auskunftspflicht des Vormunds (§ 1839)

a) Norminhalt

81 § 1839 in sinngemäßer Anwendung auf das Betreuungsrecht verpflichtet jeden Betreuer sowie den Gegenbetreuer, dem Vormundschaftsgericht **auf dessen Verlangen** jederzeit über die Führung der Betreuung (Gegenbetreuung) und über die persönlichen Verhältnisse des Betreuten Auskunft zu geben.

Die Vorschrift gehört zu denjenigen Bestimmungen, die Art und Umfang des Aufsichts- und Kontrollrechts des Vormundschaftsgerichts über die Führung der Betreuung regeln.

b) Reichweite der Norm

82 Die Auskunftserteilungspflicht erstreckt sich grundsätzlich auf die **Gesamtheit der Aufgaben**, die dem Betreuer bzw dem Gegenbetreuer übertragen worden sind und/oder sich aus dem Gesetz unmittelbar ergeben. Erfaßt wird die gesamte Tätigkeit des Betreuers (Gegenbetreuers), die die Führung der Betreuung bzw der Gegenbetreuung ausmacht. Das Vormundschaftsgericht kann deshalb auch analog § 1799 Abs 2, der ebenfalls sinngemäß anzuwenden ist (§ 1908i Abs 1 S 1), Einsicht in die sich auf die Betreuung (Gegenbetreuung) beziehenden Papiere verlangen, soweit sie dem Betreuer (Gegenbetreuer) vorliegen oder er sie zu beschaffen in der Lage ist (MünchKomm/WAGENITZ § 1839 Rn 2 mN).

Das Gericht kann **jederzeit** Auskunft über die Führung der Betreuung bzw Gegenbetreuung verlangen; es ist nicht darauf verwiesen, nur zu bestimmten Zeiten oder Zeitpunkten Berichterstattung zu verlangen oder entgegenzunehmen. Andererseits erlaubt die jederzeitige Auskunftsverpflichtung des Betreuers (Gegenbetreuers) dem Gericht auch, eine periodische Berichterstattung zu verlangen und sich darauf zu beschränken (MünchKomm/WAGENITZ § 1839 Rn 3; STAUDINGER/ENGLER [2004] § 1839 Rn 2).

Da der Gegenbetreuer keinen eigenen Aufgabenkreis erhält, die von ihm wahrzu- 83
nehmenden Angelegenheiten sich vielmehr unmittelbar aus dem Gesetz ergeben (vgl STAUDINGER/ENGLER [2004] § 1792 Rn 16), kann sich die Kontrolle und die Aufsicht des Vormundschaftsgerichts auch nur auf die Prüfung erstrecken, ob er die gesetzlichen, durch die Bestellung zum Gegenbetreuer vermittelten Aufgaben auftragsgemäß erledigt hat. Seine Auskunftsverpflichtung erstreckt sich demgemäß nur darauf, über seine Führung der Gegenbetreuung und über die persönlichen Verhältnisse des Betreuten Mitteilung zu machen.

c)   Weitere Auskunftspflicht
Neben der Verpflichtung zu jederzeitiger Auskunft über die Führung der Betreuung 84
gegenüber dem Vormundschaftsgericht hat der Betreuer bei bestehender Gegenbetreuung die Pflicht, dem Gegenbetreuer auf Verlangen über die Führung der Betreuung Auskunft zu erteilen und die Einsicht in die sich auf die Betreuung beziehenden Papiere zu gestatten (§ 1799 Abs 2 iVm § 1908i Abs 1 S 1).

d)   Verhältnis von Auskunftspflicht (§ 1839) und Berichtspflicht (§ 1840 Abs 1)
Die durch das BtG eingeführte Verpflichtung des Betreuers, über die persönlichen 85
Verhältnisse des Betreuten dem Vormundschaftsgericht **mindestens einmal jährlich** zu berichten (§ 1840 Abs 1 [näher unten Rn 90 ff]) ersetzt nicht die nach § 1839 iVm § 1908i Abs 1 S 1 bestehende Auskunftspflicht. Das Verhältnis beider ist wie folgt zu verstehen: Die Auskunftspflicht des § 1839 erstreckt sich zwar auf die gesamte Betreuung, wird aber zugleich durch den Aufgabenkreis begrenzt. Da die Vormundschaft für einen Minderjährigen, für die die Vorschrift zunächst geschaffen wurde, die Personen- und die Vermögenssorge einschl der gesetzlichen Vertretung zum Gegenstand hat, kann vom Vormund des Minderjährigen auch jederzeit Auskunft über die persönlichen Verhältnisse seines Mündels erwartet und verlangt werden. Ist der Aufgabenkreis des Betreuers gegenständlich beschränkt, erstreckt er sich beispielsweise auf die Besorgung weniger Angelegenheiten oder lediglich auf die Vermögenssorge, besteht zwar dennoch die Verpflichtung zu „persönlicher Betreuung" (s dazu BT-Drucks 11/4528, 68), nicht jedoch die zu persönlicher Sorge. Aus diesem Grunde kann sich das Auskunftsersuchen des Gerichts nach § 1839 nur dann auf die „persönlichen Verhältnisse" beziehen, wenn und soweit die Betreuung sich darauf erstreckt.

Andernfalls bestünde die Gefahr, daß sich der Betreute in einem weiteren Maße, als sich das aus dem Aufgabenkreis und § 1901 ergibt, unter der Kontrolle und Aufsicht des Betreuers (und des Gerichts) befindet, ohne daß dies im Betreuungsverfahren zum Ausdruck gekommen wäre. Die vom Gesetzgeber abgelehnte Überbetreuung durch zu umfassende Zuständigkeit des Betreuers (im alten Recht Entmündigung mit Vormundschaft und Zwangspflegschaft mit relativ umfassender Fürsorge durch den Gebrechlichkeitspfleger) würde auf dem Wege über eine ausgeweitete Berichterstattung in die Betreuung Einzug halten.

Die Berichtspflicht des § 1840 Abs 1 iVm § 1908i Abs 1 S 1, die durch das BtG 86
eingeführt worden ist, soll die Betreuung **speziell** im Bereich der **Personensorge** des

Volljährigen verbessern. Nur wenn es ausreichend Informationen über die persönlichen Verhältnisse des Betroffenen erhält, kann das Vormundschaftsgericht seiner Aufsichtspflicht nach § 1837 Abs 2 genügen (BT-Drucks 11/4528, 114). Über diese persönlichen Verhältnisse soll deshalb in Zukunft regelmäßig, mindestens einmal jährlich, berichtet werden (BT-Drucks 11/4528, 114). Diese Berichtspflicht besteht nach Auffassung des RegEntw unabhängig von Art und Umfang des Aufgabenkreises des Betreuers, also auch dann, wenn Angelegenheiten der Personensorge nicht zum Aufgabenkreis des Betreuers gehören. In gewisser Weise ist dies ein Widerspruch. Denn wenn die Personensorge verbessert werden soll, genügt eine Mitteilung des Betreuers nach § 1901 Abs 5, um das Gericht zu notwendigen Maßnahmen zu veranlassen. Ganz abgesehen davon ist es natürlich eine Frage, ob das Gericht den Betreuer über dessen eigene Berichte kontrollieren kann.

e) Verhältnis von Auskunftspflicht (§ 1839) und Befreiungen

87 Die jederzeitige Auskunftspflicht des Betreuers **kollidiert** mit den Befreiungen, die das Gesetz den Vereinen und Behörden, den Vereins- und den Behördenbetreuern sowie den in § 1908i Abs 2 S 2 aufgeführten nahen Angehörigen eingeräumt hat. Wenn diese privilegierten Betreuer von der jährlichen oder regelmäßigen Rechnungslegungspflicht befreit sind und nur in Abständen von zwei Jahren (oder länger) den jeweiligen Vermögensbestand mitzuteilen haben, das Gericht mithin in kürzeren Abständen an einer dementsprechenden Information nicht interessiert zu sein hat, darf diese Befreiung nicht dadurch unterlaufen werden, daß sich das Gericht die begehrten Informationen über die jederzeitige Auskunftspflicht nach § 1839 beschafft. Das Vertrauen, das der Gesetzgeber in die oa Betreuerpersonen und -institutionen gesetzt hat, kann das Gericht nicht durch eine einfache Verfügung in Frage stellen. Ein Berichtsersuchen, das sich auf Angelegenheiten bezieht, die der Befreiung unterliegen, ist deshalb grundsätzlich nur dann und insoweit zulässig, als das Gericht einen **konkreten Anlaß** hat, sich über die Führung der Betreuung ein Bild zu machen, beispielsweise dann, wenn der Verdacht von Pflichtwidrigkeiten, Untreue oä geäußert wird oder entstanden ist.

f) Mehrere Betreuer

88 Sind mehrere Betreuer in der Weise bestellt, daß sie die Angelegenheiten des Betreuten nur gemeinsam besorgen können, sofern nicht mit dem Aufschub Gefahr verbunden ist (§ 1899 Abs 3), können sie dem Auskunftsersuchen des Gerichts auch nur gemeinsam nachkommen. Da das Gericht bei Betreuerbestellung in bezug auf die Besorgung der Angelegenheiten generell etwas anderes bestimmen kann, dürften Bedenken dagegen, auch im Einzelfall, nämlich im Falle der Auskunftserteilung, eine abweichende Entscheidung zu treffen, nicht bestehen. Das Gericht darf danach auch von einem der beiden nach § 1899 Abs 3 bestellten Betreuer Auskunft nach § 1839 einholen. Es wird jedoch sorgfältig zu prüfen haben, ob es dadurch eine gedeihliche Zusammenarbeit von Betreuern stört.

g) Durchsetzung des Anspruchs

89 Fordert das Vormundschaftsgericht den Betreuer wie den Gegenbetreuer vergeblich auf, gemäß § 1839 iVm § 1908i Abs 1 S 1 Bericht zu erstatten, kann es Betreuer oder Gegenbetreuer zur Erfüllung der nach § 1839 bestehenden Verpflichtung durch Festsetzung von Zwangsgeld anhalten (§ 1837 Abs 3 iVm § 1908i Abs 1 S 1). Bleibt die Maßnahme der Disziplinierung erfolglos (über das Verfahren im einzelnen

s § 1837), kann das Vormundschaftsgericht Betreuer wie Gegenbetreuer entlassen. Gegenüber der Behörde (§ 1837 Abs 3 S 2 iVm § 1908i Abs 1 S 1) und dem Behördenbetreuer (§ 1908g Abs 1) sowie gegenüber dem Verein (§ 1837 Abs 3 S 2 iVm § 1908i Abs 1 S 1) besteht keine Möglichkeit der Zwangsgeldfestsetzung.

Mit der Beendigung der Betreuung und der Gegenbetreuung endet die Auskunftserteilungspflicht aus § 1839; die Festsetzung von Zwangsgeld und seine Zwangsvollstreckung sind dann nicht mehr zulässig (STAUDINGER/ENGLER [2004] § 1839 Rn 8 mN).

2. Periodische Berichterstattung über die persönlichen Verhältnisse des Betreuten (§ 1840 Abs 1)

a) Allgemeines
Dem § 1840 wurde durch Art 1 Nr 42 BtG der neue Abs 1 vorangestellt und dadurch **90** die Verpflichtung des Vormunds und auch des Betreuers eingeführt, periodisch (mindestens einmal jährlich) über die persönlichen Verhältnisse des Betreuten zu berichten. Über das Ausmaß der durch § 1908i Abs 1 S 1 bestimmten sinngemäßen Anwendung gibt die Begründung des RegEntw keinen hinreichenden Aufschluß (vgl die kurzen Bemerkungen zu den §§ 1837 ff in BT-Drucks 11/4528, 160 ff).

b) Normzweck
Die Neuregelung des § 1840 soll die Betreuung gerade auch im Bereich der Perso- **91** nensorge für Volljährige verbessern (BT-Drucks 11/4528, 114). Seiner Aufsichtspflicht aus § 1837 Abs 2 könne das Vormundschaftsgericht auch bei der Vormundschaft nur dann genügen, wenn es ausreichend Informationen über die persönlichen Verhältnisse des Betroffenen erhalte. Während § 1839 eine Auskunftspflicht über die persönlichen Verhältnisse nur auf Verlangen des Vormundschaftsgerichts vorsehe, solle in Zukunft über diese persönlichen Verhältnisse regelmäßig, zumindest einmal jährlich, berichtet werden. Diese (jährliche) Berichterstattung erscheine in der Regel ausreichend, um das Vormundschaftsgericht über den Stand und die Entwicklung der Lebensumstände des Betreuten zu informieren (BT-Drucks 11/4528, 114). Voraussetzung der Berichtspflicht ist nicht, daß der Betreuer die Personensorge oder Teile von ihr zur Besorgung übertragen bekommen hat. Der lediglich mit Angelegenheiten der Vermögenssorge betraute Betreuer ist von der Berichterstattung nach § 1840 Abs 1 **nicht befreit** (aA ERMAN/HOLZHAUER Rn 30; wie hier JÜRGENS ua Rn 293; STAUDINGER/ENGLER [2004] § 1840 Rn 3).

c) Der Bericht über die persönlichen Verhältnisse
aa) Inhalt des Berichts
Der Begriff der persönlichen Verhältnisse unterscheidet sich nicht von dem in § 1839 **92** gebrauchten. Er ist nicht identisch mit der Personensorge. Die Pflicht zur Berichterstattung setzt deshalb auch nicht voraus, daß die Personensorge oder Teile davon zum Aufgabenkreis des Betreuers gehören. Zu den persönlichen Verhältnissen rechnen alle diejenigen Verhältnisse, welche die Person als solche, ihre Lebensverhältnisse sowie ihren Status prägen und/oder betreffen. Sie umfassen die äußeren persönlichen Lebensumstände, Fragen der körperlichen und/oder geistig-seelischen Entwicklung und die Beziehungen zu nahestehenden Personen (MünchKomm/WAGENITZ § 1840 Rn 3) sowie zu dem Betreuer. Zu den persönlichen Verhältnissen zählen zB der Aufenthaltsort, die Wohnverhältnisse, das Allgemeinbefinden des Betreuten,

seine Gesundheit, sein Krankheits- oder Behinderungszustand, ärztliche Versorgung, Wünsche, Lebensplanung, „normales" sowie krankheits- oder behinderungsbedingtes Sozialverhalten.

93 Der Zweck des Berichts, dem Gericht eine (weitere) Möglichkeit der Kontrolle der Betreuertätigkeit einzuräumen, kann für den Inhalt des Berichts nicht maßgebend sein (so aber MünchKomm/WAGENITZ § 1840 Rn 3). Andernfalls könnten die Berichte dem Gericht einen Eindruck vermitteln, der den tatsächlichen Verhältnissen nicht entspricht. Die Praxis verkehrt ohnehin zT das Verhältnis von Berichterstattung und daraus zu ziehenden Schlüssen in bezug auf Kontrolle in sein Gegenteil, indem sie Fragen formuliert, die nur mit ja/nein-Antworten zu beantworten sind. Zweifellos dient der Bericht auch der Kontrolle; sein eigentlicher Zweck ist aber die Information schlechthin. Der Bericht darf nicht gleichgesetzt und nicht verwechselt werden mit dem unter Praktikern diskutierten **Betreuungsplan**, der – anders als der Bericht – **bisher** grundsätzlich **nicht zu den Pflichten des Betreuers** gehörte (näher dazu BIENWALD Rpfleger 1998, 462, 463). Durch Art 1 Nr 10 2. BtÄndG wurde die Erstellung eines Betreuungsplans für diejenigen Betreuer verpflichtend eingeführt, die die Betreuung berufsmäßig führen, sofern das Gericht die Erstellung anordnet. Die Erstellung des Betreuungsplans ist auf dafür geeignete Fälle beschränkt (§ 1901 Abs 4 S 2 u 3 nF).

bb) Die Form des Berichts

94 Eine bestimmte Form des Berichts hat das Gesetz nicht vorgegeben (BT-Drucks 11/4528, 114). Dies ermöglicht eine mündliche Berichterstattung, in Ausnahmefällen sogar einen telefonischen Bericht (vgl zu einem mündlichen, im Rahmen eines persönlichen Gesprächs entgegengenommenen Bericht MünchKomm/WAGENITZ § 1840 Rn 3). Damit der Bericht als Instrument der Aufsicht und Kontrolle auf Dauer verwendbar ist, wird er regelmäßig schriftlich zu erstatten sein. Das Gericht wird den Betreuer entsprechend informieren. Im Einzelfall kann dem Gericht die Anfertigung eines Aktenvermerks über ein geführtes Gespräch mit dem Betreuten zugemutet werden. Auf eine schriftliche Berichterstattung sollte regelmäßig schon deshalb Wert gelegt werden, damit der Betreuer den Inhalt seines Berichts überdenkt und ggf mit dem Betreuten darüber spricht (s dazu BIENWALD, BtR[2] § 1840 Rn 23; Anh zu § 1908i Rn 131 ff). Auch der Betreuer dürfte ein Interesse daran haben, schriftlich zu berichten, weil er dann besser als im Falle mündlicher Mitteilungen den Nachweis darüber führen kann, was er dem Gericht mitgeteilt hat.

cc) Der Zeitpunkt des Berichts

95 Anders als der nach § 1839 geforderte ist der Bericht nach § 1840 **unaufgefordert** zu erstatten (MünchKomm/WAGENITZ § 1840 Rn 3). Es empfiehlt sich – so wird schon bisher zT in der Praxis verfahren – den Bericht über die persönlichen Verhältnisse im Zusammenhang mit der jährlichen Rechnungslegung zu geben, soweit diese erfolgt, entweder als Annex dazu oder im Zusammenhang mit der Erläuterung wichtiger Entscheidungen in Angelegenheiten der Vermögenssorge. Der genaue Zeitpunkt der Berichterstattung, auch die Häufigkeit, ist durch das BtG nicht vorgegeben. Dem Betreuer bleibt es unbenommen, mehrmals im Laufe eines Jahres, etwa aus besonderem Anlaß (zB Unterbringung in einem Heim oder Beantragung einer notwendigen vormundschaftsgerichtlichen Genehmigung) zu berichten. Im Rahmen seiner Aufsichts-, Kontroll- und Weisungsbefugnis kann das Vormundschaftsgericht fest-

Titel 2
Rechtliche Betreuung

§ 1908i
96–99

legen, daß mindestens zum Ende des jeweiligen Betreuungsjahres oder des Kalenderjahres oder zu einem anderen regelmäßig wiederkehrenden Zeitpunkt der Bericht nach § 1840 Abs 1 vorgelegt wird.

Der Betreuer hat den Bericht selbst, nicht notwendig eigenhändig, zu geben. Einen besonderen Anfangsbericht oder einen speziellen Abschlußbericht hat das Gesetz entgegen plausiblen Vorschlägen von HOLZHAUER (Gutachten DJT B 78) nicht eingeführt. Zur Verpflichtung der berufsmäßig tätigen Betreuer, in geeigneten Fällen zu Beginn der Betreuung einen Betreuungsplan zu erstellen, und zu dessen Inhalt s § 1901 Abs 4 S 2 u 3 (BT-Drucks 15/2494, 6, 20, 29).

dd) Berichtspflicht auch bei Befreiung von der Rechnungslegung

Besteht die Verpflichtung zur jährlichen Rechnungslegung nicht, wie in den Fällen **96** des § 1857a iVm § 1908i Abs 1 S 1, des § 1908i Abs 1 S 2 oder des § 1908i Abs 2 S 2 (vgl auch §§ 1908i Abs 1 S 1, 1840 Abs 3), so ist der Betreuer dennoch verpflichtet, mindestens einmal jährlich über die persönlichen Verhältnisse des Betreuten zu berichten. Dies betrifft Verein und Vereinsbetreuer, Behörde und Behördenbetreuer sowie die in § 1908i Abs 2 S 2 aufgeführten Angehörigen des Betreuten.

ee) Ergänzung des Berichts; Durchsetzung der Berichterstattung

Über den nach § 1840 Abs 1 zu erstattenden Bericht hinaus kann das Gericht nach **97** § 1839 Auskunft verlangen; dieses Auskunftsersuchen und die Verpflichtung zur Auskunftserteilung nach dieser Vorschrift ergänzen die Berichterstattung und bieten weitere Informationsmöglichkeiten. Sie sind an Fristen oder Termine nicht gebunden (BT-Drucks 11/4528, 114). Kommt der Betreuer seiner Pflicht aus § 1840 Abs 1 nicht nach, kann das Gericht, wenn andere Maßnahmen wie zB mündliche oder schriftliche Erinnerung/Aufforderung nicht ausreichen, gegen den Betreuer mit Zwangsmitteln vorgehen (§ 1837 Abs 2 u 3 iVm § 1908i Abs 1 S 1). Spätestens die Erinnerung an die Abgabe des Berichts, aber auch schon die Aufforderung dazu, ist eine gerichtliche Anordnung, zu deren Durchsetzung sich das Gericht der im Gesetz vorgesehenen Zwangsmittel bedienen darf. Einzelheiten dazu s § 1837 sowie § 33 FGG. Gegenüber der Behörde (§ 1837 Abs 3 S 1 iVm § 1908i Abs 1 S 1), einem Verein und einem Behördenbetreuer ist die Festsetzung von Zwangsgeld nach § 1837 Abs 3 S 1 ausgeschlossen (§ 1908g Abs 1). Vgl aber oben Rn 89.

VII. Die Personensorge betreffende Bestimmungen (§ 1632 Abs 1 bis 3)

1. Norminhalt

Nach den ersten zwei Absätzen der in Bezug genommenen Vorschrift umfaßt die **98** Personensorge das Recht, die Herausgabe des Kindes von jedem zu verlangen, der es den Eltern oder einem Elternteil widerrechtlich vorenthält, ferner das Recht, den Umgang des Kindes auch mit Wirkung für und gegen Dritte zu bestimmen. Nach Abs 3 der Vorschrift entscheidet das Familiengericht über Streitigkeiten, die eine Angelegenheit nach Abs 1 oder 2 betreffen, auf Antrag eines Elternteils.

2. Allgemeines

Die sinngemäße Anwendung dieser Vorschriften (idF d KindRG) räumt einem **99**

Werner Bienwald

Betreuer das Recht (und die Pflicht) ein, die Herausgabe des Betreuten von jedem zu verlangen, der ihn dem Betreuer widerrechtlich vorenthält, und den Umgang des Betreuten auch mit Wirkung für und gegen Dritte zu bestimmen. Die Auswirkungen derartiger Bestimmungen eines Betreuers treffen jedoch nicht lediglich den Dritten, sondern auch unmittelbar den Betreuten.

Da auf die Vorschriften insgesamt verwiesen ist, müssen deren Voraussetzungen auch im übrigen vorliegen. Dazu gehört, daß dem Betreuer die Personensorge übertragen oder doch wenigstens ein Aufgabenkreis zugewiesen ist, der die Geltendmachung dieser Rechte (ua) zum Inhalt hat (so wohl auch PALANDT/DIEDERICHSEN Rn 2). Es reicht aus, daß dem Betreuer die Befugnis zur Aufenthaltsbestimmung zusteht (MünchKomm/SCHWAB Rn 2; aA DAMRAU/ZIMMERMANN Rn 2 „Personensorge"). Das Verlangen auf Herausgabe des Betreuten ist konkretisiertes Aufenthaltsbestimmungsrecht (BIENWALD, BtR § 1908i Rn 17). Zur Problematik des Aufenthaltsbestimmungsrechts als Aufgabenbereich des Betreuers s BIENWALD, BtR § 1896 Rn 215 Stichwort Aufenthaltsbestimmung und SCHWAB, Referat K 27. Das Herausgabeverlangen und die Umgangsregelungsbefugnis können auch als eigene Aufgabenbereiche formuliert werden, zB dann, wenn der Aufgabenkreis des Betreuers entsprechend erweitert werden soll oder wenn für die Besorgung dieser speziellen Angelegenheit ein (weiterer) Betreuer bestellt wird.

100 Die in Bezug genommene Vorschrift legitimiert den Betreuer zum Handeln; sie regelt im Außenverhältnis die Verantwortungszuständigkeit, ohne damit dem Betreuer ein (besseres) „Recht zum Besitz" an dem Betreuten einzuräumen (s auch GERNHUBER/COESTER-WALTJEN § 57 V 2). Die Vorschrift enthält lediglich die für das Außenverhältnis entscheidende Berechtigung (Anspruch). Eine etwaige Verpflichtung zum Handeln ergibt sich aus dem mit der Bestellung zum Betreuer entstandenen Betreuungsrechtsverhältnis mit seinem gerichtlichen Auftrag und den gesetzlich geregelten Pflichten und Handlungsanweisungen. Verwandte des Betreuten haben kein gegenüber einem Umgangsbestimmungsrecht des Betreuers höherrangiges Umgangsrecht (BayObLG FamRZ 2002, 907 [LS] m Anm BIENWALD, 908). Soll der Aufgabenkreis des Betreuers um den Bereich der Regelung des Umgangs mit Familienangehörigen erweitert werden, handelt es sich nicht um eine nur unwesentliche (vgl dazu § 69i Abs 1 S 2 FGG) Erweiterung des bisherigen Aufgabenkreises – hier: Aufenthaltsbestimmung und Gesundheitsfürsorge – (BayObLG FamRZ 2003, 402 f). Wird dem Betreuer die Aufgabe übertragen, den Umgang zu bestimmen, um den Betroffenen von Besuchen oder Anrufen abzuschirmen, die seiner Gesundheit abträglich sind (vgl BayObLG FamRZ 2000, 1524), ist hierbei der verfassungsrechtliche Schutz der Familie (Art 6 Abs 1 GG) zu beachten, wenn die Aufgabe den Umgang des betreuten Menschen mit seinen Eltern betrifft (BayObLGZ 2003, 33 = FamRZ 2003, 962 = Rpfleger 2003, 362; BayObLG-Rp 2004, 372 = FamRZ 2004, 1670). Für einen Betroffenen, der seinen Willen nur noch sehr eingeschränkt äußern kann, kann ein Betreuer mit dem Aufgabenkreis **„Umgang mit der Presse"** zu bestellen sein, um ihn vor der unfreiwilligen Mitwirkung an einer reißerischen, sachlich unangebrachten und seine Menschenwürde herabsetzenden Berichterstattung zu schützen (OLG Köln FamRZ 2001, 872).

3. Maßstäbe zur Wahrnehmung der Aufgabe

Die Bestimmung ist Teil der Normen, die das Eltern-Kind-Verhältnis regeln und auf **101** die Verantwortung der Sorgeberechtigten für die Entwicklung des Kindes abheben. An dieser Zielsetzung des Minderjährigenrechts kann sich die Normanwendung im Betreuungsrecht nicht orientieren, sieht man von der beiden Bereichen gemeinsamen Zielsetzung ab, den Betroffenen vor Schaden zu bewahren. Der Betreuer hat keine Erziehungsfunktion. Insbesondere bei der Umgangsbestimmung muß deshalb eine Abwägung vorgenommen werden zwischen dem Bedürfnis nach Kommunikation und der Gefahr der Isolation einerseits und den (möglichen) Gefahren, die von einer Beibehaltung eines entstandenen Umgangs ausgehen. Von Interesse, wenn auch auf andere Vorschriften gestützt, AG Arnsberg (NJW-RR 1996, 1156), wonach ein Kind, bei dem die über 90 Jahre alte Mutter wohnt, seinen Geschwistern das Betreten des Zimmers der Mutter gestatten muß (sofern nicht wichtige Gründe entgegenstehen), und LG Bochum (NJW-RR 1997, 1050), wonach das einzige noch lebende Kind in einem Ausnahmefall von dem Hauseigentümer verlangen kann, ihm tagsüber den Zutritt zur Wohnung seiner lebensbedrohlich erkrankten Mutter zu gestatten. Hier bestanden keine Betreuungen.

Das Umgangsrecht mit Familienangehörigen ist ein höchstpersönliches Recht des Betroffenen, das der Aufrechterhaltung der persönlichen, verwandtschaftlichen und sozialen Bande zwischen dem Betroffenen und seinen Angehörigen dienen soll. Auch und gerade wenn der Betroffene nicht mehr bei seiner Familie lebt, können für ihn die rein persönlichen Kontakte von großer Wichtigkeit sein. Sie können andererseits aber auch eine Gefahr für seine weitere Persönlichkeits- und Krankheitsentwicklung bedeuten (BayObLG FamRZ 2003, 40, 403). Ein Umgangsverbot, das der dafür zuständige Betreuer ausspricht, muß deshalb auf triftigen und sachlichen Gründen bestehen; es muß zum Wohl des Betroffenen erforderlich sein (BayObLG FamRZ 2002, 907, 908 m Anm BIENWALD). Bedenklich ist es, das Umgangsverbot auf eine nach dem Besuch festgestellte Unruhe und Verwirrung zu stützen, ohne die Ursachen dafür genau festgestellt zu haben (BIENWALD aaO). Eine einstweilige Anordnung auf Herausgabe des Betreuten ist zulässig (OLG Frankfurt FamRZ 2003, 964 m Anm VAN ELS = FGPrax 2003, 81; dort auch zur Nachholung unterbliebener persönlicher Anhörung des Betreuten).

Ziel der Betreuung kann es nicht sein, mit dem Hinweis auf das Wohl des Betreuten diesen vor allen Schwierigkeiten in der Alltagsbewältigung zu bewahren. Zur Würde eines behinderten oder kranken Menschen gehört es auch, mit für ihn verkraftbaren Problemen konfrontiert zu werden, um die Möglichkeiten und Grenzen eigenen Verhaltens auszuprobieren. Sache des Betreuers im Sinne der §§ 1896 ff und anderer Begleiter kann es nur sein, die zur Verarbeitung der Probleme mögliche und notwendige Hilfe zu geben oder zu organisieren. Dem Behinderten oder Kranken darf der Betreuer das Erlebnis nicht verwehren, mit einem Problem fertiggeworden zu sein (Ergebnis einer Diskussion).

4. Entscheidungszuständigkeit des Gerichts

Über Streitigkeiten bezüglich der Herausgabe (Abs 1) oder der Umgangsbestimmung (Abs 2) entscheidet entgegen dem geänderten Wortlaut in Betreuungssachen **102** das Vormundschaftsgericht auf Antrag des Betreuers. Eine weitere Antragsbefugnis ist nicht vorgesehen; ebenso nicht eine Entscheidung von Amts wegen. Stellt der Betreuer keinen Antrag, obwohl dies der Sache nach geboten wäre, kann ein Fall des § 1837 Abs 2 S 1 gegeben sein. Hat nach Ausspruch eines Umgangsverbots durch den Betreuer das Vormundschaftsgericht den Antrag von Verwandten oder mit dem Betreuten nicht verwandten Dritten auf Genehmigung des Umgangs mit dem Betreuten abgewiesen, steht diesen Antragstellern kein Beschwerderecht zu (BayObLGZ 1993, 234). Die Entscheidung kann im Wege einstweiliger Anordnung getroffen werden, vor deren Erlaß die persönliche richterliche Anhörung geboten ist (OLG Frankfurt FamRZ 2003, 964 m Anm van Els).

Funktional ist der Richter zuständig und zwar nach § 14 Abs 1 Nr 7 RPflG (§ 1632 Abs 1) und nach § 14 Abs 1 Nr 16 RPflG (§ 1632 Abs 2). § 1908i enthält keine eigene Zuständigkeitsregelung, so daß für die Entscheidung, welches Gericht zuständig ist, auf die in der Verweisung genannten Bestimmungen und die dazu gehörigen Zuständigkeitsregelungen zurückgegriffen werden muß.

Der Sache nach handelt es sich um eine Verrichtung die Betreuung betreffend (§ 65 Abs 1 FGG). Das ergibt sich aus der Verweisungsnorm des § 1908i Abs 1 S 1. Dementsprechend sind für das Verfahren die §§ 65 ff FGG iVm den allgemeinen Verfahrensvorschriften maßgebend. Zur Wahrnehmung der Interessen des Betreuten und zur Wahrung rechtlichen Gehörs ist nach Maßgabe des § 67 FGG ein Verfahrenspfleger zu bestellen.

VIII. Die Vermögenssorge betreffende Bestimmungen*

1. Allgemeines

a) Der Grundsatz der Einzelverweisung und seine Folgen im Bereich der Vermögenssorge

103 Eine pauschale Verweisung auf die Regelungen der Vormundschaft über Minderjährige, wie sie das früher geltende Recht für die Vormundschaft für Volljährige und die Gebrechlichkeitspflegschaft vorsah (§ 1897 S 1 aF, § 1915 Abs 1), hielt der Gesetzgeber für das Betreuungsrecht nicht mehr für sinnvoll. Er erklärte deshalb lediglich einzelne der für die Vormundschaft gültigen Vorschriften für anwendbar, von denen er annahm, daß ihr Regelungsgehalt einer sinngemäßen Anwendung auf das Betreuungsrecht nicht im Wege steht (BT-Drucks 11/4528, 159).

104 Für den Bereich der Vermögenssorge wird dadurch kein wesentlich anderes Ergebnis als durch die Globalverweisung erreicht. Durch § 1908i Abs 2 S 1 wird eine Modifizierung des § 1804 vorgenommen. Im übrigen wurde ursprünglich lediglich

---

* **Schrifttum:** FIALA/STENGER (Hrsg), Geldanlagen für Mündel und Betreute (2004); GROTHE, Befreite Betreuer und Rechenschaftslegung nach Beendigung der Betreuung, Rpfleger 2005, 173; SPANL, Vermögensverwaltung durch Vormund und Betreuer (2001); WERKMÜLLER/OYEN, Die Verwaltung des Vermögens unter Betreuung stehender Personen, Rpfleger 2003, 66; WESCHE, Gerichtliche Genehmigung bei der Geldverwaltung, BtPrax 2004, 49; WÜSTENBERG, Die Genehmigungspflicht des Betreuers zur Abhebung oder Annahme von Beträgen bis 3000 €, Rpfleger 2005, 177.

auf solche Regelungen nicht Bezug genommen, die eine Beteiligung oder Inanspruchnahme des Gegenvormundes vorsehen. Durch Art 1 Nr 16 2. BtÄndG wurde § 1908i Abs 1 S 1 entsprechend ergänzt, so daß nunmehr so gut wie das gesamte die Vermögenssorge des Vormunds enthaltende Recht in das Betreuungsrecht übernommen worden ist.

b) Keine inhaltlichen Änderungen der vermögensrechtlichen Normen
Mit der Übernahme von Vorschriften des Vormundschaftsrechts ist der Gesetzgeber der Kritik am früheren Recht, auch soweit er sie selbst aufgenommen hat, nicht voll gerecht geworden. Obwohl im RegEntw festgehalten wird, die Vorschriften über die Vermögenssorge und ihre Anwendung in der Praxis hätten häufig dazu geführt, daß ehrenamtliche Vormünder und Pfleger, insbesondere wegen der Anlage- und der Rechnungslegungsvorschriften und ihrer Handhabung sowie der Bestimmungen über die Haftung, wegen des Aufwendungsersatzes und der Vergütung, von der Übernahme des Amtes abgeschreckt würden, hat der Gesetzgeber, jedenfalls was die nachfolgenden Bestimmungen angeht, wesentliche Änderungen, die das Betreuungsrecht von dem Vormundschaftsrecht deutlich abheben würden, nicht vorgenommen. **105**

c) Die Zielsetzung der Vermögenssorge für einen Betreuten
Obgleich die Erfahrungen mit der Anwendung des früher geltenden Rechts der Vormundschaft und Pflegschaft für Volljährige dazu Anlaß gegeben hätten, eine Regelung über die Zielsetzung der Vermögenssorge für Volljährige zu treffen, hat der Gesetzgeber des Betreuungsrechts davon abgesehen. Die Verweisung auf die vermögensrechtlichen Bestimmungen der Vormundschaft macht es jedoch erforderlich, sich **Unterschiede in der Zielsetzung der Vermögenssorge** zu vergegenwärtigen. **106**

Die Altersvormundschaft dient der treuhänderischen Wahrnehmung von Angelegenheiten des Betroffenen, solange er dazu – rechtlich gesehen – noch nicht allein imstande ist. Damit der Betroffene nach Eintritt der Volljährigkeit kraft eigener Entscheidungsfreiheit die Vermögensdispositionen treffen kann, die er für sachgerecht hält, sollte der gesetzliche Vertreter vor Eintritt der Volljährigkeit seines Mündels nur diejenigen Entscheidungen treffen, die der Sicherung und Vermehrung des Vermögensbestandes dienen und den Betroffenen später nicht mehr als unbedingt erforderlich binden. Zur Beeinträchtigung des allgemeinen Persönlichkeitsrechts Minderjähriger durch unbegrenzte finanzielle Verpflichtung durch deren Eltern kraft elterlicher Vertretungsmacht s BVerfG JZ 1986, 632 (mit Anm FEHNEMANN JZ 1986, 1055). Entsprechendes gilt für den Vormund nach §§ 1773, 1793 ff. Vgl nunmehr § 1629a und § 1793 Abs 2, eingefügt durch das Minderjährigenhaftungsbeschränkungsgesetz v 25. 8. 1998 (BGBl I 2487).

Ganz anders liegt es im Falle der Bestellung eines Betreuers für einen Menschen, der voraussichtlich auf längere Sicht oder auf Dauer seine Angelegenheiten, jedenfalls was die Vermögenssorge angeht, ganz oder teilweise nicht mehr selbst wahrnehmen kann. Zweck der Bestellung des Betreuers ist es **nicht, die Lebensführung des Betreuten ohne Grund einzuschränken**, sondern die verfügbaren Mittel so einzusetzen, daß der Betroffene möglichst so leben kann, wie er es selbst tun und entscheiden würde, wenn er es noch könnte. Die Erhaltung des Vermögens für spätere Erben gehört zum Auftrag des Betreuers ebensowenig wie ein übermäßiges Sparen um der **107**

Entlastung der später unter Umständen in Anspruch zu nehmenden Sozialhilfe willen. Mit Recht hat deshalb das BayObLG den Auftrag eines (damaligen) Gebrechlichkeitspflegers dahin interpretiert, er müsse bei behinderten alten Menschen dafür sorgen, daß ihr Vermögen vor allem dazu eingesetzt werde, ihre Lage zu erleichtern und ihnen den von früher gewohnten Lebensstandard zu erhalten (BayObLGZ 1990, 249 = FamRZ 1991, 481 = NJW 1991, 432 = Rpfleger 1991, 19 = MDR 1991, 57; bestätigt in BayObLGZ 1993, 63 = FamRZ 1993, 851 = FuR 1993, 228 = MDR 1993, 545 = R & P 1993, 79).

d) Hinweis auf landesgesetzliche Regelungen

108 § 1908i Abs 1 S 2 ermächtigt den Landesgesetzgeber, zu bestimmen, daß Vorschriften, welche die Aufsicht des Vormundschaftsgerichts in vermögensrechtlicher Hinsicht sowie beim Abschluß von Lehr- und Arbeitsverträgen betreffen, gegenüber der zuständigen Behörde außer Anwendung bleiben. Von dieser Ermächtigung haben bisher nur die Länder Baden-Württemberg (Art 7 AGBtG v 19. 11. 1991, GVBl 681 mit der Änderung des Art 1 § 16 Abs 2 AG KJHG [= LJHG – Landesjugendhilfegesetz]), Bayern (Art 57 BayKJHG v 18. 6. 1993, GVBl 392), Bremen (§ 3 des Landesausführungsgesetzes), Hamburg (Art 1 § 3 des Landesausführungsgesetzes), Hessen (§ 2 des Landesausführungsgesetzes) und Sachsen-Anhalt (§ 5 des Landesausführungsgesetzes), und zwar mit unterschiedlicher Reichweite, Gebrauch gemacht, Einzelheiten dazu s unten Rn 246 ff.

2. Generell geltende Vorschriften

a) Vermögensverzeichnis
109 aa) Normtext

§ 1802
Vermögensverzeichnis

(1) Der Vormund hat das Vermögen, das bei der Anordnung der Vormundschaft vorhanden ist oder später dem Mündel zufällt, zu verzeichnen und das Verzeichnis, nachdem er es mit der Versicherung der Richtigkeit und Vollständigkeit versehen hat, dem Vormundschaftsgericht einzureichen. Ist ein Gegenvormund vorhanden, so hat ihn der Vormund bei der Aufnahme des Verzeichnisses zuzuziehen; das Verzeichnis ist auch von dem Gegenvormund mit der Versicherung der Richtigkeit und Vollständigkeit zu versehen.

(2) Der Vormund kann sich bei der Aufnahme des Verzeichnisses der Hilfe eines Beamten, eines Notars oder eines anderen Sachverständigen bedienen.

(3) Ist das eingereichte Verzeichnis ungenügend, so kann das Vormundschaftsgericht anordnen, dass das Verzeichnis durch eine zuständige Behörde oder durch einen zuständigen Beamten oder Notar aufgenommen wird.

bb) Unabdingbarkeit der Regelung
110 Die sinngemäße Anwendung dieser Bestimmungen steht nicht zur Disposition des Betreuten. Auch bei einer einverständlichen Bestellung eines Betreuers oder der Betreuung eines nicht geschäftsunfähigen Betreuten kann ein Willensvorrang des

Betreuten die gesetzliche Verpflichtung des Betreuers nicht außer Kraft setzen. Ebensowenig kann der Inhalt des Vermögensverzeichnisses Gegenstand von Verhandlungen zwischen Betreuer und Betreutem sein. Da das Verzeichnis ua eine wichtige Grundlage für die Führung der Aufsicht über die Vermögenssorge des Betreuers darstellt (STAUDINGER/ENGLER [2004] § 1802 Rn 1), kann es nicht in das Belieben des Betreuten gestellt sein, ob und mit welchem Inhalt es erstellt wird.

cc) Keine zwangsweise Durchsetzung des Anliegens
Weigert sich der Betreute, bei der Erstellung des Vermögensverzeichnisses mitzuwirken, indem er wichtige Unterlagen (Sparbücher, Zinsscheine uä) zurückhält, oder verweigert er den Zutritt zur Wohnung oder zu einzelnen Räumen in ihr, stehen dem Betreuer keine Zwangsmittel zur Verfügung. Das Betreuungsrecht bietet weder eine Grundlage dafür, den Aufgabenkreis des Betreuers auf den gewaltsamen Zutritt zur Wohnung des Betreuten, ggf unter Zuhilfenahme der zuständigen Betreuungsbehörde, zu erweitern, noch für eine entsprechende Einzelweisung oder Einzelanordnung des Vormundschaftsgerichts, deren Durchsetzbarkeit durch § 33 FGG gewährleistet wäre (näher dazu oben § 1901 Rn 41 ff). 111

dd) Die inventarisierungsverpflichteten Betreuer
Die sinngemäße Anwendung der Inventarisierungspflicht des § 1802 auf sämtliche Betreuungen würde bedeuten, daß auch der – gesondert zu bestellende – Sterilisationsbetreuer (§ 1899 Abs 2) in jedem Falle ein Vermögensverzeichnis zu erstellen hätte. Dies hat der Gesetzgeber offensichtlich mit dem Enumerationsverfahren nicht bewirken wollen. Andererseits kann die Inventarisierungsverpflichtung angesichts der zu differenzierenden Aufgabenkreise (vgl § 1896 Abs 2 S 1) nicht auf die Fälle beschränkt bleiben, in denen dem Betreuer die vollständige Vermögenssorge übertragen wurde. Auch bei einer differenzierten Aufgabenkreisbestimmung, die sich nur auf Teile von Vermögenssorge oder – zB – die Regulierung von Schulden erstreckt, kann das Verzeichnis des Vermögens (aller geldwerten Güter einschließlich der Schulden und Forderungen) unentbehrlich sein. Die Erstellung eines Vermögensverzeichnisses ist deshalb in allen Fällen von Betreuungen geboten, in denen die Aufgabenkreisbestimmung dies ihrem Sinn nach nicht ausschließt. 112

ee) Durchsetzbarkeit der Verpflichtung
Die Aufforderung des Rechtspflegers, das Vermögensverzeichnis binnen einer bestimmten Frist vorzulegen, stellt noch keine beschwerdefähige Weisung iSv § 1837 Abs 2 S 1 iVm § 1908i Abs 1 S 1 dar. Eine weitere Aufforderung kann Weisungscharakter haben, zu deren Durchsetzung gemäß § 1837 Abs 3 iVm § 1908i Abs 1 S 1 Zwangsgeld verhängt werden kann, soweit dies nicht bei bestimmten Betreuern ausgeschlossen ist. Im Rahmen eines Beschwerdeverfahrens muß die Verpflichtung des Betreuers zur Erstellung des Vermögensverzeichnisses als Grundlage vormundschaftsgerichtlicher Weisung im Einzelfall festgestellt werden. 113

ff) Geltung des Abs 1 S 2
Ursprünglich war Abs 1 S 2 in die Verweisungsvorschrift des § 1908i Abs 1 S 1 nicht aufgenommen worden. Dies war als ein redaktionelles Versehen angesehen worden, weil der Gegenbetreuer erst durch die Debatte im Rechtsausschuß Eingang in das BtG gefunden hatte (MünchKomm/SCHWAB Rn 14), so daß nur auf §§ 1792, 1799 ver- 114

wiesen worden war. Die Neufassung des § 1908i Abs 1 S 1 durch Art 1 Nr 16 2. BtÄndG hat dies nachgeholt.

gg) Befreiungen nach Landesrecht

115 § 1802 findet auf die zum Betreuer bestellte Behörde (§ 1900 Abs 4) keine Anwendung in den Ländern Bayern (Art 1 Abs 3 BayAGBtG), Bremen (§ 3 BremAGBtG), Hessen (Art 1 § 2 HessAGBtG) und Sachsen-Anhalt (Art 1 § 5 AGBtG). In Bayern ist § 1802 Abs 1 S 1 und Abs 3 ausgenommen (aaO). In Baden-Württemberg sind die Betreuungsbehörden „von der Aufsicht nach § 1802 ausgenommen" (Art 1 § 16 Abs 1, 2 AG KJHG).

116 hh) Wegen der weiteren Einzelheiten wird auf die Erläuterungen zu § 1802 Bezug genommen.

b) Vermögensverwaltung bei Erbschaft oder Schenkung
117 aa) Normtext

§ 1803
Vermögensverwaltung bei Erbschaft oder Schenkung

(1) Was der Mündel von Todes wegen erwirbt oder was ihm unter Lebenden von einem Dritten unentgeltlich zugewendet wird, hat der Vormund nach den Anordnungen des Erblassers oder des Dritten zu verwalten, wenn die Anordnungen von dem Erblasser durch letztwillige Verfügung, von dem Dritten bei der Zuwendung getroffen worden sind.

(2) Der Vormund darf mit Genehmigung des Vormundschaftsgerichts von den Anordnungen abweichen, wenn ihre Befolgung das Interesse des Mündels gefährden würde.

(3) Zu einer Abweichung von den Anordnungen, die ein Dritter bei einer Zuwendung unter Lebenden getroffen hat, ist, solange er lebt, seine Zustimmung erforderlich und genügend. Die Zustimmung des Dritten kann durch das Vormundschaftsgericht ersetzt werden, wenn der Dritte zur Abgabe einer Erklärung dauernd außerstande oder sein Aufenthalt dauernd unbekannt ist.

bb) Zur Anwendbarkeit auf die Betreuung

118 Die auf die Führung der Betreuung sinngemäß anzuwendende Vorschrift macht die Tätigkeit des Betreuers, abweichend von § 1901, von Anordnungen eines Dritten abhängig. Insoweit ist § 1803 iVm § 1908i Abs 1 S 1 lex specialis gegenüber § 1901 Abs 2 ff mit Ausnahme der Abs 4 neu angefügten Sätze 2 u 3 (Art 1 Nr 9 2. BtÄndG). Denn die Erstellung eines Betreuungsplans gemäß Abs 4 S 2 u 3 kann die Verpflichtung aus § 1803 erfassen.

Der Betreuer ist dieser Vorschrift unterworfen, wenn ihm die gesamte Sorge für das Vermögen des Betreuten zugewiesen worden ist oder wenn sein Aufgabenkreis die Verwaltung dessen erfaßt, was der Betreute von Todes wegen erwirbt (erworben hat) oder was ihm unter Lebenden von einem Dritten unentgeltlich zugewendet wird (worden ist). War einer dieser Vermögenserwerbe vor der Volljährigkeit des Betreuten eingetreten und hatte der Betroffene damals einen Pfleger nach § 1909 Abs 1 S 2, entfällt dies im Falle der Bestellung eines Betreuers. Statt dessen kann das Vormundschaftsgericht gemäß § 1899 einen weiteren Betreuer bestellen, wenn anzunehmen ist, daß die Anordnung des Zuwendenden, die Eltern sollten das zugewendete Vermögen nicht verwalten, auch für den Fall ihrer Bestellung zu Betreuern des volljährig gewordenen Zuwendungsempfängers gelten soll (ERMAN/HOLZHAUER § 1909 Rn 15 unter Berufung auf OLG Neustadt FamRZ 1961, 81).

Gegenüber der Betreuungsbehörde bleibt die Vorschrift des § 1803 Abs 2 außer **119** Anwendung in den Ländern Baden-Württemberg, Bremen, Hamburg und Hessen. Das AGBtG des Landes Sachsen-Anhalt enthält eine Befreiung von § 1803 Abs 2 nicht (s dazu die Nachweise unten Rn 254). In Bayern ist eine Genehmigung nach Abs 2 nicht erforderlich (Art 1 Abs 3 S 2 AGBtG). Wegen der weiteren Einzelheiten s die Erläuterungen zu § 1803.

c) Schenkungen des Vormunds
aa) Normtext **120**

§ 1804
Schenkungen des Vormunds

Der Vormund kann nicht in Vertretung des Mündels Schenkungen machen. Ausgenommen sind Schenkungen, durch die einer sittlichen Pflicht oder einer auf den Anstand zu nehmenden Rücksicht entsprochen wird.

Nach § 1908i Abs 2 S 1 ist § 1804 auf die Betreuung sinngemäß anzuwenden, jedoch kann der Betreuer in Vertretung des Betreuten Gelegenheitsgeschenke auch dann machen, wenn dies dem Wunsch des Betreuten entspricht und nach seinen Lebensverhältnissen üblich ist.

bb) Normbedeutung
Entgegen der Auffassung von MÖHRING/BEISSWINGERT/KLINGELHÖFFER, Vermö- **121** gensverwaltung in Vormundschafts- und Nachlaßsachen (7. Aufl 1992) 48 war die entsprechende Regelung des Schenkungsverbots im Betreuungsrecht nicht entbehrlich. Denn der Aufgabenkreis eines Betreuers umfaßt die „Besorgung der Angelegenheiten des Betreuten", zu denen – zumindest im Vermögenssorgefall, aber ebenso bei der Verwaltung von Taschengeld oä – auch gehören kann, in Vertretung des Betreuten Geschenke zu machen.

Von dem Schenkungsverbot des S 1 ist **kein Betreuer**, sei er ein Angehöriger, ein Verein oder die zuständige Behörde, **ausgenommen**. Obgleich die Vorschrift den die Vermögenssorge regelnden Bestimmungen zugeordnet ist, betrifft sie nicht nur diejenigen Betreuer, zu deren Aufgabenkreis die Vermögenssorge oder Teile davon gehören. Auch wenn dem Betreuer neben anderen Angelegenheiten der Personensorge lediglich die Verwaltung von Taschengeld (Werkstattenlohnung, Barbetrag zur freien Verfügung [bisher § 21 Abs 3 BSHG, seit 1. 1. 2005 § 35 Abs 2 SGB XII – Sozialhilfe] oä) obliegt, ist er wirtschaftlich imstande, davon Schenkungen vorzunehmen. Die Vorschrift ist deshalb sinngemäß auf alle Betreuungen anzuwenden, bei denen der Betreuer die Möglichkeit hat, über Geldmittel zur Finanzierung von

Schenkungen zu verfügen. Schenkungen anderer Art fallen regelmäßig in den Bereich der Vermögenssorge. Überträgt der Betreuer Grundbesitz des Betreuten unentgeltlich auf dessen künftige Erben (vorweggenommene Erbfolge), so ist dieser Vertrag grundsätzlich nichtig und deshalb nicht genehmigungsfähig. Eine Ausnahme gelte nur dann, wenn mit der Übertragung einer sittlichen Pflicht genügt wird. Eine sittliche Pflicht, künftigen Erben zu Lebzeiten unentgeltlich Vermögen zu übertragen, besteht selbst dann nicht, wenn mit dieser Übertragung für die künftigen Erben eine Steuerersparnis erreicht werden kann (BayObLGZ 1996, 118 = FamRZ 1996, 1359 = BtPrax 1996, 183). Zu den Voraussetzungen einer Schenkung (durch den Betreuer), die einer sittlichen Pflicht oder einer auf den Anstand zu nehmenden Rücksicht entspricht, BayObLG NJWE-FER 1998, 81. Dazu auch BÖHMER, Verfügungen des Betreuers im Rahmen der vorweggenommenen Erbfolge, MittBayNot 1996, 405.

Im Hinblick auf die zunehmende Problematik, im sog Mittelstand oder in bestimmten ländlichen Bereichen die Nachfolge auf wirtschaftlich erträgliche Weise zu sichern, erweist sich die vom BayObLG zugelassene einzige Ausnahme als einengend; andererseits wäre es Angelegenheit des Gesetzgebers, weitere – gerichtlich kontrollierte – Ausnahmen zuzulassen.

cc) Schenkungen des Betreuten

122 Die im Minderjährigenrecht mögliche Konstellation, daß der Vormund nach § 1804 auch nicht zu einer vom Mündel selbst gemachten Schenkung seine Einwilligung oder Genehmigung solle erteilen können (dazu im einzelnen STAUDINGER/ENGLER [2004] § 1804 Rn 10 mwN), kann im Betreuungsrecht nur dann eintreten, wenn der Betreute unter Einwilligungsvorbehalt steht und der Einwilligungsvorbehalt sich auf Schenkungen der durch § 1804 erfaßten Art erstreckt. Steht der Betreute dagegen nicht unter Einwilligungsvorbehalt, kann er selbst Schenkungen vornehmen, es sei denn, daß er geschäftsunfähig ist (§ 104 Nr 2). In diesem Falle käme die Genehmigung des Betreuers als Wirksamkeitsvoraussetzung nicht in Betracht. Als geringfügige Angelegenheit des täglichen Lebens, die der unter Einwilligungsvorbehalt stehende Betreute auch im Falle seiner Geschäftsunfähigkeit ohne Zustimmung des Betreuers vornehmen darf (§ 1903 Abs 3 S 2), scheiden die hier gemeinten Schenkungen aus. § 105a dürfte nicht anwendbar sein, weil Geschenke unter Volljährigen grundsätzlich nicht Geschäfte des täglichen Lebens sind.

Zu den Voraussetzungen des § 1804 im einzelnen s die Erläuterungen von STAUDINGER/ENGLER (2004) zu dieser Vorschrift.

dd) Ergänzende Regelung des § 1908i Abs 2 S 1

123 Der Gesetzgeber des BtG hielt zwar das Schenkungsverbot mit den engen Ausnahmen im Minderjährigenrecht für angemessen; er wollte jedoch die Möglichkeit, Geschenke zu machen, im Betreuungsrecht für Volljährige vorsichtig erweitern (BT-Drucks 11/4528, 160), um einem Wunsch des Betreuten Rechnung tragen zu können. Deshalb sind nach § 1908i Abs 2 S 1 Geschenke, die der Betreuer in Vertretung des Betreuten vornimmt, dann zulässig und durch das Gericht im Rahmen seiner Aufsichtsführung nicht zu beanstanden, wenn

– es sich um Gelegenheitsgeschenke handelt,

– es dem Wunsch des Betreuten entspricht und

– die Geschenke nach den Lebensverhältnissen des Betreuten üblich sind.

Es handelt sich um unentgeltliche Zuwendungen (§ 516 Abs 1), die zu bestimmten Gelegenheiten (zB Geburtstag, Namenstag, Festtage, Silberhochzeit, Betriebszugehörigkeit, Dienstjubiläum) üblich sind. Als Adressaten einer Gelegenheitsschenkung kommen nicht nur Verwandte oder Freunde in Betracht. Es kann sich auch um Arbeitskollegen oder um Mitarbeiter oder andere Personen handeln. Als Beispiel für eine nichtige Schenkung durch den Betreuer und zu den Voraussetzungen einer Schenkung, die einer sittlichen Pflicht oder einer auf den Anstand zu nehmenden Rücksicht entspricht, BayObLG NJWE-FER 1998, 81 (s auch oben Rn 121 aE).

124 Der Betreute muß einen entsprechenden **Wunsch geäußert** haben. Dieser Wunsch kann mündlich oder schriftlich, er kann ausdrücklich oder durch konkludentes Handeln geäußert worden sein. Der Wunsch muß nicht die Qualität einer Willenserklärung iS der §§ 116 ff haben; auch kommt es nicht darauf an, daß der Betreute bei der Äußerung des Wunsches geschäftsfähig war oder unter Einwilligungsvorbehalt stand (MünchKomm/Schwab Rn 41).

Schließlich muß es **nach den Lebensverhältnissen des Betreuten üblich** sein, derartige Gelegenheitsgeschenke zu machen. „Üblichkeit nach den Lebensverhältnissen" bedeutet nach MünchKomm/Schwab (Rn 41), daß sich die Geschenke im Rahmen dessen halten müssen, was sich der Betreute für diesen Zweck leisten konnte und leisten kann und was bei seinem Einkommen und seinem Vermögen sowie nach seinem Lebenszuschnitt typisch ist. Die Lebensverhältnisse des Betreuten bilden jedoch nicht nur den Maßstab für den Gegenstand und/oder den Wert oder die Höhe des Geschenkten (Geldbetrages); sie sind auch für die Beurteilung des Anlasses von Bedeutung. Wenn der Betreute es für richtig hält, zu bestimmten Anlässen den ihn pflegenden Personen angemessene Geldgeschenke zu machen, ohne daß er selbst dadurch „arm" wird, ist dagegen nichts einzuwenden.

125 Bei der Beurteilung, ob die Geschenke **nach den Lebensverhältnissen des Betreuten üblich** sind, muß in erster Linie auf die Zeit abgestellt werden, in der der Betreute noch keinen Betreuer hatte und selbst über seine Angelegenheiten entschied. Insbesondere dann, wenn der Betreute selbst nur noch in geringem Maße an der Wahrnehmung seiner Angelegenheiten beteiligt werden kann, ist so zu verfahren. Was den damaligen Lebensverhältnissen des Betreuten entsprach und von ihm verwirklicht wurde, kann, wenn die Mittel weiterhin zur Verfügung stehen, auch von dem Betreuer in Vertretung des Betreuten geleistet werden. War der Betreute eher freigebig und großzügig, wird sich der Betreuer bei der Erfüllung der Geschenkwünsche seines Betreuten danach richten dürfen, ohne daß ihm daraus ein Vorwurf unsparsamer Wirtschaftsführung gemacht werden dürfte.

126 Praktische Bedeutung kommt dieser Frage in aller Regel nur dann zu, wenn der Betreute Einkünfte und ein Vermögen hat, woraus zur Zeit zwar noch der laufende Unterhalt bezahlt werden kann, das aber in absehbarer Zeit zur Deckung der notwendigen Ausgaben (zB Heimplatzfinanzierung, relativ umfangreiche und kostenintensive ambulante Versorgung) nicht mehr ausreichen wird. In solchen Fällen neigen dann Gerichte und Behörden (Sozialamt) dazu, dem Betreuer Freigebigkeit vorzuhalten, weil sie ein möglichst spätes Einsetzen der staatlichen Leistungen erreichen wollen. Da der Betreute ohne einen Betreuer ebenso verfahren dürfte und würde, kann dem Betreuer eine entsprechende Handhabung nicht verwehrt und zum Vorwurf gemacht werden. Mit Recht weist MünchKomm/SCHWAB (Rn 41) darauf hin, daß häufig die Voraussetzungen einer Pflicht- oder Anstandsschenkung (§ 1804 S 2) gegeben sein werden. Allerdings wollte § 1908i Abs 2 S 1 HS 2 den Kreis der möglichen Geschenke durch den Betreuer nicht generell, sondern „vorsichtig" erweitern (BT-Drucks 11/4528, 160). Ob die Vorschrift mehr Probleme schafft als löst, wie MünchKomm/SCHWAB (Rn 42) prognostiziert, hat weniger mit der Rechtsnorm selbst als mit den für Zwecke von Schenkungen zur Verfügung stehenden Mitteln sowie der tatsächlichen Verfügungsgewalt des Betreuten zu tun. Die Interpretation eines Betreutenwunsches als Einsatz eines Boten bietet sich allenfalls in solchen Fällen an, in denen erhebliche Mittel zur Verfügung stehen, über die der Betreute aber tatsächlich nicht verfügen kann. Während § 534 Rückforderung und Widerruf der § 1804 (iVm § 1908i Abs 2 S 1) unterfallenden Schenkungen ausschließt, unterliegen die über § 1804 hinausgehenden Schenkungen grundsätzlich den Widerrufs- und Rückforderungsregelungen der §§ 528 ff.

Nach Auffassung des LG Traunstein soll ein praktisches Bedürfnis bestehen, eine sittliche Pflicht zur Schenkung eines Betreuten zu bejahen, wenn die Zuwendung aus Mitteln des Betreuten unter Berücksichtigung seiner materiellen und immateriellen Belange, wie beispielsweise zur Zukunftssicherung, letztlich in seinem Interesse liegt (MittBayNot 2005, 231 m abl Anm BÖHMER). Ein Übergabevertrag, durch den das dem Betreuten gehörende landwirtschaftliche Unternehmen gegen Zusage eines Altenteils auf den Sohn übertragen werden soll, ist nicht generell „nicht genehmigungsfähig". Die Versagung der Bestellung eines Ergänzungsbetreuers rechtfertigt sich auch nicht allein dadurch, daß potentielle Miterben des Übernehmers Vermögensteile des Betreuten „ohne Gegenleistung" erhalten sollen (OLG Stuttgart MittBayNot 2005, 229 m Anm BÖHMER).

Legt der Betreuer Geld des Betreuten in der Weise an, daß der Rückzahlungsbetrag im Falle des Todes des Betreuten einem Drittbegünstigten zufließen soll (§ 331), unterliegt diese Vereinbarung selbst nicht dem Schenkungsverbot aus §§ 1804, 1908i Abs 2 S 1. Betroffen von dem Schenkungsverbot sind allenfalls Absprachen im Valutaverhältnis zwischen dem Betreuten und dem Drittbegünstigten (BayObLG FamRZ 2003, 58 [LS] = FGPrax 2002, 221 = NJW-RR 2003, 4).

d) Verwendung für den Vormund

aa) Normtext

§ 1805
Verwendung für den Vormund

Der Vormund darf Vermögen des Mündels weder für sich noch für den Gegenvormund verwenden. Ist das Jugendamt Vormund oder Gegenvormund, so ist die Anlegung von Mündelgeld gemäß § 1807 auch bei der Körperschaft zulässig, bei der das Jugendamt errichtet ist.

bb) Normzweck

Die Vorschrift will in ihrem ersten Satz die eigennützige Verwendung von Mündelgelder generell verbieten. Da das Betreuungsrecht, anders als die Vormundschaft, den Grundsatz der Einpersonenvormundschaft nicht kennt (vgl § 1775 einerseits und § 1899 andererseits), in bestimmten Fällen sogar die Bestellung eines weiteren Betreuers zwingend vorschreibt, gehen die Bedeutung und der Anwendungsbereich im Betreuungsrecht über die in der Vorschrift aufgeführten Personen hinaus. Die Regelung ist bei einer sinngemäßen Anwendung auf die Betreuung deshalb so zu lesen, daß über den Betreuer und den Gegenbetreuer hinaus jeder weitere oder Mit-Betreuer erfaßt wird, der zwar als Vermögensverwalter und deshalb auch als Täter nicht in Betracht kommt, aber als sonstiger Betreuer Begünstigter sein kann.

cc) Zur Interpretation der Vorschrift bezüglich der Kontenführung

Eine dem § 56 Abs 3 S 1 SGB VIII (KJHG) entsprechende Regelung, wonach Mündelgeld mit Genehmigung des Vormundschaftsgerichts auf Sammelkonten des Jugendamts bereitgehalten und angelegt werden darf, wenn es den Interessen des Mündels dient und sofern die sichere Verwaltung, Trennbarkeit und Rechnungslegung des Geldes einschließlich der Zinsen jederzeit gewährleistet ist, kennt das Betreuungsrecht nicht. Der Anlegung auf einem Sammelkonto oder auch in Form eines Treuhandkontos auf den Namen des Betreuers steht überdies entgegen, daß der Betreute durch die Bestellung eines Betreuers in seiner rechtsgeschäftlichen Befugnis nicht eingeschränkt wird, so daß er neben dem Betreuer über sein Guthaben verfügen kann, die Möglichkeit dazu ihm aber auch nicht genommen werden darf. Gegen einen etwaigen Mißbrauch und eine erhebliche Selbstschädigung kann der Betreute durch einen gegen ihn angeordneten Einwilligungsvorbehalt (§ 1903) geschützt werden.

dd) Bindung an Betreutenwünsche

§ 1805 S 2 in sinngemäßer Anwendung auf die Betreuung erlaubt die Anlegung bei der Körperschaft, bei der die Behörde errichtet ist (für den Behördenbetreuer s § 1908g Abs 2), zwingt jedoch nicht dazu. Bei gleichen oder unwesentlich schlechteren Konditionen kann der Betreuer nach § 1901 gehalten sein, dem Wunsch des Betreuten nachzukommen, das Geld bei einem bestimmten Geldinstitut anzulegen oder auch nicht anzulegen.

3. Die Anlegung von Geld betreffende Bestimmungen

a) Sinngemäß anzuwendende Vorschriften

§ 1908i Abs 1 S 1 sieht die sinngemäße Anwendung der die Anlegung von Mündelgeld regelnden Vorschriften des Vormundschaftsrechts (§§ 1806 bis 1811) vor.

Nach § 1806 hat der Vormund das zum Vermögen des Mündels gehörende Geld verzinslich anzulegen, soweit es nicht zur Bestreitung von Ausgaben bereit zu halten ist.

Gemäß § 1807 Abs 1 soll die im § 1806 vorgeschriebene Anlegung von Mündelgeld nur erfolgen:

– in Forderungen, für die eine sichere Hypothek an einem inländischen Grundstück besteht, oder in sicheren Grundschulden oder Rentenschulden an inländischen Grundstücken;

- in verbrieften Forderungen gegen den Bund oder ein Land sowie in Forderungen, die in das Bundesschuldbuch oder in das Landesschuldbuch eines Landes eingetragen sind;

- in verbrieften Forderungen, deren Verzinsung vom Bund oder einem Land gewährleistet ist;

- in Wertpapieren, insbesondere Pfandbriefen, sowie in verbrieften Forderungen jeder Art gegen eine inländische kommunale Körperschaft oder die Kreditanstalt einer solchen Körperschaft, sofern die Wertpapiere oder die Forderungen von der Bundesregierung mit Zustimmung des Bundesrates zur Anlegung von Mündelgeld für geeignet erklärt sind;

- bei einer inländischen öffentlichen Sparkasse, wenn sie von der zuständigen Behörde des Bundesstaats, in welchem sie ihren Sitz hat, zur Anlegung von Mündelgeld für geeignet erklärt ist, oder bei einem anderen Kreditinstitut, das einer für die Anlage ausreichenden Sicherungseinrichtung angehört.

§ 1807 Abs 2 sieht vor, daß die Landesgesetze für die innerhalb ihres Geltungsbereichs belegenen Grundstücke die Grundsätze bestimmen, nach denen die Sicherheit einer Hypothek, einer Grundschuld oder einer Rentenschuld festzustellen ist.

§ 1809 bestimmt, daß der Vormund Mündelgeld nach § 1807 Abs 1 Nr 5 nur mit der Bestimmung anlegen soll, daß zur Erhebung des Geldes die Genehmigung des Gegenvormunds oder des Vormundschaftsgerichts erforderlich ist.

Nach § 1810 soll der Vormund die in den §§ 1806, 1807 vorgeschriebene Anlegung nur mit Genehmigung des Gegenvormunds bewirken; die Genehmigung des Gegenvormunds wird durch die Genehmigung des Vormundschaftsgerichts ersetzt. Ist ein Gegenvormund nicht vorhanden, so soll die Anlegung nur mit Genehmigung des Vormundschaftsgerichts erfolgen, sofern nicht die Vormundschaft von mehreren Vormündern gemeinschaftlich geführt wird.

Das Vormundschaftsgericht kann dem Vormund gemäß § 1811 eine andere Anlegung als die in § 1807 vorgeschriebene gestatten. Die Erlaubnis soll nur verweigert werden, wenn die beabsichtigte Art der Anlegung nach Lage des Falles den Grundsätzen einer wirtschaftlichen Vermögensverwaltung zuwiderlaufen würde.

b) Erläuterungen

132 Zu den durch das BtG vorgenommenen Änderungen einiger Vorschriften gegenüber dem bisher geltenden Recht sowie zu den einzelnen Vorschriften im übrigen s die Erläuterungen dort. Zur Anlegung von Mündelgeld in grundpfandrechtlich gesicherten Forderungen (Beleihungshöhe) beachte für Bayern Art 67 AGBGB.

Für die Führung der Betreuung ist folgendes hervorzuheben:

aa) Kein Vorrang anderslautender Wünsche des Betreuten

Die Vorschriften über die Notwendigkeit der Anlegung von Geldern des Betreuten haben für den Betreuer Vorrang vor einem anderslautenden Willen oder Wunsch des Betreuten. Auch wenn sich der Betreute aus verständlichen Gründen (Angst vor Verlust des Geldes auf Grund gemachter Erfahrungen) dagegen wehrt, daß bei ihm gefundenes zur Bestreitung von Ausgaben nicht benötigtes Bargeld verzinslich angelegt wird, ist der Betreuer an die seine Amtsführung regelnden gesetzlichen Bestimmungen gebunden (BayObLG FamRZ 2005, 389). Einerseits kommt eine der Vermehrung des Vermögens dienende Geldanlage dem Wohle des Betreuten zugute, auf das Bedacht zu nehmen der Betreuer verpflichtet ist (§ 1901 Abs 2 S 1), andererseits setzen verpflichtende Normen und die Gefahr der Haftung (§ 1833) eine Grenze der Zumutbarkeit im Sinne von § 1901 Abs 3 S 1. Geschwister des Betroffenen sind von den Vorschriften der §§ 1806 ff nicht befreit (§§ 1908i Abs 2 S 2, 1857a, 1852); eine Befreiung durch Beschluß des Vormundschaftsgerichts kommt mangels entsprechender Ermächtigung nicht in Betracht (BayObLG FamRZ 2005, 389).

Keine Befreiung von den Anlagebestimmungen liegt vor, wenn das Gericht dem Betreuer eine **andere Anlegung** als die in § 1807 vorgeschriebene erlaubt (§ 1811). Bei größeren Vermögen kann (zB) eine Geldanlage auch in einem offenen Immobilienfonds genehmigungsfähig sein (OLG Frankfurt FamRZ 2003, 59). Die Entscheidung erfordert eine umfassende Prüfung der Vor- und Nachteile, die an den Umständen des jeweiligen Einzelfalles ausgerichtet sein muß. Dabei ist auch die den Grundsätzen einer wirtschaftlichen Vermögensverwaltung entsprechende Streuung auf mehrere Anlageformen zu berücksichtigen (OLG Frankfurt aaO).

Zur Problematik der Kontoeröffnung oder bestimmter Einzahlungen für ausweislose Betreute nach Inkrafttreten des Geldwäschegesetzes s Bienwald BtPrax 1995, 20. Es ist nicht zulässig, Geld mehrerer Betreuter auf einem Sammelkonto („Treuhänderkonto") des Betreuers oder eines Betreuungsvereins zu verwalten, auch wenn aus der internen Buchführung des Betreuers oder Betreuungsvereins jederzeit zweifelsfrei ermittelt werden kann, welcher Betrag welchem Betreuten zuzuordnen ist (OLG Köln OLGRp 1997, 51).

bb) Empfehlung eines Wirtschaftsplans

Ein verantwortlicher Umgang mit dem Geld des Betreuten setzt voraus, daß sich der Betreuer vorausschauend einen Überblick darüber verschafft, welche Ausgaben regelmäßig oder zu bestimmten Zeiten oder bei besonderen Anlässen anfallen und welche Einnahmen dafür zur Verfügung stehen. Ein in der praktischen Betreuungsarbeit immer wieder anzutreffender **Fehler** liegt darin, daß **laufend benötigtes Geld zweckwidrig angelegt** und versperrt wird, so daß unnötig häufig Freigabeanträge bei Gericht gestellt werden müssen. Dem Betreuer kann durch entsprechende Freigabeentscheidungen des Vormundschaftsgerichts gestattet werden, angelegtes Geld regelmäßig zu bestimmten oder wiederkehrenden Terminen dem Konto zu entnehmen, um damit laufende oder zu bestimmten Zeiten fällige Ausgaben zu tätigen. Derartige Freigabebeschlüsse empfehlen sich dann, wenn hohe Zinsen eine bestimmte Geldanlage verlangen und der Abhebungsbetrag verhältnismäßig hoch ist, so daß bei Nichtanlegung eine nennenswerte Zinseinbuße zu verzeichnen wäre.

Entgegen Wesche Rpfleger 1993, 110 (Anm zu LG Saarbrücken Rpfleger 1993, 109) dürfte zur Bestreitung laufender Ausgaben (einschl Heimkosten) ein Freibetrag von bisher 5000 DM nicht (mehr) ausreichen, vorausgesetzt, daß es sich um einen Betrag handelt, von dem die Kosten eines Pflegeheimplatzes zu bestreiten sind. Allgemein gültige Beträge in bestimmter Höhe können jedoch nicht festgelegt werden. Es kommt jeweils auf die Umstände des einzelnen Falles an, weil nur so die individuellen Bedürfnisse und Notwendigkeiten berücksichtigt werden können. UU bedeutet das, daß für die Bestreitung laufender Ausgaben ein Betrag bis zu 5000 Euro monatlich (auf einem Giro- oder Sparkonto) bereit zu halten ist. Ein Guthaben von 13 400 Euro erscheint dagegen als zu hoch für die Bestreitung von Ausgaben.

cc) Wirkung der nach § 1809 veranlaßten Sperrung

135 Die vom Betreuer veranlaßte Sperrung hat zur Folge, daß zur Erhebung von Geldern die Genehmigung des Gegenbetreuers oder des Vormundschaftsgerichts erforderlich ist. Die Sperrung wirkt sich demnach **nur zu Lasten des Betreuers** aus. Sie hat keine unmittelbare Wirkung zu Lasten des Betreuten. Kontoinhaber ist der Betreute. Lediglich die Verfügungsbefugnis des Betreuers ist durch die Sperre eingeschränkt. Will der Betreute von einem nach § 1809 gesperrten Konto (Sparbuch) Geld abheben, wird das Geldinstitut durch die Auszahlung an den Betreuten befreit, auch dann, wenn nicht feststeht, daß der Betreute nicht geschäftsunfähig ist. Zu Lasten des Betreuten darf der Betreuer bei dem Geldinstitut nur dann eine Kontosperre vereinbaren, wenn sein Aufgabenkreis dies zuläßt. Einen Ausschluß des nicht geschäftsunfähigen Betreuten von der Verfügung über sein Geld kann der Betreuer allein aufgrund der Vermögenssorge nicht vornehmen, weil seine gesetzliche Vertretung nach § 1902 die Rechtsmacht des Betreuten nicht verdrängt. Nur das Vormundschaftsgericht ist imstande, die Rechtsmacht des Betreuten dadurch zu beschränken, daß es bei Vorliegen der Voraussetzungen des § 1903 Abs 1 einen Einwilligungsvorbehalt anordnet (DAMRAU/ZIMMERMANN Rn 5; aA ERMAN/HOLZHAUER § 1809 Rn 8). Das Problem bestand schon zu Zeiten der Gebrechlichkeitspflegschaft; damals wurde es jedoch verdrängt. Versuche in dieser Hinsicht, den Pflegebefohlenen selbst Geld abheben zu lassen, schlugen idR fehl. Auch unter der Geltung des Betreuungsrechts sind entsprechende Verhältnisse anzutreffen und herrscht zumindest, um es behutsam auszudrücken, eine erhebliche Rechtsunsicherheit. Soweit von ERMAN/HOLZHAUER in Auseinandersetzung mit DAMRAU/ZIMMERMANN darauf hingewiesen wird, daß die Norm dem Schutz des Mündels bzw Betreuten vor Veruntreuung durch den Vormund oder Betreuer dient, wird dieser Schutz durch die Sperrung zu Lasten des Betreuers hergestellt. Von der Pflicht zur Sperrung kann der Betreuer auch nicht durch einen geschäftsfähigen Betreuten befreit werden, weil es sich nicht um eine Norm handelt, die für den Betreuten disponibel ist. Ebenso wie der Betreute aber konkurrierend zu seinem Betreuer im Rechtsverkehr sonst tätig werden kann, kann er Abhebungen von seinem Konto vornehmen, dessen Sperrung ihm nicht gilt. Der Betreute veruntreut sein Geld auch nicht; er gibt es ggf nur zu seinem Schaden aus.

dd) **Befreiungen**

136 § 1809 ist nicht anwendbar beim Verein oder der Behörde, die zum Betreuer bestellt worden sind (§ 1908i Abs 1 S 1 iVm § 1857a). Die Vorschrift ist ferner nicht anzuwenden auf die Betreuung durch den Vater, die Mutter, den Ehegatten, den Lebenspartner oder einen Abkömmling des Betreuten sowie auf den Vereinsbetreuer und den Behördenbetreuer, soweit das Vormundschaftsgericht für diese Betreuungen nichts anderes angeordnet hat oder anordnet (§ 1908i Abs 2 S 2 iVm § 1857a).

Abweichungen können sich auch aus Bestimmungen über die Vermögensverwaltung bei Erbschaft oder Schenkung (vgl § 1908i Abs 1 S 1 iVm § 1803) ergeben. Im Beitrittsgebiet waren die Vorschriften des BGB über die Anlegung von Mündelgeld erst ab 1. 1. 1992 anzuwenden (Art 234 § 14 Abs 4 EGBGB). Nach § 1817 nF iVm § 1908i Abs 1 S 1 kann das Vormundschaftsgericht auf Antrag des Betreuers von der Verpflichtung des § 1809 befreien. Zu den Voraussetzungen s den Text der Vorschrift unten Rn 139 sowie STAUDINGER/ENGLER (2004) § 1817 Rn 15 ff.

§ 1810 ist unanwendbar bei Vereins- und bei Behördenbetreuung gemäß § 1908i **137** Abs 1 S 1 iVm § 1857a. Die Bestimmung ist ferner nicht anzuwenden, wenn die Betreuung durch den Vater, die Mutter, den Ehegatten, den Lebenspartner oder einen Abkömmling des Betreuten sowie durch einen Vereins- oder einen Behördenbetreuer geführt wird und das Vormundschaftsgericht für diese Betreuer anderes nicht angeordnet hat (§ 1908i Abs 2 S 2). Zur Befreiung durch das Vormundschaftsgericht auf Antrag des Betreuers gem § 1817 nF iVm § 1908i Abs 1 S 1 s unten Rn 139. Eine Befreiung kommt auch im Falle des § 1803 in Betracht (MünchKomm/ SCHWAB § 1810 Rn 5; STAUDINGER/ENGLER [2004] § 1810 Rn 7).

Zu vorübergehender verzinslicher Anlage von Geld, das der Betreuer zur Bestreitung von Ausgaben bereit zu halten hat (§ 1806), braucht er nicht die Genehmigung des Gegenbetreuers oder die des Vormundschaftsgerichts (STAUDINGER/ENGLER [2004] § 1810 Rn 5), da der Betreuer mit dieser „Geldanlage" über die ihm auferlegte Verpflichtung hinausgeht, also von sich aus über das von ihm Verlangte hinaus handelt. Im übrigen kann von dieser Vorschrift Befreiung erteilt werden nach Maßgabe von § 1817 nF (iVm § 1908i Abs 1 S 1). Text s unten Rn 139.

ee) Andere Anlegung
Bei größeren Vermögen kann eine Geldanlage in einem offenen Immobilienfonds **138** nach § 1811 genehmigungsfähig sein. Die Entscheidung erfordert eine umfassende Prüfung der Vor- und Nachteile, die an den Umständen des jeweiligen Einzelfalles ausgerichtet sein muß. Dabei ist auch die den Grundsätzen einer wirtschaftlichen Vermögensverwaltung entsprechende Streuung auf mehrere Anlageformen zu berücksichtigen (OLG Frankfurt FamRZ 2003, 59 = FGPrax 2002, 257). Zur Entscheidung über eine andere Anlage von Teilen des Betreutenvermögens (hier: Anteilen des Wertpapierfonds „Uni Deutschland") OLG Köln FamRZ 2001, 708 m Anm BIENWALD. Zu rechtlichen und finanzmathematischen Grundlagen hinsichtlich der Geldanlagen für Mündel und Betreute s die Veröffentlichung von FIALA/STENGER; zur Genehmigung innovativer Anlageformen WERKMÜLLER/OYEN Rpfleger 2003, 66.

4. Die Bindung des Betreuers an die Genehmigung des Gegenbetreuers oder des Vormundschaftsgerichts bei bestimmten Rechtsgeschäften betreffend die Anlegung von Geld und andere vermögensrechtliche Angelegenheiten (§§ 1812 bis 1820)

a) Sinngemäß auf die Betreuung anzuwendende Vorschriften
Nach § 1908i Abs 1 S 1 sind die Vorschriften der §§ 1812 bis 1820, die unterschied- **139** liche vermögensrechtliche Angelegenheiten, insbesondere solche der Vermögensanlage, von der Genehmigung, Anordnung oder Befreiung des Gegenbetreuers oder der des Vormundschaftsgerichts abhängig machen, auf die Betreuung sinngemäß

anzuwenden, sofern dies nicht für bestimmte Betreuer ausgeschlossen ist (s dazu unten Rn 140). Im einzelnen sind dies:

§ 1812
Verfügungen über Forderungen und Wertpapiere

(1) Der Vormund kann über eine Forderung oder über ein anderes Recht, kraft dessen der Mündel eine Leistung verlangen kann, sowie über ein Wertpapier des Mündels nur mit Genehmigung des Gegenvormunds verfügen, sofern nicht nach den §§ 1819 bis 1822 die Genehmigung des Vormundschaftsgerichts erforderlich ist. Das Gleiche gilt von der Eingehung der Verpflichtung zu einer solchen Verfügung.

(2) Die Genehmigung des Gegenvormunds wird durch die Genehmigung des Vormundschaftsgerichts ersetzt.

(3) Ist ein Gegenvormund nicht vorhanden, so tritt an die Stelle der Genehmigung des Gegenvormunds die Genehmigung des Vormundschaftsgerichts, sofern nicht die Vormundschaft von mehreren Vormündern gemeinschaftlich geführt wird.

§ 1813
Genehmigungsfreie Geschäfte

(1) Der Vormund bedarf nicht der Genehmigung des Gegenvormunds zur Annahme einer geschuldeten Leistung:

1. wenn der Gegenstand der Leistung nicht in Geld oder Wertpapieren besteht,

2. wenn der Anspruch nicht mehr als 3000 Euro beträgt,

3. wenn Geld zurückgezahlt wird, das der Vormund angelegt hat,

4. wenn der Anspruch zu den Nutzungen des Mündelvermögens gehört,

5. wenn der Anspruch auf Erstattung von Kosten der Kündigung oder der Rechtsverfolgung oder auf sonstige Nebenleistungen gerichtet ist.

(2) Die Befreiung nach Absatz 1 Nr. 2, 3 erstreckt sich nicht auf die Erhebung von Geld, bei dessen Anlegung ein anderes bestimmt worden ist. Die Befreiung nach Absatz 1 Nr 3 gilt auch nicht für die Erhebung von Geld, das nach § 1807 Abs. 1 Nr. 1 bis 4 angelegt ist.

§ 1814
Hinterlegung von Inhaberpapieren

Der Vormund hat die zu dem Vermögen des Mündels gehörenden Inhaberpapiere nebst den Erneuerungsscheinen bei einer Hinterlegungsstelle oder bei einem der in § 1807 Abs. 1 Nr. 5 genannten Kreditinstitute mit der Bestimmung zu hinterlegen, dass die Herausgabe der Papiere nur mit Genehmigung des Vormundschaftsgerichts verlangt werden kann. Die Hinterlegung von Inhaberpapieren, die nach § 92 zu den verbrauchbaren Sachen gehören, sowie von Zins-, Renten- oder Gewinnanteilscheinen ist nicht erforderlich. Den Inhaberpapieren stehen Orderpapiere gleich, die mit Blankoindossament versehen sind.

§ 1815
Umschreibung und Umwandlung von Inhaberpapieren

(1) Der Vormund kann die Inhaberpapiere, statt sie nach § 1814 zu hinterlegen, auf den Namen des Mündels mit der Bestimmung umschreiben lassen, dass er über sie nur mit Genehmigung des Vormundschaftsgerichts verfügen kann. Sind die Papiere vom Bund oder einem Land ausgestellt, so kann er sie mit der gleichen Bestimmung in Schuldbuchforderungen gegen den Bund oder das Land umwandeln lassen.

(2) Sind Inhaberpapiere zu hinterlegen, die in Schuldbuchforderungen gegen den Bund oder ein Land umgewandelt werden können, so kann das Vormundschaftsgericht anordnen, dass sie nach Absatz 1 in Schuldbuchforderungen umgewandelt werden.

§ 1816
Sperrung von Buchforderungen

Gehören Schuldbuchforderungen gegen den Bund oder ein Land bei der Anordnung der Vormundschaft zu dem Vermögen des Mündels oder erwirbt der Mündel später solche Forderungen, so hat der Vormund in das Schuldbuch den Vermerk eintragen zu lassen, dass er über die Forderungen nur mit Genehmigung des Vormundschaftsgerichts verfügen kann.

§ 1817
Befreiung

(1) Das Vormundschaftsgericht kann den Vormund auf dessen Antrag von den ihm nach den §§ 1806 bis 1816 obliegenden Verpflichtungen entbinden, soweit

1. der Umfang der Vermögensverwaltung dies rechtfertigt und

2. eine Gefährdung des Vermögens nicht zu besorgen ist.

Die Voraussetzungen der Nummer 1 liegen im Regelfall vor, wenn der Wert des Vermögens ohne Berücksichtigung von Grundbesitz 6000 Euro nicht übersteigt.

(2) Das Vormundschaftsgericht kann aus besonderen Gründen den Vormund von den ihm nach den §§ 1814, 1816 obliegenden Verpflichtungen auch dann entbinden, wenn die Voraussetzungen des Absatzes 1 Nr. 1 nicht vorliegen.

§ 1818
Anordnung der Hinterlegung

Das Vormundschaftsgericht kann aus besonderen Gründen anordnen, dass der Vormund auch solche zu dem Vermögen des Mündels gehörende Wertpapiere, zu deren Hinterlegung er nach § 1814 nicht verpflichtet ist, sowie Kostbarkeiten des Mündels in der in § 1814 bezeichneten Weise zu hinterlegen hat; auf Antrag des Vormunds kann die Hinterlegung von Zins-, Renten- und Gewinnanteilscheinen angeordnet werden, auch wenn ein besonderer Grund nicht vorliegt.

§ 1819
Genehmigung bei Hinterlegung

Solange die nach § 1814 oder nach § 1818 hinterlegten Wertpapiere oder Kostbarkeiten nicht zurückgenommen sind, bedarf der Vormund zu einer Verfügung über sie und, wenn Hypotheken-, Grundschuld- oder Rentenschuldbriefe hinterlegt sind, zu einer Verfügung über die Hypothekenforderung, die Grundschuld oder die Rentenschuld der Genehmigung des Vormundschaftsgerichts. Das Gleiche gilt von der Eingehung der Verpflichtung zu einer solchen Verfügung.

§ 1820
Genehmigung nach Umschreibung und Umwandlung

(1) Sind Inhaberpapiere nach § 1815 auf den Namen des Mündels umgeschrieben oder in Schuldbuchforderungen umgewandelt, so bedarf der Vormund auch zur Eingehung der Verpflichtung zu einer Verfügung über die sich aus der Umschreibung oder der Umwandlung ergebenden Stammforderungen der Genehmigung des Vormundschaftsgerichts.

(2) Das Gleiche gilt, wenn bei einer Schuldbuchforderung des Mündels der im § 1816 bezeichnete Vermerk eingetragen ist.

b) Zur Anwendbarkeit bzw deren Ausschließung im einzelnen*
aa) Verfügungen über Forderungen und Wertpapiere (§ 1812)

140 Die Vorschrift findet keine Anwendung auf die Betreuung durch einen Betreuungsverein oder durch die Betreuungsbehörde (§ 1857a iVm § 1908i Abs 1 S 1), ferner nicht auf die Betreuung durch die in § 1908i Abs 2 S 2 aufgeführten Personen, sofern das Vormundschaftsgericht nicht etwas anderes bestimmt hat. Für **Bayern** s die Sonderregelung auf Grund der Ermächtigung des § 1908i Abs 1 S 2 in Art 1 Abs 3 S 1 AGBtG und für **Baden-Württemberg** Art 1 § 16 Abs 1, 2 AGKJHG.

Die Vorschrift findet keine Anwendung auf solche Rechtsgeschäfte, die der Betreuer kraft rechtsgeschäftlicher Vertretungsmacht im Namen des Betreuten vornimmt, vorausgesetzt, daß der Betreute eine dementsprechende Vollmacht wirksam erteilt hat. Voraussetzung einer solchen Vollmachterteilung ist die Geschäftsfähigkeit des Betreuten. Die Befugnis zur Vollmachterteilung wird nicht dadurch eingeschränkt, daß der (geschäftsfähige) Betreute einen Betreuer hat. Insoweit der Betreute neben dem Betreuer tätig werden kann, wird durch die dem Betreuer nach § 1902 verlie-

---

* **Schrifttum:** WESCHE, Gerichtliche Genehmigung bei der Geldverwaltung, BtPrax 2004, 49.

hene Vertretungsmacht die Befugnis des Betreuten, den Betreuer rechtswirksam zu bevollmächtigen und von der Genehmigungspflicht der §§ 1812, 1821, 1822 zu „befreien", nicht verdrängt (wie hier MünchKomm/Schwab § 1902 Rn 10).

Genau genommen kann der Betreute in diesem Fall den Betreuer nicht „befreien"; vielmehr kommen die Vorschriften deshalb nicht zur Anwendung, weil bei rechtsgeschäftlich erteilter Vertretungsmacht die vormundschaftsgerichtliche Kontrolle aufgrund Vormundschafts- bzw Betreuungsrechts entfällt. Die Frage ist im Rahmen einer Betreuerbestellung nach § 1896 Abs 3 anders zu beantworten.

Zur Frage konkurrierenden Handelns im Rahmen des Betreuungsrechts im übrigen s § 1902 Rn 11. Zum Genehmigungserfordernis nach § 1812, wenn der Betreuer (damals Vormund) des Grundstückseigentümers die **Löschung einer nicht rangletzten Eigentümergrundschuld** bewilligen will, OLG Hamm OLGZ 1977, 47.

Die Umstellung von 5000 DM auf 3000 Euro in § 1813 Abs 1 Nr 2 mit Wirkung v 30.6.2000 wurde durch das FernabsatzG vom 27.6.2000 (BGBl I 897) vorgenommen.

bb) Hinterlegung von Inhaberpapieren (§ 1814)

Keine Hinterlegungspflicht besteht nach § 1857a iVm § 1908i Abs 1 S 1 für den **141** Betreuungsverein und die Betreuungsbehörde, soweit sie zu Betreuern bestellt wurden, sowie für die in § 1908i Abs 2 S 2 genannten Betreuer, soweit für sie bzw einen von ihnen im konkreten Fall das Vormundschaftsgericht nichts anderes angeordnet hat. Die Hinterlegungspflicht nach § 1814 entfällt, wenn der Betreuer nach § 1815 verfährt. Zur Entbindung des Betreuers von den ihm nach dieser Vorschrift obliegenden Verpflichtungen s § 1817 Abs 2 (iVm § 1908i Abs 1 S 1) – Text oben Rn 139 – sowie die Bemerkungen in Rn 143 (Anhang).

cc) Umschreibung und Umwandlung von Inhaberpapieren (§ 1815)

Die von der Hinterlegungspflicht nach § 1814 vollständig (§ 1857a iVm § 1908i Abs 1 **142** S 1) oder mangels anderer Entscheidung des Vormundschaftsgerichts (§ 1908i Abs 2 S 2, § 1857a) befreiten Betreuer werden durch die Alternative des § 1815 nicht erfaßt. Diese Betreuer können von sich aus eine derartige Umschreibung/Umwandlung wählen. Die bei MünchKomm/Schwab Rn 10 erörterte freiwillige Umschreibung bzw Umwandlung von Papieren durch den Betreuer betrifft solche Papiere, die nicht der Hinterlegungspflicht unterliegen. Hier treten die Rechtswirkungen der §§ 1815, 1820 nicht ein, und die Vorschriften der §§ 1812, 1813 bleiben anwendbar. Zu den einschlägigen landesrechtlichen Bestimmungen s MünchKomm/Wagenitz § 1815 Rn 3 u 4 sowie Staudinger/Engler (2004) § 1815 Rn 6.

dd) Sperrung von Buchforderungen (§ 1816)

Von der Verpflichtung aus § 1816 befreit sind die Betreuungsvereine und die Betreu- **143** ungsbehörde, wenn sie als solche zu Betreuern bestellt worden sind (§ 1857a, § 1853 iVm § 1908i Abs 1 S 1). Befreit sind ebenfalls, wenn das Vormundschaftsgericht nicht anderes anordnet, die in § 1908i Abs 2 S 2 aufgeführten Angehörigen, sowie die Vereinsbetreuer und die Behördenbetreuer. Maßstab für die Ermessensentscheidung des Vormundschaftsgerichts über die Aufhebung der Befreiung ist das Wohl des Betreuten (für die Rechnungslegung entschieden von BayObLG FamRZ 2003, 475).

143a Anhang zu aa) bis dd): Befreiung von Verpflichtungen nach §§ 1806–1816 (§ 1817)
Nach § 1817 konnte schon bisher das Vormundschaftsgericht aus besonderen Gründen jeden Betreuer von den ihm nach den §§ 1814, 1816 obliegenden Verpflichtungen befreien (§ 1908i Abs 1 S 1). Die Ergänzung des jetzigen Abs 2 folgt aus der Neuregelung des Abs 1. Ziel der durch Art 1 Nr 6 BtÄndG neugefaßten Vorschrift ist die Erleichterung der Betreuung, um die Bereitschaft zur Übernahme einer Betreuung zu fördern und den personalen Charakter des Betreueramtes durch eine stärkere Annäherung an die für die elterliche Vermögenssorge geltenden Regelungen in den Vordergrund zu rücken (BT-Drucks 13/7158, 22).

Für WESCHE (Rpfleger 1998, 93, 94) ergibt sich daraus eine Zunahme förmlicher Rechnungslegungen, von denen die Praxis bisher unter bestimmten Voraussetzungen absehen konnte. Praktisch bedeutsam sind in erster Linie die Befreiungsmöglichkeiten von den Anlagepflichten. Ob sich in der Mehrzahl der Betreuungen auch die Befreiungsmöglichkeit von der Kontrolle bei den Verfügungsvorschriften auswirkt, bleibt abzuwarten, zumal die Vorschrift nur für diejenigen Betreuer Sinn hat, die nicht bereits aufgrund anderer Vorschriften befreit sind. Das Gericht wird nur auf Antrag tätig (Abs 1 S 1). Zuständig ist der Rechtspfleger (§ 3 Nr 2 a, § 14 RPflG). Zur Anfechtbarkeit einer Entscheidung s § 11 RPflG.

Der in Abs 1 S 2 bisher genannte Betrag von 10 000 DM wurde auf 6000 Euro umgestellt mit Wirkung v 1.1.2002 durch Art 27 des G zur Einführung des Euro in Rechtspflegegesetzen und in Gesetzen des Straf- und Ordnungswidrigkeitenrechts, zur Änderung der Mahnvordruckverordnungen sowie zur Änderung weiterer Gesetze v 13.12.2001 (BGBl I 3574).

ee) Anordnung der Hinterlegung (§ 1818)
144 Die Vorschrift gilt, anders als im Minderjährigenrecht (s STAUDINGER/ENGLER [2004] § 1818 Rn 13 ff; MünchKomm/WAGENITZ § 1818 Rn 1 u 5) für alle Arten von Betreuern. Sie gilt demnach auch im Falle der zum Betreuer bestellten Behörde, soweit nicht das Landesrecht auf Grund von § 1908i Abs 1 S 2 Spezialregelungen getroffen hat. Nach dem Stand v 30.9.1994 haben nur Baden-Württemberg, Bayern, Bremen, Hamburg, Hessen und Sachsen-Anhalt von der Ermächtigung Gebrauch gemacht. In den übrigen Ländern bleibt es bei der Regelung des BGB (Nachweise zu den Landesgesetzen s unten Rn 248 ff).

ff) Genehmigung bei Hinterlegung (§ 1819)
145 Da aufgrund von § 1857a iVm § 1908i Abs 1 S 1 die Betreuungsbehörde und die Betreuungsvereine, wenn sie als solche zu Betreuern bestellt worden sind, sowie aufgrund von § 1857a iVm § 1908i Abs 2 S 2 die dort aufgeführten Angehörigen, der Vereins- und der Behördenbetreuer von der Genehmigungspflicht des § 1812 befreit sind (§ 1852 Abs 2), kann die Nichteinhaltung von §§ 1814 und 1818 dazu führen, daß die eben genannten privilegierten Betreuer ohne vorherige Kontrolle oder nachträgliche Prüfung des Vormundschaftsgerichts handeln können. Ob sie so weitgehend kontrollfrei tätig sein sollten, dafür gibt es in den Materialien für das BtG keine Hinweise. Die Vorschrift bleibt gegenüber der Betreuungsbehörde außer Anwendung in den Ländern Baden-Württemberg, Bayern, Hessen und Sachsen-Anhalt. Bremen und Hamburg haben von dieser Vorschrift keine Befreiung erteilt (s die Nachweise oben Rn 108).

gg) Genehmigung nach Umschreibung und Umwandlung (§ 1820)

Die Vorschrift ist nicht anzuwenden, wenn der Betreuer freiwillig, außerhalb von §§ 1815, 1816, die Sperrmaßnahmen aufgrund privatrechtlicher „Weisung" oder gemäß § 1803 vorgenommen hat (MünchKomm/WAGENITZ § 1820 Rn 2; STAUDINGER/ENGLER [2004] § 1820 Rn 7). Gegenüber der Betreuungsbehörde bleibt die Vorschrift außer Anwendung in den Ländern Baden-Württemberg, Bayern, Hessen und Sachsen-Anhalt. Bremen und Hamburg haben keine entsprechende Befreiung vorgesehen (Nachweise s unten Rn 248 ff). **146**

c) Genehmigungsfreie Geschäfte nach § 1813 Abs 1 Nr 2

Die Vorschrift wurde durch Art 1 Nr 35 BtG geändert, und zwar wurde die Freigrenze von 300 DM auf 5000 DM erhöht. Demgemäß hatte das LG Saarbrücken (Rpfleger 1993, 109; ihm folgend AG Emden FamRZ 1995, 1081) entschieden, daß Verfügungen über Giro- u Sparkonten ungeachtet der Höhe des Kontostandes keiner Genehmigung durch das Vormundschaftsgericht (bzw den Gegenvormund) bedürfen, wenn die einzelne Verfügung den Betrag von 5000 DM nicht übersteigt (zu der Umstellung und Erhöhung auf 3000 Euro s oben Rn 140). Die dagegen erhobenen Bedenken (WESCHE Rpfleger 1993, 110; s auch HOLZHAUER BtPrax 1994, 42; gl Ansicht OLG Köln FamRZ 1995, 187 = BtE 1994/95, 54 m weiteren Quellenangaben auch zu den übrigen Entscheidungen; s auch OLG Karlsruhe FamRZ 2001, 786 = NJWE-FER 2001, 292, wo offengelassen wurde, ob unabhängig von der Höhe des Guthabens Verfügungen über ein Girokonto, das als Sonderkonto ausschließlich für Renten- und Versorgungseinkünfte uä geführt wird, nach § 1813 Abs 1 Nr 4 genehmigungsfrei möglich sind) sind nicht stichhaltig. Kommt es bei der Bemessung des Freibetrages nicht auf die Höhe der Gesamtforderung an (s zu dieser umstrittenen Frage STAUDINGER/ENGLER [2004] § 1813 Rn 9 ff), kann der Betreuer bis zu 3000 Euro in einem Betrag und, wenn der Kontostand höher ist, auch mehrmals abheben. Eine Neufassung der Vorschrift fordert, jedenfalls aber Konsens mit dem jeweiligen Vormundschaftsgericht anzustreben, empfiehlt SUSCHONK JurBüro 1997, 508, 510. **147**

5. Rechtsgeschäfte, die der vormundschaftsgerichtlichen Genehmigung bedürfen (§§ 1821 bis 1825, 1828 bis 1831)

a) Vorschriften betreffend die Notwendigkeit der vormundschaftsgerichtlichen Genehmigung*
aa) Normtexte **148**

§ 1821
Genehmigung für Geschäfte über Grundstücke, Schiffe oder Schiffsbauwerke

(1) Der Vormund bedarf der Genehmigung des Vormundschaftsgerichts:

1. zur Verfügung über ein Grundstück oder über ein Recht an einem Grundstück;

2. zur Verfügung über eine Forderung, die auf Übertragung des Eigentums an einem Grundstück oder auf Begründung oder Übertragung eines Rechts an

---

* **Schrifttum:** WESCHE, Gerichtliche Genehmigung bei der Geldverwaltung, BtPrax 2004, 49.

einem Grundstück oder auf Befreiung eines Grundstücks von einem solchen Recht gerichtet ist;

3. zur Verfügung über ein eingetragenes Schiff oder Schiffsbauwerk oder über eine Forderung, die auf Übertragung des Eigentums an einem eingetragenen Schiff oder Schiffsbauwerk gerichtet ist;

4. zur Eingehung einer Verpflichtung zu einer der in den Nummern 1 bis 3 bezeichneten Verfügungen;

5. zu einem Vertrage, der auf den entgeltlichen Erwerb eines Grundstücks, eines eingetragenen Schiffs oder Schiffsbauwerks oder eines Rechts an einem Grundstück gerichtet ist.

(2) Zu den Rechten an einem Grundstück im Sinne dieser Vorschriften gehören nicht Hypotheken, Grundschulden und Rentenschulden.

§ 1822
Genehmigung für sonstige Geschäfte

Der Vormund bedarf der Genehmigung des Vormundschaftsgerichts:

1. zu einem Rechtsgeschäft, durch das der Mündel zu einer Verfügung über sein Vermögen im Ganzen oder über eine ihm angefallene Erbschaft oder über seinen künftigen gesetzlichen Erbteil oder seinen künftigen Pflichtteil verpflichtet wird, sowie zu einer Verfügung über den Anteil des Mündels an einer Erbschaft,

2. zur Ausschlagung einer Erbschaft oder eines Vermächtnisses, zum Verzicht auf einen Pflichtteil sowie zu einem Erbteilungsvertrag,

3. zu einem Vertrag, der auf den entgeltlichen Erwerb oder die Veräußerung eines Erwerbsgeschäfts gerichtet ist, sowie zu einem Gesellschaftsvertrag, der zum Betrieb eines Erwerbsgeschäfts eingegangen wird,

4. zu einem Pachtvertrag über ein Landgut oder einen gewerblichen Betrieb,

5. zu einem Miet- oder Pachtvertrag oder einem anderen Vertrag, durch den der Mündel zu wiederkehrenden Leistungen verpflichtet wird, wenn das Vertragsverhältnis länger als ein Jahr nach dem Eintritt der Volljährigkeit des Mündels fortdauern soll,

6. zu einem Lehrvertrag, der für längere Zeit als ein Jahr geschlossen wird,

7. zu einem auf die Eingehung eines Dienst- oder Arbeitsverhältnisses gerichteten Vertrag, wenn der Mündel zu persönlichen Leistungen für längere Zeit als ein Jahr verpflichtet werden soll,

8. zur Aufnahme von Geld auf den Kredit des Mündels,

9. zur Ausstellung einer Schuldverschreibung auf den Inhaber oder zur Eingehung einer Verbindlichkeit aus einem Wechsel oder einem anderen Papier, das durch Indossament übertragen werden kann,

10. zur Übernahme einer fremden Verbindlichkeit, insbesondere zur Eingehung einer Bürgschaft,

11. zur Erteilung einer Prokura,

12. zu einem Vergleich oder einem Schiedsvertrag, es sei denn, dass der Gegenstand des Streites oder der Ungewissheit in Geld schätzbar ist und den Wert von 3000 Euro nicht übersteigt oder der Vergleich einem schriftlichen oder protokollierten gerichtlichen Vergleichsvorschlag entspricht,

13. zu einem Rechtsgeschäft, durch das die für eine Forderung des Mündels bestehende Sicherheit aufgehoben oder gemindert oder die Verpflichtung dazu begründet wird.

§ 1823
Genehmigung bei einem Erwerbsgeschäft des Mündels

Der Vormund soll nicht ohne Genehmigung des Vormundschaftsgerichts ein neues Erwerbsgeschäft im Namen des Mündels beginnen oder ein bestehendes Erwerbsgeschäft des Mündels auflösen.

§ 1824
Genehmigung für die Überlassung von Gegenständen an den Mündel

Der Vormund kann Gegenstände, zu deren Veräußerung die Genehmigung des Gegenvormunds oder des Vormundschaftsgerichts erforderlich ist, dem Mündel nicht ohne diese Genehmigung zur Erfüllung eines von diesem geschlossenen Vertrags oder zu freier Verfügung überlassen.

§ 1825
Allgemeine Ermächtigung

(1) Das Vormundschaftsgericht kann dem Vormund zu Rechtsgeschäften, zu denen nach § 1812 die Genehmigung des Gegenvormunds erforderlich ist, sowie zu den in § 1822 Nr. 8 bis 10 bezeichneten Rechtsgeschäften eine allgemeine Ermächtigung erteilen.

(2) Die Ermächtigung soll nur erteilt werden, wenn sie zum Zwecke der Vermögensverwaltung, insbesondere zum Betrieb eines Erwerbsgeschäfts, erforderlich ist.

bb) Sinngemäße Anwendung auf die Betreuung
Sinngemäß anzuwenden sind die §§ 1821 und 1822 Nr 1–4 und 6–13. Es handelt sich um Verfügungs- und Verpflichtungsgeschäfte über Grundstücke und grundstücksgleiche Rechte und um diverse Rechtsgeschäfte, die über Alltagsgeschäfte hinaus-

gehen. **Anstelle von § 1822 Nr 5** enthält das BtG für die Betreuung in § 1907 Abs 3 eine eigene Regelung. Der Unterschied liegt darin, daß in § 1822 Nr 5 auf den Eintritt der Volljährigkeit abgestellt wird (ein Jahr danach), während § 1907 Verträge von einer bestimmten Dauer schlechthin erfaßt. Nach hM bedarf die Bewilligung einer Auflassungsvormerkung durch den gesetzlichen Vertreter, also auch den Betreuer (§ 1902), der vormundschaftsgerichtlichen Genehmigung (OLG Frankfurt FamRZ 1997, 1342, 1343). Zur Erteilung einer sog Doppelvollmacht für den Notar zur Entgegennahme und Mitteilung einer vormundschaftsgerichtlichen Genehmigung, durch die der notariell beurkundete Verkauf eines Grundstücks des Betreuten durch den Betreuer wirksam werden soll, BayObLG FamRZ 1998, 1325, 1326.

150 Handelt der Betreute selbst oder wird der Betreuer als Bevollmächtigter des Betreuten tätig, kommen die Genehmigungsvorschriften nicht zur Anwendung (hM, wie hier DIECKMANN JZ 1988, 789, 797; MünchKomm/SCHWAB § 1902 Rn 10; DAMRAU/ZIMMERMANN § 1902 Rn 3; CYPIONKA DNotZ 1991, 571, 577; eingehend BIENWALD, Untersuchungen 366 ff; **aA** ERMAN/HOLZHAUER § 1902 Rn 16 unter Berufung auf BT-Drucks 11/4528, 135).

cc) Befreiungen

151 Gegenüber der Betreuungsbehörde bleiben von den Vorschriften der §§ 1821 ff einige außer Betracht. Aufgrund der Regelungsbefugnis, die ihnen § 1908i Abs 1 S 2 eingeräumt hat, haben die Länder Baden-Württemberg, Bayern, Bremen, Hamburg, Hessen und Sachsen-Anhalt in ihren jeweiligen Ausführungsgesetzen zum BtG (im einzelnen s unten Rn 248 ff) die folgenden Befreiungen vorgesehen:

Bayern: § 1822 Nr 6 u 7; Bremen: §§ 1821, 1822 Nr 1–4 u 6–13, 1823, 1824; Hamburg: §§ 1821–1824; Hessen: §§ 1821, 1822 Nr 1–11 u 13, 1823 u 1824; Sachsen-Anhalt: §§ 1821, 1822 Nr 1, 2, 5–8 u 13, 1824. In Hessen bleibt § 1822 Nr 12 gegenüber der Betreuungsbehörde außer Anwendung, soweit es sich um die Aufsicht in vermögensrechtlicher Hinsicht handelt (Art 1 § 2 S 2 HessAGBtG v 5.1.1992, GVBl 66). Wie Hessen auch Baden-Württemberg (Art 1 § 16 Abs 1, 2 AGKJHG).

dd) Verfahren

152 Zuständig für die Erteilung oder die Versagung der Genehmigung ist der Rechtspfleger (§ 3 Nr 2 Buchst a RPflG); Richtervorbehalte gibt es insoweit nicht mehr. Die Entscheidung über die Erteilung oder Verweigerung der vormundschaftsgerichtlichen Genehmigung eines Grundstückskaufvertrages steht im Ermessen des Gerichts. Maßgeblich ist auf das Interesse des Betroffenen abzustellen (BayObLG Rpfleger 2003, 361). Die Genehmigung kann auch schon vor Abschluß des zu genehmigenden Vertrages erteilt werden, wenn der Inhalt des Vertrages im wesentlichen feststeht (BayObLG aaO). Vor einer Entscheidung des Gerichts nach den Vorschriften der §§ 1821, 1822 Nr 1–4, 6–13, §§ 1823 u 1825 (jeweils iVm § 1908i Abs 1 S 1) soll der Betreute persönlich angehört werden (§ 69d Abs 1 S 1 FGG). Die persönliche Anhörung kann aber unterbleiben, wenn hiervon erhebliche Nachteile für die Gesundheit des Betreuten zu besorgen sind oder der Betroffene offensichtlich nicht in der Lage ist, seinen Willen kundzutun (§ 69d Abs 1 S 3 FGG). Anstelle von Einzelgenehmigungen kann das Vormundschaftsgericht nach Maßgabe des § 1825 dem Betreuer für Rechtsgeschäfte bestimmter Art allgemeine **Ermächtigungen** erteilen, wenn dies zum Zwecke der Vermögensverwaltung, insbesondere zum Betrieb eines Erwerbsgeschäfts, erforderlich ist. Maßgebend für die Genehmigung des Vormund-

schaftsgerichts eines vom Betreuer abgeschlossenen Vertrags über den Verkauf eines Grundstücks des Betreuten sind vorrangig dessen Wünsche, soweit sie nicht seinem Wohl zuwiderlaufen und dem Betreuer zuzumuten sind (BayObLG FamRZ 1998, 455 = Rpfleger 1998, 22 = FGPrax 1997, 227). Ein im Vergleichswege abgegebenes Schuldanerkenntnis kann das Vormundschaftsgericht erst dann genehmigen, wenn es die gegenüber dem Betreuten behaupteten Forderungen daraufhin geprüft hat, ob ihre Höhe, Plausibilität, mögliche Durchsetzbarkeit und rechtliche Grundlage schlüssig dargelegt sind (BayObLG FamRZ 2003, 1967 [LS] = BtPrax 2003, 271).

Im Hinblick darauf, daß die erteilte oder verweigerte Genehmigung, nachdem sie vom Betreuer dem anderen (Vertragspartner) mitgeteilt und demzufolge wirksam geworden ist (§ 1829), nicht mehr geändert werden kann (§§ 55, 62 FGG), hat das Vormundschaftsgericht dem Betroffenen mittels eines Vorbescheides die Möglichkeit einzuräumen, Rechtsschutz in Anspruch zu nehmen. Das BVerfG hatte die Regelung der §§ 55, 62 FGG als insoweit nicht mit Art 19 Abs 4 GG vereinbar erklärt, als sie denjenigen, die von einer durch den Rechtspfleger getroffenen Entscheidung in ihren Rechten betroffen sind, jede Möglichkeit einer richterlichen Überprüfung dieser Entscheidung verwehrt (BVerfGE 101, 397 = Rpfleger 2000, 205 = FGPrax 2000, 103 = FamRZ 2000, 731). Das trifft jedoch nur zu, worauf das OLG Hamm mit Recht hingewiesen hat (Rpfleger 2004, 214 [215] = FGPrax 2004, 23 [24]), wenn die Genehmigung oder deren Verweigerung wirksam geworden ist. Solange die Wirksamkeit gemäß § 1829 Abs 1 S 2 nicht eingetreten ist, etwa weil der Betreuer von sich aus von der Genehmigung vor einer Klärung im Beschwerdeverfahren keinen Gebrauch macht (und machen will), ist auch die Beschwerde nicht ausgeschlossen.

Um dem beschwerdefähigen Betroffenen die Beschwerdemöglichkeit zu erhalten, hat der Rechtspfleger einen Vorbescheid zu erlassen, wenn seine Verfügung in den Anwendungsbereich der §§ 55, 62 FGG fällt. Auch wenn in einem Verfahren über die Erteilung einer vormundschaftsgerichtlichen Genehmigung ein Vorbescheid ergangen ist, der nach der Entscheidung des BVerfG (aaO) nicht geboten war, ist gegen ihn gleichwohl die Beschwerde gegeben (BayObLGZ 2002, 208 = Rpfleger 2003, 82 m Anm Zorn). Durch den **Vorbescheid** kündigt das Gericht in einem aufgrund vollständiger Ermittlungen entscheidungsreifen Verfahren an, es werde eine bestimmte Endentscheidung erlassen, wenn gegen die Ankündigung nicht innerhalb einer bestimmten Frist ein Rechtsmittel eingelegt werde (BayObLG aaO).

b) Anhörung des Gegenvormundes gemäß § 1826

§ 1908i Abs 1 S 1 enthielt zunächst keine Verweisung auf § 1826. Nach dieser Bestimmung soll das Vormundschaftsgericht vor einer Entscheidung über die zu einer Handlung des Vormunds erforderliche Genehmigung den Gegenvormund hören, sofern ein solcher vorhanden und die Anhörung tunlich ist. In Anbetracht der erst während der Beratungen im Rechtsausschuß in die Verweisungsvorschriften aufgenommenen §§ 1792 und 1799 wurde die Nichtaufnahme anderer die Gegenbetreuung betreffender Vorschriften überwiegend als redaktionelles Versehen gedeutet. Es war kein Grund ersichtlich, die Regelung des § 1826 auf die Betreuung nicht sinngemäß anzuwenden (MünchKomm/Schwab Rn 15; Erman/Holzhauer Rn 24). § 1908i Abs 1 S 1 ist durch Art 1 Nr 16 2. BtÄndG entsprechend ergänzt worden.

c) **Vorschriften über den Umgang mit der vormundschaftsgerichtlichen Genehmigung sowie über die Folgen nicht beantragter oder nicht erteilter Genehmigung**

154 § 1908i Abs 1 S 1 sieht die sinngemäße Anwendung der §§ 1828 bis 1831 auf die Betreuung vor. Danach kann das Vormundschaftsgericht die Genehmigung zu einem Rechtsgeschäft nur dem Betreuer gegenüber erklären (§ 1828). Schließt der Betreuer einen Vertrag ohne die erforderliche Genehmigung des Vormundschaftsgerichts, so hängt die Wirksamkeit des Vertrages von der nachträglichen Genehmigung des Vormundschaftsgerichts ab. Die Genehmigung sowie deren Verweigerung wird dem anderen Teil gegenüber erst wirksam, wenn sie ihm durch den Betreuer mitgeteilt wird. Fordert der andere Teil den Betreuer zur Mitteilung darüber auf, ob die Genehmigung erteilt sei, so kann die Mitteilung der Genehmigung nur bis zum Ablauf von zwei Wochen nach dem Empfang der Aufforderung erfolgen; erfolgt sie nicht, so gilt die Genehmigung als verweigert (§ 1829 Abs 1 und 2). Ist der Betreute unbeschränkt geschäftsfähig, so tritt seine Genehmigung an die Stelle der Genehmigung des Vormundschaftsgerichts (§ 1829 Abs 3). Die erteilte Genehmigung kann gemäß §§ 55 Abs 1, 69e Abs 1 FGG vom Gericht nicht – auch nicht im Beschwerdewege (§§ 62, 69e Abs 1 FGG) – abgeändert oder zurückgenommen werden, sobald sie dem Geschäftsgegner gegenüber, etwa durch Mitteilung nach § 1829 Abs 1 S 2, wirksam geworden ist (OLG Celle FamRZ 1997, 899 mN). Zur allenfalls ausnahmsweise zulässigen Aufhebung der vormundschaftsgerichtlichen Genehmigung eines notariellen Kaufvertrages (zu solcher Ausnahme BayObLG FamRZ 1989, 1113), nachdem diese vom Betreuer dem Vertragspartner mitgeteilt und damit wirksam geworden war (im Ergebnis verneinend) OLG Stuttgart FamRZ 1998, 1323. Zum Erfordernis einer Vorbescheidserteilung zur Eröffnung des Beschwerderechtszugs s oben Rn 152 (näher KEIDEL/ENGELHARDT § 62 Rn 2 FGG; dort auch weitere Veröffentlichungshinweise).

155 § 1830 enthält das Widerrufsrecht des Geschäftspartners und bestimmt: Hat der Betreuer dem anderen Teil gegenüber der Wahrheit zuwider die Genehmigung des Vormundschaftsgerichts behauptet, so ist der andere Teil bis zur Mitteilung der nachträglichen Genehmigung des Vormundschaftsgerichts zum Widerruf berechtigt, es sei denn, dass ihm das Fehlen der Genehmigung bei dem Abschluß des Vertrags bekannt war.

156 Ein einseitiges Rechtsgeschäft, das der Betreuer ohne die erforderliche Genehmigung des Vormundschaftsgerichts vornimmt, ist unwirksam (§ 1831 S 1). Nimmt der Betreuer mit dieser Genehmigung ein solches Rechtsgeschäft einem anderen gegenüber vor, so ist das Rechtsgeschäft unwirksam, wenn der Betreuer die Genehmigung nicht in schriftlicher Form vorlegt und der andere das Rechtsgeschäft aus diesem Grunde unverzüglich zurückweist (§ 1831 S 2).

Wegen der Einzelheiten wird auf die Erläuterungen zu diesen Vorschriften verwiesen.

d) **Anwendung von § 1832 (Genehmigung des Gegenvormunds)**

157 Auch diese Vorschrift war ursprünglich in dem Katalog von Vorschriften, auf die § 1908i Abs 1 S 1 verweist, nicht enthalten. Hier trifft das oben Rn 153 zu § 1826 Gesagte zu. Auf die Anwendung im Betreuungsrecht bezogen lautet die Vorschrift: Soweit der Betreuer zu einem Rechtsgeschäft der Genehmigung des Gegenbetreuers bedarf, finden die Vorschriften der §§ 1828 bis 1831 entsprechende Anwendung. Einzelheiten zu § 1832 s dort.

6. Vermögensherausgabe und Rechnungslegung nach Beendigung der Betreuung (§ 1890)*

§ 1908i Abs 1 S 1 sieht die sinngemäße Anwendung des § 1890 vor. Diese Vorschrift bestimmt, daß der Betreuer nach Beendigung seines Amtes dem Betreuten das verwaltete Vermögen herauszugeben und über die Verwaltung Rechenschaft abzulegen hat. Soweit er dem Vormundschaftsgericht Rechnung gelegt hat, genügt nach S 2 der Vorschrift die Bezugnahme auf diese Rechnung. Zur Beendigung des Betreueramtes s oben § 1908b und § 1908d. Die nach Maßgabe des § 1908i Abs 2 S 3 iVm § 1857a von der wiederkehrenden Rechnungslegung während der Dauer des Amtes befreiten Betreuer sind nicht von der Erstellung der Schlußrechnung befreit (OLG Thüringen FamRZ 2001, 579).

Die Vorschrift berührt allein die Vermögenssorge. Der Betreuer, der weder ausschließlich noch neben anderen Angelegenheiten Vermögensangelegenheiten des Betreuten zu besorgen hatte, wird von dieser Regelung nicht betroffen. Insofern gehört diese Bestimmung in den Zusammenhang der die Vermögenssorge regelnden Vorschriften. S im übrigen die Erläuterungen zu § 1890.

Gehörte zum Aufgabenkreis des Betreuers nicht die Vermögenssorge oder ein Teil davon, sondern lediglich etwa die **Verwaltung** des **Taschengeldes** oder des **Arbeitsverdienstes**, der **Werkstattvergütung** oder der **Arbeitsbelohnung** oä und dienten diese Einnahmen lediglich zur Bestreitung des Unterhalts des Betreuten einschließlich eines Betrages zu seiner freien Verfügung, entfällt mit dem Tode des Betreuten diese Zweckbestimmung. Nicht verausgabte oder nicht mehr benötigte Beträge gehören deshalb jetzt zum hinterlassenen Vermögen des Verstorbenen. Der Betreuer hat die in seinem Gewahrsam befindlichen Beträge in entsprechender Anwendung des § 1890 herauszugeben sowie Abrechnung zu erstellen.

IX. Fürsorge und Aufsicht des Vormundschaftsgerichts

1. Beratung und Aufsicht (Anwendung von § 1837 Abs 1 bis 3)

a) **Normtext**

§ 1837 Abs 1 bis 3

(1) **Das Vormundschaftsgericht berät die Vormünder. Es wirkt dabei mit, sie in ihre Aufgaben einzuführen.**

(2) **Das Vormundschaftsgericht hat über die gesamte Tätigkeit des Vormunds und des Gegenvormunds die Aufsicht zu führen und gegen Pflichtwidrigkeiten durch**

---

* **Schrifttum:** GROTHE, Befreite Betreuer und Rechenschaftslegung nach Beendigung der Betreuung, Rpfleger 2005, 173.

geeignete Gebote und Verbote einzuschreiten. Es kann dem Vormund und dem Gegenvormund aufgeben, eine Versicherung gegen Schäden, die sie dem Mündel zufügen können, einzugehen.

(3) Das Vormundschaftsgericht kann den Vormund und den Gegenvormund zur Befolgung seiner Anordnungen durch Festsetzung von Zwangsgeld anhalten. Gegen das Jugendamt oder einen Verein wird kein Zwangsgeld festgesetzt.

b) Entstehung und Bedeutung der Vorschrift

161 Diese Vorschrift ist durch das Betreuungsgesetz (Art 1 Nr 41 BtG) geändert worden. Ursprünglich als reine Aufsichtsbestimmung ausgestaltet, führt sie nun sowohl im Vormundschaftsrecht als auch im Pflegschafts- und Betreuungsrecht (vgl § 1915 und § 1908i Abs 1 S 1) die Verpflichtung des Vormundschaftsgerichts zur Beratung der Amtsträger ein (Abs 1). § 1837 stellt einerseits die Rechtsmacht des Vormundschaftsgerichts in den Vordergrund, betont aber durch die Ergänzung in Abs 1 die fürsorgliche Aufgabe des Gerichts (BT-Drucks 11/4528, 113). Neben der Beratungs- und Unterstützungspflicht (Näheres unten Rn 163 ff) hat das Gericht die Aufgabe, sich an der Einführung der Amtsträger in ihre Aufgaben zu beteiligen (s dazu unten Rn 171 ff). Abs 4 der Vorschrift, der bei der Vormundschaft die entsprechende Geltung der §§ 1666, 1666a und 1696 vorsieht, findet auf Betreuungen jeglicher Art (§§ 1896 ff) keine Anwendung (§ 1908i Abs 1 S 1).

162 Die ursprünglich im RegEntw vorgesehene Beteiligung des Vormundschaftsgerichts an der Fortbildung der Betreuer ist nicht Gesetz geworden. Der Anregung des Bundesrates (BT-Drucks 11/4528, 206), den dahingehenden Satzteil zu streichen, ist die BReg gefolgt (BT-Drucks 11/4528, 226). Sie hielt es allerdings für erforderlich, in ihrer Gegenäußerung zu der Stellungnahme des Bundesrates darauf hinzuweisen, es sei wünschenswert, daß an den Fortbildungsveranstaltungen der Behörden und Vereine auch Richter und Rechtspfleger mitwirkten. Es werde auf Grund der Erörterungen im Bundesrat davon ausgegangen, daß genügend Richter und Rechtspfleger für diese Aufgabe gefunden werden könnten.

Zur Notwendigkeit und zu den Problemen von Fortbildungsveranstaltungen für Betreuer BT-Drucks 11/4528, 113. Zu Modellmaßnahmen zur Förderung der ehrenamtlichen Tätigkeit im Betreuungswesen s den Abschlußbericht 1991–1995 des im Auftrag des Bundesministeriums für Gesundheit von der Akademie für öffentliches Gesundheitswesen Düsseldorf durchgeführten Projekts, hrsg vom Bundesministerium für Gesundheit (1996).

c) Beratung und Unterstützung der Betreuer
aa) Anspruch auf Beratung

163 Auf Beratung durch das Vormundschaftsgericht hat jeder Betreuer einen Rechtsanspruch. Obwohl gesetzlich nicht geregelt, wurde eine Verpflichtung des Gerichts zur Beratung der Vormünder und Pfleger schon nach dem vor dem BtG geltenden Recht allgemein bejaht (PALANDT/DIEDERICHSEN [46. Aufl] § 1837 Bem 4; MünchKomm/ SCHWAB [2. Aufl] § 1837 Rn 9). Durch die Beratungspflicht des Jugendamts oder der an seiner Stelle in Vormundschafts- und Pflegschaftssachen für Volljährige zuständigen Behörde (vgl §§ 47d, 54a JWG, § 1897 S 2 BGB aF) wurden die Gerichte von ihrer Verpflichtung nicht entbunden, die Vormünder, insbesondere im Rahmen der vormundschaftsgerichtlichen Aufsichtspflicht nach § 1837, ebenfalls zu unterstützen (JANS/HAPPE 1 A c zu § 47d JWG). Das RG, das sich schon bald nach Inkrafttreten des BGB mit der Frage der Unterstützung von Vormündern durch das Vormundschaftsgericht zu beschäftigen hatte, sprach zunächst nur davon, daß dies „rechtens" sei (RGZ 67, 416, 418 f); später war dann von einer Verpflichtung des Gerichts die Rede, die das RG aus einer Pflicht zur Förderung des Mündelwohls ableitete (RGZ 75, 230, 231).

Obgleich § 1837 Abs 1 S 1 die Gerichte nur zur **Beratung** der Vormünder/Pfleger und Betreuer verpflichtet, wird eine **Unterstützungspflicht** des Gerichts im Vormundschaftsrecht aus § 1800 iVm § 1631 Abs 3 für die Personensorge und aus dem Sinn der Aufsicht für die Vermögenssorge abgeleitet (MünchKomm/WAGENITZ § 1837 Rn 14). Wird Unterstützung als konkretisierte Beratung verstanden (Näheres dazu BIENWALD, BtR § 1908f Rn 50 mN), ergibt sich die Unterstützungspflicht zwangsläufig aus der Beratungspflicht, ohne daß es einer weiteren Normierung bedarf. **164**

Der in MünchKomm (3. Aufl SCHWAB, 4. Aufl WAGENITZ) vertretenen Auffassung, die Vorschrift räume dem Betreuer ein subjektiv-öffentliches Recht auf Beratung ein, ist nicht zu folgen. Diese Auffassung lehnt sich offenbar an die Rspr des BVerfG an, das in BVerfGE 10, 302, 310 feststellte, das Vormundschaftsrecht habe von jeher einen starken öffentlich-rechtlichen Einschlag gehabt. Sie zieht zwar nicht den Charakter eines Anspruchs in Zweifel, nimmt aber eine Zuordnung des Anspruchs innerhalb der Rechtsordnung vor, die zu Fehldeutungen hinsichtlich der Durchsetzung des Anspruchs Anlaß gibt (vgl §§ 40, 42 VwGO). **165**

bb) Weitere Beratungsmöglichkeiten
Für die Beratung (und Unterstützung) der Betreuer sind neben den Vormundschaftsgerichten die anerkannten Betreuungsvereine (§ 1908f Abs 1 Nr 2) sowie die zuständige (örtliche) Betreuungsbehörde – Betreuungsstelle – zuständig (§ 4 BtBG). Im übrigen steht es jedem Betreuer frei, im Rahmen einer sachgemäßen Führung der Betreuung sich jeder zur Verfügung stehenden Beratung im Einzelfall zu bedienen (zB Rechtsanwalt, Steuerberater, Sachverständige in medizinischen Fragen uam). Der Gesetzgeber hat das Nebeneinander zur Beratung und Unterstützung der Betreuer verpflichteter Institutionen nicht lediglich in Kauf genommen, sondern bewußt herbeigeführt und die Erwartung geäußert, der in § 3 BtBG des RegEntw vorgesehene Betreuungsbeirat werde zu einer verbesserten Abstimmung der verschiedenen Beratungsangebote führen. Die Verpflichtung zur Einführung von Betreuungsbeiräten hat sich bundesgesetzlich allerdings nicht durchsetzen lassen. Die meisten Landesausführungsgesetze sehen jedoch die Bildung von Arbeitsgemeinschaften (Beiräten) auf örtlicher und/oder überörtlicher Ebene vor, so daß anzunehmen ist, die Erwartung der BReg werde sich eines Tages erfüllen. **166**

cc) Zuständigkeiten
Zuständig für die Beratung und Unterstützung der Betreuer ist der Rechtspfleger (§ 3 Nr 2 Buchst a iVm § 14 Nr 4 RPflG) unabhängig davon, ob der Richter oder Rechtspfleger den Betreuer bestellt hat. Kommt der Rechtspfleger seiner Beratungspflicht nicht oder ungenügend nach, besteht praktisch nur die Möglichkeit der Dienstaufsichtsbeschwerde, weil der Anspruch auf Beratung mangels formulierba- **167**

ren Antrags weder mit hinreichendem Erfolg eingeklagt noch im Falle eines Obsiegens vollstreckt werden kann.

Eine Verpflichtung des Gerichts zur Beratung und Unterstützung der **Bevollmächtigten** hat das 2. BtÄndG nicht eingeführt. Es hat deren Beratung und Unterstützung den anerkannten Betreuungsvereinen und den Betreuungsstellen zugewiesen (Ergänzung des § 1908f Abs 1 Nr 2 durch Art 1 Nr 14a; Neufassung des § 4 BtBG durch Art 9 Nr 1).

dd) Ungeregelte Problembereiche

168 Das Betreuungsgesetz hat dem Betroffenen bzw Betreuten selbst **keinen Anspruch auf Beratung** eingeräumt (BT-Drucks 11/4528, 113; MünchKomm/WAGENITZ § 1837 Rn 11). Der Gesetzgeber ist davon ausgegangen, daß die Beratung der Betreuten in erster Linie Aufgabe der Betreuer sei, die sich ihrerseits vom Vormundschaftsgericht beraten lassen könnten. Das Fehlen einer ausdrücklichen Regelung hindere das Vormundschaftsgericht allerdings nicht, einem Betreuten ebenso wie etwa seinen Angehörigen mit Hinweisen und Ratschlägen zur Seite zu stehen, soweit sich das Gericht dabei nicht durch Art und Umfang der Beratung an die Stelle des Betreuers setze (BT-Drucks 11/4528, 113). Nicht unmittelbar der Beratung, sondern der Information des Betroffenen dient die Verpflichtung des (bereits mit der Betreuungssache befaßten) Gerichts, im Zusammenhang der Anhörung den Betroffenen in geeigneten Fällen auf die Möglichkeit der Vorsorgevollmacht und deren Inhalt hinzuweisen. Korrespondierend die Verpflichtungen von Verein (§ 1908f Abs 1 Nr 2 a) und Behörde (§ 6 Abs 1 S 2 BtBG), eingeführt durch das BtÄndG.

169 Weder das Vormundschaftsrecht noch das Betreuungsrecht haben ein bestimmtes Verfahren vorgesehen, in dem ein **Konflikt zwischen Betreuer und Betreutem** (bzw Vormund/Mündel oder Pfleger/Pflegebefohlenem) mit gerichtlicher Hilfe gelöst werden kann. Im RegEntw (BT-Drucks 11/4528, 113) waren verschiedene Regelungen erwogen, letztlich aber mit der Begründung verworfen worden, ein formalisiertes „Vermittlungsverfahren" für alle Konflikte zwischen dem Betreuten und seinem Betreuer könnte die Beziehung zwischen ihnen in einem Maße verrechtlichen, das für die Betreuung nicht dienlich wäre (BT-Drucks 11/4528, 113). Das Vormundschaftsgericht soll jedoch den Betreuten auf dessen Wunsch hin beraten, wie der Konflikt zwischen ihm und dem Betreuer gelöst werden kann. Dazu näher auch MünchKomm/WAGENITZ § 1837 Rn 12. Je nach Art des Konflikts kann das Vormundschaftsgericht gehalten sein, dem Betreuten einen weiteren Betreuer zu bestellen, dem die Aufgabe übertragen wird, die konkrete Streitigkeit (prozeß-)gerichtlich klären zu lassen oder die Entscheidungen des Gerichts (zB Genehmigungen) auf dem Rechtswege zu überprüfen. Unbefriedigend ist auch, für den Betroffenen wie für Erben, Einwendungen gegen die Amtsführung eines Betreuers nicht bereits im Rahmen einer Vergütungsfestsetzung anbringen zu können, zumal die Aufsicht über die Führung der Betreuung dem Vormundschaftsgericht obliegt.

170 Das Betreuungsgesetz hat nicht die Situation im Blick gehabt, daß Betroffene, **Angehörige** von Betroffenen oder Dritte das Gericht **um Rat fragen**, ob und ggf wie die Bestellung eines Betreuers zu „beantragen" oder anzuregen ist, ob sie vermeidbar und mit welchen Folgen sie verbunden ist. Obwohl derartige „Vorfragen" noch im Vorfeld von Ermittlungen zur Frage einer Betreuerbestellung auftreten, liegt es im Interesse des Gerichts, entwerder im richtigen Zeitpunkt zu handeln oder vermeidbare Verfahren nicht erst entstehen zu lassen, die Ratsuchenden entsprechend zu informieren oder zu beraten. Das Gericht könnte diese Ratsuchenden zwar auch an die zuständige Behörde, an einen vorhandenen anerkannten Betreuungsverein, letztlich auch an die Anwaltschaft verweisen, würde sich damit jedoch der Chance einer „Vorprüfung" und damit einer steuernden Tätigkeit innerhalb der Erledigung von Betreuungssachen entgehen lassen. Zur Frage einer Beratungszuständigkeit von anerkannten Vereinen im Vorfeld einer Betreuerbestellung und zur Frage ihrer Finanzierung s Bienwald FamRZ 1992, 1125, 1127.

d) Mitwirkung des Gerichts bei der Einführung der Betreuer

171 Diese durch Art 1 Nr 41 Buchst a BtG in die Vorschrift des § 1837 hereingenommene Aufgabe des Vormundschaftsgerichts verpflichtet lediglich zur **Mitwirkung** bei der Einführung der Betreuer in ihre Aufgaben, nicht dagegen zur eigenverantwortlichen Organisierung und Durchführung solcher Veranstaltungen. Die Gerichte werden damit nicht zur Trägerschaft solcher Maßnahmen verpflichtet (BT-Drucks 11/4528, 113). Ob sie berechtigt wären, als Träger solcher Maßnahmen zu fungieren, erscheint fraglich.

172 Die in § 1837 Abs 1 S 2 vorgeschriebene Mitwirkung des Vormundschaftsgerichts bei der Einführung der Betreuer in ihre Aufgaben darf nicht mit der Notwendigkeit verwechselt oder gleichgesetzt werden, den Betreuer über seine Aufgaben zu unterrichten und in geeigneten Fällen mit ihm und dem Betreuten ein Einführungsgespräch gemäß § 69b Abs 1 und Abs 3 FGG zu führen. Während die Unterrichtung des Betreuers und das Einführungsgespräch im jeweils konkreten Einzelfall zu erfolgen haben, betrifft die Beteiligung des Gerichts an Einführungsveranstaltungen in erster Linie die generelle Unterrichtung potentieller Betreuungspersonen unabhängig von deren Bestellung im Einzelfall (näher dazu die Gesetzgebungsgeschichte sowie Staudinger/Bienwald [1999] Rn 172 f). Die Sicherung einer solchen Mitwirkung durch eine gesetzliche Verpflichtung wurde für nicht erforderlich gehalten (BT-Drucks 11/4528, 226). Die Regelung in § 1837 war demnach immer im Sinne einer allgemeinen Vorbereitung auf die Aufgaben eines Betreuers und die Führung von Betreuungen schlechthin verstanden worden.

e) Aufsicht und Kontrolle des Vormundschaftsgerichts
aa) Allgemeines

173 Das Vormundschaftsgericht hat über die gesamte Tätigkeit des Betreuers und des Gegenbetreuers die Aufsicht zu führen. Es hat gegen Pflichtwidrigkeiten der Betreuer durch geeignete Gebote und Verbote einzuschreiten (§ 1837 Abs 2). Die Vorschrift wird ergänzt durch § 1796, ferner durch § 1797 Abs 1 u § 1798, jeweils iVm § 1908i Abs 1 S 1. Zum Begriff der Pflichtwidrigkeit s Staudinger/Engler (2004) § 1837 Rn 20 ff.

Von der Aufsichts- und Kontrollbefugnis des Vormundschaftsgerichts nach § 1837 Abs 2 S 1 werden sämtliche Betreuerarten, gleichgültig welche Form der Betreuung und welcher Betreuertyp vorliegt, erfaßt (MünchKomm/Schwab Rn 30). Unterschiede in bezug auf den Umfang der Kontroll- und Aufsichtsbefugnis bestehen jedoch für die verschiedenen Betreuertypen, so daß nicht in allen Fällen eine umfassende Kontroll- und Aufsichtsbefugnis des Vormundschaftsgerichts zum Tragen kommt.

174 Das Aufsichts- und Kontrollrecht des Vormundschaftsgerichts läßt die Selbständigkeit des Betreuers im Kern unberührt. Ebenso wie im bisherigen Recht der Vormundschaft und Pflegschaft für Volljährige gilt für die Führung der Betreuung der Grundsatz der Selbständigkeit und Eigenverantwortlichkeit des Betreuers (dazu BayObLGZ 1999, 117 = FamRZ 1999, 1460). In sie kann das Gericht nur auf Grund der in dieser Vorschrift enthaltenen Ermächtigungen sowie auf Grund von § 1796 iVm § 1908i Abs 1 S 1 eingreifen. Das Vormundschaftsgericht ist jedoch nicht darauf beschränkt, bereits vollzogene Maßnahmen, soweit diese rechtswidrig sind, nachträglich zu beanstanden, sondern ist befugt und im Rahmen der vormundschaftsgerichtlichen Aufsicht auch verpflichtet, dem Betreuer aufzuzeigen, ob eine von ihm beabsichtigte Maßnahme als pflichtwidrig zu beurteilen ist oder nicht (BayObLGZ 1999, 117, 119 = FamRZ 1999, 1460 mwN; FamRZ 2001, 786). Äußert sich das Vormundschaftsgericht im Rahmen seiner Aufsicht über die Führung der Betreuung auf Antrag des Betreuers dazu, ob eine von ihm beabsichtigte Maßnahme möglicherweise pflichtwidrig ist, so hat der Betreute hiergegen kein Beschwerderecht, denn durch diese Stellungnahme des Gerichts werden seine Rechte nicht unmittelbar berührt (BayObLG FamRZ 2001, 786). Dritte Personen haben keinen Rechtsanspruch darauf, daß das Vormundschaftsgericht gegen Pflichtwidrigkeiten des Betreuers im Wege der Aufsicht tätig wird; dementsprechend sind sie gegen die Ablehnung eines Einschreitens auch nicht beschwerdebefugt (OLG Zweibrücken Rpfleger 2003, 426).

bb) Reichweite der Aufsicht und Kontrolle

175 Das Recht und die Pflicht zu Aufsicht und Kontrolle über die Tätigkeit des Betreuers wird einerseits durch dessen Aufgabenkreis begrenzt, andererseits durch die die Art und Weise der Führung der Betreuung regelnden Normen (zB § 1901) bestimmt. Der Aufsicht und Kontrolle des Gerichts unterliegen mithin die § 1902 zuzurechnenden Entscheidungen und Betätigungen des Betreuers sowie der tatsächliche Vollzug getroffener Entscheidungen. Gegenstand der Aufsicht und Kontrolle ist die Art und Weise, in der der Betreuer die Angelegenheiten des Betreuten besorgt, ob er den Betreuten hinreichend persönlich betreut (zum Begriff der persönlichen Betreuung s BT-Drucks 11/4528, 68) und ob er den Informationspflichten des § 1901 Abs 5 in ausreichendem Maße nachkommt. Die Ausübung des Aufsichts- und Kontrollrechts des Vormundschaftsgerichts ist unabhängig davon, ob der Betreuer im Einzelfall vom Betreuten oder seinem Rechtsnachfolger für eine Pflichtwidrigkeit oder aus sonstigen Gründen zur Verantwortung gezogen werden kann (§ 1833 iVm § 1908i Abs 1 S 1). Einwirkungen auf die Amtsführung des Betreuers kommen nur **gegen pflichtwidrige oder mißbräuchliche Handhabungen** in Betracht. In Fragen der Zweckmäßigkeit hat der Betreuer gegenüber dem Vormundschaftsgericht eine ebenso selbständige Stellung wie der Vormund. Die Entscheidung des Betreuers über den Aufenthalt der betreuten Ehefrau gegen den Willen ihres Ehemannes ist deshalb vom Vormundschaftsgericht nur auf Pflichtwidrigkeiten oder Mißbrauch überprüfbar (OLG Schleswig FamRZ 1996, 1368, 1369 = Rpfleger 1996, 454). Ist die Betreuung beendet, kann das Vormundschaftsgericht den Betreuer nicht mehr zur Erteilung von Auskünften anhalten (BayObLG Rpfleger 1996, 246 = BtE 1994/95, 86 m w Fundstellen). Er kann auch nach Beendigung der Betreuung nur noch die Einreichung einer formell ordnungsgemäßen Schlußrechnung, nicht aber deren sachliche Berichtigung oder Ergänzung, erzwingen (BayObLG Rpfleger 1997, 476 = NJWE-FER 1997, 227; zu letztem mit Recht krit MünchKomm/Schwab Rn 32 Fn 63).

Überschreitet der Betreuer seine Befugnisse und bewegt er sich außerhalb seines **176** Aufgabenkreises und des Vertretungsrechts gemäß § 1902, unterliegt dies der Kontrolle und Aufsicht des Vormundschaftsgerichts meist mittelbar dadurch, daß Ansprüche auf Vergütung und Aufwendungsersatz zurückgewiesen werden.

cc) Instrumente der Aufsicht und Kontrolle
Als Instrumente der Aufsicht und Kontrolle kommen **in erster Linie** die in den **177** §§ 1837 bis 1847 aufgeführten in Betracht, soweit sie auf die Führung der Betreuung sinngemäß Anwendung finden (§ 1908i Abs 1 S 1). Danach besteht grundsätzlich eine Berichtspflicht (§ 1840 Abs 1), eine Auskunfts- (§ 1839) und eine Rechnungslegungspflicht (§§ 1840, 1841). Zur Prüfung der Rechnung durch das Vormundschaftsgericht s § 1843.

Als Instrumente der Aufsicht und Kontrolle dienen **außerdem** die Genehmigungsvorbehalte im Bereich der Personen- und der Vermögenssorge (§§ 1904 bis 1907; §§ 1811 ff iVm § 1908i Abs 1 S 1).

Zur Frage, ob vor einer Entlassung des Betreuers wegen Eignungsmangels sämtliche Aufsichtsmaßnahmen ausgeschöpft worden sein müssen, s unten Rn 184.

dd) Befreiungen
Ausnahmen von der umfassenden Aufsicht und Kontrolle des Vormundschaftsge- **178** richts sind im Bereich vermögensrechtlicher Angelegenheiten vorgesehen:

(a) Der Betreuungsbehörde und dem anerkannten Betreuungsverein als Betreuer stehen die nach § 1852 Abs 2, §§ 1853, 1854 zulässigen Befreiungen zu (§ 1857a iVm § 1908i Abs 1 S 1);

(b) die gleichen Befreiungen stehen (auf Grund von § 1908i Abs 2 S 2) dem Vater, der Mutter, dem Ehegatten, dem Lebenspartner, einem Abkömmling des Betreuten sowie dem Vereinsbetreuer und dem Behördenbetreuer zu, soweit das Vormundschaftsgericht nichts anderes anordnet.

Der Unterschied beider Befreiungsvorschriften liegt darin, daß das Vormundschaftsgericht in den Fällen des § 1908i Abs 2 S 2 die Anwendung des § 1857a und damit aller dort aufgeführten Befreiungen im Einzelfall ausschließen kann, während die nach Abs 1 S 1 vorgesehene ausnahmslose Geltung der Befreiungen des § 1857a lediglich vormundschaftsgerichtliche Modifizierungen zuläßt (§ 1854 Abs 2 S 2).

f) Versicherungsauflage
Das Vormundschaftsgericht kann und wird in den dafür in Betracht kommenden **179** Fällen dem Betreuer und dem Gegenbetreuer aufgeben, eine Versicherung gegen Schäden einzugehen, die der Betreuer oder der Gegenbetreuer dem Betreuten zufügen können (§ 1837 Abs 2 S 2 iVm § 1908i Abs 1 S 1). Diese durch Art 1 Nr 41 BtG eingefügte Vorschrift ergänzt § 1835 Abs 2, der die Erstattung von Versicherungskosten ehrenamtlich tätiger Personen vorsieht, über die Verpflichtung zur Versicherung jedoch keine Bestimmung enthält. In Fällen, in denen ein Versicherungsschutz im Interesse des Betreuten geboten ist, soll das Gericht deshalb dem

Betreuer und dem Gegenbetreuer ein entsprechendes Gebot auferlegen (BT-Drucks 11/4528, 114).

180 Die Vorschrift sieht nicht vor, daß das Gericht nur vor oder bei der Betreuerbestellung berechtigt wäre, den Abschluß einer Versicherung aufzugeben. Die Auflage kann deshalb auch nachträglich erteilt werden, wenn der Betreuer bestellt und bereits tätig geworden ist. Die Zulässigkeit späterer Versicherungsauflagen war vor allen Dingen für die sog Altfälle, dh die vor dem 1.1.1992 bestellten Pfleger und Vormünder, von Bedeutung, etwa dann, wenn begründeter Anlaß bestand, dem Betreuten durch die Versicherungsauflage Schutz zu bieten, oder bei Überprüfung, ob die Betreuung noch aufrechtzuerhalten ist. Der Auflage, eine Versicherung einzugehen steht es gleich, wenn von dem Betreuer eine Höherversicherung verlangt wird.

Im übrigen wird auf die Erläuterungen von STAUDINGER/ENGLER (2004) § 1837 Rn 29 Bezug genommen.

g) Festsetzung von Zwangsgeld
181 Die bisher als Mittel der Durchsetzung seiner Anordnungen (Gebote oder Verbote) vorgesehene Festsetzung von Zwangsgeld (zur vorherigen Androhung sowie zur Vollstreckung festgesetzten Zwangsgeldes s KEIDEL/ZIMMERMANN § 33 FGG Rn 22 ff u 31 ff) steht dem Vormundschaftsgericht nach Änderung der Vorschrift nicht nur in den Fällen des Abs 2 S 1, sondern auch dann zur Verfügung, wenn sich der ausgewählte Betreuer weigert, die von ihm verlangte (auf Kosten des Betreutenvermögens oder der Staatskasse abzuschließende) Versicherung einzugehen. Dies ergibt sich aus der Stellung der Vorschrift innerhalb des § 1837 und aus der Tatsache, daß es sich bei der Versicherungsauflage um ein echtes, auf der Basis gesetzlicher Ermächtigung zulässiges Gebot des Vormundschaftsgerichts handelt.

Einwendungen gegen die Zulässigkeit einer solchen Versicherungsauflage lassen sich nur daraus ableiten, daß dem ausgewählten Betreuer Unzumutbares nicht abverlangt werden darf. Das wäre dann der Fall, wenn er die Versicherung auf eigene Kosten abschließen müßte, weil der Betroffene kein hinreichendes Vermögen hat, das Gericht aber andererseits es ablehnen würde, aus der Staatskasse die Kosten vorzuschießen oder den Betrag zu erstatten.

182 § 1837 Abs 3 S 2 nimmt die Betreuungsbehörde (Betreuungsstelle) und den anerkannten Betreuungsverein als Adressaten von Zwangsmaßnahmen aus. Ferner darf ein Zwangsgeld nach § 1837 Abs 3 S 1 nicht gegen den Behördenbetreuer festgesetzt werden (§ 1908g Abs 1). Dagegen ist die Zwangsgeldfestsetzung gegen einen Vereinsbetreuer zulässig. Dazu und zu der nicht hinreichend begründeten Privilegierung der öffentlichen Bediensteten BIENWALD RsDE 8/1989, 53 sowie BtR § 1908g Rn 2.

Zum Problem der Durchsetzbarkeit von Ge- und Verboten des Vormundschaftsgerichts gegenüber Behördenbetreuern s GRAUMANN NDV 1989, 372, 374. Zur Wiederholbarkeit der Zwangsgeldfestsetzungen, ihrer Höchstzahl und den Folgen einer Überschreitung des Höchstbetrages des einzelnen Zwangsgeldes s STAUDINGER/ENGLER (2004) § 1837 Rn 38 ff. Der Mindestbetrag beträgt 5 Euro (bis 31.12.2001: 5 DM). Nach § 33 Abs 3 S 1 FGG (vgl auch Art 6 Abs 1 EGStGB) kann das einzelne

Zwangsgeld den Höchstbetrag von 25 000 Euro (bis 31.12.2001: 50 000 DM) erreichen (KEIDEL/ZIMMERMANN § 33 FGG Rn 20).

Der Grundsatz der Verhältnismäßigkeit von Mittel und Zweck gebietet es, die **183** Festsetzung von Zwangsgeld grundsätzlich als **letztes Mittel** zur Durchsetzung der vom Gericht rechtmäßig getroffenen Anordnungen einzusetzen. Mit Hilfe anderer Mittel wie Gespräch, Hinweis, Erinnerung und Ermahnung können die angestrebten Ziele vielfach erreicht werden, ohne daß das Gericht zu Zwangsgeldfestsetzungen greifen muß. Die erforderliche Zwangsgeldandrohung muß sich auf die Erzwingung einer ganz bestimmten Handlung beziehen (OLG Thüringen FamRZ 2001, 579, 580 = FGPrax 2001, 69). Auch nach dem Ende des Betreueramtes kann das Vormundschaftsgericht den Betreuer durch Zwangsgeld anhalten, die gemäß §§ 1908i Abs 1 S 1, 1892 geschuldete formal ordnungsgemäße Schlußrechnung einzureichen (OLG Thüringen aaO; BayObLG FamRZ 2001, 934 [LS]). Auskunft kann das Vormundschaftsgericht nach Beendigung des Amtes nicht mehr verlangen (BayObLG FamRZ 1996, 511).

Die Androhung oder Anordnung eines Zwangsgeldes ist nicht mehr zulässig, wenn der damit verfolgte Zweck bereits erreicht ist (BayObLG Rpfleger 1997, 476 = NJWE-FER 1997, 227; FamRZ 1998, 1197). Hat der Betreuer die ihm obliegende Verpflichtung erfüllt (hier: Erteilung ihm obliegender Auskünfte), nachdem insoweit ein Zwangsgeld festgesetzt, aber noch nicht beigetrieben worden war, ist der Zwangsgeldbeschluß wieder **aufzuheben**. Er kann nicht mit der Begründung aufrechterhalten werden, der Betreuer habe, wie sich nach der Zwangsgeldfestsetzung herausgestellt habe, seine Verpflichtung nur nachlässig erfüllt (OLG Köln FamRZ 2003, 780). Auch konkludent kann sich eine Zwangsgeldandrohung oder Zwangsgeldfestsetzung erledigen; erfolgt zeitlich danach ein erneuter Verstoß gegen eine gerichtliche Anordnung, kann nicht auf eine erneute Androhung verzichtet werden (OLG Naumburg FGPrax 2004, 21).

Erweisen sich die in § 1837 vorgesehenen Aufsichts- und Kontrollinstrumente als **184** unwirksam, sei es, daß der Betreuer die auferlegten Zwangsgelder bezahlt, ohne die Gebote oder Verbote zu befolgen, sei es, daß er andere Hinweise, Ermahnungen, die konkreten Anweisungen des Gerichts oder auch Zwangsgeldandrohungen unbeachtet läßt oder unterläuft, ohne daß das Gericht Zwangsgelder mit Erfolg eingesetzt hat, besteht **als stärkstes Mittel** die Möglichkeit, den Betreuer als ungeeignet zu **entlassen** und dadurch den Betreuten zu schützen (§ 1908b Abs 1; vgl MünchKomm/WAGENITZ § 1837 Rn 3 für den Vormund des Minderjährigen und den Pfleger; s im übrigen STAUDINGER/ENGLER [2004] § 1837 Rn 34 ff). Um den Betreuer wegen mangelnder Eignung zu entlassen, muß das Gericht nicht sämtliche Aufsichtsmaßnahmen nach den §§ 1837, 1908i Abs 1 S 1 bis hin zur Zwangsgeldfestsetzung zuvor ausgeschöpft haben, wenn der Betreuer durch wiederholte Zuwiderhandlungen gegen seine Betreuerpflichten gezeigt hat, daß er durch Aufsichtsmaßnahmen nicht zu beeindrucken ist (BayObLGRp 2004, 270 = FamRZ 2004, 1323 [LS] = BtPrax 2004, 153).

h)   Verfahrensfragen
Erteilt der Rechtspfleger keine Auskunft oder verweigert er die erbetene Beratung **185** und Unterstützung, besteht die Möglichkeit der Dienstaufsichtsbeschwerde. UU hat auch der Weg Erfolg, sich in diesem Falle an den Richter zu wenden. Wird der Richter nicht tätig oder verweist er an den Rechtspfleger, kann hiergegen Beschwerde eingelegt werden. Über die Beschwerde entscheidet das LG. Eine dem Verwal-

tungsstreitverfahren geläufige Untätigkeitsklage oder -beschwerde (s § 42 Abs 2, § 75, § 113 Abs 5 VwGO) kennt das FGG-Verfahren nicht. Sie wird überwiegend abgelehnt (KEIDEL/KAHL § 19 FGG Rn 8; BayObLG FamRZ 1993, 720, 722; OLG Stuttgart FamRZ 1998, 1128). Zur (Ablehnung einer) außerordentlichen Beschwerde wegen greifbarer Gesetzeswidrigkeit, insbesondere nach der ZPO-Reform 2002 KEIDEL/KAHL § 19 FGG Rn 39.

186 Beschwerde ist statthaft gegen die Anordnungen des Gerichts, die ein Gebot oder ein Verbot nach § 1837 Abs 2 S 1 enthalten, sowie gegen die Androhung des Zwangsgeldes und schließlich gegen dessen Festsetzung (STAUDINGER/ENGLER [2004] § 1837 Rn 51 ff).

Der **Betreuer** ist gemäß § 20 Abs 1 FGG beschwerdebefugt (MünchKomm/WAGENITZ § 1837 Rn 42; STAUDINGER/ENGLER aaO); die Beschwerdebefugnis schließt ein die Beschwerde gegen die Anordnung eines Gebots oder Verbots nach §§ 1837 Abs 2, 1908i Abs 1 S 1, gegen die Androhung des Zwangsgeldes und gegen dessen Anordnung (MünchKomm/WAGENITZ aaO). Der **Gegenbetreuer** kann ein eigenes Beschwerderecht aus § 57 Abs 1 Nr 6 FGG herleiten. Die Anwendung dieser Bestimmung auf die Betreuung ist zwar in § 69e S 1 FGG nicht vorgesehen. Ebenso wie bisher das die Gegenvormundschaft regelnde Recht nur unvollständig in das Betreuungsrecht übernommen worden war und das Verfahren ungeregelt geblieben ist, ist von einer durch Rechtsprechung zu füllenden Regelungslücke auszugehen.

187 Der Betreuer kann **im Namen des Betreuten** Beschwerde einlegen gegen eine Entscheidung, die seinen Aufgabenkreis betrifft. Eine solche Entscheidung liegt nicht nur dann vor, wenn sie den Aufgabenkreis des Betreuers erweitert oder beschränkt; sie ist auch dann gegeben, wenn der Aufgabenkreis oder die Besorgung der dazu gehörenden Angelegenheiten durch ein gerichtliches Ge- oder Verbot berührt werden. Die Einlegung der Beschwerde (auch) im Namen des Betreuten kann zB dann von Interesse und Bedeutung sein, wenn der Betreuer im Einverständnis mit dem Betreuten eine Vermögensdisposition treffen wollte oder getroffen hat, die das aufsichtsführende Vormundschaftsgericht für nicht vertretbar hielt.

188 Die Beschwerde gegen die Festsetzung von Zwangsgeld hat nach § 24 Abs 1 S 1 FGG aufschiebende Wirkung (MünchKomm/WAGENITZ § 1837 Rn 42). Die Beschwerde gegen die Androhung eines Zwangsgeldes hat dagegen keine aufschiebende Wirkung (s dazu KEIDEL/STERNAL FGG § 24 Rn 5 und zu weiteren Verfahrensfragen STAUDINGER/ENGLER [2004] § 1837 Rn 49 ff).

2. Rechnungslegung

a) Allgemeines

189 Die §§ 1840 bis 1843 regeln die Rechnungslegung durch den Vormund und deren Prüfung durch das Vormundschaftsgericht. Nach § 1908i Abs 1 S 1 sind diese Vorschriften auf die Betreuung sinngemäß anzuwenden. Nicht in die Aufzählung einbezogen war bisher § 1842, der bestimmt, daß der Vormund die Rechnung unter Nachweisung des Vermögensbestandes dem Gegenvormund vorzulegen hat, wenn ein solcher vorhanden oder zu bestellen ist. Der Gegenvormund hat dann die Rechnung mit den Bemerkungen zu versehen, zu denen die Prüfung ihm Anlaß

gibt. Mit der Neufassung des § 1908i Abs 1 S 1 durch Art 1 Nr 16 2. BtÄndG wurde der Mangel beseitigt.

b) Bericht und Rechnungslegung
aa) Normtext 190

§ 1840 Abs 2 bis 4

(2) Der Vormund hat über seine Vermögensverwaltung dem Vormundschaftsgericht Rechnung zu legen.

(3) Die Rechnung ist jährlich zu legen. Das Rechnungsjahr wird von dem Vormundschaftsgericht bestimmt.

(4) Ist die Verwaltung von geringem Umfang, so kann das Vormundschaftsgericht, nachdem die Rechnung für das erste Jahr gelegt worden ist, anordnen, dass die Rechnung für längere, höchstens dreijährige Zeitabschnitte zu legen ist.

bb) Befreiungen
Von der Rechnungslegungspflicht nach § 1840 Abs 2 bis 4 sind nach den Bestimmungen des BtG befreit oder bedingt befreit: 191

(1) in sinngemäßer Anwendung des § 1857a (§ 1908i Abs 1 S 1) die zuständige Betreuungsbehörde und der anerkannte Betreuungsverein, wenn sie zum Betreuer bestellt worden sind. Die Behörde und der Verein haben jedoch nach Ablauf von je zwei Jahren eine Übersicht über den Bestand des ihrer Verwaltung unterliegenden Vermögens dem Vormundschaftsgericht einzureichen. Das Vormundschaftsgericht kann auch anordnen, daß die Übersicht in längeren, allerdings höchstens fünfjährigen, Zwischenräumen einzureichen ist (§ 1854 Abs 2);

(2) aufgrund landesgesetzlicher Befreiungen (§ 1908i Abs 1 S 2) die zuständige Behörde. In Hamburg ist § 1840 Abs 2 bis 4 gegenüber der zum Betreuer bestellten Behörde nicht anzuwenden (Nachweise s unten Rn 248 ff). In den Ländern Bremen, Hessen und Sachsen-Anhalt, die zwar von der Ermächtigung des § 1908i Abs 1 S 2 Gebrauch gemacht haben (s unten Rn 248 ff), ist eine entsprechende Vorschrift nicht ergangen; 192

(3) in sinngemäßer Anwendung des § 1857a der Vater, die Mutter, der Ehegatte, der Lebenspartner (zur Begründung für deren Befreiung s BT-Drucks 14/3751, 46) und jeder Abkömmling des Betreuten, nicht dagegen Geschwister, sowie der Vereinsbetreuer und der Behördenbetreuer. Das Vormundschaftsgericht kann jedoch etwas anderes anordnen. Die Befreiungen gelten mithin solange und dem Umfang nach soweit, als das Vormundschaftsgericht nicht aus besonderen Gründen eine einschränkende Anordnung trifft. Von der Möglichkeit der Einschränkung sind auch Vereinsbetreuer und Behördenbetreuer betroffen. **Einschränkungen** sind zulässig, soweit sie **zum Wohle des Betreuten** erforderlich sind, wenn also im Einzelfall eine – vielleicht auch zeitlich beschränkte – engere Kontrolle angezeigt erscheint (BT-Drucks 11/4528, 161). Eine gerichtliche Einschränkung lediglich im Interesse des Betreuers, der (zB) Auseinandersetzungen mit Angehörigen 193

und/oder späteren Erben vermeiden oder zuvorkommen möchte, wäre nicht zulässig. Die Anordnung der Aufhebung der Befreiung von der jährlichen/periodischen Rechnungslegungspflicht ist eine Ermessensentscheidung des Tatrichters (BayObLG FamRZ 2003, 475). Maßstab für die Entscheidung des Gerichts ist ausschließlich das Wohl des Betreuten (BayObLG aaO). Die Entscheidung kann vom Gericht der weiteren Beschwerde nur auf Rechtsfehler überprüft werden (BayObLG aaO).

Geschwister der betreuten Person sind von der periodischen Rechnungslegung nicht befreit. Sie können von der gesetzlichen Verpflichtung zur Rechnungslegung auch nicht durch gerichtlichen Beschluß oder eine Vereinbarung mit dem Gericht entbunden werden (BayObLG FamRZ 2003, 326 [LS]).

cc) Zuständigkeit für die Aufhebung der Befreiung

194 Die Entscheidung, durch welche die gesetzliche Befreiung von der Rechnungslegung nach § 1857a iVm § 1908i Abs 2 S 2 aufgehoben oder eingeschränkt wird, trifft mangels Richtervorbehalts der Rechtspfleger. Die Entscheidung, mit der auf diese Weise in seine Rechte eingegriffen wird, kann der Betreuer anfechten.

dd) Mehrere Betreuer

195 Im Falle des Bestehens mehrerer Betreuer richtet sich die Verpflichtung nach ihrem Verhältnis zueinander (§ 1899 Abs 3 u 4). Demnach haben sie entweder getrennt oder gemeinsam die Rechnungslegungspflicht zu erfüllen.

ee)

Wegen der weiteren Einzelheiten wird auf die Erläuterungen zu § 1840 Bezug genommen.

c) Inhalt der Rechnungslegung
196 ### aa) Normtext

§ 1841
Inhalt der Rechnungslegung

(1) Die Rechnung soll eine geordnete Zusammenstellung der Einnahmen und Ausgaben enthalten, über den Ab- und Zugang des Vermögens Auskunft geben und, soweit Belege erteilt zu werden pflegen, mit Belegen versehen sein.

(2) Wird ein Erwerbsgeschäft mit kaufmännischer Buchführung betrieben, so genügt als Rechnung ein aus den Büchern gezogener Jahresabschluß. Das Vormundschaftsgericht kann jedoch die Vorlegung der Bücher und sonstigen Belege verlangen.

Nach dem in Bezug genommenen § 1842 (Mitwirkung des Gegenvormunds) hat der Betreuer die Rechnung unter Nachweisung des Vermögensbestands dem Gegenbetreuer vorzulegen, sofern dieser vorhanden oder zu bestellen ist. Der Gegenbetreuer hat dann die Rechnung zu prüfen und mit den Bemerkungen zu versehen, zu denen die Prüfung ihm Anlaß gibt.

bb) Praxisprobleme

Während § 1840 die grundsätzliche Verpflichtung des Betreuers zur Rechnungslegung (Abs 2) und den Turnus der Rechnungslegung (Abs 3) sowie die Befugnis des Gerichts zu abweichenden Entscheidungen (Abs 4) regelt, bestimmt § 1841 die Art und Weise, in der Rechnung zu legen ist. Die Vorschrift enthält gegenüber § 259 Sonderbestimmungen für das Vormundschafts-, Pflegschafts- und Betreuungsrecht (§ 1908i Abs 1 S 1; Staudinger/Engler [2004] § 1841 Rn 1). Der Charakter der Vorschrift als Ordnungsvorschrift (MünchKomm/Wagenitz § 1841 Rn 1; Staudinger/Engler aaO) enthebt den Betreuer nicht der Verantwortung für die Vollständigkeit und Richtigkeit der gemachten Angaben. § 1841 Abs 1 verlangt die Beifügung von Belegen nur, soweit solche erteilt zu werden pflegen; es hängt also von der Verkehrssitte ab (Staudinger/Engler [2004] § 1841 Rn 5), in welchen Fällen die Einnahmen und Ausgaben (Ab- u Zugänge) zu belegen sind. Unter „Beleg" ist ein Beweismittel zu verstehen, das den tatsächlichen Vorgang des Ab- und Zugangs eines Vermögensstücks dartut (Staudinger/Engler [2004] § 1841 Rn 5 unter Bezugnahme auf KGJ 50, A 28, 31). Als Beweismittel kommen deshalb solche Papiere nicht in Betracht, die keinen dauerhaften Hinweis auf denjenigen enthalten, der Einnahmen oder Ausgaben, die aus dem Papier erkennbar sind, getätigt hat. Kassenbons in Supermärkten oder Einzelhandelsgeschäften oder Fahrscheine für eine einmalige Fahrt sind deshalb keine Belege iSd § 1841 und werden der Rechnung nicht beigefügt. Der Betreuer versichert, daß die von ihm mitgeteilten Ausgaben in der Höhe und für den angegebenen Zweck getätigt worden sind. Mitunter werden dafür in der Praxis sog Selbstbelege gefertigt, um den Abgang aus dem Vermögen entsprechend zu „belegen".

In Anbetracht der Aufgabe, die Selbständigkeit des Betreuten zu respektieren oder zu fördern, und der deshalb praktizierten Taschengeldvergabe an den Betreuten zu dessen freier Verfügung oder der Aushändigung von Haushaltsgeld muß die Rechnungslegungspraxis überdacht und vereinfacht werden. Nach Einzelbeobachtungen zu urteilen geschieht dies auch inzwischen. Ein Nachweis für den Verbrauch des Taschengeldes, das dem Betreuten zur freien Verfügung überlassen wird, ist nicht zu verlangen; lediglich der Nachweis, daß das Taschengeld ausgehändigt worden ist. Ebenso können Nachweise für den laufenden Unterhalt unterbleiben, wenn der dem Betreuten dafür ausgehändigte Betrag den aus Mitteln der Sozialhilfe für den notwendigen Lebensunterhalt zur Verfügung stehenden Regelsatz nicht überschreitet. Dieser Betrag deckt nämlich den unbedingt notwendigen Bedarf, den der Betreuer nicht unterschreiten kann, will er sich nicht dem Vorwurf aussetzen, den Betreuten nicht ordentlich versorgt zu haben. In dieser und ähnlicher Hinsicht lassen sich die Anforderungen an die Rechnungslegung erheblich entlasten und sowohl die **Rechnungslegung** als auch deren Prüfung deutlich vereinfachen. Zu Vereinfachungen in der Praxis unter bestimmten Voraussetzungen s auch Wesche Rpfleger 1998, 93, 94. Die bloße Vorlage von Unterlagen und Belegen zur Erfüllung der Verpflichtung aus § 1841 hat das BayObLG (FamRZ 1993, 237, 238 = BtPrax 1993, 31, 32) ohnehin nicht genügen lassen. Dem Wortlaut der Vorschrift entsprechend besteht die Rechnung aus einer **geordneten Zusammenstellung** der Einnahmen und Ausgaben des betreffenden Zeitraums, wobei die Belege der Kontrolle der Zusammenstellung dienen. Die Abrechnung muß die Einnahmen und Ausgaben schriftlich so klar und übersichtlich darstellen, daß das Vormundschaftsgericht einen Überblick über alle Vorgänge erhält; die bloße Vorlage von Unterlagen und Belegen, aus denen dann das

Gericht sich selbst eine Übersicht erarbeiten müßte, genügt nicht (BayObLG FamRZ 2001, 134 [LS]). Soweit **Kontoauszüge** neben der Höhe vereinnahmter oder verausgabter Beträge und der Angabe des Absenders oder Empfängers der Zahlung auch den **Grund der Leistung** enthalten, käme es einer reinen Schreibübung gleich, wollte das Gericht von dem Betreuer die listenmäßige Wiederholung dieser aus den Kontoauszügen zweifelsfrei zu entnehmenden Informationen als Rechnungslegung verlangen. Es kommt dann auf eine Gesamtaufstellung an. S im übrigen die Erläuterungen bei STAUDINGER/ENGLER (2004) zu § 1841.

Bei **Barabhebungen**, die nicht vom Betreuer oder in Absprache mit ihm **vom Betroffenen** vorgenommen werden, ergibt sich für Betreuer die Frage, wie sie diese Kontenbewegungen in der Rechnung zu erfassen haben. Hier kann vom Betreuer lediglich die Tatsache der Abbuchung dokumentiert und gegebenenfalls mit einer Erläuterung versehen werden. Lassen wiederholte Abhebungen und/oder deren Höhe den Verdacht aufkommen, daß nicht der Betreute, sondern ein Dritter (im Beisein des Betroffenen oder mit dessen Karte) die Abhebung vorgenommen hat und der Betroffene dadurch selbst erheblich geschädigt wird, dürfte als Schutzmaßnahme lediglich die Anordnung eines Einwilligungsvorbehalts gemäß § 1903 sowie die Ermächtigung, die Karte für die Automatenbenutzung herauszuverlangen oder für ungültig erklären zu lassen, in Betracht kommen.

d) Prüfung durch das Vormundschaftsgericht

199 **aa) Normtext**

§ 1843
Prüfung durch das Vormundschaftsgericht

(1) Das Vormundschaftsgericht hat die Rechnung rechnungsmäßig und sachlich zu prüfen und, soweit erforderlich, ihre Berichtigung und Ergänzung herbeizuführen.

(2) Ansprüche, die zwischen dem Vormund und dem Mündel streitig bleiben, können schon vor der Beendigung des Vormundschaftsverhältnisses im Rechtsweg geltend gemacht werden.

bb) Allgemeines

200 Durch die sinngemäße Anwendung dieser Vorschrift auf die Betreuung gemäß §§ 1896 ff (§ 1908i Abs 1 S 1) wird das Vormundschaftsgericht verpflichtet, in gleicher Weise wie im Vormundschafts- und Pflegschaftsrecht mit der durch den Betreuer gelegten Rechnung umzugehen (Abs 1). Abs 2 erweitert die Rechtsstellung des Betreuers, der gemäß § 1795 Abs 2, § 181 gehindert wäre, eigene Ansprüche gegen den Betreuten geltend zu machen. Während des bestehenden Betreuungsverhältnisses kann der Betreuer den Betreuten in der Geltendmachung von Ansprüchen gegen ihn in aller Regel nicht vertreten, so daß das Gericht ggf einen weiteren (Ergänzungs-)Betreuer bestellen muß (MünchKomm/WAGENITZ § 1843 Rn 2; STAUDINGER/ENGLER [2004] § 1843 Rn 10).

cc) Kein Anspruch auf Entlastung

201 Das Vormundschafsgericht erteilt dem Betreuer keine Entlastung (MünchKomm/

WAGENITZ § 1843 Rn 1 mN; STAUDINGER/ENGLER [2004] § 1843 Rn 9). Der Betreuer hat auch keinen Anspruch auf Erteilung einer Entlastungserklärung gegenüber dem nachfolgenden Betreuer (AG Neukölln BtPrax 1992, 77). Um sich Arbeit zu ersparen, veranlassen jedoch Gerichte nicht selten die Betreuten oder deren Rechtsnachfolger zur Erteilung einer Entlastungserklärung, ohne auf deren Bedeutung und Risiken hinzuweisen und zu prüfen, ob (zB) die nicht mehr betreute Person in der Lage ist, eine derartige Erklärung abzugeben. Zudem werden Betreuer in dem Glauben belassen, mit ihrer Entlastung seien sie frei von irgendwelcher späterer Inanspruchnahme.

dd) Berichtigungen und Ergänzungen
Das Vormundschaftsgericht ist nicht befugt, selbst Berichtigungen und Ergänzungen **202** der Rechnung vorzunehmen, wenn es diese für erforderlich hält. Es kann den Betreuer nur durch Gebote oder Verbote sowie durch Zwangsgeldandrohung und -festsetzung (§ 1837 Abs 2 u 3) anhalten, Berichtigungen und/oder Ergänzungen der Rechnung vorzunehmen oder auch angekündigte Änderungen zu unterlassen (ähnlich MünchKomm/WAGENITZ § 1843 Rn 6; **aA** OLG Zweibrücken Rpfleger 1980, 103: das Vormundschaftsgericht dürfe keine Änderung bezüglich einzelner Rechnungsposten verlangen).

Ist der Behördenbetreuer nicht in vollem Umfang nach Maßgabe des § 1857a iVm § 1908i Abs 2 S 2 von der Rechnungslegung befreit, so daß § 1843 auf seine Rechnungslegung Anwendung findet, kann das Vormundschaftsgericht den Behördenbetreuer zwar zur Berichtigung oder Ergänzung der Rechnung auffordern, gegen ihn jedoch kein Zwangsmittel nach § 1837 Abs 3 S 1 festsetzen (§ 1908g Abs 1).

ee) Verpflichtung zur eidesstattlichen Versicherung
Gegenüber dem Vormundschaftsgericht besteht keine Verpflichtung zur Abgabe **203** einer eidesstattlichen Versicherung gem § 259 Abs 2. Gegenüber dem Betreuten soll eine Pflicht zur Abgabe einer eidesstattlichen Versicherung erst nach Beendigung des Amtes u Vorlage der Schlußrechnung (§ 1890) bestehen (MünchKomm/WAGENITZ § 1843 Rn 8).

ff) Wegen der weiteren Einzelheiten wird auf die Erläuterungen zu § 1843 Bezug genommen.

3. Die sinngemäße Anwendung des § 1845
(Eheschließung des zum Vormund bestellten Elternteils)

a) Allgemeines
Die nach § 1908i Abs 1 S 1 sinngemäß anzuwendende Vorschrift des § 1845 enthält **204** einen Weiterverweis auf § 1683 für den Fall, daß der zum Betreuer bestellte Vater oder die zur Betreuerin bestellte Mutter des Betreuten eine Ehe eingehen will. Der heiratswillige Elternteil, dem als Betreuer des (volljährigen, vgl § 1908a) Kindes die Vermögenssorge zusteht, hat dies dem Vormundschaftsgericht anzuzeigen, auf seine Kosten ein Verzeichnis des Kindesvermögens einzureichen und, soweit eine Vermögensgemeinschaft zwischen ihm und dem betreuten Kinde besteht, die Auseinandersetzung herbeizuführen. Erfüllt der Betreuer die ihm nach den §§ 1908i Abs 1 S 1, § 1845, 1683 Abs 1 obliegenden Verpflichtungen nicht, so kann das Vormundschaftsgericht nicht mehr, wie bisher, die Vermögenssorge auf Grund von § 1683 Abs 4 entziehen. Die Vorschrift wurde durch das KindRG aufgehoben. Auf die §§ 1666,

1667, die Eingriffe in die Vermögenssorge der Eltern erlauben, nimmt das Betreuungsrecht nicht Bezug, so daß nur Reaktionen gem § 1837 iVm § 1908i Abs 1 S 1 oder eine (Teil-)Entlassung des Betreuers in Betracht kommen. Das bisher erforderliche Auseinandersetzungszeugnis (§ 9 EheG) wurde bei der Neuordnung des Eheschließungsrechts durch das am 1. 7. 1998 in Kraft getretene Eheschließungsrechtsgesetz nicht ins BGB übernommen. Das Vormundschaftsgericht kann dem Betreuer allerdings gestatten, daß die Auseinandersetzung erst nach der Eheschließung vorgenommen wird oder ganz oder teilweise unterbleibt, wenn dies den Vermögensinteressen des Kindes nicht widerspricht (§ 1683 Abs 2, 3).

b) Bedeutung für das Betreuungsrecht

205 MünchKomm/WAGENITZ (§ 1845 Rn 1) zufolge liegt die Hauptbedeutung der Vorschrift in ihrer Anwendbarkeit im Betreuungsrecht (so bereits für das bisherige Recht STAUDINGER/ENGLER[12] § 1845 Rn 3). Aus der Praxis liegen dazu Informationen nicht vor. Zumindest wird sich das Vormundschaftsgericht mit der Frage beschäftigen müssen, ob es von den Gestattungen des § 1683 Abs 2 und 3 Gebrauch macht. Zuständig ist der Rechtspfleger; ein Richtervorbehalt besteht nicht (§ 3 Nr 2 Buchst a, § 14 Abs 1 Nr 4 RPflG).

Zur Aufstellung des Vermögensverzeichnisses ist die Bestellung eines weiteren Betreuers nicht erforderlich (STAUDINGER/COESTER [2004] § 1683 Rn 13), wohl aber zur Auseinandersetzung der Gemeinschaft, weil der Betreuer insoweit den Betreuten nicht vertreten kann (§ 181). Zur Genehmigungsbedürftigkeit des Auseinandersetzungsvertrages durch das Vormundschaftsgericht s STAUDINGER/COESTER (2004) § 1683 Rn 26.

4. Die Anwendung des § 1846

206 a) Normtext

§ 1846
Einstweilige Maßregeln des Vormundschaftsgerichts

Ist ein Vormund noch nicht bestellt oder ist der Vormund an der Erfüllung seiner Pflichten verhindert, so hat das Vormundschaftsgericht die im Interesse des Betroffenen erforderlichen Maßregeln zu treffen.

b) Allgemeines
aa) Bisheriges Recht, Grundproblem

207 Die Vorschrift erlaubt dem Vormundschaftsgericht und verpflichtet es zugleich, die im Interesse des Betroffenen/Betreuten erforderlichen Maßregeln zu treffen, wenn der dafür Verantwortliche noch nicht bestellt oder an der Erfüllung seiner Pflichten gehindert ist. Die Bestimmung ermöglicht ausnahmsweise eine unmittelbare Fürsorgetätigkeit des Vormundschaftsgerichts, wenn ein zunächst zuständiger Verantwortlicher die erforderliche Fürsorge nicht leisten kann. Eine privatrechtliche vorläufige Unterbringung gem § 1846 iVm § 70h Abs 3 FGG ist nur zulässig, wenn dringende Gründe für die Annahme bestehen, daß ein Betreuer bestellt wird, dieser die Genehmigung einer endgültigen Unterbringungsmaßnahme beantragen und das Gericht diese Maßnahme genehmigen wird, weil die Voraussetzungen des § 1906 wahrscheinlich vorliegen. Die unmittelbare Tätigkeit des Gerichts ist gegenüber allen anderen vormundschaftsgerichtlichen Entscheidungsmöglichkeiten subsidiär.

Die im Vormundschaftsrecht enthaltene Vorschrift galt nach früherem Recht auch für die Vormundschaft über Volljährige (§ 1897 S 1 aF) und die Gebrechlichkeitspflegschaft (§ 1915 Abs 1 iVm § 1910 aF). Zweck der Vorschrift war und ist es, für den Betroffenen Nachteile zu vermeiden, die dadurch entstehen, daß er keinen gesetzlichen Vertreter hat, sei es, daß der Vormund verhindert oder weggefallen ist, sei es, daß er noch nicht bestellt wurde (BayObLGZ 1987, 7, 8). Tatsächlich entstand und entsteht im Vormundschaftsrecht noch heute das Problem des Nichtvertretenseins allein dadurch, daß das Vormundschaftsgericht den Eintritt der Maßnahme anordnet, danach aber erst die Auswahl und Bestellung des Vormunds oder Pflegers stattfindet. Wegen der verschiedenen für die Personalentscheidung zu beachtenden gesetzlichen Vorgaben kommt es regelmäßig zu einer mehr oder minder großen zeitlichen Differenz zwischen der Anordnung der Vormundschaft und der Bestellung des Vormunds oder Pflegers, so daß ein vorläufiges, aber schnelles Handeln des Vormundschaftsgerichts – sei es auch nur die Bestellung eines Pflegers nach § 1909 Abs 3 – erforderlich werden kann. Durch die im **Betreuungsrecht** eingeführte **Einheitsentscheidung** mit dem Inhalt, daß dem Betroffenen ein Betreuer bestellt wird und er damit „unter Betreuung steht", ist eine Differenz zwischen angeordneter Betreuung und (noch) nicht getroffener Personalentscheidung grundsätzlich nicht mehr möglich. Eine Ausnahme bildet der Fall, daß der Betreuer unerwartet stirbt, die Betreuung fortdauert und bis zur Bestellung eines Nachfolgers des Verstorbenen der Betreute keinen Betreuer hat, der notwendige Entscheidungen trifft. Soweit Länder von der ihnen durch Art 3 Nr 1 2. BtÄndG eingeräumten Befugnis, Auswahl und Bestellung des Betreuers auf den Rechtspfleger zu übertragen, Gebrauch machen, entfällt die Einheitsentscheidung und wird infolgedessen in größerer Zahl als bisher Handlungsbedarf nach § 1846 auftreten (können).

bb) Gesetzgebungsgeschichte
In der ursprünglichen Fassung des § 1908i Abs 1 S 1 RegEntw (BT-Drucks 11/4528, 18) **208** war die sinngemäße Anwendung des § 1846 im Betreuungsrecht noch nicht vorgesehen. Sie war allerdings in Abs 2 S 2 der Vorschrift enthalten mit dem Zusatz, daß sie nicht für die Unterbringung Volljähriger anzuwenden sei. In der amtlichen Begründung wurde dazu ausgeführt: „Nach Satz 2 ist die Vorschrift des § 1846 E, wonach das Vormundschaftsgericht vor der Bestellung oder bei Verhinderung des Vormunds einstweilige Maßregeln treffen darf, sinngemäß anzuwenden. Jedoch darf auf diesem Wege nicht die Unterbringung eines Betroffenen angeordnet werden" (BT-Drucks 11/4528, 160). Der Bundesrat schlug in seiner Stellungnahme zum RegEntw vor, in Abs 1 S 1 (des § 1908i) den § 1846 einzufügen. Auch für die zivilrechtliche Unterbringung müsse die Möglichkeit bestehen, in Eilfällen aufgrund einer gerichtlichen Anordnung ohne Einschaltung eines Betreuers den Betroffenen unterbringen zu lassen (BT-Drucks 11/4528, 211). Da die BReg dem Vorschlag des Bundesrates zugestimmt hatte, übernahm der Rechtsausschuß den Text der Gegenäußerung der BReg in seine Beschlußempfehlung (BT-Drucks 11/6949, 17 u 81). Diese Ausschußfassung wurde einstimmig bei Enthaltung der Fraktion DIE GRÜNEN angenommen (BT-Drucks 11/6949, 81). Mithin bestand zwischen BReg u Bundesrat Einvernehmen darüber, daß § 1846 im Betreuungsrecht sinngemäß anzuwenden sei, soweit es sich nicht um die Unterbringung von Volljährigen handelt. Unterschiedliche Auffassun-

gen bestanden offenkundig nur, was die sinngemäße Anwendung der Vorschrift auf die zivilrechtliche Unterbringung angeht. Die Vorschrift wurde durch das BtG geringfügig geändert (Art 1 Nr 44). Die bisherige Bezeichnung „Mündel" wurde durch die Bezeichnung „Betroffener" ersetzt.

cc) Motive

209 Der RegEntw wollte sicherstellen, daß die Frage, ob ein Betreuter zivilrechtlich oder öffentlich-rechtlich untergebracht wird, ausschließlich nach Sachgesichtspunkten entschieden wird. Darüber hinaus sollte sichergestellt werden, daß die zivilrechtliche Unterbringung von Betreuten nur Maßnahmen des Betreuers erfaßt, nicht jedoch – wie die öffentlich-rechtliche – eine Unterbringung durch das Gericht selbst. Die zivilrechtliche Unterbringung solle eine Maßnahme des Betreuers sein, deren Einleitung, Fortdauer und Beendigung er selbst zu verantworten habe. Niemand solle zivilrechtlich untergebracht sein, ohne daß ihm ein Betreuer mit allen seinen Pflichten zur Verwirklichung des Wohls des Betroffenen und zur persönlichen Betreuung zur Seite stehe. Hiermit sei es, so der RegEntw, nicht vereinbar, daß das Gericht einen Betreuungsbedürftigen, der noch keinen Betreuer erhalten habe, selbst im Wege einer einstweiligen Maßregel nach § 1846 unterbringe. § 1846 sei deshalb auf die Unterbringung des Betroffenen nicht anzuwenden. Dadurch entstünden keine Nachteile. Bei erheblicher Selbst- und Fremdgefährlichkeit des Betroffenen sei eine öffentlich-rechtliche Unterbringung möglich. Darüber hinaus könne ein vorläufiger Betreuer durch einstweilige Anordnung bestellt und damit kurzfristig eine zivilrechtliche Unterbringung ermöglicht werden. Wenn ein Betreuer bestellt sei, die Entscheidung über die Unterbringung jedoch von seinem Aufgabenkreis nicht erfaßt werde, könne der Aufgabenkreis des Betreuers durch einstweilige Anordnung vorläufig erweitert werden. Sei ein Betreuer bestellt, dessen Aufgabenkreis die Unterbringungsentscheidung erfasse, sei er aber verhindert, könne kurzfristig ein weiterer Betreuer durch einstweilige Anordnung bestellt werden (BT-Drucks 11/4528, 160).

Der Bundesrat befürchtete, bei dieser Regelung könne in Eilfällen eine zivilrechtliche Unterbringung nicht mehr möglich sein. In der Kürze der Zeit, unter Umständen an Feiertagen, dienstfreien Wochenenden oder auch nachts könne eine geeignete Person als Betreuer nicht gefunden werden. Die bisherige Praxis, bei der sich häufig nach einer vorläufigen vormundschaftsgerichtlichen Unterbringung eine freiwillige Behandlung anschließe, würde mit der Neuregelung unmöglich gemacht. Auch wenn das Gericht einen vorläufigen Betreuer bestelle, werde in diesen Eilfällen die eigentliche Verantwortung beim Vormundschaftsgericht liegen, weil der Betreuer mangels eigener fachlicher Erfahrung gar nicht die Notwendigkeit einer Unterbringung beurteilen könne. Er müsse sich ohnehin auf die Beratung durch das Gericht verlassen (BT-Drucks 11/4528, 211).

c) Unproblematische Fälle
aa) Wegfall des Betreuers

210 Die Einführung der Einheitsentscheidung, wonach die Anordnung der Maßnahme von der Personalentscheidung nicht mehr getrennt wird, kann nicht verhindern, daß im Laufe der Betreuung ein Betreuer nicht vorhanden oder nicht handlungsfähig ist. Es unterliegt keinem Zweifel, daß mit dem Wegfall der Person des Betreuers nicht auch die Maßnahme der Betreuung endet. Wird der bisherige Betreuer amtsenthoben, dh wird er als ungeeignet entlassen (§ 1908b Abs 1), oder stirbt er (§ 1908c), ohne daß rechtzeitig oder schnell genug ein Nachfolger bestellt werden kann, entsteht ein Vakuum. Der Entscheidungsträger fehlt. Hier kann ein Handeln des Vormundschaftsgerichts nach § 1846 iVm § 1908i Abs 1 S 1 unerläßlich sein, zB dann, wenn selbst die Behörde im Wege einer eiligen einstweiligen Anordnung nicht schnell genug zum Betreuer bestellt werden kann (vgl § 69f FGG).

Die Vorschrift kann auch dann zur Anwendung kommen können, wenn ein Betroffener eine (Vorsorge-)Vollmacht erteilt hat, der Bevollmächtigte aber durch Tod oder eigene Entscheidungsunfähigkeit ausgefallen und eine Ersatzperson nicht bestellt worden ist. Ob damit bereits die Voraussetzungen für die Bestellung eines Betreuers vorliegen, kann zweifelhaft sein; zumindest kann die Bestellung auch eines vorläufigen Betreuers länger dauern, so daß eine Entscheidung des Gerichts unmittelbar nicht zu vermeiden ist.

bb) Verhinderung des Betreuers
Auch die in §§ 1795 u 1796 (iVm § 1908i Abs 1 S 1) geregelten Fälle fehlender **211** Vertretungsmacht könnten das Handeln des Vormundschaftsgerichts nach § 1846 erforderlich machen. Auch in diesen Fällen besteht die Betreuung weiter, lediglich der Betreuer ist in bestimmter Weise gehindert, die Vertretung des Betreuten auszuüben. Allerdings treten die Fälle des gesetzlichen Ausschlusses der Vertretungsmacht (§ 1795) und des gerichtlichen Entzugs von Vertretungsmacht (§ 1796) in aller Regel nicht so plötzlich auf, daß nicht in geeigneter und regulärer Weise – durch Bestellung eines Ergänzungsbetreuers (§ 1899) – Abhilfe geschaffen werden könnte. Deshalb verbietet sich hier regelmäßig die Anwendung von § 1846, weil keine Notsituation vorliegt. Eine Verhinderung an der Erfüllung seiner Pflichten eines (möglicherweise) Einwilligungsbefugten aus religiösen Gründen nahm das AG Nettetal an und ordnete eine erforderliche Bluttransfusion bei einem geistig behinderten volljährigen Kind eines Angehörigen der „Zeugen Jehovas" an (FamRZ 1996, 1104).

Einer tatsächlichen oder rechtlichen Verhinderung des Betreuers steht seine Weigerung, in bestimmtem Sinne tätig zu werden, nicht gleich. Das Vormundschaftsgericht darf die Befugnis zur Nothilfe für Betreuer und Betreuten nach § 1846 nicht dazu benutzen, Angelegenheiten, zu denen der Betreuer eine gegenteilige Auffassung vertritt, gegen den Willen des Betreuers selbst anderweitig zu regeln (OLG Düsseldorf FamRZ 1995, 637). Die Anwendung des § 1846 darf auch nicht dazu führen, die gebotene Beteiligung des Betreuers (dem die Aufenthaltsbestimmung und die Gesundheitsfürsorge im konkreten Fall übertragen war) am Verfahren zu umgehen (BayObLG FamRZ 2002, 419, 421). Das Gericht darf nur tätig werden, wenn der Betreuer an der Erfüllung seiner Pflichten real gehindert ist (LG Frankfurt aM BtPrax 2001, 174).

Auch ein **Bevollmächtigter** kann an der erforderlichen Entscheidung gehindert und ein Ersatzbevollmächtigter nicht bestellt sein, so daß entweder ein Betreuer (ergänzend, aber nicht nach § 1896 Abs 3) bestellt werden muß oder das Gericht vorab nach §§ 1846, 1908i Abs 1 S 1 die unaufschiebbare Entscheidung trifft und ggf alsbald (s BGHZ 150, 45 = FamRZ 2002, 744 m Anm BIENWALD) eine Betreuerbestellung folgen läßt, falls der Bevollmächtigte nicht wieder in der Lage ist, die Entscheidung zu treffen. Ebenfalls vorstellbar ist es, daß im Falle einer akut lebensbedrohlichen Situation der zur Entscheidung berufene Bevollmächtigte entgegen seinem Auftrag und dem Wunsch des Vollmachtgebers untätig bleibt und das Gericht gemäß §§ 1846, 1908i Abs 1 S 1 tätig wird, bevor es einen Betreuer bestellt.

d) Zur Anwendbarkeit der Vorschrift in Unterbringungssachen
aa) Unterbringungen nach § 1906 Abs 1

212 Bezüglich einer Eilzuständigkeit des Vormundschaftsgerichts in Unterbringungssachen (§ 70 FGG) iSv außerordentlicher Vorsorge (GÖPPINGER [2. Aufl] II Rn 86) vor der Bestellung eines (vorläufigen) Betreuers gem § 1846 ist zu unterscheiden, ob es sich um eine Unterbringung, die mit Freiheitsentziehung verbunden ist (§ 1906 Abs 1–3), oder um eine unterbringungsähnliche Maßnahme nach § 1906 Abs 4 handelt. Hat jemand eine (Vorsorge-)Vollmacht zwecks Unterbringung oder Entscheidung über freiheitsentziehende Maßnahmen (§ 1906 Abs 4) erteilt (§ 1906 Abs 5; s dazu § 1906 Rn 53 ff), besteht das Problem gerichtlicher Entscheidungszuständigkeit nach § 1846, solange der Bevollmächtigte von seiner Entscheidungsbefugnis keinen Gebrauch macht oder machen kann, ein Betreuer (wegen der Vorsorgevollmacht) nicht bestellt ist, aber Entscheidungsbedarf besteht (s oben Rn 210 u 211).

Für die Unterbringung bestimmter kranker oder behinderter Personen ist das jeweilige Landesunterbringungsrecht maßgebend, wenn nicht die Einweisung mit Zustimmung des Betreuers erfolgt, dessen Aufgabenkreis das Aufenthaltsbestimmungsrecht umfaßt (§ 14 Abs 2 NPsychKG v 16. 6. 1997 [NdsGVBl 272]). Nachrangigkeit des landesrechtlichen Unterbringungsrechts gegenüber dem zivilrechtlichen Unterbringungsrecht besteht nur insoweit, als ein vorrangig zur Unterbringungsentscheidung Berechtigter vorhanden ist und die Voraussetzungen für die Unterbringung gleich sind. Der Betreuer darf über eine Unterbringung des Betreuten nur nach Maßgabe des § 1906 Abs 1–3 entscheiden; andere Gründe (zB der Schutz öffentlicher Interessen) sind für ihn nicht maßgebend. Eine Unterbringung nach den Vorschriften des Landesunterbringungsrechts ist nur unter den dort gegebenen Voraussetzungen möglich; der in § 1906 Abs 1 Nr 2 geregelte Unterbringungszweck läßt sich als Primärzweck nicht über das Landesunterbringungsrecht erreichen.

213 Die Möglichkeit außerordentlicher Fürsorge des Vormundschaftsgerichts nach Maßgabe des § 1846 bewirkt nicht den Nachrang des Landesunterbringungsrechts, soweit nicht die Unterbringungsgründe differieren. Unterschiede bestehen zB auch in bezug auf den Gefahrenbegriff. Während nach NPsychKG (zB) eine Unterbringung nur zulässig ist, wenn und solange von der Person infolge ihrer Krankheit oder Behinderung eine gegenwärtige erhebliche Gefahr für sich oder andere ausgeht und diese Gefahr auf andere Weise nicht abgewendet werden kann, reicht für die Unterbringung durch den Betreuer die Gefahr, daß der Betroffene sich selbst tötet oder erheblichen Schaden zufügt, ohne daß dies unmittelbar bevorsteht. Die Unterbringung des Betreuten durch den Betreuer ist also zu einem früheren Zeitpunkt zulässig, nämlich sobald die bloße Gefahr besteht. Wenn mit dem Aufschub Gefahr verbunden ist, darf der Betreuer ohne die Genehmigung des Vormundschaftsgerichts unterbringen. In diesem Falle besteht die Gefahr der Selbsttötung zu einem früheren Zeitpunkt; sie steht der gegenwärtigen Gefahr des § 16 NPsychKG gleich, ohne dadurch zu einer erheblichen Gefahr zu werden. Die Erheblichkeit der Gefahr ist in § 1906 bereits dadurch gegeben, daß die Unterbringung zum Wohl des Betroffenen/Betreuten erforderlich sein muß. Das kann sie nur, wenn die Gefahr

erheblich ist. Bei unerheblichen Gefahren wären andere Möglichkeiten uU ausreichend und vorrangig.

Es besteht kein allgemeingültiger Grundsatz, daß jede Form zivilrechtlicher Unterbringung Vorrang vor öffentlich-rechtlicher Unterbringung hätte. Daß letztere als diskriminierender gegenüber der ersteren empfunden würde, ist eine immer wieder – von Experten, nicht von Betroffenen – geäußerte Behauptung, für deren Richtigkeit der Nachweis bisher nicht erbracht ist (vgl RINK FamRZ 1993, 512 [514]; BIENWALD FamRZ 2002, 746 [747]). Die landesrechtliche Unterbringung ist grundsätzlich nur aufgrund gerichtlicher Entscheidung zulässig; Voraussetzung ist ein entsprechender Antrag der Verwaltungsbehörde (§ 17 Abs 1 S 1 NPsychKG). Stellt die Behörde keinen Antrag, etwa weil sie die gesetzlichen Voraussetzungen nicht für gegeben ansieht oder verkennt, oder ist der Antrag nicht zulässig, ist das Gericht nicht befugt, von Amts wegen über die Unterbringung nach diesen Bestimmungen zu entscheiden (s dazu BayObLGZ 1992, 208 = FamRZ 1992, 1221; LG Frankfurt aM NJW 1992, 986 u R&P 1992, 96). Würde das Vormundschaftsgericht die Unterbringung des Betroffenen im Wege einstweiliger Maßregel nach § 1846 beschließen, käme dies einer Korrektur der behördlichen Entscheidung gleich, zu der das Vormundschaftsgericht nicht befugt ist. Soweit nach materiellem Unterbringungsrecht die Behörde antragsberechtigt ist, kann deshalb das Vormundschaftsgericht nicht über die Unterbringung entscheiden, wenn ein Betreuer, auch ein vorläufiger Betreuer, nicht bestellt ist. **214**

bb) Freiheitsentziehende Maßnahmen nach § 1906 Abs 4
Für Entscheidungen nach § 1906 Abs 4 gibt es keine Zuständigkeit des Landes, so daß über die freiheitsentziehenden Maßnahmen des § 1906 Abs 4 nur der Betreuer oder im Falle seiner Verhinderung das Vormundschaftsgericht (§ 1846) entscheiden kann. Daß es solche Fälle außerordentlicher Fürsorge des Vormundschaftsgerichts geben kann, wird aus § 1906 Abs 2 S 2 iVm Abs 4 deutlich, der dem Betreuer erlaubt, ohne Genehmigung des Vormundschaftsgerichts in eine solche Maßnahme einzuwilligen, wenn mit dem durch die Einholung der gerichtlichen Genehmigung bedingten Aufschub Gefahr verbunden wäre. **215**

e) Die Rechtsprechung zur Anwendung der Vorschrift
Die in den ersten Jahren nach dem Inkrafttreten des BtG zu dieser Vorschrift veröffentlichten Entscheidungen betreffen ausnahmslos vorläufige Unterbringungen und geben ein uneinheitliches Bild (dazu eingehend STAUDINGER/BIENWALD [1999] an dieser Stelle sowie § 1906 Rn 108). Die Meinungsunterschiede betrafen insbesondere die Frage, wann im Falle einer gerichtlichen Tätigkeit aufgrund von §§ 1846, 1908i Abs 1 S 1 ein – jedenfalls vorläufiger – Betreuer zu bestellen sei. Auf Vorlage des BayObLG (BayObLGZ 2000, 295 = FamRZ 2001, 576 = NJW 2001, 1088 [LS]), nach dessen Auffassung die Anordnung der vorläufigen Unterbringung nach Betreuungsrecht nicht die gleichzeitige und sofort wirksame Bestellung eines Betreuers voraussetze – entgegen OLG Frankfurt (OLGZ 1993, 137 = FamRZ 1993, 357 = BtPrax 1993, 32) –, entschied der BGH, es sei grundsätzlich zulässig, in Eilfällen eine zivilrechtliche Unterbringung anzuordnen, ohne daß zugleich damit schon ein Betreuer bestellt werden müsse (BGHZ 150, 45 = FamRZ 2002, 744 m Anm BIENWALD = BtPrax 2002, 162 = R&P 2002, 177 m Anm MARSCHNER). Allerdings, so der BGH (aaO), sei das Gericht in einem solchen Fall gehalten, gleichzeitig mit der Anordnung der Unterbringung durch geeignete Maßnahmen sicherzustellen, daß dem Untergebrachten unverzüglich – binnen weniger **216**

Tage – ein Betreuer oder jedenfalls ein vorläufiger Betreuer (§ 69f FGG) zur Seite gestellt werde.

217 Das BayObLG schloß sich in seiner Entscheidung v 15. 5. 2002 (FamRZ 2002, 1362 [LS]) dieser Auffassung an und stellte fest, daß die Anordnung der Unterbringung dann unzulässig ist, wenn das Gericht Maßnahmen zur unverzüglichen Betreuerbestellung unterläßt. Mit Beschluß v 2. 4. 2003 bekräftigte das BayObLG seine Entscheidung und stellte fest, das Unterlassen geeigneter Maßnahmen zur alsbaldigen Betreuerbestellung habe die Unrechtmäßigkeit der Unterbringung von vornherein zur Folge und diese Konsequenz gelte auch dann, wenn sich die Unterbringung bereits zu einem Zeitpunkt erledigt habe, in dem unter gewöhnlichen Umständen die Bestellung eines vorläufigen Betreuers noch nicht zu erwarten gewesen wäre (FamRZ 2003, 1322).

f) Zum Verfahren
218 Das BtG enthält Bestimmungen über einstweilige Maßregeln des Vormundschaftsgerichts nach § 1846, die das Verfahren betreffen, an unterschiedlichen Stellen. In der Zuständigkeitsvorschrift des § 65 FGG werden in Abs 5 Maßregeln nach § 1908i Abs 1 S 1 iVm § 1846 genannt. Danach besteht eine (weitere) örtliche Zuständigkeit des Gerichts, in dessen Bezirk das Bedürfnis der Fürsorge hervortritt. In der Verfahrensvorschrift für einstweilige Anordnungen in Betreuungssachen werden diese Maßregeln nicht aufgeführt.

§ 70 Abs 1 FGG enthält die Maßregeln in der Legaldefinition von Unterbringungsmaßnahmen nicht. Deshalb sind sie auch in der Zuständigkeitsregelung des § 70 Abs 2 FGG nicht erfaßt, der vorläufige Maßregeln nur für die Unterbringungsmaßnahmen nach § 70 Abs 1 S 2 Nr 1 u 2 FGG kennt. In § 70h Abs 3 FGG werden die Unterbringungsmaßnahmen gem § 1846 ausdrücklich erwähnt und die Abs 1 u 2 für anwendbar erklärt. Dort ist das Verfahren für einstweilige Anordnungen geregelt.

Was die Vollzugshilfe der zuständigen Behörde angeht, so muß das Vormundschaftsgericht als die eine zivilrechtliche Unterbringung betreibende Stelle analog der Situation des unterbringungsbefugten Betreuers die Hilfe der Behörde nach Maßgabe des § 70g Abs 5 FGG in Anspruch nehmen.

g) Wegen der weiteren Einzelheiten wird auf die Erläuterungen zu § 1846 verwiesen.

X. Beendigung der Betreuung

1. Allgemeines

219 Endigt die Vormundschaft, besteht ein Abwicklungsverhältnis, dessen Einzelheiten in den §§ 1890 bis 1893 und 1895 geregelt sind. Für die Betreuung nimmt § 1908i Abs 1 S 1 auf diese Vorschriften Bezug. § 1894 betrifft Anzeigepflichten, die beim Tod des Betreuers und eines Mitbetreuers sowie des Gegenbetreuers zu beachten sind. Die §§ 1891 und 1895, auf die bisher nicht verwiesen worden war, sind durch die Neufassung des § 1908i Abs 1 S 1 (Art 1 Nr 16 2. BtÄndG) erfaßt.

Titel 2
Rechtliche Betreuung

§ 1908i

Die in Bezug zu nehmenden Vorschriften lauten:

§ 1890
Vermögensherausgabe und Rechnungslegung

Der Vormund hat nach der Beendigung seines Amts dem Mündel das verwaltete Vermögen herauszugeben und über die Verwaltung Rechenschaft abzulegen. Soweit er dem Vormundschaftsgericht Rechnung gelegt hat, genügt die Bezugnahme auf diese Rechnung.

§ 1891
Mitwirkung des Gegenvormunds

(1) Ist ein Gegenvormund vorhanden, so hat ihm der Vormund die Rechnung vorzulegen. Der Gegenvormund hat die Rechnung mit den Bemerkungen zu versehen, zu denen die Prüfung ihm Anlass gibt.

(2) Der Gegenvormund hat über die Führung der Gegenvormundschaft und, soweit er dazu imstande ist, über das von dem Vormund verwaltete Vermögen auf Verlangen Auskunft zu erteilen.

§ 1892
Rechnungsprüfung und -anerkennung

(1) Der Vormund hat die Rechnung, nachdem er sie dem Gegenvormund vorgelegt hat, dem Vormundschaftsgericht einzureichen.

(2) Das Vormundschaftsgericht hat die Rechnung rechnungsmäßig und sachlich zu prüfen und deren Abnahme durch Verhandlung mit den Beteiligten unter Zuziehung des Gegenvormunds zu vermitteln. Soweit die Rechnung als richtig anerkannt wird, hat das Vormundschaftsgericht das Anerkenntnis zu beurkunden.

§ 1893
Fortführung der Geschäfte nach Beendigung der Vormundschaft, Rückgabe von Urkunden

(1) Im Falle der Bendigung der Vormundschaft oder des vormundschaftlichen Amts finden die Vorschiften der §§ 1698a, 1698b entsprechende Anwendung.

(2) Der Vormund hat nach Beendigung seines Amts die Bestallung dem Vormundschaftsgericht zurückzugeben. In den Fällen der §§ 1791a, 1791b ist die schriftliche Verfügung des Vormundschaftsgerichts, im Falle des § 1791c die Bescheinigung über den Eintritt der Vormundschaft zurückzugeben.

§ 1894
Anzeige bei Tod des Vormunds

(1) Den Tod des Vormunds hat dessen Erbe dem Vormundschaftsgericht unverzüglich anzuzeigen.

(2) Den Tod des Gegenvormunds oder eines Mitvormunds hat der Vormund unverzüglich anzuzeigen.

§ 1895
Amtsende des Gegenvormunds

Die Vorschriften der §§ 1886 bis 1889, 1893, 1894 finden auf den Gegenvormund entsprechende Anwendung.

2. Verpflichtungen des Amtsinhabers nach Beendigung des Betreueramtes (§§ 1890, 1892)

a) Allgemeines

220 Beide Bestimmungen regeln Verpflichtungen des Amtsinhabers nach Beendigung des Betreueramtes. Nach § 1890 iVm § 1908i Abs 1 S 1 schuldet der Betreuer die Herausgabe des verwalteten Vermögens und Rechenschaftslegung. § 1892 iVm § 1908i Abs 1 S 1 regelt das Verfahren. Der Betreuer hat die Rechnung dem Vormundschaftsgericht einzureichen. Das Vormundschaftsgericht hat die Rechnung rechnungsmäßig und sachlich zu prüfen und ihre Abnahme durch Verhandlung mit den Beteiligten zu vermitteln. Aus § 1891 ergibt sich, wie der Betreuer zu verfahren hat, wenn ein Gegenbetreuer bestellt wurde. § 1892 trifft auch für den Fall zu, daß ein Gegenbetreuer bestellt ist.

b) Vermögensherausgabe und Rechnungslegung (§ 1890)

221 Die Vorschrift berührt allein die Vermögenssorge. Der Betreuer, der allein oder neben anderen Vermögensangelegenheiten des Betreuten nicht zu besorgen hatte, wird von den hier geregelten Pflichten nicht betroffen.

Während die Altersvormundschaft spätestens mit der Volljährigkeit des Mündels ihre Berechtigung verliert (§ 1773) und damit ihr Ende findet, enden viele Betreuungen, jedenfalls die wegen Altersgebrechlichkeit eingerichteten, mit dem Tode des Betreuten. Der Betreuer hat es dann mit den oder dem Erben zu tun. Der Anspruch auf Rechenschaftslegung steht immer dem Betreuten oder seinem Rechtsnachfolger zu; der Anspruch auf Herausgabe geht bei einer Gesamtberechtigung nur auf Herausgabe an alle Berechtigten (MünchKomm/Wagenitz § 1890 Rn 2; Staudinger/Engler [2004] § 1890 Rn 10; Palandt/Diederichsen § 1890 Rn 1).

Eine Schlußrechnung muß nach der Natur der Sache gewisse formale Mindestanforderungen erfüllen. ZB sollte sie ausdrücklich als solche bezeichnet sein und den Zeitraum angeben, für den sie gelegt wird (BayObLG FamRZ 2004, 220 [LS] = Rp 2003, 382).

Wird einem Minderjährigen, der das 17. Lebensjahr vollendet hat, ein Betreuer nach Maßgabe des § 1908a bestellt und wird der bisherige Vormund des Minderjährigen mit Eintritt der Volljährigkeit des Betroffenen dessen Betreuer, so entfällt die Vermögensherausgabe im eigentlichen Sinne (MünchKomm/Wagenitz § 1890 Rn 12). Der bisherige Vormund hat jedoch ein Vermögensverzeichnis zu fertigen und Rechnung zu legen (MünchKomm/Wagenitz § 1890 Rn 12; Palandt/Diederichsen § 1890 Rn 1; Soergel/ Damrau § 1890 Rn 8; Staudinger/Engler [2004] § 1890 Rn 8 f), sofern nicht nach § 1857a eine Befreiung besteht und soweit diese reicht (s Rn 222).

Zu den Ansprüchen des Betreuten s die Kommentierungen zu § 1890. Da die Be- **222** zugnahme des Betreuers auf die im Rahmen des § 1890 getätigte Rechnungslegung den Betreuten oder seine Rechtsnachfolger nicht daran hindert, Rechnungsposten zu beanstanden, die das Vormundschaftsgericht unbeanstandet gelassen hat, kommt es in Betreuungsfällen häufiger (meist unmittelbar nach dem Tode des Betreuten) dazu, daß die Erben oder Angehörige dem Betreuer wegen der angeblich unsparsamen Haushaltsführung und Geldverwaltung Vorhaltungen machen. Der Betreuungsgesetzgeber hat keine den Betreuer davor schützende Normen geschaffen.

Eine Befreiung nach § 1857a betrifft ausschließlich die periodische Rechnungslegung, nicht aber die Pflicht, eine Schlußrechnung (für die gesamte Zeit der Vermögensverwaltung) einzureichen. Auch bei der befreiten Betreuung umfaßt gemäß § 1841 iVm § 1908i Abs 1 S 1 die Schlußrechnung nicht lediglich ein Vermögensverzeichnis ohne Aufschlüsselung der Zu- und Abgänge. Die nach § 1890 S 2 grundsätzlich mögliche Bezugnahme auf die dem Vormundschaftsgericht periodisch gelegte Rechnung ist nicht möglich, wenn der Betreuer von dieser regelmäßigen Rechnungslegungspflicht nach den §§ 1857a, 1908i Abs 2 S 3 (bisher S 2) befreit war (zu allem OLG Thüringen FamRZ 2001, 579; GROTHE Rpfleger 2005, 173, 175).

Die Position als künftiger Alleinerbe aufgrund Erbvertrages begründet keinen Rechtsanspruch auf Einsichtnahme in die Abrechnungen und Vermögensaufstellungen des Betreuers in den Betreuungsakten, wenn dies dem ausdrücklichen natürlichen, wenn auch nicht mehr rechtsgeschäftlich relevanten Willen des Betreuten widerspricht (OLG Köln FamRZ 2004, 1124 zu § 34 FGG).

c) Anwendbarkeit der Vorschrift auf die verschiedenen Betreuerarten
Die Vorschrift ist auf die Betreuung durch einen Betreuungsverein oder die zustän- **223** dige Behörde sowie auf alle übrigen Betreuer anzuwenden. Befreiungen durch die § 1857a, § 1854 iVm § 1908i Abs 1 S 1 beziehen sich nur auf die periodische Rechnungslegungspflicht nach § 1840 Abs 2–4 (OLG Frankfurt Rpfleger 1980, 18). Befreit sind auch nicht der Vereins- u der Behördenbetreuer sowie die in § 1908i Abs 2 S 2 genannten nahen Angehörigen des Betreuten.

In Hamburg genügt für die zum Betreuer bestellte Behörde anstelle der Rechnungslegung bei der Beendigung ihrer Tätigkeit als Betreuer nach § 1892 Abs 1 die Einreichung einer zusammenfassenden Darstellung der Einnahmen und Ausgaben sowie der Vermögensentwicklung; die Verpflichtung aus § 1890 bleibt unberührt (Art 1 § 3 Abs 2 HmbAGBtG).

Umstr ist es, ob die Pflicht des Amtsbetreuers aus §§ 1890, 1892 durch Bezugnahme auf die Vermögensübersichten gem § 1854 Abs 2 erfüllt oder ersetzt werden kann. Gegen diese Verfahrensweise haben sich SCHWAB (in MünchKomm [3. Aufl] § 1890 Rn 10) u SOERGEL/DAMRAU (§ 1892 Rn 8; gleichlautend DAMRAU/ZIMMERMANN) ausgesprochen. Für zulässig halten die Bezugnahme das Institut für Vormundschaftswesen (Gutachten DAVorm 1982, 152) u WESCHE Rpfleger 1986, 44 f. Zu den Anforderungen an die Abrechnung s oben Rn 198. Das Vormundschaftsgericht kann nach Beendigung der Betreuung nur noch die Einreichung einer formell ordnungsgemäßen Schlußrechnung erzwingen (OLG Thüringen FamRZ 2001, 579; BayObLG FamRZ 2001, 934 [LS]), nicht aber deren sachliche Berichtigung oder Ergänzung (BayObLG Rpfleger 1997, 476 = NJWE-FER 1997, 227).

d) Rechnungsprüfung und -anerkennung (§ 1892)

224 Das Vormundschaftsgericht hat nach dieser Vorschrift die **Rechnungsprüfung** vorzunehmen und die Abnahme der Rechnung zu vermitteln. Gegenüber der Situation bei der Altersvormundschaft (§§ 1773 ff) ergeben sich bei der Beendigung der Betreuung einige **Unterschiede** (zu den Folgen beim Betreuerwechsel nach § 1908b Abs 5 s dort Rn 42 ff):

aa) Ist die Betreuung aufgehoben, weil sie nicht mehr erforderlich oder die zu besorgende Angelegenheit erledigt ist, können doch **Zweifel** bestehen, ob der Betroffene tatsächlich imstande ist, die **Rechnung abzunehmen**. Ggf müßte ein (weiterer) Betreuer zwecks Abnahme der Rechnung sowie zur Prüfung, ob Ansprüche gegen den bisherigen Betreuer geltend zu machen sind, bestellt werden. Die Mitteilung des Vormundschaftsgerichts, die Schlußrechnung des Betreuers werde nicht beanstandet, kann vom Betreuten im Verfahren der freiwilligen Gerichtsbarkeit nicht angefochten werden; er muß seine Rechte und Ansprüche im Prozeßweg geltend machen (BayObLG Rpfleger 1997, 476 = NJWE-FER 1997, 227 = FamRZ 1998, 1197 [LS]).

bb) Endet die Betreuung durch den Tod des Betreuten, ist die Abnahme der Rechnung durch die Erben des Betreuten zu vermitteln. Sind **Erben** (noch) **nicht bekannt** oder ist ungewiß, ob die Erben die Erbschaft angenommen haben, hat das Nachlaßgericht für die **Sicherung des Nachlasses** zu sorgen, soweit ein Bedürfnis dafür besteht (§ 1960). Das Nachlaßgericht kann die zur Prüfung etwaiger Ansprüche gegen den bisherigen Betreuer notwendigen Maßnahmen treffen. Wird die bisher als Betreuer tätige Person gemäß § 1960 zum Nachlaßpfleger bestellt, kann dieser nicht auf die Schlußrechnung verzichten oder sich als Betreuer „entlasten". Obwohl nacheinander in zwei unterschiedlichen Rollen (Ämtern) tätig, würde der Betreffende sich selbst „entlasten". Der Gedanke des § 181 schließt dies aus (im Ergebnis ebenso, jedoch mit anderer Begründung, ZIMMERMANN Nachlaßpflegschaft Rn 310).

225 cc) Die Pflicht zur Einreichung einer Schlußrechnung entfällt, wenn der Betroffene (der ehemals Betreute) auf die Schlußrechnungslegung verzichtet hat (Münch-Komm/WAGENITZ § 1892 Rn 8). Weder hat der Betreuer einen Anspruch darauf, daß der Betreute auf die Schlußrechnungslegung verzichtet, noch ist dieser Verzicht eine besorgungsbedürftige Angelegenheit; für sie wäre die Bestellung eines Betreuers erforderlich. Bestehen Zweifel, ob eine vom bisherigen Betreuten abgegebene **Verzichtserklärung** wirksam ist, hat das Vormundschaftsgericht kaum eine Möglichkeit, eine Betreuerbestellung von Amts wegen einzuleiten. Besteht Anlaß anzunehmen, daß der bisherige Betreute auf etwa vorhandene Ansprüche verzichtet, ohne die Tragweite seiner Erklärung einschätzen zu können, kann das Vormundschaftsgericht von Amts wegen einen Betreuer bestellen, dem die Aufgabe übertragen wird, das Bestehen etwaiger Schadensersatzansprüche zu prüfen.

Ein Verzicht auf die Legung der Schlußrechnung bei einem Wechsel des Betreuers durch den neuen Betreuer (Betreuernachfolger) ist zulässig. Ob er regelmäßig Anlaß zu Maßnahmen nach § 1837 Abs 2, 3 bietet (MünchKomm/WAGENITZ § 1892 Rn 8), kann bezweifelt werden. Von anderen wird Wirkungslosigkeit eines Verzichts angenommen (SOERGEL/DAMRAU § 1890 Rn 7), wenn nicht der Verzicht durch das Vormundschaftsgericht genehmigt wurde (aA GERNHUBER/COESTER-WALTJEN § 73 III 4, die ua auf das Schenkungsverbot des § 1804 hinweist). Zu Abwicklungsfragen beim Betreuerwechsel im übrigen s oben § 1908b Rn 42–44.

Der Verzicht kommt durch Verzichtsvertrag zustande (KGJ 23, A 11); er enthält nicht notwendig auch den Verzicht auf die Geltendmachung von Ersatzansprüchen gegen den bisherigen Betreuer (MünchKomm/WAGENITZ § 1892 Rn 8).

dd) Die Entlastung enthält nicht notwendig die Genehmigung bisher unwirksamer **226** Verfügungen des Vormunds oder Betreuers (RG LZ 1930, 1390). Ein Anspruch auf Genehmigung solcher Geschäfte besteht nicht. Zu prüfen wäre außerdem, ob sie noch genehmigungsfähig sind (BGH MDR 1951, 280).

ee) Die Entlastungsvermittlung kann das Vormundschaftsgericht auch im Wege der Rechtshilfe durch ein anderes Gericht vornehmen lassen (RGZ 115, 368, hM, vgl MünchKomm/WAGENITZ § 1892 Rn 5; aA KGJ 51, A 42). Wegen Einzelheiten zur Entlastungserteilung s GLEISSNER Rpfleger 1986, 462 ff. Eine Rechtsgrundlage, von dem bisherigen Betreuer die Vorlage einer Entlastungserklärung zu erzwingen, besteht für das Vormundschaftsgericht nicht (AG Neukölln BtPrax 1992, 77).

ff) Zuständig für die nach §§ 1890, 1892 vorzunehmenden vormundschaftsgerichtlichen Handlungen oder Entscheidungen ist der Rechtspfleger; ein Richtervorbehalt besteht nicht (vgl § 3 Nr 2 Buchst a, § 14 Abs 1 Nr 4 RPflG).

3. Rückgabe des Betreuerausweises (§ 1893 Abs 2)

Zu § 1893 Abs 1 s oben Rn 65. In sinngemäßer Anwendung des § 1893 Abs 2 hat der **227** Betreuer nach Beendigung seines Amtes den Betreuerausweis dem Vormundschaftsgericht zurückzugeben. Diese Verpflichtung trifft jeden Betreuer, gleichgültig um welche Gattung von Betreuern es sich handelt und wieviele Betreuer bestellt worden waren. Das BtG unterscheidet, was die Urkunde über die Bestellung zum Betreuer angeht (§ 69b FGG), nicht zwischen natürlichen Personen und Institutionen, wie dies im Vormundschaftsrecht der Fall ist (vgl § 1893 Abs 2 S 2).

4. Amtsende des Gegenvormunds (§ 1895)

Diese Vorschrift regelt die Amtsbeendigung des Gegenvormunds, indem sie auf **228** entspr Bestimmungen verweist, die für den Vormund gelten (§§ 1886–1889, 1893, 1894). Die sinngemäße Anwendung des § 1895 auf die Betreuung bzw den Gegenbetreuer war zunächst in § 1908i Abs 1 S 1 nicht vorgesehen. Das Unterlassen der Verweisung war als Redaktionsversehen gewertet worden (MünchKomm/SCHWAB Rn 14; ERMAN/HOLZHAUER Rn 35). Ihre sinngemäße Anwendung (nunmehr in § 1908i Abs 1 S 1 vorgesehen) in vollem Umfang dürfte wohl nicht in Betracht kommen, jedenfalls insoweit nicht, als das Betreuungsrecht für den Betreuer eigene Vorschriften enthält, die entspr dem in § 1895 enthaltenen Grundsatz (Beendigung der Gegenbetreuung als Accessorium, vgl STAUDINGER/ENGLER [2004] § 1895 Rn 1) auch auf die Gegenbetreuung angewendet werden müssen (ERMAN/HOLZHAUER Rn 35; MünchKomm/WAGENITZ Rn 14 übereinstimmend: §§ 1888, 1893, 1894).

Anstelle v § 1886 ist deshalb auf die Gegenbetreuung 1908b Abs 1–4 u anstelle v § 1887 der § 1908b Abs 5 iVm § 69c FGG anzuwenden. Die Anhörung von Behörde u Verein (vgl § 1887 Abs 3) ergibt sich zwar aus allgemeinen Grundsätzen, wird aber noch dadurch unterstrichen, daß diesen die Mitteilung von Umständen obliegt, aus denen sich ergibt, daß der Volljährige durch eine oder mehrere natürliche Personen hinreichend betreut werde (§ 1900 Abs 3 u 4), so daß ihre Entlassung erfolgen kann.

Die sinngemäße Anwendung des § 1889 (Entlassung auf eigenen Antrag) auf den Gegenbetreuer entfällt wegen der speziellen betreuungsrechtlichen Regelung des § 1908b Abs 2–4. Der Hinweis auf Ablehnungsgründe des Vormunds in § 1786 findet im Betreuungsrecht keine Parallele und sollte deshalb auch nicht für den Gegenbetreuer herangezogen werden. Vielmehr sind die für den Betreuer geltenden Vorschriften (§ 1908b Abs 2–4) auch für den Gegenbetreuer maßgebend. Daß das Vormundschaftsgericht auch einen Gegenbetreuer entlassen darf (und muß), wenn seine Eignung nicht mehr gewährleistet ist oder ein anderer wichtiger Grund für die Entlassung vorliegt (§ 1908b Abs 1), versteht sich von selbst.

5. Anzeige bei Tod des Vormunds (§ 1894)

229 Die Vorschrift, die auf die Betreuung sinngemäß anzuwenden ist (§ 1908i Abs 1 S 1), verpflichtet den **Erben** des Betreuers, dessen Tod dem Vormundschaftsgericht unverzüglich anzuzeigen. Den Tod des Gegenbetreuers oder eines weiteren Betreuers hat der **Betreuer** unverzüglich **anzuzeigen**. Daneben sind, wenn ein Mitbetreuer oder ein Gegenbetreuer bestellt war, deren Erben zur Anzeige verpflichtet (STAUDINGER/ENGLER [2004] § 1894 Rn 6). Mit dem Tod des Betreuers endet dessen Amt. Das Vormundschaftsgericht hat einen neuen Betreuer zu bestellen (§ 1908c), wenn es nicht die Betreuung aufhebt. Anders als in den Fällen der §§ 1698a und 1698b besteht keine betreuungsrechtliche Befugnis oder Verpflichtung der Erben, anstelle des verstorbenen Betreuers auch nur unaufschiebbare Angelegenheiten zu besorgen (STAUDINGER/ENGLER [2004] § 1894 Rn 4). Dies muß für das Betreuungsrecht mit seiner starken personalen Komponente auch als konsequent bezeichnet werden. Ggf kann das Vormundschaftsgericht nach § 1846 tätig werden. Ist der Verein oder die Behörde bestellt und scheidet ein Mitarbeiter durch Tod aus, tritt ein anderer Mitarbeiter an seine Stelle. Diese Lösung scheidet bei der Bestellung zum Vereins- oder Behördenmitarbeiter aus. Wird der Erbe des verstorbenen Betreuers tätig, finden die §§ 677 ff Anwendung (MünchKomm/WAGENITZ § 1894 Rn 1; STAUDINGER/ENGLER [2004] § 1894 Rn 4).

Das Unterlassen der Anzeige oder die verspätete Anzeige kann zum Schadensersatz verpflichten. Der Erbe verletzt die ihm nach § 1894 Abs 1 auferlegte Pflicht, wenn dadurch das Vormundschaftsgericht nicht rechtzeitig Vorsorge treffen konnte und der Erbe unverzüglich hätte Anzeige erstatten können. Adressat der Mitteilung und der evtl Geschädigte sind zu unterscheiden. Es handelt sich um eine Ersatzpflicht eigener Art. Allgemeine Haftungsregeln (zB positive Forderungsverletzung, so MünchKomm/WAGENITZ § 1894 Rn 3 mwN) kommen nach diesseitiger Auffassung nicht in Betracht. Im Falle des Abs 2 haftet der Betreuer dem Betreuten gegenüber (STAUDINGER/ENGLER [2004] § 1894 Rn 6).

Die nach § 1894 anzeigeverpflichteten Personen schulden die Information bei Kenntnis; fahrlässige Unkenntnis hat eine Schadensersatzpflicht nicht zur Folge.

XI. Ansprüche des Betreuten gegen den Betreuer und den Gegenbetreuer (§§ 1833, 1834)

1. Allgemeines

Solche Ansprüche ergeben sich aus den §§ 1833 und 1834, die sinngemäß auf die Betreuung anzuwenden sind (§ 1908i Abs 1 S 1). Nach § 1833 ist der Betreuer dem Betreuten für den aus einer Pflichtverletzung entstehenden Schaden verantwortlich, wenn ihm ein Verschulden zur Last fällt. Das gleiche gilt von dem Gegenbetreuer (Abs 1 S 2). Sind für den Schaden mehrere nebeneinander verantwortlich, so haften sie als Gesamtschuldner (Abs 2 S 1). Ist neben dem Betreuer für den von diesem verursachten Schaden der Gegenbetreuer oder ein Mitbetreuer nur wegen Verletzung seiner Aufsichtspflicht verantwortlich, so ist in ihrem Verhältnis zueinander der Betreuer allein verpflichtet (Abs 2 S 2). Aus der öffentlichen Bestellung zum Betreuer kann ein besonderer „Vertrauensvorschuß für Dritte" nicht hergeleitet werden; ebensowenig eine drittschützende Funktion. Hierzu und zur Frage der Eigenhaftung eines Betreuers wegen der Inanspruchnahme besonderen persönlichen Vertrauens gegenüber dem Vertragspartner des Betreuten (auf Begleichung offener Krankenhausrechnungen) BGH FamRZ 1995, 282, 283 = DNotZ 1995, 396, 398 = MDR 1995, 284.

§ 1834 bestimmt in sinngemäßer Anwendung, daß der Betreuer Geld des Betreuten, das er entgegen dem Verbot des § 1805 (iVm § 1908i Abs 1 S 1) für sich verwendet, von der Zeit der Verwendung an zu verzinsen hat.

Pflichtwidrig handelt ein Betreuer, wenn er gesetzliche oder gerichtliche Handlungsanweisungen außer acht läßt, wenn er gegen bindende Normen verstößt, das Wohl des Betreuten nicht hinreichend berücksichtigt, eigenen Interessen auf Kosten des Betreuten den Vorrang einräumt, zum Nachteil des Betreuten wichtige Handlungen unterläßt oder nicht rechtzeitig vornimmt. Zur (hier verneinten) Haftung des Betreuers für durch Sozialhilfe nicht gedeckte Heimkosten, wenn er gegen den ablehnenden Sozialhilfebescheid keinen Widerspruch eingelegt hatte, OLG Schleswig PflegeRecht 1999, 226.

2. Die Haftungsnorm des § 1833 und Besonderheiten bei der Betreuung

a) Die Bedeutung des Willensvorrangs des Betreuten; keine Haftungsbeschränkung

Die Führung der Betreuung wird maßgebend bestimmt von dem gesetzlich verankerten Grundsatz des Willensvorrangs des Betreuten (§ 1901 Abs 3). Beachtet der Betreuer diesen Willensvorrang, kann sein Handeln aus späterer Sicht anders bewertet werden, speziell, wie die Erfahrung lehrt, von Angehörigen des Betreuten. Wenn auch durch die Beachtung des Willensvorrangs des Betreuten nicht unmittelbar das tatsächliche Haftungsrisiko für den Betreuer erhöht wird, so entsteht doch ein Bedarf an Erklärung und Begründung, den es bisher in diesem Umfang nicht gab. Will der Betreuer sich davor schützen, später keine Erklärungen zur Hand zu haben, wird er in Situationen, die eines Tages Anlaß zu Kritik und Nachfrage geben könnten („konfliktträchtige" Fälle), mit Vermerken arbeiten (**Dokumentation** der Problemsituationen). Das bürokratische Element von Betreuung nimmt dadurch zwangsläufig zu.

Will der Betreuer unabhängig von dem eingeschränkten Willensvorrang des Betreuten dessen noch vorhandene Fähigkeiten zu eigenverantwortlicher Lebensgestaltung stärken, Aktivitäten nutzen oder fördern (zB durch den Einsatz für Botengänge) oder im Sinne eines **Trainings** Fähigkeiten in dieser Hinsicht wecken, fragt es sich, wann der Betreuer pflichtwidrig handelt oder gehandelt hat, wenn der Betreute in ihn gesetztes Vertrauen nicht erfüllt, Verabredungen nicht einhält oder in ihn gesetzten Erwartungen nicht entspricht. In solchen Fällen können an den Betreuer und die von ihm für richtig gehaltenen Maßnahmen keine höheren Maßstäbe angelegt werden als an denjenigen, der ohne zum Betreuer nach §§ 1896 ff bestellt zu sein, bei seinen pädagogischen Bemühungen ein gewisses **Risiko des Scheiterns** eingehen muß.

Die Neuregelung des § 1793 Abs 1 S 3 durch Art 1 Nr 5 BtÄndG, wonach dem Vormund bei Aufnahme des Mündels in seinen Haushalt die Regelung des § 1664 zugute kommt, wurde für den Betreuer nicht eingeführt. Der Vorschlag von SCHLIMM (BtPrax 1997, 191), die Verjährungszeit für Ansprüche aus § 1833 auf drei Jahre zu verkürzen, übersieht die Besonderheiten der Betreuung. Er fand auch bisher keine Berücksichtigung.

Durch das G z Modernisierung des Schuldrechts v 26. 11. 2001 (BGBl I 3138) wurde mit Wirkung ab 1. 1. 2002 die regelmäßige **Verjährungsfrist** auf drei Jahre (§ 195), beginnend mit dem Schluß des Kalenderjahres, in dem der Anspruch entstanden ist und der Gläubiger von den anspruchsbegründenden Umständen und der Person des Schuldners Kenntnis erlangt oder ohne grobe Fahrlässigkeit erlangen müßte (§ 199 Abs 1), bestimmt. Familien- und erbrechtliche Ansprüche verjähren dagegen, soweit nicht ein anderes bestimmt ist, in 30 Jahren (§ 197 Abs 1 Nr 2). Ansprüche aus dem Vormundschafts- oder Betreuungsverhältnis, wie die aus § 1833 (iVm § 1908i Abs 1 S 1), sind zwar im Buch 4 Familienrecht geregelt, sind jedoch ihrem Entstehungsgrund nach nicht familienrechtlicher Natur (weder aufgrund von Partnerschaft noch einer Eltern-Kind-Beziehung), so daß die Regelung des § 197 Abs 1 Nr 2 nicht zutrifft (wie hier STAUDINGER/PETERS [2004] § 197 Rn 11; ERMAN/SCHMIDT/RÄNTSCH § 197 Rn 6; **aA** ERMAN/HOLZHAUER § 1833 Rn 11; m Bedenken STAUDINGER/ENGLER [2004] § 1833 Rn 42). Während der Dauer des Betreuungsverhältnisses ist die Verjährung von Ansprüchen zwischen dem Betreuten und dem Betreuer jedoch **gehemmt** (§ 207 Abs 1 S 2 Nr 4); der Zeitraum, während dessen die Verjährung gehemmt ist, wird in die Verjährungszeit nicht eingerechnet (§ 209). Vgl auch § 210 (Ablaufhemmung bei nicht voll geschäftsfähigen Personen).

b) Das Zurverfügungstehen von Beratungsangeboten

232 Das Betreuungsrecht hat dem bereits nach altem Recht bekannten Beratungsbedarf Rechnung getragen und das Gericht (§ 1837 Abs 1 S 1), den Betreuungsverein

(§ 1908f Abs 1 Nr 2) und die Betreuungsbehörde (§ 4 S 1 BtGB) zur Beratung der Betreuer verpflichtet. Dadurch kann im Falle eines durch Nichtbeachtung dieses Angebots (mit-)verursachten Schadens dem Betreuer eher als in der Vergangenheit vorgehalten werden, durch Nichtinanspruchnahme von Beratung den Schadenseintritt nicht vermieden zu haben. Andererseits werden sich die Fälle häufen, in denen der Betreuer Beratung in Anspruch genommen hat, die Beratung sich aber als (mit-)ursächlich für einen entstandenen Schaden erweist. Die veränderte rechtliche und tatsächliche Situation wird sich auf die Frage von Pflichtwidrigkeit und Verschulden auswirken.

c) Die Stellung des Vereins- und des Behördenbetreuers
Gegenüber dem bisherigen dreiteiligen Betreuermodell der **233**

– Einzelbetreuung,

– Vereinsbetreuung und

– Amtsbetreuung

sind zwei weitere Betreuertypen eingeführt worden, deren Rechtsstellung nicht in allen Punkten unumstritten ist: Vereinsbetreuer (§ 1897 Abs 2 S 1) und Behördenbetreuer (§ 1897 Abs 2 S 2). Eine ausdrückliche Haftungsbestimmung für diese beiden Betreuerarten enthält das BtG nicht. Ihre Rechtsstellung im allgemeinen wird dadurch gekennzeichnet, daß sie einerseits Mitarbeiter der Institution sind, sich in einem Anstellungsverhältnis befinden (oder Beamte sind), das ihnen erlaubt und zur Verpflichtung macht, als Dienstaufgabe Betreuungen zu führen. Andererseits werden sie im Verhältnis zum Gericht und zum Betreuten als Einzelbetreuer bestellt, sind dem Gericht und dem Betreuten gegenüber als Einzelbetreuer verpflichtet und verantwortlich und erarbeiten als solche die Vergütungen, die ihr Anstellungsträger gegebenenfalls geltend macht. Das Interesse des Gesetzgebers an dieser Form der unmittelbaren Bestellung bestand insbesondere in der Stärkung der persönlichen Betreuung. Der Vorstellung des Gesetzgebers entspricht deshalb auch die unmittelbare Haftung des Vereinsmitarbeiters in den Fällen, in denen er zum Vereinsbetreuer bestellt worden ist (BT-Drucks 11/4528, 158; kritisch MünchKomm/SCHWAB Rn 25). Zur Vermeidung eines Risikos für die Betreuten hat das BtG die Vereine verpflichtet, im Falle ihrer Anerkennung als Betreuungsverein die Mitarbeiter angemessen zu versichern. Entsprechendes gilt für die Behördenbetreuer, ohne daß die Behörde zur Versicherung ihrer Mitarbeiter in gleicher Weise verpflichtet wäre wie die Vereine (näher dazu DEINERT/SCHREIBAUER BtPrax 1993, 185, 188 ff mN, s auch MünchKomm/SCHWAB Rn 25; zur Haftung allgemein: DEINERT/LÜTGENS/MEIER, Haftung des Betreuers [2. Aufl 2005] und MEIER, Zu den Aufgaben und der Haftung von Betreuungsbehörden, Betreuungsmanagement 2/2005, 64).

d) Kein Haftungsausschluß durch die aufgrund Genehmigungsvorbehalts erteilte vormundschaftsgerichtliche Genehmigung
Der BGH hat durch Urteil v 18. 9. 2003 (FamRZ 2003, 1924 = BtPrax 2004, 30 = ZNotP 2004, **233a** 63 = ZErb 2004, 95) die von ihm bisher vertretene Auffassung (FamRZ 1964, 199; FamRZ 1983, 1220) **bestätigt**, wonach eine etwaige Schadensersatzpflicht des Betreuers gem §§ 1833, 1908i Abs 1 S 1 nicht dadurch ausgeschlossen wird, daß das Vormund-

schaftsgericht einen vom Betreuer geschlossenen Vertrag genehmigt hat. Beide, das Vormundschaftsgericht und der Betreuer, haben nach Auffassung des BGH (FamRZ 2003, 1924, 1925) eine selbständige **Prüfungspflicht**. Ausnahmsweise könne der Betreuer durch eine Genehmigung des Vormundschaftsgerichts vom Vorwurf pflichtwidrigen schuldhaften Verhaltens entlastet werden, so etwa dann, wenn es bei der Genehmigung im Wesentlichen um Rechtsfragen geht, dem Vormundschaftsgericht alle für deren Beantwortung maßgebenden Tatsachen bekannt sind und der Betreuer, zumal wenn er juristisch nicht vorgebildet ist, deshalb davon ausgehen darf, beim Abschluß des genehmigten Rechtsgeschäfts pflichtgemäß zu handeln.

e) Weitere etwaige haftungsbegründende Pflichtwidrigkeiten

233b Eine Pflichtwidrigkeit kann dann vorliegen, wenn der Betreuer einer Anzeigepflicht nicht nachkommt und infolgedessen der Versicherer erfolgreich die Versicherungsleistung ablehnt. Nach OLG Nürnberg (BtPrax 2004, 38, 40; Nichtannahmebeschluß des BGH v 13.3.2002 – IV ZR 148/01) hatte der Betreuer mit dem Aufgabenkreis Vermögenssorge als gesetzlicher Vertreter des Versicherungsnehmers an dessen Stelle die Obliegenheiten aus dem (Brand-)Versicherungsvertrag zu erfüllen und die durch das Verhalten des Betreuten verursachte Gefahrenerhöhung anzuzeigen (dazu HENKEMEIER, Versicherungsrechtlicher Aspekt der Betreuerhaftung, BtPrax 2004, 59 u MEIER, Haftungsrechtlicher Aspekt der Entscheidung, BtPrax 2004, 60, beides zu OLG Nürnberg aaO). Keine Schadensersatzpflicht, sondern eine auf § 92a Abs 4 BSHG beruhende Erstattungspflicht des Betreuers stellt die Rückzahlung von dem Betreuten zu Unrecht gewährten Sozialhilfeleistungen dar, weil der Betreuer den Mitwirkungspflichten nach § 60 Abs 1 SGB I (grob fahrlässig) nicht nachgekommen ist (BayObLG BtPrax 2004, 203 m Anm MEIER = R&P 2004, 220 m Anm MARSCHNER).

Pflichtwidrig ist die Entscheidung des Betreuers, eine Mietwohnung des Betroffenen trotz dessen Unterbringung aufrechtzuerhalten, nicht, wenn sich die Fortexistenz der Wohnung positiv auf die Befindlichkeit des Betroffenen auswirken kann und die dadurch bewirkte Vermögensbelastung im Ergebnis nicht von Gewicht ist (BayObLG-Rp 2004, 85 [LS] = FamRZ 2004, 834 [LS] = BtPrax 2004, 69). Vgl zur Frage, ob ein Widerspruch des Betreuten zur Aufgabe einer Wohnung durch den Betreuer beachtlich ist, einerseits LG Berlin FamRZ 2000, 1526 = ZMR 2000, 297 (verneinend), andererseits die Berufungsentscheidung des KG ZMR 2002, 265. Vgl im übrigen das oben Rn 233 angegebene Schrifttum.

3. Verzinsungspflicht (§ 1834)

234 Der Betreuer hat Geld des Betreuten, das er für sich verwendet, von der Zeit der Verwendung an zu verzinsen. Diese Vorschrift ergänzt § 1805, der ebenfalls sinngemäß für die Betreuungen gilt (§ 1908i Abs 1 S 1). Danach darf der Betreuer Vermögen seines Betreuten, auch darlehensweise (STAUDINGER/ENGLER [2004] § 1805 Rn 4), nicht für sich verwenden. Diese Bestimmung soll „als Mahnung" dienen, daß der Betreuer sein Vermögen und das des Betreuten „in allen Beziehungen getrennt zu halten" hat (Mot IV 1107; s auch STAUDINGER/ENGLER [2004] § 1805 Rn 1).

§ 1834 regelt eine gesetzliche Verzinsungspflicht dem Grunde, nicht der Höhe nach. Die Höhe der Zinsen ergibt sich aus § 246 (STAUDINGER/ENGLER [2004] § 1834 Rn 2; PALANDT/DIEDERICHSEN § 1834 Rn 1). Zur Geltendmachung eines darüber hinausgehenden Schadens nach § 1833 s Staudinger/Engler (2004) § 1834 Rn 3; Palandt/ Diederichsen § 1834 Rn 1. Daneben kommt ein Schadensersatzanspruch nach § 288 Abs 1 in Betracht, sofern Verzug hinsichtlich des Anspruchs aus § 1834 vorliegt. Dieser Anspruch stellt nicht eine Umgehung des Zinseszinsverbotes dar. Zur Geltendmachung dieser Ansprüche kann die Bestellung eines (weiteren) Betreuers erforderlich sein.

Werden Gelder des Betreuten mit denen des Betreuers lediglich vermischt, liegt darin noch nicht eine Verwendung von Betreutenvermögen. Dies trifft jedoch dann zu, wenn der Betreuer Geld des Betreuten für sich verbraucht und sei es auch nur vorübergehend (Palandt/Diederichsen § 1834 Rn 1). Der Betreuer verbraucht Geld des Betreuten nicht dadurch, daß er nach der durch den Tod des Betreuten eingetretenen Beendigung der Betreuung das verwaltete Geld nicht sogleich dem Berechtigten auskehrt, sondern zunächst die Vergütungsbewilligung und Entnahmeerlaubnis des Gerichts abwartet. Dies schon deshalb nicht, weil es sich nicht mehr um Geld des Betreuten handelt. **235**

Die Verpflichtung zur Verzinsung entnommenen Betreutenvermögens trifft jede dem § 1805 zuwider begangene Fremdverwendung des Betreutenvermögens unabhängig von etwaigem Verschulden des Betreuers (Staudinger/Engler [2004] § 1834 Rn 2).

Die Vorschrift ist grundsätzlich auf alle Betreuerarten sinngemäß anzuwenden. Sie gilt insbesondere für alle Privatbetreuer, den Vereins- und den Behördenbetreuer sowie den Verein und die Behörde. Sie kommt nicht zur Anwendung bei solchen Betreuern, deren Aufgabenkreise die Verwaltung und den Besitz von Betreutenvermögen nicht vorsehen oder zulassen. So wird zB der Sterilisationsbetreuer kaum Vermögen des Betreuten in Händen haben, auch nicht der nach § 1896 Abs 3 bestellte Betreuer, der (lediglich) die Aufgabe hat, die Rechte des Betreuten gegenüber dem Bevollmächtigten geltend zu machen. Grundsätzlich dürften auch Gegenbetreuer und lediglich zur Abgabe einer Willenserklärung bestellte Ergänzungsbetreuer von der Vorschrift praktisch nicht erfaßt werden.

Zu weiteren Einzelheiten s Staudinger/Engler (2004) § 1834.

XII. Befreiungen

1. Sinngemäße Anwendung von § 1857a gemäß § 1908i Abs 1 S 1 und Abs 2 S 2

a) Allgemeines
aa) Die zweifache Anwendbarkeit der Vorschrift
Auf diese Vorschrift wird in § 1908i zweimal Bezug genommen. Abs 1 S 1 sieht die uneingeschränkte sinngemäße Anwendung des § 1857a vor; Abs 2 S 2 erweitert die sinngemäße Anwendung der Vorschrift auf bestimmte Angehörige sowie den Vereins- und den Behördenbetreuer, jedoch mit der Maßgabe, daß das Vormundschaftsgericht die Anwendung des § 1857a einschränken oder ausschließen darf. **236**

bb) Die von der Befreiungsvorschrift erfaßten Betreuer

237 Der zuständigen Behörde und dem anerkannten Verein (§ 1908f) stehen, soweit sie als Behörde oder als Verein (§ 1900) zum Betreuer bestellt sind, die nach § 1852 Abs 2, §§ 1853 u 1854 zulässigen Befreiungen zu, ohne daß es dafür einer Anordnung eines Berechtigten oder einer vormundschaftsgerichtlichen Entscheidung bedarf (MünchKomm/Wagenitz § 1857a Rn 2). Nach § 1908i Abs 2 S 2 ist § 1857a auf die Betreuung durch den Vater, die Mutter, den Ehegatten, den Lebenspartner oder einen Abkömmling des Betreuten sowie auf den Vereinsbetreuer (§ 1897 Abs 2 S 1) und den Behördenbetreuer (§ 1897 Abs 2 S 2) sinngemäß anzuwenden. Die Geltung der Befreiung auch für den (eingetragenen) Lebenspartner beruht auf Art 2 LPartG. Auch hier ist die sinngemäße Anwendung durch den Gesetzgeber unmittelbar bestimmt worden und nicht an die Entscheidung des Vormundschaftsgerichts oder eines Berechtigten gebunden. Dem Vater und der Mutter des volljährigen Mündels oder Pflegebefohlenen standen kraft Gesetzes (§ 1903 Abs 1 aF bzw § 1915 iVm § 1903 Abs 1 aF) diese Befreiungen nach bisherigem Recht bereits zu. Ebenso bestand die Möglichkeit, daß das Vormundschaftsgericht die Befreiungen außer Kraft setzte.

cc) Keine Geltung für Geschwister des Betreuten

238 **Geschwister** werden in der Regelung **nicht** aufgeführt. Für eine analoge Anwendung gibt es keine Anhaltspunkte. In § 1897 Abs 5 sind Geschwister des Betreuten zwar nicht ausgeschlossen, aber unter den hervorgehobenen Angehörigen auch nicht ausdrücklich erwähnt.

dd) Keine Befreiungen nach § 56 Abs 2 u 3 KJHG für die Behörde

239 Die gemäß § 56 Abs 2 und 3 KJHG (SGB VIII) dem Jugendamt als Amtsvormund oder Amtspfleger zugestandenen Erleichterungen gelten nicht für die Behörde als Betreuer (§ 1908i Abs 1 S 2; MünchKomm/Wagenitz § 1857a Rn 3). Das ist vor allen Dingen zu beachten, wenn die Betreuungsbehörde dem Jugendamt angegliedert ist.

ee) Möglichkeiten der Einschränkung und Aufhebung der Befreiung nach Abs 2 S 2

240 Im Gegensatz zu der Behörde und dem Betreuungsverein, deren Befreiungen durch gerichtliche Entscheidungen nicht eingeschränkt werden oder rückgängig gemacht werden können, hat das Vormundschaftsgericht nach § 1908i Abs 2 S 2 die Möglichkeit, die in § 1857a aufgeführten Befreiungen einzuschränken oder ganz aufzuheben. Dies kommt dann in Frage, wenn im Einzelfall eine – vielleicht auch nur zeitlich begrenzte – Kontrolle angezeigt erscheint (BT-Drucks 11/4528, 161). Ist im Interesse des Betreutenwohls eine solche Entscheidung erforderlich, muß sie das Vormundschaftsgericht treffen; es hat dann kein Entschließungsermessen mehr (**aA** wohl BayObLG FamRZ 2003, 475). Näher dazu unten Rn 244.

b) Kritik

241 Die vom Gesetzgeber mit der Ausdehnung der Befreiungsvorschriften auf andere besonders nahe Angehörige sowie solche Personen, „die auf Grund ihrer Stellung innerhalb eines Vereins oder einer Behörde von ihrer Institution ohnehin kontrolliert werden" (BT-Drucks 11/4528, 161), beabsichtigte Entbürokratisierung dürfte im wesentlichen nur den Gerichten zugutekommen. Sie brauchen, soweit die Befreiung reicht, Genehmigungen nicht zu erteilen (§ 1852 Abs 2 S 1) und Rechnungen nicht zu prüfen (§ 1854 iVm § 1843). Für den Betreuer bringt die Befreiung von der wiederkehrenden Rechnungslegung eine erheblich geringere Entlastung als vielfach behauptet. Der Betreuer hat regelmäßig nach dem Ablauf von je zwei Jahren eine Übersicht über den Bestand des seiner Verwaltung unterliegenden Vermögens einzureichen und nach der Beendigung seines Amtes dennoch über die Verwaltung des Vermögens Rechenschaft abzulegen. Schließlich ist er auch nicht davon befreit, jährlich mindestens einmal über die persönlichen Verhältnisse des Betreuten zu berichten (§ 1840 Abs 1). Für Vereine, deren Mitarbeiter zu Vereinsbetreuern bestellt werden, stellt sich die Befreiung als eine zeitliche und finanzielle Belastung heraus. Der mit der Befreiung verbundene Verzicht auf gerichtliche Kontrolle geht zu Lasten des Vereins, der – insoweit – seine Mitarbeiterinnen und Mitarbeiter als Arbeitnehmer kontrollieren muß, ohne jedoch für diese Leistung eine Vergütung in Anspruch nehmen zu können. Betreuertätigkeit, für die der Verein Vergütung verlangen kann, ist zwar die Rechnungslegung durch den Vereinsbetreuer, nicht jedoch die Prüfung der Rechnungslegung, die (Vor-)Prüfung des Vermögensverzeichnisses oder eine vereinsinterne Kontrolle der Vereinsbetreuer. Dabei ist mindestens fraglich, ob der Verein oder die Behörde lediglich aufgrund des bestehenden Anstellungsverhältnisses die Betreuungsarbeit der vom Gericht unmittelbar bestellten und demgemäß auch unmittelbar zu beaufsichtigenden Mitarbeiter des Vereins oder der Behörde (Vereinsbetreuer/Behördenbetreuer) kontrollieren darf. Offenbar wurden seinerzeit beim Zustandekommen des Betreuungsgesetzes die Unterschiede zwischen der unmittelbaren Bestellung von Mitarbeitern und der Betreuertätigkeit der Mitarbeiter aufgrund der Übertragung durch die Institution nicht hinreichend beachtet.

c) Der Umfang der Befreiungen
aa) Die in Bezug genommenen Vorschriften 242

**§ 1852
Befreiung durch den Vater**

(1) Der Vater kann, wenn er einen Vormund benennt, die Bestellung eines Gegenvormunds ausschließen.

(2) Der Vater kann anordnen, dass der von ihm benannte Vormund bei der Anlegung von Geld den in den §§ 1809, 1810 bestimmten Beschränkungen nicht unterliegen und zu den im § 1812 bezeichneten Rechtsgeschäften der Genehmigung des Gegenvormunds oder des Vormundschaftsgerichts nicht bedürfen soll. Diese Anordnungen sind als getroffen anzusehen, wenn der Vater die Bestellung eines Gegenvormunds ausgeschlossen hat.

Im Falle der Amtsbeendigung und Rechenschaftslegung können sich die befreiten Betreuer nicht auf die periodischen Rechnungslegungen beziehen, müssen also um der Rechenschaftslegung und der zu erwartenden Auskunftsverlangen willen trotz der Befreiung intern eine Rechnungslegung vornehmen.

**§ 1853
Befreiung von Hinterlegung und Sperrung**

Der Vater kann den von ihm benannten Vormund von der Verpflichtung entbinden, Inhaber- und Orderpapiere zu hinterlegen und den im § 1816 bezeichneten Vermerk in das Bundesschuldbuch oder das Schuldbuch eines Landes eintragen zu lassen.

§ 1854
Befreiung von der Rechnungslegungspflicht

(1) Der Vater kann den von ihm benannten Vormund von der Verpflichtung entbinden, während der Dauer seines Amtes Rechnung zu legen.

(2) Der Vormund hat in einem solchen Falle nach dem Ablauf von je zwei Jahren eine Übersicht über den Bestand des seiner Verwaltung unterliegenden Vermögens dem Vormundschaftsgericht einzureichen. Das Vormundschaftsgericht kann anordnen, dass die Übersicht in längeren, höchstens fünfjährigen Zwischenräumen einzureichen ist.

(3) Ist ein Gegenvormund vorhanden oder zu bestellen, so hat ihm der Vormund die Übersicht unter Nachweisung des Vermögensbestands vorzulegen. Der Gegenvormund hat die Übersicht mit den Bemerkungen zu versehen, zu denen die Prüfung ihm Anlass gibt.

§ 1857a
Befreiung des Jugendamts und des Vereins

Dem Jugendamt und einem Verein als Vormund stehen die nach § 1852 Abs. 2, §§ 1853, 1854 zulässigen Befreiungen zu.

bb) Die sinngemäße Anwendung auf die Betreuung

243 Die in § 1908i Abs 2 S 2 genannten Betreuer – wie die nach § 1908i Abs 1 S 1 iVm § 1857a befreiten Vereine und Behörden –

- unterliegen bei der Anlegung von Geld nicht den in §§ 1809, 1810 bestimmten Beschränkungen;

- bedürfen zu den in § 1812 bezeichneten Rechtsgeschäften nicht der Genehmigung des Gegenbetreuers oder des Vormundschaftsgerichts;

- sind von der Verpflichtung entbunden, Inhaber- und Orderpapiere zu hinterlegen und den in § 1816 bezeichneten Vermerk in das Bundesschuldbuch oder das Schuldbuch eines Landes eintragen zu lassen;

- sind von der Verpflichtung befreit, während der Dauer des Amtes Rechnung zu legen (§ 1854 Abs 1). Statt dessen haben sie nach Ablauf von je zwei Jahren eine Übersicht über den Bestand des ihrer Verwaltung unterliegenden Vermögens dem Vormundschaftsgericht einzureichen. Das Vormundschaftsgericht kann anordnen, daß die Übersicht in längeren, höchstens fünfjährigen Zwischenräumen einzureichen ist (§ 1854 Abs 2 S 2). Ist ein Gegenbetreuer vorhanden, hat der Betreuer die

Übersicht unter Nachweisung des Vermögensbestandes ihm vorzulegen (§ 1854 Abs 3).

d) Die Änderungsermächtigung des § 1908i Abs 2 S 2

Diese Befreiungen gelten nur solange und soweit, als das Vormundschaftsgericht nicht Abweichendes anordnet. Einschränkungen oder als äußerste Maßnahme auch die Aufhebung der Befreiungen kann das Gericht sowohl bei Beginn der Betreuung als auch zu einem späteren Zeitpunkt anordnen. Während bei Beginn der Betreuung die abstrakte Gefahr ausreicht, zB eine jährliche Rechnungslegung vorzusehen, um zu prüfen, ob der Betreuer sein Amt ordnungsgemäß versieht, bedarf es bei späterer Anordnung der Feststellung konkreter Gefährdung des Betreutenwohls. Zuständig für eine Anordnung nach Abs 2 S 2 ist der Rechtspfleger (§ 3 Nr 2 Buchst a, § 14 Abs 1 Nr 4 RPflG); es besteht kein Richtervorbehalt. **244**

Gegen eine die Befreiungen einschränkende oder aufhebende Entscheidung ist die Beschwerde zulässig (§ 11 Abs 1 RPflG). Sie steht demjenigen Betreuer zu, in dessen Rechte, nämlich die gesetzlich eingeräumte Befreiung, durch die gerichtliche Verfügung eingegriffen worden ist. Bedenken gegen die Eingriffsnorm wegen des Fehlens von Entscheidungskriterien bestehen nicht, weil kein Betreuer der dort angegebenen Art einen Anspruch darauf hat, eine uneingeschränkte Betreuung zu führen.

Maßstab für eine Einschränkung oder Aufhebung der Befreiungen ist ausschließlich das **Wohl des Betreuten**, das bei der uneingeschränkten Beibehaltung der Befreiungen gefährdet wäre und dessen Gefährdung nur durch die Einschränkung oder Aufhebung der Befreiungen verhindert werden kann. Nach LG München I (FamRZ 1998, 701 = BtPrax 1998, 83) war die Aufhebung der Befreiung von der Rechnungslegungspflicht wegen der Gefährdung des Wohls des Betroffenen gerechtfertigt, weil der Betreuer (Sohn des Betroffenen), der ein erhebliches Vermögen zu verwalten hat, seine Sachkunde hierfür nicht konkret dargelegt hat und seine Persönlichkeitsstruktur keine Gewähr dafür bietet, daß er Ratschläge Dritter annimmt oder einholt und befolgt. Nach BayObLG v 3. 12. 1997 – 3 Z BR 364/97 – hat der Tatrichter bereits bei der Auswahl eines der in § 1908i Abs 2 S 2 genannten Angehörigen zu prüfen, ob etwaigen Gefahren für das Wohl des Betroffenen durch Mittel der Aufsicht oder Ausübung des Weisungsrechts (zB die Aufhebung der Befreiung von der Rechnungslegungspflicht) begegnet werden kann. **245**

Befreiungen nach dem neu gefaßten § 1817 (Art 1 Nr 6 BtÄndG) berechtigen allein nicht zur Korrektur der Rechnungslegungsbefreiung.

Durch die Befreiung auch weiterer Angehöriger und des Vereins- sowie des Behördenbetreuers wird der Betreuer der Kontrolle des Gerichts nicht enthoben. Jeweils bei Vorlegung des Vermögensbestandsverzeichnisses oder auch der jährlichen Berichte über die persönlichen Verhältnisse des Betreuten, ggf bei Beantragung vormundschaftsgerichtlicher Genehmigungen, hat das Gericht die Möglichkeit, zu prüfen, ob der Betreuer pflichtgemäß gehandelt hat, ob erhebliche und nicht erklärbare Vermögensminderungen festzustellen sind uä.

2. Landesrechtliche Befreiungen aufgrund der Ermächtigung des § 1908i Abs 1 S 2

a) In Betracht kommende Ausnahmen

246 Abs 1 S 2 enthält für die Länder eine Ermächtigung zum Erlaß eigener Befreiungsregelungen. Die landesrechtlichen Ausnahmen können sich auf Bestimmungen beziehen, welche die Aufsicht des Vormundschaftsgerichts in vermögensrechtlicher Hinsicht betreffen; sie können sich auf diejenigen Vorschriften erstrecken, welche die Aufsicht des Vormundschaftsgerichts beim Abschluß von Lehr- und Arbeitsverträgen betreffen; sie können auch beide Bereiche erfassen.

Der Umfang der landesrechtlich zulässigen Befreiungen ist in Abs 1 S 2 nicht vorgegeben. Nach dem Wortlaut der Bestimmung („Vorschriften, ... welche ... betreffen") kommt jedoch eine Befreiung von sämtlichen die Aufsicht des Vormundschaftsgerichts in vermögensrechtlicher Hinsicht betreffenden Vorschriften nicht in Betracht. Rechtspolitisch wäre eine derartige Globalbefreiung auch unerwünscht, weil dadurch die Führung von Betreuungen mit Vermögenssorge durch die zuständige Behörde völlig außer Kontrolle des Vormundschaftsgerichts geriete und der Charakter der Betreuung als einer zivilrechtlich geregelten Fürsorge in Frage gestellt würde.

247 Die Befreiungen können sich nur auf die Behörden als Betreuer, dh die sogenannte Amtsbetreuung, beziehen (§ 1900 Abs 4), nicht dagegen auf die Betreuung in der Behörde durch die zum Betreuer bestellten Mitarbeiter (Behördenbetreuer, § 1897 Abs 2). Diese Regelung erscheint zwar insofern konsequent, als die Bestellung zum Behördenbetreuer rechtlich der Bestellung von Privatpersonen (weitgehend) gleichgestellt ist; sie bietet aber der Behörde neben organisatorischen Erleichterungen einen weiteren Anreiz, die Einwilligung in die Bestellung von Mitarbeitern zu Behördenbetreuern zu verweigern und statt dessen (uU ausschließlich) Amtsbetreuungen zuzulassen.

Landesgesetzliche Regelungen können vorsehen, daß das Vormundschaftsgericht im Wege der Einzelfallregelung diese landesgesetzliche Befreiung aufhebt (vgl die Bestimmungen v BadWürtt).

b) Die landesgesetzlichen Ausnahmeregelungen

248 aa) Baden-Württemberg: Nach Art 1 § 16 Abs 2 des Gesetzes zur Ausführung des Kinder- und Jugendhilfegesetzes vom 4. 6. 1991 (GBl 299), der durch Art 7 AGBtG vom 19. 11. 1991 (GBl 681) neu gefaßt wurde, ist die zum Betreuer bestellte Behörde in gleicher Weise von der Aufsicht des Vormundschaftsgerichts befreit wie das Jugendamt als Amtsvormund oder Amtspfleger (Art 1 § 16 Abs 1 des Gesetzes zur Ausführung des Kinder- und Jugendhilfegesetzes). Diese Vorschrift sieht nach ihrer Ergänzung durch Art 7 AGBtG vor, daß das Jugendamt (über § 56 Abs 2 SGB VIII hinaus) von der Aufsicht des Vormundschaftsgerichts nach §§ 1802, 1803 Abs 2, §§ 1811, 1812 und 1818 bis 1821, 1822 Nr 1 bis 11 und 13 sowie nach §§ 1823, 1824 und 1854 Abs 2 ausgenommen ist. Dasselbe gilt bei § 1822 Nr 12, soweit es sich um die Aufsicht in vermögensrechtlicher Hinsicht handelt. Anstelle der Rechnungslegung bei der Beendigung der Amtspflegschaft oder der Amtsvormundschaft nach § 1892 Abs 1, § 1915 genügt die Einreichung einer zusammenfassenden Darstellung der Einnahmen mit Ausgaben sowie der Vermögensentwicklung, soweit das Vormundschaftsgericht nicht im Einzelfall etwas anderes anordnet; die Verpflichtung aus § 1890 bleibt unberührt (s auch Krauss, Befreiung des Betreuers von der Aufsicht durch das Vormundschaftsgericht unter Berücksichtigung des Baden-Württembergischen Landesrechts, BWNotZ 1995, 20).

bb) Bayern: Das Bayerische Kinder- und Jugendhilfegesetz vom 18.6.1993 (GVBl 1993) hat dem Art 1 des AGBtG folgenden Absatz 3 angefügt: **249**

Die Betreuungsstelle als Betreuer ist von der Aufsicht des Vormundschaftsgerichts nach § 1908i Abs. 1 Satz 1 in Verbindung mit § 1802 Abs. 1 Satz 1 und Abs. 3, §§ 1811, 1812, 1818 bis 1820 des Bürgerlichen Gesetzbuchs ausgenommen. In den Fällen des § 1908i Abs. 1 Satz 1 in Verbindung mit § 1803 Abs. 2 und § 1822 Nrn. 6 und 7 des Bürgerlichen Gesetzbuchs ist eine Genehmigung des Vormundschaftsgerichts nicht erforderlich.

cc) Berlin: § 2 des G zur Ausführung des Betreuungsgesetzes (GVBl 1994, 86) sieht vor, daß gegenüber der zum Betreuer bestellten zuständigen Behörde die Vorschriften der §§ 1811, 1818 und 1854 Abs 2 nicht angewandt werden. In den Fällen des § 1822 Nr 6 u 7 ist eine Genehmigung des Vormundschaftsgerichts nicht erforderlich. **250**

dd) Bremen: Art 1 § 3 des Bremischen Gesetzes zur Ausführung des Betreuungsgesetzes und zur Anpassung des Landesrechts (GBl 1992, 31): Gegenüber der Betreuungsbehörde bleiben die Vorschriften des § 1802 Abs 1 S 1, Abs 2 u 3, des § 1803 Abs 2, der §§ 1818, 1821, 1822 Nr 1–4 u 6–13 u der §§ 1823 u 1824 außer Anwendung, soweit sie die Aufsicht des Vormundschaftsgerichts in vermögensrechtlicher Hinsicht sowie beim Abschluß von Lehr- und Arbeitsverträgen betreffen. **251**

ee) Hamburg: Art 1 § 3 des Gesetzes zur Ausführung des Betreuungsgesetzes und zur Anpassung des hamburgischen Landesrechts an das Betreuungsgesetz vom 1.7.1993 (HambGVBl 149) bestimmt: **252**

(1) Die Vorschriften des § 1802, des § 1803 Absatz 2, der §§ 1811, 1818, 1821 bis 1824, des § 1840 Absätze 2 bis 4 und des § 1907 des Bürgerlichen Gesetzbuchs werden, soweit sie die Aufsicht des Vormundschaftsgerichts in vermögensrechtlicher Hinsicht sowie beim Abschluß von Arbeits- und Berufsausbildungsverträgen betreffen, gegenüber der zum Betreuer bestellten Behörde nicht angewendet.

(2) Für die zum Betreuer bestellte Behörde genügt anstelle der Rechnungslegung bei der Beendigung ihrer Tätigkeit als Betreuer nach § 1892 Absatz 1 des Bürgerlichen Gesetzbuchs die Einreichung einer zusammenfassenden Darstellung der Einnahmen und Ausgaben sowie der Vermögensentwicklung; die Verpflichtung aus § 1890 des Bürgerlichen Gesetzbuchs bleibt unberührt.

ff) Hessen: Art 1 § 2 des Hessischen Gesetzes zur Ausführung des Betreuungsgesetzes und zur Anpassung des hessischen Landesrechts an das Betreuungsgesetz (GVBl 1992, 6) bestimmt, daß die Vorschriften über die Aufsicht des Vormundschaftsgerichts in §§ 1802, 1803 Abs 2, §§ 1811 und 1818–1821, 1822 Nr 1–11 und 13 sowie in den §§ 1823, 1824 und in § 1854 Abs 2 gegenüber der Betreuungsbehörde außer **253**

Anwendung bleiben. Dasselbe gilt für § 1822 Nr 12, soweit es sich um die Aufsicht in vermögensrechtlicher Hinsicht handelt.

254 gg) **Sachsen-Anhalt**: Art 1 § 5 des Ausführungsgesetzes zum Betreuungsgesetz (GVBl LSA 1992, 478) lautet:

Die Vorschriften über die Aufsicht des Vormundschaftsgerichts in §§ 1802, 1811, 1818 bis 1821, 1822 Nr. 1, 2, 5 bis 8 und 13 sowie in den §§ 1824 und 1854 Abs. 2 des Bürgerlichen Gesetzbuches bleiben gegenüber den Betreuungsbehörden außer Anwendung.

c) **Zur Befreiungsregelung bezüglich des § 1907 in Hamburg**

255 Hamburg ist bisher das einzige Land, das die Behörde in ihrer Eigenschaft als (Amts-)Betreuer von der Einholung der vormundschaftsgerichtlichen Genehmigung des § 1907, soweit sie die Aufsicht in vermögensrechtlicher Hinsicht betrifft, freistellt. Die amtliche Begründung (Drucks 14/2571, 10) gibt über die Gründe dieser Regelung keine Auskunft. Es wird lediglich auf die bisher für Vormundschaften und Pflegschaften für Volljährige entsprechend geltende Regelung des Minderjährigenvormundschaftsrechts Bezug genommen und festgestellt, diese habe sich bewährt und zur Entlastung der Gerichte beigetragen. Da das Bundesrecht eine Ermächtigung wie die des § 1908 i Abs 1 S 2 iVm § 1907 nicht vorsah, auch die vormundschaftsgerichtliche Genehmigung im Falle der Aufgabe von Wohnraum nicht so weitgehend wie jetzt geregelt war, stellt die Hamburger Regelung ein Novum dar.

256 Wird mit der wohl hM angenommen, die Aufgabe der Wohnung des Betreuten, sei es durch Kündigung, Auflösungsvertrag oder in sonstiger Weise, sei Gegenstand der Vermögenssorge (zum Meinungsstand oben § 1907 Rn 8), bestehen gegen die Hamburger Regelung in der Hinsicht Bedenken, als die Behörde schlechthin, noch dazu, wenn ihre Abteilung für Sozialhilfe die Kosten der Wohnung zu tragen hatte, in der Gefahr steht, fiskalische vor Betreuungsinteressen zu sehen. Geht man davon aus, daß die Aufgabe der Wohnung als räumlicher Lebensmittelpunkt eines Menschen im wesentlichen eine Angelegenheit der Personensorge ist (vgl auch in § 1907 Abs 2 S 1 aE den in Betracht kommenden Aufgabenkreis Aufenthaltsbestimmung), bleibt trotz der Befreiungsvorschrift des Art 1 § 3 HambAGBtG die Notwendigkeit vormundschaftsgerichtlicher Genehmigung aus § 1907 erhalten. Nach der Bedeutung zu urteilen, die der Bundesgesetzgeber dem § 1907 beigemessen hat (vgl BT-Drucks 11/4528, 149), dürfte die hier vertretene Auffassung eher mit dem Gesetzeszweck vereinbar sein als die der Erleichterung der Behördenarbeit dienende Entlastungsregelung. Ob sich eine Fallkonstellation anbietet, die Verfassungsmäßigkeit der Hamburger Regelung zu prüfen, muß abgewartet werden.

257 Zur Bedeutung des Wohnbereichs vgl im übrigen die Empfehlungen der Expertenkommission der Bundesregierung zur Reform der Versorgung im psychiatrischen und psychotherapeutisch/psychosomatischen Bereich auf der Grundlage des Modellprogramms Psychiatrie der Bundesregierung (1988) 157, wo zutreffend darauf hingewiesen wird, daß das Bundessozialhilfegesetz „diesem elementaren Bedürfnis nach Sicherung und Existenz" dadurch Rechnung trägt, daß es in § 12 die Wohnung an zweiter Stelle nach der Ernährung als Mittel zum notwendigen Lebensunterhalt nennt.

XIII. Ansprüche des Betreuers und des Gegenbetreuers gegen den Betreuten oder die Staatskasse (einschließlich der Ansprüche des Verfahrenspflegers)

1. Die Entwicklung des Vergütungs- und Aufwendungsersatzrechts

258 Mit der Reform des Rechts der Vormundschaft und Pflegschaft für Volljährige hatte der Gesetzgeber des BtG die im Vormundschaftsrecht für Minderjährige eingestellten Vorschriften über den Ersatz von Aufwendungen und die Bewilligung von Vergütung geändert. Als erstattungsfähige Aufwendungen wurden die Kosten einer angemessenen Versicherung des Betreuers oder Gegenbetreuers gegen bestimmte Schäden (s den Wortlaut des § 1835 Abs 2 S 1) anerkannt, sofern die Betreffenden nicht eine Vergütung nach § 1836 Abs 2 erhalten. Es wurde ein pauschalierter Aufwendungsersatz (Aufwandsentschädigung, § 1836a) eingeführt, der zur Abgeltung geringfügiger Aufwendungen und damit zur Vermeidung von Abrechnungen dienen sollte. Diese Regelung ließ allerdings zu, daß über den Pauschbetrag hinaus getätigte Aufwendungen ersetzt werden konnten, wenn der Nachweis geführt wurde, daß der Pauschbetrag nicht ausgereicht hatte. Außerdem konnten die nicht geringfügigen Aufwendungen außerhalb der Pauschale gegen Nachweis erstattet werden (später als Kumulation bezeichnetes System, BT-Drucks 13/7158, 44).

259 Das BtG führte eine Entwicklung fort, die mit der Entscheidung des BVerfG zur Entgeltlichkeit berufsmäßig geführter Vormundschaften und Pflegschaften auch im Falle von Mittellosigkeit der Betroffenen eingeleitet worden war (BVerfGE 54, 251 ff), und traf in § 1836 Abs 2 eine Vergütungsregelung für diejenigen, die Vormundschaften und Pflegschaften im Rahmen ihrer Berufsausübung führen und aus dem Vermögen der Betroffenen keine Vergütung erwarten können. Als Maßstab des dreistufigen Vergütungssystems diente der einem Zeugen als Entschädigung für seinen Verdienstausfall höchstens zu gewährende Stundenbetrag nach § 2 S 1 ZSEG.

Diese für die Vormundschaft für Minderjährige geltenden Regelungen waren infolge der Inbezugnahme in § 1908i Abs 1 S 1 auch auf Betreuungen sinngemäß anzuwenden (Einzelheiten dazu s STAUDINGER/BIENWALD [1999] Vorbem 45 zu §§ 1896 ff und § 1908i Rz 236, ferner BIENWALD/SONNENFELD/HOFFMANN Betreuungsrecht 4. Aufl 2005 Vorbem zu §§ 1835 ff).

260 Wegen der bereits in den ersten Jahren nach Inkrafttreten des BtG (1.1.1992) stark angestiegenen Zahl streitiger Vergütungsfestsetzungsverfahren und der unerwartet hohen Belastung der Staatskasse verfolgte die BReg mit dem Entwurf des BtÄndG das Ziel,

„die Regelungen über die Vergütung des Betreuers zu präzisieren und ihre Handhabung vor allem dadurch zu vereinfachen, daß die Vergütungshöhe künftig grundsätzlich von der – nach der Ausbildung typisierten – Qualifikation des Betreuers bestimmt wird. Darüber hinaus soll den Gerichten ermöglicht werden, Vergütungspauschalen festzusetzen und die für die Führung der Betreuung aufzuwendende Zeit zu begrenzen. Durch Präzisierung der gesetzlichen Bestimmung der Aufgaben des Betreuers wird ergänzend gerichtlichen Auseinandersetzungen über die Abrechnungsfähigkeit rein pflegerischer oder kommunikativer Betreuertätigkeiten vorgebeugt" (BT-Drucks 13/7158, 1).

Bei den vorgeschlagenen Änderungen der Vergütungs- und Aufwendungsersatzbestimmungen gingen die Meinungen zwischen BReg und Bundestag sowie zwischen Bundestag und Bundesrat auseinander. Die Verabschiedung des BtÄndG war erst nach einem Vorschlag des Vermittlungsausschusses möglich. Vorschläge, die sich nicht durchsetzen ließen, waren zB die Überprüfung der Vergütungssätze spätestens alle zwei Jahre (Dynamisierung, BRat BT-Drucks 13/7158, 47, 56), die Verweigerung der Aufwandspauschale gegenüber unterhaltspflichtigen Angehörigen (BRat BT-Drucks 13/7158, 44, 55) und die Ermächtigung des Landesgesetzgebers, sowohl die Höhe der Aufwandsentschädigung als auch die der Vergütung innerhalb vorgegebener Grenzen zu ändern (RA BT-Drucks 13/10331, 7, 19; BR-Drucks 517/98, 2, 3).

Durch das BtÄndG wurde erstmals geregelt, in welchem Umfang Betroffene zu den Kosten der Betreuung beizutragen haben; maßgebend wurden dafür die Bestimmungen des Sozialhilferechts. Neu war auch die Inanspruchnahme von Erben der betreuten Personen für die von der Staatskasse verauslagten Betreuungskosten.

Das Festsetzungsverfahren wurde durch einen neuen § 56g FGG geregelt (Art 2 Nr 1 BtÄndG) und für das Betreuungsrecht durch die Verweisung in § 69e Abs 1 S 1 (bisher S 1) FGG für anwendbar erklärt (Art 2 Nr 7 BtÄndG). Damit löste das BtÄndG das Verfahren weitgehend von den Bestimmungen des ZSEG und führte gleichzeitig ein Verfahren zur Inanspruchnahme des Betroffenen/Betreuten und seiner Erben ein. Bei der Regelung für Vereins- und Behördenbetreuer blieb es, wonach die durch ihre Tätigkeit begründeten Ansprüche ausschließlich durch ihre Anstellungsträger, den Verein oder die Behörde, geltend gemacht werden können (bis zum 1.7.2005 geregelt in §§ 1908e Abs 2 und 1908h Abs 3). Das ZSEG wurde später mit Wirkung vom 1.7.2004 aufgehoben; es ist in dem Justizvergütungs- und -entschädigungsgesetz vom 5.5.2004 aufgegangen.

Im materiellen Recht wurde die Vorschrift über die Aufwandsentschädigung neu plaziert (statt § 1836a nunmehr § 1835a). Die Kumulation von Pauschbetrag und Ersatz nachgewiesener Aufwendungen, soweit nicht durch den Pauschbetrag abgegolten, wurde beseitigt und der Pauschbetrag auf damals 600 DM (zuletzt bis 30.6.2004 312 Euro, seit 1.7.2004 323 Euro) jährlich (ohne Abzug im Beitrittsgebiet) erhöht. Für den Ersatz von Fahrtkosten galt die in § 9 ZSEG für Sachverständige getroffene Regelung entsprechend. Mit dem 1.7.2004 wurde dafür § 5 JVEG maßgebend. Eingeführt wurde eine Erlöschensregelung, falls die Ansprüche auf Aufwandsentschädigung nicht in bestimmter Zeit geltend gemacht werden. Für die Geltendmachung war dem Vormundschaftsgericht die Möglichkeit abweichender Fristbestimmung eingeräumt worden, ursprünglich in sinngemäßer Anwendung des § 15 Abs 3 S 1 bis 5 ZSEG, seit 1.7.2004 gemäß § 1835 Abs 1a.

261 Durch Art 3 § 3 Nr 2 BtÄndG wurde in § 1 Abs 2 S 2 BRAGO (seit 1.7.2004: RVG) die Verweisung auf „§ 1835" durch die Verweisung auf „§ 1835 Abs 3" ersetzt. Damit wurde klargestellt, daß ein Rechtsanwalt, der im Rahmen einer Vormundschaft, Pflegschaft oder Betreuung für den Betroffenen Dienste erbringt, für die ein nichtanwaltlicher Vormund, Pfleger, Betreuer oder Verfahrenspfleger einen Rechtsanwalt hinzugezogen hätte, nach wie vor insoweit Aufwendungsersatz nach der BRAGO (seit 1.7.2004: RVG) liquidieren kann (BT-Drucks 13/7159, 41; LG Mönchengladbach FamRZ 2005, 922 = Rpfleger 2005, 257 für den Verfahrenspfleger); wenn die Bewältigung der Aufgabe besondere rechtliche Fähigkeiten erfordert und deshalb eine originäre anwaltliche Dienstleistung darstellt (LG Limburg Rpfleger 2005, 361 für den Verfahrenspfleger; LG Darmstadt FamRZ 2005, 735 für den Ergänzungspfleger). Grundsätzlich hat ein als Berufsbetreuer tätiger Anwalt die Wahl, ob er seine außergerichtlichen Tätigkeiten nach (bisher) § 1836 vergüten lassen will oder ob er bei berufsspezifischen Tätigkeiten auf den Aufwendungsersatz des § 1835 Abs 3 zurückgreift. Wählt er diesen, erhält er nicht mehr als ein Dritter als Rechtsanwalt erhalten würde (OLG Köln NJW-RR 2003, 712; ebenso grundsätzlich KG FamRZ 2004, 1385; **aA** BayObLGZ 2003, 120 = FamRZ 2003, 1586 [Vorlagebeschluß]; LG Darmstadt FamRZ 2005, 735). Für die Abrechnung der berufsspezifischen Dienste des bestellten Rechtsanwalts nach § 1835 Abs 3 ist die Ausschlußfrist des § 1835 Abs 1 S 3 maßgebend (OLG Frankfurt FamRZ 2004, 1518 [LS] = FGPrax 2004, 121).

Hinsichtlich der Vergütung für einen Betreuer beließ es das BtÄndG bei dem **262** Grundsatz, daß die Vormundschaft bzw die Betreuung unentgeltlich geführt wird (§§ 1836 Abs 1 S 1, 1908i Abs 1 S 1). Wie bisher durfte dem ehrenamtlich tätigen Betreuer und aus besonderen Gründen auch dem Gegenbetreuer ausnahmsweise eine angemessene Vergütung bewilligen, soweit der Umfang oder die Schwierigkeit der Betreuungsgeschäfte dies rechtfertigten und der Betroffene nicht mittellos ist (§§ 1836 Abs 3, 1908i Abs 1 S 1). Stellte das Vormundschaftsgericht bei der Bestellung des Betreuers fest, daß dieser die Betreuung berufsmäßig führt, hatte es ihm eine Vergütung zu bewilligen (§§ 1836 Abs 1 S 2, Abs 2 S 1, 1908i Abs 1 S 1), entweder aus dem von dem Betreuten einzusetzenden Vermögen des Betreuten (§§ 1836c, 1908i Abs 1 S 1) oder im Falle von dessen Mittellosigkeit, für deren Bestimmung § 1836d (für die Betreuung anwendbar durch § 1908i Abs 1 S 1) eingeführt worden war. Für die Bestimmung der Vergütungshöhe kam es nach §§ 1836 Abs 2 S 2, 1908i Abs 1 S 1 auf die für die Führung der Betreuung nutzbaren Fachkenntnisse sowie den Umfang und die Schwierigkeit der Betreuungsgeschäfte an. Die Vergütung war entweder nach Stunden zu berechnen oder als fester Geldbetrag ohne Nachbesserungsmöglichkeit zu bewilligen (§§ 1836b S 1 Nr 1, 1908i Abs 1 S 1). In Betracht kam auch die Begrenzung der für die Führung der Betreuungsgeschäfte erforderlichen Zeit mit der Möglichkeit einer Nachbewilligung (§§ 1836b S 1 Nr 2, 1908i Abs 1 S 1). Abschlagszahlungen waren nach Maßgabe von §§ 1836 Abs 2 S 3, 1908i Abs 1 S 1 möglich. Eine Erlöschensregelung enthielt § 1836 Abs 2 S 4 (iVm § 1908i Abs 1 S 1). Für die Bemessung der aus der Staatskasse zu bewilligenden Vergütung war § 1 des Gesetzes über die Vergütung von Berufsvormündern (Berufsvormündervergütungsgesetz – BVormVG) maßgebend, der ein dreistufiges System von Stundenvergütungen, ausgerichtet an Ausbildungsabschlüssen, einführte.

Der Aufwendungsersatz und die Vergütung für Verfahrenspfleger wurden auf eine **263** neue Rechtsgrundlage gestellt (§ 67 Abs 3 FGG), die für alle im FGG vorgesehenen Verfahrenspfleger galt. Die folgenreichste Änderung gegenüber dem bis dahin geltenden Recht bestand darin, daß der Verfahrenspfleger unabhängig von der Einkommens- und Vermögenslage des Betroffenen den Aufwendungsersatz und eine etwaige Vergütung stets aus der Staatskasse beanspruchen konnte. Diese konnte die an den Verfahrenspfleger gezahlten Beträge gemäß §§ 137 Nr 17, 93a KostO (bis 30.6.2004 Nr 16; vgl Art 4 Abs 29 Nr 11 KostRMoG) als Auslagen von dem Betroffenen/Betreuten im Rahmen seiner Leistungsfähigkeit (§ 1836c) zurückverlangen.

264 Der für die Höhe der aus der Staatskasse zu bewilligenden Vergütung maßgebende § 1 Abs 1 BVormVG knüpfte an § 1836 Abs 2 S 2 (iVm § 1908i Abs 1 S 1) an, wonach sich die Höhe der Vergütung des berufsmäßig tätigen Betreuers „nach den für die Führung der Vormundschaft nutzbaren Fachkenntnissen" der betreffenden Person sowie „nach dem Umfang und der Schwierigkeit der vormundschaftlichen Geschäfte" bestimmte. Maßgebend war danach für die Vergütungshöhe, ob der Betreuer über besondere Fachkenntnisse verfügt, die für die Führung der konkreten Betreuung nutzbar und durch eine abgeschlossene Ausbildung erworben sind. Die für die Vergütung des Betreuers oder des Verfahrenspflegers maßgebenden Sätze des § 1 BVormVG orientierten sich vorrangig an deren Qualifikation und waren nach Art des Ausbildungsabschlusses in drei Stufen gegliedert.

265 Hinsichtlich der Ausbildung in der DDR und etwaiger durch sie erworbener Fachkenntnisse stellte das KG fest, bei der Ausbildung in der ehemaligen DDR stehe der Umstand, daß die Ausbildung je nach Fachrichtung in mehr oder weniger großem Umfang auf die Besonderheiten des Wirtschafts- und Gesellschaftssystems der DDR bezogen war, wie insbesondere bei der Vermittlung rechtlicher und ökonomischer Kenntnisse, deren Berücksichtigung als betreuungsrelevant jedenfalls bei feststehender Gleichwertigkeit des Ausbildungsabschlusses mit einem entsprechenden Ausbildungsabschluß in den alten Ländern nicht entgegen (NJ 2002, 375 = BtPrax 2002, 167; vgl auch LÜTGENS, Ausbildungsgänge der ehemaligen DDR, bdb-Verbandszeitung Heft 40/2002, 29).

266 Die Anwendung des § 1 Abs 1 BVormVG gestaltete sich danach wie folgt: Verfügte der Betreuer/Verfahrenspfleger nicht über besondere (Fach-)Kenntnisse, betrug der Stundensatz der Vergütung 18 Euro. Stellte das Gericht fest, daß der Betreuer über besondere Kenntnisse verfügt, die für die Führung der/einer Betreuung nutzbar sind, so war zu unterscheiden, ob diese Fachkenntnisse durch eine abgeschlossene Lehre (Nr 1) oder durch eine abgeschlossene Hochschulausbildung (Nr 2) erworben worden waren (BT-Drucks 13/7158, 28 zum damaligen § 1836a Abs 2 BGB-E). Die festgestellten Kenntnisse wirkten sich vergütungserhöhend aber auch dann aus, wenn sie nicht durch eine abgeschlossene Lehre oder einen Hochschulabschluß, sondern durch eine den genannten Abschlüssen vergleichbare abgeschlossene Ausbildung erworben worden waren. Wies der Betreuer/Verfahrenspfleger einen Regelabschluß (Lehre oder Hochschulabschluß) nach, kam es darauf an, daß der Betreffende durch die Ausbildung besondere für die Führung der/einer Betreuung oder Verfahrenspflegschaft nutzbare (Fach-)Kenntnisse erworben hatte. Besonderer Prüfung und Entscheidung bedurfte es auch in den Fällen, in denen Ausbildungsabschlüsse als den Regelabschlüssen vergleichbar anerkannt werden sollten (Einzelheiten dazu bei STAUDINGER/BIENWALD [2004] § 1836a).

267 Die aufgrund von Art 4 BtÄndG erforderlichen Kürzungen der Vergütungen im Beitrittsgebiet sind mit Wirkung vom 1. 7. 2004 entfallen (STAUDINGER/BIENWALD [2004] § 1836a Rn 7 ff; s dort Rn 82 ff zur Erstattung der Umsatzsteuer).

268 Auf der Basis der im Auftrag der Konferenz der Justizministerinnen und Justizminister von einer Bund-Länder-Arbeitsgruppe „Betreuungsrecht" erarbeiteten Gesetzesvorschläge und Handlungsempfehlungen legte der Bundesrat den Entwurf eines weiteren Gesetzes zur Änderung des Betreuungsrechts vor (BT-Drucks 15/2494), zu dessen Hauptinhalten die Pauschalierung der Vergütung und des Aufwendungsersatzes für die berufsmäßig tätigen Betreuer gehörte. In dem Entwurf wurde vorgeschlagen, eine pauschale Vergütung von berufsmäßig tätigen Betreuern einzuführen, die den dem einzelnen Betreuer in verschiedenen Betreuungsabschnitten zur Verfügung gestellten Zeitaufwand pauschal bestimmte, und davon nur für wenige Fälle abweichende Regelungen vorzusehen. Eine Differenzierung wurde hinsichtlich des Aufenthalts der betreuten Person (Heim – nicht in einem Heim) vorgeschlagen. Soweit der Entwurf eine Pauschalierung der zu vergütenden Betreuungszeit vorsah, wurde auch die Aufwandsentschädigung durch einen festen Stundenbetrag pauschaliert. Abgesehen von den Besonderheiten für „Sonderfälle der Betreuung" wurde der Abrechnungszeitraum vorgegeben. Soweit die Neuerungen in die Beschlußempfehlung des Rechtsausschusses Eingang gefunden haben, wurden sie Gesetz und traten am 1.7.2005 in Kraft. Der durch Art 7 des 2. BtÄndG ergänzte Art 229 EGBGB bestimmte in § 14, daß sich die vor dem 1.7.2005 entstandenen Ansprüche nach dem bis dahin geltenden Recht richten.

2. Normtexte

a) Vorbemerkung

Wegen der noch einige Zeit zu erwartenden Abrechnungen und der insbesondere in Fällen der Betreuung vermögender Personen im Zusammenhang mit der nach dem Ende der Betreuung vorzunehmenden Abrechnung und dabei auftretenden Rechtfertigungszwängen sowie zum Zwecke des Vergleichs der neuen mit der bisherigen Rechtslage werden zunächst die bis 1.7.2005 in Kraft gewesenen Vorschriften mitgeteilt (dazu auch STAUDINGER/BIENWALD [2004] §§ 1835 ff). Die abgedruckten Texte geben den Stand vom 1.7.2004 wieder mit Ausnahme der §§ 1836c und 1836e (Stand 1.1.2005). Im Anschluß daran werden die seit dem 1.7.2005 in Kraft befindlichen neuen Regelungen mitgeteilt.

b) Die vor dem 1.7.2005 geltenden Vorschriften

§ 1835
Aufwendungsersatz

(1) Macht der Vormund zum Zwecke der Führung der Vormundschaft Aufwendungen, so kann er nach den für den Auftrag geltenden Vorschriften der §§ 669, 670 von dem Mündel Vorschuss oder Ersatz verlangen; für den Ersatz von Fahrtkosten gilt die in § 5 des Justizvergütungs- und -entschädigungsgesetzes für Sachverständige getroffene Regelung entsprechend. Das gleiche Recht steht dem Gegenvormund zu. Ersatzansprüche erlöschen, wenn sie nicht binnen 15 Monaten nach ihrer Entstehung gerichtlich geltend gemacht werden; die Geltendmachung des Anspruchs beim Vormundschaftsgericht gilt dabei auch als Geltendmachung gegenüber dem Mündel.

(1a) Das Vormundschaftsgericht kann eine von Absatz 1 Satz 3 abweichende Frist von mindestens zwei Monaten bestimmen. In der Fristbestimmung ist über die Folgen der Versäumung der Frist zu belehren. Die Frist kann auf Antrag vom Vormundschaftsgericht verlängert werden. Der Anspruch erlischt, soweit er nicht innerhalb der Frist beziffert wird.

(2) Aufwendungen sind auch die Kosten einer angemessenen Versicherung gegen Schäden, die dem Mündel durch den Vormund oder Gegenvormund zugefügt werden können oder die

dem Vormund oder Gegenvormund dadurch entstehen können, dass er einem Dritten zum Ersatz eines durch die Führung der Vormundschaft verursachten Schadens verpflichtet ist; dies gilt nicht für die Kosten der Haftpflichtversicherung des Halters eines Kraftfahrzeugs. Satz 1 ist nicht anzuwenden, wenn der Vormund oder Gegenvormund eine Vergütung nach § 1836 Abs. 2 erhält.

(3) Als Aufwendungen gelten auch solche Dienste des Vormunds oder des Gegenvormunds, die zu seinem Gewerbe oder seinem Beruf gehören.

(4) Ist der Mündel mittellos, so kann der Vormund Vorschuss und Ersatz aus der Staatskasse verlangen. Absatz 1 Satz 3 und Absatz 1a geltend entsprechend.

(5) Das Jugendamt oder ein Verein kann als Vormund oder Gegenvormund für Aufwendungen keinen Vorschuss und Ersatz nur insoweit verlangen, als das einzusetzende Einkommen und Vermögen des Mündels ausreicht. Allgemeine Verwaltungskosten einschließlich der Kosten nach Absatz 2 werden nicht ersetzt.

§ 1835a
Aufwandsentschädigung

(1) Zur Abgeltung seines Anspruchs auf Aufwendungsersatz kann der Vormund als Aufwandsentschädigung für jede Vormundschaft, für die ihm keine Vergütung zusteht, einen Geldbetrag verlangen, der für ein Jahr dem Neunzehnfachen dessen entspricht, was einem Zeugen als Höchstbetrag der Entschädigung für eine Stunde versäumter Arbeitszeit (§ 22 des Justizvergütungs- und -entschädigungsgesetzes) gewährt werden kann (Aufwandsentschädigung). Hat der Vormund für solche Aufwendungen bereits Vorschuss oder Ersatz erhalten, so verringert sich die Aufwandsentschädigung entsprechend.

(2) Die Aufwandsentschädigung ist jährlich zu zahlen, erstmals ein Jahr nach Bestellung des Vormunds.

(3) Ist der Mündel mittellos, so kann der Vormund die Aufwandsentschädigung aus der Staatskasse verlangen; Unterhaltsansprüche des Mündels gegen den Vormund sind insoweit bei der Bestimmung des Einkommens nach § 1836c Nr. 1 nicht zu berücksichtigen.

(4) Der Anspruch auf Aufwandsentschädigung erlischt, wenn er nicht binnen drei Monaten nach Ablauf des Jahres, in dem der Anspruch entsteht, geltend gemacht wird; die Geltendmachung des Anspruchs beim Vormundschaftsgericht gilt auch als Geltendmachung gegenüber dem Mündel.

(5) Dem Jugendamt oder einem Verein kann keine Aufwandsentschädigung gewährt werden.

§ 1836
Vergütung des Vormunds

(1) Die Vormundschaft wird unentgeltlich geführt. Sie wird ausnahmsweise entgeltlich geführt, wenn das Gericht bei der Bestellung des Vormunds feststellt, dass der Vormund die Vormundschaft berufsmäßig führt. Das Gericht hat diese Feststellung zu treffen, wenn dem Vormund in einem solchen Umfang Vormundschaften übertragen sind, dass er sie nur im

Rahmen seiner Berufsausübung führen kann, oder wenn zu erwarten ist, dass dem Vormund in absehbarer Zeit Vormundschaften in diesem Umfang übertragen sein werden. Die Voraussetzungen des Satzes 3 erste Alternative liegen im Regelfall vor, wenn der Vormund

a) mehr als zehn Vormundschaften führt oder

b) die für die Führung der Vormundschaften erforderliche Zeit voraussichtlich 20 Wochenstunden nicht unterschreitet.

(2) Liegen die Voraussetzungen des Absatzes 1 Satz 2 vor, so hat das Vormundschaftsgericht dem Vormund oder Gegenvormund eine Vergütung zu bewilligen. Die Höhe der Vergütung bestimmt sich nach den für die Führung der Vormundschaft nutzbaren Fachkenntnissen des Vormunds sowie nach dem Umfang und der Schwierigkeit der vormundschaftlichen Geschäfte. Der Vormund kann Abschlagszahlungen verlangen. Der Vergütungsanspruch erlischt, wenn er nicht binnen 15 Monaten nach seiner Entstehung beim Vormundschaftsgericht geltend gemacht wird; § 1835 Abs. 1a gilt entsprechend.

(3) Trifft das Gericht keine Feststellung nach Absatz 1 Satz 2, so kann es dem Vormund und aus besonderen Gründen auch dem Gegenvormund gleichwohl eine angemessene Vergütung bewilligen, soweit der Umfang oder die Schwierigkeit der vormundschaftlichen Geschäfte dies rechtfertigen; dies gilt nicht, wenn der Mündel mittellos ist.

(4) Dem Jugendamt oder einem Verein kann keine Vergütung bewilligt werden.

§ 1836a
Vergütung aus der Staatskasse

Ist der Mündel mittellos, so kann der Vormund die nach § 1836 Abs. 1 Satz 2, Abs. 2 zu bewilligende Vergütung nach Maßgabe des § 1 des Gesetzes über die Vergütung von Berufsvormündern aus der Staatskasse verlangen.

Anhang zu § 1836a
Gesetz über die Vergütung von Berufsvormündern (Berufsvormündervergütungsgesetz – BVormVG)

§ 1
Vergütung des Berufsvormunds

(1) Die nach § 1836a des Bürgerlichen Gesetzbuchs aus der Staatskasse zu gewährende Vergütung beträgt für jede Stunde der für die Führung der Vormundschaft aufgewandten und erforderlichen Zeit 18 Euro. Verfügt der Vormund über besondere Kenntnisse, die für die Führung der Vormundschaft nutzbar sind, so erhöht sich diese Vergütung

1. auf 23 Euro, wenn diese Kenntnisse durch eine abgeschlossene Lehre oder eine vergleichbare abgeschlossene Ausbildung erworben sind;

2. auf 31 Euro, wenn diese Kenntnisse durch eine abgeschlossene Ausbildung an einer Hochschule oder durch eine vergleichbare abgeschlossene Ausbildung erworben sind.

Eine auf die Vergütung entfallende Umsatzsteuer wird, soweit sie nicht nach § 19 Abs. 1 des Umsatzsteuergesetzes unerhoben bleibt, zusätzlich ersetzt.

(2) Bestellt das Gericht einen Vormund, der über besondere Kenntnisse verfügt, die für die Führung der Vormundschaften allgemein nutzbar und durch eine Ausbildung im Sinne des Absatzes 1 Satz 2 erworben sind, so wird vermutet, daß diese Kenntnisse auch für die Führung der dem Vormund übertragenen Vormundschaft nutzbar sind. Dies gilt nicht, wenn das Vormundschaftsgericht aus besonderen Gründen bei der Bestellung des Vormundes etwas anderes bestimmt.

(3) Das Gericht kann für den Zeitraum bis zum 30. Juni 2001 bei der Festsetzung der Vergütung für einen Vormund, der bereits vor dem Inkrafttreten dieses Gesetzes über einen Zeitraum von mindestens zwei Jahren Vormundschaften berufsmäßig geführt hat, abweichend von Absatz 1 einen höheren, 31 Euro jedoch nicht übersteigenden Stundensatz zugrunde legen. Die sich aus der Abweichung ergebende Vergütung soll sich an der bisherigen Vergütung des Vormunds orientieren. Die Landesregierungen werden ermächtigt, die in Satz 1 bestimmte Frist durch Rechtsverordnung bis zum Ablauf des 31. Dezember 2002 zu verlängern. Sie können diese Ermächtigung durch Rechtsverordnung auf die Landesjustizverwaltungen übertragen.

§ 2
Umschulung und Fortbildung von Berufsvormündern

(1) Durch Landesrecht kann bestimmt werden, daß es einer abgeschlossenen Lehre im Sinne des § 1 Abs. 1 Satz 2 Nr. 1 gleichsteht, wenn der Vormund besondere Kenntnisse im Sinne dieser Vorschrift durch eine dem Abschluß einer Lehre vergleichbare Prüfung vor einer staatlichen oder staatlich anerkannten Stelle nachgewiesen hat. Zu einer solchen Prüfung darf nur zugelassen werden, wer

1. mindestens drei Jahre lang Vormundschaften oder Betreuungen berufsmäßig geführt und

2. an einer Umschulung oder Fortbildung teilgenommen hat, die besondere Kenntnisse im Sinne von § 1 Abs. 1 Satz 2 vermittelt, welche Art und Umfang den durch eine abgeschlossene Lehre vermittelten vergleichbar sind.

(2) Durch Landesrecht kann bestimmt werden, daß es einer abgeschlossenen Ausbildung an einer Hochschule im Sinne des § 1 Abs. 1 Satz 2 Nr. 2 gleichsteht, wenn der Vormund Kenntnisse im Sinne dieser Vorschrift durch eine Prüfung vor einer staatlichen oder staatlich anerkannten Stelle nachgewiesen hat. Zu einer solchen Prüfung darf nur zugelassen werden, wer

1. mindestens fünf Jahre lang Vormundschaften oder Betreuungen berufsmäßig geführt und

2. an einer Umschulung oder Fortbildung teilgenommen hat, die besondere Kenntnisse im Sinne von § 1 Abs. 1 Satz 2 vermittelt, welche nach Art und Umfang den durch eine abgeschlossene Ausbildung an einer Hochschule vermittelten vergleichbar sind.

(3) Das Landesrecht kann weitergehende Zulassungsvoraussetzungen aufstellen. Es regelt das Nähere über die an eine Umschulung oder Fortbildung im Sinne von Absatz 1 Satz 2 Nr. 2, Absatz 2 Satz 2 Nr. 2 zu stellenden Anforderungen, über Art und Umfang der zu erbringen-

den Prüfungsleistungen, über das Prüfungsverfahren und über die Zuständigkeiten. Das Landesrecht kann auch bestimmen, daß eine in einem anderen Land abgelegte Prüfung im Sinne dieser Vorschrift anerkannt wird.

§ 1836b
Vergütung des Berufsvormunds, Zeitbegrenzung

In den Fällen des § 1836 Abs. 1 Satz 2 kann das Vormundschaftsgericht

1. dem Vormund einen festen Geldbetrag als Vergütung zubilligen, wenn die für die Führung der vormundschaftlichen Geschäfte erforderliche Zeit vorhersehbar und ihre Ausschöpfung durch den Vormund gewährleistet ist. Bei der Bemessung des Geldbetrages ist die voraussichtlich erforderliche Zeit mit den in § 1 Abs. 1 des Gesetzes über die Vergütung von Berufsvormündern bestimmten Beträgen zu vergüten. Einer Nachweisung der vom Vormund aufgewandten Zeit bedarf es in diesem Falle nicht; weitergehende Vergütungsansprüche des Vormunds sind ausgeschlossen;

2. die für die Führung der vormundschaftlichen Geschäfte erforderliche Zeit begrenzen. Eine Überschreitung der Begrenzung bedarf der Genehmigung des Vormundschaftsgerichts.

Eine Entscheidung nach Satz 1 kann zugleich mit der Bestellung des Vormunds getroffen werden.

§ 1836c
Einzusetzende Mittel des Mündels

Der Mündel hat einzusetzen

1. nach Maßgabe des § 87 des Zwölften Buches Sozialgesetzbuch sein Einkommen, soweit es zusammen mit dem Einkommen seines nicht getrennt lebenden Ehegatten oder Lebenspartners die nach den §§ 82, 85 Abs. 1 und § 86 des Zwölften Buches Sozialgesetzbuch maßgebende Einkommensgrenze für die Hilfe nach dem Fünften bis Neunten Kapitel des Zwölften Buches Sozialgesetzbuch übersteigt. Wird im Einzelfall der Einsatz eines Teils des Einkommens zur Deckung eines bestimmten Bedarfs im Rahmen der Hilfe nach dem Fünften bis Neunten Kapitel des Zwölften Buches Sozialgesetzbuch zugemutet oder verlangt, darf dieser Teil des Einkommens bei der Prüfung, inwieweit der Einsatz des Einkommens zur Deckung der Kosten der Vormundschaft einzusetzen ist, nicht mehr berücksichtigt werden.

2. sein Vermögen nach Maßgabe des § 90 des Zwölften Buches Sozialgesetzbuch.

§ 1836d
Mittellosigkeit des Mündels

Der Mündel gilt als mittellos, wenn er den Aufwendungsersatz oder die Vergütung aus seinem einzusetzenden Einkommen oder Vermögen

1. nicht oder nur zum Teil oder nur in Raten oder

2. nur im Wege gerichtlicher Geltendmachung von Unterhaltsansprüchen

aufbringen kann.

§ 1836e
Gesetzlicher Forderungsübergang

(1) Soweit die Staatskasse den Vormund oder Gegenvormund befriedigt, gehen Ansprüche des Vormunds oder Gegenvormunds gegen den Mündel auf die Staatskasse über. Der übergegangene Anspruch erlischt in zehn Jahren vom Ablauf des Jahres an, in dem die Staatskasse die Aufwendungen oder die Vergütung bezahlt hat. Nach dem Tode des Mündels haftet sein Erbe nur mit dem Wert des im Zeitpunkt des Erbfalls vorhandenen Nachlasses; § 102 Abs. 3 und 4 des Zwölften Buches Sozialgesetzbuch gilt entsprechend, § 1836c findet auf den Erben keine Anwendung.

(2) Soweit Ansprüche gemäß § 1836c Nr. 1 Satz 2 einzusetzen sind, findet zugunsten der Staatskasse § 850b der Zivilprozessordnung keine Anwendung.

§ 56g FGG

(1) Das Vormundschaftsgericht setzt durch gerichtlichen Beschluß fest, wenn der Vormund, Gegenvormund oder Mündel die gerichtliche Festsetzung beantragt oder das Gericht sie für angemessen hält:

1. Vorschuß, Ersatz von Aufwendungen, Aufwandsentschädigung, soweit der Vormund oder Gegenvormund sie aus der Staatskasse verlangen kann (§ 1835 Abs. 4, § 1835a Abs. 3 des Bürgerlichen Gesetzbuchs) oder ihm nicht die Vermögenssorge übertragen wurde;

2. eine dem Vormund oder Gegenvormund zu bewilligende Vergütung oder Abschlagszahlung (§§ 1836, 1836a des Bürgerlichen Gesetzbuchs) oder die Zahlung eines als Vergütung zugebilligten festen Geldbetrags (§ 1836b Satz 1 Nr. 1 des Bürgerlichen Gesetzbuchs).

Mit der Festsetzung bestimmt das Gericht Höhe und Zeitpunkt der Zahlungen, die der Mündel an die Staatskasse nach den §§ 1836c, 1836e des Bürgerlichen Gesetzbuchs zu leisten hat. Es kann die Zahlungen gesondert festsetzen, wenn dies zweckmäßig ist. Erfolgt keine Festsetzung nach Satz 1 und richten sich die in Satz 1 bezeichneten Ansprüche gegen die Staatskasse, gelten die Vorschriften über das Verfahren bei der Entschädigung von Zeugen hinsichtlich ihrer baren Auslagen sinngemäß.

(2) In dem Antrag sollen die persönlichen und wirtschaftlichen Verhältnisse des Mündels dargestellt werden. § 118 Abs. 2 Satz 1 und 2 und § 120 Abs. 2, 3 und Abs. 4 Satz 1 und 2 der Zivilprozeßordnung sind entsprechend anzuwenden. Steht nach der freien Überzeugung des Gerichts der Aufwand zur Ermittlung der persönlichen und wirtschaftlichen Verhältnisse des Mündels außer Verhältnis zur Höhe des aus der Staatskasse zu begleichenden Anspruchs oder zur Höhe der voraussichtlich vom Mündel zu leistenden Zahlungen, so kann das Gericht ohne weitere Prüfung den Anspruch festsetzen oder von einer Festsetzung der vom Mündel zu leistenden Zahlungen absehen.

(3) Nach dem Tode des Mündels bestimmt das Gericht Höhe und Zeitpunkt der Zahlungen,

die der Erbe des Mündels nach § 1836e des Bürgerlichen Gesetzbuchs an die Staatskasse zu leisten hat. Der Erbe ist verpflichtet, dem Gericht über den Bestand des Nachlasses Auskunft zu erteilen. Er hat dem Gericht auf Verlangen ein Verzeichnis der zur Erbschaft gehörenden Gegenstände vorzulegen und an Eides Statt zu versichern, daß er nach bestem Wissen und Gewissen den Bestand so vollständig angegeben habe, als er dazu imstande sei.

(4) Der Mündel ist zu hören, bevor gemäß Absatz 1 eine von ihm zu leistende Zahlung festgesetzt wird. Vor einer Entscheidung nach Absatz 3 ist der Erbe zu hören.

(5) Gegen die Entscheidungen nach Absatz 1 Satz 1 bis 3 und den Absätzen 2 und 3 und nach § 1836b Satz 1 Nr. 1 des Bürgerlichen Gesetzbuchs findet die sofortige Beschwerde statt, wenn der Wert des Beschwerdegegenstandes 150 Euro übersteigt oder das Gericht sie wegen der grundsätzlichen Bedeutung der Rechtssache zuläßt. Die weitere Beschwerden (§ 27) ist statthaft, wenn das Beschwerdegericht sie wegen der grundsätzlichen Bedeutung der zur Entscheidung stehenden Frage zugelassen hat.

(6) Aus einem nach Absatz 1 Satz 1 gegen den Mündel ergangenen Festsetzungsbeschluß findet die Zwangsvollstreckung nach den Vorschriften der Zivilprozeßordnung statt.

(7) Auf die Pflegschaft sind die Absätze 1 bis 6 entsprechend anzuwenden.

c) **Die für Vergütung und Aufwendungsersatz (einschließlich Aufwandsentschädigung) für die Zeit vom 1. 7. 2005 an maßgebenden Regelungen***

Der Wortlaut des § 1835 ist unverändert geblieben (s oben Rn 270) bis auf Abs 2 S 2, der durch Art 1 Nr 4 2. BtÄndG wie folgt gefaßt wurde:

---

* **Schrifttum (mit Ausnahme der das 2. BtÄndG berücksichtigenden Kommentare oder Spezialdarstellungen):** BESTELMEYER, Die Neuregelung des Vergütungsrechts nach dem 2. BtÄndG – eine vergütungs- und verfassungsrechtliche Totgeburt, Rpfleger 2005, 583; BRÜHL, Betreuungsvergütung mit empirischen Fallgruppen, bdbaspakte 56/2005, 18; DEINERT, Zur Neuregelung der Berufsbetreuer-, Berufsvormünder- und Berufspflegervergütung, BtPrax Spezial S 13; ders, Neue Betreuervergütung und Übergangsrecht, Rpfleger 2005, 304; ders, Neue Pauschalvergütung für anwaltliche Berufsbetreuer, JurBüro 2005, 285; ders, Gewöhnlicher (Heim-)Aufenthalt und pauschale Betreuervergütung, FamRZ 2005, 954; ders, Entschädigungssystem nach dem 2. BtÄndG (Tabelle), Betreuungsmanagement 2005, 94; ders, Pauschale Betreuungsvergütung und Mittellosigkeit, BtPrax 2005, 180; DEINERT/LÜTGENS, Die Vergütung des Betreuers (4. Aufl 2005); Do-

DEGGE/ROTH, Betreuungsrecht (2. Aufl 2005); FRÖSCHLE, Betreuungsrecht 2005 (2005); GROTKOPP, Das zweite Betreuungsrechtsänderungsgesetz – mehr als nur eine Reform der Vergütungsregelungen für Berufsbetreuer?, SchlHA 2005, 241; HARM, Verfahrenspflegschaft in Betreuungs- und Unterbringungssachen (2. Aufl 2005); LIPP/OHRT, Betreutes Wohnen als „Heim"?, BtPrax 2005, 209; LÜTGENS, Vergütung – Abrechnung nach der Reform, bdbaspekte 55/2005, 31; MAIER, Pauschalierung von Vergütung und Aufwendungsersatz – Chance für Berufsbetreuer, BtPrax Spezial S 17; MENNE, Zweites Betreuungsrechtsänderungsgesetz: Neues Vergütungsrecht auch für Verfahrenspfleger, KindPrax 2005, 139; NEUMANN/ NEUMANN, Zur praktischen Umsetzung des ab 1. 7. 2005 geltenden Vergütungssystems, Betreuungsmanagement 2005, 90; ROSENOW, Honorarvereinbarung und Ermessensvergütung bei vermögenden Betreuten, Betreuungsmanage-

§ 1835 Abs 2 S 2

Satz 1 ist nicht anzuwenden, wenn ein Vormund oder Gegenvormund eine Vergütung nach § 1836 Abs. 1 Satz 2 in Verbindung mit dem Vormünder- und Betreuervergütungsgesetz erhält.

§ 1836
Vergütung des Vormunds

(1) Die Vormundschaft wird unentgeltlich geführt. Sie wird ausnahmsweise entgeltlich geführt, wenn das Gericht bei der Bestellung des Vormunds feststellt, dass der Vormund die Vormundschaft berufsmäßig führt. Das Nähere regelt das Vormünder- und Betreuervergütungsgesetz.

(2) Trifft das Gericht keine Feststellung nach Absatz 1 Satz 2, so kann es dem Vormund und aus besonderen Gründen auch dem Gegenvormund gleichwohl eine angemessene Vergütung bewilligen, soweit der Umfang oder die Schwierigkeit der vormundschaftlichen Geschäfte dies rechtfertigen; dies gilt nicht, wenn der Mündel mittellos ist.

(3) Dem Jugendamt oder einem Verein kann keine Vergütung bewilligt werden.

Die §§ 1836a und 1836b wurden durch Art 1 Nr 6 des 2. BtÄndG aufgehoben; die §§ 1836c und 1836d gelten unverändert.

Gesetz über die Vergütung von Vormündern und Betreuern
(Vormünder- und Betreuervergütungsgesetz – VBVG)

vom 21.4.2005 (BGBl I 1073, 1076)

Abschnitt 1
Allgemeines

§ 1
Feststellung der Berufsmäßigkeit und Vergütungsbewilligung

(1) Das Vormundschaftsgericht hat die Feststellung der Berufsmäßigkeit gemäß § 1836 Abs. 1 Satz 2 des Bürgerlichen Gesetzbuchs zu treffen, wenn dem Vormund in einem solchen Umfang Vormundschaften übertragen sind, dass er sie nur im Rahmen seiner Berufsausübung führen kann, oder wenn zu erwarten ist, dass dem Vormund in absehbarer Zeit Vormundschaften in diesem Umfang übertragen sein werden. Berufsmäßigkeit liegt im Regelfall vor, wenn

1. der Vormund mehr als zehn Vormundschaften führt

---

ment 2005, 212; ZIMMERMANN, Die Betreuer- und Verfahrenspflegervergütung ab 1.7.2005, FamRZ 2005, 950; ZIMMERMANN, Die Vergütung des Nachlasspflegers seit 1.7.2005, ZEV 2005, 473.

oder

2. die für die Führung der Vormundschaft erforderliche Zeit voraussichtlich 20 Wochenstunden nicht unterschreitet.

(2) Trifft das Vormundschaftsgericht die Feststellung nach Absatz 1 Satz 1, so hat es dem Vormund oder dem Gegenvormund eine Vergütung zu bewilligen. Ist der Mündel mittellos im Sinne des § 1836d des Bürgerlichen Gesetzbuchs, so kann der Vormund die nach Satz 1 zu bewilligende Vergütung aus der Staatskasse verlangen.

§ 2
Erlöschen der Ansprüche

Der Vergütungsanspruch erlischt, wenn er nicht binnen 15 Monaten nach seiner Entstehung beim Vormundschaftsgericht geltend gemacht wird; die Geltendmachung des Anspruchs beim Vormundschaftsgericht gilt dabei auch als Geltendmachung gegenüber dem Mündel. § 1835 Abs. 1a des Bürgerlichen Gesetzbuchs gilt entsprechend.

Abschnitt 2
Vergütung des Vormunds

§ 3
Stundensatz des Vormunds

(1) Die dem Vormund nach § 1 Abs. 2 zu bewilligende Vergütung beträgt für jede Stunde der für die Führung der Vormundschaft aufgewandten und erforderlichen Zeit 19,50 Euro. Verfügt der Vormund über besondere Kenntnisse, die für die Führung der Vormundschaft nutzbar sind, so erhöht sich der Stundensatz

1. auf 25 Euro, wenn diese Kenntnisse durch eine abgeschlossene Lehre oder eine vergleichbare abgeschlossene Ausbildung erworben sind;

2. auf 33,50 Euro, wenn diese Kenntnisse durch eine abgeschlossene Ausbildung an einer Hochschule oder durch eine vergleichbare abgeschlossene Ausbildung erworben sind.

Eine auf die Vergütung anfallende Umsatzsteuer wird, soweit sie nicht nach § 19 Abs. 1 des Umsatzsteuergesetzes unerhoben bleibt, zusätzlich ersetzt.

(2) Bestellt das Vormundschaftsgericht einen Vormund, der über besondere Kenntnisse verfügt, die für die Führung der Vormundschaft allgemein nutzbar und durch eine Ausbildung im Sinne des Absatzes 1 Satz 2 erworben sind, so wird vermutet, dass diese Kenntnisse auch für die Führung der dem Vormund übertragenen Vormundschaft nutzbar sind. Dies gilt nicht, wenn das Vormundschaftsgericht aus besonderen Gründen bei der Bestellung des Vormunds etwas anderes bestimmt.

(3) Soweit die besondere Schwierigkeit der vormundschaftlichen Geschäfte dies ausnahmsweise rechtfertigt, kann das Vormundschaftsgericht einen höheren als den in Absatz 1 vorgesehenen Stundensatz der Vergütung bewilligen. Dies gilt nicht, wenn der Mündel mittellos ist.

(4) Der Vormund kann Abschlagszahlungen verlangen.

Abschnitt 3
Sondervorschriften für Betreuer

§ 4
Stundensatz und Aufwendungsersatz des Betreuers

(1) Die dem Betreuer nach § 1 Abs. 2 zu bewilligende Vergütung beträgt für jede nach § 5 anzusetzende Stunde 27 Euro. Verfügt der Betreuer über besondere Kenntnisse, die für die Führung der Betreuung nutzbar sind, so erhöht sich der Stundensatz

1. auf 33,50 Euro, wenn diese Kenntnisse durch eine abgeschlossene Lehre oder eine vergleichbare abgeschlossene Ausbildung erworben sind,

2. auf 44 Euro, wenn diese Kenntnisse durch eine abgeschlossene Ausbildung an einer Hochschule oder durch eine vergleichbare abgeschlossene Ausbildung erworben sind.

(2) Die Stundensätze nach Absatz 1 gelten auch Ansprüche auf Ersatz anlässlich der Betreuung entstandener Aufwendungen sowie anfallende Umsatzsteuer ab. Die gesonderte Geltendmachung von Aufwendungen im Sinne des § 1835 Abs. 3 des Bürgerlichen Gesetzbuchs bleibt unberührt.

(3) § 3 Abs 2 gilt entsprechend. § 1 Satz 2 Nr. 2 findet keine Anwendung.

§ 5
Stundenansatz des Betreuers

(1) Der dem Betreuer zu vergütende Zeitaufwand ist

1. in den ersten drei Monaten der Betreuung mit fünfeinhalb,

2. im vierten bis sechsten Monat mit viereinhalb,

3. im siebten bis zwölften Monat mit vier,

4. danach mit zweieinhalb

Stunden im Monat anzusetzen. Hat der Betreute seinen gewöhnlichen Aufenthalt nicht in einem Heim, beträgt der Stundenansatz

1. in den ersten drei Monaten der Betreuung achteinhalb,

Titel 2
Rechtliche Betreuung

§ 1908i

2. im vierten bis sechsten Monat sieben,

3. im siebten bis zwölften Monat sechs,

4. danach viereinhalb

Stunden im Monat.

(2) Ist der Betreute mittellos, beträgt der Stundenansatz

1. in den ersten drei Monaten der Betreuung viereinhalb,

2. im vierten bis sechsten Monat dreieinhalb,

3. im siebten bis zwölften Monat drei,

4. danach zwei

Stunden im Monat. Hat der mittellose Betreute seinen gewöhnlichen Aufenthalt nicht in einem Heim, beträgt der Stundenansatz

1. in den ersten drei Monaten der Betreuung sieben,

2. im vierten bis sechsten Monat fünfeinhalb,

3. im siebten bis zwölften Monat fünf,

4. danach dreieinhalb

Stunden im Monat.

(3) Heime im Sinne dieser Vorschrift sind Einrichtungen, die dem Zweck dienen, Volljährige aufzunehmen, ihnen Wohnraum zu überlassen sowie tatsächliche Betreuung und Verpflegung zur Verfügung zu stellen oder vorzuhalten, und die in ihrem Bestand von Wechsel und Zahl der Bewohner unabhängig sind und entgeltlich betrieben werden. § 1 Abs. 2 des Heimgesetzes gilt entsprechend.

(4) Für die Berechnung der Monate nach den Absätzen 1 und 2 gelten § 187 Abs. 1 und § 188 Abs. 2 erste Alternative des Bürgerlichen Gesetzbuchs entsprechend. Ändern sich Umstände, die sich auf die Vergütung auswirken, vor Ablauf eines vollen Monats, so ist der Stundenansatz zeitanteilig nach Tagen zu berechnen; § 187 Abs. 1 und § 188 Abs. 1 des Bürgerlichen Gesetzbuchs geltend entsprechend. Die sich dabei ergebenden Stundenansätze sind auf volle Zehntel aufzurunden.

(5) Findet ein Wechsel von einem beruflichen zu einem ehrenamtlichen Betreuer statt, sind dem beruflichen Betreuer der Monat, in den der Wechsel fällt, und der Folgemonat mit dem vollen Zeitaufwand nach den Absätzen 1 und 2 zu vergüten. Dies gilt auch dann, wenn zunächst neben dem beruflichen Betreuer ein ehren-

amtlicher Betreuer bestellt war und dieser die Betreuung allein fortführt. Absatz 4 Satz 2 und 3 ist nicht anwendbar.

§ 6
Sonderfälle der Betreuung

In den Fällen des § 1899 Abs. 2 und 4 des Bürgerlichen Gesetzbuchs erhält der Betreuer eine Vergütung nach § 1 Abs. 2 in Verbindung mit § 3; für seine Aufwendungen kann er Vorschuss und Ersatz nach § 1835 des Bürgerlichen Gesetzbuchs mit Ausnahme der Aufwendungen im Sinne von § 1835 Abs. 2 des Bürgerlichen Gesetzbuchs beanspruchen. Ist im Falle des § 1899 Abs. 4 des Bürgerlichen Gesetzbuchs die Verhinderung tatsächlicher Art, sind die Vergütung und der Aufwendungsersatz nach § 4 in Verbindung mit § 5 zu bewilligen und nach Tagen zu teilen; § 5 Abs. 4 Satz 3 sowie § 187 Abs. 1 und § 188 Abs. 1 des Bürgerlichen Gesetzbuchs gelten entsprechend.

§ 7
Vergütung und Aufwendungsersatz für Betreuungsvereine

(1) Ist ein Vereinsbetreuer bestellt, so ist dem Verein eine Vergütung und Aufwendungsersatz nach § 1 Abs. 2 in Verbindung mit den §§ 4 und 5 zu bewilligen. § 1 Abs. 1 sowie § 1835 Abs. 3 des Bürgerlichen Gesetzbuchs finden keine Anwendung.

(2) § 6 gilt entsprechend; der Verein kann im Fall von § 6 Satz 1 Vorschuss und Ersatz der Aufwendungen nach § 1835 Abs. 1, 1a und 4 des Bürgerlichen Gesetzbuchs verlangen. § 1835 Abs. 5 Satz 2 des Bürgerlichen Gesetzbuchs gilt entsprechend.

(3) Der Vereinsbetreuer selbst kann keine Vergütung und keinen Aufwendungsersatz nach diesem Gesetz oder nach den §§ 1835 bis 1836 des Bürgerlichen Gesetzbuchs geltend machen.

§ 8
Vergütung und Aufwendungsersatz für Behördenbetreuer

(1) Ist ein Behördenbetreuer bestellt, so kann der zuständigen Behörde eine Vergütung nach § 1836 Abs. 2 des Bürgerlichen Gesetzbuchs bewilligt werden, soweit der Umfang oder die Schwierigkeit der Betreuungsgeschäfte dies rechtfertigen. Dies gilt nur, soweit eine Inanspruchnahme des Betreuten nach § 1836c des Bürgerlichen Gesetzbuchs zulässig ist.

(2) Unabhängig von den Voraussetzungen nach Absatz 1 Satz 1 kann die Betreuungsbehörde Aufwendungsersatz nach § 1835 Abs. 1 Satz 1 und 2 in Verbindung mit Abs. 5 Satz 2 des Bürgerlichen Gesetzbuchs verlangen, soweit eine Inanspruchnahme des Betreuten nach § 1836c des Bürgerlichen Gesetzbuchs zulässig ist.

(3) Für den Behördenbetreuer selbst gilt § 7 Abs. 3 entsprechend.

(4) § 2 ist nicht anwendbar.

§ 9
Abrechnungszeitraum für die Betreuungsvergütung

Die Vergütung kann nach Ablauf von jeweils drei Monaten für diesen Zeitraum geltend gemacht werden. Dies gilt nicht für die Geltendmachung von Vergütung und Aufwendungsersatz in den Fällen des § 6.

§ 10
Mitteilung an die Betreuungsbehörde

(1) Wer Betreuungen entgeltlich führt, hat der Betreuungsbehörde, in deren Bezirk er seinen Sitz oder Wohnsitz hat, kalenderjährlich mitzuteilen

1. die Zahl der von ihm im Kalenderjahr geführten Betreuungen aufgeschlüsselt nach Betreuten in einem Heim oder außerhalb eines Heimes und

2. den von ihm für die Führung von Betreuungen im Kalenderjahr erhaltenen Geldbetrag.

(2) Die Mitteilung erfolgt jeweils bis spätestens 31. März für den Schluss des vorangegangenen Kalenderjahrs. Die Betreuungsbehörde kann verlangen, dass der Betreuer die Richtigkeit der Mitteilung an Eides statt versichert.

(3) Die Betreuungsbehörde ist berechtigt und auf Verlangen des Vormundschaftsgerichts verpflichtet, dem Vormundschaftsgericht diese Mitteilung zu übermitteln.

Abschnitt 4
Schlussvorschriften

§ 11
Umschulung und Fortbildung von Berufsbetreuern

Vom Abdruck wird abgesehen. Der Text entspricht wörtlich dem des § 2 des BVormVG (s oben Rn 270 Anh zu § 1836a).

§ 67a FGG

(1) Der Pfleger für das Verfahren erhält Ersatz seiner Aufwendungen nach § 1835 Abs. 1 bis 2 des Bürgerlichen Gesetzbuchs. Vorschuss kann nicht verlangt werden. Eine Behörde und ein Verein als Pfleger erhalten keinen Aufwendungsersatz.

(2) § 1836 Abs. 1 und 3 des Bürgerlichen Gesetzbuchs gilt entsprechend. Wird die Pflegschaft ausnahmsweise berufsmäßig geführt, erhält der Pfleger neben den Aufwendungen nach Absatz 1 eine Vergütung in entsprechender Anwendung der §§ 1 bis 3 Abs. 1 und 2 des Vormünder- und Betreuervergütungsgesetzes.

(3) Anstelle des Aufwendungsersatzes und der Vergütung nach den Absätzen 1 und 2 kann das Vormundschaftsgericht dem Pfleger einen festen Geldbetrag zubilligen, wenn die für die Führung der Pflegschaftsgeschäfte erforderliche Zeit vorhersehbar und ihre Ausschöpfung durch den Pfleger gewährleistet ist. Bei der Bemessung des Geldbetrags ist die voraussichtlich erforderliche Zeit mit den in § 3 Abs. 1 des Vormünder- und Betreuervergütungsgesetzes bestimmten Stundensätzen zuzüglich einer Aufwandspauschale von 3 Euro je veranschlagter Stunde zu vergüten. Einer Nachweisung der vom Pfleger aufgewandten Zeit und der tatsächlichen Aufwendungen bedarf es in diesem Fall nicht; weitergehende Aufwendungsersatz- und Vergütungsansprüche des Pflegers sind ausgeschlossen.

(4) Ist ein Mitarbeiter eines anerkannten Betreuungsvereins als Pfleger für das Verfahren bestellt, stehen der Aufwendungsersatz und die Vergütung nach den Absätzen 1 bis 3 dem Verein zu. § 7 Abs. 1 Satz 2 und Abs. 3 des Vormünder- und Betreuervergütungsgesetzes sowie § 1835 Abs. 5 Satz 2 des Bürgerlichen Gesetzbuchs gelten entsprechend. Ist ein Bediensteter der Betreuungsbehörde als Pfleger für das Verfahren bestellt, erhält die Betreuungsbehörde keinen Aufwendungsersatz und keine Vergütung.

(5) Der Aufwendungsersatz und die Vergütung des Pflegers sind stets aus der Staatskasse zu zahlen. Im übrigen gilt § 56g Abs. 1 und 5 entsprechend.

Die Vorschrift des § 56g FGG (oben Rn 270) wurde durch Art 5 Nr 2a und 2b des 2. BtÄndG mit Wirkung vom 1 7. 2005 geändert. Abs 1 Nr 2 erhielt die Fassung:

§ 56g Abs 1 Nr 2 FGG

2. eine dem Vormund oder Gegenvormund zu bewilligende Vergütung oder Abschlagszahlung (§ 1836 des Bürgerlichen Gesetzbuchs).

In Abs 5 S 1 wurden die Wörter „und nach § 1836b Satz 1 Nr 1 des Bürgerlichen Gesetzbuchs" gestrichen. Abs 5 S 1 lautet jetzt:

§ 56g Abs 5 S 1 FGG

Gegen die Entscheidungen nach Absatz 1 Satz 1 bis 3 und den Absätzen 2 und 3 findet die sofortige Beschwerde statt, wenn der Wert des Beschwerdegegenstandes 150 Euro übersteigt oder das Gericht sie wegen der grundsätzlichen Bedeutung der Rechtssache zuläßt.

3. Das seit dem 1. 7. 2005 geltende Vergütungs- und Aufwendungsersatzrecht

a) Überblick

272 Unverändert gilt der Grundsatz, daß die Betreuung unentgeltlich geführt wird (§§ 1836 Abs 1 S 1, 1908i Abs 1 S 1). Wer die Betreuung berufsmäßig führt, hat einen Anspruch auf Bewilligung einer Vergütung (§§ 1836 Abs 1 S 2, 3, 1908i Abs 1 S 1, § 1 Abs 2 S 1 VBVG). Zum Nachrang der berufsmäßig geführten Betreuung gegenüber der ehrenamtlichen Betreuung s § 1897 Abs 6. Trifft das Vormundschaftsgericht keine Feststellung, daß die Betreuung berufsmäßig geführt wird, kann das

Gericht – wie bisher – dem Betreuer und aus besonderen Gründen auch dem Gegenbetreuer eine angemessene Vergütung bewilligen, soweit der Umfang oder die Schwierigkeit der Betreuungsgeschäfte dies rechtfertigen und die betreute Person nicht mittellos ist (§§ 1836 Abs 2, 1908i Abs 1 S 1).

Wie bisher kann weder einem anerkannten Betreuungsverein noch der Betreuungsbehörde eine Vergütung bewilligt werden, wenn diese gemäß § 1900 zum Betreuer bestellt worden sind (§§ 1836 Abs 3, 1908i Abs 1 S 1). Für Aufwendungen können sie Ersatz verlangen, soweit das vom Betreuten einzusetzende Einkommen und Vermögen ausreicht (§§ 1835 Abs 5 S 1, 1836c, 1908i Abs 1 S 1). Vorschuß kann nicht verlangt werden; allgemeine Verwaltungskosten werden nicht ersetzt (§§ 1835 Abs 5, 1908i Abs 1 S 1). **273**

Hat das Gericht einen Mitarbeiter eines anerkannten Betreuungsvereins zum Vereinsbetreuer oder einen Mitarbeiter der Betreuungsbehörde zum Behördenbetreuer bestellt (§ 1897 Abs 2), werden die von diesen Betreuern erarbeiteten Ansprüche auf Vergütung und Aufwendungsersatz, die sich nach § 7 Abs 1 und 2 VBVG (Vereinsbetreuer) und § 8 Abs 1, 2 und 4 (Behördenbetreuer) bestimmen, von ihren Anstellungsträgern geltend gemacht (§§ 7 Abs 3, 8 Abs 3 VBVG). Die Entscheidung des Gerichts über die vom Betreuungsverein für die Tätigkeit des Vereinsbetreuers abgerechnete Vergütung und den Ersatz von Aufwendungen ist dem Verein zuzustellen; eine an den Vereinsbetreuer persönlich gerichtete Bekanntgabe der Entscheidung ersetzt die Zustellung an den Verein nicht (LG Koblenz FamRZ 2005, 1778 [LS]). Trifft das Gericht eine Entscheidung nach § 1908b Abs 4 S 2, wonach die bisher als Vereinsbetreuer tätig gewesene Person die Betreuung als Privatperson weiterführt, entfällt ab dem Zeitpunkt der Wirksamkeit dieser Entscheidung die Zuständigkeit des Vereins für die Geltendmachung etwaiger Ansprüche auf Vergütung und Aufwendungsersatz dieser Privatperson (LG Koblenz FamRZ 2006, 64). **274**

Die Vergütung setzt sich zusammen aus einem **Stundensatz** (§ 4 VBVG) und einem nach Betreuungsperioden gestaffelten **Stundenansatz** (§ 5 VBVG). Für die Bemessung der Stundensätze der Vergütung wurde das System des § 1 BVormVG, die Vergütung nach den nutzbaren Kenntnissen des Betreuers zu bestimmen, beibehalten und in das VBVG (§ 4) unter Veränderung der Beträge übernommen. Abgegolten wird durch den Stundensatz nunmehr der Anspruch auf Aufwendungsersatz und auf Erstattung der anfallenden Umsatzsteuer (Inklusivvergütung). Unberührt bleibt die besondere Regelung des Aufwendungsersatzes nach §§ 1835 Abs 3, 1908i Abs 1 S 1. Anders als bisher (Ausnahme) wurde der dem berufsmäßig tätigen Betreuer zu vergütende Zeitaufwand als Regelfall pauschaliert. Die Höhe des Stundenansatzes richtet sich zum einen danach, ob die betreute Person ihren gewöhnlichen Aufenthalt in einem Heim oder außerhalb davon hat, und zum andern, ob sie mittellos ist oder über einzusetzendes Einkommen oder Vermögen verfügt (§ 5 Abs 1 und 2 VBVG). **275**

In § 6 VBVG zusammengefaßte Sonderfälle der Betreuung gelten den Betreuerbestellungen nach § 1899 Abs 2 (Sterilisationsbetreuer) und Abs 4 (Verhinderungsbetreuer). Die Bestellung eines weiteren Betreuers mit Vergütungsanspruch wurde durch die Änderung des § 1899 Abs 1 S 3 ausgeschlossen, sofern es sich nicht um die **276**

Bestellung eines Gegenbetreuers und der genannten Fälle des § 1899 Abs 2 und 4 handelt.

277 § 9 VBVG bestimmt, daß der berufsmäßig tätige Betreuer die Vergütung nach Ablauf von jeweils drei Monaten für diesen Zeitraum geltend machen kann, sofern es sich nicht um einen der Sonderfälle des § 6 VBVG handelt. § 9 S 2 VBVG verbietet dem Gericht nicht, auf einen entsprechenden Antrag des Betreuers auch in diesen Fällen vierteljährlich die Vergütung festzusetzen; die Vorschrift schließt lediglich einen Anspruch darauf aus.

278 Der Vergütungsanspruch erlischt, wenn er nicht binnen 15 Monaten nach seiner Entstehung beim Vormundschaftsgericht geltend gemacht wird (§ 2 Satz 1 HS 1 VBVG). Das Vormundschaftsgericht kann eine abweichende Frist von mindestens zwei Monaten bestimmen. In dieser Fristbestimmung ist über die Folgen der Versäumung der Frist zu belehren. Die Frist kann vom Vormundschaftsgericht verlängert werden. Das setzt jedoch einen entsprechenden Antrag des Betreuers voraus (BayObLGZ 2003, 126 = FamRZ 2003, 1414, 1415 = FGPrax 2003, 178, 179; OLG Frankfurt BtPrax 2001, 261). Der Vergütungsanspruch erlischt, soweit er nicht innerhalb der Frist beziffert wird (§ 2 S 2 VBVG, § 1835 Abs 1a S 4).

279 Der Anspruch des Betreuers auf Aufwendungsersatz, Aufwandsentschädigung und (im Falle berufsmäßiger Führung der Betreuung) auf Vergütung richtet sich gegen den Betreuten/Betroffenen, im Falle von dessen Mittellosigkeit nach Maßgabe der §§ 1835 Abs 4, 1835a Abs 3 iVm § 1908i Abs 1 S 1, § 1 Abs 2 S 2 VBVG, der des Verfahrenspflegers gemäß § 67a Abs 5 FGG immer, gegen die Staatskasse. Ob der Betreffende mittellos ist, richtet sich nach §§ 1836d, 1908i Abs 1 S 1; welches Einkommen und Vermögen er für die Ansprüche des Betreuers einzusetzen hat, bestimmt sich nach §§ 1836c, 1908i Abs 1 S 1. Für die Beurteilung der Mittellosigkeit des Betroffenen/Betreuten kommt es auf dessen Vermögenslage zum Zeitpunkt der letzten Tatsacheninstanz auch in den Fällen an, in denen der Betreuer die Aufwandsentschädigung zwar zunächst dem Vermögen des Betreuten entnommen, diese jedoch vor der Entscheidung des Gerichts bereits wieder zurückerstattet hatte (OLG Zweibrücken FamRZ 2005, 1778 [LS]). Eine betreute Person, die über nicht unerhebliches verwertbares Vermögen verfügt, ist nicht deshalb als mittellos anzusehen, weil sie auf den Einsatz ihres Vermögens für den laufenden Lebensunterhalt angewiesen ist und die Bezahlung von Aufwendungsersatz und Vergütung aus ihrem Vermögen zu einem schnelleren Verbrauch und ggf einem früher einsetzenden Bedarf im Sinne der sozialhilferechtlichen Vorschriften führt (OLG München FamRZ 2005, 1928 [LS] = BtPrax 2005, 191). Hat die betreute Person aus einer Härtebeihilfe in Form einer abgeschlossenen Lebensversicherung Ersparnisse gebildet, sind diese nicht nach § 1836c einzusetzen, weil dies für die betreffende Person eine Härte im Sinne von § 88 Abs 3 BSHG bedeuten würde (OLG Köln BtPrax 2005, 237).

b) Allgemeine Voraussetzungen für die Beanspruchung oder Bewilligung von Aufwendungsersatz, Aufwandsentschädigung und Vergütung

280 Voraussetzung für den Ersatz von Aufwendungen, Aufwandsentschädigung sowie die Bewilligung einer Vergütung ist die förmlich **wirksame Bestellung** als Betreuer unabhängig davon, ob deren Bestellungsvoraussetzungen nach den §§ 1896 ff vorgelegen haben oder noch vorliegen. Dies gilt auch für den Fall, daß die Vergütung aus dem Vermögen des Betreuten bewilligt wird (BayObLGZ 1997, 53 = FamRZ 1997, 701 = FGPrax 1997, 67). An dieser Rechtslage haben weder das erste noch das 2. BtÄndG etwas geändert. Das Betreueramt beginnt grundsätzlich mit dem Zugang des Bestellungsbeschlusses an den Betreuer (§ 69a Abs 3 FGG). Für eine in die Zeit vor seiner Bestellung fallende Tätigkeit kann der Betreuer, der die Betreuung berufsmäßig führt, eine Vergütung nicht verlangen (LG Koblenz FamRZ 2004, 1752 = Rpfleger 2004, 488 [jeweils LS]; AG Sinzig FamRZ 2005, 306 m Anm BIENWALD). Auch ein von dem in Aussicht genommenen Betreuer vor der förmlichen Bestellung zum Zwecke des Kennenlernens aufgenommener Kontakt zu der betroffenen Person ist nicht vergütungsfähig (AG Koblenz FamRZ 2001, 792 [LS]). Nimmt der Betreuer vor seiner Bestellung auf Ladung des Gerichts an einer Anhörung des Betroffenen teil, kann er hierfür eine Entschädigung allenfalls nach den für die Zeugenentschädigung maßgebenden Vorschriften und in dem dort vorgesehenen Verfahren verlangen (BayObLGZ 2001, 9 = FamRZ 2001, 575 = BtPrax 2001, 123).

Für den Ersatz von Aufwendungen trifft dies grundsätzlich ebenso zu (PALANDT/ **281** DIEDERICHSEN § 1835 Rn 2). Der Anspruch auf Aufwendungsersatz und im Falle berufsmäßig geführter Betreuung der Anspruch auf Vergütung setzen ferner voraus, daß die zum Zwecke der Führung der Betreuung entfaltete Tätigkeit in den dem Betreuer übertragenen **Aufgabenkreis** fällt (BayObLGZ 2001, 324 = FamRZ 2002, 638, 639). Entsprechendes gilt für den Verfahrenspfleger (OLG Brandenburg FamRZ 2001, 1541; FamRZ 2002, 626).

Tritt infolge verzögerter Bearbeitung des Verfahrens durch das Vormundschaftsgericht eine **Vakanz** in der Betreuerbestellung zwischen der abgelaufenen (einstweiligen) Anordnung und einer für notwendig gehaltenen Verlängerung ein, steht dem **282** berufsmäßig tätigen Betreuer, der ohne wirksame Bestellung tätig gewesen ist, weder ein Ersatz der notwendigen Aufwendungen noch eine Vergütung zu, auch wenn das Vormundschaftsgericht durch nachfolgenden Beschluß sowohl die Betreuungsbedürftigkeit in dem bisherigen Umfang bejaht als auch die als Betreuer tätig gewordene Person erneut bestellt hat (LG Koblenz FamRZ 2005, 2017 = NJW-RR 2005, 660). Entsprechendes gilt, wenn während der Vakanz ein Vereinsbetreuer tätig gewesen ist (LG Cottbus FamRZ 2004, 401). War die **Betreuung** ausdrücklich **befristet**, so kann der Betreuer, der über diesen Tag hinaus in der Erwartung tätig ist, er werde auch für die Zukunft bestellt werden, keine Vergütung verlangen, wenn schließlich die Betreuung nicht verlängert wird; dies gilt auch dann, wenn der Rechtspfleger gegenüber dem Betreuer zwischenzeitlich durchblicken ließ, er neige zu einer Fortsetzung der Betreuung (OLG Köln Rp 2002, 142). Wurde eine erforderliche und rechtzeitig angeregte Bestellung eines **Ergänzungsbetreuers** durch eine erhebliche Verzögerung des Gerichts erst vorgenommen, nachdem zwischenzeitlich Tätigkeiten erforderlich waren, so kann für die zwischenzeitlich erbrachten Tätigkeiten Vergütung und Aufwendungsersatz (hier: von einem Betreuungsverein für den tätig gewordenen zur Bestellung benannten Vereinsmitarbeiter) verlangt werden (BayObLG FamRZ 2004, 405; LG Cottbus FamRZ 2004, 401). Zuvor hatte das OLG Brandenburg (MDR 2002, 397) bereits entschieden, ein Verein könne für die vor einer Bestellung seines Mitarbeiters zum Betreuer liegende Tätigkeit eine Vergütung verlangen, wenn der Vereinsmitarbeiter seine Verhinderung rechtzeitig dem Gericht angezeigt und die Bestellung eines bezeichneten neuen Betreuers angeregt habe (gegen LG Kreuznach Rpfleger 1997, 66; **aA** auch LG Koblenz FamRZ 2005, 1928: Geltendmachung im ordentlichen streitigen Verfahren). Das LG Cottbus schloß sich der Ansicht des OLG Brandenburg im Ergebnis an und berief sich auf die Grundsätze der Geschäftsführung ohne Auftrag (FamRZ 2004, 401). Ob sich ein Betreuer auf diesen Grundsatz auch dann berufen kann, wenn er fürsorglich tätig geworden ist, bevor die notwendige Erweiterung seines Aufgabenkreises vorgenommen wurde (zB zum Zwecke der Schadensverhinderung) und dafür Aufwendungsersatz und ggf Vergütung verlangen, ist damit nicht geklärt.

283 Entläßt das Vormundschaftsgericht einen Betreuer und bestellt es einen neuen Betreuer, besteht dessen Vergütungsanspruch dem Grunde nach unabhängig davon, daß das LG die Entlassungs- und Neubestellungsentscheidung (hier: wegen eines Verfahrensfehlers) aufgehoben hat (LG Koblenz FamRZ 2005, 1279 [LS]).

284 **Aufwendungen**, für die nach § 1835 (ggf iVm § 1908i) Ersatz verlangt werden kann, sind zu ersetzen, soweit sie zur Besorgung der Angelegenheiten des Betreuten erforderlich waren und vom Betreuer den Umständen nach für erforderlich gehalten werden durften. Übernimmt der Betreuer selbst Dienstleistungen aufgrund eines entsprechenden Vertrages (unter Beteiligung eines Ergänzungsbetreuers geschlossen, soweit erforderlich), ist nicht Vergütung, sondern sind Aufwendungen abzurechnen, ggf nach § 1835 Abs 3 (BayObLGZ 1998, 44 = FamRZ 1998, 1050), soweit nicht andere Leistungsträger in Betracht kommen. Für die ehrenamtlich geführte Betreuung kann grundsätzlich nichts anderes gelten. Zu den zu berücksichtigenden Aufwendungen s STAUDINGER/BIENWALD (2004) § 1835 Rn 13 ff. Zu den Aufwendungen können die Kosten eines Postnachsendeauftrags gehören, wenn dadurch die notwendige Information des mit dem Aufgabenkreis der Postkontrolle betrauten Betreuers sichergestellt wird (OLG Zweibrücken FamRZ 2005, 2019 [LS]). Nach der bis zum 30. 6. 2005 geltenden Rechtslage war die Geltendmachung eines Aufwendungsersatzanspruchs eines anwaltlichen Betreuers für Hilfsarbeiten, die von angestellten Bürokräften im Rahmen der rechtlichen Betreuung erledigt wurden, nicht von vornherein ausgeschlossen, jedoch dem Grunde nach an enge Voraussetzungen gebunden (BGH FamRZ 2006, 111, 112 m Anm BIENWALD auf Vorlage des BayObLG FamRZ 2001, 653). Über die dem BGH vorgelegte Frage, ob ein zum Betreuer für einen mittellosen Betroffenen bestellter Rechtsanwalt für anwaltsspezifische Tätigkeiten, für die ihrer Art nach PKH nicht gewährt wird, grundsätzlich aus der Staatskasse Aufwendungsersatz in Höhe der vollen Gebühren (zZ der Vorlage nach BRAGO, nunmehr RVG) beanspruchen kann (Vorlagebeschluß des BayObLG FamRZ 2003, 1586 = FPR 2004, 33), hat der BGH bisher nicht entschieden.

285 Der gegen die Staatskasse gerichtete Anspruch des Betreuers auf Erstattung von Aufwendungen ist gemäß § 256 von der Zeit der Aufwendung an zu **verzinsen** (BayObLG FamRZ 2001, 934 [LS] = BtPrax 2001, 39; OLG Hamm Rpfleger 2003, 364 [LS]). Der gegen die Staatskasse gerichtete Anspruch des Betreuers auf Vergütung ist vom Zeitpunkt der Rechtskraft des Festsetzungsbeschlusses an gemäß § 291 zu verzinsen (OLG Hamm Rpfleger 2003, 364 [LS]; **aA** LG Braunschweig NdsRpfl 2002, 147). Eine gerichtliche Festsetzung von Verzugszinsen gegen eine Erbengemeinschaft kommt in Betracht; in seiner Festsetzungsentscheidung hat das Gericht auf die Verzugsfolgen hinzuweisen, wenn Verzug eintreten soll (LG Karlsruhe FamRZ 2004, 1816).

c) Leistungen bei ehrenamtlich geführter Betreuung
aa) Aufwendungsersatz/Aufwandsentschädigung

286 Der ehrenamtlich tätige Betreuer kann nach Maßgabe der §§ 1835, 1908i Abs 1 S 1 seine Aufwendungen ersetzt verlangen (näher dazu STAUDINGER/BIENWALD [2004] § 1835). Alternativ hat er die Möglichkeit, die Aufwandsentschädigung nach Maßgabe der §§ 1835a, 1908i Abs 1 S 1 in Anspruch zu nehmen. Dem Wortlaut des § 1835a nach („zur Abgeltung seines Anspruchs") kann über die Aufwandspauschale dieser Bestimmung hinaus ein Aufwendungsersatz nicht verlangt werden.

Die Aufwandspauschale kann für jede Betreuung verlangt werden, für deren Führung dem Betreffenden eine Vergütung nicht zusteht. Die Geltendmachung der Aufwandsentschädigung erfordert, anders als die Beanspruchung des Aufwendungsersatzes nach §§ 1835, 1908i Abs 1 S 1, keinen Nachweis entstandener Aufwendungen; sie setzt aber (s den Wortlaut „zur Abgeltung seines Anspruchs") voraus, daß Aufwendungen entstanden sind.

287 Die Aufwandsentschädigung des § 1835a kann nur derjenige Betreuer verlangen, der die Betreuung führt. Der Gegenbetreuer führt nicht die Betreuung als Daueraufgabe, sondern nimmt Aufsichts- und Kontroll- sowie Unterstützungsaufgaben wahr, die nicht ständig anfallen, so daß eine analoge Anwendung nicht in Betracht kommt (BIENWALD/SONNENFELD/HOFFMANN [BIENWALD] Betreuungsrecht 4. Aufl § 1835a Rn 10 entgegen DAMRAU/ZIMMERMANN 3. Aufl Rn 17).

288 Der Anspruch auf Ersatz der Aufwendungen (ggf Vorschuß) oder auf eine Aufwandsentschädigung richtet sich gegen die betreute Person (§ 1835 Abs 1 S 1). Ist diese mittellos (dazu § 1836c), kann der Betreuer den Ersatz der Aufwendungen oder die Aufwandsentschädigung aus der Staatskasse verlangen (§§ 1835 Abs 4, 1835a Abs 3 S 1, 1908i Abs 1 S 1).

bb) Vergütung

289 Die Betreuung wird unentgeltlich geführt (§§ 1836 Abs 1 S 1, 1908i Abs 1 S 1). Sie wird ausnahmsweise entgeltlich geführt, wenn das Gericht die berufsmäßige Führung festgestellt hat (§§ 1836 Abs 1 S 2, 1908i Abs 1 S 1). Trifft das Gericht diese Feststellung nicht, weil es deren Voraussetzungen nicht für gegeben hält (§ 1836 Abs 1 S 3, § 1 VBVG) oder die ausgewählte Person die Betreuung nicht gegen Entgelt führen möchte, kann dem Betreuer jeweils für jede unentgeltlich geführte Betreuung eine Vergütung (sog Ermessensvergütung) bewilligt werden, vorausgesetzt der Umfang *oder* die Schwierigkeit der Betreuungsgeschäfte rechtfertigen dies und die jeweils betreute Person ist nicht mittellos (§§ 1836 Abs 3, 1908i Abs 1 S 1). Die Bemessung muß sich weder an der fachlichen Qualifikation des Betreuers noch an den Stundensätzen und Stundenansätzen orientieren. Die Tatsache, daß ein großes Vermögen zu verwalten ist/war, rechtfertigt allein nicht die Bewilligung einer Vergütung, kann aber im Hinblick auf die damit verbundene große Verantwortung und das Haftungsrisiko von Bedeutung sein. Auch können umfangreiche und schwierige Geschäfte im Rahmen einer Vermögensverwaltung anfallen und zu berücksichtigen sein (STAUDINGER/ENGLER [1999] § 1836 Rn 20 ff). Neben dem Umfang und der Schwierigkeit der Betreuergeschäfte können auch der Zeitaufwand, die an den Betreuer wegen der sachlichen Erledigung der Angelegenheiten des Betreuten zu stellenden Anforderungen und sonstige Umstände tatsächlicher und rechtlicher

Art in der Person oder den Lebensumständen des Betreuten maßgeblich sein (näher BGHZ 145, 104, 114; BayObLG-Rp 2004, 303 = FamRZ, 1138; OLG Frankfurt Rpfleger 2000, 498, 499).

d) Leistungen bei ehrenamtlich geführter Gegenbetreuung
aa) Aufwendungsersatz

290 Nach Maßgabe der §§ 1835 Abs 1 S 1, 1908i Abs 1 S 1 kann auch der Gegenbetreuer (§§ 1792, 1908i Abs 1 S 1) nach den für den Auftrag geltenden Vorschriften der §§ 669, 670 von der betreuten Person Ersatz seiner Aufwendungen verlangen. Auch kann er Vorschuß verlangen. Der Anspruch richtet sich gegen die betreute Person; die Inanspruchnahme der Staatskasse ist nicht vorgesehen (§§ 1835 Abs 4 S 1). Sie kommt schon deshalb regelmäßig nicht in Betracht, weil die Bestellung eines Gegenbetreuers voraussetzt, daß mit der Betreuung eine nicht unerhebliche Vermögensverwaltung verbunden ist. Würde sich die Vermögensverwaltung auf zZ unverwertbares (Grund-)Vermögen erstrecken und würden Barmittel nicht in ausreichendem Maße zur Verfügung stehen, könnte im Hinblick auf die Erlöschensregelung des § 1835 Abs 1 der Gegenbetreuer leer ausgehen. Die Bewilligung einer Aufwandsentschädigung für den Gegenbetreuer ist in § 1835a nicht vorgesehen. Im übrigen s STAUDINGER/BIENWALD (2004) zu § 1835a.

bb) Vergütung

291 Ebenso wie dem ehrenamtlich tätigen Betreuer kann auch dem Gegenbetreuer, der diese Aufgabe nicht berufsmäßig wahrnimmt, eine angemessene Vergütung bewilligt werden (§§ 1836 Abs 2, 1908i Abs 1 S 1). Entgegen dem Wortlaut des § 1836 Abs 2 kann es sich, auf die Betreuung bezogen, bei dem Gegenbetreuer nicht darum handeln, daß die Betreuungsgeschäfte dies rechtfertigen, sondern die Geschäfte des Gegenbetreuers. Im übrigen kommt die Bewilligung einer Ermessensvergütung nicht in Betracht, wenn die betreute Person mittellos (§§ 1836d, 1908i Abs 1 S 1) ist.

e) Aufwendungsersatz gemäß §§ 1835 Abs 3, 1908i Abs 1 S 1

292 Der Anspruch auf Aufwendungsersatz nach den genannten Bestimmungen kann sowohl dem ehrenamtlich tätigen Betreuer wie dem berufsmäßig tätigen Betreuer zustehen. Im übrigen wird auf die Kommentierung zu § 1835 Abs 3 (Rn 30 ff) verwiesen.

f) Leistungen bei institutioneller Führung der Betreuung, Gegenbetreuung oder Verfahrenspflegschaft

293 Sowohl ein anerkannter Betreuungsverein (§ 1908f) als auch die zuständige (örtliche) Betreuungsbehörde können nach näherer Bestimmung des § 1900 zum Betreuer und auch zum Gegenbetreuer (§§ 1792, 1908i Abs 1) bestellt werden (Vereinsbetreuung, Behördenbetreuung). Machen diese Institutionen als Betreuer Aufwendungen, können der Verein oder die Behörde dafür Ersatz nur insoweit verlangen, als das einzusetzende Einkommen und Vermögen der betreuten Person ausreicht (§§ 1835 Abs 5, 1908i Abs 1 S 1). Allgemeine Verwaltungskosten einschließlich der Kosten einer angemessenen Versicherung gegen Schäden, die dem Betreuten durch den Betreuer oder den Gegenbetreuer zugefügt werden können oder die dem Betreuer oder Gegenbetreuer dadurch entstehen können, daß er einem Dritten zum Ersatz eines durch die Führung der Betreuung verursachten Schadens verpflichtet ist, werden nicht ersetzt. Einen Vorschuß auf die Aufwendungen können weder der

Verein noch die Behörde verlangen. Eine Vergütung kann weder dem Verein noch der Behörde als Betreuer oder Gegenbetreuer bewilligt werden (§§ 1836 Abs 3, 1908i Abs 1 S 1).

Werden ein Betreuungsverein oder die Betreuungsbehörde zu Verfahrenspflegern bestellt (die Zulässigkeit ergibt sich nunmehr eindeutig aus § 67a Abs 1 S 3 FGG), erhalten sie keinen Aufwendungsersatz (§ 67a Abs 1 S 3 FGG). **294**

g) Leistungen bei beruflich (mit Anspruch auf Vergütung) geführter (Einzel-)Betreuung und Gegenbetreuung sowie Verfahrenspflegschaft
aa) Die anspruchsberechtigten Personen
Voraussetzung des Anspruchs auf Vergütung für die berufsmäßige Führung einer Betreuung ist die Feststellung des Gerichts, daß der Betreuer die Betreuung berufsmäßig führt (§§ 1836 Abs 1 S 2, 1908i Abs 1 S 1). Das trifft für diejenigen Betreuer zu, die Betreuungen freiberuflich führen. Bestellt das Vormundschaftsgericht Mitarbeiter eines anerkannten Betreuungsvereins zu Vereinsbetreuern oder Mitarbeiter der zuständigen (örtlichen) Betreuungsbehörde zu Behördenbetreuern (§ 1897 Abs 2), bestimmen sich die Ansprüche auf Aufwendungsersatz und Vergütung nach den §§ 7 und 8 VBVG. Ansprüche auf Vergütung und Aufwendungsersatz werden dem Verein oder der zuständigen Behörde, nicht dem jeweiligen Mitarbeiter, bewilligt. **295**

Für berufsmäßig tätige Verfahrenspfleger gilt Entsprechendes (näher dazu § 67a FGG). Abs 4 dieser Vorschrift stellt klar, daß ein Verein Aufwendungsersatz und Vergütung verlangen kann, wenn ein Mitarbeiter von ihm als Pfleger für das Verfahren bestellt worden ist (ohne den Status eines Vereinsverfahrenspflegers analog § 1897 Abs 2 zu erhalten). **296**

bb) Die Feststellung berufsmäßiger Führung der Betreuung, Gegenbetreuung sowie Verfahrenspflegschaft
Die Feststellung berufsmäßiger Führung der Betreuung, Gegenbetreuung oder Verfahrenspflegschaft benötigen diejenigen Personen, die Betreuungen gegen Entgelt führen wollen. Davon ausgenommen sind diejenigen, die als Mitarbeiter eines anerkannten Betreuungsvereins oder der zuständigen Behörde bestellt werden. § 7 Abs 1 S 2 und § 8 Abs 2 VBVG haben dies klargestellt. **297**

Das Vormundschaftsgericht hat die Feststellung der Berufsmäßigkeit der Betreuungsführung zu treffen, wenn die Voraussetzungen des § 1 Abs 1 VBVG gegeben sind. Nach § 4 Abs 3 S 2 VBVG kommt das 2. Regelbeispiel nicht mehr in Betracht. Das kann jedoch nur für die Führung einer Betreuung, nicht dagegen für die (zusätzlich) übernommene berufsmäßige Führung einer Vormundschaft, Pflegschaft oder Verfahrenspflegschaft gelten. Der Wegfall des zweiten Regelbeispiels kommt wiederum nicht in Betracht für die nach § 6 VBVG zu behandelnden Sonderfälle der Betreuung. Von ihnen dürfte jedoch der Sterilisationsbetreuer regelmäßig hinsichtlich der Anforderungen für die Feststellung berufsmäßiger Führung unter den Voraussetzungen des zweiten Regelbeispiels auszunehmen sein. **298**

Liegen die Voraussetzungen vor, hat das Gericht die Feststellung berufsmäßiger Führung zu treffen; die Feststellung wurde nicht in das Ermessen des Gerichts **299** gestellt. Die Kriterien für die Feststellung der berufsmäßigen Führung einer Verfahrenspflegschaft stellen nach Auffassung des OLG Brandenburg (FamRZ 2003, 935) einen Regelmaßstab dar, der das Gericht nicht daran hindert, die berufsmäßige Führung der Verfahrenspflegschaft auch anhand anderer gleichwertiger Umstände festzustellen. Mangels gesetzlicher Regelung im ersten und im 2. BtÄndG kann von der bisherigen Rechtsprechung ausgegangen werden, ein berufsmäßig tätiger Betreuer verliere die Anerkennung dieser seinen Vergütungsanspruch begründenden Eigenschaft nicht dadurch, daß die Anzahl der Betreuungen und die damit verbundene Tätigkeit soweit zurückgeht, daß sie für sich betrachtet die Anerkennung nicht mehr rechtfertigen könnten (BayObLGZ 1997, 243 = FamRZ 1998, 187 = NJW-RR 1998, 868). Hat ein in früherer Zeit bestellter berufsmäßig tätiger Betreuer auf Dauer nicht den erforderlichen Tätigkeitsumfang erreicht, kann ihm der Vergütungsanspruch für die Dauer seiner Bestellung in den bereits übertragenen Betreuungen nicht durch eine Feststellung des Vormundschaftsgerichts, die Betreuung werde ab einem bestimmten Zeitpunkt nicht mehr berufsmäßig geführt, genommen werden (OLG Frankfurt FamRZ 2004, 239 = BtPrax 2004, 244).

300 Die Regelung des § 1 Abs 1 S 1 2. Alt VBVG (bis 1. 7. 2005: § 1836 Abs 1 S 3) erlaubt es, auf die besondere Situation desjenigen Rücksicht zu nehmen, der erst am Anfang seiner Berufsausübung steht. Eine berufsmäßige Führung einer Verfahrenspflegschaft liegt auch bei nur einmaligem Tätigwerden (immer) dann vor, wenn der Verfahrenspfleger gerade im Hinblick auf seine besondere fachliche Qualifikation (zB als Rechtsanwalt, Psychologe, Sozialarbeiter, Mitarbeiter des Kinderschutzbundes) ausgewählt wurde (OLG Karlsruhe Rp 2001, 455).

301 Soll eine Person in dem Bezirk des Vormundschaftsgerichts zum Berufsbetreuer bestellt werden, so soll das Gericht (zuvor) die zuständige Behörde zu den nach § 1 Abs 1 S 1 2. Alt VBVG zu treffenden Feststellungen anhören (§ 1897 Abs 7). Ob die Behörde eine Bestellung zum Berufsbetreuer befürwortet, wird sie in erster Linie danach zu beurteilen haben, mit welcher Anzahl von Betreuerbestellungen innerhalb eines absehbaren Zeitraums zu rechnen ist und ob – mangels ausreichender Zahl geeigneter ehrenamtlich tätiger Betreuer – Bedarf an berufsmäßig tätigen Betreuern besteht. Mit dieser nach § 1897 Abs 7 eingeholten Stellungnahme ist nicht zu verwechseln die vom Gericht auch und in erster Linie einzuholende Stellungnahme zur Eignung der ausgewählten oder vom Betroffenen vorgeschlagenen Person als Betreuer in dem jeweiligen Betreuungsfall. In Grenzbereichen der Feststellung berufsmäßiger Betreuung kommt es, wenn es sich um einen Ausnahmefall handeln kann (§§ 1836 Abs 1 S 3, 1908i Abs 1 S 1), auf eine Gesamtbetrachtung an (dazu zB BayObLG FamRZ 1996, 1157 und OLG Köln NJWE-FER 1998, 228 jeweils mwN).

302 Als **Zeitpunkt der Feststellung** sieht § 1836 Abs 1 S 2 iVm § 1908i Abs 1 S 1 vor, daß das Gericht sie bei der Bestellung trifft. Gerichte sind vermehrt dazu übergegangen, die Feststellung als konstitutive Voraussetzung des Vergütungsanspruchs und der Entscheidung über den Vergütungsantrag auch nachträglich zuzulassen (krit BIENWALD/SONNENFELD/HOFFMANN [BIENWALD] § 1836 Rn 23 ff). Während das OLG Frankfurt (FamRZ 2003, 1414 [LS] = Rp 2003, 396; ebenso OLG Karlsruhe Rp 2001, 455) das zulässige Nachholen davon abhängig machte, daß die Feststellung bei der Bestellung eines berufsmäßig tätigen Betreuers versehentlich unterblieben ist, setzt das OLG Brandenburg nicht einmal dies voraus (FamRZ 2004, 1403 [für einen Verfahrenspfleger entschieden] m Anm BIENWALD).

Die Feststellung trifft das Gericht, das den Betreuer bestellt (Nebenentscheidung). **303** Das ist mit Ausnahme der dem Rechtspfleger zugewiesenen Entscheidungen über die Bestellung eines Betreuers mit dem Aufgabenkreis des § 1896 Abs 3, eines Ergänzungsbetreuers sowie einer etwaigen Gegenbetreuerbestellung (s hierzu ARNOLD/ MEYER-STOLTE/RELLERMEYER RPflG[6] § 14 Rn 72, 73) der Richter. Wird die unterbliebene Feststellung nachgeholt, besteht mit der vom Richter vorgenommenen Betreuerbestellung kein enger zeitlicher Zusammenhang mehr, so daß der Rechtspfleger die Entscheidung zu treffen hat, sofern sie nicht vom Beschwerdegericht nachgeholt wird. Auch aus Gründen der unterschiedlichen Zuständigkeiten (zu weiteren Gründen s BIENWALD/SONNENFELD/HOFFMANN [BIENWALD] aaO) ist die zum Entscheidungszeitpunkt geschilderte Praxis vorschriftswidrig.

Eine bestimmte Form, in der die Entscheidung zu ergehen hat, sieht das Gesetz nicht **304** vor (OLG Brandenburg FamRZ 2004, 1403 m Anm BIENWALD). In dem entschiedenen Fall sollte sich die Feststellung aus einer kurzen Aktennotiz des Inhalts ergeben, daß die Antragstellerin schon in früherer Zeit (als Verfahrenspflegerin) eingesetzt und ihre Tätigkeit „wie bei RAen nicht anders zu erwarten" ständig vergütet worden sei. Der vom Gericht erwähnten von DODEGGE/ROTH (Betreuungsrecht Teil F Rn 72, in 2. Aufl Rn 74) für möglich gehaltenen konkludenten Feststellung wurde nicht widersprochen. Ähnlich OLG Hamm (FamRZ 2004, 1324 [LS] = Rp 2004, 189), wonach die Feststellung berufsmäßiger Führung auch inzidenter im Festsetzungsverfahren nach § 56g FGG getroffen werden könne.

Als eine die Vergütungsentscheidung vorbereitende Feststellung ist die Entscheidung **305** nach § 1836 Abs 1 S 2 nicht selbständig anfechtbar (OLG Brandenburg ZfJ 2003, 39, 40 [für eine Verfahrenspflegschaft entschieden]; näher STAUDINGER/BIENWALD [2004] § 1836 Rn 42 ff); auch nicht durch die Staatskasse (OLG Frankfurt FamRZ 2004, 1324 [LS] = FGPrax 2004, 122). Für eine außerordentliche Beschwerde ist kein Raum, „da Verfahrenspflegschaften in der Regel berufsmäßig geführt" würden (OLG Brandenburg aaO). Dagegen wird die Entscheidung, daß ein Rechtsanwalt im Rahmen seiner Berufsausübung zum Verfahrenspfleger bestellt worden ist (für die Abrechnung nach § 1835 Abs 3 von Bedeutung), für den Bezirksrevisor mit der sofortigen Beschwerde nach § 56g Abs 5 FGG analog für anfechtbar gehalten (OLG Köln NJW-RR 2004, 1012; im Ergebnis ebenso LG Mönchengladbach FamRZ 2005, 922 = Rpfleger 2005, 257). War der in Aussicht genommene Betreuer bereits berufsmäßig tätig, so stellt das Unterlassen einer entsprechenden Feststellung keine selbständige beschwerdefähige Entscheidung dar. Die Tatsache berufsmäßiger Führung ist dann innerhalb des Vergütungsfestsetzungsverfahrens zu klären, wenn nicht vorher die Feststellung nachgeholt wird. Trifft das Gericht bei der Bestellung einer neuen bisher noch nicht berufsmäßig tätig gewesenen Person keine Entscheidung oder lehnt es die Feststellung ab, unterliegt diese Entscheidung wegen ihrer anspruchsbegründenden Wirkung der Beschwerde der ausgewählten Person. Hat diese sich aus Gründen der Existenzsicherung zu einem Betreuer für einen vermögenden Betreuten bestellen lassen im Vertrauen auf eine Honorierung nach Ermessen, liegt darin regelmäßig nicht ohne weiteres ein Verzicht auf den Rechtsbehelf. Sonstige zur Anfechtung berechtigte

Personen/Institutionen rügen die Feststellung berufsmäßiger Betreuung mit der Beschwerde gegen die Betreuerbestellung.

cc) Kein Wegfall des Vergütungsanspruchs durch den Einwand mangelhafter Amtsführung

306 Die Rechtsprechung lehnt es grundsätzlich ab, im Rahmen der Festsetzung der Vergütung des berufsmäßig tätigen Betreuers den Einwand mangelhafter Betreuertätigkeit zu berücksichtigen. Näher dazu und zu der Frage, ob ein Betreuer pflichtwidrig handelt, wenn er im Rahmen seiner Tätigkeit nicht für den Fall Vorsorge trifft, daß seine Vergütung (noch) aus dem einzusetzenden Einkommen und Vermögen der betreuten Person zu begleichen ist, STAUDINGER/BIENWALD (2004) § 1836 Rn 87 ff sowie BIENWALD/SONNENFELD/HOFFMANN [BIENWALD] § 1836 Rn 92.

dd) Das Regelentgelt bei berufsmäßig geführter Betreuung
α) Das Berechnungssystem

307 Der dem berufsmäßig tätigen Betreuer für seine Betreuungsleistung zuzubilligende Geldbetrag setzt sich zusammen aus einem nach allgemein nutzbaren Kenntnissen gestaffelten Stundensatz (§ 4 VBVG) und einem je nach Dauer der Betreuung unter Berücksichtigung des gewöhnlichen Aufenthalts des Betreuten bemessenen monatlichen Zeitaufwand (Stundenansatz, § 5 VBVG). Die Stundensätze (§ 4 Abs 1 VBVG) gelten sowohl den für die Führung erbrachten Einsatz des Betreuers als auch Ansprüche auf Ersatz der anläßlich der Betreuung entstandenen Aufwendungen sowie anfallende Umsatzsteuer ab (§ 4 Abs 2 VBVG). Während nach § 3 Abs 1 S 3 VBVG, dem Text der bisherigen Formulierung folgend, die anfallende Umsatzsteuer „soweit sie nicht nach § 19 Abs 1 des Umsatzsteuergesetzes unerhoben bleibt" zusätzlich ersetzt wird, wird nach § 4 lediglich die „anfallende Umsatzsteuer" erfaßt, so daß es fraglich erscheint, ob eine nicht erhobene Umsatzsteuer aus dem nach § 4 VBVG zu bewilligenden Stundensatz herausgerechnet werden kann (so AG Ludwigshafen FamRZ 2006, 361 m Anm LÜTGENS).

β) Seine Verbindlichkeit

308 Die in § 4 VBVG in festen Euro-Beträgen ausgedrückten Stundensätze sind (wie bisher die in § 1836a bestimmten) verbindlich und können nicht Gegenstand abweichender Vereinbarungen oder Entscheidungen (auch nicht der Gerichte) sein. Sie dürfen bei der Festsetzung der Vergütung weder unterschritten noch überschritten werden. Sie gelten unabhängig davon, ob die festgesetzten Beträge vom Betreuten oder aus der Staatskasse verlangt werden. Differenzierungen werden lediglich bei den Stundenansätzen vorgenommen, indem die Stundenansätze für die Betreuung bemittelter Personen höher als für die Betreuung mittelloser Betreuter angesetzt wurden (§ 5 VBVG Abs 1 [bemittelte Betreute] und Abs 2 [mittellose Betreute]).

309 Durch die Einbeziehung der Erstattung etwaiger Umsatzsteuer in die (Brutto-)Stundensätze werden diejenigen Betreuer begünstigt, die nach dem Umsatzsteuerrecht (uU zeitlich begrenzt) steuerfrei sind oder einen geringeren als den Regelsteuersatz zu entrichten haben. Soweit ein Betreuungsverein für einen zum Vereinsbetreuer bestellten Mitarbeiter gemäß § 7 Abs 1 S 1 VBVG ebenfalls Leistungen nach den §§ 4 und 5 VBVG erhält, jedoch eine niedrigere Umsatzsteuer als ein freiberuflicher Betreuer zu entrichten hat, ist dieser Vorteil vom Gesetzgeber gewollt. Auf diese

Weise sollen die Betreuungsvereine eine gezielte Förderung erhalten (BT-Drucks 15/ 4874, 31).

Die Einbeziehung von Umsatzsteuer und Aufwendungsersatz in die Stundensätze **310** des § 4 Abs 1 VBVG hat zur Folge, daß auch die auf Aufwendungen entfallende Umsatzsteuer abgegolten wird und Auseinandersetzungen anläßlich der Festsetzung von Vergütung und Aufwendungsersatz durch das Vormundschaftsgericht darüber, auf welche Aufwendungen Umsatzsteuer entfällt, vermieden werden, die in der Vergangenheit stattgefunden haben. Die Einbeziehung hat den Nachteil, daß Umsatzsteuererhöhungen, wie sie für 2007 vorgesehen sind, die Nettoeinkünfte der Betreuer merklich verringern.

γ) **Zur Abgeltung von Aufwendungen**
§ 4 Abs 2 S 1 VBVG nennt keinen anteiligen Betrag (näher dazu FRÖSCHLE Rn 246 ff) **311** und erläutert auch nicht den Begriff der Aufwendungen. Bei der Regelung der Sonderfälle von Betreuungen (§ 6 VBVG) wird für den Anspruch auf Aufwendungsersatz auf § 1835 zurückgegriffen. Auf dessen Verständnis kann deshalb zunächst abgehoben werden. Danach sind Aufwendungen freiwillige Vermögensopfer, die ein Betreuer zum Zwecke der Führung der Betreuung auf sich nimmt. Hinsichtlich solcher „Aufwendungen", die sich als notwendige Folge der Übernahme der Betreueraufgabe ergeben (s PALANDT/DIEDERICHSEN[65] § 1835 Rn 9) und von dem allgemeinen Verständnis erfaßt werden, kann es zweifelhaft sein, inwiefern ein Anspruch auf deren Erstattung durch § 4 Abs 1 VBVG abgegolten sein soll und kann. Erforderlichenfalls müßte ein berufsmäßig tätiger Betreuer bei der nach §§ 4 und 5 VBVG vergüteten Tätigkeit im eigenen Interesse die Aufwendungen (iwS) so gering wie möglich halten, weil er damit rechnen muß, derartige Aufwendungen nach §§ 1835, 1908i Abs 1 S 1 nicht ersetzt zu bekommen.

Als durch § 4 Abs 1 und 2 VBVG abgegoltene Aufwendungen können deshalb nur **312** solche Beträge gelten, die der Betreuer einsetzen muß und einsetzt, um die Angelegenheiten des Betreuten zu besorgen. Aufwendungen stellen mithin das Instrumentarium dar, das dem Betreuer die Führung der Betreuung ermöglicht. Alle darüber hinausgehenden Leistungen, die er für die betreute Person und in deren Interesse erbringt (zB die gerichtlichen Kosten einer Prozeßführung), werden von § 4 Abs 1 und 2 VBVG nicht erfaßt und sind vom Betreuten oder an dessen Stelle von der Staatskasse gemäß §§ 1835, 1908i Abs 1 S 1 zu ersetzen oder bereits vorzuschießen.

Zum Instrumentarium des Betreuers, das er zur Führung fremdnütziger rechtlicher Betreuung benötigt, gehören in erster Linie die Kosten einer normalen Telekommunikation, Porti und Fahrgelder, soweit diese nicht aus besonderem Anlaß und zum Zwecke der Erledigung eines auswärtigen Geschäfts entstehen.

Ebensowenig wie seinerzeit Rechtsanwälte verpflichtet waren, Pflegschaften und **313** Vormundschaften für Volljährige im Rahmen ihres Berufes unentgeltlich zu führen (BVerfGE 54, 273), kann von dem berufsmäßig tätigen Betreuer heute verlangt werden, daß er über die üblicherweise anfallenden Kosten der Führung einer Betreuung, die durch den (Brutto-)Vergütungsbetrag des § 1 VBVG abgegolten werden, ein Sonderopfer erbringt.

δ) Die Einordnung in die Vergütungsstufen

314 Abgesehen von der Höhe der Stundensätze entspricht § 4 Abs 1 VBVG hinsichtlich der Einordnung der Betreuer in die verschiedenen Vergütungsstufen dem bisherigen Recht (§ 1 Abs 1 BVormVG). Deshalb kann auf die Entscheidungskriterien, die für die Anwendung des § 1 Abs 1 BVormVG maßgebend waren, und die Rechtsprechung dazu Bezug genommen werden. Zu den Entscheidungskriterien im allgemeinen s STAUDINGER/BIENWALD (2004) § 1836a Rn 34 bis 52. Wegen der von der Rechtsprechung im einzelnen anerkannten und nicht anerkannten Fachkenntnisse, die sich bisher nahezu ausschließlich auf Betreuer bezog, sowie derjenigen zur Vergleichbarkeit von Ausbildungen im einzelnen war dort auf die Kommentierung zu § 1908i verwiesen worden (§ 1836a Rn 53 f, 61).

Allein aufgrund langjähriger Erfahrungen mit schwierigen Betreuungen kann eine Erhöhung der Vergütung nicht vorgenommen werden (OLG München FamRZ 2006, 65 [LS]).

315 Anhang zur Einordnung in die Vergütungsstufen: Fachliche Qualifikation des Betreuers

(1) Von der Rechtsprechung **anerkannte Fachkenntnisse**

– Im Rahmen der Lehrerausbildung für Höhere Schulen erworbene psychologische und pädagogische Kenntnisse sind besondere für die Führung von Betreuungen allgemein nutzbare Kenntnisse (BayObLGZ 2000, 291 = FamRZ 2001, 306 m Anm BIENWALD = NJWE-FER 2001, 100);

– Sprachkenntnisse können für die Führung einer Betreuung von erheblichem Wert und damit nutzbar sein (BayObLG BtPrax 2001, 205). Sie können sich bei mittellosen Betroffenen vergütungserhöhend nur auswirken, wenn sie durch eine abgeschlossene Ausbildung erworben wurden (BayObLG-Rp 2004, 146);

– die Ausbildung zur staatlich anerkannten hauswirtschaftlichen Betriebsleiterin an einer Fachakademie (BayObLG FamRZ 2002, 1657 [LS];

– abgeschlossenes (sechs Semester umfassendes) Studium an einer bayerischen Verwaltungs- und Wirtschaftsakademie (VWA) bzgl der dort vermittelten wirtschaftswissenschaftlichen und rechtlichen Kenntnisse (BayObLG FamRZ 2003, 787 [LS]);

– unter bestimmten Voraussetzungen bei abgeschlossenem Studium als Dipl Staatswissenschaftler an der „Akademie für Staats- und Rechtswissenschaft der DDR" (tatsächliche Feststellungen müssen den Schluß rechtfertigen, der Betreuer habe in seinem Studium „das juristische Handwerk gelernt" – Hinweis auf KG BtPrax 2002, 167; BayObLG FamRZ 2003, 1129 [LS] = NJ 2003, 269 [LS m Anm d Redaktion und Hinweis auf OLG Brandenburg NJ 2002, 97]);

– an ausländischer Hochschule erworbene Kenntnisse der Psychologie und Pädagogik bei Vergleichbarkeit mit inländischer Ausbildung (BayObLGZ 2004, 51 = FamRZ 2004, 1232);

- abgeschlossenes türkisches rechtswissenschaftliches Studium mit anschließendem Erwerb des Grades eines Magister Legum für die Betreuung einer vermögenden Betroffenen (BayObLG FamRZ 2004, 403 [LS]);

- die für eine Ausbildungseignung erworbenen berufs- u arbeitspädagogischen Kenntnisse können für die Führung einer Betreuung nutzbar sein (OLG Braunschweig BtPrax 2002, 131);

- durch Sächs Staatsministerium für Kultus nach erfolgter Anpassungsqualifikation anerkannte Fachschulausbildung als staatlich anerkannte Erzieherin (LG Dresden FamRZ 2000, 181 m Anm BIENWALD; vgl auch OLG Dresden FamRZ 2000, 316 = BtPrax 2000, 39 = OLG-NL 2000, 41): Grundschullehrerin mit Fortbildung zur staatlich anerkannten Erzieherin (Anpassungsqualifizierung) hinsichtlich der sozialpädagogischen Kenntnisse, weil auch jedes Fachwissen, das soziale Kompetenzen im Verhältnis zum Betreuten und zwischenmenschliche Kommunikationsfähigkeit vermittelt, für Betreuung nutzbar sein kann;

- Fachkenntnisse als gelernte Krankenschwester und Arzthelferin im konkreten Fall bei übertragener Gesundheitssorge. Diese Ausbildungen befähigen dazu, schneller und sicherer als ohne diese Kenntnisse zu beurteilen, wann ein Betreuter ärztliche Hilfe benötigt (OLG Dresden FamRZ 2000, 551 [LS]);

- beim Kreisvorstand des FDGB als Verwaltung der Sozialversicherung erworbener Berufsabschluß als Finanzkauffrau für Betreuung mit Vermögensangelegenheiten (OLG Dresden FamRZ 2000, 555 [LS]);

- gelernte Kinderkrankenschwester hinsichtlich Gesundheitssorge ab dem Zeitpunkt der Übertragung dieser Aufgabe (OLG Dresden FamRZ 2000, 551 [LS]);

- Ausbildung zur Krankenschwester, auch wenn Betroffener im Pflegeheim lebt und dort bis zu einem gewissen Grad medizinisch betreut wird (OLG Dresden FamRZ 2000, 552);

- die durch eine Ausbildung mit Hochschulabschluß als Diplomlehrer(in) erworbenen pädagogischen und psychologischen Fähigkeiten übersteigen auch im Verhältnis zu Erwachsenen das jedermann zu Gebote Stehende und sind deshalb für die Betreuung nutzbar, wobei auf den übertragenen Aufgabenkreis (hier insbesondere Vermögenssorge und Gesundheitssorge) abzustellen ist (OLG Dresden FamRZ 2000, 1310);

- Pädagogische Kenntnisse eines Lehrers; jedes durch entsprechende Abschlüsse dokumentierte Fachwissen, das soziale Kompetenzen im Verhältnis zum Betreuten und zwischenmenschliche Kommunikationsfähigkeit vermittelt; Aufgabe bisheriger Rspr, die die genannte Befähigung auf den Umgang mit Kindern bezog (OLG Dresden FamRZ 2000, 847 = NJ 2000, 324 [LS] = NJWE-FER 2000, 207);

- durch Fachhochschulabschluß im Fach Betriebswirtschaft erworbene wirtschaftliche Kenntnisse hinsichtlich übertragener Vermögenssorge (OLG Dresden FamRZ 2001, 188);

– Diplom-Kaufleute (LG Essen NJWE-FER 2001, 123);

– Diplom-Politologe nach abgeschlossenem Hochschulstudium für eine Betreuertätigkeit mit dem Aufgabenkreis von (ua) Vermögenssorge, Vertretung vor Behörden, Gerichten und Einrichtungen, Wohnungsangelegenheiten, Gesundheitssorge (LG Frankfurt/Oder FamRZ 2003, 190 [LS]);

– abgeschlossenes Hochschulstudium der Milch- und Molkereiwirtschaft wegen der im Kernbereich des Studiums vermittelten erheblichen wirtschaftlichen und rechtlichen Kenntnisse (LG Fulda FamRZ 2003, 707 [LS]);

– Studium der Politikwissenschaft mit Abschluß Diplom-Politologe (LG Hamburg FamRZ 2000, 1309 = BtPrax 2000, 221; KG Rp 2005, 96);

– abgeschlossene Lehramtsausbildung bei Aufgabenkreis: Behörden- u Pflegeversicherungsangelegenheiten sowie Organisation ambulanter Hilfen (OLG Hamm BtPrax 2002, 42 = NJW-RR 2002, 654 = Rpfleger 2002, 314 [LS]);

– abgeschlossene Hochschulausbildung als Diplomkauffrau vermittelt iSd § 1 Abs 2 S 1 BVormVG besondere Kenntnisse, die für die Führung von Betreuungen generell nutzbar sind, so daß die Nutzbarkeit dieser Kenntnisse für die Führung dieser konkreten Betreuung vermutet wird, sofern das Vormundschaftsgericht nicht aus besonderen Gründen bei der Bestellung des Betreuers etwas anderes bestimmt (OLG Hamm FGPrax 2003, 126 = Rpfleger 2003, 365 [LS] = BtPrax 2003, 184 [LS]);

– eine in der DDR absolvierte Fachschulausbildung zum Ingenieur-Pädagogen hat einem Absolventen besondere für die Führung einer Betreuung iSd § 1 Abs 1 S 2 BVormVG nutzbare Fachkenntnisse verschaffen können (OLG Jena NJ 2002, 375);

– ein Hochschulstudium als Diplompädagogin mit den Schwerpunktfächern Erwachsenen- und Jugendpädagogik, Arbeitspsychologie und Alterspsychologie kann die Erhöhung nach § 1 Abs 1 S 2 BVormVG begründen (OLG Jena NJ 2002, 101);

– besondere für die Führung der Betreuung nutzbare Kenntnisse durch in der DDR absolvierte Ausbildung zum Dipl.-Ing. für Elektrotechnik und ein postgraduales Hochschulstudium mit dem Abschluß als Patentingenieur (KG NJ 2002, 375);

– Hochschulausbildung zur Tierärztin bei (ua) Aufgabenbereich Gesundheitssorge (LG Kassel BtPrax 2002, 132 [LS] = FamRZ 2002, 988 m Anm Bienwald);

– als ehemaliger leitender Verwaltungsbeamter einer Amtsverwaltung verfügt ein Betreuer über nutzbare Kenntnisse ua für die Bereiche Vermögenssorge sowie für die Vertretung gegenüber Ämtern und Behörden. Dies gilt auch für einen Zeitraum vor der durch Prüfung erworbenen Befähigung für die Laufbahn des gehobenen allgemeinen Verwaltungsdienstes des Landes Schleswig-Holstein, wenn die vergütungserhöhenden Kenntnisse im Rahmen der Berufstätigkeit als leitender Verwaltungsbeamter begleitet durch Fortbildungen an der Fachhochschule für

Verwaltung, Polizei und Steuerwesen und in der Verwaltungsschule in Bordesholm erworben worden sind (LG Kiel BtPrax 2002, 174);

– Ausbildung zum Kfz-Mechaniker mit Meisterprüfung wegen geschäfts- und rechtskundlicher sowie berufserzieherischer Ausbildungsanteile (LG Koblenz FamRZ 2001, 303);

– Erste und zweite Staatsprüfung für das Lehramt für die Sekundarstufe I nach abgeschlossenem Studium der Erziehungswissenschaften bestehend aus der Fächerkombination Psychologie, Soziologie und Pädagogik für Betreuung mit Schwerpunkt im Bereich Gesundheitsfürsorge, des Aufenthaltsbestimmungrechts und der Sorge für das damals noch ungeborene Kind (LG Koblenz FamRZ 2001, 712 [LS]);

– Hochschulausbildung als Diplombiologe (OLG Köln Rp 2002, 140);

– abgeschlossenes Hochschulstudium der Theologie wegen der vermittelten erhöhten sozialen Kompetenz (OLG Köln FamRZ 2004, 1604 m Anm BIENWALD);

– Krankenpflegerausbildung hinsichtlich einer Betreuung, zu deren wesentlichem Teil Gesundheitssorge, Aufenthaltsbestimmung und Unterbringung in Heim oder geschlossener Einrichtung gehört (LG Landau/Pfalz FamRZ 2001, 790 [LS]);

– Hochschulausbildung als Diplomökonom für eine Betreuung mit Gesundheitssorge, Aufenthaltsbestimmung, Vermögenssorge, Vertretung gegenüber Behörden sowie Regelung von Post- und Wohnungsangelegenheiten – Fachkenntnisse in Wirtschaftsfragen im Zusammenhang mit Vermögenssorge – (LG Leipzig FamRZ 2000, 1532);

– Ökonom-Abschluß in der Fachrichtung Hotel- und Gaststättenwesen bei übertragener Vermögenssorge (LG Leipzig FamRZ 2001, 304);

– beim Prüfungsamt abgelegte Staatsprüfung für das Lehramt an Gymnasien (LG Saarbrücken BtPrax 2002, 268 [LS]);

– Ausbildung zur Einzelhandelskauffrau (LG Saarbrücken BtPrax 2000, 272 [LS]);

– Abschluß als Zahnarzthelferin für die Führung einer Betreuung im Aufgabenkreis Gesundheitssorge (OLG Schleswig FamRZ 2000, 846 = OLGRp 2000, 214);

– Dipl-Ing-Studiengang Landbau mit Fachprüfungen in den Fächern Volkswirtschaftslehre, landwirtschaftliche Betriebslehre, Prüfungsvorleistungen im Fach Allgemeine Betriebslehre sowie Leistungsnachweise in den Fächern Landwirtschaftliche Buchführung und Berufs- u Arbeitspädagogik (OLG Schleswig FamRZ 2000, 1309 [LS]);

– Ausbildung zum Pastor am Theologischen Seminar des Bundes Evangelisch-Freikirchlicher Gemeinden in Deutschland; ob die dadurch erworbenen nutzbaren Fachkenntnisse zum Kernbereich dieser Ausbildung gehören müssen, ließ das Gericht offen (OLG Schleswig FamRZ 2000, 1532);

– Mit dem Diplom abgeschlossenes Theologie-Studium (1968 bis 1973 in Jena) hinsichtlich sozialer Kompetenzen und zwischenmenschlicher Kommunikationsfähigkeit (OLG Thüringen FamRZ 2002, 1431, 1432 m Anm BIENWALD);

– Diplom-Ökonom u a für den Bereich der Vermögenssorge (OLG Zweibrücken FamRZ 2000, 551 = BtPrax 2000, 89)

– Staatlich anerkannte Ausbildung zum Heilerziehungspfleger mit Pflichtfächern Psychologie, Psychiatrie/Neurologie, Pflege von Behinderten, Berufskunde, Rechtskunde, Ethik einschl Wahlpflichtfach Pflegepraktikum Blindenbetreuung (LG Zwickau FamRZ 2004, 220 [LS]).

– Dipl-Ing (FH) (OLG Oldenburg Rp 2005, 184; OLG Naumburg Rp 2005, 184);

– Ausbildung an der Ingenieur-Schule Berlin-Wartenberg in der Fachrichtung Landtechnik mit der Abschlußbezeichnung „Hochschulingenieur" vergleichbar einem FH-Abschluß (OLG Naumburg NJ 2005, 85 [LS] = Rp 2005, 183).

(2) Von der Rechtsprechung **nicht anerkannte** Fachkenntnisse:

Elektroinstallateur (AG Sinzig FamRZ 2005, 1861 [LS]); Dipl-Ing mit Schwerpunkt Regeltechnik – mit Pflichtfach „Bürgerliches Recht" – (BayObLG v 29.12.1999 – 3 Z BR 348/99); Dipl-Ing Fachrichtung Maschinenbau (BayObLG FamRZ 2001, 1166 [LS]); Zahntechniker (LG Nürnberg-Fürth Rpfleger 2000, 215 [LS]); Diplombetriebswirt (vgl dazu OLG Schleswig FamRZ 2003, 1324 m Anm LÜTGENS [Vorlagebeschluß] und BGH FamRZ 2003, 1653 = FPR 2004, 107); Augenoptiker (BayObLG FamRZ 2000, 1305 [LS] = BtPrax 2000, 124 = NJW-RR 2000, 1314); Pharmazeutisch-kaufmännischer Angestellter (BayObLG FamRZ 2001, 713); Diplomstudiengang Bio-Ingenieurwesen mit Schwerpunkt Medizinische Technik (LG Hamburg FamRZ 2001, 1032 [LS]); staatlich gepr Techniker Fachrichtung Umweltschutztechnik (LG Chemnitz BtPrax 2002, 269); Fremdsprachensekretärin (LG Saarbrücken v 21.12.2001; s MEIER 148); Meisterausbildung in der Textilbranche (OLG Dresden FamRZ 2000, 551 [LS]); Architekt/Dipl-Ing (FH) (OLG Hamburg BtPrax 2002, 131[LS]); Hauswirtschaftsgehilfin (LG Koblenz FamRZ 2001, 1031 = BtPrax 2001, 220 [LS]); Bauzeichnerin (LG Hamburg FamRZ 2002, 1064 [LS]); Facharbeiterin für Datenverarbeitung (OLG Dresden FamRZ 2001, 1323); Diplom-Staatswissenschaftler (DDR) (OLG Brandenburg FamRZ 2002, 349; BtPrax 2001, 219 (LS) = NJ 2002, 97 (LS); BtPrax 2002, 131 (LS); OLG Jena NJ 2003, 379 m Anm d Redaktion und mwN); (Hochschul-)Diplom-Ingenieur für Bauwesen (nicht für einen Kinder u Jgdl berufsmäßig vertretenden Verfahrenspfleger) (OLG Zweibrücken FamRZ 2002, 1353); Altenpfleger (Krankenschwester/-pfleger), wenn lediglich die Vertretung in Wohnungsangelegenheiten und gegenüber Ämtern sowie der Energieversorgung und das Öffnen von Post, nicht aber die Gesundheitssorge übertragen wurde (OLG Dresden FamRZ 2000, 1306); im Rahmen eines Ökonomiestudiums (DDR) gewonnene Kenntnisse sind für die konkrete Betreuung nicht nutzbar, wenn der Betreute nahezu kein Vermögen hat und sich die im Rahmen der dem Betreuer übertragenen Vermögensangelegenheiten anfallenden Aufgaben im wesentlichen auf die Auflistung der Schulden und das Zusammenhalten des geringen Einkommens sowie den Versuch einer Schuldentilgung beschränken (LG Leipzig FamRZ 2000, 851); betreuungsrelevante Fachkenntnisse nicht im Kernbereich, sondern allenfalls am Rande der Ausbildung an einem Priester- und Missionsseminar in der Schweiz

(OLG Frankfurt Rpfleger 2003, 365 [LS]); Hochschulausbildung zum Informatiker (LG Essen FamRZ 2005, 134); abgeschlossenes berufsbegleitendes Studium als Diplom-Staatswissenschaftler a d Akad d Staats-u Rechtswissenschaften Potsdam (LG Nürnberg-Fürth FamRZ 2004, 138 [LS]); Diplomprüfung katholische Theologie nicht, wenn sie nicht auf die Vermittlung betreuungsrelevanter Kenntnisse ausgerichtet war (LG Münster v 12. 8. 2004 – 5 T 437/04); Hochschulausbildung zur Informatikerin, weil nutzbare Kenntnisse in Wirtschaft und Psychologie nicht zum Kernbereich der Ausbildung gehören (LG Essen FamRZ 2005, 134 [LS]); abgeschlossenes Hochschulstudium der Fachrichtung Chemie (OLG Frankfurt FamRZ 2005, 1199 [LS]); abgeschlossenes Hochschulstudium der Fachrichtung Landschafts- und Freiraumplanung (OLG Frankfurt FamRZ 2005, 1279 [LS]).

(3) Zum Merkmal der durch eine **Ausbildung iSd § 4 Abs 1 S 2 VBVG** (bisher BVormVG) erworbenen besonderen (Fach-)Kenntnisse:

Die Regelung des § 4 Abs 1 S 2 VBVG knüpft nicht ausschließlich an die Ausbildung des Betreuers, sondern an die durch die Ausbildung erworbenen und für die Betreuung nutzbaren Fachkenntnisse (OLG Dresden FamRZ 2000, 846 = BtPrax 2000, 126) an. Beide Aspekte wurden bisher in den Einstufungsentscheidungen der Gerichte jedoch nicht immer hinreichend auseinandergehalten.

Durch eine Ausbildung iSd § 4 Abs 1 S 2 VBVG erworben sind für eine Betreuung nutzbare (Fach-)Kenntnisse, wenn die Ausbildung **in ihrem Kernbereich auf deren Vermittlung ausgerichtet** ist/war (BayObLGZ 1999, 339 = FamRZ 2000, 844 = BtPrax 2000, 81; OLG Dresden FamRZ 2002, 1306; OLG Jena FamRZ 2000, 846 [LS]; offengelassen in OLG Schleswig FamRZ 2000, 1532). „Fachkenntnisse" bzw „besondere Fachkenntnisse" sind Kenntnisse, die – bezogen auf ein bestimmtes Fachgebiet – **über ein Grundwissen deutlich hinausgehen** (BayObLGZ 1999, 339 = FamRZ 2000, 844 = BtPrax 2000, 81). Vergütungssteigernd iSd § 4 Abs 1 S 2 Nr 1 VBVG sind nur solche Fachkenntnisse, die im konkreten Fall verwendbar sind. Maßgebend dafür sind die dem Betreuer übertragenen Aufgaben (OLG Dresden FamRZ 2000, 551 [LS]). Sie sind für die Führung einer Betreuung „nutzbar", wenn sie ihrer Art nach betreuungsrelevant sind und den Betreuer befähigen, seine Aufgaben zum Wohle des Betreuten besser zu erfüllen (BayObLGZ 1999, 339 = FamRZ 2000, 844 = BtPrax 2000, 81), wenn sie für die Erledigung der dem Betreuer zugewiesenen Aufgaben hilfreich sind, wobei es nicht auf Umfang und Schwierigkeit der konkreten Betreuung ankommt; notwendig, aber auch ausreichend, ist es, daß diese Fachkenntnisse verwendbar sein können (OLG Dresden FamRZ 2000, 847 = NJWE-FER 2000, 207 = NJ 2000, 324 [LS]). Notwendig ist auch nicht, daß die Kenntnisse das gesamte Anforderungsprofil der Betreuung abdecken. Vielmehr reichen Kenntnisse zur Bewältigung eines bestimmten Aufgabenkreises aus (OLG Schleswig FamRZ 2000, 846 = OLGRp 2000, 214; FamRZ 2000, 1532; OLG Jena FamRZ 2002, 1431, 1433 mwN u Anm BIENWALD).

Die **abgeschlossene Berufsausbildung iSv § 4 Abs 1 S 2 Nr 1 VBVG** erfordert einen **geordneten Ausbildungsgang**, in dem eine breit angelegte berufliche Grundbildung und die für die Ausübung einer qualifizierten beruflichen Tätigkeit notwendigen fachlichen Fertigkeiten und Kenntnisse vermittelt werden. Dieser Ausbildungsgang muß durch eine **Abschlußprüfung** vor einem von der zuständigen Stelle errichteten Prüfungsausschuß abgeschlossen werden (OLG Zweibrücken FamRZ 2000, 1303; OLG

Saarbrücken BtPrax 2003, 227 [228] mwN). Mit der Verwendung des Begriffs der **Hochschule** werden Universitäten und sonstige Hochschulen einschließlich Fachhochschulen erfaßt. Auf durch Berufserfahrung oder Fortbildungskurse erworbene für Betreuungen nutzbare Kenntnisse kann nicht abgestellt werden, weil es nach § 4 Abs 1 VBVG allein auf die durch die Berufs- oder Studienausbildung erworbenen Kenntnisse ankommt (LG Nürnberg-Fürth Rpfleger 2000, 215 [LS]; ebenso OLG Schleswig SchlHA 2001, 46 = FamRZ 2001, 304 = BtPrax 2001, 86 [LS]). Qualifizierungsmaßnahmen auf dem Gebiet des Betreuungsrechts rechtfertigen einen höheren Stundensatz nur dann, wenn die Voraussetzungen des § 11 VBVG vorliegen (OLG Jena FamRZ 2000, 846 [LS] = FGPrax 2000, 110).

Verfügt der Betreuer über **mehrere Qualifikationen** (hier: Rechtsanwalt und Dipl-SozPäd [FH]), ist bei der Bewilligung der Vergütung regelmäßig von dem der höheren Qualifikation entsprechenden Richtwert auszugehen (BayObLG NJW-RR 1998, 654; vgl auch BayObLGZ 1997, 146 = FamRZ 1997, 1302 = FGPrax 1997, 148). Mit dem Sinn und Zweck des einem **Gleichstellungsbescheid** vorgeschalteten Anerkennungs- und Zertifizierungsverfahrens ist es nicht vereinbar, das Tatbestandsmerkmal der Vergleichbarkeit in § 4 Abs 1 S 2 Nr 2 VBVG erneut und unabhängig von der Entscheidung des Sächsischen Staatsministeriums für Wissenschaft und Kunst zu prüfen (LG Leipzig FamRZ 2001, 304). Hat ein Betreuer besondere, für die Führung der Betreuung nutzbare Kenntnisse in einer abgeschlossenen (Fach-)Hochschulausbildung erworben, so darf von dem in § 4 Abs 1 S 2 Nr 2 VBVG vorgesehenen Stundensatz nicht mit der Begründung abgewichen werden, diese Kenntnisse seien Kenntnissen, die durch eine (Fach-)Hochschulausbildung vermittelt wurden, nicht vergleichbar. Die Ausbildung an einer (Fach-)Hochschule vermittelt in ihrem Kernbereich betreuungsrelevantes Wissen, wenn dieses Wissen Gegenstand von Abschlußprüfungen ist (OLG Saarbrücken BtPrax 2003, 227).

(4) **Vergleichbarkeit** von Ausbildungen

Als Ausbildungsabschlüsse iSd § 4 Abs 1 S 2 Nr 1 VBVG kommen nur staatlich geregelte/anerkannte Berufsausbildungen in Betracht (LG Dresden FamRZ 2001, 181).

Einer abgeschlossenen Lehre vergleichbar iSd § 4 Abs 1 S 2 Nr 1 VBVG ist die Zuerkennung fachlicher Eignung gemäß § 76 Abs 3 BBiG (BayObLGZ 1999, 291 = FamRZ 2000, 554 = BtPrax 2000, 33). Für die Beantwortung der Frage, ob ein berufsmäßig tätiger Betreuer über eine abgeschlossene Ausbildung iSd § 4 Abs 1 S 2 Nr 1 VBVG verfügt, die einer abgeschlossenen Lehre vergleichbar ist, können die im Berufsbildungsgesetz (BBiG) und in der Handwerksordnung getroffenen Regelungen über die Berufsausbildung herangezogen werden. Die abgeschlossene Berufsausbildung iSd § 4 Abs 1 S 2 Nr 1 VBVG erfordert einen geordneten Ausbildungsgang, in dem eine breit angelegte berufliche Grundbildung und die für die Ausbildung einer qualifizierten beruflichen Tätigkeit notwendigen fachlichen Fertigkeiten und Kenntnisse vermittelt werden. Dieser Ausbildungsgang muß durch eine Abschlußprüfung vor einem von der zuständigen Stelle errichteten Prüfungsausschuß abgeschlossen werden (OLG Zweibrücken FamRZ 2000, 1303 [LS] = NJWE-FER 2000, 36 = Rpfleger 2000, 64).

Einer abgeschlossenen Hochschulausbildung vergleichbar iSv § 4 Abs 1 S 2 Nr 2 VBVG ist eine Ausbildung dann, wenn sie in ihrer Wertigkeit einer Hochschulausbildung entspricht und einen formalen Abschluß aufweist (BayObLGZ 1999, 275 = FamRZ 2000, 554 [LS] = Rpfleger 2000, 64 = BtPrax 2000, 32; OLG Celle NdsRpfl 2001, 228), wenn sie staatlich reglementiert oder zumindest staatlich anerkannt ist und der durch sie vermittelte Wissensstand nach Art und Umfang dem durch ein Hochschulstudium vermittelten entspricht (BayObLG FamRZ 2000, 554 = BtPrax 2000, 32, 33 = Rpfleger 2000, 64; OLG Schleswig FamRZ 2000, 846 = OLGRp 2000, 214, 215; FamRZ 2000, 1532), wenn der vermittelte Wissensstoff nach Art und Umfang dem durch ein Hochschulstudium vermittelten vergleichbar ist (BayObLGZ 1999, 275 = FamRZ 2000, 554 [LS]; OLG Köln FamRZ 2000, 1303, 1304; BARTH/WAGENITZ BtPrax 1996, 118, 120). Die zuletzt genannte Komponente ist dann anzunehmen, wenn die Ausbildung in einer Einrichtung erfolgt, die einer überwiegend wissenschaftlichen Lehrstoffvermittlung dient, über einen entsprechenden wissenschaftlichen Lehrkörper verfügt und die Erlangung graduierter Abschlüsse zum Ziel hat, und zwar von Abschlüssen, bei denen der Erfolg durch eine vor einer staatlichen oder staatlich anerkannten Stelle abgelegten Prüfung belegt ist (BayObLGZ 1999, 275 = FamRZ 2000, 554 [LS]).

Wertungskriterien für die Vergleichbarkeit einer Ausbildung mit einer Hochschulausbildung sind neben dem zeitlichen Aufwand, dem Umfang des Lehrstoffes und der Ausgestaltung der Abschlußprüfung insbesondere die dadurch erworbene berufliche Qualifikation, die auch in Zugangsmöglichkeiten zu bestimmten Besoldungs- bzw Vergütungsgruppen des öffentlichen Dienstes zum Ausdruck kommen kann (BayObLGZ 2000, 248 = FamRZ 2001, 187 = BtPrax 2001, 36). Führt eine berufliche Weiterbildung dazu, daß sie dem Absolventen aufgrund gesetzlicher Vorschriften ein berufliches Tätigkeitsfeld eröffnet, das üblicherweise (Fach-)Hochschulabsolventen vorbehalten ist, wird in der Regel die Vergleichbarkeit der Ausbildung im Rahmen des § 4 Abs 1 S 2 Nr 2 VBVG zu bejahen sein (hier: Ausbildung zum Verwaltungsfachwirt an einem Studieninstitut für kommunale Verwaltung, OLG Hamm FamRZ 2002, 847 [LS] = Rpfleger 2002, 314 [LS] = BtPrax 2002, 132 [LS]). Die Ausbildung an einer Fachakademie ist einer Hochschulausbildung nicht vergleichbar; sie liegt unterhalb der Fachhochschulebene (BayObLG FamRZ 2000, 1307 [LS] = NJWE-FER 2000, 58). Wird eine Fachschulausbildung in der DDR durch ein Fachhochschulstudium nach der Wiedervereinigung ergänzt, bemißt sich die Vergütung nach § 4 Abs 1 S 2 Nr 2 VBVG (OLG Köln FamRZ 2000, 1307 [LS]). Zur Bedeutung eines Gleichstellungsbescheides des Sächsischen Staatsministeriums für Wissenschaft und Kunst über die Gleichwertigkeit eines in der DDR erworbenen berufsqualifizierenden Abschlusses s OLG Dresden FamRZ 2001, 188.

(5) Einer abgeschlossenen **Hochschulausbildung vergleichbare Ausbildungen** (§ 4 Abs 1 S 2 Nr 2 VBVG)

– Die aus dem Hochschulstudium und dem Vorbereitungsdienst bestehende und mit der zweiten Staatsprüfung abgeschlossene Ausbildung für das Lehramt an höheren Schulen insgesamt (BayObLGZ 2000, 291 = FamRZ 2001, 306; **aA** OLG Düsseldorf FamRZ 2000, 1308 [LS] = NJW-RR 2001, 583): mit dem ersten Staatsexamen abgeschlossen;

– die Ausbildung zum Stabsoffizier mit dem Dienstgrad Oberstleutnant (BayObLGZ 1999, 275 = FamRZ 2000, 554 [LS] = BtPrax 2000, 32 = Rpfleger 2000, 64);

– die mit der „Fachprüfung II für Verwaltungangestellte 1986" abgeschlossene Ausbildung an der Bayerischen Verwaltungsschule (BayObLGZ 2000, 248 = FamRZ 2001, 187 = BtPrax 2001, 36;

– die „Zweite Prüfung für Angestellte im Kommunalen Verwaltungsdienst" mit dem Abschluß „Verwaltungsfachwirt" und danach Teilnahme an verschiedenen fachspezifischen Lehrgängen des Instituts für Kommunale Verwaltung und der Fachhochschule Düsseldorf, FB Sozialwesen (OLG Düsseldorf FamRZ 2000, 1309 [LS]);

– ehemaliger Leitender Verwaltungsbeamter einer Amtsverwaltung (LG Kiel BtPrax 2002, 174);

– ein mit der Diplomprüfung erfolgreich abgeschlossenes sechs Semester umfassendes Studium an einer bayerischen Verwaltungs- und Wirtschaftsakademie (BayObLG FamRZ 2003, 787);

– Dipl-Ing für Elektronik (DDR) mit postgradualem Hochschulstudium mit dem Abschluß als Patentingenieur mit Gleichwertigkeitsbescheinigung (KG NJ 2002, 375);

– Abgeschlossene Ausbildung zum Pastor am Theologischen Seminar des Bundes Evangelisch-Freikirchlicher Gemeinden in Deutschland (OLG Schleswig FamRZ 2000, 1532);

– Abschluß an der Höheren Fachschule für Sozialarbeit in Dortmund (OLG Hamm FamRZ 2001, 1398 = BtPrax 2001, 219);

– Diplom-Rechtspfleger (OLG Köln FamRZ 1999, 1224; zu § 1836 aF);

– ein in der DDR erworbener Hochschulabschluß als Diplomlehrer, hier: für Mathematik und Chemie (OLG Dresden FamRZ 2000, 847 = NJWE-FER 2000, 207 = NJ 2000, 324);

– Tierarzt (LG Kassel u OLG Frankfurt; Nachweise b MEIER Handbuch Betreuungsvergütung 171; FamRZ 2002, 988 m Anm BIENWALD);

– eine 1979 an der Fachschule Weimar erworbene Ausbildung als Staatswissenschaftler mit Gleichwertigkeitsbescheid (OLG Brandenburg FamRZ 2002, 349);

– abgeschlossene Hochschulausbildung als Diplomkauffrau (OLG Hamm FGPrax 2003, 126 = Rpfleger 2003, 365 [LS] = BtPrax 2003, 184 [LS]);

– Abschluß an der Fachschule für Heilpädagogik zur staatlich anerkannten Heilpädagogin (OLG Frankfurt FamRZ 2002, 1657 = BtPrax 2002, 271; vgl auch OLG Zweibrücken FamRZ 2004, 1323 [LS]);

– mit erstem Staatsexamen abgeschlossenes Lehramtsstudium mit Kenntnissen in Psychologie, Soziologie und Pädagogik und Englischstudium (OLG Saarbrücken v 30.10.2002 – 5 W 145/02);

– Studium an der Pädagogischen Hochschule Moskau mit dem Abschluß Diplom-

Jurist/Baccalaureus des Internationalen Rechts bei schon vorhandenen Kenntnissen im deutschen Recht (BayObLG FamRZ 2004, 1604 [LS]).

(6) Einer abgeschlossenen **Lehre vergleichbare abgeschlossene Ausbildungen** (§ 4 Abs 1 S 2 Nr 1 VBVG)

– Die Ausbildung zur staatlich anerkannten Erzieherin (DDR) im Zusammenhang mit vorangegangener Ausbildung zur Unterstufenlehrerin (OLG Dresden FamRZ 2000, 316 = BtPrax 2000, 39);

– Fachschulabschluß als Fachökonom (DDR) mit Qualifikation zur Leitung geriatrischer und psychiatrischer Heime des Diakonischen Werkes und anschließender zehnjähriger Heimleitertätigkeit (LG Leipzig FamRZ 2000, 1306);

– Wirtschaftskaufmann (OLG Dresden FamRZ 2000, 551 [LS]);

– Bankkaufmann (LG Koblenz FamRZ 2001, 1490 f Nachlaßpfleger entschieden);

– Kaufmannsgehilfe im Hotel- u Gaststättengewerbe nach dreijähriger Ausbildung (OLG Saarbrücken Rpfleger 2003, 365 = BtPrax 2003, 184 [jeweils LS]);

– Fachschulabschluß als Ingenieurpädagoge (OLG Frankfurt BtPrax 2002, 169; OLG Jena NJ 2002, 375);

– Heilpraktiker mit Zulassung (LG Hamburg FamRZ 2001, 1168 [LS]);

– Krankenpflegehelferausbildung (OLG Hamm Rpfleger 2002, 313 = JAmt 2002, 96; [jeweils LS]);

– Rechtsanwalts- und Notargehilfin mit Fortbildung zur Bürovorsteherin (OLG Hamm Rpfleger 2002, 313 = JAmt 2002, 96 jeweils LS = BtPrax 2002, 125);

– Staatlich anerkannte Erzieherin nach Anpassungsqualifikation (LG Dresden FamRZ 2000, 181);

– bei Berufsfortbildungswerk des DGB erworbene Befähigung als „Lehrer für Pflegeberufe" im Zusammenhang mit vorausgegangener Ausbildung z Krankenpfleger (OLG Frankfurt v 8.1.2001 – 20 W 205/00);

– mittlerer Beamter der Deutschen Bundesbahn (BayObLG FamRZ 2001, 304);

– Kfz-Mechaniker-Meister (LG Koblenz FamRZ 2001, 303);

– Lehrerin für Pflegeberufe nach ÖTV-Lehrgang (OLG Hamm Rpfleger 2002, 313 = JAmt 2002, 96 entschieden f Verfahrenspflegerin);

– Staatlich anerkannte hauswirtschaftliche Betriebsleiterin an Fachakademie (BayObLG FamRZ 2002, 1657 [LS]);

– abgeschlossenes Studium der Biologie (OLG Köln v 17.12.2001 – 16 Wx 252/01);

– türkisches rechtswissenschaftliches Studium mit zweisemestrigem Studium an deutscher Hochschule mit Magister Legum-Grad (BayObLG FamRZ 2004, 403 = OLGRp 2004, 9; BayObLG FamRZ 2003, 1873 [LS])

(7) Einer abgeschlossenen **Hochschulausbildung nicht vergleichbare Ausbildungen**

Mit der Entscheidung, daß eine Vorbildung einem Hochschulstudium nicht vergleichbar ist, ist nicht zwangsläufig zugleich eine Entscheidung über die Einstufung in § 4 Abs 1 S 2 Nr 1 VBVG getroffen. Nicht vergleichbar ist:

– Industriekauffrau, die seit 1998 regelmäßig an Weiterbildungsveranstaltungen des Instituts für Weiterbildung in der sozialen Arbeit einer Fachhochschule teilnimmt (LG Koblenz FamRZ 2000, 181);

– der Fachschulabschluß (DDR) als staatlich anerkannte Hygieneinspektorin mit vierjähriger Ausbildungszeit (LG Brandenburg FamRZ 2000, 1305 = BtPrax 2000, 221);

– Ausbildung zum staatlich anerkannten Altenpfleger einschließlich eines erfolgreich abgeschlossenen einjährigen Weiterbildungslehrgangs an einer Volkshochschule (LG Osnabrück FamRZ 2000, 1308 [LS] = NdsRpfl 2000, 170);

– Ausbildung zum Polizeibeamten und die Aus- und Weiterbildung an der Führungsakademie des Deutschen Sportbundes zum „DSB-Vereinsmanager A" (LG Saarbrücken FamRZ 2001, 713);

– Ausbildung an einer staatlich anerkannten Fachschule für Betriebswirtschaft mit Abschluß zur staatlich geprüften Betriebswirtin (OLG Schleswig FamRZ 2000, 1309 [LS] = BtPrax 2000, 172);

– zweijähriger Lehrgang „Leitung des Pflegedienstes" (OLG Zweibrücken FamRZ 2003, 1047 = Rpfleger 2003, 365 = BtPrax 2003, 184 [jeweils LS]);

– ein abgeschlossenes Rechtsstudium an einer türkischen Universität (BayObLG BtPrax 2001, 218 [LS]);

– Ausbildung zur Erzieherin mit Zusatzausbildung zur Familientherapeutin und Kindertherapeutin (OLG Braunschweig FamRZ 2000, 1307 = BtPrax 2000, 130; s dazu LÜTGENS BtPrax 2000, 106);

– Lehrerin für Pflegeberufe nach ÖTV-Lehrgang (OLG Hamm Rpfleger 2002, 313 [LS]);

– Sozialarbeiterabschluß DDR (LG Mühlhausen v 22.10.2001 – 1 T 183/01; s auch MEIER Handbuch 168);

– Abgeschlossenes türkisches rechtswissenschaftliches Studium und anschließendes abgeschlossenes zweisemestriges Magisterstudium an einer deutschen Universität

(BayObLG FamRZ 2003, 1873 [LS]; FamRZ 2004, 403 [LS]; Einstufung jedoch in die Gruppe 23 Euro entgegen LG Nürnberg-Fürth FamRZ 2003, 1503 [LS m Anm LÜTGENS]);

– im Rahmen der Weiterbildungsangebote der IHK erworbener Abschluß als (Bank-)Fachwirt (OLG Celle v 19.5.2003 – 10 W 5/03);

– Ausbildung an bayerischer Fachakademie zum Staatlich anerkannten Heilpädagogen (BayObLG-Rp 2004, 253 = FamRZ 2004, 1065; vgl auch BayObLG FamRZ 2002, 1225 = BtPrax 2002, 2, 6; Abgrenzung zu OLG Frankfurt FamRZ 2002, 1657);

– Tätigkeit als Erzieher und die Weiterbildung zum geprüften Sozialsekretär (AG Sinzig FamRZ 2005, 394 [LS]);

– Ausbildung als Pastoralreferent und Weiterbildung als Sozialsekretär (AG Sinzig FamRZ 2005, 656 [LS]);

– Ausbildung an der Fachakademie Saar für Hochschulfortbildung mit abschließendem Diplom zum Rechtswirt (OLG Schleswig FamRZ 2005, 1200 [LS].;

– Studiengang „Betriebswirt Sozialwesen (Kolpingakademie)" (BayObLG FamRZ 2005, 932 [LS]);

– das Bestehen der Ersten Theologischen Prüfung vor dem Theologischen Prüfungsamt (für den Fall der Verfahrenspflegschaft entschieden von AG Seesen KindPrax 2005, 33).

(8) Einer **Lehre nicht vergleichbare Ausbildungen**

Die nach § 4 Abs 1 S 2 Nr 1 VBVG vergütungserhöhend wirkenden, für die Führung der Betreuung nutzbaren besonderen Fachkenntnisse müssen durch eine **abgeschlossene Ausbildung** erworben sein, die in ihrem **Kernbereich** auf die Vermittlung solcher Kenntnisse ausgerichtet war.

Ein 1978 abgeschlossenes Fachschulstudium als Ingenieur in der Richtung Vorfertigung mit Inhalten wie Arbeitswissenschaften, Bauökonomie, Recht, Betriebswirtschaft und ein in den Jahren 1983 bis 1989 durchgeführtes Fernstudium in der Fachrichtung Bauingenieurwesen mit Studieninhalten wie Bauökonomie (16 Stunden), Recht (32 Stunden) und Arbeitswissenschaften (8 Stunden) erfüllen diese Voraussetzungen nicht (OLG Jena FamRZ 2000, 846 [LS]); ein nicht abgeschlossenes Jurastudium (BayObLG FamRZ 2000, 1305 [LS] = BtPrax 2000, 124 = NJW-RR 2000, 1314; vgl auch KG NJW-RR 2001, 73; OLG Brandenburg FamRZ 2001, 692; JurBüro 2002, 320 = FGPrax 2002, 113; Rpfleger 2003, 365 [LS]); die Teilnahme an einem halbjährigen Modellprojekt mit 260 Stunden zur Einführung in die EDV sowie Teilnahme an verschiedenen Fortbildungsseminaren bei einer Sparkasse ohne Abschlußprüfung (BayObLG FamRZ 2000, 1306); eine spätere (nach abgeschlossener Meisterausbildung in der Textilbranche) einjährige Fortbildung zur Bürokauffrau (OLG Dresden FamRZ 2000, 551 [LS]); Ausbildung in Gesprächsführung, Beratung und Betreuung von Familien, Kindern und Jugendlichen (OLG Karlsruhe v 27.12.2000 – 2 WF 47/00 f Verfahrenspflegschaft entschieden).

(9) Anerkennung **ausländischer Studienabschlüsse**

Das Studium eines ausländischen Rechts vermittelt keine für die Führung von Betreuungen in Deutschland verwertbaren Kenntnisse (BayObLG BtPrax 2001, 205; BtPrax 2001, 218 [LS]; FamRZ 2004, 1604). Durch ein Studium an der Pädagogischen Hochschule Moskau mit dem Abschluß **„Diplom-Jurist/Baccalaureus des internationalen Rechts"** bei schon vorhandenen Kenntnissen im deutschen Recht durch mehrere Semester Jurastudium und eine abgeschlossene Ausbildung zum Bankkaufmann können für die Führung von Betreuungen nutzbare Kenntnisse erworben sein, die sich vergütungssteigernd iSv § 4 Abs 1 S 2 Nr 2 VBVG auswirken.

Werden Kenntnisse der **Psychologie und Pädagogik** in einem abgeschlossenen Studium an einer ausländischen Hochschule erworben, können sie als für Betreuungen nutzbare besondere Kenntnisse vergütungserhöhend iSv § 4 Abs 1 S 2 Nr 2 VBVG wirken, wenn der Studiengang einer inländischen Ausbildung vergleichbar ist. Bei Fehlen einer förmlichen **Anerkennung des Studienabschlusses** kann dies auch dann zu bejahen sein, wenn die zuständige Kultusverwaltung die Vergleichbarkeit auf andere Weise zum Ausdruck gebracht hat, zB durch Bescheinigung einer Lehrbefähigung oder den Einsatz als Prüfer (BayObLGZ 2004, 51 = FamRZ 2004, 1232 = Rp 2004, 270).

(10) Erwerb zwischenmenschlicher **Kommunikationsfähigkeit allein unzureichend**

Soweit einige Gerichte (im Anschluß an WAGENITZ/ENGERS FamRZ 1998, 1273, 1275) unter Hinweis darauf, daß der Grundsatz der persönlichen Betreuung ausdrücklich aufrechterhalten geblieben ist, auch jedes durch entsprechende Abschlüsse dokumentierte Fachwissen, das **soziale Kompetenzen** im Verhältnis zum Betreuten und **zwischenmenschliche Kommunikationsfähigkeit** vermittelt, als für die Betreuung nutzbar anerkannt haben (OLG Dresden FamRZ 2000, 1306, 1307; OLG Jena FamRZ 2002, 1431, 1433 m Anm BIENWALD; OLG Köln FamRZ 2004, 1604 m Anm BIENWALD), ist ihnen **nicht zu folgen**, wenn die Vergütungserhöhung allein oder im wesentlichen auf den Erwerb kommunikativer Fähigkeiten gestützt wird (vgl dazu OLG Schleswig FamRZ 2000, 1532; OLG Jena aaO). Denn die Führung einer Betreuung besteht in erster Linie in der Besorgung von Angelegenheiten des Betroffenen, soweit dies eine Betreuerbestellung erfordert. **Persönliche Betreuung** iSd § 1897 Abs 1 (dazu BT-Drucks 11/4528, 68; wörtliche Wiedergabe auch bei BIENWALD, BtR³ § 1897 Rn 26) stellt **keine eigene selbständige Aufgabe** eines Betreuers dar. Sie ist seit jeher, bestätigt durch das BtÄndG, ein **dienendes Element, bezogen auf die zu besorgenden Angelegenheiten**. Kommunikation und kommunikative Fähigkeiten schlechthin machen keine Rechtliche Betreuung iSd §§ 1896 ff aus. Würde das soziale Kompetenzen und zwischenmenschliche Kommunikationsfähigkeit vermittelnde und durch entsprechende Abschlüsse dokumentierte Fachwissen ohne ein anderes auf die Besorgung der Angelegenheiten des Betroffenen ausgerichtetes Fachwissen ausreichen, um eine Höhergruppierung zu rechtfertigen, würde sich jeder diesbezügliche Abschluß vergütungserhöhend auswirken können und sogar müssen, weil der Betreute unabhängig von den unterschiedlichen Aufgabenkreisen „persönlich zu betreuen" (iSd § 1897 Abs 1) ist.

ε) **Die Stundenansätze des § 5 VBVG**

Die Einführung des in § 5 VBVG geregelten Systems der Pauschalierung der Vergütung dient dazu, die Defizite des bisherigen Abrechnungssystems zu beseitigen.

Der Entwurf des 2. BtÄndG bezeichnete das neue System als einfach, streitvermeidend, an der Realität orientiert und für die Berufsbetreuerinnen und -betreuer auskömmlich (Einzelbegründung zu § 1908l Abs 1 und 2 BGB-E in BT-Drucks 15/2494, 31; dort auch zu den rechtstatsächlichen Grundlagen der Regelung). Als Folge der Einführung des Pauschalentgelts braucht der berufsmäßig tätige Betreuer in den meisten Fällen (Ausnahmen bilden die Sonderfälle der Betreuung des § 6 VBVG) nicht mehr wie früher plausibel darzulegen, daß er die abgerechnete Zeit im Rahmen des ihm übertragenen Aufgabenkreises zum Zwecke der Besorgung der Angelegenheiten des Betreuten aufgewendet hat.

Die Pauschalierung der Betreuungsstunden stellt es dem Betreuer jedoch nicht frei, **317** mit der zur Verfügung gestellten bezahlten Betreuungszeit nach Belieben zu verfahren und sich zB wünschenswerten, aber für die Besorgung der Angelegenheiten der betreuten Person nicht erforderlichen caritativen Zuwendungen zu widmen (BIENWALD/SONNENFELD/HOFFMANN [BIENWALD] § 1836 Rn 127). Die Pauschalierung der Betreuungszeit begrenzt zwar die bezahlte Zeit, sie stellt jedoch keine Grenze für die vom Betreuer zu besorgenden Angelegenheiten dar. Sie **beschränkt nicht** den dafür **notwendigen zeitlichen Einsatz** und die Verantwortung für die übertragene und übernommene Betreuungsaufgabe. Ein Betreuer darf beispielsweise nicht deshalb untätig bleiben, weil nach dem Verbrauch der für die Zwecke der Vergütung begrenzten und für die Betreuungsarbeit zur Verfügung gestellten Zeit unvorhergesehene und nicht eingeplante Arbeiten zu erledigen und notwendige Entscheidungen zu treffen sind (zB Einwilligung in ärztliche Behandlung, freiheitsentziehende Unterbringung, Teilnahme an einem Gespräch zum Zwecke der Planung eines Hilfeprozesses gemäß § 68 Abs 1 S 2 SGB XII, Erwiderung auf eine Klage).

Anders und nicht mehr in dem Maße wie bisher bietet die am 1.7.2005 in Kraft **318** getretene Regelung des Vergütungs- und Aufwendungsersatzrechts (insbesondere des § 5 VBVG) die Möglichkeit, aus Anlaß der Abrechnung von Betreuungsleistungen die Tätigkeit des Betreuers hinsichtlich der Notwendigkeit des zeitlichen Einsatzes, der Zugehörigkeit zu seinem Aufgabenkreis sowie der Art und Weise der Wahrnehmung (soweit zulässig) iSd §§ 1837, 1908i Abs 1 S 1 zu prüfen und zu überwachen. Da den Gerichten nicht die erforderliche Zeit zur Verfügung steht, die gesetzlich vorgesehenen Überwachungsinstrumente (§§ 1839, 1840 Abs 1 iVm 1908i Abs 1 S 1) hinreichend nutzbar zu machen (BT-Drucks 15/2494, 20), kommt der **sozialen Kontrolle** eine größere Bedeutung als bisher zu, soll sich Rechtliche Betreuung nicht zu einem Geheimbund von Spezialisten entwickeln (BIENWALD/SONNENFELD/HOFFMANN [BIENWALD] § 1836 Rn 128).

Für die Höhe der **Monatspauschale** kommt es auf den **Beginn der Betreuung** an; **319** maßgebend für die jeweils zu vergütende Zeit ist die Dauer der Betreuung, gerechnet nach Betreuungsmonaten. Für deren Berechnung bestimmt § 5 Abs 4 VBVG, daß sie in entsprechender Anwendung der §§ 187 Abs 1 und 188 Abs 2 erste Alternative vorzunehmen sind. Die Betreuung beginnt mit dem Augenblick, in dem die erstmalige Bestellung eines Betreuers nach § 69a Abs 3 FGG (Regelfall) oder nach § 69f Abs 4 FGG (Einstweilige Anordnung) wirksam wird (BT-Drucks 15/2494, 33). Dafür ist im Regelfall die Bekanntmachung an den Betreuer maßgebend. Ordnet das Gericht die sofortige Wirksamkeit an, weil die Bekanntmachung an den Betreuer nicht möglich oder Gefahr im Verzuge ist, wird die Entscheidung in dem

Zeitpunkt wirksam, in dem sie und die Anordnung der sofortigen Wirksamkeit dem Betroffenen oder dem Pfleger für das Verfahren bekanntgemacht oder der Geschäftsstelle des Gerichts zur Bekanntmachung übergeben werden (§ 69a Abs 3 S 2, 3 FGG). Die einstweilige Anordnung, durch die ein vorläufiger Betreuer bestellt wird, wird auch mit der Übergabe an die Geschäftsstelle zum Zwecke der Bekanntmachung wirksam (§ 69f Abs 4 S 1 FGG). Der erste Monat der Betreuung endet mit dem Ablauf des Tages, der durch seine Zahl dem Tag der Wirksamkeit der Betreuung (nicht der Anordnung, wie in BT-Drucks 15/2494, 34 mitgeteilt) entspricht. Wurde der Betreuer (zB) am 4. 7. eines Jahres gerichtlich bestellt, so errechnet sich die Monatspauschale vom 5. 7. dieses Jahres an (§ 187 Abs 1). Sie endet mit Ablauf des 4. 8. des Jahres. Der zweite Monat beginnt am 5. 8. und endet am 4. 9. des Jahres (Beispiel nach BT-Drucks 15/2494, 34).

320 Wird jemand zunächst gemäß § 69f FGG als vorläufiger Betreuer bestellt und anschließend als Regelbetreuer, handelt es sich um eine Betreuung, die mit der Bestellung zum vorläufigen Betreuer begonnen hat. Endet die Betreuung, nachdem sie aufgehoben worden ist, und wird später dem Betroffenen erneut ein Betreuer bestellt, handelt es sich auch vergütungsrechtlich um zwei getrennte Betreuungen (FRÖSCHLE Rn 327), selbst wenn dieselbe Person die neue Betreuung führt.

321 Wie zu verfahren ist, wenn bei der nach Monaten zu berechnenden Vergütung in einem Monat der für ihren Ablauf maßgebende Tag fehlt, ist durch § 5 Abs 4 VBVG nicht geregelt. Auf § 188 Abs 3 wurde nicht verwiesen. Mit FRÖSCHLE ist dies als ein Versehen anzusehen (Rn 321). Ebensowenig wurde der Fall bedacht, daß für den Beginn der Betreuung, die bereits vor Eintritt der Volljährigkeit des Betroffenen angeordnet worden ist, nicht der Verlauf, sondern der Beginn eines Tages maßgebend ist. Nach FRÖSCHLE (Rn 322) sollen auf diesen (seltenen) Fall die §§ 187 Abs 2 S 1 und 188 Abs 2 HS 2 angewendet werden, obwohl auf sie nicht verwiesen worden ist.

322 Tritt zwischen der Bestellung als vorläufiger Betreuer und der als Regelbetreuer eine **Vakanz** ein, weil vor dem Ende der einstweiligen Anordnung von längstens einem Jahr (§ 69f Abs 2 FGG) die Bestellung als Regelbetreuer noch nicht wirksam geworden ist (§ 69a Abs 3 FGG), setzt mit deren Wirksamwerden eine neue Monatsberechnung ein.

323 Entläßt das Vormundschaftsgericht den bisher berufsmäßig tätig gewesenen Betreuer und bestellt es einen neuen gemäß § 1908c, ohne den Aufgabenkreis des Betreuers wesentlich zu erweitern, spielt der **Wechsel in der Person des Betreuers** für die Berechnung der Fristen des § 5 Abs 1 und 2 VBVG keine Rolle (BR-Drucks 865/03, 91, 92). Wird aus Anlaß des Betreuerwechsels der **Aufgabenkreis** des neuen Betreuers **wesentlich erweitert** (vgl dazu die Unterscheidung für das Verfahren in § 69i Abs 1 FGG), handelt es sich nicht mehr lediglich um den **Wechsel** in der Person des Betreuers, sondern **in der Betreuung** selbst, ihrem Inhalt und Umfang. In einem solchen Falle ist deshalb mit dem Wirksamwerden des Betreuerwechsels auch von einem Neubeginn der Betreuung auszugehen (BIENWALD in Anm zu LG Gießen FamRZ 2006, 359).

324 Bestellt das Vormundschaftsgerichts einen neuen Betreuer, weil der bisher tätige

Betreuer verstorben ist (§ 1908c), handelt es sich nicht um einen Wechsel der Betreuer aufgrund einer Entlassung gemäß §§ 1908b, so daß auch bei dieser Konstellation verschiedene Fallgestaltungen unterschieden werden müssen. Wird aus Anlaß der Neubestellung der Aufgabenkreis wesentlich erweitert, liegt es hinsichtlich der Fristberechnung des § 5 Abs 1, 2 VBVG wie eben erörtert. Folgt die Bestellung eines neuen Betreuers zeitnah auf den Wegfall des Vorbetreuers, handelt es sich um einen „normalen" Betreuerwechsel, den die Gesetzgebung als für die Berechnung der Fristen des § 5 Abs 1, 2 VBVG unbedeutend angesehen hat. Tritt zwischen dem Tod des Vorbetreuers und dem Wirksamwerden der Bestellung des Nachfolgers eine **längere Vakanz** ein, ohne daß in dem Umfang der Betreuung erhebliche Veränderungen eingetreten sind (zB durch Entscheidungen des Vormundschaftsgerichts gemäß §§ 1908i Abs 1 S 1, 1846), verbleibt es bei der mitgeteilten Fristberechnung.

325 Während § 5 Abs 5 VBVG den Fall des Betreuerwechsels von einem berufsmäßig tätigen zu einem ehrenamtlichen Betreuer ausdrücklich regelt, gibt es keine Bestimmung für den umgekehrten Fall, daß das Gericht einen ehrenamtlichen Betreuer entläßt und als Nachfolger einen berufsmäßig tätigen Betreuer bestellt. Abgesehen von dem Fall, daß bei wesentlicher Erweiterung des Aufgabenkreises des Nachfolgebetreuers bereits aus diesem Grunde von einem Neubeginn auszugehen wäre (s oben Rn 323), ist nach überwiegender Ansicht die Zeit der ehrenamtlichen Betreuung bei der Vergütungsberechnung gemäß § 5 VBVG einzubeziehen (aA LG Kiel FamRZ 2006, 223 m Anm BIENWALD). Das dagegen vorgebrachte Argument, dieser Betreuerwechsel sei meist durch Überforderung oder Ungeeignetheit des ehrenamtlichen Betreuers verursacht, so daß die vorausgegangene Betreuungsarbeit zu rekonstruieren sei und etwaigen Pflichtwidrigkeiten nachgegangen werden müsse (vgl das in der Entscheidung des LG Kiel wiedergegebene Zitat aus dem „Internet Betreuungslexikon" von DEINERT), überzeugt nicht, weil die aufgezeigte Problematik auch in allen anderen Fällen wechselnder Betreuer auftreten kann. Soweit das LG Kiel (aaO) eine andere Entscheidung in einem Fall erheblicher Abweichung von dem gesetzlichen Normalverlauf für möglich hält, hat es sich zu den dann maßgeblichen Kriterien in der Entscheidung nicht geäußert.

326 Der in § 5 Abs 5 VBVG geregelte Betreuerwechsel betrifft zwei verschiedene Fälle: den Wechsel von berufsmäßig geführter Betreuung zu ehrenamtlicher Betreuung und den Fall, daß zunächst ein berufsmäßig tätiger und ein ehrenamtlicher Betreuer die Betreuung führten und danach der ehrenamtliche Betreuer die Betreuung allein weiterführt. Diese Abgaben beruflich geführter Betreuungen an ehrenamtlich tätige Personen (zur Subsidiarität beruflich geführter Betreuung s § 1897 Abs 6) sollen dadurch gefördert werden, daß die bisher tätigen Betreuer an Stelle der taggenauen zeitanteiligen Vergütung gemäß § 5 Abs 4 VBVG die volle Monatspauschale für den laufenden Monat, in den der Wechsel fällt, und den Folgemonat erhält. Damit soll ein durch die Abgabe möglicherweise nötig werdender Mehraufwand abgegolten sein (BT-Drucks 15/4875, 32). Für die Vergütungsbemessung aus Anlaß dieser Betreuungswechsel ist es unerheblich, daß der Aufgabenkreis des Nachfolgebetreuers ggf bei dieser Gelegenheit erheblich erweitert (oder eingeschränkt) wird. Soweit dadurch dem (allein noch) ehrenamtlich tätigen Betreuer (weitere) Aufwendungen entstehen, werden sie durch Bewilligungen nach § 1835 oder § 1835a (jeweils iVm § 1908i Abs 1 S 1) abgegolten.

327 Für den Zeitpunkt, in dem der **Anspruch** des berufsmäßig tätigen Betreuers gemäß §§ 4 und 5 VBVG **beginnt**, ist die Festsetzung des Gerichts maßgebend, daß der Betreuer die Betreuung berufsmäßig führt. Trifft das Vormundschaftsgericht diese Feststellung, wie in § 1836 Abs 1 S 2 vorgesehen, bei der Bestellung des Betreuers, kommt es auf den Zeitpunkt an, in dem die Betreuerbestellung wirksam wird, weil damit auch die Feststellung ihrer berufsmäßigen Führung wirksam wird (Annexwirkung). Trifft das Vormundschaftsgericht oder das Rechtsmittelgericht die Feststellung zu einem späteren Zeitpunkt, kommt es darauf an, ob der Feststellung rückwirkende Kraft beigemessen wird. Andernfalls ist für die spätere Feststellung die Wirksamkeit der dann getroffenen Feststellung maßgebend (zB wenn der Betreuer die Voraussetzungen der Feststellung erst später erfüllt).

328 § 5 Abs 4 S 2 HS 1 VBVG regelt die Fälle, bei denen vor Ablauf eines vollen Monats im Sinne des Abs 1 und 2 eine vergütungswirksame Änderung eintritt. Diese Veränderung kann zur Folge haben, daß dem Betreuer keine Vergütung mehr nach den Abs 1 und 2 zu bewilligen ist oder statt der Stundensätze des Abs 1 diejenigen des Abs 2 maßgebend werden oder umgekehrt (BT-Drucks 15/2494, 34). Durch die Bestimmung sollen Fälle der Beendigung der Betreuung (Aufhebung der Betreuung nach Wegfall der Betreuungsbedürftigkeit oder der Beendigung durch den Tod der betreuten Person), des Wechsels in der Person des Betreuers, des Wechsels von vergüteter zu nicht vergüteter Betreuung sowie solche des Wechsels der betreuten Person in ein Heim und umgekehrt erfaßt werden (BT-Drucks 15/2494, 34).

329 Für die Höhe des finanzierten Zeitaufwands des berufsmäßig tätigen Betreuers kommt es sowohl bei mittellosen als auch bei nicht mittellosen Betreuten darauf an, ob sie ihren gewöhnlichen **Aufenthalt in einem Heim** oder nicht in einem Heim haben oder nehmen (§ 5 Abs 1 und 2 VBVG). Während das VBVG davon ausgeht, daß der gewöhnliche Aufenthalt eines Menschen für das Vergütungsrecht nicht definiert zu werden braucht, enthält § 5 Abs 3 VBVG eine Beschreibung dessen, was iSd Vergütungsrechts als Heim gelten soll. Die dort mitgeteilte Definition lehnt sich an die des HeimG (§ 1 Abs 1 S 2) an, beschränkt die Anwendung aber nicht auf Einrichtungen für ältere Menschen und pflegebedürftige oder behinderte Volljährige, sondern erfaßt auch Einrichtungen, die für andere Personengruppen errichtet wurden (DEINERT FamRZ 2005, 954, 955), zB für psychisch kranke Menschen (JURGELEIT/ MAIER Betreuungsrecht § 5 VBVG Rn 28), für suchtkranke oder nicht seßhafte Personen (DEINERT aaO). Der nach § 5 Abs 3 S 2 VBVG entsprechend geltende § 1 Abs 2 HeimG (idF der Bekanntmachung vom 5.11.2001 BGBl I 2970, 2971) lautet:

> **Die Tatsache, dass ein Vermieter von Wohnraum durch Verträge mit Dritten oder auf andere Weise sicherstellt, dass den Mietern Betreuung und Verpflegung angeboten werden, begründet allein nicht die Anwendung dieses Gesetzes. Dies gilt auch dann, wenn die Mieter vertraglich verpflichtet sind, allgemeine Betreuungsleistungen wie Notrufdienste oder Vermittlung von Dienst- und Pflegeleistungen von bestimmten Anbietern anzunehmen, und das Entgelt hierfür im Verhältnis zur Miete von untergeordneter Bedeutung ist. Dieses Gesetz ist anzuwenden, wenn die Mieter vertraglich verpflichtet sind, Verpflegung und weitergehende Betreuungsleistungen von bestimmten Anbietern anzunehmen.**

330 Indem das Vergütungsrecht den Begriff, auf den es sich in § 5 Abs 1 und 2 VBVG bezieht, für die eigenen Zwecke nicht uneingeschränkt definiert, sondern ergänzend auf eine Norm Bezug nimmt, die selbst nicht Definitionsnorm ist, sondern die (Un-)Anwendbarkeit des HeimG bestimmt, schafft es neue Unklarheiten, zumal sich die Lebensformen in dem fraglichen Bereich ständig, wenn auch nicht grundlegend, ändern. Diese Unklarheiten lassen sich aber weitgehend dadurch vermeiden, daß die Reihenfolge der in § 5 Abs 1 und 2 VBVG getroffenen Regelungen beachtet wird. Das Gesetz geht von dem (Regel-)Fall einer Betreuung von Heimbewohnern aus und beschreibt diesen Personenkreis in § 5 Abs 3 sowie zusätzlich durch Bezugnahme auf § 1 Abs 2 S 3 HeimG. Ist diese Voraussetzung (Heimaufenthalt) nicht zweifelsfrei gegeben, sind die Stundenansätze anzusetzen, die für die nicht in einem Heim lebenden betreuten Personen ausgeworfen sind (aA FRÖSCHLE Rn 312). Ist der Aufenthaltsort des Betreuten unbekannt, ist unklar, daß er sich in einem Heim befindet. Dem Betreuer ist deshalb der höhere Stundenansatz zu bewilligen (aA FRÖSCHLE aaO), abgesehen davon, daß das Gericht zu prüfen hätte, ob die Betreuung noch erforderlich ist, soweit sich die betreute Person der Betreuung entzieht. Steht fest, daß die betreute Person keinen gewöhnlichen Aufenthalt hat, so steht fest, daß diese auch nicht in einem Heim sein kann, so daß auch hier der höhere Stundensatz zu bewilligen ist (FRÖSCHLE aaO).

Die Unterscheidung der Betreuungsfälle danach, ob die betreute Person ihren gewöhnlichen Aufenthalt in einem Heim oder außerhalb davon hat, mag unter dem Gesichtspunkt der Vergütung abstrakt verständlich erscheinen. Konkret ist der generelle Rückgriff auf Normen des HeimG jedoch verfehlt, weil es dort in erster Linie auf die tatsächlichen Verhältnisse, insbesondere persönliche Pflege und Versorgung, ankommt, diese aber unmittelbar keinen sicheren Schluß zulassen, daß die im Heim lebende Person hinsichtlich der Besorgung ihrer Angelegenheiten nur in geringerem Maße betreuungsbedürftig ist. Würden Gerichte für Heime, in denen zahlreiche Bewohnerinnen und Bewohner rechtlicher Betreuung bedürfen, einen Betreuer oder nur wenige bestellen, würden schon die Kommunikationswege und -zeiten iSd § 1901 Abs 2 und 3 verkürzt und Mittel in wahrscheinlich höherem Maße eingespart werden, als das nach den bisherigen und den seit 1.7.2005 geltenden Regelungen der Fall war bzw ist. **331**

Krankenhäuser und Justizvollzugsanstalten sind bereits begrifflich keine Heime (aA DEINERT FamRZ 2005, 954, 958); hinsichtlich der Anwendbarkeit von § 5 Abs 1 S 1 und Abs 2 S 1 VBVG fehlt es außerdem regelmäßig am Merkmal des gewöhnlichen Aufenthalts (DEINERT/LÜTGENS, Die Vergütung des Betreuers Rn 960).

Soll der Stundenansatz wegen des Heimaufenthalts geringer als sonst ausfallen, muß **332** die betreute Person in der fraglichen Einrichtung ihren gewöhnlichen Aufenthalt haben. Für die Bestimmung dessen, was unter dem gewöhnlichen Aufenthalt zu verstehen und wann er in einem Heim gegeben ist, ist wegen der Zugehörigkeit des Betreuungsrechts sowie des Rechts der Vergütung und des Aufwendungsersatzes zum materiellen Zivilrecht das dort bestehende Verständnis maßgebend. Vgl deshalb in erster Linie STAUDINGER/WEICK (2004) Vorbem 3 zu §§ 7–11.

Der gewöhnliche Aufenthalt der betreuten Person in einem Heim wird nicht dadurch infrage gestellt oder geändert, daß sie regelmäßig in das zuständige Landeskrankenhaus zum Zwecke medizinischer Versorgung zurückkehrt. Fraglich ist, ob die Fälle von Abwesenheit, die für die örtliche Zuständigkeit des Vormundschaftsgerichts oder der zuständigen Behörde maßgeblich sind oder sein können (§§ 65, 65a FGG; s Bienwald/Sonnenfeld/Hoffmann [Sonnenfeld] § 65 Rn 16 ff), unter vergütungsrechtlichem Aspekt anders zu beurteilen sind. Ein längerer Aufenthalt in einer Rehabilitationseinrichtung, die sich nicht in der Nähe des Heimes befindet, wodurch der zeitliche Aufwand der rechtlichen Betreuung (persönlicher Kontakt, notwendige Rücksprachen mit dem Betreuten und dem ärztlichen und für die Pflege zuständigen Personal sowie vor Ort zu treffende Entscheidungen) und die tatsächlichen Aufwendungen (Fahrgelder) erheblich zunehmen können, sollte anders als nach den jeweiligen Stundenansätzen des § 5 Abs 1 und 2 (einschließlich des § 4 Abs 2) VBVG abgerechnet werden dürfen.

333 Soweit die in § 5 Abs 4 S 2 VBVG enthaltene Berechnungsvorschrift auch Fälle des Wechsels in der Person des Betreuers erfassen soll (BT-Drucks 15/2494, 34 zu § 1908l Abs 3 BGB-E), kommt er nur für den Wechsel unter berufsmäßig tätigen Betreuern und nur dann in Betracht, wenn der Wechsel in der Person des Betreuers innerhalb eines Abrechnungs-(Betreuungs-)Monats stattfindet, die Beendigung des Amtes mithin in denselben Abrechnungsmonat fällt, in dem die Bestellung des Nachfolgebetreuers wirksam wird, sei es, daß die Bestellungsentscheidung des Vormundschaftsgerichts (nahezu) nahtlos an das Amtsende des Vorgängers anknüpft, sei es, daß dieses Ergebnis durch eine Entscheidung des Rechtsmittelgerichts nach Anfechtung eines der in Betracht kommenden Beschlüsse erreicht wird.

ee) Sonderfälle der Betreuung

334 § 6 VBVG enthält mehrere von dem System der §§ 4 und 5 VBVG abweichende oder besondere Regelungen für Fälle der Mehrbetreuerbestellung (§ 1899 Abs 2 und 4). Der für die Entscheidung über die Einwilligung in eine Sterilisation der betreuten Person zu bestellende besondere Betreuer erhält, wenn das Gericht die berufsmäßige Führung dieser Betreuung festgestellt hat (§ 1 Abs 2 VBVG), eine Vergütung nach der für Vormünder vorgesehenen Regelung des § 3 VBVG. Für seine Aufwendungen kann er Vorschuß und Ersatz nach § 1835 mit Ausnahme der Aufwendungen im Sinne des § 1835 Abs 2 beanspruchen. Ein vom Gericht mit der Aufgabe betrauter ehrenamtlicher Betreuer hat dagegen lediglich einen Anspruch auf Ersatz seiner Aufwendungen nach den allgemeinen Bestimmungen. Nicht ausgeschlossen, aber nach den Bewilligungsvoraussetzungen des § 1836 Abs 2 iVm § 1908i Abs 1 S 1 zu urteilen unwahrscheinlich ist es, daß dem ehrenamtlichen Sterilisationsbetreuer eine Vergütung bewilligt wird.

335 Bei den Betreuern, die wegen Verhinderung des Erst- oder Hauptbetreuers bestellt werden (müssen), unterscheidet § 6 VBVG, ob die Verhinderung tatsächlicher (vgl BayObLG BtPrax 2004, 242 = FamRZ 2004, 1993 m Anm Bienwald) oder rechtlicher Art ist. Im Falle tatsächlicher Verhinderung des Hauptbetreuers erhält der Betreuer, der die Vertretung als berufsmäßig tätiger Betreuer wahrnimmt, Vergütung und Aufwendungsersatz nach §§ 4 und 5 VBVG und zwar nach Tagen bemessen. Bestellt das Gericht einen weiteren Betreuer, weil der Hauptbetreuer aus Rechtsgründen an der Besorgung der Angelegenheiten der betreuten Person gehindert ist, wird Aufwendungsersatz und Vergütung wie bei dem Sterilisationsbetreuer geleistet (§ 6 S 1 VBVG).

336 Die Bestellung eines Gegenbetreuers, für die auch eine (weitere) berufsmäßig tätige Person in Betracht kommt (§ 1899 Abs 1 S 3), betrachtet das VBVG vergütungsrechtlich nicht als einen Sonderfall der Betreuung, so daß sich dessen Ansprüche aus §§ 4 und 5 VBVG ergeben.

337 Mehrere Betreuer, die eine Vergütung erhalten, werden außer in den in den Abs 2 und 4 des § 1899 geregelten Fällen und im Falle der Bestellung eines Gegenbetreuers nicht bestellt (§ 1899 Abs 1 S 2). Eine entgegen diesem Bestellungsverbot vorgenommene Bestellung kann keine Ansprüche nach dem VBVG auslösen. Ein berufsmäßig tätiger Betreuer, der sich entgegen dem Verbot bestellen läßt, kann keinen Vertrauensschutz genießen, weil ihm die Rechtslage bekannt sein mußte, als er sich bestellen ließ. Einen Schutz und damit auch entsprechende Rechte könnte er nur dann für sich in Anspruch nehmen, wenn ihm vorenthalten worden ist, daß der Erstbetreuer bereits mit Anspruch auf Vergütung tätig ist (näher BIENWALD/SONNENFELD/HOFFMANN [BIENWALD] § 1899 Rn 39 ff).

ff) Übergangsregelung

338 Aufgrund des durch Art 7 des 2. BtÄndG angefügten § 14 des Art 229 EGBGB richten sich die Vergütungs- und Aufwendungsansprüche von Betreuern und Verfahrenspflegern, die vor dem 1. 7. 2005 entstanden sind, nach den bis zu diesem Tage geltenden Vorschriften. Soweit Betreuer die Vergütung nach den §§ 4 und 5 VBVG beanspruchen können, kommt es für die Entstehung des Anspruchs nicht mehr darauf an, wann der Betreuer Angelegenheiten des Betreuten (erstmalig) besorgt hat. Maßgebend ist deshalb lediglich die Wirksamkeit der Bestellung. Von diesem Zeitpunkt an bemißt sich auch die Fälligkeit gemäß § 9 S 1 VBVG. Im übrigen verbleibt es hinsichtlich des Entstehungszeitpunkts und der Fälligkeit der Ansprüche des Betreuten bei den bisherigen Regelungen.

Hat das Gericht einem berufsmäßig tätigen Betreuer vor dem Inkrafttreten des 2. BtÄndG auf die abzurechnenden Betreuungsleistungen eine Abschlagszahlung bewilligt, so ist diese nach dem bis zum 1. 7. 2005 geltenden Vergütungssystem abzurechnen. Entsprechend ist zu verfahren, wenn ein Betreuer, sei er ehrenamtlich oder berufsmäßig tätig (gewesen), Vorschuß auf den ihm zustehenden Aufwendungsersatz entnommen oder erhalten hat.

gg) Abrechnung – Zeitraum und Verfahren

339 Soweit nicht der Betreuer berechtigt und aufgrund der Vermögenslage der betreuten Person auch tatsächlich in der Lage ist, Vorschuß, Aufwendungsersatz oder Aufwandsentschädigung dem verwalteten Vermögen zu entnehmen (dazu STAUDINGER/BIENWALD [2004] § 1835 Rn 46), werden die Ansprüche der Betreuer und der Verfahrenspfleger gerichtlich festgesetzt (§§ 56g, 69e Abs 1 S 1, 67a Abs 5 FGG). Die durch Art 5 Nr 2a) und b) des 2. BtÄndG mit Wirkung vom 1. 7. 2005 in der maßgeblichen Verfahrensvorschrift des § 56g FGG vorgenommenen Änderungen in Abs 1 Nr 2 und Abs 5 S 1 enthalten lediglich Folgeänderungen aufgrund der geänderten oder weggefallenen Vergütungsvorschriften der §§ 1836 und 1836b, dagegen keine, die das Verfahren betreffen. Deshalb kann zunächst auf die Darstellung in § 1836 Rn 114 ff verwiesen werden.

340 Betreuer, deren Vergütung nach den §§ 4 und 5 VBVG bemessen wird, können die

Vergütung nach Ablauf von jeweils drei Monaten für diesen Zeitraum geltend machen (§ 9 S 1 VBVG). Für die Geltendmachung von Vergütung und Aufwendungsersatz in den Sonderfällen (§ 6 VBVG) verbleibt es bei der bisherigen Regelung. Das gilt auch für die Geltendmachung von Ansprüchen durch Verfahrenspfleger. Während eine Pauschalierung der Vergütung im Einzelfall für Betreuer mit Wirkung vom 1. 7. 2005 entfallen ist (Aufhebung des § 1836b), hat das 2. BtÄndG in § 67a Abs 3 FGG für die Abgeltung der Ansprüche des Verfahrenspflegers die bisher in § 1836b S 1 Nr 1 vorgesehene Zubilligung eines festen Geldbetrages übernommen, obgleich in der Begründung des Entwurfs eines 2. BtÄndG festgestellt wurde, daß von § 1836b nur in weniger als 10% aller Fälle (der Betreuervergütung) Gebrauch gemacht worden ist (BT-Drucks 15/2494, 20). Für alle nach dem VBVG bestehenden Vergütungsansprüche bestimmt dessen § 2, daß der Vergütungsanspruch erlischt, wenn er nicht binnen 15 Monaten nach seiner Entstehung beim Vormundschaftsgericht geltend gemacht wird; die Geltendmachung des Anspruchs beim Vormundschaftsgericht gilt dabei auch als Geltendmachung gegenüber dem Betroffenen. Das Gericht kann nach Maßgabe des § 1835 Abs 1a eine abweichende Frist mit den dort näher bezeichneten Folgen bestimmen (§ 2 S 2 VBVG). Soweit Aufwendungsersatz nach § 1835 oder Aufwandsentschädigung nach § 1835a, jeweils iVm § 1908i Abs 1 S 1, verlangt werden können, gelten die jeweiligen Erlöschensregelungen. Für die Geltendmachung des Aufwendungsersatzes und einer Vergütung durch den Verfahrenspfleger gemäß § 67a FGG enthalten dessen Abs 1 und 2 entsprechende Verweisungen. Für die Bewilligung der „Ermessens"vergütung des ehrenamtlichen Betreuers gemäß §§ 1836 Abs 2, 1908i Abs 1 S 1 besteht weiterhin keine zeitliche Begrenzung oder Ausschlußfrist (Fröschle Rn 681).

341 Die Beachtung der Verfallsregelungen ist Sache der einzelnen Anspruchsberechtigten. Eine Verpflichtung des Gerichts, die berufsmäßig tätige Person (hier: Nachlaßpfleger) von Amts wegen vor dem Verfall ihres Vergütungsanspruchs zu bewahren, wird durch §§ 56g Abs 1, 69e Abs 1 S 1 FGG nicht begründet (BayObLG FamRZ 2004, 1136, 1137 = FGPrax 2004, 77; KG FamRZ 2006, 225).

342 Das Gericht wird **auf Antrag** (ggf Hilfsantrag, OLG Hamm FamRZ 2004, 1324 [LS]) oder **von Amts wegen** tätig, wenn es dies für angemessen hält. Soll das Gericht auf Antrag tätig werden, muß der Antragsteller dem Gericht mitteilen, welche Entscheidung er begehrt. Soweit Ansprüche nach § 6 VBVG geltend gemacht werden, hat sich in dieser Hinsicht die Rechtslage nicht geändert. Macht der Betreuer Ansprüche nach §§ 4 und 5 VBVG geltend, empfiehlt es sich zur Klarstellung, die Vorschriften ausdrücklich in dem Antrag aufzuführen. Eine bestimmte Antragsform ist bundesgesetzlich nicht vorgegeben. Der seit 1. 7. 2004 geltende § 69e Abs 2 FGG ermächtigt die Landesregierungen, durch Rechtsverordnung für Anträge und Erklärungen auf Ersatz von Aufwendungen und die Bewilligung von Vergütungen **Vordrucke** einzuführen und die berufsmäßig tätigen Betreuer zu verpflichten, sich der eingeführten Vordrucke zu bedienen und sie als elektronisches Dokument einzureichen (Art 2a des Gesetzes zur Änderung der Vorschriften über die Anfechtung der Vaterschaft und das Umgangsrecht von Bezugspersonen des Kindes und zur Einführung von Vordrucken für die Vergütung von Berufsbetreuern v 23. 4. 2004 [BGBl I 598]). Von der Ermächtigung hat Nordrhein-Westfalen Gebrauch gemacht durch „Verordnung über die Ermächtigung des Justizministeriums zum Erlaß einer Rechtsverordnung nach § 69e Abs 2 des Gesetzes über

die Angelegenheiten der freiwilligen Gerichtsbarkeit (Delegations-VO § 69e Abs 2 FGG)" v 12. 10. 2004 (GVBl 2004, 616).

Das Gericht muß prüfen, ob es dem Betreuten für das Verfahren zur Festsetzung der **343** Betreuervergütung und ggf eines Aufwendungsersatzes, jedenfalls aus Gründen des Art 103 GG, einen Verfahrenspfleger bestellen muß. Denn der Betreute ist in allen Festsetzungsverfahren (nicht zwingend persönlich) zu hören, bevor das Gericht in ihnen eine von dem Betreuten gemäß § 56g Abs 1 FGG zu leistende Zahlung festsetzt (BayObLG FGPrax 2004, 124 = Rpfleger 2004, 625). Billigt der Verfahrenspfleger in seiner Stellungnahme gegenüber dem Vormundschaftsgericht den Antrag des Betreuers auf Gewährung eines über den Höchstsatz hinausgehenden Stundensatzes, ist darin kein wirksames Anerkenntnis oder Zugeständnis zu Lasten des vermögenden Betreuten zu sehen (BayObLG FamRZ 2005, 64).

Neben der Entscheidung über den Sachantrag oder bei Entscheidung von Amts **344** wegen bestimmt das Gericht, wenn es eine Festsetzungsentscheidung trifft, Höhe und Zeitpunkt der Zahlungen, die der Betreute an die Staatskasse nach den §§ 1836c, 1836e, 1908i Abs 1 S 1 zu leisten hat. Beabsichtigt das Gericht, diese Bestimmung in einer besonderen Entscheidung zu treffen, empfiehlt es sich, in der ersten Entscheidung einen entsprechenden Vorbehalt anzubringen, um nicht den Eindruck zu erwecken, als sei mit der Bewilligung das Verfahren abgeschlossen. Die Festsetzung von Regreßzahlungen setzt voraus, daß das Gericht die Leistungsfähigkeit des Betreuten festgestellt hat (OLG Frankfurt FGPrax 2003, 33 [34] = BtPrax 2003, 85 mwN). Kommen Unterhaltsansprüche der betreuten Person in Betracht, hat das Vormundschaftsgericht vor der Anordnung eines Rückgriffs der Staatskasse wegen der möglichen Unterhaltsansprüche grundsätzlich nicht zu prüfen, ob diese Unterhaltsansprüche tatsächlich bestehen (OLG Schleswig FamRZ 2005, 1579 mwN).

4. Zur Zulässigkeit privatrechtlicher Vergütungsvereinbarungen

Durch die Neuregelung der Vergütung für berufsmäßig wahrgenommene Rechtliche **345** Betreuung und die dadurch eingetretene Begrenzung der vergüteten Betreuungszeit wurde die Diskussion um die Zulässigkeit privatrechtlicher Vergütungsvereinbarungen (s dazu zunächst STAUDINGER/BIENWALD [2004] § 1836 Rn 142) belebt. Unter Berufung auf eine Entscheidung des AG Hildesheim (veröffentlicht in Betreuungsmanagement 2005, 233) hält ROSENOW (Honorarvereinbarung und Ermessensvergütung bei vermögenden Betreuten, Betreuungsmanagement 2005, 212, 217 ff) sie für zulässig und weist unter Bezugnahme auf HK-BUR/BAUER (§ 1899 Rn 62) besonders darauf hin, daß die Bestellung eines Ergänzungsbetreuers immer dann erforderlich ist, „wenn der Erstbetreuer von der gesetzlichen Vertretungsmacht kraft Gesetzes ausgeschlossen ist".

Soweit die betreute Person in der Lage ist, ihre Angelegenheiten selbst zu besorgen, **346** kann sie mit dem insoweit nicht für diese Angelegenheiten zuständigen Betreuer Vereinbarungen treffen, auch solche, die eine Entgeltvereinbarung für wahrgenommene Dienstleistungen enthalten. Würden Angelegenheiten einbezogen, für deren Besorgung der Betreuer bestellt worden ist, wäre die Bestellung nicht erforderlich und müßte aufgehoben werden (§ 1908d Abs 1). Hindernis für eine solche Vereinbarung wäre in erster Linie die Geschäftsunfähigkeit der betreuten Person (§ 104

Nr 2); für andere Nichtigkeitsgründe (etwa nach §§ 134, 138) müßte der Inhalt oder die Art des Zustandekommens der Vereinbarung untersucht werden.

347 Im Rahmen seines Aufgabenkreises kann der Betreuer mit dem Betreuten eine privatrechtliche **Vergütungsvereinbarung** deshalb **nicht** treffen, weil er dafür nicht zuständig ist (STAUDINGER/BIENWALD aaO). Ist der Betreuer nicht zuständig, kann er auch nicht durch gesetzliche Regelung verhindert sein. Mithin liegt ein Fall des § 181, zu dessen Lösung ein Ergänzungsbetreuer bestellt werden müßte, nicht vor.

348 Die vom AG Hildesheim vorgenommene Bestellung eines Ergänzungsbetreuers ist auch aus anderen Gründen nicht zu vertreten. Für den vom Gericht bestimmten Aufgabenkreis „Prüfung und ggf Abschluss eines Vertrages zwischen der Betreuten und den Betreuern über die Erbringung von Leistungen, die über das vom Gericht geforderte Maß der gesetzlichen Vertretung hinausgehen für die Zeit ab dem 1. 7. 2005" gibt es keine Rechtsgrundlage. Abgesehen davon, daß die gesetzliche Vertretung des § 1902 ihrem Grunde nach nicht zur Disposition des Vormundschaftsgerichts steht, kann auch der Aufgabenkreis des Betreuers, der für den Umfang der gesetzlichen Vertretung maßgebend ist, nach Belieben des Gerichts weder eingeschränkt noch erweitert werden; er wird bestimmt durch das Erfordernis Rechtlicher Betreuung (§ 1896 Abs 2 S 1).

349 Sind die Leistungen des Betreuers, die durch die „Vereinbarung" abgegolten werden sollen, zur Erfüllung des Betreuungsauftrags erforderlich, sind sie aufgrund der gesetzlichen Verpflichtung des Betreuers (§ 1901 Abs 1) zu erbringen, auch wenn der Gesetzgeber die Stundenansätze dafür zu niedrig bemessen haben sollte. Das Gericht kann dem Betreuer Leistungen, die zur Besorgung der Angelegenheiten der betreuten Person erforderlich sind, nicht erlassen, es kann auch nicht dem Betreuer außerhalb der dafür vorgesehenen Regelungen der §§ 1837, 1908i Abs 1 S 1 Weisungen erteilen oder für den Umfang der notwendigen Betreuungsleistungen verbindliche Anordnungen treffen.

Der Betreuer kann zu seiner Entlastung lediglich versuchen, einzelne der sonst von ihm wahrgenommenen Tätigkeiten als vertretbare Dienstleistungen aus seinem Arbeitsprogramm herauszulösen und Spezialisten zu Erledigung in Auftrag zu geben.

350 Handelte es sich im Falle des AG Hildesheim darum, eine umfassende häusliche Versorgung der Betreuten sicherzustellen, wie aus dem Sachverhalt hervorzugehen scheint, wurde auch insoweit mit der oa Bestellung eines Ergänzungsbetreuers ein nicht gangbarer Weg gewählt. Nimmt ein Betreuer (nicht nur der berufsmäßig tätige) Dienstleistungen für die betreute Person wahr, die üblicherweise durch Dritte erbracht werden (zB Krankenpflege, regelmäßige Wohnungsreinigung), ist ein entsprechender Vertrag zwischen dem Betreuer und der betreuten Person möglich, weil der Betreuer insoweit eine Angelegenheit der betreuten Person besorgt. Für den Abschluß eines solchen Vertrages wäre die Bestellung eines weiteres Betreuers mit dem Aufgabenkreis der Vertretung des Betreuten beim Abschluß dieses Vertrages erforderlich. Das vereinbarte Entgelt wäre dann nicht eine Vergütung für Leistungen als Betreuer, sondern das Entgelt für die zu erbringende tatsächliche Dienstleistung.

Titel 2
Rechtliche Betreuung

§ 1908k (aufgehoben)

Die Vorschrift wurde mit Wirkung vom 1.7.2005 durch Art 1 Nr 17 des 2. BtÄndG vom 21.4.2005 (BGBl I 1073) aufgehoben. Ihr Inhalt wurde durch Art 8 des 2. BtÄndG – gekürzt um die Nrn 2 und 3 des ersten Absatzes – als § 10 in das Gesetz über die Vergütung von Vormündern und Betreuern (VBVG) übernommen. Der Wortlaut dieser Vorschrift ist in § 1908i Rn 271 abgedruckt.

Titel 3
Pflegschaft

Vorbemerkungen zu §§ 1909–1921*

Schrifttum

BÄUMEL ua, Familienrechtsreformkommentar – FamRefK – (1998)
BAUER/SCHAUSS, Der Anwalt des Kindes im vormundschaftsgerichtlichen Verfahren – Ein Erfahrungsbericht aus der Frankfurter Gerichtspraxis, Betrifft JUSTIZ Nr 52, Dezember 1997, 162
BEHLERT/HOFFMANN, Qualitätssicherung im Bereich bestellter Vormundschaften und Pflegschaften, JAmt 2004, 345
BEHNKE, Das neue Minderjährigenhaftungsbeschränkungsgesetz, NJW 1998, 3078
BIENWALD, Vormundschafts-, Pflegschafts- und Betreuungsrecht in der sozialen Arbeit (3. Aufl 1999)
ders, Verfahrenspflegschaftsrecht (2002)
BODE, Praxishandbuch Anwalt des Kindes: Das Recht des Verfahrenspflegers (2004)
BUSCH, Schutzmaßnahmen für Kinder und der Begriff der „elterlichen Verantwortung" im internationalen und europäischen Recht – Anmerkungen zur Ausweitung der Brüssel II-Verordnung, IPRax 2003, 218
DIEDERICHSEN, Von der Amtspflegschaft zur kooperativ geführten Beistandschaft – das Verhältnis des alleinsorgeberechtigten Elternteils zum Jugendamt als Beistand, Gedächtnisschrift für Alexander Lüderitz (2000) 135
EICKMANN/SONNENFELD/DÜMIG, Anhörungspflicht bei nachlaßgerichtlicher Genehmigung, Besprechung von BVerfG Rpfleger 2000, 205, Rpfleger 2000, 245
FIRSCHING/DODEGGE, Familienrecht 2. Halbband: Vormundschafts- und Betreuungsrecht sowie andere Rechtsgebiete der freiwilligen Gerichtsbarkeit, Handbuch der Rechtspraxis Band 5 b (6. Aufl 1999)
FOMFEREK, Der Schutz des Vermögens Minderjähriger (2002)
HANSBAUER, Aktuelle Probleme in der Amtsvormundschaft/-pflegschaft und Perspektiven ihrer Überwindung, ZfJ 1998, 496
ders (Hrsg), Neue Wege in der Vormundschaft? (2002)
HARM, Verfahrenspflegschaft in Betreuungs- und Unterbringungssachen (2. Aufl 2005)
HOHMANN-DENNHARDT, Grundgedanken zu einer eigenständigen Vertretung von Kindern und Jugendlichen im familiengerichtlichen Verfahren, ZfJ 2001, 77
JOCHUM/POHL, Pflegschaft, Vormundschaft und Nachlaß (1988)
dies, Nachlaßpflegschaft (2. Aufl 2004)
JOSEF, Die Selbständigkeit des Vormunds und das Aufsichtsrecht des Vormundschaftsgerichts, AcP 97, 108
KAUFMANN, Die Pflicht des Familiengerichts zur Anhörung des Jugendamts; § 49a FGG – eine von der Kindschaftsreform vergessene Vorschrift, ZfJ 2001, 8
KEIDEL/KUNTZE/WINKLER (Hrsg), Freiwillige Gerichtsbarkeit (15. Aufl 2003; Nachtrag 2005)
KLINKHAMMER/KLOTMANN/PRINZ, Handbuch begleiteter Umgang (2004)
KLINKHARDT, Zur Zulässigkeit einer organisatorischen Koppelung von Amtsvormundschaft und Wirtschaftlicher Jugendhilfe, DAVorm 2000, 295

---

* Das KJHG (SGB VIII), auf dessen Vorschriften über Pflegschaft und Vormundschaft im folgenden mehrfach Bezug genommen wird, ist bei STAUDINGER/ENGLER (2004) im Wortlaut im Anhang zu §§ 1773–1895 abgedruckt.

KOHLER, Welchen „Wert" haben die Amtsvormünder?, DAVorm 2000, 729
MEYER-STOLTE/BOBENHAUSEN, Vormundschaftsrecht (3. Aufl 1993; 4. Aufl [Familienrecht] 2000)
MOTZER, Die Entwicklung des Rechts der elterlichen Sorge und des Umgangs seit 2002, FamRZ 2004, 1145
MÜNDER, Die Reform des Kindschafts- und Beistandschaftsrechtes und die Auswirkungen auf die Kinder- und Jugendhilfe, Neue Praxis 1998, 335
OBERLOSKAMP (Hrsg), Vormundschaft, Pflegschaft und Beistandschaft für Minderjährige (2. Aufl 1998)
OPITZ, Amtsvormundschaft und soziale Dienste – miteinander, gegeneinander oder wie?, JAmt (DAVorm) 2001, 315
PARDEY, Vormundschaft und Pflegschaft (1988)
PAUL, Rechtsprechungsübersicht zum Vormundschafts- und Personenstandsrecht, FGPrax 2002, 1; FGPrax 2005, 93
PAWLOWSKI, „Effektiver Rechtsschutz" versus „effektive Vormundschaft"?, JZ 2000, 913
RAACK, Verfahrensübergreifender Ergänzungspfleger, KindPrax 2002, 56
RÖCHLING (Hrsg), Handbuch Anwalt des Kindes (2001)
ROOS, Das Sachgebiet „Beistandschaft im Jugendamt – Einblicke und Ausblicke –, DAVorm 2000, 529
ROTH, Das Jugendamt als Beistand – Vertreter des Kindes oder Beauftragter der Mutter?, KindPrax 1998, 148
SALGO/ZENZ/FEGERT/BAUER/WEBER/ZITELMANN (Hrsg), Verfahrenspflegschaft für Kinder und Jugendliche (2002)
SCHINDLER, Die persönliche Bestellung der Mitarbeiter von Vereinen zum Vormund und Pfleger für Minderjährige, FamRZ 2001, 1349
SEIDENSTÜCKER, Zur Umsetzung des neuen Kindschaftsrechts in der Arbeit von Jugendämtern, ZfJ 2001, 88
SONNENFELD, Betreuungs- und Pflegschaftsrecht (2. Aufl 2001)
STADLER/SALZGEBER, Berufsethischer Kodex und Arbeitsprinzipien für die Vertretung von Kindern und Jugendlichen – Sprachrohr und/oder Interessenvertreter?, FPR 1999, 329
WESCHE, Das Nebeneinander von Vormundschafts- und Familiengericht bei genehmigungspflichtigen Rechtsgeschäften, Rpfleger 2000, 145
WILL, Die Abschaffung der Amtspflegschaft – Emanzipation der nichtehelichen Mutter?, ZfJ 1998, 401
WOLF, Der Amtsvormund im Jugendamt – Einblicke und Ausblicke, KindPrax 2000, 86
dies, Die Zukunft des Amtsvormunds im Jugendamt, KindPrax 2000, 86
WOLF, Die Haftung des Einzelvormundes mit Berücksichtigung der Pfleger- und Betreuerhaftung (1999)
ZARBOCK, Praxis-Begleitbuch für den Beistand, Pfleger, Vormund, Betreuer und den Richter: Kindschaftsrecht (1998)
ZENZ, „Das Mündel und sein Vormund" – Rechtliche Überlegungen zur Zukunft der Vormundschaft –, DAVorm 2000, 365
ZIMMERMANN, Die Nachlaßpflegschaft (2001).

Systematische Übersicht

1. Bisheriges Recht und die Änderungen durch das BtG und durch das Kindschaftsrecht _____ 1
2. Übersicht über die bestehenden Pflegschaften _____ 3
   a) Unterscheidung der Pflegschaften nach der Zweckbestimmung _____ 3
   b) Unterscheidung der Pflegschaften nach dem Rechtsgrund _____ 4
   c) Pflegschaften außerhalb des BGB _____ 9
3. Zum Pflegschaftsverfahren _____ 10
4. Folgen der Pflegschaftsanordnung _____ 18
   a) Rechtsstellung des Pflegers _____ 18
   b) Entsprechende Anwendung der vormundschaftsrechtlichen Bestimmungen _____ 19
   c) Besonderheiten bei Amtspflegschaften _____ 20
   d) Beendigung der Pflegschaft und Entlassung des Pflegers _____ 21
5. Pflegschaften für Angehörige fremder Staaten (Nichtdeutsche) _____ 23

Titel 3
Pflegschaft

Vorbem zu §§ 1909–1921

a) Pflegschaften für minderjährige Nichtdeutsche 24
b) Pflegschaften für volljährige Nichtdeutsche 25
6. Pflegschaften für juristische Personen 26
7. Pflegschaften im Gebiet der DDR 27
8. Bedeutung der Pflegschaft im Straf- und Strafprozeßrecht 28

Alphabetische Übersicht

Abwicklungsverhältnis 22
Änderungen durch das BtG 1
Amtspflegschaft 2, 10, 20
Amtsvormundschaft 20
Angehörige fremder Staaten .... 23 ff
Anhörungen 15
Anwendung vormundschaftsrechtlicher Vorschriften 19
Aufwandsentschädigung 13
Aufwendungsersatz 19
Auswahl des Pflegers 11

Beendigung der Pflegschaft 21, 22
Beistandschaft 2, 3
Beistandschaftsgesetz 2, 4
Beratung durch das Jugendamt 20
Besonderheiten bei Amtspflegschaften 20
Bestellung des Pflegers 10
Betreuungsgesetz 1
Bisheriges Recht 1

DDR 27

Einigungsvertrag 6
Ende der Rechtsmacht des Pflegers 22
Entlassung des Pflegers 21
Ergänzungspfleger 1, 2, 13
Ermessensentscheidung 14
Erweiterung des Wirkungskreises 13

Familiengericht, Zuständigkeit 11
Familienpflege 4
Folgen der Pflegschaftsanordnung .... 18 ff
Fortführung der Geschäfte 22
Fürsorgeinstrument, Pflegschaft als 1
Funktionale Zuständigkeit 11

Gegenvormund 18

Instrument staatlicher Fürsorge 1
Interessenwiderstreit 8

Jugendamt, Anhörung 15
Juristische Personen, Pfleger für 26

Kindschaftsrechtsreformgesetz 2
Konstitutiv wirkende Bestellungsbeschlüsse 11

Landesrecht 20

Minderjährigenschutzabkommen (MSA) 24

Nachlaßpflegschaft 4
Nachlaßverwalter 4
Nichtdeutsche .... 23 ff
Nichtdeutsche Volljährige 25
Nichteheliches Kind von Angehörigen fremder Staaten 24

Örtliche Zuständigkeit 16

Personalentscheidung 11, 14
Personenpflegschaft 3
Pflegeperson, Rechtsstellung 3
Pfleger für das Verfahren 5, 6
Pflegschaft
 – außerhalb des BGB .... 9 f
 – für Angehörige fremder Staaten 23
 – für minderjährige Nichtdeutsche 24
 – für volljährige Nichtdeutsche 25
Pflegschaftsverfahren .... 10 ff
Pflichten des Pflegers unabhängig vom Wirkungskreis 12

Rechte des Pflegers unabhängig vom Wirkungskreis 12
Rechtsgrund der Pflegschaft 4
Rechtsstellung des Pflegers 18

Sachpflegschaft 3
Sammelkonten 20
Selbständige Pflegschaft 4

Vorbem zu §§ 1909–1921

Abschnitt 3 · Vormundschaft, Rechtliche Betreuung, Pflegschaft

Strafprozeßrecht und Pflegschaft	28	Vergütung	19
Strafrecht und Pflegschaft	28	Verkehrsplanungsbeschleunigungsgesetz	5
Subsidiarität	14	Vermögensgesetz	5
		Vertreter nach ZPO	5
Tod des Pflegers	22	Verwaltungsverfahrensgesetz	5
Übersicht über bestehende Pflegschaften	3	Weiterer Fürsorgebedarf	13
Übertragung der Ausübung auf Mitarbeiter	20	Wirkungskreis des Pflegers	11 f
Unselbständige Pflegschaft	4		
Unterhaltsbeistandschaft	4	Zuständigkeit	
Unterpfleger	8	– des Familiengerichts	10, 16
Unterstützung durch das Jugendamt	20	– des Vormundschaftsgerichts	10, 16
		Zuständigkeitsergänzungsgesetz	9
Verfahrensfragen	11	Zweckbestimmung	3
Verfahrenspfleger	5, 6	Zweiteilung des Verfahrens	11

1. Bisheriges Recht und die Änderungen durch das BtG und durch das Kindschaftsrecht

1 Das bis zum 31.12.1991 geltende Recht unterschied in seinem Dritten Abschnitt (§§ 1773–1921) die Vormundschaft als relativ umfassendes und die Pflegschaft als eher partiell einzusetzendes Instrument staatlicher Fürsorge (Ausnahme zB § 1909 Abs 3). Umfassend war und ist die Vormundschaft über einen Minderjährigen gedacht, jedenfalls insoweit, als sich die Sorge des Vormunds für die Person und das Vermögen des Minderjährigen grundsätzlich nach der von Eltern für ihre ehelichen Kinder richtet (§§ 1793, 1800). Die **Vormundschaft über Volljährige** als Instrument staatlicher Fürsorge in privatrechtlicher Form für kranke und behinderte Personen, die zuvor entmündigt worden oder unter vorläufige Vormundschaft gestellt waren (§ 1906 aF), ähnelte der Vormundschaft über Minderjährige. Auf die Vormundschaft über Volljährige fanden denn auch die für die Vormundschaft über einen Minderjährigen geltenden Vorschriften Anwendung, soweit sich nicht aus den §§ 1898–1908 aF ein anderes ergab (§ 1897 S 1 aF).

Mit der Pflegschaft bietet das Zivilrecht eine Möglichkeit, Angelegenheiten anderer zu besorgen, wenn dies aus tatsächlichen oder rechtlichen Gründen erforderlich ist. Speziell für körperlich und für geistig Gebrechliche sah das bisherige Recht in § 1910 aF die Bestellung eines (Gebrechlichkeits-)Pflegers mit umfassender (bei körperlich Gebrechlichen) oder mit partieller Aufgabenzuständigkeit vor. Die **Pflegschaft für Gebrechliche** durfte nur mit Einwilligung des Gebrechlichen angeordnet werden, es sei denn, daß eine Verständigung mit ihm nicht möglich war (§ 1910 Abs 3 aF). Eine weitere Besonderheit des Pflegschaftsrechts bestand darin, daß es Fürsorge nicht nur für Personen und deren Angelegenheiten, sondern auch für Sachen oder Rechte bereitstellte. Dies ist auch jetzt noch der Fall. Die Anwendung des § 1909 wurde durch das Betreuungsrecht auch ausgeschlossen für den Fall der Sterilisation eines (minderjährigen) Kindes (§ 1631c S 2, Art 1 Nr 19 BtG).

An die Stelle der Vormundschaft über Volljährige und der Pflegschaft des § 1910 aF ist seit 1.1.1992 das Rechtsinstitut der **Betreuung** getreten (§§ 1896 ff), dessen materiellrechtliche Regelungen dem bisherigen Pflegschaftsrecht (§ 1910 aF) ähneln, wohingegen das Verfahren zur Bestellung eines Betreuers mit seinen zahlreichen Anhörungen, der Bestellung eines Pflegers für das Verfahren (§ 67 FGG), der Erstellung von Sachverständigengutachten usw dem relativ eingehend geregelten früheren Entmündigungsverfahren zu vergleichen ist. Von der Änderung durch das BtG war auch das Pflegschaftsrecht betroffen. Die §§ 1910 und 1920 wurden aufgehoben (Art 1 Nr 48 BtG). Der Anwendungsbereich insbesondere von § 1915 Abs 1, § 1919, aber auch von § 1918 und § 1909 ist davon beeinträchtigt.

Eine Anwendung des § 1909 im Recht der Betreuung entfällt. Im Bedarfsfall wird ein weiterer Betreuer nach § 1899 bestellt.

Eine Pflegschaft in der Form der Ergänzungspflegschaft kommt **für Volljährige auch nicht** im Falle sog Unterpflegschaft in Betracht (aA Sonnenfeld Rn 402 Fn 8). Insoweit wollte und hat das Betreuungsgesetz mit dem Institut der Betreuerbestellung ein in sich geschlossenes Hilfesystem geschaffen. § 1899 Abs 4 ermöglicht die Bestellung mehrerer Betreuer auch insoweit, als der eine die Angelegenheiten des Betreuten nur zu besorgen hat, soweit der andere verhindert ist. Von dieser Bestellungsermächtigung werden nicht nur zeitgleiche Bestellungen erfaßt, sondern auch solche, die eine Ersatzbetreuung dann bewirken, wenn dafür Bedarf besteht, dh wenn der Erstbetreuer (tatsächlich oder) rechtlich verhindert ist. Die Anknüpfung mit „soweit" schließt das zeitliche Nacheinander nicht aus, denn der Gesetzgeber verwendete diesen Begriff nur, um auch dem Fall Rechnung zu tragen, daß ein allmählicher Wechsel zwischen einem Vereins- oder Behördenbetreuer und einem ehrenamtlichen Betreuer vollzogen werden soll (BT-Drucks 11/4528, 131). Durch Art 1 Nr 9 2. BtÄndG wurden in § 1899 Abs 4 die Wörter „oder ihm die Besorgung überträgt" gestrichen.

Insofern einem Ergänzungspfleger die Personensorge ganz oder teilweise übertragen wurde, gilt für ihn der geänderte § 1631 Abs 2, dessen S 2 vorsieht, daß körperliche Bestrafungen, seelische Verletzungen und andere entwürdigende Maßnahmen unzulässig sind (§§ 1915 Abs 1, 1800).

Das am 1.7.1998 in Kraft getretene Gesetz zur Abschaffung der gesetzlichen Amtspflegschaft und Neuordnung des Rechts der Beistandschaft (Beistandschaftsgesetz), BGBl I 2846, hat unter Aufhebung der §§ 1706 bis 1710 die gesetzliche Amtspflegschaft für nicht ehelich geborene Kinder beseitigt und statt dessen und zugleich auch anstelle der bisherigen, gerichtlich angeordneten Beistandschaft (§§ 1685 ff) eine Beistandschaft neuen Typs eingeführt (§§ 1712–1717), die auf Antrag des allein sorgeberechtigten Elternteils oder bei gemeinsamer elterlicher Sorge des Elternteils, in dessen Obhut das Kind lebt (§ 1713 Abs 1 nF), unmittelbar mit dem Zugang des Antrags beim Jugendamt einsetzt. Die elterliche Sorge des Antragstellers wird durch diese Beistandschaft nicht eingeschränkt. Im übrigen gelten sinngemäß die Vorschriften über die Pflegschaft; ausgenommen sind die Vorschriften über die Aufsicht des Vormundschaftsgerichts und die Rechnungslegung sowie die §§ 1791 (Bestallungsurkunde) und 1791c Abs 3 (Bescheinigung); vgl § 1716 nF. Näher dazu einerseits §§ 1712 ff, andererseits §§ 1909 ff. Zur Frage, ob der Wirkungskreis des früheren gesetzlichen Amtspflegers (Geltendmachung von Unterhaltsansprüchen des nicht ehelich geborenen Kindes) sich auf die Beantragung von Leistungen nach dem

Unterhaltsvorschußgesetz erstreckte (verneinend), sowie zur Rechtsstellung von Amtsvormund und Amtspfleger allgemein BGH FamRZ 1999, 1342 = KindPrax 1999, 165. ZB haftet das Jugendamt als Amtspfleger für eine unzulängliche Wahrnehmung der Unterhaltsinteressen des Kindes (OLG Hamm FamRZ 2001, 548).

Zur Rechtslage vor Inkrafttreten des Beistandschaftsgesetzes STAUDINGER/BIENWALD[12] Vorbem zu §§ 1909 ff sowie §§ 1706 ff.

Die Unterhaltsbeistandschaft des § 1690 Abs 2, auf die das Pflegschaftsrecht anzuwenden war, und die Unterhaltspflegschaft des § 1671 Abs 5 S 2 sind abgeschafft worden; letzte durch Art 1 Nr 19 des Gesetzes zur Reform des Kindschaftsrechts (Kindschaftsrechtsreformgesetz – KindRG). Zur Begründung bzgl § 1671 Abs 5 S 2 s BT-Drucks 13/4899, 100.

Das ebenso wie das Beistandschaftsgesetz am 1. 7. 1998 in Kraft getretene KindRG (zur Reihenfolge der Änderungsgesetze bei gleichem Datum des Inkrafttretens SCHWAB/WAGENITZ FamRZ 1997, 137 Vorbem) wirkt sich auf das Pflegschaftsrecht vor allem mit der Neuregelung des Abstammungsrechts aus.

Während bisher der grundsätzlich mit der Geburt des nichtehelichen Kindes vorhandene Amtspfleger für alle die Feststellung und Änderung des Eltern-Kind-Verhältnisses betreffenden Angelegenheiten zuständig war, kann nunmehr in Einzelfällen die Bestellung eines Pflegers (Ergänzungspfleger, § 1909) erforderlich werden, weil ein Antrag auf eine Beistandschaft nach den §§ 1712 ff nicht gestellt worden ist, ein Elternteil aber nicht über die notwendige Rechtsmacht verfügt, um Erklärungen oder Einwilligungen selbst abzugeben. Zu den für die Jugendämter eingetretenen Konsequenzen und entstandenen Problemen einschließlich organisatorischer Fragen s LWV Baden, JAmt (DAVorm) 2001, 270; KOHLER JAmt 2002, 8; MEYSEN JAmt (DAVorm) 2001, 161; ROOS JAmt (DAVorm) 2001, 269; SICKFELD JAmt 2002, 166.

Art 1 Nr 6 Beistandschaftsgesetz hat § 1912 Abs 1 S 2 mit Wirkung vom 1. 7. 1998 aufgehoben. Der durch Art 3 Nr 2 Beistandschaftsgesetz eingefügte Art 223 EGBGB enthält als „Übergangsvorschrift zum Beistandschaftsgesetz vom 4. Dezember 1997", im Wortlaut abgedruckt auch in STAUDINGER/RAUSCHER (2000) Anh zu § 1717, die folgenden Bestimmungen:

Art 223 EGBGB

(1) Bestehende gesetzliche Amtspflegschaften nach den §§ 1706 bis 1710 des Bürgerlichen Gesetzbuchs werden am 1. Juli 1998 zu Beistandschaften nach den §§ 1712 bis 1717 des Bürgerlichen Gesetzbuchs. Der bisherige Amtspfleger wird Beistand. Der Aufgabenkreis des Beistands entspricht dem bisherigen Aufgabenkreis; vom 1. Januar 1999 an fallen andere als die in § 1712 Abs. 1 des Bürgerlichen Gesetzbuchs bezeichneten Aufgaben weg. Dies gilt nicht für die Abwicklung laufender erbrechtlicher Verfahren nach § 1706 Nr. 3 des Bürgerlichen Gesetzbuchs.

(2) Soweit dem Jugendamt als Beistand Aufgaben nach § 1690 Abs. 1 des Bürgerlichen Gesetzbuchs übertragen wurden, werden diese Beistandschaften am 1. Juli

1998 zu Beistandschaften nach den §§ 1712 bis 1717 des Bürgerlichen Gesetzbuchs. Absatz 1 Satz 3 gilt entsprechend. Andere Beistandschaften des Jugendamts enden am 1. Juli 1998.

(3) Soweit anderen Beiständen als Jugendämtern Aufgaben nach § 1690 Abs. 1 des Bürgerlichen Gesetzbuchs übertragen wurden, werden diese Beistandschaften am 1. Juli 1998 zu Beistandschaften nach den §§ 1712 bis 1717 des Bürgerlichen Gesetzbuchs. Absatz 1 Satz 3 Halbsatz 1 gilt entsprechend. Diese Beistandschaften enden am 1. Januar 1999.

Wegen der in § 1915 Abs 1 bestimmten entsprechenden Anwendung der Vormundschaftsvorschriften sind die Änderungen zu beachten, die dort durch das Gesetz zur Beendigung der Diskriminierung gleichgeschlechtlicher Gemeinschaften: Lebenspartnerschaften (LPartG) vom 16. 2. 2001 (BGBl I 266) eingeführt worden sind. Betroffen sind § 1795 Abs 1 Nr 1 und § 1836c Nr 1, in denen das Wort Lebenspartner eingefügt worden ist.

Für den (Amts-)Pfleger sind auch diejenigen Änderungen beachtlich, die das Familienrecht des BGB im übrigen erfahren hat: Das LPartG änderte die §§ 1608 Abs 1 S 4, 1617c Abs 2 Nr 2 u Abs 3, 1682 S 2, 1685 Abs 2, 1687b, 1757 Abs 1 S 2, 1765 Abs 1 S 3 u Abs 3, 1767 Abs 2 S 2.

Durch das Kinderrechteverbesserungsgesetz (KindRVerbG) vom 9. 4. 2002 (BGBl I 1239) wurden mit Wirkung vom 12. 4. 2002 die nachfolgenden für den (Amts-)Pfleger bedeutsamen Änderungen im Bereich des Kindschaftsrechts vorgenommen: §§ 1596 Abs 1 S 4, 1600 Abs 2, 1618, 1666a Abs 1 S 2 u S 3, 1713 Abs 1 S 2.

Änderungen sind außerdem eingetreten durch das Gesetz über Fernabsatzverträge und andere Fragen des Verbraucherrechts sowie zur Umstellung von Vorschriften auf Euro vom 27. 6. 2000 (BGBl I 897): § 1612a Abs 2 S 2 und Abs 4 S 2 (mit Wirkung vom 1. 1. 2002), sowie durch das Gesetz zur Ächtung der Gewalt in der Erziehung und zur Änderung des Kindesunterhaltsrechts vom 2. 11. 2000 (BGBl I 1479): § 1612a Abs 4 und Abs 5, § 1612b Abs 5, § 1631 Abs 2.

Art 1 Nr 18 des 2. BtÄndG v 21. 4. 2005 (BGBl I 1073) fügte § 1915 Abs 1 einen weiteren Satz an, wonach abweichend von § 3 Abs 1 bis 3 des Vormünder- und Betreuervergütungsgesetzes sich die Höhe einer nach § 1836 Abs 1 zu bewilligenden Vergütung nach den für die Führung der Pflegschaftsgeschäfte nutzbaren Fachkenntnissen des Pflegers sowie nach dem Umfang und der Schwierigkeit der Pflegschaftsgeschäfte bestimmt, sofern der Pflegling nicht mittellos ist.

2. Übersicht über die bestehenden Pflegschaften

a) Unterscheidung der Pflegschaften nach der Zweckbestimmung

Ihrer Zweckbestimmung nach lassen sich **Personen-** und **Sachpflegschaften** unterscheiden. Sachpflegschaft ist die Pflegschaft für ein Sammelvermögen nach § 1914 (ERMAN/HOLZHAUER Vor § 1909 Rn 2; MünchKomm/SCHWAB Vor § 1909 Rn 8). **3**

b) Unterscheidung der Pflegschaften nach dem Rechtsgrund

4 Dem Rechtsgrund nach sind die Pflegschaften, die dem Ausgleich eines tatsächlich oder rechtlich bedingten Sorgerechtsdefizits oder Zuständigkeitsmangels (§ 1909) dienen – unselbständige Pflegschaften (MünchKomm/Schwab Vor § 1909 Rn 9) –, von den übrigen, auf einem selbständigen Rechtsgrund beruhenden Pflegschaften (§§ 1911–1914) zu unterscheiden. Zu der zuletzt genannten Gruppe zählt die Nachlaßpflegschaft gemäß §§ 1960–1962, §§ 1975 ff (Staudinger/Engler[10/11] Rn 5).

Weder der einen noch der anderen Gruppe zuzuordnen sind die Beistandschaft des neuen § 1712 (Art 1 Nr 4 Beistandschaftsgesetz), die „Pflegschaft" des § 1630 Abs 3 (Neufassung durch Art 1 Nr 13 KindRG) sowie die einer Pflegeperson nach Maßgabe des § 1688 (idF d Art 1 Nr 24 KindRG) eingeräumte Rechtsmacht. In allen Fällen besteht elterliche oder vormundliche Sorge.

Durch die Beistandschaft des Jugendamts nach § 1712 wird nach ausdrücklicher Bestimmung des § 1716 die **elterliche Sorge nicht eingeschränkt**. Für ein funktionierendes Nebeneinander zweier Handlungsbefugnisse beruft sich die amtliche Begründung auf die frühere Gebrechlichkeitspflegschaft (§ 1910 aF) und die Betreuerbestellung nach §§ 1896 ff (BT-Drucks 13/892, 28). Eine Ausnahme bildet die Vertretung des Kindes durch den Beistand in einem Rechtsstreit; in diesem Falle ist die Vertretung durch den sorgeberechtigten Elternteil ausgeschlossen (§ 53a ZPO, eingefügt durch Art 5 § 2 Beistandschaftsgesetz).

Geben die Eltern das Kind für längere Zeit in **Familienpflege**, so kann nach § 1630 Abs 3 (neu gefaßt durch Art 1 Nr 13 KindRG) das Familiengericht auf Antrag der Eltern oder der Pflegeperson Angelegenheiten der elterlichen Sorge auf die Pflegeperson übertragen. Im Umfang der Übertragung hat die Pflegeperson die Rechte und Pflichten eines Pflegers (angesichts der Neufassung des § 1626 Abs 1 S 1 durch Art 1 Nr 9 KindRG hätte es auch hier „Pflichten und Rechte" heißen dürfen). Diese Berechtigung der Pflegeperson bewirkt nicht den Ausgleich eines Defizits an tatsächlicher oder rechtlicher Sorge, sondern führt umgekehrt erst zu einer Beschränkung der elterlichen oder vormundlichen Sorge nach § 1630 Abs 1, § 1794 (§ 1915 Abs 1).

Die kraft gesetzlicher Bestimmung und mangels entgegenstehender elterlicher oder vormundlicher Erklärung bestehende Berechtigung der Pflegeperson, in **Angelegenheiten des täglichen Lebens** zu entscheiden sowie den Inhaber der elterlichen oder vormundlichen Sorge in solchen Angelegenheiten zu vertreten (§ 1688 Abs 1 idFd Art 1 Nr 24 KindRG; bisher in § 38 Abs 1 KJHG [SGB VIII] enthalten; zur entsprechenden Anwendung auf die durch Verbleibensanordnung des FamG geschaffenen vergleichbaren Situationen der §§ 1632 Abs 4 und 1682 s § 1688 Abs 4), führt – ohne der Pflegeperson die Position eines Pflegers ausdrücklich einzuräumen – zu einer Alleinvertretungsbefugnis (BT-Drucks 13/4899, 108) der Pflegeperson entspr § 1630 Abs 3. Während die in § 1688 Abs 1 eingeräumte Befugnis zur Disposition des Sorgeberechtigten steht, auch gerichtlich geändert werden kann (§ 1688 Abs 3) ist im Falle einer Verbleibensanordnung des Gerichts eine Einschränkung oder Ausschließung der Rechtsmacht ebenfalls nur durch gerichtliche Entscheidung möglich (§ 1688 Abs 4; zum Inhalt der durch § 1688 der Pflegeperson eingeräumten Rechtsmacht im einzelnen Staudinger/Salgo [2000] § 1688 Rn 31 ff).

Pfleger im Sinne der Pflegschaftsbestimmungen der §§ 1909 ff ist der **Nachlaßpfleger** (§§ 1960, 1961) und dessen besondere Form, der **Nachlaßverwalter (§ 1975)**. Er ist gesetzlicher Vertreter des zukünftigen Erben (ERMAN/SCHLÜTER § 1960 Rn 19; s dazu auch STAUDINGER/MAROTZKE [2000] § 1960 Rn 23). Die nach §§ 1141 Abs 2 und 1189 zu bestellenden Vertreter erlangen nicht die Rechtsstellung eines Pflegers (ERMAN/HOLZHAUER Vor § 1909 Rn 11).

Das Verfahren zur Festsetzung der Vergütung eines Nachlaßpflegers und eines Nachlaßverwalters richtet sich seit dem Inkrafttreten des BtÄndG nach § 56g FGG (BayObLG Rpfleger 2000, 331; MDR 2000, 584). Die Vergütung des Nachlaßpflegers für eine Tätigkeit ab dem 1.1.1999 richtete sich nach den §§ 1836 bis 1836e BGB idF d BtÄndG (BayObLG Rpfleger 2000, 331 mwN). Soweit Ansprüche bis zum 1.7.2005 (Inkrafttreten des 2. BtÄndG) entstanden sind, richten sie sich nach dem bis dahin geltenden Recht, ab dem 1.7.2005 nach dem durch Art 1 Nr 18 2. BtÄndG § 1915 Abs 1 eingefügten S 2.

Um einen Pfleger eigener Art (BT-Drucks 11/4528, 171) handelt es sich bei dem in **5** Betreuungs- und Unterbringungssachen zu bestellenden **Pfleger für das Verfahren**, der dem Willensvorrang des Betroffenen nicht unterworfen ist und dessen Weisungen nicht unterliegt, aber bis zum 1.7.2005 nach § 67 Abs 3 FGG Aufwendungsersatz beanspruchen und eine Vergütung erhalten konnte (näher dazu SÖPPER FamRZ 2002, 1535 sowie STAUDINGER/BIENWALD [2004] zu §§ 1835 ff). Für die nach dem 1.7.2005 entstandenen und entstehenden Ansprüche ist der durch Art 5 Nr 6 2. BtÄndG nach § 67 FGG eingefügte § 67a FGG maßgebend. Auf den nach § 67 bzw nach § 70b FGG bestellten Verfahrenspfleger sind die Vorschriften des BGB im übrigen nicht entsprechend anzuwenden. Als Pfleger speziell nur für verfahrensrechtliche Angelegenheiten (vgl BT-Drucks 11/4528, 171) unterliegt er im Gegensatz zum Pfleger nach den Vorschriften des BGB nicht der Aufsicht des Vormundschaftsgerichts. Er bleibt Pfleger des Betroffenen iS eines Vertreters, ohne jedoch dessen Verfahrensfähigkeit (§§ 66, 70a FGG) zu verdrängen oder in Frage zu stellen. Näher dazu und zu Rn 6 BIENWALD, Verfahrenspflegschaftsrecht. Zur Rechtsstellung des nach §§ 57, 58 ZPO bestellten besonderen **Vertreters** (Prozeßpfleger) s BAUMBACH/LAUTERBACH/HARTMANN Bem 3 und SÖLLER/VOLLKOMMER Rn 9 jeweils zu § 57 ZPO; auch KÄCK, Prozeßpfleger (1991). In einem Verfahren zur Entlassung eines Betreuers kann ausnahmsweise von der Bestellung eines Verfahrenspflegers abgesehen werden, wenn die Entlassung unumgänglich ist (BayObLG FamRZ 2003, 786; Einschränkung zu BayObLG FamRZ 1997, 1358). Zur Bestellung eines Verfahrenspflegers mit der Aufgabe der Überprüfung eines Antrags auf Betreuervergütung BayObLG FamRZ 2003, 1046 (LS) m krit Anm BIENWALD.

Nach dem Vorbild dieses Verfahrenspflegers besteht aufgrund des durch Art 8 Nr 7 **6** KindRG eingefügten § 50 FGG auch in Vormundschafts- und in Familiensachen die Möglichkeit, ggf die Notwendigkeit, **dem minderjährigen Kind einen Pfleger für** ein seine Person betreffendes **Verfahren** zu bestellen, soweit dies zur Wahrnehmung seiner Interessen erforderlich ist. Die Bestellung ist in der Regel erforderlich, wenn Gegenstand des Verfahrens Maßnahmen wegen Gefährdung des Kindeswohls sind (§§ 1666, 1666a) oder die Wegnahme des Kindes von der Pflegeperson (§ 1632 Abs 4) oder von dem Ehegatten, Lebenspartner oder Umgangsberechtigten (§ 1682) ist. Sieht das Gericht in den gesetzlich benannten Regelfällen von der

Bestellung eines Verfahrenspflegers ab, so ist dies in der Entscheidung zu begründen, die die Person des Kindes betrifft (§ 50 Abs 3 FGG). In Unterbringungssachen betr einen Minderjährigen wird nach § 70b FGG über die Bestellung eines Verfahrenspflegers entschieden. Wenn die Wahrung der Interessen des minderjährigen Kindes anderweitig, zB durch das JAmt, sichergestellt ist (hier: im Falle des § 1748 Abs 4), ist die Bestellung eines Verfahrenspflegers nicht erforderlich (OLG Stuttgart FamRZ 2005, 542 = FGPrax 2005, 66).

Die Bestellung endet, sofern sie nicht vorher aufgehoben wird, mit der Rechtskraft der das Verfahren abschließenden Entscheidung oder mit dem sonstigen Abschluß des Verfahrens (§ 50 Abs 4 FGG).

Der Ersatz von Aufwendungen und die Vergütung des Pflegers erfolgen in jedem Falle aus der Staatskasse, seit 1.1.1999 in entsprechender Anwendung des § 67 Abs 3 FGG (Art 2 BtÄndG) für die bis zum 1.7.2005 entstandenen Ansprüche. Die danach enstandenen und entstehenden Ansprüche richten sich nach § 67a FGG, eingefügt durch Art 5 Nr 6 2. BtÄndG.

Maßgebend für die Einführung dieses Verfahrenspflegers für das Kind war die Zielsetzung des Entwurfs, die Rechtsposition des Kindes in den Familiensachen der freiwilligen Gerichtsbarkeit und in Vormundschaftssachen zu stärken (BT-Drucks 13/4899, 76). Bei diesem Verfahrenspfleger handelt es sich um eine **selbständige Interessenvertretung** des Kindes (Rechtsausschuß BT-Drucks 13/8511, 69; jetzt BVerfG FamRZ 2004, 1267). Für die Durchführung des gerichtlichen Verfahrens tritt der Verfahrenspfleger an die Stelle des gesetzlichen Vertreters und hat an dessen Stelle die Kindesinteressen in das Verfahren einzubringen. Wie einen gesetzlichen Vertreter hat das Gericht den Verfahrenspfleger an den Verfahrenshandlungen des Gerichts zu beteiligen (BT-Drucks 13/4899, 130). Eine **förmliche Beschränkung** der Vertretungsbefugnis des gesetzlichen Vertreters des Kindes tritt **nicht** ein. Die Eltern als gesetzliche Vertreter werden jedoch prozessual in ihren Rechten beschnitten (OLG Naumburg OLGRp 2003, 134; FamRZ 2003, 393, 394 mwN). Für SCHWAB/WAGENITZ (FamRZ 1997, 1377, 1383) ist dieser Verfahrenspfleger „Dolmetscher des Kindeswillens oder Rechtsbeistand; am besten vereint er in seiner Person beides". Die Rechte des 14 Jahre alten Kindes werden durch die Bestellung des Verfahrenspflegers nicht berührt. Die Möglichkeit, zu Gunsten des von einem Konflikt seiner Eltern betroffenen Kindes einen Verfahrenspfleger zu bestellen, reicht zum Schutze des Minderjährigen aus. Durch den Verfahrenspfleger, dessen Bestellung von dem Minderjährigen zwar nicht beantragt, aber angeregt werden kann, wird sichergestellt, daß der (hier 15jährige) Minderjährige an dem Verfahren in einer Weise beteiligt wird, die es ihm ermöglicht zu entscheiden, ob er von seinem Beschwerderecht nach § 59 FGG Gebrauch macht (BVerfG FamRZ 2004, 86 = NJW 2003, 3544). Zur Frage, ob an Stelle eines für das Verfassungsbeschwerdeverfahren zu bestellenden Ergänzungspflegers die Vertretung des minderjährigen Kindes in diesem Verfahren auch durch den im fachgerichtlichen Verfahren bestellten Verfahrenspfleger zugelassen werden kann oder werden sollte, WAGNER FamRZ 2001, 1, 5. Der Verfahrenspfleger ist nicht befugt, die Kinder, für die er in familiengerichtlichen Verfahren als Verfahrenspfleger bestellt worden ist, vor dem BVerfG in verfassungsgerichtlichen Verfahren zu vertreten, in denen er gerichtliche Entscheidungen über seine Vergütung angreift (BVerfG FamRZ 2004, 1267 = KindPrax 2004, 186).

Die **Auswahl** des Verfahrenspflegers, so der RegEntw (BT-Drucks 13/4899, 130; auch zu folgendem), steht im pflichtgemäßen **Ermessen** des Gerichts. „Damit hat das Gericht die Möglichkeit, entsprechend den Besonderheiten eines jeden Falles beispielsweise auch Sozialarbeiter und Sozialpädagogen, Kinderpsychologen und unter Umständen engagierte Laien – das können etwa auch Verwandte sein – als selbständige Interessenvertreter für ein minderjähriges Kind zu bestellen. Soweit es schwerpunktmäßig auf die Sachkunde auf dem Gebiet des materiellen und des formellen Rechts ankommt, wird das Gericht einen Rechtsanwalt zu bestellen haben." Nach Auffassung des OLG Naumburg (FamRZ 2000, 300) können das Jugendamt bzw dessen Mitarbeiter nicht zum Pfleger gemäß §§ 50, 70b FGG bestellt werden (aA BIENWALD Verfahrenspflegschaftsrecht Rn 235). Bei der Verfahrenspflegerbestellung werde das Gericht, so der RegEntw (BT-Drucks 13/4899, 130), je nach den Umständen des Einzelfalls darauf zu achten haben, daß die Verfahrenspflegerbestellung in Fällen, in denen Kinder in den Streit ihrer Eltern hineingezogen werden, das Konfliktpotential nicht weiter erhöht. Hier werde sich eine Verfahrenspflegschaft oftmals an dem Interesse des Kindes an einer schnellen und einverständlichen Konfliktlösung zu orientieren haben.

Der **Zeitpunkt**, zu dem das Gericht den Verfahrenspfleger zu bestellen hat, ist nicht festgelegt. Damit soll das Gericht Raum haben für Anfangsermittlungen, die offensichtlich unnötige Pflegerbestellungen vermeiden helfen. Sobald sich im Laufe des Verfahrens – etwa bei der Anhörung des Kindes oder der Anhörung des Jugendamts – die Erforderlichkeit einer Pflegerbestellung ergibt, soll das Gericht **baldmöglich** einen Verfahrenspfleger bestellen, um die Interessenwahrnehmung für das Kind zu gewährleisten (BT-Drucks 13/4899, 130).

Als eine verfahrensleitende Zwischenverfügung ist die Bestellung eines Verfahrenspflegers für ein minderjähriges Kind nicht anfechtbar (hM, statt vieler OLG München FamRZ 2005, 635 mwN). Zur Häufigkeit der Verfahrenspflegerbestellung nach § 50 FGG vgl die Mitteilung von SALGO in KindPrax 1/2005, 23.

Hinsichtlich Art und Umfang der vom Verfahrenspfleger für das minderjährige Kind (§ 50 FGG) wahrzunehmenden **Aufgabe** ist die Rspr – insbesondere im Hinblick auf die zu vergütenden Tätigkeiten im Falle berufsmäßig geführter Pflegschaften (s deshalb auch die Nachweise bei den §§ 1835 ff) – geteilter Meinung (einerseits „restriktiv" [WILLUTZKI KindPrax 2001, 107; OLG Frankfurt FamRZ 1999, 1293 m Anm DORMANN u SPANGENBERG; KG FamRZ 2000, 1300; bestätigt FamRZ 2002 1661; auch KG FamRZ 2002, 1659 [subjektive Wahrnehmung der Kindesinteressen ähnlich einem bevollmächtigten Rechtsanwalt; grundsätzlich keine eigenen Ermittlungen]; OLG Brandenburg FamRZ 2001, 692; 2001, 1541 und JAmt 2002, 96 [LS], OLG Dresden [20. ZS] FamRZ 2002, 968 jeweils mN; BVerfG FamRZ 2004, 1267 [1269, 1270]; andererseits OLG Karlsruhe FamRZ 2001, 1166 m Anm BIENWALD u LUTHIN; AG Zossen DAVorm 1999, 143; AG Mönchengladbach-Rheydt KindPrax 2002, 64; OLG Düsseldorf FamRZ 2003, 167; OLG Karlsruhe FamRZ 2002, 1660 [zum Aufgaben- und Pflichtenkreis gehören auch Interaktionsbeobachtungen und uU Kontakte zu den übrigen Verfahrensbeteiligten]; „vermittelnd" OLG Schleswig FamRZ 2000, 1048; OLG Dresden FamRZ 2002, 1211 = KindPrax 2002, 63). Eine Berechtigung zur Teilnahme an Hilfeplangesprächen hat der Verfahrenspfleger des Kindes in einem Sorge- und Umgangsrechtsstreit nicht (VerwG Gelsenkirchen FamRZ 2002, 1352, in Abgrenzung dazu OLG Dresden FamRZ 2003, 877).

7 Zu Besonderheiten im Zusammenhang mit Vertreterbestellungen nach dem Verkehrsplanungsbeschleunigungsgesetz (v 16.12.1991, BGBl I 2174) und dem Vermögensgesetz idF des 2. Vermögensrechtsänderungsgesetzes (v 22.7.1992, BGBl I 1257) und den Verweisungen auf das Pflegschaftsrecht in § 16 VwVfG s ERMAN/HOLZHAUER Vor § 1909 Rn 9.

8 Im Falle der Verhinderung des Pflegers kann bei vorübergehender (kurzzeitiger) Verhinderung ein **Unterpfleger** bestellt werden (BayObLGZ 1958, 244 = FamRZ 1959, 32). Handelt es sich um eine Angelegenheit von besonderer Bedeutung für den Pflegebefohlenen, so kommt auch die Entlassung des Pflegers wegen Interessenwiderstreits und die Bestellung eines anderen Pflegers in Betracht (BayObLGZ 1958, 244 = FamRZ 1959, 32). Wegen des beschränkten Wirkungskreises des Pflegers liegen die Verhältnisse anders als beim Vormund (vgl SOERGEL/ZIMMERMANN § 1909 Rn 2). Bei einem Vermögenspfleger kann ein teilweiser Ausschluß gemäß § 1803 in Betracht kommen, so daß auch dann ein Unterpfleger bestellt werden muß (SOERGEL/ZIMMERMANN § 1915 Rn 6).

c) Pflegschaften außerhalb des BGB

9 – Verfahrenspflegschaften gemäß §§ 50, 67, 70b FGG (s dazu oben Rn 5 ff);

– Verfahrenspfleger nach § 5 Abs 2 S 2 FEVS;

– Pflegerbestellung für das Adoptionsaufhebungsverfahren nach § 56f FGG (näher dazu STAUDINGER/BIENWALD[12] Rn 9);

– Prozeßpfleger nach den Verfahrensordnungen; § 10 ArbGG; § 58 Abs 2 S 2 FinGG; § 67 Abs 4 S 3 JGG; § 72 SGG; § 62 Abs 4 VwGO; § 16 Abs 1 Nr 4 VwVfG; § 57 Abs 1, 2 ZPO;

– Pflegschaft für abwesende oder verhinderte Personen/Institutionen (im einzelnen dazu § 1911; vgl auch ERMAN/HOLZHAUER Vor § 1909 Rn 16: „Übersicht über Pflegschaften und ähnliche Erscheinungen außerhalb der §§ 1909 ff BGB").

3. Zum Pflegschaftsverfahren

10 a) Während die gesetzliche Amtspflegschaft der §§ 1706 ff (aF) kraft gesetzlicher Bestimmung mit der Geburt des Kindes eintrat, die an ihrer Stelle eingeführte Beistandschaft des Jugendamtes immer dann eintritt, sobald der Antrag dem Jugendamt zugeht (§ 1714 nF), wird die Pflegschaft je nach ihrer Art entweder auf Antrag oder von Amts wegen angeordnet (§§ 1774, 1915 Abs 1). Zuständig ist für die familienrechtlichen Pflegschaften das Vormundschaftsgericht, soweit nicht das Familiengericht entscheidet. Für die Nachlaßpflegschaft ist das Nachlaßgericht, für die Verfahrenspflegerbestellung wiederum das für das jeweilige Verfahren zuständige Familien- oder Vormundschaftsgericht zuständig (§§ 35 ff, 50, 67, 70b FGG). Die Pflegschaft nach § 96 GBO ordnet das Grundbuchamt an, die nach § 32 Abs 5 DepotG vorgesehene Pflegschaft das Insolvenzgericht. Zum Zuständigkeitsstreit bzgl der Anordnung einer Ergänzungspflegschaft iSv §§ 1693, 1909 s § 1909 Rn 37.

11 b) Das Verfahren zur Bestellung eines Pflegers nach den §§ 1909 ff war bisher

anders als jetzt das Verfahren zur Bestellung eines Betreuers (dort wurde die Einheitsentscheidung eingeführt [s dazu Vorbem 46 zu §§ 1896 ff]) zweigeteilt. Es bestand aus der Anordnung der Maßnahme und der davon verfahrensrechtlich grundsätzlich getrennten Entscheidung darüber, wem das Amt übertragen wird (Personalentscheidung). Der durch das KindRG eingefügte § 1697 ermöglicht es dem **Familiengericht**, nicht nur über den vorgesehenen Eingriff in die elterliche Sorge zu entscheiden, für den es zuständig geworden ist (§§ 1666, 1674), sondern auch die erforderliche Anordnung einer Vormundschaft oder Pflegschaft vorzunehmen und sogar den Vormund oder Pfleger auszuwählen. Dem **Vormundschaftsgericht** (Rechtspfleger) verbleibt die Bestellung des Ausgewählten durch Verpflichtung zu treuer und gewissenhafter Führung der (Vormundschaft oder) Pflegschaft mittels Handschlags an Eides Statt (§§ 1789, 1915 Abs 1). Hierdurch findet der Gedanke der Einheitlichkeit von Sach- und Personalentscheidung Eingang in das Vormundschafts- und Pflegschaftsrecht (zur Begründung näher BT-Drucks 13/4899, 109 f; s auch ZORN FamRZ 2000, 719 u REGLER Rpfleger 2000, 305, 306).

Die Verbindung beider Entscheidungen ist jedoch nicht zwingend; dh die Zuständigkeit des Vormundschaftsgerichts für die Personalentscheidung im Anschluß an die Sachentscheidung des Familiengericht wird nicht völlig verdrängt. Für die Frage, ob die Anordnung der Vormundschaft oder Pflegschaft und die Auswahl des Vormunds oder Pflegers mit der Entscheidung über die Sorge zu einer einheitlichen Entscheidung verbunden werden können, sollen nach Auffassung des RegEntw die allgemeinen Grundsätze gelten: Soweit es sich um eine isolierte Familiensache handelt, sei das Gericht nicht gehindert, in einer einheitlichen Entscheidung die Vormundschaft oder Pflegschaft anzuordnen und den Vormund oder Pfleger auszuwählen. Eine einheitliche Entscheidung komme jedoch dann nicht in Betracht, soweit die Sorgerechtsentscheidung Scheidungsfolgesache ist (BT-Drucks 13/4899, 10; s dazu auch § 623 Abs 3 ZPO). Wählt das Familiengericht im Rahmen einer Einheitsentscheidung auch den Vormund oder Pfleger aus, trifft diese Entscheidung (auch) der Richter; kommt es lediglich zu einer Anordnung einer Vormundschaft oder Pflegschaft und fällt die Personalentscheidung in die Zuständigkeit des Vormundschaftsgerichts, obliegt diese dem Rechtspfleger; sie ist in § 14 Abs 1 Nr 8 RPflG nicht dem Richter vorbehalten. Im übrigen verbleibt es bei der überwiegenden Zuständigkeit des Rechtspflegers. Die Zuständigkeit des Richters beschränkt sich auf die Anordnung einer Pflegschaft nach Art 24 EGBGB, die Anordnung einer Pflegschaft nach § 19 Abs 2 Nr 2 BDO (im Falle der Abwesenheit des Beamten) und nach § 78 Abs 2 Nr 2 WDO (Abwesenheit des Soldaten), die Entscheidung bei Meinungsverschiedenheiten zwischen mehreren Vormündern und Pflegern (§ 14 Nr 5 RPflG) sowie die Übertragung von Angelegenheiten der elterlichen Sorge auf eine Pflegeperson auf Antrag der Eltern gemäß § 1630 Abs 3 und deren Aufhebung (§ 14 Nr 6a RPflG) als Sonderfall einer Pflegschaft, bei der eine Personalentscheidung entfällt.

Der Beschluß, durch den die Pflegschaft angeordnet wird, bezeichnet auch Art und Umfang der dem Pfleger übertragenen Aufgabe, während der Wirkungskreis des Vormunds schon durch das Gesetz vorgegeben ist. Die Bestellung hat also hinsichtlich des Wirkungskreises beim Vormund deklaratorischen, beim Pfleger konstitutiven Charakter (STAUDINGER/ENGLER[10/11] Vorbem 3 zu §§ 1909 ff). Durch das Dritte Gesetz zur Änderung des Rechtspflegergesetzes und anderer Gesetze vom 6. 8. 1998 (BGBl I

2030) wurde mit Wirkung vom 1.10.1998 § 11 – Rechtsbehelfe – geändert, wonach nunmehr gegen die Entscheidungen des Rechtspflegers grundsätzlich das Rechtsmittel gegeben ist, das nach den allgemeinen verfahrensrechtlichen Vorschriften zulässig ist. Eingeschränkt wurde die Vorlagepflicht des § 5 (näher dazu RELLERMEYER Rpfleger 1998, 309).

12 c) Ohne daß dies in der Bezeichnung des Wirkungskreises ausdrücklich zum Ausdruck kommen müßte, hat der Pfleger aufgrund seines Amtes stets das Recht und die Pflicht zum Eintreten für den Pflegebefohlenen, was die Fragen der Anordnung, Fortdauer und Aufhebung der Pflegschaft angeht (BGHZ 35, 1, 5). Der Wirkungskreis des Pflegers paßt sich nicht von selbst veränderten Situationen und Bedürfnissen an; die durch die Anordnung des Gerichts verliehene Rechtsmacht erweitert oder verringert sich nicht automatisch. Je nach Bedarf muß deshalb der Wirkungskreis beschränkt oder erweitert werden. Zur Änderungspflicht allgemein § 1696 Abs 1. Zur Orientierung sämtlicher Entscheidungen, die sich auf die elterliche Sorge beziehen, am Kindeswohl § 1697a. Soweit nicht für die Erstentscheidung ein Antrag vorgesehen ist (zB § 1630 Abs 3), so daß auch eine Erweiterung nur auf Antrag in Betracht kommt, entscheidet das Gericht von Amts wegen. Durch schlüssiges Verhalten des Vormundschaftsgerichts oder des Familiengerichts kann weder ein Pfleger bestellt noch sein Wirkungskreis erweitert werden (STAUDINGER/ENGLER[10/11] Vorbem 3 zu §§ 1909 ff; MünchKomm/SCHWAB Vor § 1909 Rn 4 jeweils mN).

13 Entsteht über die bestehende Pflegschaft hinaus ein weiterer Fürsorgebedarf, handelt es sich in der Regel um eine neue Pflegschaft. Von ihr kann nur dann keine Rede sein, wenn es sich um eine Erweiterung des Wirkungskreises des Pflegers handelt, die in einem engen tatsächlichen oder rechtlichen Zusammenhang mit dem bisherigen Wirkungskreis des Pflegers steht (zB weitere Ergänzungspflegschaft wegen eines Nachtrags zum Vertrag oder einer Ergänzungsvereinbarung). Die von MünchKomm/SCHWAB (Vorbem Rn 4) vertretene Gegenmeinung stützt sich ua auf zwei Entscheidungen, die seinerzeit eine Gebrechlichkeitspflegschaft zum Gegenstand hatten. Die Rechtslage hat sich inzwischen durch das neue Betreuungsrecht geändert, so daß auf diese Judikate nicht mehr zurückgegriffen werden kann. Das Betreuungsrecht regelt die Erweiterung des Aufgabenkreises des Betreuers heute dergestalt, daß es sich (von der Ausnahme des Sterilisationsbetreuers abgesehen) nicht um eine neue Betreuerbestellung handelt oder handeln muß (§ 69i FGG). Die Frage, ob die Erweiterung des Wirkungskreises der bestehenden Pflegschaft eine Neubestellung des Pflegers darstellt, hat nicht nur wegen des Bestellungsvorgangs eine eigene Bedeutung. Wichtig ist die Klärung dieser Frage vor allen Dingen neuerdings wegen der Bestimmung des § 1835a, wonach der Pfleger (§ 1915 Abs 1) für jede Pflegschaft, für die ihm keine Vergütung zusteht, eine Aufwandsentschädigung zur Abgeltung geringfügiger Aufwendungen (seit 1.1.1999 für ein Jahr 600 DM; seit Einführung des Euro 312, seit 1.7.2004 323 [19 × 17] Euro) erhalten kann. Das gerichtliche Verfahren der Festsetzung der Aufwandsentschädigung richtet sich nach § 56g FGG.

14 d) Während es für die Anordnung der Maßnahme ausschließlich darauf ankommt, daß deren gesetzliche Voraussetzungen gegeben sind – insoweit besteht regelmäßig kein Entschließungsermessen –, sind für die Auswahl und die Bestellung des Pflegers eine Reihe von Bestimmungen maßgebend, die auch mehrere Möglichkeiten zulassen. Zwingend ist die Vorschrift des § 1916, wonach für die nach § 1909 anzuordnende Pflegschaft die Vorschriften über die Berufung zur Vormundschaft nicht gelten (Näheres dazu unten § 1916 u § 1909 Rn 34).

Für die Personalentscheidung im Pflegschaftsrecht ist grundsätzlich das System des Vormundschaftsrechts maßgebend, das vom Vorrang der Einzelbestellung ausgeht (§§ 1791a Abs 1 S 2, 1915 Abs 1). Erst wenn eine als Einzelpfleger zu bestellende Person nicht vorhanden ist, darf ein für geeignet erklärter Verein (§ 1791a Abs 1) oder das Jugendamt (§ 1791b Abs 1, §§ 55, 56 KJHG [SGB VIII]) zum Pfleger bestellt werden. Ist eine für die Aufgabe geeignete Person vorhanden und dient deren Bestellung dem Wohl des Betroffenen, so ist ein Amtspfleger (auf Antrag eines jeden, der ein berechtigtes Interesse des Betroffenen geltend macht), ohne daß ein pflichtwidriges Verhalten vorliegen müßte, zu entlassen (für einen Amtsvormund entschieden von LG Heilbronn FamRZ 2004, 134). Der Grundsatz der Subsidiarität der Amtspflegschaft gegenüber der Einzelpflegschaft galt bisher auch im Verhältnis zu Einzelpersonen, die Pflegschaften berufsmäßig führen (KG NJWE-FER 1999, 211 – hier: Rechtsanwalt als Ergänzungspfleger zur Vertretung im Ehelichkeitsanfechtungsverfahren). Das 2. BtÄndG sieht eine Korrektur der bisherigen Rangfolge vor, indem es gegenüber dem Verein und der Behörde nur einen ehrenamtlichen Einzelvormund vorrangig sein läßt (Änderungen der §§ 1791a und 1791b durch Art 1 Nr 2 und 3 2. BtÄndG; BT-Drucks 15/2494, 6). Einen Nachrang der Behörde gegenüber dem Verein sieht das BGB hier nicht ausdrücklich vor; er ergibt sich aus dem Grundsatz der Subsidiarität staatlicher Hilfe gegenüber der durch nicht öffentlich organisierte Wohlfahrtseinrichtungen angeboten (wie hier PALANDT/DIEDERICHSEN § 1791a Rn 1 mN; ERMAN/HOLZHAUER § 1791b Rn 2; s auch unten § 1909 Rn 33 aE). Die hier vertretene Auffassung wird durch § 56 Abs 4 KJHG (SGB VIII) bestätigt; s dazu unten Rn 20 aE. Die Behörde/das Jugendamt hat keine Möglichkeit, die Bestellung abzulehnen (Auffangzuständigkeit).

e) Das Vormundschaftsgericht und das Familiengericht haben das **Jugendamt** nach Maßgabe der §§ 49 und 49a FGG **zu hören**, bevor eine Entscheidung in den dort aufgeführten Fällen getroffen wird. In Betracht kommt hier die Übertragung von Angelegenheiten der elterlichen Sorge auf die Pflegeperson nach § 1630 Abs 3 (§ 49 Abs 1 Nr 1 FGG) und die Sorgerechtsentscheidung bei Gefährdung des Kindeswohls (§ 1666) mit der Anordnung einer Pflegschaft (§ 49a Abs 1 Nr 8 FGG). Die Notwendigkeit weiterer Anhörungen im Rahmen der Amtsermittlung nach § 12 FGG, ggf iVm § 621a ZPO, ergibt sich aus der Neufassung des § 1779 Abs 2 S 2 (zunächst durch Art 1 Nr 41 KindRG, mit Wirkung vom 1.1.1999 auf Grund von Art 1 Nr 4a BtÄndG), wonach bei der Auswahl unter mehreren geeigneten Personen der mutmaßliche Wille der Eltern, die persönlichen Bindungen des Mündels, die Verwandtschaft oder Schwägerschaft (beachte dazu § 11 LPartG) mit dem Mündel sowie das religiöse Bekenntnis des Mündels zu berücksichtigen sind (Abs 2 S 3 ist seitdem gestrichen). Diese Vorgaben können jedoch bei der entsprechenden Anwendung auf die Ergänzungspflegschaft nicht ohne weiteres übernommen werden, so daß bei der Auswahl eines Ergänzungspflegers für eine Erbauseinandersetzung dem Ziel, die Gefahr eines Interessenkonflikts unter den Erben zu vermeiden, Vorrang vor persönlichen Bindungen des Betroffenen (und vor Kostengesichtspunkten) einzuräumen ist (OLG Schleswig JAmt 2002, 367 = FamRZ 2003, 117). Soweit die Anordnung der Pflegschaft und die Personalentscheidung darauf beruhen, daß dem

Sorgeberechtigten ein Teil der elterlichen Sorge entzogen wurde, kann es regelmäßig nicht auf den mutmaßlichen, sondern nur auf den geäußerten tatsächlichen Willen ankommen, ohne dies der Benennung gemäß § 1776 gleichzusetzen.

Soweit das Gericht in seiner Entscheidung über die Person des Pflegers (bzw die Bestellung eines Vereins oder des Jugendamts) nicht gesetzlich gebunden ist, hat es vor seiner Auswahlentscheidung das Jugendamt zu hören (§§ 1779 Abs 1, 1915 Abs 1). Die Anhörung des Pflegebefohlenen kommt nach § 1778 Abs 1 Nr 5, § 1915 Abs 1 in Betracht, wenn er das vierzehnte Lebensjahr vollendet hat und es um die Bestellung eines benannten Pflegers geht (vgl auch § 1917 Abs 1 HS 2). Im übrigen kommen Anhörungen nach den §§ 50a und 50b FGG (persönliche Anhörung) in Frage, wenn es um Angelegenheiten geht, in denen die Personen- oder die Vermögenssorge berührt wird.

16 **f)** Für die örtliche **Zuständigkeit** des Vormundschaftsgerichts sind maßgebend: § 37 Abs 1 S 2 iVm § 36 FGG (allg Zuständigkeit für die Pflegschaft nach „Übersicht über Pflegschaften und ähnliche Erscheinungen außerhalb der §§ 1909 ff BGB"); § 39 FGG (Pflegschaft für einen Abwesenden); § 40 FGG (Pflegschaft für eine Leibesfrucht); § 41 (Pflegschaft für unbekannte Beteiligte); § 42 (Pflegschaft für ein Sammelvermögen). Im übrigen kommen auch § 43 Abs 2, § 44 (Maßregeln nach § 1846) sowie § 46 FGG (Abgabe an ein anderes Vormundschaftsgericht) und § 47 FGG (Pflegschaft im Ausland) zur Anwendung.

Soweit das Familiengericht Entscheidungen trifft, für die bisher das Vormundschaftsgericht zuständig war (§§ 1630 Abs 3, 1666), richtet sich die örtliche Zuständigkeit nach den §§ 36, 43 FGG iVm § 621a ZPO.

17 Zur Zuständigkeit für die Bestellung eines Vertreters nach besonderen Vorschriften außerhalb des BGB (zB § 19 BDO) s KEIDEL/ENGELHARDT § 39 Rn 9 ff, 20; auch ERMAN/HOLZHAUER Vorbem 16 vor § 1909.

4.   Folgen der Pflegschaftsanordnung

a)   Rechtsstellung des Pflegers

18 Ist der Betroffene beschränkt geschäftsfähig oder geschäftsunfähig, vertritt der Pfleger den Pflegebefohlenen gerichtlich und außergerichtlich; er hat die Rechtsstellung eines gesetzlichen Vertreters. In den Fällen des § 19 Abs 2 Nr 2 BDO und § 78 Abs 2 Nr 2 WDO ist ausdrücklich bestimmt, daß der Pfleger als gesetzlicher Vertreter zur Wahrnehmung der Rechte des Betroffenen bestellt wird. Wird für einen Volljährigen eine Pflegschaft angeordnet (zB nach § 1911 oder § 1913), wird dadurch sein rechtsgeschäftlicher Status nicht verändert. Der Pfleger für ein Sammelvermögen wurde früher als obrigkeitlich bestellter Nachfolger der zur Verwaltung und Verwendung von Sammelvermögen berufenen Personen bezeichnet (STAUDINGER/ENGLER[10/11] § 1914 Rn 8). Unter Aufgabe dieser Ansicht wird der hM zugestimmt und (im Anschluß an STAUDINGER/SCHILKEN [2004] Vorbem 61 zu § 164) von einem Inhaber eines privaten Amtes gesprochen, der als gesetzlicher Vertreter „im weiteren Sinne" zu qualifizieren ist. Die andernorts verwendete Bezeichnung als eine Partei kraft Amtes (MünchKomm/ SCHWAB § 1914 Rn 10 mN) trifft eher auf die verfahrensrechtliche, weniger auf die materiellrechtliche Position zu.

Die bisher für die Gebrechlichkeitspflegschaft überwiegend vorgenommene Unterscheidung zwischen dem Pfleger als gesetzlichem Vertreter des geschäftsunfähigen Pflegebefohlenen und dem von Staats wegen bestellten Bevollmächtigten des nicht geschäftsunfähigen Pflegebefohlenen (BGHZ 48, 147, 160 f; aA GERNHUBER/COESTER-WALTJEN § 70 VI 4; eingehend BIENWALD, Untersuchungen 292 ff) ist der durch das BtG in § 1902 vorgesehenen einheitlichen gesetzlichen Vertretung gewichen (iVm § 1896 Abs 2; krit BIENWALD, BtR3 Rn 5 ff sowie MünchKomm/SCHWAB Rn 6 ff jeweils zu § 1902).

Die Bestellung eines Gegenvormunds (nicht: Gegenpflegers) ist nach ausdrücklicher Bestimmung nicht erforderlich (§ 1915 Abs 2).

b)   Entsprechende Anwendung der vormundschaftsrechtlichen Bestimmungen
Auf die Pflegschaft finden die für die Vormundschaft geltenden Vorschriften entsprechende Anwendung (§ 1915 Abs 1). Dementsprechend unterliegt der Pfleger der Aufsicht und Kontrolle des Vormundschaftsgerichts nach Maßgabe der §§ 1837 ff. Einzelheiten dazu s § 1915 Rn 18 f. Auf die Pflegschaft sind die Vorschriften über die Notwendigkeit vormundschaftsgerichtlicher Genehmigung und die Folgen ihrer Nichterteilung (§§ 1821 ff) anzuwenden (MünchKomm/SCHWAB § 1915 Rn 20; SOERGEL/ZIMMERMANN § 1915 Rn 6). Der Pfleger ist für den aus einer Pflichtwidrigkeit entstehenden Schaden verantwortlich, wenn ihm ein Verschulden zur Last fällt (§§ 1833, 1915 Abs 1). Er hat im übrigen die Pflegschaft selbständig zu führen und unterliegt Weisungen des Gerichts nur nach Maßgabe von § 1837 Abs 2 S 1 u 2, § 1915 Abs 1. Aufwendungsersatz und Vergütung erhält er nach Maßgabe der §§ 1835 ff iVm § 1915 Abs 1, soweit Ansprüche vor dem 1.7.2005 in Betracht kommen (Art 229 § 14 EGBGB; angefügt durch Art 7 2. BtÄndG). Die nach dem 1.7.2005 entstandenen und entstehenden Ansprüche richten sich nach § 3 Vormünder- und Betreuervergütungsgesetz iVm § 1915 Abs 1 S 1 sowie nach § 1915 Abs 1 S 2. Nach § 1915 Abs 3 (angefügt durch Art 1 Nr 4 des Gesetzes zur Beschränkung der Haftung Minderjähriger vom 25.8.1998 [BGBl I 2487]) findet § 1793 Abs 2 auf die Pflegschaft für Volljährige keine Anwendung. Diese Vorschrift bestimmt, daß der Mündel für Verbindlichkeiten, die im Rahmen der Vertretungsmacht nach Abs 1 ihm gegenüber begründet werden, entsprechend § 1629a (begrenzt) haftet. Näher dazu STAUDINGER/ENGLER (2004) § 1793 Rn 60 ff.

c)   Besonderheiten bei Amtspflegschaften
Auf die Pflegschaften für Kinder und Jugendliche sind die §§ 53 ff KJHG (SGB VIII) idF der Bek v 8.12.1998 (BGBl I 3546) anzuwenden.

Nach § 55 Abs 1 KJHG (SGB VIII) wird das Jugendamt Pfleger oder Vormund in den durch das BGB vorgesehenen Fällen (Amtspflegschaft, Amtsvormundschaft). Die Voraussetzungen für den Eintritt der bestellten Amtspflegschaft (und Amtsvormundschaft) regelt §§ 1791b iVm § 1915 Abs 1. Danach kann auch das Jugendamt zum Pfleger bestellt werden, wenn eine als (ehrenamtlicher, vgl dazu oben Rn 14) Einzelpfleger geeignete Person nicht vorhanden ist. Das Jugendamt kann von den Eltern eines Pflegebefohlenen weder benannt noch ausgeschlossen werden (§§ 1791b Abs 1 S 2, 1915 Abs 1).

Wird das Jugendamt nach diesen Vorschriften Amtspfleger (oder Amtsvormund), überträgt es die Ausübung der Aufgaben aus diesem Amt einzelnen seiner Beamten oder Angestellten. In dem durch die Übertragung umschriebenen Rahmen ist dann der Beamte oder Angestellte gesetzlicher Vertreter des Minderjährigen (§ 55 Abs 2 S 1 u S 3 KJHG [SGB VIII]).

§ 56 KJHG (SGB VIII) enthält Vorschriften über die Führung der Amtspflegschaft, auf die die Bestimmungen des BGB anzuwenden sind, soweit das KJHG nicht etwas anderes bestimmt. Gegenüber dem Jugendamt als Amtspfleger werden nach § 56 Abs 2 KJHG (SGB VIII) die Vorschriften des § 1802 Abs 3 und des § 1818 nicht angewandt. In den Fällen des § 1803 Abs 2, des § 1811 und des § 1822 Nr 6 und 7 ist eine Genehmigung des Vormundschaftsgerichts nicht erforderlich. Landesrecht kann für das Jugendamt als Amtspfleger weitergehende Ausnahmen von der Anwendung der Bestimmungen des Bürgerlichen Gesetzbuchs über die Vormundschaft über Minderjährige (§§ 1773 bis 1895) vorsehen, die die Aufsicht des Vormundschaftsgerichts in vermögensrechtlicher Hinsicht sowie beim Abschluß von Lehr- und Arbeitsverträgen betreffen. Zu landesrechtlichen Regelungen s die Kommentare zum KJHG von JANS/HAPPE/SAURBIER und KRUG/GRÜNER/DALLICHAU jeweils zu § 56 sowie im Landesrechtsteil.

Nach § 56 Abs 3 KJHG (SGB VIII) kann Mündelgeld mit Genehmigung des Vormundschaftsgerichts auf Sammelkonten des Jugendamts bereitgehalten und angelegt werden, wenn es den Interessen des Mündels dient und sofern die sichere Verwaltung, Trennbarkeit und Rechnungslegung des Geldes einschließlich der Zinsen jederzeit gewährleistet ist; Landesrecht kann bestimmen, daß eine Genehmigung des Vormundschaftsgerichts nicht erforderlich ist. Die Anlegung von Mündelgeld gemäß § 1807 ist auch bei der Körperschaft zulässig, die das Jugendamt errichtet hat.

§ 56 Abs 4 KJHG (SGB VIII) legt dem Jugendamt die Verpflichtung auf, in der Regel jährlich zu prüfen, ob im Interesse des Kindes oder des Jugendlichen seine Entlassung als Amtspfleger und die Bestellung einer Einzelperson oder eines Vereins angezeigt ist, und dies dem Vormundschaftsgericht mitzuteilen. § 53 regelt die Beratung und Unterstützung von Pflegern durch das Jugendamt; § 54 behandelt die Erlaubnis zur Übernahme von Vereinspflegschaften.

Die örtliche Zuständigkeit für die Amtspflegschaft, die durch Bestellung der Vormundschaftsgerichte eintritt, richtet sich nach § 87c KJHG (SGB VIII). Entsprechendes ist für den Fall des § 1697 anzunehmen, daß das Familiengericht die Pflegschaft anordnet und den Pfleger auswählt. Im Einzelfall können sachliche Gründe (zB Kontinuität, Ortsnähe) dafür sprechen, nicht das örtlich zuständige Jugendamt zum Pfleger zu bestimmen, sondern die Pflegschaft bei einem anderen Jugendamt zu belassen (OLG Hamm NJWE-FER 1998, 107 für die Amtsvormundschaft unter Berufung auf OLG Hamm FamRZ 1995, 830, 831 und BayObLG FamRZ 1997, 897, 898); eine verfassungsrechtlich nicht ganz unproblematische Auffassung.

d) Beendigung der Pflegschaft und Entlassung des Pflegers

Nach Wegfall des § 1920 (aufgehoben durch Art 1 Nr 48 BtG), der die Aufhebung einer nach § 1910 angeordneten Pflegschaft auf Antrag des Pflegebefohlenen vorsah, sind die Beendigungsgründe der §§ 1918 und 1919 (gesetzliche und gerichtliche Beendigung) übriggeblieben. Wird die Pflegschaft beendet, endigt dadurch auch das Amt des Pflegers. Der Pfleger kann durch das Vormundschaftsgericht entlassen werden, wenn die Gründe des § 1886 iVm § 1915 Abs 1 gegeben sind. Das Vormundschaftsgericht kann den Pfleger auf dessen Antrag entlassen, wenn ein wichtiger Grund vorliegt (§ 1889 Abs 1; s auch Abs 2, jeweils iVm § 1915 Abs 1). In Betracht kommen als Beendigungsgründe Aufhebungsentscheidungen des Familiengerichts nach § 1696. Zur Anhörung des Jugendamtes durch das Vormundschafts- und das Familiengericht s §§ 49 u 49a FGG. In Pflegschaftssachen ist das Jugendamt in Fällen zu beteiligen, in deren Verlauf Entscheidungen über die Einleitung oder Beendigung der Pflegschaft zu treffen sind. Die für den Fall der Bestellung des Pflegers (§§ 1779 Abs 1, 1915 Abs 1), nicht jedoch für den der Entlassung (Ausnahme § 1887 Abs 3) vorgesehene Anhörung des Jugendamtes kann nach § 12 FGG (Amtsermittlungsprinzip) geboten sein. Im Falle von Änderungsentscheidungen (Erweiterung oder Einschränkung des Wirkungskreises des Pflegers) ist entsprechend zu verfahren.

Mit der Beendigung des Amtes endet die Rechtsmacht des Pflegers, seine Legitimation zum Handeln für einen anderen. Es entsteht ein Abwicklungsverhältnis, das mit der Erfüllung aller Abwicklungspflichten erlischt (GERNHUBER [3. Aufl] § 67 III 2; nach GERNHUBER/COESTER-WALTJEN § 73 III „wandelt sich" das zwischen Vormund und Mündel bestehende Rechtsverhältnis zum Abwicklungsverhältnis). Erhalten bleibt das Recht und die Pflicht zur Fortführung der Geschäfte gemäß §§ 1893 Abs 1, 1915 Abs 1, soweit dies nach Art der Pflegschaft in Betracht kommt. Der Pfleger hat dem Gericht die Bestallung zurückzugeben (Vereine und die Behörde die schriftliche Verfügung, § 1893 Abs 2 S 2); ggf ist Rechnung zu legen und das verwaltete Vermögen herauszugeben (§§ 1890, 1915 Abs 1). Wird für den Pflegebefohlenen bereits vor Vollendung des 18. Lebensjahres gemäß § 1908a oder unmittelbar nach Eintritt der Volljährigkeit ein Betreuer gemäß § 1896 bestellt und sieht der Aufgabenkreis des Betreuers Entsprechendes vor, hat der Pfleger das Vermögen dem Betreuer als dem neuen gesetzlichen Vertreter des Betreuten herauszugeben und ihm gegenüber Rechnung zu legen. 22

Durch den Tod des Pflegers findet zwar das Amt dieses Pflegers sein Ende, die Pflegschaft als Fürsorgemaßnahme bleibt jedoch erhalten. Die Erben des Pflegers sind verpflichtet, den Tod des Pflegers unverzüglich dem Vormundschaftsgericht mitzuteilen (§§ 1894, 1915 Abs 1), damit von diesem die nötigen Maßnahmen (Bestellung eines neuen Pflegers; ggf einstweilige Maßregeln nach § 1846) getroffen werden können. Der Tod des Pflegers ist auch in den Fällen mitzuteilen, in denen die Anordnung der Pflegschaft auf eine Entscheidung des Familiengerichts zurückzuführen ist, die Personalentscheidung dagegen vom Vormundschaftsgericht getroffen wurde.

5. Pflegschaften für Angehörige fremder Staaten (Nichtdeutsche)

Die Anordnung einer Pflegschaft, ihre Änderung und Beendigung, sowie ihr Inhalt unterliegen, wenn es um einen Angehörigen eines fremden Staates geht, grundsätzlich dem Heimatrecht des Betreffenden (Art 24 Abs 1 S 1 EGBGB). Für einen Angehörigen eines fremden Staates, der seinen gewöhnlichen Aufenthalt oder, mangels eines solchen, seinen Aufenthalt im Ausland hat, kann ein Betreuer nach deutschem Recht bestellt werden (Art 24 Abs 1 S 2 EGBGB). Dies trifft jedoch nur für Volljährige zu. Zu Art 24 EGBGB nF nach der vor dem Inkrafttreten des BtG gültigen Textfassung s KROPHOLLER in diesem Kommentar Art 24 nF EGBGB. Der Inhalt der Betreuung unterliegt dem Recht des anordnenden Staates (Art 24 23

Abs 3 EGBGB). Auf Pflegschaften ist diese Regelung nicht übertragbar (Münch-Komm/Schwab vor § 1909 Rn 19). Zur Frage der Bestellung eines (Ergänzungs-)Pflegers für einen minderjährigen unbegleiteten Asylsuchenden unten § 1909 Rn 14.

a) Pflegschaften für minderjährige Nichtdeutsche

24 Im Falle nichtehelicher Geburt unterlagen minderjährige Nichtdeutsche der gesetzlichen Amtspflegschaft, solange dieses Rechtsinstitut noch bestand (Art 20 Abs 2 EGBGB, §§ 1705 ff aF). Nach dessen Wegfall ist zu klären, ob deutsche oder ausländische Behörden oder Gerichte zuständig sind und ein Bedürfnis für deutsche Schutzmaßnahmen zugunsten eines Minderjährigen besteht. Im Falle deutscher Entscheidungszuständigkeit muß geprüft werden, welches Recht für die Anordnung oder Änderung einer Pflegschaft anzuwenden ist (zB Teilentzug des Sorgerechts und Übertragung des Aufenthaltsbestimmungsrechts auf das zuständige Jugendamt). Geklärt werden muß außerdem, welche Pflichten zu internationaler Kooperation zu beachten sind (im einzelnen Baer, in: Oberloskamp 270 ff u 316 ff; s auch MünchKomm/Schwab Vor § 1909 Rn 20). Zu Art 24 EGBGB, zum Vorrang des Haager Übereinkommens über die Zuständigkeit von Behörden und das anzuwendende Recht auf dem Gebiet des Schutzes von Minderjährigen vom 5. 10. 1961 (Minderjährigenschutzabkommen – MSA) und den danach zulässigen bzw notwendigen Schutzmaßnahmen – hier: Bestellung eines Ergänzungspflegers – Staudinger/Kropholler (1994) Vorbem 69, 74 f zu Art 19 EGBGB und Staudinger/Kropholler (2002) Art 24 EGBGB Rn 13 ff (s auch Eschbach, Die nichteheliche Kindschaft im IPR – Geltendes Recht und Reform [1997]; ferner LJA Sachsen JAmt 2001, 64 sowie Peter Das Recht der Flüchtlingskinder [2001]).

b) Pflegschaften für volljährige Nichtdeutsche

25 Nach Art 24 EGBGB besteht die Möglichkeit, eine Pflegschaft anzuordnen, weil nicht feststeht, wer an einer Angelegenheit beteiligt ist, oder weil ein Beteiligter sich in einem anderen Staat befindet und seine Angelegenheiten zu besorgen sind; es ist das Recht anzuwenden, das für die Angelegenheit maßgebend ist (Art 24 EGBGB). Vorläufige Maßregeln (Anordnung, Änderung, Aufhebung einer Pflegschaft sowie solche Maßnahmen, zu denen der Pfleger berechtigt wäre) und deren Inhalt unterliegen dem Recht des anordnenden Staates (Art 24 Abs 3 EGBGB). Näher dazu Staudinger/Kropholler (2002) Art 24 EGBGB Rn 14 bis 17.

6. Pflegschaften für juristische Personen

26 Sie sind zulässig als Abwesenheitspflegschaft (§ 1911) und als Pflegschaft für unbekannte Beteiligte, § 1913 (MünchKomm/Schwab Vor § 1909 Rn 10).

7. Pflegschaften im Gebiet der DDR

27 S dazu Art 234 § 15 Abs 1 EGBGB (Überleitungsgrundsatz) sowie § 15 Abs 2 iVm § 14 Abs 2–6 (Vormundschaft), die entsprechend gelten. Im einzelnen dazu Staudinger/Rauscher (2003) zu Art 234 § 14 u § 15 EGBGB.

8. Bedeutung der Pflegschaft im Straf- und Strafprozeßrecht

28 Die Bestellung eines Pflegers kommt in Betracht, weil der gesetzliche Vertreter eines Minderjährigen erforderliche Zustimmungen nicht geben kann (s dazu § 1909

Rn 16). Im Falle eines Volljährigen ist gegebenenfalls ein Betreuer nach § 1896 zu bestellen.

Für einen Pfleger als Straftäter gelten keine Besonderheiten. Kindesentziehung (§ 235 StGB) liegt auch dann vor, wenn eine Person unter 18 Jahren durch List, Drohung oder mit Gewalt ihrem Pfleger entzogen wird. Begeht der Pflegebefohlene seinem Pfleger gegenüber einen Diebstahl oder eine Unterschlagung (§§ 242, 246 StGB), so ist die Tat auch dann von Amts wegen zu verfolgen, wenn Pfleger und Pflegebefohlener in häuslicher Gemeinschaft leben. Eine Privilegierung (Antragsdelikt) sieht § 247 StGB zwar vor, wenn der Vormund oder der Betreuer Verletzte sind. Eine entsprechende Anwendung auf den Fall des Pflegers, die wegen der tätergünstigen Auswirkungen möglich wäre, wird im strafrechtlichen Schrifttum nicht diskutiert.

Zur Antragstellung im Falle von Geschäftsunfähigkeit oder Minderjährigkeit des Verletzten s § 77 Abs 3 StGB. Unterläßt der für die Stellung des Strafantrags zuständige Sorgeberechtigte die Antragstellung oder lehnt er sie ab, kann dies Anlaß für eine Einschränkung des Sorgerechts nach § 1666 und die Bestellung eines Pflegers nach § 1909 sein, dem die Entscheidungs- und Vollzugskompetenz zugewiesen wird.

§ 1909
Ergänzungspflegschaft

(1) Wer unter elterlicher Sorge oder unter Vormundschaft steht, erhält für Angelegenheiten, an deren Besorgung die Eltern oder der Vormund verhindert sind, einen Pfleger. Er erhält insbesondere einen Pfleger zur Verwaltung des Vermögens, das er von Todes wegen erwirbt oder das ihm unter Lebenden unentgeltlich zugewendet wird, wenn der Erblasser durch letztwillige Verfügung, der Zuwendende bei der Zuwendung bestimmt hat, dass die Eltern oder der Vormund das Vermögen nicht verwalten sollen.

(2) Wird eine Pflegschaft erforderlich, so haben die Eltern oder der Vormund dies dem Vormundschaftsgericht unverzüglich anzuzeigen.

(3) Die Pflegschaft ist auch dann anzuordnen, wenn die Voraussetzungen für die Anordnung einer Vormundschaft vorliegen, ein Vormund aber noch nicht bestellt ist.

Materialien: E I § 1738; II § 1786; III § 1885; Mot IV 1043 u 1252; Prot IV 855; VI 312. Geändert durch Art 1 Nr 38 des GleichberG v 18. 6. 1957 und durch Art 9 § 2 des SorgeRG v 18. 7. 1979; STAUDINGER/BGB-Synopse 1896–2005 § 1909.

Schrifttum

BAUER/SCHAUS, Der Anwalt des Kindes im vormundschaftsgerichtlichen Verfahren – Ein Erfahrungsbericht aus der Frankfurter Gerichtspraxis –, Betrifft JUSTIZ Nr 52, Dezember 1997, 162

BENDER, Zeugen Jehovas und Bluttransfusion, MedR 1999, 260
BERGERFURTH, Zweifelsfragen im familiengerichtlichen Verfahren, FamRZ 1982, 563
BESTELMEYER, Die unsinnige (Nicht-) Zuständigkeit des Familiengerichts für die Anordnung von Ergänzungspflegschaften, FamRZ 2000, 1068
BILSDORFER, Gesellschafts- und steuerrechtliche Probleme bei Unterbeteiligung von Familienangehörigen, NJW 1980, 2785
BINSCHUS, Beistandschaft, Ergänzungs- und Verfahrenspflegschaft, ZfF 2003, 42
ders, Aufgaben und Haftung des Jugendhilfeträgers; Verfahrenspflegschaft; Ergänzungspflegschaft und Vormundschaft usw, ZfF 2000, 42
BRANDENBURG, Bedeutung der Entscheidungen des Vormundschaftsgerichts für die Finanzverwaltung und Finanzgerichte bei Familienpersonengesellschaften, DB 1981, 860
BRÜGGEMANN, Elterliche Vermögenssorge – Alte und neue Fragen, ZBlJugR 1980, 53
COESTER, Zur sozialrechtlichen Handlungsfähigkeit des Minderjährigen, FamRZ 1985, 982
DAMRAU, Die Fortführung des von einem Minderjährigen ererbten Handelsgeschäfts, NJW 1985, 2236
ders, Auswirkungen des Testamentsvollstreckeramts auf elterliche Sorge, Vormundschaft und Betreuung, ZEV 1994, 1
ders, Minderjährige Kinder aus geschiedenen Ehen als Erben – Entzug des Verwaltungsrechts für den geschiedenen Elternteil –, ZEV 1998, 90
DIEDERICHSEN, Von der Amtspflegschaft zur kooperativ geführten Beistandschaft – das Verhältnis des alleinsorgeberechtigten Elternteils zum Jugendamt als Beistand, in: Gedächtnisschrift für Lüderitz (2000) 135
DIEDRICHS-MICHEL, Anordnungen von Familien- und Vormundschaftsgerichten gegenüber Jugendämtern, RsDE 29/1995, 43
DORNBACH, Die steuerrechtliche Anerkennung eines Gesellschaftsverhältnisses in der Rechtsprechung der Steuergerichte, DB 1976, 1397, 1451, 1503
ELSTNER, Eltern und Vormund als gesetzliche Vertreter bei Grundstücksschenkungen, MittBayNot 1974, 4

FAHRENKAMP, Steuerrechtliche Bedeutung ausgewählter vormundschafts- und erbrechtlicher Fragen, DStR 1975, 535
FASTRICK, Vertretung des minderjährigen Kommanditisten in der Familiengesellschaft (1976)
GUSTAVUS, Vollmacht zu Handelsregistereintragungen bei Personengesellschaften und GmbHs, GmbHRdsch 1978, 219, 223
HAEGELE, Familienrechtliche Fragen um den Testamentsvollstrecker, Rpfleger 1963, 330
HAUSER, Keine Kostenerstattung bei Personalunion von Amtsvormund und Fachkraft im ASD, JAmt 2002, 6
JANZEN, Das Kinderrechteverbesserungsgesetz, FamRZ 2002, 785
JAUERNIG, Die geschenkte Eigentumswohnung – BGHZ 78, 28, JuS 1982, 576
JERSCHKE, Ist die Schenkung eines vermieteten Grundstücks rechtlich vorteilhaft?, DNotZ 1982, 459
JOOS, Die Umsetzung der Reformen im Kindschaftsrecht in die Praxis braucht einen langen Atem, JAmt 2002, 164
KAMPSCHULTE, Übertragung bestellter Vormundschaften auf einen Verein, JAmt 2002, 235
KAUFMANN, Das Jugendamt als Vormund und als Sozialleistungsbehörde – Probleme der Doppelfunktion. Zugleich ein Beitrag zur Kritik an jugendamtsinternen Organisationsstrukturen, DAVorm 1998, 481
ders, Eltern, Kinder und Fachkräfte der Jugendämter im familiengerichtlichen Verfahren zur Regelung der elterlichen Sorge bei Trennung und Scheidung, FamRZ 2001, 1, 7
KIRCHNER, Vormund und Testamentsvollstreckung im Elterntestament, MittBayNot 1997, 203
ders, Zur Erforderlichkeit eines Ergänzungspflegers bei (Mit-)Testamentsvollstreckung durch den gesetzlichen Vertreter des Erben – Zugleich Anmerkung zum Beschluss des OLG Nürnberg vom 29. 6. 2001 – 11 UF 1441/01 –, MittBayNot 2002, 368
KLINKHARDT, Zur Zulässigkeit einer organisatorischen Koppelung von Amtsvormundschaft und wirtschaftlicher Jugendhilfe, DAVorm 2000, 295
ders, Jugendhilferechtliche Maßnahmen zum Schutz vor Gewalt, FPR 2001 264

KLÜSENER, Grundstücksschenkung durch die Eltern, Rpfleger 1981, 258

ders, Der Minderjährige im Unternehmensrecht, Rpfleger 1990, 321

KNITTEL, Willensvorrang minderjähriger Mütter bei Zustimmung zur Vaterschaftsanerkennung durch den Amtsvormund?, JAmt 2002, 330

KNÖCHLEIN, Vertretungsbefugnis bei Beendigung der elterlichen Gewalt in der Person eines Elternteils, insbes wegen Konkurseröffnung in dessen Vermögen, Rpfleger 1958, 5

KOHLER, Welchen „Wert" haben die Amtsvormünder?, DAVorm 2000, 729

KÖHLER, Grundstücksschenkung an Minderjährige – ein „lediglich rechtlicher Vorteil"?, JZ 1983, 225

KUNTZE, Ergänzungspflegschaft für minderjährige Kommanditisten einer Familiengesellschaft, JR 1975, 45

LOHRENTZ, Aufgaben des Jugendamtes bei Elterntrennung nach der Kindschaftsrechtsreform, KindPrax 2001, 43 (ua zu § 50 FGG)

MANNHEIM (Stadtjugendamt), Zuständigkeits-, Abgrenzungs- und Kooperationsregeln zwischen der Amtsvormundschaft (Abt. 51.2) und den Sozialen Diensten (Abt 51.4), DAVorm 2000, 735

MÄRZ, Das Bundesverfassungsgericht und der „Verfahrenspfleger" des minderjährigen Kindes im Sorgerechtsverfahren, FamRZ 1981, 736

MEYSEN, Kindeswohl zwischen Jugendhilfe und Justiz, JAmt 2001, 330

MÜMMLER, Keine Dauerergänzungspflegschaft für minderjährige Kinder einer Familiengesellschaft, JurBüro 1975, 425

ders, Vertretungs- u. Prozeßführungsrecht der Eltern, JurBüro 1983, 1291

Neckar-Odenwald-Kreis (Kreisjugendamt), Zuständigkeitsabgrenzung zwischen dem sozialpädagogischen Bereich und dem Fachgebiet Amtsvormundschaft bei der gemeinsamen Wahrnehmung von Aufgaben als Sozialleistungsträger und als Amtsvormund, DAVorm 2000, 745

NIEPMANN, Aktuelle Entwicklungen im Familienrecht, MDR 2003, 841 (Zur Bestellung eines Ergänzungspflegers für das Kind S 846)

OBERLOSKAMP, Dauerergänzungspfleger bei Familiengesellschaften, FamRZ 1974, 296

OBERLOSKAMP (Hrsg), Vormundschaft, Pflegschaft und Beistandschaft für Minderjährige (2. Aufl 1998)

OELKERS/KRAEFT, Rehabilitation und Teilhabe behinderter Menschen – Auswirkungen auf das Unterhaltsrecht, FamRZ 2002, 790

OPITZ, Amtsvormundschaft und Soziale Dienste – miteinander, gegeneinander oder wie?, JAmt (DAVorm) 2001, 315

PETER, Das Recht der Flüchtlingskinder (2001)

PLUSKAT, Der entgeltliche Erwerb eines GmbH-Geschäftsanteils eines beschränkt geschäftsfähigen Mindejährigen, FamRZ 2004, 677

PRIESTER, Dauerpflege bei Familiengesellschaften aus zivilrechtlicher Sicht, DB 1974, 273

RAACK, Alternativen zur Bestellung von Amtsvormündern, JAmt 2002, 238

REGLER, KindR und Ergänzungspflegschaft, Rpfleger 2000, 305

RÖLL, Selbstkontrahieren und Gesellschafterbeschlüsse, NJW 1979, 627

Sächsisches Landesjugendamt, Empfehlungen zur Stellung und zum Wirkungsbereich eines Amtsvormundes/Amtspflegers, DAVorm 2000, 93

SCHÄFER, Kinderschutz in gerichtlichen Verfahren, KindPrax 2002, 56

SCHMIDT, Gesetzliche Vertretung und Minderjährigenschutz im Unternehmensprivatrecht, BB 1986, 1238

SCHÖNE, Das Zeugnisverweigerungsrecht des Kindes und das gesetzliche Vertretungsrecht der Eltern, NJW 1972, 930

SCHREIBER, Zur Pflegerbestellung bei der Stiefkinderadoption, MittBayNot 1977, 218

SCHRUTH, Schnittstellen der Kooperation beim „Begleiteten Umgang", ZfJ 2003, 14

SEIDENSTÜCKER, Zur Umsetzung des neuen Kindschaftsrechts in der Arbeit von Jugendämtern, ZfJ 2001, 88

SONNENFELD, Betreuungs- und Pflegschaftsrecht (2. Aufl 2001)

SÖPPER, Rechtsprechungsübersicht zur Vergütung von Verfahrenspflegern, FamRZ 2002, 1535

SPANL, Ergänzungsbetreuung und Gegentreuung, Rpfleger 1992, 142

ders, Vergütungsbetreuer und Verfahrenspfleger, Rpfleger 1992, 378

ULTSCH, Schenkung des gesetzlichen Vertreters an Minderjährige: Gesamtbetrachtung oder konsequente Einhaltung des Trennungsprinzips? – BGH, Beschl v 9. 7. 1980 – V ZB 16/79 = BGHZ 78, 28 –, Jura 1998, 524
WAGENER, Bestellung von Einzelpersonen und Vereinen zum Vormund – Probleme und Chancen, JAmt 2002, 233
WALTER, Die Stellung Minderjähriger im Verfassungsbeschwerdeverfahren, FamRZ 2001, 1
WESCHE, Auswirkungen des Einigungsvertrages im Familienrecht, Rpfleger 1991, 85
ders, Vergütungsbetreuer oder Verfahrenspfleger?, Rpfleger 1992, 377
WINKLER, Die Genehmigung des Vormundschaftsgerichts zu gesellschaftlichen Akten bei Beteiligung Minderjähriger, MittBayNot 1973, 67, 143
WINTER, Anhörung und rechtliches Gehör als verfahrensrechtliches und sozialdiagnostisches Instrument, Rpfleger 1984, 220
WOLF, Der Amtsvormund im Jugendamt, DAVorm 2000, 283
ZENZ, „Das Mündel und sein Vormund" – Rechtliche Überlegungen zur Zukunft der Vormundschaft, DAVorm 2000, 365
Zöller, Schenkungen zwischen Ehegatten und Kindern, BWNotZ 1983, 34.
ZORN, Die Zuständigkeit des Familiengerichts für die Anordnung der Pflegschaft – zugleich Anmerkung zu OLG Stuttgart (FamRZ 1999, 1601 = Justiz 1999, 103) und OLG Zweibrücken (FamRZ 2000, 243 = Rpfleger 1999, 489 = FGPrax 1999, 179), FamRZ 2000, 719
dies, Rechtsmittel gegen die Erteilung oder Verweigerung der vormundschafts- und der familiengerichtlichen Genehmigung, FamRZ 2001, 1273.

Materialien zum neuen Kindschaftsrecht
I. Gesetz zur Abschaffung der gesetzlichen Amtspflegschaft und Neuordnung des Rechts der Beistandschaft (Beistandschaftsgesetz) vom 4. 12. 1997 – BGBl I 2846 –;
Entwurf der Bundesregierung BT-Drucks 13/892; Beschlußempfehlung und Bericht des Rechtsausschusses BT-Drucks 13/8509;
Beschluß des Bundestages BR-Drucks 708/97.

II. Gesetz zur Reform des Kindschaftsrechts (Kindschaftsrechtsreformgesetz – KindRG) vom 16. 12. 1997 – BGBl I 2942 –;
Entwurf der Bundesregierung BT-Drucks 13/4899;
Beschlußempfehlung und Bericht des Rechtsausschusses BT-Drucks 13/8511;
Beschluß des Bundestages BR-Drucks 710/97.

III. Gesetz zur erbrechtlichen Gleichstellung nichtehelicher Kinder (Erbrechtsgleichstellungsgesetz – ErbGleichG) vom 16. 12. 1997 – BGBl I 2968 –;
BT-Drucks 13/4183 (Entwurf);
BT-Drucks 13/8510 (Beschlußempfehlung und Bericht des Rechtsausschusses);
BR-Drucks 709/97 (Beschluß).

IV. Gesetz zur Vereinheitlichung des Unterhaltsrechts minderjähriger Kinder (Kindesunterhaltsgesetz – KindUG) vom 6. 4. 1998 – BGBl I 666;
Entw d BReg BT-Drucks 13/7338, Beschlußempfehlung RA BT-Drucks 13/9596, Antrag v Renesse ua/SPD-Fraktion betr bedarfsdeckende Unterhaltssätze für Kinder, BT-Drucks 13/5211;
Gesetzesbeschluß d Bundestags, BT-Drucks 13/98.

V. Gesetz zur Beschränkung der Haftung Minderjähriger (Minderjährigenhaftungsbeschränkungsgesetz – MHbeG) vom 25. 8. 1998 – BGBl I 2487 –;
Entwürfe: BR-Drucks 520/98;
BT-Drucks 13/5624;
Rechtsausschuß (Beschlußempfehlung und Bericht) BT-Drucks 13/10831.

Weitere Materialien zur Rechtsstellung des Kindes
I. Gesetz zur Ächtung der Gewalt in der Erziehung und zur Änderung des Kindesunterhaltsrechts v 2. 11. 2000 – BGBl I 1479 –; BT-Drucks 14/1247.

II. Gesetz zur Beendigung der Diskriminierung gleichgeschlechtlicher Gemeinschaften: Lebenspartnerschaften v 16. 2. 2001 – BGBl I 266.

Titel 3 §1909
Pflegschaft

III. Gesetz zur Verbesserung des zivilrechtlichen Schutzes bei Gewalttaten und Nachstellungen sowie zur Erleichterung der Überlassung der Ehewohnung bei Trennung v 11. 12. 2001 (BGBl I 3513).
Entw d BReg BT-Drucks 14/5429; Beschlußempfehlung und Bericht d RA BT-Drucks 14/7279.

IV. Gesetz zur weiteren Verbesserung von Kinderrechten (Kinderrechteverbesserungsgesetz – KindRVerbG) v 9. 4. 2002 – BGBl 2002 I 1239 –; Entwurf BR-Drucks 369/99 (Beschluß); BT-Drucks 14/2096.

V. Zweites Gesetz zur Änderung des Betreuungsrechts (Zweites Betreuungsrechtsänderungsgesetz – 2. BtÄndG) v 21. 4. 2005 (BGBl I 1073). Die Materialien sind vor § 1896 mitgeteilt.

Schrifttum zur Rechtsstellung des Kindes

HOYER, Im Strafrecht nichts Neues?- Zur strafrechtlichen Bedeutung der Neufassung des § 1631 II BGB –, FamRZ 2001, 521
HUBER/SCHERER, Die Neuregelung zur Ächtung der Gewalt in der Erziehung, FamRZ 2001, 797
JANZEN, Das Kinderrechteverbesserungsgesetz, FamRZ 2002, 785
KELLNER, Die Ächtung der Gewalt in der Erziehung nach neuem Recht, NJW 2001, 796
KNITTEL, Kinderrechteverbesserungsgesetz verabschiedet, JAmt 2002, 50

SALGO, Vom langsamen Sterben des elterlichen Züchtigungsrechts, RdJB 2001, 283
SCHOMBURG, Die kindschaftsrechtlichen Regelungen des Lebenspartnerschaftsgesetzes, KindPrax 2001, 103
SCHOMBURG/HEGER, Das Gesetz zur Ächtung der Gewalt in der Erziehung und zur Änderung des Unterhaltsrechts, KindPrax 2000, 171
SCHUMACHER, Mehr Schutz bei Gewalt in der Familie, FamRZ 2002, 645.

Schrifttumsangaben zum neuen Kindschaftsrecht s STAUDINGER/BIENWALD (1999) an dieser Stelle.

Systematische Übersicht

I.	**Allgemeines**		b)	Rechtliche Verhinderung ___ 15
1.	Textgeschichte ___ 1		3.	Besonderes Bedürfnis für die Pflegerbestellung ___ 25
2.	Bedeutungsveränderungen der Vorschrift ___ 2		**III.**	**Anzeigepflichten (Abs 2)** ___ 27
3.	Zum Verhältnis von Ergänzungs- und Ersatzpflegschaft ___ 5		**IV.**	**Das Verhältnis des nach § 1909 Abs 1 bestellten Pflegers zum Inhaber des Sorgerechts (Eltern, Vormund)** ___ 30
4.	Die Rechtsstellung des Pflegers im allgemeinen ___ 7			
5.	Entsprechende Anwendung der Vormundschaftsvorschriften ___ 8		**V.**	**Die Ersatz- oder Überbrückungspflegschaft (Abs 3)** ___ 31
II.	**Voraussetzungen der Ergänzungspflegschaft**		**VI.**	**Bedingungen der Pflegerbestellung**
1.	Bestehen elterlicher Sorge oder Vormundschaft ___ 9		1.	Allgemeines ___ 34
2.	Verhinderung des Sorgerechtsinhabers ___ 13		2.	Keine Berufung zum Pfleger, Hinweise zur Auswahl ___ 34a
a)	Tatsächliche Verhinderung ___ 14		3.	Berücksichtigung von Vorschlägen ___ 35

4.	Die Bestimmung des Zuwendenden (Abs 1 S 2)	36	5. Verfahren ieS, insbesondere Anhörungen	41
5.	Korrektur der Personalentscheidung	36a	6. Rechtsbehelfe	42

VII. Zum Verfahren
1. Anordnung der Pflegschaft 37
   a) Pflegschaftsanordnung von Amts wegen 37
   b) Keine Ermessensentscheidung 37a
2. Sachliche Zuständigkeit 38
3. Örtliche Zuständigkeit 39
4. Funktionelle Zuständigkeit 40

VIII. Beendigung der Pflegschaft des § 1909
1. Grundsatz 43
2. Absatz 3 44
3. Zum Aufhebungsverfahren 45

IX. Zur Bestellung eines Gegenvormundes 46

Alphabetische Übersicht

Adoption	18	Beschränkung der elterlichen Sorge	13
Anfechtung der Vaterschaft	16	– der vormundlichen Sorge	13
Anhörung	41	Beschwerde	42
– der Eltern	41	Beschwerdebefugnis	42
– des Jugendamtes	32, 41	Besonderes Bedürfnis für Pflegerbestellung	25
– der Verwandten usw	41	Bestimmung des Zuwendenden	36
Anordnung der Pflegschaft, keine Ermessensentscheidung	38	Einlegung einer Verfassungsbeschwerde	18
– von Amts wegen	37	Einstweilige Anordnungen	7
Anwendungsbereich	2	Elterliche Gewalt	1
Anzeigepflichten	27	Elterliche Sorge	1
– des Gegenvormundes	27	– als Voraussetzung der Pflegschaft	10
– des Jugendamtes	28	– der nichtehelichen Mutter	11
– des Standesbeamten	27	Eltern, Anhörung der	41
Aufgabenteilung bei Jugendämtern	2	Entsprechende Anwendung der Vormundschaftsvorschriften	8
Aufhebung der Ersatz- oder Überbrückungspflegschaft	33	Entziehung elterlicher Sorge	18
Aufhebungsverfahren	45	– religiöser Erziehung	19
Ausländische Kinder/Jugendliche	14	– der Vermögenssorge	22
Auslagenersatz	7, 41	– der Vertretungsmacht	18
Ausschluß der Berufungsmöglichkeit	34	Ergänzungspflegschaft u Sorgerechtsinhaberschaft	30
– von der Vertretung	16	Ermessensentscheidung	35
Auswahlhinweise	34	Ersatzpfleger	5
Bedeutungsveränderungen der Vorschrift	2	Ersatzpflegschaft	31
Bedürfnis, besonderes für Pflegschaft	25	Erweiterung des Anwendungsbereichs	2
Beendigung der Ersatz- oder Überbrückungspflegschaft	44	Flüchtlingskinder	14
– der Pflegschaft	43	Fürsorgebedürfnis	25
Beistand	11	Fürsorgliche Regelung des Vormundschaftsgerichts	4
Beistandschaft	24, 26		
Beistandschaftsgesetz	2, 4, 24		
Berufung zum Pfleger, keine	34	Funktionelle Zuständigkeit	40

Titel 3 § 1909
Pflegschaft

Gegenvormund, Anzeigepflicht	27	Schenkungen an minderjährige Kinder	17
– Bestellung eines	46	Selbstkontrahierungsverbot	16
Gegenvormundschaft	12	Sorgerechtsentscheidungen	4
Geschiedene Ehen	23	Sorgerechtsentzug	24, 32
Gesetzliche Vertretungsverbote	16 f	Statusverfahren	16, 24
Getrenntleben	23	Streitentscheidung	7
Grundstückszuwendung	17		
		Tatsächliche Verhinderung	14
Insolvenzverfahren	21	Textgeschichte	1
		Überbrückungspfleger	5
Jugendamt, Anhörung des	41	Überbrückungspflegschaft	31
– Anzeigepflicht	28	Umgang, unterstützter	23
– als Ergänzungspfleger	34	Umgangsbegleitung	23
Justizmitteilungsgesetz (JuMiG)	29	Umgangspflegschaft	23
Jugendgerichtsgesetz	15	Unterpflegschaft	12
		Unterstützter Umgang	23
Konkurs	21	Unterstützungspflicht des Jugendamtes	28
Mangel an Geschäftsgewandtheit	13		
Meinungsverschiedenheiten	30	Vaterschaftsfeststellung	24
Minderjährigkeit der Mutter/der Eltern	23	Verfahren	37
Mitteilungspflicht der Gerichte	29	– im engeren Sinne	41
Mitvormund, Bestellung eines	20	Verfassungsbeschwerde	18
Mitvormundschaft	12	Vergütungsbewilligung	7
Mutmaßlicher Elternwille	35	Verhältnis von Ergänzungs- und Ersatz-pflegschaft	5
Notpfleger	5	Verhinderung des Sorgerechtsinhabers	13
Notzuständigkeit des Vormundschafts-gerichts	21, 32	Verhinderung	
		– rechtliche	15 ff
		– tatsächliche	14
Örtliche Zuständigkeit	39	Vermögensgefährdung	22
Organisation der Pflegschaftsaufgaben im Jugendamt	2	Vermögenssorge, Entziehung der	22
		Vermögenssorgepfleger	21
		Verringerung des Anwendungsbereichs	2
Personalentscheidung	34	Vertretungsmacht, Entziehung durch Vormundschaftsgericht	18
Pflegeeltern	3		
Pfleger für das Vermögen	21	Verwaltungspflegschaft	7
Prüfung von Interessengegensätzen	18	Verwandte, Anhörung der	41
		Voraussetzungen der Pflegschaft	9
Rechtliche Verhinderung	15	Vorläufiger Pfleger	5
Rechtsbehelfe	42	Vormundschaft als Voraussetzung	10
Rechtsgeschäftlicher Status des Pflege-befohlenen	33	Vorschläge	35
Rechtsstellung des Pflegers im allgemeinen	7	Weitere Beschwerde	12
Religiöse Kindererziehung	19	Weitere Ergänzungspflegschaft	7
Ruhen der elterlichen Sorge	23, 26	Wirkungen der Pflegerbestellung	7
		Wirkungskreis	7
Scheidungsfolgenregelung	38	– des Überbrückungs-/Ersatzpflegers	33
Scheidungsverbund	39, 40		

Zeugnisverweigerungsrecht des Minderjährigen	16	Zuwendender	36
		Zweigliedrigkeit des Verfahrens	41
Zuständigkeit des Gerichts	39, 40		

I. Allgemeines

1. Textgeschichte

1 Die Vorschrift wurde durch Art 1 Nr 38 des GleichberG vom 18.8.1957 (BGBl I 609) geändert. Statt „der Gewalthaber" wurde „die Eltern" eingefügt. Damit wurde zum Ausdruck gebracht, daß die elterliche Sorge (damals noch elterliche Gewalt, s STAUDINGER/ ENGLER[10/11] Rn 1) beiden Eltern zusteht. Abs 1 S 1 wurde dann durch Art 9 § 2 des SorgeRG vom 18.7.1979 (BGBl I 1061) geändert. An die Stelle der elterlichen „Gewalt" trat die elterliche „Sorge" (näher dazu STAUDINGER/HÜBNER [2000] Einl 136 zu §§ 1297 ff und insbesondere STAUDINGER/PESCHEL-GUTZEIT [2002] Vorbem 14 ff zu §§ 1626 ff u RKEG).

2. Bedeutungsveränderungen der Vorschrift

2 Der Anwendungsbereich hat durch das SorgeRG und durch das Gesetz zur Reform des Rechts der Vormundschaft und Pflegschaft für Volljährige (Betreuungsgesetz – BtG) vom 12.9.1990 (BGBl I 2002) eine Erweiterung, großenteils aber auch eine Verringerung erfahren. Das BtG hat mit der Abschaffung der Vormundschaft für Volljährige und der Pflegschaft für Gebrechliche (§ 1910 aF) sowie mit der Einführung des neuen Rechtsinstituts der Betreuung auch für die Fälle, in denen nach bisherigem Recht die Bestellung eines Ergänzungspflegers in Betracht kam oder sogar ein Ersatzpfleger zu bestellen war, ein eigenes Lösungssystem entwickelt. § 1899 sieht vor, daß erforderlichenfalls mehrere Betreuer bestellt werden und zwar auch insoweit, als der eine Betreuer die Angelegenheiten des Betreuten nur zu besorgen hat, wenn und soweit der andere Betreuer verhindert ist (§ 1899 Abs 4; näher dazu dort, ferner BT-Drucks 11/4528, 130 sowie Art 1 Nr 9 Buchst b 2. BtÄndG). Die durch das Beistandschaftsgesetz mit Wirkung vom 1.7.1998 beseitigte gesetzliche Amtspflegschaft der §§ 1706 ff für nichteheliche Kinder und deren „Ersetzung" durch eine freiwillige, nur auf Antrag (§ 1713) einsetzende Beistandschaft könnte zu einer Zunahme von Pflegschaftsanordnungen nach § 1909 führen. Zu den Auswirkungen des neuen Kindschaftsrechts auf das Pflegschaftsrecht s Vorbem 1 ff zu §§ 1909 ff.

3 Zum Schutz des Kindes, das in Familienpflege lebt, kann die Rechtsstellung der Pflegeeltern gestärkt werden. § 1630 Abs 3, eingeführt durch das SorgeRG (die jetzige Fassung beruht auf Art 1 Nr 13 KindRG), eröffnet die Möglichkeit, den Pflegeeltern Angelegenheiten der elterlichen Sorge zu übertragen. Soweit das Familiengericht eine Übertragung vornimmt, haben die Pflegeeltern die Rechte und Pflichten eines Pflegers. Weil diese Regelung sich als nicht praktikabel erwies, gewährte bisher § 38 KJHG (SGB VIII) den Pflegeeltern eine vermutete Vollmacht zur Wahrnehmung der Geschäfte des täglichen Lebens, mit der ihnen jedoch nicht die (partielle) Rechtsstellung des Pflegers wie in § 1630 Abs 3 eingeräumt wurde. § 1630 Abs 3 war aber neben § 38 KJHG (SGB VIII) erhalten geblieben (STAUDINGER/ PESCHEL-GUTZEIT [2002] Vorbem 44 f zu §§ 1626 ff sowie § 1630 Rn 36). Durch Art 1 Nr 24

wurde die Befugnis als dem Sorgerecht zugehörig ins BGB übernommen und in § 1688 eingestellt. Dazu Vorbem 3 zu §§ 1909 ff. Zum Vorrang der Einzelvormundschaft vor der Vereins- und der Amtsvormundschaft und der Möglichkeit, geeignete Pflegeeltern zu Vormündern ihrer Pflegekinder zu bestellen, LG Flensburg FamRZ 2001, 445 m Anm Hoffmann 446. Der neu gefaßte § 38 KJHG (SGB VIII) enthält eine Zuständigkeit des Jugendamts für den Fall, daß der Inhaber der Personensorge durch eine Erklärung nach § 1688 Abs 3 S 1 die Vertretungsmacht der Pflegeperson unvertretbar einschränkt und sich ein Beteiligter aus diesem Grunde oder wegen sonstiger Meinungsverschiedenheiten an das Jugendamt wendet. Die Anwendung von § 1909 wird durch § 1631c (Verbot der Sterilisation Minderjähriger) ausgeschlossen. Von den Pflegschaftsfällen des § 1909 unterscheidet sich der des § 1630 in der Weise, daß hier das durch die Pflegschaft auszugleichende Defizit durch die Übertragungsentscheidung des Gerichts erst entsteht. Die Pflegschaft wird nicht angeordnet, weil ein Defizit im Bereich der Elternverantwortung besteht; vielmehr tritt die Nichtberechtigung des Sorgerechtsinhabers als Folge der Übertragungsentscheidung erst ein (§ 1630 Abs 1). Die praktische Bedeutung der Vorschrift des § 1909 hat durch die Bestellung von Umgangspflegern in letzter Zeit zugenommen (vgl dazu ua Weinrich KindPrax 2005, 59).

Mit dem SorgeRG wurde in zahlreichen Fällen anstelle der Rechtsfolgeautomatik, **4** durch die dem anderen Elternteil beim Wegfall des einen die elterliche Sorge (Gewalt) allein zustand, eine fürsorgliche Regelung durch das Vormundschaftsgericht vorgesehen. Während nach dem früheren § 1679 im Falle der Verwirkung elterlicher Gewalt das Vormundschaftsgericht die Alleinzuständigkeit des anderen Elternteils anordnete, für den Fall der Bestellung eines Vormunds oder Pflegers mit seiner Entscheidung jedoch bewirkte, daß auch der andere Teil die elterliche Gewalt oder die Sorge für die Person oder das Vermögen des Kindes automatisch verlor (§ 1679 Abs 1 S 2), ist diese Automatik in den Fällen der §§ 1680, 1681 entfallen, so daß eine erforderliche Pflegerbestellung nicht zwangsläufig den Verlust der elterlichen Sorge nach sich zieht.

Durch das Beistandschaftsgesetz (Art 1 Nr 3) ist die Unterhaltspflegschaft des § 1690 Abs 2 bisherigen Rechts aufgehoben worden; durch das KindRG (Art 1 Nr 19, BT-Drucks 13/4899, 100) die des § 1671 Abs 5. In Zukunft kommen Vormundschaft und Pflegschaft infolge des umfassenden oder teilweisen Verlusts elterlicher Sorge auch im Fall von Trennung und Scheidung nur unter den strengen Voraussetzungen des § 1666 und im Zusammenhang mit einer entsprechenden Entscheidung in Betracht. Denn, wenn beiden Eltern die elterliche Sorge zusteht, weil das Kind während bestehender Ehe geboren ist, oder die nicht miteinander verheirateten Eltern Sorgeerklärungen abgegeben haben, verbleibt beiden die elterliche Sorge auch im Falle ihrer Trennung, sofern nicht auf Antrag eine Entscheidung des Familiengerichts getroffen wird (§ 1671); ggf wird dem Vater die elterliche Sorge übertragen, wenn die Mutter dies will (§ 1672) oder der alleinsorgeberechtigte Elternteil verstorben ist (§ 1680), jeweils neu gefaßt durch Art 1 Nrn 19, 20 u 22 KindRG.

Das bisher mögliche Nebeneinander von Amtspflegschaft und Ergänzungspflegschaft mit dem Wirkungskreis „Bestimmung über die Verwendung der Unterhaltszahlungen des Vaters für das Kind sowie Geltendmachung von Unterhaltsansprüchen des Kindes gegen die Mutter" (DIV-Gutachten DAVorm 1998, 435) wird, abgesehen von dem Wegfall der gesetzlichen Amtspflegschaft, deshalb so nicht mehr möglich sein.

3. Zum Verhältnis von Ergänzungs- und Ersatzpflegschaft

5 Trotz der Einführung der amtlichen Überschrift enthält die Vorschrift nicht nur Regelungen betreffend die „Ergänzungspflegschaft". Abs 1 enthält die Voraussetzungen für die Bestellung des sogenannten Ergänzungspflegers. Genau genommen ergänzt der Pfleger nicht die elterliche oder vormundliche Sorge, sondern tritt an die Stelle der aus tatsächlichen oder rechtlichen Gründen verhinderten Sorgerechtsinhaber (Lückenschließung, GERNHUBER/COESTER-WALTJEN § 75 I 2). Abs 3 regelt die vorläufige Pflegerbestellung (auch Ersatzpfleger, Überbrückungspfleger oder Notpfleger genannt; s STAUDINGER/PESCHEL-GUTZEIT [2002] § 1630 Rn 9 und GERNHUBER/COESTER-WALTJEN § 75 IV), die den Zeitraum bis zur Bestellung des Vormunds überbrücken soll. Während die Ergänzungspflegschaft die Besorgung einer einzelnen Angelegenheit oder eines Kreises von Angelegenheiten, auf keinen Fall jedoch die volle elterliche oder vormundliche Sorge zum Inhalt haben kann, kann der nach Abs 3 bestellte Pfleger den Vormund voll ersetzen und deshalb umfassend zuständig sein (GERNHUBER/COESTER-WALTJEN § 75 IV 2 mN); aus Gründen der Vorläufigkeit seines Amtes ist er jedoch gehalten, Entscheidungen von weitreichender Bedeutung zu vermeiden.

6 Die Bestellung eines Ergänzungspflegers findet ihre Grenzen, wenn infolge eines entsprechenden Defizits in der elterlichen Verantwortung eine Vormundschaft anzuordnen ist. Geht die Verhinderung der Eltern so weit, daß sie weder in der Personensorge noch in der Vermögenssorge den Minderjährigen vertreten können oder dürfen (vgl § 1673), ist die Anordnung einer Vormundschaft erforderlich (ERMAN/HOLZHAUER Rn 2).

4. Die Rechtsstellung des Pflegers im allgemeinen

7 Art und Umfang der Rechtsmacht des Ergänzungspflegers bestimmen sich nach dem ihm übertragenen Wirkungskreis. Maßgebend dafür ist die Verpflichtungsverhandlung (SOERGEL/ZIMMERMANN Vorbem § 1909 Rn 4; STAUDINGER/ENGLER[10/11] Vorbem 3 zu § 1909 mwN). Einstweilige Anordnungen oder vorläufige Maßnahmen nach § 1666 machen aus der nachfolgenden Pflegschaft weder zeitlich noch inhaltlich eine „einstweilige Maßnahme". Die Pflegschaft hat so lange und mit dem durch den Wirkungskreis begrenzten Inhalt Bestand, bis der Grund ihrer Anordnung weggefallen ist und sie aufgehoben wird.

Im Rahmen seines Wirkungskreises vertritt der Pfleger den Minderjährigen gerichtlich und außergerichtlich (§§ 1630 Abs 1, 1915 Abs 1 iVm § 1793). Die Bestellung eines Ergänzungspflegers wie die eines Ersatzpflegers läßt die **Rechtsstellung des Minderjährigen** unberührt. Wirkungen der Pflegerbestellung für den Fall vorläufiger Vormundschaft, wie sie früher zu bedenken waren (vgl § 1906 u § 114 jeweils aF), sind mit der Aufhebung des § 114 und der Einführung des Rechtsinstituts der Betreuung entfallen.

Ist wegen Verhinderung des Ergänzungspflegers eine (weitere) Ergänzungspflegschaft eingeleitet, so hat der (Erst-)Pfleger im Umfang der weiteren Ergänzungspflegschaft keine Vertretungsmacht (BayObLG FamRZ 1992, 104 = Rpfleger 1992, 23).

Steht lediglich die Personensorge oder die Vermögenssorge einem Pfleger zu, so entscheidet das Familiengericht, falls sich die Eltern und der Pfleger in einer Angelegenheit **nicht einigen** können, die sowohl die Person als auch das Vermögen des Minderjährigen betrifft (§ 1630 Abs 2; näher dazu STAUDINGER/PESCHEL-GUTZEIT [2002] § 1630 Rn 17 ff, 19).

Grenzen der Vertretungsmacht der sorgeberechtigten Eltern, die sich aus dem allgemeinen Persönlichkeitsrecht des Minderjährigen nach Art 2 Abs 1 iVm Art 1 Abs 1 GG ergeben (s dazu BVerfGE 72, 155 = FamRZ 1986, 769 = JZ 1986, 632 m Anm FEHNEMANN JZ 1986, 1055 = NJW 1986, 1859 = WM 1986, 823 = BB 1986, 1248), gelten auch für die Pflegschaften des § 1909. Dem Pfleger können nicht mehr Rechte als dem Sorgerechtsinhaber zustehen. Bei der Verwaltungspflegschaft (§ 1909 Abs 1 S 2, § 1638 Abs 1 und 2) wird die Rechtsstellung des Pflegers gegebenenfalls durch die vom Zuwendenden angeordnete Befreiung gemäß §§ 1852 bis 1854 (s § 1917 Abs 2 S 1) sowie deren Außerkraftsetzung durch das Vormundschaftsgericht (§ 1917 Abs 2 S 2) bestimmt. Zur (entsprechenden) Anwendung von § 166 Abs 2 auf Fälle gesetzlicher Vertretungsmacht und speziell auf den Fall eines bestellten Ergänzungspflegers s BGHZ 38, 65 (näher STAUDINGER/SCHILKEN [2004] § 166 Rn 31). Zum Anwesenheitsrecht des für die Vertretung des Kindes in dem von der Mutter gemäß § 1600 angestrengten Vaterschaftsanfechtungsprozeß bestellten Ergänzungspflegers in der nichtöffentlichen mündlichen Verhandlung Rechtsgutachten des DIJuF v 7.1.2003 (JAmt 2003, 133).

Auslagenersatz sowie die Bewilligung einer Vergütung richten sich nach den §§ 1835 bis 1836e (§ 1915 Abs 1), soweit Ansprüche bis zum 1.7.2005 entstanden sind. Die nach dem 1.7.2005 entstandenen und entstehenden Ansprüche richten sich nach §§ 1915 Abs 1 iVm § 3 VBVG sowie § 1915 Abs 1 S 2. Wird ein Rechtsanwalt als Pfleger tätig, gilt das Rechtsanwaltsvergütungsgesetz nicht (§ 1 Abs 2 RVG, vor dem 1.7.2004; § 1 Abs 2 BRAGO), jedoch bleibt § 1835 Abs 3 unberührt.

5. Entsprechende Anwendung der Vormundschaftsvorschriften

Auf die Pflegschaft des § 1909 finden die für die Vormundschaft geltenden Vorschriften entsprechende Anwendung, soweit sich nicht aus dem Gesetz ein anderes ergibt (§ 1915 Abs 1). Das betrifft auch die Vorschriften über die Führung der Vormundschaft, speziell die der Genehmigungsbedürftigkeit bestimmter Rechtsgeschäfte (STAUDINGER/ENGLER[10/11] § 1915 Rn 15). Zum Prüfungsmaßstab des Gerichts bei (hier versagter) vormundschaftsgerichtlicher Genehmigung eines Vertrages über die Gründung einer Familiengesellschaft bürgerlichen Rechts mit Haftungsbeschränkung BayObLGZ 1997, 113 = FamRZ 1997, 842 = DNotZ 1998, 495 m Anm SPIEGELBERG. Eine Sonderregelung enthält § 1916. Danach gelten für die nach § 1909 anzuordnenden Pflegschaften nicht die Vorschriften über die Berufung zum Vormund (§§ 1776, 1777 u 1778). Zur Kritik an dieser Regelung s STAUDINGER/ENGLER[10/11] § 1916 Rn 2. Zur Auswahl des Pflegers s unten Rn 34 ff.

Nach § 1915 Abs 2 ist die Bestellung eines Gegenvormunds (nicht Gegenpflegers!)

zwar nicht erforderlich; sie ist aber zulässig und gegebenenfalls auch geboten (näher dazu unten Rn 46).

II. Voraussetzungen der Ergänzungspflegschaft

1. Bestehen elterlicher Sorge oder Vormundschaft

9 Der Schutzbedürftige (STAUDINGER/ENGLER[10/11] Rn 2; BGB-RGRK/DICKESCHEID § 1773 Rn 1) muß unter elterlicher Sorge oder unter Vormundschaft stehen. Unter Eltern iSv § 1909 Abs 1 ist auch der allein vertretungsberechtigte Elternteil zu verstehen (BayObLG FamRZ 1989, 1342, 1343). Während elterliche Sorge immer an vorhandene Personen gebunden ist, ohne Eltern oder Elternteil keine elterliche Sorge, steht ein Minderjähriger unter Vormundschaft mit der Wirksamkeit einer entsprechenden vormundschaftsgerichtlichen oder familiengerichtlichen Anordnung, ohne daß ein Amtsträger bestellt sein muß (vgl §§ 1909 Abs 3, 1846). Dieser Status bleibt bis zum Eintritt der Volljährigkeit, einem vorher eintretenden Tod des Minderjährigen oder bis zur Wirksamkeit einer Aufhebungsentscheidung erhalten. Die entsprechende Anwendung von § 1909 Abs 1 S 1 kann geboten sein, wenn die elterliche Sorge zwar den Eltern oder einem Elternteil zusteht, das Kind sich jedoch für längere Zeit in Familienpflege befindet und der Pflegeperson gesetzlich oder gerichtlich die Wahrnehmung von Angelegenheiten des täglichen Lebens des Kindes – mit der Folge der Rechtsstellung eines Pflegers – eingeräumt ist, die Pflegeperson aber tatsächlich verhindert und der Sorgerechtsinhaber selbst weder tatsächlich noch rechtlich (§ 1688 Abs 4 iVm §§ 1632 Abs 4, 1682) zur Abhilfe imstande ist.

10 Unter Vormundschaft steht der ehelich geborene Minderjährige erst mit Wirksamkeit der vormundschaftsgerichtlichen Anordnung der Vormundschaft, nicht schon mit dem Eintritt des die Notwendigkeit der Vormundschaft auslösenden Ereignisses (MünchKomm/WAGENITZ § 1774 Rn 1, jedoch in den Folgerungen nicht ganz konsequent). Andernfalls gäbe § 1909 Abs 3 keinen Sinn, der die Pflegerbestellung für die Überbrückung der zeitlichen Differenz vorsieht. Zur Notwendigkeit einer Beschlußfassung und Bekanntmachung des Beschlusses s MünchKomm/WAGENITZ § 1774 Rn 3. In Ausnahmefällen kann schon vor der Geburt eines Kindes ein Vormund bestellt werden; die Bestimmung des Gerichts wird aber erst mit der Geburt des Kindes wirksam (§ 1774 S 2). Auch für ein Kind, dessen Eltern bei seiner Geburt nicht verheiratet sein werden, kann bereits vor seiner Geburt ein Vormund bestellt werden (§§ 1774 S 2, 1791c Abs 1 S 1). Hat das Kind nicht bereits vor der Geburt einen Vormund, tritt mit seiner Geburt die Amtsvormundschaft des Jugendamtes ein, sofern das Kind einen Vormund benötigt (§ 1791c Abs S 1).

11 Bei einem Kind, das gemäß § 1626a Abs 2 unter elterlicher Sorge seiner Mutter steht und einen **Beistand** gemäß § 1712 hat, kann sowohl auf seiten der Mutter als auch auf seiten des Beistands (entspr Anwendung des § 1909 Abs 1) der Tatbestand der **Verhinderung** iS des § 1909 Abs 1 gegeben sein, wenngleich dies im Falle der Beistandschaft äußerst selten zutreffen wird. Weder vertritt die Mutter den „Amtspfleger", noch steht diesem zu, die Rechte der Mutter auszuüben. Steht dem Vater des Kindes die alleinige elterliche Sorge für die die Unterhaltsansprüche des Kindes betreffenden Angelegenheiten iS des § 1712 Abs 1 Nr 2 zu, so kann dieselbe Konstellation wie

im Falle der Mutter gegeben sein, wenn der Vater in bezug auf die Aufgaben der Nr 2 einen Beistand beantragt hat.

Für die Anwendung des § 1909 Abs 1 kommt es nicht darauf an, aus welchen Gründen der Minderjährige unter Vormundschaft steht. Sowohl die Situation des § 1773 als auch die des § 1666 kommen in Betracht. Gleichgültig ist die Art der Vormundschaft (Einzel-, Vereins- oder Amtsvormundschaft), ebenso, ob es sich um gesetzliche oder bestellte Amtsvormundschaft handelt (MünchKomm/WAGENITZ Rn 9).

Bei **Mitvormundschaft** kann Ergänzungspflegschaft erforderlich werden (Münch- **12** Komm/SCHWAB Rn 9), nicht dagegen bei Gegenvormundschaft, weil der Gegenvormund nicht gesetzlicher Vertreter des Mündels bzw Pflegebefohlenen ist (MünchKomm/SCHWAB Rn 9) und damit auch insofern nicht verhindert sein kann (mit gleichem Ergebnis, aber anderer Begründung [gesetzlich nicht vorgesehen] STAUDINGER/ENGLER[10/11] Rn 38). Die als **Unterpflegschaft** bezeichnete Pflegerbestellung bei bestehender Pflegschaft (s MünchKomm/SCHWAB Rn 10) ist echte vom Gericht angeordnete Ergänzungspflegschaft und nicht, worauf die Bezeichnung hindeuten könnte, durch Willensäußerung des verhinderten Pflegers zustande gekommene Pflegschaft (BayObLG Rpfleger 1992, 23). Die Rechtsprechung (ihr folgend MünchKomm/SCHWAB Rn 10) befürwortet die Entlassung des Pflegers (anstelle der Anordnung einer Unterpflegschaft) bei Interessengegensätzen in Angelegenheiten von besonderer Bedeutung für den Pflegebefohlenen (BayObLGZ 1958, 244; auch BayObLGZ 1981, 44, 48) oder bei erheblichem dauerndem Interessenwiderstreit (BGH NJW 1955, 217; BGHZ 65, 41 = LM § 176 ZPO Nr 10 [LS] m Anm JOHANNSEN = NJW 1975, 1518).

2. Verhinderung des Sorgerechtsinhabers

Weitere Voraussetzung der Ergänzungspflegschaft ist die rechtliche oder tatsäch- **13** liche Verhinderung des Sorgerechtsinhabers (Eltern oder Vormund), bestimmte Angelegenheiten, einen bestimmten Kreis solcher Angelegenheiten oder auch nur einzelne solcher Angelegenheiten wahrzunehmen.

In ihrer Wirkung beschränkt die Ergänzungspflegschaft die Sorge der Eltern (§ 1630 Abs 1) oder des Vormunds (§ 1794); der Ergänzungspfleger tritt an die Stelle des an sich handlungszuständigen Sorgerechtsinhabers. Aus diesem Grunde wäre es unzulässig, einen Ergänzungspfleger lediglich zur Vornahme einer bestimmten Handlung im Rahmen der Erledigung der Angelegenheit zu bestellen, so zB zu dem Zweck, daß er gegen eine die Entscheidung des Vormundschaftsgerichts abändernde Entscheidung des Beschwerdegerichts weitere Beschwerde einlege (STAUDINGER/ENGLER[10/11] Rn 3 unter Hinweis auf KG OLGE 8, 363 u mwN).

Fraglich ist, ob der Mangel an Geschäftsgewandtheit oder an Erfahrung oder die fehlende Sachkunde im Sinne einer tatsächlichen Verhinderung zur Pflegerbestellung führen kann (s ERMAN/HOLZHAUER § 1909 Rn 11; GERNHUBER/COESTER-WALTJEN § 75 V 2; MünchKomm/SCHWAB § 1909 Rn 14; SOERGEL/ZIMMERMANN § 1909 Rn 4; STAUDINGER/ENGLER[10/11] Rn 4 sowie BayObLGZ 1976, 214, 217 = Rpfleger 1976, 399; BayObLGZ 1975, 29 = DAVorm 1975, 296 und BayObLG Rpfleger 1977, 168). In BayObLGZ 1976, 214 = Rpfleger 1976, 399 hatte das Gericht die Bestellung eines Ergänzungspflegers im Falle tatsächlicher Verhinderung infolge des Fehlens einer erforderlichen Sachkunde, Erfahrung oder

Gewandtheit zur sachgemäßen Erledigung einer Angelegenheit nur insoweit gelten lassen, als die gegebene tatsächliche Verhinderung (des Vormunds) auf die Verwaltung des Grundbesitzes beschränkt sein und nur vorübergehend (bis zum Verkauf) bestehen sollte. Infolge der Änderung des § 1837 und der Anwendbarkeit der §§ 1666 ff auf den Vormund dürfte der Bestellung eines Ergänzungspflegers heute eine entsprechende Sorgerechtsbeschränkung vorausgehen, die mit der partiellen Ungeeignetheit des Vormunds zu begründen wäre. Ohne die vormundschaftsgerichtliche Feststellung des Ruhens elterlicher Sorge nach § 1674 kann eine Selbstablehnung (ERMAN/HOLZHAUER § 1909 Rn 10) des gesetzlichen Vertreters als tatsächliche Verhinderung und damit bereits als Voraussetzung einer Pflegerbestellung nicht akzeptiert werden. Zu Fallgruppen, in deren Rahmen nach Frankfurter Gerichtspraxis in der Vergangenheit in Sorgeverfahren Ergänzungspfleger bestellt wurden, BAUER/SCHAUS, Betrifft Justiz Nr 52 – Dezember 1997, 162, 164.

a) Tatsächliche Verhinderung

14 Tatsächliche Verhinderungen können sein Krankheit, Strafhaft (MünchKomm/SCHWAB Rn 13; BayObLGZ 1974, 491, 493 = NJW 1975, 1082; s auch Mot IV 819 f), Abwesenheit (vgl KG OLGE 24, 32; auch KG DJ 1935, 379), große räumliche Entfernung (MünchKomm/SCHWAB Rn 13), Einberufung zum militärischen Dienst wohl nur in Ausnahmefällen (die bei STAUDINGER/ENGLER[10/11] Rn 4 zit Entscheidung des KG OLGE 33, 376 betraf die Einberufung zum Heer; heute aktuell sind Einsätze von Bundeswehrangehörigen im Rahmen von UN-Aufträgen uä, die längere Zeit dauern), der Mangel an Geschäftsgewandtheit oder an Erfahrung (STAUDINGER/ENGLER[10/11] Rn 4; s dazu aber oben Rn 13), Selbstablehnung, dh die beharrliche Erklärung eines Elternteils oder des Vormundes, nicht für ein Kind oder den Mündel handeln zu wollen oder zu können. Dies kann als tatsächliche Verhinderung erscheinen (STAUDINGER/ENGLER[10/11] Rn 4 mN; dazu eingehender betreffend die Situation bei Inkognitoadoption MünchKomm/SCHWAB Rn 15).

Zur Frage einer (Ergänzungs-)Pflegerbestellung für minderjährige unbegleitete, nach dem Asylverfahrensgesetz ab dem 16. Lebensjahr verfahrensfähige, Asylbewerber anstelle oder vor einer Ruhensfeststellung (§ 1674) und Vormundschaftsanordnung (§§ 1773, 1774) DIV-Gutachten v 23. 10. 1997 (ZfJ 1997, 469, 470). Steht ein ausländischer Jugendlicher unter Pflegschaft, ist die asylrechtliche Entscheidung nach § 18a AsylVfG nur wirksam, wenn sie dem Pfleger zugestellt wird. Die Entscheidung des Vormundschaftsgerichts bindet das Bundesamt für die Anerkennung ausländischer Flüchtlinge und bleibt bis zu ihrer Aufhebung wirksam (VG Frankfurt aM NVwZ-Beilage 1995, 60). In einem „seltenen Ausnahmefall" (DIJuF in JAmt [DAVorm] 2001, 43) hat das OLG Frankfurt die Voraussetzungen für die Anordnung einer Ergänzungspflegschaft trotz bestehender Amtspflegschaft für einen unbegleiteten minderjährigen Flüchtling als gegeben angesehen, weil dem Mitarbeiter des Jugendamts die erforderliche Sachkunde und Erfahrung bzgl Ausländer- und Asylrecht und Detailkenntnisse über die politische Situation im Herkunftsland fehlten (DAVorm 2000, 485). Das Jugendamt als Vormund eines jugendlichen Flüchtlings ist sonst im allgemeinen nicht gehindert, den Mündel in asylrechtlichen Fragen zu vertreten, deshalb ist keine Vorabbestellung eines Ergänzungspflegers für diese Aufgabe erforderlich (OLG Köln FamRZ 1999, 1694 = NJWE-FER 1999, 182); auch dann nicht, wenn Jugendamt und Ausländeramt derselben Behörde angehören (bei ordnungsgemäßer Führung der Vormundschaft könne ein beachtlicher Interessenkonflikt nicht entstehen, OLG Köln FamRZ 2000, 117). Allgemein ist zur Geltendmachung von Leistungen gegenüber dem

Jugendamt neben dem Amtsvormund keine Ergänzungspflegschaft erforderlich (DIJuF-Stellungnahme JAmt [DAVorm] 2001, 43). Zum Problem, das Alter eines ausländischen Flüchtlings festzustellen, und zur Notwendigkeit, bei ganz erheblichen Zweifeln an seiner Volljährigkeit zugunsten seines Schutzbedürfnisses eine Vormundschaft anzuordnen, AG Freising FamRZ 2001, 1317.

Der gesetzliche Vertreter ist nicht tatsächlich verhindert, wenn er keinen festen Wohnsitz hat oder seine Anschrift unbekannt ist, er und das Kind sich aber im Inland aufhalten. Hier sind gegebenenfalls Maßnahmen nach § 1666 erforderlich (LG Kleve DAVorm 1996, 273; OLG Düsseldorf NJW 1968, 453). Eine tatsächliche Verhinderung liegt auch dann nicht vor, wenn ein Elternteil sich nicht um die Angelegenheiten des Kindes kümmert, obwohl er dazu imstande wäre (MünchKomm/Schwab Rn 15). Maßnahmen nach den §§ 1666, 1666a kommen auch gegenüber dem Vormund in Betracht (§ 1837 Abs 4). Das Alter (64 Jahre) ist für sich genommen kein Grund anzunehmen, der Vormund sei verhindert, die anstehenden Vertretungsgeschäfte für den Mündel zu besorgen.

Leben beide Elternteile zusammen und ist der zur Vertretung berechtigte Elternteil tatsächlich verhindert, so übt der andere Teil die elterliche Sorge (ganz oder teilweise) allein aus; dies gilt jedoch nicht, wenn die elterliche Sorge dem Elternteil nach § 1626a Abs 2, §§ 1671 oder 1672 Abs 1 allein zustand. Zum Ruhensfall s § 1678 Abs 1 u 2. Eine **vorübergehende tatsächliche Verhinderung** rechtfertigt keine Ergänzungspflegschaft, sofern der andere Elternteil in der Lage ist, allein die elterliche Sorge auszuüben (§ 1678 Abs 1 HS 1, § 1629 Abs 1 S 4). Leben Eltern, denen die elterliche Sorge gemeinsam zusteht, nicht nur vorübergehend getrennt, so daß der Elternteil, bei dem sich das Kind gewöhnlich aufhält, die Befugnis zur Alleinentscheidung in den Angelegenheiten des täglichen Lebens hat (§ 1687 Abs 1), und ist dieser Elternteil tatsächlich verhindert (zB im Falle eines Krankenhausaufenthalts), ohne daß das Kind sich bei dem anderen Elternteil aufhält und ohne daß der zur Entscheidung befugte, aber verhinderte Elternteil Regelungen über die Ausübung seiner Befugnisse getroffen hat (Vertretung), so muß vom Familiengericht eine die gesetzliche Regelung abändernde Entscheidung getroffen werden (§ 1687 Abs 2), damit dann – folgerichtig – auch der andere Elternteil uneingeschränkt an der gemeinsamen elterlichen Sorge teilhat und im Verhinderungsfalle entscheiden kann (§ 1678 Abs 1). Lediglich bei **Gefahr im Verzug** wäre der Elternteil, bei dem sich das Kind nicht aufhält, nach der allgemeinen Norm des § 1629 Abs 1 S 4 berechtigt, ohne vorherige Abänderungsentscheidung sorgerechtliche Entscheidungen zu treffen, wenn auch nur in solchen Angelegenheiten, die zum Wohle des Kindes notwendigerweise entschieden werden müssen. Nicht ausgeschlossen ist, daß bei einer solchen Sachlage das Vormundschaftsgericht einen Pfleger nach § 1909 Abs 1 S 1 bestellt, zumal es fraglich ist, ob für eine Abänderungsentscheidung des Familiengerichts die bloße Verhinderung ausreicht und besondere Verfahrensregelungen offensichtlich nicht getroffen wurden (zB keine Anhörung des Jugendamts; vgl § 49a FGG). Zur Verhinderung in Fällen der Familienpflege s oben Rn 9. Zur Möglichkeit (Notwendigkeit) einer Ergänzungspflegschaft zwecks Prüfung, ob ein gerichtliches Verfahren zu betreiben, ggf Rechtsmittel einzulegen ist, FamRefK/Maurer § 50 FGG Rn 5 entgegen Rauscher FamRZ 1998, 329, 333.

b) Rechtliche Verhinderung

15 Rechtliche Verhinderung liegt vor, wenn die elterliche Sorge nach § 1673 Abs 1 oder Abs 2 (aus Rechtsgründen) ruht (MünchKomm/Schwab Rn 17) oder wenn das Familiengericht (bis 1. 7. 1998 das Vormundschaftsgericht) durch entsprechenden Beschluß gemäß § 1674 (BayObLGZ 1974, 491, 493 = NJW 1975, 1082) das Ruhen der elterlichen Sorge bei tatsächlichem Hindernis feststellt (MünchKomm/Schwab Rn 17) und der andere Teil nicht in der Lage ist, die elterliche Sorge auszuüben (§ 1678 Abs 1), oder nicht existiert (näher dazu unten Rn 23). Ruhensfeststellung als gegenüber einem Sorgerechtsentzug minderschwerer Eingriff hat Vorrang bei langfristiger Inhaftierung der allein sorgeberechtigten Mutter mit der Folge einer Vormundsbestellung (OLG Dresden FamRZ 2003, 1038). Wird (nur) die gesamte Personensorge entzogen, ist ggf ein Ergänzungspfleger und nicht ein Vormund zu bestellen (BayObLG FamRZ 1997, 1553). Zur Entziehung/Einschränkung des Sorgerechts im Falle fehlender/verweigerter Einwilligung in die **Behandlung** des Kindes mit Blut (Jehovas Zeugen) und der Alternative gemäß § 1666 Abs 3 s Bender MedR 1999, 260, 265. Eine Ergänzungspflegschaft nach entsprechendem Sorgerechtsentzug ist anzuordnen zur **Sicherstellung des Schulbesuchs** des Kindes und zur Verhinderung der Verbringung ins Ausland (AG Saarbrücken FamRZ 2003, 1859). Stehen dem Erziehungsberechtigten und dem gesetzlichen Vertreter ihre Rechte, auf Grund deren sie am **Verfahren gegen** einen **Jugendlichen** zu beteiligen sind (§ 67 Abs 1–3 JGG) nicht mehr zu, so bestellt der Vormundschaftsrichter einen Pfleger zur Wahrnehmung der Interessen des Beschuldigten im anhängigen Verfahren. Die Hauptverhandlung wird bis zur Bestellung des Pflegers ausgesetzt (§ 67 Abs 4 S 3 u 4 JGG).

16 Rechtliche Verhinderung liegt insbesondere dann vor, wenn Eltern oder der Vormund **kraft Gesetzes von der Vertretung** des Kindes bzw Mündels **ausgeschlossen** sind. Solche Vertretungsverbote bestehen nach den §§ 181 (zB BGHZ 21, 229: Erbauseinandersetzung), 1629 Abs 2 S 1 iVm § 1795 Abs 1 Nr 1–3, nach § 52 Abs 2 S 2 StPO, § 161a Abs 1 S 2 StPO; vgl auch § 81c Abs 3 S 3 StPO. Will der nach § 52 StPO zeugnisverweigerungsberechtigte Minderjährige aussagen und fehlt ihm die erforderliche Vorstellung von der Bedeutung des **Zeugnisverweigerungsrechts**, bedarf es der Bestellung eines Ergänzungspflegers insoweit, als der gesetzliche Vertreter, weil selbst Beschuldigter, von der Zustimmung zur Aussage ausgeschlossen ist (§ 52 Abs 2 S 2 StPO); das Vormundschaftsgericht ist an die Entscheidung der vernehmenden Stelle über die Frage der Verstandesreife des Zeugen gebunden.

Der Schutz minderjähriger Zeugen vor mehrfachen **Vernehmungen** kann es aber gebieten, in Fällen von Kindesmißbrauch die Ergänzungspflegschaft im Einzelfall auch schon dann anzuordnen, wenn die vernehmende Stelle dies für geboten hält, ohne daß bereits eine ausdrückliche Entscheidung über das Fehlen der Verstandesreife des minderjährigen Zeugen vorliegt (BayObLGZ 1997, 249, 252 = FamRZ 1998, 257, 258 m krit Anm Gutowski FamRZ 1998, 1330 = NJW 1998, 614 = DAVorm 1998, 465, 467). Die Mitwirkungsberechtigung des gesetzlichen Vertreters bei der Ausübung des Zeugnisverweigerungsrechts des Minderjährigen im Zivilprozeß kann durch Entscheidung des Familiengerichts ausgeschlossen und ein Ergänzungspfleger bestellt werden (§§ 1629 Abs 2 S 3, 1796; MünchKomm/Schwab Rn 32; Baumbach/Lauterbach/Hartmann Einf §§ 383–389 Bem 3).

Im Falle der **Anfechtung der anerkannten Vaterschaft** ist dem prozeßunfähigen Kind

(§ 640b S 2 ZPO), dessen Mutter nicht personensorgeberechtigt und infolgedessen in dieser Sache nicht vertretungsberechtigt ist, ein Ergänzungspfleger, notfalls vorerst ein Prozeßpfleger (§ 57 Abs 1 ZPO), zu bestellen. Steht den Eltern die elterliche Sorge gemeinsam zu (§ 1626a Abs 1 Nr 1), ist entsprechend zu verfahren, weil weder der Vater noch die Mutter (§§ 1629 Abs 2, 1795 Abs 1 Nr 3) das Kind vertreten können (Wieser FamRZ 1998, 1004, 1007 mN; OLG Köln FamRZ 2001, 245; OLG Celle FamRZ 2001, 700; OLG Stuttgart FamRZ 2002, 1065 = JAmt 2002, 129; OLG Schleswig FamRZ 2003, 51). In einem Statusverfahren, in dem eine allein sorgeberechtigte Mutter die Vaterschaft ihres geschiedenen Ehemannes anficht, muß für das am Verfahren zu beteiligende Kind (§ 640e Abs 1 ZPO) ein Ergänzungspfleger bestellt werden und zwar bereits für die Zustellung der Klage und der Ladung zum Termin (BVerfG FamRZ 2002, 880 m Anm Veit = JAmt 2002, 253 = MDR 2002, 948). Die Klärung der eigenen Abstammung ist Teil des Persönlichkeitsrechts; diese Klärung kann dem Wohl des anfechtenden Kindes zuwiderlaufen (OLG Schleswig FamRZ 2003, 51, 52). Bei der Anfechtung der Vaterschaft durch den gesetzlichen Vertreter – dazu gehört auch der Ergänzungspfleger – muß deshalb gemäß § 1600a Abs 4 positiv festgestellt werden, daß dies dem Wohl des Kindes dient. Zweifel in dieser Hinsicht gehen zu Lasten des Anfechtenden (OLG Köln FamRZ 2001, 245; dort auch zum Beginn der Anfechtungsfrist ab Bestellung als Ergänzungspfleger). Seinen **Unterhaltsanspruch** kann das Kind, dessen Eltern in der Wohnung getrennt leben oder/und das sich in der Fürsorge einem Elternteil nicht eindeutig zuordnen läßt, nur durch einen Pfleger gegen die Eltern geltend machen (OLG Zweibrücken FamRZ 2001, 290, 291 mN). Die Bestellung eines Ergänzungspflegers ist auch erforderlich für die Geltendmachung von Unterhaltsansprüchen gegen den allein sorgeberechtigten Elternteil (DIJuF-Gutachten v 14.11.2002, JAmt 2002, 516). Keine Bestellung eines Ergänzungspflegers, wenn der Anteil eines Elternteils an der Betreuung den Anteil des anderen geringfügig übersteigt (OLG Düsseldorf MDR 2001, 633, 634; vgl dazu auch Büttner FamRZ 1998, 585, 593 und DIJuF-Rechtsgutachten vom 22.3.2001 JAmt [DAVorm] 2001, 276, 277). Für die **Abänderung eines Unterhaltstitels** (und die Geltendmachung von Unterhalt) des Kindes gegen seinen nunmehr mit der (mj) Kindesmutter verheirateten Vater DIJuF (Stellungnahme v 21.12.2000) JAmt (DAVorm) 2001, 42. Erforderlich ist die Ergänzungspflegerbestellung zwecks **Ehelichkeitsanfechtung** (OLG Köln FamRZ 1999, 871; KG Rpfleger 1999, 274 = FGPrax 1999, 103 [speziell zum Vorrang des Einzelpflegers und zur Eignung des Rechtsanwalts]); für das Verfahren zwecks Ersetzung der elterlichen Einwilligung in die **Adoption**, wenn die Mutter zu der Vertretung des Kindes im Falle von dessen Ersetzungsantrag durch einen erheblichen Interessengegensatz gehindert ist (OLG Nürnberg FamRZ 2001, 573 = NJW- RR 2000, 1678; OLG Celle FamRZ 2001, 1732); für das im Kindschaftsprozeß (Feststellung der Nichtvaterschaft) beizuladende Kind, (OLG Hamburg DAVorm 2000, 796, 797). Die Bestellung eines Ergänzungspflegers ist erforderlich zur Abgabe der gemäß § 1618 S 3 geforderten Einwilligung des fünf Jahre alten Kindes, weil insoweit dessen Mutter als gesetzliche Vertreterin gemäß §§ 1626 Abs 2 S 1, 1795 Abs 2, 181 ausgeschlossen ist (OLG Frankfurt FamRZ 2002, 260, 262).

Zur Herbeiführung von Maßnahmen nach den §§ 27 ff KJHG (SGB VIII) kann die Übertragung des Aufenthaltsbestimmungsrechts auf das Jugendamt als Pfleger genügen; eines Entzugs der Personensorge bedarf es in der Regel nicht (OLG Frankfurt JAmt [DAVorm] 2001, 90 m Anm Meyer; vgl andererseits DIJuF-Rechtsgutachten v. 27.10.2000 JAmt [DAVorm] 2001, 78; JAmt [DAVorm] 2001, 76 m Anm Kohler JAmt [DAVorm] 2001, 172).

Das **Verbot des Selbstkontrahierens** hindert einen Gesellschafter grundsätzlich nicht, bei Gesellschafterbeschlüssen über Maßnahmen der Geschäftsführung oder sonstige gemeinsame Gesellschaftsangelegenheiten (soweit sie sich auf dem Boden des geltenden Gesellschaftsvertrages bewegen) als Vertreter eines anderen (minderjährigen) Gesellschafters und zugleich im eigenen Namen zu stimmen. Die Tatsache, daß ein Minderjähriger als Kommanditist und sein gesetzlicher Vertreter als persönlich haftender Gesellschafter an derselben Gesellschaft beteiligt sind, rechtfertigt deshalb (allein) die Anordnung einer Ergänzungspflegschaft nicht (BGHZ 65, 93, 99 f; s auch BGHZ 44, 98).

Pflegerbestellung ist nicht geboten, wenn die sorgeberechtigte Mutter kein Rechtsgeschäft zwischen sich und ihrer minderjährigen Tochter abschließen will, sondern beide auf der Verkäuferseite stehen (OLG Hamburg FamRZ 2001, 719, 720 mit Hinweis auf OLG Jena FamRZ 1996, 185 = NJW 1995, 3126).

Die Bestellung und Mitwirkung eines Ergänzungspflegers (oder mehrerer) ist nicht erforderlich, wenn die alleinsorgeberechtigte Mutter und die minderjährigen Kinder Miterben sind und die Mutter die minderjährigen Kinder beim Verkauf eines Nachlaßgrundstücks an Dritte vertreten will, ohne damit eine Erbauseinandersetzung zu bezwecken (OLG Stuttgart Rpfleger 2003, 501).

Ein **Ergänzungspfleger ist zu bestellen** für die Vertretung eines minderjährigen Beteiligten bei dem Abschluß eines Gesellschaftsvertrages, an dem die Eltern des Minderjährigen beteiligt sind (OLG Schleswig MittBayNot 2002, 294); ferner bei Eintritt minderjähriger Kinder in eine Gesellschaft bürgerlichen Rechts, an der die Eltern beteiligt sind, soweit es sich nicht um ein lediglich vorteilhaftes Geschäft handelt (LG Mainz Rpfleger 2000, 15 = MittRhNotK 1999, 387); im Falle der Übertragung von Grundvermögen (Übernahmevertrag) auf die minderjährigen Kinder, sofern das Rechtsgeschäft den Vertretenen nicht lediglich einen rechtlichen Vorteil bringt (OLG Hamm NJW-RR 2001, 437); zum Zwecke der Grundbuchberichtigung hinsichtlich eines in eine BGB-Gesellschaft eingebrachten Grundstücks im Falle des Beitritts Minderjähriger (Kinder bzw Enkel; OLG Zweibrücken FamRZ 2000, 117, 118); zur Wahrnehmung vermögenssorgerechtlicher Ansprüche gegen den nicht sorgeberechtigten Vater aus einer Schenkung (Wahrung vermögensrechtlicher Belange des Kindes, die sich aus der Zuwendung von Grundstücken gegenüber dem nießbrauchsberechtigten Vater ergeben; BayObLGZ 1999, 59 = FamRZ 2000, 251, 252); für die Prüfung der Vergabe eines Darlehens des Kindes an die Mutter und deren Ehemann sowie Entwurf und Abschluß eines Darlehnsvertrages zwecks Eigenheimerwerbs (OLG Köln FamRZ 2000, 42 = FGPrax 1999, 26).

Zur Frage der Anordnung einer Ergänzungspflegschaft im Falle der Bestellung eines Nießbrauchs durch Eltern zugunsten ihrer minderjährigen Kinder vgl einerseits BFH NJW 1981, 141; andererseits BFH NJW 1981, 142. Zur Meinungsänderung des BFH im Anschluß an die Rechtsprechung des BGH (BGHZ 65, 93) s NJW 1976, 1287. Zu weiteren Einzelfällen der Verhinderung auf Grund von § 1795 s STAUDINGER/ENGLER (2004) § 1795 Rn 6 ff. Zur Kombination von Testamentsvollstreckung und Vormundsbenennung durch Eltern, zu der Konzentration des Testamentsvollstreckeramtes und der Vormundschaft in einer Person und der Vermeidung von Ergänzungspflegerbestellungen im Einzelfall DAMRAU ZEV 1994, 1 und KIRCHNER MittBayNot

1997, 203 jeweils mwN. Keine Ergänzungspflegschaft ist erforderlich zur Wahrnehmung der Rechte minderjähriger Kinder im Erbscheinsverfahren (keine rechtliche Verhinderung; LG Braunschweig FamRZ 2000, 1184).

Ergänzungspflegerbestellung im Falle der Doppelstellung einer Mutter einerseits als Testaments-(mit-)vollstreckerin und andererseits als gesetzliche Vertreterin der Erbin (OLG Nürnberg FamRZ 2002, 272 = JurBüro 2001, 603 = ZEV 2002, 158 m abl Anm Schlüter = MittBayNot 2002, 403 u abl Besprechungsaufsatz v Kirchner MittBayNot 2002, 368).

Ein Ausschluß der gesetzlichen Vertretung aufgrund v § 181 kann auch dann vorliegen, wenn bei einem aus mehreren Willenserklärungen zusammengesetzten Rechtsgeschäft (hier: Erbteilsübertragungsvertrag mit Erbauseinandersetzung) nur ein Teil der Willenserklärungen vom einen gegenüber dem anderen abgegeben ist. Ist der Wille der Beteiligten darauf gerichtet, daß die mehreren Akte eines zusammengesetzten Rechtsgeschäfts miteinander stehen und fallen sollen, so ist von der gesetzlichen Vertretung bei allen Teilen ausgeschlossen, wer von der Vertretung auch nur bei einem Teil ausgeschlossen ist (BGHZ 50, 8, 12). Ist die dingliche Übertragung eines Grundstücks an einen Minderjährigen (bei isolierter Betrachtung) lediglich vorteilhaft, benötigt er für seine Auflassungserklärung auch dann nicht die Einwilligung seines gesetzlichen Vertreters oder eines Ergänzungspflegers, wenn die zugrunde liegende schuldrechtliche Vereinbarung mit rechtlichen Nachteilen verbunden ist (BGH Rpfleger 2005, 189 = ZEV 2005, m Anm Everts). Ein auf den Erwerb eines vermieteten oder verpachteten Grundstücks gerichtetes Rechtsgeschäft ist für einen Minderjährigen nicht lediglich rechtlich vorteilhaft (auch wenn sich der Veräußerer den Nießbrauch an dem zu übertragenden Grundstück vorbehalten hat), so daß an Stelle der nicht zur Vertretung berechtigten Eltern ein Ergänzungspfleger zu entscheiden hat (BGH NJW 2005, 1430, 1431).

Keine Pflegerbestellung bei schenkweiser Übertragung eines Grundstücksteils auf die Kinder bei Ausschluß der Grundstücksgemeinschaft für eine bestimmte Dauer (LG Münster FamRZ 1999, 739).

Schenkungen von Eltern an ihre minderjährigen Kinder sind dann zulässig u wirksam, wenn die über 7 Jahre alten u damit beschränkt geschäftsfähigen Minderjährigen für das Rechtsgeschäft nicht die Einwilligung ihrer Eltern als ihres gesetzlichen Vertreters (§ 107) benötigen. Das hängt davon ab, ob es sich um rechtlich vorteilhafte oder nachteilige Rechtsgeschäfte handelt. Über diese Frage muß aus einer Gesamtbetrachtung des schuldrechtlichen Vertrages und des dinglichen Erfüllungsgeschäfts entschieden werden. Danach verbieten im Falle der Schenkung von Wohnungseigentum – trotz lukrativen Charakters des Grundgeschäfts – die Nachteile, die aus dem mit dem dinglichen Rechtserwerb verbundenen Eintritt in die Wohnungseigentümergemeinschaft und speziell damit verbundenen (weitergehend als bisher) Verpflichtungen resultieren, eine Wertung als lediglich vorteilhaft (BGHZ 78, 28 = NJW 1981, 109 = Rpfleger 1980, 453 = DNotZ 1981, 111; weitere Nachw bei Twiehaus, Leitsatzkommentar DRspr I [112]; BayObLG NJW 1980, 416 [Vorlagebeschluß]; aA OLG Celle NJW 1976, 2214 m Anm Jahnke NJW 1977, 960). Wegen der Verhinderung der Eltern bzw des vertretungsberechtigten Elternteils bedarf es der Bestellung eines Ergänzungspflegers nach § 1909 Abs 1 (BayObLG NJW 1980, 416; DNotZ 1998, 505 = FGPrax 1998, 21 m Anm Bestelmeyer). Nach OLG Dresden (MittRhNotK 1997, 184) ist die Bestellung eines Ergänzungspflegers nicht erforderlich, wenn ein Elternteil seinem Kind ein Grundstück unentgeltlich zuwendet, sich aber einen Nießbrauch und die an bestimmte Voraussetzungen geknüpfte Rückforderung vorbehält sowie seiner Ehefrau (Kindesmutter) einen aufschiebend bedingten Nießbrauch einräumt. Der Erwerb eines vermieteten Grundstücks ist nicht lediglich vorteilhaft, da der Erwerber nach Maßgabe der §§ 566 ff in das Mietverhältnis eintritt (BayObLG NJW 2003, 1129 mwN = Rpfleger 2003, 240). Nicht lediglich rechtlich vorteilhaft ist die schenkweise Übertragung eines Grundstücks, wenn es mit einem Nießbrauch belastet ist und der Nießbraucher das Grundstück vermietet hat (BayObLG NJW 2003, 1129 = Rpfleger 2003, 240). Die Bestellung eines Ergänzungspflegers (und die vormundschaftsgerichtliche Genehmigung) ist nicht erforderlich, wenn der (mit-)erbende Vater seinem minderjährigen Sohn seinen hälftigen Miteigentumsanteil am Grundstück schenkt und zwar auch dann nicht, wenn damit der gesetzliche Eintritt in ein Mietverhältnis gemäß § 571 aF (jetzt § 566) verbunden ist (FG Rheinland-Pfalz ZEV 1998, 319 unter Berufung auf BGH NJW 1983, 1780 im Zusammenhang steuerlicher Anerkennung des Vertrages). Behält sich der Schenker von Wohneigentum nicht nur die Rechte nach §§ 528, 530 vor, sondern wird für weitere Fälle ein Rückübertragungsanspruch begründet und verpflichtet sich der Minderjährige, an der Rückübertragung mitzuwirken, bedarf dieser Vertrag der Ergänzungspflegerbestellung und der vormundschaftsgerichtlichen Genehmigung nach § 1821 Abs 1 Nr 4 (OLG Köln NJW-RR 1998, 363 = FamRZ 1998, 1326).

18 Den **gesetzlichen Vertretungsverboten** im Ergebnis **gleichgestellt** sind die Fälle, in denen das Vormundschaftsgericht durch Beschluß die **Vertretungsmacht entzieht** (§§ 1629 Abs 2 S 3, 1796). Voraussetzung der Entziehung ist, daß das Interesse des Mündels zu dem des Vormunds oder das des Kindes zu dem des Elternteils oder zu einem von diesem vertretenen Dritten oder einer der in § 1795 Nr 1 bezeichneten Personen in erheblichem Gegensatz steht (§ 1796 Abs 2). Ein erheblicher Interessengegensatz liegt vor, wenn die Förderung des Interesses der einen Seite auf Kosten des Interesses der anderen Seite möglich ist, zB in dem Fall, daß ein Elternteil zugleich Testamentsvollstrecker und das Kind Erbe ist (OLG Nürnberg MittBayNot 2002, 403 = ZEV 2002, 158 m abl Anm SCHLÜTER) oder der gesetzliche Vertreter die dem Vertretenen angefallene Erbschaft in dessen Namen ausschlagen will mit der Folge eigener Berufung als Erbe. Zur Bestellung eines Ergänzungspflegers nach entspr Entziehung der Vertretungsmacht gemäß § 1796 in dem Fall, daß der Vormund einerseits für die Einwilligung in die Adoption seines geschäftsunfähigen Mündels nach § 1746 Abs 1 S 2 zuständig war, andererseits selbst den Antrag auf Adoption seines Mündels stellte (OLG Hamm FamRZ 1997, 1561, 1562). Vertritt der Vater im Erbscheinsverfahren die Auffassung, das Testament des Erblassers sei dahin zu verstehen, daß seine Kinder nicht neben ihm zu Miterben berufen seien, liegt ein erheblicher Interessengegensatz iSd §§ 1796, 1629 Abs 2 S 3 vor, so daß ein Ergänzungspfleger bestellt werden muß (OLG Köln FamRZ 2001, 430).

Zu einer vom AG Besigheim abgelehnten (FamRZ 2001, 720) Bestellung eines Ergänzungspflegers zwecks Geltendmachung von Unterhalt gegen die Mutter des anspruchsberechtigten Kindes LINKE in der Anm zu dieser Entscheidung FamRZ 2001, 721.

Für die teilweise Entziehung der Vertretungsmacht der Eltern durch Bestellung eines Ergänzungspflegers ist es erforderlich, daß konkret ein erheblicher Interessengegensatz besteht und nicht zu erwarten ist, daß die Eltern dennoch im Kindesinteresse handeln werden. Dieser liegt vor, wenn das eine Interesse nur auf Kosten des anderen Interesses durchgesetzt werden kann und die Gefahr besteht, daß die sorgeberechtigten Eltern das Kindesinteresse nicht genügend berücksichtigen können oder werden (OLG Karlsruhe FamRZ 2004, 51 mwN; hier: Entscheidung über das Zeugnisverweigerungsrecht in einem Strafverfahren wegen sexuellen Mißbrauchs durch den Großvater [§ 174 StGB]). Auch wenn der (vollständige oder teilweise) Sorgerechtsentzug und die Anordnung einer Ergänzungspflegschaft in einer Entscheidung vorgenommen werden oder der Sorgerechtsentzug sich aus der Anordnung der Ergänzungspflegschaft ergibt, geht der Sorgerechtsentzug der Ergänzungspflegschaft logisch (gedankliche Sekunde) voraus, weil nur ein bestehendes Defizit durch die Pflegschaft „ergänzt" werden kann. Nicht immer ist jedoch vor einer Bestellung eines Ergänzungspflegers die vormundschaftsgerichtliche Entziehung oder Einschränkung der elterlichen Sorge, der vormundlichen Sorge oder des Vertretungsrechts gemäß § 1796 erforderlich.

Obwohl die elterliche Sorge die Vertretung des Kindes umfaßt (§ 1629 Abs 1 S 1) und damit grundsätzlich die Befugnis einschließt, für ein minderjähriges Kind Verfassungsbeschwerde einzulegen und es im verfassungsgerichtlichen Verfahren zu vertreten, kann die Bestellung eines Ergänzungspflegers für das **Verfassungsbeschwerdeverfahren** geboten sein, wenn Eltern wegen eines Interessenwiderstreites an der Erhebung der Verfassungsbeschwerde für die minderjährigen Kinder verhindert sind (BVerfGE 72, 122 = FamRZ 1986, 871 = MDR 1986, 820 = NJW 1986, 3129 = Rpfleger 1986, 414) und tatsächlich keine diesbezüglichen Handlungen unternehmen. Besteht zwischen dem Kind und seiner alleinsorgeberechtigten Mutter kein Interessenkonflikt und ergibt sich aus Gesprächen des Verfahrenspflegers mit dem Kind, daß kein Interesse besteht, die getroffenen Sorgerechtsentscheidungen selbst weiter anzugreifen, bedarf es für ein Verfassungsbeschwerdeverfahren keiner Bestellung eines Ergänzungspflegers (BVerfG FamRZ 2003, 921). Im Rahmen des Bestellungsverfahrens vor Einlegen der Verfassungsbeschwerde hat das Vormundschaftsgericht zu prüfen, ob ein Interessengegensatz zwischen dem minderjährigen Kind und dem Inhaber des Sorgerechts besteht (BVerfGE 72, 122, 135). Die Regelung des § 1909 gibt demjenigen, der sich als Sachwalter des Minderjährigen fühlt, die Möglichkeit, die Bestellung eines Ergänzungspflegers zum Zweck der Erhebung einer Verfassungsbeschwerde beim Vormundschaftsgericht anzuregen (BVerfGE aaO). Eine Vorabentscheidung des Vormundschaftsgerichts, durch die es dem Sorgerechtsinhaber die Vertretungsbefugnis zum Einlegen der Verfassungsbeschwerde entzieht, ist deshalb entbehrlich, wenn und weil von dem Vertretungsrecht für diesen Zweck kein Gebrauch gemacht wurde, wird oder werden soll. Die Passivität ist der Grund zur Intervention und Bestellung eines Ergänzungspflegers nach § 1909, ohne daß diese zu einem Eingriff nach § 1666 ausgereicht hätte oder ausreichen würde (zum Verhältnis von Ergänzungspflegschaft und Verfahrenspflegschaft betr die Stellung Minderjähriger im Verfassungsbeschwerdeverfahren ausführlich WALTER FamRZ 2001, 1).

Der von KUNKEL (LPK-SGB VIII, § 55 Rn 7; KindPrax 2000, 139, 140 und bereits, in: OBERLOSKAMP [Hrsg], Vormundschaft, 2. Aufl 1998, § 16 Rn 133) beschriebene Konflikt zwischen einem Jugendamtsmitarbeiter, dem die Ausübung der bestellten Amtsvormundschaft (-pflegschaft) gemäß § 55 Abs 2 (KJHG) SGB VIII übertragen worden ist, und seinem „Haus", etwa im Zusammenhang mit der Beteiligung des Amtsvormunds an einem Jugendhilfeplanverfahren, kann zu Gunsten des Minderjährigen (Mündels, Pflegebefohlenen) nicht dadurch gelöst werden, daß „gemäß § 1796 Abs 2 BGB der Realvormund/-pfleger die Bestellung eines Ergänzungspflegers (§ 1909 BGB) als Verfahrenspfleger beantragt" (so KUNKEL KindPrax aaO) und demgemäß entschieden wird. Abgesehen davon, daß es sich hierbei um einen Realkonflikt und nicht um einen Rechtskonflikt iSd § 1796 Abs 2 handelt, der innerhalb der Behörde gelöst werden muß, würde die die Rechtsposition des Amtsvormunds/-pflegers einschränkende Bestellung eines Ergänzungspflegers auch die Rechtsmacht des „Realvormunds/-pflegers" beschränken, dessen Befugnisse von denen des Amtsvormunds/-pflegers Jugendamt abgeleitet sind.

19 § 1801 räumt dem Vormundschaftsgericht (Richterzuständigkeit gemäß § 14 Nr 19 RPflG) die Befugnis ein, dem Einzelvormund die Sorge für die **religiöse Erziehung** des Mündels zu entziehen, wenn der Vormund nicht dem Bekenntnis angehört, in dem der Mündel zu erziehen ist (im einzelnen dazu STAUDINGER/ENGLER [2004] zu § 1801). Wird dem Vormund gemäß § 1801 Abs 1 die Sorge für die religiöse Erziehung entzogen, ist für diesen Bereich ein Pfleger nach § 1909 Abs 1 S 1 zu bestellen (MünchKomm/WAGENITZ § 1801 Rn 11, anders § 1775 Rn 3; SOERGEL/DAMRAU § 1801 Rn 2; STAUDINGER/ENGLER [2004] § 1801 Rn 8; KG OLGE 33, 373, 375).

20 Nach STAUDINGER/ENGLER (2004) § 1801 Rn 10 (ebenso ERMAN/HOLZHAUER Rn 3; BGB-RGRK/DICKESCHEID Rn 6; PALANDT/DIEDERICHSEN Rn 1, alle zu § 1801) ist die Bestellung eines **Mitvormundes**, dessen Wirkungskreis sich auf die religiöse Erziehung beschränkt, nach § 1775 möglich, die einer Pflegerbestellung vorzuziehen sei. Gegen diese Auffassung spricht der Ausnahmecharakter der Mitvormundschaft nach dieser Vorschrift, die regelmäßige gemeinschaftliche Führung der Mitvormundschaft (§ 1797 Abs 1) und die Möglichkeit der Ablehnung der Vormundschaft im Falle einer Mitvormundsbestellung (§§ 1786 Abs 1 Nr 7, 1889 Abs 1 HS 2: Entlassung aus wichtigem Grund auf eigenen Antrag des Vormunds). Zu erwägen wäre die Neubestellung des Vormunds, wenn dies nicht als Korrektur einer früher unter Nichtbeachtung des § 1779 Abs 2 S 2 zustande gekommenen Auswahl mißverstanden werden müßte (**aA** MünchKomm/WAGENITZ § 1801 Rn 11; SOERGEL/DAMRAU Rn 2 Fn 5).

21 Ein Pfleger mit dem entspr Wirkungskreis war bis zum 30. 6. 1998 dann zu bestellen, wenn die Vermögenssorge eines Elternteils mit der Stellung des Konkursantrages durch ihn, spätestens jedoch mit Eröffnung des Konkursverfahrens über sein Vermögen endete (§ 1670 Abs 1) und ein anderer Elternteil nicht vorhanden war oder das Vormundschaftsgericht dem vorhandenen anderen Elternteil nicht die Vermögenssorge allein zusprach, weil dies den Vermögensinteressen des Kindes widersprochen hätte (§ 1680 Abs 1 S 3). In diesem Falle kam die Anordnung einer Ergänzungspflegschaft in Betracht (näher dazu STAUDINGER/BIENWALD[12] Rn 21). § 1670 ist durch Art 1 Nr 48 KindRG mit Wirkung vom 1. 7. 1998 aufgehoben. Die Aufhebung dieser Vorschrift, allerdings erst ab 1. 1. 1999, war bereits in Art 33 Nr 28 des Einführungsgesetzes zur Insolvenzordnung vorgesehen (EGInsO vom 5. 10. 1994, BGBl I 2911). Ebensowenig wie im Falle elterlicher Sorge endet die Vermögenssorge des Vormunds durch die Eröffnung des **Insolvenzverfahrens**. Auch wird die Bestellung des Vormunds nicht unwirksam. § 1781 Nr 3, wonach eine in Konkurs geratene Person während der Dauer des Konkurses zum Vormund oder Pfleger (§ 1915 Abs 1) nicht bestellt werden sollte und nach § 1886 im Falle ihrer Bestellung zu entlassen war, wurde durch Art 33 Nr 30 EGInsO mit Wirkung vom 1. 1. 1999 aufgehoben.

Mit dem Wegfall der Vorschrift ist ein Grund für die Bestellung eines Ergänzungspflegers entfallen, so daß die Pflegschaft aufzuheben ist (§ 1919). Liegen keine Gründe vor, die Ergänzungspflegschaft aufrechtzuerhalten (§ 1666 Abs 1 u 2), worüber jetzt das Familiengericht zu befinden hätte (ggf auch über eine erforderliche Pflegschaft und die Auswahl des Pflegers, § 1697), hebt das Vormundschaftsgericht die Pflegschaft auf, weil es sie angeordnet hatte.

Bis zum Inkrafttreten des KindRG am 1. 7. 1998 konnte eine für das Pflegschaftsrecht bedeutsame Entziehung der Vermögenssorge durch das Vormundschaftsgericht darauf beruhen, daß Eltern oder ein Elternteil der Verpflichtung zur Vorlage eines Vermögensverzeichnisses entweder nach § 1640 (Erwerb von Todes wegen) oder nach § 1683 (Wiederheirat) nicht nachkam(en). Beide Vorschriften (jeweils Abs 4) wurden durch das KindRG aufgehoben im Hinblick darauf, daß Eingriffe in die elterliche Vermögenssorge nunmehr in § 1666 (Generalklausel) konzentriert wurden (Art 1 Nr 16 Buchst c und Nr 48; BT-Drucks 13/4899, 97, 116). § 1666 Abs 1 sieht vor, daß das Familiengericht auch im Fall einer Vermögensgefährdung des Kindes, für die Abs 2 Regelbeispiele enthält, die zur Abwendung der Gefahr erforderlichen Maßnahmen zu treffen hat. Die in § 1667 vorgesehenen Anordnungen zur Vermögensverwaltung schließen den nach § 1666 Abs 1 möglichen (vollständigen oder teilweisen) Entzug der Vermögenssorge nicht aus, worauf auch Abs 2 hindeutet. Die Maßnahme ist aufzuheben, wenn eine Gefahr für das Wohl des Kindes nicht mehr besteht (§ 1696 Abs 2). Sowohl § 1666 als auch § 1696 gelten im Falle einer Vormundschaft entsprechend (§ 1837 Abs 4). In Betracht kommt die Bestellung eines Ergänzungspflegers immer dann, wenn beiden Eltern die Vermögenssorge ganz oder teilweise entzogen wurde oder nur einem Elternteil und eine Übertragung auf den anderen Elternteil (§ 1680 Abs 3 entspr) nicht vorgenommen worden ist (zur Erforderlichkeit einer Pflegerbestellung s auch SCHWAB FamRZ 1998, 457, 466).

Über den Eingriff in die elterliche Sorge entscheidet nach der Neufassung des § 1666 das Familiengericht, und zwar sowohl im Rahmen einer Sorgerechtsregelung bei Getrenntleben oder Scheidung als auch unabhängig davon. Im Falle einer Vormundschaft entscheidet über die Rechtsbeschränkung das Vormundschaftsgericht (BT-Drucks 13/4899, 71). Trifft das Familiengericht bereits die Auswahl des Pflegers, verbleibt dem Vormundschaftsgericht dessen Bestellung gemäß §§ 1789, 1915 Abs 1.

Nach § 1693 hatte bisher das Vormundschaftsgericht die im Interesse des Kindes erforderlichen Maßnahmen zu treffen, wenn die Eltern verhindert waren, die elterliche Sorge auszuüben. Aufgrund der Änderung durch Art 1 Nr 46 KindRG ist für die Entscheidung, durch die die elterliche Sorge nicht eingeschränkt wird (STAUDINGER/COESTER [2000] § 1693 Rn 1), das Familiengericht zuständig. Ist der Vormund verhindert, sieht § 1846 Entsprechendes durch das Vormundschaftsgericht vor. Auch bei bestehender Pflegschaft kann eine unaufschiebbare Regelung durch das Vormundschaftsgericht erforderlich werden (§ 1915 Abs 1). Kann das jeweilige Gericht die Fürsorge auch durch einen Pfleger sicherstellen (STAUDINGER/COESTER [2000] § 1693 Rn 7), liegt es, auf die Verfahrenssituation bezogen, wie im Falle der Vormundschaft. Die Bestellung des Pflegers hat aufgrund der uneingeschränkten Regelung des

§ 1630 Abs 1 zur Folge, daß sich die elterliche Sorge nicht auf diese von der Pflegerbestellung erfaßten Angelegenheiten des Kindes beschränkt. Der Entzug der Personensorge gemäß § 1666 Abs 1, § 1666a Abs 2 führt zu einer Ergänzungspflegschaft, wenn ein anderer Elternteil zwecks Alleinausübung oder Übertragung nicht zur Verfügung steht.

Zum Meinungsstreit betr die Anordnungszuständigkeit unten Rn 38.

23 Ruht die elterliche Sorge eines Elternteils infolge seiner Geschäftsunfähigkeit (§§ 1673 Abs 1, 104 Nr 2), übt im Falle zweier Elternteile der andere die elterliche Sorge allein aus (§ 1678 Abs 1 HS 1; zB zur Aufenthaltsbestimmung BayObLG FamRZ 1999, 870). Dies gilt jedoch nicht, wenn die elterliche Sorge dem Elternteil nach § 1626a Abs 2 (Mutter), §§ 1671 oder 1672 Abs 1 allein zustand (§ 1678 Abs 1 HS 2). Überträgt das Familiengericht die elterliche Sorge nicht dem anderen Teil im Falle des § 1678 Abs 2 oder trifft es keine Abänderungsentscheidung gemäß § 1696 Abs 1 nF (zur Begründung dieser Differenzierung s BT-Drucks 13/4899, 102), so ist bei umfassendem Sorgebedürfnis eine Vormundschaft anzuordnen (§ 1773 Abs 1) und ein Vormund zu bestellen (die Bestellung eines Pflegers würde nicht ausreichen). Das Ruhen elterlicher Sorge auf Grund beschränkter Geschäftsfähigkeit gemäß § 1673 Abs 2 S 1 kann infolge des Wegfalls von § 114 (Art 1 Nr 3 BtG) und der Entmündigung Volljähriger (s oben §§ 1896 ff) nur noch bei Minderjährigen eintreten. Ist ein Elternteil (lediglich) minderjährig, so ruht die elterliche Sorge nach § 1673 Abs 2; der andere Teil übt die elterliche Sorge allein aus (§ 1678 Abs 1), sofern er volljährig und nicht geschäftsunfähig ist. Sind die Eltern des Kindes nicht miteinander verheiratet, so bedarf es für dieses Ergebnis der Erklärung, daß beide Eltern die Sorge gemeinsam übernehmen wollen (§§ 1626a Abs 1 Nr 1, 1626c Abs 2), und zwar noch vor der Geburt des Kindes, um eine andere Konstellation in der Zwischenzeit bis zur Erklärung nicht eintreten zu lassen. Kommt es nicht zu den beiderseitigen Sorgeerklärungen, tritt im Falle der Minderjährigkeit der Mutter die gesetzliche Amtsvormundschaft des § 1791c ein. Ist die Mutter volljährig und nicht geschäftsunfähig, hat sie allein die elterliche Sorge (§ 1626a Abs 2). Sind beide Eltern minderjährig, so können sie zwar die Sorgeerklärungen abgeben, infolge ihrer Minderjährigkeit (und beschränkten Geschäftsfähigkeit) die elterliche Sorge jedoch nicht ausüben; das Jugendamt wird kraft Gesetzes (§ 1791c Abs 1) Vormund, es sei denn, daß bereits vor der Geburt des Kindes ein Vormund bestellt worden ist. Zur Bestellung eines Pflegers für das Kind kommt es dann, wenn der als gesetzlicher Vertreter des Kindes bezeichnete andere (volljährige) Elternteil ausfällt, sei es, daß er nicht mehr lebt, sei es, daß er nicht (mehr) zur Vertretung berechtigt ist. Besteht im Falle der §§ 1666, 1666a (§ 1666 idF d Art 1 Nr 17 KindRG) die vom Familiengericht getroffene Maßnahme darin, die Entscheidungszuständigkeit in Angelegenheiten elterlicher Sorge dem Inhaber des Sorgerechts ganz oder teilweise zu entziehen, kommt die Übertragung der Entscheidungsbefugnis auf einen Pfleger gemäß § 1909 immer dann in Betracht, wenn nicht die gesamte elterliche Sorge entzogen wird. Abgesehen davon, daß eine Entziehung der elterlichen Sorge insgesamt vom Gesetz nicht ausdrücklich vorgesehen ist, sondern nur dadurch erreicht werden kann, daß sämtliche Teilrechte (und -pflichten) entzogen werden (SOERGEL/STRÄTZ §§ 1666, 1666a Rn 45), kann eine Vormundschaft nur dann angeordnet werden, wenn dem Inhaber der elterlichen Sorge die Personensorge und die Vermögenssorge entzogen wird; auch im Fall der

Entziehung der gesamten Personensorge ist kein Vormund, sondern ein Ergänzungspfleger zu bestellen (BayObLG FamRZ 1997, 1553, 1554).

Eine **Umgangspflegschaft**, die der Durchsetzung und Durchführung des Umgangsrechts eines Umgangsberechtigten dient, ordnet das Gericht an, wenn der sorgeberechtigte Elternteil grundlos gegen eine gerichtliche Anordnung in bezug auf den Umgang des Kindes mit dem anderen Elternteil verstößt und darin eine Gefahr für das Kindeswohl zu sehen ist (OLG Köln FamRZ 1998, 1463, 1464; s auch OLG Hamburg FamRZ 2002, 566); wenn ein Elternteil nachhaltig den Umgang des anderen Elternteils mit dem Kind verweigert (OLG Brandenburg FamRZ 2003, 1952); wenn dem sorgeberechtigten Elternteil die Bindungstoleranz fehlt und Manipulationen des kindlichen Willens festgestellt werden (OLG München FamRZ 2003, 1957; zur Wiederanbahnung von Umgangskontakten durch vorbereitende Gespräche, die Erörterung möglicher einzelner Umgangstermine und deren Auswertung bei Bedarf OLG Rostock FamRZ 2004, 54). Die Anordnung der Umgangspflegschaft ist verbunden mit einer **teilweisen Entziehung** des Aufenthaltsbestimmungsrechts oder einer teilweisen Entziehung des (Personen-)Sorgerechts und dient damit der Vermeidung eines umfangreicheren Eingriffs in das Sorgerecht (OLG Brandenburg FamRZ 2003, 1952, 1953: Entzug des gesamten Aufenthaltsbestimmungsrechts). Sie ist eine echte Ergänzungspflegschaft. Die **Aufgabe des Umgangspflegers** besteht in der Durchführung der Umgangskontakte (DIJuF-Rechtsgutachten JAmt 2003, 475); sie kann nicht einem dafür nicht zuständigen dem Kind für das (Umgangsregelungs-)Verfahren bestellten Verfahrenspfleger übertragen werden (OLG München FamRZ 2003, 1955, 1956). Obwohl sich die Aufgabe (der Wirkungskreis) des Umgangspflegers bereits aus seinem Namen ergibt, kann es im Einzelfall geboten sein, den Wirkungskreis näher zu beschreiben. Als insoweit aufenthaltsbestimmungsberechtigter Pfleger ist der Umgangspfleger berechtigt, die **Herausgabe** des Kindes vom betreuenden Elternteil zu **verlangen** und das Kind „in Besitz" zu nehmen; dem entspricht die Verpflichtung desjenigen, bei dem sich das Kind befindet, zu seiner Heraus- bzw Übergabe an den Umgangspfleger mit den sich aus § 33 FGG ergebenden Möglichkeiten und Konsequenzen (vgl dazu OLG München FamRZ 2003, 1957, 1958; OLG Frankfurt FamRZ 2002, 1585, 1587 = JAmt 2002, 478 = KindPrax 2002, 200; OLG Karlsruhe JAmt 2002, 135; OLG Dresden JAmt 2002, 310; OLG Köln FamRZ 2004, 52; WEINRICH KindPrax 2005, 59). Die Umgangspflegschaft unterscheidet sich von der in § 18 Abs 3 KJHG (SGB VIII) geregelten Beratung und Unterstützung von Eltern, Kindern und Jugendlichen bei der Ausübung des Umgangsrechts insbesondere dadurch, daß letzte keinen Eingriff in die elterliche Sorge voraussetzt oder zumindest beinhaltet (näher DIJuF–Rechtsgutachten JAmt 2003, 475; dort auch zum Beschwerderecht des Jugendamtes). Die Umgangspflegschaft ist auch zu unterscheiden von einer **Umgangsbegleitung** sowie einem betreuten Umgang. Eine Umgangsbegleitung findet dann statt, wenn das Gericht die Anordnung getroffen hat, daß der Umgang nur in Begleitung einer dritten Person stattfinden darf. Auch hierfür kommt ein gemäß § 50 FGG bestellter Pfleger für das Verfahren nicht in Betracht. Bei einem **betreuten** oder **unterstützten Umgang** (dazu speziell OLG Celle FamRZ 2003, 948, 949) handelt es sich um einen Umgang in oder mit Hilfe einer bestimmten Einrichtung (hier: Erziehungs- und/oder Familienberatungsstelle) für eine bestimmte Zeit (OLG Celle aaO; OLG Zweibrücken FamRZ 2004, 53 [LS]; OLG Hamm FamRZ 2004, 57; WEISBRODT KindPrax 2000, 9, 15; SCHRUTH ZfJ 2003, 14). Bei kategorischer Ablehnung eines an sich angezeigten begleiteten Umgangs durch den Sorgeberechtigten ist ein **unterstützter Umgang** als Alternative in Betracht zu ziehen (OLG Celle aaO). Die Anordnung einer Pflegschaft mit dem Wirkungskreis

"Überwachung von Betreuungs- und Versorgungsmaßnahmen" kommt auch zwecks Rückführung eines Kleinkindes in Betracht (OLG Celle FamRZ 2003, 549). Angesichts andauernder Konflikte zwischen den Eltern kann es geboten sein, das Aufenthaltsbestimmungsrecht auf einen Dritten (hier: Jugendamt) zu übertragen, weil weniger eingreifende Maßnahmen das Ziel nicht erreicht hätten (OLG Frankfurt FamRZ 2004, 1311).

24 Die bis zum 30. 6. 1998 in den sog alten Ländern der Bundesrepublik Deutschland bestehende, besonders geregelte Ergänzungspflegschaft der §§ 1706, 1709 (gesetzliche Amtspflegschaft), durch welche die elterliche Sorge der (geschäftsfähigen) Mutter des nichtehelichen Kindes begrenzt wurde, ist mit dem Inkrafttreten des Gesetzes zur Abschaffung der gesetzlichen Amtspflegschaft und Neuordnung des Rechts der **Beistandschaft** (Beistandschaftsgesetz; BGBl I 1997, 2846) beseitigt worden. Seither besteht für den Elternteil, dem für den Aufgabenkreis der beantragten Beistandschaft die alleinige Sorge zusteht oder zustünde, wenn das Kind bereits geboren wäre, die Möglichkeit, eine Beistandschaft für das Kind dadurch bei dem Jugendamt zu begründen, daß er einen entsprechenden Antrag beim Jugendamt stellt (§§ 1712 ff). Durch das KindRVerbG (s dazu Vorbem zu §§ 1909–1921 Rn 2) wurde ab 1. 7. 2002 die Beistandschaft auch bei gemeinsamer elterlicher Sorge eingeführt (§ 1713 Abs 1). Der Beistand kann für die Feststellung der Vaterschaft (nicht aber für die Anfechtung eines Vaterschaftsanerkenntnisses, OLG Nürnberg FamRZ 2001, 705 = Rpfleger 2001, 177 = ZfJ 2001, 233) oder für die Geltendmachung von Unterhaltsansprüchen und die sonst noch in § 1712 Abs 1 Nr 2 aufgeführten Angelegenheiten oder für beide Aufgabenbereiche beantragt werden. Wird in einem Rechtsstreit das Kind durch einen Beistand vertreten, so ist die Vertretung durch den sorgeberechtigten Elternteil ausgeschlossen (§ 53a ZPO). Durch das KindRVerbG wurden dem JAmt die Beurkundung des Widerrufs der Vaterschaftsanerkennung und der Zustimmung des gesetzlichen Vertreters zu der Sorgeerklärung des nicht geschäftsfähigen Elternteils zugewiesen. Bei Inkrafttreten des Beistandschaftsgesetzes bestehende Amtspflegschaften nach den §§ 1706 ff wurden zu Beistandschaften neuen Rechts; der bisherige Amtspfleger wurde Beistand. Der Aufgabenkreis, der zunächst dem bisherigen entspricht, verringerte sich automatisch nach Maßgabe der Übergangsvorschrift des Art 223 EGBGB (Art 3 Nr 2 Beistandschaftsgesetz). Um zu vermeiden, daß in nahezu allen Fällen, in denen eine Mutter eine Beistandschaft nicht beantragt, aber auch die Vaterschaftsfeststellung selbst nicht betreibt, zu diesem Zweck ein (teilweiser) Sorgerechtsentzug ohne eine „Einzelfallprüfung wie beim Sorgerechtsentzug nach § 1705 Satz 2, § 1666" (BT-Drucks 13/892, 30) vorgenommen und eine Ergänzungspflegschaft angeordnet werden würde, fügte Art 1 Nr 1 des Beistandschaftsgesetzes dem § 1629 Abs 2 S 3 den folgenden Halbsatz zu: „dies gilt nicht für die Feststellung der Vaterschaft". Für eine gerichtliche Feststellung (im Wege einstweiliger Anordnung), daß ein Jugendamt Beistand geworden ist, fehlt es an einem Anordnungsgrund (VerwG Berlin, JAmt [DAVorm] 2001, 302; zur Vorgeschichte beachte die Anm d Redaktion).

Die Anordnung einer Pflegschaft und die Bestellung eines Pflegers nach § 1909 – gegebenenfalls mit der (Teil-)Aufgabe der Vaterschaftsfeststellung – kommt deshalb nur noch als Folge einer Sorgerechtseinschränkung nach den §§ 1666, 1666a in Betracht.

Würde freilich ein Familiengericht aus anderen Gründen als denen einer unterlassenen Vaterschaftsfeststellung die gesamte Personensorge entziehen, wäre in dieser umfassenden Aufgabe eines Ergänzungspflegers die Befugnis enthalten, sich auch um die Vaterschaftsfeststellung und um die Angelegenheiten des Unterhalts zu kümmern, soweit letztgenannte nicht in den Bereich der Vermögenssorge fallen.

3. Besonderes Bedürfnis für die Pflegerbestellung

Nicht jede Verhinderung der Eltern, der sorgeberechtigten Elternteile oder des Vormunds, insbesondere nicht jeder Interessengegensatz, rechtfertigt die Anordnung einer Ergänzungspflegschaft. Grundsätzlich wird deshalb für die Anordnung einer Ergänzungspflegschaft als weitere Voraussetzung ein **besonderes Bedürfnis** dafür gefordert (BGHZ 65, 93, 95; BayObLG FamRZ 1989, 1342, 1343). Das Bedürfnis muß durch einen gegenwärtigen konkreten Anlaß begründet sein (BGHZ 65, 93, 95 = Betrieb 1975, 2174 = WM 1975, 1128). Ist die Möglichkeit eines Interessenkonflikts in der Person des Vormunds offensichtlich (hier: keine Vertretung des Mündels im Verfassungsbeschwerdeverfahren), „ist ein Ergänzungspfleger" zu bestellen (BVerfG FamRZ 1995, 24, 25 = NJW 1995, 2023; BVerfGE 72, 122, 135 = FamRZ 1986, 871, 874). Ein Bedürfnis für vorsorglich eingerichtete Pflegschaften („Vorratsbestellung") besteht nicht (MünchKomm/Schwab Rn 33). Für den Fall des Abs 1 S 2 wird das Bedürfnis vom Gesetzgeber unterstellt (BayObLG FamRZ 1989, 1342, 1344); es muß also nicht gesondert geprüft werden (MünchKomm/Schwab § 1909 Rn 33). Nach allg Meinung ist eine Beobachtungs-(Vigilanz-)Pflegschaft unzulässig (Staudinger/Engler[10/11] Rn 18 mN; Erman/Holzhauer Rn 13; MünchKomm/Schwab Rn 34). Eine Ausnahme bildet ein akuter Gefährdungstatbestand (MünchKomm/Schwab Rn 57; KG OLG Recht 16, 36; Guggumos DFG 1940, 51, 53).

Die Prüfung des besonderen Bedürfnisses durch das Vormundschaftsgericht (oder durch das Familiengericht im Falle seiner Zuständigkeit) geschieht regelmäßig ohne sachliche Prüfung der vom Ergänzungspfleger zu besorgenden Angelegenheit(en), es sei denn, daß die Vornahme des betreffenden Geschäfts für den Pfleger geradezu eine Pflichtwidrigkeit bedeuten würde (OLG Hamm FamRZ 1974, 31 = Rpfleger 1973, 395), beispielsweise dann, wenn die Verfolgung von Unterhaltsansprüchen gegen den Vater offensichtlich völlig aussichtslos und mutwillig wäre (OLG Hamm FamRZ 1974, 31). Nach Damrau (ZEV 1994, 1) verleitet das Prinzip des Minderjährigenschutzes allzu leicht dazu, Pfleger zur Überwachung von Eltern oder Vormund, die Testamentsvollstrecker sind, zu bestellen.

Während die bis zur Volljährigkeit eines Menschen gesetzlich vorausgesetzte grundsätzliche Fürsorgebedürftigkeit (§§ 1773, 1793) es nicht zuläßt, die gesetzlich geregelte Verantwortung des Vormunds gerichtlich zu beschränken, erlaubt und gebietet infolge des Erforderlichkeitsgrundsatzes die gerichtliche Aufgabenbestimmung, bei der Anordnung einer Pflegschaft nach § 1909 Abs 1 das Maß des tatsächlich vorhandenen Fürsorgebedürfnisses zu berücksichtigen. Ist der überlebende Elternteil wirksam von der Verwaltung des den Kindern von Todes wegen angefallenen Vermögens ausgeschlossen, so muß eine Ergänzungspflegschaft gemäß Abs 1 S 2 zur Verwaltung dieses Vermögens angeordnet werden (BayObLG FamRZ 1989, 1343, 1344 mwN; dort auch zur Auslegung eines Testaments zwecks Feststellung der Voraussetzungen für die Anordnung einer Ergänzungspflegschaft nach Abs 1 S 2).

26 Das KG (NJW 1971, 944, 945) lehnte es wegen fehlenden Fürsorgebedürfnisses ab, für das nichteheliche Kind einer Mutter einen Ergänzungspfleger zu bestellen, weil diese nach der Änderung der Rechtslage nach § 1705 berechtigt sei, die öffentlich-rechtlichen Rentenansprüche ihrer Kinder außergerichtlich und gerichtlich geltend zu machen, und der Gesichtspunkt, den Kindern lediglich eine bessere Prozeßsituation zu verschaffen (ggf könne die Mutter als Zeugin vernommen werden), als Grund für die Bestellung eines Pflegers nach § 1909 Abs 1 Satz 1 nicht anerkannt werden könne. Auch die Andeutung der Mutter, sie wolle insoweit nicht die elterliche Gewalt ausüben, rechtfertige keine andere Beurteilung. Das Gericht hielt es dagegen für zulässig, einen Beistand nach den §§ 1705, 1685 zu bestellen und ihm die prozessuale Geltendmachung der Rentenansprüche zu übertragen. Ein Bedürfnis für eine Ergänzungspflegschaft wurde auch nicht anerkannt zur Durchsetzung von Unterhaltsansprüchen ehelicher Kinder gegen ihren Vater, wobei Streit zwischen den Eltern über deren anteilige Leistungspflicht bestand. Für die Annahme eines Bedürfnisses zur Einleitung einer Ergänzungspflegschaft sei es keinesfalls immer ausschlaggebend, ob rechtlich begründete Ansprüche eines Kindes gegen seinen Vater bestehen; es sei auch zu prüfen, ob es im Interesse des Kindes erforderlich und angebracht sei, diese Ansprüche gerichtlich durchzusetzen. Dies verneinte das KG in diesem Fall (KG JR 1959, 20 m kritischer [über Zweckmäßigkeitsfragen habe der Pfleger, nicht aber das anordnende Gericht zu entscheiden], im Ergebnis aber zustimmender Anm von BEITZKE JR 1959, 21). Der zuletzt wiedergegebenen Auffassung kann in Anbetracht der heute hM, selbst bei freiwilliger Leistung bestünde ein Rechtsschutzbedürfnis für die gerichtliche Geltendmachung künftigen Unterhalts (näher STAUDINGER/ENGLER [2000] Vorbem 217 zu §§ 1601 ff) nicht mehr uneingeschränkt gefolgt werden. Was die Situation der Mutter angeht, die mit dem Vater des Kindes nicht verheiratet ist, so kann es hier aufgrund des Wegfalls der gesetzlichen Amtspflegschaft und der Einführung der einheitlichen Beistandschaft auf freiwilliger Basis zu Situationen kommen, die die Bestellung eines Ergänzungspflegers zur Geltendmachung von Ansprüchen des Kindes erfordern; jedoch wird dies regelmäßig erst die Folge einer vorangegangenen Entscheidung nach § 1674 (Feststellen des Ruhens aus tatsächlichen Gründen) sein können. Keine Ergänzungspflegschaft ist zur Wahrnehmung der Rechte minderjähriger Kinder im Erbscheinsverfahren anzuordnen (LG Braunschweig FamRZ 2000, 1184).

Bejaht wurde das besondere Bedürfnis für die Anordnung einer Ergänzungspflegschaft, wenn der überlebende Elternteil wirksam von der Verwaltung des ererbten Kindesvermögens ausgeschlossen ist (BayObLG FamRZ 1989, 1342). Ein eigenes rechtliches Interesse an der Anordnung einer Ergänzungspflegschaft kann auch für den Schuldner einer Nachlaßforderung in Frage kommen, die dem Betroffenen als Erben zusteht (BayObLG FamRZ 1990, 909 = Rpfleger 1990, 296). Ein solches Interesse liegt jedoch nicht vor, wenn ein minderjähriger Alleinerbe von einem Elternteil gesetzlich vertreten ist und eine Dauertestamentsvollstreckung besteht. Das für die Bestellung eines Ergänzungspflegers erforderliche Rechtsbedürfnis ist immer dann gegeben, wenn das vorzunehmende Rechtsgeschäft (hier: eine Zweitadoption nach deutschem Recht) nicht völlig aussichtslos erscheint (OLG Köln FamRZ 2002, 1655).

III. Anzeigepflichten (Abs 2)

27 Anzeigepflichtig sind nach Abs 2 die Eltern oder der Vormund. Das Vormundschaftsgericht hat derjenige zu informieren, der an der Besorgung der Angelegenheit verhindert ist. Einen Elternteil, dem die elterliche Sorge entzogen wurde, kann keine Anzeigepflicht treffen, wenn der andere tatsächlich oder rechtlich verhindert ist. Ebensowenig besteht im Ruhensfall des § 1673 Abs 1 eine Anzeigepflicht. Schafft das Familiengericht (zB nach den §§ 1666, 1666a) Tatbestände, die eine Pflegschaft erforderlich machen, entfällt eine Anzeigepflicht, soweit es selbst die Maßnahme anordnet. Die Anzeigepflicht ist echte Rechtspflicht. Ein Verstoß gegen sie kann im Schadensfall zu Ersatzansprüchen des Kindes oder Mündels führen (§§ 1664, 1833; dazu STAUDINGER/ENGLER[10/11] Rn 22). Obwohl dem Wortlaut nach das Erfordernis einer Pflegschaft anzuzeigen ist, reicht es aus, daß das Defizit mitgeteilt wird, gleichgültig, welche der möglichen vormundschaftsgerichtlichen Entscheidungen (Pflegschaft, Vormundschaft) dann zu treffen ist.

Der Pflegschaftsbedarf ist unverzüglich, dh ohne schuldhaftes Zögern (§ 121 Abs 1 S 1) anzuzeigen. In den Fällen, in denen der Bedarf durch gerichtliche Entscheidung hervorgerufen wird (zB §§ 1629 Abs 3 S 2; § 1796 Abs 1; zuständig ist nunmehr das Familiengericht), entsteht die Anzeigepflicht erst, wenn die Entziehung der Vertretungsmacht wirksam geworden ist (STAUDINGER/ENGLER[10/11] Rn 22). Auf der anderen Seite besteht für eine besondere Anzeige durch den Verhinderten dann kein Bedarf mehr, wenn das Gericht auf Grund eigenen Handelns über den Entscheidungsbedarf nach § 1909 informiert ist. Eine Verpflichtung zur Benachrichtigung des Gerichts und ein Schadensersatz im Falle ihres Unterlassens kommt auch dann in Betracht, wenn die Eltern oder der Vormund in einem Fall, in dem es zweifelhaft ist, ob die Bestellung eines Pflegers geboten ist, die Anzeige unterlassen haben. Trotz der Milderung der Haftung nach § 1664 haben auch Eltern ohne schuldhaftes Zögern die Anzeige zu erstatten, wenn sie nicht eine Schadensersatzpflicht treffen soll.

Zur **Anzeigepflicht** des **Gegenvormundes** s § 1799 Abs 1 S 2, zu der des **Pflegers** §§ 1915 Abs 1, 1799 Abs 1 S 2. Zur Prüfungs- und Belehrungspflicht des **Notars** für den Fall, daß Zweifel an der Wirksamkeit des Geschäfts bestehen, s § 17 Abs 2 BeurkG. Zur Anzeigepflicht des **Standesbeamten** s § 48 FGG sowie STAUDINGER/ ENGLER (2004) § 1774 Rn 8. Ob sich aus den anzeigepflichtigen Sachverhalten die Notwendigkeit zur Anordnung einer Pflegschaft nach § 1909 ergibt, ist Tatfrage.

Die für die Anzeigepflicht des Jugendamtes früher maßgebende Vorschrift des **28** § 1694 ist durch das SorgeRG aufgehoben worden. An die Stelle von § 48 JWG ist § 50 KJHG (SGB VIII) getreten (BIENWALD, in: MÖLLER/NIX § 50 Rn 2). Dessen Abs 1 regelt eine allgemeine, aber gegenständlich beschränkte Unterstützungspflicht des Jugendamtes. Eine Anzeigepflicht ergibt sich aus Abs 3, wonach das Jugendamt das Gericht anzurufen hat, wenn es dessen Tätigwerden für erforderlich hält, um eine Gefährdung des Wohls des Kindes oder Jugendlichen abzuwenden. Die Unzuständigkeit der Eltern oder des Vormunds in bestimmten Angelegenheiten der Sorge und Verantwortung für den Minderjährigen sowie der Mangel in der Vertretungsbefugnis sind Gefährdungstatbestände, die ein Tätigwerden des Gerichts erforderlich machen. Zur Anhörung des Jugendamtes durch das Gericht s nunmehr §§ 49, 49a Abs 1 FGG idF d Art 8 Nr 5 u 6 KindRG; § 50 Abs 1 S 2 KJHG (SGB VIII). Zur Anhörung des Jugendamtes durch das Vormundschaftsgericht bei der Auswahl eines Vormunds oder Pflegers s § 1779 Abs 1 iVm § 1915 Abs 1.

Die bisher in § 50 FGG enthaltene **Mitteilungspflicht der Gerichte** an das Vormund- **29** schaftsgericht ist durch Gesetz v 25.7.1986 (BGBl I 1142) als § 35a in das FGG eingefügt worden; seine jetzige Fassung beruht auf Art 13 JuMiG vom 18.6.1997 (BGBl I 1430). Die Bestimmung verpflichtet die Gerichte, dem Vormundschaftsgericht Mitteilung zu machen, wenn infolge eines gerichtlichen Verfahrens eine Tätigkeit des Vormundschaftsgerichts erforderlich wird. Erhält das **Nachlaßgericht** Kenntnis davon, daß ein Kind Vermögen von Todes wegen erworben hat, das nach § 1640 Abs 1 S 1 und Abs 2 zu verzeichnen ist, so teilt es dem Vormundschaftsgericht den Vermögenserwerb mit (§ 74a FGG).

IV. Das Verhältnis des nach § 1909 Abs 1 bestellten Pflegers zum Inhaber des Sorgerechts (Eltern, Vormund)

30 Dieses Verhältnis wird in den §§ 1630 (Eltern) und 1794 (Vormund) bestimmt. Die elterliche Sorge (§§ 1626 ff) bzw das Recht und die Pflicht des Vormunds, für die Person und das Vermögen des Mündels zu sorgen (§ 1793), erstreckt sich nicht auf Angelegenheiten des Kindes bzw Mündels, für die ein Pfleger bestellt ist. Soweit der Wirkungskreis des vom Gericht bestellten Pflegers reicht, sind Eltern bzw der Vormund für die Angelegenheiten des Kindes bzw Mündels nicht zuständig; das betrifft sowohl die Angelegenheiten der tatsächlichen Sorge als auch das Vertretungsrecht (STAUDINGER/PESCHEL-GUTZEIT [2002] § 1630 Rn 2). Der partielle Ausschluß von der Sorge tritt mit der Pflegerbestellung ein und bleibt solange in Kraft, bis die Pflegschaft aufgehoben ist, unabhängig davon, ob sie zu Recht angeordnet worden war oder nicht (STAUDINGER/PESCHEL-GUTZEIT [2002] § 1630 Rn 2). Hat das Vormundschaftsgericht das Aufenthaltsbestimmungsrecht und das Recht auf Regelung der schulischen Angelegenheiten eines Kindes sowie zur Antragstellung auf Jugendhilfemaßnahmen auf einen Pfleger (hier: Jugendamt) übertragen, sind die Eltern des Kindes nicht befugt, gegen Bescheide des Trägers der öffentlichen Jugendhilfe, mit denen dem Kind oder dem Jugendlichen Eingliederungshilfe gewährt wird, zu klagen (BayVGH FamRZ 2004, 990).

Die Pflegerbestellung bewirkt grundsätzlich nicht die Unzuständigkeit der Eltern oder des Vormunds; diese tritt im allgemeinen vorher ein und ist Ursache für die Pflegerbestellung (im Ergebnis wie hier STAUDINGER/ENGLER [2004] § 1794 Rn 3; **aA** wohl STAUDINGER/PESCHEL-GUTZEIT [2002] § 1630 Rn 2). Mit dieser wird eine Entscheidungszuständigkeit (wieder) geschaffen. Die elterliche oder vormundliche Sorge erstreckt sich lediglich nicht auf die dem Pfleger übertragenen Angelegenheiten. Im übrigen bleibt die Zuständigkeit von Eltern oder Vormund aber erhalten.

Bei **Meinungsverschiedenheiten** zwischen den Eltern und dem Pfleger oder dem Vormund und dem Pfleger in Angelegenheiten, die in den Zuständigkeitsbereich sowohl des einen wie des anderen fallen, entscheidet das Familiengericht gemäß § 1630 Abs 2 im Verhältnis Eltern/Pfleger sowie in entsprechender Anwendung des § 1798 (§ 1915 Abs 1) das Vormundschaftsgericht in der Beziehung Vormund/Pfleger. Da es sich um eine Entscheidung von Meinungsverschiedenheiten von Sorgeberechtigten handelt, entscheidet der Richter (§ 14 Abs 1 Nr 5 RPflG; STAUDINGER/ENGLER [2004] § 1797 Rn 3 mwN). Ihrem Wortlaut nach setzt die Konfliktregelungsbestimmung des § 1630 Abs 2 und die des § 1798 voraus, daß dem einen Teil die Sorge für die Person und dem anderen die Sorge für das Vermögen zusteht und die streitige Angelegenheit sowohl die Person als auch das Vermögen des Minderjährigen betrifft. Wegen der gleichen Interessenlage wird die Anwendung der Vorschriften auch in den Fällen befürwortet, in denen die Wirkungskreise bzw Zuständigkeiten auf andere Weise abgegrenzt sind (STAUDINGER/ENGLER [2004] § 1798 Rn 3 mwN; STAUDINGER/ PESCHEL-GUTZEIT [2002] § 1630 Rn 22).

Die Pflegschaft ist, sofern sie nicht kraft Gesetzes endet (mit der Volljährigkeit des Kindes oder mit seinem Tod, § 1918), aufzuheben, wenn der Grund für die Anordnung weggefallen ist (§ 1919) oder sich herausstellt, daß ein Grund für die Bestellung nicht bestanden hat (STAUDINGER/PESCHEL-GUTZEIT [2002] § 1630 Rn 16).

V. Die Ersatz- oder Überbrückungspflegschaft (Abs 3)

Die Bestellung eines Ersatzpflegers nach Abs 3 (der bei STAUDINGER/PESCHEL-GUTZEIT **31** [2002] § 1630 Rn 9 verwendete Begriff des Überbrückungspflegers macht die Vorläufigkeit des Amtes, die Übergangssituation, deutlich) war bisher auch im Vormundschafts- und Pflegschaftsrecht für Volljährige von Bedeutung. Mit der im Betreuungsrecht eingeführten sog Einheitsentscheidung ist für die Anordnung der Ersatzpflegschaft kein Raum mehr. Im Hinblick auf die Folgeprobleme der Einheitsentscheidung (s dazu oben § 1908c Rn 1) sollte für den Fall ihrer Übertragung auf das Minderjährigenvormundschafts- und das Pflegschaftsrecht bedacht werden, daß die angestrebte Vereinheitlichung nicht in erster Linie auf den Entscheidungsvorgang, sondern auf die Entscheidungszuständigkeit mit einer dadurch verbesserten Entscheidungsgrundlage ausgerichtet war. Durch Art 3 2. BtÄndG wurde den Ländern die Möglichkeit eingeräumt, dem Rechtspfleger die Auswahl des Betreuers zu übertragen, so daß für den Fall, daß ein Land von der Ermächtigung Gebrauch macht, die Einheitsentscheidung wieder aufgegeben wird. Für den Bereich des Kindschaftsrechts eröffnet der durch Art 1 Nr 26 KindRG eingeführte § 1697 die Möglichkeit, daß das Familiengericht auch die Vormundschaft oder eine Pflegschaft anordnet und den Vormund oder Pfleger auswählt, wenn auf Grund einer Maßnahme des Familiengerichts eine solche Entscheidung erforderlich ist. Die Unterscheidung zwischen Anordnung der Maßnahme und Auswahl des Amtsträgers wird dabei beibehalten. Die amtl Begründung sieht eine Möglichkeit, beide Entscheidungen mit der des Rechtseingriffs zu verbinden in Fällen isolierter Familiensachen (BT-Drucks 13/4899, 110). Im Falle von Abs 3 hat das Vormundschaftsgericht bereits Kenntnis von der Notwendigkeit, einen Vormund zu bestellen; verzögert sich dies, bedarf es keiner Information des Gerichts von außen, um den Pfleger nach Abs 3 zu bestellen.

Die Bestellung eines Pflegers nach § 1909 Abs 3 ist für solche Fälle gedacht, in denen der Bestellung des Vormunds unmittelbar nach Anordnung der Vormundschaft Hindernisse entgegenstehen (STAUDINGER/ENGLER[10/11] Rn 23 mit Beispielen). Auch hier muß ein Bedürfnis für eine Pflegerbestellung bestehen. Die Tatsache allein, daß sich die Bestellung des Vormunds zum Nachteil des Betroffenen verzögert, reicht für eine Bestellung eines Ersatz- oder Überbrückungspflegers nicht aus. Die Einhaltung der mit der Bestellung des Vormunds verbundenen Anhörungs- und Beteiligungsvorschriften (zB §§ 1778 Abs 1 Nr 5, 1779 Abs 1 u 2) läßt einen gewissen Zeitablauf als unvermeidlich erscheinen. Die besondere Zuständigkeit des Familiengerichts, aufgrund einer getroffenen Maßnahme auch eine erforderliche Vormundschaft oder Pflegschaft anzuordnen und den Vormund oder Pfleger auszuwählen (§ 1697) – als Zuständigkeitsregelung wäre sie besser (oder mindestens auch) in das GVG eingestellt worden – und der dafür maßgebende Grund lassen eine Pflegerbestellung nach § 1909 Abs 3 durch das Familiengericht nicht zu.

Ist es in Sorgerechtsverfahren schon nicht selten, daß das Gericht bereits während dieses Verfahrens gesicherte Kenntnisse gewinnt, wer sich in besonderem Maße zum Vormund oder Pfleger eignet (BT-Drucks 13/4899, 110), so steht dieses Argument, das für die Zuständigkeitsregelung des § 1697 angeführt wird, der Absicht des § 1909 Abs 3 entgegen.

32 In Ausnahmefällen, wenn so rasch gehandelt werden muß, daß auch die Bestellung eines Pflegers nach § 1909 Abs 3 nicht abgewartet werden kann, ist das Vormundschaftsgericht befugt, nach Maßgabe des § 1846 die im Interesse des Mündels erforderlichen Maßnahmen selbst zu treffen. Diese Möglichkeit sollte im Falle des Abs 3 jedoch Ausnahme bleiben, weil das Vormundschaftsgericht in bezug auf die Personalentscheidung nach Abs 3 an die für die Berufung zur Vormundschaft geltenden Vorschriften nicht gebunden ist und deshalb zügig den Ersatzpfleger (ggf das Jugendamt) auswählen und bestellen kann. In eilbedürftigen Fällen kann die grundsätzlich gebotene vorherige Anhörung des Jugendamtes unterbleiben (BGB-RGRK/DICKESCHEID § 1779 Rn 8; SOERGEL/DAMRAU § 1779 Rn 3; STAUDINGER/ENGLER [2004] § 1779 Rn 42) und ein Pfleger unter dem Vorbehalt (§§ 1790, 1915) bestellt werden, daß die nachzuholende Anhörung des Jugendamtes keinen Entlassungsgrund ergibt (ERMAN/HOLZHAUER § 1779 Rn 7; nunmehr STAUDINGER/ENGLER [2004] § 1779 Rn 42: Entlassungsvorbehalt anbringen).

Die Anordnung der Pflegschaft nach § 1909 Abs 3 setzt voraus, daß die Voraussetzungen für die Anordnung einer Vormundschaft vorliegen. Nach Wegfall von Entmündigung und Volljährigenvormundschaft (zur früheren Rechtslage in bezug auf § 1909 Abs 3 s STAUDINGER/ENGLER[10/11] Rn 25 f) kommt nur der Tatbestand des § 1773 in Betracht. Nicht ausgeschlossen ist, daß auch im Falle von vollständiger Sorgerechtsentziehung im Zusammenhang mit einem Scheidungsverfahren eine Ersatzpflegschaft erforderlich wird.

33 Für den Wirkungskreis des Pflegers ist auch im Falle des § 1909 Abs 3 der Inhalt der Verpflichtungsverhandlung maßgebend. Für die Bestimmung des Wirkungskreises kommt es auf den Handlungsbedarf im konkreten Fall an. In der Regel wird die Besorgung einer einzelnen Angelegenheit oder eines Kreises von Angelegenheiten dringlich sein, so daß die Bestellung eines Pflegers mit diesem begrenzten Zweck genügt (STAUDINGER/ENGLER[10/11] Rn 27). Es ist aber nicht ausgeschlossen, daß dem Pfleger die gesamte Sorge für die Person und das Vermögen des Mündels einschließlich der gesetzlichen Vertretung übertragen wird (MünchKomm/SCHWAB § 1909 Rn 56; aA BEITZKE/LÜDERITZ § 39 I 1, hiergegen zutreffend GERNHUBER/COESTER-WALTJEN § 75 IV 2). Zuzugeben ist, daß im Falle einer umfassenden Zuständigkeit des Pflegers sich die Ersatzpflegschaft von der Vormundschaft im wesentlichen nur durch die Vorläufigkeit und nicht durch den (minderen) Umfang in der Zuständigkeit (wie bei der Ergänzungspflegschaft des Abs 1) unterscheidet.

Mit der Bestellung eines Vormunds ist die Ersatzpflegschaft aufzuheben und der Pfleger zu entlassen. Die Pflegschaft endet nicht von selbst (GERNHUBER/COESTER-WALTJEN § 75 IV 1). Auch wenn zwischen dem Ersatzpfleger und dem Vormund

Identität besteht, handelt es sich um unterschiedliche Funktionen, die voneinander zu trennen sind. In jedem Falle muß die bisherige Bestallungsurkunde zurückgegeben und eine neue ausgestellt werden.

Ebensowenig wie die Ergänzungspflegschaft des Abs 1 beeinflußt eine Ersatzpflegschaft den rechtsgeschäftlichen Status des Pflegebefohlenen. Da der über sieben Jahre alte Mündel als beschränkt Geschäftsfähiger nicht nur handeln darf, sondern auch handeln kann, fragt es sich, ob und inwieweit er durch das Fehlen eines Vormundes und damit eines für die Zustimmung zu seinen Rechtsgeschäften zuständigen gesetzlichen Vertreters in seinen Entfaltungsmöglichkeiten beeinträchtigt wird und deshalb einen unmittelbaren Anspruch auf Bestellung eines Ersatzpflegers hat.

VI. Bedingungen der Pflegerbestellung

1. Allgemeines

Für die Entscheidung, wer zum Pfleger nach § 1909 Abs 1 oder Abs 3 zu bestellen ist, **34** sind insbesondere zwei Aspekte von Bedeutung: Der Ausschluß der Berufungsmöglichkeit durch § 1916 und die Berücksichtigung familiärer Konstellationen oder Interessen. ZB kann der Vater, der in der Vergangenheit den Vermögensinteressen seines Kindes in konkreten Fällen zuwidergehandelt hat, bei der Auswahlentscheidung für die Ergänzungspflegschaft übergangen werden (BayObLGZ 1997, 93 = DNotZ 1998, 491, 494). Zur Bestellung jeweils eines Ergänzungspflegers für jeden beteiligten Minderjährigen im Falle der Erbauseinandersetzung einer Witwe mit ihren Kindern BGHZ 21, 229.

Zu beachten ist der Grundsatz der Subsidiarität der Amtspflegschaft gegenüber der Einzelpflegschaft (s Vorbem 14 zu §§ 1909 ff); insofern gilt der Amtsermittlungsgrundsatz (§ 12 FGG). Dies gilt auch dann, wenn die Einzelpersonen die Pflegschaft im Rahmen ihrer Berufsausübung führen (KG Rpfleger 1999, 274 = FGPrax 1999, 103 = ZfJ 1999, 228 = NJWE-FER 1999, 211). Zur Frage der Eignung von berufsmäßig tätigen Betreuern als Vormünder oder Pfleger minderjähriger Personen DIJuF-Rechtsgutachten v 12. 7. 2001 (JAmt [DAVorm] 2001, 336). Durch entsprechende Ergänzungen der §§ 1791a Abs 1 S 2, 1791b Abs 1 S 1 (iVm § 1915 Abs 1) durch das 2. BtÄndG wurde der Vorrang der Einzelpflegschaft auf die ehrenamtlich geführte Einzelpflegschaft beschränkt.

Hat ein Jugendamt die Adoption vermittelt und betreut, kommt es als Ergänzungspfleger anstelle der Kindesmutter für das Einwilligungsersetzungsverfahren grundsätzlich nicht in Betracht (sinngemäß OLG Nürnberg FamRZ 2000, 573). Ein Rechtsanwalt ist regelmäßig als Ergänzungspfleger zur Vertretung im Ehelichkeitsanfechtungsverfahren geeignet (KG aaO), jedenfalls dann, wenn er Fachanwalt für Familienrecht ist. Für das OLG Stuttgart (FamRZ 2002, 1065 = JAmt 2002, 129) ist eine besser als das Jugendamt geeignete Person als Ergänzungspfleger für ein minderjähriges Kind im Vaterschaftsanfechtungsverfahren nur schwer vorstellbar. Es sei jedenfalls in Fällen, die keine besondere Schwierigkeit aufweisen, sachgerecht und zulässig, das Jugendamt zu bestellen, auch wenn eine andere geeignete Einzelperson als Ergänzungspfleger (hier ein Rechtsanwalt) in Betracht käme. Bedenklich insofern, als es grundsätzlich auf die Eignung und nicht auf verschiedene Abstufungen von Eignung oder gar einen Anspruch auf eine bestgeeignete Person ankommt (zustimmend BINSCHUS ZfF 2003, 42, [44]). Keine (allgemeinen) Bedenken bestehen gegen die Eignung eines Berufsvormundes (-pflegers) als Mitglied eines Vereins der Adoptiv- und Pflegefamilien, der vom Jugendamt zahlreiche Pflegekinder vermittelt bekommt (DIJuF-Rechtsgutachten vom 20. 2. 2002 JAmt 2002, 128). Aus Gründen des Kindeswohls kann es gerechtfertigt sein, das bisher mit der Sache (in der Funktion der Amtspflegschaft und/oder Beistandschaft) befaßte Jugendamt als Ergänzungspfleger abweichend von § 87c Abs 3 S 1 KJHG (SGB VIII) zu bestellen (OLG Zweibrücken FamRZ 2002, 1064). Keine die BGB-Vorschriften verdrängende Wirkung von § 87c Abs 3 KJHG (SGB VIII) bei Entlassung und Neubestellung des Amtsvormunds (OLG Hamm ZfJ 1999, 32).

2. Keine Berufung zum Pfleger, Hinweise zur Auswahl

34a Entgegen dem Grundsatz des § 1915 Abs 1 gelten die Vorschriften über die Berufung zur Vormundschaft für die nach § 1909 anzuordnende Pflegschaft nicht (§ 1916; zu der von KRÜGER, in: KRÜGER/BREETZKE/NOWACK 11 zu § 1909 geübten Kritik an dieser Vorschrift s STAUDINGER/ENGLER[10/11] § 1916 Rn 2). Dadurch erhält das Gericht eine größere Freiheit für die Bestellung des Pflegers. Je nach Verfahrensart trifft die Auswahlentscheidung (wie bisher) das Vormundschaftsgericht oder aufgrund der Ermächtigung des § 1697 das Familiengericht (zur Begründung der Zuständigkeitsregelung BT-Drucks 13/4899, 109). Maßgebend ist zwar allgemein die Auswahlbestimmung des § 1779; auch sind die §§ 1780 u 1781 zu beachten. Zu berücksichtigen ist aber in erster Linie das Interesse und das Wohl/der Schutz des Schutzbefohlenen sowie der unterschiedliche Anlaß und die andere Aufgabe des zu bestellenden Pflegers gegenüber einem Vormund. Auf die Bekenntnisfrage, insbesondere im Falle der Besorgung einzelner Angelegenheiten, darf ein eher geringer Wert gelegt werden. Für die Bestellung eines Kollisionspflegers wird in der Regel eine fremde Person (ggf ein Verein oder das Jugendamt) der Bestellung von Angehörigen vorzuziehen sein (ähnlich STAUDINGER/ENGLER[10/11] Rn 30 mN). Das LG Frankfurt aM (FamRZ 1991, 736 = Rpfleger 1991, 202) hat es als sachgerecht und dem Gesetzeszweck entsprechend angesehen, nicht gerade eine Person zum Ergänzungspfleger zu bestellen, die gleichgerichtete Interessen verfolgt oder mit dem Verfahrensbevollmächtigten des ausgeschlossenen Vertreters beruflich verbunden ist. Bei der Auswahl einer Ergänzungspflegerin für die Durchführung einer Erbauseinandersetzung ist dem Ziel, die Gefahr eines Interessenkonflikts unter den Erben zu vermeiden, Vorrang vor persönlichen Bindungen des „Mündels" und vor Kostengesichtspunkten einzuräumen (OLG Schleswig FamRZ 2003, 117 = JAmt 2002, 367).

3. Berücksichtigung von Vorschlägen

35 Im Rahmen der Ermessensentscheidung (OLG Hamm FamRZ 1997, 1516) des Gerichts nach § 1779 iVm § 1915 Abs 1 und § 1916 können Vorschläge der Eltern (oder des Vormunds) oder Dritter beachtet werden (GERNHUBER/COESTER-WALTJEN § 75 V 8). Ein **Vorschlagsrecht** ist **nicht** vorgesehen. Daß Vorschläge von Eltern wegen ihres Elternrechts gem Art 6 GG besonders zu berücksichtigen seien (LG München I Rpfleger 1975, 130; einschränkend LG Frankfurt aM FamRZ 1991, 736), wird dem Sinn und Zweck von § 1909 und § 1916 nicht gerecht. Eine (uneingeschränkte) Anwendung des § 1779 Abs 2 S 2 kommt nicht in Betracht. Läßt schon § 1916 die Vorschriften über die

Berufung zur Vormundschaft nicht gelten, so kann auch der mutmaßliche Wille der Eltern bei der Auswahl des Pflegers keine tragende und bindende Rolle spielen. Freilich können die Gerichte dahingehende Informationen im Rahmen von § 12 FGG zur Kenntnis nehmen. Die Einbeziehung von Eltern (oder des Vormunds) als wichtige Informationsträger ist in erster Linie ein Gebot der Vernunft und der Ermittlungspflicht aus § 12 FGG. Dem nach § 50 FGG ggf zu bestellenden Pfleger für das Verfahren, in dessen Verlauf es zur Auswahlentscheidung kommt (vgl § 1697 sowie § 621 Abs 1 Nr 1, Abs 2 Nr 1 ZPO), ist ebensowenig wie dem Minderjährigen ein Vorschlagsrecht eingeräumt.

4. Die Bestimmung des Zuwendenden (Abs 1 S 2)

36 Wird die Anordnung einer Ergänzungspflegschaft nach § 1909 Abs 1 S 2 erforderlich, so ist als Pfleger berufen, wer durch letztwillige Verfügung oder bei der Zuwendung unter Lebenden benannt worden ist (§ 1917 Abs 1). In diesem Falle sind die Vorschriften des § 1778 entsprechend anzuwenden, dh der Benannte darf ohne seine Zustimmung nur aus den dort genannten Gründen übergangen werden. Hervorzuheben ist daraus die Bestimmung des Abs 1 Nr 5 mit der Möglichkeit, daß der Mündel/Pflegebefohlene, der das vierzehnte Lebensjahr vollendet hat, der Bestellung widersprechen kann, sofern er nicht geschäftsunfähig ist.

5. Korrektur der Personalentscheidung

36a Ebenso wie der Vormund (dazu unmittelbar BayObLG FamRZ 1999, 1457) kann auch der Pfleger entlassen werden, jedoch nicht nach §§ 1837 Abs 4, 1666, sondern nur nach den §§ 1886–1889 iVm § 1915 Abs 1. Zulässig ist die Auslegung einer Beschwerde von Eltern gegen die Auswahl des Ergänzungspflegers als Antrag auf dessen Entlassung (BayObLGZ 2004, 113 = FamRZ 2004, 1817).

Eine Entlassung auf eigenen Wunsch (vgl für den Betreuer § 1908b Abs 2) hat das Gesetz für den Pfleger nicht vorgesehen. S aber auch § 1915 Rn 26.

VII. Zum Verfahren

1. Anordnung der Pflegschaft

a) Anordnung von Amts wegen

37 Das für die Anordnung einer Pflegschaft nach § 1909 zuständige Gericht ist berechtigt und verpflichtet, von Amts wegen die Voraussetzungen einer Pflegschaftsanordnung zu prüfen und über die Anordnung zu entscheiden (MünchKomm/Schwab Rn 60; Palandt/Diederichsen Rn 11; Soergel/Damrau Rn 19; Staudinger/Engler[10/11] Rn 31 mN). Entsprechende Anträge, auch die in § 1909 Abs 2 genannte Anzeige der Eltern oder des Vormunds, sind als Anregungen zu verstehen, die ein Verfahren in Gang setzen können. Sie sind aber weder Verfahrensvoraussetzung (Soergel/Damrau Rn 19 mN) noch Sachentscheidungsvoraussetzung. Wird eine als Antrag formulierte Anregung „zurückgenommen", entfällt damit nicht zwangsläufig die Befugnis des Gerichts zu (weiteren) Ermittlungen und zu einer Entscheidung; das Verfahren kann sich aber aus anderen Gründen erledigen (MünchKomm/Schwab Rn 60). Ist die Anordnung der Pflegschaft durch das Familiengericht zwangsläufig Folge einer Einschränkung der elterlichen Sorge, so entscheidet das Familiengericht von Amts wegen in einem isolierten Sorgerechtsverfahren oder aus Anlaß der Scheidungsfolgenregelung (§ 623 Abs 3 ZPO).

b) Keine Ermessensentscheidung

37a Die Entscheidung über die Anordnung einer Pflegschaft nach § 1909 liegt nicht im Ermessen des Gerichts. Bestehen Zweifel daran, daß Eltern oder der Vormund tatsächlich oder rechtlich verhindert sind (Abs 1), muß das Vormundschaftsgericht einen Pfleger bestellen (GERNHUBER/COESTER-WALTJEN § 75 V 2 S 1218). Liegen die Voraussetzungen des Abs 3 vor und stellt das Vormundschaftsgericht ein Bedürfnis für die Bestellung eines Ersatzpflegers fest, so hat es diese Entscheidung zu treffen.

Kommt das Familiengericht entweder in dem scheidungsunabhängigen Sorgerechtsverfahren oder bei der Scheidungsfolgenregelung zu dem Ergebnis, daß infolge des (teilweisen) Sorgerechtsentzugs eine Pflegschaft nach Abs 1 erforderlich ist, hat es diese anzuordnen. Entscheidungsspielraum besteht lediglich in der Frage, ob der (teilweise) Sorgerechtsentzug die zur Abwendung der Gefahr erforderliche und geeignete Maßnahme (§ 1666 Abs 1) ist. Handelt es sich um eine scheidungsunabhängige (isolierte) Sorgerechtsangelegenheit, so ist das Familiengericht nicht gehindert, in einer einheitlichen Entscheidung zugleich auch den Pfleger auszuwählen, soweit den verfahrensrechtlichen Erfordernissen auch für die Auswahlentscheidung Genüge getan ist. Die amtliche Begründung zum KindRG nennt in diesem Zusammenhang die Beteiligung der auszuwählenden Person (BT-Drucks 13/4899, 110). Im Falle der Sorgerechtsentscheidung als Scheidungsfolgensache ist in den Verbund nur das Verfahren betreffend die Übertragung der elterlichen Sorge oder eines Teils der Sorge auf einen Vormund oder Pfleger wegen Gefährdung des Kindeswohls einbezogen. Die Auswahlentscheidung obliegt in diesem Verfahren wie bisher (s dazu STAUDINGER/BIENWALD[12] Rn 38 [zweiter Absatz]) dem Vormundschaftsgericht (BT-Drucks 13/4899, 110).

2. Sachliche Zuständigkeit*

38 Wird eine Ergänzungspflegschaft erforderlich, weil die Eltern kraft Gesetzes von der Vertretung des Kindes ausgeschlossen sind (§§ 1629 Abs 2 S 1, 1795), ist die Anordnung der Pflegschaft vom Vormundschaftsgericht zu treffen (COESTER Anm zu OLG Stuttgart FamRZ 1999, 1601 m Anm BIENWALD FamRZ 2000, 439; KRAISS BWNotZ 1999, 49, 50. Die Frage ist noch immer umstritten, obwohl das OLG Stuttgart [18. ZS] an seiner Auffassung nicht mehr festhält [Mitteilung des OLG Stuttgart [16. ZS] BWNot 2000, 19]. Für die Zuständigkeit des Familiengerichts OLG Zweibrücken FamRZ 2000, 243 = FGPrax 1999, 179 = Rpfleger 1999, 489 = NJW-RR 2000, 1679; FamRZ 2000, 764 = DAVorm 2000, 423; BayObLG [4. ZS] FamRZ 2000, 568 = Rpfleger 2000, 158 = DAVorm 2000, 420; OLG Hamburg [2. ZS] KindPrax 2000, 163; BayObLG [1. ZS] FamRZ 2000, 1111 = NJWE-FER 2000, 177 m Anm REGLER Rpfleger 2000, 305, 307; BayObLG [4. ZS] FamRZ 2000, 1604 [LS]; OLG Dresden FamRZ 2001, 715 – Rpfleger 2000, 497 = DAVorm 2000, 794 = NJW-RR 2000, 1677; BayObLG FamRZ 2001, 716, 717 [1. ZS]; OLG Hamm FamRZ 2001, 717 m Anm BESTELMEYER NJW-RR 2001, 437; BayObLG [4. ZS] FamRZ 2001, 775, 776; LG Berlin FamRZ 2004, 905; WESCHE Rpfleger 2000, 145).

---

* **Schrifttum:** DNotI-Report 2003, 25 ff (aus der Gutachtenpraxis des DNotI).

Nach OLG Hamm (FamRZ 2001, 717 m Anm Bestelmeyer) ist das Familiengericht auch für die Auswahl des Ergänzungspflegers ausschließlich zuständig. Lediglich die Bestellung des Pflegers (§§ 1789, 1915 Abs 1) obliege noch dem Vormundschaftsgericht (aA BayObLG FamRZ 2000, 568 – Rpfleger 2000, 158 = DAVorm 2000, 420, wonach für die Auswahl des Pflegers entweder nach § 1915 Abs 1, § 1779 das Vormundschaftsgericht oder nach § 1697 das Familiengericht zuständig ist, da das KindRG die Zuständigkeit des Familiengerichts auf die Auswahl des Pflegers neben der nach wie vor gegebenen Zuständigkeit des Vormundschaftsgerichts erstreckt hat). Die Zuständigkeit des Familiengerichts für die Anordnung einer Ergänzungspflegschaft und die Auswahl des Pflegers iS des § 1697 beschränkt sich auf die Fälle, in denen durch vorhergehende Maßnahmen des Familiengerichts ein solches Bedürfnis ausgelöst worden ist (OLG Thüringen FamRZ 2003, 1311; OLG-NL 2003, 191). Das Familiengericht ist in den Fällen nicht zuständig, in denen die Ergänzungspflegschaft sich bereits aus dem Gesetz ergibt. In diesen Fällen liegt regelmäßig auch keine die Zuständigkeit des Familiengerichts nach § 1693 begründende Dringlichkeit vor (OLG Thüringen aaO).

Für die Zuständigkeit des Vormundschaftsgerichts auch OLG Stuttgart ([16. ZS] FamRZ 2000, 1240 [LSe] = BWNotZ 2000, 19); OLG Karlsruhe (FamRZ 2000, 568; FamRZ 2001, 41); KG (FamRZ 2001, 719 [ausschließlich Vormundschaftsgericht mit Ausnahme von Angelegenheiten nach § 1697]; Beschluß vom 25. 9. 1998, zit bei Zorn FamRZ 2000, 719, 720 [Fn 23]); OLG Stuttgart ([17. ZS] FamRZ 2001, 364 = Rpfleger 2001, 129); außerdem Palandt/ Diederichsen BGB § 1697 Rn 1 und § 1693 Rn 2; Zorn FamRZ 2000, 719, 720 (insofern weitergehend, als die Anordnung einer Ergänzungspflegschaft allein nach §§ 1909, 1915, 1774 zu erfolgen habe); OLG Köln (FamRZ 2002, 1655 [Zuständigkeit des Familiensenats in einer Vormundschaftssache – abgelehnte Bestellung eines Ergänzungspflegers – lediglich nach dem Prinzip der formellen Anknüpfung]). Offengelassen von OLG Hamburg (FamRZ 2001, 719, das von einer Doppelzuständigkeit ausgeht, aber darauf hinweist, daß beide Auffassungen in Eilfällen die Zuständigkeit des Familiengerichts annehmen [vgl auch OLG Stuttgart [17. ZS] FamRZ 2001, 364). Ebenso offengelassen von OLG Naumburg (FamRZ 2003, 1406), weil keine Ergänzungspflegschaft erforderlich (anläßlich des Todes eines Elternteils zugefallene Leistung aus einer Lebensversicherung ist kein Erwerb von Todes wegen). Keine Zuständigkeit des Familiengerichts zur Übertragung von Teilbereichen der elterlichen Sorge vom Vormund (JAmt) auf Pflegeeltern (AG Köln JAmt 2003, 49); für den Fall des Vertretungsausschlusses der Eltern das Vormundschaftsgericht (BayObLG-Rp 2004, 322 = FamRZ 2004, 1055 [Vorlagebeschluß an den BGH wegen Abweichung von OLG Köln Rp 2003, 290 = ZMR 2004, 189 = Rpfleger 2003, 570]).

3. Örtliche Zuständigkeit

In Vormundschaftssachen ergibt sich die örtliche Zuständigkeit aus § 36 Abs 1 bis 4 FGG, die auf die Pflegschaften nach § 1909 Anwendung finden (§ 37 Abs 1 S 2 FGG). Danach ist für die Pflegschaften des § 1909 grundsätzlich das Gericht zuständig, in dessen Bezirk der Mündel/Pflegebefohlene zu der Zeit, zu der die Anordnung der Pflegschaft erforderlich wird, seinen Wohnsitz oder bei Fehlen eines inländischen Wohnsitzes seinen Aufenthalt hat (§ 36 Abs 1 S 1 FGG). Der für die Pflegschaft für ein nichtehelich geborenes Kind nach § 1706 aF geltende § 36 Abs 5 FGG ist durch das Beistandschaftsgesetz (Art 2 Nr 2) aufgehoben worden. Ist bei einem inländischen Gericht bereits eine Vormundschaft für denjenigen, der nach § 1909 einen Pfleger erhalten soll, anhängig, so ist für diese nach § 1909 erforderlich werdende Pflegschaft dieses Gericht der Vormundschaft zuständig (§ 37 Abs 1 S 1 FGG).

§ 36b FGG, der bisher die vorläufige Zuständigkeit des Vormundschaftsgerichts in Fällen kraft Gesetzes eingetretener Vormundschaft und Pflegschaft regelte, trifft nur noch für die Amtsvormundschaft zu. Zu beachten ist ferner § 43 Abs 2 FGG, wonach das Gericht zuständig ist, bei dem die Pflegschaft/Vormundschaft anhängig ist, wenn die Person, deretwegen das Vormundschaftsgericht tätig werden muß, unter Pflegschaft/Vormundschaft steht.

Ordnet das Familiengericht als Folge einer sorgerechtlichen Entscheidung die Pflegschaft nach § 1909 an, gilt im Falle eines scheidungsunabhängigen Sorgerechtsverfahrens nichts anderes. Ist im Zusammenhang mit einer Scheidung über die Anordnung einer Pflegschaft zu entscheiden, ist das Gericht des Scheidungsverbundes zuständig (§ 621 Abs 1 u Abs 2 S 1 Nr 1 ZPO). Wird eine Ehesache rechtshängig, während eine andere Familiensache betreffend die Übertragung der elterlichen Sorge oder eines Teils von ihr wegen Gefährdung des Kindeswohls auf einen Vormund oder Pfleger bei einer anderen Abteilung im ersten Rechtszug anhängig ist, so ist diese von Amts wegen an die Abteilung der Ehesache abzugeben (§ 23b Abs 2 S 2 Nr 1 GVG).

Die örtliche Zuständigkeit in Ehesachen richtet sich nach § 606 ZPO. Ist im Anschluß an die Anordnung der Pflegschaft im Scheidungsverbund vom Vormundschaftsgericht die Auswahl des Pflegers zu treffen, kann die örtliche Zuständigkeit beider Gerichte differieren, zB wenn sich das minderjährige Kind bei einer Pflegefamilie befindet.

Bestellt das Gericht gemäß §§ 1791b, 1915 Abs 1 das Jugendamt zum Pfleger, richtet sich dessen Zuständigkeit nach § 87c Abs 3 KJHG (SGB VIII). Besteht nach Beendigung einer gesetzlichen Amtspflegschaft bzw einer Beistandschaft und einem Aufenthaltswechsel des Kindes (weiterhin) Bedarf für die Anordnung einer Ergänzungspflegschaft (in diesem Falle zwecks Fortsetzung eines gemäß § 241 ZPO unterbrochenen Unterhaltsbetragsverfahrens), kann es aus Gründen des Kindeswohls gerechtfertigt sein, abweichend von der Regelung in § 87c Abs 3 S 1 KJHG (SGB VIII) das bisher mit der Sache befaßte Jugendamt als Pfleger zu bestellen (OLG Zweibrücken FamRZ 2002, 1064 = FGPrax 2001, 241 = JAmt 2002, 43).

4. Funktionelle Zuständigkeit

40 Grundsätzlich ist der Rechtspfleger funktionell zuständig (§ 3 Nr 2 Buchst a RPflG). Ein Richtervorbehalt besteht für die Anordnung einer Pflegschaft über einen Angehörigen eines fremden Staates einschließlich der vorläufigen Maßregeln (Art 24 EGBGB nF) und für die Anordnung einer Pflegschaft aufgrund dienstrechtlicher Vorschriften (§ 14 Abs 1 Nr 4 RPflG) im Falle der Abwesenheit des Beamten (§ 19 Abs 2 Nr 2 BDO) und der Abwesenheit des Soldaten (§ 78 Abs 2 Nr 2 WDO). In diesen Fällen steht die Auswahl und die Bestellung des Pflegers wiederum dem Rechtspfleger zu. Zu beachten sind weiterhin die Richtervorbehalte der Nrn 8 (Maßnahmen auf Grund des § 1666 zur Abwendung der Gefahr für das körperliche, geistige oder seelische Wohl des Kindes), 15 (elterliche Sorge nach § 1671, § 1672 usw) und 19 (Maßnahmen, welche die religiöse Kindererziehung betreffen) des § 14 RPflG. Wird im Rahmen des Scheidungsverbundes eine Pflegschaft angeordnet, trifft der Richter diese Entscheidung; ebenso ist der Richter zuständig, wenn in einem isolierten Sorgerechtsverfahren infolge eines Sorgerechtsverfahrens nach § 1666 eine Pflegschaft angeordnet wird (§ 14 Abs 1 Nr 8 RPflG) oder nach § 1678 Abs 2, § 1680 Abs 2 in Betracht kommt (§ 14 Abs 1 Nr 15 RPflG).

5. Verfahren ieS, insbesondere Anhörungen

Das Verfahren wird nach wie vor durch seine Zweigliedrigkeit bestimmt. Anders als im Betreuungsrecht sind die Anordnung der Pflegschaft (durch den Richter) und die Auswahl und Bestellung des Pflegers zu unterscheiden (für die Vormundschaft STAUDINGER/ENGLER [2004] § 1774 Rn 3 und 17). Zum Pflegschaftsverfahren gehört nicht die Feststellung der Voraussetzungen für ihre Anordnung im Falle von Abs 3. Soweit das Verfahren in einer Hand liegt, lassen sich die von Amts wegen vorzunehmenden Ermittlungen und insbesondere die erforderlichen Anhörungen und Beteiligungen in den verschiedenen Verfahren koordinieren. Zur Wirksamkeit der Anordnungsentscheidung s STAUDINGER/ENGLER (2004) § 1774 Rn 17; BGB-RGRK/DICKESCHEID § 1774 Rn 5.

41

Das Jugendamt ist vor einer Entscheidung zu hören: nach § 49a Abs 1 Nr 1 FGG im Falle einer Entscheidung des Familiengerichts nach § 1666, die zu einer Pflegschaftsanordnung führen kann, sowie nach § 1779 Abs 1 iVm § 1915 Abs 1, wenn es um die Auswahl des Pflegers geht. Den genannten Anhörungen entspricht die in § 50 Abs 1 S 2 KJHG (SGB VIII) normierte Mitwirkungspflicht des Jugendamts in Verfahren vor dem Vormundschafts- und dem Familiengericht sowie die Verpflichtung des Jugendamts, dem Vormundschaftsgericht (Familiengericht) Personen und Vereine vorzuschlagen, die sich im Einzelfall zum Pfleger eignen (§ 53 Abs 1 KJHG [SGB VIII]). Eine ausdrückliche Verpflichtung gegenüber dem Familiengericht enthält die Vorschrift nicht; angesichts der erheblich veränderten Entscheidungszuständigkeiten und Anhörungsbestimmungen in §§ 49, 49a FGG hätte es nahegelegen, § 53 Abs 1 KJHG (SGB VIII) entsprechend zu ergänzen. Man darf hier wohl ein Redaktionsversehen annehmen; Gründe für eine anderslautende Regelung sind nämlich nicht ersichtlich.

Bevor das Vormundschaftsgericht den Pfleger auswählt, hat es das Jugendamt zu hören (§§ 1779 Abs 1, 1915 Abs 1). Dem entspricht die Verpflichtung des Jugendamtes, dem Vormundschaftsgericht Personen und Vereine vorzuschlagen, die sich im Einzelfall zum Pfleger eignen (§ 53 Abs 1 KJHG [SGB VIII]). Im übrigen ist das Jugendamt verpflichtet, das Vormundschaftsgericht und das Familiengericht bei allen Maßnahmen, die die Sorge für die Person von Kindern und Jugendlichen betreffen, zu unterstützen (§ 50 Abs 1 S 1 KJHG [SGB VIII]). Das kann auch eine Eignungsprüfung der in Betracht kommenden Pflegerperson sein.

Die Anhörung der Eltern in einem Verfahren, das die Personen- oder Vermögenssorge für ein Kind betrifft, insbesondere ihre persönliche Anhörung in Fällen der §§ 1666, 1666a, regelt § 50a FGG (näher dazu KEIDEL/ENGELHARDT § 50a FGG Rn 4 ff). Zur Anhörung des betroffenen Kindes s § 50b FGG; zur Bestellung eines Pflegers für das Verfahren, soweit dies zur Wahrnehmung der Interessen des/der Minderjährigen erforderlich ist, s § 50 FGG. Da für die Zwecke einer Pflegschaftsanordnung und Pflegerbestellung nach den §§ 1909 ff eine Entziehung der gesamten Personensorge ursächlich sein kann (§§ 1666, 1666a), handelt es sich in solchen Fällen um eine Regelbestellung nach § 50 Abs 2 Nr 3 FGG.

§ 1847 iVm § 1915 Abs 1 sieht die Anhörung von Verwandten oder Verschwägerten des Pflegebefohlenen vor, wenn dies ohne erhebliche Verzögerung und ohne unverhältnismäßige Kosten geschehen kann (ausführlich zu Bedeutung und Gesetzgebungsgeschichte dieser Vorschrift s STAUDINGER/ENGLER [2004] § 1779 Rn 43 ff). Im Falle tatsächlicher Verhinderung des Vormundes kann diese Anhörung schon deshalb geboten sein, weil sich daraus Anhaltspunkte ergeben können, die Anordnung einer Pflegschaft zu vermeiden. Die Verwandten und Verschwägerten können von dem Pflegebefohlenen Auslagenersatz verlangen (§§ 1779 Abs 3 S 2, 1915 Abs 1).

Zur Anhörung von Verwandten und Verschwägerten bei der Auswahl des Pflegers s § 1779 Abs 3 S 1, 2 iVm § 1915 Abs 1. Zur Frage der Anwendbarkeit des geänderten § 1779 Abs 2 S 2 s oben Rn 35.

Wird die Anordnung einer Pflegschaft nach § 1909 Abs 1 S 2 erforderlich, ist in bezug auf die Personalentscheidung § 1778 entsprechend anzuwenden (§ 1917 Abs 1 HS 2). Im einzelnen s dort. Das Widerspruchsrecht des mindestens 14 Jahre alten Pflegebefohlenen aus § 1778 Abs 1 Nr 5 verlangt seine Information über die Benennung des Pflegers durch den Verstorbenen bzw den Zuwender.

6. Rechtsbehelfe

42 Für die Rechtsmittelzuständigkeit und das Rechtsmittelverfahren sind folgende Unterscheidungen beachtlich:

Rechtsmittelzuständigkeit und Rechtsmittelverfahren richten sich danach, welches Gericht bzw welcher Spruchkörper tatsächlich tätig geworden ist (BayObLGZ 2000, 216 = FamRZ 2001, 716). Mit der (einfachen) Beschwerde kann sowohl die Anordnung der Ergänzungspflegschaft als auch (darauf beschränkt) die Auswahl des Pflegers angefochten werden. Für eine Beschwerde gegen die Anordnung der Ergänzungspflegschaft wegen rechtlicher Verhinderung der Eltern sind diese oder der allein sorgeberechtigte Elternteil im eigenen Namen beschwerdeberechtigt. Eltern können im Namen des Kindes, dem ein Ergänzungspfleger bestellt werden sollte, Beschwerde einlegen, auch wenn sie von der gesetzlichen Vertretung des Kindes bzgl der die Ergänzungspflegschaft betreffenden Rechtsgeschäfte ausgeschlossen sind (BayObLG FamRZ 2000, 1111). Hat anstelle des (zuständigen) Familiengerichts das Vormundschaftsgericht die Pflegschaft angeordnet und den Pfleger ausgewählt, trifft die Beschwerdeentscheidung nicht ein Familiensenat des OLG, sondern das Landgericht (OLG Zweibrücken FamRZ 2002, 1064 = FGPrax 2001, 241, 242 = JAmt 2002, 13). Entscheidet über die Beschwerde gegen einen Beschluß, durch den das Amtsgericht (Familiengericht) eine Ergänzungspflegschaft angeordnet hat, das Landgericht, so ist eine weitere Beschwerde statthaft (BayObLGZ 2000, 216 = FamRZ 2001, 716).

Bei der Anordnung der Pflegschaft und der Auswahl des Pflegers handelt es sich um selbständige Verfahrensgegenstände, so daß eine Beschwerde auf die Anfechtung der Auswahlentscheidung beschränkt werden kann (OLG Zweibrücken aaO; BayObLG FamRZ 1989, 1342, 1343; 2000, 1111, 1112 jeweils mwN). Gegen die Anordnung einer Pflegschaft nach § 1909 steht den Eltern und dem Vormund, gegebenenfalls den Vormündern (nicht jedoch dem Gegenvormund), die Beschwerde nach §§ 19, 20 FGG und gegebenenfalls die weitere Beschwerde nach § 27 FGG zu, ebenso bei Unterpflegschaft dem Pfleger (MünchKomm/Schwab Rn 63 mN; BayObLG FamRZ 2000, 1111). Gegen die Anordnung einer Ergänzungspflegschaft mit dem Wirkungskreis der Verwaltung des den Kindern durch letztwillige Verfügung zugewendeten Vermögens steht dem ausgeschlossenen Inhaber der elterlichen Sorge die Beschwerde in eigenem Namen zu (BayObLG FamRZ 1989, 1342 im Anschluß an BayObLGZ 1964, 263 = FamRZ 1964, 522). Eltern, denen die Vermögenssorge entzogen wurde, können ihre Kinder im Beschwerdeverfahren gegen die abgelehnte Entlassung des Vermögenspflegers vertreten (BayObLG FamRZ 2004, 1817). Unter den Voraussetzungen des § 59 FGG kann das über 14 Jahre alte Kind gegen die Anordnung einer Pflegschaft nach § 1909, die eine Vermögensangelegenheit betrifft, Beschwerde einlegen (Keidel/Engelhardt § 59 FGG Rn 12).

Gegen eine die Entlassung des Ergänzungspflegers seines Kindes ablehnende Entscheidung des Vormundschaftsgerichts steht dem nicht sorgeberechtigten Vater in der Regel kein Beschwerderecht zu, wenn es ausschließlich um die Sicherung einer unbestrittenen vermögensrechtlichen Priorität des Kindes geht (BayObLGZ 1999, 59 = FamRZ 2000, 251).

Die Beschwerde gegen die Ablehnung der Anordnung oder die Aufhebung der Pflegschaft steht nach § 57 Abs 1 Nr 3 FGG jedem zu, der ein rechtliches Interesse an der Änderung der Verfügung hat, im Falle des § 1909 auch dem Ehegatten sowie den Verwandten und Verschwägerten des Pflegebefohlenen, desgleichen den Eltern, die im Namen des Kindes handeln, dem ein Ergänzungspfleger bestellt werden sollte, auch wenn sie von der gesetzlichen Vertretung des Kindes bzgl der die Ergänzungspflegschaft betreffenden Rechtsgeschäfte ausgeschlossen sind (BayObLG FamRZ 2000, 1111, 1112). Zu den Verschwägerten zählen nach § 11 Abs 2 LPartG auch die Verwandten des eingetragenen Lebenspartners. Ein eigenes rechtliches Interesse an der Anordnung einer Ergänzungspflegschaft und ein Beschwerderecht gegen ihre Ablehnung kann auch für den Schuldner einer Nachlaßforderung in Frage kommen, die dem Betroffenen als Erben zusteht (BayObLG FamRZ 1990, 909).

Der Pfleger hat gegen die Aufhebung oder Einschränkung der Pflegschaft kein eigenes Beschwerderecht (Erman/Holzhauer Rn 8 mN; MünchKomm/Schwab Rn 64; Keidel/Engelhardt § 57 FGG Rn 19 mN; s auch Staudinger/Engler [2004] § 1774 Rn 18; OLG Köln FamRZ 1999, 871).

Dem nach § 1917 Abs 1 berufenen und zunächst bestellten, auf Beschwerde hin aber wieder entlassenen Ergänzungspfleger steht die sofortige Beschwerde zu (§ 60 Abs 1 Nr 1 u 3 FGG). Ziel der Beschwerde kann nur (noch) die Entlassung des bereits bestellten Nachfolgepflegers sein (BayObLGZ 1997, 93 = DNotZ 1998, 491 = NJWE-FER 1997, 202, 203). Die Auswahl eines neuen Pflegers ist mit der nicht fristgebundenen (weiteren) Beschwerde anfechtbar (BayObLG FamRZ 1994, 781). Die geschiedene Ehefrau des ernannten Ergänzungspflegers kann auch im Namen ihrer Kinder, für die sie sorgeberechtigt ist und denen ein Widerspruchsrecht nach § 1917 Abs 1, § 1778

Abs 1 Nr 5 zusteht, Beschwerde einlegen (BayObLG aaO). Zur Anfechtung der Auswahlentscheidung s STAUDINGER/ENGLER (2004) § 1779 Rn 51 ff sowie KEIDEL/ENGELHARDT § 57 FGG Rn 38. Soweit das Familiengericht sowohl über die Voraussetzungen einer Pflegschaftsanordnung, die Maßnahme selbst und auch über die Auswahl des Pflegers entscheidet (§ 1697), entspricht dies zwar nicht vollständig einer Einheitsentscheidung des Betreuungsrechts (§ 1896, § 69 FGG); wegen des zeitlichen Zusammenhangs (äußerlich einheitliche Entscheidung; Identität des Spruchkörpers) sollte – entsprechend dem Betreuungsrecht (vgl dazu BIENWALD, BtG/BtBG³ § 69g Rn 7) – eine Beschränkung des Rechtsmittels auf die Frage der Auswahl des Pflegers vorgenommen werden dürfen (so für das bisherige Recht BayObLGZ 1997, 93 = DNotZ 1998, 491).

Die gegen die Zurückweisung der Beschwerde gegen die Auswahl des Pflegers eingelegte, weitere Beschwerde ist rechtsmißbräulich (BayObLG FamRZ 1999, 1095).

Das Rechtsmittel gegen die Anordnung einer Ergänzungspflegschaft durch das Familiengericht ist die befristete Beschwerde nach § 621e ZPO (OLG Bamberg FamRZ 2005, 1500).

VIII. Beendigung der Pflegschaft des § 1909

1. Grundsatz

43 Die Ergänzungspflegschaft ist aufzuheben (§ 1919), wenn die Verhinderung der oder des Sorgeberechtigten oder das Bedürfnis, eine bestimmte Angelegenheit zu besorgen, nachträglich weggefallen ist oder von vornherein nicht bestand (BayObLG Rpfleger 1990, 119). Sie endet kraft Gesetzes mit dem Tod oder der Todeserklärung des Minderjährigen (§§ 1884 Abs 2, 1915 Abs 1; ERMAN/HOLZHAUER Rn 19). Sie endet – als Surrogat oder „Annex" des elterlichen oder vormundlichen Schutzes (STAUDINGER/ENGLER[10/11] § 1918 Rn 3) – mit der Beendigung der elterlichen Sorge oder der Vormundschaft mit dem Erreichen der Volljährigkeit (§ 1918 Abs 1). Der Beendigung der elterlichen Sorge ist ihr Ruhen gleichzusetzen (GERNHUBER/COESTER-WALTJEN § 75 V 10 mN). War die Ergänzungspflegschaft lediglich zur Besorgung einer einzelnen Angelegenheit angeordnet worden, endigt sie mit deren Erledigung (§ 1918 Abs 3), ohne daß es einer konstitutiv wirkenden Aufhebung durch das Vormundschaftsgericht bedarf (STAUDINGER/ENGLER[10/11] § 1918 Rn 10, § 1909 Rn 35).

2. Absatz 3

44 Im Falle des Abs 3 (Ersatzpflegschaft) ist die Pflegschaft aufzuheben, wenn der Vormund bestellt ist (ERMAN/HOLZHAUER Rn 20; STAUDINGER/ENGLER[10/11] § 1919 Rn 2).

3. Zum Aufhebungsverfahren

45 In Ermangelung spezieller Verfahrensbestimmungen für die Aufhebung einer Pflegschaft nach § 1909 sind die allgemeinen Vorschriften des FGG anzuwenden.

Die Zuständigkeiten des Gerichts richten sich nach den §§ 35 ff FGG (auch die Aufhebung ist eine „Verrichtung"). Das Gericht hat den Sachverhalt, die Gründe für die Aufhebung bzw das Entfallen der Pflegschaft, von Amts wegen festzustellen und ggf sich der geeigneten Aufklärungs- und Beweismittel zu bedienen. Eine verpflichtende Anhörung des Jugendamtes vor der Entscheidung über die Aufhebung der Pflegschaft und die Entlassung eines Pflegers wurde auch durch das KindRG nicht eingeführt (zur Rechtslage bis zum KindRG OLG Hamm FamRZ 1997, 1561, 1562).

Die Pflegschaft wird vom Vormundschaftsgericht auch dann aufgehoben (§ 1919), wenn das Familiengericht im Anschluß an eine Sorgerechtsentscheidung gemäß § 1666 die Pflegschaft angeordnet und später die Sorgerechtsentscheidung gemäß § 1696 Abs 2 wieder aufgehoben hat. Eine andere Zuständigkeit wurde durch das KindRG nicht eingeführt (vgl § 1697) und ist auch nicht angezeigt.

IX. Zur Bestellung eines Gegenvormundes

Nach § 1915 Abs 2 ist in allen Pflegschaftsfällen der §§ 1909 ff die Bestellung eines Gegenvormunds nicht erforderlich, selbst dann nicht, wenn die Voraussetzungen des § 1792 Abs 2 vorliegen (Mot IV 1269; STAUDINGER/ENGLER[10/11] § 1915 Rn 23). Die Bestellung eines Gegenvormunds ist wiederum auch nicht ausgeschlossen, beschränkt sich aber auf die Fälle, für die § 1792 eine Bestellung vorsieht. Neben dem nach § 1917 Abs 1 benannten Pfleger ist die Bestellung eines Gegenvormunds unzulässig, wenn der Erblasser oder der Zuwendende nach Maßgabe des § 1917 Abs 2 S 1 die Bestellung eines Gegenvormunds ausgeschlossen hat (STAUDINGER/ENGLER[10/11] § 1915 Rn 23). **46**

§ 1910 (aufgehoben)

Die Vorschrift wurde durch Art 1 Nr 48 des Betreuungsgesetzes (BtG) vom 12. 9. 1990 (BGBl I 2002, 2008) aufgehoben. Sie regelte die Voraussetzungen für die Anordnung einer Pflegschaft für Volljährige, die infolge körperlicher oder geistiger Gebrechen ganz oder teilweise außerstande waren, ihre Angelegenheiten zu besorgen. An die Stelle der Gebrechlichkeitspflegschaft ist die Bestellung eines Betreuers nach Maßgabe der §§ 1896 ff getreten. Zur früheren Rechtslage STAUDINGER/BIENWALD (1999) Vorbem 12 zu §§ 1896 ff und STAUDINGER/ENGLER[10/11] § 1910.

§ 1911
Abwesenheitspflegschaft

(1) Ein abwesender Volljähriger, dessen Aufenthalt unbekannt ist, erhält für seine Vermögensangelegenheiten, soweit sie der Fürsorge bedürfen, einen Abwesenheitspfleger. Ein solcher Pfleger ist ihm insbesondere auch dann zu bestellen, wenn er durch Erteilung eines Auftrags oder einer Vollmacht Fürsorge getroffen hat, aber Umstände eingetreten sind, die zum Widerruf des Auftrags oder der Vollmacht Anlass geben.

(2) Das Gleiche gilt von einem Abwesenden, dessen Aufenthalt bekannt, der aber an der Rückkehr und der Besorgung seiner Vermögensangelegenheiten verhindert ist.

Materialien: E I § 1740; II § 1788; III § 1887; Mot IV 1256; Prot IV 856; STAUDINGER/BGB-Synopse 1896–2005 § 1911.

Schrifttum

S das Verzeichnis des älteren Schrifttums bei STAUDINGER/ENGLER[10/11] Fn zu § 1911.
Neueres Schrifttum:
BEITZKE, Pflegschaften für Handelsgesellschaften und juristische Personen, in: FS Ballerstedt (1975) 185

HEINZE, Abwesenheitspflegschaft bei notleidender Baufinanzierung, Rpfleger 2003, 188
ZUMSCHLINGE/ANKER, Die Veräußerung von Vermögenswerten durch einen Abwesenheitspfleger als Schädigung im Sinne von § 1 Abs 3 VermG, ZOV 1995, 102.

Systematische Übersicht

I.	**Allgemeines**		**V.**	**Zum Verfahren**
1.	Regelungszweck	1	1.	Verfahrenseinleitung 15
2.	Ausgeschlossene Fälle	2	2.	Zuständigkeiten 16
3.	Handlungsbegrenzung	3	3.	Endigung 17
4.	Pflegschaft ausschließlich für Volljährige	4	4.	Rechtsbehelfe 18
5.	Unanwendbarkeit	5	**VI.**	**Wirkungen der Abwesenheitspflegschaft** 19
II.	**Pflegschaften für Abwesende außerhalb des BGB**	6	**VII.**	**Zur Auswahl des Abwesenheitspflegers** 22
III.	**Voraussetzungen für die Abwesenheitspflegschaft des § 1911**		**VIII.**	**Sonstige Rechtsfolgen**
1.	Abwesenheit	7	1.	Aufwendungsersatz und Vergütung 23
2.	Vermögensangelegenheiten	8	2.	Haftung 24
3.	Fürsorgebedürfnis	9	**IX.**	**Abwesenheitspflegschaft nach dem Familiengesetzbuch der DDR** 25
IV.	**Einzelheiten zu Abs 1 S 2 und Abs 2**			
1.	Abs 1 S 2	13		
2.	Abs 2	14		

Alphabetische Übersicht

Abgabenordnung (AO)	6	Ausländische Abwesende	16
Abwesenheit	7	Außergerichtliche Vertretung	20
Abwesenheitspflegschaften außerhalb des BGB	6	Auswahl des Abwesenheitspflegers	18, 22
Aufgebot für Todeserklärung	3	Auswahlentscheidung	22
Auftragserteilung	13	Autonome Vorsorge	5
Aufwendungsersatz	6, 23	Baugesetzbuch	6
Auseinandersetzung bei Gütergemeinschaft	6	Beauftragung	14
Auseinandersetzungsverfahren	6	Beendigung durch Beschluß	20
Ausgeschlossene Fälle	2	Befugnisse des Pflegers	3
		Benennungsrecht der Eltern	22

Titel 3
Pflegschaft

§ 1911

Beschlagnahme	6	Personalpflegschaft	1
Beschlußinhalt	21	Pfleger ohne Vertretungsmacht	3
Beschwerde	18	Pflegschaft für Volljährige	4
Beschwerdebefugnis	18	Postmortale Pflegschaft	7
Bevollmächtigung	14		
Bundesdisziplinarordnung	6	Rangbereinigung im Grundbuch	6
Bundesnotarordnung	6	Rechtsbehelfe	18
		Rechtsgeschäftlicher Status des Abwesenden	19
DDR	6	Regelungszweck	1
Drittinteresse	10	Religiöses Bekenntnis	22
Einigungsvertrag	24, 27	Sachenrechtsbereinigungsgesetz	6
Einleitung des Verfahrens	15	Schutz- und Fürsorgebedürfnis	9
Endigung der Abwesenheitspflegschaft	17	Selbstverwaltung	5
Enteignungsverfahren	6	Sozialgesetzbuch	6
Erforderlichkeit	4	Staatliches Notariat DDR	25 ff
Erteilung eines Auftrags	13		
Erweiterung des Wirkungskreises	18	Todeserklärung, Aufgebot für	3
Familiengesetzbuch DDR	25	Übernahmepflicht	6
Flurbereinigungsgesetz	6	Umlegungsverfahren	6
Fürsorgebedürfnis	9, 13	Unanwendbarkeit der Norm	5
		Unbekannter Aufenthalt	7
Gerichtliche Vertretung	20	Unlautere Machenschaften iSd VermG	29
Gesetzliche Vertretung	20	Unzulässige Abwesenheitspflegschaft	3
Grundbuchbereinigungsgesetz	7		
		Verfahrenseinleitung	15
Haftung	24	Verfahrensrecht	6
Handlungsbegrenzung	3	Vergütung	24
Hauptpflicht	21	Verhinderung des Abwesenden	14
		Vermögensangelegenheiten	8
Informationspflicht des Pflegers	21	Vermögensbeschlagnahme	6
Internationalprivatrechtliche Zuständigkeit	6	Vermögenspflegschaft	8
Insolvenzordnung	6	Vertreter ohne Vertretungsmacht	3
Insolvenzverfahren, Eröffnungsantrag	8	Verwaltungsverfahren SGB X	6
		Verwaltungsverfahrensgesetz	6
Landbeschaffungsgesetz	6	Volljährige	4
		Vollmachterteilung	13
Minderjährige, keine Abwesenheitspflegschaft für	4	Voraussetzungen	7 ff
Nutzungsverhältnis	8	Wesentliche Erschwerung	14
		Widersprüchliches Handeln	19
Ort des Fürsorgebedürfnisses	7	Wirkungen der Abwesenheitspflegschaft	19
		Wirkungskreis	21
Persönliche Angelegenheiten, keine Abwesenheitspflegschaft für	2 f	Zuständigkeiten	16
		Zuständigkeitsergänzungsgesetz	6

I. Allgemeines

1. Regelungszweck

1 Die Vorschrift bezweckt die Förderung der Interessen des Abwesenden (BayObLG OLGE 30, 160). Sie entspricht dem Bedürfnis, den Abwesenden in seinen Vermögensangelegenheiten zu schützen. Unverkennbar besteht eine Nähe zur Betreuerbestellung (§§ 1896 ff) bzw zur Gebrechlichkeitspflegschaft früheren Rechts (§ 1910 aF). Auch die Abwesenheitspflegschaft ist Fürsorge für jemand, der selbst außerstande ist (hier: infolge der Abwesenheit), das Erforderliche zu tun oder zu veranlassen. Lediglich die Gründe des Unvermögens unterscheiden sich. Die Sorge für das Vermögen, das unvertreten ist, ist alt (zum früheren Recht s STAUDINGER/ENGLER[10/11] Rn 1 sowie das dort angegebene Schrifttum). Heute wird die Sorge für das Vermögen des Abwesenden als Personalpflegschaft verstanden (allgM; MünchKomm/SCHWAB Vor § 1909 Rn 8; SOERGEL/DAMRAU Rn 1; STAUDINGER/ENGLER[10/11] Rn 17). Dem Gegenstand nach handelt es sich aber um die Regelung von Vermögensangelegenheiten, um die Wahrnehmung von Vermögensinteressen. Der Aufgabeninhalt ist nicht personensorgebestimmt (im Ergebnis SOERGEL/ZIMMERMANN Rn 1).

2. Ausgeschlossene Fälle

2 Die Bestellung eines Abwesenheitspflegers zum Zwecke der Wahrnehmung persönlicher Angelegenheiten ist nach dem eindeutigen Wortlaut der Bestimmung nicht zulässig (GERNHUBER/COESTER-WALTJEN § 75 VI 2; MünchKomm/SCHWAB Rn 2; SOERGEL/ZIMMERMANN Rn 1; STAUDINGER/ENGLER[10/11] Rn 19). Eine Bestellung zur Wahrnehmung persönlicher Angelegenheiten wäre nichtig (OLG Koblenz FamRZ 1974, 222). Abwesenheitspflegschaft kommt danach zB nicht in Betracht für einen Eheprozeß (RGZ 126, 261); für eine Ehelichkeitsanfechtungsklage (LG Hamburg DRZ 1947, 103; nunmehr nach der Reform des Kindschaftsrechts: Anfechtung der Vaterschaft, s auch STAUDINGER/RAUSCHER [2000] § 1600 Rn 11 ff); für einen Ehescheidungsprozeß (OLG Oldenburg NdsRpfl 1949, 182); für die Vertretung (eines Antragstellers) in einem Unterhaltsrechtsstreit (AG Groß-Gerau FamRZ 1997, 305); für die Vertretung des volljährig gewordenen Mündels durch das Jugendamt im Kindschaftsprozeß (OLG Koblenz FamRZ 1974, 222); für eine Vaterschaftsfeststellungsklage (OLG Hamm FamRZ 1981, 205, 206); für eine Privat- oder Nebenklage nach einer Körperverletzung (OLG Frankfurt NJW 1950, 882); zu einem Strafantrag wegen Verletzung eines persönlichen Rechtsguts (BGHZ 18, 389, 395); zur Begründung eines Wohnsitzes (KG NJW 1956, 264); vgl auch JAKOBS FamRZ 1975, 239.

Offensichtlich in Verkennung der Rechtslage bestimmt die Verwaltungsvorschrift des zuständigen Sächsischen Staatsministeriums zur Durchführung bestimmter Regelungen des Sächsischen Bestattungsgesetzes v 30.6.1995 (Abl 916) zum Begriff des bestattungsverpflichteten „sonstigen Sorgeberechtigten" (§ 10 Abs 1 Nr 5 SächsBestG v 8.7.1994 – GVBl 1321), daß eine sorgerechtliche Beziehung ... „ferner bei den Pflegschaften in den nach Inkrafttreten des Betreuungsgesetzes noch verbliebenen Formen (§§ 1909, 1911 ff)" anzunehmen ist.

3. Handlungsbegrenzung

3 Zur Wahrnehmung persönlicher Angelegenheiten des Abwesenden ist der Pfleger

nach § 1911 nicht berechtigt, gleichgültig, ob dies dennoch bei der Pflegerbestellung so bestimmt worden ist oder der Pfleger von sich aus gehandelt hat oder handelt. Im letzten Fall handelt der Pfleger ohne Vertretungsmacht. Ist der Pfleger entgegen § 1911 zur Besorgung persönlicher Angelegenheiten vom Gericht bestellt worden, hat er keine Rechtsmacht. Nach überwiegender Ansicht (statt aller GERNHUBER/COESTER-WALTJEN § 75 VI 2, gestützt auf OLG Koblenz FamRZ 1974, 222, 223; aA MünchKomm/SCHWAB Rn 17 zu § 1919) ist die Bestellung (insoweit) nichtig. Entgegen der Ansicht von GERNHUBER/COESTER-WALTJEN (aaO) ist die (unzulässig) eingerichtete Pflegschaft jedoch immer dann und insoweit (deklaratorisch) aufzuheben, als die Bestellung nicht lediglich die Vertretung in einer persönlichen Angelegenheit betrifft (so war es im Falle der Entscheidung des OLG Koblenz FamRZ 1974, 222). Nur in einem solchen Falle besteht aufgrund des eindeutigen Wortlauts des Gesetzes die Klarheit, daß eine Vertretung des Abwesenden ausgeschlossen ist. Der Abwesenheitspfleger ist befugt, Privat- und Nebenklage in Fällen zu erheben, in denen es zur Verfolgung vermögensrechtlicher Ansprüche erforderlich erscheint (STAUDINGER/ENGLER[10/11] Rn 22 unter Berufung auf OLG Frankfurt NJW 1950, 264). Zur Stellung eines Strafantrags namens des Pflegebefohlenen ist der Abwesenheitspfleger nur berechtigt, soweit es sich um die Verletzung von Vermögensrechten handelt (STAUDINGER/ENGLER[10/11] Rn 22 aE mN). Eine Vertretung des Abwesenden gemäß § 1911 im Verfahren über die Anerkennung fremder Scheidungsurteile (für analoge Anwendung in Verfahren nach Art 7 § 1 FamRÄndG GEIMER NJW 1974, 1631) erscheint deshalb unproblematisch, weil nicht der Verfahrensgegenstand, sondern nur die Folgen des Verfahrens personenrechtlicher Natur sind. Obgleich die Kündigung eines Nutzungsverhältnisses an Haus und Mobiliar der Eltern zunächst eine Vermögensangelegenheit darstellt, handelte es sich im Falle des OLG Köln (NJW-RR 1997, 706, 707 = NJWE-FER 1997, 178 [LS]) um eine evidente Überschreitung der Vertretungsmacht, als statt dessen Haus und Mobiliar fremden Leuten zum Wohnen überlassen wurden und das Risiko eines Räumungsprozesses in Kauf genommen und damit den Interessen und dem mutmaßlichen Willen der Abwesenden zuwidergehandelt wurde.

Als gesetzlicher Vertreter des Verschollenen (OLG Düsseldorf FamRZ 1998, 109 = ZEV 1998, 106 mN) ist der Abwesenheitspfleger berechtigt, das Aufgebot zum Zwecke der Todeserklärung zu beantragen und den Abwesenden für tot erklären zu lassen (§ 16 Abs 2 VerschG). Er benötigt dafür die Genehmigung des Vormundschaftsgerichts (§ 16 Abs 3 VerschG). Als Antragsberechtigtem steht ihm gegen den Beschluß, durch den der Verschollene für tot erklärt wird, das Recht der sofortigen Beschwerde (§ 26 Abs 1 VerschG) unabhängig davon zu, ob er ein rechtliches Interesse an der Aufhebung der Todeserklärung hat (OLG Düsseldorf FamRZ 1998, 109, 110 = ZEV 1998, 106, 107). Einer vormundschaftsgerichtlichen Genehmigung bedarf der Antragsteller im Beschwerdeverfahren nicht (BGHZ 18, 389, 396).

4. Pflegschaft ausschließlich für Volljährige

Die Abwesenheitspflegschaft ist Pflegschaft für Volljährige. Für Minderjährige ist durch elterliche oder vormundliche Verantwortung (ggf ergänzt durch eine bestehende Pflegschaft) ausreichend gesorgt unabhängig davon, wo sich der Minderjährige befindet.

Unzulässig ist die Bestellung eines Abwesenheitspflegers für einen Elternteil oder einen Vormund in ihrer Eigenschaft als gesetzliche Vertreter (KG JW 1938, 1033). Trotz Vorliegens der Tatbestandsvoraussetzungen ist Abwesenheitspflegschaft für einen Volljährigen nicht immer erforderlich, nämlich dann nicht, wenn in anderer Weise, etwa durch Bestellung eines Betreuers mit einem entsprechenden Aufgabenkreis, dafür gesorgt ist, daß die besorgungsbedürftigen Angelegenheiten für den Abwesenden wahrgenommen werden (so auch MünchKomm/Schwab Rn 4). Maßgebend kann jedoch dafür nicht sein, ob der Betreute geschäftsfähig oder geschäftsunfähig ist; ebenfalls nicht, ob der Volljährige mit freiem Willen die Bestellung eines Betreuers ablehnt (§ 1896 Abs 1a).

5. Unanwendbarkeit

5 Die Vorschrift soll dann unanwendbar sein, wenn der Abwesende seine Vermögensinteressen selbst wahrnehmen könnte, dies aber nicht will (so die hM seit BayObLGZ 15, 438 = OLGE 30, 160; Gernhuber/Coester-Waltjen § 75 VI 1 aE) und wenn er ausreichend für seine Vertretung gesorgt hat (Ausnahme: Abs 1 S 2). Ist dies der Fall (s dazu MünchKomm/Schwab Rn 2), besteht wegen der autonomen Vorsorge des Abwesenden kein Fürsorgebedürfnis, so daß schon deshalb die Bestellung eines Abwesenheitspflegers entfällt.

II. Pflegschaften für Abwesende außerhalb des BGB

6 Außer nach § 1911 kommen Pflegschaften für Abwesende in einer Reihe von Fällen in Betracht, in denen es nicht immer ausschließlich um die Besorgung vermögensrechtlicher Interessen geht. Im einzelnen sind dies:

– **§ 88 FGG.** Hiernach kann einem abwesenden Beteiligten, wenn die Voraussetzungen der Abwesenheitspflegschaft vorliegen und eine Pflegschaft über (für) ihn nicht bereits anhängig ist, für ein beantragtes Auseinandersetzungsverfahren von dem Nachlaßgericht ein Pfleger bestellt werden. Für die Pflegschaft tritt an die Stelle des Vormundschaftsgerichts das Nachlaßgericht. Näher dazu mit Nachw MünchKomm/Schwab Rn 35.

– **§ 96 GBO.** Das Grundbuchamt kann von Amts wegen oder auf Antrag nach § 90 GBO Unklarheiten und Unübersichtlichkeiten in den Rangverhältnissen beseitigen und einem Beteiligten, dessen (oder dessen Vertreters) Person oder Aufenthalt unbekannt ist, für das Rangbereinigungsverfahren einen Pfleger bestellen. Für die Pflegschaft tritt an die Stelle des Vormundschaftsgerichts das Grundbuchamt.

– **§ 99 iVm § 88 FGG.** Nach Beendigung der ehelichen Gütergemeinschaft oder der fortgesetzten Gütergemeinschaft kann für die Zwecke der Auseinandersetzung über das Gesamtgut für einen abwesenden Beteiligten entsprechend § 88 FGG ein Pfleger bestellt werden. Der Pfleger wird analog § 88 FGG vom Nachlaßgericht bestellt, falls ein Anteil am Gesamtgut zu einem Nachlaß gehört. Näheres dazu MünchKomm/Schwab Rn 36 m Fn 86.

– **§ 292 Abs 2 StPO.** Wird im Rahmen eines Strafverfahrens gegen Abwesende (§ 276 StPO) das im Geltungsbereich der Strafprozeßordnung befindliche Vermögen durch Beschluß des Gerichts mit Beschlag belegt (§ 290 Abs 1 StPO), so ist der die Beschlagnahme verhängende Beschluß durch den Bundesanzeiger bekanntzumachen (§ 291 StPO) und der Behörde mitzuteilen, die für die Einleitung einer Pflegschaft über Abwesende zuständig ist (§ 292 Abs 2 S 1 StPO). Diese Behörde – das Vormundschaftsgericht – hat eine Pflegschaft einzuleiten (§ 292 Abs 2 S 2 StPO), weil mit dem Zeitpunkt der ersten Bekanntmachung der Beschlagnahme im Bundesanzeiger der Angeschuldigte das Recht verliert, über das in Beschlag genommene Vermögen unter Lebenden zu verfügen. Auf die „Güterpflege" durch den bestellten Pfleger sind die Vorschriften über die Abwesenheitspflegschaft nur bedingt anwendbar (BayObLGZ 1963, 257 f = NJW 1964, 301; KG JW 1937, 412; MünchKomm/Schwab Rn 38). Es kommt darauf an, daß durch Anwendung von Pflegschafts- (und damit Vormundschafts-)vorschriften nicht der Zweck der Beschlagnahme vereitelt wird. Dieser liegt darin, dem Angeschuldigten die Mittel zum Fernbleiben vom Verfahren zu entziehen und ihn dadurch zu veranlassen, sich zu stellen (Löwe/Rosenberg/Gollwitzer § 292 StPO Rn 6). Aufgabe des Pflegers ist es, das inländische Vermögen zu ermitteln, es sofort sicherzustellen und sodann zu verwalten. Auch die Erfüllung von Ansprüchen des durch die Tat Geschädigten gehört – soweit möglich – zu seinen Aufgaben (Sonnenfeld Rn 536).

– Nach § 10 **ZuständigkeitsergänzungsG** vom 7. 8. 1952 (BGBl I 407; Text auch bei Staudinger/Engler[10/11] Rn 8; MünchKomm/Schwab Rn 29, 30; Soergel/Zimmermann Rn 23) kann unbeschadet der allgemeinen gesetzlichen Vorschriften einer natürlichen oder juristischen Person oder Gesellschaft für Vermögensangelegenheiten, die im Geltungsbereich dieses Gesetzes zu erledigen sind, ein Abwesenheitspfleger bestellt werden, wenn die Verbindung mit dem Aufenthaltsort der natürlichen Person oder Gesellschaft unterbrochen oder in einer Weise erschwert ist, daß die Vermögensangelegenheiten der Person oder Gesellschaft im Geltungsbereich dieses Gesetzes nicht ordnungsgemäß besorgt werden können. Zuständig für die Anordnung ist das Gericht der Fürsorge (zur Pflegschaft für unbekannte Aktionäre s OLG Frankfurt MDR 1986, 591; WM 1988, 300). Der Geschäftswert eines Beschwerdeverfahrens in einer Abwesenheitspflegschaftssache nach dem ZuständigkeitsergänzungsG unter Berücksichtigung des weiterbestehenden Interesses des Beschwerdeführers an der Aufrechterhaltung der Verfahrenspflegschaft und seiner Vergütung als Pfleger bestimmt sich nach §§ 30, 131 Abs 2 KostO (BayObLG FamRZ 2000, 971).

– Nach § 16 **VwVerfG** hat das Vormundschaftsgericht ua für einen abwesenden Beteiligten, dessen Aufenthalt unbekannt ist oder der an der Besorgung seiner Angelegenheiten verhindert ist, auf Ersuchen der Verwaltungsbehörde einen geeigneten Vertreter zu bestellen. Zuständig ist das Vormundschaftsgericht, in dessen Bezirk die ersuchende Behörde ihren Sitz hat. Abweichend von den Vorschriften des BGB bestimmt Abs 3, daß der Vertreter gegen den Rechtsträger der Behörde, die um seine Bestellung ersucht hat, Anspruch auf eine angemessene Vergütung und auf die Erstattung seiner baren Auslagen hat. Die Behörde kann von dem Vertretenen Ersatz ihrer Aufwendungen verlangen. Sie bestimmt die Vergütung und stellt die Auslagen und Aufwendungen fest. Im übrigen gelten für die Bestellung und für das Amt des Vertreters die Vorschriften über die Pflegschaft entsprechend (§ 16 Abs 4 VwVfG). Aufgrund dieser ausdrücklichen Verweisung auf die Bestellungsvorschriften besteht nach den §§ 1915, 1785, 1786 die grundsätzliche Pflicht zur Übernahme des Amtes. Weder die Kennzeichnung des Amtes als „öffentliches Amt" (das ist auch das Schöffenamt, vgl §§ 30, 31 GVG), noch der Vergütungsanspruch (bei vorhandenem Vermögen und entsprechender Tätigkeit kann auch der Pfleger nach §§ 1836 Abs 2 nF, 1915 Abs 1 eine Vergütung erhalten) sprechen gegen die Pflicht (aA STELKENS/BONK/SCHMITZ VwVfG [2001] § 16 Rn 32; KOPP/RAMSAUER [2003] § 16 VwVfG Rn 31, wie hier BATTIS, in: BATTIS/KRAUTZBERGER/ LÖHR [2002] § 207 BauGB Rn 10).

– Ist ein Vertreter nicht vorhanden, so hat nach **§ 81 Abs 1 Nr 2 AO** das Vormundschaftsgericht auf Ersuchen der Finanzbehörde einen geeigneten Vertreter für einen abwesenden Beteiligten zu bestellen, dessen Aufenthalt unbekannt ist oder der an der Besorgung seiner Angelegenheiten verhindert ist. Zuständig ist das Vormundschaftsgericht, in dessen Bezirk die ersuchende Finanzbehörde ihren Sitz hat. Hinsichtlich des Auslagenersatzes, einer Vergütung und der Anwendung der Pflegschaftsvorschriften entspricht die Vorschrift § 16 VwVfG. Zur entsprechenden Anwendung der für natürliche Personen vorgesehenen Regelung auf Personengesellschaften und juristische Personen TIPKE/KRUSE, Abgabenordnung § 81 Tz 4, auch zur Anwendung der Vorschrift auf solche Fälle, bei denen zwar ein Vertreter vorhanden, dieser aber aus Gründen des Abs 1 Nr 2 nicht handlungsfähig ist.

– **§ 15 SGB X**, der die Vertreterbestellung für das Verwaltungsverfahren des Sozialgesetzbuchs vorsieht, entspricht insoweit, was die Zuständigkeit des Vormundschaftsgerichts, die Vergütung und die Auslagenerstattung sowie die entsprechende Anwendung der Pflegschaftsvorschriften angeht, den beiden vorgenannten Regelungen.

– **§ 207 Baugesetzbuch** (BauGB) bestimmt, daß das Vormundschaftsgericht auf Ersuchen der zuständigen Behörde, falls ein Vertreter eines Beteiligten nicht vorhanden ist, einen rechts- und sachkundigen Vertreter für einen abwesenden Beteiligten, dessen Aufenthalt unbekannt oder dessen Aufenthalt zwar bekannt, der aber an der Besorgung seiner Vermögensangelegenheiten verhindert ist, bestellt. Für die Bestellung und für das Amt des Vertreters gelten die Vorschriften des BGB für die Pflegschaft entsprechend. Die Vertreterbestellung dient vornehmlich der Erleichterung und Beschleunigung im Umlegungs- und Enteignungsverfahren (BATTIS, in: BATTIS/KRAUTZBERGER/LÖHR [2002] § 207 BauGB Rn 1) und damit nicht nur den Interessen des Beteiligten, sondern auch öffentlichen Interessen. Mangels besonderer Regelung in § 207 BauGB bestimmt sich die örtliche Zuständigkeit nach allgemeinen Vorschriften; das sind hier – zunächst – diejenigen des § 16 VwVfG (so auch BATTIS, in: BATTIS/KRAUTZBERGER/LÖHR [2002] § 207 BauGB Rn 9; aA SCHRÖDTER § 207 BauGB Rn 9). Die Rechtsstellung als Pfleger umfaßt die Vertretung im Enteignungsverfahren. Sie umfaßt nicht die Befugnis zum Abschluß eines Kaufvertrages über das Grundstück mit dem Ziel, die Enteignung zu verhindern (BGH NJW 1974, 1374). Der nach § 207 S 1 Nr 4 BauGB bestellte gemeinsame Vertreter ist nicht an Weisungen der Beteiligten gebunden; er untersteht der Aufsicht des Vormundschaftsgerichts (OLG Düsseldorf FamRZ 1998, 1331; dort auch, dies verneinend, zur Frage, ob sich die Vertreterbestellung auf die Geschäftsfähigkeit der Eigentümer auswirkt).

Titel 3 § 1911
Pflegschaft 6

– Nach **§ 19 Abs 2 BDO** bestellt das Vormundschaftsgericht auf Antrag der Behörde, die das Disziplinarverfahren einleitet, einen Pfleger, wenn der Beamte durch Abwesenheit an der Wahrnehmung seiner Rechte gehindert ist. Dieser Pfleger ist gesetzlicher Vertreter. Er hat die Rechte des abwesenden Beamten in dem Disziplinarverfahren wahrzunehmen. Aufgrund der Verweisung auf § 16 Abs 2 VwVfG ist örtlich zuständig das Vormundschaftsgericht, in dessen Bezirk die ersuchende Behörde ihren Sitz hat. Ähnliches regelt **§ 78 Abs 2 WDO** für den abwesenden Soldaten, für den auf Antrag des Wehrdisziplinaranwalts vom Vormundschaftsgericht seines Sitzes ein Pfleger als gesetzlicher Vertreter für die Wahrnehmung der Rechte in dem Disziplinarverfahren bestellt wird. In beiden Fällen gibt es eine Vorgabe in bezug auf die Personalentscheidung. Nach § 19 BDO muß der Pfleger Beamter sein, nach § 78 WDO Soldat.

– **§ 119 FlurbG.** Auf Ersuchen der Flurbereinigungsbehörde oder der oberen Flurbereinigungsbehörde hat das Vormundschaftsgericht, wenn ein Vertreter nicht vorhanden ist, für einen abwesenden Beteiligten, dessen Aufenthalt unbekannt ist oder der an der Besorgung seiner Angelegenheit verhindert ist, einen geeigneten Vertreter zu bestellen. Für die Bestellung des Vertreters ist das Vormundschaftsgericht zuständig, in dessen Bezirk die Teilnehmergemeinschaft nach § 16 FlurbG ihren Sitz hat. Die Teilnehmergemeinschaft entsteht mit dem Flurbereinigungsbeschluß; sie ist eine Körperschaft des öffentlichen Rechts (§ 16 FlurbG). Für die Bestellung und für das Amt des Vertreters gelten die Vorschriften über die Pflegschaft entsprechend (§ 119 Abs 4 FlurbG). Der Vertreter hat gegen den Rechtsträger der Behörde, die um seine Bestellung ersucht hat, Anspruch auf angemessene Vergütung und auf die Erstattung seiner baren Auslagen. Die Behörde bestimmt die Vergütung und stellt die Auslagen und Aufwendungen fest. Sie kann von dem Vertretenen Ersatz ihrer Aufwendungen verlangen (§ 119 Abs 3 FlurbG).

– **§ 29a Landbeschaffungsgesetz** (LBG) bestimmt, daß auf Ersuchen der Enteignungsbehörde das VormG einen rechts- und sachkundigen Vertreter für einen abwesenden Beteiligten zu bestellen hat, dessen Aufenthalt unbekannt oder dessen Aufenthalt zwar bekannt ist, der aber an der Besorgung seiner Vermögensangelegenheiten verhindert ist, wenn ein Vertreter nicht vorhanden ist. Für die Bestellung des Vertreters, die binnen zwei Wochen vorgenommen werden soll, ist das Vormundschaftsgericht zuständig, in dessen Bezirk das von der Enteignung betroffene Grundstück liegt. Für die Bestellung und für das Amt des Vertreters gelten die Vorschriften des BGB über die Pflegschaften entsprechend.

– Nach **§ 17 des Gesetzes zur Sachenrechtsbereinigung** im Beitrittsgebiet (Sachenrechtsbereinigungsgesetz – SachenRBerG v 21. 9. 1994, BGBl I 2457) ist zur Verfolgung der Ansprüche des Nutzers auf dessen Antrag für den Grundstückseigentümer oder den Inhaber eines eingetragenen dinglichen Rechts ein Pfleger zu bestellen, wenn der Aufenthaltsort des abwesenden Berechtigten unbekannt ist oder dessen Aufenthalt zwar bekannt, der Berechtigte jedoch an der Besorgung seiner Angelegenheiten verhindert ist. Wer Nutzer ist, bestimmt § 9 SachenRBerG.

Zuständig für die Bestellung des Pflegers ist das Vormundschaftsgericht, in dessen

Bezirk das Grundstück ganz oder teilweise belegen ist (Abs 2). Der nach § 11b Abs 1 des Vermögensgesetzes oder Art 233 § 2 Abs 3 EGBGB bestellte Vertreter nimmt auch die Aufgaben eines Pflegers nach diesem Kapitel (Sachenrechtsbereinigungsgesetz) wahr. Soweit ein solcher Vertreter, für dessen Bestellung der Landkreis oder die kreisfreie Stadt zuständig ist, an Stelle des Pflegers nach § 17 SachenRBerG handeln kann, ist die Pflegerbestellung nachrangig.

Der Vertreter kann nach § 17 Abs 3 S 2 SachenRBerG den Grundstückseigentümer nicht vertreten bei einem Vertragsabschluß zwischen diesem und

1. ihm selbst, seinem Ehegatten oder einem seiner Verwandten in gerader Linie,

2. einer Gebietskörperschaft oder einer von ihr beherrschten Person, wenn der Vertreter bei dieser als Organ oder gegen Entgelt beschäftigt ist oder

3. einer anderen juristischen Person des öffentlichen oder privaten Rechts, wenn der Vertreter bei dieser als Mitglied des Vorstandes, Aufsichtsrats oder eines gleichartigen Organs tätig oder gegen Entgelt beschäftigt ist.

Der Vertreter ist für den Abschluß von Erbbaurechtsverträgen oder Kaufverträgen über das Grundstück oder Gebäude von den Beschränkungen des § 181 nicht befreit. Für die Erteilung der Genehmigung nach § 1821 ist statt des Landkreises das Vormundschaftsgericht zuständig (§ 17 Abs 3 S 3 u 4 SachenRBerG).

Bevor das nach § 17 SachenRBerG in Anspruch genommene Vormundschaftsgericht eine Pflegschaftsanordnung trifft, hat es durch Nachfrage bei der zuständigen Behörde (Landkreis, kreisfreie Stadt) zu ermitteln, ob dort bereits ein Vertreter bestellt oder zumindest ein darauf gerichtetes Verfahren anhängig ist (EICKMANN RpflStud 1995, 20 [22]).

– **§ 39 BNotO**. Diese Vorschrift regelt die Bestellung eines Vertreters. Nach Abs 3 darf zum Vertreter nur bestellt werden, wer fähig ist, das Amt eines Notars zu bekleiden (S 1). S 3 bestimmt, es solle ... nur bestellt werden, wer von dem Notar vorgeschlagen und zur Übernahme des Amtes bereit ist. Für den Notar kann auch ein nach § 1896 bestellter Betreuer oder ein nach § 1911 bestellter Pfleger den Antrag stellen und den Vertreter vorschlagen (S 4).

– **§ 10 Abs 1 S 2 InsO** sieht vor, daß bei Abwesenheit oder unbekanntem Aufenthalt des Schuldners ein Vertreter oder ein Angehöriger des Schuldners gehört werden soll. Die Bestellung eines Vertreters/Pflegers nach der InsO ist dort nicht vorgesehen. Im übrigen s ERMAN/HOLZHAUER Rn 8 sowie KEIDEL/ENGELHARDT § 39 FGG Rn 1.

Art 24 Abs 2 EGBGB bestimmt die international-privatrechtliche Zuständigkeit, ohne jedoch eine neue materiellrechtliche Bestellungsvorschrift zu schaffen (aA offenbar SOERGEL/DAMRAU Rn 18, der die Vorschrift auch als Sonderfall ansieht). Zur Wirksamkeit einer nach § 105 DDR-FGB (uU auch bei bekanntem Aufenthalt) angeordneten Abwesenheitspflegschaft s BezG Erfurt DtZ 1993, 92 = NJ 1993, 272. Beruhte der Abschluß eines Darlehensvertrages auf der mißbräuchlichen Anordnung einer Abwesenheitspflegschaft gemäß § 105 Abs 1 FGB, kann dieser Mangel wegen des Vorrangs des Vermögensgesetzes nicht im Zivilrechtsweg geltend gemacht werden (OLG Rostock OLG-NL 2000, 150 = FamRZ 2001, 227 [LS]).

Soweit in den jeweiligen Bestimmungen nichts anderes geregelt ist (s oben im Text), entscheidet das Vormundschaftsgericht nach Maßgabe von § 1915 Abs 1 iVm § 1779 Abs 2 S 1 (Eignung) über die Person des Pflegers/Vertreters (obwohl die Verweisung auf die Vormundschaft eine Vereins- oder Amtsbestellung zulassen würde, kommt sie aus sachlich-fachlichen Gründen nicht in Betracht), ist der Pfleger bzw Vertreter gesetzlicher Vertreter des „Abwesenden" und richtet sich dessen Auslagenersatz und die Bewilligung einer Vergütung nach § 1915 Abs 1 iVm §§ 1835 ff. Für die örtliche Zuständigkeit des Vormundschaftsgerichts sind die Vorschriften des FGG maßgebend, soweit sich nicht aus den besonderen Bestellungsvorschriften ein anderes ergibt. Für das Ende der Pflegschaft/Vertretung ist § 1921 maßgebend.

In Betracht kommt auch eine Beendigung nach Maßgabe des § 1918 Abs 3, zB bei Rücknahme eines Verfahrensantrags oder vergleichsweiser Erledigung der Angelegenheit. Ist der Grund der Anordnung weggefallen, ist die Pflegschaft/Vertretung aufzuheben (§ 1919); ebenfalls dann, wenn sich herausstellt, daß ein Grund irrtümlich angenommen worden war. Ist der Abwesende an der Besorgung seiner Angelegenheiten nicht mehr verhindert, hat das Vormundschaftsgericht die Pflegschaft/Vertretung aufzuheben.

Funktional zuständig ist für die Anordnung einer Pflegschaft/Vertretung auf Grund dienstrechtlicher Vorschriften und in Fällen des Art 24 EGBGB der Richter (§ 14 Abs 1 Nr 4 RPflG), in allen übrigen Fällen dieses Abschnitts der Rechtspfleger.

III. Voraussetzungen für die Abwesenheitspflegschaft des § 1911

1. Abwesenheit

Obwohl die Bezeichnung Abwesenheitspfleger auf dieses Merkmal abhebt, darf es nicht isoliert gesehen werden (so bereits STAUDINGER/ENGLER[10/11] Rn 3). Abs 1 setzt voraus, daß der Abwesende unbekannten Aufenthalts ist; Abs 2 ermöglicht Fürsorge für einen Abwesenden, dessen Aufenthalt bekannt ist, der aber an der Rückkehr und der Besorgung seiner Vermögensangelegenheiten verhindert ist. Maßgebend ist danach nicht schlechthin die Abwesenheit, sondern das damit im Zusammenhang stehende Unvermögen einer Person, ihre Vermögensangelegenheiten selbst zu besorgen oder besorgen zu lassen. Dabei kommt der Frage, ob für das Merkmal der Abwesenheit der Ort des Fürsorgebedürfnisses oder der Wohnort maßgebend ist (die hM plädiert für den Ort des Fürsorgebedürfnisses: ERMAN/HOLZHAUER Rn 1; MünchKomm/ SCHWAB Rn 5; SOERGEL/ZIMMERMANN Rn 3), eine untergeordnete Bedeutung zu, zumal durchaus zweifelhaft sein kann, wo sich „der Ort, an dem das Fürsorgebedürfnis auftritt" befindet. Geht es um eine notwendige Erklärung des Abwesenden, könnte diese dort abgegeben werden, wo sich der Betreffende befindet, obwohl sich die Auswirkungen der Erklärung an anderer Stelle bemerkbar machen. Nach Abs 2 kommt es darauf an, daß der Betreffende nicht dorthin gelangen kann, wo sein Handeln benötigt wird, um die Angelegenheiten zu besorgen. Die Zuständigkeit des Vormundschaftsgerichts für die Anordnung der Pflegschaft für einen Abwesenden bestimmt sich in erster Linie nach dem Wohnsitz des Betreffenden (§ 39 FGG), offensichtlich deshalb, weil dies eine sichere Anknüpfungstatsache ist.

Voraussetzung für die Annahme eines unbekannten Aufenthaltsortes ist, daß alle auf der Hand liegenden Nachforschungsmöglichkeiten genutzt wurden und erfolglos geblieben sind; ganz entfernt liegende oder vernünftigerweise keinen Erfolg versprechende Aufklärungsmöglichkeiten kommen jedoch nicht in Betracht (OLG Brandenburg FamRZ 1995, 1445, 1446). Dort auch zur Heranziehung dieses Grundsatzes auf die Auslegung des § 7 Abs 1 GBBerG und § 11b Abs 1 VermG, wonach eine Person dann unbekannten Aufenthalts ist, wenn der Aufenthaltsort dem Pfleger (dem nach § 11b Abs 1 VermG bestellten Vertreter) und dem Vormundschaftsgericht unbekannt ist und diese Unkenntnis nicht leicht zu beheben ist.

Abwesend mit unbekanntem Aufenthalt ist der spurlos Verschwundene, von dem und von dessen Verbleib trotz Nachforschungen keine Nachricht erlangt werden kann (KG OLGE 18, 306). Eine Abwesenheitspflegschaft kann nur angeordnet werden, wenn der Volljährige weder gestorben noch nach dem VerschG für tot erklärt worden ist (BayObLGZ 1952, 129, 131 = JR 1952, 330 = MDR 1952, 612; OLG Neustadt DNotZ 1959, 548). Liegt einer dieser Fälle vor, so kann eine Nachlaßpflegschaft (§ 1960) geboten sein. Eine Abwesenheitspflegschaft kann noch eingeleitet werden, wenn die Lebensvermutung des § 10 VerschG bereits abgelaufen, die Todeserklärung aber noch nicht erfolgt ist (ERMAN/HOLZHAUER Rn 1; MünchKomm/SCHWAB Rn 8; SOERGEL/ZIMMERMANN Rn 3; STAUDINGER/ENGLER[10/11] Rn 15).

Die Rechtswirksamkeit der Pflegschaft und der vom Pfleger und ihm gegenüber vorgenommenen Rechtsgeschäfte wird dadurch nicht berührt, daß sich später herausstellt, daß der Betreffende zZ der Pflegschaftsanordnung nicht mehr gelebt hat (ERMAN/HOLZHAUER Rn 1 mN; zur Dogmatik postmortaler Pflegschaften s GERNHUBER/COESTER-WALTJEN § 75 VI 5).

2. Vermögensangelegenheiten

8 Die Abwesenheitspflegschaft des § 1911 ist totale oder beschränkte Vermögenspflegschaft (GERNHUBER/COESTER-WALTJEN § 75 VI 2). Auch die oben unter II. aufgeführten Pflegschaften für Abwesende betreffen großenteils Vermögensangelegenheiten bis auf diejenigen, die (lediglich) der Wahrnehmung der Rechte in dem Verfahren dienen, wobei die Konsequenzen der Verfahren Vermögensinteressen betreffen oder berühren. Persönliche Angelegenheiten, die keinen unmittelbaren Bezug zum Vermögen haben, sind ausgeschlossen. Für sie kann eine Abwesenheitspflegschaft nicht eingerichtet werden (s oben Rn 2). Die Kündigung eines Nutzungsverhältnisses an Haus und Mobiliar kann zwar Auswirkungen auf die persönlichen Belange des Abwesenden haben; dies stellt dennoch im Rahmen bestmöglicher Nutzung des Hausgrundstücks (durch den Abwesenheitspfleger) zunächst eine Vermögensangelegenheit dar (OLG Köln NJW-RR 1997, 706 = NJWE-FER 1997, 178 [LS]). Der Begriff der Vermögensangelegenheiten ist umfassender zu verstehen als der der Vermögenssorge (aA für das bisherige Pflegschaftsrecht LG Berlin Rpfleger 1976, 60). Während die Vermögenssorge alle tatsächlichen und rechtlichen Maßnahmen umfaßt, die darauf gerichtet sind, das Vermögen des Pflegebefohlenen zu erhalten, zu verwalten und zu vermehren (LG Berlin aaO mN), kann eine Abwesenheitspflegschaft auch dann eingerichtet werden, wenn der Abwesende keinerlei Vermögen zurückgelassen hat, aber der Erwerb von Vermögen für ihn zu erwarten ist und vor dessen Anfall eine vermögensrechtliche Vertretung erforderlich ist (STAUDINGER/ENGLER[10/11] Rn 10). Ausschließlich eine Schuldenverwaltung und -regulierung für einen Abwesenden käme als Auftrag für einen Abwesenheitspfleger nicht in Betracht, soweit dies nicht auf Grund von Gläubigerverhalten im Sinne einer Interessenwahrnehmung innerhalb eines Zwangsvollstreckungs- oder Insolvenzverfahrens erforderlich wird. Besorgungsbedürftige Vermögensangelegenheiten waren bzw sind

– die Annahme und die Ausschlagung einer Erbschaft (SOERGEL/ZIMMERMANN Rn 7 mN);

– der Antrag auf Erteilung eines Erbscheins (LG Berlin Rpfleger 1976, 60);

– der Antrag auf Eröffnung des Insolvenzverfahrens (früher: Konkursverfahren) und die Beantragung und das Betreiben des Verfahrens auf Restschuldbefreiung (§§ 286 ff InsO);

– die güterrechtliche Auseinandersetzung (BayObLGZ 1953, 29);

– die Durchführung von Sanierungsmaßnahmen an einem Mehrfamilienhaus im Rahmen der Verwaltung und Erhaltung des Vermögens Betroffener (OLG Naumburg Rpfleger 2003, 188 m Anm HEINZE).

Es muß sich um eigene Angelegenheiten des Betroffenen handeln und nicht um solche, die er als gewillkürter oder als gesetzlicher Vertreter, als Organ oder als Träger eines privatrechtlichen Amtes oder als Partei kraft Amtes wahrzunehmen hätte (ERMAN/HOLZHAUER Rn 2).

3. Fürsorgebedürfnis

Anders als der bisherige § 1910 (Pflegschaft für Gebrechliche), für dessen Anwendung die Rspr und das überwiegende Schrifttum als weiteres (ungeschriebenes) Merkmal das Vorliegen eines Schutz- und Fürsorgebedürfnisses verlangten (näher dazu BIENWALD, Untersuchungen 99 ff), enthält § 1911 unmittelbar im Text der Vorschrift das Erfordernis der Fürsorgebedürftigkeit. Nur soweit die Angelegenheiten der Fürsorge bedürfen, ist Abwesenheitspflegschaft zulässig. Diese Begrenzung der staatlichen Interventionsbefugnis ist angesichts des Verfassungsrang beanspruchenden Erforderlichkeitsgrundsatzes auszudehnen auf die Betätigung des Abwesenheitspflegers, der auch nur insoweit tätig werden darf, als – im Rahmen des ihm erteilten gerichtlichen „Auftrags" – die Angelegenheiten der Fürsorge bedürfen. Weitreichende Verpflichtungen und Verfügungen sind nur mit großer Vorsicht vorzunehmen und nur, soweit sie im Interesse des Abwesenden unbedingt erforderlich sind.

Mit dem Tatbestandsmerkmal der Fürsorgebedürftigkeit war bisher die Annahme verbunden gewesen, die Abwesenheitspflegschaft dürfe nicht im ausschließlichen Interesse Dritter (Personen), insbesondere nicht im ausschließlichen Interesse von Gläubigern des Abwesenden, angeordnet werden (statt vieler STAUDINGER/ENGLER[10/11]

Rn 13 mN; OLG Zweibrücken FamRZ 1987, 23 = Rpfleger 1987, 201 = MDR 1987, 586; OLG Köln FamRZ 1996, 694 = JurBüro 1996, 446). Von der oberlandesgerichtlichen Rspr war ein gleiches Fürsorgebedürfnis wie bei der Abwesenheitspflegschaft auch für die Gebrechlichkeitspflegschaft gefordert worden (Nachw in BGHZ 93, 1 ff = FamRZ 1985, 276 = JZ 1985, 289 m Anm BEITZKE = NJW 1985, 433 = Rpfleger 1985, 112). Nachdem der BGH entschieden hatte, daß eine Gebrechlichkeitspflegschaft unter bestimmten Voraussetzungen auch im ausschließlichen Interesse eines Dritten angeordnet werden dürfe, lag es nahe, für die Abwesenheitspflegschaft Entsprechendes zu fordern. Dabei wird jedoch irrtümlich angenommen, der BGH habe auf das Vorliegen eines Fürsorgebedürfnisses verzichtet (so SOERGEL/ZIMMERMANN § 1911 Rn 4), und daraus geschlossen, entgegen dem Wortlaut des Gesetzes in § 1911 könne nun auch bei der Abwesenheitspflegschaft auf das Fürsorgebedürfnis verzichtet werden. ERMAN/HOLZHAUER (§ 1911 Rn 5) ist dem entgegengetreten und hat zutreffend darauf hingewiesen, daß in bezug auf die Situation Dritter die (frühere) Gebrechlichkeitspflegschaft und die Abwesenheitspflegschaft erhebliche Unterschiede aufwiesen. Während dort ein Gegner der nicht vertretenen geschäfts- und prozeßunfähigen Partei machtlos gewesen wäre (abgesehen von § 53 ZPO), stünden dem Gegner eines Abwesenden diesem gegenüber die Instrumente der öffentlichen Zustellung und des Versäumnisverfahrens zu Gebote. Diese Argumentation ist noch zu ergänzen, aber auch zu relativieren.

11 Entgegen der Feststellung der BReg im RegEntw des BtG (BT-Drucks 11/4528, 117), bei der Möglichkeit, eine Betreuung auch im Interesse Dritter vorzusehen, handele es sich um einen Ausnahmefall, wird der Betreuer bei der Besorgung von Angelegenheiten des Betreuten in vermögensrechtlicher Hinsicht in vielen Fällen auch im Interesse Dritter tätig, auch wenn diesen mitunter die Betätigung des Betreuers nur mittelbar zugute kommt. Zu bedenken ist vor allem folgendes: Daß der geschäftsunfähige Betroffene (früher der Pflegebefohlene des § 1910 Abs 2) im Rechtsverkehr nicht mehr handlungsfähig ist, weder klagen noch verklagt werden oder Verträge schließen kann usw, ist nicht allein ein Ergebnis krankheits- oder behinderungsbedingten Unvermögens, sondern auch der Wille der Rechtsordnung, die um der Klarheit oder doch wenigstens der Klärbarkeit der Rechtslage willen bestimmte Personen für geschäftsunfähig hält und ihren Äußerungen rechtsgeschäftliche Wirksamkeit nicht mehr beimißt (§ 105 Abs 1). Deshalb muß nicht nur der Einzelne als sogenannter Dritter ein Interesse an der Bestellung eines Vertreters haben. Es muß ein Anliegen der Rechtsordnung sein, in solchen Fällen dafür zu sorgen, daß der Einzelne als Teilnehmer am Rechtsverkehr erhalten bleibt und aus dem Gesamtsystem nicht herausfällt. Die Rechtsordnung muß also in solchen Fällen einen Ausgleich schaffen, indem sie ein Instrument anbietet, das den Betroffenen weiterhin, wenn auch nur über einen anderen, als Partner im Rechtsverkehr erhält (mit anderer Begründung [Wiederherstellung der Selbstbestimmung], im Ergebnis aber gleich LIPP, Freiheit und Fürsorge: Der Mensch als Rechtsperson [2000]).

12 Anders dagegen in Fällen der Abwesenheit des Betroffenen. Hier beruht in der Regel die Abwesenheit eines Rechtsgenossen vielfach auf eigener Entscheidung, ist jedenfalls nicht eine Entscheidung der Rechtsordnung selbst. Deshalb hat der Staat durch ein entsprechendes Instrumentarium (Abwesenheitspflegschaft) dafür zu sorgen, daß der Betreffende erreichbar bleibt, wenn auch nur über einen Vertreter. Es besteht deshalb kein Anlaß, von dem gesetzlichen Tatbestandsmerkmal der Fürsorgebedürftigkeit abzurücken. Andererseits zwingt dieses in § 1911 verlangte Fürsorgebedürfnis nicht, die Abwesenheitspflegschaft im Drittinteresse nicht oder nur dann zuzulassen, wenn sie auch im Interesse des Abwesenden liegt. Vor allen Dingen die verschiedenen in § 1911 zusammengefaßten Sachverhalte verdeutlichen, daß es in Abs 1 S 1 nicht nur darum gehen kann, zum Nutzen des Abwesenden einen Pfleger zu bestellen und im übrigen ihm zu ermöglichen, sich dem Rechtsverkehr vollständig zu entziehen (BIENWALD, Untersuchungen 103 ff; ders, Vortrag auf dem Rechtspflegertag 1992 in Bad Boll; GERNHUBER/COESTER-WALTJEN § 75 VI 3 mN, dort auch zu Grenzen der Berücksichtigung von Drittinteressen; nicht ganz so weitgehend MünchKomm/SCHWAB Rn 14 ff; s auch BezG Erfurt Rpfleger 1994, 64, 65).

Ein Fürsorgebedürfnis zur Bestellung eines Abwesenheitspflegers für einen Strafgefangenen hat das BayObLG nur für den Fall anerkannt, daß der Gefangene weder fernmündlich noch schriftlich noch durch Beauftragung und Bevollmächtigung eines anderen Vorsorge für seine Vermögensangelegenheiten treffen kann (PLÖTZ Rpfleger 1989, 184, 185; richtigerweise fehlt es an der Abwesenheit und nicht an dem Fürsorgebedürfnis). Zutreffend ist die Feststellung des Gerichts, daß für Geschäftsunfähige nicht die Abwesenheitspflegschaft, sondern die Betreuung (damals Gebrechlichkeitspflegschaft im Falle eines nicht entmündigten Geschäftsunfähigen) das geeignete Mittel der Fürsorge ist (BayObLG [Beschluß v 27. 10. 1988 – 3 Z 145/88], in: PLÖTZ Rpfleger 1989, 184, 185). Ablehnung einer Abwesenheitspflegschaft zwecks Zustellung eines Pfändungs- und Überweisungsbeschlusses, weil ausschließlich im Interesse des Dritten, dem dadurch die Möglichkeit eröffnet ist, die Aufhebung der Gemeinschaft der abwesenden Eheleute zu betreiben und den Verlust ihres Eigentums herbeizuführen (OLG Köln FamRZ 1996, 694). Die Verfolgung auch eigener Interessen einer Bank bei einem Antrag auf Anordnung der Abwesenheitspflegschaft steht einer positiven Entscheidung nicht entgegen, solange die Interessen der Abwesenden höher zu gewichten sind als die eigenen Interessen der Antragstellerin (OLG Naumburg Rpfleger 2003, 188 m Anm HEINZE). Bei der Prüfung der Voraussetzungen des § 1911 (Fürsorgebedürfnis) ist darauf abzustellen, ob dem Abwesenden irgendwelche Nachteile drohen, falls kein Pfleger bestellt wird, und ob seine Bestellung gegenüber etwa drohenden Nachteilen das kleinere Übel darstellt (OLG Zweibrücken FamRZ 2003, 258 mwN = Rpfleger 2003, 117). Ggf ist die Bestellung eines Abwesenheitspflegers im Interesse der geschiedenen Ehefrau zur Abwendung einer Schadensersatzpflicht gegenüber dem früheren Ehemann infolge Nichtübertragens eines Grundstücks erforderlich (OLG Zweibrücken aaO).

IV. Einzelheiten zu Abs 1 S 2 und Abs 2

1. Abs 1 S 2

Sowohl für den Abwesenden unbekannten Aufenthalts (Abs 1 S 1) als auch für den, dessen Aufenthalt bekannt ist (Abs 2; „das Gleiche gilt") kann ein Abwesenheitspfleger auch dann bestellt werden, wenn er durch Erteilung eines Auftrags oder einer Vollmacht für seine Angelegenheiten Fürsorge getroffen hat, aber Umstände eingetreten sind, die zum Widerruf des Auftrags oder der Vollmacht Anlaß geben. Im Falle des Abs 2 muß der Betreffende verhindert sein, den Widerruf selbst zu erklären oder erklären zu lassen. Umstände dieser Art können unerlaubte Handlungen sein, die das Aufrechterhalten des Auftrags oder der Vollmacht ausschließen;

es können aber auch andere Umstände sein, die eine fristlose Kündigung rechtfertigen (MünchKomm/SCHWAB Rn 13). In Betracht kommt zB eine Interessenkollision, die bei einem Minderjährigen (§§ 1795, 1796) die Anordnung einer Ergänzungspflegschaft erfordern würde (MünchKomm/SCHWAB Rn 13).

Der Wirkungskreis dieses besonderen Abwesenheitspflegers kann sich darin erschöpfen, die erforderlichen Widerrufshandlungen vorzunehmen. Tritt durch den Widerruf ein Versorgungsdefizit ein, dh bestehen die Voraussetzungen für die Anordnung einer Abwesenheitspflegschaft, ist der Wirkungskreis des Widerrufspflegers entsprechend zu gestalten oder ein (weiterer) Abwesenheitspfleger zu bestellen. Hat der Abwesende zwar einen Bevollmächtigten bestellt, diesem aber nur für einen begrenzten Teil seiner Angelegenheiten Vollmacht erteilt, und bedürfen jetzt andere Angelegenheiten der Fürsorge, so handelt es sich bei der dann erforderlichen Pflegerbestellung nicht um eine solche im Zusammenhang mit Abs 1 S 2 (so aber Münch-Komm/SCHWAB Rn 13 aE), sondern um eine originäre Abwesenheitspflegschaft nach Abs 1 S 1 oder Abs 2 (so wohl STAUDINGER/ENGLER[10/11] Rn 24).

2. Abs 2

14 Nach dieser Bestimmung kann für einen Abwesenden, dessen Aufenthalt bekannt ist, ein Pfleger bestellt werden, wenn er an der Rückkehr und der Besorgung seiner Vermögensangelegenheiten verhindert ist. Nicht jede Hinderung reicht aus. Einerseits genügt schon eine wesentliche Erschwerung, die Vermögensangelegenheiten selbst oder mit Hilfe einer Bevollmächtigung zu besorgen (MünchKomm/SCHWAB Rn 11; ERMAN/HOLZHAUER Rn 4), andererseits reicht es nicht aus, daß der im Inland in Haft befindliche Abwesende nicht die finanziellen Mittel hat, um einen Dritten mit der Wahrnehmung seiner Vermögensangelegenheiten zu beauftragen (KG FamRZ 1988, 877 = Rpfleger 1988, 263). Befindet sich der Betreffende in einer deutschen Strafanstalt und ist er nicht in der Lage, einen Bevollmächtigten zu finden, soll er aber schon nach Mot IV 1261 einen Pfleger nach § 1911 erhalten können (MünchKomm/SCHWAB Rn 10). Ob die Verhinderung auf dem Willen des Abwesenden beruht oder nicht, ist nicht entscheidend (BayObLGZ 9, 428). Mehrere von den Gerichten entschiedene Fälle beziehen sich auf Verhältnisse und Gegebenheiten, die durch die damalige deutsch-deutsche Situation geprägt waren (Nachw b MünchKomm/SCHWAB Rn 10 Fn 30); auf sie wird nur noch bedingt zurückgegriffen werden können. Für einen Steuerflüchtigen ist die Anordnung einer Abwesenheitspflegschaft abgelehnt worden, weil der Betreffende weder an der Rückkehr noch an der Besorgung seiner Angelegenheiten in Deutschland verhindert sei (KG JFG 12, 136, 139). Das KG billigte seinerzeit die Begründung der Vorinstanz, prüfte jedoch außerdem, ob die Anordnung einer Pflegschaft oder eines ähnlichen Rechtsverhältnisses auf Grund anderer reichsrechtlicher Bestimmungen usw in Frage gekommen wäre (KG JFG 12, 136, 140). Der im Ausland befindliche Steuerflüchtling, dem Verhaftung droht, soll sich nicht um seine Angelegenheiten kümmern und einen Pfleger erhalten können (MünchKomm/SCHWAB Rn 10; SOERGEL/ZIMMERMANN Rn 11; aA BayObLGZ 15, 438).

V. Zum Verfahren

1. Verfahrenseinleitung

Die Abwesenheitspflegschaft des § 1911 wird von Amts wegen eingeleitet. Zunächst **15** wird ermittelt und entschieden, ob eine Abwesenheitspflegschaft erforderlich ist; danach wird der Pfleger ausgewählt und bestellt. Ein Antrag auf Einleitung des Verfahrens ist für dieses Verfahren nicht vorgesehen. Entsprechend bezeichnete Anliegen sind als Anregungen zu bewerten, eine Entscheidung von Amts wegen zu treffen. Soweit sich die Pflegschaft für Abwesende nach anderen Bestimmungen richtet, ist zT ein Antrag vorausgesetzt (s dazu oben Rn 6).

2. Zuständigkeiten

Örtlich zuständig ist das Vormundschaftsgericht, in dessen Bezirk der Abwesende **16** seinen Wohnsitz hat. Der Wohnsitz, den der Abwesende bei Beginn der Abwesenheit hatte, kann bis zur Feststellung des Gegenteils für die örtliche Zuständigkeit des Gerichts als fortbestehend angesehen werden (OLG Köln FamRZ 1993, 1107 = DAVorm 1994, 514). Hat der Betreffende im Inland keinen Wohnsitz oder Aufenthalt und ist er Deutscher, so ist das AG Schöneberg in Berlin-Schöneberg zuständig; das AG Schöneberg kann die Sache aus wichtigen Gründen mit bindender Wirkung an ein anderes Gericht abgeben (§§ 39 Abs 2, 36 Abs 2 FGG; Einzelheiten dazu bei KEIDEL/ ENGELHARDT zu §§ 36 u 39 FGG; zum Gerichtsstand für Geschwister § 36 FGG Rn 19). Soll über einen ausländischen Abwesenden eine Abwesenheitspflegschaft angeordnet werden, für den bei einem ausländischen Gericht eine Vormundschaft nicht anhängig ist und der im Inland weder Wohnsitz noch Aufenthalt hat, ist das Gericht zuständig, in dessen Bezirk das Bedürfnis der Fürsorge hervortritt (§§ 39 Abs 2, 37 Abs 2 FGG).

Ausnahmezuständigkeiten sind in § 10 ZustErgG sowie in den anderen Gesetzen enthalten, aus denen sich der Grund für die Anordnung der Abwesenheitspflegschaft ergibt. S dazu oben Rn 6 sowie die Zusammenstellung der Sondervorschriften bei KEIDEL/ENGELHARDT § 39 FGG Rn 1. Zur internationalen Zuständigkeit s § 35b FGG sowie STAUDINGER/ENGLER (2004) § 1773 Rn 14.

Funktionell zuständig ist grundsätzlich der Rechtspfleger und zwar nicht nur für die Auswahl des Pflegers, sondern bereits für die Anordnung der Maßnahme (§ 3 Nr 2 Buchst a und c RPflG; KEIDEL/ENGELHARDT § 39 FGG Rn 7; BASSENGE/HERBST § 14 RPflG Bem 8 b; auch im Falle des § 10 ZustErgG und des § 88 FGG ist der Rechtspfleger zuständig). Die Abwesenheitspflegschaft über einen Angehörigen eines fremden Staates hat der Richter anzuordnen (Richtervorbehalt des § 14 Abs 1 Nr 4 RPflG); in einem solchen Fall ist die Entscheidung des Rechtspflegers unwirksam (OLG Zweibrücken FamRZ 2003, 258 = Rpfleger 2003, 117; OLG Köln FamRZ 2004, 1123). Im übrigen s oben Rn 6 aE.

Das Gericht hat den Sachverhalt von Amts wegen zu ermitteln (§ 12 FGG). Ob Abwesenheit vorliegt, ist von Amts wegen festzustellen (SOERGEL/ZIMMERMANN Rn 21 mN). Bevor das Gericht über die Anordnung einer Abwesenheitspflegschaft entscheidet, hat es geeignete Ermittlungen nach dem Aufenthalt des Abwesenden anzustellen, die allerdings in angemessenem Verhältnis zur Eilbedürftigkeit und dem Fürsorgebedürfnis bzw dem Entscheidungsbedarf stehen müssen (ähnlich

BRAND/HENSEL, Die Vormundschafts-, Familienrechts- und Fürsorgeerziehungssachen in der gerichtlichen Praxis [2. Aufl 1963] § 113 1 a). Die Anordnung der Abwesenheitspflegschaft ist auch dann für das Prozeßgericht bindend, wenn die gesetzliche Grundlage für die Entscheidung fehlte (Münch/Komm/SCHWAB Rn 17; SOERGEL/ZIMMERMANN Rn 21, jeweils mwN).

3. Endigung

17 Die Pflegschaft ist aufzuheben, wenn der Abwesende an der Besorgung seiner Angelegenheiten nicht mehr verhindert (§ 1921 Abs 1; s dort zu weiteren Aufhebungsgründen) oder wenn er nicht mehr abwesend ist (§ 1919); außerdem im Falle des § 1921 Abs 2, und wenn sie zu Unrecht angeordnet worden ist (MünchKomm/SCHWAB Rn 24). Die Pflegschaft für Abwesende nach den Vorschriften der Verfahrensordnungen ist vom Vormundschaftsgericht aufzuheben, wenn der Grund für die Anordnung der Pflegschaft weggefallen ist (§ 1919). War die Abwesenheitspflegschaft nur zur Besorgung einer einzelnen Angelegenheit angeordnet, so endigt sie mit deren Erledigung (§ 1918 Abs 3); ferner im Falle des § 1921 Abs 3.

4. Rechtsbehelfe

18 Gegen die Anordnung und die Aufhebung der Abwesenheitspflegschaft sowie die Erweiterung des Wirkungskreises des Abwesenheitspflegers steht dem Betroffenen selbst, gegebenenfalls vertreten durch seinen Pfleger, die Beschwerde zu (§ 20 FGG). Dem Pfleger steht gegen die Anordnung und gegen die Erweiterung des Wirkungskreises die Beschwerde zu (§ 20 FGG), weil er (nach seiner Behauptung) ohne gesetzliche Grundlage zur Wahrnehmung fremder Angelegenheiten herangezogen wird. Der Pfleger kann für den Pflegebefohlenen nach der Aufhebung der Pflegschaft nicht mehr als Vertreter handeln und gegen die Aufhebung Beschwerde einlegen (vgl BayObLG FamRZ 2000, 971). Beschwerdeberechtigt sind außerdem die in § 57 Abs 1 Nr 3 FGG Genannten. Gegen die Auswahl des Abwesenheitspflegers steht den Angehörigen des Pflegebefohlenen ein Beschwerderecht nicht zu (LG Ellwangen Rpfleger 1989, 155; bestätigt durch OLG Stuttgart, s Anm der Schriftl ebd). Aus § 1779 Abs 2 S 3 und Abs 3 S 1 ergibt sich kein Recht der Verwandten, bei der Auswahl des Pflegers berücksichtigt oder angehört zu werden (LG Ellwangen aaO). Auch aus § 57 Abs 1 Nr 9 FGG können sie ein Beschwerderecht nicht herleiten, weil mit der Personensorge die Abwesenheitspflegschaft nichts zu tun hat. Die nur in persönlichen Angelegenheiten Beschwerdeberechtigten können sich gegen die Bestellung eines Abwesenheitspflegers nicht mit der Beschwerde wenden; diese Pflegschaft beschränkt sich auf Vermögensangelegenheiten (MünchKomm/SCHWAB Rn 26 mN). Weitere Fälle von Beschwerdeberechtigung bei SOERGEL/ZIMMERMANN Rn 22. Entsprechend der überwiegenden Ansicht, daß in Angelegenheiten der freiwilligen Gerichtsbarkeit grundsätzlich ein Rechtsschutzbedürfnis auf rückwirkende Feststellung der Rechtswidrigkeit einer gerichtlichen Maßnahme nach deren Erledigung nicht besteht, hat das BczG Erfurt (Rpfleger 1994, 64, 65 = DtZ 1993, 348) es abgelehnt, eine nach damaligem Recht angeordnete und nach Verfahrensende erledigte Abwesenheitspflegschaft für rechtswidrig zu erklären. Ob diese Auffassung angesichts der neuen Rechtsprechung des BVerfG (NJW 1997, 2163), die Beschwerde gegen eine richterliche Maßnahme (hier: Durchführungsanordnung) dürfe nicht allein deswegen, weil sie vollzogen ist und die Maßnahme sich deshalb erledigt hat, unter dem

Gesichtspunkt prozeßnaher Wiederholung als unzulässig verworfen werden, noch Bestand haben kann, war bisher nicht Gegenstand gerichtlicher Auseinandersetzung.

Der Geschäftswert eines Beschwerdeverfahrens in einer Abwesenheitspflegschaftssache nach dem Zuständigkeitsergänzungsgesetz ist nach § 30 Abs 1 KostO zu bestimmen (BayObLG FamRZ 2000, 971).

VI. Wirkungen der Abwesenheitspflegschaft

Durch die Anordnung der Abwesenheitspflegschaft wird eine Änderung des bestehenden rechtsgeschäftlichen Status des Betroffenen nicht bewirkt. Ist der Betroffene geschäftsunfähig, ist ihm ein Betreuer zu bestellen, sofern dies erforderlich (§ 1896 Abs 1–3) und möglich ist. Die Bestellung eines Abwesenheitspflegers entfällt dann. Stellt sich nach Anordnung einer Abwesenheitspflegschaft heraus, daß der Abwesende geschäftsunfähig ist oder sein könnte, kommt die Aufhebung der Abwesenheitspflegschaft und die Bestellung eines Betreuers im Regelverfahren jedoch nur in Betracht, wenn die strengen Verfahrensbestimmungen des Bestellungsverfahrens nach den §§ 65 ff FGG (insbesondere die vorherige Begutachtung und die Anhörung und/oder Inaugenscheinnahme des Betroffenen) eingehalten werden können oder die für eine einstweilige Anordnung vorgesehenen Verfahrenserleichterungen Anwendung finden.

Widersprüchliches Handeln des geschäftsfähigen Abwesenden und des Abwesenheitspflegers ist möglich; über die Wirksamkeit der Handlungen bzw Entscheidungen des einen oder anderen entscheidet die Rechtsordnung nach den allgemeinen Gesichtspunkten. Besondere Regeln gibt es dafür im Vormundschafts- und Pflegschaftsrecht nicht. Hinweise auf Lösungsmöglichkeiten bei STAUDINGER/ENGLER[10/11] Rn 30 und BIENWALD, Untersuchungen 364 ff.

Im Rahmen des ihm übertragenen Wirkungskreises vertritt der Abwesenheitspfleger den Abwesenden gerichtlich und außergerichtlich (BGH JZ 1961, 127, 129 m zust Anm SEIDL-HOHENVELDERN; die Verwaltung des Vermögens schließt die Befugnis ein, die im Rahmen der Verwaltung sich als notwendig erweisenden Prozesse zu führen). In diesem Umfange ist der Abwesenheitspfleger gesetzlicher Vertreter des Abwesenden (OLG Hamm JMBlNRW 1956, 221; BGHZ 18, 389 = NJW 1956, 102 = VersR 1956, 25; KG NJW 1953, 1305; 1955, 1840; zu Gegenmeinungen s SOERGEL/ZIMMERMANN Rn 13). Angesichts der positivrechtlichen Regelung des § 1902, die auch im Falle der Betreuerbestellung für einen lediglich körperlich Behinderten die gesetzliche Vertretung durch den Betreuer vorsieht, dürfte es schwerlich gelingen, die Rechtsfigur des staatlich bestellten Bevollmächtigten noch für den Abwesenheitspfleger aufrechtzuerhalten.

Die gegen diese Auffassung allein sprechende Regelung des § 1921 Abs 2 S 1 findet ihre Rechtfertigung nur darin, daß die Beendigung mit dem Tod des Abwesenden ein nicht genügend zuverlässiger (und bekannter) Umstand ist und deshalb gerichtlicher Bestätigung durch Aufhebungsentscheidung bedarf.

Maßgebend für die vom Abwesenheitspfleger wahrzunehmenden Angelegenheiten ist der vom Gericht formulierte **Wirkungskreis**. Er reicht von der Besorgung einer einzelnen vermögensrechtlichen Angelegenheit (vgl § 1918 Abs 2) bis zur umfassenden Wahrnehmung aller Vermögensangelegenheiten. Im Zweifel soll der Abwesenheitspfleger für sämtliche Vermögensangelegenheiten bestellt sein (SOERGEL/ ZIMMERMANN Rn 13 mN), obgleich es keine Vermutung oder gar „Beweislastregelung" in dieser Hinsicht gibt.

Im Falle einer Differenz zwischen dem anordnenden Beschluß und der Bestallungsurkunde ist der Inhalt des Beschlusses entscheidend, im Falle eines Widerspruchs zwischen Bestellung (Verpflichtungsverhandlung) und Bestallung der Inhalt der Verpflichtungsverhandlung (STAUDINGER/ENGLER[10/11] Vorbem 3 zu §§ 1909 ff).

Neben seiner Hauptpflicht, die sich aus dem Wirkungskreis ergibt, hat der Pfleger die Verpflichtung, die Abwesenheitspflegschaft unter der Aufsicht des Vormundschaftsgerichts treu und gewissenhaft zu führen (OLG Hamm JMBlNRW 1956, 221). Hinsichtlich einer (Neben-)Pflicht, Erkundigungen nach dem Verbleib der Abwesenden anzustellen, gehen die Meinungen auseinander. Während sich das Schrifttum mit wenigen Sätzen und die angegebene Rechtsprechung meistens beiläufig und zu Teilaspekten einer Ermittlungspflicht äußert, widmet sich der BGH (DB 1956, 891) ausführlich dieser Frage und differenziert. Danach ist es grundsätzlich Aufgabe des Gerichts, die Gründe für die Anordnung einer Abwesenheitspflegschaft zu prüfen und auch weiter darüber zu wachen, daß der Pfleger nicht länger in seinem Amt belassen wird, als es nach dem Gesetz notwendig ist (ähnlich PALANDT/DIEDERICHSEN Rn 9; SOERGEL/ZIMMERMANN Rn 14). Von dem Pfleger soll erwartet werden können, daß er den Vormundschaftsrichter auf ihm bekanntgewordene diesbezügliche Tatsachen hinweist. Auch kann unter besonderen Umständen eine Pflicht zu Erkundungen über den Verbleib des Abwesenden bestehen (weitergehend ERMAN/HOLZHAUER Rn 6a; allgemein SONNENFELD Rn 496). Wegen der Möglichkeit konkurrierenden Handelns hält der BGH den Pfleger für verpflichtet, sich vor eigenen Maßnahmen (durch Erkundigungen nach dem Verbleib des Abwesenden) zu vergewissern, daß seine Maßnahmen nicht mit solchen des Vermögensinhabers kollidieren können (so auch MünchKomm/SCHWAB Rn 20; ähnlich OLG Brandenburg FamRZ 1995, 1445, 1446). Demgegenüber ging es in KG JR 1967, 26, 27 (sowie bereits NJW 1955, 1840, 1841) um die Frage der Befugnis, nicht der Verpflichtung zum Tätigwerden. Der Abwesenheitspfleger ist zwar berechtigt, aber nicht verpflichtet, Erkundigungen nach dem Verbleib des Abwesenden anzustellen (BGH Betrieb 1956, 891 = WM 1956, 57; aA KG JR 1967, 26, 27; DÖLLE § 142 III 2 c). Zur Beantragung der Todeserklärung des Abwesenden ist er zwar berechtigt (BGHZ 18, 389 = NJW 1956, 102 = VersR 1956, 25); eine Verpflichtung dazu besteht jedoch nicht (OLG Hamm aaO). Ihn trifft eine Informationspflicht gegenüber dem Vormundschaftsgericht, wenn er vom Tode des Abwesenden Kenntnis erhält (BGH Betrieb 1956, 891 = WM 1956, 57; BayObLGZ 3, 841). Zur Begründung eines Wohnsitzes für den Abwesenden berechtigt die Abwesenheitspflegschaft nicht, auch nicht die Ehefrau des Abwesenden als dessen Pflegerin (KG NJW 1956, 264).

Rechtsgeschäfte, die der Abwesenheitspfleger für den angeblich Abwesenden, in Wirklichkeit aber bereits Verstorbenen, vorgenommen hat, bleiben rechtswirksam (§ 32 FGG; OLG Nürnberg FamRZ 1956, 117 [LS]). Die Wirksamkeit der von dem Abwesenheitspfleger getätigten Rechtshandlungen (hier: Bestellung einer Grunddienstbarkeit und Abschluß eines Grundstückskaufvertrages) wird nicht dadurch beeinträchtigt, daß die Anordnung der Abwesenheitspflegschaft und die erteilte vormundschaftsgerichtliche Genehmigung später aufgehoben werden (OLG Köln FamRZ 2003, 1481 = Rpfleger 2002, 195). Erklärt der Abwesenheitspfleger die Auflassung für einen Verschollenen, der dann mit Wirkung von einem vorherliegenden Zeitpunkt für tot erklärt wird, so wird die noch schwebend unwirksame Auflassung mit der Genehmigung durch die Erben voll wirksam (BayObLGZ 1953, 29).

VII. Zur Auswahl des Abwesenheitspflegers

Nach bisherigem Recht wurden infolge der Verweisung in § 1915 Abs 1 die Auswahlbestimmungen der Vormundschaft für Volljährige angewendet (MünchKomm/ SCHWAB Rn 19; STAUDINGER/ENGLER[10/11] § 1915 Rn 4). Mit dem Inkrafttreten des BtG und dem Wegfall der Vormundschaft für Volljährige entfällt die Bezugnahme auf die Volljährigenvormundschaft. Anzuwenden sind die Vorschriften der Vormundschaft für Minderjährige, soweit deren Besonderheiten die Anwendung nicht verbieten.

Das Benennungsrecht der Eltern (§§ 1776, 1777) entfällt im Hinblick auf dessen Ursprung (§ 1777 Abs 1). Dementsprechend kommen auch die §§ 1778 und 1782 nicht zur Anwendung. Ausgangspunkt für die Auswahlentscheidung ist § 1779 (im Ergebnis ebenso MünchKomm/SCHWAB Rn 19), der ebenso wie § 1897, der ausschließlich für die Betreuerbestellung bestimmt ist, auf die Eignung abhebt. Die Rücksichtnahme auf (nicht die Bindung an) das religiöse Bekenntnis gemäß § 1779 Abs 2 S 2 kann auch im Falle der Sorge für die Vermögensangelegenheiten geboten sein (aA SOERGEL/ZIMMERMANN § 1915 Rn 5; STAUDINGER/ENGLER[10/11] § 1915 Rn 7; wie hier DÖLLE § 147 I 3), wenn beispielsweise für den Abwesenden und seinen Umgang mit dem Vermögen bestimmte ethische Maßstäbe verpflichtend waren.

Nach Wegfall der Ermächtigungsvorschrift des § 1897 S 2 aF, wonach die Landesregierungen durch Rechtsverordnung bestimmen konnten, daß andere Behörden an die Stelle des Jugendamtes und des Landesjugendamtes treten, kommt nach den Vorschriften des Bundesrechts nur noch das Jugendamt als Behörde zur Führung von Vormundschaften und Pflegschaften in Betracht. Entsprechend der allgemeinen Zielsetzung des KJHG (SGB VIII) – § 1 – beschränkt sich die Zuständigkeit des Jugendamtes als Abwesenheitspfleger auf junge Volljährige, für die es auch sonst eine (Hilfe-)Zuständigkeit besitzt (§ 2 Abs 2 Nr 6 KJHG [SGB VIII]). Ist die zuständige Behörde in Betreuungsangelegenheiten als Betreuungsstelle dem Jugendamt angegliedert, handelt es sich funktional um eine andere Stelle.

VIII. Sonstige Rechtsfolgen

1. Aufwendungsersatz und Vergütung

Aufgrund der Verweisungsvorschrift des § 1915 Abs 1 finden die für die Vormundschaft geltenden Vorschriften entsprechende Anwendung; das sind für den Ersatz von Aufwendungen die §§ 1835, 1835a und für die Bewilligung einer Vergütung die §§ 1836 ff iVm der für das Verfahren maßgebenden Vorschrift des § 56g FGG (für Ansprüche bis zum 1.7.2005; für die danach entstandenen auch das VBVG gem Art 8 2. BtÄndG). Im einzelnen dazu § 1915 Rn 16 f. Zu den Anforderungen an den Tätigkeitsbericht eines Abwesenheitspflegers zwecks Überprüfung seiner Vergütungsforderung OLG Schleswig FamRZ 2001, 1480 = SchlHA 2001, 262.

2. Haftung

24 Der Abwesenheitspfleger ist dem Abwesenden gegenüber für den aus einer Pflichtverletzung entstehenden Schaden verantwortlich, wenn ihm ein Verschulden zur Last fällt (§§ 1833 Abs 1, 1915 Abs 1). Im einzelnen STAUDINGER/ENGLER (2004) zu § 1833, insbesondere Rn 12 ff. Zur Haftung des in Verfahren der freiwilligen Gerichtsbarkeit tätigen gerichtlichen Personals (Richter, Rechtspfleger) s § 839 iVm Art 34 GG sowie STAUDINGER/WURM (2002) § 839 Rn 641 ff, 655. Nach OLG Brandenburg (Rpfleger 2005, 358) haftet der Staat nicht, wenn das Vormundschaftsgericht nach Wegfall des von den DDR-Behörden bestellten Pflegers (wegen Auflösung des VEB) einen neuen Abwesenheitspfleger bestellt, ohne zuvor eigene umfangreiche Ermittlungen zu den Berechtigten eines Nachlaßgrundstücks anzustellen; die Bestellung des neuen Pflegers ist keine wiederholende oder neue Entscheidung über die Errichtung der Pflegschaft, nachdem die von den DDR-Behörden eingerichtete Pflegschaft nach den Bestimmungen des Einigungsvertrages fortbesteht.

IX. Abwesenheitspflegschaft nach dem Familiengesetzbuch der DDR*

25 Nach § 105 Abs 1 des Familiengesetzbuchs (FGB) konnte das Staatliche Notariat bei Vorliegen eines persönlichen oder gesellschaftlichen Fürsorgebedürfnisses einen Pfleger bestellen, wenn (so Buchst b) der Aufenthalt des Bürgers unbekannt ist und er dadurch seine Vermögensangelegenheiten nicht wahrnehmen kann oder wenn sein Aufenthalt bekannt, er aber an der Erledigung seiner Angelegenheiten verhindert ist. Im Rahmen des festgelegten Wirkungskreises des Pflegers stand der Pflegebedürftige nach § 105 Abs 3 FGB einer nicht geschäftsfähigen Person gleich; insoweit war der Pfleger sein gesetzlicher Vertreter.

In der 5. Auflage des vom Ministerium der Justiz zum FGB herausgegebenen Kommentars (Berlin 1982) ist dazu ausgeführt, bei bekanntem Aufenthalt sei die Anordnung der (Abwesenheits-)Pflegschaft möglich, wenn der betreffende Bürger verhindert ist, seine Vermögensangelegenheiten an dem Ort selbst zu besorgen, an dem sie besorgt werden müssen. Er dürfe zB „grundsätzlich auch nicht in der Lage sein, durch eine entsprechende Vollmacht die notwendige Vorsorge zu treffen". Allerdings zählten, so der Kommentar, auch die Fälle zur Verhinderung, in denen der betreffende Bürger durch sein Verhalten zu erkennen gibt, daß er an der Wahrnehmung seiner vermögensrechtlichen Angelegenheiten in der DDR nicht interessiert ist, indem er zB keine Vollmacht erteilte, obwohl er dazu in der Lage (gewesen) wäre.

26 Eine Abwesenheitspflegschaft konnte auch für den Bürger eines anderen Staates angeordnet werden, wenn sich Vermögen dieses Bürgers in der DDR befand und dessen Sicherung und ordnungsgemäße Verwaltung durch ihn nicht erfolgte. Die Vorschrift, der der Kommentar dies entnahm (§ 24 Abs 2 RAG – Rechtsanwendungsgesetz vom 5. 12. 1975, GBl I 1975 Nr 46, 748) hat folgenden Wortlaut:

---

* **Schrifttum:** JANKE, Das ZGB der DDR in der Rechtsprechung seit der deutschen Einheit – Erbrecht, NJ 2003, 6 (11).

Eine vorläufige Vormundschaft oder eine Pflegschaft kann auch über den Bürger eines anderen Staates nach dem Recht der Deutschen Demokratischen Republik angeordnet werden, wenn er der alsbaldigen Fürsorge bedarf und seinen Wohnsitz oder Aufenthalt in der Deutschen Demokratischen Republik hat oder wenn sich Vermögen eines Bürgers in der Deutschen Demokratischen Republik befindet und eine Sicherung und ordnungsgemäße Verwaltung durch ihn nicht erfolgt.

Für Nachlaßpflegschaften oder andere Maßnahmen für unbekannte Erben galt diese Bestimmung nicht; deren Anordnung war nach „erbrechtlichen Kollisionsnormen zu beurteilen (vgl § 25)" (Internationales Privatrecht, Kommentar zum Rechtsanwendungsgesetz, herausgegeben vom Ministerium der Justiz [1. Aufl Berlin 1989] § 24 Bem 1.1, 83). Die vom BVerwG zur Abwesenheitspflegschaft gemäß § 105 FGB entwickelten Grundsätze sind auf die Fälle der Nachlaßpflegschaft zu übertragen. Danach besteht für den Nachlaßpfleger in der Regel kein gesellschaftliches Fürsorgebedürfnis iSd § 105 Abs 1 FGB dafür, ein Grundstück an einen Dritten zu veräußern, wenn die Erben des ehemaligen Grundstückseigentümers lediglich unbekannt sind (VG Berlin VIZ 2002, 233).

Nach der Rundverfügung des Ministers der Justiz der DDR Nr 6/1977 idF vom 25. 3. 1987 betreffend „Abwesenheitspflegschaft für Bürger kapitalistischer Staaten und von Berlin (West)" stand im Vordergrund „die Notwendigkeit zu sichern, daß staatlich nicht verwaltete Grundstücke und Gebäude auf dem Territorium der DDR, die sich im Eigentum von Bürgern mit Wohnsitz im kapitalistischen Ausland ... befinden, ordnungsgemäß verwaltet werden. Da eine Verwaltung durch einen außerhalb der DDR wohnhaften Bürger nicht möglich ist, hat der Eigentümer dafür Sorge zu tragen, daß einem VEB Gebäudewirtschaft bzw der Kommunalen Wohnungsverwaltung oder einem in der DDR wohnhaften Bürger eine ausreichende Vollmacht zur Grundstücksverwaltung erteilt wird. Kommt der Eigentümer dem nicht nach, können erforderliche Maßnahmen der bestehenden Rechtsvorschriften durchgeführt werden" (zit nach BezG Erfurt Rpfleger 1993, 233, 234, das die Anordnung einer Abwesenheitspflegschaft nach § 105 Abs 1 Buchst b FGB „aus damaliger Sicht" vor dem Hintergrund der Art 18 und 19 Einigungsvertrag nicht als nichtig ansah).

Beruht der Abschluß eines Darlehensvertrages (hier zu Modernisierungszwecken) auf der mißbräuchlichen Anordnung einer Abwesenheitspflegschaft gemäß § 105 Abs 1 FGB (hier offen gelassen), kann dieser Mangel wegen des Vorrangs des Vermögensgesetzes nicht im Zivilrechtsweg geltend gemacht werden (OLG Rostock OLG-NL 2000, 150 = VIZ 2002, 126 = FamRZ 2001, 227 [LS]). Gemäß Art 234 § 15 Abs 1 EGBGB werden die nach § 105 Abs 1 Buchst b FGB angeordneten Abwesenheitspflegschaften mit demselben Aufgabenkreis fortgeführt. Ein nach der „Republikflucht" aufgrund zivilrechtlicher Vorschriften bestellter Abwesenheitspfleger ist kein staatlicher Verwalter iSd § 1 Abs 1 Buchst c VermG. Zur Abgrenzung zwischen Abwesenheitspfleger und dem staatlichen Verwalter BVerwG VIZ 1998, 255 = NJ 1998, 329 m Anm Kolb VIZ 1998, 673. Zu dessen Rechtsstellung (Verzicht auf Einrede der Verjährung, Auslagenanspruch) vgl LG Leipzig VIZ 2003, 198 und VG Berlin VIZ 2003, 296.

Zum Wirkungskreis eines nach § 105 Abs 1 Buchst b FGB bestellten Pflegers: Eine vom zuständigen Staatlichen Notariat in der DDR angeordnete Abwesenheitspflegschaft zum Zwecke der Veräußerung eines Grundstücks des durch den Pfleger Vertretenen, die nach Abschluß der Geschäfte aufgehoben worden ist, ist nicht ohne weiteres nichtig oder unwirksam und kann nicht später erneut und mit rückwirkender Kraft auf den Zeitpunkt ihrer Anordnung aufgehoben oder für nichtig erklärt werden (LG Berlin FamRZ 1992, 223 ff). Zur Ablehnung rückwirkender Feststellung der Rechtswidrigkeit einer inzwischen erledigten Abwesenheitspflegschaft s auch oben Rn 18.

29 Zur Frage der rechtswidrigen Anordnung einer Abwesenheitspflegschaft nach § 105 Abs 1 Buchst b Alt 1 FGB im Falle vorgetäuschter Voraussetzungen sowie zum Ausgleich geschehenen Vermögensunrechts durch das Vermögensgesetz BGH FamRZ 1997, 494 = NJW 1997, 1586 (LS) = DtZ 1997, 158 = NJ 1997, 308 sowie BVerwG NJ 1998, 330 m Anm Kessler 331, wonach die Bestellung eines Abwesenheitspflegers gemäß § 105 Abs 1 FGB durch das Staatliche Notariat allein zum Verkauf eines Grundstücks an einen privaten Dritten zu einem privaten Nutzungszweck in der Regel eine unlautere Machenschaft (Machtmißbrauch) iSv § 1 Abs 3 VermG darstellt (s auch BVerwG NJ 1998, 329 m Komm v Kolb, 330; krit dazu Janke NJ 2003, 6 [11]).

Wird der Eigentumsverlust durch die Inanspruchnahme nach dem Aufbaugesetz ohne aktive Mitwirkung des Abwesenheitspflegers vollzogen, wird keiner der Schädigungstatbestände des § 1 VermG erfüllt (BVerwG VIZ 2002, 91).

§ 1912
Pflegschaft für eine Leibesfrucht

(1) Eine Leibesfrucht erhält zur Wahrung ihrer künftigen Rechte, soweit diese einer Fürsorge bedürfen, einen Pfleger.

(2) Die Fürsorge steht jedoch den Eltern insoweit zu, als ihnen die elterliche Sorge zustünde, wenn das Kind bereits geboren wäre.

Materialien: E I § 1741; II § 1789; III § 1888; Mot IV 1262; Prot IV 857. Geändert durch Art 1 Nr 39 GleichberG v 18. 6. 1957, durch Art 1 Nr 85 NEhelG v 19. 8. 1969 (Einfügung v Abs 1 S 2 u Neufassung des Abs 2, zuvor S 2 aF) und durch Art 9 § 2 SorgeRG v 18. 7. 1979; Aufhebung des Abs 1 S 2 durch Art 1 Nr 6 Beistandschaftsgesetz v 4. 12. 1997 (BGBl I 2846); BT-Drucks 13/892 (Entw m Stellungn); BT-Drucks 13/8509 (Beschlußempfehlung und Bericht RechtsA); BR-Drucks 708/97 (Beschluß); Staudinger/BGB-Synopse 1896–2005 § 1912.

Schrifttum

Allgemein
Deutsch, Haftung des Arztes wegen Nichterkennung der Gefahr einer Schädigung des noch ungeborenen Kindes, JZ 1983, 451

ders, Renaissance der Leibesfrucht?, DRiZ 1984, 276
Fabricius, Gedanken zur höchstrichterlichen Rechtsprechung betreffend den Nasciturus, FamRZ 1963, 403

GROH/LANGE-BERTALOT, Der Schutz des Lebens Ungeborener nach der EMRK, NJW 2005, 713
PAEHLER, Hat die Leibesfrucht Schadensersatzansprüche?, FamRZ 1972, 189
SACHSE, „Totgeburt" und „Fehlgeburt" neu definiert, StAZ 1980, 270
SEIDEL, Zivilrechtliche Mittel gegen Schwangerschaftsabbrüche? (1994)
ULLMANN, Neues Kriterium für Fehlgeburt, NJW 1994, 1575
VERSCHRAEGEN, Das ungeborene Kind und sein Recht auf Leben – Vo gegen Frankreich, in: FS Otte (2005)
WALDSTEIN, Zur Rechtsstellung ungeborener Kinder, in: FS Eckert (1976) 477.

Zum Beistandschaftsgesetz
BAER, Die Beistandschaft für ausländische Kinder, DAVorm 1998, 491
DIEDERICHSEN, Die Reform des Kindschafts- und Beistandschaftsrechts, NJW 1998, 1977, 1987
DÖRNDÖRFER, Einführung in das neue Kindschaftsrecht – Teil 2 –, ZfJ 1998, 299, 301
GRESSMANN, Neues Kindschaftsrecht (1998)
MÜHLENS/KIRCHMEIER/GRESSMANN, Das neue Kindschaftsrecht (1998)
ROTH, Ausgestaltung der Beistandschaft – ein Überblick über das neue Beistandschaftsgesetz, KindPrax 1998, 12
SONNENFELD, in: BÄUMEL ua, Familienrechtsreformkommentar (FamRefK), § 1912 BGB
WOLF, Beistandschaft statt Amtspflegschaft – Konsequenzen für die Praxis, KindPrax 1998, 40.

Alphabetische Übersicht

Ansprüche des nasciturus	1
Aufhebung der Pflegschaft durch Gerichtsbeschluß	8
Aufhebungsgründe	8
Ausschluß einer Pflegschaftsanordnung	2
Außergerichtliche Vertretung	6
Babyklappe	1
Beendigung der Pflegschaft	8
Beendigung kraft Gesetzes	8
Beendigungsgründe	8
Beistandschaft	3
Beistandschaftsgesetz	3
Beratungspflicht des Jugendamtes	3
Bestellung des Pflegers	7
Drittinteresse	5
Einstweilige Verfügungen	4
Erbausschlagung	5
Fürsorge für ungeborenes Kind	1
Fürsorgebedürfnis	5
Gerichtliche Vertretung	6
Gesetzlicher Vertreter	6
Jugendamt	3
Nacherbenrechte	4
Nachlaßpflegschaft	4
Rechtsstellung des Pflegers	6
Schadensersatzansprüche	4
Schutzbedürfnis	4
Schwangerschaft als Pflegschaftsvoraussetzung	4
Schwangerschaftsabbruch	4
Vaterschaftsanerkennung, Zustimmung zur Verhinderung illegalen Schwangerschaftsabbruchs	4
Voraussetzungen der Pflegschaft	4
Vorgeburtliches Vaterschaftsanerkenntnis	4
Vorsorge hindert Pflegschaftsanordnung	5

I. Überblick

Die Vorschrift bietet die Möglichkeit der Fürsorge für ein noch nicht geborenes, aber **1** erwartetes Kind. Die Leibesfrucht ist ein gezeugter, aber noch nicht geborener

Mensch, dessen Rechtsfähigkeit erst mit der Vollendung der Geburt beginnt (§ 1). Darin unterscheidet sich diese Pflegschaft von Maßnahmen zur Verhinderung von Aussetzungen oder Tötungen von Kindern unmittelbar nach deren Geburt (sog Babyklappe oder „anonyme Geburt"; dazu zuletzt KATZENMEIER FamRZ 2005, 1134).

Die Tatsache der zukünftigen Geburt reicht in einigen gesetzlich vorgesehenen Fällen aus, dem zukünftigen Menschen Rechtspositionen zu sichern, deren Realisierung durch die Menschwerdung bedingt ist. Mit GERNHUBER/COESTER-WALTJEN § 75 III 1 werden die Regelungen als Ausnahmen zugunsten eines werdenden Rechtssubjekts begriffen, das in ihnen eine beschränkte Rechtsfähigkeit erreicht, die lediglich erlaubt, dem nasciturus Rechte in jener Form zuzuordnen, die der eigenen Gestalt entspricht, als werdende Rechte also, die mit der Geburt dem gewordenen Rechtssubjekt als ebenso gewordene Rechte zufallen. Ua sind dies § 844 Abs 2 S 2 (Ersatzansprüche Dritter bei Tötung), § 1923 Abs 2 (Erbfähigkeit), § 2043 Abs 1 (Aufschub der Erbauseinandersetzung), § 2108 Abs 1 (Rechtsstellung des Nacherben). S ferner § 5 Abs 2 S 2 HaftpflG, § 10 Abs 2 S 2, § 18 S 1 StVG, § 35 Abs 2 S 2, § 47 LuftVG, § 28 Abs 2 S 2 AtomG, § 7 Abs 2 S 2 ProdHaftG, § 12 Abs 2 S 2 UmweltHG, § 12 SGB VII (ERMAN/HOLZHAUER Rn 1; STAUDINGER/ENGLER[10/11] Rn 2). Zur rechtlichen Konstruktion s die Hinweise bei STAUDINGER/ENGLER[10/11] Rn 2; GERNHUBER/COESTER-WALTJEN § 75 III 1.

Eine Sorgerechtsregelung für ein noch nicht geborenes Kind ist im Gesetz nicht vorgesehen (AG Lüdenscheid FamRZ 2005, 51).

2 Abs 2 schließt die Bestellung einer Pflegschaft nach Abs 1 für den Fall aus, daß den Eltern die elterliche Sorge zustünde, wenn das Kind bereits geboren wäre. Unter dieser Voraussetzung bedarf es zur Fürsorge für das ungeborene Kind nicht der Bestellung eines Pflegers (und der Übertragung dieses Amtes auf die Eltern oder im Falle nichtehelicher Geburt auf die Mutter des Kindes). Abs 2 enthält danach eine Art Vorwirkung elterlicher Sorge (MünchKomm/SCHWAB Rn 2; ERMAN/HOLZHAUER Rn 4; STAUDINGER/ENGLER[10/11] Rn 10). Im Rahmen dieser Vorwirkung kann es aber dazu kommen, daß Eltern von der Vertretung des (ungeborenen) Kindes ausgeschlossen sind, so daß ein (Ergänzungs-)Pfleger zu bestellen ist. Mangels eigener Rechtspersönlichkeit des nasciturus handeln die Eltern oder die Mutter nicht unmittelbar als gesetzliche Vertreter des ungeborenen Kindes.

Das Kind stünde im Falle seiner Geburt unter der elterlichen Sorge seiner Eltern (§ 1626 ff) oder seiner Mutter (§ 1626a Abs 2). Stünde den Eltern die elterliche Sorge ganz oder teilweise nicht zu, weil das Sorgerecht nach § 1673 Abs 1 oder § 1674 iVm § 1678 ruhen würde, muß dem nasciturus ein Pfleger bestellt werden. Da es sich um eine vorgeburtliche Entscheidung handelt, ist auch nach der Zuständigkeitsänderung in § 1674 das Vormundschaftsgericht zur Entscheidung berufen. Auf die den Eltern oder der Mutter nach § 1912 Abs 2 zustehende Fürsorge finden die Vorschriften über die elterliche Sorge im übrigen entsprechende Anwendung (STAUDINGER/ENGLER[10/11] Rn 13); nach § 1643 richtet sich deshalb, in welchen Fällen die Eltern bzw die Mutter eines nichtehelich geborenen Kindes für ein Rechtsgeschäft die Einwilligung oder Genehmigung des Vormundschaftsgerichts benötigen würden (STAUDINGER/ENGLER[10/11] Rn 13). Auf juristische Personen ist die Vorschrift nicht, auch nicht entsprechend, anzuwenden (SOERGEL/ZIMMERMANN Rn 2 mN).

Bis zum Inkrafttreten des Gesetzes zur Abschaffung der gesetzlichen Amtspfleg- 3
schaft und Neuordnung des Rechts der Beistandschaft (Beistandschaftsgesetz) vom
4. 12. 1997 (BGBl I 2846) bestand der erste Absatz aus zwei Sätzen. S 2 lautete:

*Auch ohne diese Voraussetzungen kann für eine Leibesfrucht auf Antrag des
Jugendamtes oder der werdenden Mutter ein Pfleger bestellt werden, wenn
anzunehmen ist, daß das Kind nichtehelich geboren werden wird.*

Dazu näher STAUDINGER/BIENWALD (1999) Rn 6. Die Vorschrift wurde mit Wirkung
vom 1. 7. 1998 aufgehoben (Art 1 Nr 6, Art 6 Beistandschaftsgesetz). Angesichts der
durch das Beistandschaftsgesetz und durch das Kindschaftsrechtsreformgesetz eingetretenen Änderungen der Rechtslage für das nichteheliche Kind (es heißt jetzt
„ein Kind, dessen Eltern bei seiner Geburt nicht miteinander verheiratet waren")
und seine Eltern wird eine Notwendigkeit, die Leibesfruchtpflegschaft für ein voraussichtlich nichtehelich geborenes Kind auch ohne konkretes Fürsorgebedürfnis
zuzulassen, nicht mehr gesehen. Die amtliche Begründung zum Beistandschaftsgesetz weist beispielhaft darauf hin, daß die werdende Mutter für das Kind, das voraussichtlich nichtehelich geboren wird, selbst der vorgeburtlichen Vaterschaftsanerkennung zustimmen (§ 1600b Abs 2, §§ 1600c, 1600d Abs 2; infolge der gleichzeitig
in Kraft getretenen Änderungen durch das KindRG nunmehr §§ 1595 Abs 1, 2; 1596
Abs 1, 2) oder eine einstweilige Verfügung auf Zahlung des für die ersten drei
Monate dem Kind zu gewährenden Unterhalts (§ 1615o) beantragen könne (BT-
Drucks 13/892, 42).

Die werdende Mutter kann für das Kind, das voraussichtlich „nichtehelich" geboren
wird, bereits vor dessen Geburt eine Beistandschaft beantragen (§ 1714 S 2), soweit
sie nicht selbst für das Kind tätig werden will. Das Jugendamt wird Beistand, sobald
ihm der Antrag zugeht (§§ 1712 Abs 1, 1714 S 1); Voraussetzung ihrer Antragsbefugnis ist, daß der Mutter das Alleinsorgerecht zustehen wird. Die Möglichkeit einer
Beistandschaft im Falle gemeinsamer Sorge (Einfügung von S 2 in § 1713 Abs 1
durch Art 1 des Gesetzes zur weiteren Verbesserung von Kinderrechten vom
9. 4. 2002, BGBl I 1239) wirkt sich auf § 1912 nicht aus, weil die Antragsbefugnis an
die Obhut des Kindes geknüpft ist, also dessen Geburt voraussetzt (JANZEN, Das
Kinderrechteverbesserungsgesetz, FamRZ 2002, 785, 787).

Ist die Mutter minderjährig und ruht infolgedessen ihre elterliche Sorge (§ 1673
Abs 2), hat das Kind einen Vormund (§§ 1773, 1791c). Zur Verpflichtung des Jugendamts, der Mutter Beratung und Unterstützung anzubieten, s § 52a Abs 1 S 1,
Abs 2 KJHG (SGB VIII). Infolge der gesetzlichen Aufgabenbegrenzung der Beistandschaft (§ 1712 Abs 1) und der Beschränkungsmöglichkeit durch die Antragstellung kann neben dem Jugendamt und der Mutter auch noch ein Pfleger nach
§ 1912 für das ungeborene Kind zuständig sein.

Übergangsbestimmungen zum Beistandschaftsgesetz v 4. 12. 1997 enthält Art 223
EGBGB (Vorbem 1 zu §§ 1909 ff).

II. Voraussetzungen

Es muß eine Schwangerschaft bestehen. Es muß eine Leibesfrucht vorhanden sein, 4 für deren zukünftige Rechtssituation durch das Tätigwerden eines Pflegers gesorgt werden muß (Fürsorgebedürfnis).

Es kommt also nicht darauf an, ob das Kind ehelich oder nichtehelich geboren wird. Ein Schutzbedürfnis in dieser Hinsicht kann für das ungeborene Kind dann bestehen, wenn eine zur Zeit des Erbfalls gezeugte, aber noch nicht geborene Person mit einem Vermächtnis bedacht oder als Nacherbe eingesetzt ist (§§ 2108, 2114 ff, 2147 ff). Ist eine solche Person erbberechtigt, kommt nur eine Nachlaßpflegschaft (§ 1960) in Betracht (STAUDINGER/ENGLER[10/11] Rn 5 unter Hinweis auf Mot IV 1263; SOERGEL/ZIMMERMANN Rn 4). Neben der Nachlaßpflegschaft kann eine Pflegschaft nach § 1912 nur für solche Angelegenheiten angeordnet werden, die ausschließlich die Leibesfrucht betreffen (STAUDINGER/ENGLER[10/11] Rn 5 mN).

In Betracht kommt die Zustimmung zur vorgeburtlichen Vaterschaftsanerkennung, wenn der Mutter insoweit die elterliche Sorge nicht zustehen würde (§§ 1595 Abs 2 u 3, 1594 Abs 4) und die Mutter einen Antrag auf Beistandschaft nicht stellt (mißverständlich GRESSMANN Rn 87).

Zu den künftigen Rechten einer Leibesfrucht, die vom Pfleger nach § 1912 wahrgenommen werden können bzw müssen und die der Leibesfrucht als solcher zustehen, gehören nicht mit der Geburt entstehende Unterhaltsansprüche nach den §§ 1601 ff (SOERGEL/ZIMMERMANN Rn 4 mN). Dagegen kann der Antrag auf Erlaß einer einstweiligen Verfügung gegenüber dem Vater oder dem vermuteten Vater, den für die ersten drei Monate dem Kinde zu gewährenden Unterhalt zu zahlen, bereits vor der Geburt des Kindes durch einen für die Leibesfrucht bestellten Pfleger gestellt werden (§ 1615o Abs 1 S 2). Antragsberechtigt ist aber auch die Mutter, es sei denn, sie wäre nach der Geburt des Kindes zur Ausübung der elterlichen Sorge nicht berechtigt (§§ 1673, 1675).

Außer für die Geltendmachung von Ansprüchen bzw Rechten aus den oben Rn 1 angegebenen Normen kommt die Pflegschaft für eine Leibesfrucht in Betracht, wenn zur Wahrung der Rechte des Nacherben im Hinblick auf § 326 ZPO eine Nebenintervention erforderlich wird oder wenn der Leibesfrucht das Erbrecht bestritten wird (STAUDINGER/ENGLER[10/11] Rn 5). Nicht hierher gehört der Fall des § 1963 (Unterhalt der werdenden Mutter eines Erben); dieser Anspruch steht der Mutter und nicht der Leibesfrucht zu (STAUDINGER/ENGLER[10/11] Rn 5 aE mN).

Zu Schadensersatzansprüchen der Leibesfrucht einer Schwangeren s BGH JZ 1972, 363 m Anm STOLL = FamRZ 1972, 202; s auch PAEHLER FamRZ 1972, 189. Im Sinne von § 4 Abs 1 Wohngeldgesetz zählt die Leibesfrucht nicht zu den Familienmitgliedern (OVG Münster NJW 2000, 1283). Der Ausschluß des vor der Geburt durch eine Berufskrankheit seiner Mutter geschädigten Kindes von den Leistungen der gesetzlichen Unfallversicherung ist nach BVerfG (vom 22.6.1977 – 1 BvL 2/74 –) mit Art 3 Abs 1 GG iVm dem Sozialstaatsprinzip nicht vereinbar (MünchKomm/Schwab Rn 8). Zur Frage, ob mit Hilfe einer Pflegerbestellung nach § 1912 ein illegaler Schwangerschaftsabbruch verhindert werden könnte, im einzelnen MünchKomm/SCHWAB Rn 12; STAUDINGER/PESCHEL-GUTZEIT (2002) § 1626 Rn 36 sowie sehr eingehende Erörterungen bei STAUDINGER/COESTER (2004) § 1666 Rn 14 ff, jeweils mit umfassenden Schrifttumsangaben.

Ein Fürsorgebedürfnis für eine Pflegerbestellung nach § 1912 besteht dann nicht, **5** wenn in anderer Weise für die Wahrung der künftigen Rechte der Leibesfrucht gesorgt ist oder gesorgt werden kann (näher STAUDINGER/ENGLER[10/11] Rn 6). Zur Frage, ob Eltern die Erbausschlagung für eine Leibesfrucht erklären können, s einerseits AG Schöneberg u LG Berlin Rpfleger 1990, 362, andererseits OLG Stuttgart Rpfleger 1993, 157 = FamRZ 1994, 264; OLG Oldenburg FamRZ 1994, 847; eingehend dazu STAUDINGER/OTTE (2000) § 1945 Rn 6.

Die Sorge um die Wahrung der Rechte des Ungeborenen kann sowohl persönliche als auch vermögensrechtliche Angelegenheiten erfassen.

Unzulässig ist die Anordnung der Pflegschaft im ausschließlichen Interesse eines Dritten (SOERGEL/ZIMMERMANN Rn 5; STAUDINGER/ENGLER[10/11] Rn 8). Deshalb kann für eine Ehelichkeitsanfechtungsklage ein Pfleger nicht nach § 1912 bestellt werden (STAUDINGER/ENGLER[10/11] Rn 5 mN).

III. Rechtsstellung des Pflegers

Der Pfleger nach § 1912 vertritt das ungeborene Kind gerichtlich und außergericht- **6** lich. Er ist im Rahmen des ihm übertragenen Wirkungskreises gesetzlicher Vertreter des ungeborenen Kindes (MünchKomm/SCHWAB Rn 16; STAUDINGER/ENGLER[10/11] Rn 14). Für den Wirkungskreis des Pflegers ist auch im Falle des § 1912 – im Zweifel – die Bestellung maßgebend (STAUDINGER/ENGLER[10/11] Rn 14).

IV. Zur Bestellung des Pflegers

Als Berufungsvorschrift für den Pfleger kommt § 1917 iVm § 1638 in Betracht **7** (MünchKomm/SCHWAB Rn 15), der jedoch nur für den dort geregelten speziellen Fall von Bedeutung ist. §§ 1776, 1777 können als Berufungsvorschriften für die Pflegerbestellung (iVm § 1915 Abs 1) schon deshalb keine Anwendung finden, weil die Benennung der Eltern oder der Mutter (§ 1626a Abs 2) erst mit deren Tode wirksam werden kann (§ 1777 Abs 2), das Kind dann aber bereits geboren sein dürfte, so daß eine Pflegschaft nach § 1912 nicht mehr in Betracht kommt (wie hier im Ergebnis ERMAN/HOLZHAUER Rn 9; MünchKomm/SCHWAB Rn 15 mN; **aA** STAUDINGER/ENGLER[10/11] Rn 15).

V. Beendigung der Pflegschaft

Gemäß § 1918 Abs 2 endet die Pflegschaft für die Leibesfrucht kraft Gesetzes mit **8** der Geburt des Kindes (z Zeitpunkt der Geburt s STAUDINGER/HABERMANN/WEICK [2004] § 1 Rn 28 f). Einem Aufhebungsbeschluß des Vormundschaftsgerichts nach § 1919 könnte in diesem Falle nur deklaratorische Bedeutung zukommen (BayObLGZ 1983, 67, 70 = FamRZ 1983, 949, 950 = StAZ 1983, 312), insbesondere dann, wenn die Angelegenheiten, zu deren Besorgung die Pflegschaft angeordnet worden war, im Zeitpunkt der Geburt des Kindes (offensichtlich) bereits erledigt waren (§ 1918 Abs 3; BayObLG aaO mN). Mit der Beendigung der Pflegschaft für eine Leibesfrucht kraft Gesetzes endet die gesetzliche Vertretung des Pflegers.

Die Pflegschaft ist gemäß § 1919 aufzuheben, wenn der Grund für die Anordnung nach § 1912 weggefallen ist, in allen Fällen, in denen die Schwangerschaft nicht durch Geburt des Kindes endet, sondern durch den Tod der Mutter (SOERGEL/ZIMMERMANN Rn 11; entgegen STAUDINGER/ENGLER[10/11] Rn 19) oder eine Fehlgeburt (aA SOERGEL/ZIMMERMANN Rn 10 – kraft Gesetzes). Zur Beschreibung einer Fehlgeburt (im Unterschied zur Totgeburt) § 29 Abs 3 PStV. Aufhebungsgründe sind außerdem die Feststellung einer Scheinschwangerschaft oder die Heirat der (zukünftigen) Kindesmutter mit dem Vater des noch ungeborenen Kindes.

§ 1913
Pflegschaft für unbekannte Beteiligte

Ist unbekannt oder ungewiss, wer bei einer Angelegenheit der Beteiligte ist, so kann dem Beteiligten für diese Angelegenheit, soweit eine Fürsorge erforderlich ist, ein Pfleger bestellt werden. Insbesondere kann einem Nacherben, der noch nicht gezeugt ist oder dessen Persönlichkeit erst durch ein künftiges Ereignis bestimmt wird, für die Zeit bis zum Eintritt der Nacherbfolge ein Pfleger bestellt werden.

Materialien: E I § 1742, 1827; II § 1790; III § 1889; Mot IV 1265; V 112; Prot IV 857; V 129; STAUDINGER/BGB-Synopse 1896–2005 § 1913
S 2 geändert durch Art 2 dGv 19. 7. 2002 (BGBl I 2674).

Schrifttum

BEITZKE, Pflegschaften für Handelsgesellschaften und juristische Personen, in: FS Ballerstedt (1975) 185
KANZLEITER, Der „unbekannte" Nacherbe, DNotZ 1970, 326
LUDWIG, Der „unbekannte" Nacherbe, DNotZ 1996, 995
SCHWINGE, Die Stiftung im Errichtungsstadium, BB 1978, 527

WIEDEMANN, Entwicklung und Ergebnisse der Rechtsprechung zu den Spaltgesellschaften, in: FS Beitzke (1979) 811
ZIEGLTRUM, Sicherungs- und Prozeßpflegschaft (1986).
Zum älteren Schrifttum bis 1968 s STAUDINGER/ENGLER[10/11].

Systematische Übersicht

I. Allgemeines	3. Fürsorgebedürfnis ___ 9
1. Normzweck ___ 1	4. Abgrenzung zu anderen Normen ___ 11
2. Rechtsnatur der Pflegschaft ___ 2	5. Einzelfälle ___ 12
3. Rechtsstellung des Pflegers ___ 3	a) Pflegschaft bejaht ___ 12
	b) Pflegschaft verneint ___ 13
II. Voraussetzungen der Pflegschaft	
1. Unbekanntheit oder Ungewißheit eines Beteiligten (S 1) ___ 5	**III. Verfahren** ___ 14
2. Pflegerbestellung für noch nicht erzeugten oder unbestimmten Nacherben (S 2) ___ 8	

Titel 3 §1913
Pflegschaft 1

Alphabetische Übersicht

Abgelehnte Pflegschaften, Einzelfälle	13	Nacherbe	8
Abgrenzung zu anderen Normen	11	Nachlaßpfleger, Abgrenzung zum	11
Ablehnung der Pflegschaft, Beschwerde gegen	16	Natürliche Personen als Beteiligte	1, 5
		Normzweck	1
Abwesenheitspflegschaft, Abgrenzung zu	11		
Angeordnete Pflegschaften, Einzelfälle	13	Personenpflegschaft	2
Aufgaben des Pflegers	4	Pflegschaft DDR	11
Aufhebung der Pflegschaft	16	Pflegschaft für Leibesfrucht, Abgrenzung zur	11
Aufwendungsersatzanspruch	3		
Auswahl des Pflegers	17	Pflegschaftsfälle	12
Beschwerde	15	Rechtsbehelfe	15
– gegen Anordnung der Pflegschaft	15	Rechtsnatur der Pflegschaft	2
– gegen Ablehnung der Pflegschaft	16	Rechtsstellung des Pflegers	3
– gegen Aufhebung der Pflegschaft	16		
		Sachenrechtsbereinigungsgesetz	11
Einleitung der Pflegschaft	14	Subsidiärer Schutz	1
Einzelfälle zum Fürsorgebedürfnis	10		
Ende der Pflegschaft	2	Unbekannte Beteiligte	6
		Ungewißheit über Beteiligte	7
Familienangehöriger	17		
Familiengesetzbuch (FGB) DDR	11	Verein, Erlöschen des	7
Fürsorgebedürfnis	9	Verfahren	14 ff
		Vergütungsanspruch	3
Internationales Privatrecht (IPR)	11	Voraussetzungen	5 ff
Juristische Personen als Beteiligte	1, 5	Wirkungskreisbestimmung	3
Leibesfrucht, Abgrenzung zur Pflegschaft für	11	Zuständigkeit	14
		Zuständigkeitsstreit	11

I. Allgemeines

1. Normzweck

§ 1913 erweitert den in § 1960 enthaltenen Grundsatz, auf dem die Nachlaßpfleg- 1
schaft beruht, auf andere Angelegenheiten (Mot IV 1265; KG OLGE 10, 18, 20; Münch-
Komm/Schwab Rn 1). S 2 ist ein Sonderfall des S 1 und beruht auf der Unbekanntheit
oder Ungewißheit des oder der Pflegebefohlenen. Die Vorschrift des § 1913 kommt
nur dann zur Anwendung, wenn nicht anderweitig für die Wahrnehmung der Interessen unbekannter oder ungewisser Beteiligter gesorgt ist oder gesorgt werden kann
(ähnl Soergel/Zimmermann Rn 5). Insofern bietet die Vorschrift einen Schutz, der erst
subsidiär in Betracht kommt. Das kommt auch in dem Erfordernis des Fürsorgebedürfnisses (s unten Rn 9) zum Ausdruck. Unbekannte Beteiligte iSd § 1913 sind nicht
nur natürliche Personen; ein Pfleger kann nach dieser Vorschrift auch für eine
juristische Person bestellt werden (Erman/Holzhauer Rn 2; Soergel/Zimmermann Rn 2).

2. Rechtsnatur der Pflegschaft

2 Die Pflegschaft für unbekannte oder ungewisse Beteiligte ist Personenpflegschaft, nicht Sach- oder Güterpflegschaft (MünchKomm/Schwab Rn 18; Staudinger/Engler[10/11] Rn 5). Die Bestellung eines Pflegers nach dieser Vorschrift für ein herrenloses Grundstück ist deshalb ausgeschlossen (Staudinger/Engler[10/11] Rn 5 mN). Das Ende der Pflegschaft tritt kraft Gesetzes ein, wenn die zu besorgende Angelegenheit erledigt ist; § 1918 Abs 3 (Erman/Holzhauer Rn 16; Soergel/Zimmermann Rn 9; Staudinger/Engler[10/11] Rn 19), kraft gerichtlicher Entscheidung, wenn der Grund für ihre Anordnung weggefallen ist, zB im Nacherbfall (Erman/Holzhauer Rn 16; Soergel/Zimmermann Rn 9). Ob bei einer Pflegschaft für einen noch nicht Erzeugten im Falle des § 1912 Abs 2 die Pflegschaft mit der Zeugung endet, ist umstr (näher dazu Soergel/Zimmermann Rn 9 mN).

3. Rechtsstellung des Pflegers

3 Der Pfleger hat die Rechtsstellung eines gesetzlichen Vertreters für den unbekannten oder ungewissen Beteiligten (OLG Hamm NJW 1974, 505 = Rpfleger 1973, 399 = DNotZ 1974, 237; weitere Nachw b Soergel/Zimmermann Rn 7). Innerhalb des ihm zugewiesenen Wirkungskreises vertritt er den, „den es angeht" (Soergel/Zimmermann Rn 7; Staudinger/Engler[10/11] Rn 13). Sein Wirkungskreis und damit der Umfang der Pflegschaft und der Vertretungsbefugnis werden durch das Vormundschaftsgericht bestimmt. Maßgebend dafür ist die Bestellung (Soergel/Zimmermann Rn 7). Wegen der allgemeinen Fassung der Vorschrift müssen die Aufgaben des Pflegers in der Bestellung genau gefaßt werden (Soergel/Zimmermann Rn 7 mN). Zur Auslegung einer Wirkungskreisbestimmung, in der zwar die einzelnen Vermögensstücke benannt worden sind, bei der die Pflegschaft sich aber auf das ganze oder annähernd gesamte Vermögen erstreckte, OLG Celle WM 1964, 862. Zur Rechtswirksamkeit der fehlerhaften Anordnung einer Pflegschaft (Nichtigkeit) Staudinger/Engler (2004) § 1774 Rn 22 ff. Entgegen der hier vertretenen Ansicht (§ 1915 Rn 17) steht nach Auffassung des OLG Köln (FamRZ 1994, 1334, 1335 = Rpfleger 1994, 417) dem für den noch nicht erzeugten Erben gem § 1913 S 1 bestellten Pfleger ein Aufwendungsersatzanspruch gem §§ 1915 Abs 1, 1835 Abs 4 (bis zum 31.12.1992: Abs 3) gegen die Staatskasse zu; ein Vergütungsanspruch nach §§ 1915 Abs 1, 1836 Abs 1 (seit 1.1.1999: Abs 1, 2 ggf auch Abs 3; wegen der seit 1.7.2005 durch das 2. BtÄndG geänderten Rechtslage s § 1915) setzt voraus, daß Vermögen vorhanden und der Betreffende nicht mittellos iSd § 1836d ist.

4 Zu den **Aufgaben des Pflegers** gehört die: Die Ermittlung der unbekannten oder ungewissen Beteiligten (OLG Rostock OLGE 30, 163, 164), auch wenn er nur für eine einzelne Angelegenheit bestellt ist (KG JW 1938, 2401); er hat die Beteiligten bei der Erledigung der Angelegenheit zu vertreten und erforderlichenfalls rechtsgeschäftliche Erklärungen mit verbindlicher Kraft für sie abzugeben (OLG Rostock OLGE 30, 163, 164); zu seinen Aufgaben gehört die Prozeßführung (RG Recht 1910 Nr 3015; BAG NJW 1967, 1437 = Betrieb 1967, 813); ferner die Einziehung der Außenstände, Berichtigung von Schulden und Verteilung des Vermögens, wenn der Pfleger für den Verein, der alle Mitglieder verloren hat und deshalb erloschen ist, gemäß § 1913 zum Pfleger bestellt ist (BGHZ 19, 51 = NJW 1956, 138); soweit der Pfleger künftige Nacherben vertritt, die Verfolgung der Rechte, die für sie gesetzlich vorgesehen sind (aber auch nur diese), SOERGEL/ZIMMERMANN Rn 8. Die **Nachlaßverwaltung**, dh die Sicherung und Erhaltung des Nachlasses, **gehört nicht zu den Aufgaben des Pflegers** nach § 1913; sie ist Aufgabe eines Nachlaßpflegers (BGH FamRZ 1983, 56 = NJW 1983, 226 = MDR 1983, 206 = LM § 1913 Nr 2; RG LZ 1919, 1247). Will der Pfleger für unbekannte Nacherben von testamentarischen Verwaltungsordnungen abweichen, benötigt er zumindest in den Fällen der §§ 1915, 1803 die Genehmigung des Nachlaßgerichts (LG München I Rpfleger 2002, 363 [364]).

II. Voraussetzungen der Pflegschaft

1. Unbekanntheit oder Ungewißheit eines Beteiligten (S 1)

Es muß unbekannt oder ungewiß sein, wer bei einer Angelegenheit, sie kann tatsächlicher oder rechtlicher, personen- oder vermögensrechtlicher Natur sein (SOERGEL/ZIMMERMANN Rn 1), Beteiligter ist. In Betracht kommt eine natürliche, aber auch eine juristische Person oder eine Mehrzahl davon (ERMAN/HOLZHAUER Rn 2; SOERGEL/ ZIMMERMANN Rn 2; STAUDINGER/ENGLER[10/11] Rn 6). Die Kriterien sind objektiver Natur; dh nur wenn nach objektiven Gesichtspunkten die Person eines Beteiligten nicht festgestellt werden kann, soll in seinem Interesse ein Pfleger eingesetzt werden (KANZLEITER DNotZ 1970, 326, 329). 5

Unbekannt ist ein Beteiligter, wenn er nicht gekannt wird. Das ist nicht schon dann der Fall, wenn er nicht namentlich bezeichnet ist. Ist in einer Verfügung von Todes wegen oder in einer Auslegungsregel von „gesetzlichen Erben" die Rede und steht fest, welche Personen zur Zeit die gesetzlichen Erben sind, so handelt es sich nicht um unbekannte Personen (SOERGEL/ZIMMERMANN Rn 3). 6

Ungewißheit über Beteiligte herrscht dann, wenn unter bekannten Personen streitig ist, ob oder zu welchem Teil sie an einer Angelegenheit berechtigt sind; der wahre Berechtigte ist dann ungewiß (SOERGEL/ZIMMERMANN Rn 3 mN). Stehen bei einer Angelegenheit unbekannte oder ungewisse Beteiligte neben bekannten und gewissen Personen, so ist nur für die erstgenannten ein Pfleger zu bestellen (SOERGEL/ZIMMERMANN Rn 3 mN). Ungewißheit unter mehreren Personen über einen Beteiligten besteht zB, wenn nicht feststeht, in welchem Verhältnis sie an einem Nachlaß beteiligt sind (LG Düsseldorf DNotZ 1963, 546), ob die Hoferbin unbeschränkte Hoferbin oder durch Nacherbfolge (weiterer Hoferben) beschränkt ist (BGH DNotZ 1968, 564 = MDR 1968, 484); sie besteht ferner bei Nacherbeneinsetzung der beim Tode des Vorerben vorhandenen Abkömmlinge hinsichtlich der Nacherben bis zum Ableben der Vorerben (BayObLG NJW 1960, 965), bei Nacherbeneinsetzung teils bekannter, teils unbekannter Nachkommen, jedoch nur hinsichtlich der unbekannten Nachkommen, wenn die bekannten Nacherben im Nacherbenvermerk des Grundbuchs namentlich genannt sind (OLG Hamm DNotZ 1970, 360 = NJW 1969, 1490 = Rpfleger 1969, 347 m zust Anm HAEGELE Rpfleger 1969, 348). 7

Ungewißheit über den Beteiligten besteht (auch) dann, wenn unter mehreren bekannten Personen oder Personenmehrheiten aus zivilrechtlichen Gründen Ungewißheit oder Uneinigkeit darüber besteht, wer von ihnen als wahrer Berechtigter anzusehen ist (OLG Düsseldorf OLGZ 1976, 385 = Rpfleger 1976, 358), wenn mangels (Vorlage des) schriftlichen Gesellschaftsvertrages ungewiß ist, ob die gesetzlichen Erben der verstorbenen Mitgesellschafter auch Gesellschafter geworden oder weitere mögliche und relevante Konsequenzen eingetreten sind (LG Kaiserslautern FamRZ 1995, 1382, 1383), wenn wegen der Ungewißheit über die Person des Gesellschafters zugleich Ungewißheit darüber besteht, wer die Gesellschaft wirksam vertreten kann; § 1913 eröffnet damit eine selbständige rechtliche Möglichkeit, Konflikte dieser Art zu lösen (OLG Düsseldorf OLGZ 1976, 385 = Rpfleger 1976, 358), bei Anordnung gesetzlicher Erbfolge für den Fall der Wiederverheiratung der als Erbin eingesetzten Witwe (bedingte Nacherbschaft) hinsichtlich sämtlicher möglicher Nacherben (KG FamRZ 1972, 323 = Rpfleger 1971, 354), bei Einsetzung noch nicht erzeugter Ersatznacherben (LG Duisburg NJW 1960, 1205), bei einer in Polen enteigneten deutschen Aktiengesellschaft hinsichtlich ihres in der Bundesrepublik vorhandenen Vermögens (BayObLGZ 1967, 440 = MDR 1967, 361), bei einem eingetragenen Verein, der keine Mitglieder mehr hat (BAG Betrieb 1967, 813 = NJW 1967, 1437).

Ungewißheit liegt **nicht** vor bei einem herrenlosen Grundstück hinsichtlich des zukünftigen Eigentümers (MÜLLER JR 1957, 16). Sie besteht ferner dann nicht, wenn der einzige Komplementär einer beklagten Kommanditgesellschaft eine juristische Person ist, deren gesetzlicher Vertreter an der Vertretung der KG in einem Rechtsstreit gemäß § 181 verhindert ist (OLG Saarbrücken OLGZ 1977, 291 – Bestellung eines Notvertreters nach § 29 BGB statt dessen). Zur Frage, ob bei Erlöschen des Vereins infolge Austritts aller Mitglieder ein Notvorstand gem § 29 oder ein Pfleger in entsprechender Anwendung des § 1913 zu bestellen ist, s STAUDINGER/WEICK (2005) § 41 Rn 12 (im Sinne der Pflegerbestellung entschieden von LG Frankenthal Rpfleger 1991, 503 mN).

2. Pflegerbestellung für noch nicht erzeugten oder unbestimmten Nacherben (S 2)

8 Dem Wortlaut nach handelt es sich um einen Fall von Unbekanntheit oder Ungewißheit. Im Falle angeordneter Nacherbschaft besteht insoweit Unkenntnis über die Person, als der Nacherbe noch nicht erzeugt ist. Denn ob er „erzeugt" wird, steht nicht fest (§§ 2101, 2106 Abs 2, 2139). Bis zum Eintritt der Nacherbfolge wird ein Pfleger bestellt, obwohl bei der Unkenntnis, ob ein Nacherbe geboren wird, sogar der Fall der Nacherbschaft ungewiß ist. Wird die Persönlichkeit des Nacherben durch ein künftiges Ereignis bestimmt, steht sowohl der Nacherbfall als auch fest, wer zu den in Betracht kommenden Nacherben gehört (§§ 2104, 2105 Abs 2, 2106 Abs 2, 2139). Um einen Fall des S 2 handelt es sich dann, wenn ein Erblasser die beim Ableben des Vorerben vorhandenen Abkömmlinge des Vorerben zu Nacherben berufen hat (SOERGEL/ZIMMERMANN Rn 4 mN); daran ändert sich auch nichts, wenn der Vorerbe die Vorerbschaft ausschlägt (SOERGEL/ZIMMERMANN Rn 4 mN).

Voraussetzung für die Pflegschaft ist nicht, daß der noch nicht Erzeugte im Falle der Geburt nicht unter elterlicher Sorge stehen würde. Eine dem § 1912 Abs 2 entsprechende Vorschrift fehlt. Für den erzeugten, aber noch nicht geborenen „Beteiligten" gilt nur § 1912. Eine Pflegerbestellung nach § 1913 kommt hier nicht in Betracht (SOERGEL/ZIMMERMANN Rn 6).

3. Fürsorgebedürfnis

9 Die Pflegschaft ist nur anzuordnen, soweit ein gegenwärtiges Fürsorgebedürfnis für eine Angelegenheit vorhanden ist und soweit dieses Fürsorgebedürfnis reicht (SOERGEL/ZIMMERMANN Rn 5 mN). Über den Charakter dieses Tatbestandsmerkmals bestehen unterschiedliche Auffassungen. Während STAUDINGER/ENGLER[10/11] Rn 9 und OLG Düsseldorf OLGZ 1976, 385 = Rpfleger 1976, 358 von einer Ermessensentscheidung des Gerichts über das Vorliegen eines Fürsorgebedürfnisses ausgehen, hält ERMAN/HOLZHAUER (Vor § 1909 Rn 7a sowie § 1913 Rn 13) das Fürsorgebedürfnis für einen unbestimmten Rechtsbegriff mit der Konsequenz, daß die Konkretisierung dieses unbestimmten Rechtsbegriffs durch die Tatsacheninstanzen vom Gericht der weiteren Beschwerde voll nachprüfbar ist. Der Begriff als solcher ist sicherlich ein unbestimmter Rechtsbegriff. Die Feststellung der Tatsachen, aus denen auf das Vorliegen (oder Nichtvorliegen) des Fürsorgebedürfnisses geschlossen wird, unterliegt dem Amtsermittlungsgrundsatz und hier innerhalb gewisser Grenzen dem pflichtgemäßen Ermessen des Gerichts.

Ohne eine generelle Formel, sieht man von der Ablehnung eines alleinigen Drittinteresses ab, wird in Einzelentscheidungen das Fürsorgebedürfnis bejaht oder verneint. **10**

Für die Annahme eines Fürsorgebedürfnisses reicht es aus, wenn nicht von der Hand zu weisen ist, daß das vorzunehmende Geschäft für den Unbekannten von Vorteil ist (SOERGEL/ZIMMERMANN Rn 5; KG FamRZ 1972, 323, 325). Das Abwägen der Interessen des Unbekannten soll aber Sache des Pflegers sein (SOERGEL/ZIMMERMANN Rn 5 mN). Wenn bereits bei der Einleitung einer Pflegschaft nach § 1913 im einzelnen geprüft werden müßte, ob ein Fürsorgebedürfnis für den Pflegebefohlenen unter Abwägung aller Einzelheiten zu bejahen ist, würde damit die Verantwortlichkeit des Pflegers für diese Frage unnötig eingeengt und in das Einleitungsverfahren verlagert werden (KG FamRZ 1972, 323, 325).

Ein Fürsorgebedürfnis **fehlt**, wenn die Angelegenheit ausschließlich im Interesse eines Dritten liegt (statt vieler SOERGEL/ZIMMERMANN Rn 5 mN); daß das Geschäft auch (aber nicht ausschließlich) im Interesse des Unbekannten liegt, reicht aus für die Bejahung des Fürsorgebedürfnisses (SOERGEL/ZIMMERMANN Rn 5 mN). Es fehlt dann, wenn spezielle Vorschriften einen Schutz des Unbekannten bezwecken (zB § 94 ZVG oder §§ 1170 ff; SOERGEL/ZIMMERMANN Rn 5 mN). Fehlen Anhaltspunkte für die Beteiligung eines Unbekannten, kommt die Bestellung eines Pflegers nach § 1913 schon aus diesem Grunde und nicht erst wegen fehlenden Fürsorgebedürfnisses nicht in Betracht. Ist anderweit, zB durch Nacherbenvollstreckung (§ 2222), Vorsorge getroffen, bedarf es nicht einer Pflegschaft nach § 1913 (SOERGEL/ZIMMERMANN Rn 5 mN). Im übrigen ist davon auszugehen, daß immer dann, wenn die Rspr eine Pflegschaftsanordnung befürwortet hat, ein Fürsorgebedürfnis angenommen worden ist; die unten (Rn 12) als Einzelfallentscheidungen mitgeteilten Ergebnisse sind deshalb weitgehend identisch mit denen, die ein Fürsorgebedürfnis anerkannt haben.

4. Abgrenzung zu anderen Normen

Die Pflegschaft des § 1913 ist von anderen, ähnlichen Pflegschaften zu unterscheiden. Wegen der Gründe hierfür s MünchKomm/SCHWAB Rn 4 ff. Die Abgrenzung zur verwandten **Nachlaßpflegschaft** wird bestimmt durch die fürsorgebedürftige Angelegenheit (MünchKomm/SCHWAB Rn 4; SOERGEL/ZIMMERMANN Rn 2) und durch die un- **11** terschiedlichen Aufgabenstellungen für die Pfleger. Sache des Nachlaßpflegers ist es, die Erben zu ermitteln und den Nachlaß zu sichern, soweit dafür ein Bedürfnis besteht (§ 1960 Abs 1); Sache des Pflegers nach § 1913 ist es dagegen nicht, den Nachlaß zu verwalten, sondern Angelegenheiten eines unbekannten Beteiligten wahrzunehmen (vgl BGH FamRZ 1983, 56 = NJW 1983, 226). Besteht demnach ein Fürsorgebedürfnis für einen Nachlaß, an dem ein Unbekannter beteiligt ist, so ist Nachlaßpflegschaft anzuordnen. Besteht dagegen ein solches Fürsorgebedürfnis für den Nachlaß nicht, ist aber ein Unbekannter beteiligt, ist nach § 1913 zu verfahren (MünchKomm/SCHWAB Rn 4; SOERGEL/ZIMMERMANN Rn 2 u Rn 8). Besteht eine Nachlaßpflegschaft zur Sicherung und Verwaltung des Nachlasses und zur Ermittlung der Erben, so ist für ein gerichtliches Verfahren, in dem zu klären ist, wer von mehreren Erbprätendenten der wirkliche Erbe ist, zur Vertretung unbekannter Erben die Bestellung eines Pflegers für die unbekannten Beteiligten erforderlich, weil sich die gesetzliche Vertretungsmacht des Nachlaßpflegers nicht auf dieses gerichtliche Verfahren erstreckt (OLG Hamm FamRZ 2002, 769, 770). Streiten zwei Amtsgerichte, ob ein Antrag als Nachlaßsache im Verfahren nach § 1960 oder als Vormundschaftssache nach § 1913 zu bearbeiten sei, ist nicht nach § 5 Abs 1 FGG, sondern in entspr Anwendung des § 36 Nr 6 ZPO zu entscheiden (OLG Köln FamRZ 1996, 357).

Abgrenzungsfragen zur **Abwesenheitspflegschaft** ergeben sich bei einer juristischen Person. Ist diese als solche unbekannt oder ungewiß, kommt eine Pflegschaft nach § 1913 in Betracht. Ist sie dagegen bekannt und sind nur ihre Organe unbekannt oder verhindert, läßt sich analog § 1911 eine Abwesenheitspflegschaft anordnen (MünchKomm/SCHWAB Rn 6; dort auch zur Anwendung des ZustErgG).

Zur Abgrenzung zu § 1912 s oben Rn 8 aE sowie ausführlich MünchKomm/SCHWAB Rn 7.

Eine eigene Vorschrift zur Bestellung eines Pflegers für die Person eines unbekannten Berechtigten enthält § 17 Abs 1 Nr 2 des Gesetzes zur **Sachenrechtsbereinigung im Beitrittsgebiet** (Sachenrechtsbereinigungsgesetz – SachenRBerG) vom 21. 9. 1994 (BGBl I 2457). Danach ist ein Pfleger zur Verfolgung der Ansprüche des Nutzers auf dessen Antrag für den Grundstückseigentümer oder den Inhaber eines eingetragenen dinglichen Rechts zu bestellen, wenn die Person des Berechtigten unbekannt ist. Für die Bestellung und die Tätigkeit des Pflegers sind die Vorschriften des BGB über die Pflegschaft entsprechend anzuwenden. Zuständig für die Bestellung des Pflegers ist das Vormundschaftsgericht, in dessen Bezirk das Grundstück ganz oder teilweise belegen ist.

Diese Pflegschaft nach § 17 SachenRBerG ist bereits dann einzurichten, wenn sich der Antragsteller gegenüber den unbekannten Eigentümern Ansprüchen nach diesem Gesetz berühmt und einen Sachverhalt vorträgt, nach dem derartige Ansprüche zumindest möglich sind. Die Pflegerbestellung ist nicht davon abhängig, daß der Antragsteller nach Überzeugung des Vormundschaftsgerichts über eine materiell gesicherte, aus dem SachenRBerG hergeleitete Rechtsposition verfügt (OLG Brandenburg FamRZ 1997, 246 [247] = Rpfleger 1997, 20 = DtZ 1996, 350).

Nach § 105 Abs 1 Buchst c FGB der DDR konnte ein Pfleger für einen volljährigen Bürger durch das Staatliche Notariat bestellt werden, wenn unbekannt oder ungewiß war, wer bei einer Vermögensangelegenheit der Beteiligte ist, und ein persönliches oder gesellschaftliches Fürsorgebedürfnis vorlag. Diese Vorschrift ist durch das 1. Familienrechtsänderungsgesetz der DDR v 20. 7. 1990 (GBl I 1038) nicht geändert worden. Solche Pflegschaften wurden gem Art 234 § 15 EGBGB als solche des BGB fortgeführt (näher dazu STAUDINGER/RAUSCHER [2003] ebd Rn 15).

Zur Anwendung von § 1913 in Fällen nicht deutscher Beteiligung s Art 24 Abs 1 u 2 EGBGB (näher dazu STAUDINGER/KROPHOLLER [2002] ebd Rn 15 u Rn 57 f).

5. Einzelfälle

a) Pflegschaft bejaht
Zulässig ist eine Pflegschaft nach § 1913   **12**

– für den unbekannten Eigentümer eines Grundstücks (SOERGEL/ZIMMERMANN Rn 2);

– für einen Verein, der alle Mitglieder verloren hat (hM: BGHZ 19, 51, 57 = NJW 1956, 138; **aA** SOERGEL/ZIMMERMANN Rn 2); dazu auch oben Rn 7 aE;

– für eine noch nicht erzeugte Person in den Fällen, in denen das Gesetz ausnahmsweise zukünftigen Personen Rechte zuerkennt (zB §§ 331 Abs 2, 2101, 2178; SOERGEL/ZIMMERMANN Rn 2; vgl auch BayObLGZ 1965, 457, 464);

– insoweit für eine noch nicht erzeugte Person eine Forderung begründet werden kann, kann auch eine Pflegschaft gemäß § 1913 angeordnet und die Forderung durch eine Hypothek gesichert werden (SOERGEL/ZIMMERMANN Rn 2);

– für eine juristische Person, von der unbekannt ist, ob sie bereits Rechtspersönlichkeit erlangt hat, wenn sie nur existiert (KG RJA 17, 17, 19; SOERGEL/ZIMMERMANN Rn 2);

– wenn für die Vorerben Testamentsvollstreckung gemäß §§ 2203 ff angeordnet ist; in diesem Falle gehen die Rechte des Testamentsvollstreckers nicht über die der Vorerben hinaus, so daß es eines Pflegers nach § 1913 zur Wahrung der Rechte des Nacherben bedarf (SOERGEL/ZIMMERMANN Rn 5);

– wenn unter mehreren bekannten Personen aus zivilrechtlichen Gründen Ungewißheit oder Uneinigkeit darüber besteht, wer von ihnen als wahrer Berechtigter (Erbe) anzusehen ist (BayObLGZ 1956, 440 = MDR 1967, 361; LG Düsseldorf DNotZ 1963, 546); dazu auch oben Rn 7;

– wenn unter mehreren bekannten Personen Ungewißheit oder Uneinigkeit darüber besteht, in welchem Verhältnis sie am Nachlaß beteiligt sind (LG Düsseldorf DNotZ 1963, 546); dazu auch Rn 7 aE;

– wenn unter mehreren bekannten Personen Ungewißheit oder Uneinigkeit darüber besteht, ob die Hoferbin unbeschränkte Hoferbin oder durch Nacherbfolge (weiterer Hoferben) beschränkt ist (BGH DNotZ 1968, 584 = MDR 1968, 484);

- bei Nacherbeneinsetzung der beim Tode des Vorerben vorhandenen Abkömmlinge hinsichtlich der Nacherben bis zum Ableben des Vorerben (BayObLG NJW 1960, 965);

- bei Nacherbeneinsetzung teils bekannter, teils unbekannter Nachkommen nur hinsichtlich dieser, wenn die bekannten Nacherben im Nacherbenvermerk des Grundbuchs namentlich genannt sind (OLG Hamm DNotZ 1970, 360 = NJW 1969, 1490 = Rpfleger 1969, 347 m zust Anm Haegele);

- bei Anordnung gesetzlicher Erbfolge für den Fall der Wiederverheiratung der als Erbin eingesetzten Witwe (bedingte Nacherbschaft) hinsichtlich sämtlicher möglicher Nacherben (KG FamRZ 1972, 323 = Rpfleger 1971, 354);

- bei Einsetzung noch nicht erzeugter Ersatzerben (LG Duisburg NJW 1960, 1205);

- bei einer in Polen enteigneten deutschen Aktiengesellschaft hinsichtlich ihres in der Bundesrepublik vorhandenen Vermögens (BayObLGZ 1967, 440 = MDR 1967, 546);

- bei einem eingetragenen Verein, der keine Mitglieder mehr hat (BAG Betrieb 1967, 813 = NJW 1967, 1437);

- wenn unter mehreren bekannten Personen oder Personenmehrheiten aus zivilrechtlichen Gründen Ungewißheit oder Uneinigkeit darüber besteht, wer von ihnen als wahrer Berechtigter anzusehen ist (hier: Ungewißheit über die Person des alleinigen Gesellschafters und Geschäftsführers einer GmbH); Abgrenzung zum Notvertreter nach § 29 BGB (OLG Düsseldorf OLGZ 1976, 385 = Rpfleger 1976, 358);

- ausnahmsweise kann ein Bedürfnis für unbekannte Nacherben auftreten, wenn zB Anordnungen gem § 2216 Abs 2 außer Kraft gesetzt werden sollen und die Nacherben als Beteiligte zu hören sind (Soergel/Zimmermann Rn 5 Fn 32);

- ggf für die unbekannten, möglicherweise zur gesetzlichen Erbfolge berufenen Verwandten des Erblassers zur Klärung der Frage, wer von mehreren Erbanwärtern der wirkliche Erbe ist (BGH FamRZ 1983, 56 = NJW 1983, 226 = Rpfleger 1983, 25 = Betrieb 1982, 2697 = WM 1982, 1328).

b) Pflegschaft verneint

13 Eine Pflegschaft nach § 1913 ist nicht zulässig

- zur Verwaltung eines herrenlosen, also eigentümerlosen Grundstücks (Staudinger/Engler[10/11] Rn 5; Soergel/Zimmermann Rn 2 mN auch für die Gegenmeinung);

- für eine noch nicht erzeugte Person (Soergel/Zimmermann Rn 2: grundsätzlich nicht; zu einer Ausnahme s oben Rn 12);

- zum Zwecke des Abschlusses eines Kaufvertrages mit der noch nicht erzeugten Person (KGJ 20, 241; Soergel/Zimmermann Rn 2);

– wenn die juristische Person bekannt ist, aber lediglich deren Vertreter oder Organe unbekannt sind (BEITZKE, in: FS Ballerstedt [1975] 185, 192; SOERGEL/ZIMMERMANN Rn 2; Beispiel: Spaltgesellschaften);

– neben einer bestehenden Nacherbenvollstreckung nach § 2222, wenn begründetes Mißtrauen in deren Amtsführung besteht (SOERGEL/ZIMMERMANN Rn 5 mN);

– für den unbekannten Vertreter einer juristischen Person (KG JW 1920, 497, 498; KG JR 1950, 343, zit in OLG Düsseldorf OLGZ 1976, 385 = Rpfleger 1976, 358);

– für ein herrenloses Grundstück zwecks Bestellung einer Dienstbarkeit für ein Energieversorgungsunternehmen (AG Unna Rpfleger 1982, 379); zur Durchsetzung der Rechte des Energieversorgungsunternehmens und der Allgemeinheit auf Sicherung durch Eintragung einer beschränkten persönlichen Dienstbarkeit im Grundbuch gibt es die Möglichkeit der Enteignung des Rechts in Verbindung mit der Bestellung eines Vertreters, der die Stellung eines Pflegers hat (§ 149 Abs 1 Nr 5 BBauG), oder den Weg der Aneignung des Grundstücks durch den Fiskus;

– weil ein Fürsorgebedürfnis nicht besteht, wenn einerseits zwar Ungewißheit darüber herrscht, welche von zwei juristischen Personen alleinige Gesellschafterin einer GmbH ist, andererseits aber feststeht, daß nur einer von zwei Anspruchstellern alleiniger Inhaber sämtlicher Geschäftsanteile sein kann, und beide versuchen wollen, anstehende Gesellschaftsentscheidungen einverständlich zu treffen (OLG Düsseldorf Rpfleger 1977, 131).

III. Verfahren

Funktional zuständig für die Anordnung der Pflegschaft nach § 1913 ist der Rechtspfleger (§§ 3 Nr 2 Buchst a, 14 RPflG). Örtlich zuständig (§ 41 FGG) ist das Gericht des Fürsorgebedürfnisses im Zeitpunkt der Anordnung (BayObLGZ 1911, 380, 382). Die Pflegschaft ist von Amts wegen einzuleiten (MünchKomm/SCHWAB Rn 19); ein Antrag ist nicht erforderlich und auch nicht vorgesehen (KG OLGE 10, 18). Eine derartige Äußerung gegenüber dem Gericht ist rechtlich als Anregung zu bewerten (SOERGEL/ZIMMERMANN Rn 10; MünchKomm/SCHWAB Rn 19) und zu beachten; die Pflegschaft selbst wird von Amts wegen angeordnet. Zur Anordnung einer Pflegschaft für den Fall, daß im Enteignungsverfahren ein Beteiligter unbekannt ist, MünchKomm/SCHWAB Rn 19; OLG Zweibrücken Rpfleger 1988, 263.

Gegen die Anordnung der Pflegschaft kann jeder Beschwerde einlegen, der in seinen Rechten beeinträchtigt wird, § 20 FGG (MünchKomm/SCHWAB Rn 20; SOERGEL/ZIMMERMANN Rn 11). Das kann jeder sein, der behauptet, der vom Pfleger vertretene Beteiligte zu sein (SOERGEL/ZIMMERMANN aaO; KG OLGE 41, 10); zB der Testamentsvollstrecker (KG OLGZ 1973, 106). Der Vorerbe wird durch die Anordnung einer Pflegschaft für den/die Nacherben nicht beeinträchtigt (KG JFG 12, 143; KG OLGE 30, 165; OLG Dresden OLGE 39, 19; BayObLGZ 4, 311 = OLGE 8, 325). Die bekannten Nacherben werden durch die Pflegerbestellung für unbekannte Nacherben nicht beeinträchtigt, wenn sich der Kreis der Nacherben noch bis zum Nacherbfall deshalb verändern kann, weil kraft Gesetzes oder durch Verfügung von Todes wegen diese allgemein bezeichnet sind, zB als „Kinder" (BayObLGZ 1959, 493, 501 = NJW 1960, 965; BayObLGZ 1966, 227, 229) oder als „gesetzliche Erben" (OLG Hamm OLGZ 1969, 410).

16 Gegen die Ablehnung der Anordnung und die Aufhebung der Pflegschaft kann außerdem jeder Beschwerde einlegen, der ein rechtliches Interesse an der Änderung der Verfügung hat (§ 57 Abs 1 Nr 3 FGG), zB der Schuldner bei einem ungewissen Gläubiger (KGJ 28, 10). Der Pfleger hat gegen die Aufhebung der Pflegschaft kein Beschwerderecht (BGH NJW 1953, 1666 = LM § 1919 Nr 1; OLG Hamburg OLGE 40, 15; KGJ 40, A 41), wohl aber der frühere Pfleger, wenn er seine vom Vormundschaftsgericht festgesetzte Vergütung gegen den Pflegebefohlenen durchsetzen will (BayObLGZ 1956, 440, 444 = MDR 1957, 361; zum Interesse des Unbekannten in diesem Fall vgl SOERGEL/ ZIMMERMANN Rn 11). Kein Beschwerderecht haben Vor- und Miterben bei einer Pflegschaft für unbekannte Mit- oder Nacherben (KG JFG 12, 143).

17 Bei der **Auswahl** des nach § 1913 zu bestellenden Pflegers sind gem §§ 1915 Abs 1, 1779 Abs 2 geeignete Verwandte zunächst zu berücksichtigen. Die (in der zit Entscheidung im einzelnen aufgeführten) Verfassungsgrundsätze des Art 6 Abs 1 u 2 GG gebieten eine bevorzugte Berücksichtigung der Familienangehörigen bei der Auswahl von Pflegern und Vormündern, sofern keine Interessenkollision besteht oder der Zweck der Fürsorgemaßnahme aus anderen Gründen die Bestellung eines Dritten verlangt; in diesen Grenzen sind auch bei der Bestellung von Interessenvertretern für künftige Kinder zunächst die Eltern heranzuziehen. Mit diesen Verfassungsgrundsätzen steht die gesetzliche Regelung der §§ 1779 Abs 2, 1915 Abs 1 in Einklang (BVerfGE 33, 236, 238 f).

§ 1914
Pflegschaft für gesammeltes Vermögen

Ist durch öffentliche Sammlung Vermögen für einen vorübergehenden Zweck zusammengebracht worden, so kann zum Zwecke der Verwaltung und Verwendung des Vermögens ein Pfleger bestellt werden, wenn die zu der Verwaltung und Verwendung berufenen Personen weggefallen sind.

Materialien: E III § 1890; Prot VI 313; STAUDINGER/BGB-Synopse 1896–2005 § 1914.

Schrifttum

Zum älteren Schrifttum s STAUDINGER/ENGLER[10/11].
Aus der Zeit nach 1968: SCHMIDT, Zweckvermögenstheorie und Zweckvermögen, NJW 1970, 646.

Systematische Übersicht

1.	Zur Rechtsnatur der Pflegschaft des § 1914	1	3. Voraussetzungen der Pflegerbestellung im einzelnen	3
2.	Rechtstatsächliches	2	a) Vermögen	3

Titel 3 § 1914
Pflegschaft 1

b)	Vorübergehender Zweck	4	4. Wirkungskreis und Rechtsmacht des Pflegers ___ 9
c)	Charakter der Öffentlichkeit	5	5. Zum Verfahren ___ 10
d)	Zum Merkmal des Zusammengebrachten	6	6. Beendigung der Pflegschaft ___ 12
e)	Bedürfnis einer Pflegerbestellung	7	

Alphabetische Übersicht

Aufgabe des Pflegers	1	Rechtstatsächliches	2
Aufhebungsentscheidung des Gerichts	13	Sachen als Vermögen	3
Bedürfnis für Pflegerbestellung	7	Sachpfleger	1
Bedürfnisprüfung	7, 10	Sachpflegschaft	1
Beendigung der Pflegschaft	12	Sammlungsgesetze	8
Beendigung durch Gerichtsbeschluß	13	Sammlungsvermögen	3
Beendigung kraft Gesetzes	12	Stellung kraft Amtes	1
Beispiele für Wirkungskreise	9	Steuerrecht	2
Berufung zum Pfleger	11	Steuerrechtliche Behandlung des Sammelvermögens	2
Funktionale Zuständigkeit	11	Treuhänder, öffentlicher	8
Geld als Vermögen	3	Verfahren zur Pflegerbestellung	10
Geldsammlung für ein Bauwerk als Vermögen	3	Verfügungsgewalt über Sammelvermögen	1
		Voraussetzungen der Pflegerbestellung	3
Öffentliche Sammlung	5	Vorübergehender Zweck	4
Öffentlicher Treuhänder	8	Wegfall des Anordnungsgrundes	13
Örtliche Zuständigkeiten	11	Wegfall der Person	8
		Wirkungskreis des Pflegers	9
Prozessuale Stellung des Pflegers	1	Zusammengebrachtes	6
Rechtsmacht des Pflegers	9	Zuständigkeit, örtliche	11
Rechtsnatur der Pflegschaft	1	Zweck, vorübergehender	4
Rechtspersönlichkeit des Sammelvermögens	1		

1. Zur Rechtsnatur der Pflegschaft des § 1914

Der Sammelvermögenspfleger ist nicht Vertreter einer Person, sondern **Sachpfleger** 1 (BGH WM 1972, 1315 = MDR 1973, 742 = LM Nr 1 zu § 1914). Die Pflegschaft für ein Sammelvermögen ist Sachpflegschaft, nicht Personenpflegschaft (ERMAN/HOLZHAUER Rn 1; MünchKomm/SCHWAB Rn 1; PALANDT/DIEDERICHSEN Rn 1; SOERGEL/ZIMMERMANN Rn 1; STAUDINGER/ENGLER[10/11] Rn 8). Demgemäß gehört die Vorschrift über die Bestellung eines Pflegers für ein Sammelvermögen sachlich nicht ins Familienrecht, sondern in den Allgemeinen Teil des BGB (GERNHUBER/COESTER-WALTJEN § 75 I 1 Fn 2: Pflegschaft für Sammelvermögen ist nicht eine Art vormundlicher auf die Familie bezogener Fürsorge; STAUDINGER/ENGLER[10/11] Rn 1 mN).

Mit der Bestellung eines Pflegers erhält das Sammelvermögen eine für die Verwaltungs- und die Verwendungsentscheidungen und -tätigkeiten zuständige Instanz, ohne daß es darauf ankommt, daß das Sammelvermögen eine eigene Rechtspersönlichkeit besitzt. Zur Rechtsnatur des Sammelvermögens vgl SOERGEL/ZIMMERMANN Rn 1 u STAUDINGER/ENGLER[10/11] Rn 1–3. Aufgabe des amtlich bestellten Pflegers ist es, das Sammelvermögen seiner Bestimmung entsprechend zu verwalten und zu verwenden, also die ursprünglich den Veranstaltern der Sammlung obliegenden Angelegenheiten wahrzunehmen (BGH WM 1972, 1315, 1317). Im Prozeß hat der Sammelvermögenspfleger nach § 1914 die Stellung einer Partei kraft Amtes (BGH WM 1972, 1315 = MDR 1973, 742 = LM Nr 1 zu § 1914). Er kann von dem Inhaber des Sammelvermögens die Übereignung und Herausgabe des Vermögens verlangen. Dieser ist verpflichtet, es dem Sammelpfleger zu bestimmungsgemäßer Verwaltung und Verwendung zu überlassen (BGH WM 1972, 1315, 1318).

Unabhängig von der Frage des Eigentums am Sammelvermögen steht die Verfügungsgewalt darüber den Veranstaltern der Sammlung zu, die diese im Einklang mit dem Sammlungszweck und dem damit gleichlaufenden Willen der Spender auszuüben haben (BGH WM 1972, 1315 = MDR 1973, 742 = LM Nr 1 zu § 1914; BGH NJW 1957, 509 = LM [Strafs] SammlG Nr 2 m Anm BUSCH).

2. Rechtstatsächliches

Pflegschaften für Sammelvermögen kommen in der Praxis kaum vor (MünchKomm/SCHWAB Rn 4 m Hinweis auf LAUX JZ 1953, 214; FIRSCHING/RUHL Rn 454 beruft sich für die gleiche Feststellung auf MünchKomm/GOERKE Rn 7 u 8; FIRSCHING/DODEGGE nennt zusätzlich als Quelle DAMRAU/ZIMMERMANN Rn 6). Als Gründe dafür werden das Steuerrecht (LAUX JZ 1953, 214) und die Tatsache genannt, daß öffentliche Sammlungen unter polizeilichen Gesichtspunkten grundsätzlich genehmigungsbedürftig seien und auf Grund öffentlich-rechtlicher Vorschriften für notleidende Sammelvermögen in der Regel ausreichend vorgesorgt sei (MünchKomm/SCHWAB Rn 4).

Zur steuerlichen Behandlung eines Sammelvermögens s LAUX JZ 1953, 214 sowie die steuerrechtliche Literatur; auch BFH BB 1976, 679 (LS) m Anm BORNHAUPT.

Ein Bedürfnis für eine Regelung iSd § 1914 wurde deswegen angenommen, weil polizeiliche Maßnahmen nicht immer in geeigneter Weise zum Ziele führen (ERMAN/HOLZHAUER Rn 1).

3. Voraussetzungen der Pflegerbestellung im einzelnen

a) Vermögen

Das Vermögen, für dessen Verwaltung und Verwendung durch Bestellung eines Pflegers Sorge getragen wird, kann aus Geld bestehen, aber auch aus Sachen, zB Kleidung, Lebensmitteln, Geräten, Arzneien, Ausrüstungsgegenständen (ERMAN/HOLZHAUER Rn 2; SOERGEL/ZIMMERMANN Rn 4). Erfaßt von der Möglichkeit der Pflegerbestellung nach dieser Vorschrift wird auch eine Geldsammlung für ein Bauwerk (ERMAN/HOLZHAUER Rn 2; SOERGEL/ZIMMERMANN Rn 4 mit weiteren Beispielen).

b) Vorübergehender Zweck

4 Vorübergehender Zweck ist in den zuletzt genannten Fällen das Ergebnis der Sammlung, nicht der eigentliche Verwendungszweck (Erman/Holzhauer Rn 2; Soergel/Zimmermann Rn 4). Vorübergehendem Zweck dient eine öffentliche Sammlung für Brandgeschädigte (vgl OLG Frankfurt NJW-RR 1987, 56). Sammlungen für die laufende Unterstützung von Personen oder Vorhaben fallen nicht unter diese Voraussetzung (allgM, MünchKomm/Schwab Rn 8).

c) Charakter der Öffentlichkeit

5 Öffentlich ist eine Sammlung, wenn der Personenkreis, der dazu beigetragen hat oder beitragen kann und soll, nicht beschränkt ist (Erman/Holzhauer Rn 2), wenn eine unbeschränkte Anzahl von Personen die Möglichkeit einer Spende erhält (zB eine Straßensammlung mit Büchsen; Haussammlung). Werbung für die Sammlung in der Öffentlichkeit oder deren Abhaltung in der Öffentlichkeit ist für die Kennzeichnung als öffentliche Sammlung nicht erforderlich; sie würde allein auch nicht ausreichen. Eine vorherige öffentliche Ankündigung ist ebenfalls nicht Voraussetzung (Soergel/Zimmermann Rn 2).

d) Zum Merkmal des Zusammengebrachten

6 Zusammengebracht ist ein Vermögen auch dann, wenn eine bindende Verpflichtung zum Beitrag durch die interessierten Personen zustande gekommen ist (Erman/Holzhauer Rn 2; Soergel/Zimmermann Rn 5).

e) Bedürfnis einer Pflegerbestellung

7 Ein Bedürfnis für eine Pflegerbestellung besteht regelmäßig dann, wenn die Voraussetzungen des § 1914 festgestellt sind. Trotz dieser Feststellung kann eine weitergehende Bedürfnisprüfung (entgegen der offenbar hM; s dazu MünchKomm/Schwab[3] Rn 13; Staudinger/Engler[10/11] Rn 11) geboten sein, wenn unklar ist, ob in nächster Zeit Handlungsbedarf für einen Pfleger, würde er bestellt werden, tatsächlich besteht. Ist beispielsweise zu erkennen, daß alsbald handlungsfähige Personen gewählt oder bestellt sind, die zu der Verwaltung und Verwendung des Sammelvermögens berufen sind, oder stehen berufene Personen wieder zur Verfügung (kehrt der Verwalter zurück oder widerruft er seine Weigerung oä), kann eine Pflegerbestellung entbehrlich sein.

8 Der Wegfall der berufenen Personen kann tatsächlicher (Wegzug, Tod) oder rechtlicher Art (Todeserklärung, Geschäftsunfähigkeit, Rücktritt, Entlassung) sein (Erman/Holzhauer Rn 3; Soergel/Zimmermann Rn 6). Bei Unfähigkeit oder pflichtwidrigem Verhalten der berufenen Personen soll § 1914 unanwendbar sein (Erman/Holzhauer Rn 3; Soergel/Zimmermann Rn 6; Staudinger/Engler[10/11] Rn 7: Anwendung von § 1913; zust Soergel/Zimmermann Rn 6). Erman/Holzhauer Rn 3 empfiehlt die nach den Sammlungsgesetzen der Länder mögliche **Einsetzung eines öffentlichen Treuhänders** durch die Erlaubnisbehörde. Dieser Treuhänder erhält das Verwaltungs- und Verfügungsrecht über den Sammlungsertrag zum Zwecke seiner bestimmungsgemäßen Verwendung (im Ergebnis ebenso MünchKomm/Schwab Rn 11).

Übersicht über die Sammlungsgesetze der Länder und die jeweilige Vorschrift, die die Treuhänderregelung enthält:

1. Baden-Württembergisches Sammlungsgesetz idF vom 19. 3. 1996 (GBl 342): § 7;

2. Bayerisches Sammlungsgesetz vom 11. 7. 1963 (BayRS 2185–1–I): § 7;

3. Berliner Sammlungsgesetz vom 15. 2. 1967 (GVBl 362) m späteren Änderungen: § 7;

4. Sammlungsgesetz des Landes Brandenburg vom 3. 6. 1994 (GVBl 194): § 7;

5. Bremisches Sammlungsgesetz vom 12. 9. 1967 (BremGVBl 83): § 7;

6. Hamburgisches Sammlungsgesetz vom 3. 3. 1970 (GVBl 107): § 7;

7. Hessisches Sammlungsgesetz vom 27. 5. 1969 (GVBl I 71) m späteren Änderungen: § 7;

8. Sammlungsgesetz von Mecklenburg-Vorpommern vom 17. 6. 1996 (GVOBl 266): § 8;

9. Niedersachsen: Sammlungsgesetz vom 8. 7. 1969 (GVBl 144) m späteren Änderungen: § 7;

10. Sammlungsgesetz für das Land Nordrhein-Westfalen idF d Bekanntmachung vom 9. 6. 1972 (GVNW 174) m späteren Änderungen: § 7;

11. Rheinland-Pfälzisches Sammlungsgesetz vom 5. 3. 1970 (GVBl 93) m Änderungen: § 7;

12. Saarland: Gesetz Nr 868 vom 3. 7. 1968 (ABl 506) m Änderungen: § 7;

13. Sächsisches Sammlungsgesetz vom 5. 11. 1996 (GVBl 446): § 7;

14. Sachsen-Anhalt verfügt ausweislich der Textausgabe des Landesrechts nicht über ein Sammlungsgesetz; durch Gesetz zur Regelung sammlungsrechtlicher Vorschriften v 30. 6. 1997 (GVBl LSA 720) wurden die Sammlungs- und Lotterieverordnung idF v 1. 1. 1997 (GVBl LSA 2, 77) und die dazugehörige Durchführungsbestimmung außer Kraft gesetzt;

15. Schleswig-Holstein: Sammlungsgesetz vom 10. 12. 1969 (GVOBl 276) mit Änderungen: § 8;

16. Thüringen: Sammlungsgesetz vom 8. 6. 1995 (GVBl 197): § 7.

4. Wirkungskreis und Rechtsmacht des Pflegers

9 Die Rechtsmacht des Sammelvermögenspflegers bestimmt sich nach dem ihm vom Vormundschaftsgericht übertragenen Wirkungskreis. Die gesetzliche Bestimmung des § 1914 setzt dafür den äußeren Rahmen, innerhalb dessen sich die Bestimmung des Wirkungskreises halten muß (im Ergebnis ebenso MünchKomm/Schwab Rn 3). Die

Aufgabenzuweisung kann lauten, den Sammlungsertrag seiner bestimmungsgemäßen Verwendung zuzuführen oder an die Spender zurückzuleiten (Erman/Holzhauer Rn 4), die gezeichneten Beiträge einzuziehen (Soergel/Zimmermann Rn 7), die Herausgabe- und sonstigen Ansprüche gegen die bisherigen Verwalter oder ihre Rechtsnachfolger zu verfolgen (BGH MDR 1973, 742 = WM 1972, 1315; Soergel/Zimmermann Rn 7; Staudinger/Engler[10/11] Rn 9). Der Pfleger ist nicht befugt, die Sammlung fortzusetzen (Erman/Holzhauer Rn 4; Soergel/Zimmermann Rn 7; Staudinger/Engler[10/11] Rn 9); ein entsprechender Wirkungskreis wäre mit der Norm nicht vereinbar und deshalb unzulässig.

5. Zum Verfahren

Liegen die Voraussetzungen des § 1914 vor, so ist **von Amts wegen** die Pflegschaft für ein Sammelvermögen anzuordnen und ein Pfleger zu bestellen (Keidel/Engelhardt § 42 Rn 3; Soergel/Zimmermann Rn 9; MünchKomm/Schwab Rn 13). Ein darauf gerichteter Antrag ist weder vorgesehen noch erforderlich. Ein entsprechender Hinweis ist als Anregung zu werten und zu verfolgen (s auch Staudinger/Engler[10/11] Vorbem 24 zu § 1773 ff). Nach MünchKomm/Schwab (Rn 13) ist bei Vorliegen der Voraussetzungen ein Bedürfnis für die Anordnung ohne weiteres zu bejahen. Nicht zu folgen ist Staudinger/Engler[10/11] (Rn 11), eine Prüfung der Bedürfnisfrage sei „nicht zulässig". Ob die Voraussetzungen vorliegen und damit ein Bedürfnis für die Anordnung einer Pflegschaft für ein Sammelvermögen besteht, hat das Vormundschaftsgericht von Amts wegen zu ermitteln (§ 12 FGG). Die Prüfung und Feststellung eines Bedürfnisses für eine Pflegerbestellung nach dieser Vorschrift über die gesetzlich normierten Voraussetzungen hinaus kann dann geboten sein, wenn ein momentaner Handlungsbedarf (Verwaltung oder Verwendung durch einen Pfleger) nicht ersichtlich ist. **10**

Örtlich zuständig ist das Gericht des Ortes, an dem bisher die Verwaltung geführt wurde (§ 42 FGG). Verwaltungsort ist auch der Ort, wo das Sammelvermögen verwahrt wird (Keidel/Engelhardt § 42 FGG Rn 2; Soergel/Zimmermann Rn 9). Während früher der Richter funktional zuständig war, entscheidet nunmehr nach Änderung des § 14 Abs 1 Nr 4 RPflG (durch Art 3 BtG) der Rechtspfleger (Bassenge/Herbst § 14 Nr 8 b; Keidel/Engelhardt § 42 FGG Rn 4). Zur internationalen Zuständigkeit s Keidel/Engelhardt § 42 FGG Rn 5. **11**

Die entsprechende Anwendung der für die Vormundschaft geltenden Vorschriften (§ 1915 Abs 1) erstreckt sich auch auf die Pflegschaft für das Sammelvermögen. Eine Berufung zum Pfleger kommt jedoch nicht in Betracht (MünchKomm/Schwab Rn 14).

6. Beendigung der Pflegschaft

Die Pflegschaft für das Sammelvermögen kann, wenn die Pflegschaft nur zur Besorgung einer einzelnen Angelegenheit angeordnet worden war, kraft Gesetzes mit deren Erledigung enden (§ 1918 Abs 3). Voraussetzung dafür ist jedoch, daß dem Pfleger tatsächlich nur die Besorgung einer einzelnen Angelegenheit übertragen war (MünchKomm/Schwab Rn 12). Ob das in dem von Staudinger/Engler[10/11] (Rn 14 mN) angegebenen Beispiel (das gesamte Sammelvermögen ist seinem Zweck zugeführt) **12** immer der Fall ist, erscheint fraglich. Dies wäre in allen Fällen nur der Grund der Zweckerreichung.

13 Die Pflegschaft endet ferner mit der Aufhebung durch das Vormundschaftsgericht. Das hat die Pflegschaft für das Sammelvermögen dann aufzuheben, wenn der Grund für die Anordnung der Pflegschaft weggefallen ist (§ 1919). Als Beispiel nennt STAUDINGER/ENGLER[10/11] (Rn 15 mN; ebenso MünchKomm/SCHWAB Rn 12), daß – zB infolge ordnungsgemäßer Wahl eines neuen Komitees – die zur Verwaltung und Verwendung des Vermögens erforderlichen Personen wieder vorhanden sind (ähnlich SOERGEL/ZIMMERMANN Rn 8). Ein Grund für die Aufhebung der Pflegschaft liegt auch darin, daß die zur Verwaltung berufenen Personen ihr Amt wieder übernehmen können (MünchKomm/SCHWAB Rn 12) und werden.

§ 1915
Anwendung des Vormundschaftsrechts

(1) Auf die Pflegschaft finden die für die Vormundschaft geltenden Vorschriften entsprechende Anwendung, soweit sich nicht aus dem Gesetz ein anderes ergibt. Abweichend von § 3 Abs. 1 bis 3 des Vormünder- und Betreuervergütungsgesetzes bestimmt sich die Höhe einer nach § 1836 Abs. 1 zu bewilligenden Vergütung nach den für die Führung der Pflegschaftsgeschäfte nutzbaren Fachkenntnissen des Pflegers sowie nach dem Umfang und der Schwierigkeit der Pflegschaftsgeschäfte, sofern der Pflegling nicht mittellos ist.

(2) Die Bestellung eines Gegenvormunds ist nicht erforderlich.

(3) § 1793 Abs. 2 findet auf die Pflegschaft für Volljährige keine Anwendung.

Materialien: E I § 1743, II §§ 1791, 1794; III § 1891; Mot IV 1266, 1269; Prot IV 857; Abs 3 angefügt d Art 1 Nr 4 MHbeG; BT-Drucks 13/5624 (Entwurf); BT-Drucks 13/10831 (Beschlußempfehlung u Bericht RA); BGBl I 2487; STAUDINGER/BGB-Synopse 1896–2005 § 1915. Abs 1 S 2 angefügt d Art 1 Nr 18 2. BtÄndG; BT-Drucks 15/4874 u BR-Drucks 121/05 (Beschluß); BGBl I 1073.

Schrifttum

ZIMMERMANN, Die Betreuer- und Verfahrenspflegervergütung ab 1.7.2005, FamRZ 2005, 950 (betr Vormünder und Pfleger 953).

Systematische Übersicht

I. Zum Verhältnis von Vormundschaft und Pflegschaft 1	II. Der Grundsatz der Verweisung
	1. Akzessorietät des Pflegschaftsrechts und deren Folgen 2
	2. Änderungen des Vormundschafts- und des Kindschaftsrechts 3

Titel 3 §1915
Pflegschaft

3. Bisherige Besonderheiten für das Beitrittsgebiet (frühere DDR) _ 4
III. Die Anwendung des Vormundschaftsrechts (Abs 1)
1. Allgemeine Grundsätze _ 5
a) Bestellungsgrundsatz _ 6
b) Bestellung nur eines Pflegers im Regelfall _ 8
c) Grundsatz der Selbständigkeit der Pflegschaftsführung _ 9
2. Auswahl des Pflegers _ 11
3. Amtsführung _ 14
4. Haftung _ 15
5. Aufwendungsersatz und Vergütung _ 16
6. Fürsorge und Aufsicht des Vormundschaftsgerichts _ 19
7. Beendigung der Pflegschaft; Abwicklung _ 25
a) Gesetzliche Beendigungsgründe _ 25
b) Entlassung des Pflegers _ 26
c) Abwicklung _ 27
IV. Sonderregelung bezüglich der Bestellung eines Gegenvormundes (Abs 2) _ 28
V. Haftungsbeschränkung; Nichtanwendung des § 1793 Abs 2 auf Volljährige _ 30

Alphabetische Übersicht

Abgrenzung Vormundschaft/Pflegschaft _ 1
Abschlagszahlung _ 16
Abschluß einer Versicherung _ 19
Abwesenheitspfleger _ 17
Abwicklung nach Beendigung _ 27
Ächtung der Gewalt in der Erziehung _ 3
Änderungen des Kindschaftsrechts _ 3
Änderungen des Vormundschaftsrechts _ 3
Akzessorietät _ 2
Allgemeine Grundsätze des Vormundschaftsrechts _ 5
Amtsführung _ 14
Amtspflegschaft _ 6, 13
Antrag auf Entlassung des Pflegers _ 26
Anzeigepflichten _ 27
Aufsicht des Vormundschaftsgerichts _ 19 f
Aufwandsentschädigung _ 16
Aufwendungsersatz _ 16
Auskunft über Führung der Pflegschaft _ 23
Auskunft über persönliche Verhältnisse _ 23
Außenwirkung der Pflegschaft _ 7
Auswahl des Pflegers _ 11

Beendigung der Pflegschaft _ 25 ff
Beistandschaft _ 3, 4
Beistandschaftsgesetz _ 3, 4, 6, 20
Beitrittsgebiet _ 4
Beratungsanspruch _ 9
Beratungspflicht des Gerichts _ 23
Bestellungsgrundsatz _ 6
Betreuungsgesetz _ 3

Betreuungsrechtsänderungsgesetz (BtÄndG) _ 3
Bindung der Pflegschaftsanordnung _ 7
DDR _ 4
Ehepaar als Vormünder _ 8
Einführung des Pflegers _ 23
Einpflegerbestellung _ 8
Entlassung des Jugendamts _ 26
Entlassung des Pflegers _ 26
Entlassung des Vereins _ 26
Erbschaftsgleichstellungsgesetz (ErbGleichG) _ 3
Ermessen des Pflegers _ 9
Familiengericht, Aufhebungszuständigkeit _ 9
Festsetzungsbeschluß _ 16
Führung der Pflegschaft _ 10
Fürsorge des Vormundschaftsgerichts _ 18 f
Gebote _ 19
Gegenvormund _ 28
Gesetzliche Beendigungsgründe _ 25
Gemeinschaftliche Elternbestellung _ 8
Grundsätze, allgemeine der Vormundschaft _ 5
Grundsatz der Verweisung _ 2
Haftung _ 15
Herausgabe der Bestallung _ 27

Herausgabe des Vermögens	27	Selbständigkeit der Pflegschaftsführung	9
Kindschaftsrechtsreformgesetz (KindRG)	3	Unterpfleger	8
Konfliktregelung	10	Unterstützungspflicht	9
Lebenspartnerschaftsgesetz	3	Verbote	19
		Vereinspflegschaft	13
Minderjährigenhaftungs-		Verfahrenspfleger/-pflegschaft	1, 2
beschränkungsgesetz	2, 3, 30	Vergleich Vormundschaft/Pflegschaft	1
Mitpfleger	8	Vergütung	16 f
Mittellosigkeit	16, 17	Versicherungsanordnung	19
		Versicherungsauflage	20
Nachlaßpfleger	17, 19	Verwandte, Vorrang	12
– vergütung	17	Verweisungsgrundsatz	2
		Vorrang der Einzelpflegschaft	13
Pflegschaftsführung, selbständige	9	Vorrang der Verwandten	12
Pflichtwidrigkeit des Pflegers	19	Vorschuß	16
Rechnungslegung	27	Wesen der Pflegschaft	1
Schlußrechnung	27	Zwangsgeld	21

I. Zum Verhältnis von Vormundschaft und Pflegschaft

1 Nicht das Rechtsinstitut der Pflegschaft zwingt zu einem Vergleich mit der Vormundschaft und zu einer Abgrenzung zu ihr. Es ist die Regelung des § 1915 Abs 1 S 1, die vorsieht, daß auf die Pflegschaft die für die Vormundschaft geltenden Vorschriften grundsätzlich entsprechende Anwendung finden sollen, wodurch der Eindruck entsteht, als handele es sich bei der Pflegschaft im Grunde um nichts wesentlich anderes als bei der Vormundschaft. Gegen diese Annahme spricht die Vielfalt von unterschiedlichen Sachverhalten, für die der Ausdruck Pflegschaft verwendet wird. In dieser Weise ist auch nicht die Aussage in Mot IV 1044, 1266 zu verstehen, daß die Pflegschaft „ihrem Wesen nach nicht minder Vormundschaft, wie die Vormundschaft im technischen Sinne" sei. Nicht gesagt ist damit, daß alle im Familienrecht geregelten Pflegschaftsfälle familienrechtlichen Bezug haben. Es geht um das Regelungsmodell der Vormundschaft, um den ihr innewohnenden Mechanismus, wonach sich das Funktionieren auch der Pflegschaft richtet.

Beide, Vormundschaft wie Pflegschaft, enthalten die Zuweisung einer **Handlungs- bzw Entscheidungszuständigkeit** (und -verantwortung) für den Fall, daß der Betroffene selbst aus tatsächlichen oder rechtlichen Gründen nicht (allein) handeln kann und bisher niemand entscheidungszuständig ist. Die Betätigung des Vormunds oder Pflegers soll in erster Linie demjenigen zugutekommen, für den der Betreffende eingesetzt und zu handeln verpflichtet ist (MünchKomm/Schwab § 1915 Rn 1 spricht von struktureller Ähnlichkeit). Im Regelfall ist der Auftrag des Pflegers zu begrenzen und, selbst wenn er dem Umfang nach einer Vormundschaft entsprechen konnte (wie früher im Falle der Gebrechlichkeitspflegschaft nach § 1910 Abs 1 aF oder nach § 1909 Abs 3), gerichtlich zu bestimmen, sofern sich der begrenzte Auftrag nicht unmittelbar aus dem Gesetz ergibt (zB in den Verfahrensordnungen). Auch die Titelüberschrift, die von „Pflegschaft" im Singular spricht, bestätigt, daß es dem Gesetzgeber um ein bestimmtes Regelungssystem, ein Programm, ging, nach dem bestimmte Sachverhalte erledigt werden sollen.

Immer dann, wenn das Gesetz im Rahmen des Familienrechts oder an anderen Stellen von „Vormund" und „Vormundschaft" spricht, sind darunter grundsätzlich auch der „Pfleger" und die „Pflegschaft" zu verstehen (STAUDINGER/ENGLER[10/11] Rn 1). Nicht ohne weiteres kann dies auch für diejenigen Fälle angenommen werden, die außerhalb des BGB geregelt sind. Mit der Vorgabe einer bestimmten Bezeichnung und einer Grundstruktur sind nicht alle Einzelheiten und Besonderheiten der jeweiligen Art einer Pflegschaft geregelt. Es muß dann ermittelt werden, ob die Gleichstellung von Vormundschaft und Pflegschaft auch für andere Gesetze als das BGB gelten kann (STAUDINGER/ENGLER[10/11] Rn 2). Auf den **Verfahrenspfleger** der §§ 67, 70b FGG und des durch Art 8 Nr 7 KindRG eingeführten § 50 FGG (s dazu BT-Drucks 13/4899, 129, 130 sowie FamRefK/MAURER § 50 FGG Rn 2) sind die Vorschriften des BGB grundsätzlich **nicht anzuwenden** (aA POHL BtPrax 1992, 19, 20).

Abweichungen von dem Grundsatz des Abs 1 sind, soweit sie sich aus dem Gesetz unmittelbar ergeben, zu beachten. Das trifft auch dann zu, wenn sich aus dem Wortlaut der Vorschrift die Unanwendbarkeit auf die Pflegschaft nicht unmittelbar, sondern nur „aus dem Sinn oder aus dem Charakter der in Frage stehenden Art der Pflegschaft" ergibt (STAUDINGER/ENGLER[10/11] Rn 3). In bezug auf den Ersatz von Aufwendungen und die Vergütung des Verfahrenspflegers wurde jedoch kraft ausdrücklicher Regelung dem Vormundschafts-/Pflegschaftsrecht gefolgt (§§ 50 Abs 5, 67 Abs 3, 70b Abs 1 S 3 FGG). Für die nach dem 1.7.2005 entstandenen Ansprüche gilt der durch Art 5 Nr 6 2. BtÄndG eingefügte § 67a FGG.

II. Der Grundsatz der Verweisung

1. Akzessorietät des Pflegschaftsrechts und deren Folgen

Infolge der Verweisung auf die für die Vormundschaft geltenden Vorschriften nimmt die Pflegschaft teil an den Veränderungen, die das Vormundschaftsrecht und das für seine Regelungen maßgebende Recht der elterlichen Sorge genommen hat, soweit sich dies im Einzelfall auswirkt. Nach dem Wegfall der Vormundschaft für Volljährige kommt eine Bezugnahme auf diese Vorschriften nicht mehr in Betracht. Wegen der in vieler Hinsicht bestehenden Andersartigkeit können die Regelungen der Betreuung grundsätzlich nicht herangezogen werden. So wird beispielsweise der Kreis der genehmigungsbedürftigen Rechtsgeschäfte für Pfleger und Vormund nicht durch eine Zunahme dieser Angelegenheiten im Betreuungsrecht (insbesondere § 1907) vermehrt. Eine „Rückverweisung" findet nicht statt. Ebensowenig wird durch den Wegfall der – noch in § 1899 Abs 2 S 2 DiskE I vorgesehenen – Zwangsgeldverhängung im Betreuungsrecht (§ 1898) die im Vormundschaftsrecht bestehen gebliebene Regelung des § 1788 berührt. Kritisch zu der Praxis von Vormundschaftsgerichten, das Jugendamt als Pfleger auch dann zu bestellen, wenn es sich nicht um Aufgabenwahrnehmung nach dem KJHG (SGB VIII) handelt, DIV-Gutachten in DAVorm 1993, 473 ff und 936.

2. Änderungen des Vormundschafts- und des Kindschaftsrechts

3 Durch das Betreuungsgesetz wurden geändert (vgl Art 1 Nr 27–46, 48 BtG) die §§ 1780, 1781, 1786, 1807, 1809, 1810, 1811, 1813, 1814, 1822 Nr 12, 1835–1836a, 1837, 1840, 1846, 1895; aufgehoben wurden die §§ 1808, 1844, 1885, 1910 und 1920. Durch das am 1. 1. 1999 in Kraft getretene BtÄndG wurden in der Überschrift des Ersten Titels des Dritten Abschnitts des Vierten Buchs die Wörter „über Minderjährige" gestrichen, so daß Vormundschaft in jedem Falle nur noch das für Minderjährige in Betracht kommende Rechtsinstitut meint. Geändert oder neu gefaßt wurden durch dieses BtÄndG §§ 1775, 1779, 1817, 1835 bis 1836a; neu eingefügt die §§ 1836b bis 1836e. § 1836a wurde ergänzt durch das BVormVG (Text s § 1908i Rn 270). Mit Wirkung vom 1. 1. 1999 wurde außerdem § 1793 Abs 1 (ihn gibt es erst seit Inkrafttreten des Minderjährigenhaftungsbeschränkungsgesetzes) der folgende Satz 3 angefügt: „Ist der Mündel auf längere Dauer in den Haushalt des Vormundes aufgenommen, so gelten auch die §§ 1618a, 1619, 1664 entsprechend." Durch die Neufassung des BGB v 2. 1. 2002 (BGBl I 42, ber 2909 u BGBl I 2003, 738; zu sprachlichen Korrekturen in der Neubekanntmachung STAUDINGER/ENGLER [2004] Vorbem 33 f zu §§ 1773 ff) ist das Genitiv-*e* des Vormundes entfallen.

Durch das am 1. 7. 2005 in Kraft getretene 2. BtÄndG (BGBl I 1073) wurden die §§ 1791a und 1791b ergänzt, §§ 1835 Abs 2 S 2 und 1836 neu gefaßt, die §§ 1836a und 1836b aufgehoben, dem § 1915 Abs 1 ein zweiter Satz angefügt und ein Gesetz über die Vergütung von Vormündern und Betreuern (Vormünder- und Betreuervergütungsgesetz – VBVG) eingeführt.

Seit der 10./11. Aufl sind im Recht der elterlichen Sorge (früher elterliche Gewalt) wesentliche Änderungen eingetreten, die sich auf die Vormundschaft auswirkten und damit auch für die Pflegschaft Bedeutung haben können. Änderungen wurden vor allem vorgenommen durch das Gesetz über die Rechtsstellung der nichtehelichen Kinder vom 19. 8. 1969 (BGBl I 1243) und durch das Gesetz zur Neuregelung des Rechts der elterlichen Sorge (SorgeRG) v 18. 7. 1979 (BGBl I 1061). Das zuletzt genannte Gesetz hatte folgende für den Vormund (und den Pfleger) maßgebende Bestimmungen des Personensorgerechts geändert: §§ 1626, 1631, 1631a (neu eingefügt), 1631b, 1632, 1634; s dazu im einzelnen die Erl zu § 1800. Im Vormundschaftsrecht unmittelbar waren folgende Vorschriften von Änderungen durch das SorgeRG betroffen: §§ 1778 Abs 1, 1779, 1791, 1793, 1800, 1827 (aufgehoben), 1837, 1847, 1858–1881 (aufgehoben), 1887. Durch das Gesetz zur Neuordnung des Kinder- und Jugendhilferechts – KJHG – v 26. 6. 1990 (BGBl I 1163) sind die §§ 1709, 1791a Abs 3, 1791c Abs 1 S 1 geändert, § 1851 Abs 3 eingefügt und die §§ 1838, 1849, 1850, 1851a aufgehoben worden.

Das Gesetz zur Ächtung der Gewalt in der Erziehung und zur Änderung des Kindesunterhalts vom 2. 11. 2000 (BGB I 1479) führte zu einer Änderung des § 1631 Abs 2. Das Gesetz über die eingetragene Lebenspartnerschaft (Lebenspartnerschaftsgesetz) als Art 1 des G zur Beendigung der Diskriminierung gleichgeschlechtlicher Gemeinschaften: Lebenspartnerschaften vom 16. 2. 2001 (BGBl I 266) änderte unmittelbar §§ 1795 und 1836c und wirkt sich mit seinem § 11 Abs 2 immer dort aus, wo von Verschwägerten die Rede ist (§ 1779 Abs 3).

Titel 3 § 1915
Pflegschaft 3

Die zumeist am 1.7.1998 in Kraft getretenen Änderungen des Vierten Buchs durch das Beistandschaftsgesetz vom 4.12.1997 (BGBl I 2846), das KindRG vom 16.12.1997 (BGBl I 2942), das ErbGleichG vom 16.12.1997 (BGBl I 2968; bereits seit 1.4.1998 in Kraft), das KindUG vom 6.4.1998 (BGBl I 666) und das EheschlRG vom 4.5.1998 (BGBl I 833) wirken sich unmittelbar auf das Vormundschafts- und Pflegschaftsrecht fast nur durch das Beistandschaftsgesetz aus, mittelbar jedoch insofern, als ein für Angelegenheiten der Personensorge oder der Vermögenssorge zuständiger (Ergänzungs-/Ersatz-)Pfleger in seiner Aufgabenwahrnehmung von den wesentlichen Änderungen des Kindschaftsrechts betroffen wird. Hervorzuheben sind deshalb folgende Änderungen: Mit der Aufhebung der die Amtspflegschaft für nichteheliche Kinder regelnden Bestimmungen wurde auch § 1912 Abs 1 S 2 aufgehoben. Die bestehenden Amtspflegschaften wurden am 1.7.1998 zu Beistandschaften mit den bisherigen Aufgaben. Deren teilweisen Abbau sieht Art 223 Abs 1 S 3 HS 2 EGBGB vor. Inhaltliche Änderungen haben die Bestimmungen über die elterliche Sorge erfahren (§ 1626 Abs 1, 3, §§ 1628, 1629, 1631, 1632); von Bedeutung sind die Änderungen des Umgangsrechts (§§ 1684, 1685, 1686, 1687, 1687a); beachtlich die Zuständigkeitsänderungen (statt Vormundschaftsgericht Familiengericht) durch die Sammelvorschrift des Art 1 Nr 46 KindRG, soweit nicht in einzelnen anderen Vorschriften enthalten. In § 1688 wurden die bisher in § 38 KJHG (SGB VIII) enthaltenen Zuständigkeiten der Pflegeperson in Angelegenheiten der elterlichen Sorge eingestellt. Von Bedeutung für Vormund und Pfleger sind auch die Änderungen im Adoptionsrecht (§§ 1741, 1743, 1746, 1747, 1748. 1751, 1754, 1755, 1756, 1757, 1762, 1766, 1772). Das KindUG beeinflußt die Wahrnehmung einer entsprechenden Aufgabenstellung eines Pflegers. Unmittelbare Änderungen hat das Vormundschaftsrecht in folgenden Vorschriften erfahren: § 1779 Abs 2 S 2 wurde wie folgt gefaßt: „Bei der Auswahl unter mehreren geeigneten Personen sind der mutmaßliche Wille der Eltern, die Verwandtschaft oder Schwägerschaft mit dem Mündel sowie das religiöse Bekenntnis des Mündels zu berücksichtigen"; Abs 2 S 3 wurde gestrichen. Ihre seit 1.1.1999 geltende Fassung erfuhr die Vorschrift durch Art 1 Nr 4 BtÄndG vom 25.6.1998 (BGBl I 1580). § 1791c und § 1837 enthalten Folgeänderungen; § 1883 wurde aufgehoben. Durch entsprechende Ergänzung in § 1791a Abs 1 S 2 und in § 1791b Abs 1 S 1 (dem Wort „Einzelvormund" wird jeweils das Wort „ehrenamtlicher" vorangestellt) erreicht das 2. BtÄndG v 21.4.2005 (BGBl I 1073), daß der Bestellung des Vereins oder der Behörde zum Vormund oder Pfleger nur noch die Bestellung einer ehrenamtlich tätigen Einzelperson, nicht dagegen die einer berufsmäßig und damit grundsätzlich gegen Vergütung tätigen Einzelperson vorgeht.

Durch Art 1 Nr 4 des Gesetzes zur Beschränkung der Haftung Minderjähriger (Minderjährigenhaftungsbeschränkungsgesetz – MHbeG) – BGBl I 2487 – erhielt § 1915 einen neuen Abs 3. Er trat am 1.1.1999 in Kraft und bestimmt, daß § 1793 Abs 2 auf die Pflegschaft für Volljährige keine Anwendung findet. § 1793 Abs 2 sieht vor, daß der Mündel für Verbindlichkeiten, die im Rahmen der Vertretungsmacht nach Abs 1 ihm gegenüber begründet werden, entsprechend § 1629a (begrenzt) haftet. Näheres dazu STAUDINGER/ENGLER (1999) § 1793 Rn 60 ff sowie MünchKomm/SCHWAB Rn 23. Vgl auch die synoptische Darstellung der Texte bei SCHWAB/WAGENITZ (4. Aufl 2002).

3. Bisherige Besonderheiten für das Beitrittsgebiet (frühere DDR)

4 Zu Besonderheiten in bezug auf die Anwendbarkeit der Vorschriften des BGB in dem sog Beitrittsgebiet s die Art 230 ff EGBGB und zwar Art 230 Abs 1 (Nichtanwendbarkeit der §§ 1706–1710 BGB), Art 234 (Familienrecht) § 1, § 11 (elterliche Sorge), § 14 (Vormundschaft) und § 15 (Pflegschaft).

Nach Art 234 § 15 Abs 1 EGBGB wurden am Tag des Wirksamwerdens des Beitritts die bestehenden Pflegschaften zu Pflegschaften nach dem BGB mit dem bisher festgelegten Wirkungskreis. Bisherige Bestellungen von Pflegern blieben wirksam. Ehegatten, die nach § 90 Abs 1 FGB DDR gemeinsam zu Pflegern bestellt waren, „vertraten" sich bei Verhinderung eines Mitpflegers nach Maßgabe des § 1678 Abs 1 HS 1 (Art 234 § 15 Abs 2, 14 Abs 2 EGBGB). Vom Jugendamt oder vom Staatlichen Notariat geführte Pflegschaften wurden als Amtspflegschaften fortgeführt (§§ 1791b, 1897 S 1 aF), Art 234 § 15 Abs 2, § 14 Abs 3 EGBGB. Die Vorschriften über die Anlegung von Mündelgeld waren erst ab 1. 1. 1992 anzuwenden (Art 234 § 15 Abs 2, § 14 Abs 4 EGBGB). Für Ansprüche des Pflegers auf Vergütungen für die Zeit bis zum Wirksamwerden des Beitritts sowie auf Ersatz für Aufwendungen, die er in dieser Zeit gemacht hatte, galt das bisherige Recht (Art 234 § 14 Abs 5 EGBGB).

War der Pflegebefohlene durch den Pfleger oder mit seinem Einverständnis in einer Weise untergebracht, die mit Freiheitsentziehung verbunden war, so galten für die Unterbringung vom Wirksamwerden des Beitritts an die Vorschriften des BGB. Der Pfleger hatte alsbald nach dem Beitritt um die gerichtliche Genehmigung der Unterbringung nachzusuchen. Die Unterbringung war spätestens nach Ablauf von 6 Monaten nach dem Wirksamwerden des Beitritts zu beenden, wenn das Gericht sie nicht vorher genehmigt hatte (Art 234 § 15 Abs 2, § 14 Abs 6, § 11 Abs 4 EGBGB). Näher die Beiträge von Schwab, Reichel, Zimmermann u Bienwald, in: Schwab (Hrsg), Familienrecht und deutsche Einigung (1991). Das Beistandschaftsgesetz (s oben Rn 3) beseitigt durch die Abschaffung der gesetzlichen Amtspflegschaft und die Neuordnung des Rechts der Beistandschaft insoweit noch bestehende Rechtsunterschiede zwischen den alten Ländern und dem sog Beitrittsgebiet.

III. Die Anwendung des Vormundschaftsrechts (Abs 1)

1. Allgemeine Grundsätze

5 Die das Vormundschaftsrecht beherrschenden allgemeinen Grundsätze finden auch auf die Pflegschaft (des BGB) Anwendung (Staudinger/Engler[10/11] Rn 5; Mot IV 1066). Dazu gehören die Vorschriften, die bestimmen, welches Jugendamt zur Führung einer Vormundschaft bzw Pflegschaft örtlich zuständig ist, hier §§ 1889 Abs 2 und 1887 Abs 1 iVm § 1915 Abs 1 BGB (DIJuF v 13. 5. 2002 JAmt 2002, 345 unter Bezugnahme auf OLG Dresden JAmt 2001, 492).

a) Bestellungsgrundsatz

6 Sind die Voraussetzungen einer Pflegschaft zur Gewißheit des Gerichts gegeben, ordnet es die Pflegschaft an und bestimmt den Wirkungskreis des Pflegers. Je nach Art der Pflegschaft ist das Vormundschaftsgericht, das Familiengericht oder das Nachlaßgericht (§§ 1960, 1961, 1975) zuständig. Für eine Pflegschaft nach § 96 GBO ist das Grundbuchamt zuständig; die in § 32 Abs 5 DepotG vorgesehene Pflegschaft ordnet das Insolvenzgericht an. Sofern nicht ausdrücklich eine Antragstellung vorausgesetzt wird, entscheidet das Gericht von Amts wegen. Das hat zur Folge, daß ein als Anregung zu gerichtlichem Handeln zu wertender „Antrag" im Falle seiner „Rücknahme" nicht dazu führt, daß das Gericht automatisch seine Tätigkeit beendet. Nach Abschaffung der gesetzlichen Amtspflegschaft durch das Beistandschaftsgesetz (oben Rn 3) tritt eine Pflegschaft nicht mehr unmittelbar kraft Gesetzes ein. Zur Frage, welche Bedeutung dem Umstand zukommt, daß eine Pflegschaft angeordnet worden ist, deren gesetzliche Voraussetzungen nicht vorgelegen haben, s STAUDINGER/ENGLER (2004) § 1774 Rn 22 ff.

Für das Prozeßgericht ist die Pflegschaftsanordnung bindend. Dieses Gericht ist **7** nicht befugt, über die Rechtmäßigkeit der Pflegschaftsanordnung und Art und Umfang des Wirkungskreises des Pflegers Entscheidungen zu treffen. Stellt sich in einem Rechtsstreit heraus, daß eine Pflegerbestellung aufzuheben ist, so hat das Gericht die Verhandlung auszusetzen und den Parteien Gelegenheit zu geben, die Pflegerbestellung durch das Vormundschaftsgericht zurücknehmen zu lassen (BGHZ 41, 303 [LS 3] = FamRZ 1964, 426 = NJW 1964, 1855).

b) Bestellung nur eines Pflegers im Regelfall

Das Gericht bestellt, sofern nicht besondere Gründe für die Bestellung mehrerer **8** Pfleger vorliegen, für den Pflegebefohlenen oder die pflegebedürftige Angelegenheit nur *einen* Pfleger (§§ 1775, 1915 Abs 1). Zur Verdeutlichung des personalen Bezugs und zur Annäherung der Vormundschaft an das Eltern-Kind-Verhältnis führte Art 1 Nr 3 des ersten BtÄndG die Möglichkeit ein, ein Ehepaar gemeinschaftlich zu Vormündern zu bestellen (Neufassung des § 1775). Im übrigen ist es bei dem Regelfall der Bestellung eines Vormunds geblieben. In Fällen der Pflegerbestellung für einen Minderjährigen dürften auch Art und Umfang des Wirkungskreises für diese Entscheidung von Bedeutung sein. Ist für mehrere Geschwister eine Pflegschaft nötig, reicht die Bestellung eines Pflegers aus, wenn nicht Gründe des § 1795 oder des § 181 dagegen sprechen. Im allgemeinen ist das dann der Fall, wenn ein hinterbliebener Elternteil mit den gemeinsamen erbberechtigten Kindern einen Erbauseinandersetzungsvertrag schließen will (BGHZ 21, 229, 232 ff).

Schließen mehrere Mündel desselben Vormunds miteinander ein Rechtsgeschäft ab, so muß für jeden anderen Mündel ein Pfleger bestellt werden, weil der Vormund nach § 1795 nur einen Mündel vertreten darf (STAUDINGER/ENGLER[10/11] Rn 6). Tritt ein Mündel als Vertragsteil den sämtlichen übrigen Mündeln als dem anderen Vertragsteil gegenüber, so genügt die Bestellung eines Pflegers für den erstgenannten Mündel, während die übrigen Mündel von ihrem Vormund vertreten werden können (BayObLGZ 1958, 373 = FamRZ 1959, 125 = NJW 1959, 989). Zur Bestellung eines Unterpflegers und der Anordnung der Unterpflegschaft wegen Interessengegensätzen zwischen Pfleger und Pflegebefohlenem s Vorbem 8 zu §§ 1909 ff. Die Bestellung eines neuen Pflegers als Vorsorgemaßnahme vor der Entlassung des alten Pflegers ist unzulässig (MünchKomm/SCHWAB Rn 9 mN). Unzulässig ist auch die Bestellung eines Mitpflegers zur Überwachung des Pflegers (LG Berlin I Rpfleger 1970, 91). Mitpflegschaft bleibt nach §§ 1915 Abs 1, 1775 eine Ausnahme und kommt nur in Betracht, wenn besondere Gründe die ständige Mitwirkung eines weiteren Pflegers erforderlich machen (LG Berlin I Rpfleger 1970, 91).

c) Grundsatz der Selbständigkeit der Pflegschaftsführung

9 Der Pfleger übt ein Amt auf privatrechtlicher Grundlage aus (BGHZ 17, 115; OLG Oldenburg FamRZ 1999, 813). Wie der Vormund die Vormundschaft, so führt auch der Pfleger die Pflegschaft selbständig. Diese besondere Selbständigkeit prägt sein Amt (BGHZ 17, 115; OLG Oldenburg FamRZ 1999, 813). Nur in Ausnahmefällen besteht eine Befugnis des Gerichts, Weisungen zu erteilen (§ 1837 Abs 2). Das Gericht darf nicht sein Ermessen an die Stelle des Ermessens des Pflegers setzen. Der Pfleger hat ein Recht darauf, daß das Gericht ihn selbständig arbeiten läßt und nicht in die Führung der Pflegschaft eingreift, ebenso wie das Gericht vom Pfleger erwarten darf, daß er das Gericht nicht unnötig mit der Inanspruchnahme von Beratung beschäftigt. Der Anspruch auf Beratung durch das Gericht darf nicht dazu führen, daß das Gericht die Pflegschaft führt und der Pfleger nur noch die Ratschläge des Gerichts ausführt. Zum bisherigen Recht hatte das RG entschieden, die Unterstützung durch das Vormundschaftsgericht dürfe in ihrer Art nicht darauf hinauslaufen, daß mittelbar die staatshoheitliche Gewalt dem Vormund zur Handhabe für eine bürgerliche Geschäftstätigkeit dient (RG JW 1911, 781 Nr 51). Zur Beratungs- und Unterstützungspflicht des Vormundschaftsgerichts nach bisherigem Recht BIENWALD ZVS 1988, 1, 3. Die Beratung der Pfleger und Vormünder gem § 1837 Abs 1 bleibt weiterhin Aufgabe des Vormundschaftsgerichts, auch wenn durch die Zuständigkeitsänderungen des KindRG das Familiengericht zunehmend für die Anordnung der Maßnahme und auch für die Auswahl des Amtsträgers (hier alternativ) zuständig geworden ist (§ 1697).

10 Der Pfleger hat die Pflegschaft nach den für die **Führung der Vormundschaft** geltenden Vorschriften zu führen, soweit sich nicht aus dem Gesetz ein anderes ergibt. Obgleich der Umfang der vom Pfleger wahrzunehmenden Angelegenheiten fast immer vom Gericht vorgegeben wird, bestimmt das Gesetz die Art und Weise der Führung der Pflegschaft; insbesondere ordnet es an, welche (Rechts-)Geschäfte des Pflegers der **vormundschaftsgerichtlichen Genehmigung** bedürfen. Die Vorschriften über die Anlage und die Sperrung angelegten Geldes sowie die §§ 1810–1834 sind dem Grunde nach anwendbar, sofern der Wirkungskreis des Pflegers sich auf die davon betroffenen Angelegenheiten erstreckt (speziell zu §§ 1821, 1828, 1829 s BayObLG FamRZ 1989, 1113; s auch FIALA/MÜLLER/BRAUN, Genehmigungen bei Vormundschaft über Minderjährige, Betreuung und Nachlaßpflegschaft, Rpfleger 2002, 389). Handelt der Pfleger als Ergänzungspfleger anstelle von Eltern eines Minderjährigen, kommen ihm die für die Eltern geltenden **Privilegierungen des § 1643 nicht** zugute (MünchKomm/SCHWAB Rn 17; SOERGEL/ZIMMERMANN Rn 6; aA LG Karlsruhe BWNotZ 1973, 64). Im Falle eines **Streites** zwischen dem Pfleger und dem Vormund oder den Eltern um die Grenzen der jeweiligen Befugnisse, zB die Höhe des Unterhalts zwischen Vermögenspfleger und Mutter, entscheidet das Gericht (Richter) gemäß den Rechtsgedanken aus §§ 1630 Abs 2, 1798 (BayObLGZ 1975, 29 = Rpfleger 1975, 129; SOERGEL/ZIMMERMANN Rn 6). Liegt der Fall so, wie ihn § 1630 Abs 2 geregelt hat, entscheidet das Familiengericht; im Streitfall zwischen Pfleger und Vormund entscheidet das Vormundschaftsgericht.

2. Auswahl des Pflegers

11 Für die Auswahl des Pflegers finden eingeschränkt die Vorschriften entsprechende Anwendung, die für die Auswahl des Vormunds gelten (BayObLGZ 1964, 277 = FamRZ 1965, 99 = MDR 1965, 138 = NJW 1964, 2306). Soweit nach bisherigem Recht für die

Auswahl und Bestellung des Pflegers Vorschriften des Volljährigenvormundschaftsrechts maßgebend waren, ist diese Orientierung durch das Inkrafttreten des BtG entfallen. Das betrifft insbesondere die Pflegschaft nach § 1911 für abwesende Volljährige, aber auch für die nach § 1913 (unbekannte Beteiligte) und die für ein Sammelvermögen (§ 1914). Für die Auswahl des Pflegers sind als Spezialvorschriften unmittelbar maßgebend die §§ 1916 und 1917. Soweit nicht durch diese Vorschriften ausgeschlossen, sind die §§ 1776–1784, §§ 1791a, 1791b und § 1792 entsprechend anzuwenden. Der Grundsatz der Subsidiarität der Amtspflegschaft gegenüber der Einzelpflegschaft gilt auch im Verhältnis zu Einzelpersonen, die Pflegschaften im Rahmen ihrer Berufsausübung führen (hier, allerdings nach damaligem Recht: Rechtsanwalt als Ergänzungspfleger zur Vertretung in Ehelichkeitsanfechtungsverfahren, KG Rpfleger 1999, 274 = ZfJ 1999, 228). Die Bestellung des Jugendamts in Fällen außerhalb seines Verantwortungsbereichs (§ 1 KJHG [SGB VIII]) kommt nicht in Betracht (DIV-Gutachten DAVorm 1993, 473 ff, 936). Zur Möglichkeit, aus sachlichen Gründen ein anderes als das örtlich zuständige Jugendamt zu bestellen (hier: zum Vormund), OLG Hamm NJWE-FER 1998, 107.

Ist das Jugendamt zum Pfleger bestellt worden, überträgt es die Ausübung der Aufgaben des Amtspflegers einzelnen seiner Beamten oder Angestellten. In dem durch die Übertragung umschriebenen Rahmen ist der Beamte oder Angestellte gesetzlicher Vertreter des Kindes oder Jugendlichen (§ 55 Abs 2 S 1 u 3 KJHG [SGB VIII]). Die Übertragung gehört zu den Angelegenheiten der laufenden Verwaltung. Im Rahmen seiner Organisationsbefugnis kann das Jugendamt die übertragenen Aufgaben auf verschiedene Mitarbeiter aufteilen. Ob sich eine solche Teilung (zB in pädagogische und rechtliche Angelegenheiten) empfiehlt, ist eine andere Frage. Zum „Sorgerechtssplitting" beim Führen einer Vormundschaft oder Pflegschaft s auch DIJuF – Rechtsgutachten JAmt 2002, 302 sowie JAmt 2002, 73 (s auch DIJuF – Rechtsgutachten JAmt 2002, 510).

Besteht nach Beendigung einer Amtspflegschaft oder Beistandschaft und Aufenthaltswechsel des Kindes weiterhin Bedarf für die Anordnung einer Ergänzungspflegschaft (hier: zwecks Fortsetzung eines gemäß § 241 ZPO unterbrochenen Unterhaltsbetragsverfahrens), kann es aus Gründen des Kindeswohls gerechtfertigt sein, abweichend von § 87c Abs 3 S 1 KJHG (SGB VIII) das bisher mit der Sache befaßte Jugendamt als Pfleger zu bestellen (OLG Zweibrücken FamRZ 2002, 1064 = Rpfleger 2002, 25 = FGPrax 2001, 241). Zur Bestellung von Interessenten für Berufsbetreuungen als Vormünder (Pfleger) für minderjährige Personen zur vergütungsrechtlichen Auslastung der Berufsbetreuer DIJuF-Rechtsgutachten JAmt (DAVorm) 2001, 336.

Die im Vormundschaftsrecht durch den Vorrang von Verwandten (§ 1779 Abs 2) **12** bestehende Beschränkung des Beurteilungsspielraums des Vormundschaftsgerichts (BayObLGZ 1964, 277 = FamRZ 1965, 99 = MDR 1965, 138 = NJW 1964, 2306) kommt bei der Pflegschaft nur mit Einschränkungen zum Tragen. Beruht die Notwendigkeit einer Ergänzungspflegschaft auf dem Ausschluß der Eltern von der gesetzlichen Vertretung nach § 1629 Abs 2 S 1, § 1795, zieht das Gesetz also aus der Verwandtschaft der Beteiligten für die nächsten Verwandten (Eltern) den dem Vorrecht der Verwandten nach § 1779 Abs 2 entgegengesetzten Schluß, sind sie von der gesetzlichen Vertretung über die Pflegerbestellung fernzuhalten. Dies führt jedoch nicht zu einem gänzlichen Ausschluß. Sind im Einzelfall Bedenken ausgeräumt, so entfällt auch grundsätzlich der Anlaß für die Einschränkung der entsprechenden Anwendung des Verwandtenvorzugs des § 1779 Abs 2 (BayObLGZ 1964, 277). Der damals maßgebende Abs 2 S 3 wurde durch Art 1 Nr 41b KindRG im Hinblick auf die Neufassung des Abs 2 S 2 gestrichen. Abs 2 S 2 sieht vor, daß bei der Auswahl unter mehreren geeigneten Personen der mutmaßliche Wille der Eltern, die Verwandtschaft oder Schwägerschaft mit dem Mündel sowie das religiöse Bekenntnis des Mündels zu berücksichtigen sind. Bezüglich der Schwägerschaft beachte § 11 Abs 2 LPartG.

13 § 1916 schließt für die nach § 1909 anzuordnende Pflegschaft die Berufung eines Pflegers nach den §§ 1776 ff aus. Stattdessen enthält § 1917 die Möglichkeit einer Berufung durch letztwillige Verfügung oder bei der Zuwendung, wenn die Anordnung einer Pflegschaft nach § 1909 Abs 1 S 2 zur Verwaltung des Vermögens, das der Pflegebefohlene von Todes wegen erworben hat oder das ihm unter Lebenden unentgeltlich zugewendet wurde, erforderlich ist.

Die entsprechende Anwendung von § 1779 (BayObLGZ 1964, 277) verpflichtet das Vormundschaftsgericht bzw das Familiengericht im Falle seiner Auswahlentscheidung gem § 1697, bei der Auswahl des Ergänzungspflegers Vorschläge der Eltern als Ermessensrichtlinie (LG München I DNotZ 1976, 423) zu berücksichtigen. Zur grundsätzlichen Beachtlichkeit von Vorschlägen, die von Familienangehörigen, insbesondere Eltern, gemacht werden, s BVerfGE 33, 236, 239 = FamRZ 1972, 445 = Rpfleger 1972, 358 sowie LG München I DNotZ 1976, 423 (Näheres bei STAUDINGER/ENGLER [2004] § 1779 Rn 43 ff, insbesondere Rn 44).

Für die Pflegschaft besteht, ebenso wie für die Vormundschaft, der grundsätzliche Vorrang der Einzelpflegschaft vor der Vereins- und der Amtspflegschaft (§§ 1791a, 1791b; für den Vorrang der Vereins- und Einzelpflegschaft vor der Amtspflegschaft OLG Frankfurt FamRZ 1980, 284 = OLGZ 1980, 129; s auch OLG Frankfurt ZBlJugR 1971, 182 [für den Vormund LG Hildesheim JAmt 2003, 47]; OLG Schleswig JAmt 2003, 47 [entsprechende Prüfungspflicht des VormG]). Rechtliche Bedenken gegen die Führung von Ergänzungspflegschaften in der Leistungsabteilung des Jugendamts (ASD) sowie zu Vor- u Nachteilen von Mischarbeitsplätzen als Vormund und Beistand im Jugendamt Rechtsgutachten des DIJuF JAmt 2002, 510 (s auch § 1909 Rn 33). Anders als im Betreuungsrecht ist die persönliche Bestellung eines Vereins- oder Behördenmitarbeiters („Vereinspfleger"; „Behördenpfleger") nicht vorgesehen. Zum Anspruch auf Aufwendungsersatz und Vergütung im Falle der Mitarbeiterbestellung zu Verfahrenspflegern (ohne Einführung eines besonderen Status) s § 67a Abs 4 FGG. Eine **entgeltliche** Führung der (Einzel-)Pflegschaft setzt voraus, daß das Gericht bei der Bestellung des Pflegers feststellt, daß der Pfleger die Pflegschaft **berufsmäßig** führt. Diese Feststellung hat das Gericht dann zu treffen, wenn dem Pfleger in einem solchen Umfang Vormundschaften, Pflegschaften oder Betreuungen (also grundsätzlich unentgeltlich zu führende Ämter, § 1836 Abs 1 S 1) übertragen sind, daß er sie nur im Rahmen seiner Berufsausübung führen kann, oder wenn zu erwarten ist, daß sie ihm in absehbarer Zeit übertragen sein werden (§ 1836 Abs 1 S 2 u 3, § 1 VBVG).

Der Gedanke der kostengünstigen Führung der Ergänzungspflegschaft ist grundsätzlich für die Auswahl des Pflegers beachtlich; er hat jedoch zurückzutreten, wenn vorrangige Gesichtspunkte wie die Neutralität des Pflegers (hier: Rechtsanwalt) und die gründliche Prüfung des beabsichtigten Rechtsgeschäfts in Frage stehen (OLG

Schleswig JAmt 2002, 367 = NJW-RR 2002, 1587). Auch wenn eine geeignete Einzelperson als Ergänzungspfleger in Betracht käme, ist die Bestellung des Jugendamts für das Kind im Vaterschaftsanfechtungsverfahren jedenfalls in Fällen, die keine besondere Schwierigkeit aufweisen, sachgerecht und zulässig (OLG Stuttgart FamRZ 2002, 1065 = JAmt 2002, 129). Zur Beiordnung eines als Ergänzungspfleger bestellten Rechtsanwalts im Rahmen der bewilligten Prozeßkostenhilfe für die Verteidigung gegen die Vaterschaftsanfechtungsklage OLG Köln FamRZ 2003, 1397.

Im Falle der Ergänzungspflegschaft steht den Eltern kein Berufungsrecht zu (§ 1916), wenn sie mit dem Kind unter unentgeltlicher Zuwendung eines Kommanditanteils einen Vertrag über die Gründung einer Kommanditgesellschaft abschließen wollen (LG Köln Rpfleger 1971, 354).

3. Amtsführung

Für die Führung der Pflegschaft sind die für die Vormundschaft geltenden Vorschriften (§§ 1793–1834) entsprechend anzuwenden; jedenfalls gilt dies dem Grundsatz nach. Maßgebend ist im Einzelfall die Art der Pflegschaft sowie der dem Pfleger übertragene Wirkungskreis. In erster Linie kommen die Vorschriften über die Aufstellung des Vermögensverzeichnisses (§ 1802), die Vermögensverwaltung bei Erbschaft und Schenkung (§ 1803) sowie die Bestimmungen über die Anlegung von Mündelgeld und die vormundschaftsgerichtlich zu genehmigenden Geschäfte (insbesondere §§ 1821 ff) in Betracht. In welchen Fällen ein Pfleger die Genehmigung des Vormundschaftsgerichts einzuholen hat, bestimmt sich auch dann nach Vormundschaftsrecht, wenn der Pfleger anstelle der Eltern oder eines Elternteils tätig wird und diese der Genehmigung nicht bedürften (Soergel/Zimmermann Rn 6). Wird der Antrag des Ergänzungspflegers auf vormundschaftsgerichtliche Genehmigung (eines Darlehensvertrages) mangels Genehmigungsbedürftigkeit des Rechtsgeschäfts zurückgewiesen, ist der Pfleger beschwerdebefugt gemäß § 20 Abs 2, 3 FGG, da das Versagen der Genehmigung in seine Rechte eingreift (OLG Köln FamRZ 2000, 42 mwN). Das Verbot der Verwendung von Mündelgeld für eigene Zwecke (§ 1805) und die Verzinsungspflicht bei solcher Verwendung (§ 1834) gelten für alle Pfleger, ebenso das grundsätzliche Schenkungsverbot des § 1804 und die Erlaubnis für die Behörde, Mündelgeld bei der Errichtungskörperschaft anzulegen (§ 1805 S 2). Für den benannten Pfleger (§ 1917 Abs 2) kommt die Anwendung der Befreiungsvorschriften der §§ 1852–1854 in Betracht.

Soweit dies der Wirkungskreis vorsieht, obliegt dem Pfleger Personensorge, Vermögenssorge und die Vertretung des Pflegebefohlenen (§ 1793), wenn auch nicht (oder nur ausnahmsweise) in dem eine Vormundschaft erfordernden Umfang. Im Falle der Unterpflegschaft richtet sich das Verhältnis beider Pfleger nach § 1794. Der gesetzliche Ausschluß der Vertretungsmacht aufgrund von § 1795 kommt auch bei Pflegern in Betracht. Je nach Art und Umfang der Pflegschaft ist der gerichtliche Entzug der Vertretungsmacht (§ 1796) vorstellbar, ehe zur Entlassung und Bestellung eines neuen Pflegers gegriffen wird. Auch § 1798 mit seinem Verfahren bei Meinungsverschiedenheiten ist entsprechend anzuwenden. Soweit die tatsächlichen Verhältnisse dem entsprechen, findet § 1793 Abs 1 S 3 (hierzu anschließend Rn 15) auf den Pfleger eines Minderjährigen und auf die Beziehung zwischen Pfleger und Pflegebefohlenem Anwendung.

Der Pfleger hat nicht das dem Vormund zukommende, durch gesetzliche Bestimmungen beschränkte Erziehungsrecht, dessen tatsächliche Ausübung insbesondere von dem jeweiligen Entwicklungsstand des Minderjährigen abhängt. Er hat vielmehr grundsätzlich nur dasjenige Maß an Entscheidungs- oder Mitbestimmungsbefugnis, das das Gericht ihm mit der zugewiesenen Entscheidungsmacht eingeräumt hat. Im Einzelfall können bei entsprechendem Wirkungskreis die in letzter Zeit eingetretenen Änderungen im Personensorgerecht (§§ 1800, 1631–1633) für den Pfleger von Bedeutung sein (zB Sterilisationsverbot, § 1631c; Recht auf gewaltfreie Erziehung, § 1631 Abs 2). Zur Frage, ob die durch das KindRG veränderten Zuständigkeiten der Gerichte (statt des Vormundschaftsgerichts das Familiengericht) sich auf die Vormundschaft und damit ggf auch auf die Pflegschaft auswirken, STAUDINGER/ENGLER (2004) § 1779 Rn 37 ff, § 1774 Rn 5 und LÜDERITZ Familienrecht (27. Aufl 1999) Rn 1092. Zum Umfang der Befugnisse des Sorgerechtspflegers bei alleiniger Übertragung des Aufenthaltsbestimmungsrechts Rechtsgutachten d DIJuF JAmt 2002, 300.

4. Haftung

15 Für die Haftung des Pflegers ist § 1833 iVm § 1915 Abs 1 S 1 maßgebend. Durch § 1793 Abs 1 S 3 und den entsprechend anzuwendenden § 1664 wird die Haftung des Vormunds beschränkt, wenn der Mündel in den Haushalt des Vormunds für längere Dauer aufgenommen ist. Der Motivation folgend, mit der entsprechenden Anwendung von § 1664 solle der in diesen Fällen elternähnlichen Stellung des Vormunds Rechnung getragen und auch insoweit der personale Bezug des Vormundsamtes stärker verdeutlicht werden (BT-Drucks 13/7158, 21), kann es auch im Bereich der Pflegschaft für Minderjährige Situationen geben, in denen die Haftungsbeschränkung Platz greifen sollte und kann, weil der Pflegebefohlene in den Haushalt des Pflegers aufgenommen worden ist. In Betracht kommt das insbesondere in den Fällen, in denen ein Kind für längere Zeit in Familienpflege lebt und die Pflegeperson zugleich das Amt des Pflegers nach den §§ 1909 ff innehat. Die Tatsache der Familienpflege allein würde für eine Haftungsbeschränkung nicht ausreichen; § 1688 (bisher § 38 SGB VIII [KJHG]) sieht eine entsprechende Regelung, wie sie § 1793 Abs 1 S 3 enthält, nicht vor. Zur Haftung des Jugendamts gemäß § 839 (als Amtspfleger, § 1706 Abs 1 Nr 2 BGB aF) für eine dem minderjährigen Kind nachteilige Unterhaltsregulierung OLG Hamm FamRZ 2001, 548. Zur Haftung des Jugendamts als Pfleger im übrigen BGH NJW 1980, 2249 = Rpfleger 1980, 377; KG FamRZ 1976, 370 sowie DIV-Gutachten DAVorm 1999, 863 (unterlassene Information über unterhaltsbedeutsame Rechtsänderung).

5. Aufwendungsersatz und Vergütung

16 Aufgrund der Verweisungsvorschrift des § 1915 Abs 1 finden die für die Vormundschaft geltenden Vorschriften über den Ersatz von Aufwendungen (§§ 1835, 1835a) und über die Bewilligung einer Vergütung (§§ 1836 ff) entsprechende Anwendung. Das Vormundschaftsgericht setzt durch gerichtlichen Beschluß fest, wenn der Pfleger die gerichtliche Festsetzung beantragt oder das Gericht sie für angemessen hält: Vorschuß, Ersatz von Aufwendungen, Aufwandsentschädigung, soweit sie der Pfleger aus der Staatskasse verlangen kann, ferner eine dem Pfleger zu bewilligende Vergütung (auch eine Abschlagszahlung oder [bis 1.7.2005] die Zahlung eines als

Vergütung zugebilligten festen Geldbetrags). Einen Anspruch auf Vergütung hat nur der Pfleger, der die Pflegschaft berufsmäßig führt, was regelmäßig bei Übernahme der Pflegschaft vom Gericht festzustellen ist (§ 1836 Abs 1 S 2, § 1 VBVG). Die Ansprüche auf Vergütung und Ersatz der Aufwendungen (ggf auf Zahlung der Aufwendungspauschale des § 1835a) richten sich grundsätzlich gegen den Pflegebefohlenen; ist dieser mittellos (§§ dazu §§ 1836d, 1836c), gegen die Staatskasse (§§ 1835 Abs 4, 1835a Abs 3 S 1, 1836a für die bis zum 1.7.2005 entstandenen Ansprüche]; § 1836 Abs 2 nF [für die nach dem 1.7.2005 entstandenen Ansprüche). Die aus der Staatskasse zu zahlende Vergütung richtete sich für die bis zum 1.7.2005 entstandenen Ansprüche nach § 1 BVormVG, der drei Vergütungsgruppen vorsieht, die nach fachlicher Qualifikation gestaffelte Stundensätze enthalten. Ist der Pflegebefohlene nicht mittellos, gelten diese Sätze zwar nicht unmittelbar, haben aber den Charakter einer Orientierungshilfe und einer Mindestvergütung und dürfen nur überschritten werden, wenn die Schwierigkeit der Geschäfte des Pflegebefohlenen dies rechtfertigt (BGHZ 145, 104 = FamRZ 2000, 1569). Wird ein Rechtsanwalt zum Pfleger bestellt, gilt für seine Vergütung nicht das RVG (§ 1 Abs 2 S 1; bis 1.7.2004: BRAGO); seine Vergütung und sein Aufwendungsersatz werden nach den §§ 1835 ff sowie ggf nach § 3 VBVG bemessen. Nach § 1 Abs 2 S 2 RVG bleibt jedoch § 1835 Abs 3 unberührt, so daß bei anwaltsspezifischer Tätigkeit nach den Bestimmungen des RVG (bis 1.7.2004: BRAGO) abgerechnet werden kann.

Aufgrund der Pauschalverweisung des § 1915 Abs 1 aF wären die Regelungen der §§ 1835 ff einschl der des VBVG auch in allen Pflegschaftsfällen, auf die Abs 1 anzuwenden ist, maßgebend gewesen. Nach Auffassung des Rechtsausschusses des Deutschen Bundestages sollte die Einführung allgemeiner Regelsätze für die Vormundschaft in § 3 Abs 1 VBVG, die nach § 3 Abs 3 VBVG nur ausnahmsweise erhöht werden können, nicht auf alle Fälle der Pflegschaft übertragen werden (BT-Drucks 15/4874, 59). Insbesondere beim Nachlaßpfleger könnten, so der Rechtsausschuß, die auf die Vormundschaft zugeschnittenen Stundensätze zu einer unangemessen niedrigen Vergütung führen. Die Höhe der Vergütung des Pflegers ist deshalb nach den für die Führung der Pflegschaftssache nutzbaren Fachkenntnissen des Pflegers sowie nach dem Umfang und der Schwierigkeit der Pflegschaftsgeschäfte zu bestimmen. Diese kann sich im Einzelfall mit den in § 3 Abs 1 VBVG vorgesehenen Stundensätzen decken; nach diesen ist die Vergütung zu bemessen, wenn der Pflegebefohlene mittellos ist. Anzuwenden ist § 3 Abs 1 VBVG auch, soweit ein Nachlaß mittellos ist (BT-Drucks 15/4874, 59).

Wurde ein Mitarbeiter eines Fürsorgevereins persönlich bestellt, steht nicht dem Verein, sondern dem Mitarbeiter eine Vergütung zu (sofern die weiteren Voraussetzungen gegeben sind). Dem Vormundschafts- und Pflegschaftsrecht ist eine dem § 1897 Abs 2 (Vereinsbetreuerbestellung) entsprechende Konstruktion unbekannt (BayObLG FamRZ 2002, 1363). Wegen Abweichung von der **aA** des OLG Köln (FamRZ 2001, 1400) hat das BayObLG die (Pflegschafts-)Sache gemäß § 28 Abs 2 FGG dem BGH vorgelegt (BayObLGZ 2003, 164 = FamRZ 2003, 1588; vgl auch LG Koblenz JAmt 2003, 324).

Aus einem nach § 56g Abs 1 S 1 FGG gegen den Pflegebefohlenen ergangenen Festsetzungsbeschluß findet die Zwangsvollstreckung nach den Vorschriften der ZPO statt (§ 56g Abs 6 FGG).

Werden Vorschuß, Ersatz von Aufwendungen oder Aufwandsentschädigung nicht aus der Staatskasse verlangt, kommt eine gerichtliche Festsetzung regelmäßig nur dann in Betracht, wenn dem Pfleger nicht die Vermögenssorge übertragen wurde (§ 56g Abs 1 Nr 1 FGG). Andernfalls werden die Beträge unmittelbar dem verwalteten Vermögen entnommen und die Entnahme belegt.

Ist der Pflegebefohlene **mittellos**, so kann ein Pfleger die ihm zustehende Vergütung aus der Staatskasse verlangen (bisher: §§ 1836a, 1915 Abs 1; ab 1. 7. 2005: § 1 Abs 2 S 2 VBVG). Der Pflegebefohlene gilt als mittellos, wenn er den Aufwendungsersatz oder die Vergütung aus seinem einzusetzenden Einkommen oder Vermögen 1. nicht oder nur zum Teil oder nur in Raten oder 2. nur im Wege gerichtlicher Geltendmachung von Unterhaltsansprüchen aufbringen kann (§ 1836d iVm § 1915 Abs 1). Ist der Pflegebefohlene **nicht mittellos**, so bestimmt sich die Höhe der einem berufsmäßig tätigen Pfleger nach § 1836 Abs 1 zu bewilligenden Vergütung (abweichend von der für den Vormund geltenden Regelung des § 3 Abs 1 bis 3 VBVG) nach den für die Führung der Pflegschaftsgeschäfte nutzbaren Fachkenntnissen des Pflegers sowie nach dem Umfang und der Schwierigkeit der Pflegschaftsgeschäfte (§ 1915 Abs 1 S 2). Diese in erster Linie auf Nachlaßpfleger zugeschnittene Regelung wird auf andere Pflegschaftsfälle nur angewendet werden können, wenn sie sich mit Nachlaßpflegschaften vergleichen lassen.

Mit der Festsetzung, ggf auch gesondert, bestimmt das Gericht Höhe und Zeitpunkt der Zahlungen, die der Pflegebefohlene an die Staatskasse im Falle von deren Eintritt nach den §§ 1836c, 1836e zu leisten hat (§ 56g Abs 1, 2, 7).

Wird ein Pfleger für **mehrere Pflegebefohlene** bestellt, so ist die Vergütung gegen jeden Verpflichteten gesondert festzusetzen, so daß Unterschiede in der Dauer der Pflegschaft, in der Höhe des Aktivvermögens, in dem zeitlichen Aufwand und in der Bedeutung und Schwierigkeit der Geschäfte und dem sich hieraus ergebenden Grad der Verantwortung (usw) berücksichtigt werden (BayObLG FamRZ 1997, 1303, 1304). Ebensogut kann sich unter mehreren geführten Pflegschaften durch einen Rechtsanwalt eine Pflegschaft befinden, für die eine Abrechnung nach §§ 1835 Abs 3, 1915 Abs 1 in Betracht kommt.

Trifft das Vormundschaftsgericht keine Feststellung, daß der Pfleger die Pflegschaft berufsmäßig führt, kann es dem **nicht berufsmäßig** (ehrenamtlich) tätigen Pfleger gleichwohl eine angemessene Vergütung bewilligen, soweit der Umfang oder die Schwierigkeit der Pflegschaftsgeschäfte dies rechtfertigen. Dies gilt jedoch nicht, wenn der Pflegebefohlene mittellos ist (§§ 1836 Abs 2, 1915 Abs 1 S 1).

17 Bewilligt das Vormundschaftsgericht dem Pfleger eines Abwesenden (§ 1911) eine Vergütung, handelt es sich uU (wenn der Pflegebefohlene bereits verstorben war) um eine Nachlaßverbindlichkeit, für die die Erben des Verstorbenen aufzukommen haben (OLG Nürnberg FamRZ 1956, 117 [LS]). Bei einer Pflegschaft für die Leibesfrucht (§ 1912) ist Mittellosigkeit dann gegeben, wenn das Kind nicht lebend geboren wird (SOERGEL/ZIMMERMANN Rn 6; ERMAN/HOLZHAUER § 1912 Rn 12). Bei einer Pflegschaft für unbekannte Beteiligte (§ 1913) haftet grundsätzlich das Vermögen des Unbekannten (SOERGEL/ZIMMERMANN Rn 6; ERMAN/HOLZHAUER § 1912 Rn 15). Im Falle von Mittellosigkeit ist § 1835 Abs 4 anzuwenden. Dies trifft entgegen SOERGEL/ZIMMERMANN (Rn 6 mwN) nicht schon im Falle der Pflegschaft für einen nicht erzeugten Erben zu. Hier eine Vergütung aus der Staatskasse zu bewilligen hieße, daß die öffentliche Hand für etwas zahlen soll, das ausschließlich im privaten Interesse liegt. Im übrigen kann bei einem noch nicht erzeugten Erben ebensowenig von Mittellosigkeit nur deshalb ausgegangen werden, weil er noch nicht rechtsfähig ist, wie das Vorhandensein von Vermögen unterstellt werden kann (so aber im Ergebnis SOERGEL/ZIMMERMANN aaO). Deshalb ist es gerechtfertigt, im Sinne des auch im Kostenrecht verankerten Veranlasserprinzips (bisher §§ 49 ff, seit 1. 7. 2004 § 22 Abs 1 GKG) sich an denjenigen zu halten, der letzten Endes die Ursache für die Pflegerbestellung geboten hat, und auf das zurückzugreifen, was den Nacherben zufallen soll. Dagegen kann nicht eingewendet werden, die nach § 1913 angeordnete Pflegschaft sei Personal- und nicht Güterpflegschaft. Denn es besteht kein Grund, nur von demjenigen Auslagenersatz und Vergütung zu verlangen, der als Nacherbe in Betracht kommt. Die Nacherbenpflegschaft dient vor allen Dingen auch der Realisierung des letzten Willens des Erblassers, so daß eine Belastung der öffentlichen Hand nicht gerechtfertigt ist (aA OLG Köln FamRZ 1994, 1334; auch MünchKomm/SCHWAB Rn 19).

Die folgenden Entscheidungen betreffen Ansprüche und Entscheidungen aus der **18** Zeit vor Inkrafttreten der Regelungen des 2. BtÄndG (1. 7. 2005) und lassen sich für bis zu diesem Zeitpunkt entstandene Ansprüche heranziehen:

Zum Vergütungsanspruch eines Nachlaßpflegers im Falle von Mittellosigkeit, deren Vorliegen sich nach den Verhältnissen des verwalteten Vermögens beurteilt, KG Rpfleger 1995, 356; BayObLG Rpfleger 2000, 331, 333 mwN; unter Aufgabe der bisherigen Rspr der Kammer LG Braunschweig NdsRpfl 1998, 93. Zur Anwendung der §§ 1836 bis 1836e nach Inkrafttreten des BtÄndG auf berufsmäßig geführte Pflegschaften und zur Vergütungsberechnung bei Tätigkeiten vor und nach nach Inkrafttreten des BtÄndG BayObLG Rpfleger 2000, 331 (betr Nachlaßpflegschaft); zur Anwendung der Verfahrensbestimmung des § 56g FGG ab 1. 1. 1999 und die danach zu bestimmenden Rechtsmittel BayObLG FamRZ 2000, 1447 (LS) = MDR 2000, 584; FamRZ 2001, 189 (betr Ergänzungspflegschaft). Zur Vergütung eines Nachlaßpflegers bei ausgesprochen einfacher Nachlaßverwaltung OLG Zweibrücken FamRZ 1995, 684 (vgl auch BayObLG FamRZ 1995, 683), bei kleinem bis mittlerem Nachlaß einerseits BayObLGZ FamRZ 1997, 969 (auch BayObLG FamRZ 1999, 255); andererseits LG Detmold Rpfleger 1998, 73. Lediglich bei großen Nachlässen kann die Vergütung des Nachlaßpflegers nicht nach starren Regeln oder bestimmten Prozentsätzen festgelegt werden (BayObLG FamRZ 2000, 983 [LS]). Nach LG München I (Rpfleger 2003, 249) sind die niedrigen Stundensätze des § 1836a BGB iVm § 1 BVormVG auf die Vergütung von berufsmäßig tätigen Nachlaßpflegern bei vorhandenem Aktivnachlaß nicht anzuwenden (Regelbruttostundensätze zwischen 200 und 300 DM für anwaltlichen Nachlaßpfleger). Zur Vergütung des Nachlaßpflegers bei vermögendem Nachlaß vgl außerdem ZIMMERMANN ZEV 2001, 15. Zur Wirkung einer Vergütungsbewilligung für einen Abwesenheitspfleger nach § 1836 Abs 1 (aF) OLG Brandenburg FamRZ 1997, 624. Zum Verhältnis von § 1835 Abs 3 (Inanspruchnahme anwaltlicher Dienste) und einer Beiordnung nach § 121 ZPO im Falle der Bestellung eines anwaltlichen Ergänzungspflegers KG FamRZ 1994, 1397, 1399. Im Verfahren zur Festsetzung der Vergütung des Nachlaßpflegers kann der Erbe nicht geltend machen, die Bestellung des Nachlaßpflegers sei zu Unrecht auf den Wirkungskreis der Erbenermittlung erstreckt worden (BayObLG FamRZ 1999,

1603). Zur Bemessung der Vergütung eines Nachlaßpflegers, insbesondere zur Verwendung der Richtlinien des Rheinpreußischen Notarvereins (JW 1935, 1831) als Maßstab zur Überprüfung der Ermessensausübung bei der Entscheidung über die Festsetzung der angemessenen Vergütung des Nachlaßpflegers s OLG Düsseldorf NJW-RR 1998, 657.

6. Fürsorge und Aufsicht des Vormundschaftsgerichts

19 Die Vorschriften über die Fürsorge und Aufsicht des Vormundschaftsgerichts (§§ 1837–1847) über den Vormund gelten auch für die Pflegschaft (§ 1915 Abs 1). Aufsichtsmittel sind, wie dort, geeignete Gebote oder Verbote, mit denen das Vormundschaftsgericht gegen Pflichtwidrigkeiten einzuschreiten hat. § 1915 gilt auch für die Nachlaßpflegschaft. Entsprechend der Verpflichtung des Gerichts, den Nachlaßpfleger zu überwachen, über seine Tätigkeit die Aufsicht zu führen und gegen Pflichtwidrigkeiten einzuschreiten (§ 1837 Abs 2 S 1), setzt die Erteilung einer Weisung (gleich welchen Inhalts: etwas zu tun oder nicht zu tun) voraus, daß der Nachlaßpfleger pflichtwidrig gehandelt hat (BayObLG NJW-RR 1997, 326, 327) oder zu handeln vorhat. Zur Aufsicht über Vormund, Pfleger und Betreuer als Aufgabe des Vormundschaftsgerichts STAFFLER RpflStud 1994, 161, im übrigen s STAUDINGER/ENGLER (2004) § 1837 Rn 16 ff.

Obwohl ihrem Standort nach als solche zu verstehen, handelt es sich bei der Befugnis des Gerichts, dem Vormund/Gegenvormund/Pfleger oder Betreuer den Abschluß einer Versicherung aufzugeben (§ 1837 Abs S 2), um eine Maßnahme nicht der Aufsicht und Kontrolle, sondern der Fürsorge. Die Auferlegung des Abschlusses einer Versicherung ist nicht davon abhängig, daß eine Pflichtwidrigkeit des Pflegers festgestellt wird (STAUDINGER/ENGLER [2004] § 1837 Rn 29). Nach der amtlichen Begründung ist die Maßnahme im Interesse des Mündels vorgesehen (BT-Drucks 11/4528, 114). Im Zusammenhang mit der in § 1835 geregelten Erstattungsfähigkeit angemessener Versicherungskosten handelt es sich auch um eine Maßnahme zur Verbesserung der Rechtsstellung des Amtsträgers. Sie dient der Sicherheit sowohl des Betreuers als auch des Betreuten (BIENWALD, BtR § 1837 Rn 4).

20 Nach § 1837 Abs 2 S 2 iVm § 1915 Abs 1 S 1 kann das Vormundschaftsgericht dem Pfleger und dem Gegenvormund (vgl § 1915 Abs 2 u unten Rn 28 ff) die Eingehung einer Versicherung aufgeben. Dem Jugendamt gegenüber erübrigt sich eine derartige Auflage, solange Amtshaftung besteht; gegenüber einem Verein ist sie nicht ausgeschlossen. Der rechtsfähige Verein, der die Erlaubnis zur Übernahme von Pflegschaften und Vormundschaften erhalten hat (§ 54 Abs 1 KJHG [SGB VIII]) muß um der Erlaubnis willen zwar gewährleisten, daß er seine Mitarbeiter angemessen versichern wird. Reicht die Versicherung im konkreten Fall aber nicht aus oder wurde sie noch nicht abgeschlossen, hat das Vormundschaftsgericht begründeten Anlaß, seinerseits (bürgerlich-rechtlich, nicht öffentlich-rechtlich) dem Verein den Abschluß einer Versicherung aufzuerlegen bzw zur Voraussetzung einer Bestellung zu machen (§ 1837 Abs 2 S 2). Bemerkenswert ist, daß im Unterschied zur Regelung des § 1908f Abs 2 S 2 für die Betreuungsvereine § 54 KJHG (SGB VIII) keinen bundesrechtlichen Widerrufsvorbehalt vorsieht.

21 Zur Androhung und Festsetzung von Zwangsgeld nach Abs 3 s STAUDINGER/ENG-

LER (2004) § 1837 Rn 34 ff. Zur Unzulässigkeit der Zwangsgeldfestsetzung gegen Jugendamt und Verein s STAUDINGER/ENGLER (2004) § 1837 Rn 41.

Ob die weiteren Aufsichtsmaßnahmen des § 1837 Abs 4 im Pflegschaftsrecht Anwendung finden, hängt von der Art der Pflegschaft ab. Insofern bei der Ergänzungspflegschaft dem Pfleger Befugnisse eingeräumt werden, mit denen im Sinne von §§ 1666 ff mißbräuchlich umgegangen werden kann, können Maßnahmen nach Abs 4 geboten sein. Auch kann eine Änderung der Entscheidung in entsprechender Anwendung von § 1696 zum Wohle des Minderjährigen geboten sein. In anderen Fällen ergibt sich bereits aus dem Erforderlichkeitsgrundsatz die Notwendigkeit, die getroffene Entscheidung ggf zu ändern.

Die durch das BtG (Art 1 Nr 41) in § 1837 Abs 2 S 1 eingeführte Beratungspflicht des Gerichts erstreckt sich auch auf die nach §§ 1909 ff bestellten Pfleger. Ebenso hat das Vormundschaftsgericht die Verpflichtung, sich an der Einführung in die Aufgaben von Pflegern zu beteiligen, sofern nicht spezielle Abteilungen des Amtsgerichts dafür in Betracht kommen (zB Grundbuchamt).

Auch die nach den §§ 1909 ff bestellten Pfleger (einschl Amtspfleger, OLG Saarbrücken DAVorm 1995, 248) haben die Verpflichtung, jederzeit über die Führung der Pflegschaft Auskunft zu geben (§§ 1839, 1915 Abs 1). Die durch Art 1 Nr 42 BtG in § 1840 Abs 1 eingeführte Pflicht, über die persönlichen Verhältnisse des Betroffenen mindestens einmal jährlich zu berichten, kommt für Sachpflegschaften nicht in Betracht. Sie entfällt auch dort, wo die Voraussetzungen der Pflegschaft sowie der Wirkungskreis des Pflegers eine solche Berichterstattung von der Sache her ausschließen (§ 1911 Abs 1 S 1, §§ 1912, 1913). Sofern eine Pflegschaft der §§ 1909 ff eine Vermögensverwaltung zum Gegenstand hat und der Pfleger nicht nach Maßgabe des § 1852a oder § 1917 Abs 2 S 1 befreit ist, kommt § 1840 Abs 2–4 mit §§ 1841 u 1843 (Rechnungslegung) zur Anwendung; sofern ein Gegenvormund bestellt ist, auch § 1842. § 1845 ist auf Pflegschaften der §§ 1909 ff nicht anzuwenden.

Ist ein Pfleger noch nicht bestellt oder an der Erfüllung seiner Pflichten gehindert, so hat das Vormundschaftsgericht gemäß § 1846 iVm § 1915 Abs 1 die im Interesse des Pflegebefohlenen erforderlichen Maßregeln zu treffen. Sinngemäß anzuwenden ist auch § 1847, der bestimmt, daß das Vormundschaftsgericht in wichtigen Angelegenheiten Verwandte und Verschwägerte des Mündels hören soll, wenn dies ohne Verzögerung und ohne unverhältnismäßige Kosten geschehen kann. Der Kreis der in Betracht kommenden Personen ist durch § 11 Abs 2 LPartG erweitert worden.

7. Beendigung der Pflegschaft; Abwicklung

a) Gesetzliche Beendigungsgründe
Das Pflegschaftsrecht enthält eigene Beendigungsgründe. Die Pflegschaft für eine unter elterlicher Sorge oder unter Vormundschaft stehende Person endigt, sofern sie nicht vorher durch Beschluß des Vormundschaftsgerichts aufgehoben wurde (§ 1919), mit der Beendigung der elterlichen Sorge oder der Vormundschaft, dh spätestens mit Eintritt der Volljährigkeit (§ 2) des Minderjährigen (§ 1918 Abs 1). Die Ersatzpflegschaft (§ 1909 Abs 3) endigt mit ihrer Aufhebung (GERNHUBER/COESTER-WALTJEN § 75 IV 1; SOERGEL/ZIMMERMANN Rn 17; ERMAN/HOLZHAUER § 1909 Rn 20;

STAUDINGER/ENGLER[10/11] § 1919 Rn 2). Die Pflegschaft für eine Leibesfrucht (§ 1912) endigt mit der Geburt des Kindes (§ 1918 Abs 2). Die Pflegschaft zur Besorgung einer einzelnen Angelegenheit endigt mit deren Erledigung (§ 1918 Abs 3). Die Pflegschaft ist von dem Vormundschaftsgericht aufzuheben, wenn der Grund für die Anordnung der Pflegschaft weggefallen ist (§ 1919). Zur Aufhebungszuständigkeit des Familiengerichts als Folge der Zuständigkeit für den Sorgerechtseingriff und seine Änderung oder Aufhebung s § 1919 Rn 9.

b) Entlassung des Pflegers

26 Der Pfleger kann entlassen werden. Sein Amt endet dann, ohne daß auch die Pflegschaft ihr Ende findet. Die Entlassung auf Antrag des Pflegers setzt einen wichtigen Grund voraus (§§ 1915 Abs 1, 1889 Abs 1). Das Jugendamt oder der Verein sind auf Antrag zu entlassen, wenn eine andere als Pfleger geeignete Person vorhanden ist und das Wohl des Pflegebefohlenen dieser Maßnahme nicht entgegensteht (§ 1889 Abs 2 S 1). Der Amtspfleger ist auf Antrag eines jeden, der ein berechtigtes Interesse des Pflegebefohlenen geltend macht (auch von Pflegeeltern) zu entlassen, wenn dies dem Wohl des Pflegebefohlenen dient und eine andere geeignete Person vorhanden ist (für die Vormundschaft entschieden von LG Heilbronn FamRZ 2004, 1813 m Anm KEMPER), Ein Verein, der zum Pfleger bestellt worden war, ist auf seinen Antrag zu entlassen, wenn ein wichtiger Grund vorliegt (§ 1889 Abs 2 S 2). Eine Entlassung nach den §§ 1837 Abs 4, 1666, 1915 Abs 1 kommt nicht in Betracht, lediglich nach den Bestimmungen der §§ 1886–1889 (für den Vormund entschieden von BayObLG FamRZ 1999, 1457). Zur Verpflichtung des Jugendamts, in der Regel jährlich zu prüfen, ob im Interesse des Kindes oder Jugendlichen seine Entlassung als Amtspfleger oder Amtsvormund und die Bestellung einer Einzelperson oder eines Vereins angezeigt ist, und dies dem Vormundschaftsgericht mitzuteilen, § 56 Abs 4 KJHG (SGB VIII).

Ebenso wie im Vormundschaftsrecht kommt die Entlassung eines Beamten oder Religionsdieners, der zum Pfleger bestellt worden war (§ 1888), in Betracht. Das Vormundschaftsgericht hat auf Antrag oder von Amts wegen das Jugendamt oder den Verein als Pfleger zu entlassen und einen anderen Pfleger zu bestellen, wenn dies dem Wohl des Pflegebefohlenen dient und eine andere als Pfleger geeignete Person vorhanden ist (§ 1887 Abs 1). Der Einzelpfleger ist zu entlassen, wenn die Fortführung des Amtes, insbesondere wegen pflichtwidrigen Verhaltens des Pflegers, das Interesse des Pflegebefohlenen gefährden würde oder wenn in der Person des Pflegers einer der im § 1781 bestimmten Gründe (Untauglichkeit zum Pfleger) vorliegt (§§ 1886, 1915 Abs 1). Die Entlassung des Pflegers erfordert die vorherige Gewährung rechtlichen Gehörs (KG JR 1967, 26). Eine Entlassung des Pflegers ist dann nicht gerechtfertigt, wenn die Entlassung dem Interesse des Pflegelings mehr schadet als die Beibehaltung des Pflegers (LG Berlin Rpfleger 1969, 53). Ist einem Kind zur Wahrnehmung vermögensrechtlicher Ansprüche gegen seinen nicht sorgeberechtigten Vater aus einer Schenkung ein Ergänzungspfleger bestellt worden, so steht dem Vater gegen eine die Entlassung des Pflegers ablehnende Entscheidung des Vormundschaftsgerichts in der Regel kein Beschwerderecht zu, wenn es ausschließlich um die Sicherung einer unbestrittenen vermögensrechtlichen Position des Kindes geht. Mangels besonderer Umstände gilt das auch dann, wenn das Kind sich zur Vermeidung eines Konflikts mit dem Vater gegen die Führung des Prozesses ausgesprochen hat (BayObLGZ 1999, 59 = FamRZ 2000, 251).

Durch die Aufhebung der Entlassungsverfügung durch das Beschwerdegericht entfällt rückwirkend die Entlassung, und der alte Rechtszustand tritt ohne weiteres wieder ein (KG – unter Aufgabe seiner früher anderen Auffassung – OLGZ 1971, 196, 200 = FamRZ 1970, 672 = NJW 1971, 53 = Rpfleger 1971, 18). Wird eine die Pflegschaft aufhebende Verfügung aufgehoben, ist der Pfleger neu zu verpflichten (BayObLGZ 1964, 267, 271). Genaugenommen muß bei Aufhebung der Pflegschaft auch die Anordnung neu verfügt werden.

c) Abwicklung

Die Vorschriften über die dem Vormund nach der Beendigung seines Amtes obliegenden Verpflichtungen (§§ 1890 ff) gelten auch für die Pfleger der §§ 1909 ff (SOERGEL/ZIMMERMANN Rn 9; STAUDINGER/ENGLER[10/11] Rn 20 mN). Die Verpflichtung zur Rechnungslegung und Vermögensherausgabe (§ 1890) setzt voraus, daß zum Wirkungskreis des Pflegers eine Vermögensverwaltung gehörte (STAUDINGER/ENGLER[10/11] Rn 20). Anzuwenden ist § 1893 mit seinen Verweisungen auf §§ 1698a und 1698b (Berechtigung zur Fortführung der Geschäfte, Verpflichtung zur Besorgung unaufschiebbarer Geschäfte) und der Verpflichtung zur Rückgabe der Bestallung (§ 1893 Abs 2). Über die Pflicht zur Anzeige des Todes des Pflegers und des Gegenvormunds s § 1894. Schließlich ist für den Fall, daß ein Gegenvormund bestellt ist, die Bestimmung des § 1895 zu beachten. Nach LG Osnabrück FamRZ 1999, 48 = DAVorm 1998, 941 = ZfJ 1998, 521 (ebenso BayObLG Rpfleger 2000, 13 = DAVorm 1999, 891 sowie OLG Hamm FamRZ 1999, 1456 = Rpfleger 1999, 445 = DAVorm 1999, 634) brauchte das Jugendamt bei der Beendigung der Amtspflegschaft durch das Kindschaftsrechtsreformgesetz keinen Schlußbericht und keine Schlußrechnung für das Vormundschaftsgericht zu erstellen und auch nicht von Amts wegen die Bescheinigung (Bestallungsurkunde) zurückzugeben (dem Wortlaut des Art 223 EGBGB nach konnte die Amtspflegschaft nicht bereits am 1. 7. 1998 erloschen sein, sondern erst am 1. 1. 1999 wegen Gegenstandslosigkeit, weil Vaterschaft und Unterhaltsverpflichtung anerkannt worden waren; vgl dazu auch DIV-Gutachten ZfJ 1998, 432, 433, sowie FamRefK/SONNENFELD Art 223 EGBGB Rn 14).

IV. Sonderregelung betr Bestellung eines Gegenvormundes (Abs 2)

Abs 2 regelt eine Ausnahme von dem Grundsatz des Abs 1. Selbst wenn nach § 1792 Abs 2 die Bestellung eines Gegenvormundes geboten wäre, ist sie nach § 1915 Abs 2 als Kontrolle des Pflegers nicht erforderlich. Andererseits wird die Bestellung eines Gegenvormundes durch Abs 2 auch nicht ausgeschlossen. Sie verbietet sich entweder nach Abs 1 iVm anderweiten Überlegungen (Beschränkung der Gegenvormundschaft auf ganz außergewöhnliche und besonders schwerwiegende Fälle; so LG Frankfurt aM MDR 1977, 579) oder aus Gründen der Pflegschaftsart (zB Pflegschaft mit ausschließlich der Personensorge zuzurechnenden Aufgaben).

Wird neben dem Pfleger ein Gegenvormund (nicht Gegenpfleger) bestellt, so finden auf ihn die für den Gegenvormund allgemein geltenden Bestimmungen entsprechende Anwendung (insbesondere § 1792 wegen der Bestellungsvoraussetzungen und § 1799 sowie die in den Vorschriften über die Vermögenssorge und die Rechnungslegung des Vormunds enthaltenen Regelungen). Sind für den benannten Pfleger (§§ 1917 Abs 1, 1909 Abs 1 S 2) durch letztwillige Verfügung oder bei der Zuwendung die in den §§ 1852–1854 bezeichneten Befreiungen angeordnet worden, entfällt die Bestellung eines Gegenvormunds (§ 1852 Abs 1 S 1). Zu den Gründen für diese Regelung s Mot IV 1270. Ist das Jugendamt zum Pfleger bestellt, ist die Bestellung eines Gegenvormunds für den Pfleger unzulässig (§§ 1792 Abs 1 S 2, 1915 Abs 1).

V. Haftungsbeschränkung; Nichtanwendung des § 1793 Abs 2 auf Volljährige

30 Durch das Minderjährigenhaftungsbeschränkungsgesetz (MHbesG) vom 25. 8. 1998 (BGBl I 2487) wurde § 1629a eingefügt, der gemäß § 1793 Abs 2 entsprechend für die Verbindlichkeiten gilt, die im Rahmen der gesetzlichen Vertretungsmacht des Vormunds begründet werden. Nach § 1915 Abs 1 kommt die Regelung auch für Pflegschaften in Betracht, jedoch – das wird durch § 1915 Abs 3 klargestellt – nicht in Fällen einer Pflegschaft für Volljährige.

§ 1916
Berufung als Ergänzungspflegers

Für die nach § 1909 anzuordnende Pflegschaft gelten die Vorschriften über die Berufung zur Vormundschaft nicht.

Materialien: E I § 1744; II § 1792 Abs 1; III
§ 1892; Mot IV 1267; Prot IV 857; STAUDINGER/
BGB-Synopse 1896–2005 § 1916.

1. Der Ausschluß des elterlichen Benennungsrechts

1 Eltern haben nach § 1776 Abs 1 die Möglichkeit, jemand als Vormund zu benennen, wenn ihnen zur Zeit ihres Todes die Sorge für die Person und das Vermögen des Kindes zusteht (§ 1777 Abs 1) und die Benennung in Form der letztwilligen Verfügung vorgenommen wird (§ 1777 Abs 3). Der so benannte Vormund kann nur unter bestimmten Voraussetzungen ohne seine Zustimmung übergangen werden (§ 1778). Hervorzuheben sind daraus die in Abs 1 Nr 4 und Nr 5 enthaltenen Gründe: wenn seine Bestellung das Wohl des Mündels gefährden würde oder wenn der Mündel, der das vierzehnte Lebensjahr vollendet hat, der Bestellung widerspricht, es sei denn, daß der Mündel geschäftsunfähig ist (Einzelheiten dazu bei STAUDINGER/ENGLER [2004] § 1778 Rn 20 ff u 29 ff).

Diese Berufungsvorschriften wären nach der Regelung des § 1915 Abs 1 auch für die Pflegschaft entsprechend anzuwenden, wenn ihre Geltung für die Pflegschaft des § 1909 nicht durch § 1916 ausgeschlossen wäre. Dieser Ausschluß hat allerdings dadurch an Wirkung verloren, daß das Gericht aufgrund der Änderung des § 1779 Abs 2 durch Art 1 Nr 41 Buchst a KindRG bei der Auswahl unter mehreren geeigneten Personen neben anderen Tatsachen den **mutmaßlichen Willen** der Eltern des Mündels zu berücksichtigen hat.

Titel 3 § 1916
Pflegschaft 2–5

2. Die besondere Bestimmung des § 1917 für die Fälle des § 1909

Für die Anordnung einer Pflegschaft nach § 1909 Abs 1 S 2 enthält § 1917 einen 2
selbständigen Berufungsgrund. Für die Pflegschaft nach § 1909 Abs 1 S 1 und Abs 3
sind die Vorschriften über die Berufung zur Vormundschaft durch § 1916 ausgeschlossen, ohne daß eine Spezialregelung getroffen wäre. Ausgeschlossen sind die
Vorschriften „über die Berufung zur Vormundschaft"; das sind die §§ 1776 bis 1778.
Ob zu ihnen auch § 1782 zu zählen ist (so SOERGEL/ZIMMERMANN Rn 1), ist unten Rn 6 zu
erörtern.

3. Die Anwendbarkeit des § 1779

§ 1779 ist keine Berufungsvorschrift, bleibt demnach dem Grundsatz nach anwend- 3
bar (SOERGEL/ZIMMERMANN Rn 1; MünchKomm/SCHWAB Rn 3). Konkrete Gründe können
aber dafür sprechen, im Interesse des Pflegebefohlenen von der Auswahl und Bestellung von Verwandten und Verschwägerten (beachte dazu auch § 11 Abs 2
LPartG), die grundsätzlich zunächst zu berücksichtigen sind (§ 1779 Abs 2 S 3; s dazu
auch BVerfGE 33, 236, 238), Abstand zu nehmen (MünchKomm/SCHWAB Rn 3; SOERGEL/
ZIMMERMANN Rn 1). Bei der Auswahl eines Ergänzungspflegers für die Durchführung
einer Erbauseinandersetzung ist dem Ziel, die Gefahr eines Interessenkonflikts
unten den Erben zu vermeiden, Vorrang vor persönlichen Bindungen des „Mündels"
und vor Kostengesichtspunkten einzuräumen (OLG Schleswig FamRZ 2003, 117). Es
bleibt den Eltern unbenommen, Vorschläge zur Auswahl des Pflegers zu machen;
diese haben jedoch nicht die Bindungswirkung der Berufung. Ob sie „gebührend zu
berücksichtigen" sind (so MünchKomm/SCHWAB Rn 3 unter Berufung auf LG München Rpfleger 1975, 130 u LG Berlin DAVorm 1976, 430), hängt vom Einzelfall ab. Zumindest darf
man das Gericht im Rahmen von § 12 FGG (Amtsermittlung) für verpflichtet
halten, solche Personalvorschläge sorgfältig zu prüfen; zur Änderung des § 1779
Abs 2 durch Art 1 Nr 41 Buchst a KindRG s oben Rn 1 aE.

4. Kein Rückgriff auf betreuungsrechtliche Bestellungsvorschriften

Die früher vorhandene Möglichkeit, bei der Bestellung eines Abwesenheitspflegers 4
auf Vorschriften der Volljährigenvormundschaft (§ 1899: Berufung der Eltern), zurückzugreifen, ist durch deren Aufhebung und Ersetzung durch die Betreuung entfallen. Eine Verweisung auf die Bestellungsvorschriften des Betreuungsrechts ist in
§ 1915 nicht vorgesehen worden. Auch hier gilt deshalb § 1779 entsprechend (§ 1915
Abs 1 S 1). Die §§ 1776–1778 kommen mit Rücksicht auf die Volljährigkeit des
Abwesenden nicht in Betracht.

5. Zur Geltung des Berufungsrechts bei den übrigen Pflegschaften

Bei einer Pflegschaft für eine Leibesfrucht (§ 1912) gelten die §§ 1776–1778, 1782 5
entsprechend (umstr; Nachw bei SOERGEL/ZIMMERMANN § 1915 Rn 5). Ausgeschlossen sind
diese Vorschriften dagegen bei Pflegschaften für unbekannte Beteiligte (§ 1913) und
für das Sammelvermögen (§ 1914), weil es hier am konkreten Bezug zur elterlichen
Sorge fehlt. Eine Ausnahme davon gilt für § 1913, wenn es sich um einen noch nicht
erzeugten Nacherben handelt. Hier sollen die künftigen Eltern zur Pflegschaft berufen sein gemäß dem in Art 6 GG, in § 1776, in dem durch das BtG aufgehobenen

früheren § 1899 und in § 1912 Abs 2 zum Ausdruck kommenden Rechtsgedanken (so Soergel/Zimmermann § 1915 Rn 5 unter Bezugnahme auf BVerfGE 33, 236 = FamRZ 1972, 445; aA KG OLGE 16, 38, 39; BayObLGZ 3, 1 = RJA 3, 6; Dölle § 144 IV; Staudinger/Engler[10/11] § 1913 Rn 15).

6. Zur Anwendbarkeit des § 1782

6 Fraglich ist, ob auch die Anwendbarkeit des § 1782 entfällt. Dem Wortlaut nach, in dem von Berufung nicht die Rede ist, sollte er anwendbar sein, zumindest sinngemäß. Mit Erman/Holzhauer (§ 1782 Rn 2 m Begr; aA Gernhuber/Coester-Waltjen § 70 IV 4; MünchKomm/Schwab § 1782 Rn 5) ist davon auszugehen, daß die elterliche Ausschließung nicht unbedingt beachtlich ist. Wer letztwillig oder unter Lebenden einem anderen etwas zuwenden kann und zuwendet, muß auch bestimmen dürfen, wem die Verwaltung dieses Vermögens nicht übertragen werden darf, noch dazu, wenn er nach § 1917 Abs 2 für den Benannten die in den §§ 1852–1854 bezeichneten Befreiungen anordnen kann. Nach Staudinger/Engler[10/11] § 1917 Rn 4 ist der in der Ausschließung der Verwaltungsbefugnis zum Ausdruck kommende Wille des Zuwendenden in dem Sinne zu beachten, daß das Vormundschaftsgericht, falls der Zuwendende keinen Pfleger benannt hat, nicht die von der Verwaltung ausgeschlossenen Eltern oder den ausgeschlossenen Vormund zum Pfleger bestellen darf.

§ 1917
Ernennung des Ergänzungspflegers durch Erblasser und Dritte

(1) Wird die Anordnung einer Pflegschaft nach § 1909 Abs. 1 Satz 2 erforderlich, so ist als Pfleger berufen, wer durch letztwillige Verfügung oder bei der Zuwendung benannt worden ist; die Vorschrift des § 1778 ist entsprechend anzuwenden.

(2) Für den benannten Pfleger können durch letztwillige Verfügung oder bei der Zuwendung die in den §§ 1852 bis 1854 bezeichneten Befreiungen angeordnet werden. Das Vormundschaftsgericht kann die Anordnungen außer Kraft setzen, wenn sie das Interesse des Pfleglings gefährden.

(3) Zu einer Abweichung von den Anordnungen des Zuwendenden ist, solange er lebt, seine Zustimmung erforderlich und genügend. Ist er zur Abgabe einer Erklärung dauernd außerstande oder ist sein Aufenthalt dauernd unbekannt, so kann das Vormundschaftsgericht die Zustimmung ersetzen.

Materialien: E I § 1745; II §§ 1792 Abs 2, 1793; III § 1893; Mot IV 1167, 1268; Prot IV 857. Neugefaßt durch GleichberG v 18. 6. 1957 Art 1 Nr 40, Staudinger/BGB-Synopse 1896–2005 § 1917.

Titel 3 § 1917
Pflegschaft 1–3

Systematische Übersicht

I.	**Absatz 1**		2.	Das Außerkraftsetzen angeordneter
1.	Norminhalt	1		Befreiungen 7
2.	Bestellung eines vorläufigen Pflegers	2		
3.	Selbstbenennung von Eltern	3	III.	**Absatz 3**
4.	Die Übertragung der Benennung auf		1.	Abweichen von Anordnungen
	einen Dritten	4		des Zuwendenden 8
5.	Auswahl des Pflegers durch		2.	Abweichungen bei Interessen-
	das Vormundschaftsgericht	5		gefährdung 9
II.	**Absatz 2**		IV.	**Beschwerderecht des Übergangenen** 10
1.	Die Anordnung von Befreiungen	6		

I. Absatz 1

1. Norminhalt

Die durch Art 1 Nr 40 GleichberG neu gefaßte Vorschrift ergänzt § 1638 und § 1909 **1** Abs 1 S 2. Hat der Erblasser durch letztwillige Verfügung oder der Zuwendende bei der Zuwendung bestimmt, daß die Eltern des bedachten Minderjährigen das auf diese Weise erworbene Vermögen nicht verwalten sollen, erstreckt sich die Vermögenssorge der Eltern nicht auf dieses Vermögen (§ 1638 Abs 1). In diesem Falle erhält der Minderjährige zur Verwaltung des Vermögens, das er von Todes wegen erworben hat oder das ihm unter Lebenden zugewendet worden ist, einen Pfleger (§ 1909 Abs 1 S 2). Für diesen Fall bestimmt Abs 1, daß als Pfleger derjenige berufen ist, der durch letztwillige Verfügung oder bei der Zuwendung unter Lebenden benannt worden ist. Ohne seine Zustimmung darf der so Berufene nach § 1917 Abs 1 HS 2 bei der Bestellung zum Pfleger nur übergangen werden, wenn einer der in § 1778 Abs 1 genannten Gründe vorliegt.

2. Bestellung eines vorläufigen Pflegers

Die Bestellung eines (vorläufigen) Pflegers ist zulässig. Ist der Berufene nur vor- **2** übergehend verhindert, so hat ihn das Vormundschaftsgericht nach dem Wegfall des Hindernisses auf seinen Antrag anstelle des bisherigen Pflegers zum Pfleger zu bestellen (§§ 1778 Abs 2, 1917 Abs 1 HS 2). Es ist möglich oder nicht ausgeschlossen, daß ein Elternteil als Pfleger benannt und bestellt wird und sich sogar selbst als Pfleger zur Verwaltung des von ihm Zugewendeten benennt (Soergel/Zimmermann Rn 2 [unter Berufung auf KGJ 20, 220, 222]; BGB-RGRK/Adelmann § 1638 Rn 14; Staudinger/Engler [2004] § 1638 Rn 19; OLG München JFG 21, 181).

3. Selbstbenennung von Eltern

Der Erblasser bzw Zuwendende, der für die Verwaltung des von Todes wegen zu **3** erwerbenden oder unter Lebenden zugewendeten Vermögens die Eltern ausgeschlossen hat, ist nicht gehindert, diese oder einen Elternteil **als Pfleger** zu benennen. Er erreicht damit, daß sie den Beschränkungen und Kontrollen unterliegen, denen ein Pfleger gemäß § 1915 iVm den dazugehörenden Bestimmungen des Vormundschaftsrechts (s STAUDINGER/ENGLER [2004] § 1638 Rn 19) unterworfen ist.

Nach hM (s dazu STAUDINGER/ENGLER[10/11] Rn 2 u MünchKomm/SCHWAB Rn 6) ist es auch möglich, daß der Zuwendende sich selbst benennt. Gegen die daraus abgeleitete Auffassung, auch Eltern könnten sich zum Pfleger des **von ihnen** zugewendeten Vermögens benennen, bestehen jedoch insofern Bedenken, als hier staatlich angeordnete und kontrollierte Fürsorge, die gegenüber der Selbsthilfe (Familie) subsidiär ist, für private Zwecke (zB Erlangung steuerlicher Vorteile) benutzt wird.

4. Die Übertragung der Benennung auf einen Dritten

Der Erblasser kann die Benennung eines Pflegers nicht einem Dritten übertragen (STAUDINGER/ENGLER[10/11] Rn 2; SOERGEL/ZIMMERMANN Rn 2; OLG Rostock JFG 2, 132). Da der Erblasser keine Kontrolle mehr darüber hat, daß von einer derartigen Bevollmächtigung in seinem Sinne Gebrauch gemacht wird, erscheint diese Einschränkung seiner Privatautonomie vertretbar. Für den Fall einer Zuwendung unter Lebenden dürfte die Frage der Zulässigkeit solcher Bevollmächtigung ohne Bedeutung sein, weil der Zuwendende selbst jederzeit einen Pfleger benennen kann. Neben dem Berufenen darf nur mit dessen Zustimmung ein Mitpfleger (Mitvormund) bestellt werden (§§ 1778 Abs 4, 1917 Abs 1 HS 2).

5. Auswahl des Pflegers durch das Vormundschaftsgericht

Hat der Zuwendende die Verwaltung durch die Eltern ausgeschlossen (§ 1638 Abs 1), aber keine Person oder Institution als Pfleger benannt, kann das Vormundschaftsgericht nicht die Eltern zum Pfleger bestellen, weil dies mangels gegenteiliger Anordnung des Zuwendenden seinem Willen widerspräche (BayObLGZ 1977, 105, 111 = Rpfleger 1977, 253; SOERGEL/ZIMMERMANN Rn 2). Ohne eine wirksame Berufung entscheidet das Vormundschaftsgericht entsprechend den §§ 1779 ff, 1915 Abs 1 über die Auswahl des Pflegers. Ebenso verfährt das Gericht, wenn der Berufene zur Übernahme des Amtes nicht bereit ist oder wenn es den Berufenen gegen dessen Willen übergeht, weil die Voraussetzungen des § 1778 Abs 1 vorliegen, insbesondere die Bestellung des Berufenen das Wohl des bedachten Kindes gefährden würde oder das Kind, das das 14. Lebensjahr vollendet hat, der Bestellung widerspricht (§ 1778 Abs 1 Nr 4 u 5; BayObLGZ 1997, 93, 96 = NJWE-FER 1997, 202, 203).

II. Absatz 2

1. Die Anordnung von Befreiungen

Abs 2 erlaubt es dem Zuwendenden, durch letztwillige Verfügung oder bei der Zuwendung die in den §§ 1852–1854 bezeichneten Befreiungen anzuordnen. Es können sämtliche oder auch nur ein Teil der in diesen Vorschriften aufgeführten Befreiungen angeordnet werden. Im einzelnen sind dies die Nichtbestellung eines Gegenvormunds (§ 1852 Abs 1), die Befreiung von Geldanlagebeschränkungen und Genehmigungserfordernissen (§ 1852 Abs 2), die Befreiung von der Verpflichtung, bestimmte Papiere zu hinterlegen und den in § 1816 bezeichneten Sperrvermerk eintragen zu lassen, sowie die Entbindung von der Rechnungslegung während der

Dauer des Amtes mit der Folge, daß in regelmäßigen Abständen von mindestens zwei Jahren Vermögensübersichten einzureichen sind und bei Beendigung des Amtes Rechenschaft abzulegen ist (§ 1890).

2. Das Außerkraftsetzen angeordneter Befreiungen

Das Außerkraftsetzen dieser Anordnungen ist zulässig, wenn sie das Interesse des Pflegebefohlenen gefährden (§ 1857); näher dazu STAUDINGER/ENGLER (2004) §§ 1852–1857a Rn 30 ff; ERMAN/HOLZHAUER § 1857 Rn 1 (vgl auch § 1778 Abs 1 Nr 4 für die Berufung des Vormunds). Lebt der Zuwendende, darf ohne seine Zustimmung von seinen Anordnungen nicht abgewichen werden (Abs 3 S 1). **7**

III. Absatz 3

1. Abweichen von Anordnungen des Zuwendenden

Das Vormundschaftsgericht darf eine Abweichung von den Anordnungen des Zuwendenden während dessen Lebzeiten nur dann und nur dadurch bewirken, daß es die Zustimmung des Zuwendenden ersetzt, wenn dieser zu einer (ablehnenden oder zustimmenden) Erklärung dauernd außerstande oder sein Aufenthalt dauernd unbekannt ist. Verweigert der Zuwendende die Zustimmung zu einer Abweichung, so kann von seinen Anordnungen auch dann nicht abgewichen werden, wenn durch ihre Befolgung das Interesse des Pflegebefohlenen voraussichtlich gefährdet wird (STAUDINGER/ENGLER[10/11] Rn 12). Mit seiner Zustimmung kann von den Anordnungen des Zuwendenden abgewichen werden, auch ohne daß eine Gefährdung der Interessen des Pflegebefohlenen vorliegt (STAUDINGER/ENGLER aaO mN). **8**

2. Abweichungen bei Interessengefährdung

Handelt es sich um eine von dem Zuwendenden bei einer Zuwendung unter Lebenden getroffenen Anordnung, so kann nach dem Tode des Zuwendenden ebenfalls von der Anordnung abgewichen werden, allerdings nur dann, wenn ihre Befolgung das Interesse des Pflegebefohlenen gefährden würde (STAUDINGER/ENGLER[10/11] Rn 11). Anordnungen iS des Abs 3 sind nur die in Abs 2 aufgeführten, nicht die Benennung des Pflegers nach Abs 1 (MünchKomm/SCHWAB Rn 15 mN;). **9**

IV. Beschwerderecht des Übergangenen

Wird der Benannte (Abs 1) übergangen, steht ihm die sofortige Beschwerde nach §§ 60 Abs 1 Nr 1, 20, 22 FGG zu (ERMAN/HOLZHAUER Rn 2; MünchKomm/SCHWAB Rn 11 mN). Die Statthaftigkeit und Zulässigkeit der Beschwerde hängt nicht davon ab, daß die benannte Person ohne rechtfertigenden Grund (so aber MünchKomm/SCHWAB Rn 11) übergangen wurde. War der Berufene bereits bestellt und wird er im Beschwerdeverfahren entlassen, ist die sofortige Beschwerde nach § 60 Abs 1 Nr 3 FGG gegeben (BayObLGZ 1997, 93 96 = NJWE-FER 1997, 202, 203). **10**

§ 1918
Ende der Pflegschaft kraft Gesetzes

(1) Die Pflegschaft für eine unter elterlicher Sorge oder unter Vormundschaft stehende Person endigt mit der Beendigung der elterlichen Sorge oder der Vormundschaft.

(2) Die Pflegschaft für eine Leibesfrucht endigt mit der Geburt des Kindes.

(3) Die Pflegschaft zur Besorgung einer einzelnen Angelegenheit endigt mit deren Erledigung.

Materialien: E I § 1748 Abs 1 Nrn 1, 2, 5, 6; II § 1795; III § 1894; Mot IV 1271, 1274; Prot IV 859. Neugefaßt durch SorgeRG v 18. 7. 1979 Art 9 § 2; STAUDINGER/BGB-Synopse 1896–2005 § 1918.

1. Norminhalt

1 Die Vorschrift enthält mehrere Endigungsgründe, bei deren Vorliegen jeweils die Pflegschaft kraft gesetzlicher Bestimmung endet. Eine Entscheidung des Gerichts ist in diesen Fällen weder vorgesehen noch erforderlich. Neben der Beendigung durch den Eintritt eines der gesetzlichen Beendigungsgründe kann ein deklaratorischer Gerichtsbeschluß angebracht sein (MünchKomm/SCHWAB Rn 1). Er kann jedoch nur auf Feststellung des Beendetseins oder des Nichtbestehens der betreffenden Pflegschaft, nicht jedoch auf deren Aufhebung gerichtet werden. Der Beschluß kann von Amts wegen ergehen, so daß ein Rechtsschutzinteresse dafür nicht dargelegt zu werden braucht. Über die Kosten für einen derartigen Beschluß ist nach allgemeinen Bestimmungen zu befinden.

Im Gegensatz zu dieser Vorschrift enthalten die §§ 1919 und 1921 Bestimmungen über die Aufhebung von Pflegschaften. Hier ist eine gerichtliche Aufhebungsentscheidung erforderlich, um die Beendigung der Pflegschaft herbeizuführen. Mit der Wirksamkeit des Aufhebungsbeschlusses ist die Pflegschaft beendet.

2. Anwendungsbereich

a) Endigung der an die elterliche Sorge oder an die Vormundschaft gebundenen Pflegschaften (Abs 1)

2 Abs 1 betrifft alle an die elterliche Sorge oder die Vormundschaft für Minderjährige gebundenen, von diesen abhängigen und sie ergänzenden oder ersetzenden Pflegschaften. Hierzu gehören

– die Ergänzungspflegschaft des § 1909 Abs 1,

– die Pflegschaft des § 1630 Abs 3 S 3 (Übertragung elterlicher Sorge auf die Pflegeperson).

Die bisher unter die Vorschrift fallende Unterhaltspflegschaft, die Sorgerechtspflegschaft des § 1671 Abs 5 aF und die gesetzliche Amtspflegschaft des § 1706 sind durch die Einführung der Beistandschaft und die Reform des Kindschaftsrechts abgeschafft worden (s dazu oben Vorbem 1 zu §§ 1909 ff). Im Hinblick auf die Abhängigkeit einer solchen Pflegschaft vom Bestehen elterlicher oder vormundlicher Sorge enthält die Vorschrift genaugenommen eine Selbstverständlichkeit. Hilfen für junge Volljährige haben ihre eigene Rechtsgrundlage im § 41 KJHG (SGB VIII), setzen also nicht Maßnahmen aus der Zeit vor der Volljährigkeit fort. Andererseits geht die Vorschrift über den unmittelbaren Bereich des Pflegschaftsrechts hinaus. Die von MünchKomm/SCHWAB (Rn 3) als Ausnahme bezeichnete Regelung des § 1751 Abs 1 S 3 stellt eine Besonderheit im Hinblick auf das Weiterbestehen der Pflegschaft (Kumulation) dar.

b)   Endigung der Pflegschaft für eine Leibesfrucht (Abs 2)
Abs 2 vervollständigt die Bestimmungen über eine Pflegschaft für eine Leibesfrucht 3
(§ 1912).

c)   Endigung der eine einzelne Angelegenheit betreffenden Pflegschaft (Abs 3)
Den Begriff der „einzelnen Angelegenheit" kennt das Pflegschaftsrecht des BGB 4
seit der Aufhebung des § 1910 nicht mehr. Nach dieser durch das BtG mit Wirkung vom 1.1.1992 aufgehobenen Bestimmung konnte ein Volljähriger einen Pfleger erhalten, wenn er infolge von Krankheit oder Behinderung nicht in der Lage war, „einzelne seiner Angelegenheiten" oder einen bestimmten Kreis seiner Angelegenheiten zu besorgen (§ 1910 Abs 2 aF). Meist ist in den Pflegschaftsvorschriften von „Angelegenheiten" schlechthin die Rede; der Singular wird lediglich in § 1913 verwendet. Soll die Pflegschaft mit der Erledigung der einzelnen Angelegenheit endigen, kann es sich nur um eine solche Aufgabe handeln, bei der eine einheitliche Erledigung in Betracht kommt (ERMAN/HOLZHAUER Rn 5).

Verfahrenspflegschaften (§§ 67, 70b FGG) kommen als typische Fälle einer Einzelpflegschaft iSd Abs 3 (entgegen MünchKomm/SCHWAB Rn 13 Fn 28) nicht in Betracht, abgesehen von der Grundsatzfrage, ob auf sie das materielle Pflegschaftsrecht (entsprechende) Anwendung findet. Die Bestellung des Verfahrenspflegers nach § 67 FGG erfolgt zwar für jeden Rechtszug gesondert, erfaßt jedoch auch das Einlegen und Begründen eines Rechtsmittels, so daß (abgesehen von befristeten Beschwerden) das Ende der Verfahrenspflegschaft zunächst unbestimmt ist. Nicht wesentlich anders liegt es mit den Verfahrenspflegschaften der §§ 50 und 70b FGG, die eindeutig nur mit Rechtskraft oder Abschluß des Verfahrens und vorher nur mit ihrer Aufhebung enden.

Die Nachlaßpflegschaft endet nicht bei bloßer Zweckerreichung, sondern ist erst durch eine entsprechende Aufhebungsentscheidung des Nachlaßgerichts zu beenden. Die Erledigung eines wesentlichen Teils des Wirkungskreises einer Nachlaßpflegschaft rechtfertigt nicht die Beendigung der Tätigkeit des neben einem weiteren Nachlaßpfleger bestellten Pflegers (OLG Oldenburg FamRZ 1999, 813).

§ 1919
Aufhebung der Pflegschaft bei Wegfall des Grundes

Die Pflegschaft ist von dem Vormundschaftsgericht aufzuheben, wenn der Grund für die Anordnung der Pflegschaft weggefallen ist.

Materialien: E I § 1748 Abs 2 S 1, 2; II § 1796; III § 1895; Mot IV 1271; Prot IV 859; Staudinger/BGB-Synopse 1896–2005 § 1919.

1. Norminhalt, Überblick

1 Die knappe Aussage dieser Vorschrift beinhaltet zweierlei: a) den Grundsatz der gerichtlichen Aufhebung der Pflegschaft als Gegenstück zu dem Bestellungsgrundsatz, b) die Aufforderung an das Vormundschaftsgericht, die Pflegschaft aufzuheben, ggf den Wirkungskreis einzuschränken, sobald der Grund für ihre Anordnung ganz oder teilweise weggefallen ist. Die Aufhebung ist auch erforderlich, wenn die Voraussetzungen für die Anordnung nicht vorgelegen haben (Damrau/Zimmermann Rn 1). Die Aufhebung der Pflegschaft bei Wegfall der Anordnungsvoraussetzungen entspricht dem Verfassungsrang genießenden Erforderlichkeitsgrundsatz staatlicher Fürsorge und Intervention (Verhältnismäßigkeit). Demgegenüber bildet die Beendigung der Pflegschaft kraft Gesetzes (§§ 1918, 1921 Abs 3, 1716 S 2, 1715 Abs 2) die Ausnahme (MünchKomm/Schwab Rn 1). Die Entscheidung ergeht von Amts wegen unabhängig von einer voraufgegangenen Antragstellung. Deshalb kommt es auch auf die Geschäfts- oder Verfahrensfähigkeit einer die Aufhebung anregenden Person nicht an.

Die Vorschrift ist trotz Verweisung auf das Pflegschaftsrecht nicht auf die Beistandschaft anzuwenden, soweit dort eigene Endigungsgründe gelten (MünchKomm/Schwab Rn 5). Entsprechend anzuwenden ist sie auf die Pflegschaften nach § 207 BauBG und § 15 SGB X sowie auf die Nachlaßpflegschaft (MünchKomm/Schwab Rn 4).

2. Wirkung der Aufhebungsentscheidung

2 Die Aufhebungsentscheidung des § 1919 hat rechtsgestaltende Wirkung. Die mit Wirkung der Aufhebungsentscheidung beendete Pflegschaft besteht auch dann nicht und muß gegebenenfalls neu angeordnet werden, wenn sie zu Unrecht aufgehoben worden ist, weil der Grund für die Anordnung der Pflegschaft tatsächlich noch nicht weggefallen war (MünchKomm/Schwab Rn 2). Mit dem Wirksamwerden der Aufhebung einer Ergänzungspflegschaft erlischt die Vertretungsmacht des Ergänzungspflegers. Eine von ihm danach eingelegte weitere Beschwerde ist deshalb unzulässig (BayObLG FamRZ 1991, 1076 [LS]). Ist die unbegründet gewesene Pflegschaft aufgehoben, sind die Rechtsgeschäfte des Pflegers nicht deshalb unwirksam, weil die Pflegschaft ungerechtfertigt war (§ 32 FGG).

3. Wirksamwerden der Aufhebungsentscheidung

Die Aufhebungsentscheidung wird wirksam mit der Zustellung der die Aufhebung anordnenden Verfügung an den Pfleger (§ 16 Abs 1 FGG; vgl MünchKomm/SCHWAB Rn 14) Sie ist den Verfahrensbeteiligten mitzuteilen, in deren Rechte sie unmittelbar eingreift (BayObLGZ 1972, 331, 332) oder die gegen die Entscheidung Beschwerde einlegen können (MünchKomm/SCHWAB aaO).

4. Rechtsbehelfe

Sowohl die Aufhebungsentscheidung als auch die Entscheidung, mit der das Gericht die Aufhebung der Pflegschaft ablehnt, sind mit der Beschwerde anfechtbar (§§ 20, 57 Abs 1 Nr 3 FGG). Beschwerdebefugt gegen eine Verfügung, durch die eine Pflegschaft aufgehoben wird, ist jeder, der ein rechtliches Interesse an der Änderung der Verfügung hat (§ 57 Abs 1 Nr 3 FGG). Gegen eine Verfügung, die eine Entscheidung über eine die Sorge für die Person des Kindes oder des Mündels betreffende Angelegenheit enthält (dazu gehören insbesondere nichtvermögensrechtliche Pflegschaften, KEIDEL/ENGELHARDT § 57 FGG Rn 33 m zahlreichen Beispielen), findet die Beschwerde nach § 57 Abs 1 Nr 9 FGG statt. Der Pfleger hat gegen die Aufhebung der Pflegschaft kein Beschwerderecht, und zwar weder im Namen des Pflegebefohlenen noch im eigenen Namen (Ausnahme § 57 Abs 1 Nr 9 FGG). Ein eigenes Interesse an der Aufrechterhaltung der Pflegschaft wird dem Pfleger grundsätzlich nicht zugebilligt (MünchKomm/SCHWAB Rn 16; STAUDINGER/ENGLER[10/11] Rn 10). Im Namen des Pflegebefohlenen kann der Pfleger gegen den Aufhebungsbeschluß Beschwerde nicht (mehr) einlegen, weil er mit der Aufhebung die Vertretungsbefugnis verloren hat (STAUDINGER/ENGLER[10/11] Rn 10).

Gegen die Ablehnung der Aufhebung der Pflegschaft kann der Pfleger Beschwerde einlegen, und zwar sowohl im Namen des Pflegebefohlenen als auch im eigenen Namen (MünchKomm/SCHWAB Rn 17). Zur Beschwerdeberechtigung des Pflegebefohlenen s § 20 iVm § 59 u ggf § 50b FGG (MünchKomm/SCHWAB aaO).

5. Voraussetzungen der Aufhebungsentscheidung

a) Wegfall des Grundes

Wann der Grund für die Anordnung einer Pflegschaft weggefallen ist, bestimmt sich danach, aus welchem Grund die Pflegschaft angeordnet worden war. Allgemein ausgedrückt heißt dies, daß mit dem Wegfall des Fürsorge- und Schutzbedürfnisses und mit der Besorgung sämtlicher zum Wirkungskreis des Pflegers gehörenden Angelegenheiten der Grund für die Anordnung der Pflegschaft weggefallen ist, die Pflegschaft sich damit erledigt hat. Eine genaue Bestimmung ist dennoch nur im Einzelfall möglich, weil auch die Voraussetzungen für die Anordnung der Pflegschaft unterschiedlich sind. Dem Wegfall des Grundes für die Anordnung der Pflegschaft steht es gleich, wenn sich herausstellt, daß der Grund von Anfang an ganz oder teilweise gefehlt hat (ERMAN/HOLZHAUER Rz 3; MünchKomm/SCHWAB Rn 2).

War die Pflegschaft zur Besorgung einer einzelnen Angelegenheit angeordnet, endigt sie automatisch mit deren Erledigung (§ 1918 Abs 3). Eine Aufhebungsentscheidung hätte lediglich deklaratorischen Charakter (s dazu § 1918 Rn 4).

b) Einzelfälle

7 Ein wesentlicher Teil von Anwendungsfällen dieser Vorschrift ist mit der Aufhebung der Gebrechlichkeitspflegschaft des § 1910 und der Einführung der Betreuung entfallen. Das Betreuungsrecht enthält eigene Regelungen über die Beendigung und die Aufhebung der Betreuung (§ 1908d).

8 In den Fällen von § 1909 Abs 1 ist ein Wegfall des Grundes für die Anordnung der Pflegschaft insbesondere dann anzunehmen, wenn Eltern oder der Vormund nicht mehr verhindert sind, im Falle des § 1909 Abs 3 mit der Bestellung des Vormunds (STAUDINGER/ENGLER[10/11] Rn 2; SONNENFELD Rn 422). Die Voraussetzungen einer Aufhebung einer Ergänzungspflegschaft liegen dann vor, wenn eine Verhinderung des Vormunds oder das Bedürfnis, eine bestimmte Angelegenheit zu besorgen, nachträglich weggefallen ist oder von vornherein nicht bestanden hat (BayObLG Rpfleger 1990, 119). Eine Pflegschaft nach § 1909 müßte auch dann nach § 1919 aufgehoben werden, wenn das Vormundschaftsgericht bei ihrer Anordnung einen Grund irrtümlich angenommen hätte (BayObLG Rpfleger 1990, 119 unter Hinweis auf SOERGEL/DAMRAU § 1919 Rn 3; s auch KG JW 1935, 2754 = JFG 13, 26, 31 und STAUDINGER/ENGLER[10/11] Rn 2).

9 Eingriffe in die elterliche Sorge, welche die Anordnung einer Pflegschaft zur Folge haben, soll es nach dem Willen des Gesetzgebers der Kindschaftsrechtsreform in Zukunft auch im Falle von Trennung und Scheidung nur noch geben, wenn die Voraussetzungen des durch Art 1 Nr 47 KindRG geänderten § 1666 vorliegen. Besteht Anlaß, die Entscheidung nach § 1666 zu korrigieren (nach § 1696 Abs 1 haben das Familiengericht und das Vormundschaftsgericht ggf ihre Anordnungen zu ändern, wenn dies aus triftigen, das Wohl des Kindes nachhaltig berührenden Gründen angezeigt ist; zur Zuständigkeit des Gerichts FamRefK/ROGNER § 1696 Rn 8), wird davon auch die Folgeentscheidung, die Pflegschaft, betroffen. Ändert das Familiengericht seine Sorgerechtsentscheidung, nimmt es auch selbst die Korrektur der Folgeentscheidung vor (Änderung des Wirkungskreises des Pflegers; Aufhebung der Pflegschaft). § 1697 sieht zwar die einheitliche Zuständigkeit für die Anordnung der Maßnahme und die Auswahl des Pflegers vor, trifft aber keine Regelung für die Änderung und die Aufhebung der Entscheidung. Der Sachzusammenhang spricht dafür, daß das Familiengericht auch die Aufhebungsentscheidung oder die Änderungsentscheidung trifft, wenn die Einschränkung der elterlichen Sorge ganz oder teilweise durch dieses Gericht beseitigt worden ist. Im Falle der Aufhebung der Pflegschaft fällt deren Abwicklung wiederum in die Zuständigkeit des Vormundschaftsgerichts.

10 In den Fällen des § 1911 ist ein Wegfall des Grundes insbesondere dann anzunehmen, wenn das Schutzbedürfnis aufhört, insbesondere wenn das Vermögen einer verwaltenden Fürsorge nicht mehr bedarf, wenn der Abwesende zurückkehrt, wenn er einen Bevollmächtigten bestellt hat oder bestellen kann (MünchKomm/SCHWAB Rn 9; STAUDINGER/ENGLER[10/11] Rn 4), wenn die Umstände, die zum Widerruf des von dem Abwesenden erteilten Auftrags oder der von ihm erteilten Vollmacht Anlaß gegeben haben, weggefallen sind (STAUDINGER/ENGLER[10/11] Rn 4). Für die Abwesenheitspflegschaft besteht in § 1921 eine Sonderregelung.

11 In den Fällen des § 1912 ist der Grund für die Anordnung der Pflegschaft weggefallen, wenn feststeht, daß ein Kind nicht geboren werden wird, zB weil eine

Schwangerschaft irrtümlich angenommen worden ist, außerdem wenn das Schutzbedürfnis der Leibesfrucht entfallen ist (STAUDINGER/ENGLER[10/11] Rn 5).

In den Pflegschaftsfällen des § 1913 ist der Wegfall des Grundes für die Anordnung **12** der Pflegschaft insbesondere dann anzunehmen, wenn die Beteiligten bekannt sind, wenn der Nacherbfall (§ 2106) eintritt oder wenn aus sonstigen Gründen ein Schutzbedürfnis nicht mehr besteht (MünchKomm/SCHWAB Rn 11; STAUDINGER/ENGLER[10/11] Rn 6).

Im Falle von § 1914 ist die Pflegschaft nach Wegfall des Anordnungsgrundes auf- **13** zuheben, wenn das Vermögen seinen Zwecken zugeführt worden ist, wenn für eine anderweite Verwaltung des Sammelvermögens gesorgt ist, wenn ein Treuhänder nach dem Sammlungsgesetz eines Landes bestellt ist (MünchKomm/SCHWAB Rn 12), wenn die zur Verwaltung und Verwendung des gesammelten Vermögens berufenen Personen wieder in der Lage sind, ihr Amt zu übernehmen, zB wenn die Person, die für tot erklärt worden war, zurückkehrt (STAUDINGER/ENGLER[10/11] Rn 7 mN).

Wann ein Kreis von Angelegenheiten, für dessen Erledigung eine Pflegschaft an- **14** geordnet worden war oder eine ursprünglich für eine einzelne Angelegenheit bestellte Pflegschaft erweitert worden ist, kann zweifelhaft sein. Aus diesem Grunde kommt hier nur eine Aufhebung der Pflegschaft nach § 1919, nicht dagegen eine Beendigung kraft Gesetzes nach § 1918, wie im Falle der Besorgung einer einzelnen Angelegenheit, in Betracht (so auch MünchKomm/SCHWAB Rn 13). Eine Teilaufhebung nach § 1919 ist möglich (BayObLG Rpfleger 1984, 235).

§ 1920 (aufgehoben)

Die Vorschrift wurde durch Art 1 Nr 48 Betreuungsgesetz (BtG) vom 12. 9. 1990 (BGBl I 2002) mit Wirkung vom 1. 1. 1992 aufgehoben. Sie hatte bestimmt, daß eine nach § 1910 angeordnete Pflegschaft vom Vormundschaftsgericht aufzuheben ist, wenn der Pflegebefohlene die Aufhebung beantragte. An die Stelle der Gebrechlichkeitspflegschaft ist die Bestellung eines Betreuers nach den §§ 1896 ff getreten, deren Aufhebung oder Änderung sich nach § 1908d richtet. Zur früheren Rechtslage vgl STAUDINGER/ENGLER[10/11] § 1920.

§ 1921
Aufhebung der Abwesenheitspflegschaft

(1) Die Pflegschaft für einen Abwesenden ist von dem Vormundschaftsgericht aufzuheben, wenn der Abwesende an der Besorgung seiner Vermögensangelegenheiten nicht mehr verhindert ist.

(2) Stirbt der Abwesende, so endigt die Pflegschaft erst mit der Aufhebung durch das Vormundschaftsgericht. Das Vormundschaftsgericht hat die Pflegschaft aufzuheben, wenn ihm der Tod des Abwesenden bekannt wird.

(3) Wird der Abwesende für tot erklärt oder wird seine Todeszeit nach den Vorschriften des Verschollenheitsgesetzes festgestellt, so endigt die Pflegschaft mit der Rechtskraft des Beschlusses über die Todeserklärung oder die Feststellung der Todeszeit.

Materialien: E I § 1748 Abs 1 Nr 4, Abs 2 S 3; II § 1798; III § 1897; Mot IV 1273; Prot IV 859.
Abs 3 neugefaßt durch FamRÄndG v 11. 8. 1961 Art 1 Nr 39; STAUDINGER/BGB-Synopse 1896–2005 § 1921.

1. Normgeschichte

1 § 1921 Abs 3 hatte früher gelautet: „Wird der Abwesende für tot erklärt, so endigt die Pflegschaft mit der Erlassung des die Todeserklärung aussprechenden Urteils." Diese Bestimmung war schon durch die §§ 23, 24, 29 VerschG (Todeserklärung durch Beschluß) überholt. Das FamRÄndG 1961 stellte der Todeserklärung die Feststellung der Todeszeit nach den §§ 39 ff VerschG gleich und berücksichtigte ferner, daß die Todeserklärung und die Feststellung der Todeszeit erst mit der Rechtskraft wirksam werden (§§ 23, 29, 40, 44 VerschG).

2. Normbedeutung

2 Ist der Abwesende, für den das Vormundschaftsgericht eine Pflegschaft angeordnet hatte, wieder in der Lage, seine Vermögensangelegenheiten selbst zu besorgen oder ihre Besorgung durch andere zu organisieren, besteht kein Fürsorgebedürfnis mehr, so daß das Gericht die Pflegschaft aufzuheben hat. Diese Konsequenz ergibt sich bereits aus § 1911 Abs 1 S 1, wonach die Notwendigkeit der Pflegschaft durch das Fürsorgebedürfnis begrenzt wird, sowie aus § 1919 (STAUDINGER/ENGLER[10/11] § 1919 Rn 4), so daß Abs 1 lediglich den Umstand, daß der Abwesende an der Besorgung seiner Vermögensangelegenheiten nicht mehr verhindert ist, hervorhebt (STAUDINGER/ENGLER[10/11] § 1919 Rn 4). Je nach Endigungsgrund sind zu unterscheiden die Endigung der Abwesenheitspflegschaft kraft Gesetzes (Abs 3) und die Endigung kraft gerichtlicher Aufhebungsentscheidung (Abs 2 u 1).

3. Endigungsvoraussetzungen

a) Die Endigung kraft Gesetzes (Abs 3)

3 Nach Abs 3 endigt die Pflegschaft für einen Abwesenden kraft Gesetzes, ohne daß es einer Aufhebung durch das Vormundschaftsgericht bedarf, im Falle der Todeserklärung oder der Feststellung der Todeszeit des Abwesenden mit der Rechtskraft des die Todeserklärung aussprechenden oder die Todeszeit feststellenden Beschlusses (STAUDINGER/ENGLER[10/11] Rn 2 mN). Nach der rechtskräftigen Feststellung der Endigungsgründe bedarf es einer vormundschaftsgerichtlichen Feststellung nicht mehr. Die Todeserklärung des Abwesenden hat nicht zur Folge, daß die vom Abwesenheitspfleger vorher, aber nach dem in der Todeserklärung festgestellten Todeszeitpunkt abgeschlossenen Verträge nichtig sind (OLG Braunschweig NdsRpfl 1960, 14; OLG

Nürnberg BayJMBl 1955, 187; Müller Rpfleger 1953, 115; einschränkend Jansen DNotZ 1954, 592).

b) Aufhebung durch das Vormundschaftsgericht (Abs 1 und Abs 2)

Anderes gilt in den Fällen des Abs 1 und des Abs 2. Hier sind Feststellungen des Vormundschaftsgerichts erforderlich, ob auch tatsächlich die Voraussetzungen für den Wegfall der Abwesenheitspflegschaft gegeben sind. Ist der Abwesende an der Besorgung seiner Vermögensangelegenheiten nicht mehr verhindert, hebt das Vormundschaftsgericht die Pflegschaft auf. Die Aufhebung hat von Amts wegen zu erfolgen; eines Aufhebungsantrags bedarf es nicht. Der Abwesende ist dann nicht mehr verhindert, wenn er zurückkehrt, wenn er (ohne Aufenthaltswechsel) selbst tätig werden oder sich fremder Hilfe (zB durch Bevollmächtigung) bedienen kann, wenn die Umstände, die zum Widerruf des Auftrags oder der Vollmacht Anlaß gegeben haben (§ 1911 Abs 1 S 2), einem neuen Auftrag oder einer neuen Vollmachterteilung nicht im Wege stehen (Staudinger/Engler[10/11] § 1919 Rn 4; MünchKomm/Schwab Rn 5). Könnte der Abwesende für seine Vermögensangelegenheiten allein Sorge tragen, will er dies jedoch nicht, besteht kein Grund, die Pflegschaft aufrechtzuerhalten (MünchKomm/Schwab Rn 5). Abs 1 gilt auch, wenn der Rechtsgrund der Pflegschaft, die Verhinderung, noch vor Erledigung einer einzelnen Angelegenheit weggefallen ist (MünchKomm/Schwab Rn 6). Ist die Pflegschaft kraft Gesetzes beendet (§ 1918 Abs 3, § 1921 Abs 3), erledigt sich ein auf Aufhebung der Pflegschaft gerichtetes Verfahren (MünchKomm/Schwab Rn 6). Eine Entscheidung in der Sache kann nicht mehr ergehen, weil eine bereits beendete Pflegschaft nicht mehr mit konstitutiver Wirkung aufgehoben werden kann.

4. Wirkungen der Aufhebung

Die Vertretungsmacht des Abwesenheitspflegers geht infolge der gerichtlichen Aufhebungsentscheidung über den Tod des Abwesenden hinaus und reicht bis zur Wirksamkeit der Aufhebung (Staudinger/Engler[10/11] Rn 6 mN). Eine Rückwirkung kommt der Aufhebungsentscheidung nicht zu (Staudinger/Engler aaO). Die Aufhebung der Anordnung der Abwesenheitspflegschaft und der erteilten vormundschaftsgerichtlichen Genehmigung hat auf die Wirksamkeit der vorher von dem Abwesenheitspfleger getätigten Rechtshandlungen (hier: die Bestellung einer Grunddienstbarkeit und der Abschluß eines Grundstückskaufvertrages) keine Auswirkungen (OLG Köln FamRZ 2003, 1481 = Rpfleger 2002, 195). Zur Wirksamkeit der zwischen dem Todeszeitpunkt und der Todeserklärung abgeschlossenen Verträge oben Rn 3. Die über den Tod des Abwesenden hinausreichende Vertretungsmacht des Abwesenheitspflegers beschränkt sich darauf, die Erben grundsätzlich nur in bezug auf solche Angelegenheiten zu vertreten, von denen erwiesen ist, daß sie einmal Vermögensangelegenheiten des Erblassers und Abwesenden waren (BGHZ 5, 240, 244). Überschreitet der Abwesenheitspfleger diesen Rahmen seiner Vertretungsmacht, so sind die vorgenommenen Rechtsgeschäfte schwebend unwirksam; wirksam werden sie erst mit der Genehmigung durch die Erben (BayObLGZ 1953, 29). Trotz der Genehmigungsfähigkeit vom Pfleger vorgenommener Rechtsgeschäfte bleibt es dabei, daß der Pfleger außerhalb seines Wirkungskreises tätig geworden ist. Aus diesem Grunde kann er für diese Tätigkeiten aus Mitteln der Staatskasse weder seine Aufwendungen ersetzt noch eine Vergütung bewilligt erhalten, sofern die Voraussetzungen für den Eintritt der Staatskasse überhaupt gegeben sind.

6 Nach Aufhebung der Abwesenheitspflegschaft wegen der Rückkehr des Pflegebefohlenen kann der Abwesenheitspfleger von diesem nicht die Genehmigung seiner über den Rahmen seiner Vertretungsmacht hinaus vorgenommenen Handlungen (zB Abschluß eines Pachtvertrages) verlangen (BGH MDR 1951, 280).

7 Der Pfleger hat nach Beendigung seines Amtes Schlußrechnung zu legen (§§ 1890, 1892 iVm § 1915 Abs 1) und die Bestallung zurückzugeben (§§ 1893 Abs 2, 1915 Abs 1). Fordert das Vormundschaftsgericht den bisherigen Pfleger dazu auf, wird es zur Begründung auf das Ende der Pflegschaft Bezug nehmen, sofern nicht der Pfleger bereits auf andere Weise von der Beendigung der Pflegschaft und damit seines Amtes erfahren hat. Einer deklaratorischen „Feststellung" der Beendigung (so für den Fall der Beendigung der Pflegschaft nach Abs 3 MünchKomm/Schwab Rn 11) ieS bedarf es in aller Regel nicht.

5. Verfahren

8 Die Aufhebung der Abwesenheitspflegschaft nach Abs 1 u Abs 2 hat von Amts wegen zu erfolgen (Staudinger/Engler[10/11] § 1911 Rn 33). Ein Antrag ist nicht erforderlich. Entsprechende Äußerungen sind als Anregungen zu gerichtlichem Handeln zu behandeln. Der Abwesenheitspflegers ist berechtigt (s oben § 1911 Rn 21), er soll auch verpflichtet sein (MünchKomm/Schwab § 1911 Rn 20, 21), Erkundigungen nach dem Verbleib des Abwesenden einzuziehen. Die Entscheidung von Amts wegen hat zur Folge, daß das Gericht die zur Feststellung der Tatsachen erforderlichen Ermittlungen selbst zu veranstalten und die geeignet erscheinenden Beweise aufzunehmen hat (§ 12 FGG; Firsching/Dodegge Rn 428). Die Aufhebung der Abwesenheitspflegschaft setzt die Feststellung der Aufhebungsvoraussetzungen voraus. Der Tod des Abwesenden muß dem Gericht zuverlässig, also nicht nur gerüchteweise, bekannt werden (Staudinger/Engler[10/11] Rn 6; MünchKomm/Schwab Rn 7). Funktionell zuständig ist der Rechtspfleger (§ 3 Nr 2 Buchst a RPflG), ein Richtervorbehalt besteht nicht. Zur örtlichen Zuständigkeit s § 39 Abs 1 u Abs 2 FGG.

9 Die Aufhebungsentscheidung wird wirksam mit ihrer Bekanntgabe an den Pfleger (§ 16 Abs 1 FGG; MünchKomm/Schwab Rn 11). Gegen die Verfügung, durch die das Gericht die Abwesenheitspflegschaft aufgehoben hat, steht unbeschadet des § 20 FGG jedem, der ein rechtliches Interesse an der Änderung der Verfügung hat, die Beschwerde zu (§ 57 Abs 1 Nr 3 FGG; Staudinger/Engler[10/11] § 1911 Rn 34). Dem Abwesenheitspfleger selbst steht die Beschwerde nicht zu. Ihm wird ein eigenes Recht auf Fortbestehen der Abwesenheitspflegschaft nicht zugestanden (Staudinger/Engler[10/11] aaO). Die Begründung, die Befugnis des Abwesenheitspflegers zur Vertretung des Abwesenden sei mit der Aufhebung weggefallen (OLG Colmar ZBlFG 19, 188; Staudinger/Engler aaO), reicht nicht, weil die Entscheidung des Gerichts konstitutive Wirkung hat. Die Begründung wiederholt damit lediglich die Rechtstatsache der Beendigung des Vertretungsrechts.

Sein Amt berechtigt den Abwesenheitspfleger, die Aufhebung der Abwesenheitspflegschaft gemäß § 1921 Abs 2 zu „beantragen" (Staudinger/Engler[10/11] Rn 7; MünchKomm/Schwab Rn 7). Ein Recht, die Anordnung einer Nachlaßpflegschaft zu verlangen, hat der Abwesenheitspfleger nicht (Staudinger/Engler aaO mN). Anregen kann er sie selbstverständlich.

6. Entsprechende Anwendung des Abs 2

Stellt das Vormundschaftsgericht nachträglich fest, daß derjenige, dessen Existenz es bei der Anordnung der Abwesenheitspflegschaft angenommen hatte, niemals existiert hat, hat es die Pflegschaft von Amts wegen aufzuheben (BayObLGZ 21, A 352; zustimmend STAUDINGER/ENGLER[10/11] § 1911 Rn 33).

Sachregister

Die fetten Zahlen beziehen sich auf
die Paragraphen, die mageren Zahlen auf
die Randnummern.

Abänderung
von Entscheidungen **1896** 162
Abbruch lebenserhaltender Maßnahmen
für Betreuten **1904** 6
Abgabenordnung
und Betreuerbestellung **1896** 182
Abhängigkeitskrankheiten
und Betreuerbestellung **1896** 35 ff
Abhängigkeitsverhältnis
und Ausschluß vom Betreueramt **1908i** 16
Ablehnung
des Betreueramtes **1898** 31
Einwilligungsvorbehalt **1903** 110
Ablieferungspflicht
Betreuungsverfügungen/Folgen unterlassener Ablieferung **1901a** 17 ff
Betreuungsverfügungen/in einem Schriftstück festgehaltene **1901a** 1 ff
Vollmachtsbesitz/bloße Unterrichtung des VormG **1901a** 22
Vorsorgeverfügungen/VormG-Information über Schriftstücke und VormG-Abschriftenverlangen **1901a** 20 ff
Abrechnung
s. Rechnungslegungspflicht
Abschlagszahlungen
Übergangsregelung für Berufsbetreuer **1908i** 338
Abstammungsrecht
Neuregelung **Vorbem 1909 ff** 2
Abwesenheitspflegschaft
s. Alphabetische Übersicht zu § 1911 BGB
Abwesenheitsvergütung
im Heimbereich **1907** 33
Abwicklungsverhältnis
Beendigung der Betreuung **1908d** 29; **1908i** 219
Beendigung der Pflegschaft **Vorbem 1909 ff** 21, 22; **1915** 26
Betreuerwechsel und Abwicklungsprobleme **1908c** 19 ff
Abzahlungsgeschäfte
Einwilligungsvorbehalt **1903** 11
Adoptionsaufhebung
und Einwilligungsvorbehalt **1903** 57
Adoptionseinwilligung
Ausschluß des Einwilligungsvorbehaltes **1903** 54
Ausschluß gesetzlicher Vertretung des Betreuten **1902** 33
Änderung der Betreuung
Aufhebungs- und Änderungsentscheidung **1902** 51; **1908c** 6

Ärztliche Betreutenmaßnahmen
Ärztlicher Eingriff/Rechtmäßigkeitsfrage **1904** 25
Andere Hilfen/Abgrenzung des Nachrangs einer Betreuerbestellung **1896** 142
Betreuereinwilligung/VormG-Genehmigung
— Ablehnung **1904** 53
— Abschluß des Behandlungsvertrages/Abgrenzung **1904** 27
— Abwägungsproblem **1904** 50
— Ärztliche Auskunftserteilung **1904** 10 ff
— Ärztlicher Eingriff **1904** 35
— Alternativentscheidungen/dem VormG vorgelegte **1904** 29
— Altes Recht/Regelungsdefizit **1904** 1, 49
— Angehörige/ursprünglicher Gesetzesplan **1904** 5
— Anhörungen/Äußerungsgelegenheit **1904** 52
— Arzneimittelerprobung/wissenschaftliche **1904** 38
— Aufgabenkreis und Entscheidungszuständigkeit des Betreuers **1904** 9 ff
— Aufgabenkreis, fehlender erforderlicher/vorhandener Entscheidungsbedarf **1904** 15
— Aufschub und Gefahrenlage **1904** 3
— Aufschub der Maßnahme/entbehrliche VormG-Genehmigung bei Gefahr **1904** 55 ff
— Bedeutung für die Praxis **1904** 2
— Betreuer-Ablehnung einer Einwilligung **1904** 29
— Betreuer-Einwilligung/rechtliche Bedeutung **1904** 46
— Betreuer-Einwilligungsabsicht/genehmigungsbedürftige **1904** 29
— Betreutenanhörung **1904** 51
— Betreutenverfügung, vorliegende **1904** 24
— Betreutenwiderstand/natürlicher bei fehlender Einwilligungsfähigkeit **1904** 26
— Betreutenwohl **1904** 23, 40
— Betreutenwünsche **1904** 23 f
— Betreuer/Einwilligungsfähigkeit, Einwilligungsunfähigkeit **1904** 19 ff
— Betreuer/Einwilligungsfähigkeit und erforderliche ärztliche Aufklärung **1904** 22
— Betreuer/fehlende Einwilligungsfähigkeit **1904** 9, 17 ff

Ärztliche Betreutenmaßnahmen (Forts.)
- Betreuter/Verfahrensstellung **1904** 52
- Betreuter/Zweifel an der Einwilligungsfähigkeit **1904** 21, 25
- Betreuungsrecht/Bedeutung einer Gesamtschau **1904** 6
- Elektrokrampftherapie **1904** 33, 45
- Entbehrlichkeit VormG-Genehmigung im Gefahrenfall **1904** 55 ff
- Entscheidungszuständigkeit des Betreuers/allgemeine und aktuelle **1904** 18
- Ernährungsabbruch bei irreversibler Hirnschädigung **1904** 6
- Fixierung schwergefährdeter Heimbewohner **1904** 8
- Gefahr schwerwiegender Folgen/Genehmigungserfordernis **1904** 43 ff
- Gefahr schwerwiegender Folgen/StGB-Heranziehung **1904** 44
- Gefahr im Verzug **1904** 52, 55
- Gesundheitszustand/Untersuchungsmethoden und Gefahrenbegründung **1904** 30
- Heilbehandlung/Gefahrenbegründung **1904** 31
- Heilversuch/klinische Prüfung **1904** 39
- Heimvertrag und künstliche Ernährung **1904** 7
- Kastration **1904** 42
- Lebensgefahr **1904** 44
- Medikamentenverabreichung/Abgrenzungsfragen **1904** 32
- Medizinische Forschung/Stellungnahme zentraler Ethikkommission **1904** 40
- Medizinprodukte/klinische Prüfung **1904** 38 ff
- Organspende/lebender Betreuter **1904** 37
- Organspende/toter Betreuter **1904** 37
- Persönlichkeitsveränderungen **1904** 34, 45
- PsychKG-Fälle **1904** 28
- Rechtmäßigkeit durchgeführter Maßnahmen/Bedeutung der VormG-Genehmigung **1904** 47
- Sachverständiger **1904** 51
- Schönheitsoperation **1904** 35 f
- Schwangerschaftsabbruch **1904** 35 f
- Sterilisation **1904** 35 f
- Unterbringungsfälle **1904** 28
- Verfahrenspfleger **1904** 52
- Viagraverabreichung **1904** 32
- VormG-Genehmigung/Ablehnung **1904** 53
- VormG-Genehmigung/Entbehrlichkeit bei Gefahr **1904** 55 ff
- VormG-Genehmigung/Entscheidungsmaßstäbe **1904** 49 f
- VormG-Genehmigung/Rechtsnatur **1904** 46 ff

Ärztliche Betreutenmaßnahmen (Forts.)
- VormG-Genehmigung/Verfahrensfragen **1904** 51
- Vorsorgevollmacht und Betreutenverfügung, vorliegende **1904** 24
- Vorsorgevollmacht/unzureichende **1904** 16
- Voruntersuchung/Einwilligungserfordernis **1904** 30
- Zuständigkeit **1904** 52
- Zwangsmaßnahmen gegen den Betreuten/Gewaltverbot **1904** 26

Gesundheitsfürsorge
s. dort

Heilungs- und Rehabilitationsmaßnahmen/Nutzung
- Abgrenzung gegenüber rechtlicher Betreuung **1901** 34
- Aufgabenkreis des Betreuers **1901** 31 ff
- Inhalt der Betreuerverpflichtung **1901** 33
- Reichweite der Nebenpflichten **1901** 34

Sterilisation
s. dort

Vorsorgevollmacht, Bevollmächtigungsfälle/VormG-Genehmigung
- Abgrenzung nicht genehmigungsbedürftiger Fälle **1904** 63
- Betreuerbestellung ersetzende Bevollmächtigung **1904** 62
- Betreuerbestellung/im Einzelfall erforderliche **1904** 64
- BtÄndG-Inkrafttreten und früher erteilte Vollmachten **1896** 127; **1904** 73
- Einwilligung des Bevollmächtigten/erforderliche Einwilligungsbefugnis **1904** 70
- Einwilligungsfähigkeit des Vollmachtgebers/Verhältnis zur Geschäftsfähigkeit **1904** 68
- Einwilligungsunfähigkeit des Vollmachtgebers **1904** 65
- Ernährungsabbruch **1904** 60
- Formerfordernis **1904** 69
- Geschäftsfähigkeit des Vollmachtgebers **1904** 67
- Gesetzlicher Vertreter/fehlender Status **1904** 64
- Personensorge **1904** 63, 75
- Sterilisation **1904** 61
- Vollmachtbetreuer **1904** 74 f
- Vollmachtgültigkeit und Bevollmächtigten-Zuständigkeit **1904** 72
- VormG-Genehmigung/erforderliche Einwilligungsbefugnis des Bevollmächtigten **1904** 71

Ärztliches Zeugnis
Betreuerbestellung und Dokumentation **1896** 41 f

Ärztliches Zeugnis (Forts.)
Betreuerbestellung durch Einstweilige
  Anordnung **1896** 160
Betreuerbestellung vor Eintritt der Volljährigkeit **1908a** 15
Betreuerbestellung, erforderliches –
  1896 151 f
bei einstweiliger Anordnung **1903** 106
Einwilligungsvorbehalt **1903** 105, 106
Maßnahmen, freiheitsentziehende
  1906 81 ff
Qualitätsanforderungen **1896** 44 ff
und Sachverständigengutachten **1906** 82
statt Sachverständigengutachten **1896** 60
Akteneinsicht
Betreuerakten **1901** 44
Verfahrensakten **Vorbem 1896 ff** 65
Aktiengesellschaft
Einwilligungsvorbehalt und Vorstandstätigkeit **1903** 81
Akzessorietät
Einwilligungsvorbehalt **1903** 23, 93
Gegenbetreuung **1908i** 37, 47
Pflegschaftsrecht, Vormundschaftsrecht
  1915 2
Alkoholmißbrauch
Betreuerbestellung **1896** 37
und Einwilligungsvorbehalt **1903** 27
und frühere Entmündigung **1896** 37
Gebrechlichkeitspflegschaft früheren
  Rechts **Vorbem 1896 ff** 20
Pflegerbestellung **1896** 37
Allgemeinheit
s. a. Drittinteressen
Maßnahmen, freiheitsentziehende **1906** 46
Schädigungen der – und Unterbringung
  1906 25
Alltagsbewältigung
Betreuer und Training zur – **1903** 7
Alte Menschen
Altersstarrsinn und psychische Krankheit
  1896 41
Praxis der Betreuung **1908i** 6
Psychose/altersentsprechende organische
  1896 45
Altenheim
s. Heimaufenthalt
Altersabbau
Beeinträchtigungen als Folge des –
  1896 37
Altersgebrechlichkeit
und Betreuungsbeendigung **1908i** 221
Altersverwirrung
Unterbringung **1906** 24
Altersvormundschaft
Beendigung mit Volljährigkeit **1908i** 221
und Vermögenssorge **1908i** 106
Altersvorsorgevollmacht
s. Vollmacht
Altfälle (Betreuung)
Aufgabe der Mietwohnung **1907** 9

Altfälle (Betreuung) (Forts.)
Einwilligungsvorbehalt **1903** 13
Einwilligungsvorbehalt und Aufenthaltsbestimmung **1903** 21, 24
Einwilligungsvorbehalt und Aufgabenkreis **1903** 23
Einwilligungsvorbehalt und Geschäftsfähigkeit **1903** 8
Einwilligungsvorbehalte/gesetzlicher
  Eintritt eines umfassenden **1903** 13
Pflegschaften/Vormundschaften für Volljährige vor 1.1.1992 angeordnete
  (Aufgabenkreis) **1902** 26
Vergütungs- und Aufwendungsansprüche
  von Betreuern und Verfahrenspflegern/
  Neuregelung 1.7.2005 **1908i** 338
Vergütungs- und Aufwendungsansprüche
  von Betreuern/vor dem 1.7.2005
  entstandene **1908i** 270
Amtsarzt
Sachkunde/Befunddokumentation
  1896 41
Amtsbetreuung
s. Behördenbetreuung (Amtsbetreuung)
Amtseinführung des Betreuers
Vollzug der Bestellungsentscheidung
  1898 47
Amtsermittlungsgrundsatz
Betreuung **1896** 11, 42, 58
Einwilligungsvorbehalt **1903** 101
Festsetzung von Vorschuß, Ersatz von
  Aufwendungen, Aufwandsentschädigung, Vergütung **1908i** 342
und medizinischer Befund **1896** 42
Amtshaftungsanspruch
Verstoß gegen Betreuerpflichten **1901** 9
Amtspflegschaft
Abschaffung gesetzlicher –
  Vorbem 1909 ff 2
Beistandschaft nach Beendigung der –
  Vorbem 1909 ff 2
Voraussetzungen für Eintritt bestellter –
  Vorbem 1909 ff 20
Analphabetismus
und Betreuerbestellung **1896** 37
Andere Hilfen
Ausschluß der Betreuerbestellung
  1896 145
Bevollmächtigung
  s. Vertretung (rechtsgeschäftliche Vollmachterteilung)
Nachrangklausel **1896** 53
Subsidiaritätsgrundsatz **1896** 141
Tatsächliche pflegerische Versorgung
  1896 142
und Vertretungsproblematik **1896** 143
Andere Verfahren
der Freiheitsentziehung dienende –
  1906 43
Anerkennung
von Betreuungsvereinen **1908f** 1 ff

Anfechtung
Betreuerbestellung **1898** 37, 40
Erbvertrag und Betreuungsverhältnis **1903** 61
Feststellung der Nichtvaterschaft (Anfechtung der Ehelichkeit, frühere) **1903** 49
Übernahmeerklärung des Betreuers **1898** 9
Anforderungsprofil
Betreuerbestellung **Vorbem 1897-1900** 5 ff
Angehörige
Anhörung bei ärztlichen Betreutenmaßnahmen **1904** 52
Gesundheitszustand eines entscheidungsunfähigen– **1904** 5
und Organspende **1904** 37
Angehörige als Betreuer
Ärztliche Maßnahmen **1904** 5
Anlegung von Betreutengeld **1908i** 137
Befreiung von der Rechnungslegungspflicht **1908i** 193
Befreiungen von Aufsicht und Kontrolle **1908i** 178, 296
Beschwerdebefugnis bei Betreuerbestellung (Personalentscheidung) **1897** 47
Bestellung **1897** 31
Buchforderungen des Betreuten gegen das Reich, Bundesstaat **1908i** 143
und Entlassung des Betreuers **1908b** 19, 20
Information und Beratung zur Betreuerbestellung **Vorbem 1897-1900** 18
Interessenkonflikte bei Betreuerbestellung **1897** 31
Rechnungslegung bei Beendigung der– **1908i** 223
Sperrung von Betreutengeld **1908i** 136
Status als Familienangehöriger, Bedeutung **1902** 7
Wohnen des Betreuten bei– **1907** 14
Angelegenheiten
s. a. Aufgabenkreis; Wirkungskreis
Alle als Aufgabenkreis **1896** 79
Eigene des Betroffenen **1896** 56 f
Einwilligungsvorbehalt und geringfügige Angelegenheiten des täglichen Lebens **1903** 8, 33, 70 ff
und Handlungsbedarf **1896** 54 f
und rechtsgeschäftliche Angelegenheiten **1896** 48
Unfähigkeit zur Besorgung **1896** 47 ff
Angelegenheiten des täglichen Lebens
Entscheidungen der Pflegeperson **Vorbem 1909 ff** 4
Anhörung
Ärztliches Handeln, VormG-Genehmigung **1904** 52
Äußerung Dritter vor der Betreuerbestellung **1896** 153
Aufhebung, Einschränkung der Betreuung **1908d** 26

Anhörung (Forts.)
Betreuerbestellung durch Einstweilige Anordnung **1896** 161
Betreuerbestellung/andere Betreuungsmöglichkeit außerhalb einer Berufsbetreuertätigkeit **1897** 57
des Betreuten bei Vereinsbetreuung **1900** 15
des Betroffenen vor der Betreuerbestellung **1896** 150
Einwilligungsvorbehalt **1903** 102, 104
Entlassung des Betreuers **1908b** 49
Ergänzungsbetreuer **1908i** 59
Genehmigung der Wohnungsauflösung **1907** 30
Milieuanhörung **1896** 150
Neubestellung eines Betreuers **1908c** 8
Sorgerechtsbeschränkung und Pflegschaftsanordnung **1909** 41
Unterbringung **1906** 61 ff, 67 f, 81
Anhörung (persönliche)
Ärztliches Handeln, VormG-Genehmigung **1904** 52
Betreuerbestellung vor Eintritt der Volljährigkeit **1908a** 13
Betreuerwechsel **1908b** 52
Entlassung des Betreuers **1908b** 49
Gegenbetreuer **1908i** 35
Gegenvormund **1908i** 153
Genehmigung der Wohnungsauflösung **1907** 30
Neubestellung eines Betreuers **1908c** 8
Rechtsgeschäfte, genehmigungsbedürftige **1908i** 152
Schlußgehör **1896** 149; **1905** 30
Sterilisation **1905** 31
Unterbringung **1906** 71 ff
Vergütungsbewilligung **1908h** 5
Anlegung von Geldern
des Betreuten **1908i** 131 ff
Annahme
der dem Betreuten geschuldeten Leistung **1908i** 147
Annahme als Kind
s. Adoption
Anregung
Aufhebung der Pflegschaft **Vorbem 1896 ff** 17
Betreuerbestellung **1896** 146
Betreuerbestellung vor Eintritt der Volljährigkeit **1908a** 7, 8
Einwilligungsvorbehalt **1903** 12, 95
Entlassung des Betreuers **1908b** 6
Sammelvermögenspflegschaft **1914** 10
Anspruch
auf Betreuerbestellung **1896** 5
Ansprüche
des Betreuers gegen den Betreuten **1908i** 258 ff, 279
des Betreuers gegen die Staatskasse **1908i** 258 ff

1016

Ansprüche (Forts.)
des Betreuten gegen den Betreuer
1908i 230 ff
des Betreuten gegen den Gegenbetreuer
1908i 230 ff
des Gegenbetreuers gegen den Betreuten
1908i 258 ff
des Gegenbetreuers gegen die Staatskasse
1908i 258 ff
Anstaltsaufenthalt
und freiheitsentziehende Maßnahmen
1906 45, 49
Anstaltsunterbringung
Ausschluß vom Betreueramt **1908i** 16
Antrag
als Anregung **1896** 58
Aufhebung der Betreuung **1896** 59
Aufhebung der Pflegschaft
Vorbem 1896 ff 17
Beistandschaft/Antrag als Betreueraufgabe **1902** 56
Betreuerbestellung **1896** 58 ff, 146
Betreuerbestellung vor Eintritt der Volljährigkeit **1908a** 7, 15
durch Dritte **1896** 70
Entlassung des Betreuers **1908b** 6, 28
Entmündigung früheren Rechts
Vorbem 1896 ff 9
Erweiterung der Betreuung **1908d** 7
Festsetzung von Vorschuß, Ersatz von Aufwendungen, Aufwandsentschädigung, Vergütung **1908i** 342
Fortsetzung einer Antragsbetreuung von Amts wegen **1908d** 5
Gebrechlichkeitspflegschaft früheren Rechts **Vorbem 1896 ff** 18
Pflegschaft **1915** 6
als Sachentscheidungsvoraussetzung
1896 58
Sterilisation **1905** 22
als Verfahrenshandlung, als Verfahrensvoraussetzung **1896** 59
Verfahrensrechtliche Konsequenzen
1896 60
Vollmachtbetreuer für körperlich Behinderte **1896** 135
Anzeige
Tod des Betreuers **1908i** 229
Tod des Gegenbetreuers **1908i** 229
Tod des Mitbetreuers **1908i** 229
der Verhinderung des Sorgeberechtigten
1909 27
Arbeitsstelle
Verlust **1903** 28
Wechsel der – des Betreuten **1902** 28
Arbeitsverdienst des Betreuten
Verwaltung/Rechnungslegung **1908i** 159
Arbeitsverhältnis (Ermächtigung)
bei bestehendem Einwilligungsvorbehalt
1903 74

Arzneimittelerprobung
und Betreuungsverhältnis **1904** 38, 64
und Vorsorgevollmacht **1904** 64
Arzt
und Betreuungsverhältnis
s. Ärztliche Betreutenmaßnahmen
Asylrecht
und Betreuerbestellung **1896** 182
Aufenthalt
Abwesender mit unbekanntem – **1911** 7
Aufenthaltsbestimmung
Betreueraufgabe **1902** 78
Aufenthaltsbestimmungsrecht
Aufgabenkreiserweiterung **1908d** 13
Ausübung **1896** 87
und Betreuungsrecht **1896** 87
und Einwilligungsvorbehalt **1903** 21
Gebrechlichkeitspflegschaft früheren
Rechts **Vorbem 1896 ff** 22, 25
Herausgabe des Betreuten **1908i** 99
Minderjährigenrecht, Betreutenrecht
1908i 3
Mitteilung eines Einwilligungsvorbehaltes
1903 117
als Personensorge **1906** 20
Unterbringung als Akt des – **1906** 20
vormundschaftsgerichtliche Genehmigung
1896 94
wichtiger Aufgabenbereich **1901** 41
Wohnungsauflösung **1907** 10
Aufenthaltsbetreuung
und Aufenthaltsbestimmung **1896** 82 ff
Geschäftsfähigkeit **1896** 85
Aufgabenkreis
Erweiterung der Betreuung **1904** 54
und Vergütungsvereinbarung mit dem
Betreuten **1908i** 347
Aufgabenkreis (Betreuung)
s. a. Wirkungskreis (Pflegschaften)
Ärztliche Maßnahmen/Einwilligung und
Ablehnung durch den Betreuer
1904 14 ff
Alle Angelegenheiten des Betreuten
1896 79; **1907** 9; **1908d** 11
Alltagsbewältigung **1897** 13
Altfälle **1902** 26
Andere Angelegenheiten als Rechtsfürsorge **1896** 52 f
Anfechtung der Ehelichkeit **1903** 49
und Art und Weise der Betreuung **1901** 2
Atomisierungsmethode (Zuordnungs- und
Abgrenzungsprobleme) **1896** 80
Aufhebung der Betreuung oder
Einschränkung des Aufgabenkreises
1902 51
Aufsicht und Kontrolle durch das VormG
1908i 176
Aufteilung von ehrenamtlicher/berufsmäßiger Wahrnehmung **1897** 52
und Aufwendungsersatz **1908i** 281

Aufgabenkreis (Betreuung) (Forts.)
und Auseinandersetzung des neuen mit dem entlassenen Betreuer **1908c** 20
und Auskunftspflicht des Betreuers **1908i** 85
Beispiele **1896** 77
und Berichtspflicht des Betreuers **1908i** 86
Beschwerderecht des Betreuers **1908i** 187
und Besprechungspflicht **1901** 10, 46
Bestimmung durch Erfordernis rechtlicher Betreuung **1908i** 348
Betreuerbestellung vor Eintritt der Volljährigkeit **1908a** 4
Betreuerhandeln außerhalb des – **1901** 18
und Betreuungsamt **1896** 169
und Bevollmächtigung als andere Hilfe **1896** 127 ff
Bezeichnung, unterschiedlich verwendete **1896** 75
des bisherigen Vormunds, bisherigen Pflegers **1897** 9
und eigene Angelegenheiten des Betreuten **1907** 15
Eignung des Betreuers **1897** 13; **1908b** 7
Einschränkung **1896** 40; **1902** 51; **1908d** 24 ff; **1908i** 56
und Einwilligung in medizinische Maßnahme **1904** 15
und Einwilligungsvorbehalt **1903** 23
Entzug eines Teils des – als teilweise Entlassung **1908b** 4
Erforderlichkeitsgrundsatz **1896** 80; **Vorbem 1896** ff 45
Erweiterung der Betreuung **1908d** 1 ff
Erweiterung, Einschränkung bei der Gegenbetreuung **1908i** 36
Erweiterung und Mitteilungspflicht des Betreuers **1901** 35
Erweiterung und Vertretungsänderung **1902** 46
Erweiterung des – und zugleich des Einwilligungsvorbehaltes **1908d** 20
Erweiterungsbedarf im einzelnen **1908d** 8
Fehlender – **1902** 24
Ganzheitliche Betrachtungsweise **1896** 81
des Gegenbetreuers **1908i** 25 ff, 83
Gestaltung der Aufgabenkreise **1896** 79 ff
Gestaltung/Handhabung in der Praxis, Zuordnungs- und Abgrenzungsprobleme **1896** 79 ff
Gesundheitsfürsorge, Gesundheitsbetreuung **1896** 89 ff; **1901** 31 ff; **1902** 58, 78; **1904** 14 ff
Handeln außerhalb des – **1902** 24
und Heilungs- und Rehabilitationschancen **1901** 31 ff
Individuelle Bestimmung **1896** 51
Klarstellungshinweise **1896** 78
bei körperlicher Behinderung **1896** 32, 50

Aufgabenkreis (Betreuung) (Forts.)
und Mangel der Vertretungsmacht aufgrund Entziehung der Vollmacht **1908i** 56
Maßnahmen, freiheitsentziehende **1906** 41, 45
Mehrheit von Betreuern und sich überschneidende – **1908i** 75
Methode der Atomisierung, ganzheitliche Betrachtungsweise **1896** 81
Mietverhältnis, Wohnungsangelegenheiten **1907** 9
Neubestimmung bei mehreren Betreuern **1908b** 4
und Notwendigkeit stellvertretenden Handelns **1902** 2
Personensorge und Vermögenssorge **Vorbem 1896** ff 45
Rechte des Betreuten gegen Bevollmächtigten **1903** 39
Rechtsfolgen eines eingeschränkten – **1908d** 30
Schwangerschaftsabbruch **1904** 36
Sterilisation **1905** 26; **1908d** 7
Taschengeldverwaltung, Verwaltung des Arbeitsverdienstes **1908i** 159
Terminologie **1896** 75
und Überbetreuung **1908i** 85
Überwachungsbetreuer **1896** 138
Umfang der Betreuung, Art und Weise der Betreuung **1901** 2
und Umfang gesetzlicher Vertretung **1902** 23
Unterbringung **1906** 20, 21
Unterbringung und Vormundschaft früheren Rechts **Vorbem 1896** ff 25 ff
und Vergütung **1908i** 281
und Vergütungsvereinbarung mit dem Betreuten **1908i** 347
Wesentliche Erweiterung, unwesentliche Erweiterung **1908d** 13 ff
und Wirkungskreise früherer Gebrechlichkeitspflegschaft **1896** 77
Wohnungsauflösung **1907** 8
und Zuordnung von Angelegenheiten **1907** 8
und Zwang **1908i** 111

Aufhebung der Abwesenheitspflegschaft
Sonderregelung **1919** 10; **1921** 1 ff
und Wirksamkeit von Rechtsgeschäften **1911** 21

Aufhebung der Betreuung
Abwicklungsverhältnis **1908d** 29
Akzessorietätsgrundsatz **1908d** 28
von Amts wegen zu treffende Entscheidungen **1908d** 3
Anhörung **1908d** 26
Antrag **1896** 59; **1908d** 25
keine automatische Beendigung der Betreuung **1908d** 1

Aufhebung der Betreuung (Forts.)
Beendigung des Betreuungsverhältnisses **1908d** 28
befristete Betreuung **1908d** 2
Bekanntmachung **1908d** 26
Besorgung einzelner Angelegenheit **1908d** 2
Betreueramt, beendetes **1908d** 28
Betreueransprüche **1908d** 29
oder Einschränkung des Aufgabenkreises **1902** 51
Erforderlichkeitsgrundsatz **1908d** 3
Gegenbetreueramt **1908d** 28; **1908i** 47
Informationspflichten des Betreuers **1908d** 4
Konstitutive oder deklaratorische Entscheidung **1908d** 2
Krankheitsverlauf **1896** 40
Rechtsbehelfe **1908d** 26
Sachverständigengutachten **1908d** 26
Sterilisation, erfolgte **1908d** 2
Unaufschiebbare Angelegenheiten **1908i** 66 ff
Verfahren **1908d** 26 f
Zeitablauf und Entscheidung über die – **1908d** 2
Zweckerreichung **1908d** 2
Aufhebung des Einwilligungsvorbehaltes
s. dort
Aufhebung der Entmündigung früheren Rechts
Wegfall des Entmündigungsgrundes **Vorbem 1896 ff** 4
Aufhebung der Ergänzungspflegschaft
s. dort
Aufhebung der Ersatzpflegschaft
s. dort
Aufhebung der Gebrechlichkeitspflegschaft früheren Rechts
und Stellung eines geschäftsfähigen Pflegebefohlenen **Vorbem 1896 ff** 17
Aufhebung der Pflegschaft
s. dort
Aufhebung von Unterbringungsmaßnahmen
s. dort
Aufhebung von Wohnungsverhältnissen
s. Wohnungsauflösung
Aufklärungspflicht
und Sachverständigengutachten **1896** 45
Aufsicht
über Betreuten durch Betreuer **1902** 74
Betreuung **1908i** 160 ff, 174 ff
Pflegschaft **1915** 19 ff
Aufwandsentschädigung
Betreuung/ehrenamtlich geführte **1908i** 287
Betreuung/Vorschriften vor dem 1.7.2005 **1908i** 270, 278, 280 ff
Gerichtliche Festsetzung **1908i** 339 ff
Pflegschaft **Vorbem 1909 ff** 13; **1915** 16
Vereinsbetreuung, Behördenbetreuung und Ausschluß einer – **1908i** 273

Aufwendungsersatz (Betreuung)
s. a. Vergütung (Betreuung)
Altes Recht/Anwendungsgrundsätze **1908i** 261 ff
Altes Recht/Text des bis 30.6.2005 geltenden Rechts **1908i** 270
Altfälle/Übergangsregelung **1908i** 338
Anspruchsfestsetzung durch das VormG **1908i** 339 ff
Anstellungsträgerschaft/Anspruchsgeltendmachung bei Vereinsbetreuer, Behördenbetreuer **1908i** 274
Antrag/Tätigkeit von Amts wegen **1908i** 342
Aufgabenkreis **1908i** 281, 347
Aufwendungen/Umfang des Ersatzes **1908i** 284, 311 ff
Befristete Betreuung **1908i** 282
Begriff der Aufwendungen **1908i** 311
Berufsbetreuer **1908i** 292, 295 ff
Berufsmäßigkeit der Betreuung/VormG-Feststellung **1908i** 298 ff
Bestellungserfordernis/Wirksamkeit **1908i** 280
Betreuer/Betroffener als Verpflichteter **1908i** 279, 288
Betreuungsverein/Vereinsbetreuung **1908i** 293
Dienstleistungen des Betreuers **1908i** 284
Ehrenamtliche Betreuung **1908i** 286, 292
Ergänzungsbetreuung **1908i** 282
Gegenbetreuung **1908i** 290
Hilfsarbeiten/Bürokräfte **1908i** 284
Mehrbetreuerbestellung **1908i** 334
Neue Betreuerbestellung **1908i** 283
Neues Recht/Text des Vormünder- und BetreuervergütungsG **1908i** 271 ff
Privatrechtliche Vereinbarungen **1908i** 345 ff
Rechtsgrundlage **1908i** 263
Staatskasse als Verpflichteter/mittelloser Betreuter **1908i** 279, 288
Umsatzsteuer **1908i** 310
Vakanz in der Betreuerbestellung **1908i** 282
Verfahrenspflegschaft **1908i** 343
Verzinsungsanspruch **1908i** 285
Aufwendungsersatz (Verfahrenspflegschaft)
s. a. Vergütung (Verfahrenspflegschaft)
Ansprüche gegen die Staatskasse **1908i** 279, 294
Ausschluß bei Betreuungsverein/Betreuungsbehörde **1908i** 294
Rechtsgrundlage **1908i** 265
Staatskasse als Schuldner **Vorbem 1909 ff** 6
Ausbildung
Betreuerqualifikation und Vergütungsstufen-Einordnung **1908i** 315
Auseinandersetzungszeugnis
Eheschließungsrechtsgesetz **1908i** 204

Ausführungsgesetze der Länder
s. Landesrecht; einzelne Länder
Auskunftspflicht
des Arztes gegenüber dem Betreuer **1904** 10 f
des Betreuers **1908i** 81 ff
Pflegschaft **1915** 23
Ausländer
s. a. Nichtdeutsche
Betreuer **1898** 16
Betreuerbestellung nach deutschem Recht **1897** 30
Migrantenbetreuung/Institut für transkulturelle Betreuung **1898** 16
Pflegschaft **1909** 39
Pflegschaften für – **Vorbem 1909 ff** 23 ff
Übernahme als Rechtspflicht **1898** 1
Auslagenersatz
s. Aufwendungsersatz
Auslandsstudium
Betreuerqualifikation und Vergütungsstufen-Einordnung **1908i** 315
Außergewöhnliche Belastungen
und Betreuungsübernahme **1898** 24
Ausstattung
Genehmigungsvorbehalt **1908** 1 ff
Ausstattungsversprechen
Genehmigungsvorbehalt **1902** 43
Ausübung der Betreuung
Übertragbarkeit **1901** 71
Auswahl
Abwesenheitspfleger **1909** 22; **1911** 22
Betreuer **Vorbem 1896 ff** 45, 80; **1897** 10 ff; **1898** 33
Ergänzungspfleger **1909** 34 ff; **1915** 13
Pfleger **1915** 11 ff; **1917** 5
Ausweis des Betreuers
s. Betreuerausweis
Autismus
als seelische Störung **1896** 38

Baden-Württemberg
Anerkennung von Betreuungsvereinen **1908f** 12
Behördenbetreuung, Befreiungen **1908i** 248
Landesrechtliches Unterbringungsrecht **1906** 12
Meldepflichten bei Pflegschaft/Betreuung **1896** 181
Sammlungsgesetz **1914** 8
Bargeld des Betreuten
s. Geld des Betreuten
Bayern
Anerkennung von Betreuungsvereinen **1908f** 13
Aufsicht des VormG in vermögensrechtlicher Hinsicht **1908i** 108
Behördenbetreuung, Befreiungen **1908i** 249

Bayern (Forts.)
Betreuungsverein, Betreuungsbehörde (Befreiungen) **1908i** 140
Betreuungsverfügung, Ablieferungspflicht **1901a** 15
Ehrenamtspflicht, verfassungsrechtliche **1898** 4
Gesetz zur Ausführung des BetreuungsG **1901a** 15
Landesrechtliches Unterbringungsrecht **1906** 12
Meldepflichten bei Pflegschaft/Betreuung **1896** 181
Sammlungsgesetz **1914** 8
Wahlrecht und Betreuung **1896** 174
Beamter
Betreuerbestellung und Erlaubniserteilung **1908i** 9
Disziplinarverfahren und Abwesenheitspflegschaft **1911** 6
Ernennung eines betreuten Beamten **1896** 181
Verhandlungsunfähigkeit und Betreuerbestellung **Vorbem 1896 ff** 79 ff
Zurruhesetzungsverfahren und Betreuerbestellung **1896** 38
Bedingung
Übernahmeerklärung des Betreuers **1898** 10
Beendigung
s. a. Aufhebung
der Betreuung (allgemeines) **1908i** 220 ff
der Betreuung, Formen **1908d** 2
der Betreuung, unaufschiebbare Maßnahmen **1908i** 66 ff
der Betreuung/Vergütungsfrage **1908i** 282
des Einwilligungsvorbehalts **1903** 93 f
des Gegenvormundsamtes **1908i** 228
Lebenserhaltende Maßnahmen für den Betreuten **1904** 6
eines Mietverhältnisses
s. Wohnungsauflösung
der Pflegschaft **Vorbem 1909 ff** 21; **1915** 25 f; **1918** 1 ff
Unterbringungsmaßnahmen **1906** 37 ff, 109 ff
der Vereinsbetreuung **1900** 20 ff
der Verfahrenspflegschaft **1906** 60
Verfahrenspflegschaft **Vorbem 1909 ff** 6
Befreiungen (Betreuung)
Angehörige, Vereinsbetreuer, Behördenbetreuer/Aufsicht und Kontrolle des VormG **1908i** 178
Angehörige, Vereinsbetreuer, Behördenbetreuer/Geldsperrungen **1908i** 135
Angehörige, Vereinsbetreuer, Behördenbetreuer/Rechnungslegungspflicht **1908i** 193
Betreuungsbehörde und Betreuungsverein/Aufsicht und Kontrolle des VormG **1908i** 178

1020

Befreiungen (Betreuung) (Forts.)
  Betreuungsbehörde und Betreuungsverein/Geldsperrungen **1908i** 135
  Betreuungsbehörde und Betreuungsverein/Rechnungslegungspflicht **1908i** 191
  Betreuungsbehörde und Vermögensverzeichnis/landesrechtliche Befreiungen **1908i** 115
  Betreuungsbehörde und VormG-Genehmigungen/landesrechtliche Befreiungen **1908i** 151
  Betreuungsstellen als Betreuer/Landesrechtliche Vorschriften **1908i** 248 ff
Befristung
  der Betreuung **1908d** 2; **1908i** 282
  Übernahmeerklärung des Betreuers **1898** 10
Behandlung (medizinische)
  s. Ärztliche Behandlung, Maßnahme; Einwilligung (medizinische Maßnahmen)
Behandlungsvertrag
  und medizinische Maßnahme **1904** 27
Behinderung
  s. a. Krankheit
  Abgrenzung der körperlichen – gegenüber psychischen Krankheiten **1896** 39
  Ärztliche Maßnahmen/Einwilligungsfähigkeit **1904** 19
  Aufgabenkreis/komplexer Lebenssachverhalt **1896** 81
  ausgeschlossene Aufgaben bei körperlicher – **1896** 32, 50
  Behindertenbegriff **1896** 33
  Betreuer als gesetzlicher Vertreter unabhängig von jeweiliger – **1902** 16
  Betreuung auf Antrag **1908d** 5, 25
  Betreuungsvoraussetzungen **1896** 31 ff; **Vorbem 1896** ff 45
  Blindheit, Taubheit, Stummheit **1896** 32
  Eheschließung **1896** 170
  Einsichtsfähigkeit, Einsichtsunfähigkeit **1896** 72
  und Einwilligungsvorbehalt **1903** 17, 23
  Einwilligungsvorbehalt, ausgeschlossener bei körperlicher – **1903** 14
  Gebrechlichkeitspflegschaft früheren Rechts **Vorbem 1896** ff 20
  Geistig behinderte Menschen, Betreuerbestellung **1896** 35; **Vorbem 1896** ff 45
  Geistig behinderte Menschen und Unterbringung **1906** 27
  Geistig behinderte Menschen, Verbesserung ihrer Rechtsstellung **1903** 83
  Gesetzliche Vertretung unabhängig vom Grad der – **1902** 16
  Impairment/disability/handicap **1896** 33
  Körperliche Behinderung, ausgeschlossene Aufgabenkreise **1896** 32, 50
  Körperliche Behinderung, Betreuerbestellung **1896** 31 ff; **Vorbem 1896** ff 45

Behinderung (Forts.)
  Körperliche Behinderung und Selbstschädigungsproblem **1903** 14
  Körperliche Behinderung und Unterbringung **1906** 17, 23
  Körperliche Behinderung, Vertretungsmacht des Betreuers **1902** 8
  Krankheit und Behinderung **1896** 33, 39
  Maßnahmen, freiheitsentziehende **1906** 46
  Medizinischer Befund und Betreuungsdauer **1896** 40
  Nichtkörperliche – **1896** 33
  und offenkundige Geschäftsunfähigkeit **1903** 41
  Psychische Krankheiten **1896** 39
  Seelisch behinderte Menschen, Betreuerbestellung **1896** 37; **Vorbem 1896** 45
  Seelisch behinderte Menschen, Verbesserung ihrer Rechtsstellung **1903** 83
  Seelische Behinderung und Unterbringung **1906** 27
  und Selbstschädigung **1903** 14
  und Sexualität **1905** 9
  Teilnahme am Rechtsverkehr **1903** 33
  und Versorgungsdefizit **1896** 21
  WHO-Behindertenbegriff **1896** 33
Behördenbetreuer
  Abgrenzung von Vereins- und Behördenbetreuern **Vorbem 1897-1900** 11
  Anforderungs- und Ausbildungsprofil **Vorbem 1897-1900** 9
  Anlegung von Betreutengeld **1908i** 137
  Aufgabenausführung als Dienstaufgabe **1908g** 2
  Aufwendungsersatz
  s. dort
  Ausnahmeregelung **1900** 3
  Befreiungen
  s. dort
  Bestellung **1908g** 1
  und Betreuermodell **1908i** 233
  Buchforderungen des Betreuten gegen das Reich, Bundesstaat **1908i** 143
  Einwilligungserfordernis **1898** 5
  als Einzelbetreuer **1897** 40 ff
  Ersatzbetreuung **1899** 11
  Fiktion der Einzelbetreuung **1908g** 2
  Geldanlage **1908g** 4
  Haftung **1908i** 233
  Hinterlegungspflicht, Befreiung **1908i** 141
  Individualbetreuer **1898** 6
  keine Meldepflicht **1908k** 11
  als natürliche Person **Vorbem 1896** ff 45
  Periodische Berichterstattung **1908i** 96
  Privilegierung, unbegründete **1908g** 2
  Rechnungslegung bei Beendigung der – **1908i** 223
  Rechtsstellung **1908g** 2; **1908i** 233
  Sperrung von Betreutengeld **1908i** 136
  Übernahmeverpflichtung **1898** 6
  Vereinsbetreuung und – **1900** 8

Behördenbetreuer (Forts.)
Zielsetzung **1900** 2
keine Zwangsgeldfestsetzung **1908g** 1 ff;
1908i 89
Behördenbetreuung (Amtsbetreuung)
keine Ablehnung der Betreuungsübernahme **1908i** 14
Anhörung des Betreuten **1900** 31
Anlegung von Betreutengeld **1908i** 137
Ansprüche der Behörde **1900** 32
Auffangzuständigkeit **1900** 26 f
Aufgabenkreiserweiterung **1908d** 10
Aufsichts- und Kontrollinstrumente
1901 11
Aufwandsentschädigung **1908i** 244
Aufwendungsersatz
s. dort
Ausübung der Betreuung, Übertragung
1901 71
Befreiungen
s. dort
Besonderheiten der Amtsbetreuung
1900 39 f
Bestellungsgründe **1900** 28
Bestellungsverbot bei Sterilisationsfrage
1900 34
und Betreuermodell **1908i** 233
BetreuungsbehördenG (BtBG)
Vorbem 1896 ff 31; **Anh 1900**
BetreuungsrechtsänderungsG/zweites
Vorbem 1896 ff 78
Betreuungsverein, geeigneter **1908b** 48
Buchforderungen des Betreuten gegen das
Reich, Bundesstaat **1908i** 143
Dienstrecht und Betreuungsrecht **1908b** 41
Ein-Personen-Besetzung
Vorbem 1897-1900 17
Entlassung der Behörde als Betreuer
1908b 46 ff
Entlassung des Behördenbetreuers
1908b 37, 40
Entlassungsantrag **1902** 53
Erforderlichkeitsgrundsatz **1896** 105
Ersatzfunktion **1896** 105
und Fachaufsicht des VormG **1900** 40
Gebietskörperschaften als örtliche Betreuungsbehörden **1900** 40
Gegenbetreuerbestellung, keine bei –
1908i 24
Geldanlage **1908i** 130
Hinterlegungspflicht, Befreiung **1908i** 141
Hinterlegungspflicht, vom VormG angeordnete **1908i** 144
Jugendamt, Unterschied **1900** 40
Neubestellung **1908c** 4, 6
Organisationsgewalt und Wahrnehmung
der Betreuung **1900** 38
organisatorische Probleme **1900** 33
Periodische Berichterstattung **1908i** 96
Privatbetreuer, geeigneter **1908b** 48

Behördenbetreuung (Amtsbetreuung) (Forts.)
Prüfung der Bestellung natürlicher Person
Vorbem 1896 ff 54
Realbetreuer, Rechtsstellung **1900** 36 ff
Rechnungslegung bei Beendigung der –
1908i 223
Rechtsstellung der Behörde **1900** 32
Sperrung von Betreutengeld **1908i** 136
Sterilisation **1905** 21
Subsidiarität gegenüber natürlicher
Person, Vereinsbetreuung
Vorbem 1896 ff 45; **1908b** 48
Übertragung der Betreuungsarbeit **1900** 31
Vereinsbetreuerbestellung, vereinbarte
1900 29
Vereinsbetreuung und – **1900** 26
Vermögensrecht des Betreuten, Verfügung
1908i 140
Zuständigkeit der Behörde **1900** 30
keine Zwangsgeldfestsetzung **1908g** 1, 3;
1908i 89
Behördenpflegschaft (Amtspflegschaft)
Vorrang der Vereins-, Einzelpflegschaft
gegenüber der – **1915** 13
Beistandschaft
und Abschaffung der Amtspflegschaft
1896 172
anstelle Amtspflegschaft, gesetzlicher
Vorbem 1909 ff 2
Betreueraufgabe eines Antrags **1902** 56
und Betreuungsrecht **Vorbem 1896 ff** 75
und elterliche Sorge **Vorbem 1909 ff** 2;
Vorbem 1909-1921 4
und Pflegschaftsrecht **Vorbem 1909 ff** 2
Übernahme einer Beistandschaft, landesrechtliche Vorgabe **1915** 20
Vormundschafts- und Pflegschaftsrecht,
Folgen des Beistandschaftsgesetzes
1915 3
Beitrittsgebiet
Betreuervergütung **1908i** 267
öffentlich-rechtliche Unterbringung
1906 10
Pflegschaften, bestehende **1915** 4
Vormund, Pfleger **Vorbem 1896 ff** 31 ff
Bekanntmachung
Aufhebung, Einschränkung der Betreuung
1908d 26
Betreuerbestellung **1902** 47
Betreuerbestellung vor Eintritt der Volljährigkeit **1908a** 13, 19
Einwilligungsvorbehalt **1903** 95, 111
Entlassung des Betreuers **1908b** 52
Ergänzungsbetreuer **1908i** 61
Gegenbetreuer **1908i** 40
Genehmigung der Wohnungsauflösung
1907 30
Neubestellung eines Betreuers **1908c** 10
Unterbringungssachen **1906** 87
Beklagtenrolle
des Betreuten **1903** 28

1022

Belegvorlage
Rechnungslegung des Betreuers **1908i** 197
Beobachtungspflegschaft
Vigilanz-Pflegschaft, unzulässige **1909** 25
Beratung
Betreuung **1908i** 163 ff, 232
Pflegschaft **1915** 9, 23
Berichterstattung
nach Entlassung des Betreuers **1908c** 20
Berichtspflichten
des Betreuers **Vorbem 1896 ff** 45;
1908i 85 ff
Berlin
Anerkennung von Betreuungsvereinen
1908f 14
Behördenbetreuung, Befreiungen
1908i 308
Landesrechtliches Unterbringungsrecht
1906 12
Meldepflichten bei Pflegschaft/Betreuung
1896 181
Sammlungsgesetz **1914** 8
Beruf
und Betreuungsübernahme **1898** 23
Berufliche Qualifikation
Betreuerqualifikation und Vergütungsstufen-Einordnung **1908i** 315
Berufsbetreuer
s. a. Ehrenamtliche Betreuung
Anforderungen der Behörde **1897** 57
Anforderungs- und Ausbildungsprofil
Vorbem 1897-1900 5 ff
und ehrenamtliche Betreuung/Vergleich
Vorbem 1897-1900 11
und ehrenamtliche Betreuung/Vorrangfrage **Vorbem 1897-1900** 4
Entlassung **1908b** 26
Entlassung wegen Betreuungsmöglichkeit
außerhalb einer Berufsbetreuung
1897 56; **Vorbem 1897-1900** 4
Erklärungspflicht zum Umfang geführter
Betreuungen und Eignungsprüfung
1897 58
Erstmalige Bestellung im Gerichtsbezirk
Vorbem 1897-1900 4
Fachkenntnisse/Bedeutung für die
Einordnung in Vergütungsstufen
1908i 315
Feststellung beruflicher Betreuung
1908i 297 ff
Freiberufler als – **1897** 32 f
Mitteilung zur Betreuung durch außerhalb
einer Berufsausübung tätige Person
1897 53; **Vorbem 1897-1900** 4
Nachrang beruflicher gegenüber ehrenamtlicher Betreuung **1908d** 9
Natürliche Personen als Betreuer (berufsmäßig tätige/nicht berufsmäßig tätige)
Vorbem 1897-1900 3
Profession/Professionalisierung
Vorbem 1897-1900 10

Berufsbetreuer (Forts.)
und Rangfolge bei natürlichen Personen
als Betreuer **Vorbem 1897-1900** 3
Rechtsanwalt/BRAGO-Liquidation
1908i 261
Vereinsbetreuer als – **1897** 34
Vergütung
s. dort
Vorrang ehrenamtlicher vor beruflich
geführter Betreuung **1897** 51 ff;
Vorbem 1897-1900 4
Zurückdrängung **Vorbem 1897-1900** 4
Berufspfleger
Berufsmäßige Führung einer Verfahrenspflegschaft **1908i** 300; **Vorbem 1909 ff** 6
Berufsspezifische Dienste
durch Betreuer **1901** 52
Berufsvormund
BerufsvormündervergütungsG/dreistufiges System **1908i** 262
BerufsvormündervergütungsG/Text
1908i 270
Gesetz über die Vergütung **1908i** 240
Beschwerde
s. Rechtsbehelfe
Besitz von Betreuungsverfügungen
Ablieferungspflicht **1901a** 1 ff
Ablieferungspflicht/Folgen unterlassener
Ablieferung **1901a** 17 ff
Besonderer Vertreter
für nicht prozeßfähigen Beteiligten ohne
gesetzlichen Vertreter **1896** 68
Besorgungsbedürftige Angelegenheiten
als Rechtsangelegenheiten/Betreuung als
Rechtsfürsorge **1896** 52
Besprechungspflicht
als Betreuerpflicht **1901** 10, 46
Bestallungsurkunde
Einwilligkeitsvorbehalt **1903** 116
Bestellung des Betreuers
s. Betreuerbestellung
Beteiligte
Pflegschaft für unbekannte, ungewisse –
s. Alphabetische Übersicht zu § 1913
BGB
Betreuer
Ablehnung oder Bestellung (Personalentscheidung) **1897** 44
Ablehnung der Übernahme **1898** 31
Ärztliche Betreutenmaßnahmen/beabsichtigte Betreuereinwilligung
s. Ärztliche Betreutenmaßnahmen
Ärztliche Betreutenmaßnahmen/Betreuereinwilligung und VormG-Genehmigung
s. Ärztliche Betreutenmaßnahmen
und Akteneinsicht **Vorbem 1896 ff** 65
Akteneinsicht (Betreuerakten) **1901** 44
Altes und neues System der Betreuer
Vorbem 1897-1900 1 f
Amtsführung, Normverstöße **1901** 9

Betreuer (Forts.)
Anforderungsprofil **Vorbem 1897-1900** 9
Angehörige
s. dort
Ansprüche nach Aufhebung der Betreuung **1908d** 29
Ansprüche des Betreuten gegen den –
1908i 230 ff
Ansprüche gegen den Betreuten
1908i 258 ff, 279
Ansprüche gegen Betreuten und Staatskasse **1908i** 258 ff, 279
Anwendungsprobleme des neuen
Betreuersystems **Vorbem 1897-1900** 12 ff
Art und Weise seiner Besorgung **1901** 18
Arzt, behandelnder **1897** 25
Arzt und Betreuer **1904** 9 ff
Aufgabenkreis
s. dort
Aufhebung
s. dort
Auflösung von Wohnungsverhältnissen
s. Wohnsitzaufgabe, Wohnungsauflösung
Aufmerksamkeitspflichten bezüglich der
Voraussetzungen **1901** 35
Aufsicht über Betreuten **1902** 74
Aufsicht und Kontrolle **1908i** 174 ff
Auftragsdurchsetzung **1901** 41
Aufwendungsersatz
s. dort
Ausbildung **1908i** 315
Auskunftspflicht **1908i** 81 ff
Ausländer **1897** 30; **1898** 1, 16
Auslandsstudium **1908i** 315
Außenverhältnis, Innenverhältnis
1902 19 ff
Auswahl des Betreuers, Bestellung des
Betreuers **1898** 33
Auswahl des Betreuers/Beamten- und
Soldatenrecht **Vorbem 1896 ff** 80
Auswahl, für Einzel- und Mitbetreuer
geltende Grundsätze **1897** 5
Auswahl bei einer Neubestellung **1908c** 4
Auswahlkriterien **1897** 11 ff
Ausweis
s. dort
Beamte, Religionsdiener **1898** 5; **1908** 9
Bedarfsorientierte Betreuerzahl
Vorbem 1897-1900 23
Bedarfsorientierte Zahl
Vorbem 1897-1900 25
Beendigung
s. dort
Beginn **1898** 47
Begleitung des Betreuten **1901** 49, 50
Behördenbetreuer
s. dort
kein Berater und Therapeut in der
Lebensgestaltung **1901** 29
Beratungsanspruch **1908i** 163, 232

Betreuer (Forts.)
Berichtspflicht und Auskunftspflicht
1908i 85 ff
Berufliche Belastungen **1989** 23
Berufsausbildung **1908i** 315
Berufsbetreuer
s. dort
Berufsspezifische Dienste **1901** 52
Beschwerderecht **1908i** 186
Besprechungspflicht **1901** 10, 46
Besserbetreuung und Mehrheit von
Betreuern **1899** 4
Bestellung vor Eintritt der Volljährigkeit
1908a 7, 9
Bestellungsgrundsätze **1897** 10;
Vorbem 1897-1900 19 ff
Bestellungsverbote **Vorbem 1897-1900** 21
Betreuerausweis
s. dort
Betreuer/Betreuter bei vorzeitiger
Betreuerbestellung **1908a** 11
Betreuer/Betreuter-Konflikt **1908b** 15;
1908i 169
Betreuerwechsel nur bei wichtigem Grund
1908b 2
Betreuter Betreuer **1897** 22
Betreuter und Betreuer **1901** 2 ff
Betreutsein und Betreuerexistenz, Auseinanderfallen **1908c** 16
Betreuungsinhalt, Betreuungsplan
1901 11, 20
und Betreuungsstelle **1902** 21
und Bevollmächtigung zur Ausübung
1899 13
Binnenbeziehung **1901** 7, 44
Dienstleistungen, tatsächliche **1901** 52
Ehrenamtliche Betreuung
s. dort
Eidesstattliche Versicherung **1908i** 203
Eigene Eignungseinschätzung **1898** 12
Eignung
s. dort
Eignung im konkreten Fall
Vorbem 1897-1900 10
Eignung und Pflichtwidrigkeit **1908b** 11
Einbeziehung des Betreuten **1901** 40
Eindringen in Räumlichkeiten des Betreuten **1901** 42
und Einwilligungsvorbehalt **1903** 8
Entlassung des Betreuers
s. dort
keine Entlassung durch das VormG
1908i 201
Entscheidungsverantwortung **1902** 68
Erklärung der Übernahmebereitschaft
1898 27 ff
Erlaubnis der Übernahme **1897** 26
erstmalige Bestellung **1897** 7
Erweiterungsgründe, Mitteilung an das
VormG **1901** 35
Erziehungsfunktion **1908i** 101

Betreuer (Forts.)
  Fachkenntnisse **1908i** 252, 315
  Faktische Tätigkeiten **1901** 2
  Fehlerhafte Bestellungsentscheidung **1898** 35 ff
  Feiern, Feste (Teilnahme) **1901** 48
  Fortbildung **1908i** 173
  Fortdauer der Befugnisse nach Beendigung des Amtes **1902** 50
  Freiberufler **1897** 32 f
  Fremdbestimmung als ungeeignetes Kriterium **1902** 10
  Führung der Betreuung **1901** 44
  Garantenstellung **1906** 24
  Geld des Betreuten
    s. dort
  Genehmigungsvorbehalte
    s. dort
  Geschäftsfähigkeit **1897** 20
  Gesetzliche Vertretungsmacht
    s. dort
  Gespräche **1901** 46
  Gesundheitsfürsorge
    s. dort
  Grenzen des Betreuerhandelns **1901** 17
  Grundzielbestimmung **1901** 3
  Haftpflichtversicherung **1908i** 179
  Haftung
    s. dort
  Handeln für den Betreuten **1902** 56
  Handeln mit Blick auf den Betreuten **1902** 58
  Handeln in Ergänzung von Betreutenhandeln **1902** 57
  Handeln ohne Vertretungsmacht **1902** 59
  Handlungsanweisungen **1901** 8, 10
  Heilungschancen, Nutzung **1901** 31 ff
  Heimmitarbeiter, Ausschluß **Vorbem 1897-1900** 17
  Heimplatzsuche **1901** 51
  Hilfspersonen **1902** 66 ff
  Hochschulausbildung **1908i** 315
  Informationspflichten und ändernde Gerichtsentscheidungen **1908d** 4
  Insolvenz **1897** 21; **1908b** 17
  Institutionen als – **Vorbem 1897-1900** 1 ff
  Inventarisierungspflicht **1908i** 112
  Kommunikation/keine eigentliche Betreueraufgabe **1908i** 315
  Konsensprinzip ohne Zwangsgeldregelung **1898** 4
  Machtausübung, Gewaltanwendung **1901** 41 ff
  Maximen des Betreuerhandelns **1901** 17
  Mehrheit von bestellten Betreuern **1899** 1 ff
  Meinungsverschiedenheiten **1908i** 73 ff
  Minderjährigenvormundschaftsrecht, bestehende Auswahlgesichtspunkte **1897** 18

Betreuer (Forts.)
  Minderjährigenvormundschaftsrecht und – **1908i** 8 ff
  Mitteilungen an das VormG **1901** 35 ff
  Mitwirkungsprinzip ohne Zwangsgeldregelung **Vorbem 1897-1900** 22
  Natürliche Personen **1897** 4; **Vorbem 1897-1900** 6
  Neubestellung nach Entlassung bisherigen Betreuers **1908c** 1 ff
  öffentlichrechtlicher Charakter der Betreuer-Pflichten **1908c** 20
  Persönliche Betreuung
    s. dort
  Personelle Lücke **1908c** 2
  Pfleger, vor Inkrafttreten neuen Rechts bestellte **1897** 9
  Pflegerbestellung (Verfahrenspfleger) **1897** 24
  Pflichten des Betreuers **1896** 165, 166 f; **1901** 1 ff; **1908i** 81 ff
  Pflichtwidrigkeiten des Betreuers **1908b** 11 ff; **1908i** 72
  Profession/Professionalisierung **Vorbem 1897-1900** 10
  Querschnittsaufgaben/Anforderungsprofil **Vorbem 1897-1900** 5
  Rat, Beratung des Betreuten **1908i** 168 ff
  Realbetreuer **1900** 36 ff
  Rechnungslegungspflicht
    s. dort
  Rechtliche Betreuung **1901** 17 ff
  Rechtsfürsorge **1901** 2, 17
  Rechtsmacht, eingeräumte **1902** 1 ff
  Rechtsmacht im Vergleich zur früheren Entmündigung **1896** 86
  Rechtsstellung eines gesetzlichen Vertreters
    s. Vertretung (gesetzliche Vertretungsmacht des Betreuers)
  Rechtsstellung, Rechtsmacht **1902** 9
  Regelfall der Bestellung eines Betreuers **1899** 3
  Rehabilitationschancen, Nutzung von **1901** 31 ff
  Religionsdiener **1908i** 9
  Soziale Betreuung **1901** 14
  Sozialpsychiatrische, sozialintegrative Aspekte **1901** 34
  Sterilisationsbetreuer **Vorbem 1897-1900** 21
  Stufenfolge der Bestellung **Vorbem 1897-1900** 13
  Überbetreuung, vom Gesetzgeber abgelehnte **1908i** 85
  Übernahmebereitschaft
    s. dort
  Übernahmeerklärung, Rechtsnatur **1898** 9
  Übernahmepflicht für jedermann **Vorbem 1897-1900** 3, 8, 21; **1898** 1 ff; **1908i** 12 ff
  Ungeeignetheit **1897** 19 ff

Betreuer (Forts.)
Unterbringung
s. dort
Unterstützung **Vorbem 1897-1900** 12
Vereinsbetreuer
s. dort
Verfahrensrecht **1897** 44 ff
Vergütung
s. dort
Verhinderung des Betreuers **1899** 11;
1908i 211
Verpflichtung, mündliche **1896** 157
Verpflichtung des neubestellten Betreuers
1908c 11
Versicherungsauflage **1908i** 179f
Versicherungsschutz **1908d** 11
Vertrauensverhältnis **1901** 8
Vertretungsmacht
s. Vertretung (gesetzliche Vertretungsmacht des Betreuers)
und Vertretungsmacht – notwendiger
Zusammenhang **1902** 14
Volljährigkeit als Handlungsmaßstab
1901 22
und Vollmachtshandeln **1901** 5
Vollzug von Unterbringungsmaßnahmen
1906 89
Vorauswahl **1898** 34
Vormünder, vor Inkrafttreten neuen
Rechts bestellte **1897** 9
Vormundschaftsgericht und Betreuer
s. Vormundschaftsgericht (Betreuungssachen)
Vorrang ehrenamtlicher Betreuung vor
beruflich geführter Betreuung
1897 51 ff; **Vorbem 1897-1900** 4
Vorschlagsrecht des Betroffenen **1897** 28f;
Vorbem 1897-1900 7, 24
Vorschlagsrecht neuen Betreuers durch
Betreuten **1908b** 31 ff
Vorsorgevollmacht
s. dort
Wechsel des Betreuers **1897** 7; **1899** 12
Wegfall des Betreuers und Maßregeln des
VormG **1908i** 210
Willensvorrang des Betreuten **1908i** 231
Wirksamkeit der Bestellung **1898** 42
Wohl des Betreuten
s. dort
Wohl des Betreuten und Pflichten des –
1901 2
Wunschbeachtung **1901** 25 ff
Zahl **Vorbem 1897-1900** 25
Zumutbarkeit **1898** 19 ff; **1901** 21, 44
und Zuordnung von Angelegenheiten
1907 8
Zwang gegen den Betreuten **1901** 41 ff
Zwangsmaßnahmen, Kritik am Verzicht
1898 4
Betreueramt
Amtseinführung, Amtsbeginn **1898** 42 ff

Betreueramt (Forts.)
kein Angehörigenverhältnis aufgrund –
1896 168
aufgezwungene Betreuung **1896** 6
Beendigung
s. dort
Betreuerbestellung
s. dort
und Entstehen von Betreuerrechten
1898 42
und Entstehen des Betreuungsrechtsverhältnisses **1896** 167
Gegenbetreueramt **1908d** 28
keine Übertragbarkeit, keine eigene
Niederlegung **1902** 65
Betreuerausweis
als Bestellungsurkunde **1896** 157
Einwilligungsvorbehalt und Aufgabenkreis **1903** 23
Inhalt/Änderungen **1903** 116
Verpflichtung weiteren Betreuers **1908i** 64
Betreuerbestellung
s. a. Betroffener
von Amts wegen **1896** 58
Amtseinführung **1898** 42
Andere Hilfen **1902** 2
Anforderungsprofil **Vorbem 1897-1900** 5 ff
Angehörige als Betreuer
s. dort
Angelegenheiten des Betroffenen
1896 47 ff
Anhörung, Äußerungen **1896** 150 ff
Antrag, Bedeutung **1896** 58 ff
Anwendungsprobleme des neuen
Betreuersystems **Vorbem 1897-1900** 12 ff
Ausschluß bei anderen Hilfen **1896** 145
Auswahl des Betreuers/Bestellung des
Betreuers **1898** 33
Ausweis des Betreuers
s. Betreuerausweis
Beamte/Soldaten **Vorbem 1896 ff** 79 ff
Bedeutung (Übersicht) **1896** 167
Beendigung
s. dort
Befristete Betreuung **1908d** 2
und Beginn gesetzlicher Vertretung
1902 44 ff
Bekanntmachung **1896** 154
Berufliche Betreuung, Feststellung
1908i 249
Besorgung einzelner Angelegenheiten
1908d 2
Betreuer und – **1908c** 1
Betreuerpflichten und Zweck der – **1901** 8
BetreuungsrechtsänderungsG/zweites
Vorbem 1896 ff 78
Bevollmächtigung, vorrangige **1896** 114 ff
Disziplinarverfahren **Vorbem 1896 ff** 80 f
Dokumentation des Befundes **1896** 41 ff
und Drittinteressen **1896** 69 ff
Eilfälle und Unterbringung **1908i** 217

1026

Betreuerbestellung (Forts.)
Einleitung des Betreuerbestellungsverfahrens **1901a** 10
Einstweilige Anordnung **1896** 159 ff
bei Eintritt der Volljährigkeit, vorangehende – **1908a** 1 ff
Einwilligungsvorbehalt **1896** 179 ff, 180; **1903** 22, 95
Erforderlichkeitsgrundsatz **1896** 107 ff
Erstbestellung **1896** 16
Geschäftsfähigkeit, Geschäftsunfähigkeit: Folgenlosigkeit 170 73; **1896** 168
Geschäftsfähigkeit als Schranke staatlichen Eingriffs **1896** 23 ff
Gesetzliches Rechtsverhältnis **1896** 166
Grundnorm **1896** 2
Grundrechtseingriff **1896** 26
Grundvoraussetzungen **1896** 13
Grundzielbestimmung **1901** 3
Handlungsbedarf **1896** 54, 55
als hoheitlicher Eingriff **1896** 6
Medizinischer Befund **1896** 30 ff
Minderjährigenvormundschaftsrecht und – **1908i** 8 ff
Mitteilung **1896** 158
Persönliche Betreuung/Unterscheidung natürlicher Personen von Institutionen **Vorbem 1897-1900** 11
Rechtsbehelfe **1896** 154 ff
Rechtsmacht, verbleibende **1896** 26
Soldaten/Beamte **Vorbem 1896 ff** 79 ff
Sterilisationsbetreuer **1905** 29 ff
Übernahmebereitschaft
s. dort
Vakanz **1908i** 282
Verfahren **1896** 146 ff
Verfahrenspfleger **1896** 148
Verhandlungsunfähigkeit **Vorbem 1896 ff** 79
Verlängerung und Vergütungsrecht **1908i** 252
Verwaltungsverfahren **Vorbem 1896 ff** 79
Vollmachtbetreuer **1896** 133 ff
Vollzug der Bestellungsentscheidung **1898** 42
Voraussetzungen (Gesamtheit) **1896** 13, 16 ff
Vorläufige Betreuerbestellung **1908i** 217
Vorrang ehrenamtlicher Betreuung vor beruflich geführter Betreuung **1897** 51 ff; **Vorbem 1897-1900** 4
bei Vorsorgevollmacht **1904** 84
und Vorsorgevollmacht zwecks Personensorge **1904** 75
Vorsorglich – vor Eintritt der Volljährigkeit **1908a** 1 ff
zeitliche Dimension **1896** 40

Betreuermodell
Betreuertypen **1908i** 233
Betreuertypen/altes und neues Betreuersystem **Vorbem 1897-1900** 1 ff

Betreuertypen
im neuen Betreuersystem **Vorbem 1897-1900** 5 ff
und Übernahmepflicht **1898** 14

Betreuer
s. a. Ärztliche Behandlung, Maßnahmen
s. a. Betroffener
Abbruch lebenserhaltender Maßnahmen **1904** 6
Alkoholiker **1903** 27
Alkoholwünsche **1901** 29
Alleinhandeln **1902** 41
Alltagsbestimmung **1901** 22
und Alltagsbewältigung **1908i** 101
Altersvorsorgevollmacht/Widerruf **1902** 78
Andere Angelegenheiten als Rechtsfürsorge **1896** 52 f
Angelegenheiten, eigene **1896** 47 ff
Angelegenheiten, eigene Regelung **1907** 15
Angelegenheiten, selbst zu besorgende/ Vergütungsvereinbarung mit dem Betreuten **1908i** 347
Anhörung, persönliche
s. Anhörung (persönliche)
Ansprüche
s. dort
Arbeitsstelle, Wechsel **1902** 28
Arzt-Patient-Verhältnis und Betreuerbefugnis **1904** 4
Auflösung von Wohnungsverhältnissen
s. Wohnsitzaufgabe, Wohnungsauflösung
Aufrechterhaltung früher selbstbestimmten Lebens **1901** 24
Aufsicht durch Betreuer **1902** 74
Auswahlentscheidung des Betreuers und Rechte des – **1900** 5
Begleitung durch Betreuer **1901** 49, 50
Behinderung
s. dort
Beratung **1908i** 168
Besitzer von Betreuungsverfügungen und – **1901a** 17
Betreuer und Betreuer, konkurrierendes Handeln **1908i** 140
Betreuer/Betreuer bei vorzeitiger Betreuerbestellung **1908a** 11
Betreuer/Betreuer-Verhältnis **1901** 7, 44; **1902** 20; **1908b** 15; **1908i** 169
Betreuervorschlag **1897** 11
Betreutsein und Betreuerexistenz **1908c** 16
Betreuungsverfügung **1901a** 1 ff
Dienst- oder Arbeitsverhältnis **1903** 57
Drittschäden, verursachte **1902** 73 ff
Eigene Angelegenheiten **1896** 56
Eigenkompetenz **1903** 7
Eigenvorsorge, vorrangige **1901** 7
Einsichtsfähigkeit, Einsichtsunfähigkeit **1896** 72 f

Betreuter (Forts.)
Einwilligung bei medizinischen Maßnahmen **1904** 26
Einwilligungsunfähigkeit bei medizinischen Maßnahmen
s. Ärztliche Betreutenmaßnahmen
Entlassungswunsch bezüglich des Betreuers **1908b** 21
Faktische Tätigkeiten, rechtliche Besorgung der Angelegenheiten **1901** 2
Fortbewegung, Hinderung an selbstbestimmter **1906** 46
Freiheitsentziehung in fürsorglicher Absicht **1906** 45
Gefahr für den Betreuten/Betreuung als Rechtsfürsorge **1896** 52 f
Geld des Betreuten
s. dort
Geldumgang und Einwilligungsvorbehalt **1903** 8
Genuß seiner Einkünfte, seines Vermögens **1901** 26
Geschäftsfähigkeit, Geschäftsunfähigkeit
s. dort
Gesetzliche Vertretungsmacht für jede Betreuungsart **1902** 8
Gesundheitsfürsorge
s. dort
Gesundheitszustand/Untersuchung **1904** 30
Handeln anstelle des – **1902** 56
Handeln mit Blick auf den – **1902** 58
Handeln in Ergänzung des Handelns des – **1902** 57
Handeln des geschäftsfähigen, geschäftsunfähigen – **1902** 62 f
Handlungsfähigkeit trotz Betreuung **1902** 11
Handlungsspielraum und Einwilligungsvorbehalt **1903** 65
Heilbehandlung **1904** 31
Herausgabeverlangen bezüglich des – **1902** 56
Höchstpersönliche Geschäfte, Ausschluß der Vertretung des – **1902** 33 ff
Körperliche Integrität **1904** 1
konkurrierendes Handeln **1902** 27
Lebensgefahr **1904** 44
Lebensgestaltung **1901** 22; **1901a** 7
Lebensverhältnisse **1902** 30
Leistungserbringung durch den – oder eigene Angelegenheit **1896** 56 f
Maßnahmen (freiheitsentziehende)
s. dort
als Mieter **1907** 14
Mitteilungspflicht des Betreuers und Vertrauen des – **1901** 35
Mittellosigkeit **1908e** 6; **1908i** 279
Nichtige Willenserklärungen und Bedeutung des Einwilligungsvorbehaltes **1903** 59

Betreuter (Forts.)
und Normalität Nichtbetreuter **1901** 29
als Organspender **1904** 37, 64
Partnerschaft und gemeinsame Wohnung **1907** 18
Patiententestament **1901a** 7
Patientenverhalten des – **1903** 17
Personensorge
s. dort
Rat, Beratung durch Betreuer **1908i** 168 ff
Rechtsnachfolger **1908i** 221
Schenkung des – **1908i** 122
Schlechterstellung durch gesetzlichen Vertreter **1902** 17
Schuldenlage **1903** 32
Schwangerschaftsabbruch **1904** 11, 39
Selbständiger Betrieb eines Erwerbsgeschäftes **1903** 56
Selbstschädigung durch Abgabe von Willenserklärungen **1903** 6
Selbstschädigung, drohende **1901** 29
Selbstschädigung, in Kauf genommene **1903** 14
Soziale Betreuung kein Betreuungsgrund **1896** 47
Sozialhilfe **1902** 30
Staatskasse, Zahlungen des – **1908i** 262
Stärkung seiner Position (Personensorge) **1904** 1
Taschengeld **1908i** 198
Training zur Alltagsbewältigung **1903** 7
Umgang **1902** 56; **1908i** 99
Unterbringung
s. dort
Unterrichtung über das Verfahren **1896** 149
Untersuchung des Gesundheitszustandes/Diagnostik **1904** 30
Verfahrenspfleger
s. dort
Vergütungsvereinbarung mit dem Betreuer **1908i** 347
Vermögenssorge
s. dort
Vermögensübertragung, gewünschte **1902** 30
Vermögen/Vergütungsentnahme **1908i** 339
Verschwendung **1903** 32
Vertragsabschluß ohne erforderliche Einwilligung **1903** 49
und Vertretungsmacht – notwendiger Zusammenhang **1902** 14
Verwahrloste Wohnung **1901** 43
Vorschlagsrecht für die Betreuerperson **1897** 28, 29
Vorschlagsrecht, Vorschlagspflicht für neuen Betreuer **1908b** 31 ff
Willensvorrang, begrenzter **1901** 21 ff
Willensvorrang und Haftungsrisiko **1908i** 231

Betreuter (Forts.)
  wirtschaftliche Leistungsfähigkeit
    1908i 261
  wirtschaftliche Verhältnisse **1903** 27
  Wohl des Betreuten
    s. dort
  Wohnsitz
    s. dort
  Wünsche, Beachtlichkeit und Grenzen
    1901 25 ff
Betreuter Betreuer
  und Wohl des Betreuten/Prüfung
    1897 22; **1908b** 13
Betreuung
  s. a. Betreuer; Betreueramt; Betreuerbestellung; Persönliche Betreuung
  Andere Angelegenheiten als Rechtsfürsorge **1896** 52 f
  Arten der – **1896** 169
  Aufhebung der Betreuung **1908d** 28
  Aufmerksamkeitspflichten bezüglich der Voraussetzungen **1901** 35
  und Auftragsverhältnis **1901** 8
  Begriff **1896** 1, 166
  Beistandskonzept **1901** 43
  Besorgungsbedürftige Angelegenheiten als Rechtsangelegenheiten **1896** 52
  und Betreuerbestellung, Einheitsentscheidung **1908c** 1; **Vorbem 1909 ff** 11
  Betreuerbestellung und gesetzliches Verhältnis des – **1896** 164
  und Betreuerwechsel **1908b** 1
  und Eigenvorsorge, vorrangige **1901** 7
  als Eingriff **1896** 3
  und Einsichtsunfähigkeit **1896** 72
  Erweiterung der Betreuung
    s. dort
  Gesetzliches Rechtsverhältnis **1896** 166
  Hilfspersonen **1902** 66 ff
  Inhalt **1901** 11
  als Leistung **1896** 3
  Personalmaßnahme, Sachmaßnahme **1908b** 1
  Programm, Strategie (Betreuungsplan) **1901** 20
  Rechtliche Betreuung/Abgrenzungsfälle **1901** 34
  Rechtliche Betreuung/Bestimmung des Aufgabenkreises **1908i** 348
  Rechtliche und persönliche – **1901** 13
  Rechtsanwalt/BRAGO-Liquidation **1908i** 261
  als Rechtsfürsorge **1896** 52
  als Rechtsverhältnis eigener Art **1902** 20
  Soziale Betreuung kein Betreuungsgrund **1896** 47
  Verlängerung **1896** 165
  und Vertretungsmacht **1902** 14
  Vollmachterteilung zwecks Vermeidung einer– **1904** 7
  und Vormundschaftsrecht **1902** 74

Betreuung (Forts.)
  Vorsorgevollmacht als Alternative **1904** 67
  Wesentlicher Inhalt **1896** 168
  Zielsetzung **Vorbem 1897–1900** 6
  Zweckerreichung **1908d** 2
Betreuungsbedürftigkeit
  und Betreuerbestellung **1896** 107
Betreuungsrecht/Rechtsverhältnis
  Aufgabenkreis/Bestimmung durch rechtliche Betreuung **1908i** 348
  Befreiungen
    s. dort
  Besorgungsbedürftige Angelegenheiten als Rechtsangelegenheiten **1896** 52
  Betreuung, Begriff **1896** 1
  Betreuung als Rechtsfürsorge **1896** 52
  BetreuungsbehördenG **Vorbem 1896 ff** 31; **Anh 1900**
  Betreuungsbehördengesetz **Vorbem 1896 ff** 37; **Anh 1900**
  Eingriff und Leistung **1896** 3 ff
  Einheitsentscheidung
    s. dort
  Entstehungsgeschichte, gesetzliche Grundlage **Vorbem 1896 ff** 34 ff
  Gesamtschau als Rechtsquelle **1904** 6
  Hoheitlicher Eingriff durch die Betreuerbestellung **1896** 6
  Konsenssystem **1898** 27
  Verfahren in Betreuungssachen
    s. dort
  Ziele **1898** 8
Betreuungsrechtsänderungsgesetz
  Änderungen des Betreuungsrechts (Übersicht) **1896** 114; **Vorbem 1896 ff** 67 ff; **1901** 2, 45; **1902** 1; **1906** 3, 52
  Zweites Änderungsgesetz (Übersicht) **Vorbem 1896 ff** 78
  Zweites Änderungsgesetz/neues Vergütungsrecht **1808i** 271
Betreuungssachen
  s. Vormundschaftsgericht (Betreuung)
Betreuungsverein
  s. Verein (Betreuungsverein)
  s. Vereinsbetreuer
Betreuungsverfügung
  s. a. Vorsorgevollmacht
  Betreuungsverein, planmäßige Informationen über – **1908f** 45 ff
Betroffener
  s. a. Betreuter
  Äußerungen Dritter, der zuständigen Behörde **1896** 153
  Andere Hilfen außer Bevollmächtigung **1896** 141 ff
  Angehörige, Beschwerdebefugnis als Betreuer gegen Bestellung Dritter **1897** 47
  Angehörigenproblematik **Vorbem 1897–1900** 20

Betroffener (Forts.)
Angelegenheiten, Unfähigkeit der Besorgung **1896** 47 ff
Anhörung, persönliche **1896** 150
Anknüpfung an seinen gewöhnlichen Aufenthalt **1896** 147
Anregungen Dritter **1896** 146
Anspruchsbejahende, Anspruchsverneinende Merkmale für eine Betreuung **1896** 14
Antrag auf Betreuung **1896** 58 ff, 146
Antragsrücknahme **1896** 61
Bekanntmachung der Entscheidung **1896** 154
Betreuerbestellung als Grundrechtseingriff **1896** 26
Betreuung gegen seinen Willen **1896** 27
Betreuungsbedarf **1896** 112
Betreuungsbedürftigkeit, Betreuerbestellung **1896** 107
Betreuungsverlangen **1896** 41
Bevollmächtigung als andere Hilfe **1896** 114 ff
Ehegatte, Angehörige als Beschwerdeberechtigte **1896** 66
Eigene Angelegenheiten **1896** 56
Einfluß auf eine Betreuerbestellung **1896** 119
Einleitung eines Verfahrens zur Betreuerbestellung **1896** 146
Einsichtsfähigkeit, Einsichtsunfähigkeit **1896** 72
Einwilligungsfähigkeit **99; 171; 1896,** 25
Einwilligungsvorbehalt **1896** 65
Gebrechlichkeitspflegschaft früheren Rechts **1896** 18
Geschäftsfähigkeit und Erfordernis einer Betreuung **1896** 20
Geschäftsunfähigkeit **1896** 18 f, 146
Gutachterpraxis **1896** 41 f
Handlungsbedarf **1896** 54 f
Interesse an Betreuerbestellung **1896** 49
Körperliche Behinderung **1896** 58, 61, 135
Konsequenzen einer Betreuerbestellung **1896** 169 ff
Mittellosigkeit **1908 i** 279
Nichtdeutscher **1897** 30
Persönlichkeitsentwicklungen **1896** 43
Personalentscheidung, Überprüfbarkeit **1897** 44 ff
Pfleger für das Verfahren **1896** 148
Rechtsbehelfe gegen Betreuerbestellung **1896** 155
Sachverständigengutachten, ärztliches Zeugnis **1896** 151
Unterbringung, gesundheitliche Versorgung **1896** 25
Unterbringungsmaßnahme **1906** 87
Unterrichtung, Schlußgehör **1896** 149
Untersuchungsanordnung **1896** 152

Betroffener (Forts.)
Verfahrensfähigkeit **1896** 148; **1903** 38
Versorgungsdefizit **1896** 21
Vollmachtbetreuer **1896** 133
Vorschlagsrecht, Äußerungsmöglichkeiten **1896** 24; **1897** 28 f
Bevollmächtigung
als andere Hilfe
s. Vertretung (rechtsgeschäftliche Vollmachterteilung)
Vorsorgevollmacht
s. dort
Bewilligung einer Vergütung
s. Vergütung
Bildträger
Betreutenverfügung **1901a** 9
Blindheit
als körperliche Behinderung **1896** 32
Borderline
Persönlichkeitsstörung als Unterbringungsgrund **1906** 15
Brandenburg
Anerkennung von Betreuungsvereinen **1908f** 15
landesrechtliches Unterbringungsrecht **1906** 12
Sammlungsgesetz **1914** 8
Bremen
Anerkennung von Betreuungsvereinen **1908f** 16
Aufsicht des VormG in vermögensrechtlicher Hinsicht **1908i** 108
Behördenbetreuung, Befreiungen **1908i** 251
Landesrechtliches Unterbringungsrecht **1906** 12
Meldepflichten bei Pflegschaft/Betreuung **1896** 181
Sammlungsgesetz **1914** 8
Wahlrecht und Betreuung **1896** 174
Briefkontrolle
und Aufgabenkreisbestimmung **1906** 102
Buchforderungen des Betreuten
Schuldbuchvermerk **1908i** 143
Bundesnotarkammer
Hinterlegung/zentrale Erfassung von Vorsorgeverfügungen **1901a** 16; **Anh 1901a**

Daten, Datennutzung
aufgrund Meldepflicht selbständig tätiger Betreuer **1908k** 13 ff, 23 ff
DDR
Anlegung von Mündelgeld **1908i** 136
DDR-Ausbildung/Fachkenntnisse als Betreuer **1808i** 265
Vormund, Pfleger **Vorbem 1896 ff** 31 ff
Deliktsfähigkeit
und Betreuerbestellung **1896** 178

1030

Diagnostik
Gesundheitszustand des Betreuten/ Klärung **1904** 30
Sachverständigengutachten zur Betreuerbestellung **1896** 44
Dienstaufsichtsbeschwerde
Auskunftserteilung durch den Rechtspfleger **1908i** 185
Dienstrecht
und Betreuungsverhältnis **1908b** 41
Dienstverhältnis (Ermächtigung)
bei bestehendem Einwilligungsvorbehalt **1903** 74
Disability
WHO-Behindertenbegriff **1896** 33
Disziplinarverfahren
Abwesenheitspflegschaft **1911** 6
und Betreuerbestellung **Vorbem 1896 ff** 79 ff
Dritter/Dritte
Betreuerhaftung für Drittschäden durch Betreuten **1901** 73 ff
Betreuung und Beauftragung **1902** 66 ff
Betreuung und Beschäftigung – **1908i** 287
Drittinteressen
s. a. Allgemeinheit
und Betreuung **1896** 17, 69 ff; **1911** 11
und Einwilligungsvorbehalt **1903** 31 f
Gebrechlichkeitspflegschaft früheren Rechts **1911** 10
Maßnahmen, freiheitsentziehende **1906** 46
Pflegschaft für die Leibesfrucht **1912** 5
Pflegschaft für unbekannte, ungewisse Beteiligte **1913** 10
und Sterilisation **1905** 5
Drittschädigung
Unterbringung **1906** 25
Drogenabhängigkeit
und Betreuerbestellung **1896** 34, 37, 44
Duldung
von Betreueraufträgen **1901** 42

Ehefähigkeit
und Betreuerbestellung **1896** 170
und Einwilligungsvorbehalt **1903** 65
und Entmündigung früheren Rechts **Vorbem 1896 ff** 7
Gebrechlichkeitspflegschaft früheren Rechts **Vorbem 1896 ff** 13
Ehegatte
Anhörung bei ärztlichen Betreutenmaßnahmen **1904** 52
Beschwerdebefugnis bei ärztlichen Eingriffen **1904** 53
Beschwerderecht bei Betreuerbestellung **1896** 66; **1897** 46
als Betreuer **1908i** 296
Betreuerbestellung/Befreiungsmöglichkeiten
s. Befreiungen

Ehegatte (Forts.)
Gesundheitszustand eines entscheidungsunfähigen– **1904** 5
Unterbringung **1906** 87
Wohnraum-Mietverhältnis **1907** 13, 21
Ehegattenzustimmung zu letztwilligen Verfügungen
Ausschluß des Einwilligungsvorbehaltes **1903** 48
Eheliche Gütergemeinschaft
Abwesenheitspflegschaft **1911** 6
Ehelicherklärung
Ausschluß gesetzlicher Vertretung des Betreuten **1902** 33
Ehelichkeitsanfechtung
Feststellung der Nichtvaterschaft **1903** 49
Ehesachen
und Einwilligungsvorbehalt **1903** 79
Eheschließung
Ausschluß des Einwilligungsvorbehaltes **1903** 43
Ausschluß gesetzlicher Vertretung des Betreuten **1902** 33
Behinderung/unter Betreuung stehende Menschen **1896** 170
als höchstpersönliche Angelegenheit **1896** 57
Vollmachtausschluß **1896** 127
Eheschließungsrechtsgesetz
und Auseinandersetzungszeugnis **1908i** 204
Eheversprechen
Ausschluß des Einwilligungsvorbehaltes **1903** 44
Ehevertrag
Alleinhandeln des geschäftsfähigen Betreuten **1902** 41
und Betreuerbestellung **1896** 180
Ehewohnung
und Kündigung des Mietverhältnisses **1907** 21
Ehrenamtliche Betreuung
s. a. Berufsbetreuer
Aufwendungsersatz/Aufwandsentschädigung **1908i** 286 ff
Begriff der Ehrenamtlichkeit **Vorbem 1897–1900** 11
und berufsmäßige Betreuung/Vergleich **Vorbem 1897–1900** 11
Betreuungsvereine und Gewinnung für eine – **1908f** 40 ff
und Eignungsbegriff **1897** 52
Förderung im Betreuungswesen **1898** 4
Gegenbetreuung/Leistungen und Vergütungen **1908i** 290 f
Privatpersonen als beruflich tätige Betreuer/als ehrenamtliche Betreuer **Vorbem 1897–1900** 3
Vergütung **1908i** 289

Ehrenamtliche Betreuung (Forts.)
  Vorrang ehrenamtlicher Betreuung vor
    beruflich geführter Betreuung
    1897 51 ff; **Vorbem 1897–1900** 4
Ehrenamtliche Vereinshelfer
  und ausgeschlossene Vereinsbetreuerbe-
    stellung **1897** 36
Eidesstattliche Versicherung
  Rechnungslegung des Betreuers **1908i** 203
  Verbleib von Betreuungsverfügungen
    1901a 19
  Vermögenssorge des Betreuers **1902** 56
  Vertretung des Betreuten **1902** 56
Eigene Angelegenheiten
  des Betreuten **1896** 56
Eignung
  Betreuer **Vorbem 1897–1900** 14, 16
  Betreuerauswahl/Geeignetheit als unbe-
    stimmter Rechtsbegriff **1898** 17
  Betreuereinschätzung, eigene **1898** 12
  Einzelbetreuer, Gegenbetreuer **1908i** 29
  Mitarbeiter von Betreuungsvereinen
    1908f 33 ff
  und Pflichtwidrigkeiten **1908b** 11
  als unbestimmter Rechtsbegriff **1897** 12 ff
  Vereinsbetreuung **1900** 9
Eingriffe (tatsächliche)
  in Rechtsgüterpositionen des Betreuten
    1902 56
Einheitsentscheidung
  Anfechtung **1896** 66; **1898** 40
  Betreuung, Betreuerbestellung **1908c** 1
  Einführung der Betreuung als –
    Vorbem 1896 ff 46; **1909** 31
  und Reform des Verfahrensrechts
    Vorbem 1896 ff 46
  oder zweigeteiltes Verfahren (Vormund-
    schaft, Pflegschaft) **1909** 31;
    Vorbem 1909 ff 11
Einpflegerbestellung
  als Pflegschaftsgrundsatz **1915** 8
Einrichtung
  und freiheitsentziehende Maßnahmen
    1906 45, 49
  und Wohnungsauflösung **1907** 2
Einrichtung (sonstige)
  Ausschluß vom Betreueramt **1908i** 16
Einsichtnahme
  Akteneinsicht
    s. dort
  in psychiatrische Behandlungsdokumente
    1896 101
Einsichtsfähigkeit
  und Betreuerbestellung **1896** 72 ff
  und Einwilligungsvorbehalt **1896** 72
Einstweilige Anordnung
  Ärztliches Attest **1903** 106
  Aufgabenkreiserweiterung **1908d** 16
  Besorgung aller Angelegenheiten des
    Betreuten **1908d** 11
  Betreuerbestellung **1896** 159 ff

Einstweilige Anordnung (Forts.)
  Betreuerbestellung und Auswahl des
    Betreuers **1897** 29
  Betreuerbestellung vor Eintritt der Voll-
    jährigkeit **1908a** 18
  Einwilligungsvorbehalt **1903** 22, 109
  Entlassung des Betreuers **1908b** 50 f
  Neubestellung eines Betreuers **1908c** 14
  Sterilisation **1905** 34
  Unterbringungsanordnung **1908i** 206 ff
  Unterbringungsmaßnahmen **1906** 95
  Vorläufige Betreuerbestellung/vorläufiger
    Genehmigungsvorbehalt
    Vorbem 1896 ff 55; **1902** 45
Einstweilige Maßregeln
  als unmittelbare fürsorgerische Maßnah-
    me des VormG **1906** 96 f; **1908i** 207 ff
Einstweilige Verfügung
  Unterhalt des Kindes für die ersten 3
    Monate **1912** 4
Einwilligung des Betreuers
  Ärztliche Betreutenmaßnahmen/Betreu-
    ereinwilligung und VormG-Genehmi-
    gung
    s. Ärztliche Betreutenmaßnahmen
  Ausstattung aus dem Vermögen des
    Betreuten **1908** 3
  bei Einwilligungsvorbehalt **1903** 66 f
Einwilligung des Betreuten
  Ärztliche Maßnahmen/Einwilligungsfä-
    higkeit des Betreuten **1904** 17 ff
  und Gestattung tatsächlicher Eingriffe
    durch Betreuer **1902** 56
Einwilligung (Ehelicherklärung)
  und Einwilligungsvorbehalt **1903** 53
Einwilligung (freiheitsentziehende Maßnahmen)
  Einwilligungsfähigkeit, Einwilligungsun-
    fähigkeit des Betreuten **1906** 41
  im Privathaushalt, strafbefreiende –
    1906 45
Einwilligung (Unterbringung)
  Einwilligung des Betreuten, Anforderun-
    gen **1906** 16
  freiheitsentziehende Unterbringung nur
    bei Einverständnismangel **1906** 16
  Geschäftsunfähigkeit **1906** 16
Einwilligung (Untersuchung)
  Betreuerbestellung vor Eintritt der Voll-
    jährigkeit **1908a** 16
Einwilligung des Vollmachtgebers
  Vorsorgevollmacht/Einwilligungsfähig-
    keit, Unfähigkeit des– **1904** 65
Einwilligungsfähigkeit
  und Betreuerbestellung **1896** 25, 99, 171
  und Geschäftsfähigkeit **1904** 26
Einwilligungsvorbehalt
  Abgabe, Entgegennahme von Willenser-
    klärungen **1903** 5, 16, 24
  Ablehnung angeregter Anordnung
    1903 110
  Absinken in das soziale Abseits **1903** 27

Einwilligungsvorbehalt (Forts.)
Abwendung erheblicher Gefahren
 1903 26 ff
Adoptionsaufhebung, Ausschluß 1903 56
Adoptionseinwilligungserklärungen
 1903 56
Ärztliche Behandlung 1903 17, 20
Ärztliche Stellungnahme 1903 105 f
Aktiengesellschaft und Vorstandstätigkeit
 1903 81
Akzessorietät 1903 23; 1908a 24
Alkoholiker 1903 26
Alltagsbewältigung und § 1903 Abs. 3
 Satz 2 BGB 1903 7
Altfälle 1903 8, 13, 21, 23 f, 33
Altfälle (Betreuung)
 s. dort
von Amts wegen 1908d 31
Amtsermittlungsgrundsatz 1903 101
Anhörung des Betreuten 1903 102
Anhörungen Dritter 1903 104
Anordnung 1903 12
Anordnung, ungerechtfertigte 1903 68
Anordnung zusammen mit Betreuerbestellung 1903 22
Anordnungsinhalt 1903 110
Anregungen 1903 12, 95
Antrag 1903 95
Antrag des Betroffenen auf Betreuung
 und – 1896 65
Antragsverfahren, nicht vorgesehenes
 1903 12
Arten von Vorbehalten 1903 2
Aufenthaltsbestimmung und – 1903 21, 30
Aufgabenkreis und vom – erfaßter
 Bereich 1903 23, 48
Aufhebung/Vornahme von Amts wegen
 1903 12; 1908d 31
Aufhebung/Wegfall der Voraussetzungen
 1903 94
Aufhebung/Wirksamkeit früherer Rechtsgeschäfte 1903 68
Aufhebung/Zuständigkeit 1903 36
Ausgaben, unkontrollierte 1903 29
Beendigung 1903 93 f
Beendigung der Betreuung 1903 93
Behinderung, offenkundige 1903 41
Behinderungsgrade 1903 100
Bekanntmachung der Anordnung
 1903 99, 111
Betreuerausweis: Inhalt, Änderung im
 Falle des – 1903 23, 116
Betreuerbestellung und Anordnung des –
 1903 95, 110
Betreuerbestellung vor Eintritt der Volljährigkeit 1908a 23
Betreuerbestellung und Geschäftsfähigkeit
 des Betroffenen 1903 1, 8
Betreuerbestellung mit und ohne –
 1896 179 ff
Betreuerbestellung, vorausgesetzte 1903 22

Einwilligungsvorbehalt (Forts.)
Betreuer/Betreuter-Verhalten im Prozeß
 1903 38
Betreuerstellung und Voraussetzungen
 des – 1903 23
und Betreuerwechsel 1908b 3; 1908c 17
Betreuungsverfahren 1903 38
Betrieb eines Erwerbsgeschäftes 1903 73
Beweislastregelung und Risiko des
 Geschäftsgegners 1903 9
Botenstellung des Betreuten 1903 35
Dienst- oder Arbeitsverhältnis 1903 74
Drittinteressen nicht geschützt 1903 31, 32
Ehefähigkeit 1903 65
Ehegattenzustimmung zu letztwilligen
 Verfügungen 1903 48
Ehelichkeitsanfechtung 1903 49
Ehesachen 1903 79
Eheschließung 1903 43
Eheversprechen 1903 44
Eigenkompetenz zur Alltagsbewältigung
 1903 7
Eigenvornahme 1903 33, 36
Einfacher, erweiterter 1903 2, 11
Eingeschränkter Generalkonsens des
 Minderjährigenrechts nicht möglich
 1903 67
Eingriff 1903 26, 80
Einschränkung 1903 22, 94, 96; 1908d 31
Einseitige Rechtsgeschäfte, ohne Einwilligung vorgenommene 1903 70
und Einsichtsfähigkeit 1896 72
Einstweilige Anordnung 1903 22, 109
Einwilligung als Eigenvornahme durch
 Betreuer gedeutet 1903 33
Einwilligung, Genehmigung des Betreuers
 1903 66
Einwilligung in Rechtsgutverletzung
 1903 16
Einwilligungsfähigkeit als Patient 1903 17
Elterliche Sorge 1902 34; 1903 25
Entlassung des Betreuers 1903 22
Entmündigung und – 1903 1, 9
Erbverträge 1903 46 f, 61 f
Erforderlichkeit 1903 24, 26, 40 ff
Erleichterung der Führung des Betreuten
 1903 31
Erlöschen mit der Aufhebung der Betreuung 1908d 28
Erweiterter, einfacher 1903 2, 11
Erweiterung 1903 22, 92, 96, 107;
 1908d 18 ff
Erwerbsgeschäft, selbständiger Betrieb
 1903 73
Erziehungszweck, ausgeschlossener bei
 Erwachsenen 1903 10
Familienvermögen, zu erhaltendes 1903 31
Fehlinformation des Gesetzes bei
 Geschäftsunfähigkeit 1903 34
Freiheitsentziehung 1903 20
Funktion 1902 64; 1903 34

Einwilligungsvorbehalt (Forts.)
Gefährdung, nicht erkennbare erhebliche bei gegebener Geschäftsunfähigkeit **1903** 41
Gefahren, erhebliche **1903** 26, 28, 41
Gefahrenabwendung **1903** 27, 40
Gefahrenwegfall **1908d** 31
Gegenbetreuer **1903** 23
Gegenstand eines – **1903** 16
Geldwirtschaft **1903** 29
Geldzuteilung und Zweck der Alltagsbewältigung **1903** 7
Genehmigung **1903** 66, 69
Genehmigungsverweigerung **1903** 66
Geringfügige Angelegenheiten des täglichen Lebens **1903** 11, 87 ff
Geringfügige Beeinträchtigungen **1903** 5
Geschäftsähnliche Handlungen **1903** 16, 24
Geschäftsfähigkeit, beschränkte und – **1903** 48
Geschäftsfähigkeit, Geschäftsunfähigkeit **1896** 15; **1903** 1, 6, 8, 33 ff, 38, 40 f, 44, 65, 76, 97
Geschäftsfähigkeit, relative **1903** 35
Geschäftsführung einer GmbH, AG **1903** 64 ff
Gesundheitsmaßnahmen **1903** 17
Gläubigerinteressen und Schutz des Betreuten **1903** 31
GmbH **1903** 81
Handeln aus eigenem Recht, zu ermöglichendes **1903** 34
Handlungsalternativen und Erforderlichkeitsgrundsatz **1903** 42
Handlungsfreiheit, eingeschränkte **1903** 65, 97
Heilmaßnahmen **1903** 17
Hemmung der Verjährung **1903** 77
Höchstpersönliche Angelegenheiten **1903** 43
isoliertes Verfahren **1903** 22
Körperlich Behinderte, keine Anordnung **1903** 14
Konsequenzen, unvollständige **1903** 35
Kontenführung, Guthabenverfügung **1908i** 129
Krankheitsgrad **1903** 100
Letztwillige Verfügungen **1903** 46
Medizinische Maßnahmen **1903** 16
Mehrheit von Betreuern **1903** 80
Meldepflicht **1903** 21
Minderjährigenrecht und Wirkungsweise des – **1903** 11, 65
Minderjähriger, Betreuung bei Eintritt der Volljährigkeit **1908a** 1 ff
Minderjähriger, Vollendung des 17. Lebensjahres **1903** 15
Minderjähriger über 7 Jahre, vergleichbare Wirkung **1903** 3
Mitteilung des VormG **1903** 95, 117

Einwilligungsvorbehalt (Forts.)
Mitteilungen der Behörden an das VormG **1903** 96
Mitteilungen des Betreuers an das VormG **1901** 76
Mitteilungspflicht des Betreuers **1903** 92
Mittel, dem Betreuten zur Verfügung gestellte **1903** 72
Nachteile **1903** 28 f
Nichtberechtigter, Betreuer als **1903** 31
Öffentlich-rechtliche Folgen **1896** 182
Österreichisches Sachwalterrecht **1903** 4
Paßrecht **1903** 21
Patientenverhalten und ungeeigneter – **1903** 17
Persönlicher Eindruck vom Betreuten **1903** 103
Persönlichkeitsgüter, gefährdete **1903** 30
Personensorge **1903** 30, 65
Praktikabilität, erforderliche zur Gefahrenabwehr **1903** 27
Praktische Bedeutung **1903** 1
Prozeßfähigkeit des Betreuten **1903** 38, 78
Psychische Erkrankung **1903** 10, 23, 33, 41
Realakt **1903** 16, 21
Rechtsbehelfe **1903** 113
Rechtsklarheit **1903** 6
Rechtsstatus **1896** 3
Rechtsverkehrteilnahme, Einschränkung im Rahmen des – **Vorbem 1896 ff** 40
Reformziel **1903** 34
Regelvorbehalt **1896** 11
Reichweite **1896** 11
Richtervorbehalt **1903** 99
Rücktritt vom Erbvertrag, vom Verlöbnis **1896** 45, 63
Sachverständigengutachten **1903** 105
Schenkungen des Betreuten **1902** 30; **1908i** 122
Schuldnerposition, verschlechterte des Betreuten **1903** 32
Schutz Dritter nicht vorgesehen **1903** 31 f
Schutzzweck **1903** 5, 23
Schwangerschaftsabbruch **1903** 16
Selbstgefährdung **1903** 32
Selbstschädigung **1903** 6, 14, 23, 35, 39
Sozialhilfebedürftigkeit, Vermeidung von **1903** 31
Sterilisation **1903** 16, 19
Steuerung von Verhaltensweisen **1903** 16
Straftaten **1903** 16
Struktur und Wirkungsweise des – **1903** 65
Subsidiaritätsgrundsatz **1903** 42
Taschengeldparagraph **1903** 72
Tathandlungen, ausgeschlossene **1903** 16
Teilnahme am Rechtsverkehr **1903** 7, 35
Testamentserrichtung **1903** 46
Testierfähigkeit **1903** 60
Tod des Betreuers **1903** 22
Über-seine-Verhältnisse-leben **1903** 32

Sachregister   Elternteil

Einwilligungsvorbehalt (Forts.)
Übergangsrecht **1903** 13, 33
Überschuldungsgefahr **1903** 29
Umdeutung **1903** 8, 33 f
Unterbringung **1903** 20
Untersuchung, Vorführung zur **1903** 106
Vaterschaftsanerkennung **1903** 11, 30
Verfahren **1903** 22, 95 ff, 100 ff
Verfahrensfähigkeit des Betreuten **1903** 100
Verfügungen von Todes wegen **1903** 43, 46
Verhinderung schädigender Willenserklärungen **1903** 24
Verjährungshemmung **1903** 77
Verlängerung der Anordnung **1896** 165; **1903** 92, 108
Verlöbnis **1903** 44 f
Vermögenslosigkeit **1903** 27
Vermögenssorge **1903** 65
Verpflichtungen **1903** 29
Verschwendung **1903** 32
Vertragsabschluß ohne erforderliche Einwilligung **1903** 66
Vertragsmäßige Leistung mit überlassenen Mitteln **1903** 72
Verzichtserklärung des Betreuers **1903** 47
Vollmachtskontrolleur **1903** 39
Vollstreckungsfähiges Vermögen, Minderung **1903** 32
Voraussetzungen des Vorbehalts **1903** 22 ff
Vorbehalt vormundschaftsgerichtlicher Genehmigung **1903** 71
Vorläufiger – **1903** 98
Vorsorgevollmacht/vorläufiger – **1903** 98
Wahlrecht **1903** 18
Willenserklärungen, alleinige Abgabe durch Betreuten **1903** 47
Willenserklärungen, vom – ausgeschlossene **1903** 43
Willenserklärungen, erfaßter begrenzter Kreis **1903** 48
Willenserklärungen des Geschäftsunfähigen **1903** 36, 40
Willenserklärungen, nichtige des Betreuten **1903** 76
Willenserklärungen, ohnehin nicht akzeptierte **1903** 41
Willenserklärungen, vorausgesetzte **1903** 16
Wirksamkeit der Anordnung **1903** 110
Wirkungsweise **1903** 3, 11, 65
Wirtschaftliche Verhältnisse, unbeachtliche **1903** 27
Wohnsitznahme **1903** 21
Zivilprozeß **1903** 38
Zugang von Willenserklärungen **1903** 24, 76
Zuständigkeit des VormG **1903** 99
Zweck **1903** 41

Einzelbetreuer/Einzelbetreuung
Ausübung der Betreuung **1901** 71
Behördenbetreuer als – **1897** 41
und Betreuermodell **1908i** 233
Betreuungsvereine und System organisierter Einzelbetreuung **1908f** 39
Eignung **1908i** 29
Fiktion der Einzelbetreuung, durch Behördenmitarbeiter **1908g** 2
Mehrbetreuer jeweils als – **1899** 10
Vereinsbetreuer/Behördenbetreuer als – **1908i** 233
Vorrang der Einzelbetreuung **1908b** 2, 48

Elektrokrampftherapie
des Betreuten **1904** 33, 45

Elterliche Sorge
Änderungen im Recht der – **1915** 3
Ausschluß der Vertretung des Betreuten **1902** 34
und Beistandschaft **Vorbem 1909 ff** 2; **Vorbem 1909–1921** 4
Benennungsrecht, ausgeschlossenes für Ergänzungspflegschaft **1916** 1
Benennungsrecht für Vormundschaft **1916** 1
und Betreuerbestellung **1896** 172
Betreuerbestellung vor Eintritt der Volljährigkeit **1908a** 1 ff, 11, 17
und Betreutenvollmacht **1902** 2
Betreuung und – **1902** 38 f
und Einwilligungsvorbehalt **1903** 25
und Entmündigung früheren Rechts **Vorbem 1896 ff** 7
Ergänzungspfleger **1909** 9 ff, 30
und Familienpflege **Vorbem 1909 ff** 4
Familienpflege, Angelegenheiten elterlicher Sorge **Vorbem 1909 ff** 4
Formen stellvertretenden Handelns **1902** 55
Gesetzliche Vertretung des Kindes und Verfahrenspfleger/Verhältnis **Vorbem 1909 ff** 6
Pflegerbestellung **1909** 4
Pflegschaften, an elterliche Sorge gebundene **1918** 2
Pflegschaftsausschluß für Leibesfrucht **1912** 2
Sorgerechtspflegschaft **1918** 2
Verhinderung **1909** 13 ff; **1919** 8
Vertretung des Kindes **1909** 18

Eltern
als Betreuer **1902** 7
Grenzen gesetzlicher Vertretungsmacht **1909** 7

Eltern-Pfleger-Verhältnis
Familiengericht/Zuständigkeit bei Streit **1909** 7

Elternteil
Betreuerheirat, Kindesvermögen **1908i** 204

Empfängnisverhütung
Nachrang der Sterilisation gegenüber der – **1905** 44, 45
Entgegennahme von Willenserklärungen und Einwilligungsvorbehalt **1903** 24
Entgelt
s. Vergütung
Entgeltlichkeit
Unentgeltliche Betreuungsführung/ Grundsatz **1908i** 272, 289
Vergütung von Betreuung und Verfahrenspflegschaft s. dort
Entlassung des Betreuers
Abneigung des Betreuten **1908b** 15
Absoluter Eignungsmangel **1908b** 9
Abwesenheit des Betreuers **1908b** 10
Abwicklung, säumige **1908c** 21
Abwicklungsprobleme des Personalwechsels **1908c** 19
Änderung der Bestellungsgrundlagen **1908b** 16
Alter, Krankheit, Änderung der Verhältnisse des Betreuers **1908b** 29
Amtsbetreuung, Wechsel zur Vereinsbetreuung **1908b** 48
Amtsverfahren **1908b** 6
Andere Betreuungsmöglichkeit außerhalb einer Berufstätigkeit **1897** 56; **Vorbem 1897-1900** 4
Anderer wichtiger Grund als Eignungsmangel **1908b** 18
Angehörigenwünsche **1908b** 20
Anhörung **1908b** 52
Antrag, Anregungen **1908b** 6
Antrag der Behörde **1908b** 39
Antrag des Betreuers **1908b** 28
Antrag des Vereins **1908b** 39
Aufgabenkreis und Betreuereignung **1908b** 7
Aufgabenkreiserweiterung **1908d** 9
Beamter **1908b** 2, 25
Begründung **1902** 52
Behördenbetreuung **1908c** 19
Behördenpraxis **1908b** 40
Berichtspflicht **1908i** 89
Berufliche Verhältnisse des Betreuers **1908b** 22
Berufsbetreuer **1908b** 26
Besprechungs- und Kontaktpflicht, unterlassene **1901** 10
Beteiligung des Betreuten **1908b** 30
Betreuer (alter) – Betreuer (neuer) **1908c** 2
Betreuerwechsel bei wichtigem Grund **1908b** 2
Betreutenstatus, unveränderter **1908b** 3
Betreutsein und Betreuerexistenz **1908c** 16
Betreuungsarten und Recht der – **1908b** 4
Betreuungsübergabe **1908b** 42

Entlassung des Betreuers (Forts.)
Betreuungsverhältnis und Dienstrecht **1908b** 41
Bindung an Entlassungsanträge von Verein, Behörde **1908b** 39
Eigene Betreuungsbedürftigkeit **1908b** 13
Eignungsfrage und Aufgabenkreiserweiterung **1908d** 9
Eignungsmängel **1908b** 7 ff; **1908c** 19
Eignungsunterschied **1908b** 20
Einrichtung, Einzug in eine den Betreuer beschäftigende **1908b** 9
Einstweilige Anordnung **1908b** 51
Einstweilige Maßregeln **1908b** 3
Einvernehmlicher Betreuerwechsel **1908b** 5
Einwilligungsvorbehalt, bestehenbleibender **1903** 22; **1908c** 16
Einzelbetreuung, vorrangige **1908b** 2
Entlassung des Beamten **1908b** 2
Entlassung der Behörde **1908b** 37 ff, 46
Entlassung eines Religionsdieners **1908b** 2
Entlassung des Vereins **1908b** 37 ff, 46
Entlassungsentscheidung **1908b** 36, 47
Entscheidung von Amts wegen **1908b** 6
Erfahrungsmängel **1908b** 10
Ergänzungsbetreuer statt – **1908b** 23
Familienmitglied, als Betreuer vorzuziehendes **1908b** 19
Familienverhältnisse des Betreuers **1908b** 22
Fortbestehende Betreuungsfiktion **1908c** 16
Fortsetzungsentscheidung **1908b** 42
Gefährdung der Betreuteninteressen **1908b** 2
Gefährdungstatbestände, objektive **1908b** 12
und geklärte Nachfolge **1908c** 16
Genehmigungsvorbehalt, Bestehenbleiben eines bereits erteilten **1908c** 16
Geschäftsunfähigkeit des Betreuers **1908b** 9
Insolvenz des Betreuers, Eröffnung des Insolvenzverfahrens **1908b** 17
Interessengefährdung und Amtsfortführung **1908b** 11
Interessenkonflikt als wichtiger Grund **1908b** 23
Korrektur fehlerhafter Personalentscheidung, Abgrenzung **1908b** 1
Krankheit des Betreuers **1908b** 10, 19
und Maßregeln des VormG **1908i** 210
Mitteilungen **1908b** 54
Neubestellter und entlassener Betreuer, Trennung **1908c** 18
Neubestellung nach – **1908b** 36; **1908c** 1 ff
Neubestellung und Wirksamkeit der – **1908c** 2
Neubestimmung des Aufgabenkreises **1908b** 4

1036

Entlassung des Betreuers (Forts.)
  Neuer Betreuer, Vorschlag des Betreuten
    1908b 31 ff
  Persönliche Anhörung des Betreuten
    1908b 50, 52
  Persönliche Betreuung, unterlassene
    1901 10
  Personalentscheidung und Betreuungs-
    überprüfung **1908b** 1
  Personalwechsel und Abwicklungsproble-
    me **1908c** 19
  Personelle Lücke **1908c** 2
  Pflichtwidrigkeiten des Betreuers
    1908b 11, 12
  Rechnungsvorlage des Betreuers **1908c** 20
  Rechtsbehelfe **1908b** 53
  Religionsdiener **1908b** 2, 25
  Richtervorbehalt **1908b** 49
  Sachkundemangel **1908b** 10
  Sonstige Verhältnisse des Betreuers
    1908b 22
  Teilweise Entlassung **1908b** 4
  Übergabe der Betreuung **1908b** 44
  Übernahmezeitpunkt **1908b** 45
  Unaufschiebbare Angelegenheiten
    1908i 66 ff
  Unzumutbarkeit **1908b** 27, 29
  Verein, Verlust der Rechtsfähigkeit
    1908b 25
  Vereinsauflösung **1908b** 24
  Vereinsbetreuung **1908c** 19
  Verfahren **1908b** 49
  Verfügbarkeit anderen Betreuers **1908b** 14
  Vermögenssorge und Rechnungslegung
    1908b 13
  Verschulden bei Pflichtwidrigkeiten
    1908b 12
  Vorrang des Betreutenwillens **1908b** 13
  Vorschlag eines neuen Betreuers
    1908b 31 ff
  Wichtiger Grund **1908b** 2, 18 ff
  Wunsch des Betreuten **1908b** 34
  Zuständigkeit des Gerichts **1908b** 49
Entlassung des Ergänzungspflegers
  s. dort
Entlassung des Gegenbetreuers
  s. dort
Entlassung des Pflegers
  s. dort
Entlastung
  des Betreuers/fehlender Betreueranspruch
    1908i 201
Entmündigung früheren Rechts
  s. Vormundschaft früheren Rechts (über
    Volljährige)
Entziehung der Vertretungsmacht
  des Betreuers durch VormG **1902** 30
  Elterliche Sorge, Vormundschaft **1909** 18
Entziehungsanstalt
  Unterbringung **1906** 8

Erbfolge
  Betreuertod/Anzeigepflicht des Erben
    1908i 229
  Betreutentod/Rechtsstellung des Betreuers
    1908i 221, 224
Erbschaft
  Annahme, Ausschlagung und Abwesen-
    heitspflegschaft **1911** 8
Erbschein
  Antrag auf Erteilung und Abwesenheits-
    pflegschaft **1911** 8
Erbvertrag
  Ausschluß des Einwilligungsvorbehaltes
    1903 63
  Ausschluß gesetzlicher Vertretung des
    Betreuten **1902** 33
Erforderlichkeitsgrundsatz
  Abwesenheitspflegschaft **1911** 9
  und Aufgabenkreis der Betreuung
    1896 55, 80; **Vorbem 1896 ff** 45
  Betreuungsgesetz, Maßgeblichkeit des –
    (Übersicht) **1896** 103 ff;
    Vorbem 1896 ff 38
  Dauer und Umfang der Betreuung
    1908d 3
  und Einwilligungsvorbehalt **1903** 14, 24,
    40 ff
  und Gesundheitsfürsorge **1896** 95
  Pflegschaft **1915** 22
  und Sterilisation **1905** 1
  Unterbringung **1906** 25
  Verfahrensrecht **1896** 101
  und Wohl des Betreuten **1901** 1
  Zweifel an der Erforderlichkeit **1896** 113
Erfüllungsgeschäfte
  Geringfügige Angelegenheiten des tägli-
    chen Lebens **1903** 87
Ergänzungsbetreuer
  Ärztliche Maßnahmen **1904** 15
  Anlaß für die Bestellung **1896** 16
  Aufgabenkreisbestimmung/Erfordernis
    rechtlicher Betreuung **1908i** 348
  und Aufgabenkreiserweiterung **1899** 15
  Auseinandersetzung der Gemeinschaft
    1908i 205
  Ausschluß des Betreuers, Bestellung
    eines – **1908i** 50
  Ausschluß der Vertretungsmacht des
    Betreuers **1908i** 211
  Bestellung **1908i** 50, 55
  Betreuerausweis **1908i** 64
  Entzug der Vertretungsmacht des
    Betreuers **1908i** 211
  als Fall der Mitbetreuung **1899** 2
  Gesetzliche Grundlage **1899** 1
  statt Entlassung des Betreuers **1908b** 23
  Vergütungsbewilligung **1908h** 6
  Verpflichtung **1908i** 64
Ergänzungspflegschaft
  Angelegenheiten, einzelne oder Kreis von
    1909 5

Ergänzungspflegschaft (Forts.)
Anzeigepflichten **1909** 27 ff
Aufhebung **1909** 43; **1919** 8
Auslagenersatz **1909** 7
und Beistandschaft **Vorbem 1909–1921** 2
Benennungsrecht der Eltern, ausgeschlossenes **1916** 1
Beobachtungspflegschaft, unzulässige **1909** 25
Besonderes Bedürfnis für die Bestellung **1909** 25f
Elterliche Sorge **1909** 9 ff, 24
Ersatzpflegschaft und – **1909** 5
Gegenvormund **1909** 8
Krankheit, Strafhaft, Entfernung als Verhinderungsgründe **1909** 14
als Lückenschließung **1909** 5
Mangel an Geschäftsgewandtheit als Verhinderung des Sorgerechtsinhabers **1909** 13 f
Meinungsverschiedenheiten **1909** 7
Minderjähriger und Ergänzungspfleger **1909** 7
Nasciturus **1912** 2
Rechtliche Verhinderung des Sorgeberechtigten **1909** 15 ff
Rechtsanwalt als Pfleger **1909** 7
Rechtsstellung **1909** 7
Schenkungen an Minderjährige **1909** 17
Selbstablehnung des Sorgeberechtigten **1909** 14
Selbstkontrahierungsverbot und erforderliche – **1909** 16
Sorgerechtsinhaber und Pfleger, Verhältnis **1909** 30
Tatsächliche Verhinderung des Sorgeberechtigten **1909** 14
Untätigsein des Sorgeberechtigten **1909** 14
Verfassungsbeschwerde des Minderjährigen **1909** 18
Vergütung **1909** 7
Verhinderung des Sorgerechtsinhabers **1909** 5, 13 ff
Vermögenssorge **1909** 21 f
Vertretung des Minderjährigen **1909** 7
Vertretungsmacht, entzogene und erforderliche – **1909** 18
Volljährigkeit und Ausschluß der – **Vorbem 1909–1921** 1
Vorläufigkeit des Amtes **1909** 5
Vormundschaft, bestehende **1909** 9 ff
Vormundschaftsrecht, anwendbares **1909** 8
keine Vorratsbestellung **1909** 25
Wohnsitz, fehlender fester **1909** 14
Erklärung der Übernahmebereitschaft
Betreueramt **1898** 27 ff
Erlaubnis
für ausgewählten Betreuer **1897** 26
Erledigung der Hauptsache
und effektiver Rechtsschutz **1906** 115 ff

Ermächtigung
Einwilligungsvorbehalt und – in Dienst und Arbeit zu treten **1903** 74
Einwilligungsvorbehalt und – zum selbständigen Betrieb eines Gewerbes **1903** 73
Ernährungsabbruch
Betreuter/irreversibel hirngeschädigter **1904** 6
und Vorsorgevollmacht **1904** 60
Erörterungspflicht
als Betreuerverpflichtung **1901** 10, 46
Ersatzbetreuer
Übernahmepflicht **1898** 2; **1899** 11
Ersatzbetreuung
Bestellung mehrerer Betreuer **1899** 11
Ersatzpflegschaft
Aufhebung, Entlassung **1909** 33, 44
und Ergänzungspflegschaft **1909** 5
Verpflichtungsverhandlung **1909** 33
Vormundbestellung, Hindernisse nach Anordnung der Vormundschaft **1909** 31f
Wirkungskreis **1909** 33
Erweiterung der Betreuung
Aufenthaltsbestimmung **1908d** 11
Aufgabenkreis des Betreuers, erweiterter **1908d** 7
Behördenbetreuung **1908d** 10
Betreuerausweis **1908d** 11
durch einstweilige Anordnung **1908d** 16
Erweiterungsbedarf **1908d** 8
Frage eines neuen Betreuers **1908d** 9
Gesundheitsfürsorge **1908d** 11
Mitteilungspflicht **1908d** 11
als Neubestellung **1908d** 9
Personalentscheidung **1908d** 9
unwesentliche – **1908d** 12
Vereinsbetreuung **1908d** 10
Verfahren **1908d** 12
Vermögenssorge **1908d** 11, 14
Verpflichtung bisherigen Betreuers **1908d** 10
Versicherungsschutz, Überprüfung **1908d** 11
Vertretungsmacht **1908d** 11
Wahlrecht **1908d** 11
wesentliche – **1908d** 13
Erweiterung des Einwilligungsvorbehalts
s. dort
Erwerbstätigkeit
kein Betreuungsgegenstand **1896** 56
Erziehungshandeln
und Einwilligungsvorbehalt **1903** 25
Ethikkommission
und medizinische Forschung **1904** 40

Fachkenntnisse
Betreuerqualifikation und Vergütungsstufen-Einordnung **1908i** 315

Fachliche Qualifikation
Verfahrenspflegschaft/berufsmäßige
Führung **1908i** 300
Familiäre Verhältnisse
und Betreuungsübernahme **1898** 22
Familienbeziehungen
und Betreuungsrecht **1902** 7
Familiengericht
Eltern-Pfleger-Streit **1909** 7
Ergänzungspflegschaft **1909** 38
Familienpflege und Pflegeperson/Übertragung von Angelegenheiten elterlicher Sorge **Vorbem 1909 ff** 4
Pflegschaft **Vorbem 1909 ff** 10, 15, 21; **1915** 6
Familiengesetzbuch (DDR)
Abwesenheitspflegschaften **Vorbem 1911** 25
Familienpflege
und elterliche Sorge **Vorbem 1909 ff** 4
Pflegeeltern, Stellung eines Pflegers **1909** 3
und Pflegerhaftung **1915** 15
Familienrecht
Pflegschaftsfälle **1915** 1
Familiensachen
Verfahrenspfleger für minderjähriges Kind **Vorbem 1909 ff** 6
Vertretung des Betreuten **1902** 56
Familienvermögen
und Einwilligungsvorbehalt **1903** 31
Fernmeldeverkehr
und Aufgabenkreisbestimmung **1906** 102
Festsetzungsverfahren
Vorschuß, Aufwendungsersatz, Aufwandsentschädigung, Vergütung **1908i** 339 ff
Feststellung
Berufliche Betreuung **1908i** 297 ff
Förderrichtlinien
Betreuungsvereine, Gründung **1908f** 3
Forderung des Betreuten
Verfügung des Betreuers **1908i** 139 f
Form
Ausstattungsversprechen **1908** 6
Betreuerbestellung (formlose) **1896** 170
von Betreuungsverfügungen **1901a** 9
Bevollmächtigung als „andere Hilfe" **1896** 122
Erklärung der Übernahmebereitschaft des Betreuers **1898** 32
Vorsorgevollmacht zwecks Personensorge **1904** 69
Freiberufler
als Berufsbetreuer **1897** 32 f
Freie Willensbestimmung
und Betreuerbestellung **1896** 6, 27
Freiheitsberaubung
in fürsorglicher Absicht **1906** 45
Freiheitsentziehungen
s. a. Maßnahmen (freiheitsentziehende); Unterbringung

Freiheitsentziehungen (Forts.)
Ausschluß des Einwilligungsvorbehaltes **1903** 20
Gestattung der Vornahme tatsächlicher – durch Betreuer **1902** 56
Freiwillige Gerichtsbarkeit
Abwesenheitspflegschaft **1911** 6
Akteneinsicht **Vorbem 1896 ff** 65
Betreuungsaufhebung/Betreuungsänderungen **1902** 51; **1908c** 6
Betreuungssachen **Vorbem 1896 ff** 46 ff; **1896 ff** 79
Unterbringung **Vorbem 1896 ff** 28
Verfahrenspflegschaft **Vorbem 1909 ff** 5 f
Vormundschaft über Erwachsene früheren Rechts **Vorbem 1896 ff** 9
Führungszeugnis
Berufsbetreuer und Behördenanforderung **1897** 57
Fürsorge
Abwesenheitspflegschaft **1911** 9
Betreuung **1896** 1, 3
Betreuung als Rechtsfürsorge
s. Betreuungsrecht/Rechtsverhältnis
und Entmündigung früheren Rechts **Vorbem 1896 ff** 6
Gesundheitsfürsorge
s. dort
für nasciturus **1912** 1
Pflegschaft **Vorbem 1909 ff** 12 f; **1915** 19 ff
Pflegschaft für unbekannte, ungewisse Beteiligte **1913** 9f
VormG-Tätigkeit **1906** 96 f; **1908i** 207 ff
Vormundschaft über Erwachsene früheren Rechts **Vorbem 1896 ff** 6

Gebrechlichkeitspflegschaft früheren Rechts
Altfälle und Aufgabenkreis **1902** 26
Aufenthaltsbestimmungsrecht **Vorbem 1896 ff** 25
Aufgabenkreisbeschreibung **1896** 74
Berufsmäßige Führung **Vorbem 1897-1900** 2
Betreuung anstelle der – **1896** 175; **Vorbem 1896 ff** 38
Doppelkompetenz **1902** 11
Dreigliedriges System der Aufgabenübertragung **Vorbem 1897-1900** 1
im Drittinteresse **1902** 56
kein eigenes Betreuersystem **Vorbem 1897-1900** 1
Entmündigung, zu vermeidende durch eine – **Vorbem 1896 ff** 20
früheres Recht **Vorbem 1896 ff** 12 ff
Geschäftsfähigkeit, Geschäftsunfähigkeit des Pflegebefohlenen **1902** 14
Geschäftsunfähigkeit des Betroffenen **Vorbem 1896 ff** 15
und Minderjährigenvormundschaft **Vorbem 1909 ff** 1

Gebrechlichkeitspflegschaft früheren Rechts (Forts.)
Personensorge, Vermögenssorge **1896** 74
Pflegerbestellung **Vorbem 1896 ff** 12 ff
Praktische Bedeutung **Vorbem 1896 ff** 19
Rechtsstellung des früheren Gebrechlichkeitspflegers **Vorbem 1896 ff** 21 f
Schutz- und Fürsorgebedürfnis **1911** 9
und Stellung eines geschäftsfähigen Pflegebefohlenen **Vorbem 1896 ff** 17
Umfang früherer – **1896** 74
Unterbringung **Vorbem 1896 ff** 30; **1906** 1
Vormundschaft früheren Rechts neben der früheren – **Vorbem 1896 ff** 24
Wirkungskreise **1896** 74 ff
Gefahr/Gefährdung
Ärztliche Betreutenmaßnahmen/Gefahr der Betreutenschädigung **1904** 29 ff
und ärztliche Maßnahmen **1904** 30, 58
Ärztlicher Notfall **1904** 57 f
und Anzeigepflicht des Jugendamtes **1909** 28
mit Aufschub einer Maßnahme verbundene Gefahr **1908i** 68
und Beobachtungspflegschaft **1909** 25
Betreuung als Rechtsfürsorge/Bedeutung der Nachrangklausel **1896** 52 f
bisherige Wohnverhältnisse **1907** 27
durch Einwilligungsvorbehalt **1903** 26 ff
Erweiterung des Einwilligungsvorbehaltes **1908d** 18
fehlender Gefährdungstatbestand bei offenkundiger Geschäftsunfähigkeit **1903** 41
Maßnahmen, freiheitsentziehende **1906** 46
Sterilisation **1905** 51
Unterbringung **1906** 23 ff
Unterbringung außerhalb anhängigen Bestellungsverfahrens **1908i** 217
und Vollmachtseinschränkung **1908i** 51 ff
Vorläufige Betreuerbestellung **Vorbem 1896 ff** 55
Vorläufiger Einwilligungsvorbehalt **Vorbem 1896 ff** 55
Gegenbetreuer
Akzessorietät **1908i** 37, 47
Amtsbeendigung **1908i** 47
Anhörung **1908i** 35
Ansprüche des Betreuten gegen den – **1908i** 230 ff
Ansprüche gegen Betreuten, gegen die Staatskasse **1908i** 258 ff
Aufgabenkreis **1908i** 25 ff
Aufsicht und Kontrolle **1908i** 44, 174 ff
Aufwendungsersatz s. dort
Auskunftspflicht des Betreuers gegenüber dem – **1908i** 84
Auskunftspflicht gegenüber dem VormG **1908i** 82
Auskunftsverpflichtung **1908i** 83

Gegenbetreuer (Forts.)
Auswahl **1897** 6
Beamter **1908i** 10
Beendigung **1908d** 28; **1908i** 47, 66
Bekanntmachung **1908i** 40
Beschwerderecht **1908i** 186
Bestellung des – hindernde Normen **1908i** 28 ff
Bestellungsverfahren **1908i** 32 ff
Bestellungsvoraussetzungen **1908i** 24
Betreuer und –, unterschiedliche Zielsetzungen **1908i** 33
Betreuerausweis **1908i** 41
und Betreuerbestellung vor Eintritt der Volljährigkeit **1908a** 3
Ehrenamtliche Führung/Aufwendungsersatz und Vergütung **1908i** 290 f
Eignung **1908i** 29
Einheitsentscheidung des VormG **1908i** 37
Einschränkung, Erweiterung des Aufgabenkreises **1908i** 36
Einwilligungsvorbehalt **1903** 23
Entlassung **1908b** 4; **1908i** 47, 228
Festsetzung von Vorschuß, Ersatz von Aufwendungen, Aufwandsentschädigung, Vergütung **1908i** 257, 272
Funktion **1908i** 20 ff
Gegenvormund im Minderjährigenvormundschaftsrecht **1908i** 22
Gegenvormundschaft, anwendbare Normen **1908i** 5, 44
Kontrollbetreuer und – **1908i** 34, 38
Mehrheit von – **1908i** 30
Miet- und Pachtverträge des Betreuten **1907** 41
Mitteilung **1908i** 39
Möglichkeit seiner Bestellung **1899** 2
Pflichtwidrigkeiten des Betreuers, erkannte **1908i** 44
Rechnungslegung **1908c** 20; **1908i** 189
Rechtsbehelfe **1908i** 43
Rechtsgeschäfte, genehmigungsbedürftige **1908i** 153
Rechtsstellung **1908i** 44 ff
Religionsdiener **1908i** 10
Sachverständigengutachten **1908i** 35
Sperrung von Geldern des Betreuten **1908i** 135
Tod **1908i** 229
Übernahmepflicht **1898** 2, 14
Vereinsbetreuung **1900** 10, 12
Verfahrenspfleger **1908i** 42
Vergütung s. dort
Vermögenssorge **1908i** 26, 29
Verpflichtung **1908i** 41
Versicherungsauflage **1908i** 179 f
keine Vertretung des Betreuten **1908i** 44
Vorschlag des Betreuten **1908i** 29
Wiederkehrende Leistungen des Betreuten **1907** 41

Gegenbetreuer (Forts.)
Wohl des Betreuten **1901** 5
Zweck **1901** 5
Gegenvormundschaft
Beendigung des Amtes **1908i** 228
und Ergänzungspflegschaft **1909** 12
Ergänzungspflegschaft, Ersatzpflegschaft **1909** 45
und Pflegerkontrolle **1915** 28f
Geisteskrankheit
und Entmündigung früheren Rechts **Vorbem 1896 ff** 7
Geistige Behinderungen
s. Behinderung
Geld des Betreuten
Anlegung von Betreutengeld **1908i** 137
Anlegung von Geld betreffende Bestimmungen **1908i** 131 ff
Befreiungen **1908i** 136 ff
Bindung an Betreutenwünsche **1908i** 130
Fremdverwendung des Betreutenvermögens **1908i** 235
Kontenführung **1908i** 129
Sperrung, vom Betreuer veranlaßte **1908i** 135
Verbot eigennütziger Betreuerverwendung **1908i** 128 ff, 234
Verzinsungspflicht bei Verwendung durch Betreuer **1908i** 234
vorübergehende verzinsliche Anlage **1908i** 138
Wirtschaftsplan, Empfehlung **1908i** 133f
Wohl des Betreuten **1908i** 132
Geldwirtschaft
und Einwilligungsvorbehalt **1903** 29
Genehmigung des Betreuers
bei fehlender Einwilligung **1903** 66
und Tod des Betreuers **1906** 61
Genehmigungsvorbehalt
Adressat der erteilten Genehmigung **Vorbem 1904–1907** 8
Ärztliche Betreutenmaßnahmen/beabsichtigte Betreuereinwilligung s. dort
Aufgabenkreiserweiterung **1908d** 11
Ausstattungsversprechen **1908** 5
Betreuerposition **1904** 1
und Betreuerwechsel **1908c** 17
Einseitiges Rechtsgeschäft **1908i** 156
der Einwilligung in die Sterilisation **1905** 4, 40 ff
für freiheitsentziehende Maßnahmen **1906** 46
Rechtsfolgen nicht beantragter, nicht erteilter Genehmigung **1908i** 154
Rechtsgeschäfte in Anwendung des Minderjährigenvormundschaftsrechts **1908i** 148 ff
und Tod des Betreuers **1906** 61
für eine Unterbringung **1906** 33 ff
Wohnraum (Kündigung, Aufgabe) **1907** 4

Generalkonsens
Eingeschränkter im Minderjährigenrecht **1903** 67
Gericht
s. a. Familiengericht; Vormundschaftsgericht
Vertretung des Betreuten vor einem – **1902** 56
Gerichtliche Festsetzung
Vorschuß, Aufwendungsersatz, Aufwandsentschädigung, Vergütung **1908i** 257, 272
Geringfügige Angelegenheiten
Einwilligungsvorbehalt und – des täglichen Lebens **1903** 8, 26, 33, 87 ff
des täglichen Lebens **1908d** 32
Geschäftsähnliche Handlungen
Einwilligungsvorbehalt **1903** 16
Geschäftsbesorgung
Betreuungsrechtsverhältnis als – **1902** 20
Geschäftsfähigkeit
und Abwesenheitspflegschaft **1909** 19 f
Alleinhandeln des Betreuten, Vertretungsausschluß **1902** 30, 41
und Aufenthaltsbetreuung **1896** 85
Ausstattung aus dem Vermögen des Betreuten **1908** 3
Beachtlichkeit der Wünsche des Betreuten **1901** 7
Betreuerbestellung und – **1896** 18 ff, 170; **Vorbem 1896 ff** 45; **1902** 11; **1903** 1
Betreuerbestellung vor Eintritt der Volljährigkeit **1908a** 9
Betreuerbestellung gegen den Willen des Betroffenen **1896** 6, 23 ff
Betreuungsverhältnis und Sorgerechtsverhältnis **1902** 35
Bevollmächtigung des Betreuers **1908i** 140
Ehesachen **1903** 79
und Einwilligungsfähigkeit **1904** 26; **1905** 10
und Einwilligungsvorbehalt **1903** 8 ff, 33, 40, 65
Einwilligungsvorbehalt, Wegfall **1908d** 32
Entlassungswunsch des Betreuten **1908b** 6
und fehlende Gefährdung **1903** 41
Feststellung der Nichtvaterschaft **1903** 49
Gebrechlichkeitspflegschaft früheren Rechts **Vorbem 1896 ff** 21, 26; **1902** 14
Handeln des unter Einwilligungsvorbehalt gestellten Betreuten **1902** 64
Handeln innerhalb des Betreuer-Aufgabenkreises **1902** 63
und Heilversuch **1904** 42
Pflegschaft **Vorbem 1909 ff** 12
Schenkungen des Betreuten **1902** 30
als Schranke staatlichen Eingriffs **1896** 23 ff
Schwierigkeitsgrad einzelner Geschäfte **1904** 27

Geschäftsfähigkeit (Forts.)
  und Verfahrensfähigkeit
    Vorbem 1896 ff 57; **1903** 38
  Versorgungsdefizit und Betreuerbestellung
    1896 21
  Vollmachterteilung für eine Bevollmächtigung als andere Hilfe **1896** 120
  als Voraussetzung einer Vollmachterteilung **1896** 116
  Vorliegensfrage/Unklarheit **1904** 25
  und Vorsorgevollmacht **1904** 67 f
  Vorsorgevollmacht **1906** 55
  Wohnungsauflösung durch den Betreuten
    1907 15, 31

Geschäftsfähigkeit (beschränkte)
  Betreueramt, fehlende Eignung **1897** 20
  Ehesachen **1903** 62
  Einwilligungsvorbehalt **Vorbem 1896 ff** 45;
    1903 3, 65, 83
  Entmündigung früheren Rechts
    Vorbem 1896 ff 5, 8
  Feststellung der Nichtvaterschaft **1903** 49
  Gebrechlichkeitspflegschaft früheren
    Rechts **Vorbem 1896 ff** 13

Geschäftsführertätigkeit
  und Betreuung **1896** 180

Geschäftsunfähigkeit
  Ausstattung aus dem Vermögen des
    Betreuten **1908** 3
  Beachtlichkeit der Wünsche des Betreuten
    1901 7
  Beamtenernennung **1896** 181
  Betreueramt, fehlende Eignung aufgrund
    − **1897** 20
  Betreuerbestellung und − **1896** 18 ff, 170;
    Vorbem 1896 ff 45; **1902** 11; **1903** 1
  Betreuerbestellung vor Eintritt der Volljährigkeit **1908a** 9
  Betreuerbestellung statt Abwesenheitspflegschaft **1909** 19
  des Betreuten **1908b** 9
  Betreuungsrecht, Verzicht auf das Merkmal der − **1896** 6
  Beweisschwierigkeiten und Einwilligungsvorbehalt **1903** 36 f, 41
  Boteneigenschaft des Betreuten **1903** 35
  Ehesachen **1903** 62
  als Eingriffskriterium für nicht gewollte, aber erforderliche Betreuerbestellung
    1896 73
  Einwilligung in eine freiheitsentziehende
    Unterbringung **1906** 16
  Einwilligungsvorbehalt **1896** 15; **1902** 16;
    1903 6 ff, 33 f, 40
  Einwilligungsvorbehalt, Wegfall **1908d** 32
  Entmündigung und Betreuung, Vergleich
    Vorbem 1896 ff 5, 8; **1903** 1
  Feststellung der Nichtvaterschaft **1903** 49
  Gebrechlichkeitspflegschaft früheren
    Rechts **Vorbem 1896 ff** 13, 15, 21;
    1902 14

Geschäftsunfähigkeit (Forts.)
  Geringfügige Angelegenheiten des täglichen Lebens **1903** 8
  Geschäfte höchstpersönlicher Natur
    1902 33
  Handeln für den Betreuten **1902** 56
  und klinische Prüfung (MedizinprodukteG 1994) **1904** 40
  Natürliche Geschäftsunfähigkeit **1896** 19;
    Vorbem 1896 ff 15
  Pflegschaft **Vorbem 1909 ff** 18
  Prozeßunfähigkeit **1903** 38
  Reales Handeln aus eigenem Recht
    1903 34
  Rechtlicher Vorteil **1903** 35
  Rechtsverkehr, ungeschützter unabhängig
    von der Betreuerstellung **1902** 62
  Rechtswirkungen der §§ 108–113 BGB, ausgeschlossene **1903** 76
  Relative Geschäftsfähigkeit **1903** 35
  Schenkung des Betreuten **1908i** 122 ff
  Verzicht auf Feststellung **1896** 18
  Wohl des Betreuten **Vorbem 1896 ff** 42

Geschlechtskrankheit
  Unterrichtung durch Betreuer **1896** 179;
    1902 29

Geschlossene Einrichtung
  und freiheitsentziehende Unterbringung
    1906 18

Geschwister des Betreuten
  keine Befreiungen für − **1908i** 139, 178, 193

Gesellschaftsrecht
  und Ergänzungspflegschaft **1909** 16

Gesetzliche Vertretung
    s. Vertretung (gesetzliche außerhalb der
      Betreuung)
    s. Vertretung (gesetzliche Vertretungsmacht des Betreuers)

Gesetzliches Rechtsverhältnis
  Betreuungsrechtsverhältnis als − **1896** 166

Gesundheitsfürsorge
  Ärztliche Auffassung und Betreuermeinung **1896** 98
  Aufgabenkreis **1896** 89 ff; **1904** 40
  Aufgabenkreiserweiterung **1908d** 11
  Betreuer-Personensorge **1904** 18
  Betreueraufgabe **1901** 23; **1902** 78
  Einwilligungsfähigkeit des Patienten
    1896 99
  und Einwilligungsvorbehalt **1903** 17
  und Erforderlichkeitsgrundsatz **1896** 95
  Gesundheitszustand/Untersuchung
    1904 30
  als Handeln mit Blick auf den Betreuten
    1902 58
  als komplexer Lebenssachverhalt/Aufgabenkreis **1896** 81
  Risikoeingriffe **1896** 98
  Schriftstücke des Betreuten mit dem
    Inhalt zur − **1901a** 2

Gesundheitsfürsorge (Forts.)
    und Unterbringungsbetreuung 1896 97
    und Vorsorgevollmacht zwecks Personensorge 1904 4, 74
    und Wünsche des Betreuten 1901 26
Gesundheitsgefährdung
    und Einwilligungsvorbehalt 1903 30
Gesundheitsschäden
    als Folge unterlassener Behandlung 1906 29
    Unterbringung 1906 23 ff
Gewaltanwendung
    Betreuerauftrag, Durchsetzung 1901 41 ff
    Vollzug von Unterbringungsmaßnahmen 1906 90
Gläubigerinteresse
    und Einwilligungsvorbehalt 1903 32
GmbH
    Einwilligungsvorbehalt und Geschäftsführung 1903 81 ff
Grundbuchamt
    Abwesenheitspflegschaft 1911 6
    Pflegschaft Vorbem 1909 ff 9
Gütergemeinschaft
    und Betreuerbestellung 1896 179
Güterrechtliche Folgen
    der Betreuung 1896 179 f
Gutachten eines Sachverständigen
    s. Sachverständigengutachten
Guthabenverfügung
    für den Betreuten 1908i 129

Haft
    Verbleib von Betreuungsverfügungen 1901a 19
Haftung des Betreuers
    Ablehnung der Betreuungsübernahme 1898 43
    bei Ablehnung der Übernahme 1908i 11
    des Behördenbetreuers 1908i 233
    für Drittschäden, vom Betreuten verursachte 1902 73 ff
    für pflichtwidriges Handeln 1908i 72
    Übernahmeverpflichtung 1908i 13
    Unterbringung, rechtswidrige 1906 33
    des Vereinsbetreuers 1908i 233
Haftung des Betreuten
    für Betreuerverhalten 1902 60
Haftung der Einrichtung
    für gebilligte, genehmigte freiheitsentziehende Maßnahmen 1906 50
Haftung des Pflegers
    Aufnahme des Pflegebefohlenen/ Haftungsbeschränkung 1915 15
    Jugendamt als Pfleger 1915 15
Hamburg
    Anerkennung von Betreuungsvereinen 1908f 17
    Aufsicht des VormG in vermögensrechtlicher Hinsicht 1908i 108

Hamburg (Forts.)
    Behördenbetreuung, Befreiungen 1908i 252, 255 f
    Landesrechtliches Unterbringungsrecht 1906 12
    Meldepflichten bei Pflegschaft/Betreuung 1896 181
    Sammlungsgesetz 1914 8
    Wahlrecht und Betreuung 1896 174
Handlungsbedarf für Betreuerbestellung
    Abstrakter, konkreter, wahrscheinlicher 1896 54 f
Hauptbetreuer
    und Vergütungsfrage 1908i 335
HausratsVO
    und Änderung des Mietverhältnisses 1907 22
Heilbehandlung
    und ärztlicher Eingriff/Abgrenzung 1904 35
    des Betreuten
    s. Ärztliche Betreutenmaßnahmen
    und Vollmachtserteilung/Vorsorgevollmacht 1904 59
Heilungschancen
    Betreueraufgabe der Nutzung von – 1901 31 ff
Heilversuch
    und Betreuungsverhältnis 1904 39
    und klinische Prüfung von Arzneimitteln 1904 39
Heimaufenthalt
    Abwesenheitsvergütung im Heimbereich/ AGB-Kontrolle 1907 33
    Alten- und Pflegeheime/Altersvorsorgevollmachten 1896 131 f
    Betreueramt/Ausschluß Vorbem 1897–1900 17; 1900 14; 1908i 16
    Betreutenaufsicht 1902 75
    Freiheitsentziehende Maßnahmen 1906 45, 49
    HeimG-Geltungsbereich/Entgeltvereinbarungen 1907 33
    Heimplatzsuche als Betreueraufgabe 1902 78
    Künstliche Ernährung eines Bewohners/ betreuer einwilligungsunfähiger Patient 1904 7
    Letztwillige Verfügungen zugunsten Heimträger/Nichtigkeit 1907 33
    Maßnahmen unter Genehmigungsvorbehalt des VormG 1906 50 ff
    Sozialhilfezahlungen/Abgrenzung Vermögens- und Personensorge 1896 79
    Sturz von Heimbewohnern/Erstattung von Behandlungskosten 1904 8
    Suizidgefährdung 1906 52
    Umzug und Genehmigungsvorbehalt 1907 9
    Unerlaubte Handlungen 1906 52
    und Unterbringung 1906 18

Heimaufenthalt (Forts.)
Vollmachterteilung/Altersvorsorgevollmacht der Heimbewohner **1896** 131
Wohnungsauflösung **1907** 2
Herausgabe des Betreuten
als Personensorgeangelegenheit **1902** 56; **1908i** 99
Herausgabe des Vermögens
nach Beendigung der Betreuung **1908i** 158
bei einem Betreuerwechsel **1908c** 19
Herrenloses Grundstück
keine Pflegschaft **1913** 2
Hessen
Anerkennung von Betreuungsvereinen **1908f** 18
Aufsicht des VormG in vermögensrechtlicher Hinsicht **1908i** 108
Behördenbetreuung, Befreiungen **1908i** 253
Landesrechtliches Unterbringungsrecht **1906** 12
Meldepflichten bei Pflegschaft/Betreuung **1896** 181
Sammlungsgesetz **1914** 8
Wahlrecht und Betreuung **1896** 174
Hilfen (andere)
s. Andere Hilfen
Hinterlegung
Vorsorgeregelungen **1901a** 15 f
Hinterlegungspflicht
für Inhaberpapiere des Betreuten **1908i** 141
vom VormG angeordnete für Wertpapiere, Kostbarkeiten **1908i** 144
Hochschulausbildung
Betreuerqualifikation und Vergütungsstufen-Einordnung **1908i** 315
Hochschulrecht
Betreuter Studienbewerber **1896** 181
Höchstpersönliche Angelegenheiten
Ausschluß gesetzlicher Vertretung des Betreuten **1902** 30, 33
keine betreuungsfähige Angelegenheiten **1896** 56
Vollmachtsausschluß **1896** 127
Höchstpersönliche Betreuung
und persönliche Betreuung **1902** 70
Höchstpersönliche Erklärung
Übernahmeerklärung des Betreuers **1898** 12
Hoheitlicher Eingriff
aufgrund Betreuerbestellung **1896** 6

Impairment
WHO-Bestimmung der Behinderung **1896** 33
Informationspflichten
Betreuerpflichten (Übersicht)
Vorbem 1896 ff 45

Informationspflichten (Forts.)
Mitteilungspflichten des Betreuers ggü VormG/Aufmerksamkeitspflichten bezüglich Betreuungsvoraussetzungen **1901** 35
Inhaberpapiere des Betreuten
Hinterlegungspflicht **1908i** 141
Umschreibung, Umwandlung **1908i** 142
Insolvenz
und Abwesenheitspflegschaft **1911** 8
des Betreuers **1897** 21; **1908b** 17
und Betreuungsrecht **Vorbem 1896 ff** 76
eines Elternteils **1909** 21
des Vormunds **1909** 21
Institut für transkulturelle Betreuung
Migrantenbetreuung **1898** 16
Institutionen als Betreuer
s. Vereinsbetreuung; Behördenbetreuung
Interessengefährdung
Zuwendungen an Minderjährigen, Pflegschaft **1917** 9
Interessenkollision
und Abwesenheitspflegschaft **1911** 13
bei Betreuerauswahl **1897** 31 ff
bei der Ergänzungspflegschaft **1909** 12
Minderjähriger und Sorgerechtsinhaber **1909** 18
Inventarisierung
Aufgabenkreisbestimmung und Betreuerverpflichtung **1908i** 112
IQ-Wert
und Betreuerbestellung **1896** 35 ff

Jugendamt
Amtspfleger, Amtsvormund
Vorbem 1909 ff 20
Anzeigepflicht gegenüber VormG **1909** 28
Beistandschaft **Vorbem 1909 ff** 4
und Betreuungsbehörde, Unterschied **1900** 40
als Pfleger **Vorbem 1909 ff** 14, 20; **Vorbem 1915** 15
Sorgerechtsbeschränkung und Pflegschaftsanordnung **1909** 41
Unterstützungspflicht **1909** 28
Juristische Personen
Abwesenheitspflegschaft **1913** 11
Pflegschaft **Vorbem 1909 ff** 26
Pflegschaft für unbekannte, ungewisse Beteiligte **1913** 11
Justizmitteilungsgesetz
und Betreuungsrecht **Vorbem 1896 ff** 73

Kastration
Gesetzliche Grundlage/Einwilligung eines Betreuers **1904** 42
und Sterilisation, Abgrenzung **1905** 11

1044

Kindeswohl
und Wohl des Betreuten, Unterscheidung **1901** 22
Kindschaftsrecht
Beistandschaft des Jugendamts **Vorbem 1909 ff** 4
Familienpflege **Vorbem 1909 ff** 4
KinderrechteverbesserungsG/Pflegschaftsänderungen **Vorbem 1909 ff** 2
und Pflegschaftsrecht **Vorbem 1909 ff** 1 ff
Schadensfolge oder Unterhaltspflicht für ein – **1905** 60
Verfahrenspfleger in Vormundschafts- und Familiensachen für minderjähriges – **Vorbem 1909 ff** 6
Verfahrenspflegschaft
s. dort
Kirchenaustritt
des Betreuten **1901** 36
Körperliche Behinderung
s. Behinderung
Körperliche Integrität
Betreutenschutz **1904** 1
Kommunikation
Persönliche Betreuung/Bedeutung der Betreuten – **1908i** 315
Konsensprinzip
Betreuerbestellung **1898** 31 f
Konsenssystem
und Betreuungsrecht **1898** 27
Kontenführung
für den Betreuten **1908i** 129
Kontrollbetreuer
s. Überwachungsbetreuer
Kosten
Betreuerbestellung **1896** 163; **1908a** 22
Sterilisation **1905** 59
Unterbringungssachen **1906** 83
Krankenhaus
Psychiatrische Klinik/Suizidgefährdung **1906** 52
Krankenhausaufenthalt
Kündigung eines Mietverhältnisses **1907** 2
Krankenversicherung
Betreueraufgabe **1902** 78
Krankheit
s. a. Behinderung
s. a. Gesundheitsfürsorge
Ärztliche Betreutenmaßnahmen
s. dort
Ärztliche Maßnahmen/Einwilligungsfähigkeit **1904** 19
Aufgabenkreis/komplexer Lebenssachverhalt **1896** 81
und Behinderung **1896** 33, 39
Betreuer als gesetzlicher Vertreter unabhängig von jeweiliger – **1902** 16
und Betreuerbestellung **1896** 31 ff
und Einwilligungsvorbehalt **1903** 17
Freiheit zur – **1906** 29, 30

Krankheit (Forts.)
Gesetzliche Vertretung unabhängig vom Grad der – **1902** 16
Körperliche, nichtkörperliche **1896** 31, 33
Psychische Krankheit
s. dort
Schubförmiger Verlauf/Phasen **1896** 40
Vertretungsmacht, gesetzliche des Betreuers **1902** 8
Krebsregister
Betreuungsverhältnis und Registrierungsvorgang **1902** 29, 56
Kündigung
eines Mietverhältnisses
s. Wohnsitzaufgabe, Wohnungsauflösung
eines Pachtverhältnisses **1907** 12
Künftige Rechte
Pflegschaft für die Leibesfrucht zur Wahrung – **1912** 4
Künstliche Ernährung
und Betreuungsverhältnis **1904** 7

Landesrecht
s. a. einzelne Länder
Anerkennung von Betreuungsvereinen **1908f** 1, 11 ff
und Beistandschaft **1915** 20
Besonderheiten hinsichtlich Betreuungsverfügung **1901a** 15 f
Betreuungsvereine, Behördenbetreuung/Befreiungsmöglichkeiten **1908i** 115, 135, 151, 178, 191
Betreuungsvereine, Förderung **1908f** 50
Einstweilige Unterbringungsverfahren ohne anhängiges Betreuerbestellungsverfahren **1908i** 212 ff
Meldepflichten bei Pflegschaft/Betreuung **1896** 181
PsychKG **Vorbem 1896 ff** 29
Unterbringungsrecht **Vorbem 1896 ff** 29; **1906** 12
Vermögenssorge **1908i** 108
Lebensmittelpunkt des Betreuten
Aufgabe
s. Wohnsitzaufgabe, Wohnsitzauflösung
Lebenspartner
Anhörung bei ärztlichen Betreutenmaßnahmen **1904** 52
als Betreuer **Vorbem 1897–1900** 18
Betreuerbestellung/Befreiungsmöglichkeiten
s. Befreiungen
Gesundheitszustand eines entscheidungsunfähigen – **1904** 5
und Verschwägerte **1915** 3
Lebensversicherung
Vertretung des Betreuten **1902** 32

1045

Leibesfrucht
Pflegerbestellung zur Wahrung künftiger Rechte
s. Alphabetische Übersicht zu § 1912 BGB
Lernbehinderung
und psychische Krankheit/Abgrenzung **1896** 36
Letztwillige Verfügung
Ausschluß gesetzlicher Vertretung des Betreuten **1902** 33
Betreuungsverfügung als Teil einer – **1901a** 7
Ergänzungspflegschaft **1909** 36
Minderjährigenerwerb von Todes wegen, Vermögenssorge **1917** 1
Pflegschaftsanordnung **1909** 42
Lucida intervalla
Entmündigung früheren Rechts **Vorbem 1896 ff** 8

Maßnahmen (ärztliche)
Betreutenmaßnahmen/beabsichtigte Betreuereinwilligung
s. Ärztliche Betreutenmaßnahmen
Maßnahmen (freiheitsentziehende)
s. a. Unterbringung
Ärztliches Zeugnis **1906** 82 f
andere Verfahren **1906** 43
Anhörungsberechtigte **1906** 77
Anordnung sofortiger Wirksamkeit **1906** 99
Anstaltsaufenthalt **1906** 45, 49
Art der Einrichtung und Maßnahme **1906** 91
Arzneimittel **1906** 43
Aufgabenkreis des Betreuers **1906** 41
Bauchgurt **1906** 43
Beendigung **1906** 110 ff
Bekanntmachung **1906** 104
Bettgitter **1906** 43
Dauer **1906** 92
Eingriffsgestattung oder geschuldete Leistung **1906** 50
Einrichtung **1906** 49
Einrichtungscharakter **1906** 45
Einstweilige Anordnungen **1906** 107
Einstweilige Maßregeln **1906** 108 f
Einwilligungsfähigkeit, Einwilligungsunfähigkeit des Betreuten **1906** 41
kein Einwilligungsvorbehalt **1903** 20
Entscheidungsinhalt, Maßnahmenbeschreibung **1906** 91
Fixierung durch Bauchgurte **1906** 43
Fortbewegung, Hinderung an selbstbestimmter **1906** 46
Genehmigungspflicht **1906** 46
Gewaltanwendung **1906** 101
Heimaufenthalt **1906** 45, 49
Mechanische Vorrichtungen **1906** 43

Maßnahmen (freiheitsentziehende) (Forts.)
Medikamentenverabreichung **1904** 35; **1906** 43, 110
Persönliche Anhörung **1906** 71
Rechtfertigung der – **1906** 46
Regelmäßigkeit **1906** 47
Sachverständiger **1906** 79, 82
Unterbringung, Abgrenzung **1906** 46
Verfahrensfähigkeit des Betroffenen **1906** 66
Verfahrenspfleger **1906** 67, 69
Verlängerung **1906** 113
Verschließen **1906** 43
Vollzug **1906** 40, 100
Vorführung zur Anhörung **1906** 80
durch Vormundschaftsgericht bei Verhinderung des Betreuers **1908i** 215
Vormundschaftsgericht, zuständiges **1906** 65
Vormundschaftsgerichtliche Genehmigung **1906** 41
und Vorsorgevollmacht **1906** 53 ff
wiederkehrender Anlaß **1906** 47
Zielsetzung **1906** 46
Zulässigkeit **1906** 46
Maßnahmen (vorsorgliche)
und Betreuerbestellung vor Eintritt der Volljährigkeit **1908a** 1 ff
Mechanische Vorrichtungen
der Freiheitsentziehung dienende – **1906** 43
Mecklenburg-Vorpommern
Anerkennung von Betreuungsvereinen **1908f** 19
Landesrechtliches Unterbringungsrecht **1906** 12
Meldepflichten bei Pflegschaft/Betreuung **1896** 181
Sammlungsgesetz **1914** 8
Wahlrecht und Betreuung **1896** 176
Medikamente
der Freiheitsentziehung dienende – **1904** 32; **1906** 43
Medizinische Maßnahmen
Ärztliche Betreutenmaßnahmen
s. dort
Medizinische Unterbringung
Freiheitsentziehende Unterbringung als – **1906** 27 ff
Medizinischer Befund
des kranken/behinderten Volljährigen **1896** 30 ff
Medizinprodukte
Klinische Erprobung und Vorsorgevollmacht **1904** 64
Klinische Prüfung und Betreuungsverhältnis **1904** 38
MedizinprodukteG **1904** 40
Mehrheit von Betreuern
Ablösungsbetreuung **1899** 1
Alternativen **1899** 6

Mehrheit von Betreuern (Forts.)
Antrag, Amtsverfahren **1899** 16
Aufgabenkreiserweiterung **1899** 14 f
Aufgabenkreisüberschneidungen **1908i** 76
Bedarfsbezogene Regelung **1899** 3
Besserbetreuung **1899** 4
Betreutenwünsche **1899** 4
und Einwilligungsvorbehalt **1903** 80
als Einzelbetreuer **1899** 10
Ergänzungsbetreuer **1899** 1 f, 15
und Ergänzungspflegschaft **1909** 2
Ersatzbetreuung **1899** 11
Führung der Betreuung **1908i** 73 ff
Gegenbetreuer **1899** 2
Gemeinschaftliche Betreuung **1899** 9
Gesamtschuldnerische Haftung **1899** 9
und getrennte Betreuung **1899** 10
kein Grundsatz entsprechend Einpersonenvormundschaft **1908i** 128
Konfliktregelung **1899** 7; **1908i** 76
Mitbetreuer **1899** 2, 9
Mitbetreuung, Abgrenzungsprobleme bei getrennter **1899** 10
Persönliche Betreuung **1899** 3
Sterilisationsbetreuer **1899** 4
Übernahmepflicht **1898** 14
Übertragung von Angelegenheiten **1899** 13
Verfahren **1899** 14 ff
und Vergütungsfrage **1908i** 335
Verhinderung des Betreuers **1899** 11
Vertretungsausschluß **1899** 11
Vollmachtbetreuer **1899** 15
Vorrang gegenüber alleiniger Bestellung eines Vereins oder der Behörde **1899** 8
Weiterer Betreuer **1899** 6
Zuständigkeitsprobleme bei getrennter Betreuung **1899** 10
Meldewesen
s. Paß- und Meldewesen
Mietvertrag
Betreuungsverhältnis und Genehmigungserfordernis **1907** 37 ff
Milieuanhörung
Eindruck vom Betroffenen **1896** 150
Minderjährigenrecht
Ärztliche Maßnahmen/Einwilligungsfähigkeit **1904** 19
und Entmündigung früheren Rechts **Vorbem 1896 ff** 5
Minderjährigenerwerb von Todes wegen, Vermögenssorge **1917** 1
Minderjährigenhaftungsbeschränkungs G und Vormundschaftsrecht als Rechtsinstitut **1915** 3
Persönlichkeitsrecht und Grenzen elterlicher Vertretungsmacht **1908i** 106; **1909** 7
Personensorge, Vermögenssorge **1896** 76
Sachwalter des Minderjährigen **1909** 18
Untersuchung des Minderjährigen, Einwilligungsproblem **1908a** 16

Minderjährigenrecht (Forts.)
Verfahrenspflegschaft
s. dort
Verfassungsbeschwerde des Minderjährigen **1909** 18
Vormundschaft über Erwachsene früheren Rechts **Vorbem 1896 ff** 5
Minderjährigenvormundschaft
Anlegung von Mündelgeld **1908i** 131
Aufgaben des Vormunds **1896** 174
Konsenssystem **1898** 21
und Pflegschaft **Vorbem 1909 ff** 1
Pflegschaften, an – gebundene **1918** 2
Problem des Nichtvertretenseins **1908i** 207
Verein, Behörde als Vormund **1900** 1
Verfahrenspfleger für minderjähriges Kind **Vorbem 1909 ff** 6
Verhinderung des Vormunds **1909** 14 ff; **1919** 4
Mitbetreuung
Aufrechterhaltung oder Fortsetzung durch Einzelbetreuerbestellung **1899** 9
Entlassungsgründe **1908b** 4
Ergänzungsbetreuer als Fall der – **1899** 2
und Gegenbetreuerbestellung **1908i** 24
und gesetzliche Vertretung **1902** 47 f
Möglichkeit seiner Bestellung **1899** 2
Tod **1908i** 229
Übernahmepflicht **1898** 14
Verhinderung des Betreuers **1902** 30
Mitgliedschaftsrechte
Angelegenheit des Betroffenen **1896** 56
Mitteilungen
Beendigung freiheitsentziehender Betreuung **1906** 39
durch Behörde, Verein von anderer Betreuungsmöglichkeit **1908b** 46
der Behörden an Gerichte wegen Gefahr für das Wohl der Betroffenen **1903** 96
Berufsbetreuerpflicht/Mitteilung zur Betreuung durch außerhalb einer Berufsausübung tätige Person **1897** 53; **Vorbem 1897–1900** 4
der Betreuerbestellung **1896** 158
Betreuerverpflichtung **1908i** 290
in Betreuungssachen **Vorbem 1896 ff** 53
Einwilligungsvorbehalt **1903** 95, 117
Entlassung des Betreuers **1908b** 54
Gegenbetreuer **1908i** 39
Genehmigung, verweigerte Genehmigung der Wohnungsauflösung **1907** 29
der Gerichte an das VormG bei erforderlicher Tätigkeit **1909** 29
Justizmitteilungsgesetz, Auswirkungen auf das Betreuungsrecht **Vorbem 1896 ff** 73
Neubestellung eines Betreuers **1908c** 15
Unterbringungsmaßnahmen **Vorbem 1896 ff** 63; **1906** 104
Wohnsitzauflösung **1907** 34 f
Mitvormundschaft
und Ergänzungspflegschaft **1909** 12

Mitvormundschaft (Forts.)
Religiöse Erziehung **1909** 20
Mündelgeld
Betreuungsrecht, sinngemäße Anwendung des Minderjährigenvormundschaftsrechts **1908i** 131
Mündlichkeit
von Betreuungsverfügungen **1901a** 9

Nacherbschaft
Pflegschaft für unbekannte, ungewisse Beteiligte **1913** 8
Wahrung der Rechte des Nacherben und Pflegschaft für die Leibesfrucht **1912** 4
Nachlaßgericht
Pflegschaft, Zuständigkeit **1915** 6
Nachlaßpflegschaft
und Pflegschaft für die Leibesfrucht **1912** 4
als Pflegschaft selbständigen Rechtsgrundes **Vorbem 1909 ff** 4
Pflegschaft für unbekannte, ungewisse Beteiligte **1913** 11
Vergütung/Vergütungsfestsetzung **Vorbem 1909 ff** 4
Nachlaßverwaltung
Pflegschaft **Vorbem 1909 ff** 4
Pflegschaft für unbekannte, ungewisse Beteiligte **1913** 4
Vergütung/Vergütungsfestsetzung **Vorbem 1909 ff** 4
Nachrangklausel
Andere Angelegenheiten als Betreuungsgegenstand **1896** 52 f
Andere Hilfen/Abgrenzung des Nachrangs einer Betreuerbestellung **1896** 142
Namensänderungsrecht
Alleinhandeln des geschäftsfähigen Betreuten **1902** 41
Namensrecht
und Betreuerbestellung **1896** 180
Genehmigung vorgeburtlicher Namensgebung **1912** 4
Narzißtische Persönlichkeitsstörung 1906 15
Nasciturus
Pflegerbestellung zur Wahrung künftiger Rechte
s. Alphabetische Übersicht zu § 1912 BGB
Natürliche Personen
Ausschluß vom Betreueramt **1908i** 16
als Betreuer **1897** 4 f; **Vorbem 1897-1900** 7
und Betreuer-Institutionen: Unterscheidung **Vorbem 1897-1900** 11
Betreuerbestellung und Übernahmeverpflichtung **1898** 2
Betreuersystem, Arten: Privatpersonen/ Vereinsbetreuer/Behördenbetreuer **Vorbem 1897-1900** 3

Natürliche Personen (Forts.)
Betreuersystem, Arten/Rangfolge **Vorbem 1897-1900** 3
und Institutionen **Vorbem 1897-1900** 8
Neubestellung eines Betreuers **1908c** 4
im neuen Betreuersystem **Vorbem 1897-1900** 6 ff
Vorrang bei der Betreuerbestellung **Vorbem 1896 ff** 45
Nervenarzt
und Psychiater/Verhältnis **1896** 42
Neubestellung des Betreuers
nach Entlassung bisherigen Betreuers **1908c** 1 ff
Neurosen
als psychische Krankheit **1896** 34
Nichtdeutscher Betreuer
Bestellung **1898** 1, 16
Nichtdeutscher Betroffener
Inhalt der Betreuung (Art. 24 EGBGB) **1897** 30
Nichtigkeit
Betreuungsentscheidung, fehlerhafte/ ausgeschlossene– **1898** 35
Pflegerbestellung **1911** 3
von Willenserklärungen und Bedeutung des Einwilligungsvorbehaltes **1903** 76
Niedersachsen
Anerkennung von Betreuungsvereinen **1908f** 20
Landesrechtliches Unterbringungsrecht **1906** 12
Meldepflichten bei Pflegschaft/Betreuung **1896** 181
Personalausweis- und Paßrecht **1896** 181
Sammlungsgesetz **1914** 8
Wahlrecht und Betreuung **1896** 176
Nießbrauchsbestellung
und Ergänzungspflegschaft **1909** 16
Nordrhein-Westfalen
Anerkennung von Betreuungsvereinen **1908f** 21
Landesrechtliches Unterbringungsrecht **1906** 12
PsychKG **Vorbem 1896 ff** 29
Sammlungsgesetz **1914** 8
Notar
Ergänzungspflegschaft, Prüfungs- und Belehrungspflicht **1909** 27
Notarrecht
und Betreuerbestellung **1896** 181
Notpfleger
s. Ersatzpfleger
Notzuständigkeit
des Vormundschaftsgerichts **1908c** 2

Öffentlich-rechtliche Folgen
der Betreuerbestellung **1896** 181 f
der Betreuerbestellung mit Einwilligungsvorbehalt **1896** 182

Öffentlich-rechtliche Unterbringung 1906 9 ff
Öffentlich-rechtliche Verpflichtungen
  des Betreuers als gesetzlicher Vertreter
    1902 28 f
  Übernahme der Betreuung **1898** 11
Öffentliches Recht
  Antrag auf Betreuerbestellung **1896** 67
Öffentlichkeit einer Sammlung
  Sachpflegschaft **1914** 5
Organspende
  und Betreuungsverhältnis **1904** 37, 64
  Totensorgerecht **1902** 58
  und Vorsorgevollmacht **1904** 64
Organstellung
  und Einwilligungsvorbehalt **1903** 64 ff
Organverfügungen
  Zentrale Erfassung und Nachweis des
    Aufbewahrungsortes **1901a** 16

Pachtvertrag
  Betreuungsverhältnis und Genehmigungs-
    erfordernis **1907** 37 ff
  Kündigung **1907** 12
Paß- und Meldewesen
  Betreuerbestellung ohne Einwilligungsvor-
    behalt **1896** 181
  Einwilligungsvorbehalt und Aufenthalts-
    bestimmung **1903** 21
Patientenverfügung
  Vorsorgevollmacht
    s. dort
  Zentrale Erfassung und Nachweis des
    Aufbewahrungsortes **1901a** 16
Patientenverhalten
  Einwilligungsvorbehalt **1903** 17
Pauschalierte Vergütung
  aufgrund Vormünder- und Betreuerver-
    gütungsG 2005 **1908i** 316 ff
Persönliche Angelegenheiten
  keine Abwesenheitspflegschaft zur
    Wahrnehmung – **1911** 2
  Rechte der Leibesfrucht **1912** 5
Persönliche Anhörung
  s. Anhörung (persönliche)
Persönliche Betreuung
  Art und Weise der Besorgung **1901** 18
  Begriff **1902** 70
  Behördenbetreuer, Vereinsbetreuer und
    Interesse an – **1908i** 233
  Besprechungspflicht als Kern der –
    1901 10, 46
  und Betreuer-Anforderungsprofil
    Vorbem 1897-1900 7
  als dienendes Element der Betreuung/
    keine eigenständige Betreueraufgabe
    1908i 315
  und Drittbeauftragung **1902** 66 ff
  als Eignungskriterium der Betreuerbestel-
    lung **1897** 1
  Entscheidungsverantwortung **1902** 68

Persönliche Betreuung (Forts.)
  keine Erstreckung gesetzlicher Vertretung
    auf die – **1902** 12
  Geeignetheit hierzu **1897** 15 ff
  und höchstpersönliche Betreuung **1902** 70
  Kommunikationsaufgabe als dienendes
    Element **1908i** 315
  Mehrheit von Betreuern **1899** 3
  Natürliche Personen und Institutionen/
    Unterscheidung **Vorbem 1897-1900** 11
  und persönliche Sorge **1908i** 85
  und rechtliche Betreuung **1901** 13
Persönliche Verhältnisse
  Periodische Berichterstattung **1908i** 85,
    90 ff
  Pflegschaft **1915** 23
Persönlicher Eindruck vom Betreuten
  Einwilligungsvorbehalt **1903** 103
Persönlichkeitsrecht
  und öffentliche Bekanntmachung der
    Entmündigung **Vorbem 1896 ff** 7
Personensorge
  und Vollmachterteilung/Vorsorgevoll-
    macht
    s. Vorsorgevollmacht
Personensorge (Betreuung)
  s. a. Persönliche Betreuung
  Adressat für Unterrichtungen, Belehrun-
    gen usw. **1902** 29
  Ärztliche Betreutenmaßnahmen/beabsich-
    tigte Betreuereinwilligung
    s. dort
  Alle Angelegenheiten **1907** 9
  Arzt-Patient-Verhältnis und Betreuerbe-
    fugnis **1904** 9 ff
  Aufgabenkreis der Betreuung
    Vorbem 1896 ff 45
  Aufgabenkreis und gesetzliche Vertretung
    1902 23
  Aufgabenkreiserweiterung **1908d** 13
  Auflösung von Wohnverhältnissen
    1907 8 f
  Beratungspflicht des VormG **1908i** 164
  und Berichtspflicht des Betreuers **1908i** 86
  Betreuermehrheit und Aufgabenüber-
    schneidung **1908i** 75
  Betreuungsrecht, beibehaltener Begriff
    der – **1896** 76
  im Betreuungsrecht, Umfang
    Vorbem 1896 ff 43; **1902** 4
  und Einwilligungsvorbehalt **1903** 30, 65
  Ersatzpflegschaft **1909** 33
  Gebrechlichkeitspflegschaft früheren
    Rechts **1896** 74
  Gesundheitsfürsorge und ärztliche
    Auskünfte **1904** 10
  Herausgabe des Betreuten **1908i** 99
  Öffentlich-rechtliche Verpflichtungen des
    Betreuers **1902** 28 f
  Periodische Berichterstattung des
    Betreuers **1908i** 90 ff

Personensorge (Betreuung) (Forts.)
und persönliche Betreuung **1908i** 85
Pflegschaft **1909** 7
Reformziel verbesserter – **1904** 1
Sozialhilfeantrag **1908i** 291
Stärkung der Betreutenposition **1904** 1
Umgangsbestimmung **1902** 56; **1908i** 99
Unterbringung als Akt der – **1906** 20
und Vermögenssorge **1908d** 14
Vollzug einer Entscheidung **1904** 3
Personensorge (Kindschaftsrecht)
Übersicht über Änderungen des Vormundschafts- und Kindschaftsrechts **1915** 3
Pflegeeltern
Stellung eines Pflegers **1909** 3
Pflegeheim
s. Heimaufenthalt
Pflegeperson
Familienpflege, Angelegenheiten elterlicher Sorge **Vorbem 1909 ff** 4
Pflegschaft
s. a. Verfahren in Pflegschaftssachen; Wirkungskreis
Abwesenheitspflegschaft
s. dort
Abwicklung nach Beendigung **1915** 27
Abwicklungsverhältnis **Vorbem 1909 ff** 22
Ähnlichkeit, strukturelle Vormund/Pfleger **1915** 1
Akzessorietät des Pflegschaftsrechts **1915** 2
von Amts wegen, auf Antrag **Vorbem 1909 ff** 10
Amtsführung **1915** 14
Amtspflegschaft für minderjährige Nichtdeutsche **Vorbem 1909 ff** 24
Amtspflegschaften, Besonderheiten **Vorbem 1909 ff** 20
für Angehörige fremder Staaten **Vorbem 1909 ff** 23
Anordnung **Vorbem 1909 ff** 14
Anordnung und Personalentscheidung **Vorbem 1909 ff** 11
Anregung auf Aufhebung **Vorbem 1896 ff** 23
Antrag **Vorbem 1909 ff** 10
Antrag auf Aufhebung **Vorbem 1896 ff** 23
Antrag auf Entlassung **1915** 26
Anzeigepflichten **1915** 27
Art und Weise der Führung der – **1915** 10
Aufenthaltspflegschaft, frühere **1896** 82
Aufhebung **Vorbem 1909 ff** 21, **1915** 25, **1919** 1 ff
Aufsicht und Fürsorge des VormG **1915** 18 ff
Aufwandsentschädigung **Vorbem 1909 ff** 13; **1915** 16
Aufwendungsersatz **Vorbem 1909 ff** 19; **1915** 15
Auskünfte über die Führung der – **1915** 23

Pflegschaft (Forts.)
Auskunft über persönliche Verhältnisse **1915** 23
Außenwirkung der – **1915** 7
außerhalb BGB **Vorbem 1909 ff** 9
Auswahl und Bestellung des Pflegers **Vorbem 1909 ff** 10; **1909 ff** 11; **1915** 11
Beendigung **Vorbem 1909 ff** 21; **1915** 15 ff, 25 f; **1918** 1 ff
Begriff "einzelner Angelegenheit" **1918** 4
Beistandschaft und Recht der – **Vorbem 1909 ff** 2
Beitrittsgebiet **1915** 4
Beobachtungspflegschaft, unzulässige **1909** 25
Beratung und Unterstützung der Pfleger **Vorbem 1909 ff** 20; **1915** 9, 23
Bestellungsgrundsatz **1915** 6
Betreuungsrecht, Rechtsänderungen hierdurch **1915** 3
Bindung der Pflegschaftsanordnung **1915** 7
DDR **Vorbem 1896 ff** 32; **Vorbem 1909 ff** 27; **1915** 4
DepotG-Pflegschaft **Vorbem 1909 ff** 9; **1915** 6
Einführung des Pflegers **1915** 23
Einpflegerbestellung **1915** 8
Einzelpflegschaft, Vorrang **Vorbem 1909 ff** 14; **1915** 13
Elterliche Sorge **1909** 4; **Vorbem 1909 ff** 4; **1915** 3; **1918** 2
Entlassung **1915** 26
Entlassung des Pflegers **Vorbem 1909 ff** 21
Entscheidungszuständigkeit, Zuweisung durch – **1915** 1
Erforderlichkeitsgrundsatz **1919** 1
Ergänzungspflegschaft
s. dort
Ermessen des Pflegers **1915** 9
Ersatzpflegschaft
s. dort
Familiengericht **Vorbem 1909 ff** 11; **1915** 6
familienrechtliche – **Vorbem 1909 ff** 3
FGG-Pflegschaft **Vorbem 1909 ff** 9
Führung der Pflegschaft **1915** 10
Fürsorge und Aufsicht des VormG **1915** 18 ff
GBO-Pflegschaft **Vorbem 1909 ff** 9
Gebote **1915** 10
Gebrechlichkeitspflegschaft früheren Rechts
s. dort
Gegenvormund und Pflegerkontrolle **1915** 28 f
Geldanlage **1915** 10
Gerichte, mögliche zuständige **1915** 6
Geschwister und Einpflegerbestellung **1915** 8
Gesetzliche Vertretung **Vorbem 1909 ff** 18
Grundbuchamt **1915** 6

1050

Pflegschaft (Forts.)
Grundsätze, allgemeine der Vormundschaft **1915** 5
Haftung des Pflegers **1915** 14
Handlungszuständigkeit, Zuweisung durch – **1915** 1
Herausgabe der Bestallung **1915** 27
Herausgabe des Vermögens **1915** 27
Interessenwiderstreit **Vorbem 1909 ff** 8
JGG-Pflegschaft **Vorbem 1909 ff** 9
Jugendamt **Vorbem 1909 ff** 15
Jugendamt als Amtspfleger **Vorbem 1909 ff** 20
für juristische Personen **Vorbem 1909 ff** 26
und KindRG **Vorbem 1909 ff** 2
Konfliktregelung **1915** 10
kraft Gesetzes **Vorbem 1909 ff** 10
Leibesfrucht
  s. dort
Mehrheit von Mündeln eines Vormunds **1915** 8
Meinungsverschiedenheiten **1915** 10
Mitpfleger **1915** 8
Nachlaßgericht **1915** 6
Nachlaßpflegschaft **Vorbem 1909 ff** 3, 10
für noch nicht Erzeugten **1913** 2
Personenpflegschaft **Vorbem 1909 ff** 3; **1913** 2
Pflegeeltern **1909** 3
Pflichtwidrigkeiten des Pflegers **1915** 19
Prozeßgericht und bindende Pflegschaftsanordnung **1915** 7
Rechtsanwalt/BRAGO-Liquidation **1908i** 261
Rechtsgrund, selbständiger **Vorbem 1909 ff** 4
Rechtsstellung des Pflegers **Vorbem 1909 ff** 18
Regelungsmodell der Vormundschaft **1915** 1
als Regelungssystem **1915** 1
Richter, Rechtspfleger **Vorbem 1909 ff** 10
Sachpflegschaften **Vorbem 1909 ff** 3; **1914** 1
Sammelvermögenspflegschaft
  s. dort
Schlußrechnung **1915** 27
Selbständigkeit der Pflegschaftsführung **1915** 9
Sorgerechtsdefizit, Zuständigkeitsmangel als Rechtsgrund **Vorbem 1909 ff** 4
StPO-Pflegschaft **Vorbem 1909 ff** 9
für Unbekannte Beteiligte
  s. dort
Unterhaltsbeistandschaft, abgeschaffte **Vorbem 1909 ff** 2
Unterhaltspflegschaft, abgeschaffte **Vorbem 1909 ff** 2, 11
Unterpfleger **Vorbem 1909 ff** 8; **1915** 8
Unterstützungspflicht **1915** 9
Verbote **1915** 19
Vereinspflegschaft **1915** 13

Pflegschaft (Forts.)
Verfahrenspfleger **1896** 148; **Vorbem 1909 ff** 5, 10; **1909 ff** 6
Vergütung **1915** 17
Versicherungsabschluß **1915** 19
Versicherungsanordnung **1915** 19
Versicherungsauflage **1915** 20
Vertreterbestellungen nach Verkehrsplanungsbeschleunigungsgesetz und VermG **Vorbem 1909 ff** 7
Vertretung des Pflegebefohlenen **Vorbem 1909 ff** 18
Verwaltungspflegschaft **1909** 7
Verweisungsgrundsatz (Vormundschaftsregeln) **1915** 2
Vielfalt von Sachverhalten **1915** 1
Vigilanzpflegschaft, unzulässige **1909** 25
Vormundsauswahl und Auswahl des Pflegers **1915** 11
Vormundschaft und Pflegschaft, Abgrenzung **1915** 1
Vormundschaftsgericht **Vorbem 1909 ff** 15; **1915** 6
Vormundschaftsrecht, anwendbares **Vorbem 1909 ff** 19; **1916** 1 ff
Vormund/Vormundschaft-Pfleger/Pflegschaft **1915** 1
Vorrang der Einzelpflegschaft **1915** 13
Vorrang der Verwandten **1915** 12
Wegfall des Grundes **1919** 6
Weisungen des VormG **1915** 9
Wesen der Pflegschaft **1915** 1
Wirkungskreis **Vorbem 1909 ff** 12
Zwangsgeld **1915** 21
Zweck **Vorbem 1909 ff** 1
Zweigeteiltes Verfahren **1909** 31; **Vorbem 1909 ff** 11; **1915** 24

Pflichtwidrigkeiten des Betreuers
als Entlassungsgrund **1908b** 11 ff

Planmäßige Informationen
des Betreuungsvereins über Vorsorgevollmachten, Betreuungsverfügungen **1908f** 45 ff

Postkontrolle
und Aufgabenkreisbestimmung **1906** 102

Privatautonomie
und Vollmachtgeber **1904** 7

Privathaushalt
und freiheitsentziehende Maßnahmen **1906** 45

Privatpersonen
Abgrenzung von Vereins- und Behördenbetreuern **Vorbem 1897–1900** 11
Natürliche Personen
  s. dort
Natürliche Personen als Betreuer (berufsmäßig tätige/nicht berufsmäßig tätige) **Vorbem 1897–1900** 3

Prozeßfähigkeit
und Betreuerbestellung **1896** 179
und Einwilligungsvorbehalt **1903** 38, 78

Prozeßfähigkeit (Forts.)
und Ermächtigungen §§ 112, 113 BGB
1903 61
Gebrechlichkeitspflegschaft früheren
Rechts **Vorbem 1896 ff** 24
Vertreterbestellung **1896** 68
Prozeßgericht
und bindende Pflegschaftsanordnung
1915 7
Prozeßhandlungen
Betreuer-Übernahmebereitschaft **1898** 9
und Verhandlungsfähigkeit
Vorbem 1896 ff 79
Prozeßpfleger
Rechtsstellung besonderer Vertreter/ZPO-
Bestellung **Vorbem 1909 ff** 5
Prozeßpflegschaften
Verfahrensordnungen/Übersicht
Vorbem 1909 ff 9
Prozessuale Folgen
Sterilisation, ungenehmigte **1905** 62
Prozessuale Überholung
und effektiver Rechtsschutz **1906** 115 ff
Prozessuale Weigerungsrechte
Handeln für den Betreuten **1902** 56
Psychiater
und Nervenarzt **1896** 42
Psychiatrische Behandlungsdokumente
Einsichtnahme **1896** 101
Psychiatrische Klinik
und freiheitsentziehende Unterbringung
1906 8, 18
und suizidgefährdete Patienten **1906** 52
Psychische Krankheit
s. a. Behinderung; Krankheit
Besonderheiten bei der Betreuung **1901** 52
Betreuerbestellung **1896** 39
und Betreuerbestellung **1896** 34 ff
Betreuungsvoraussetzungen
Vorbem 1896 ff 39; **1896 ff** 45
Drogenabhängigkeit **1896** 37
Einsichtsfähigkeit, Einsichtsunfähigkeit
1896 72
und Einwilligungsvorbehalt **1903** 10, 23
Freiheit zur Krankheit **1906** 29
Klassifizierungsprobleme **1896** 39
und körperliche Behinderung, notwendige
Abgrenzung **1896** 39
Maßnahmen, freiheitsentziehende **1906** 46
Medizinische Unterbringung **1906** 27
und offenkundige Geschäftsunfähigkeit
1903 41
und seelische Behinderung **1896** 37
Teilnahme am Rechtsverkehr **1903** 33
Unterbringung **1906** 16, 23
und Versorgungsdefizit **1896** 21
Vertretungsmacht, gesetzliche des
Betreuers **1902** 8
Zwangsbehandlung **1906** 29

PsychKG
Ärztliche Betreutenmaßnahmen/Einwilligungsfähigkeit und Unterbringungsfälle
- Verhältnis **1904** 28

Querschnittsaufgaben
und Betreuer-Anforderungsprofil
Vorbem 1897-1900 5

Räumung
Wohnung des Betreuten **1907** 36
Rat, Beratung
des Betreuten **1908i** 168 ff
Rauschmittelabhängigkeit
Gebrechlichkeitspflegschaft früheren
Rechts **Vorbem 1896 ff** 20
als psychische Krankheit **1896** 37
Realakt
und Einwilligungsvorbehalt **1903** 16, 21
Realbetreuer
Rechtsstellung **1900** 36 ff
Rechnungslegungspflicht des Betreuers
Art und Weise **1908i** 197
Beendigung des Betreueramtes **1908i** 220 ff
Befreiungen **1908i** 191 ff
Belege **1908i** 197
Berichtigungen/Ergänzungen **1908i** 202
Betreuer, Gegenbetreuer **1908i** 189
Betreuerwechsel und Schlußrechnungspflicht **1908i** 225
Eidesstattliche Versicherung **1908i** 203
bei einem Betreuerwechsel **1908c** 19
Entlastung **1908i** 201, 226
Mehrheit von Betreuern **1908i** 195
Prüfungspflicht des VormG **1908i** 200
Schlußrechnung **1908i** 220 ff
Selbständigkeit des Betreuers **1908i** 198
Taschengeldverwendung **1908i** 198
Tod des Betreuten **1908i** 221, 224, 271
Turnus der Rechnungslegung **1908i** 189 f
Ungeeignetheit des Betreuers **1897** 27
Verzicht auf Schlußrechnung **1908i** 225
Rechtliche Betreuung
s. Betreuungsrecht/Rechtsverhältnis
Rechtmäßigkeitserfordernis
vormundschaftsgerichtlicher Genehmigung **1906** 22
Rechtsanwalt
Betreueramt, Ungeeignetheit **1897** 27
Betreuertätigkeit, ausgeschlossene **1897** 23
Betreutenbesuch und Umgangsbestimmung durch Betreuer **1902** 56
als Pfleger **Vorbem 1911** 7
und Prozeßtätigkeit **1908i** 291
als Verfahrenspfleger **1908i** 242
Verfahrenspflegschaft/berufsmäßige
Führung **1908i** 300

Rechtsanwalt (Forts.)
Vormundschaft, Pflegschaft, Verfahrenspflegschaft, Betreuung/BRAGO-Liquidation **1908i** 261

Rechtsbehelfe
Abwesenheitspflegschaft **1909** 18
Ärztliches Handeln, VormG-Genehmigung **1904** 53
Angehörige des Betroffenen **1896** 66
Aufhebung, Einschränkung der Betreuung **1908d** 27
Aufhebung der Pflegschaft **1919** 4
Aufwandsentschädigung **1908i** 267
Aufwendungsersatz **1908i** 267
Auskunftserteilung durch den Rechtspfleger **1908i** 185
Auskunftsverweigerung, Beratungsverweigerung **1908i** 185 f
Auswahl des Betreuers **1897** 45; **1900** 5
Behördenbetreuung **1900** 27
Beschwerdebefugnis **1896** 62, 66, 70, 155
Bestellungsentscheidung, fehlerhafte **1898** 36 ff
Betreuerbestellung **1896** 154 ff; **1898** 37 ff
Betreuerbestellung vor Eintritt der Volljährigkeit **1908a** 21
Betreuerbestellung (Personalentscheidung) **1897** 44 ff; **1898** 40
Dritter in Betreuungssachen **1896** 70
Ehegatte des Betroffenen **1896** 66; **1897** 47
Einwilligungsvorbehalt **1896** 66; **1903** 113 ff
Entlassung des Berufsbetreuers, Beschwerdebefugnis des Vertreters der Staatskasse bei Ablehnung **1908b** 27
Entlassung des Betreuers **1908b** 53, 55
Entmündigungsverfahren, früheres **Vorbem 1896 ff** 9 ff
Ergänzungsbetreuer **1908i** 62
Erledigung der Hauptsache und effektiver Rechtsschutz **1906** 115 ff
Gebrechlichkeitspflegschaft früheren Rechts **Vorbem 1896 ff** 17 ff
Gegenbetreuung **1908i** 43
Meinungsverschiedenheit bei Mehrheit von Betreuern **1908i** 79
Neubestellung eines Betreuers **1908c** 13
Pflegschaft für unbekannte, ungewisse Beteiligte **1913** 15 f, 16
Pflegschaftsanordnung **1909** 42
Sterilisation **1905** 62
Unterbringungssachen **1906** 115 ff
Verein, Behörde als Betreuer **1900** 5
Vereinsbetreuung ohne Einverständnis **1900** 10
Vergütungsentscheidung/vorbereitende Feststellung berufsmäßiger Betreuung **1908i** 305
Vermögende, mittellose Betreute **1908i** 266

Rechtsbehelfe (Forts.)
Vertretungsmacht des Betreuers, Einschränkung oder Entziehung **1908i** 62 f
Zwangsmittel **1901a** 20; **1908i** 186

Rechtsfürsorge
Betreuung als – **1896** 52 f

Rechtsgeschäft
und Begriff der eigenen Angelegenheiten **1896** 48
und Betreuer-Übernahmeerklärung **1898** 9
der vormundschaftsgerichtlichen Genehmigung bedürftiges – **Vorbem 1904 ff** 8; **1908i** 148 ff

Rechtsgeschäft (einseitiges)
und Einwilligungsvorbehalt **1903** 70
ohne VormG-Genehmigung **1908i** 156

Rechtsgeschäftliche Vertretung
s. Vertretung (rechtsgeschäftliche Vollmachterteilung)

Rechtspfleger
Rechtsmittelbereich, neugeordneter **Vorbem 1896 ff** 77; **1908i** 303

Rechtspflicht
zur Betreuerübernahme **1898** 1 ff

Rechtsstatus
und Betreuung **1896** 20

Rechtswidrigkeit
Ärztlicher Betreuteneingriff **1904** 25

Regelmäßige Freiheitsentziehungen
als freiheitsentziehende Maßnahme **1906** 47

Regreß
Festsetzungsverfahren und – **1908i** 255, 263

Rehabilitationschancen
Betreueraufgabe der Nutzung von – **1901** 31 ff

Religiöse Erziehung
und Einzelvormund **1909** 19

Religionsdiener
Bestellung zum Betreuer **1908i** 8

Rentenansprüche
Vermögenssorge für den Betreuten **1902** 78

Rheinland-Pfalz
Anerkennung von Betreuungsvereinen **1908f** 22
Betreuungsverein, Fördermittel **1908f** 50
Landesrechtliches Unterbringungsrecht **1906** 12
Sammlungsgesetz **1914** 8
Wahlrecht und Betreuung **1896** 174

Richterrecht
und Betreuerbestellung **1896** 179

Risikoeingriffe
und Betreuereinwilligung
s. Ärztliche Betreutenmaßnahmen

Rückwirkung
einer Bevollmächtigungsregelung **1906** 60

Saarland
Anerkennung von Betreuungsvereinen
1908f 23
Betreuungsverfügung, Ablieferungspflicht
1901a 15
Landesrechtliches Unterbringungsrecht
1906 12
Meldepflichten bei Pflegschaft/Betreuung
1896 181
Sammlungsgesetz 1914 8
Wahlrecht und Betreuung 1896 176
Sachsen
Anerkennung von Betreuungsvereinen
1908f 24
Betreuungsverfügung, Ablieferungspflicht
1901a 15
Landesrechtliches Unterbringungsrecht
1906 12
Meldepflichten bei Pflegschaft/Betreuung
1896 181
Sammlungsgesetz 1914 8
Sachsen-Anhalt
Anerkennung von Betreuungsvereinen
1908f 25
Aufsicht des VormG in vermögensrechtlicher Hinsicht 1908i 108
Behördenbetreuung, Befreiungen
1908i 254
Betreuungsverfügung, Ablieferungspflicht
1901a 15
Landesrechtliches Unterbringungsrecht
1906 12
Meldepflichten bei Pflegschaft/Betreuung
1896 181
Sammlungsgesetz 1914 8
Wahlrecht und Betreuung 1896 176
Sachverständiger/Sachverständigengutachten
Ärztliches Handeln, VormG-Genehmigung 1904 51
und ärztliches Zeugnis 1906 82
Ärztliches Zeugnis, ausreichendes 1896 60
Aufhebung, Einschränkung der Betreuung
1908d 26
Betreuerbestellung und Dokumentation
1896 41f
Betreuerbestellung durch Einstweilige
Anordnung 1896 160
Betreuerbestellung vor Eintritt der Volljährigkeit 1908a 6, 15f
Betreuerbestellung, erforderliches –
1896 151f
Einwilligungsvorbehalt 1903 105
Empfängnisverhütung statt Sterilisation
1905 44
Facharztausbildung 1896 42
Gebrechlichkeitspflegschaft früheren
Rechts Vorbem 1896 ff 16
Gegenbetreuer 1908i 35
Genehmigung der Wohnungsauflösung
1907 30
Qualitätsanforderungen 1896 44 ff

Sachverständiger/Sachverständigengutachten
(Forts.)
Sozialmedizin 1896 44
Sterilisation 1905 32 f, 35
Unterbringung Vorbem 1896 ff 59; 1906 34,
71 ff, 75f
Untersuchungsanordnung, Vorführung
zur Untersuchung 1896 152
Verlängerung 1896 165
Zwangspflegschaft Vorbem 1896 ff 16
Sammelvermögenspflegschaft
s. Alphabetische Übersicht zu § 1914
BGB
Schadensersatzansprüche
Ablehnung des Betreueramtes, unbegründete 1898 5, 7, 43
Drittschäden, vom Betreuten verursachte
1902 73 ff
der Leibesfrucht einer Schwangeren
1912 4
für nichtgenehmigte freiheitsentziehende
Maßnahmen 1906 50
Pflichtenverstoß des Betreuers 1901 9
Psychiatrische Klinik/Sorgfaltsanforderungen 1906 52
Sterilisationsbehandlung, Folgen fehlerhafter 1905 60
Todesanzeige, unterlassene 1908i 229
Unterbringung, rechtswidrige 1906 33
Schenkung
des Betreuten 1908i 122
der Eltern und Ergänzungspflegschaft
1909 17
Gelegenheitsschenkung 1908i 123
Verbot der Schenkung durch den Betreuer
1908i 121
Vertretungsmacht des Betreuers 1902 30
Schleswig-Holstein
Anerkennung von Betreuungsvereinen
1908f 26
Landesrechtliches Unterbringungsrecht
1906 12
Meldepflichten bei Pflegschaft/Betreuung
1896 181
Sammlungsgesetz 1914 8
Wahlrecht und Betreuung 1896 176
Schlußgespräch
Betreuerbestellung und vormundschaftsgerichtliche Genehmigung 1905 30
Unterbringung 1906 81
Schlußrechnung
Rechnungslegungspflicht des Betreuers
s. dort
Schonvermögen
Verwaltung von angespartem – 1896 79
Schriftstück
Abzuliefernde Betreuungsverfügung
1901a 1 ff
Schuldenverwaltung
und Abwesenheitspflegschaft 1911 8

Schuldfähigkeit
und Betreuerbestellung **1896** 178
und Betreuung **1896** 178
Schuldnerverzeichnis
Berufsbetreuer und Behördenanforderung **1897** 57
Schwangerschaft
Abbruch **1904** 39
und Pflegschaft für die Leibesfrucht **1912** 3
und seelischer Gesundheitszustand **1905** 52
Verhinderung der – **1905** 44, 45
Schwangerschaftsabbruch
und Betreuungsverhältnis **1904** 36
Vollmachterteilung **1904** 61
Schwerhörigkeit
und Betreuerbestellung **1896** 31
Seelische Störungen
als psychische Krankheit **1896** 34; **Vorbem 1896 ff** 45
Seelischer Gesundheitszustand
Schwangerschaft und schwerwiegende Beeinträchtigung des – **1905** 52
Sehstörungen
und Betreuerbestellung **1896** 31
Selbständiger Betrieb eines Erwerbsgeschäftes
bei bestehendem Einwilligungsvorbehalt **1903** 56
Selbständigkeitsgrundsatz
Führung der Betreuung **1908i** 77, 175
Pflegschaftsführung **1915** 9
Selbstgefährdung
und Räumungsschutz **1907** 19
Unterbringung **1906** 19, 23 ff
Selbstkontrahierungsverbot
und Ergänzungspflegschaft **1909** 16
Selbstschädigung
Körperliche/seelische Behinderung **1903** 14
Sexualität
und geistige Behinderung **1905** 9
Soldat
Betreuerbestellung **Vorbem 1896 ff** 79 ff
Sorgerecht
s. Elterliche Sorge; Minderjährigenvormundschaft
Soziale Betreuung
kein Betreuungsgrund **1896** 47
Sozialer Abstieg
Unterbringung **1906** 23
Sozialhilfebedürftigkeit
und Einwilligungsvorbehalt **1903** 31
Sozialhilferecht
Antrag für Betreuten **1908i** 291
und Kosten der Betreuung **1908i** 237
und Schonvermögen **1896** 79
Vermögenssorge für den Betreuten **1902** 78
Sozialmedizin
und Sachverständigengutachten **1896** 44

Spastizität
und Betreuerbestellung **1896** 31
Staatlich bestellter Bevollmächtigter
Gebrechlichkeitspflegschaft, frühere **1902** 14 f
Staatlich organisierte Hilfe
Subsidiaritätsgrundsatz **1896** 141
Staatliche Verleihung
von Vertretungsmacht **1902** 10
Staatliche Wohlfahrtspflege
und Betreuung **1896** 2
Staatskasse
Behördenbetreuung und Aufwendungsersatz **1908h** 3
Betreueransprüche (Aufwendungsersatz/Aufwandsentschädigung/Vergütung) bei Mittellosigkeit des Betreuten **1908i** 279, 288, 290
Entlassung des Berufsbetreuers **1908b** 26
Verfahrenspflegeransprüche/nur gerichtet gegen die– **1908i** 279; **Vorbem 1909 ff** 6
Sterilisation
und Vorsorgevollmacht **1904** 61
Sterilisation/Sterilisationsbetreuer
s. a. Alphabetische Übersicht zu § 1905 BGB
keine Aufgabenkreiserweiterung **1908d** 7
Aufhebungsentscheidung nach erfolgter Sterilisation **1908d** 2
Ausschluß des Einwilligungsvorbehaltes **1903** 19
Betreuer **Vorbem 1897–1900** 21
und Betreuerbestellung vor Eintritt der Volljährigkeit **1908a** 4
gesetzliche Vertretung **1902** 9
Steuerflüchtiger
Abwesenheitspflegschaft **1911** 14
Strafanzeige
Handeln für den Betreuten **1902** 56, 78
Strafgefangener
Abwesenheitspflegschaft **1911** 12, 14
Strafprozeßrecht
Prozessuale Weigerungsrechte des Betreuten **1902** 56
Strafrecht
Pflegschaft **Vorbem 1909 ff** 28
Straftaten des Betreuten
und Betreueraufgabe **1901** 7
Studium
Betreuerqualifikation und Vergütungsstufen-Einordnung **1908i** 315
Stummheit
als körperliche Behinderung **1896** 32
Subsidiaritätsgrundsatz
und Einwilligungsvorbehalt **1903** 42
Pflegschaft **Vorbem 1909 ff** 14
durch Vorrang anderer Hilfen **1896** 141

Taschengeld des Betreuten
  als Barbetrag zur persönlichen Verfügung
    § 21 Abs. 3 BSHG **1896** 79
  Einwilligungsvorbehalt **1903** 72
  Rechnungslegung des Betreuers **1908i** 198
  Verwaltung **1908i** 159
Tathandlungen
  Ausschluß des Einwilligungsvorbehaltes
    zur Steuerung von – **1903** 16
Tatsächliche Angelegenheiten
  Pflegerische Versorgung/andere Hilfen
    1896 141 ff
  und rechtsgeschäftlicher Bereich/Aufgabenkreis des Betreuers **1896** 28
Taubheit
  als körperliche Behinderung **1896** 32
Testamentserrichtung
  Ausschluß gesetzlicher Vertretung des
    Betreuten **1902** 33
  und Betreuerbestellung **1896** 171
  Errichtung als höchstpersönliche Angelegenheit **1896** 57
  Vollmachtsausschluß **1896** 127
Testierfähigkeit
  und Betreuerbestellung **1896** 170
  und Einwilligungsvorbehalt **1903** 60
  und Entmündigung früheren Rechts
    Vorbem 1896 ff 7
  Gebrechlichkeitspflegschaft früheren
    Rechts **Vorbem 1896 ff** 13
Testierverbot
  und Heimgesetz **1907** 33
Textträger
  Betreutenverfügung **1901a** 9
Thüringen
  Anerkennung von Betreuungsvereinen
    1908f 27
  Landesrechtliches Unterbringungsrecht
    1906 12
  Meldepflichten bei Pflegschaft/Betreuung
    1896 181
  Sammlungsgesetz **1914** 8
Tod
  des Abwesenden **1909** 20
  eines Behördenmitarbeiters **1908i** 229
  des Betreuers **1902** 49, 54; **1906** 61;
    1908b 1, 3; **1908c** 1 ff, 16; **1908i** 210,
    229
  – Anzeigepflicht des Erben des Betreuers
    1908i 229
  des Betreuten
  – Abrechnung/Herausgabepflicht
    1908i 159, 271
  – Betreuergeschäfte ohne Gefahrenanlaß
    1908i 69
  – Betreuungsbeendigung/fortgeltende
    Befugnisse **Vorbem 1896 ff** 45;
    1902 49 f; **1908c** 1
  – Nachlaßsicherung/Erbenstellung
    1908i 221, 224

Tod (Forts.)
  – Neuvornahme von Betreuungsgeschäften **1908i** 69
  – Rechtsstellung des Betreuers **1908i** 221,
    224
  – Regelfall der Betreuungsbeendigung
    1908i 6
  – Sektion/Organspende **1902** 58
  – Wohnungsaufgabe **1907** 5
  – Zahlungen an die Staatskasse **1908i** 265
  des Gegenbetreuers **1908i** 47, 229
  eines Mitbetreuers **1908i** 229
  der Mutter **1912** 9
  des Pflegers **Vorbem 1909 ff** 22
  des Sorgerechtsinhabers **1909** 9
  eines Vereinsmitarbeiters **1908i** 229
Todeserklärung
  Abwesenheitspflegschaft **1909** 21
Tonträger
  Betreutenverfügung **1901a** 9
Totensorgerecht
  und Organspende **1902** 58
Träger sozialer Arbeit
  Betreuungsvereine, Gründung **1908f** 3
Transkulturelle Betreuung
  Institut für – **1898** 19
Trunksucht
  s. Alkoholmißbrauch

Überbrückungspfleger
  s. Ersatzpfleger
Übergabe der Betreuung
  Übergangs- und Abwicklungsprobleme
    1908c 19
Übergangsrecht (Betreuung)
  s. Altfälle
Übernahmebereitschaft (Betreuung)
  Ablehnung **1898** 31
  Einzelfallbezogenheit **1898** 29
  Erklärung des ausgewählten Betreuers
    1898 27
  Klärung, frühzeitige **1898** 28
  Widerruf **1898** 31
  Zeitliche Begrenzung/höchstpersönlicher
    Charakter **1898** 11, 21
  Zeitpunkt, spätester **1898** 30
Übernahmeerklärung
  Rechtsnatur **1898** 9
Übernahmepflicht
  des bestellten Betreuers **1898** 1 ff
  als Grundsatz der Betreuerbestellung
    Vorbem 1897–1900 3, 21
  Rechtsnatur **1898** 8
Übertragbarkeit
  Betreueramt, ausgeschlossene **1902** 65
Übertragung der Betreuungsarbeit
  Behördenbetreuung **1900** 31
  Vereinsbetreuung **1900** 13 ff

Überwachungsbetreuer
Altersvorsorgevollmacht/Widerruf **1902** 78
Aufgabenkreis **1896** 138; **1902** 61
keine gesetzliche Vertretung **1902** 9
Gesundheitsfürsorge, keine Aufgabe des – **1901** 54, 61
Meinungsverschiedenheiten **1908i** 78
Übernahmepflicht **1898** 2
Vergütung **1908i** 254
Vertretungsmacht **1902** 61
bei Vorsorgevollmacht zwecks Personensorge **1904** 74

Umgang des Betreuten
Angelegenheit der Personensorge **1902** 56
Aufgabenkreis des Betreuers **1908i** 99
Gerichtliche Entscheidungszuständigkeit (VormG) **1908i** 102

Umsatzsteuer
und Betreuervergütung **1908i** 310

Unbekannte, ungewisse Beteiligte
Pflegschaft für –
s. Alphabetische Übersicht zu § 1913 BGB

Unentgeltliche Vermögensübertragung
Vertretungsmacht des Betreuers **1902** 30

Unerlaubte Handlung
Maßnahmen einer Einrichtung, Betreuungsmaßnahmen/fehlende erforderliche VormG-Genehmigung **1906** 52

Unfallversicherung
Vertretung des Betreuten **1902** 32

Unterbringung
s. a. Maßnahmen (freiheitsentziehende)
Abgrenzung zivilrechtliche/ öffentlichrechtliche – **1906** 13
Ablehnung jedweder Heilmaßnahme **1906** 29
Abstrakte Gefahr **1906** 24
Ärztliche Betreutenmaßnahmen/Einwilligungsfähigkeit und Unterbringungsfälle - Verhältnis **1904** 28
Ärztliches Zeugnis, ärztliche Qualifikation **1906** 82 f, 89
Anhörung **1906** 78
Anhörung unter Sachverständigenhinzuziehung **1906** 79
Anlaßkrankheit **1906** 28
Antrag auf Genehmigung **1906** 64
Aufenthaltsbestimmungsrecht **1906** 20; **1908i** 212
Aufgabenkreis des Betreuers **1906** 20; **1908i** 212
Aufhebung der Genehmigung **1906** 38
Aufhebung und Maßnahmenersetzung/ Verhältnis **1906** 111
Aufhebung einer Maßnahme/Wegfall der Voraussetzungen **1906** 110
Aufhebung einer Maßnahme/Zeitablauf **1906** 110

Unterbringung (Forts.)
Ausschluß des Einwilligungsvorbehaltes **1903** 20
Aussetzung des Vollzugs **1906** 103
Beendigung **1906** 37 f
Befristung **Vorbem 1896 ff** 61
Begleitkrankheit **1906** 28
Begriff der Unterbringung **1906** 5
Behördliche Unterstützung **1906** 100
Beitrittsgebiet **1906** 10
Bekanntmachung **1906** 98
Beschleunigtes Verfahren **1906** 36
Betreuer, Handlungsmaßstab **1906** 19
Betreuer und Landesunterbringungsrecht **1908i** 212
Betreuer, Zuständigkeit für Vollzug **1896** 100
Betreuermaßnahme der zivilrechtlichen – **1908i** 209
Betreuervorgaben **1906** 1
Betreuter, entgegenstehender Wille **1906** 7
Betreuungsrecht und Neuerungen **Vorbem 1896 ff** 56 ff
Bevollmächtigung **1906** 21
BSeuchG, GeschlG **1906** 8
BtG-Inkrafttreten, Rechtslage **1906** 12
Chronifizierungsargument gegenüber Patientenweigerung **1906** 30
Dauer **1906** 81
Drittschutz **1906** 13
Dualismus der Unterbringungen **1906** 14
Durchführung medizinischer Maßnahmen **1906** 21
Eilzuständigkeit des VormG **1908i** 212
Eingriffsgestattung **1906** 41
Einheitliches Verfahren **1906** 51
Einrichtungsangabe **1906** 91
und Einsichtsfähigkeit **1896** 72
Einstweilige Anordnung **1906** 107; **1908i** 216
Einstweilige Maßregeln **1906** 108
Einstweilige Unterbringung **1906** 8
Einverständnismangel **1906** 16
Einweisungsgesetz **1906** 10
Einwilligung in die Unterbringung **1906** 16
Entlassungsentscheidung des VormG **1906** 38
Entscheidungsinhalt **1906** 90
Entscheidungsvorgaben **1906** 1
Entziehungsanstalt **1906** 8
Erforderlichkeitsgrundsatz **1906** 25
Erheblicher gesundheitlicher Schaden, Zufügung **1906** 23, 26
Erledigung der Hauptsache und effektiver Rechtsschutz **1906** 115 ff
Ersuchter Richter **1906** 72
Fehlen der Krankheitseinsicht **1906** 28
Formalisierter Unterbringungsbegriff **1906** 6
Freiheit zur Krankheit **1906** 30

Unterbringung (Forts.)
Freiheitsentziehung **1906** 15
Fristbemessung **1906** 93
Fürsorgliche Unterbringung **1906** 9
Funktion gerichtlicher Genehmigung **1906** 22
Funktionale Zuständigkeit **1906** 65
Garantenstellung des Betreuers **1906** 24
Gebrechlichkeitspflegschaft früheren Rechts **Vorbem 1896ff** 25 ff
Gefahr **1906** 23 f; **1908i** 213
Geltungsbereich der Verfahrensvorschriften **1906** 62
Genehmigungsbedürftigkeit medizinischer Maßnahmen **1906** 32
Genehmigungsvorbehalte **1906** 33
Generalvollmacht **1906** 21
Geschlechtskrankheitengesetz **1906** 8
Gesetzliche Vertretung/fehlende für – **1902** 27
Gesundheitsschaden, Zufügung erheblichen **1906** 23
Gewährleistung eines Schutzes vor Selbstgefährdung **1906** 19
Gewaltanwendung bei Vollzug **1906** 101
Gewissensberuhigung **1906** 4
Gutachtenerstellung **1896** 152
Gutachtenvorbereitung **1906** 8
Handlungsmaßstab für den Betreuer **1906** 19
Informationspflicht des Betreuers **1906** 21
Internationale Zuständigkeit **1906** 65
Körperliche Behinderte, keine Unterbringung **1906** 17
Konkrete Gefahr **1906** 24
Kostenentscheidung **1906** 94
Krankheitseinsicht **1906** 28
Kritik an bisheriger Regelung **Vorbem 1904–1907** 1
Kündigung eines Mietverhältnisses **1907** 2
Länder, eigenes Unterbringungsrecht **Vorbem 1896ff** 25, 29; **1906** 12; **1908i** 212
Maßregel nach § 1846 BGB **1906** 63
Maßstab gerichtlicher Entscheidung **1906** 35
Medizinische Maßnahme **1904** 32; **1906** 27 f
Mitteilungen des Gerichts **1906** 93 f
Nachrang öffentlich-rechtlicher freiheitsentziehender – **Vorbem 1896ff** 29
Nebeneinander zivilrechtliche/ öffentlichrechtliche – **1906** 9, 11
Neuerungen im Recht (Überblick) **Vorbem 1896ff** 56 ff
Notstand, rechtfertigender **1906** 45
Notwendigkeit einer Heilbehandlung, problematische aus Patientensicht **1906** 30
Öffentlich-rechtliches Unterbringungsverhältnis **1906** 14

Unterbringung (Forts.)
Offene Einrichtung **1906** 6
Persönliche Anhörung **1906** 71
Personensorge als Grundlage der Unterbringungsbefugnis **1906** 20
Psychiatrisches Krankenhaus **1906** 8
Psychiatrisches Krankenhaus/Patient-Verhältnis **1906** 14
PsychKG der Länder **1906** 8, 12
Rechtfertigender Notstand **1906** 4
Rechtsanwalt als Pfleger **1908i** 259
Rechtsmittel **1906** 96
Rechtswidrigkeit der Unterbringung **1906** 33
Sachverständigengutachten **Vorbem 1896ff** 59; **1906** 82
Sachverständigengutachten/ärztliches Zeugnis, Unterschied **1906** 82
Sachverständigenhinzuziehung bei der Anhörung **1906** 79
Schlußgespräch **1906** 81
Schutz öffentlicher Interessen, für den Betreuer nicht maßgebender **1908i** 212
Selbstgefährdung **1906** 19
Selbstschädigung **1908i** 213
Selbsttötung **1906** 23; **1908i** 213
SorgeRG und Änderung des Rechts der – **Vorbem 1896ff** 27 f
Soziale Auffälligkeit **1906** 23
Subjektive Seite einer Weigerung medizinischer Maßnahmen **1906** 30
Tatbestände der Unterbringung, zu unterscheidende **1906** 15, 23
Tatbestandsergänzung **1906** 6
therapieerfahrene Patienten **1906** 30
Umfang gerichtlicher Genehmigung **1906** 22
Unmittelbarer Eindruck **1906** 74
Unterbringungsbegriff **1906** 5
Unterbringungsbetreuung **1906** 4
Unterlassungen **1906** 24
Unterrichtung der Betroffenen **1906** 71, 76
Untersuchung des Betreuten **1906** 88
Verbrauch der Genehmigung **1906** 99
Verfahren **1906** 36, 51
Verfahrensbevollmächtigung **1906** 69
Verfahrensfähigkeit **Vorbem 1896ff** 57; **1906** 66
Verfahrenspfleger **1906** 67, 69; **1908i** 242; **Vorbem 1909–1921** 5
Verhältnismäßigkeitsgrundsatz bei der – zu Behandlungszwecken **1906** 30
Verlängerung **1906** 114
Vermögensschutz nicht Zweck der – **1906** 23
Verwahrlosung **1906** 23
Verwaltungsbehörde und landesrechtliche – **1908i** 214
Vollmacht zur Einwilligung **1896** 128
Vollzug der – **1906** 89

Unterbringung (Forts.)
Vollzugsunterstützung, behördliche **1906** 100
Vollzugsverzicht **1906** 102
Vollzugszuständigkeit **1906** 100
Vorführung zwecks Anhörung, Begutachtung **1906** 80, 88
vorläufige Maßnahmen und vorläufige Betreuerbestellung **1908i** 217
Vormundschaft früheren Rechts, Aufgabenkreis der – **Vorbem 1896 ff** 25 ff
Vormundschaftsgericht, außerordentliche Fürsorge **1908i** 213
Vormundschaftsgerichtliche Genehmigung, fehlende **1906** 34
und Vorsorgevollmacht **1906** 53 ff
Vorsorgevollmacht und Befugnis zur – **1906** 21
Vorübergehende Natur der – **1906** 3
Willensbestimmung, freie **1906** 16
Wirksamkeit der Entscheidung **1906** 90, 99
Zivilrechtliche – außerhalb anhängigen Bestellungsverfahrens **1908i** 217
Zivilrechtliche oder öffentlich-rechtliche **1908i** 209, 214
Zuständigkeit **1906** 65
Zwangsweise Unterbringung, Grund **1906** 28

Unterhaltsansprüche
und Pflegschaft für die Leibesfrucht **1912** 4

Unterhaltsbeistandschaft
Abschaffung **Vorbem 1909 ff** 2

Unterhaltspflegschaft
Abschaffung **Vorbem 1909 ff** 2

Unterlassen
Gefährdendes Unterlassen/Unterbringung **1906** 24
von medizinischen Risikomaßnahmen **1904** 66
medizinischer Behandlung **1906** 27 ff

Untermietverhältnis
Genehmigungsvorbehalt für die Auflösung **1907** 21

Unterpfleger
Pflegerbestellung bei bestehender Pflegschaft/Ergänzungspflegschaft **1909** 12
bei Pflegerverhinderung **Vorbem 1909 ff** 8

Unterstützung des Betreuers
durch das VormG **1908i** 163 ff

Untersuchung des Gesundheitszustandes
Befund **1896** 45
Fehlende Einwilligungsfähigkeit des Betreuten **1904** 17, 24
zur Vorbereitung eines Gutachtens **1896** 152

Unterversorgung
Unterbringung **1906** 23

Vater des Betreuten
Befreiungen **1908i** 296

Vaterschaft
Feststellung der Nichtvaterschaft **1903** 49

Vaterschaftsanerkenntnis
Alleinhandeln des geschäftsfähigen Betreuten **1902** 41
und Betreuerbestellung **1896** 178
Feststellung der Nichtvaterschaft **1903** 49
Handeln für den Betreuten **1902** 56

Verdeckte Stellvertretung
keine Ermächtigung des Betreuers zur – **1902** 58

Verein (Betreuungsverein)
Abhängigkeitsverhältnis **1897** 23
Ablehnung der Betreuungsübernahme **1908i** 14
Alt-Vereine **1908f** 4
Anerkennung unter Auflagen **1908f** 10
Anerkennung als begünstigender Verwaltungsakt **1908f** 8
Anerkennung als Betreuungsverein (Bundesrecht, Landesrecht) **1908f** 1
Anerkennung des Vereins als Betreuungsverein **1908f** 1
Anforderungs- und Ausbildungsprofil **Vorbem 1897–1900** 9
Anhörung, Vorschläge des Betreuten **1900** 15
Anlegung von Betreutengeld **1908i** 137
Ansprüche, Abgrenzung gegenüber Vereinsbetreuer **1908e** 3
Aufgabenkreiserweiterung **1908d** 10
Aufklärung, Beratung über Vollmachten, Betreuungsverfügungen **1908f** 45 ff
Auflösung des Vereins **1908b** 25
Aufwendungsersatz
s. dort
Ausgeschlossene Personen bei der Betreuungsarbeit **1900** 14
Ausschluß aufgrund der Form **1908f** 29
und Ausschluß vom Betreueramt **1908i** 18
Ausübung der Betreuung, Übertragung **1901** 71
Autonomie/Organisationshoheit des Vereins **1898** 5
Beendigung **1900** 20 ff
Befreiungen
s. dort
Behördenbetreuer und – **1900** 8
Beratung und Unterstützung der Betreuer **1908i** 166
Bestellungsverbot bei Sterilisationsfrage **1900** 34
und Betreuermodell **1908i** 233
Betreuungsarbeit und Vereinszugehörigkeit **1900** 16
Betreuungsrechtsänderungsg/zweites **Vorbem 1896 ff** 78
Betreuungsverein **1900** 22 ff
Betreuungsverein, Vereinsbetreuer **1908f** 1

Verein (Betreuungsverein) (Forts.)
  Betreuungsverfügungen, planmäßige Informationen **1908f** 45 ff
  Buchforderungen des Betreuten gegen das Reich, Bundesstaat **1908i** 143
  Dienstrecht und Betreuungsrecht **1908b** 41
  Ehrenamtliche Betreuer, Gewinnung **1908f** 40
  Eignung zur Bestellung **1900** 9
  Eingetragener Verein als Voraussetzung **1908f** 29 f
  Einverständnis mit der Bestellung **1898** 5; **1900** 10 f
  Entlassung des Vereins als Betreuer **1908b** 46 ff
  Entlassung des Vereinsbetreuers **1908b** 37
  Entlassungsantrag **1902** 53
  Entwicklung, problematische **1908f** 3
  Erfahrungsaustausch als Verpflichtung **1908f** 48 f
  Erforderlichkeitsgrundsatz **1896** 105
  Ersatzfunktion **1896** 105
  Finanzierungsproblematik **1908e** 2
  Gegenbetreuerbestellung **1900** 12
  Gewährleisten bestimmter Sachverhalte **1908f** 31 ff
  Gründe für eine – **1900** 18 f
  Gründungspraxis und materielle Förderung **1908f** 3
  Hinterlegungspflicht, Befreiung **1908i** 141
  Landesbezogene Anerkennung **1908f** 9
  Landesrecht, Förderungsrichtlinien **1908f** 50
  Meldepflicht **1908k** 10
  Mindestanerkennungsvoraussetzungen **1908f** 6
  Mitarbeiter **1908f** 32 ff
  Modell organisierter Einzelbetreuung **1908f** 39
  Natürliche Betreuerperson und – **1900** 8
  Neubestellung **1908c** 4, 6
  Organisationsgewalt und Wahrnehmung der Betreuung **1900** 38
  Periodische Berichterstattung **1908i** 96
  Privatisierungsprozeß **1908f** 3
  Prüfung der Bestellung natürlicher Person **Vorbem 1896 ff** 54
  Querschnittsaufgaben **1908f** 34
  Realbetreuer, Rechtsstellung **1900** 36 ff
  Rechnungslegung **1908i** 223
  Rechtsstellung des Vereins **1900** 12
  Reformkonzept des Gesetzgebers **1908f** 2
  Regelungen der einzelnen Länder **1908f** 11 ff
  Sozialpädagoge, Sozialarbeiter **1908f** 34
  Sperrung von Betreutengeld **1908i** 136
  Sterilisation **1905** 21
  Subsidiarität gegenüber natürlicher Person als Betreuer **Vorbem 1896 ff** 45
  Träger sozialer Arbeit **1908f** 3

Verein (Betreuungsverein) (Forts.)
  Übertragung der Betreuungsarbeit **1900** 13 ff
  Verantwortlichkeit für Verschulden **1908i** 19
  Verbot mit Genehmigungsvorbehalt **1908f** 7
  Vereinsbetreuer, Vereinsbetreuung **1908f** 1, 33
  Vermögensrecht des Betreuten, Verfügung **1908i** 140
  Verschwiegenheit **1908f** 49
  Vorsorgevollmachten, planmäßige Informationen **1908f** 45 ff
  Zulassungssystem **1908f** 6
  keine Zwangsgeldfestsetzung **1908g** 3
Vereinsbetreuer
  Abgrenzung von Vereins- und Behördenbetreuern **Vorbem 1897–1900** 11
  Anerkennung des Vereins als Betreuungsverein und Stellung eines – **1908f** 1
  Anlegung von Betreutengeld **1908i** 137
  Aufwendungsersatz
    s. dort
  Ausnahmeregelung **1900** 3
  Befreiungen
    s. dort
  als Berufsbetreuer **1897** 34
  und Betreuermodell **1908i** 233
  Buchforderungen des Betreuten gegen das Reich, Bundesstaat **1908i** 143
  Dienstaufgabe der Betreuung **1897** 37
  Einwilligungserfordernis **1898** 5, 31
  Ersatzbetreuung **1899** 11
  Haftung **1908i** 233
  Hinterlegungspflicht, Befreiung **1908i** 141
  Individualbetreuer **1898** 6
  als natürliche Person **Vorbem 1896 ff** 45
  Periodische Berichterstattung **1908i** 96
  Rechnungslegung bei Beendigung der – **1908i** 223
  Rechtsstellung im allgemeinen **1908i** 233
  Sperrung von Betreutengeld **1908i** 136
  Übernahmeverpflichtung **1898** 6
  Verfahren **1908e** 8
  Vergütung
    s. dort
  Verwaltungskosten, keine Berechnung anteiliger **1908e** 7
  Zielsetzung **1900** 2
Vereinspflegschaft
  Vorrang der Einzelpflegschaft gegenüber der – **1915** 13
Verfahren in Betreuungssachen
  s. a. Aufgabenkreis (Betreuung)
  Änderungen aufgrund BtÄndG (Übersicht) **Vorbem 1896 ff** 72
  Ärztliche Betreuenmaßnahmen/VormG-Genehmigung der Betreuereinwilligung **1904** 51 ff
  Antrag auf Betreuerbestellung **1896** 59

Verfahren in Betreuungssachen (Forts.)
Aufgabenkreiserweiterung **1908d** 12 ff
Aufhebung des Einwilligungsvorbehaltes **1908d** 33
Aufwendungsersatz für den Vereinsbetreuer **1908e** 8
Aufwendungsersatz, Vergütung für Behördenbetreuer **1908h** 5
Auskunftserteilung durch den Rechtspfleger **1908i** 185
Ausstattung aus dem Vermögen des Betreuten **1908** 8
Behördenbetreuer **1900** 7
Bestellung weiterer Betreuers **1899** 14 ff
Bestellungsentscheidung/Vollzug **1898** 42
Betreuerbestellung vor Eintritt der Volljährigkeit **1908a** 13 ff, 25
Betreuerbestellung (Personalentscheidung) **1897** 44 ff
Betreuermehrheit und Meinungsverschiedenheiten **1908i** 76 ff
Betreuungssachen (Übersicht) **Vorbem 1896 ff** 46 ff
Drittinteressen **1896** 70
Einschränkung der Betreuung **1908d** 24 ff, 26 ff
Einstweilige Maßregeln des VormG **1908i** 218
Einwilligungsvorbehalt **1903** 95 ff, 100 ff
Entlassung des Betreuers **1908b** 49 ff
Erforderlichkeitsgrundsatz **1896** 106
Erweiterung des Einwilligungsvorbehaltes **1908d** 21
Gegenbetreuer **1908i** 32 ff
Genehmigung einer Ausstattung **1908** 8
Genehmigung der Wohnungsauflösung **1907** 30
Gesetzliche Vertretung **1902** 27
Mehrheit von Betreuern **1899** 14 ff
Neubestellung eines Betreuers **1908c** 7, 12
Pfleger für das Verfahren **Vorbem 1909 ff** 5
Unterbringung, freiheitsentziehende **1906** 36
Unterbringungsverfahren **1906** 51 ff
Vereinsbetreuer **1900** 7
Vergütung für den Vereinsbetreuer **1908e** 8
Wohnraum-Mietverhältnis, Beendigung **1907** 30

Verfahren in Pflegschaftssachen
s. a. Wirkungskreis
Abwesenheitspflegschaft **1911** 15; **1921** 8
Anordnung auf Antrag, von Amts wegen **Vorbem 1909** 11; **1909** 41
Gebrechlichkeitspflegschaft früheren Rechts **Vorbem 1896 ff** 16 ff
für unbekannte, ungewisse Beteiligte **1913** 14 ff
zweigeteiltes **Vorbem 1909** 11

Verfahren in Unterbringungssachen
Maßnahmenaufhebung **1906** 112

Verfahren in Unterbringungssachen (Forts.)
Pfleger für das Verfahren **Vorbem 1909 ff** 5
Rechtsverhältnis Betreuter/Unterbringungseinrichtung **1906** 36
Regelverfahren/beschleunigte Verfahren **1906** 36

Verfahrensfähigkeit des Betreuten
Ärztliches Handeln, VormG-Genehmigung **1904** 52
Antrag des Betroffenen auf Betreuung **1896** 59
Betreuerbestellung vor Eintritt der Volljährigkeit **1908a** 21
Betreuter, Betroffener **1903** 38
Entlassung des Betreuers **1908b** 49
Genehmigung einer Ausstattung **1908** 8
Genehmigung der Wohnungsauflösung **1907** 30
ohne Rücksicht auf die Geschäftsfähigkeit **1903** 38
Sterilisation **1905** 29
Unterbringung **Vorbem 1896 ff** 57; **1906** 66

Verfahrenspflegschaft
Ärztliche Betreutenmaßnahmen/VormG-Genehmigung der Betreuereinwilligung **1904** 52
Anliegen des Betroffenen **1901** 5
Antrag auf Betreuung **1896** 62
Aufwendungsersatz, Vergütung **1908i** 242, 243
Auswahl **1897** 8
im Bedarfsfall zu bestellender **1902** 27
Berufsmäßige Führung **1908i** 300; **Vorbem 1909 ff** 6
Betreuerentlassung, Betreuerneubestellung **1897** 50
und Betreuervergütung **1908i** 343
BetreuungsrechtsänderungsG/zweites **Vorbem 1896 ff** 78
Einwilligungsvorbehalt **1903** 83
Entlassung des Betreuers **1908b** 49
Erforderlichkeitsgrundsatz **1896** 103
Ergänzungsbetreuer **1908i** 60
Fachkenntnisse/Bedeutung für die Einordnung in Vergütungsstufen **1908i** 315
Festsetzung von Aufwendungsersatz und Vergütung **1908i** 257
FGG-Grundlage/fehlende Übernahmeverpflichtung **1898** 2
Gegenbetreuerbestellung **1908i** 42
und gesetzliche Vertretung des Kindes/Verhältnis **Vorbem 1909 ff** 6
Interessenvertretung des Kindes/selbständige **Vorbem 1909 ff** 6
Konkurrierendes Handeln **1902** 27
Minderjähriges Kind, Vormundschafts- und Familiensachen **Vorbem 1909 ff** 6
Obligatorische Bestellung **1896** 148
als Pfleger eigener Art **Vorbem 1909 ff** 5

Verfahrenspflegschaft (Forts.)
  Rechtsanwalt/BRAGO-Liquidation
    1908i 261
  Sorge- und Umgangsrechtsstreitigkeiten/
    Teilnahme an Gesprächen
    Vorbem 1909 ff 6
  Stellung gegenüber dem Betreuten **1901** 4
  Unterbringungsverfahren **1906** 57 ff;
    Vorbem 1909 ff 5
  und Wünsche des Betroffenen **1901** 5
Verfassungsrecht/Verfassungsmäßigkeit
  Berufsmäßig geführte Vormundschaft und
    Gebrechlichkeitspflegschaft früheren
    Rechts/Vergütungspflicht
    Vorbem 1897-1900 2
  Betreuungsrecht und Erforderlichkeits-
    grundsatz **1896** 109
  Betreuungsrecht und Geschäftsfähigkeit
    1896 6
  Betreuungsvereine, Gründung **1908f** 3
  Elterliche Vertretungsmacht und Persön-
    lichkeitsrecht des Minderjährigen
    1909 7
  Entmündigung, frühere Bekanntmachung
    Vorbem 1896 ff 7
  Erledigung von Grundrechtseingriffen
    und gerichtliche Überprüfung
    1906 115 ff
  Erwachsensein und Grenzen staatlicher
    Befugnis **1906** 16
  Freiheit zur Krankheit **1906** 29
  Freiheitsentzug aufgrund einer Betreuer-
    entscheidung **1904** 5
  Heimgesetz und Testierverbot **1907** 33
  Kindesunterhaltsverpflichtung als Scha-
    den **1905** 60, 61
  Persönlichkeitsrecht und Entmündigung
    Vorbem 1896 ff 7
  Pflegschaftsanordnung und damit verbun-
    dene Beschränkungen **1902** 10
  Sterilisationsregelung des Betreuungs-
    rechts **1905** 17
  Unterbringung zu Behandlungszwecken,
    Verhältnismäßigkeitsgrundsatz **1906** 30
  Vormundschaftsrecht, öffentlich-rechtli-
    cher Einschlag **1900** 39; **1908i** 165
  Zwangspflegschaft und Sachverständigen-
    gutachten **Vorbem 1896 ff** 16
Verfügung
  Ausstattung aus dem Vermögen des
    Betreuten **1908** 5
  Vorsorgevollmacht
    s. dort
Verfügungen von Todes wegen
  Ausschluß des Einwilligungsvorbehaltes
    1903 43, 46
Vergütung (Berufsvormund)
  Text des Vormünder- und Betreuerver-
    gütungsG/Geltung seit dem 1.7.2005
    1808i 271

Vergütung (Berufsvormund) (Forts.)
  Text des vor dem 1.7.2005 geltenden
    BerufsvormündervergütungsG **1808i** 270
Vergütung (Betreuung)
  s. a. Aufwendungsersatz (Betreuung)
  Altes Recht/Anwendungsgrundsätze
    1908i 260 ff
  Altes Recht/vor dem 1.7.2005 geltende
    Vorschriften **1908i** 270
  Altfälle/Übergangsregelung **1908i** 338
  Aufgabenkreis **1908i** 281
  Befristete Betreuung **1908i** 282
  Berufsmäßige Führung/Einordnung in
    die Vergütungsstufen **1908i** 314
  Berufsmäßige Führung/Einwand mangel-
    hafter Führung **1908i** 306
  Berufsmäßige Führung/Fachliche Qualifi-
    kation (Rechtsprechungshinweise)
    1908i 315
  Berufsmäßige Führung/Feststellung
    1908i 295 ff
  Berufsmäßige Führung/Heimaufenthalt
    1908i 329 ff
  Berufsmäßige Führung/Pauschalierungs-
    system **1908i** 316 ff
  Berufsmäßige Führung/Regelentgelt
    1908i 307 ff
  Bestellung/erforderliche wirksame
    1908i 280
  Betreuter/Staatskasse als Anspruchsgeg-
    ner **1908i** 279
  Betreuungsbehörde/Mitarbeiter als Behör-
    denbetreuer **1908i** 274, 293
  Betreuungsverein/Betreuungsbehörde −
    ausgeschlossene Vergütung **1908i** 273
  Betreuungsverein/Mitarbeiter als Vereins-
    betreuer **1908i** 274, 293
  DDR-Ausbildung **1908i** 265
  Ehrenamtlich geführte Betreuung/Ermes-
    sensvergütung **1908i** 289
  Ergänzungsbetreuer **1908i** 282
  Frist für die Geltendmachung **1908i** 278
  Gegenbetreuer **1908i** 291, 336
  Mehrbetreuerbestellung **1908i** 334
  Mehrheit von Betreuern **1908i** 337
  Nachrang berufsmäßig geführter Betreu-
    ung **1908i** 272
  Neues Recht/Text des ab 1.7.2005 gelten-
    den VBVG **1908i** 271
  Privatrechtliche Vereinbarungen
    1908i 345 ff
  Sterilisationsbetreuer **1908i** 276, 334
  Umsatzsteuer **1908i** 310
  Unentgeltliche Betreuungsführung/
    Grundsatz **1908i** 272, 289
  Vakanz in der Betreuerbestellung
    1908i 282, 322
  Verfahrenspflegschaft **1908i** 343
  Verhinderung des Hauptbetreuers
    1908i 335
  Vermögen des Betreuten **1908i** 280

Sachregister · Vermögenssorge (Betreuung)

Vergütung (Betreuung) (Forts.)
Vermögen des Betreuten/Entnahme hieraus **1908i** 339
Vermögensverwaltung/ehrenamtliche Führung **1908i** 289
VormG-Festsetzung **1908i** 339 ff
VormG/Antrag, Verfahren von Amts wegen auf Festsetzung **1908i** 342
Zusammensetzung/Stundenansatz und Stundenansatz **1908i** 275, 307

Vergütung (Nachlaßpflegschaft/Nachlaßverwaltung)
Festsetzung **Vorbem 1909 ff** 4

Vergütung (Verfahrenspflegschaft)
s. a. Aufwendungsersatz (Verfahrenspflegschaft)
Aufwendungsersatz und Vergütung **1908i** 263 ff
Berufsmäßige Führung **Vorbem 1909 ff** 6

Verhältnismäßigkeitsgrundsatz
Unterbringung zu Behandlungswecken **1906** 30

Verhandlungsfähigkeit
und Einsichtsfähigkeit **Vorbem 1896 ff** 80

Verhinderter Betreuer
Einstweilige Maßregeln des VormG **1908i** 211
Ersatzbetreuung **1899** 11
und Vergütungsfrage **1908i** 335

Verhinderung des Sorgerechtsinhabers
und Anordnung der Ergänzungspflegschaft **1909** 13 ff

Verjährung
und Anordnung eines Einwilligungsvorbehalts **1903** 77

Verkehrsplanungsbeschleunigungsgesetz
Vertreterbestellungen **Vorbem 1909 ff** 7

Verkehrssicherungspflichten
und Betreuerhaftung **1902** 76

Verlängerung
Maßnahmenverlängerung (Betreuung) **1896** 165

Verlöbnis
Ausschluß des Einwilligungsvorbehaltes **1903** 44

Vermögen als Sammelvermögen
Sachpflegschaft **1914** 3

Vermögender Betreuter
Vorschuß, Aufwendungsersatz, Aufwandsentschädigung **1908i** 241, 251, 267, 282

Vermögensangelegenheiten
Rechte der Leibesfrucht **1912** 5

Vermögensgesetz
Vertreterbestellungen **Vorbem 1909–1921** 7

Vermögensherausgabe
bei Amtsbeendigung **1908i** 158
bei einem Betreuerwechsel **1908c** 19

Vermögensinteressen
und Abwesenheitspflegschaft **1911** 1, 8

Vermögensschutz
Unterbringung **1906** 23

Vermögensschutz (Forts.)
bei Vergabe von Ausstattungen **1908** 2

Vermögenssorge (Betreuung)
und Abgabe eidesstattlicher Versicherung **1902** 56
Alle Angelegenheiten **1907** 9
Altersvormundschaft **1908i** 106
Anordnungen Dritter **1908i** 118
Aufgabenkreis der Betreuung **1896** 76; **Vorbem 1896 ff** 45
Aufgabenkreis und gesetzliche Vertretung **1902** 23
Aufgabenkreiserweiterung **1908d** 14 f
Auflösung von Wohnungsverhältnissen **1907** 8 f
Befreiungen von Aufsicht und Kontrolle **1908i** 178
Begriff **1896** 76
Beratungspflicht des VormG **1908i** 164
Betreueraufgaben **1902** 78
Betreuermehrheit und Aufgabenüberschneidung **1908i** 75
Betreuungsrecht, beibehaltener Begriff der – **1896** 76
im Betreuungsrecht, Umfang **1902** 4
und Einwilligungsvorbehalt **1903** 27 ff, 65
Elternteil als heiratswilliger Betreuer **1908i** 204
Entziehung gegenüber Elternteil **1909** 22
Ergänzungspflegschaft **1909** 22
Ersatzpflegschaft **1909** 33
Erwerb des Betreuten von Todes wegen **1908i** 118
fehlende allgemeine Zielsetzung für die Betreuung **1908i** 4
Freistellung des Bevollmächtigten von vormundschaftsgerichtlichen Genehmigungen **1896** 129
Gebrechlichkeitspflegschaft früheren Rechts **1896** 74
Gegenbetreuer **1908i** 24, 29
Heimbewohner und angespartes Schonvermögen **1896** 79
Kündigung eines Mietverhältnisses **1907** 1
Landesrecht **1908i** 108
Lebensstandard, zu bewahrender **1908i** 107
Minderjährigenvormundschaft und Betreuungsrecht **1908i** 103 f
und Neubestellung eines Betreuers **1908c** 20
periodische Berichtspflicht **1908i** 91
und Personensorge, Verhältnis zueinander **1904** 1; **1907** 1
Pflegerbestellung **1909** 7, 21
Pflichtwidrigkeiten **1908b** 13
Rechnungslegung nach Betreuungsbeendigung **1908i** 158
Rentenansprüche **1902** 78
Schenkung des Betreuten **1908i** 122

Vermögenssorge (Betreuung) (Forts.)
Schenkungsverbot für den Betreuer **1908i** 121
Sozialhilferecht **1902** 78
Tod des Betreuten, Festsetzung von Aufwendungsersatz, Aufwandsentschädigung **1908i** 272 f
und Vermögensangelegenheiten, Abgrenzung **1911** 8
Vermögenserwerb von Todes wegen **1917** 1
Vermögensherausgabe nach Betreuungsbeendigung **1908i** 158
Vermögensverwaltung, erhebliche **1908i** 24
Vermögensverzeichnis **1908i** 110 ff
Vollzug einer Entscheidung **1904** 3
Zielsetzung **1908i** 106
Zwangsversteigerung/Betreuten-Begleitung **1902** 78

Vermögensverhältnisse
und Einwilligungsvorbehalt **1903** 27 ff

Vermögensverwaltung
Abwesenheitspflegschaft **1909** 20

Verpflichtung
Ausstattung aus dem Vermögen des Betreuten **1908** 5

Verpflichtungsgeschäfte
Geringfügige Angelegenheiten des täglichen Lebens **1903** 87

Verpflichtungsverhandlung
Abwesenheitspflegschaft **1909** 21
Ergänzungspfleger **1909** 7

Verschwendung
und Einwilligungsvorbehalt **1903** 32

Versicherungsauflage
Pflegschaft **1915** 20
durch das VormG **1908i** 179 f

Versicherungspflicht
des Betreuungsvereins für Mitarbeiter **1908i** 233

Versicherungsschutz
des Betreuers **1896** 80; **1908d** 11

Versicherungsträger
Wahlrecht zu den Selbstverwaltungsorganen **1896** 177

Versicherungsvertrag
Vertretung des Betreuten **1902** 32

Verständigungsfähigkeit
Gebrechlichkeitspflegschaft früheren Rechts **Vorbem 1896 ff** 15

Vertretung
und Organspende **1904** 37
Vorsorgevollmacht s. dort

Vertretung (gesetzliche Vertretungsmacht außerhalb der Betreuung)
Abwesenheitspflegschaft **1909** 20; **1911** 20; **1921** 5 ff
Betreuerbestellung vor Eintritt der Volljährigkeit **1908a** 17, 22

Vertretung (gesetzliche Vertretungsmacht außerhalb der Betreuung) (Forts.)
Elterliche Sorge und Verfahrenspflegschaft/Verhältnis **Vorbem 1909 ff** 6
der Eltern **1909** 7
und Freistellung von gesetzlichen Kontrollbestimmungen **1902** 18
Gebrechlichkeitspflegschaft früheren Rechts **Vorbem 1896 ff** 21; **1902** 14
MedizinprodukteG 1994/klinische Prüfung bei Geschäftsunfähigkeit **1904** 40
Nachlaßpfleger, Nachlaßverwalter **Vorbem 1909 ff** 3
Pflegschaft für die Leibesfrucht **1912** 7
Pflegschaft für unbekannte, ungewisse Beteiligte **1913** 3
Rechtsstellung des Pflegers **Vorbem 1909 ff** 18
Verfahrenspfleger **1896** 62
und vorrangige Hilfen **1896** 10
und Vorsorgevollmacht/keine Begründung der Stellung als – **1904** 41, 64

Vertretung (gesetzliche Vertretungsmacht des Betreuers)
Abgabe von Willenserklärungen **1902** 23
Adoptionseinwilligung **1902** 33
Adressat von Belehrungen usw. **1902** 29
Altfälle und Übergangsvorschriften **1902** 26
Amtsausübung **1902** 12
andere Hilfen **1902** 2
Anfechtung der Vaterschaftsanerkennung **1902** 41
Angehörige als Betreuer **1902** 6, 7
Arten von Betreuern **1902** 9
Aufgabe öffentlicher Fürsorge durch Vollmachterteilung **1902** 1
Aufgabenkreis und Begrenzung der – **1902** 23 ff
Aufgabenkreis und davon unabhängige gesetzliche Vertreterstellung **1902** 22
Aufgabenkreis, erweiterter **1902** 46
Aufgabenkreis, fehlende Zuweisung **1902** 24
Aufgabenkreis, gerichtlich bestimmter **1902** 12
Aufgabenkreis, Handeln außerhalb **1902** 25
Aufgabenkreis und Umfang und Reichweite der – **1902** 3
Aufgabenkreis und – **1902** 61
Aufgabenkreiserweiterung **1908d** 11
Aufhebung, Änderung der Betreuungsanordnung **1902** 51
Aufhebung der Betreuung bei fehlendem Bedarf **1902** 2
Aufhebung einer Gemeinschaft **1902** 43
Ausschluß, Einschränkung gesetzlicher Vertretung **1902** 30 ff
Ausschluß von der Vertretung **1902** 59

Vertretung (gesetzliche Vertretungsmacht des Betreuers) (Forts.)
Außenverhältnis 1902 19
Ausstattungsversprechen 1902 43
Beendigung der Betreuung 1902 49
Befugnis zur Fremdbestimmung – ungeeignetes Abgrenzungskriterium 1902 10
Beginn der gesetzlichen Vertretung 1902 44 ff
Begründung der gesetzlichen Vertretung 1902 7
Bestellung weiteren Betreuers 1902 47
Betreuerbestellung vor Eintritt der Volljährigkeit 1908a 9 f
Betreuerbestellung, Wirksamkeit 1902 44
Betreuer/Betreuter-Verhältnis 1902 19 f
Betreutenhandeln, Betreuerhandeln in Ergänzung dessen 1902 57
keine Betreuung ohne Vertretungsmacht 1902 14
Betreuungssachen, Verfahren 1902 27
Bevollmächtigung, rechtsgeschäftliche s. Vertretung (rechtsgeschäftliche Vollmachterteilung)
Direkte Stellvertretung 1902 56
Doppelkompetenzen, mögliche 1902 11
Ehelicherklärung 1902 33
Ehelichkeitsanfechtung 1902 33, 41
Eheschließung 1902 33
Ehevertrag 1902 41
Einschränkungen seiner Vertretungsmacht 1908i 48 ff
Einstweilige Anordnung einer Betreuerbestellung 1902 45
Einwilligungsbedürftige Rechtsgeschäfte des Betreuten 1902 23
Einwilligungsvorbehalt 1902 11, 31, 57, 64
Elterliche Sorge 1902 34 ff
Eltern-Kind-Beziehung, Unterscheidung 1902 55
Entgegennahme von Erklärungen usw. aufgrund öffentlich-rechtlicher Bestimmungen 1902 56
Entlassung des Betreuers 1902 52; 1908b 55
Entziehung der Vertretungsmacht 1902 30
Erbvertrag, Aufhebung 1902 33
Erbvertrag, Rücktritt 1902 33
Ergänzungsbetreuer 1902 30; 1908i 50
Ergänzungsbetreuer als weiterer Betreuer 1908i 54
Erkrankungen, Behinderungen (keine Differenzierung) 1902 14
Ersatzzuständigkeit, geschaffene 1902 10
Formen des stellvertretenden Handelns 1902 55 ff
Freistellung gegenüber Vormundschaftsgericht 1902 15
Fremdbestimmung 1902 10

Vertretung (gesetzliche Vertretungsmacht des Betreuers) (Forts.)
Gebrechlichkeitspflegschaft, Vergleich 1902 11
Gefährdung durch den Betreuer und Entziehung der – 1908i 51 ff
Gegenbetreuer 1902 9
Genehmigungen (Abgabe, Verweigerung) 1902 57
Genehmigungsvorbehalte des VormG 1902 43
Gerichtliche, außergerichtliche Vertretung 1902 13, 56
Geschäftsfähigkeit und Alleinhandeln des Betreuten 1902 30
Geschäftsfähigkeit des Betreuten 1902 63
Geschäftsfähigkeit und Einwilligungsvorbehalt 1902 16
Geschäftsfähigkeit, Geschäftsunfähigkeit 1902 11, 13, 18
Geschäftsunfähigkeit des Betreuten 1902 62
Gesetzliche Vertreterstellung des Betreuers 1902 3
als gesetzlicher Vertreter mit funktionsloser Stellung 1902 17
Haftung des Betreuten für Betreuerverhalten 1902 60
Handeln anstelle des Betreuten 1902 56 ff
Handeln des Betreuten und Folgen für Dritte 1902 62 ff
Handeln mit Blick auf den Betreuten 1902 58
Handeln in Ergänzung von Betreutenhandeln 1902 57
Handeln ohne Vertretungsmacht 1902 59
Handlungsfähigkeit, verbleibende des Betreuten 1902 11
Herausgabeanspruch bezüglich des Betreuten 1902 56
höchstpersönliche Natur eines Rechtsgeschäftes 1902 30
Höchstpersönlichkeit eines Geschäftes 1902 33
In-sich-Geschäft 1902 30
Inhalt, Umfang gesetzlicher Vertretung 1902 23 ff
Innenverhältnis 1902 20
Klinische Prüfungen, Heilversuche 1904 41 ff
Körperliche Behinderung 1902 8
konkurrierendes Handeln Betreuer/Betreuter 1902 27
Kontrollbetreuer 1902 9, 61
Lebensversicherung 1902 32
Letztwillige Verfügung, Zustimmung 1902 33
Meldepflichten 1902 28, 56
Mitbetreuung 1902 30, 47 f
Nachwirkungen 1902 50 ff
Namensrecht 1902 41

Vertretung (gesetzliche Vertretungsmacht des Betreuers) (Forts.)
   Nebeneinanderbestehen zweier Kompetenzen **1902** 11
   Nebenpflichten **1902** 12
   Öffentlich-rechtliche Verpflichtungen des gesetzlichen Vertreters **1902** 28 f
   Organspende **1902** 58
   persönliche Betreuung und – **1902** 12
   Personensorge **1902** 4, 23, 28 f, 42, 56, 58
   Prozessuale Weigerungsrechte **1902** 56
   Rechtsanwendung aufgrund der Rechtsstellung **1902** 5
   Rechtsfolgen der Vertretung **1902** 59
   Rechtsgeschäfte, unerlaubte **1908i** 49
   Rechtsmacht des Betreuers als Folge der – **1902** 12
   Rechtsmacht, erforderliche **1902** 1
   Rechtsstellung, Rechtsmacht des Betreuers, geregelte **1902** 9
   Schenkungen **1902** 31
   Schranken für Betreuer als gesetzlichen Vertreter **1902** 15
   Schwebende Unwirksamkeit **1902** 59; **1908i** 49
   Schweregrad der Behinderung **1902** 14
   Sektionszustimmung **1902** 58
   Sterilisation **1902** 23
   Sterilisationsbetreuer **1902** 9
   Strafanzeige, Erstattung **1902** 56
   Strukturelement der Betreuung **1902** 2
   tatsächliche Eingriffe, Gestattung **1902** 56
   tatsächliche Freiheitsentziehung, Gestattung **1902** 56
   Testamentserrichtung **1902** 33
   Tod des Betreuers
     s. dort
   Tod des Betreuten
     s. dort
   Umgang des Betreuten **1902** 56
   Unfallversicherung **1902** 32
   Unterbringungssachen, Verfahren **1902** 27
   Unterhaltsverpflichtungen des Betreuers **1902** 6
   Vaterschaftsanerkenntnis **1902** 41, 56
   verdeckte Stellvertretung ausgeschlossen **1902** 58
   keine verdrängende Stellvertretung **1902** 11
   Verfassungsmäßigkeit der Regelung **1902** 16
   Verhinderung des Betreuers **1902** 30; **1908i** 56
   Verhinderung des Betreuers und Maßregeln des VormG **1908i** 211
   Vermögenssorge **1902** 4, 23, 56
   Vertretung, nicht erforderliche **1902** 23
   Verwandtschaftsverhältnisse, bestehende **1902** 6
   Vollmacht des Betreuten **1902** 25

Vertretung (gesetzliche Vertretungsmacht des Betreuers) (Forts.)
   Vollmachterteilung durch den Staat **1902** 1
   Vormundschaftsgericht und – **1902** 21
   Wechsel des Betreuers **1902** 24
   Wohnsitzbestimmung **1902** 56
   Zeugnisverweigerungsrecht **1902** 56
   Zustimmung, nachträgliche bei fehlender Vertretungsmacht **1902** 59
   keine Zweistufigkeit der Betreuung **1902** 14

Vertretung (rechtsgeschäftliche Vollmachterteilung)
   s. a. Vorsorgevollmacht
   keine Abwesenheitspflegschaft **1911** 5
   Altersvorsorgevollmachten, routinemäßige Erteilung **1896** 131
   und Amtsführung eines Betreuers **1901** 5
   als andere Hilfe **1896** 120
   Aufenthalt, Heimplatzbesorgung **1896** 128
   Aufgabenkreis eines Betreuers **1896** 127 ff
   Aufgabenkreis des Vollmachtbetreuers **1896** 137 ff; **1903** 39
   zur Ausübung des Betreueramtes **1899** 13
   Betreuerbestellung **1896** 119, 123
   Betreuerbestellung und Rechte des Betroffenen gegenüber Bevollmächtigtem **1896** 133 ff
   Betreuung/Vermeidungszweck **1904** 7
   Form **1896** 122
   Freistellung von erforderlichen vormundschaftsgerichtlichen Genehmigungen **1896** 129
   und frühere Gebrechlichkeitspflegschaft, Vormundschaft **1896** 115; **1902** 14 f
   Geschäftsfähigkeit des Betreuten **1908i** 140
   Höchstpersönliche Angelegenheiten **1896** 127
   Inhalt, Umfang und Grenzen **1896** 125 ff
   und Interessen des Betroffenen **1896** 130 ff
   Medizinische Maßnahmen, Einwilligung **1896** 127
   Rechtsgeschäfte und Betreuerbindung an Genehmigungen **1908i** 139 f
   Schriftstücke, Vorsorgebevollmächtigung betreffend **1901a** 2
   Selbstbestimmung, Fremdbestimmung **1896** 137
   Sterilisation **1896** 128
   Überwachungsproblematik **1896** 114 ff
   Unterbringung **1896** 128; **1906** 21
   Vollmachtbetreuer **1896** 118, 133 ff; **1898** 2
   Vorrang vor Betreuerbestellung **1896** 114 ff
   Vorsorgevollmacht
     s. dort
   Wohnungsauflösung **1907** 16

Verwahrlosung des Betreuten
und Betreuungskonzept **1901** 43
Unterbringung **1906** 23
Verwaltungspflegschaft
Rechtsstellung des Pflegers **1908** 7
Verwaltungsverfahrensrecht
Abwesenheitspflegschaft **1911** 6
und Betreuerbestellung **1896** 182
Vertretung bei Verhandlungsunfähigkeit
Vorbem 1896 ff 79
Verwandtschaft
und Betreuerbestellung **1902** 6
Betreuung **Vorbem 1896 ff** 45
Pflegerauswahl **1915** 11 f
Pflegerbestellung **Vorbem 1896 ff** 45
Vormundsbestellung **Vorbem 1896 ff** 45
Vorrang im Vormundschaftsrecht **1915** 11
Verzichtsvertrag
des Erblassers **1903** 64
Vigilanz-Pflegschaft
Unzulässigkeit einer Beobachtungspflegschaft **1909** 25
Volljährigkeit
Abwesenheitspflegschaft als Pflegschaft bei – **1911** 4
und Aufgaben früheren Vormunds nach der Entmündigung **Vorbem 1896 ff** 6
und Betreuung **1896** 1
Ergänzungspflegschaft, ausgeschlossene **Vorbem 1909-1921** 1
Gebrechlichkeitspflegschaft früheren Rechts
s. dort
Geschäftsfähigkeit als Schranke staatlichen Eingriffs **1896** 23 ff
Hilfen für junge Volljährige (SGB VIII) **1918** 2
und Maßstab des Betreuerhandelns **1901** 55
Medizinischer Befund einer Krankheit, Behinderung **1896** 30 ff
Umfang früherer Vormundschaft **1896** 74
Vormundschaft früheren Rechts
s. dort
Vollmacht
aufgrund gesetzlicher Vertretung
s. Vertretung
und Bestellungsurkunde/Abgrenzung **1896** 157
Betreuer-Hilfspersonen **1902** 68 f
Erteilung durch einen Betroffenen als andere Hilfe
s. Vertretung (rechtsgeschäftliche Vollmachterteilung)
Vorsorgevollmacht
s. dort
Vollmachtbetreuer
s. Überwachungsbetreuer
Vorführung
zur Anhörung im Unterbringungsverfahren **1906** 80

Vorführung (Forts.)
zur Gutachtenvorbereitung **1906** 88
bei zivilrechtlicher Unterbringung
Vorbem 1896 ff 60
Vorläufige Betreuerbestellung
und Betreuervergütung **1908i** 319
Unterbringungsfälle **1908i** 216 f
Vereinfachtes Verfahren/einstweilige Anordnung **Vorbem 1896 ff** 55
und vorläufige Unterbringungsmaßnahmen **1908i** 217
Wirksamkeit/Dauer **1902** 45
Vorläufige Unterbringung
ohne anhängiges Betreuerbestellungsverfahren **1908i** 212 ff
Vorläufiger Einwilligungsvorbehalt
Vereinfachtes Verfahren/einstweilige Anordnung; eiliges Verfahren
Vorbem 1896 ff 55; **1903** 98
Vormundliche Sorge
Betreuerbestellung vor Eintritt der Volljährigkeit **1908a** 11
Vormundschaft
Allgemeine Grundsätze **1915** 5 ff
Altersvormundschaft/Beendigung mit Volljährigkeit **1908i** 221
Berufsvormund/altes und neues Vergütungsrecht **1808i** 270, 271
Minderjährigenvormundschaft
s. dort
und Minderjährigkeit/Rechtsinstitut der – **1915** 3
Pflegschaft und – **1915** 1 f
Rechtsanwalt/BRAGO-Liquidation **1908i** 261
Vergütung des Berufsvormunds **1908i** 240
Volljährige
s. Vormundschaft früheren Rechts (über Volljährige)
Vormundschaft früheren Rechts (über Volljährige)
Abschaffung, Ersetzung durch Betreuungsrecht **Vorbem 1896 ff** 44
Anordnung des Vormundschaftsgerichts **Vorbem 1896 ff** 9
Aufgabenkreis **1896** 74
Berufsmäßige Führung
Vorbem 1897-1900 2
Betreuung, Ersatz der – **Vorbem 1896 ff** 38
DDR **Vorbem 1896 ff** 1; **1896** 31 ff
Dreigliedriges System der Aufgabenübertragung **Vorbem 1897-1900** 1
Ehefähigkeit **Vorbem 1896 ff** 7
kein eigenes Betreuersystem
Vorbem 1897 ff 1
Elterliche Sorge **Vorbem 1896 ff** 7
Entmündigung, abgeschaffte
Vorbem 1896 ff 38
Entmündigung, Abschaffung und Rechtsmacht des Betreuers **1896** 86

Vormundschaft früheren Rechts (über Volljährige) (Forts.)
  Entmündigung, Folge beschränkter Geschäftsfähigkeit **Vorbem 1896 ff** 5
  Entmündigung des Volljährigen, vorangegangene **Vorbem 1896 ff** 4
  Entmündigungsfolge: Geschäftsunfähigkeit **Vorbem 1896 ff** 5
  Erziehungsbefugnisse, fehlende **1896** 74
  früheres Recht **Vorbem 1896 ff** 4 ff
  Fürsorgebedürftigkeit nach Entmündigung **Vorbem 1896 ff** 6
  Gebrechlichkeitspflegschaft früheren Rechts und – **Vorbem 1896 ff** 1; **1896 ff** 19
  Gebrechlichkeitspflegschaft neben der – **Vorbem 1896 ff** 24
  Kritik am früheren Recht **Vorbem 1896 ff** 2
  und Minderjährigenvormundschaft **Vorbem 1909 ff** 1
  Minderjährigenvormundschaft, Bezugnahme hierauf **Vorbem 1896 ff** 2
  Rechtsakt des Vormundschaftsgerichts **Vorbem 1896 ff** 9
  Testierfähigkeit **Vorbem 1896 ff** 7
  Unterbringung **Vorbem 1896 ff** 25 ff, 30; **1906** 1, 5
  Vorläufige Vormundschaft früheren Rechts **Vorbem 1896 ff** 4
  Wahlrecht des Betroffenen **Vorbem 1896 ff** 7
  zweigegliedertes Verfahren **Vorbem 1896 ff** 3

Vormundschaftsgericht (Betreuung)
  Ablieferung von Betreuungsverfügungen, Aufforderung **1901a** 3
  Abweichende Ansicht des – **1908i** 77
  Abwicklung, säumige durch entlassenen Betreuer **1908c** 21
  Ärztliche Betreutenmaßnahmen/beabsichtigte Betreuereinwilligung s. Ärztliche Betreutenmaßnahmen
  Amtsermittlungspflicht **1896** 42
  Amtspflichtverletzung durch unterbliebene Aufsicht **1901** 8
  Antrag auf Betreuung, Prüfungsumfang **1896** 64
  Auffassungen des Betreuers **1901** 59 f
  Aufgabenkreis, fehlender des Betreuers **1907** 8
  Aufgabenunterrichtung des Betreuers **1908i** 172
  Aufhebungsgründe, Mitteilung an das – **1901** 59
  Aufsicht und Beratung der Amtsträger **1908i** 160 ff
  Aufsicht und Kontrolle **1901** 8; **1902** 21; **1908c** 21; **1908i** 174 ff
  Auseinandersetzungszeugnis **1908i** 204
  Aushändigung einer Betreuungsverfügung **1901a** 13

Vormundschaftsgericht (Betreuung) (Forts.)
  Auskunftsverlangen **1908i** 82
  Beachtlichkeit des Betreutenwillens **1901** 12
  Beendigung freiheitsentziehender Betreuung **1906** 38
  und Begutachtungsinstanz **1896** 44
  Behördenbetreuung und Fachaufsicht **1900** 40
  Beratung der Betreuer **1908i** 163 ff
  Beratung des Betreuten **1908i** 168
  Berichtspflicht des Betreuers **1908i** 85 ff
  Berufliche Betreuung, Feststellung **1908i** 250
  Berufsbetreuer/erstmalige Bestellung im Gerichtsbezirk **Vorbem 1897-1900** 4
  Betreuer und – **1902** 21
  Betreuer-Einführung, Mitwirkung des – **1908i** 171
  Betreuerbestellung **1896** 58 ff
  Betreuerbestellung und damit marktregulierende Betätigung des – **Vorbem 1897 ff** 18
  Betreuerbestellung durch Einstweilige Anordnung **1896** 159 ff
  Betreuerbestellung vor Eintritt der Volljährigkeit **1908a** 14 ff
  Betreuerbestellung/Vorrang ehrenamtlicher vor beruflich geführter Betreuung **1897** 51 ff; **Vorbem 1897-1900** 4
  Betreuer/Betreuter-Konflikt **1908i** 169
  Betreuerzuständigkeit und Zuständigkeit des – **1908i** 217
  Eidesstattliche Versicherung, Anordnung **1901a** 19
  Einführungsgespräch **1908i** 172
  Einleitung des Betreuerbestellungsverfahrens **1901a** 10
  Einwilligungsvorbehalt **1903** 82 ff
  Entlassung bisherigen, Übernahme durch neuen Betreuer **1908b** 36
  keine Entlastung des Betreuers **1908i** 201
  Entlastungsvermittlung **1908i** 226
  Entmündigung früheren Rechts, Voraussetzung der Vormundschaft **Vorbem 1896 ff** 9
  Entziehung der Vertretungsmacht **1902** 30; **1908i** 52 ff
  Erforderlichkeit der Betreuung, Zweifel **1896** 113
  Ermittlungen von Amts wegen **1896** 42
  Festsetzung von Vorschuß, Ersatz von Aufwendungen, Aufwandsentschädigung, Vergütung **1908i** 257, 272
  Fürsorgetätigkeit, unmittelbare des – **1908i** 206 ff
  Fürsorgliche Regelung bei Wegfall elterlicher Sorge eines Elternteiles **1909** 4
  Gegenbetreuung, Einheitsentscheidung **1908i** 37

Vormundschaftsgericht (Betreuung) (Forts.)
Genehmigung, dem Betreuer erteilte **1908i** 154
Genehmigungsvorbehalte s. dort
Haft **1901a** 19
Herausgabe des Betreuten **1908i** 102
Kastration **1904** 42
Konzentration aller Betreuungssachen **Vorbem 1896 ff** 41
Maßnahmen, freiheitsentziehende als außerordentliche Fürsorge des – **1908i** 215
Maßregeln, einstweilige **1906** 96 f
Maßregeln vor Neubestellung des Betreuers **1908c** 2
Mehrheit von Betreuern, zu entscheidende Meinungsverschiedenheiten **1908i** 76
Meldepflicht selbständig tätiger Betreuer, Übermittlungsverlangen des – **1908k** 26
Mietverträge, Pachtverträge **1907** 37
Mitteilung der Betreuerbestellung **1896** 158
Mitteilungen des Betreuers an das – **1901** 55
Neubestellung eines Betreuers **1908c** 9 ff
Notzuständigkeit **1908c** 2
Prüfung der Rechnungslegung **1908i** 220
Rechnungslegung des bisherigen Betreuers **1908c** 20
Rechnungslegung, Prüfung **1908i** 199 ff, 224
Rechtsgeschäfte, genehmigungsbedürftige **1908i** 148 ff
Richtervorbehalt **1908i** 38, 102
Sachverständiger/Verhältnis **1896** 44
Selbständigkeit des Betreuers **1908i** 77, 175
Umgangsbestimmung **1908i** 102
Untätigkeit **1908i** 185
Untätigkeitsbeschwerde **Vorbem 1904 ff** 21
Unterbringung als außerordentliche Fürsorge des – **1908i** 213 f
Unterbringung und Betreuerwille **1906** 20
Unterbringung durch früheren Vormund, Pfleger **Vorbem 1896 ff** 27
Unterstützung der Betreuer **1908i** 163 ff
Untersuchungsanordnung, Vorführung zur Untersuchung **1896** 152
Verhinderung des Betreuers **1908i** 206 ff
Vermögender Betreuter **1908i** 241, 251
Vermögensverzeichnis, Vorlage **1908i** 113
Versicherungsauflage **1908i** 179 f
Vollmachtsbesitz/bloße Unterrichtung des VormG **1901a** 22
Vorführung zur Untersuchung **1896** 152
Vormundschaft, Anordnung **1909** 10
Vorrang ehrenamtlicher Betreuung vor beruflich geführter Betreuung **1897** 51 ff; **Vorbem 1897–1900** 4

Vormundschaftsgericht (Betreuung) (Forts.)
Vorsorgeregelungen/Hinterlegung, zentrale Erfassung **1901a** 15 f
Wiederkehrende Leistungen **1907** 37
Wohl des Betreuten **1901** 12
Zuständigkeit **1901a** 13
Zuständigkeit für Betreuerbestellung **1896** 147
Zwangsgeld gegen ablieferungspflichtigen Besitzer von Betreuungsverfügungen **1901a** 18
Zwangsgeld gegen den Betreuer **1901** 58
Vormundschaftsgericht (Pflegschaft)
Abwesenheitspflegschaft **1911** 15 ff
Abwesenheitspflegschaft, Aufhebung **1921** 4
Aufsicht und Fürsorge **1915** 19 ff
Ergänzungspflegschaft, Ersatzpflegschaft **1909** 37 ff
Gebrechlichkeitspflegschaft früheren Rechts **Vorbem 1896 ff** 12 ff
Zuständigkeit **1915** 6
Vormundschaftsgericht (Vormundschaft früheren Rechts)
Anordnung des Vormundschaftsgerichts **Vorbem 1896 ff** 9
Vorrangige Hilfen
s. a. Vertretung (rechtsgeschäftliche Vollmachterteilung)
und Gesetzliche Vertretung **1896** 10
Vorschuß
Festsetzung **1908i** 257, 267, 272
Vorsorgeverfügung
Hinterlegung/zentrale Erfassung **1901a** 16
Vorsorgevollmacht
Ablieferungspflicht **1901a** 22 ff
Ärztliche Maßnahmen, gefahrenverbundene/VormG-Genehmigung der Bevollmächtigten-Einwilligung **1904** 59 ff
Ärztliche Maßnahmen/Betreuerbestellung bei zweifelhafter Vollmacht **1904** 16
Alten- und Pflegeheime **1896** 131 f
Altersvorsorgevollmacht/Widerruf **1902** 78
Betreuerbestellung trotz – **1906** 56
Betreuerbestellung/Vermeidungszweck **1904** 41
und Betreuungsbedarf **1896** 114 ff
Betreuungsverein, planmäßige Informationen über – **1908f** 45 ff
und Einwilligungsvorbehalt, vorläufiger **1903** 98
Ernährungsabbruch **1904** 60
Formfrage **1904** 69
Geschäftsfähigkeit **1906** 55
Geschäftsfähigkeit/Einwilligungsfähigkeit **1904** 68
Gesetzliche Vertreterstellung/damit nicht verbunden **1904** 41, 64
und gesetzliche Vertretung, Abgrenzung **1906** 55

Vorsorgevollmacht (Forts.)
  Gesundheitsfürsorge **1904** 4, 74
  Hinterlegung/zentrale Erfassung
    1901a 15 f
  Mißbrauch **1896** 116
  und Patientenverfügung **1904** 24
  Personensorge als Gegenstand **1904** 63
  Rückwirkung der Bevollmächtigungsregelung **1906** 60
  Schriftstücke/hierfür in Betracht
    kommende **1901a** 20 ff
  Schwangerschaftsabbruch **1904** 61
  Spezialgesetzliche Regelungen/ausgeschlosse Bevollmächtigung **1904** 64
  und Sterilisation **1904** 61
  und untaugliche Betreuerperson **1897** 23
  Unterbringung, freiheitsentziehende
    Maßnahmen **1906** 53 ff
  und Vollmachtbetreuer **1904** 74
Vorsorgliche Maßnahmen
  und Betreuerbestellung vor Eintritt der
    Volljährigkeit **1908a** 1 ff
Vorstandstätigkeit
  und Betreuung **1896** 178
Vorstrafen
  und Betreuereignung **1897** 27

Wahlrecht
  Ausschluß des Einwilligungsvorbehaltes
    1903 18
  Besorgung aller Angelegenheiten des
    Betreuten **1908d** 11
  und Betreuerbestellung **1896** 174 ff
Weiterer Betreuer
  s. Ergänzungsbetreuer
Weltgesundheitsorganisation
  WHO-Behindertenbegriff **1896** 33
Wichtige Angelegenheiten
  Erörterungspflicht des Betreuers **1901** 10,
    46
Wichtiger Grund
  Betreuerwechsel **1908b** 2
  Entlassung des Betreuers **1908b** 2, 18 ff
  Entlassung des Pflegers **Vorbem 1909 ff** 15
Widerruflichkeit
  Einverständniserklärung zur Betreuungsübernahme **1898** 37
Wiederkehrende Leistungen
  Betreuungsverhältnis und Genehmigungserfordernis **1907** 37 ff
Willensbestimmung
  Betreuerbestellung und freie – **1896** 72
Willenserklärungen
  und Einwilligungsvorbehalt **1903** 3, 5, 16,
    24
Wirkungskreis (Pflegschaften)
  s. a. Aufgabenkreis (Betreuung)
  Abwesenheitspflegschaft **1909** 20, 21;
    1911 13
  Angelegenheiten **1918** 4

Wirkungskreis (Pflegschaften) (Forts.)
  Begriff „einzelne Angelegenheit" **1918** 4
  Bezeichnung des – und dessen Anpassung
    Vorbem 1909 ff 11; **1909 ff** 12
  Bindung des Prozeßgerichts **1915** 7
  Ergänzungspflegschaft **1909** 7
  Ersatzpflegschaft **1909** 33
  Gebrechlichkeitspflegschaft früheren
    Rechts **1896** 74, 77; **Vorbem 1896 ff** 22
  Pflegschaft für die Leibesfrucht **1912** 7
  Pflegschaft für unbekannte, ungewisse
    Beteiligte **1913** 3
  Sammelvermögenspflegschaft **1914** 9
Wirtschaftliche Verhältnisse
  des Betreuten **1908i** 339, 344
  und Einwilligungsvorbehalt **1903** 27
Wirtschaftsplan
  und Vermögenssorge **1908i** 133
Wohl des Betreuten
  Ärztlich-therapeutische Maßnahmen,
    Entscheidungsmaßstäbe **1904** 49
  Ärztliche Betreutenmaßnahmen **1904** 23
  und Alltagsbewältigung **1908i** 101
  Aufrechterhaltung früher selbstbestimmten Lebens **1901** 24
  Ausstattungsversprechen **1908** 7
  Besprechungspflicht und – **1901** 10, 46
  und Betreuerpflichten **1901** 2
  Betreuerwechsel, einvernehmlicher
    1908b 5
  Betreuter Betreuer/Prüfung **1897** 22;
    1908b 13
  Fähigkeiten, Möglichkeiten des Betreuten
    als Maßstab **1901** 27
  Gegenbetreuer **1901** 5
  Gegenvormund **1908i** 29
  Geldanlage **1908i** 132
  Geschäftsunfähigkeit des Betreuten
    Vorbem 1896 ff 42
  Gesundheitsfürsorge **1901** 23; **1904** 40
  Gesundheitsfürsorge und Arzneimittelerprobung **1904** 38, 64
  Heilungs- und Rehabilitationschancen,
    Nutzung **1901** 31 ff
  Heimplatzsuche **1901** 51
  Innenbeziehung und Außenverkehr
    1901 7, 44
  und Kindeswohl, Vergleich **1901** 22
  Lebens- und Alltagsbestimmung **1901** 22
  Maßstab des Betreuerhandelns **1901** 22
  Medizinische Maßnahmen **1904** 28
  Mitteilung eines Einwilligungsvorbehaltes
    1903 97
  Rechnungslegung und Befreiungsmöglichkeiten **1908i** 193
  Richtschnur des Betreuerhandelns **1901** 3
  als Selbstverständlichkeit **1901** 4
  Sterilisation **1905** 40
  Unterbringung **1906** 13, 15, 23
  Vorläufige Unterbringung **1908i** 217

Wohl des Betreuten (Forts.)
Willensvorrang, Geltungsverschaffung 1901a 1
Wohl und Wünsche des Betroffenen 1901 22
Wohnsitz 1907 34
Wohnsitzaufgabe 1907 27
Wünsche bei ärztlichen Maßnahmen 1904 23
Wünsche, Beachtlichkeit und Grenzen 1901 25 ff
Wünsche des Betreuten **Vorbem 1896 ff** 42
Wünsche des Betreuten und Aufgabenkreis des Betreuers 1901 25
Zumutbarkeit für den Betreuer als Grenze 1901 21

Wohnsitzaufgabe/Wohnungsauflösung
Angehörige, Wohnen bei ihnen 1907 14
Aufenthaltsbestimmungsrecht 1907 10, 32
Aufgabe des Lebensmittelpunktes 1907 25
Aufgabenkreis des Betreuers 1907 9 ff
Aufgabenzuordnung 1907 8
Aufhebung des Mietverhältnisses 1907 25
Aufhebungsvertrag 1907 25
Ausdehnende, einschränkende Interpretation 1907 13
Beendigung des Wohnverhältnisses 1907 17
Betreuer, Eigenhandeln 1907 15
Betreuerposition, gestärkte 1907 3
Ehegatte 1907 13, 21
Einseitige Willenserklärung 1907 25, 29
Entscheidungsmaßstäbe 1907 26
Erbe 1907 13
Erweiterung des bestehenden Schutzes 1907 11
Familienangehöriger 1907 13
Gefahr oder selbständige Lebensmöglichkeit 1907 27
Genehmigung, Wirkung 1907 29
Genehmigungsvorbehalt 1907 4
HausratsVO 1907 22
Heimgesetz 1907 33
Heimvertrag 1907 14
Instrumente der Schutzgewährung 1907 4
Kostenübernahme 1907 20
Kündigung 1907 17, 21, 23
Landesrechtliche Besonderheiten 1907 5
Lebensmittelpunkt 1907 25
Lebenspartner 1907 13
Maßstäbe der Entscheidung 1907 26
Mietkostenübernahme 1907 20
Mitteilung der Genehmigung 1907 29
Mitteilungspflicht des Betreuers 1907 4
Nachträgliche Genehmigung 1907 29
Normzweck und Auslegung 1907 13
Nutzungsverhältnis 1907 14
Partnerschaft, bestehende 1907 18
Pflegeleistung 1907 14
Räumung, Räumungsklage 1907 36
Räumungsschutz 1907 19

Wohnsitzaufgabe/Wohnungsauflösung (Forts.)
Reale Lebensverhältnisse und entsprechende Normanwendung 1907 14
Rechtsgeschäftliche Aufgabe des Mietverhältnisses 1907 22
Regelungsziel des Genehmigungsvorbehaltes 1907 2
Reichweite der Norm 1907 12
Schutz des räumlichen Lebensmittelpunktes 1907 2
Selbständiges Leben oder Gefahr 1907 27
Selbstmordgefahr 1907 19
Tod des Betreuten 1907 5
Übergangszeitraum 1907 20
Untermietverhältnis 1907 21
Verfahren 1907 30
Verweigerte Genehmigung, Wirkungen 1907 29
Vollmacht des Betreuten 1907 16
Vorherige Genehmigung 1907 29, 32
Weitervermietung durch Betreuer 1907 39
Wohnformen, verschiedene 1907 14
Wohngemeinschaft 1907 18
Wohnungsauflösung 1907 23 f
Ziel der Regelung 1907 2
Zuständigkeit des Gerichts 1907 30
Zwang gegen den Betreuten 1907 31

Wohnsitzbestimmung
Handeln für den Betreuten 1902 56

Wohnsitznahme
und Einwilligungsvorbehalt 1903 21

Wohnung
des Betreuten und Betreuerauftrag 1901 42

Wohnungswechsel
des Betreuten 1902 28

Wünsche des Betreuten
Beachtlichkeit, Grenzen 1901 25 ff
Gelegenheitsgeschenke durch den Betreuer 1902 31

Wünsche des Betroffenen
Betreuungsverfügung/in einem Schriftstück festgehaltene 1901a 1 ff

Zahlungsverpflichtungen
Angelegenheit des Betroffenen 1896 56

Zeitpunkt
des Berichts über die persönlichen Verhältnisse des Betreuten 1908i 95
Betreuungs-Übernahmebereitschaft 1898 30
Betreuungs-Übernahmeverpflichtung 1898 33
der Betreuungsbedürftigkeit 1896 43
der Überprüfung der Betreuerbestellung 1896 154

Zentrale Erfassung
Vorsorgeregelungen 1901a 15 f

Zeugnisverweigerungsrecht
Handeln für den Betreuten 1902 56

Zeugnisverweigerungsrecht (Forts.)
  Mitwirkung gesetzlichen Vertreters
    1909 16
Zivilrechtliche Unterbringung
  s. Unterbringung
Zugang von Willenserklärungen
  bei bestehendem Einwilligungsvorbehalt
    1903 59
Zumutbarkeit
  der Betreuerbestellung **1898** 19 ff
  als Grenze der Betreuerbelastung **1901** 21
  als Voraussetzung der Übernahmepflicht
    1898 19; **1908b** 27 ff
Zurruhesetzungsverfahren
  Betreuerbestellung **1896** 38
Zuständigkeitsergänzungsgesetz
  Abwesenheitspfleger **Vorbem 1909 ff** 9;
    1911 6
Zustellungen
  und Betreuerbestellung **1896** 181; **1902** 78
Zuwendung unter Lebenden
  Ergänzungspflegschaft **1909** 36
Zuwendung von Vermögen
  Minderjährigenerwerb und Vermögenssorge **1917** ff

Zwangsbehandlung 1906 29
Zwangsmittel
  Ablieferung von Betreuungsverfügungen
    1901a 18
  Ärztliche Betreutenmaßnahmen **1904** 26
  Berichtspflicht **1908i** 89
  Beschwerde **1908i** 188
  Betreuerauftrag, Durchsetzung gegen
    Betreuten **1901** 41 ff
  Periodische Berichterstattung **1908i** 97
  Pflegschaft **1915** 21
  Rechnungslegung, Berichtigungen und
    Ergänzungen **1908i** 202
  Unterbringungsmaßnahmen/Vollzug
    1906 100 ff
  Versicherungsauflage **1908i** 181 ff
Zwangssterilisation
  Verbot **1905** 42
Zwangsversteigerung
  Betreuten-Begleitung **1902** 78
Zwangsvollstreckung
  und Einwilligungsvorbehalt **1903** 27
  gegen prozeßunfähigen Schuldner **1902** 56
Zweites Betreuungsrechtsänderungsgesetz
  Übersicht **Vorbem 1896 ff** 78

J. von Staudingers
Kommentar zum Bürgerlichen Gesetzbuch
mit Einführungsgesetz und Nebengesetzen

Übersicht vom 15. August 2006
Die Übersicht informiert über die Erscheinungsjahre der Kommentierungen in der 13. Bearbeitung und deren Neubearbeitungen (= Gesamtwerk STAUDINGER). *Kursiv* geschrieben sind die geplanten Erscheinungsjahre.

Die Übersicht ist für die 13. Bearbeitung und für deren Neubearbeitungen zugleich ein Vorschlag für das Aufstellen des „Gesamtwerk STAUDINGER" (insbesondere für solche Bände, die nur eine Sachbezeichnung haben). Es wird empfohlen, die Austauschbände chronologisch neben den überholten Bänden einzusortieren, um bei Querverweisungen auf diese schnell Zugriff zu haben. Bei Platzmangel sollten die ausgetauschten Bände an anderem Ort in gleicher Reihenfolge verwahrt werden.

	13. Bearb.	Neubearbeitungen	
Buch 1. Allgemeiner Teil			
Einl BGB; §§ 1–12; VerschG	1995		
Einl BGB; §§ 1–14; VerschG		2004	
§§ 21–79		2005	
§§ 21–89; 90–103 (1995)	1995		
§§ 90–103 (2004); 104–133; BeurkG	2004	2004	
§§ 134–163	1996	2003	
§§ 164–240	1995	2001	2004
Buch 2. Recht der Schuldverhältnisse			
§§ 241–243	1995	2005	
§§ 244–248	1997		
§§ 249–254	1998	2005	
§§ 255–292	1995		
§§ 293–327	1995		
§§ 255–314		2001	
§§ 255–304			2004
AGBG	1998		
§§ 305–310; UKlaG		2006	
§§ 311, 311a, 312, 312a–f			2005
§§ 311b, 311c			2006
§§ 315–327		2001	
§§ 315–326			2004
§§ 328–361	1995		
§§ 328–361b		2001	
§§ 328–359			2004
§§ 362–396	1995	2000	
§§ 397–432	1999	2005	
§§ 433–534	1995		
§§ 433–487; Leasing		2004	
Wiener UN-Kaufrecht (CISG)	1994	1999	2005
§§ 488–490		*2008*	
VerbrKrG; HWiG; § 13a UWG	1998		
VerbrKrG; HWiG; § 13a UWG; TzWrG		2001	
§§ 491–507			2004
§§ 516–534		2005	
§§ 535–563 (Mietrecht 1)	1995		
§§ 564–580a (Mietrecht 2)	1997		
2. WKSchG; MÜG (Mietrecht 3)	1997		
§§ 535–562d (Mietrecht 1)		2003	
§§ 563–580a (Mietrecht 2)		2003	
§§ 581–606	1996	2005	
§§ 607–610	./.		
§§ 611–615	1999	2005	
§§ 616–619	1997		
§§ 620–630	1995		
§§ 616–630		2002	
§§ 631–651	1994	2000	2003
§§ 651a–651l	2001		
§§ 651a–651m		2003	
§§ 652–704	1995		
§§ 652–656		2003	
§§ 657–704		2006	
§§ 705–740	2003		
§§ 741–764	1996	2002	
§§ 765–778	1997		
§§ 779–811	1997	2002	
§§ 812–822	1994	1999	
§§ 823–825	1999		
§§ 826–829; ProdHaftG	1998	2003	
§§ 830–838	1997	2002	
§§ 839, 839a	2002		
§§ 840–853	2002		

	13. Bearb.	Neubearbeitungen	

Buch 3. Sachenrecht
- §§ 854–882 — 1995 — 2000
- §§ 883–902 — 1996 — 2002
- §§ 903–924; UmweltHaftR — 1996
- §§ 903–924 — 2002
- UmweltHaftR — 2002
- §§ 925–984; Anh §§ 929 ff — 1995 — 2004
- §§ 985–1011 — 1993 — 1999 — 2006
- ErbbVO; §§ 1018–1112 — 1994 — 2002
- §§ 1113–1203 — 1996 — 2002
- §§ 1204–1296; §§ 1–84 SchiffsRG — 1997 — 2002
- §§ 1–64 WEG — 2005

Buch 4. Familienrecht
- §§ 1297–1320; NeLebGem (Anh §§ 1297 ff); §§ 1353–1362 — 2000
- §§ 1363–1563 — 1994 — 2000
- §§ 1564–1568; §§ 1–27 HausratsVO — 1999 — 2004
- §§ 1569–1586b — *2007*
- §§ 1587–1588; VAHRG — 1998 — 2004
- §§ 1589–1600o — 1997
- §§ 1589–1600e — 2000 — 2004
- §§ 1601–1615o — 1997 — 2000
- §§ 1616–1625 — 2000
- §§ 1626–1633; §§ 1–11 RKEG — 2002
- §§ 1638–1683 — 2000 — 2004
- §§ 1684–1717 — 2000 — 2006
- §§ 1741–1772 — 2001
- §§ 1773–1895; Anh §§ 1773–1895 (KJHG) — 1999 — 2004
- §§ 1896–1921 — 1999 — 2006

Buch 5. Erbrecht
- §§ 1922–1966 — 1994 — 2000
- §§ 1967–2086 — 1996
- §§ 1967–2063 — 2002
- §§ 2064–2196 — 2003
- §§ 2087–2196 — 1996
- §§ 2197–2264 — 1996 — 2003
- §§ 2265–2338a — 1998
- §§ 2339–2385 — 1997 — 2004

EGBGB
- Einl EGBGB; Art 1, 2, 50–218 — 1998 — 2005
- Art 219–222, 230–236 — 1996
- Art 219–245 — 2003

EGBGB/Internationales Privatrecht
- Einl IPR; Art 3–6 — 1996 — 2003
- Art 7, 9–12 — 2000
- IntGesR — 1993 — 1998
- Art 13–18 — 1996
- Art 13–17b — 2003
- Art 18; Vorbem A + B zu Art 19 — 2003
- IntVerfREhe — 1997 — 2005
- Kindschaftsrechtl Ü; Art 19 — 1994
- Art 19–24 — 2002
- Art 20–24 — 1996
- Art 25, 26 — 1995 — 2000
- Art 27–37 — 2002
- Art 38 — 1998
- Art 38–42 — 2001
- IntWirtschR — 2000
- IntSachenR — 1996

- Vorläufiges Abkürzungsverzeichnis — 1993
- Das Schuldrechtsmodernisierungsgesetz — 2002 — 2002
- Eckpfeiler des Zivilrechts — 2005
- BGB-Synopse 1896–1998 — 1998
- BGB-Synopse 1896–2000 — 2000
- BGB-Synopse 1896–2005 — 2006
- 100 Jahre BGB – 100 Jahre Staudinger (Tagungsband 1998) — 1999

Demnächst erscheinen
- §§ 2265–2338a — 2006
- IntWirtschR — 2006

Dr. Arthur L. Sellier & Co. KG – Walter de Gruyter GmbH & Co. KG oHG, Berlin
Postfach 30 34 21, D-10728 Berlin, Telefon (030) 2 60 05-0, Fax (030) 2 60 05-222